PRISMA WOORDENBOEK

SPAANS
NEDERLANDS

PRISMA WOORDENBOEK

Spaans
Nederlands

prof.dr. S.A. Vosters

Uitgeverij Het Spectrum B.V.
Postbus 2073
3500 GB Utrecht

De eerste zestien drukken van dit boek verschenen
als Aula 47 (1960-1984)
Eerste tot en met de 13e druk 1984-2002
14e herziene druk 2004
© 1960 © 1984 © 2004

Bewerking: F.P. Kleinjan-Van Braam en
G.H.M. Vennix
Omslagontwerp: Kees Hoeve
Typografie: Chris van Egmond bNO,
Studio PlantijnCasparie Heerhugowaard
Zetwerk: Spectrum dBp en PlantijnCasparie
Heerhugowaard B.V.
Druk: Bercker, Kevelaer

ISBN 90 274 9338 3
ISBN 90 274 9789 3 (boek + cd-rom)
NUR 627

www.prismawoordenboeken.nl

Voorwoord bij de 14e druk

De Prisma woordenboeken bestaan al bijna 50 jaar en zijn in die halve eeuw voortdurend bijgewerkt en aangepast.

Ook nu weer heeft de tekst grote veranderingen ondergaan. Enkele honderden nieuwe woorden zijn toegevoegd, omdat techniek en wetenschap zich voortdurend ontwikkelen, evenals onderwijs, bedrijfsleven en de media, de samenleving in het algemeen.

Verder heeft de redactie kritisch gekeken naar de bestaande informatie en deze, waar mogelijk, verbeterd; betekenisprofielen, voorbeeldzinnen, idiomen en hun vertalingen zijn door auteurs en experts getoetst.

Een belangrijk criterium bij de keuze voor nieuwe trefwoorden en het bijwerken van bestaande informatie is de relevantie voor die sectoren waarin veel mensen Prisma woordenboeken gebruiken: het middelbaar onderwijs, het volwassenenonderwijs en het bedrijfsleven.

De inhoudelijke aanpassing vindt zijn uiterlijke tegenhanger in een nieuw omslag, een iets breder formaat en het gebruik van een tweede kleur, blauw, waardoor de trefwoorden gemakkelijker te onderscheiden zijn.

Ook de Romeinse cijfers, de bolletjes, sterretjes en driehoekjes waarmee woordsoorten, betekenissen, voorbeeldzinnen en idioom worden ingeleid, zijn blauw gezet, zodat binnen langere trefwoorden de gezochte informatie sneller wordt gevonden.

Om het gebruiksgemak verder te vergroten is links op het achterplat een 'letterliniaal' weergegeven. In combinatie met de markering op de zijkant en de blauwe tabs in de marges kan de gebruiker zo snel de juiste pagina openslaan.

Voor op- en aanmerkingen houden wij ons graag aanbevolen.
Mail deze naar: *redactie@prismawoordenboeken.nl*

Prisma Lexicografie
april 2004

Aanwijzingen voor het gebruik

Informatie over de vreemde taal
Bij het samenstellen van de Prisma Woordenboeken is rekening gehouden met het feit dat deze voornamelijk worden gebruikt door Nederlandstaligen. Daarom zijn de verbogen vormen van onregelmatige werkwoorden als trefwoord opgenomen, evenals onregelmatige meervoudsvormen en onregelmatige vrouwelijke vormen van zelfstandige en bijvoeglijke naamwoorden. Bij deze trefwoorden wordt verwezen naar respectievelijk de infinitief van het desbetreffende werkwoord of naar de regelmatige (mannelijke) vormen.

Verder zijn als aparte trefwoorden opgenomen: woorden die in het meervoud een afwijkende vertaling hebben of uitsluitend als meervoud voorkomen; eigennamen en geografische namen die vertaalproblemen kunnen opleveren; onregelmatige vormen van de overtreffende trap.

Voorzetsels die in combinatie met het trefwoord leiden tot een verandering in betekenis, zijn vet gedrukt en staan tussen haakjes, na een vet gedrukt bolletje. Hierdoor kunnen deze zogeheten vaste combinaties gemakkelijker worden gevonden.

De grammaticale categorieën (woordsoorten) van het trefwoord worden altijd aangegeven, ook wanneer trefwoorden maar tot één woordsoort behoren. Waar dat relevant is, wordt grammaticale informatie achter de categorie vermeld. Deze informatie staat dan tussen schuine strepen: /.../

Alfabetisering
De Spaanse letter *ñ* (bv. in 'dueña' en 'ñu') wordt alfabetisch geplaatst tussen de *n* en de *o*. De Spaanse dubbele *l* (bv. in 'llegar') krijgt geen aparte plek in het alfabet.

Informatie over het Nederlands
Aangezien de gebruikers hoofdzakelijk Nederlandstaligen zijn, is zo weinig mogelijk informatie over de Nederlandse vertalingen van trefwoorden en voorbeelden opgenomen. Grammaticale informatie wordt derhalve niet gegeven. Wel is er uitleg in de vorm van een label (fig., techn.) of een restrictie (afgedrukt tussen 'vishaken': tussenstop ‹v. vliegtuig›), wanneer vertalingen anders onduidelijk of dubbelzinnig zouden zijn.

Grammaticaal compendium
Achter in dit woordenboek is een beknopte grammatica van de vreemde taal toegevoegd.

Bijzondere tekens

Trefwoorden zijn vet gedrukt. Alle informatie die romein (niet cursief) is gezet, heeft betrekking op de vreemde taal; alle cursief afgedrukte informatie heeft betrekking op het Nederlands.

- De vertalingen van een trefwoord zijn per betekenis georganiseerd. Elke betekenisomschrijving wordt voorafgegaan door een bolletje. Ook de voorzetselconstructies die in combinatie met het trefwoord tot een verschil in betekenis leiden, staan achter een bolletje (en tussen haakjes).

⟨...⟩ Elke specificering van een vertaling (restrictie) staat tussen geknikte haken.

[...] Grammaticale subcategorieën staan tussen vierkante haken.

/.../ Grammaticale informatie staat tussen schuine strepen.

★ Voorbeeldzinnen en idiomatische uitdrukkingen worden voorafgegaan door een sterretje.

I, II enz. Aanduidingen van grammaticale categorieën (woordsoorten, bv. zelfstandig naamwoord, bijvoeglijk naamwoord, overgankelijk en onovergankelijk werkwoord) worden voorafgegaan door vet gedrukte Romeinse cijfers.

~ Een tilde vervangt het trefwoord in voorbeeldzinnen en idiomatische uitdrukkingen.

/ Een schuine streep scheidt woorden die onderling verwisselbaar zijn.

≈ Dit teken geeft aan dat de vertaling een benadering is van het vertaalde woord, voorbeeld of idioom. Een exacte vertaling is in dat geval niet te geven.

↑ Dit teken geeft aan dat de vertaling formeler is dan het vertaalde woord of voorbeeld.

↓ Dit teken geeft aan dat de vertaling minder formeel is dan het Nederlandse trefwoord, voorbeeld of idioom.

Lijst van geografische aanduidingen

Onderstaande aanduidingen geven aan op welk gebied de erop volgende informatie betrekking heeft.

AND	Andes	LA	Latijns-Amerika
ARG	Argentinië	MEX	Mexico
BOL	Bolivia	NIC	Nicaragua
CA	Centraal-/Midden-Amerika	PAN	Panama
CAR	Caribisch gebied	PAR	Paraguay
CHI	Chili	PERU	Peru
COL	Colombia	PR	Porto Rico
CR	Costa Rica	RPL	Rio de la Plata
CUBA	Cuba	SAL	El Salvador
DOM	Dominicaanse Republiek	URU	Uruguay
ECU	Ecuador	VEN	Venezuela
GUA	Guatemala	ZA	Zuid-Amerika
HON	Honduras	ZZA	zuidelijk Zuid-Amerika

Lijst van algemene afkortingen

AANSPR.	aanspreekvorm
AANW VNW	aanwijzend voornaamwoord
ADM.	administratie
AFK.	afkorting
alg.	alguien
ANAT.	anatomie
ARCH.	archeologie
ARCHIT.	architectuur
ASTROL.	astrologie
ASTRON.	astronomie
BEL.	beledigend
BETR VNW	betrekkelijk voornaamwoord
BEZ VNW	bezittelijk voornaamwoord
BIJW	bijwoord
BIOL.	biologie
BNW	bijvoeglijk naamwoord
BOUWK.	bouwkunde
CHEM.	chemie, scheikunde
COMP.	computer, informatica
CUL.	culinair
DIAL.	dialect
DIERK.	dierkunde
ECON.	economie, handel
EV	enkelvoud
FIG.	figuurlijk, overdrachtelijk
FIL.	filosofie, wijsbegeerte
FORM.	formeel
FOTO.	fotografie
GEB. WIJS	gebiedende wijs
GEO.	geografie, aardrijkskunde
GESCH.	geschiedenis
HER.	heraldiek
HWW	hulpwerkwoord
INF.	informeel
+ inf.	met infinitivo
IRON.	ironisch
JUR.	juridische term
KIND.	kindertaal
KWW	koppelwerkwoord
LANDB.	landbouw
LIT.	literatuur, letterkunde
LUCHTV.	luchtvaart
LW	lidwoord
m	mannelijk
M.B.T.	met betrekking tot
MED.	medisch
MIL.	militair
MUZ.	muziek
mv	meervoud
m/v	mannelijk/vrouwelijk
MYTH.	mythologie
NAT.	natuurkunde
ONB TELW	onbepaald telwoord
ONB VNW	onbepaald voornaamwoord
ONP WW	onpersoonlijk werkwoord
onv.	onveranderd
ONVERT.	onvertaald
ON WW	onovergankelijk werkwoord
OV WW	overgankelijk werkwoord
p.	persoon
PEJ.	pejoratief, met ongunstige betekenis
PERS VNW	persoonlijk voornaamwoord
PLANTK.	plantkunde
POL.	politiek
PSYCH.	psychologie
REG.	regionaal
REL.	religie, godsdienst
SAMENTR.	samentrekking
SCHEEPV.	scheepvaart
SCHERTS.	schertsend
SL.	slang, boeventaal
subj.	subjuntivo
TAALK.	taalkunde
TAUR.	taurologie, stierenvechten
TECHN.	techniek
TELECOM.	telecommunicatie
TELW	telwoord
THEAT.	theater, drama
tk.t	toekomende tijd
t.t.	tegenwoordige tijd
TV	televisie
TW	tussenwerpsel
TYP.	typografie
u.c.	una cosa
ud.	usted
u.p.	una persona
v	vrouwelijk
v.	van
v.d.	van de
VERO.	verouderd
v.h.	van het
volt. deelw.	voltooid deelwoord
voorv.	voorvoegsel
VR VNW	vragend voornaamwoord
VULG.	vulgair
VW	voegwoord
VZ	voorzetsel
WISK.	wiskunde
WKD VNW	wederkerend voornaamwoord
WKD WW	wederkerend werkwoord
WKG VNW	wederkerig voornaamwoord
WW	werkwoord
ZN	zelfstandig naamwoord

menudo I m *kleingeld* II m mv *trijp* ⟨v.
slachtdieren⟩; *ingewanden*; *slachtvlees*
III BNW • *klein*; *iel*; *fijn* • *dwerg-*; *minuscuul*
• *onbeduidend*; *van weinig belang* ★ i~ ...! *wat
een* ...! ★ a ~ *dikwijls* ★ ECON. por ~ *in het
klein*; *gedetailleerd* ★ *lluvia menuda motregen*

meñique I m *pink* II BNW INF. *heel klein* ★ *dedo
~ pink*

meollo m • ANAT. *merg* • FIG. *kern*; *hart*; *inhoud*
• *broodkruim*; *binnenste van brood* • *hersenen*;
FIG. *hersens*; *intelligentie*

mercaderia v *koopwaar*

mercadillo m *vlooienmarkt*; *rommelmarkt*

mercado m • *markt* • *afzetgebied* ★ ~ *negro
zwarte markt* ★ *Mercado Común Europeo
Europese Gemeenschappelijke Markt* ★ za ~
persa rommel-, vlooienmarkt

merendar /ie/ OV+ON WW • *een lichte maaltijd
nuttigen* ⟨om een uur of 5⟩

merendarse WKD WW • *gedaan krijgen* • *de
vloer aanvegen met*

merezca WW (1e/3e p ev subj. t.t.) → **merecer**

mergo m *aalscholver*

meridiana v • *sofa* • *middagslaapje*; *siësta*

meridiano I m *meridiaan*; *lengtecirkel* II BNW
• *middag-* • *zuidelijk* • *zeer helder*; *fel* ⟨v. licht⟩

mes m • *maand* • *maandelijks(e) salaris,
uitkering enz.* • *menstruatie* ★ *mes civil
kalendermaand* ★ *mes lunar maandstand*
★ *mes solar zonnemaand* ★ *al mes per maand*
★ *todos los meses maandelijks* ★ *tener el mes
ongesteld zijn* ★ *llevar retraso en el mes
overtijd zijn*

mesa v • *tafel* • *dis*; *maaltijd* • POL. *presidium*
• *panel*; *forum* • GEO. *tafelland* ★ *mesa
auxiliar bijzettafel* ★ *mesa electoral stemtafel*
★ *mesa petitoria collectestandje* ★ *mesa
redonda rondetafel(conferentie)* ★ *mesa
revuelta chaos* ★ *alzar/levantar/quitar la
mesa de tafel afruimen* ★ *levantarse de la
mesa van tafel opstaan* ★ *poner la mesa de
tafel dekken* ★ *bendecir la mesa het tafelgebed
uitspreken*; *bidden*; *danken* ★ *sentar alg. a su
mesa iemand uitnodigen bij de maaltijd*
★ *estar a mesa y mantel (gratis) in de
kost zijn* ★ *estar/venir/vivir a mesa puesta de
tafel altijd gedekt vinden*; *onderhouden
worden*

meter OV WW • *leggen*; *zetten*; *stoppen*; *steken
(en in)* • *inleggen*; *storten* ⟨v. geld⟩ • *plaatsen
⟨in internaat enz.⟩* • *betrekken (en bij)*
• *investeren* • *iemand met iets opschepen*;
opleggen • *inboezemen* ⟨v. angst⟩; *bezorgen*
• *geven* ⟨v. klap, duw, schop⟩ • *innemen* ⟨v.
kleding⟩ ★ *a todo ~ met volle kracht*; *in volle
vaart* ★ ~ *las narices en zijn neus steken in* ★ ~
la pata een bok schieten; *een flater slaan* ★ ~
ruido lawaai maken; *opzien baren* • (~ *en)
aan het verstand brengen* ★ ~ *en la cabeza
inhameren*

---

*trefwoorden, met eventuele varianten, zijn
blauw gedrukt*

*Romeinse cijfers gaan vooraf aan een
woordsoort*

*bolletjes gaan vooraf aan verschillende
betekenissen van een trefwoord*

sterretjes gaan vooraf aan voorbeeldzinnen

tildes (~) vervangen het trefwoord

*tussen schuine strepen wordt klinkerwisseling
van de stam van een werkwoord aangegeven*

*pijlen verwijzen naar een ander trefwoord, bv.
een infinitief*

*tussen geknikte haken wordt extra uitleg
gegeven*

*m en v geven het geslacht aan: mannelijk en
vrouwelijk; mv duidt op meervoud*

*labels geven extra informatie over stijl,
herkomst of vakgebied – zie pp. 7 en 8*

*schuine strepen staan tussen verwisselbare
varianten*

*voorzetsels die voorkomen in vaste combinatie
met een trefwoord zijn blauw gedrukt*

a I v (letter) *a* ★ la de Antonio *de a van Anton*
II vz ● *naar*; *tot* ● *voor*; *aan* ● *per* ● *om te*
● *(niet vertaald)* ‹voor lijdend voorwerp› ★ *al
día siguiente de volgende dag* ★ a fines de
mayo *eind mei* ★ a dos euros por hora *voor 2
euro per uur* ★ ¡a comer! *eten!* ★ ¿a que
viene? *wedden dat hij komt?* ★ a no ser que
tenzij ★ con el agua a la rodilla *met het water
tot aan de knie* ★ a mi gusto *naar mijn smaak*
★ paso a paso *stap voor stap* ★ he visto a tu
madre *ik heb je moeder gezien* ★ ¡a que sí!
wedden van wel! ★ a la derecha *aan de
rechterkant*; *rechts* ★ a la primera ocasión *bij
de eerste gelegenheid* ★ a toda prisa *in allerijl*
★ pintado a la acuarela *geschilderd met
waterverf* ★ a los cinco meses *na vijf
maanden* ★ a la última moda *naar de laatste
mode* ★ a las tres de la tarde *om drie uur 's
middags* ★ ¿a qué hablar de ello? *waarom
zouden we erover praten?* ★ estar al corriente
op de hoogte zijn ★ a vuelta de correo *per
omgaande* ★ empieza a llover *het begint te
regenen* ★ a tres por ciento *tegen 3 procent*
★ 9 es a 3 como 3 es a 1 *9 staat tot 3 als 3
staat tot 1* ★ a cien metros *op honderd meter
afstand* ★ a la española *op zijn Spaans* ★ a
mano *met de hand* ★ a pie *te voet* ★ a la
entrada de la escuela *bij de ingang van de
school* ★ a millares *bij duizenden*
abacá m *manillahennep*
abacería v *kruidenierswinkel*
abacero m *kruidenier*
ábaco m ● *telraam*; *abacus* ● ARCHIT. *dekplaat*
abad m *abt*
abadejo m ● *kabeljauw* ● *stokvis*
abadengo BNW *abdij-*
abadesa v *abdis*
abadía v *abdij*
abajo BIJW *(naar) beneden*; *omlaag*; *(hier)onder*
★ ¡~! *weg ermee!* ★ ¡~ el tirano! *weg met de
tiran!* ★ de diez para ~ *onder de tien* ★ río ~
stroomafwaarts ★ vecino de ~ *benedenbuur*
★ los de ~ *de vertrapten*; *de onderdrukten* ★ de
cintura ~ *onder het middel* ★ hacia ~ *naar
beneden*; *neerwaarts* ★ desde ~ *van onderaf*
★ echar ~ *ruïneren*; *slopen* ★ de arriba ~ *van
onder tot boven*
abalanzar OV WW ● *in evenwicht brengen*
● *gelijkmaken*; *wegslingeren*
abalanzarse WKD WW *zich storten*; *zich werpen*
(sobre op)
abaldonar OV WW *omlaaghalen*; *beledigen*
abalear OV WW LA *schieten op*; *neerschieten*
abalizar OV WW *bebakenen*
abalorio m ● *(glazen) kraal(tje)* ● *kralensnoer*
abanderado m ● *vaandeldrager* ● *leider*;
aanvoerder
abanderar OV WW *van scheepspapieren
voorzien*; *registreren*
abandonado BNW ● *verlaten* ● *verwaarloosd*
● *onverzorgd*; *vuil*
abandonar OV WW ● *achterlaten*; *verlaten*; *in de

steek laten* ● *opgeven* ‹v. plan› ★ ~ una idea
een idee laten varen
abandonarse WKD WW ● *zich verwaarlozen*
● *zich laten gaan* ● (~ a) *zich overgeven aan*
abandonismo m *defaitisme*; *neiging tot
opgeven*
abandono m ● *(het) verlaten* ● *verlatenheid*;
verwaarlozing ● SPORT *opgave* ★ ~ de la
víctima *doorrijden na veroorzaken van
ongeval* ★ caer en ~ *aan lager wal raken*
★ darse al ~ *zich laten gaan*; *aan zijn
zwakheden toegeven*
abanicar OV WW ● *koelte toewuiven* ‹met
waaier› ● *vleien*
abanico m ● *waaier* ● FIG. *scala*; *gamma* ★ ~
salarial *loonschaal* ★ en forma/figura de ~
waaiervormig
abaniqueo m *(het) waaieren*
abaratamiento m *(het) goedkoper worden/
maken*; *prijsdaling, -verlaging*
abaratar I OV WW *goedkoper maken* **II** ON WW
goedkoper worden
abarca v *sandaal* ★ le queda como una ~ *het zit
hem veel te ruim*
abarcar OV WW ● *omvatten* ● *beslaan*; *bevatten*
● *op zich nemen* ● ZA *opkopen* ★ ~ con la vista
overzien ★ quien mucho abarca poco aprieta
men moet niet te veel hooi op zijn vork nemen
★ esto no abarca la totalidad de los casos *dat
gaat niet op voor alle gevallen*
abarquillar OV WW *(om)buigen*; *kreuken*
abarquillarse WKD WW ● *kromtrekken*
● *kreuken*; *omkrullen*
abarrancadero m ● *zandbank* ● FIG. *wespennest*
abarrancar I OV WW *geulen maken* **II** ON WW
● *aan de grond lopen*; *vastlopen*; *stranden* ● *in
de knoei raken*
abarrotado BNW *stampvol*
abarrotar ON WW *volstouwen*; *volstoppen* **(de
met)**
abarrotarse WKD WW LA *overspoeld/overvoerd
worden* ‹v. markt›
abarrotes m MV LA *kruidenierswaren*
abastardar ON WW *ontaarden*; *degenereren*
abastecedor I m *leverancier* **II** BNW *leverend*
abastecer OV WW *leveren*; *voorzien (van)*
abastecimiento m *levering*; *bevoorrading* ★ ~
energético *stroomvoorziening*
abastezca WW (1e/3e p. ev subj. t.t.)
→ **abastecer**
abasto m ★ dar ~ *over voldoende middelen
beschikken* ★ no poder dar ~ a todos los
encargos *niet alle orders aankunnen*
abastos m MV *aanvoer van levensmiddelen*
abate m *geestelijke*
abatí m LA *maïs*; *(alcoholische) maïsdrank*
abatible BNW *op-/neerklapbaar*
abatido BNW ● *terneergeslagen*; *neerslachtig*
● *verachtelijk*
abatimiento m ● *moedeloosheid*;
neerslachtigheid ● *lusteloosheid*
abatir I OV WW ● *neerhalen*; *omvergooien*
● *neerschieten*; *verwonden* ● *buigen* ‹v.h.
hoofd› ● *ontmoedigen* ★ SCHEEPV. ~ las velas
de zeilen strijken **II** ON WW *uit de koers raken*
abatirse WKD WW *zich storten* **(sobre op)**;

neerduiken

abdicación v *abdicatie; (het) (vrijwillig) afstand doen van*

abdicar I ov ww *afstand doen (van)* ★ ~ de un derecho *afzien van een recht* II on ww *afstand doen van de troon*

abdomen m • *onderbuik* • *buikholte*

abdominal BNW *buik-; abdominaal* ★ cavidad ~ *buikholte* ★ ~es *buikspieren*

abducción v MED. *abductie*

abductor m ANAT. *afvoerder*

abecé m *abc*

abecedario m • *alfabet* • *abc-boek* ★ ~ manual *doofstommenalfabet*

abedul m • *berk* • *berkenhout*

abeja v • *bij* • *hardwerkend persoon* ★ ~ reina *bijenkoningin* ★ ~ neutra/obrera *werkbij*

abejar m *bijenstal; bijenhuis*

abejarrón m → **abejorro**

abejaruco m *bijeneter*

abejera v *bijenkorf*

abejón m • *dar; mannetjesbij* • *hommel*

abejorro m • *hommel* • FIG. *zeurpiet*

abellacado BNW *schurkachtig*

aberración v • *aberratie; afwijking* • *misvatting*

aberrante BNW *afwijkend*

aberrar on ww *zich vergissen; afwijken*

abertura v • *(het) openen* • *opening* • *kier; gat; spleet* • *vallei*

abetal m *sparrenbos*

abeto m • *spar* • *sparrenhout* ★ ~ blanco *zilverspar*

abetunado BNW *donker van kleur*

abetunar ov ww • *teren* • *schoensmeer doen op; poetsen*

abierto BNW • *open* • *zonder obstakels; vrij* • *openhartig* • *(vrij) toegankelijk* • *tolerant*

abigarrado BNW • *gemengd; heterogeen* • *veelkleurig; bont*

abigarramiento m *veelkleurigheid*

abigarrar ov ww *kakelbont maken*

abintestato BNW *zonder testament*

abisal BNW *diepzee-*

abismado BNW (~ en) *verdiept in*

abismal BNW *onmetelijk*

abismar ov ww • *in een afgrond storten* • *verwarren*

abismarse WKD WW *verzinken; zich verdiepen*

abismo m • *het ondoorgrondelijke* • *immense hoeveelheid* • *afgrond; OOK* FIG. *kloof* • *hel* ★ ~ entre las generaciones *generatiekloof*

abjuración v *afzwering; verzaking; verloochening*

abjurar OV+ON WW *verloochenen; afzweren; verzaken*

ablación v MED., GEO. *ablatie; loslating; verwijdering* ★ ~ del clítoris *vrouwenbesnijdenis*

ablactación v *(het) stoppen met borstvoeding*

ablactar OV WW ★ ~ a un niño *een kind spenen*

ablandabrevas m/v *nietsnut*

ablandador BNW *verzachtend*

ablandamiento m *verzachting; het week worden/maken*

ablandar OV WW • *zacht maken* • *ontroeren; kalmeren* • ZA *inrijden* ⟨v. nieuwe auto⟩

ablativo m *ablativus*

ablución v • *(het) wassen* • *(rituele) reiniging*

abluciones v MV REL. *water en wijn*

abnegación v *opoffering*

abnegado BNW *onbaatzuchtig*

abnegar /ie/ OV WW *afstand doen van; opofferen*

abobar OV WW • *suf maken* • *versteld doen staan*

abocado BNW • *gedoemd* • *nabij; blootgesteld (aan)* • *halfzoet* ⟨v. wijn⟩

abocar I OV WW • *overgieten* • *dichterbij brengen* II ON WW • *leiden tot* • SCHEEPV. *binnenlopen*

abocarse WKD WW *bij elkaar komen voor een bespreking*

abocetar OV WW *schetsen*

abochornado BNW • *beschaamd* • *verstikkend*

abochornar OV WW • *doen stikken* • *in verlegenheid brengen*

abochornarse WKD WW • *zich schamen* • *stikken* ⟨v. de hitte⟩

abocinado BNW *trompetvormig*

abocinar OV WW *wijd laten uitlopen*

abofetear OV WW *een klap in het gezicht geven*

abogacía v *advocatuur*

abogaderas v MV REL. *trucs; spitsvondigheden*

abogado m *advocaat; raadsman; pleiter* ★ ~ del Estado *landsadvocaat*

abogar ON WW • *bemiddelen* • *pleiten*

abolengo m *afstamming; geslacht* ⟨adellijk⟩

abolición v • *opheffing; afschaffing* • *buitenwerkingstelling* ⟨v. wet⟩

abolicionismo m *abolitionisme*

abolicionista m/v *abolitionist*

abolir OV WW *afschaffen*

abolladura v *deuk*

abollar OV WW *(in)deuken*

abollón m *deuk*

abombado BNW • ZA *half bedorven* ⟨v. vlees⟩ • *bolvormig* • ZA *duf*

abombar OV WW • *een bolvorm geven* • *versuffen; in de war maken*

abombarse WKD WW • *bezopen raken; zich bedrinken* • *beginnen te bederven*

abominable BNW • *gruwelijk* • *abominabel* • *afschuwelijk*

abominación v • *weerzin* • *iets afschuwelijks*

abominar I OV WW *verfoeien; verafschuwen* II ON WW *verwensen; vervloeken*

abonable BNW *te voldoen* ★ años ~s *dienstjaren* ⟨ivm uitkering, pensioen⟩

abonado I m *abonnee* II BNW • *geabonneerd* • *bemest* ★ ser terreno ~ para *een geschikte voedingsbodem zijn voor; bevorderlijk zijn voor*

abonanzar ON WW *opklaren*

abonar OV WW • *accrediteren; een goede naam hebben* • *betalen; bijboeken* • *bemesten* • *abonneren* • *borg staan voor*

abonaré m *wissel*

abono m • *abonnement* • *mest* • *ontvangstbewijs* ★ ~ semanal *weekabonnement*

abordable BNW • *toegankelijk* • *haalbaar*; *doenlijk* • *betaalbaar* ‹v. prijs›
abordaje m *aanvaring*; *entering* ★ ¡al ~! *enteren!*
abordar OV WW • *aanvaren* • *afmeren* • *aanspreken* • *aansnijden* ‹v. onderwerp›
aborigen I m/v *oorspronkelijke bewoner* **II** BNW *inheems*
aborrascarse WKD WW • *stormachtig worden* • *geïrriteerd raken*
aborrecer OV WW • *verafschuwen*; *verfoeien* • *verlaten* ‹bij dieren› • *vervelen* ★ ~ de muerte *de pest hebben aan*
aborrecible BNW *afschuwelijk*
aborrecido BNW *gehaat*
aborrecimiento m *afschuw* ★ tomar ~ a *iets verafschuwen*
aborregado BNW • *met schapenwolkjes bedekt* • *zonder eigen initiatieven*
aborregarse WKD WW • *met schapenwolkjes bedekt worden* • *met de massa meedoen*
aborrezca WW (1e/3e p. ev subj. t.t.) → **aborrecer**
abortar I OV WW • *aborteren* • *doen mislukken*; *(voortijdig) afbreken* **II** ON WW • *abortus plegen* • *een miskraam hebben* • *mislukken*
abortista m/v • *voorstander van abortus* • *aborteur, aborteuse*
abortivo I m *vruchtafdrijvend middel* **II** BNW *vruchtafdrijvend* ★ tratamiento ~ *abortus*
aborto m • *abortus*; *miskraam* • *mislukking* ★ ~ provocado *abortus provocatus* ★ ~ terapéutico *abortus op medische indicatie* ★ clínica de ~s *abortuskliniek*
abotagamiento m *zwelling*
abotagarse WKD WW *zwellen*
abotonador m *knopenhaakje*
abotonar I OV WW *dichtknopen* **II** ON WW *uitlopen* ‹v. planten›
abovedado BNW *gewelfd*
abovedar OV WW • *overwelven* • ARCHIT. *boogvorm geven*
abra v • *vallei*; *scheur in de aarde* ‹door aardbeving›; *kleine baai* • LA *open plek in bos*
abrasado BNW *verbrand*
abrasador BNW *verzengend*
abrasar I OV WW • *aanvreten* • *branden* ‹lichamelijke pijn› • *in de as leggen*; *verzengen*; *verbranden* ★ la impaciencia me abrasa *ik brand van ongeduld* **II** ON WW *gloeiend heet zijn*
abrasarse WKD WW • *(ver)branden* • *uitdrogen* • *verteren* ★ ~ en deseos *de verteerd worden door het verlangen naar* ★ ~ de calor *stikken van de hitte* ★ ~ vivo *stikken van de hitte* ★ ~ de sed *vergaan van de dorst*
abrasión v GEO. *abrasie*
abrasivo I m *slijpmiddel*; *schuurmiddel* **II** BNW *schurend*
abrazadera v *klem*; *ring*
abrazar OV WW • *omhelzen* • *omarmen* • *omvatten* • *aanhangen* ‹v. mening, ideologie›; *volgen*
abrazo m *omarming*; *omhelzing* ★ ~ fatal *(computer)crash*
abrebotellas m (mv onv) *flesopener*

abrecartas m (mv onv) *briefopener*
ábrego m *zuid(westen)wind*
abrelatas m (mv onv) *blikopener*
abrevadero m *drinkbak*; *drinkplaats* ‹voor dieren›
abrevar OV WW *drenken*; *te drinken geven* ‹v. vee›
abrevarse WKD WW *drinken* ‹v. vee›
abreviación v *af-/inkorting*; *verkorting*; *verkorte versie*
abreviadamente BIJW *kort weergegeven*
abreviado BNW • *verkort* • *kort*; *klein*
abreviar OV WW • *bespoedigen* • *bekorten*; *inkorten*; *verkorten*
abreviatura v *afkorting*
abridor I m *opener* **II** BNW *opened*
abrigadero m • *beschutte plek* • *schuilplaats*
abrigado BNW *warm aangekleed/toegedekt* ★ ~ del viento *beschut*; *uit de wind*
abrigar OV WW • *beschutten*; *warm kleden*; *toedekken*; *bedekken* • *koesteren* ‹v. hoop, wens›
abrigarse WKD WW • *zich toedekken*; *zich warm aankleden* • (~ **de**) *zich beschermen tegen*
abrigo m • *jas* • *steun*; *toevlucht*; *bescherming*; *schuilplaats* ★ al ~ *waarvoor je op moet passen* ★ al ~ de *beschermd tegen*
abril m *april* ★ estar hecho un ~ *er knap uitzien* ★ 13 ~es *13 lentes* ★ CHI para ~ *met sint-juttemis*
abrileño BNW *april-*
abriles m mv *jeugdjaren* ★ una criatura de diecisiete ~ *een kind van zeventien lentes*
abrillantador m • *diamantslijper* • *glansmiddel*
abrillantar OV WW • *glanzend maken* ‹v. stenen›; *slijpen* • *meer glans geven aan*; *opluisteren*
abrir I OV WW • *openen* • *openscheuren*; *openmaken* • *opsteken* ‹v. paraplu› • *openen*; *bieden* • *opwekken* ‹v. nieuwsgierigheid, eetlust› • *beginnen*; *aanleggen* ‹v. weg› • *graven* ‹v. tunnel› ★ no ~ la boca *zijn mond niet opendoen* ★ ~ los ojos *de ogen openen*; *goed opletten* ★ ~ la entrada *een weg banen* ★ ~ paso/camino *de weg vrijmaken*; *ruim baan maken*; OOK FIG. *zich een weg banen*; *vooruitkomen* ★ ~ el apetito *de eetlust opwekken* ★ a medio ~ *op een kier* **II** ON WW • *opengaan* • *vluchten* ★ en un ~ y cerrar de ojos *in een oogwenk* ★ abre el día *de mist trekt op* ★ las ventanas abren al jardín *de vensters zien uit op de tuin*
abrirse WKD WW • *zijn hart uitstorten* • *uitzicht geven op*; *uitkomen op* • *opklaren* ★ ~ camino/paso *vooruitkomen in het leven*; *zich een weg banen* ★ ya se abrirán camino *ze zullen hun weg wel vinden* ★ se abre el tiempo *het wordt mooi weer*
abrochador m *knopenhaakje*
abrochar OV WW • *dichtdoen*; *dichtknopen* • *dichtgespen*
abrocharse WKD WW • ZA *knokken* • *dichtknopen*; *vastmaken*
abrogación v *afschaffing*; *ongeldigverklaring*
abrogar OV WW *afschaffen*; *opheffen*; *herroepen*
abrojo m • *distel* • *doornstruik*

ab

abrojos m mv *rotsen onder water*
abroncar OV WW • *berispen* • *uitjouwen*
abroquelarse WKD WW *zich verbergen achter*
abrótano m *citroenkruid*
abrumador BNW *erg zwaar*; *overstelpend*; *overweldigend*; *overladen* ⟨v. programma⟩
abrumar OV WW • *overstelpen* • *uitputten*; *vermoeien* • *in verwarring brengen*
abrumarse WKD WW *nevelig worden*
abrupto BNW • *steil* • *oneffen*; *ruw* • *abrupt*; *bruusk*
abrutado BNW FIG. *ruw*; *afgestompt*; *grof*
absceso m *abces*; *zweer*
abscisión v *wegsnijding*
absenta v *absint*
absentismo m • *verzuim* • *absenteïsme* ★ ~ *escolar spijbelen*
absentista m/v • *iemand die vaak verzuimt* • *elders wonende landeigenaar*
ábside m/v *apsis*; *abside*
absintio m *absint*; *alsem*
absolución v • *vrijspraak* • *vergeving*; *absolutie* ★ ~ *libre zuivere vrijspraak*
absoluta v *boude bewering* ★ MIL. *tomar la* ~ *afzwaaien*
absolutamente BIJW → **absoluto** ★ ~ *nada helemaal niets*
absolutismo m *absolutisme*
absolutista I m/v *absolutist* II BNW *absolutistisch*
absoluto BNW • *absoluut* • *volkomen*; *volstrekt* • *autoritair*; *dominant* ★ *en* ~ *volstrekt niet*; *absoluut niet*
absolutorio BNW *vrijsprekend* ★ *sentencia absolutoria vrijspraak*
absolver /ue/ OV WW • *vrijspreken* • *de absolutie geven* • *ontheffen*
absorbente BNW *absorberend*; *alle aandacht opeisend*
absorber OV WW • *opnemen*; *verbruiken* • *absorberen*; *opslorpen* • *volledig in beslag nemen* ★ *absorbido por geheel in beslag genomen door*
absorberse WKD WW • *zich verdiepen* • *verdiept raken*
absorción v *absorptie*
absorto BNW • *geheel opgegaan (in)*; *verdiept (in)* • *verbijsterd* ★ *mirar* ~ *u.c. naar iets turen* ★ ~ *en sus pensamientos in gedachten verzonken*; *afwezig*
abstemio I m *geheelonthouder* II BNW *geheelonthoudend*
abstención v • *onthouding* ⟨v. stemming⟩ • *geheelonthouding*
abstendrá WW (3e p ev tk.t.) → **abstenerse**
abstenerse /ie/ WKD WW *zich onthouden* ★ ~ *de zich onthouden van*; *afzien van*
abstinencia v *onthouding* ★ *síndrome de* ~ *ontwenningsverschijnselen*
abstinente BNW *abstinent*
abstracción v • *abstractie* • *(het) in gedachten verzonken zijn* ★ *hacer* ~ *de afzien van*; *buiten beschouwing laten*
abstracto I m *wetenschappelijke samenvatting* ★ *en* ~ *in abstracto* II BNW *abstract*
abstraer OV WW *abstraheren*

abstraerse WKD WW • *zich afsluiten* • (~ *de/en*) *verstrooid zijn*; *afwezig zijn*
abstraído BNW *verstrooid*; *in gedachten verzonken*
abstraiga WW (1e/3e p ev subj. t.t.) → **abstraerse**
abstrajo WW (3e p ev v.t.) → **abstraerse**
abstruso BNW *moeilijk te begrijpen*; *ingewikkeld*
abstuvo WW (3e p ev v.t.) → **abstenerse**
absuelto WW (volt. deelw.) → **absolver**
absurdidad v *absurditeit*
absurdo I m *het absurde*; *absurditeit* ★ *reducir al* ~ *uit het ongerijmde bewijzen* II BNW *absurd*; *belachelijk*; *onzinnig*
abubilla v *hop*
abuchear OV WW *uitjouwen*
abucheo m *boegeroep*; *gejouw*
abuela v • *oma* • *oude vrouw* ★ *icuéntaselo a tu ~! maak dat je grootje wijs!* ★ *itoma que no tiene ~! hij hemelt zichzelf op* ★ *éso no tiene* ~ *wat een opschepper*
abuelita v *oma(atje)*
abuelo m • *opa* • *oude man* ★ ~*s grootouders*
abulense I m/v *iemand uit Avila* II BNW *van/uit Avila*
abulia v *willoosheid*; *gebrek aan daadkracht*
abúlico BNW *willoos*
abultado BNW • *groot* • *overdreven* • *opgeblazen*; *dik* • *lomp* ★ ~ *de facciones met een bol gezicht*
abultamiento m • *het innemen van plaats* • *bult*
abultar I OV WW • *dikker maken*; *opblazen* • *overdrijven* II ON WW *veel plaats innemen*
abundamiento m *overvloed* ★ *a mayor* ~ *ten overvloede*
abundancia v • *overvloed* • *weelde*; *rijkdom* ★ *por la* ~ *del corazón habla la boca waar het hart van vol is, loopt de mond van over* ★ *nadar en la* ~ *in weelde baden*
abundante BNW *rijkelijk*; *overvloedig* ★ *aguas* ~*s en peces visrijke wateren*
abundar ON WW • *rijk zijn* • *overvloedig aanwezig zijn* ★ ~ *en la opinión de u.p. volledig met iemand instemmen* ★ *cada cual abunda en su juicio ieder denkt dat hij het bij het rechte eind heeft*
abur TW *tot kijk!*
aburguesado BNW *burgerlijk*; *bekrompen*
aburguesamiento m *verburgerlijking*
aburrido BNW • *saai*; *vervelend* • *verveeld* ★ *me tienes* ~ *je zit me tot hier*
aburrimiento m *verveling* ★ *ivaya ~! wat een saaie kerel!*
aburrir OV WW *vervelen*; *hinderen*; *ergeren*
aburrirse WKD WW • *zich vervelen* • (~ *de*) *genoeg krijgen van*
abusar OV WW *misbruiken*
abusivo BNW *woeker-*; *buitensporig*; *onbillijk*
abuso m • *misbruik* • *wantoestand* ★ ~ *de confianza misbruik van vertrouwen* ★ ~ *del poder machtsmisbruik* ★ ~*s deshonestos ontuchtige handelingen* ★ *ies un ~! het is een schande!*
abusón I m (v: **abusona**) *profiteur* II BNW (v: **abusona**) *die misbruik maakt*

abyección v • *laagheid* • *slaafsheid*
abyecto BNW *verachtelijk*; *laag*; *gemeen*
acá BIJW • *hier* • *hier in de buurt* • *hierheen* ★ de
acá para allá *heen en weer*; *van hot naar
haar* ★ acá y allá *hier en daar* ★ desde/de la
guerra acá *sinds de oorlog*
acabado I m *afwerking* **II** BNW • *voltooid*; *af*
• *afgeleefd*; *op* ★ *uitgeput* ★ ~ de pintar *pas
geverfd*
acabalar OV WW *voltooien*; *completeren*
acaballadero m *dekplaats*
acaballar OV WW *dekken*; *bespringen* ⟨paard⟩
acabamiento m • *voltooiing* • *dood*; *einde*
acabar I OV WW • *beëindigen* • *opmaken* ★ ~ la
canción *het lied uitzingen* ★ acabó el vaso de
un trago *hij dronk het glas in een teug leeg*
• ⟨~ con⟩ *een einde maken aan* **II** ON WW
• *aflopen*; *ophouden* • *eindigen* • *doden* ★ es
cosa de nunca ~ *dat is een gebed zonder einde*
★ no ~ nunca *aan de gang blijven* ★ eso ~á
con él *dat zal zijn dood zijn* ★ ¡acabáramos!
nu begrijp ik het eindelijk ★ iacaba de una vez
por favor! *hou toch eindelijk eens op!* ★ ¡~ás
muy mal! *het loopt helemaal verkeerd af met
jou!* ★ antes de que acabes no te alabes *je
moet de dag niet prijzen voor het avond is*
★ acabó diciendo *ten slotte zei hij* ★ ⟨~ de [+
inf.]⟩ *net klaar zijn met* ★ acaba de salir *hij is
net weg* ★ acabo de comer *ik heb juist gegeten*
★ ~ de arder *opbranden* • ⟨~ por [+ inf.]⟩
uiteindelijk doen ★ acabó por averiguarlo
uiteindelijk kwam hij het te weten ★ no ~ás
nunca por conocer a España *je zult Spanje
nooit helemaal leren kennen*
acabarse WKD WW • *op zijn*; *op raken* • *sterven*
★ se me acaban los euros *mijn euro's raken
op* ★ se acabó el queso *de kaas is op* ★ éste se
acabó *zijn spel is uitgespeeld*
acabóse m • es el ~ *het is een ramp*; *dat is het
toppunt*
acachetear OV WW *een klap in het gezicht geven*
academia v • *academie* • *onderwijsinstituut*
• *vergadering van academici*
• *academiegebouw* • *naaktstudie*
académico I m *lid van een academie* **II** BNW
academisch
acaecer ON WW *voorvallen*; *gebeuren*
acaecimiento m *voorval*; *gebeurtenis*
acaezca WW (1e/3e p ev subj. t.t.) → **acaecer**
acalenturarse WKD WW *koorts krijgen*
acallar OV WW • *stillen* ⟨v. honger⟩ • *tot zwijgen
brengen* • *kalmeren*; *tot rust brengen*
acallarse WKD WW *tot bedaren komen*; *rustig,
stil worden*
acalorado BNW • *warm*; *heet* • *verhit*; *boos*
• *heftig*; *hartstochtelijk*; *opgewonden*
acaloramiento m • *gloed*; *vuur* • *opwinding*
acalorar OV WW • *verwarmen*; *verhitten*
• *kwaad maken*; *opwinden*
acalorarse WKD WW • *het warm krijgen* • *boos
worden*; *opgewonden raken*
acamar OV WW *neerslaan* ⟨v. koren⟩
acampada v *(het) kamperen*; *bivak*
acampanado BNW *klokvormig* ★ falda
acampanada *klokrok*
acampar I OV WW *legeren* **II** ON WW *zijn tent*

opslaan; *kamperen*
acanalado BNW • *gekanaliseerd* • *geribbeld*
acanaladura v *ribbel*; *sleuf*; ARCHIT. *cannelure*
acanalar OV WW • *groeven of kanalen maken in*
• *kanaalvormig maken*
acanallado BNW *schurkachtig*; *gemeen*
acanelado BNW *met kaneelsmaak of kleur*
acantilado I m *klif* **II** BNW • *met klippen*
⟨zeebodem⟩ • *steil*
acanto v *acanthus*
acantonamiento m *inkwartiering*
acantonar OV WW *inkwartieren*
acaparador I m *hamsteraar*; *inhalig persoon*
II BNW *hebzuchtig*
acaparamiento m *(het) hamsteren*
acaparar OV WW • *inpikken*; *hamsteren*
• *monopoliseren*; *zich toe-eigenen* • *naar zich
toetrekken* ⟨v. macht, aandacht⟩
acápite m LA *alinea*; *(onder)titel*
acaracolado BNW *spiraalvormig*
acaramelado BNW • *gekarameliseerd*
• *suikerzoet*; FIG. *poeslief*
acaramelar OV WW *karameliseren*
acaramelarse WKD WW *verliefd doen*
acardenalar OV WW *bont en blauw slaan*
acariciador BNW *strelend*; *liefkozend*
acariciar OV WW • *aanhalen* • *strelen*; *aaien*;
liefkozen • *koesteren* ⟨v. hoop, plannen,
ideeën⟩
ácaro m *mijt*
acarrear OV WW • *aanvoeren*; *meevoeren* • *met
zich meebrengen*; *veroorzaken*
acarreo m *vervoer* ★ de ~ *aangeslibd*
acartonarse WKD WW • *stug worden*;
kartonachtig worden • *verschrompelen*
acaserarse WKD WW • LA *een vaste klant worden*
• ⟨~ con⟩ OOK FIG. *zich hechten (aan)*
acaso BIJW • *misschien* • *toevallig* ★ si ~ *in ieder
geval*; *zo ja* ★ por si ~ *voor alle zekerheid*; *voor
het geval dat*
acatamiento m *gehoorzaamheid*; *respect*
acatar OV WW *respecteren*; *gehoorzamen*
acatarrar OV WW *verkouden maken*; *aansteken*
acatarrarse WKD WW *kou vatten*; *verkouden
worden*
acato m *eerbied*
acaudalado BNW *welgesteld*
acaudalar OV WW *verwerven*; *vergaren*
⟨rijkdommen⟩
acaudillar OV WW *aanvoeren*
acceder ON WW • *instemmen (met)*; *inwilligen*
• ⟨a⟩ *toetreden tot*; *toegang hebben tot*
• *aankomen* ★ ~ a un deseo *een wens
vervullen*
accesibilidad v *toegankelijkheid*
accesible BNW • *begrijpelijk*; *toegankelijk*
• *vriendelijk*
accesión v • *inwilliging* • *bijkomstigheid*;
inbezitneming • *koortsaanval*
accésit m *tweede prijs*; *eervolle vermelding*
acceso m • *toegang* • *vlaag*; *aanval*
• *toegangsweg* ★ carretera de ~
verbindingsweg ★ acceso de tos *hoestbui*
★ COMP. ~ directo *snelkoppeling*
accesorio I m *hulpstuk*; *accessoire* **II** BNW *bij-*;
bijkomstig

ac

accidentado I m *slachtoffer; gewonde* **II** BNW
• *heuvelachtig; oneffen* • *gewond* • *met hindernissen; roerig*
accidental BNW • *van ondergeschikt belang*
• *toevallig* • *waarnemend*
accidentarse WKD WW *een ongeluk krijgen*
accidente m • *ongeluk; ongeval* • *oneffenheid*
• *toeval* ★ ~ de trabajo *bedrijfsongeval* ★ ~ en cadena *kettingbotsing* ★ por ~ *bij toeval; per ongeluk*
acción v • *inwerking; uitwerking* • *plot; handeling* • ECON. *aandeel* • *actie; beweging* ★ ejercitar una ~ contra *een rechtsvordering instellen tegen* ★ ~ de guerra *oorlogshandeling* ★ mala ~ *slechte daad* ★ poner en ~ *in werking stellen* ★ ~ al portador *aandeel aan toonder* ★ ~ de gracias *dankgebed* ★ ~ independiente *zelfwerkzaamheid* ★ ~ acumulativa de prioridad *cumulatief preferent aandeel* ★ ganarle la ~ a u.p. *iemand vóór zijn*
accionamiento m *inwerkingstelling; (het) in werking stellen*
accionar I OV WW *in werking stellen* **II** ON WW *gebaren maken*
accionariado m *aandeelhouders*
accionista m/v *aandeelhouder*
acebo m *hulst*
acebuche m • *wilde olijfboom* • *hout van deze boom*
acechanza v • *het beloeren* • *hinderlaag*
acechar OV WW *belagen; bespieden*
acecho m *hinderlaag* ★ estar al ~ *op de loer liggen*
acecinar OV WW *zouten, drogen en roken* ⟨v. vlees⟩
acedar OV WW *verzuren*
acedera v *zuring*
acedía v • *zuurheid* • *maagzuur*
acedo BNW *scherp; zuur*
acéfalo BNW • *koploos* • *zonder leider*
aceitar OV WW *met olie insmeren*
aceite m *olie* ★ ~ esencial/volátil *etherische olie* ★ ~ de ballena *walvistraan* ★ ~ de abeto *sparrenhars* ★ balsa de ~ *volledige rust* ★ ~ de oliva *olijfolie* ★ ~ de anís *anisette* ★ ~ de hígado de bacalao *levertraan* ★ ~ de linaza *lijnolie* ★ VERO. caro como ~ de Aparicio *peperduur; gepeperd* ★ combustión de ~ *oliestookinrichting*
aceitera v *oliekannetje*
aceiteras v mv *olie- en azijnstel*
aceitero BNW *olie-*
aceitoso BNW • *vettig* • *olieachtig*
aceituna v *olijf* ★ ~ de la Reina *reuzenolijf*
aceitunado BNW *olijfkleurig; olijfgroen*
aceleración v *versnelling*
acelerado BNW *versneld* ★ curso ~ *spoedcursus*
acelerador I m • *versnelling* • *gaspedaal* ★ pisar el ~ *(plank)gas geven* ★ golpe de ~ *dot gas* **II** BNW *versnellend*
acelerar OV WW *versnellen; bespoedigen*
acelerarse WKD WW *zich haasten*
acelerón m *stoot gas*
acelga v *snijbiet* ★ cara de ~ *een bleek gezicht*
acémila v • *pakezel* • *domkop*

acemilero I m *lastdierdrijver* **II** BNW *lastdier-*
acendrado BNW • *zuiver; vlekkeloos* • *puur; louter*
acendrar OV WW • *louteren* • OOK FIG. *zuiveren*
acento m • *klemtoon* • *accent; leesteken*
• *nadruk* • *accent; tongval* • *toon* ★ con ~ burlón *op spottende toon* ★ ~ tónico *klemtoon; woordaccent* ★ poner el ~ en de *nadruk leggen op*
acentuación v *accentuering*
acentuar /ú/ OV WW • *beklemtonen; benadrukken* • *van klemtoontekens voorzien; accentueren*
acentuarse WKD WW • *toenemen; naar voren treden; zich verscherpen*
aceña v *watermolen*
acepción v *betekenis van een woord* ★ sin ~ de personas *zonder aanzien des persoons*
acepillar OV WW • *schuren; schaven* • *afborstelen*
aceptabilidad v *aanvaardbaarheid*
aceptable BNW *aanvaardbaar*
aceptación v • *aanvaarding* • *bijval; goedkeuring* ★ tener (mucha) ~ *in trek/populair zijn*
aceptar OV WW • *aanvaarden; aannemen*
• *goedkeuren; toelaten* • *honoreren* ⟨wissel⟩
• *accepteren* ★ letra aceptada *geaccepteerde wissel*
acepto BIJW *welgevallig; welkom*
acequia v *sloot; geul; bevloeiingskanaal*
acera v • *trottoir* • *straatkant* ★ de la otra ~ *homoseksueel* ★ de la ~ de enfrente *homoseksueel*
acerado I m • *een staalbad geven; het stalen* **II** BNW • *staalachtig; stalen* • FIG. *snijdend; bijtend; scherp* • *spijkerhard; keihard*
acerar OV WW • *van trottoirs voorzien* • *met staal bedekken* • FIG. *hard/sterk maken*
acerbidad v • *wrangheid* • *wreedheid; scherpte*
acerbo BNW • *zuur; wrang* • *scherp; bijtend; wreed*
acerca VZ ★ ~ de *over; met betrekking tot*
acercamiento m *(toe)nadering*
acercar OV WW OOK FIG. *naderbij brengen*
acercarse WKD WW *naderen; naderbij komen*
acería v *staalfabriek*
acerico m (**acerillo**) *(spelden)kussentje*
acero m • *staal* • *zwaard* • VERO. vuelva el ~ en la vaina *laten we weer goede vrienden worden* ★ ~ bruto *onbewerkt, ruw staal*
aceros m mv • *eetlust* • *moed*
acérrimo BNW • *zeer scherp* • *fel; verbeten; hardnekkig* • FIG. *verbitterd*
acertado BNW • *doeltreffend; raak; gepast; juist*
acertar /ie/ **I** OV WW • *oplossen; raden* • *treffen; raak schieten* • *erachter komen; vinden* • *het goede doen; het juist hebben* ★ ~ la quiniela de toto *winnen* ★ no acierto a hacerlo *het lukt me niet; ik heb geen geluk daarmee* **II** ON WW ★ acierta en todo *hem lukt alles* (~ **a** [+ *inf.*]) *toevallig gebeuren* ★ acertó a ser su cumpleaños *het was toevallig juist zijn verjaardag*
acertijo m *raadsel; puzzel*
acervo m *erfgoed; gemeenschappelijk bezit*
acetato m *acetaat*

acético BNW *azijn-; azijnzuur-*
acetileno m *acetyleen*
acetona v *aceton*
acetre m • *kleine emmer* • *wijwaterbak*
achacar OV WW *toeschrijven* ⋆ ~ la culpa a *de schuld geven aan*
achacoso BNW *ziekelijk; sukkelend*
achaflanar OV WW *afschuinen*
achampañado BNW *mousserend; op champagne lijkend*
achantar OV WW *intimideren; bang maken*
achantarse WKD WW • *zich verbergen* • *een toontje lager zingen*
achaparrado BNW • *gedrongen* ⟨v. figuur⟩ • *struikachtig*
achaparrarse WKD WW *struikachtig worden*
achaque m • *ongesteldheid; ziekelijkheid; kwaal* ⋆ con ~ de *onder voorwendsel van* ⋆ ~s de amores *liefdesperikelen* ⋆ ~s de salud *kwaaltjes* ⋆ tener ~s *sukkelen; kwakkelen*
achaquiento BNW → **achacoso**
achares m mv *jaloezie*
acharolar OV WW *verlakken*
achatamiento m *(het) plat maken*
achatar OV WW *pletten*
achicado BNW *kinderlijk*
achicador BNW *verkleinend; kleinerend*
achicar OV WW • *inkorten* • *schrik aanjagen* • *leegscheppen; hozen*
achicarse WKD WW *kleiner worden*
achicharradero m *plaats waar het erg heet is*
achicharrar OV WW • *laten aanbranden* • *branden; schroeien* • *kwellen; lastig vallen*
achichincle m/v CA *fan; groupie*
achicoria v *cichorei*
achinado BNW *met Chinese trekken*
achinar OV WW *bang maken; schrik aanjagen*
achinarse WKD WW ZA *grof worden*
achique m *het hozen*
achispado BNW *aangeschoten*
achocar OV WW • *gooien* ⟨tegen de muur⟩ • *oppotten* ⟨v. geld⟩
achocolatado BNW *chocoladekleurig*
acholar OV WW LA *beschamen*
achubascarse WKD WW *betrekken; met donkere wolken bedekken*
achuchado BNW *gecompliceerd* ⋆ la vida es muy achuchada *het leven is zwaar*
achuchar OV WW • *ophitsen; aanzetten tot* • *platdrukken* ⟨bij omhelzing⟩; *verpletteren* • *stoten*
achuchón m • *duw; stevige omhelzing* • *lichte verkoudheid*
achulado BNW (**achulapado**) • *vrijpostig* • *brutaal*
aciago BNW *rampzalig; onheilspellend* ⋆ día ~ *ongeluksdag*
aciano m *korenbloem*
acíbar m • *aloësap; aloë* • *bitterheid; onaangenaamheid*
acibarar OV WW FIG. *vergallen*
acicalado BNW *netjes; verzorgd*
acicaladura v • *het polijsten* • *zwier*
acicalar OV WW *opdoffen; versieren; optutten*
acicate m • *spoor met één punt* ⟨v. ruiter⟩ • *stimulans*

acidez v • *zuurte; zuurgraad* • *(maag)zuur*
acidia v • *luiheid; traagheid*
acidificar OV WW *zuur maken*
ácido I m *zuur* ⋆ ~ silícico *kiezelzuur* ⋆ ~ láctico *melkzuur* ⋆ ~ cítrico *citroenzuur* ⋆ ~ nítrico *salpeterzuur* ⋆ ~ acético *azijnzuur* ⋆ ~ acetilsalicílico *acetylsalicylzuur* ⋆ ~ ribonucleico *ribonucleïnezuur* ⋆ ~ sulfúrico *zwavelzuur* II BNW • *zuur* • *nors; onvriendelijk* ⋆ ~ fórmico *mierenzuur* ⋆ ~ (lisérgico) *LSD* ⋆ ~ gástrico *maagzuur*
acierto m • *trefzekerheid* • *vaardigheid; tact* • *succes* ⋆ con ~ *geschikt; treffend; raak*
ácimo BNW ⋆ pan ~ *matses; ongedesemd brood*
ación v *stijgbeugelriem*
aclamación v *toejuiching* ⋆ por ~ *bij acclamatie*
aclamado BNW *gevierd; bejubeld*
aclamar OV WW • *toejuichen; bejubelen* • *uitroepen tot* ⋆ ~le jefe a u.p. *iemand tot leider uitroepen*
aclaración v *opheldering; verduidelijking*
aclarado m *het spoelen*
aclarar I OV WW • *helder/lichter maken* • *verdunnen; aanlengen* • *schrapen* ⟨v. de keel⟩ • *ophelderen; duidelijk maken; verhelderen* • *uitspoelen; naspoelen* II ON WW *opklaren* ⟨v. weer⟩
aclararse WKD WW • *opklaren* ⟨v. weer⟩ • *helder worden* ⋆ no me aclaro *daar snap ik niets van*
aclaratorio BNW *verhelderend*
aclimatación v • *acclimatisering* • *gewenning*
aclimatar OV WW *acclimatiseren; wennen*
acobardar OV WW • *bang maken* • *afschrikken*
acobardarse WKD WW *de moed verliezen*
acocear OV WW • *trappen* • *beledigen*
acocharse WKD WW • *neerhurken; zich bukken* • *wegkruipen*
acochinar OV WW • *afslachten; afmaken* • *afschrikken*
acodado BNW • *gebogen* • *met de ellebogen steunend op*
acodar OV WW • *buigen; knikken* • PLANTK. *afleggen*
acodarse WKD WW *met de ellebogen leunen*
acodiciarse WKD WW *begeren*
acodo m • *het afleggen* ⟨v. planten⟩; *het ranken* • *richel* • *aflegger*
acogedor BNW • *vriendelijk; gastvrij* • *gezellig*
acoger OV WW • *ontvangen; herbergen* • *beschermen; beschutten* • *aannemen*
acogerse WKD WW • *zich beroepen (op); zijn toevlucht nemen (tot)* • FIG. *zich verschuilen (achter)*
acogida I v • *pleegdochter* • *bewoonster van opvanghuis* • *opvang; ontvangst* • *goedkeuring* ⋆ dar buena ~ a *welkom heten; goed ontvangen* II BNW *ontvangen; opgevangen*
acogollar I OV WW *toedekken* ⟨planten⟩ II ON WW • *uitbotten* • *een hart vormen* ⟨sla, kool⟩
acogotar OV WW • *de nek breken; doodslaan* • *neerslaan; naar de keel vliegen* • *klein krijgen; angst aanjagen*
acojonamiento m *angst*
acojonante BNW *geweldig; uit de kunst*
acojonar OV WW *bang maken*
acolada v *ridderslag*

ac

acolchado I m vulling **II** BNW gewatteerd; opgevuld

acolchar OV WW • watteren; (op)vullen • temperen; dempen

acólito m • acoliet • misdienaar; koorknaap • volgeling

acollarar OV WW een halsband omdoen

acomedido BNW LA gedienstig; behulpzaam

acometedor BNW • aanvallend • ondernemend

acometer OV WW • overvallen; aanvallen • ondernemen; beginnen • OOK FIG. overvallen ★ ~ hace vencer de eerste klap is een daalder waard; goed gewaagd is half gewonnen

acometida v • koppeling; aansluiting • aanval

acometimiento m • het aanvallen • het ondernemen

acometividad v • ondernemingslust; strijdlust • agressiviteit

acomodable BNW aanpasbaar

acomodación v aanpassing

acomodadizo BNW meegaand; soepel

acomodado BNW • aangepast; geschikt; comfortabel • welgesteld • redelijk ⟨v. prijs⟩ ★ lleva una vida acomodada hij leidt een gemakkelijk leventje ★ LA estar ~ een kruiwagen hebben

acomodador m iemand die de plaatsen aanwijst ⟨in bioscoop e.d.⟩

acomodadora v ouvreuse

acomodamiento m • schikking; overeenkomst • gemak

acomodar I OV WW • schikken; regelen • aanpassen • verschaffen • aan een baan helpen • plaatsen **II** ON WW gelegen komen

acomodarse WKD WW zich schikken; zich aanpassen

acomodaticio BNW • soepel; meegaand • aanpasbaar • en sentido ~ in overdrachtelijke zin

acomodo m • betrekking • onderdak

acompañado BNW • in gezelschap van • samen met ★ visita acompañada rondleiding

acompañamiento m • OOK FIG. begeleiding • garnituur ⟨bij gerechten⟩ • gezelschap; gevolg ★ con ~ de guitarra met gitaarbegeleiding

acompañante I m/v • begeleider • bijrijder ⟨in auto⟩ **II** BNW begeleidend

acompañar OV WW • meeleven • vergezellen • MUZ. begeleiden • insluiten; bijvoegen ★ ~ en el sentimiento condoleren ★ ~ a casa naar huis brengen

acompasado BNW • regelmatig • rustig

acompasar OV WW aanpassen; afpassen

acomplejado BNW met een complex

acomplejar OV WW een complex bezorgen ★ está acomplejado hij zit vol complexen

acomplejarse WKD WW een complex krijgen

acomunarse WKD WW zich verenigen

aconcharse WKD WW • kapseizen • stranden

acondicionado BNW geschikt gemaakt; gereed gemaakt • ⟨instalación con⟩ aire ~ airconditioning ★ bien/mal ~ goed/slecht karakter; van goede/slechte kwaliteit

acondicionador m conditioner ★ aire ~ airconditioner

acondicionamiento m het gereed/geschikt maken

acondicionar OV WW in de gewenste toestand brengen; in orde maken

acongojar OV WW bedroeven; neerslachtig maken; beangstigen

acongojarse WKD WW • van streek raken • zich zorgen maken

aconsejable BNW aan te bevelen

aconsejado BNW doordacht ★ mal ~ onnadenkend

aconsejar OV WW raad geven aan; aanraden

aconsonantar I OV WW laten rijmen **II** ON WW rijmen

acontecer ON WW plaatshebben; gebeuren

acontecimiento m gebeurtenis; belevenis

acontezca WW (1e/3e p. ev subj. t.t.) → acontecer

acopiar OV WW verzamelen; inslaan

acopio m voorraad; verzameling ★ hacer ~ de fuerzas moed verzamelen

acoplado m • ZA aanhangwagen • CHI ongenode gast

acoplamiento m koppeling

acoplar OV WW • onder één juk spannen ⟨trekdieren⟩ • koppelen; verbinden

acoplarse WKD WW • aan elkaar vastkoppelen; zich samenvoegen • paren ⟨dieren⟩

acoquinamiento m angst; het bang worden

acoquinar OV WW bang maken

acorar OV WW bedroefd maken

acorazado I m pantserschip **II** BNW gepantserd

acorazar OV WW pantseren

acorazonado BNW hartvormig

acorchado BNW kurkachtig; verschrompeld

acorchar OV WW met kurk bedekken

acorcharse WKD WW • verkurken • taai worden ⟨v. voedsel⟩ • stijf worden ⟨v. ledematen⟩; beginnen te slapen ⟨v. ledematen⟩ • verstrammen ⟨v. persoon⟩

acordado BNW overeengekomen; afgesproken

acordar /ue/ OV WW • overeenkomen; besluiten • herinneren aan

acordarse WKD WW zich herinneren ★ si mal no me acuerdo als ik me niet vergis ★ iya te acordarás! dat zet ik je betaald! ★ ~ de alg. zich iemand herinneren

acorde I m MUZ. akkoord ★ a los ~s de op de maten van **II** BNW gelijkluidend; eenstemmig ★ ~ con in overeenstemming met

acordeón m accordeon; harmonica

acordeonista m/v accordeonist; harmonicaspeler

acordonado BNW • omsingeld • gekarteld

acordonamiento m omsingeling; afzetting d.m.v. kordon

acordonar OV WW • met touwen afbakenen; afzetten ⟨v. terrein⟩ • strikken ⟨v. veters⟩; vastrijgen

acorralamiento m het bijeendrijven van vee ⟨in een kraal⟩

acorralar OV WW • omsingelen; insluiten • iemand van zijn stuk brengen • in een kraal bijeendrijven ⟨v. vee⟩

acorrer OV WW te hulp snellen

acortamiento m inkorting

acortar OV WW • *korter maken* ★ ~ *las distancias tot een vergelijk zien te komen* ★ ~ *el paso langzamer gaan lopen*; *de pas inhouden*

acortarse WKD WW *korter worden*

acosar OV WW • *najagen*; *achtervolgen* • *bestoken*; *plagen*; *hinderen* • *stalken* ★ le acosa a preguntas *zij bestookt hem met vragen*

acoso m • *jacht*; *achtervolging* • *stalker* ★ ~ sexual *handtastelijkheden*; *ongewenste intimiteiten*

acostar /ue/ **I** OV WW • *op bed leggen*; *naar bed brengen* • SCHEEPV. *aanleggen*; *afmeren* **II** ON WW *de kust naderen* ⟨v. schip⟩

acostarse WKD WW • *naar bed gaan*; *gaan liggen* • INF. *naar bed gaan*; *seks hebben* ★ ~ con las gallinas *met de kippen op stok gaan*

acostón m • MEX ser un buen ~ *goed in bed zijn* ★ echarse un ~ *een nummertje maken*

acostumbrado BNW *gewoon*; *gewend* ★ mal ~ *verwend*

acostumbrar I OV WW *gewennen*; *wennen* **II** ON WW *gewend zijn*; *gewoon zijn*

acostumbrarse WKD WW *wennen*; *zich aanpassen*; *gewend raken*

acotación v • *kanttekening* • *toneelaanwijzing*

acotado BNW *gemarkeerd*

acotar OV WW • *markeren*; *begrenzen*; *omheinen*; *afgrenzen* • *kanttekeningen maken bij*

ácrata I m/v *vrijdenker* **II** BNW *anarchistisch*

acre I m *acre* **II** BNW • *scherp* • *onaangenaam*

acrecencia v → **acrecentamiento**

acrecentamiento m *groei*; *uitbreiding*; *aanwas*; *vermeerdering*

acrecentar /ie/ OV+ON WW *vermeerderen*; *(doen) toenemen*

acrecentarse /ie/ WKD WW *groeien*; *toenemen*

acrecer OV+ON WW → **acrecentar**

acreditado BNW • *bekend*; *geacht*; *invloedrijk* • *geaccrediteerd* ⟨v. een officiële vertegenwoordiger⟩ ★ tienda acreditada *winkel die goed bekend staat*

acreditar OV WW • *een goede naam bezorgen*; *vertrouwen inboezemen* • *aanstellen* ⟨voor een functie⟩; *geloofsbrieven geven aan* • *waarborgen*; *machtigen*; *krediet verschaffen* ★ ~ su personalidad *zich legitimeren*

acreditarse WKD WW *bekendheid krijgen*; *zich doen kennen* ★ ~ de loco *als een dwaas bekend staan*

acreedor I m *schuldeiser*; *crediteur* **II** BNW *rechthebbend* ★ hacerse/ser ~ a algo *iets waard(ig) zijn*

acrezca WW (1e/3e p ev subj. t.t.) → **acrecer**

acribar OV WW • *zeven* • *doorzéven* • *lastig vallen*

acribillar OV WW • *doorzéven* • *veelvuldig lastig vallen*

acrílico I m *acryl* **II** BNW *acryl-*

acriminar OV WW *beschuldigen*; *aanklagen*

acrimonia v • *scherpte* • *zuurheid*

acrisolado BNW *zuiver*

acrisolar OV WW • *zuiveren* ⟨v. metaal⟩ • *louteren* • FIG. *aan het licht brengen*; *aantonen*

acritud v • *scherpte*; *zuurheid* • *venijnigheid* ⟨v. woorden⟩

acrobacia v *acrobatiek*; *acrobatenkunst*

acróbata m/v *acrobaat*

acrobático BNW *acrobatisch*

acrobatismo m *acrobatiek*

acromático BNW *kleurloos*

acróstico m *acrostichon*; *naamdicht*

acta v • *akte* • *geloofsbrief* • *verslag*; *proces-verbaal* ★ constar en acta *in een acte vastgelegd zijn* ★ levantar acta *een akte opmaken*

actinia v *zeeanemoon*

actinio m CHEM. *actinium*

actitud v • *(lichaams)houding* • *houding*; *denkwijze*

activación v *bevordering*

activar OV WW • *activeren*; *bevorderen* • *op gang brengen* • *aan het werk zetten*

actividad v • *activiteit* • *werkzaamheid*; *bedrijvigheid* ★ ~ profesional *beroepsbezigheid* ★ ~ individual *zelfwerkzaamheid* ★ estar en plena ~ *goed op gang zijn* ★ volcán en ~ *werkende vulkaan*

activista m/v *activist*

activo I m *werkelijk bezit*; *activa* **II** BNW • *actief*; *bedrijvig* • *snel werkend* ★ deudas activas *baten*; *activa* ★ poco ~ *niet erg actief* ★ en servicio ~ *in actieve dienst*

acto m • *plechtigheid* • *handeling*; *daad* • *akte* ⟨in toneelstuk⟩; *bedrijf* ★ acto de contrición *akte van berouw* ★ los Actos de los Apóstoles *de Handelingen der Apostelen* ★ morirse en el acto *in het harnas sterven* ★ hacer acto de presencia *acte de présence geven* ★ acto en honor *huldebetoon* ★ en el acto *onmiddellijk* ★ acto sexual/carnal *geslachtsdaad* ★ acto continuo/seguido *onmiddellijk daarna*

actor I m • *acteur*; OOK FIG. *toneelspeler* • *eiser*; *aanklager* **II** BNW *eisend*; *aanklagend*

actora v *aanklaagster*

actriz v OOK FIG. *actrice*; *toneelspeelster*

actuación v • *rechtshandeling* • *optreden*

actual BNW • *tegenwoordig* • *actueel*

actualidad v • *het actueel zijn* • *het heden* • *actualiteit* ★ de ~ *actueel* ★ en la ~ *thans*

actualización v • *het actueel maken*; *het moderniseren* • *update*; *upgrade*

actualizador BNW *actualiserend*

actualizar OV WW *moderniseren*; *actueel maken*; COMP. *updaten*

actuar /ú/ ON WW • *het effect hebben*; *optreden*; *werken* • *acteren*; *spelen* • *optreden*; *fungeren* ★ modo de ~ *handelwijze* ★ ~ al frente de una orquesta *een orkest dirigeren* • (~ de) *optreden als*

actuarial BNW *actuarieel*

actuario m *griffier* ★ ~ de seguros *actuaris*

acuadrillar OV WW *ronselen*; *vormen* ⟨v. een bende⟩

acuadrillarse WKD WW *een bende vormen*

acuarela v *aquarel*

acuarelista m/v *aquarellist*

acuario v *aquarium*

Acuario m ASTROL. *Waterman*

acuartelamiento m • *inkwartiering* • *kazerne*

acuartelar OV WW *inlegeren in kazerne; inkwartieren*

acuático BNW *water-* ★ ave acuática *watervogel* ★ deporte ~ *watersport*

acuchillado BNW *ervaren*

acuchillar OV WW *schuren* ⟨v. houten meubels of vloer⟩ • *opening maken* ⟨in kledingstuk⟩ • *met een mes steken; doden*

acucia v • *vlijt* • *begeerte* • *haast*

acuciante BNW *dringend; brandend* ★ necesidad ~ *dringende noodzaak*

acuciar OV WW *prikkelen; aanzetten; ophitsen*

acucioso BNW *dringend*

acuclillarse WKD WW *hurken*

acudir ON WW • *toesnellen; komen aanlopen* • *geregeld bezoeken; dikwijls komen* • *(onverwachts) op komen zetten; (plotseling) gebeuren* • *te hulp schieten* • *zijn toevlucht nemen; een beroep doen* ★ ~ al dentista *naar de tandarts gaan* ★ ~ a la memoria *invallen; te binnen schieten* ★ el juego le acude *hij heeft geluk bij het spel* ★ el no acudió a la cita *hij is zijn afspraak niet nagekomen*

acueducto m *aquaduct*

ácueo BNW *waterig*

acuerdo m • *besluit* • *overeenkomst; overeenstemming* ★ de común ~ *met goedkeuring van alle betrokken partijen; in gemeenschappelijk overleg* ★ de ~ con *in overeenstemming met* ★ ¡de ~! *akkoord!* ★ estar de ~ *het eens zijn* ★ volver en su ~ *bij zinnen komen; bijkomen*

acuidad v *scherpte*

acuitar OV WW *kwellen; in moeilijkheden brengen*

acular OV WW *achteruit rijden; met de rug/ achterkant zetten tegen*

acullá BIJW *ginds; daar* ★ acá y ~ *hier en daar*

acumulación v *opeenstapeling; hoop*

acumulador I m *accumulator; accu; batterij* II BNW *opeenhopend*

acumular OV WW *opeenhopen; opstapelen*

acunar OV WW *wiegen*

acuñación v *het aanmunten*

acuñar OV WW • *bedenken* ⟨v. woorden, uitdrukkingen⟩; *uitvinden* • *munten slaan* • *met een wig vastzetten*

acuosidad v *waterigheid*

acuoso BNW • *waterig* • *sappig*

acupuntura v *acupunctuur*

acurrucarse WKD WW *neerhurken; ineenduiken*

acusación v *beschuldiging*

acusado I m *beschuldigde; verdachte* II BNW • *scherp getekend; in het oog springend* • *beschuldigd*

acusador I m *aanklager* II BNW *beschuldigend*

acusar OV WW • *ontvangen* ⟨v. klappen⟩ • *beschuldigen* • *aangeven; laten zien* ★ ~ recibo *de ontvangst bevestigen*

acusarse WKD WW • *zich aftekenen; in het oog lopen* • *bekennen*

acusativo m *accusatief*

acusatorio BNW *beschuldigend*

acuse m ★ ~ de recibo *bevestiging van ontvangst*

acusica m *klikspaan*

acusón I m (v: **acusona**) *verklikker; verrader* II BNW (v: **acusona**) *verklikkend*

acústico BNW *akoestisch*

ADA AFK (Ayuda del Automovilista) ≈ *Wegenwacht* ⟨in Nederland⟩; ≈ *Wacht op de weg* ⟨in België⟩

adagio m • *spreekwoord* • MUZ. *adagio*

adalid m • *aanvoerder* • *voorvechter*

adamado BNW PEJ. • *verwijfd* ⟨v. man⟩ • *gekunsteld* ⟨v. vrouw⟩

Adán m • *Adam* • *onverzorgde man* ★ estar hecho un Adán *er onverzorgd bij lopen*

adaptable BNW *plooibaar*

adaptación v • *aanpassing* • *bewerking*

adaptador m • *adaptor; verloopstuk* • *bewerker*

adaptar OV WW • *aanpassen* • *aanbrengen* • *bewerken*

adaptarse WKD WW *zich aanpassen; zich voegen*

adaraja v ARCHIT. *tand*

adarga v *ovaal leren schild*

adarme m *greintje* ★ no tienes un ~ de vergüenza *jij hebt geen greintje schaamte*

adecentar OV WW *opruimen; opknappen*

adecuación v *aanpassing*

adecuado BNW *adequaat; doeltreffend; geschikt; passend*

adecuar OV WW *aanpassen; geschikt maken*

adefesio m *raar opgedirkt persoon of ding* ★ es un ~ *hij is een bespottelijk figuur; het is iets belachelijks* ★ VERO. hablar ~s *onzin praten* ★ hecho un ~ *als een vogelverschrikker*

adehala v *toeslag*

adelantado I m ★ pagar por ~ *vooruitbetalen* II BNW • *vroegrijp* • *vergevorderd* ★ ir ~ *voorlopen* ⟨v. uurwerk⟩ ★ un mes ~ *een maand vooruit*

adelantamiento m • *het inhalen* • *vooruitgang*

adelantar I OV WW • *naar voren zetten* • *versnellen; bespoedigen; inhalen* ⟨in het verkeer⟩ • *vooruitbetalen; vervroegen* • *vooruitzetten* ⟨v. uurwerk⟩ II ON WW • *vooruitgang boeken* • *bereiken; winnen; zich opwerken* • *voorlopen* ⟨v. uurwerk⟩

adelantarse WKD WW • *(voor)uitsteken* • *voorlopen* ⟨uurwerk⟩ • *vooruitgaan* • *anticiperen; vooruitlopen* ★ ~ a los demás de *anderen overtreffen* ★ ~ al deseo de u.p. *iemands wensen vóór zijn*

adelante BIJW • *vooruit; vooraan; later* ★ más ~ *verderop; later* ★ de hoy en ~ *van nu af aan* ★ en ~ *voortaan* ★ ir ~ *verder gaan; vooruitkomen* ★ llevar ~ *verder op weg helpen; doorzetten* ★ sacar ~ a sus hijos *zijn kinderen grootbrengen* ★ camino ~ *recht vooruit* ★ hacia ~ *voorwaarts* ★ ¡~! *ja!; binnen!; vooruit!; nou, kom op!* ★ de aquí en ~ *van nu af aan*

adelanto m • *vooruitbetaling* • *vooruitgang* ★ los ~s modernos *de nieuwste snufjes; het moderne comfort*

adelfa v *oleander*

adelgazamiento m *vermagering*

adelgazante I m *afslankmiddel* II BNW *slank makend*

adelgazar I OV WW *dunner/platter maken; doen afvallen* II ON WW *vermageren; afvallen*

ademán m *gebaar; houding* ★ hacer ~ de *doen*

alsof ★ en ~ de *bereid te; klaar om*

ademanes m mv *manieren*

además BIJW • *bovendien* • (~ **de**) *naast; behalve*

adenoideo BNW *adenoïde*

adentrarse WKD WW *doordringen; binnendringen*

adentro I m *innerlijk; binnenste* ★ para sus ~s *in zijn vuistje* II BIJW *binnen; naar binnen* ★ i~! *binnen!* ★ tierra ~ *landinwaarts* ★ mar ~ *de zee op; zeewaarts*

adentros m mv ★ decir algo para sus ~ *iets bij zichzelf zeggen*

adepto I m *volgeling; ingewijde* II BNW *ingewijd*

aderezar OV WW • *aanmaken* ‹v. salade›; *klaarmaken* • *optooien; versieren*

aderezarse WKD WW *zich opmaken; zich mooi maken*

aderezo m • *bereiding* ‹v. spijzen› • *kruidenmengsel; dressing* • *het versieren* ★ medio ~ *oorbellen en broche* ★ ~s de escribir *schrijfbenodigdheden*

adeudar I OV WW • *verschuldigd zijn* • *als schuld boeken* II ON WW *familie worden*

adeudarse WKD WW *schulden maken*

adeudo m *schuld*

adherencia v • *kleefkracht; adhesie* • *aanhangsel; vergroeiing* • *wegliggen* ‹v. auto› ★ tener buena ~ *goed op de weg liggen*

adherente BNW *klevend*

adherir /ie, i/ OV WW *plakken op/aan; kleven aan*

adherirse /ie, i/ WKD WW • *zijn bijval betuigen* • *zich aansluiten*

adhesión v • *kleefkracht; adhesie* • *toewijding; steun* ★ ~ a la CE *toetreding tot de EG*

adhesivo I m *kleefstof* II BNW *klevend; plak-*

adicción v *verslaving*

adición v • *toevoeging* • *uitbreiding; bijvoeging* • *optelling* ★ ~ de la herencia *aanvaarding van de erfenis*

adicional BNW *bijkomend; toegevoegd*

adicionar OV WW *toevoegen*

adicto I m • *verslaafde; junk* • *aanhanger* II BNW • *toegewijd* • *verslaafd*

adiestramiento m *training; africhting*

adiestrar OV WW *trainen; oefenen* (**en** in/op); *africhten* ‹v. dieren›

adinámico BNW *zwak; verzwakt*

adinerado BNW *rijk; welgesteld*

adiós I m *afscheid* ★ decir ~ a algo *iets (definitief) vaarwel zeggen* II TW *vaarwel!; dag!; tot ziens!* ★ i~ mi dinero! *daar gaat mijn geld!*

adiosito TW LA *dag!; doei!*

adiposidad v *vetheid; gezetheid*

adiposo BNW *vet-* ★ el tejido ~ *het vetweefsel*

aditamento m *toevoeging*

aditivo I m *additief; toevoeging; toevoegsel* II BNW *additief; toevoegend*

adivinación v *voorspelling; het raden*

adivinanza v *raadsel*

adivinar OV WW • *voorspellen; verwachten* • *oplossen* ‹v. raadsel›; *raden* • *onderscheiden*

adivino m *waarzegger*

adjetivar OV WW *bijvoeglijke naamwoorden plaatsen bij; bijvoeglijk gebruiken*

adjetivo I m *bijvoeglijk naamwoord* II BNW *bijkomstig; toegevoegd*

adjudicación v *toewijzing*

adjudicar OV WW *toekennen; toewijzen*

adjudicarse WKD WW *zich toe-eigenen*

adjudicatorio m *begunstigde; iemand aan wie iets is toegewezen*

adjuntar OV WW *insluiten*

adjunto I m • *adjunct* • *bijlage* • COMP. *attachment* II BNW *bijgaand; ingesloten; begeleidend*

adlátere m *hulp; assistent; medewerker; handlanger; compagnon; (naaste) collega*

adminículo m *hulpmiddel*

administración v • *beheer* • *toediening* ‹v. medicijnen of sacramenten› • *administratiekantoor; administratie* ★ ~ pública *overheid* ★ ~ municipal *gemeentebestuur* ★ ~ de justicia *rechtspleging* ★ mala ~ *wanbeheer*

administrador I m *administrateur; beheerder* ★ ~ de web *webmaster* II BNW *administrerend*

administrar OV WW • *beheren* • *administreren; besturen* • *geven; toedienen* • *goed regelen; sparen* ★ ~ justicia *rechtspreken*

administrativo I m *administrateur; administratief medewerker* II BNW *overheids-; administratief; bestuurs-*

admirable BNW *verbazingwekkend*

admiración v • *bewondering* • *uitroepteken* ★ signo de ~ *uitroepteken*

admirador I m *bewonderaar* II BNW *bewonderend*

admirar OV WW • *verwonderen* • *bewonderen*

admirarse WKD WW *verrast zijn; zich verwonderen; zich verbazen*

admirativo BNW *bewonderend*

admisibilidad v *toelaatbaarheid; aannemelijkheid*

admisible BNW *aannemelijk; toelaatbaar; geoorloofd*

admisión v *toelating; aanneming*

admitir OV WW • *toelaten* • *toegeven; toestaan; aanvaarden* • *tolereren* ★ no admite dilación *het duldt geen uitstel*

admonición v *vermaning; waarschuwing*

ADN AFK (ácido desoxirribonucleico) *DNA (Desoxyribo Nucleic Acid)*

adobado BNW *gemarineerd*

adobar OV WW • *inmaken; marineren; pekelen* • *looien* ‹v. leer›

adobe m *bouwsteen van leem en stro*

adobera v • *steenbakkerij* • MEX *kaas* ‹in vorm van een baksteen›

adobo m • *(het) marineren; marinade* • *looimengsel* • *knoeierij*

adocenado BNW *middelmatig; onbeduidend; alledaags*

adocenarse WKD WW *niet boven de massa uitkomen; middelmatig worden*

adoctrinamiento m *het indoctrineren; het onderrichten*

adoctrinar OV WW *indoctrineren; onderrichten*

adolecer ON WW • OOK FIG. *lijden* • *te kort hebben; gebrek hebben*

ad

adolescencia v *puberteit*
adolescente I m/v *puber; tiener* II BNW *puber-*
adolezca ww (1e/3e p ev subj. t.t.) → **adolecer**
adonde BIJW *waarheen*
adondequiera BIJW ● *waar dan ook* ● *waarheen ook maar*
adonis m *knappe jongeman*
adopción v *adoptie*
adoptar OV WW ● *adopteren* ● *aannemen* ● *overnemen; zich eigen maken; aanleren* ● *nemen* ⟨v. besluit⟩; *aanvaarden* ★ ~ *un medio naar een middel grijpen*
adoptivo BNW *adoptief* ★ *padres* ~s *pleegouders*
adoquin m ● *straatsteen; klinker* ● *uilskuiken; sukkel*
adoquinado m *klinkerbestrating; het bestraten*
adoquinar OV WW *plaveien; bestraten*
adorable BNW *aanbiddelijk*
adoración v *verering; aanbidding*
adorador I m *aanbidder* II BNW *aanbiddend*
adorar OV WW ● *vereren; aanbidden* ● *adoreren; dol zijn op*
adormecedor BNW *slaapverwekkend*
adormecer OV WW ● *in slaap wiegen* ● *kalmeren* ★ ~ *el dolor de pijn stillen/verlichten*
adormecerse WKD WW *in slaap vallen*
adormecido BNW *doezelig; gevoelloos*
adormecimiento m *slaperigheid*
adormezca ww (1e/3e p ev subj. t.t.) → **adormecer**
adormidera v *papaver; MED. verdovend middel*
adormilarse WKD WW *insluimeren*
adornar OV WW ● *tooien; versieren* ● *sieren* ⟨v. kwaliteiten⟩
adorno m *versiering; sieraad; garnering* ★ *estar de* ~ *er voor de sier zijn* ★ FIG. ~s *franje*
adosar OV WW *met de rug zetten tegen; leunen tegen*
adquirir /ie/ OV WW *behalen; verwerven; verkrijgen*
adquisición v *aankoop; aanschaf* ★ *precio de* ~ *aankoopsom* ★ *hacer una buena* ~ *een goede koop doen*
adquisitivo BNW *koop-* ★ *poder* ~ *koopkracht*
adquisividad v *kooplust*
adral m *zijschot van een kar; wagenladder*
adrede BIJW *met opzet*
adrenalina v *adrenaline* ★ *descarga de* ~ *adrenalinestoot*
adriático BNW *van/uit de Adriatische zee*
adscribir OV WW ● *toewijzen* ● *indelen*
adscribirse WKD WW *lid worden; toetreden*
aduana v *douane; grenskantoor*
aduanero I m *douanebeambte* II BNW *douane-* ★ *unión aduanera tolunie*
aduar m ● *tentenkamp* ● *bedoeïenendorp; zigeunerkamp*
aducir OV WW *opperen; beweren; aanvoeren* ⟨v. argumenten⟩
adueñarse WKD WW *zich meester maken van*
adujar OV WW *oprollen* ⟨v. kabel⟩
adujo ww (3e p ev v.t.) → **aducir**
adulación v *vleierij*
adulador I m *vleier* II BNW *vleiend*
adular OV WW *vleien*
adulón I m (v: **adulona**) *kruiper; slijmerd*

II BNW (v: **adulona**) *kruiperig*
adulteración v *vermenging; vervalsing*
adulterar OV WW ● *vervalsen* ● *knoeien met*
adulterarse WKD WW *bederven*
adulterino BNW *overspelig*
adulterio m ● *overspel; echtbreuk* ● *fraude; zwendel; vervalsing* ★ *cometer* ~ *overspel plegen*
adúltero I m *echtbreker; overspelige man* II BNW *overspelig*
adultez v *volwassen leeftijd; meerderjarigheid*
adulto I m *volwassene* II BNW ● *volwassen* ● *volwaardig*
adunco BNW *gebogen; krom*
adustez v *strengheid; stugheid; strakheid*
adusto BNW ● *streng; nors* ● *droog; brandend heet* ⟨v. gebied⟩
aduzca ww (1e/3e p ev subj. t.t.) → **aducir**
advenedizo I m ● *vreemdeling; nieuwkomer* ● *parvenu* II BNW ● *vreemd; van buitenaf komend* ● *omhooggevallen*
advenimiento m *(plechtige) komst* ★ *esperar el santo* ~ *lijdzaam afwachten; blijven zitten zonder iets te doen* ★ ~ *al trono troonsbestijging*
adventicio BNW ● PLANTK. *adventief* ● *onverwacht; toevallig*
adverbial BNW *bijwoordelijk*
adverbio m *bijwoord*
adversario BNW *tegenstander*
adversidad v ● *tegenspoed; tegenslag* ● *ongunstigheid*
adverso BNW ● *tegen-; ongunstig; vijandig* ● *tegenovergesteld; tegenoverliggend* ★ *suerte adversa tegenspoed*
advertencia v ● *mededeling; opmerking* ● *waarschuwing*
advertido BNW *bekwaam; ervaren*
advertir /ie, i/ OV WW ● *opmerken* ● *rekening houden met; denken aan* ● *opmerkzaam maken op; wijzen op* ● *aanraden; waarschuwen*
adviento m *advent*
advocación v ● *wijding* ● *benaming; naam* ⟨v. de Heilige Maagd⟩ ★ *bajo la* ~ *de gewijd aan*
adyacencia v *het onmiddellijk aan elkaar grenzen*
adyacente BNW *aangrenzend; belendend* ★ *ángulo* ~ *aanliggende hoek*
aeración v *beluchting*
aéreo BNW ● *lucht-* ● *met betrekking tot de luchtvaart* ● *lichtvoetig; doorschijnend* ● *fantastisch; onwerkelijk* ★ *accidente* ~ *vliegongeluk* ★ *ruta aérea vliegroute* ★ *vía aérea luchtpost* ★ *controlador* ~ *verkeersleider*
aerobic m SPORT *aerobics*
aerobús m *luchtbus*
aeroclub m *vliegclub*
aerodeslizador m *hovercraft*
aerodinámica v *aërodynamica*
aerodinámico BNW ● *aërodynamisch* ● *gestroomlijnd*
aeródromo m *vliegveld*
aeroespacial BNW *(lucht- en) ruimtevaart-*
aerofaro m *lichtbaken* ⟨op vliegveld⟩
aerofoto v *luchtfoto*

aerograma m *luchtpostblad*
aerolínea v *lucht(verkeers)lijn*
aerolito m *meteoorsteen*
aeromodelismo m *vliegtuigmodelbouw*
aeromodelo m *vliegtuigmodel*
aeromotor m *windmotor*
aeromoza v za *stewardess*
aeronauta m/v *luchtvaarder*
aeronáutica v *luchtvaart*
aeronáutico BNW *luchtvaart-*
aeronaval BNW *marineluchtvaart-*
aeronave m *luchtballon; luchtschip*
aeroplano m *vliegmachine*
aeropostal BNW *luchtpost-*
aeropuerto m *vliegveld; luchthaven*
aerosol m *aërosol; spuitbus*
aerostático BNW ★ *globo* ~ *luchtballon*
aeróstato m *luchtballon*
aeroterrestre BNW *land- en luchtmacht-*
aerotransportado BNW ★ *tropas*
  aerotransportadas luchtlandingstroepen
aerovía v *vliegroute*
afabilidad v *beminnelijkheid; vriendelijkheid*
afable BNW *vriendelijk; beminnelijk*
afamado BNW *beroemd; bekend*
afamar OV WW *beroemd maken*
afán m • *inzet; ijver; COL haast* • *grote*
  inspanning; gezwoeg • *verlangen* ★ afán de
  coleccionar verzamelwoede • con afán *ijverig*
  ★ afán de lucro *winstbejag* ★ afán creativo
  scheppingsdrang ★ afán de imponerse
  geldingsdrang • afán emprendedor
  ondernemingszin ★ afán de sensación
  sensatiezucht
afanar OV WW • *bietsen; jatten* • COL *opjutten*
  • PERU *een gokje wagen*
afanarse WKD WW • *zijn best doen* • *zwoegen*
afanoso BNW • *moeizaam* • *ijverig*
afasia v *afasie*
afásico BNW *afatisch*
afear OV WW • *ontsieren* • *afkeuren* ★ ~ algu.c. a
  alg. *iemand iets verwijten*
afección v • *aandoening* • *genegenheid* ★ ~
  cardíaca *hartaandoening*
afeccionarse WKD WW *genegenheid gaan*
  koesteren
afectación v *aanstellerij; gekunsteldheid*
afectado BNW • *geaffecteerd* • *geveinsd;*
  voorgewend • *geraakt; aangedaan* • *aangetast*
afectar OV WW • *indruk maken op* • *doen alsof*
  • *aangaan; betreffen; beïnvloeden; aantasten*
  ★ ~ los movimientos *aanstellerige gebaren*
  maken ★ esto le afecta mucho *dat raakt/*
  ontroert hem zeer; dat maakt grote indruk op
  hem
afectísimo BNW *toegenegen*
afectividad v *gevoeligheid; aandoenlijkheid*
afectivo BNW • *gevoels-* • *gevoelig* ★ valor ~
  gevoelswaarde
afecto I m *affectie; emotie* ★ tener ~ a u.p.c. *op*
  iemand gesteld zijn II BNW • *(toe)genegen;*
  verknocht • *lijdend* • *onderworpen; verbonden*
  ★ ~ al gobierno *regeringsgezind* ★ ~ de un
  mal *lijdend aan een ziekte*
afectuosamente BIJW *met vriendelijke groeten*
  (onder brief)

afectuosidad v *hartelijkheid*
afectuoso BNW *lief; aanhankelijk; hartelijk*
afeitado m • *de scheerbeurt* • *het scheren*
afeitadora v *scheerapparaat*
afeitar OV WW • *scheren* • *bijknippen* • *de*
  punten van de hoorns afvijlen • *opmaken;*
  mooi maken
afeitarse WKD WW *zich scheren*
afeite m • *tooi; opschik* • *smeerseltje; make-up*
afelpado BNW *plucheachtig*
afeminación v *verwijfdheid*
afeminado BNW *verwijfd*
afeminamiento m *verwijfdheid*
afeminar OV WW *verwijfd maken; vrouwelijker*
  maken
aferrado BNW *hardnekkig*
aferrar /ie/ OV WW • *stevig vastpakken*
  • *vastleggen; verankeren*
aferrarse WKD WW *hardnekkig vasthouden aan;*
  volharden ★ ~ a su opinión *voet bij stuk*
  houden
Afganistán m *Afghanistan*
afgano I m *Afghaan* II BNW *Afghaans*
afianzamiento m • *versteviging; verzekering*
  • *borgtocht*
afianzar OV WW • *verzekeren; (stevig) vastzetten*
  • *zekerheid verschaffen; instaan/borg staan*
  ⟨voor iemand⟩ ★ ~ con clavos *vastspijkeren*
afianzarse WKD WW • *zich vasthouden* • *sterker*
  worden
afiche m • *affiche; poster* • ARG *tekening;*
  illustratie
afición v • *liefde; liefhebberij* • *ijver* • *supporters;*
  aanhang ★ ~ a la vida casera *huiselijkheid*
  ★ por ~ *als hobby; uit liefhebberij* ★ de ~
  amateur-
aficionado I m • *liefhebber* • *amateur* ★ teatro
  de ~s *amateurtoneel* II BNW • *gek; verzot;*
  liefhebbend ★ ser ~ a *een liefhebber zijn van*
  ★ ser muy ~ a *dol zijn op* ★ aficionado a los
  toros *dol op het stierengevecht*
aficionar OV WW *liefde bijbrengen voor; iemand*
  warm maken voor
aficionarse WKD WW *liefhebber worden; verzot*
  raken
afidávit m *affidavit*
afiebrarse WKD WW LA *koorts krijgen*
afijo m *affix*
afilacuchillos m *messenslijper*
afilado BNW *scherp; puntig*
afilador I m *scharensliep* II BNW *slijp-*
afilalápices m *puntenslijper*
afilar OV WW • *slijpen* • *doen vermageren*
  • *aanscherpen* • LA *zich zorgvuldig*
  voorbereiden • RPL *flirten;* CHI *neuken*
afilarse WKD WW • *scherper worden; smal*
  worden ⟨v. gezicht⟩ • *vermageren*
afiliación v *toetreding tot; lidmaatschap*
afiliado I m *lid* II BNW *aangesloten* ★ casa
  afiliada *zustermaatschappij*
afiliar OV WW *lid maken (a van)*
afiliarse WKD WW *zich aansluiten (a/en bij)*
afiligranar OV WW • *verfraaien met*
  filigraanwerk • *prachtig versieren*
afín BNW *verwant*
afinación v • *verfijning; perfectionering* • *het*

stemmen • het zuiver zingen • het zuiveren
afinador m • stemmer • stemvork
afinar OV WW • vervolmaken; stemmen • zuiver spelen; zuiver zingen • zuiveren
afinarse WKD WW beschaafd worden
afincarse WKD WW zich (blijvend) vestigen
afinidad v • verwantschap • aanverwantschap
★ ~ espiritual geestverwantschap ★ guardar ~ con verwant zijn met
afirmación v • bewering • bevestiging
afirmado m wegdek
afirmar OV WW • beweren • bevestigen • verstevigen
afirmarse WKD WW • blijven bij; bevestigen • stevig gaan staan/zitten
afirmativa v • bevestiging • toezegging
afirmativo BNW bevestigend ★ en caso ~ zo ja
aflautado BNW ★ voz aflautada hoge/schelle stem
aflicción v verdriet
aflictivo BNW bedroevend; treurig; triest
afligido BNW diepbedroefd; verslagen ★ profundamente ~ zielsbedroefd
afligir OV WW verdriet doen; bedroeven; kwellen
afligirse WKD WW verdriet hebben; treuren; bezorgd zijn
aflojamiento m • het losser maken; verslapping • afzwakking
aflojar OV WW • doen verslappen; losmaken • verzwakken; doen afnemen • dokken ★ ~ la mosca dokken ★ ~ el vientre zijn behoefte doen II ON WW zich soepel opstellen; inbinden
aflojarse WKD WW afnemen; zwakker worden
afloramiento m het aan de oppervlakte komen
aflorar ON WW aan de oppervlakte komen
afluencia v • toeloop • overvloed • welbespraaktheid ★ horas de ~ spitsuur
afluente I m zijrivier II BNW • uitkomend in/op ⟨v. straten, rivieren⟩ • welbespraakt • welvaarts- ★ calle ~ zijstraat ★ sociedad ~ welvaartsstaat
afluir ON WW • stromen • uitmonden
aflujo m toevloed; congestie
afluya WW (1e/3e p ev subj. t.t.) → **afluir**
afonía v schorheid; heesheid
afónico BNW hees; schor
aforado BNW bevoorrecht
aforar OV WW • meten; peilen; ijken • taxeren; berekenen ⟨v. inhoud, waarde⟩
aforismo m aforisme
aforístico BNW aforistisch
aforo m • (het) meten; (het) peilen; (het) ijken • capaciteit
aforrar OV WW voeren ⟨v. kleding⟩
aforrarse WKD WW • zich warm kleden • zich volproppen
afortunado I m gelukkige II BNW • gelukkig; fortuinlijk • voorspoedig ★ hombre ~ geluksvogel
afrancesado I m Fransgezinde Spanjaard ⟨t.t.v. Napoleon⟩ II BNW verfranst
afrancesamiento m verfransing
afrecho m zemelen
afrenta v • schande • belediging
afrentar OV WW beledigen
afrentarse WKD WW zich schamen

afrentoso BNW beledigend; kwetsend; smadelijk
Africa v Afrika ★ ~ del Sur Zuid-Afrika
africado BNW TAALK. affricaat
africanista m/v afrikanist
africano I m • Afrikaan • het Afrikaans ★ Sud~ Zuid-Afrikaan II BNW Afrikaans
afroamericano BNW Afro-Amerikaans
afrodisíaco I m (afrodisiaco) afrodisiacum II BNW (afrodisiaco) de geslachtsdrift prikkelend
afrontar OV WW • het hoofd bieden; trotseren • tegenover elkaar plaatsen
afta v aft
aftersun m aftersun
afuera BIJW buiten; naar buiten ★ i~! eruit! ★ hacia ~ naar buiten ★ parte de ~ buitenkant
afueras v mv omstreken
afufa v INF. vlucht
afufar ON WW INF. vluchten; ervandoor gaan; het op een lopen zetten
agachadiza v (water)snip
agachar OV WW buigen ⟨v. hoofd of bovenlichaam⟩
agacharse WKD WW • zich bukken • zich koest houden; zich tijdelijk terugtrekken
agalla v • kieuw • galnoot ★ tener ~s LA gierig zijn
ágape m feestmaaltijd
agareno I m mohammedaan II BNW mohammedaans
agarrada v woordenwisseling; ruzie
agarradero m • handvat; hengsel • houvast; bescherming ★ INF. tener ~s goede betrekkingen hebben
agarrado I m • vrek • ruzie II BNW • vast • gierig • dicht tegen elkaar aan
agarrador I m ZA pannenlap II BNW ZA sterk ⟨v. drank⟩
agarrar OV WW • stevig vastpakken; stevig vastgrijpen • wortel schieten • oplopen ⟨v. een ziekte⟩ • LA inslaan ⟨v. richting/straat⟩; nemen ★ ~la hem raken; zich bezatten ★ agarró y en ineens
agarrarse WKD WW • vechten • aangrijpen ⟨v. excuus⟩ • aankoeken; aanbakken ★ se le agarró la tos hij kreeg een hoestbui ★ iagárrate! hou je vast!
agarrón m LA slaande ruzie; vechtpartij; twist
agarrotamiento m het vastlopen; het stijf worden
agarrotar OV WW • aansnoeren • vastklemmen
agarrotarse WKD WW • stijf worden • vastlopen
agasajado m feestvarken
agasajador BNW onthalend; gastvrij
agasajar OV WW feestelijk inhalen; onthalen
agasajo m • geschenk • onthaal
agave v agave
agavillar OV WW in schoven binden
agavillarse WKD WW zich verenigen; een groep vormen
agazapar OV WW vastpakken
agazaparse WKD WW wegkruipen; zich verbergen
agencia v • bureau; kantoor; bedrijf • agentschap ★ ~ de noticias persbureau ★ ~ de colocaciones uitzendbureau ★ ~ de

publicidad *reclamebureau* ★ ~ immobiliaria *makelaarskantoor*

agenciar ov ww *voor elkaar krijgen; bezorgen; klaarspelen* ★ agenciárselas *het klaarspelen*

agenciarse WKD WW *het klaarspelen* ★ yo me agenciaré para salir del paso *ik zal me er wel uit weten te redden*

agenda v *agenda* ★ una cargada ~ *een volle agenda*

agente I m/v • *werkende kracht* • *tussenpersoon* • *agent* ★ ~ patógeno *ziekteverwekker* ★ ~ de transportes *expediteur* ★ ~ de (cambio y) bolsa *effectenmakelaar* II BNW *handelend; werkend*

agigantado BNW • *reusachtig* • *reuzen-*

agigantar ov ww *enorm vergroten*

ágil BNW *vlug; vlot; behendig*

agilidad v *behendigheid; lenigheid*

agilipollado BNW *stompzinnig; sullig*

agilitar ov ww (**agilizar**) *behendig maken; lenig maken*

agio m *agio*

agiotaje m *agiotage*

agiotista m/v *beursspeculant*

agitación v *opschudding; opwinding; onrust* ★ agitaciones electorales *verkiezingsopwinding*

agitador I m *opruier* II BNW *opruiend*

agitanado BNW *zigeunerachtig*

agitar ov ww • *opwinding veroorzaken* • *zwaaien; schudden* • *onrustig maken* ★ ~ las alas *klapwieken*

agitarse WKD WW *zich heftig bewegen; onrustig worden*

aglomeración v • *opeenhoping* • *stedelijke agglomeratie* ★ ~ urbana *stedelijke agglomeratie* ★ ~ de gente *drukte*

aglomerado m *spaanplaat*

aglomerar ov ww *verzamelen; bij elkaar zoeken; opeenhopen*

aglutinación v • *samenklontering* • *het bijeenbrengen*

aglutinante I m *hechtmiddel* II BNW *klevend; hecht-; bind-* ★ emplasto ~ *hechtpleister*

agnosticismo m *agnosticisme*

agnóstico I m *agnosticus* II BNW *agnostisch*

agobiador BNW *drukkend; uitputtend; ondraaglijk*

agobiar ov ww *overstelpen; benauwen; beklemmen; neerdrukken* ★ agobiado de deudas *diep in de schulden*

agobio m *last; uitputting*

agolpamiento m *opeenhoping; het samendrommen*

agolparse WKD WW • *samenstromen; samenscholen* • *zich ophopen*

agonía v • *kwelling; hevige smart* • *doodsstrijd* • *verval* • *het smachten*

agónico BNW *van de doodsstrijd*

agonioso BNW *hopeloos; oerervelend*

agonizante I m/v *iemand die op sterven ligt* II BNW *stervend; in doodsstrijd verkerend*

agonizar ON WW • *lijden* • *op sterven liggen* • *bijna uitgaan*

ágora v *agora*

agorar ov ww *voorspellen*

agorero I m *ziener; waarzegger* ★ ave agorera *onheilsbode* II BNW *voorspellend*

agostar ov ww *verschroeien; doen uitdrogen; doen verwelken*

agosteño BNW *augustus-*

agosto m • *augustus* • *oogst(tijd)* ★ hacer su ~ *zijn slag slaan*

agotado BNW • *uitgeput* • *uitverkocht* • *op; leeg*

agotador BNW *uitputtend*

agotamiento m *uitputting*

agotar ov ww • *opgebruiken; uitputten* • *droog maken* • *uitputten; afmatten* ★ ~ todos los recursos para *geen middel onbeproefd laten om*

agotarse WKD WW • *uitverkocht zijn* • *op raken* • *zich uitputten*

agracejo m • *zuurbes* • *slecht rijpende druif*

agraces m mv → **agraz**

agraciado BNW • *aantrekkelijk; elegant; aardig* • *gelukkig* ★ salir ~ *de gelukkige zijn; de winnaar zijn*

agraciar ov ww • *flatteren; knapper maken; mooi maken* • *gratie verlenen; belonen*

agradable BNW *aangenaam* ★ ~ en el trato *gemakkelijk in de omgang* ★ ~ al paladar *lekker*

agradar ON WW *bevallen* ★ no me agrada *het staat me niet aan*

agradecer ov ww • *dankbaar zijn voor; bedanken* • *waarderen* ★ le ~ía me lo dijese *ik zou u erg dankbaar zijn als u het mij zou zeggen* ★ esto no lo agradezco a nadie *dat heb ik aan niemand te danken* ★ este trabajo no agradece *dat werk loont niet de moeite*

agradecido I m *dankbaar persoon* II BNW *dankbaar*

agradecimiento m *dank; dankbaarheid*

agradezca WW (1e/3e p ev subj. t.t.) → **agradecer**

agrado m • *genoegen* • *vriendelijkheid* ★ es de mi ~ *het is naar mijn zin*

agrandamiento m *uitbreiding*

agrandar ov ww *groter maken; vergroten*

agrario BNW *landbouw-; agrarisch*

agravación v *verslechtering; verergering*

agravante I m *verzwarende omstandigheid* II BNW *verzwarend*

agravar ov ww • *verergeren* • *verzwaren*

agravarse WKD WW *verergeren; verslechteren* ★ se agrava el enfermo *de zieke gaat achteruit*

agraviar ov ww *beledigen*

agraviarse WKD WW *zich beledigd voelen*

agravio m • *belediging* • *onrecht*

agraz m • *onrijpe druif* • *sap van onrijpe druiven* ★ en ~ *voorbarig; in de dop*

agrazar I ov ww • *niet bevallen* • *ergeren* • *aanlengen met zure wijn* II ON WW *zuur smaken*

agrazón v • *wilde zure druif* • *wilde bessenstruik* • *ergernis*

agredir ov ww *aanvallen*

agregado I m • *aggregaat* • *attaché* ★ COL *pachter* ★ ~ militar *militair attaché* ★ ~ diplomático *attaché* ★ ~ naval *marineattaché* II BNW *toegevoegd* ★ profesor ~ *toegevoegd docent*

agregar OV WW • *toevoegen* • *indelen*; *inlijven*
agregarse WKD WW *samengevoegd worden*; *zich aansluiten*
agremiar OV WW *in een gilde of vakbond verenigen*
agresión V • *aanranding*; *aanval* • *agressie*
agresividad V *agressiviteit*
agresivo BNW *aanvallend*; *agressief*
agresor I m *agressor*; *aanvaller* II BNW *aanvallend*
agreste BNW • *plattelands-*; *landelijk* • *ruig* • *onbehouwen*
agrete BNW *enigszins zuur*
agriar OV WW *zuur maken*; *verbitteren*
agrícola BNW *landbouw-*; *boeren-* ★ *productos ~s landbouwproducten*
agricultor m *landbouwer*; *boer*
agricultura V *landbouw*
agridulce BNW *zoetzuur*
agrietar OV WW *doen barsten*; *doen scheuren*
agrimensor m *landmeter*
agrimensura V *landmeting*
agrio I m *zuur vruchtensap* II BNW • *zuur* • *stug* • *wrang*; *scherp* • *wreed* ★ ~ *al paladar scherp van smaak* ★ ~ *de carácter stug van karakter*
agrios m mv *citrusvruchten*
agro m *platteland*
agronomía V *landbouwkunde*
agrónomo m *landbouwkundige* ★ *consejero ~ landbouwconsulent*
agropecuario BNW *van landbouw en veeteelt*
agroturismo m *agrotoerisme*; *vakantie op het platteland*
agrupación V *groepering*
agrupar OV WW *samenvoegen*
agruparse WKD WW *zich aaneensluiten*; *zich groeperen*; *zich verzamelen*
agrura V *zuurheid*
agruras V mv *citrusvruchten*
agua V /*el*, *un* ~/ • *water* • *vocht*; *oplossing*; *sap* ★ *agua potable drinkwater* ★ *agua delgada zacht water* ★ *agua corriente stromend water* ★ *agua del grifo leidingwater* ★ *agua de manantial bronwater* ★ *agua mineral mineraalwater* ★ *agua pluvial regenwater* ★ *agua bendita wijwater* ★ *agua dentífrica mondwater* ★ *agua de leche wei* ★ *agua nieve natte sneeuw* ★ *agua de socorro nooddoop* ★ *aguas abajo stroomafwaarts* ★ *aguas arribas stroomopwaarts* ★ *hacer agua water maken*; *lek zijn* ★ *echar al agua te water laten* ★ *estoy con el agua al cuello het water staat me tot aan de lippen* ★ *el agua se alza het houdt op met regenen* ★ *lo desea como el agua de mayo hij zit erom te springen* ★ *llevar el agua a su molino op eigen voordeel uit zijn* ★ *¡agua va! kijk uit!* ★ *sin decir agua va zonder te waarschuwen* ★ FIG. *agua pesada oude koek* ★ *tirarse al agua in het water springen* ★ *pescar en aguas revueltas vissen in troebel water* ★ FIG. *quedar en aguas borrajas op niets uitlopen*
aguacate m *avocado*; *avocadoboom*
aguacero m *plensbui*
aguachirle m *slap drankje*
aguada V • *aquarel* • SCHEEPV.

drinkwatervoorraad; *drinkwatervoorziening*
aguadero m *drinkplaats*
aguado BNW • *waterig*; *met water verdund* • FIG. *verdorven*
aguador m *waterverkoper*; *waterdrager*
aguaducho m *stalletje* ⟨*voor drankverkoop*⟩
aguafiestas m/v *spelbreker*
aguafuerte m • *salpeterzuur* • *ets* ★ *grabar al ~ etsen* ★ *arte de grabar al ~ graveerkunst*
aguafuertista m/v *etser*
aguaitar OV WW *bespieden*; *in de gaten houden*; *kijken naar*
aguaje m • *getijdestroom*; *springtij* • *drinkplaats* • *kielzog*
aguamala V COL, PERU *kwal*
aguamanil m • *lampettafel*; *wastafel* • *lampetkom*; *lampetkan*
aguamar m *kwal*
aguamarina V *aquamarijn*
aguamiel V *honingdrank*; *mede*
aguanieve V *natte sneeuw*
aguantable BNW *uit te houden*; *draaglijk*
aguantar OV WW • *ondersteunen*; *tegenhouden* • *verdragen*; *(het) volhouden* ★ *no le puedo ~ ik kan hem niet uitstaan* ★ *tener que ~ mucho het hard te verduren hebben*
aguantarse WKD WW • *zich inhouden* • *zwijgen* • *zich neerleggen (bij)*
aguante m • *weerstandsvermogen*; *uithoudingsvermogen* • *geduld* ★ *tiene mucho ~ hij kan tegen een stootje*
aguapié m *waterige wijn*; *spoelwijn*
aguar OV WW • *aanlengen* • *verpesten* ★ ~ *la fiesta de vreugde verstoren*; *roet in het eten gooien*
aguardar OV WW • *(af)wachten* • *te wachten staan*
aguardentoso BNW ★ *voz aguardentosa grogstem*
aguardiente m *brandewijn* ★ ~ *de caña rum* ★ ~ *de cabeza eerste brandewijn uit de stookketel* ★ ~ *de arroz arak*
aguardo m *schuilhut*
aguarrás m (ook mv) *terpentijnolie*; *terpentine*
aguas V mv • *weerschijn* • *dakhelling* • *wateren* • *kielzog* ★ *tomar las ~ een kuur doen* ★ ~ *mayores 'grote boodschap'* ★ ~ *menores 'kleine boodschap'* ★ ~ *muertas stilstaand water* ★ ~ *arriba stroomopwaarts*
aguaturma V *aardpeer*
agudeza V • *scherpte* • *geestigheid*; ★ ~ *visual gezichtsscherpte*
agudizar OV WW *verscherpen*; *aanscherpen*
agudo I m MUZ. *hoge toon* II BNW • *scherp* • *scherpzinnig* • *hoog* ⟨v. toon⟩ • TAALK. *met klemtoon op de laatste lettergreep* • *hevig*; *penetrant* • *geestig* • *scherp* ⟨v. hoek⟩ ★ ~ *de inteligencia scherpzinnig*; *schrander* ★ ~ *en sus críticas scherp in zijn kritiek*
agüero m *voorteken* ★ *de mal ~ niet veel goeds voorspellend* ★ *ser ave de mal ~ een onheilsbode zijn*
aguerrido BNW *gehard*; *krijgshaftig* ★ ~ *en la lucha gehard in de strijd*
aguerrir OV WW *harden* ⟨v. soldaten⟩; *trainen*
aguijar I OV WW *aansporen*; *aanvuren* II ON WW

zich haasten; zich reppen

aguijón m • *punt van een prikstok* • *angel* • *doorn* • FIG. *prikkel*

aguijonazo m • *por* • *steek*

aguijonear OV WW • *prikkelen; aansporen* • *kwellen*

águila v • *arend; adelaar* • *uitblinker; kei* ⋆ ~ *bicéfala tweekoppige adelaar* ⋆ ~ *real koningsarend* ⋆ *ser un* ~ *een kei zijn in; bijdehand zijn*

aguileña v *akelei*

aguileño BNW *arends-; adelaars-* ⋆ *nariz aguileña haviksneus*

aguilón m • *arm van een hijskraan* • *grote adelaar*

aguilucho m *kiekendief*

aguinaldo m *kerstgratificatie; kerstgeschenk*

agüista m/v *badgast* ⟨in kuuroord⟩

agüita v *kruidenthee*

aguja v • *naald* • *wijzer* • *wissel* ⟨v. spoorweg⟩ • *torenspits* • *schoft* ⟨v. dier⟩ • *speld; broche* ⋆ *meter* ~ *y sacar reja een spiering uitgooien om een kabeljauw te vangen* ⋆ *buscar una* ~ *en un pajar een speld in een hooiberg zoeken* ⋆ ~ *de gancho haaknaald* ⋆ ~ *de marear kompasnaald* ⋆ ~ *de media breinaald* ⋆ ~ *de coser naainaald* ⋆ ~ *de hielo ijspegel*

agujazo m *speldenprik*

agujero m *gat; tekort* ⟨in de begroting⟩ ⋆ ~ *(en la capa) de ozono gat in de ozonlaag* ⋆ *tapar* ~*s het meest noodzakelijke doen*

agujetas v mv *spierpijn*

agusanado BNW *wormstekig; aangevreten*

agusanarse WKD WW *vol met wormen komen te zitten; wormstekig worden*

agustiniano BNW *augustijner*

agustino m *augustijn*

aguzanieves v *witte kwikstaart*

aguzar OV WW • *inspannen; spitsen; scherp maken; opwekken* ⟨v. eetlust⟩ • FIG. *opmonteren* ⋆ ~ *los oídos de oren spitsen*

ahechaduras v mv *kaf*

ahechar OV WW *wannen* ⟨v. graan⟩; *zeven*

aherrojamiento m *het vastketenen; het boeien*

aherrojar OV WW • *vastketenen; boeien* • FIG. *onderdrukken*

aherrumbrarse WKD WW *roesten; roestig worden*

ahí BIJW • *daar; ginds* • *daar(in)* • *hier* ⋆ *de ahí daaruit; daarvandaan* ⋆ *de ahí que vandaar dat* ⋆ *por ahí daaromtrent; daar in de buurt; daar ergens* ⋆ *¡ahí va! daar heb je het!* ⋆ *ahí me las den todas dat laat me Siberisch/koud* ⋆ *irse por ahí even weggaan; de hort opgaan*

ahijado I m • *pleegkind* • *petekind* • *beschermeling* II BNW *pleeg-; geadopteerd*

ahijar OV WW *adopteren*

ahilar I OV WW *in de rij zetten* II ON WW *in de rij gaan staan*

ahilarse WKD WW • *hoog opschieten* ⟨v. bomen en planten⟩ • *flauwvallen* • *mager worden*

ahincado BNW • *ijverig; vurig* • *doeltreffend*

ahincar OV WW *aandringen; volharden*

ahincarse WKD WW • *zich vastklemmen; zich vastbijten* • *zich haasten*

ahínco m *inzet; volharding; toewijding*

ahitar OV WW *verzadigen; overladen*

ahitarse WKD WW • *zich overeten* • *last krijgen van indigestie* • *beu worden*

ahíto BNW • *overvol; verzadigd* • *zat; beu* ⋆ *estaba* ~ *y tenía náuseas hij zat propvol en voelde zich misselijk* ⋆ *abrió una caja* ~ *de dinero hij opende een kist propvol met geld*

ahogadero m • *strop* • *halster* • *benauwd hok*

ahogado I m • *drenkeling* • CUL. LA *stoofgerecht* II BNW • *verdronken; gestikt; gewurgd* • *bedompt; benauwd*

ahogar OV WW • *wurgen; verdrinken* • FIG. *verstikken* • *kwellen* • *overstemmen; onderdrukken* • *verdrinken* ⟨v. planten⟩; *verzuipen* ⟨v. motor⟩

ahogarse WKD WW • *verdrinken* • OOK FIG. *stikken* • *verzuipen* ⟨motor⟩ ⋆ ~ *de calor stikken van de hitte*

ahogo m • *benauwdheid; beklemming* • *hachelijke situatie* ⋆ *muerte por* ~ *verdrinkingsdood*

ahondar I OV WW • *dieper plaatsen* • *dieper maken* II ON WW *zich verdiepen; dieper doordringen* ⋆ ~ *en el tema dieper op het onderwerp ingaan*

ahora I BIJW • *nu*; LA *vandaag* • *dadelijk* • *zoëven*; CHI *onlangs* ⋆ ~ *que nu dat; maar* ⋆ *por* ~ *voorlopig* ⋆ *desde* ~ *van nu af aan* ⋆ *¿* ~ *qué? wat nu?* ⋆ ~ *caigo nu snap ik het* ⋆ ~ *que estás aquí nu je hier (toch) bent* ⋆ ~ *bien welnu* ⋆ ~ *mismo net; nu meteen* ⋆ ~ *te lo diré ik zal het je zo zeggen* ⋆ ~ *viene hij komt zo* II VW ⋆ ~ *...* ~ *nu eens ... dan weer*

ahorcado I m *gehangene* II BNW *opgehangen*

ahorcajarse WKD WW *schrijlings gaan zitten*

ahorcar OV WW *ophangen*

ahorcarse WKD WW *zich ophangen*

ahorita BIJW LA *zo meteen; dadelijk*

ahormar OV WW • *vormen* • *tot rede brengen*

ahorquillado BNW *gevorkt*

ahorquillar OV WW *met een vork stutten*

ahorquillarse WKD VNW *zich vertakken*

ahorrador BNW *spaarzaam; zuinig*

ahorrar OV WW • *sparen* • *besparen* • *uitsparen* ⋆ ~ *para tiempos de problemas een appeltje voor de dorst bewaren*

ahorrarse WKD WW *zich besparen* ⋆ ~ *de vermijden* ⋆ *no ahorrárselas con nadie niemand ontzien*

ahorrativo BNW *karig; krenterig*

ahorro m *spaarzaamheid* ⋆ ~ *de energía energiebesparing*

ahorros m mv *spaargeld* ⋆ *Caja de* ~ *spaarbank*

ahoyar OV WW *uithollen; kuilen graven*

ahuchar OV WW *sparen*

ahuecar I OV WW • *uithollen; hol maken* • *opschudden; los maken* ⋆ ~ *el ala ervandoor gaan* ⋆ ~ *la voz met galmende stem spreken* II ON WW *ervandoor gaan* ⋆ *¡ahueca! sodemieter op!*

ahuecarse WKD WW • *verwaand worden* • *ervandoor gaan*

ahumado I m *het roken* II BNW *gerookt*

ahumar OV WW *roken* ⟨v. vlees en vis⟩

ahuyentar OV WW *verdrijven*; OOK FIG. *wegjagen*

ahuyentarse WKD WW • *vluchten* • *terugdeinzen*

airado BNW *kwaad; woest* ⋆ *mujer de vida*

ai

airada *vrouw uit het leven*
airar OV WW *kwaad maken*
airbag m *airbag*
aire m • *lucht* • *wind* • *zwier* • *verkoudheid*; *kou*
• *(volks)liedje* • *uiterlijk* • *gelijkenis* • *stijl*
• *melodie* • *houding* • iaire! *zeg!*; *hé!*
★ cámara de aire *binnenband* ★ aire
acondicionado *airconditioning* ★ ¿qué aires
te traen por acá? *wat brengt jou deze kant*
op? ★ a su aire *zoals het hem uitkomt* ★ andar
por los aires *onzichtbaar zijn* ★ hablar al aire
voor dovemansoren praten ★ reunión al aire
libre *openluchtbijeenkomst* ★ estar en el aire
in onzekerheid verkeren; in de lucht zijn|
uitzenden ⟨v. radio/tv⟩ ★ ser aire *onbelangrijk*
zijn ★ aire de suficiencia *gewichtigdoenerij*
★ aires *air; arrogante houding* ★ aire brioso
kittigheid ★ con aire *levendig* ★ tener un aire
distinguido *er deftig uitzien* ★ beber los aires
por *smoorverliefd zijn op* ★ dejar en el aire
una pregunta *een vraag niet beantwoorden*
★ matarlas en el aire *gevat antwoorden*
★ tener la cabeza llena de aire *leeghoofdig|*
ijdel zijn ★ ofenderse del aire *lichtgeraakt*
zijn; lange tenen hebben ★ tomar el aire *een*
luchtje scheppen
aireación v *ventilatie*
airear OV WW • *luchten; ventileren* • *openbaar*
maken
airearse WKD WW *een luchtje scheppen*
aires m mv • → aire • *air; verbeelding*
airón m • *vederdos* • *zilverreiger*
airosidad v *bevalligheid; zwier*
airoso BNW • *zwierig* • *succesvol* ★ salir ~ de
una empresa *een onderneming tot een goed*
einde brengen
aislacionismo m *isolationisme*
aislacionista I m/v *isolationist* II BNW
isolationistisch
aislado BNW • *geïsoleerd; afgezonderd* • *op*
zichzelf staand ★ controlo ~ *steekproef*
★ hechos ~s *losse feiten*
aislador I m *isolator* II BNW *isolerend*
aislamiento m *isolement* ★ ~ acústico
geluidsisolatie
aislante I m *isolering* II BNW *isolerend* ★ cinta ~
isolatieband
aislar OV WW *afzonderen; isoleren*
ajamonarse WKD WW *dik worden* ⟨v. vrouwen⟩
ajar OV WW *doen slijten; oud maken*
ajardinado BNW *als tuin ingericht* ★ espacio ~
groenstrook
ajedrea v *bonenkruid*
ajedrecista m/v *schaker*
ajedrez m *schaakspel* ★ jugar al ~ *schaken*
ajedrezado BNW *in twee kleuren geruit*
ajenjo m • PLANTK. *absint; alsemlikeur*
ajeno BNW • *van een ander; andermans* • *niet*
betrokken bij; onwetend van ★ ~ a *anders dan;*
vreemd aan ★ ~ de *vrij van* ★ ~ de *verdad*
onwaar ★ lo ~ *andermans zaken* ★ estoy ~ a lo
que él hace *ik weet niet waar hij mee bezig is*
ajetreado BNW *heel erg druk; gejaagd*
ajetrearse WKD WW *zich afjakkeren; zich uit de*
naad werken
ajetreo m *gesjouw* ★ día de mucho ~ *drukke*
dag
ají m ZA *Spaanse peper* ★ estar hecho un ají
razend zijn ★ ponerse como un ají *vuurrood*
worden ⟨v. gezicht⟩
ajiaceite m *saus van fijngemaakte knoflook en*
olie
ajilimoje m • *knoflooksaus* • *rommeltje*
ajilimojes m mv • *benodigdheden* • *bijgerechten*
ajillo m ★ al ~ *met knoflook bereid*
ajimez m *boogvenster met middenzuil*
ajo m • *knoflook* • *knoflookteen* • *zaakje;*
complot • *dosis LSD* • *vloek* ★ quien se pica
ajos come *wie de schoen past, trekke hem aan*
★ cabeza de ajo *knoflookbol* ★ diente de ajo
teentje knoflook ★ tieso como un ajo *stijfjes;*
uit de hoogte ★ andar en el ajo *in het complot*
zitten ★ ajo blanco *koude knoflooksoep*
ajoarriero m *stokvisgerecht uit Baskenland,*
Rioja en Aragon
ajonjolí m • *sesamplant* • *sesamzaad*
ajorca v *armband of enkelband van metaal*
ajornalar OV WW *in dienst nemen* ⟨v. dagloners⟩
ajuar m • *huisraad* • *uitzet*
ajuiciado BNW *verstandig*
ajuiciar OV WW • *tot bezinning brengen* • JUR.
een proces aandoen
ajumado I m *zatlap* II BNW *dronken*
ajumarse WKD WW *zich bedrinken*
ajustado I m *afstelling* II BNW • *aangepast*
• *nauwsluitend; strak* • *in overeenstemming;*
billijk ★ ~ a la variación de precios
waardevast
ajustador I m • *opmaker* ⟨grafisch⟩
• *bankwerker* • *nauwsluitend jakje* II BNW
passend; juist
ajustamiento m *vereffening* ⟨v. rekening⟩
ajustar I OV WW • *aanpassen* • *stellen; instellen;*
afstellen • *monteren; passen; geschikt maken*
• *aannemen; contracteren* • *vereffenen*
• *sluiten; overeenkomen* • *opmaken* ⟨grafisch⟩
★ ~ el contraste *het contrast instellen* ★ ~
cuentas *afrekenen* II ON WW *passen bij*
ajustarse WKD WW *een regeling treffen; het eens*
worden ★ ~ a *zich houden aan; passen binnen*
★ ~ con su conciencia *de stem van zijn*
geweten volgen
ajuste m • *aanpassing; afstelling* • *schikking;*
overeenkomst • *opmaak* ⟨v. krant⟩ ★ ~ de
cuentas *afrekening* ★ carta de ~ *testbeeld*
★ política de ~ (económico)
bezuinigingspolitiek
ajusticiar OV WW *terechtstellen; ter dood*
brengen
al SAMENTR /a + el/ *naar (de|het)* ★ voy al colegio
ik ga naar school ★ voy al cine *ik ga naar de*
bioscoop
ala v /el, un ~/ • *vleugel* • *rand; flank* ★ volar
uno con sus propias alas *op eigen benen*
staan ★ ahuecar el ala *ervandoor gaan; de*
plaat poetsen ★ cortar las alas *tegenwerken;*
ontmoedigen ★ iala! *vooruit!; kom op!* ★ ala
derecha *rechtervleugel* ★ de ala ancha
breedgerand
Alá m *Allah*
alabado I m *motet* II BNW *geprezen*
alabador BNW *prijzend*

alabancioso BNW *opschepperig*
alabanza v *loftuiting*
alabar OV WW *(lof)prijzen* ∗ ~ a u.p. *met lof over iemand spreken*
alabarda v *hellebaard*
alabardero m *hellebaardier*
alabarse WKD WW *zich beroemen; zich laten voorstaan*
alabastro m *albast*
alabear OV WW *doen kromtrekken*
alabearse WKD WW *kromtrekken*
alabeo m *het kromtrekken*
alacena v *muurkast*
alacrán m ∗ *schorpioen* ∙ *teugelring*
alacridad v *opgewektheid*
alada v *vleugelslag*
alado BNW ∙ *gevleugeld* ∙ *vliegensvlug*
alagartado BNW *met de kleur van een hagedis*
alamar m ∙ *knoop met lus* ∙ *tres* ∙ *franje*
alambicado BNW *geaffecteerd; gekunsteld* ∗ *precio* ~ *scherp gecalculeerde prijs*
alambicamiento m ∙ *distillatie* ∙ *gekunsteldheid* ∙ *spitsvondigheid*
alambicar OV WW ∙ *distilleren* ∙ *heel precies formuleren; spitsvondig beredeneren*
alambique m *distilleertoestel*
alambrada v *afrastering; prikkeldraadversperring*
alambrado m ∙ *afrastering* ∙ *traliewerk; hor* ∙ *prikkeldraad*
alambrar OV WW *met prikkeldraad omgeven*
alambre m *metaaldraad* ∗ ~ de púas *prikkeldraad*
alambrera m *traliewerk*
alambrista m/v *koorddanser*
alameda v ∙ *laan* (met populieren) ∙ *populierbosje*
álamo m *populier* ∗ ~ temblón *ratelpopulier; esp*
alancear OV WW *met een lans raken; verwonden*
alano I m ∙ *Alaan* ∙ *buldog* II BNW *van de Alanen*
alarde m *vertoon* ∗ hacer ~ de *pronken met; te koop lopen met*
alardear ON WW *pronken*
alargado BNW *lang(gerekt)*
alargador m *verlengsnoer*
alargamiento m *verlenging*
alargar OV WW ∙ *langer maken* ∙ *langer doen duren; verlengen* ∙ *rekken; uitstellen* ∙ *uitrekken; uitstrekken* ∙ *aangeven; aanreiken*
alargarse WKD WW ∙ *langer worden; uitrekken* ∙ *voortduren* ∙ ~ en *uitweiden over*
alarido m *kreet; schreeuw; yell* ∗ dar/pegar ~s *schreeuwen; krijsen*
alarife m ∙ *architect; bouwmeester* ∙ *metselaar*
alarma v ∙ *alarm* ∙ *onrust; angst* ∗ estado de ~ *noodtoestand* ∗ tocar (la) ~ *alarm slaan*
alarmante BNW *verontrustend*
alarmar OV WW ∙ *alarmeren* ∙ *bang maken*
alarmismo m *paniekzaaierij*
alarmista BNW *paniekzaaier; onheilsprofeet*
alas v mv ∙ → **ala** ∙ *durf; moed; brutaliteit* ∗ dar alas a u.p. *iemand aanmoedigen; iemand opstoken*
alavense I m/v *iemand uit Alava* II BNW *van/uit Alava*

alavés I m (v: **alavesa**) *iemand uit Alava* II BNW (v: **alavesa**) *van/uit Alava*
alazán BNW *voskleurig*
alba v /el, un ~/ *dageraad*
albacea m *executeur-testamentair*
albacetense I m/v *iemand uit Albacete* II BNW *van/uit Albacete*
albaceteño I m *iemand uit Albacete* II BNW *van/uit Albacete*
albahaca v *basilicum*
albanés I m (v: **albanesa**) *Albanees* II BNW (v: **albanesa**) *Albanees*
albañal m ∙ *zwijnenstal* ∙ *riool; afvoer*
albañil m *metselaar*
albarán m *factuur*
albarda v *pakzadel* ∗ ~ sobre ~ *onnodige herhaling*
albaricoque m *abrikoos*
albariza v *zoutwaterlagune*
albatros m *albatros*
albayalde m *loodwit*
albedrío m ∙ *wil* ∙ *willekeur* ∗ a su ~ *naar zijn goeddunken*
alberca v *waterreservoir*
albérchigo m *soort abrikoos*
albergar OV WW ∙ *onderdak verlenen* ∙ COMP. *hosten*
albergarse WKD WW *onderdak vinden*
albergue m ∙ *(jeugd)herberg* ∙ *schuilplaats* ∗ ~ de carreteras *wegrestaurant; motel*
albillo BNW ∗ vino ~ *wijn gemaakt van deze druiven* ∗ uva albilla *smakelijke zachte druivensoort*
Albión v LIT. *Engeland*
albis ∗ quedarse en ~ *niets voor elkaar krijgen; er niets van begrijpen*
albo BNW *wit*
albóndiga v *gehaktbal*
albondiguilla v *soepballetje* ∗ hacer ~s *neuspeuteren*
albor m ∙ LIT. *dageraad* ∙ *witheid*
alborada v ∙ *dageraad* ∙ *reveille*
alborear ON WW *dagen*
albores m mv *begin*
albornoz m *badjas*
alborotadizo BNW *nerveus; druk*
alborotado BNW *overhaast; zonder na te denken*
alborotador m *herrieschopper; onruststoker*
alborotapueblos m/v ∙ *druktemaker* ∙ *gangmaker*
alborotar I OV WW ∙ *op stelten zetten* ∙ *de rust verstoren* II ON WW *drukte maken*
alborotarse WKD WW ∙ *opgewonden raken; zich opwinden* ∙ *onrustig worden* ∙ *onstuimig worden* (zee)
alborozado BNW *vrolijk; uitgelaten*
alborozo m *uitgelatenheid*
albricias v mv ∙ *gelukwensen* ∙ *geschenk* (voor iemand die goed nieuws brengt) ∗ ¡~! *hoera!*
albufera v *lagune*
álbum m *album* ∗ ~ de recortes *plakboek*
albumen m *kiemwit; eiwit*
albur m *risico* ∗ al ~ *op goed geluk* ∗ correr un ~ *een risico lopen*
albura v *blankheid*

alcachofa v • *artisjok* • *artisjokbol* • *sproeikop*; *sproeier*

alcahueta v • *koppelaarster* • *roddelaarster*

alcahuete m • *koppelaar* • *roddelaar*; *kletskous*

alcahuetear ON WW • *koppelen* • *roddelen*

alcahuetería v *koppelarij*

alcaide m • *gevangenbewaarder* • GESCH. *slotvoogd*

alcaldada v *ambtsmisbruik* ⟨v. burgemeester⟩

alcalde m *burgemeester* ★ ~ de monterilla *plattelandsburgemeester*

alcaldesa v • *burgemeester* • *vrouw van de burgemeester*

alcaldía v • *ambt van burgemeester* • *gemeentehuis* • *ambtsgebied* ⟨v. burgemeester⟩

álcali m *loogzout* ★ ~ mineral *soda*

alcalino BNW *alkalisch*

alcaloide m *alkaloïde*

alcaloideo BNW *alkaloïde-*

alcamonías v mv • *specerijen* • *koppelarijen*

alcance m • *laatste nieuws* • *belang*; *omvang*; *reikwijdte* • *bereik* ★ al ~ de la mano *binnen handbereik* ★ dar ~ a alg. *iemand inhalen* ★ de gran ~ *verreikend* ★ está fuera de mi ~ *dat ligt net binnen mijn bereik*

alcances m mv *talent*; *begaafdheden* ★ de pocos ~ *niet zo pienter*

alcancía v *spaarpot*

alcanfor m *kamfer*

alcanforar OV WW *met kamfer vermengen*

alcantarilla v • *riool*; *goot* • *bruggetje*

alcantarillado m *riolering*

alcantarillar OV WW *van riolering voorzien*

alcanzable BNW *bereikbaar*; *haalbaar*

alcanzado BNW *blut*; *krap bij kas*

alcanzar I OV WW • *inhalen*; *bereiken* • *kunnen horen*; *kunnen zien* • *begrijpen* • *beleven*; *meemaken* • *aanreiken* • *krijgen*; *verwerven* • *ten deel vallen*; *treffen* ★ alcancé a Benavente *ik heb Benavente nog gekend* ★ ~ en días *overleven* II ON WW *voldoende (sterk) zijn* ★ me alcanza el dinero para algún rato *ik kan het nog wel een tijdje uitzingen* ★ si alcanza no llega *het kan maar net*; *het is erg krap*

alcanzarse WKD WW *kunnen begrijpen* ★ no se me alcanza por qué lo hizo *het is mij een raadsel waarom hij het gedaan heeft*

alcaparra v *kappertje*

alcaraván m *griel*

alcaravea v *karwij* ⟨zaad⟩

alcatraz m *jan-van-gent*; *pelikaan*

alcaucil m *wilde artisjok*

alcaudón m *klauwier*

alcayata v *(spijker)haak*

alcazaba v *citadel*

alcázar m • *vesting* • *burcht*

alcazuz m *zoethout*

alce m *eland*

alción m *ijsvogel*

alcista I m/v *speculant* II BNW *stijgend*

alcoba v *slaapkamer*; *alkoof*

alcohol m • *alcohol* • *spiritus* • *sterkedrank* ★ ~ metílico *spiritus* ★ ~ etílico *ethylalcohol* ★ ~ absoluto *pure alcohol* ★ cocinilla de ~ *primus*

alcoholemia v *alcoholpromillage* ★ prueba de ~ *alcoholtest*

alcoholero BNW *alcohol-*

alcohólico I m *alcoholist*; *alcoholicus* II BNW • *alcoholisch* • *alcohol-*

alcoholímetro m *alcoholmeter*; *blaaspijpje*

alcoholismo m *alcoholisme*

alcoholizado I m *alcoholist* II BNW *lijdend aan alcoholvergiftiging*

alcoholizar OV WW *alcoholiseren*

alcoholizarse WKD WW *aan de drank raken*

Alcorán m ★ el ~ *de Koran*

alcornoque I m • *kurkeik* • *domoor*; *stommerd* II BNW *dom*; *stom*

alcorzar OV WW *glaceren*

alcotán m *boomvalk*

alcotana v *houweel*

alcubilla v *watertoren*

alcurnia v *(adellijke) afstamming*; *voorgeslacht*

alcuza v *olijfoliekan*

alcuzcuz m *couscous*

aldaba v • *deurklopper* • *sluitboom* • *muurring* ⟨voor paard⟩ ★ tener buenas ~s *een goede kruiwagen hebben*

aldabilla v *haakje*; *knip*

aldabón m • *grote deurklopper* • *groot handvat*

aldabonazo m *slag met een deurklopper*

aldea v *gehucht*; *dorpje* ★ ~ de vacaciones *vakantiedorp*

aldeanismo m • *boerse uitdrukking* • *bekrompen instelling*

aldeano I m *dorpsbewoner* II BNW *dorps*; *boers*

aldehuela v *gehuchtje*

aldeorrio m *gehucht*; *gat*

aleación v *legering*; *vermenging*

alear OV WW *legeren*; *mengen*

aleatorio BNW *van het toeval afhangend*

aleccionador m *leerzaam*

aleccionamiento m *instructie*; *onderricht*

aleccionar OV WW *instrueren*; *onderrichten*

alechugar OV WW *krullen*; *plisseren*

aledaño BNW *aangrenzend*; *belendend*

aledaños m mv *omstreken*; *directe omgeving*

alegación v *verklaring*; *pleidooi* ★ escrito de alegaciones *bezwaarschrift* ⟨bv. bij belasting⟩

alegador BNW LA *twistziek*

alegar OV WW *aanvoeren* ★ ~ como coartada *als alibi aanvoeren* ★ ~ en su defensa *ter verdediging aanvoeren*

alegato m • *pleidooi* • *conclusie* • *ruzie*; *woordenwisseling*

alegoría v • *allegorie* • *zinnebeeldige voorstelling*

alegórico BNW *allegorisch*; *zinnebeeldig*

alegorizar OV WW *als een allegorie voorstellen*

alegrar OV WW • *verheugen*; *verblijden* • *opvrolijken*; *vrolijk maken* • *opstoken* ⟨v. vuur⟩

alegrarse WKD WW • *zich verheugen* • *aangeschoten raken*; *vrolijk worden* ★ me alegro (mucho) *daar ben ik (erg) blij om*

alegre BNW • *vrolijk*; *blij* • *opgewekt* • *aangeschoten* • *verheugend*; *levendig* • *lichtzinnig* • *losbandig*; *van lichte zeden* ★ ~ de carácter *vrolijk van aard*

alegría v • *vreugde*; *blijdschap* • *plezier* • *vrolijkheid* • *roekeloosheid* ★ la ~ de la casa *het zonnetje in huis* ★ ique ~! *wat leuk/fijn!*; *wat een pret!*

alegrías v mv *openbare feestelijkheden*

alegrón m *onverwacht en groot genoegen* ★ me dio un ~ *dat maakte me reuzeblij*

alejado BNW *ver (weg); afgelegen*

alejamiento m *verwijdering*

Alejandría m/v GEO. *Alexandrië*

alejandrino I m • *iemand uit Alexandrië* • *alexandrijn* II BNW • *van/uit Alexandrië* • *van Alexander de Grote* ★ verso ~ *alexandrijn*

Alejandro m *Alexander* ★ ~ Magno *Alexander de Grote*

alejar OV WW *verwijderen*

alejarse WKD WW • *zich verwijderen* • *zich verre houden; uit de weg gaan* ★ ~ del buen camino *van het rechte pad afdwalen* ★ ino te alejes mucho! *ga niet te ver weg!*

alelado I m VEN *schrokop; gulzigaard* II BNW • *verdoofd; verstomd* • *onnozel* • LA *genezen* ‹v. ziekte› • *slim; geniaal*

alelamiento m • *het verstomd staan; verstomdheid* • *onnozelheid*

alelar OV WW • *versuffen* • *verbluffen*

alelarse WKD WW • *versuft worden* • *sprakeloos staan*

aleluya m/v • *lofzang; halleluja* • *bidprentje* ★ estar de ~ *juichen* ★ comer ~s *op een houtje bijten*

alemán I m • ‹v: **alemana**› *Duitser* • *het Duits* II BNW ‹v: **alemana**› *Duits*

Alemania v *Duitsland*

alentada v ★ de una ~ *in één adem*

alentado BNW • *hoogmoedig; dapper* • *trots* • *slim; geniaal* • LA *genezen* ‹v. een ziekte› • VEN *schrokop; gulzigaard*

alentador BNW *bemoedigend*

alentar /ie/ I OV WW *aanmoedigen; opwekken* II ON WW *ademen; ademhalen*

alentarse WKD WW • *moed vatten* • *beter worden*

alerce m *lariks*

alergia v *allergie*

alérgico BNW *allergisch*

alero m *dakrand; afdak* ★ estar en el ~ *onzeker zijn*

alerón m *rolroer; vleugelroer*

alerta I m/v *alarm(signaal)* ★ dar la ~ *alarm slaan* II BNW *oplettend; waakzaam; op zijn qui-vive* ★ en estado de ~ *in staat van paraatheid* ★ i~! *kijk uit!* ★ estar ojo ~ *op zijn hoede zijn*

alertar OV WW *alarmeren; waarschuwen* ★ ~ a u.p. *iemand waarschuwen*

alesna v *priem*

aleta v • *vin* • *vleugel* • *spatbord* ★ tengo una ~ abollada *ik heb een deuk in mijn spatbord* ★ ~ de la nariz *neusvleugel*

aletargado BNW *suf; in een lethargische toestand*

aletargamiento m • *slaperigheid* • *slaap*

aletargar OV WW *slaperig maken*

aletazo m • *vleugelslag; wiekslag* • *slag met een vin*

aletear ON WW • *klapwieken; de vin bewegen* • *klapperen* • *herstellen* ★ ir aleteando *aan de beterende hand zijn*

aleteo m • *geklapwiek; het slaan met de vinnen* • *het wapperen*

aleudar OV WW *laten gisten; laten rijzen*

aleve BNW *trouweloos; verraderlijk; laaghartig*

alevosia v *verraad*

alevoso BNW *verraderlijk; laaghartig*

alfabético BNW *alfabetisch*

alfabetización v *alfabetisering*

alfabetizado BNW *gealfabetiseerd; op alfabet*

alfabetizar OV WW • *alfabetisch rangschikken* • *leren lezen en schrijven*

alfabeto m *alfabet; abc* ★ ~ Morse *morsealfabet* ★ ~ fonético *fonetisch alfabet*

alfalfa v *alfalfa; luzerne*

alfalfar m *alfalfaveld; rupsklaverveld*

alfanje m • *kromzwaard* • *zwaardvis*

alfanumérico BNW *alfanumeriek*

alfaque m *zandbank*

alfarería v • *pottenbakkerskunst* • *pottenbakkerij; aardewerkwinkel*

alfarero m *pottenbakker*

alféizar m • *vensteropening; deuropening* • *vensterbank*

alfeñicado m • *ziekelijk; zwak* • *aanstellerig*

alfeñicarse WKD WW • *erg mager worden* • *zich aanstellen*

alfeñique m • *slap ventje* • *teer poppetje*

alferecía v *epilepsie*

alférez m *vaandrig* ★ ~ de navío *marinekorporaal*

alfil m *loper* ‹v. schaakspel›

alfiler m • *speld* • *broche; dasspeld* ★ no caber un ~ *er kan niets/niemand meer bij* ★ ir de veinticinco ~es *tot in de puntjes gekleed zijn*

alfilerar OV WW *vastspelden*

alfilerazo m • *speldenprik* • *steek onder water*

alfileres m mv *kleedgeld* ★ estar de veinticinco ~ *er piekfijn uit zien* ★ ~ de la ropa *wasknijpers* ★ prendido con ~ *flodderig*

alfiletero m *speldenkoker; naaldenkoker*

alfolí m • *graanpakhuis* • *zoutpakhuis*

alfombra v *vloerkleed;* OOK FIG. *tapijt*

alfombrado I m • *het bekleden* • *vloerbedekking* II BNW *met tapijt bedekt*

alfombrar OV WW *met een tapijt bedekken; vloerbedekking leggen op*

alfombrilla v • *kleedje* • *algemene benaming voor met rode huiduitslag gepaard gaande kinderziekten*

alfombrista m *tapijthandelaar*

alfóncigo m (**alfónsigo**) *pistachenootje; pistacheboom*

alfonsino BNW (**alfonsi**) *van koning Alfonso*

alforfón m • *boekweit* • *boekweitzaad*

alforja v *knapzak*

alforjas v mv *zadeltassen; proviand* ★ sacar los pies de las ~ *het over een andere boeg gooien*

alforza v • *plooi* • *litteken*

alforzar OV WW *plooien*

alga v /el, un ~/ *alg; zeewier*

algalia v • *civet* • *civetkat*

algarabía v • *lawaai* • GESCH. *Arabische taal* • *koeterwaals*

algarada v • *opstootje* • *strooptocht*

algarroba v • *voederwikke* • *zaad van de*

voederwikke • *carobe*; *sint-jansbrood*
algarrobo m *johannesbroodboom*
algazara v *rumoer*; *(vrolijk) geschreeuw*
álgebra v /el, un ~/ *algebra*
algebraico BNW *algebraïsch*
algebrista m/v • *algebraïst* • MED. *bottenzetter*
álgido BNW *ijskoud* ★ período ~ *kritieke periode*
★ punto ~ *hoogtepunt*
algo I ONB VNW • *iets* • *wat*; *een beetje* • *heel*
wat ★ ser algo aparte *iets aparts zijn* ★ me va
a dar algo *ik krijg er (nog) wat van* ★ más
vale algo que nada *beter iets dan niets* ★ algo
así *zo iets* ★ algo es algo *dat is tenminste iets*
★ por algo *niet zonder reden* ★ ¿algo más?
anders nog iets? ★ ése se cree que es algo *die
vent denkt dat hij heel wat is* II BIJW *een
beetje*; *nogal*
algodón m • *katoen* • *watten* • *katoenplant* ★ ~
hidrófilo *verbandwatten* ★ ~ en rama *ruwe
katoen* ★ se ha criado entre algodones *hij is
in de watten gelegd*
algodonal m *katoenplantage*
algodonar OV WW *met katoen opvullen*;
watteren
algodonero I m *katoenplant* II BNW *katoen-*
★ industria algodonera *katoenindustrie*
algodonoso BNW *katoenachtig*
alguacil m *bode*
alguien ONB VNW *iemand* ★ ser ~ *iemand zijn*;
belangrijk zijn ★ se cree ~ *hij denkt dat hij
iemand is*; *hij voelt zich heel wat*
algún ONB VNW → **alguno**
alguno I BNW • *zeker* • *enkel*; *enig* ★ hacer
alguna (de las suyas) *een streek uithalen*
★ ¿tienes dinero? tengo ~ *heb je geld? een
beetje* ★ ide manera alguna! *in geen geval* ★ el
paciente no ha experimentado mejora
alguna *bij de patiënt is geen enkele
verbetering opgetreden* ★ de alguna
importancia *van zeker belang* ★ algun día
ooit II ONB VNW *iemand* ★ ~ que otro *enige*;
sommige; *een enkeling*; *de één of andere* ★ en
modo ~ *in geen geval*
algunos ONB VNW *sommige(n)*; *enkele(n)* ★ ~
entre *sommige(n)/enkele(n) van*
alhaja v • *sieraad*; *juweel* • *kostbaar voorwerp*
• *parel*; FIG. *schat* ★ ibuena ~! *een mooi
heerschap!*
alhajar OV WW • *met juwelen versieren*
• *inrichten*
alharaca v *ophef* ★ hacer ~s *ophef/misbaar
maken*
alhelí m *violier*
alheña v • *liguster* • *bloem van liguster* • *henna*
★ molido como una ~ *geradbraakt*; *doodop*
alheñarse WKD WW *door meeldauw worden
aangetast*
alhóndiga v *graanbeurs*
alhucema v *lavendel*
aliacán m *geelzucht*
aliado I m *bondgenoot* II BNW *verbonden*
aliados m mv *geallieerden*
alianza v • *verbond* • *verbintenis* • *alliantie*;
bondgenootschap • *trouwring* • *band* ★ ~ de la
suerte *lotsverbondenheid*
aliar OV WW *verenigen*; *verbinden*

aliarse WKD WW *een bondgenootschap sluiten*
alias I m *bijnaam* II BIJW *alias*
alicaido BNW • *vleugellam* • *zwak*; *verslapt*
• *terneergeslagen*
alicantino BNW *uit Alicante*
alicatado m • *betegeling* • *tegelwerk*
alicatar OV WW *betegelen*
alicates m mv *tang*
aliciente m *aantrekkelijkheid*; *lokmiddel*;
prikkel ★ ~ para *stimulans om* ★ el ~ de *de
aantrekkelijkheid van*
alícuota BNW *evenredig*; *proportioneel* ★ parte ~
deler
alienación v • *waanzin*; *krankzinnigheid*
• *vervreemding* ★ ~ mental *krankzinnigheid*
alienado I m *krankzinnige* II BNW *gek*
alienar OV WW • *vervreemden* • *gek maken*
alienígena I m/v • *buitenlander*; *vreemdeling*
• *buitenaards wezen* II BNW • *buitenlands*;
vreemd • *buitenaards*
alienista m/v ★ médico ~ *psychiater*
aliento m • *adem* • *ademhaling* • *moed*;
geestkracht ★ de un ~ *in één adem*;
ononderbroken ★ ~ creador *scheppingsdrang*
★ ~ vital *levenskracht*; *levensadem* ★ cobrar ~
moed scheppen ★ sin ~ *buiten adem*; *amechtig*
★ tomar ~ *op adem komen*; *even uitblazen*
alifafe m *kwaaltje*
aligeramiento m *verlichting*; *vermindering*
aligerar OV WW • *versnellen* • *verlichten*
• *verzachten* ★ ~ el paso *de pas versnellen*
aligerarse WKD WW *lichter worden* ★ ~ de ropa
zich dunner kleden
aligustre m *liguster*
alijar OV WW • *lossen* • *overladen*; *aan land
brengen* ⟨v. smokkelwaar⟩
alijo m • *het lossen* • *smokkelwaar*
alimaña v *schadelijk dier*
alimañas v mv *ongedierte*
alimentación v • *voeding* ★ ~ insuficiente
ondervoeding ★ ~ suplementaria *bijvoeding*
alimentador I m *voedingsapparaat* II BNW
voedend
alimentar OV WW • *voeden*; *onderhouden*
• *stoken* ⟨v. machine⟩ • *koesteren* • COMP.
invoeren ★ ~ sentimientos *gevoelens koesteren*
★ ~ con datos COMP. *gegevens invoeren*
alimentario BNW *voedsel-*
alimenticio BNW *levensmiddelen-*; *voedsel-*
★ valor ~ *voedingswaarde*
alimento m • OOK FIG. *voedsel* • *voeding*
• *brandstof* ★ ~s congelados
diepvriesproducten
alimentos m mv • *levensmiddelen* • JUR.
alimentatie
alimón m ★ al ~ (con) *in samenspel/
samenwerking (met)*
alindar I OV WW *afperken* II ON WW *grenzen aan*
alineación v • *opstelling* ★ ~ de la calle *rooilijn*
alineado BNW *in een rechte rij* ★ países no ~s
niet-gebonden landen
alineamiento m *het uitlijnen* ★ POL. no-~ *niet-
gebondenheid*
alinear OV WW • *in een rij zetten* • *opstellen* ⟨in
een team of elftal⟩ ★ ~ a la derecha *rechts
opstellen*

alinearse WKD WW • *zich in een rij opstellen* • *toetreden* ⟨tot politiek-militair machtsblok⟩ ★ *se alineó de delantero centro hij stelde zich op als midvoor*
aliñar OV WW • *aanmaken* ⟨v. salade⟩ • *optooien; versieren; in orde brengen*
aliño m • *toebereiding* ⟨v. eten⟩; *versiering* • *kruiderij*
alioli m *saus van knoflook en olie*
alionín m *staartmees*
aliquebrado BNW • *vleugellam* • *terneergeslagen*
alisado BNW *glad*
alisador I m *polijsttoestel* II BNW *gladmakend*
alisar OV WW • *gladstrijken* • *gladkammen* • *polijsten*
alisios BNW • vientos ~ *passaatwinden*
aliso m *els*
alistamiento m • *lichting van dienstplichtigen* • *inschrijving*
alistar OV WW *rekruteren; op een lijst zetten*
alistarse WKD WW • *in militaire dienst gaan* • *zich inschrijven*
aliteración v *alliteratie; stafrijm*
aliterado BNW *met stafrijm*
aliviadero m *overloop van stuwmeer of kanaal*
aliviado BNW *verlichtend*
aliviar OV WW • *ontlasten; verlichten; lenigen; verzachten • versnellen; verhaasten* ★ ~ *de trabajo a u.p. iemand werk uit handen nemen* ★ ~ *de mil euros a u.p. iemand duizend euro lichter maken*
aliviarse WKD WW • *lichter worden* • *verminderen* ⟨v. pijn⟩ • *beter worden; opknappen* ★ *ique se alivie! beterschap!*
alivio m *verlichting; verbetering* ★ *de* ~ *enorm; van je welste; verschrikkelijk* ★ ~ *de luto lichte rouw*
aljaba v *pijlkoker*
aljama v • *synagoge • moskee • moorse/joodse wijk • bijeenkomst van moren of joden*
aljamiado BNW *Spaanse tekst in Arabisch schrift geschreven*
aljibe m *waterreservoir; regenput*
aljofaina v *waskom*
aljófar m *druppel; traan; pareltje*
aljofarar OV WW • *met parels versieren* • *met tranen bevochtigen*
aljofifa v *dweil*
aljofifar OV WW *dweilen*
allá I m ★ *el más allá het hiernamaals* II BIJW • *daar(ginds); daarheen • toen* ★ *allá por el año 1818 omstreeks het jaar 1818* ★ *pasar más allá zijn boekje te buiten gaan* ★ *eso allá tú dat is jouw zaak* ★ *se va allá él hij doet niet voor hem onder* ★ *no está muy allá con su padre hij kan niet zo goed met zijn vader opschieten* ★ *allá se las componga/haga hij moet maar zien hoe hij dat klaarspeelt* ★ *allá se fue way was hij* ★ *iallá va eso! kijk uit!* ★ *allá voy ik kom* ★ *más allá hoger (dan); verder (dan)* ★ *muy allá zeer ver* ★ *hasta allá fantastisch; enorm*
allanamiento m • *effening; het glad maken* • *het met de grond gelijk maken • het zich onderwerpen* ★ ~ *de morada huisvredebreuk*
allanar OV WW • *effenen; gelijk maken • uit de weg ruimen • tot bedaren brengen; onderdrukken • huisvredebreuk plegen; met geweld binnendringen* ★ ~ *una casa huisvredebreuk plegen*
allanarse WKD WW *zich schikken; zich neerleggen*
allegado I m • *familielid; verwant • intieme vriend; naaste* II BNW • *verzameld • verwant; (nauw) verbonden*
allegar OV WW • *vergaren; verzamelen* • *naderbij brengen*
allegarse WKD WW • *akkoord gaan • zich aansluiten*
allende BIJW *aan de overzijde; aan de andere kant* ★ ~ *los Pirineos aan gene zijde van de Pyreneeën*
allí BIJW • *daar(heen) • daar in de buurt; daar (ergens) • toen* ★ *por allí daar ergens* ★ *allí mismo precies daar*
alma v /el, un ~/ • *ziel; geest • hart; pit • wezen • inwoner; sterveling • geestdrift; kracht; drijvende kracht • geestkracht • kern • essentie* ★ *ir como alma en pena met zijn ziel onder de arm lopen* ★ *alma de Dios doodgoeie vent* ★ *me llega al alma het gaat me aan het hart* ★ *con toda el alma van ganser harte* ★ *paseársele a uno el alma por el cuerpo onverstoorbaar zijn; flegmatiek zijn* ★ *romper el alma a alg. iemand de hersens inslaan* ★ *como alma que lleva el diablo halsoverkop* ★ *echarse el alma a las espaldas gewetenloos zijn* ★ *irse el alma tras u.c. helemaal weg zijn van iets* ★ *tener mucha alma heel erg moedig zijn* ★ *ialma mía! mijn schat!; liefste!* ★ *alma de cántaro botte vent* ★ *ialma! moed houden!* ★ *tener el alma bien puesta voor niets terugdeinzen* ★ *con alma y vida met hart en ziel*
almacén m • *pakhuis; magazijn • depot* • ZA *kruidenierswinkel* ★ *en* ~ *in voorraad* ★ *quedar en* ~ *onverkocht blijven*
almacenaje m • *opslag van goederen* • *opslagkosten*
almacenamiento m • *(het) opslaan;* COMP. *opslag • opgeslagen goederen*
almacenar OV WW • OOK COMP. *opslaan* ⟨in een pakhuis⟩ • *verzamelen; opsparen*
almacenero m *magazijnmeester*
almacenes m mv *warenhuis*
almacenista m/v *groothandelaar*
almáciga v • *kwekerij • mastiek*
almádena v *steenhouwershamer*
almadraba v • *tonijnvisserij • plaats waar tonijn gevangen wordt • tonijnnet*
almadreña v *klomp*
almagre m *bruinrode oker*
almanaque m *almanak* ★ *hacer* ~s *piekeren*
almazara v • *olieslagerij • oliemolen*
almeja v *mossel*
almena v *kanteel*
almenado BNW • *van kantelen voorzien • in de vorm van een kanteel*
almenar I m *fakkelstandaard* II OV WW *van kantelen voorzien*
almendra v • *amandel • pit* ⟨v. vrucht⟩ • *amandelvormige diamant • (kiezel)steentje*

al

★ ~ amarga *bittere amandel* ★ ~ garrapiñada *gesuikerde amandel* ★ saber a ~ *heel lekker zijn* ★ ~s de cacao *cacaobonen* ★ de la media ~ *preuts*
almendrado I m *bitterkoekje; amandelgebak* II BNW *amandelvormig*
almendral m *amandelboomgaard*
almendrera v *amandelboom*
almendro m *amandelboom*
almeriense I m/v *iemand uit Almería* II BNW *van|uit Almería*
almete m *helm*
almez m *zuidelijke netelboom*
almiar m *hooimijt; opper*
almíbar m • *siroop* ★ *estar hecho un ~ overdreven vriendelijk zijn* ★ *frutas en ~ vruchten op sap*
almibarado BNW *suikerzoet; stroperig*
almibarar OV WW • *in siroop drinken; met siroop bedekken* • *stroop om de mond smeren; honingzoete woorden gebruiken*
almidón m • *stijfsel* • *zetmeel* ★ *poner ~ stijven*
almidonado BNW • *gesteven* • *opgedoft*
almidonar OV WW *stijven*
almilla v • *inwendig versterkingsstuk* • *stift* • *borststuk van een varken* • *borstrok*
alminar m *minaret*
almiranta v • *admiraalsschip* • *admiraalsvrouw*
almirantazgo m • *admiraliteit* • *admiraalsrang*
almirante m *admiraal*
almirez m *(metalen) vijzel*
almizcle m *muskus*
almizcleño BNW *muskus-*
almizclero I m *muskushert* II BNW *muskus-*
almocafre m *schoffel*
almodrote m *mengelmoes*
almohada v • *kussen* • *kussensloop* ★ *tengo que consultarlo con la ~ daar moet ik nog een nachtje over slapen* ★ *la mejor ~ es una conciencia tranquila een gerust geweten is het rijkste bezit* ★ ~ neumática *luchtkussen*
almohadilla v • *speldenkussen* • *schoudervulling* • *stempelkussen* • *kussentje* • *zadelkussen* ★ ~ de freno *remblok*
almohadón m *groot kussen* ⟨v. meubel⟩
almohaza v *roskam*
almohazar OV WW *roskammen*
almoneda v • *veiling* • *uitverkoop*
almorávide I m/v ★ *los* ~s de Almoraviden II BNW • *los* ~s *de Almoraviden*
almorranas v mv *aambeien*
almorta v *soort lathyrus met eetbare vruchten*
almorzada v CA *uitgebreide lunch*
almorzar /ue/ I OV WW *eten* ⟨'s middags⟩; *als lunch gebruiken* II ON WW *lunchen*
almotacén m • *ijkhuisje* • *ijkmeester*
almuecín m *moëddzin*
almuerzo m • *lunch; middageten* • *laat ontbijt* ★ ~ de trabajo *werklunch*
aló TW CHI, VEN *hallo* ⟨bij beantwoorden telefoon⟩
alocado I m *dwaas* II BNW *onbezonnen; dwaas*
alocar OV WW *gek maken*
alocución v *toespraak; korte rede* ★ ~ radial *toespraak op de radio*
áloe m • *aloë* • *aloësap*

alojamiento m • *huisvesting* • *onderdak; logies*
alojar OV WW • *onderdak geven; herbergen; huisvesten* • *plaatsen; terecht doen komen*
alojarse WKD WW • *logeren; verblijven; onderdak vinden* • *vast blijven zitten; terechtkomen*
alón m *vleugel zonder veren;* ⟨gebraden⟩ *vleugeltje*
alondra v *leeuwerik*
alongar OV WW *verwijderen*
alopecia v *haaruitval; kaalheid*
aloque BNW *helderrood* ⟨v. wijn⟩
alpaca v • *alpaca* • *alpacawol* • *glanskatoen* • *argentaan*
alpargata v *touwschoen; espadrille*
alpargatería v *schoenenwinkel* ⟨v. touwschoenen⟩
alpende m *afdak; luifel*
Alpes m mv *Alpen*
alpestre BNW *alpen-*
alpinismo m *alpinisme; bergsport*
alpinista m/v *alpinist; bergbeklimmer*
alpino BNW *alpen-; hooggebergte-*
alpiste m • *kanariezaadplant* • *kanariezaad*
alquería v *(boeren)hoeve*
alquiladizo I m *huurling* II BNW *te huur; huur-*
alquilador m • *huurder* • *verhuurder*
alquilar OV WW • *verhuren; huren* • *in dienst nemen* ★ *madre alquilada draagmoeder*
alquilarse WKD WW • *zich verhuren* • *te huur zijn* ★ *se alquila una habitación kamer te huur*
alquiler m • *het (ver)huren; de (ver)huur* • *huur(prijs)* ★ *dar en ~ verhuren*
alquimia v *alchemie*
alquimista m/v *alchemist*
alquitara v *distilleervat*
alquitarar OV WW *distilleren*
alquitrán m *teer*
alquitranado I m *het teren* II BNW *geteerd*
alquitranar OV WW *teren*
alrededor I m ★ *a su ~ om zich heen* II BIJW • *(rond)om; eromheen* • *circa; ongeveer*
alrededores m mv *omstreken; omgeving*
Alsacia v *Elzas* ★ ~ *Lorena Elzas-Lotharingen*
alsaciano I m • *Elzasser* • *Elzassisch* II BNW *van| uit de Elzas*
alta v /el, un ~/ • *toetreding; aanmelding* • *ontslag* ⟨uit het ziekenhuis⟩ ★ *darse de alta en zich opgeven bij; zich laten inschrijven bij* ★ *dar de alta a u.p. iemand uit het ziekenhuis ontslaan* ★ MIL. *causar alta in dienst gaan*
altamente BIJW *uitermate; in hoge mate*
altanería v *hoogmoed; trots*
altanero BNW *hooghartig; arrogant*
altar m *altaar* ★ ~ *mayor hoogaltaar* ★ *llevar al ~ naar het altaar leiden; in het huwelijk treden*
altavoz m • *luidspreker* • *versterker* ★ ~ *incorporado ingebouwde luidspreker*
al-tec AFK (alta tecnología) *hightech*
alterabilidad v • *bederfelijkheid* • *veranderlijkheid*
alterable BNW • *bederfelijk* • *veranderbaar*
alteración v • *wijziging* • *verstoring* • *woordentwist; onenigheid* • *bederf*

al

alterar OV WW • *veranderen; wijzigen* • *verstoren* • *doen bederven* ⋆ ∼ el orden de u.c. *iets in het ongerede brengen* ⋆ ino te alteres! *hou je rustig!; wind je niet op!*

alterarse WKD WW • *veranderen* • *bederven; rotten* • *stokken* ⟨v. stem⟩ • *opgewonden raken* • *kwaad worden*

altercación v *woordenwisseling; ruzie*

altercado m *ruzie; woordenwisseling*

altercador I m *ruziezoeker* **II** BNW *twistziek*

altercar ON WW *ruzie maken; redetwisten*

alternación v *(af)wisseling*

alternado BNW *afwisselend*

alternador m *wisselstroomdynamo*

alternancia v *afwisseling*

alternante BNW *afwisselend*

alternar ON WW • *afwisselen; elkaar aflossen* • *in betere kringen verkeren* • *omgang hebben; omgaan*

alternativa v • *alternatief* • *afwisseling* • *inwijding tot volwaardig stierenvechter* ⋆ las ∼s en una relación *de ups en downs in een relatie*

alternativo BNW • *alternatief* • *afwisselend*

alterne m *omgang* ⟨met mensen⟩; *het animeren* ⟨in bar⟩ ⋆ chica de ∼ *animeermeisje*

alterno BNW *beurtelings; wissel-; (af)wisselend* ⋆ en días ∼s *om de dag* ⋆ corriente alterna *wisselstroom*

alteza v • *hoogheid* • *verhevenheid* ⋆ su ∼ (real) *Zijne/Hare (Koninklijke) Hoogheid*

altibajo m *oneffenheid* ⟨v. terrein⟩; *wisselvalligheid; ups en downs*

altillo m • *tussenverdieping*; ARG *vliering*; ARG *zolder* • *hoog in of aan de muur bevestigd kastje* • *heuveltje*

altilocuencia v *hoogdravendheid*

altilocuente BNW *hoogdravend; bombastisch*

altimetría v *hoogtemeting*

altímetro m *hoogtemeter*

altiplanicie v *hoogvlakte*

altiplano m → **altiplanicie**

altísimo I m ⋆ el Altísimo *de Allerhoogste (God)* **II** BNW *zeer hoog*

altisonancia v *hoogdravendheid*

altisonante BNW (**altisono**) *hoogdravend*

altitud v *hoogte*

altivarse WKD WW • *zich aanstellen* • *hoogmoedig worden*

altivez v (**altiveza**) *laatdunkendheid; hoogmoed*

altivo BNW *laatdunkend; hoogmoedig*

alto I m *stop; halt* ⋆ dar el alto a OOK FIG. *een halt toeroepen* ⋆ hacer alto *halt houden* ⋆ ialto allá! halt! ⋆ ialto de ahí! *weg van hier!* ⋆ alto el fuego *staakt het vuren* ⋆ FIG. altos y bajos *ups en downs* **II** BNW • *hoog; lang* ⟨v. personen⟩ • *hoog; groot; hard* ⟨v. stem⟩; *top-; hoog-* • *boven-* • *laat* ⟨v. tijd(perk)⟩ ⋆ alto funcionario *topfunctionaris* ⋆ alta función *topfunctie* ⋆ pasar por alto u.c. *aan iets voorbijgaan* ⋆ echar por alto *overdrijven* ⋆ la alta Edad Media *de vroege middeleeuwen* ⋆ horas altas de la noche *laat in de nacht* **III** BIJW *luid*

altoparlante m LA *luidspreker*

altos m mv *bovenverdieping*

altozano m • *heuveltje* • ZA *voorplein* ⟨v. kerk⟩

altramuz m • *lupine* • *vrucht van de lupine* • *lupinevezel*

altruismo m *altruïsme; onbaatzuchtigheid*

altruista I m/v *altruïst; onbaatzuchtig mens* **II** BNW *altruïstisch; onbaatzuchtig*

altura v • *hoogte* • *lengte* • *nobelheid; voortreffelijkheid* • *niveau* • *waarde* ⋆ a estas ∼s *in dit stadium; op dit moment; nu het zover is* ⋆ la ∼ es de 2 metros *de hoogte is 2 meter* ⋆ ∼ de paso *doorrijhoogte* ⟨bij viaduct, brug e.d.⟩ ⋆ barco de ∼ *zeeschip* ⋆ navegación de ∼ *grote vaart* ⋆ ∼ meridiana *middaghoogte* ⋆ no estar a la ∼ de la situación *niet tegen de situatie opgewassen zijn* ⋆ tomar ∼ *stijgen* ⟨v. vliegtuig⟩ ⋆ a la ∼ de los tiempos *up-to-date; meegaand met zijn tijd*

alturas v mv *hemel*

alubia v • *boon* ⋆ ∼s blancas *witte bonen*

alucinación v *waanvoorstelling; hallucinatie*

alucinador BNW • *zinsbegoochelend* • *fascinerend*

alucinamiento m → **alucinación**

alucinante I m *hallucinerende drug* **II** BNW • *hallucinerend* • *fascinerend; ongelooflijk* ⋆ un cd ∼ *een steengoeie cd*

alucinar I OV WW *fascineren* **II** ON WW *hallucineren*

alucinarse WKD WW • *zichzelf wijsmaken* • *zijn bezinning verliezen*

alucine m ⋆ de ∼! *te gek!; geweldig!*

alucinógeno I m *hallucinogeen; drug* **II** BNW *hallucinaties veroorzakend*

alud m OOK FIG. *lawine*

aludido I m *de bedoelde; de eerder genoemde; de bewuste* **II** BNW ⋆ darse por ∼ *zich aangesproken voelen* ⋆ no se dio por ∼ *hij deed alsof hij niets merkte*

aludir ON WW • *zinspelen (op); doelen (op)* • *vermelden; verwijzen (naar)*

alumbrado I m *verlichting* ⋆ ∼ publico *straatverlichting* **II** BNW • *verlicht* • *aangeschoten*

alumbramiento m • *verlichting* • *bevalling*

alumbrar I OV WW *verlichten; bijlichten* **II** ON WW • *licht geven* • *bevallen; een kind krijgen*

alumbrarse WKD WW *aangeschoten raken; licht in het hoofd worden*

alumbre m *aluin*

aluminio m *aluminium* ⋆ papel de ∼/∼ doméstico *aluminiumfolie*

alumnado m *leerlingenbestand*

alumno m *leerling; student; pupil* ⋆ ∼ de las musas *dichter*

alunizaje m *maanlanding*

alunizar ON WW *op de maan landen*

alusión v *zinspeling; toespeling* ⋆ una ∼ personal *een schimpscheut*

alusivo BNW *zinspelend op; met een zinspeling op*

aluvial BNW *alluviaal; aangeslibd*

aluvión m • *overstroming* • *aanslibbing* • FIG. *stroom*

álveo m *(rivier)bedding*

alveolar BNW *alveolair*

al

alvéolo m (**alveolo**) • *holte* • *tandkas* • *(long)blaasje*

alza v /el, un ~/ • *stijging* • *vizier* ★ *estar en alza in de lift zitten*; *oplopen* ⟨v. prijzen⟩ ★ *jugar al alza speculeren à la hausse*

alzacuello m *boordje* ⟨v. geestelijke⟩

alzada v *schofthoogte* ⟨v. paarden⟩ ★ *ir en ~ a in beroep gaan bij*

alzado I m *verticale projectie* ★ ~ *de frente vooraanzicht* ★ ~ *longitudinal zijaanzicht* II BNW • *opgeheven*; *hoog* • *vast* • *opstandig*; *muitend* • LA *arrogant*; *verwaand*; MEX *onbeschoft*; MEX *brutaal* ★ ~ *precio vaste prijs*

alzamiento m *opstand*

alzapaño m *embrasse*; *gordijnophouder*

alzaprima v • *hefboom*; *koevoet* • *wig* • *kam* ⟨v. een snaarinstrument⟩

alzaprimar OV WW • *optillen met een hefboom* • *aansporen*

alzar OV WW • *omhoogsteken*; *ophalen* ⟨v. doek⟩; *opheffen* • *oprichten*; *rechtop zetten* • *verwijderen*; *weghalen* • *losmaken* • *hoger plaatsen* • *verheffen* ⟨v. stem⟩; *verhogen* ⟨v. prijs⟩ • *oprichten* ⟨v. monument⟩ • *in opstand doen komen* ★ ~ *el vuelo uitvliegen* ★ ~ *cabeza er weer bovenop komen* ★ ~ *el cerco het beleg opbreken* ★ ~ *(las) velas de zeilen hijsen* ★ ~ *la voz zijn stem verheffen*

alzarse WKD WW • *opstaan*; *oprijzen* • *uitsteken (boven)* • *in opstand komen* • JUR. *in beroep gaan* • *ervandoor gaan (met)* ★ *el tesorero se alzó con los fondos de penningmeester is er met de kas vandoor* ★ ~ *a mayores dik doen*

alzo m CA *diefstal*

ama v /el, un ~/ • *eigenares*; *bazin* ★ *ama de casa vrouw des huizes*; *huisvrouw* ★ *ama de llaves huishoudster* ★ LA *ama de brazos kindermeisje*; *voedster*; *min*

amabilidad v *vriendelijkheid*; *beminnelijkheid*

amable BNW *vriendelijk*; *aardig*; *innemend* ★ *sería usted tan ~ de zou u zo vriendelijk willen zijn om*

amachinarse WKD VNW LA *(ongehuwd) samenwonen*; *hokken*

amado I m *geliefde* II BNW *geliefd*; *bemind*

amador BNW *liefhebbend*; *verzot*

amadrigar OV WW *opnemen*; *bescherming bieden*

amadrigarse WKD WW *zich verbergen*; *zich terugtrekken*

amaestrado BNW *afgericht*

amaestramiento m *training*; *oefening*

amaestrar OV WW • *dresseren*; *africhten* • *trainen*; *coachen*

amagar I OV WW *(be)dreigen* II ON WW • *dreigen* • *eerste tekenen vertonen* ⟨v. ziekte⟩ • *boven het hoofd hangen* ★ ~ *y no dar kinderspelletje*

amagarse WKD WW *zich verbergen*

amago m *(be)dreiging*

amainar ON WW • *luwen* • *kalmeren*; *minder worden* ★ *el viento ha amainado de wind is gaan liggen*

amalgama v *amalgaam* ★ ~ *de colores kleurenmengsel*

amalgamación v *amalgamatie*; *vermenging*

amalgamar OV WW *amalgameren*;

samensmelten

amamantar OV WW *de borst geven*; *zogen*

amancebamiento m *het ongehuwd samenwonen*

amancebarse WKD WW *gaan samenwonen*

amancillar OV WW *bekladden*

amanecer I m *dageraad*; *ochtendgloren* II ON WW • *licht worden*; *dagen* • *'s morgens vroeg ergens aankomen* • *zich beginnen af te tekenen* ★ *al día siguiente amanecí en París de volgende ochtend vroeg kwam ik in Parijs aan*

amanecida v *dageraad*; *ochtendgloren*

amanerado BNW • *gemaakt*; *aanstellerig* • *gekunsteld*; *maniëristisch*

amaneramiento m *gemaaktheid*; *gekunsteldheid*; *onnatuurlijkheid*

amanezca WW (1e/3e p erv subj. t.t.) → **amanecer**

amansador m *dierentemmer*; LA *paardentemmer*

amansar OV WW • *temmen* • *kalmeren*

amante I m/v • *liefhebber* • *minnaar* ★ *los ~s de geliefden* II BNW *liefhebbend*; *minnend* ★ ~ *del placer genotzuchtig* ★ ~ *de la verdad waarheidslievend*

amanuense m/v *schrijver*; *klerk*

amañado BNW • *vervalst* • *handig*

amañar OV WW *handig in elkaar draaien*

amañarse WKD WW • *amañárselas iets op een handige manier regelen*

amaño m *handigheid*; *truc*

amapola v *klaproos*; *papaver*

amar OV WW • *liefhebben*; *houden van*; *beminnen* • *een voorliefde hebben voor*; *gek zijn op* ★ *hacerse amar zich bemind maken*

amarar ON WW *op het water landen*

amarchantarse WKD VNW CA *vaste klant*/*stamgast worden (en van)*

amargado BNW *verbitterd*

amargar I OV WW • *bitter maken* • *vergallen*; *zuur maken*; *verbitteren* II ON WW *bitter smaken*

amargarse WKD WW • *verzuren* • *verbitterd*/*ontgoocheld raken* • **con** *gegriefd zijn over*

amargo I m *bitterheid* II BNW • *bitter* • *verbitterd* ★ ~ *al paladar/de sabor bitter van smaak*

amargor m *bittere smaak*; *bitterheid*

amargura v • *droefheid* • *bittere ervaring*

amaricado BNW *verwijfd*

amarillear ON WW • *gele kleur vertonen* • *geel worden* • *vergelen*

amarillecer ON WW *vergelen*

amarillento BNW *gelig*; *geelachtig*

amarillismo m *sensatiejournalistiek*

amarillo I m *gele kleur* ★ ~ *anaranjado oranjegeel* ★ ~ *dorado goudgeel* II BNW *geel* ★ *estar más ~ que la cera lijkbleek zijn* ★ TELECOM. *páginas amarillas gouden gids*

amarra v *tros*; *meertouw* ★ *soltar las ~s de trossen losgooien* ★ *tener ~s relaties*/*kruiwagens hebben* ★ ~s *de la amistad vriendschapsbanden*

amarradero m • *meerpaal* • *aanlegplaats*; *aanlegsteiger*

amarraje m *havengeld*

amarrar OV WW • *vastbinden* • *(aan)meren*
amarras v MV • → **amarra** • *connecties* ⋆ tener buenas ~ *een goede kruiwagen hebben*
amarre m *het afmeren; het aanleggen*
amartelado BNW *smoorverliefd*
amartelamiento m *zware verliefdheid*
amartelar OV WW • *kwellen* • *het hart veroveren van*
amartillar OV WW • *de haan van een vuurwapen spannen* • *hameren op*
amasadura v • *het kneden* • *gekneed deeg*
amasamiento m • *het kneden* • *massage*
amasar OV WW • *kneden* • *vergaren* • *bekokstoven*
amasijo m • *deeg* • *samenraapsel; warboel* • *metselspecie*
amatista v *amethist*
amazacotado BNW • *overladen; vervelend; zwaar* • *samengepakt* ⋆ una descripción amazacotada llena de datos superfluos *een vervelende beschrijving vol met overbodige gegevens*
amazona v • *paardrijdster; amazone* • MYTH. *Amazone*
Amazonas m GEO. *Amazone*
amazónico BNW *van/uit de Amazone*
ambages m MV *omhaal van woorden* ⋆ hablar sin ~ *ronduit spreken*
ambagioso BNW *omslachtig; indirect*
ámbar m *amber; barnsteen* ⋆ ~ negro *git* ⋆ el semáforo está en ~ *het verkeerslicht staat op oranje*
ambarino BNW *amberachtig*
Amberes m *Antwerpen*
ambición v *eerzucht; ambitie* ⋆ ~ de dominar *heerszucht*
ambicionar OV WW *ambiëren; streven naar*
ambicioso I m *ambitieus mens* **II** BNW • *ambitieus; eerzuchtig* • *hunkerend; belust*
ambidextro I m *links- en rechtshandige* **II** BNW *links- en rechtshandig*
ambientación v • *aanpassing aan woonomgeving* • *(het) scheppen van sfeer* • FILM, LIT. *setting; situering*
ambiental BNW *milieu-; van de omgeving*
ambientar OV WW • *zich laten afspelen; situeren* • *sfeer geven; verlevendigen*
ambiente I m • *omgeving* • *sfeer* • *milieu; kring* • *stemming* ⋆ medio ~ *milieu* ⋆ hacer ~ para cierta cosa *stemming maken voor iets* ⋆ de ~ triste *treurig gestemd* ⋆ hay ~ *het is er gezellig* **II** BNW *omgevings-*
ambigú m • *koud buffet* • *bar; foyer*
ambigüedad v *dubbelzinnigheid; vaagheid*
ambiguo BNW *dubbelzinnig; onduidelijk; vaag*
ámbito m • *terrein; begrensd gebied; begrensde ruimte* • *invloedssfeer* • *kringen*
ambivalencia v *tegenstrijdigheid; tweeslachtigheid*
ambivalente BNW *ambivalent*
ambladura v *telgang*
amblar ON WW *in telgang lopen*
ambo m ZA *pak; kostuum*
ambos TELW *beide(n); alle twee; allebei* ⋆ entre ~ *daartussen*
ambrosía v • *ambrosia; godenspijs* • PLANTK.

ambrosía
ambulancia v • *ziekenauto; ambulance* • *veldhospitaal*
ambulanciero m *ambulancier*
ambulante BNW *ambulant; reizend; rondtrekkend* ⋆ vendedor ~ *straatventer* ⋆ SPORT copa ~ *wisselbeker*
ambulatorio I m *polikliniek* **II** BNW *ambulant*
ameba v *amoebe*
amedrentar OV WW *bang maken; schrik aanjagen*
amedrentarse WKD WW *bang worden*
amelonado BNW • *meloenvormig* • INF. *verliefd*
amén I m • *amen* • *zo zij het* ⋆ en un decir amén *in een oogwenk* ⋆ muchos amenes llegan al cielo *de aanhouder wint* ⋆ decir (a todo) amén *op alles ja en amen zeggen* **II** BIJW *afgezien van; behalve* ⋆ amén de que *(nog) afgezien van het feit dat*
amenaza v • *(be)dreiging* • *dreigement*
amenazador BNW *dreigend*
amenazar I OV WW *(be)dreigen* ⋆ ~ de muerte a u.p. *iemand met de dood bedreigen* ⋆ ~ a u.p. con un pleito *iemand met een proces dreigen* **II** ON WW *dreigen* ⋆ amenaza lluvia *het ziet ernaar uit dat het gaat regenen*
amenguar OV WW *verminderen; afnemen*
amenidad v *vermakelijkheid*
amenizar OV WW • *veraangenamen* • *onderhouden*
ameno BNW *onderhoudend; aangenaam*
amento m PLANTK. *katje*
amerengado BNW • *als schuimgebak* • *overbeleefd*
América v *Amerika* ⋆ ~ del Sur/Norte *Zuid-/Noord-Amerika* ⋆ ~ Central/Latin *Midden-/Latijns-Amerika*
americana v • *Amerikaanse* • *jasje; colbert*
americanismo m • *amerikanisme* • *amerikanistiek • liefde/belangstelling voor Amerika*
americanista m/v *amerikanist*
americanización v *veramerikaansing*
americanizar OV WW *veramerikaansen*
americano I m *Amerikaan* ⟨uit Zuid- of Noord-Amerika⟩ **II** BNW *Amerikaans*
americio m CHEM. *americium*
amerindio m *indiaan uit Amerika*
amerizaje m *landing op het water*
amerizar ON WW *op het water landen*
amestizado BNW *mestiesachtig*
ametrallador m *machinegeweer; mitrailleur*
ametralladora v *machinegeweer; mitrailleur*
ametrallamiento m *beschieting*
ametrallar OV WW *met een mitrailleur beschieten*
amianto m *steenvlas; asbest* ⋆ cuerda de ~ *asbestdraad*
amiba v → **ameba**
amibo m → **ameba**
amiga v *vriendin; geliefde; maîtresse*
amigable BNW *vriendschappelijk* ⋆ un acuerdo ~ *een minnelijke schikking*
amigacho m *vriend; maat*
amigarse WKD WW *gaan samenwonen*
amígdala v *keelamandel* ⋆ extirpar las ~s *de*

amandelen weghalen|knippen
amigdalitis v *amandelontsteking*
amigo I m • *vriend* • *minnaar*; *vriendje* ★ ~s de
uña y carne *dikke maatjes*; *boezemvrienden*
★ tener la cara de pocos ~s *een nors uiterlijk*
hebben ★ itan ~s (como antes)! *even goede*
vrienden! ★ queridos ~s *beste vrienden*; *beste*
mensen ★ ~ de lo ajeno *dief* II BNW *bevriend*
★ ser muy ~ de *goed bevriend zijn met*; *hij is*
een groot liefhebber van
amigote m (**amiguete**) *dikke vriend*; *maat*;
makker
amilanamiento m *angst*; *bangheid*
amilanar OV WW • *bang maken* • *intimideren*
amilanarse WKD WW *de moed verliezen*
amillarar OV WW *aanslaan* 〈voor de
belastingen〉
aminoácido m *aminozuur*
aminorar OV WW *verminderen* ★ ~ su marcha
vaart minderen
amistad v *vriendschap* ★ romper la(s) ~(es) *de*
vriendschap verbreken ★ trabar ~ con
vriendschap sluiten met
amistades v mv *kennissen*; *vrienden*
amistar OV WW • *bevriend doen raken*
• *verzoenen*
amistarse WKD WW • *hechte vriendschap sluiten*;
bevriend raken • *zich verzoenen*
amistoso BNW *vriendschappelijk*
amnesia v *amnesie*; *geheugenverlies*
amnésico BNW *lijdend aan geheugenverlies*
amnistía v *amnestie*
amnistiar /í/ OV WW *amnestie verlenen aan*
amo m • *eigenaar*; *baas* • *gezinshoofd* • *meester*;
werkgever • *opzichter* ★ hacerse el amo *de*
leiding in handen nemen ★ ser el amo del
cotarro *de lakens uitdelen* ★ usted es amo de
hacerlo *het staat u vrij dat te doen*
amoblar /ue/ OV WW *inrichten*; *meubileren*
amodorramiento m *slaperigheid*; *sufheid*
amodorrarse WKD WW *slaperig worden*; *in slaap*
vallen
amohinar OV WW *irriteren*; *vervelen*; *ergeren*
amojamarse WKD WW *verschrompelen*
amojonar OV WW *afpalen*
amoladura v • *het slijpen* • *scherping*
amolar /ue/ OV WW • *slijpen*; *wetten* • *treiteren*
amoldamiento m *aanpassing*
amoldar OV WW • *aan de vorm aanpassen van*;
in een vorm gieten • *aanpassen*
amoldarse WKD WW *zich aanpassen*; *zich*
schikken
amondongado BNW *opgeblazen*; *dik*
amonedar OV WW *munten*
amonestación v *vermaning*; *waarschuwing*
amonestaciones v mv *huwelijksafkondiging*
★ correr las ~ *de huwelijksafkondiging*
voorlezen
amonestador BNW *vermanend*; *waarschuwend*;
waarschuwings-
amonestar OV WW • *waarschuwen*; *vermanen*
• *afkondigen* 〈v. voorgenomen huwelijk〉
amoniaco m *ammoniak*
amontillado I m *amontillado* 〈zeer droge
sherry〉 II BNW *zeer droog* 〈v. sherry〉
amontonamiento m *opeenstapeling*

amontonar OV WW • *op(een)hopen*; *(op)stapelen*
• *verzamelen*; *bijeenbrengen* ★ ~ riquezas
rijkdom vergaren
amontonarse WKD WW • *zich ophopen*; *zich*
opstapelen • *samenwonen* ★ se le amontona el
juicio *hij verliest er zijn verstand bij*
amor m • *liefde* • *liefste*; *geliefde* ★ amor propio
zelfrespect; *eigenliefde* ★ amor con amor se
paga *wie goed doet, goed ontmoet* ★ amor
filial *kinderliefde* ★ amor a la verdad
waarheidsliefde ★ amor de hortelano
kleefkruid ★ al amor de la lumbre *bij het*
haardvuur ★ hacer el amor *de liefde*
bedrijven; *vrijen* ★ amor al prójimo
naastenliefde ★ FIG. por amor al arte *gratis*
amoral BNW *amoreel*
amoralidad v *amoraliteit*
amoratado BNW • *paars*; *blauw* 〈v. de kou〉
• *bont en blauw*; *met blauwe plekken*
• *lijkkleurig*; *lijkbleek*
amoratarse WKD WW *blauw worden*; *blauwe*
plekken krijgen
amorcillo m *cupidootje*
amordazar OV WW *knevelen*
amores m mv • → **amor** • *liefdesavonturen*;
vleierijen; *complimentjes* ★ con mil ~ *heel*
graag ★ tener ~ con *een verhouding hebben*
met ★ de mil ~ *van ganser harte*
amorfo BNW *vormloos*
amorío m *avontuurtje*; *romance*
amoroso BNW • *lief*; *liefdevol* • *liefdes-* • *zacht*;
mild ★ ~ para con los padres *lief voor zijn*
ouders
amorrar ON WW • *het hoofd diep buigen*
• *mokken*; *pruilen*
amortajar OV WW *afleggen*; *het doodskleed*
aandoen
amortecer OV WW *dempen* 〈v. geluid〉; *dimmen*
〈v. licht〉
amortecerse WKD WW • *verzwakken*
• *flauwvallen*
amortezca WW (1e/3e p ev subj. t.t.)
→ **amortecer**
amortiguación v → **amortiguamiento**
amortiguador I m • *demper*; *buffer*
• *schokbreker* • *stootkussen* II BNW *dempend*;
temperend
amortiguamiento m *het opvangen van een*
klap; *demping*; *verzachting*
amortiguar /ü/ OV WW *dempen*; *temperen*;
matigen; *verzachten*
amortiguarse WKD WW *gebroken worden*;
opgevangen worden; *gesmoord worden*
amortizable BNW *aflosbaar*
amortización v • *aflossing* • *afschrijving* ★ pasar
a la ~ *afschrijven*
amortizar OV WW • *aflossen* • *afschrijven*;
afboeken • *terugverdienen*
amoscarse WKD WW *kwaad worden*; *zich dik*
maken
amostazar OV WW *boos maken*; *irriteren*
amotinado I m *oproerkraaier*; *opstandeling*
II BNW *opstandig*
amotinador I m *oproerkraaier*; *opstandeling*
II BNW *opstandig*
amotinamiento m *opstand*; *oproer*

amotinar OV WW *opruien*; *ophitsen*
amotinarse WKD WW *in opstand komen*
amover /ue/ OV WW *uit zijn ambt ontzetten*; *afzetten*
amovible BNW • *afneembaar* ‹v. onderdeel› • *afzetbaar* ‹uit functie›
amparador I m *beschermer* II BNW *beschermend*
amparar OV WW • *beschermen* • *bijstaan*
ampararse WKD WW • *zich beschermen* • *zich beroepen (op)* • *zich verdedigen*
amparo m *toeverlaat*; *beschutting*; *hulp* ★ al ~ de *beschermd/gesteund door*
amperímetro m *ampèremeter*
amperio m *ampère*
ampliable BNW *te vergroten*; *uit te breiden*
ampliación v *uitbreiding*; *vergroting* ‹ook van foto›; *vermeerdering*
ampliar /í/ OV WW *uitbreiden*; *vergroten* ★ ~ una fotografía *een foto vergroten*
amplificación v *versterking*; *vergroting* ‹v. foto›
amplificador I m • *versterker* • FOTO. *vergrotingsapparaat* II BNW • *versterkend* • *uitbreidend* ★ ~ de resonancia/sonido *geluidsversterker*
amplificar OV WW *versterken*
amplio BNW • *uitvoerig*; *ruim* • *ruimdenkend*
amplitud v *ruimte*; *omvang*; *uitvoerigheid* ★ ~ de miras *ruimdenkendheid*
ampo m • *stralende witheid* • *sneeuwvlok*
ampolla v • *blaar* • *ampul* • *flesje* • *belletje* ‹v. vloeistof›
ampolleta v • *flesje* • *bol(letje)*; CHI *gloeilamp* • *glas* ‹v. zandloper, thermometer› • *zandloper* ★ prendérsele a uno la ~ *een briljant idee hebben*
ampulosidad v *hoogdravendheid*
ampuloso BNW *hoogdravend*; *gezwollen*; *opgeblazen*
amputación v *amputatie*
amputar OV WW *amputeren*
amueblar OV WW *meubileren*; *inrichten* ★ sin ~ *ongemeubileerd*
amuermado BNW • *verveeld* • *stoned*
amuermar OV WW • *vervelen* • *onder invloed brengen* ‹v. drugs›
amujerado BNW *verwijfd*
amulatado BNW *als een mulat*
amuleto m *amulet*
amunicionar OV WW *van munitie voorzien*
amuñecado BNW *popperig*
amura v *zijde van het voorschip*; *boeg*
amurallar OV WW *ommuren*
amusgar OV WW *(oren) platleggen*
amusgarse WKD WW *zich schamen*
anabaptista I m/v *anabaptist*; *wederdoper* II BNW *anabaptistisch*
anacarado BNW • *parelmoerachtig* • *met paarlemoer versierd*
anacardo m • *ajacouboom* • *cashewnoot*
anaconda v • *anaconda*; *koningsslang*
anacoreta m/v *kluizenaar*; *anachoreet*
anacrónico BNW *anachronistisch*
anacronismo m • *anachronisme* • *iets ouderwets*; *antiquiteit*
ánade m/v *eend*; *op eend gelijkende vogel*
anadear ON WW *waggelen*

anaerobio BNW *anaëroob*
anagrama m *anagram*
anal BNW *anaal*
analectas v mv *bloemlezing*
anales m mv *annalen*; *jaarboeken*
analfabetismo m *analfabetisme*
analfabeto I m *analfabeet* II BNW *analfabeet*
analgesia v *gevoelloosheid*; *analgesie*
analgésico I m *pijnstillend middel* II BNW *pijnstillend*
análisis m • *analyse* • *onderzoek* • *ontleding* ★ CHEM. ~ espectral *spectrumanalyse* ★ ~ clínico *klinisch onderzoek* ★ ~ de sangre *bloedproef*
analista m/v • *analist(e)* • *schrijver van annalen*
analítico BNW *analytisch*; *ontledend*
analizable BNW *analyseerbaar*
analizador BNW *analyserend*
analizar OV WW • *analyseren* • *onderzoeken* • *ontleden*
analogía v *analogie*; *overeenkomst* ★ por ~ con *naar analogie van*
analógico BNW *analoog*; *analogisch*
análogo BNW *analoog*
anaquel m *schap*; *(kast)plank*
anaquelería v • *rij (kast)planken* • *legkast*
anaranjado BNW *oranjeachtig*
anarquía v • *anarchie* • *onrust* • *chaos*
anarquista I m/v *anarchist* II BNW *anarchistisch*
anarquizante I m/v *iemand die anarchie teweegbrengt* II BNW *anarchie teweegbrengend*
anatema m • *vervloeking* • *veroordeling* • *banvloek* ★ lanzar el ~ contra *de banvloek uitspreken over*
anatematizar OV WW *de banvloek uitspreken over*; *in de ban doen*
anatomía v *anatomie*
anatómico BNW *anatomisch*
anatomizar OV WW *ontleden*
anca v /el, un ~/ *achterwerk* ‹v. paard› ★ a las ancas *achterop het paard* ★ no sufrir ancas *niet tegen een geintje kunnen*
ancestral BNW *voorvaderlijk*; *(zeer) oud*; *lang vervlogen*
ancheta v • *winst*; *voordeel* • *handeltje*
ancho I m *breedte* ★ estar a sus anchas *zich op zijn gemak voelen* ★ darse unas tantas en ~ como en largo *de volle vrijheid genieten* ★ ~ de vía *spoorbreedte* ★ ~ de la mano *handbreedte* ★ ponerse muy ~ FIG. *groeien van trots* ★ me quedo tan ~ *daar trek ik me niets van aan* II BNW • *breed*; *wijd*; *ruim* • *opgelucht*; *zorgeloos* ★ venir ancha u.c. a alg. *te hoog gegrepen zijn voor iemand*; *iemands krachten te boven gaan* ★ ¡ancha es Castilla! *vrijheid, blijheid!* ★ la carretera tiene dos metros de ~ *de weg is twee meter breed* ★ el traje me viene muy ~ *het pak zit me erg ruim* ★ a lo ~ *in de breedte*
anchoa v *ansjovis*
anchura v • *breedte*; *wijdte* • *omvang* ★ a mi ~ *vrij*; *ongedwongen* ★ con ~ *ruim(schoots)* ★ ~ de pecho *borstomvang*; *bovenwijdte*
anchuroso BNW *ruim*
ancianidad v *ouderdom* ★ por ~ *naar anciënniteit*

anciano I m *oude man*; *bejaarde*; *grijsaard*
II BNW *oud*; *bejaard*
ancla v /el, un ~/ *anker* ★ levar ~s *het anker
lichten* ★ VERO. ~ de la esperanza *noodanker*
★ ~ de respeto *plechtanker* ★ el buque está al
~ *de boot ligt voor anker* ★ echar ~s *ankeren*
ancladero m *ankerplaats*
anclar ON WW *het anker uitwerpen*; *voor anker
gaan*
ancón m *kleine baai*
áncora v /el, un ~/ ★ *anker* ● *steunpunt*; *houvast*
★ ~ de salvación *laatste redmiddel*
andadas v mv *(wild)sporen* ★ volver a las ~ *in
zijn oude fouten vervallen*
andaderas v mv *looprek* ⟨v. kinderen⟩ ★ VERO.
poder andar sin ~ *op eigen benen kunnen
staan*
andadero BNW *begaanbaar*
andado BNW ● *gelopen* ● *platgetreden*
andador I m ● *stapper*; *stevige wandelaar*
● *rollator* II BNW *flink doorstappend*
andadores m mv *kindertuigje*
andadura v *gang*; *pas* ★ paso de ~ *telgang*
Andalucía v GEO. *Andalusië*
andalucsimo m ● *woord of uitdrukking uit het
Andalusisch* ● *voorliefde voor Andalusië*
andaluz I m *Andalusiër* II BNW *Andalusisch*
andaluzada v ● *typisch Andalusisch trekje*
● *Andalusische overdrijving*; *sterk verhaal*
andamio m *steiger*
andana v *rij* ★ llamarse ~ *er niets mee te maken
(willen) hebben*; *zijn belofte niet nakomen*
andanada v ● *scheldpartij*; *uitbrander*; *volle
laag* ● *overdekte rang in de arena* ● *salvo* ● *rij*
★ le soltó la ~ *hij gaf hem de volle laag*
andante I m MUZ. *andante* II BNW *dolend*
andanza v *lotgeval*; *avontuur* ★ mala ~ *ongeluk*
★ buena ~ *geluk*
andar ON WW ● *lopen* ● *omgaan (met)* ● *gaan*
● *verlopen*; *voorbijgaan* ⟨v. tijd⟩ ★ ~ del brazo
gearmd lopen ★ ~ deprisa *snel lopen*
★ deshacer lo andado *op zijn schreden
terugkeren* ★ ¡anda! ¡vooruit! ★ ¡anda con él!
pak ze! ★ ~ tierras *rondzwerven* ★ echar a ~ *in
de kinderschoenen staan* ★ ~ errante
ronddolen ★ ~se con rodeos *eromheen draaien*
★ allí andan duendes *daar spookt het* ★ anda
por los sesenta años *hij is rond de zestig*
★ ¡andando! *daar heb je het!* ★ anda en los
veinte años *hij loopt tegen de twintig* ★ todo
se ~á *alles op zijn tijd*; *alles komt goed*
★ andando el tiempo *mettertijd* ★ ~ a tientas
in het duister tasten ★ ~ sin trabajo *zonder
werk zitten* ★ andamos de cabeza *we hebben
het vreselijk druk* ★ ~ mal de dinero *krap bij
kas zitten* ★ ~ bien de salud *gezond zijn* ★ ~
bien/mal *zich goed/slecht voelen*; *goed/slecht
aflopen*; ★ ~ alegre *vrolijk zijn* ★ ~ en
pretensiones *het hoog in de bol hebben* ★ mal
me ~án las manos, si *ik zou me al erg moeten
vergissen, als* ★ ande yo caliente y ríase la
gente *ikke, ikke, ikke en de rest kan stikken*
★ VULG. ¡anda, la hostia! *godverdegodver!*
★ ¡anda ya! *kom nou!* ● (~ [+ ger.]) *bezig zijn
met*; *zitten te*; *staan te* ★ anda buscando
trabajo *hij zoekt werk* ★ ~ encorvado *krom*

lopen ★ ~ endeudado *in de schuld zitten* ★ ~
errado *het mis hebben* ● (~ en) *rommelen in*;
zitten aan ★ no andes en mis cosas *blijf van
mijn spullen af*
andares m mv *manier van lopen*; *gang* ★ a todo
~ *in allerijl*; FIG. *hoogstens*
andariego I m *reislustig iemand* II BNW
reislustig; *(rond)zwervend* ★ vida andariega
zwerversbestaan
andarín m (v: **andarina**) *(goede) wandelaar*
andarivel m ● *touwreling* ● *giertros*
andas v mv *draagbaar*
andén m ● *perron* ● *voetpad*
Andes m *Andesgebergte*
andinismo m ZA *bergsport* ⟨in de Andes⟩
andino BNW *van de Andes*
andorga v INF. *buik*; *pens* ★ llenarse la ~ *zijn
buik vol eten*
andorrano I m *iemand uit Andorra* II BNW *van/
uit Andorra*
andorrear ON WW ● *druk in de weer zijn*
● *rondslenteren*
andorrero BNW *uithuizig*
andrajo m ● *vod*; *lap* ● *lor*; *prul* ★ estar hecho
un ~ *er haveloos uitzien*
andrajoso BNW *in lompen gehuld*; *haveloos*
andrógeno BNW *androgeen*
andrógino I m *hermafrodiet* II BNW
tweeslachtig
andurriales m mv *uithoek*; *oord*
anduvo WW (3e p ev v.t.) → **andar**
anea v *lisdodde*; *riet*
anécdota v *anekdote*
anecdotario m *anekdoteverzameling*
anecdótico BNW *anekdotisch*
anegación v *overstroming*
anegadizo BNW *regelmatig onder water lopend*
anegar OV WW ● *onder water laten lopen*;
overstromen ● *bedelven*; FIG. *overstelpen* ★ ~ en
sangre *in bloed smoren*
anegarse WKD WW ● *verdrinken* ● *schipbreuk
lijden* ● *onder water lopen* ★ ~ en lágrimas/
llanto *in tranen wegsmelten*
anejo I m ● *aanbouw*; *bijgebouw* ● *bijlage* ⟨v.
brief⟩ II BNW *bijbehorend*; *annex* ★ llevar ~
met zich meebrengen
anemia v *anemie*; *bloedarmoede*
anémico I m *iemand die aan bloedarmoede lijdt*
II BNW *lijdend aan bloedarmoede*
anemómetro m *windmeter*
anémona v *anemoon*
aneroide BNW ★ barómetro ~
aneroïdebarometer
anestesia v *anesthesie*; *verdoving*; *narcose*
anestesiar OV WW *onder narcose brengen*;
verdoven ★ ~ localmente *plaatselijk verdoven*
anestésico I m *verdovingsmiddel* II BNW
verdovend
anestesista m/v *anesthesist*
anexar OV WW *annexeren*
anexión v *annexatie*
anexo I m ● *bijlage*; *aanhangsel*; *bijvoegsel*;
attachment ● *bijgebouw* II BNW *bijbehorend*
anfibio I m *amfibie* II BNW *amfibisch*; *amfibie-*
anfibología v *dubbelzinnigheid*
anfibológico BNW *dubbelzinnig*

an

anfiteatro m • *amfitheater* • *balkon* ‹v. theater, bioscoop›

anfitrión m (v: **anfitriona**) *amfitryon*; *gulle gastheer*

ánfora v • *amfoor* • LA *stembus*

anfractuosidad v *oneffenheid*; *ongelijkheid*; *kronkeling*

anfractuoso BNW *ongelijk*; *oneffen*; *bochtig*; *kronkelig*

angarillas v mv *brancard*; *draagbaar*

ángel m • *engel* • *lieverd* ★ ~ *tutelar/de la guarda engelbewaarder* ★ *pasa un* ~ *daar gaat een dominee voorbij* ★ *tener* ~ *charmant zijn* ★ ~ *patudo ogenschijnlijk aardig iemand*; *wolf in schaapskleren* ★ ~ *salvador reddende engel*

angelical BNW *engelen-*; *engelachtig*

angélico BNW • *engelen-* • *engelachtig*

angelito m *engeltje* ‹ook ironisch›; *kindje*; ZA *gestorven baby* ★ *estar con los* ~s *verstrooid zijn*

angelón m (v: **angelona**) • *dikkerdje* • *goedzak* ★ ~ *de retablo dikkerdje*; *dik kind*

angelote m • *dikkerdje* • *goedzak*

ángelus m *angelus*

angina v *angina*; *keelontsteking* ★ ~s *keelamandelen* ★ ~ *de pecho angina pectoris*

anglicanismo m *leer van de anglicaanse kerk*

anglicano I m *anglicaan* II BNW *anglicaans*

anglicismo m *anglicisme*

anglicista m/v *anglist*

anglo I m *Engelsman* II BNW *Engels*; *Angelsaksisch*

angloamericano I m *Anglo-Amerikaan* II BNW *Anglo-Amerikaans*

anglófilo I m *anglofiel* II BNW *Engelsgezind*

anglófobo I m *iemand die anti-Engels gezind is* II BNW *anti-Engels*

anglonormando m *Anglo-Normandisch* ‹dialect›

anglosajón I m • (v: **anglosajona**) *Engelsman* • *het Angelsaksisch* II BNW (v: **anglosajona**) *Angelsaksisch*

angoleño I m *Angolees* II BNW *Angolees*

angostar OV WW *vernauwen*; *smaller maken*

angosto BNW *nauw*; *eng*

angostura v *nauwte*; *engte*

angra v *kreek*

anguila v *paling* ★ ~ *adobada gemarineerde paling*

angula v *jonge aal*

angular BNW *hoekig*; *hoek-* ★ *piedra* ~ *hoeksteen*

ángulo m • *hoek* • *gezichtspunt*; *visie* ★ ~ *visual gezichtshoek* ★ ~ *facial gelaatshoek* ★ ~ *muerto dode hoek* ★ ~ *de incidencia invalshoek*

anguloso BNW *hoekig*

angustia v • *smart* • *angst*

angustiado BNW • *bedroefd* • *angstig* • *ongerust* • *wanhopig*; *ellendig*

angustiar OV WW • *beangstigen*; *beklemmen* • *bedroeven*

angustiarse WKD WW • *bedroefd worden* • *bang/ benauwd worden*

angustioso BNW *beangstigend*; *angstig*; *bang*

anhelante BNW • *verlangend*; *hunkerend* • *hijgend*

anhelar OV WW • *smachten naar* • *hunkeren naar*; *verlangen naar*

anhelo m *vurig verlangen*; *begeerte*; *zucht* ★ ~ *de gloria zucht naar roem* ★ *arder en* ~ *de branden van verlangen om*

anheloso BNW • *moeizaam* • *hijgend* • *verlangend*; *hunkerend*

Aníbal m *Hannibal*

anidar I OV WW *onderbrengen*; *herbergen* II ON WW • *nestelen*; *huizen* • *een nest bouwen*

anieblar OV WW *met nevel bedekken*; *bewolken*; *verduisteren*

anieblarse WKD WW *betrekken* ‹v. lucht›; *nevelig worden*

anilla v *ring*

anillado I m *het ringen* ‹v. vogel› II BNW *geringd*

anillar OV WW *de vorm van een ring geven*; *met ringen vast maken*; *ringen*

anillejo m *ringetje*

anillo m *ring* ★ ~ *pastoral bisschopsring* ★ ~ *móvil draaibank* ★ *venir como* ~ *al dedo als geroepen komen* ★ ~ *de cabo ronde tros* ★ ~ *de compromiso verlovingsring* ★ ~ *de boda trouwring*

ánima v /el, un ~/ *ziel* ★ *en mi* ~ *wis en waarachtig* ★ *rendir el* ~ *de geest geven*

animación v • *levendigheid*; *opgewektheid* • *drukte*; *bedrijvigheid* • *animatie* ‹film›

animado BNW *levendig*; *bezield* ★ *estar* ~ *a zin hebben om* ★ *dibujos* ~s *tekenfilm*

animador I m • *presentator* • *conferencier* ★ ~(a) *sociocultural creativiteitsbegeleid(st)er* II BNW *opwekkend*

animadversión v *afkeer* ★ ~ *al trabajo arbeidsschuwheid*

animal I m • *dier*; *beest* • *stommeling* • FIG. *boom van een vent* ★ *un* ~ *de costumbre een gewoontedier* ★ ~ *doméstico huisdier* II BNW • *dieren-* • *dierlijk* • *dom* ★ *reino* ~ *dierenrijk* ★ *ino seas* ~! *doe niet zo hufterig!*

animalada v *stommiteit*

animalejo m *diertje*; *beestje*

animalidad v *dierlijkheid*

animar OV WW • *leven geven*; *opwekken* • *aanmoedigen* • *opvrolijken* • *leven brengen in*; *verlevendigen* ★ *ianímate! vooruit!*; *kom op!*

animarse WKD WW • *opfleuren*; *vrolijk worden* • *weer tot leven komen* • *besluiten (om)*

ánimas v mv REL. *klokgelui* ★ *a las* ~ *'s avonds bij het klokgelui*

anímico BNW *psychisch*

ánimo m • *ziel*; *geest*; *gemoed* • *moed*; *(geest)kracht* • *bedoeling* • *gedachte*; *oogmerk* ★ *hacerse el* ~ *de aan het idee wennen dat* ★ *hacer* ~ *de van plan zijn om* ★ *caer(se) de* ~ *de moed verliezen* ★ *cobrar* ~ *moed vatten* ★ *i~! sterkte!*; *kop op!* ★ *no tengo el* ~ *para juegos mijn hoofd staat niet naar spelletjes* ★ *estar con* ~ *de zin hebben om* ★ *tener* ~s *de in de stemming zijn voor* ★ *dar* ~ *moed geven* ★ *de buen* ~ *monter*

animosidad v • *vijandigheid* • *afkeer*

animoso BNW • *moedig* • *levendig*

aniñado BNW *kinder-*; *kinderlijk*

an

aniñarse WKD WW *zich kinderachtig gedragen*
aniquilación v *vernietiging*
aniquilador BNW *vernietigend; verwoestend*
aniquilar OV WW • *verwoesten; totaal vernietigen* • *verdelgen* • *tenietdoen*
aniquilarse WKD WW • *ontmoedigd raken* • *afnemen* • *achteruitgaan*
anís m • *anijs(plant)* • *anijszaad* • *anisette; anijslikeur* • *anijsmuisje* ★ VERO. llegar a los anises *laat komen binnenvallen* ★ eso no es grano de anís *dat is geen kleinigheid*
anisado I m *anijslikeur* II BNW *met anijssmaak*
aniversario I m *verjaardag; geboortedag; jubileum* ★ ~ de boda *trouwdag* II BNW *jaarlijks*
ano m *anus; aars*
anoche BIJW *gisteravond*
anochecer I m *avondschemering; het vallen van de avond* ★ al ~ de *bij het vallen van de avond* II ON WW • *donker worden* • *ergens aankomen met het donker* ★ ~ y no amanecer *met de noorderzon vertrekken* ★ le anocheció en el bosque *hij werd door het duister overvallen in het bos*
anochecida v *het vallen van de avond; het donker worden*
anochezca WW (1e/3e p ev subj. t.t.)
→ anochecer
anodino v • *pijnstillend* • *onschadelijk* • *onbenullig; onbetekenend*
ánodo m *anode*
anomalía v *afwijking; onregelmatigheid*
anómalo BNW *afwijkend; onregelmatig*
anona v • *voorraad* • *zuurzakboom*
anonadación v *verslagenheid; verbijstering*
anonadar OV WW • *kleineren; ontmoedigen; terneerslaan* • *verpletteren; verbijsteren*
anonimato m *anonimiteit*
anónimo I m • *anoniem schrijver/persoon* • *anoniem geschrift* II BNW • *anoniem* • *onbekend* ★ conservar el ~ *anoniem blijven* ★ sociedad anónima *naamloze vennootschap*
anorak m *windjak*
anorexia v *anorexie* ★ ~ nerviosa *anorexia nervosa*
anormal I m/v *zwakbegaafd iemand; geestelijk gehandicapte* II BNW *abnormaal*
anormalidad v *abnormaliteit; afwijking*
anotación v • ZA *stand; score* • *aantekening* ★ ¿cuál es la ~? *hoe is de stand?*
anotador m LA *scorebord*
anotadora v *scriptgirl; regieassistente*
anotar OV WW *aantekenen; opschrijven; noteren*
anquilosamiento m *verstarring; verstijving*
anquilosar OV WW *verlammen; verstijven*
anquilosarse WKD WW • MED. *stijf worden* • *stagneren; in verval raken*
anquilosis v *gewrichtsverstijving*
anquilostoma m *mijnworm*
ánsar m *gans*
ansarón m *ganzenkuiken*
anseático BNW ★ ciudades anseáticas *Hanzesteden*
ansia v /el, un ~/ • *verlangen; drang; lust* • *beklemming; angst* • *beklemmend gevoel* ★ ~s de la muerte *doodsangst* ★ ~ de oro

gouddorst ★ ~ de saber *weetgierigheid* ★ ~ respiratoria *benauwdheid; kortademigheid* ★ ~ de poder *machtswellust*
ansiar /í/ OV+ON WW *vurig begeren; hevig verlangen (naar); hunkeren (naar)*
ansiedad v • *bezorgdheid* • *benauwdheid; angst*
ansioso BNW • *bezorgd; benauwd* • *vol verlangen* • *hebberig; begerig* ★ ~ de placeres *genotzuchtig*
anta v /el, un ~/ • *eland* • *tapir*
antagónico BNW *tegengesteld; vijandig* ★ ~ a *tegengesteld aan*
antagonismo m *antagonisme*
antagonista I m/v *antagonist; tegenstander* II BNW *antagonistisch; vijandig*
antaño BIJW *voorheen; weleer; vroeger* ★ de ~ *van oudsher*
antártico BNW *antarctisch* ★ polo ~ *zuidpool* ★ Océano Antártico *Zuidelijke IJszee*
ante I m • *eland* • *suède* ★ zapatos de ante *suède schoenen* II VZ *voor; ten overstaan van; tegenover* ★ ante todo *bovenal; voor alles* ★ la policía cierra los ojos ante tal venta ilícita *de politie knijpt een oogje dicht bij deze illegale verkoop*
anteanoche BIJW *eergisteravond*
anteayer BIJW *eergisteren* ★ ~ por la mañana *eergistermorgen*
antebrazo m *onderarm*
antecámara v *voorvertrek; wachtkamer*
antecedente I m *voorgeschiedenis; vroeger gebeurd feit* ★ ~s penales *strafblad* ★ estar en ~s (volledig) op de hoogte zijn ★ me puso en ~s de todo *hij bracht me van alles op de hoogte* II BNW *voorafgaand*
anteceder ON WW *voorafgaan*
antecesor I m • *voorganger* • *voorvader; voorouder* II BNW *voorafgaand; vroeger; eerder*
antecocina v *bijkeuken*
antedatar OV WW *antidateren*
antedicho I m *eerdergenoemd feit* II BNW *bovengenoemd; voornoemd*
antediluviano BNW *van voor de zondvloed; heel oud; voorhistorisch*
antelación v *(het) vooruitlopen op* ★ con ~ *van tevoren* ★ con ~ a *eerder dan; vroeger dan* ★ con la debida ~ *op tijd; vroeg genoeg*
antemano BIJW ★ de ~ *bij voorbaat; van tevoren* ★ pago de ~ *vooruitbetaling*
antena v • *antenne* • *voelspriet* ★ TELECOM. estar en ~ *uitzenden; in de uitzending zijn* ★ ~ colectiva/común *centraal antennesysteem* ★ ~ parabólica *schotelantenne*
anteojera v *oogklep*
anteojo m *(enkele) verrekijker* ★ ~ de larga vista *telescoop*
anteojos m mv • *bril* • *(dubbele) verrekijker*
antepagar OV WW *vooruitbetalen*
antepasado I m *voorouder; voorvader* II BNW *voorbij*
antepecho m • *leuning* • *vensterbank*
antepenúltimo BNW *op twee na de laatste*
antepón WW (geb. wijs, jij-vorm) → anteponer
antepondrá WW (3e p ev tk.t.) → anteponer
anteponer OV WW • *zetten voor; plaatsen voor* • *de voorkeur geven aan* ★ ~ el deber al

placer *de plicht boven het genoegen stellen*
anteponerse WKD WW *geplaatst worden voor; de voorkeur krijgen*
anteponga WW (1e/3e p ev subj. t.t.) → **anteponer**
anteproyecto m *voorontwerp*
antepuerto m *voorhaven; buitenhaven*
antepuso WW (3e p ev v.t.) → **anteponer**
antera v *helmknop*
anterior BNW *voorafgaand; vroeger*
anterioridad v *voorrang* ★ con ~ *aan* ★ ya con ~ a la fiesta *reeds voor het feest*
antes I BIJW • *voor* | *liever; eerder* • *tevoren* ★ desde mucho ~ *sinds lang* ★ poco ~ de estallar la guerra *kort voor het uitbreken van de oorlog* ★ ~ de mediodía *voormiddags* ★ ~ morir que huir *liever sterven dan vluchten* ★ poco ~ *kort ervoor* ★ lo ~ posible *zo vlug mogelijk* ★ ~ que nada *bovenal* ★ mucho ~ *lang tevoren* ★ ~ de ayer *eergisteren* ★ de ~ *vorig; vroeger* ★ ~ bien *eerder; veeleer* ★ ~ de nada *als eerste* ★ cuanto ~ *mejor hoe eerder hoe liever* II VW • *liever; eerder* ★ ~ de acabar la edición revisada *voordat de herziene versie klaar is* • (~ **de**) *alvorens; voordat*
antesala v *antichambre; voorvertrek; wachtkamer* ★ hacer ~ *lang moeten wachten*
anti VOORV *anti*
antiabortista m/v *tegenstander van abortus*
antiácido I m *middel tegen maagzuur* II BNW *tegen maagzuur*
antiadherente I m *antiaanbaklaag* II BNW *antiaanbak-*
antiaéreo BNW ★ cañón ~ *luchtafweergeschut* ★ defensa antiaérea *luchtafweer* ★ refugio ~ *schuilkelder*
antialcohólico BNW *tegen het alcoholgebruik*
antiamericano BNW *anti-Amerikaans*
antiatómico BNW *anti-atoom-* ★ refugio ~ *atoomschuilkelder*
antibala(s) BNW *kogelwerend*
antibelicista m/v *pacifist*
antibiótico I m *antibioticum* II BNW *antibiotisch*
antibloqueo BNW ★ sistema ~ *de efrenos antiblokkeersysteem* ⟨ABS⟩
anticanceroso BNW ★ lucha anticancerosa *kankerbestrijding*
anticiclón m *anticycloon; hogedrukgebied*
anticipación v *het vooruitlopen op* ★ con ~ *eerder; vooruit* ★ pagar con un día de ~ *één dag vooruitbetalen* ★ con mucha ~ *lang tevoren*
anticipado BNW *vervroegd* ★ por ~ *bij voorbaat* ★ pago ~ *vooruitbetaling*
anticipar OV WW • *vervroegen* • *voorschieten* • *vooruitlopen op* ★ ~ las gracias *bij voorbaat bedanken*
anticiparse WKD WW *vooruitlopen; vóór zijn* ★ mi rival se me anticipó *mijn tegenstander is me voor geweest*
anticipo m *voorschot; vooruitbetaling* ★ ~ sin intereses *renteloos voorschot*
anticlerical I m/v *anti-klerikaal* II BNW *anti-klerikaal*
anticlericalismo m *anti-klerikalisme*
anticoagulante I m *antistollingsmiddel* II BNW

antistollings-
anticonceptivo I m *voorbehoedmiddel; anticonceptiemiddel* II BNW *anticonceptie-* ★ píldora anticonceptiva *anticonceptiepil*
anticongelante I m *antivries* II BNW *antivries-*
anticonstitucional BNW *in strijd met de grondwet; ongrondwettig*
anticuado BNW *verouderd; ouderwets*
anticuar /ú/ ON WW *ouderwets worden; verouderen*
anticuario m *antiquair*
anticuarse WKD WW *verouderen*
anticuerpo m *antistof; antilichaam*
antideportivo BNW *onsportief*
antideslizante BNW *antislip-* ★ neumático ~ *antislipband*
antideslumbrante BNW *tegen verblinding*
antidetonante I m *antiklopmiddel* II BNW *antiklop-*
antidisturbios BNW ★ policía ~ *oproerpolitie*
antidoping BNW ★ control ~ *dopingcontrole*
antidoto m ★ *tegengif* • *middel*; FIG. *medicijn*
antidroga(s) BNW ★ brigada antidroga *narcoticabrigade* ★ campaña antidroga *antidrugscampagne*
antieconómico BNW *oneconomisch; erg duur*
antiespasmódico BNW *tegen krampen*
antiestético BNW *onesthetisch; lelijk*
antifascismo BNW *anti-fascisme*
antifascista I m/v *anti-fascist* II BNW *anti-fascistisch*
antifaz m *masker; sluier*
antifeminista I m/v *anti-feminist* II BNW *anti-feministisch*
antífona v *antifoon; beurtzang*
antifonario m *koorboek*
antigás BNW ★ careta ~ *gasmasker*
antigeno m *antigeen*
antiglobalismo m *antiglobalisme*
antigualla v PEJ. *oude rommel*
antiguamente BIJW *vroeger; voorheen*
antiguar ON WW *anciënniteit verkrijgen*
antiguarse WKD WW *verouderen; ouder worden*
antigüedad v • *ouderdom* • *Oudheid* • *anciënniteit; diensttijd* ★ por orden de ~ *volgens anciënniteit*
antigüedades v mv *antieke voorwerpen*
antiguo BNW *antiek; klassiek; oud* ★ chapado a la antigua *van de oude stempel* ★ de ~ *van oudsher* ★ la edad antigua *de oudheid* ★ a la antigua *zoals vroeger* ★ el ~ continente *het oude continent* ⟨Europa⟩
antiguos m mv *ouden*
antihigiénico BNW *onhygiënisch*
antiinflacionista BNW *anti-inflationistisch*
antiinflamatorio BNW *ontstekingsremmend*
antillano I m *Antilliaan* II BNW *Antilliaans*
Antillas v mv ★ las ~ *de Antillen*
antilogaritmo m *antilogaritme*
antilogía v *tegenstrijdigheid*
antílope m *antilope*
antimateria v *antimaterie*
antimisil BNW *antiraket-*
antimonio m CHEM. *antimonium*
antinatural BNW *tegennatuurlijk; onnatuurlijk*
antineurálgico BNW *tegen zenuwpijn*

an

antiniebla BNW *tegen mist* ★ faro ~ *mistlamp*
antinomia v *tegenstrijdigheid*
antinuclear I m *tegenstander van kernenergie*
II BNW *antinucleair*
antioxidante I m *roestwerend middel* **II** BNW
roestwerend
antipalúdico BNW *tegen malaria*
antipapa m *tegenpaus*
antipara v *kamerscherm*
antiparasitario I m *bestrijdingsmiddel tegen*
plantenziekten; *pesticide* **II** BNW ★ lucha
antiparasitaria *ongediertebestrijding*
antiparras v mv *leesbril*; *fok*
antipatía v *weerzin*; *antipathie* ★ sentir/tener ~
a u.p. *het niet op iemand begrepen hebben*
★ coger ~ a/contra alg. *een hekel krijgen aan*
iemand
antipático BNW *antipathiek*; *onsympathiek*
antipatriótico BNW *niet vaderlandslievend*
antipirético I m *koortswerend middel* **II** BNW
koortswerend
antípoda I m *tegenpool*; *antipode* **II** BNW
• *tegenovergesteld* • *tegengesteld*
antirrábico BNW *tegen hondsdolheid* ★ vacuna
antirrábica *vaccin tegen hondsdolheid*
antirreglamentario BNW *tegen de*
(verkeers)regels; *niet-reglementair*
antirrobo I m • *beveiliging* • *stuurslot* **II** BNW
veiligheids-
antisemita I m/v *anti-semiet* **II** BNW *anti-*
semitisch
antisemítico BNW *anti-semitisch*
antisemitismo m *anti-semitisme*; *jodenhaat*
antisepsia v *antisepsis*
antiséptico I m *antiseptisch middel*;
antisepticum **II** BNW *antiseptisch*; *ontsmettend*
antisocial I m/v *asociaal persoon* **II** BNW
asociaal
antisubmarino BNW *tegen duikboten*
antitabaco BNW ★ campaña ~
antirookcampagne
antitanque BNW *antitank-* ★ cañón ~
pantserafweergeschut ★ fusil ~ *bazooka*
antiterrorista BNW *antiterroristisch*
antítesis v • *tegenstelling*; *antithese*
• *tegengestelde*; *tegendeel*
antitético BNW *tegenstrijdig*; *tegengesteld*
antojadizo BNW *wispelturig*; *grillig*
antojarse WKD WW • *toeschijnen*; *lijken* • *het in*
zijn hoofd krijgen; *ineens zin hebben*; *ineens*
willen ★ se me antoja que *ik heb het gevoel*
dat ★ se le antojó comprar un perro *hij kreeg*
het in zijn hoofd een hond te kopen
antojo m • *bevlieging*; *gril*; *kuur*
• *schoonheidsvlek*; *moedervlek* • vivir a su ~
leven naar eigen goeddunken ★ seguir sus ~s
aan zijn verlangens toegeven ★ cada uno a su
~ *een ieder naar eigen goeddunken*
antología v *bloemlezing* ★ de ~ *gedenkwaardig*;
buitengewoon
antológico BNW *anthologisch*
antinomia v *antonymie*
antonomasia v *antonomasia*;
naamsverwisseling ★ por ~ *bij uitstek*
antorcha v *fakkel*; *toorts*
antracita v *antraciet*

ántrax m MED. *negenoog*; *miltvuur*
antro m • *hol* • *grot*; *spelonk* ★ ~ de perdición
poel van verderf
antropofagia v *kannibalisme*
antropófago I m *menseneter* **II** BNW
mensenetend
antropoide I m *mensaap* **II** BNW *mensachtig*; *op*
een mens lijkend ★ mono ~ *mensaap*
antropoideo BNW *antropomorf*
antropología v *antropologie*
antropológico BNW *antropologisch*
antropólogo m *antropoloog*
antropomorfismo m *antropomorfisme*
antropomorfo I m *mensaap* **II** BNW
antropomorf
antruejo m *carnaval*
antuviada v *stoot*; *plotselinge slag*
antuvión m *plotselinge slag* ★ de ~ *plotseling*
anual BNW • *jaarlijks* • *jaar-*; *eenjarig* ★ gana
diez mil florines ~es *hij verdient tienduizend*
euro per jaar
anualidad v • *jaarlijks terugkerende gebeurtenis*
• *jaargeld* • *annuïteit*; *jaarlijks bedrag*
anuario m *jaarboek*
anubarrado BNW *bewolkt*
anublar OV WW • *bewolken* • *verduisteren*
anublarse WKD WW • *donker worden*; *betrekken*
• *verwelken*
anudar OV WW • *(vast)knopen* • *aanknopen* ‹v.
vriendschap›; *sluiten* • *sprakeloos maken*
• *voortzetten*; *vervolgen*
anudarse WKD WW • *in de knoop raken* • *in zijn*
groei achterblijven ★ la voz se me anudó *er*
schoot een brok in mijn keel
anuencia v *toestemming*; *instemming*
anuente BNW *instemmend*; *toestemmend*
anulación v *annulering*; *nietigverklaring*;
opzegging ★ ~ de la deuda *kwijtschelding van*
de schuld
anular I m *ringvinger* **II** BNW *ringvormig* ★ dedo
~ *ringvinger* **III** OV WW • *annuleren*; *ongeldig*
verklaren; *herroepen* • *tenietdoen*
• *overvleugelen* • *gezag/bevoegdheden*
ontnemen
anunciación v *aankondiging*
anunciador I m *presentator*; *aankondiger*
II BNW *aankondigend* ★ cartel ~ *aanplakbiljet*
anunciante I m/v *adverteerder* **II** BNW
adverterend
anunciar OV WW • *aankondigen*; *bekendmaken*
• *voorspellen* ★ ~ algo a bombo y platillos *iets*
met veel tamtam aankondigen ★ ¿a quién
anunció? *wie kan ik zeggen dat er is?*
anunciarse WKD WW • *zich aankondigen*
• *beloven te worden* ★ la vendimia se anuncia
magnífica *de wijnoogst belooft prachtig te*
worden
anuncio m • *publicatie*; *aankondiging*
• *advertentie*; *reclamespot* ★ tablón de ~s
mededelingenbord; *aanplakbord* ★ ~ por
palabras *kleine advertentie* ★ ~ luminoso
lichtreclame ★ poner un ~ *een advertentie*
plaatsen ★ hombre-~ *sandwichman*
anuo BNW *jaarlijks*
anverso m • *voorzijde*; *beeldzijde* ‹v. munt,
medaille› • *voorkant* ‹v. drukwerk›

anzuelo m • *vishaak* • *lokaas* ★ morder/tragar el ~ *zich laten beetnemen* ★ echar el ~ *in de val lokken* ★ caer/picar en el ~ *zich laten beetnemen*

añada v • *seizoen* ‹in de landbouw›; *(oogst)jaar* • *akker*

añadido I m • *toevoeging* • *verlenging* II BNW *toegevoegd*

añadidura v *extraatje; toevoegsel; aanvulling* ★ por ~ *bovendien; op de koop toe*

añadir OV WW • *toevoegen* • *vermeerderen* ★ ~ (a punto de) media *aanbreien* ★ a esto hay que ~ que *daar komt nog bij dat*

añagaza v • *lokvogel* • *lokmiddel; list*

añal BNW • *jaarlijks* • *eenjarig*

añascar OV WW *verzamelen; vergaren*

añascarse WKD WW *vergaren*

añejar OV WW *oud laten worden; laten rijpen*

añejarse WKD WW *rijpen; oud worden*

añejo BNW *belegen; oud; overjarig*

añicos m mv *scherven* ★ hacer ~ *kapotmaken; aan diggelen slaan*

añil I m *indigo* II BNW *indigoblauw*

añilar OV WW *met indigo verven*

año m *jaar* ★ el año de gracia de 1492 *het jaar onzes Heren 1492* ★ ¡feliz año nuevo! *gelukkig nieuwjaar* ★ año bisiesto *schrikkeljaar* ★ año luz *lichtjaar* ★ año tras año *jaar na jaar* ★ el año que viene *volgend jaar* ★ año calendario/civil *kalenderjaar* ★ el año pasado *vorig jaar* ★ los años de las vacas gordas/flacas *de vette/magere jaren* ★ los años sesenta *de jaren '60* ★ al año *per jaar* ★ año económico *boekjaar* ★ año escolar *schooljaar* ★ hace años que *het is lang geleden dat* ★ perder año *een studiejaar over moeten doen* ★ quitarse años *er jonger uit willen zien* ★ quitarse años de encima *jonger lijken; zich jonger voordoen* ★ de pocos años *jong* ★ entrado en años *op leeftijd* ★ con los años viene el juicio *het verstand komt met de jaren* ★ ¡por muchos años! *nog vele jaren!* ★ tener veinte años (cumplidos) *twintig jaar (oud) zijn* ★ cumplir diez años *tien jaar (oud) worden* ★ ¿cuantos años tienes? *hoeveel jaar ben je?* ★ del año de la tana *van het jaar nul*

añojo m *eenjarig kalf of lam*

añoranza v *heimwee*

añorar OV+ON WW *heimwee hebben (naar)*

añoso BNW *oud* ★ un roble ~ *een oude eik*

añublo m *roest; brand* (graanziekte)

añusgar ON WW • *zich verslikken* • *boos worden*

aojar OV WW *beheksen; met het boze oog aankijken*

aojo m *het boze oog*

aorta v *aorta*

aovado BNW *eirond; ovaal*

aovar ON WW *eieren leggen; kuit schieten*

aovillarse WKD WW *zich oprollen; ineenduiken*

apabullar OV WW • *intimideren; verpletteren* • *overbluffen; overdonderen*

apacentar /ie/ OV WW • *weiden* • *onderrichten* • *koesteren*

apacentarse WKD WW • *grazen* • *gevoed worden*

apache I m/v • *Apache* • *straatrover* ★ parecer un ~ *er erg verwilderd uitzien* II BNW

• *Apachen-* • *rovers-*

apachurrar OV WW *platdrukken; verpletteren*

apacibilidad v *zachtmoedigheid; vreedzaamheid*

apacible BNW • *zacht* ‹v. weer› • *vriendelijk; vredig*

apaciguador I m *vredestichter* II BNW *kalmerend; rustgevend*

apaciguamiento m *pacificatie; kalmering*

apaciguar OV WW • *de vrede herstellen; pacificeren* • *stillen* ‹v. pijn› • *geruststellen; kalmeren*

apaciguarse WKD WW *tot bedaren komen; kalmeren*

apadrinamiento m • *sponsoring* • *peetvaderschap*

apadrinar OV WW • *de peetvader zijn van; als peter optreden voor* • *steunen; beschermen* • *sponsoren*

apagado I m *uitgeblust/saai iemand* II BNW • *gedoofd* ‹v. licht, kachel› • *mat* ‹v. kleur›; *dof* ‹v. geluid› • *uitgeblust; timide* ★ color ~ *matte kleur*

apagador I m • *blusapparaat* • *domper* • *(geluid)demper* II BNW *uitdovend*

apagar OV WW • *uitdoen; uitzetten* ‹apparaat, licht›; *blussen; uitdoven* • *temperen*, FIG. *blussen; lessen* ‹v. dorst› • *dof maken; verzachten* ‹v. kleuren› ★ ~ la cal *kalk blussen* ★ apaga y vámonos *laten we er maar over ophouden; je kunt het verder wel vergeten* ★ ~ la luz *het licht uitdoen*

apagarse WKD WW • *doven; uitgaan* • *verbleken* • *verminderen*

apagavelas m *domper* ‹voor kaarsen›

apagón m *plotselinge licht-/stroomuitval*

apaisado BNW *meer breed dan hoog*

apalabrar OV WW *afspreken*

apalabrarse WKD WW *een afspraak maken* ‹mondeling›

apalancamiento m *het optillen* ‹met hefboom›

apalancar OV WW *optillen* ‹met hefboom›

apaleamiento m *afranseling*

apalear OV WW • *afranselen* • *met een stok uit de boom slaan* ‹v. noten, vruchten› • *wannen* ‹v. graan› ★ ~ oro/dinero *zwemmen in het geld*

apandar OV WW *pikken; gappen*

apandillarse WKD WW *samenscholen; een bende vormen*

apantanarse WKD WW *onder water raken; overstromen*

apañado BNW • *opgeschikt; opgedoft* • *handig* ★ ¡estaríamos ~s! *we zouden wel gek zijn!* ★ ¡estamos bien ~s! *nu zijn we in de aap gelogeerd!; dat is ook wat moois!*

apañar OV WW • *opknappen; klaarmaken; verstellen* • *achteroverdrukken; jatten* • *te pakken krijgen; voor elkaar krijgen* ★ ya te ~é *yo ik krijg je nog wel*

apañarse WKD WW ★ apañárselas para *het klaarspelen om*

apaño m • *reparatie* • *gesjoemel; akkoordje* • *handigheid; bekwaamheid* • *scharrel; avontuurtje* ★ tener buenos ~s *zeer handig zijn* ★ el asunto no tiene ~ *er is niets aan te doen*

ap

apañuscar OV WW • *bietsen*; *achteroverdrukken* • *sjacheren*; *sjoemelen*

aparador m • *dressoir*; *buffet* • *toonkast*; *etalage* ★ estar de ~ *opgedoft zijn*

aparar OV WW *ophouden* ⟨v. armen of kleding om iets om iets op te vangen⟩

aparatarse WKD WW *op komst zijn* ⟨v. storm⟩

aparato m • *machine*; *apparaat*; *toestel* • - *organen* • *vertoon* • *verband* • *vliegtuig*; *telefoon* ★ ~ escénico *toneelopstelling*; *mise-en-scène* ★ ¿quién está al ~? *met wie spreek ik?* ★ ~ planeador *zweefvliegtuig* ★ ~ receptor *ontvangtoestel* ★ ~ de arranque *starter* ★ ~ de grabación y reproducción de sonido *geluidsinstallatie* ★ ~ digestivo *spijsverteringsstelsel*

aparatosidad v *spectaculair karakter*; *overdreven vertoon*; *opzichtigheid*

aparatoso I m *aandachttrekker* II BNW *opzichtig*; *opvallend*

aparcadero m *parkeerplaats*

aparcamiento m • *het parkeren* • *parkeerplaats* ★ ~ de automóviles *parkeerplaats*

aparcar OV+ON WW • *parkeren* • FIG. *in de ijskast zetten*; *opschorten*

apareamiento m • *paarvorming* • *paring*

aparear OV WW • *samenvoegen*; *samenkoppelen* • *paren*

aparecer ON WW *te voorschijn komen* ★ iya apareció! *daar is hij/zij al!*

aparecido m *schim*; *spook*

aparejado BNW *opgetuigd*; *uitgerust* ★ llevar ~ *met zich meebrengen*

aparejador m *aannemer*

aparejar OV WW • *uitrusten*; *optuigen* ⟨v. dier, vaartuig⟩ • *klaarmaken*; *voorbereiden*

aparejo m • *ankertakel* • *visgerei* • *zadel*; *tuig* • SCHEEPV. *takelage*; *tuigage* • *metselverband* • *takel* ★ ~ real *hoofdtakel*

aparejos m mv *uitrusting*; *gereedschap*

aparencial BNW *schijnbaar*

aparentar OV WW • *veinzen*; *voorwenden*; *voorgeven* • *eruitzien als* ★ ~ honradez *er eerlijk uitzien*

aparente BNW • *schijnbaar*; *ogenschijnlijk*; *schijn-* • *zichtbaar* • *passend*; *geschikt* ★ muerte ~ *schijndood*

aparezca WW (1e/3e p ev subj. t.t.) → **aparecer**

aparición v • *verschijning* • *spook*; *schim* ★ hacer su ~ *zijn intrede doen*

apariencia v • *uiterlijk*; *voorkomen* • *schijn* ★ tener la ~ de *het voorkomen hebben van* ★ de ~ *schitterend om te zien*; *prachtig* ★ cubrir/guardar/salvar las ~s *de schijn ophouden* ★ a juzgar por las ~s *naar het zich laat aanzien* ★ en ~ *schijnbaar* ★ de poca ~ *onaanzienlijk*

apartadero m • *vluchtheuvel* • *rangeerterrein* • *stierenstal*

apartadijo m • *zijkamertje*; *zijvertrek* • *kleine portie*; *klein gedeelte* • VERO. hacer ~s *in hele kleine porties verdelen*

apartadizo I m *zijkamertje* II BNW *teruggetrokken*; *schuw*

apartado I m • *paragraaf*; *alinea* • *zijkamer* II BNW • *afzonderlijk* • *afgelegen*; *ver*

(verwijderd) • *weg* ★ mantenerse ~ *zich afzijdig houden* ★ ~ de correos *postbus* ★ ~ de la realidad *wereldvreemd*

apartamento m *flat*; *appartement*

apartamiento m • *afzondering* • *kamer*; *vertrek*; *appartement* • *afgelegen plaats* ★ JUR. hacer ~ *afstand doen*

apartar OV WW • *scheiden* • *verwijderen* • *afzonderen*; *opzij leggen/zetten*; *wegleggen*; *afwenden* ⟨v. blik e.d.⟩ • *afhouden van* ★ ~ casa *scheiden*; *uit elkaar gaan* ★ ~ la mano FIG. *de handen aftrekken van* ★ ~ de sí van zich af zetten ★ ~ del buen camino *van het rechte pad afbrengen* ★ ~ de un puntapié *wegschoppen*

apartarse WKD WW • *zich verwijderen*; *opzij gaan* • *zijwegen inslaan* • *zich isoleren* • *scheiden*; *uit elkaar gaan* • *zich terugtrekken* ★ iapártate de mi camino! *ga uit mijn ogen!*; *laat me met rust!* ★ ~ de la política *zich terugtrekken uit de politiek* ★ ~ del mundo *zich van de wereld afzonderen* ★ ~ de lo justo *van het rechte pad afraken* ★ ~ a un lado *opzij gaan*

aparte I m *vertrouwelijk gesprek*; *onderonsje* ★ punto y ~ *nieuwe alinea* II BNW *apart* ★ esto es capítulo ~ *dat is een hoofdstuk apart* ★ bromas ~ *zonder gekheid*; *alle gekheid op een stokje* III BIJW • *terzijde*; *opzij* • *afzonderlijk*; *apart* • *behalve* ★ ~ de *behalve*; *met uitzondering van*; *afgezien van* ★ VERO. dejando los rumores ~ *afgezien van de geruchten* ★ ~ de que *ervan afgezien dat*

apasionado BNW • *verwoed*; *fanatiek*; *verknocht* • *vurig*; *hartstochtelijk* ★ ~ por/de *dol op*

apasionamiento m *hartstocht*; *passie*

apasionante BNW *fascinerend*; *opwindend*

apasionar OV WW *opwinden*; *fascineren*; *boeien*; *met enthousiasme vervullen*

apasionarse WKD WW • *zich opwinden* • *verliefd worden* • *zich sterk interesseren*

apatia v *onverschilligheid*; *apathie*; *lusteloosheid*

apático BNW *apathisch*; *lui*; *lusteloos*

apátrida BNW *staatloos*

apatusco m • *opsmuk*; *tooi* • *rare snuiter* • *stuk gereedschap*

apeadero m • *stijgblok*; *stenen opstap* • *klein stationnetje*; *halte* ★ ~ ferroviario *spoorwegstationnetje*

apear OV WW • *(helpen) afstappen/uitstappen* • *vellen*; *omhakken* • *uit zijn functie ontheffen* • *omzeilen*; *overwinnen* • *vastzetten* ⟨voertuig⟩; *blokkeren* • *bij de poten vastbinden* ⟨vee⟩ • *afbakenen*; *opmeten* • *stutten* ★ ~ el tratamiento *informeel aanspreken* • (~ de) *afbrengen* ⟨v. mening, gedachte⟩

apearse WKD WW *afstappen*; *uitstappen* ★ ~ de su burro *een fout erkennen*; *zijn domheid inzien* ★ ~ por la cola *iets doms zeggen*

apechugar ON WW *opgescheept worden*; *opdraaien*

apedazar OV WW *oplappen*; *verstellen*

apedreamiento m *steniging*

apedrear I OV WW • *met stenen gooien* • *stenigen* II ON WW *hagelen*

apedrearse WKD WW *hagelschade lijden* ⟨v.

oogst⟩

apegado BNW *gehecht* ★ ser muy ~ a su casa *erg verknocht zijn aan zijn huis*

apegarse WKD WW *zich hechten*

apego m *genegenheid*; *gehechtheid*

apelable BNW JUR. *aanvechtbaar* ★ interponer ~ *beroep aantekenen*

apelación v *(hoger) beroep* ★ recurso de ~ *(hoger) beroep* ★ interponer ~ *(hoger) beroep aantekenen* ★ desamparar la ~ *het beroep intrekken*

apelante m/v *appellant*

apelar I OV WW *de bijnaam geven van* **II** ON WW • JUR. *in (hoger) beroep gaan* • *een beroep doen op*; *zijn toevlucht nemen tot*; *zijn heil zoeken bij* ★ ~ contra *in beroep gaan tegen* ★ ~ ante *in beroep gaan bij* ★ ~ a la justicia *zijn toevlucht nemen tot justitie*

apelativo m • TAALK. *soortnaam* • *bijnaam*; *koosnaam*; CA *familienaam*

apeldar OV WW ★ ~las *de plaat poetsen*; *hem smeren*

apellidar OV WW *een naam geven*; *noemen*

apellidarse WKD WW *heten*

apellido m *achternaam*; *familienaam* ★ con nombre y ~ *met naam en toenaam* ★ ~ de soltera *meisjesnaam*

apelmazado BNW *klef*; *gezwollen* ⟨v. stijl⟩; *houterig* ⟨v. handschrift⟩

apelmazar OV WW *opeenpakken*; *samenpersen*

apelmazarse WKD WW *hard worden*; *klonterig worden*

apelotonar OV WW *tot een kluwen rollen*

apelotonarse WKD WW • *kluwens vormen* • *samendringen*

apenado BNW • *bedroefd*; *treurig* • LA *beschaamd*

apenar OV WW *verdriet doen*; *bedroeven*

apenarse WKD WW *bedroefd worden*

apenas BIJW • *nauwelijks*; *ternauwernood* • *zodra* ★ ~ si *amper*; *nauwelijks*

apencar ON WW *opdraaien (voor)*

apéndice m • *appendix*; *bijvoegsel* • *appendix*; *blindedarm*

apendicitis v *blindedarmontsteking*

Apeninos m *Apennijnen*

apeo m • *het omhakken*; *het vellen* ⟨v. bomen⟩ • *afpaling*; *afbakening* • *stut*; *het stutten*

aperar OV WW *repareren*; *maken* ⟨v. wagens⟩

apercibimiento m • *waarschuwing*; *vermaning* • *voorbereiding*; *(het) klaarmaken*

apercibir OV WW • *waarschuwen*; *opmerkzaam maken*; *berispen* • *klaarmaken*; *gereedmaken*

apercibirse WKD WW • *zich voorbereiden* • (~ **de**) *(op)merken*

apercollar /ue/ OV WW • *doden met een nekslag*; *bij de keel grijpen* • *wegpakken*; *weggrissen*

apergaminado BNW • *perkamentachtig* • *verweerd*; *uitgedroogd* ⟨v. gezicht⟩

apergaminarse WKD WW *verschrompelen*

aperitivo I m *aperitief* **II** BNW *eetlustopwekkend*

apero m *(landbouw)werktuigen* ★ ~s de labranza *landbouwwerktuigen*

aperrear OV WW *afmatten*; *afjakkeren*

aperrearse WKD WW *zich een ongeluk werken*; *overstelpt zijn met werk*

aperreo m *geploeter*; *gezwoeg*

apersonado BNW ★ bien ~ *er keurig uitziend*

apersonarse WKD WW *verschijnen*; *zich presenteren*

apertura v • *opening*; *(het) openmaken* • *openheid*; *openstelling* ★ ~ de claros *opklaring* ⟨v. het weer⟩

aperturismo m POL. *openheid*; *liberalisering*

apesadumbrar OV WW *verdriet doen*; *kwellen*

apesgar OV WW *overstelpen*

apestado BNW • *met de pest besmet* • ZA *stinkend*

apestar I OV WW • *het bloed onder de nagels vandaan halen*; *pesten* • *overspoelen*; *overvoeren* • *met de pest besmetten* **II** ON WW *stinken* ★ huele que apesta *het stinkt als de pest*

apestarse WKD WW *de pest krijgen*

apestoso BNW *stinkend*; *hinderlijk*; *afgrijselijk* ★ persona apestosa *stinkerd*

apetecer I OV WW *verlangen*; *begeren* **II** ON WW *zin hebben in* ★ ¿te apetece ir al concierto? *heb je zin om naar het concert te gaan?*

apetecible BNW *aanlokkelijk*; *aantrekkelijk*

apetencia v *begeerte*; *zin*; *lust*

apetezca WW (1e/3e p ev subj. t.t.) → **apetecer**

apetito m • *trek*; *(eet)lust*; *begeerte* • *zin*; *verlangen* ★ despertar/abrir el ~ *de eetlust opwekken* ★ ~ de lobo *reuzehonger* ★ comer sin ~ *met tegenzin eten*; *kieskauwen* ★ tener ~ de/por algo *trek/zin hebben in iets*

apetitoso BNW *smakelijk* ★ ser ~ *er lekker uitzien*

apiadar OV WW *medelijden opwekken bij*

apiadarse WKD WW *medelijden krijgen*

ápice m • *top* • *hoogtepunt* • *greintje*; *klein beetje* ★ estar en los ~s de u.c. *uitstekend van iets op de hoogte zijn* ★ no ceder un ~ a la verdad *geen duimbreed wijken*

apicultor m *bijenhouder*; *imker*

apicultura v *bijenteelt*

apilar OV WW *opstapelen*

apiñado BNW *volgestouwd*

apiñar OV WW *samenpersen*; *bijeendrijven*

apio m *selderie*

apiolar OV WW • *doden*; *koud maken* • *vastbinden*

apiparse WKD WW *zich volstoppen*; *veel eten en drinken*

apisonadora v *straatstamper*; *wals*

apisonar OV WW *aanstampen*; *walsen*

apitonar ON WW • *hoorns krijgen* • *uitbotten*

apitonarse WKD WW *opvliegen*; *ruzie maken*

apizarrado BNW *leikleurig*

aplacamiento m *verlichting*; *verzachting*

aplacar OV WW *verzachten*; *sussen*; *kalmeren*

aplacarse WKD WW *tot rust komen*; *bedaren*

aplanadera v *(stoom)wals*

aplanado BNW *plat*; *vlak*

aplanar OV WW • *vlak maken*; *effenen* • *deprimeren*; *verpletteren*

aplanarse WKD WW • *effen worden* • *instorten* • *instorten*; *ontmoedigd zijn*

aplastamiento m *verplettering*; *het neerslaan*

aplastante BNW *verpletterend* ★ por mayoría ~ *met overweldigende meerderheid*

aplastar OV WW • platslaan; platdrukken; verpletteren • neerslaan • vloeren; afmaken ⟨in discussie⟩

aplastarse WKD WW te pletter slaan

aplatanarse WKD WW futloos worden; tot niets komen

aplaudido BNW gevierd; bejubeld

aplaudir OV WW • applaudisseren; klappen • toejuichen; instemmen met ★ la pieza fue muy aplaudida het stuk viel erg in de smaak

aplauso m applaus

aplazada V LA uitstel ⟨v. examen⟩

aplazamiento m uitstel; opschorting; verdaging

aplazar OV WW uitstellen; verdagen; opschorten ★ ~ no es abandonar van uitstel hoeft nog geen afstel te komen

aplicabilidad V toepasbaarheid

aplicable BNW toepasbaar; toepasselijk

aplicación V • toediening; het aanbrengen; toepassing • applicatie • ijver; toewijding

aplicado BNW • toegewijd; ijverig • toegepast

aplicar OV WW • gebruiken; toepassen • opleggen ⟨v. sancties⟩; toekennen • aanbrengen ★ le aplicó un beso en la frente hij kuste haar op het voorhoofd ★ ~ el oído afluisteren

aplicarse WKD WW zich toeleggen

aplique m • wandlamp • decorstuk

aplomado BNW • loodkleurig • zelfverzekerd; vol zelfvertrouwen

aplomar OV WW • loodrecht zetten • met het schietlood meten

aplomarse WKD WW • neerstorten • zelfvertrouwen krijgen

aplomo m aplomb; zelfverzekerdheid; vastberadenheid; ernst

apocado BNW schuw; bangelijk; laf(hartig)

apocalipsis m catastrofe; Apocalyps

apocalíptico BNW • huiveringwekkend; catastrofaal • apocalyptisch

apocamiento m verlegenheid; bedeesdheid

apocar OV WW vernederen; kleineren; intimideren

apocarse WKD WW • verlegen worden; bang worden • zich vernederen

apócope V apocope

apócrifo BNW • apocrief; vals; onecht

apodado BNW bijgenaamd; alias

apoderado I m • gevolmachtigde • zaakwaarnemer; representant II BNW gevolmachtigd

apoderar OV WW machtigen

apoderarse WKD WW bemachtigen; zich meester maken

apodíctico BNW onweerlegbaar; op stellige wijze

apodo m bijnaam; spotnaam ★ ~ cariñoso koosnaam

apogeo m • hoogtepunt; toppunt • apogeum; grootste afstand tussen aarde en maan ★ estar en su ~ in topvorm zijn; op het toppunt van zijn roem staan

apolillado BNW mottig; FIG. stoffig; verouderd ★ ideas apolilladas gedateerde ideeën

apolilladura V motgaatje

apolillarse WKD WW aangevreten worden ⟨door motten of houtworm⟩

apolítico BNW apolitiek

apología V verdediging; lofrede; verweerschrift

apologista m/v apologeet

apólogo m allegorie; fabel met moraal

apoltronarse WKD WW • zich nestelen • lui worden

apomazar OV WW puimen; met puimsteen schuren

apoplejía V apoplexie; beroerte ★ ~ fulminante acute beroerte

apoplético I m apoplectische patiënt II BNW apoplectisch

apoquinar OV WW FIG. over de brug komen met; (moeten) bijdragen

aporcar OV WW aanaarden; met aarde bedekken

aporrar ON WW sprakeloos staan; niet uit zijn woorden komen

aporrarse WKD WW hinderlijk worden

aporreado BNW schaamteloos; ellendig; blut; arm

aporrear OV WW • rammen op ⟨met een knuppel⟩; bonzen op • lastig vallen; hinderen; een pak rammel geven ★ ~ las teclas op de piano rammen

aporrearse WKD WW zich afjakkeren; zwoegen

aporreo m pak rammel

aportación V • bijdrage; aanbreng • aandeel; inbreng; inleg

aportar I OV WW aanbrengen; bijdragen; inbrengen II ON WW aankomen; binnenlopen ⟨in haven⟩

aporte m inbreng; bijdrage

aportillar OV WW een bres slaan in; (open)breken

aportillarse WKD WW instorten

aposentamiento m • huisvesting • onderdak; kamer

aposentar OV WW onderdak verschaffen

aposento m • kamer; vertrek • onderdak

aposesionarse WKD WW zich meester maken

aposición V bijstelling

apósito m verband; kompres

aposta BIJW expres; met opzet; opzettelijk

apostadero m • marinebasis • (wacht)post

apostador m wedder; gokker

apostar /ue/ I OV WW • posteren; opstellen • verwedden • inzetten ★ ~ la cabeza zijn hoofd verwedden II ON WW • gokken • wedden ★ ~las con alg. met iemand wedijveren ★ ¿qué te apuestas a que ...? wedden dat ...? ★ ~ sobre seguro op zeker spelen

apostarse WKD WW • zich posteren • wedden

apostasía V geloofsverzaking; afvalligheid

apóstata m/v afvallige

apostatar ON WW afzweren; afvallig zijn

apostema m abces

apostilla V kanttekening; bijschrift

apostillar OV WW van kanttekeningen voorzien

apóstol m • apostel ⟨ook van doctrine, overtuiging⟩ • geloofsverkondiger ★ ser un buen ~ voor hete vuren hebben gestaan

apostolado m • de 12 Apostelen • apostolaat • propaganda

apostólico BNW • pauselijk • apostolisch ★ bendición apostólica pauselijke zegen

apostrofar OV WW beledigen; toespreken; vermanen

apóstrofe m/v • beschimping; vermaning;

belediging • *scherp verwijt*
apóstrofo m *apostrof*; *weglatingsteken*
apostura v *gratie*; *welgemanierdheid*; *netheid*; *schoonheid*
apotegma m *kernspreuk*; *kernachtig gezegde*
apoteosis v • *apotheose*; *vergoddelijking* • *schitterend slot*; *climax*; *verheerlijking*
apoyabrazos m *armleuning*
apoyar I OV WW • *bijstaan*; *steunen* • *baseren*; *laten rusten* • *bekrachtigen*; *bevestigen* ★ ~ sus palabras *zijn woorden kracht bijzetten* II ON WW *rusten*; *leunen*
apoyarse WKD WW *steunen (op)*
apoyatura v MUZ. *appoggiatura*; *voorslag*
apoyo m • *steun*; *ondersteuning* • *steun*; *stut* ★ de ~ *ondersteunend* ★ ~ de los suyos *broodwinner* ★ en ~ de *ter ondersteuning van*
apreciable BNW • *waarneembaar*; *opmerkelijk* • *aanzienlijk*; *achtenswaardig* ★ ~ por el oído *hoorbaar*
apreciación v • *waardering*; *schatting*; *(kosten)raming*; *taxatie* • *opwaardering*
apreciar OV WW • *waarderen* • *op prijs stellen*; *appreciëren* • *vaststellen*; *taxeren* ★ ~ en mucho *hoogachten*
aprecio m *waardering*; *affectie*; *achting* ★ hacer ~ de u.c. *iets op prijs stellen*
aprehender OV WW • *beslag leggen op*; *aanhouden* • *beseffen*; *bevatten*; *begrijpen*
aprehensión v • *(het) begrijpen*; *begrip* • *aanhouding*; *gevangenneming*; *inbeslagneming*
apremiador BNW (**apremiante**) *dringend*
apremiante BNW *dringend*; *spoedeisend* ★ carta ~ *brandbrief*
apremiar I OV WW • *tot haast aanzetten*; *aandringen* • *noodzaken*; *dwingen* • *sommeren*; *waarschuwen* II ON WW *dringen*; *dringend zijn* ★ el tiempo apremia *de tijd dringt*
apremio m • *dwang*; *druk*; *aandrang* • *dwangbevel* ★ con ~ *met toeslag/boete* ★ por vía de ~ *middels een dwangbevel* ★ por ~ de tiempo *wegens tijdgebrek* ★ cédula de ~ *dwangbevel*
aprender OV WW • *leren* • *uit het hoofd leren*; *memoriseren* ★ ¡para que aprenda! *dat zal hem leren!* ★ ~ de cabeza ajena *leren van andermans ervaringen* ★ ~ de carretilla *uit het hoofd leren*
aprendiz m/v *stagiaire*; *leerling* ★ entrar de ~ *in de leer gaan* ★ ~ de brujo *tovenaarsleerling*
aprendizaje m *leertijd* ★ (años de) ~ *leerjaren*
aprensar OV WW • *persen* • *kwellen*; *beklemmen*; *bedroeven*
aprensión v • *afkeer*; *vrees* • *verdenking*; *overgevoeligheid*; *ongerustheid* ★ dar ~ *bedenkingen hebben tegen*
aprensiones v mv *onbestemde gevoelens/angsten*
aprensivo I m *overgevoelig persoon* II BNW *overgevoelig*; *kleinzerig*; *zwaarmoedig*; *zenuwachtig*
apresamiento m *vangst*; *kaping* ‹v. schip›
apresar OV WW • *(vast)grijpen*; *vangen*; *gevangennemen*; *kapen*

aprestar OV WW • *voorbereiden*; *klaarmaken* • *planeren* ‹v. textiel›; *stijven* ★ ~ el oído *de oren spitsen*
aprestarse WKD WW *zich klaarmaken*
apresto m • *pap*; *stijfsel* • *(het) planeren* ‹v. textiel›; *(het) stijven* • *voorbereiding*
apresurado BNW • *gehaast* • *voorbarig*; *overijld*
apresuramiento m *haast*
apresurar OV WW *versnellen*; *bespoedigen*; *(ver)haasten*
apretado BNW • *vast*; *strak*; *opeengedrukt*; *stevig* • *overvol*; *druk* • *vrekkig*; *gierig* • *hachelijk*; *moeilijk* • *kriebelig* ‹v. handschrift›
apretar /ie/ I OV WW • *(tegen zich aan) drukken* • *aandraaien*; *insnoeren* • *aansporen*; *onder druk zetten*; *lastig vallen* • *aandrukken*; *samendrukken* • *versnellen*; *verscherpen* ★ ~ el paso *flink doorstappen*; *de stap versnellen* ★ ~ entre los brazos *in zijn armen sluiten* ★ ~ las clavijas/tuercas *de duimschroeven aandraaien* ★ ~ las filas *de gelederen sluiten* II ON WW • *hard werken*; *zich extra inspannen* • *erg zijn*; *erger worden* ‹v. pijn, hitte› ★ apretó a nevar *het begon harder te sneeuwen* ★ ¡aprieta! *allemachtig!*; *kom nou!*; *lieve hemel!* ★ ~ a correr *het op een lopen zetten*
apretarse WKD WW • *nauwer worden* • *zich verdringen* • *zich tegen elkaar aan klemmen* • *verdrietig worden* • FIG. ~ el cinturón *de broekriem aanhalen*
apretón m • *stevige omarming*; *stevige handdruk* • *drukte*; *gedrang* • *aandrang*; *druk* ★ ~ financiero *kredietbeperking*
apretujar OV WW *samenpersen*; *verkreukelen*; *stevig omarmen*
apretujarse WKD WW *zich verdringen*
apretujón m • *het knellen* • *opeenhoping*
apretura v • *drukte*; *gedrang* • *knel*; *probleem* • *stevige omarming* • *schaarste*; *gebrek*
aprieto m *probleem*; *moeilijke situatie* ★ verse en un ~ *in de nesten zitten* ★ salir del ~ *uit de moeilijkheden raken* ★ poner a alg. en ~ *iemand in moeilijkheden brengen* ★ estar en ~s *in de knoei zitten* ★ ien mi vida me he visto en tal ~! *nog nooit heb ik zo in de knel gezeten!*
aprisa BIJW *vlug*; *snel*
aprisco m *kraal*; *schaapskooi*
aprisionar OV WW • *gevangenzetten* • *ketenen*; *vastbinden*
aprobación v *instemming*; *goedkeuring* ★ dar su ~ *goedkeuren*
aprobado BNW *aangenomen*; *geslaagd*; *goedgekeurd* ★ salir ~ *geslaagd zijn* ★ tener un ~ *een voldoende (gehaald) hebben*
aprobar /ue/ I OV WW • *goedkeuren*; *aannemen* • *instemmen met* ★ ~ por unanimidad *unaniem aannemen* ★ ~ un curso *overgaan* ★ ~ todas las asignaturas *voor alle vakken slagen* ★ le han aprobado *hij is over*; *hij is geslaagd* ★ ~ por mayoría *met meerderheid van stemmen goedkeuren* II ON WW *slagen* ★ ~ por los pelos *op het randje slagen*; *net halen*
aproches m mv *oprit*; *toegangsweg*
aprontar OV WW *onmiddellijk betalen/leveren/*

ap

verschaffen
apropiación v *aanpassing*; *toe-eigening*
apropiado BNW *gepast*; *passend*
apropiar OV WW • *toepassen* • *aanpassen aan*
apropiarse WKD WW • *in bezit nemen* • *zich meester maken*
apropincuarse WKD WW • *naderen* • *weten te bemachtigen*
aprovechable BNW *bruikbaar*; *nuttig*
aprovechado I m *profiteur* II BNW • *welbesteed* ⟨v. tijd⟩; *goed gebruikt* • *schrander*; *ijverig* ★ con aprovechada condición *met succes* ★ salir ~ *welopgevoed zijn*
aprovechamiento m *profijt*; *benutting*; *gebruik*; FIG. *vrucht*; *succes* ★ ~ de basuras *afvalverwerking*
aprovechar I OV WW • *gebruik maken van*; *benutten*; *profiteren van* • *ten nutte maken*; *dienstbaar maken* ★ ~ la ocasión *de gelegenheid te baat nemen*; *van de gelegenheid gebruik maken* II ON WW • *helpen*; *baten* • *vorderen*; *vooruitkomen* ★ no ~ para nada *absoluut onbruikbaar zijn* ★ ique aproveche! *smakelijk eten!*
aprovecharse WKD WW *benutten*; *gebruik maken*; *profiteren* (de van)
aprovechón m (v: **aprovechona**) *profiteur*
aprovisionamiento m *proviandering*; *bevoorrading* ★ ~ alimenticio *voedselvoorziening*
aprovisionar OV WW *bevoorraden*
aprovisionarse WKD WW *inslaan* ⟨v. voorraden⟩
aproximación v • *toenadering*; *(be)nadering* • *troostprijs* ⟨in loterij⟩ ★ margen de ~ *afrondingsmarge* ★ ~ por exceso *afronding naar boven* ★ ~ por defecto *afronding naar beneden* ★ cálculo con ~ *ruwe berekening*
aproximadamente BIJW *bij benadering*; *omstreeks*
aproximado BNW • *benaderend*; *bij benadering aangegeven* • *gelijkend*
aproximar I OV WW *naderbij brengen* II ON WW *dichterbij komen*
aproximarse WKD WW *naderen*; *naderbij komen*; *in aantocht zijn*
aptitud v *aanleg*; *bekwaamheid*
apto BNW • *geschikt*; *gepast* • *geëigend* • *goedgekeurd*; *in staat*
apuesta v • *inleg*; *inzet* ⟨bij weddenschap⟩ • *weddenschap* ★ ~s mutuas *(voetbal)toto* ★ de ~ om het hardst
apuesto BNW *keurig*; *zwierig*; *elegant*
apuntación v • *aantekening* • MUZ. *notatie*
apuntado BNW • *genoteerd* • *gepunt*
apuntador I m • *iemand die aantekeningen maakt* • *souffleur* II BNW • *aantekeningen makend* • *wijzend naar*
apuntalamiento m *het stutten*
apuntalar OV WW *ondersteunen*; *stutten*
apuntamiento m • *aantekening* • *het mikken met vuurwapens*
apuntar I OV WW • *aanwijzen*; *schetsen*; *aanstippen* • *richten* ⟨v. wapen⟩ • *vóórzeggen* • *rijgen* ⟨bij naaien⟩ • *zinspelen op*; *suggereren* • *noteren*; *aantekenen* ★ lo he apuntado en su debe *ik heb het op uw rekening bijgeschreven*

★ ~ los tantos *turven* ★ ~ alto *hoog inzetten*; *veel ambitie hebben* II ON WW *te voorschijn komen* ★ ~ a *streven naar*; *mikken op*; *doelen op* ★ ~ el día *dag worden* ★ iapunten! *richten!* ★ ~ a dar *gericht schieten*
apuntarse WKD WW • *zich aanmelden*; *lid worden*; *meedoen* • *zuur worden* ⟨v. wijn⟩ • *aangeschoten worden* ★ ~ y no dar *beloven en niet geven* ★ ime apunto! *ik doe mee!*
apunte m • *notitie*; *aantekening* • *schets* ★ libro de ~s *notitieboekje*
apuntes m mv *dictaat*; *aantekeningen* ★ tomar/sacar ~ *aantekeningen maken*
apuñalar OV WW *neersteken*; *doodsteken*
apuñar OV WW • *een klap geven*; *stompen* • *beetpakken*; *vastgrijpen*
apuñear OV WW *een klap geven*; *stompen*
apuradamente BIJW • *precies* • *met moeite* • ZA *overhaast*
apurado BNW • *afgemat*; *uitgeput* • *behoeftig*; *arm*; *berooid* • *gevaarlijk*; *lastig*; *benard* ★ estar ~ de medios *krap bij kas zitten* ★ si algún día te ves ~ *als je eens in moeilijkheden zit* ★ estar (muy) ~ *krap bij kas zitten*
apurar OV WW • *beangstigen*; *bedroeven* • *opmaken*; *uitputten*; *opdrinken*; *oproken* • *grondig bestuderen*; *uitzoeken* • *opjagen* • *pesten*; *kwellen* ★ ~ un vaso *een glas leegdrinken*
apurarse WKD WW • *verdriet hebben*; *zich zorgen maken*; *piekeren* • *zich uitsloven* ★ ~ por poco *direct de moed verliezen* ★ ino se apure! *wees maar niet bang!*
apuro m • *lastige situatie*; *moeilijkheid* • *haast* • *verlegenheid* ★ sacar de un ~ *uit de knoei halen* ★ encontrarse/estar en un ~ *er lelijk mee zitten*; *in een lastig parket zitten* ★ usted me pone en un ~ *u brengt me in moeilijkheden* ★ en caso de ~ *in geval van nood*
apuros m mv *(geld)nood*; *tekort* ★ pasar ~ por *zich veel moeite getroosten voor* ★ pasar grandes ~ *veel gebrek lijden*; *erg krap bij kas zitten* ★ tener ~ de dinero *in geldnood zitten*
aquejar OV WW *hinderen*; *kwellen* ★ estar aquejado de/por *gekweld worden door*
aquel AANW VNW (**aquella**) *die*; *dat* ★ ~ niño *die jongen* ★ ~la mujer *die vrouw* ★ ~los hombres *die mannen* ★ ¿y ~lo que me prometiste? *je had me toch wat beloofd?*
aquél I m *iets aantrekkelijks* ★ itiene un ~ *esa mujer! die vrouw heeft een bepaalde charme!* II AANW VNW → **aquel**
aquelarre m • *heksenketel*; *kabaal* • *heksensabbat*
aquélla AANW VNW → **aquel**
aquello AANW VNW → **aquel**
aquí BIJW • *hier* • *nu* ★ aquí mismo *ter plekke*; *hier vlakbij* ★ de aquí en adelante *van nu af aan* ★ de aquí a poco *binnenkort* ★ de aquí a un mes *vandaag over een maand* ★ de aquí que *vandaar dat* ★ de aquí para allí *van hot naar haar* ★ aquí y allá *her en der* ★ ¿hay un bar por aquí? *is er een bar hier in de buurt?* ★ he aquí *ziehier*; *hier is*
aquiescencia v *toestemming*; *instemming*

aquietar OV WW *kalmeren*
aquietarse WKD WW *rustig worden; bedaren*
aquilatar OV WW • *tot een minimum beperken* ‹v. kosten› • *taxeren* • *zuiveren*
Aquiles m *Achilles* ★ argumento ~ *belangrijkste argument* ★ tendón de ~ *achillespees*
Aquisgrán v *Aken*
ara m *offeraltaar* ★ en aras de *ter ere van*
árabe I m/v *Arabier* II BNW *Arabisch*
arabesco I m *arabesk* II BNW • ARCHIT. *arabesk* • *Arabisch*
Arabia v *Arabië* ★ ~ Saudí *Saoedi-Arabië*
arábigo I m • *Arabier* • *Arabisch* II BNW *Arabisch*
arabista m/v *arabist*
arabizar OV WW *arabiseren*
arabizarse WKD WW *verarabiseren*
aragonés I m (v: **aragonesa**) *Aragonees* II BNW (v: **aragonesa**) *Aragonees; van/uit Aragon*
arancel m *heffing*
arancelario BNW *douane-; heffing-*
araña v • *spin* • *kroonluchter* • INF. *druk baasje*
arañar OV WW • *bijeenschrapen* • *krabben*
arañazo m *schram; krab*
arar OV WW *bebouwen; ploegen*
arbitraje m *arbitrage*
arbitral BNW *arbitraal*
arbitrar OV WW • *verzamelen; (bij elkaar) zoeken* • *als scheidsrechter optreden bij*
arbitrariedad v *willekeur*
arbitrario BNW *willekeurig*
arbitrarse WKD WW *zich redden*
arbitrio m • *vrije wil* • *willekeur* ★ ~s municipales *gemeentebelastingen* ‹onroerend goed› ★ estar al ~ de *overgeleverd zijn aan (de willekeur van)*
árbitro m *scheidsrechter* ★ ser el ~ de a/c *toonaangevend zijn*
árbol m • *boom* • *mast* • *lijf(je)* ‹v. onderhemd› • TECHN. *spil* ★ los ~es tapan el bosque *je kunt door de bomen het bos niet meer zien* ★ ~ genealógico *stamboom* ★ ~ de navidad *kerstboom*
arbolado I m *bomengroep; laan (met bomen)* II BNW *met bomen begroeid*
arbolar OV WW • *van masten voorzien* • *trekken* ‹v. wapen›; *omhoogsteken* ‹v. vlag› • *rechtop zetten*
arbolarse WKD WW • *steigeren* ‹v. paard› • *woelig worden* ‹v. zee›
arboleda v *bosje; groepje bomen*
arbóreo BNW *boomachtig; van bomen; boom-*
arboricultura v *bomenkwekerij*
arbotante m *luchtboog*
arbusto m *struik; heester*
arca v /el, un ~/ *kist; brandkast* ★ arca cerrada *zeer gesloten persoon* ★ Arca de Noé *Ark van Noach* ★ arca de agua *watertoren; waterreservoir*
arcabucero m *arkebussier*
arcabuz m *haakbus*
arcada v • *zuilengang; galerij* • *brugboog* • *braakneiging*
arcaico BNW *archaïsch; verouderd; primitief*
arcaísmo m *archaïsme*
arcaizante BNW *archaïstisch; ouderwets*

arcángel m *aartsengel*
arcano I m *mysterie; geheim* II BNW *mysterieus; geheimzinnig*
arce m *esdoorn*
arcediano m *aartsdiaken*
arcén m *vluchtstrook; berm*
archidiócesis v *aartsbisdom*
archiduque m *aartshertog*
archimillonario m *multimiljonair*
archipiélago m *archipel; eilandengroep*
archisabido BNW *bij iedereen bekend*
archivador m *ordner; archiefkast*
archivar OV WW • *in een archief bewaren of opbergen* • *wegleggen; terzijde leggen* • *onthouden*
archivero m *archivaris; archiefambtenaar*
archivo m *dossier; archief;* COMP. *bestand*
arcilla v • *boetseerklei* • *leem*
arcilloso BNW *leemhoudend; leemachtig*
arcipreste m *aartspriester*
arco m • *boog* • *poort* • *strijkstok* ★ armar el arco *de boog spannen* ★ arco iris *regenboog*
arcón m *(grote) kist; hutkoffer* ★ ~ congelador *vrieskist*
ardentia v • *hitte* • *maagzuur* • *het fosforescerend oplichten van de zee*
arder ON WW • *in brand staan; branden* • *verbranden* • *woeden* • *schitteren; fonkelen* ★ ~ en deseos *branden van verlangen* ★ ~ de envidia *groen zien van jaloezie* ★ ~ en guerras *geteisterd worden door oorlog*
ardid m *list; truc*
ardiente BNW *gloeiend; brandend; heet; vurig; hartstochtelijk* ★ capilla ~ REL *chapelle ardente; rouwkamer* ‹in sterfhuis›
ardilla v *eekhoorn*
ardor m • *gloed; hitte* • *onverschrokkenheid* • *intens verlangen* ★ ~ de estómago *maagzuur* ★ en el ~ de la batalla/disputa *in het heetst van de strijd/discussie*
ardoroso BNW *brandend; vurig*
arduo BNW *moeilijk; zwaar*
área v /el, un ~/ • *terrein; gebied* • *oppervlak* • *are* ★ área de descanso *parkeerplaats* ‹langs snelweg› ★ área de servicio *wegrestaurant (met benzinepomp)* ★ área de castigo *strafschopgebied* ★ área de gol/meta *doelgebied*
arena v • *zand* • *arena* ‹stierengevecht› ★ ~ movediza *drijfzand*
arenal m *zandvlakte*
arenar OV WW • *met zand bedekken* • *met zand wrijven/schuren*
arenga v *plechtige/vurige toespraak*
arengar I OV WW *plechtig toespreken* II ON WW *een plechtige/vurige toespraak houden*
arenilla v • *fijn zand* • *salpeter*
arenillas v MV MED. *graveel*
arenisco BNW *zanderig; zandachtig*
arenoso BNW *zanderig*
arenque m *haring*
areómetro m *areometer*
arepa v • LA *maïsbroodje; maïskoek* • ZA, VULG. *kut*
arete m *oorring*
argamasa v *metselspecie; mortel*

ar

argamasar OV WW • metselen • metselspecie aanmaken
Argel V Algiers
Argelia V Algerije
argelino I m Algerijn **II** BNW Algerijns
argentado BNW zilverachtig; zilveren
argentar OV WW verzilveren
argentería V • goud- of zilverborduursel; filigraan • zilversmederij
Argentina V Argentinië
argentinismo m argentinisme; Argentijns woord of uitdrukking
argentino I m Argentijn **II** BNW • Argentijns • zilveren
argolla V • grote (metalen) ring; LA verlovings-/ trouwring • VEN, VULG. flikker; homo
argón m CHEM. argon
argonauta m/v Argonaut
argot m argot; Bargoens
argucia V spitsvondigheid; sofisme
argüir OV WW • afleiden • aantonen • betogen
argumentación V • argumentatie • redenering
argumentar I OV WW • afleiden • bewijzen **II** ON WW argumenteren
argumento m • argument • plot; (korte) inhoud; rode draad ★ ¿cuál es el ~? waar gaat het over?
aria V aria
aridez V • onvruchtbaarheid; droogte • saaiheid
árido BNW • onvruchtbaar; droog • vervelend; saai
áridos m mv droge waren
Aries m ASTROL. Ram
ariete m • stormram • midvoor
arillo m oorringetje
ario I m Ariër **II** BNW • Arisch • TAALK. Indo-Europees
arisco BNW schuw; onhandelbaar; stug
arista V WISK. rib; bergkam
aristocracia V aristocratie
aristócrata m/v aristocraat
aristotélico I m aristoteliaan **II** BNW aristotelisch
aritmética BNW rekenkunde
aritmético BNW rekenkundig
arlequín m • harlekijn; hansworst • CUL. sorbet (met verschillende smaken ijs)
arlequinesco BNW belachelijk; dwaas; mal
arma V /el, un ~/ • legeronderdeel • ook FIG. wapen • tocar al arma te wapen roepen ★ ser de armas tomar heel wat mans zijn ★ hacer las primeras armas en voor het eerst actief optreden in ★ llegar a las armas handgemeen worden ★ pasar a u.p. por las armas iemand terechtstellen; iemand fusilleren ★ hacer armas strijden ★ armas letales chemische wapens ★ arma homicida moordwapen ★ arma de repetición automatisch geweer ★ rendir las armas zich overgeven ★ medir las armas strijden ★ velar las armas de wapens bewaken; zich op iets voorbereiden ★ ¡apunten armas! leg aan! ★ ¡a las armas! te wapen! ★ acudir a las armas naar de wapens grijpen; in militaire dienst gaan ★ alzarse en armas in opstand komen ★ arma de largo/corto alcance lange-/korteafstandswapen

armada V vloot; marine
armadía V houtvlot
armadijo m • valstrik; strik • geraamte van houten palen
armadillo m gordeldier
armado BNW gewapend ★ fuerzas armadas strijdkrachten
armador BNW reder
armadura V • harnas; wapenrusting • draagstel; frame ★ gafas con ~ de plata een bril met zilveren montuur
armamentista BNW van of behorende tot de wapenindustrie
armamento m • (het) bewapenen • uitrusting; bewapening
armar OV WW • bewapenen • gereedmaken voor de oorlog • in elkaar zetten • laden • voorzien van • veroorzaken ★ ~ pelea ruzie maken ★ ~ un escándalo herrie schoppen
armario m kast ★ ~ empotrado ingebouwde kast ★ ~ ropero klerenkast
armarse WKD WW • zich bewapenen met; zich uitrusten met • uitbreken • ophanden zijn
armas V mv → arma • strijdkrachten
armatoste m • onding; obstakel • lompe dikzak
armazón m • frame; raamwerk; geraamte • basis
armella V schroefoog
Armenia V Armenië
armenio I m Armeen **II** BNW Armeens
armería V • wapenmuseum • wapensmeedkunst • wapenwinkel
armero m • wapensmid; wapenfabrikant • wapenmeester
armiño m • hermelijn • hermelijnbont
armisticio m wapenstilstand
armón m voorwagen
armonía V • harmonie; overeenstemming; eensgezindheid • harmonieleer ★ en ~ con in harmonie met ★ vivir en ~ con in goede verstandhouding leven met
armónico BNW eendrachtig; harmonisch
armonio m harmonium
armonioso BNW harmonisch; harmonieus
armonización V harmonisatie
armonizar I OV WW • muzikale begeleiding schrijven bij • harmoniseren **II** ON WW harmoniëren; overeenstemmen
arnés m harnas
arneses m mv → arnés • paardentuig
árnica V • arnicatinctuur • wolverlei; arnica
aro m • ring; LA oorring; VEN trouwring • hoepel • gevlekte aronskelk • pasar por el aro toegeven; zwichten voor ★ jugar al aro hoepelen
aroma m • bloem van een mimosa-achtige boom • aangename geur; aroma
aromático BNW lekker geurend; aromatisch
aromatizar OV WW aromatiseren
arpa V /el, un ~/ harp
arpía V • MYTH. harpij • furie; secreet
arpillera V jute
arpista m/v harpist
arpón m harpoen; kram; klem
arponar OV WW harpoeneren
arqueado BNW gekromd; boogvormig ★ piernas

arqueadas *o-benen*
arquear OV WW • *krom maken*; *doorbuigen*
• *kokhalzen* ★ ~ *las cejas de wenkbrauwen optrekken*
arqueo m • *het krom maken/worden*; *welving*
• *het opmaken van de kas* • *laadcapaciteit van een schip*
arqueología v *archeologie*
arqueológico BNW *archeologisch*
arquería v *bogengalerij*
arquero m • *boogschutter* • LA *doelverdediger*
arqueta v *kistje*
arquetipo m *grondvorm*; *archetype*
Arquímedes m *Archimedes*
arquitecto m *architect*
arquitectónico BNW *architectonisch*
arquitectura v *architectuur*
arquitrabe m *architraaf*
arrabal m *buitenwijk*; LA *krottenwijk*
arrabalero I m • *bewoner van een buitenwijk*
• *ordinair/onbeschaafd iemand* II BNW
• *ordinair*; *onbeschaafd* • *van/uit een buitenwijk*
arrabio m *gietijzer*
arracimado BNW *trosvormig*
arracimarse WKD WW • *samendringen* • *een tros vormen*
arraigadamente BIJW *vastberaden*; *pertinent*
arraigado BNW • *verankerd* • *geworteld*
arraigar ON WW • *wortel schieten*; *wortelen*
• *verankeren*
arraigarse WKD WW *zich vestigen*
arraigo m • *het wortel schieten* • *het geworteld zijn*
arramblar OV WW • *meeslepen*; *(alles) meesleuren* • *met zand bedekken* ★ ~ *con todo er met alles vandoor gaan*
arrancaclavos m *spijkerklauw*
arrancada v *sprint*; *plotselinge start*
arrancadero m *start(plaats)*
arrancar I OV WW • *losrukken*; *met wortel en al uittrekken* • *loskrijgen*; *ontlokken*; *onttrekken*; *trekken* ‹v. tanden› II ON WW • *beginnen te lopen/rijden/varen*; *starten* • *beginnen (bij)*; *voortkomen (uit)* • *ergens vandaan vertrekken*
arranchar OV WW • *brassen* ‹v. zeilen› • *om (iets) heen varen* • LA *afpakken*
arranque m • *(het) starten* ‹ook computer›
• *uitgangspunt*; *begin* • *inval*; *opwelling*
• *uitbarsting* • en un ~ de celos *in een vlaag van jaloezie* ★ motor de ~ *startmotor*
arrapiezo m • *lap*; *vod* • *blaag*; *ondeugd*
arras v mv *handgeld*
arrasar OV WW • *vernietigen*; *verwoesten*; *met de grond gelijk maken*; *egaliseren* • *slechten* • *tot de rand toe vullen* ★ ojos arrasados en lágrimas *ogen vol tranen*
arrasarse WKD WW *opklaren*
arrastrado I m *schurk*; *kwajongen* II BNW
• *ellendig*; *arm*; *armzalig* ★ llevar una vida arrastrada *een miserabel leven leiden*
arrastrar I OV WW • *over de grond slepen*
• *meesleuren*; *meeslepen* • *voorttrekken*
• *voortbrengen*; *met zich meebrengen* II ON WW • *tot op de grond afhangen* • *kleur bekennen* ‹in kaartspel›

arrastrarse WKD WW • *kruipen* • *zich voortslepen*
• *zich vernederen*
arrastre m • *het meesleuren*; *het slepen*
• *transport* ★ pesca de ~ *sleepvisserij* ★ estar para el ~ *geen cent meer waard zijn*; *aan het einde van zijn Latijn zijn*
arrayán m *mirte*
arreador m • *olijfplukker* • *(muil)ezeldrijver* • LA *zweep*
arrear I OV WW • *stimuleren* • LA *stelen* ‹v. vee› II ON WW *zich haasten*
arrebañaduras v mv *kliekjes*; *restjes*
arrebañar OV WW • *aflikken*; *uitschrapen*
• *helemaal leegmaken*
arrebatado BNW • *overhaast* • *heftig* • *gloeiend* ‹v. gezicht›
arrebatamiento m • *(het) afpakken*; *(het) wegrukken* • *woede*; • *extase*
arrebatar OV WW • *afpakken*; *wegrukken*
• *(aan)trekken* • *meesleuren* ★ ~ la atención de *aandacht trekken*
arrebato m • *opwelling*; *aanval* • *verrukking* ★ ~ de cólera *woedeaanval*; *driftbui*
arrebol m • *avondrood*; *morgenrood* • *rouge*
• *blos*
arrebolar OV WW *rood kleuren*
arrebolarse WKD WW • *rouge aanbrengen* • *rood worden*; *blozen*
arrebozar OV WW • *hullen (in)*; *bedekken*
• *verhullen*
arrebujar OV WW • *verkreukelen* • *instoppen*
arrebujarse WKD WW *zich (warm) (aan)kleden*
arrechucho m • *plotselinge ongesteldheid*; *aanval* • *vlaag*
arreciar ON WW • *sterker/heviger worden*; *toenemen*
arrecife m *blinde klip*; *rif*
arredrar OV WW • *angst aanjagen* • *terug drijven*
arredrarse WKD WW • *terugdeinzen*
• *terugschrikken voor*
arreglado BNW *geregeld*; *ordelijk*; *keurig (gekleed/ingericht)* ★ muy ~ *opgedoft*; *opgemaakt*
arreglar OV WW • *regelen*; *in orde maken*
• *verzorgen*; *aankleden* • *in orde komen*; *oplossen* • *vermaken*; *repareren*; *aanpassen* ★ ya te ~é yo a ti *ik krijg jou nog wel* ★ el tiempo lo arregla todo *met de tijd komt alles weer in orde* ★ ~ un vestido *een jurk vermaken* ★ hay que ~ el reloj *de klok moet gerepareerd worden* ★ ~ la casa *het huis op orde brengen* ★ ~ papeles *papieren ordenen* ★ ~ cuentas OOK FIG. *afrekenen*
arreglarse WKD WW • *in orde zijn* • *zich kleden*; *zich opmaken*; *zich verzorgen* • *zich redden*; *tevreden zijn* • *klaarspelen* • *overweg kunnen* ★ se arregla con cualquier cosa para comer *hij is tevreden met wat je hem ook te eten geeft* ★ arreglárselas *het klaarspelen* ★ ~ por las buenas/por las malas *het er goed/slecht vanaf brengen* ★ saber arreglárselas *van wanten weten*
arreglo m • *regeling*; *ordening*; *akkoord*
• *aanpassing*; *reparatie*; *herstel* • *verzorging*
• MUZ. *arrangement* • *avontuurtje*; *affaire*
★ con ~ a *volgens*; *overeenkomstig* ★ esto no

tiene ~ *er is niets meer aan te doen* ⟨m.b.t. zaak⟩; *hij is niet goed wijs* ⟨m.b.t. persoon⟩
arrellanarse WKD WW *het zich gemakkelijk maken*
arremangar OV WW *opstropen; oprollen*
arremeter ON WW • *vloeken* • *afstormen op; aanvallen* ★ esta combinación de colores arremete a los ojos *deze kleurencombinatie vloekt*
arremetida v *aanval*
arrendable BNW *te huur*
arrendador m *(ver)huurder*
arrendajo m • *gaai* • *na-aper*
arrendamiento m • *het verhuren; verhuur* • *huur*
arrendar /ie/ OV WW • *verhuren* • *huren*
arrendatario I m *pachter; huurder* II BNW *pacht-; huur-*
arreo m • *tooi* • LA *(het) opdrijven* ⟨v. vee⟩ ★ ~s *benodigdheden*; MEX. *paardentuig*
arrepentido BNW *berouwvol*
arrepentimiento m *wroeging; berouw*
arrestado BNW *moedig*
arrestar OV WW *arresteren*
arrestarse WKD WW *durven; wagen*
arresto m • *arrestatie* • *arrest* ★ ~ domiciliario *huisarrest* ★ orden de ~s *arrestatiebevel* ★ ~s *moed; lef*
arriada v • *het wassen* ⟨v. rivier⟩; *overstroming* • *stroom* • *het strijken* ⟨v. vlag, zeil⟩
arrianismo m *arianisme*
arriano I m *Ariaan* II BNW *Ariaans*
arriar /í/ OV WW • *strijken* ⟨v. vlag, zeil⟩ • *vieren; laten schieten* ⟨v. touw⟩ • *overstromen*
arriate m • *border; bloembed* • *pad*
arriba I BIJW • *boven* • *naar boven* ★ está toda la casa patas ~ *het hele huis ligt overhoop* • de ~ abajo *van het begin tot het eind; van onder tot boven; van top tot teen* ★ tiene ~ de 30 años *hij is over de 30* ★ desde ~ van boven af ★ río ~ *stroomopwaarts* ★ como se ha dicho más ~ *zoals hierboven gezegd* ★ el de más ~ *de bovenste* ★ los de ~ *de mensen van hierboven; de mensen aan de top* ★ escaleras ~ *de trap op* II TW *kom op!; vooruit!*
arribada v *het binnenlopen; aankomst* ⟨v. schip⟩
arribar ON WW *aankomen; binnenlopen*
arribista m/v *carrièrejager; arrivist*
arriendo m *verhuur* • tomar en ~ *huren*
arriero m *muilezeldrijver*
arriesgado BNW *gewaagd; riskant*
arriesgar OV WW *wagen; riskeren* ★ ~ su vida *zijn leven op het spel zetten*
arriesgarse WKD WW • *riskeren* • *durven (om) te* • *het risico lopen (om) te*
arriesgo m *gok; risico*
arrimar OV WW • *plaatsen tegen* • *dichterbij plaatsen; dichterbij brengen* ★ ~ un golpe *een klap geven* ★ ~ los libros *de studie opgeven*
arrimarse WKD WW • *naderen* • *leunen tegen* • LA *parasiteren; klaplopen*
arrimo m • *steun; bescherming* • *(liefdes)affaire* ★ al ~ de *onder bescherming van*
arrinconar OV WW • *opzij zetten; in een hoek zetten* • *in het nauw drijven* • *passeren;*

achteruit zetten ⟨in functie⟩
arrinconarse WKD WW *zich terugtrekken; zich afzonderen*
arriscado BNW • *gewaagd; riskant* • *steil en rotsachtig; ontoegankelijk*
arriscar OV WW *wagen*
arrivista m/v → **arribista**
arrizar OV WW • *vastzetten* • *reven*
arroba v • *inhoudsmaat; gewicht van ongeveer 11,5 kilo* • COMP. *apenstaartje* ★ por ~s *met grote hoeveelheden tegelijk*
arrobador BNW *zielsverrukking veroorzakend*
arrobamiento m *zielsverrukking; vervoering*
arrobar OV WW *verrukken; in vervoering brengen*
arrobo m *vervoering; extase*
arrocero I m *rijstplanter* II BNW *rijst-*
arrodillarse WKD WW *neerknielen*
arrogancia v • *arrogantie; verwaandheid* • *dapperheid*
arrogante BNW • *hooghartig; arrogant* • *dapper*
arrogarse WKD WW *zich aanmatigen*
arrojadizo BNW *slinger-; werp-* ★ arma arrojadiza *werptuig*
arrojado BNW *moedig; vermetel; vastberaden*
arrojar OV WW • *(weg)werpen; (weg)gooien* • *ontslaan; eruit smijten; eruit gooien* • *overgeven* • *afscheiden; uitstoten* • *opleveren* ★ ~ a alg. de la casa *iemand het huis uitgooien* ★ la liquidación anual ha arrojado un saldo positivo *de jaarlijkse uitverkoop heeft een positief saldo opgeleverd* ★ aquel montón de basura arrojaba un olor pestilente *die berg afval stonk verschrikkelijk* ★ la chimenea arrojaba grandes cantidades de humo *de schoorsteen stootte grote hoeveelheden rook uit*
arrojo m *stoutmoedigheid*
arrollador BNW *overweldigend*
arrollar OV WW *(op)rollen; overrijden; onder de voet lopen; onder de tafel praten; met voeten treden; (in slaap) sussen*
arropar OV WW • *instoppen; warm kleden* • FIG. *beschermen*
arroparse WKD WW *zich toedekken*
arrostrar OV WW *trotseren; onder ogen zien*
arroyo m • *riviertje; beekje; stroompje* • *goot* ★ echar al ~ a alg. *iemand op straat zetten*
arroyuelo m *riviertje; beekje*
arroz m *rijst* ★ ~ con leche *rijstebrij* ★ ~ integral *zilvervliesrijst*
arrozal m *rijstveld*
arruga v *kreukel; plooi; rimpel*
arrugar OV WW *kreukelen; rimpelen*
arruinamiento m *ruïnering*
arruinar OV WW *verwoesten; ruïneren*
arruinarse WKD WW • *zich ruïneren; failliet gaan* • *vervallen*
arrullar I OV WW • *lieve woordjes fluisteren tegen* • *in slaap zingen; in slaap wiegen* II ON WW *koeren; tortelen*
arrullo m • *gekoer* • *wiegeliedje* • *gemurmel*
arrumaco m • *liefkozing* • *franje; opschik*
arrumaje m *stuwage*
arrumar OV WW *stuwen*
arrumbar OV WW • *aan de kant zetten; negeren*

as

• *wegzetten*; *wegdoen* • *koers bepalen*; *koers zetten*

arrurruz m *arrowroot*

arsenal m • *marinewerf* • *arsenaal* ★ tiene un gran despacho en un ~ de libros técnicos *hij heeft een groot kantoor met een arsenaal aan technische boeken*

arsénico m *arsenicum*

arte I m *vistuig* II m/v • *kunst* • *vaardigheid* • *slimheid* ★ *malas artes list en bedrog* ★ no tener arte ni parte en *part noch deel hebben aan* ★ bellas artes *schone kunsten* ★ el arte culinario *de kookkunst* ★ el arte contemporáneo *de hedendaagse kunst* ★ las artes gráficas *grafische kunst* ★ el arte de la pintura *de schilderkunst* ★ por arte de birlibirloque/de encantamiento *als bij toverslag* ★ (como) por arte de magia *(als) bij toverslag*

artefacto m • *machine*; *apparaat* • *bom*

artejo m • *knokkel* • *geleding*

arteria v • *slagader* • *verkeersader*

artería v *listigheid*; *sluwheid*

arterial BNW *slagaderlijk* ★ tensión/presión ~ *bloeddruk*

arterio(e)sclerosis v *arteriosclerose*; *aderverkalking*

artero BNW *slim*; *geslepen*; *sluw*

artesa v *trog*; *kneedtrog*

artesanal BNW *ambachtelijk*

artesanía v *handwerk*; *ambachtswerk*

artesano m *handwerksman*; *ambachtsman*

artesiano BNW *uit Artois*

artesonado BNW *met vakken versierd plafond*

artesonar OV WW *met vakwerk versieren*

ártico BNW *noordpool-*; *arctisch* ★ Océano Glacial Ártico *Noordelijke IJszee*

articulación v • *geleding*; *gewricht* • *articulatie*

articulado I m *reeks van artikelen* ‹in wet› ★ ~s *geleedpotigen* II BNW • *gearticuleerd* • *geleed*

articular I BNW *gewrichts-* II OV WW • *articuleren* • *verbinden*

articulista m/v *artikelschrijver*

artículo m • *artikel* • *lidwoord* ★ hacer el ~ *aanprijzen* ★ en el ~ de la muerte *in het stervensuur* ★ ~ de fondo *hoofdartikel*; *achtergrondartikel* ★ ~ de fe *geloofsartikel* ★ ~s de lujo *luxeartikelen* ★ ~s de primera necesidad *eerste levensbehoeften*

artífice m/v • *handwerker*; *kunstenaar* • *auteur* • *doordrijver*

artificial BNW *onnatuurlijk*; *kunstmatig*

artificiero m *explosievenspecialist*

artificio m • *mechanisme*; *apparaat* • *kunstgreep* • *vakkundigheid*; *handigheid*

artificioso BNW • *onnatuurlijk*; *gekunsteld*; *artificieel* • *gemaakt*; *onoprecht*

artillería v *geschut*; *artillerie* ★ ~ antiaérea *luchtafweergeschut* ★ ~ ligera *lichte artillerie*

artillero m *artillerist*

artilugio m • *prullig mechaniek*; *maaksel* • *trucje*

artimaña v • *list* • *val*; *valstrik*; *strik*

artista m/v *kunstenaar*

artístico BNW *kunstzinnig*; *artistiek*

artrítico BNW *artritisch*

artritis v *artritis*; *gewrichtsontsteking*

artrópodo BNW *geleedpotig*

artrosis v *artrose*; *gewrichtsslijtage*

arveja v *lathyrus*; *(voeder)wikke*; LA *erwt*

arzobispado m *aartsbisdom*

arzobispal BNW *aartsbisschoppelijk*

arzobispo m *aartsbisschop*

arzón m *zadelboog*

as m • *aas* ‹in kaartspel› • *één punt op de dobbelsteen* • *ster*; *uitblinker* ★ as del volante *(auto)coureur*; *racekampioen*

asa v /el, un ~/ • *hengsel*; *handvat* • *gelegenheid* • *sap* ‹v. planten›

asado m *gebraden vlees*; *gebraad*

asador m *braadpan*; *braadspit*; *grill(restaurant)*

asaduras v mv ; *ingewanden* ‹als voedsel›

asaetear ON WW • *bestoken met*; *lastig vallen* • *met pijlen verwonden of doden*; *met pijlen beschieten*

asalariado m *betaalde kracht*; *werknemer*

asalariar OV WW *bezoldigen*

asalmonado BNW *zalmkleurig* ★ trucha asalmonada *zalmforel*

asaltar OV WW *overvallen*; *bestormen* ★ de repente me asaltó el presentimiento *plotseling overviel mij het voorgevoel*

asalto m • *ronde* ‹boksen› • *overval*; *aanval*

asamblea v *assemblee*; *vergadering*

asar OV WW *braden*; *poffen*; *roosteren*

asaz BIJW *tamelijk*; *zeer*

asbesto m *asbest*

Ascención v *Hemelvaart*

ascendencia v *voorouder(s)*; *afstamming*

ascendente I m *ascendant* II BNW *(op)stijgend*

ascender /ie/ ON WW • *stijgen*; *omhooggaan* • *opklimmen* • *bedragen* ★ ascendió a capitán *hij werd bevorderd tot kapitein* ★ esta factura asciende a cinco mil euros *deze rekening bedraagt vijfduizend euro*

ascendiente I m *overwicht* II m/v *voorouder*

ascensión v *bestijging*

ascenso m • *promotie* • *stijging*

ascensor m *lift*

ascensorista m/v *liftbediende*

ascesis v *ascese*

asceta m/v *asceet*

ascético BNW *ascetisch*

ascetismo m *ascetisme*

asco m • *afschuwelijk iets* • *afkeer*; *walging* ★ estar hecho un asco *er verschrikkelijk uitzien*; *erg smerig zijn* ★ hacer ascos de/a zijn *neus ophalen voor* ★ ¡qué asco de tiempo! *wat een afschuwelijk weer!* ★ me da asco *ik vind het vies*

ascua v *gloeiend kooltje* ★ arrimar el ~ a su sardina *in eigen belang handelen* ★ estar en ~s *op hete kolen zitten* ★ ser un ~ de oro *brandschoon zijn*; *eruit zien om door een ringetje te halen*

aseado BNW *netjes*; *schoon*

asear OV WW *verzorgen*; *schoonmaken*

asechanza v *list*; *hinderlaag*

asechar OV WW *belagen*; *in een hinderlaag lokken*

asediador I m *belegeraar* II BNW *belegerend*

asediar OV WW • *belegeren* • *voortdurend lastig*

vallen

asedio m *beleg; belegering*
asegurado I m *verzekerde* **II** BNW *verzekerd*
asegurador I m *verzekeraar* **II** BNW *verzekerings-*
asegurar OV WW • *vastzetten; zekeren* • *garanderen; verzekeren* • *verzekeren* ★ ~ *el coche de auto verzekeren*
asemejar OV WW • *vergelijken* • *gelijkmaken; doen lijken op*
asenso m *goedkeuring* ★ *dar* ~ *a geloof hechten aan*
asentada v *zitting* ★ *de una* ~ *achter elkaar; in één keer*
asentaderas v mv *achterste; zitvlak*
asentado BNW *permanent; stabiel*
asentador m • *tussenhandelaar* • *scheerriem*
asentamiento m • *plaatsing* • *vestiging*
asentar /ie/ OV WW • *plaatsen; neerzetten* • *vastmaken/vastzetten; (be)vestigen* • ECON. *(in)boeken; inschrijven*
asentarse /ie/ WKD WW • *gaan zitten* • *gaan wonen; zich vestigen*
asentimiento m *goedkeuring; toestemming*
asentir /ie, i/ ON WW *instemmen (met)* ★ ~ *con la cabeza instemmend knikken*
aseñorado BNW *als een heer*
aseo m • *verzorging* • *netheid* • *badkamer; toilet; wc*
aséptico BNW *aseptisch*
asequible BNW • *bereikbaar; toegankelijk; betaalbaar* • *verkrijgbaar* ★ ~ *para todos voor iedere beurs*
aserción v • *bewering* • *bevestiging*
aserradero m *houtzagerij*
aserrador I m *houtzager* **II** BNW *zagend*
aserrar OV WW *(door)zagen*
asertivo BNW *bevestigend*
aserto m • *bewering* • *verzekering*
asesinar OV WW *vermoorden*
asesinato m *moord*
asesino I m *moordenaar* ★ ~ *a sueldo huurmoordenaar* **II** BNW *moord-; moordend*
asesor I m *adviseur* **II** BNW *advies-*
asesoramiento m *advies*
asesorar OV WW *adviseren; raadgeven*
asesorarse WKD WW *advies inwinnen bij*
asesoría v • *adviseurschap* • *adviesbureau*
asestar OV WW • *toedienen* • *richten; mikken*
aseveración v *bewering; verzekering*
aseverar OV WW *beweren; verzekeren*
asexuado BNW *geslachtloos*
asexual BNW *ongeslachtelijk*
asfaltado I m • *het asfalteren* • *asfalt* **II** BNW *geasfalteerd*
asfaltar OV WW *asfalteren*
asfalto m *asfalt*
asfixia v *verstikking* ★ *muerte por* ~ *dood door verstikking*
asfixiador BNW *verstikkend*
asfixiante BNW *verstikkend* ★ *hace un calor* ~ *het is om te stikken zo warm*
asfixiar OV WW *doen stikken; verstikken*
así BIJW • *een dergelijk; zo een* • *op die manier; zo* ~ *así te mueras je kan doodvallen* ★ *así y todo desondanks* ★ *así que termines, avísame*

waarschuw me zodra je klaar bent ★ *así como net zoals* ★ *así pues/que dus* ★ *así o asá het maakt niet uit hoe; op de een of andere manier* ★ *así que asá op een of andere manier* ★ *así como así zo maar* ★ *así Juan como Carlos zowel Jan als Karel* ★ *así así zo zo* ★ *y así zodoende* ★ *así de gordo zo dik* ★ *así es zo is het; het klopt* ★ *¡así me gusta! zo vind ik het goed!* ★ *¡así se hace! ja, zo moet het!* ★ *así está bien laat u maar zitten*
Asia v *Azië* ★ *Asia Menor Klein-Azië*
asiático I m *Aziaat* **II** BNW *Aziatisch*
asidero m • *hengsel; handvat* • *houvast*
asiduidad v • *regelmaat* • *ijver*
asiduo I m *trouwe bezoeker* **II** BNW • *regelmatig* • *stipt*
asiento m • *zitplaats; zetel; stoel* • *bodem* ⟨v. pan, fles⟩; *zitting* ⟨v. stoel⟩ • *ligging* ⟨v. dorp, gebouw⟩ • *contract* • *standvastigheid; verblijf* • *bezinksel* • *boeking; aantekening* ★ *pegárse el* ~ *a alg. (ergens) blijven plakken* ★ *no calentar el* ~ *het ergens niet lang uithouden* ★ *tomar* ~ *plaats nemen; gaan zitten* ★ *hacer* ~ *vestigen* ★ *estar de* ~ *gevestigd zijn* ★ *calentar el* ~ *niets doen* ★ ~ *abatible klapstoel*
asignación v • *aanwijzing; toewijzing* • *salaris*
asignar OV WW • *toewijzen* • *toekennen*
asignatura v *(leer)vak*
asilado m *bewoner/patiënt van een tehuis* ★ ~ *político politiek vluchteling*
asilar OV WW • *in een tehuis opnemen* • *(politiek) asiel verlenen*
asilo m • *tehuis* • *toevluchtsoord* • *(politiek) asiel* • *onderdak; bescherming* ★ *conceder/pedir* ~ *político politiek asiel verlenen/vragen*
asimetría v *asymmetrie*
asimétrico BNW *asymmetrisch*
asimilable BNW *aan te passen; assimileerbaar*
asimilación v *assimilatie*
asimilar OV WW • *vergelijken* • *gelijkstellen* • *opnemen* ⟨v. voedingsstoffen⟩ • *in zich op nemen; verwerken* • TAALK. *assimileren*
asimismo BIJW *eveneens; ook*
asir OV WW • *beetpakken; grijpen* • *benutten* ★ *asir por los pelos bij de haren meesleuren*
Asiria v *Assyrië*
asirio I m *Assyriër* **II** BNW *Assyrisch*
asirse WKD WW • OOK FIG. *zich vasthouden aan* • *ruzie maken*
asistencia v • *(het) bijwonen; aanwezigheid; deelname* • *bijstand* ★ ~ *social welzijnszorg* ★ ~ *médica medische zorg* ★ MED. ~ *intensive intensive care* ★ ~ *pública (volks)gezondheidszorg* ★ ~ *jurídica rechtshulp*
asistenta v • *assistente* • *hulp in de huishouding*
asistente I m/v *assistent* ★ *los* ~ *-s aanwezigen* ★ ~ *social maatschappelijk werker* **II** BNW *bijwonend; aanwezig*
asistir OV WW • *volgen* ⟨v. les, cursus⟩; *bijwonen* • *helpen; ondersteunen; bijstaan* • *verplegen; verzorgen* • *vergezellen*
asma v /el, un ~/ *astma*
asmático I m *astmapatiënt* **II** BNW *astmatisch*
asna v *ezelin*
asnería v *stommiteit; domme streek*

asno m • *ezel* • *domkop*

asociación v • *genootschap; vereniging* • *associatie* ⋆ ~ de vecinos *buurtvereniging*

asociado m *compagnon; lid; aangeslotene*

asociar OV WW • *tot compagnon maken/nemen* • *samenvoegen; associëren*

asociarse WKD WW • *zich aansluiten bij • zich associëren met*

asolador BNW *verwoestend*

asolar OV WW *verwoesten; teistereren; doen verdrogen* ⟨m.b.t. hitte, droogte⟩; *vernielen*

asolarse WKD WW *verdorren*

asoleada v LA *zonnesteek*

asomar I OV WW *vertonen; (even) laten zien* ⋆ ~ la cabeza por la ventana *zijn hoofd door het raam naar buiten steken* II ON WW *zich vertonen; te voorschijn komen*

asombradizo BNW *schrikachtig; snel verbaasd*

asombrador BNW *verbazingwekkend*

asombrar I OV WW • *verwonderen; verbazen* • *bang maken • schaduw werpen op; verduisteren • donker maken* ⟨v. kleur⟩ II ON WW *donker worden*

asombrarse WKD WW *verbaasd staan van/over*

asombro m • *verbazing • schrik* • *bewonderenswaardig iemand/iets*

asombroso BNW *verbazingwekkend*

asomo m *zweem; sprankje; vleugje; teken* ⋆ ni por ~ *in de verste verte niet; geen sprake van*

asonada v *rel; oproer; oploop*

asonancia v • *klinkerrijm; assonantie* • *harmonie; overeenkomst*

asonantar I OV WW *doen assoneren* II ON WW *assonantie vertonen*

asonante I v *assonant* II BNW *assonerend*

aspa v /el, un ~/ • *X-vormig figuur; X-vormig kruis • molenwiek • haspel* ⋆ aspa de San Andrés *Andreaskruis*

aspar OV WW • *opwinden • kruisigen • kwellen; plagen* ⋆ ¡que me aspen si no digo la verdad! *ik mag doodvallen als het niet waar is wat ik zeg!*

aspaviento m *ophef; aanstellerij; misbaar*

aspecto m • *aanblik; voorkomen; uiterlijk* • *aspect; oogpunt* ⋆ tener mal ~ *er slecht uitzien* ⋆ tener buen ~ *er goed uitzien* ⋆ al primer ~ *op het eerste gezicht*

aspereza v • *norsheid; ruwheid* • *onbegaanbaarheid* ⋆ limar ~s *meningsverschillen bijleggen*

áspero BNW • *guur* ⟨weer⟩ • *wrang* ⟨v. smaak⟩ • *bars; nors; stug • onbegaanbaar; ruig • hard; ruw*

asperón m *slijpsteen*

aspersión v *besprenkeling*

aspillera v *schietgat*

aspiración v • *aspiratie; streven • inademing*

aspirado BNW TAALK. *geaspireerd*

aspirador I m *stofzuiger* ⋆ ~ recogetodo *kruimeldief* ⟨stofzuiger⟩ II BNW *zuigend; zuig-*

aspirante I m/v *kandidaat; aspirant* II BNW *zuigend* ⋆ bomba ~ *zuigpomp*

aspirar OV WW • *inademen • opzuigen* • TAALK. *aanblazen* • (~ a) *ambiëren; streven naar*

aspirina v *aspirine*

asquear I OV WW *doen walgen* II ON WW *walgen*

asquerosidad v *walgelijkheid*

asqueroso BNW *walgelijk*

asta v /el, un ~/ • *vlaggenstok • lans • schacht* • *hoorn* ⟨v. stier, buffel⟩ • *handvat* ⟨v. kwast, penseel⟩ ⋆ dejar a alg. en las astas del toro *iemand in de steek laten* ⋆ a media asta *halfstok*

astado I m *stier* II BNW *gehoornd*

aster m *aster*

asterisco m *sterretje; asterisk*

asteroide I m *asteroïde* II BNW *stervormig*

astigmático BNW *astigmatisch*

astigmatismo m *astigmatisme*

astil m • *steel* ⟨v. bijl⟩ • *schacht* ⟨v. pijl⟩ • *arm* ⟨v. weegschaal⟩

astilla v *spaander; splinter* ⋆ no hay peor ~ que la del mismo palo *oude vrienden zijn de ergste vijanden* ⋆ sacar ~ *voordeel behalen* ⋆ hacer ~s *versplinteren; kort en klein slaan* ⋆ de tal palo tal ~ *de appel valt niet ver van de boom*

astillar OV WW • *splijten; versplinteren • houtjes hakken*

astillero m *scheepswerf*

astracán m *astrakan*

astracanada v *klucht*

astrágalo m *astragaal*

astral BNW *sterren-; astraal*

astringente I m *bloedstelpend middel; stopmiddel* II BNW *samentrekkend; stoppend*

astringir OV WW *samentrekken*

astro m • *hemellichaam • ster* ⋆ ~ de la pantalla *filmster*

astrofísica v *astrofysica*

astrología v *astrologie*

astrológico BNW *astrologisch*

astrólogo m *astroloog*

astronauta m/v *astronaut; ruimtevaarder*

astronáutica v *ruimtevaart*

astronave v *ruimteschip*

astronomía v *sterrenkunde*

astronómico BNW *astronomisch*

astrónomo m *astronoom*

astroso BNW • *ongelukkig; ellendig • haveloos; vuil • laaghartig; slecht*

astucia v • *sluwheid • list*

astur I m GESCH. *Asturiër* II BNW GESCH. *Asturisch*

asturiano I m *Asturiër; Asturisch* II BNW *Asturisch*

Asturias v *Asturië*

astuto BNW *doortrapt; sluw*

asueto m *vrije dag/middag* ⋆ día de ~ *snipperdag; vrije dag*

asumir ON WW • *veronderstellen; aannemen • op zich nemen*

asunción v *het op zich nemen; aanvaarding*

Asunción v *Maria-Hemelvaart*

asunto m • *zaak; kwestie; onderwerp* ⟨ook in brief⟩; *aangelegenheid • thema* ⋆ ~s exteriores *buitenlandse zaken* ⋆ en este ~ *op dit punt* ⋆ ¡y ~ concluido/terminado! *en daarmee uit!*

asustadizo BNW *schuw; schichtig*

asustar OV WW *doen schrikken; bang maken*

atabal m *pauk*

atacable BNW • *aanvechtbaar • aantastbaar*

at

atacador I m (**atacante**) *aanvaller* **II** BNW (**atacante**) *aanvallend*

atacar OV WW • *aanvreten; aantasten* • *krijgen* • *bestrijden; aanvallen* • *samenpersen; proppen* ★ ~ los nervios *op de zenuwen werken* ★ me atacan deseos de *ik krijg erge zin om* ★ le atacó un fuerte hepatitis *hij kreeg een aanval van hepatitis* ★ el abuso de bebidas alcohólicas puede ~ el sistema nervioso *alcoholmisbruik kan het zenuwstelsel aantasten*

atadero m • *band; touw* • *haak; ring* • *plaats waar iets wordt vastgebonden* ★ no tiene ~ *het hangt als los zand aan elkaar*

atado m *bundel; pakje*

atadura v • *(het) vastmaken* • *touw; koord*

ataguía v *(kist)dam*

atajar I OV WW • *de pas afsnijden* • *stoppen; tegenhouden* • *in de rede vallen* ★ la policía le atajó en plena calle *de politie hield hem midden op straat aan* **II** ON WW *een kortere weg nemen; afsnijden*

atajo m • *reeks; kudde* • *kortere weg* ★ echar por el ~ *de kortste/makkelijkste weg nemen* ★ salir al ~ *in de rede vallen*

atalaya I m *torenwachter* **II** v *uitkijktoren; wachttoren*

atalayar OV WW *bespieden; observeren; uitzien naar*

atañer ON WW ★ en lo que atañe a este asunto *voor wat deze zaak aangaat* ★ por lo que a mi atañe *wat mij betreft*

ataque m *beroerte; aanval* ★ ~ de risa *lachbui* ★ ~ cardiaco/al corazon *hartaanval*

atar OV WW • *met elkaar in verband brengen; verbinden* • *binden; belemmeren; hinderen* • *vastknopen; vastbinden* ★ no atar ni desatar *niets oplossen; lukraak praten* ★ atar corto a alg. *iemand kort houden* ★ atar de pies y manos *aan handen en voeten binden*

atardecer I m *avondschemering* ★ al ~ *tegen de avond* **II** ON WW *schemeren; avond worden*

atardezca WW (1e/3e p ev subj. t.t.) → **atardecer**

atareado BNW *overbelast met werk; druk* ★ estar muy ~ *tot over zijn oren in het werk zitten*

atarear OV WW *aan het werk zetten*

atarearse WKD WW *druk bezig zijn; hard werken*

atarjea v *rioolpijp; afvoerbuis*

atarugar OV WW • *de mond snoeren* • *volstouwen; volstoppen* ★ atarugas a la pobre criatura *je stopt het arme kind helemaal vol*

atarugarse WKD WW • *zich verslikken* • *in de war raken*

atascadero m • *modderpoel* • *knelpunt*

atascar OV WW • *verhinderen; tegenhouden* • *verstoppen* ★ los restos de comida han atascado el desagüe *de etensresten hebben de afvoer verstopt*

atasco m • *verstopping* • *(verkeers)opstopping* • *hinderpaal*

ataúd m *doodskist*

ataviar /í/ OV WW • *mooi aankleden; opdoffen* • *versieren*

atávico BNW *atavistisch*

atavío m *opschik; tooi*

atavismo m *atavisme*

ateismo m *atheïsme*

atelaje m • *span* • *tuig*

atemorizar OV WW *angst aanjagen*

atemperar OV WW • *temperen; kalmeren* • *aanpassen*

Atenas v *Athene*

atenazar OV WW • *klemmen* • *kwellen*

atención v • *attentie; beleefdheid* • *oplettendheid; aandacht* ★ llamar la ~ *de aandacht trekken* ★ i~! *pas op!; attentie!; opgelet!* ★ en ~ a *met het oog op* ★ ~ a domicilio/domiciliaria *thuiszorg* ★ a la ~ de *ter attentie van* ⟨in brief⟩ ★ no me llama la ~ *dat verbaast me niet* ★ prestar ~ a *aandacht besteden aan* • poner ~ en *aandachtig kijken naar*

atenciones v mv *verplichtingen*

atender /ie/ **I** OV WW • *zorgen voor* • *gehoor geven aan* • *wachten* ★ atiende un momento *even geduld, alstublieft* ★ atendieron su petición *aan uw/zijn verzoek werd gehoor gegeven* ★ ¿ya le atienden? *wordt u al geholpen?* ★ ~ el teléfono *de telefoon beantwoorden* **II** ON WW *aandacht schenken aan; luisteren naar* ★ mi gato atiende al nombre de Michu *mijn kat luistert naar de naam Michu* ★ ~ por *zich noemen; heten* ★ no ~ a razones *niet voor rede vatbaar zijn* ★ estar mal atendido *geen aandacht krijgen*

ateneo m • *wetenschappelijke of literaire vereniging* • *gebouw van een dergelijke vereniging*

atenerse /ie/ WKD WW *zich houden aan* ★ (no) saber a qué ~ *(niet) weten waar je aan toe bent*

atenga WW 1e/3e p ev subj. t.t. → **atenerse**

ateniense BNW *uit/van Athene*

atentado m • *aanslag* • *inbreuk*

atentamente BIJW • *oplettend* • *hoogachtend* ⟨in brief⟩

atentar ON WW • *een aanslag plegen* • *een misdaad begaan*

atentatorio BNW *in strijd met*

atento BNW • *vriendelijk; beleefd* • *oplettend*

atenuación v *verzachting*

atenuante I m *verzachtende omstandigheid* **II** BNW *verzachtend* ★ circunstancias ~s *verzachtende omstandigheden*

atenuar /ú/ OV WW *temperen; verzachten*

ateo I m *atheïst* **II** BNW *atheïstisch*

aterciopelado BNW *fluweelachtig*

aterido BNW *verkleumd*

aterirse WKD WW *verkleumen*

aterrador BNW *beangstigend; verschrikkelijk*

aterrar OV WW • *doen schrikken; angst inboezemen* • *neerhalen; vernietigen* • *met aarde bedekken*

aterrizaje m *landing* ★ tren de ~ *landingsgestel* ★ ~ forzoso/de emergencia *noodlanding*

aterrizar ON WW • *landen* • *onverwachts ergens verschijnen*

aterrorizador BNW *angstaanjagend*

aterrorizar OV WW *afschrikken; bang maken; terroriseren*

atesorar OV WW • *oppotten*; *vergaren* • *goede eigenschappen bezitten*

atestación V *(getuigen)verklaring*

atestado m *verklaring*; *proces-verbaal* ⋆ *hacer un ~ proces-verbaal opmaken*

atestar /ie/ OV WW • *volstoppen* **(de met)** • *betuigen*; *verklaren*

atestiguar OV WW *getuigen van*; *getuigen*

atezado BNW • *zwart gemaakt* • *gebruind* ⟨door zon⟩

atiborrar OV WW *volproppen*; *opvullen*

ático m *zolder*; *zolderverdieping*

atiesar OV WW *stijven*; *(strak) spannen*

atigrado BNW *getijgerd*

atildado BNW *sierlijk*; *verzorgd*; *keurig*

atildar OV WW • *mooi maken* • *vitten op* • *een tilde zetten op*

atinado BNW *verstandig*; *juist*; *doeltreffend*

atinar **I** OV WW *raden*; *treffen* **II** ON WW • *bij toeval vinden* • *in de roos schieten* • *slagen (in)*

atípico BNW *atypisch*; *afwijkend*

atiplado BNW *hoog*; *schel* ⋆ *una voz atiplada een schelle stem*

atiplar OV WW • *scheller/hoger doen klinken* • *hoger stemmen* ⟨v. instrument⟩

atirantar OV WW *strak aantrekken*

atisbar OV WW • *bespieden* • *vaag zien*

atisbo m • *het bespieden* • *spoor*; *glimp*; *flauw vermoeden*

atizar OV WW • *oprakelen* ⟨v. vuur⟩ • *aanwakkeren* ⋆ *~ un puntapié een (harde) schop geven*

Atlántico BNW *Atlantisch* ⋆ *océano ~ Atlantische Oceaan*

Atlántida V *Atlantis*

atlas m *atlas* ⋆ *~ escolar schoolatlas*

atleta m/v *atleet*

atlético BNW *atletisch*

atletismo m *atletiek*

atmósfera V • NAT. *atmosfeer* • *sfeer* • *dampkring*; *atmosfeer*

atmosférico BNW *atmosferisch* ⋆ *presión atmosférica luchtdruk*

atocinado BNW *heel dik*

atolladero m • *uitzichtloze situatie* • *knelpunt*; *modderpoel* ⋆ *estar en un ~ zich in een moeilijke situatie bevinden*

atolón m *atol*

atolondrado BNW • *in de war* • *onbezonnen*; *lichtvaardig*; *overijld*

atolondramiento m • *verdoving* • *lichtvaardigheid*

atolondrar OV WW • *verbazen* • *bedwelmen*; *doen duizelen*

atómico BNW *atomisch*; *atoom-* ⋆ *cabeza atómica kernkop*

atomizador m *verstuiver*

atomizar OV WW *verstuiven*; *versplinteren*; *atomiseren*

átomo m *atoom* ⋆ *ni un ~ geen greintje*

atonal BNW *atonaal*

atonía V *atonie*; *lusteloosheid* ⋆ *~ fecal trage ontlasting*

atónito BNW *verwonderd*; *ontsteld*; *onthutst*

átono BNW *onbeklemtoond*

atontado BNW *verdwaasd*; *verdoofd*

atontar OV WW *versuffen*; *verdwazen*

atontolinar OV WW *verwarren*; *versuffen*

atorar /ue/ OV WW *tegenhouden*; *verstoppen*

atorarse WKD WW • *blijven steken*; *zich verslikken* • ZA *niet uit zijn woorden komen*

atormentar OV WW *kwellen*; *verdriet doen*

atornillar OV WW *vastschroeven*

atorrante m *schooier*

atosigador m *gifmenger*

atosigar OV WW • *vergiftigen* • *lastig vallen* • *opjagen*

atóxico BNW *niet giftig*

atrabancado BNW MEX *onbeholpen*; *houterig*

atrabilis V *zwartgalligheid*; *slechtgehumeurdheid*

atracadero m *aanlegplaats*; *steiger*

atracador m *overvaller*

atracar **I** OV WW • *overvallen* • *volstoppen* ⟨met eten⟩ **II** ON WW *aanleggen* ⟨v. boot⟩

atracción V • *aantrekking* • *aantrekkingskracht* ⋆ *parque de atracciones pretpark*

atraco m *overval* ⋆ *ies un ~! wat een afzetterij!*

atracón m *schranspartij* ⋆ *pegarse un ~ zich volstoppen met*; *zich overeten aan*

atractivo **I** m *bevalligheid*; *charme*; *aantrekkelijkheid* ⋆ *~ sexual sex-appeal* **II** BNW *aantrekkelijk* ⋆ *fuerza atractiva aantrekkingskracht*

atraer OV WW • *aantrekken* • *overhalen*

atraerse WKD WW *voor zich winnen*

atragantarse WKD WW • *over zijn woorden struikelen*; *niet uit zijn woorden komen* • *zich verslikken* ⋆ *ese tipo se le atraganta hij heeft een hekel aan die vent*

atraiga WW 1e/3e p ev subj. t.t. → **atraer**

atraillar OV WW *koppelen* ⟨v. honden⟩; *aanlijnen*

atramparse WKD WW • *in de val lopen* • *verstoppen* ⟨v. leiding⟩ • *dichtklikken* ⟨v. slot⟩

atrancar OV WW • *vergrendelen met een dwarshout*; *barricaderen* • *verstoppen*

atranco m • *hinderpaal*; *opstopping* • *moeilijke situatie*

atrapar OV WW • *strikken*; *betrappen*; *vangen* • *voor de gek houden*; *beetnemen*

atrás BIJW *achterop*; *achterin*; *achteruit*; *achter* ⋆ *i~! terug!*; *achteruit!* ⋆ *pocos días ~ enkele dagen geleden* ⋆ *quedarse ~ achterblijven* ⋆ *dar un paso ~ een stap terug doen* ⋆ *de/por ~ van achteren* ⋆ *dejar ~* OOK FIG. *achter zich laten* ⋆ *echar ~ (para) achteruitgaan*; FIG. *terugkrabbelen*

atrasado BNW • *onderontwikkeld* • *achterstallig* • *achter* ⟨v. klok⟩ ⋆ *periódicos ~s oude kranten* ⋆ *el reloj va ~ de klok loopt achter*

atrasar **I** OV WW • *vertragen*; *uitstellen* • *terugzetten* ⟨v. klok⟩ **II** ON WW *achterlopen* ⟨v. klok⟩

atrasarse WKD WW • *achterlopen* • *zich verlaten*; *vertraagd worden*

atraso m • *uitstel*; *vertraging* • *onderontwikkeling*; *achterstand* • *het achterlopen*

atrasos m mv *achterstallige betalingen*

atravesado BNW • *dwars* • *scheel* • *gekruist* ⟨v. dieren⟩ • *gemeen*; *slecht* ⋆ *tener a alg. ~*

at

iemand niet kunnen uitstaan
atravesar /ie/ OV WW • *oversteken*; *passeren*
• *perforeren*; *doorboren*; *gaan|rijden over|door*
• FIG. *doormaken*; *meemaken*; *beleven* ★ *la*
pesca atraviesa momentos difíciles de visserij
beleeft moeilijke tijden
atravesarse WKD WW • *tussenbeide komen*
• *blijven steken* ⟨in de keel⟩ • *elkaar (toevallig)*
tegenkomen
atrayente BNW *aanlokkelijk*; *bekoorlijk*
atreverse WKD WW *wagen*; *durven*
atrevido BNW • *gewaagd*; *gedurfd* • *brutaal*
atrevimiento m • *durf* • *brutaliteit*
atribución v • *toekenning* • *bevoegdheid*
atribuir OV WW *toeschrijven*; *toekennen*;
toewijzen; *wijten aan*
atribulado m *bedroefd*
atribular OV WW *bedroefd maken*
atributivo BNW TAALK. *attributief*
atributo m • *eigenschap* • *symbool*
atril m *lessenaar*
atrio m • *atrium* • *voorportaal* • *binnenplein*
atrocidad v • *gruweldaad*; *wreedheid*
• *onnozelheid*
atrofia v • *verschrompeling*; *atrofie* • *het*
verdwijnen
atrofiar OV WW *atrofiëren*
atrofiarse WKD WW *wegkwijnen*
atronado BNW *onbezonnen*
atronador BNW *oorverdovend*
atropellado BNW • *hals over kop*; *overhaast*
• *onbesuisd*
atropellar OV WW • *onder de voet lopen*;
aanrijden • *met voeten treden* • *afsnauwen*;
slecht behandelen • *geweld gebruiken tegen*
atropello m • *aanrijding* • *schending* ★ ~ *sexual*
verkrachting
atroz BNW • *gruwelijk*; *wreed* • *geweldig*; *enorm*
attachment m COMP. *attachment*
attrezzo m *aankleding*; *decor en kostuums*
atuendo m *uitdossing*; *kleding*
atufado BNW • *boos* • *bedwelmd* ⟨door stank⟩
atufamiento m *ergernis*; *boosheid*
atufar OV WW • *ergeren*; *pesten* • *verstikken*
atufarse WKD WW • *stikken* • *nijdig worden*
atún m *tonijn*
aturdido BNW *versuft*; *verdwaasd*; *verward*
aturdir OV WW *verdoven*
aturrullar OV WW *overdonderen*; *van de wijs*
brengen
atusar OV WW *gladstrijken* ⟨v. haar⟩
atusarse WKD WW *zich opdoffen*
audacia v • *lef*; *durf* • *branie*; *waaghalzerij*
• *brutaliteit*
audaz BNW *dapper*; *gewaagd*; *vermetel*; *brutaal*
audibilidad v *hoorbaarheid*
audible BNW *hoorbaar*
audición v • *het horen* • *uitvoering*; *auditie*;
concert • *gehoor*
audiencia v • *audiëntie* • *het beluisteren*; *het*
luisteren • *gerechtsgebouw* • *publiek*;
toehoorders; *gehoor* • *gerechtshof*
• *rechtszitting* ★ *de mucha ~ met hoge kijk- of*
luisterdichtheid ★ *Audiencia Nacional*
≈ *hooggerechtshof* ★ *sala de ~s rechtszaal*
audífono m *gehoorapparaat*

audiofrecuencia v *audiofrequentie*
audiovisual BNW *audiovisueel*
auditivo BNW *gehoor-*; *van het gehoor*; *auditief*
★ *conducto ~ gehoorgang* ★ *prótesis auditiva*
gehoorapparaat
auditor m • *militair aanklager*; *auditeur-*
militair; REL. *auditeur van de nuntius*
• *accountant*
auditoría v • *accountantsberoep*
• *accountantskantoor* • *accountantsonderzoek*
auditorio m • *gehoor*; *toehoorders* • *gehoorzaal*;
aula; *auditorium*
auge m *climax*; *toppunt*; *hoogtepunt* ★ *auge*
económico hausse; *hoogconjunctuur* ★ *en*
pleno auge in volle bloei ★ *estar en auge op*
zijn hoogtepunt zijn; *een hoge vlucht nemen*
augurar OV WW *voorspellen*
augurio m *voorteken*
augusto I m *clown*; *domme August* II BNW
eerbiedwaardig; *verheven*
aula v *leslokaal*; *collegezaal* ★ *aula magna aula*
aulaga v *gaspeldoorn*
áulico BNW *paleis-*; *hof-*
aullar /ú/ ON WW *janken*; *huilen*; *brullen* ⟨v.
dieren⟩
aullido m *gehuil*; *gebrul*; *gejank* ⟨v. dieren⟩
aumentar I OV WW *vermeerderen*; *verhogen*;
doen toenemen; *vergroten* II ON WW *stijgen*;
toenemen
aumento m • *toename*; *stijging*; *vermeerdering*
• *groei*; *uitbreiding*; *verhoging* ★ *ir en ~*
toenemen; *groeien*; *stijgen* ★ *lente de ~*
vergrootglas ★ ~ *de población*
bevolkingsaanwas
aun BIJW *ook*; *zelfs* ★ *aun cuando hoewel*; *(ook)*
al ★ *aun así toch*; *ondanks alles* ★ *ni aun zelfs*
niet
aún BIJW *nog steeds*; *nog altijd*; *nog* ★ *aún no*
nog (steeds) niet
aunar /ú/ OV WW • *bijeenbrengen*; *verzamelen*
• *verenigen*; *één maken*
aunque VW • *hoewel*; *ofschoon* • *maar*
aúpa TW *hup!*; *kom op!* ★ *ide aúpa! steengoed!*;
geweldig!
aupar /ú/ OV WW • *omhoog helpen* • *optillen*
aura v • *aura* • *zwoele wind*; *bries*
áureo BNW *gouden*; *gulden* ★ *número ~ gulden*
getal
aureola v (**auréola**) • *stralenkrans*; *aureool*
• *algemene waardering*; *vermaardheid*; *roem*
aurícula v *hartboezem*
auricular I m *hoorn* ⟨v. de telefoon⟩ ★ ~*es*
hoofdtelefoon II BNW • *oor-* • *hartboezem-*
★ *enfermedad ~ oorziekte*
aurífero BNW *goudhoudend*
aurora v • *morgenrood*; *dageraad* • *aanvang*;
begin ★ ~ *austral zuiderlicht* ★ ~ *boreal*
noorderlicht ★ *despunta la ~ de dag breekt*
aan ★ VERO. ~ *es la amiga de las Musas*
morgenstond heeft goud in de mond
auscultación v *auscultatie*
auscultar OV WW *ausculteren*
ausencia v • *het ontbreken*; *absentie*;
afwezigheid • *verstrooidheid* • *(korte)*
bewusteloosheid ★ *brillar por su ~ schitteren*
door afwezigheid ★ ~*s causan olvido uit het*

oog, uit het hart ⋆ tener buenas/malas ~s *een goede/slechte naam hebben*

ausentarse WKD WW *weggaan*; *zich verwijderen*

ausente I m/v *afwezige* II BNW *absent*; *afwezig*
⋆ ~ de ánimo *verstrooid* ⋆ estar ~ a *verzuimen*
⋆ ~ de sí mismo *zonder aan zichzelf te denken*

auspiciar OV WW • *steunen*; *sponsoren*
• *gelukwensen*

auspicio m *bescherming*; *toezicht*; *begunstiging*

auspicios m mv *voortekenen*

austeridad v *soberheid*; *strengheid*

austero BNW • *streng* • *sober*

austral BNW *zuidpool-*; *zuidelijk* ⋆ regiones ~es *zuidpoolgebieden*

Australia v *Australië*

australiano I m *Australiër* II BNW *Australisch*

Austria v *Oostenrijk* ⋆ los ~s *de Spaanse Habsburgers*

austriaco I m *Oostenrijker* II BNW *Oostenrijks*

austro m *zuiden(wind)*

autarquía v • POL. *onafhankelijk zelfbestuur*; *autarchie* • *economische onafhankelijkheid*; *autarkie*

auténtica v *afschrift*; *kopie*

autenticar OV WW • *legaliseren*; *waarmerken* • *authentiek verklaren*

autenticidad v *oorspronkelijkheid*; *echtheid*; *authenticiteit*

auténtico BNW *echt*; *oorspronkelijk*; *authentiek*

autentificar OV WW • *waarmerken*; *wettigen* • *accrediteren*

autillo m *dwergooruil*

autismo m *autisme*

autista I m/v *autistisch persoon* II BNW *autistisch*

auto m • *gerechtelijke uitspraak* • *auto* • *kort toneelstuk* ⟨religieus of allegorisch⟩ ⋆ auto de fe *autodafe*; *kettergericht* ⋆ auto de prisión *bevel tot gevangenneming* ⋆ auto sacramental *middeleeuws mysteriespel* ⋆ poner en autos *op de hoogte stellen*; *inwijden* ⋆ estar en autos *op de hoogte zijn* ⟨v. de voorgeschiedenis⟩ ⋆ dictar auto de procesamiento contra *in staat van beschuldiging stellen*

autoacusación v *zelfbeschuldiging*

autoacusarse WKD WW *zichzelf beschuldigen*

autoadhesivo BNW *zelfklevend*

autobiografía v *autobiografie*

autobiográfico BNW *autobiografisch*

autobombo m *zelfverheerlijking*

autobús m *bus*

autocamión m *vrachtauto*

autocar m *touringcar*

autocaravana v *camper*; *kampeerbus*

autocensura v *zelfcensuur*

autocine m *drive-inbioscoop*

autoclave m *papiniaanse pot*; *autoclaaf*

autoconfesión v *zelfbekentenis*

autocracia v *autocratie*; *alleenheerschappij*

autócrata m/v *autocraat*

autocrático BNW *eigenmachtig*; *autocratisch*

autocrítica v *zelfkritiek*

autóctono I m *oorspronkelijke bewoner*; *autochtoon* II BNW *inheems*; *autochtoon*

autodefensa v *zelfverdediging*

autodegradación v *zelfvernedering*

autodestruirse WKD WW *zichzelf vernietigen*

autodeterminación v *zelfbeschikking* ⋆ derecho de ~ *zelfbeschikkingsrecht*

autodidacta BNW *autodidact*; *autodidactisch*

autodidacto m *autodidact*

autodisciplina v *zelfdiscipline*

autodominio m *zelfbeheersing*

autódromo m *autodroom*; *autoracebaan*

autoescuela v *rijschool*

autoexpreso m *auto(slaap)trein*

autógeno BNW *autogeen* ⋆ soldadura autógena *autogene lassing*

autogiro m *hefschroefvliegtuig*; *helikopter*

automación v → **automatización**

automarginado m *drop-out*

autómata m *automaat*; OOK FIG. *robot* ⋆ ~ para sellos *postzegelautomaat*

automático BNW *automatisch*

automatismo m *automatisme*

automatización v *automatisering*

automatizar OV WW *automatiseren*

automedicación v *zelfmedicatie*

automotor I m *dieseltrein* II BNW • *mechanisch aangedreven* • *zelfbewegend*

automotriz m *dieseltrein*

automóvil I m *auto* ⋆ ~ acorazado *pantserwagen* ⋆ ~ de carreras *racewagen* ⋆ ~ de repartir *bestelwagen* ⋆ ~ de sanidad *ziekenauto* ⋆ ~ de turismo *personenwagen* II BNW *zelfbewegend*

automovilismo m *automobilisme*

automovilista I m/v *automobilist* II BNW ⋆ deporte ~ *autosport*

automovilístico BNW *auto-*

autonomía v *autonomie*; *zelfbestuur*; *autonome regio* ⟨in Spanje⟩

autonómico BNW *van de autonomie*

autónomo I m *freelancer* II BNW *onafhankelijk*; *autonoom*; COMP. *stand-alone*

autopista v *snelweg* ⋆ ~ libre *snelweg zonder tolheffing* ⋆ ~ de peaje *tolweg* ⋆ red de ~s *snelwegennet* ⋆ ~ de la información/ comunicación *elektronische snelweg*

autopropulsado BNW *zichzelf voortbewegend*

autopropulsión v *zelfaandrijving*

autopsia v • *lijkschouwing*; *autopsie* • *minutieus onderzoek*

autor m • *schepper*; *maker*; *auteur*; *schrijver* • *(aan)stichter*; *dader* • *uitvinder* ⋆ ~ de la letra *tekstschrijver*

autoría v *auteurschap*

autoridad v • *overwicht*; *autoriteit* • *overheid*; *macht*; *gezag*; *bestuur* • *expert*; *specialist* • *gezaghebbend persoon*; *autoriteit* • *vertoon* • *citaat*

autoritario I m *autoritair persoon* II BNW *autoritair*; *gezaghebbend*

autoritarismo m *eigenmachtigheid*; *autoritair karakter*

autorización v • *toestemming*; *machtiging* • *volmacht* ⋆ ~ de residencia *verblijfsvergunning*

autorizado BNW *bevoegd*

autorizar OV WW • *de bevoegdheid geven*; *machtigen* • *gezag verlenen* • *toelaten*; *goedkeuren*; *toestemming verlenen*

autorradio m *autoradio*

autorretrato m *zelfportret*

autos m mv *processtukken*; *dossier* ★ poner a uno en ~ *iemand op de hoogte stellen*; *iemand inwijden* ★ estar en ~ de *op de hoogte zijn van*

autoservicio m • *zelfbedieningsrestaurant*; *zelfbedieningswinkel* • *zelfbediening*

autostop m *het liften* ★ hacer ~ *liften*

autostopista m/v *lifter*

autosuficiente BNW • *in eigen behoeften voorziend* • *zelfgenoegzaam*; *zelfingenomen*

autosugestión v *autosuggestie*

autosugestionarse WKD WW *zichzelf wijsmaken*

autovía I m *dieseltrein* II v *autoweg*

auxiliar I m/v *assistent* ★ *profesor* ~ *lector*; *assistent-docent* ★ ~ de vuelo *steward(ess)* ★ LA ~ *técnico hulptrainer* II BNW *supplementair*; *assistent-*; *hulp-*; *helpend* ★ (verbo) ~ *hulpwerkwoord* III OV WW *van dienst zijn*; *bijstaan*; *helpen*

auxilio m *hulp*; *bijstand* ★ ~ en carretera *wegenwacht* ★ ~ social *sociale bijstand*; *maatschappelijk werk* ★ pedir ~ *om hulp roepen* ★ ~s de urgencia *eerste hulp* ★ primeros ~s *eerste hulp*

avahar ON WW *stomen*; *walmen*

avaharse WKD WW *dampen*; *walmen*

aval m • *garantie*; *borg* • *wisselborgtocht* ★ aval bancario *bankgarantie* ★ sin aval *zonder waarborg*; *zonder garantie* ★ con el aval de *onder borgstelling van*; *met instemming van*

avalancha v OOK FIG. *lawine*

avalar OV WW *borg staan voor*; *voor aval tekenen*

avalentado BNW *arrogant*; *opschepperig*

avalorar OV WW • *bemoedigen*; *inspireren* • *waarderen*

avaluar /ú/ OV WW *taxeren*; *schatten*

avalúo m *waardering*; *schatting*

avance m • *vooruitgang*; *opmars*; *voortgang* • *voorschot* • *voorfilm* • *overzicht* ⟨v. televisie⟩ *vooruitblik* ★ movimiento de ~ *(het) oprukken* ★ ~ informativo *kort nieuwsbericht*

avanzada v *verkenningspatrouille*; *voorhoede*

avanzadilla v • *steiger die uitsteekt in zee* • *voorhoede*

avanzado BNW • *vooruitstrevend*; *(ver)gevorderd* • *voorlijk* ⟨v. kind⟩ ★ hasta muy avanzada la noche *tot diep in de nacht*

avanzar I OV WW • *uitsteken*; *vooruitzetten*; *vooruitschuiven*; *voortbewegen* • *vooruitlopen op*; *anticiperen* II ON WW • *oprukken*; OOK FIG. *vooruitgaan* • *vooruitgang boeken*; *vorderen*

avanzarse WKD WW • *oprukken*; *naar voren gaan* • *vooruitkomen* • *naderen* • *ten einde lopen*

avanzo m • *balans* • *raming*

avaricia v *gierigheid*; *inhaligheid*; *hebzucht*

avaricioso I m (**avariento**) *gierigaard* II BNW (**avariento**) *gierig*

avaro I m *vrek*; *gierigaard* II BNW *gierig* ★ ser ~ en *karig zijn met*

avasallador I m *overheerser* II BNW *overheersend*

avasallamiento m *onderwerping*

avasallar OV WW *knechten*; *onderdrukken*; *overweldigen*; *onderwerpen*

avatar m *verandering*; *onbestendigheid*; *wisselvalligheid*

ave v /el, un ~/ *vogel* ★ ave de paso *trekvogel* ★ ave zonza *lomperd* ★ ave migratoria *trekvogel* ★ ave canora *zangvogel* ★ ave de corral *pluimvee* ★ ave de presa *profiteur*; *roofvogel* ★ ave sedentaria *standvogel*

avecinarse WKD WW *naderen*

avecindamiento m *vestiging*

avecindar OV WW *opnemen*; *inschrijven* ⟨in gemeente⟩

avecindarse WKD WW *zich vestigen*; *gaan wonen*

avefría v *kievit*

avejentar OV WW *vroeg oud maken*

avejigar OV WW *doen (af)bladderen*

avellana v *hazelnoot*

avellanado BNW • *gerimpeld* • *hazelnootachtig*

avellanador m *verzinkboor*; *frees*

avellanal m *hazelnootboomgaard*

avellanar OV WW *verzinken*; *frezen*

avellanarse WKD WW *gerimpeld worden*; *uitdrogen*

avellano m *hazelaar*; *hazelnootboom*

avemaría v *weesgegroetje* ★ saberse algo como el ~ *iets op zijn duimpje kennen* ★ al ~ *bij het vallen van de avond* ★ en un ~ *in een oogwenk*

avena v • *haver* • *haverkorrel* ★ ~ loca/morisca *wilde haver*

avenado BNW *getikt*; *gek*

avenamiento m *drainage*; *drooglegging*; *ontwatering*

avenar OV WW *droogleggen*; *draineren*

avendrá WW (3e p ev tk.t.) → **avenir**

avenencia v *schikking*; *overeenkomst*

avenida v • *overstroming* • *toevloed*; *stroom* • *boulevard*; *laan*; *brede straat*

avenido BNW ★ bien/mal ~ con *op goede/ gespannen voet met*; *tevreden/ontevreden met* ★ matrimonio mal ~ *slecht huwelijk*

avenimiento m *compromis*; *overeenstemming*

avenir /ie, i/ OV WW *nader tot elkaar brengen*; *verzoenen*

avenirse WKD WW • *het goed kunnen vinden*; *het eens worden* • *zich schikken*; *instemmen*; *berusten* ★ allá se las avenga *hij moet maar zien hoe hij het klaarspeelt*

aventador m *leren zuigklep*; *(hooi)vork*; *waaier*; *wanner*

aventajado BNW *uitstekend*; *voortreffelijk*; *begaafd*

aventajar OV WW • *inhalen*; *achter zich laten* • *overtreffen* ★ mi hermana me aventaja en ocho años *mijn zus is acht jaar ouder dan ik*

aventajarse WKD WW • *inhalen* • *hogerop komen*

aventar /ie/ OV WW • *in de lucht gooien*; *wannen* • *wegwaaien*; *wegblazen*; *aanblazen*; *luchten*

aventarse WKD WW • *zich met lucht vullen*; *zwellen* • *hem smeren*; *de benen nemen*

aventura v • *avontuur* • *gewaagde onderneming* • *avontuurtje* ★ embarcarse en una ~ *aan een*

gewaagde onderneming beginnen
aventurado BNW *riskant*; *gedurfd*
aventurar OV WW • *riskeren*; *wagen*
• *blootstellen aan gevaar*; *erop wagen*
aventurarse WKD WW *wagen* ⋆ quien no se
aventura, no pasa la mar *wie niet waagt, die
niet wint*
aventuras m mv • *lotgevallen* • → **aventura**
aventurero I m *vrijbuiter*; *avonturier* **II** BNW
avontuurlijk
avergonzar /ue/ OV WW *beschamen*; *in
verlegenheid brengen*
avería v *schade*; *averij*; *mankement*; *storing*;
panne; *defect*; *pech*
averiado BNW *aangetast*; *defect*; *beschadigd*
averiar /í/ OV WW *beschadigen*; *kapot maken*
averiarse WKD WW • *schade oplopen* • *bederven*;
stuk gaan
averiguable BNW *uit te zoeken*; *verifieerbaar*
averiguación v *navraag*; *naspeuring*; *opsporing*;
onderzoek
averiguar OV WW • *naspeuren* • *te weten komen*
averiguarse WKD WW *het eens worden*; *(met
elkaar) kunnen opschieten*
averno m *hel*
averrugado BNW *vol wratten*
aversión v *aversie*; *tegenzin*; *walging*; *afschuw*
avestruz m *struisvogel* ⋆ hacer el ~ *zijn kop in
het zand steken*
avetado BNW *geaderd*; *gevlamd*
avezado BNW *gewend*; *gewoon*
avezar OV WW *laten wennen*
aviación v *luchtvaart* ⋆ campo de ~ *vliegveld*
⋆ ~(militar) *luchtmacht*
aviado BNW ⋆ estar ~ *het haasje zijn*; *bedrogen
uitkomen*
aviador m *vlieger*; *piloot*
aviar /í/ ON WW • *regelen*; *klaarmaken* ⋆ ~ el
paso *vlugger gaan lopen* ⋆ ¡vamos aviando!
schiet eens op! ⋆ (~ **de**) *uitrusten met*; *voorzien
van*
aviarse WKD WW *zich klaarmaken*
avícola BNW *pluimvee-* ⋆ granja ~
pluimveehouderij
avicultor m *pluimveehouder*; *vogelhouder*
avicultura v *pluimveehouderij*; *vogelteelt*
avidez v *gulzigheid*; *inhaligheid*; *hebzucht*;
begerigheid ⋆ ~ del oro *gouddorst*
ávido BNW *gretig*; *inhalig*; *begerig* ⋆ ~ de
sangre *bloeddorstig*
aviejarse WKD WW *oud(er) worden*; *vroeg oud
worden*
avieso BNW • *boosaardig*; *achterbaks*; *vals*
• *gekronkeld*; *gedraaid*
avilantarse WKD WW *onbeschaamd worden*;
brutaal worden
avilantez v *onbeschaamdheid*; *brutaliteit*
avillanado BNW *lomp*; *boers*
avinagrado BNW • *zuur* • *verzuurd*
• *sikkeneurig*; *knorrig* • *verbitterd*
avinagrar OV WW *zuur maken*; OOK FIG.
verzuren; *verbitterd raken*
avino WW (3e p ev v.t.) → **avenir**
avío m • *het klaarmaken* • *mondvoorraad*;
proviand ⋆ ¡al avío! *opschieten!*; *aan de slag!*
avión m • *vliegtuig* • *gierzwaluw* ⋆ ~ de

pasajeros *passagiersvliegtuig* ⋆ ~ de línea
(regular) *lijntoestel* ⋆ ~ de/a reacción
straalvliegtuig ⋆ ~ sin motor *zweefvliegtuig*
⋆ ~ de caza *(straal)jager* ⋆ por ~ *per luchtpost*
⋆ en ~ *met het vliegtuig*
avioneta v *sportvliegtuig(je)*
avíos m mv • → **avío** • *uitrusting*; *gerei*;
benodigdheden ⋆ ~ de coser *naaigerei* ⋆ ~ de
fumar *rookgerei* ⋆ ~ de pescar *vistuig*
avisado BNW • *gewaarschuwd* • *verstandig*;
voorzichtig ⋆ mal ~ *ondoordacht*
avisador m *boodschapper*; *informant*; *bode*
avisar OV WW • *in kennis stellen van*; *berichten*
• *adviseren*; *aanraden*; *waarschuwen*
• *oproepen*; *verzoeken een dienst te verlenen*
⟨leverancier, reparateur⟩ ⋆ ya le ~án u krijgt
(nog) bericht
aviso m • *bericht*; *advies*; *waarschuwing*
• *aankondiging*; LA *advertentie*; *affiche* ⋆ sin
previo ~ *zonder voorafgaand bericht*;
onverwachts ⋆ poner sobre ~ *op de hoogte
stellen*; *waarschuwen* ⋆ estar sobre ~ *op zijn
hoede zijn* ⋆ con ~ *met voorbericht* ⋆ hasta
nuevo ~ *tot nader order* ⋆ pasar ~ a uno
iemand op de hoogte stellen
avispa v *wesp*
avispado BNW *goochem*; *pienter*; *handig*; *slim*
avispar OV WW • *aansporen*; *wakker schudden*
• *alert maken*
avisparse WKD WW • *zich ongerust maken*
• *wantrouwend worden*
avispero m • *wespennest* • *wespenzwerm* • MED.
negenoog ⋆ meterse en un ~ *zich in een
wespennest steken*
avispón m *grote wesp*; *horzel*
avistar OV WW *ontwaren*; *bespeuren*
avistarse WKD WW *een onderhoud hebben*
avituallamiento m *proviandering*; *bevoorrading*
avituallar OV WW *bevoorraden*; *provianderen*
avivador I m • *groefschaaf* • *ploegschaaf* **II** BNW
stimulerend; *activerend*
avivar OV WW *oprakelen*; *aanwakkeren*;
opwekken; *aanblazen*; *opfrissen*; *verlevendigen*
⋆ ~ su memoria *zijn geheugen opfrissen* ⋆ ~ el
ojo *goed opletten* ⋆ ¡aviva! *schiet op!*; *let op!*
⋆ ~ el paso *harder gaan lopen*
avivarse WKD WW • *uitkomen* ⟨larven⟩
• *opschieten* • *aansterken*
avizor BNW *waakzaam* ⋆ ojo ~ *oplettend*
avizorar OV WW *loeren op*; *bespieden*
avocar OV WW *in hoger beroep behandelen*
avutarda v *grote trap*
axial BNW *axiaal*; *van de as*; *as-*
axila v *oksel* ⟨ook van plant⟩
axiomático BNW *axiomatisch*; *onbestrijdbaar*
axis m *draaier*
ay I m *zucht*; *klacht* **II** UITR VNW *oh!*; *ach!*; *au!*
⋆ ¡ay de mí! *wee mij!*
aya v /el, un ~/ *gouvernante*; *kindermeisje*
ayer BIJW • *gisteren* • *kort geleden*; *onlangs*
⋆ ayer mismo *gisteren nog* ⋆ VERO. no es de
ayer *het is niets nieuws* ⋆ VERO. el ayer de la
vida *de jeugdjaren* ⋆ ayer por la mañana
gistermorgen
ayo m *gouverneur* ⟨v. een kind⟩; *huisleraar*
ayuda v • *bijstand*; *hulp*; *steun* • *bijdrage* • MED.

klysma; lavement ★ Dios y ~ heel veel moeite
(kosten); verschrikkelijk moeilijk (zijn) ★ centro
de ~ opvangcentrum ★ ~ de cámara
persoonlijke bediende; kamerdienaar ★ con ~
de met behulp van ★ ~ a la tercera edad
bejaardenzorg

ayudante I m/v • hulp • assistent ★ MIL. ~ de
campo adjudant **II** BNW assistent-; hulp-

ayudantía v functie van assistent

ayudar OV WW • bijdragen; helpen • te hulp
komen; assisteren; bijstaan ★ a quien
madruga Dios le ayuda de morgenstond heeft
goud in de mond ★ ~ a bajar helpen
uitstappen ★ ~ a misa misdienen

ayudarse WKD WW zich bedienen; het zelf
aanpakken

ayunar ON WW vasten

ayunas BNW ★ estar en ~ onwetend zijn;
nuchter zijn

ayuno I m het vasten ★ guardar el ~ het vasten
in acht nemen **II** BNW • niet op de hoogte;
onkundig • nuchter ★ VERO. ~ de noticias
zonder enig bericht ★ ~ de sentido de la
responsabilidad totaal geen
verantwoordelijkheidsgevoel hebben

ayuntamiento m • gemeentebestuur
• gemeentehuis; stadhuis ★ ~ carnal
geslachtsgemeenschap; bijslaap

azabachado BNW gitzwart

azabache m git ★ cabello de ~ gitzwart haar

azacán m zwoeger; werkezel ★ estar hecho un ~
het vreselijk druk hebben; zich doodwerken

azacanarse WKD WW zwoegen

azada v schoffel; schop; spa

azadón m schoffel; grote schop ★ ~ de pico
houweel

azadonar OV WW schoffelen; omspitten

azafata v gastvrouw; hostess; stewardess

azafate m • tenen mandje • dienblad

azafrán m saffraan

azafranado BNW saffraankleurig

azafranar OV WW • met saffraan verven
• saffraan toevoegen aan

azahar m oranjebloesem

azar m • kans; toeval • pech; tegenslag; ongeluk
★ los azares de la vida de wisselvalligheden
van het leven • por azar bij toeval; toevallig
★ al azar op goed geluk; op de bonnefooi
★ juego de azar kansspel

azararse WKD WW • verlegen worden; in de war
raken • verkeerd lopen

azaroso BNW hachelijk; noodlottig; gevaarlijk

ázimo BNW zonder gist

ázoe m stikstof

azogado BNW • kwikzilverachtig • onrustig
• beverig ★ VERO. temblar como un ~ beven
als een rietje

azogar OV WW met kwik bedekken; vertinnen

azogarse WKD WW • kwikvergiftiging oplopen
• in de war raken; rusteloos worden

azogue m kwikzilver ★ tener ~ en las venas
heel onrustig zijn ★ temblar como ~ beven als
een rietje ★ ser un ~ niet stil kunnen zitten;
een woelwater zijn

azor m havik

azorado BNW • van streek • bedremmeld;

bedeesd • opgewonden

azoramiento m ontzetting; opwinding;
ontsteltenis

azorar OV WW verwarren; verlegen maken; van
streek maken

azorarse WKD WW van streek raken; in de war
raken

Azores v mv Azoren

azotacalles m/v lanterfanter; straatslijper

azotaina v pak slaag; pak rammel

azotamiento m geseling

azotar OV WW • geselen; afranselen • striemen;
slaan tegen • teisteren ★ ~ el aire vergeefse
moeite doen ★ VERO. ~ a u.p. hasta la sangre
de la nariz iemand een bloedneus stompen ★ ~
calles lanterfanten

azotazo m pak slaag

azote m • zweep; gesel • zweepslag • onheil;
ramp • pak voor de broek

azotea v dakterras; plat dak ★ estar/andar mal
de la ~ niet goed bij zijn hoofd zijn

azteca I m/v • Azteeks • Azteek **II** BNW Azteeks

azúcar m/v suiker ★ ~ blanco witte suiker ★ ~
moreno/negro basterdsuiker ★ ~ cande kandij
★ ~ en polvo poedersuiker ★ ~ de caña
rietsuiker ★ ~ terciado bruine suiker

azucarado BNW • (suiker)zoet; gesuikerd
• overdreven vriendelijk; zoetsappig

azucarar OV WW suikeren; zoeten

azucarera v (**azucarería**) suikerfabriek;
suikerpot

azucarero I m suikerpot • remolacha
azucarera suikerbiet **II** BNW suiker-

azucena v witte lelie ★ ~ de agua waterlelie ★ ~
listada amaryllis

azud m • waterrad • dam; waterkering

azuela v dwarse bijl (v. timmerman); dissel

azufaifa v jujube

azufrado BNW zwavelachtig

azufrar OV WW zwavelen

azufre m zwavel; sulfer

azufroso BNW zwavelhoudend

azul I m blauw ★ azul de cobalto kobaltblauw
★ VERO. azul de ultramar ultramarijn ★ azul
añil indigoblauw ★ azul marino marineblauw
★ azul turquesa turkoois ★ azul celeste
hemelsblauw **II** BNW blauw ★ sangre azul
blauw bloed

azulado BNW blauwachtig

azular OV WW blauw maken; blauwen

azulear ON WW naar blauw neigen; een
blauwige kleur hebben

azulejar OV WW betegelen

azulejería v tegelfabriek • tegelwerk

azulejo m • (muur)tegel • bijeneter (vogel)

azulenco BNW (**azulino**) blauwig; blauwachtig

azulete m blauwsel

azulgrana I m speler van FC Barcelona **II** BNW
• blauwrood • van FC Barcelona

azumbrado BNW INF. straalbezopen;
stomdronken

azumbre v inhoudsmaat

azur m hemelsblauw; azuur(blauw)

azurita v blauw malachiet

azuzar OV WW opstoken; ophitsen

B

b v (letter) *b* ∗ la b de Barcelona *de b van Bernard*

baba v *speeksel* ∗ cambiar babas VULG. *zoenen* ∗ con mala baba *met kwade bedoelingen* ∗ se le cae la baba *hij is er weg van* ∗ tener mala baba *kort aangebonden zijn*

babador m ∗ *slab* ∗ *kinderschort*

babaza v ∗ *slijm* ∗ *naaktslak*

babear ON WW *kwijlen*

babel m/v ∗ *verwarring*; *wanorde* ∗ *gekkenhuis* ∗ la Torre de Babel *de toren van Babel*

babeo m *gekwijl*; *gezever*

babero m ∗ *slab* ∗ *kinderschort*

Babia v ∗ estar en ~ *verstrooid zijn*; *afwezig zijn*

babieca I m/v ∗ *slappeling* ∗ *sufferd*; *sukkel* **II** BNW *onnozel*; *slap*

Babilonia v *Babylonië*

babilónico BNW ∗ *Babylonisch* ∗ *luisterrijk*; *weelderig*

babirusa v *hertzwijn*

bable m *bable* ⟨Asturiaans dialect⟩

babor m *bakboord* ∗ a ~ *aan bakboord*

babosa v ∗ *naaktslak* ∗ *stommeling, uilskuiken (vrouw)*

babosear I ON WW *overdreven hoffelijk zijn* ⟨jegens een vrouw⟩ **II** OV+ON WW *kwijlen (op)*

baboseo m ∗ *gekwijl* ∗ *verliefd gedoe*; PEJ. *dweperij*; PEJ. *geslijm*

baboso I m ∗ *kwijler*; *snotneus* ∗ *stommeling (man)* **II** BNW *kwijlend*

babucha v ∗ *Moorse muil*; *slof* ∗ ZA *rijgschoen* ∗ ZA llevar a ~s *op je rug meenemen*

babuino m *baviaan*

baca v *imperiaal*

bacaladero I m *kabeljauwvangst*; *kabeljauwhandel* **II** BNW *kabeljauw-*

bacalao m ∗ *kabeljauw*; *stokvis* ∗ VULG. *kut* ∗ conocer el ~ *in de smiezen hebben*; *doorhebben* ∗ cortar el ~ *de lakens uitdelen* ∗ como un ~ *zo mager als een lat*

bacanal v *orgie*; *bacchanaal*

bacante v ∗ *bacchante* ∗ *wellustige vrouw*

bache m ∗ *kuil* (in het wegdek) ∗ *luchtzak* ∗ *inzinking* ∗ ~ de aire *luchtzak* ∗ lleno de ~s *hobbelig*

bachiller I m ∗ *iemand met einddiploma middelbare school* ∗ *betweter*; *praatjesmaker*; *kletskous* **II** BNW *praatziek*

bachillerato m ∗ *diploma van de middelbare school* ∗ *middelbare schoolopleiding* ∗ estudiante de ~ *leerling van een middelbare school* ∗ ~ superior *de hogere klassen van een middelbare school*

bacía v ∗ *schaaltje*; *kom* ∗ *scheerbakje*; *scheerbekken*

bacilar BNW *bacillair*

bacilo m *bacil*

bacín m ∗ *pispot* ∗ *bak*; *schaal* ∗ *collecteschaal* ∗ *ellendeling*

backup m *back-up* ∗ sacar un ~ (disco, cinta) *een back-up maken*

Baco m *Bacchus*

bacteria v *bacterie*

bacteriano BNW *bacterieel*

bactericida I m *bacteriedodend middel* **II** BNW *bacteriedodend*

bacteriología v *bacteriologie*

bacteriológico BNW *bacteriologisch*

báculo m ∗ *(wandel)stok* ∗ *bisschopsstaf* ∗ *steun*; *troost* ∗ ~ pastoral *bisschopsstaf*

badajada v ∗ *klepelslag* ∗ *onzin*

badajazo m *klepelslag*

badajear ON WW *onzin uitkramen*

badajo m ∗ *klepel* ∗ *kletskous*

badana v *schapenleer* ∗ ser un ~(s) *een luilak/leegloper zijn* ∗ zurrarle a uno la ~ OOK FIG. *iemand een pak slaag geven*

badén m ∗ *geul* ∗ *straatgoot* ∗ *afrit*; *verlaagde stoeprand*; *verkeersdrempel*

badil m *kolenschop*; *asschep*; *pook*

badila v → **badil** ∗ dar a alg. de la ~ en los nudillos *iemand op zijn donder geven*

badulaque m/v *stommeling*; *sukkel*

baf(f)le m TECHN. *luidsprekerbox*

bagaje m ∗ *legertros* ∗ *geestelijke bagage*

bagatela v *kleinigheid*; *bagatel(le)* ∗ no es ninguna ~ *dat is lang niet mis*

bagazo m *kaf*; *pulp*; *schilletjes*

bagre m ∗ *meerval* ∗ ZA *lelijke vrouw*; ZA *listig persoon* ∗ pica el ~ *ik sterf van de honger*

bah TW *ach kom!*

bahía v *baai*

bahorrina v ∗ *viezigheid*; *modder* ∗ *gespuis*

bailable I m *dansnummer* **II** BNW *dansbaar* ∗ música ~ *dansmuziek*

bailador I m *danser* **II** BNW *dans-*

bailar ON WW ∗ *dansen* ∗ *los zitten* ∗ *onrustig bewegen*; *draaien* ∗ ~ en la cuerda floja *koorddansen* ∗ ~le el agua a uno *iemand vleien* ∗ ~ al son que se toca *zoals de wind waait, waait zijn jasje* ∗ sacar a ~ a una chica *een meisje ten dans vragen* ∗ ique baile! *weg met hem!* ∗ ~ con la más fea *het slechtste deel treffen* ∗ ique me quiten lo bailado! *dat neemt niemand me meer af!* ∗ otro que bien baila *van hetzelfde laken een pak* ∗ ¿bailas? *zullen we dansen?*

bailarín I m (v: **bailarina**) *danser* **II** BNW (v: **bailarina**) *dans-*; *dansend*

baile m ∗ *dansgelegenheid* ∗ *dansfeest* ∗ *het dansen*; *dans* ∗ ~ de san Vito *sint-vitusdans* ∗ ~ típico/regional *volksdans* ∗ ~ de trajes *gekostumeerd bal* ∗ ~ de disfraces/máscaras *gemaskerd bal*

bailotear ON WW *huppelen*; *hossen*; *springen*

baja v ∗ *prijsdaling*; *waardevermindering* ∗ *opzegging*; *ontslag* ∗ *doktersverklaring*; *doktersattest* ∗ *ontslagbrief* ∗ *werkonderbreking*; *afmelding* ∗ *daling* ∗ *verlies* (in slag, strijd) ∗ jugar a la baja *speculeren* ⟨op de beurs⟩ ∗ ser baja *opgezegd hebben*; *ontslagen zijn* ∗ un millar de bajas *een verlies van duizend man* ∗ dar baja *in waarde dalen* ∗ darse de baja en una asociación *uit een vereniging gaan*; *zich afmelden bij een vereniging* ∗ ir de baja *in waarde verminderen* ∗ baja por maternidad *zwangerschapsverlof* ∗ darse de baja por

ba

enfermedad *zich ziek melden* ⋆ planta baja *begane grond*

bajá m *pasja*

bajada v • *afdaling* • *dalend pad* ⋆ la ~ de bandera *het strijken van de vlag; het aanzetten van de taximeter* ⋆ la ~ de pantalones FIG. *een afgang* ⋆ ~ de aguas *dakgoot* ⋆ la ~ a los abismos *de hellevaart*

bajamar v *eb*

bajar I OV WW • *lager zetten; naar beneden brengen* • *buigen* ⟨v. het hoofd⟩ • *laten zakken* • *goedkoper maken; verlagen* • COMP. *downloaden* ⋆ ~ la voz *zachter praten* ⋆ ~ la cabeza/los humos/las orejas a alg. *iemand vernederen* ⋆ ~ al sepulcro *sterven* ⋆ ~ (el volumen de) la radio *de radio zachter zetten* II OV WW • *(af)dalen* • *minder worden; afnemen* • *naar beneden gaan* • *zakken; dalen* • *uitstappen; afstappen* ⋆ ~ del coche *uit de auto stappen* ⋆ le han bajado las carnes *hij is mager geworden*

bajarse WKD WW • *zich bukken* • *uitstappen; afstappen*

bajel m *schip; vaartuig*

bajero BNW *onder-* ⋆ falda bajera *onderrok*

bajeza v • *lage daad* • *nederigheid*

bajini(s) m ⋆ por lo bajinis *zachtjes*

bajío m • *zandbank* • ZA *laagvlakte* ⋆ dar en un ~ *vastlopen; stranden*

bajista I m/v *speculant à la baisse; baissier* II BNW *dalend*

bajo I m • *onderste deel; onderkant; lager gedeelte* • *parterre* • *bas; basinstrument* • *bassist* ⋆ bajo cantante *(bas)bariton* ⋆ bajo para *op straffe van* II BNW • *klein* • *laag* • *laat* ⟨v. periode, cultuur⟩ *uit de nadagen* ⋆ es bajo de estatura *hij is klein van stuk* ⋆ con la cabeza baja *met hangend hoofd* ⋆ bajo llave *op slot* ⋆ por lo bajo *omzichtig; stiekem; zachtjes* ⋆ (los) Países Bajos *(de) Lage Landen; Nederland* ⋆ la baja Edad Media *de late Middeleeuwen* ⋆ de baja ralea *van laag allooi* ⋆ el bajo mundo *de onderwereld* ⋆ barrio bajo *achterbuurt; volksbuurt* III BIJW • *diep; laag* • *zachtjes* ⋆ medio tono bajo *een halve toon lager* IV VZ *onder* ⋆ bajo mano *stiekem*

bajón m • *forse daling; sterke achteruitgang* • MUZ. *bajón* ⟨voorloper v. fagot⟩ ⋆ dar un gran ~ *hard achteruitgaan*

bajonista m/v *bespeler van de 'bajón'*

bajorrelieve m *bas-reliëf*

bajura v *laagte* ⋆ pesca de ~ *kustvisserij* ⋆ navegación de ~ *kustvaart*

bala v • *kogel* • *baal* ⋆ bala perdida *losbol* ⋆ disparar/tirar con bala *met scherp schieten* ⋆ como una bala *vliegensvlug* ⋆ a prueba de bala *kogelvrij*

balada v *ballade*

baladí BNW *onbeduidend*

baladrar ON WW *een keel opzetten; schreeuwen*

baladro m *schreeuw*

baladrón I m (v: **baladrona**) *opschepper* II BNW (v: **baladrona**) *opschepperig*

baladronada v *opschepperij*

baladronear ON WW *opscheppen*

bálago m • *kaf* • *zeepschuim* ⋆ zurrar el ~ *slaan*

balance m • *balans* • *schommeling* • *weifeling; onzekerheid* • CA *schommelstoel* ⋆ cuadrar un ~ *de balans sluitend maken* ⋆ ~ anual *jaarbalans* ⋆ hacer (el) ~ *de balans opmaken*

balancear I OV WW • *doen schommelen* • *in evenwicht brengen* ⋆ ~ la caja *de kas afsluiten* II ON WW • *schommelen; balanceren* • *twijfelen; aarzelen*

balanceo m • *schommeling* • *geslinger* • *aarzeling; twijfel*

balancín m • *schommelstoel* • *schommelbank* • *zwenghout* • *balanceerstok*

balandra v *kleine zeilboot*

balandrán m *habijt; pij*

balandrista m/v *zeiler in kleine boot*

balandro m *kleine zeilboot; bijlander*

balanza v *weegschaal; balans* ⋆ ~ de pagos *betalingsbalans* ⋆ ~ comercial *handelsbalans* ⋆ inclinar el fiel de la ~ *de balans doen doorslaan* ⋆ estar en ~ *wikken en wegen*

balar ON WW *blaten*

balarrasa m • *sterke brandewijn* • *nietsnut; losbol*

balastar OV WW *begrinten*

balaustrada v *balustrade*

balaustre m *stijl; baluster*

balazo m • *(geweer)schot* • *schotwond* ⋆ coser a ~s *met kogels doorzeven*

balbucear ON WW *stamelen; stotteren*

balbuceo m *gestamel, gebrabbel van kinderen*

Balcanes m *Balkan*

balcánico BNW *van de Balkan*

balcón m • *balkon* • *uitkijkpunt* ⋆ asomarse al ~ *op het balkon verschijnen*

balconada v *galerij; rij balkons*

balda v • *kastplank* • *sluitbalk*

baldado I m *invalide; gehandicapte* II BNW • *verlamd; lam* • *uitgeput*

baldaquín m *baldakijn*

baldar OV WW • *verlammen* • *toetakelen*

baldarse WKD WW *zich afpeigeren*

balde I m • *(scheeps)emmer* • *bak met twee handvaten* ⋆ caer algo como un ~ de agua fría FIG. *een koude douche krijgen* ⋆ ino de ~! *goeie genade!* II BIJW ⋆ VERO. de ~ *gratis* ⋆ VERO. en ~ *vergeefs* ⋆ VERO. estar de ~ *overbodig zijn; te veel zijn*

baldear OV WW • *schoonspoelen* • *hozen*

baldeo m • *het schrobben; het schoonspoelen* • *het hozen* ⋆ cada día le doy un ~ al patio *iedere dag spoel ik de binnenplaats schoon*

baldío I m *braakland* II BNW • *onbebouwd; braak* • *ongegrond; ijdel* • *nutteloos; nietsdoend*

baldón m • *belediging; krenking* • *schande*

baldosa v • *vloertegel; plavuis* • *(straat)tegel*

baldosar OV WW *betegelen*

baldosín m *wandtegel*

balduque m • *rood lint voor het samenbinden van een papierbundel* • *paperassen*

balear I BNW *van de Balearen* II OV WW LA *beschieten;* LA *neerschieten*

baleo m • *schietpartij* • *ronde mat* • *waaier*

balero m *gietvorm voor fabricatie van kogels*

balido m *gemekker; geblaat*

balín m • *kleine geweerkogel* • *hagel*

balística v *ballistiek*
balístico BNW *ballistisch*
baliza v *baken; boei*
balizar OV WW *afbakenen*
ballena v • *walvis* • *balein* • INF. *dikzak* ★ aceite de ~ *walvistraan*
ballenero I m *walvisvaarder* II BNW *van de walvisvangst* ★ barco ~ *walvisvaarder* ★ navegación ballenera *walvisvaart*
ballesta v • *kruisboog* ; TECHN. *(blad)veer* ★ ~s *vering van voertuigen*
ballestero m • *kruisboogschutter* • *koninklijke wapenmeester*
ballet m *ballet* ★ hacer ~ *balletdansen*
ballón m *(tekst)ballon (in stripverhaal)*
balneario I m *kuuroord* II BNW *van de badplaats* ★ estación balnearia *badplaats*
balneoterapia v *balneotherapie*
balompédico BNW *voetbal-*
balompié m *voetbal*
balón m • *bal* • *grote baal* • *ballon* • *karaf* ★ ~ de oxígeno *zuurstoffles* ; FIG. *hulp* ★ echar balones fuera FIG. *een ontwijkend antwoord geven*
baloncesto m *basketbal*
balonmano m *handbal*
balonvolea m *volleybal*
balota v *stembriefje*
balotar ON WW *balloteren; stemmen*
balsa v • *poel; plas* • *vlot* ★ ~ neumática *opblaasbaar reddingsvlot* ★ VERO. está como una ~ de aceite *het is er één en al rust* ★ el mar es hoy una ~ de aceite *de zee is vandaag spiegelglad*
balsadera v *overzet; veer*
balsámico BNW *balsemiek; balsemachtig*
balsamina v *balsemien; kruidje-roer-mij-niet*
bálsamo m • *balsem; zalf* • *balsem; troost*
báltico I m *Balt* II BNW *Baltisch* ★ el mar Báltico *de Oostzee*
baluarte m OOK FIG. *bolwerk; bastion*
balumba v *rommel*
bamba v *bamba*
bambalina v *toneeltoren*
bambarria m *onnozele hals*
bambolear ON WW *schommelen; wiebelen*
bamboleo m *geschommel; schommeling; geschok* (v. trein)
bambolla v *schijn; praal*
bambollero m *protserig; opzichtig*
bambú m *bamboe*
banal BNW *banaal*
banalidad v *banaliteit*
banana v LA *banaan*
bananero I m • *schip voor het vervoeren van bananen* • *bananenboom* ★ república bananera *bananenrepubliek* II BNW • *beplant met bananenbomen* • *bananen-*
banano m *bananenboom*
banasta v *tenen mand*
banasto m *ronde mand*
banca v • *bank (zonder rugleuning)* • *marktkraam* ; ECON. *bank* • *bankwezen* • *bank; pot* (in spel) • ZA *speelhuis; casino* ★ tener ~ *invloed hebben* ★ saltar la ~ *de bank laten springen*

bancada v *roeibank*
bancal m • *stuk bouwland; terras* • *zaaibed* • *grond tussen twee rijen bomen*
bancario I m *bankbediende* ★ secreto ~ *bankgeheim* ★ giro ~ *bankgiro* ★ transferencia bancaria *bankoverschrijving; bankoverboeking* ★ cuenta bancaria *bankrekening* II BNW *bank-* ★ saldo ~ *banksaldo* ★ seguros ~s del Estado *staatsverzekeringsbank* ★ crédito ~ *bankkrediet*
bancarrota v • *bankroet* • *mislukking; fiasco* ★ hacer ~ *bankroet gaan* ★ estar en (la) ~ *bankroet zijn*
banco m • *bank* • *bank(gebouw)* • *zandbank* • *school* (vissen) • *grondlaag* • *bewaarplaats* ★ ~ vitalicio *levensverzekeringsbank* ★ ~ azul *ministerszetel in de Cortes* (in Spanje) ★ ~ de sangre *bloedbank* ★ ~ de pruebas *testbank* ★ ~ de datos *databank* ★ ~ de hielo *drijvende ijsberg* ★ ~ de semen *spermabank* ★ Banco Mundial *Wereldbank* ★ ~ de tormento *pijnbank*
banda v • *sjerp* • *band; lint* • *(georganiseerde) bende* • *zwerm; vlucht* (v. vogels) • *muziekkorps; fanfare* • *kant; zijde* ★ ~ sonora *geluidsspoor* ★ caer/estar en ~ *loshangen* ★ arriar en ~ *de trossen losgooien* ★ de ~ a ~ *helemaal* ★ cerrarse en ~ *voet bij stuk houden* ★ de la ~ de acá *del río aan deze kant van de rivier* ★ ~ de ladrones *dievenbende* ★ ~ de amigos *stel vrienden* ★ ~ ancha *breedband*
bandada v *zwerm vogels*
bandazo m • *slagzij* • *plotselinge verandering van gedrag of mening* ★ dar ~s *slingeren*
bandear I OV WW *achtervolgen* ; OOK FIG. *verwonden* II ON WW CA *schommelen*
bandearse WKD WW *zijn weg vinden; zich weten te redden*
bandeja v *dienblad; serveerblad* ★ servir algo en ~ *iets op een presenteerblaadje aanbieden* ★ pasar la ~ *met de pet rondgaan*
bandera v • *vlag; vlaggetje; vaandel* • COMP. *banner* ★ ~ marrón/a media asta *vlag halfstok* ★ jurar la ~ *trouw aan de vlag zweren* ★ izar la ~ *de vlag hijsen* ★ lleno hasta la ~ *tjokvol* ★ arriar ~ *de vlag strijken* ★ a ~s desplegadas *met vliegend vaandel* ★ ~ negra *piratenvlag; zwarte vlag* ★ llevarse la ~ *de overwinning behalen* ★ rendir la ~ *de vlag strijken* ★ ~ blanca/de paz *witte vlag* ★ ~ de popa/proa *nationale vlag* ★ de ~ *fantastisch; fenomenaal*
banderia v *bende; factie*
banderilla v TAUR. *werpspiesje* ★ clavar las ~s *spotten; schunnige opmerkingen maken*
banderillear OV WW TAUR. *'banderillas' in de nek van een stier steken*
banderillero m TAUR. *stierenvechter die 'banderillas' in de nek steekt*
banderín m *vlaggetje; vaantje* ★ ~ de enganche *rekruteringsbureau*
banderita v *vlaggetje*
banderola v *wimpel; vaantje*
bandidaje m *banditisme*
bandido m • *voortvluchtige* • *schurk; bedrieger* • *bandiet; struikrover*
bando m • *bekendmaking; openbare*

ba

afkondiging • *bende; factie* • *school* ⟨vissen⟩;
zwerm ⟨vogels⟩ ★ ~ de policía
politieverordening • *un* ~ de perdices *een
vlucht patrijzen* ★ pasarse al otro ~ *overlopen*
★ ser del otro ~ *van de 'verkeerde' kant zijn;
homoseksueel zijn*
bandola v • *mandoline* • *noodmast*
bandolera v • *bandietenvrouw* • *schouderriem;
bandelier* ★ en ~ *schuin over de borst/rug*
bandolerismo m *struikroverij*
bandolero m *(struik)rover; bandiet* ★ *bolso* ~
schoudertas
bandolina v *mandoline*
bandullo m *pens* ★ llenarse el ~ *zich volvreten*
bandurria v *twaalfsnarige luit*
banjo m *banjo*
banquero m • *bankier* • *bankhouder* ⟨in spel⟩
banqueta v • *(voeten)bankje* • LA *trottoir;* CA
poortje (v. huisingang)
banquete m • *banket; feestmaal* • *uitstekende
maaltijd* ★ ~ *bautismal doopfeest*
banquetear ON WW *deelnemen aan een banket;
een banket geven; smullen*
banquillo m *bankje; kruk; reservebank;
beklaagdenbank* ★ chupar ~ *reserve staan*
banquisa v *drijfijs; ijsbank*
bañador m *badpak*
bañar OV WW • *baden* • *onderdompelen;
overgieten* • *coaten; met een laag bedekken*
• *bespoelen* • *overgieten* ⟨door zon, licht⟩
★ bañado en sangre *met bloed bedekt*
★ bañado en llanto *huilerig* ★ bañado en
sudor *badend in het zweet*
bañarse WKD WW *zwemmen; zich baden* ★ LA
landa a bañarte! *sodemieter op!*
bañera v • *bad(kuip)* • *badjuffrouw*
bañero m *badmeester*
bañista m/v *badgast*
baño m • *bad; het baden* • *badkamer*
• *(bad)kuip* • *Moorse gevangenis* • *deklaag;
coating* • baños ultravioleta *zonnebankkuur*
★ baños termales *thermale baden* • baño
turco *Turks bad* ★ baño de asiento *zitbad*
★ baño de vapor *stoombad* ★ al baño de
María *au bain-marie* • dar un baño a u.p.
iemand de oren wassen ★ capa de baño *badjas*
★ baño de azúcar *suikerlaag* ★ ir al baño *naar
het toilet gaan*
bao m *dekbalk*
baobab m *baobab; apenbroodboom*
baptista I m/v *baptist* II BNW *baptisten-* ★ iglesia
~ *baptistenkerk*
baptisterio m • *doopkapel* • *doopvont*
baque m *bons; klap*
baquelita v *bakeliet*
baqueta v • *poetsstok* ⟨v. geweer⟩ • *stok; lat*
★ VERO. tratar a la ~ *iemand als een hond
behandelen*
baquetas v mv *trommelstokken*
baqueteado BNW *zwaar gekweld*
baquetear OV WW *teisteren; hinderen; lastig
vallen*
baqueteo m *het beproeven; het kwellen*
baquía v *topografische kennis*
baquiano I m *gids* ★ ~ en *expert in* II BNW
wegwijs

báquico BNW *bacchisch; van de dronkenschap*
bar m *bar; café* ★ bar de alterne *bar met
animeermeisjes* ★ bar de copas *cocktailbar*
barahúnda v *lawaai en verwarring*
baraja v • *stok kaarten* • *keuze; aantal
mogelijkheden* ★ jugar con dos ~s *dubbel spel
spelen* ★ romper la ~ *voorbijgaan aan de
regels* ★ jugar a la ~ *kaarten*
barajar I OV WW • *schudden* ⟨v. kaarten⟩
• *verwarren* ★ ~ cosas *dingen door elkaar
halen* ★ se barajan ciertos nombres *er worden
zekere namen genoemd (bij benoemingen)*
II OV WW *ruziën*
baranda v • *balustrade* • *biljartband*
barandal m • *onderstuk* ⟨v. balustrade⟩;
dekstuk • *trapleuning; balustrade*
barandilla v *leuning*
baratear OV WW *goedkoop verkopen*
baratija v *prul; goedkoop ding; hebbedingetje*
★ vender ~s *rommel verkopen*
baratillero m *uitdrager; verkoper van goedkope
waar*
baratillo m • *rommelwinkel; kraam met
prullaria* • *rommel; prullaria*
barato I BNW • *goedkoop; voordelig*
• *gemakkelijk* ★ dar de ~ *niet pietluttig zijn*
★ lo ~ es caro *goedkoop is duurkoop* II BIJW
goedkoop; voordelig ★ de ~ *onbelangrijk;
gratis*
baratura v *goedkoopte*
baraúnda v *herrie; tumult; chaos*
barba v • *kin* • *baard* • *sik* ⟨v. geit⟩ ★ ~ de
chivo *sik* ★ ~ cerrada/corrida *volle baard*
★ reírse en las ~s de uno *iemand in zijn
gezicht uitlachen* ★ sale a cien pesetas por ~
het kost honderd peseta's per persoon ★ gastar
~ *een baard dragen* ★ hacer la ~ *scheren*
★ Barba Azul *Blauwbaard* ★ ¿la ~ o el pelo?
scheren of knippen? ★ subirse a las ~s de u.p.
het respect voor iemand verliezen ★ con toda
la ~ *uit één stuk* ★ miente con toda la ~ *hij
liegt dat hij barst* ★ llevar por la ~ *bij de neus
nemen*
barbacana v *schietgat; vrijstaande fortificatie*
barbacoa v *barbecue*
barbado I m *stekje* II BNW *bebaard*
barbar ON WW • *een baard krijgen* • *wortel
schieten*
barbárico BNW *barbaars*
barbaridad v • *barbaarsheid* • *stommiteit;
wreedheid* • *roekeloze daad; uitspatting*
★ VERO. una ~ de duros *een hele bom duiten*
★ cuesta una ~ *het kost een kapitaal* ★ le
gusta una ~ *hij is er dol op* ★ ¡qué ~!
ongelofelijk!; ontzettend!; ★ decir ~es *onzin
uitkramen* ★ una ~ de cosas *hartstikke veel
(dingen)*
barbarie v • *onbeschaafdheid* • *wreedheid;
barbaarsheid*
barbarismo m *barbarisme*
bárbaro I m • *barbaar* • *bruut* ★ lo pasamos ~
we hebben het geweldig gehad II BNW
• *barbaars* • *wreed; woest* • *grof; ruw;
onbeschaafd* • *roekeloos; onverschrokken; stoer*
• *geweldig; enorm; verschrikkelijk* ★ una chica
bárbara *een moordgriet* III BIJW

verschrikkelijk; *enorm*

barbas v mv • *baleinen* • *rafels*; *draadjes*
• *ongelijke randen* ★ subirse a las ~ de alg.
een grote mond opzetten tegen iemand ★ tener
pocas ~ *jong/onervaren zijn*

barbear ov+on ww • *de baard scheren (van)*
• *ergens zijn neus in steken*

barbechar ov ww *(om)ploegen*

barbecho m • *braakland* • *het ploegen*

barbería v *kapperszaak*; *barbierszaak*;
haaropmaak

barbero m *barbier*

barbihecho bnw *pas geschoren*

barbilampiño I m vero. *melkmuil*; *snotneus*
II bnw *baardeloos*

barbilindo bnw • *keurig*; *netjes* • *verwijfd*

barbilla v *(punt van de) kin*

barbiponiente I m *groentje*; *beginner* ★ es un ~
hij komt net kijken II bnw • *met een
beginnende baard* • *groen*; *onervaren*

barbitúrico m *barbituraat* ‹slaapmiddel›

barbo m *barbeel* ★ hacer el ~ *doen alsof je zingt*

barbón m • *baardaap*; *grijsaard* • *kartuizer
broeder* • *bok*

barbotar ov ww *mompelen*; *brommen*

barbotear ov+on ww *mompelen*; *prevelen*

barboteo m *gemurmel*; *geprevel*

barbudo bnw *baardig*; *zwaar bebaard*

barbulla v *drukte*; *rumoer*

barbullar on ww *kakelen*; *opgewonden praten*

barca v *(vissers)bootje*; *schuitje* ‹v. draaimolen›
★ ~ de pasaje *pont* ★ estar en la misma ~ *in
hetzelfde schuitje zitten*

Barça afk sport *F.C. Barcelona*

barcada v • *bootreis* • *scheepslading*

barcaje m *veergeld*

barcarola v *gondellied*; *barcarolle*

barcaza v *lichterschip*

barcelonés I m (v: **barcelonesa**) *iemand uit
Barcelona* II bnw (v: **barcelonesa**) *van/uit
Barcelona*

barco m *schip*; *boot*; *vaartuig* ★ ~ de vapor
stoomboot ★ ~ de guerra *oorlogsbodem* ★ ~ de
cisterna *tanker* ★ ~ de alta mar *zeeschip* ★ ~
de recreo *plezierboot* ★ ~ nodriza
bevoorradingsschip ★ ~ mercante
koopvaardijschip ★ ~ escuela *opleidingsschip*
★ ~ de vela *zeilboot* ★ ~ de rueda *radarboot*
★ ~ vivienda *woonboot* ★ ~ fluvial *binnenschip*
★ en ~ *per schip*

barda v • *beschermdek* ‹voor paarden›
• *dekkleed* ‹tegen regen› • *doornenhaag*

bardar ov ww *afdekken met stro, takken, etc.*

bardo m *bard*; *minstreel*; *dichter*

baremo m • *norm*; *maatstaf* • *kostenoverzicht*;
grootboek

barero m *kroegloper*

bario m *barium*

barítono m *bariton*

barjuleta v *knapzak*; *rugzak*

barloventear on ww *laveren*

barlovento m *loefzijde*; *windzijde* ★ las Islas de
Barlovento *de Bovenwindse eilanden* ★ ganar
el ~ *de loef afsteken*

barman m *barkeeper*

barniz m • *vernis*; *lak* • *vernislaagje* • *glazuur*

barnizado m *lak*; *vernis*

barnizar ov ww • *vernissen*; *lakken* • *glazuren*

barométrico bnw *barometrisch*

barómetro m *barometer*

barón m *baron* ★ ~ de la droga *drugsbaron*

baronesa v *barones*

baronía v *baronie*

barquero m *veerman*; *schipper*

barquía v *roeiboot*

barquilla v • *vormpje* ‹voor gebakjes›; car
ijshoorntje • *mand* ‹v. luchtballon› • *bootje*

barquillo m *opgerold wafeltje*

barquinazo m *(het) kantelen van een wagen*
★ dar ~s *hevig slingeren/schudden*

barra v • *staaf* • *bar*; *tapkast* • *balie*; *hekje* ‹in
rechtszaal› • *zandplaat*; *zandbank* • *lat*; *balk*;
legger van brug ‹gymnastiek› • mil. *streep*;
balk • za *voetkluister* • za *publiek* ‹in
rechtszaal› • za *groep*; *bende* ★ ~s asimétricas
brug met ongelijke leggers ‹gym› ★ ~s
paralelas *brug* ‹gym› ★ ~ libre *vrij drinken*
★ de ~ a ~ *van de ene naar de andere kant*
★ ejercitarse en la ~ *balletoefeningen doen* ★ ~
de acoplamiento *koppelingsstang* ★ ~ de
carmín *lippenstift* ★ ~ fija *rekstok* ★ llevar a
alg. a la ~ *iemand voor de rechter dagen* ★ no
pararse en ~s *korte metten maken* ★ ~ de pan
stokbrood ★ ~ americana *vrijgezellenbar* ★ ~s
bravas, ~bravas *voetbalvandalen*; *hooligans*
★ ~ de chocolate *chocoladereep* ★ código de
~s *streepjescode* ★ ~ de equilibrios
evenwichtsbalk ★ comp. ~ inversa *backslash*
★ comp. ~ del menú *menubalk* ★ comp. ~
oblicua/de división *slash* ★ comp. ~ de tareas/
aplicación *taakbalk* ★ comp. ~ de
herramientos *werkbalk*

barrabás m • *dwars kind* • *slecht mens*

barrabasada v *rotstreek*

barraca v • *barak*; *schuur*; *kraam* • *krot*
• *typisch Valenciaans of Murciaans boerenhuis*
★ ~ de feria *kermiskraam*

barracuda v *barracuda*

barragana v *concubine*; *maîtresse*

barranca v *kloof*; *ravijn*

barrancal m *terrein met afgronden en kloven*

barranco m • *kloof*; *ravijn* • *diepe geul*; *droge
bedding* • *moeilijkheid* • sport *descenso de* ~s
canyoning

barrar ov ww • *met modder besmeuren*;
bevuilen • *blokkeren* ‹bv. v. cheque›

barredero bnw *vegend*; *slepend* ★ red barredera
sleepnet

barredura v • *het vegen* • *opgeveegd vuil*

barrena v • *boor* • *drilboor* • luchtv. *vrille*;
tolvlucht ★ entrar en ~ *zijn baan/positie
kwijtraken*; *in tolvlucht raken* ★ ~ de berbiquí
schroefboor

barrenado bnw *krankzinnig*; *getikt*

barrenar ov ww • *overtreden* • *in de war
gooien*; *dwarsbomen* • *doorboren*; *boren*

barrendero m *straatveger*

barrenillo m • *houtworm* • mex *kopzorg*; *manie*

barreno m • *grote boor* • *boorgat* • *boorgat met
springstof* • *springlading*

barreño m *grote bak*; *(afwas)teil*

barrer ov ww • *(op)vegen* • *wegvagen* • *zich*

ba

meester maken van; zich toe-eigenen ★ ~ *con todo alle hinderpalen overwinnen* ★ ~ *para dentro handelen uit eigenbelang*

barrera v • *hindernis; versperring; barrière; vangrail* • *houten schot rond arena* • *eerste rij zitplaatsen in de arena* • *obstakel; probleem* ★ *no reconocer* ~s *geen grenzen kennen* ★ SPORT *formar* ~ *een muurtje vormen* ★ *sin* ~s *zonder hindernissen* ★ *fuego de* ~ *spervuur* ★ ~ *de sonido geluidsbarrière* ★ ~ *levadiza hefboom* ★ ~s *arancelarias tariefmuur; invoerrechten* ★ ~ *generacional generatiekloof* ★ ~ *de seguridad vangrail*

barrero m • *modder* • *pottenbakker*

barretina v *Catalaanse muts*

barriada v • *wijk; buurt* • *deel van een wijk*; LA *krottenwijk*

barrial m ZA • *modderpoel* • *zware kleigrond*

barrica v *vat; ton*

barricada v *barricade*

barrido m • *het vegen* • *veegsel* ★ *dar un* ~ *er snel een bezem doorheen halen* ★ VERO. *servir lo mismo para un* ~ *que un fregado een manusje van alles zijn*

barriga v • *buik* • *bolling* ⟨op muur⟩ ★ *rascarse/ tocarse la* ~ *lanterfanten; niets uitvoeren* ★ *llenarse la* ~ *zijn buik vullen* ★ *echar* ~ *een buikje krijgen* ★ *hacer una* ~ *a una chica een meisje zwanger maken*

barrigón → **barrigudo**

barrigudo BNW *dikbuikig*

barriguera v *buikriem* ⟨bijvoorbeeld van een paard⟩

barril m • *vat; ton* • *kan; kruik* ★ *ser un* ~ *de pólvora een kruitvat zijn* ★ *lleno como un* ~ *stampvol*

barrilero m *kuiper; tonnenmaker*

barrilete m • *tonnetje; vaatje* • *bovenstuk* • *magazijn van een revolver* • *grote vlieger* ★ *el* ~ *de un clarinete het bovenstuk van een klarinet*

barrilla v *loogkruid*

barrillo m *puistje; pukkel*

barrio m • *buurt; wijk* • *voorstad; buitenwijk* ★ ~ *chino rosse buurt* ★ ~ *chino perfumado dure hoerenbuurt* ★ *mandar al otro* ~ *van kant maken; vermoorden* ★ *irse al otro* ~ *het hoekje omgaan* ★ ~s *bajos volksbuurt* ★ ~ *comercial winkel-/zakenbuurt* ★ ~ *populair volksbuurt* ★ ~ *residencial villawijk*

barriobajero BNW • PEJ. *vulgair; ordinair* • *uit de achterbuurten*

barritar ON WW *trompetteren*

barrito m *getrompetter*

barrizal m • *modderpoel* • FIG. *wespennest*

barro m • *modder* • *leem; klei* • *nietigheid; onbeduidendheid* • *pukkel; puistje* ★ *guarda*~s *spatbord* ★ ~ *blanco pottenbakkersklei* ★ ~ *cocido terracotta* ★ *tener* ~ *a mano goed in de slappe was zitten* ★ *pipa de* ~ *aardewerken pijp*

barroco I m *barok* **II** BNW • *barok* • *bombastisch; pompeus*

barroquismo m • *barokkunst; barokstijl* • *overdadigheid*

barrote m • *dikke ijzeren staaf* • *sluitbalk;*

steunbalk • *dwarshout*

barruntar OV WW *voorzien; (voor)voelen; vermoeden*

barrunto m *vermoeden; aanwijzing; teken*

bartola v ★ VERO. *a la* ~ *onbezorgd; onbekommerd* ★ *tumbarse a la* ~ *lanterfanten; luieren*

bártulos m mv *bezittingen; spullen* ★ VERO. *liar los* ~ *zijn biezen pakken*

barullo m *verwarring; drukte* ★ *a* ~ *in overvloed* ★ *al* ~ *op goed geluk* ★ *todo era un* ~ *alles was in rep en roer*

barzón m *wandelingetje* ★ *dar barzones rondslenteren*

barzonear ON WW *rondslenteren*

basa v *voetstuk; sokkel*

basalto m *basalt*

basamento m • *onderbouw; fundament* • *voetstuk* ⟨v. zuil⟩

basar OV WW • *grondvesten* • *baseren*

basca v • *misselijkheid* • *razernij van een hondsdolle hond* ★ *la nata de la leche me produce* ~s *ik griezel van room op de melk*

bascosidad v *vuiligheid*

bascoso BNW *misselijk*

báscula v *bascule; weegschaal; weegbrug*

bascular ON WW • *op en neer bewegen; schommelen* • *kantelen*

base v • *basis; grondslag; voetstuk* • *achterban* ★ *a base de bien uitstekend* ★ *a base de op grond van; door (middel van)* ★ *punto de base uitgangspunt* ★ ~s *del trabajo arbeidsvoorwaarden* ★ *base naval marinebasis* ★ *base imponible belastbaar inkomen* ★ *base aérea luchtmachtbasis* ★ *carecer de base elke grond missen* ★ *base de datos database; gegevensbestand*

básico BNW *fundamenteel; basis-* ★ *principio* ~ *grondbeginsel* ★ *salario* ~ *basisloon* ★ *las necesidades básicas de eerste behoeften*

Basilea v *Basel*

basílica v • *basiliek* • *hoofdkerk*

basilisco m • *fabeldier; basilisk* • *nors iemand* ★ *estar hecho un* ~ *woedend zijn*

basquear I OV WW *misselijk maken* **II** ON WW *misselijk zijn*

basquiña v *rok*

basta I v • *rijgsteek; stiksel* ⟨in matras⟩ **II** BIJW ★ *iya* ~! *hou nou eens op!*

bastante I BNW • *voldoende; genoeg* • *tamelijk veel; aardig wat* ★ *lo* ~ *genoeg* **II** BIJW • *nogal; tamelijk; behoorlijk* • *genoeg; voldoende* ★ *hablar español* ~ *bien vrij goed Spaans spreken* ★ *tener* ~ *para vivir kunnen rondkomen*

bastar ON WW *voldoende zijn; genoeg zijn* ★ ~ *y sobrar meer dan genoeg zijn* ★ *con un tubo pequeño basta een kleine tube is voldoende* ★ *basta de tonterías alle gekheid op een stokje* ★ *ibasta (ya)! genoeg!; hou op!* ★ *ibasta de bobadas! hou op met die onzin!*

bastardear OV+ON WW *verbasteren; (doen) ontaarden*

bastardía v • *buitenechtelijkheid; onwettigheid* • *gemeenheid; valsheid*

bastardilla I v *cursieve letter* **II** BNW

schuingedrukt; *cursief* ★ en ~ *cursief gedrukt*

bastardo I m *bastaard*; *onwettig kind* **II** BNW
• *bastaard*; *onwettig*; *buitenechtelijk* • *laag*;
onzuiver ★ letra bastarda *schuine/cursieve*
letter

bastarse WKD WW *het afkunnen* ★ ~ con
voldoende zijn ★ ~ para sus necesidades
zichzelf kunnen bedruipen ★ me basto yo solo
para *ik ben mans genoeg om te*

bastear OV WW *rijgen*

basteza v *onbeschoftheid*; *grofheid*; *ruwheid*

bastidor m *kozijn*; *frame*; *chassis*; *raam(werk)*
★ marco del ~ *frame*

bastidores m mv • → **bastidor** • *schermen*;
coulissen • entre ~ *achter de schermen*

bastilla v *zoomsteek*

bastillar OV WW *(om)zomen*

bastimentar OV WW *bevoorraden*; *provianderen*

bastimento m • *bevoorrading* • *schip*; *vaartuig*

bastimentos m mv *leeftocht*; *proviand*

bastión v *bastion*

basto I m • *rijgsteek* • *stiksel* ★ pintar ~s *slecht
lopen*; *niet goed gaan* **II** BNW • *grof*; *ruw*
• *onbeschaafd*; *ongemanierd*

bastón m • *(wandel)stok* • *staf*; *scepter* • *skistok*
★ empuñar el ~ *de leiding op zich nemen* ★ ~
de estoque *degenstok* ★ VERO. dar ~ al vino *de
wijn roeren* ★ VERO. meter el ~ *bemiddelen*

bastonazo m *stokslag*

bastonera v *paraplubak*

bastonero m • *stokkenmaker*; *stokkenverkoper*
• *ceremoniemeester* • *assistent v.d.
gevangenisdirectie*

bastos m mv • → **basto** • *klaveren* ⟨in Spaans
kaartspel⟩

basura v • *vuilnis*; *vuiligheid* • *mesthoop*
• *troep*; *rommel* ★ quema de ~s
vuilverbranding ★ recogida de ~s
vuilnisophaaldienst ★ cubo para la ~
vuilnisemmer ★ iesa ~! *dat stuk vuil!* ★ echar a
la ~ *in de vuilnisbak gooien*; COMP. *in de
prullenbak gooien* ★ ~ doméstica *huisvuil*

basurero m • *vuilnisman* • *vuilnisbelt*

bata v • *ochtendjas*; *duster*; *peignoir* • *stofjas*;
doktersjas • bata de laboratorio *witte
(laboratorium)jas* ★ media bata *kort jasje*
★ bata de baño *badjas*

batacazo m *klap*; *smak* ⟨door vallen⟩ ★ pegarse
un ~ *een flinke klap krijgen*

batahola v *herrie*; *lawaai*

batalla v • *(veld)slag* v *strijd*; *gevecht*
• *inwendige strijd*; *tweestrijd* ★ ~ campal OOK
FIG. *slagveld* ★ quedarse en el campo de ~ *op
het slagveld sterven* ★ presentar ~ *zich in
slagorde opstellen* ★ dar la ~ *de strijd aangaan*
★ de ~ *normaal*; *alledaags* ★ en ~ *in slagorde*
★ ganar ~ *de baas blijven*; *aankunnen*

batallador I m (v: **batalladora**) • *vechter*;
strijder • *doorzetter*; *vechter* **II** BNW (v:
batalladora) • *strijd-*; *vecht-* • *vechtlustig*

batallar ON WW • *strijden*; *vechten* • *redetwisten*
• *weifelen*; *aarzelen* ★ ~ por *zwoegen voor* ★ ~
con *bevechten*

batallón I m • *bataljon* • *horde*; *grote groep*
II BNW *omstreden*; *veelbesproken* ★ cuestión
batallona *heet hangijzer*

batán m *vol(lers)molen*

batanero m *voller*

batata v *zoete aardappel*

bátavo I m *Bataaf* **II** BNW *Bataafs*

batayola v *houten reling*

batea v • *dienblad*; *lade* • ZA *schaal*; *bak*

batel m *scheepje*; *bootje*

batelero m *schipper*

batería I v • *accu*; *batterij* • *voetlicht* • *slagwerk*
• *potten en pannen*; *keukengerei*
• *verzameling*; *serie* ★ ~ de cocina *keukengerei*
★ aparcar en ~ *schuin parkeren* ★ dar ~ a zich
uitsloven voor; *veel werk maken van* **II** m/v
slagwerker

baterista m/v *slagwerker*; *drummer/drumster*

batiborrillo m (**batiburrillo**) *rommeltje*; *rotzooi*

baticola v *staartriem*

batida v • *drijfjacht* • *klopjacht*; *inval* ★ dar una
~ a *een razzia houden op*

batido I m • *(het) kloppen*; *gestamp* • *milkshake*
• *beslag*; *deeg* • *geklutste eieren* ★ hacerse un
~ *het haar touperen* **II** BNW • *(op)geklopt*;
geslagen; *verslagen* • *veel betreden*;
platgereden

batidor I m • MIL. *verkenner* • *drijver* ⟨jacht⟩
• *mixer* • *grove kam* • ZA *verklikker*; ZA
informant **II** BNW *slaand*; *kloppend*

batidora v *mixer*

batiente m • *deurpost*; *raamkozijn* • *kust(lijn)*
★ reírse a mandíbula ~ *schaterlachen*

batin m *korte kamerjas*

batintín m *gong*

batir I OV WW • *(snel en hard) slaan*
• *omvergooien*; *neerhalen* • *slaan tegen*;
beuken op • *kloppen*; *klutsen* • *verslaan*
• *verbeteren* ⟨v. record⟩ • *een klopjacht
houden in*; *verkennen*; *doorzoeken* • *afbreken*;
inklappen; *demonteren* • *touperen* ⟨v. haar⟩
★ ~ palmas *applaudisseren* ★ ~ el cobre *er
flink tegenaan gaan* ★ ~ las alas *klapwieken*
★ ~ el campo *het terrein verkennen* ★ ~ un
récord/una marca *een record verbeteren* **II** ON
WW *kloppen*; *slaan*

batirse WKD WW *vechten*; *strijden* ★ ~ en
retirada *de aftocht blazen*

batista v *batist*

batracio BNW *kikvorsachtig*

batracios m mv *kikvorsachtigen*

Batuecas v mv • estar en las ~ *afwezig zijn*;
zitten dromen

baturrillo m *bijeengeraapt zootje*; *mengelmoes*

baturro I m • *Aragonees* • *stijfkop* • *lomperik*
II BNW • *Aragonees* • *koppig* • *boers*

batuta v *dirigeerstok* ★ llevar la ~ *de lakens
uitdelen*

baúl m *hutkoffer*; *(deken)kist* ★ VERO. henchir el
baúl *schransen*; *vreten*

bauprés m *boegspriet*

bausán m • *stropop* • *sul* • ZA *luilak*

bautismal BNW *doop-* ★ pila ~ *doopvont*

bautismo m • *doopsel* • *doop* ★ ~ de fuego
vuurdoop ★ ~ de(l) aire *luchtdoop* ★ romper el
~ *de hersens inslaan* ★ fe de ~ *doopbewijs*
★ partida de ~ *doopakte*

bautista m • *doper* • *doopsgezinde*; *baptist* ★ El
Bautista *Johannes de Doper*

ba

bautizar OV WW • *dopen* • *noemen* • *met water aanlengen* ⋆ bautizado *bijgenaamd*
bautizo m *doop(sel); doopfeest*
bauxita v *bauxiet*
bávaro I m *Beier* II BNW *Beiers*
Baviera v *Beieren*
baya v *bes*
bayeta v • *baai* ⟨textiel⟩ • *dweil*
bayo I m • *izabel; vos* ⟨paard⟩ • *visaas* II BNW *geelwit*
Bayona v *Bayonne*
bayoneta v *bajonet* ⋆ ataque a la ~ *aanval met bajonet* ⋆ calar la ~ *de bajonet opsteken*
baza v • *slag* ⟨in kaartspel⟩ • *voordeel* ⋆ meter baza *een duit in het zakje doen* ⋆ hacer baza *geluk hebben* ⋆ no le dejaba meter baza *hij liet hem niet aan het woord komen* ⋆ sentada esta baza *aangenomen dat het zo is* ⋆ tener bien sentada su baza *hoog in aanzien staan*
bazar m • *warenhuis* • *bazaar*
bazo I m *milt* II BNW *geelbruin; donkergeel*
bazofia v • *smerigheid; viezigheid* • *slecht eten* ⋆ ~ de lectura *leesvoer; pulp*
be v *letter b* ⋆ explicar u.c. be por be *iets omstandig uitleggen* ⋆ esto tiene las tres bes (bueno, bonito y barato) *het kan niet mooier/beter*
beata v • *begijn* • *vrome vrouw; kwezel*
beatería v *kwezelarij*
beaterio m *begijnhof*
beatificación v *zaligverklaring*
beatificar OV WW • *zalig verklaren* • *gelukkig maken* • *een eerbiedwaardig uiterlijk geven*
beatífico BNW *gelukzalig*
beatitud v *gelukzaligheid* ⋆ Vuestra/Su Beatitud *Uwe/Zijne Heiligheid* ⟨aanspreektitel v.d paus⟩
beato I m • *zalig verklaarde* • *kwezel* II BNW • *zalig verklaard* • *kwezelachtig; zeer vroom*
Beatriz v *Beatrix*
bebé m *baby* ⋆ bebé probeta *reageerbuisbaby*
bebedero I m • *drinkbak* • *tuit* • *drinkplaats* ⟨voor vogels⟩ II BNW *drinkbaar*
bebedizo I m • *liefdesdrank* • *giftig drankje* II BNW *drinkbaar*
bebedor I m *dronkaard* ⋆ ~ de sangre *bloedzuiger* ⋆ ser buen/mal ~ *een goede/kwade dronk hebben* ⋆ ~ habitual *gewoontedrinker* II BNW *drinkend*
beber I OV WW • *drinken* • *(op)drinken*; *in zich opnemen; opzuigen* ⋆ sin comerlo ni ~lo *helemaal vanzelf; zonder een vinger uit te steken* ⋆ ~ las palabras de u.p. *aan iemands lippen hangen* ⋆ VERO. ~ los vientos *zich het vuur uit de sloffen lopen* ⋆ ~ más de la cuenta *te diep in het glaasje kijken* II ON WW • *drinken* • *aan de drank zijn* ⋆ no digas de esta agua no ~é *zeg nooit 'dat overkomt mij niet'* ⋆ ~ en un vaso *uit een glas drinken* ⋆ ~ como un cosaco/una cuba *drinken als een tempelier* • (~ por) *toasten op*
beberse WKD WW *leegdrinken*; *uitdrinken* ⋆ como quien se bebe un vaso de agua *zo eenvoudig als wat* ⋆ ~ los sesos *gek worden* ⋆ ~ una botella *een fles soldaat maken*
bebestible BNW *drinkbaar*

bebida v • *het drinken* • *drank* ⋆ ~ alcohólica *alcoholische drank* ⋆ dado a la ~ *aan de drank*
bebido BNW *aangeschoten; dronken*
bebistrajo m *bocht; vies drankje*
beca v ⟨studie⟩*beurs*
becada v *houtsnip*
becado m (**becario**) *beursstudent*
becario m *beursstudent*
becerra v *vaars*
becerrada v *stierengevecht met jonge stieren*
becerrillo m *kalfsleer*
becerro m • *stierkalf* • *kalfsleer* ⋆ ~ marino *zeehond* ⋆ el ~ de oro *het gouden kalf*
becuadro m MUZ. *herstellingsteken*
bedel m *pedel*
beduino m *bedoeïen*
befa v *spot; hoon* ⋆ hacer befa de u.p. *de spot met iemand drijven*
befar I OV WW *bespotten; belachelijk maken* II ON WW *de lippen bewegen*
befo I m *soort aap* II BNW • *diklippig* • *met x-benen; met kromme benen*
begonia v *begonia*
behaviorismo m *behaviorisme*
beige I m *beige* II BNW *beige*
béisbol m *honkbal; baseball*
bejuco m *liaan*
Belcebú m *Beëlzebub*
beldad v • *schoonheid* • *mooie vrouw*
belén m • *wanorde* • *kerststal* ⋆ meterse en belenes *zich in de nesten werken*
Belén m *Bethlehem* ⋆ estar en ~ *verstrooid zijn*
belenes m mv • → **belén** • *moeilijkheden*
beleño m *bilzekruid*
belfo I m • *iemand met dikke lippen; iemand met een hanglip* • *lip* ⟨v. dier⟩ II BNW *diklippig; met een hanglip*
belga I m/v *Belg* II BNW *Belgisch*
Bélgica v *België*
Belice v *Belize*
belicismo m *oorlogszuchtigheid*
belicista BNW *oorlogszuchtig*
bélico BNW *oorlogs-* ⋆ operaciones bélicas *oorlogshandelingen*
belicosidad v *oorlogszuchtigheid*
belicoso BNW • *oorlogszuchtig* • *agressief; twistziek*
beligerancia v *staat van oorlog* ⋆ dar ~ a *als gelijkwaardige tegenstander beschouwen*
beligerante I m/v *oorlogvoerende partij* II BNW *oorlogvoerend*
belitre m *schooier; schoft*
bellacada v *schoftenstreek; rottigheid*
bellaco I m *schoft; schurk* II BNW • *schofterig; gemeen; sluw* • ZA *dapper*
belladona v *wolfskers*
bellaquear ON WW *schoftenstreken uithalen*
bellaquería v *rotopmerking; rotstreek*
belleza v • *schoonheid; fraaiheid* • *mooie vrouw* ⋆ es una auténtica ~ *ze is beeldschoon*
bellísimo BNW *beeldig*
bello BNW *mooi* ⋆ la Bella Durmiente del Bosque *de Schone Slaapster; Doornroosje* ⋆ un ~ carácter *een nobel karakter*
bellota v • PLANTK. *eikel* • *anjerknop* • *parfumflesje*

bemol I m MUZ. *molteken*; *mol* ★ VERO. tener (tres) ~es *erg moeilijk zijn* II BNW *halve toon lager*
benceno m *benzeen*
bencina v *wasbenzine*
bendecir /i/ OV WW • *zegenen* • *inwijden* • *prijzen*; *loven* ★ ~ la comida *het tafelgebed uitspreken*
bendición v *(in)zegening* ★ ser una ~ *een zegen zijn* ★ echar la ~ *de zegen uitspreken*
bendiciones v mv • → **bendición** • *huwelijksinzegening*
bendiga WW (1e/3e p ev subj. t.t.) → **bendecir**
bendijo WW (3e p ev v.t.) → **bendecir**
bendito I m • *heilige* • *goedzak* ★ roncar como un ~ *snurken als een os* II BNW • *zalig*; *gezegend*; *gewijd* • *onnozel*; *naïef* • *gelukkig* III WW (volt. deelw.) → **bendecir**
benedicite m *tafelgebed*
benedictino I m *benedictijn* II BNW *benedictijner; benedictijns*
benefactor I m *weldoener* II BNW *weldoend*
beneficencia v • *weldadigheid* • *liefdadigheid* • *liefdadigheidsinstelling*; *liefdadigheidswerk*
beneficiado I m REL. *beneficiant* II BNW *begunstigd*
beneficiar I OV WW • *weldoen* • *van de hand doen*; *onder de prijs verkopen* • *met geld verwerven* ★ ZA *bebouwen* II ON WW *voordeel opleveren*
beneficiario I m *begunstigde* ★ ~ de prestaciones *uitkeringsgerechtigde* II BNW *begunstigd*
beneficiarse WKD WW *voordeel behalen uit*; *profiteren van* ★ ~ de asistencia médica *medische verzorging genieten*
beneficio m • *gunst*; *geschenk*; *weldaad* • *voordeel*; *winst*; *profijt* • *benefietvoorstelling* ★ ~ eclesiástico *prebende*; *beneficie* ★ sin oficio ni ~ *zonder werk en zonder geld* ★ a ~ de inventario *onder voorbehoud* ★ en ~ de *omwille van*; *ten bate van* ★ no da ~ *het levert niets op* ★ le hizo mucho ~ *het heeft hem veel goed gedaan*
beneficioso BNW *gunstig*; *voordelig* ★ ~ para *goed/bevorderlijk voor*
benéfico BNW • *weldadig* • *liefdadigheids-* ★ función benéfica *liefdadigheidsvoorstelling*
benemérito BNW *verdienstelijk* ★ la Benemérita *de Guardia Civil*
beneplácito m *toestemming*; *goedkeuring* ★ dar su ~ *zijn goedkeuring verlenen*
benevolencia v *goedgunstigheid*; *welwillendheid*
benevolente BNW *welwillend*
benévolo BNW *welwillend*
bengala v • *vuurwerk* • *rotan*
Bengala v *Bengalen*
bengalí I m/v • *Bengaal* • *Bengaals* II BNW *Bengaals*
benignidad v • *vriendelijkheid*; *zachtaardigheid* • MED. *goedaardigheid*
benigno BNW • *vriendelijk*; *mild*; *welwillend* • *gematigd*; *zachtmoedig* • MED. MED. *goedaardig* ★ ~ con/para/en *welwillend jegens* ★ tumor ~ *goedaardig gezwel*

benito m *benedictijn*
benjamin m *benjamin*
beodez v *dronkenschap*
beodo I m *dronkaard* II BNW *dronken*
berberecho m *kokkel*
berberí I m *Berber* II BNW *Berbers*
Berbería v *Barbarije*
berberisco I m *Berber* II BNW *Berbers*
berbiquí m *omslagboor*
bereber I m *Berber* II BNW *Berbers*
berenjena v *aubergine*
berenjenal m *aubergineveld* ★ meterse en/armar un ~ *zich in een wespennest steken*
bergamota v PLANTK. *bergamot*
bergante m/v *schoft*
bergantín m *brik*; *brigantijn*
Berlín m *Berlijn* ★ bollo de ~ *Berliner bol*
berlina v • *berline*; *reiskoets* • *personenauto*; *sedan* ★ VERO. poner en ~ a uno *iemand belachelijk maken*
berlinés I m (v: **berlinesa**) *Berlijner* II BNW (v: **berlinesa**) *Berlijns*
bermejo BNW • *rossig* • *(vuur)rood*
bermellón m • *vermiljoen* • *vuurrood*; *vuurrode kleur*
bermudas m mv *bermuda*
Bermudas v mv *Bermuda-eilanden*
Berna v *Bern*
Bernardo m ★ San ~ *sint-bernardshond*
berrear ON WW • *loeien* • *brullen*; *krijsen*
berrenchín m *driftbui*
berrendo I m *antilope* II BNW *tweekleurig*; *bont*
berrido m • *geloei* • *krijs*; *schreeuw*; *brul*
berrinche m *driftaanval*; *huilbui* ★ coger un ~ *de pest in krijgen*
berro m *waterkers*
berroqueño BNW • *granieten* • FIG. *keihard*
berza v *kool* ★ ~ lombarda *rode kool* ★ ~s fermentadas *zuurkool* ★ mezclar ~s con capuchos *er een grote rotzooi van maken*
berzal m *koolveld*
berzotas m/v *stommeling*; *domoor*
besalamano m *formele/ambtelijke brief*
besamanos m • *koninklijke auditie* • *handkus*
besamel v *bechamel*
besana v • *eerste ploegvoor* • *het ploegen in evenwijdige voren* • *ploegland*
besar OV WW • *kussen* • *(aan)raken* ★ ~ el suelo *de grond kussen*
besarse WKD WW • *elkaar kussen* • *tegen elkaar opbotsen*
beso m • *kus*; *zoen* • *botsing* ★ beso de tornillo *tongzoen* ★ beso de paz *vredeskus* ★ beso de Judas *judaskus* ★ darse un beso en la pared *met zijn neus tegen de muur lopen* ★ comerse a besos a u.p. *iemand met kussen bedekken* ★ echar un beso *een kushandje toewerpen* ★ beso sonoro *klapzoen* ★ tirar besos *kus(hand)jes toewerpen*
besotear OV WW MEX *met kussen overladen*; *afkussen*
bestia I v • *beest*; *(last)dier* • *idioot*; *lomperik*; *stommeling* ★ ~ de tiro *trekdier* ★ ~ de carga *lastdier* ★ iestás hecho un ~! *je bent een kanjer!* ★ un mala ~ *een schoft* ★ ino seas ~! *doe niet zo idioot!* II BNW *lomp*; *stom*

be

bestial BNW • *beestachtig*; *grof* • *buitengewoon*; *enorm* ★ un plan ~ *een gaaf plan*
bestialidad v • *beestachtigheid* • *stommiteit* • *massa* • *bestialiteit*
bestseller m *bestseller*; *succesboek*
besucar OV WW *afkussen*; *aflikken*; *knuffelen*
besucón I m (v: **besucona**) *zoenerig persoon*
  II BNW (v: **besucona**) *zoenerig*
besugo m *zeebrasem* ★ ojos de ~ *uitpuilende ogen*
besuguera v *vispan*
besuquear OV WW *afzoenen*
besuquearse WKD WW *elkaar kusjes geven*
besuqueo m *gezoen*
beta v • TAALK. *bèta* • *kabel*; *draad*
betabloqueador m *bètablokker*
betarraga v *biet*
bético BNW *Andalusisch*
betún m • *bitumen*; *asfalt* • *schoensmeer* ★ VERO. pegarse ~ *opscheppen* ★ ~ de Judea *asfalt* ★ quedar a la altura del ~ *zijn prestige verliezen* ★ negro como el ~ *zo zwart als roet*
betunero m *schoenpoetser*
bezo m • *dikke lip* • *hanglip*
bezudo BNW *diklippig*
bianual BNW *tweejaarlijks*
bibelot m *snuisterij*
biberón m *zuigfles* ★ criar al ~ *flesvoeding geven*
biblia v *bijbel* ★ saber la ~ en verso *heel veel weten*
bíblico BNW *bijbels*
bibliofilia v *bibliofilie*
bibliófilo m *bibliofiel*
bibliografía v *bibliografie*
bibliográfico BNW *bibliografisch*
bibliógrafo m *bibliograaf*
bibliomanía v *bibliomanie*
bibliómano I m *bibliomaan*; *boekengek* **II** BNW *bibliomaan*
biblioteca v • *bibliotheek* • *boekenkast* ★ ~ ambulante *bibliobus*; *rijdende bibliotheek* ★ ~ circulante *uitleenbibliotheek*
bibliotecario m *bibliothecaris*
bicameral BNW *tweekamer-* ★ sistema ~ *tweekamerstelsel*
bicameralismo m POL. *tweekamerstelsel*
bicarbonato m *bicarbonaat* ★ ~ de sosa *soda*; *zuiveringszout*
bicéfalo BNW *tweekoppig*
bicentenario m *tweede eeuwfeest*; *tweehonderdjarig bestaan*
bíceps m *biceps* ★ tener buenos ~ *gespierd zijn*
bicha v INF. *slang* • INF. *mentar la ~ het noodlot tarten*
bicharraco m • *beest(je)* • FIG. *kreng*
bichero m • *bootshaak* • *slang* • *zeemeermin*; CA *meisje* ★ mentar la bicha *onheil afroepen*
bicho m • *dier(tje)*; *beest(je)* • *vreemd uitziend figuur* • *vechtstier* • INF. *dosis LSD* ★ ~s *ongedierte* ★ allí no hubo un ~ viviente *er was geen levende ziel* ★ contar a todo ~ viviente *vertellen aan ieder die het horen wil* ★ eres un ~ muy raro *je bent me er een* ★ ~ malo nunca muere *onkruid vergaat niet*
bici AFK → **bicicleta**

bicicleta v • *fiets*; *rijwiel* • SPORT ★ andar en ~ *fietsen* ★ ~ doble *tandem* ★ ~ de ejercicio/estática *hometrainer* ★ ~ de tres ruedas *driewieler* ★ ~ todoterreno *ATB*; *all terrain bike*
biciclo m *tweewieler*
bici todo terreno v *crossfiets* ‹all terrain bike›
bicoca v *frutsel*; *koopje* ★ no es ninguna ~ *dat is een hele klus*
bicolor BNW *tweekleurig*
bicornio m *tweepuntige steek*
bidé m *bidet*
bidón m *bus*; *kan*; *blik*; *jerrycan*; *vat*
biela v *drijfstang* ★ ~ de émbolo *zuigerstang*
bielda v *hooivork*
bieldar OV WW *wannen*
Bielorrusia v *Wit-Rusland*
bien I m • *het goede* • *landgoed*; *bezit* • *weldaad*; *geluk*; *goede zaak* • *baat*; *profijt*; *voordeel* ★ cesión de bienes *boedelafstand* ★ bienes raíces *onroerende goederen* ★ bienes muebles *roerende goederen* ★ bienes comunales *gemeentegoederen* ★ una chica de bien *een meisje van goede komaf* ★ bien de fortuna *vermogen* ★ bienes gananciales *tijdens huwelijk verkregen goederen* ★ bienes de equipo *kapitaalgoederen* ★ bienes de consumo *consumptiegoederen* ★ hombre de bien *fatsoenlijk man* ★ por tu bien *voor je (eigen) bestwil* **II** BNW *welgesteld*; *rijk*; *deftig* ★ está bien *goed*, *oké* ★ bien puede ser *dat kan wel zijn* ★ iestaría bien! IRON. *dat zou wat moois zijn!* **III** BIJW • *goed* • *fijn*; *lekker* • *gemakkelijk* • *ongetwijfeld*; *(zeker) wel* • *graag*; *met alle plezier* • *behoorlijk*; *erg*; *zeer* ★ tomar a bien *goed opvatten* ★ ipues, estamos bien! *dat is ook wat moois!* ★ tener a bien *iets verwaardigen* ★ sentar bien *goed doen*; *bekomen* ★ no estar bien *zich niet lekker voelen* ★ estar bien *zich goed voelen* ★ iesta bien ! *goed!*; *oké!* ★ estar/poner a bien *op goede voet staan met iemand* ★ bien que mal *zo goed en zo kwaad als het gaat* ★ más bien *eerder*; *liever* ★ de bien en mejor *hoe langer hoe beter* ★ bien mirado *goed beschouwd* ★ tener a bien u.c. *goedvinden*; *zo goed zijn te* ★ no caer bien *slecht uitvallen* ★ salir bien de la operación *de operatie goed doorstaan* ★ ibien dicho/hecho! *goed zo!* ★ bien hecho CUL. *goed doorbakken* ★ sabe bien *het smaakt goed* ★ ¿y bien? *en wat zou dat?*; *en wat dan nog?* **IV** VW ★ si bien *hoewel*; *ofschoon* • bien ... bien *of ... of*; *hetzij ... hetzij* ★ no bien *nauwelijks*; *zodra* ★ por bien o por mal *goedschiks of kwaadschiks* ★ bien que *hoewel*; *ofschoon* **V** TW *prima*; *goed dan*
bienal I v *biënnale* **II** BNW • *tweejaarlijks* • *tweejarig*
bienandante BNW *voorspoedig*
bienaventurado I m • *gelukzalige* • *goedzak* **II** BNW *gelukzalig*; *gezegend* • *fortuinlijk*; *gelukkig* • *argeloos*; *simpel*
bienaventuranza v • *(geluk)zaligheid* • *voorspoed*; *geluk*
bienaventuranzas v mv *zaligsprekingen* ★ las

ocho ~ *de acht zaligheden*

bienes m mv *bezittingen* ⋆ cesión de ~
boedelafstand
bienestar m • *welvaart* • *welbehagen; genoegen*
⋆ límite del ~ *welstandsgrens* ⋆ nivel de ~
welvaartspeil
bienhablado BNW *beleefd sprekend*
bienhechor I m *weldoener* II BNW *weldoend;*
weldadig
bienio m *periode van twee jaar*
bienquerencia v *welwillendheid; genegenheid*
bienquerer /ie/ I m *welwillendheid;*
genegenheid II OV WW *waarderen; houden van*
bienquerrá WW (3e p ev tk.t.) → **bienquerer**
bienquiso WW (3e p ev v.t.) → **bienquerer**
bienquistar OV WW *verzoenen*
bienquistarse WKD WW *de gunst winnen*
bienvenida v *onthaal; verwelkoming; welkom*
⋆ dar la ~ a u.p. *iemand verwelkomen*
bienvenido I m *onthaal; welkom* II BNW
welkom ⋆ ser ~ *welkom zijn*
bienvivir ON WW • *in voorspoed leven* • *een*
eerzaam leven leiden
bies m *biaisband* ⋆ VERO. al bies *(over)dwars;*
schuin
bifásico BNW *tweefasig*
bifocal BNW *bifocaal* ⋆ ~es *dubbelfocusbril*
biftec m → **bistec**
bifurcación v • *vertakking; splitsing* • *kruising;*
tweesprong
bifurcado BNW *vertakt; gesplitst*
bifurcarse WKD WW *zich splitsen; zich vertakken*
bigamia v *bigamie*
bígamo I m *bigamist* II BNW *bigamisch*
bigardear ON WW *rondhangen; lanterfanten*
bigardo I m • *losbandige monnik* • *luilak*
II BNW • *losbandig* • *lui*
bígaro m *zeeslak; alikruik*
bigornia v *aanbeeld*
bigote m *snor* ⋆ de ~ *geweldig;* INF. ⋆ es de ~
dat is een hele klus ⋆ URU chuparse los ~s
likkebaarden ⋆ tener ~s *volhardend zijn*
bigotera v *kleine passer*
bigotudo BNW *met een grote snor*
bigudí m *krulpen*
bikini m *bikini*
bilateral BNW *bilateraal*
bilbaíno I m *iemand uit Bilbao* II BNW *uit*
Bilbao
bilbilitano I m *iemand uit Calatayud* II BNW *uit*
Calatayud
biliar BNW *van de gal; gal-* ⋆ vesícula ~ *galblaas*
bilingüe BNW *tweetalig*
bilingüismo m *tweetaligheid*
bilioso BNW • *gal-* • *chagrijnig; opvliegend*
bilis v • *gal* • *chagrijn; humeurigheid* ⋆ VERO.
exaltarle a alg. la ~ *iemand kwaad maken*
⋆ vejiga de la ~ *galblaas*
billar m • *biljart(spel)* • *biljarttafel* • *biljartzaal*
⋆ ~ romano *flipperkast* ⋆ ~ americano
Amerikaans (pool)biljart ⋆ taco de ~ *biljartkeu*
⋆ jugar al ~ *biljarten*
billete m • *ticket; plaatsbewijs; kaartje*
• *bankbiljet* • *loterijbriefje; lot* • *briefje; memo*
⋆ medio ~ *kinderkaartje* ⋆ no hay ~s
uitverkocht ⋆ ~ kilométrico *treinkaartje voor*

bepaald aantal kilometers ⋆ ~ de ida y vuelta
retourtje ⋆ ~ gratis *vrijkaart* ⋆ ~ de veinte
briefje van twintig
billetera v *portefeuille*
billón m *biljoen*
bimano BNW *tweehandig*
bimba v *hoge hoed*
bimbre m *wilgenteen*
bimensual BNW *halfmaandelijks*
bimestral BNW *tweemaandelijks*
bimestre I m • *periode van twee maanden;*
bimester • *tweemaandelijkse betaling* II BNW
tweemaandelijks
bimotor I m *tweemotorig vliegtuig* II BNW
tweemotorig
bina v *het voor de tweede keer bewerken van*
grond
binar OV WW • *bineren* • *(opnieuw) omploegen*
binario BNW *tweedelig; binair*
bingo m *bingo*
binocular I m *binocle; verrekijker* II BNW
tweeogig; binoculair
binóculo m *binocle*
binomio m *tweeterm*
biodegradable BNW *biologisch afbreekbaar*
biodiversidad v *biodiversiteit; biologische*
verscheidenheid
biofísica v *biofysica*
biografía v *levensbeschrijving; biografie*
biográfico BNW *biografisch*
biógrafo m *biograaf; levensbeschrijver*
biología v *biologie*
biológico BNW *biologisch*
biólogo m *bioloog*
biomasa v *biomassa*
biombo m *kamerscherm; tochtscherm*
biopsia v *biopsie*
bioquímica v *biochemie*
bioquímico BNW *biochemisch*
biorritmo m *bioritme*
biosfera v *biosfeer*
biotopo m *biotoop; natuurlijk milieu*
bipartidismo m POL. *tweepartijenstelsel*
bipartido BNW *in tweeën gedeeld*
bipartito BNW *met twee partijen*
bípedo I m *tweevoeter* II BNW *tweevoetig*
biplano I m *tweedekker* II BNW *tweedekker-*
biplaza m *tweezitter*
bipolar BNW *tweepolig*
biquini m *bikini*
birlar OV WW *afpakken; aftroggelen*
birlibirloque m ⋆ VERO. por arte de ~ *als bij*
toverslag
birlocha v *vlieger*
birlonga v ⋆ a la ~ *met de Franse slag*
Birmania v *Birma*
birmano I m *Birmaan* II BNW *Birmaans*
birreta v *bonnet* ⋆ ~ cardenalicia
kardinaalsmuts
birrete m • *bonnet* • *baret* ‹v. advocaat,
hoogleraar› • *muts* ⋆ ~ cardenalicio
kardinaalsmuts
birria v *iets lelijks; rotzooi; lelijk mens* ⋆ VERO.
estoy hecha una ~ *ik zie er afschuwelijk uit*
⋆ es una ~ de película *het is een waardeloze*
film

bi

bis m *herhaling*; MUZ. *toegift*
bisabuelo m *overgrootvader*
bisabuelos m mv *overgrootouders*
bisagra v *scharnier*
bisanuo BNW *tweejarig*
bisar I OV WW *bisseren*; *herhalen* II ON WW *een toegift geven*
bisbisar OV WW (**bisbisear**) *fluisteren*; *mompelen*; *lispelen*
bisbiseo m *gefluister*
biscuit m *biscuit*; *ongeglazuurd porselein*
bisecar OV WW *halveren*
bisección v *halvering*
bisectriz v WISK. *bissectrice*; *lijn die een hoek doormidden deelt*
bisel m *schuin geslepen rand* ★ *tallar en ~ schuin afslijpen*
biselar OV WW *schuin afslijpen*; *een schuine rand slijpen aan*
bisemanal BNW *tweewekelijks*
bisexual I m/v *biseksueel* II BNW *biseksueel*
bisexualidad v *biseksualiteit*
bisiesto BNW ★ *año → schrikkeljaar*
bisilábico BNW *tweelettergrepig*
bismuto m *bismut*
bisnes m INF. *drugshandel*
bisnieto m *achterkleinkind*
bisnis m *klanten* ‹v. prostituee›
bisojo I m *schele* II BNW *loens*; *scheel*
bisonte m *bizon* ★ ~ *europeo wisent*
bisoñada v *naïeve opmerking*
bisoñé m *toupet*
bisoño I m ★ *ongeoefend soldaat*; *rekruut* • *beginneling*; *nieuweling* II BNW • MIL. *ongeoefend* • *groen*; *onervaren*
bisté m (**bistec**) *biefstuk*; *steak*
bistec m *biefstuk* ★ ~ *tártaro biestuk tartaar*
bisturí m *operatiemes*; *bistouri*
bisturíes m mv → **bisturí**
bisunto BNW *groezelig*; *vettig*
bisutería v *bijouterieën*
bit m COMP. *bit*
bitácora v *kompashuisje* ★ *cuaderno de ~ logboek*
bíter m CUL. *bitter*
bitoque m *spon*; *stop*; *bommel*
bituminoso BNW *bitumineus*; *asfalthoudend*
bivalente BNW *bivalent*; *tweewaardig*
bivalvo BNW *tweekleppig*
Bizancio m *Byzantium*
bizantino I m *Byzantijn* ★ *discusiones bizantinas muggenzifterij* II BNW *Byzantijns*
bizarría v • *dapperheid*; *fierheid* • *edelmoedigheid*
bizarro BNW • *dapper*; *fier* • *edelmoedig*; *vrijgevig*
bizcar I OV WW *scheel kijken met* II ON WW *scheel kijken*; *loensen*
bizco I m *schele* II BNW *scheel* ★ *quedarse ~ paf staan*
bizcocho m • *scheepsbeschuit* • *cake* • *ongeglazuurd porselein* ★ VERO. *embarcarse con poco ~ slecht voorbereid iets gaan doen*
bizma v *kompres*
bizmar OV WW *een kompres leggen op*; *pappen*
biznieto m *achterkleinkind*

bizquear ON WW *scheel zien*
bizquera v *scheelheid*
blanca v • *blanke vrouw* • MUZ. *halve noot* • INF. *cocaïne*; *heroïne* ★ *estar sin ~ geen rooie cent hebben* ★ *trata de ~s vrouwenhandel*
Blancanieves v *Sneeuwwitje*
blanco I m • *wit* • *blanke* • *lege plaats*; *open plek*; *uitsparing*; *wit (in tekst)* • *doelwit*; *mikpunt* • *doel(stelling)* • INF. *glas witte wijn* ★ *ser el ~ de las miradas in het middelpunt van de belangstelling staan* ★ *firmar algo en ~ volmacht geven* ★ ~ *de plomo loodcarbonaat*; *loodwit* ★ ~ *de huevo smeerseltje* ★ ~ *de España witkalk* ★ *tener la mente en ~ een black-out hebben* ★ *dejar en ~ blanco laten*; *overslaan* ★ *dejar en ~ a uno iemand teleurstellen* ★ *errar el ~ het doel missen* ★ *pasar en ~ weglaten* ★ *dar en el ~ zijn doel treffen* ★ *sobre en ~ blanco envelop* ★ *poner los ojos en ~ met de ogen rollen* ★ ~ *y negro zwart-wit* ★ *de punta en ~ op z'n paasbest*; *piekfijn gekleed* ★ *noche en ~ slapeloze nacht* II BNW *wit*; *blank* ★ *dar carta blanca carte blanche geven* ★ *ropa blanca wit wasgoed* ★ ~ *como el papel wit als een doek*
blancor m *blankheid*; *witheid*
blancote I m *lafaard* II BNW • *witjes*; *bleek* • *laf*
blancura v *blankheid*; *witheid*
blancuzco BNW *vuilwit*; *witachtig*; *witjes*
blandear I OV WW *overtuigen*; *overhalen* II ON WW *zwichten*; *toegeven*
blandearse WKD WW *zwichten*; *toegeven*
blandengue BNW *zeer meegaand*; *zacht*; *slap*
blandir OV+ON WW *dreigend zwaaien (met)*
blando I m *slappeling*; *lafaard*; *watje* II BNW • *zacht*; *week* • *makkelijk*; *comfortabel* • *slap*; *laf*; *weekhartig*; *futloos*; *zwak* ★ ~ *con los criminales slap optredend tegen misdadigers* ★ ~ *de corazón overgevoelig*; *weekhartig* ★ ~ *al tacto zacht aanvoelend* ★ *ser ~ de ojos gemakkelijk huilen* ★ *drogas blandas softdrugs*
blandón m • *grote dikke (was)kaars* • *kandelaar*
blanducho BNW *zacht*; *slap*
blandura v • *zachtheid* • *gemak*; *comfort* • *zwakheid*; *lafheid*
blanqueante m *bleekmiddel*; *witmaker*
blanquear I OV WW • *wit maken* • *bleken*; *witten*; *witwassen* ‹v. geld› II ON WW • *wit zijn* • *wit worden* • *wit oplichten*; *een witte kleur vertonen*
blanquecer OV WW *polijsten*; *blank maken*
blanquecino BNW *witachtig*
blanqueo m *het witten*
blanquezca WW (1e/3e p ev subj. t.t.) → **blanquecer**
blanquinegro BNW *zwart-wit*
blasfemador I m (v: **blasfemadora**) *godslasteraar* II BNW (v: **blasfemadora**) *godslasterend*; *godslasterlijk*
blasfemar ON WW • *lasteren* • *berispen* • *vloeken* ★ ~ *contra Dios God lasteren*
blasfemia v • *godslastering*; *vloek* • *scheldwoord*
blasfemo I m *godslasteraar* II BNW • *godslasterlijk* • *vloekend*
blasón m • *wapenschild*; *blazoen*; *wapenbeeld*; *devies* • *heraldiek*; *wapenkunde* • *glorie*; *eer*;

roem ∗ hacer ~ opscheppen
blasonar ON WW *snoeven; opscheppen*
blasones m mv → **blasón** ∙ *adellijke afkomst*
bledo m *aardbeispinazie* ∗ no vale un ~ *dat is geen klap waard* ∗ me importa un ~ *het kan me niet schelen; het maakt me geen moer uit*
blindado BNW *geblindeerd; gepantserd* ∗ *división blindada pantserdivisie* ∗ *automóvil ~ pantserwagen*
blindaje m *blindering; pantsering* ∗ ~ antibala *kogelvrij scherm* ∗ lámina de ~ *pantserplaat*
blindar OV WW ∗ *pantseren; blinderen* ∙ *afschermen*
bloc m *(schrijf)blok*
blocao m *blokhuis*
blocar OV WW SPORT *blokkeren; (af)stoppen*
blog m COMP. *blog*
blonda v *zijden kant*
blondo BNW *blond*
bloque m ∙ *blok* ‹ook meetkunde› ∙ *huizenblok* ∙ *schrijfblok; blocnote* ∙ *blok; groepering* ∗ en ~ *en bloc* ∗ el ~ de izquierdas *het linkse blok*
bloquear OV WW ∙ *omsingelen; belegeren; insluiten* ∙ *blokkeren; doen vastlopen; versperren* ∙ SPORT *afstoppen; blokken*
bloqueo m *blokkade; blokkering; versperring* ∗ violar el ~ *de blokkade doorbreken*
blusa v ∙ *bloes* ∙ *stofjas; overall* ∗ ~ de marinero *donkerblauwe bloes met matrozenkraag* ∗ ~ camisera *overhemdbloes* ∗ ~ de obrero *boezeroen* ∗ ~ profesional *doktersjas*
blusón m *oversized bloes*
boa I m *halsbont; boa* II v *boa*
boardilla v ∙ *vliering; zolder* ∙ *dakkapel*
boato m *pracht; praal; uiterlijk vertoon*
bobada v *onzin; dwaasheid* ∗ ¡basta de ~s! *hou op met die onzin!*
bobalicón I m (v: **bobalicona**) *domkop; sufferd* II BNW (v: **bobalicona**) *erg dom; onnozel*
bobático BNW *dom; onnozel*
bobear ON WW *domme dingen zeggen; onzin uitkramen*
bobería v → **bobada**
bóbilis BIJW ∗ de ~ ~ *gratis; zomaar; vanzelf*
bobina v ∙ *spoel; klos* ∙ *bobine*
bobo I m ∙ *domkop; sufferd; dwaas* ∙ *onnozele hals* ∙ *hansworst* ‹in klucht› ∙ ZA *rikketik* ∗ hacer el bobo *dom doen* ∗ el bobo de Coria *de dorpsgek* ∗ entre bobos anda el juego *zij zijn aan elkaar gewaagd* ∗ a los bobos se les aparece la Madre de Dios *het geluk is met de dommen* II BNW ∙ *dom; dwaas; simpel* ∙ *onnozel; naïef*
boca v ∙ *mond; bek* ∙ *uitgang; ingang; monding* ∙ *opening; gat* ∙ *kostganger* ∙ *schaar* ‹v. schaaldieren› ∙ *smaak; afdronk* ∗ andar de boca en boca *alom bekend zijn* ∗ a boca de jarro/cañón *van vlakbij* ∗ en boca cerrada no entran moscas *spreken is zilver, zwijgen is goud; er liever het zwijgen toe doen* ∗ de boca *mondeling; niet gemeend* ∗ estar pendiendo de la boca de uno *aan iemands lippen hangen* ∗ callarse/guardar la boca *zijn mond houden* ∗ hacer boca *klein hapje of drankje vooraf nemen* ∗ no decir esta boca es mía *geen mond opendoen* ∗ como boca de lobo

aardedonker ∗ por la boca muere el pez *spreken is zilver, zwijgen is goud* ∗ quien tiene boca, se equivoca *vergissen is menselijk* ∗ te trae en bocas *hij heeft het dikwijls over jou* ∗ mantener muchas bocas *veel mondjes moeten vullen* ∗ lo dijo con la boca chica *hij meende het niet erg* ∗ irse de boca *zijn mond voorbijpraten* ∗ se le va la boca *hij praat zijn mond voorbij* ∗ me lo quitas de la boca *je neemt mij de woorden uit de mond* ∗ cerrar/tapar la boca *de mond snoeren* ∗ boca de riego *aansluiting voor sproei-installatie* ∗ boca de incendio *brandkraan* ∗ boca de fuego *vuurwapen* ∗ boca de escorpión *vuilspuiter* ∗ boca de alcantarilla *rioolput* ∗ tener siempre algo en la boca *altijd iets te zeggen hebben* ∗ meterse en la boca del lobo *zich in het hol van de leeuw wagen* ∗ se le hace la boca agua *het water loopt hem in de mond* ∗ hablar por boca de otro/de ganso *gelijk geven; napraten* ∗ boca abajo *op de buik liggend* ∗ boca arriba *op de rug liggend* ∗ a pedir de boca *van een leien dakje* ∗ ¡punto en boca! *mondje dicht!* ∗ boca a boca *mond-op-mondbeademing* ∗ quedarse con la boca abierta *met open mond staan*
bocacalle v ∙ *ingang van een straat* ∙ *zijstraat; dwarsstraat*
bocacha v ∙ *grote mond; grote bek* ∙ *donderbus*
bocadear OV WW *in stukjes snijden*
bocadillo m ∙ *belegd broodje; sandwich* ∙ *hapje* ‹halverwege de ochtend› ∙ *tekstballon; tekstwolkje* ∙ ZA *zoete lekkernij*
bocado m ∙ *hap* ∙ *hapje eten* ∙ *beet* ∙ *afgebeten stuk; hap* ∙ *bit* ‹v. paard› ∗ ~ de cardenal *delicatesse* ∗ no probar ~ *niets eten* ∗ buen ~ *luizenbaantje* ∗ un ~ caro *een dure grap* ∗ ~ exquisito *lekkernij* ∗ ~ sin hueso *sinecure* ∗ ~ de Adán *Adamsappel* ∗ ser ~ duro *een hele klus zijn*
bocajarro BIJW ∗ a ~ *onvoorbereid; onverwacht; van dichtbij* ‹v. een schot›
bocal m ∙ *wijnkan* ∙ *havenmond*
bocallave v *sleutelgat*
bocamanga v *manchet; mouwopening*
bocanada v ∙ *slok; mondvol* ∙ *rookwolk; windstoot; ademwolk* ∗ ~ de aire *luchtstroom* ∗ ~ de gente *mensenmassa* ∗ echar ~s *opscheppen* ∗ fumar a grandes ~s *paffen*
bocata m *broodje*
bocaza v *flapuit* ∗ ser un ~s *een flapuit zijn*
bocel I m ∙ *ronde lijst* ∙ *schaaf* ∗ medio ~ *halve cirkel* ∗ cuarto ~ *kwart cirkel* ∗ cepillo ~ *profielschaaf* II BNW *met een ronde lijst*
bocelar OV WW *rondschaven*
bocera v ∙ *snor* ‹v. drinken, eten› ∙ *koortsuitslag*
boceras m/v *flapuit; kletsmajoor*
boceto m ∙ *schets; ontwerp* ∙ *onafgemaakt kunstwerk*
bocha v *jeu de boulesbal*
bochas v mv ∙ *jeu de boules* ∙ *bowling*
boche m *knikkerputje* ∗ dar ~ a u.p. *iemand met de nek aankijken*
bochinche m *tumult; oproer; lawaai*
bochinchero m *oproerkraaier*

bo

bochorno m • *hete wind* • *drukkende hitte* • *opvlieging* • *schaamte*; *schaamrood*; *blos* ★ hace ~ *het is benauwd* ★ iqué ~! *wat pijnlijk!*

bochornoso BNW • *drukkend heet*; *benauwd* • *beschamend*; *gênant*

bocina v • *hoorn* ‹v. muziekinstrument›; *grammofoonhoorn* • *toeter*; *claxon* • ZA *(het) verklikken/tipgeven* ★ tocar la ~ *toeteren*; *claxonneren*

bocinar ON WW *toeteren*

bocinazo m *getoeter*

bocio m *krop(gezwel)*

bocón I m (v: **bocona**) • *iemand met een grote mond* • *opschepper* • CHI *roddelaar, kletsmajoor* • CHI *verklikker* **II** BNW (v: **bocona**) • *met een grote mond* • *opscchepperig*

boda v /ook meervoud/ *huwelijk*; *bruiloft* ★ bodas de diamante *diamanten huwelijksfeest* ★ bodas de oro *gouden huwelijksfeest* ★ bodas de plata *zilveren huwelijksfeest* ★ bodas de papel *tienjarig huwelijksfeest* ★ traje de boda *trouwpak* ★ anillo de boda *trouwring*

bodega v • *wijnkelder*; *bodega*; *bar* • *vinotheek*; *slijterij* • *scheepsruim* • *wijnoogst* • *provisieruimte*; *voorraadkast* • *kelder* • LA *kruidenierswinkel* • ZA *opslagplaats*

bodegón m • *eethuisje*; *eenvoudig restaurant* • *kroeg*; *stilleven* • VERO. echar el ~ por la ventana *met geld smijten*; *woedend worden*

bodeguero m *kroegbaas*

bodijo m • *ongelijk huwelijk* • *sobere trouwpartij*

bodoque I m • *kogeltje* ‹v. klei voor kruisboog› • *knobbel*; *bultje* • ZA *zwelling* • *geborduurd bolletje* • *(verstevigde) rand* ‹aan matras› • ZA *prutswerk* **II** BNW m/v *sufferd*; *dommerik*

bodrio m • *ellendige kost*; *slecht eten*; *soep voor de armen* • *prutswerk*; *rotzooi* • un ~ de película *een draak van een film*

body m *body*

bóer I m/v *Boer* ‹Zuid-Afrika› ★ la guerra de los bóers *de boerenoorlog* **II** BNW *Boers* ‹Zuid-Afrika›

bofe m *long* ★ echar el bofe *zich rot werken*

bofetada v *klap in gezicht met vlakke hand*; *oorvijg* ★ dar una ~ a alg. *iemand vernederen* ★ darse de ~s *niet bij elkaar passen* ★ darse una ~ *botsen* ‹v. auto's›

bofetón m *harde oorvijg*

bofia v INF. *smeris*

boga v • *(het) roeien* • *roeiteam* • *ossenoog* ‹soort brasem› • INF. *politie* ★ estar en boga *in de mode zijn* ★ uno de la bofia *een smeris*

bogada v *riemslag*

bogar ON WW • *roeien* • *afschuimen van gesmolten metaal*

bogavante m *zeekreeft*

bogotano I m *inwoner van Bogotá* **II** BNW *uit Bogotá*

bohardilla v *zolder*; *vliering*

Bohemia v *Bohemen*

bohemio I m • *Bohemer* • *bohémien* • *zigeuner* **II** BNW • *Boheems* • *bohémien-*

bohío m ZA *hut*

bohordo m PLANTK. *stengel*

boicot m *boycot* ★ ~ petrolero *olieboycot* ★ formar/hacer el ~ a *boycotten*

boicotear OV WW *boycotten*

boicoteo m *boycot*

boina v *baret*; *alpino(pet)*

boj m • *palm(boom)*; *buksboom* • *palmboomhout*

bojote m *bundel*; *pakket*

bol m • *kom* • *bowlschaal* • *het uitwerpen van visnet* • *groot sleepnet* ‹getrokken vanaf de kust› ★ bol de Armenia *Armeense klei*

bola v • *bal*; *bol* • *leugen* • *(speel)bal(letje)*; *kogel* ‹in sport of spel› • *(kogel)lager* • *schoensmeer* • ZA *tumult* ★ dejar que ruede la bola *Gods water over Gods akker laten lopen* ★ a bola vista *zijn kaarten op tafel leggen* ★ bola de billar *biljartbal* ★ hacer bolas *spijbelen* ★ escurrir la bola *er tussenuit knijpen* ★ no rascar bola *niets goed doen* ★ no dar pie con bola *niets goed doen* ★ bola de nieve *sneeuwbal*

bolada v • *grap* • *worp*

bolado m CA *gerucht*; *praatje*

bolazo m *worp met een bal*

bolchevismo m *bolsjewisme*

bolea v *volley*

bolear I OV WW *spelen* **II** ON WW • *voor de lol (mee)spelen* • *liegen*; *opscheppen* • *een rotstreek uithalen*

bolera v • *bowlingbaan*; *kegelbaan* • *Venezolaanse zang en dans* • *bolerodanseres*

bolero I m • *bolero* • *bolerodanser* • *kort jasje* • *leugenaar* • MEX *schoenpoetser* **II** BNW • *die de bolero danst* • *leugenachtig*

boleta v • *entreekaartje*; *toegangsbewijs* • *tegoedbon* • ZA *stembiljet*

boletero m ZA • *kaartjesverkoper* • ARG *leugenaar*; *fantast*

boletín m • *bulletin*; *tijdschrift* • *inschrijfformulier*; *aanmeldingsformulier* ★ ~ de la radio *radiogids* ★ ~ de pedido *bestelformulier* ★ Boletín Oficial del Estado ≈ *Staatscourant*; ≈ *Staatsblad* ★ ~ de noticias *nieuwsberichten* ★ ~ de prensa *persbericht*

boleto m • *lot*; *loterijbriefje* • *totoformulier* • ZA *plaatsbewijs* • PLANTK. *boleet* • URU es un ~ *het is een makkie*

bolichada v *mazzel*; *geluk*

boliche m • *knikker* • *kegelspel* • *kegelbaan* • *bol*; *knop* ‹als versiering› • ZA *kroeg*; *bar* • *speelhol*

bólido m *bolide* ★ ir de ~ *zich haasten* ★ como un ~ *razendsnel*

bolígrafo m *ballpoint*; *balpen*

bolillo m • *kantklosje* • MEX *broodje*

bolina v • *boeglijn* • *echolood* • *ruzie* ★ navegar de ~ *laveren* ★ echar de ~ *opscchepperig dreigen* ★ se armó ~ *er ontstond herrie*

bolívar m *bolivar* ‹Venezolaanse munteenheid›

boliviano I m *Boliviaan* **II** BNW *Boliviaans*

bolladura v *deuk*

bollar OV WW • *merken* ‹v. stoffen, kleding› • *drijven* ‹v. metaal›; *ciseleren*

bollería v *luxe bakkerij*; *broodjeswinkel*

bollero m *broodjesbakker*

bollo m • *(luxe) broodje* • *buts* • *buil*; *bult*
• *opschudding*; *ruzie* ★ no estar el horno para
~s *er niet voor in de stemming zijn*; *niet het
geschikte moment zijn*

bollón m • *sierspijker* • *oorknopje*

bolo I m • *kegel* • *rondreizend toneelgezelschap*
★ club de jugadores de bolos *kegelclub*;
bowlingclub ★ echar a rodar los bolos *lawaai
maken*; *ruzie zoeken* **II** BNW • *onnozel*; *dom*
• CA *zat*; *dronken*

bolón m *bouwsteen*

bolonio m *domoor*

bolos m mv • → **bolo** • *kegelspel*; *bowling*

bolsa v • *tas(je)*; *zak* • *portemonnee*; *geldbuidel*
• *geld* • *plooi*; *kreukel* • *ader* ⟨in mijn⟩ • *bel*;
blaas • *beursgebouw* • ECON. *beurs* • *beurs*;
toelage ★ ~ de trabajo *vacaturebank* ★ aflojar
la ~ *in de beurs tasten* ★ ~ rota *verkwister*
★ alargar la ~ *diep in de beurs tasten* ★ ila ~ o
la vida! *je geld of je leven!* ★ jugar a la ~
speculeren ★ ~ de té *theezakje* ★ ~ de gas
gasbel

bolsillo m • *zak* ⟨in kleding⟩ • *portemonnee*
• *geld* ★ tener un agujero en el ~ *een gat in
zijn hand hebben* ★ meterse/tener a alg. en el
~ *iemand om zijn vinger winden* ★ echar
mano al ~ *betalen* ★ de ~ *op zakformaat*
★ libro de ~ *pocketboek* ★ INF. rascarse el ~
dokken ★ esto no echa nada en el ~ *dat
brengt niets in het laatje*

bolsín m *bijeenkomst van speculanten buiten de
beurs(tijden) om*

bolsista m/v *beursspeculant*

bolso m *(hand)tas*; *schoudertas*

bomba I v • *bom* • *(glazen) bol* ⟨v. lamp⟩
• *sensatie*; *verrassend nieuws* • *pomp*; *spuit*
• *geïmproviseerd lied* • ZA *drinkfeest*;
dronkenschap ★ ~ fétida *stinkbom* ★ ~ de
neutrones *neutronenbom* ★ salud a prueba
de ~ *blakende gezondheid* ★ ~ de mano
handgranaat ★ dar a la ~ *pompen*; *er op los
leven* ★ ~ de incendios *brandspuit* ★ ~ de
humo *rookbom* ★ VERO. caes como una ~ *je
komt als uit de lucht gevallen* ★ estalla la ~ *de
bom barst* ★ ~ de racimo *clusterbom* **II** BNW
sensationeel; *indrukwekkend* ★ pasarlo ~ *het
heel goed naar de zin hebben* ★ estar ~ *een
stuk zijn*

bombacho I m *wijde broek* **II** BNW *wijd* ⟨v.
broek⟩ ★ pantalón ~ *pofbroek*

bombardear OV WW • *bombarderen*; *beschieten*
• NAT. *splijten* ★ ~ a preguntas *met vragen
bestoken*

bombardeo m *bombardement*

bombardero I m *bommenwerper* ★ ~ de largo
vuelo *langeafstandbommenwerper* **II** BNW
bommen-

bombasí m *bombazijn*

bombazo m • *(bom)ontploffing*; *(bom)inslag*
• *knaller*; *prijsstunt*; *speciale aanbieding*;
sensationeel iets

bombear OV WW • *bombarderen* • *roemen*;
ophemelen • *(op)pompen*

bombeo m • *welving*; *bolling* • *het (op)pompen*

bombero m *brandweerman* ★ cuerpo de ~s

brandweerkorps ★ ~s voluntarios *vrijwillige
brandweer*

bómbice m *zijderups(vlinder)*

bombilla v • *gloeilamp* • ZA *rietje om maté mee
te drinken*

bombillo m • ZA *gloeilamp* • *kleine brandspuit*

bombín m *bolhoed*

bombo m • MUZ. *(grote) trom* • *draaibare
trommel* ⟨v. loterijballetjes⟩ • *trommel*;
cilinder ★ a ~ y platillos *met veel tamtam*
★ VERO. con la cabeza hecha un ~ *met
barstende hoofdpijn* ★ VERO. dar ~ a u.p.
iemand overdreven ophemelen ★ darse ~ *dik
doen* ★ ~ de sorteo *grabbelton*

bombón m • *bonbon* • *mooi meisje*

bombona v *fles* ★ ~ de butano *butagasfles* ★ ~
de oxígeno *zuurstoffles*

bombonera v • *gezellig huisje* • *bonbonnière*

bombonería v *bonbonwinkel*

bonachón I m ⟨v: **bonachona**⟩ *goeierd* **II** BNW
⟨v: **bonachona**⟩ *goedig*

bonachonería v *goedhartigheid*

bonaerense I m/v *iemand uit Buenos Aires*
II BNW *van/uit Buenos Aires*

bonancible BNW *kalm*; *zacht*; *mild*

bonanza v • *kalmte* ⟨v. zee, weer⟩; *windstilte*
• *voorspoed* ★ VERO. ir en ~ OOK FIG. *voor de
wind gaan*

bonazo BNW *goedig*; *sullig* ★ es un ~ *het is een
goede vent*

bondad v • *goedheid* • *goedaardigheid*;
welwillendheid ★ tenga usted la ~ *weest u
zo goed om* ★ tuvo la ~ de *hij was zo
vriendelijk om*

bondadoso BNW *goed(ig)*; *vriendelijk*

bonete m • *vierhoekige bonnet* • *baret* ★ tirarse
los ~s *ruzie maken*; *vechten* ★ a tente ~
overdadig

boniato m *maniok*

bonificación v • *verbetering* • *korting*;
vermindering • *bonificatie*; *tijdafrek* ★ ~ por
gastos de viaje *reiskostenvergoeding*

bonificar OV WW *een korting geven aan*;
vergoeden

bonísimo BNW *zeer goed*

bonitamente BIJW • *mooi*; *netjes* • *met gemak*
• *doodkalm*

bonito I m *boniet* **II** BNW *mooi*; *leuk*; *knap*
★ imuy ~! *fraai is dat!* ★ por su cara bonita
omdat hij het is ★ i~ viaje! *het was me het
reisje wel!*

bono m • *(waarde)bon* • *obligatie* ★ bono del
tesoro *schatkistbiljet* ★ bonos basura *junkbond*

bonobus m *strippenkaart* ⟨alleen voor bus⟩

bonzo m *bonze*

boñiga v *koemest*; *paardenmest*

boqueada v ★ VERO. dar la última ~ *de laatste
adem uitblazen*; *op zijn eind lopen*

boquear I OV WW *zeggen*; *uitspreken* **II** ON WW
• *de mond open doen*; *naar adem happen*
• *aflopen*; *ten einde lopen*

boquera v • *(afwaterings)greppel*;
afvoerkanaaltje • *koortsuitslag*

boquerón m *ansjovis*

boquete m • *nauwe doorgang* • *bres*; *gat*;
opening

bo

boquiabierto BNW • *met open mond*
• *stomverbaasd* ★ mirar ~ *stomverbaasd kijken*
boquiblando BNW *gevoelig voor het bit* ‹v. paard›
boquifresco I m ★ es un ~ *hij neemt geen blad voor de mond* II BNW *brutaal; ronduit sprekend*
boquilla v • *mondstuk* ‹v. instrument›
• *sigarettenpijpje* • *broekspijp*
boquirroto I m *kletskous* II BNW *kletserig*
boquirrubio I m *fatje* II BNW • *praatziek*
• *loslippig* • *onnozel*
borato m *boraat; boorzuurzout*
bórax m *borax*
borbollar ON WW (**borbollear**) • *(op)borrelen*
• *krioelen; wemelen*
borbolleo m *opborreling; gepruttel*
borbollón m *(lucht)belletje* ★ a borbollones *gejaagd*
borbollonear WW → **borbollar**
Borbón m *Bourbon*
borbónico BNW *van het huis der Bourbons*
borborigmos m mv *gerommel (in de buik)*
borbotar ON WW (**borbotear**) *(op)borrelen; koken*
borbotón m *(lucht)belletje* ★ hablar a borbotones *gejaagd spreken*
borceguí m *(halfhoge) rijglaars*
borda v • *boord* ‹v. schip› • *keet; hut* ★ motor fuera (de) ~ *buitenboordmotor* ★ tirar u.c. por la ~ OOK FIG. *iets overboord gooien* ★ ~ con ~ *zij aan zij*
bordada v *laveergang* ★ dar ~s *laveren; ijsberen*
bordado I m *borduurwerk* II BNW *tot in de puntjes; perfect*
bordadura v *borduursel; borduurwerk*
bordar I OV WW *perfect uitvoeren* II OV+ON WW *borduren*
borde I m *rand; kant; boord* ★ ~ de luto *rouwrand* ★ estar al ~ de *op het punt staan om te* ★ al ~ del abismo *aan de rand v.d. afgrond* ★ hasta el ~ *tot (op) de rand* II m/v • *buitenechtelijk kind* • *boosaardig iemand* III BNW • PLANTK. *wild; niet veredeld* • *buitenechtelijk* • *vervelend; boosaardig*
bordear OV WW *langs de rand lopen van; gaan langs; langs de oever varen van* • *naderen* ★ ~ el éxito *op het punt staan succes te boeken* ★ ~ los sesenta *bijna zestig zijn*
bordelés I m (v: **bordelesa**) *iemand uit Bordeaux* II BNW (v: **bordelesa**) *uit Bordeaux*
bordillo m *stoeprand*
bordo m *boord* ★ de alto ~ *zeewaardig* ★ subir a ~ *inschepen* ★ a ~ *aan boord*
bordón m • *(pelgrims)staf* • *steun; helper; gids* • *vaak herhaalde zin; stopwoord* • MUZ. *bassnaar*
bordoncillo m *stopwoordje; vaak herhaalde zin*
bordonear ON WW • *zoemen* • *bedelen; schooien*
boreal BNW *noorder-*
borgoña m *Bourgognewijn*
Borgoña v *Bourgondië*
borgoñón I m (v: **borgoñona**) *Bourgondiër* II BNW (v: **borgoñona**) *Bourgondisch*
bórico BNW CHEM. *boor-* ★ ácido ~ *boorzuur*
borinqueño BNW *Porto Ricaans*

borla v • *kwast(je)* ‹als versiering›
• *poederkwast; poederdonsje* • *pompon* ★ VERO. tomar la ~ *promoveren*
borne m *poolklem; draadklem*
bornear I OV WW *buigen; (ver)draaien* II ON WW • *een zuil bewerken* • SCHEEPV. *draaien om het anker*
bornearse WKD WW *kromtrekken*
borneo m • *het buigen* • *het kromtrekken*
boro m *borium*
borona v • *maïsbrood* • ZA *broodkruimel*
borra v • *slechtste deel van wol; vlokwol* • *pluis; stofpluis* • *drab; bezinksel* • *holle woorden* ★ ~ del café *koffiedik*
borrachera v • *dronkenschap* • *grote opgewondenheid; roes* ★ ~ de triunfo *overwinningsroes* ★ dormir la ~ *zijn roes uitslapen*
borrachín m (v: **borrachina**) *dronkenlap*
borracho I m • *dronkaard* • *drankzuchtig iemand* • *gebak met drank* II BNW • *dronken; beschonken* • *drankzuchtig* • *bezeten*; FIG. *dronken* • *met drank bereid* ‹v. gebak› ★ ~ como una cuba *zo zat als een aap* ★ ~ perdido *laveloos* ★ ~ de alegría *dolbij*
borrador m • *klad(versie); ontwerp(tekst)* • *ontwerp; schets* • *vlakgom; gum* ★ hacer ~ de *ontwerpen (maken)* ★ escribir el ~ *in het klad schrijven*
borradura v • *doorhaling; het doorstrepen* • *het uitgommen*
borraja v *bernagie* ★ quedar en agua de ~s *op niets uitlopen*
borrajear I OV WW • *neerkrabbelen* • *tekenen; schetsen* II ON WW *krabbelen*
borrar OV WW • *doorstrepen*; COMP. *(uit)wissen; uitgummen; wegvagen* • *in de schaduw zetten* ★ ~ de la memoria *uit het geheugen wissen*
borrarse WKD WW *vaag worden; verdwijnen; opzeggen; bedanken* ‹v. lidmaatschap›
borrasca v • *storm; noodweer* • *tegenspoed* • *drinkgelag*; INF. *orgie* ★ hay ~ *het stormt*
borrascoso BNW • *stormachtig* • *veelbewogen; onstuimig* ★ viento ~ *stormwind*
borrasquero BNW *onstuimig; wild*
borrego m • *een- of tweejarig lam* • *sul; simpele ziel*
borreguil BNW *onnozel; gedwee*
borrica v • *ezelin* • *koppige vrouw*
borricada v • *stommiteit* • *koppigheid*
borrico I m • *ezel* • *domkop; stijfkop* ★ caer de su ~ *zijn stommiteit inzien* ★ ser un ~ *een domme ezel zijn* II BNW *dom*
borricón m *goedzak*
borrón m • *inktvlek* • *onvolmaaktheid; gebrek* • *schanddaad; schandvlek; smet* ★ i~ y cuenta nueva! *zand erover!*
borronear OV WW *neerkrabbelen*
borroso BNW • *vaag; wazig* • *troebel; drabbig*
borujo m *klont; brok*
boscaje m • *bosje* • *boslandschap; bosgezicht*
Bosco m ★ el ~ *Jeroen Bosch*
boscoso BNW *bosrijk*
Bósforo m ★ el ~ *de Bosporus*
Bosnia v *Bosnië*
bosnio I m *Bosniër* II BNW *Bosnisch*

bosque m *bos* * ~ *en una ladera bos op een helling* * ~ *virgen oerwoud*; *jungle* * ~ *tropical húmedo tropisch regenwoud*
bosquejar OV WW • *schetsen* • *(ruw) ontwerpen* ‹v. plan, idee›
bosquejo m • *schets*; *ontwerp* • *vaag plan*; *vaag concept*
bostezar ON WW *gapen*; *geeuwen*
bostezo m *geeuw*
bota v • *leren wijnzak* • *ton*; *vat* • *laars* * *estar con las botas puestas gepakt en gezakt zijn* * *ponerse las botas veel profijt hebben van* * *con las botas calzadas gelaarsd* * VERO. *botas de siete leguas zevenmijlslaarzen* * *dar bota alle slagen halen* ‹kaartspel› * *morir con las botas puestas in het harnas sterven* * *bota alpinista bergschoen* * *botas ortopédicas orthopedische laarzen*
botadura v *tewaterlating*
botafuego m • *lontstok* • *heethoofd*
botana v • *verstelplap op wijnzak* • *bom*; *bommel* • *pleister* • *litteken* • CUL. MEX *voorafje*
botánica v *plantkunde*; *plantkunde*
botánico I m *plantkundige*; *botanicus* II BNW *botanisch*; *plantkundig*
botanista m/v *plantkundige*
botar I OV WW • SCHEEPV. *van stapel laten lopen* • *weggooien*; *wegsmijten* • *ontslaan*; *eruit schoppen* II ON WW *opspringen*; *stuiteren* * *está que bota hij is razend*
botaratada v *stommiteit*
botarate I m/v • *spring-in-'t-veld*; *onbezonnen persoon* • ZA *verkwister* II BNW • *druk*; *opgewonden*; *onbezonnen* • ZA *verkwistend*
botarel m *steunbeer*
botarete BNW • *arco ~ luchtboog*
botarga v *clownspak*
botarse WKD WW *bokken* ‹v. paard›
botavara v *giek*
bote m • *sprong*; *stuit* • *blikje*; *potje* • *fooienpot* • *fooi* • *(roei)bootje* * *de bote en bote stampvol* * *pegar un bote (op)springen* * *bote de carnero bokkensprong* * *chupar del bote ergens een slaatje uitslaan* * *darse el bote ervandoor gaan* * *tener a alg. en el bote iemand in zijn zak hebben* * *dar botes de alegría opspringen van vreugde*
botella v *fles* * ~ *de oxígeno zuurstoffles* * ~ *retornable fles met statiegeld* * ~ *no retornable wegwerpfles*; *fles waar geen statiegeld op zit*
botellero m *flessenhandelaar*; *flessenfabrikant*
botellín m *flesje*
botepronto m *sprong* * *a ~ op stel en sprong*
botero m *maker van wijnzakken* * *Pedro ~ de duivel*
botica v • *apotheek* • *medicijnen* • *winkel*
boticario m *apotheker* * VERO. *eso llega como pedrada en ojo de ~ dat komt erg goed gelegen*
botija v • *aarden kruik* • MEX *kind* * *estar hecho una ~ moddervet zijn*
botijero m *kruikenmaker*; *kruikenverkoper*
botijo m *kruik* ‹met drinktuit› * *estar como un ~ tonrond zijn*
botín m • *(oorlogs)buit* • *beenkap* • *hoge schoen*

botina v *bottine*
botiquín m • *verbandtrommel*; *EHBO-kist*; *medicijnkast*; *huisapotheek* • *medicijnen*
boto m *rijlaars*
botón m • *knoop(je)* • *(druk)knop* • PLANTK. *knop* * ~ *de oro boterbloem* * ~ *de arranque startknop* * ~ *de mando bedieningsknop* * *como ~ de muestra als monster/voorbeeld*
botonadura v *knopengarnituur*
botonar OV WW *dichtknopen*
botonería v *knopenwinkel*; *knopenfabriek*
botones m *piccolo*
bou m * *pescar al bou met het sleepnet vissen*
boutique v *boetiek*
bóveda v • *gewelf* • *vertrek met gewelf* • *crypte*; *grafkelder* * ~ *rebajada ingedrukt gewelf* * ~ *de medio punto ringgewelf* * ~ *vaída tongewelf* * ~ *de crucería kruisgewelf* * ~ *de cañón tongewelf* * ~ *de arista kloostergewelf* * ~ *palatina gehemelte* * ~ *celeste uitspansel*; *firmament*
bovedilla v *dakgewelf* * VERO. *subirse a las ~s op de kast klimmen*
bóvidos m mv *runderen*
bovino I m *rund(achtige)* II BNW *rund(er)-* * *ganado ~ rundvee*
box m *(paarden)box*; *ligbox*; *pit(s)* ‹bij (auto)races›
boxeador m *bokser*
boxear ON WW *boksen*
boxeo m *bokssport*; *het boksen*
bóxer I m *boxer* II BNW *boxer-*
boya v • *boei* • *drijfkurk* ‹aan net› * *boya salvavidas reddingsboei*
boyante BNW • *drijvend* • *voorspoedig*; *welvarend* • *dapper* ‹v. stier› * *estar ~ in blakende welstand zijn*
boyar ON WW • *vlot raken* • ZA *drijven*
boyera v *ossenstal*
bozal I m/v • *beginneling* • *sufferd*; *domkop* • *muilband* ‹v. paard›; *muilkorf* * *poner ~ a un perro een hond muilkorven* II BNW • *ongeoefend*; *groen* • *dom*; *onnozel*
bozo m • *beginnende snor*; *donssnor* • *lippen*; *mond*
bracear ON WW • *met de armen zwaaien* • *crawlen*; *zwemmen* • *zich moeite geven*; *worstelen*
braceo m • *krachtige armbeweging*; *armzwaai* • *het crawlen*
bracero m *dagloner* * *de ~ gearmd*
bracete m * *de ~ gearmd*
bracmán m *brahmaan*
braco m *jachthond*
bráctea v *dekblad*; *schutblad*
braga v /vaak mv/ *(dames)onderbroek*; *slipje*; *mannenbroek*
bragado BNW • *kwaadaardig* • *kordaat*; *vastbesloten*; INF. *stoer* • *bien ~ energiek*
bragadura v • ANAT. *kruis* • *kruis* ‹v. kledingstuk›
bragazas I m /mv onver./ *pantoffelheld*; *doetje* II BNW *slap*; *sukkelig*
braguero m *bandage*; *breukband*
bragueta v *gulp*
braguetazo m * *dar un ~ om het geld trouwen*

braguetero I m *rokkenjager* **II** BNW • *hitsig; wellustig* ‹*die getrouwd is om het geld*›
braguillas m *broekenmannetje*
brahmán m *brahmaan*
braille m *braille; blindenschrift*
brama v *bronst(tijd)*
bramante I m *bindtouw; paktouw* **II** BNW *brullend*
bramar ON WW *loeien; brullen; bulderen*
bramido m • *gebrul; geloei* • *brul; schreeuw* • *gebulder*
branquia v *kieuw*
braquial BNW *van de arm; arm-*
braquicéfalo BNW *kortschedelig*
brasa v *gloeiend (houts)kooltje* ★ *pasar como sobre* ~s *por un asunto op hete kolen zitten* ★ *a la* ~ *geroosterd, gegrild*
brasero m *vuurpot*
Brasil m *Brazilië*
brasileño I m *Braziliaan* **II** BNW *Braziliaans*
bravata v • *dreigement* • *opschepperij; pocherij*
bravear ON WW *opscheppen; snoeven; pochen*
braveza v • *moed; dapperheid* • *woestheid* • *geweld* ‹v. zee, weer, wind›
bravío BNW • *woest; wild* • *lomp; ruw; ontembaar*
bravo I BNW • *dapper; moedig* • *woest; wild* • *stormachtig* • *onbegaanbaar; ruig* • *opvliegend; driftig* • *geweldig; schitterend* ★ *costa brava ruige kust* **II** BIJW *ferm* **III** TW *bravo*
bravucón I m (v: **bravucona**) *opschepper; snoever* **II** BNW (v: **bravucona**) *opschepperig; pochend*
bravuconada v *pocherij; snoeverij*
bravura v • *moed; dapperheid* • *woestheid; wildheid* • *opschepperij*
braza v • *vadem* • *zwemslag* ★ ~ *de pecho schoolslag* ★ ~ *mariposa vlinderslag*
brazada v • *armslag* • *armvol*
brazado m *armvol*
brazal m • *(arm)band* ‹voor bovenarm› • *armplaat; handvat van een schild* • *bevloeiingskanaal*
brazalete m *armband* ★ ~ *de eslabones schakelarmband* ★ ~ *de luto rouwband*
brazo m • *(boven)arm* • *voorpoot* • *armleuning* • *armatuur; (draag)arm* • *(zij)tak; arm; aftakking* • *geweld; macht* ★ ~ *secular seculiere rechtbank* ★ ~ *derecho* FIG. *rechterhand* ★ ~ *de mar zeearm* ★ *huelga de* ~s *caídos sit-downstaking* ★ ~ *de gitano opgerolde cake* ★ *a* ~ *partido met blote handen; zonder wapens* ★ *no doy mi* ~ *a torcer ik houd voet bij stuk* ★ ~ *de silla armleuning* ★ *tener* ~ *sterk zijn* ★ *a fuerza de* ~ *met grote inspanning* ★ *cogidas del* ~ *gearmd* ★ *cruzarse de* ~s *niets doen; met de armen over elkaar zitten* ★ *con los* ~s *abiertos met open armen* ★ *al* ~ *over de arm* ★ *a* ~ *handmatig*
brazos m MV • *beschermers* • *dagloners*
brazuelo m *bovenste deel van de voorpoot*
brea v • *teer* • *geteerd zeildoek*
break m • *brik* ‹rijtuig› • *stationcar*
brear OV WW • *mishandelen* • *lastig vallen*

• *plagen*
brebaje m *vies drankje; brouwsel*
breca v *(zee)bliek; (zee)barbeel*
brecha v • *bres* • *opening* • *indruk* ★ *morir en la* ~ *in de strijd sterven* ★ *estar en la* ~ *op de bres staan* ★ *hacer* ~ *indruk maken* ★ *abrir* ~ *indruk maken; overtuigen*
brécol m *broccoli*
brega v *strijd; worsteling* ★ VERO. *darle* ~ *a uno iemand een poets bakken* ★ *andar a la* ~ *ploeteren; zich kapot werken*
bregar ON WW • *ruzie maken* • *zwoegen; ploeteren*
bren m *zemelen*
breña v *oneffen terrein vol onkruid en struikgewas*
breque m *(zee)barbeel*
Bretaña v *Bretagne* ★ *la Gran* ~ *Groot-Brittannië*
brete m • *voetboei* • *lastig parket; moeilijke situatie* ★ *poner en un* ~ *in het nauw drijven*
bretón I m • (v: **bretona**) *Breton* • *koolsoort* **II** BNW (v: **bretona**) *Bretons*
breva v • *grote vroege vijg* • *vroege eikel* • *platte sigaar* • *buitenkansje* • ZA *pruimtabak*
breve I m *breve; pauselijke brief* **II** BNW *kort; beknopt* ★ *en* ~ *binnenkort*
brevedad v *kortheid; beknoptheid* ★ *con la mayor* ~ *zo vlug mogelijk* ★ *para mayor* ~ *kortheidshalve*
breviario m • *brevier* • *compendium; uittreksel*
brezal m *heideveld*
brezo m *heide*
briba v *landloperij; zwervend bestaan* ★ *andar/vivir a la* ~ *een zwerversbestaan leiden*
bribón m (v: **bribona**) • *schurk; oplichter; dief* • *ondeugd; schavuit*
bribonada v *vuile streek; rotstreek*
bribonear ON WW • *leven als een schooier* • *schurkenstreken uithalen*
bricbarca v *schoener*
bricolagista m/v *doe-het-zelver*
bricolaje m *klusjes; doe-het-zelf(werkzaamheden)*
brida v • *hoofdstel* ‹v. paard› • MED. *vergroeiing* • *lasplaat; flens* ★ *tener a la* ~ *kort houden* ★ VERO. *a toda* ~ *spoorslags*
bridón m • *hoofdstel* ‹v. paard› • *ros*
brigada I m *sergeant-majoor* **II** v *brigade* ★ ~ *antidisturbios oproerpolitie* ★ ~ *de estupefacientes narcoticabrigade*
brigadier m • *brigadegeneraal* • SCHEEPV. *schout-bij-nacht*
Briján m ★ *saber más que* ~ *erg schrander zijn*
brillante I m *briljant* **II** BNW • *schitterend; blinkend; fonkelend* • *briljant*
brillantez v • *glans; schittering* • *voortreffelijkheid*
brillantina v *brillantine*
brillar ON WW • *glanzen; schitteren; stralen; fonkelen* • *uitblinken; schitteren* ★ ~ *por su ausencia schitteren door afwezigheid*
brillo m • *glans; schittering* • *roem; glorie* ★ *sacar/dar* ~ *oppoetsen*
brincar I OV WW *overslaan* ‹woord, zin› **II** ON WW • *huppelen; (op)springen* • *zich boos maken; opvliegen* ★ *estar alg. que brinca woedend zijn*

brinco m *sprong* ∗ de un ~ *met één sprong*
∗ dar ~s de alegría *vreugdesprongetjes maken*
brindar I OV WW ∗ *aanbieden* • TAUR. *opdragen*
II ON WW *toasten*; *een toast uitbrengen* ∗ le
brindé con un regalo *ik heb hem een
geschenk aangeboden*
brindis m ∗ *toast*; *het toasten* ∗ TAUR. *het
opdragen* ∗ echar un ~ *een toast uitbrengen*
brío m ∗ *kracht*; *vuur*; *energie*
∗ *vastbeslotenheid*; *vastberadenheid* ∗ *zwier*;
elan; *fierheid* ∗ tener bríos *temperament
hebben*
brioso BNW ∗ *vurig*; *energiek* ∗ *kranig*;
vastberaden ∗ *zwierig*; *sierlijk*; *elegant*
briqueta v *briket*
brisa v ∗ *noordoostenwind* ∗ *bries(je)* ∗ ~ marina
zeewind ∗ ni una ~ *geen zuchtje wind*
británico I m *Brit* II BNW *Brits*
britano BNW *brits*
brizna v ∗ *draadje*; *vezel*; *haartje* ∗ *klein beetje*;
greintje ∗ una ~ de hierba *een grassprietje*
broca v *boorijzer*
brocado m *brokaat* ∗ ~ de oro *goudbrokaat*
brocal m ∗ *putrand* ∗ *tuit*; *mondstuk* ⟨v.
wijnzak⟩
brocha v ∗ *(verf)kwast* ∗ *scheerkwast* ∗ *valse
dobbelsteen* ∗ darle a ~ *schilderen* ∗ ~ para
encolar *lijmkwast* ∗ pintor de ~ gorda
huisschilder ∗ de ~ gorda *grof*; *smakeloos*;
met de Franse slag
brochada v *penseelstreek*; *streek met een kwast*
brochazo m *streek met kwast*; *penseelstreek*
broche m ∗ *haak en oog* ∗ *broche* ∗ cerrar con ~
de oro *met een grootse finale afsluiten*
brocheta v *braadspit*; *grillspies*
brochón m *witkwast*
bróculi m *broccoli*
broma v ∗ *gekheid*; *lol* ∗ *grap*; *mop*; *geintje* ∗ ~
de mal gusto *smakeloze grap* ∗ medio en ~,
medio en serio *half en half voor de grap*; *niet
erg serieus* ∗ ~ pesada *misselijke grap*
∗ dejarse de ~s *iets serieus nemen* ∗ en ~ *voor
de grap* ∗ de ~ *voor de grap* ∗ tomar algo a ~
iets als een grapje opvatten ∗ no es ninguna ~
het is geen lolletje ∗ va de ~ *het is maar een
geintje* ∗ no estar para ~s *niet in de stemming
zijn*
bromazo m *misselijke grap*; *rotstreek*
bromear ON WW *grappen maken*
bromista I m/v *grappenmaker* II BNW *die gek is
op grappen (maken)*
bromo m *broom*
bromuro m *bromide*
bronca v ∗ *hevige ruzie* ∗ *uitbrander* ∗ busca~s
ruziezoeker ∗ armar ~ *herrie schoppen*; *ruzie
maken* ∗ echarle la ~ a u.p. *iemand op zijn
donder geven*
bronce m ∗ *brons* ∗ *bronzen beeld(houwwerk)*
∗ *koperen muntstuk* ∗ FIG. ser de ~ *keihard
zijn*; *onbuigzaam zijn* ∗ edad de ~ *bronzen
tijdperk*
bronceado I m ∗ *bruine kleur* ∗ *het bronzen* ∗ el
bonito ~ de su piel *de mooie bruine kleur van
zijn huid* II BNW ∗ *bronskleurig* ∗ *gebruind*
bronceador m *zonnebrandmiddel*
broncear OV WW ∗ TECHN. *bronzen* ∗ *bruinen*;

bruin maken
broncearse WKD WW *bruin worden*
broncista m *bronsgieter*; *bronswerker*
bronco BNW ∗ *ruw*; *onbewerkt* ∗ *onvriendelijk*;
nors; *bars* ∗ *rauw*; *schor*
bronquedad v ∗ *grofheid*; *brosheid* ⟨v.
metalen⟩
bronquial BNW *bronchiaal*
bronquios m mv *bronchiën*;
luchtpijpvertakkingen
bronquitis v *bronchitis*
broquel m ∗ *schildje* ∗ *steun*; *bescherming*
brota v *knop*; *spruit*; *loot*
brotar I OV WW *doen ontspruiten*; *doen ontstaan*
II ON WW ∗ *uitlopen*; *opkomen* ∗ *uitkomen*;
knoppen krijgen; *uitbotten* ∗ *stromen*; *vloeien*
∗ *uitbreken*; *verschijnen*
brote m ∗ *knop*; *scheut* ∗ *(het) opkomen*; *het
uitbotten*; *(het) uitbreken* ∗ echar ~s *uitbotten/
uitlopen*
broza v ∗ *dorre bladeren* ∗ *afval*; *vuil(nis)* ∗ *lege
woorden*; *nutteloze dingen* ∗ *struikgewas*;
kreupelhout ∗ *(harde) borstel*
bruces BIJW ∗ de ~ *voorover*; *op zijn buik*
∗ darse de ~ con *frontaal botsen tegen*
bruja v ∗ *heks*; *tovenares* ∗ *oude tang*; *feeks*
∗ caza de ~s *heksenjacht*
Brujas v *Brugge*
brujear ON WW *heksen*; *toveren*
brujería v *hekserij*
brujo I m *tovenaar* II BNW *betoverend*; *prachtig*
brújula v *kompas* ∗ perder la ~ *de kluts
kwijtraken*
brujulear I OV WW *veronderstellen*; *vermoeden*
II ON WW *handig manoeuvreren*
bruma v ∗ *zeemist* ∗ FIG. *verwarring*; *duisternis*
brumoso BNW ∗ *mistig* ∗ FIG. *mistig*; *duister*
bruno I m *zwarte pruim* II BNW *zwart*; *donker*
bruñido BNW *glad*; *gepolijst*
bruñidor m *poetser*; *polijster*
bruñir OV WW *polijsten*; *glad en glanzend maken*
brusco BNW *plotseling*; *bruusk*; *nors*; *kortaf*
Bruselas v *Brussel*
brusquedad v ∗ *barsheid*; *norsheid*
∗ *bruuskheid*; *abruptheid*
brutal BNW ∗ *bruut*; *ruw*; *wreed*; *gewelddadig*
∗ *buitengewoon*; *enorm* ∗ un banquete ~ *een
fantastisch banket*
brutalidad v ∗ *wreedheid*; *grofheid*
∗ *hardhandigheid*; *gewelddadigheid*
∗ *lompheid*; *onbezonnenheid* ∗ me gusta una
~ *ik vind het gaaf/geweldig*
bruto I m ∗ *domoor*; *stommeling* ∗ *redeloos
wezen*; *beest* ∗ el noble ~ *de nobele viervoeter*
⟨paard⟩ II BNW ∗ *dom*; *stom* ∗ *onbewerkt*; *ruw*
∗ *bruto* ∗ en ~ *onbewerkt*
bruza v *harde borstel*
bu m *boeman*
bubón m *buil*; *gezwel*
bubónico BNW ∗ peste bubónica *builenpest*
bucal BNW *mond-*; *van de mond* ∗ cavidad ~
mondholte
bucanero m *boekanier*; *zeerover*
búcaro m *bloemenvaas*
bucear ON WW ∗ *duiken*; *onder water zwemmen*
∗ *zich verdiepen (in)*; *onderzoeken* ∗ sacar

buceando *opduiken*
buceo m *(het) duiken*
buchada v *slok; mondvol*
buche m • *krop; pens; maag* • *mondvol; slok*
★ llenar el ~ *vreten* ★ sacar el ~ a uno *iemand uithoren* ★ guardar algo en el ~ *iets achter de hand houden*
buchón BNW ★ paloma buchona *kropduif*
bucle m • *(pijpen)krul* • *lus; krul*
bucólica v • *herdersdicht* • INF. *etentje*
bucólico I m *schrijver van herdersdicht* II BNW *pastoraal; bucolisch*
Buda m *Boeddha*
budín m *pudding* ★ ZA *tía* ~ *lekker stuk*
budismo m *boeddhisme*
budista I m/v *boeddhist* II BNW *boeddhistisch*
buen BNW → **bueno** ★ buen sentido *gezond verstand* ★ buen hombre, pero mal sastre *hij is een goeie vent, maar verder geen klap waard* ★ buen tiempo *mooi weer* ★ un buen mozo *een knappe jongen* ★ un buen día *op een goede dag* ★ de buen parecer *knap* ★ de buen gusto *smaakvol*
buenamente BIJW • *gemakkelijk; moeiteloos* • *vrijwillig*
buenaventura v • *geluk; voorspoed* • *toekomstvoorspelling* ★ decir la ~ *de toekomst voorspellen*
buenazo m *goedzak*
bueno I BNW • *goed* • *nuttig; geschikt* • *aangenaam; leuk; prettig; lekker; heerlijk* • *flink; groot; behoorlijk* • *goedig; (goed)aardig* • *gezond* • *bruikbaar; goed* • *voldoende; genoeg* • *aantrekkelijk; mooi* • *más* ~ *que el pan een echte goedzak* ★ librarse de una buena *er goed vanaf komen* ★ de buenas a primeras *op het eerste gezicht* ★ de buena tinta *uit goed ingelichte bron* ★ de buena pasta *met een goed karakter* ★ ¡buenas! *goedenavond!; goede middag!* ★ ¡buena la has hecho! *dat heb je weer mooi verpest!* ★ estaría ~! *dat zou wat moois zijn!* ★ ¡~! *nou, goed dan!* ★ VERO. a la buena de Dios *op goed geluk* ★ ¡que seas ~, nene! *wees nu zoet, kind!* ★ ¡~ es Fernando para que le engañen! *net iets voor Fernando om zich te laten bedriegen!* ★ hombre ~ *bemiddelaar* ★ estar de buenas *goedgemutst zijn* ★ dar por ~ *goedkeuren* ★ no estar ~ de la cabeza *niet goed bij het hoofd zijn* ★ cogí un susto de los ~s *ik schrok me een ongeluk* ★ por las buenas *ongedwongen; zomaar* ★ una buena vida *een goed leven* ★ ver con ~s ojos *goedkeuren* ★ hacer buenas migas *goed met elkaar overweg kunnen* ★ i~ está! *nou is het welletjes!* ★ ~ ¿y qué? *en wat dan nog?* ★ ¡el café! *wat een lekkere koffie!* ★ ¡estás tú ~! *ben je helemaal!* ★ IRON. lo ~ es que ... *het mooiste is dat ...* ★ ¡iqué ~! ¡iqué ~ sería! *wat zou dat heerlijk zijn!* ★ nada ~ *niets goeds* ★ ¡~s días! *goedendag!; goedemorgen!* II BIJW *goed*
buey m os ★ buey marino *zeekoe*
bufa v *grap*
búfalo m *buffel*
bufanda v *sjaal; das*
bufar ON WW • *snuiven; briesen; blazen; tieren;*

razen; boos tekeergaan ★ está que bufa *hij springt zowat uit zijn vel*
bufete m • *bureau; schrijftafel* • *advocatenkantoor* • *clientèle van advocaat* ★ ~ rápido *snelbuffet* ★ abrir un ~ *zich vestigen als advocaat*
bufido m • *gesnuif; gebries; geblaas* • *geraas; getier; (ge)snauw*
bufo BNW *kluchtig* ★ ópera bufa *opera buffa* ★ género bufo *komisch genre* ★ actor bufo *komiek*
bufón I m (v: **bufona**) *nar; clown* II BNW (v: **bufona**) *grappig; komisch; clownesk*
bufonada v *satirieke grap; spot*
bufonesco BNW *grotesk; grappig*
buganvilla v *bougainville*
bugle m *bugel*
buharda v *zolder(kamertje); vliering*
buhardilla v • *zolder(kamertje); vliering* • *dakraampje*
buharro m *ransuil*
búho m *oehoe*
buhonería v *marskramerswaar*
buhonero m *marskramer*
buido BNW • *scherp; puntig* • *gegroefd*
buitre m *gier*
buitrón m • *visfuik* • *vangnet voor patrijzen* • *wildstrik*
bujarrón m PEJ. *homo*
buje m • *asband; asbus* • *naaf*
bujería v *snuisterij*
bujía v • *(was)kaars* • *kandelaar* • *bougie*
bula v • *pauselijke bul; aflaat* • *(oorkonde)zegel* ★ tener bula *een voorkeursbehandeling krijgen*
bulbo m *bloembol; bol* ★ ~ dentario *tandmerg* ★ ~ piloso *haarkiem*
bulevar m *boulevard*
Bulgaria v *Bulgarije*
búlgaro I m • *Bulgaars* • *Bulgaar* II BNW *Bulgaars*
bulimia v *schreeuwende honger*
bulla v • *rumoer; kabaal* • *drukte; gedrang* ★ arma/meter ~ *lawaai schoppen*
bullaje m *lawaaierige menigte*
bullanga v *lawaai; tumult*
bullanguero m *druktemaker; oproerkraaier*
bullebulle m *herrieschopper*
bullicio m *drukte; kabaal*
bullicioso BNW *druk; lawaaierig*
bullir ON WW • *koken; borrelen* • *bruisen; borrelen • krioelen; wemelen • zich druk bewegen; actief zijn* ★ le bulle la sangre *zijn bloed kookt* ★ le bullía la ira *hij kookte van woede*
bulo m *gerucht; leugen*
bulto m • *omvang; grootte* • *vage vorm; vage gedaante* • *doos; pak(ket); stuk bagage; koffer* • *bobbel; bult* ★ escurrir el ~ *er tussenuit knijpen; er vandoorgaan* ★ buscar a uno el ~ *iemand achternazitten* ★ coger a uno el ~ *iemand in zijn kraag grijpen* ★ de ~ *duidelijk; van gewicht/formaat* ★ estar de ~ *voor de lol meedoen* ★ ~s de mano *handbagage* ★ tres ~s *drie stuks bagage* ★ hacer ~ *omvangrijk zijn* ★ a ~ *ongeveer*
bululú m *rondtrekkende toneelspeler*

bumerán m *boemerang*
bungaló m *bungalow*
buniato m *maniok; cassaveplant; broodwortel; yucca*
buñoleria v *beignetwinkel*
buñolero m *beignetbakker; beignetverkoper*
buñuelo m • *beignet* • *rotzooi; prutswerk*
buque m *schip; boot* ★ ~ de carga *vrachtschip* ★ ~ insignia *admiraalsschip* ★ ~ factoría *fabrieksschip* ★ ~ escuela *opleidingsschip* ★ ~ aljibe/cisterna *tanker* ★ el Buque fantasma *de Vliegende Hollander*
buqué m *bouquet* ‹v. wijn›
burbuja v *(lucht)bel(letje); blaasje* ★ ~ de jabón *zeepbel*
burbujear ON WW *bruisen*
burbujeo m *geborrel; opborreling*
burda v *pardoen*
burdégano m *muilezel*
burdel m *bordeel*
burdeos m *bordeauxwijn*
Burdeos m *Bordeaux*
burdo BNW • *lomp; grof* • *bot* ★ engaño ~ *boerenbedrog*
bureo m • *hofhoudingsraad* • *feest; lol* ★ VERO. ir de ~ *aan de boemel gaan*
bureta v *maatglas*
burgalés I m (v: **burgalesa**) *iemand uit Burgos* II BNW (v: **burgalesa**) *uit Burgos*
burgo m • *fort; kasteel* • *dorpje*
burgomaestre m *burgemeester* ‹in o.a. Nederland, Duitsland›
burgués I m (v: **burguesa**) *burger(man)* II BNW (v: **burguesa**) *(klein)burgerlijk; bourgeois* ★ existencia burguesa *burgerbestaan*
burguesia v *bourgeoisie*
buril m *graveernaald*
burilar I OV WW *graveren* II ON WW *graveren*
burla v • *spot; scherts* • *gekheid* • *bedrog* ★ VERO. ~ ~ndo *ongemerkt* ★ aguantar ~s *tegen een grapje kunnen* ★ decir algo entre ~s *y veras iets half schertsend, half gemeend zeggen* ★ no hay ~ con eso *daar mag je niet mee spotten* ★ hacer ~ a alg. *spotten; de draak steken met iemand*
burladero m • TAUR. *schutting in de arena* • *vluchtheuvel*
burlador m *vrouwenversierder; vrouwenverleider* ★ el ~ de Sevilla *Don Juan Tenorio, de vrouwenverleider*
burlar OV WW • *bedriegen; misleiden* • *ontlopen; ontkomen aan*
burlarse WKD WW *de spot drijven*
burleria v • *spot(ternij)* • *bedrog* • *sterk verhaal; fabeltje*
burlesco BNW *koddig; komisch; burlesk*
burlete m *tochtstrip*
burlón I m (v: **burlona**) *grappenmaker; plaaggeest; spotter* II BNW (v: **burlona**) *spottend; plagend* ★ risas burlonas *hoongelach*
buró m • *bureau* • *bestuur van (politieke) partij*
burocracia v • *overheid* • *ambtenarij; bureaucratie*
burócrata m/v • *ambtenaar* • *bureaucraat*
burocrático BNW *bureaucratisch*
burqa v *burka*

burra v • *ezelin* • *huissloof; werkezel* ★ VERO. caer de su ~ *zijn fout inzien* ★ VERO. se le va la ~ *hij klapt uit de school*
burrada v • *stommiteit* • *grote hoeveelheid* • *kudde ezels* ★ ino digas ~s! *kraam geen onzin uit!*
burrajo I m *droge paardenmest* II BNW ZA *ordinair*
burro I m • *ezel* • *domme ezel; stommeling* • *zaagbok* • *werkezel; sloof* ★ hacer el ~ *stommiteiten uithalen* ★ apearse del ~ *bakzeil halen* ★ caer del ~ *zijn fout inzien* ★ VERO. no ver tres en un ~ *slechte ogen hebben* ★ ~ de carga *werkezel* ★ trabajar como un ~ *zich te barsten werken* ★ carne de ~ *no es transparente ezelsvlees is niet doorzichtig* ‹gez. tegen persoon die het zicht belemmert› II BNW *dom*
bursátil BNW ECON. *beurs-* ★ operaciones ~es *beurstransacties*
burujo m *klont(je); knobbel*
busca v *het zoeken* ★ perro de ~ *speurhond* ★ en ~ de *op zoek naar* ★ ~ en ~ *zoeken in afvalhopen (naar iets bruikbaars)*
buscador m COMP. *zoekmachine*
buscapié m *opmerking; hint*
buscapiés m *voetzoeker*
buscar I OV WW • *(op)zoeken* • ZA *pesten* • *uitlokken* ★ no me busques las costillas *laat me met rust* ★ buscársela *erom vragen* ★ ~ una aguja en el pajar *een speld in een hooiberg zoeken* ★ ~ tres pies al gato *iets voor onmogelijk houden* ★ andar buscando ★ ~ bedelen ★ ~ a uno la boca *iemand uithoren* ★ ir a ~ op zoek gaan naar; *iets gaan halen* II ON WW *zoeken* ★ ~ a tientas *op de tast zoeken*
buscavidas m/v *bemoeial*
buscón I m (v: **buscona**) *zakkenroller; dief* II BNW (v: **buscona**) *oneerlijk*
busilis m *kern; clou; kneep* ★ ahí está el ~ *daar zit hem de kneep* ★ allí hay ~ *daar zit wat achter*
búsqueda v *het zoeken; speurtocht* ★ a la ~ de *op zoek naar*
busto m • *torso; bovenlijf* • *borstbeeld; buste* • *boezem; buste*
butaca v • *leunstoel; fauteuil* • *zitplaats(bewijs)* ‹in bioscoop en theater› ★ ~ de patio *zitplaats in de zaal* ★ ~ de ruedas *rolstoel* ★ ~ de tijera *klapstoel*
butacón m *grote leunstoel*
butano I m *butaan* II BNW *butaan-* ★ gas ~ *butagas*
butifarra v *soort worst*
buz m *kus* ★ hacer el buz *vleien*
buzamiento m *glooiing van ertsader of bodemlaag*
buzar ON WW *glooien*
buzo m • *duiker* • *overall*
buzón m • *(gleuf van) brievenbus* • *grote mond; scheur* ★ echar al ~ *op de bus doen* ★ ~ de ideas *ideeënbus* ★ la recogida de los buzones *de buslichting* ★ ~ (de correo) electrónico *mailbox*
byte m COMP. *byte*

C

c v (letter) *c* ★ la c de Carmen *de c van Cornelis*

ca TW • *och kom!; dat zal wel! • welnee; kletskoek!*

cabal BNW • *precies; exact • vol; volledig • verstandig; bezonnen • a carta ~ geheel en al; perfect* ★ *hombre ~ wijs/verstandig man*

¡cabal! TW *uitstekend!; perfect!*

cábala v REL. *kabbala* ★ *~s gissingen; veronderstellingen; gekonkel*

cabales m mv ★ *¿estás en tus ~? ben je belazerd?; ben je nu helemaal gek?* ★ *no estás en tus ~ je bent niet goed bij je hoofd* ★ *por sus ~ zoals het hoort*

cabalgada v *rit* ⟨te paard⟩

cabalgador m *ruiter*

cabalgadura v • *rijdier • lastdier*

cabalgar I OV WW *berijden; rijden op* ⟨paard⟩ **II** ON WW • *opstijgen* ⟨op paard⟩ • *op en neer wippen; rijden*

cabalgata v *optocht*

cabalista m/v • *kabbalist* • INF. *intrigant(e)*

cabalístico m BNW • *mysterieus • kabbalistisch*

caballa v *makreel*

caballada v • *kudde paarden* • LA *stommiteit; stomme streek* • LA *gemeenheid*

caballaje m • *dekking* ⟨v. merrie⟩ • *dekgeld*

caballar BNW *paarden-*

caballejo m • *pony; paardje • knol*

caballeresco BNW • *hoffelijk; ridderlijk • ridder-*

caballerete m *bal; verwaande kwast*

caballería v • *lastdier; rijdier • cavalerie; ruiterij • ridderorde • andarse en ~s overdreven complimenteus zijn* ★ *~ andante dolend ridderschap* ★ *~ mayor groot rijdier; paard* ★ *~ menor klein rijdier; ezel* ★ *libros de ~ ridderromans*

caballeriza v *stal; paardenstal*

caballerizo m *stalmeester*

caballero I m • *heer; meester • ridder • heer; gentleman • mijnheer* ⟨beleefd⟩ • INF. *heroïnegebruiker* ★ *armar ~ a u.p. iemand tot ridder slaan* ★ *de ~ a ~ als heren onder elkaar* ★ *~ de industria gentlemanoplichter* ★ *~ en plaza stierenvechter te paard* ★ *poderoso ~ es Don Dinero voor geld kun je de duivel laten dansen* ★ *~ andante dolend ridder* ★ *Caballero de la triste Figura (Don Quichot) Ridder van de droevige Figuur* ★ *estar ~ en su opinión voet bij stuk houden* **II** BNW • *rijdend* ⟨op paard⟩ • *volhardend; koppig*

caballerosidad v *hoffelijkheid; ridderlijkheid*

caballeroso BNW *hoffelijk; ridderlijk*

caballerote m *zogenaamde heer*

caballete m • *onderstel; schraag* • ANAT. *neusrug • nok* ⟨v. dak⟩ • *schildersezel*

caballista m/v • *paardenkenner • ervaren ruiter • SL. rijke stinkerd*

caballito m *paardje* ★ *iarre, ~ (vamos a Belén)! hop paardje!* ★ *~ de mar zeepaardje* ★ *~ del diablo libel*

caballitos m mv *draaimolen; carrousel*

caballo m • *paard* ★ ⟨ook in schaakspel⟩ • *sterke,*

taaie kerel • SL. *heroïne* • CA *stommeling, uilskuiken* • MEX *bok* ★ *~ de buena boca goedzak; meegaand type* ★ *cien ~s de fuerza honderd pk* ★ *~ de montar/silla rijpaard* ★ *~ de carreras renpaard* ★ *a ~ te paard* ★ *a uña de ~ razendsnel* ★ *de ~ erg groot; monster-* ★ *~ de batalla hoofdpunt; heet hangijzer; stokpaardje* ★ *~ blanco schimmel; financier* ⟨v. een twijfelachtige onderneming⟩ ★ *montar/ir a ~ paardrijden* ★ *a ~ regalado no hay que mirarle el diente men moet een gegeven paard niet in de bek kijken* ★ *carne de ~ paardenvlees* ★ *~ de Frisia Spaanse ruiter; paalversperring* ★ *darle al ~ heroïne spuiten/snuiven* ★ *a mata ~ spoorslags, in allerijl* ★ *~ balancín schommelpaard* ★ *~ de vapor (CV) paardenkracht (pk)* ★ *estar a ~ entre zich op het breukvlak bevinden tussen*

caballón m *aardrug tussen twee voren*

caballuno BNW *op een paard lijkend; paarden-*

cabalmente BIJW • *volledig • nauwkeurig*

cabaña v • *hut; stulp • vee; kudde* ★ *~ alpina alpenhut* ★ *~ de madera/troncos blokhut*

cabañero m *herder*

cabaré m DOM *bordeel*

cabaret m *nachtclub*

cabaretero m *(cabaret)artiest; cabaretier*

cabaretista m/v • *cabaretier • humorist*

cabe I m SPORT *kopbal* ★ *cabe de pala meevaller* ★ *dar un cabe al bolsillo pijn doen in de portemonnee* **II** WW (3e p ev t.t.) → **caber** **III** VZ *naast; bij* ★ *cabe de pala meevaller* ★ *dar un cabe al bolsillo pijn doen in de portemonnee*

cabeceada v • LA *knikje (met het hoofd)* • LA *siësta* • ZA *kopstoot* ⟨bij voetbal⟩ ★ *dar ~s knikkebollen*

cabecear ON WW • *knikken; schudden* ⟨hoofd⟩ • *knikkebollen • buigen; doorbuigen • stampen* ⟨v. schip⟩ • *schudden; hobbelen* ⟨v. rijtuig⟩ • SPORT *koppen*

cabeceo m • *het slingeren; het stampen* ⟨v. schip⟩ • *het knikkebollen • het knikken; het schudden*

cabecera v • *ereplaats; hoofd • bovenkant* ⟨v. pagina⟩ • *krantenkop • hoofdeinde* ⟨v. bed⟩ • *bovenloop; bron* ⟨v. rivier⟩ ★ *médico de ~ huisarts* ★ *estar a la ~ de iemand verzorgen* ★ *comprar la ~ de rechten van een krant kopen* ★ *~ de puente bruggenhoofd*

cabeciduro BNW COL, CUBA *koppig, stijfhoofdig*

cabecilla m • *rebellenleider • dwaaskop*

cabellera v • *haardos • coma*

cabello m • *haar • haardos* ★ *en ~ met loshangend haar* ★ *en ~s blootshoofds* ★ *mesarse los ~s zich de haren uit het hoofd trekken* ★ *se me ponen los ~s de punta de haren rijzen me te berge* ★ *~ de ángel kalebasstroop* ★ *cortar un ~ en el aire zeer vlug van begrip zijn* ★ *sentirse como colgado de los ~s zich heel onzeker voelen* ★ *estar pendiente de un ~ aan een zijden draadje hangen* ★ *tropezar en un ~ over een kleinigheid vallen*

cabellos m mv • → **cabello** • *baard* ⟨v. maïskolf⟩

cabelludo BNW *behaard*; *harig* ★ cuero ~ *hoofdhuid*

caber ON WW ● *passen*; *erin kunnen* ● *toekomen*; *te beurt vallen* ● *kunnen*; *mogelijk zijn* ★ *dentro de lo que cabe voor zover mogelijk* ★ no ~ duda *geen twijfel lijden* ★ si cabe *als het mogelijk is* ★ pedante que no cabe más *hoogstverwaand* ★ no ~ en sí *buiten zichzelf zijn* ★ no ~ en sí de gozo *barsten van plezier* ★ todo cabe en él *hij is tot alles in staat* ★ eso no me cabe en la cabeza *dat wil er bij niet in* ★ ¡no cabe más! *ongelooflijk!* ★ no ~ un alfiler *propvol zijn*

cabestrillo m ● *ketting*; *snoer* ● *mitella*; *draagverband*

cabestro m *halster*

cabeza I m *hoofd*; *leider* ★ ~ de ajo *knoflookbolletje* ★ ~ de la lista *lijsttrekker* ★ ~ nuclear *kernkop* ★ ~ de puente *bruggenhoofd* ★ ~ rapada *skinhead* ★ ~ de turco *zondebok* ★ darse con la ~ contra la pared *zich voor de kop slaan* ★ juntar ~s *brainstormen*; *de koppen bij elkaar steken* ★ levantar ~ *er bovenop komen* ★ tener la ~ llena de pájaros *een warhoofd zijn* ★ no sé dónde tengo la ~ *ik ben helemaal de kluts kwijt* ★ quítatelo de la ~ *zet dat maar uit je hoofd* ★ calentar la ~ a alg. *iemand aan z'n kop zeuren, iemand vervelen* ★ se le ha subido a la ~ *het is haar naar het hoofd gestegen* ★ torcer la ~ *het hoofd omdraaien; omkijken* ★ FIG. ~ torcida *huichelaar* II v ● *hoofd* ● *persoon* ● *verstand*; *hersenen* ● *knop*; *kop* ● *stuk vee* ● *koplengte* ⟨bij paardenrennen⟩ ★ a la ~ *aan het hoofd*; SPORT *aan/op kop* ★ estar a la ~ de una empresa *aan het hoofd van een onderneming staan* ★ alzar la ~ *het hoofd oprichten; zich niet laten kennen* ★ bajar la ~ *het hoofd buigen; zich schikken* ★ cargarse la ~ *een zwaar gevoel in het hoofd krijgen* ★ sentar la ~ *verstandig worden*; *zijn wilde haren verliezen* ★ con la ~ alta *met opgeheven hoofd* ★ darse de ~ *zijn hoofd stoten* ★ de ~ *uit het hoofd*; *met het hoofd naar voren*; *zonder aarzelen* ★ ir maltocado de ~ *niet goed bij zijn hoofd zijn* ★ ir de ~ *het erg druk hebben* ★ ir de ~ por *vreselijk verliefd zijn op* ★ meterse de ~ en u.c. *met overtuiging iets ondernemen* ★ no tener u.c. ni pies ni ~ *geen nut hebben* ★ otorgar de ~ *ja knikken* ★ por ~ *per persoon* ★ romperse la ~ con u.c. *zich het hoofd breken over iets* ★ me sale algo de la ~ *er schiet me iets te binnen* ★ torcer la ~ *sterven* ★ ~ de ganado *stuk vee* ★ JUR. ~ de partido *hoofdstad van kanton* ★ de pies a ~ *van top tot teen* ★ mala ~ *losbol* ★ abrirle la ~ a u.p. *iemand de hersens inslaan* ★ caer de ~ al agua *voorover in het water vallen* ★ ¡dónde tengo la ~! *wat ben ik toch verstrooid!* ★ rematar de ~ *erin koppen* ⟨voetbal⟩ ★ dar en la ~ a u.p. *iemands plannen doen mislukken; iemand dwarsbomen* ★ de mi ~ *zelfbedacht; uit eigen koker* ★ me duele la ~ *ik heb hoofdpijn* ★ se me va la ~ *ik ben duizelig* ★ me lo metí en la ~ *ik heb het in mijn hoofd gehaald* ★ se lo metí en la ~ *ik heb hem ervan overtuigd*

★ más vale ser ~ de ratón que cola de león *beter een kleine heer dan een grote knecht*

cabezada v ● *kopstoot* ● *knik* ⟨met hoofd⟩ ★ dar una ~ *een dutje doen*

cabezal m ● *hoofdkussen* ● TECHN. *(aftast)kop* ⟨bijvoorbeeld van machine⟩ ● *scheerkop*

cabezazo m *kopstoot*

cabezo m ● *heuvel* ● *klip* ● *boord* ⟨v. een hemd⟩

cabezón I m ● *dikkop* ⟨ook v. wijn⟩; *persoon met een groot hoofd* ● CHI *stijfkop*; CHI *pik, lul* ● *koppig (mbt wijn)* ★ llevar de los cabezones a u.p. *iemand bij zijn lurven pakken* II BNW ● *met een groot hoofd* ● *koppig*

cabezonada v ● *dikhoofdigheid* ● *koppigheid*; *eigenzinnigheid*

cabezota I m/v ● *stijfkop* ● *persoon met groot hoofd* II BNW *koppig*

cabezudo I m *stijfkop* II BNW ● *met een grote kop* ● *koppig; eigenwijs*

cabezuela v ● *volkorenmeel* ● PLANTK. *bloembodem*

cabida v ● *inhoud*; *capaciteit* ● *oppervlakte* ⟨v. terrein⟩ ★ no tener ~ *er niet in kunnen*; *niet passen* ★ tener gran ~ con alg. *bij iemand in een goed blaadje staan* ★ dar ~ a *ruimte bieden aan*; FIG. *rekening houden met*

cabildada v *ondoordachte, autoritaire beslissing* ⟨v. instantie⟩; *onzinnige beslissing*

cabildear ON WW ● *konkelen* ● *lobbyen*

cabildeo m ● *gekonkel* ● *gelobby*

cabildero m/v ● *lobbyist* ● *intrigant*

cabildo m ● REL. *kapittel* ● REL. *kapittelvergadering* ● POL. *gemeenteraad*

cabillo m ● PLANTK. *steeltje*; *stengel* ● *koordje*

cabina v *cabine*; *badhokje, kleedhokje* ★ ~ de control *regiekamer* ★ ~ electoral *stemhokje* ★ ~ (de mando/de pilotaje) *cockpit* ★ ~ telefónica *telefooncel*

cabio m ● *draagbalk* ⟨onder vloer⟩ ● *dwarsbalk* ⟨v. kozijn⟩

cabizbajo BNW *met hangend hoofd*

cable m ● *kabel* ● *kabeltelegram* ★ ~ de alimentación *netsnoer* ★ ~ de arranque *startkabel* ★ echar un ~ a alg. *iemand een handje helpen* ★ ZZA tener los ~s pelados *stapelgek zijn* ★ ~ prolongador/de extensión *verlengsnoer* ★ INF. se le cruzaron los ~s *er is bij hem/haar een steekje los* ★ ~ de fibra óptica *glasvezelkabel*

cableado m ● *bekabeling* ● *het aanleggen van de kabels*

cablear OV WW *bekabelen*; *van bedrading/kabels voorzien*

cablegrafiar [í] ON WW *telegraferen*

cablegrama m *kabeltelegram*

cablero m *kabelschip*

cablista m/v TECHN. *kabelsjouwer*

cabo m ● *stukje*; *restje* ● SCHEEPV. *lijn*; *touw* ● *kaap* ● MIL. *korporaal* ★ al cabo *op het laatst* ★ dar cabo a algo *de puntjes op de i zetten* ★ llevar a cabo *tot stand brengen* ★ no dejar ni cabo suelto *niets aan het toeval overlaten* ★ al cabo de tres días *na verloop van drie dagen* ★ al fin y al cabo *uiteindelijk* ★ de cabo a cabo/rabo *van a tot z* ★ estar al cabo de la calle *het goed door hebben*; *op de hoogte zijn*

ca

★ no tener cabo ni cuerda *kop noch staart hebben* ★ atar cabos *de dingen op een rij zetten*; *een conclusie trekken* ★ cabos sueltos *onopgeloste problemen*; *onvoorziene omstandigheden*

Cabo m ★ Cabo de Buena Esperanza *Kaap de Goede Hoop* ★ (Ciudad de) El Cabo *Kaapstad* ★ Islas de Cabo Verde *Kaapverdische Eilanden*

cabos m mv → **cabo** • *manen, hoofd en benen* ⟨v. paard⟩

cabotaje m *kustvaart* ★ buque de ~ *kustvaarder*; *coaster*

cabra v • *geit* • *schelpdier* • BOL, CHI, ECU *meisje* ★ pie de ~ *koevoet* ★ estar como una ~ *compleet maf zijn* ★ ~ de almizcle *muskushert* ★ ~ montés *steenbok* ★ echar/cargar las ~s a u.p. *iemand laten dokken*; *iemand de schulden laten betalen* ★ la ~ siempre tira al monte *het bloed kruipt waar het niet gaan kan*

cabrahigo m • *wilde vijgenboom* • *wilde vijg*

cabras v mv • → **cabra** • *blaartjes*; *vlekken*

cabrear OV WW *treiteren*

cabrearse WKD WW • *boos worden*; *kwaad worden* • CHI *zich vervelen*

cabreo m *ergernis*; *boosheid* ★ coger un ~ *woest worden*; *heel boos worden*

cabreriza v *geitenstal*

cabrerizo I m *geitenhoeder* II BNW *geiten-*

cabrero m *geitenhoeder*

cabrestante m *kaapstander*; *lier*

cabria v *hijstoestel*; *bok*

cabrilla v *zaagbok* ★ jugar a salta ~ *steentjes keilen*

cabrillas v mv • → **cabrilla** • *vlekken*; *blaartjes* • *schuimende golfjes*

cabrillear ON WW • *schuimkoppen vormen* ⟨zee⟩ • *schitteren*; *weerspiegelen*

cabrio m *dakspant*; *dakbalk*

cabrío BNW *geiten-*

cabriola v *buiteling*; *bokkensprong*

cabriolé m *cabriolet*

cabritilla v *geitenleer*

cabrito m • *bokje* • INF. *pestkop* • INF. *hoerenloper* • SL. *hoorndrager*; INF. *bedrogen echtgenoot*

cabro m • BOL *bok* • BOL, CHI, ECU *jongetje* • PERU *homoseksueel*

cabrón I m • *bok* • SL. *hoorndrager*; *bedrogen echtgenoot* • SL. *klootzak*; *schoft* • *pooier*, *souteneur* ★ estar hecho un ~ *een moeilijke tijd doormaken* II BNW • *bedrogen* • *klote* • *schofterig*

¡cabrón! TW *klootzak!*; *stommeling!*

cabrona v BOL, CHI *bordeelhoudster* ★ la muy ~ *die vuile teef*

cabronada v SL. *rotstreek*; *schoftenstreek*

cabronazo m BEL. *klootzak* ★ BEL. ijo ~! *hé, ouwe zak!*

cabruno BNW *geiten-*

caca v KIND. • *poep* • *viezigheid* • INF. *kont* • INF. *geslachtsziekte* ★ hacer caca *poepen*

¡caca! TW *verdomme!*; *afblijven!* ⟨als waarschuwing⟩

cacahué → **cacahuete**

cacahuete m • *pindaplant* • *pinda*

cacalote m • *gepofte maïs* • MEX *raaf*

cacao m • *cacaoboom* • *cacaoboon* • *cacaopoeder* • *keet*; *herrie* • COL *lul* ★ crema de ~ *cacaoboter* ★ ~ mental *geestelijke verwarring* ★ pedir ~ LA *om vergiffenis vragen* ★ LA no valer un ~ *waardeloos zijn*

cacaraña v • *pokputje* • NIC *krabbeltje, briefje*

cacarañado BNW *pokdalig*

cacarear I OV WW *opscheppen over* II ON WW *kakelen*; *kraaien*

cacareo m • *opschepperij* • *gekraai*; *gekakel*

cacatúa v *kaketoe*

caceria v *jachtpartij* ★ ~ de brujas *heksenjacht*

cacerola v *braadpan*

cacha v *bil*

cachaco m • COL, ECU, VEN *fat, dandy* • PERU *smeris, militair*

cachada v • *treffer met een priktol* • RPL *flauwe grap* • LA *stoot met de horens*

cachador m RPL *grappenmaker*

cachalote m *potvis*

cachapera v VEN *lesbienne*

cachar OV WW • *splijten*; *breken* • *ploegen* • ARG *(beet)pakken*; *(vast)grijpen*

cacharra v VEN *rammelkast* ⟨v. auto⟩

cacharrería v *pottenwinkel*; *aardewerkwinkel*

cacharro m • *pot*; *grof aardewerk* • *prul* • *rammelkast*; *oude machine* • SL. *joint*, *stick(ie)* • VULG. *kut* • SL. *pistool* • SL. *mes*

cacharros m *keukengerei*; *potten en pannen*

cachas v mv • *achterwerk* • → **cacha** ★ hasta las ~ *tot over zijn oren* ★ estar ~ *gespierd zijn*; *er goed uitzien*

cachaza v • *onverstoorbaarheid*; *kalmte* • CUL. *soort brandewijn van suikerriet*

cachazudo I m *ijskouwe* II BNW *onverstoorbaar*; *kalm*

caché m → **cachet**

cachear OV WW *fouilleren*

cachemir m *kasjmier*

Cachemira v *Kasjmir*

cacheo m *het fouilleren*

cachet m • *cachet*; *kenmerk* • *(vaste) prijs*; *gage* ⟨v. artiest⟩

cachetada v *klap*; *mep* ⟨met vlakke hand in het gezicht⟩

cachetazo m *pak slaag*

cachete m • *klap*; *oorvijg* • (m mv) ZZA VULG. *billen, reet* • CA *gunst*

cachetear OV WW *in het gezicht slaan*

cachetero m *dolk*

cachetina v *knokpartij*

cachetón BNW • CA, VEN, CHI *met bolle wangen* • CHI *opschepperig* • MEX *brutaal* • NIC, CUBA *aantrekkelijk*; *sympathiek*

cachetudo BNW *met bolle wangen*

cachicán I m • *voorman* • *smiecht*; *sluwe vent* II BNW *geslepen*; *listig*

cachicuerno BIJW *met hoornen heft*

cachimba I v • BOL, VEN *pijp (om te roken)* • URU *(water)put* ★ fregar la ~ CHI *iemand op de zenuwen werken* II BNW *fantastisch*

cachimbo m ZA • *eerstejaarsstudent* • *berg*; *stapel*

cachipolla v *eendagsvlieg*; *haft*

cachiporra v *knots*

cachiporrazo m *knotsslag*

cachirulo m *likeurglaasje*
cachito m ZA • *dobbelspel* • *dobbelbeker* • BOL, CHI *ogenblikje* • VEN *croissant*
cachivache m • *prul*; *lor* • *nietsnut*; *leegloper*
cacho I m • *stuk*; *brokje* • *voorn* ★ ser un ~ de pan *een goedzak zijn* II BNW *gebogen*; *hangend*
cachón m • *golf*; *breker* • *watervalletje*
cachondearse WKD WW INF. *spotten* (de met)
cachondeo m • *grappenmakerij*; *gekheid* • *lol*
cachondez v • *krolsheid*; *loopsheid* • *geilheid*
cachondo BNW • *loops* ⟨v. een teef⟩ • *vrolijk*; *grapjes makend* • *geil*; *opgewonden* • *aantrekkelijk* ⟨vrouw⟩
cachorro m *jong*; *pup*
cachucho m SCHEEPV. *bootje* • *speldenkoker*
cachuela v *stoofpot*
cachufleta v ARG VULG. *kut*
cachupín m (v: **cachupina**) → **gachupin**
cacillo m *steelpannetje*
cacimba v • *scheepsemmer* • *bron*
cacique m • *indiaans opperhoofd*; *stamhoofd* • *plaatselijke machthebber*; *dorpspotentaat*
caciquismo m *lokale tirannie*
cacle m MEX • *leren sandaal* • INF. *schoenen*
caco m • *dief* • *lafbek*
cacofonía v *kakofonie*
cacorro m COL • *verwijfde kerel*; *homo* • *lafaard*
cacto m (**cactus**) *cactus*
caculear ON WW PR *(rond)fladderen* ⟨v. het een naar het andere⟩
cacumen m *scherpzinnigheid*
cada BNW • *ieder*; *elk* • *zo'n*; *zo'n groot* ★ a cada uno *per persoon* ★ cada día *elke dag* ★ a cada cual lo suyo *ieder wat hem toekomt* ★ cada media hora *elk half uur* ★ cada dos por tres *om de haverklap* ★ cada quisque *iedereen* ★ cada cual *een ieder*; *iedereen* ★ cada que *telkens wanneer* ★ cada vez más *elke keer meer*; *telkens meer* ★ ime das cada sorpresa! *je bezorgt me een mooie verrassing!* ★ iconoce cada sitio! *hij kent de gekste plekjes* ★ dice cada cosa *hij flapt er alles uit*
cadalso m • *schavot* • *podium*
cadarzo m *vloszijde*
cadáver m *kadaver*; *lijk* ★ levantamiento del ~ *lijkschouwing* ★ isobre mi ~! *over mijn lijk!*
cadavérico BNW *lijkachtig*; *van een lijk* ★ palidez cadavérica *het lijkbleek zijn*
cadena v • *ketting* • *keten*; FIG. *boeien* • *bergketen* • *serie*; *reeks* • TELECOM. *net*; *kanaal* • *productieketen*; *lopende band* ★ ~ perpetua *levenslang* ★ ~ sin fin *ketting zonder eind* ★ en ~ *aan de lopende band* ★ ~ de nieve *sneeuwketting* ★ ~ de fabricación *lopende band* ★ ~ de hoteles *hotelketen* ★ ~ de alta fidelidad/de sonido *hifi-installatie* ★ ~ de rodillos *fietsketting* ★ ~ de la buena suerte *kettingbrief* ★ ~ de producción *productielijn*
cadencia v *cadans*
cadencioso BNW *op de maat*; *in cadans*; *ritmisch*
cadeneta v ★ punto de ~ *kettingsteek*
cadera v *heup* ★ silla de ~s *armstoel*
cadetada v *miskleun*; *ondoordachte daad*
cadete m • *cadet* • *tienermaat (van kleding)*

★ enamorarse como un ~ *smoorverliefd zijn*
★ hacer el ~ *zich onbezonnen gedragen*
cadí m *mohammedaans rechter*
cadmio m *cadmium*
caducar ON WW • *aflopen*; *verlopen* • *seniel worden*
caduceo m *mercuriusstaf*
caducidad v • *bouwvalligheid* • *ongeldigheid* ★ fecha de ~ *uiterste gebruiksdatum* ⟨op levensmiddelen⟩
caduco BNW • *afgetakeld*; *afgeleefd* • *vergankelijk* • *verouderd*
caduquez v *aftakeling*
caedizo BNW *wankel*
caer ON WW • *vallen* • *afvallen* • *hangen* • *sneuvelen* • *staan* ⟨v. kleding⟩ • *ten deel vallen*; *toekomen* • *zich bevinden*; *liggen* • *(be)vallen* • *ten einde lopen* • *binnenvallen*; *opduiken* • *hellen* • *gevangen worden*; *in de val lopen* • *ten val komen* • *vervallen*; *(ge)raken* • *vervallen*; *afglijden* • *snappen*; *zich iets herinneren* • *zich storten (op)* ★ estar al caer *op handen zijn*; *aanstaande zijn* ★ las tres están al caer *het is bijna drie uur* ★ el vestido le cae bien a usted *het pak staat u goed* ★ caer de mano *op de weg liggen*; *dichtbij zijn* ★ caer como moscas *bij bosjes vallen* ★ caer como un balde de agua fría *een diepe indruk achterlaten*; *inslaan als een bom* ★ caer de perlas *zeer goed uitkomen* ★ caer del barro *zich eindelijk realiseren* ★ caer enfermo *ziek worden* ★ caer en redondo *flauwvallen* ★ caer gordo *geen goede indruk achterlaten* ★ al caer el verano *aan het einde van de zomer* ★ caer en saco roto *volkomen vergeten*; *absoluut niet doordringen* ★ dejar(se) caer *(zich) laten vallen* ★ caer de culo *op zijn gat vallen* ★ caer como una bomba *inslaan als een bom* ★ ya cae *het begint hem te dagen* ★ caer de bruces *voorover vallen* ★ la ventana cae a la calle *het raam ziet uit op de straat* ★ cae de su peso *dat spreekt vanzelf* ★ ha caído un rayo sobre la torre *de bliksem is in de toren geslagen* ★ iahora caigo en la cuenta! *nu snap ik het!* ★ caer en la trampa *zich laten beetnemen* ★ le ha caído el premio *hij heeft de prijs gewonnen* ★ no le caigo bien *ik kan niet goed met hem opschieten*
caerse WKD WW • *(laten) vallen* • *uitvallen* ⟨v. haar⟩ • *staan*; *passen* ⟨v. kleding⟩ • *hangen*; *vallen* ★ caérsele a u.p. la cara de vergüenza *zich doodschamen* ★ ~ de viejo *uit elkaar vallen van ouderdom* ★ ~ muerto *doodvallen* ★ ~ muerto de susto *zich doodschrikken* ★ ~ de suyo *vanzelfsprekend zijn* ★ ~ de espaldas OOK FIG. *achterover vallen* ★ ~ muerto de risa *zich doodlachen* ★ no tener dónde ~ hij heeft geen luis om dood te drukken
café m • *koffie* • *koffieboon* • *koffieboom* • *café* • CHI, PERU, RPL *uitbrander* ★ café tostado *gebrande koffie* ★ café americano *grote kop zwarte koffie*; *oploskoffie* ★ granos de café *koffiebonen* ★ café cantante *café-chantant* ★ tomar café *koffie drinken* ★ café helado *ijskoffie* ★ café cortado *koffie met een beetje melk* ★ café solo *zwarte koffie* ★ café con

leche *koffie verkeerd* ★ estar de mal/buen
café *slecht/goed gehumeurd zijn* ★ tener mal
café *uit zijn humeur zijn*; *kwade bedoelingen
hebben* ★ café soluble *oploskoffie* ★ café
cargado *sterke koffie* ★ café descafeinado
cafeïnevrije koffie

cafecito m LA *zwarte koffie*
cafeína v *cafeïne*
cafetal m *koffieplantage*
cafetalero m ZA *koffieplanter*; *koffiehandelaar*
cafetera v • *koffiepot* • *rammelkast* • *koffieleut*
★ ~ exprés *espressoapparaat* ★ ~ rusa *onding*;
sta-in-de-weg
cafetería v *lunchroom*; *koffieshop*
cafetero I m • *koffieplukker* • *caféhouder*
• *koffiehandelaar* II BNW • *koffie-* • *dol op
koffie* ★ cosecha cafetera *koffieoogst*
cafetín m *cafeetje*
cafeto m *koffieboom*
cafetucho m *kroegje*
cáfila v *karavaan*
cafre I m/v *lomperd*; *bruut* II BNW *bruut*;
barbaars
caftán m *kaftan*
cagada v SL. • *uitwerpselen* • *blunder*
cagadero m INF. *schijthuis*
cagado I m *lafaard*; *schijterd* ★ eres un ~ *je
bent een lafaard* II BNW • *volgepoept* • *laf*
★ INF. estar ~ *doodsbang zijn*
cagajón m *paardenvijg*
cagalera v *diarree*
cagar I OV WW *bederven*; *verpesten* ★ ya la
hemos cagado *wat een pech* II ON WW
poepen; *schijten*
cagarruta v *keutel*
cagarruto m/v COL *kind*; *jongen*; *meisje*
cagarse WKD WW *bang worden* ★ ~ de miedo
het in zijn broek doen van angst ★ ime cago
en diez! *verdomme!* ★ de/para ~ *moorddadig*;
fantastisch ★ la tía está que te cagas *het is een
moordgriet*
cagatintas m /onveranderd meervoud/
pennenlikker
cagón I m • *gesneuvelde*; *gevallene* • MEX
II BNW (v: **cagona**) *laf*
cagueta m/v *bangerik*; *(bange)schijter*;
schijtlijster
cahuin m CHI • *eetfestijn* • *klerezooi*
caída v • *val*; *het vallen* • *helling* • *plooi* ⟨in
stof⟩ • *val*; *strook stof* • *fiasco* • SL. *arrestatie*
★ ~ de color *het verschieten*; *het verbleken* ★ ~
de la tarde *schemer* ★ ~ de precios *het zakken
van de prijzen* ★ ~ del cabello *haaruitval* ★ la
~ de los ojos *het neerslaan van de ogen* ★ a la
~ del sol *bij zonsondergang* ★ ir de ~
verminderen; *een crisis doormaken* ★ ~ de la
Bolsa *koersdaling* ★ ~ radiactiva *radioactieve
neerslag* ★ ~s *(geestige) invallen*
caído I m • *gesneuvelde*; *gevallene* • MEX
smeergeld ★ el Valle de los Caídos
*herdenkingsmonument voor de gevallenen van
de Spaanse burgeroorlog* II BNW • *gevallen*;
vallend • *afhangend* ⟨schouders⟩ • *gedood*;
gesneuveld ★ ser ~ de hombros *afhangende
schouders hebben* ★ ~ de ánimo *moedeloos*;
terneergeslagen ★ vienes como ~ del cielo *je*

komt als geroepen
caiga WW (1e/3e p ev subj. t.t.) → **caer**
caimán m *kaaiman*
caimiento m • *val* • MED. *achteruitgang*
• *neerslachtigheid*
Caín m ★ pasar las de Caín *een ellendige tijd
beleven* ★ venir con las de Caín *slechte
bedoelingen hebben*
cairel m • *franje* ⟨v. goud- of zilverdraad⟩
• *haarstukje*
caja v • *kist*; *doos* • *doodskist* • *gat*; *holte* • *kast*
⟨grafisch⟩ • *kas(sa)* • *kast*; *omhulsel* ★ echar a
u.p. con cajas destempladas *iemand eruit
zetten* ★ ingresar en caja *op de rekening
bijschrijven* ★ hacer mucha caja *veel geld
verdienen* ★ Caja de Ahorros *Spaarbank* ★ caja
de cambios *versnellingsbak* ★ caja de muerto
doodskist ★ caja de música *speeldoos* ★ caja
fuerte *brandkast* ★ caja de caudales *brandkast*
★ caja del cuerpo *borstkas* ★ caja de la
escalera *trappenhuis* ★ MIL. caja de
reclutamiento *meldkamer* ★ caja de
resonancia *klankkast* ★ entrar en caja *in
dienst gaan* ★ arquear/llevar la caja *de kas
houden* ★ caja de tres bocas
driewegstekker(doos) ★ caja de jubilaciones
pensioenfonds; *kijkkast* ★ Caja Postal *Postbank*
★ Caja Rural *Boerenleenbank* ★ caja de
enfermedad ≈ *ziekenfonds* ★ caja acústica
luidsprekerbox; *speaker* ★ caja negra *zwarte
doos* ⟨v. vliegtuig⟩ ★ pasar por caja *langs/
naar de kassa gaan* ⟨in winkel⟩ ★ caja de
seguridad *bankkluis* ★ caja tonta *kijkbuis* ⟨tv⟩
★ tocar la caja *de trommel slaan* ★ caja
torácica *borstkas*
cajero m *kassier* ★ ~ automático *geldautomaat*;
betaalautomaat
cajeta v MEX *zoetigheid*
cajete m MEX, GUA, SAL *diepe kookpot van
aardewerk*; *casserole*
cajetilla v *pakje* ⟨sigaretten⟩
cajetín m • *kistje* • *stempel* • *vakje* ⟨v.
letterkast⟩
cajista m *zetter*
cajón m • *lade* • *kist*; CA *doodskist* • *kraam*;
stalletje; LA *kruidenierswinkel* ★ ~ de sastre
warboel; *rommeltje* ★ ser de ~ *overduidelijk
zijn*; *vanzelfsprekend zijn*
cake m *(vruchten)cake*
cal v *kalk* ★ cerrado a cal y canto *potdicht*;
hermetisch afgesloten ★ lechada de cal *laag
kalk op de muur* ★ cal muerta/apagada
gebluste kalk ★ cal viva *ongebluste kalk* ★ de
cal y canto *stevig*; *taai* ★ una de cal y otra de
arena *afwisselend goed en slecht* ★ ahogar la
cal *de kalk blussen*
cala v • *baai*; *inham* • *stukje* ⟨v. vrucht⟩
• SCHEEPV. *ruim* • *laxerende zetpil* ★ cala y cata
het testen; *peiling*
calabacear OV WW • *laten zakken* ⟨bij examen⟩
• *een blauwtje laten lopen*
calabacín m *courgette*
calabaza v • *pompoenplant* • *kalebas*; *pompoen*
• *kluns* • *onvoldoende* ⟨bij examen⟩ • MEX
(Mexico) hoofd (van een mens) ★ dar ~s a alg.
iemand laten zakken; *iemand een blauwtje*

laten lopen ★ llevar/recibir ~s *afgaan bij examen*; *zakken*
calabazada v *kopstoot*
calabobos m *motregen*
calabozo m ● *kerker* ● *cel*
calabrote m *tros*; *kabel*
calaca v MEX *skelet*; *de dood*
calada v ● *trekje* ‹v. sigaret› ● *het doorweken*; *het natmaken/doorweken* ★ dar una ~ *een trekje nemen*
caladero m *visgrond*
calado I m ● *borduurwerk*; *ajourwerk* ● SCHEEPV. *diepgang* ● *diepte* ‹v. water› ● *afslaan* ‹v. motor› II BNW ● *doorweekt*; *drijfnat* ★ ver over het hoofd getrokken ‹bijvoorbeeld een muts› ● *bewerkt*; *opengewerkt* ★ ~ hasta los huesos *nat tot op het hemd*
calafate m *breeuwer*
calafatear OV WW *breeuwen*
calamar m *pijlinktvis*
calambre m ● *kramp* ● *elektrische schok* ★ me dió un ~ *ik kreeg kramp*
calamidad v ● *ramp* ● *klungel* ● *pechvogel* ★ estar hecho una ~ *afgemat zijn* ● ese tío es una ~ *die vent is een ramp* ★ ¡vaya ~! *wat een puinhoop!* ● pasar ~s *rampen doorstaan*
calamina v ● *kiezelgalmei* ● *gesmolten zink*
calamita v *kompas*
calamitoso BNW ● *rampzalig* ● *ongelukkig*
cálamo m ● *rieten schrijfpen* ● *kalmoes*
calamocano BNW *aangeschoten*; *beneveld*
calamoco m *ijspegel*
calandrar OV WW *kalanderen*; *glanzen*
calandria I v ● *ringleeuwerik* ● *kalandermachine* ● *takel* II m/v ● INF. *simulant* ● *sukkel*
calaña v *aard*; *karakter* ★ de la misma ~ *van hetzelfde laken een pak* ★ gente de mala ~ *kwaad slag mensen*
calar I OV WW ● *doorweken*; *nat maken* ● *doorzien*; *doorhebben* ● *doorsteken*; *doorboren* ● *ajourwerken* ● *bewerken*; *openwerken* ● *een stukje afsnijden* ‹v. vrucht› ● *laten afslaan* ‹v. motor› ★ le calo la intención *ik heb hem wel in de gaten* II ON WW ● FIG. *doordringen* ● *diepgang hebben*
calarse WKD WW ● *door en door nat worden* ● *opzetten* ● *zich storten (op)* ● *afslaan* ‹v. motor›
calato m CHI, PERU ● *naakt* ● *platzak* ★ ver al diablo ~ *sterretjes zien* ‹bv. na klap›
calavera I v *schedel* II m/v *losbol*
calaverada v ● *ondoordachte streek* ● *onbesuisdheid*
calaverear ON WW *keet schoppen*; *fuiven*
calcado I m *kopie*; *nabootsing* II BNW ● *overgenomen*; *gekopieerd* ● *identiek*
calcáneo m *hielbeen*
calcañal v (**calcañar**) *hiel*
calcaño m → **calcañal**
calcar OV WW ● *overtrekken*; *calqueren* ● *imiteren*; *nadoen*
calcáreo BNW *kalkachtig*
calce m ● *keg*; *wig* ● *velg*
calcés m *masttop*
calceta v *kous* ★ hacer ~ *breien*
calcetería v *kousenwinkel*

calcetero m *kousenhandelaar*
calcetín m *sok*
cálcico BNW *kalkhoudend*; *calcium-*
calcificación v ● *kalkafzetting* ● MED. *aderverkalking* ● *verkalking*
calcificar ON WW *verkalken*
calcinación v *verbranding*
calcinar OV WW ● *verbranden*; *verschroeien* ● *verkalken*; *calcineren*
calcio m CHEM. *calcium*
calco m ● *kopie*; *nabootsing* ● *plagiaat*; *imitatie*
calcomanía v ● *calqueerprocédé* ● *overgetrokken tekening* ● *calqueerpapier*
calculable BNW *berekenbaar*
calculación v *calculatie*; *berekening*
calculador I m *rekenmachine*; *calculator* II BNW ● *reken-* ● *berekenend* ★ máquina ~a *rekenmachine*
calcular I OV WW ● *berekenen*; *uitrekenen* ● *overwegen* ● *schatten* II ON WW *rekenen* ★ ~ por lo bajo *zorgvuldig uitrekenen*
calculatorio BNW *calculatorisch*; *berekenings-*
cálculo m ● *berekening* ● MED. *steen* ★ ~ aproximado *schatting*; *raming* ★ errar el ~ *zich misrekenen* ★ hoja de ~ *spreadsheet* ★ ~ de índice *indexatie* ★ ~ de costo *kostenberekening* ★ ~ de probabilidades *kansberekening* ★ ~ de riñón *niersteen*
calda v ● *verwarming* ● *blok brandhout* ★ dar ~ a uno *iemand opwarmen*
caldas v mv ● → **calda** ● *warmwaterbronnen*
caldeamiento m *verhitting*; *verwarming*
caldear OV WW ● *verwarmen*; *verhitten* ● *stimuleren*; *animeren* ● *verhitten*; *opwinden*
caldearse WKD WW *oververhit raken*
caldeo I m ● *verhitting* ● GESCH. *Chaldeeër* II BNW GESCH. *Chaldeeuws*
caldera v ● *ketel* ‹om water in te koken›; *pot* ● *(verwarmings)ketel* ★ dijo el cazo a la ~ de pot verwijt de ketel ● las ~s de Pedro Botero *de hel*
calderada v ● *een ketel vol* ● FIG. *een heleboel*
calderería v ● *koperslagersvak* ● *koperslagerij* ● *metaalwerkplaats*
calderero m *koperslager*; *ketellapper*
caldereta v *stoofgerecht*
calderilla v *kopergeld*; *pasmunt*
caldero m *keteltje*; *pot*
calderón m ● *fermate* ● *verlengde noot*
caldillo m ● MEX *gehakt in bouillon* ● CHI *vissoep*
caldo m ● *bouillon* ● *plantensappen* ‹bijvoorbeeld wijn en olie› ● INF. *saffie* ★ ~ de cultivo OOK FIG. *voedingsbodem* ★ hacer el ~ gordo a alg. *iemand in de kaart spelen* ★ es más caro el ~ que los caracoles *het sop is de kool niet waard*
caldoso BNW *in bouillon gedrenkt*
cale m *klap*
calé I m/v *zigeuner* II BNW *zigeuner-*
calefacción v ● *verwarming* ● *verwarmingsinstallatie* ★ ~ central *centrale verwarming* ★ ~ de hilo radiante *vloerverwarming* ★ ~ por aire caliente *heteluchtverwarming*
calefactor m *verwarmingsapparaat*
calendario m *kalender* ★ hacer ~s *dagdromen*;

ca

ca

gissingen maken ★ ~ de taco *scheurkalender*
★ ~ eclesiástico *kerkelijk jaar*
caléndula v *goudsbloem*
calentador I m *geiser; boiler* II BNW
verwarmend
calentamiento m *verwarming; verhitting*
calentar /ie/ OV WW • *verwarmen* • *aanvuren;
prikkelen* • *slaan op; ranselen* • *opwinden; geil
maken* • LA *boos maken, provoceren*
• *interessant zijn, aanspreken* ★ ~ *banquillo op
het reservebankje zitten* ★ ~ *al rojo vivo tot
roodgloeiend verhitten* ★ ~ *el asiento ten
onrechte een baan bezet houden* ★ ~ *la cabeza
lastig vallen met praatjes* ★ *arrimarse al sol
que más calienta slijmen met iemand die iets
voor je kan betekenen* ★ ~ *la silla ergens
blijven plakken*
calentarse /ie/ WKD WW SPORT *zich opwarmen;
zich warmlopen*
calentito BNW • *heet van de naald* • *warm* • *vers*
calentón m *verhitting*
calentura v *verhoging; koorts* ★ *estar con ~
koorts hebben* ★ *tener ~ de pollo schoolziek
zijn*
calenturiento I m *zieke; koortslijder* II BNW
• *warm; koortsig* • *opgewonden; obsceen* • CHI
lijdend aan tbc ★ *mentes calenturientas
heethoofden*
calenturón m *hevige koorts*
calenturoso BNW *koortsig*
calera v • *kalkgroeve* • *kalkoven*
calero I m *kalkbrander* ⟨persoon⟩ II BNW *kalk-;
kalkhoudend*
calesa v *sjees*
calesera v • *bolerojasje* • *Andalusisch lied*
calesero m *koetsier*
caleta v *inham; kleine baai*
caletre m • *inzicht* • *bekwaamheid* ★ *de poco ~
niet zo snugger*
calibración v *het kalibreren; het bepalen van het
kaliber; kalibermeting*
calibrador m *kalibermeter*
calibrar OV WW • *meten* ⟨v. diameter⟩
• *uitmeten; passend maken* • *peilen;
doorgronden*
calibre m • *kaliber; diameter* • *aard; omvang*
• *kalibermeter*
calicata v *diepboring*
caliche m • *steentje* ⟨in klei⟩ • *stukje kalk* ⟨v.
stucwerk⟩ • *beurse plek* ⟨in vrucht⟩
calicó m *calicot* ⟨textiel⟩
calidad v • *kwaliteit* • *aard; karakter* • *belang;
ernst* • *hoedanigheid; functie* • *adel* ★ *en ~ de
als; in de hoedanigheid van* ★ *de primera ~
van eerste kwaliteit* ★ *a ~ de que op
voorwaarde dat* ★ ~ *de imagen beeldkwaliteit*
★ ~ *de miembro lidmaatschap* ★ *(emitir) el
voto de ~ de beslissende stem (uitbrengen)*
★ *en dicha ~ als zodanig*
cálido BNW • *warm; heet* • *hartelijk*
calidoscopio m • *caleidoscoop* • *prettige
aanblik; roze bril*
calientapiés m *stoof; voetenwarmer*
calientaplatos m *bordenwarmer*
caliente BNW • *warm; heet* • *vurig; verhit*
• *opgewonden; geil* • LA *boos* • COL

overmoedig, dapper ★ *¡~! heet!; warm!* ⟨bij
raadspelletje⟩ ★ *en ~ onmiddellijk* ★ *estar ~
dronken zijn* ★ ~ *de cascos heetgebakerd*
califa m *kalief*
califato m *kalifaat*
calificable BNW *kwalificeerbaar*
calificación v • *kwalificatie* • *cijfer; resultaat*
★ *lista de calificaciones cijferlijst; rapport*
★ JUR. *escrito de ~ akte van beschuldiging*
⟨vergelijkbaar met tenlastelegging⟩
calificado BNW • *bekwaam; bevoegd*
• *vooraanstaand* • *van goede kwaliteit*
calificador BNW *beoordelend*
calificar OV WW • *kwalificeren* • *bestempelen;
betitelen* • *beoordelen* ⟨examens⟩ • TAALK.
benoemen
calificarse WKD WW *bewijzen dat men van adel
is*
calificativo I m • *benaming; kwalificatie* II BNW
bepalend; kwalificerend
californiano I m *Californië* II BNW *Californisch*
caligine v • *mist; nevel* • *duisternis*
caliginoso BNW • *nevelig* • *duister*
caligrafia v *kalligrafie*
caligráfico BNW *kalligrafisch*
calina v *nevel*
calistenia v *gymnastiek*
cáliz m • REL. *miskelk* • PLANTK. *bloemkelk*
• *lijden; bitterheid* • *kelk; beker* ★ *apurar el ~
de kelk uitdrinken*
caliza v *kalksteen* ★ ~ *lenta dolomiet*
calizo BNW *kalkhoudend*
callada v *het (stil)zwijgen* ★ *de ~ in het geheim*
★ *a las ~s in het geheim; stiekem* ★ *dar la ~
por respuesta er het zwijgen toe doen*
callado BNW *stil* ★ *más ~ que un muerto
zwijgzaam als het graf*
callampa v CHI • *paddestoel* • *viltenhoed* • PERU
lul; penis • (mv) *sloppen(wijk)*
callandico BIJW *heimelijk; stilletjes*
callar I OV WW *verzwijgen; geheimhouden* II ON
WW *stil worden; zwijgen* ★ *matarlas callando
het stilzwijgend voor elkaar krijgen* ★ *quien
calla otorga wie zwijgt stemt toe*
callarse WKD WW • *zwijgen; zich stilhouden*
• *verzwijgen* ★ ~ *la boca zijn mond houden* ★ ~
el pico zijn snavel houden
calle v • *straat* • *baan; strook* ★ *abrir ~ doorgang
verlenen* ★ *de ~ gemakkelijk* ⟨v. kleding⟩
★ *doblar la ~ de hoek omgaan* ★ *el hombre de
la ~ Jan met de pet* ★ *dejar a u.p. en la ~
iemand op straat zetten; iemand ruïneren*
★ *echarse a la ~ de straat opgaan;
demonstreren* ★ *estar en la ~ op straat staan;
werkloos zijn* ★ *hacer la ~ tippelen* ★ *irse a la
~ uitgaan* ★ *llevar/traer a u.p. por la ~ de la
amargura iemand het leven zuur maken*
★ *coger la ~ opstappen; weggaan* ★ *echar por
la ~ de en medio vastbesloten op een doel
afgaan* ★ *ir desempedrando ~s door de straat
scheuren* ★ *llevarse de ~ a u.p. iemand de
baas worden; iemand overwinnen* ★ ~ *sin
salida doodlopende straat* ★ ~ *ciega AND., VEN.
doodlopende straat* ★ ~ *cortada ZZA
doodlopende straat* ★ ~ *de sentido único
eenrichtingsverkeer* ★ ~ *comercial winkelstraat*

★ ~ mayor *hoofdstraat* ★ ~ transversal *zijstraat*
★ aplanar ~s LA *op straat lopen te lanterfanten*
★ no pisar la ~ *de deur niet uitkomen*; *niet buiten komen*

calleja v *steeg; straatje*

callejear ON WW *rondslenteren; rondzwerven* ⟨op straat⟩

callejero I m ● *stratenboekje* ● *slenteraar* II BNW ● *straat- uithuizig* ★ canción callejera *straatliedje* ★ perro ~ *zwerfhond* ★ no soy muy ~ *ik zwerf niet graag op straat rond* ★ venta callejera *straatverkoop; (het) venten*

callejón m ● *steeg; nauwe doorgang* ★ ~ sin salida *doodlopende weg; impasse*

callejuela v ● FIG. *straatje* ● *uitvlucht, uitweg*

callicida v *likdoornzalf*

callista m/v *pedicure*

callo m ● *eeltknobbel; likdoorn lelijkerd* ★ criar/hacer/tener ~s *ongevoelig zijn; eelt op de ziel krijgen*

callos m mv ● → **callo** ● *pens*

callosidad v *eelt; eeltplek*

calloso BNW *eeltig; vereelt*

calma v ● *kalmte* ● *onderbreking; rust* ● *windstilte* ● *traagheid* ★ ¡~! *rustig!; kalm!* ★ con ~ *rustig; niet overhaast* ★ perder la ~ *zijn kalmte verliezen; boos worden* ★ conservar la ~ *zijn kalmte bewaren* ★ ~ chicha *volkomen windstilte*

calmante I m *pijnstiller* II BNW *pijnstillend*

calmar OV WW ● *kalmeren; tot bedaren brengen* ● *stillen; verzachten*

calmarse WKD WW *rustig worden*

calmo BNW ● *kalm; rustig; bedaard* ● *braakliggend*

calmoso BNW ● *traag; lui kalm*

caló m *zigeunertaal*

calofriarse /í/ WKD WW *rillen; huiveren*

calor m ● *hitte; warmte* ● *enthousiasme* ● *genegenheid* ★ aceptar/acoger con ~ *warm onthalen* ★ asarse de ~ *stikken van de hitte* ★ en el ~ de *midden in; in het heetst van* ★ dar ~ a *aanmoedigen* ★ entrar en ~ *warm worden; het warm krijgen* ★ hace un ~ espantoso *het is smoorheet* ★ al ~ de *beschermd door; met hulp van* ★ ola de ~ *hittegolf* ★ tener ~ *het warm hebben*

calores m mv RPL *opvliegers*

caloría v *calorie* ★ bajo/rico en ~s *caloriearm/-rijk*

calórico BNW (**calorífico**) *warmte-; warmtegevend*

calorífero m *verwarmingstoestel*

calorífico BNW *warmteproducerend; warmte-; hitte-* ★ aparato ~ *verwarmingsapparaat*

calorífugo BNW *vuurvast; hittebestendig*

calorímetro m *warmtemeter*

calta v *dotterbloem*

caluga v CHI *plastic zakje*

calumnia v ● *laster* ● (mv) *geroddel, lasterpraatjes*

calumniador I m *lasteraar* II BNW *lasterlijk; lasterend*

calumniar OV WW *belasteren; vals beschuldigen*

calumnioso BNW *lasterlijk*

caluroso BNW ● *warm; heet* ● *hartelijk* ★ una

acogida calurosa *een warm onthaal*

calva v ● *kale plek* ● *open plek* ⟨in bos⟩

calvario m REL. *kruisweg* ● FIG. *lijdensweg*

Calvario m *Calvarieberg*

calvatrueno m ● INF. *kale kop; kale knikker* ● *warhoofd*

calvero m *open plek* ⟨in bos⟩

calvicie v *kaalheid*

calvinismo m *calvinisme*

calvinista I m/v *calvinist* II BNW *calvinistisch*

calvo I m *kale; kaalkop* II BNW ● *onbehaard*; *kaal onbegroeid* ★ la ocasión la pintan calva *men moet het ijzer smeden als het heet is* ★ quedarse ~ *kaal worden* ★ ini tanto ni tan ~! *overdrijf niet zo*

calza v ● *blok; wig* ● *kous* ● COL, ECU, PAN *(vulling* ⟨v. kies⟩ ● (mv) ARG *legging, maillot* ★ ~s kniekousen ★ verse klem *in de klem zitten* ★ estar en ~s prietas *in een lastig parket zitten*

calzada v ● *rijbaan weg* ★ ~ romana *Romeinse weg*

calzado I m *schoenen; schoeisel* ★ crema para el ~ *schoensmeer* II BNW ● *geschoeid; vastgezet* ● *met sokken* ⟨onderbeen van dier⟩; *met andere kleur poten* ● *met gevederde poten*

calzador m *schoenlepel*

calzar OV WW ● *aantrekken; schoeien* ● *van schoenen voorzien* ● *dragen* ● *vastzetten* ● *(aan)kleden; bedekken* ★ el mismo que viste y calza *in hoogst eigen persoon* ★ ~ poco *niet al te snugger zijn* ★ él sabe lo que calza *hij weet er alles van; hij heeft het door* ★ ¿qué numero calza? *wat is uw (schoen)maat?*

calzarse WKD WW ● *aandoen; aantrekken* ● VULG. *neuken* ● *de baas spelen over* ★ ~ u.c. *iets bereiken*

calzo m *wig*

calzón m ● *broek* ● (mv) *held op sokken* ● (mv) *lange onderbroek* ★ a ~ quitado *ongeremd* ★ ponerse los calzones *de broek aanhebben* ★ llevar/tener bien puestos los calzones *de wind er goed onder hebben*

calzonario m ECU *(dames)slip*

calzonazos I m mv *held op sokken; slappeling* II m mv *onderbroek* III BNW mv *slap*

calzoncitos m mv COL *(dames)slip*

calzoneta v GUA, NIC *badpak; zwembroek*

calzonudo I m CR *man* ⟨gebezigd door vrouw⟩ II BNW ● LA, PEJ. *suf; slap; onder de plak* ⟨gebezigd door vrouw⟩ ● ARG *onbeholpen; bangelijk*

calzos m mv *sokken*

cama v ● *bed* ● *laag stro; strobed* ● *leger; ligplaats* ⟨v. dier⟩ ★ destapar la cama *het bed openslaan* ★ echarse en la cama *op bed gaan liggen* ★ estar en cama *ziek op bed liggen* ★ guardar cama *ziek op bed liggen* ★ ir a la cama *naar bed gaan* ★ irse a la cama con u.p. ~ *met iemand naar bed gaan* ★ saltar de la cama *zijn bed uitspringen* ★ cama de matrimonio *tweepersoonsbed* ★ cama sencilla, individual *eenpersoonsbed* ★ cama frailera/ camera *twijfelaar* ★ cama con dosel *hemelbed* ★ camas gemelas *lits-jumeaux* ★ cama plegable *opklapbed* ★ caer en cama

ca

bedlegerig/ziek worden ★ hacer la cama a u.p.
iemand in het geniep benadelen ★ hacer la
cama *het bed opmaken* ★ cama de agua
waterbed ★ coche-cama *slaapwagen* ★ cama y
desayuno *logies met ontbijt* ★ cama elástica
trampoline ★ salto de cama *ochtendjas*
★ cama turca *divanbed* ★ LA estar de cama
bekaf zijn

camada v • *nest jongen; worp* • *onderlaag*
• *bende*

camafeo m *camee*

camal m • *halster; leiband* • ZA *slachthuis*

camaleón m • *kameleon* • *opportunist*

camalote m ZA *soort waterplant*

camama V INF. *list en bedrog*

camamila v *kamille*

camándula v • *list* • *smoes; huichelarij*
• *rozenkrans* • (mv) SL. *luie donder* ★ tener
muchas ~s *geniepig zijn*

camandulear ON WW *huichelen; schijnheilig zijn*

camandulería v • *preutsheid* • *schijnheiligheid*

camandulero I m *huichelaar; schijnheilige*
II BNW *hypocriet; schijnheilig*

cámara I v • *kamer; zaal* • POL. *Kamer* • *college;
vereniging* • *camera* • TECHN. *kamer; omsloten
ruimte* • *(koel)kast; kamer; (koel)cel* • ANAT.
kas; holte • PLANTK. *holte; oksel* • *binnenband*
★ a ~ lenta *(in) slow motion* ★ de ~ *van het
hof* ★ ~ acorazada *kluis* ★ Cámara Alta *Eerste
Kamer* ★ ~ ardiente *rouwkamer* ★ Cámara
Baja *Tweede Kamer; Parlement* ★ ~ de cine
filmcamera ★ Cámara de Comercio *Kamer
van Koophandel* ★ Cámara de los Comunes
het Lagerhuis ★ ~ de gas *gaskamer* ★ la
Cámara de los Lores *het Hogerhuis* ★ ~
obscura *camera obscura* ★ ~ de oxígeno
zuurstoftent ★ ~ de terror *spookhuis* ★ médico
de ~ *koninklijke lijfarts* ★ pintor de ~
hofschilder ★ ~ de vídeo *videocamera* ★ ~
réflex *spiegelreflexcamera* II m/v *cameraman*

camarada m/v *kameraad; vriend*

camaradería v *kameraadschap*

camarera v • *kamermeisje* • *serveerster*
• *hofdame* • *dienstmeisje* • SCHEEPV. *stewardess*
★ bar de ~s *animeerclub* ★ ~ mayor *eerste
hofdame*

camarero m • *ober* • SCHEEPV. *steward*
• *hotelbediende*

camareta v SCHEEPV. *hut*

camarilla v • *groep; kliek* • *lobby*

camarín m *altaarkapel*

camarista v *hofdame*

camarógrafo/-a m/v *cameraman*

camarón m • *garnaal* • CR *fooi* • PERU *kameleon*
• VEN *siësta*

camarote m SCHEEPV. *hut*

camastro m *ellendig bed; nest*

camastrón I m (v: **camastrona**) *gluiperd;
slimmerd* II BNW (v: **camastrona**) *slim; sluw*

cambalache m • *ruil* • RPL *tweedehandswinkel,
uitdragerij*

cambalachear OV WW *ruilen; versjacheren*

cámbaro m *zeekrab*

cambiable BNW • *wisselvallig* • *ruilbaar;
inwisselbaar*

cambiadizo BNW *veranderlijk*

cambiador m • *geldwisselaar* • ZA *wisselwachter*

cambiante I m *kleurwisseling* II BNW
veranderlijk; wisselend

cambiar I OV WW • *(om)ruilen* • *(uit)wisselen;
verwisselen* • *verplaatsen; verzetten*
• *verschonen* ⟨v. kind⟩ ★ ~ impresiones
indrukken uitwisselen ★ ~ la peseta *braken* ★ ~
la piel *vervellen* ★ ~ de tiesto *verpotten* II ON
WW • *veranderen* • *omslaan* ⟨v. het weer⟩;
veranderen ⟨v. koers⟩ • *schakelen* ⟨auto⟩ ★ ~
de tren *overstappen* ★ ~ de domicilio
verhuizen ★ ~ de dueño *van eigenaar
verwisselen* ★ ~se de vestido/ropa *zich
verkleden* ★ ~ de conducta *van gedrag
veranderen* ★ ~ de chaqueta *van mening
veranderen naar eigen gelang* ★ ~ de táctica
het over een andere boeg gooien

cambiaro BNW *wissel-*

cambiarse WKD WW • *ruilen* • *veranderen* ★ no ~
con nadie *met niemand willen ruilen* ★ no se
le cambió la cara *hij vertrok geen spier*

cambiazo m *afzetterij* ★ dar el ~ *bedriegen;
afzetten*

cambio m • *verandering* • *het omwisselen; het
ruilen* • *wisselgeld; kleingeld* • ECON. *koers*
• *versnelling* ⟨v. auto⟩ ★ al ~ de *tegen de koers
van* ★ el ~ está a *de koers is* ★ hay ~ de tren
men moet overstappen ★ hacer un ~ *omruilen*
★ tipo de ~ *wisselkoers* ★ a ~ de *in ruil voor*
★ a las primeras de ~ *onmiddellijk* ★ en ~
echter; daarentegen ★ caja de ~s
versnellingsbak ★ zona de libre ~
vrijhandelsgebied ★ ~ de aceite *(het) olie
verversen* ★ ~ de ideas *gedachtenwisseling* ★ ~
automático *automatische versnelling* ★ ¿no
tiene ~? *hebt u het niet gepast?*

cambista m *geldwisselaar; bankier*

Camboya v *Cambodja*

camboyano I m *Cambodjaan* II BNW
Cambodjaans

cambray m *kamerdoek*

cambrón m *boksdoorn*

cambur m *bacove; banaan*

camelar OV WW • *vleien; inpalmen* • *verleiden;
het hof maken*

camelia v *camelia*

camelista m/v *bedrieger*

camella v *kameel* ⟨wijfje⟩ • *zoom; rand; berm;
grensstrook* • *trog* • *jukboog*

camellear ON WW INF. *dealen* ⟨in drugs⟩

camellero m *kameeldrijver*

camello m • *kameel* • *drugsdealer;
(drugs)koerier* • *pelo de ~ kameelhaar*
★ disfrutar como un ~ *heel veel plezier hebben*
★ hacer de ~ *drugs vervoeren*

camellón m • *aardrug* ⟨bij ploegen⟩ • *trog;
drinkbak*

camelo m • *bedrog; schertsvertoning* • *vals
gerucht; praatje* • *en ~ onzinnig* ★ dar el ~
iemand erin luizen ★ hablar en ~ *praatjes
verkopen*

camerino m *kleedkamer*

camero BNW ★ colcha camera *beddensprei*

camilla I v • *tafel met stoof* • *brancard* ★ mesa ~
tafel met stoof II BNW *met stoof* ★ ~ de ruedas
bed op wielen ⟨in ziekenhuis⟩

ca

camillero m *ziekendrager; brancardier*

caminante I m/v *reiziger* ‹te voet›; *voetganger* **II** BNW *lopend*

caminar I OV WW *afleggen* ‹v. afstand› **II** ON WW * *lopen; wandelen * zich verplaatsen; gaan * ~ con rectitud *op het rechte pad zijn* * ~ derecho *op het rechte pad zijn*

caminata v *voettocht*

caminero BNW *weg-; van de weg * peón ~ wegwerker*

caminito m *weggetje; pad*

camino m * *weg * route * weg; FIG. *pad * abrirse ~ u.c. *gedijen; succes hebben * atravesarse/cruzarse en el ~ de u.p. *iemand in de weg lopen; iemands plannen doorkruisen * en el ~ onderweg * ~ de cabras *bergpaadje * ~ de herradura ruiterpad * ~ de Avilés onderweg naar Avilés; op weg naar Avilés * ~ vecinal *landweg * abrirse ~ u.p. *zich een weg banen* ‹letterlijk en figuurlijk› * cerrar el ~ de weg versperren * llevar ~ de *er naar uitzien dat * estar en mal ~ *op de verkeerde weg zijn * ir fuera de ~ *ernaast zitten; op de verkeerde weg zijn * ponerse en ~ *op weg gaan * salir al ~ *tegemoet gaan * ~s, canales y puertos ≈ *weg- en waterbouw * ~ de peotones voetpad * ~ de Santiago *pelgrimsweg naar Santiago de Compostela * me viene de ~ *het ligt op mijn route * ir por buen ~ *op de goede weg zijn * ser un ~ de rosas *over rozen gaan * tomar un ~ *een weg inslaan * tomarlo por otro ~ *het over een andere boeg gooien * ~ serpenteante *kronkelweg; slingerende weg*

camión m * *vrachtwagen * ZA autobus * ~ articulada *gelede vrachtwagen * ~ de basura vuilniswagen * estar como un ~ INF. *er te gek uitzien. * ~ cuba/cisterna tankwagen * ~ grúa takelwagen * ~ de mudanzas verhuiswagen * ~ de bomberos brandweerauto*

camionaje m * *vrachtvervoer * transportkosten*

camionero m *vrachtwagenchauffeur*

camioneta v * *bestelwagen; busje * LA personenauto*

camisa v * *overhemd * mantel; omhulsel ‹v. mechanisme› * gloeikousje * huid; vel ‹afgeworpen bij rui› * map * dejarle a u.p. sin ~ *iemand ruïneren * jugarse hasta la ~ alles verspelen * cambiar de ~ van (politieke) opvattingen veranderen * no llegarle a u.p. la ~ al cuerpo doodsbang zijn * quedarse sin ~ berooid zijn * ~ azul falangist * ~ negra zwarthemd; Italiaanse fascist * ~ parda bruinhemd; nazi * meterse en ~ de once varas ergens zijn neus insteken * ~ de fuerza dwangbuis * en mangas de ~ in hemdsmouwen * ~ polo poloshirt*

camisería v * *overhemdenwinkel * overhemdenmakerij*

camisero I m * *overhemdenmaker * overhemdenverkoper * bloes **II** BNW *als een overhemd*

camiseta v *hemd; shirt; t-shirt * SPORT *sudar la ~ zich tot het uiterste inspannen*

camisola v *overhemd* ‹met kant›

camisolín m *frontje; plastron*

camisón m *nachthemd*

camita v *bedje*

camomila v *kamille*

camón m * *draagbare troon * serre * glazen tussenwand * lattenconstructie*

camorra v *ruzie * armar ~ *ruzie maken*

camorrero I m *ruziezoeker* **II** BNW *twistziek*

camorrista I m/v *ruziezoeker* **II** BNW *twistziek*

camote m * LA *zoete aardappel * LA verliefdheid * LA bol, knol * CHI leugentje * PERU geliefde * ECU, MEX dwaas (persoon) * MEX ser un ~ een lastpost zijn*

camotiza v MEX *standje; reprimande*

campal BNW * batalla ~ OOK FIG. *veldslag*

campamento m *kamp; tentenkamp * levantar el ~ *het kamp opbreken * ~ de entrenamiento trainingskamp * ~ de trabajo werkkamp * ~ de verano zomerkamp*

campana v * *klok * klok; stolp * oír ~s y no saber dónde *de klok hebben horen luiden en niet weten waar de klepel hangt * ~ de buzo/ inmersión duikerklok * ~ de la chimenea schouw * dar una vuelta de ~ *over de kop slaan * echar las ~s a vuelo *iets aan de grote klok hangen; iets van de daken schreeuwen * repicar las ~s iets van de daken schreeuwen; iets aan de grote klok hangen * a toque de ~ met de regelmaat van de klok * hacer ~ spijbelen * ~ fúnebre doodsklok * ~ extractora/de humos afzuigkap*

campanada v * *klokslag * schandaal*

campanario m *klokkentoren * de ~ bekrompen; kleingeestig*

campanazo m ZA *klokslag*

campanear ON WW * *de klok luiden * INF. (heup)wiegen * RPL *op de uitkijk staan* ‹bij diefstal›

campanearse WKD WW *heupwiegen*

campaneo m * *gebeier; klokgelui * heupgewieg*

campanero m *klokkenluider*

campanil I m *klokkentoren* **II** BNW *klokken-; van de klok*

campanilla v * *bel; klokje * ANAT. *huig * PLANTK. klokbloem * versiering* ‹klokvormig› * ~ de invierno sneeuwklokje * de muchas ~s belangrijk; voornaam*

campanillazo m *ruk aan de bel * dar ~s hard aan de bel trekken*

campanillear ON WW *bellen; rinkelen*

campanilleo m * *het klingelen * geklingel; gebel*

campanología v *klokkenkunde*

campanólogo m *beiaardier*

campante BNW * *onverstoorbaar; onbezorgd * voldaan * se quedó tan ~ *hij trok zich nergens iets van aan; hij was erg trots*

campanudo BNW * *hoogdravend * adellijk*

campánula v *klokbloem*

campaña v * MIL. *veldtocht * vlakte; open veld * OOK MIL. campagne * veldtocht * tienda de ~ kampeertent * VULG. *alzar la tienda de ~ (masturberen) een tent opzetten * emprender una ~ actie ondernemen voor iets; campagne opzetten * ~ difamatoria hetze; lastercampagne * batir/correr la ~ op verkenning uitgaan; het terrein verkennen * ~ de ocupaciones kraakactie * ~ de prensa*

ca

perscampagne ★ ~ *electoral verkiezingscampagne* ★ ~ *publicitario reclame-/advertentiecampagne* ★ *hacer una* ~ *contra actie voeren tegen*; *ageren tegen* ★ ~ *azucarera suikercampagne*

campañol m *woelmuis*

campar ON WW *zwerven* ★ ~ *por sus respetos zijn eigen weg gaan*

campeador BNW *strijdend*; *heldhaftig* ★ GESCH. *el Cid Campeador de Cid*

campear ON WW *opvallen*; *prijken*

campechanía v *ongedwongenheid*; *jovialiteit*

campechano- BNW *vriendelijk*; *ongedwongen*

campeón m (v: **campeona**) ● *kampioen* ● *voorvechter*

campeonato m *kampioenschap* ★ *de* ~ *verschrikkelijk*; *reuze*

cámper m CHI, MEX *kampeerbusje*

campera v ARG, CHI *windjack*

campero I m COL *jeep, terreinwagen* II BNW *landelijk*; *in de open lucht* ★ *fiesta campera* ± *landdag*

campesinado m *boerenbevolking*

campesino I m *boer* II BNW *landelijk*; *boeren-*

campestre BNW *in de open lucht*; *landelijk*

camping m *camping* ★ *hacer* ~ *kamperen*

campiña v *vlakte*; *akkerland*

campista m/v ● *kampeerder* ● HON *veehouder*

campo m ● *platteland* ● *bouwland*; *akker* ● *gewas*; *teelt* ● *veld*; *terrein*; *baan* ● *ruimte*; CHI *ruimte, plaats* ● *veld*; FIG. *gebied* ● MIL. *kamp* ★ *abandonar el* ~ *zich terugtrekken*; *de strijd opgeven* ★ *dejar el* ~ *libre het veld ruimen* ★ *hacer* ~ *ruimte/plek maken* ★ *levantar el* ~ *het kamp opbreken* ★ *retirarse al* ~ *zich terugtrekken op het platteland* ★ *tener* ~ *libre vrij baan hebben* ★ ~ *de batalla slagveld* ★ ~ *de cultivo akker* ★ ~ *eléctrico elektrisch veld* ★ ~ *de juego sportterrein* ★ ~ *visual gezichtsveld* ★ ~ *de Agramante Poolse landdag* ★ ~ *de aterrizaje landingsbaan* ★ ~ *de cereales graanakker* ★ ~ *del honor veld van eer*; *slagveld* ★ *a* ~ *raso onder de blote hemel* ★ *a* ~ *traviesa dwars door het veld* ★ *partido en el propio* ~ *thuiswedstrijd* ★ ~ *de actividad arbeidsterrein* ★ ~ *de concentración concentratiekamp* ★ ~ *petrolífero olieveld* ★ ~ *de refugiados vluchtelingenkamp* ★ ~ *través cross-country* ★ ~ *de tulipanes bollenveld* ★ ~ *de acogida opvangkamp* ★ ~ *abonado* OOK FIG. *vruchtbare grond*

camposanto m *kerkhof*

campus m *universiteitsterrein*; *campus*

camuflaje m *camouflage*

camuflar OV WW *verbergen*; *camoufleren*

can m *hond* ★ *Can mayor/menor* ASTRON. *Grote/Kleine Hond*

cana v ● *grijs/wit haar* ● ZA *nor, gevangenis* ● RPL *politie* ★ *echar una cana al aire de bloemetjes buiten zetten*; *het er even van nemen* ★ *peinar canas oud zijn*

canaca m ZA *spleetoog*; *Chinees*

Canadá m *Canada*

canadiense I m/v *Canadees* II BNW *Canadees*

canal m ● *kanaal* ● *(t.v.)kanaal* ● *geslacht dier* ‹opengesneden en schoongemaakt› ● *dakgoot* ★ *abrir en* ~ *opensnijden*; *overlangs doorsnijden* ★ ~ *comercial commerciële t.v.-zender* ★ ~ *de humo rookkanaal* ★ ~ *de irrigación irrigatiekanaal* ★ ~ *vocal neus-keelholte* ★ *peso en* ~ *gewicht schoon aan de haak*

canaladura v *groef*; *cannelure*

canalete m *peddel*; *pagaai*

canaletear ON WW COL, VEN *roeien*

canalización v ● *kanalisatie* ● *kanalenstelsel*; *buizenstelsel*

canalizar OV WW *kanaliseren*

canalizo m *vaargeul*; *zeegat*

canalla I m *schooier*; *schoft* II v ● *uitschot*; *gespuis* ● *kreng*; *klerewijf*

canallada v *rotstreek*

canallesco BNW *schofterig*

canalón m *dakgoot*

canalones m mv *cannelloni*

canana v *patroongordel*

cananeo BNW *Kanaänitisch*

canapé m ● *stukjes brood belegd als aperitief* ● *rustbank*; *canapé*

Canarias v *Canarische Eilanden* ★ *las islas* ~ *de Canarische Eilanden*

canario I m ● *inwoner van de Canarische Eilanden* ● *kanarie* II BNW *van de Canarische Eilanden*

canasta v ● *mand* ● *canasta* ‹kaartspel› ● *punt* ‹bij basketbal›

canastero m ● *mandenmaker* ● *mandenverkoper*

canastilla v ● *mandje* ● *babykleding* ★ *hacer la* ~ *de kinderuitzet klaarmaken*

canastillo m *tenen mandje*; *tenen mandje*

canasto m *mand* ‹naar boven smal toelopend› ★ *i~s! verduiveld!*

cáncamo m *oogbout* ★ ~ *de mar stortzee*

cancamurria v *neerslachtigheid*; *rothumeur*

cancamusa v *truc*; *list*

cancán m ● *cancan* ● *petticoat*

cancanear ON WW ● *rondhangen*; *ronddolen* ● ZA *stotteren*

cáncano m *luis*

cancel m *tochtportaal*

cancela v *toegangshek*

cancelación v ● *annulering*; *afgelasting*

cancelado BNW ● *geannuleerd* ● *afbetaald*

canceladora v ★ ~ *de billetes stempelautomaat*

cancelar OV WW ● *annuleren* ● *opheffen*; *ongeldig verklaren* ● *betalen*; *voldoen* ‹v. schuld›

cancelaría v *pauselijke kanselarij*

cáncer m *kanker* ★ ~ *de cutáneo huidkanker* ★ ~ *de mama/pecho borstkanker* ★ ~ *de pulmón longkanker*

Cáncer m ASTROL. *Kreeft*

cancerado BNW ● *kankerachtig* ● *corrupt*

cancerarse WKD WW ● *kanker krijgen* ● *zich vormen* ‹v. een gezwel›

cancerbero m ● *portier*; *strenge bewaker* ● *keeper*

Cancerbero m MYTH. *Cerberus*

cancerígeno BNW *kankerverwekkend*

cancerólogo m *arts gespecialiseerd in kanker*

canceroso I m *kankerpatiënt* II BNW *kanker-*;

kankerachtig

cancha v *speelveld*; *sportterrein* ⋆ ARG ¿~? *mag ik er door?* ⋆ ZA *abrir/hacer ~ plaats maken* ⋆ *~ de tenis tennisbaan*

canchear ON WW ZA *rondzwerven*; *rondhangen*

canciller m • *kanselier* • LA *minister van Buitenlandse Zaken* ⋆ *~ federal bondskanselier*

cancilleresco BNW • *van een kanselarij* • *diplomaten- • vormelijk*

cancillería v • *ministerie van buitenlandse zaken* • *kanselarij*

canción v • *lied* • *wijsje*; *melodie* ⋆ *ser otra ~ een ander verhaal zijn* ⋆ *~ de cuna slaapliedje* ⋆ *~ de moda schlager, hit* ⋆ *~ popular volksliedje* ⋆ *~ de protesta protestlied* ⋆ *¡siempre la misma ~! het is altijd weer hetzelfde liedje!*

cancionero m *liederenbundel*

cancionista m/v • *liedjeszanger* • *liedjesmaker*

cancro m *kanker*

candado m *hangslot* ⋆ *poner bajo siete ~s zorgvuldig bewaren* ⋆ *echar/poner ~ en la boca/los labios niets loslaten*

candar OV WW • *sluiten* • *opbergen*

cande BNW ⋆ *azúcar ~ kandijsuiker*

candeal I m *fijne tarwe* II BNW *van fijne tarwe* ⋆ *pan ~ wittebrood*

candela v • *kaars* • COL, VEN *vuurtje* ⟨voor sigaret⟩ ⋆ *a mata ~ bij de allerlaatste slag* ⟨veiling⟩ ⋆ *estar con una ~ en la mano de dood nabij zijn* ⋆ *acabarse la ~ zijn kaarsje uitblazen; sterven* ⋆ *arrimar ~ een pak slaag geven* ⋆ *en ~ kaarsrecht; rechtop*

candelabro m *kandelaar*

candelaria v *Maria-Lichtmis*

candelero m *kaarshouder* ⋆ *estar en (el) ~ in de belangstelling staan*

candelilla v • *kaarsje* • PLANTK. *bloesem*; *katje* • ARG, CHI, CUBA *dwaallicht* • CHI, CR, HON *glimworm*

candelizo m *ijspegel*

candencia v *(wit)gloeiende hitte*

candente BNW • *witgloeiend* • FIG. *brandend* ⋆ *cuestión ~ brandende kwestie*

candi BNW → **cande**

candidato m *kandidaat* ⋆ *proponer como ~ kandidaat stellen*

candidatura v • *kandidatuur* • *kandidaten* • *verkiezingslijst* ⋆ *retirar su ~ zijn kandidatuur intrekken* ⋆ *presentar su ~ para/ a zich kandidaat stellen voor*

candidez v • *argeloosheid*; *naïviteit* • *onnozelheid*

cándido BNW • *argeloos*; *naïef* • *onnozel*

candil m *olielamp* ⋆ *ni buscado con un ~ als geroepen*

candileja v • *reservoir van olielamp* • (mv) THEAT. *voetlicht* ⋆ *entre ~s op de planken*

candinga m MEX, NIC *duivel*

candiota v *wijnvaatje*

candiotero m *kuiper*; *tonnenmaker*

candombe m ZA *negerdans*

candonga v *streek*; *geintje*

candongo I m • *sluwerd* • *vleier* • *lijntrekker*; *luilak* II BNW • *sluw*; *geslepen* • *vleierig* • *lui*; *arbeidsschuw*

candonguear I OV WW *foppen*; *pesten* II ON WW *lijntrekken*; *lanterfanten*

candonguero BNW • *glad* • *sluw*; *geslepen* • *lui*

candor m *zuiverheid*; *onschuld*; *argeloosheid*

candoroso BNW *zuiver*; *onschuldig*; *argeloos*

canear OV WW • *grijs worden* • *verwarmen* ⟨door de zon⟩

caneca v *kruik*

canela v *kaneel* ⋆ *esa secretaria es ~ fina die secretaresse is goud waard* ⋆ *ser ~ (fina) fantastisch (mooi) zijn* ⋆ *~ en polvo kaneel(poeder)* ⋆ *~ en rama kaneelstokje* ⋆ *estar como la ~ gebroken zijn*

canelero m *kaneelboom*

canelo BNW *kaneelbruin*

canelón m • *dakgoot* • *cannelloni*

canesú m *lijfje* ⟨v. kledingstuk⟩

cangilón m *schoep*

cangrejero m • *soort reiger* • *wasbeer* • *net* ⟨om krabben te vangen⟩

cangrejo m *kreeft*; *krab* ⋆ *avanzar como los ~s achteruit gaan* ⋆ *como un ~ knalrood*

canguelo m INF. *angst* ⋆ *tiene ~ hij heeft het Spaans benauwd*

canguro I m • *kangoeroe* • *regenjack* II m/v *oppas*; *babysit*

caníbal I m/v • *kannibaal*; *menseneter* • *wreedaard* II BNW • *kannibaals* • *wreed*

canibalismo m *kannibalisme*

canica v • *knikkerspel* • *knikker*

caniche m *poedel*

canicie v *grijze haren*

canícula v *hondsdagen* ⟨warmste periode van het jaar⟩ ⋆ *en plena ~ middenin de zomer*

Canícula v *Hondsster*

canicular BNW *verzengend*; *heet* ⋆ *días ~es hondsdagen*

canijo BNW *ziekelijk*

canilla v • ANAT. *pijpbeen* • *vleugelbeen* ⟨v. vogel⟩ • *kraan* • *klos*; *spoel* ⋆ *irse de ~ aan de diarree zijn*

canillita m LA *krantenverkoper*

caninez v *stevige trek*; *razende honger*

canino I m *hoektand* II BNW • *honden-* • *dientes ~s hoektanden* ⋆ *tener un hambre canina honger als een paard hebben*

canje m *uitwisseling*; *ruil*

canjeable BNW *ruilbaar*; *uitwisselbaar*

canjear OV WW *uitwisselen*; *ruilen*

cannabáceo m *hennepplant*

cano BNW *wit*; *grijs* ⟨v. haar⟩

canoa v • *kano* • SL. *stick(ie)* • (mv) *schuiten* ⟨voeten⟩ ⋆ *ir en ~ of kanoën* ⋆ FIG. *ir en ~ zijn schaapjes op het droge hebben*

canódromo m *windhondenrenbaan*

canoero m/v MEX *kanovaarder*

canon m • *norm*; *regel* • *lijst*; *catalogus*

canonical BNW • REL. *van de kanunnik* • INF. *makkelijk*

canonicato m • *prebende* • *luizenbaantje*

canónico BNW *canoniek*

canóniga v *dutje* ⟨vóór het eten⟩ ⋆ *coger una ~ er eentje te veel op hebben*

canónigo m *kanunnik* ⋆ *llevar vida de ~ een luizenleventje leiden*

canonista m/v *canonist*

canonización v *canonisatie*
canonizar OV WW *canoniseren; heilig verklaren*
canonjía v • REL. *kanunnikenprebende*
• *luizenbaantje*
canoro BNW • *zang-* ‹vogel›; *zingend*
• *melodieus; welluidend* ★ *ave canora*
zangvogel
canoso BNW *grijs* ‹v. haar›
canotier m *platte strohoed*
cansado BNW • *moe* • *vermoeiend* ★ ~ *de*
esperar het wachten moe ★ *estar* ~ *moe zijn*
★ *ser* ~ *vermoeiend zijn* ★ *haber nacido* ~
liever lui dan moe zijn ★ *a las cansadas na*
lang aandringen; op zijn elfendertigst
cansancio m • *vermoeidheid* • *verveling* ★ *hasta*
el ~ *tot vervelens toe*
cansar OV WW • *vermoeien; uitputten* • *vervelen*
cansarse WKD WW • *zich vermoeien; moe*
worden • *moe worden; het zat worden* ★ *no* ~
de niet genoeg kunnen krijgen van ★ ~ *de*
genoeg krijgen van
cansera v *hinder; ongemak*
cansino BNW *traag; lui*
cantable BNW *te zingen*
cantábrico BNW *Cantabrisch* ★ *la costa*
cantábrica de Cantabrische kust ★ (mar) ~
Golf van Biskaje
cántabro I m *iemand uit Cantabrië* II BNW
Cantabrisch
cantal m • *stuk steen* • *steenachtig terrein*
cantaleta v • *gezeur* • *pesterij*
cantamañanas m/v *praatjesmaker; fantast*
cantante I m/v *zanger; zangeres* II BNW *zingend*
★ *llevar la voz* ~ *de boventoon voeren; het*
hoogste woord voeren
cantaor m *flamencozanger*
cantar I m *lied; vers* ★ ~ *de gesta heldendicht*
★ *el Cantar de los Cantares het Hooglied* ★ *es*
otro ~ *dat is andere koek* II OV WW • *zingen*
• *aankondigen; uitroepen* • *bekennen* • *loven;*
bezingen • *melden; roemen* ‹bij kaartspel› ★ ~
las cuarenta stuk hebben; paard en koning
hebben ‹bij een bepaald kaartspel› ★ ~*le la*
cuarenta a u.p. iemand flink op zijn donder
geven ★ ~*las claras zeggen waar het op staat*
★ *es coser y* ~ *dat is gesneden koek* III ON WW
• *zingen* • *knarsen; piepen* ★ ~ *de plano een*
volledige bekentenis afleggen ★ *en menos que*
canta un gallo in een mum van tijd ★ ~
entonado met mooie, zuivere stem zingen ★ ~
como una almeja uit de toon vallen
cántara v • *16 liter* ‹inhoudsmaat› • *waterkruik*
cantarela v *cantharel; dooierzwam*
cantárida v *Spaanse vlieg*
cantarín BNW • *zanglustig* • *zangerig; melodieus*
cántaro m • *waterkan; kruik* ★ *llueve a* ~*s het*
regent pijpenstelen
cantata v *cantate*
cantatriz v *zangeres*
cantautor m/v *zanger-componist*
cante m • *het zingen; zang* • *volksliedje* ★ ~
jondo flamencozang
cantera v • *steengroeve* • FIG. *kweekplaats* ★ ~ *de*
arena zandgroeve
cantería v • *steenhouwerskunst* • *bewerkte steen*
cantero m • *steenhouwer* • *exploitant* ‹v.

steengroeve› ★ *un* ~ *de pan een korst brood*
cántico m *kerkzang*
cantidad I v • *aantal; hoeveelheid; kwantiteit*
• *bedrag* • *grote hoeveelheid; menigte* ★ *en* ~
heel veel; bij de vleet ★ *una* ~ *de een grote*
hoeveelheid van ~ *alzada vast bedrag* ★ ~ *en*
menos aftrekpost II BIJW *heleboel, hartstikke*
★ *esa película me gusta* ~ *ik vind die film*
fantastisch
cantiga v GESCH. *vers; lied*
cantil m *klip*
cantilena v • *cantilene; zangerige melodie*
• *gezeur* ★ ¡*siempre la misma* ~! *altijd*
hetzelfde gezeur!
cantimplora v *veldfles*
cantina v • *kantine* • *stationsrestauratie*
• *wijnkelder* • *lunchtrommeltje* ★ MEX, RPL
kroeg • COL *melkkan* ★ MEX ~*s zadeltassen*
cantinela v • *romantisch deuntje* • *gezeur;*
gezanik
cantinero m *kantinehouder*
canto m • *gezang; het zingen* • *zangkunst*
• *rand; zijkant* • *korst* ‹v. brood› • *rug* ‹v.
mes› • *snede* • *dikte* ★ *al* ~ *del gallo bij het*
ochtendgloren ★ *a cal y* ~ *hermetisch* ★ *darse*
con un ~ *en los pechos/dientes zeer tevreden*
zijn ★ *por el* ~ *de un duro op een haar na* ★ *al*
~ *onvermijdelijk* ★ *de* ~ *op zijn kant; van*
terzijde ★ ~ *de cisne zwanenzang*
cantón m • *hoek* • *kanton; district*
cantonada v • *dar* ~ *a alg. iemand van zich*
afschudden
cantonal BNW *kantonnaal*
cantonear ON WW *lanterfanten; slenteren*
cantonearse WKD WW *heupwiegen*
cantonera m • *hoekbeslag* • *hoekmeubel*
cantonero m *lanterfanter; leegloper*
cantor I m • *zanger* • *zangvogel* II BNW *zang-;*
zingend
cantoral m *gezangboek; koorboek*
cantueso m *lavendel*
canturía v • *zang* • *zangdeuntje*
canturrear OV+ON WW *neuriën*
canturreo m *geneurie*
cánula v *canule*
canuto I m • PLANTK. *stuk riet; lid* • *buisje*
• *koker* ‹om document te bewaren› • INF.
joint; stickie • INF. *telefoontje* • CHI, MEX
dominee II BNW *knap; fantastisch*
canzonetista v *chansonnière*
caña v • *riet* • *stengel; halm* • ZZA *brandewijn*
• *schacht* ‹v. laars› • *glasvol;* CHI *hoog glas*
witte wijn • *glaasje bier* • *kousenbeen* • ANAT.
pijpbeen • *hengel* • ZZA *(drink)rietje* ★ *darle*
caña plankgas geven; hem van Jetje geven
★ ¡*dale caña! zet 'm op!* ★ *caña de azúcar*
suikerriet ★ *caña de pescar (vis)hengel* ★ *caña*
de pulmón luchtpijp ★ *caña de cerveza glas*
(tap)bier
cañada v • *bergengte* • *veetrekpad*
cañamar m *hennepveld*
cañamazo m *borduurgaas*
cañamelar m *suikerplantage*
cañamiel v *suikerriet*
cáñamo m • *hennepplant* • *hennepvezel*
• *henneplinnen*

cañamón m *hennepzaad*

cañavera v *rietgras*; *zegge*

cañaveral m *rietveld*

cañería v *buizenstelsel*; *pijpleiding* * ~ de agua *waterleiding*

cañero I m • *loodgieter* • *suikerplanter*; *baas van suikerrietplantage* II BNW *suikerriet-*

cañete m *buisje*

cañí I m/v *zigeunerin*; *zigeuner* * la España cañí *het échte Spanje (met haar traditionele normen en waarden)* II BNW *zigeuner-*; *van de zigeuners*

cañiza v *grof linnen*

cañizal m *rietveld*

cañizo m *rieten mat*

caño m • *pijp*; *buis* ⟨kort⟩ • *straal*

cañón I m • *buis*; *pijp* • *loop* ⟨v. geweer⟩ • *kanon* • *ravijn* • *telelens* * carne de ~ *kanonnenvlees* * estar al pie de ~ *altijd klaar staan* * morir al pie del ~ *in het harnas sterven* * ~ de escopeta *loop van een geweer* * ~ de gran alcance II BNW *fantastisch*; *te gek* * está de ~ *dat is een stuk*

cañonazo m • *kanonschot* • *kanongebulder*

cañonear OV WW *met kanonnen beschieten*

cañoneo m *kanonnade*; *beschieting*

cañonera v *kanonneerboot*

cañonero I m *kanonneerboot* II BNW *kanonneer-* * lancha cañonera *kanonneerboot*

cañones m mv *baardstoppels*

cañutero m *speldenkussen*

cañuto m • *buisje* • *stuk riet*; *lid*

caoba v • *mahonieboom* • *mahoniehout*

caolín m *porseleinaarde*

caos m *chaos*; *wanorde* * caos circulatorio *verkeerschaos*

caótico BNW *chaotisch*

capa v • *mantel*; *cape* • *laag* • *voorwendsel* • *stierenvechterscape* * capa de nubes *wolkendek* * andar de la capa caída *aan lager wal raken*; *bergafwaarts gaan* * capa de azúcar *suikerglazuur* * hacer de su capa un sayo *doen wat men wil* ⟨met bezittingen⟩ * la capa todo lo tapa *met de jas bedek je het kapotte pak* * comedia de capa y espada *zedenkomedie* * SCHEEPV. a la capa *bijgedraaid*; *stilgelegd* * so/bajo capa de *onder het mom van* * a capa y espada *met hand en tand* * el que tiene capa escapa *geld doet wonderen* * capa de aceite *olievlek (op zee)* * capa social *sociale laag* * capa superficial *schijn* * capas bajas de la sociedad *lagere klassen*

capacha v • *platte mand* • CHI *bajes*, *nor*

capacho m *platte mand*

capacidad v • *capaciteit* • *aanleg*; *talent* • JUR. *bevoegdheid*; *bekwaamheid* * tener ~ para *in staat zijn tot*; *geschikt zijn voor* * ~ de compra *koopkracht* * ~ de conducir *rijvaardigheid* * ~ de distinción *onderscheidingsvermogen* * ~ financiera *(financiële) draagkracht* * ~ hotelera *hotelruimte* * ~ jurídica *rechtsbevoegdheid* * ~ de pago *kredietwaardigheid* * ~ profesional *vakbekwaamheid* * COMP. ~ de memoria/almacenamiento *geheugenopslagcapaciteit*

* ~ trabajadora *arbeidsvermogen*

capacitación v *het bekwamen* * ~ profesional *vakopleiding* * curso de ~ *bijscholingscursus*; *vervolgcursus*

capacitado BNW *bekwaam*; *bevoegd*

capacitar OV WW *bevoegdheid geven*; *bekwamen*

capacitarse WKD WW *een bevoegdheid halen*

capador m *castreerder*

capadura v *castratie*

capar OV WW *castreren*; *ontmannen*

caparazón m *schild*; *schaal* ⟨v. dier⟩

caparrosa v *sulfaat*; *vitriool* * ~ blanca *zinksulfaat* * ~ verde *ijzersulfaat* * ~ azul *kopersulfaat*

capataz m *opzichter*

capaz I BNW • *geschikt*; *toereikend* • *in staat* * ~ de pegar un susto al miedo *zo lelijk als de nacht zijn* * ~ de defenderse *weerbaar* * ~ moralmente *toerekeningsvatbaar* * ~ para *plaats bieden aan* II BIJW ZA *mogelijk*, *misschien* * ~ que *waarschijnlijk wel*

capazo m *rieten mand*; *reiswieg*

capcioso BNW *listig*; *bedrieglijk* * hacer preguntas capciosas *strikvragen stellen*

capea v *stierengevecht voor amateurs*

capeador m *stierenvechter met cape*

capear OV WW • *ontwijken*; *zich redden uit* ⟨situatie⟩ • *aan het lijntje houden* • *bevechten met cape* ⟨v. stier⟩ • SCHEEPV. *ontwijken* ⟨bijvoorbeeld van storm⟩

capellada v • *neus* ⟨v. schoen⟩ • *lapwerk*; *reparatie* ⟨aan schoen⟩

capellán m *geestelijke*; *kapelaan* * ~ castrense *aalmoezenier*

capellanía v *prebende* ⟨v. kapelaan⟩

capelo m • *kardinaalshoed* • *kardinaalschap*

capeo m TAUR. *(het) uitdagen van de stier met de cape*

capero m *kapstok*

caperucita v *kapje* * Caperucita Roja *Roodkapje*

caperuza v • *kap*; *capuchon* • *dop*; *kap*

capicúa I m *symmetrisch getal* II BNW *symmetrisch*

capilar I m *haarvat* II BNW • *haar-* • *capillair* * tubos ~es *capillaire buizen*; *haarbuisjes*

capilaridad v *capillariteit*

capilla v • *kapel* • *kerkorkest* * estar en ~ *gespannen/zenuwachtig zijn* * ~ ardiente *chapelle ardente*; *rouwkamer*; *rouwkapel*

capillo m • *doopmuts* • *valkenkap* • *cocon*

capirotada v ZA *gerecht van maïs, vlees en kaas*

capirotazo m *tik*; *knip* ⟨met vingers⟩

capirote m • *puntmuts* ⟨dracht bij processies⟩ • *toga* ⟨v. hoogleraren⟩ • *huif*; *valkenkap* • *tik*; *knip* ⟨met vingers⟩ * tonto/bobo de ~ *oliedom*

capisayo m • *(korte) cape* ZA *hemd*; COL *T-shirt*

capitación v *hoofdelijke belasting*

capital I m *kapitaal* * ~ circulante *werkkapitaal* * ~ de explotación *bedrijfskapitaal* * ~ inicial *beginkapitaal* * ~ a plazo fijo *termijndeposito* * salida de ~ *kapitaaluitstroom* II v • *hoofdstad* • *hoofdletter* III BNW • *hoofd-* • *belangrijk*; *cruciaal* * ciudad ~ *hoofdstad* * delito ~ *zwaar vergrijp* * enemigo ~ *doodsvijand* * letra ~ *hoofdletter* * pecado ~

hoofdzonde ★ **pena** ~ *doodstraf*
capitalidad v *status van hoofdstad*
capitalino BNW *hoofdstedelijk*
capitalismo m *kapitalisme*
capitalista I m • *kapitalist* • *geldschieter*;
geldbezitter II BNW • *kapitalistisch*
• *kapitaalkrachtig*
capitalización v *kapitalisatie*
capitalizar OV WW • *munt slaan uit* • *rente
toevoegen aan* • *kapitaal toevoegen aan*;
kapitaliseren
capitán m • *leider*; *aanvoerder* • *kapitein* ★ ~ de
navío *kapitein-ter-zee* ★ ~ del puerto
havenmeester ★ ~ de industria *grootindustrieel*
capitana I v • *admiraalsschip*; *vlaggenschip*
II BNW *admiraals-*
capitanear OV WW *aanvoeren*; *leiden*
capitanía v MIL. *kapiteinschap*; *betrekking van
kapitein* ★ ~ de puerto *kantoor van de
havenmeester*
capitel m *kapiteel*
capitolio m • *majestueus gebouw* • *Capitool*
capitoné I m *verhuiswagen* II BNW
gecapitonneerd; *gewatteerd*
capitoste m PEJ. *baas*
capitulación v *capitulatie* ★ *capitulaciones
matrimoniales huwelijkse voorwaarden*
capitular I BNW *kapittel-* ★ *sala* ~ *kapittelzaal*
II OV WW *besluiten*; *overeenkomen* III ON WW
capituleren; *zich overgeven*
capítulo m • *kapittel* • *hoofdstuk* • *onderwerp*
★ *eso es* ~ *aparte dat is een heel ander verhaal*
★ ~s *matrimoniales huwelijksvoorwaarden*
★ *traer/llamar a alg. a* ~ *iemand op het matje
roepen*
capo m ZZA *(maffia)baas* ‹drugshandel›
capó m *motorkap*
capón I m • *gecastreerde haan*; *kapoen* • *tik*
‹tegen het hoofd›; *oplawaai* II BNW
gecastreerd
caponera v • *mesthok voor kapoenen* • *zoete
inval* • *bajes*; *nor*
caporal m • *leider*; *aanvoerder* • *veeverzorger*
capot m *motorkap*
capota v *kap*; *vouwdak*
capotar ON WW • *over de kop slaan*
• *neerstorten*; *met de neus in de grond boren*
‹v. vliegtuig›
capote m • *cape*; *jas* • *kapotjas*; *soldatenoverjas*
• *stierenvechterscape* • *boze blik* ★ ~ de monte
poncho; *donker wolkendek* ★ de ~ *in het
geheim* ★ *echar un* ~ a u.p. *iemand te hulp
schieten* ★ *para mi* ~ *naar mijn mening*;
volgens mij ★ *dar* ~ *alle slagen halen* ★ *decir
para su* ~ *bij zichzelf zeggen*
capotear OV WW • *met de cape bevechten* ‹v.
stier› • *aan het lijntje houden* • *omzeilen*; *zich
redden uit*
capoteo m *het stierenvechten* ‹met cape›
capotudo BNW *dreigend*; *nors*
capricho m • *gril*; *bevlieging* • MUZ. *capriccio*
★ *al* ~ de *naar de smaak van* ★ a ~ *willekeurig*
★ ~ de la fortuna/naturaleza *speling van het
lot/de natuur*
caprichoso BNW • *grillig* • *fantasievol*
Capricornio m ASTROL. *Steenbok*

cápsula v • *kroonkurk* • *capsule* • ANAT. *kapsel*;
vlies • PLANTK. *zaaddoos* ★ ~ *suprarrenal
bijnier* ★ ~ *espacial ruimtecapsule* ★ ~
fulminante slaghoedje
capsular BNW *capsulevormig*; *kapsel-*; *capsule-*;
kapselvormig
captación v • *ontvangst*; *het ontvangen* • *het
begrijpen* • *verwerving*; *het aantrekken* ‹v.
leden› ★ ~ de socios *ledenwerving* ★ ~ de
clientes *acquisitie* ★ ~ de aguas *waterwinning*
captador m *sensor*; *ontvanger*
captar OV WW • *vangen*; *trekken* ‹v. aandacht›
• *opvangen*; *ontvangen* • *vatten*; *begrijpen* ★ ~
la atención de aandacht trekken
captarse WKD WW *voor zich winnen*
captura v • *vangst*; *gevangenneming*
• *aanhouding*
capturar OV WW *vangen*; *gevangen nemen*
capucha v • *kap* • *dop* • TECHN. *huls*; *koker*
capuchino I m • *kapucijner monnik*
• *cappuccino* II BNW *kapucijner*
capucho m • *capuchon* • *kap*
capuchón m • *capuchon* • *dop*; *kapje* ★ ~
impermeable regenkapje
capullo m • *cocon* • *bloemknop* • ANAT. *voorhuid*
★ INF. *ser un* ~ *een dombo/eikel zijn* ★ FIG. *en* ~
in de knop ★ VULG. *me sale del* ~ *ik wil het
godverdomme*
capuz m *capuchon*; *kap*
caquexia v *zwakte*; *ondervoeding*
caqui m • *kaki* ‹kleur› • *kakiboom* • *kaki*
‹vrucht›
cara v • *gezicht* • *gelaatsuitdrukking* • *kop* ‹v.
munt› • *voorkant* • *uiterlijk*; *aanzien* • *kant*;
zijde • *lef*; *brutaliteit* ★ *echar en cara
verwijten*; *voor de voeten werpen* ★ de cara *in
het gezicht*; *van voren* ★ *dar la cara
moeilijkheden niet uit de weg gaan* ★ *cruzar la
cara a u.p. iemand een klap in het gezicht
geven* ★ *cara abajo/arriba op zijn buik/rug*
★ de cara a *met het gezicht naar*; *met het oog
op* ★ a cara descubierta *openlijk*; *op edele
wijze* ★ a cara o cruz *kop of munt* ★ *cara
exterior buitenzijde* ★ *cara a cara se han de
decir las cosas men moet iemand de dingen in
zijn gezicht zeggen* ★ *cara a cara onder vier
ogen*; *oog in oog* ★ de cara al este *met het
gezicht naar het oosten* ★ *cara al sol tegen de
zon in* ★ *en la cara se le conoce dat kun je
aan zijn gezicht zien* ★ *dar la cara por u.p.
voor iemand borg staan*; *voor iemand in de
bres springen* ★ *lavar la cara a u.c. iets
oppervlakkig oppoetsen/opknappen* ★ *volver la
cara a u. p. iemand de rug toekeren* ★ *me
volvió la cara hij keurde mij geen blik
waardig* ★ *cara adelante naar voren*; *vooruit*
★ *tener buena/mala cara er goed/slecht
uitzien* ★ *ser un cara brutaal zijn*; *lef hebben*
★ *cara dura onbeschaamde vlegel* ★ *tener
mucha cara brutaal zijn*; *lef hebben* ★ *tener
cara de pocos amigos boos/kwaad kijken*
★ *saltar a la cara overduidelijk zijn* ★ *poner
buena/mala cara een vrolijk/ontevreden
gezicht opzetten* ★ *no volver la cara atrás
zonder aarzeling doorzetten* ★ *tener cara para
het lef hebben om* ★ *no saber qué cara que*

poner *zich geen houding weten te geven*
★ hacer cara *het hoofd bieden* ★ no mirarle a
la cara *negeren* ★ guardar la cara *buiten schot
blijven* ★ cara de circunstancias
begrafenisgezicht; *serieus gezicht* ★ cara de
hereje *boeventronie* ★ FIG. cara larga *een lang
gezicht* ★ cara de mala leche *gezicht als een
donderwolk* ★ cara de póker *stalen gezicht,
pokerface* ★ con una cara de viva la virgen
doodleuk; *alsof er niets aan de hand is* ★ de
dos caras *dubbelzinnig*; *tweeslachtig* ★ hacer
cara a *het hoofd bieden aan*; *trotseren* ★ poner
cara de asco *een vies gezicht trekken* ★ ¡nos
veremos las caras! *wij spreken elkaar nog
wel!* ★ te parto la cara *ik sla je in elkaar*
★ ¿con qué cara? *hoe moet ik dat brengen?*;
heb ik wat van je aan? ★ el cara a cara
confrontatie ★ va cara a un desastre *dat
stevent op een ramp af* ★ por su linda cara
IRON. *vanwege zijn mooie blauwe ogen* ★ cara
de fiesta *stralend gezicht* ★ tener cara de
eruitzien als
caraba v *pret*; *geklets* ★ ser la ~ *onbegrijpelijk
zijn*; *het toppunt zijn*
carabao m *karbouw*
càrabe m *barnsteen*
carabela v *karveel*
carabina v ● *karabijn* ● *chaperonne* ★ es la ~ de
Ambrosio *het is waardeloos*
carabinero m ● *karabinier*; *grenswacht* ● *(rode)
reuzengarnaal*
càrabo m *soort tor*
caracho I BNW *violet* II TW ZA *verdraaid!*
caracol m ● *huisjesslak* ● *slakkenhuis* ● *krul*; *lok*
● *gehoorgang*; *slakkenhuis* ● *draai*; *wending*
⟨met paard⟩ ★ escalera de ~ *wenteltrap*
★ hacer ~es *zigzaggen*; *zwalken* ★ ¡~es!
verdomme!
caracola v ● *zeeslak* ● *schelp*; *slakkenhuisje*
caracolear ON WW *zwenken* ⟨met paard⟩
caracolillo m *parelkoffie*
carácter m ● *karakter* ● *aard* ● *persoonlijkheid*
● (mv) *lettertekens* ● con ~ de *als*; *in
hoedanigheid/functie van* ★ dar ~ a u.p. o u.c.
iets of iemand een laten uitspringen ★ tener
buen/mal ~ *een goed/slecht karakter hebben*
★ de ~ pasajero ★ de ~ confidencial *van
vertrouwelijke aard* ★ tener ~ pit hebben
caracterìstica v ● *kenmerk*; *eigenschap* ● RPL
kengetal, netnummer
caracterìstico I m *karakterspeler* II BNW
karakteristiek; *kenmerkend*
caracterización v *karakterisering*
caracterizado BNW *eminent*; *voornaam*
caracterizar OV WW ● *karakteriseren*; *kenmerken*
● *neerzetten*; *vertolken* ● *schminken*;
kostumeren
caracterizarse WKD WW ● *zich onderscheiden*
● *zich verkleden*
caracterologìa v *(alle) karakterkenmerken van
een persoon*
caradura m/v *brutaal/schaamteloos persoon*
carajillo m *koffie met likeur of cognac*
carajito m VEN *kind*; *puber*
carajo I m VULG. *pik*; *lul* ● ivete al ~! *loop naar
de donder!* ★ ime importa un ~! *het kan me*

geen moer schelen! ● de/del ~ *fantastisch*;
klote ★ no entiendo un ~ *ik snap er geen moer
van* II TW *verdomme!*
caramba TW *verdorie!*; *verdraaid!*
carámbano m *ijspegel*
carambola v ● SPORT *carambole* ● *gelukkig
toeval*; *gelukje* ● por ~ *toevallig*
caramelizar OV WW *bedekken met karamel*
caramelo m ● *gebrande suiker*; *karamel*
● *snoepje* ● (mv) INF. *hasj* ★ de ~ *uitstekend*
caramillo m ● *fluit* ● *geroddel* ● *soort plant*
★ armar un ~ *roddelen*; *ophef maken*
caramilloso BNW *lichtgeraakt*
carantamaula v ● *masker*; *mombakkes* ● *lelijk
mens*; *wangedrocht*
carantoña v *vleierij*
carapacho m *schild* ⟨v. dier⟩
caraqueño I m *persoon uit Caracas* II BNW *van
Caracas*
carátula v ● *masker* ● *titelblad* ● *platenhoes*
● MEX *wijzerplaat*
caravana v ● *karavaan* ● *file* ● *caravan* ● MEX
compliment ● (mv) ZZA *oorhangers* ● en ~
langzaam rijdend ● hay ~ *er is een file*
★ correr la ~ *zich uitsloven*; *flikflooien*
caray TW *verdorie!*
carbohidrato m *koolhydraat*
carbón m ● *(steen)kool* ● *houtskool* ⟨staafje⟩ ★ al
~ *houtskool-* ★ negro como el ~ *gitzwart* ★ ~
mineral *steenkool* ★ papel ~ *carbonpapier* ★ ~
menudo *kolengruis* ★ ~ vegetal *houtskool*
carbonada v ● *schep kolen* ● *karbonade* ● *soort
poffertje*
carbonatar OV WW *carboniseren*
carbonato m *carbonaat*
carboncillo m *houtskool* ⟨staafje⟩ ★ dibujar al ~
met houtskool tekenen
carbonear OV WW *tot houtskool maken*
carbonera v ● *houtstapel* ⟨om houtskool van te
maken⟩ ● *kolenhok*; *kolenbunker*
carbonería v *kolenmarkt*; *kolenhandel*
carbonero m ● *kolenbrander* ● *kolenhandelaar*
★ fe del ~ *kinderlijk geloof*
carbónico BNW *koolzuurhoudend* ★ ácido ~
koolzuur ● bebidas carbónicas
koolzuurhoudende dranken
carbonìfero BNW *kolen-*; *(steen)koolhoudend*
● región carbonìfera *kolengebied*
carbonilla v *kolengruis*; *kolenstof*
carbonización v *carbonisatie*; *verkoling* ★ ~
lenta *smeuling*
carbonizar OV WW *verbranden*; *verkolen*
carbono m *koolstof* ★ hidrato de ~ *koolhydraat*
★ monóxido de ~ *koolmonoxide*
carbonoso BNW *koolstofhoudend*; *koolstofachtig*
carborundo m *siliciumcarbide*; *carborundum*
carbunclo m ● *robijn* ● *miltvuur*
carbúnculo m ● *karbonkel*; *robijn*
carburación v *carburatie*; *vergassing*
carburador m *carburator*; *vergasser*
carburante I m *brandstof* II BNW
koolwaterstofhoudend
carburar ON WW ● *vergassen* ● *functioneren*;
werken
carburo m *carbid*
carca I m/v *bekrompen type*; *reactionair* II BNW

ca

ca

bekrompen; *reactionair*
carcaj m *pijlkoker*
carcajada v *geschater; schaterlach* ★ a ~ *tendida
bulderend* ★ reírse a ~s *schaterlachen* ★ soltar
una ~ *schaterlachen*
carcajear ON WW *schateren; schaterlachen*
carcamal I m/v *oudje; afgeleefde grijsaard*
II BNW *oud; gebrekkig*
carcasa v • *karkas* • *vuurpijl* • *brandbom*
cárcel v • *gevangenis* • *lijmklem* ★ ir a la ~ *naar
de gevangenis gaan* ★ ~ *modelo
modelgevangenis*
carcelario BNW *gevangenis-* ★ puerta carcelaria
gevangenispoort
carcelería v *hechtenis; gevangenschap*
carcelero I m *cipier; gevangenbewaarder* II BNW
gevangenis-
carcinoma m *carcinoom*
carcoma v • *houtworm* • *molm* • *ongerustheid*
carcomer OV WW • *wegknagen* • *aanvreten*; FIG.
verteren
carcomerse WKD WW *weggevreten worden;
vermolmen; vergaan*
carcomido BNW • *aangevreten* • *aangetast*
carda v • *kaarde; kaardmachine* • *(het) kaarden*
cardador m • *kaarder* • *duizendpoot*
cardamomo m *kardemom*
cardán m TECHN. *cardan(as)*
cardar OV WW • *kaarden* • *touperen;
tegenkammen*
cardenal m • *kardinaal* • *blauwe plek* • PLANTK.
(Chili) geranium
cardenalato m *kardinaalschap*
cardenalicio BNW *van een kardinaal; kardinaals-*
★ púrpura cardenalicia *waardigheid van
kardinaal*
cardencha v *kaardedistel*
cardenillo m *kopergroen*
cárdeno I m *paars* II BNW *paars*
cardiaco I m (**cardíaco**) *hartpatiënt* II BNW
(**cardíaco**) *hart-* ★ lesión cardíaca
hartaandoening ★ región cardíaca *hartstreek*
cardias m *maagmond*
cárdigan m *cardigan; gebreid vestje/jasje*
cardillo m *distel*
cardinal BNW *hoofd-; voornaamst* ★ número ~
hoofdtelwoord ★ puntos ~es *windstreken*
cardiógrafo m *cardiograaf*
cardiograma m *cardiogram*
cardiología v *cardiologie*
cardiológico BNW *cardiologisch*
cardiólogo m *cardioloog; hartspecialist*
cardiopatía v *hartkwaal; hartaandoening*
cardiovascular BNW *van hart- en bloedvaten*
★ enfermedades ~es *hart- en vaatziekten*
carditis v *hartontsteking*
cardo m • *distel* • *nors/stug type* ★ ser un ~ *een
mispunt zijn* ★ ~ *ajonjero driedistel* ★ ~
borriqueño wegdistel ★ más áspero que un ~
onaangenaam; korzelig
cardumen m *school* ⟨v. vissen⟩
carear OV WW • *confronteren* ⟨v. getuige⟩
• *vergelijken*
carearse WKD WW *elkaar ontmoeten; een
onderhoud hebben*
carecer ON WW *ontberen; missen* ★ ~ de

fundamento *ongegrond zijn* ★ carece
harcerlo *het moet gedaan worden* ★ carece de
sentido *zinloos*
carena v *kiel*
carenar OV WW *kielen; opknappen* ⟨v. de kiel⟩
carencia v *gebrek; gemis* ★ ~ *vitaminica
vitaminetekort*
carencial BNW *mal* ~ *gebreksziekte* ★ vivir en
estado ~ *in behoeftige omstandigheden leven*
carente BNW *missend; ontberend* ★ ~ de medios
zonder middelen
careo m *confrontatie*
carero BNW *die duur verkoopt* ★ un comerciante
~ *een afzetter*
carestía v • *duurte* • *gebrek; schaarste*
careta v *masker* ★ quitarse la ~ *het masker
afleggen* ★ ~ *antigás gasmasker* ★ quitarle a
uno la ~ *iemand ontmaskeren* ★ con la ~ de
onder het mom van
careto I m INF. *smoelwerk; porem* II BNW INF.
lelijk
carey m • *schildpad* ⟨hoornachtige stof⟩
• *karetschildpad*
carezca WW ⟨1e/3e p ev subj. t.t.⟩ → **carecer**
carga v • *bevrachting* • *lading* • *last; belasting*
• OOK SPORT *charge; bestorming* • *vulling* ★ ~
de profundidad *dieptebom* ★ ~ *fiscal
belastingdruk* ★ animal de ~ *lastdier* ★ echar
uno las ~s a otro *iemand anders de schuld
geven* ★ volver a la ~ *er weer over beginnen;
doorzeuren* ★ a ~ cerrada *onbezonnen* ★ a
paso de ~ *razendsnel* ★ de ~ *last-; vracht-* ★ ser
un burro de ~ *opgezadeld worden met de
lastigste of zwaarste klussen* ★ llevar la ~ *zorg
dragen voor* ★ quitarle la ~ a u.p. *iemand
ontlasten* ★ ser una bestia de ~ *aandringen*
★ zona de ~ y des~ *laad- en loszone* ★ ~
explosiva *springlading* ★ ~ *máxima maximale
laadvermogen* ★ ~ de intereses *rentelast* ★ ~
deducible *aftrekpost* ★ ~ impositiva
belastingdruk; sociale lasten ★ ¡a la ~!
aanvallen! ★ terciar la ~ *de last verdelen*
★ tornar a la ~ *op de zaak terugkomen*
cargadero m • *laadplaats* • *draagbalk*
cargado BNW • *beladen; geladen* • *sterk*
⟨bijvoorbeeld van koffie⟩ • *benauwd*
• *zwaarbewolkt* • *gezakt* ⟨examen⟩ ★ llevar la
cabeza cargada *hoofdpijn hebben; bezorgd
zijn* ★ estar ~ de vino *bezopen zijn* ★ estar ~
de miedo *doodsbang zijn* ★ ~ de años
hoogbejaard
cargador I m • *belader; bevrachter* • *cargadoor*
• TECHN. *acculader* • *oplader* ⟨voor batterijen⟩
II BNW *laad-; vullend*
cargadora v *laadmachine*
cargamento m *(scheeps)lading; vracht*
cargante BNW *vervelend; ergerlijk*
cargar I OV WW • *laden, beladen, inladen;
leggen/doen/stoppen in; stoppen* ⟨v. pijp⟩
• *opladen* ⟨v. batterij⟩ • *belasten; bezwaren;
opleggen* • *toeschrijven aan; toerekenen; in de
schoenen schuiven* ⟨v. schuld⟩ • *vullen* ⟨v.
vulpen⟩ • *afschrijven* ⟨v. rekening⟩ • *zakken*
⟨voor examen⟩ • *volstoppen met; overladen
met* • *verhogen; erbij rekenen* • *(kunnen)
bevatten* • *vervelen; vermoeien; op de zenuwen*

ca

werken ★ ~ la mano *overdrijven; aandikken* ★ ~ las tintas *overdrijven* ★ ~ en cuenta *in rekening brengen; afschrijven van de rekening* ★ cargado de años *hoogbejaard* **II** ON WW • (con) *op zich nemen|laden* • (sobre) *steunen op; rusten op* • (con) *(ver)sjouwen; sjouwen met* ★ ~ contra *aanvallen; afstormen op* ★ si estoy de pie mucho tiempo se me cargan los pies *als ik lang sta, worden mijn benen zwaar* • (~ sobre) *steunen op; rusten op* • (~ contra) *aanvallen; afstormen op* **III** OV+ON WW *zwaar worden; moe maken*

cargarse WKD WW • *op zich nemen; voor zijn rekening nemen* • *zich (op)laden* • *mollen; afmaken* • *laten zakken* ⟨voor examen⟩ ★ ~ de razón *verantwoording afleggen over iets* ★ ~ de deudas *veel schulden maken* ★ ~la *op je duvel|donder krijgen* • (~ de) *zich overladen met; zich vullen met*

cargazón v *vermoeidheid* ⟨bijvoorbeeld van ogen⟩

cargo m • *post; functie* • *leiding; verantwoordelijkheid* • *beschuldiging; aantijging* • *schuld; debet* ★ ~ de conciencia *gewetenszaak* ★ ~ honorífico *ereambt* ★ al ~ de las tropas *aan het hoofd van de troepen* ★ eso corre de mi ~ *dat neem ik voor mijn rekening* ★ hacerse ~ de u.c. *iets op zich nemen* ★ a ~ de *op rekening van; op voorwaarde dat* ★ jurar el ~ *de ambtseed afleggen* ★ tener a su ~ *belast zijn met* ★ alto ~ *hoge post|ambtenaar* ★ ~ directivo *bestuursfunctie* ★ ~ de confianza *vertrouwenspost* ★ ~ público *ambt*

cargoso BNW • *ernstig* • *hinderlijk*

carguero I m • *vrachtschip* • *vrachtvliegtuig* **II** BNW *vracht-*

carguío m *vracht; lading*

cariaco m CUBA *populaire dans*

cariacontecido BNW • *geschokt* • *bedroefd* ⟨gezicht⟩

cariado BNW *ontstoken; rot* ⟨tanden⟩

cariadura v *cariës; tandbederf*

cariar OV WW *aantasten; wegvreten*

cariarse WKD WW *rotten; aangestoken worden* ⟨v. tanden⟩

cariátide v *schraagbeeld; kariatide*

caribe I m/v *Caribiër* **II** BNW *Caribisch*

Caribe m • *Caribisch gebied* • *Caribische Zee*

caribú m *kariboe*

caricato m *komisch (opera-)acteur*

caricatura v *spotprent*

caricaturesco BNW *karikaturaal*

caricaturista m/v *spotprenttekenaar*

caricaturizar OV WW *karikaturiseren*

caricia v *streling; aai*

caricioso BNW *teder; liefdevol*

caridad v • *naastenliefde* • *liefdadigheid; gunst* ★ casa de ~ *armenhuis*

caries v *cariës; tandbederf*

carilampiño BNW *(bijna) zonder baard; met gladde huid*

carilargo BNW *met een lang gezicht; bezorgd; geïrriteerd*

carilla v *kantje* ⟨v. papier⟩

carillón m *carillon; klokkenspel*

cariñar ON WW ARG *heimwee hebben*

cariñito m *knuffeltje; liefje; schatje* ★ hacer ~s *zachtjes knuffelen*

cariño m • *genegenheid; liefde* • *zorg; toewijding* • *liefje; schat* ★ CHI, COL, CR, NIC *cadeautje, presentje* ★ ~ mío *lieveling* ★ le tengo ~ *hij ligt mij na aan het hart* ★ ~s a todos *veel liefs voor allemaal (in brief)* ⟨in brief⟩

cariñoso BNW *liefderijk; teder*

carioca I m/v *inwoner van Rio de Janeiro* **II** BNW *uit Rio de Janeiro*

cariparejo BNW *met een onbewogen gezicht*

carirraido BNW *onbeschaamd*

carisma m *charisma*

carismático BNW *charismatisch*

carita v *gezichtje*

caritativo BNW *liefdadig; barmhartig*

cariz m *aanzien; indruk; uiterlijk*

carlanca v • *halsband met punten* • *sluwheid* ★ tener muchas ~s *erg sluw zijn*

carlinga v • *cabine* ⟨v. vliegtuig⟩ • *cockpit*

carlismo m *carlisme*

carlista I m/v *carlist* **II** BNW *carlistisch* ★ guerra ~ *carlistenoorlog*

Carlomagno m *Karel de Grote*

Carlos m *Karel* ★ ~ el Temerario *Karel de Stoute*

Carlota v *Charlotte*

carmelita I m/v *karmeliet; karmelietes* **II** BNW *karmelieter; van de karmelieten*

carmelitano BNW *karmelieter; van de karmelieten*

carmen m *landhuis* ⟨in Granada⟩

Carmen m *karmelietenorde*

carmenar OV WW • *kaarden* • *uitkammen; ontwarren* • *bedriegen; afzetten*

carmesí I m *karmijnrood* **II** BNW *karmijnrood*

carmín I m • *karmijnrood* • *lippenstift* **II** BNW *karmijnrood*

carnación v *vleeskleur*

carnada v *lokaas*

carnal BNW • *vleselijk; lichamelijk* • *vol* ⟨v. bloedverwant⟩ • MEX *makker, maatje* ★ primo ~ *volle neef* ★ acto|comercio ~ *geslachtsgemeenschap*

carnalidad v *lust; zinnelijkheid*

carnaval m *carnaval* ★ martes de Carnaval *Vastenavond*

carnavalada v *carnavalsgrap*

carnavalesco BNW *carnavalesk; carnavals-*

carnaza v *lokaas*

carne v • *vlees* • *vruchtvlees* ★ abrirse las ~s a u.p. *zich rot schrikken* ★ no ser ni ~ ni pescado *vlees noch vis zijn* ★ poner toda la ~ en el asador *alles op alles zetten* ★ ser uña y ~ *onafscheidelijk zijn* ★ ~ de membrillo *kweepeergelei* ★ ~ picada *gehakt* ★ ~ de gallina *kippenvel* ★ ~ para cocido *soepvlees* ★ echar ~s *dikker worden* ★ en ~s vivas *poedelnaakt* ★ estar en buenas ~s *doorvoed zijn* ★ perder ~s *mager worden* ★ yo soy la ~ y usted el cuchillo *u kunt alles met me doen wat u wilt* ★ me tiemblan las ~s *ik beef van angst* ★ de ~ y hueso *van vlees en bloed* ★ de ~s abundantes *zwaarlijvig* ★ de pocas ~s *mager* ★ en ~ viva *opengereten* ⟨v. wond⟩;

ca

overgevoelig ★ ~ *hormonada met hormonen behandeld vlees*
carné m → **carnet** ● *abonnement* ● *pasje*
● *identiteitskaart* ★ ~ de conducir *rijbewijs* ★ ~ de identidad *persoonsbewijs*
carnear OV WW ● LA *slachten* ● *afslachten*
carnecería v *slagerswinkel*
carnerada v *kudde schapen*
carnerero m *schaapherder*
carnero m ● *ram* ● CUL. *schapenvlees*
● *begraafplaats*; *familiegraf* ● (mv) METEO. *schaapjeswolken* ● ARG *stakingsbreker* ★ no hay tales ~s *daar is niets van waar* ● CUL. ~ verde *gerecht met schapenvlees, knoflook, peterselie en spek*
carnestolendas v mv *carnaval*
carnet m (**carné**) *(legitimatie)bewijs* ★ ~ de conducción/de conducir *rijbewijs* ★ ~ de prensa *perskaart* ★ foto de ~ *pasfoto* ★ ~ de baile *balboekje* ★ ~ de estudiantes *studentenkaart* ★ ~ de donante *donorcodicil* ★ ~ de direcciones *adressenboekje*
carnicería v ● *slagerswinkel* ● *slagveld*; *bloedbad* ★ hacer una ~ *een bloedbad aanrichten*; *afslachten*
carnicero I m ● *vleeseter* ● *beul* ● *slager* II BNW ● *vleesetend* ● *bloedig*; *bloeddorstig* ★ ave carnicera *roofvogel*
cárnico BNW ● *vlees-* ★ industria cárnica *vleesverwerkende industrie*
carnitas v mv MEX *stukjes geroosterd varkensvlees* ⟨op straat verkocht⟩; VEN *gehaktballetjes*
carnívora v *vleesetende plant*
carnívoro I m *vleeseter* II BNW *vleesetend*
carnosidad v ● *wild vlees* ● *overgewicht*; *gezetheid*
carnoso BNW *vlezig*
carnudo BNW ● *mollig* ● *vlezig*
caro I BNW ● *duur* ● *dierbaar* ★ caro bocado *dure grap* II BIJW *duur* ★ costar/salir caro *duur komen te staan*; + (te) veel kosten, duur zijn ★ vender cara la piel *zijn huid duur verkopen*
carolingio BNW *Karolingisch*
carona v ● *zadeldek* ● *paardenrug* ★ blando de ~ FIG. *te slap voor het werk*; *met een tere huid* ⟨v. paard⟩
carota m/v *onbeschaamde vlegel*; *lefgozer*
carótida v *halsslagader*
carotina v *carotine*
carozo m *maïskolf zonder de korrels*
carpa v ● *karper* ● *gespannen zeil*; *luifel* ● ZA *tent*
carpanta v *razende honger*
Cárpatos m *Karpaten*
carpeta v ● *map* ● *boekentas* ● *tafelkleed* ● PERU *lessenaar* ★ cerrar la ~ *het dossier sluiten* ★ ~ de anillas *ringband*
carpetazo m ★ dar ~ a *terzijde leggen*; *in de ijskast zetten*
carpetero m/v (v: **carpetera**) CUBA *receptionist*
carpetovetónico I m *Spanjaard in hart en nieren* II BNW *door en door Spaans*
carpintear ON WW *timmeren*
carpintería v ● *timmermansvak* ● *timmermanswerkplaats* ● *houtwerk* ★ ~ de aluminio *aluminium kozijn*

carpintero m *timmerman* ★ pájaro ~ *specht*
carpir OV WW ZA *wieden*
carpo m *handwortel*
carraca v ● *ratel* ● *rammelkast*; *lor* ● *scharrelaar* ⟨vogel⟩
carraco I m SL. *kletsmajoor* II BNW *afgeleefd*; *gebrekkig*
Carracuca v ★ más tonto que ~ *zo stom als een varken*
carrada v *karrenvracht*
carral m *(wijn)vat*
carralero m *kuiper*
carrasca v *kleine steeneik*
carrascal m *eikenbos*
carraspear ON WW ● *kuchen* ● *schor/hees zijn*
carraspeo m *heesheid*; *schorheid*
carraspera v *schorheid*
carrasposo BNW ● *schor*; *hees* ● *ruw*
carrera v ● *het hardlopen* ● *traject*; *route* ● *rit* ● *wedloop*; *race* ● *studie* ● *loopbaan*; *carrière* ● *ladder* ⟨in kous⟩ ● *baan* ⟨v. hemellichaam⟩ ● *straatweg* ★ tener ~ *gestudeerd hebben* ★ de ~ *ren-*; *race-*; *vlot* ★ en una ~ *in een wip* ★ hacer la ~ *tippelen* ★ tomar ~ *een aanloop nemen*; *zich (geestelijk) voorbereiden* ★ ~ de obstáculos *hindernisloop*; FIG. *weg vol obstakels* ★ ~s de automóviles *autoraces* ★ a ~ tendida *in volle vaart* ★ a la ~ *met veel haast*; *vliegensvlug* ★ a ~ abierta *onbesuisd* ★ dar ~ a u.p. *de studie van iemand betalen* ★ ~ contra reloj *race tegen de klok*; *tijdrit* ★ ~ armamentista/de armamentos *bewapeningswedloop* ★ ~ meteórica *bliksemcarrière* ★ ~ del Estado *ambtenarenloopbaan* ★ hombre de ~ *academicus* ★ hacer ~ *studeren*; *carrière maken*; FIG. *grote opgang maken* ★ fin de ~s *(het) afstuderen* ★ ~s al trote *harddraverijen*
carrerilla v ● *aanloop* ● MUZ. *loopje* ★ de ~ *in één ruk* ★ tomar ~ *een aanloopje nemen*
carrerista I m/v ● *wedder* ⟨bij paardenrennen⟩ ● *wielrenner* ● *tippelaar* II BNW *gek op paardenrennen*
carrero m ● *voerman* ● *wagenmaker*
carreta v *kar*
carretada v ● *karrenvracht* ● *grote hoeveelheid* ★ a ~s *bij de vleet*
carretaje m *vervoer*
carrete m ● *klos*; *rol* ● *filmrolletje* ★ dar ~ a u.p. *iemand afleiden* ★ dar ~ *laten vieren* ★ tener ~ *veel kletsen*
carretear OV WW ● *vervoeren* ● *besturen* ⟨v. kar⟩ ● *taxiën* ⟨vliegtuig⟩
carretearse WKD WW *zich vooroverbuigen* ⟨v. dieren voor de wagen⟩
carretel m SCHEEPV. *logrol*
carretela v *koets*
carretera v *weg* ★ ~ de circunvalación *ringweg* ⟨op verkeersbord⟩ ★ ~ general/nacional *hoofd/rijksweg* ★ ~ secundaria *provinciale weg* ★ ~ de salida del centro *uitvalsweg* ★ ~ de cuatro vías *vierbaansweg* ★ ~ de prioridad *voorrangsweg* ★ ~ resbaladiza (op verkeersbord) *slipgevaar* ★ ~ serpenteante *slingerweg*
carretería v ● *wagenmakerij* ● *wagenmakersvak*

• *wagenerf*; *wagenschuur*
carretero I m *menner*; *voerman* ★ fumar como un ~ *roken als een ketter* **II** BNW • camino ~ *rijweg* ★ tráfico ~ *wegverkeer*
carretilla v • *kruiwagen* • *loopwagentje*; *karretje* • *voetzoeker* ★ ~ elevadora *(vork)heftruck* ★ de ~ *vlot*; *uit het hoofd*
carretón m *kar(retje)*
carricoche m • *rammelkast*; *vehikel* • *boerenrijtuig* • *kinderwagen*
carricuba v *sproeiwagen*
carril m • *karrenspoor* • *rail* • *rijbaan* ★ ~ de acceso *invoegstrook* ★ ~ de autobús *busbaan* ★ de doble ~ *tweebaans* ★ ~bici *fietspad*
carrillera v • *kaak* • *stormband*
carrillo m *wang* ★ comer a dos ~s *van twee walletjes eten*; *gulzig eten*
carrito m *wagentje*; *karretje* ★ ~ de compra *boodschappenwagentje* ★ ~ de té/de servicio ★ ~ de supermercado *winkelwagentje*
carrizal m *rietveld*
carrizo m *riet*
carro m • *kar*; *wagen* • *karrenvracht* • TECHN. *slede*; *onderstel* • ZA *voertuig*; *auto* • *(winkel)wagen* • CHI *treinwagon*; CHI *tram* ★ poner al ~ delante de las mulas *op de zaken vooruitlopen* ★ aguantar ~s y carretas *veel kunnen hebben*; *tegen een stootje kunnen* ★ arrimarse al ~ del que manda *uit opportunisme met invloedrijke persoon meelopen* ★ tirar del ~ *het zware werk doen*; *de kar trekken* ★ el Carro Mayor *de Grote Beer* ★ ~ de combate *tank* ★ cogerle a uno el ~ *een tegenvaller hebben* ★ parar el ~ *zich beheersen* ★ ¡para el ~! *kalm aan een beetje!* ★ le untaron el ~ *ze hebben hem omgekocht* ★ ~ de basura *vuilniswagen* ★ ~ blindado *pantserwagen* ★ MEX ~ dormitorio *slaapwagen* ★ ~ de patrulla *surveillancewagen* ★ VEN ~ pirata *taxi ⟨zonder vergunning⟩* ★ aguantar ~s y carretes *tegen een stootje kunnen*; *veel kunnen hebben*
carrocería v • *carrosserie* • *wagenmakerij* • *carrosseriebedrijf*
carrocero m • *carrosseriebouwer* • *wagenmaker*
carromato m *huifkar*
carroña v *kadaver*; *kreng*
carroño BNW *rot*; *bedorven*
carroza I v • *karos*; *staatsiewagen* • *praalwagen* **II** m/v *oudje*; *bejaarde* **III** BNW *ouderwets*; *bejaard*
carruaje m *rijtuig*
carrujo m *kruin*; *kroon*
carrusel m • *optocht*; *stoet* • *carrousel*
carta v • *brief* • *kaart*; *menu* • *speelkaart* • *landkaart* • *document*; *bewijs* ★ a ~s vistas *openlijk*; *oprecht* ★ dar/tener ~ blanca *carte blanche geven/hebben* ★ echar una ~ al correo *een brief op de bus doen* ★ echar las ~s *de kaart leggen* ★ enseñar las ~s *zijn kaarten op tafel leggen* ★ franquear una ~ *een brief frankeren* ★ jugar sus ~s *het slim aanpakken* ★ no saber a qué ~ quedarse *weifelen* ★ poner las ~s boca arriba *open kaart spelen* ★ tomar ~s en el asunto *tussenbeide komen* ★ ~ abierta *open brief* ★ ~s credenciales

geloofsbrieven ★ adquirir ~ de naturaleza *zich naturaliseren* ★ a ~ cabal *geheel en al*; *perfect* ★ ~ de pésame *condoléancebrief* ★ ~ de ciudadanía *bewijs van staatsburgerschap* ★ ~ certificada *aangetekende brief* ★ ~ devuelta *onbestelbare brief* ★ ~ urgente *expresbrief* ★ jugar a las ~s *kaarten* ★ no tomar ~s en *niets te maken hebben met* ★ ~ de ajuste *testbeeld* ★ no ver ~ *slechte kaarten hebben* ★ pecar por ~ de más *te veel doen* ★ ~ bomba *bombrief* ★ ~ comercial ★ ~ de ajuste *testbeeld* ★ ~s al director/de los lectores *ingezonden brieven* ★ a la ~ *à la carte*
cartabón m *tekendriehoek*
cartagenero I m *iemand uit Cartagena* **II** BNW *uit Cartagena*
cartaginense I m/v *Carthager*; *Carthaagse* **II** BNW *uit/van Carthago*
cartaginés I m *Carthager* **II** BNW *Carthaags*
Cartago m *Carthago*
cartapacio m • *notitieboekje*; *schrift* • *map* ★ estar en el ~ *bestudeerd worden*
cartear ON WW *een slim spel spelen*
cartearse WKD WW *elkaar schrijven*; *corresponderen*
cartel m • *affiche*; *aanplakbiljet* • *bekendheid*; *faam* ★ estar en ~ *gespeeld/gedraaid | uitgevoerd/vertoond worden* ★ torero de ~ *beroemd stierenvechter* ★ tener ~ *beroemd zijn*
cártel m *kartel*
cartela v *console*; *steunstuk*
cartelera v • *aanplakbord* • *uitlijst*; *kunstagenda*
cartelero m *aanplakker*
cartelón m *groot aanplakbiljet*
carteo m *briefwisseling*
cartera v • *portefeuille* • *aktetas* ★ ~ de pedidos *orderportefeuille* ★ ~ de mano *aktetas* ★ tener en ~ *in de planning hebben*; ECON. *activa hebben*; *in portefeuille hebben* ★ sin ~ *zonder portefeuille* ⟨v. minister⟩
carterero m CHI *zakkenroller*; *tasjesdief*
cartería v *postkamer*
carterista m/v *zakkenroller*
cartero m *postbode*
cartesiano I m *Cartesiaan* **II** BNW *cartesiaans*
cartilaginoso BNW *kraakbeenachtig*
cartílago m *kraakbeen*
cartilla v • *(spaarbank)boekje* • *abc-boek* ★ no saber la ~ *geen flauw benul hebben van iets* ★ leerle la ~ a u.p. *iemand iets leren*; *iemand de les lezen* ★ renovar la ~ militar *het militaire paspoort vernieuwen*
cartografía v *cartografie*; *kartering*
cartográfico BNW *cartografisch*
cartógrafo m *kaarttekenaar*; *cartograaf*
cartomancia v *het kaartleggen*
cartón m • *karton* • *ontwerp* ⟨voor kunstwerk⟩ • *slof* ⟨sigaretten⟩ ★ ~ ondulado *golfkarton* ★ ~ piedra *papier-maché* ★ ~ de bingo *lottokaart* *loterija de cartones lottospel* ★ ~ prensado *hardboard*
cartonaje m *kartonwerk*
cartoné m *kartonnering* ★ en ~ *gekartonneerd*
cartuchera v *patroongordel*; *patroontas*
cartucho m • *patroonhuls* • *fotorolletje*; *filmcassette* • *(vul)patroon* • *gedrol* • COMP.

cartridge • *puntzak* • SL. *heroïne van slechte kwaliteit* • *el último* ~ *het laatste redmiddel* ★ *quemar el último* ~ *zijn laatste kruit verschieten*

cartuja v • *kartuizerorde* • *kartuizerklooster*

cartujo I m *kartuizer*; *kluizenaar* **II** BNW *kartuizer-*

cartulario m *oorkondeboek*

cartulina v *fijn karton*

casa v • *huis*; *woning* • *gelegenheid*; *gebouw* • *gezin*; *familie* • *voornaam geslacht* • *huishouden* • *handelshuis*; *firma* • *veld* ⟨v. schaakbord⟩ ★ *casa de citas bordeel* ★ *casa del cura pastorie* ★ *casa grande herenhuis* ★ *casa real koningshuis* ★ *en mi casa bij mij thuis* ★ *guardar la casa thuis (moeten) blijven* ★ *parar poco en casa erg uithuizig zijn* ★ *soy un amigo de la casa ik ben erg met die familie bevriend* ★ *allí tiene usted su casa mijn huis staat altijd voor u open* ★ *de casa en casa van deur tot deur* ★ *estar de casa huiselijk gekleed zijn* ★ *estar en casa thuis zijn* ★ *echar la casa por la ventana uit de band springen; met geld smijten* ★ *empezar la casa por el tejado iets andersom/verkeerd om doen* ★ *en casa del herrero, cuchara de palo rijk zijn maar arm doen* ★ *entrar como Pedro por su casa kind aan huis zijn* ★ *levantar casa verhuizen* ★ *franquear la casa a u.p. zijn huis openstellen voor iemand* ★ *no salir de casa thuis blijven* ★ *no tener casa ni hogar een zwervend bestaan leiden* ★ *pasar por casa de u.p. bij iemand aanwippen* ★ *poner casa het huis inrichten* ★ *tener casa abierta open huis houden* ★ *casa editorial uitgeverij* ★ *casa consistorial gemeentehuis* ★ *casa de huéspedes pension* ★ *casa de socorro EHBO-post* ★ *casa de campo landhuis* ★ *su casa per adres* ★ *casa de alquiler huurhuis* ★ *casa de barrio buurthuis* ★ *casa de juego gokhuis* ★ *casa de refugio blijf-van-mijn-lijfhuis* ★ *casa de pisos flatgebouw* ★ ZZA *casa de altos (zuidegebouw met verdiepingen* ★ *llevar la casa het huishouden doen* ★ *la casa de tocame roque huishouden van Jan Steen* ★ *ser muy de su casa erg huiselijk zijn* ★ *casa señorial herenhuis* ★ *casa sola/solariega huis van adellijk geslacht*

casaca v • *kazak* ★ *cambiar de* ~ FIG. *omturnen* ★ *volver la* ~ FIG. *omturnen*

casación v *cassatie* ★ *interponer recurso de* ~ *in hoger beroep gaan*

casadero BNW *huwbaar*

casado I m *gehuwde* ★ *los recién* ~s *het jonge paar* **II** BNW • *gehuwd* • *vastgemaakt*; *vastgezet* ★ *estar/ser* ~ *getrouwd zijn*

casal m *hoeve*

casamata v *bunker*; *kazemat*

casamentero m *koppelaar*

casamiento m *huwelijk*

casapuerta v *hal*; *portaal*

casar I OV WW • *trouwen* • *uithuwelijken* • *verbinden*; *samenvoegen* • JUR. *casseren*; *vernietigen* ⟨v. vonnis⟩ **II** ON WW • *trouwen*; FIG. *harmoniëren* • *passen (con bij)*

casarse WKD WW *trouwen* ★ *antes de que te*

cases mira lo que haces bezint eer ge begint ★ *no* ~ *con nadie zich door niemand van de wijs laten brengen* ★ ~ *con su parecer hardnekkig bij zijn mening blijven* ★ ~ *por lo civil voor de wet trouwen*

casatienda v *winkel met woonhuis*

casca v • *bast*; *schil* • *druivenmoer* • *run*; *leerlooiersschors* • *gekonfijte vrucht* • *marsepein*

cascabel m *rinkelbel* ★ *poner el* ~ *al gato de kat de bel aanbinden* ★ *culebra de* ~ *ratelslang* ★ *de* ~ *gordo plomp* ★ *echar/soltar el* ~ *een balletje opgooien*

cascabelear ON WW • *tingelen*; *rinkelen* • *paaien*

cascabeleo m *getingel*

cascabelero I m *warhoofd* **II** BNW • *maf* • *onbekommerd*; *vrolijk*

cascabillo m • *belletje* • *kaf* • *eikeldopje*

cascada v *waterval* ★ *en* ~ *erop volgend*; *in serie*

cascado BNW • *afgeleefd*; *aftands* • *gebroken* ⟨stem⟩

cascajo m • *puin* • *prul*; *lor* • *wrak* ⟨mens⟩ • *noten(melange)* ★ *estar hecho un* ~ *afgetakeld/aftands zijn*

cascajoso BNW *stenig*

cascanueces m *notenkraker*

cascar I OV WW • *breken* • *kraken* ⟨v. noot⟩ • *knakken*; *breken* ⟨v. gezondheid⟩ • *breken* ⟨v. stem⟩ • *een deuntje verkopen*; *slaan* ★ ~ *una paliza a u.p. iemand kapot maken* **II** ON WW • *kletsen* • *sterven*

cáscara v *schaal*; *dop* ★ *arroz en* ~ *ongepelde rijst* ★ *de la* ~ *amarga vooruitstrevend*

cascaraza m COL *stomp*; *opdoffer*

cascarilla v • *velletje*; *vliesje* • *cacaoschil* ⟨voor thee⟩ • *dun laagje metaal*

cascarón m *eierdop* ★ ~ *de nuez notendop* ⟨scheepje⟩ ★ *meterse en su* ~ *in zijn schulp kruipen* ★ *recién salido del* ~ *groen*; *onervaren*

cascarrabias m/v *driftkikker*; *nijdas*

cascarrón BNW *nors*; *lomp*

cascarse WKD WW • *breken*; *barsten* • *aftakelen*

cascarudo BNW *met dikke schil*

casco m • *helm* • *hoef* • *scherf* • *casco*; *romp* • *pot*; *fles* • *bebouwde kom*; *centrum* • *bol* ⟨v. hoed⟩ ★ *meterle a uno en los* ~s u.c. *iemand iets aanpraten* ★ *alegre/ligero de* ~s *losbollig*; *lichtzinnig* ★ *estar mal de* ~ *niet goed bij zijn hoofd zijn* ★ *levantar de* ~s *a u.p. iemand in iets doen geloven* ★ *romperse/calentarse los* ~s *zich het hoofd breken* ★ *sentar los* ~s *verstandig worden* ★ ~ *antiguo oude stadswijk* ★ *no me lo quitas del* ~ *je praat het me niet uit het hoofd* ★ ~ *protector valhelm* ★ ~s *azules (VN-)blauwhelmen* ★ INF. ~s *hoofdtelefoon*

cascote m *puin*; *brokstuk*

caseína v *caseïne*; *kaasstof*

cáseo m *stremsel*

casería v • *hoeve*; *landhuis* • *huishouding* • *klantenkring*

caserío m • *gehucht* • *boerenhoeve*; *hofstede*

casero I m • *huisbaas* • *huisbewaarder* **II** BNW • *huis-*; *huiselijk* • *knus*; *ongedwongen* ★ *de fabricación casera zelfgemaakt*

caserón m *groot oud huis*
caseta v • *huisje* • *badhokje* • *hondenhok* ★ • de tiro *schiettent* ★ SPORT *mandar a u.p. a la ~ iemand van het veld sturen*
casete I m *(radio)cassetterecorder* II v *cassettebandje* III m/v *cassette*
casi BIJW *bijna* ★ un/una casi *een soort van* ★ sin casi *zonder twijfel* ★ casi terminado *bijna klaar* ★ ¡casi nada! *alsof het niets is!* ★ casi, casi *het scheelde maar weinig* ★ casi que *bijna*
casia v *senestruik*
casilla v • *loket* • *vakje*; *hokje* • *kolom* • *veld* ‹v. schaakbord› ★ ~ postal *postbus* ★ sacar a uno de sus ~s *iemand razend maken* ★ salirse de sus ~s *uit zijn vel springen*
casillero m *sorteerkast*; *kast met vakjes*
casimir m *kasjmier*
casino m • *sociëteit* • *casino* • CHI *(bedrijfs)kantine*
casis v *aalbes*; *zwarte bes*
casita v *huisje* ★ a ~ *naar huis*
caso m • *voorval* • *omstandigheid*; *gelegenheid* • *geval* • *kwestie*; *vraagstuk* • *naamval* ★ a caso hecho *opzettelijk* ★ caso de *voor het geval dat* ★ dado el caso que *voor het geval dat* ★ darse el caso *zich voordoen* ★ el caso es que *het zit namelijk zo dat*; *het gaat er om dat*; *eigenlijk* ★ en caso de *in geval van* ★ en peor de los casos *in het ergste geval* ★ en caso extremo *in het uiterste geval* ★ en cualquier caso *in ieder geval* ★ en todo caso *in ieder geval* ★ en último caso *in het uiterste geval* ★ ¡es un caso! *dat is me er één!* ★ estar en el caso *op de hoogte zijn* ★ haber caso *mogelijk zijn*; *uitkomen* ★ llegado el caso *mocht het (geval) zich voordoen* ★ no sea caso que *voor het geval dat* ★ hacer caso omiso de *buiten beschouwing laten* ★ caso de necesidad *zo nodig* ★ el caso es que francamente no puedo venir *ik kan eerlijk gezegd niet komen* ★ en tal caso *in casu*; *in zo'n geval* ★ ir al caso *ter zake komen* ★ no hace/viene al caso *dat komt niet goed uit*; *dat doet niet ter zake* ★ ino le hagas caso! *trek je van hem maar niets aan!* ★ ¡hágame caso! *doet u nou wat ik u zeg!* ★ ino haga caso! *trekt u zich er maar niets van aan!* ★ pongamos por caso que no venga *stel nu eens dat hij niet komt* ★ en este caso *in dat geval* ★ yo en tu caso *als ik jou was* ★ caso de urgencia *noodgeval* ★ caso de conciencia *gewetensvraag* ★ caso perdido *hopeloos geval* ★ caso de prueba *testcase* ★ caso límite *grensgeval*
casón m *groot oud/traditioneel huis*
casona v *groot oud/traditioneel huis*
casorio m • *trouwerij* • *onbezonnen huwelijk*
caspa v *roos* ‹op het hoofd›
Caspio m ★ Mar ~ *Kaspische Zee*
caspiroleta v • ZA *eierpap* • ZA *drank van melk, eieren, suiker, kaneel en brandewijn*
cáspita TW *verduiveld!*; *verdomd!*
casquería v *trijpwinkel*
casquero m *trijpvrouw*
casquete m *kapje*; *kalotje*
casquijo m *grind*; *kiezel*
casquillo m • *lege patroonhuls* • *beslag*; *ring*

‹ter versteviging› ★ a ~ quitado *schaterlachend*
casquivano BNW *onbesuisd*
cassette m → casete
casta v • *geslacht*; *afkomst* • *kaste* • *sociale klasse*; *groep* • *ras* ★ de ~ le viene al galgo *dat heeft hij niet van een vreemde* ★ de ~ rasecht ★ sistema de ~s *kastestelsel* ★ venir de ~ *aangeboren zijn*
castaña v • *kastanje* • *opstopper*; *dreun* • *dronkenschap* • *knot* ‹haar› • *bolle fles* ★ itoma ~! *wat vind je daar nou van!* ★ sacarle a u.p. las ~s del fuego *voor iemand de kastanjes uit het vuur halen* ★ dar la ~ a u.p. *iemand beetnemen* ★ se parecen como una ~ a un huevo *ze lijken niets op elkaar* ★ ¡vaya (una) ~! *wat een gezeur!*
castañar m *kastanjebos*
castañeta v *geknip* ‹met vingers›
castañetear ON WW • *klepperen* ‹met castagnetten› • *knippen* ‹met vingers› • *klappertanden*
castañeteo m *geklepper* ‹v. castagnetten›
castaño I m • *kastanjebruin* • *kastanjeboom* • *kastanjehout* • esto sí que pasa de ~ oscuro *dat loopt de spuigaten uit* ★ pelo ~ *bruin haar* II BNW *kastanjebruin*
castañuela v • *castagnet* • estar alegre como ~s *op en top vrolijk zijn*
castellana v • *vrouw uit Castilië* • *kasteelvrouwe*
castellanismo m • *Castiliaanse zegswijze* • *castilianisme*; *hispanisme*
castellanizar OV WW *verspaansen*
castellano I m • *Castiliaan* • *Spaans* ‹taal› • *kasteelheer* II BNW • *Castiliaans* • *Spaans*
castellanohablante BNW *Spaanstalig*
castellonense I m *iemand uit Castellón de la Plana* II BNW *uit Castellón de la Plana*
casticidad v *echtheid*; *zuiverheid* ‹v. taal, tradities van een land›
casticismo m • *purisme* • *authentiek karakter*
casticista I m/v *taalzuiveraar* II BNW *puristisch*
castidad v *kuisheid*; *zedelijkheid*
castigador I m • *versierder* • *bestraffer* II BNW *verleidelijk*; *fataal*
castigar OV WW • *straffen* • *versieren*; *verleiden*
castigo m *straf* ★ ser un ~ *een straf zijn* ★ levantar el ~ *de straf kwijtschelden* ★ sancionar un ~ *een straf opleggen* ★ ~ máximo *zwaarste straf*; SPORT *strafschop* ★ en ~ de *als straf voor* ★ como ~ a *als straf voor* ★ área de ~ *strafschopgebied*
Castilla v *Castilië* ★ ¡ancha es ~! *wat kan jou/ ons dat schelen!*; *morgen zien we wel weer!* ★ ~ la Vieja *Oud-Castilië* ★ ~ la Nueva *Nieuw-Castilië*
castillejo m • *stellage*; *steiger* • *loopwagen* ‹voor kind›
castillo m • *kasteel* • SCHEEPV. *halfdek* ★ levantar/hacer ~s en el aire *luchtkastelen bouwen* ★ ~ de naipes OOK FIG. *kaartenhuis* ★ ~s de fuego *groot vuurwerk* ★ ~ de proa *voordek*
castizo BNW *rasecht*; *authentiek*
casto BNW *zedig*; *kuis*
castor m • *bever* • *beverhuid* • *bevervilt* ‹textiel›

ca

castoreño BNW ★ sombrero ~ *kastoren hoed*

castra v • *het oogsten van honing*
• *honingseizoen*

castración v *castratie; ontmanning*

castrado I m *castraat* II BNW *gecastreerd*
★ *caballo ~ ruin*

castrar OV WW • *castreren; ontmannen*
• *verzwakken; verlammen*

castrense BNW *leger-; van het leger* ★ *médico ~*
legerarts

castro m *vesting; burcht* ⟨Ibero-Romeins⟩

casual BNW *toevallig* ★ *por un ~*
toevallig(erwijze)

casualidad v *toeval* ★ *¿tienes fuego por ~? heb*
je misschien een vuurtje? ★ *ni por ~ op geen*
enkele voorwaarde

casualismo m *casualisme*

casuario m *kasuaris*

casuca v (**casucha**) *armoedig huisje*

casuista m/v *casuïst*

casuística v • *casuïstiek* • *detaillering;*
specificatie

casuístico BNW *casuïstisch; sofistisch*

casulla v *kazuifel; misgewaad*

cata v • *het proeven; het uitproberen* • *proefje;*
monster ★ *cata de vinos wijnproeverij*

catacaldos m mv • *slappeling* • *pottenkijker*
• *amateur*

cataclismo m • *ramp* • *ommekeer*

catacumbas v mv *catacomben*

catador m *proever*

catadura v • *gezicht* • *kop* • *het proeven* ★ *de*
mala ~ met een ongure tronie

catafalco m *katafalk*

catalán I m *Catalaan* ★ INF. *ser un ~ een krent*
zijn II BNW *Catalaans*

catalanismo m • *Catalaanse*
onafhankelijkheidsbeweging • *Catalaanse*
uitdrukking; catalanisme

catalanista m/v *aanhanger van de Catalaanse*
onafhankelijkheidsbeweging

catalejo m *verrekijker*

catalepsia v *catalepsie*

cataléptico I m *catalepsielijder* II BNW
catalepticus

catalina v *poep; stront* ★ *rueda ~ schakelrad* ⟨v.
*horloge⟩; FIG. *onmisbare schakel*

catalizador I m *katalysator* II BNW *katalyserend*

catalogación v *catalogisering*

catalogar OV WW • *catalogiseren* • *rangschikken*
★ ~ a *alg. de iemand bestempelen als*

catálogo m *catalogus* ★ *en ~ leverbaar;*
beschikbaar

Cataluña v *Catalonië*

catamarán m *catamaran*

cataplasma v • *cataplasma; kompres*
• *vervelende vent*

cataplines m mv VULG. *ballen* ★ *tener ~ kloten*
hebben

cataplum TW *klets!; boem!*

catapulta v *katapult*

catapultar OV WW • *afschieten met een katapult*
• *iemand plotseling succes of bekendheid*
bezorgen

catapún BNW ★ *este coche es del año ~ deze*
auto is van het jaar nul

catar OV WW *keuren; proeven; proberen*

catarata v • *grote waterval* • *grauwe staar* ★ *las*
~s del cielo de hemelsluizen

catarro m *neusverkoudheid* ★ ~ *intestinal*
darmcatarre

catarsis v *catharsis; loutering*

catártico BNW *louterend*

catastro m *kadaster*

catástrofe v *catastrofe; ramp* ★ ~ *de aviación*
vliegtuigongeluk

catastrófico BNW *catastrofaal*

catastrofismo m *pessimisme; zwartkijkerij*

catastrofista m/v *zwartkijk(st)er*

catavino m *wijnproefglas*

catavinos I m mv • → **catavino** • *wijnproever*
II m/v mv *wijnproever*

cate m • *dreun; klap* • *het zakken voor een*
examen

catear OV WW *zakken; laten zakken* ⟨voor
examen⟩

catecismo m • *catechese* • *catechismus*

catecúmeno m *doopleerling*

cátedra v • *leerstoel; hoogleraarschap* • *vak;*
college • *katheder; spreekgestoelte* • *afdeling*
die onder het gezag van een hoogleraar staat
★ *clase en ~ magistrale les* ★ *sentar ~* FIG.
school maken ★ *hablar ex ~* REL. *ex cathedra*
spreken; uit de hoogte spreken ★ ~ *del Espíritu*
Santo preekstoel ★ *poder poner ~ de zeer*
bekwaam zijn in ★ ~ *libre lectoraat* ★ *hoy no*
tiene ~ hij geeft vandaag geen college

catedral v • (iglesia) ~ *kathedraal; domkerk*
★ *como una ~ enorm, reusachtig*

catedralicio BNW *van de kathedraal*

catedrático m • *professor; hoogleraar* • *leraar*
aan een middelbare school; leraar aan een
instituut ★ ~ *supernumerario buitengewoon*
hoogleraar ★ ~ *de Instituto docent aan een*
instituut; leraar aan middelbare school ★ ~
numerario/titular gewoon hoogleraar

categoría v • *categorie; afdeling; klasse* • *rang;*
positie; status • *belang; waarde* ★ *dar ~*
opluisteren ★ *tener mucha ~ uitblinken*
★ *persona de ~ iemand met aanzien* ★ *¿quién*
tiene más ~? wie is het hoogst in rang?
★ *hotel de ~ klasse-hotel* ★ *de quinta ~*
derderangs

categórico BNW *onvoorwaardelijk; stellig; beslist*

catenaria v *bovenleiding* ⟨v. elektriciteit⟩

catequesis v *catechese*

catequista m/v *iem. die catechese geeft*

catequizar OV+ON WW • *catechiseren* • *ompraten*

catering m *catering*

caterva v *troep; horde*

catéter m *catheter; sonde*

cateto m • *boerenpummel* • *rechthoekszijde*

catoche m MEX, INF. *rothumeur*

catódico BNW *kathode-; kathodisch*

cátodo m *kathode; negatieve pool*

catolicidad v • *katholiciteit* • *katholicisme*

catolicismo m • *katholicisme* • *katholiciteit*

católico I m *katholiek* II BNW • *katholiek*
• *alomvattend* ★ *no me parece muy ~ het lijkt*
me geen zuivere koffie ★ *no estoy muy ~ ik*
voel me niet lekker ★ *no es muy ~ hij is niet*
erg katholiek

catón m *eerste leesboekje*

catorce TELW *veertien*

catorceno I BNW *veertienjarig* II TELW *veertiende*

catorzavo I m *veertiende (deel)* II BNW
veertiende

catre m *veldbed; stretcher* ★ llevarse alg. al ~
met iemand de koffer induiken

catrera m ZZA *(veld)bed*

catrín m/v (v: catrina) GUA, NIC • *fat* • *modepop*

catsup m *ketchup*

caucasiano I m *iemand uit de Kaukasus* II BNW
Kaukasisch

Cáucaso m *Kaukasus*

cauce m • *bedding* • *geul; kanaal* ★ volver (las
aguas) a su ~ *weer zijn gewone loop nemen*

cauchero I m *rubbertapper* II BNW *rubber-*
★ negocio ~ *rubberhandel*

caucho m • *rubber* • VEN *regenjas* • COL, VEN
buitenband ★ quemar ~ *scheuren* ‹met auto›

caución v • JUR. *(waar)borg* • *behoedzaamheid*
★ dar ~ *borg stellen*

caucionar OV WW • JUR. *borg staan voor*
• *behoeden*

caudal I m • *rijkdom; kapitaal; vermogen*
• *debiet; watermassa* ★ hacer ~ de u.p.
iemand waarderen ★ echar ~ en u.c. *geld aan
iets besteden* ★ hacer ~ de u.c. *iets op prijs
stellen; iets waarderen* II BNW *staart-*

caudaloso BNW • *waterrijk* • *overvloedig; rijk*

caudillaje m *leiderschap*

caudillo m *(oorlogs)aanvoerder; leider*

causa v • *oorzaak; aanleiding; beweegreden*
• *zaak* • *geding; proces* • PERU CUL. *koude
aardappelpuree met sla, verse kaas, olijven en
knoflook* • CHI *lichte maaltijd of lunch* • PERU
vriend, makker ★ dar la ~ por conclusa *een
zaak/proces afsluiten* ★ instruir una ~
gerechtelijke stappen ondernemen ★ entender
en una ~ *een (rechts)zaak behandelen* ★ ~
bastante *voldoende reden (om)* ★ ~ civil *civiele
zaak* ★ ~ criminal *strafzaak; strafproces* ★ ~
mayor *dwingende reden; overmacht* ★ ~
primera *Eerste Oorzaak* ★ ~ final *uiteindelijke
oorzaak* ★ ~ pública *algemeen belang* ★ ver
una ~ *een zaak laten voorkomen*

causahabiente m • JUR. *rechtsopvolger* • JUR.
erflater

causal BNW *redengevend; oorzakelijk*

causalidad v *oorzakelijkheid; causaliteit*

causante I m • *veroorzaker; schuldige* • JUR.
erflater II BNW *veroorzakend*

causar OV WW *veroorzaken; aanstichten;
aandoen; teweegbrengen; berokkenen*

causativo BNW *oorzakelijk;* TAALK. *causatief*

causeo m CHI *tussendoortje*

causticidad v • *agressiviteit* ‹scheikunde›;
brandend vermogen • *bijtende spot*

cáustico I m • *bijtend middel* • MED.
blaartrekkend middel II BNW • *brandend* • OOK
FIG. *bijtend*

cautela v *voorzichtigheid; behoedzaamheid* ★ sin
~ *achteloos; onbezorgd* ★ medida ~
voorzorgsmaatregel

cautelar I BNW • medida ~ *voorzorgsmaatregel*
II OV WW *verhoeden; voorkomen*

cauteloso BNW *voorzichtig; behoedzaam*

cauterio m • *schroei-ijzer* • *bijtend middel*
• *paardenmiddel*

cauterizar OV WW • *doodbranden;
dichtschroeien; uitbranden* • *drastisch
aanpakken; uitroeien*

cautivador BNW *boeiend; betoverend*

cautivante BNW *boeiend*

cautivar OV WW • *gevangen nemen; boeien;
fascineren* ★ ~ la atención *de aandacht
gevangen houden*

cautiverio m *(krijgs)gevangenschap*

cautividad v *gevangenschap*

cautivo I m *krijgsgevangene* II BNW
(krijgs)gevangen • aves cautivas *kooivogels*

cauto BNW *voorzichtig; behoedzaam*

cava v • *het spitten; het graven* • *wijnkelder*
• *smeerkuil* ★ vino de cava *soort Spaanse
champagne*

cavador m *graver; spitter*

cavadura v *het graven*

cavar I OV WW • *omspitten* • *(uit)graven* II ON
WW *spitten*

caverna v *grot; hol(te)*

cavernícola I m/v • *holbewoner* • *reactionair*
II BNW • *hol-; grot-* • *reactionair*

cavernoso BNW • *grot-; graf-* • *vol holen*
• *holklinkend* ★ tiene voz cavernosa *hij heeft
een grafstem*

caviar m *kaviaar*

cavidad v *holte* ★ ~ torácico *borstholte*

cavilación v *overpeinzing; het piekeren*

cavilar ON WW *diep nadenken; piekeren; peinzen*

cavilosidad v • *achterdocht* • *ongegronde
verdenking*

caviloso BNW • *tobberig; piekerend*
• *wantrouwend*

cayado m • *kromstaf; bisschopsstaf* • *herdersstok*

cayarí m CUBA *rode rivierkrab*

cayo m *eilandje*

caz m • *tochtsloot; afwateringssloot; molenvliet*
• *bevloeiingskanaal*

caza I m *gevechtsvliegtuig; jager* ★ caza de
cabezas *headhunting* • coto de caza
jachtgebied II v • *het jagen; jacht* • *wild*
★ espantar la ~ de zaak verknoeien ★ caza
furtiva *stroperij* ★ andar a la caza *jacht
maken op* ★ caza de altanería *valkenjacht*
★ caza mayor *groot wild* ★ caza menor *klein
wild* ★ alborotar/levantar la caza *slapende
honden wakker maken* ★ dar caza a *jacht
maken op; achtervolgen* ★ ir de caza *op jacht
gaan* ★ caza de brujas *heksenjacht*

cazabombardero m *jachtbommenwerper*

cazadero m *jachtterrein*

cazador I m *jager* ★ ~ de pieles *pelsjager* ★ al
mejor ~ se le escapa la liebre *de beste breister
laat wel eens een steek vallen* ★ ~ de cabezas
koppensneller; FIG. *headhunter* ★ ~ de gangas
koopjesjager ★ cuento de ~ *sterk verhaal*
II BNW *jagers-; jacht-*

cazadora v • *jaagster* • *jagersjasje* • *(wind)jack;
jekker*

cazadotes m (mv onv.) *iemand die er op uit is
een rijke vrouw aan de haak te slaan*

cazamariposas m (mv onv.) *vlindernet*

cazaminas m (mv onv.) *mijnenveger*

ca

cazar OV WW • *(na)jagen; voortdrijven;*
achtervolgen • vangen; inpalmen; FIG. *aan de*
haak slaan • betrappen • de schoten aanhalen
★ ~ *en vedado onbevoegd jagen* ★ ~ *en vedado onder iemands duiven schieten;*
stropen ★ ~ *furtivamente stropen; op*
strooptocht gaan

cazasubmarinos m (mv onv.) *duikbootjager*

cazatalentos m *talentenjager; headhunter*

cazatorpedero I m *torpedobootjager* II BNW *van*
de torpedobootjager

cazcalear ON WW *druk rondlopen; (doelloos)*
heen en weer hollen

cazcarrias v mv *modderspatten* ⟨op kleren⟩

cazcarriento BNW *bespat; bemodderd*

cazo m • *steelpan • pollepel • rug* ⟨v. mes⟩
• *lijmpot* ★ *gallina de cazo soepkip* ★ *tener*
manos de cazo twee linkerhanden hebben

cazolero m *man die zich in vrouwenzaken*
mengt

cazoleta v • *pannetje • pijpenkop • kom* ⟨v.
degen⟩

cazón m *hondshaai*

cazuela v • *lage brede kookpot • stoofschotel*

cazurro I m *gesloten iemand* II BNW *in zichzelf*
gekeerd; gesloten

cazuz m *klimop*

CD m (compact disc) *cd*

CD-R m *cd-r*

CD-ROM m *cd-rom*

ce v *letter c* ★ *por ce o por be op de een of*
andere manier ★ *explicar ce por be/ce por ce*
omstandig uitleggen

CE AFK (Comunidad Europea) *EG*

ceba v • *vetmesting • mestvoer • lading* ⟨v.
geweer⟩ • *brandstof* ⟨voor oven⟩

cebada v *gerst*

cebadera v • *gerstzak; voederzak • voederkist*
• *vulopening* ⟨v. oven⟩

cebadero m • *gersthandelaar • voorste muilezel*
• *stalknecht • voederplaats • ovenmond*
⟨gieterij⟩

cebado BNW • *vetgemest* ★ *tigre* ~ *tijger die*
gevaarlijk is omdat hij mensenvlees geproefd
heeft

cebador m • TECHN. *ontsteking • choke*

cebadura v • *vetmesting • het laden* ⟨v. een
geweer⟩ • *het opstoken* ⟨v. vuur⟩

cebar OV WW • *voederen; vetmesten • van aas*
voorzien • voeden; koesteren • op gang
brengen • laden ⟨v. geweer⟩

cebarse WKD WW • *geheel verscheuren;*
verwoesten • helemaal opgaan in ★ ~ *con zich*
storten op; zijn woede koelen op ★ ~ *de zich*
voeden met ★ ~ *en zijn woede koelen op; zich*
vol overgave storten op; zich verlustigen in

cebellina v • *sabeldier; sabelmarter • sabelbont;*
marterbont

cebo m • *(mest)voer • aas • lokmiddel; lokkertje*
★ *morder el cebo (toe)happen*

cebolla v • *ui • bloembol* • VULG. *pik, lul* ★ ~
albarrana ajuin ★ *contigo pan y* ~ *samen*
door dik en dun

cebollar m *uienveld; uienbed*

cebollero I m *uienhandelaar* II BNW *uien-*

cebolleta v • *bieslook • lente-uitje*

cebollino m • *wilde peer • uienzaad • domkop*

★ *mandar a alg. a escardar* ~s *iemand het bos*
insturen; iemand eruit gooien ★ *vete a*
escardar ~s *loop naar de maan*

cebón I m • *speenvarken • vetgemest varken;*
mestvarken II BNW *vetgemest*

cebú m *zeboe*

cebra v *zebra* ★ *paso de* ~ *zebrapad*

cebrado BNW *gestreept* ⟨m.b.t. dieren⟩

ceca v *munt(gebouw)* ★ *de (la) Ceca a (la) Meca*
van het kastje naar de muur ★ *andar de Ceca*
en Meca van het kastje naar de muur worden
gestuurd

cecear ON WW *slissen*

ceceo m *het slissen*

cecina v *rookvlees*

ceda v • *z* ⟨letter⟩ • *paardenhaar*

cedazo m *zeef* ★ *agua en un* ~ *iets nutteloos/*
zinloos

cedente m • JUR. *cedent • overdrager v.e.*
vordering

ceder I OV WW *overdragen; afstaan; geven* ★ ~ *el*
asiento opstaan (voor iemand) ★ *ceda el paso!*
u nadert een voorrangsweg! ★ ~ *el paso*
voorrang verlenen II ON WW • *afnemen;*
verminderen • opgeven; zich gewonnen geven
• *afzien • resulteren; als gevolg hebben* ★ ~ *(a,*
ante) wijken voor ★ *no cedo a nadie ik doe*
voor niemand onder ★ ~ *a la necesidad zich*
in het onvermijdelijke schikken

cedilla v • *cedille • c met cedille*

cedizo BNW *bedorven* ⟨v. voedsel⟩

cedro m • *ceder(boom) • cederhout* ★ ~ *de*
España Spaanse jeneverbes

cédula v • *document; bewijs; ceel; verklaring* ★ ~
de preeminencias certificaat met verwijzing
naar het aantal dienstjaren (bij ontslag) ★ ~
personal persoonsbewijs ★ ~ *de identidad*
identiteitsbewijs; persoonsbewijs ★ ~
hipotecaria pandbrief ★ ~ *real koninklijk*
besluit

CEE AFK (Comunidad Económica Europea) *EEG*

cefalalgia v *(zware) hoofdpijn*

cefalea v *hevige hoofdpijn; migraine*

cefálico BNW *hoofd-*

céfiro m • *zachte westenwind; zefier* • LIT. *briesje*

cegador BNW *verblindend*

cegajoso BNW *met betraande ogen*

cegar /ie/ I OV WW • *blind maken;* OOK FIG.
verblinden • (dicht)stoppen; verstoppen II ON
WW *blind worden*

cegarse /ie/ WKD WW *blind worden* ★ *se cegó de*
ira hij werd blind van woede

cegato I m *slechtziende; bijziende* II BNW
slechtziend; bijziend

ceguedad v (**ceguera**) *blindheid; verblinding*

Ceilán m *Ceylon*

ceja v • *wenkbrauw • (uitstekende) rand • kam*
⟨v. een snaarinstrument⟩ • *snarenklem; capo*
⟨v. een snaarinstrument⟩ • *cejas het beu zijn* ★ *arquear las cejas de*
wenkbrauwen optrekken ★ *fruncir las cejas de*
wenkbrauwen fronsen ★ *quemarse las cejas*
hard studeren; blokken ★ *tener u.c. entre ceja*
y ceja zich ergens in vastbijten; zich iets in het
hoofd zetten ★ *tener a u.p. entre ceja y ceja*
een afkeer van iemand hebben; iemand in de

gaten houden

cejar ON WW *opgeven*; *afzien van* ∗ no ~ en *niet ophouden te*

cejijunto BNW • *met doorlopende wenkbrauwen* • *met gefronste wenkbrauwen*; *boos kijkend*

cejilla v *snarenklem*; *capo* ‹v. een snaarinstrument›

cejo m • *fruncir el cejo de wenkbrauwen/het voorhoofd fronsen*

cejudo BNW *met borstelige wenkbrauwen*

celada v • *hinderlaag*; *valstrik* • *helm*

celador I m • *bewaker* • *surveillant* II BNW *bewakings-*; *waakzaam*

celaje m • *wolkenpartij* • *dakraam* • *vermoeden*

celajes m mv • → *celaje* • *wisselend getinte wolken*

celar I OV WW *verhullen*; *verbergen* II ON WW *waken over*

celda v *cel*

celdilla v *cel*

celebérrimo BNW *zeer beroemd*

celebración v • *viering* • *herdenking* • *celebratie* ‹mis› • *zitting* ‹vergadering› • *voltrekking* ‹v. een huwelijk› ∗ ~ de la eucaristía *eucharistieviering*

celebrado BNW *gevierd*; *heuglijk*

celebrante I m *celebrant*; *voorganger* II BNW *celebrerend*

celebrar I OV WW • *vieren* • *prijzen*; *toejuichen* • *voltrekken* ‹v. een huwelijk› ∗ lo celebro por él *ik gun het hem* ∗ ~ un contrato *een contract aangaan* ∗ ~ una feria *een jaarbeurs houden* ∗ celebro conocerle a usted *het verheugt mij met u kennis te maken* ∗ lo celebro mucho *daar ben ik erg blij om* ∗ ~ una conferencia *conferentie houden/beleggen* ∗ ~ una reunión *vergadering houden/beleggen* ∗ ~ un chiste *om een grap lachen* II ON WW *de mis opdragen*

celebrarse WKD WW *gevierd worden*; *plaats hebben*

célebre BNW • *beroemd* • *grappig*

celebridad v • *roem* • *beroemdheid*

celemín m ∗ meter la luz bajo el ~ *zijn licht onder de korenmaat zetten*

célere BNW *vlug*; *gezwind*

celeridad v *snelheid*; *spoed*

celesta v MUZ. *celesta*

celeste I m *hemelsblauw* II BNW • *hemels* • *hemelsblauw*

celestial BNW • *hemels* • *voortreffelijk* ∗ música ~ *loze woorden*; *ijdele beloften*

celestina v *koppelaarster*

celibato m *celibaat*

célibe I m/v *vrijgezel*; *celibatair* II BNW *ongehuwd*; *celibatair*

celidonia v *stinkende gouwe* ∗ ~ menor *speenkruid*

cellisca v *(fijne) natte sneeuw*

cellisquear ON WW *regenen en sneeuwen tegelijk*

celo m • *ijver*; *toewijding*; *inzet* • *krolsheid*; *bronst* ∗ huelga de celo *stiptheidsactie* ∗ estar en celo *bronstig zijn*

celofán m *cellofaan*

celos m mv *afgunst*; *jaloezie* ∗ sentir/tener ~ *afgunstig zijn* ∗ dar ~ a *jaloers maken* ∗ ~

profesionales *beroepsnijd*

celosia v *zonnescherm*; *jaloezie*

celoso BNW • *vlijtig* • *jaloers* ∗ ~ de *jaloers op*; *gebrand op* ∗ ~ en *ijverig in/met*

celta I m *het Keltisch* II m/v *Kelt* III BNW *Keltisch*

celtibérico BNW *Kelt-Iberisch*

celtibero I m *Kelt-Iberiër* II BNW *Kelt-Iberisch*

céltico BNW *Keltisch*

célula v • *cel* • *kern* ‹organisatie› ∗ ~ solar *zonnecel* ∗ ~ fotoeléctrica *foto-elektrische cel* ∗ ~ pigmentaria *pigmentcel* ∗ ~ de la sociedad *hoeksteen van de samenleving* ∗ ~ troncal *stamcel*

celular BNW *cellulair*; *cel-* ∗ furgón ~ *gevangeniswagen*; *gevangenenwagen* ∗ biología ~ *celbiologie*

celulitis v *cellulitis*

celuloide m *celluloid* ∗ llevar al ~ *een film maken van* ∗ ~ rancio *film uit de oude doos*

celulosa v *cellulose*; *celstof*

cementación v *cementatie*; *het cementeren*

cementar OV WW *cementeren*

cementerio m *kerkhof* ∗ ~ de elefantes *olifantenkerkhof*

cemento m • *cement* • LA *plakmiddel, lijm* ∗ tener cara de ~ armado *een brutale vlegel zijn* ∗ ~ armado *gewapend beton*

cena v *avondeten*; *diner* ∗ la Santa Cena *het Laatste Avondmaal*

cenáculo m • *literaire kring* • GESCH. *cenakel*

cenada v MEX *avondeten*

cenador m *prieel*; *galerij overdekt met planten*

cenaduría v MEX *eettent*

cenagal m • *modderpoel* • *netelige zaak*

cenagoso BNW *modderig*

cenar I OV WW *eten* ‹'s avonds› ∗ invitar a ~ *voor het (avond)eten uitnodigen* ∗ quedarse sin ~ *geen (avond)eten krijgen* ∗ ~ fuera *buitenshuis eten, uit eten gaan* ∗ es hora de ~ *het is etenstijd* II ON WW *dineren*

cenceño BNW *mager*

cencerrada v *ketelmuziek*

cencerrear ON WW • *klingelen* • *rammelen*; *ratelen*; *piepen* • *slecht spelen op gitaar*; *jengelen*

cencerro m *(koe)bel* ∗ a ~s tapados *in het geniep* ∗ estar como un ~ *stapelgek zijn*

cendal m • *fijne zijden stof* • *fijne linnen stof*

cenefa v *sierrand*; *boordsel*

cenicero m *asbak*

cenicienta v *stiefdochter*

Cenicienta v *Assepoester*

ceniciento BNW *askleurig*; *asgrauw*

cenit m • *zenit* • *toppunt*; *hoogtepunt*

cenital BNW *zenit-*

ceniza v *as* ∗ renacer de sus propias ~s *uit zijn as herrijzen* ∗ tomar la ~ *het askruisje ontvangen* ∗ reducir a ~s *in de as leggen* ∗ pista de ~ *sintelbaan* ∗ miércoles de ~ *aswoensdag* ∗ de ~ *asgrijs*

cenizas v mv *stoffelijk overschot*

cenizo I m • *pech*; *ongeluk*; *onheil* • PLANTK. *melganzenvoet* II BNW *askleurig*

cenobio m *klooster*

cenobita m *kloosterling*

cenojil m *sokophouder; kousenband*
cenotafio m *praalgraf*
censo m • *volkstelling; lijst van inwoners en hun bezittingen* • *erfpacht; belasting* ★ constituir un ~ *een pachtovereenkomst sluiten* ★ redimir un ~ *erfpacht betalen; vrijkopen uit erfpacht* ★ ser (algo) un ~ *een bodemloze put zijn; heel veel kosten* ★ ~ avícola *pluimveestapel* ★ ~ electoral *kiezerslijst* ★ ser un ~ *een eeuwige bron van uitgaven zijn*
censor m • *censor* • *recensent; criticus* • *toezichthouder* ⟨op school⟩ ★ ~ de cuentas *accountant*
censura v *censuur* ★ incurrir en la ~ *laakbaar zijn* ★ digno de ~ *laakbaar* ★ moción de ~ *motie van afkeuring* ★ ~ de cuentas *accountantsonderzoek*
censurable BNW *laakbaar; afkeurenswaardig*
censurador BNW *al te kritisch*
censurar OV WW • *aan censuur onderwerpen* • *censureren* • *afkeuren; bekritiseren*
centauro m *centaur*
centavo I m • *honderdste (deel)* • *Latijns-Amerikaanse munt* • *cent* ★ estar sin un ~ *geen rooie cent hebben* II TELW *honderdste*
centella v • *bliksemstraal* • *vonk*
centelleante BNW *fonkelend; schitterend*
centellear ON WW *fonkelen; schitteren*
centelleo m *fonkeling; schittering; flikkering*
centena v (**centenada**) *honderdtal*
centenal m • *honderdtal* • *roggeveld*
centenar m *honderdtal* ★ ~es de veces *honderden keren* ★ a ~es *in groten getale; bij honderden*
centenario I m • *honderdjarige* • *eeuwfeest* II BNW *honderdjarig*
centeno I m *rogge* II TELW *honderdste*
centesimal BNW *centesimaal; honderdtallig*
centésimo I m *honderdste* II BNW *honderdste*
centiárea v *vierkante meter; centiare*
centígrado BNW ~ termómetro ~ *thermometer met Celsius schaal*
centigramo m *centigram*
centilitro m *centiliter*
centímetro m *centimeter*
céntimo BNW *cent; eurocent* ★ no tener un ~ *geen cent hebben*
centinela m • *schildwacht; wachtpost* • *iemand die alles in de gaten houdt* ★ ~s avanzadas *voorposten* ★ estar/hacer de ~ *wachtlopen; posten*
centiplicado BNW *honderdvoudig*
centolla v *zeespin*
centón m • *lappendeken* • LIT. *cento*
centrado BNW • *in het midden; gecentreerd* • *op zijn plaats; in zijn element*
central I v • *centrale* • *hoofdkantoor* • CUBA *suikerfabriek* ★ ~ (de energía) eléctrica *elektrische krachtcentrale* ★ ~ telefónica *telefooncentrale* ★ ~ automática *automatische telefooncentrale* ★ ~ térmica *thermische centrale* ★ ~ nuclear *kerncentrale* ★ ~ de Correos *hoofdpostkantoor* ★ ~ de elaboración de datos *computercentrum* ★ ~ sindical *vakcentrale/-vereniging* II BNW • *centraal;*

middelste • *hoofd-* • *hoofdkantoor*
centralismo m *centralisme*
centralista I m/v *aanhanger van het centralisme* II BNW *centralistisch*
centralita v *(interne) telefooncentrale*
centralización v *centralisatie*
centralizar OV WW *centraliseren*
centrar OV WW • *centreren; in het midden plaatsen* • *concentreren; richten* • SPORT *een voorzet geven*
centrarse WKD WW (**en**) *zich richten (op); zich concentreren (op)*
céntrico BNW *centraal; in het centrum* ★ punto ~ *middelpunt*
centrifugadora v *centrifuge*
centrifugar OV WW *centrifugeren*
centrífugo BNW *centrifugaal; middelpuntvliedend* ★ bomba centrífuga *centrifugaalpomp* ★ fuerza centrífuga *middelpuntvliedende kracht; slingerkracht*
centrípeto BNW *centripetaal; middelpuntzoekend*
centrista m/v *iemand van het politieke midden; lid van het CDS* ⟨sociaal-democratische middenpartij⟩
centro m • *centrum; midden* • *middelpunt* • *instelling; inrichting* • SPORT *voorzet* ★ ir al ~ *de stad in gaan; naar het centrum gaan* ★ estar en el ~ POL. *zich in het centrum bevinden* ★ ~ nervioso *zenuwcentrum* ★ ~ urbano *bevolkingsconcentratie* ★ ~ de población *bevolkingsconcentratie* ★ ~ fabril *fabrieksstad* ★ delantero ~ *midvoor* ★ ~ musical *muziekvereniging* ★ estar en su ~ *in zijn element zijn* ★ ~ de mesa *sierstuk (op tafel)* ★ ~ de acogida *opvangcentrum (voor vluchtelingen)* ★ ~ de acogida de mujeres maltratadas *blijf-van-mijn-lijf-huis* ★ COMP. ~ de elaboración de datos *databank* ★ ~ de rehabilitación *afkickcentrum* ★ ~ de llamadas *callcenter*
Centroamérica v *Midden-Amerika*
centroamericano I m *iemand uit Midden-Amerika* II BNW *Midden-Amerikaans; Centraal-Amerikaans*
centrocampista m SPORT *middenvelder*
centroderechista BNW POL. *centrum-rechts*
Centroeuropa v *Midden-Europa*
centroeuropeo BNW *Midden-Europees*
centroizquierdista BNW POL. *centrum-links*
centuplicar OV WW *verhonderdvoudigen*
céntuplo I m *honderdvoud* II BNW *honderdvoudig*
centuria v • *eeuw* • *centurie*
centurión m *centurio; honderdman*
cénzalo m *mug*
ceñido BNW *strak; nauwsluitend* ★ traje ~ *nauwsluitende jurk; nauwsluitend pak*
ceñidor m *riem; band*
ceñir /i/ OV WW • *omsluiten; omringen* • *innemen* ⟨v. kleding⟩ ★ ~ a/de/con *omgeven/omringen met* ★ ciñó su cabeza con una corona de laurel *hij droeg/zette een lauwerkroon op zijn hoofd* ★ ~ bien al cuerpo *goed zitten* ⟨v. kostuum⟩ ★ la música se ciñe al verso *de muziek past goed bij de tekst*

ceñirse /i/ WKD WW *zich beperken* ⋆ ~ a la derecha *rechts houden* ⋆ ~ a lo justo *zich beperken tot de rechtvaardige eis* ⋆ ~ a un texto *zich nauwkeurig houden aan een tekst*

ceño m *frons* • *mirar con ceño bedenkelijk/ afkeurend kijken*

ceñudo BNW *gefronst*

cepa v • *stronk* • *wijnstok* • *geslacht; afkomst* ⋆ de buena cepa *van goede kwaliteit; van goede komaf* ⋆ aragonés de pura cepa *rasechte Aragonees*

cepillado m • *het schaven* • *het borstelen*

cepillar OV WW • *(af)borstelen* • *(af)schaven* • *vleien; slijmen* • *uitschudden; plukken*

cepillarse WKD WW • *laten zakken* ⟨voor examen⟩ • INF. *afraffelen; vlug afmaken* • INF. *iem. om zeep helpen; iem. uit de weg ruimen* • VULG. *iem. naaien/neuken*

cepillo m • *offerblok* • *borstel* • *schaaf* ⋆ ~ para botas *schoenborstel* ⋆ ~ para la ropa *kleerborstel* ⋆ a ~ *gemillimeterd* ⋆ pasar el ~ *met de schaal rondgaan; geld ophalen* ⋆ ~ bocel *boorschaaf* ⋆ ~ de dientes *tandenborstel*

cepo m • *val; klem; wielklem* ⟨voor auto⟩ • *blok* ⟨straftuig⟩

ceporro m *sukkel*

cera v • *was* • *geheel van waskaarsen* ⋆ ser como una cera *als was in iemands handen zijn* ⋆ no hay más cera que la que arde *op is op* ⋆ sacar la cera *oppoetsen* ⋆ no me ha quedado cera en el oído *ik heb alles erdoor gedraaid* ⋆ museo de cera *wassenbeeldenmuseum* ⋆ blanco como la cera *lijkbleek*

cerámica v • *pottenbakkerskunst* • *aardewerk; keramiek*

cerámico BNW *keramisch; pottenbakkers-* ⋆ arte cerámica *pottenbakkerskunst*

ceramista m/v *pottenbakker*

cerbatana v • *gehoorhoorn* ⟨voor doven⟩ • *blaaspijp*

cerca I v *omheining; omrastering; hek* II BIJW • *dichtbij* ⋆ de ~ *van dichtbij* ⋆ examinar de ~ *van dichtbij bekijken; nader bestuderen* ⋆ situado lo más ~ *het dichtstbij gelegen* ⋆ son ~ de las dos *het is bij tweeën* • (~ de) *bij; tegen; ongeveer*

cercado I m • *omheind stuk grond* • *omheining* II BNW *omheind*

cercanía v • *nabijheid; buurt* ⋆ de ~s *forensen-; voorsteden-* ⋆ tren de ~s *forensentrein* ⋆ ~s *omstreken*

cercano BNW *dichtbij; nabij; naburig*

cercar OV WW • *omheinen* • *omringen; insluiten*

cercén BIJW *door en door; helemaal* ⋆ cortar a ~ *helemaal doorsnijden; bij de wortel afsnijden*

cercenadura v • *besnoeiing* • *snijdsel; snippers* • *spoor; rest*

cercenar OV WW • *afknippen; wegsnijden; snoeien; afhakken* • *beperken* ⟨gezag⟩ ⋆ ~ los gastos *bezuinigen*

cerciorar OV WW *verzekeren; overtuigen*

cerciorarse WKD WW *zich vergewissen*

cerco m • *cirkel; kring* • *omsingeling; beleg* • *kozijn*

cerda v • *zeug* • *varkenshaar*

cerdada v *vuile streek; rotstreek*

cerdear ON WW • *twijfelen; aarzelen* • *haperen* • *vals klinken* • *een rotstreek uithalen*

Cerdeña v *Sardinië*

cerdito m *big(getje)*

cerdo m • *varken; zwijn* • *viezerik; smeerlap; vuilak* • *varkensvlees* ⋆ a cada ~ le llega su San Martín *eens moeten we er allemaal aan geloven* ⋆ queso de ~ *zult*

cerdoso BNW *(ruig)behaard; stoppelig*

cereal m • *graangewas* • (mv) CUL. *cornflakes* ⋆ ~es *granen*

cerealista BNW *graan-*

cerebelo m *kleine hersenen*

cerebral BNW • *hersen-* • *verstandelijk*

cerebro m • *(grote) hersenen; hersens* • *verstand; knappe kop; intelligentie* ⋆ secarse el ~ *niet meer kunnen nadenken; gek worden* ⋆ torturarse el ~ *zijn hersens pijnigen* ⋆ ~ electrónico *elektronisch brein* ⋆ ser el ~ de *het brein zijn achter* ⋆ todo un ~ *een echte bolleboos* ⋆ lavado de ~ *hersenspoeling* ⋆ ~ privilegiado *meesterbrein*

ceremonia v • *ceremonie; plechtigheid* • *beleefdheid; formaliteit; plichtpleging* ⋆ por ~ *voor de vorm* ⋆ sin ~s *informeel*

ceremonial I m *ceremonieel; etiquette* II BNW *ceremonieel; plechtig*

ceremonioso BNW • *plechtig; vormelijk* • *deftig*

cerería v *kaarsenwinkel; kaarsenmakerij*

cerero m *kaarsenverkoper; wasfabrikant; kaarsenfabrikant*

cereza v *kers* ⋆ ~ mollar *gewone kers* ⋆ ~ póntica *kriek*

cerezal m *kersenboomgaard*

cerezo m • *kersenboom* • *kersenhout* ⋆ ~ de monte *vogelkers; kleine zwarte kers*

cerilla v *lucifer*

cerillera v • *lucifersverkoopster* • *lucifersdoosje*

cerillo m *lange dunne kaars*

cernedor m *zeef*

cernejas x mv *vetlok* ⟨boven paardenhoef⟩

cerner /ie/ OV WW *builen; zeven*

cernerse /ie/ WKD WW • *boven het hoofd hangen; op handen zijn* • *stilhangen* ⟨v. vogels⟩; *bidden* ⟨v. vogels⟩ ⋆ ~ el cuerpo *heupwiegen*

cernícalo m • *torenvalk* • *lomperd* ⋆ coger un ~ *te diep in het glaasje kijken*

cernidillo m • *motregen* • *het heupwiegen; wiegende gang*

cernido I m • *het zeven* • *gebuild meel* II BNW *gezeefd; gebuild*

cernidor m *zeef* ⟨voor meel⟩

cernidura v *het zeven*

cero I m • *nul* • *nulpunt* ⋆ ser (alg.) un cero a la izquierda *een grote nul zijn* II TELW *nul* ⋆ partir de cero *bij nul beginnen*

ceroso BNW *wasachtig; was-*

cerote m • *schoenmakerspek; mengsel van was en pek* • *vrees*

cerquillo m • *tonsuur* • *naad; rand* • *pony* ⟨haardracht⟩

cerquita BNW *(erg) dichtbij; vlakbij*

cerrado I m *omheind gebied* II BNW • *gesloten; dicht* • *onbegrijpelijk; duister; ontoegankelijk*

ce

• *sloom* • *betrokken*; *dicht* ⟨lucht⟩ • *strikt*; *streng* ⟨bv. toelatingseisen⟩ • *scherp* ⟨v. bocht⟩ ★ ~ de mollera *hardleers*; *onnozel* ★ noche cerrada *stikdonkere nacht* ★ un acento ~ *een zwaar/sterk accent* ★ barba cerrada *volle baard* ★ en boca cerrada no entran moscas *spreken is zilver, zwijgen is goud* ★ a puertas cerradas *achter gesloten deuren* ★ en formación cerrada *in gesloten formatie* ★ oler a ~ *muf ruiken*

cerradura v *slot* ★ ~ antirrobo *stuurslot* ★ ~ de golpe *veerslot* ★ ~ de seguridad *veiligheidsslot* ★ el ojo de la ~ *het sleutelgat* ★ ~ centralizada *centrale vergrendeling* ⟨in auto⟩ ★ ~ combinada *cijferslot* ★ ~ doble *nachtslot*

cerraja v • *melkdistel* • *slot*

cerrajería v • *slotenmakersvak* • *slotenmakerswerkplaats*; *slotenmakerswinkel*

cerrajero m *slotenmaker*

cerrar /ie/ I ov ww • *sluiten*; *afsluiten* • *dichtdoen*; *dichtmaken*; *dichtdraaien*; *dichtslaan*; *dichtvouwen* • *omdraaien* ⟨schakelaar⟩ • *uitdoen* • *dichten* • *afsluiten*; *beëindigen* • *op slot doen*; *op slot draaien* II ON ww *sluiten*; *dichtgaan*

cerrarse WKD ww • *niet willen horen*; *zich afsluiten* • *voet bij stuk houden* • *betrekken*; *dichttrekken* ⟨v. de lucht⟩ ★ ~ en banda *koppig volhouden* ★ ~ en falso *slecht genezen van een wond* ★ ~ en callar *hardnekkig zwijgen*

cerrazón v • *bekrompenheid* • *koppigheid* • *dreigende/zware bewolking*

cerrero BNW • *wild* ⟨dier⟩ • *lomp* • COL, VEN, CUBA *ongezoet, bitter* ⟨v. drank⟩

cerril BNW • *lomp*; *grof* • *wild*; *ruig* • *traag*; *dom* • *bekrompen*

cerrilismo m • *lompheid*; *grofheid* • *traagheid*; *hardleersheid* • *bekrompenheid*; *kortzichtigheid*

cerrillar ov ww *kartelen* ⟨munt⟩

cerro m *heuvel* ★ en ~ *ongezadeld* ★ andar/irse por los ~s de Ubeda *van het onderwerp afdwalen*

cerrojazo m *abrupt slot* ★ dar ~ *plotseling afbreken/beëindigen/sluiten* ★ dar (un) ~ a u.p. *iemand de bons geven*; *de deur voor iemands neus dichtslaan*

cerrojo m • *grendel*; *knip* • SPORT *opsluitingstactiek* ★ echar el ~ *vergrendelen*

certamen m • *prijsvraag* • *literaire discussie*

certero BNW *trefzeker*; *zeker*

certeza v *zekerheid*; *stelligheid* ★ con ~ *vast en zeker*; *zeker weten*

certidumbre v → certeza

certificable BNW *te certificeren*

certificación v • *bewijs*; *attest* • *akte*; *getuigschrift* • *het certificeren* ★ ~ médica de difunción *overlijdensverklaring*

certificado I m • *getuigschrift*; *certificaat* • *aangetekend stuk* ★ ~ de bachillerato *diploma van de middelbare school* ★ ~ de buena conducta *bewijs van goed gedrag* ★ ~ de capacitación *vakdiploma* ★ ~ de garantía *garantiebewijs* ★ ~ de nacimiento *geboortebewijs* ★ ~ de vacunación

inentingsbewijs II BNW *aangetekend*

certificar ov ww • *verzekeren*; *bewijzen* • *aantekenen* ⟨v. brief⟩

certitud v *zekerheid*; *stelligheid*

cerúleo I m *hemelsblauw*; *azuur* II BNW *hemelsblauw*; *azuren*

cerumen m *oorsmeer*

cerval BNW • *miedo* ~ *doodsangst*

cervantino BNW *over/van Cervantes*

cervantista m/v *Cervanteskenner*

cervato m *hertenjong*

cervecería v • *bierbrouwerij* • *bierhuis*; *biertapperij*

cervecero BNW *bier-*; *brouwers-*

cerveza v *bier* ★ ~ clara *licht bier* ★ ~ de cebada *gerstebier* ★ ~ de barril/a presión *tapbier*; *bier van het vat*

cervical BNW *nek-*; *hals-* ★ vértebras ~es *halswervels* ★ músculos ~es *nekspieren*

cerviz v *nek*; *hals* ★ ser de dura ~ *halsstarrig zijn* ★ levantar la ~ *zijn hoofd niet laten hangen* ★ bajar/doblar la ~ *het hoofd buigen*; *zich onderwerpen*

cervuno BNW *hert-*; *hertachtig*

cesación v *beëindiging*; *onderbreking*

cesante I m/v *wachtgelder* II BNW • *op wachtgeld* • CHI *werkloos* ★ le dejaron ~ *hij is op wachtgeld gesteld*

cesantía v • *op wachtgeld staan* • *wachtgeld* • CHI *werkloosheid*

cesar I ov ww *ophouden uit te oefenen* ⟨ambt⟩; *op wachtgeld stellen* II ON ww • *ophouden*; *staken* • *stoppen* ★ ~ de *ophouden met* ★ ~ en *eindigen met*; *beëindigen* ★ sin ~ *onophoudelijk* ★ ~ de trabajar *ophouden met werken*

césar m *keizer*

César m *Caesar* ★ dar al ~ lo que es del ~ y a Dios lo que es de Dios *aan de keizer geven wat des keizers is*

cesárea v *keizersnede*

cesáreo BNW • *keizerlijk* • *met de keizersnede verlost* ★ operación cesárea *keizersnede*

cese m • *het ophouden*; *het opheffen*; *stopzetting*; *het staken* • *ontslag(aanzegging)*; *wachtgeldverklaring* ★ cese de fuego *bestand*; *staakt-het-vuren*

cesio m CHEM. *cesium*

cesión v *afstand*; *overdracht* ★ ~ de bienes *boedelafstand*

cesionario m *begunstigde*

cesionista m/v *cedent(e)*

césped m • *gras(perk)*; *gazon* • *graszode* ★ en el ~ *op het gras*; *kunstgras* ★ hockey sobre ~ *veldhockey* ★ no pisar el ~ *niet op het gras lopen*

cesta v • *mand* • SPORT *Baskisch balspel* • *korf* ⟨v. centrifuge⟩ ★ ~ punta *slagmandje* ⟨bij Baskisch balspel⟩ ★ ~ de la compra *boodschappenmand*; *studie over de huishoudelijke uitgaven* ★ ~ de los papeles *papiermand* ★ ~ de pan *broodmand* ★ ~ de la colada *wasmand*

cestada v *mand(vol)*

cestería v *mandenmakerij*

cestero m • *mandenmaker* • *mandenverkoper*

cestillo m *mandje*
cesto m • *mand; korf • basketbalkorf • doelpunt* ⟨bij basketbal⟩ ⋆ echar algo al ~ de los papeles *iets doen zonder resultaat te verwachten* ⋆ quien hace ~, hace ciento *eens een dief, altijd een dief* ⋆ tirar al ~ *naar de basket werpen*
cesura v LIT. *cesuur*
cetáceo I m *walvisachtige* II BNW *walvisachtig*
cetrería v • *valkerij • valkenjacht*
cetrero m • *valkenier • koster*
cetrino I m *groenachtig geel* II BNW *groenachtig geel*
cetro m • *scepter • heerschappij • vooraanstaande positie* ⋆ empuñar el ~ de *scepter zwaaien*
chabacanería v • *smakeloosheid • platte/ smakeloze opmerking*
chabacano BNW *smakeloos; plat*
chabola v • *bouwval; krot • hut*
chabolismo m *krottenwijkvorming*
chacal m *jakhals*
chacarero m/v LA *boer; pachter* ⟨v.e. chacra⟩
chacha v • *kindermeisje • dienstmeisje*
cháchara v • *geklets; gezwam • MEX prullaria*
chacharear ON WW *kletsen; zwammen*
chacharero I m *kletskous* II BNW *praatgraag*
chachi BNW INF. *geweldig; tof; te gek*
chacho m INF. *jongen*
chacina v *gedroogd varkensvlees*
chacinería v *winkel waar gerookt varkensvlees en varkensvleeswaren verkocht worden*
chacó m *sjako*
chacolí m *lichte wijn uit Baskenland*
chacolotear ON WW *kletteren; rammelen*
chacoloteo m *gerammel; gekletter*
chacón m *gekko*
chacota v *vermaak; spot* ⋆ hacer ~ de u.p. *de draak met iemand steken* ⋆ tomar/echar a ~ u.c. *iets niet serieus nemen; iets als grap opvatten*
chacotear ON WW *de gek steken*
chacoteo m *spot*
chacotero BNW *spottend; (luidruchtig) vrolijk*
chacra v LA *kleine boerderij*
Chad m *Tsjaad*
chadiano BNW *Tsjaads*
chador m *chador*
chafallar OV WW *oplappen*
chafallo m *lapwerk; knoeiwerk*
chafar OV WW • *pletten; plattrappen • kreuken • verpesten* ⋆ dejar chafado a uno *iemand overbluffen*
chafarote m *kromzwaard*
chafarrinar OV WW *besmeuren; bekladden*
chafarrinón m • *vlek • prutswerk* ⟨schilderij⟩
chaflán m • *afgeschuinde hoek* ⟨v. gebouw⟩ • *schuine kant* ⋆ hacer ~ *op de hoek staan* ⟨gebouw⟩; *kruisen* ⟨v. straten⟩
chagra m/v ECU *boer; boerin*
chaira v • *schoenmakersmes • wetstaal* • INF. *zakmes*
chal m *sjaal*
chala v • ZA *(eetbare) maïskolfbladen* • ARG *marihuanasigaret; joint* • CHI *sandaal*
chalado I m *idioot; malloot* II BNW • *getikt; niet*

goed wijs • *verliefd*
chaladura v • *dwaasheid; gekkigheid • verliefdheid*
chalán m • *(paarden/vee)handelaar • afzetter; sjacheraar • pikeur*
chalana v *schuit; vlet*
chalanear ON WW • *sjacheren; marchanderen; onderhandelen • ZA paarden dresseren*
chalaneo m *handjeklap; gesjacher*
chalar OV WW *gek maken*
chalarse WKD WW • *gek worden • verliefd worden*
chalé m *vrijstaand huis met tuin*
chaleco m *vest* ⟨v. kostuum⟩ ⋆ ~ salvavidas *zwemvest* ⋆ bolsillo de ~ *vestzak*
chalet m • *vakantiehuisje • chalet*
chalina v • *stropdas; strik* • ZA *smalle sjaal*
chalote m *sjalot*
chalupa v • *sloep* • MEX *met vlees/kaas gevulde maïstortilla*
chamaca v CA *meisje*
chamaco m *jongen*
chamán m *sjamaan*
chamar ON WW • *ruilen • handelen*
chámara v (**chamarasca**) *sprokkelhout*
chamarra v *jas van (schapen)vacht*
chamba v • *meevaller; geluk; toeval* • MEX *baantje* ⋆ INF. estar de ~ *geluk hebben*
chambelán m *kamerheer*
chamberga v *smal zijden lint* ⟨Andalucía⟩
chambergo BNW ⋆ regimiento ~ *Schombergregiment onder Karel II*
chambón I m *geluksvogel* II BNW *fortuinlijk*
chambonada v • *onhandigheid • onverwacht geluk*
chambonear ON WW CHI *stuntelen*
chamborote BNW ⋆ ECU pimiento ~ *witte peper*
chamiza v • *riet • sprokkelhout*
chamizo m • *verkoolde boomstronk; verkoold stuk hout • hut • krot*
champán m • *champagne • sampan*
champanera v *champagnekoeler*
champaña v *champagne*
champi m INF. *champignon*
champiñon m *champignon*
champú m *shampoo* ⋆ ~ anticaspa *anti-roos shampoo* ⋆ ~ colorante *kleurshampoo*
chamuchina v • *kleinigheidje; prul • schorem, gepeupel* • LA *rumoerige menigte*
chamullar ON WW INF. *praten; kletsen*
chamuscado BNW • *verschroeid; verbrand • geïrriteerd*
chamuscar OV WW • *schroeien* • MEX *goedkoop verkopen; verramsjen*
chamuscarse WKD WW *(ver)schroeien*
chamusquina v *het schroeien* ⋆ huele a ~ *dat gaat fout; daar zit een luchtje aan*
chanca v • *oude schoen* • ZA *pak slaag*
chancaca v *suikerstroop*
chance m *kans*
chancear ON WW *lol maken*
chancero I m *grappenmaker* II BNW *grappig*
chancha v • DIERK. *zeug* • INF. CHI • ZZA *houten karretje* ⋆ CHI hacer la ~ *spijbelen*
cháncharras v mv ⋆ andar en ~ *mancharras smoesjes verkopen*

ch

chanchería v LA *(varkens)slagerij*
chanchí BNW INF. *te gek; fantastisch*
chancho I m LA *varken* II BNW *vies; vuil; ongewassen*
chanchullero I m *zwendelaar* II BNW *oneerlijk*
chanchullo m *zwendel*
chanciller m *kanselier*
chancillería v • *hoogste rechtbank; soort hooggerechtshof*
chancla v • *afgetrapte schoen* • *slipper; slof* ★ en ~s *op slippers*
chancleta v • *slipper; slof* • CHI *oude schoen* • VEN *gaspedaal* • CHI *pasgeboren meisje* ★ *estar hecho una* ~ *afgeleefd zijn*
chancletudo BNW ZZA *ordinair; vulgair*
chanclo m • *klomp* • *overschoen*
chancro m *sjanker* ★ ~ *blando weke sjanker*
chandal m *joggingpak; trainingspak*
chanelar ON WW INF. • *vatten* • *verstand hebben van*
chanfaina v *stoofschotel*
chanflón BNW *plomp*
changa v • LA *los werk* • MEX *meisje*
changador m *kruier*
chango m MEX *jongen*
changuear ON WW *grapjes maken; geinen*
chanquete m *glasgrondel* ⟨vis⟩
chantaje m *chantage; afpersing*
chantajear OV WW *chanteren; afpersen*
chantajista m/v *chanteur; afperser*
chantar OV WW *slecht aankleden* ★ *se lo chantó hij zei het hem recht in zijn gezicht*
chantre m *voorzanger*
chanza v *grap* ★ *no es hombre que anda en* ~s *hij laat niet met zich spotten* ★ *estar de* ~ *gekheid maken*
chapa v • *blad; plaat* ⟨v. hout, metaal⟩ • *kroonkurk* • *button; penning; metalen plaatje* • *rouge; blosje* • *verstand* ★ ZA ~ *de matrícula,* ~ *patente kentekenplaat* ★ *hombre con* ~ *redelijk en verstandig man*
chapado BNW • *bedekt* • *verguld* ★ ~ *a la antigua van de oude stempel* ★ ~ *en oro verguld*
chapalear ON WW *spetteren; plonzen*
chapaleo m *gespetter*
chapar I OV WW • *beplaten* • *dichtdoen* II ON WW • VULG. *vozen* • INF. *blokken* ⟨studeren⟩
chaparrada v *stortregen*
chaparral m *akkermaalsbos*
chaparrear ON WW *stortregenen*
chaparro I m *gedrongen persoon* II BNW *gedrongen*
chaparrón m • *stortbui* • *uitbrander* ★ *aguantar el* ~ *de storm doorstaan; de bui over zich heen laten komen*
chapeado I m *beslag* II BNW • *verguld; bedekt* • ZA *gebronsd*
chapear OV WW *bedekken* ⟨met platen⟩
chapeo m *hoofddeksel; hoed*
chapero m *(tippelende) homo*
chapetón I m/v LA PEJ. *nieuw aangekomene* ⟨m.n. uit Spanje⟩; *nieuweling* II BNW ECU *onhandig; stuntelig*
chapín I m • ZA *krombenig persoon* • ZA *Guatemalteek* • *klomp* II BNW • ZA *krombenig*

• ZA *Guatemalteeks*
chápiro m *hoed*
chapista m/v *plaatwerker*
chapistería v • *plaatwerkerij* • *plaatwerk*
chapitel m • *torenspits* • *kapiteel*
chapodar OV WW • FIG. *snoeien in; bezuinigen op* • *uitdunnen; snoeien*
chapola v COL • *grote zwarte vlinder* • *pamflet*
chapotear I OV WW *bevochtigen; deppen* II ON WW • *spetteren; spatten* • *poedelen; plonzen*
chapoteo m *gespat; gespetter*
chapucear OV WW *in elkaar prutsen; in elkaar flansen*
chapucería v • *knoeiwerk* • *mankement; foutje*
chapucero I m • *knoeier; prutser* • *leugenaar* II BNW • *flodderig; kladderig* • *leugenachtig; bedrieglijk*
chapurrar OV WW • *brabbelen; gebrekkig praten; verhaspelen* • *mixen* ⟨v. drankjes⟩
chapurrear OV WW → chapurrar
chapuz m • SCHEEPV. *beslag; versteviging* • *duik* • *knoeiwerk*
chapuza v • *prutswerk; knoeiwerk* • *klusje* • MEX
chapuzar OV WW • *onderdompelen* • *een (snelle) duik nemen*
chapuzarse WKD WW • *kopje onder gaan* • *duiken*
chapuzón m *kopje-onder; onderdompeling*
chaqué m POL. *jacquet; van kleur veranderen* ★ *ir de* ~ *een jacquet aanhebben*
chaquet m *jacquet*
chaqueta v • *jasje; colbert* • *damesvest* ★ *cambiar de* ~ *van politieke kleur veranderen* ★ ~ *casera huisjasje* ★ *quítate la* ~ *doe je jasje uit*
chaquete m • *triktrak* • *triktrakbord* • *partij triktrak*
chaquetear ON WW • *omslaan; van politieke ideeën veranderen* • *vluchten*
chaquetero m *(politieke) draaikont*
chaquetón m *overjas; jack*
charada v *lettergreepraadsel*
charamusca v • LA *aanmaakhout* • MEX *spiraalvorming snoepgoed van honing*
charanga v • *harmoniekapel* • *hoempaorkest* • *dansfeest; familiefeest*
charango m *kleine gitaar*
charanguero m *knoeier*
charca v *poel; grote plas*
charco m *plas* ★ *pasar/cruzar el* ~ *de oceaan oversteken*
charcutería v *charcuterie*
charla v • *praatje; causerie* • *geklets; gepraat;* COMP. *chat* • *voordracht* • *colloquium* ★ *estar de* ~ *een praatje maken* ★ ~ *radiofónica radiopraatje* ★ *es de* ~ *común het is algemeen bekend*
charlador I m *kletskous* II BNW *praatziek*
charlar ON WW • *kletsen; praten* • *kwebbelen; leuteren* • COMP. *chatten* ★ ~ *por los codos erop los kletsen*
charlatán I m (v: charlatana) • *flapuit; kletskous* • *oplichter; charlatan* II BNW (v: charlatana) *praatgraag*
charlatanear ON WW • *kletsen* • *zijn mond*

voorbij praten

charlatanería v *praatzucht*

charlatanismo m • *grootspraak* • *gezwets*

charlista m/v *spreker; causeur*

charlito m *plevier*

charlot m *malloot; paljas*

charlotear ON WW *kleppen; kletsen*

charneca v *pistachenoot*

charnela v *scharnier*

charol m • *lak* • *lakleer* • ZA *dienblad; plaat* ∗ *zapatos de ~ lakschoenen* ∗ *darse ~ gewichtig doen*

charolado BNW *schitterend; glanzend*

charolar OV WW *verlakken; lakken*

charque m (**charqui**) LA *gedroogd vlees*

charrada v • *boerendans uit Salamanca* • *boerenuitdrukking of gezegde*

charrán I m (v: **charrana**) *schurk* II BNW (v: **charrana**) *schurkachtig*

charranada v *schurkenstreek*

charrasca v • *sabel* • *knipmes*

charrasquear OV WW • MEX *steken* ⟨met mes⟩ • LA *akkoorden aanslaan* ⟨op gitaar⟩

charrería v *prul*

charretera v • *epaulet* • *kousenband*

charro I m • *iemand uit Salamanca* • *Mexicaanse ruiter* II BNW • *uit Salamanca* • *van Mexicaanse ruiter* • *protserig; opgedirkt* • *boers; grof*

chárter I m *charter* II BNW ∗ vuelo ~ *chartervlucht*

chasca v *sprokkelhout*

chascar I OV WW *klakken* ⟨met tong⟩ II ON WW *knappen; knetteren*

chascarrillo m *mop; anekdote*

chasco m • *vervelende grap* • *onaangename verrassing; teleurstelling* ∗ dar ~ a u.p. *een vervelende grap uithalen met iemand; iemand onaangenaam verrassen* ∗ llevarse un ~ *onaangenaam verrast worden*

chasis m *chassis*

chasquear I OV WW • *bedotten* ⟨met tong/vingers⟩; *foppen* • *laten zitten; teleurstellen* • *klakken* ⟨v. tong⟩; *knakken/knippen* ⟨v. vingers⟩ • *laten knallen* ⟨v. zweep⟩ II ON WW *knappen; knakken*

chasquearse WKD WW *bedrogen uitkomen*

chasquido m • *klets; zweepgeklap* • *knak; knap* • *geklak* ⟨met tong⟩

chat m COMP. *chat* ∗ zona de chat *chatbox*

chata v • *mopsneus; vrouw met stompe neus* • *moppie; schatje* • *ondersteek* • RPL *platte wagen/auto*

chatarra v • *nepsieraden* ⟨v. ijzer⟩ • *oud ijzer* • *schroot*

chatarrero m *schroothandelaar*

chatear ON WW • INF. *wijn drinken* • COMP. *chatten*

chateo m *het drinken van wijn*

chati m/v INF. *moppie; schatje*

chato I m • *man met stompe neus; platneus* • *klein wijnglas; glaasje wijn* • *liefje; schatje* II BNW • *met stompe neus* • *stomp* • *plat* ⟨v. auto⟩; *laag* ⟨v. auto⟩

chatting ON WW COMP. *chatten*

chatungo m *schatje*

¡chau! TW ZZA *dag!; doei!*

chauvinismo m *chauvinisme*

chaval m *jongen*

chavala v *meisje*

chavea m *joch*

chaveta v • *pin; stift* • *spie* ∗ perder la ~ *gek worden; het verstand verliezen*

chavo m ∗ INF. estar sin/no tener un ~ *geen cent (meer) hebben*

chavó m *jongen; joch; knul*

chayote m *peervormige vrucht van de Sechium Edule*

che v *naam van de letter ch*

¡che! TW • INF. *goh!; (nou) zeg!* • BOL, RPL *hé!; pst!*

checar OV WW CA *controleren*

checo I m • *Tsjechisch* • *Tsjech* II BNW *Tsjechisch*

checoslovaco I m *Tsjech* II BNW *Tsjecho-Slowaaks*

Checoslovaquia v *Tsjecho-Slowakije*

chef m *chef-kok*

chelín m • *shilling* ⟨Engelse munt⟩ • *munteenheid*

chelo m *cello*

chepa v *bochel*

cheque m *cheque* ∗ FIG. dar a alg. un ~ en blanco *iemand carte blanche geven* ∗ ~ cruzado *gekruiste cheque* ∗ talonario de ~s *chequeboek* ∗ ~ postal *postcheque* ∗ ~ de viaje *travellers-cheque* ∗ ~ en descubierto/sin fondos *ongedekte cheque* ∗ ~ regalo *cadeaubon*

chequear OV WW • *controleren; checken* • CA *een cheque uitschrijven* • LA *inchecken*

chequearse WKD WW *een medisch onderzoek ondergaan*

chequeo m • MED. *onderzoek* • *controle(beurt)* ⟨bv. van machine⟩ • *navraag*

chequera v *chequeboekje*

Chequia v *Tsjechië*

cheurón m • HER. *keper* • ARCHIT. *lijstwerk met een versiering in zigzag patroòn*

chic BNW *chic*

chica v • *meisje; meid* • CUBA *bepaalde negerdans* ∗ una ~ de por ahí *een slet/hoer*

chicana v LA *chicane*

chicano m *Noord-Amerikaan van Mexicaanse afkomst*

chicarrón I m *stevige jongen* II BNW *stevig; opgeschoten*

chicarrona v *stevige meid*

chicería v *chicha-café*

chicha I v • *vlees* • *chicha* ⟨soort brandewijn⟩ ∗ no es ~ ni limonada *het is vlees noch vis* II BNW ∗ calma ~ *windstilte*

chícharo m *(kikker)erwt* ∗ sopa de ~s *erwtensoep*

chicharra v • BIO. *krekel* • *kletskous; ratel* ∗ canta la ~ *het is bloedheet*

chicharrera v *verstikkende hitte*

chicharrero m *gloeiend hete plek;* FIG. *oven*

chicharro m *zwoerd*

chicharrón m • *kaantje* • *aangebrand voedsel*

chichear ON WW *sissen*

chicheo m *gesis*

chichón m *bult*

ch

chicle m *kauwgom*
chico I m • *jongen*; *knaap* • *loopjongen*
  • *vriendje* • (mv) *jongelui* • (mv) *kinderen*
  (zonen en dochters) ★ como ~ con zapatos
  nuevos *gelukkig als een kind* ★ un buen ~ *een*
  beste jongen ★ ~ de la calle *straatjongen*
  II BNW *klein* ★ estos zapatos me están ~s *die*
  schoenen zijn te klein
chicolear ON WW • *complimentjes maken*
  • *gekheid maken* • *vrolijk kletsen*
chicoleo m *complimentje*; *gevlei* ★ estar de ~
  gekheid maken; *vrolijk kletsen*
chicota v *flinke meid*
chicote m • INF. *flinke knul* • INF. *sigaar* • ZA
  zweep • *uiteinde* ⟨v. touw⟩
chicuelo m *ventje*; *jongetje*
chifla v *spot*
chifladera v *fluitje*
chiflado I m *dwaas*; *zot* ★ los ~s del fútbol
  voetbalgekken **II** BNW • *getikt* ★ le tienes ~ *hij*
  is smoorverliefd op je • (~ **por**) *bezeten van*;
  gek op; *weg van*
chifladura v • *dwaasheid* • *manie*; *passie* ★ el
  fútbol es su ~ *hij is gek op voetbal*
chiflar I OV WW • *enthousiast maken* • *dol zijn*
  op • *zuipen* **II** ON WW *fluiten*
chiflarse WKD WW • *gek worden* • (~ **de**) *de gek*
  steken met • (~ **por**) *gek zijn op*
chiflato m *fluitje*; *fluitsignaal*
chiflido m *gefluit*
chiflón m • LA *windvlaag* • MEX
  stroomversnelling ⟨in rivier⟩
chilaba v *boernoes*
chilango m/v (v: **chilanga**) MEX, INF. *iemand uit*
  Mexico-Stad
chile m • *Spaanse peper* • *paprikapoeder* • GUA
  leugen; *fabeltje* ★ CUL. • con carne *chili con*
  carne
Chile m *Chili*
chilenismo m *Chileens woord of uitdrukking*
chileno I m *Chileen* **II** BNW *Chileens*
chilindrina v • *snuisterij*; *kleinigheid*
  • *geestigheid*; *grap*
chilindrón m *vlees in dikke saus van tomaten en*
  paprika
chilla v • *lokroep* • *plank*; *lat*
chillante BNW *gillend*; *schreeuwend*
chillar ON WW • *piepen* • *schreeuwen*; *gillen*
  • *berispen*; *op z'n kop geven* • *knarsen*; *piepen*
  • ino me chilles! *schreeuw niet tegen me!*
chillería v • *gegil*; *gekrijs* • *berisping*
chillido m *gekrijs*; *gegil*
chillón I m (v: **chillona**) *schreeuwer* **II** BNW (v:
  chillona) • *schreeuwerig*; *krijsend* • *schril*
  ⟨geluid⟩ • *schel* ⟨v. kleuren⟩; *vloekend* ⟨v.
  kleuren⟩
chilote m *maïskolf*
chimenea v • *haard* • *schoorsteen* ★ esto le ha
  caído por la ~ *dat is hem/haar in de schoot*
  gevallen ★ ~ de aire *luchtkoker* ★ ~ francesa
  open haard ★ fumar como una ~ *roken als*
  een schoorsteen
chimichurri m RPL *scherpe vleessaus*
chimiscolear ON WW MEX *roddelen*
chimol(e) m *saus van pepertjes, tomaat en ui*
chimpancé m *chimpansee*

china v • *porselein* • *zijde* • *knappe vrouw* • *hoer*
  • ZA *dienstmeisje* • *Chinese* • *stukje hasj*
  • *kiezelsteentje* ★ poner ~s *problemen maken*
  ★ le tocó la ~ *hij had pech* ★ tropezar en una
  ~ *zich druk maken om niks*
China v *China* ★ naranjes de la ~ *maak dat de*
  kat wijs
chinchar OV WW *ergeren*; *lastig vallen*
chincharrero m *luizennest*
chincharse WKD WW *kwaad worden* ★ ique se
  chinchen! *laat ze stikken*
chinche I m/v • *luis*; *wandluis* • *punaise* • *klier*;
  lastpost ★ murieron como ~s *ze stierven bij*
  bosjes **II** BNW *vervelend*
chincheta v *punaise*
¡chin-chin! TW *proost!*
chinchona v MED. *kinine*
chinchorrería v • *onbeschaamdheid*
  • *pietluttigheid* • *roddel*
chinchorrero BNW • *pietluttig*; *kieskeurig*
  • *brutaal* • *roddelend*
chinchorro m • SCHEEPV. *roeiboot* • *sleepnetje*
  • *hangmat*
chinchoso I m *lastpost*; *zeurpiet* **II** BNW
  vervelend; *opdringerig*
chinchudo BNW ★ ARG estar ~ *slecht gehumeurd*
  zijn
chinela v *slipper*; *pantoffel*
chinero m *porseleinkast*
chinesco I m MUZ. *schellenboom* **II** BNW *Chinees*
  ★ sombras chinescas *Chinese schimmen*
chingana v CHI *kroegje* ⟨waar wordt gedanst en
  gezongen⟩
chingar ON WW • *zuipen* • *copuleren*; *neuken*
chingarse WKD WW • *zich bedrinken* • ZA
  mislukken
chingón m/v (v: **chingona**) • VULG. *pestkop*;
  klier • BEL. *klootzak*; *domme trut*
chino I m • *Chinees* • *halfbloed*; *kleurling* • *het*
  Chinees ★ ~ mandarín *Mandarijn-Chinees*
  II BNW *Chinees* ★ trabajar más que un ~
  keihard werken ★ cuento ~ *indianenverhaal*
chip m *chip*
chipén BNW *fantastisch*; *uitstekend* ★ es de ~ *dat*
  is te gek
chipirón m *kleine inktvis*
Chipre m *Cyprus*
chipriota I m/v *Cyprioot* **II** BNW *Cypriotisch*;
  Cyprisch
chiquero m • *stierenstal* ⟨in arena⟩ • *geitenhok*;
  varkenshok
chiquillada v *kinderachtigheid*
chiquillería v *groep kinderen*
chiquillo m • *jongetje* • *kind* ★ no seas ~ *doe*
  niet zo kinderachtig ★ estar más contento que
  un ~ con zapatos nuevos *als een kind zo blij*
  zijn
chiquitear ON WW *wijn drinken*
chiquitín I m (v: **chiquitina**) *hummel*; *kind*
  II BNW (v: **chiquitina**) *piepklein*; *heel klein*
chiquito I m • *hummel*; *klein kind* • *glaasje*
  wijn **II** BNW *klein* ★ le dejó tan ~ *hij liet hem*
  ver achter zich ★ no nos andamos en
  chiquitas *we draaien er niet omheen*
chiribita v *vonk*
chiribitas v mv • → **chiribita** • *vlekken*; *sterretjes*

chiribitil m • *zolderkamertje* • *hok*

chirigota v *grap* ⋆ *todo lo toma a ~ hij maakt overal grapjes over*

chirigotero I m *grappenmaker* II BNW *grappig*

chirimbolo m *ding*; *potje*; *gebruiksvoorwerp* ⋆ *los ~s de la cocina het keukengerei*

chirimia v • *schalmei* • ZA *indiaans blaasinstrument*

chirimoya v *vrucht van de Annonna cherimolia*

chiringuito m *eetkraampje*

chirinola v • *verhitte discussie* • *geanimeerd gesprek* • *kleinigheidje* • *kegelspel*

chiripa v *geluk*; *bof* ⋆ tener ~ *boffen*

chirivia v *pastinaak*

chirla v *mossel*

chirle I m *schapenkeutels* II BNW • *slap*; *waterig* • *flauw*

chirlo m *litteken* ⟨in het gezicht⟩

chirona v *gevangenis* ⋆ meter en ~ *in de bak stoppen*

chirriar /í/ ON WW • *knarsen*; *piepen* • *kwetteren* ⟨v. vogel⟩ • *vals fluiten*

chirrido m • *gekraak*; *gepiep* • *getjilp*

chirumen m *hersenen*; *koppie koppie*

chis TW *sst!*; *stil!*

chisgarabís m • *bemoeial*; *roddelaar* • *sukkel*; *Jan Doedel*

chisguete m • *slok wijn* • *straal*

chisme m • *gerucht*; *lasterpraatje* • *prul*; *ding* ⋆ no sé cómo se llama ese ~ *ik weet niet hoe dat ding heet*

chismear ON WW *roddelen*; *kletsen*

chismería v *geroddel*

chismero m • *roddelaar* • *bemoeial*

chismografía v *kwaadsprekerij*; *geroddel*

chismorrear ON WW *roddelen*; *kletsen*

chismorreo m *geroddel*; *geklets*

chismoso I m *roddelaar* II BNW *bemoeiziek*

chispa v • *vonk* • *elektrische vonk* • *sprankje*; *snufje* • *dronkenschap*; *roes* • *geestigheid*; *esprit* • *regendruppeltje* • ni ~ *geen greintje*; *niets* ⋆ echar ~s *woedend zijn* ⋆ es una ~ *hij is erg bijdehand* ⋆ correr como una ~ *als een lopend vuurtje rond gaan* ⋆ tener ~ *geestig zijn*

chisparse WKD WW *zich bedrinken*

chispazo m • *vonk* • *geroddel*; *geklets* • *voorbode*; *aanleiding*

chispeante BNW *spitsvondig*; *sprankelend*

chispear ON WW • *vonken* • *finkelen*; *flonkeren* • *motregenen* • *ya está chispeando het druppelt al*

chispero m • TECHN. *bougie* • *Madrileens volkstype*

chispo BNW *aangeschoten*; *tipsy*

chisporrotear ON WW *vonken*; *knetteren*

chisquero m *aansteker*

chistar ON WW *z'n mond open doen*; *iets zeggen* ⋆ sin ~ *ni mistar zonder z'n mond open te doen*; *zonder boe of bah te zeggen*

chiste m • *mop*; *grap* • *charme*; *geestigheid* • *cartoon* • *clou* ⋆ hacer ~ *de niet serieus nemen* ⋆ tener ~ *grappig zijn* ⟨ook ironisch⟩ ⋆ caer en el ~ *de spijker op zijn kop slaan*; *de zaak doorhebben* ⋆ ~ verde *schuine mop*

chistera v • *kachelpijp* ⟨hoge hoed⟩ • *viskorf*

chistoso I m *grappenmaker* II BNW *grappig*; *geestig*

chistu m *Baskische fluit*

chistulari m *iemand die de Baskische fluit bespeelt*

chita v • ANAT. *kootbeentje* • *bikkelspel* ⋆ a la ~ callando *stilletjes*; *stiekem*

chiticalla m • *zwijger*; *stil type* • *geheim*

chiticallando BNW *zachtjes*; *heimelijk*

¡**chitón!** TW *stil!*

chiva v • *geitje* • ZA *baard*; *sik* • ZA *deken*; *sprei*

chivar OV WW • VULG. *lastig vallen* • *verklikken*

chivarse WKD WW *iets doorvertellen*; *klikken*

chivatazo m *aangifte*

chivatear ON WW *klikken*

chivato I m • *geitje* • *verklikker*; *verrader* II BNW *verraderlijk*; *klikkend*

chivo m *bokje* ⋆ estar como un ~ *helemaal gestoord zijn* ⋆ ~ expiatorio *zondebok*

choc m MED. *shock* • sufrir un choc *een shock krijgen*

chocante BNW • *vreemd* • *schokkend* • *bot*; *grof* • *grappig*, *geestig* • ZA *ergerlijk*

chocar I OV WW • *verbazen*; *verrassen* • *schudden* ⟨v. hand⟩ • *toasten*; *klinken* • *tegenstaan*; *de keel uithangen* • *botsen* ⋆ ¡choca esos cinco! *geef me de vijf!* ⋆ ~ los vasos *klinken* ⋆ eso me choca *dat verbaast mij* II ON WW • *botsen* • *botsen*; *ruziën*

chocarrería v *botte grap*

chocarrero BNW *bot*; *grof*

chocarse WKD WW *een aanrijding hebben* ⋆ ~ de frente *frontaal op elkaar botsen*

chocha v *snip*

chochaperdiz v *snip*

chochear ON WW • *seniel zijn*; *kinds zijn* • *zwammen*; *bazelen* • *overdreven lief doen* • (~ por) *verzot zijn op*

chochera v → *chochez*

chochez v *seniliteit*; *kindsheid*

chocho I m • *lupine* • *kaneelsnoepje* II BNW • *kinds*; *seniel* • *stapelverliefd*

chochos m mv • → **chocho** • *snoepgoed*

choclo m • *klomp* • ZA *maïskolf*

choco I m *kleine inktvis* II BNW • *verminkt* • *met kroeshaar* • *donker* ⟨v. huidskleur⟩

chocolate m • *chocolade* • *chocolademelk*; *chocoladedrank* • INF. *hasj* • (mv) ; *leden v.d. policía nacional (in bruin uniform)* ⋆ ~ con leche *melkchocolade* ⋆ de color ~ *chocoladebruin*

chocolatera v *chocoladekan*

chocolatería v • *chocoladewinkel*; *chocolaterie* • *chocoladefabriek*

chocolatero I m *chocoladeverkoper*; *chocoladefabrikant* II BNW • *dol op chocolade* • SL. *dol op hasj*

chocolatina v *chocolaatje*; *chocoladereep* ⋆ ~ con leche *reep melkchocolade*

chófer m/v *chauffeur*

cholla v • *kop* • *hersens*

chollo m • *buitenkansje*; *bof* • *koopje* • *luizenbaantje*; *makkie* • *avontuurtje*, *affaire*

cholo m • *halfbloed* ⟨blank/indiaans⟩ • CHI *lafaard*

⋆ echar ~ *zijn gal spuwen* ⋆ los ojos me hacen ~ *ik zie sterretjes*

ch

ch

chompa v ZA *wollen trui*
chopera v *populierenbosje*
chopo m *populier; zwarte populier*
choque m • *botsing* • *twist; onenigheid* • *strijd; treffen* • *shock* ★ ~ en cadena *kettingbotsing* ★ ~ frontal *frontale botsing/aanrijding* ★ fuerzas de ~ *stoottroepen* ★ ~ de opiniones *botsing van meningen*
choquezuela v *knieschijf*
chorbo m VULG. • *kerel; sujet* • *souteneur*
choricear OV WW (**chorizar**) *jatten*
choricero m • *worstmaker* • *worstverkoper*
chorizo m • *pittig gekruide worst; chorizo* • *zakkenroller* • *balanceerstok*
chorlito m *steltloper* ⟨vogel⟩ ★ cabeza de ~ *leeghoofd; warhoofd*
chorra v • VULG. *pik* • VULG. *geluk*
chorrada v • *onzin; stommiteit* • *tierelantijn; franje* • *scheutje extra* ★ soltar ~s *onzin uitkramen*
chorrear I OV WW • *uitfoeteren* • ZA *pikken; jatten* II ON WW • *stromen* • *druppelen* • FIG. *binnendruppelen*
chorrearse WKD WW LA *zich bevuilen*
chorreo m • *stroom; straal* • FIG. *stroom; vloed*
chorrera v • *waterstroompje; geul; waterspoor* • *kanten afzetting*
chorretada v *straal* ★ hablar a ~s *over zijn eigen woorden struikelen*
chorrillo m *voortdurende stroom* ⟨bijvoorbeeld van geld⟩ ★ irse por el ~ *met de grote hoop meegaan; een kuddedier zijn*
chorro m • *stroom; straal* • *vloed;* FIG. *stroom* • ZA *dief* • CA *waterkraan* ★ a ~s *bij de vleet; veel; vlug* ★ beber a ~ *direct uit de fles drinken* ★ soltar el ~ *in lachen uitbarsten*
chotacabras m *nachtzwaluw*
chotearse WKD WW *spotten met*
choteo m *lol; spot*
chotis m • *Madrileense dans* • *Madrileense dansmuziek*
choto m • *bokje* • *kalf* • SL. *verklikker* • ARG VULG.
chotuno BNW • *zogend* ⟨geitje⟩ • *zwak* ⟨lam⟩ ★ huele a ~ *het stinkt*
chova v *kraai*
chovinismo m *chauvinisme*
chovinista m/v *chauvinist*
choza v • *hut; strohut* • *stulp*
chozno m *achterachterkleinkind*
chrisma v *kerstkaart*
christmas m *kerstkaart*
chubasco m • *stortbui* • *tegenvaller*
chubascoso BNW *zwaar bewolkt; buiig*
chubasquero m *regenjas*
chucha v INF. • PEJ. *teef* • *liefje* • *peseta* • *roes; dronkenschap* • *luiheid* • COL *lichaamsgeur* • VULG. LA *pruim, poes, kut*
¡chucha! TW *lig! af!* ⟨tegen hond⟩
chuchería v • *hebbeding; prul* • *hapje; snoep*
chucho I m • *hond* • ZUID-AMERIKAANS/MEDISCH *rilling; koorts* • INF. *lieverd; vriendje* ★ ~ ⟨tegen hond⟩ II TW *kst!* ⟨tegen hond⟩
chuchumeco m • *vrek* • ZA *fat; dandy*
chucrut m *zuurkool*
chueca v • PLANTK. *boomstronk* • *kogelgewricht*

• *poets*
chufa v • PLANTK. *aardamandelboom* • *aardamandel* ⟨vrucht⟩ • *grap* ★ horchata de ~s *aardamandelmelk*
chufla v *grappige opmerking; gekheid; grap*
chuflarse WKD WW *plagen; voor de gek houden*
chufleta v → **chufla**
chufletear ON WW • *gekscheren; gekheid maken* • *bespotten; beschimpen*
chulada v • *gratie; stijl* • *brutaliteit; bluf*
chulear ON WW *opscheppen*
chulearse WKD WW • *opscheppen; dik doen* • (**de**) *de draak steken met; zich vrolijk maken over*
chulería v • *stijl; gratie* • *bluf; lef* • *groep Madrilenen* • *stel patsers*
chulesco BNW *vlot; stijlvol*
chuleta I m *bluffer; patser* II v • *kotelet; karbonade* • *spiekbriefje* • *stuk; vulmiddel; stopmiddel* • *oplawaai; oorvijg* • *aanzetstuk* ⟨bij kleding⟩ ★ ~ de cerdo *varkenskarbonade* III BNW *blufferig*
chuletas v mv • → **chuleta** • *bakkebaarden*
chulo I m • *bluffer; patser* • *Madrileen* ⟨uit een volksbuurt⟩ • *souteneur; pooier* II BNW • *brutaal; leuk; aardig* • *stijlvol* ★ más ~ que un ocho *vreselijk zelfingenomen*
chumacera v • TECHN. *lagerkussen* • SCHEEPV. *pingat; roeipin*
chumbera v *vijgencactus*
chunga v *grap; geintje* ★ estar de ~ *geintjes maken* ★ lo tomamos en/a ~ *we steken er de draak mee*
chunguearse WKD WW *de spot drijven; zich vrolijk maken*
chupa v • *jack; jas* • *stortbui* ★ le pusieron como ~ de dómine *ze maakten hem uit voor al wat lelijk is*
chupacirios m *heilige boon; pilaarbijter*
chupada v • *het zuigen* ⟨bijvoorbeeld aan sigaar of fles⟩ • *trekje* ★ hacer una ~ *pijpen; beffen*
chupado BNW • *uitgemergeld; ingevallen* • *makkelijk* • LA *zat, bezopen* ★ está ~ *dat is een fluitje van een cent*
chupador I m • *bijtring* • *speen* • LA *dronkelap* II BNW *zuigend*
chupar I OV WW • *(uit)zuigen* • *opzuigen* ⟨plant⟩; *opnemen* • *absorberen* • *plukken;* FIG. *uitzuigen* ★ ~ energía *stroom/energie vreten* ★ ~ gasolina *benzine zuipen* II ON WW ZA *zuipen*
chuparse WKD WW • *mager worden* • ZA *uithouden; verdragen* ★ no se chupa el dedo *hij laat zich niet in de luren leggen; hij is op zijn hoede* ★ como para ~ los dedos *om je vingers bij af te likken* ★ ichúpate esa! *die kun je in je zak steken!* ★ ~ el dedo *naïef zijn; alles geloven*
chupatintas m *kantoorklerk; pennenlikker*
chupeta v • *fopspeen* • SCHEEPV. *achterkajuitje*
chupete m *fopspeen* ★ es de ~ *het is zalig*
chupetear OV WW *sabbelen*
chupi I m SL. *LSD* ★ darle al ~ *zich bezatten* II BNW *onwijs gaaf*
chupinazo m • *(kanon)schot* • *harde trap tegen*

de bal ⋆ un ~ señalaba el inicio de la fiesta
met een startschot werd het feest ingeleid

chupo m MEDISCH/ZUID-AMERIKAANS *steenpuist*

chupón m • *klaploper* • *uitloper*

chupóptero m *iemand die een goed salaris
krijgt zonder ervoor te werken*

churrasco m ZZA *geroosterd/gegrild vlees*

churre m • *vet* • *wolvet*

churrería v *winkel; kraampje* ⟨voor churros⟩

churrero m *iemand die 'churros' bakt of
verkoopt*

churrete m *goed zichtbare vuile vlek*

churrias v mv COL *diarree*

churriento BNW *smerig; vettig*

churrigueresco BNW ARCHIT. *barok* ⟨naar José
Churriguera⟩; *overdadig*

churriguerismo m *Spaanse barokstijl* ⟨naar José
Churriguera⟩

churro m • *soort langwerpige oliebol*
• *knoeiwerk; prul* • *bof; geluk* ⋆ ivete a freír
~s! *sodemieter op!*

churruscarse WKD WW *aanbranden*

churrusco m *aangebrand stuk brood*

churumbel m *jongetje; kind*

churumbela v *schalmei*

chus ⋆ sin decir chus ni mus *zonder boe of bah
te zeggen*

chuscada v *grap; (schuine) mop*

chusco I m *schavuit; grappenmaker* II BNW
guitig; grappig ⋆ iqué ~! *die is goed!*

chusma v • *tuig; geboefte* • *menigte*
• *galeislaven* • ZA *indianenkamp*

chusquero m *hoge beroepsmilitair zonder
vooropleiding*

chut m • *schot (voetbal)* • *shot (drugs)*

chutar ON WW *schieten* ⟨voetbal⟩; *trappen* ⋆ iy
vas que chutas! *en meer hoef je niet te
vragen!; en dat is alles!*

chutarse WKD WW *spuiten* ⟨v. drugs⟩

chute m *shot*

chuzo m *lans; piek* ⋆ caer ~s *keihard regenen/
hagelen/sneeuwen* ⋆ echa ~s *hij windt zich op*

chuzón BNW (v: **chuzona**) • *geestig; ad rem*
• *sluw; slim*

chuzonada v *gekke inval; grol*

cía v *heupbeen*

ciaboga v *omkeermanoeuvre* ⟨v. een boot⟩

cianosis v *cyanose; blauwzucht*

cianotipia v *blauwdruk*

cianuro v *cyanide* ⋆ ~ de potasio *cyaankali*

ciar /í/ ON WW *achteruitroeien*

ciática v *ischias; heupjicht*

ciático I m *heupzenuw* II BNW *heup-*

cibercafé m COMP. *internetcafé*

ciberespacio m COMP. *cyberspace*

cibernauta m *internetsurfer*

cibernética v *cybernetica*

ciberurbanidad v COMP. *netiquette*

ciborio m *(altaar)baldakijn*

cicatear ON WW *krenterig zijn; beknibbelen*

cicatería v *gierigheid; krenterigheid*

cicatero I m *vrek* II BNW *krenterig; vrekkig*

cicatriz v OOK FIG. *litteken*

cicatrización v *littekenvorming*

cicatrizar OV+ON WW *een litteken vormen; helen*

cicerone m/v *cicerone; gids*

ciceroniano BNW *ciceroniaans*

ciclamen m (**ciclamino**) *cyclaam*

ciclamor m *judasboom*

cíclico BNW *cyclisch; regelmatig terugkerend*

ciclismo m *wielersport; het fietsen*

ciclista I m/v *fietser; wielrenner* II BNW *fiets-;
wielrenners-* ⋆ carrera ~ *wielerwedstrijd*

ciclo v • *cyclus; kringloop; periode* • *serie* ⋆ ~
lunar *maancyclus* ⋆ ~ pascual *paascyclus* ⋆ ~
solar *zonnecyclus*

ciclo-cross m *cyclocross*

ciclomoto(r) m *bromfiets*

ciclón m *cycloon; wervelstorm* ⋆ ser (alg.) un ~
FIG. *een zeer actief persoon zijn*

ciclope m *cycloop*

ciclópeo BNW *cyclopisch*

ciclotrón m *cyclotron; deeltjesversneller*

cicloturismo m *fietstoerisme*

cicloturista m/v *fietstoerist*

cicuta v • *gevlekte scheerling* • *gif van de
gevlekte scheerling* ⋆ ~ mayor *gevlekte
scheerling*

cidra v *muskuscitroen*

cidrayota v CHI *pompoen; kalebas*

cidro m *muskuscitroenboom*

ciego I m • *blinde* • *blindedarm* ⋆ en el país de
los ~s, el tuerto es rey *in het land der blinden
is eenoog koning* ⋆ estar/ser ~ a/para *blind
zijn voor* ⋆ a ciegas *tastend; blindelings* II BNW
• OOK FIG. *blind* • *verblind; blindelings*
• *verstopt* ⋆ obrar a ciegas *blindelings te werk
gaan* ⋆ dar palos de ~ *blindelings te werk
gaan* ⋆ ~ de *verblind door* ⟨een emotie⟩ ⋆ ~
de amor *smoorverliefd* ⋆ gallina ciega
blindemannetje ⟨spel⟩

cielo m • *hemel* • *God* • *bovenkant; plafond;
gehemelte; dak* ⟨v. auto⟩ • INF. *lieverd; schat*
⋆ el ~ se cierra *de lucht betrekt* ⋆ le ha puesto
en los ~s *hij heeft hem opgehemeld; hij heeft
hem de hemel ingeprezen* ⋆ a ~ abierto *onder
de blote hemel* ⋆ estar en el séptimo ~ *in de
zevende hemel zijn* ⋆ venirse el ~ abajo *een
oorverdovend kabaal zijn; stortregenen* ⋆ ver el
~ abierto *een uitweg/oplossing zien/vinden* ⋆ ~
despejado *heldere hemel* ⋆ ~ tormentoso
onweerslucht ⋆ ~ de la boca *gehemelte*
⋆ como caído/llovido del ciel *als een
geschenk uit de hemel; goed van pas* ⋆ eres un
~ *je bent een engel*

¡cielos! TW *hemeltje lief!*

ciempiés m *duizendpoot*

cien I BNW *honderd* ⋆ al cien por cien *voor
honderd procent* II TELW *honderd* ⋆ cien mil
honderdduizend

ciénaga v *moeras; modderpoel*

ciencia v • *wetenschap* • *kennis; geleerdheid* ⋆ ~s
ocultas *occulte wetenschappen* ⋆ ~s exactas
exacte wetenschappen ⋆ ser un pozo de ~ *een
bron van kennis zijn* ⋆ ~ ficción *sciencefiction*
⋆ a ~ cierta *met absolute zekerheid* ⋆ a ~ y
pa~ de u.p. *met iemands medeweten; willens
en wetens* ⋆ ~s de educación *pedagogie* ⋆ ~s
empresariales *bedrijfskunde*

cieno m *modder;* OOK FIG. *slijk*

cienoso BNW *modderig*

científico I m *wetenschapper; geleerde* II BNW

wetenschappelijk

cientifismo m *sciëntisme*

ciento TELW *honderd* ★ a ~s *in grote getale* ★ dar una en el clavo y ~ en la herradura *vaak de plank misslaan* ★ un tres por ~ *drie procent* ★ ~ diez *honderd en tien* ★ ~ y la madre *een heleboel*

cierne v ★ en ~(s) *toekomstig; in de dop; beginnend* ★ el muchacho era un delincuente en ~ *de jongen was een potentiële misdadiger*

cierre m ★ *sluiting; het sluiten; afsluiting; slot* ★ ~ metálico *rolluik* ★ ~ dominical *zondagssluiting* ★ SPORT defensa de ~ *laatste man* ★ ~ de cremallera *rits(sluiting)*

cierro m ★ *sluiting ★ afsluiting; slot*

ciertamente BIJW *absoluut; zonder twijfel*

cierto I BNW ★ *zeker; juist; waar* ★ *een zekere; een bepaalde; een* ★ de ~ *stellig* ★ lo ~ es que *het staat vast dat* ★ tan ~ como dos y dos son cuatro *zo zeker als tweemaal twee vier is* ★ estar en lo ~ *gelijk hebben; juist handelen* ★ es ~ que está enferma *het klopt dat ze ziek is* ★ eso no es ~ *dat is niet waar* II BIJW *zeker* ★ por ~ *à propos; tussen twee haakjes*

cierva v *hinde*

ciervo m *hert* ★ ~ volante *vliegend hert* ‹kever›

cierzo m *scherpe noordenwind*

cifra v ★ *cijfer ★ getal; aantal; hoeveelheid* ★ barajar/hacer ~s *cijfers hanteren; een raming maken* ★ en ~ *in code; samengevat* ★ ~ de ventas *omzet* ★ ~ anual *jaarlijkse omzet* ★ ~ de desempleo/desocupación werkeloosheidscijfer* ★ ~ tope *record-/topcijfer* ★ ~ de mortalidad *sterftecijfer*

cifrado BNW *gecodeerd*

cifrar OV WW ★ *coderen ★ vestigen (en op)* ★ ~ la dicha y el amor *zijn hoop op de liefde vestigen*

cifrarse WKD WW ★ *bedragen; belopen ★ gebaseerd zijn op* ★ su esperanza se cifra en *zijn hoop is gevestigd op*

cigala v *zeekreeft*

cigarra v *cicade; krekel* ★ cantar como una ~ *ellendig zingen*

cigarral m *buitenhuis met boomgaard* ‹bij Toledo›

cigarrera v ★ *sigarenmaakster; sigarenverkoopster ★ sigarenkistje; sigarenkoker*

cigarrero m *sigarenmaker; sigarenverkoper*

cigarrillo m *sigaret* ★ liar un ~ *een sjekkie draaien* ★ ~ mentolado *mentholsigaret* ★ ~ con filtro *filtersigaret* ★ ~ emboquillado *filtersigaret* ★ ~ de marihuana *joint*

cigarro m *sigaar* ★ ~ de papel *sigaret* ★ ~ puro *sigaar*

cigoto m *zygote*

cigüeña v *ooievaar* ★ esperar la ~ *in verwachting zijn*

cigüeñal m *krukas*

cija v ★ *schaapskooi; schapenstal ★ hooiberg; hooizolder*

cilampa v CR, SAL *motregen*

cilantro m *koriander*

ciliar BNW *van de oogharen*

cilicio m *(haren) boetekleed; boetegordel*

cilindrada v *cilinderinhoud*

cilindrar OV WW *(plat)walsen*

cilíndrico BNW *cilindervormig; cilindrisch*

cilindro m ★ *wals ★ rol; cilinder*

cilla v ★ *silo; graanpakhuis ★ tiend* ‹heffing›

cima v ★ *top; hoogste punt; kruin ★ hoogtepunt* ★ mirar algo por cima *iets vluchtig/ oppervlakkig bekijken* ★ dar cima a *voltooien; tot een goed einde brengen*

cimarra v ★ ARG hacer ~ *spijbelen*

cimarrón I m ★ *gevluchte negerslaaf* ★ RPL *ongezoete maté* II BNW *wild*

cimbalero m *bekkenist; cimbaalspeler*

cimbalo m *cimbaal*

cimbel m *lokvogel; lokeend*

cimborrio m *koepel*

cimbra v ★ *kromming* ‹v. boog of scheepswand›; *ronding* ‹v. boog of scheepswand› ★ *houten geraamte* ‹voor constructie van boog of koepel›

cimbrado m *snelle buiging* ‹in Spaanse dans›

cimbrar OV WW ★ *doen zwiepen ★ zwierig bewegen ★ ombuigen*

cimbreante BNW ★ *soepel ★ buigzaam*

cimbrear OV WW → **cimbrar**

cimbreo m *(het) buigen; (het) zwieren*

cimentación v ★ *grondslag ★ het funderen; grondlegging*

cimentar /ie/ OV WW ★ *de fundering leggen van; grondvesten ★ baseren; gronden; funderen* ★ ~ algo en *iets grondvesten op*

cimera v ★ *helmkam* ★ HER. *helmteken*

cimero BNW *hoogste*

cimiento m ★ *fundering ★ grondslag; basis; fundament* ★ empezar algo desde los ~s *iets van de grond af opbouwen* ★ excavar los ~s *de funderingen leggen*

cimitarra v *kromzwaard; kromsabel*

cinabrio m *cinnaber; kwiksulfide; vermiljoen*

cinamomo m ★ *olijfwilg ★ paternosterboom*

cinc m *zink*

cincel m ★ *beitel ★ burijn; graveerstift*

cincelado I m *ciseleerkunst* II BNW *het beitelen; het ciseleren*

cincelador m *graveur; steenhouwer; ciseleerder*

cincelar OV WW ★ *graveren* ‹met beitel›; *steenhouwen ★ ciseleren*

cincha v *zadelriem; singel* ★ a revienta ~s *in razende galop* ★ ir rompiendo ~s *hard rijden*

cinchar OV WW *de (zadel)riem omgespen; de singel vastgespen*

cincho m ★ *ijzeren hoepel; ijzeren band*

cinco TELW *vijf* ★ ni ~ *geen rooie cent* ★ son las ~ *het is vijf uur* ★ ya le diré cuántas son ~ *ik zal hem eens zeggen waar het op staat* ★ con los ~ sentidos *heel aandachtig*

cincuenta TELW ★ *vijftig ★ vijftiger ★ vijftigste*

cincuentavo I m *vijftigste* II BNW *vijftigste*

cincuentena v *vijftigtal*

cincuentenario m ★ *halve-eeuwfeest ★ vijftigste verjaardag; vijftigjarig jubileum*

cincuenteno TELW *vijftigste*

cincuentón I m (v: **cincuentona**) *vijftigjarige* II BNW (v: **cincuentona**) *van in de vijftig*

cine m ★ *bioscoop ★ filmindustrie; filmkunst* ★ cine de reestreno *bioscoop waar films opnieuw in de roulatie komen* ★ cine de

estreno *bioscoop met nieuwe films* ★ cine hablado/parlante *sprekende film* ★ cine de barrio *buurtbioscoop* ★ cine mudo *stomme film* ★ cine sonoro *geluidsfilm* ★ cine de sesión continua *bioscoop met doorlopende voorstelling* ★ hacer cine *films maken* ● INF. de cine *te gek, schitterend* ★ INF. está de cine *hij is onwijs knap*
cineasta m/v *cineast*
cineclub m *filmhuis*
cinéfilo I m *filmliefhebber* **II** BNW *cinefiel*
cinegética v *jachtkunst*
cinegético BNW *jacht-*
cinemateca v *filmotheek*
cinemática v *bewegingsleer*
cinematografia v *filmkunst*
cinematografiar /í/ OV WW *(ver)filmen*
cinematográfico BNW ● arte ~ *filmkunst* ★ cinta cinematográfica *film*
cinematógrafo m ● *bioscoop* ● *filmprojector*; *cinematograaf* ● *filmkunst*
cineración v *verbranding*
cinerario BNW *as-* ★ urna cineraria *urn*
cinética v *kinetica*; *bewegingsleer*
cinético BNW *kinetisch*; *bewegings-*
cingalés I m (v: **cingalesa**) *Singalees* **II** BNW (v: **cingalesa**) *Singalees*
cíngaro I m *zigeuner* ‹uit Midden-Europa› **II** BNW *zigeuner-*
cíngulo m *gordel* ‹v. priester›
cínico I m ● *cynicus* ● *schaamteloos persoon* **II** BNW ● *cynisch* ● *schaamteloos*
cinismo m ● *cynisme* ● *schaamteloosheid*
cinta v ● *lint*; *band* ● *film(band)* ★ ~ adhesiva *plakband* ★ ~ aislante *isolatieband* ★ en ~ *op band*; *opgenomen* ★ ~ cinematográfica *film* ★ ~ métrica *meetlint* ★ ~ de vídeo *videoband* ★ ~ magnetofónica *geluidsband* ★ ~ de casete *cassettebandje* ★ ~ sonora *geluidsband* ★ ~ virgen *onbespeelde cassette*
cintillo m *hoedenlint*; *hoedenband* ★ ~ de piedras *met edelstenen bezette ring*
cinto m *gordel*; *riem*
cintura v ● *middel*; *taille* ● *ceintuur* ★ tener una ~ de avispa *een wespentaille hebben* ★ meter en ~ a uno *iemand kleinkrijgen*; *iemand in het gareel brengen*
cinturón m ● *riem*; *ceintuur* ● *ring*; *gordel*; *krans* ● SPORT *band* ‹judo›; *ringweg, rondweg* ★ apretarse el ~ *de buikriem aanhalen* ★ ~ salvavidas *reddingsgordel*; *zwemgordel* ★ ~ de seguridad *veiligheidsgordel* ★ ~ verde *groenstrook* ★ SPORT ~ negro *(sportterm) zwarte band (bij judo of karate)*
cipayo m *sepoy*
cipe m *ziekelijk kind*
cipo m ● *gedenksteen* ● *mijlpaal*; *wegwijzer*
ciprés m ● *cipres* ● *cipressenhout*
cipresal m *cipressenhof*
circense BNW *juegos ~s circusspelen*
circo m ● *circus*; GESCH. *arena* ★ de ~ *bespottelijk*
circonio m *zirkonium*
circuir OV WW *insluiten*; *omringen*
circuito m ● *circuit*; *parcours* ● *omtrek*; *gebied* ● *stroomkring* ★ ~ abierto *open circuit* ★ ~ cerrado *gesloten circuit* ★ TECHN. ~ integrado

geïntegreerde schakeling* ★ corto ~ *kortsluiting* ★ ~ de antena *antennekring* ★ ~ de footing *trimbaan*
circulación v ● *verkeer* ● *circulatie*; *omloop* ★ retirar de la ~ *uit de roulatie nemen* ★ ~ de la sangre *bloedsomloop* ★ un diario de escasa ~ *een krant met beperkte oplage* ★ poner en ~ *in roulatie/omloop brengen* ★ ~ por carretera *wegverkeer* ★ permiso de ~ *kentekenbewijs* ★ libre ~ de capitales/personas/bienes *vrij verkeer van kapitaal/personen/goederen*
circulante BNW *in omloop*; *circulerend*
circular I v *circulaire* **II** BNW *rond*; *cirkelvormig* ★ (carta) ~ *circulaire*; *rondschrijven* ★ viaje ~ *rondreis* **III** OV WW *in omloop brengen* **IV** ON WW ● *lopen* ● *rijden* ● *rouleren* ● *gaan* ● *zich bewegen* ● *rondrijden* ● *de ronde doen* ● *rondstromen* ★ ¡circulen, por favor! *doorlopen alstublieft!* ★ ~ (algo) de boca en boca *van mond tot mond gaan*
circulatorio BNW *van de bloedsomloop* ★ movimiento ~ *cirkelbeweging* ‹in het verkeer›
círculo m ● *cirkel*; *kring* ● *omtrek* ● *groep*; *club* ● *sociëteit* ★ en ~ *in een kring* ★ ~ polar *poolcirkel* ★ ~ vicioso *vicieuze cirkel* ★ ~ de familia *familiekring* ★ ~s profesionales *vakkringen* ★ altos ~s *upper ten* ★ ~ privado *besloten gezelschap* ★ ~ de giro *draaicirkel (van auto)*
circuncidar OV WW *besnijden*
circuncisión v *besnijdenis* ★ la Circuncisión *het besnijdenisfeest*
circunciso I m *besnedene* **II** BNW *besneden*
circundante BNW *omringend*; *omliggend*
circundar OV WW *omgeven*; *omringen*. FIG. *omlijsten*
circunferencia v ● *(cirkel)omtrek* ● *omvang*
circunflejo m *dakje*; *circumflex* ★ acento ~ *circumflex*
circunlocución v *omschrijving*
circunnavegación v *omvaart*
circunnavegar OV WW *varen rondom*
circunscribir OV WW ● *er omheen tekenen* ● *beperken* ● WISK. *insluiten*
circunscribirse WKD WW *zich beperken*
circunscripción v ● *omschrijving* ● *(ambts)gebied*
circunspección v *omzichtigheid*; *behoedzaamheid*
circunspecto BNW *omzichtig*; *bedachtzaam*
circunstancia v *omstandigheid* ★ ~ agravante *verzwarende omstandigheid* ★ ~ atenuante/ eximente *verzachtende omstandigheid* ★ de ~s *toevallig*; *tijdelijk* ★ cara de circunstancia *gelegenheidsgezicht*
circunstanciado BNW *omstandig*; *gedetailleerd*
circunstancial BNW *toevallig*; *tijdelijk*; *gelegenheids-*
circunstancias v mv ● → **circunstancia** ● *toestand*; *situatie*
circunstante I m/v ● *los ~s de omstanders*; *de aanwezigen* **II** BNW *aanwezig*
circunvalación v *het omgaan*; *omschansing*
circunvalar OV WW *omringen*
circunvecino BNW *aangrenzend*; *naburig*; *eromheen liggend*

ci

ci

circunvolución v *kromming*
cirial m *kerkkandelaar*
cirílico BNW *cyrillisch*
cirio m *grote waskaars* ★ armar un ~ *herrie schoppen* ★ ~ pascual *paaskaars*
cirro m *vederwolk; cirrus*
cirrosis v *weefselverharding* ⟨v. de lever⟩; *cirrose*
ciruela v *pruim* ★ ~ pasa *pruimedant; gedroogde pruim* ★ ~ claudia *reine-claude*
ciruelo m *pruimenboom*
cirugía v *chirurgie* ★ ~ estética *plastische chirurgie* ★ ~ cardíaca *hartchirurgie*
cirujano m *chirurg* ★ ~ dentista *tandarts*
ciscar OV WW *bevuilen; vuilmaken*
cisco m • *kolengruis* • *lawaai* ★ hacerse ~ algo *verbrijzelen* ★ estar hecho un ~ *totaal kapot zijn* ★ meter un ~ *ruzie maken* ★ armar un ~ *herrie schoppen* ★ hecho ~ *in gruzelementen*
cisma m • *schisma* • *scheuring* • *onenigheid; verdeeldheid*
cismático I m *dissident* II BNW *scheuring veroorzakend; schismatisch; verdeeldheid zaaiend*
cisne m *zwaan*
Cister m *cisterciënzer orde*
cisterciense I m *cisterciënzer* II BNW *van de cisterciënzers; cisterciënzer-*
cisterna v • *regenput; waterreservoir* • *tank* ⟨vrachtwagen of boot⟩; *reservoir* • *stortbak* ⟨v. een wc⟩
cístico BNW *blaas-*
cistitis v *blaasontsteking*
cisura v *insnijding; incisie*
cita v • *afspraak* • *citaat* ★ darse cita *elkaar ontmoeten; een afspraak(je) maken* ★ tener una cita con *een afspraak hebben met/bij* ★ cancelar la cita *afspraak afzeggen/volgens afspraak* ★ cita a ciegas *blind date*
citación v *dagvaarding*
citar OV WW • *oproepen* • *noemen; aanhalen; citeren* ★ la suma citada *het genoemde bedrag* ★ le he citado a las 8 *ik heb een afspraak met hem om 8 uur*
cítara v *citer*
citología v *cytologie*
citrato m *citraat; citroenzuurzout*
cítrico I m ★ ~s *citrusvruchten* II BNW *citroen-; citrus-* ★ fruto ~ *citrusvrucht* ★ ácido ~ *citroenzuur*
citrón m *citroen*
ciudad v *stad* ★ ~ dormitorio *slaapstad* ★ ~ hermana *zusterstad* ★ ~ satélite *satellietstad* ★ ~ universitaria *campus; universiteitscomplex* ★ la ~ Imperial *de Keizerlijke Stad (Toledo)* ★ ~ baja *benedenstad* ★ ~ alta *bovenstad*
ciudadanía v • *staatsburgerschap* • *burgerzin; gemeenschapszin*
ciudadano I m *(staats)burger; stedeling* ★ el ~ de a pie *de gewone burger* II BNW *stads-; burger-* ★ orgullo ~ *burgertrots*
ciudadela v *citadel; bolwerk; fort; burcht*
cívico BNW *burger-; gemeenschaps-* ★ heroísmo ~ *burgermoed* ★ guardia cívica *burgerwacht* ★ sentido ~ *gemeenschapszin*
civil I m *lid van de Guardia Civil* ★ por lo ~ *burgerlijk; civiel; niet-kerkelijk* II BNW • *burger-*

• *burgerlijk* ★ gobierno ~ *stadhouderschap; ambt van een provinciaal gouverneur* ★ guerra ~ *burgeroorlog* ★ incorporarse a la vida ~ *deel gaan uitmaken van de burgermaatschappij*
civilidad v *beleefdheid*
civilización v *beschaving; cultuur*
civilizado BNW *geciviliseerd; beschaafd*
civilizador BNW *beschavend; civiliserend*
civilizar OV WW • *tot beschaving brengen* • *opvoeden; manieren leren*
civismo m *burgerzin; gemeenschapszin*
cizalla v • *metaalschaar* • *metaalsnipper*
cizaña v • PLANTK. *dolik* • *tweedracht* ★ meter/sembrar ~ *onrust stoken; tweedracht zaaien*
cizañar OV WW *tweedracht zaaien*
cizañero m *tweedrachtzaaier*
clac m • *klak(hoed); klaphoed* • *claque; groep gehuurde toejuichers*
clamar I OV WW *schreeuwen om; roepen om* II ON WW *roepen* ★ ~ venganza *om wraak roepen* ★ una injusticia que clama al cielo *een hemeltergend onrecht* ★ ~ contra u.p. *tegen iemand uitvaren*
clamor m *geschreeuw; lawaai*
clamorear I OV WW *roepen om; schreeuwen om* II ON WW • *schreeuwen; roepen* • *luiden* ★ las campanas clamorean a muerto *de doodsklok luidt*
clamoreo m • *(aanhoudend) geschreeuw* • *(aanhoudend) klokgelui* • *heftige protesten*
clamoroso BNW • *luidruchtig* • *daverend; enorm* ★ un éxito ~ *een daverend succes*
clan m • *clan; geslacht* • *groep*
clandestinidad v • *illegaliteit* • *ondergronds verzet* • *heimelijkheid*
clandestino BNW *illegaal; onwettig; heimelijk; geheim; ondergronds*
claque v *claque; groep gehuurde toejuichers*
claqueta v *klapbord* ⟨bij filmopname⟩
clara v • *eiwit* • *stuk slecht geweven stof* • *kale plek* • *opklaring* • CUL. *sneeuwwitje* ⟨bier met frisdrank⟩
claraboya v *bovenlicht; dakvenster*
claramente BIJW *duidelijk; glashelder*
clarear I OV WW • *lichter maken* • *doorschijnen* II ON WW • *doorschijnend zijn* • *licht worden; dag worden* • *opklaren* ★ al ~ el día *bij het krieken van de dag* ★ clarea *het wordt dag*
clareo m *het ophelderen van een probleem*
clarete I m ★ (vino) ~ *rosé* II BNW *lichtrood*
claridad v • *helderheid; duidelijkheid* • *licht*
claridades v mv *hartige woorden; duidelijke woorden*
clarificación v *verduidelijking; opheldering*
clarificar OV WW • *ophelderen* • *helder maken; zuiver maken*
clarín m *klaroen; hoorn*
clarinada v • *klaroenstoot* • *dwaasheid; onbeschaamdheid*
clarinete m *klarinet*
clarión m *(school)krijt*
clarividencia v • *scherpzinnigheid; vooruitziende blik* • *helderziendheid*
clarividente I m/v *helderziende* II BNW • *scherpzinnig* • *helderziend*
claro I m *open plek; ruimte* ⟨tussen twee

elementen〉 **II** BNW • *helder*; *licht*
• *doorzichtig* • *slap* • *dun* • *duidelijk*;
begrijpelijk; *klaar* **III** BIJW *duidelijk*;
zonneklaar ★ de ~ en ~ *de hele nacht* ★ más ~
que el agua *overduidelijk*; *glashelder* ★ poner/
sacar algo en ~ *iets verduidelijken/ophelderen*
★ cantarlas claras *zeggen waar het op staat*
★ pasar una noche en ~ *geen oog dicht doen*
★ i~! *natuurlijk!* ★ i~ que sí! *natuurlijk!* i~
está! *natuurlijk!* ★ ~ (que ...) *natuurlijk*
★ hacer cuentas claras *de rekening vereffenen*
★ mientras más amigos, más ~s *met zijn beste
vrienden moet men het openhartigste spreken*
★ a las claras *ronduit*; *duidelijk*
claroscuro m KUNST *clair-obscur*
clase v • *soort*; *klasse* • *rang*; *stand* • *klas*
• *leslokaal*; *gehoorzaal* • *les*; *college* ★ no
tenemos ~ *wij hebben vrij* ★ las ~s pasivas *het
niet werkende deel van de bevolking* ★ ~ de
principiantes *les voor beginners* ★ de esta ~ *zo
een* ★ dar ~ *de les geven in* ★ dar ~ con *les
volgen bij* ★ no hay ~ *er is geen school* ★ ~ de
adelantados *les voor gevorderden* ★ ~ agraria
boerenstand ★ de toda ~ *allerlei* ★ ~ media
middenklasse ★ ~ social *sociale klasse* ★ ~
obrera/trabajadora *arbeidersklasse* ★ ~
turista/turística *toeristenklasse* ★ ~
preferente/ejecutiva *business class* ★ de
primera/segunda ~ *eerste/tweede klas* ★ ~
privada/particular *privé-les* ★ ~ magistral
hoorcollege ★ ~ práctica *werkcollege* ★ toda ~
de excusas *alle mogelijke uitvluchten*
clasicismo m *classicisme*
clasicista **I** m • *classicist* • *classicus* **II** BNW
classicistisch
clásico **I** m • *klassieker* • *klassiek werk* ★ ~s
klassieken **II** BNW • *klassiek* • *traditioneel*
★ lenguas clásicas *klassieke talen*
clasificable BNW *classificeerbaar*
clasificación v *classificatie*; *indeling*; *klassement*
clasificador **I** m • *sorteerder*; *iemand die
classificeert* • *archiefkast* **II** BNW *classificeer-*
clasificar OV WW • *rangschikken* • *indelen*
• *classificeren*; *rangschikken in klassen*
• *sorteren*; *ordenen*; *rubriceren*
clasista **I** m/v *iemand die klassebewust is* **II** BNW
klasse-; *klassebewust* ★ distinción ~
klasseverschil
claudia BNW ★ ciruela ~ *reine-claude*
claudicante BNW • *kreupel*; *mank* • *zijn plicht
verzuimend*; *toegevend aan*
claudicar ON WW *zwichten*; *toegeven*
claustral BNW *klooster-* ★ vida ~ *kloosterleven*
claustro m • *kloostergalerij* • *klooster(leven)*
• *staf van een opleidingsinstituut*; *senaat*
• *stafvergadering* 〈v. een school〉 ★ ~ materno
baarmoeder ★ ~ de profesores *academische
senaat*; *staf van een opleidingsinstituut*
claustrofobia v *claustrofobie*
cláusula v • *clausule*; *bepaling* • TAALK. *zin* ★ ~
de escape *ontsnappingsclausule* 〈v. een
contract〉 ★ ~ compuesta *samengestelde zin*
★ ~ final *slotclausule* ★ ~ simple *enkelvoudige
zin*
clausura v • *sluitingsbijeenkomst*
• *afzonderingsruimte in een klooster*

• *afzondering* • *sesión de ~ slotzitting* ★ vida
de ~ *kloosterleven* ★ convento de ~ *klooster*
clausurar OV WW *sluiten*
clava v *knots*; *knuppel*
clavado BNW • *vastgespijkerd* • *sterk lijkend op*
• *precies passend*; *precies*; *juist* ★ ~ a *precies als*
★ ~ en *vastgehecht aan* ★ está ~ en la cama
hij is aan het bed gekluisterd ★ tiene la vista
clavada en el horizonte *zij heeft haar blik op
de horizon gevestigd* ★ i~! *precies goed!*; *klopt
precies!* ★ le dejó ~ *hij liet hem met open
mond staan*
clavar OV WW • *vastspijkeren* • *vestigen op*
• *afzetten*; *bedriegen* ★ ~ algo a/en *iets
bevestigen op*; *iets vastspijkeren op* ★ ~ la
enseña *de vlag planten* ★ ~ la vista en u.p. *de
blik op iemand vestigen*
clavarse WKD WW *indringen*
clave **I** m *klavecimbel* **II** v • *sleutel* 〈ook van
muziek〉 • *code* • *sluitsteen* ★ no dar con la ~
er niet achter komen ★ posición ~
sleutelpositie ★ un tema ~ *een zeer belangrijk
onderwerp* ★ ~ personal *pincode* ★ posición/
puesto ~ *sleutelpositie*
clavecín m *klavichord(ium)*
clavel m *anjer*; *anjelier*
clavellina v *anjelier met kleine bloempjes*
clavelón m • *afrikaantje* • *goudsbloem*
clavero m *kruidnagelboom*
claveteado BNW *sierspijkerbeslag*
clavetear OV WW • *met sierspijkers beslaan* • *in
het wilde weg vastspijkeren*
clavicémbalo m *klavecimbel*
clavicordio m *klavichord(ium)*
clavícula v *sleutelbeen*
clavija v • *pin* • *stekker* • *stemschroef* 〈v.
snaarinstrument〉 ★ apretar las ~s a uno
iemand dwingen zijn plicht te doen; *iemand
de duimschroeven aandraaien* ★ ~ hembra
contrastekker
clavillo m • *spijkertje*; *stiftje* • *kruidnagel*
clavo m • *kruidnagel* • *spijker*; *nagel*
★ agarrarse a un ~ ardiendo *zich aan een
strohalm vastklampen* ★ dar en el ~ *de spijker
op zijn kop slaan* ★ remachar el ~ *de zaak nog
verergeren* ★ ser como un ~ *punctueel zijn*
★ clavar un ~ con la cabeza *heel koppig/
halsstarrig zijn* ★ ser de ~ pasado *gemakkelijk/
vanzelfsprekend zijn* ★ dar una en el ~ y
ciento en la herradura *de plank vaak
misslaan*
claxon m *claxon*
claxonazo m *claxonstoot*
clemátide v *clematis*
clemencia v *clementie*; *genade*; *welwillendheid*
clemente BNW *clement*; *genadig*
clementina v *clementine*
cleptomanía v *kleptomanie*
cleptómano m *kleptomaan*
clerecía v *clerus*; *geestelijkheid*
clergyman m *moderne priesterkleding*
clerical **I** m/v *geestelijke*; *priester*; *predikant*
II BNW *geestelijk*; *klerikaal*; *priester-*
clericalismo m *klerikalisme*
clericato m *priesterschap*
clérigo m *geestelijke*; *priester*; *predikant*

cl

clero m *clerus*; *geestelijkheid* ★ ~ *seglar seculiere geestelijkheid*
clerofobia v *anti-klerikalisme*
cliché m • *negatief*; *cliché* • *cliché*
click m ★ COMP. hacer/pulsar ~ *klikken*
clienta v *cliënte*
cliente m/v • *klant*; *cliënt*; *afnemer* • COMP. *client*
clientela v *klantenkring*; *clientèle*
clima m OOK FIG. *klimaat* ★ ~ *búrsatil beursklimaat* ★ ~ *laboral werksfeer*
climatérico BNW • *klimatologisch*; *overgangs-* • *kritiek*; *gevaarlijk* ★ *período* ~ *menopauze*; *overgang*
climático BNW *klimatologisch*
climatización v *airconditioning* ★ *instalación de* ~ *airconditioning*
climatizado BNW *airconditioned*
climatología v *klimatologie*
clímax m *climax*
clínica v • *kliniek*; *ziekenhuis* • *klinische afdeling* ★ ~ *de maternidad kraamkliniek* ★ ~ *psiquiátrica psychiatrisch ziekenhuis* ★ ~ *de reposo herstellingsoord*
clínico I m *(klinisch) arts* II BNW *klinisch* ★ *tener ojo* ~ *een klinische blik hebben*
clip m • *oorclip* • *haarclip*; *haarspeldje* • *paperclip*
clíper m *klipper*
clisar OV WW *clicheren*
clisé m *cliché* ⟨grafisch⟩
clítoris m *clitoris*; *kittelaar*
clo UITR VNW ★ *clo, clo tok, tok* ★ *hacer clo kakelen*; *klokken*
cloaca v • *riool* • ANAT. *cloaca*
clonación v BIO. *het klonen*
clonar OV WW BIO. *klonen*
clono m BIO. *kloon*
cloquear ON WW *klokken*; *kakelen*
cloqueo m *gekakel*; *geklok*
clorhídrico BNW • *ácido* ~ *zoutzuur*
cloro m *chloor*
clorofila v *bladgroen*; *chlorofyl*
cloroformizar OV WW *met chloroform verdoven*
cloroformo m *chloroform*
cloruro m *chloride* ★ ~ *de cal chloorkalk* ★ ~ *de sodio natriumchloride*; *chloornatrium*; *keukenzout* ★ ~ *sódico natriumchloride*; *chloornatrium*; *keukenzout*
clown m *clown*
club m • *club*; *vereniging* • *balkon* ⟨plaats in theater⟩ • SPORT *golfstok* ★ *club casero thuisclub* ★ *club estudiantil studentenvereniging*; *studentensociëteit* ★ *club náutico jachtclub*; *zeilvereniging*
clueca v *kloek*; *broedhen*
clueco BNW *broeds*
cluniacense I m *cluniacenzer monnik* II BNW *cluniacenzer*
coa v • MEX, PAN, VEN *schep*; *spade* • CHI, SL. *Bargoens*
coacción v *(gewelddadige) dwang*
coaccionar OV WW *dwingen*
coactivo BNW *dwang-*; *dwingend* ★ *medios* ~s *dwangmiddelen*
coadjutor I m • *assistent*; *helper*; *hulp*

• *hulpbisschop*; *hulppriester* II BNW *hulp-*; *assistent-*
coadyuvar OV WW *meehelpen*; *bijstaan* ★ ~ *a/en meehelpen met*; *meewerken aan*
coagulación v *stolling*; *stremming*
coagulante I m *coagulatiemiddel*; *stollingsmiddel* II BNW *stremmend*; *stollend*
coagular OV WW *doen stollen*; *doen stremmen*
coagularse WKD WW *gestold raken*
coágulo m *gestolde massa* ★ ~ *sanguíneo bloedstolsel*
coalición v *coalitie* ★ ~ *gubernamental regeringscoalitie* ★ *gobierno de* ~ *coalitieregering*
coartada v *alibi* ★ *probar la* ~ *zijn alibi bewijzen*
coartar OV WW *beperken*; *belemmeren*
coautor m *medeauteur*
coba v • *vleierij* • *smoesje* • *foefje* • SL. BOL *Bargoens* ★ *dar coba a u.p. iemands hielen likken*
cobalto m *kobalt*
cobarde I m/v *lafaard* II BNW *laf*
cobardear ON WW *zich laf gedragen*
cobardía v *lafheid*
cobardón BNW *zeer laf*
cobayismo m *vivisectie*
cobayo m • *Guinees biggetje*; *cavia* • *proefkonijn*
cobear ON WW INF. *vleien*
cobertera v *deksel*
cobertizo m • *afdak* • *overdekte ruimte* ★ ~ *de coche carport*
cobertor m *(bedden)sprei*; *deken*
cobertura v • *(be)dekking*; *dek*; *hoes* • *verspreidingsgebied (v. krant, tijdschrift e.d.)* ⟨v. krant, tijdschrift⟩ ★ ~ *informativa verslaggeving*
cobija v • *bedekking* • *nokpan*; *vorstpan* • *dekveertje* ⟨vogel⟩ • LA *beddengoed*, *dekens*
cobijar OV WW • *onderdak geven* • *beschutten* • *beschermen*
cobijo m • *bescherming* • *schuilplaats*
cobista m/v *hielenlikker*; *vleier*
cobla v *sardana-orkest* ⟨in Catalonië⟩
cobra v • *cobra* • JACHT *apporteren*
cobrable BNW *(cobradero)* • *invorderbaar* • *terug te krijgen*
cobrador m • *ontvanger*; *inner* • *conducteur* ★ *(perro)* ~ *retriever* ⟨jachthond⟩ ★ ~ *de banco bankloper*
cobranza v • *inning*; *incasso*; *ontvangst* • *het apporteren*
cobrar I OV WW • *ontvangen*; *innen*; *verdienen* • *apporteren*; *vangen* ⟨bij de jacht⟩ • *verwerven*; *verkrijgen* • *opvatten*; *krijgen* • *een pak slaag krijgen* ★ ~ *una torta een oplawaai krijgen* ★ ¿me cobra por favor? *kan ik betalen alstublieft?*; *mag ik met u afrekenen alstublieft?* ★ ~ *afición a liefde opvatten voor* ★ ~ *aliento op adem komen* ★ ~ *fama roem verwerven* ★ ~ *fuerzas op krachten komen* ★ ~ *la razón verstandig worden* ★ *ivas a* ~! *je krijgt slaag!* ★ ~ *un buen sueldo een goed salaris hebben* ★ ~ *interés por belangstelling krijgen voor* ★ INF. ~ *una miseria een schijntje*

verdienen ★ INF. ~ el paro *in de WW lopen*
II ON WW *geld ontvangen*; *geld innen* ★ ~ *por ventanilla contant innen* ★ ~ *con efectos retroactivos innen/ontvangen met terugwerkende kracht*

cobre m *koper* ★ ~s *koperen blaasinstrumenten* ★ *grabado en* ~ *(koper)gravure* ★ *allí se bate el* ~ *daar wordt flink aangepakt*

cobrizo BNW *koperkleurig*

cobro m *inning; ontvangst; incasso* ★ *ponerse uno en* ~ *zich in veiligheid brengen* ★ ~ *indebido onrechtmatige inning* ★ ~ *revertido betaling door de geadresseerde; collect call* ★ *cargo por* ~ *incassokosten* ★ *poner en* ~ *u.c. iets veilig opbergen*

coca v • *cocaplant* • *cocabladeren* • *cocaïne* • *haarknotje* • *kink* ⟨in kabel of touw⟩ • *kop, hoofd* • INF. *cola*

cocacolo m/v (v: **cocacola**) COL *slechte chauffeur*

cocacolonización v IRON. *veramerikanisering*

cocada v • *kokoskoek* • BOL, COL, PERU *soort noga*

cocaína v *cocaïne*

cocainomanía v *cocaïneverslaving*

cocainómano m *cocaïneverslaafde*

cocción v *het koken*

cocear ON WW *achteruittrappen* ⟨v. paarden⟩; *tegenstribbelen*

cocer /ue/ **I** OV WW • *aan de kook brengen* • *bakken* • *gisten (van wijn)* **II** ON WW *koken* ★ *en todas partes cuecen habas (y en algunas a calderadas) het is overal hetzelfde liedje*

cocerse /ue/ WKD WW *bekokstoofd worden*

cocha v *bassin*

cochambre m/v • *vieze aanslag; vuil(igheid)* • *rotzooi; troep* ★ *caer en la* ~ *aan lager wal raken*

cochambrería m/v • *vuil(igheid)* • *hoop afval; stapel rommel*

cochambroso BNW • *vuil; smerig* • *oud; gammel*

cochambroso I m *iemand met een smerig uiterlijk* **II** BNW *goor; vuil*

coche m • *auto* • *wagon; rijtuig • koets; rijtuig* • *varken* • *portarse como un* ~ *zich lomp gedragen* ★ ~ *de carreras racewagen* ★ ~ *fúnebre lijkwagen; lijkkoets* ★ ~ *de línea bus* ★ ~ *escoba bezemwagen* ★ ~ *restaurante restauratiewagen* ★ ~-*cama rijtuig met couchettes* ★ ~ *de bomba bomauto* ★ ~ *deportivo sportauto* ★ ~ *de época oldtimer* ★ ~ *de fumadores rookcoupé* ★ ~ *de alquiler huurauto* ★ ~ *grúa kraanwagen* ★ ~ *de literas couchetterijtuig* ★ ~ *silla wandelwagen(tje)* ★ ~ *de cinco puertas stationcar* ★ ~ *de vivienda woonwagen* ★ ~ *de compañía/empresa auto van de zaak* ★ ~ *taller wegenwachtauto* ★ ~ *de todo terreno terreinwagen* ★ ~ *de turismo personenauto* ★ *pasearse en* ~ *toeren* ★ *en el* ~ *de San Fernando/San Francisco met de benenwagen*

cochecito m • *wandelwagen; kinderwagen* • *autootje; wagentje* ★ ~ *eléctrico/de choque botsautootje*

cochera v • *garage; remise; loods* • *carport*

cochero m *koetsier* ★ INF. ~ *de punto taxichauffeur*

cochina v • *zeug • slons; slonzige vrouw*

cochinada v (**cochinería**) • *smerigheid; zwijnerij; vuile streek • smeerboel; zwijnenstal*

cochinilla v • *pissebed • schildluis*

cochinillo m *speenvarken* ★ ~ *de Indias cavia; Guinees biggetje* ★ *chillar más que un* ~ *schreeuwen als een mager speenvarken*

cochino I m • *varken; zwijn • viezerik; smeerlap* ★ *a cada* ~ *le llega su San Martín iedereen gaat eens voor de bijl; iemand die slecht handelt, krijgt ooit zijn verdiende loon* ★ ~ *montés wild zwijn* **II** BNW *vies; smerig*

cochiquera v OOK FIG. *zwijnenstal; varkenskot*

cochón m/v (v: **cochona**) • INF. *homo* • INF. *lesbienne*

cochura v *het bakken*

cocido I m *Spaanse stoofschotel met vlees en groente* **II** BNW *gekookt* ★ INF. *estar* ~ *boven zijn theewater zijn* ★ *bien* ~ *doorgekookt*

cociente m *quotiënt* ★ ~ *de inteligencia intelligentiequotiënt (IQ)* ★ ~ *electoral kiesdeler*

cocimiento m • *het koken • kookvocht* ★ ~ *asativo in eigen vocht koken*

cocina v • *keuken • fornuis • kookkunst* ★ ~ *de gas gasfornuis* ★ ~-*estar woonkeuken* ★ ~ *de butano butagasfornuis* ★ ~ *casera eenvoudige gerechten* ★ ~ *integral volledig uitgeruste keuken* ★ ~ *americana open keuken*

cocinar OV+ON WW • *koken* • FIG. *pottenkijken*

cocinero m *kok* ★ *haber sido* ~ *antes que fraile door de wol geverfd zijn*

cocinilla v *kooktoestel*

cocker m *cockerspaniël*

coco I m • *kokosnoot • kokosboom • kop; knar* • *boeman • knuffel • grimas; grijns* ★ ZZA, ECU *testikel • maagd* • VEN *obsessie; manie* • MEX *klap op het hoofd* • MEX *cocaïneverslaafde* ★ *es un coco hij is oerlelijk* ★ *hacer cocos flirten; gekke gezichten trekken* ★ *comer el coco a alg. iemand voor het lapje houden; misbruik maken van iemands goedgelovigheid* ★ *parece un coco hij is oerlelijk* ★ *darse un coco (con la cabeza) zijn hoofd stoten* **II** BNW • *koppig* • CA *kaal*

cococha v *kabeljauwwangetje*

cocodrilo m *krokodil* ★ *lágrimas de* ~ *krokodillentranen*

cocoroco BNW CHI *ingebeeld; verwaand*

cocoso BNW *wormstekig*

cocotal m *kokospalmbos; kokosplantage*

cocotero m *kokospalm*

cóctel m (**coctel**) • *cocktail • cocktailparty* ★ ~ *Molotov molotovcocktail*

coctelera v *(cocktail)shaker*

coda v *slotstuk*

codal m • *(oude) loot; uitloper* ⟨v. wijnstok⟩ • *steunbalk; stut*

codaste m *achtersteven*

codazo m *stoot met de elleboog* ★ *a* ~ *limpio met de ellebogen werkend*

codear ON WW *met de elleboog (aan)stoten; met de ellebogen duwen/dringen* ★ ~*se con omgaan met*

codeína v *codeïne*

codera v • *slijtplek* ⟨op de elleboog van de mouw⟩ • *elleboogstuk*

CO

codeso m *goudenregen*
códice m *codex*
codicia v *hebzucht; inhaligheid; (hevig) verlangen naar* ★ la ~ rompe el saco *wie het onderste uit de kan wil hebben, krijgt het lid op de neus* ★ ~ desenfrenada, trae pérdida doblada *wie het onderste uit de kan wil hebben, krijgt het lid op de neus*
codiciable BNW *begeerlijk; begerenswaardig*
codiciar OV WW *smachten naar; begeren*
codicioso I m *hebzuchtige persoon* II BNW *hebzuchtig; begerig*
codificación v • *codificatie* • *codering*
codificar OV WW • *codificeren* • *coderen*
código m • *wetboek; reglement* • *code* ★ ~ territorial *netnummer* ★ ~ de señales *seincode* ★ ~ civil *burgerlijk wetboek* ★ ~ penal *wetboek van strafrecht* ★ ~ de barras *streepjescode* ★ ~ de barras *streepjescode* ★ ~ postal *postcode* ★ ~ de la circulación *wegenverkeersreglement* ★ ~ territorial *netnummer*
codillo m • *elleboog* ⟨v. dieren⟩ • *knie(stuk)* ⟨v. buis of pijp⟩ ★ *jugársela uno de* ~ *iemand bedriegen*
codo m • ANAT. *elleboog* • *knie(stuk)* ⟨v. buis of pijp⟩ ★ *hasta los codos* tot aan zijn nek; *tot over de oren* • *comerse los codos de hambre niets te eten hebben* ★ *desgastarse los codos blokken; hard studeren* ★ *alzar/empinar/ levantar el codo de fles flink aanspreken* ★ *dar con el codo aanstoten* ★ *hablar/charlar por los codos honderduit praten* ★ *mentir por los codos liegen of het gedrukt staat*
codorniz v *kwartel*
coeducación v *co-educatie*
coeficiente m • *coëfficiënt* • *factor*
coercer OV WW *bedwingen; dwingen*
coerción v • *dwang* • *onderdrukking*
coercitivo BNW *dwang-* ★ *medida coercitiva dwangmaatregel*
coetáneo I m *tijdgenoot* II BNW *van dezelfde tijd*
coexistencia v *coëxistentie* • POL. ~ *pacífica vreedzame coëxistentie*
coexistente BNW *coëxistent; naast elkaar bestaand*
coexistir ON WW *naast elkaar bestaan*
cofa v *mars*
cofia v *kapje*
cofrade m/v *lid van een broederschap*
cofradía v *congregatie; broederschap; genootschap; gilde*
cofre m • *hutkoffer; dekenkist* • *(juwelen)kistje* ★ ~ *trasero kofferbak*
cogedero I m *handvat; steel* II BNW *(pluk)rijp*
cogedor m • *(as)schop* • *blik* ⟨met stoffer⟩
coger OV WW • *(vast)grijpen; (beet)pakken; (op)nemen* • *(in)pikken; te pakken krijgen* • *(af)plukken; inzamelen; oogsten* • *ontvangen; (kunnen) krijgen; horen; opvangen; (ver)krijgen; nemen* • *verrassen; vangen; overvallen; betrappen* • *gelegen zijn; plaatsen; lokaliseren* • *op de hoorns nemen* • *bevatten* • *in beslag nemen* • *(ver)werven; oplopen; vatten* • *aannemen* • ZA *neuken; pakken* ★ *no hay por donde* ~ *niets kan hem deren* ★ ~ *la delantera een voorsprong krijgen*

★ ~ *el sueño inslapen* ★ ~ *a tiro onder schot komen* ★ ~ *tierra landen* ★ ~ *la vez a uno iemand vóór zijn* ★ ~ *a uno en mal latín iemand op een fout betrappen* ★ ~ *a uno con las manos en la masa iemand op heterdaad betrappen* ★ *me coge de camino het ligt juist op mijn weg* ★ *aquí te cojo y aquí te mato nu of nooit; zo gezegd zo gedaan* ★ *esto no coge aquí daarvoor is hier geen plaats* ★ ~ *al vuelo vlug van begrip zijn* ★ ~ *bajo su manto in bescherming nemen* ★ ~ *el truco ergens handigheid in krijgen; iets door krijgen* ★ ~ *una mona/cogorza zich bezatten* ★ ~ *las de Villadiego de benen nemen* ★ ~*la zich bezatten* ★ *no se cogen truchas a bragas enjutas men moet zich enige moeite getroosten om iets te bereiken* ★ ~ *a uno en flagrante delito iemand op heterdaad betrappen* ★ ~ *a uno en fragante iemand op heterdaad betrappen* ★ ~ *un agua een lek stoppen* ★ ~ *corriendo a uno iemand inhalen bij het lopen* ★ ~ *una enfermedad een ziekte oplopen* ★ ~ *el fruto de vruchten plukken* ★ ~ *el hilo de draad oppakken* ★ ~ *el teléfono de telefoon opnemen* ★ ~ *a la derecha/izquierda rechtsaf/linksaf slaan* ★ ~ *el autobús de bus nemen* ★ ~ *un buen/mal momento goed/slecht moment uitkiezen* ★ (~ **y** [+ inf.]) *een besluit nemen om*
cogestión v *medezeggenschap*
cogida v *het op de hoorns genomen worden*
cogido m *plooi*
cogitabundo BNW *peinzend*
cogitativo BNW *denkend; denk-*
cognado I m *bloedverwant* II BNW *verwant*
cognición v • *kennis; (het) kennen* • PSYCH. *cognitie; kenvermogen*
cogollo m • *hart* ⟨v. sla of kool⟩ • *loot* • *neusje van de zalm*
cogorza v *zuippartij; dronkenschap*
cogotazo m *slag in de nek*
cogote m *nek* ★ *tieso de* ~ *hooghartig*
cogotudo I m/v • LA *nieuwe rijke* • LA *self-made man/vrouw* II BNW • *met dikke nek* • *met veel geld/invloed*
cogujada v *kuifleeuwerik*
cogulla v *monnikspij met kap*
cohabitación v *het samenwonen; samenwoning*
cohabitar ON WW • *samenleven* • *samenwonen* ★ *los que cohabitan samenwonenden*
cohechar OV WW *omkopen*
cohecho m *omkoperij*
coheredera v *mede-erfgename*
coheredero m *mede-erfgenaam*
coherencia v • *samenhang; coherentie* • CHEM. *cohesie*
coherente BNW *coherent; samenhangend*
cohesión v • *onderlinge samenhang* • CHEM. *cohesie*
cohesivo BNW *samenhang producerend*
cohete m • *vuurpijl* • *raket* ★ *salir como un* ~ *pijlsnel vertrekken* ★ ~ *espacial (ruimte)raket* ★ ~ *de largo alcance lange-afstandsraket*
cohibición v *verlegenheid; remming*
cohibido BNW • *verlegen* • *geremd*
cohibir OV WW • *verlegen maken; remmen* • *bedwingen; belemmeren*

cohibirse WKD WW *verlegen worden*
cohombro m *komkommer(plant)*
cohonestar OV WW *vergoelijken*; *verbloemen*; *goedpraten*
cohorte m • *cohort* • *massa*; *schare*; *troep*
coima v • *prostituee*; *concubine* • *aandeel in de winst*; *speelgeld*
coime m • *pooier* • *gokbaas*
coincidencia v • *samenloop*; *toeval* • *overeenstemming* ★ ~ accidental/casual/ fortuita *een toevallige samenloop* ★ da la ~ *het toeval wil*
coincidente BNW *samenvallend*; *gelijktijdig*
coincidir ON WW • *instemmen* • *overeenstemmen* • *tot overeenstemming komen*; *het eens zijn* • *samenvallen*; *gelijktijdig gebeuren* • *gelijktijdig aanwezig zijn*
coito m *paring*; *coïtus*
cojear ON WW • *kreupel/mank lopen* • *wiebelen*; *wankelen* ★ ~ de *mank gaan aan* ★ saber de qué pie cojea uno *iemands zwakke punten kennen* ★ ~ del mismo pie *aan hetzelfde euvel lijden*
cojera v *kreupelheid*
cojijoso BNW *lichtgeraakt*; *prikkelbaar*
cojín m *(sier)kussen* ★ ~ de tinta *stempelkussen*
cojinete m • TECHN. *lager* • *kussentje* ★ ~ de bolas *kogellager*
cojitranco BNW *mank*; *kreupel*
cojo I m *kreupele*; *manke* ★ andar a la pata coja *mank lopen* II BNW *kreupel*; *mank*
cojón m *kloot*; *teelbal* ★ de ~ *verdomd goed* ★ no me importa un ~ *het kan me geen zak schelen* ★ no valer un ~ *geen kloot waard zijn* ★ es u.p. con cojones *dat is iemand met lef* ★ estar hasta los mismísimos cojones *het spuugzat zijn* ★ hace un calor de cojones *'t is bloedheet* ★ poner los cojones sobre la mesa *z'n kont tegen de krib gooien* ★ por cojones *met grote inspanning, met geweld*
¡cojones! TW *godverdomme!*
cojonudo BNW • *gaaf*; *te gek* • COL, RPL *dapper* ★ un tío ~ *zo'n vent*
cojudo I m/v CHI *onnozele hals, sukkel* II BNW *niet gecastreerd*
cok m *cokes*
col v • *kool* • col de Bruselas *spruitjes* ★ entre col y col, lechuga *verandering van spijs doet eten* ★ col fermentada *zuurkool*
cola v • *staart* • *(uit)einde* • *sleep* • *file*; *rij* • *lijm* • *cola* • CHI *flikker* • CHI *peuk* ★ llevar la cola *een sleep dragen* ★ montar en cola *achteraan instappen* ★ cola de caballo *paardenstaart* ⟨haardracht, plant⟩ ★ a la cola *achteraan de rij* ★ la cosa traerá mucha cola *dat muisje zal wel een staartje hebben* ★ hacer cola *in de rij staan* ★ ir a la cola *achteraan lopen* ★ mover la cola *kwispelen* ★ VEN pedir cola *liften*
colaboración v *samenwerking*; *medewerking* ★ en ~ *met zijn allen*; *samen*
colaboracionismo m *collaboratie*
colaboracionista m/v *collaborateur*
colaborador m (v: **colaboradora**) *medewerker*
colaborar OV WW • *meewerken* • *samenwerken* • *een bijdrage leveren* ⟨in de pers⟩ • *meehelpen*

colación v *lichte maaltijd*; *hapje*; *tussendoortje* ★ ~ de bienes *inbrengwaarde van ontvangen goederen* ★ sacar/traer a ~ *aankomen met*; *ter sprake brengen*
colada v • *het wassen* • *het gieten* ⟨v. ijzer⟩ ★ sacar a ~ algo *iets ter sprake brengen* ★ salir en la ~ *aan het licht komen* ★ echar a la ~ *in de was doen* ★ día de ~ *wasdag* ★ tender la ~ *de was ophangen*
coladera v *vergiet*; *zeef*
coladero m • *zeef* • *school waar men gemakkelijk slaagt* • *nauwe doorgang*
colado BNW • *giet-*; *filter-* • *smoorverliefd* ★ estar ~ *verliefd zijn*; *gek zijn* ★ hierro ~ *gietijzer*
colador m *vergiet*; *zeef*; *filter*
coladura v *filtering*; *het zeven*
colapso m • *instorting* • *ineenstorting* ★ sufrir un ~ *een inzinking krijgen* ★ ~ nervioso *zenuwinzinking*
colar /ue/ I OV WW • *zeven*; *filteren* • *aansmeren*; *doen geloven* • *bleken* • *wassen* • *gieten* ⟨v. ijzer⟩ • *binnensmokkelen* ★ ¡a mí no me la cuelas! *maak dat je grootje wijs!* ★ eso no cuela *dat klopt niet*; *daar heb je een bok geschoten* II ON WW • *gefilterd worden*; *doorsijpelen* • *geaccepteerd worden*; *geloofd worden*; *geslikt worden*
colarse WKD WW • *binnendringen*; *binnensluipen* • *zich vergissen* • *verliefd worden*
colateral BNW • *lateraal*; *zijdelings* • *in de zijlinie* ★ línea ~ *zijlinie*
colaterales m/v mv *bloedverwanten*
colcha v *(bedden)sprei*
colchón m *matras* ★ dormir en un ~ de plumas *leven als God in Frankrijk*; *op rozen zitten* ★ servir de ~ *als stootkussen dienen* ★ ~ neumático *luchtbed*
colchonería v *matrassenwinkel*; *beddenwinkel*
colchonero m • *matrassenmaker*; *matrassenverkoper* • SL. *supporter van Atlético Madrid*
colchoneta v • *kussen van stoel of bank* • *kleine dunne matras* • *opblaaskussen*
cole m INF. *school* ★ la vuelta al cole *het begin van het schooljaar*
colear ON WW • *kwispelstaarten* • *nawerken* ★ todavía colea *het werkt nog na* ★ vivito y coleando *springlevend*
colección v • *collectie*; *verzameling* • *grote hoeveelheid*; *stapel* ★ ~ de sellos *postzegelverzameling* ★ ~ de objetos de arte *kunstverzameling* ★ ~ de cuentos *verhalenbundel*
coleccionador m *verzamelaar*
coleccionar OV WW *sparen*; *verzamelen*
coleccionista m/v *verzamelaar*
colecta v *inzameling*; *collecte*
colectar OV WW • *inzamelen* • *collecteren*
colecticio BNW • *bijeengeraapt* • *geronseld*
colectividad v *gemeenschap*
colectivizar OV WW *collectiviseren*
colectivo I m • *collectief* • CHI *gedeelde taxi* • ARG, BOL, PERU *busje* ★ ~ de abogados *advocatencollectief* II BNW *gezamenlijk*; *gemeenschappelijk* ★ nombre ~ *verzamelnaam*

CO

CO

★ contrato ~ de trabajo *collectieve arbeidsovereenkomst*

colector I m • *verzamelaar; collectant* • *ontvanger* ★ ~ solar *zonnecollector* II BNW • *verzamel-; verzamelend* • *ontvangend*

colega m/v • *collega* • SL. *makker, vriend(in)*

colegiado I m *scheidsrechter* II BNW • *aangesloten bij een beroepsorganisatie* • *door een college geleid* ★ *tribunal* ~ *rechterlijk college*

colegial I m • *(inwonend) student* • *scholier* • *groentje* II BNW • *tot een beroepsorganisatie behorend* • *van de school*

colegiala v • *schoolmeisje* • *groentje*

colegiarse WKD WW *zich inschrijven bij een beroepsorganisatie*

colegiata v *collegiale kerk*

colegio m • *school; college* • *beroepsgenootschap* ★ ~ de párvulos *kleuterschool* ★ ~ cardenalicio *college van kardinalen* ★ ~ electoral *kiescollege* ★ ~ mayor *studentenhuis* ★ ~ menor *internaat voor scholieren* ★ ~ público *openbare school* ★ *expulsar de* ~ *van school verwijderen* ★ *ir al* ~ *naar school gaan*

colegir /i/ OV WW *afleiden; opmaken* ★ ~ por/de *opmaken uit; afleiden uit*

coleóptero m *kever; tor*

cólera I m *cholera* ★ ~ morbo *cholera* II v *razernij; woede* ★ *descargar (alg.) su* ~ *en zijn woede koelen op* ★ *montar en* ~ *woedend worden*

colérico I m • *driftkop* • *choleralijder* II BNW • *razend; woedend; driftig* • *van de cholera* ★ *ser* ~ *een driftkikker zijn; driftig zijn* ★ *estar* ~ *woedend zijn*

colesterol m *cholesterol*

coleta v • *haarvlecht; staartje* • TAUR. *stierenvechtersvlechtje* • *korte toevoeging* ★ *cortarse la* ~ *ermee ophouden; ophouden met stierenvechten*

coletazo m • *laatste stuiptrekking* • *klap met de staart* ★ *dar* ~s *slingeren*

coleto m ★ *echarse al* ~ *algo iets achteroverslaan; iets verslinden* ★ *decir para su* ~ *bij zichzelf zeggen/denken*

colgadero I m • *hangertje; hengsel; oor; lus* • *droogrek* II BNW *die hangend bewaard (kunnen) worden*

colgadizo I m *afdak* II BNW *hangend; los*

colgado BNW • *opgehangen; hangend* • *zeer teleurgesteld* • *high, stoned* • *verslaafd* ★ *dejar* ~ a uno *iemand in de kou laten staan; iemand teleurstellen* ★ *estar* ~ *afkick-/ ontwenningsverschijnselen hebben* ★ *quedarse* ~ *trippen, flippen*

colgadura v *draperie; wandtapijt*

colgajo m • *flard* • *tros* ‹fruit›

colgante I m *hanger(tje)* II BNW *hangend; hang-* ★ *con la lengua* ~ *met de tong uit de mond*

colgantes m mv *kloten; ballen*

colgar /ue/ I OV WW • *(op)hangen* • *in de schoenen schuiven* • *laten zakken* ‹bij examen› ★ *estar colgado de los cabellos met de handen in het haar zitten* ★ ~ a uno el santo *de schuld op iemand schuiven* ★ *y lo que cuelga en wat daarmee samenhangt* ★ ~ los

libros *met de studie ophouden* ★ ~ a secar *te drogen hangen* II ON WW • *hangen* • *ophangen* ‹v. telefoon› ★ ~ de un pelo *aan een zijden draadje hangen* ★ *no cuelgue, por favor blijft u aan de lijn, alstublieft*

colgarse WKD WW *zich ophangen*

colibrí m *kolibrie*

cólico m *(darm)koliek* ★ ~ saturnino *loodvergiftiging*

colicuar OV WW *smelten; oplossen*

colifato m/v ‹v: **colifata**› RPL *gek; krankzinnige*

coliflor v *bloemkool*

coligado I m *verbond* II BNW *verbonden*

coligarse WKD WW • *zich verbinden* • (~ con) *een verbond sluiten*

colilla v • *peuk* • INF. *plassertje* ★ *ser una* ~ *geruïneerd zijn*

colillero m *peukjesraper*

colimba I m ARG INF. *dienstplichtige* II V ARG INF. *dienstplicht* ★ *hacer la* ~ *de dienstplicht vervullen*

colina v *heuvel*

colinabo m *koolrabi; koolraap*

colindante BNW *grenzend (aan)*

colindar ON WW *aan elkaar grenzen*

colirio m *oogdruppels*

colirrojo m *roodstaartje*

colisión v • *botsing; aanrijding* • *conflict, aanvaring* ★ ~ en cadena *kettingbotsing* ★ ~ frontal *frontale botsing* ★ ~ masiva *kettingbotsing*

colisionar ON WW *botsen* ★ ~ con/contra *in botsing komen met*

colista m/v *laatste op de ranglijst*

colitis v *darmontsteking*

collado m • *heuvel* • *bergpas*

collar m • *(hals)ketting; collier* • *halsband* • *ringkraagje* ‹v. vogel› • *klemring; beugel; metalen band* ★ *son los mismos perros con otros* ~es *het zijn altijd dezelfden* ★ ~ antipulgas *vlooienband* ★ ~ de fuerza *wurggreep*

collarín m • *ring(etje); bandje* • *onderhals* ‹v. een zuil› • *boordje* ‹v. geestelijke› • *halskettinkje*

colleja v *blaassilene*

collera v • *halstooi* ‹v. paard› • *gareel; halsjuk* ★ ~ de pavos *koppel kalkoenen* ★ ~ de yeguas *span merries*

colmado I m • *(eenvoudig) eethuisje* • *kruidenierswinkel* II BNW *stampvol*

colmar OV WW • *tot de rand vullen* • *overladen; overstelpen* • *bevredigen; vervullen* ★ ~ de *overladen met; bedelven onder* ★ ¡eso colma el vaso! *dat is het toppunt!*

colmena v *bijenkast; bijenkorf*

colmenar m *bijenstal*

colmenero m *bijenhouder; imker*

colmillo m • *hoektand* • *slagtand* ★ *enseñar los* ~s *zijn tanden laten zien; respect afdwingen* ★ *escupir por el* ~ *opscheppen* ★ *tener uno los* ~s *retorcidos doorgewinterd zijn; slim/ uitgeslapen zijn*

colmilludo BNW • *met grote (hoek)tanden* • *sluw; geslepen*

colmo m • *kop* ‹op lepel› • *overmaat; toppunt*

CO

* para ~ (de desgracias) *tot overmaat van ramp* * iel ~! *dat is het toppunt!* * una cucharrada con ~ *een volle eetlepel*

colocación v • *plaatsing* • *aanstelling*; *betrekking* * ~ de la primera piedra *plaatsing van de eerste steen* * ~ de fondos *belegging van fondsen* * pedir una ~ *solliciteren naar een betrekking* * buscar ~ *werk zoeken* * cambiar de ~ *van baan veranderen* * oferta de colocaciones *arbeidsaanbod* * oficina de ~ *arbeidsbureau*

colocado BNW • *met een baan* • *onder invloed* ‹door alcohol› • *high* ‹door drugsgebruik› • SL. *opgepakt, gearresteerd* * estar ~ *high*/ *aangeschoten zijn*

colocar OV WW • *leggen*; *neerzetten*; *plaatsen*; *opstellen* • *onderbrengen*; *in een betrekking plaatsen*; *door een huwelijk verbinden* • *opschepen*; *aankomen (met)* • *beleggen* * ELEKTR. ~ en serie *in serie schakelen* * ~ a interés *op rente zetten*

colocarse WKD WW • *zich opstellen* • SPORT *geplaatst worden* • *teut worden*; *in de stemming komen (door alcohol of drugs)* * ~ primero *de eerste prijs winnen*; *in de rij gaan staan* * ~ en la lista negra *het verknallen*

colodrillo m *achterhoofd*

colofón m • *colofon* • *einde*

colombianismo m *Colombiaanse uitdrukking*; *Colombiaans woord*

colombiano I m *Colombiaan* II BNW *Colombiaans*

colombino BNW *van Columbus*

colombofilia v *het duivenmelken*

colombófilo I m *duivenhouder*; *duivenmelker* II BNW *duiven-*

colón m • *colón* ‹munteenheid van Costa Rica en El Salvador› • *karteldarm*

Colón m *Columbus*

colonia v • *nederzetting*; *kolonie* ‹ook van dieren› • *eau de cologne* • MEX, SAL *buitenwijk*

Colonia v *Keulen* * (agua de) ~ *eau de cologne*

colonial I m *koloniale waren* II BNW *koloniaal*

colonialismo m *kolonialisme*

colonialista I m/v *kolonialist* II BNW *kolonialistisch*

colonización v *kolonisatie*

colonizador I m *kolonist* II BNW *kolonistisch*

colonizar OV WW *koloniseren*

colono m • *kolonist* • *pachter*

coloquial BNW *behorend tot de spreektaal* * lenguaje ~ *omgangstaal*

coloquio m • *onderhoud* • *debat* • *studiedag*; *conferentie*

color m • *kleur* • *kleurstof*; *verf* • *typisch karakter* • *levendigheid* • *politieke overtuiging* • *timbre* * de ~ de rosa *rooskleurig* * en ~ *kleuren-* * no tener ~ *saai zijn* * ponerse de mil ~es *vuurrood worden* * so ~ de *onder het mom van* * ~ de vino *wijnrood* * de ~ sólido *kleurecht* * película en ~ *kleurenfilm* * cubierta en ~es *kleurige omslag* ‹v. boek› * a todo ~ *in volle kleuren* * dar ~ *kleur geven* * de ~ *gekleurd*

coloración v • *kleuring* • *tint*

colorado BNW • *blozend*; *rood* • *gekleurd*

* ponerse ~ *blozen* * estar ~ de vergüenza *blozen van schaamte* * ponerse más ~ que un tomate *vuurrood worden* ‹v. schaamte›

colorante I m *kleurstof* II BNW • *kleurend* • *kleur-*

colorar OV WW • *kleuren*; *verven* • *doen blozen*

colorear I OV WW • *kleuren* • *goedpraten*; *vergoelijken*; *rooskleurig voorstellen* II ON WW *kleur krijgen*; *beginnen te rijpen*

colorearse WKD WW *een kleur krijgen*

colorete m *rouge*

colorido m • *kleurenrijkdom*; *coloriet* • *levendigheid*

colorín m • *felle kleur* • *putter* * colorines *bonte*/*schreeuwende kleuren* * ~, colorado, el cuento se ha acabado *toen kwam er een olifant met een lange snuit en blies dit verhaaltje uit*

colorir I OV WW • *kleuren* • *goedpraten*; *vergoelijken* II ON WW *kleuren*

colorista m/v *colorist*

colosal BNW • *kolossaal*; *reusachtig* • *groots*; *schitterend*

coloso m • *reusachtig beeld* • *kolos*

columbario m *soort nis op een Romeinse begraafplaats*

columbrar OV WW • *ontwaren* • *vermoeden*

columna v • *zuil*; *kolom* ‹ook anatomisch› • *gedenkzuil* • *column* • *kolom* ‹grafisch› • OOK FIG. *steunpilaar* • *colonne* * en ~ *opgestapeld* * ~ de dirección *stuurkolom* * ~ salomónica *salomonszuil* * ~ vertebral *wervelkolom* * ~ termométrica *kwikkolom*

columnata v *zuilenrij*

columnista m/v *columnist*

columpiar OV WW *doen schommelen*

columpio m *schommel*

colusión v *samenzwering*

colza v *raapzaad*; *koolzaad* * aceite de ~ *koolzaadolie*

coma I v • *komma* • *coma* * sin faltar una coma *tot in de puntjes verzorgd*

comadre v • *peetmoeder*; *peettante*; *meter* • *goede vriendin*/*buurvrouw* • *kletskous*; *roddelaarster*

comadrear ON WW *kletsen*; *roddelen*

comadreja v *wezel*

comadreo m *geroddel*; *geklets*

comadrería v *kletspraat*; *geroddel*

comadrona v *vroedvrouw*

comandancia v • *rang van commandant* • *bureau van de commandant* • *bevelhebberschap* * ~ de marina *commandopost van de marine*

comandanta v *commandantsvrouw*

comandante m • *commandant* • *gezagvoerder* • *majoor* * ~ general *opperbevelhebber* * ~ de marina *marinecommandant* * ~ de armas *bevelhebber der strijdkrachten*

comandar OV WW *het bevel voeren over*

comandita v * sociedad en ~ *commanditaire vennootschap*

comanditar OV WW *stille vennoot zijn van*

comanditario BNW *commanditair*

comando m • *bevel*; *commando* • *commando* ‹groep›

comarca v *(land)streek*; *gewest*

comarcal BNW *streek-*; *gewestelijk*

comarcano BNW *aangrenzend*

comarcar ON WW *grenzen*

comatoso BNW *comateus*

comba v • *kromming*; *bocht* • *het touwtje springen* • *springtouw* ★ *jugar a la ~ touwtjespringen* • *hacer ~s schommelend/heupwiegend lopen*

combadura v *bolling*; *kromming*

combar OV WW *krommen*; *buigen*

combate m *gevecht*; *treffen*; *slag*; *strijd* ★ *~ aéreo luchtgevecht* ★ *~ singular tweekamp* ★ *~ desigual ongelijke strijd* ★ *un fuera de ~ een knock-out* ★ *ella queda fuera de ~ zij is buiten gevecht gesteld*

combatible BNW *aanvechtbaar*

combatiente I m/v *strijder* **II** BNW *strijdend*

combatir I OV WW *bestrijden* **II** ON WW *vechten*; *strijden* ★ *~ con/contra vechten tegen*; *strijden tegen* ★ *~ por algo ergens voor vechten/strijden*

combatividad v *strijdlust*

combativo BNW *strijdlustig*

combés m • *middendek*; *kuil* • *onoverdekte ruimte*

combi v → **combinación** • *bestelbusje*; *minibus* • *onderjurk* • *list*; *bedrog*

combina v *kunstgreep*; *regeling*; *arrangement*

combinación v • *combinatie* • *kunstgreep*; *plan*; *regeling* • *onderjurk* • *verbinding*; *aansluiting* ★ *~ de una caja fuerte combinatie van een kluis* ★ *tener una ~ een plannetje hebben* ★ *estropearle a uno la ~ iemands plannen doorkruisen* ★ *juego de ~ samenspel*

combinado I m • *cocktail* • RPL *radiomeubel* • SPORT *team*, *opstelling* **II** BNW *gezamenlijk* ★ *plato ~ plate service*

combinar OV WW • CHEM. *verbinden* • *combineren* • *samenvoegen*; *verenigen* ★ *~ algo con ergens (goed) bij passen*

combinarse WKD WW • *samengaan* • *op elkaar afstemmen* • CHEM. *reageren* ★ *~ con kleuren bij* ★ *se habían combinado het was doorgestoken kaart*

combo I m • *combo (muziek)* • LA *(grote) hamer* • CHI, PERU *vuistslag* ★ *a ~ y cuña met volle kracht*; *tevergeefs* **II** BNW *krom*; *gebogen*

combustible I m *brandhout*; *brandstof* **II** BNW *ontvlambaar*; *brandbaar*

combustión v *verbranding* ★ *~ lenta langzame verbranding* • *motor de ~ verbrandingsmotor* ★ *punto de ~ brandpunt* ★ *~ espontánea zelfontbranding*

comecocos v INF. • *computerspelletje* • *drammer* ⟨persoon⟩ • *hersenbreker* ⟨kruiswoordraadsel⟩ • *buis* ⟨v. radio/tv⟩

comecuras m/v *papenhater*

comedero m *etensbak*; *voederbak*; *trog* ★ *limpiarle a uno el ~ iemand zijn baan afnemen*

comedia v • *toneelstuk* • *komedie*; *klucht*; *blijspel* • *komische genre* • *farce* ★ *~ de capa y espada komisch ridderstuk uit de Spaanse Gouden Eeuw* ★ *~ de carácter karakterstuk* ★ *~ de enredo intrigestuk* ★ *~ italiana commedia dell' arte* ★ *hacer ~ komedie spelen*; *zich*

aanstellen ★ *~ musical musical* ★ *~ radiofónica hoorspel* ★ *¡no hagas tanta ~! stel je niet zo aan!*

comediante m • *toneelspeler* • *komediant*; *aansteller*

comedido BNW • *hoffelijk*; *beleefd* • *beheerst*; *ingetogen* ★ *~ en beheerst in*

comedimiento m • *zelfbeheersing* • *hoffelijkheid*

comediógrafo m *blijspelschrijver*; *toneelschrijver*

comedirse /i/ WKD WW • *zich inhouden*; *zich matigen*; *zich beheersen* • *zich beleefd/hoffelijk gedragen*

comedón m *mee-eter*; *vetpuistje*

comedor I m • *eetgelegenheid*; *eetkamer* • *eethoek* ★ *~ universitario mensa* ★ *soy mala ~a ik ben geen grote eetster*; *ik eet maar weinig* **II** BNW *veel etend*; *gulzig*

comehostias m/v *(vrome) kwezel*

comején m *termiet*

comemierdas m/v VULG. *klootzak*; *zeikerd*; *trut*

comendador m *commandeur*

comendatorio BNW *aanbevelings-*

comensal m/v *tafelgenoot*

comentador m (v: **comentadora**) *commentator*

comentar OV WW • *commentaar leveren op*; *commentariëren*; *bespreken*; *het hebben over* • *verklaren* • ZA *roddelen*

comentario m • *opmerking*; *commentaar* • *verklaring*; *bespreking* ★ *dar lugar a ~s aanleiding geven tot commentaar* ★ *hacer ~s a opmerkingen maken over*; *commentariëren*

comentarista m/v *commentator*; *verslaggever*

comento m • *commentaar* • *leugen*; *smoes*

comenzar /ie/ **I** OV WW *beginnen* **II** ON WW *beginnen*; *aanvangen* ★ *comienza y no acaba zij praat maar door*; *zij weet niet van ophouden*

comer I OV WW • *verbruiken* • *eten* • *kleiner doen lijken* • *doen verbleken* • *verteren*; *aantasten*; *wegvreten* • *slaan* ⟨bij schaken, dammen⟩ ★ *~ la sopa boba op andermans zak teren* ★ *sin ~lo ni beberlo zonder een vinger uit te steken* **II** ON WW • *eten* • *dineren* • *lunchen* ★ *¡come y calla! zeg maar niks!* ★ *~ de mogollón op andermans zak teren* ★ *me come todo el cuerpo ik heb overal jeuk* ★ *no ~ ni dejar ~ een ander misgunnen wat men ook zichzelf niet gunt* ★ *no tener qué ~ op een houtje bijten* ★ *con su pan se lo coma dat moet hij zelf weten* ★ *¿con qué se come eso? wat heeft dat te betekenen?* ★ *la gorra le comía media cara hij ging half schuil onder zijn muts* ★ *ser de buen ~ een gezonde eetlust hebben*; *erg lekker zijn* ★ *echar de ~ voederen*

comerciable BNW • *verhandelbaar* • *gezellig*; *onderhoudend*

comercial BNW *commercieel* ★ *centro ~ winkelcentrum* ★ *sentido ~ zakelijk inzicht* ★ *agregado ~ handelsattaché*

comercialización v *commercialisering*; *merchandising*; *marketing* ★ *canal de ~ verkoopkanaal*

comercializar OV WW • *commercieel maken* • *op de markt brengen*; *in de handel brengen*

comerciante I m/v • *handelaar*; *koopman*

• *winkelier* ★ ~ al por mayor *grossier*;
groothandelaar ★ ~ al por menor *detaillist*;
kleinhandelaar **II** BNW *handeldrijvend*
comerciar ON WW *handel drijven*; *handelen* ★ ~
con|*en handel drijven in*; *zaken doen met*
comercio m • *handel* • *winkel* • *zakenleven*;
handelskringen ★ ~ al por mayor *groothandel*
★ ~ al por menor *detailhandel* ★ ~ de frutas
fruitwinkel ★ ~ de divisas *valutahandel* ★ ~
intermediario *tussenhandel* ★ pequeño ~
kleine zelfstandige ★ fondo de ~ *goodwill* ★ ~
de personas *mensenhandel* ★ ~ social *sociaal
verkeer* ★ ~ electrónico *e-commerce*
comerse WKD WW • *aantasten*; *minder laten
worden* • *overslaan*; *inslikken* ‹v. woorden,
letters› ★ el exceso de los muebles se comen
mucho esta habitación *de overdaad aan
meubelen doet deze kamer veel kleiner lijken*
★ se le comen los celos *hij wordt verteerd
door jaloezie* ★ ~ viva a u.p. *iemand rauw
lusten* ★ el edificio se come parte de la vista
het gebouw neemt een deel van het zicht weg
★ se comen unos a otros *ze maken elkaar af*
comestible BNW *eetbaar*
comestibles m *levensmiddelen*
cometa I m *komeet* **II** v *vlieger*
cometer OV WW *begaan*; *plegen*
cometido m • *taak*; *opdracht* • *plicht*
★ *desempeñar un ~ een opdracht uitvoeren*
★ cumplir (con) su ~ *zijn plicht doen*
comezón v • *kriebel*; *jeuk* • *hunkering*; *onrust*
★ ~ interna *innerlijke onrust*
comible BNW *te eten*; *eetbaar*
cómic m *strip(verhaal)*
cómica v • *actrice*; *toneelspeelster* • *comédienne*;
blijspelactrice
comicidad v *geestigheid*
comicios m mv *verkiezingen*
cómico I m *komiek* ★ ~ ambulante/de la legua
rondtrekkend komediant **II** BNW • *blijspel-*
• *komisch*; *grappig*
comida v • *eten* • *voedsel* • *middagmaal* ★ dar
una ~ *een etentje aanbieden* ★ casa de ~s
eethuis ★ reposar la ~ *uitrusten na het eten*;
het eten laten zakken ★ tasar la ~ al enfermo
een zieke op dieet zetten
comidilla v • *stokpaardje* • *onderwerp van
gesprek* ★ la boda del príncipe fue la ~ de la
gente *iedereen praatte over de bruiloft van de
prins*
comido BNW *verteerd*; *(op)gegeten*; *aangevreten*
★ ~ y bebido *met zijn natje en zijn droogje* ★ ~
de/por *detailhandel door* ★ bien ~ *goed doorvoed*
★ (lo) ~ por (lo) servido *het loont nauwelijks*;
loon naar werk
comienzo m *start*; *begin* ★ a ~s de *begin* ‹v. een
maand› ★ dar ~ (a) *laten beginnen*; *beginnen
(met)*
comillas v mv *aanhalingstekens* ★ entre ~ *tussen
aanhalingstekens*
comilón I m *smulpaap*; *veelvraat* **II** BNW *gulzig*;
schrokkerig
comilona v • → **comilón** • *eetfestijn*; *feestmaal*
cominero I m *pietlut*; *muggenzifter* **II** BNW
pietluttig
comino m • *komijn(zaad)* • *niets* ★ no vale un ~

het is geen klap waard
comisaría v *commissariaat* ★ ~ de policía
politiebureau
comisario m • *afgevaardigde*; *commissaris*
• *politiecommissaris* ★ ~ de la Inquisición|del
Santo Oficio *vertegenwoordiger van de
inquisitie* ★ MIL. ~ de guerra *hoofd van een
intendance*
comiscar OV+ON WW *af en toe wat knabbelen
(aan)*; *(met) kleine beetjes eten*
comisión v • *het plegen*; *het begaan* • ECON.
provisie • *commissie* ★ ~ de los monumentos
monumentenzorg ★ ~ de reclutamiento
keuringscommissie
comisionado BNW *gemachtigde*; *afgevaardigde*
comisionar OV WW *afvaardigen*; *machtigen*
comisionista m/v *commissionair*; *handelsagent*
comiso m • *verbeurdverklaring*
• *geconfisqueerde goederen* ★ de ~ *in beslag
genomen* ‹gerechtelijk›
comistrajo m *slecht bereide maaltijd*; *ratjetoe*
comisura v *hoek* ★ ~ de los labios *mondhoek*
comité m *comité*; *commissie*; *delegatie* ★ ~
paritario *paritaire bedrijfscommissie* ★ ~ de
huelga *stakingscomité*; *stakingsleiding* ★ ~ de
empresa *ondernemingsraad*
comitiva v *stoet*; *optocht*; *gevolg* ★ ~ fúnebre
lijkstoet
cómitre m FIG. *slavendrijver*
como VW • *als*; *zoals* • *aangezien*; *omdat*
• *indien*; *als* • *dat* • *zodra* ★ como guapo *wat
knapheid betreft* ★ como para *om* ★ como
para desternillarse de risa *om je dood te
lachen* ★ como es bijvoorbeeld ★ como no
tenzij ★ como que *daarom* ★ como quiera que
sea *hoe het dan ook zij* ★ como saberlo, no lo
sé *ik weet het eerlijk gezegd niet* ★ como sea
hoe dan ook ★ como si *alsof* ★ así como
evenals ★ no sé cómo no le mato *ik zou hem
het liefst zijn nek om willen draaien* ★ según y
como *dat hangt ervan af* ★ yo como tú *zowel
jij als ik*
cómo VNW • *hoe* • *wat!* • *wat nu!* • *hoe dat zo?*
• *waarom* ★ ¿cómo te encuentras? *hoe voel je
je?* ★ ¿cómo así? *hoe kan dat nou?* ★ ¡cómo
no! *natuurlijk!*; *maar natuurlijk!* ★ ¿cómo que
no? *waarom niet?* ★ ¡cómo que no lo sabe!
wat, weet hij dat niet! ★ ¿cómo? *wat?* ★ ¡cómo
llueve ahora! *wat een regen!* ★ ¿cómo has
tardado tanto? *waarom heb je er zo lang over
gedaan?*
cómoda v • *commode*; *ladekast* • *secretaire*
comodidad v *comfort*; *gemak*; *gerieflijkheid*
comodín m • *joker* • *handig ding*; *bruikbaar iets*
• *voorwendsel*
cómodo BNW • *comfortabel*; *gerieflijk*
• *gemakkelijk* • *prettig* ★ ¿estás ~? *zit je
lekker?* ★ iponte ~! *maak het je gemakkelijk*
comodón I m ‹v: **comodona**› *gemakzuchtig
iemand* **II** BNW ‹v: **comodona**› *gemakkelijk*;
gemakzuchtig
comodoro m *commandeur*
comoquiera BIJW *hoe dan ook* ★ ~ que sea *hoe
het ook zij*
compacidad v *compactheid*; *dichtheid*
compacto BNW *samengeperst*; *compact*; *dicht*

CO

★ disco ~ *compact-disc, cd*

compadecer OV WW *medelijden hebben met; begaan zijn met*

compadecerse WKD WW *medelijden krijgen*

compadezca WW (1e/3e p ev subj. t.t.)
→ **compadecer**

compadraje m • *kliek; combine* • *gekonkel*

compadrazgo m • *relatie tussen vader en peetvader* • *complot; kliek*

compadre m • *aanspreekvorm tussen vader en peetvader* • *makker; kameraad*

compaginar OV WW • *rangschikken; ordenen; opmaken* • *in overeenstemming brengen*

compaginarse WKD WW *stroken (met)* ★ esto no se compagina con su dignidad *dat strookt niet met zijn waardigheid*

compaña v *groep* ⟨vrienden⟩; *gezelschap* ★ en buen amor y ~ *in vrede en vriendschap*

compañerismo m • *kameraadschap* • *teamgeest*

compañero m • *gezel; vriend; kameraad* • *levensgezel* • *partner* • *medespeler* • *(lot)genoot* ★ ~ de fatigas *lotgenoot* ★ ~ de viaje *reisgenoot; medereiziger; (politiek) fellow traveller* ★ ~ de vida *levensgezel* ★ ~ en desgracias *lotgenoot* ★ el ~ de este zapato *de andere schoen; de schoen die bij deze schoen hoort* ★ ~ de armas *wapenbroeder* ★ ~ de clase *klasgenoot* ★ ~ de dormitorio *slapie*

compañía v • *gezelschap* • *maatschappij* • *compagnie* • en ~ de *in gezelschap van* ★ la ~ de Jesús *De Sociëteit van Jezus; de jezuïetenorde* • hacer ~ a u.p. *iemand gezelschap houden* ★ Casa Vidal y Cía. *Firma Vidal* ★ ~ naviera *rederij* ★ malas ~s *slecht gezelschap* ★ ~ aseguradora/de seguros *verzekeringsmaatschappij* ★ ~ aérea *luchtvaartmaatschappij* ★ ~ exportadora *exportonderneming* ★ me gusta la ~ *ik ben een gezelligheidsmens* ★ ~ de ballet *balletgezelschap*

comparable BNW *vergelijkbaar*

comparación v *vergelijking* ★ en ~ con *in vergelijking met* ★ no tiene ~ con *dat is niet te vergelijken met*

comparado BNW • *vergeleken* • *vergelijkend* ★ historia comparada *vergelijkende geschiedenis*

comparar OV WW • *vergelijken* • *gelijkstellen* ★ ~ a/con *vergelijken met*

comparativo I m TAALK. *vergelijkende trap* II BNW *vergelijkend* • cuadro ~ *vergelijkende tabel*

comparecencia v *het verschijnen* ⟨voor de rechter⟩

comparecer ON WW • *verschijnen* ⟨voor de rechter⟩ • *op komen dagen; opduiken*

compareciendo m *dagvaarding*

comparezca WW (1e/3e p ev subj. t.t.)
→ **comparecer**

comparsa I v • *groep figuranten* • *maskerade; optocht* ⟨v. een carnavalsgroep⟩ II m/v *figurant*

comparsería v *figuranten*

compartimiento m • *het samen delen* • *compartiment; afdeling* • *coupé* ★ SCHEEPV. ~ estanco *waterdicht compartiment* ★ ~ de

equipaje *bagageruimte*

compartir OV WW *delen* ★ ~ entre muchos *onder velen verdelen* ★ ~ las penas con u.p. *iemands zorgen delen* ★ ~ con *delen met*

compás m • *passer* • MUZ. *maat* • *kompas* ★ ir al ~ *in de maat blijven* • llevar el ~ *maat houden; de maat slaan* ★ ~ mayor *twee-tweede maat* ★ ~ menor *vierkwartsmaat* ★ ~ de dos por cuatro *tweekwartsmaat* ★ ~ binario *tweekwartsmaat* ★ ~ de cuadrante *kwadrantcirkel*

compasado BNW *weloverwogen; verstandig*

compasar OV WW • *aanpassen; afmeten* • MUZ. *in maten verdelen*

compasillo m *vierkwartsmaat*

compasión v *het medelijden* ★ mover a ~ *medelijden oproepen* • dar ~ *medelijden wekken* • ¡por ~! *heb meelij!* ★ tener ~ con/por *medelijden hebben met*

compasivo BNW *medelijdend; medelevend; vol medeleven*

compatibilidad v *compatibiliteit; overeenstemming*

compatible BNW *compatibel; verenigbaar; combineerbaar* ★ ~ con *verenigbaar/ compatibel met*

compatriota m/v *landgenoot; landgenote*

compeler OV WW *verplichten; dwingen; noodzaken*

compendiar OV WW *inkorten; samenvatten; een uittreksel maken*

compendio m *compendium; uittreksel; samenvatting*

compendioso BNW *bondig; beknopt*

compenetración v • *totale vermenging* • *het doordringen tot in onderdelen*

compenetrarse WKD WW • *zich totaal vermengen; elkaar doordringen* • *zich met elkaar identificeren; elkaar volledig begrijpen*

compensación v • *vereffening; genoegdoening; compensatie* • *schadeloosstelling; vergoeding* ★ en ~ de *als vergoeding voor* ★ cámara de compensaciones *clearinginstituut* ★ ~ de despido *ontslagpremie* ★ ~ de gastos *onkostenvergoeding* ★ ~ horaria *uurvergoeding* ★ ~ parcial *tegemoetkoming; gedeeltelijke vergoeding*

compensar I OV WW • *opwegen tegen* • *schadeloosstellen; vergoeden; compenseren* II ON WW *de moeite waard zijn*

competencia v • *wedijver; (wed)strijd* • *concurrentie* • *taak; bevoegdheid* • *competentie; deskundigheid; bekwaamheid* ★ cuestión de ~ *jurisdictiegeschil* ★ ~ desleal *oneerlijke concurrentie* ★ a ~ *om strijd* ★ ~ encarnizada *felle concurrentie* ★ ser de la ~ *ressorteren onder*

competente BNW • *bevoegd* • *competent; bekwaam; deskundig*

competer ON WW *competeren; vallen onder de bevoegdheid*

competición v *competitie; wedstrijd*

competidor I m *concurrent* II BNW *concurrerend*

competir /i/ ON WW *wedijveren; concurreren; mededingen*

CO

competitividad v *concurrentievermogen*
competitivo BNW *concurrerend*
compilación v • *het bijeenbrengen*; *het compileren* • *verzameling*; *compilatie*
compilar OV WW • *samenstellen* • *bijeenbrengen*; *verzamelen*
compinche m/v • *maat*; *kameraad*; *kornuit* • *medeplichtige*; *trawant*
complacencia v *voldoening*, *(wel)behagen*
complacer OV WW • *ter wille zijn* • *een genoegen doen*; *behagen* ★ puedo ~le *ik kan u van dienst zijn*
complacerse WKD WW *er behagen in scheppen om*; *het leuk vinden om*
complacido BNW *voldaan*; *tevreden*; *vergenoegd*
complaciente BNW • *inschikkelijk*; *toegeeflijk* • *beleefd*; *beminnelijk* • *gedienstig*
complazca WW (1e/3e p ev subj. t.t.)
→ **complacer**
complejidad v *complexiteit*; *gecompliceerdheid*
complejo I m • *samengesteld geheel*; *complex* • *obsessie*; *complex* ★ ~ de castración *castratiecomplex* ★ ~ de culpabilidad *schuldcomplex* ★ ~ de Edipo *oedipuscomplex* ★ ~ de inferioridad *minderwaardigheidscomplex* ★ ~ vitamínico *vitaminecomplex* **II** BNW • *complex*; *samengesteld* • *ingewikkeld*; *gecompliceerd*
complementar OV WW *aanvullen*; *volledig maken*; *completeren*
complementario BNW *aanvullend*
complemento m • *voltooiing*; *aanvulling* • TAALK. *complement* ★ ~ directo *lijdend voorwerp* ★ ~ indirecto *meewerkend voorwerp* ★ ~ circunstancial *bijwoordelijke bepaling*
completamente BIJW *volledig*; *geheel* ★ estar ~ loco *stapelgek zijn*
completar OV WW *completeren*; *aanvullen*; *voltooien*
completo BNW • *vol*; *compleet* • *volledig*; *volmaakt* ★ ser ~ *volledig geschikt zijn* ‹voor zijn werk› ★ va ~ *hij zit vol* ‹v. bus/tram› ★ por ~ *totaal*; *geheel en al*
complexión v *constitutie*; *gestel*; *lichaamsbouw*
complexionado BNW ★ bien ~ *sterk gebouwd* ~ con kilos
complicación v • *complicatie*; *verwikkeling* • *complexiteit*; *ingewikkeldheid*
complicado BNW *ingewikkeld*; *gecompliceerd*; *lastig*
complicar OV WW • *compliceren*; *ingewikkeld maken* • *verwikkelen in*; *betrekken bij*
complicarse WKD WW • *gecompliceerd worden* • *het zich moeilijk maken*
cómplice m/v *medeplichtige*
complicidad v *medeplichtigheid*
complot m *complot*; *samenzwering*
complugo WW (3e p ev v.t.) → **complacer**
complutense I m/v *iemand uit Alcalá de Henares* **II** BNW *uit Alcalá de Henares*
compón WW (geb. wijs, jij-vorm) → **componer**
compondrá WW (3e p ev tk.t.) → **componer**
componedor m (v: **componedora**) *samensteller* ★ amigable ~ *bemiddelaar*
componenda v • *bedriegerij*; *zwendel* • *(tijdelijke) regeling*; *schikking*
componente I m • *lid* • *element*; *bestanddeel*

★ los ~s de la expedición *de deelnemers aan de expeditie* **II** BNW *samenstellend*
componer OV WW • *vormen*; *samenstellen* • *bestaan uit* • *opmaken*; *versieren* • *doen opknappen*; *herstellen*; *repareren* • *schrijven*; *componeren* • *zetten* ‹v. drukwerk› ★ ~ en clave *coderen*
componerse WKD WW • *samengesteld zijn uit* • *zich opknappen* ★ componérselas *het voor elkaar krijgen* ★ compóntelas como puedas *zie je er zelf maar uit te redden*
componga WW (1e/3e p ev subj. t.t.)
→ **componer**
componible BNW *verenigbaar*
comportamiento m *gedrag* ★ ~ de compra *koopgedrag* ★ ~ económico *economische koers*
comportar OV WW • *impliceren*; *met zich meebrengen* • *toestaan*
comportarse WKD WW *zich gedragen*
comporte m • *gedrag* • *(lichaams)houding*
composición v • *compositie*; *muziekstuk* • TECHN. *het zetten*; *zetwerk* • *samenstelling*; *mengeling* • *opstel* ★ hacer una ~ de lugar *de zaken op een rijtje zetten*; *de voors en tegens tegen elkaar afwegen* ★ ~ química *chemische verbinding*
compositor m *componist*
compostelano I m *iemand uit Santiago de Compostela* **II** BNW *van/uit Santiago de Compostela*
compostura v • *herstel*; *reparatie* • *verzorging*; *opsmuk*; *tooi* • *samenstelling* • *gematigdheid*; *ingetogenheid* ★ guardar la ~ *zijn fatsoen houden* ★ tener ~ *gemengd zijn* ‹v. metalen›; *vervalst zijn*; *legering* ★ el motor ya no tiene ~ *de motor kan niet meer gemaakt worden*
compota v *compote*; *vruchtenmoes*
compotera v *jampot*; *compoteschaal*
compra v • *(in)koop*; *aanschaf* • *boodschap* ★ ir a la ~ *boodschappen doen* ★ ir de ~s *winkelen*; *inkopen doen*
comprable BNW *te koop*; *omkoopbaar*
comprador I m (v: **compradora**) *koper* **II** BNW (v: **compradora**) *kopend*
comprar OV WW • *kopen* • *omkopen* ★ se lo compré *ik heb het voor hem/haar gekocht* ★ ~ por kilos *bij het gewicht kopen* ★ ~ al fiado *op de pof kopen* ★ ~ el derecho de entrar (en) *zich inkopen (in)* ★ ~ a crédito *op krediet kopen* ★ estar animado a ~ *kooplustig zijn* ★ ~le la voluntad a u.p. *iemand omkopen*
compraventa v *in- en verkoop* ★ contrato de ~ *koopcontract*
comprender OV WW • *inhouden*; *behelzen*; *omvatten* • *begrijpen* • *beseffen*; *inzien* ★ ~ de qué se habla *begrijpen waar het over gaat* ★ ¡comprendido! *begrepen!* ★ está comprendido el porte *vracht is inbegrepen* ★ hacerse ~ *duidelijk maken wat men bedoelt*; *zich verstaanbaar maken*
comprendido BNW *inbegrepen* ★ servicio ~ *inclusief bediening* ★ todo ~ *alles inbegrepen*
comprensibilidad v *bevattelijkheid*; *begrijpelijkheid*
comprensible BNW *begrijpelijk*
comprensión v *begrip* ★ falta de ~ *onbegrip* ★ ~

CO

auditiva/oral *luistervaardigheid* ★ ~ escrita
leesvaardigheid
comprensivo BNW *tolerant; begrijpend*
★ explicar de modo ~ *duidelijk uitleggen*
compresa v ● *kompres* ● *maandverband*
compresibilidad v *samendrukbaarheid*
compresible BNW *samendrukbaar*
compresión v *compressie; samendrukking*
compresivo BNW *samendrukkend*
compresor I m *perspomp; compressor* II BNW
samendrukkend
comprimible BNW *samendrukbaar*
comprimido I m ● *pil; tablet* ● COL, PERU
spiekbriefje II BNW *samengeperst* ★ aire ~
samengeperste lucht ★ bomba de aire ~
perspomp
comprimir OV WW ● *samendrukken* ● COMP.
comprimeren
comprobable BNW *verifieerbaar; aantoonbaar;
aanwijsbaar*
comprobación v *staving; controle; toetsing*
comprobante m *bewijsstuk*
comprobar /ue/ OV WW ● *verifiëren; controleren*
● *bekrachtigen; bevestigen*
comprometedor BNW *compromitterend*
★ situación ~a *hachelijke toestand*
comprometer OV WW ● *compromitteren; in
verlegenheid brengen; in moeilijkheden
brengen* ● *verbinden om; verplichten tot* ● *aan
arbitrage onderwerpen*
comprometerse WKD WW ● *toezeggen* ● *zich
verdacht maken* ● *zich verloven* ★ no querer ~
zich niet willen verbinden; de boot afhouden
★ ~ con u. p. *met iemand in zee gaan*
comprometido BNW ● *pijnlijk; netelig*
● *gevaarlijk; hachelijk* ● *verplicht; verbonden;
geëngageerd* ● *verloofd* ★ su fama está
comprometida *zijn goede naam staat op het
spel* ★ todos están ~s *niemand gaat vrijuit*
compromisario I m ● *afgevaardigde;
vertegenwoordiger* ● *kiesman* II BNW
afgevaardigd; vertegenwoordigend
compromiso m ● *afspraak; verbintenis;
compromis* ● *compromitterende situatie;
netelige positie* ★ iqué ~! *wat pijnlijk!* ★ es un
~ para mí *het is onaangenaam voor mij*
★ contraer/suscribir un ~ *een verplichting
aangaan* ★ cancelar/rescindir un ~ *een
overeenkomst opzeggen; een afspraak breken*
★ sin ~ *vrijblijvend* ★ ~ verbal *mondelinge
overeenkomst* ★ ~ matrimonial *trouwbelofte*
★ libre de ~ *vrijblijvend* ★ poner en (un) ~ *in
verlegenheid brengen* ★ por ~ *louter uit
plichtsbesef; plichtmatig*
compuerta v *sluisdeur* ● bajar la ~ *toevoer van
het water afsluiten*
compuesto BNW ● *samengesteld* ● *opgedoft;
mooi opgemaakt* ★ estar ~ de *bestaan uit*
★ quedarse compuesta y sin novio *alles voor
niets gedaan hebben*
compulsa v *rechtsgeldig afschrift*
compulsar OV WW *verifiëren; collationeren*
compulsión v *dwang*
compunción v ● *wroeging* ● *droefheid*
compungido BNW ● *berouwvol* ● *bedroefd*
compungir OV WW ● *tot berouw brengen*

● *wroegen*
compungirse WKD WW *berouw hebben*
compurgar OV WW *zuiveren*
compuso WW (3e p ev v.t.) → **componer**
computación v ● *berekening; telling* ● LA
informatica
computador m *computer*
computar OV WW ● *berekenen; uitrekenen*
● *rekenen; meten; (mee)tellen*
computerización v *automatisering;
computerisering*
computerizar OV WW *computeriseren; door de
computer (laten) verwerken* ★ fichero
computerizado *computerbestand*
computista m/v VEN *computerprogrammeur*
cómputo m ● *telling; berekening* ● COMP.
uitdraai ★ ~ eclesiástico *kerkelijk jaar*
comulgante I m/v REL. *communicant(e)* II BNW
overeenstemmend
comulgar I OV WW *de communie uitreiken* II ON
WW *ter communie gaan* ★ ~ con ruedas de
molino *zich in de maling laten nemen* ★ ~ con
u.p. *iemands zienswijze delen* ★ ~ en u.c.
instemmen met iets
comulgatorio m *communiebank*
común I m *gemeenschap* ★ el ~ de las gentes *de
meeste mensen* II BNW ● *gemeenschappelijk;
algemeen* ● *alledaags; gewoon; gebruikelijk*
● *slecht* (v. kwaliteit) ★ ~ denominador
gemeenschappelijke noemer ★ en ~
gemeenschappelijk ★ de ~ acuerdo *naar
wederzijds goedvinden* ★ lugar ~ *gemeenplaats*
★ sentido ~ *gezond verstand* ★ por lo ~
gewoonlijk
comuna v ● *commune* ● LA *gemeente*
comunacho m/v CHI *communist; rooie*
comunal BNW ● *gemeenschappelijk*
● *gemeentelijk; gemeente-*
comunero I m *deelnemer; mede-eigenaar* (v.
gemeenschappelijke weidegrond) ★ GESCH.
~s *opstandelingen van de Comunidades de
Castilla* II BNW *hartelijk; rondborstig; open*
comunicable BNW ● *overdraagbaar*
● *mededeelzaam; innemend; welwillend*
comunicación v ● *verbinding; communicatie;
contact* ● *voordracht; lezing* ● *bericht;
mededeling* ★ estar de ~ *contact hebben*
★ medio de ~ *de massas
massacommunicatiemiddel* ★ tener ~
equivocada verkeerd verbonden zijn ★ ~ por
ferrocarril *spoorwegverbinding* ★ pedir ~ *een
verbinding aanvragen* ★ vía de ~
verbindingsweg
comunicaciones v mv *communicatiemedia*
comunicado I m *ingezonden stuk;
communiqué; mededeling* ● ~ de prensa
persbericht II BNW ● *bien ~ met een goede
verbinding* ★ comunicadísimo *met een
uitstekende verbinding*
comunicante I m/v *zegsman; zegsvrouw;
spreker* II BNW *communicerend; mededelend*
★ ~ con *in verbinding staand met*
comunicar I OV WW ● *meedelen* ● *overbrengen*
● *in verbinding brengen; verbinden*
● *onderhouden; spreken* ★ ~ con *in verbinding
staan met* ★ están comunicando *in gesprek*

⟨telefoon⟩ ★ no comunica *geen gehoor* ‖ ON ww ★ *verbonden zijn*; *in verbinding staan* ● *in gesprek zijn* ⟨telefoon⟩

comunicarse WKD WW *overslaan* ⟨v. vuur⟩

comunicativo BNW *openhartig; mededeelzaam* ★ una alegría comunicativa *een aanstekelijke vrolijkheid*

comunidad v ● *gemeenschappelijkheid* ● *gemeenschap* ● REL. *gemeente* ★ en ~ *gezamenlijk; samen* ★ ~ de bienes *gemeenschap van goederen* ★ ~ autónoma (in Spanje) *autonome regio* ★ ~ de intereses *belangengemeenschap* ★ Comunidad Europea *Europese Gemeenschap*

comunión v ● *gemeenschappelijkheid* ● *communie* ★ de primera ~ *op en top aangekleed* ★ ~ de los fieles *gemeenschap der gelovigen* ★ primera ~ *eerste communie* ★ ~ de los Santos *gemeenschap der heiligen* ★ ~ de la Iglesia *gemeenschap der heiligen*

comunismo m *communisme*

comunista I m/v *communist* ‖ BNW *communistisch*

comunitario BNW *communautair* ★ países ~s *EG-landen*

con VZ ● *met; door; bij* ● *jegens; tegen* ● *ofschoon; terwijl* ★ con (tal) que *mits* ★ icon tanto como ...! *na al dat ...!* ★ icon lo que ...! *na al dat ...!* ★ para con *met betrekking tot; tegenover* ★ con todo (eso) *desondanks* ★ con saludarme se fue a la calle *terwijl hij mij groette ging hij de straat op* ★ con ser muy trabajador, gana muy poco *al werkt hij hard, toch verdient hij weinig* ★ con trabajar lo conseguirás *als je maar werkt, krijg je het wel gedaan* ★ ino te metas con nosotros! *laat ons met rust!* ★ me visto con ese sastre *ik ben bij die kleermaker* ★ con ardor *vurig* ★ ni con mucho *bij lange na niet* ★ con eso *daarop*

conato m ● *poging; moeite* ● *bemoeiing* ● *bedoeling*

concatenar OV WW *aaneenschakelen*

concavidad v ● *holheid* ● *holte; uitholling*

cóncavo BNW *hol(rond)* ★ pecho ~ *ingevallen borst*

concebible BNW *voorstelbaar; begrijpelijk*

concebir /i/ OV WW ● *in verwachting raken van* ● *begrijpen; zich (kunnen) voorstellen* ● *krijgen; opvatten* ★ hacer ~ *doen geloven* ★ ~ esperanzas *hoop koesteren* ★ el telegrama estaba concebido en los siguientes términos *het telegram luidde als volgt* ★ ~ un plan *een plan opvatten* ★ ~ sospechas *achterdocht krijgen* ★ no lo concibo *daar kan ik (met mijn verstand) niet bij*

conceder OV WW ● *verlenen; toekennen; toestaan* ● *erkennen; toegeven* ★ ~ atención a *aandacht schenken aan* ★ ~ crédito a *geloof hechten aan* ★ ~ un crédito a *een krediet verlenen aan* ★ ~ un préstamo *een lening verstrekken* ★ ~ valor a *waarde toekennen aan*

concederse WKD WW ★ ~ un descanso *zich rust gunnen*

concejal m/v *gemeenteraadslid*

concejil I m *gemeenteraadslid* ‖ BNW *van de gemeente*

concejo m ● *gemeenteraad; dorpsvergadering* ● *gemeentehuis, stadhuis* ★ sesión del ~ *zitting van de gemeenteraad*

concentración v *concentratie* ★ ~ parcelaria ≈ *ruilverkaveling* ★ campo de ~ *concentratiekamp* ★ falto de ~ *verstrooid* ★ capacidad de ~ *concentratievermogen* ★ ~ de fuego *spervuur*

concentrado BNW *geconcentreerd; sterk* ⟨v. koffie⟩ ★ a sí mismo *in zichzelf gekeerd*

concentrar OV WW *concentreren* ★ ~ la atención en *alle aandacht richten op*

concéntrico BNW *concentrisch*

concepción v ● *conceptie; bevruchting; ontvangenis* ● *opvatting; begrip* ★ la Inmaculada Concepción *de Onbevlekte Ontvangenis*

conceptismo m *conceptisme*

conceptista BNW *spitsvondig*

concepto m ● *concept; opvatting* ● *oordeel; achting* ● *begrip; gedachte* ● *opzicht* ★ en un ~ *kort en goed* ★ por ningún ~ *onder geen beding* ★ en mi ~ *naar mijn mening* ★ por todos ~s *in elk opzicht* ★ en ~ de *naar de opvatting van; als; bij wijze van* ★ un ~ pesimista de *een sombere kijk op* ★ tener un alto ~ de *een hoge dunk hebben van*

conceptual BNW *conceptueel*

conceptuar /ú/ OV WW *oordelen; achten; houden voor* ★ ~ de interés *voor nuttig houden* ★ ser conceptuado de *doorgaan voor; gehouden worden voor*

conceptuoso BNW *overladen; (te) rijk aan ideeën*

concerniente BNW *betreffend* ★ ~ a eso *wat dat betreft*

concernir /ie/ OV WW *betreffen; aangaan* ★ por lo que concierne a *wat ... betreft*

concertado BNW *ordelijk*

concertar /ie/ I OV WW ● *overeenkomen; afspreken* ● *tot overeenstemming brengen/ komen* ● *samenbrengen* ★ ~ las paces entre dos rivales *twee tegenstanders met elkaar verzoenen* ★ ~ el seguro *de verzekering afsluiten* ‖ ON WW ● *overeenkomen; overeenstemmen* ● MUZ. *op dezelfde wijze gestemd zijn* ● TAALK. *congrueren*

concertina v *concertina*

concertino m *eerste violist; concertmeester*

concertista m/v ● *concertmeester* ● *concertist; solist* ★ ~ de violín *vioolvirtuoos*

concesión v *concessie; tegemoetkoming; inwilliging* ★ sin concesiones *zonder een enkele concessie*

concesionario I m *concessiehouder* ‖ BNW *die een concessie verkregen heeft*

concha v ● *schild; schaal; schelp* ● *hoorn* ● *souffleurshokje* ● ZA, VULG. *kut* ● LA, UITGEZ. ZZA *onbeschoft; brutaal* ★ ~ del apuntador *souffleurshokje* ★ ~ de Santiago *jakobsschelp* ★ meterse en su ~ *in zijn schulp kruipen* ★ tener más ~s que un galápago *zo glad zijn als een aal; zeer gereserveerd zijn* ★ iqué ~ la tuya! *jij hebt lef, zeg!*

conchabanza v ● *goed baantje* ● *intrige; kuiperij*

conchabar OV WW ● *beramen* ⟨v. een complot⟩ ● ZZA *iemand in dienst nemen op contractbasis*

• CHI *ruilen*
conchabarse WKD WW *samenspannen*
concho I m • CHI *benjamin* • CR *onbeschoft persoon* • DOM *taxi* II TW *verdorie*
conchos m mv → **concho** • LA *prut; bezinksel* • *etensresten*
conchudo I m/v • LA, UITGEZ. ZZA, BEL. *zak; kutwijf* • BOL, CHI, VEN *geluksvogel* II BNW • *listig; geslepen* • MEX, VEN *laks, onverschillig*
conciencia v • *bewustzijn* • *geweten* ∗ ~ *limpia/sucia schoon/slecht geweten* ∗ ~ *ancha/estrecha ruim/streng geweten* ∗ a ~ *consciëntieus* ∗ a ~ *de que in de wetenschap dat* ∗ en ~ *eerlijk; oprecht* ∗ remorder la ~ a u.p. *het knagen van iemands geweten* ∗ descargar la ~ *opbiechten; zijn geweten ontlasten* ∗ caso de ~ *gewetenszaak; gewetenskwestie* ∗ lo creo caso de ~ *ik houd het voor raadzaam* ∗ no tener ~ *gewetenloos zijn* ∗ ~ de clase *klassenbewustzijn* ∗ ~ de culpabilidad *schuldbesef* ∗ ~ de su propio valor *gevoel van eigenwaarde* ∗ ~ del deber *plichtsbesef*
concienzudo BNW *consciëntieus; nauwgezet; plichtsgetrouw*
concierto m • *overeenkomst* • *harmonie* • *concert* ∗ sin orden ni ~ *lukraak* ∗ quedar de ~ *overeenkomen* ∗ de ~ *in goed overleg; gezamenlijk* ∗ ~ benéfico *benefietconcert* ∗ ~ matinal *ochtend-/koffieconcert*
conciliable BNW *verenigbaar*
conciliábulo m *geheime samenkomst*
conciliación v *verzoening* ∗ juicio de ~ *gerechtelijke schikking*
conciliador BNW *verzoenend*
conciliar I BNW *van het concilie* II OV WW *verzoenen*
conciliatorio BNW *verzoenend*
concilio m REL. *vergadering* ∗ ~ ecuménico *oecumenisch concilie* ∗ ~ diocesano *diocesane concilie* ∗ Concilio de Trento *Concilie van Trente*
concisión v *beknoptheid; bondigheid*
conciso BNW *kernachtig; beknopt; bondig*
concitar OV WW *aanwakkeren; opstoken*
concitarse WKD WW *zich op de hals halen*
conciudadano m • *stadsgenoot* • *landgenoot*
conclave m *conclaaf*
concluir I OV WW • *beëindigen; afmaken; (be)sluiten* • *concluderen; afleiden* ∗ iasunto concluido! en daarmee uit, basta! ∗ ~ un libro *een boek uitlezen* II ON WW *aflopen; ophouden; eindigen* ∗ ihemos concluido! *afgelopen!* ∗ ~ con uno *met iemand breken* ∗ ~ de escribir *uitschrijven* ∗ ~á *slot volgt* ∗ lo que concluyó de arruinarle *wat hem definitief te gronde richtte* ∗ concluyó por callarse también *uiteindelijk hield ook hij zijn mond* ∗ no he concluido todavía *ik ben nog niet klaar*
conclusión v *conclusie; gevolgtrekking; beslissing* ∗ en ~ *kortom; ten slotte* ∗ llegar a una ~ *tot een conclusie komen*
concluso BNW *afgesloten; beëindigd*
concluya WW (1e/3e p ev subj. t.t.) → **concluir**
concluyente BNW *definitief; beslissend*

concomerse WKD WW *zich opvreten*
concomitancia v *het samengaan; het gelijktijdig bestaan*
concomitante BNW *neven-; samengaand* ∗ síntomas ~s *bijverschijnselen*
concón m CHI • *landwind aan de kust* • *dwergooruil*
concordancia v *concordantie; overeenkomst; overeenstemming*
concordante BNW *overeenstemmend*
concordar /ue/ ON WW *stroken; overeenkomen; overeenstemmen* ∗ ~ con la factura *met de rekening overeenstemmen*
concordato m *concordaat*
concorde BNW *overeenkomstig met*
concordia v *overeenstemming; harmonie; eendracht* ∗ reinar la ~ *totale overeenstemming bereiken* ∗ de ~ *met algemene stemmen*
concreción v • *concretisering* • *verstening; stolling*
concretamente BIJW • *in het bijzonder* • *om precies te zijn* • *eigenlijk*
concretar OV WW • *concretiseren* • *beperken; in het kort weergeven*
concreto BNW *concreet; tastbaar* ∗ en ~ *in concreto* ∗ un caso ~ *een bepaald geval* ∗ en el caso ~ *in het onderhavige geval*
concubina v *concubine; bijzit; maîtresse*
conculcar OV WW *overtreden; met voeten treden*
concupiscencia v *begeerte; wellust*
concurrencia v • *toeloop; samenloop* • *aanwezigen; menigte*
concurrente I m/v *bezoeker; aanwezige* II BNW • *samenvallend* • *aanwezig* ∗ ~ a *aanwezig bij*
concurrido BNW *druk bezocht*
concurrir ON WW • *samenkomen; zich verenigen* • *bijdragen* • *deelnemen* ∗ ~ en la misma opinión *dezelfde mening hebben* ∗ ~ a *inschrijven voor; bijwonen; deelnemen aan* ∗ ~ al mismo fin *naar hetzelfde doel streven* ∗ ~ a las urnas *naar de stembus gaan*
concursante m/v *deelnemer; kandidaat*
concursar ON WW *meedingen*
concurso m • *samenkomst; toeloop; samenloop* • *wedstrijd; prijsvraag* • *sollicitatieprocedure; aanbesteding* ∗ ~ de acreedores *vergadering van crediteuren* ∗ el ~ *de aanwezigen* ∗ abrir un ~ *een wedstrijd uitschrijven* ∗ declarar desierto un ~ *een wedstrijd afgelasten* ∗ prestar su ~ *zijn medewerking verlenen* ∗ ~ de belleza *schoonheidswedstrijd* ∗ ~ de televisión *televisiequiz*
concusión v • *stoot; (hersen)schudding* • *afpersing*
condado m • *graafschap* • *grafelijke waardigheid; grafelijke titel*
condal BNW *graaf-; van de graaf*
conde m *graaf*
condecoración v • *ereteken; decoratie* • *het onderscheiden; het decoreren*
condecorar OV WW *onderscheiden; decoreren*
condena v *veroordeling; vonnis* ∗ cumplir su ~ *zijn straftijd uitzitten* ∗ ~ condicional *voorwaardelijke veroordeling*
condenable BNW *afkeurenswaardig; strafbaar*

condenación v *veroordeling; verwerping* ★ ~ *eterna eeuwige verdoemenis* ★ ¡~! *verdomme!*

condenado I m • *veroordeelde* • *boef; verdoemde* ★ *gritar como un* ~ *roepen als een bezetene* **II** BNW • *veroordeeld* • *verduiveld; verdomd* • *roekeloos; geslepen*

condenar OV WW • *veroordelen* • *veroordelen; vervloeken; verdoemen* • *verplichten* • *dichtmetselen; afsluiten* ★ ~ *a diez años de prisión tot 10 jaar gevangenisstraf veroordelen*

condenarse WKD WW • *(schuld) bekennen* • *verdoemd worden* • *zich vreselijk ergeren*

condenatorio BNW *veroordelend*

condensación v • *condensatie* • *condensaat* • *condens*

condensado BNW *gecondenseerd*

condensador I m *condensator* ★ ~ *de fuerzas accu* **II** BNW *condenserend; verdichtend*

condensar OV WW • *indampen; verdichten; verdikken* • *condenseren* • *samenvatten; korter uitdrukken*

condesa v *gravin*

condescendencia v • *beminnelijkheid* • *toegevendheid*

condescender /ie/ ON WW *zich verwaardigen* ★ ~ *a zich verwaardigen om te* ★ ~ *en ingaan op; genoegen nemen met* ★ ~ *a los ruegos de u.p. aan iemands verzoek gehoor verlenen* ★ ~ *con u.p. iemand iets toegeven* ★ ~ *en hacer u.c. op iets ingaan*

condescendiente BNW *inschikkelijk; toegeeflijk* ★ *se muestra* ~ *con sus debilidades hij geeft toe aan zijn zwakheden*

condestable m *konstabel; oppermaarschalk*

condición v • *eigenschap; aanleg; aard; gemoed* • *rang; afkomst; herkomst* • *verplichting; voorwaarde* ★ *a* ~ *de op voorwaarde dat* ★ *ser de* ~ *tot de hogere klasse behoren; van hoge komaf zijn* ★ *rendirse sin condiciones onvoorwaardelijk overgeven* ★ ~ *'sine qua non' noodzakelijke voorwaarde* ★ ~ *social status* ★ *de* ~ *dudosa van twijfelachtige reputatie* ★ *persona de* ~ *iemand van aanzien* ★ *estar en condiciones deugen; in orde zijn* ★ *estar en buenas condiciones in goede staat verkeren; in goede conditie zijn* ★ *tener (mala)* ~ *stug zijn* ★ *piensa el ladrón, que todos son de su* ~ *zoals de waard is, vertrouwt hij zijn gasten* ★ *de condiciones acústicas akoestisch gebouwd* ⟨v. zaal⟩ ★ *poner a uno en* ~ *de hacer u.c. iemand iets mogelijk maken* ★ ~ *de socio lidmaatschap* ★ *condiciones de pago betalingsvoorwaarden* ★ *condiciones laborales/de trabajo werkomstandigheden* ★ ~ *del suelo bodemgesteldheid*

condicionado BNW *geconditioneerd; voorwaardelijk*

condicional BNW *voorwaardelijk* ★ *modo* ~ *voorwaardelijke wijs*

condicionar OV WW • *laten afhangen (van)* • *conditioneren*

condiciones v mv • → **condición** • *staat; toestand; kwaliteiten; aanleg*

condigno BNW *passend; behorend tot*

condimentación v *het kruiden*

condimentar OV WW *kruiden*

condimento m *specerij*

condiscípulo m *medeleerling; klasgenoot*

condolencia v *condoleantie; deelneming*

condolerse /ue/ WKD WW *zijn deelneming betuigen aan; medelijden hebben met*

condominio m • *gemeenschappelijke soevereiniteit* ⟨in gebied met gemeenschappelijk eigendom⟩; *gemeenschappelijk eigendom* • LA *appartement, flat (in gebouw met gemeenschappelijk eigendom)*

condón m *condoom* ★ ~ *femenino vrouwencondoom*

condonar OV WW *gratie verlenen; kwijtschelden*

cóndor m *condor*

conducción v • *het rijden; het besturen; vervoer* • *buizennet; leiding* ★ ~ *de aguas waterleiding* • *licencia de* ~ *officiële benaming vh rijbewijs in Spanje* ★ ~ *descuidada nonchalant rijgedrag*

conducente BNW *leidend tot; gericht op*

conducir I OV WW • *(ge)leiden; voeren; brengen* • *vervoeren* • *besturen* ⟨v. auto⟩ • *de leiding hebben over* **II** ON WW • *leiden* • *(auto)rijden* ★ *¿a qué conduce? wat heeft het voor zin?; waar leidt het toe?*

conducirse WKD WW *zich gedragen*

conducta v • *houding; gedrag* • *overeenkomst van dienstverlening* ★ *línea de* ~ *gedragslijn* ★ *mala* ~ *wangedrag*

conductibilidad v *geleidingsvermogen*

conductismo m *behaviorisme*

conductividad v → **conductibilidad**

conducto m • *pijp; leiding; buis* • OOK FIG. *kanaal* ★ *por* ~ *de via; door tussenkomst van* ★ ~ *alimenticio spijsverteringskanaal* ★ ~ *auditivo gehoorgang*

conductor I m • *bestuurder; chauffeur* • *geleider* • *leider* • RPL *programmapresentator* • CHI *conducteur* ⟨op trein⟩ ★ ~ *eléctrico leidingsdraad* ★ ~ *auxiliar bijrijder* ★ ~ *de grúa kraandrijver* ★ ~ *de tranvía trambestuurder* ★ ~ *suicida/asesino spookrijder* ★ LA ~ *de orquesta dirigent* **II** BNW *geleidend*

condueño m *mede-eigenaar*

condujo WW (3e p ev v.t.) → **conducir**

condumio m INF. *voer; prak; kost*

conduzca WW (1e/3e p ev subj. t.t.) → **conducir**

conectado BNW *ingeschakeld*

conectar OV WW *verbinden; aansluiten; inschakelen* ★ ~ *el embrague overschakelen*

conectivo BNW *verbindings-; koppel-*

conejera v • *konijnenhol; konijnenhok* • *konijnenfokkerij*

conejillo m *konijntje* ★ ~ *de Indias cavia; proefkonijn*

conejo m • *konijn* • *konijnenbont* • SL *rekruut, groentje* • INF. *poesje* ⟨vrl. geslachtsdeel⟩ ★ *(son)risa de* ~ *schijnheilig (glim)lachje*

conexión v • *koppeling; samenhang* • *verbinding* ★ *conexiones relaties; connecties* ★ ~ *de tierra aardverbinding* ⟨v. radio⟩ ★ COMP. ~ *de redes netwerk*

conexionarse WKD WW *connecties aanknopen*

conexo BNW *samenhangend*

CO

confabulación v *complot; samenzwering*
confabular ON WW *beramen; converseren*
confabularse WKD WW *samenzweren; samenspannen*
confección v *bereiding; samenstelling; vervaardiging* • *confectie* • *opmaak* ⟨v. pagina⟩ ★ *de ~ confectie-* ★ *casa/almacén de confecciones kledingmagazijn*
confeccionado BNW *vervaardigd; gefabriceerd*
confeccionar OV WW *samenstellen; vervaardigen; bereiden*
confederación v *bondgenootschap; verbond* • *statenbond* • *bond; confederatie* ★ Confederación Germánica *Duitse Bondsrepubliek*
confederado I m *lidstaat; bondgenoot* II BNW *in een confederatie verenigd; verbonden; bonds-*
confederar OV WW *aaneensluiten; federaliseren; alliëren*
conferencia v *vergadering; bespreking* • *lezing; voordracht* ★ ~ *de prensa persconferentie* ★ *dar ~s lezingen geven* ★ ~ *radiotelefónica radiotelefonisch gesprek* ★ *salón de ~s vergaderzaal* ★ *poner una ~ interlokaal bellen* ★ ~ *cumbre topconferentie* ★ ~ *a/de cobro revertido telefoongesprek op kosten van ontvanger*
conferenciante m/v *spreker*
conferenciar ON WW *besprekingen houden; beraadslagen*
conferencista m/v *spreker*
conferir /ie, i/ OV WW *schenken; toekennen; verlenen* ★ ~ *(plenos) poderes volmacht verlenen*
confesar /ie/ OV WW • *bekennen; toegeven* • *biechten* • *de biecht afnemen* • *verklaren* ★ ~ *de plano openlijk toegeven*
confesión v • *biecht; bekentenis; geloofsbelijdenis* • *gezindte; geloof* ★ *oír la ~ de biecht afnemen*
confesional BNW • *biecht-* • *confessioneel* ★ *el secreto ~ het biechtgeheim*
confesionario m *biechtstoel*
confeso BNW *bekend hebbend* • *convicto y ~ een volledige bekentenis afgelegd hebbend*
confesor m *biechtvader*
confeti m *confetti*
confiable BNW *betrouwbaar*
confiado BNW • *vol vertrouwen* • *argeloos; goedgelovig*
confianza v • *vertrouwen* • *openhartigheid; vertrouwelijkheid* ★ *con ~ in vertrouwen* ★ *abuso de ~ misbruik van vertrouwen* ★ *voto de ~ motie van vertrouwen* ★ ~ *propia zelfvertrouwen* ★ *dicho sea en ~ in vertrouwen gezegd* ★ *es de ~ hij is te vertrouwen* ★ *hacerse digno de la ~ vertrouwenswaardig blijken* ★ *inspirar ~ vertrouwen inboezemen* ★ *de ~ betrouwbaar; bekend; vertrouwd*
confianzudo BNW *vrijpostig; te vertrouwelijk*
confiar /í/ OV WW • *vertrouwen* • *toevertrouwen* • *in vertrouwen vertellen* • *(~ en) rekenen op*
confidencia v *vertrouwelijke mededeling* ★ *hacer ~s ontboezemingen doen* ★ *ponerse en plan de ~s vertrouwelijk worden*

confidencial BNW *discreet; vertrouwelijk* ★ *estrictamente ~ strikt geheim*
confidente m/v • *vertrouweling* • *spion*
configuración v • *configuratie* • *structuur* • COMP. *configuratie*
configurar OV WW *vorm geven aan; vormen*
configurarse WKD WW *vorm krijgen*
confín m • *grens* • *uithoek* ★ *los confines del orbe het einde van de wereld*
confinado I m *geïnterneerde* II BNW *verbannen*
confinar I OV WW • *verbannen* • *opsluiten* II ON WW *grenzen* (**con** *aan*)
confirmación v *bevestiging* • REL. *vormsel*
confirmar OV WW • *bevestigen* • *versterken* • *beamen* • REL. *vormen* ★ *confirmando su atta. carta del 18 cte. hierbij bevestigen wij de ontvangst van uw brief van de 18e jl.*
confirmatorio BNW *bevestigend*
confiscación v *inbeslagname; confiscatie*
confiscar OV WW *confisqueren; in beslag nemen; verbeurd verklaren*
confitado BNW • *gekonfijt* • *vol illusies*
confitar OV WW *konfijten; inmaken*
confite m • *snoepje; suikerboon* • SL. *tipgever* • SL. *tip aan de politie*
confitería v • *snoepwinkel; banketbakkerij* • BOL, RPL *theesalon*
confitero m *banketbakker*
confitura v • *jam; marmelade* • SL. *verraad*
conflagración v *(het uitbreken van) oorlog* ★ *la segunda ~ mundial het uitbreken van de tweede wereldoorlog*
conflictivo BNW *conflictueus* • MIL. *zona conflictiva conflictzone* • *punto ~ strijdpunt*
conflicto m • *geschil; wrijving; conflict* • *lastig parket; dilemma* ★ *tener un ~ in een conflictsituatie zitten* ★ ~ *laboral arbeidsgeschil* ★ ~ *de intereses belangenstrijd* ★ ~ *fronterizo grensconflict*
confluencia v • *het samenkomen; samenvloeiing* • *kruispunt; samenloop*
confluente m *arm* ⟨v. rivier⟩; *straat* ⟨bij kruispunt⟩
confluir ON WW *samenkomen; samenvloeien*
confluya WW (1e/3e p ev subj. t.t.) → **confluir**
conformación v *structuur; samenstelling; opbouw* ★ ~ *del cuerpo lichaamsbouw*
conformar OV WW • *in overeenstemming brengen; aanpassen* • *vormen* • *voor akkoord tekenen*
conformarse WKD WW ★ ~ *con/a zich schikken in; zich tevreden stellen met*
conforme I m *goedkeuring; bevestiging; fiat* ★ *dar el ~ goedkeuren* II BNW • *overeenstemmend; gelijkluidend* • *akkoord; eens* • *quedarse ~ con zich tevreden stellen met; zich schikken in* ★ *estar ~ con beantwoorden aan* ★ *¿estás ~? ben je het ermee eens?* ★ *hallar ~ juist/akkoord bevinden* III BIJW • *volgens; overeenkomstig; zodra* ★ ~ *a lo convenido volgens overeenkomst* IV VW *naarmate; naar gelang*
conformidad v • *gelijkenis; overeenstemming* • *instemming; goedkeuring* • *gelatenheid; berusting* ★ *en esta ~ op deze voorwaarde* ★ *de ~ overeenkomstig; eensgezind* ★ *en ~ con in*

overeenstemming met; *overeenkomstig*

conformismo m *conformisme*

conformista I m/v *conformist* **II** BNW *conformistisch* ★ no ~ *non-conformistisch*

confort m *comfort*

confortable BNW • *bemoedigend* • *comfortabel*

confortante I m *versterkend middel* **II** BNW *verkwikkend*; *versterkend*

confortar OV WW *(ver)troosten*; *opbeuren*; *bemoedigen*

confraternidad v *broederschap*; *hechte vriendschap*

confraternizar ON WW *zich (met elkaar) verbroederen*

confrontación v *confrontatie* ★ ~ *armada gewapend conflict*

confrontar OV WW • *vergelijken* • *in elkaars tegenwoordigheid horen* ‹v. getuigen›; *confronteren* ★ ~ *con naast elkaar liggen*; *grenzen aan*

confundible BNW *(gemakkelijk) te verwarren*

confundir OV WW • *verwisselen*; *verwarren* • *verdoezelen*; *doen vervagen* • *verstoren*; *in de war brengen* • *verlegen maken*; *in verwarring brengen*; *beschaamd doen staan* ★ ~ *los colores kleurenblind zijn*

confundirse WKD WW • *zich vergissen* • *opgaan* ‹in de massa› • *verward raken*; *in verwarring raken* ★ ~ *de número verkeerd verbonden zijn*

confusión v • *onduidelijkheid*; *verwarring* • *beschaamdheid*; *verlegenheid* ★ *estar en un mar de confusiones perplex staan*; *in verwarring raken* ★ ~ *verbal spraakverwarring* ★ *sembrar* ~ *verwarring zaaien*

confusionismo m *verwarring*

confuso BNW • *verward*; *wanordelijk* • *onduidelijk*; *vaag* • *beschaamd*; *verlegen*

confutar OV WW *weerleggen*

conga v *conga*

congelación v *bevriezing* ★ ~ *rápida diepvries* ★ ~ *salarial loonstop* ★ ~ *de imagen (tv) freeze*

congelado BNW *bevroren* ★ *quedarse* ~ *stijf van de kou zijn*

congelador m *vriesvak*; *(diep)vrieskist*

congelar OV WW *bevriezen*

congénere I m/v *soortgenoot* **II** BNW *(aan)verwant*; *gelijksoortig*

congeniar ON WW *het goed met elkaar kunnen vinden*; *goed met elkaar overweg kunnen*

congénito BNW *aangeboren*

congestión v • MED. *congestie*; *bloedaandrang* • *verstopping*; *opstopping*

congestionado BNW • *rood aangelopen* • *verstopt*, *overbelast* ★ *el tráfico está* ~ *het verkeer zit vast*

congestionar OV WW *verstoppen*; *congestie veroorzaken*; *opstopping veroorzaken*

congestionarse WKD WW • *verstopt raken* • *rood worden* • MED. *een congestie krijgen*

conglomeración v *(het) samenklonteren*; *opeenhoping*

conglomerado m *conglomeraat*; *opeenhoping*

conglomerar OV WW *opeenhopen*; *bijeenbrengen*; *tot een massa verenigen*

conglutinar OV WW *doen samenkleven*; *(samen)lijmen*

congoja v *angst*; *benauwdheid*; *smart*

congosto m *ravijn*; *nauwe bergpas*

congraciar OV WW *de gunst winnen van*

congraciarse WKD WW *in de gunst komen*

congratular OV WW *feliciteren*; *gelukwensen*

congratularse WKD WW *zich gelukkig prijzen*; *heel blij zijn*

congregación v REL. *broederschap*; *congregatie* ★ *la* ~ *de los fieles de katholieke kerk*

congregar OV WW *samenbrengen*; *bijeenbrengen*

congresal m ZA *congresganger*

congresista m/v *congresganger*; *deelnemer*

congreso m • *bijeenkomst* • *parlement* • *congresgebouw*; *parlementsgebouw* • *congres* ★ ~ *de los Diputados Kamer van afgevaardigden* ‹Tweede Kamer›

congrio m *zeepaling*

congruencia v *gelijk(vormig)heid*; *overeenstemming*; *congruentie*

congruente BNW • *in overeenstemming* • *congruent* ★ *ser* ~ *con in overeenstemming zijn met*

congruo BNW *congruent*; *overeenstemmend*; *passend*

cónico BNW *taps*; *conisch*; *kegelvormig*

conífera v *conifeer*; *naaldboom*

conjetura v *vermoeden*; *gissing*

conjeturable BNW *vermoedelijk*

conjeturar OV WW *gissen*; *vermoeden*

conjugación v • *samenvoeging* • TAALK. *vervoeging*

conjugar OV WW • *samenvoegen*; *verbinden* • TAALK. *vervoegen*

conjunción v • *het samengaan*; *verbinding* • *voegwoord*

conjuntivitis v *conjunctivitis*; *bindvliesontsteking*

conjuntivo BNW *verbindend*

conjunto I m • *samenspel*; *vereniging*; *verzameling* • *geheel* • MUZ. *groep*; *ensemble* • *combinatie* ‹v. kleding› • *de* ~ *samenvattend* ★ *en* ~ *in zijn geheel*; *alles samen* ★ ~ *rockero rockgroep* ★ *impresión* ~ *algemene indruk* ★ ~ *de circunstancias samenloop van omstandigheden* **II** BNW *gezamenlijk*; *verbonden*

conjura v *samenzwering*; *complot*

conjurado m *samenzweerder*

conjurar I OV WW • *bezweren*; *uitbannen*; *afzweren* • *verdrijven*; *afweren* **II** ON WW • *samenzweren* • *smeken*

conjuro m *bezweringsformule*; *bezwering* ★ *al* ~ *de onder invloed van*; *door de magie van*

conllevar OV WW *dulden*; *verdragen* ★ ~ *la pérdida in het verlies delen*

conmemoración v • *herdenking* • *herdenkingsviering* ★ ~ *de los Difuntos Allerzielen*

conmemorar OV WW *herdenken*; *gedenken*; *vieren*

conmemorativo BNW *herdenkings-*; *ter nagedachtenis* ★ *fiesta conmemorativa herdenkingsfeest*

conmigo PERS VNW *met mij*; *bij mij* ★ *iven* ~! *kom met mij mee!*

conmilitón m *wapenbroeder*; *krijgsmakker*

CO

conminación v *bedreiging; dreigement*

conminar ON WW *bedreigen*

conminatorio BNW *dreigend ★ carta conminatoria dreigbrief*

conmiseración v *medelijden*

conmoción v *ontroering; opschudding; schok ★ ~ cerebral hersenschudding ★ ~ popular volksoproer*

conmocionar OV WW • *beroering veroorzaken bij; ontroeren* • *een hersenschudding veroorzaken bij; schokken*

conmovedor BNW *aangrijpend; ontroerend*

conmover /ue/ OV WW • *aangrijpen; ontroeren* • *schokken; doen schudden*

conmovido BNW *aangedaan; ontroerd*

conmutación v • *verwisseling; omschakeling; omzetting* • *verlichting ⟨v. straf⟩*

conmutador m • *stroomwisselaar; schakelaar* • LA *telefooncentrale ★ ~ de márgenes de ondas golfbereikschakelaar ★ ~ selector keuzeschakelaar*

conmutar OV WW • *verwisselen; omschakelen* • *verlichten ⟨straf⟩ ★ ~ por verwisselen met ★ ~ en veranderen in*

connatural BNW *aangeboren*

connaturalizarse WKD WW *gewend raken; acclimatiseren*

connivencia v *samenspanning; heimelijke verstandhouding; geheime overeenstemming ★ estar en ~ con onder één hoedje spelen met*

connotación v • *connotatie* • *verre verwantschap*

connotar OV WW *impliceren*

cono m *kegel ★ cono truncado afgeknotte kegel ★ cono de luz kegelvormige lichtbundel*

Cono m ★ Cono Sur *zuidelijk deel van Zuid-Amerika*

conocedor I m *kenner; expert ★ ~ del mundo mensenkenner* II BNW *op de hoogte; ervaren; bedreven ★ ~ de u.c. bekend met iets*

conocer I OV WW • *weten; kennen; verstand hebben van* • *leren kennen* • *onderscheiden; herkennen* • *seksuele omgang hebben ⟨bijbels⟩ ★ ~ palmo a palmo iets tot in de finesses kennen ★ ~ al dedillo iets tot in de finesses kennen ★ dar a ~ bekend maken ★ le conozco por la voz ik herken hem aan zijn stem ★ conocí a tu hermano en Londres ik heb je broer in Londen leren kennen* II ON WW *verstand hebben van*

conocerse WKD VNW • *elkaar (leren) kennen* • *zichzelf kennen* • *bekend staan/worden ★ ~ como bekend staan als ★ se conoce que het is te merken (te zien, te horen) dat*

conocido I m *bekende; kennis* II BNW • *bekend* • *beroemd; erkend ★ ser ~ de antemano van tevoren vaststaan*

conocimiento m • *kennis* • *benul; gezond verstand; inzicht* • *bewustzijn* • ECON., SCHEEPV. *connossement* • (mv) *relaties, connecties ★ está en pleno ~ hij is bij zijn volle bewustzijn ★ llegar u.c. a ~ de u.p. iemand iets ter ore komen ★ perder el ~ het bewustzijn verliezen ★ recobrar el ~ weer bij kennis komen ★ tener ~ verstandig zijn ★ tener ~ de op de hoogte zijn van ★ ~ de causa kennis van zaken ★ ~s*

kennis; deskundigheid ★ estar sin ~ bewusteloos zijn ★ sin nuestro ~ buiten ons om ★ con ~ verstandig ★ en ~ verstandig ★ ~ previo voorkennis ★ ~s profesionales vakkennis

conozca WW (1e/3e p ev subj. t.t.) → **conocer**

conque I m • *voorwaarde* • (mv) *maren, bedenkingen* II VW *dus; zodat ★ ~ ésas tenemos ¿eh? oh, zo zit het dus?*

conquista v • *onderwerping; OOK FIG. verovering* • *het veroverde; verworvenheid; verovering*

Conquista v *verovering van Latijns-Amerika*

conquistador I m • *veroveraar* • *Don Juan* • (mv) *veroveraars van Latijns-Amerika* II BNW *veroverend*

conquistar OV WW • *onderwerpen; veroveren* • *verwerven* • *voor zich winnen; verrukken; het hart veroveren van ★ ~ por hambre uithongeren ★ ~ el mercado de markt veroveren*

conquistarse WKD VNW *voor zich winnen ★ saber ~ a los demás hij weet anderen voor zich te winnen*

consabido BNW *(wel)bekend; gebruikelijk; bovengenoemd*

consagración v • *inwijding; inzegening* • *consecratie*

consagrado BNW • *gewijd* • *gevestigd*

consagrar OV WW • REL. *consacreren* • OOK REL. *wijden* • *opdragen* • *bevestigen ★ pintor consagrado schilder van naam*

consanguíneo I m *bloedverwant* II BNW *bloedverwant-*

consanguinidad v *bloedverwantschap*

consciencia v → **conciencia**

consciente BNW • *bewust* • *bij bewustzijn ★ ser ~ verantwoordelijk zijn; toerekeningsvatbaar zijn ★ estar ~ bij bewustzijn zijn*

conscripción v *rekrutering; dienstplicht*

conscripto m *rekruut; dienstplichtige*

consecución v *verwerving; het bereiken; verkrijging*

consecuencia v • *het consequent zijn* • *consequentie; gevolg ★ tener ~s gevolgen hebben ★ sacar en/como ~ concluderen ★ en ~ dientengevolge ★ a ~ de ten gevolge van ★ pasar sin mayores ~s met een sisser aflopen ★ ¡atente a las ~s! je bent gewaarschuwd! ★ tocar las ~s de gevolgen ondergaan ★ traer ~s belangrijke gevolgen met zich meebrengen ★ traer por ~ tot gevolg hebben*

consecuente BNW • *consequent* • *daaruit voortvloeiend; logisch; daarmee samenhangend*

consecutivo BNW *opeenvolgend*

conseguible BNW *haalbaar; bereikbaar*

conseguido BNW *geslaagd; goed gelukt*

conseguir /i/ OV WW *(ver)krijgen; bereiken; erin slagen om ★ ~ dominar onder controle krijgen ★ tratar de ~ streven naar ★ ~ un trabajo een baan vinden*

conseja v *sprookje; fabel; legende*

consejería v • SP, POL. *departement* • *ambt van commissaris/raadsman* • CHI *directie van een bedrijf*

consejero m • *adviseur; raadgever* • *lid van*

raad van bestuur/van een raad

consejo m • *advies*; *raad(geving)* • *college*; *raad*
• *raadsvergadering* ★ ~ de disciplina
tuchtcollege ★ ~ de familia *raad van*
kinderbescherming ★ ~ de guerra *krijgsraad*
★ ~ de la empresa *ondernemingsraad* ★ tomar
~ de uno *iemand raadplegen* ★ entrar en ~
beraadslagen ★ ~ de ministros *ministerraad*
★ Consejo de Seguridad *Veiligheidsraad (bij*
VN) ★ ~ de vigilancia *raad van toezicht* ★ ~
asesor *adviesraad* ★ Consejo de Europa *Raad*
van Europa

consenso m *instemming*; *goedvinden* ★ de
común ~ *met algemene instemming* ★ de
mutuo ~ *met wederzijds goedvinden* ★ llegar
al ~ *overeenstemming bereiken*

consentido I m *verwend persoon* II BNW
verwend

consentidor BNW *toegeeflijk*

consentimiento m *toestemming* ★ dar el ~
toestemming verlenen

consentir /ie, i/ OV WW • *toestaan*; *dulden*
• *vertroetelen*; *verwennen* • *kunnen hebben*;
verdragen ★ ~ en *toestemmen in* ★ ~ en las
condiciones *de voorwaarden aannemen*

conserje m/v *conciërge*

conserjería v • *functie van portier* • *portiersloge*

conserva v *conserven*; *het conserveren*; *inmaak*

conservación v *instandhouding*; *behoud* ★ ~ de
los monumentos *monumentenzorg* ★ instinto
de ~ *zucht tot zelfbehoud* ★ ~ del medio
ambiente *milieubehoud* ★ ~ de la naturaleza
natuurbehoud

conservacionisme m • *natuurbescherming*
• *milieubeweging*

conservacionista I m/v *milieu-activist*;
milieubeschermer II BNW ★ movimiento ~
natuurbeschermingsbeweging

conservador I m • *conservator*
• *conserveermiddel* II BNW *behoudend*;
conservatief

conservadurismo m *conservatisme*;
behoudzucht

conservar OV WW • *conserveren*; *behouden*; *in*
stand houden • *nog hebben*; *(zorgvuldig)*
bewaren

conservarse WKD WW *gezond blijven*; *zich in*
conditie houden ★ se conserva bien *hij ziet er*
nog goed uit ★ se conserva ágil *hij is nog*
steeds lenig

conservatismo m *conservatisme*; *behoudzucht*

conservativo m • *conservatief*; *behoudend*
• *conserverend*

conservatorio m *conservatorium*

conservero BNW *conserven-* ★ industria
conservera *conservenindustrie*

considerable BNW • *aanzienlijk*; *gewichtig*
• *behoorlijk*; *aanmerkelijk*

consideración v • *beschouwing*; *overweging*
• *achting*; *waardering* ★ tomar en ~ *in*
overweging nemen ★ ser de ~ *aanzien*
genieten ★ falta de ~ *gebrek aan respect*;
onbeleefdheid ★ en ~ *gezien*; *vanwege*; *met het*
oog op ★ de poca ~ *onaanzienlijk*;
onbeduidend

considerado BNW *beschouwd*; *gezien*; *geacht*

★ estar bien ~ *als een goede zaak beschouwd*
worden ★ ser ~ *vriendelijk omgaan met*

considerando m JUR. *overweging*

considerar OV WW • *overwegen*; *bedenken*
• *respecteren*; *beleefd behandelen*
• *beschouwen als*; *oordelen* • *verbeelden*;
bedenken ★ ~ cuidadosamente *uitkienen* ★ ~
preciso *nodig achten* ★ considera que *bedenk*
wel dat ★ si se considera *welbeschouwd*

considerarse WKD WW *zich beschouwen als* ★ ~
por encima de *zich verheven voelen boven*

consigna v • *opdracht*; *bevel* • *bagagedepot*

consignación v *toewijzing*; *aanduiding*;
vermelding

consignador m *consignant*; *verzender*

consignar OV WW • *bestemmen*; *toewijzen*
• *schriftelijk vastleggen*; *boekstaven* • *in*
bewaring geven; *afgeven* ‹v. bagage› • *in*
consignatie verzenden

consignatario m • *ontvanger* • *geconsigneerde*

consigo PERS VNW *met zich (mee)*; *bij zich* ★ no
tenerlas todas ~ *niet erg rustig (over iets) zijn*

consiguiente BNW *bijbehorend*; *volgend*;
voortvloeiend ★ por ~ *dus*

consistencia v *samenhang*; *consistentie*;
stevigheid

consistente BNW • *vast*; *dicht*; *sterk*
• *consequent*; *logisch*; *samenhangend* ★ ~ en
bestaande uit

consistir ON WW • *bestaan uit* • *inhouden*

consistorial BNW • *gemeente-* • *kerkenraads-*
★ casa ~ *gemeentehuis*; *raadhuis*

consistorio m • *kerkenraad* • *gemeentebestuur*

consocio m • *medelid* • *medevennoot*

consola v • *console*; *tafeltje* • TECHN.
bedieningspaneel

consolable BNW *troostbaar*

consolación v *troost* ★ carrera de ~
verliezersronde ★ premio de ~ *troostprijs*

consolador BNW *troostend*; *troost-*

consolar /ue/ OV WW *troosten*

consolidación v • *versteviging* • *consolidatie*

consolidar OV WW • *verstevigen*; *stutten*
• *stabiliseren*; *consolideren*

consomé m *consommé*; *heldere bouillon*

consonancia v • *overeenstemming* • *rijm*
• *harmonie*; *samenklank* ★ en ~ con *in*
overeenstemming met

consonante I v *consonant*; *medeklinker* II BNW
• *in overeenstemming* • *medeklinker-*

consonántico BNW *van de consonant(en)*

consonar /ue/ ON WW OOK FIG. *harmoniëren*;
rijmen

consorcio m *combinatie*; *samengaan*;
consortium; *pool*

consorte m/v • *gemaal*; *echtgenoot*
• *medeplichtige*; *deelgenoot* ★ príncipe ~ *prins-*
gemaal

conspicuo BNW • *in het oog lopend*; *opvallend*
• *vooraanstaand*; *beroemd*

conspiración v *complot*; *samenzwering*

conspirar ON WW • *samenzweren*;
samenspannen • *samenwerken*

constancia v • *het vaststaan*; *bewijs*; *vermelding*
• LA *schriftelijk bewijs* • *standvastigheid*;
uithoudingsvermogen

CO

constante I v *constante* **II** BNW • *bestendig; stabiel; standvastig* • *voortdurend; constant*
constar ON WW • *vaststaan* • *vermeld staan; voorkomen* ⋆ ~ *de bestaan uit* ⋆ *hacer* ~ *verklaren; vastleggen* ⋆ *conste que no lo sabía ik wist het echt niet* ⋆ *me consta que ik weet zeker dat* ⋆ ~ *por escrito schriftelijk vastleggen*
constatación v *constatering*
constatar OV WW *constateren; vaststellen*
constelación v • *constellatie; sterrenbeeld* • *grote hoeveelheid*
constelado BNW *met sterren bezaaid*
consternación v *consternatie; ontsteltenis*
consternado BNW *onthutst; ontsteld* ⋆ *estar* ~ *diep getroffen zijn*
consternar OV WW *verbijsteren*
consternarse WKD WW *onthutst zijn*
constipación v • *constipatie; verstopping* • *verkoudheid*
constipado I m *verkoudheid* **II** BNW *verkouden*
constiparse WKD WW *kou vatten*
constitución v • *vestiging; oprichting* • *constitutie; gestel* • *grondwet* ⋆ *jurar la Constitución de eed op de Grondwet afleggen* ⋆ *la* ~ *del mundo de schepping van de wereld* ⋆ JUR. ~ *en mora ingebrekestelling* ⋆ ~ *física lichaamsbouw*
constitucional BNW *grondwettig; grondwettelijk*
constituir OV WW • *bestaan uit; vormen; zijn* • *instellen; oprichten* • *maken tot* ⋆ ~ *fianza borg stellen* ⋆ ~ (en) *heredero tot erfgenaam benoemen*
constituirse WKD WW • *zich vertonen* • *bijeenkomen*
constitutivo BNW *constitutief; samenstellend*
constituya WW (1e/3e p ev subj. t.t.)
→ **constituir**
constituyente I m *bestanddeel* **II** BNW • *grondwetgevend* • *samenstellend; constituerend*
constreñimiento m • *verplichting; dwang* • *inperking; beperking* • *constipatie*
constreñir /i/ OV WW • *nopen; dwingen* • *inperken; beperken*
constricción v → **constreñimiento**
constrictor BNW *vernauwend; samentrekkend* ⋆ *músculo* ~ *sluitspier*
construcción v • *constructie; opbouw; vervaardiging* • *bouwkunst* • *gebouw; bouwwerk* ⋆ *en* ~ *in aanbouw* ⋆ *obrero (del ramo) de la* ~ *bouwvakker* ⋆ *permiso de* ~ *bouwvergunning* ⋆ *caja de construcciones bouwdoos* ⋆ ~ *de carreteras wegenbouw* ⋆ GRAMM. ~ *de la frase zinsbouw* ⋆ *construcciones nuevas nieuwbouw* ⋆ ~ *de vivienda woningbouw*
constructivo BNW *opbouwend* ⋆ *crítica constructiva opbouwende kritiek*
constructor I m *aannemer; bouwer* ⋆ ~ *de hormigón betonwerker* ⋆ ~ *de violines vioolbouwer* **II** BNW *bouw-*
construir OV WW • *bouwen; vormen; construeren; verzinnen; bedenken*
construya WW (1e/3e p ev subj. t.t.)
→ **construir**
consuegro m *vader van schoonzoon/*

schoondochter
consuelda v ⋆ ~ *mayor smeerwortel* ⋆ ~ *menor brunel*
consuelo m *bemoediging; troost; verlichting* ⋆ *no tener* ~ *ni sosiego rust noch duur hebben* ⋆ *un pobre/triste* ~ *een schrale troost* ⋆ *sin* ~ *ontroostbaar*
consuetudinario BNW *gewoonte-* ⋆ *derecho* ~ *gewoonterecht*
cónsul m/v *consul*
consulado m • *consulaat* • GESCH. *ambtstermijn van een consul; functie van consul* ⟨bij de Romeinen⟩
consular BNW *consulair*
consulta v • *beraadslaging; raadpleging* • *spreekuur; consult* • *praktijk; spreekkamer* • COMP. *zoekopdracht* ⋆ ~ *a domicilio (dokters)visite* ⋆ *pasar/tener (la)* ~ *spreekuur houden; onderzoeken* ⋆ ~s *mutuas onderling overleg* ⋆ *obra de* ~ *naslagwerk*
consultación v *raadpleging*
consultante BNW *raadgevend; adviserend*
consultar OV WW • *consulteren; raadplegen; overleggen* • *opzoeken* ⟨in een tekst⟩; *(erop) naslaan* ⋆ *tengo que* ~*lo con la almohada daar moet ik nog een nachtje over slapen* ⋆ *consulte a su médico raadpleeg uw arts* ⋆ ~ *el reloj op het horloge/de klok kijken*
consultivo BNW *adviserend*
consultor m *adviseur; consulent* ⋆ ~ *de empresas organisatieadviseur* ⋆ *servicio de* ~es *adviesbureau*
consultorio m • *adviesbureau* • *spreekkamer; praktijk; polikliniek* • *vragenrubriek* ⋆ ~ *jurídico wetswinkel* ⋆ ~ *médico spreekkamer*
consumación v *voltrekking; volbrenging* ⋆ *la* ~ *de los siglos het einde van de wereld*
consumado BNW • *volbracht; voltooid* • *volleerd; volmaakt* ⋆ *hecho* ~ *voldongen feit*
consumar OV WW *voltrekken; vervullen; volbrengen* ⋆ ~ *el matrimonio het huwelijk voltrekken*
consumarse WKD WW *geschieden; plaatsvinden*
consumición v • *vertering; wegkwijning* • *consumptie*
consumido BNW *ingevallen; verteerd; uitgeteerd*
consumidor m *consument* ⋆ *organización de* ~es *y usuarios* ≈ *consumentenbond*
consumir OV WW • *verbranden; verwoesten*; OOK FIG. *verteren* • *consumeren; verbruiken; gebruiken* ⋆ *le consumen los celos hij wordt verteerd door jaloezie* ⋆ *este consume mucho tiempo dit neemt veel tijd*
consumirse WKD WW *verteerd worden; verbruikt worden* ⋆ ~ *trabajando zich moewerken*
consumismo m *consumentisme*
consumista BNW *consumptie-* ⋆ *sociedad* ~ *consumptiemaatschappij*
consumo m • *gebruik; verbruik* • *consumptie* ⋆ *derechos de* ~ *accijns* ⋆ ~ *de drogas drugsgebruik* ⋆ ~ *energético energieverbruik* ⋆ *bienes de* ~ *consumptiegoederen* ⋆ *sociedad de* ~ *consumptiemaatschappij* ⋆ *bajo de* ~ *zuinig in gebruik*
consunción v *vertering; uitputting*
consuno ⋆ *de* ~ *in gezamenlijk overleg*

contabilidad v *boekhouding* ∗ ~ de empresa *bedrijfsboekhouding* ∗ llevar la ~ *de boekhouding bijhouden*
contabilizar OV WW *boeken*
contable I m/v *boekhouder* II BNW *te boeken*; *telbaar* ∗ valor ~ *boekwaarde*
contacto m • *contact* • *contactpersoon* • MEX *stekker* ∗ estar en ~ *contact onderhouden* ∗ perder el ~ *het contact verliezen* ∗ ponerse en ~ con *contact opnemen met* ∗ tomar ~ con *contact opnemen met* ∗ ~ estrecho *nauw contact* ∗ ~ sexual *geslachtsgemeenschap* ∗ ~s *aanrakingen*; *connecties*; *relaties*
contado BNW • *geteld* • *schaars*; *zeldzaam* ∗ por de ~ *zeker*; *vanzelfsprekend* ∗ contadas veces *zelden* ∗ al ~ *contant*
contador I m • *verteller* • *teller*; *meter* ⟨v. gas, licht, taxi⟩ II BNW *tellend*
contaduría v *boekhouderskantoor*
contagiar OV WW • *aansteken*; *besmetten* • *overnemen*
contagio m *besmetting*
contagiosidad v *besmettelijkheid*
contagioso BNW *besmettelijk*; *aanstekelijk*
contaminación v *verontreiniging*; *vervuiling* ∗ ~ del agua *waterverontreiniging* ∗ ~ del aire *luchtverontreiniging* ∗ ~ del medio ambiente *milieuverontreiniging* ∗ ~ acústica/sonora *geluidshinder*
contaminante BNW *vervuilend*; *verontreinigend*
contaminar OV WW • *vervuilen*; *verontreinigen* • *aantasten*; *bederven*
contaminarse WKD WW *besmet raken*
contante BNW *contant* ∗ en dinero ~ *contant*
contar /ue/ I OV WW • *(op)tellen* • *vertellen* • *erop rekenen dat*; *ervan uitgaan dat* • *rekenen op*; *er vanuit gaan* ∗ ¡cuéntaselo a tu abuela! *maak dat je grootje wijs* ∗ ¿qué cuenta usted? *hoe gaat het met u?* ∗ como me lo ~on te lo cuento *ik vertel alleen maar wat ze me gezegd hebben* ∗ tiene sus días contados *zijn dagen zijn geteld* ∗ ~ chistes *moppen tappen* II ON WW • *(mee)tellen*; *belangrijk zijn* • *rekenen*; *een berekening maken* ∗ él no cuenta *hij telt niet mee* ∗ no lo cuento por nada *dat tel ik niet* ∗ sin ~ con que *nog afgezien van het feit dat* ∗ ~ por *doorgaan voor*; *houden voor* ∗ ~ hacia atrás *aftellen* ∗ ~ por acabado *als afgerond beschouwen* ∗ ino cuentes con eso! *reken daar maar niet op!* ∗ lo que cuenta es *waar het op aankomt is* ∗ cuenta conmigo *je kunt op me rekenen* • (~ **con**) *rekenen op*
contemplación v *beschouwing*; *meditatie*; *overdenking* ∗ en ~ de *met betrekking tot*; *met het oog op*
contemplaciones v mv • → **contemplación** • *consideratie* • *inschikkelijkheid* • *egards* ∗ no andar con ~ *veel omhaal maken* ∗ tratar con ~ *heel voorzichtig behandelen*
contemplar OV WW • *gadeslaan*; *beschouwen* • *onder ogen zien*; *overwegen* • *toegeeflijk zijn met*; *met veel egards behandelen*
contemplativo BNW *bespiegelend*; *beschouwelijk*
contemporáneo I m *tijdgenoot* II BNW • *uit dezelfde tijd* • *hedendaags*; *eigentijds*

contemporización v • *inschikkelijkheid* • *opportunisme*
contemporizador BNW *inschikkelijk*
contemporizar ON WW *toegeven*; *inschikkelijk zijn* ∗ ~ con u.p. *zich naar iemand schikken*
contén WW (geb. wijs, jij-vorm) → **contener**
contención v • *beheersing*; *beperking*; *beteugeling* • *twist*; *strijd*
contencioso I m *twist(punt)* II BNW *omstreden*; *betwist*
contender /ie/ ON WW *rivaliseren*; *strijden*
contendiente I m/v *deelnemer* ⟨aan gevecht, competitie⟩; *tegenstander* II BNW *strijdend*
contendrá WW (3e p ev tk.t.) → **contener**
contenedor I m *container* ∗ ~ de barrio *gezamenlijke afvalcontainer* ∗ ~ de vidrio *glasbak* II BNW *inhoudend*
contener /ie/ OV WW • *inhouden*; *bevatten* • *in toom houden*; *bedwingen*; *onderdrukken* ∗ ~ las lágrimas *de tranen inhouden* ∗ ~ su temor *zijn angst onderdrukken*
contenerse WKD WW *zich inhouden*
contenga WW (1e/3e p ev subj. t.t.) → **contener**
contenido I m *inhoud* II BNW • *gereserveerd*; *ingehouden* • *bevattend*; *inhoudend*
contenta v • *endossement* • *bewijs van goed gedrag* • LA *universitaire onderscheiding*
contentadizo BNW *gauw tevreden*; *weinig eisend* ∗ mal ~ *veeleisend*
contentamiento m • *tevredenheid* • *blijdschap*
contentar OV WW *tevredenstellen*; *bevredigen*
contento I m *tevredenheid*; *vreugde* II BNW *tevreden*; *blij* ∗ quedarse ~ *tevreden zijn* ∗ se dio por ~ con un sueldo modesto *hij stelde zich tevreden met een bescheiden salaris*
contera v *dop* ⟨v. paraplu, wandelstok⟩; *(metalen) punt* ∗ echar la ~ *beëindigen*; *afsluiten* ∗ por ~ *tot overmaat van ramp*; *bovendien*
contertuliano m *stamgast*; *medebezoeker*
contesta v LA *antwoord*
contestable BNW *betwistbaar*; *aanvechtbaar*
contestación v • *antwoord* • *protest*; *repliek* ∗ dejar sin ~ *onbeantwoord laten*
contestador I m *antwoordapparaat* II BNW LA *brutaal, onbeschoft*
contestar I OV WW • *antwoorden op*; *(be)antwoorden* • *aannemen* ⟨v. telefoon⟩ ∗ ~ con *bevestigen*; *overeenkomen met* ∗ saber ~ *van repliek weten te dienen* II ON WW • *protesteren*; *antwoorden*
contestario I m/v *andersdenkende* II BNW *(maatschappij)kritisch*
contestón BNW • INF. *ad rem, gevat* • *tegensprekend, dwars*
contexto m • *verband*; *context*; *samenhang* • *structuur*; *samenstelling* ∗ sacar del ~ *uit zijn verband rukken*
contextura v • *structuur*; *weefsel* • *constitutie*; *gestel*; *bouw*
contienda v *strijd*; *twist*
contigo PERS VNW *met jou*; *bij jou*
contigüidad v *het aan elkaar grenzen*
contiguo BNW *belendend*; *aangrenzend* ∗ cuarto ~ *zijkamer*
continencia v • *kuisheid*; *onthouding*

co

• *ingetogenheid*; *gematigdheid*
continental BNW *continentaal*; *land-*; *van het vasteland*
continente I m • *omhulsel*; *vat* • *uiterlijk* • *continent* v VERO. *de* ~ *severo er ernstig uitziend* II BNW *ingetogen*; *kuis*
contingencia v • *eventualiteit*; *mogelijkheid* • *risico*
contingente I m • MIL. *lichting* • *bijdrage*; *aandeel* II BNW *mogelijk*; *eventueel* ★ ~ *provincial provinciaal contingent*
continuación v *voortzetting*; *vervolg* ★ a ~ *onmiddellijk daarop*; *vervolgens* ★ *enumerado* a ~ *hieropvolgend* (*in een tekst*)
continuador BNW *voortzettend*
continuar /ú/ OV WW *voortzetten*; *doorgaan*; *vervolgen* ★ ~ *cavando dóórgraven* ★ ~ *con salud nog altijd gezond zijn* ★ ~ *en su puesto zijn betrekking behouden* ★ ~ *de aprendiz leerling blijven* ★ ~*á wordt vervolgd* ★ la casa ~*á a mi nombre de zaak wordt onder mijn naam voortgezet* ★ ~ *amándose nog steeds van elkaar houden*
continuidad v *opeenvolging*; *voortduring*; *continuïteit*
continuo BNW *constant*; *voortdurend*; *onophoudelijk* ★ de ~ *voortdurend* ★ a la continua *op den duur* ★ TECHN. corriente continua *gelijkstroom* ★ ECON. *mercado* ~ *non-stop markt* ★ movimiento ~ *perpetuum mobile*
contonearse WKD WW *heupwiegen*
contoneo m *het heupwiegen*
contorno m *contour*; *omtrek* ★ ~*s omgeving*; *omstreken*
contorsión v *kronkelende beweging*; *draaiende beweging*
contorsionista m/v *slangenmens*
contra I m • *los pros y los* ~*s de voors en tegens* II v • *bezwaar*; *moeilijkheid* • POL. *contra's (in Nicaragua)* • COL *tegengif* ★ *hacer la* ~ *a uno iemand tegenwerken* ★ *llevar la* ~ *dwarsliggen*; *in de contramine zijn* III VZ *tegen(over)* ★ esta *habitación está* ~ *el oriente deze kamer ligt op het oosten* ★ *en* ~ *tegen* ★ *ir en* ~ *de tegen zijn*; *indruisen tegen* ★ *votar en* ~ *tegenstemmen* IV VOORV contra-; *tegen-*
contraalmirante m *schout-bij-nacht*
contra(a)taque m SPORT, MIL. *tegenaanval*
contrabajo m • *contrabassist* • *contrabas*
contrabalancear OV WW • *in evenwicht brengen* • *compenseren*
contrabalanza v *tegenwicht*
contrabandear ON WW *smokkelen*
contrabandista m/v *smokkelaar*
contrabando m • *smokkel(arij)* • *smokkelwaar* ★ de ~ *clandestien*; *verboden* ★ *introducir/pasar de* ~ *binnensmokkelen*
contracarril m *zijspoor*; *contrarail*
contracción v • *samentrekking* • *verkorting*
contracepción v *contraceptie*
contraceptivo BNW *contraceptief*
contrachapado m • *multiplex* • *triplex* • *gelaagd hout* ★ ~ *múltiple multiplex*
contracifra v *sleutel* (v. *code*)
contracorriente v *tegenstroom*; *tegenwind* ★ ir (a) ~ *tegen de stroom oproeien*

contráctil BNW *samentrekbaar*
contracto BNW *samengetrokken*
contractual BNW *contractueel*
contradecir /i/ OV WW • *tegenspreken* • *weerspreken*
contradicción v *tegenspraak*; *tegenstrijdigheid* ★ *no admitir contradicciones geen tegenspraak dulden*
contradictorio BNW *(tegen)strijdig*
contradiga WW (1e/3e p ev subj. t.t.) → **contradecir**
contradijo WW (3e p ev v.t.) → **contradecir**
contradirá WW (3e p ev tk.t.) → **contradecir**
contraer OV WW • *samentrekken* • *doen inkrimpen*; *inkorten* • *sluiten*; *aangaan*; *aannemen* ★ ~ *un compromiso een verplichting aangaan* ★ ~ *deudas in schulden raken* ★ ~ *la frente het voorhoofd fronsen* ★ ~ *matrimonio in het huwelijk treden* ★ ~ *odio contra u.p. een hekel aan iemand krijgen*
contraerse WKD WW *zich beperken*
contraespionaje m *contraspionage*
contrafallar OV+ON WW *overtroeven*
contrafuerte m • ARCHIT. *schoorpijler*; *steunbeer* • *hielstuk* (v. *schoeisel*) • *uitloper* (v. *een berg*)
contragolpe m • OOK FIG. *terugslag* • POL. *tegencoup* • SPORT *tegenaanval*
contrahacer OV WW • *namaken*; *vervalsen* • *nabootsen* • *illegaal kopiëren*
contrahaga WW (1e/3e p ev subj. t.t.) → **contrahacer**
contrahará WW (3e p ev tk.t.) → **contrahacer**
contrahaz v *achterkant* (v. *stof*); *keerzijde*
contrahecho BNW • *misvormd* • *scheefgegroeid*; *gebocheld*
contrahizo WW (3e p ev v.t.) → **contrahacer**
contraiga WW (1e/3e p ev subj. t.t.) → **contraer**
contraindicación v *contra-indicatie*; *tegenargument*
contraindicar OV WW *contra-indiceren*
contrajo WW (3e p ev v.t.) → **contraer**
contralto I m *contra-alt* (*stem*) II v *contra-alt* (*persoon*)
contraluz I m *tegenlichtopname* II v *tegenlicht* ★ a ~ *tegen het licht in* • fotografía a ~ *tegenlichtopname*
contramaestre m • *bootsman* • *opzichter*; *voorman*
contramandar OV WW *herroepen* (v. *een bevel*); *intrekken*
contramano ★ a ~ *in de verkeerde richting*; *tegen het verkeer in*
contramarcha v • *achteruit* (v. *auto*) • *contramars* ★ *dar* ~ *achteruitrijden*
contramarchar ON WW *terugmarcheren*
contramedida v *tegenmaatregel*
contraorden v *tegenbevel* ★ *salvo* ~ *afbestelling voorbehouden*
contrapartida v • *compensatie* • *contrapost*
contrapelo m ★ a ~ *tegen de haren/draad in*
contrapesar OV WW • *in evenwicht brengen* • *opwegen tegen*; *compenseren*; *goed maken*
contrapeso m • *tegenwicht* • *aanvulling*
contrapón WW (geb. wijs, jij-vorm) → **contraponer**

contrapondrá ww (3e p ev tk.t.)
→ **contraponer**
contraponer ov ww • *vergelijken*
• *tegenoverstellen*
contraponerse WKD ww *elkaar tegenspreken*
contraponga ww (1e/3e p ev subj. t.t.)
→ **contraponer**
contraportada v *achterplat* ⟨v. tijdschrift,
krant⟩
contraposición v • *contrast*; *tegenstelling* • *het
tegenover elkaar stellen*; *vergelijking*
contraprestación v *tegenprestatie*
contraproducente BNW *met averechtse
uitwerking*; *het tegendeel bewerkstelligend*
★ sería ~ *daarmee zou juist het
tegenovergestelde bereikt worden*
contrapropuesta v *tegenvoorstel*
contraproyecto m *tegenproject*
contrapuerta v • *vestibuledeur*; *tochtdeur*
• *binnenpoort*; *binnendeur*
contrapuesto BNW *tegen(over)gesteld*
contrapuntear ov ww • *van een contrapunt
voorzien* • *hatelijkheden toevoegen aan*
contrapunteo m LA *discussie*
contrapunto m *contrapunt*
contrapuso ww (3e p ev v.t.) → **contraponer**
contrarreloj v *tijdrit*
contraria v *tegenstandster* ★ llevar la ~ *in de
contramine zijn*; *dwarsliggen*
contrariar /í/ ov ww • *tegenwerken*;
tegenspreken • *vervelend vinden*;
onaangenaam vinden ★ me contraría mucho
ik zou het erg vervelend vinden
contrariedad v • *tegenslag* • *ergernis*
• *tegenstrijdigheid*
contrario I m *vijand*; *tegenstander* II BNW
• *vijandelijk*; *van de tegenstander* • *schadelijk*;
strijdig; *tegen(over)gesteld* ★ al ~ *integendeel*
★ todo lo ~ *integendeel* ★ no digo lo ~ *ik wil
het niet bestrijden* ★ en ~ *in strijd*; *in
tegenstelling* ★ ~ a los usos del comercio
tegen alle handelsgebruik in ★ de lo ~ *anders*;
zo niet ★ por el ~ *integendeel* ★ aviso (en) ~
tegenbericht ★ tráfico ~ *tegemoetkomend
verkeer* ★ viento ~ *tegenwind*
contrarreforma v *Contrareformatie*
contrarréplica v *dupliek*
contrarrestar ov ww *tegengaan*; *neutraliseren*;
tenietdoen
contrarrevolución v *contrarevolutie*
contrarrevolucionario BNW *antirevolutionair*
contrasentido m *absurditeit*; *onzinnigheid*
★ suponer un ~ *een tegenstrijdigheid bevatten*
contraseña v *wachtwoord*; COMP. *password* ★ ~
de salida *sortie* ⟨theater⟩
contrastar I ov ww *keuren*; *ijken*; *controleren*
II ON ww *afsteken*; *contrasteren* ★ ~ con *een
contrast vormen met*; *afsteken tegen*
contraste m *contrast*; *tegenstelling* ★ fiel ~
beëdigd ijkmeester
contrata v *overeenkomst*; *contract*
contratación v • *(het) contracteren*
• *indienstneming*
contratante I m *contractpartij*; *contractant*
II BNW *contract-*
contratar ov ww • *een contract sluiten met*;

contracteren • overeenkomen • in dienst
nemen; aannemen ★ ~ negocios zaken doen
contratiempo m *tegenspoed*; *tegenvaller* ★ iqué
~! *wat onaangenaam!* ★ a ~ OOK FIG. *tegen de
maat in*
contratista m/v *aannemer*
contrato m *contract*; *verbintenis*; *overeenkomst*
★ JUR. ~ bilateral *tweezijdige overeenkomst* ★ ~
de compraventa *koopcontract* ★ JUR. ~
unilateral *eenzijdige overeenkomst* ★ casi ~
stilzwijgend contract ★ ~ en firme *vast verdrag*
★ ~ de retrovendendo *terugkoopcontract* ★ ~
entre compañeros *samenlevingscontract* ★ ~
de trabajo *arbeidscontract*
contratorpedero m *torpedojager*
contratuerca v *contramoer*
contravalor m *tegenwaarde*
contravén ww (geb. wijs, jij-vorm)
→ **contravenir**
contravención v *schending*; *overtreding*
contravendrá ww (3e p ev tk.t.) → **contravenir**
contraveneno m *tegengif*
contravenga ww (1e/3e p ev subj. t.t.)
→ **contravenir**
contravenir /ie, i/ ov ww *schenden*; *overtreden*
contraventana v *vensterluik*; *blind*
contraventor m *overtreder*
contravino ww (3e p ev v.t.) → **contravenir**
contrayente BNW *een huwelijk sluitend*
contribución v • *contributie*; *bijdrage* • *heffing*;
belasting ★ ~ territorial ≈ *onroerendgoedbelasting* ★ poner a ~ *ter beschikking stellen*
contribuir I ov ww *betalen* II ON ww *bijdragen*;
meewerken
contribuya ww (1e/3e p ev subj. t.t.)
→ **contribuir**
contribuyente I m/v *belastingbetaler* II BNW
• *die bijdraagt* • *die belasting betaalt*
contrición v REL. *boetvaardigheid*; *berouw*
contrincante m/v *rivaal*; *tegenstander*
contristar ov ww *bedroefd maken*
contrito BNW *boetvaardig*; *berouwvol*
control m • *controle* • *beheersing*
• *controlepunt*; *controlepost* ★ llevar el ~ *de
leiding hebben* ★ ~ aéreo *(lucht)verkeersleiding*
★ ~ aislado *steekproef* ≈ *remoto/a distancia
afstandsbediening* ★ ~ de armamento
wapenbeheersing ★ ~ de costes
kostenbeheersing ★ ~ de nacimiento/de la
natalidad *geboorteregeling* ★ ~ antidoping
dopingcontrole ★ ~ técnico de automóviles
autokeuring ★ tener bajo ~ *onder controle
hebben* ★ fuera de ~ *onbeheersbaar*
controlador m ★ controlodar aéreo
luchtverkeersleider
controlar ov ww • *controleren*; *toezicht houden
op* • *beheersen*; *onder controle houden*
controversia v *controverse*; *discussie*;
twistgesprek ★ sin ~ *ongetwijfeld*
controvertido BNW *omstreden*
controvertir /ie, i/ ov ww *debatteren over*;
discussiëren over; *strijden over*
contubernio m • *(het) samenwonen* • *geheime
verstandhouding*; *samenzwering*
contumacia v *koppigheid*; *halsstarrigheid*
contumaz BNW *weerspannig*; *koppig*; *halsstarrig*

CO

co

contumelia v *krenking; belediging*
contundencia v *stelligheid*
contundente BNW • *om te slaan; slag-*
• *onweerlegbaar; overtuigend* ★ *arma* ~
slagwapen ★ *prueba* ~ *treffend bewijs*
contundir OV WW *kneuzen*
conturbar OV WW • *verontrusten* • *verwarren*
contusión v *kneuzing*
contusionarse WKD WW *zich kneuzen*
contuso BNW *gekneusd*
contuvo WW (3e p ev v.t.) → **contener**
conuco m • LA *kleine boerderij* • COL *klein lapje grond*
conuquero m LA *keuterboer*
conurbación v *verstedelijkt gebied; agglomeratie*
convalecencia v *herstel* ★ *casa de* ~
verpleeghuis; herstellingsoord ★ *entrar en la* ~
aan de beterende hand zijn ★ *licencia de* ~
ziekteverlof
convalecer ON WW • *genezen* • *herstellen*
convaleciente I m/v *herstellende patiënt* II BNW
herstellend
convalezca WW (1e/3e p ev subj. t.t.)
→ **convalecer**
convalidación v *ratificatie; erkenning;
geldigverklaring*
convalidar OV WW *bekrachtigen; geldig
verklaren*
convección v *convectie*
convecino I m • *buur(man)* • *medeburger*
II BNW *dichtbij; naburig*
convén WW (geb. wijs, jij-vorm) → **convenir**
convencer OV WW *overreden; overtuigen* ★ *no
me convence ik vind het maar matig; hij
bevalt mij niet* ★ *¡convéncete! geloof het nu
maar!*
convencimiento m *overtuiging*
convención v • *overeenkomst; verdrag*
• *congres; conventie* • *vormelijkheid*
convencional BNW • *conventioneel* • *formeel;
vormelijk* ★ *precios* ~*es prijzen volgens
overeenkomst*
convencionalismo m *conventies*
convendrá WW (3e p ev tk.t.) → **convenir**
convenga WW (1e/3e p ev subj. t.t.)
→ **convenir**
convenible BNW • *inschikkelijk* • *schappelijk;
passend*
convenido BNW *overeengekomen; afgesproken*
★ *esto es contra lo* ~ INF. *zo zijn we niet
getrouwd*
conveniencia v • *belang; nut; wenselijkheid*
• *eigenbelang; voordeel* ★ *no es de mi* ~ *het
schikt mij niet* ★ *buscar sus* ~*s op zijn voordeel
bedacht zijn*
conveniencias v mv • *inkomsten* • *goederen*
• *conventies* ★ *faltar a las* ~ *de
maatschappelijke conventies niet respecteren*
conveniente BNW • *verstandig; wenselijk*
• *geschikt; gunstig; raadzaam*
convenio m *akkoord; overeenkomst; verdrag* ★ ~
amistoso minnelijke schikking ★ *hacer un* ~
een vergelijk treffen ★ ~ *colectivo laboral
collectieve arbeids overeenkomst (CAO)* ★ ~
salarial salarisakkoord
convenir /ie, i/ I OV WW • *overeenkomen; het*

eens worden over • *schikken, uitkomen* ★ *una
habitación que le convendrá een kamer die u
zal bevallen* ★ *al enfermo le conviene reposo
de zieke heeft rust nodig* ★ *conviene a saber
namelijk* ★ *según convenga naar believen* ★ ~
con una opinión met een mening instemmen
★ *convengo en que ik geef toe dat* ★ *ahora no
me conviene nu schikt het me niet* ★ *el día
convenido de afgesproken dag* II ON WW
• *wenselijk zijn; nodig zijn; passend zijn*
• *overeenkomen; overeenstemmen* • *passen;
uitkomen* • *afspreken* ★ *hemos convenido (en)
irnos we hebben afgesproken weg te gaan*
conventillo m ZZA *huurkazerne*
convento m *klooster*
conventual I m/v *kloosterling* II BNW *klooster-*
★ *silencio* ~ *kloosterstilte*
convergencia v *convergentie; samenkomen*
convergente BNW • *convergerend;
samenvallend; samenkomend* • *samenwerkend*
converger ON WW • *convergeren; samenvallen*
• *van dezelfde mening zijn*
conversación v *gesprek; conversatie; praatje*
★ *dar* ~ *a u.p. een praatje met iemand maken*
★ *dirigir la* ~ *a u.p. iemand toespreken*
★ *hacer caer la* ~ *sobre het gesprek brengen
op* ★ *hacer derroches de* ~ *erg druk praten*
★ *por donde íbamos de* ~ *waarover we het
juist hadden* ★ ~ *por teléfono telefoongesprek*
★ *entablar* ~ *con aan de praat raken met*
★ *participar en la* ~ *meepraten* ★ ~ *a solas
gesprek onder vier ogen* ★ *cambiar de* ~ *van
onderwerp veranderen* ★ *la* ~ *languidece het
gesprek wil niet vlotten* ★ *tener mucha/poca* ~
veel/weinig gespreksstof hebben
conversador m/v • *prater* • LA *vleier*
conversar ON WW *converseren; spreken*
conversión v • *omzetting* • *bekering* ★ *tabla de*
~ *omrekeningstabel*
converso I m *bekeerling* II BNW *bekeerd*
conversor m *convertor; decodeerapparaat*
convertibilidad v *convertibiliteit;
inwisselbaarheid; omwisselbaarheid*
convertible I m *cabriolet* II BNW *convertibel;
omwisselbaar; inwisselbaar*
convertidor m *omvormer*
convertir /ie, i/ OV WW • *veranderen; omzetten*
• *bekeren* • *converteren; omwisselen* ★ ~ *en
dinero te gelde maken* ★ ~ *en provecho suyo
tot zijn voordeel aanwenden*
convertirse /ie, i/ WKD WW *veranderen* ★ *se
convirtió en un héroe hij werd een held*
convexidad v • *convexiteit* • *bol*
convexo BNW • *convex* • *bol(rond)*
convicción v *overtuiging*
convicciones v mv → **convicción** • *ideeën;
opvattingen*
convicto BNW *veroordeeld; schuldig bevonden*
convidada v *rondje* ★ *dar una* ~ *een rondje
geven*
convidado I m *genodigde; gast* ★ *como un* ~ *de
piedra zonder een woord te zeggen* II BNW
genodigd
convidar OV WW • *uitnodigen; aansporen*
• *trakteren; uitnodigen*
convincente BNW *overtuigend*

convite m • *uitnodiging* • *banket*; *onthaal*; *feestmaal*
convivencia v *samenwoning*; *samenleving*
convivir ON WW *samenwonen*; *samenleven*; *in goede harmonie (samen)leven*
convocación v → convocatoria
convocar OV WW • *bijeenroepen*; *oproepen* • *(een vergadering) beleggen* ★ ~ una huelga *een staking uitroepen/afkondigen*
convocatoria v *convocatie*; *oproep*
convólvulo m *winde*
convoy m • *konvooi*; *escorte* • *konvooi* ⟨spoorwegen⟩; *treinstel* • CUL. *olie- en azijnstel*
convoyar OV WW *escorteren*; *begeleiden*
convulsión v • *stuiptrekking* • *beroering* • *aardschok* ★ convulsiones políticas *politieke agitaties*
convulsionar OV WW • *doen stuiptrekken* • *in hevige beroering brengen*; *in rep en roer brengen*
convulsivo BNW *stuipachtig*; *verscheurd*; *verkrampt* ★ tos convulsiva *kramphoest*
convulso BNW • *stuiptrekkend* • *sidderend* ⟨v. woede⟩; *trillend*
conyugal BNW *huwelijks-*; *echtelijk* ★ unión ~ *echtvereniging*
cónyuge m/v *echtgenoot* ★ ~s *echtelieden*
coña v *flauwe grap*; *geintje* ★ es una coña *dat is strontvervelend* ★ ies la coña! *dat gaat te ver!* ★ ini de coña! *aan mijn reet!*
coñac m *cognac*
coñazo m VULG. • *zeikerd* ⟨persoon⟩ • *kloteding* ★ dar el ~ *zitten te zeiken/kloten*
coñearse WKD WW VULG. *voor lul zetten*
coñete BNW CHI, PERU *krenterig*
coño I m VULG. *kut* ★ tomar a u.p. por el coño de la Bernarda *iemand afzeiken* ★ estar en el quinto coño *in een uithoek liggen*; *godvergeten ver weg zijn* ★ estar hasta el mismísimo coño *het spuugzat zijn*; *het helemaal gehad hebben* ★ iay, qué coño! *wel verdomme!* ★ ichúpate el coño! *sodemieter op!* ★ ¿qué coños pasa aquí? *wat is er hier verdomme aan de hand?* II TW *verdomme*
cooperación v *coöperatie*; *samenwerking* ★ ~ al desarrollo *ontwikkelingssamenwerking*
cooperador I m *medewerker* II BNW *behulpzaam*; *coöperatief*; *meewerkend*
cooperar ON WW *samenwerken*; *meewerken*
cooperativa v • *coöperatie* • *winkel van een coöperatie* ★ ~ agraria *landbouwcoöperatie*
cooperativo BNW *samenwerkend*; *meehelpend* ★ sociedad cooperativa *coöperatie*
cooptación v *coöptatie*
coordenada v *coördinaat*
coordinación v *coördinatie*
coordinado BNW *nevengeschikt* ★ oración coordinada *nevenschikkende zin*
coordinar OV WW *coördineren*; *rangschikken*; *ordenen* ★ ~ los esfuerzos *de krachten bundelen*
copa v • *kelk*; *glas met voet*; *coupe* • *bokaal*; *cup* • *kruin* ⟨v. boom⟩ • *bol* ⟨v. hoed⟩ • *cup*; *bekerwedstrijd* ★ irse de copas *gaan stappen* ★ tener una copa de más *een glaasje te veel ophebben* ★ copa graduada *maatbeker*

copado BNW *met volle kruin*; *met dichte bladerkroon* ★ estar ~ *de pineut zijn*
copar OV WW • MIL. *insluiten* • *va-banque spelen* ⟨casino⟩
coparticipación v *deelgenootschap*
copartícipe I m/v *deelgenoot* II BNW *deel-*
copas v mv • → copa • *harten* ⟨in Spaans kaartspel⟩
copear ON WW *borrelen*; *aan de boemel zijn*; INF. *hijsen*
copela v *smeltkroes*; *bodem van smeltoven*
copeo m *(het) borrelen*; INF. *(het) kroeglopen*
copete m • *kuif* • *kam* ⟨v. vogel⟩ • *(schuim)kop* ⟨op vol glas⟩ ★ tener ~ *zich aanstellen*; *verwaand zijn* ★ persona de alto ~ *persoon van aanzien*; *voornaam persoon*
copetín m LA *aperitief*; *borrel*; *cocktail*
copetudo BNW • *met een kam*; *gekuifd* • *van adellijke afkomst* • *trots*; *verwaand*
copia v • *kopie*; *afschrift* • *evenbeeld* • *het kopiëren* • *overvloed* ★ es su ~ *hij lijkt sprekend op hem*; *het is zijn evenbeeld* ★ sacar una ~ *een afdruk maken* ★ ~ textual *woordelijke weergave* ★ ~ en color *kleurenafdruk/-kopie* ★ ~ pirata *illegale kopie* ★ COMP. ~ de seguridad/de respaldo *back up*
copiadora v *kopieerapparaat*
copiar OV WW • *overschrijven*; *in het net schrijven* • *natekenen*; *naschilderen* • *notuleren* • *imiteren*; *nadoen*; *na-apen* • *overschrijven*; *afkijken*
copiloto m/v • *tweede piloot* • *bijrijder*
copiosidad v *overvloed*
copioso BNW *weelderig*; *overvloedig*; *rijk*
copista m/v *kopiist*
copistería v *kopieerwinkel*; *copyshop*
copla v *strofe*; *gedichtje*; *vierregelig vers* ★ ~s de Calaínos *loze opmerkingen* ★ andar en ~s *over de tong gaan* ★ venir/salir con ~s *er omheen praten*; *met uitvluchten aankomen*
copo m • *(sneeuw)vlok* • *dot* ⟨v. wol/vlas⟩; *pluk* • *vangnet*; *sleepnet* ★ sopa de copos de avena *havermoutpap* ★ copos de maíz (tostado) *cornflakes* ★ copo de nieve *sneeuwvlok*
copón m *hostiekelk*
coproducción v *coproductie*
copropietario m *mede-eigenaar*
copucha v • CHI *leugen*; *smoes* • CHI *roddel*
copuchar ON WW CHI *roddelen*
copuchento BNW CHI • *leugenachtig* • *roddelachtig*
copudo BNW *met volle bladerkroon*
cópula v *geslachtsgemeenschap*; *copulatie*; *paring* ★ ~ carnal *geslachtsdaad*
copularse WKD WW *paren*; *copuleren*
copulativo BNW *nevenschikkend*; *koppelend*
coque m *cokes*
coquear ON WW ARG, BOL *op cocabladeren kauwen*
coqueluche v *kinkhoest*
coqueta v • *behaagzieke vrouw*; *kokette vrouw* • *jongensgek*; *mannengek* • *toilettafel*
coqueteo m *gekoketteer*
coqueto BNW *behaagziek*; *koket*; *ijdel*
coquetón I m *charmeur*, *flirt* II BNW *schattig*; *leuk*; *snoezig*

CO

co

coquina v PLANTK. *zaagje*
coracero m *kurassier*
coraje m • *moed*; *onverschrokkenheid* • *woede*
★ le da ~ *het maakt hem razend*
corajina v *woedeaanval* ★ le dio una ~ *hij
schuimbekte van woede*
corajudo BNW • *dapper*; *moedig* • *driftig*
coral I m • MUZ. *koraal* • *koraaldiertje* ★ ~es
koraalsnoer ★ Islas de (los) ~es *Koraaleilanden*
★ fino como un ~ *sluw* II v *koor* III BNW *koor-*
★ canto ~ *koorzang*
coralífero BNW *koraal-* • isla coralífera
koraaleiland
coralina v *koraaldier*; *koraalmos*
coralino BNW • *koraal-* • *koraalrood*
corambre v *dierenhuiden*
Corán m REL. *koran*
coraza v • *borststuk* (v. harnas); *kuras* • *pantser*
• *schild* (v. schildpad)
corazón m • OOK FIG. *hart* • *schat(je)*; *lieverd*
• *moed* • *centrum*; *binnenste* ★ meterse en el
~ *de u.p. bij iemand in het gevlij komen* ★ con
el ~ en la mano *openhartig* ★ le dio un
vuelco el ~ *zijn hart sprong op van vreugde*
★ me lo decía el ~ *ik had er een voorgevoel
van* ★ habla con el ~ en la lengua *hij draagt
het hart op de tong* ★ hacer de tripas ~ *al zijn
moed bijeenrapen* ★ no tener ~ *para decirlo
niet het lef hebben het te zeggen* ★ el Sagrado
Corazón *het Heilig Hart* ★ abrir el ~
openhartig zijn ★ ser *blando de ~ medelevend
zijn*; *weekhartig zijn* ★ no caberle a uno el ~
en el pecho *door het dolle heen zijn* ★ ser
duro de ~ een hart van steen hebben ★ ser
todo ~ *goedmoedig zijn* ★ sin ~ *harteloos*
★ dedo ~ *middelvinger* ★ muy de ~ *van ganser
harte* ★ ser tierno de ~ *teerhartig zijn*
★ tocarle el ~ a alg. *op iemands gemoed
werken*
corazonada v • *voorgevoel*; *ingeving*;
vermoeden • *impuls*; *opwelling* ★ me ha dado
una ~ *de ik heb een voorgevoel gehad van*
corazones m mv • → corazón • *harten* (in
kaartspel)
corbata v • *(strop)das* • *wimpel*; *sjerp* ★ ~ de
lazo *vlinderdasje* ★ ~ de punto *gestrikte das*
corbatín m *(vlinder)strikje* ★ irse/salirse por el ~
broodmager zijn
corbeta v *korvet*
Córcega v *Corsica*
corcel m *paard*; *(strijd)ros*
corcha v *ruwe kurk*; *kurkschors*
corchea v *achtste noot*
corchera v *kurken koelemmer*
corchero m *kurk-*; *kurken*
corcheta v *oogje* (v. sluiting)
corchete m • *haakje* (v. sluiting) • *haakje en
oogje* (als sluiting) • *vierkant haakje*
(leesteken) ★ entre ~s *tussen vierkante
haakjes*
corchetera v CHI *nietmachine*
corcho m • *kurk* • *kurk*; *stop* • *dobber* ★ flotar
como un ~ en agua *zich aan iedere
omstandigheid weten aan te passen* ★ nadar
sin ~ *zichzelf weten te redden* ★ ~ americano
tempex ★ sacar el ~ *ontkurken*

corchoso BNW *kurkachtig*
corcova v • *bochel* • PERU *(dagenlang durend)
feest*
corcovado I m *gebochelde*; *bultenaar* II BNW
gebocheld
corcovar OV WW *buigen*; *krommen*
corcovo m • *bokkensprong* • *kromming*;
oneffenheid
cordaje m *touwwerk*; *tuigage*; *want*
cordel m *koord*; *dun touw* ★ mozo de ~ *kruier*
★ a hurta ~ *verraderlijk* ★ ARCHIT. a ~ *in rechte
lijn*; *lijnrecht*
cordelería v *touwslagerij*
cordelero m *touwslager*
cordero m • *lam* • FIG. *mak schaap* • *lammy*;
lamsvacht ★ Cordero de Dios *Lam Gods* ★ CUL.
~ lechal *zuiglam*
corderuna v *lamsvacht*
cordial I m • *hartversterking* II BNW *vriendelijk*;
hartelijk ★ (dedo) ~ *middelvinger*
cordialidad v *vriendelijkheid*; *hartelijkheid*
cordillera v *bergketen*
córdoba m *munteenheid* (v. Nicaragua)
Córdoba m *Cordoba*
cordobán m *Corduaans leer*; *geitenleer*
cordobana v ★ a la ~ *spiernaakt*
cordobés I m • *iemand uit Cordoba*
• *Corduaanse rechte hoed* II BNW *van/uit
Cordoba*
cordón m • *koord*; *veter* • *elektriciteitssnoer*
• *kordon van maatregelen* • *afzetting*; *kordon*
• *streng* • LA *stoeprand* ★ ZZA ~ de cerros
heuvelrij ★ ~ de extensión *verlengsnoer* ★ ~
policial politiekordon ★ ~ umbilical
navelstreng
cordura v *gezond verstand*; *inzicht*
Corea v *Korea*
coreano I m *Koreaan* II BNW *Koreaans*
corear OV WW • *in koor zingen/roepen*
• *nazeggen*; *herhalen*
coreografía v *choreografie*
coreográfico BNW *choreografisch*
coreógrafo m *choreograaf*
coriáceo BNW *leerachtig*
corifeo m • *koorleider* • *leider*; *woordvoerder*
corimbo m *schermvormige tros*; *tuil*
corintio I m *Corinthiër* II BNW *Corinthisch*
Corinto m *Corinthe* ★ pasa de ~ *krent*
corista I v *revuemeisje* II m/v *koorzanger*
corito BNW • *naakt* • *bangelijk*
coriza v *neusverkoudheid*
cormorán m *aalscholver*
cornada v • *hoornstoot* • *wond* (v. een
hoornstoot) ★ no se morirá de ~ de burro *hij
weet flink van zich af te slaan*
cornadura v *hoorns*; *gewei*
cornamenta v *hoorns*; *gewei*
cornamusa v • *klaroen*; *hoorn* • *doedelzak*
• SCHEEPV. *kikker*
córnea v *hoornvlies*
cornear OV WW *op de hoorns nemen*
corneja v • *kraai* • *ransuil*
cornejo m *rode/wilde kornoelje* ★ ~ común *gele
kornoelje*
córneo BNW • *hoornen*; *hoornachtig*
• *hoornvormig*

córner m *corner; hoekschop*
corneta I v *hoorn; kornet* ★ ~ acústica
  spreekhoorn ★ ~ de llaves *cornet à pistons* ★ ~
  de monte *jachthoorn* **II** m/v *kornetblazer;*
  hoornblazer
cornetín m *kornet*
cornezuelo m *moederkoren*
cornisa v ● *kroonlijst; deklijst* ● *overhangende*
  rotsmassa
cornisamento m ARCHIT. *entablement*
corno m *hoorn*
cornucopia m *penantspiegel met kandelaar*
cornudo I m *bedrogen echtgenoot* ★ tras ~
  apaleado *niemand blijft rampspoed bespaard*
  II BNW ● *gehoornd* ● *bedrogen* ⟨door de
  echtgenote⟩
cornúpeta m → **cornupeto**
cornúpeto m ● TAUR. *stier* ⟨in stierengevecht⟩
  ● IRON. *bedrogen echtgenoot*
coro m ● *(zang)koor; rei* ● *spreekkoor* ● *koor* ⟨v.
  kerkgebouw⟩ ★ a coro *in koor; tegelijk*
  ★ hacer coro *bijvallen* ★ niño de coro *lid van*
  het kinderkerkkoor
corocha v *rups (die druivenbladeren eet)*
corola v PLANTK. *bloemkroon*
corolario m *gevolgtrekking; deductie; uitvloeisel*
corona v ● *kroon* ● *monarchie; troon*
  ● *(stralen)krans; aureool* ★ ceñir ~ *koning*
  worden ★ ceñir la ~ *de kroon dragen* ★ ceñirse
  la ~ *de troon bestijgen; zich de kroon op het*
  hoofd zetten ★ discurso de la ~ *troonrede* ★ ~
  funeraria *grafkrans; rouwkrans* ★ ~ solar *halo*
  rond zon ★ ~ radial *stralenkrans* ★ ~ imperial
  keizerskroon ★ ~ de porcelana *(jacket)kroon*
  ★ ~ de espinas *doornenkroon* ★ no se admiten
  ~s *geen bloemen* ⟨in overlijdensadvertentie⟩
  ★ ~ de espuma *schuimkraag* ⟨op bier⟩
coronación v ● *kroning* ● *bekroning*
coronamiento m ● *bekroning* ● ARCHIT.
  bekroning
coronar OV WW ● *kronen* ● *afwerken; voltooien;*
  bekronen ● *zich bevinden boven(aan); zich aan*
  de top bevinden van; bekronen ● *met het hoofd*
  naar buiten komen (bij bevalling van baby)
  ★ hacerse ~ emperador *zich keizer laten*
  kronen ★ para ~le *als klap op de vuurpijl* ★ ~
  (un peón) *een dam halen*
coronario BNW *coronair; kransvormig* ★ arteria
  coronaria *kransslagader*
coronel m *kolonel*
coronilla v *kruin* ★ dar de ~ *op zijn hoofd vallen*
  ⟨op de grond⟩ ★ estoy hasta la ~ *ik ben het*
  zat ★ andar/bailar de ~ *zich het vuur uit de*
  sloffen lopen
corpachón m *dik lijf*
corpiño m ● *(keurs)lijfje* ● RPL *beha*
corporación v *genootschap; corporatie; raad;*
  holding ★ ~ municipal *gemeenteraad,*
  stadsbestuur
corporal I m ★ ~es *hostiedoek; altaardoek*
  II BNW *lichamelijk* ★ calor ~ *lichaamswarmte*
  ★ castigo ~ *lijfstraf* ★ leche ~ *bodymilk*
corporativismo m *corporatisme*
corporativo BNW *corporatief; groep-; korps-*
corporeidad v *lichamelijkheid; stoffelijkheid*
corpóreo BNW *stoffelijk; lichamelijk*

corps m ★ guardia de ~ *koninklijke lijfwacht*
corpulencia v *corpulentie; zwaarlijvigheid*
corpulento BNW *corpulent; gezet*
Corpus m *Corpus Christi; Sacramentsdag*
corpuscular BNW *corpusculair*
corpúsculo m *deeltje; lichaampje* ★ ~ rojo *rood*
  bloedlichaampje
corral m ● *erf; ren; kraal* ● INF. *beestenbende*
  ● GESCH. *theater* ⟨op binnenplaats⟩
corralito m ZZA *(baby)box*
corralón m ZA ● *omheind terrein* ● ARG
  bouwmarkt
correa v ● *riem; band* ● *drijfriem* ★ tener poca ~
  weinig verdragen ★ tener (mucha) ~ *tegen een*
  grapje kunnen ★ ~ sin fin *lopende band* ★ ~ en
  V *V-snaar* ★ ajustar la ~ *de buikriem aanhalen*
  ★ ~ de reloj *horlogebandje*
correaje m *riemen; riempjes*
corrección v ● *(het) corrigeren; rechtzetting*
  ● *verbetering; correctie* ● *onberispelijkheid;*
  feilloosheid ★ ~ fraternal *terechtwijzing onder*
  vier ogen ★ proceder con toda ~ *zeer correct*
  optreden
correccional I m *tuchthuis* ★ policía ~
  zedenpolitie ★ (establecimiento) ~
  verbeteringsgesticht **II** BNW *verbeterings-;*
  correctioneel-
correctivo BNW *corrigerend; verbeterend*
correcto BNW ● *onberispelijk; juist; correct*
  ● *beschaafd; keurig; correct* ★ maneras
  correctas *keurige manieren*
corrector m *corrector* ★ ~ de dentadura *beugel*
  (om tanden)
corredera v ● *rail; gleuf; groef* ● *schuifdeur;*
  roldeur ★ RPL *diarree* ★ de ~ *schuif-* ★ puertas
  de ~ *schuifdeuren*
corredero BNW *schuivend; glijdend*
corredizo BNW *schuivend; glijdend* ★ nudo ~
  strik; lus
corredor I m ● *hardloper; renner* ● *agent;*
  makelaar ● *gang; corridor; galerij* ★ ~ de
  comercio *handelsagent; makelaar* ★ ~ de
  oreja *roddelaar* ★ ~ de seguros
  verzekeringsagent ★ ~ de trabajo *koppelbaas*
  ★ ~ a corta distancia *korteafstandsloper;*
  sprinter ★ ~ de fondo *langeafstandsloper* ★ ~
  de obstáculos *hordenloper* ★ ~ de fincas
  makelaar in onroerend goed ★ ~ verde
  groenstrook ★ ~ de coches *autocoureur* ★ ~ de
  motocross *motorcrosser* **II** BNW *hardlopend*
correduría v *makelaardij*
corregible BNW *corrigeerbaar; voor verbetering*
  vatbaar
corregidor m ● *schout* ● GESCH. *burgemeester*
corregir /i/ OV WW ● *corrigeren; verbeteren*
  ● *reguleren (gebit)* ● *terechtwijzen; berispen;*
  een standje geven ★ ~ el rumbo *bijsturen*
corregirse /i/ WKD WW *zijn leven beteren*
correlación v *correlatie; onderlinge samenhang*
correlacionar OV WW *met elkaar in verband*
  brengen
correlativo BNW *correlatief; samenhangend*
correligionario I m ● *geloofsgenoot*
  ● *partijgenoot; gelijkgezinde* **II** BNW
  gelijkgestemd
correntada v ZZA *sterke stroming in rivier*

CO

CO

correntón BNW • *druk; bezig • vrolijk; lollig*
correntoso BNW ZZA *woest* ⟨v. rivier⟩
correo I m • *posterijen; post • brieven; post • koerier • stoptrein; posttrein ⋆ ~ de malas nuevas ongeluksbode ⋆ buque ~ postboot ⋆ oficina auxiliar de ~ hulppostkantoor ⋆ tren ~ stoptrein; posttrein ⋆ a vuelta de ~ per kerende post; per omgaande ⋆ echar al ~ posten ⋆ por ~ certificado aangetekend ⋆ por ~ urgente per expresse ⋆ ~ por fax faxpost ⋆ ~ electrónico e-mail ⋆ ~s y telecomunicaciones ≈ PTT Telecom ⋆ COMP. ~ basura spam* II BNW *post-*
correos m mv • → **correo** • *posterijen; postkantoor; de post*
correosidad v *buigzaamheid*
correoso BNW *buigzaam; elastisch; taai*
correr I OV WW • *bevechten* ⟨v. een stier⟩ • *omdraaien* ⟨v. sleutel⟩ • *deelnemen aan een race • rondreizen* ⟨v. landen, de wereld⟩; *trekken • open/dichttrekken* ⟨v. gordijnen⟩; *opzij schuiven • verschuiven • beschamen • doen afbladderen ⋆ dejar ~ algo geen zorgen maken (over de afloop) van iets ⋆ ~ toros stieren ophitsen ⋆ ~ el velo het masker laten vallen ⋆ ~ un velo sobre el pasado het verleden vergeten ⋆ ~la boemelen; fuiven ⋆ ~ aventuras avonturieren ⋆ no corre ni chispa de aire het is bladstil* II ON WW • *hardlopen; rennen; hollen • racen; hardrijden • zich haasten; zich spoeden • voeren* ⟨v. weg⟩; *langslopen • stromen • blazen; waaien • verlopen* ⟨v. tijd⟩; *voorbijgaan • opschuiven • in omloop zijn • doen afbladderen • doorlopen* ⟨v. kleuren⟩ ⋆ *a todo ~ als een speer ⋆ echarse a ~ het op een lopen zetten; FIG. om te huilen ⋆ el que no corre, vuela er als de kippen bij zijn ⋆ no corre ningún aire het is bladstil ⋆ corre, corre haast je ⋆ ~ a caballo galopperen ⋆ ~ con la casa voor het huishouden zorgen ⋆ ~ con la dirección de leiding nemen/hebben ⋆ eso corre de mi cuenta dat is voor mijn rekening; dat is mijn zaak ⋆ corre aire het is winderig ⋆ hacerla ~ een gerucht in omloop brengen ⋆ ahora corre un viento muy fuerte er staat nu een harde wind ⋆ corre prisa het heeft haast; het is dringend ⋆ corre que te corre aldoor lopend ⋆ corría el mes de mayo het was in de maand mei ⋆ como ha corrido zoals wel beweerd is*
correría v • *strooptocht • uitstapje; zwerftocht*
correrse WKD WW • VULG. *klaarkomen* • CHI *er tussenuit knijpen*
correspondencia v • *overeenstemming; gelijkenis • correspondentie; briefwisseling • brieven; post ⋆ estar en ~ con corresponderen met ⋆ violar la ~ het briefgeheim schenden ⋆ en ~ por ter betaling voor; ter compensatie voor; uit dank voor ⋆ ¡obligada ~! dat was ik aan u verplicht! ⋆ ~ comercial handelscorrespondentie ⋆ curso por ~ schriftelijke cursus*
corresponder ON WW • *compenseren; iets terug doen; terugbetalen • de taak zijn van; ten deel vallen aan; toekomen aan • horen; passen • gevoelens beantwoorden ⋆ ~ a*

corresponderen met; beantwoorden aan; overeenstemmen met ⋆ ~ a los beneficios erkentelijk zijn voor weldaden ⋆ a él le corresponde pagar hij hoort te betalen; hij moet betalen
correspondiente BNW • *bijbehorend • desbetreffend; respectief • corresponderend*
corresponsal I m/v • *correspondent; verslaggever • correspondentievriend; penvriend* II BNW *corresponderend*
corresponsalía v *correspondentschap*
corretaje m *courtage; provisie; makelaarsloon*
corretear ON WW • *rondrennen; heen en weer rennen • slenteren; rondhangen*
correteo m *geren; (het) rennen*
corretero m *bezig persoon; druk iemand*
corrida v • *holletje; spurt • stierengevecht • CHI rondje* ⟨bier ed.⟩ • CHI *rij, serie • MEX reis • MEX straat (poker) ⋆ en una ~ op een holletje ⋆ ~ de toros stierengevecht ⋆ de aire hoofd; zonder haperen ⋆ ~ con obstáculos hindernisloop; hordeloop*
corrido I m • *losbandig persoon • ballade* II BNW • *aan één stuk; achter elkaar; ononderbroken • verschoven; dichtgeschoven • ruim; iets meer dan • beschaamd • ervaren; door de wol geverfd ⋆ dejar ~ voor schut zetten ⋆ de ~ doorlopend ⋆ estar ~ de zich schamen over ⋆ dos noches corridas twee nachten achtereen ⋆ piezas corridas kamers en suite*
corriente I v *stroom;* OOK FIG. *stroming ⋆ ~ continua gelijkstroom ⋆ ir contra la ~ tegen de stroom ingaan ⋆ seguir la ~ met de stroom meedrijven ⋆ ~ alterna wisselstroom ⋆ hay ~ het tocht; het trekt ⋆ hace mucha ~ por aquí het tocht hier erg ⋆ contra ~ tegen de stroom in ⋆ navegar contra ~ tegen de stroom oproeien; met grote moeilijkheden te kampen hebben ⋆ ~ circulatorio verkeersstroom ⋆ la Corriente del Golfo de Golfstroom ⋆ ~ de pensamiento denkrichting ⋆ ~ modernista moderne trend ⋆ ~ trifásica draaistroom* II BNW • *stromend • huidig; lopend • gebruikelijk; gangbaar; normaal ⋆ seguir/ llevar la ~ a u.p. met iemand meepraten ⋆ estar al ~ op de hoogte zijn ⋆ ponerse al ~ zich op de hoogte stellen ⋆ el (mes) ~ de lopende maand ⋆ ~ y moliente doodgewoon; alledaags ⋆ la vida ~ y moliente het leven van alledag ⋆ al ~ op de hoogte ⋆ asuntos ~s lopende zaken ⋆ la moda ~ de heersende mode ⋆ problema ~ veel voorkomend probleem*
corrillo m *kliek; kringetje; groepje*
corrimiento m *verschuiving*
corro m • *groepje; kransje; kring* ⟨v. mensen⟩ • *kring; (ronde) plek ⋆ hacer ~ aparte zich afsplitsen ⋆ en ~ eenstemmig ⋆ hacer ~ een kring vormen; plaats maken*
corroboración v *bekrachtiging; staving; bevestiging ⋆ en ~ de tot staving van*
corroborar OV WW *bevestigen; bekrachtigen; staven*
corroborativo BNW *bevestigend*
corroer OV WW • *aantasten; aanvreten • verteren*
corroerse WKD WW • *aangetast worden • FIG. verteerd worden*

corromper OV WW • *bederven*; *aantasten* • *verdorven maken*; *corrumperen*; *verderven* • *omkopen* • *verleiden* • *ontucht plegen met (minderjarigen)* • INF. *pesten*

corromperse WKD WW *bedorven raken*

corrompido BNW • *bedorven* • *corrupt*

corrosible BNW *gemakkelijk verterend*; *gemakkelijk roestend*

corrosión V *roest*; *verwering*; *aantasting*

corrosivo BNW • *bijtend*; *aantastend* • *venijnig*; *scherp*; *giftig* ★ *crítica corrosiva bijtende kritiek* ★ humor ~ *sarcastische humor*

corrupción V • *verderf*; *verval* • *corruptie*; *omkoperij* • *verleiding* ★ ~ *de las costumbres zedenverwildering* ★ ~ *de la lengua taalvervuiling* ★ JUR. ~ *de menores (gelegenheid bieden tot) ontucht met minderjarigen*

corruptela V *corruptie*; *omkoperij*

corruptible BNW *omkoopbaar*

corrupto BNW • *verdorven* • *corrupt*

corruptor I m • *bederver* • *verleider* II BNW *bedervend*

corrusco m *stuk oud brood*; *korst brood*

corsario I m • *zeerover*; *kaper* • *kaperschip*; *piratenschip* ★ los ~s *berberiscos de Barbarije zeerovers* II BNW *kaper-*

corsé m *korset*

corso I m • *Corsicaan* • *zeeroverij*; *piraterij*; *kaapvaart* ★ *patente de* ~ *vrijbrief* ★ ir en ~ *ter kaap varen* ★ a ~ *met grote snelheid* ★ *armar un buque en* ~ *een kaperschip uitrusten* II BNW *Corsicaans*

corta V *het omhakken van bomen*; *(hout)kap* ★ *hacer la* ~ *hout hakken*

cortabolsas m *zakkenroller*

cortacésped m *grasmaaier*

cortacircuitos m *zekering*

cortada V • *plak*; *snee* ⟨v. brood, fruit e.d.⟩ • ZA *snijwond* • RPL *doodlopende straat*

cortadillo m • *klein glas* • *suikerklontje* • INF. *verhouding*; *affaire*

cortado I m *koffie met een beetje melk* II BNW • *kartelig*; *(af)gesneden* • *verlegen* • *brokkelig* ⟨v. schrijfstijl⟩; *stotend* • *beschaamd* • *verward* ★ *leche cortada geschifte/zure melk* ★ *estar bien* ~ *een goede snit hebben* ★ ~ (por obras) *opgebroken (van weg)* ★ *flores cortadas snijbloemen*

cortador I m *snijmachine* II BNW *snijdend*

cortadura V • *snijwond*; *snee* • *bergengte*; *spleet*; *kloof* ★ ~s *knipsels*

cortafrío m *koubeitel*

cortahuevos m *eiersnijder*

cortalápices m *puntenslijper*

cortante BNW *scherp*; *snijdend*

cortapapeles m *briefopener*

cortapicos m *oorwurm*

cortapisa V • *restrictie*; *beperking* • *obstakel*; *hindernis*

cortaplumas m *pennenmesje*

cortapuros m • *sigarenschaartje* • *sigarenknipper*

cortar I OV WW • *snijden*; *doorsnijden* • *kappen* ⟨v. bomen⟩; *hakken* ⟨v. hout⟩ • *afsnijden* ⟨v. weg, route⟩ • *verbreken* ⟨v. verbinding⟩ • *stuiten*; *tegenhouden*; *tegengaan* • *afscheiden*; *isoleren* • *doorklieven* ⟨v. water⟩ • *(af)knippen* • *schrappen*; *weglaten* • *doen/laten schiften* • *graveren*; *etsen* • *couperen* ⟨kaartspel⟩ ★ ~ *las aguas de wateren doorkruisen* ★ ~ el *bacalao de lakens uitdelen* ★ ~ le a u.p. la cabeza *iemand onthoofden* ★ ~ *la conversación a u.p. iemand in de rede vallen* ★ ~ *por lo sano korte metten maken* ★ ¿cuánto le corto el pelo? *hoe kort wilt u het haar?* ★ *cortando por lo bajo op zijn minst* ★ ~ al *rape millimeteren* ★ ¡*corten! cut!* ⟨film⟩ ★ ¡*corta! hoepel op!* II ON WW • *snijdend zijn*; *scherp zijn*; *doordringend zijn* ⟨v. kou, wind⟩ • *snijden* • *couperen*

cortarse WKD WW • *met een mond vol tanden staan* • *schiften*; *zuur worden* ★ *cortársela ermee kappen*

cortauñas m *nagelschaartje*

corte I m • *(het) knippen* • *doorhaling*; *weglating* • *lap*; *coupon* • *scherpe kant*; *snede* • *kerf*; *snee* • INF. *scherp antwoord* • *het afsluiten* ⟨v. elektriciteit, water⟩; *het afsnijden* • *snit*; *pasvorm* • *afgesneden stuk* • *doorsnede* • *snede* ⟨v. boek⟩; *snijvlak* ⟨v. boek⟩ ★ ~ de *cupones het knippen van coupons* ★ ~ de *maderas houtkap* ★ el ~ de pelo *het haarknippen* ★ ~ *transversal dwarsdoorsnede* ★ ~ del vino *het versnijden van de wijn* ★ dar un ~ *een andere wending geven* ⟨aan een conversatie⟩ ★ *hay* ~s *en la línea er is storing op de lijn* ⟨bij telefoneren⟩ ★ ~ de *cuentas surseance van betaling* ★ *no tuvo* ~ de *artista hij was niet uit het artiestenhout gesneden* ★ ~ y *confección naai- en confectiewerk* ★ un ~ de *mangas een obsceen gebaar* ★ *helado de* ~ *ijswafel* ★ RPL *darse* ~s *opscheppen*; *zich iets inbeelden* II V • *hofhouding*; *hof* • *hofstad*; *residentie* • ~ *celestial hemelrijk*; *Europees Gerechtshof* ★ *hacer la* ~ *het hof maken* ★ *Corte Suprema Oppergerechtshof* ★ *Corte Europea de Justicia Europees Gerechtshof*

cortedad V • *kortheid*; *schaarste* • *beperktheid*; *domheid* ★ ~ de inteligencia *domheid* ★ ~ de *vista bijziendheid*

cortejar OV WW • *het hof maken* • *vleien*

cortejo m • *optocht*; *stoet*; *gevolg* • *hofmakerij*

Cortes V mv *Spaanse Parlement* ★ ~ *constituyentes grondgevende vergadering*

cortés BNW *hoffelijk*; *beleefd*; *attent* ★ lo ~ no *quita lo valiente een beetje beleefdheid kan geen kwaad*

cortesana V *courtisane*; *dame van lichte zeden*

cortesania V *goede manieren*; *beleefdheid*

cortesano I m *hoveling* II BNW • *hof-* • *verfijnd*; *hoofs* • *hoffelijk*

cortesia V • *beleefdheid*; *hoffelijkheid* • *beleefdheidsformule* ⟨in een brief⟩ ★ *falta de* ~ *gebrek aan beleefdheid* ★ de ~ *beleefdheids-* ★ *hacer una* ~ *een buiging maken*

corteza V • *korst*; *schors* • *schil* • *buitenkant* • *lompheid*; INF. *ruwe bolster* ★ ~ *citroenschil* ★ ~ *terrrestre aardkorst* ★ ~ de *tocino spekzwoerd*

cortical BNW *schors-*

cortijo m *boerenhoeve* ⟨in Andalusië⟩

★ alborotar el ~ *de boel op stelten zetten*
cortina v • OOK FIG. *gordijn* • *courtine; hoofdwal* ★ a ~ corrida *openlijk; open en bloot* ★ correr la ~ INF. *iets verbergen; het gordijn dichttrekken* ★ ~ de muelle *kademuur* ★ ~ de agua *immense stortbui* ★ ~ enrollable/de enrollar *rolgordijn* ★ ~ de acero *stalen rolluik* ★ ~ de humo *rookgordijn* ★ descorrer la ~ *het gordijn opentrekken; iets onthullen*
cortinilla v *gordijn(tje)* ⟨v. trein, rijtuig⟩
cortisona v *cortison(e); bijnierschorshormoon*
corto I m *voorfilm; kort filmpje* II BNW • *kort; klein* • *kort; van korte duur* • *ontoereikend; beperkt; schaars* • *verlegen; schuchter* • *onnozel* • con corta diferencia *min of meer* ★ desde muy corta edad *van kindsbeen af* ★ quedarse cortado *tekortschieten* ★ a la corta o a la larga *vroeg of laat* ★ ~ de luces *niet erg snugger* ★ calzón ~ *korte broek* • falda corta *korte rok* ★ de ~ *in het kort gekleed* ★ ~ de alcances *niet erg snugger* ★ ~ de respiración *kortademig* ★ ~ de vista *bijziend* ★ cohetes de ~ alcance *korte-afstandsraketten* ★ ~ de ánimo *bangelijk* ★ ~ de genio *verlegen*
cortocircuito m *kortsluiting*
cortometraje m *korte film*
cortón m *veenmol*
corva v *knieholte*
corvadura v *bocht; kromming*
corvejón m • *spronggewricht* ⟨v. een dier⟩ • *aalscholver*
corvetear OV WW *courbettes maken*
corvina v *zeebaars*
corvo BNW *gebogen*
corza v *ree(geit)*
corzo m *ree(bok)*
cosa v • *ding; zaak* • *voorwerp* • *kwestie; onderwerp* ★ no ser u.c. del otro jueves *niets bijzonders zijn* ★ como si tal cosa *alsof het niets is/was* ★ como quien no quiere la cosa *langs zijn neus weg* ★ no hacer cosas a derechas *niets goed doen* ★ no sea cosa que *voor het geval dat* ★ dejar correr las cosas *de dingen op zijn beloop laten* ★ decir cuatro cosas a u.p. *een hartig woordje spreken met iemand* ★ a cosa hecha *succes verzekerd* ★ no vale gran cosa *het is niet veel waard* ★ ser cosa perdida *een hopeloos geval zijn* ★ ser breve cosa *onzin zijn* ★ ¡vaya cosa! *wat een giller!* ★ VERO. muchas cosas a su hermana *de groeten aan uw zus* ★ cosa de poca monta *iets onbelangrijks* ★ ¡no hay tal cosa! *dat is niet waar!; geen sprake van!* ★ u.c. así *iets dergelijks* ★ cosa mala nunca muere *onkruid vergaat niet* ★ ¿qué es cosa y cosa? *ra, ra, wat is dat?* ★ decir cosas *verliefd praten* ★ disponer sus cosas *zijn zaken op orde brengen* ★ entre estas/dos cosas *daartussen* ★ son cosas del mundo *zo is het leven* ★ brava cosa *iets onverstandigs* ★ no es cosa de que *het gaat niet aan dat* ★ cosa de *ongeveer* ★ es cosa suya *dat is zijn zaak* ★ es cosa de semanas *het is een kwestie van weken* ★ no sirvo para esas cosas *daar ben ik niet voor in de wieg gelegd* ★ y a otra cosa mariposa *en nu een ander onderwerp* ★ no he visto cosa igual *zoiets heb*

ik nog nooit gezien ★ no digas tal cosa *zeg zoiets niet*
cosaco I m *kozak* ★ beber como un ~ *drinken als een tempelier* II BNW *van de kozakken*
coscoja v • *kermeseik* • *dor eikenblad*
coscorrón m • *klap op het hoofd* • *tegenslag; tegenvaller*
cosecha v • *oogst* • *oogsttijd* ★ año de ~ de un vino *wijnjaar* ★ año de buena ~ *goed wijnjaar* ★ de su ~ *van eigen vinding; uit eigen koker*
cosechadora v *oogstmachine; maaimachine*
cosechero m *plukker; oogster*
coselete m *borststuk* ⟨v. leer⟩
coseno m *cosinus*
coser I OV WW • *aanzetten; (aan)naaien* • *doorzeven; gaten maken in* • *dichtnieten* ★ ~ a puñaladas *met dolksteken doorboren* ★ ~ la boca *zijn mond houden* II ON WW *naaien* ★ ~ y cantar *een fluitje van een cent*
cosido I m *het naaien; naad* II BNW • *aangenaaid* • *doorboord*
cosmética v *cosmetica*
cosmético I m *schoonheidsmiddel* II BNW *schoonheids-; cosmetisch* ★ industria cosmética *schoonheidsindustrie*
cósmico BNW *kosmisch*
cosmogonia v *kosmogonie*
cosmografia v *kosmografie*
cosmógrafo m *kosmograaf*
cosmología v *kosmologie*
cosmonauta m/v *astronaut; ruimtevaarder*
cosmopolita I m/v *kosmopoliet; wereldburger* II BNW *kosmopolitisch*
cosmos m *kosmos; heelal*
coso m • *arena; (strijd)perk* • *hoofdstraat*
cosquillas v mv *gekietel; kieteling; prikkeling* ★ buscarle a uno las ~ *iemand plagen; iemand prikkelen* ★ hacerle ~ a uno *iemand kietelen; iemands nieuwsgierigheid prikkelen* ★ tener malas ~ *humeurig zijn; weinig verdraagzaam zijn*
cosquillear OV WW *kietelen; kriebelen* ★ me cosquillea la idea de *ik heb ontzettend veel zin om*
cosquilleo m *gekietel; gekriebel*
cosquilloso BNW • *kittelig* • *lichtgeraakt*
costa v • *kust* • RPL *rivieroever* ★ a ~ de *ten koste van* ★ a toda ~ *tot iedere prijs* ★ condenar en ~s *tot de (proces)kosten veroordelen* ★ en la ~ *aan de kust; aan zee* ★ Costa de Oro *Goudkust* ★ hay moros en la ~ *de muren hebben oren*
costado m • *zij; flank* • *zijde; kant; zijkant* • SCHEEPV. *boord* ★ de ~ *op zijn zij; zijdelings* ★ por los cuatro ~s *aan alle kanten* ★ ir de ~ *afdrijven* ★ pícaro redomado por los cuatro ~s *aartsschurk* ★ al ~ *opzij; aan de zijkant* ★ dolor de ~ *steek in de zij*
costados m mv → **costado** • *grootouders* ⟨in genealogie⟩ ★ árbol de ~ *stamboom*
costal I m *(graan)zak* ★ ser harina de otro ~ *andere koek zijn* ★ no parecer alg. ~ de paja *iemand leuk vinden* ★ vaciar el ~ *het hart luchten* ★ el ~ de los pecados *het menselijk lichaam* ★ hecho un ~ *mager als een lat*

‖ BNW *rib*-

costalada v *val ‹op de zij, rug›; harde klap; smak* ⋆ dar una ~ *een smak maken*

costalazo m *val op de rug*

costalero m *costalero ‹drager van heiligenbeeld ('paso') in processie›*

costanera v *helling*

costanero BNW • *hellend; stijgend • kust-* ⋆ pueblo ~ *kustplaats*

costanilla v *hellende straat*

costar /ue/ ‖ OV WW *moeilijk zijn; moeite kosten* ⋆ ~ trabajo *moeite kosten* ⋆ ~ caro *duur zijn; duur komen te staan* ⋆ ~ un ojo de la cara *een rib uit het lijf zijn* ⋆ me cuesta *het kost me moeite* ⋆ ~ Dios y ayuda *heel wat voeten in de aarde hebben* ‖ ON WW *kosten* ⋆ cueste lo que cueste *koste wat het kost*

costarricense BNW *van/uit Costa Rica*

costarriqueñismo m *Costa Ricaans woord; Costa Ricaanse uitdrukking*

costarriqueño ‖ m *Costa Ricaan* ‖ BNW *Costa Ricaans*

costas v mv • → **costa** • *(proces)kosten*

coste m *prijs; kosten* ⋆ ~, seguro y flete *kosten, verzekering en vracht* ⋆ vender a precio más bajo del ~ *onder inkoopsprijs verkopen* ⋆ ~ de la vida *kosten van levensonderhoud* ⋆ ~ de adquisición *aanschaffingskosten*

costear ‖ m *bekostigen; betalen • varen langs (de kust van)* ‖ ON WW *varen langs de kust; de kust (blijven) volgen*

costearse WKD WW *zich bedruipen*

costeño ‖ m *kustbewoner* ‖ BNW *van de kust; kust-*

costera v • *zijde; zijkant • kust • helling*

costero ‖ m *kustvaarder* ‖ BNW *kust-*

costilla v • *rib • kotelet; karbonade • wederhelft* ⋆ medirle las ~ a u.p. *iemand een pak slaag geven* ⋆ tener ~ *vermogend zijn* ⋆ dar de ~ *op zijn rug vallen* ⋆ ~s flotantes *zwevende ribben*

costillar m • *ribbenkast • ribstuk*

costillas v mv • → **costilla** • *rug; schouders*

costilludo BNW *breedgeschouderd*

costo m • *kosten • SL. drugs, dope* ⋆ a precio de ~ *tegen kostprijs* ⋆ ~ de mantenimiento *onderhoudskosten* ⋆ cubrir los ~s *de kosten dekken* ⋆ SL. darle/pegarle al ~ *aan de drugs zijn*

costoso BNW • *kostbaar • moeizaam*

costra v *korst*

costumbre v *gewoonte* ⋆ tener buenas ~s *fatsoen hebben* ⋆ la fuerza de la ~ *de macht der gewoonte* ⋆ ~s *gewoonten; zeden* ⋆ de ~ *gebruikelijk* ⋆ según ~ *volgens de traditie* ⋆ la ~ hace ley *gewoonte maakt wet* ⋆ ~s alimentarias/alimenticias *eetgewoonten* ⋆ novela de ~s *streekroman* ⋆ ~ popular *volksgebruik*

costumbrista ‖ m *schrijver van zedenromans* ‖ BNW *costumbristisch*

costura v • *(het) naaien • naad* ⋆ sentar ~s a u.p. *iemand streng aanpakken* ⋆ cerrar con ~ *dichtnaaien* ⋆ meter a uno en ~ *iemand wel kleinkrijgen* ⋆ abrir/descoser las ~s *lostornen* ⋆ sentar las ~s *de naden gladstrijken* ⋆ alta ~ *haute couture*

costurera v *naaister*

costurero m • *naaidoos • naaikamer; naaiatelier*

cota v • *wapenrok; harnas • hoogteaanduiding ‹op een kaart›* ⋆ cota de audiencia *luisterdichtheid*

cotarro m *nachtasiel; armoedige herberg* ⋆ dirigir el ~ *de touwtjes in handen hebben* ⋆ ir de ~ en ~ *op straat rondhangen en roddelpraatjes verkopen* ⋆ andar de ~ en ~ *een zwervend bestaan leiden* ⋆ ser el amo del ~ *veel in de melk te brokkelen hebben*

cotejar OV WW • *vergelijken • collationeren*

cotejo m • *vergelijking • collatie • LA, SPORT wedstrijd* ⋆ poner en ~ *vergelijken*

coterráneo ‖ m *landgenoot* ‖ BNW *uit hetzelfde land*

coti m *tijk*

cotidiano BNW *dagelijks* ⋆ lenguaje ~ *omgangstaal* ⋆ la vida cotidiana *het leven van alledag*

cotiledón m *zaadlob*

cotilla ‖ v *keurslijf; korset* ‖ m/v *roddelaar; kletskous*

cotillear ON WW *roddelen*

cotilleo m *geroddel*

cotillero m *roddelaar*

cotín m SPORT *backhandslag*

cotiza v VEN *sandaal*

cotizable BNW *taxeerbaar ‹v. koers›; noteerbaar*

cotización v • *koers; (beurs)notering • bijdrage • premie ‹aan volksverzekering›• belastingaanslag • CHI taxatie; kostenraming* ⋆ ~ de cierre *slotkoers* ⋆ ~ del cambio *omrekenkoers* ⋆ ~ de clausura *slotkoers*

cotizado BNW • *getaxeerd • gewaardeerd*

cotizar OV WW • *noteren ‹op de beurs›• betalen ‹v. contributie›• een bijdrage betalen ‹bv. aan volksverzekering›• CHI taxeren; een begroting maken*

coto m • *jachtterrein; visgrond • grenssteen • grens • prijsafspraak • prijs; tarief • LA, MED. krop(ziekte)* ⋆ poner coto a ~ *paal en perk stellen aan*

cotón m *bedrukte katoenen stof*

cotona v • *hemd • overhemd • jasje*

cotorra v • *(groene) papegaai • ekster • kwebbel; kletskous* ⋆ hablar más que una ~ *voortdurend kletsen*

cotorrear ON WW *kwebbelen; kletsen*

cotorreo m *gekwebbel; geklets*

cototo m CHI *bult; buil*

cotufa m *aardamandel* ⋆ ~s *popcorn*

coturno m *toneellaars* ⋆ calzar el ~ *hoogdravend schrijven* ⋆ de alto ~ *voortreffelijk; hooggeplaatst*

covacha v *hut; krot*

covachuela v • *krot • bureau ‹v. een regeringsinstantie›*

coxalgia v *heupjicht*

coxcojilla v *hinkelspel* ⋆ jugar a la ~ *hinkelen*

coxis v *stuitbeen*

coy m SCHEEPV. *kooi*

coyote m • *coyote; prairiewolf • MEX tussenpersoon • MEX persoon die illegale immigranten naar VS brengt*

CO

CO

coyunda v • *riem* • *juk* • IRON. *(juk van) het huwelijk*

coyuntura v • *gewricht; geleding* • *omstandigheden; (gunstige) gelegenheid* • *conjunctuur* ⋆ ~ alta *hoogconjunctuur* ⋆ en esta ~ *bij deze gelegenheid* ⋆ baja ~ *laagconjunctuur*

coyuntural BNW *conjunctureel* ⋆ depresión ~ *recessie*

coz v • *het (naar achteren) schoppen* ‹door paard, ezel›; *het trappen* • *schop* ‹v. paard, ezel›; *trap* • *terugslag* ‹v. vuurwapen› ⋆ dar coces contra el aguijón *zich tevergeefs verzetten* ⋆ tratar a coces a u.p. *iemand bot behandelen* ⋆ soltar una coz *een grof antwoord geven* ⋆ a coces *met geweld* ⋆ despedir a coces *grof afwijzen* ⋆ dar coces achteruittrappen *(tegen); achteruitschoppen (tegen)* ⋆ tirar coces *zich verzetten*

crac I m • *(beurs)krach* • *crack; uitblinker* II TW *krak*

craneal BNW *schedel-; van de schedel* ⋆ fractura ~ *schedelbasisfractuur* ⋆ traumatismo ~ *hersenletsel*

cráneo m *schedel* ⋆ aplastar el ~ *de hersens inslaan* ⋆ ir de ~ *het erg moeilijk hebben*

crápula I v *losbandig bestaan; liederlijkheid* II m/v *schuinsmarcheerder; boemelaar*

crapuloso BNW *liederlijk; losbandig; ontaard*

craquear OV WW CHEM. *kraken*

craqueo m *(het) kraken*

crascitar ON WW *krassen* ‹v. raven›

crasitud v *zwaarlijvigheid; vetheid; dikheid*

craso BNW • *dik; vet; zwaarlijvig* • *erg; enorm* • *onbeschoft* ⋆ un ~ error *een enorme flater*

cráter m *krater* ⋆ ~ de la bomba *bomkrater* ⋆ ~ lunar *maankrater*

crawl m *crawl*

creación v *stichting; creatie; oprichting* ⋆ Creación *Schepping*

creador I m *schepper; maker* ⋆ Creador *Schepper* II BNW *scheppend; creatief*

crear OV WW • *scheppen* • *maken; creëren* • *instellen; stichten; oprichten; vormen* ⋆ ~ un papel *een rol overtuigend spelen* ⋆ parecer creado para u.c. *geknipt voor iets lijken*

creativo BNW *creatief; scheppend*

crecer I OV WW *meerderen* ‹v. breisteken› II ON WW • *groeien; lengen; stijgen; toenemen* • *stijgen* ‹v. prijzen› • *wassen* ‹v. maan, water› ⋆ ~ de nuevo *bijgroeien* ⋆ la mala hierba mucho crece *onkruid vergaat niet*

crecerse WKD WW *belangrijker worden; sterker worden*

creces v mv • con ~ *dubbel en dwars; ruimschoots* ⋆ de pocas ~ *minnetjes*

crecida v *stijging* ‹v. water›; *het wassen*

crecido I m *gemeerderde steek* ‹in breiwerk› ⋆ ~s *meerderingen* ‹in breiwerk› II BNW • *gegroeid; (al) groot* • *(over)moedig; flink*

creciente BNW *groeiend; wassend* ⋆ cuarto ~ *wassende maan* ⋆ agua ~ *wassend water*

crecimiento m • *groei; wasdom* • *aanwas; toename*

credencial I v • *officiële aanstelling* • *bewijsstuk* ⋆ ~es *geloofsbrieven* II BNW *bekrachtigend;*

machtigend

credibilidad v *geloofwaardigheid*

crediticio BNW *van de lening*

crédito m • *geloof* • *autoriteit; goede reputatie; goede naam* • *krediet* ⋆ abrir un ~ a favor de u.p. *iemand krediet verlenen* ⋆ dar a ~ *geld lenen* ‹aan iemand› ⋆ carta de ~ *kredietbrief* ⋆ dar a u.p. *iemand vertrouwen schenken* ⋆ gozar de ~ *aanzien genieten* ⋆ ser digno de ~ *geloofwaardig/betrouwbaar zijn*

credo m *geloofsbelijdenis* ⋆ que canta el ~ *niet te geloven* ⋆ en un ~ *in een wip* ⋆ ~ político *politieke overtuiging*

credulidad v *lichtgelovigheid; goedgelovigheid*

crédulo BNW *goedgelovig; lichtgelovig*

creederas v mv ⋆ tener buenas ~ *goedgelovig zijn*

creencia v • *geloof; gezindte* • *diepe overtuiging; geloof*

creer I OV WW • *geloven* • *denken; menen* • *achten; wanen* ⋆ dar en ~ *gaan geloven; zichzelf wijsmaken* ⋆ hacer ~ *wijsmaken* ⋆ ino creas! *echt waar!* ⋆ no lo crea usted *dat moet u heus niet denken* ⋆ ~ conveniente *voor raadzaam houden* ⋆ ~ de su obligación *het voor zijn plicht houden* ⋆ iya lo creo! *nou en óf!; dat dacht ik wel!* ⋆ ¿qué edad cree usted que tengo? *hoe oud schat u mij?* ⋆ ~é que ik zou zo zeggen dat ~ ~a pies juntillas *voetstoots aannemen* II ON WW *geloven* ⋆ ~ en Dios *in God geloven*

creerse WKD WW *zich verbeelden* ⋆ no te creas *geloof dat maar* ⋆ ique te crees tú eso! *dat had je gedroomd!* ⋆ ¿quién te has creído? *wie ben jij dan helemaal?* ⋆ iy yo me lo creí! *en ik trapte erin!*

creíble BNW *geloofwaardig*

creído BNW • *overtuigd* • *zelfingenomen; ijdel*

crema v • *room* • *crème de la crème; neusje van de zalm* • *vla* • *smeerkaas* • *crèmesoep* • *crème* • TAALK. *trema* ⋆ ~ de cacao *crème de cacao* ‹likeur› ⋆ ~ batida *slagroom* ⋆ ~ de jabón *scheercrème* ⋆ IRON. la ~ de la intelectualidad *het puik(je) van de intellectuelen* ⋆ ~ broncoadora *zonnebrandcrème* ⋆ ~ depilatoria *ontharingscrème* ⋆ ~ tostada *roomijs* ⋆ ~ para calzado *schoensmeer* ⋆ ~ espermaticida *zaaddodende pasta*

cremación v *crematie; lijkverbranding*

cremallera v • *ritssluiting* • *tandrad; tandbaan* ‹spoorwegen› ⋆ ferrocarril de ~ *tandradbaan* ⋆ cierre de ~ *ritssluiting*

crematístico BNW *economisch; financieel*

crematorio I m *crematorium* II BNW *van/bij/ voor de crematie*

crémor m *cremor tartari; gezuiverde wijnsteen*

cremoso BNW *romig*

crencha v • *scheiding* ‹in het haar› ⋆ abrir la ~ *het haar in de scheiding doen*

creosota v *creosoot*

crep m *(crepé)* • *crêpe; flensje* • *rubber van schoenzool* ⋆ suela de crep *spekzool*

crepitación v *gekraak; geknetter; geknisper*

crepitante BNW *krakend; knisperend; knetterend*

crepitar ON WW *knisperen; kraken; knetteren*

crepuscular BNW *schemer-* ⋆ luz ~ *schemerlicht*

crepúsculo m *schemering*
cresa v • *eitjes* • *made; larve*
crescendo I m *crescendo* II *crescendo* ★ in ~ *toenemend; aanzwellend*
creso m *rijkaard; rijke man*
crespo BNW • *kroezend; kroes-* • *driftig; snel geïrriteerd* • *gekunsteld* ⟨v. stijl⟩; *onnavolgbaar* ★ ponerse ~ *kwaad worden*
crespón m • *crêpe* • *rouwfloers* ⟨zwarte stof⟩
cresta v • *(hanen)kam* • *kuif* ⟨v. vogel⟩ • *bergkam* • *schuimkop* ⟨v. een golf⟩ • alzar/ levantar la ~ *een hoge toon aanslaan* ★ le dio en la ~ *hij heeft hem op zijn nummer gezet* ★ estar en la ~ de la ola *ín zijn*
crestería v *kroonlijst*
crestomatía v *bloemlezing*
crestón m *helmkam*
creta v *fijne kalksteen; krijt*
cretáceo BNW *van het Krijt; uit het Krijt*
cretense I m *Kretenzer* II BNW *Kretenzisch*
cretinismo m *cretinisme; zwakzinnigheid*
cretino I m *idioot; stomkop* II BNW *onnozel; stompzinnig*
cretona v *cretonne*
creyente I m/v *gelovige* II BNW *gelovig*
crezca WW (1e/3e p ev subj. t.t.) → **crecer**
cría v • *meisje* • *teelt; kwekerij; fokkerij* • *voeden* ⟨v. een kind⟩ • *jonkie; jong* ⟨v. dieren⟩ • *worp; dracht; broedsel* ★ cría de animales *dierenfokkerij* • cría de cerdos *varkensfokkerij* ★ ama de cría *min; voedster*
criada v *dienstbode; dienstmeisje*
criadero m • *fokkerij; kwekerij* • *mijn; (mineraal)laag* ★ ~ de mejillones *mosselbank*
criadilla v • *testikel* ⟨als gerecht⟩ ★ ~s de mar *bolvormige poliepen* ★ ~s de tierra *truffels*
criado I m *bediende; knecht* II BNW *opgevoed* ★ bien ~ *goedgemanierd; welopgevoed* ★ mal ~ *slecht opgevoed; ongemanierd* ★ estar (ya) ~ *geen kind meer zijn*
criador I m *fokker* ★ el Criador *de Schepper* ★ ~ de palomas *duivenmelker* ★ ~ de vinos *wijnbouwer* II BNW *zogend; voedend*
crianza v • *(het) fokken; (het) kweken* • *zoogtijd* • *opvoeding; goede manieren* • vino de/con ~ *wijn die wordt gerijpt op eikenhout* ★ dar buena ~ *goed opvoeden*
criar /í/ I OV WW • *voeden; zogen* • *kweken; telen* • *fokken* • *voortbrengen* • *opvoeden* • *verzorgen* ⟨v. wijn tijdens rijpingsproces⟩ ★ ~ carnes *dik(ker) worden* ★ ~ al pecho *zogen* ★ cría cuervos y te sacarán los ojos *ondank is 's werelds loon* ★ ~ entre algodones *in de watten leggen* II ON WW *jongen*
criarse /í/ WKD WW *(op)groeien*
criatura v • *schepsel; creatuur* • *zuigeling; hummel; dreumes* ★ ser una ~ *nog een kind zijn; piepjong zijn* ★ PEJ. i~! *kind toch!*
criba v • *zeef* • *selectie; schifting* ★ estar como una ~ *vol gaten zitten*
cribado m *het zeven*
cribar OV WW • *zeven* • *schiften; selecteren*
cric m *krik*
cricket m SPORT *cricket*
crimen m • *misdaad; misdrijf* • INF. *schandaal* ★ ~ de lesa majestad *majesteitsschennis* ★ ~

capital *halsmisdaad, moord* ★ ~ pasional *crime passionel* ★ no es ningún ~ *dat is geen ramp* ★ ~ contra la humanidad *misdaad tegen de menselijkheid*
criminal I m/v *misdadiger* ★ ~ de guerra *oorlogsmisdadiger* II BNW *misdadig* ★ derecho ~ *strafrecht* ★ hecho ~ *misdaad* ★ Código Criminal *Wetboek van Strafrecht*
criminalidad v *criminaliteit; misdadigheid* ★ índice de ~ *criminaliteitscijfer*
criminalista I m *specialist in het strafrecht* II BNW *met betrekking tot het strafrecht*
criminólogo m *criminoloog*
crin v *paardenhaar* ★ de crin *haren* ⟨v. borstel⟩
crines v mv • → **crin** • *manen*
crinolina v *crinoline; hoepelrok*
crío m *zuigeling; baby; kind*
criollo I m *creool* II BNW *creools*
cripta v • *crypt(e); ondergrondse kapel* • *grafkelder*
criptografía v *geheimschrift*
criptográfico BNW • *van het geheimschrift* • *in geheimschrift*
criptograma m *cryptogram*
crisálida v *pop* ⟨v. insect⟩
crisantemo m *chrysant*
crisis v • *crisis* • *kritieke periode; keerpunt; beslissend ogenblik* ★ estar en ~ *in een crisis verkeren* ★ pasar por una ~ *een crisis doormaken* ★ ~ ministerial *kabinetscrisis* ★ atravesar una ~ *een crisis doormaken* ★ ~ de la cuarenta *midlifecrisis* ★ ~ energética *energiecrisis* ★ ~ nerviosa *zenuwinzinking* ★ ~ petrolera *oliecrisis* ★ ~ de la vivienda *woningnood*
crisma I m • *chrisma; zalfolie* • *kerstkaart* II v INF. *hersenpan; kop* ★ romper la ~ a uno *iemand zijn hersens inslaan* ★ romperse la ~ *zijn nek breken*
crisol m • *smeltkroes* • *vuurproef; beproeving*
crispado BNW *krampachtig; verkrampt* ★ ambiente ~ *gespannen sfeer* ★ puño ~ *gebalde vuist*
crispar OV WW • *verkrampen; samentrekken* • *op de zenuwen werken; irriteren*
cristal m • *kristal; glas* • *ruit* ★ mirar con ~ de aumento *de dingen overdreven zien* ★ ~ de roca *bergkristal* ★ ~ esmerilado *matglas* ★ ~ hilado *glasvezel* ★ ~ duro *hardglas* ★ pagar los ~es rotos *het kind van de rekening zijn* ★ medias de ~ *nylonkousen* ★ ~ de luna/ espejo *spiegelglas* ★ ~ graduado *brillenglas* ★ ~ bifocal *brillenglas met dubbel focus* ★ ~ antibalas *kogelvrij glas* ★ ~ de aumento *loep* ★ ~ emplomado *glas-in-lood*
cristalera v • *glazenkast* • *glazen deur*
cristalería v • *glashandel; glaswinkel; glasfabriek* • *glaswerk* ★ ~ para farmacias *medicijnflessen* ★ ~ *labrada kristalglas*
cristalero m • *glazenmaker* • *glazenwasser*
cristalino I m *ooglens* II BNW • *kristallen; glazen* • *kristalhelder*
cristalizable BNW *kristalliseerbaar*
cristalizar OV WW • *kristalliseren* • *uitkristalliseren* • *laten kristalliseren*
cristianar OV WW *dopen* ★ traje de ~ *doopjurk*

cr

cr

cristiandad v *christenheid*
cristianismo m *christendom*
cristianizar OV WW *kerstenen*
cristiano I m • *christen* • *mens* • *levende ziel*
★ GESCH. ~ *nuevo christen geworden jood of*
Moor II BNW *christelijk* ★ *ihable usted en* ~!
praat verstaanbaar!
cristo m *Christusbeeld; kruisbeeld*
Cristo m *Christus* ★ *donde* ~ *perdió el gorro*
heel ver weg ★ *donde* ~ *dio tres voces in een*
uithoek ★ *ni* ~ *geen hond* ★ *poner a alg. como*
un ~ *iemand beledigen/bevuilen/mishandelen*
★ *le viene como a un Santo* ~ *un par de*
pistolas dat slaat als een tang op een varken
★ *armarse la de Dios es* ~ *een vreselijke heibel*
schoppen ★ INF. *todo* ~ *Jan en alleman* ★ *antes/*
después de ~ *vóór/na Christus* ★ *ini* ~ *que lo*
fundió! wat een onzin!
Cristóbal m *Christoffel*
criterio m • *maatstaf; criterium* • *oordeel;*
onderscheidingsvermogen • *inzicht* ★ *en mi* ~
naar mijn mening ★ *amplio* ~ *ruim van*
opvatting ★ *tener buen* ~ *een goed inzicht*
hebben ★ (no) *compartir un* ~ *het (niet) met*
een standpunt eens zijn
crítica v • *beoordeling; kritiek* • *recensie*
• *aanmerking; afkeuring* • *geroddel*
criticable BNW • *aanvechtbaar*
• *afkeurenswaardig* • *laakbaar*
criticador I m • *vitter* II BNW *vittend*
criticar OV WW • *bespreken; bekritiseren*
• *beoordelen; commentaar leveren op*
• *bekritiseren*
criticastro m *muggenzifter; vitter*
crítico I m • *criticus* • *recensent* II BNW • *kritisch*
• *kritiek* • *beslissend* ★ *la hora crítica het*
beslissende ogenblik
criticón I m • *kankeraar* • *vitter* II BNW *vittend*
critiquizar OV WW • IRON. *foeteren* • IRON.
kankeren
Croacia v *Kroatië*
croar ON WW *kwaken*
croata I m *Kroaat* II BNW *Kroatisch*
croché m (*crochet*) *crochet; haakwerk*
crocitar ON WW *krassen* ⟨v. raven⟩
croco m • *krokus* • *saffraan*
crol m SPORT *crawl* ★ *nadar a crawl crawlen*
cromado I m (*het*) *verchromen* II BNW
verchroomd
cromático BNW • *chromatisch* ⟨muziek⟩
• *chromatisch* ⟨optiek⟩
cromo m • *chroom* • *plaatje*
cromolitografía v • *kleurendruk* • *gekleurde*
plaat
cromosoma m *chromosoom*
crónica v • *kroniek* • *artikel* • *bericht* ⟨in de
media⟩ • *rubriek* ★ ~ *deportiva sportrubriek;*
roddelrubriek ★ ~ *de sucesos kort nieuws*
crónico BNW *chronisch*
cronista m/v • *kroniekschrijver* • *journalist*
cronología v *chronologie*
cronológico BNW *chronologisch*
cronometraje m *tijdopname; tijdmeting*
cronometrar OV WW *de tijd meten van/bij*
cronómetro m *chronometer; stopwatch*
croquet m *croquet*

croqueta v *kroket*
croquis m /onveranderd meervoud/ *schets;*
ontwerp ★ *hacer un* ~ *schetsen*
cross m *cross* ★ *hacer* ~ *crossen*
crótalo m • *soort castagnet* • *ratelslang*
cruce m • *kruising; kruispunt* • TELECOM. *storing*
★ ~ *de vía spoorwegovergang* ★ ~ *para*
peatones zebrapad ★ ~ *de cables kortsluiting*
★ ~ *de disparos schietpartij* ★ ~ *giratorio*
rotonde ★ *luz de* ~ *dimlicht* ★ ~ *de prioridad/*
preferencia voorrangskruising
crucería v ARCHIT. *gewelfribben*
crucero m • ARCHIT. *dwarsschip; kruisbeuk*
• *rondreis; cruise* • MIL. *kruiser* ★ *Crucero*
austral Zuiderkruis ★ ~ *torpedero*
torpedokruiser
cruceta v *kruissteek*
crucial BNW *beslissend; cruciaal*
crucificado I m *gekruisigde* II BNW *gekruisigd*
crucificar OV WW • *kruisigen* • *lastig vallen;*
kwellen
crucifijo m *kruisbeeld*
crucifixión v *kruisiging*
cruciforme BNW *kruisvormig*
crucigrama m *kruiswoordpuzzel* ★ ~ *blanco*
doorloper
cruda v MEX *kater*
crudeza v • *wreedheid; hardheid* • *strengheid* ⟨v.
het weer⟩
crudo I m *ruwe olie* II BNW • *rauw; ongekookt;*
niet gaar • *ruw; wreed* • *guur; streng* ⟨v.
weer⟩ • BOL *dronken* • *color* ~ *ongebleekt;*
ecru ★ *una cruda novela een realistische*
roman ★ *seda cruda ruwe zijde* ★ *verduras*
crudas rauwkost
cruel BNW • *wreed* • *ondraaglijk* ★ *hizo un* ~
invierno het werd een strenge winter
crueldad v *wreedheid*
cruento BNW *bloedig*
crujía v *gang* ★ *pasar* ~ *veel ellende lijden*
crujido m *gekraak; geknars* ★ *dar un* ~ *kraken*
crujiente BNW *knapperig; krokant*
crujir ON WW *kraken; knarsen* ★ *se hizo* ~ *las*
articulaciones de los dedos hij knakte met
zijn vingers
crúor m • *gestold bloed* • *kleurstof van het bloed*
• *bloedlichaampjes*
crup m *kroep*
crupier m/v *croupier*
crustáceo I m *schaaldier* II BNW *schaal-*
cruz v • *kruis* • *schoft* ⟨v. dier⟩ ★ *con los brazos*
en cruz met gespreide armen ★ *cruz gamada*
hakenkruis ★ *quedarse uno en cruz y en*
cuadra erg arm worden ★ *hacerse cruces zich*
bekruisen van verbazing; verbaasd staan
★ *jugar a cara o cruz kruis of munt gooien*
★ *de la cruz a la fecha van begin tot einde*
★ *icruz y raya! afgelopen!* ★ *Cruz Roja Rode*
Kruis
cruzada v • *kruistocht* • *campagne*
cruzado I m *kruisvaarder* II BNW *gekruist* ★ ~ *de*
brazos met gekruiste armen
cruzamiento m *kruising*
cruzar OV WW • *kruiselings afsluiten*
• *doorkruisen* • *uitwisselen* ⟨v. woorden,*
*blikken⟩ • BIO. *kruisen* • *doorheen trekken*

• *oversteken* ⋆ ~ las armas con *de degen kruisen met* ⋆ ~ cartas *brieven wisselen* ⋆ ~ la cara de u.p. *iemand een klap verkopen* ⋆ ~ en barca *in een veerboot overzetten* ⋆ ~ los dedos *duimen*

cruzarse WKD WW ⋆ ~ de brazos *de armen over elkaar slaan*; FIG. *werkeloos toekijken* ⋆ ~ con u.p. *iemand tegenkomen*

cuaco m MEX *knol* 〈oud paard〉

cuaderna v *spant* ⋆ ~ *vía kwatrijn met slagrijm en getelde lettergrepen*

cuadernillo m *katern*

cuaderno m *schrift* ⋆ ~ de anillas *multomap* ⋆ cuaderno de apuntes *aantekenboekje* ⋆ ~ de bitácora *logboek*

cuadra v • *paardenstal* • LA *blok huizen*

cuadrada v *twee hele noten*

cuadradillo m • *liniaal* • *vierkante stang* • *suikerklontje*

cuadrado I m • *vierkant* • *kwadraat* II BNW • *vierhoekig*; *vierkant* • *dwars, eigenwijs* • LA *lomp* ⋆ metro ~ *vierkante meter* ⋆ número ~ *kwadraatgetal* ⋆ chico ~ *stoere knaap* ⋆ hombros ~s *brede schouders*

cuadragenario BNW *veertigjarig*

Cuadragésima v *vasten*

cuadragésimo I m *veertigste (deel)* II TELW *veertigste*

cuadrangular BNW *vierhoekig*

cuadrante m • *kwadrant* 〈ook meetinstrument〉 • *vierkant kussen* • *zonnewijzer* • *kiesschijf* • *afstemknop*

cuadrar ON WW • *uitkomen*; *passen* • *overeenstemmen* • *kloppen* 〈v. de kas〉

cuadrarse WKD WW • *in de houding gaan staan* • *wilskrachtig optreden* • *stil blijven staan*

cuadratura v *kwadratuur* • la ~ del círculo *de kwadratuur van een cirkel; iets onmogelijks*

cuadrícula v *geruit patroon*

cuadriculado BNW • *geruit* • *rechtlijnig*

cuadricular OV WW *ruitjes maken*

cuadriga v 〈**cuádriga**〉 *vierspan*

cuadrilátero m • *vierkant* • *boksring*

cuadrilla v *ploeg*; *groep* ⋆ en ~ *met een ploeg* ⋆ ~ de amigos *vriendenclub* ⋆ ~ de maleantes *boevenbende* ⋆ ~ de provocadores *knokploeg* ⋆ la ~ de un torero *de helpers van de torero*

cuadrillero m • *aanvoerder* • *ploeglid*

cuadriplicar OV WW *verviervoudigen*

cuadrivio m • *viersprong* • GESCH. *hogere kunsten*; *quadrivium*

cuadro m • *schilderij* • *tafereel*; *aanblik* • *literaire beschrijving* • *frame* 〈v. een fiets〉 • *scène* 〈toneel〉 • *vierkant* • *rechthoek* • *staf*; *kader* • *schema*; *tabel* • *paneel* 〈elektriciteit〉 • SL. *groepsseks* ⋆ ~ de mando *schakelbord* ⋆ ~ de flores *bloemperk* ⋆ ~ de distribución *schakelbord* ⋆ en ~ *in het vierkant* ⋆ ~ vivo *tableau vivant* ⋆ ~ sinóptico *overzichtstabel* ⋆ estar/quedarse en ~ *met weinig mensen overblijven* ⋆ un pantalón a ~s *een geruite broek* ⋆ ~ de control *instrumentenbord, dashboard* ⋆ ~ patológico/clínico *ziektebeeld* ⋆ ~ sinóptico/de conjunto *verzamelstaat* ⋆ ~ de azulejos *tegeltableau*

cuadrúpedo I m *viervoeter* II BNW *viervoetig*

cuádruple I m 〈**cuádruplo**〉 *viervoud* II BNW 〈**cuádruplo**〉 *viervoudig*

cuadruplicado BNW *viervoudig*

cuadruplicar OV WW *met vier vermenigvuldigen*

cuajada v • *gestremde melk* • *kwark*; *witte kaas*

cuajado BNW *gestremd*; *dik* 〈v. melk〉 ⋆ ~ de (vol)gestopt met ⋆ ~ de defectos *wemelend van fouten* ⋆ leche cuajada *zure melk*

cuajadura v *stolling*

cuajar I OV WW *bedekken*; *overladen* II ON WW • *blijven liggen* 〈v. sneeuw〉; *hard worden*; *stremmen* • *geaccepteerd worden*; *passen* • *effect hebben* • *vollopen* • *bereikt worden* ⋆ cuajó la noche *de nacht viel*

cuajarón m *klont* ⋆ ~ de sangre *geronnen bloed*

cuajo m • *stremsel* • *kalmte* • tener (mucho) ~ *veel geduld hebben* • arrancar de ~ *met wortel en tak uitrukken*

cual I BETR VNW *welk*; *die*; *dat* ⋆ a cual más *zonder onderscheid*; *de een nog meer dan de ander* ⋆ por lo cual *waardoor* ⋆ el cual *dewelke*; *die* ⋆ lo cual *hetgeen* ⋆ cual ... tal *zoals ... zo ook* ⋆ la razón, por la cual *de reden waarom* ⋆ cual más, cual menos *de een meer, de ander minder* ⋆ cual o cual *zo nu en dan* ⋆ eens een II BIJW *evenals*; *zoals* ⋆ cual si *alsof* ⋆ cual padre tal hijo *zo vader zo zoon* III VW • *als* • *gelijk*

cuál VR VNW *wat (voor een)*; *welk* ⋆ ¿cuál quieres? *welke wil je?* ⋆ no me importa cuál *het doet er niet toe welke*

cualidad v • *eigenschap* • *kwaliteit*

cualificado BNW *gekwalificeerd*; *geschoold*

cualitativo BNW *kwalitatief*

cualquier ONB VNW ~ **cualquiera** • *een of ander* • *de eerste de beste*; *ieder willekeurig* ⋆ ~ día *op een willekeurige dag* ⋆ a ~ parte *ergens heen* ⋆ de ~ modo que sea *hoe dan ook* ⋆ lo hizo de ~ modo *hij heeft het oppervlakkig gedaan* ⋆ ~ cosa *alles*; *wat dan ook*

cualquiera I v *hoer* II m/v *arme donder*; *Piet Snot* III ONB VNW • *wie ook*; *wat ook* • *de eerste de beste*; *ieder willekeurig* • *een of ander* ⋆ ¡~ lo entiende! *dat begrijpt iedereen!* ⋆ Juanito no es un ~ *Jantje is niet de eerste de beste* ⋆ ~ que fuese *wie dan ook* ⋆ ¡~ lo hace! *iedereen kan het!*

cuan VW • *hoe*; *hoe zeer* • *zo ... als* ⋆ cayó cuan largo era *hij viel languit* ⋆ tan ... cuan *even ... als*

cuán BIJW *hoe* 〈met bnw〉 ⋆ ¡cuán fácil es! *wat is dát makkelijk!*

cuando I BIJW • *toen* • *wanneer* • *als* ⋆ ~ niño *als kind* ⋆ ~ la recolección *tijdens de oogst* ⋆ ¡~ yo lo digo! *ik zeg het toch!* ⋆ ¡~ tú lo dices! *als jij het zegt!* ⋆ aun ~ *ook al*; *zelfs als* II VZ *tijdens*; *gedurende* III VW • *als*; *wanneer* • *toen* • *terwijl* ⋆ ~ más/mucho *hoogstens* ⋆ ¿cuándo? *wanneer?* ⋆ de vez en ~ *zo nu en dan* ⋆ ~ menos *minstens*

cuantía v • *hoeveelheid*; *som* • *omvang*; *grootte* • *klasse*; *rang*; *stand* ⋆ de mayor ~ *belangrijk* ⋆ de menor ~ *onbelangrijk*

cuántico BNW ⋆ teoría cuántica *kwantumtheorie*

cuantimás BIJW INF. *zoveel te meer*; *hoe meer*

cu

cuantioso BNW ∙ *talrijk* ∙ *aanzienlijk; belangrijk*
cuantitativo BNW *kwantitatief*
cuanto I m *quotum; deel* II BNW ∙ *zoveel als*
∙ *alles wat* ∙ *allen die* ★ ~ tengo *alles wat ik
heb* ★ ~s estaban presentes *alle aanwezigen*
★ un tanto ~ *een beetje* ★ el señor no sé ~
meneer huppeldepup III BIJW ∙ *hoe(zeer);
hoeveel; hoelang* ∙ *zolang als; zoveel als* ★ ¿a
cuánto? *hoe duur?* ★ ~ más *hoe meer*
★ cuánto más *zoveel te meer* ★ por ~ que
aangezien ★ ~ antes *zo vlug mogelijk* ★ ~
antes mejor *hoe eerder hoe liever* ★ en ~ a
wat betreft ★ en ~ a mí *wat mij betreft* ★ tanto
... ~ evenveel ... als ★ en ~ llegó *zo gauw als
hij aankwam* ★ en ~ coma *zo gauw ik gegeten
heb* ★ ¿a cuántos (del mes) estamos? *de
hoeveelste hebben we?* ★ ~ de mí dependa
voor zover het van mij afhangt ★ ~ más que
des te meer *omdat* ★ en ~ zodra; *terwijl*
★ ¿cuánto? *hoeveel?; hoelang?* ★ ¡cuánto
coche! *wat een auto's*
cuáquero I m *quaker* II BNW *van de quakers;
quaker-*
cuarcita v *kwartsiet*
cuarenta TELW *veertig* ★ las ~ *paard en koning*
⟨bij Spaans kaartspel⟩ ★ treinta y ~ *soort
roulettespel* ★ cantar(le) las ~ a u.p. *iemand op
zijn donder geven*
cuarentavo I m *veertigste deel* II BNW *veertigste*
cuarentena v ∙ *quarantaine* ∙ *veertigtal* ★ sufrir
~ *in quarantaine liggen* ★ levantar ~
quarantaine *opleggen* ★ poner en ~
betwijfelen; onder voorbehoud aanvaarden
cuarentón I m (v: **cuarentona**) *veertiger* II BNW
(v: **cuarentona**) *van in de veertig*
cuaresma v *(het) vasten*
cuaresmal BNW *vasten-*
cuarta v ∙ *kwart; vierde deel* ∙ *vierkante balk*
∙ *kompasstreek* ★ las 3 ~s partes *driekwart*
cuartana v *vierdendaagse koorts*
cuartear OV WW ∙ *vierendelen* ∙ *slingeren*
cuartearse WKD WW *splijten; barsten*
cuartel m ∙ MIL. *kwartier* ∙ *kazerne* ★ estar en ~
op wachtgeld staan ★ ~ general *hoofdkwartier*
★ sin ~ *zonder bestand; onophoudelijk*
★ guerra sin ~ *oorlog op leven en dood* ★ dar ~
kwartier geven; lijfsbehoud schenken
cuartelada v *staatsgreep*
cuarteo m ∙ *barst; spleet* ∙ *zijsprong*
cuarterón m ∙ *kwart pond* ∙ (v: **cuarterona**)
*kwartbloed (kind van blanke en mesties of van
blanke en mulat)*
cuarteta v *kwatrijn*
cuarteto m ∙ *kwartet* ∙ *kwatrijn*
cuartilla v ∙ *velletje* ⟨A4⟩ ∙ *blaadje; briefje* ★ el
alcalde leyó unas ~s *de burgemeester las zijn
toespraak van papier*
cuartillo m *inhoudsmaat*
cuarto I m ∙ *vierde (deel); kwart* ∙ *kwartier*
∙ *kamer* ★ eso es algo de tres al ~ *dat is iets
van dertien in een dozijn* ★ poner ~ *een huis
inrichten* ★ de tres ~s *driekwart* ⟨v. kleding⟩
★ ~ de aseo *toilet* ★ ~ de baño *badkamer* ★ ~
de estar *woonkamer* ★ los ~s *de duiten* ★ ~
para alquilar *kamer te huur* ★ ~ creciente
eerste kwartier ⟨v. de maan⟩ ★ ~ delantero

voorkamer ★ ~ de máquinas *machinekamer*
★ ~ para huéspedes *logeerkamer* ★ las diez y
~ *kwart over tien* ★ la una menos ~ *kwart
voor een* ★ dar un ~ al pregonero *iets aan de
grote klok hangen* ★ echar su ~ a espadas *een
duit in het zakje doen* ★ estar sin (un) ~
straatarm zijn ★ tener cuatro ~s *weinig geld
hebben* ★ vale cuatro ~s *het is spotgoedkoop*
★ ~ trastero *rommelhok* II BNW *vierde*
cuartucho m PEJ. *vertrek*
cuarzo m *kwarts* ★ reloj de ~ *kwartshorloge*
Cuasimodo m ★ Domingo de ~ *beloken Pasen*
cuate m ∙ MEX, GUA *jongetje* ⟨v. tweeling⟩;
vriendje; kameraad ∙ MEX, GUA *meisje* ⟨v.
tweeling⟩; *vriendinnetje*
cuaternario I m *quartair* II BNW ∙ *deelbaar door
vier* ∙ *van het quartair*
cuatrero m *veedief*
cuatrillizos m *vierling*
cuatrimotor I m *viermotorig vliegtuig* II BNW
viermotorig
cuatrisilabo BNW *vierlettergrepig*
cuatro I m PR, VEN *viersnarige gitaar* II BNW *een
stuk of wat; een beetje* ★ más de ~ veces
dikwijls III TELW *vier* ★ más de ~ velen ★ ~
días *een blauwe maandag* ★ ~ gatos
anderhalve man en een paardenkop ★ ~ letras
kattebelletje ★ el ~ de agosto *vier augustus*
★ en filas de a ~ *in rijen van vier*
cuatrocientos TELW *vierhonderd* ★ el (siglo) ~ *de
vijftiende eeuw*
cuba v *ton* ★ estar como una cuba *stomdronken
zijn* ★ estar hecho una cuba *kogelrond zijn*
Cuba v *Cuba*
cubalibre m *rum-cola*
cubanismo m *Cubaans woord; Cubaanse
uitdrukking*
cubano I m *Cubaan* II BNW *Cubaans*
cubata m INF. *rum-cola*
cubero m *kuiper* ★ a ojo de buen ~ *op het oog;
naar schatting*
cubertería v *borden en bestek*
cubeta v ∙ *emmer; vaatje* ∙ *kwikbolletje* ⟨in een
barometer⟩
cubicación v ∙ *inhoudsmeting* ∙ *verheffing tot de
derde macht*
cubicar OV WW ∙ *de inhoud meten* ∙ *tot de derde
macht verheffen*
cúbico BNW ∙ *kubusvormig* ∙ *kubiek* ★ metro ~
kubieke meter
cubiculo m *kleine kamer*
cubierta v ∙ *bedekking* ∙ *deken; overtrek* ∙ *kaft*
∙ *omslag* ∙ *(buiten)band* ∙ *dak* ∙ SCHEEPV. *dek*
★ ~ antideslizante *antislipband* ★ ~ del motor
motorkap ∙ ~ de paseo *promenadedek* ★ ~ de
vuelo *landingsdek* ★ a ~ de las miradas *aan
het zicht onttrekken* ★ ¡todos sobre ~! *alle
hens aan dek!*
cubierto I m ∙ *bestek* ∙ *menu* ★ la vacante está
ya cubierta *in de vacature is reeds voorzien*
★ permanecer ~ *ophouden* ⟨v. hoed⟩ ★ a ~ de
bescherming tegen; ingedekt zijn II BNW ∙ *bezet*
∙ *bedekt* ∙ *vol; overladen* ★ tener las espaldas
cubiertas *financiële dekking hebben* III WW
(volt. deelw.) → **cubrir**
cubil m *leger* ⟨v. dier⟩

cubilete m • *dobbelbekertje* • *bakvorm*
cubiletear ON WW • *schudden met dobbelbekertje* • *sluw handelen*
cubiletero m • *goochelaar* • *pasteischotel*
cubismo m *kubisme*
cubista I m/v *kubist* II BNW *kubistisch*
cubital BNW *van de elleboog*
cubito m *blokje* • ~ *de hielo ijsblokje*
cúbito m *ellepijp*
cubo m • *emmer* • *naaf* • *kubus* • *derde macht* ★ *cubo para carbón kolenkit* ★ *el cubo de 5 de derde macht van 5* ★ *extraer el cubo de derdemachtswortel trekken* ★ *cubo de la basura vuilnisemmer* ★ *llover a cubos regenen dat het giet*
cubrecadena m *kettingkast*
cubrecama m *sprei*
cubrepiès m (*mv onv.*) *voetendeken*; *plaid*
cubrir OV WW • *(be)dekken* • MIL. *dekken*; *beschermen* • *verbergen* • *bezetten*; *vervullen* • *vullen*; *bedekken* • *overladen* • *afleggen* • *verslaan* ⟨journalistiek⟩ • *bespringen* ⟨bij dieren⟩; *dekken* ★ ~ *el daño de schade dekken* ★ ~ *los gastos de kosten dekken* ★ ~ *la olla een deksel op de pan doen* ★ ~ *una plaza een betrekking vervullen* ★ ~ *una vacature in een vacature voorzien*
cubrirse WKD WW • *zich goed aankleden*; *zijn hoed opzetten* • *zich kleden met*; *omhebben* ★ ~ *de gloria roem behalen* ★ *cubrírsele a uno el corazón diep bedroefd zijn*
cuca v • *aardamandel* • *made*; *rups* • *verwoede speelster* • VULG. CENTRAAL-AMERIKAANS, COL VEN *kut*
cucamonas m INF. mv *flikflooierij*
cucaña v • *kokanjemast*; *klimpaal* • *(het) mastklimmen* • *buitenkansje*
cucañero m • *avonturier* • *geluksjager*
cucar OV WW *knipogen*
cucaracha v • *kakkerlak* • MEX *rammelkast* ⟨auto⟩ • INF. *peuk* ⟨v. stickie⟩
cucha v ZZA *hondenhok*
cuchara v *lepel* ★ *meter u.c. con* ~ *iets erin hameren*; *voorkauwen*
cucharada v • *schepje* • *lepel* ★ ~ *con colmo volle eetlepel* ★ *meter la* ~ *een duit in het zakje doen.*
cucharadita v *theelepeltje* ⟨hoeveelheid⟩
cucharetear ON WW • *met de lepel roeren* • *zich bemoeien met andermans zaken*
cucharilla v • *lepeltje* • *leverziekte* ⟨v. varkens⟩
cucharón m *grote (opschep)lepel*
cucheta v RPL *couchette*
cuchichear ON WW *fluisteren*; *smoezen*
cuchicheo m *gefluister*
cuchilla v • *lemmet* • *(scheer)mes*
cuchillada v *messteek* ★ ~ *de cien reales flinke messteek* ★ *matar a* ~*s neersteken*
cuchillazo m → **cuchillada**
cuchillería v *messenmakerij*; *messenwinkel*
cuchillero m *messenmaker*; *messenverkoper*
cuchillo m • *mes* • *scherp voorwerp* • *klink*; *driehoekig inzetstukje* ★ ~ *para cortar (el) pan broodmes* ★ *pasar a* ~ *over de kling jagen*
cuchipanda v *fuif*
cuchitril m *varkensstal*; *varkenskot*

cucho m • *mest* • ZA *kat*
cuchuco m COL, CUL. *soep van gerst en vlees*
cuchufleta v *gekheid*
cuchufletero m *grappenmaker*
cuclillas v mv ★ *en* ~ *op zijn hurken*
cuclillo m *koekoek*
cuco I m • *koekoek* • ZZA, PERU *boeman*, *spook* II BNW • *schattig*; *aardig*; *leuk* • *doortrapt*; *sluw*
cucú m • *koekoeksklok* • *roep van de koekoek* ★ *hacer cucú koekoek roepen*
cucufato m/v • CHI *mafkees* • PERU *kwezel*
cucúrbita v *distilleerkolf*
cucurucho m • *puntzakje* • *puntmuts* • LA ⟨boom, huis enz.⟩
cueca v CHI, ARG *populaire dans*
cuelga v • *trosje vruchten* ⟨die te drogen hangen⟩ • *geschenk* ★ *de* ~ *om op te hangen*
cuello m • *nek*; *hals* • *kraag*; *boord* ★ *levantar el* ~ *er weer bovenop komen* ★ *estar con el agua al* ~ *tot zijn nek in het water staan* ★ ~ *de pajarita puntkraag* ★ ~ *uterino baarmoederhals* ★ ~ *escarolado plooikraag* ★ ~ *vuelto col* ★ *botón de* ~ *boordenknoopje* ★ *cortar el* ~ *a u.p. iemand de strot afsnijden* ★ ~ *de botella flessenhals*; FIG. *knelpunt* ★ *delincuencia de* ~ *blanco witte-boorden criminaliteit* ★ *a voz en* ~ *luidkeels (schreeuwen)* ★ *torcer el* ~ *a u.p. iemand de nek omdraaien*
cuenca v • *stroomgebied* • *bekken* • *holte* • *oogkas*
cuenco m • *aarden kom* • *holte*
cuenta v • *telling*; *(be)rekening* • *rekensom* • *factuur*; *rekening* • *rekenschap* • *verantwoordelijkheid*; *verplichting* • *kraal* ★ *en* ~ *op rekening* ★ *de* ~ *de u.p. op kosten van iemand* ★ *dar* ~ *de u.c. iets mededelen*; *iets opeten*; *rekenschap afleggen van* ★ *dar la* ~ *a un empleado een werknemer de laan uitsturen* ★ *ser un pájaro de* ~ *een gevaarlijk persoon zijn* ★ *tener en* ~ *u.c. rekening houden met iets* ★ *tomar u.c. en* ~ *a u.p. iemand iets aanrekenen* ★ *hacer* ~ *u.c. uitkomen*; *de moeite waard zijn* ★ *perder la* ~ *de tel kwijtraken* ★ *por la* ~ *que me trae in mijn eigen belang* ★ *hacer* ~*s afrekenen*; *uitrekenen* ★ *pedir* ~*s a u.p. iemand ter verantwoording roepen* ★ *salir bien las* ~*s goed uitkomen met geld* ★ ~ *corriente rekening-courant* ★ *vivir a* ~ *de leven op kosten van* ★ *a buena* ~ *op afbetaling* ★ *contigo tengo que ajustar* ~*s met jou heb ik nog een appeltje te schillen* ★ *cubrir la* ~ *een schuld afbetalen* ★ ~ *de pérdidas y ganancias winst- en verliesrekening* ★ *se dio* ~ *de que het drong opeens tot hem door dat* ★ *echar* ~*s overdenken*; *berekeningen maken* ★ *en resumidas* ~*s kortom* ★ *estar fuera de* ~ *hoogzwanger zijn* ★ *hacer* ~ *que net doen alsof* ★ *hacer la* ~ *optellen* ★ *pasar las* ~*s de rozenkrans bidden* ★ *no querer* ~*s con u.p. niets met iemand te maken willen hebben* ★ *no le sale la* ~ *hij komt bedrogen uit* ★ *tener en poca* ~ *minachten* ★ *vamos a* ~*s laten we eens kijken* ★ ~ *bancaria bankrekening* ★ ~ *de giro*

postal *postgirorekening* ★ extracto de ~
rekeningafschrift ★ tener la ~ en rojo *rood
staan* ★ trabajar por su ~ *freelance werken*
★ una ~ de e-mail *een e-mailaccount*
cuentacorrentista m/v *rekeninghouder*
cuentagotas m *druppelflesje* ★ con ~
druppelsgewijs; mondjesmaat
cuentakilómetros m *kilometerteller*
cuentarrevoluciones m *toerenteller*
cuentero m/v RPL *bedrieger; oplichter*
cuentista I m/v ● *verhalenschrijver* ● *roddelaar*
● *praatjesmaker* ● *ingebeeld figuur* ★ es muy ~
je kunt niet van hem op aan II BNW *verwaand*
cuento m ● *geschiedenis; verhaal* ● *smoes*
● *leugen* ● *roddelpraat* ● *geklets; kletspraatje*
● *mop* ● *anekdote* ★ dejarse de ~s er niet
omheen draaien ★ tener mucho ~ *veel
praatjes hebben* ★ vivir del ~ *als profiteur door
het leven gaan* ★ sin ~ *ontelbaar veel;
ontelbaar* ★ va de ~ *het gerucht gaat* ★ ser de
~ INF. *niet te filmen zijn* ★ ~ chino *kletsverhaal*
★ ~ de la lechera *luchtkasteel* ★ ~ de nunca
acabar *gebed zonder eind* ★ ~ de hadas
sprookje ★ a ~ gelegen; *ter zake* ¡es mucho
~! *dat is te veel gevraagd!* ★ estar en el ~
erachter zijn ★ ~ de te berde brengen ★ ¡no
me vengas con ~s! *maak dat een ander maar
wijs!* ★ venir a ~ *te pas komen* ★ ZZA ~ de tío
zwendel, oplichterij
cuerda v ● *touw; streng; snoer*
● *snaar(instrument)* ● *stemregister* ● *veer*
● WISK. *koorde* ★ andar en la ~ *floja
schipperen; geen partij kiezen* ★ tirar de la ~ a
u.p. *iemand afremmen* ★ tener mucha ~ *lang
meegaan* ★ dar ~ al reloj *het horloge
opwinden* ★ ~ de tripa *darmsnaar* ★ aflojar la
~ *uitrusten; ontspannen* ★ dar ~ a uno *iemand
opjutten* ★ el papel no es de su ~ *de rol ligt
hem niet* ★ ~s vocales *stembanden* ★ apretar la
~ de touwtjes strakker aantrekken ★ no eres de
mi ~ *ik deel je mening niet* ★ por bajo/debajo
de ~ *stilletjes* ★ contra las ~s *met de rug tegen
de muur* ★ tirar de la ~ *iemands geduld op de
proef stellen; iemand afremmen* ★ tocar una ~
sensible een gevoelige snaar raken ★ juego de
~ *(het) touwtrekken*
cuerdo I m ● *verstandig persoon* II BNW
● *bedachtzaam* ● *verstandig*
cueriza v COL *pak slaag*
cuerna v ● *gewei* ● *bokaal* ● *(jacht)hoorn*
cuerno m ● *hoorn* ● *hoornvormig voorwerp*
★ poner los ~s a u.p. *overspel plegen*
★ romperse los ~s *zich te pletter werken* ★ irse
u.c. al ~ *naar de maan gaan* ★ importar algo
un ~ *geen moer kunnen schelen* ★ mandar
u.p. al ~ *iemand zeggen dat hij naar de maan
kan lopen* ★ en los ~s del toro *in groot
gevaar; in de nesten* ★ hasta los ~s de la luna
hemelhoog ★ ¡al ~! *opgesodemieterd!* ★ ¡y un ~!
wat een onzin! ★ llevar/tener ~s *hoorndrager
zijn; bedrogen echtgenoot zijn* ★ saber a ~
quemado een onaangename indruk maken
cuero m ● *huid* ● *leer* ● *leren wijnzak* ● INF. DOM
★ de ~ *leren* ★ estar hecho un ~ *dronken zijn*
★ en ~s (vivos) *spiernaakt* ★ poner en ~s
uitkleden ★ me dejaron en ~s *ze ruïneerden*

me geheel ★ AND., MEX. estar ~ *sympathiek,
mooi zijn* ★ COL dejar como un ~ *vernederen,
kleineren* ★ ZZA no dar el ~ *nergens toe in
staat zijn* ★ ZZA sacar el ~ *uitkafferen,
bekritiseren*
cuerpo m ● *lichaam* ● *romp; lijf* ● *lijk* ● *stof;
materie* ● *verzameling; corpus* ● *zwaarte;
sterkte; grootte; dikte* ● *instelling; corporatie;
genootschap* ● *corps; college* ● *verzameling
regels* ● *afdeling; deel* ★ de ~ presente
opgebaard ★ echar al ~ *fuera een moeilijke
situatie uit de weg gaan* ★ echarse algo al ~
iets naar binnen werken 〈eten/drinken〉
★ entregarse en ~ y alma a u.c. *zich met hart
en ziel aan iets wijden* ★ hacer de(l) ~ *poepen*
★ no quedarse con nada en el ~ *alles zeggen
wat iemand op zijn hart heeft* ★ quedarse con
u.c. en el ~ *iets voor zich houden* ★ tener
buen ~ *een mooi figuur hebben* ★ de medio ~
van het midden af ★ ~ directivo *management*
★ ~ de guardia *hoofdwacht* ★ ~ municipal
stedelijke overheid ★ vino de ~ *sterke wijn*
★ dar ~ a *vorm geven aan; verwerkelijken*
★ llegar el ~ a ~ *handgemeen worden* ★ lo
trataron a ~ de rey *ze behandelden hem als
een koning* ★ tomar ~ *concrete vorm
aannemen* ★ a ~ *zonder jas* ★ a ~ descubierto
onbeschermd; ongewapend ★ dar con el ~ en
tierra *op de grond vallen* ★ de ~ entero *in
hart en nieren* ★ vivir a ~ de rey *zeer royaal
en luxe leven* ★ ~ docente *lerarenkorps* ★ ~
legislativo *wetgevend lichaam* ★ ~ de
bomberos *brandweerkorps* ★ ~ diplomático
corps diplomatique ★ ARG mezquinar el ~
ontwijken, uitwijken
cuervo m *raaf* ★ cría ~s, y te sacarán los ojos
ondank is 's werelds loon ★ ~ marino
aalscholver ★ ~ merendero *kraai*
cuesco m ● *harde pit* ● *scheet* ★ soltar un ~ *een
wind laten*
cuesta v *helling* ★ hacerse algo ~ arriba FIG. *iets
zwaar vallen* ★ caerse la casa a ~s u.p. *de
muren op zich af zien komen* ★ IRON. tú que
no puedes, llévame a ~s *welja, dat kan er ook
nog wel bij* ★ ~ abajo *bergafwaarts* ★ ~ arriba
de berg op ★ en ~ steil *llevar a ~s op de rug
dragen* ★ no puedo con esta ~ *dat is te
moeilijk voor mij* ★ con todos sus años a ~s
ondanks zijn hoge leeftijd ★ la ~ de los años
de last der jaren
cuestación v *collecte*
cuestión v ● *vraagstuk* ● *kwestie; vraag*
● *geschilpunt; strijdvraag* ● *ruzie* ★ en ~ de
wat betreft; over ongeveer (+ tijd) ★ ~ de
ongeveer; zo'n ★ eso ya es otra ~ *dat is een
ander verhaal* ★ ~ candente *brandend
vraagstuk* ★ JUR. ~ de competencia
jurisdictiegeschil ★ ~ batallona *twistpunt* ★ ~
de límites *grensgeschil* ★ la ~ es no admitirlo
de hoofdzaak is het niet toe te laten ★ poner
en ~ *in twijfel trekken* ★ no es ~ de culparle
het gaat er niet om hem te beschuldigen ★ ~
capital *kernprobleem* ★ ~ de confianza
vertrouwenskwestie ★ ~ secundaria *bijzaak* ★ ~
vital *levensvraag* ★ ~ de faldas *affaire,
avontuurtje* ★ ~ racial *rassenvraagstuk* ★ ~ de

tormento *pijnlijke vraag*

cuestionable BNW *twijfelachtig*

cuestionar OV WW *betwisten*

cuestionario m *vragenlijst; enquêteformulier*

cuestor m • *collectant; inzamelaar* • GESCH. *quaestor*

cueva v • *grot; hol* • *kelder* • CHI *geluk, mazzel* ★ ~ de ladrones *dievenhol;* FIG. *oplichterszaak*

cuévano m *hoge druivenmand*

cuezo m *trog* ★ meter el ~ *zijn neus erin steken*

cuico m *vreemdeling*

cuidado m • *zorg* • *bezigheid; zaak* • *bezorgdheid* • *voorzichtigheid* • *voorzichtigheid* ★ i~! *pas op!; kijk uit!* ★ ~ de los enfermos *ziekenverpleging* ★ al ~ de *toevertrouwd aan* ★ lo dejo de su ~ *dat laat ik aan u over* ★ estar con ~ *bezorgd zijn over iets* ★ pierda ud. ~ *maakt u zich niet ongerust* ★ esto corre de su ~ *daarvoor is hij verantwoordelijk* ★ i~ con hablar! *geen woord meer!* ★ ~ con los rateros *pas op voor zakkenrollers* ★ andar con ~ *voorzichtig te werk gaan* ★ con ~ de *zorgdragend dat* ★ ir con ~ *voorzichtig te werk gaan* ★ estar de ~ *ernstig ziek zijn* ★ tener ~ *voorzichtig zijn* ★ ~s intensivos *intensive care* ★ al ~ de (afk. a/c) *per adres* ★ ~s domiciliarios *thuiszorg* ★ ~ neonatal *zuigelingenzorg* ★ un tipo de ~ *iemand voor wie je moet oppassen* ★ nos has tenido con ~ *we hebben over je ingezeten* ★ me tiene sin ~ *het kan me niet schelen*

cuidador m *verzorger; beheerder*

cuidadoso BNW • *zorgvuldig; verzorgd* • *bezorgd* • *zorgzaam*

cuidar OV WW • *verzorgen* • *verplegen* • *denken aan* ★ persona que cuida niños *oppas; babysit* ★ cuida que no ... *pas op dat niet ...* ★ ~ con *oppassen met* ★ ~ de *zorgen voor* ★ ~ la casa *de huishouding doen* ★ ~ con esmero *koesteren*

cuidarse WKD WW • *goed voor zichzelf zorgen* • (~ **de**) *zich bekommeren om; zorgen voor*

cuido m *zorg* ★ para su ~ *voor je eigen bestwil*

cuita v • *droefenis* • *kommer*

cuitado BNW *bedroefd* ★ el muy ~ *de stakker*

cuja v LA *bed*

culada v INF. • *val op zijn achterwerk* • *flater* • VULG. *wip* ★ dar(se) una ~ *een flater slaan*

culandrón m INF. *flikker*

culantrillo m *venushaar* ⟨plant⟩

culata v • *kolf* ⟨v. een geweer⟩ • *achterste* • *cilinderkop* ★ salir el tiro por la ~ *averechts aanpakken* ★ ~ de(l) fusil *geweerkolf*

culatazo m *slag met de geweerkolf*

culear I ON WW ZA *met zijn/haar kont draaien* II OV+ON WW ZA *neuken*

culebra v • *slang* • COL *schuld* • VEN *zwendel; intrige, complot* • VEN *radio-, tv-serie* ★ hacer ~ *kronkelen*

culebrear ON WW *kronkelen*

culebreo m *gekronkel*

culebrilla v *gordelroos*

culebrina v • *veldslang* ⟨kanon⟩ • *soort meteoriet*

culebrón m FIG. • *addergebroed* ⟨man⟩ • *serpent* ⟨vrouw⟩ • *(zeer lange) televisieserie*

culera v *lap; vlek* ⟨in een broek⟩

culero I m • *luier* • SAL, MEX *lafaard* II BNW *lui*

culí m *koelie*

culibajo BNW *klein*

culinario BNW *kook-; culinair* ★ arte ~ *kookkunst*

culminación v *hoogtepunt*

culminante BNW • *hoogste* • *hoogte-* ★ punto ~ *toppunt*

culminar ON WW • *het hoogtepunt bereiken* • *uitlopen; beëindigen*

culo m • *achterwerk; gat* • *bodem; bodempje* ⟨drank⟩ • RPL *geluk, mazzel* ★ perder el culo por *zich het vuur uit de sloffen lopen voor* ★ con el culo al aire *in zijn blote kont* ★ ia tomar por el culo! *je kan mijn rug op!* ★ culo de vaso *valse edelsteen* ★ tener culo de mal asiento *geen zitvlees hebben* ★ dar/caer de culo *op zijn gat vallen* ★ de culo *achteruit* ★ ir de culo *zich uit de naad werken* ★ pensar con el culo *met je kont denken* ★ con el culo a rastros *op zwart zaad* ★ mojarse el culo *zijn nek uitsteken* ★ VULG. dar por el culo a u.p. *iemand van achteren nemen* ★ INF. con el culo prieto/pequeño *doodsbenauwd* ★ INF. poner el culo *toegeven* ★ VULG. imétetelo en el culo! *stop maar in je reet!* ★ VULG. lamer el culo a u.p. *iemand zijn reet likken* ★ VULG. tomar por el culo *zich van achteren laten nemen* ★ un culo de vino *een bodempje wijn* ★ ir a tomar por el culo *naar de kloten gaan*

culón BNW *met een dik achterwerk*

culpa v • *schuld* • *fout* • *zonde* ★ echar/achacar la ~ a u.p. *iemand de schuld geven* ★ tener la ~ de u.c. *de schuld zijn van iets* ★ ¿qué ~ tengo yo? *wat kan ik daaraan doen?* ★ es ~ suya *het is zijn/uw/haar schuld*

culpabilidad v *schuld* ★ complejo de ~ *schuldcomplex* ★ JUR. declaración de ~ *schuldigverklaring*

culpable I m/v *schuldige* ★ principal ~ *hoofdschuldige* II BNW • *schuldig* • *laakbaar* ★ con descuido ~ OOK JUR. *verwijtbare nalatigheid* ★ declararse ~ OOK JUR. *schuld bekennen*

culpado BNW *beschuldigd; aangeklaagd*

culpar OV WW *beschuldigen (de van); aanklagen*

cultalatiniparla v INF. *hoogdravende taal*

culteranismo m *17e eeuwse barokke literaire stijl*

culterano BNW *van het 'culteranismo'*

cultismo m *geleerd woord*

cultivable BNW *bebouwbaar*

cultivador I m • *landbouwer; teler* • *bevorderaar; beoefenaar* ★ ~ de vino *wijnboer* II BNW *bebouwend*

cultivar OV WW • *bebouwen; verbouwen; telen* • FIG. *aanwakkeren; bevorderen* • *onderhouden* • *(be)oefenen* • *kweken* ★ tierra sin ~ *onbebouwd land* ★ ~ la ciencia *wetenschap beoefenen* ★ ~ una relación *een relatie onderhouden*

cultivo m • *bebouwing; kweek* • *gewas* ★ ~s alternos *wisselbouw* ★ sin ~ *onbebouwd* ★ caldo de ~ *(ook figuurlijk) voedingsbodem* ★ ~ extensivo *extensieve landbouw* ★ poner en ~ *in cultuur brengen, ontginnen* ★ tierra de ~

cu

bouwgrond

culto I m *eredienst; godsdienst; verering* ★ ~ a la personalidad *persoonsverheerlijking* ★ rendir ~ a la belleza *de schoonheid vereren* ★ dar ~ a vereren **II** BNW • *geletterd; ontwikkeld* • *beschaafd; gemanierd*

cultura v • *beschaving; vorming* • *cultuur* ★ ~ general *algemene ontwikkeling*

cultural BNW *cultureel*

culturismo m *bodybuilding*

culturista m/v *bodybuilder*

cumbre v • *bergtop* • *top* ★ llegar a la ~ *het toppunt bereiken* ★ conferencia ~ *topconferentie* ★ ~ comunitaria *EG- topconferentie*

cumbrera v *nokbalk*

cúmplase m *voorgezientekening; fiat; ambtelijke goedkeuringsformule; inwilliging*

cumpleaños m (mv onv.) *verjaardag* ★ ¡feliz ~! *gefeliciteerd met je verjaardag!*

cumplido I m • *compliment* • COL ⟨persoon⟩ ★ por ~ *beleefdheidshalve* ★ nada de ~s *geen plichtplegingen* **II** BNW • *afgerond* • *nagekomen* • *verstreken* • *volledig* • *beleefd* • *ruim* ⟨v. kleding⟩ ★ hacer u.c. de ~ *iets doen uit formaliteit*

cumplidor I m *plichtsbewust iemand* **II** BNW *plichtsbewust*

cumplimentar OV WW • *gelukwensen; complimenteren* • *uitvoeren* • *invullen (formulier)* ★ ~ una autoridad *een officieel bezoek brengen*

cumplimiento m • *vervulling; volvoering; uitvoering* • *naleving* • *compliment* ★ ~ de la sentencia *voltrekking van het vonnis* ★ en ~ de mi promesa *om mijn belofte gestand te doen* ★ riguroso ~ *strikte naleving* ★ de/por ~ *uit beleefdheid*

cumplir I OV WW • *volbrengen; uitvoeren; volmaken* • *voldoen aan* ★ ~ años *jarig zijn* ★ ~ los veinte años *zijn twintigste verjaardag vieren* ★ ¡que cumplas muchos más! *nog vele jaren!* **II** ON WW • *verstrijken* ⟨v. een termijn⟩; *aflopen* • *afzwaaien* • *belangrijk zijn; gunstig zijn* ★ por ~ *uit pure beleefdheid* ★ ~ con u.p. *zijn plicht doen jegens iemand* ★ ~ de palabra *zijn woord houden* ★ hacer u.c. por ~ *iets gedwongen doen* ★ ~ con una formalidad *een formaliteit vervullen*

cumplirse WKD WW • *in vervulling gaan* • *aflopen* ⟨v. termijn⟩ • *vervallen; beëindigen*

cumulativo BNW *cumulatief; nog erbij komend*

cúmulo m *stapel; massa* ★ ~s *stapelwolk*

cuna v • *wieg* • *geboorteplaats; afstamming; herkomst* • *afkomst* • *oorsprong; begin* • COL, PAN *groep indianen, indiaantaal* ★ canción de cuna *wiegeliedje* ★ casa cuna *zuigelingentehuis* ★ la cuna de la libertad *de bakermat der vrijheid* ★ cuna portátil *reiswieg*

cuncuna v • COL *wilde duif* • CHI *rups* • CHI *accordeon*

cundir ON WW • *uitlopen; uitzetten* • *uitdijen; in omvang toenemen* • *zich verbreiden; zich verspreiden* • *vorderingen maken; vooruitkomen* ★ hacer ~ *in omloop brengen* ★ el ejemplo cundió *het voorbeeld werkte*

aanstekelijk ★ hacer ~ una voz *een gerucht uitstrooien*

cunear OV WW *wiegen*

cuneiforme BNW *wigvormig* ★ escritura/ carácter ~ *spijkerschrift*

cunero m *vondeling*

cuneta v *greppel; straatgoot*

cuña v • *wig; keg* • *televisiespot* ★ meter cuña *tweedracht zaaien*

cuñadismo m *vriendjespolitiek*

cuñado m *zwager*

cuño m • *(munt)stempel* • *afdruk* ★ de nuevo cuño *nieuw; modern*

cuota v • *aandeel; bijdrage* • *contributie* • *afbetalingstermijn* ★ ~ impositiva *belasting*

cuotidiano BNW *dagelijks*

cupe WW (1e/3e p ev v.t.) → **caber**

cupé m • *tweedeursauto* • *rijtuig met twee zitplaatsen*

cuplé m *liedje*

cupletista m/v *zanger*

cupo I m • *contingent* • *aandeel* ★ excedente de cupo *uitgeloot voor militaire dienst* **II** WW (3e p ev v.t.) → **caber**

cupón m *coupon; bon*

cúpula v *koepel(gewelf)* ★ ~ del partido *partijtop*

cuquería v • *aardigheid* • *sluwheid*

cuquillo m *koekoek*

cura I m • *pasto(o)r* • *priester* ★ cura castrense *aalmoezenier* ★ cura de almas *zielzorg* **II** v • *behandeling; kuur* • *verpleging* • *genezing* ★ cura de cama *ligkuur* ★ cura de hambre *hongerkuur* ★ cura urgente *spoedbehandeling* ★ la primera cura *EHBO* ★ no tener cura *ongeneeslijk zijn* ★ ponerse en cura *een kuur volgen* ★ eso no tiene cura *dat is onverbeterlijk* ★ alargar la cura *de zaak rekken* ★ cura de deshabitación/privación *ontwenningskuur* ★ cura de desintoxicación alcohólica *(alcohol)ontwenningskuur*

curable BNW *geneeslijk*

curaca m ZA *stamhoofd*

curación v • *genezing* • *het inmaken; conservering*

curadillo m *stokvis*

curado BNW • *genezen* • *ingemaakt; gedroogd* • *gelooid*

curador I m • *beheerder* • *curator* **II** BNW • *zorgdragend* • *genezend*

curaduría v *voogdij; curatele*

curalotodo m INF. *wondermiddel*

curandería v *kwakzalverij*

curandero m *volksgenezer*

curar OV WW • *genezen* • *verzorgen; behandelen* • *inmaken; conserveren* • *looien* • *laten drogen* ⟨gekapt hout⟩ • *bleken* • *van afhelpen;* FIG. *verlossen*

curarse WKD WW *beter worden; genezen* ★ ~ en salud *heel voorzichtig zijn* ★ se ha curado *hij is genezen*

curasao m *curaçao* ⟨likeur⟩

curatela v JUR. *curatele* ★ someter a ~ *onder curatele stellen*

curativo BNW *geneeskrachtig; genezend* ★ virtud curativa *heelkracht* ★ método ~ *geneeswijze*

curato m • *pastoorschap* • *parochie*

curda I v *dronkenschap* ⋆ estar ~ *bezopen zijn* ⋆ agarrar una ~ *hem flink raken* II m/v *dronkenlap*

curdo I m *Koerd* II BNW ⋆ *Koerdisch* ⋆ *dronken*

cureña v *affuit* ⋆ a ~ *rasa vrij opgesteld*; *zonder dekking*

curia v ⋆ *curie* ⋆ *ambtenarenapparaat betrokken bij rechtszaken* ⋆ *kerkelijke rechtbank*

curiana v *kakkerlak*

curiosamente BIJW ⋆ *nieuwsgierig* ⋆ *vreemd genoeg*

curiosear ON WW *snuffelen*; *rondneuzen*

curiosidad v ⋆ *nieuwsgierigheid* ⋆ *netheid* ⋆ *zeldzaamheid*; *bezienswaardigheid* ⋆ (mv) *curiosa* ⋆ un hombre de mucha ~ *een merkwaardig man* ⋆ tengo ~ por saberlo *ik ben er nieuwsgierig naar te weten* ⋆ estar muerto de ~ *branden van nieuwsgierigheid* ⋆ ~ morbosa *ziekelijke nieuwsgierigheid*

curioso I m ⋆ *nieuwsgierig persoon* ⋆ (mv) *toeschouwers, omstanders* II BNW ⋆ *nieuwsgierig* ⋆ *opvallend*; *raar*; *merkwaardig* ⋆ *net*; *netjes* ⋆ estar ~ por *nieuwsgierig zijn naar* ⋆ cosa curiosa *merkwaardigerwijs*

currar ON WW INF. *werken*

curre m *baantje*

curriculo m (**curriculum vitae**) *curriculum vitae*; *levensbeschrijving*

currinche m ⋆ *leerling-journalist* ⋆ PEJ. *onbenul* ⋆ SL. *stukjesschrijver*

curro I m *werk* ⋆ INF. tener mucho ~ *het druk hebben* ⋆ BNW ⋆ *flink*; *stoer* ⋆ *zelfingenomen*; *ijdel*

Curro m INF. *Francisco*

curruca v *grasmus*

curruscante BNW *knapperig*

currutaco I m *dandy*; *modegek* II BNW *klein*; *onbeduidend*

curry m CUL. *curry* ⋆ CUL. salsa ~ *currysaus*

cursado m *ervaren*; *doorkneed*

cursar OV WW ⋆ *versturen* ⟨brief⟩ ⋆ *opgeven* ⟨telegram⟩ ⋆ *in werking zetten* ⋆ *college lopen* ⋆ ~ derecho *rechten studeren* ⋆ ~ una petición *een verzoek indienen*

cursi I m/v PEJ. *kakker*; *trut* II BNW PEJ. *bekakt*; *truttig*

cursileria v ⋆ *truttige opmerking* ⋆ *kitsch*

cursillista m/v *cursist*

cursillo m ⋆ *cursus* ⋆ *serie lezingen*; *conferentie*

cursilón BNW *truttig*; *aanstellerig*

cursivo BNW *cursief*; *schuin*

curso m ⋆ *verloop*; *loop* ⋆ *stroomrichting* ⋆ *cursus* ⋆ *(school)jaar* ⋆ *jaar*; *lichting* ⋆ *circulatie* ⋆ dar ~ *afhandelen*; *de vrije loop laten* ⋆ dejar que las cosas sigan su ~ *de dingen op zijn beloop laten* ⋆ ~ de reciclaje *nascholingscursus* ⋆ estar en ~ *aan de gang zijn* ⋆ monedas que no tienen ~ *niet-gangbare munten* ⋆ el año en ~ *het lopende jaar* ⋆ tener ~ *in omloop zijn* ⋆ ~ selectivo *voorbereidende cursus* ⟨v. universitaire studie⟩

cursor m ⋆ OOK COMP. *cursor* ⋆ *loper (van rekenliniaal)*

curtido I m *looiing* ⋆ ~s *gelooide huiden* II BNW ⋆ *gelooid* ⋆ OOK FIG. *gehard* ⋆ *verweerd*; *gebruind* ⋆ estar ~ en *doorkneed zijn in*

curtidor m *leerlooier*

curtiduria v *leerlooierij*

curtir OV WW ⋆ *looien*; OOK FIG. *harden* ⋆ *bruinen* ⟨v.d. huid⟩ ⋆ *verweren*

curva v ⋆ *kromme lijn*; *curve* ⋆ *bocht* ⋆ ~ de la felicidad *bierbuik* ⋆ ~ de natalidad *geboortecurve* ⋆ ~ en S *S-bocht*

curvar OV WW *krommen*; *buigen*

curvatura v *buiging*; *kromming*

curvilineo BNW *kromlijnig*

curvo BNW *krom*; *gebogen*

cusca v ZA *hoer* ⋆ hacer la ~ *jennen*

cuscurrante BNW *knapperig*; *krokant*

cuscurro m *korst brood*

cúspide v *top(punt)*

custodia v ⋆ *grote processiemonstrans* ⋆ *bewaking*; *bescherming* ⋆ estar bajo la ~ de u.p. *onder bescherming staan van* ⋆ depositar en ~ *in bewaring geven*

custodiar OV WW *bewaren*; *bewaken*

custodio I m *bewaker*; *bewaarder* II BNW *beschermend*; *bewakend*

cususa v CA *brandewijn (gestookt van suikerriet of maïs)*

cutáneo BNW *huid-*; *van de huid* ⋆ enfermedad cutánea *huidziekte*

cúter m SCHEEPV. *kotter*

cuti m *dikke stof*; *tijk*

cuticula v *huidje*; *velletje*; *vlies*

cutis m *(gezichts)huid*

cutre BNW ⋆ *ordinair*; *smakeloos* ⋆ *krenterig*; *gierig* ⋆ la gente ~ *het klootjesvolk*

cuyo BETR VNW *wiens*; *wier*; *van wie*; *waarvan*

cuz TW *hier!* ⟨tegen honden⟩

cuzcuz m CUL. *couscous*

cv AFK (caballos de vapor) *pk* ⟨paardenkracht⟩

D

d v (letter) *d* ★ la d de Dolores *de d van Dirk*

dable BNW *doenlijk; mogelijk* ★ lo mejor que sea ~ *zo goed mogelijk*

daca m ★ andar al daca y toma *kibbelen* ★ toma y daca *gekibbel*

dactilar BNW *vinger-* ★ huella/impresión ~ *vingerafdruk*

dactilografía v *(het) typen; (het) machineschrijven*

dactilógrafo m ★ *typist* ★ *schrijfmachine*

dádiva v *gift; schenking* ★ ~s quebrantan peñas *het geld dat stom is, maakt recht wat krom is*

dadivosidad v *gulheid; goedgeefsheid*

dadivoso BNW ★ *mild* ★ *vrijgevig; royaal*

dado I m ★ *dobbelsteen; dobbelspel* ★ *sokkel; voetstuk* ★ cargar los dados *de dobbelstenen verzwaren/vervalsen* ★ jugar a los dados *een potje dobbelen* II BNW ★ *gegeven; gezien; gesteld* ★ dado que *aangezien; daar; omdat* ★ (~ a) *geneigd tot; dol op*

dador I m ★ *gever* ★ *brenger* 〈v. brief〉 ★ *trekker* 〈v. wissel〉 II BNW *gevend*

daga v *dolk*

dalia v *dahlia*

dalle m *zeis*

Dalmacia v *Dalmatië*

dálmata I m/v *Dalmatiër* II BNW *Dalmatisch*

dama v ★ *dame* ★ *edelvrouw; hofdame* ★ *dam* 〈in damspel〉 ★ *vrouw* 〈in kaartspel〉 ★ *koningin* 〈in schaakspel〉 ★ *minnares* ★ *prostituee* ★ *damhert* ★ primera dama *hoofdrolspeelster* ★ dama cortesana *hofdame; courtisane; prostituee* ★ soplar uno la dama a otro *een steen slaan terwijl de tegenspeler zijn eigen kans voorbij heeft laten gaan* 〈in damspel〉 ★ dama de honor *hofdame; bruidsmeisje* ★ dama joven *ingénue; (rol van) het naïeve meisje* ★ dama de compañía *gezelschapsdame* ★ dama de mis pensamientos *vrouw van mijn dromen* ★ COL dama gris *surveillancewagen*

damajuana v *dame-jeanne; grote mandfles*

damas v mv ★ → **dama** ★ *damspel*

damasco m ★ *damast* ★ *abrikoos;* ZA *abrikozenboom*

Damasco m *Damascus*

damasquinado m *inlegwerk met goud en zilver; damascering*

damero m *dambord*

damisela v *dametje; juffertje*

damnificado I m *benadeelde; gedupeerde* ★ los ~s de la guerra *de oorlogsslachtoffers; de oorlogsinvaliden* II BNW *benadeeld; geschaad*

damnificar OV WW *schaden; benadelen*

dandi m *dandy*

dandismo m *dandyisme*

danés I m ★ (v: **danesa**) *Deen* ★ *Deens* II BNW (v: **danesa**) *Deens*

dantesco BNW ★ *dantesk* ★ *macaber; huiveringwekkend*

Danubio m *Donau*

danza v ★ *dans* ★ *zaak; kwestie* ★ *schandaal;* *verdacht zaakje* ★ *ruzie; twist* ★ ique siga la ~! *laten we ons er niet mee bemoeien!* ★ en ~ *in de weer* ★ andar en la ~ *bij de zaak betrokken zijn* ★ ~ de espadas *zwaarddans* ★ meterse en la ~ *zich met iets bemoeien*

danzante I m/v ★ *danser* ★ *regelaar; regelneef* ★ *druktemaker; losbol* II BNW *dansend*

danzar ON WW ★ *dansen* ★ *druk bewegen* ★ *zich met iets bemoeien*

danzarín m (v: **danzarina**) *(ballet)danser*

danzón m *Cubaanse dans; muziek van deze Cubaanse dans*

dañado BNW ★ *verwoest* ★ FIG. *verdorven* ★ *beurs* 〈v. vruchten〉

dañar OV WW ★ *schaden; beschadigen* ★ *laten bederven* 〈v. vruchten〉

dañino BNW *schadelijk; slecht*

daño m /soms meervoud/ ★ *schade; kwaad* ★ *letsel; verwonding; kwetsuur* ★ *pijn* ★ *betovering;* ZZA, MEX *vloek* ★ hacer daño *pijn doen* ★ daño de guerra *oorlogsschade* ★ daños causados por la tempestad *stormschade* ★ hacerse daño *zich bezeren* ★ daños y perjuicios *schadevergoeding* ★ daños en la carrocería *blikschade* ★ daños corporales *lichamelijk letsel* ★ daños inmateriales *immateriële schade; smartengeld* ★ daños materiales *materiële schade*

dañoso BNW *schadelijk; nadelig; slecht*

dar I OV WW ★ *geven; aanreiken; overhandigen* ★ *teweegbrengen; opleveren* ★ *doen; maken* ★ *raken; treffen* ★ *aansluiten* 〈v. gas, licht〉 ★ *slaan* 〈v. klok〉 ★ *schelen; betekenen* ★ ¿qué te ha dado? *wat heb je in je hoofd gehaald?* ★ no sé qué me da escucharte *ik vind het vreselijk om naar je te luisteren* ★ dárselas de inocente *onnozel doen* ★ donde las dan, las toman *wie kaatst moet de bal verwachten* ★ ¡qué más da! *wat maakt het (ook) uit!* ★ dar la culpa a u.p. *iemand beschuldigen* ★ dar la enhorabuena *gelukwensen* ★ dar un estampido *knallen* ★ dar las gracias *bedanken* ★ dar guerra a u.p. *iemand last bezorgen* ★ dar un portazo *dichtslaan* 〈v. deur〉 ★ me da mucha rabia *daar kan ik woest over worden* ★ dar a conocer *bekend maken* ★ dar a luz *baren* ★ no doy con la palabra *het woord schiet me niet te binnen* ★ dar (de) barniz *vernissen; lakken* ★ se le dio por muerto *men hield hem voor dood* ★ dar que hacer *werk bezorgen; overlast bezorgen* ★ apenas pude dar crédito a mis ojos *ik kon mijn ogen nauwelijks geloven* ★ están dando las siete *het slaat zeven uur* ★ dar importancia a *waarde hechten aan* ★ me dio mucha lástima *ik had echt met hem te doen* ★ da vivas muestras de satisfacción *hij laat zijn tevredenheid goed merken* ★ dar un paseo *een wandeling maken* ★ te doy el primero *hier heb je de eerste* ★ dar a prisa a u.p. *iemand opjagen* ★ se la dieron con queso *ze hebben hem een poets gebakken* ★ da mucha risa *het is geweldig leuk* ★ dar saltos *springen* ★ dar media vuelta *zich omkeren* ★ no hay que darle vueltas *dat is nu eenmaal zo* ★ le dieron cinco euros de vuelta *ze gaven hem vijf euro*

terug ∗ dársela a u.p. *iemand voor de gek
houden* ∗ no da una *hij zit er altijd naast*
∗ ídale que dale! *en maar volhouden/
doorgaan* ∗ iahí me las den todas! *het maakt
me niets meer uit!* ∗ dar la batalla *de strijd
aangaan* ∗ dar compasión *medelijden
opwekken* ∗ al dar las tres *klokslag drie uur*
∗ me da el corazón que *ik heb er een
voorgevoel van dat* II ON WW • krijgen • (con/
en/contra) *slaan op; treffen; raken; vallen
tegen* ∗ dar con/en ontmoeten; treffen; *te
binnen schieten* ∗ dar de sí *veel opleveren;
elastisch zijn; meegeven* ∗ dar en u.c. *op iets
stoten* ∗ no doy para tanto *tot zo veel ben ik
niet in staat* ∗ le dio un ataque de risa *hij
kreeg een lachaanval* • (~ a) uitkomen op ‹v.
raam, deur›; uitzien op • (~ en) hameren op
• (~ para) genoeg zijn voor • (~ por)
beschouwen als
dardo m • *speer; pijl* • *hoon; hatelijkheid*
∗ juego de ~s *dartspel*
darse WKD WW • *zich voordoen; gebeuren* • *zich
overgeven aan* • *toegeven; geen weerstand
meer bieden* • ~ por entendido *iets als bekend
veronderstellen* • se las da de entendido de
música *zij doet alsof ze veel verstand heeft van
muziek* ∗ ~ a buenas *de tegenstand opgeven*
dársena v *open dok; binnenhaven*
darviniano BNW *darwinistisch*
darvinismo m *darwinisme*
darvinista I m *darwinist* II BNW *darwinistisch*
data v • *datum* • *dagtekening* • ECON. *credit*
∗ poner la data *dateren* ∗ cargo y data *debet
en credit* • es de larga data *dat is lang
geleden* ∗ estar de mala data *een slecht
humeur hebben*
datar I OV WW • *van datum voorzien;
dagtekenen* • *crediteren* II ON WW (de) *dateren
van; stammen uit*
dátil m • *dadel* ∗ ~ de mar *zeedadel*
datilera v *dadelpalm*
dátiles m mv • → **dátil** • *vingers; fikken*
dativo m *datief; derde naamval*
dato m • *gegeven; feit* ∗ OOK COMP. *data* ∗ COMP.
tráfico de datos *dataverkeer* ∗ COMP. base de
datos *database* ∗ COMP. banco de datos
databank ∗ COMP. datos de entrada *input
(gegevens)* ∗ COMP. proceso (electrónico) de
datos *(elektronische) gegevensverwerking*
∗ COMP. datos de salida *output (gegevens)*
datos m mv → **dato** • *gegevens; informatie;
data* ∗ ~ personales *personalia*
davo m CA *probleem; moeilijkheid*
de VZ /soms onvertaald/ • *van* • *uit* • *met* • *bij
wijze van; als* ∗ hacer de *de rol vervullen/
spelen van* ∗ de pie *staande* ∗ ¡pobre de mí!
stakker die ik ben! ∗ la ciudad de Pamplona
de stad Pamplona ∗ el bueno de Pepe *die
goede Pepe* ∗ está de viaje *hij is op reis* ∗ de
niño ya le daba asco la grasa *als kind walgde
hij al van vet* ∗ de día *overdag* ∗ de un trago
in één teug ∗ de por sí *vanzelf* • (~ [+ inf.])
als; indien • ~ haberlo sabido *als ik het
geweten had*
dé WW (1e/3e p ev subj. t.t.) → **dar**
deambular ON WW *rondlopen; slenteren*

deambulatorio m *ruimte achter het altaar*
deán m REL. *deken*
debacle v *debacle; (grote) mislukking*
debajo BIJW *eronder; lager* ∗ estar muy por ~
de *ver achterblijven bij* ∗ por ~ de cuerda
stiekem ∗ ~ de *onder*
debate m • *beraadslaging; discussie; debat*
• *strijd* ∗ ~ movido *heftig debat* ∗ ~s
parlamentarios *parlementaire debatten*
debatir OV+ON WW • *bespreken; redetwisten*
• *strijden*
debatirse WKD WW *zich verzetten; vechten*
debe m *debet* ∗ debe y haber *debet en credit*
debelar OV WW *onderwerpen*
deber I m *plicht; verplichting* ∗ faltar a su ~
zijn plicht verzaken ∗ cumplir (con) su ~ *zijn
verplichtingen nakomen; zijn plicht doen* II OV
WW • *moeten; behoren te* • *verplicht zijn; te
danken hebben aan; verschuldigd zijn* • *wel
zullen; wel moeten* ∗ quedar a ~ u.c. a alg.
iemand iets schuldig blijven ∗ ~ su nombre a
zijn naam ontlenen aan ∗ ~ a todo Dios
overal schulden hebben ∗ debe la advertirlo
hij moet het wel merken ∗ esta casa no debe
nada a un castillo *dit huis doet in niets onder
voor een kasteel* ∗ ha debido usted quedarse
en casa *u had beter thuis kunnen blijven* ∗ no
debí hacerlo *ik had dat niet moeten doen* ∗ ~
respuesta *het antwoord schuldig blijven*
deberes m mv → ~ **deber** • *huiswerk*
deberse WKD WW *te danken hebben aan; te
wijten zijn aan* ∗ a ellos se debe el que *aan
hen is het te wijten dat* ∗ como se debe *zoals
het hoort* ∗ ¿a qué será debido que no viene?
waaraan zou het liggen dat hij niet komt?
debidamente BIJW *behoorlijk; zoals het hoort*
debido BNW • *verschuldigd* • *behoorlijk; correct;
juist* ∗ como es ~ *naar behoren; zoals het
hoort* ∗ ~ a *ten gevolge van; dankzij* ∗ ser ~ a
het gevolg zijn van; toe te schrijven zijn aan
débil I m/v *zwakkeling* ∗ ~ mental *geestelijk
gehandicapte* ∗ los económicamente ~es *de
minder draagkrachtigen* II BNW *zwak; zacht;
week*
debilidad v • *zwakte; slapheid; krachteloosheid*
• *zwak* ∗ ~ mental *zwakzinnigheid* ∗ siento
una ~ por ella *ik heb een zwak voor haar*
debilitación v *verzwakking*
debilitamiento m *verzwakking*
debilitar OV WW *(doen) verzwakken*
débilmente BIJW *zwak; slap; flauwtjes*
∗ protestar ~ *zwakjes protesteren*
débito m *schuld; debet* ∗ ~ conyugal
huwelijksplicht
debocar ON WW LA *overgeven*
debú m (**debut**) *debuut* ∗ hacer su debú *zijn
debuut maken*
debutar ON WW *debuteren; zijn debuut maken*
década v *decennium; periode van tien jaar* ∗ la
~ de los ochenta *de jaren tachtig*
decadencia v *verval; decadentie*
decadente BNW *decadent; in verval*
decaer ON WW *achteruitgaan; in verval raken;
aftakelen* ∗ ~ en fuerza *in kracht afnemen*
decagramo m *decagram*
decaído BNW • *vervallen; in verval*

de

• *neerslachtig*; *ontmoedigd*
decaiga ww (1e/3e p ev subj. t.t.) → **decaer**
decaimiento m • *achteruitgang*; *verval*
• *moedeloosheid*; *neerslachtigheid*
decalitro m *decaliter*
decálogo m *Tien Geboden*; *decaloog*
decámetro m *decameter*
decanato m *decanaat*
decano m • REL. *deken* • *voorzitter van een faculteit* • *decaan* • *oudste lid*; *nestor* ★ el ~ de los médicos españoles *de nestor van de Spaanse geneesheren*
decantar OV WW *afgieten*; *decanteren*
decantarse WKD WW (~ **por**) *voorkeur vertonen*
decapitación v *onthoofding*
decapitar OV WW *onthoofden*
decasílabo BNW *van tien lettergrepen*
decena v *tiental* ★ una ~ *een stuk of tien* ★ ~s de miles de mujeres *tienduizenden vrouwen*
decenal BNW • *tienjarig* • *tienjaarlijks*
decencia v • *betamelijkheid*; *welgevoeglijkheid* • *fatsoen*; *zedelijkheid*; *eerbaarheid*
decenio m *decennium*
decentarse /ie/ WKD WW *doorliggen*
decente BNW • *fatsoenlijk*; *gemanierd*; *behoorlijk*; *zedig* • *redelijk*; *behoorlijk* • *niet opzichtig*; *bescheiden* • *proper*; *net* ★ una ración ~ *een behoorlijke portie*
decepción v • *teleurstelling*; *ontgoocheling* • *bedrog*; *misleiding* ★ causar ~ *tegenvallen*
decepcionante BNW *teleurstellend*
decepcionar OV WW *teleurstellen*
deceso m LA *(het) overlijden*; *sterfgeval*
dechado m • *voorbeeld*; *model* • *toonbeeld* ★ ser un ~ de perfecciones *een toonbeeld van perfectie zijn*
decibel m *decibel*
decible BNW *te verwoorden*; *verwoordbaar*
decididamente BIJW • *vastberaden*; *beslist* • *zeker*; *stellig* ★ entró ~ en el cuarto *hij kwam resoluut de kamer binnen* ★ ~ nos vamos el sábado *zaterdag vertrekken we in ieder geval*
decidido BNW *vastbesloten* ★ a obrar ~ *vastbesloten om te handelen*
decidir I OV WW • *bepalen* • *de doorslag geven voor*; *beslissend zijn voor* • *overtuigen* • *besluiten* II WW *besluiten*
decidirse WKD WW • *besluiten* • *beslist worden* ★ ~ por un método *voor een methode kiezen*
decidor BNW *vlot sprekend*; *geestig*
decilitro m *deciliter*
décima v • *tiende (deel)* • *tiende graad* ⟨v. thermometer⟩ • *tiende penning* ★ tiene unas ~s de fiebre *hij heeft een beetje verhoging*
decimal I m *decimaal*; *cijfer achter de komma* II BNW *decimaal*; *tientallig*
decímetro m *decimeter* ★ ~ cuadrado *vierkante decimeter* ★ ~ cúbico *kubieke decimeter*
décimo I m • *tiende (deel)* • *een tiende lot* II TELW *tiende*
decimoctavo TELW *achttiende*
decimocuarto TELW *veertiende*
decimonónico BNW • *negentiende-eeuws* • *ouderwets*
decimonono TELW (**decimonoveno**)

negentiende
decimoquinto TELW *vijftiende*
decimoséptimo TELW *zeventiende*
decimosexto TELW *zestiende*
decimotercero TELW *dertiende*
decir /i/ I OV WW • *zeggen*; *spreken*; *beweren*; *vertellen* • *luiden*; *noemen* • *bedoelen* • *opzeggen* ⟨v. les⟩ • *verraden*; *tonen*; *laten merken* • *roddelen* ★ como si dijéramos *wat je noemt*; *om zo te zeggen* ★ como quien no dice nada *zo maar*; *alsof het niets is* ★ como quien dice *om zo te zeggen* ★ como si no hubiera dicho nada *ik neem mijn woorden terug*; *ik heb niets gezegd* ★ ~ a alg. las cosas dos por tres *iemand de waarheid zeggen* ★ lo que se dice *wat je noemt*; *echt* ★ ~ de zeggen van/over ★ ~ con *staan bij*; *passen bij* ★ su vestido dice su pobreza *haar jurk verraadt haar armoede* ★ ~ misa *de mis lezen* ★ el qué dirán *het geroddel*; *de praatjes van de mensen* ★ no ~ u.c. por otra *de waarheid zeggen* ★ no lo digo por él *ik heb het niet over hem* ★ Bram, digo Bart *Bram, ik bedoel Bart* ★ ino digo nada! *natuurlijk!* ★ ~ que no *nee zeggen* ★ ~ que sí *ja zeggen* ★ ¡dice usted cada cosa! *wat u allemaal beweert!* ★ un letrero que dice *een bordje waarop staat* II ON WW *overeenstemmen*; *(goed) staan*; *passen* ★ dicho y hecho *zo gezegd, zo gedaan* ★ usted dirá *ga uw gang*; *zegt u het maar* ★ no es malo que digamos *het is heus niet slecht* ★ ino me digas! *maak dat een ander maar wijs!* ★ ¡diga(me)! *hallo!* ⟨door telefoon⟩ ★ dar que ~ a la gente *aanleiding geven tot geklets* ★ ~ por ~ *zomaar zeggen*; *kletsen*; *leuteren* ★ es ~ namelijk ★ está dicho *daar blijft het bij* ★ ni que ~ tiene *dat het spreekt vanzelf dat* ★ iy ~ que es pobre! *en dan te bedenken hoe arm hij is!* ★ ¡digo yo! *zo denk ik er tenminste over!*
decisión v • *beslissing* • *besluit* • *vastberadenheid* • JUR. *uitspraak* ★ ~ voluntaria *vrijwillige beslissing* ★ falto de ~ *besluiteloos* ★ toma de ~es *besluitvorming* ★ tomar una ~ *een besluit nemen*
decisivo BNW • *beslissend*; *cruciaal* • *volkomen zeker*; *onmiskenbaar* ★ el encuentro ~ *de beslissende wedstrijd*
declamación v *declamatie*; *voordracht*
declamador m *voordrachtskunstenaar*
declamar I OV WW *voordragen* II ON WW • *oreren*; *declameren* • (~ **contra**) *uitvaren tegen*; *afgeven op*
declamatorio BNW *hoogdravend*
declaración v • *verklaring* • *aangifte* • *afkondiging* ★ prestar ~ *een verklaring afleggen* ★ JUR. tomar ~ a alg. *iemand verhoren*; *iemand een verklaring afnemen* ★ ~ de la renta *belastingaangifte* ★ (impreso de) ~es *aangiftebiljet* ★ ~ de testigos *getuigenverklaring* ★ ~ fiscal/de la renta *belastingaangifte* ★ ~ de nulidad *nietigverklaring* ★ ~ de nacimiento *geboorteaangifte* ★ Declaración Universal de los Derechos Humanos/del Hombre *Universele Verklaring van de Rechten van de Mens*

declarado BNW • *verklaard* • *openlijk*; *duidelijk*
★ un adversario ~ *een verklaard tegenstander*
declarante m/v *iemand die een verklaring aflegt
of aangifte doet*
declarar I OV WW • *verklaren*; *bekendmaken*
• *aangeven*; *declareren* • *afkondigen*;
uitroepen ★ ~ culpable a u.p. *iemand schuldig
verklaren* ★ ~ inocente a u.p. *iemand
onschuldig verklaren* II ON WW *een verklaring
afleggen*; *getuigen* ★ ~ en contra de *getuigen
tegen*
declararse WKD WW • *zich verklaren*
• *uitbreken*; *ontstaan* • *een liefdesverklaring
afleggen* ★ se declaró un incendio *er brak
brand uit*
declinable BNW *verbuigbaar*
declinación v • *afwijking* • *ondergang*; *verval*
• *declinatie* • TAALK. *verbuiging* ★ ~ magnética
magnetische declinatie
declinar I OV WW • *afslaan*; *afwijzen* • TAALK.
verbuigen • *declineren* ★ ~ toda
responsabilidad *elke verantwoordelijkheid
afwijzen* II ON WW • *achteruitgaan*;
verminderen; *in verval raken* • *ten einde lopen*
⟨v. jaar, dag⟩ • *vervallen*; *ontaarden*
• *ondergaan* ⟨v. zon⟩ ★ declina el día *de dag
loopt ten einde*
declive m • *helling*; *glooiing* • *decadentie*;
neergang ★ en ~ *schuin aflopend* ★ ir en ~
hellen
decocción v • *amputatie* • *trekken* ⟨v. soep⟩
• *bouillon*
decodificar OV WW *decoderen*
decolaje m LA *(het) opstijgen*; *start* ⟨v. vliegtuig⟩
decolar ON WW LA *opstijgen*; *starten* ⟨v.
vliegtuig⟩
decolorante m *ontkleuringsmiddel*; *bleekmiddel*
decolorar OV WW *doen verkleuren*; *bleken*
decolorarse WKD WW *verkleuren*; *verbleken*
decomisar OV WW *in beslag nemen*
decomiso m *verbeurdverklaring*; *confiscatie*
decoración v • *versiering*; *aankleding*; *inrichting*
decorado m *decor*; *decorstukken*
decorador m • *decorateur* • *binnenhuisarchitect*
★ ~ de escaparates *etaleur*
decorar OV WW • *versieren* • *aankleden*;
inrichten ⟨v. huis⟩
decorativo BNW *decoratief*; *versierings-*
decoro m • *fatsoen*; *betamelijkheid* • *stijl*;
decorum; *waardigheid*
decoroso BNW *fatsoenlijk*; *waardig*; *eerbaar*
decrecer ON WW *zakken* ⟨v. waterpeil⟩;
afnemen
decreciente BNW *afnemend*
decrecimiento m *afname*; *vermindering*
decrépito BNW *afgeleefd*; *vervallen*
decrepitud v • *afgeleefdheid* • *verval*
decretar OV WW *uitvaardigen*; *verordenen*
decreto m • *decreet*; *verordening* • *pauselijke
beslissing* ★ real ~ *Koninklijk Besluit* ★ ~-ley
≈ *wetsbesluit*
decrezca WW 1e/3e p ev subj. t.t. → **decrecer**
decúbito m *in liggende houding* ★ estar en ~
liggen ★ ~ lateral/supino *op de zij/rug
(liggend)* ★ ~ prono *op de buik*; *voorover
(liggend)* ★ adoptar el ~ supino *op zijn rug
gaan liggen*
decuplar OV WW *vertienvoudigen*
décuplo I m *tienvoud* II BNW *tienvoudig*
decurso m ★ en el ~ de los años *in de loop der
jaren*
dedada v • *lik(je)* • *vieze vinger(afdruk)* ★ ~ de
miel *likje honing*; *doekje voor het bloeden*
dedal m *vingerhoed*
dédalo m *doolhof*; OOK FIG. *labyrint*
dedicación v • *toewijding*; *inzet*; *overgave*
• *opdracht* (in boek e.d.)
dedicar OV WW • *wijden*; *bestemmen* • *opdragen*
⟨v. boek, kunstwerk⟩
dedicarse WKD WW • **(a)** *zich wijden aan*; *zich
toeleggen op* • *beoefenen* ★ ¿a qué se dedica
usted? *wat doet u?*; *waar houdt u zich mee
bezig?* ★ idedícate a lo tuyo! *bemoei je met je
eigen zaken!*
dedicatoria v *opdracht* ⟨vóór in boek e.d.⟩
dedil m *vingerhoed*
dedillo m ★ lo sabe al ~ *hij kent het op zijn
duimpje*
dedo m • *vinger* • *teen* • *duim* ⟨lengtemaat⟩
★ dedo medio/del corazón *middelvinger*
★ estar a los dedos de *vlakbij zijn*; *op het punt
staan om* ★ chuparse el dedo *op zijn
achterhoofd gevallen zijn*; *naïef/goedgelovig
zijn* ★ chuparse los dedos *zijn vingers erbij
aflikken* ★ poner el dedo en la llaga *de vinger
op de zere plek leggen* ★ dedo gordo *duim*;
grote teen ★ dedo anular *ringvinger* ★ dedo
índice *wijsvinger* ★ meter los dedos en la
boca de u.p. *iemand handig uithoren* ★ a
dedo *willekeurig*; *met de natte vinger* ★ hacer
dedo *liften* ★ MUZ. hacer dedos
vingeroefeningen doen ★ hacerse los dedos
huéspedes *overal spoken zien*; *zich illusies
maken* ★ cruzar los dedos *duimen* ⟨voor
goede afloop⟩ ★ LA el dedo sin uña *pik*; *lul*
deducción v • *aftrekking*; *aftrek* • *deductie*;
gevolgtrekking; *conclusie* ★ ~ del impuesto
belastingaftrek ★ hacer ~ de *aftrekken*
deducible BNW *afleidbaar*
deducir OV WW • *afleiden*; *concluderen*
• *aftrekken* ★ ~ de *de opmaken uit*; *afleiden uit*
★ ~ por *afleiden door/middels* ★ deducidos los
gastos *na aftrek van de kosten*
deducirse WKD WW **(de)** *blijken uit*; *opmaken
uit* ★ de esto se deduce *hieruit valt af te
leiden*
deductivo BNW *deductief*; *logisch concluderend*
deduzca WW (1e/3e p ev subj. t.t.) → **deducir**
defecación v • *stoelgang* • *ontlasting*
defecar ON WW *zijn behoefte doen*
defección v *afvalligheid*
defectivo BNW *gebrekkig* ★ verbo ~ *defectief
werkwoord*
defecto m • *gebrek*; *tekort(koming)*; *fout*
• *afwezigheid*; *gemis* ★ en ~ de *bij afwezigheid
van* ★ por ~ *misrekening*; *verrekening met een
tekort* ★ ~ físico *lichaamsgebrek* ★ ~ del habla
spraakgebrek ★ los ~s ocultos de la casa *de
verborgen gebreken van het huis*
defectuoso BNW *gebrekkig*
defender /ie/ OV WW • *opkomen voor*;
bepleiten; *verdedigen* • *beschermen*; *behoeden*

de

* su cara defiende su casa *hij is schuwlelijk*

defenderse /ie/ ⟨WKD⟩ WW *zich verdedigen; zich weren; zich redden* * ~ en español *een mondjevol Spaans kennen*

defendible BNW *verdedigbaar*

defendido m *cliënt* ⟨v. advocaat⟩

defenestrar OV WW • *uit het raam gooien* • *ontslaan*

defensa I m *achterspeler; verdediger* * el ~ *derecha de rechtsback* * el ~ central *de stopper; de spil* II v • *verdediging* ⟨ook juridisch⟩; *verweer* • *bescherming* • *muurtje (langs de weg)* * ~ de intereses *belangenbehartiging* * ~ de la naturaleza *natuurbescherming* * ~ propria *zelfverdediging* * JUR. ~ en procedimientos judiciales *rechtsbijstand* * ~ (nacional) *defensie* * legítima ~ *noodweer*

defensas v mv • MED. *afweerstoffen* • → **defensa**

defensiva v *tegenweer; verdediging* * oponer una tenaz ~ *zich hardnekkig verdedigen*

defensivo BNW *defensief; verdedigend*

defensor I m *verdediger; pleitbezorger* * SP. ~ del pueblo *ombudsman* II BNW *verdedigend*

deferencia v • *eerbied; achting; egards* • *beleefdheid; beminnelijkheid*

deferente BNW • *voorkomend; respectvol; beleefd* • ANAT. *deferens; afvoerend*

deferir /ie, i/ I OV WW JUR. *verwijzen* II ON WW *instemmen; zich schikken*

deficiencia v *gebrek; tekortkoming*

deficiente I m/v * ~ *físico/mental lichamelijk/ geestelijk gehandicapte* II BNW *onvolledig; gebrekkig*

déficit m *tekort; nadelig saldo* * ~ de financiación *financieringstekort* * ~ comercial *tekort op de handelsbalans* * ~ presupuestario *begrotingstekort*

deficitario BNW *met een tekort; negatief*

definible BNW *definieerbaar*

definición v • *definitie; omschrijving* • *bepaling* * ~ de la imagen *beeldscherpte* ⟨v. tv⟩ * por ~ *per definitie* * televisión de alta ~ *HDTV*

definido BNW *bepaald; omlijnd*

definir OV WW • *bepalen; omlijnen; definiëren; omschrijven*

definitivo BNW *definitief*

deflación v *deflatie*

deflagrar ON WW *ontvlammen*

deflector m *deflector*

deforestación v *ontbossing*

deformación v *misvorming; vervorming; deformatie* * ~ profesional *beroepsdeformatie*

deformar OV WW *misvormen; vervormen*

deforme BNW *mismaakt; vervormd*

deformidad v *misvorming*

defraudación v • *teleurstelling* • *zwendel; bedrog* * ~ fiscal/de impuestos *belastingontduiking*

defraudador m *bedrieger; oplichter* * ~ del fisco *belastingontduiker*

defraudar OV WW • *bedriegen; oplichten* • *teleurstellen* * ~ las esperanzas de *verwachtingen beschamen* * ~ al fisco *belasting ontduiken*

defuera BIJW *(van) buiten; aan de buitenkant* * por ~ *van buiten*

defunción v *(het) overlijden; sterfgeval* * fecha de ~ *sterfdag*

degeneración v *ontaarding; verwording* * ~ adiposa *vervetting*

degenerado I m *gedegenereerd persoon; pervers persoon* II BNW *gedegenereerd; pervers*

degenerar ON WW (~ en) *verworden tot; ontaarden in*

deglución v *(het) inslikken*

deglutir OV+ON WW *(in)slikken*

degollación v *het kelen; onthoofding*

degolladero m • *hals; keel; strot* • *slachthuis* * me lleva al ~ *hij brengt mij in groot gevaar*

degollar /ue/ OV WW *de keel doorsnijden; onthoofden* * ~ el cuento *het verhaal verpesten*

degollina v *bloedbad; slachting*

degradación v • *achteruitgang; verloedering* • *verlaging in rang; degradatie*

degradante BNW *verlagend; vernederend*

degradar OV WW • *degraderen* • *verlagen; doen verloederen* • *nuanceren* ⟨v. kleuren⟩

degüello m *onthoofding* * tirar a ~ *het op iemand voorzien hebben* * MIL. tocar a ~ *tot de aanval blazen*

degustación v *(het) keuren* ⟨v. eten en drinken⟩; *(het) proeven*

degustar OV WW *proeven*

dehesa v *(omheind) weiland*

deidad v *godheid; afgod*

deificación v • *verheerlijking; verafgoding* • *vergoddelijking*

deificar OV WW • *vergoddelijken* • *verafgoden; ophemelen*

deísmo m *deïsme*

dejación v • *het afstand doen* ⟨v. recht, bezit⟩ • *verwaarlozing* ⟨v. plicht⟩ • CA, CHI *slordigheid; nalatigheid*

dejadez v *slordigheid; verwaarlozing; laksheid*

dejado BNW *nalatig; slordig; onachtzaam*

dejamiento m *laksheid; apathie*

dejante VZ ZA *behalve; afgezien van* * ZA ~ que *desondanks; niettemin*

dejar I OV WW • *achterlaten; laten liggen* • *verlaten; in de steek laten* • *uitstellen; bewaren* • *nalaten; vermaken* • *afzetten* ⟨v. passagier⟩ • *neerzetten; lenen; geven* • *afzien van; opgeven* • *laten* • *toelaten* • *opleveren* ⟨geld⟩ • *overslaan; weglaten* * idéjame en paz! *laat me met rust!* * ~ atrás *overtreffen; achter zich laten* * ~ fresco a u.p. *iemand voor joker zetten* * no me ~á mentir *hij weet er alles van; dat kan hij getuigen* * ideja! hou op! * como dejo dicho *zoals ik gezegd heb* * ~ con vida *in leven laten* * no deja de hablar *hij houdt niet op met praten* * ~ -ía de ser quien soy *dan zou ik mezelf niet meer zijn* * no dejamos de conocer los inconvenientes *we kennen de nadelen zeer zeker* * ¿me deja su lápiz? *mag ik uw potlood even lenen?* * ~ que desear *te wensen overlaten* * ~ aparte/ fuera *buiten beschouwing laten* * ~ pasar a u.p. *iemand doorlaten* * ~ ver *laten zien; (iets) voordoen* * ~ mudo *doen verstommen* * ~

perplejo *versteld doen staan* ★ ~ *sentado vastleggen* ★ ~ *sentado que vooropstellen dat* ★ ~la *afkicken* ● (~ **por**) *beschouwen als* **II** ON ww ● *ophouden* ● *nalaten; verzuimen* ★ ~ *caer laten vallen* ★ ~ de *fumar ophouden met roken* ★ no ~é de *llamarte ik zal je beslist bellen*

dejarse WKD WW *zich verwaarlozen* ★ ~ *caer zich laten vallen* ★ ~ *decir zich laten ontvallen* ★ ~ *unas palabras al leer over een paar woorden heenlezen*

deje m (**dejo**) ● *zweem; vleugje* ● *accent; tongval* ● *nasmaak*

dejuramente BIJW PR, URU, ARG *absoluut; zonder twijfel*

del SAMENTR *van de; van het* ● *el coche del director de auto van de directeur*

delación v *aanklacht; aangifte*

delantal m *schort; voorschoot*

delante I BIJW ● *ervoor* ● *van voren; aan de voorkant* ● *vooraan; voorop* ● (*er)tegenover* ★ *estar ~ erbij staan; aanwezig zijn* ★ *te me pones por ~ je staat me in de weg* ★ *por ~ vooraan; van voren* ★ ~ *de mí in mijn tegenwoordigheid; vóór mij* ★ *tener por ~ voor de boeg hebben* ★ *ir ~ vooroplopen* **II** VZ ● *voor; tegenover* ● *vooraan* ● *in het bijzijn van* ★ *de ~ voor-; voorste* ★ *pasar por ~ de u.c. voor iets langs lopen*

delantera v ● *voorste gedeelte* ● *voorsprong* ● *voorgevel; borsten* ● *voorpand; voorkant* ⟨v. kleding⟩ ● *voorste gelederen;* SPORT *voorhoede* ● *eerste rij* ★ *coger/tomar la ~ a u.p. een voorsprong krijgen op iemand* ★ *me tomó la ~ hij haalde me in; hij was me vóór*

delantero I m *voorhoedespeler; spits* ★ ~ *centro midvoor* **II** BNW *voorste; voor-; vooraan* ★ *asiento ~ plaats vooraan* ★ *parte delantera voorgedeelte* ● *lámpara delantera koplamp* ★ *rueda delantera voorwiel*

delatar OV WW *aangeven; verraden* ★ ~ *un contrasentido een tegenstrijdigheid bevatten*

delco m *stroomverdeler*

delectación v *genot; genoegen*

delegación v ● *volmacht; machtiging* ● *afvaardiging; vertegenwoordiging* ● *afdeling; bijkantoor* ● MEX *politiebureau* ★ Delegación de Hacienda ≈ *(provinciaal) belastingkantoor*

delegado m *gedelegeerde; afgevaardigde*

delegar OV WW *delegeren; overdragen*

deleitable BNW *aangenaam; heerlijk*

deleitar OV WW *genot verschaffen; bekoren*

deleitarse WKD WW *genieten*

deleite m *genot*

deleitoso BNW *heerlijk; verrukkelijk*

deletéreo BNW *giftig; dodelijk*

deletrear OV WW *spellen; ontcijferen*

deletreo m *het spellen*

deleznable BNW ● *breekbaar* ● *zwak; vergankelijk* ● *glibberig; glad*

delfín m ● *dolfijn* ● *dauphin* ⟨Franse kroonprins⟩

Delfos m *Delphi*

delgadez v ● *dunheid; fijnheid* ● *schraalheid* ● *slankheid; magerte*

delgado BNW ● *slank; mager* ● *dun; teer* ● *arm;*

schraal ⟨v. grond⟩ ● *scherpzinnig* ★ *intestino ~ dunne darm* ★ *hilar ~ een Pietje Precies zijn* ★ ~ *como un fideo zo mager als een lat*

deliberación v *beraadslaging; overleg*

deliberadamente BNW *bewust; opzettelijk*

deliberado BNW *weloverwogen; opzettelijk*

deliberar ON WW *overleggen; zich beraden; beraadslagen; delibereren*

delicadeza v ● *gevoeligheid; teerheid* ● *fijngevoeligheid; tact* ★ *con ~ heel voorzichtig* ★ *tener la ~ de zo attent zijn om*

delicado BNW ● *zwak(jes)* ⟨v. gezondheid⟩; *slapjes* ● *teer; breekbaar; fijn* ● *voorkomend; hoffelijk* ● *tactvol; subtiel* ● *gevoelig* ● *kieskeurig* ● *spitsvondig; scherp(zinnig); geraffineerd* ● *netelig* ★ ~ de *salud met een zwakke gezondheid*

delicia v *genot* ★ *el fumar hace las ~s de él het roken is een waar genot voor hem* ★ *el Jardín de la Delicias de Tuin der Lusten* ★ *el niño es una ~ het is een schat van een kind*

delicioso BNW ● *heerlijk; verrukkelijk* ● *heel charmant*

delictivo BNW *strafbaar; crimineel*

delimitación v *begrenzing; afbakening*

delimitar OV WW *begrenzen; afbakenen*

delincuencia v *criminaliteit; misdadigheid; delinquentie* ★ ~ de *cuello y corbata witteboordencriminaliteit* ★ ~ *juvenil/de menores jeugdcriminaliteit* ★ ~ *informática computercriminaliteit* ★ ~ *ambiental milieucriminaliteit*

delincuente I m/v *misdadiger; crimineel* ★ ~ *habitual beroepsmisdadiger* ★ ~ *juvenil jeugdcrimineel* **II** BNW *misdadig; crimineel*

delineante m/v *(bouwkundig) tekenaar* ★ ~ *proyectista industrieel ontwerper*

delinear OV WW *schetsen; tekenen*

delinquir ON WW *een misdrijf begaan*

delirante BNW ● *ijlend* ● *stormachtig* ⟨v. applaus⟩

delirar ON WW ● *ijlen; hallucineren* ● *wartaal uitslaan; gek zijn* ● (~ **por**) *helemaal weg zijn van; stapelgek zijn op*

delirio m ● *delirium; hallucinatie* ● *waan(zin); delier* ★ ~ de *grandeza grootheidswaanzin* ★ ~ de *persecución achtervolgingswaanzin* ★ *ies el ~! het is fantastisch!*

delito m *misdrijf; delict* ★ ~ *flagrante misdaad waarbij men op heterdaad betrapt is* ★ ~ *común gewoon misdrijf* ★ ~ de *sangre geweldpleging* ★ ~ de *lesa majestad majesteitsschennis* ★ ~ *político politiek misdrijf* ★ ~ *contra la honestidad/moral zedendelict* ★ ~ *sexual zedendelict* ★ ~ *ecológico milieudelict* ★ ~ *patrimonial vermogensdelict* ★ ~ de *fuga ≈ doorrijden na ongeval*

delta m *delta*

deludir OV WW ● *misleiden* ● *ontwijken*

demacración v *(ernstige) vermagering*

demacrado BNW *uitgemergeld*

demagogia v *demagogie*

demagógico BNW *demagogisch*

demagogo m *demagoog*

demanda v ● *behoefte; vraag* ● *streven; poging; onderneming* ● *eis; rechtsvordering* ★ *en ~ de*

de

vragend om; met het verzoek om; op zoek
naar ⋆ JUR. contestar la ~ verweer voeren ⋆ ~
creciente groeiende vraag ⋆ ~ judicial
gerechtelijke eis ⋆ tiene poca ~ er is weinig
vraag naar ⋆ ~ de despido ontslagaanvraag
⋆ ~ máxima maximale belasting ⋆ presentar
~ de divorcio/separación een verzoek tot
echtscheiding indienen ⋆ estimar la ~ de eis
toewijzen ⋆ presentar una ~ contra een eis
indienen tegen

demandado m gedaagde

demandante m/v eiser ⋆ ~ de empleo
werkzoekende ⋆ ~ de vivienda
woningzoekende

demandar OV WW • vragen; verzoeken
• dagvaarden • JUR. vorderen; eisen ⋆ ~ ante
dagvaarden voor (het gerecht) ⋆ ~ por
dagvaarden wegens ⋆ ~ por calumnia wegens
laster aanklagen

demarcación v • begrenzing; afbakening
• rechtsgebied; ambtsgebied • afgebakend
gebied

demarcar OV WW begrenzen; afbakenen

demás BNW overige; andere ⋆ lo ~ de rest; het
overige ⋆ por ~ tevergeefs

demasía v • buitensporigheid; overmaat
• brutaliteit ⋆ en ~ overmatig

demasiado I BNW te veel; overdreven;
bovenmatig II BIJW • (veel) te • te veel ⋆ ~ lo sé
ik weet het maar al te goed

demencia v • dementie • waanzin ⋆ MED. ~
precoz dementia praecox; schizofrenie ⋆ ~
senil (ouderdoms)dementie

demente I m/v • dement persoon • gek; idioot
II BNW • dement • gek; waanzinnig

demérito m nadeel; gebrek

democracia v democratie

demócrata I m/v democraat II BNW
democratisch

democratacristiano m → democristiano

democrático BNW democratisch

democratización v democratisering

democratizar v democratiseren

democristiano I m christen-democraat II BNW
christen-democratisch

demografía v demografie

demográfico BNW demografisch ⋆ oleada
demográfica geboortegolf ⋆ crecimiento ~
bevolkingsgroei ⋆ excedente ~
bevolkingsoverschot

demógrafo m demograaf

demoledor BNW verwoestend ⋆ piqueta ~a
slopershouweel

demoler /ue/ OV WW • slopen • vernietigen

demolición v afbraak; sloop

demoníaco BNW duivels; demonisch; satanisch

demonio m • duivel; demon • deugniet ⋆ ivete
al ~! val dood!; loop naar de hel! ⋆ ~ de chico
deksels/verduiveld joch ⋆ sabe a ~s het smaakt
afschuwelijk ⋆ ique se lo lleve el ~! weg
ermee!; hij kan naar de duivel lopen! ⋆ iqué
~s! verdorie!; verduiveld! ⋆ caro como un ~
verdomd duur

demora v vertraging; oponthoud; uitstel ⋆ no
admitir ~ dringend zijn

demorar I OV WW vertragen; uitstellen II ON WW

blijven (hangen); treuzelen

Demóstenes m • Demosthenes • welbespraakt
persoon

demostrable BNW aantoonbaar; aanwijsbaar

demostración v • bewijs(voering)
• demonstratie; vertoon ⋆ demostraciones de
cariño betuigingen/blijken van genegenheid
⋆ ~ de poder machtsvertoon ⋆ ~ de gratitud
dankbetuiging

demostrar /ue/ OV WW • aantonen; bewijzen
• demonstreren; veraanschouwelijken ⋆ ~ a las
claras duidelijk aantonen

demostrativo BNW • demonstratief; duidelijk
• TAALK. aanwijzend

demudar OV WW doen veranderen ⟨v. kleur,
stem⟩; doen verbleken

demudarse WKD WW van kleur verschieten;
betrekken ⟨v. gezicht⟩

denegación v • weigering; afwijzing
• ontkenning; loochening

denegar /ie/ OV WW • weigeren; afwijzen
• loochenen; ontkennen

dengoso BNW aanstellerig

dengue m • aanstellerij; maniertjes • COL (het)
heupwiegen • MED. dengue; knokkelkoorts

denigración v vernedering; kleinering

denigrante BNW denigrerend; kleinerend

denigrar OV WW zwart maken; kleineren;
denigreren

denodado BNW vastberaden

denominación v benaming; naam

denominado BNW (zo)genaamd; zogeheten

denominador m noemer; deler

denominar OV WW (be)noemen

denominarse WKD WW heten

denostar /ue/ OV WW smaden; beschimpen

denotar OV WW aanduiden; aangeven

densidad v dichtheid ⋆ ~ de audiencia
kijkdichtheid ⋆ ~ de población
bevolkingsdichtheid

denso BNW • dicht; compact • dik; stroperig
• zwaar ⟨v. metaal⟩ • gedegen ⟨v. boek⟩

dentado BNW getand; gekarteld ⋆ rueda
dentada tandrad

dentadura v gebit ⋆ ~ postiza/artificial
kunstgebit

dental I v dentaal II BNW • van de tanden; tand-
• dentaal

dentar /ie/ I OV WW van tanden voorzien II ON
WW tanden krijgen

dentellada v • beet; hap • beet; wond ⋆ a ~s met
de tanden

dentellar ON WW klappertanden

dentellear OV WW • zijn tanden zetten in; bijten
in • knabbelen op

dentera v • (koude) rillingen • jaloezie ⋆ le da ~
hij krijgt er koude rillingen van

dentición v • (het) tanden krijgen • gebit ⋆ ~
completa volledig gebit

dentífrico m tandpasta

dentina v tandbeen

dentista m/v tandarts

dentistería v • ZA, CR tandheelkunde
• tandartspraktijk

dentón m ⟨v: dentona⟩ • iemand met grote
tanden • tandbrasem

dentro I BIJW *erin; binnen(in)* ★ *por ~ van binnen* ★ *hacia ~ naar binnen; binnenwaarts* ★ *a ~ naar binnen* **II** VZ ★ ~ *de lo posible voor zover mogelijk* (~ **de**) *binnen* ⟨v. plaats⟩; *over* ⟨v. tijd⟩ ★ ~ *de la casa binnenshuis* ★ ~ *de cinco minutos binnen vijf minuten* ★ ~ *de ocho dias over een week* ★ ~ *de poco binnenkort*
dentrodera v COL *dienstmeisje*
denudación v *erosie*
denuedo m • *moed; voortvarendheid* • *inzet*
denuesto m • *hoon; gescheld* • *belediging*
denuncia v • *aanklacht; aangifte* • *beschuldiging*
denunciador m • *aanklager* • *aangever; aanbrenger*
denunciar OV WW • *bekend maken; aan de kaak stellen; aan het licht brengen* • *aangeven; aanklagen* • *aankondigen; wijzen op*
deparar OV WW *verschaffen; bezorgen*
departamental BNW *departementaal*
departamento m • *afdeling; bureau* • *departement; ministerie* • *coupé* • *provincie; district* • *vakgroep* • ZA *appartement; flat* ★ ~ *ministerial ministerie*
departir ON WW *converseren; praten* ★ ~ *con los amigos zich met zijn vrienden onderhouden*
depauperación v • *verpaupering; verarming* • *verzwakking; uitputting*
depauperar OV WW • *laten verpauperen; laten verarmen* • *uitputten; verzwakken*
dependencia v • *afhankelijkheid* • *bijkantoor; afdeling* • *winkel; zaak* • *ondergeschikten; personeel* ★ *relación de ~ dienstverband*
dependencias v mv • ~ **dependencia** • *bijgebouwen* ★ *una casa con todas sus ~ een huis met al zijn bijgebouwen*
depender ON WW *afhangen van; aangewezen zijn (op)* ★ *esto depende del gusto dat is een kwestie van smaak*
dependienta v *winkelbediende; winkelmeisje*
dependiente I m/v • *(winkel)bediende; verkoper* • *employé; (kantoor)medewerker* **II** BNW *afhankelijk*
depilación v *ontharing*
depilar OV WW *epileren*
depilatorio I m *ontharingsmiddel* **II** BNW *ontharings-*
deplorable BNW *betreurenswaardig; erbarmelijk*
deplorar OV WW *betreuren*
depón WW (geb. wijs, jij-vorm) → **deponer**
depondrá WW (3e p ev tk.t.) → **deponer**
deponer I OV WW • *neerleggen; laten varen* ⟨v. houding⟩ • *afzetten; ontslaan* ⟨v. hoge ambtenaar⟩ • GUA *braken* ★ ~ *las armas de wapens neerleggen* ★ ~ *de ontzetten uit* ★ ~ *su actitud zijn houding laten varen* ★ ~ *de un cargo uit een ambt ontzetten* **II** ON WW *een verklaring afleggen; getuigen*
deponga WW (1e/3e p ev subj. t.t.) → **deponer**
deportación v *deportatie*
deportar OV WW *deporteren*
deporte m *sport* ★ ~ *sobre hielo ijssport* ★ ~ *náutico watersport* ★ *aficionado al ~ sportliefhebber* ★ *practicar ~ sport beoefenen* ★ ~ *al aire libre buitensport* ★ ~ *en sala zaalsport*
deportista I m/v • *sportliefhebber* • *sportman* **II** BNW *sportief; sport-*
deportividad v *sportiviteit*
deportivo BNW *sportief; sport-* ★ *coche ~ sportwagen*
deposición v • *afzetting* ⟨uit hoog ambt⟩ • *getuigenverklaring* • *ontlasting*
depositar OV WW • *plaatsen; deponeren* • *opslaan; in depot geven* • *toevertrouwen* (**en** *aan); in bewaring geven* (**en** *bij); vestigen op* ⟨v. hoop, vertrouwen⟩ • *storten; inleggen* ⟨v. geld⟩ • *tijdelijk conserveren; onderbrengen in een mortuarium* ⟨v. lijk⟩
depositaria v *magazijn; depot; kluis*
depositario m *bewaarder*
depósito m • *(het) in bewaring geven; (het) inleggen* • *opslagplaats; magazijn; depot* • *afzetting; sediment; bezinksel* • *storting* ★ ~ *de cadáveres mortuarium; lijkenhuis* ★ ~ *franco entrepot; opslag(plaats) van nog niet ingeklaarde goederen* ★ ~ *de autobuses busremise* ★ ~ *de basura vuilstortplaats* ★ ~ *de chatarra schroothoop* ★ ~ *de gasolina benzinetank* ★ ~ *de municiones munitiedepot* ★ ~ *para vidrio glasbak*
depravación v *verdorvenheid*
depravado BNW *verdorven; pervers*
depravar OV WW *perverteren; doen ontaarden*
depravarse WKD WW *verloederen; ontaarden*
depre I v → **depresión** *rothumeur* ★ *me entre la ~ ik zie het niet meer zitten* **II** BNW → **depresivo** *depri; chagrijnig* ★ *estar ~ de pest in hebben*
deprecación v *smeekbede; gebed*
deprecatorio BNW *smeek-* ★ *carta deprecatoria bedelbrief*
depreciación v *waardevermindering* ★ ~ *de la moneda geldontwaarding*
depreciar OV WW *de waarde verminderen van; verlagen* ⟨v. prijzen⟩
depredación v • *plundering; roof* • *verduistering* ⟨v. geld⟩
depredador m *roofdier*
depredar OV WW *roven; plunderen*
depresión v • *diepte; laagte* • *lagedrukgebied; depressie* • *inzinking; depressie* • *laagconjunctuur; depressie* ★ ~ *del mercado gedruktheid van de markt* ★ ~ *nerviosa zenuwinzinking* ★ ~ *postparto postnatale depressie*
depresivo BNW • *deprimerend; neerdrukkend* • *depressief; neerslachtig*
deprimente BNW *deprimerend*
deprimido BNW *terneergeslagen; gedeprimeerd*
deprimir OV WW • *deprimeren* • *neerdrukken*
deprimirse WKD WW *gedeprimeerd zijn; down zijn*
deprisa BIJW *haastig; snel* ★ ~ *y corriendo halsoverkop; in allerijl*
depuesto WW (volt. deelw.) → **deponer**
depuración v *zuivering*
depurado BNW *zuiver; verfijnd*
depurador BNW *zuiverend* ★ *estación/planta ~a zuiveringsinstallatie*
depurar OV WW • *zuiveren; kuisen* • *verfijnen* ⟨v.

de

smaak, stijl〉• *rehabiliteren*
depurativo BNW • *zuiverend* • *bloedzuiverend*
depuse WW (1e p ev v.t.) → **deponer**
depuso WW (3e p ev v.t.) → **deponer**
derecha v • *rechterkant* • *rechterhand*
• *rechterzijde*; POL. *rechtervleugel* ★ ser de ~s
rechts zijn ★ a la ~ *rechts* ★ primero ~ *eerste*
verdieping rechts ★ a ~s *correct*; *juist*; *zoals het*
hoort ★ SPORT el exterior ~ *de rechtsbuiten*
derechamente BIJW • *zonder omwegen*;
rechtstreeks • *op de juiste manier*;
rechtschapen
derechazo m *rechtse* 〈bij boksen〉
derechismo m *rechtsheid*; (het) *rechts-zijn*
derechista I m/v *aanhanger van rechtse partij*
II BNW *rechts* ★ partido ~ *rechtse partij*
derecho I m • *recht*; *aanspraak* • *voorrecht*
• *recht*; *rechtvaardigheid* • *bovenkant* 〈v. stof〉
★ ~ administrativo *administratief recht* ★ ~
canónico *canoniek/kerkelijk recht* ★ ~ civil
burgerlijk recht ★ ~ criminal *strafrecht* ★ ~s de
autor *auteursrechten* ★ ~ ambiental
milieurecht ★ ~ de asilo *asielrecht* ★ ~ de
autoterminación *zelfbeschikkingsrecht* ★ ~
comunitario (europeo) *Europees recht* ★ ~s de
consumo *accijnzen* ★ ~ disciplinario
tuchtrecht ★ ~ fiscal *belastingrecht* ★ ~s
humanos *mensenrechten* ★ ~ de propriedad
auteursrechten ★ ~ de entrada *invoerrechten*
★ ~ de voto *stemrecht* ★ del ~ internacional
volgens het volkerenrecht ★ ~ de extranjería
vreemdelingenrecht ★ ~s de puerto *havengeld*
★ ~ de custodia *bewaarloon* ★ Facultad de
Derecho *rechtenfaculteit* ★ ~s de curso
collegegeld ★ no hay ~ *dat gaat niet aan*
★ tener el ~ de *het recht hebben om* ★ sin ~
ten onrechte ★ con ~ a la jubilación
pensioengerechtigd ★ CHI cortar por lo ~ *korte*
metten maken met ★ quedan reservados
todos los ~s *alle rechten voorbehouden* II BNW
• *rechter-* • *recht* • *eerlijk*; *rechtvaardig* ★ ~ a
recht op ★ a mano derecha *rechterhand*;
rechts ★ hecho y ~ *rechtschapen* ★ ir ~
rechtdoor lopen ★ RPL ~ *viejo onomwonden*;
direct III BIJW • *rechtuit*; *rechtstreeks* • *rechtop*
★ irse ~ a Madrid *rechtstreeks naar Madrid*
gaan ★ ponerse ~ *rechtop gaan zitten/staan*
derechohabiente m/v *rechthebbende*
derechos m mv • → **derecho** • *heffingen*; *leges*;
rechten 〈studierichting〉
derechura v • *rechtvaardigheid*; *billijkheid*
• *directheid*; *oprechtheid* ★ en ~ *rechtstreeks*
deriva v (het) *afdrijven*; SCHEEPV. *drift* ★ leña a
la ~ *drijfhout* ★ irse a la ~ *op drift raken*
derivación v • *(woord)afleiding* • *omleiding*;
omlegging
derivado I m TAALK. *afleiding* II BNW *afgeleid*
derivar I OV WW • *omleiden* • *afleiden*; *ontlenen*
II ON WW • *afdrijven* 〈v. schip〉 ★ ~ hacia OOK
FIG. *in de richting gaan van* • (~ **de**)
voortkomen (uit)
derivativo BNW *afgeleid*
dermatología v *dermatologie*
dermatólogo m *dermatoloog*; *huidspecialist*
dérmico BNW *van de huid*; *huid-* ★ infección
dérmica *huidinfectie*

dermis v *onderhuid*
derogación v *afschaffing*; *opheffing*; *annulering*
derogar OV WW *afschaffen*; *intrekken*
derrama v • *hoofdelijke omslag* • *heffing*
derramamiento m • (het) *morsen*; (het)
vergieten • *verspreiding* 〈v. mensen〉
derramar OV WW • *morsen*; *storten*
• *bevochtigen*; *besprenkelen* • *verspreiden*
• *hoofdelijk omslaan* 〈v. belasting〉 ★ ~
lágrimas *tranen storten* ★ ~ sangre *bloed*
vergieten
derramarse WKD WW • *stromen*; *gutsen* • *zich*
verspreiden • *storten*
derrame m • *lekkage*; *gelekt vocht* • *opstelling*
onder een hoek 〈v. ramen en deuren〉 • (het)
morsen; *uitstorting* ★ ~ de sangre
bloeduitstorting ★ ~ cerebral *hersenbloeding*
derrapar ON WW *slippen*
derrape m • *slip* 〈v. auto〉 • VEN *opstootje*;
tumult
derredor ★ al/en ~ *eromheen*; *rondom*
derrelicto m *(scheeps)wrak*
derrengado BNW *geradbraakt*; *gammel*
derrengar /ie/ OV WW *de ruggengraat breken*
van; FIG. *radbraken*
derretido I m *beton* II BNW *smoor(verliefd)*
derretimiento m (het) *smelten*
derretir /i/ OV WW *(doen) smelten*
derretirse /i/ WKD WW • *smelten* • *smoorverliefd*
zijn • *zich vreselijk ongerust maken*; *branden*
〈v. ongeduld〉 ★ me derrito de calor *ik heb*
het smoorheet
derribar OV WW • *slopen*; *afbreken* • *omtrekken*;
vellen • *afwerpen* 〈v. ruiter〉 • *neerhalen*; *uit*
de lucht schieten • *omverwerpen* 〈v. regering〉
★ ~ al/por el suelo *op de grond gooien* ★ ~ de
(neer)halen van
derribo m *sloop*
derrocamiento m *omverwerping*; (het) *afzetten*
derrocar OV WW *afzetten*; *omverwerpen* 〈v.
regering〉
derrochador I m *verkwister* II BNW *verkwistend*
derrochar OV WW *verkwisten*
derroche m • *verkwisting* • *overvloed*
derrota v • *nederlaag* • *route* • SCHEEPV. *koers*
derrotado BNW • *verslagen*; *overwonnen*
• *haveloos*; *versleten*
derrotar OV WW • *verslaan*; *vernietigen*
• *verslijten*
derrotero m *koers*; *weg*; *richting*
derrotismo m *defaitisme*; *het doemdenken*
derrotista m/v *pessimist*
derruir OV WW *slopen*
derrumbadero m *afgrond*; *steile wand*
derrumbamiento m • *ineenstorting*
• *omverwerping* • *sloop*; *afbraak* ★ peligro de
~ *instortingsgevaar* ★ ~ de piedras *vallende*
stenen 〈op verkeersbord〉 ★ ~ de los precios
(het) kelderen van de prijzen
derrumbar I OV WW *doen omlaagstorten* 〈v.
prijzen〉 II ON WW *kelderen* 〈v. prijzen〉
derrumbarse WKD WW • *omlaagstorten*
• *instorten*
derrumbe m *instorting*
derviche m *derwisj*
desabollar OV WW *uitdeuken*

desabonarse WKD WW *opzeggen*; *zijn abonnement opzeggen*

desaborido BNW • *smakeloos* • *saai*

desabotonar OV WW *losknopen*

desabrido BNW • *smakeloos* • *onaangenaam*

desabrigado BNW • *niet beschut* • *zonder jas*; *te dun gekleed* ★ *ir ~ niet warm genoeg gekleed zijn*

desabrigar OV WW *zijn jas/kleren uittrekken*; *ontbloten*

desabrigarse WKD VNW *zijn jas uitdoen* ★ *~ en la cama zich bloot woelen (in bed)*

desabrigo m • *ontbloting* • *verwaarlozing*

desabrimiento m • *smakeloosheid* • *barsheid* • *onbehagen*

desabrirse WKD WW *boos worden*

desabrochador m MEX *paperclip*

desabrochar OV WW *losmaken*; *losknopen*

desabrocharse WKD WW *losknopen*

desacatar OV WW • *oneerbiedig behandelen* • *niet gehoorzamen* ‹v. wet›

desacato m *oneerbiedigheid*; *belediging*

desacertado BNW *verkeerd*; *onverstandig*

desacertar /ie/ ON WW *ernaast zitten*; *het verkeerd doen*; *een misser begaan*

desacierto m *misgreep*; *vergissing*

desacomedido BNW LA *onbehulpzaam*

desacomodar OV WW • *lastig vallen* • *ontslaan*

desaconsejable BNW *af te raden*

desaconsejado BNW *verkeerd geadviseerd*

desaconsejar OV WW *afraden*

desacoplar OV WW *loskoppelen*

desacordarse /ue/ WKD WW • MUZ. *ontstemd raken*; *vals worden* • *vergeten*

desacorde BNW • *oneens* • *vals* • *niet met elkaar in evenwicht*; *niet bij elkaar passend*

desacostumbrado BNW *ongewoon*; *ongebruikelijk*

desacostumbrar OV WW *ontwennen*

desacostumbrarse WKD WW *ontwennen*

desacreditar OV WW *in diskrediet brengen*; *een slechte naam bezorgen*

desactivar OV WW *onschadelijk maken* ‹v. explosieven› ★ *~ la violencia social sociaal geweld de kop indrukken*

desactualizado BNW *niet meer actueel*; *achterhaald*

desacuerdo m • *onenigheid* • *verschil van mening* ★ *estar en ~ con in tegenspraak zijn met*; *het niet eens zijn met*; *niet overeenstemmen met*

desafecto I m *onverschilligheid*; *afkeer* II BNW • *afkerig*; *onverschillig* • POL. *vijandig*

desafiador I m *uitdager* II BNW *uitdagend*

desafiante BNW *uitdagend*

desafiar /í/ OV WW • *uitdagen* • *trotseren*

desafiarse /í/ WKD WW *elkaar tarten/uitdagen*

desaficionarse WKD WW *zich afkeren van* ★ *~ del vino het wijn drinken laten*

desafilar OV WW *bot maken*

desafilarse WKD WW *bot worden*

desafinado BNW *vals*

desafinar ON WW • *vals spelen/zingen* • *uit de toon vallen*; *vals klinken*; *ontstemd zijn*

desafío m • *uitdaging* • *duel*

desaforado BNW *extreem*; *buitensporig*

desafortunadamente BIJW *jammer genoeg*; *helaas*

desafortunado BNW • *ongelukkig* • *zonder geluk*; *onfortuinlijk*

desafuero m *overtreding*; *onrechtmatigheid* ★ *~s excessen*; *straatschendingen*

desagradable BNW *onaangenaam*; *akelig* ★ *es ~ con las gentes hij is onaangenaam/bars tegen mensen*

desagradar ON WW *onaangenaam zijn*; *niet bevallen*

de

desagradecido BNW *ondankbaar*

desagradecimiento m *ondankbaarheid*

desagrado m *misnoegen*; *ontstemming*

desagraviar OV WW • *goed maken* ‹v. belediging› • *schadeloosstellen*

desagravio m • *genoegdoening* • *schadeloosstelling*

desaguadero m • *afvoerbuis*; *afwateringskanaal* • FIG. *bodemloze put*

desaguar I OV WW *droogmaken*; *droogleggen* II ON WW • *uitmonden* • *leeglopen*

desagüe m • *afwatering* • *afvoer(buis)*

desaguisado I m • *onrecht*; *vergrijp*; *wandaad*; *belediging* • *kattenkwaad* II BNW *onrechtmatig*; *verkeerd*

desahogado BNW • *brutaal*; *vrijpostig* • *royaal*; *wijd*; *ruim* ★ *vive ~ hij zit er warmpjes bij*

desahogar OV WW • *de vrije loop laten*; *afreageren* • *troosten* • *ontlasten* ‹v. verkeer›

desahogarse WKD WW *zijn hart luchten*; *uitrazen*; *uithuilen* ★ *~ de algo iets de vrije loop laten*; *iets eruit gooien* ★ *~ con u.p. zijn hart uitstorten bij iemand*; *zich op iemand afreageren*

desahogo m • *opluchting*; *verlichting* • *comfort*; *ruimheid* • *welstand* • *brutaliteit* ★ *con ~ comfortabel*; *zorgeloos*

desahuciar OV WW • *de huur opzeggen*; *op straat zetten* • *alle hoop ontnemen*; *ontgoochelen* • *opgeven* ‹v. zieke›

desahucio m • *uitzetting* ‹uit huis›; *opzegging* ‹v. huur›; *ontruiming* • CHI *ontslag*

desairado BNW • *zonder succes* • *gekwetst*; *vernederd*; *gebruuskeerd*

desairar OV WW • *vernederen*; *kwetsen* • *afwijzen*

desaire m • *beledigng*; *bruuskering* • *minachting*; *vernedering* ★ *dar/hacer un ~ a u.p. iemand voor het hoofd stoten*

desajustar OV WW *ontwrichten*; *losmaken*

desajuste m *ontregeling*; *onevenwichtigheid*

desalación v • *ontzouting*; *ontzilting* • *het kortwieken*

desalado BNW *heel snel*; *hals over kop*

desalar OV WW *ontzouten*; *ontzilten*

desalarse WKD WW • *hollen*; *rennen*; *ijlen* • *smachten naar*

desalentador BNW *ontmoedigend*

desalentar /ie/ OV WW *ontmoedigen*

desaliento m • *neerslachtigheid* • *ontmoediging* ★ *con ~ moedeloos*

desaliñado BNW *slordig*; *onverzorgd*; *slonzig*

desaliñar OV WW *een onverzorgd uiterlijk geven*

desaliño m *slordigheid*; *onverzorgdheid*

desalmado I m *booswicht*; *schurk* II BNW

de

gewetenloos; harteloos; wreed; meedogenloos
desalmarse WKD WW ontkracht worden
desalojamiento m ontruiming
desalojar OV WW verlaten; OOK JUR./MIL. ontruimen ★ ~ de verwijderen uit; zetten uit
desalojo m ontruiming
desalquilado BNW leegstaand
desalquilar OV WW verlaten ⟨v. gehuurde ruimte⟩
desalquilarse WKD WW leegstaan; vrijkomen
desamarrar OV WW • losgooien ⟨v. trossen⟩ • lichten ⟨v. anker⟩
desambientado BNW uit zijn doen; niet op zijn gemak ★ estar ~ zijn draai niet kunnen vinden; niet passen in het geheel ⟨v. zaken⟩
desamor m • vijandigheid; afkeer • onverschilligheid; koelheid
desamortización v onteigening/verkoop van kerkelijke bezittingen
desamortizar OV WW onteigenen ⟨v. bezittingen van de kerk⟩
desamparado BNW • onbeschermd; verlaten • dakloos • eenzaam
desamparar OV WW in de steek laten; achterlaten zonder verzorging; onbeschermd achterlaten; verlaten
desamparo m • verwaarlozing; verlating • behoeftige omstandigheden; hulpeloosheid
desamueblado BNW zonder meubilering
desamueblar OV WW de meubilering weghalen uit; ontruimen
desandar OV WW dezelfde weg terug afleggen ★ no se puede ~ lo andado gedane zaken nemen geen keer ★ ~ lo andado op zijn schreden terugkeren
desanduvo WW (3e p ev v.t.) → **desandar**
desangelado BNW sfeerloos; kaal; koud
desangramiento m • bloedverlies • verarming
desangrar OV WW • laten bloeden; aderlaten • uitzuigen; afpersen
desangrarse WKD WW • veel bloed verliezen • doodbloeden
desanidar I OV WW verjagen; FIG. uit het nest verdrijven II ON WW uitvliegen
desanimado BNW • moedeloos; neerslachtig • niet geanimeerd; saai
desanimar OV WW ontmoedigen
desánimo m wanhoop; ontmoediging
desanudar OV WW • losmaken • ontwarren • uithalen ⟨v. knoop⟩
desapacible BNW onaangenaam; onvriendelijk; schril; guur
desaparecer ON WW • tenietgaan • verdwijnen; weggaan; vermist raken; onzichtbaar worden
desaparecido I m vermiste II BNW verdwenen; vermist
desaparejar OV WW aftuigen ⟨v. paard⟩
desaparezca WW (1e/3e p ev subj. t.t.) → **desaparecer**
desaparición v verdwijning ★ ~ por el foro stille aftocht
desapasionado BNW • koel; zakelijk • onpartijdig
desapego m onverschilligheid
desapercibido BNW • onvoorbereid • on(op)gemerkt

desaplicación v ongeïnteresseerdheid; luiheid; gebrek aan ijver
desaplicado BNW ongeïnteresseerd; lui
desapoderar OV WW • de macht/bevoegdheid afnemen van • ontnemen; afnemen
desaprender OV WW afleren; vergeten
desaprensión v onbeschaamdheid; gewetenloosheid
desaprensivo I m gewetenloze kerel II BNW • onbeschaamd • gewetenloos
desaprobación v afkeuring; veroordeling
desaprobar /ue/ OV WW afkeuren; verwerpen
desapropriarse de WKD WW afstand doen van
desaprovechado I m iemand die zijn kansen onbenut laat; iemand aan wie iets niet besteed is II BNW onbenut
desaprovechar OV WW niet benutten; onbenut laten; verspillen ★ ~ la oportunidad de kans voorbij laten gaan
desarbolar OV WW van de masten ontdoen; ontmantelen
desarmador m • trekker ⟨v. vuurwapen⟩ • ZA schroevendraaier
desarmar OV WW • ontwapenen • uit elkaar halen; demonteren • ontwapenen; doen bedaren • onttakelen ⟨v. schip⟩
desarme m • ontwapening • demontage
desaromatizarse WKD WW zijn geur verliezen
desarraigado BNW ontworteld
desarraigar OV WW • ontwortelen; uit de grond trekken ⟨v. planten⟩ • verdrijven; verbannen • uitroeien; uitbannen
desarraigarse WKD WW ★ ~ de un lugar vertrekken van een plaats
desarraigo m ontworteling
desarrapado BNW in lompen gehuld; haveloos; sjofel
desarreglado BNW • slordig; ongeregeld • van slag; van streek
desarreglar OV WW • ontregelen • verwarren; in de war brengen; overhoop gooien
desarreglarse WKD WW • zich uiterlijk verwaarlozen • ontregeld raken
desarreglo m • defect; storing • wanorde; rommel • MED. stoornis ★ ~s estomacales maagstoornissen
desarrollado BNW ontwikkeld
desarrollar OV WW • uitrollen • tot ontwikkeling brengen • uitwerken; uiteenzetten
desarrollarse WKD WW zich ontwikkelen; zich afspelen, gebeuren
desarrollismo m politiek gebaseerd op economische ontwikkeling
desarrollo m ontwikkeling; ontplooiing; groei ★ llegar a su ~ zich ontwikkelen ★ países en (vías de) ~ ontwikkelingslanden ★ ayuda al ~ ontwikkelingshulp ★ ~ incontrolado wildgroei
desarropar OV WW kleren uittrekken; (gedeeltelijk) ontkleden
desarrugar OV WW gladstrijken ★ ~ el entrecejo zich ontspannen
desarticulación v • ontwrichting • ontmanteling
desarticulado BNW • ontwricht • ontregeld
desarticular OV WW • ontwrichten • uit elkaar nemen; OOK FIG. ontmantelen
desarticularse WKD WW ontwricht worden; uit

de kom raken; uiteenvallen

desarzonar OV WW *uit het zadel werpen*

desaseado BNW *vuil; smoezelig; slordig*

desaseo m *slordigheid; smoezeligheid*

desasga WW 1e/3e p ev subj. t.t. → **desasir**

desasir OV WW *loslaten*

desasirse WKD WW *zich losrukken*

desasistir OV WW *in de steek laten*

desasnar OV WW *bijbrengen* ‹v. beschaving›; *onderrichten*

desasosegado BNW *onrustig*

desasosegar OV WW *verontrusten*

desasosiego m *onrust; ongerustheid; rusteloosheid*

desastrado BNW *onverzorgd; voddig; haveloos*

desastre m *ramp; puinhoop; verschrikking* ★ ~ aéreo *vliegramp* ★ ~ ecológico *milieuramp* ★ es un verdadero ~ *het is een complete mislukking*

desastroso BNW *rampzalig; vreselijk*

desatado BNW *los(geraakt)*; OOK FIG. *losgeslagen*

desatar OV WW • *losmaken* • *opwekken; ontketenen* ★ ~ la lengua a alg. *iemand bewegen tot praten*

desatarse WKD WW • *losraken* • *losbarsten* ‹v. storm› • FIG. *uitvaren*

desatascar OV WW • *ontstoppen* • *loswrikken* • *weer in beweging krijgen*

desatención v • *onoplettendheid* • *onbeleefdheid; onhoffelijkheid*

desatender /ie/ OV WW • *veronachtzamen; verwaarlozen* • *naast zich neerleggen* ‹v. raad e.d.›

desatento BNW • *verstrooid; onoplettend* • *onbeleefd*

desatinado BNW *dwaas; onbezonnen*

desatinar OV WW • *onzin verkopen; bazelen* • *de kluts kwijt zijn*

desatino m *dwaasheid*

desatornillar OV WW *losschroeven*

desatracar I OV WW *de trossen los gooien van* II ON WW *de trossen los gooien*

desatraillar OV WW *losmaken* ‹v. honden›

desatrancar I OV WW • *ontgrendelen* • *ontstoppen* II WKD WW *bijkomen*

desautorización v • *intrekking van een machtiging* • *ontkenning* • *afkeuring*

desautorizado BNW *zonder toestemming; onbevoegd*

desautorizar OV WW • *geen toestemming geven voor* • *afkeuren* • *ontkennen; als onwaar bestempelen*

desavén WW (geb. wijs, jij-vorm) → **desavenir**

desavendrá WW (3e p ev tk.t.) → **desavenir**

desavenencia v • *tweedracht; onenigheid; twist; onmin* • *meningsverschil*

desavenga WW (1e/3e p ev subj. t.t.) → **desavenir**

desavenido BNW *oneens; in onmin*

desavenir /ie, i/ OV WW *tweedracht zaaien*

desavenirse WKD WW *in onmin raken; onenigheid krijgen*

desavino WW (3e p ev v.t.) → **desavenir**

desayunado BNW *na ontbeten te hebben; niet nuchter*

desayunar I OV WW *als ontbijt nemen; bij het*

ontbijt eten II ON WW *ontbijten* ★ venir desayunado *komen na te hebben ontbeten*

desayunarse WKD WW • *ontbijten* • *vernemen; erachter komen* ★ ~ de una noticia *een bericht voor het eerst vernemen* ★ ¿ahora te desayunas? *kom je daar nu pas achter?*

desayuno m *ontbijt* ★ tomar el ~ *ontbijten*

desazón v • *jeuk* • *onrust; bezorgdheid; verdriet*

desazonado BNW *onrustig*

desazonar OV WW • *verontrusten* • *irriteren*

desbancar OV WW *verdringen; eruit werken; uit het zadel lichten*

desbandada v *wilde vlucht; uittocht* ★ huir a la ~ *alle kanten op vluchten; in wanorde op de vlucht slaan*

desbandarse WKD WW *alle kanten op vluchten; zich verspreiden*

desbarajustar OV WW *verwarren; in de war brengen*

desbarajuste m *wanorde; bende; janboel* ★ ~ circulatorio *verkeerschaos* ★ ¡vaya ~! *wat een bende!*

desbaratado BNW *in de war; van slag*

desbaratamiento m • *wanorde* • *verijdeling* • *verspilling*

desbaratar OV WW • *in de war brengen; ruïneren* • *verijdelen* • *verspillen; over de balk gooien*

desbaratarse WKD WW • *in de war gestuurd worden; in de war raken* • *stukgaan*

desbarbar OV WW • *bijknippen; snoeien* • *scheren*

desbarrar ON WW *onzin uitkramen; zwammen*

desbastar OV WW • *bijschaven; (ruw) bewerken* • *bijbrengen* ‹v. beschaving›

desbaste m *het bijschaven; eerste bewerking*

desbloquear OV WW • *vrijmaken* • *vrijgeven; deblokkeren; vrijmaken*

desbocado BNW • *beschadigd* ‹gereedschap e.d.› • *uitgerekt* ‹v. mouwen, hals› • *op hol geslagen* • *vrijmoedig; ongeremd; onbeschoft* • *met een grote vuurmond* ‹v. kanon›

desbocar OV WW *afbreken*

desbocarse WKD WW • *lubberen; te wijd zijn* ‹v. mouw, hals› • *op hol slaan* • *onbeschofte taal uitslaan; een grote mond opzetten*

desbordamiento m • *het buiten de oevers treden; overstroming* • FIG. *uitbarsting; golf* • COMP. *overflow*

desbordante BNW • *tomeloos; buitensporig* • *overvol*

desbordar I OV WW *te boven gaan; overschrijden* II ON WW *buiten zijn oevers treden; overstromen*

desbordarse WKD WW OOK FIG. *overlopen; overstromen* ★ se desbordó de entusiasmo *hij liep over van enthousiasme*

desborrador m MEX *gummetje*

desbraguetado m • INF. *met de gulp open* • SL. *arm; berooid* ★ estar ~ *blut zijn*

desbravar OV WW *temmen*

desbrozar OV WW *schoonmaken; schoonvegen*

descabalgar ON WW *(van zijn paard) afstijgen*

descabellado BNW *onzinnig; absurd; ongerijmd*

descabellar OV WW TAUR. *de genadestoot geven*

descabello m TAUR. *genadestoot*

descabezado BNW • *in de war* • *vergeetachtig* • *onthoofd*

descabezar OV WW • *onthoofden* • PLANTK. *toppen*

descabezarse WKD WW *zich het hoofd breken*; *piekeren*

descacharrante BNW INF. *om je te bescheuren*; *belachelijk*

descafeinado BNW • *cafeïnevrij* • *flauw*; *zoutloos*

descalabrado BNW *met een hoofdwond*

descalabradura v • *hoofdwond* • *litteken op het hoofd*

descalabrar OV WW • *verwonden* 〈aan het hoofd〉 • *ernstig benadelen*

descalabro m *tegenvaller*; *fiasco*; *ramp*

descalcificación v • *gebrek aan kalk* • *ontkalking*

descalificación v • *diskwalificatie* • *diskrediet*

descalificar OV WW • *diskwalificeren* • *in diskrediet brengen* • *uitsluiten*; *ongeschikt maken*

descalzar OV WW *uittrekken* 〈schoenen〉

descalzo BNW • *op blote voeten*; *barrevoets* • REL. *ongeschoeid*

descamarse WKD WW *(af)schilferen* 〈v. huid〉

descambiar OV WW • *(om)ruilen* • *wisselen* 〈v. geld〉

descaminado BNW OOK FIG. *op de verkeerde weg* ★ *ir* ~ *het mis hebben*; *ernaast zitten*

descaminar OV WW *op het verkeerde pad brengen*

descaminarse WKD WW *verdwalen*; *van de goede weg afraken*; OOK FIG. *op een dwaalspoor raken*

descamisado I m • *armoelijder* • ARG, POL. *peronist* **II** BNW • *zonder hemd* • *armoedig*; *haveloos*

descamisar OV WW • TECHN. *uit de mal halen* • ZA *uitkleden* 〈strippoker〉 • *pellen*; *schillen*

descampado I m *open veld*; *kale vlakte* ★ *en* ~ *ver van de bewoonde wereld* **II** BNW *vrij*; *open* 〈v. terrein〉

descansabrazos m *armleuning*

descansado BNW • *uitgerust* • *rustig* • *rustgevend*

descansapiés m *voetsteun*

descansar I OV WW • *doen steunen*; *doen rusten* • *toevertrouwen* • *taken overnemen van*; *helpen* ★ ~ *el brazo sobre la almohada de arm op het kussen leggen* **II** ON WW • *pauzeren*; *(uit)rusten* • *slapen*; *rusten* • *braak liggen* • *steunen* • *begraven liggen* • *vertrouwen hebben* ★ ~ *en/sobre steunen op*; *rusten op* ★ *ique descanse! welterusten!* ★ *sin* ~ *onafgebroken*

descansillo m *trapportaal*; *overloop*

descanso m • *rust* 〈ook militair〉 • *pauze* • *sneeuwlaars*; *moonboot* • *trapportaal*; *overloop* • ARCHIT. *steun* ★ *horas de* ~ *rusturen* ★ *lugar de* ~ *rustplaats*

descapotable BNW *met open dak* 〈v. auto〉

descapsulador m *flesopener*

descarado I m *brutale vent*; *vlegel* **II** BNW *brutaal*; *onbeschaamd*

descararse WKD WW *brutaal worden*; *schaamteloos optreden*

descarburar OV WW *ontkolen*

descarga v • *(het) uitladen*; *(het) lossen* • *ontlading*; *(elektrische) schok* • *(het) afvuren*; *salvo* • *bevrijding*; *verlichting*; *ontlasting* • COMP. *download* ★ *lugar de* ~ *losplaats* ★ ~ *cerrada salvo* ★ ~ *eléctrica elektrische ontlading*; *elektrische schok*

descargadero m *losplaats*

descargador m *losser*; *sjouwer*

descargar OV WW • *uitladen*; *legen*; *lossen* • *vrijstellen*; *ontslaan* • *ontladen* 〈v. elektriciteit〉 • *wegnemen* 〈v. overtollig materiaal〉 • *afvuren* • *losbarsten* 〈v. onweer, bui〉 • *verkopen*; *toedienen* 〈v. klap〉 • COMP. *downloaden* ★ ~ *en uitkomen op*; *uitmonden in* ★ ~ *sobre uitstorten over*; *afvuren op*; *verkopen* 〈v. klappen〉 ★ ~ *la conciencia biechten*

descargarse WKD WW • *zich ontlasten* • *ontladen* • JUR. *zich vrijpleiten* ★ ~ *en un inocente alles afreageren op een onschuldige*

descargo m • *(het) lossen*; *(het) ontlasten* • *bewijs*; *verklaring* 〈ten gunste van de verdachte〉 • *ontheffing*; *kwijtschelding* ★ *en* ~ *de mi conciencia om mijn geweten gerust te stellen*

descargue m *(het) uitladen*; *(het) lossen*

descarnado BNW • *ontvleesd* • *uitgemergeld*; *mager*; *schriel* • *cru*; *rauw*; *zonder omwegen*

descarnador m *tandenstoker*

descarnar OV WW • *ontvlezen* • *doen vermageren* • *ontbloten*; *blootleggen*

descaro m *onbeschaamdheid*; *brutaliteit* ★ *iqué* ~! *wat brutaal!*

descarriar /í/ OV WW • *van de kudde doen afdwalen* • OOK FIG. *van de juiste weg afbrengen*

descarriarse WKD WW • *van het rechte pad afdwalen* • *van de kudde gescheiden raken* • *afdwalen*

descarrilamiento m *ontsporing* 〈v. trein〉

descarrilar ON WW *ontsporen* 〈v. trein〉

descartar OV WW *uitsluiten*; *van de hand wijzen*

descartarse WKD WW • *weggooien* 〈bij kaartspel〉 • *zich onttrekken aan* ★ ~ *de un compromiso zich aan een verplichting onttrekken* ★ *idescartado! uitgesloten!*

descarte m • *(het) verwerpen* • *(het) opzijleggen* 〈bij kaartspel〉

descasar OV WW • *verstoren* 〈v. orde〉; *in de war brengen* • *scheiden*

descasarse WKD WW *scheiden*

descascarar OV WW *schillen*; *doppen*

descastado BNW • *vervreemd van zijn familie* • *kil*; *onverschillig*

descendencia v • *nakomelingschap* • *afstamming*; *herkomst*

descendente BNW • *dalend*; *afnemend* • COMP. *top-down*

descender /ie/ **I** OV WW *naar beneden brengen* **II** ON WW • *(af)dalen*; *uitstappen* • *minder worden*; *dalen*; *(af)zakken* • *afstammen* • *voortkomen* • *stromen*; *lopen* 〈v. tranen e.d.〉 ★ ~ *de noble linaje van voorname afkomst zijn* ★ ~ *en categoría naar een lagere categorie*

gaan ★ *~ por (af)dalen via/door*
descendiente m/v *afstamming*; *nakomeling*
descendimiento m • *(af)daling* • REL.
kruisafneming
descenso m • *dalend pad* • *(af)daling*
• *vermindering*; *daling* ★ MED. *~ de la matriz/
del útero baarmoederverzakking*
descentrado BNW • *niet gecentreerd*
• *onaangepast*; *uit zijn doen*
descentralización v *decentralisatie*
descentralizar OV WW *decentraliseren*
descentrar OV WW • *uit zijn middelpunt halen*
• *uit zijn evenwicht brengen*; *uit het lood slaan*
desceñir /i/ OV WW *losmaken*; *ontgorden*
descepar OV WW • *met wortel en al verwijderen*
⟨v. planten⟩ • *met wortel en tak uitroeien*
descercar OV WW • *stadsmuren slopen van*
• *beleg opheffen*; *ontzetten van*
descerrajar OV WW • *openbreken* ⟨v. slot⟩
• *afvuren*; *afschieten*
descifrable BNW *ontcijferbaar*
descifrar OV WW • *ontcijferen*; *decoderen*
• *ontraadselen*
descinchar OV WW *de singel losmaken van*
⟨paard⟩
desclavar OV WW • *de spijkers uittrekken van*
• *van de spijker afhalen*
descocado BNW • *brutaal* • *schaamteloos*;
uitdagend ⟨gezegd van vrouwen⟩
descocarse WKD WW *brutaal worden*;
onbeschaamd optreden
descoco m *schaamteloosheid*
descodificar OV WW *ontcijferen*; *decoderen*
descojonación v VULG. • *toppunt* • *stikken van
de lach* • *zootje*; *puinhoop*
descojonante BNW VULG. • *om je te bescheuren*
• *indrukwekkend*
descojonar OV WW VULG. *castreren*
descojonarse WKD VNW VULG. • *zich rot lachen*
• *zich lelijk stoten* ★ *~ vivo zich een breuk
lachen*
descolar OV WW • *de staart afsnijden* • GUA, NIC
ontslaan; *op straat zetten*
descolgado BNW INF. • *achterop geraakt*
• *afgekickt*
descolgar /ue/ I OV WW • *van de muur halen*;
afnemen • *laten zakken* II OV+ON WW *opnemen*
⟨v. telefoon/hoorn⟩
descolgarse /ue/ WKD WW • *onverwachts
langskomen* • *plotseling aankomen met*; *zijn
zinnen zetten op* • SPORT *demarreren* • INF.
afkicken
descollar ON WW *uitsteken*
descolocado BNW *werkloos*
descolonización v *dekolonisatie*
descolonizar OV WW *dekoloniseren*
descolorido BNW *verschoten*; *bleek*; *kleurloos*
descombrar OV WW *puinvrij maken*; *puin
ruimen*; *opruimen*
descombro m *(het) puinruimen*; *(het) opruimen*
★ *trabajos de ~ opruimingswerk*
descomedido BNW • *overdreven*; *buitensporig*;
bovenmatig • *ongemanierd*; *brutaal*;
onbeschoft
descomedimiento m *brutaalheid*; *grofheid*
descomedirse /i/ WKD WW *onbeschoft zijn*;

brutaal doen
descompaginar OV WW *ontregelen*; *verstoren*;
overhoop halen
descompasado BNW *buiten proporties*;
buitensporig; *excessief*
descompasarse WKD WW • *onbeschoft doen*;
over de schreef gaan • *uit balans raken*
descompón WW (geb. wijs, jij-vorm)
→ **descomponer**
descompondrá WW (3e p ev tk.t.)
→ **descomponer**
descomponer I OV WW • *uiteenhalen*; *ontleden*
• *van zijn stuk brengen*; *zijn kalmte doen
verliezen* • *stukmaken*; *in de war brengen*
II ON WW *rotten*; *tot ontbinding overgaan*
descomponerse WKD WW • *in de war raken*
• *kapot gaan* • CHEM. *uiteenvallen*; *zich
splitsen* • *tot ontbinding overgaan*; *verrotten*
• *nijdig worden*; *giftig worden* • *onwel
worden*; *van streek raken*
descomponga WW (1e/3e p ev subj. t.t.)
→ **descomponer**
descomposición v • *ontbinding*; *rotting* • *(het)
uiteenvallen* • *(het) bewolkt raken*; *(het)
betrekken* ⟨v. gezicht⟩ ★ *~ de vientre diarree*
descompostura v • *(mechanisch) gebrek*
• *onverzorgdheid*; *onbeschaamdheid*
descompresión v *drukverlies*; *decompressie*
descompuesto BNW • *kapot*; *ontregeld*
• *ontdaan*; *van streek* • *kwaad*; *razend*
• *onbeschaamd*; *brutaal* • *verrot*; *bedorven*
★ *estar ~ woedend zijn*
descompuso WW (3e p ev v.t.) → **descomponer**
descomunal BNW *buitengewoon*; *enorm*
desconcentración v *decentralisatie*; *spreiding*
desconcentrar OV WW • *ontregelen*
• *ontwrichten*; *uit het lid raken* • *van zijn stuk
brengen*; *in de war brengen*
desconcertado BNW *onthutst*; *uit het lood
geslagen*
desconcertante BNW *verbijsterend*
desconcertar /ie/ OV WW • *ontregelen*;
(ver)storen • *verwarren*; *verrassen*
• *ontwrichten* ★ *esto desconcierta mis
proyectos dit haalt mijn plannen door de war*
desconcertarse /ie/ WKD WW • *van streek
raken*; *van zijn stuk raken* • *ontwricht raken*
desconchado m *afgebladderde plek*
desconchar OV WW *doen afschilferen*; *doen
afbladderen*
desconcierto m • *wanorde*; *ontwrichting*;
ontregeling • *verwarring*; *ontsteltenis*
desconectar OV WW *uitschakelen*; *afzetten*;
uitdraaien
desconexión v • *gebrek aan verbinding* • *gebrek
aan samenhang* • *(het) uitschakelen* ★ *con ~
automática ≈ slaat automatisch af* ⟨v.
recorder⟩
desconfiado BNW *wantrouwend*
desconfianza v *wantrouwen* ★ *con ~
wantrouwend*
desconfiar /í/ ON WW *geen vertrouwen hebben*;
wantrouwig zijn ★ *~ de wantrouwen*
desconformar ON WW *het oneens zijn*
descongelación v OOK FIG. *deblokkering*;
ontdooiing ★ *~ de los salarios opheffing van*

de loonstop

descongelador m *ruitenontdooier*

descongelar OV WW *deblokkeren; ontdooien*

descongestión v • *(het) vrijmaken* • *ontlasting* ⟨bv. van wegen⟩ ★ la ~ del tráfico *het sneller laten doorstromen van het verkeer*

descongestionar OV WW • *vrijmaken* ⟨verkeer⟩

desconocer OV WW • *niet kennen; niet weten* • *niet (meer) herkennen; zich niet herinneren* ★ no desconozco sus propósitos *ik ken zijn bedoelingen wel*

desconocido I m *onbekende; wildvreemde* II BNW • *onbekend; vreemd* • *onherkenbaar* ★ ~ de/para *onbekend(e) voor* ★ estar ~ *onherkenbaar zijn*

desconocimiento m *onbekendheid* ★ ~ de *onbekendheid met*

desconozca WW (1e/3e p ev subj. t.t.) → **desconocer**

desconsideración v *tactloosheid; gebrek aan consideratie*

desconsiderado BNW • *ongevoelig; tactloos* • *onhebbelijk*

desconsolado BNW *bedroefd; ontroostbaar; troosteloos*

desconsolador BNW *schrijnend; hartverscheurend*

desconsolar /ue/ OV WW *verdrietig maken*

desconsuelo m *(schrijnend) verdriet; smart; droefenis* ★ ser un ~ *om te huilen zijn*

descontado BNW • *in mindering gebracht; verrekend* ★ por ~ *natuurlijk* ★ dar u.c. por descontada *iets als vanzelfsprekend beschouwen*

descontaminación v *het schoner worden; vermindering van de vervuiling*

descontaminar OV WW *zuiveren; reinigen; schoonmaken*

descontar /ue/ OV WW • *aftrekken; korten* • *verdisconteren* ★ descontando que *afgezien van het feit dat*

descontentadizo BNW *veeleisend; kieskeurig*

descontentar OV WW *ergeren; ontevreden maken; ontstemmen*

descontento I m *ontevredenheid* II BNW *ontevreden* ★ ~ de/con/por *ontevreden met/ over*

descontrolado BNW • *onbeheerst; ongecontroleerd* • ZA *onthutst; verbijsterd*

desconvenir ON WW • *niet overeenkomen* • *niet eens zijn (met)*

descorazonador BNW *ontmoedigend*

descorazonamiento m *moedeloosheid; ontmoediging*

descorazonar OV WW *ontmoedigen; neerslachtig maken*

descorazonarse WKD WW *de moed laten zakken*

descorchador m • *kurkentrekker* • *kurkschorssnijder*

descorchar OV WW • *van schors ontdoen* • *ontkurken*

descornar /ue/ OV WW *de hoorns afsnijden van*

descornarse WKD WW • *zich het hoofd breken; piekeren* • *zich uitsloven*

descorrer OV WW *opendoen* ⟨v. gordijnen⟩; *oplichten* ⟨v. sluier⟩; *wegschuiven* ⟨v. grendel⟩

descortés BNW *onbeleefd; ongemanierd*

descortesía v *onbeleefdheid; ongemanierdheid; onhoffelijkheid*

descortezar OV WW *ontschorsen*

descoser OV WW *losmaken; (los)tornen*

descoserse WKD WW *losgaan* ⟨v. naad⟩ ★ ~ de risa *gieren van het lachen*

descosido I m *torn(tje)* ★ como un ~ *ontzettend veel; als een gek* II BNW *losgetornd*

descoyuntar OV WW • *ontwrichten; verrekken* • FIG. *verdraaien*

descoyuntarse WKD WW *ontwricht raken* ★ ~ a cortesías *overdreven hoffelijk zijn*

descrédito m • *diskrediet* • *slechte naam* ★ ir en ~ de otra cosa *ten nadele van iets anders zijn* ★ caer en ~ *in diskrediet raken*

descreído I m *ongelovige* II BNW *ongelovig*

descreimiento m *atheïsme; goddeloosheid*

descremar OV WW *ontromen*

describir OV WW • *omschrijven; beschrijven* • *schetsen*

descripción v *omschrijving; beschrijving* ★ superar toda ~ *elke beschrijving tarten*

descriptivo BNW *descriptief; beschrijvend*

descrismar OV WW *de hersens inslaan; hard op het hoofd slaan*

descrismarse WKD WW *zich het hoofd breken* ★ ~ trabajando *zich dood werken*

descrito WW (volt. deelw.) → **describir**

descuajar OV WW • *vloeibaar maken; oplossen* • *ontwortelen; rooien* • *uitroeien*; FIG. *uitbannen* ★ ~ de raíz *met wortel en tak uitroeien*

descuajaringar OV WW *uit elkaar halen; kapot maken*

descuajaringarse WKD WW • *zich uitputten* • *zich bescheuren*

descuajeringado BNW • LA *vervallen* • *onverzorgd* ⟨v. uiterlijk⟩

descuartizar OV WW *aan stukken snijden; vierendelen*

descubierta v *verkenning*

descubierto I m *deficit; tekort* ★ estar al/en ~ con u.p. *bij iemand in de schuld staan* II BNW • *open; onbedekt* • *zonder hoofddeksel; blootshoofds* ★ andar a ~ *blootshoofds lopen* ★ a la descubierta *zonder omwegen; openlijk; in de openlucht* ★ a/en ~ *ongedekt* ⟨v. cheque⟩ ★ al ~ *zonder omwegen; in de open lucht*

descubridor m *ontdekker*

descubrimiento m • *ontdekking* • *vinding; uitvinding*

descubrir OV WW • *ontdekken* • *onthullen; bekend maken* • *onthullen; ontbloten* • *(uit)vinden* • *ontwaren*

descubrirse WKD WW *zijn hoed afnemen* ★ ~ a/ con *zijn hart uitstorten bij* ★ ~ ante *zijn petje afnemen voor, bewonderen*

descuento m *korting* ★ ~ bancario *bankdisconto* ★ al/con ~ *met korting*

descuidado BNW • *slordig; verwaarloosd; onverzorgd* • *nergens op bedacht* • *gerust(gesteld)* ★ coger ~ *overrompelen; verrassen; overvallen*

descuidar I OV WW • *verwaarlozen; veronachtzamen* • *afleiden* ⟨de vijand⟩ II ON

ww *onbezorgd zijn*; *zich geen zorgen maken*
★ i descuida! *maak je niet druk!*; *maak je geen zorgen!*

descuidarse WKD WW • *zich verwaarlozen* • *niet goed uitkijken*; *niet opletten* ★ si me descuido, me muero *het scheelde maar een haar, of ik was er geweest*

descuidero m/v *kruimeldief*

descuido m • *slordigheid*; *onachtzaamheid*
• *verwaarlozing* • *vergissing*; *misstap* ★ al ~ *quasi nonchalant* ★ por ~ *per ongeluk*; *uit onachtzaamheid* ★ en un ~ *in een onbewaakt ogenblik*

desde I VZ • *vanaf*; *sinds* • *vanaf*; *vanuit* ⟨v. plaats⟩ ★ ~ hace *sinds*; *al* ★ ~ entonces *sindsdien*; *vanaf toen* ★ ~ hace mucho tiempo *al heel lang* ★ ~ ahora en adelante *van nu af aan* ★ ~ fuera *van buiten* ★ ~ luego *vanzelfsprekend*; *natuurlijk*; *uiteraard* ★ ~ niño *van kinds af aan* II VW ★ ~ que *sinds*; *vanaf het moment dat* ★ ~ que puedo recordar *sinds ik me kan herinneren*

desdecir /i/ ON WW • *niet passen* • *in tegenspraak zijn* ★ su conducta desdice de su posición *zijn gedrag is niet in overeenstemming met zijn positie*

desdecirse WKD WW *herroepen*; *zijn woorden terugnemen* ★ ~ de su promesa *zijn belofte niet nakomen*

desdén m *minachting*; *onverschilligheid* ★ al ~ met (gemaakte) *onverschilligheid* ★ con ~ smalend, *verachtelijk* ★ ~ de si mismo *zelfverachting*

desdentado BNW • *tandeloos* • FIG. *ongevaarlijk*

desdeñable BNW *verachtelijk* ★ nada ~ *niet te versmaden*; *behoorlijk*; *aanzienlijk*

desdeñar OV WW • *neerkijken op*; *minachten* • *versmaden*; *verwerpen*

desdeñarse WKD WW *het beneden zijn waardigheid achten*; *zich niet verwaardigen om*

desdeñoso BNW *minachtend*; *laatdunkend*; *hooghartig*

desdibujado BNW *verdoezeld*; *onduidelijk*

desdicha v • *ongeluk*; *tegenspoed* • *hopeloos geval*; *stuk ongeluk* ★ por ~ *helaas*

desdichado I m *(arme) stakker*; *pechvogel* ★ i~ de ti! *jij ongelukkige!* II BNW • *ongelukkig* • *noodlottig*; *rampzalig*

desdiga WW (1e/3e p ev subj. t.t.) → **desdecir**

desdijo WW (3e p ev v.t.) → **desdecir**

desdirá WW (3e p ev tk.t.) → **desdecir**

desdoblamiento m • *het ontvouwen* • *splitsing* ★ ~ de la personalidad *gespleten persoonlijkheid*

desdoblar OV WW • *ontvouwen* • *(in tweeën) splitsen*

desdorar OV WW • *het verguldsel verwijderen van* • *bezoedelen*

desdoro m *ontering*; *schande*

deseable BNW • *wenselijk*; *gewenst* • *aanlokkelijk*

desear OV WW • *wensen*; *verlangen* • *toewensen* ★ vérselas y deseárselas *iets donker inzien*; *veel moeite hebben met iets* ★ dejar mucho que ~ *veel te wensen overlaten* ★ es de ~ *het is*

wenselijk

desecación v • *uitdroging* ⟨v. grond⟩ • *drooglegging*

desecar OV WW *droogmaken*; *doen opdrogen*

desechable BNW • *af te wijzen*; *te verwerpen* • *wegwerp-* ★ envase ~ *wegwerpverpakking* ★ jeringuilla ~ *wegwerpspuitje* ★ panales ~s *wegwerppluiers*

desechar OV WW • *afwijzen*; *uitsluiten*; *afkeuren* • *uitbannen* ⟨v. vrees, verdenking⟩ • *wegwerpen*; *afdanken* ★ tienes que ~lo del pensamiento *je moet het uit je hoofd zetten*

desecho m • *overblijfsel*; *restant* • *uitschot* • *afvalstoffen*; *afval* • *hopeloos geval* ⟨persoon⟩ • CHI *kortere weg/route* ★ ser de ~ *afgedankt/waardeloos zijn*; *een afdankertje zijn* ★ ~ de hierro *schroot* ★ producto de ~ *afvalproduct* ★ el ~ de la sociedad *de zelfkant van de maatschappij* ★ ~s nucleares *kernafval* ★ reciclaje de ~s *vuilverwerking*

deselectrizar OV WW *ontladen* ⟨natuurkunde⟩

desembalaje m *het uitpakken*

desembalar OV WW *uitpakken*

desembanastar OV WW INF. *kleppen*; *kletsen*

desembanastarse WKD WW • *ontsnappen*; *uitbreken* ⟨v. dier⟩ • *uitstappen*

desembarazado BNW • *vrijmoedig*; *ongedwongen* • *ongehinderd*

desembarazar OV WW • *ontdoen* • *vrijmaken* ★ ~ a u.p. de u.c. *iemand van iets afhelpen*

desembarazarse WKD WW *zich ontdoen van* ★ ~ de estorbos *hindernissen uit de weg ruimen*

desembarazo m *vrijmoedigheid*; *gemak*

desembarcadero m *kade*; *losplaats*; *aanlegplaats*

desembarcar I OV WW • *uitladen*; *ontschepen* • *uitstappen* ★ ~ de/en *ontschepen vanaf/in*; *lossen vanaf/op*; *van boord gaan in/op* ★ está para ~ *ze is hoogzwanger*; *ze staat op het punt te bevallen* II ON WW • *uitstappen* • *van boord gaan*; *aan land gaan*

desembarco m • *ontscheping* • MIL. *landing*; *dropping* • *trapportaal* ★ ~ aéreo *luchtdropping* ★ tropas de ~ *landingstroepen*

desembargar ON WW • *ontlasten*; *vrijmaken*; *ontdoen van* • *vrijgeven*; *opheffen*

desembargo m *opheffing van het beslag*

desembarque m • *het lossen*; *ontscheping* • *het van boord gaan*

desembarrancar OV WW *vlot trekken*

desembocadero m *uitmonding*

desembocadura v • *riviermond* • *(uit)einde* ⟨v. straat⟩ • *uitgang*

desembocar ON WW OOK FIG. *uitmonden* (en in)

desembolsar OV WW *uitgeven*; *betalen*

desembolso m *betaling*; *uitgave* ★ ~ inicial *aanbetaling* ★ sin ~ *met gesloten beurzen*

desembragar ON WW *ontkoppelen* ⟨v. motor⟩

desembrague m *ontkoppeling*

desembrollar OV WW *ontwarren*; *ophelderen*

desembuchar OV WW • *opbiechten*; *bekennen* • *vertellen* • *uitbraken* ⟨uit de krop, bij vogels⟩

desemejante BNW *niet lijkend op*

desemejanza v *ongelijkheid*; *verschil*

desempacar OV WW *uitpakken*

de

de

desempacho m *ongedwongenheid; vrijmoedigheid*

desempañador m *ruitverwarmer*

desempañar OV WW • *oppoetsen* • *verluieren*

desempapelar OV WW • *afhalen; verwijderen* ⟨v. behang⟩ • *uitpakken*

desempaquetar OV WW *uitpakken*

desempatar ON WW • SPORT *door verlenging beslissen* • *bepalend zijn; uitsluitsel geven* ⟨bij stemming⟩

desempate m • *beslissing van een gelijk spel door verlenging* • *tweede stemming; uitsluitsel*

desempedrar /ie/ OV WW *opbreken* ⟨v. straat⟩; *steenvrij maken* ★ ~ la calle *door de straat rennen*

desempeñar OV WW • *inlossen* ⟨v. pand⟩ • *uitvoeren; spelen* ⟨v. rol⟩; *bekleden* ⟨v. functie⟩ • *bevrijden* ⟨v. schulden⟩ • *uit de moeilijkheden helpen* ★ ~ un encargo *een post bekleden* ★ ~ un papel *een rol spelen*

desempeñarse WKD WW *zijn schulden inlossen*

desempeño m • *het inlossen* • *het vervullen* ⟨v. functie⟩; *het spelen* ⟨v. rol⟩; *bekleding* ⟨v. ambt⟩

desempleado I m *werkloze* II BNW *werkloos*

desempleo m *werkloosheid* ★ ~ encubierto *verborgen werkloosheid*

desempolvar OV WW • *oprakelen* • *opfrissen; ophalen* • *afstoffen*

desenamorarse WKD WW *niet meer verliefd zijn; bekoelen*

desencadenamiento m • FIG. *het losbarsten* • *losketenen; ontketening* ★ el ~ de la guerra *het uitbarsten van de oorlog*

desencadenar OV WW • *ontketenen; van ketens ontdoen* • FIG. *ontketenen; losmaken*

desencajado BNW • *verstuikt* • *vertrokken* ⟨v. gezicht⟩

desencajar OV WW • *ontwrichten* • *uit zijn voegen rukken*

desencajarse WKD WW *uit de plooi gaan* ⟨v. gezicht⟩

desencajonar OV WW • *uit de kist halen* ⟨v. stier na vervoer⟩ • *uit een lade halen; uit een kist halen*

desencallar OV WW *(weer) vlot krijgen*

desencantar OV WW • *de betovering weghalen van* • *teleurstellen*

desencantarse WKD WW *teleurgesteld worden*

desencanto m *ontgoocheling; desillusie*

desenchufar OV WW *uit het stopcontact halen*

desenclavar OV WW *met geweld bevrijden*

desencoger OV WW *uitstrekken; uitspreiden*

desencogerse WKD WW *zijn verlegenheid verliezen*

desencolerizar OV WW *tot bedaren brengen*

desenconar OV WW • *kalmeren; tot rust brengen* • *doen verminderen* ⟨v. ontsteking⟩

desencuadernar OV WW *uit elkaar trekken* ⟨v. boek⟩

desenfadaderas v ★ tener buenas ~ *een achterdeurtje hebben*

desenfadado BNW • *gekalmeerd; rustig* ⟨na boosheid⟩ • *ongeremd; ongedwongen* • *brutaal*

desenfadar OV WW *kalmeren* ⟨bij boosheid⟩; *opvrolijken*

desenfado m • *vrijmoedigheid; gemak* • *verstrooiing*

desenfoque m • *onscherpe instelling* ⟨v. fototoestel⟩ • *onjuiste aanpak*

desenfrenado BNW *teugelloos; losbandig* ★ una banda desenfrenada *een vrijgevochten bende*

desenfreno m *losbandigheid*

desenfundar OV WW *uit de hoes halen*

desenganchar OV WW • *loshaken; uitspannen* ⟨v. paarden⟩ • *ontkoppelen* ⟨v. trein⟩

desengañado BNW *teleurgesteld; ontgoocheld*

desengañar OV WW • *ontnuchteren; uit de droom helpen* • *teleurstellen*

desengañarse WKD WW • *zijn dwaling inzien; terugkomen van* • *de realiteit inzien; door schade en schande wijs worden* ★ ~ de *genoeg hebben van*

desengaño m • *teleurstelling; ontgoocheling* • *vermaning, berisping* ★ con cierto ~ *enigszins ontgoocheld*

desengrasar I OV WW *ontvetten* II ON WW *mager worden*

desengrase m *het ontvetten*

desenjaular OV WW • INF. *uit de gevangenis ontslaan* • *uit de kooi halen*

desenlace m *slot; afloop; ontknoping* ★ tener un ~ feliz *goed aflopen*

desenlazar OV WW • *uiteenrafelen; ontwarren* • *oplossen* ⟨v. probleem⟩

desenlazarse WKD WW • *een ontknoping hebben* • *losgaan*

desenmarañar OV WW OOK FIG. *ontwarren; uitzoeken*

desenmascarar OV WW *onthullen; ontmaskeren*

desenmudecer ON WW *het stilzwijgen verbreken*

desenojar OV WW *sussen; doen bedaren*

desenojarse WKD WW *boosheid kwijtraken; zich laten vermurwen*

desenojo m *bedaardheid*

desenredar OV WW OOK FIG. *ontwarren; op orde brengen*

desenredarse WKD WW *uit de moeilijkheden geraken*

desenredo m • LIT. *ontknoping* • *het ontwarren*

desenrollar OV WW *afwikkelen; uitrollen*

desenroscar OV WW • *afrollen; afwikkelen* • *openschroeven*

desensibilizar OV WW *desensibiliseren; ongevoelig maken*

desensillar OV WW *ontzadelen*

desentenderse WKD WW • *zich van den domme houden* • *voorbijgaan aan; niet ingaan op*

desentendido m ★ hacerse el ~ *zich van de domme houden*

desentendimiento m *onverschilligheid*

desenterrar /ie/ OV WW • *opgraven* • *bovenhalen* ⟨v. herinneringen⟩; *oprakelen*

desentonado BNW • *vals* • *vloekend* ⟨v. kleur⟩

desentonar ON WW *uit de toon vallen; vals klinken; storend werken*

desentono m *wanklank*

desentramparse WKD WW *uit de schulden raken*

desentrañar OV WW *doorgronden; doorvorsen* ★ ~ un misterio *een raadsel ontcijferen*

desentrenado BNW *niet getraind*

de

desenvainar OV WW • *uit de schede trekken* ⟨v. zwaard⟩ • *uithalen* ⟨met klauwen⟩ • INF. *onthullen*; *openbaar maken*
desenvoltura v • *ongedwongenheid*; *onbeschaamdheid* • *soepelheid*; *gratie*
desenvolver /ue/ OV WW • *toelichten*; *uiteenzetten* • *uitpakken*; *afwikkelen* • *ontcijferen*; *ophelderen*
desenvolverse WKD WW • *zich ontwikkelen* • *zich redden* ⋆ hay que saber ~ en la vida *men moet zich in het leven weten te redden*
desenvolvimiento m *ontwikkeling*; *groei*
desenvuelto BNW • *uitgerold*; *uitgepakt* • *ongedwongen*; *vrijmoedig*
desenzarzar OV WW *uiteentrekken*/-*halen* ⟨v. ruziemakers⟩
deseo m • *wens*; *verlangen*; *dorst* • *(wel)lust*; *begeerte* ⋆ colmar un ~ *een wens vervullen* ⋆ cumplirse el ~ de alg. *zijn wens vervullen* ⋆ ~ de comprar *kooplust* ⋆ de conformidad con su ~ *in overeenstemming met uw wens* ⋆ ~ de autodestrucción *zelfvernietigingsdrang* ⋆ a medida de los ~s *naar wens* ⋆ ~ de saber *dorst naar kennis* ⋆ ~ de venganza *wraakzucht* ⋆ ~s de felicidad *gelukwensen* ⋆ vivo ~ *vurig verlangen* ⋆ ~ carnal/sexual *seksuele begeerte* • arder en ~s de *branden van verlangen om* ⋆ sentir ~ por *passie*/*hartstocht hebben voor* ⋆ satifacer los ~s de u.p. *aan iemands wensen tegemoet komen*
deseoso BNW *verlangend* ⋆ ~ de ayudar *hulpvaardig* ⋆ ~ de casar *trouwlustig*
desequilibrado BNW • *instabiel*; *uit balans* • *onevenwichtig*; *labiel*
desequilibrar OV WW *uit zijn evenwicht brengen*
desequilibrio m • *gebrek aan evenwicht*; *instabiliteit* • *onevenwichtigheid*; *labiliteit* ⋆ corregir el ~ *het evenwicht herstellen* ⋆ perturbar el ~ *het evenwicht verstoren*
deserción v *desertie*; *verzuim*
desertar ON WW • *deserteren* • *wegblijven*; *verzuimen*
desértico BNW • *woestijn-*; *woestijnachtig* • *leeg*; *verlaten*
desertización v *woestijnvorming*
desertor m *deserteur*; *overloper*
desescombrar OV WW *puin ruimen uit*
desespañolizar OV WW *Spaanse invloed wegnemen*
desesperación v *wanhoop*; *hopeloosheid* ⋆ con ~ *wanhopig*
desesperado BNW • *hopeloos*; *uitzichtloos* • *wanhopig*; *vertwijfeld* ⋆ a la desesperada *wanhopig*
desesperante BNW *radeloos makend*; *wanhopig makend*
desesperanzar OV WW *wanhopig maken*
desesperar I OV WW *wanhopig maken*; *vertwijfelen* II ON WW *wanhopen*; *de hoop verliezen*
desesperarse WKD WW *wanhopen*
desespero m VOORAL LA *wanhoop*; *vertwijfeling*
desestabilizar OV WW • *instabiel maken* • POL. *destabiliseren*
desestimar OV WW • *minachten*; *onderschatten* • *afwijzen*; *afslaan*

desfachatado BNW *onbeschaamd*; *brutaal*
desfachatez v *schaamteloosheid*; *brutaliteit*
desfalcar OV WW *verduisteren*; *achterover drukken*
desfalco m *verduistering*; *fraude*; *oplichting*
desfallecer ON WW *verzwakken*; *bezwijken*; *flauwvallen* ⋆ ~ de ánimo *de moed verliezen*
desfallecimiento m *verzwakking*; *flauwte*
desfallezca WW (1e/3e p ev subj. t.t.)
→ **desfallecer**
desfasado BNW • *uit het ritme* • *ouderwets*; *onaangepast* ⋆ estar ~ *last van een jetlag hebben*
desfasar OV WW *de fase veranderen van*
desfase m • *verschil*; *onaangepastheid* • *jetlag*; TECHN. *faseverschil*
desfavorable BNW *ongunstig*; *nadelig*
desfavorecer OV WW *benadelen*; *ontsieren*
desfavorezca WW (1e/3e p ev subj. t.t.)
→ **desfavorecer**
desfiguración v • *verminking* • *vervorming*
desfigurar OV WW • *verminken*; *misvormen* • *vervormen* • *vermommen*; *onherkenbaar maken* • *vertekenen*
desfiguro m MEX *grol*; *frats*
desfiladero m MEX *bergpas*
desfilar ON WW • *achter elkaar lopen* • MIL. *defileren* • *na elkaar weggaan*
desfile m • *parade*; *optocht* • *defilé* ⋆ ~ naval *vlootparade* ⋆ ~ flores *bloemencorso* ⋆ ~ militar *militaire parade* ⋆ ~ de modelos *modeshow* ⋆ ~ aéreo *luchtshow*
desfloración v • *ontmaagding* • *ontluistering*
desflorar OV WW • *ontmaagden* • *ontluisteren* • *vluchtig behandelen*; *aanstippen* ⟨v. zaak, onderwerp⟩
desfogar OV WW • *botvieren* ⋆ ~ la cólera en u.p. *zijn woede op iemand koelen*
desfogue m *het afreageren*
desfondar OV WW • *de bodem inslaan* • *diep ploegen*; *diep omspitten* • SPORT *uitputten*
desfonde m → **desfondar**
desfruncir OV WW • *uitspreiden* • *glad maken* • *ontvouwen*
desgaire m • *slordigheid*; *achteloosheid*; *nonchalance* • *minachtend gebaar* ⋆ al ~ *achteloos*
desgajar OV WW • *afbreken* ⟨v. tak⟩ • *scheiden*; OOK FIG. *losrukken*
desgajarse WKD WW • *loslaten*; *afbreken* • *zich losrukken*
desgalichado BNW • *onbeholpen* • *slonzig*; *slordig*
desgana v • *tegenzin*; *afkeer* • *gebrek aan eetlust* ⋆ comer con ~ *met lange tanden eten*
desganado BNW • *zonder eetlust* • *lusteloos*
desganar OV WW *de (eet)lust verliezen*
desganarse WKD WW • *zijn eetlust verliezen* • *geen zin hebben*
desgañitarse WKD WW • *krijsen*; *zich overschreeuwen* • *schor worden*
desgarbado BNW • *plomp*; *houterig* • *slonzig*
desgarbo m • *plompheid* • *slonzigheid*
desgarrado BNW • *verscheurd*; *kapot* • *schaamteloos*; *brutaal*
desgarrador BNW *hartverscheurend*

desgarrar OV WW • OOK FIG. *verscheuren* • CHI *ophoesten* ★ ~se de su familia *zich losmaken van zijn familie*

desgarro m • *schaamteloosheid; brutaliteit* • *opschepperij* • *scheur; winkelhaak* • LA *fluim; slijm*

desgarrón m *grote scheur; flard*

desgastar OV WW *opgebruiken; afdragen; verslijten*

desgastarse WKD WW *aan kracht inboeten; slijten*

desgaste m • *verbruik* • *corrosie; slijtage* • *afmatting* ★ guerra de ~ *slijtageslag* ★ resistente al ~ *slijtvast* ★ ~ del metal *metaalmoeheid*

desglosar OV WW • *losscheuren* • *(onder)scheiden*

desglose m • *het wegnemen; verwijdering* • *uitsplitsing* ⟨v. bedrag⟩

desgobernado BNW *ordeloos; wanordelijk*

desgobierno m • *wanbestuur* • *ordeloosheid*

desgrabar OV WW *wissen* ⟨v. opname⟩

desgracia v • *ongeluk; ramp* • *tegenspoed* • *ongenade* ★ ser una ~ *een nietsnut zijn* ★ por ~ *helaas* ★ ~s personales *persoonlijke ongelukken* ★ para colmo de la ~ *tot overmaat van ramp* ★ cayó en ~ del sultán *hij viel in ongenade bij de sultan* ★ está en ~ *hij is niet in de gratie; er rust geen zegen op*

desgraciadamente BIJW *jammer genoeg; ongelukkigerwijs; helaas* ★ ~ no *jammer genoeg niet*

desgraciado I m • *ongelukkige* • *pechvogel* II BNW • *ongelukkig* • *onelegant; onbevallig* ★ ~ en el juego, afortunado en amores *ongelukkig in het spel, gelukkig in de liefde*

desgraciar OV WW *verknoeien; ontsieren*

desgraciarse WKD WW • *mislukken* • *een miskraam hebben*

desgranar OV WW • *doppen; plukken* ⟨v. aar, tros⟩ • *door de vingers laten gaan* ⟨v. rozenkrans⟩

desgrasar OV WW *ontvetten*

desgrase m *ontvetting*

desgravación v *aftrekbaarheid* ★ ~ fiscal *belastingaftrek*

desgravar OV WW • *ontheffen* ⟨v. belasting⟩ • *aftrekken* ⟨v. posten voor belasting⟩ • *verlagen* ⟨v. belasting⟩

desgreñado BNW *met verwarde haren; piekerig*

desgreñar OV WW *in de war maken* ⟨v. haar⟩

desgreñarse WKD WW • *in de war raken* ⟨v. haar⟩ • *elkaar in de haren vliegen*

desguace m *sloop* ★ estar para el ~ *rijp zijn voor de sloop*

desguarnecido BNW • *kaal; zonder versieringen* • *onbeschermd; onverdedigd*

desguarnezca WW (1e/3e p ev subj. t.t.) → **desguarnecer**

desguazar OV WW *slopen*

deshabitado BNW *leegstaand*

deshabitar OV WW • *verlaten* ⟨v. woning⟩ • *ontvolken*

deshabituación v *(het) afkicken* ★ cura de ~ *ontwenningskuur*

deshabituar /ú/ OV WW *doen afwennen*

deshacer OV WW • *ongedaan maken; losmaken* ⟨v. knoop⟩; *lostornen* ⟨v. naad⟩ • *oplossen* ⟨v. vloeistof⟩; *doen smelten* ⟨v. ijs, sneeuw⟩ • *beschadigen; vernielen; stuk maken* • *op de vlucht drijven; verslaan* ⟨v. leger⟩ • *in stukken hakken* • *uitpakken* ⟨koffer⟩ • *afhalen* ⟨bed⟩ • *uithalen* ⟨breiwerk⟩ ★ ~ un agravio *een belediging wreken* ★ ~ un error *een fout verbeteren* ★ ~ embustes *leugens ontmaskeren*

deshacerse WKD WW • *ongeduldig worden; radeloos zijn* • *zich uitsloven* • *verdwijnen* • *zich toetakelen; kapot maken* • *optrekken* ⟨v. mist/nevel⟩ ★ ~ en atenciones *overdreven vriendelijk zijn* ★ ~ las narices *zijn neus stoten* • (~ de) *zich ontdoen van* • (~ en) *zich uitputten in*

deshaga WW (1e/3e p ev subj. t.t.) → **deshacer**

deshará WW (3e p ev tk.t.) → **deshacer**

desharrapado BNW *haveloos; in lompen gehuld*

deshaz WW (geb. wijs, jij-vorm) → **deshacer**

deshebrar OV WW *uitrafelen; lostornen*

deshechizar OV WW *uit de droom helpen; de betovering verbreken*

deshecho I m LA *kortere weg* II BNW • *kapot; ongedaan; onafgemaakt* • *uitgeput; doodop* • *stromend* ⟨v. regen⟩; *zwaar* ⟨v. storm⟩

deshelar /ie/ OV WW *doen ontdooien*

deshelarse /ie/ WKD WW *(ont)dooien*

desherbaje m *het wieden*

desheredado I m *onterfde* II BNW *onterfd; misdeeld*

desheredar OV WW *onterven*

deshidratación v *dehydratie; uitdroging*

deshidratado BNW *uitgedroogd*

deshidratar OV WW *water onttrekken aan; ontwateren*

deshidratarse WKD WW *vocht verliezen*

deshielo m *dooi*

deshilachado BNW *gerafeld; rafelig*

deshilacharse WKD WW *(uit)rafelen*

deshilar OV WW *uitrafelen; uithalen* ⟨v. breiwerk e.d.⟩ ★ a la deshilada *achter elkaar*

deshilvanado BNW • *zonder rijgnaad* • *onsamenhangend*

deshilvanar OV WW *rijgdraden verwijderen uit*

deshilvanarse WKD WW *losgaan* ⟨v. naad⟩

deshinchar OV WW *doen slinken; laten leeglopen*

deshincharse WKD WW • *leeglopen; slinken* ⟨v. zwelling⟩ • *minder hoog van de toren blazen*

deshipotecar OV WW *de hypotheek afbetalen van*

deshizo WW (3e p ev v.t.) → **deshacer**

deshojar OV WW *ontbladeren*

deshojarse WKD WW *zijn blad verliezen*

deshoje m *verlies van bladeren*

deshollinador m *schoorsteenveger*

deshollinar OV WW • *vegen* ⟨v. schoorsteen⟩ • *schoonmaken* ⟨v. muren⟩

deshonestidad v • *oneerbaarheid* • *onfatsoenlijkheid*

deshonesto BNW • *onfatsoenlijk* • *oneerbaar; onzedelijk* ★ abusos ~s JUR. *ontucht* ★ partes deshonestas *schaamdelen*

deshonor m *eerverlies; schande*

deshonorar OV WW • *schande brengen over* • *uit ambt zetten*

deshonra v *smaad; schande* ⋆ tener u.c. a ~ *iets een schande vinden*
deshonrabuenos m/v ⋆ *roddelaar* • *zwarte schaap* ⟨v.d. familie⟩
deshonrar ov ww ⋆ *onteren* • *verkrachten*
deshonroso BNW *schandelijk*
deshora v ⋆ a ~ *op een ongelegen moment*
deshuesar ov ww *ontpitten* ⟨v. vruchten⟩; *uitbenen* ⟨v. vlees⟩
deshumanizar ov ww *ontmenselijken*
deshumedecer ov ww *drogen*
deshumedezca ww 1e/3e p ev subj. t.t.
→ **deshumedecer**
desiderátum m *wens; desideratum*
desidia v *verzuim; slordigheid; nalatigheid*
desidioso I m *leegloper* II BNW *nalatig; slordig; onachtzaam*
desierto I m *woestijn* ⋆ predicar/clamar en el ~ *in de woestijn preken* II BNW • *onbewoond; verlaten* • *zonder deelnemers* ⟨concours⟩; *niet toegekend* ⟨prijs⟩
designación v • *benaming; aanduiding* • *benoeming*
designar ov ww • *noemen; aanduiden* • *benoemen; aanstellen*
designio m *plan; voornemen*
desigual BNW • *verschillend* • *oneffen; hobbelig* • *veranderlijk; wisselend* ⋆ salió ~ *het is mislukt*
desigualdad v • *ongelijkheid* • *verschil; veranderlijkheid* • *oneffenheid* ⋆ ~ *jurídica rechtsongelijkheid* ⋆ ~ *social sociale ongelijkheid*
desilusión v • *desillusie* • *ontgoocheling; teleurstelling*
desilusionante BNW *teleurstellend; ontgoochelend*
desilusionar ov ww *teleurstellen; ontnuchteren*
desilusionarse WKD WW • *een ontgoocheling beleven* • *de illusies laten varen* ⋆ estoy desilusionado *ik ben teleurgesteld*
desinencia v *uitgang* ⟨v. woord⟩
desinfección v *ontsmetting*
desinfectante I m *ontsmettingsmiddel* II BNW *ontsmettend*
desinfectar ov ww *desinfecteren; ontsmetten*
desinflado BNW *geslonken; leeg* ⟨v. band⟩ ⋆ estar ~ *leeggelopen zijn*
desinflar ov ww • *leeg laten lopen* • *aan belang doen verliezen* • *ontmoedigen*
desinflarse WKD WW • *leeglopen* • *afnemen* ⟨v. belang⟩ • *moedeloos worden; ineenschrompelen*
desinformación v • *onwetendheid* • *misleidende informatie*
desinformar ov ww *verkeerd voorlichten*
desinsectación v *insectenverdelging*
desinsectar ov ww *vrijmaken van insecten*
desintegración v *ontbinding; ineenstorting* ⋆ ~ atómica *atoomsplijting* ⋆ ~ nuclear *kernsplijting*
desintegrar ov ww • *doen splijten;* CHEM. *laten afbreken* • *uiteen doen vallen*
desintegrarse WKD WW *de eenheid verliezen; uiteenvallen*
desinterés m • *gebrek aan belangstelling;*

ongeïnteresseerdheid • *belangeloosheid; onzelfzuchtigheid*
desinteresado BNW • *ongeïnteresseerd* • *onbaatzuchtig*
desinteresarse de WKD WW *onverschillig worden voor*
desintoxicación v • *(het) ontdoen van gif; desintoxicatie* • *(het) afkicken* ⋆ proceso de ~ *ontwenningsproces*
desintoxicar OV WW • *ontdoen van gif* • *nuchter maken; doen afkicken*
desistimiento m *het afzien van; het afstand doen van*
desistir OV WW • *opgeven; afzien (van)* • *afstand doen* ⟨v. recht, troon⟩
deslavado BNW • *verbleekt* • *onbeschaamd*
deslavar OV WW • *doen verslappen; doen verzwakken* • *half wassen; slecht wassen*
deslavazado BNW • *incoherent; als los zand; onsamenhangend* • *krachteloos; slap*
desleal I m/v *afvallige* ⋆ se hizo ~ con su amada *hij werd zijn geliefde ontrouw* II BNW *ontrouw; trouweloos* ⋆ competencia ~ *oneerlijke concurrentie*
deslealtad v *ontrouw; verraad*
desleidura v *oplossing; verdunning*
desleimiento m *aanlenging; verdunning*
desleir /í/ OV WW *oplossen*
deslenguado BNW • *brutaal* • *lasterend*
deslenguarse WKD WW *uit de school klappen; brutaal zijn*
desliar /í/ OV WW *losmaken; uitpakken* ⟨pakje⟩
desliarse WKD WW *losraken* ⟨v. knoop⟩
deslices m mv → **desliz**
desligado BNW • *afgezonderd; gescheiden* • *los*
desligadura v → **desligar**
desligar OV WW • *losmaken; losknopen* • *scheiden* • *vrijstellen; ontslaan* ⟨v. plicht⟩ ⋆ ~se *de zich losmaken van; zich ontdoen van*
deslindar OV WW *afbakenen; nauwkeurig bepalen*
deslinde m *afbakening; begrenzing*
desliz m *misstap; blunder; slippertje* ⋆ ~ verbal/ de lengua *verspreking* ⋆ cometer un ~ *uitglijden; een flater begaan* ⋆ tener un ~ *een avontuurtje hebben*
deslizadero m *glibberige plek; glijbaan*
deslizador m • *autoped* • *kleine speedboot* • *waterski* • *surfplank* • *ijszeiler*
deslizamiento m • *het (uit)glijden* • *(aard)verschuiving* • *het sleeën* • *het (water) skiën* • *(het) surfen*
deslizante BNW *glad* ⋆ piso ~! *slipgevaar*
deslizar OV WW • *laten glijden; strijken* • *zich laten ontvallen*
deslizarse WKD WW • *glijden; schuiven* • *wegsluipen* • *verstrijken* ⟨v. tijd⟩ • *een misstap begaan*
deslomar OV WW *afmatten; uitputten* ⋆ ~ a garrotazos *iemand helemaal lam slaan*
deslomarse WKD WW *zich uit de naad werken*
deslucido BNW *onluisterd; dof; kaal*
deslucimiento m • *middelmatigheid* • *ontluistering; schande*
deslucir OV WW • *ontluisteren; ontsieren* • *te schande maken; bezoedelen*

de

deslucirse WKD WW *glans verliezen*
deslumbrador BNW *verblindend*
deslumbramiento m • *verblinding*
• *verbijstering*
deslumbrante BNW *verbluffend*;
oogverblindend; *schitterend*
deslumbrar OV WW • *verblinden* • *imponeren*
deslustrado BNW • *saai*; *dof*; FIG. *zonder glans*
• *mat*; *dof*
deslustrar OV WW • *dof maken* • *te schande
maken*
deslustre m • *matheid*; *dofheid* • *smaad*;
ontluistering
deslustroso BNW • *dof* • *onbehoorlijk*;
onbetamelijk
desluzca WW (1e/3e p ev subj. t.t.) → **deslucir**
desmadejamiento m *slapte*; *zwakte*
desmadejar OV WW *slap maken*; *zwak maken*;
verzwakken
desmadejarse WKD WW *verslappen*; *verzwakt
worden*
desmadrarse WKD WW • *uit z'n dak gaan* • *te
ver gaan*; *over de schreef gaan* • *zich laten
gaan*; *meegesleept worden* ⋆ ~ *por
smoorverliefd worden op*
desmadre m • *rotzooi*; *chaos*; *troep* • *wild feest*;
knalfuif ⋆ *ser el* ~ *uit de hand lopen*
desmallar OV WW *uithalen* ⟨v. breiwerk⟩
desmán m • *exces*; *uitspatting* • *onheil*; *ellende*
• *muskusrat*
desmanchar OV WW *vlekken verwijderen uit/van*
desmandado BNW *ongezeglijk*; *onhandelbaar*
desmandamiento m *ongehoorzaamheid*;
opstandigheid
desmandarse WKD WW • *de kudde verlaten*
• *gewelddadig zijn* • *brutaal zijn* • *rebelleren*;
in opstand komen
desmano BIJW ⋆ *guardar a* ~ *de los niños
buiten bereik van kinderen houden* ⋆ *me cae a*
~ *dat ligt nogal buiten mijn route*
desmanotado BNW *onhandig*; *onbeholpen*
desmantelamiento m • *verkrotting* ⟨v. huis⟩;
afbraak; *ontmanteling* • *aftakeling* ⟨schip⟩
desmantelar OV WW • *afbreken*; *slopen* ⟨v.
vesting⟩ • *ontruimen*; *ontmantelen* • SCHEEPV.
aftakelen
desmaña v *onhandigheid*
desmañado I m *onhandig iemand*; *stoethaspel*
II BNW *onhandig*; *klungelig*
desmaquillador m *remover* ⟨v. make-up⟩
desmaquillar OV WW *verwijderen* ⟨v. make-up⟩
desmarcar OV WW *het merk verwijderen van*
desmarcarse WKD WW • SPORT *een voorsprong
nemen* • *afstand nemen van*
desmayado BNW • *krachteloos*; *slap*
• *bewusteloos* • *flets* ⟨v. kleur⟩ ⋆ *caer* ~
flauwvallen
desmayar ON WW *versagen*; *verslappen*;
ontmoedigd raken
desmayarse WKD WW *flauwvallen*
desmayo m • *treurwilg* • MED. *flauwte*
• *slapheid*; *krachteloosheid*
desmedido BNW *bovenmatig*; *overdreven*
desmedrado BNW *mager*; *iel* ⋆ *un niño* ~ *een
fragiel kindje*
desmedrar ON WW *achteruitgaan*; *verzwakken*;

verkommeren
desmedro m • *verval*; *achteruitgang*;
verzwakking • *schade*; *nadeel*
desmejora v • *bederf* • *verval*
desmejoramiento m *achteruitgang*; *verval*;
verzwakking
desmejorar I OV WW *ontluisteren*; *bederven*
II ON WW *achteruit gaan*; *er slechter gaan
uitzien*
desmejorarse WKD WW *achteruitgaan*;
verkommeren; *wegkwijnen*
desmelenado BNW • *slordig*; *onverzorgd*
• *verward*; *buiten zichzelf*
desmelenar OV WW *in de war brengen* ⟨v. haar⟩
desmembración v • *verbrokkeling*
• *verscheuring*; *het aan stukken snijden*
desmembrar /ie, i/ OV WW • *aan stukken snijden*;
verscheuren • *verdelen*; *verbrokkelen*
desmemoria v *vergeetachtigheid*
desmemoriado BNW *vergeetachtig*
desmemoriarse WKD WW *dingen vergeten*;
vergeetachtig worden
desmentida v • *weerlegging*; *ontkenning*
desmentido m *ontkenning*; *weerlegging*
desmentir /ie, i/ OV WW • *ontkennen*;
tegenspreken • *verbergen*; *verdoezelen* • *in
tegenspraak zijn met*; *niet waardig zijn* ⋆ ~ *al
calumniador de lasteraar logenstraffen* ⋆ *su
conducta desmiente de su origen zijn gedrag
is in tegenspraak met zijn afkomst*
desmentirse /ie, i/ WKD WW • *zichzelf
tegenspreken* • *zijn woorden terugnemen*
desmenuzable BNW *bros*; *kruimelig*; *brokkelig*
desmenuzamiento m • *verbrokkeling*;
verpulvering • *grondige analyse*
desmenuzar OV WW • *verpulveren*;
verkruimelen • *uitpluizen*; *haarfijn
onderzoeken*
desmerecedor BNW *onwaardig*
desmerecer I OV WW *niet verdienen*; *onwaardig
zijn* ⋆ *su actividad literaria no desmerece de
su labor política zijn literaire werk doet niet
onder voor zijn politieke activiteit* II ON WW
• *minder zijn* • *aan waarde verliezen*
desmerezca WW (1e/3e p ev subj. t.t.)
→ **desmerecer**
desmesura v • *buitensporigheid* • *onmatigheid*
desmesurado BNW • *buitensporig*; *mateloos*
• *onbeleefd*; *brutaal*
desmesurarse WKD WW *zich te buiten gaan*; *zijn
zelfbeheersing verliezen*
desmigajar OV WW *verpulveren*; *kruimels
maken van*; *verkruimelen*
desmilitarización v *demilitarisatie*
desmilitarizar OV WW *demilitariseren*
desmineralización v *gebrek aan mineralen*
desmirriado BNW *miezerig*; *mager*
desmitificar OV WW *ontmythologiseren*
desmochar OV WW • *afknotten*; *aftoppen*
• *inkorten* • LIT. *vluchtig behandelen* ⟨v.
onderwerp⟩
desmoche m • *slagveld*; *slachting* ⟨bij examen⟩
• *afknotting*
desmonetizar OV WW *zijn waarde ontnemen*;
devalueren
desmontable I m *bandenlichter* II BNW

demonteerbaar; uitneembaar
desmontaje m *het demonteren*
desmontar I OV WW • *uit het zadel werpen* • *uit elkaar halen; demonteren* • *rooien; kappen* • *afbreken; slopen* • *grendelen* ⟨v. geweer⟩ • MIL. *elimineren; uitschakelen* **II** ON WW *afstijgen; afstappen*
desmonte m • *afbraak; sloop* • *ontbossing* • *puin* • *afgraving; nivellering* • *~s afgegraven terrein* ★ *~ total kaalslag*
desmoralización v • *demoralisatie; ontmoediging* • *zedenbederf*
desmoralizador BNW • *verloederend* • *ontmoedigend; demoraliserend* ★ *ser ~ ontmoedigend werken; een ontmoedigende werking hebben*
desmoralizar OV WW • *demoraliseren; ontmoedigen* • *zedeloos maken; verloederen*
desmoronadizo BNW *brokkelig; bouwvallig*
desmoronamiento m *verbrokkeling; verval; instorting*
desmoronar OV WW • *uithollen*; FIG. *ondergraven* • *doen instorten; doen afbrokkelen*
desmoronarse WKD WW *instorten*; OOK FIG. *afbrokkelen*
desmotar OV WW *verwijderen* ⟨v. pluisjes e.d.⟩; *noppen*
desmovilización v *demobilisatie*
desmovilizar OV WW *demobiliseren*
desmultiplicar OV WW *vertragen; terugschakelen*
desnacionalización v • *denaturalisering* • *privatisering*
desnacionalizar OV WW • *privatiseren* • *denationaliseren; beroven* ⟨v. staatsburgerschap⟩
desnarigado BNW *zonder neus; met kleine stompe neus*
desnatadora v *melkafromer*
desnatar OV WW *afromen* ⟨ook fig.⟩ ★ *leche desnatada magere melk* ★ *leche sin ~ volle melk*
desnaturalización v • *denaturalisatie; verlies van staatsburgerschap* • CHEM. *(het) denatureren* • *ontaarding; verminking* ⟨v. eigen karakter⟩
desnaturalizado BNW • *onnatuurlijk; ontaard* • CHEM. *gedenatureerd*
desnaturalizar OV WW • *denaturaliseren* • *verbannen* • *doen ontaarden* • *verminken*
desnaturalizarse WKD WW *verbannen worden*
desnivel m • *niveauverschil; hobbel* • *ongelijkheid* • *greppel* ⟨naast weg⟩
desnivelado BNW • *slecht afgesteld; ongelijk; onevenwichtig* • *oneffen; ongelijk*
desnivelar OV WW • FIG. *uit zijn evenwicht brengen* • *ongelijk maken, denivelleren*
desnivelarse WKD WW • FIG. *uit zijn evenwicht gebracht worden* • *ongelijk worden* ⟨v. niveau⟩
desnucar OV WW *nekken; de nek breken van*
desnuclearizar OV WW *kernwapenvrij maken*
desnudar OV WW • *ontbloten; uitkleden* • *uit de schede halen* ⟨v. zwaard⟩
desnudarse WKD WW • *zich ontkleden* • (*~ de*) *zich ontdoen van; wegnemen*
desnudez v *naaktheid*

desnudismo m *naturisme; nudisme*
desnudista m/v *nudist*
desnudo I m KUNST *naakt* ★ *al ~ open en bloot* **II** BNW • *naakt; bloot* • *kaal; ongemeubileerd; bladerloos* • *berooid; blut* • *openlijk; duidelijk* ★ *~ de ontbloot van*
desnutrición v *ondervoeding*
desnutrido BNW *ondervoed*
desnutrirse WKD WW *ondervoed raken*
desobedecer OV+ON WW • *ongehoorzaam zijn* • *zondigen tegen* ⟨de wet⟩
desobedezca WW 1e/3e p ev subj. t.t. → **desobedecer**
desobediencia v *ongehoorzaamheid* ★ *~ civil burgerlijke ongehoorzaamheid*
desobediente BNW *ongehoorzaam*
desobligar OV WW *van verplichting ontheffen*
desobstrucción v *(het) wegnemen van obstakels*
desobstruir OV WW • *ontstoppen* • *vrijmaken*
desobstruya WW (1e/3e p ev subj. t.t.) → **desobstruir**
desocupación v • *ontruiming* • *het leegmaken; het vrijmaken* ⟨v. inhoud⟩ • *(het) niets doen* • VOORAL LA *werkloosheid*
desocupado BNW • *vrij; leeg* • VOORAL LA *werkeloos* • *zonder bezigheden*
desocupar OV WW • *ontruimen* • *leegmaken* • ZA *bevallen; een kind ter wereld brengen*
desocuparse WKD WW *vrij zijn* ⟨v. bezigheden⟩
desodorante I m *deodorant* ★ *~ de barra deodorant-stick* **II** BNW *stankverdrijvend*
desodorizar OV WW *de reuk verdrijven van*
desoiga WW (1e/3e p ev subj. t.t.) → **desoír**
desoír OV WW *negeren; in de wind slaan*
desojarse WKD WW *turen; zijn ogen bederven* ★ *se desoja la aguja het oog van de naald breekt af*
desolación v • *verwoesting; verlatenheid* • *bedroefdheid*
desolado BNW • *verwoest; eenzaam* • *verslagen; diep bedroefd*
desolador BNW • *alles verwoestend* • *bedroevend; treurig*
desolar /ue/ OV WW • *verwoesten* • *bedroefd maken*
desolarse /ue/ WKD WW *diep bedroefd zijn*
desolladero m *slachthuis*
desollado BNW • *gevild* • *onbeschaamd*
desollador m • *iemand die vilt* • *woekeraar*
desolladura v *het villen*
desollar /ue/ OV WW • *villen* • *ontvellen; het vel over de oren halen; plukken* • *bekritiseren; afkraken* ★ *~ vivo a u.p. iemand een poot uitdraaien; iemand uitkleden*; FIG. *iemand afkraken*
desollarse /ue/ WKD WW *zich ontvellen; een schram oplopen*
desorbitado BNW • *extreem; overdreven* • *uitpuilend* ⟨v. ogen⟩
desorbitar OV WW *uit zijn verband rukken; aandikken; overdrijven*
desorbitarse WKD WW *uitpuilen* ⟨v. ogen⟩
desorden m *wanorde* ★ *en ~ rommelig; slordig*
desordenado BNW *wanordelijk; ongeregeld; rommelig*
desordenar OV WW *in de war maken*

de

de

desordenarse WKD WW • *overhoop liggen*; *in de war raken* • *te ver gaan*; *uit de band springen*

desórdenes m mv • *ongeregeldheden*; *onrust* • *uitspattingen*; *excessen* ★ ~ *callejeros straatrellen, opstootjes* ★ ~ *públicos verstoring(en) van de openbare orde*

desorejado BNW • *zonder oren* • *verachtelijk*; *smerig*

desorganización v • *desorganisatie* • *ontwrichting*; *ontbinding*

desorganizar OV WW *ontwrichten*

desorientar OV WW • *van de wijs brengen*; *in de war brengen* • *op het verkeerde spoor zetten*; *doen verdwalen*

desovar ON WW *kuit schieten*

desove m *het kuit schieten*

desovillar OV WW • *afwinden* ⟨v. kluwen⟩ • *ontwarren* ⟨v. probleem⟩

desovillarse WKD WW *opgehelderd zijn*

desoxidación v • CHEM. *desoxidatie* • *het roestvrij maken*

desoxidar OV WW • *desoxideren* • *roestvrij maken*

despabiladeras v mv *kaarsensnuiter*

despabilado BNW • (~ [+ estar]) *klaarwakker* • (~ [+ ser]) *slim*; *bijdehand*

despabilar I OV WW • *snuiten* ⟨kaars⟩ • *vlot afhandelen* • *afhandig maken*; *gappen* • *om zeep brengen* II ON WW • *opschieten*; *voortmaken* • OOK FIG. *wakker worden*; *zijn hersens gebruiken*

despabilarse WKD WW • *wakker worden* • *het door krijgen*

despachaderas v mv • *lef*; *brutaliteit* • *vlotheid*; *handigheid* • *bitsheid*

despachado BNW • *klaar*; *afgewerkt* • *brutaal* ★ *estar* ~ *niets om handen hebben*

despachar OV WW • *(vlug) afhandelen*; *beëindigen* • *afwerken*; *afwikkelen* • *verzenden*; *versturen* ⟨v. goederen⟩ • *bedienen*; *helpen* ⟨v. klant⟩ • *verkopen* • *eruit gooien*; *ontslaan* • *van kant maken*; *koud maken* ★ *el rey despachó con los ministros de koning deed de zaak met de ministers af*

despacharse WKD WW • *afgehandeld worden* • *geen blad voor de mond nemen* • (~ de) *zich ontdoen van*; *zich onttrekken aan*

despacho m • *vlugge afhandeling*; *afwikkeling* • *verkoop* • *werkruimte*; *kantoor* • *kantoormeubilair* • *verkooplokaal* • *officiële mededeling*; *dienstbericht* • *telefonisch/ telegrafisch bericht* ★ ~ *de paquetes pakketpost* ★ ~ *de billetes kaartverkoop* ★ *tener buen* ~ *handig zijn* ⟨v. persoon⟩; *veel verkocht worden* ⟨v. artikel⟩ ★ *sin* ~ *weinig gevraagd* ⟨v. artikelen⟩ ★ *mesa de* ~ *bureau*

despachurrar OV WW • *fijndrukken*; *platslaan* • *overbluffen*

despacio BNW • *langzaam*; *rustig* • ZA *zachtjes*; *fluisterend* ★ *lo va tomando* ~ *hij doet het rustig aan*

despacioso BNW *traag*; *sloom*

despacito BIJW *kalmpjes aan*

despampanante BNW *oogverblindend*; *opzienbarend*

despampanar I OV WW • *snoeien* • *versteld doen*

staan II ON WW INF. *zijn hart uitstorten*

despanzurrar OV WW *de buik openrijten van*; *doen barsten*

despapucho m PERU *onzin*; *dwaasheid*

desparejado BNW *geen paar vormend*; *verschillend*

desparejo BNW *uiteenlopend*; *ongelijk*

desparpajado BNW *ongedwongen*

desparpajar I OV WW *door elkaar gooien* II ON WW *kletsen*; *kwebbelen*

desparpajarse WKD WW *(klaar)wakker worden*

desparpajo m • *brutaliteit* • *handigheid*; *flair* • *vrijmoedigheid* • INF. CA *rommel*; INF. *warboel* ★ *con* ~ *ongegeneerd*

desparramado BNW • *wijd*; *uitgestrekt* • *verstrooid*; *verspreid*

desparramar OV WW • *verbreiden*; *verspreiden* • *doordraaien* ⟨v. geld⟩; *verkwisten*

desparramarse WKD WW • *zich verspreiden* • *uit zijn bol gaan*; *dolle pret hebben*

desparramo m • LA *(ver)spreiding*; *verbreiding* • ZA *wanorde*; *bende*

despatarrado BNW • *met wijd gespreide benen* • *versteld*; *sprakeloos*

despatarrar OV WW *wijd spreiden* ⟨v. benen⟩

despavorido BNW *hevig ontsteld*; *vol afgrijzen*

despearse WKD WW *kreupel worden*

despechar OV WW • *verbitteren* • *van de borst afnemen*; *spenen*

despecharse WKD WW *verbitterd raken*; *zich kwaad maken* ★ ~ *contra alg. zich kwaad maken op iemand* ★ ~ *contra algo zich kwaad maken over iets*

despecho m *wrok*; *verbittering* ★ *a* ~ *de ondanks*; *in weerwil van*

despechugado BNW *met open hals*; *gedecolleteerd*

despectivo BNW • *minachtend* • TAALK. *pejoratief*

despedazamiento m • *het verscheuren* • *het in stukken snijden*

despedazar OV WW • *verscheuren* • *groot verdriet doen*

despedida v • *afscheid*; *afscheidsfeest* • *ontslag* ★ *plazo de* ~ *opzegtermijn*

despedir /i/ OV WW • *uitlaten*; *uitzwaaien* • *ontslaan* • *wegwerpen*; *eruit gooien* • *van zich afzetten*; *wegsturen* • *afgeven* ⟨v. geur, warmte⟩; *verspreiden* ★ *sus ojos despidieron fuego zijn ogen schoten vuur* ★ ~ *el espíritu de geest geven* ★ *el caballo despidió al jinete het paard wierp de ruiter af* ★ ~ *a u.p. con cajas destempladas iemand de bons geven*

despedirse WKD WW • *afscheid nemen* • *zijn ontslag vragen* ★ ~ *a la francesa met de noorderzon vertrekken*

despegado BNW • *los(gemaakt)* • *onvriendelijk*; *onverschillig*

despegar I OV WW *losmaken*; *losweken* ★ *no* ~ *los labios geen mond opendoen*; *geen boe of ba zeggen* II ON WW *opstijgen* ⟨v. vliegtuig⟩

despegarse WKD WW • *losgaan* • *afstand nemen van*; *vervreemden van* ★ ~ *del mundo aan de wereld verzaken* ★ *el mendigo no se despega nunca de este sitio de bedelaar staat altijd op die plaats*

despego m *onverschilligheid*
despegue m • *het opstijgen* • *lancering* ⟨v. raket⟩ • *opleving* ⟨v. economie⟩ ★ *pista de ~ startbaan*
despeinado BNW *ongekamd; met verward haar* ★ *estaba ~ zijn haar zat in de war*
despeinar OV WW *in de war maken* ⟨v. haar⟩
despejado BNW • *wakker; helder* • *onbewolkt* • *ruim; open; wijd* • *bijdehand* ★ *ser ~ snel van begrip zijn* ★ *conservar la mente despejada het hoofd koel houden*
despejar OV WW • *leegmaken; ontruimen* • *ophelderen* • *opfrissen; wakker maken* • SPORT *van het doel afspelen* ★ *~ la cabeza zich ontspannen* ★ *~ dudas twijfels wegnemen* ★ *~ el terreno ruim baan maken* ★ *~ la mente de zinnen verzetten*
despejarse WKD WW *opgehelderd worden; opklaren*
despeje m → **despejo**
despejo m • *ontruiming* • *ongedwongenheid; vlotheid* • *helder verstand*
despellejar OV WW • *villen; uitkleden; plunderen*
despelotado BNW • VULG. *in zijn nakie* • *wanordelijk; rommelig*
despenalizar OV WW JUR. *niet langer strafbaar stellen*
despenar OV WW • *om zeep brengen;* INF. *koud maken* • *uit zijn lijden verlossen*
despendedor BNW *verkwistend*
despensa v • *provisiekast* • *mondvoorraad*
despensero m *proviandmeester; hofmeester*
despeñadero m • *afgrond* • *gevaar; risico*
despeñadizo BNW *steil*
despeñar OV WW *in de afgrond werpen; naar beneden gooien*
despeñarse WKD WW *naar beneden vallen* ★ *~ al/en el mar in zee storten*
despeño m • *snelle val* • *buikloop*
despepitar OV WW *ontpitten*
despepitarse WKD WW • *heftig praten* • (*~ por*) *gek zijn op; dol zijn op* ★ *se despepita por ze is dol op*
desperdiciador I m *geldverspiller; verkwister* **II** BNW ★ *ser muy ~ een gat in zijn hand hebben*
desperdiciar OV WW • *verspillen* • *slecht gebruiken; verknoeien*
desperdicio m *verspilling* ★ *no tener ~ de moeite waard zijn;* FIG. *niet te versmaden zijn* ★ *~ de tiempo tijdverspilling*
desperdicios m mv *afval; restanten* ★ *~ de cocina keukenafval* ★ *~ radiactivos radioactief afval*
desperdigar OV WW *verspreiden; verstrooien*
desperezarse WKD WW *zich uitrekken*
desperezo m *het zich uitrekken*
desperfecto m • *kleine beschadiging; onvolkomenheid* • *arreglarse los ~s del traje het kostuum in orde brengen* ★ *sin ~s intact*
despernada BNW *moe van het lopen*
despersonalizar OV WW *het eigen karakter ontnemen van; depersonaliseren*
despertador m *wekker* ★ *~ de viaje reiswekker*
despertar /ie/ OV WW • *wakker maken; wekken*

• *oproepen* ⟨v. herinneringen⟩
• *teweegbrengen; opwekken*
despertarse /ie/ WKD WW *wakker worden* ★ *~ de uit een droom geholpen worden*
despiadado BNW • *meedogenloos* • *scherp; hard* ⟨kritiek⟩
despichar I OV WW • *lek prikken* • DIAL. *afplukken* ⟨v. druiven⟩ **II** ON WW *het hoekje omgaan*
despido m • *ontslag; opzegging* • *schadeloosstelling* ⟨bij ontslag⟩ ★ *~ forzoso gedwongen ontslag* ★ *cobrar un buen ~ een gouden handdruk krijgen*
despierto BNW ★ *tiene un carácter ~ zij is vlug van begrip* ★ *ser ~ bijdehand zijn* ★ *estar ~ wakker zijn*
despilfarrado BNW • *verkwistend* • *haveloos; armzalig*
despilfarrador I m *verkwister* **II** BNW *verspillend*
despilfarrar OV WW *verspillen; verkwisten*
despilfarro m *verkwisting; verspilling* ★ *hacer un ~ geld over de balk gooien*
despintar I OV WW • *verveloos maken; doen verbleken* • *verdraaien* ⟨werkelijkheid⟩; *verdoezelen* • CHI *afwenden* ⟨v. ogen⟩ **II** ON WW (de) ⟨zijn afkomst⟩ *verloochenen; volstrekt anders worden*
despintarse WKD WW • *verveloos worden* • *vervagen* ⟨v. kleur, herinnering⟩
despiojar OV WW • *ontluizen* • *uit de misère halen* • *van de straat oprapen*
despiporren m ★ *el ~* INF. *het toppunt; een (enorme) toestand; het (bittere) einde* ★ *¡el ~! (god) allemachtig!; niet normaal!; gigantisch!*
despique m *wraak*
despistado BNW • *uit zijn gewone doen* • *onzeker; in de war* • *afwezig; verstrooid* ★ *estar ~ uit zijn gewone doen zijn* ★ *ser ~ een verstrooide professor zijn*
despistar OV WW *misleiden; op een dwaalspoor brengen*
despiste m • *plotselinge verandering van richting* • *onoplettendheid; verstrooidheid*
desplacer I m *verdriet; misnoegen* **II** OV WW *mishagen*
desplantador m *troffel*
desplantar OV WW • *verplanten* • *het evenwicht doen verliezen*
desplante m *brutaal antwoord*
desplazado BNW *niet op zijn plaats; ontheemd* ★ *sentirse/encontrarse ~ zich niet op zijn gemak/plaats voelen*
desplazamiento m • SCHEEPV. *(water)verplaatsing* • *verplaatsing; reis* • COMP. *het scrollen* ★ *~ hacia arriba/abajo omhoog/omlaag scrollen*
desplazar OV WW • *verplaatsen; wegschuiven* • *de plaats innemen van; verdringen* • COMP. *scrollen*
desplazarse WKD WW *zich verplaatsen; reizen* ★ *personas desplazadas ontheemden*
desplazca WW (1e/3e p ev subj. t.t.) → **desplacer**
desplegable m *brochure; vouwblad; folder*
desplegar /ie/ OV WW • *ontplooien; aan de dag leggen* • *openvouwen; uitspreiden; openslaan*

de

de

• MIL. *verspreid opstellen* • COMP. *tonen*; *visueel weergeven* ★ desplegaba gran actividad *hij legde een grote werkzaamheid aan de dag* ★ ~ las alas *de vleugels uitslaan*

despliegue m • *tentoonspreiding* • MIL. *verspreide opstelling* ★ ~ de fuerzas *machtsvertoon* ★ ~ de riquezas *uiterlijk vertoon*; *praal*

desplomarse WKD WW • *ineenstorten* • *in elkaar zakken* 〈bij flauwte, dood〉 • *verloren gaan*; *verdwijnen*

desplome m • *instorting* • *het afnemen*

desplugo ww (3e p ev v.t.) → **desplacer**

desplumar OV WW • *de veren uittrekken*; *plukken* • *kaalplukken*; *uitkleden*

despoblación v *ontvolking* ★ ~ rural *trek van platteland naar stad* ★ ~ forestal *ontbossing*

despoblado I m *onbewoonde plek*; *verlaten gebied* II BNW • *onbewoond*; *ontvolkt* • *kaal*; *onbegroeid* ★ quedar ~ *leeglopen* 〈v. dorp〉

despoblar /ue/ OV WW • *ontvolken* • *kaal/leeg maken* • despojar de árboles *ontbossen*

despojar OV WW • *beroven* • *weghalen*; *ontdoen van*

despojarse WKD WW • *afstand doen (van)* • *zich ontdoen van*; *uitdoen*

despojo m • *beroving* • *buit* • *prooi*; *slachtoffer*

despojos m mv • *afval*; *ingewanden* • *resten*; *kliekjes* • *stoffelijk overschot* • *puin*

despolitizar OV WW • *uit de politieke sfeer halen*; *van zijn politieke lading ontdoen* • *(mensen) afkerig maken van politiek*

despolvorear OV WW • *afnemen*; *afstoffen* • *zich ontdoen van* • CHI, COL *bestrooien*; *bestuiven*

despopularizar OV WW *impopulair maken*

despopularizarse WKD WW *zijn populariteit verliezen*; *impopulair worden*

desportilladura v *stukje*; *scherf*

desportillar OV WW *aan de rand beschadigen*

desposado BNW *pasgetrouwd* ★ los ~s *het bruidspaar* • se ha ~ *hij heeft zich verloofd* ★ ivivan los ~s! *leve de bruid en de bruidegom!*

desposar OV WW *trouwen*; *in de echt verbinden*

desposeer OV WW • *afnemen*; *onteigenen* • *beroven*

desposeerse WKD WW *afstand doen (van)*

desposeído BNW *arm*; *zonder bezittingen*

desposeimiento m *onteigening*

desposorios m mv *bruiloft*; *huwelijk*

déspota m/v *despoot*; *dwingeland*

despótico BNW *despotisch*

despotismo m *despotisme*; *dwingelandij* ★ ~ ilustrado *verlicht despotisme*

despotricar ON WW *van leer trekken*; *te keer gaan*

despreciable BNW • *verachtelijk* • *verwaarloosbaar*; *onbelangrijk* ★ un factor no ~ *een niet te verwaarlozen factor* ★ un importe nada ~ *een niet onaanzienlijk bedrag*

despreciar OV WW • *verachten* • *versmaden*; *in de wind slaan*

despreciativo BNW *minachtend*; *laatdunkend* ★ en tono ~ *schamper*

desprecio m *minachting*

desprender OV WW *losmaken*; *losweken*

desprenderse WKD WW • *zich losrukken*; *zich ontdoen* • *blijken*; *volgen* ★ de lo dicho se desprende *uit het gezegde blijkt*

desprendido BNW • *los(geraakt)* • *vrijgevig*; *onbaatzuchtig*

desprendimiento m • *het loslaten*; *(aard)verschuiving* • *gulheid*; *vrijgevigheid* ★ ~ de tierras *aardverschuiving*

despreocupación v • *onbezorgdheid*; *slordigheid* • *onverschilligheid* 〈m.b.t. publieke opinie〉 • *desinteresse* 〈m.b.t. godsdienst, politiek〉

despreocupado BNW • *zorgeloos* • *lichtzinnig* 〈v. vrouw〉 • *onverschillig* 〈v. publieke opinie〉 • *lauw* 〈m.b.t. godsdienst, politiek〉

despreocuparse WKD WW *afstand nemen*; *zich geen zorgen maken*

desprestigiar OV WW *van zijn aanzien beroven*; *in opspraak brengen*

desprestigio m *prestigeverlies*

desprevención v *gebrek aan voorzorgen*

desprevenido BNW *onvoorbereid* ★ coger a uno ~ *iemand overrompelen*

desproporción v *wanverhouding*; *onevenredigheid*

desproporcionado BNW *onevenredig* ★ estar ~ *niet in verhouding staan*

despropósito m *smakeloze opmerking*; *ongerijmdheid* ★ decir ~s *onzin uitkramen*

desproveer OV WW *ontnemen*; *beroven*

desprovisto BNW *ontbloot*; *verstoken* ★ no ~ de gracia *niet onbevallig*

después I BIJW • *later*; *naderhand*; *straks* • *daarna*; *vervolgens* ★ vendré ~ *ik kom later* II VZ *na* ★ ~ de todo *alles welbeschouwd* ★ ~ de la Pascua *na Pasen* III VW *nadat*; *sinds*

despuesito BIJW INF. *zometeen*; *dadelijk*

despuntar I OV WW *stomp maken* II ON WW • PLANTK. *uitbotten* • *aanbreken* 〈v. dag〉 • *uitblinken* • *uitmunten* ★ los capullos despuntan *de knoppen lopen uit* ★ despunta por su ingenio *zij blinkt uit door haar schranderheid* ★ al ~ el día *bij het krieken van de dag*

desquiciamiento m *ontwrichting*

desquiciar OV WW • *uit zijn voegen rukken*; *uit de hengsels lichten* • *ontwrichten*; *ontregelen* • *zijn kalmte doen verliezen*; *overstuur maken*

desquicio m GUA *puinhoop*; *chaos*

desquitar OV WW • INF. *korting geven* • *schadeloosstellen*; *vergoeden* ★ ~ los estropicios *de schade vergoeden*

desquitarse WKD WW *zich schadeloos stellen*; *zich wreken* ★ ~ de una pérdida *zich schadeloos stellen voor een verlies*

desquite m • *vergoeding* • *wraak* ★ tomarse el ~ *wraak nemen*; *revancheren* ★ encuentro de ~ *revanche*

desratización v *(het) van ratten en muizen vrijmaken*

desratizar OV WW *van ratten en muizen vrijmaken*

desrazonable BNW *onredelijk*

desriñonar OV WW *lam slaan*

destacado BNW • *gedetacheerd* 〈v. troepen〉 • *vooraanstaand*; *hooggeplaatst* • *opvallend*

destacamento m *detachement*

destacar OV WW • MIL. *detacheren; inzetten* ⟨v.
afdeling⟩ • *benadrukken; doen opvallen;
onderstrepen*
destacarse WKD WW • *zich onderscheiden;
opvallen* • MIL. *detacheren*
destajar OV WW *couperen* ⟨v. speelkaarten⟩
destajista m/v *stukwerker*
destajo m *stukwerk; aangenomen werk* ★ ARG a
~ *op het oog; geschat* ★ trabajar a ~ *werken
als een paard; op stukloon werken*
destapador m LA *flesopener*
destapar OV WW *openmaken; oplichten*
⟨deksel⟩; *ontkurken*
destaparse WKD WW *zijn hart uitstorten*
destape m • *het openen; ontkurking* • *striptease*
• *bevrijding van taboes* ★ el ~ español
liberalisering van de Spaanse samenleving ⟨na
de dood van Franco, 1975⟩
destaponar OV WW *de dop afhalen van*
destartalado BNW • *ordeloos* • *bouwvallig;
vervallen*
destechar OV WW *het dak wegnemen van* ⟨huis⟩
destejer OV WW • *uitrafelen; uithalen* ⟨v.
breiwerk e.d.⟩ • *ongedaan maken* • *verijdelen*
destellar ON WW *fonkelen; glinsteren*
destello m • *schittering; fonkeling* • *sprankje;
vonkje*
destemplado BNW • *ontstemd; vals* • *onwel;
ziekjes* • *bars; kribbig* • *guur* ⟨v. weer⟩
destemplanza v • *lichte koorts; verhoging*
• *kribbige opmerking; barsheid* • *guurheid* ⟨v.
weer⟩
destemplar OV WW *ontstemmen*
destemplarse WKD WW • *overstuur raken;
ontstemd raken* • *onwel worden*
destemple m → **destemplanza**
desteñir /i/ **I** OV WW *doen verbleken; ontkleuren*
II ON WW *afgeven* ⟨v. kleur⟩
desteñirse /i/ WKD WW *verbleken; verschieten*
★ no se destiñe *kleurecht* ⟨op etiket⟩
desternillarse WKD WW *zich dood lachen* ★ ~ de
risa *zich dood lachen; krom liggen van het
lachen*
desterrado BNW *balling*
desterrar /ie/ OV WW • *verbannen* • *verdrijven;
van zich afzetten* ⟨v. gedachten, gevoelens⟩
• *afschaffen* ⟨v. gewoonte⟩ ★ ~ a/de
verbannen naar/uit
destetar OV WW *van de borst nemen; spenen*
destetarse WKD WW *gespeend worden*
destete m *het spenen*
destiempo m • a ~ *ongelegen*
destierro m • *verbanning* • *ballingsoord*
• *afgelegen oord; uithoek* ★ levantar el ~ *de
verbanning opheffen*
destilación v *distillatie*
destiladera v • *distilleerapparaat* • LA *filter*
destilador **I** m *distilleerkolf* **II** BNW *distilleer-*
destilar **I** OV WW • *distilleren* • FIG. *overlopen
van* **II** ON WW *druppelen; sijpelen*
destilatorio m • *distilleerderij* • *distilleerkolf*
destilería v *distilleerderij; branderij*
destinación v • *bestemming* • *(nood)lot*
destinar OV WW • *bestemmen (voor)* • *uitzenden;
aanstellen* ⟨v. persoon⟩ • *toewijzen; toekennen*
⟨v. functie⟩

destinatario m *geadresseerde*
destino m • *(nood)lot* • *bestemming* • *nut;
toepassing* • *betrekking; baan* • *werkplek* ★ con
~ a *met bestemming* ★ las mercancías han
llegado a ~ *de goederen zijn binnengekomen*
destitución v *ontslag; afzetting* ⟨uit ambt⟩
destituido BNW *zonder; ontbloot van*
destituir OV WW *afzetten* ⟨functie⟩; *ontzetten uit*
★ ~ de un cargo *uit een ambt ontzetten*
destituya WW (1e/3e p ev subj. t.t.) → **destituir**
destocarse WKD WW *zijn hoofd ontbloten; zijn
hoed afzetten*
destorcer /ue/ OV WW *rechtbuigen*
destornillado BNW *zot; dwaas*
destornillador m *schroevendraaier* ★ ~ de
estrella *kruiskopschroevendraaier*
destornillar OV WW *losschroeven*
destrabar OV WW *losmaken; van kluisters
ontdoen*
destral m *handbijl*
destrenzar OV WW *ontvlechten* ⟨v. haar⟩
destreza v *handigheid; vaardigheid*
destripacuentos m *iemand die een ander in de
rede valt en op de clou vooruitloopt*
destripador m *moordenaar* ⟨die met mes
slachtoffer doodt⟩; FIG. *slager*
destripar OV WW • *de buik openrijten van* • *de
vulling halen uit* ⟨v. kussen e.d.⟩
• *onderbreken* ⟨v. verhaal⟩; *de clou verraden
van*
destripaterrones m • *dagloner* • *boerenpummel*
destrocar /ue/ OV WW *teruggeven*
destronamiento m *onttroning*
destronar OV WW • *onttronen* • *van
vooraanstaande positie verdringen*
destroncar OV WW • ZA *uittrekken* • *knotten*
destrozar OV WW • *vernielen; verbrijzelen*
• *verwoesten*; FIG. *kapot maken* • *bederven;
beschadigen*
destrozo m *vernieling*, OOK FIG. *verwoesting*
★ hacer/causar ~ *een ravage aanrichten*
destrozón **I** m (v: **destrozona**) *brokkenmaker*
II BNW (v: **destrozona**) *sleets; vernielziek*
destrucción v *vernietiging; vernieling*
destructible BNW *vernietigbaar*
destructivo BNW *verwoestend; vernietigend*
destructor **I** m *torpedojager* ★ ~ de minas
mijnenveger **II** BNW *vernietigend*
destruir OV WW • *vernielen; vernietigen*
• *dwarsbomen* • *in de war sturen* ⟨v. plannen⟩
destruya WW (1e/3e p ev subj. t.t.) → **destruir**
desuellacaras m (**mv onv.**) • *slechte kapper*
• *brutale vent*
desuello m • *het villen; het stropen* • *afzetterij;
oplichterij* • *brutaliteit* ★ ies un ~! *ze halen je
het vel over de oren!*
desuncir OV WW *uitspannen* ⟨v. trekdieren⟩
desunido BNW • *verdeeld* • *uiteengevallen*
★ familia desunida *ontwricht gezin* ★ sembrar
~ *verdeeldheid zaaien*
desunión v • *splitsing; scheiding* • *onenigheid;
tweespalt*
desunir OV WW • *scheiden; verdelen* • *verdelen;
tweedracht zaaien*
desunirse WKD WW • *uiteenvallen; uiteengaan*
• *onenigheid krijgen*

de

desurbanización v *ontstedelijking*
desusado BNW • *ongewoon* • *ouderwets*
desuso m *onbruik* ★ caer en ~ *in onbruik raken*
desvaído BNW • *verschoten*; *bleek*
• *onopvallend*; *nietszeggend*
desvainar OV WW *doppen* ⟨v. peulvruchten⟩
desvalido I m *hulpeloze*; *behoeftige* ★ los ~s *de maatschappelijk misdeelden* II BNW *onbeschermd*; *hulpeloos*
desvalijamiento m *beroving*; *plundering*
desvalijar OV WW *beroven*; *plunderen*
desvalorar OV WW → desvalorizar
desvalorización v *waardevermindering*
desvalorizar OV WW • *de koers verlagen van*; *devalueren* • *de waarde verminderen*
desván m *zolder* ★ ~ gatero/perdido *vliering*
desvanecer OV WW • *verspreiden*; *doen vervagen* • *verdrijven*; *uit het hoofd praten*
desvanecerse WKD WW • *verdwijnen* • *flauwvallen*
desvanecido BNW *bewusteloos*; *flauwgevallen* ★ caer ~ *flauwvallen*
desvanecimiento m • *vervaging*; *oplossing* • *(het) wegsterven* ⟨v. geluid⟩ • *verdwijning* • *flauwte*
desvanezca WW (1e/3e p ev subj. t.t.) → desvanecer
desvariar /í/ ON WW *onzin praten*; *bazelen*
desvarío m • *delirium* • *onzinnig geklets* ★ ~s *wartaal*
desvelado BNW *wakker*
desvelar OV WW • *wakker houden* • *onthullen* ⟨v. geheim⟩
desvelarse WKD WW • *wakker liggen* • (~ por) *zijn best doen om*; *waakzaam zijn*
desvelo m *slapeloosheid*
desvelos m mv • → desvelo • *inspanningen* ★ me ha costado muchos ~ *ik heb er nachten van wakker gelegen*
desvencijado BNW *gammel*; *wankel*
desvencijar OV WW *ontwrichten*; *kapot maken*
desvendar ON WW *het verband verwijderen*; *de blinddoek afnemen*
desventaja v *nadeel* ★ tener ~ *achterstaan*
desventajoso BNW *onvoordelig*; *ongunstig*
desventura v *ongeluk*; *tegenslag*
desventuradamente BIJW *helaas*; *ongelukkigerwijs*
desventurado I m • *ongelukkige* • *gierigaard* II BNW • *ongelukkig* • *gierig*
desvergonzado I m *brutale vlegel* II BNW *brutaal*; *onbeschaamd*
desvergonzarse WKD WW • *brutaal zijn* • *brutaal zijn*
desvergüenza v • *brutaliteit*; *onbeschaamdheid* • *brutaal gedrag*; *schaamteloze opmerking*
desvestir /i/ OV WW *uitkleden*; *ontbloten*
desviación v • *verandering van richting*; *omleiding* • *wegomlegging* • MED. *afwijking*; *scheefgroei*
desviacionismo m • *(het) afwijken van bepaalde principes* • POL. *dissidente opvattingen*
desviacionista m/v • *andersdenkende* • POL. *dissident*
desviado BNW *afgelegen*
desviar /í/ OV WW • *omleiden*; *afleiden*

• *afhouden van*; *afbrengen van* ★ ~ una cuestión *een moeilijkheid omzeilen*
desviarse /í/ WKD WW • *afwijken* • *afdwalen* ★ ~ de las instrucciones *van zijn opdracht afwijken*
desvincular OV WW *ontkoppelen*; *losmaken*
desvío m • *(weg)omlegging* • *onvriendelijkheid* • *zwenking*
desvirgar OV WW *ontmaagden*
desvirtuar /ú/ OV WW *verzwakken*; *ontkrachten*
desvivirse WKD WW • *smachten (naar)*; *dol zijn (op)*; *verkikkerd zijn (op)* • *zich uitsloven (voor)*
deserbar OV WW *wieden*
detallado BNW *gedetailleerd*; *uitvoerig* ★ informes más ~s *nadere inlichtingen*
detallar OV WW *uitvoerig beschrijven*; *specificeren* ★ ~ *pormenores details aangeven*
detalle m • *detail*; *bijzonderheid* • *attentie*; *aardigheid* • *fragment*; *detail* ★ dar ~s *precies aangeven* ★ entrar en ~s *in details treden* ★ para más ~s *dirigirse a la dirección voor nadere inlichtingen moet u zich richten tot de leiding* ★ con todo/gran lujo de ~s *in geuren en kleuren* ★ en sumo ~s *tot in de finesses* ★ no es más que un ~ *dat is maar bijzaak* ★ ¡qué ~! *wat leuk/lief! wat aardig (van je)!*
detallista I m/v • *perfectionist* • *kleinhandelaar* II BNW *perfectionistisch*
detección v *ontdekking*; *detectie*
detectar OV WW *ontdekken*; *detecteren*
detective m/v *detective*; *speurder*
detector m *detector* ★ ~ de ondas *golfverklikker* ★ ~ termoeléctrico *gelijkrichter* ★ ~ de humo *rookmelder* ★ ~ de mentiras *leugendetector* ★ ~ de minas *mijndetector*
detén WW (geb. wijs, jij-vorm) → detener
detención v • *onderbreking*; *oponthoud*; *het stilleggen* • *aanhouding*; *arrestatie* • *aandacht*; *zorgvuldigheid* ★ ~ provisoria *voorlopige hechtenis* ★ proceder a la ~ de u.p. *iemand gevangen nemen* ★ ~ preventiva *preventieve hechtenis* ★ estudiar con ~ *zorgvuldig bestuderen*
detendrá WW (3e p ev tk.t.) → detener
detener /ie/ OV WW • *laten stoppen*; *tegenhouden* • *aanhouden*; *in hechtenis nemen*
detenerse /ie/ WKD WW • *stoppen*; *blijven staan* • *stilstaan bij*; *blijven staan bij* ★ ino te detengas y venir! *blijf niet zo lang weg!* ★ ¡detente! *houd op!*; *stop!*
detenga WW (1e/3e p ev subj. t.t.) → detener
detenido I m *arrestant* II BNW • *stilstaand* • *onder arrest* • *zorgvuldig*; *grondig*
detenimiento m *uitvoerigheid*; *zorgvuldigheid*
detentador m *onrechtmatige bezitter*
detentar OV WW *zich wederrechtelijk toe-eigenen*; *onrechtmatig bezitten*
detergente I m *afwasmiddel*; *wasmiddel* II BNW *reinigend*
deteriorado BNW *kapot*; *beschadigd*
deteriorar OV WW *beschadigen*; *aantasten*
deterioro m • *verslechtering*; *bederf* • *aantasting*; *schade* ★ de fácil ~ *bederfelijk* ⟨v. waar⟩ ★ sufrir ~ *aangetast worden, bederven* ★ no sufrir ~ *niet aan bederf onderhevig zijn* ★ sin ~

de su prestigio *zonder gezichtsverlies*
determinación v • *vaststelling; bepaling*
• *besluit* • *vastberadenheid; beslistheid*
determinado BNW • *bepaald; vastgelegd*
• *vastberaden* ★ bien ~ *scherp omlijnd*
determinante I m WISK. *determinant* **II** BNW
• *beslissend* • *bepalend*
determinar OV WW • *bepalen; vastleggen*
• *leiden tot; veroorzaken* • *(doen) besluiten;*
beslissen ★ esto le determinó a ayudarme *dit*
bewoog hem mij te helpen ★ ~ su posición *zijn*
standpunt bepalen
determinarse WKD WW *besluiten* ★ se
determinó a salir *hij besloot te vertrekken*
determinativo BNW TAALK. *bepalend*
determinismo m *determinisme*
detersión v *reiniging; (het) schoonmaken*
detersivo BNW *zuiverend*
detestable BNW *afschuwelijk; vreselijk*
detestar OV WW *verafschuwen; een hekel*
hebben aan ★ ~ la mentira *de leugen*
verafschuwen
detonación v *knal; ontploffing*
detonador m *slaghoedje; ontstekingsmiddel;*
detonator
detonante I m *explosief* **II** BNW • *explosief* • *uit*
de toon vallend; vloekend 〈v. kleur〉
detonar ON WW *knallen; exploderen*
detracción v *geroddel*
detractar OV WW *roddelen over*
detractor I m *kwaadspreker; roddelaar* **II** BNW
lasterend
detraer OV WW • *scheiden; verwijderen*
• *belasteren; kwaadspreken over*
detrás I BIJW *achter; erachter; achterin* ★ ir ~ de
u.p. *iemand achternazitten* ★ por ~ *van*
achteren **II** VZ *achter*
detrimento m *nadeel; schade* ★ en ~ de la
calidad *ten koste van de kwaliteit*
detrito m (**detritus**) • *verweringspuin* • *afval;*
vuilnis
detuvo WW (3e p ev v.t.) → **detener**
deuda v • *(geld)schuld* • *zonde; schuld*
• *(vrouwelijk) familielid; verwante* ★ ~
consolidada *geconsolideerde schuld* ★ ~
perpetua *ondelgbare schuld* ★ satisfacer una
~ *een schuld vereffenen* ★ ~ exterior
buitenlandse schuld ★ ~ flotante *vlottende*
schuld ★ ~ interior *staatsschuld* ★ ~ pública
staatsschuld ★ ~ tributaria *belastingschuld;*
bedrag van de aanslag ★ lo prometido es ~
belofte maakt schuld
deudo m *(mannelijk) familielid; verwant*
deudor I m *schuldenaar* ★ ser ~ de una suma
een bedrag schuldig zijn ★ me es ~ de ello *hij*
staat daarvoor bij mij in het krijt ★ ~
hipotecario *hypotheekgever* ★ ~ moroso
wanbetaler ★ ser ~ de u.p. *bij iemand in het*
krijt staan **II** BNW ★ saldo ~ *debetsaldo*
devalar ON WW SCHEEPV. *afdrijven*
devaluación v *devaluatie; (geld)ontwaarding*
devaluar /ú/ OV WW *devalueren; in waarde*
doen verminderen
devanadera v *haspel* ★ estar como unas ~s
knettergek zijn
devanado m • *het winden* 〈v. garen〉

• *(elektrische) wikkeling*
devanador m *spoel; klos*
devanar OV WW *spoelen; opwinden* ★ ~se los
sesos *zich het hoofd ergens over breken*
devanear ON WW *onzin verkopen; bazelen*
devaneo m • *onnozel tijdverdrijf* • *flirt;*
avontuurtje ★ ~s amorosos *flirt*
devastación v *verwoesting*
devastador BNW *verwoestend*
devastar OV WW *verwoesten*
devendrá WW (3e p ev tk.t.) → **devenir**
devenga WW (1e/3e p ev subj. t.t.) → **devenir**
devengar OV WW • *recht verkrijgen op*
• *opleveren* 〈winst〉
devengo m *loon*
devenir /ie, i/ **I** m *wording; ontwikkeling* **II** ON
WW • *gebeuren* • *worden*
devino WW (3e p ev v.t.) → **devenir**
devoción v • *devotie; (religieuze) verering*
• *gebed* • *gehechtheid* ★ no es santo de mi ~ *ik*
ben niet bijster op hem gesteld ★ estar a la ~
de *verknocht zijn aan*
devocionario m *gebedenboek*
devolución v *teruggave; terugbetaling*
devolver /ue/ OV WW • *herstellen* 〈in oude
staat〉; *terugleggen* • *teruggeven*
• *beantwoorden* • *overgeven; braken* ★ ~ bien
por mal *goed met kwaad vergelden* ★ ~ un
favor *een gunst beantwoorden* ★ ~ la visita *een
tegenbezoek afleggen* ★ siempre dispuesto a ~
servicios *gaarne tot wederdienst bereid*
★ ¡devuélvase al remitente! *retour afzender*
★ ~ un servicio *een wederdienst bewijzen*
devorador I m *verslinder* **II** BNW *verslindend*
devorar OV WW • OOK FIG. *verslinden* • *opvreten;*
verscheuren • *vernietigen;* FIG. *verteren* ★ ~ a
alg. con los ojos *iemand met de ogen*
verslinden
devoto I m • *vrome* • *volgeling* ★ muy ~ de San
José *een groot vereerder van Sint Jozef* ★ los ~s
de gemeente; de gelovigen **II** BNW • *devoot*
• *toegewijd; gehecht (aan)* ★ imagen devota
heiligenbeeld
dextrógiro BNW *rechtsdraaiend*
dextrórsum BIJW *naar rechts (draaiend)*
dextrosa v *druivensuiker*
deyección v • *stoelgang; ontlasting* • *puin* 〈v.
bergen of vulkaan〉
di WW • (1e p ev v.t.) → **dar** • (geb. wijs, jij-
vorm) → **decir**
día m • *(feest)dag* • *dag* ★ poner al día *up to
date maken* ★ tener días *op hoge leeftijd zijn*
★ todos los días *iedere dag* ★ ~ puente
werkdag tussen twee vrije dagen in ★ ~ hábil
werkdag ★ ~ feriado *dag waarop niet
gewerkt wordt; feestdag* ★ vio abrir/rayar el
día *zij zag het dag worden; hij zag het licht
worden* ★ al otro día *de volgende dag* ★ antes
del día *voor het aanbreken van de dag*
★ buenos días *goede morgen; goedendag*
★ cerrarse el día *donker worden* ★ dar a alg.
el día *iemand last bezorgen* ★ de días *op
leeftijd; bejaard* ★ de un día a otro *van de ene
dag op de andere* ★ día a/por día *dagelijks*
★ en su día *te zijner tijd* ★ hay más días que
longanizas *we hebben alle tijd* ★ todo el santo

di

día *de godganse dag* ★ vivir al día *bij de dag leven* ★ día del campo *een dagje naar buiten* ★ Día de Difuntos *Allerzielen* ★ Día de Reyes *Driekoningen* ★ Día de Todos los Santos *Allerheiligen* ★ día aciago *ongeluksdag* ★ día de entre semana *werkdag* ★ día de huelga *rustdag* ★ día lectivo *schooldag* ★ como el día y la noche *hemelsbreed verschillend*; *als dag en nacht* ★ pan del día *vers brood* ★ un día sí y otro no *om de andere dag* ★ el día le cogió en Madrid *'s morgens kwam hij in Madrid aan* ★ ¿es de día? *is het dag?* ★ a días *af en toe* ★ a los pocos días *enkele dagen later* ★ ¿que día es? *wat voor dag is het?* ★ dar los días a u.p. *iemand gelukwensen met zijn verjaardag* ★ un día y otro *dag in dag uit* ★ otro día *een andere keer* ★ el otro día *onlangs* ★ cada día más *steeds meer* ★ cada ocho días *om de week* ★ cada quince días *om de veertien dagen* ★ en pleno día *op klaarlichte dag* ★ entrado en días *op leeftijd* ★ día de exposición *kijkdag* ★ día laborable *werkdag* ★ el día de hoy *vandaag de dag* ★ día de salida *verlofdag*; ★ el día de su santo *zijn naamdag* ★ día de sol *zonnige dag*
diabetes v *suikerziekte*
diabético I m *suikerpatiënt*; *diabeticus* II BNW *suikerziek*; *diabetisch*
diabla v *duivelin* ★ a la ~ *met de Franse slag*
diablear ON WW *kwajongensstreken uithalen*
diablillo m *bengel*; *kwajongen*
diablo m • *duivel* • *deugniet* ★ ¡pobre ~! *arme drommel!* ★ el ~ se llevó el dinero *het geld is naar de maan* ★ ¡vete al ~! *loop naar de duivel* ★ ya que me lleva el ~, que sea en coche *nu het kwaad geschied is, laat het dan ook maar voordeel opleveren* ★ ~ marino *zeeduivel* ★ ~ predicador *huichelaar* ★ como el ~ *vreselijk*; *te erg* ★ ¡con mil ~s! *wel allemachtig!* ★ ¡al ~ (con)! *naar de duivel (met)!* ★ el ~ anda suelto *het hek is van de dam* ★ así paga el ~ al que le sirve *stank voor dank* ★ ¿cómo ~s lo has hecho? *hoe heb je dat in hemelsnaam gedaan?* ★ dar al ~ a alg. *iemand zeggen dat hij moet opduvelen* ★ darse a todos los ~s *zich groen en geel ergeren* ★ más sabe el ~ por viejo que por ser ~ *het komt op ervaring aan* ★ ¡qué ~s! *wel verduiveld!* ★ el ~ las carga *er schuilt vast iets achter* ★ no es tan feo el ~ como le pintan *schijn bedriegt* ★ dar que hacer al ~ *iets verkeerds doen* ★ volar como un ~ *razend snel vliegen* ★ de todos los ~s *godvergeten* ★ mande al ~ *que als maar niet*
diablura v *kattenkwaad*
diabólico BNW • *duivels*; *slecht*; *pervers* • *ingewikkeld*
diaconato m *diaconaat*
diácono m *diaken*
diacrítico BNW *diakritisch*; *onderscheidend*
diadema v • *kroon* • *diadeem* • *haarband*
diafanidad v *doorschijnendheid*
diáfano BNW • *lichtdoorlatend*; *doorschijnend* • *helder*; OOK FIG. *doorzichtig*
diafragma m • *middenrif* • *diafragma*
diagnosticar OV WW • *diagnosticeren*; *de diagnose stellen van* • *vaststellen* ‹door

diagnose›
diagnóstico I m *diagnose* ★ hacer ~ *diagnosticeren* II BNW *diagnostisch*
diagonal I v • WISK. *diagonaal* • COMP. *slash* II BNW *diagonaal*; *schuin*
diagrama m *diagram*; *schema*
diagramación v *lay-out*; *opmaak*
diagramar OV WW *een lay-out maken van*
dial m • *kiesschijf* ‹v. radio› • *afstemknop*
dialectal BNW *dialectisch*; *dialect-*
dialectalismo m • *het dialect spreken* • *dialectisme*
dialéctica v *dialectiek*
dialéctico BNW *dialectisch*
dialecto m *dialect*; *streektaal*
diálisis v *dialyse*
dialogante I m/v *gesprekspartner* II BNW ★ actitud ~ *bereidheid tot overleg*
dialogar ON WW *een dialoog voeren* ★ novela dialogada *roman in dialoogvorm*
diálogo m *dialoog*; *samenspraak*
diamante m • *diamant* • *ruiten* ‹kaartspel› ★ ~ brillante *briljant* ★ ~ en bruto *ruwe diamant* ★ ~ rosa *van onderen platte diamant* ★ ~ tabla *diamant met tafelfacet* ★ bodas de ~ *diamanten bruiloft*
diamantífero BNW *diamanthoudend*
diamantino BNW • *diamant-*; *diamantachtig* • *standvastig*; *hard*
diamantista m/v *diamantbewerker*
diametral BNW *diametraal* ★ línea ~ *doorsneelijn*
diametralmente BIJW *lijnrecht* ★ ~ opuesto *lijnrecht tegenovergesteld*
diámetro m *doorsnede*; *middellijn*
diana v • *roos*; *midden van schietschijf* • MIL. *reveille* • SPORT *darts* ★ la toque de ~ *het blazen van de reveille* ★ hacer ~ *in de roos schieten*
diapasón m • *stemvork* • *toonaard* • *fret* ‹v. tokkelinstrument› ★ bajar/subir el ~ *de stem laten dalen/verheffen*
diapositiva v *dia*
diariero m/v • ZA *krantenverkoper* • ZA *krantenbezorger*
diario I m • *dagboek*; *journaal* • *dagblad* ★ ~ de operaciones *scheepsjournaal* ★ ~ de navegación *logboek* ★ ~ hablado *nieuws(berichten)* ‹radio› ★ ~ dominical *zondagskrant* ★ ~ matinal *ochtendkrant* ★ ~ vespertino *avondkrant* II BNW *dagelijks* ★ a ~ *iedere dag* ★ uniforme de ~ *dienstkleding*
diarismo m LA *journalistiek*
diarrea v *diarree*; *buikloop*
diáspora v • *diaspora* • *massale uittocht*
diatónico BNW *diatonisch*
diatriba v *felle kritiek*; *smaadschrift*
dibujante m/v *tekenaar* ★ ~ de comics *striptekenaar* ★ ~ de publicidad *reclametekenaar*
dibujar OV WW • *tekenen*; *schetsen*; *beschrijven* ★ en sus labios se dibujó una sonrisa *een glimlach tekende zich af op zijn lippen*
dibujo m • *tekenkunst* • *tekening* • *motiefje*; *dessin* ★ no meterse en ~s *zich er niet mee bemoeien* ★ ~ del natural *tekening naar model*

★ ~ a pulso *tekening uit de hand* **★** ~s
animados *tekenfilm* **★** academia de ~
tekenacademie **★** picar el ~ *raderen*
dicción v • *uitspraak* • *dictie* • *woord*
diccionario m *woordenboek* **★** ~ terminológico
vakwoordenboek
diccionarista m/v *lexicograaf*;
woordenboekenmaker
dicha v • *geluk(zaligheid)* • *geluk*; *gelukkige
omstandigheid* • a/por ~ *gelukkigerwijze* • lo
tengo a ~ *ik beschouw het als een geluk*
dicharachero I m • *moppentapper* • *vuilbek*
II BNW • *grof in de mond* • *makkelijk
sprekend*; *gevat*
dicharacho m • *platte uitdrukking*; *schuine mop*
• *gevatte opmerking*
dicho I m • *spreuk*; *gezegde* • *rake opmerking*;
geestige inval **★** tomarse los ~s *in ondertrouw
gaan*; *trouwbeloften doen* **★** del ~ al hecho
hay mucho trecho *zeggen en doen zijn twee*
II BNW • *gezegd* • *bovengenoemd*
★ propiamente ~ *strikt genomen* **★** mejor ~
liever gezegd • lo ~, ~ *het blijft zoals
afgesproken* **★** ~ y hecho *zo gezegd, zo gedaan*
★ lo que él sufrió, no es para ~ *wat hij heeft
geleden, is onbeschrijfelijk*
dichoso BNW • *gelukkig* • *vervloekt*; *ellendig* • ¡~
regalo! *vervloekt geschenk!* **★** hasta el final
nadie es ~ *je moet niet te vroeg juichen*
diciembre m *december*
dicotomía v *dichotomie*
dictado m • *(het) dicteren* • *dictaat*; *dictee*
★ escribir al ~ *het dictaat opnemen*
dictador m *dictator*
dictados m mv • → **dictado** • *stem* ‹v. hart,
geweten›; *voorschriften*
dictadura v *dictatuur*
dictáfono m *dictafoon*
dictamen m *oordeel*; *mening* **★** dar su ~ sobre
een rapport uitbrengen over **★** emitir un ~
favorable *zich gunstig uitlaten over* **★** tomar ~
de u.p. *iemands raad inwinnen*
dictaminar OV+ON WW *een mening geven*; *een
oordeel vellen*
dictar OV WW • *dicteren* • JUR. *uitvaardigen* ‹v.
wet›; *wijzen* ‹v. vonnis› • *suggereren*; *ingeven*
★ el amor me lo dicta *de liefde gebiedt het mij*
dictatorial BNW • *dictatoriaal* • *eigenmachtig*
dicterio m *belediging*; *sneer*
didáctico BNW *didactisch* **★** poema ~ *leerdicht*
didgeridoo m *didgeridoo*
diecinueve TELW *negentien*
diecinueveavo I m *negentiende deel* **II** TELW
negentiende
dieciochavo I m *achttiende deel* **★** en ~ *katern
van 36 pagina's* ‹in boek› **II** TELW *achttiende*
dieciochesco BNW *achttiende-eeuws*
dieciocho TELW *achttien*
dieciséis TELW *zestien*
dieciseisavo I m *zestiende deel* **II** TELW *zestiende*
diecisiete TELW *zeventien*
diecisieteavo I m *zeventiende deel* **II** TELW
zeventiende
diente m • *tand* • *voortand* • *kartel(rand)*
★ aguzar los ~s *zijn tanden laten zien* **★** se me
alargan los ~s *het water loopt me in de mond*

★ armado hasta los ~s *tot de tanden
bewapend* **★** dar ~ con ~ *klappertanden*
★ hincar el ~ *op iemand mopperen*; FIG. *ergens
zijn tanden in zetten*; *inpikken* **★** rechinar los
~s a alg. *knarsetanden* **★** tener buen ~ *niet
kieskeurig zijn*; *van eten houden* **★** ~ de ajo
teentje knoflook **★** ~ incisivo *snijtand* **★** ~
molar *kies* **★** ~s de embustero *fietsenrek* ‹v.
tanden› **★** ~ postizo *valse tand* **★** echar ~s
tanden krijgen **★** no tener para un ~ *niets te
eten hebben*
diera WW (1e/3e p ev subj. v.t.) → **dar**
diéresis v • *trema* • *diëresis* ‹het scheiden van
een diftong›
diese WW (1e/3e p ev subj. v.t.) → **dar**
diesel m *diesel*
diestra v *rechterhand*
diestro I m *stierenvechter* **II** BNW • *geoefend*;
bekwaam • *rechts*; *rechter-* **★** ~ en *handig/
bedreven in* **★** a ~ y siniestro *in het wilde weg*
dieta v • *dieet* • *presentiegeld* • POL. *rijksdag* **★** ~
absoluta *hongerkuur* **★** poner a ~ *op dieet
stellen*
dietario m *kasboek*; *huishoudboekje*
dietética v *voedingsleer*
dietético I m *diëtist* **II** BNW *dieet-*; *diëtisch*
diez TELW *tien* **★** hacer las diez de últimas *zijn
eigen glazen ingooien* **★** el capítulo diez *het
tiende hoofdstuk* **★** diez veces mayor
tienvoudig
diezmar OV WW *decimeren*; *uitdunnen*
diezmilésimo TELW *tienduizendste*
diezmo m *tiend*
difamación v *laster*; *verdachtmaking*
difamador I m *roddelaar* **II** BNW *lasterlijk*
difamar OV WW *een slechte naam bezorgen*;
belasteren
difamatorio BNW *lasterlijk* **★** libelo ~
smaadschrift
diferencia v • *verschil* • *twist*; *meningsverschil*
★ hay gran ~ entre *er is een groot verschil
tussen* **★** a ~ de *in tegenstelling tot* **★** con poca
~ *ongeveer* **★** hacer ~ *onderscheid maken*
★ pagar la ~ *bijbetalen* **★** de fase
periodeverschil **★** una ~ acusada *een duidelijk
verschil* **★** con gran ~ *verreweg* **★** ~ de
opinones/pareceres verschil van mening
diferenciación v *differentiatie*; *verschil*
diferencial I v *differentiaal* **II** m/v *differentieel*
III BNW *uiteenlopend*; *verschillend*
diferenciar I OV WW • *doen verschillen*
• *onderscheiden* **II** ON WW *van mening
verschillen*
diferenciarse WKD WW *(van elkaar) verschillen*
★ ~ de *zich onderscheiden van*
diferente BNW *anders*; *verschillend*
diferir /ie, i/ **I** OV WW *uitstellen*; *vertragen* **II** ON
WW *verschillen* **★** las opiniones difieren
mucho *de meningen lopen sterk uiteen*
difícil BNW • *moeilijk*; *hachelijk* • *opstandig*;
lastig **★** ~ de realizar *moeilijk uit te voeren*
★ se hizo un silencio ~ *er ontstond een
pijnlijke stilte* **★** lo veo muy ~ *het lijkt me niet
erg waarschijnlijk* **★** se me hace ~ *het valt me
zwaar* **★** resultar ~ *moeilijk vallen/zijn*
★ tenerlo ~ *er een zware dobber aan hebben*

di

dificultad v • *moeilijkheid* • *bezwaar*
• *(geld)probleem* ★ allanar ~es *moeilijkheden uit de weg ruimen* ★ con ~ *met moeite* ★ estar en ~es *in de problemen zitten* ★ poner ~es *problemen maken* ★ poner ~es a u.p. *het iemand lastig maken*

dificultar OV WW *bemoeilijken*; *belemmeren*
dificultoso BNW *moeilijk*; *moeizaam*
difracción v *breking* ⟨v. lichtstralen⟩
difractar OV WW *breken* ⟨v. lichtstralen⟩
difteria v *difterie*
difuminar OV WW *doen vervagen*
difundir OV WW • *verspreiden*; *verbreiden*
• *uitzenden*; *verspreiden* ⟨v. nieuws⟩
difundirse WKD WW *zich verspreiden*; *bekend worden*
difuntear OV WW LA *doden*; *van het leven beroven*
difunto I m *overledene* ★ el Día de los Difuntos *Allerzielen* ★ misa de ~s *dodenmis* II BNW *gestorven*; *wijlen*
difusión v • *verspreiding* • *uitzending* ⟨v. nieuws⟩ ★ hora de ~ *zendtijd*
difuso BNW *diffuus*; *vaag*
difusor BNW *verspreidings-*
diga WW (1e/3e p ev subj. t.t.) → *decir*
digerible BNW *verteerbaar*
digerir /ie, i/ OV WW • *verteren* • *incasseren*; *verwerken* • *begrijpen*; *nadenken over*
digestibilidad v *verteerbaarheid*
digestible BNW *verteerbaar*
digestión v *(spijs)vertering* ★ de fácil ~ *licht verteerbaar* ★ se le ha cortado la ~ *zijn spijsvertering is in de war*
digestivo I m *digestief*; *likeur* II BNW *van de spijsvertering*; *digestief*
digesto m *compendium*
digitación v *vingerzetting*
digitado BNW PLANTK. *handvormig* ★ hoja digitada *handvormig blad*
digital I v *vingerhoedskruid* II BNW • *vinger-*
• *digitaal* ★ impresiones ~es *vingerafdrukken*
digitalización v *digitalisering*
digitalizador m COMP. *digitalisator*
digitalizar OV WW *digitaliseren*
dignación v *minzaamheid*
dignarse WKD WW *zich verwaardigen om*; *zo goed zijn om* ★ dígnese usted a hacerlo *weest u zo goed om het te doen*
dignatario m *hoogwaardigheidsbekleder*
dignidad v • *eergevoel* • *waardigheid* • *rang*; *ambt*
dignificar OV WW *waardigheid verlenen aan*
digno BNW • *waard* • *waardig* • *verdienstelijk*; *passend* ★ ~ de leerse *lezenswaard* ★ ~ de mejor causa *een betere zaak waardig* ★ es ~ de verse *het is bezienswaardig* ★ ~ de alabanza *prijzenswaardig* ★ ~ de confianza *betrouwbaar* ★ ~ de crédito *geloofwaardig* ★ ~ de mención *noemenswaardig*
digresión v *uitweiding* ★ andarse en digresiones *van zijn onderwerp afdwalen*
diita m INF. *dagje* ★ ¡vaya ~! *het was me het dagje wel!* ★ unos ~s *een paar daagjes*
dije I m *sieraad*; *bedeltje* II WW (1e p ev v.t.) → *decir*

dijo WW (3e p ev v.t.) → *decir*
dilacerar OV WW *verscheuren*
dilación v *uitstel*; *vertraging*
dilapidación v *verkwisting*
dilapidar OV WW *verkwisten*
dilatabilidad v *uitzetbaarheid*
dilatable BNW *uitzetbaar*
dilatación v *uitzetting*; *verwijding*
dilatado BNW *ruim*; *uitgebreid*; *wijd*
dilatar OV WW • *uitstellen*; *vertragen*
• *uitbreiden*; *doen uitlopen* ⟨v. vergaderingen⟩
dilatorias v mv *uitstel*
dilatorio BNW *vertragend*; *opschortend*
dilección v *genegenheid*
dilecto BNW *geliefd*
dilema m *dilemma* ★ verse/encontrarse en un ~ *zich voor een dilemma geplaatst zien*
diletante m *dilettant*; *amateur*
diligencia v • *vlijt*; *zorgvuldigheid* • *formaliteit*; *boodschap* • *haast*; *vlugheid* • *postkoets* ★ las ~s policíacas *de naspeuringen van de politie* ★ hacer las ~s necesarias *de nodige stappen doen* ★ hacer sus ~s *zich beijveren* ★ hacer una ~ *zijn behoefte doen*
diligenciar OV WW *zich beijveren voor*; *stappen doen voor*
diligente BNW • *zorgvuldig*; *vlijtig* • *vlug*; *snel*
dilucidación v *verklaring*; *opheldering*
dilucidar OV WW *verklaren*; *ophelderen*
dilución v *oplossing*; *verdunning*
diluir OV WW *verdunnen*; *oplossen*
diluvial BNW • *van de zondvloed* • *diluviaal*
diluviano BNW *van de zondvloed*
diluviar ON WW *stortregenen* ★ ¡está diluviando! *het giet!*
diluvio m • *stortregen*; *zondvloed* • FIG. *stortvloed*
diluya WW (1e/3e p ev subj. t.t.) → *diluir*
dimanar ON WW *voortvloeien*
dimensión v *afmeting*; *dimensie*; *grootte*
dimes mv ★ ~ y diretes *geharrewar*; *gekibbel*
diminuir OV+ON WW *verminderen*
diminutivo I m *verkleinwoord* II BNW *verkleinend* • vocablo ~ *verkleinwoord*
diminuto BNW *heel klein*
dimisión v *ontslag*; *aftreding* ★ pedir la ~ *zijn ontslag vragen*
dimisionario I m *afgetredene* II BNW *demissionair*; *aftredend*
dimitente BNW *aftredend*
dimitir ON WW *zijn ambt neerleggen*; *aftreden* ★ ~ de director *aftreden als directeur*
din m *poen* ★ el din y el don *geld en rang* ★ tener el don sin el din *van arme adel zijn* ★ mal suena el don sin din *bij een titel hoort geld* ★ sin din ni don *zonder geld of naam*
Dinamarca v *Denemarken*
dinamarqués I m • *Deens* • *Deen* II BNW *Deens*
dinámica v *dynamica*
dinamismo m *dynamiek*; *energie*
dinamita v *dynamiet*
dinamitar OV WW *opblazen* ⟨met dynamiet⟩
dinamitazo m *dynamietontploffing*
dínamo v *dynamo*
dinastía v *dynastie*; *vorstenhuis*

dinástico BNW *dynastiek*
dinerada v *bom duiten*
dineral m INF. *hoop geld*
dinerillo m *aardig sommetje* ★ nuestro ~ *ons lieve geldje*
dinero m *geld* ★ poderoso caballero es don Dinero *geld vermag alles* ★ ~ efectivo *contant geld* ★ adelantar ~ *geld voorschieten* ★ los ~s del sacristán, cantando se vienen y cantando se van *zo gewonnen, zo geronnen* ★ ~ suelto *kleingeld* ★ ~ contante y sonante *klinkende munt* ★ ~ llama ~ *geld zoekt geld* ★ estar mal de ~ *slecht bij kas zijn* ★ ser alg. de ~ *welgesteld zijn* ★ el ~ no me alcanza *ik kom met dat geld niet rond* ★ ~ público *algemene middelen* ★ ~ de soborno *steekpenningen* ★ ~ sucio *zwart geld* ★ (no) llevar ~ encima *(geen) geld bij zich hebben* ★ poner ~ encima *ergens geld op toe leggen* ★ derrochar/tirar (el) ~ *met geld smijten* ★ el ~ se ha hecho redondo para que ruede *geld moet rollen*
dinosaurio m *dinosaurus*
dintel m *bovendorpel*
diñar OV WW ★ ~la *het hoekje omgaan* ★ diñársela a uno *iemand bedotten*
dio WW (3e p ev v.t.) → **dar**
diocesano I m *diocesaan* II BNW *diocesaan*
diócesi(s) v *bisdom; diocese*
dios m *god(heid)*
Dios m *God* ★ lo sabe todo Dios *iedereen weet het* ★ pedir por Dios *bedelen* ★ ¡gracias a Dios! *God zij dank!* ★ ¡alabado/bendito sea Dios! ; *Mijn God!* ★ a la buena de Dios *op goed geluk* ★ como Dios le da a entender *naar beste vermogen* ★ como Dios manda *zoals het hoort* ★ cuesta Dios y ayuda *het heeft heel wat voeten in aarde* ★ cuando Dios quiera *wanneer het uitkomt* ★ dar a Dios lo que es de Dios, y al César lo que es de César *geef aan wat hem toekomt; geef God wat van God is, en de keizer wat van de keizer is* ★ Dios aprieta pero no ahoga *God geeft kracht naar kruis* ★ Dios los cría y ellos se juntan *soort zoekt soort* ★ ¡Dios mío! *mijn God!* ★ Dios te lo pague *God zal het je lonen* ★ Dios te la depare buena *veel succes ermee* ★ la de Dios es Cristo *heibel schoppen* ★ sin encomendarse ni a Dios ni al Diablo *lukraak; zonder na te denken* ★ venga Dios y lo vea *dat is toch ongehoord* ★ ¡a Dios mi dinero! *daar gaan mijn centen!* ★ por Dios *alsjeblieft!* ★ un alma de Dios *een simpele ziel; een goeierd* ★ ¡por Dios! *grote genade; in hemelsnaam!* ★ si Dios quiere *bij leven en welzijn* ★ VULG. ¡me cago en Dios! *godverdomme!* ★ darse a Dios y a los santos *erg bedroefd zijn* ★ temeroso de Dios *godvruchtig*
diosa v *godin*
dióxide m *dioxide* ★ ~ de azufre *zwaveldioxide* ★ ~ de carbono *kooldioxide*
diploma m *diploma; getuigschrift; onderscheiding* ★ ~ de bachillerato *einddiploma* ⟨v. middelbare school⟩
diplomacia v *diplomatie*
diplomado BNW *gediplomeerd*

diplomática v *oorkondeleer; diplomatiek* • *diplomatie*
diplomático I m *diplomaat* II BNW • *diplomatiek; diplomatisch* • *omzichtig*
dipsomanía v *drankzucht; dipsomanie*
díptero I m ★ ~s *tweevleugeligen* ⟨v. insecten⟩ II BNW • *tweevleugelig* • ARCHIT. *met twee vleugels*
díptico m *tweeluik; diptiek*
diptongar OV WW *diftongeren* ★ ~ en *diftongeren in*
diptongo m *tweeklank; diftong*
diputación v • *afvaardiging; deputatie* • *ambt van afgevaardigde* • *ambtstermijn van afgevaardigde* ★ ~ provincial *(gebouw van) provinciaal bestuur*
diputado I m • *afgevaardigde* • *volksvertegenwoordig(st)er* • *kamerlid; parlementslid* ★ ~ provincial ≈ *lid van de Provinciale Staten* ★ ~ a Cortés ≈ SP. *lid van de Staten-Generaal* II BNW *afgevaardigd*
diputar OV WW • *beschouwen als; achten* • *afvaardigen*
dique m • *dijk* • *dok* • FIG. *obstakel*; FIG. *hindernis* ★ ~ de cierre *afsluitdijk* ★ ~ de contención *(stuw)dam* ★ ~ seco *droogdok* ★ ~ flotante *drijvend dok* ★ poner ~(s) a *bedijken; inpolderen; indammen*
diquelar OV WW *in de smiezen krijgen*
dirección v • *leiding; (het) leiden* • *richting* • *bestuur; leiding; management* • FILM *regie* • *functie van directeur; directeurschap* • *directiekamer; directiekantoor* • *adres* • *stuurinrichting; besturing* ★ ~ general *directoraat generaal* ★ en ~ de *in de richting van* ★ en ~ al oeste *in westelijke richting* ★ con ~ a *in de richting van* ★ tomar la ~ *de leiding overnemen* ★ ~ asistida *stuurbekrachtiging* ★ ~ doble *tweerichtingsverkeer* ★ ~ de escena *regie* ★ ~ prohibida *verboden in te rijden* ★ ~ única/ obligatoria *eenrichtingsverkeer* ★ ~ de e-mail *e-mailadres* ★ ~ (de) internet/en la red *webadres*
directa v *hoogste versnelling; overdrive* ★ meter/ poner la ~ *in de hoogste versnelling zetten*
directiva v • *richting* • *bestuur* ★ ~ local *afdelingsbestuur*
directivo I m • *directielid; manager; topfunctionaris* II BNW *leidend; directie-* ★ función directiva *topfunctie* ★ la junta directiva *het bestuur; raad van bestuur*
directo I m • *doorgaande trein* • *directe* ⟨v. stomp, vuistslag⟩ II BNW • *recht(streeks); direct* • *doorgaand* ★ tren ~ *doorgaande trein* ★ en ~ *live; rechtstreeks*
director I m *directeur; leider; dirigent; regisseur* II BNW *hoofd-; leidend; bestuurs-*
directorio m • *geheel van normen; instructies* • *adressenboek* • *bestuur; regering* • COMP. *directory* • LA *telefoongids*
directriz v *richtlijn; norm* ⟨meestal meervoud⟩
dirigente I m/v *bestuurder; leider; manager* II BNW *leidend; leidinggevend; heersend*
dirigible I m *zeppelin* II BNW *bestuurbaar* ★ globo ~ *bestuurbare ballon*

dirigir ov ww • *richten; voeren; sturen; wenden* • *richten; adresseren* • *stellen* ⟨v. vraag⟩ • *leiding geven aan; besturen* • *begeleiden; aanwijzingen geven* ★ ~(se) a/hacia *zich richten tot* ★ ~ la palabra a alg. *het woord tot iemand richten*

dirigismo m *dirigisme*

dirimente BNW • *ontbindend* • *beslissend; onoverkomelijk*

dirimir ov ww • *ontbinden; verbreken* • *beslechten; oplossen*

discapacitado m/v *mindervalide*

discar ov ww *draaien* ⟨v. telefoonnummer⟩

discernimiento m *(het) onderscheiden; onderscheidingsvermogen* ★ edad de ~ *jaren des onderscheids*

discernir /ie/ ov ww • *onderscheid maken tussen; onderscheiden* • *toekennen*

disciplina v • *discipline; tucht; orde* • *naleving* ⟨v. orde, regels⟩ • *vak(gebied); discipline; studievak* ★ ~s *(boete)gesel*

disciplinar ov ww • *disciplineren* • *geselen; kastijden* • *onderrichten; onderwijzen*

disciplinario BNW *disciplinair; straf-; tucht-* ★ derecho ~ *tuchtrecht*

discípulo m *leerling; discipel*

disco I m • SPORT *discus; (werp)schijf* • *schijf* • *(grammofoon)plaat* • *licht(bol)* ⟨v. verkeerslicht⟩ • *hetzelfde verhaal; steeds herhaald onderwerp* ★ girar el ~ *het telefoonnummer draaien* ★ ~ de control de aparcamiento parkeerschijf* ★ ~ de larga duración elpee* ★ cambiar el ~ *een andere plaat opzetten; een ander onderwerp aansnijden* ★ ~ de señales signaalschijf* ⟨v. trein⟩ ★ ~ compacto *compact disc; cd* ★ COMP. ~ duro/fijo/rígido *harde schijf* ★ ~ flexible *diskette; floppy* ★ ~ virtual *virtuele disk; RAM-disk* ★ ~ de llamada *kiesschijf* II v INF. *disco(theek)*

discóbolo m *discuswerper*

díscolo I m *deugniet; ongehoorzaam iemand* II BNW *ongezeglijk; balorig; ongehoorzaam*

disconforme BNW *oneens* ★ mostrarse ~ *zich niet akkoord verklaren*

disconformidad v • *(het) oneens zijn; gebrek aan eensgezindheid* • *ongelijkheid; gebrek aan overeenkomst*

discontinuar /ú/ ov ww *onderbreken; stoppen*

discontinuidad v *discontinuïteit; onderbrokenheid*

discontinuo BNW *onderbroken; niet doorlopend*

discordancia v • *wanklank; dissonant* • *gebrek aan overeenstemming; meningsverschil*

discordante BNW • *uit de toon vallend; niet in harmonie* • *afwijkend; oneens*

discordar /ue/ ON ww • *strijdig zijn* • *vals klinken* ★ ~ en/de *het niet eens zijn over*

discorde BNW • *oneens; strijdig* • *vals* ⟨muziek⟩

discordia v *onenigheid; tweedracht; verdeeldheid*

discoteca v • *discotheek* • *platenverzameling*

discotequero BNW *van een disco(theek); disco-* ★ los jóvenes ~s *de disco-jeugd*

discreción v • *tact; discretie* • *verstand(igheid); scherpzinnigheid* ★ a ~ *naar believen*

★ entregarse/rendirse a ~ *zich onvoorwaardelijk overgeven* ★ bajo ~ *vertrouwelijk*

discrecional BNW *naar eigen inzicht; niet verplicht* ★ parada ~ *halte op verzoek*

discrepancia v *discrepantie; verschil* ★ ~ de pareceres *meningsverschil*

discrepante BNW *afwijkend; verschillend* ★ némine ~ *unaniem*

discrepar ov ww • *afwijken; verschillen* • *van mening verschillen; het oneens zijn* ★ ~ con/de *van mening verschillen met* ★ ~ en *van mening verschillen over*

discretear ON ww • *slim over willen komen; slim doen* • *fluisteren*

discreto BNW • *tactvol; verstandig; discreet; scherpzinnig* • *bescheiden*

discriminación v • *discriminatie* • *onderscheid* ★ ~ racial *rassendiscriminatie* ★ ~ de sexo *seksediscriminatie*

discriminar ov ww • *onderscheid maken; onderscheiden* • *discrimineren*

discriminatorio BNW *discriminerend*

disculpa v *verontschuldiging; excuus* ★ i~! *sorry!; pardon!*

disculpable BNW *vergeeflijk; verschoonbaar*

disculpar ov ww • *niet kwalijk nemen; verontschuldigen; excuseren* ★ ¡disculpe! *pardon!*

discurrir I ov ww *bedenken; verzinnen; uitdenken* ★ ~ un medio *een middel bedenken* II ON ww • *heen en weer lopen; steeds voorbijkomen* • *verlopen; verstrijken* • *nadenken* ★ ~ poco *niet erg uitgeslapen zijn*

discursear ON ww *een speech houden; een rede houden*

discursivo BNW • *nadenkend; beschouwelijk* • *rationeel; verstandelijk*

discurso m • *rede(voering); betoog; toespraak* • *verhandeling* ★ ~ de bienvenida *welkomstrede* ★ ~ conmemorativo *herdenkingsrede* ★ el hilo del ~ *de draad van het betoog* ★ pronunciar un ~ *een redevoering houden*

discusión v • *bespreking; gesprek* • *discussie; debat* ★ una ~ acalorada *een verhitte discussie* ★ no admitir ~ *niet ter discussie staan* ★ base de ~ *uitgangspunt (voor een gesprek)* ★ COMP. grupos de ~ *nieuwsgroepen*

discutible BNW *discutabel; betwistbaar*

discutido BNW • *controversieel; omstreden* • *besproken*

discutidor m *twistziek*

discutir I ov ww • *bespreken* • *bediscussiëren* • *tegenspreken; aanvechten* ★ la obra ha sido muy discutida *het werk is erg omstreden* II ON ww *debatteren; discussiëren* ★ ~ de/sobre *ruziemaken over*

disecación v *het opzetten* ⟨v. dieren⟩; *het drogen* ⟨v. planten⟩

disecar ov ww • *ontleden; in stukken snijden* • *opzetten* ⟨v. dier⟩ • *drogen* ⟨v. planten⟩; *prepareren*

disección v • *sectie; ontleding* • *(het) opzetten* ⟨v. dier⟩ • *(het) drogen* ⟨v. planten⟩

diseminación v • *verbreiding; verspreiding*

• MED. *uitzaaiing*
diseminar OV WW • *verbreiden*; *zaaien*;
verspreiden • MED. *uitzaaien*
disensión v • *meningsverschil* • *ruzie*;
onenigheid
disentería v *dysenterie*
disentimiento m *meningsverschil*
disentir /ie, i/ ON WW *van mening verschillen*
★ ~ de/en *het oneens zijn over*
diseñador m/v *ontwerper*; *vormgever*; *designer*
★ ~ industrial *industrieel vormgever* ★ ~ de
moda *modeontwerper*
diseñar OV WW *ontwerpen*; *vormgeven*; *schetsen*
diseño m • *ontwerp*; *vormgeving*; *design* • OOK
FIG. *schets* ★ de ~ *speciaal ontworpen* ★ de ~
robusto *in stevige uitvoering*
disertación v *verhandeling*; *betoog*; *voordracht*
disertar ON WW *een lezing houden* ★ ~ sobre *een
verhandeling houden over*
disfavor m *nadeel*; *ongenade*
disforme BNW *misvormd*; *vervormd*; *mismaakt*
disfraz m (mv: **disfraces**) • *vermomming*;
dekmantel • *masker*; *vermomming(skleren)*
• *voorwendsel*; *uitvlucht* • *aanfluiting*
disfrazado BNW *vermomd*; *verkleed*; *gemaskerd*
disfrazar OV WW • *vermommen* • *verkleden (als)*
• *verbloemen* ★ ~ la bandera *onder valse vlag
varen* ★ hablar disfrazando la voz *met
verdraaide stem spreken*
disfrutar OV WW • *benutten* • *genieten*; *hebben*;
ontvangen • *genieten van* ★ ~ de buena salud
een goede gezondheid genieten ★ ~ de licencia
met verlof zijn
disfrute m • *genot*; *plezier* • *bezit*; *genot*
disgregación v *(het) uiteenvallen*; *desintegratie*;
scheiding; *(het) splijten*
disgregar OV WW *uiteen doen vallen*; *doen
splijten*; *scheiden*; *verspreiden*
disgustado BNW *ontstemd*; *boos*; *verdrietig*;
ontevreden; *gebrouilleerd* ★ estamos ~s we
hebben ruzie
disgustar OV WW • *verdrietig maken* • *boos
maken*; *ergeren* • *walgen van*; *walgelijk
vinden* ★ ~(se) con *gebrouilleerd zijn met*
★ ~(se) de/por *ontstemd zijn over* ★ me
disgusta *ik vind het vervelend*
disgustarse WKD WW *ruzie krijgen*; *boos
worden*; *in onmin leven* ★ ~ con *boos worden
op* ★ ~ por *boos worden om/door*
disgusto m • *verdriet*; *narigheid*; *ergernis*;
ontstemming • *ruzie*; *gevecht*; *onenigheid*
• *tegenzin*; *afkeer* ★ a ~ *met tegenzin* ★ tuve
un ~ con mi hermana *ik had ruzie met mijn
zus* ★ dar un ~ a u.p. *iemand ontstemmen/
boos maken*
disidencia v • *onenigheid*; *meningsverschil*
• *afvalligheid*
disidente I m/v • *andersdenkende*; *dissident*
• *tegenstemmer* II BNW • *andersdenkend*;
afvallig • *niet overeenstemmend*, *afwijkend*
disidir ON WW *een andere mening hebben*;
afwijken
disílabo BNW *tweelettergrepig*
disimetría v *asymmetrie*
disimilación v *dissimilatie*
disimilitud v *verschil*; *ongelijkheid*

disimulación v *huichelarij*; *veinzerij*; *(het)
verbergen*
disimulado BNW • *verborgen*; *verhuld*;
heimelijk; *stiekem* • *geniepig*; *achterbaks*
★ hacer la disimulada *doen alsof je neus
bloedt*
disimulador m *huichelaar*; *stiekemerd*
disimular I OV WW • *verbergen*; OOK FIG.
verhullen • *door de vingers zien*; *tolereren*
★ disimule usted *let u er maar niet op* ★ ~ la
sorpresa *niet laten merken dat men verrast is*
II ON WW *veinzen*; *huichelen*
disimulo m • *heimelijkheid* • *huichelarij*;
veinzerij • *tolerantie*; *toegeeflijkheid*
disipación v • *(het) verdwijnen*; *(het) optrekken
〈v. mist〉* • *(het) wegnemen* • *verkwisting*;
losbandigheid
disipado I m *verkwister*; *losbandig iemand*
II BNW • *opgelost*; *verdwenen*; *opgetrokken*
• *losbandig*; *verkwistend*
disipador BNW *verkwistend*
disipar I OV WW • *doen verdwijnen*; *verdrijven*;
wegnemen • *verkwisten*; *verspillen* II ON WW
verdwijnen; *oplossen*; *wegtrekken*
diskette m *diskette*
dislate m *blunder*; *onzin*; *dwaasheid*
dislexia v *dyslexie*; *leesblindheid*
dislocación v • *ontwrichting*; *verzwikking*
• *verandering*; *verschuiving*
dislocar OV WW • *ontwrichten*; *verstuiken*
• *veranderen*; *verschuiven*
disloque m *hoogtepunt*; *toppunt* ★ ser el ~
helemaal te gek zijn; *het toppunt zijn*
disminución v *vermindering*; *verkleining*;
daling; *afname* ★ ir en ~ *afnemen* ★ hacer ~es
minderen (bij breien)
disminuido m/v *gehandicapte* ★ ~ físico
lichamelijk gehandicapte ★ ~ psíquico
geestelijk gehandicapte
disminuir ON WW *afnemen*; *verminderen*;
teruglopen ★ ~ en intensidad *verminderen in
intensiteit*
disminuya WW (1e/3e p ev subj. t.t.)
→ **disminuir**
disnea v *benauwdheid*; *ademnood*
disneico BNW *kortademig*; *benauwd*
disociación v *ontbinding*; *het uiteenvallen*;
scheiding
disociar OV WW *losmaken*; *scheiden*; *ontbinden*
disoluble BNW *oplosbaar*
disolución v • *(het) oplossen*; *oplossing*
• *ontbinding*; *scheiding*; *opheffing*
• *losbandigheid*; *verwording*
disoluto I m *zedeloos iemand*; *losbandig
iemand* II BNW *losbandig*; *verdorven*
disolvente I m *oplosmiddel*; *afbijtmiddel* II BNW
oplossend; *scheidend*
disolver /ue/ OV WW • *oplossen* • *ontbinden*
disolverse /ue/ WKD WW • *oplossen* • *ontbonden
worden*
disonancia v *valse toon*; OOK FIG. *dissonant*
★ hace ~ con *het is in tegenspraak met*
disonante BNW (**disono**) • MUZ. *vals klinkend*;
dissonant • *uit de toon vallend*; *afwijkend*
★ (tono) ~ *dissonant*
disonar /ue/ ON WW • *vals klinken* • *uit de toon*

di

vallen; *niet staan bij*
dispar BNW *verschillend; uiteenlopend*
disparadero m *trekker* ⟨v. wapen⟩ ★ poner a
alg. en el ~ *iemand tot het uiterste drijven*
disparado BNW ★ salir ~ *wegrennen; wegstuiven*
disparador m • *trekker* ⟨v. pistool⟩ • *ontspanner*
⟨v. fotocamera⟩ ★ ~ automático
zelfontspanner
disparar I OV WW *afvuren; (af)schieten* **II** ON WW
schieten; afgaan ⟨v. wapen⟩ ★ ~ contra
schieten op
dispararse WKD WW • *raaskallen; onzin*
uitkramen • *weghollen; op hol slaan; enorm*
toenemen ★ se disparó un tiro en la sien *hij*
schoot zich door het hoofd
disparatado BNW *dwaas; onzinnig* ★ lo ~ de *de*
ongerijmdheid van
disparatar ON WW *zwammen; onzin uitkramen;*
stom doen; onbezonnen handelen
disparate m • *onzin; idioterie; waanzin*
• *overmaat; overdaad* ★ cuesta un ~ *het kost*
krankzinnig veel ★ no hagas ese ~ *wees niet*
zo stom
disparejo BNW *ongelijk; uiteenlopend*
disparidad v *ongelijkheid; verschil*
disparo m • *(het) afvuren; schot; beschieting*
• *schot* ⟨in balsport⟩
dispendio m *verkwisting; overbodige uitgave;*
verspilling
dispendioso BNW *duur; kostbaar*
dispensa v *vrijstelling; dispensatie; ontheffing*
dispensable BNW *vergeeflijk*
dispensación v *vrijstelling; dispensatie;*
ontheffing
dispensar OV WW • *geven; verlenen; schenken*
• *vergeven; verontschuldigen • vrijstellen van;*
dispenseren ★ ~ una amable acogida *een*
vriendelijke ontvangst bereiden • dispense la
pregunta *neemt u me niet kwalijk dat ik u*
vraag ★ dispense usted, que no haya venido
neemt u mij niet kwalijk dat ik niet ben
gekomen
dispensario m *consultatiebureau; polikliniek*
⟨met gratis hulpverlening⟩
dispepsia v *spijsverteringsstoornis; dyspepsie*
dispersar OV WW *verspreiden; uiteendrijven;*
verstrooien; versnipperen
dispersarse WKD WW *zich verspreiden*
dispersión v *verspreiding; verstrooiing; het*
uiteendrijven; versnippering
disperso BNW *verspreid; verstrooid*
displicencia v • *onvriendelijkheid; norsheid*
• *ongeïnteresseerdheid; onverschilligheid* ★ con
~ *onvriendelijk*
displicente I m *ongeïnteresseerd iemand;*
onverschillig iemand **II** BNW • *nors;*
onvriendelijk • ongeïnteresseerd; onverschillig
dispón WW (geb. wijs, jij-vorm) → **disponer**
dispondrá WW (3e p ev tk.t.) → **disponer**
disponer I OV WW • *(rang)schikken; opstellen;*
plaatsen; inrichten • voorbereiden;
klaarmaken • voorschrijven; bepalen ★ ~se a/
para *zich klaarmaken voor* **II** ON WW
beschikken; de beschikking hebben ★ no
dispongo de mucho tiempo *ik heb niet veel*
tijd

disponerse WKD WW *aanstalten maken; zich*
klaarmaken
disponga WW (1e/3e p ev subj. t.t.) → **disponer**
disponibilidad v *beschikbaarheid*
disponible BNW *beschikbaar*
disposición v • *rangschikking; opstelling;*
inrichting • bepaling; voorschrift; verordening
• *aanleg; bekwaamheid; capaciteit*
• *stemming; gemoedstoestand • charme;*
sierlijkheid • COMP. *lay-out* ★ en ~ de hacer
fuego *schietklaar* ★ pongo la mercancía a su
~ *ik stel de goederen tot uw beschikking*
★ tener ~ para *aanleg hebben voor* ★ estar en
~ *de klaar zijn om* ★ últimas disposiciones
testament; laatste wil
dispositivo m *apparaat; voorziening; installatie*
★ COMP. ~s periféricos *randapparatuur*
dispuesto I BNW • *gereed; opgesteld; bereid*
• *bekwaam; getalenteerd; capabel* ★ ~ para la
impresión *persklaar* ★ ser bien ~ *aantrekkelijk*
zijn ★ estar mal ~ *slecht gehumeurd zijn*
II WW (volt. deelw.) → **disponer**
dispuso WW (3e p ev v.t.) → **disponer**
disputa v *discussie; woordenwisseling* ★ sin ~
ongetwijfeld
disputable BNW *betwistbaar; bestrijdbaar*
disputar I OV WW *betwisten; ruzie maken over*
★ eso no se lo disputo *daarover wil ik niet*
met u twisten ★ se disputa una copa de oro
de inzet is een gouden beker **II** ON WW
redetwisten; discussiëren; ruziën ★ ~ de/por/
sobre *discussiëren over*
disquete m *diskette; floppy*
disquisición v *onderzoek; studie; verhandeling*
★ disquisiciones *uitweidingen*
distancia v *afstand • (groot) verschil*
• *verwijdering; vervreemding* ★ ~ focal
brandpuntsafstand ★ acortar las ~s *nader tot*
elkaar komen ★ guardar las ~s *afstand*
bewaren ★ cubrir una ~ *een afstand afleggen*
★ a ~ *op (een) afstand* ★ ¿qué ~ hay a
Barcelona? *hoe ver is het naar Barcelona?* ★ ~
auditiva *gehoorsafstand* ★ curso a ~
schriftelijke cursus ★ ~ de freno *remweg*
★ mando/control a ~ *afstandsbediening*
★ Universidad (Nacional de Educación) a
Distancia *Open Universiteit*
distanciado BNW *(ver) verwijderd; vervreemd;*
ver uit elkaar
distanciamiento m *verwijdering* ⟨tussen
personen⟩
distanciar OV WW *(van elkaar) verwijderen;*
afstand nemen van; uiteen plaatsen; van
elkaar vervreemden
distante BNW • *(ver) verwijderd; afgelegen*
• *afstandelijk; gereserveerd* ★ ~ de *verwijderd*
van
distar ON WW • *verwijderd zijn • verschillen;*
verschillend zijn ★ disto mucho de aprobarlo
ik keur het verre van goed
distender /ie/ OV WW *ontspannen; uitrekken; de*
spanning doen afnemen
distensión v *ontspanning; (het) ontspannen*
dístico m *tweeregelige strofe; distichon*
distinción v • *onderscheid; verschil • voorrecht;*
eer; onderscheiding • gedistingeerdheid;

distinctie; *voornaamheid* • *achting*; *respect* ★ a ~ de *ter onderscheiding van* ★ hacer ~ *onderscheid maken*

distinguible BNW *te onderscheiden*

distinguido BNW • *onderscheiden* ⟨als verschillend behandeld zien⟩ • *gedistingeerd*; *voorkomend*; *elegant* ★ un ~ abogado *een voortreffelijk advocaat*

distinguir OV WW • *onderscheiden*; *uit elkaar houden* • *opmerken*; *zien* • *een voorkeursbehandeling geven*; *vereren* • *tekenend zijn voor*; *karakteriseren* • *een onderscheiding geven* ★ no ~ de colores *erg beperkt zijn*; *niet weten te oordelen* ★ los favores con que nos ha distinguido hasta la fecha *uw tot heden bewezen welwillendheid*

distinguirse WKD WW *zich onderscheiden*; *uitblinken* ★ ~ por su celo *zich onderscheiden door zijn ijver*

distintamente BIJW *verschillend*

distintivo I m • *kenmerk*; *teken* • *ereteken*; *onderscheidingsteken* **II** BNW *kenmerkend*; *typerend*

distinto BNW • *verschillend*; *anders* • *duidelijk*; *helder* ★ ~ a/de *verschillend van* ★ eso es muy ~ *dat is heel wat anders*

distorsión v • *verdraaiing*; *verstuiking* • *vervorming*; *vertekening*; *verdraaiing* ★ ~ del sonido *vervorming van het geluid* ★ sufrir una ~ *iets verstuiken*

distracción v • *amusement*; *vermaak* • *verstrooidheid*; *afwezigheid* • *verduistering* ⟨v. geld⟩ • *ontspanning*; *afleiding*

distraer I OV WW • *vermaken*; *amuseren*; *afleiden* • *de aandacht afleiden (van)* • *verduisteren* ⟨v. geld⟩ ★ ~ el hambre *eerste honger stillen* **II** ON WW *ontspannend zijn*

distraerse WKD WW • *zich laten afleiden* • *zich bezighouden met* • *niet opletten*

distraído I m *verstrooid iemand*; *dromer* ★ hacerse el ~ *doen alsof zijn neus bloedt* **II** BNW • *verstrooid*; *afgeleid*; *afwezig* • *onderhoudend*; *amusant* • CHI *slonzig*; *onverzorgd*

distraiga WW (1e/3e p ev subj. t.t.) → **distraer**

distrajo WW (3e p ev v.t.) → **distraer**

distribución v • *verdeling*; *verspreiding*; *distributie* • *promotie* • *indeling* ⟨v. huis⟩; *inrichting*

distribuidor I m • *leverancier*; *distributeur* • *bovenportaal*; *overloop* ★ ~ automático *automaat (v. sigaretten, eetwaren)* **II** BNW *distributie-*; *verdelend*

distribuir OV WW • *verdelen* • *verspreiden*; *distribueren* • *verdelen*; *uitdelen* ★ ~ en grupos *in groepen opstellen*

distributivo BNW *distributief* ★ justicia distributiva *de gerechtigheid die straft en beloont*

distribuya WW (1e/3e p ev subj. t.t.) → **distribuir**

distrito m *district*; *rayon*; *(ambts)gebied* ★ ~ juzgado del ~ *kantongerecht*

distrofia v MED. *dystrofie* ★ ~ muscular *spierdystrofie*

disturbio m *opstand*; *rel*; *(orde)verstoring* ★ ~s

callejeros *straatrelletjes* ★ ~s raciales *rassenonlusten*

disuadir OV WW *ontraden*; *afraden*; *afhouden van* ★ ~ a u.p. de su propósito *iemand van zijn plan afbrengen*

disuadirse WKD WW *afzien van*

disuasión v • *(het) afraden*; *(het) ontraden* • MIL. ★ fuerzas de ~ *nuclear strategische kernmacht* ★ política de ~ *afschrikkingspolitiek*

disuasivo BNW (**disuasorio**) • *ontradend*; *weerhoudend* • MIL. *afschrikwekkend*

disuelto WW (volt. deelw.) → **disolver**

disyunción v • *scheiding* • *uitsluiting* • *disjunctie* ⟨stijlfiguur⟩

disyuntiva v *keuze* ⟨tussen twee dingen⟩; *dilemma*

disyuntivo BNW • *scheidend* • *disjunctief*

ditirambo m *uitbundig lofdicht*; *dithyrambe*

diurético I m *diureticum*; *plaspil* **II** BNW *diuretisch*

diurno BNW *dag-* ★ luz diurna *daglicht*

diva v *diva*

divagación v *afdwaling*; *uitweiding*

divagar ON WW • *afdwalen* • *ronddolen*; *dwalen*

diván m *zitbank*; *divan*

divergencia v • *(het) uiteengaan*; *divergentie* • *meningsverschil*; *onenigheid*

divergente BNW *uiteenlopend*; *divergerend*

divergir ON WW • *uiteengaan*; *divergeren* • *van mening verschillen* ★ ~ de/en *van mening verschillen in*

diversidad v *verscheidenheid*; *diversiteit*

diversificación v *spreiding* ★ ~ de riesgos *risicospreiding*

diversificar OV WW *doen verschillen*; *verschillend maken* ★ ~ los riesgos *de risico's spreiden*

diversión v *amusement*; *afleiding*; *vermaak*; *vertier* ★ maniobra de ~ *afleidingsmanoeuvre*

diverso BNW *verschillend*; *anders* ★ ~s *diverse*; *verscheidene*

divertido BNW *leuk*; *onderhoudend*; *vermakelijk* ★ ¡estoy ~! *ik kan mijn lol niet op!*

divertimiento m • *ontspanning*; *amusement* • *afleidingsmanoeuvre*

divertir /ie, i/ OV WW *onderhouden*; *amuseren*; *vermaken*

divertirse /ie, i/ WKD WW • *zich amuseren*; *zich vermaken* • *afgeleid worden*; *zich laten afleiden* ★ ¡que usted se divierta! *veel plezier!* ★ ~ con/en *zich vermaken met*

dividendo m • *deeltal* • *dividend* ★ ~ pasivo *aanvullende kapitaalstorting op aandelen* ★ ~ activo *winstaandeel*

dividir OV WW • *verdelen*; *snijden* ⟨in stukken⟩ • *uitdelen*; *verdelen* • *verdelen*; *verdeeldheid zaaien* • WISK. *delen* • *verkavelen* • *afbreken* ⟨v. woord⟩ ★ ~ por la mitad *halveren*

divieso m INF. *steenpuist*

divinamente BIJW • *goddelijk* • *fantastisch*; *perfect*

divinidad v • *godheid* • *god* • *schoonheid*

divinizar OV WW • *vergoddelijken* • *verafgoden*

divino BNW • *goddelijk*; *van God* • *fantastisch*; *schitterend*; *goddelijk*

di

di

divisa v • *(herkennings)teken; embleem • devies;*
valuta ★ ~s *deviezen* ★ *mercado de* ~s
valutamarkt

divisar OV WW *onderscheiden; ontwaren;*
bespeuren

divisible BNW *(ver)deelbaar*

división v • *(ver)deling; scheiding* • WISK. *deling*
• *tweespalt; verdeeldheid* ★ ~ *motorizada*
motordivisie ★ ~ *acorazada/blindada*
pantserdivisie ★ ~ *administrativa/territorial*
territoriale indeling ⟨v. een land⟩ ★ ~ *de los*
bienes JUR. *(jur.) boedelscheiding* ★ ~ *celular*
celdeling ★ ~ *de honor eredivisie* ★ ~ *en dotes/*
parcelos verkaveling ★ ~ *del trabajo*
taakverdeling

divisor m *deler* ★ *máximo/mínimo común* ~
grootste/kleinste gemene deler

divisorio BNW *scheidend*

divo m • *god(heid)* • *filmster* • *operazanger*

divorciado I m/v *gescheiden man/vrouw* II BNW
• *gescheiden* • *verdeeld* ⟨v. meningen⟩

divorciar OV WW *het huwelijk ontbinden van*

divorciarse WKD WW *scheiden*

divorcio m • *echtscheiding* • *scheiding; afstand*
• COL *vrouwengevangenis* ★ *en* ~ *con*
gescheiden van

divulgación v *bekendmaking; publicatie;*
verspreiding

divulgar OV WW *bekendmaken; verspreiden;*
onthullen; publiceren

divulgarse WKD WW *zich verbreiden; zich*
verspreiden

dizque I m *(vaak mv) (klets)praatje* II BIJW LA
vermoedelijk; ogenschijnlijk

DNI m (Documento Nacional de Identidad)
Spaanse nationale identiteitskaart

dobladillo m *zoom; omslag*

doblado BNW • *verdubbeld* • *dubbel;*
dubbelgevouwen • *nagesynchroniseerd*
• *gebogen* ★ *cuello* ~ *schillerkraag* ★ *película*
doblada nagesynchroniseerde film

dobladura v • *(het) (dubbel)vouwen* • *kreukel;*
vouw

doblaje m *nasynchronisatie*

doblamiento m *(het) vouwen; (het) plooien*

doblar I OV WW • *verdubbelen* • *omslaan;*
(dubbel)vouwen; omvouwen • *buigen*
• *omslaan* ⟨v. hoek, bocht⟩ • *nasynchroniseren*
• *in elkaar slaan; een pak rammel geven* ★ ~ *la*
esquina de hoek omslaan ★ ~ *a palos een pak*
slaag geven ★ ~ *la cabeza het hoofd buigen*
II ON WW • *(om)buigen* • *afslaan; een bocht*
maken • *luiden* ⟨v. doodsklokken⟩

doblarse WKD WW *zich schikken; toegeven;*
zwichten

doble I m • *dubbele* • *vouw; plooi; zoom* • *het*
luiden ⟨v. doodsklokken⟩ ★ ~s *mixtos*
gemengd dubbel ⟨bij tennis⟩ II m/v *stand-in;*
double; stuntman III BNW • *dubbel; tweemaal*
• *dubbel; tweeledig* ★ *al* ~ *tweemaal zoveel* ★ ~
vía dubbelspoor ★ *habitación* ~
tweepersoonskamer ★ *espía* ~ *dubbelspion*

dobleces m mv → **doblez**

doblegar OV WW • *onderwerpen; doen buigen*
• *buigen* ★ ~se *a zwichten voor*

doblemente BIJW *dubbel; niet oprecht*

dobletroque m COL *vrachtwagen met oplegger*

doblez I m • *zoom; omslag* • *plooi; vouw* II m/v
leugenachtigheid; dubbelhartigheid

doblón m *dubloen* ★ ~ *de vaca gerecht met pens*

doce TELW • *twaalfde* • *twaalf*

docena v *dozijn* ★ ~ *de fraile twaalf en nog één*
★ *media* ~ *(een stuk of) zes*

doceno TELW *twaalfde*

docente BNW *onderwijzend; onderwijs-* ★ *el*
cuerpo ~ *het lerarenkorps*

dócil BNW *gehoorzaam; volgzaam; meegaand*
★ ~ *para aprender leergierig*

docilidad v *volgzaamheid; meegaandheid;*
gehoorzaamheid

docto I m *geleerde* ★ ~ *en medicina geleerde in*
de geneeskunde II BNW *onderlegd; geleerd*

doctor m • *doctor* • *dokter* • *kerkleraar* ★ ~
honoris causa doctor honoris causa ★ *los* ~es
de la ley de schriftgeleerden

doctorado m • *doctorsgraad* • *doctoraat*

doctoral BNW *van een doctor* ★ *tesis* ~
proefschrift

doctorar OV WW *de doctorstitel verlenen*

doctorarse WKD WW *promoveren; de*
doctorsgraad behalen ★ ~ *en geología*
promoveren in de geologie

doctrina v • *kennis; geleerdheid* • *doctrine;*
leer(stelling) • *catechisatie; godsdienstonderwijs*
★ *derramar alg.* ~ *overal en altijd zijn mening*
verkondigen ★ ~ *común mening van auteurs*
die over een bepaald onderwerp geschreven
hebben

doctrinal BNW • *doctrinair; leerstellig*
• *wetenschappelijk*

doctrinar OV WW *doceren; onderwijzen*

doctrinario I m • *aanhanger* ⟨v. doctrine⟩
• *theoreticus* II BNW *leerstellig; dogmatisch;*
doctrinair

doctrinarismo m *doctrinarisme*

documentación v • *documentatie; (het)*
documenteren • *documentatie(materiaal);*
papieren; (bewijs)stukken

documental I m *documentaire* II BNW
documentair

documentalista m/v • *documentalist*
• *documentarist* ⟨film, tv⟩

documentar OV WW • *documenteren; met*
bewijsstukken staven • *documenteren; van*
documentatie voorzien • *(iem.) op de hoogte*
stellen/brengen

documento m • OOK COMP. *document; diploma;*
getuigschrift; oorkonde • *(bewijs)stuk* ★ ~
privado onderhandse akte ★ ~ *público*
authentieke akte ★ ~ *de prueba bewijsstuk* ★ ~
nacional de identidad (Spaans)
identiteitsbewijs ★ ~ *adjunto attachment*

dogal m • *halster* • *strop; schuifknoop* ★ *estar*
con el ~ *al cuello in de nesten zitten* ★ *poner*
el ~ *a u.p. iemand het mes op de keel zetten*

dogma m • *dogma* • *dogmatiek; geloofsleer*

dogmático BNW • *dogmatisch; leerstellig*
• *gelijkhebberig; schoolmeesterachtig*

dogmatismo m • *dogmatiek* • *rechtlijnigheid*

dogmatizar ON WW • *schoolmeesteren* • *met*
stelligheid beweren

dogo I m • *dog* • *doge* II BNW ★ *perro dogo dog*

dólar m *dollar*

dolencia v *ziekte; kwaal*

doler /ue/ ON WW • *pijn doen; pijn doen; spijten* ★ ahí le duele *daar zit 'm de kneep*

dolerse WKD WW • *betreuren; spijt hebben; medelijden hebben* • *spijt hebben van* • *zich beklagen* ★ ahí le duele *daar zit hem de kneep*

dolido BNW *verdrietig*

doliente m/v • *zieke; patiënt* • *verdrietig iemand* • *rouwende*

dolmen m (mv: **dólmenes**) *dolmen; hunebed*

dolo m *bedrog; fraude* ★ con dolo malo *met voorbedachten rade*

dolor m • *pijn* • *verdriet; droefheid* ★ ~ de estómago *maagpijn* ★ ~ en un pie *pijn aan een voet* ★ ~ de corazón *berouw; spijt* ★ ~ latente/sordo *doffe pijn* ★ ~ de tripas *buikpijn* ★ estar con ~es *weeën hebben* ★ iqué ~! *wat jammer!* ★ soportar ~ *pijn verdragen*

dolorido BNW • *pijnlijk* • *treurend; bedroefd*

Dolorosa v *Moeder der Smarten; Maria*

doloroso BNW • *pijnlijk* • *zielig; beklagenswaardig; bedroevend* • *van de maagd Maria*

doloso BNW *bedrieglijk; frauduleus*

doma v • *(het) temmen; temming* • *beteugeling; beheersing*

domador m *temmer; dompteur*

domadura v *dressuur*

domar OV WW • *temmen; africhten* • *beteugelen; in bedwang houden; onderwerpen*

domeñar OV WW *beheersen; onderwerpen; bedwingen*

domesticable BNW *tembaar*

domesticación v *(het) tam maken; temming*

domesticar OV WW • *tam maken; tot huisdier maken* • *handelbaar maken; leren zich te gedragen*

domesticidad v *tamheid; huiselijkheid*

doméstico I m *huisknecht; bediende* II BNW • *huiselijk* • *tam* • *huis-* ⟨v. huis(houdelijk) personeel⟩ • aluminio ~ *aluminiumfolie* ★ faenes ~s *huishoudelijke karweitjes*

domiciliación v *(automatische) afschrijving*

domiciliado BNW *woonachtig; gevestigd*

domiciliar OV WW *huisvesten; onderbrengen*

domiciliario BNW *huis-; van het huis* ★ arresto ~ *huisarrest* ★ asistencia ~ *thuishulp* ★ basuras domiciliarias *huisvuil* ★ visita domiciliaria *huisbezoek*

domiciliarse WKD WW *zich vestigen* ★ ~ en *zich vestigen in*

domicilio m • *vestiging; verblijfplaats; domicilie; woning* • *(huis)adres* ★ a ~ *aan huis* ★ fijar ~ *domicilie kiezen* ★ cambio de ~ *adreswijziging; verhuizing* ★ entrega a ~ *bezorging aan huis* ★ sin ~ fijo *zonder vaste woon- of verblijfplaats* ★ ~ social *statutaire zetel; plaats van vestiging* ⟨v. firma⟩

dominación v • *heerschappij; overheersing* • *beheersing*

dominante BNW *overheersend; dominerend; dominant*

dominar I OV WW • *overheersen; heersen over* • *beheersen* • *overzien; uitzien over* • *bedwingen; in bedwang houden* • *uittorenen*

boven; uitsteken boven II ON WW • *boven alles uittorenen* • *domineren; de overhand hebben; overheersen*

dominarse WKD WW *zich inhouden*

dómine m • *pedant iemand; schoolfrik* • *(huis)leraar Latijn*

domingo m *zondag* ★ ~ de Ramos *palmzondag* ★ hacer ~ *een vrije dag nemen* ★ ~ de Cuasimodo *Beloken Pasen* ★ los ~s *'s zondags* ★ Santo Domingo *Sint-Dominicus*

dominical BNW *zondags-* ★ descanso ~ *zondagsrust* ★ oración ~ *onzevader*

dominicano I m • *Dominicaan* • *dominicaan; predikheer* II BNW *Dominicaans; dominicaans*

dominico I m *dominicaan* II BNW *dominicaner*

dominio m • *heerschappij; overheersing; beheersing* • *macht; controle; gezag* • OOK COMP. *domein; terrein; (vak)gebied* • *dominion* ★ ~ del aire *heerschappij in de lucht* ⟨v. heerser, staat⟩ ★ ~ de sí mismo *zelfbeheersing* ★ ser del ~ público *publiek geheim zijn* ★ ~ directo *eigendomsrecht* ★ ~ público *publiek domein; openbaar bezit* ★ ~ útil *vruchtgebruik* ★ COMP. nombre de ~ *domeinnaam* ★ COMP. sistema de ~ de nombres *Domein|Naam| Systeem* ⟨DNS⟩ ★ COMP. nombre de ~ *domeinnaam* ★ ~nes *bezittingen; (machts)gebied*

dominó m *domino(spel)*

domo m *koepel*

don m • *gift; gave; geschenk* • *aanspreektitel* • *talent; gave; aanleg* ★ tener don de gentes *met mensen weten om te gaan* ★ Don Nadie *nietsnut*

donación v *gift; schenking* ★ hacer ~ de *schenken*

donada v *lekenzuster*

donado m *lekenbroeder*

donador I m *gever; donateur; schenker* II BNW *schenkend; gevend*

donaire m • *geestigheid; gevatheid* • *grappige gebeurtenis; gratie; elegantie; charme* ★ decir ~s *geestig praten*

donante m/v *schenker; donor; donateur* ★ ~ de sangre *bloedgever* ★ ~ de esperma *spermadonor* ★ ~ de órganos *orgaandonor*

donar OV WW *schenken; geven*

donativo m *donatie*

donatorio m/v *begunstigde; begiftigde*

doncel m *knaap; jongeling*

doncella v • *jonge vrouw; maagd* • *dienstmeisje*

doncellez v *maagdelijkheid*

donde I BIJW • *waar* • *waarheen* II VZ • *waar* • *waarheen* ★ voy ~ mi amigo *ik ga naar mijn vriend* ★ por ~ *waarlangs* ★ ahí ~ me ve usted *zowaar als ik hier sta*

dondequiera BIJW *waar dan ook; overal*

dondiego m PLANTK. *nachtschone* ★ PLANTK. ~ de día *dagschone; soort winde*

donoso BNW *grappig; geestig* ★ idonosa ocurrencia! *wat een leuke opmerking!*

donostiarra I m/v *iemand uit San Sebastián (=Donostia)* II BNW *uit San Sebastián*

donosura v *gratie; elegantie*

doña v • *(aristocratische) vrouw* • *aanspreektitel* ★ doña Amba *mevrouw Amba*

do

dopaje m *doping*

dopamina v *dopamine*

dopar OV WW *doping geven; drogeren*

doparse WKD WW *drugs gebruiken*

doping m *doping*

doquier BIJW *waar dan ook ∗ por ∼ overal*

dorado I m *verguliding ∗ ∼s koperwerk* ⟨kleine voorwerpen⟩ II BNW *verguld; gouden • gelukkig; prachtig;* FIG. *gouden ∗ El Dorado eldorado ∗ el becerro ∼ het gouden kalf*

doradura v *verguliding*

dorar OV WW *• vergulden; met (blad)goud bedekken • goud kleuren; bruinen; een gouden gloed geven • verbloemen; verzachten ∗ zacht bakken; fruiten; aanbraden • met eigeel bestrijken ∗ ∼ la píldora de pil vergulden*

dormida v *dutje; siësta • verpoppingsperiode* ⟨v. zijderups⟩ • *nachtleger* ⟨v. dieren⟩; *slaapplaats* ⟨v. dieren⟩

dormidera v *• papaver; slaapbol; maankop • slaapmiddel •* LA *kruidje-roer-me-niet ∗ tener buenas ∼s gemakkelijk inslapen*

dormidero m *slaapplaats* ⟨v. vee⟩

dormido BNW *in slaap; slapend; slaperig ∗ tengo la pierna dormida mijn been slaapt ∗ quedarse ∼ in slaap vallen*

dormilón I m ⟨v: **dormilona**⟩ *slaapkop; langslaper* II BNW ⟨v: **dormilona**⟩ *die veel slaapt; die gemakkelijk slaapt*

dormilona v *• oorhanger • luie stoel •* CA *kruidje-roer-me-niet •* VEN *nachthemd*

dormir /ue, u/ I OV WW *onder narcose brengen; in slaap brengen ∗ ∼ la mona* INF. *zijn roes uitslapen ∗ ∼ la siesta een middagdutje doen ∗ ∼ como un lirón/tronco/santo/bendito slapen als een blok/marmot/roos/os* II ON WW *• in slaap vallen; slapen • rusten • overnachten ∗ duerma sobre ello slaapt u daar maar eens een nachtje over ∗ ∼ con alg. met iemand naar bed gaan ∗ ∼ la mona/el vino zijn roes uitslapen ∗ ∼ la serena/a cortinas verdes/al descubierto in de open lucht slapen; onder de blote hemel slapen ∗ ∼ a pierna suelta zorgeloos/diep slapen*

dormirse /ue, u/ WKD WW *slapen* ⟨v. lichaamsdeel⟩ *∗ ∼ en los laureles op zijn lauweren rusten*

dormitar ON WW *dutten; dommelen; sluimeren*

dormitivo I m *slaapmiddel* II BNW *slaapverwekkend*

dormitorio m *• slaapkamer; slaapzaal • slaapkamerameublement*

dorsal I m *rugnummer* II v *bergketen* III BNW *van de rug; ruggen- ∗ espina ∼ ruggengraat ∗ aleta ∼ rugvin*

dorso m *• rug(zijde); achterkant • rug*

dos TELW *twee ∗ en un dos por tres in een oogwenk ∗ cada dos por tres om de haverklap ∗ estar a dos gelijkstaan ∗ está a dos dedos de la locura hij is halfgaar ∗ el dos de Mayo de tweede mei ∗ de dos en dos twee aan twee ∗ entre los dos onder vier ogen ∗ los dos allebei; beide(n) ∗ dos tantos dubbel (zoveel)*

doscientos TELW *tweehonderd*

dosel m *baldakijn*

dosificación v *dosering*

dosificar OV WW *• afwegen • zorgvuldig doseren*

dosis v *hoeveelheid; dosis ∗ ∼ letal overdosis*

dossier m (mv onv.) *dossier*

dotación v *• schenking; (het) schenken • bemanning; bezetting* ⟨v. oorlogsschip⟩; *personeel(sterkte)*

dotado BNW *getalenteerd; begaafd*

dotar OV WW *• als bruidsschat (mee)geven • begiftigen met; bedélen met • voorzien van* ⟨geld of personeel⟩; *uitrusten met ∗ ∼ de/con begiftigen met; bedelen met; voorzien van; uitrusten met*

dote m/v *bruidsschat ∗ dote germana bruidsschat van de echtgenoot aan de vrouw*

dotes v mv *capaciteiten; aanleg; natuurlijke gaven*

dovela v *gewelfsteen*

doy WW (1e p ev t.t.) → **dar**

dozavo TELW *∗ twaalfde (deel) • twaalfde ∗ en ∼ in duodecimo*

dracma v *drachme*

draconiano BNW *draconisch; zeer streng*

draga v *• baggermachine • baggerschuit ∗ ∼ de aspiradora de arena zandzuiger ∗ ∼ flotante baggermolen ∗ ∼ de rosario jakobsladder ∗ ∼ vertedora baggerschuit*

dragado m *(het) baggeren; uitbaggering*

dragaminas m (mv onv.) *mijnenveger*

dragar OV WW *(uit)baggeren*

dragón m *• draak • vliegende draak •* MIL. *dragonder ∗ ∼ volador vliegende draak*

dragona v *• epaulet •* CHI *stootplaat •* MEX *cape* ⟨met capuchon⟩

dragonear ON WW ZA *opscheppen; pochen*

drama m *• toneelstuk • drama; treurspel •* FIG. *tragedie; drama ∗ ∼ lírico opera*

dramática v *dramatiek; toneelkunst*

dramático BNW *• toneel-; theater- • dramatisch; (ont)roerend*

dramatismo m *dramatisch karakter*

dramatizar OV WW *• voor het toneel bewerken • dramatiseren*

dramaturgo m *dramaturg; toneelschrijver*

drástico BNW *• snelwerkend • radicaal; drastisch*

drenaje m *• drainage; ontwatering •* MED. *drainage*

drenar OV WW *draineren; droogleggen*

driblar ON WW *dribbelen*

dril m *keper; dril*

driza v *• val • vlaggenlijn*

droga v *• verdovend middel; geneeskrachtig middel; drug; dope • drogerij; medicijn •* PR *spiekbriefje ∗ ∼s blandas softdrugs ∗ ∼s duras/ fuertes harddrugs ∗ echar a u.p. a la ∼ iemand naar de maan/hel wensen*

drogadicción v *(drugs)verslaving; verslaafdheid*

drogadicto I m *(drug)verslaafde* II BNW *(aan drugs) verslaafd*

drogado BNW *gedrogeerd; onder invloed van drugs*

drogar OV WW *drugs toedienen; drogeren*

drogata m/v INF. *verslaafde; junk*

drogómano m VEN *verslaafde; junk*

droguería v *drogisterij • apotheek*

droguero m *• drogist •* MEX *wanbetaler*

droguista m/v *• drogist • bedrieger; oplichter*

dromedario m *dromedaris*
dual I m *dualis* II BNW *tweeledig; tweedelig*
   ⋆ *número dual dualis*
dualidad v *tweeledigheid; dualiteit*
dualismo m • *dualisme* • *tweeledigheid*
dubitación v *twijfel*
dublé m *doublé*
ducado m • *hertogstitel* • *hertogdom* • *dukaat*
ducal BNW *hertogs-; hertogelijk*
ducentésimo TELW *tweehonderdste*
ducha v *douche* • recibir una ~ de agua fría
   een koude douche krijgen ⋆ recibir una ~ *een*
   stortbui over zich heen krijgen
duchar OV WW *onder de douche zetten; een*
   douche geven
ducharse WKD WW *een douche nemen; douchen*
ducho BNW *ervaren; bedreven* ⋆ ~ en *bedreven*
   in
duco m *spuitlak*
dúctil BNW • *rekbaar* • *buigzaam; flexibel;*
   vervormbaar • *meegaand;* FIG. *kneedbaar;*
   volgzaam
ductilidad v • *rekbaarheid* • *buigzaamheid;*
   bewerkbaarheid • *volgzaamheid;*
   meegaandheid
duda v *twijfel; onzekerheid* ⋆ no cabe ninguna
   duda *er is geen twijfel mogelijk* ⋆ salir de
   dudas *zekerheid krijgen* ⋆ ¡la duda ofende!
   het is niet goed daaraan te twijfelen ⋆ poner
   algo en duda *iets in twijfel trekken* ⋆ duda
   filisófica *filosofische twijfel* ⋆ sin duda
   ongetwijfeld
dudar I OV WW *betwijfelen* II ON WW • *twijfelen;*
   weifelen • *wantrouwen* ⋆ ~ acerca de/sobre
   twijfelen over ⋆ ~ de que *(met aanvoegende*
   wijs) betwijfelen of; eraan twijfelen dat
dudoso BNW • *twijfelachtig* • *twijfelend;*
   besluiteloos • *twijfelachtig; onwaarschijnlijk*
   ⋆ carácter ~ *twijfelachtigheid*
duela v • *duig* • *leverbot*
duelista m • *duellist*
duelo m • *tweegevecht; duel* • *rouw(betoon)*
   • *rouwbezoek; rouwstoet* ⋆ ~ a muerte *duel op*
   leven en dood ⋆ sin ~ *mateloos; overvloedig*
   ⋆ los ~s con pan son menos *het ongeluk is*
   voor een rijke lichter te dragen ⋆ no tengo ~
   de esta pérdida *ik betreur dit verlies niet*
   ⋆ formar en un ~ *meelopen in een*
   begrafenisstoet
duende m • *geest; spook* • *kabouter; dwerg*
   • *betovering; bekoring* ⋆ andar como un ~
   ronddwalen; rondspoken
duendecillo m *kabouter(tje)*
dueña v • *eigenares; bazin* • *vrouw des huizes*
   • *hoofd van de huishouding; huishoudster*
   ⋆ poner a alg. como no digan ~s *over de tong*
   gaan
dueño m • *eigenaar; werkgever; baas* • *heer des*
   huizes • ser ~ de sí mismo *zijn gevoelens de*
   baas zijn ⋆ ~ de un café *caféhouder* ⋆ el ~ del
   cotarro *de baas van het spul* ⋆ es usted muy ~
   de salir *het staat u volkomen vrij te vertrekken*
   ⋆ hacerse ~ de *zich meester maken van*
duermevela v *hazenslaapje* ⋆ en ~ *tussen waken*
   en dromen
dueto m *duet*

dula v *meentgrond; gemeenschappelijke weide*
dulcamara v PLANTK. *bitterzoet*
dulce I m *zoetigheid; snoepje; koekje* ⋆ a nadie
   le amarga un ~ *iedereen kan wel eens een*
   beetje geluk gebruiken ⋆ ~ de almíbar
   gekonfijte vruchtjes ⋆ ~s *zoetigheid;*
   snoep(goed) ⋆ ~ de guinda *ingemaakte kersen*
   II BNW • *zoet* • *zacht; aangenaam; vriendelijk*
   • *toegeeflijk; zacht(moedig); lief* • *zacht;*
   buigzaam; vervormbaar ⋆ ~ amargo *bitterzoet*
   ⋆ caña ~ *suikerriet*
dulcemente BIJW • *zoetjes aan; kalmpjes aan*
   • *zacht; aangenaam*
dulcera v *jampot*
dulcería v *snoepwinkel; banketbakkerij*
dulcero BNW *van zoet houdend*
dulciamargo BNW *bitterzoet*
dulcificación v • *het zoeten* • *verzachting*
dulcificante m *zoetstof*
dulcificar OV WW *aangenaam maken;*
   verzachten
dulcinea v • *geliefde* ⟨vrouw⟩ • *ideaal*
dulzarrón BNW (v: **dulzarrona**) *mierzoet;*
   walgelijk zoet
dulzura v • *zoetheid; zachtheid; hartelijkheid*
   • *lief woordje*
dumping m (mv onv) *dumping*
duna v *duin*
dúo m • *koppel; duo* • *duet*
duodecimal TELW *twaalfde*
duodécimo I m *twaalfde (deel)* II TELW *twaalfde*
duodenal BNW *van de twaalfvingerige darm*
dúplex m • *duplexwoning* • *maisonnette*
duplicación v *verdubbeling*
duplicado BNW *dubbel; verdubbeld* ⋆ número
   ocho ~ *nummer 8a/8bis*
duplicar OV WW *verdubbelen; met twee*
   vermenigvuldigen
duplicidad v • *dubbelheid; tweevoudigheid*
   • *dubbelhartigheid; gespletenheid*
duplo I m *tweevoud; dubbele* II BNW *dubbel;*
   tweevoudig
duque m *hertog* ⋆ los ~s *het hertogelijk paar* ⋆ ~
   de alba *meerpaal; dukdalf*
duquesa v *hertogin*
durabilidad v *duurzaamheid*
durable BNW *duurzaam*
duración v • *(tijds)duur* • *levensduur;*
   standvastigheid • *speelduur* ⟨v. film⟩ ⋆ por la ~
   de *gedurende* ⋆ de ~ ilimitada *van onbeperkte*
   duur ⋆ de larga ~ *langlopend (m.b.t. contract);*
   langdurig ⟨ziekte⟩ ⋆ ~ de (la) pena *straftijd*
duradero BNW *duurzaam; blijvend*
duramen m *kernhout*
durante VZ *gedurende; tijdens* ⋆ ~ días y días
   dagenlang; dagen achtereen ⋆ ~ dos días *twee*
   dagen lang
durar ON WW • *(voort)duren* • *blijven; het*
   uithouden ⋆ dura por mucho tiempo *dat gaat*
   lang mee ⋆ ese traje no te ~á un mes *dat pak*
   van je gaat nog geen maand mee
durazno m *soort perzik*
durex m • MEX *plakband* • LA *condoom*
dureza v • *hardheid; taaiheid; hardnekkigheid;*
   onvermoeibaarheid • *stroefheid; ruwheid*
   • *meedogenloosheid; ongevoeligheid;*

wreedheid • *hardheid* ⟨v. water⟩ • *eeltplek* ★ ~
de vientre *constipatie* ★ ~ de mano
hardhandigheid
durmiente m/v *slaper; slaapkop*
duro I m *duro* ⟨vroegere munt van vijf peseta⟩
II BNW • *(ge)hard; taai; stijf* • *sterk;*
volhardend; onvermoeibaar • *ruw; stroef*
• *moeilijk; zwaar* • *ongevoelig; hard; wreed;*
meedogenloos • *hard* ⟨v. water⟩ ★ ponerse
duro *stijf/hard worden; moeilijk worden*
★ duro de oído *hardhorend* **III** BIJW *hard;*
flink ★ ¡dale duro! *sla er op!* ★ ¡duro con
ellos! *geef ze ervan langs!*
dux m *doge*

E

e I v (letter) *e* ★ la e de España *de e van Eduard*
II VW *en* ★ padre e hijo *vader en zoon*
ea TW *vooruit!*
easonense BNW *uit San Sebastián*
ebanista m *meubelmaker*
ebanistería v • *meubelmakerij* • *meubels*
• *meubelmakersvak*
ébano m • *ebbenhout* • *ebbenboom*
ébola m *ebola*
ebonita v *eboniet*
ebriedad v *dronkenschap* ★ en estado de ~
onder invloed van alcohol
ebrio BNW OOK FIG. *dronken* ★ ~ de amor
stapelverliefd
ebullición v *kook; het koken* ★ punto de ~
kookpunt
ebúrneo BNW *ivoren; ivoorachtig*
eccehomo m • *ecce-homo* • *stakker; zielepiet*
eccema m *eczeem*
echacuervos m (mv onv) • *pooier; souteneur*
• *oplichter; bedrieger*
echada v • *worp* • ARG, MEX *leugen*
echadizo I m • *vondeling* • *spion* • *verspreider*
van geruchten **II** BNW • *onbruikbaar*
• *spionerend* • *geruchten verspreidend*
echado BNW • *liggend* • CR, COL, NIC *lui* ★ estar ~
liggen
echador m • *kelner die uitsluitend koffie en*
melk serveert • CUBA, VEN, MEX *opschepper*
echamiento m • *(het) (weg)werpen* • *(het) te*
vondeling leggen ⟨v. kind⟩
echar I OV WW • *werpen; gooien* • *uitstoten;*
verspreiden • *draaien; buigen* • *uitbotten;*
uitlopen; schieten ⟨v. wortels⟩ • *doen* ⟨v.
bepaalde bezigheid⟩ • *veroordelen tot*
• *zeggen; houden; afsteken* ⟨v. redevoering⟩
• *draaien; vertonen* ⟨v. film, theater⟩
• *schatten; geven* • *opmaken* ⟨v. rekening⟩;
berekenen • *verdelen; geven* • *uitkomen met;*
spelen • *spelen* ⟨v. spelletje, potje⟩ • *overlaten*
⟨aan het lot⟩ • *omdraaien* ⟨v. sleutel⟩;
dichtschuiven ⟨v. grendel⟩ • *aanbrengen;*
opdoen • *bij elkaar zetten* ⟨v. dieren om te
paren⟩ • *krijgen* ⟨v. tanden, baard⟩
• *ontslaan; afzetten* • *wegsturen; uitgooien*
• *slopen; neerhalen* • *toevoegen; erbij doen*
• *aantrekken; omdoen* ⟨v. kleding⟩ ★ ~ por
mayor *overdrijven* ★ ¡échale! *kijk eens aan!*
★ ¡échate! *ga liggen!* ★ ~ a perder *verknoeien;*
bederven ★ ~ abajo *slopen; neerhalen* ★ ~lo
todo a rodar *iets laten mislukken* ★ ~ el alma
buiten adem zijn ★ ~ barriga *een buikje*
krijgen ★ ~ bilis *woedend zijn* ★ ~ los botones
dichtknopen ★ ~ un brindis *een heildronk*
uitbrengen ★ ~ cartas *kaarten uitdelen* ★ ~ un
cigarro *een sigaar opsteken* ★ ~ coplas *liederen*
zingen ★ ~ el cuerpo atrás *het lichaam*
achteroverbuigen ★ ¿qué echan? *wat draait*
er?; wat wordt er opgevoerd? ★ ~ las entrañas
braken; overgeven ★ ~ la espuela *de laatste*
borrel drinken ★ ~le galgos a la esperanza *de*
hoop opgeven ★ ~ mal genio *prikkelbaar zijn*

★ ~ la lengua *zijn tong uitsteken* ★ ~ leña al fuego *hout op het vuur doen* ★ ~ pelillos a la mar *alle wrok vergeten* ★ ~ pestes *vloeken* ★ ~ el sello *de postzegel opplakken* ★ ~la de gracioso *de grapjas uithangen* ★ ~ en cara *verwijten* ★ ~ a chanza u.c. *iets van de grappige kant bekijken* ★ ~ de comer *te eten geven* ★ ~ de menos *missen* ‖ ON WW ● (~ a [+ inf.]) *beginnen te* ★ echó a correr *hij zette het op een rennen* ● (~ por) *gaan; nemen* ⟨in bepaalde richting⟩ ★ echó por la derecha *hij sloeg rechtsaf*

echarpe m *sjaal*

echarse WKD WW ● *gaan liggen* ● *broeden* ● *beginnen; krijgen* ⟨v. relatie⟩ ★ ~ a morir *vertwijfeld zijn* ★ ~ al agua *in het water springen* ★ ~ una novia *een vriendin krijgen* ★ ~ un trago *een slok nemen* ★ ~ atrás *terugkrabbelen* ★ ~ a llorar *in tranen uitbarsten*

echón m MEX, VEN *opschepper*

eclecticismo m *eclecticisme*

eclesiástico I m *priester; geestelijke* ‖ BNW *kerkelijk; kerk-*

eclipsar OV WW ● *verduisteren* ● *overschaduwen; in de schaduw stellen*

eclipsarse WKD WW ● *verduisterd worden* ● *verbleken; verdwijnen*

eclipse m ● *eclips; verduistering* ● *duisternis* ● *verbleking; verdwijning* ★ ~ lunar *maansverduistering* ★ ~ solar *zonsverduistering*

eclosión v ● *opkomst* ● *ontluiking*

eco m ● *echo;* OOK FIG. *weerklank* ● *nabootser; navolger* ● *gerucht* ★ tener eco *weerklank vinden* ★ hacer eco *opzien baren* ★ hacer eco a alg. *iemand bijvallen* ★ ecos de sociedad *berichten uit de samenleving* ★ ser eco de u. p. *iemand napraten*

ecología v *ecologie; milieukunde*

ecológico BNW *ecologisch*

ecologista I m/v *milieuactivist; ecologist* ‖ BNW *voor het milieu; milieubewust*

ecólogo m *ecoloog; milieudeskundige*

economato m *coöperatieve bedrijfswinkel*

economía v ● *economie* ● *besparing; bezuiniging* ★ ~ política *staathuishoudkunde* ★ ~ animal *fysiologie* ★ ~ sumergida *schaduweconomie*

economías v mv *spaargeld* ★ hacer ~ *bezuinigen*

económico BNW ● *economisch* ● *goedkoop* ● *zuinig* ★ a precio ~ *voor een lage prijs* ★ recursos ~s *geldmiddelen* ★ asuntos ~s *geldzaken* ● posibilidades económicas *draagkracht* ● de buena posición económica *met een goed inkomen* ● edición económica *goedkope uitgave* ⟨v. boeken⟩ ★ ser/resultar/salir ~ *goedkoop zijn*

economista m/v *econoom*

economizar I OV WW *besparen; bezuinigen* ‖ ON WW *sparen; zuinig zijn*

ecónomo I m *(religieuze) plaatsvervanger* ‖ BNW ★ cura ~ *plaatsvervangend pastoor*

ecosistema m *ecosysteem*

ecostasa v *milieubelasting*

ectoplasma m ● *ectoplasma* ● *teleplasma*

ecuación v *vergelijking* ★ ~ de tiempo *tijdsvereffening*

ecuador m *evenaar* ★ ~ galáctico *melkwegequator* ★ ~ terrestre *evenaar*

ecuánime BNW ● *gelijkmoedig* ● *onpartijdig*

ecuanimidad v ● *gelijkmoedigheid* ● *onpartijdigheid*

ecuatorial BNW *equatoriaal; van de evenaar*

ecuatoriano I m *Ecuadoraan* ‖ BNW *uit Ecuador*

ecuestre BNW *rij-; ruiter-; paarden-* ★ estatua ~ *ruiterstandbeeld*

ecuménico BNW *oecumenisch*

ecumenismo m *oecumenische beweging*

eczema m *eczeem*

edad v ● *leeftijd* ● *duur* ● *periode; tijd(perk)* ★ edad crítica *overgang* ★ edad avanzada *hoge leeftijd* ★ la Edad del Bronce *het bronzen tijdperk* ★ la Edad Antigua *de oudheid* ★ edad adulta/madura *volwassenheid* ★ estar en la más tierna edad *jong/jeugdig zijn* ★ ser de edad *bejaard zijn* ★ estar en edad de *de leeftijd hebben voor* ★ menor de edad *minderjarig* ★ una democracia que apenas tiene edad *een jonge democratie* ★ le doblas la edad *je bent tweemaal zo oud als hij* ★ ¿qué edad le echas? *hoe oud schat je hem?* ★ la Edad de Oro *de Gouden Eeuw* ★ la Edad Media *de Middeleeuwen* ★ tengo más edad que tú *ik ben ouder dan jij* ★ mayoría de edad *meerderjarigheid* ★ de corta edad *jong* ★ edad del pavo *puberteit* ★ de cierta edad *van middelbare leeftijd* ★ de edad madura *van middelbare leeftijd* ★ la edad loca *de wilde jaren* ★ la tercera edad *de ouderdom; de bejaarden* ★ edad legal de la jubilación *pensioengerechtigde leeftijd*

edecán m *aide de camp*

edema m *oedeem* ★ ~ de hambre *hongeroedeem*

edén m *paradijs*

edición v ● *uitgave; editie; druk; oplage* ★ ser la segunda ~ de alg. *iemands evenbeeld zijn* ★ ~ príncipe *eerste druk* ★ ~ corregida *verbeterde/herziene uitgave* ★ ~ del bolsillo *pocketeditie* ★ ~ íntegra *complete editie; onverkorte uitgave* ★ ~ reelaborada/revisada *herziene druk*

edicto m ● *verordening; decreet* ● *bekendmaking*

edificable BNW *te bebouwen* ★ hacer ~ *bouwrijp maken* ★ terreno ~ *bouwterrein*

edificación v ● *(op)bouw* ● *(zedelijke) verheffing; stichting* ● *(nieuw) gebouw* ★ ~ actual/existente *bestaande bebouwing* ★ edificaciones bajas *laagbouw* ★ en proceso de ~ *in aanbouw*

edificante BNW *stichtelijk*

edificar OV WW ● *bouwen; optrekken* ● *stichten; onderrichten*

edificio m *gebouw; bouwwerk* ★ ~ público *openbaar gebouw* ★ ~ de nueva planta *geheel nieuw gebouw* ★ ~ torre *torenflat* ★ ~s altos *hoogbouw* ★ ~s bajos *laagbouw*

edil m *gemeenteraadslid*

Edipo m *Oedipus*

editaje m *editing*

editar OV WW *uitgeven* ★ ~ por su cuenta *in eigen beheer uitgeven*

editor I m *uitgever* ★ ~ responsable *hoofdredacteur* ‖ BNW *uitgevend* ★ casa ~a

ed

uitgeverij

editorial I m *redactioneel artikel; hoofdartikel* II v *uitgeverij* III BNW *uitgevers-*

editorialista m/v *hoofdcommentaarschrijver*

edredón m *dekbed*

educación v • *opvoeding* • *goede manieren; beschaving* • *onderwijs* ★ ~ *profesional vakopleiding* ★ Educación General Básica (EGB) *basisonderwijs voor 6- tot 14-jarigen* ★ ~ *preescolar peuter - en kleuteronderwijs* ★ ~ *sexual seksuele voorlichting* ★ ~ *vial verkeersles* ⟨als schoolvak⟩ ★ *tratar con ~ netjes/beleefd behandelen*

educacional BNW *opvoedkundig* ★ *obra ~ vormingswerk*

educado BNW *beschaafd; (wel)opgevoed* ★ *mal ~ ongemanierd* ★ *bien ~ beleefd; goedgemanierd*

educador I m *opvoeder* II BNW *opvoedend*

educando I m *leerling* II BNW ★ *sujeto ~ leerling*

educar OV WW • *opvoeden; grootbrengen* • *opleiden; scholen* ★ ~ *al intestino zindelijk maken* ★ ~ *el gusto de smaak ontwikkelen*

educativo BNW *opvoedings-; opvoedend*

edulcorante m *zoetstof; zoetjes*

edulcorar OV WW *zoeten*

EEUU AFK ⟨Estados Unidos (de Norteamérica)⟩ *VS* ⟨Verenigde Staten (van Amerika)⟩

efebo m *jongeling*

efectismo m *effectbejag*

efectista BNW • *vol effect* • *uit op effect*

efectivamente BIJW *inderdaad*

efectividad v *effectiviteit*

efectivo I m *contant geld* ★ *hacer ~ uitbetalen; uitvoeren* ★ *pagar en ~ met contant geld betalen* II BNW • *effectief* • *echt; (daad)werkelijk* ★ *dinero ~ contant geld*

efectivos m mv *troepenmacht*

efecto m • *effect* • *doel* ★ *a tal ~ daartoe* ★ *a ~s de teneinde* ★ *con ~ de van kracht vanaf* ★ *ser de mal ~ u.c. een slechte indruk maken* ★ *en ~ inderdaad* ★ *causar ~ effect sorteren* ★ *llevar a ~ tot stand brengen* ★ *tener ~ van kracht zijn; plaatsvinden* ★ ~ *acústico/sonoro geluidseffect* ★ ~ *curativo geneeskracht* ★ ~*invernadero broeikaseffect* ★ *bajo los ~s de onder (de) invloed van* ★ *hacer/surtir/producir ~ effect sorteren* ★ ~*s bezittingen; waardepapieren*

efectos m mv → **efecto** • *bezittingen; waardepapieren* ★ ~ *estancados effecten; staatsmonopolie*

efectuación v *verwezenlijking; effectuering*

efectuar /ú/ OV WW *tot stand brengen; uitvoeren; effectueren* ★ ~ *el seguro zich verzekeren*

efectuarse /ú/ WKD WW • *plaatsvinden* • *tot stand komen*

efemérides v mv • *kroniek* • *efemeriden* • *annalen; jaarboek(en)*

efervescencia v • *het mousseren; het bruisen* • *onstuimigheid; opwinding*

efervescente BNW • *mousserend; bruisend* • *onstuimig; bruisend*

eficaces BNW (mv) → **eficaz**

eficacia v *efficiëntie; effectiviteit*

eficaz BNW (mv: **eficaces**) *efficiënt; effectief*

eficiencia v *efficiëntie; effectiviteit*

eficiente BNW *doelmatig; efficiënt*

efigie v • *afbeelding* • *personificatie*

efímera v *eendagsvlieg*

efímero BNW • *eendags-* • *kortstondig; voorbijgaand*

eflorescencia v • *(zout)uitslag* ⟨bv. op muur⟩ • *rode uitslag* ⟨op gezicht⟩

efluvio m • *uitwaseming; damp* • FIG. *uitstraling*

efusión v • *uitbundigheid; hartelijkheid* • *uitstroming* ★ *con ~ hartelijk*

efusivo BNW *uitbundig; hartelijk*

Egeo BNW ★ Mar Egeo *Egeïsche Zee*

égida v *schild* ★ *bajo la ~ de onder bescherming van*

egipcio I m *Egyptenaar* II BNW *Egyptisch*

Egipto m *Egypte*

egiptología v *egyptologie*

égloga v *herdersdicht*

egocéntrico BNW *egocentrisch*

egoísmo m *egoïsme*

egoísta I m/v *egoïst* II BNW *egoïstisch*

egolatría v *zelfverheerlijking*

egotismo m *egotisme*

egotista m/v *egotist*

egregio BNW *vooraanstaand; voornaam*

eh TW *hè; hé* ★ ¿eh? *wat?; hè?*

eje m • *as; spil* • *kern; essentie* ★ *eje de simetría symmetrieas* ★ *eje de coordinadas assenstelsel* ★ *eje de abscisas x-as* ★ *eje equis/horizontal x-as* ★ *eje vertical y-as* ★ *este negocio me ha partido por el eje die zaak heeft me de das omgedaan* ★ *eje cigüeñal krukas* ★ *eje de cola schroefas* ★ *eje de la hélice schroefas* ★ *eje de impulsión /propulsor aandrijfas* ★ *eje vial grote verkeersweg door stad*

ejecución v • *voltrekking; terechtstelling* • *uitvoering* ★ *poner algo en ~ iets ten uitvoer brengen* ★ *la no ~ het niet uitvoeren*

ejecutante I m/v MUZ. *speler* II BNW *uitvoerend*

ejecutar OV WW • *uitvoeren* • *terechtstellen* • *muziek uitvoeren* • COMP. *uitvoeren* ⟨v. programma/instructie⟩ • JUR. *executeren; in beslag nemen en verkopen*

ejecutiva v • *dagelijks bestuur* • *vrouwelijk staflid; executive*

ejecutivamente BIJW • *dringend; snel* • JUR. *executoir*

ejecutivo I m • *uitvoerende macht* • *staflid; executive* II BNW • *dringend; snel* • *uitvoerend* • *executoir; invorderbaar* ★ *poder ~ uitvoerende macht*

ejecutor I m *uitvoerder* ★ JUR. ~ *testamentario executeur-testamentair* II BNW *uitvoerend*

ejecutoria v • *adelbrief* • *definitief vonnis*

ejecutoría v *ambt van executeur*

ejecutorio BNW *definitief* ⟨v. vonnis⟩

ejem TW *ahum!*

ejemplar I m *exemplaar* ★ ~ *gratuito gratis nummer* ★ ~ *de muestra proefexemplaar* ★ ~ *único unicum* ★ IRON. *!vaya/menudo ~! dat is me d'r een(tje) ! II* BNW *voorbeeldig*

ejemplaridad v *voorbeeldigheid*

ejemplarizador BNW CHI, PERU *voorbeeldig*

ejemplarizar ON WW *als voorbeeld dienen*

ejemplificar OV WW *met voorbeelden toelichten;*

illustreren

ejemplo m *voorbeeld* ★ ~ casero *schoolvoorbeeld* ★ ser un ~ vivo de *een toonbeeld zijn van* ★ poner por ~ *als voorbeeld nemen* ★ dar ~ a alg. *voor iemand een voorbeeld zijn* ★ por ~ *bijvoorbeeld* ★ traer un ~ *een voorbeeld aanhalen*

ejercer I OV WW ● *beoefenen; bedrijven* ● *gebruik maken van; uitoefenen* ★ ~ un comercio *een zaak drijven* II ON WW ★ ~ de médico *een medische praktijk hebben/uitoefenen* (~ **como/de**) *werkzaam zijn als; praktiseren*

ejercicio m ● *(uit)oefening* ● *lichaamsbeweging* ● *opdracht; opgave* ‹op school› ★ ~ práctico *practicum* ‹v. arts, advocaat etc.› ★ ~ escrito/oral *schriftelijk/mondeling examen* ★ ~s espirituales *meditatie tijdens retraite* ★ ~ de castigo *strafwerk* ★ ~s físicos *lichamelijke oefening* ★ ~ (social) *boekjaar* ★ ~ fiscal *belastingjaar* ★ MIL. ~s *exercitie* ★ en ejercivio *praktiserend (v arts, advocaat, notaris)*

ejerciente BNW ● *praktiserend* ★ médico ~ *praktiserend arts*

ejercitar OV WW ● *(uit)oefenen; beoefenen* ● *drillen*

ejército m *leger* ★ ~ de tierra *landmacht* ★ ~ del aire *luchtmacht* ★ cuerpo de ~ *legerafdeling* ★ Ejército de Salvación *Leger des Heils*

ejidatario m MEX *boer op een ejido*

ejido m ● *meent; gemeenschappelijke weidegrond* ● MEX *bij de wet toegewezen landbouwperceel*

ejote m LA *onrijpe, eetbare tuinboon/sperzieboon*

el LW *de; het* ★ el que *degene die; het feit dat* ★ el (número) 42 *nummer 42*

él PERS VNW ● *hij* ● *hem*

elaboración v ● *het (klaar)maken; bewerking* ● *vervaardiging; fabricage* ● *uitwerking; ontwikkeling* ★ ~ de datos *gegevensverwerking* ★ en ~ *in ontwikkeling*

elaborar OV WW ● *bewerken; (klaar)maken* ● *vervaardigen; fabriceren* ● *uitwerken; ontwikkelen*

elasticidad v *rekbaarheid; elasticiteit*

elástico I m *elastiek* II BNW *elastisch*; OOK FIG. *rekbaar* ★ cama elástica *trampoline* ★ (tirantes) ~s *bretels*

elección v ● *keuze; voorkeur* ● *verkiezing* ★ elecciones municipales *gemeenteraadsverkiezingen* ★ ~ canónica *canonieke verkiezing* ★ la ~ del Papa *verkiezing van de Paus; pauskeuze* ★ hacer una ~ *een keuze doen* ● elecciones generales *algemene verkiezingen* ● elecciones legislativas *kamerverkiezingen* ★ elecciones presidenciales *presidentsverkiezingen* ★ elecciones preluminares/primarias *voorverkiezingen* ★ elecciones anticipadas *tussentijdse, vervroegde verkiezingen*

electivo BNW *door verkiezing nog te vervullen* ‹functie›

electo BNW *gekozen* (maar nog niet in functie)

elector I m *kiezer* II BNW ★ príncipe ~ *keurvorst*

electorado m *kiesvolk; electoraat* ★ ~ flotante *zwevende kiezers*

electoral BNW *kies-; kiezers-; verkiezings-*

★ distrito ~ *kiesdistrict* ★ ley ~ *kieswet* ★ cabina ~ *stemhokje* ★ campaña ~ *verkiezingscampagne* ★ resultados ~es *verkiezingsuitslagen*

electorero m *iemand die de verkiezingen manipuleert*

electricidad v *elektriciteit* ★ ~ para fuerza *krachtstroom*

electricista I m/v *elektricien* II BNW *elektrotechnisch* ★ montador ~ *elektricien*

eléctrico BNW *elektrisch*

electrificación v *elektrificatie*

electrificar OV WW *elektrificeren*

electrizante BNW OOK FIG. *elektriserend*

electrizar OV WW OOK FIG. *elektriseren*

electro m *barnsteen*

electrocardiograma m *elektrocardiogram*

electrochoque m *elektroshock(therapie)*

electrocución v *elektrocutie*

electrocutar OV WW *elektrocuteren*

electrodo m *elektrode* ★ ~ negativo *kathode* ★ ~ positivo *anode*

electrodoméstico BNW ★ aparatos ~s *huishoudelijke apparaten*

electroencefalograma m *elektro-encefalogram*

electroimán m *elektromagneet*

electrólisis v *elektrolyse*

electromagnético BNW *elektromagnetisch*

electromotor m *elektromotor*

electrón m *elektron*

electrónico BNW *elektronisch* ★ comercio ~ *e-commerce* ★ correo ~ *e-mail* ★ mensaje ~ *e-mailbericht*

electrotecnia v *elektrotechniek*

electroterapia v *elektrotherapie*

elefante m *olifant* ★ ~ blanco *overbodig artikel; duur artikel* ★ memoria de ~ *stalen geheugen*

elegancia v ● *elegantie* ● *sierlijkheid; verfijning*

elegante I m/v *elegant persoon* II BNW *elegant; stijlvol*

elegía v *elegie*

elegíaco BNW ● *elegisch* ● *treurig; weemoedig*

elegibilidad v ● *benoembaarheid* ● *verkiesbaarheid*

elegible BNW ● *verkiesbaar* ● *benoembaar*

elegido BNW ● *gekozen* ● *lievelings-; uitverkoren*

elegir /i/ OV WW *(ver)kiezen*

elementado BNW CHI, COL *verward; van zijn stuk gebracht*

elemental BNW ● *fundamenteel; elementair* ● *simpel; eenvoudig* ★ escuela ~ de trabajo ≈ *lager beroepsonderwijs*

elemento m ● *element* ● *figuur; persoon* ● CHI, PR *sufferd; domkop* ★ estar en su ~ *in zijn element zijn* ★ ~ secundario *bijkomstigheid* ★ ~s de juicio *gegevens waarop men een oordeel baseert*

elenco m ● *bezetting* ‹v. een toneelstuk› ● *catalogus; lijst*

elepé m *elpee; langspeelplaat*

elevación v ● *stijging; verhoging* ● *verhevenheid* ★ ~ de los brazos en alto *het gestrekt omhoogbrengen van de armen* ★ ~ de la temperatura *temperatuursverhoging* ★ ~ lateral *zijwaartse strekking* ‹v. armen› ★ ~ (del tipo) de descuento *discontoverhoging* ★ ~

al trono *troonsbestijging* ★ ~ de los precios *prijsstijging*

elevado BNW • *hoog; verheven* • *uitmuntend* ★ nueve es equivalente a tres ~ al cuadrado *negen is het kwadraat van drie* ★ situación elevada *hoge positie* ★ cumbres elevadas *oprijzende bergspitsen*

elevador I m • *hijstoestel; elevator* • *pomp* • LA *lift* II BNW *opheffend* ★ bomba ~a *pomp*

elevar OV WW • *ophijsen; optillen* • *bevorderen* • *verhogen* • WISK. *verheffen* ⟨tot een macht⟩ ★ ~ una protesta *protesteren* ★ ~ el tipo del interés de *rentevoet verhogen* ★ ~ el precio de *prijs verhogen*

elevarse WKD WW *oprijzen; zich verheffen*

elidir OV WW *weglaten; elideren*

elidirse WKD WW *geëlideerd worden*

eliminación v • *afscheiding* • *uitschakeling*

eliminar OV WW • *elimineren; uitschakelen* • *afscheiden; uitscheiden* ★ ~ obstáculos *hindernissen uit de weg ruimen* ★ ~ toda posibilidad de *iedere mogelijkheid uitsluiten om*

eliminatorio BNW *elimineren d; uitsluitend* ★ prueba eliminatoria *voorwedstrijd*

elipse v *ellips; ovaal*

elipsis v *ellips*

elíptico BNW *elliptisch*

élitro m *dekschild* ⟨v. insect⟩

elixir m • *wondermiddel* • *elixer*

ella PERS VNW • *zij* • *haar*

ello PERS VNW *dat; dit; het* ★ en ello *daarin* ★ estar para ello *klaar staan*

ellos PERS VNW (v: **ellas**) • *zij; ze* ~ *ze; hen* ★ ia (por) ~! *pak ze!*

elocución v *wijze van zich uitdrukken; spreektrant*

elocuencia v *eloquentie; welsprekendheid*

elocuente BNW *welsprekend; welbespraakt* ★ un silencio ~ *een veelbetekenend stilzwijgen*

elogiable BNW *prijzenswaardig*

elogiar OV WW *ophemelen; roemen*

elogio m *lof* ★ hacer ~ de *de loftrompet steken over* ★ superior a todo ~ *boven alle lof verheven*

elogioso BNW *waarderend; prijzend*

elote m CA *zachte maïskolf; jonge maïs* • LA pagar los ~s *het gelag betalen; (voor iets) opdraaien*

elucidación v *uitleg*

elucidar OV WW *toelichten*

elucubración v *bespiegeling; overpeinzing*

elucubrar OV+ON WW *(over)peinzen; piekeren (over)*

eludir OV WW *vermijden; ontwijken* ★ ~ la ley de *wet ontduiken* ★ ~ las responsabilidades *zich onttrekken aan de verantwoordelijkheid*

e-mail m *e-mail* ★ dirección de ~ *e-mailadres* ★ enviar ~ *e-mailen*

emanación v *uitwaseming*

emanar ON WW (~ de) *afkomstig zijn (uit); voortvloeien (uit)*

emancipación v *emancipatie*

emancipar OV WW *emanciperen; vrijmaken*

emasculación v *sterilisatie* ⟨v. man⟩; *castratie*

emascular OV WW *steriliseren* ⟨v. man⟩;

castreren

embadurnar OV WW • *bestrijken; insmeren* • *bekladden; bevuilen*

embaimiento m *bedrog*

embajada v • *ambassade* • *boodschap*

embajador m • *ambassadeur* • *boodschapper*

embalador m *inpakker*

embalaje m • *verpakking; emballage* • *emballagekosten* ★ caja de ~ *pakkist*

embalar OV WW *verpakken; inpakken* ★ papel de ~ *pakpapier*

embaldosado m • *tegelwerk; het betegelen* • *tegelvloer*

embalsamar OV WW • *balsemen* • *aromatiseren*

embalsar OV WW • *in een stuwmeer verzamelen* ⟨v. water⟩ • *ophijsen*

embalsarse WKD WW *een poel/plas vormen*

embalse m • *opstuwing* • *spaarbekken; stuwmeer*

embanastar OV WW *in een mand stoppen*

embarazada BNW *zwanger*

embarazado BNW • *verlegen* • *zwanger* ★ quedar(se) embarazada *zwanger worden/ raken* ★ embarazada de seis meses *zes maanden zwanger*

embarazar OV WW • *belemmeren; hinderen* • *verlegen maken* • *zwanger maken*

embarazo m • *stremming; belemmering* • *verlegenheid* • *zwangerschap*

embarazoso BNW *hinderlijk; pijnlijk* ⟨v. situatie⟩

embarcación v • *schip* • *inscheping* • *duur van de overtocht* ★ ~ de salvamento *reddingsboot* ★ ~ de cabotaje *kustvaarder* ★ ~ de recreo *plezierboot*

embarcadero m *(aanleg)steiger; kade; pier*

embarcar I OV WW • *inschepen; (in)laden* • *verwikkelen; betrekken (in)* II ON WW *aan boord gaan; instappen*

embarcarse WKD WW *aan boord gaan; zich inschepen*

embarco m *inscheping; het inladen*

embargar OV WW • *beslag leggen op* • *(ver)hinderen; belemmeren* ★ le embarga la emoción *hij wordt overmand door zijn emoties*

embargo m *beslag(legging); embargo* ★ sin ~ *echter; toch* ★ sin ~ de *ondanks* ★ sin ~ de que *hoewel* ★ levantar el ~ *het beslag opheffen*

embarque m *het (in)laden; inscheping*

embarrada v ZA *blunder; stommiteit*

embarrado BNW • *met leem besmeerd* ⟨v. muren⟩ • *modderig*

embarrancar ON WW *vastlopen;* OOK FIG. *stranden*

embarrancarse WKD WW *blijven steken; niet vooruitkomen*

embarrar OV WW *bekladden; met modder bedekken*

embarrilar OV WW *in vaten doen*

embarullar OV WW • *verknoeien* • *in de war maken* • *afraffelen*

embastar OV WW *rijgen; met grote steken naaien*

embate m • *breker* • FIG. *aanval*

embaucador I m *bedrieger* II BNW *bedrieglijk*

embaucamiento m *bedriegerij; gladde praatjes*
embaucar ov ww *bedriegen*
embaular ov ww • *in een (hut)koffer stoppen*
• *schrokken*
embebecer ov ww *verrukt raken*; *met open mond blijven staan*
embeber I ov ww • *opzuigen; absorberen*
• *omvatten; bevatten* • *inpassen; indoen* II ON ww *rimpelen* ⟨v. stof⟩
embeberse WKD WW • *verzinken in; opgaan in*
• *in zich opnemen* ⟨v. ideeën⟩
embebezca ww 1e/3e p ev subj. t.t.
→ **embebecer**
embelecar ov ww *voor de gek houden*; *bedriegen*
embeleco m • *bedrog; zwendel • lastpost* • CHI *junk food*
embelesado BNW *verrukt*
embelesar ov ww *betoveren; verrukken*
embeleso m *vervoering; verrukking*
embellecedor I m *schoonheidsmiddel* II BNW *verfraaiend; schoonheids-*
embellecer ov ww *mooi(er) maken; verfraaien*
embellecimiento m *schoonheid; verfraaiing*
embellezca ww (1e/3e p ev subj. t.t.)
→ **embellecer**
emberrincharse WKD WW *heel driftig worden*; *een woedeaanval krijgen*
embestida v *aanval*
embestir /i/ I ov ww *zich storten op* II OV+ON ww *aanvallen* ★ embistió con/contra él hij viel hem aan
embetunar ov ww *poetsen* ⟨v. schoenen⟩
embijar ov ww LA *zich bevuilen; vuil/smerig maken*
emblandecer ov ww *zacht maken; verzachten*
emblandecerse WKD WW • *week worden*
• *vertederd raken*
emblandezca ww (1e/3e p ev subj. t.t.)
→ **emblandecer**
emblanquecer ov ww *witten*
emblanquezca ww (1e/3e p ev subj. t.t.)
→ **emblanquecer**
emblema m • *embleem • zinnebeeld • symbool*
emblemático BNW *emblematisch; symbolisch*
embobamiento m *verbazing; naïeve bewondering*
embobar ov ww *versteld doen staan; gek maken*
embobecer ov ww *gek maken*
embobezca ww 1e/3e p ev subj. t.t.
→ **embobecer**
embocado BNW *smakelijk*
embocadura v • *(het) invaren; (het) inrijden*
• *monding • smaak* ⟨v. wijn⟩ ★ tomar la ~ *de eerste problemen overwinnen* ★ tener buena ~ *goed naar de teugels luisteren* ⟨v. paarden⟩; MUZ. *een goede aanzet hebben*
embocar ov ww *invaren; inrijden; rijden door* ⟨een smalle opening⟩
embolado I m *leugen* II BNW ★ toro ~ *stier met houten balletjes op de hoorns*
embolador m COL *schoenpoetser*
embolar ov ww *poetsen* ⟨v. schoenen⟩
embolia v *embolie; verstopping* ⟨v. bloedvat⟩
embolismar ov ww • *roddelen over;*

kwaadspreken van • CHI *lawaai maken; drukte maken*
embolismo m • *verwarring • geklets*
émbolo m *zuiger*
embolsar ov ww *in zijn zak steken; innen*
emboque m *bedrog*
emboquillado I m • *mondstuk • filtersigaret*; *sigaret met mondstuk* II BNW *filter-*; *met mondstuk*
emboquillar ov ww *van een filter voorzien*
emborrachar ov ww • *dronken maken*
• *duizelig maken*
emborracharse WKD WW • *dronken worden*
• *uitlopen* ⟨v. kleuren⟩
emborrar ov ww • *opvullen • schransen*
emborrascarse WKD WW • *stormachtig worden* ⟨v. weer⟩ • *mislukken; mislopen*
emborricarse WKD WW • *versteld staan*
• *smoorverliefd worden*
emborronar I ov ww *neerkrabbelen*; *volkrabbelen* II ON ww *krabbeltjes maken*
emboscada v *overval; hinderlaag; valstrik*
emboscado m *onderduiker*
emboscarse WKD WW • *zich verschuilen* ⟨tussen het groen⟩ • *een makkelijk baantje nemen*; *ergens onderuit willen*
embotadura v *afstomping*
embotar ov ww OOK FIG. *afstompen*
embotellado I m *(het) bottelen* II BNW *gebotteld*
embotellamiento m • *(het) bottelen*
• *verkeersopstopping* ★ soltar un ~ *een verhaal/les opdreunen*
embotellar ov ww • *botteln • uit het hoofd leren; in het hoofd stampen*
embotijar ov ww *in kannen/kruiken doen*
embotijarse WKD WW • *opzwellen • bijna in tranen uitbarsten • kwaad worden*
embovedar ov ww *van een gewelf voorzien*; *overwelven*
embozado BNW *bedekt* ⟨onderste helft van gezicht⟩
embozar ov ww • *verhullen • verstoppen* ⟨v. afwatering⟩
embozo m • *omslag* ⟨v. laken⟩ • *overslag* ⟨over het gezicht⟩ ★ sin ~ ni remilgos *recht voor zijn raap*
embragar OV+ON WW *de koppeling laten opkomen; koppelen*
embrague m *koppeling* ⟨v. auto⟩
embravecer I ov ww *ophitsen* II ON WW PLANTK. *uitgroeien*
embravecimiento m *razernij; woede*
embravezca ww (1e/3e p ev subj. t.t.)
→ **embravecer**
embrear ov ww *teren*
embriagador BNW *bedwelmend*
embriagar ov ww • *dronken maken* • *in vervoering brengen*
embriaguez v *dronkenschap*; OOK FIG. *roes* ★ en estado de ~ *onder invloed van alcohol*
embridar ov ww • *de teugels aanleggen • strak houden* ⟨v. teugels⟩
embriología v *embryologie*
embrión m *embryo* ★ FIG. en ~ *in de kiem* ★ la clonación de embriones *het klonen van embryo's*

em

em

embrionario BNW OOK FIG. *embryonaal*

embrollador m • *warhoofd* • *onruststoker*

embrollar OV WW *verwarren*; *in de war schoppen*

embrollista m/v CHI *onruststoker*

embrollo m • *warboel*; *verwarring* • *leugen* • *hachelijke situatie*

embromar OV WW • *voor de gek houden* • ZA *hinderen*; *vervelen*

embroncarse WKD WW ARG *boos|kwaad worden*

embrujado BNW *behekst*; *betoverd* ★ casa embrujada *spookhuis*

embrujamiento m *betovering*

embrujar OV WW • *betoveren*; *beheksen* • *fascineren*

embrujo m *betovering*; *charme*

embrutecer OV WW *afstompen*

embrutecimiento m *afstomping*; *verruwing*

embrutezca ww (1e/3e p ev subj. t.t.)
→ embrutecer

embuchado I m • *worst* • *bedrog*; *zwendel* • *verkiezingsfraude* • *improvisatie*; *inval* II BNW ★ carne embuchada *worst*

embuchar OV WW • *stoppen* ⟨v. worst⟩ • *kroppen* ⟨v. vogels⟩ • *opschrokken*; *verslinden*

embudo m *trechter* ★ ley del ~ *wet van de willekeur*

emburujar OV WW *verwarren*; *doen klonteren*

embuste m *leugen* ★ ~s *bedrog*; *oplichterij* ★ ~s *snuisterijen*

embustería v *bedrog*

embustero I m • *leugenaar*; *bedrieger* • *oplichter*; *zwendelaar* ★ ~ de marca mayor *aartsleugenaar* II BNW *leugenachtig*

embutido m • *worst* • *het maken van worst* • *samenvoeging*; *samenvatting*

embutir OV WW • *stoppen* ⟨v. worst⟩ • *instoppen* • *samenvatten*; *samenvoegen*

embutirse WKD WW *zich volstoppen*; *schrokken*

eme v • *m* (letter) ★ mandar a alg. a la eme *iemand zeggen dat hij moet opdonderen*

emergencia v • *het boven water komen*; *het opduiken* • *noodsituatie* ★ de ~ *nood-* ★ en caso de ~ *in geval van nood* ★ salida de ~ *nooduitgang*

emergente BNW *voortvloeiend*

emerger ON WW *opduiken*; *bovenkomen*; *oprijzen*

emérito BNW *emeritus*

emersión v *(het) opduiken*; *(het) boven komen*

emético m *braakmiddel*

emigración v • *emigratie*; *het emigreren* • *migratie* ★ MEX ~ golondrina *rondtrekkende seizoenarbeider*

emigrado m *emigrant*

emigrante I m/v *emigrant* II BNW *emigrerend*

emigrar ON WW • *wegtrekken*; *emigreren* • *migreren* ⟨v. dieren⟩

eminencia v • *voortreffelijkheid* • *terreinverheffing* • *eminentie* (titel) ★ ~ gris *iemand die achter de schermen werkt* ★ una ~ en cirugía *een eminent chirurg* ★ Su Eminencia *Zijne Eminentie*

eminente BNW *vooraanstaand*; *eminent*

emir m *emir*

emirato m *emiraat*

emisario m • *(geheime) bode* • *afwateringskanaal*

emisión v • *afgifte*; *uitgifte*; *emissie* • *uitzending* ★ tiempo de ~ *zendtijd* ★ ~ en directo *rechtstreekse uitzending*; *live-uitzending* ★ ~ en diferido *vooraf opgenomen uitzending*

emisor I m • TAALK. *zender* • *zendapparaat* II BNW *uitzendend* ★ aparato ~ *zendapparaat* ★ sujeto ~ TAALK. *zender*

emisora v *zender*; *zendstation* ★ ~ local *plaatselijke zender* ★ ~ de televisión *televisiezender* ★ ~ de interferencia *stoorzender* ★ ~ de pirata *piratenzender* • *emisosa de refuerzo steunzender*

emitir OV WW • *afgeven* • *uiten*; *uitspreken* • *in omloop brengen* • *uitzenden* ⟨v. programma⟩ ★ ~ su juicio sobre *zijn mening geven over* ★ ~ un diagnóstico *een diagnose stellen* ★ ~ su voto *zijn stem uitbrengen*

emoción v *emotie*; *opwinding* ★ con honda ~ *diep ontroerd* ★ la escena de más ~ *de meest ontroerende scène*

emocionado BNW *ontroerd*; *aangedaan*

emocional BNW • *emotioneel*; *gemoeds-* ★ estado ~ *gemoedstoestand*

emocionante BNW *ontroerend*; *opwindend*

emocionar OV WW *ontroeren*; *opwinden*

emoliente m *verzachtend middel*

emolumento m *honorering*; *emolument*

emotividad v *emotionaliteit*

emotivo BNW • *emotioneel*; *ontroerend* • *gevoelig*

empacar I OV WW • *balen maken*; *verpakken* ⟨in kratten⟩ • *inpakken* II ON WW LA *de koffers pakken*

empacarse WKD WW • *razend worden* • *doorslaan*

empachado BNW *overvol* ⟨v. maag⟩

empachar OV WW • *indigestie veroorzaken bij* • *verzadigen*; *genoeg krijgen van*

empacharse WKD WW *indigestie krijgen*

empacho m • *indigestie* • *verzadiging* ★ coger un ~ *zijn maag bederven*

empachoso BNW *hinderlijk*

empadrarse WKD WW *te veel aan de vader| ouders hangen*

empadronamiento m *registratie*; *register* ⟨v. volkstelling, verkiezingen⟩

empadronar OV WW *inschrijven in register*

empajar OV WW • *met stro bedekken* ⟨v. dieren⟩ • *met stro vermengen* ⟨v. leem⟩ • *opzetten* ⟨v. dieren⟩

empalagar I OV WW *misselijk maken* ⟨v. zoetigheid⟩ II ON WW *vervelend worden*

empalagarse WKD WW • *zich overeten* • *een hekel krijgen*

empalago m *walging*; *tegenzin*

empalagoso BNW *walgelijk zoet*; *zoetsappig*

empalidecer I OV WW OOK FIG. *doen verbleken* II ON WW *verbleken*

empalizada v *omheining*; *paalwerk*

empalmar I OV WW *splitsen* ⟨v. touw⟩; *verbinden* II OV+ON WW *aansluiten* ★ el tren empalma con el rápido *de trein sluit aan op de sneltrein*

empalme m • *verbinding*; *aansluiting*

• *knooppunt* ★ ~ dentado *getande verbinding*
empanada v • *broodje; pasteitje* • *bedrog;
oplichterij* • *hartige taart*
empanadilla v ≈ *saucijzenbroodje*
empanar I OV WW • *paneren* • *vullen* ‹v. een
empanada› **II** ON WW *zeer vruchtbaar zijn*
empantanar OV WW • *saboteren; laten
stagneren* ‹v. zaak› • *in een stuwmeer
verzamelen* ‹water›
empantanarse WKD WW • *vastlopen; blijven
steken* • *moerassig worden*
empañado BNW • *gesluierd* ‹v. stem› • *beslagen*
‹v. glas› • *aangeslagen* ‹v. metaal›
empañar OV WW • *dof/mat maken* • *in
diskrediet brengen; aantasten* ‹v. naam, eer›
empañarse WKD WW *beslaan* ‹v. ruit, bril›
empapar OV WW • *doorweken; (door)drenken*
• *deppen; opnemen* ★ empapado en sudor
badend in het zweet
empaparse WKD WW *doordrenkt raken* ‹v.
ideeën›
empapelado m • *(het) behangen* • *behang*
empapelador m *behanger*
empapelar OV WW • *behangen* • *in papier
wikkelen* • *een aanklacht indienen tegen; een
proces aandoen*
empaque m • *distinctie* • *gewichtigdoenerij*
• *verpakking* • *verpakkingsmateriaal*
empaquetador m *(in)pakker*
empaquetadura v *pakking* ‹afdichtmateriaal›
empaquetar OV WW • *inpakken; verpakken*
• *proppen* ‹v. mensen, in een ruimte›
• *straffen*
emparamarse WKD WW COL, VEN • *verstijven van
de kou* • *doodvriezen* • *doornat/kletsnat
worden*
emparedado I m • *geïsoleerd levend persoon*
• *sandwich* **II** BNW *opgesloten; geïsoleerd van
de buitenwereld*
emparedar OV WW *opsluiten; van de
buitenwereld isoleren*
emparejamiento m *paarvorming*
emparejar OV WW • *paren; koppelen* • *op gelijke
hoogte brengen; gelijk maken*
emparejarse WKD WW *op gelijke hoogte komen*
emparentado BNW *aangetrouwd; verwant* ★ ~
con *verwant aan* ★ estar bien ~ *van goede
familie zijn*
emparrado m • *latwerk* ‹voor klimplanten›
• *prieel; pergola*
empastado BNW • *gevuld* ‹v. kies, tand›
• *ingebonden* ‹v. boek›
empastar OV WW • *plomberen; vullen* ‹v. kies,
tand› • *inbinden* ‹v. boek› • LA *een weiland
maken van*
empaste m • *vulling; plombering* ‹v. kies, tand›
• *(het) inbinden* ‹v. boek› ★ ~ de oro *gouden
vulling*
empatado BNW *quitte; onbeslist* ★ SPORT estar/ir
~s *gelijkstaan*
empatar ON WW *gelijk spelen; gelijkstaan* ★ los
votos empatan *de stemmen staken* ★ ~on a
tres tantos *ze speelden met drie-drie gelijk*
empate m *gelijkspel; het gelijkstaan* ★ un ~ a
tres *drie-drie* ★ el tanto del ~ *de gelijkmaker*
empavarse WKD WW VEN *geen geluk hebben*

empavesado m *soldaat met schild*
empavesar OV WW *pavoiseren; met vlaggen
versieren*
empavonar OV WW *bruineren*
empavorecer OV WW *angst inboezemen*
empecatado BNW • IRON. *verrekt* • *tegendraads;
dwars*
empecer OV WW • *schade toebrengen; benadelen*
• *verhinderen; beletten*
empecinado BNW *koppig*
empecinamiento m *koppigheid*
empecinarse WKD WW *koppig volhouden* ★ ~ en
algo FIG. *ergens op staan*
empedarse WKD WW MEX. RPL *zat worden*
empedernido BNW *verstokt; hardnekkig*
★ fumador ~ *verstokt roker*
empedrado m *bestrating; plaveisel*
empedrador m *stratenmaker*
empedrar /ie/ OV WW *plaveien; bestraten*
empeine m *wreefgedeelte* ‹v. schoen›; *wreef*
empella v *bovenleer*
empellón m *stoot; stomp* ★ a empellones
duwend
empelotado BNW *bloot; (poedel)naakt* ★ estar ~
smoorverliefd zijn
empenachado BNW *gepluimd*
empenachar OV WW *met veren/pluimen
versieren*
empeñado BNW • *verpand* • *hardnekkig* • *hevig*
★ estar ~ *in de schulden zitten* ★ está ~ en
hacerlo *hij wil het met alle geweld doen*
empeñar OV WW • *verpanden* • *iemand als
bemiddelaar gebruiken* ★ ~ en mil pesetas
voor duizend euroverpanden
empeñarse WKD WW • *zich in de schulden
steken* • *koppig volhouden* ★ ~ en salir *beslist
willen uitgaan*
empeño m • *verpanding; belening* • *onderpand*
• *poging; onderneming* ★ con ~ *hardnekkig;
vastbesloten* ★ en ~ *in onderpand* ★ insistir con
~ en *erop staan dat* ★ hacer ~ de u.c. *zich iets
tot plicht maken*
empeoramiento m *verslechtering*
empeorar OV+ON WW *verergeren*
empequeñecer OV WW *verkleinen;
bagatelliseren*
empequeñezca WW (1e/3e p ev subj. t.t.)
→ **empequeñecer**
emperador m • *keizer* • *zwaardvis*
emperatriz v *keizerin*
emperejilarse WKD WW *zich mooi maken; zich
optutten*
emperezar I OV WW *uitstellen; op de lange baan
schuiven* **II** ON WW *lui worden*
empernar OV WW *vastzetten* ‹met bouten›
empero VW *nochtans*
emperrarse WKD WW *koppig vasthouden aan;
zijn zinnen zetten op*
empezar /ie/ OV+ON WW • *beginnen; aanbreken*
• *beginnen te* ★ empezó por declarar *hij
verklaarde eerst* ★ para ~ *om te beginnen; in
de eerste plaats* ★ empezando por *te beginnen
met* ★ ~ a escribir *beginnen te schrijven* ★ ~é
confesándole *om te beginnen zal ik u
bekennen*
empilcharse WKD WW ARG, URU INF. *zich*

opdoffen

empinado BNW • *steil* • *verwaand* • *kaarsrecht*

empinar I OV WW • *optillen; opheffen* • *scheef houden om te drinken* ⟨v. glas, fles⟩ ★ ~la zich *bezatten* ★ ~ el codo *zich bezatten* **II** ON WW *zuipen*

empinarse WKD WW • *op zijn tenen gaan staan* • *steigeren; op zijn achterbenen gaan staan* • *oprijzen; uittorenen*

empingorotado BNW *omhooggevallen; verwaand*

empíreo m *empyreum; (hoogste) hemel*

empírico BNW *empirisch; proefondervindelijk*

empirismo m *empirie*

empitonar OV WW *op de hoorns nemen*

empizarrado m • *leien dak* • *het bedekken met leisteen*

empizarrar OV WW *met leisteen bedekken*

emplasto m • *pleister; kompres* • *knoeiwerk* • *kwakkelaar; ziekelijk iemand* ★ está hecho un ~ *hij is heel zwak*

emplazamiento m • *dagvaarding; oproep* • *lokatie*

emplazar OV WW • *dagvaarden; oproepen* • *situeren*

emplazarse WKD WW TAUR. *midden in de arena blijven staan*

empleado I m • *kantoorbediende; werknemer* • LA *winkelbediende* ★ ~ público *ambtenaar* ★ ~ medio *mondale werknemer* ★ ~s *subalternos lager personeel* **II** BNW • *aangesteld* ⟨in functie⟩ • *gebruikt; verbruikt* • *aangewend; besteed* ★ dar algo por bien ~ *iets als welbesteed beschouwen* ★ le está bien ~ *dat is zijn verdiende loon*

emplear OV WW • *in dienst nemen; tewerkstellen* • *gebruiken* • *bestemmen; aanwenden* • *besteden; doorbrengen* ⟨v. tijd⟩ ★ ~ el día en u.c. *de dag met iets doorbrengen* ★ ~ mal el tiempo *de tijd slecht besteden* ★ ~ un medio *naar een middel grijpen*

emplearse WKD WW • *in dienst zijn; werkzaam zijn* • *zich beijveren*

empleo m • *gebruik* • *baan* • MIL. *rang* ★ sin ~ *werkloos* ★ modo de ~ *gebruiksaanwijzing* ★ ~ honorario *erebaantje* • pleno ~ *volledige werkgelegenheid* ★ suspender a alg. de ~ y sueldo *iemand uit zijn functie zetten* ★ ~ fijo *vaste baan* ★ ~ interino/temporal *tijdelijke baan* ★ ~ a tiempo parcial *deeltijdbaan* ★ generar ~ *werkgelegenheid scheppen* ★ calzar un ~ *een baantje in de wacht slepen* ★ ~ de mala muerte *rotbaantje* ★ ~ suplementario *bijbaan*

emplomado BNW *in lood gevat* ★ cristal/vidrio ~ *glas-in-lood*

emplomar OV WW • *met lood bedekken* • *van een loodje voorzien* • ZA *vullen* ⟨v. kies⟩

emplumar I OV WW *met veren versieren* **II** ON WW • *veren krijgen* • ZA *ontsnappen; zich uit de voeten maken*

empobrecer OV WW *verarmen; arm maken*

empobrecerse WKD WW *verarmen; verpauperen*

empobrecimiento m *verarming*

empollado BNW *als een huismus; honkvast* ★ bien ~ *die hard blokt; die hard gestudeerd*

heeft;

empollar I OV WW • *uitbroeden* • *blokken; hard studeren* ★ parece que está empollando huevos *hij zet geen stap buiten de deur* **II** ON WW *broeden*

empollón I m (v: **empollona**) *blokker; harde werker* ⟨op school⟩ **II** BNW (v: **empollona**) *blokkend; hard werkend* ⟨op school⟩

empolvado BNW *stoffig*

empolvar OV WW • *stoffig maken; met stof bedekken* • *poederen*

emponcharse WKD WW ZA *zich hullen in een poncho*

emponzoñamiento m *vergiftiging*

emponzoñar OV WW • *vergiftigen* • *verzieken; verpesten*

emporcar OV WW *vuilmaken*

emporio m • *(internationaal) handelscentrum* • *cultureel centrum*

emporrado BNW INF. *onder invloed van drugs*

emporrarse WKD WW • *een joint roken* • *stoned worden*

empotrar OV WW *vastmetselen*

emprendedor BNW *ondernemend* ★ espíritu ~ *ondernemingsgeest*

emprender OV WW *ondernemen; beginnen* ★ ~ la retirada *zich terugtrekken* ★ ~la con u.p. *iemand aanvallen*

empreñar OV WW • *nijdig maken* • *zwanger maken*

empreñarse WKD WW *kwaad worden*

empresa v • *onderneming* • *bedrijf* • *embleem* ★ aventurarse en ~s arriesgadas *waagstukken ondernemen* ★ acometer una ~ *iets ondernemen* ★ ~ agrícola *landbouwbedrijf* ★ ~ agropecuaria *gemengd bedrijf* ★ ~ comercial *handelsonderneming* ★ ~ constructora *bouwbedrijf* ★ ~ hombre de ~ *zakenman* ★ ~ de servicio público *openbaar nutsbedrijf* ★ ~ pública/estatal *overheids-/staatsbedrijf* ★ ~ individual *eenmansbedrijf* ★ pequeña y mediana ~ *midden- en kleinbedrijf*

empresariado m *werkgevers; ondernemers*

empresarial BNW *van de werkgevers; werkgevers-* ★ estudios ~es ≈ *bedrijfskunde* ★ sector ~ *bedrijfsleven*

empresario m • *zakenman; ondernemer* • THEAT. *impresario* ★ ~ de derribos *sloper* ★ ~ de mudanzas *verhuizer* ★ ~ de pompas fúnebres *begrafenisondernemer* ★ los pequeños impresarios *de kleine zelfstandigen*

emprestar OV WW INF. • *te leen vragen* • *(uit)lenen*

empréstito m *(staats)lening*

embrobezca WW (1e/3e p ev subj. t.t.) → **embrobecer**

empujada v GUA, VEN, RPL *por; zet; duw*

empujar OV WW • *duwen; vooruitduwen* • *onder druk zetten* • *eruit werken; wippen*

empuje m • *(het) duwen; (het) stoten* • *stoot; druk* • *daadkracht; voortvarendheid* • *ondernemingslust*

empujón m • *duw; stoot* ★ FIG. *ruk* ★ a empujones *met horten en stoten*

empulgueras v mv *duimschroeven*

empuñadura v *gevest; handvat; knop*

empuñar OV WW *vatten*; *vastpakken* ⋆ CHI ~ la mano *de vuist ballen*

emú m *emoe*

emulación v *emulatie*; *wedijver*

emular OV WW *wedijveren met*

émulo m *rivaal*; *mededinger*

emulsión v *emulsie*

emulsionar OV WW *een emulsie maken van*

en VZ • *in* • *uit* • *op* • *aan* • *bij* • *te* ⋆ en la fiesta *tijdens het feest* ⋆ convertirse en enemigo *in een vijand veranderen* ⋆ apreciar en mucho *hoogachten* ⋆ en broma *voor de grap* ⋆ en voz baja *zacht(jes)* (v. stem) ⋆ fértil en granos *rijk aan graan* ⋆ en efecto *inderdaad* ⋆ en la calle *op straat* ⋆ en casa *thuis* ⋆ en otro lugar *elders* ⋆ beber en un vaso *uit een glas drinken* ⋆ en verano *'s zomers* ⋆ en breve *binnenkort* ⋆ de día en día *van dag tot dag*

enaceitarse WKD WW *vettig worden*

enagua v *onderrok*; *onderjurk*

enajenable BNW *vervreemdbaar*

enajenación v • *overdracht* • *vervreemding* • *vervoering*; *verrukking* • *waanzin*

enajenar OV WW • *overdragen*; *afstand doen van* • *gek maken*; *buiten zichzelf brengen* • *verrukken*; *betoveren* • *vervreemden*

enalbardar OV WW *zadelen*

enaltecer OV WW *verheerlijken*

enaltecerse WKD WW • *tevreden zijn* • *zich boven anderen verheven voelen*

enaltezca WW (1e/3e p ev subj. t.t.) → enaltecer

enamoradizo I m *iemand die gemakkelijk verliefd wordt* II BNW *gauw verliefd*

enamorado I m • *geliefde*; *minnaar* • *liefhebber* II BNW *verliefd*

enamoramiento m *verliefdheid*

enamorar OV WW • *verliefd maken* • *flirten*

enamorarse WKD WW • *dol zijn (op)*; *weg zijn (van)* • (~ de) *verliefd raken/worden op*

enamoricarse WKD WW *een beetje verliefd worden*

enana v MEX *meisje*

enano I m • *dwerg* • MEX *jongen* ⋆ disfrutar como un ~ *zich uitstekend vermaken* II BNW *dwerg-*

enarbolar OV WW *omhoog steken/houden*

enarcar OV WW *buigen*; *krommen* ⋆ ~ las cejas *de wenkbrauwen optrekken*; *verbaasd kijken*

enarcarse WKD WW *ineenkrimpen*

enardecer OV WW *in vuur en vlam zetten*; *bezielen*

enardecerse WKD WW • *opgewonden raken* • *ontstoken raken*

enardecimiento m *opwinding*

enardezca WW (1e/3e p ev subj. t.t.) → enardecer

enarenar OV WW *zand strooien over*

enastado BNW *gehoornd*

encabalgamiento m *enjambement*

encabestrar OV WW *halsteren*

encabezado BNW • *hoofd* (v. brief) • *het versnijden* (v. wijn) • CHI, GUA, MEX *krantenkop*

encabezamiento m *aanhef* (v. brief)

encabezar OV WW • *lijsttrekker zijn van* • *van een titel voorzien*; *openen met* (v. brief)

• *aanvoeren*; *aan het hoofd staan van* ⋆ ~ la oposición *de oppositie leiden* ⋆ ~ la dirección que encabeza estas líneas *het bovenstaande adres*

encabritarse WKD WW • *steigeren* • *nijdig worden*

encachimbado BNW CA *razend*; *hels*; *woedend*

encadenado I m • *ketendicht* • *muurwerk* II BNW • *aaneengeketend* • *samenhangend*

encadenar OV WW • *ketenen* • FIG. *kluisteren* • *aaneenrijgen*

encajador BNW *met een groot incasseringsvermogen*

encajadura v • *invoeging* • *inpassing*

encajar I OV WW • *(in)zetten*; *insteken* • *zetten* (v. arm e.d.) • *werpen*; *schieten* • *laten aanhoren*; *trakteren op* (een preek) • *opschepen met*; *in de maag splitsen* • *incasseren* (boksen) ⋆ se lo ha encajado *hij heeft het hem wijsgemaakt* ⋆ ~ a u.p. u.c. *iemand iets aanpraten* ⋆ ~ un bofetón *een oorvijg geven* II ON WW • *samengaan*; *passen* (con bij); *in overeenstemming zijn* • *indalen* (v. ongeboren kind) ⋆ tu proposición encaja mal *jouw voorstel is onaanvaardbaar* ⋆ la puerta encaja bien *de deur sluit goed*

encajarse WKD WW • *zich opdringen* • *aantrekken* (v. kleren) • (con) *treffen*; *tegen het lijf lopen*

encaje m • *(het) inpassen* • *kant(werk)* ⋆ ~ de oro *goudvoorraad* ⋆ ~ de Bruselas *Brusselse kant* ⋆ (capacidad de) ~ *incasseringsvermogen*

encajera v *kantwerkster*

encajonado m *stuwdam*

encajonar OV WW • *in kisten/dozen doen* • *proppen*

encalabrinar OV WW • *irriteren* • *bedwelmen*

encalabrinarse WKD WW • *zich ergeren (aan)* • *verliefd worden (op)* • (~ con) *zijn zinnen zetten op*

encalado m *het witten*

encalador m *looikuip*

encalar OV WW *witten*; *kalken*

encalatarse WKD WW PERU *zich (helemaal) uitkleden*

encalladura v *het stranden*

encallar ON WW • *aan de grond lopen*; *stranden* • *mislukken*; *vastlopen* ⋆ ~ en la arena *vastlopen in het zand*

encallecer ON WW *eeltachtig worden*; *vereelten*

encallecerse WKD WW • *vereelten* • *ongevoelig worden*; *hard worden* • *verslingerd worden*; *verslaafd worden*

encallecido BNW • *eeltig* • *gehard*

encallezca WW 1e/3e p ev subj. t.t. → encallecer

encalmado BNW • *flauw* (v. beurs) • *kalm* (v. weer)

encalmarse WKD WW *kalm worden*; *gaan liggen* (v.d. wind)

encalvecer ON WW *kaal worden*

encalvezca WW (1e/3e p ev subj. t.t.) → encalvecer

encamar OV WW • *in bed stoppen* • *op de grond werpen*

encamarse WKD WW *ziek naar bed gaan*

encaminado BNW *gericht op* ★ medidas
encaminadas a *maatregelen gericht op*
encaminar OV WW • *heenleiden; de weg wijzen*
★ *ir mal/bien encaminado (niet) op de goede
weg zijn* ★ FIG. • *a richten op*
encaminarse WKD WW *op weg gaan; zich
begeven (a naar)*
encamisar OV WW • *(iemand) een (over)hemd
aantrekken* • *(iets) verhullen*
encampanado BNW *klokvormig* ★ MEX dejar a
uno ~ *(iemand met de brokstukken laten
zitten; iemand in de kou laten staan*
encanalar OV WW *kanaliseren*
encanallarse WKD WW *op het slechte pad raken*
encandilado BNW • *rechtop* • *schitterend*
encandilar OV WW • *verbluffen; verblinden*
• *verlokken; verleiden*
encandilarse WKD WW • *gaan schitteren* ⟨v.
ogen⟩ • PR *nijdig worden*
encanecer ON WW *grijs worden*
encanezca WW (1e/3e p ev subj. t.t.)
→ **encanecer**
encanijado BNW *ziekelijk*
encanijarse WKD WW *wegkwijnen*
encanillar OV WW *op een spoel winden; spoelen*
encantado BNW • *betoverd* • *enthousiast;
verrukt* • *afwezig; verstrooid* ★ ~ de conocerle
aangename kennismaking ★ i~ de la vida! *van
ganser harte* • casa encantada *spookhuis*
encantador I m *tovenaar* ★ ~ de serpientes
slangenbezweerder II BNW OOK FIG. *betoverend;
charmant*
encantamiento m • *betovering* • *verstrooiing;
verstrooidheid* ★ como por arte de ~ *als bij
toverslag*
encantar OV WW • *betoveren* • *heel erg leuk
vinden; dol zijn op* • *slangen) bezweren* ★ me
encanta *ik vind het erg leuk*
encantarse WKD WW *staren; verstrooid kijken*
encanto m • *bekoring; aantrekkelijkheid*
⟨meestal mv⟩ • *schatje; lieverd* • VEN *spook;
geest* ★ como por ~ *als bij toverslag*
encañado m • *rieten schutting* • *waterleiding*
encañar OV WW *stutten* ⟨v. planten⟩
encañonar OV WW *onder schot houden*
encapotarse WKD WW • *betrekken* ⟨v. lucht⟩
• *een cape omdoen* • *fronsen*
encapricharse WKD WW • *verliefd raken (op)*
• (~ con) *zijn zinnen zetten op*
encarado BNW ★ bien ~ *knap* ⟨v. gezicht⟩
encaramar OV WW • *optillen* • *promoveren;
bevorderen* • *verheerlijken*
encaramarse WKD WW • *klimmen; klauteren*
• FIG. *opklimmen*
encaramiento m • *het strak aankijken*
• *confrontatie*
encarar OV WW • OOK FIG. *tegenover elkaar
zetten* • *het hoofd bieden* • *strak aankijken*
encarcelación v *opsluiting* ⟨in gevangenis⟩
encarcelar OV WW *opsluiten; gevangen zetten*
encarecer I OV WW • *hoog opgeven van*
• *onderstrepen; benadrukken* • *duurder maken*
★ han encarecido la gasolina *de benzine is
duurder geworden* II ON WW *duurder worden*
encarecerse WKD WW *duurder worden*
encarecidamente BIJW *dringend*

encarecimiento m • *prijsverhoging; het duurder
worden* • *nadrukkelijkheid; aandrang* ★ con ~
dringend
encarezca WW 1e/3e p ev subj. t.t. → **encarecer**
encargado I m *bedrijfsleider; zaakwaarnemer*
★ ~ de negocios *zaakwaarnemer* II BNW
belast; verantwoordelijk
encargar OV WW • *belasten* (a met); *de zorg
toevertrouwen* • *opdragen* • *bestellen; opdracht
geven* • MEX *zwanger raken* ★ me encargan
para ti muchos recuerdos *ik moet je de
hartelijke groeten doen*
encargarse WKD WW *op zich nemen* ★ ~ de la
ejecución *de uitvoering op zich nemen*
encargo m • *opdracht; het opdragen*
• *bestelling; order* • *boodschap* ★ como (hecho)
de ~ *als geknipt* ★ de ~ *op bestelling* • hacer
un ~ *een order uitvoeren* ★ LA estar de ~
zwanger zijn ★ MEX traer de ~ *iemand lastig
vallen*
encariñar OV WW *genegenheid opwekken bij*
encariñarse WKD WW (~ con) *zich hechten
(aan); gehecht raken (aan)*
encarnación v • *vleeswording; menswording*
• *belichaming* • *vleeskleur*
encarnado BNW • *knalrood* • *vleesgeworden*
encarnar I OV WW *uitdrukken; belichamen* ★ ~
un papel *een rol spelen* II ON WW • *mens
worden; vlees worden* • *genezen; helen*
encarnarse WKD WW *vlees worden; incarneren*
encarnecer ON WW *dik worden*
encarnezca WW (1e/3e p ev subj. t.t.)
→ **encarnecer**
encarnizado BNW • *rood* • *hevig*
• *bloeddoorlopen* ⟨v. ogen⟩ • *(rood) ontstoken*
⟨v. wond⟩
encarnizamiento m • *heftigheid*
• *kwaadaardigheid; wreedheid*
encarnizarse WKD WW • *verscheuren* ⟨v. prooi⟩
• *wreed optreden* ★ ~ en u.p. *iemand gruwelijk
behandelen*
encarpetar OV WW • *in mappen opbergen* • ZA
op de lange baan schuiven
encarrilar OV WW • *op de rails plaatsen* • *in
goede banen leiden*
encartar I OV WW • *opnemen* ⟨v. persoon in
organisatie, systeem⟩ • SL. *verraden* ⟨bij
verhoor⟩ • *bij verstek veroordelen* II ON WW
*het neerleggen van de kaart die de kleur
bepaalt*
encarte m *het bepalen van de kleur/troef* ⟨bij
kaartspelen⟩
encartonar OV WW • *in karton verpakken*
• *kartonneren*
encasillado m *verzameling vakjes*
encasillar OV WW • *over vakjes verdelen* • *in
hokjes stoppen*; FIG. *etiketten opplakken*
encasquetar OV WW • *stevig op zijn hoofd zetten*
• *opdringen; laten aanhoren* ⟨v. iets
vervelends⟩
encastillado BNW • *trots* • *hardnekkig*
encastillarse WKD WW *zich vastbijten; zich niet
laten afbrengen*
encastrable BNW *inbouw-* ★ horno incastrable
inbouwoven
encatrinarse WKD WW MEX *zich elegant kleden;*

zich opdoffen

encausar OV WW *een proces aanspannen tegen*

encauzamiento m *kanalisatie*; *het indammen*

encauzar OV WW • *in een bedding leiden*; *kanaliseren* • *leiden*; *sturen*

encefálico BNW *hersen-*; *van de hersenen* ★ *masa encefálica hersenmassa*

encefalograma m *encefalogram*

encefalopatia v ★ ~ *espongiforme bovina gekkekoeienziekte*; *BSE*

encelar OV WW *jaloers maken*

encelarse WKD WW *bronstig worden*

encenagado BNW • *bemodderd* • *verdorven*; *verloederd*

encenagarse WKD WW • *in de modder terecht komen*; *zich bemodderen* • *een verdorven leven leiden*

encendajas v MV *aanmaakhout*

encendedor I m *aansteker* ★ ~ *de bolsillo sigarettenaansteker* ★ ~ *no rellenable wegwerpaansteker* ★ ~ *mecánico gasaansteker* **II** BNW ★ *dispositivo* ~ *aansteker*

encender /ie/ OV WW • *aansteken*; *in brand steken* • *aandoen* ‹v. licht›; *aanzetten* ‹v. apparaat› • *ontketenen*; *doen losbarsten* • *(op)wekken* ‹v. emoties› • *doen blozen* ★ ~ *la radio de radio aanzetten* ★ ~ *la lengua branden op de tong/in de mond*

encenderse /ie/ WKD WW • *aangaan* ‹v. lamp, apparaat› • *blozen* ★ ~ *en ira kwaad worden*

encendido I m *ontsteking* **II** BNW • *aan(gestoken)*; *brandend* • *vurig*; *fel* • *blozend*; *(vuur)rood*

encentar /ie/ OV WW *aansnijden*

encerado I m • *waterdicht wasdoek*; *zeildoek* • *schoolbord* **II** BNW *in de was gezet*

encerar OV WW *in de was zetten*

encerradero m *kraal*; *hok*

encerrar /ie/ OV WW • *opbergen*; *opsluiten* • *samenvatten* • *vastzetten* ★ ~ *entre paréntesis tussen haakjes zetten*

encerrarse /ie/ WKD WW *zich van de wereld terugtrekken*

encerrona v • *valstrik*; *hinderlaag* • *stierengevecht* ‹zonder publiek› ★ *preparar a uno la* ~ *iemand erin laten lopen*

encestar ON WW • *in manden doen* • *scoren* ‹bij basketbal›

enchapado m *fineer*

enchapar OV WW *fineren*

encharcada v *plas*

encharcado BNW *moerassig*

encharcar OV WW • *onder water zetten* • *van streek maken* ‹v. maag›

encharcarse WKD WW *van streek raken* ‹v. maag› ★ *se encharcaron con las ciruelas hun maag is van streek geraakt door de pruimen*

enchilada v LA *pittig gevulde maïspannenkoek*

enchilado m CUBA *gerecht met schelpdieren en saus van chilipeper*

enchironar OV WW *in de nor gooien*

enchufado m • *iemand die dankzij relaties een baan heeft* • *iemand die de juiste relaties heeft*

enchufar I OV WW • *aansteken*; *aanzetten*; *inschakelen* • *aan een baan helpen* ‹via connecties› **II** ON WW *een baan krijgen* ‹via connecties›

enchufe m • *stekker en stopcontact* • *connectie(s)*; FIG. *kruiwagen* • *mooi baantje* ‹dankzij relaties›

enchufismo m *vriendjespolitiek*; *relaties*

enchularse WKD WW • *op kosten van een prostituee leven* • *zich prostitueren (om pooier te onderhouden)* ‹v. vrouw›

encia v *tandvlees*

encíclica v *encycliek*

enciclopedia v *encyclopedie* ★ *ser una* ~ (*viviente*) *een wandelende encyclopedie zijn*

enciclopédico BNW *encyclopedisch*

encierro m • *opsluiting*; *bezetting* ‹v. gebouw› • *kraal*; *hok* • *afzondering*; *retraite* • *groep stieren* ‹bestemd voor stierengevecht›

encima BIJW • *op* • *bij zich* • *zo dadelijk* • *bovendien*; *voorts* ★ ~ *de (boven)op*; *behalve* ★ *está por* ~ *de mis fuerzas het gaat mijn krachten te boven* ★ *por* ~ *oppervlakkig* ★ *por* ~ *de todo ondanks alles* ★ *lo de* ~ *het bovenste deel* ★ *echarse* ~ *u.c. iets op zich nemen* ★ *la guerra está* ~ *de oorlog is in zicht* ★ *se me quitó un gran peso de* ~ *dat was een pak van mijn hart* ★ *no tengo dinero* ~ *ik heb geen geld bij me* ★ *se le echa algo de* ~ *er staat hem iets te wachten* ★ *llevar algo* ~ *iets op zak hebben*; *iets bij zich hebben* ★ *estar alg.* ~ *de otro elkaar in de haren zitten*

encimero BNW *bovenste*; *boven-*

encina v • *steeneik* • *eikenhout*

encinal m (**encinar**) *steeneikenbos*

encinta BNW *zwanger*

encizañar OV+ON WW *tweedracht zaaien*

enclaustrar OV WW *in een klooster opsluiten*

enclavar OV WW • *vastspijkeren* • *misleiden*

enclave m *enclave*

enclenque BNW *ziekelijk* ★ *niño* ~ *bleekneusje*

enclítico BNW *enclitisch*

encobar ON WW *broeden*

encocorar OV WW *vreselijk ergeren*

encofrado m • *houten stutwerk* ‹in mijn› • *bekisting* ‹voor beton›

encoger I OV WW • *doen krimpen* • *intrekken* ‹v. ledematen› ★ ~ *el ánimo het hart ineen doen krimpen* ★ ~ *los hombros de schouders ophalen* ★ ~ *la mano zijn hand terugtrekken* **II** ON WW *krimpen* ★ *no encoge krimpvrij* ‹op etiket›

encogerse WKD WW • *ineenkrimpen* • *de moed verliezen* ★ ~ *de hombros zijn schouders ophalen*

encogido BNW *schuchter*

encogimiento m • *het krimpen* • *verlegenheid*

encojar OV WW *kreupel maken*

encojarse WKD WW *zich ziek houden*

encolado m *het opplakken*; *het inplakken*

encolar OV WW • *lijmen* • *gronden*; *met lijm insmeren*

encolerizar OV WW *woedend/razend maken*

encolerizarse WKD WW *kwaad worden*

encomendar /ie/ OV WW • *opdragen* • *toevertrouwen*

encomendarse /ie/ WKD WW *zich toevertrouwen*; *zich overgeven*

en

encomiar OV WW *prijzen; ophemelen*
encomiástico BNW *ophemelend; prijzenswaardig*
★ discurso ~ *lofrede*
encomienda V ● *opdracht; het opdragen*
● *bescherming* ● *recht om belasting te heffen*
● LA *postpakket*
encomio m *ophemeling; loftuiting*
enconado BNW ● *ontstoken* ● *fel; verwoed*
enconar OV WW ● *doen ontsteken* ⟨v. wond⟩
● *aanwakkeren; opzwepen* ⟨v. discussie, meningsverschil⟩
encono m *verbittering; vijandigheid*
enconoso BNW ● *ontstoken; zwerend* ⟨v. wond⟩
● *vijandig; wrokkig; kwaaddenkend*
encontradizo BNW ★ hacerse el ~ *iemand zogenaamd toevallig ontmoeten*
encontrado BNW *tegen(over)gesteld; tegenstrijdig*
encontrar /ue/ OV WW ● *vinden* ● *ontmoeten; tegenkomen* ● *hartelijkheid) ondervinden* ★ ~ dificultades *op moeilijkheden stuiten*
★ imposible de ~ *onvindbaar* ★ ~ la pista de *op het spoor komen van* ★ lo encuentro caro *ik vind het duur* ★ le encuentro mala cara *ik vind dat hij er slecht uit ziet*
encontrarse /ue/ WKD WW ● *zich bevinden* ★ se lo encuentra todo hecho *alles gaat hem gemakkelijk af* ★ ~ mal *zich beroerd voelen* ● (~ **con**) *treffen; tegen het lijf lopen*
encontrón m (**encontronazo**) *botsing; aanrijding* ★ dar un ~ con *een botsing hebben met*
encopetado BNW *van hoge afkomst; voornaam*
encopetarse OV WW *hoger maken; een kop zetten op*
encorajinar OV WW *kwaad maken*
encorchar OV WW *kurken*
encordar /ue/ OV WW ● *besnaren* ● *met touwen afzetten* ⟨v. plein⟩
encornado BNW ★ bien ~ *goed gehoornd*
encornadura V *hoorns*
encornar OV WW *verwonden* ⟨met de hoorns⟩
encorsetar OV WW ● *in een korset rijgen;* FIG. *in een keurslijf dwingen*
encortar OV WW ● *bekorten; korter maken* ● *verlegen maken*
encorvado BNW *gebogen* ⟨rug⟩
encorvadura V *kromming*
encorvamiento m → encorvadura
encorvar OV WW *krommen; (ver)buigen*
encrespado BNW ● *gekruld* ● *ruw* ⟨v. zee⟩
encrespador m *krultang*
encrespar OV WW ● *in de krul doen* ● *irriteren; kwaad maken* ● *woelig maken* ⟨v. zee⟩
encrucijada V ● *kruispunt* ● *dilemma* ★ héroe de ~ *struikrover*
encuadernación V ● *(boek)binderij* ● *(boek)band*
★ ~ en media pasta *halfleren band* ★ ~ de lujo *prachtband* ★ ~ en pasta italiana *perkamenten band* ★ ~ en tela *linnen band*
encuadernador m *boekbinder*
encuadernar OV WW *(in)binden*
encuadramiento m *omlijsting*
encuadrar OV WW ● *inlijsten; inpassen; omlijsten*
● FOTO. *inzoemen op; richten op* ● *afstemmen* ⟨v. televisiebeeld⟩
encuadre m ● *afstelling* ⟨v. beeld, foto⟩

● *achtergrond; decor*
encuartelar OV WW COL *onderdak verschaffen*
encubierta V *bedrog*
encubierto BNW *verborgen; verkapt*
encubridor I m *iemand die iets verzwijgt; medeplichtige* II BNW *verzwijgend; verbergend*
encubrimiento m ● *het geheim houden; het verbergen* ● *heling*
encubrir OV WW *verbergen; verzwijgen*
encuentro m ● *ontmoeting* ● *wedstrijd* ● *vondst* ● *botsing* ● *onenigheid; botsing* ★ ir/salir al ~ de alg. *iemand tegemoet gaan/tegemoet komen* ★ ~ final *eindwedstrijd; finale*
encuerar OV WW *uitkleden*
encuerarse WKD WW *zich uitkleden*
encueratriz V MEX *stripteasedanseres*
encuesta V *enquête; onderzoek*
encumbrado BNW ● *hoog* ● *uitstekend* ● *verwaand*
encumbramiento m ● *verheffing* ● *hoogte; hoge positie*
encumbrar OV WW *verheffen; op een hoge post plaatsen*
encumbrarse WKD WW *zich opwerken*
encurtidos m mv *tafelzuur*
ende ★ FORM. por ende *derhalve; bijgevolg*
endeble BNW *zwak*
endeblez V *zwakheid*
endecasílabo BNW *elflettergrepig*
endecha V *klaagzang*
endémico BNW ● MED. *endemisch* ● *chronisch*
endemoniado I m *bezeten* II BNW ● *bezeten* ● *lastig; vervelend* ● *rot-*
endenantes BIJW LA *onlangs; kortgeleden*
endentar /ie/ OV WW ● *in elkaar grijpen* ⟨v. tanden, tandraderen⟩ ● *van tanden voorzien*
endentecer ON WW *tanden krijgen*
endentezca WW (1e/3e p ev subj. t.t.)
→ **endentecer**
enderezado BNW *geschikt*
enderezador I m *beugel* ⟨voor tanden⟩ II BNW *recht makend; regulerend*
enderezar OV WW ● *recht buigen; rechtop zetten* ● *corrigeren; straffen; leiden; sturen* ● *in orde brengen/maken* ● *reguleren* ⟨v. tanden⟩
enderezarse WKD WW ● *ten doel hebben* ● *zich begeven*
endeudarse WKD WW *schulden maken; zich in de schulden steken* ★ endeudado *in de schulden*
endiablado BNW *rot-; duivels moeilijk*
endibia V *andijvie*
endilgar OV WW *opschepen met* ★ nos endilgó su sermón de cada día *we moesten zijn dagelijkse preek aanhoren*
endiñar OV WW ● *geven* ⟨v. klap⟩ ● *in de maag splitsen* ★ ~ un sopapo a alg. *iemand een oplawaai geven*
endiosado BNW *hoogmoedig*
endiosamiento m ● *ver(af)goding* ● *hoogmoed; verwaandheid*
endiosar OV WW *vergoddelijken*
endiosarse WKD WW *verwaand worden*
endocrino BNW *endocrien*
endomingado BNW *in zijn zondagse kleren; op zijn paasbest*

endosar OV WW • *endosseren* • *opzadelen met*
endosatario m *geëndosseerde*
endoso m *endossement*
endriago m *monster; draak*
endrina v *vrucht van sleedoorn*
endrino I m *sleedoorn* II BNW *blauwzwart*
endrogarse WKD WW • CHI, MEX, PERU *zich in de schulden steken* • PR, DOM *drugs gebruiken*
endulzador I m ∗ ~ *del agua waterontharder* II BNW *zoet makend*
endulzar OV WW • *verzoeten; zoet maken* • *verzachten*
endurecer OV WW OOK FIG. *(ver)harden*
endurecimiento m *verharding; hardheid*
endurezca WW (1e/3e p ev subj. t.t.)
→ **endurecer**
ene I v *n* ⟨letter⟩ ∗ INF. *la ene o de palo de galg* II BNW ∗ *un número ene een x aantal*
enea v *lisdodde* ∗ *silla de enea rieten stoel*
eneberbesstruik
enebro m *jeneverbesstruik*
enema m *klysma; lavement*
enemiga v *hekel; afkeer* ∗ *me tiene ~ hij heeft een hekel aan me*
enemigo I m *vijand; tegenstander* ∗ ~ *formal verklaard vijand/tegenstander* ∗ *pasarse al ~ naar de vijand overlopen* ∗ *el ~ (malo) de duivel; de boze* ∗ ~ *mortal doodsvijand* ∗ ~ *público staatsvijand; volksvijand* ∗ *ganarse ~s zich vijanden maken; zich niet geliefd maken* II BNW *vijandig; vijandelijk* ∗ *soy ~ de disputas ik houd niet van redetwisten*
enemistad v *vijandschap; vijandigheid*
enemistar OV WW *tot vijand(en) maken; uit elkaar drijven* ⟨v. vrienden⟩
enemistarse WKD WW *ruzie krijgen*
eneolítico BNW *uit de bronstijd*
energética v *energetica*
energético BNW • *van de energie* • ZA *ondernemend; krachtdadig; energiek*
energía v • OOK FIG. *energie* • *doortastendheid* ∗ ~ *potencial potentiële energie* ∗ ~ *nuclear kernenergie* ∗ ~ *radiante stralingsenergie* ∗ ~ *atómica atoomenergie* ∗ *con ~ doortastend* ∗ ~ *eólica windenergie* ∗ ~ *solar zonne-energie* ∗ *chupar ~ energie/stroom vreten*
enérgico BNW *energiek*
energizar OV WW COL *stimuleren; oppeppen*
energúmeno m *bezeteme* ∗ *correr como un ~ als een waanzinnige heen en weer lopen*
enero m *januari*
enervar OV WW • *doen verslappen; doen verzwakken* • *nerveus maken*
enésimo BNW *zoveelste* ∗ *la enésima potencia de n-de macht* ∗ *por la enésima vez voor de zoveelste keer*
enfadadizo BNW *prikkelbaar; opvliegend*
enfadado BNW *boos* ∗ *estar ~ boos zijn* ∗ *¿estás ~ conmigo? ben je boos op me?*
enfadar OV WW *kwaad maken*
enfadarse WKD WW *kwaad worden*
enfado m • *kwaadheid; boosheid* • *wrevel; ontstemming* ∗ *con ~ kwaad; ontstemd*
enfadoso BNW *lastig; onaangenaam*
enfangar OV WW • *met modder bevuilen* • FIG. *besmeuren*
enfangarse WKD WW • *zich besmeuren met modder* • *zich verlagen;* FIG. *vuile handen maken*
enfardar OV WW *verpakken* ⟨in balen⟩
énfasis m *nadruk; klem* ∗ *con ~ nadrukkelijk; met klem* ∗ *dar ~ a kracht bijzetten; benadrukken* ∗ *poner el ~ en de nadruk leggen op*
enfático BNW *nadrukkelijk; emfatisch*
enfatizar OV+ON WW *de nadruk leggen op; benadrukken*
enfermar I OV WW OOK FIG. *ziek maken* II ON WW *ziek worden*
enfermedad v *ziekte; kwaal* ∗ ~ *azul blauwzucht* ∗ ~ *funcional ziekte van een lichaamsfunctie* ∗ ~*es cardiovasculares hart- en vaatziekten* ∗ ~ *contagiosa besmettelijke ziekte* ∗ ~ *gástrica maagziekte* ∗ ~ *del hígado leveraandoening* ∗ ~ *infantil kinderziekte* ∗ ~ *del legionario veteranenziekte* ∗ ~ *pulmonar longziekte* ∗ ~ *de transmisión sexual geslachtsziekte* ∗ ~ *venérea geslachtsziekte* ∗ ~ *de la vejez ouderdomskwaal* ∗ ~ *dérmica huidziekte* ∗ *coger/contrear una ~ een ziekte oplopen* ∗ ~ *carencial gebreksziekte*
enfermera v *verpleegster* ∗ *casa de ~s zusterhuis*
enfermería v *ziekenboeg; ziekenafdeling*
enfermero m *verpleger*
enfermizo BNW *ziekelijk*
enfermo I m *patiënt; zieke* ∗ ~ *de lijdend aan* ∗ ~ *ambulante niet bedlegerige patiënt* ∗ *encontrarse ~ ziek zijn* II BNW *ziek*
enfermoso BNW CA *ziekelijk*
enfervorizar OV WW *aanvuren; enthousiast maken*
enfiestarse WKD WW LA *blij/vrolijk zijn; zich amuseren*
enfilar I OV WW *viseren; richten* II ON WW *afstevenen op*
enfisema v *emfyseem* ∗ ~ *pulmonar longemfyseem*
enfiteusis v *erfpacht*
enflaquecer ON WW *vermageren*
enflaquecimiento m *vermagering*
enflaquezca WW (1e/3e p ev subj. t.t.)
→ **enflaquecer**
enflautada v HON *blunder; flater*
enflautar OV WW • *opblazen* • *misleiden*
enfocar OV WW • *scherp stellen* • *richten op;* OOK FIG. *gericht staan op; beschijnen* • *belichten; bestuderen; benaderen*
enfoque m • *scherpstelling* • OOK FIG. *benadering; richting*
enforcarse WKD WW • *betrekken; bewolkt worden* • *nors worden* • *zich inlaten met*
enfoscar OV WW *aanstrijken* ⟨met cement⟩
enfrascar OV WW *bottelen*
enfrascarse WKD WW *verdiept raken in; opgaan in* ∗ *enfrascado en la plática verdiept in het gesprek*
enfrenar OV WW *(be)teugelen*
enfrentar OV WW • *tegenover elkaar plaatsen* • *het hoofd bieden aan*
enfrente BIJW *recht voor zich; aan de overkant* ∗ ~ *de tegenover*
enfriamiento m • *(af)koeling; bekoeling* • *verkoudheid*

en

en

enfriar /í/ ov ww *(af)koelen*; *doen bekoelen*
enfriarse /í/ wkd ww • *koud worden*; *afkoelen*
• *afnemen*; *bekoelen* ⟨v. vriendschap⟩
enfunchar ov ww cuba, pr *boos/nijdig worden*
enfundar ov ww *in een schede/hoes steken*
enfurecer ov ww *woedend maken*; *razend maken*
enfurecerse wkd ww • *woedend worden*
• *tekeergaan*; *woelig worden* ⟨v. zee⟩
enfurezca ww (1e/3e p ev subj. t.t.)
→ **enfurecer**
enfurruñamiento m *wrevel*; *korzeligheid*
enfurruñarse wkd ww • *pruilen*; *kniezen*
• *betrekken* ⟨v. lucht⟩
engaitar ov ww *ompraten*
engalanar ov ww *versieren*; *uitdossen*
engallarse wkd ww *zelfvoldaan zijn*
enganchar ov ww • *aan de haak slaan*
• *vastkoppelen*; *vastmaken* • *ronselen*
enganche m • *(het) vastmaken*; *(het) aankoppelen* • *indiensttreding*
engañabobos m (**mv onv.**) *oplichter*; *bedrieger*
engañadizo bnw *gemakkelijk te bedriegen*
engañador I m *bedrieger* II bnw *bedrieglijk*
engañapichanga v rpl inf. *bedriegerij*
engañar I ov ww • *voor de gek houden*;
bedriegen • *afleiden* • *paaien*; *verleiden* ⟨v. vrouw⟩ ★ ~ *el estómago de honger tijdelijk stillen* ★ ~ *en el juego vals spelen* II on ww *bedrieglijk zijn* ★ *las apariencias engañan schijn bedriegt*
engañarse wkd ww • *zichzelf voor de gek houden* • *zich vergissen* ★ ~ *en la cuenta zich verrekenen*
engañifa v *list*
engaño m • *bedrog* • *vergissing* • *rode lap* ⟨v. stierenvechter⟩ • *lokmiddel* ⟨bij het vissen⟩ ★ *llamarse alg. a* ~ *zeggen dat men bedrogen is* ★ *deshacer un* ~ *een vergissing rechtzetten* ★ ~ *burdo boerenbedrog* ★ *caer en el* ~ *erin trappen* ★ *estar en un* ~ *zich vergissen*
engañoso bnw *bedrieglijk*
engarabatarse wkd ww *krom worden*
engarce m • *aaneenrijging*; *aaneenschakeling* • *zetting*; *vatting* • *verbinding*
engarzar ov ww • *(aaneen)schakelen*; *aaneenrijgen* • *zetten*; *vatten* ⟨v. edelsteen⟩ • *verbinden*
engastar ov ww *zetten*; *vatten* ⟨v. edelsteen⟩
engaste m • *zetting* • *kas*; *vatting* ⟨v. edelsteen⟩
engatado bnw *roofzuchtig*
engatusamiento m *vleierij*
engatusar ov ww *vleien*; *paaien*
engendrar ov ww • *fokken*; *verwekken* • *veroorzaken*
engendrarse wkd ww *ontstaan*
engendro m • *wanproduct*; *absurd gewrocht* • *monster*; *gedrocht*
englobar ov ww *omvatten* ★ ~ *en onderbrengen in*; *opnemen in*
engolado bnw *bekakt*; *verwaand*
engolfarse wkd ww *zich verdiepen*; *zich overgeven* ⟨aan gedachte, gevoel⟩ ★ ~ *en u.c. zich in iets verdiepen*
engolillado bnw • *een Spaanse kraag dragend* • *stijf*; *ouderwets*

engolosinar ov ww *aanlokken*; *lekker maken*
engomar ov ww • *insmeren met gom* • *stijven* ⟨v. kleren⟩
engorda v chi, mex *mestvee*
engordar I ov ww *vetmesten* II on ww • *dik worden* • *rijk worden*
engorde m *het vet worden* ⟨v. vee⟩ ★ *ganado de* ~ *mestvee*
engorro m *gezeur*; *ramp*
engorroso bnw *vervelend*; *ellendig*
engranaje m • *samenhang* • *raderwerk* • techn. *rondsel*
engranar I ov ww • *in elkaar doen grijpen* ⟨v. tanden⟩ • *verbinden* ⟨v. ideeën⟩ II on ww *ineengrijpen*; *in elkaar grijpen* ⟨v. tanden⟩
engranarse wkd ww rpl *geïrriteerd raken*
engrandecer ov ww • *groot maken*; *vergroten* • *aanzien geven* • *tot een hogere stand/rang verheffen*
engrandecerse wkd ww *zich uitbreiden*
engrandecimiento m *vergroting* ★ ~ *de escala schaalvergroting*
engrandezca ww (1e/3e p ev subj. t.t.)
→ **engrandecer**
engrasado m *smering*
engrasar ov ww *invetten*; *doorsmeren*
engrase m • ook fig. *smeermiddel* • *het insmeren*
engreído I m *windbuil*; *kapsoneslijer* II bnw *laatdunkend*; *zelfingenomen*
engreimiento m *eigendunk*; *verwaandheid*
engreírse wkd ww *ijdel worden*
engrescar ov ww *tot ruzie aanzetten*; *ophitsen*
engrillar ov ww *in de boeien slaan*
engrillarse wkd ww *uitlopen* ⟨v. aardappels⟩
engringarse wkd ww la *veramerikaniseren*
engrosar /ue/ ov ww • *(doen) toenemen*; *aangroeien* • *dik(ker) maken* • *vergroten*
engrudar ov ww *plakken*; *insmeren* ⟨met stijfsel⟩
engrudo m *stijfsel*
engrupido bnw arg *verwaand*; *zelfingenomen* ★ *persona engrupida blaaskaak*
enguantado bnw *met handschoenen*
enguantarse wkd ww *handschoenen aantrekken*
enguayabado bnw chi *katterig* ★ col *estar* ~ *bedroefd zijn*; *heimwee hebben*; *een houten kop hebben*
enguirnaldar ov ww *met (bloemen)slingers versieren*
engullir ov ww *(op)schrokken*
enharinar ov ww *met meel bestrooien*
enhebrar ov ww ★ ~ *la aguja de draad in de naald steken*
enhestar /ie/ ov ww *oprichten*
enhiesto bnw *rechtop*; *opgeheven*
enhilar ov ww • *leiden* • *aanrijgen* • *ordenen*
enhorabuena v *gelukwens*; *felicitatie* ★ *dar la* ~ *por gelukwensen met* ★ *i*~*! (wel) gefeliciteerd!*; *van harte gelukgewenst!*
enhoramala ★ *ique se vaya* ~*! hij kan naar de maan lopen!* ★ *irse* ~ *naar de donder gaan*
enhornar ov ww *in de oven zetten*
enigma m *raadsel*
enigmático bnw *raadselachtig*

en

enjabonado m *het inzepen*
enjabonadura v → enjabonado
enjabonar OV WW • *inzepen* • *vleien*; *stroop om de mond smeren*
enjaezar OV WW *optuigen* ‹v. paard›
enjalbegadura v *het witten*
enjalbegar OV WW • *witten* • *schminken* • *opmaken* ‹v. gezicht›
enjalma v *licht pakzadel*
enjambrar I OV WW *korven* ‹v. bijen› II ON WW *uitzwermen* ‹v. bijen›
enjambre m • *(bijen)zwerm* • *menigte*; *massa*
enjarciar OV WW *optuigen* ‹v. schip›
enjaular OV WW • *kooien* • *achter de tralies zetten*; *in de cel stoppen*
enjoyar OV WW *met juwelen tooien*
enjuagadientes m *mondspoeling*
enjuagadura v *mondspoeling*; *mondwater*
enjuagar OV WW *spoelen* ‹v. mond, wasgoed›
enjuagarse WKD WW *zijn mond spoelen*
enjuague m • *mondspoeling* • *gekonkel*
enjugar OV WW • *(af)drogen*; *wegvegen* ‹v. zweet, tranen› • *wegwerken*; *aflossen* ‹v. schuld›
enjugarse WKD WW *zich afdrogen* ★ ~ el llanto *zijn tranen drogen*
enjuiciamiento m • *berechting* • *oordeel* ★ ~ civil *burgerlijke rechtsvordering* ★ ~ criminal *strafvordering*
enjuiciar OV WW *oordelen over*; *berechten*
enjundia v • *dierlijk vet*; *spek* • *diepgang*; *inhoud*
enjundioso BNW • *vet* • *substantieel*; *kernachtig*
enjuto BNW *sober* ★ ~ de carnes *vel over been*; *mager*
enlabiar OV WW *inpakken*; *paaien*
enlace m • *verbinding*; *aansluiting* • *huwelijk*; *echtverbintenis* • *contactpersoon* • COMP. *link* ★ oficial de ~ *verbindingsofficier* ★ el punto de ~ *het knooppunt* ★ ~ directo *rechtstreekse verbinding* ★ ~ telefónico *telefoonverbinding* ★ COMP. ~ de datos *datalink*; *gegevensverbinding*
enladrillado m *stenen vloer*
enladrillar OV WW *met (bak)stenen plaveien*
enlatado I m • *latwerk* ‹voor plafond› • *het inblikken* II BNW *in blik*; *ingeblikt*
enlatar OV WW *inblikken*
enlazar I OV WW • *strikken*; *bijeenbinden* • *verbinden*; *laten aansluiten* ★ ~ con *verband houden met*; *aansluiting geven op* ★ el tren no ha enlazado *de trein heeft de aansluiting gemist* ★ el tren enlaza en Madrid con el rápido para Valencia *de trein heeft in Madrid aansluiting op de sneltrein naar Valencia* II ON WW *aansluiting hebben (con op)* ‹trein, bus›
enlazarse WKD WW *door huwelijk verbonden worden*; *familie worden*
enlodar OV WW • *bemodderen* • *bezoedelen*; *door het slijk halen*
enloquecedor BNW *gekmakend*
enloquecer I OV WW • *gek maken* • *helemaal weg zijn van*; *dol zijn op* II ON WW *gek worden*
enloquecerse WKD WW *gek worden* ★ ~ de ira *razend van woede worden*
enloquecimiento m *het gek worden*; *waanzin*

enloquezca WW (1e/3e p ev subj. t.t.) → enloquecer
enlosado m *het betegelen*; *tegelvloer*
enlosar OV WW *betegelen*
enlucido m *pleisterwerk*; *pleisterlaag*
enlucidor m *stukadoor*
enlucir OV WW *pleisteren*
enlutar OV WW • *in rouw kleden* • *treurig maken*
enluzca WW (1e/3e p ev subj. t.t.) → enlucir
enmaderado m *houtwerk*
enmaderamiento m *houtwerk*
enmaderar OV WW *betimmeren*; *beschieten*
enmadrarse WKD WW *zich te veel aan zijn moeder hechten*; *eenkennig worden*
enmarañamiento m *verwarring*
enmarañar OV WW • *verwarren*; *in de knoop maken* • *compliceren*; *verwikkelen*
enmarañarse WKD WW • *betrekken* ‹v. hemel› • *in de war raken* • *verstrikt raken*
enmarcar OV WW *inlijsten* ★ narración enmarcada *raamvertelling*
enmaridarse WKD WW *trouwen* ‹v. vrouwen›
enmascarado I m *gemaskerde* II BNW *gemaskerd*
enmascarar OV WW • *maskeren* • *verhullen*; *verbloemen*
enmendar /ie/ OV WW • *verbeteren* • JUR., POL. *amenderen* • *goedmaken*
enmendarse /ie/ WKD WW *zijn leven beteren*
enmienda v • *verbetering*; *correctie* • *amendement* ★ no tener ~ u.p. *onverbeterlijk zijn* ★ poner ~ a *verbeteren*
enmohecer ON WW • *schimmelen* • *met roest bedekken* • *onbruikbaar maken*
enmohecerse WKD WW • *beschimmelen* • *in onbruik raken*
enmohecimiento m • *schimmeling*; *schimmelplek* • *roestvorming*
enmohezca WW (1e/3e p ev subj. t.t.) → enmohecer
enmonarse WKD WW CHI, PERU *zich bezuipen*
enmoquetado BNW *met vaste vloerbedekking* ★ ~ techo-suelo *geheel gestoffeerd*
enmoquetar OV WW • *van vloerbedekking voorzien* • *stofferen*
enmudecer I OV WW *doen zwijgen*; *tot zwijgen brengen* II ON WW *niets loslaten*; *zwijgen* ★ los testigos del crimen enmudecieron *de getuigen van de misdaad zwegen als het graf*
enmudezca WW (1e/3e p ev subj. t.t.) → enmudecer
ennegrecer OV WW *zwart maken*; *zwart verven*
ennegrecerse WKD WW *zwart worden*
ennegrezca WW (1e/3e p ev subj. t.t.) → ennegrecer
ennoblecer OV WW • *in de adelstand verheffen* • *aanzien geven* • *verrijken*
ennoblecimiento m *het in de adelstand verheffen*
ennoblezca WW (1e/3e p ev subj. t.t.) → ennoblecer
enojadizo BNW *prikkelbaar*; *opvliegend*
enojado BNW *kwaad*
enojar OV WW *nijdig maken*
enojo m • *hinder*; *last* • *woede*; *boosheid*

en

enojón BNW CHI, ECU, MEX *lichtgeraakt; opvliegend*

enojoso BNW *ergerlijk; vervelend*

enologia v *wijnkunde*

enólogo m *wijnkenner; wijndeskundige*

enorgullecer ON WW *trots zijn*

enorgullecerse WKD WW *trots zijn* (de op)

enorgullezca WW 1e/3e p ev subj. t.t.
→ enorgullecer

enorme BNW • *enorm; geweldig • ongehoord*

enormidad v *enormiteit; enorme omvang; enorme blunder* ⋆ INF. una ~ *ontzettend (groot, veel)*

enquiciar OV WW • *in de scharnieren hangen ⟨v. deur, raam⟩ • in orde brengen; normaliseren*

enquistado BNW • MED. *als een cyste • binnengedrongen; stevig in het zadel ⟨in functie⟩*

enquistarse WKD WW • MED. *een cyste vormen • zich indringen ⟨in een organisatie⟩; infiltreren*

enrabiar OV WW *razend maken*

enraizar ON WW OOK FIG. *wortel schieten*

enramada v • *versiering van takken • afdak van takken* ⋆ la ~ de los álamos *de takken van de populieren*

enramar OV WW *met takken bedekken*

enranciarse WKD WW *ranzig worden*

enrarecer OV WW • *schaars maken; verdunnen; vervuilen ⟨v. lucht⟩* ⋆ aire enrarecido *ijle lucht*

enrarecimiento m *verdunning*

enrarezca WW (1e/3e p ev subj. t.t.)
→ enrarecer

enredadera I v *klimplant* II BNW ⋆ plantas ~s *klimplanten*

enredador m *onruststoker*

enredar I OV WW • *verwikkelen; in de war maken • betrekken • compliceren • ophouden; tijd doen verliezen* II ON WW • *prutsen; spelen • stoken* ⋆ ino enredes! *let nou eens op!*

enredarse WKD WW • *klimmen ⟨v. klimplanten⟩ • PEJ. een verhouding krijgen • verwikkeld raken ⟨in strijd, discussie⟩* ⋆ ~ en palabras *gaan redetwisten*

enredijo m *verwarring*

enredista m/v *intrigant; bemoeial*

enredo m • *warboel; klit • wespennest; hachelijke zaak • (liefdes)verhouding • plot; intrige*

enredos m mv • → enredo • *dingetjes; spulletjes*

enredoso BNW *ingewikkeld*

enrejado m • *hekwerk; tralievwerk • vlechtvwerk; latvwerk*

enrejar OV WW *van een hek voorzien*

enrevesado BNW • *vervward; kronkelig ⟨v. weg⟩ • gecompliceerd; ondoorzichtig*

enriar /i/ OV WW *laten roten ⟨v. vlas, hennep⟩*

enriquecer I OV WW *rijk maken; verrijken* II ON WW • *rijk worden • goed gedijen*

enriquecerse WKD WW *zich verrijken* ⋆ ~ a costa ajena *zich verrijken ten koste van iemand anders*

enriquecimiento m *verrijking*

enriquezca WW (1e/3e p ev subj. t.t.)
→ enriquecer

enriscado BNW *rotsachtig*

enriscar OV WW *opheffen*

enristrar OV WW • *vellen ⟨v. lans⟩ • risten*

enrocar /ue/ ON WW *rokeren ⟨bij schaken⟩*

enrojecer I OV WW *rood maken* II ON WW *rood(gloeiend) worden; blozen*

enrojecimiento m • *het rood(gloeiend) worden; het blozen • schaamrood*

enrojezca WW (1e/3e p ev subj. t.t.)
→ enrojecer

enrolar OV WW *ronselen; werven*

enrolarse WKD WW • *zich opgeven; zich aanmelden • dienst nemen*

enrollable BNW *rol-; oprolbaar*

enrollado BNW • *opgerold • VEN nerveus; gestrest*

enrollar OV WW • *oprollen • spoelen ⟨v. film⟩* ⋆ INF. ~ en *verstrikken in; betrekken in*

enrollarse WKD WW • INF. *ouwehoeren • INF. zich verdiepen in* ⋆ INF. ~ bien con la gente *het goed met iedereen kunnen vinden* ⋆ INF. ~ más que una persiana *vreselijk ouwehoeren*

enronquecer I OV WW *hees maken* II ON WW *hees worden*

enronquezca WW (1e/3e p ev subj. t.t.)
→ enronquecer

enroque m *rokade*

enroscado BNW *spiraalvormig*

enroscadura v • *winding • het oprollen*

enroscar OV WW • *oprollen; (op)winden ⟨in spiraalvorm⟩ • inschroeven; indraaien*

enroscarse WKD WW *zich oprollen*

enrostrar OV WW LA *verwijten*

enrumbar ON WW CHI *zich oriënteren; een koers uitzetten*

ensacar OV WW *in zakken doen*

ensaimada v *soort broodje van bladerdeeg*

ensalada v *salade* ⋆ ~ de escarola *andijviesla* ⋆ ~ rusa ≈ *huzarensalade; Russisch ei* ⋆ ~ mixta *gemengde sla* ⋆ ~ de frutas *vruchtensalade* ⋆ ~ catalana *gemengde sla met vleeswaren/worst*

ensaladera v *slabak*

ensaladilla v *slaatje;* ≈ *huzarensalade*

ensalmador m *medicijnman; wonderdokter*

ensalmar OV WW • *zetten ⟨v. botten⟩ • belezen; genezen ⟨v. ziekte e.d.⟩*

ensalmo m *belezing; gebedsgenezing* ⋆ (como) por ~ *als bij tovverslag*

ensalzamiento m *ophemeling; lof(prijzing)*

ensalzar OV WW *prijzen; ophemelen*

ensamblado m *montage; assemblage*

ensambladura v • *assemblage; montage • verbinding; voeg*

ensamblaje m *montage; assemblage*

ensamblar OV WW *in elkaar zetten; assembleren; monteren*

ensanchar OV WW • *verwijden; uitbreiden; verbreden • uitleggen ⟨v. kleding⟩* ⋆ ~ la mesa *de tafel uittrekken* ⋆ ~ un negocio *een zaak uitbreiden*

ensancharse WKD WW *zich trots voelen*

ensanche m • *verbreding; verruiming • stadsuitbreiding; nieuwe wijk*

ensangrentado BNW *bloederig*

ensangrentar /ie/ OV WW *met bloed bevlekken*

ensañamiento m *wreedheid; verbetenheid*

ensañar OV WW *razend maken*
ensañarse WKD WW *wreed behandelen* ∗ ~ con su víctima *wreed optreden tegen zijn slachtoffer* ∗ ~ en la miseria ajena *zich in andermans leed verkneukelen*
ensartar OV WW • *rijgen* • *doorsteken; doorboren* • *aaneenrijgen; uitkramen*
ensartarse WKD WW • LA *verwikkeld raken in; in de knoei raken* • ARG, CHI *een strop hebben; tegenzitten* ⟨v. zaken⟩ • CENTRAAL-AMERIKAANS, FIG. *in de val lopen*
ensayar OV WW • *repeteren; oefenen* • *proberen* • *testen; keuren*
ensayarse WKD WW *zich oefenen* ∗ ~ a cantar *zich oefenen in het zingen*
ensaye m *test; het beproeven*
ensayista m/v *essayist*
ensayo m • *repetitie; oefening* • *poging* • *proef(neming); keuring* • *essay* ∗ ~ de monedas *essaai* ∗ tubo de ~ *reageerbuis* ∗ hacer un ~ *een proef nemen; proberen* ∗ trabajar a título de ~ *op proef werken*
ensebar OV WW *invetten*
enseguida BIJW *meteen; direct; aansluitend*
ensenada v *baai; inham*
enseña v *vaandel; standaard* ∗ la ~ nacional *de landsvlag*
enseñado BNW *bien ~ goed opgevoed*
enseñanza v • *onderwijs; onderricht* • *leer; lering* ∗ ~ superior *hoger onderwijs* ∗ ~ media *middelbaar onderwijs* ∗ ~ primaria *basisonderwijs* ∗ ~ por correspondencia *schriftelijk onderwijs* ∗ segunda ~ *middelbaar onderwijs* ∗ ~ de adultos *volwassenonderwijs* ∗ ~ a distancia *afstandsonderwijs* ∗ ~ básica/primaria/elemental *basisonderwijs; lager onderwijs* ∗ ~ preescolar *kleuteronderwijs*
enseñar OV WW • *onderwijzen; onderrichten* • *(een lesje) leren* • *wijzen* • *laten zien* ∗ ~ los dientes FIG. *zijn tanden laten zien* ∗ ~ a leer *leren lezen* ∗ ~ el camino *de weg wijzen* ∗ ~ con el ejemplo *het goede voorbeeld geven* ∗ ¡enseñas la camisa! *je hemd komt eruit!* ∗ ~ gratuitamente *gratis onderwijs geven*
enseñarse WKD WW *zich eigen maken*
enseñorearse WKD WW *zich meester maken*
enseres m mv • *inboedel* • *benodigdheden; gereedschap*
ensilado m *inkuiling; kuil*
ensilar OV WW *in een silo bewaren*
ensillado BNW *met een zadelrug* ⟨v. paard⟩
ensillar OV WW *zadelen* ∗ no dejarse ~ *zich niet op zijn kop laten zitten*
ensimismado BNW *in gedachten verzonken*
ensimismamiento m *het in gedachten verzonken zijn*
ensimismarse WKD WW • *zich in zichzelf keren; in gepeins verzinken* • CHI, COL *verwaand worden*
ensoberbecerse WKD WW *hoogmoedig worden*
ensombrecer OV WW OOK FIG. *overschaduwen*
ensombrecerse WKD WW • *donker worden* • *treurig worden* • *somber worden; bedroefd worden*
ensombrezca WW 1e/3e p ev subj. t.t.
→ **ensombrecer**

ensoñador I m *dromer* II BNW *dromerig*
ensoparse WKD WW CA *doorweekt worden*;
ensordecedor BNW *oorverdovend*
ensordecer I OV WW *doof maken; verdoven* ⟨v. gehoor⟩ II ON WW *doof worden*
ensordecimiento m *doofheid; verdoving; het doof maken*
ensordezca WW (1e/3e p ev subj. t.t.)
→ **ensordecer**
ensortijar OV WW *krullen* ⟨v. haar⟩
ensuciamiento m *bevuiling*
ensuciar OV WW *vuil maken; bevuilen*
ensuciarse WKD WW *zich bevuilen* ∗ ~ las manos FIG. *zijn handen vuil maken*
ensueño m *(dag)droom* ∗ de ~ (s) *droom-; fantasie-* ∗ cocina de ~ *droomkeuken* ∗ ! ni por ~! *geen sprake van!*
entablado m • *lambrisering; beplanking* • *plankier*
entabladura v *betimmering; beplanking*
entablar OV WW • *aanbinden; aanknopen; aanspannen* • *opstellen* ⟨v. speelstukken⟩ ∗ ~ un pleito/juicio *een proces aanspannen* ∗ ~ una acción *een gerechtelijke klacht indienen* ∗ ~ el divorcio *de echtscheiding aanvragen* ∗ ~ amistad *vriendschap sluiten* ∗ ~ un diálogo *een dialoog aangaan* ∗ ~ la lucha *de strijd aanbinden* ∗ ~ relaciones *betrekkingen aanknopen; een relatie aangaan*
entable m *opstelling* ⟨op speelbord⟩
entablillar OV WW *spalken*
entalegar OV WW • *in zakken doen* • *oppotten*
entalladura v *houtsnede; inkerving*
entallar I OV WW *tailleren* II ON WW *getailleerd zijn*
entallecer ON WW *ontspruiten*
entallezca WW 1e/3e p ev subj. t.t.
→ **entallecer**
entapizar OV WW *behangen* ⟨met kleden⟩
entarascarse WKD WW *zich opdoffen*
entarimado m *plankenvloer* ∗ suelo ~ *parketvloer*
entarimar OV WW *beplanken; met parket beleggen*
entarugado m *plaveisel met houtblokken*
ente m • *wezen* • *organisatie; instelling* • *vreemde vogel; snuiter* • *vreemde vogel* ∗ ente de ficción/razón *schepping van de geest* ∗ ente moral *non-profitorganisatie* ∗ ente público *openbare instelling; overheidsinstelling*
enteco BNW *ziekelijk; zwak* ∗ ~ de carnes *mager*
entelequia v • *entelechie; illusie; ideaalbeeld*
entelerido BNW • *verward* • *verstijfd* ⟨v. kou⟩
entena m *spriet*
entenado m *stiefzoon*
entendederas v mv *bevattingsvermogen; verstand* ∗ buenas/malas ~ *een scherp/zwak verstand* ∗ corto de ~ *onnozel*
entender /ie/ I OV WW • *begrijpen* • *verstaan* ∗ ¿cómo se entiende? *hoe is het mogelijk?* ∗ dar a ~ u.c. *te verstaan geven* ∗ por eso se entiende *daaronder verstaat men* II ON WW • *van mening zijn* • *doorhebben; begrijpen* ∗ ya te entiendo *ik begrijp waar je naartoe wilt* ∗ a mí ~ *naar mijn mening* ∗ según mi

en

leal saber y ~ *volgens mijn beste weten*
★ bailaron como Dios les dio a ~ *zij dansten
zo goed en zo kwaad als het ging* ★ dar a uno
en qué ~ *iemand overlast bezorgen* ★ darse a
~ *zich verstaanbaar maken* • (~ de/en)
verstand hebben van; veel weten van ★ ~ de
burlas *gevoel voor humor hebben* ★ ~ de
caballos *paardenkenner zijn* ★ ~ de una cosa
van iets verstand hebben ★ ~ en una cosa *zich
met iets bezighouden*

entenderse /ie/ WKD WW • *weten waarover men
het heeft* • *zichzelf kennen* • *goed met elkaar
overweg kunnen* • *een verhouding hebben* ★ ~
bien *goed met elkaar kunnen opschieten* ★ ~
con u.p. *overleg plegen met iemand* ★ ¿cómo
se entiende? *hoe is het mogelijk?* ★ yo me
entiendo *ik weet heel goed wat ik doe*

entendido I m *deskundige; kenner* **II** BNW
deskundig; met kennis van zaken ★ eso lo doy
por ~ *dat vind ik vanzelfsprekend* ★ queda ~
het spreekt vanzelf ★ ser ~ en *ervaren zijn in*
★ ten ~ que *bedenk dat* ★ i~! *ik snap het!;
akkoord!* ★ bien ~ que *met dien verstande dat*
★ persona entendida en cine *filmkenner* ★ no
darse por ~ *zich van de domme houden*

entendimiento m *verstand; begrip* • con ~
verstandig

entenebrecer OV WW *donker maken*

entenebrezca WW 1e/3e p ev subj. t.t.
→ **entenebrecer**

entente m • *goede verstandhouding*
• *vriendschapsverdrag* • *kartel*

enterado I m *deskundige; kenner* ★ firmar el ~
voor gezien tekenen **II** BNW • *op de hoogte;
goed geïnformeerd* • CHI, ARG *verwaand;
zelfingenomen* ★ haberse ~ de u.c. *iets in de
gaten hebben* ★ no darse por ~ *zich van de
domme houden*

enteramente BIJW *volkomen; helemaal*

enterar OV WW *op de hoogte stellen*

enterarse WKD WW • *beseffen; er achter komen*
• *begrijpen; in de gaten hebben; merken* ★ me
enteré de que *ik ben er achter gekomen dat*
★ ¿se entera usted? *begrijpt u wel?* ★ para
que te enteres *het is maar dat je het weet*

entercarse WKD WW *vasthouden*

entereza v *kracht; flinkheid* ★ con ~
vastberaden

entérico BNW *van de darm; darm-*

enteritis v *darmwandontsteking*

enterizo BNW *uit één stuk*

enternecedor BNW *aandoenlijk*

enternecer OV WW *vertederen; week maken*

enternecimiento m *vertedering; ontroering*

enternezca WW (1e/3e p ev subj. t.t.)
→ **enternecer**

entero I m • WISK. *geheel getal* • *punt* ⟨op de
beurs⟩ • *heel loterijbiljet* **II** BNW • *(ge)heel*
• *flink* • *rechtvaardig* ★ por ~ *helemaal* ★ WISK.
número ~ *geheel getal* ★ durante días ~s
dagenlang ★ un año ~ *een vol jaar* ★ leche
entera *volle melk* ★ por el mundo ~ *over de
hele wereld*

enterrador m *doodgraver*

enterramiento m • *begrafenis* • *graf*

enterrar /ie/ OV WW • *begraven* • *overleven*

• *wegstoppen* ⟨onder iets anders⟩ • *aan de
vergetelheid prijsgeven; laten rusten* ★ ¡contigo
me entierran! *met jou wil ik leven en sterven!*

enterrarse /ie/ WKD WW FIG. *zich begraven; zich
afzonderen*

entibar OV WW *stutten; steunen*

entibiar OV WW • *afkoelen; lauw maken* • *doen
verflauwen; temperen*

entibo m • *schoeiplank* ⟨in mijnbouw⟩
• *steunbeer*

entidad v • *wezen; essentie* • *instantie; instelling*
• *entiteit; belang* ★ ~ municipal
gemeenteraad ★ de ~ *van belang* ★ cosa de ~
iets gewichtigs ★ ~ asesora *adviesorgaan* ★ ~
benéfica *liefdadigheidsinstelling* ★ ~ de
gestión *beleidslichaam* ★ ~ pública *overheids-/
staatsinstelling* ★ ~es de servicio
dienstverlenende instellingen ★ de ~ *belangrijk*

entierro m *begrafenis(stoet)* ★ ~ de la sardina
vastenavondfeest ★ cara de ~ *treurig gezicht*
★ Santo Entierro *processie op Goede Vrijdag*

entintar OV WW • *inkten; met inkt bekladden*
• *verven*

entoldado m • *zonwering* • *zonnetent; danstent*

entoldar OV WW • *overspannen* ⟨met doek, zeil⟩
• *doen schuil gaan* ⟨achter wolken⟩

entoldarse WKD WW *bewolkt worden*

entomología v *entomologie; insectenleer*

entomólogo m *entomoloog; insectenkenner*

entonación v *intonatie*

entonado BNW • *welluidend; zuiver* • *gewichtig;
vooraanstaand*

entonar I OV WW • *inzetten* ⟨v. toon⟩; *intoneren*
• *zingen* • *oppeppen; kracht geven* **II** ON WW
• *kleuren; harmoniëren*

entonarse WKD WW *trots worden*

entonces BIJW *dan; toen(tertijd)* ★ en/por aquel
~ *in die tijd; toentertijd* ★ hasta ~ *tot nu toe*
★ desde ~ *sindsdien* ★ ¡pues ~! *nou dan!*

entonelar OV WW *in vaten stoppen*

entono m • *intonatie* • *(het) zuiver zingen*
• *verwaandheid; pedanterie*

entontecer OV WW *verwarren; verdwazen*

entontecerse WKD WW *duizelen; verdwaasd
worden*

entontezca WW 1e/3e p ev subj. t.t.
→ **entontecer**

entorchado m • *tres; galon* ★ columna
entorchada *salomonszuil*

entornado BNW *half open*

entornar OV WW *op een kier zetten; half sluiten*
⟨v. ogen⟩

entornarse WKD WW *kantelen; omvallen*

entorno m *milieu; omgeving* ★ COMP. ~ de
redes *netwerkomgeving* ★ ~ cultural *culturele
klimaat*

entorpecer OV WW • *belemmeren* ⟨in het
bewegen⟩; *stijf maken* • *suf maken*
• *vertragen; bemoeilijken*

entorpecimiento m • *verstijving; belemmering*
• *versuffing; sufheid* • *vertraging*

entorpezca WW (1e/3e p ev subj. t.t.)
→ **entorpecer**

entrada v • *binnenkomst; intocht* • *ingang;
entree* • *toetreding; intrede* • *publiek;
toeschouwers* • *recette; opbrengst*

en

• *toegangsbiljet; kaartje* • *voorgerecht* • *inham* ⟨in het haar, bij kaal worden⟩ • *eerste dagen; begin* ⟨v. periode⟩ • *boeking* • COMP. *input; invoer* ⟨v. gegevens⟩ • *wijdte* ⟨v. halsopening⟩ • CUBA, MEX *pak slaag* ★ tener ~ en *toegang hebben tot* ★ de ~ *meteen al* ★ ~ de la llave *entree* ★ el director dio ~ al contrabajo *de dirigent gaf de contrabassist zijn inzet aan* ★ frente con ~s *kalend voorhoofd* ★ hubo una gran ~ *er was een grote opkomst* ★ dar ~ *toegang verlenen* ★ ~ de coches *uitrit; oprit* ★ ~ lateral *zij-ingang* ★ ~ principal *hoofdingang* ★ ~ en servicio *indiensttreding* ★ ~ solemne *(plechtige) intocht* ★ ~ de favor/ regalo *vrijkaart(je)* ★ ~ gratuita *gratis toegang; vrijkaart* ★ ~ libre *vrij entree* ★ prohibida la ~ *verboden toegang* ★ ~ llena *uitverkocht; volle bak* ★ gran ~ *grote opkomst; drukte* ★ ~ en materia *inleiding* ★ ~ de sombra *kaartje voor schaduwkant* ⟨(van arena, stadion)⟩

entradas m mv *inkomsten* ★ ~ y salidas *inkomsten en uitgaven*

entrado BNW *vergevorderd* ★ muy ~ el día *heel laat op de dag* ★ ~ en años *op leeftijd* ★ hasta muy ~ el siglo XIV *tot ver in de 14e eeuw*

entramado m *latwerk; houten frame*

entrambos TELW mv *beide(n)*

entrampar OV WW • *vangen* ⟨in val⟩; *verschalken* • *verneuken* • *in de war sturen; verwarren* • *iemand met schulden belasten; iemand op schulden jagen*

entramparse WKD WW *zich in de schulden steken*

entrante m • *het inspringen* • *voorgerecht; tussengerecht*

entraña v • *ingewanden* • *essentie; kern* • *binnenste*

entrañable BNW *innig; geliefd* ★ amigo ~ *boezemvriend* ★ tener afecto ~ para u. p. *diepe genegenheid voor iemand koesteren*

entrañar OV WW *inhouden; met zich meebrengen*

entrañarse WKD WW *zich hechten; verknocht raken*

entrar I OV WW • *passen; induwen; insteken* • *binnenbrengen* • *beïnvloeden; vat krijgen op* ⟨een persoon⟩ • *innemen; inkorten* ⟨v. kleding⟩ ★ no ~le u.c. a alg. *iets niet kunnen bevatten* ★ ~ en el buen camino *de goede weg opgaan* ★ ~ en circulación *in de handel komen* ★ ~ en competencia con *de concurrentie aangaan met* ★ ~ en compromisos *verbintenissen aangaan* ★ el año que entra *het komende jaar* ★ ahora entro yo *nu ben ik aan de beurt* ★ hacer ~ *binnenroepen; binnenlaten* ★ no me entra el pie *ik kan er niet in met mijn voet* ⟨in schoen⟩ ★ le entra el coraje *hij wordt woedend* ★ le ha entrado el apetito *hij heeft eetlust gekregen* ★ esta cosa me entra bien *daar ben ik het mee eens* ★ eso no me entra *dat snap ik niet; dat kɐur ik niet goed* ★ ese hombre no ɱe entra *die vent kan ik niet uitstɑan* ★ cuando entre el día *met de dageraad* ★ ¡entre! *binnen!* ★ ~ a saco *plunderen* ★ ~ a servir *in*

dienst treden ★ ~ dentro de sí *in zichzelf keren* ★ ~ de aprendiz *in de leer komen* ★ ~ en consideración *in aanmerking komen* ★ en la mezcla entran 10 ingredientes *het mengsel bestaat uit 10 bestanddelen* ★ ~ en el puerto *de haven binnenlopen* ⟨v. schip⟩ ★ eso no entra en mi programa *dat past niet in mijn programma* ★ ~ en relaciones comerciales *handelsbetrekkingen aanknopen* ★ le ha entrado afición por el arte *hij heeft liefde opgevat voor de kunst* II ON WW • *binnengaan; binnenkomen* • *binnendringen; doordringen* • *toegelaten worden; toegang hebben* • *toetreden; intrede doen* • *beginnen* ⟨v. jaargetijde, tijdsperiode⟩ • *volgen; meegaan* ⟨mode, gebruik⟩ • *(beginnen te) krijgen* • *gerekend worden; deel (gaan) uitmaken* • MUZ. *invallen; inzetten* • *aanvallen* ⟨v. stier⟩ ★ no ~ ni salir en algo *zich niet met een zaak bemoeien* ★ en un quilo entran cinco naranjas *er gaan vijf sinaasappels in een kilo* ★ ha entrado en la edad madura *hij is volwassen geworden* ★ ~ en duda *beginnen te twijfelen* ★ entró en la conversación *zij mengde zich in het gesprek* ★ me entra sed *ik krijg dorst* ★ ~ a caminar *beginnen te lopen*

entre VZ *tussen; onder; in; samen* ★ hablando aquí ~ los dos *onder ons gezegd* ★ pasó por ~ las filas *hij ging tussen de rijen door* ★ ~ que dormía *terwijl hij sliep* ★ ~ tanto que *terwijl* ★ uno ~ muchos *een uit velen* ★ lo dije ~ mí *ik zei het bij mezelf* ★ ~ tú y yo *wij samen* ★ ~ tres *met zijn drieën* ★ ~ todos *met zijn allen* ★ ~ día *overdag* ★ ~ agradecido y rencoroso *half dankbaar, half ontevreden*

entreabierto BNW *halfopen*

entreabrir OV WW *half openen*

entreacto m *entr'acte*

entreayudarse WKD WW *elkaar helpen*

entrecano BNW *grijzend* ⟨v. haar⟩

entrecejo m • *gefronst voorhoofd* ★ arrugar/ fruncir el ~ *het voorhoofd fronsen*

entrechocar ON WW *klapperen; tegen elkaar stoten*

entreclaro BNW *troebel*

entrecomillar OV WW *tussen aanhalingstekens plaatsen*

entrecortado BNW *haperend* ⟨v. stem⟩ ★ respiración entrecortada *kortademigheid*

entrecortar OV WW *gedeeltelijk doorsnijden* ★ los sollozos entrecortaban su voz *zuchten onderbraken zo nu en dan zijn woorden*

entrecot m *entrecote*

entrecruzar OV WW *kruisen*

entrecubierta v *tussendek*

entredicho m *interdict; kerkelijke ban* ★ poner en ~ *in twijfel trekken* ★ estar en ~ *omstreden zijn* ★ alzar/levantar el ~ *de ban opheffen*

entredós m *entre-deux; tussenzetsel*

entrefino BNW *middelfijn*

entrega v • *overgave; uitreiking; overhandiging* • *(af)levering* ★ contra ~ *de tegen overlegging van* • efectuar la ~ *leveren* ★ en el acto de la ~ *bij aflevering* ★ ~ a domicilio *wordt thuis bezorgd* ★ ~ inmediata *spoedbestelling; uit voorraad leverbaar* ★ novela por ~s vervolgverhaal; feuilleton ★ ~ de llaves (de una casa) overdracht van een huis

entregar ov ww overhandigen; overgeven; (uit)leveren ★ ~la de pijp uitgaan ★ ~ su mano a alg. iemand de hand reiken ★ (para) ~ a af te geven bij

entregarse WKD WW • zich overleveren; zich overgeven ‹uit vertrouwen› ★ zich wijden • zich overgeven ‹in strijd› • verslaafd raken ★ ~ al sueño inslapen ★ ~ de in ontvangst nemen; aanvaarden

entrelazamiento m vervlechting; verstrengeling

entrelazar ov ww vervlechten; ineenstrengelen

entrelistado BNW gestreept

entrelucir ON WW doorschemeren

entreluzca ww (1e/3e p ev subj. t.t.) → entrelucir

entremedias BIJW tussen(in); tussendoor

entremés m • tussenspel; eenakter • licht voorgerecht; hapje

entremeses m mv hors d'oeuvre; tussengerecht

entremeter ov ww ertussen schuiven; ertussen stoppen

entremeterse WKD WW • zich ertussen wringen • zich mengen

entremetido I m bemoeial; indringer II BNW bemoeiziek

entremezclar ov ww vermengen

entrenador m • trainer; coach • derny ‹wielrennen› ★ ~ de pilotaje vluchtsimulator ★ ~ doméstico hometrainer

entrenamiento m oefening; training

entrenar ov ww trainen; oefenen

entrenarse WKD WW zich oefenen

entreoiga ww (1e/3e p ev subj. t.t.) → entreoír

entreoír ov ww half horen

entreoye ww (3e p ev t.t.) → entreoír

entrepaño m • penant • paneel

entrepierna v • ANAT. kruis • kruis ‹textiel› ★ CHI ~s zwembroek

entrepiso m tussenverdieping

entrepuente m tussendek

entresacar ov ww • eruit halen; uitkiezen • uitdunnen

entresijo m • darmvlies • ondoorzichtige kant ★ tener muchos ~s zeer ingewikkeld zijn

entresuelo m bel-etage

entresurco m ruimte tussen voren

entretanto I m ★ en el ~ in de tussentijd; ondertussen II BIJW terwijl; intussen

entretecho m CHI, COL zolder; vliering

entretejer ov ww (ver)weven

entretela v tussenvoering; versteviging

entretelas v mv • → entretela • binnenste; innerlijk

entretén ww (geb. wijs, jij-vorm) → entretener

entretendrá ww (3e p ev tk.t.) → entretener

entretener /ie/ ov ww • onderhouden; vermaken • ophouden; traineren • draaglijk maken; verdrijven ‹v. tijd› • bewaren; in stand houden ★ ~ el tiempo de tijd verdrijven

entretenerse /ie/ WKD WW • zijn tijd verdoen; treuzelen • zich vermaken • afleiding zoeken; zich verstrooien ★ ino te entretengas! treuzel niet zo!

entretenga ww (1e/3e p ev subj. t.t.)

→ entretener

entretenida v • maîtresse • vrouw die zich laat onderhouden

entretenido BNW • onderhoudend • tijdrovend

entretenimiento m • onderhoud; bezigheid • het ophouden; oponthoud • vermaak; speelgoed

entretiempo m voorseizoen; naseizoen ★ abrigo de ~ lichte overjas

entretuvo ww (3e p ev v.t.) → entretener

entrevé ww (3e p ev t.t.) → entrever

entrevea ww (1e/3e p ev subj. t.t.) → entrever

entrever ov ww • vluchtig zien; ontwaren • vermoeden; voorzien

entreverado BNW gelardeerd

entreverar ov ww vermengen

entrevero m • warboel; wanorde • ARG, CHI, PERU vechtpartij

entreví ww (1e p ev v.t.) → entrever

entrevía v spoorbreedte

entrevió ww (3e p ev v.t.) → entrever

entrevista v • bespreking • interview ★ ~ de evaluación beoordelingsgesprek ★ celebrar una ~ con interviewen; een bespreking hebben met ★ proporcionar una ~ een interview geven

entrevistador m (v: entrevistadora) interviewer

entrevistar ov ww interviewen

entrevistarse WKD WW een bespreking hebben

entripado m verbeten woede; wrok

entristecer ov ww verdrietig maken

entristecerse WKD WW verdrietig worden

entristezca ww 1e/3e p ev subj. t.t.

→ entristecer

entrometido BNW opdringerig; bemoeiziek

entromparse WKD WW zich bezatten; zich bedrinken

entroncamiento m • (bloed)verwantschap • knooppunt ‹v. treinen›

entroncar I ov ww (bloed)verwantschap aantonen II ON WW • verwant zijn; familie worden • aansluiting/verbinding hebben

entronización v inhuldiging

entronizar ov ww • op de troon zetten; kronen • verheerlijken; verheffen

entronque m • (bloed)verwantschap • knooppunt ★ estación de ~ overstapstation

entruchar ov ww bedriegen

entuerto m • onrecht • belediging ★ ~s naweeën

entumecer ov ww doen verstijven;

entumecimiento m verstijving; stijfheid

entumezca ww 1e/3e p ev subj. t.t.

→ entumecer

enturbiar ov ww • troebel maken; OOK FIG. vertroebelen • verstoren; bederven

entusiasmado BNW enthousiast

entusiasmar ov ww enthousiast maken ★ le entusiasman los pasteles hij is dol op gebakjes

entusiasmarse WKD WW opgetogen zijn; geestdriftig worden

entusiasmo m enthousiasme; geestdrift

entusiasta I m/v enthousiast(eling); bewonderaar II BNW enthousiast; geestdriftig ★ ~ de/por enthousiast over/voor

enumeración v opsomming

enumerar OV WW *opsommen; opnoemen*

enunciación V *uiteenzetting; formulering*

enunciar OV WW *uiteenzetten; formuleren*

envainar OV WW • *in de schede steken* • SL. *neuken* • VULG. ïenváinala! *hou je bek!*

envainarse WKD WW COL, VEN *zich in de nesten werken*

envalentonamiento m • *aanmoediging* • *bravoure*

envalentonar OV WW *moed geven; aanmoedigen*

envalentonarse WKD WW *moed vatten*

envanecer OV WW *trots maken*

envanecerse WKD WW *trots zijn* (con/de/por *op)*

envanecido BNW *trots; verwaand*

envanecimiento m *inbeelding; verwaandheid*

envanezca WW 1e/3e p ev subj. t.t. → **envanecer**

envarar OV WW *gevoelloos maken; stijf maken*

envasado m *het in potten doen; het verpakken*

envasar OV WW *verpakken; bottelen; inblikken*

envase m • *verpakking; emballage* • *pot; blik; fles* ⋆ ~ de hojalata *blikje* ⋆ ~ no retornable/ recuperable *wegwerpverpakking*

envejecer OV WW *ouder maken*

envejecerse WKD WW *oud(er) worden*

envejecimiento m *veroudering*

envejezca WW (1e/3e p ev subj. t.t.) → **envejecer**

envenenador m *gifmenger*

envenenamiento m *vergiftiging*

envenenar OV WW • *vergiftigen* • *verpesten; bederven*

enverdecer ON WW *groen worden*

enverdezca WW (1e/3e p ev subj. t.t.) → **enverdecer**

envergadura V • *belang; gewicht* • *spanwijdte; zeilbreedte* • *reikwijdte; draagwijdte*

envés m *onderkant; achterkant*

enviado m *(af)gezant* ⋆ ~ extraordinario *buitengewoon gezant* ⋆ ~ especial *speciale verslaggever*

enviar /í/ OV WW *sturen; (ver)zenden* ⋆ ~ a u.p. a la ciudad *iemand de stad insturen* ⋆ ~ por u.p. *iemand laten halen* ⋆ ~ por vino *wijn laten halen* ⋆ ~ por correo *met de post sturen*

enviciar OV WW *verslaafd maken*

enviciarse WKD WW *verslaafd raken*

envidar OV WW *overbieden; (hoger) inzetten*

envidia V *jaloezie; afgunst* ⋆ comerse uno de ~ *verteerd worden door jaloezie* ⋆ poner ~ a *jaloers maken* ⋆ le tengo ~ *ik benijd hem* ⋆ daba ~ *verlo het was een benijdenswaardig gezicht* ⋆ ~ profesional *broodnijd* ⋆ ïpura ~! *dat is de kift!*

envidiable BNW *benijdenswaardig*

envidiar OV WW *benijden; jaloers zijn op* ⋆ ~ u.c. a u.p.a *iemand benijden om iets*

envidioso I m *jaloers persoon* II BNW *jaloers*

envilecer OV WW *onterend zijn voor; in waarde verlagen*

envilecerse WKD WW *aan lager wal raken*

envilecimiento m *verloedering*

envilezca WW (1e/3e p ev subj. t.t.) → **envilecer**

envío m *(ver)zending* ⋆ ~ a gran velocidad *spoedzending* ⋆ hacer un ~ *sturen*

envite m • *verhoogde inzet* • *uitnodiging* ⋆ al primer ~ *vanaf het begin*

enviudar ON WW *weduwnaar/weduwe worden*

envoltijo m *verpakking; omhulsel*

envoltorio m • *bundel; pak(je)* • *verpakking*

envoltura V *wikkel; omhulsel; omslag*

envolvente BNW • *omhullend; omtrekkend* • *overheersend*

envolver /ue/ OV WW • *inwikkelen; inpakken* • *klem praten; in een hoek drijven* • *insluiten; omsingelen* • *verwikkelen; betrekken* ⋆ ¿se lo envuelvo? *moet ik er een papiertje om doen?*

envuelto WW (volt. deelw.) → **envolver**

enyesado m • *bepleistering* • *gipsverband*

enyesar OV WW • *bepleisteren* • *een gipsverband aanleggen*

enzarzar OV WW *opstoken; tegen elkaar opzetten*

enzarzarse WKD WW *verwikkeld raken* ⟨in problemen⟩

enzima V *enzym*

eólico BNW *wind-; eolisch* ⋆ energía eólica *windenergie* ⋆ parque ~ *windpark*

eolio BNW ⋆ harpa eolia *eolusharp*

épica V *epische poëzie*

epiceno BNW *gemeenslachtig*

epicentro m *epicentrum*

épico BNW • *episch; heroïsch* • *gedenkwaardig; buitengewoon* ⋆ poema ~ *heldendicht*

epicureismo m → **epicurismo**

epicúreo I m *epicurist* II BNW *epicurisch; wellustig*

epidemia V *epidemie*

epidémico BNW *epidemisch*

epidérmico BNW *van de opperhuid*

epidermis V *opperhuid* ⟨ook van planten⟩

Epifanía V *Driekoningen*

epiglotis V *strotklepje*

epígrafe m • *titel; opschrift* • *epigraaf*

epigrafía V *epigrafie*

epigrama m *epigram; puntdicht*

epigramático BNW *puntig; satirisch; bondig*

epilepsia V *epilepsie*

epiléptico I m *epilepticus* II BNW *epileptisch*

epilogar OV WW *samenvatten*

epílogo m • *nawoord; epiloog* • *gevolg; nasleep*

episcopado m *(duur van) bisschopsambt; episcopaat*

episcopal BNW *episcopaal; bisschoppelijk*

episódico BNW • *episodisch* • *bijkomstig; op zichzelf staand*

episodio m *episode*

epístola V *brief; epistel* ⟨ook ironisch⟩

epistolar BNW *epistolair* ⋆ estilo ~ *epistolaire stijl*

epistolario m • *verzameling brieven* • *epistelboek*

epitafio m *epitaaf; grafschrift*

epitalamio m *bruiloftszang*

epíteto m • *epitheton* • *bewoording*

epítome m *excerpt; kort overzicht*

epizootia V • *epizoötie* ⟨epidemie onder dieren⟩ • *huidaandoening door parasieten* • CHI *mond- en klauwzeer*

época V • *tijdperk* • *periode* ⋆ de la misma ~ *eigentijds* ⋆ que hace ~ *baanbrekend; een nieuw tijdperk inluidend* ⋆ ~ de la cría *broedtijd* ★ ~ *glacial ijstijd* ★ ~ *de heladas vorstperiode* ★ ~ *de lluvias regentijd* ★ *adelantarse a su* ~ *zijn tijd vooruit zijn* ★ ~ *nuclear nucleair tijdperk* ★ *de* ~ *antiek* ★ *de la* ~ *uit/van die tijd*

epopeya v • *epos; heldendicht* • *heldhaftige daad* • *knappe prestatie*

equidad v *rechtvaardigheid; redelijkheid*

equidistante BNW *op gelijke afstand gelegen*

equilátero BNW *gelijkzijdig*

equilibrado BNW • *in evenwicht* • *evenwichtig* • *sluitend* ⟨v. begroting⟩

equilibrar OV WW • *in evenwicht (met elkaar) brengen* • *uitbalanceren* • *afstellen* ⟨v. motor, klok⟩

equilibrio m • *evenwicht* • *gewicht(je)* • *tegenwicht* • *machtsevenwicht* • *evenwichtigheid* ★ *juzgar con* ~ *nauwkeurig afwegen* ★ *guardar* ~ *harmoniëren* ★ *mantener* ~ *entre het midden houden tussen* ⟨twee zaken⟩ ★ ~ *de fuerzas machtsevenwicht*

equilibrios m mv • → **equilibrio** • *concessies* ★ *hacer* ~ *concessies doen* ★ *hacer* ~ *para vivir de eindjes aan elkaar zien te knopen*

equilibrista m/v *evenwichtskunstenaar*

equimosis v *blauwe plek*

equino I m *zee-egel* II BNW *paarden-; van het paard*

equinoccial BNW *equinoctiaal* ★ (línea) ~ *evenaar*

equinoccio m *equinox; dag- en nachtevening* ★ ~ *de primavera lentepunt* ★ ~ *de otoño herfstpunt*

equipado BNW *toegerust* ★ *completamente* ~ *met alle toebehoren* ★ ~ *con/de voorzien van*

equipaje m *bagage* ★ ~ *de mano handbagage* ★ *facturar el* ~ *inchecken* ★ *hacer el* ~ *(zijn koffers) pakken*

equipamiento m *uitrusting* • ~s *voorzieningen*

equipar OV WW • *voorzien* • *toerusten; uitrusten*

equiparable BNW *vergelijkbaar*

equiparar OV WW • *gelijkstellen* • *op één lijn brengen*

equipo m • *uitrusting; materieel; apparatuur; (leer)middelen* • *uitzet; kleding en linnengoed* • *team* • *ploeg* ⟨v. sport, arbeiders⟩; *elftal* • COMP. *programmatuur* ★ *espíritu de* ~ *teamgeest* ★ ~ *de cámara cameraploeg* ★ ~ *seleccionado kernploeg; selectieteam* ★ ~ *de escucha y grabación audio-apparatuur* ★ ~ *de novia (bruids)uitzet* ★ *bienes de* ~ *productiemiddelen* ★ ~ *de sonido geluidsinstallatie* ★ ~ *de salvamento reddingsploeg*

equis I v x ⟨letter⟩ • *los rayos* ~ *röntgenstralen* ★ *averiguar la* ~ *de onbekende x uitrekenen* II TELW *x-aantal*

equitación v • *het paardrijden* • *paardrijkunst* ★ *escuela de* ~ *rijschool*

equitativo BNW • *rechtvaardig; redelijk* • *eerlijk; gelijkmatig*

equivaldrá WW (3e p ev tk.t.) → **equivaler**

equivalencia v • *gelijkheid; gelijkwaardigheid* • *tegenwaarde* ⟨v. geld⟩

equivalente BNW *gelijkwaardig*

equivaler ON WW *gelijk zijn; gelijkwaardig zijn*

equivalga WW (1e/3e p ev subj. t.t.) → **equivaler**

equivocación v • *vergissing* • *fout* ★ *para evitar equivocaciones om misverstanden te voorkomen* ★ *cometer una* ~ *een vergissing maken*

equivocado BNW *verkeerd; foutief* ★ *está usted muy* ~ *u zit er helemaal naast* ★ *número* ~ *verkeerd verbonden* ⟨telefoon⟩

equivocar OV WW • *zich vergissen in* • *verkeerd kiezen* ★ ~ *el camino de verkeerde weg nemen*

equivocarse WKD WW *zich vergissen* ★ ~ *de camino de verkeerde weg nemen*

equívoco I m • *woordspeling* • *misverstand* II BNW • *dubbelzinnig; voor tweeërlei uitleg vatbaar* • *van de verkeerde kant* • *verdacht*

equivoquista m/v • *muggenzifter; mierenneuker* • *iemand die voortdurend woordspelingen maakt*

era I v • *era; tijdperk* • *jaartelling* • *periode* • *dorsvloer* II WW (1e/3e p ev v.t.) → **ser**

erario m • *schatkist; staatskas* • ≈ *belastingkantoor*

erasmista m/v *aanhanger van Erasmus*

ere v r ⟨letter⟩

erección v • *erectie* • *oprichting*

erecto BNW • *recht (overeind)* • *stijf*

eremita m/v *heremiet; kluizenaar*

eres WW (2e p ev t.t.) → **ser**

ergio m *erg* ⟨eenheid van arbeid⟩

ergonomía v *ergonomie*

erguido BNW *overeind; trots*

erguir /i/ OV WW *oprichten; rechtop zetten*

erguirse WKD WW *overeind komen; zich oprichten*

erial I m *braakliggend terrein; braakland* II BNW *braak (liggend)*

erigir OV WW • *oprichten* • *benoemen*

erisipela v *erysipelas; belroos*

eritema m • *erytheem; rode uitslag* • *vurige roodheid* ⟨v. huid⟩ ★ ~ *solar zonnebrand*

eritrocito m *erytrocyt; rode bloedcel*

erizado BNW • *recht overeind staand* ⟨v. haar⟩ • *borstelig; stekelig* ★ ~ *de vol van*

erizar OV WW • *recht overeind zetten* • *te berge rijzen* ⟨v. haren⟩ ★ ~ *la cresta zijn kam opsteken* ⟨v. haan⟩

erizarse WKD WW • *overeind vliegen* ⟨v. schrik⟩ • *te berge rijzen* ⟨v. haren⟩

erizo m • *egel* • *kastanjebolster* • *stekelig persoon* ★ ~ *de mar/marino zee-egel*

ermita v • *kapel* ⟨buiten bebouwde kom⟩ • *bedehuisje; bedevaartkapel*

ermitaño m • *heremiet; kluizenaar* • *heremietkreeft*

erogar OV WW • *verdelen* ⟨v. bezit⟩ • LA *een schuld (af)betalen* • BOL *geld uitgeven*

erógeno BNW *erogeen*

erosión v • *erosie* • *schaafwondje; huidvervelling* ★ *sufrir* ~ *inboeten aan belang/ prestige*

erosionar OV WW • *(weg)slijten; verslijten* • *inboeten* ⟨aan belang/prestige⟩ • *(doen) eroderen; uitschuren*

erosivo BNW *eroderend*

erótico BNW *erotisch* ★ *poesía erótica minnedicht*

erotismo m *erotiek*

errabundo BNW *(rond)zwervend*

erradamente BIJW *bij vergissing*

erradicación v *uitbanning; uitroeiing*

erradicar OV WW *uitbannen; uitroeien*

erradizo BNW *dwalend; zwervend*

errado BNW *verkeerd; foutief*

errante BNW *dwalend; (rond)zwervend* ★ *estrella ~ dwaalster* ★ *el holandés ~ de Vliegende Hollander* ★ *el judío ~ de Wandelende Jood* ★ *marido ~ ontrouwe echtgenoot*

errar /ie/ **I** OV WW *missen; mislopen* ★ ~ *el blanco zijn doel missen* ★ ~ *el camino verdwalen* ★ ~ *el golpe misslaan; misgooien* **II** ON WW • *een vergissing maken* • *in de fout gaan; een verkeerde keuze maken* • *dolen; zwerven*

errarse WKD WW *zich vergissen*

errata v *drukfout*

errático BNW • *zwerf-; zwervend* • *onstandvastig; veranderlijk*

erre v *r* ⟨letter⟩ ★ *erre que erre onophoudelijk; halsstarrig* ★ *seguir erre que erre stug doorgaan*

erro m LA *vergissing; fout*

erróneamente BIJW *per abuis; per vergissing*

erróneo BNW *verkeerd; onjuist* ★ *doctrina errónea dwaalleer*

error m • *misvatting* • *fout* • *dwaling* ★ *salvo ~ u omisión onder voorbehoud* ★ ~ *de bulto een grove fout* ★ *estar en el/un ~ het fout hebben* ★ ~ *de caja een grote fout* ★ *cometer/incurrir en un ~ een vergissing maken; een fout begaan*

ertzaina I m *Baskische politieagent* **II** v • *Baskische politieagente* • *Baskische politie*

eructar ON WW *boeren; een boer(tje) laten*

eructo m *oprisping; boer*

erudición v *eruditie; geleerdheid*

erudito I m *geleerde* **II** BNW *erudiet; geleerd; belezen*

erupción v • *eruptie; uitbarsting* • *huiduitslag*

eruptivo BNW • *eruptief; uitbarstings-* • *met huiduitslag gepaard gaand*

es WW (3e p ev t.t.) → **ser**

esa AANW VNW (ésa) → **ese** *die; dat*

esbeltez v *gratie; slankheid*

esbelto BNW *slank*

esbirro m • *gerechtsdienaar* • *diender* • *huurling; handlanger*

esbozar OV WW *schetsen*

esbozo m *schets*

escabechado BNW *gemarineerd; ingelegd*

escabechar OV WW • *laten zakken* ⟨bij examen⟩ • *marineren; inleggen* ⟨in zuur⟩

escabeche m *marinade*

escabechina v *slachting; puinhoop*

escabel m *voetenbankje; krukje*

escabioso BNW *schurftig; schurftachtig*

escabrosidad v • *slechte begaanbaarheid* ⟨v. weg, terrein⟩; *hobbeligheid* • *neteligheid*

escabroso BNW • *slecht begaanbaar* ⟨v. weg, terrein⟩; *hobbelig* • *netelig; delicaat* • *gewaagd; schuin*

escabullirse WKD WW • *uit handen glippen; ontglippen* • *met stille trom vertrekken*

escacharrar OV WW • INF. *breken* • *aan diggelen laten vallen* • *in de soep laten lopen*

escafandra v *duikerpak*

escafandro m *duikerpak*

escala v • *ladder; trap* • *schaal* • *schaalverdeling* • *aanlegplaats* • *tussenlanding* ★ *en gran ~ op grote schaal* ★ ~ *jerárquica rangorde* ★ ~ *de colores kleurengamma* ★ ~ *de cuerda touwladder* ★ ~ *musical toonladder* ★ *hacer ~ een tussenlanding maken; aanleggen* ⟨v. schip⟩ ★ *hacer ~s toonladders spelen* ★ *en la ~ de Richter op de schaal van Richter*

escalada v • *beklimming* • *escalatie*

escalafón m *ranglijst*

escalamiento m *bestorming; beklimming* ⟨met ladders⟩

escalar I OV WW *beklimmen* **II** ON WW • *inbreken* • *met zijn ellebogen werken* • *zich opwerken*

Escalda m *Schelde*

escaldado BNW • *met heet water overgoten; verbrand* • *door schade en schande wijs geworden; zijn lesje geleerd hebbend*

escaldadura v *brandwond*

escaldar OV WW • *met heet water overgieten* • *blancheren*

escaldarse WKD WW • *zich (ver)branden* ⟨door zon, heet water⟩ • *rood worden*

escaleno BNW *ongelijkzijdig* ⟨v. driehoek⟩

escalera v • *ladder; trap* • *straat* ⟨bij kaarten⟩ ★ *lleva el pelo con ~s* FIG. *hij is van de trap gevallen* ★ ~ *de color kleurenwaaier* ★ ~ *de mano/portátil trapleer* ★ *subir/bajar las ~s de trap op-/afgaan* ★ ~*s arriba/abajo (de) trap op/ af; (naar) boven/beneden* ★ ~ *de caracol wenteltrap* ★ ~ *de incendio brandtrap* ★ ~ *rodante/mecánica/móvil roltrap*

escalerilla v • *trapje* • *straat* ⟨bij kaartspel⟩ • *passagierstrap* ⟨bij vliegtuig⟩; *valreep* ⟨bij schepen⟩

escalfador m *schotelwarmer* ⟨met water⟩

escalfar OV WW • *pocheren* ⟨v. eieren⟩ • MEX *verdonkeremanen; verduisteren*

escalinata v *bordes; hoge stoep* ⟨met treden⟩

escalo m *het inklimmen* ★ *robo con ~ inbraak*

escalofriado BNW *rillerig; koortsig*

escalofriante BNW *vreselijk; huiveringwekkend*

escalofrío m *angst; (koude) rilling* ★ *producir/dar ~s huiveren; angst inboezemen*

escalón m • *trede* ⟨v. trap⟩; *sport* ⟨v. ladder⟩ • *loopgroep; echelon; niveau* ★ *en escalones trapsgewijs*

escalonamiento m *spreiding*

escalonar OV WW • *verdelen* ⟨over bepaalde afstand⟩; *opstellen* ⟨v. personen⟩ • *indelen* ⟨in de tijd⟩; *spreiden*

escalope m *schnitzel*

escalpar OV WW *scalperen*

escalpelo m *scalpel; ontleedmes*

escama v • *schilfer* • *schub* ⟨v. dier⟩ • *achterdocht; argwaan*

escamado BNW • *geschubd* • *schilferig* • *achterdochtig; argwanend*

escamar OV WW • *schubben* • *achterdochtig*

maken

escamón BNW *wantrouwig; achterdochtig*

escamondar OV WW OOK FIG. *snoeien*

escamoso BNW • *geschubd* • *schilferig*

escamoteador m • *goochelaar* • *oplichter*

escamotear OV WW *onder het tapijt vegen; wegmoffelen; verdoezelen*

escamotearse WKD WW *er tussenuit knijpen*

escamoteo m • *goocheltoer* • *verduistering* • *ontfutseling*

escampada v *opklaring*

escampar ON WW *opklaren* ★ *ya escampa het klaart al op*

escán m *scan* ★ ~ *de iris irisscan*

escanciador m *wijnschenker*

escanciar OV WW *(in)schenken* ‹v. wijn›

escandalera v *lawaai; kabaal* ★ *armar una* ~ OOK FIG. *herrie schoppen; een hels kabaal maken*

escandalizar I OV WW *choqueren* II ON WW *aanstoot geven; herrie schoppen*

escandalizarse WKD WW *zich ergeren; aanstoot nemen*

escandallo m • *prijsbepaling* • *peilijzer; peillood* • *peiling; proefneming*

escándalo m • *lawaai; kabaal* • *schande* ★ ~ *de soborno omkoopschandaal* ★ *llamar a* ~ *moord en brand roepen* ★ *armar* ~ *de boel op stelten zetten* ★ *piedra de(l)* ~ *steen des aanstoots* ★ *con* ~ *de tot ergernis van*

escandalosa v *gaffelzeil* ★ *echar la* ~ *krachtige taal spreken*

escandaloso BNW • *schandalig; aanstootgevend* • *luidruchtig; lawaaierig*

Escandinavia v *Scandinavië*

escandinavo I m *Scandinaviër* II BNW *Scandinavisch*

escandir OV WW *scanderen; in versvoeten indelen*

escanear OV WW *scannen*

escáner m COMP. *scanner*

escanografía v *computertomografie*

escantillón m *mal* ‹v. steenhouwer›

escaño m • *bank* ‹met leuning› • *zetel* ‹in parlement› ★ *renunciar al* ~ *zijn mandaat neerleggen; zijn zetel ter beschikking stellen*

escapada v *uitstapje; tochtje* ★ *en una* ~ *even vlug (tussendoor)*

escapado BNW *vliegensvlug; als de wiedeweerga*

escapar ON WW • *ontsnappen; weglopen* • *ontkomen; ontsnappen* • *ontgaan* ★ ~ *por un pelo ternauwernood ontkomen* ★ *dejar* ~ *unas cuantas palabras zich enkele woorden laten ontvallen* ★ *dejar* ~ *un pedo onwillekeurig een scheet laten* ★ (~ *a) vallen buiten* ‹bevoegdheid, jurisdictie›

escaparate m *etalage*

escaparatista m/v *etaleur*

escaparse WKD WW • *lekken* • *losschieten* • *aan zijn neus voorbij laten gaan; zich laten ontglippen* • *zich laten ontvallen; zijn mond voorbijpraten* ★ *se me escapó la mano mijn hand schoot uit*

escapatoria v • *ontsnapping* • *ontsnappingsroute* • *wijkplaats* • *uitvlucht* ★ *en una* ~ *even vlug*

escape m • *lek; lekkage* • *uitweg* • CHI *nooduitgang* ★ *no tener* ~ *geen oplossing hebben* ★ *a* ~ *vliegensvlug* ★ *ya no hay* ~ *er is geen ontkomen meer aan* ★ ~ *de gas gaslek*

escapero m CHI *dief; zakkenroller*

escapular BNW *van het schouderblad; schouder-*

escapulario m *scapulier*

escaque m *veld* ‹v. dam-, schaakbord›

escaqueado BNW *geblokt; geruit*

escara v *korstje* ‹op wond›

escarabajear ON WW • *krioelen; zwermen* • *krabbelen* ‹op papier›

escarabajeo m • *gekrioel; gezwerm* • *gekrabbel* ‹op papier›

escarabajo m *kever*

escarabajos m mv *hanenpoten*

escaramujo m *hondsroos*

escaramuza v *schermutseling*

escarapela v *rozet* ‹als insigne, versiersel›; *kokarde*

escarbadientes m *tandenstoker*

escarbar OV+ON WW • *omwroeten* • *poken; aanwakkeren* ‹v. vuur› • *peuteren* • *snuffelen; wroeten*

escarcela v • *buidel* • *weitas*

escarceo m *kabbelende golfjes*

escarceos m mv • *snelle wendingen* ‹v. paard› • *avontuurtjes* ‹in de liefde›; *lotgevallen*

escarcha v *rijp* • *flores de* ~ *ijsbloemen*

escarchado BNW • *berijpt; met rijp bedekt* • *gekonfijt*

escarchar I OV WW • *konfijten* ‹v. vruchten›; *versuikeren* ‹v. gebak› • *mereren* ‹v. likeur› • *bestuiven* ‹met suiker, meel› II ON WW *rijpen; ijzelen*

escarda v • *het wieden* • *wiedemaand* • *hak; wiedijzer*

escardador m → **escarda**

escardar OV WW • *wieden* • *wegdoen; eruit gooien*

escardilla v *wiedvorkje; kleine schoffel*

escardillo m *schoffel*

escariador m *ruimer*

escariar OV WW *ruimer maken; uitboren*

escarificación v *scarificatie; insnijding*

escarificador m • *cultivator* ‹met messen›; *kleine eg* • *scarificator; kopmes* ‹v. chirurg›

escarificar OV WW • *eggen* • *insnijden* ‹door chirurg›

escarlata I m *scharlakenrood* II v *roodvonk* III BNW *scharlakenrood*

escarlatina v • *roodvonk* • *scharlaken* ‹stof›

escarmentar /ie/ I OV WW *streng straffen* II ON WW *door schade en schande wijs worden*

escarmiento m • *straf* ‹met voorbeeldfunctie› • *les(je); lering; waarschuwing* ★ *esto te servirá de* ~ *dat zal je een lesje leren*

escarnecer OV WW *bespotten*

escarnezca WW (1e/3e p ev subj. t.t.) → **escarnecer**

escarnio m • *hoon; spot* • *bespotting; het bespottelijk maken* ★ *hacer* ~ *de u.p. iemand bespotten*

escarola v *andijvie*

escarolar OV WW *plooien* ‹v. kleding›

escarpa v *steile helling*

escarpado BNW *steil*
escarpadura v *steile helling*
escarpar OV WW *steil laten aflopen*
escarpia v *spijker; muurduim*
escarpin m • *pump; damesschoen* • *klompsok*
escasamente BIJW • *armzalig* • *ternauwernood* • *spaarzaam; sobertjes*
escasear I OV WW *beknibbelen op* II ON WW *schaars zijn*
escasez v • *schaarste; gebrek* • *armoede* • *karigheid; schraalheid* ⋆ ~ *de dinero geldgebrek* ⋆ ~ *de personal personeelstekort* ⋆ ~ *de víveres voedselschaarste* ⋆ ~ *de viviendas woningnood* ⋆ *en la* ~ *in armoede; in behoeftige omstandigheden*
escaso BNW • *schaars; beperkt; te weinig* • *karig; krap* ⋆ *siete metros* ~s *nog geen zeven meter* ⋆ ~ *de bienes arm* ⋆ ~ *de luces beperkt van geest* ⋆ ~ *de palabras spaarzaam met woorden* ⋆ ~s *medios schaarse middelen* ⋆ *andar muy* ~ *de tiempo in tijdnood zitten* ⋆ *estar* ~ *de dinero krap bij kas zitten* ⋆ *las escasas veces que de zeldzame keren dat*
escatimar OV WW *zuinig zijn met; beknibbelen op* ⋆ *no* ~ *niet karig zijn met*
escatología v • *scatologie* • *eschatologie*
escatológico BNW • *scatologisch* • *eschatologisch*
escayola v *gips* ⋆ *vaciar en* ~ *een gipsafgietsel maken van*
escayolar OV WW *in het gips zetten*
escena v • *toneel; theater* • *podium; de planken* • OOK FIG. *scène; tafereel* ⋆ *desaparecer de* ~ *sterven; ervandoor gaan* ⋆ ~ *retrospectiva flashback* ⋆ *entrar en* ~ *opkomen* ⋆ *poner en* ~ *ensceneren; in scène zetten* ⋆ *vuelta a la* ~ *comeback* ⋆ *dar/hacer/montar una* ~ *een scène maken* ⋆ *entrar en* ~ *opkomen*
escenario m • *scenario* • *toneel; filmset* • *(buiten)wereld* ⋆ ~ *mundial wereldtoneel* ⋆ ~ *del accidente plaats van het ongeluk*
escénico BNW *toneel-* ⋆ *arte* ~ *dramatische kunst* ⋆ *palco* ~ *avant-scène; voortoneel*
escenificación v *enscenering*
escenificar OV WW *ensceneren*
escenografía v • *decor* • *scenografie; decorontwerp*
escenógrafo m *decorontwerper*
escepticismo m • *scepsis* • *wantrouwen* ⋆ *con* ~ *wantrouwig*
escéptico BNW *sceptisch*
Escila v *Scylla* ⋆ *entre* ~ *y Caribdis tussen Scylla en Charybdis; tussen twee dreigende gevaren*
escindir OV WW • *splitsen; splijten* • *(ver)delen*
escisión v • *splijting; splitsing* • *deling* • REL. *schisma* ⋆ ~ *nuclear kernsplijting*
esclarecer OV WW *ophelderen; verduidelijken*
esclarecido BNW *voornaam; vermaard*
esclarecimiento m *opheldering*
esclarezca WW (1e/3e p ev subj. t.t.)
→ **esclarecer**
esclava v • *slavin* • *slavenarmband*
esclavina v *pelerine; korte cape*
esclavista m/v *verdediger van de slavernij*
esclavitud v • *slavernij* • *slavenbestaan*
esclavizar OV WW *slaaf maken; knechten*
esclavo m OOK FIG. *slaaf* ⋆ *ser un* ~ *de su*

palabra *zijn woord gestand doen*
esclerosis v *sclerose; weefselverharding*
esclusa v • *sluis* • *sluisdeur*
esclusero m *sluiswachter*
escoba v *bezem* ⋆ *no vender ni una* ~ *geen succes hebben* ⋆ *pasar la* ~ *bezemen* ⋆ ~ *blanca brem*
escobar OV WW *bezemen; vegen*
escobazo m *klap met een bezem* ⋆ *echar a uno a* ~s *iemand de deur uitgooien*
escobén m *kluisgat*
escobilla v *borstel; stoffer*
escobillar ON WW LA *(vlug) met de voeten op de vloer tikken bij een dans*
escobillón m • *luiwagen* • *flessenborstel*
escobón m • *grote bezem* • *ragebol*
escocer /ue/ I OV WW FIG. *steken* II ON WW *branden; schrijnen* ⋆ *las palabras de Juan le escocieron mucho Jans woorden staken hem*
escocerse /ue/ WKD WW *zich ergeren*
escocés I m • *Schot* • *(het) Schots* II BNW • *Schots* • *geruit*
Escocia v *Schotland*
escoda v *bikhamer*
escodar OV WW *houwen ⟨v. stenen⟩; bikken*
escofina v *vijl; rasp*
escofinar OV WW *vijlen*
escoger OV WW • *(uit)kiezen; uitzoeken* • COMP. *selecteren* ⋆ *tener donde* ~ *een ruime keus hebben* ⋆ *no nos es dado* ~ *we hebben het niet voor het kiezen*
escogido I m *uitverkorene* II BNW • *uitgezocht* • *uitverkoren* • *uitgelezen*
escolanía v • *koorschool* • *koorknapen*
escolar I m/v *scholier* II BNW *school-; leer-; schoolgaand* ⋆ *año* ~ *schooljaar*
escolaridad v • *(het) schoolgaan* • *studietijd; scholing*
escolarización v • *inschrijving ⟨op school⟩* • *het geven van onderwijs*
escolástica v *scholastiek*
escolástico I m *scholasticus* II BNW *scholastiek*
escoleta v • MEX *amateurband* • MEX *repetitie ⟨v. amateurband⟩*
escollar ON WW • ARG *op een klip lopen* • FIG. ARG, CHI *schipbreuk leiden*
escollera v *golfbreker*
escollo m • OOK FIG. *klip* • *gevaar; hindernis*
escolopendra v *duizendpoot*
escolta v • *escorte; (gewapende) geleide* • *lijfwacht* ⋆ ~ *real koninklijke lijfwacht*
escoltar OV WW *escorteren; (gewapend) begeleiden*
escombrar OV WW *puin ruimen*
escombrera v • *hoop puin* • *stortplaats*
escombro m *puin; (bouw)afval*
escondedero m *schuilhoek*
esconder OV WW *verbergen; verborgen houden*
escondido BNW *verborgen* ⋆ *a escondidas heimelijk* ⋆ LA *jugar a las escondidas verstoppertje spelen*
escondite m *schuilplaats* ⋆ *jugar al* ~ *verstoppertje spelen*
escondrijo m *schuilplaats*
escopeta v • *(jacht)geweer* ⋆ ~ *de tiro doble dubbelloopsgeweer* ⋆ ~ *de viento windbuks* ⋆ ~

es

es

negra *beroepsjager* ★ ~ de dos cañones
dubbelloops (jacht)geweer
escopetazo m • *schotwond* • *geweerschot* • FIG.
klap
escopetear OV+ON WW *schieten (op)*; *beschieten*
escopeteo m *het schieten*
escopetero m *jager* ⟨ook militair⟩
escopladura v (**escopleadura**) *inkeping*; *groef*
escoplear OV WW • *beitelen* • *inkepen*
escoplo m *beitel* ★ ~ de cantería
steenhouwersbeitel ★ ~ de mediacaña
handbeitel; *guts*
escora v *slagzij*
escorar ON WW • *slagzij maken* • *op z'n laagst
zijn* ⟨v. getij⟩
escorbútico BNW *scheurbuik-*; *scheurbuikachtig*
escorbuto m *scheurbuik*
escorchar OV WW • *villen* • RPL *lastigvallen*;
vervelen
escorchón m *schaafwond*; *ontvelling*
escoria v • *(erts)slak*; *sintel* • *uitvaagsel*; *schorem*
• *afval*
escorial m • *stortplaats* ⟨v. sintels⟩
• *slakkenkuil*; *slakkenberg*
Escorpio m ASTROL. *Schorpioen*
escorpión m *schorpioen*
escorzar OV WW *in perspectief tekenen*
escorzo m *pose met gedraaid bovenlichaam*
★ en ~ *in verkorte vorm*
escotado I m *decolleté* II BNW *laag uitgesneden*
⟨v. kleding⟩; *gedecolleteerd*
escotadura v • *decolleté* • *gat*
escotar I OV WW *uitsnijden*; *decolleteren* II ON
WW *ieder een deel betalen*
escote m • *uitsnijding* ⟨voor hals in kleding⟩
• *decolleté* • *evenredig deel* ★ pagar a ~ *ieder
een gelijk deel betalen*
escotilla v *luik(gat)*
escotillón m • *valluik* • *luik(gat)* • *toneelluik*
★ desaparecer por ~ *spoorloos verdwijnen*
escozor m • *branderig gevoel* • *onbehagen*
escriba m • *(joods) schriftgeleerde* • *scribent*
escribanía v *inktstel*
escribano m • GESCH. *notaris* • *secretaris*
• *griffier*
escribiente m/v *schrijver*; *klerk*
escribir OV+ON WW *schrijven* ★ ~ en neerlandés
Nederlands schrijven
escribirse WKD WW *met elkaar schrijven*;
corresponderen
escrito I m • *geschrift* • *boek*; *werk* ★ por ~ *op
papier*; *schriftelijk* ★ no hay nada ~ sobre eso
dat is discutabel ★ ~ de queja *bezwaarstuk* ★ ~
de apelación/recurso *beroepschrift* ★ ~ de
agravios *cassatie* II BNW • *schriftelijk*
• *geschreven* ★ estaba ~ *het was zo
voorbestemd* ★ poner por ~ *schriftelijk
vastleggen*; *op schrift stellen*
escritor m *schrijver*
escritorio m • *bureau* • *zaak*; *kantoor*
• *secretaire* ★ objetos de ~ *schrijfbehoeften*
★ material de ~ *kantoorbehoeften*
escritorzuelo m *slechte schrijver*
escritura v • *schrijfkunst*; *schrift* • *geschrift*
• *akte* • *handschrift* ★ ~ árabe *Arabisch schrift*
★ ~ de compra(venta) *koopakte* ★ ~ pública

notariële akte ★ ~ de traspaso *overdrachtsakte*
★ ~ de propiedad *eigendomsakte*
escriturar OV WW *een akte laten opmaken van*
escrófula v *scrofulose*; *klierziekte*
escrofuloso BNW *scrofuleus*; *klierachtig*
escroto m *scrotum*; *balzak*
escrúpulo m • *nauwgezetheid* • *scrupule*;
gewetensbezwaar • *afkeer*; *het vies vinden* ★ le
da ~ comer pescado *vis eten vindt hij vies*
★ sin ~s *gewetenloos*
escrupulosidad v *scrupulositeit*; *nauwgezetheid*
escrupuloso BNW *scrupuleus*; *nauwgezet*;
gewetensvol
escrutador I m *teller* ⟨v. stemmen⟩ II BNW
vorsend; *onderzoekend* ★ ojos ~es
onderzoekende blik
escrutar OV WW • *doorvorsen*; *grondig
onderzoeken* • *tellen* ⟨v. stemmen⟩
escrutinio m *telling* ⟨v. stemmen⟩
escuadra v • *tekendriehoek* • MIL. *squadron*;
eskader • MIL. *escouade*; *smaldeel* • *korporaal*
⟨v. eskader⟩ ★ ~ de aviones *squadron*;
luchtmachteskader
escuadrar OV WW *vierkant maken*
escuadrilla v • *eskader* ⟨v. kleine schepen⟩;
smaldeel • *escadrille*; *squadron* ★ ~ de aviones
vliegtuigformatie
escuadrón m *eskadron*
escualidez v *magerte*
escuálido BNW *heel mager*; *uitgemergeld*
escualo m *haai*
escucha I m *verkenner*; *verspieder* II v ★ estar a
la ~ *afluisteren*
escuchar I OV WW *beluisteren*; *aanhoren*
II OV+ON WW *luisteren (naar)*
escudar OV WW • *verdedigen* • *beschermen*
escudarse WKD WW FIG. *zich schuil houden
achter*
escudero m *schildknaap*
escudete m *schildje*
escudilla v *(soep)kom*
escudo m • *(wapen)schild*; *blazoen*
• *bescherming* • *escudo* ⟨Portugese
munteenheid⟩ • *beschermplaatje* ⟨v.
sleutelgat⟩ ★ ~ de armas *familiewapen* ★ ~
antimisil/anticohete antiraketschild
escudriñador BNW *(na)vorsend*; *doorzoekend*
escudriñar OV WW • *onderzoeken*; *(na)vorsen*
• *doorzoeken*
escuela v • *school* • *hogeschool*; *academie*
• *schoolgebouw* • *scholing*; *onderwijs* • FIG.
leerschool ★ ~ de párvulos *kleuterschool* ★ ~
mixta *gemengde school* ★ ~ de artes y oficios
technische school ★ ~ militar *militaire
academie* ★ ~ de conducir *rijschool* ★ ~
nocturna *avondschool* ★ ~ primaria
basisschool ★ KUNST la ~ flamenca *de Vlaamse
school*
escuerzo m *pad* ⟨dier⟩
escueto m • *eenvoudig* • *sober*; *onopgesmukt*
★ seré breve y ~ *ik zal het kort maken*
escuincle m MEX *knul*; *jongen*
esculpir OV WW *beeldhouwen*
escultor m *beeldhouwer*
escultórico BNW *beeldhouw-*; *beeld-* ★ obra
escultórica *beeldhouwwerk*

escultura v • *het beeldhouwen*; *beeldhouwkunst* • *beeldhouwwerk*

escultural BNW *beeldhouw-*; *beeld-* ★ *de una belleza ~ beeldschoon*

escupidera v *kwispedoor*

escupidura v *spuug*

escupir I OV WW • *uitspugen* • *afscheiden* • *uitkotsen*; *uitbraken* ★ ~ a alg. u.c. a la cara *iemand iets in het gezicht slingeren* II ON WW *spugen*

escupitajo m • *evenbeeld* • *klodder spuug*; *fluim* ★ ser el ~ de *als twee druppels lijken op*

escurreplatos m *afdruiprek*

escurribanda v • *vlucht*; *uittocht* • *buikloop*

escurridero m *afdruiprek*

escurridizo BNW • *moeilijk te vatten* ⟨v. persoon⟩; *ongrijpbaar* • *glibberig* ★ hacerse ~ *de plaat poetsen*

escurrido BNW *slank*

escurridor m • *afdruiprek* • *vergiet*; *zeef*

escurriduras v mv *laatste druppels*; *rest(je)*

escurrir OV WW • *laten uitlekken*; *laten afdruipen* • *tot op de bodem ledigen* • *uitwringen* • *droogschudden* ⟨v. bladgroente⟩

escurrirse WKD WW *ontglippen*; *wegglippen* ⟨uit handen⟩

escúter m *scooter*

escutismo m *scouting*; *padvinderij*

esdrújulo BNW ★ palabra esdrújula *een woord waar op de twee na laatste lettergreep de klemtoon valt*

ese AANW VNW (**ése**) *die*; *dat* ★ ia **ése**! *houd de dief!*

esencia v • *wezen* • *essentie*; *hoofdzaak* • *essence*; *extract* ★ ser de ~ *noodzakelijk/essentieel zijn*

esencial BNW • *wezenlijk* • *essentieel*; *belangrijk*; *noodzakelijk* ★ lo ~ es que *het voornaamste is dat*

esfera v • *bol* • OOK FIG. *sfeer* • *kring* ★ en forma de ~ *bolvormig* ★ ~ (del reloj) *wijzerplaat* ★ ~ celeste *hemelruim* ★ ~ terreste *aardbol* ★ ~ de acción/actividad *actieradius*; *werkingssfeer* ★ ~ de influencia *invloedssfeer*; *machtssfeer* ★ ~ de intereses *belangensfeer* ★ altas ~s (de la política) *hoge (politieke) kringen*

esférico I m SPORT *bal* II BNW *bol-*; *bolvormig*

esfero m COL *(bal)pen*

esferoide m *bolvorm*; *sferoïde*

esfinge v *sfinx*

esfinter m *sfincter*; *sluitspier*

esforzado BNW *dapper*

esforzar /ue/ OV WW • *forceren* • *bemoedigen*; *moed geven* • *kracht geven*

esforzarse /ue/ WKD WW *zich beijveren*; *zich inspannen*

esfuerzo m • *(krachts)inspanning* • *moeite* • *opoffering*; *offer* ★ valer el ~ *de moeite waard zijn* ★ no escatimar ~ *geen poging onbeproefd laten* ★ hacer (un) ~(s) *zich opofferingen getroosten*; *zich inspannen* ★ ~ de frenado *remkracht* ★ en un ~ común *met vereende krachten* ★ ~ inútil *verspilde/verloren moeite* ★ ~ supremo *uiterste inspanning*; *topprestatie* ★ no ahorrar/perdonar ~(s) *zich veel moeite getroosten* ★ sin ~s *moeiteloos*

esfumar OV WW *doen vervagen*

esfumarse WKD WW *verdwijnen*

esfumino m *doezelaar*

esgrima v *het schermen*; *schermkunst* ★ practicar la ~ *schermen*

esgrimidor m *schermer*

esgrimir I OV WW *dreigen met*; *schermen met* II ON WW SPORT *schermen*

esgrimista m/v LA *schermer*

esguince m • *reflexbeweging*; *ontwijkende beweging* • *verstuiking*

eslabón m • *schakel* • *vuurslag*

eslabonar OV WW • *(aan elkaar) schakelen* • *op een rijtje zetten* ⟨v. gebeurtenissen⟩

eslalon m *slalom*

eslavo I m *Slaaf* II BNW *Slavisch*

eslinga v *leng*; *(hijs)strop*; *lus*

eslogan m *kreet*; *slogan*

eslora v *(scheeps)lengte*

eslovaco m *Slowaak*

Eslovaquia v *Slowakije*

Eslovenia v *Slovenië*

esmaltado m *(het) emailleren*

esmaltar OV WW • *emailleren* • *versieren* ★ esmaltado de flores *met bloemen bedekt*

esmalte m • *email* • *(tand)glazuur* • *(nagel)lak*

esmerado BNW • *keurig verzorgd* • *nauwkeurig*; *gewetensvol*

esmeralda v *smaragd*

esmerar OV WW *glad maken*; *slijpen*

esmerarse WKD WW *zijn best doen*; *zich inspannen*

esmeril m *smergel*; *amaril* ★ pulir con ~ *smergelen*

esmerilar OV WW *glad maken*; *schuren* ⟨met smergel⟩ ★ vidrio esmerilado *matglas*

esmero m *toewijding*; *zorg* ★ con ~ *nauwkeurig*; *zorgvuldig* ★ con el mayor ~ *met de grootste zorg*

esmirriado BNW *schriel*; *mager*

esmoquin m *smoking*

esnifar OV WW *snuiven* ⟨v. drugs⟩

esnob m/v *snob*

esnobismo m *snobisme*

esnórguel m *snorkel*

eso AANW VNW *dat* ★ inada de eso! *niets daarvan!* ★ a eso de las cinco *om een uur of vijf* ★ ¿qué es eso de pólder? *wat betekent dat 'polder'?* ★ es eso, ¿verdad? *zo is het toch?* ★ y eso que *en dat terwijl* ★ ¿y eso? *hoezo?*

esófago m *slokdarm*

Esopo m *Aesopus*

esotérico BNW *esoterisch*; *verborgen*; *geheim*

esoterismo m *esoterisme*

esotro AANW VNW *die*; *dat andere*

espabilado BNW *bijdehand*; *kien*; *snugger*

espabilar I OV WW • *wakker maken* • *aanwakkeren* ⟨v. vuur⟩ II ON WW • *levendig worden* • OOK FIG. *wakker worden*

espachurrar OV WW *pletten*; *plat slaan*

espaciado I m • *tussenruimte*; *spatie* • *spatiëring* II BNW *met tussenruimte*; *met tussenpozen*

espaciador m *spatietoets*

espacial BNW *ruimte-*; *ruimtelijk* ★ nave ~

es

es

ruimteschip ★ carrera ~ ruimtewedloop ★ era ~ ruimtetijdperk

espaciar OV WW • uit elkaar zetten; tussenruimte aanbrengen ● met grotere tussenpozen doen; spreiden ⟨in tijd⟩

espaciarse WKD WW uitweiden

espacio m • ruimte • plaats • tussenruimte • tussentijd; tussenpoos • tijdsruimte; tijdsbestek • uitzending ⟨v. radio, tv⟩; zendtijd ★ (por) un buen ~ vrij lang ★ por ~ de gedurende

espacioso BNW • ruim • uitgestrekt

espada I m • matador; stierenvechter ★ ser un buen ~ een geducht polemist zijn II ν zwaard ★ estar entre la ~ y la pared met de rug tegen de muur staan ★ ceñir ~ in het leger dienen; het zwaard omdoen

espadachín m • goede zwaardvechter • vechtersbaas; ruziezoeker

espadaña v • grote lisdodde • klokkentoren

espadas v mv • → espada • schoppen ⟨in kaartspel⟩

espadazo m slag met een zwaard

espadín m staatsiedegen

espadón m slagzwaard

espaguetis m mv spaghetti

espalda v • rug • achterkant ★ a ~s de alg. achter iemands rug om ★ dar de ~s achterover vallen ★ de ~s a met de rug naar ★ FIG. volver/ dar las ~s de rug toekeren ★ acometer por la ~ in de rug aanvallen ★ FIG. tener ~s muy anchas een brede rug hebben ★ guardar(se) las ~s zich indekken tegen een risico ★ caerse de ~s van verbazing achterover vallen

espaldar m • rugstuk ⟨v. slachtvlees⟩ • rugleuning

espaldarazo m ridderslag ★ dar el ~ a alg. iemand erkennen

espaldera v • latwerk ⟨voor klimplanten⟩ • SPORT wandrek

espaldilla v • schouderblad • schouderstuk ⟨v. slachtvlees⟩

espantada v • plotselinge vlucht ⟨v. dier⟩ • schrikreactie ★ pegar una ~ zich plotseling terugtrekken

espantadizo BNW schichtig

espantador BNW schrikaanjagend

espantajo m • vogelverschrikker • spook

espantamoscas m • vliegengordijn • vliegenpapier; vliegenvanger

espantapájaros m vogelverschrikker

espantar OV WW • bang maken; schrik aanjagen • wegjagen

espantarrucio m COL pik; lul

espantarse WKD WW bang worden; schrikken

espanto m • angst; ontzetting • LA spook ★ causar ~ schrik aanjagen ★ estar curado de ~s zich nergens druk om maken ★ VEN de ~ geweldig; enorm

espantoso BNW • ontzettend; vreselijk • geweldig • heel lelijk ★ con una rapidez espantosa met razende snelheid

España v Spanje • la ~ negra negatief beeld van Spanje in het buitenland • la ~ de pandereta het folkloristische Spanje; het Spanje van de clichés

español I m • Spanjaard • Spaans ⟨taal⟩ ★ a la ~a op zijn Spaans II BNW Spaans

españolismo m • liefde voor Spanje • typisch Spaans karakter

españolizar OV WW verspaansen

españolizarse WKD WW Spaans worden; een Spaans tintje krijgen

esparadrapo m hechtpleister

esparaván m sperwer

esparavel m visnet

esparcido BNW • vrolijk • verspreid; verbreid

esparcimiento m • verspreiding; verbreiding • verstrooiing; ontspanning

esparcir OV WW • verspreiden • rondstrooien; (uit)strooien ★ ~ el ánimo ontspannen; zich verstrooien

espárrago m asperge ★ ivete a freír ~s! loop naar de pomp!; hoepel op!

esparraguerra v • aspergeplant • aspergeschaal

esparrancado BNW wijdbeens

esparrancarse WKD WW zijn benen spreiden

espartano BNW Spartaans

esparteña v touwschoen ⟨v. espartogras⟩

espartería v → espartero

espartero m verkoper/maker van voorwerpen uit espartogras

esparto m esparto(gras); alfagras

espasmo m kramp

espasmódico BNW krampachtig ★ ataque ~ krampaanval ★ convulsiones espasmódicas stuiptrekkingen

espatarrarse WKD WW INF. wijdbeens vallen; wijdbeens gaan zitten

espato m spaat

espátula v spatel; tempermes

especia v specerij

especial BNW • speciaal; bijzonder • zeer geschikt ★ en ~ in het bijzonder ★ ser ~ eigenaardig zijn; typisch zijn

especialidad v • bijzonder karakter • specialiteit • specialisatie; specialisme

especialista m/v • specialist • stand-in; stuntman

especializado BNW gespecialiseerd

especializarse WKD WW zich specialiseren

especialmente BIJW • in het bijzonder • hoofdzakelijk; vooral

especiar OV WW kruiden

especie v • soort • species • gerucht ★ en ~ in natura ★ bajo la ~ de onder het (valse) voorwendsel van ★ corre la ~ de que het gerucht doet de ronde dat

especiería v kruidenwinkel

especificación v • specificatie; nauwkeurige opgave • ARCH. bestek • especificaciones gebruiksaanwijzing; bijsluiter

especificar OV WW • specificeren; in onderdelen omschrijven • opgave doen van

específico I m • spécialité; patentgeneesmiddel II BNW • soortelijk • specifiek

espécimen m specimen; (proef)model; monster

especioso BNW bedrieglijk; misleidend

espectacular BNW spectaculair

espectáculo m • spektakel; vertoning • schandaal ★ ser un gran ~ spectaculair/ opzienbarend zijn ★ dar un ~ een scène maken

★ ~ de mirilla *peepshow* ★ ~ infantil/para
ninos *kindervoorstelling* ★ ~ de variedades
revue ★ ~ circense *circusvoorstelling* ★ ~
taurino *stierengevecht*

espectador I m *toeschouwer* **II** BNW
toeschouwend ★ persona ~a *toeschouwer*

espectral BNW • *spectraal*; *van het spectrum*
• *spookachtig*

espectro m • *spectrum* • *spook* • *geest* • *scala*;
reeks ★ antibiótico de amplio ~
breedspectrum antibioticum

espectrógrafo m *spectrograaf*

espectrómetro m *spectrometer*

espectroscopia v *spectroscopie*

espectroscopio m *spectroscoop*

especulación v • *speculatie* ⟨ook beursterm⟩
• *bespiegeling*; *beschouwing* ★ ~ del suelo/de
tierras *grondspeculatie* ★ ~ a la baja *speculatie
à la baisse*; *contramine*

especular I BNW *van de spiegel*; *spiegel-* **II** OV
WW *goed bekijken* **III** ON WW • *speculeren*
• *nadenken*

especulativo BNW • *speculatief* • *bespiegelend*;
theoretisch

espéculo m *speculum*

espejear ON WW *spiegelen*; *blinken*

espejismo m • OOK FIG. *luchtspiegeling*; *fata
morgana* • *illusie*

espejo m • OOK FIG. *spiegel* • *toonbeeld*
• *afspiegeling* • *mirarse alg. en otro como en
un* ~ *iemand als voorbeeld nemen*; *iemand
heel erg bewonderen* ★ ~ burlesco/cómico
lachspiegel ★ ~ de cuerpo entero *passpiegel*
★ ~ retrovisor *achteruitkijkspiegel* ★ tender un
~ a/delante de u.p. *iemand een spiegel
voorhouden* ★ asomarse al ~ *voor de spiegel
gaan staan*

espejuelo m *lokspiegel* ⟨bij jacht⟩

espeleología v *speleologie*

espeleólogo m *speleoloog*

espelta v *spelt*

espelunca v *spelonk*

espeluznante BNW *afgrijselijk*;
huiveringwekkend

espera v *(het) wachten*; *wachttijd* ★ tener ~
kunnen wachten ★ lista de ~ *wachtlijst* ★ no
tener ~ *niet kunnen wachten*; *geen uitstel
kunnen lijden* ★ sala de ~ *wachtkamer* ★ a la/
en ~ de *in afwachting van* ★ actitud de ~
afwachtende houding ★ solicitar ~ *uitstel van
betaling vragen*

esperantista m/v *esperantist*

esperanto m *Esperanto*

esperanza v *hoop*; *verwachting* ★ mantener ~s
blijven hopen ★ dar ~(s) a alg. *iemand hoop
geven* ★ no renunciamos a la ~ *we laten de
hoop niet varen* ★ Cabo de Buena Esperanza
Kaap de Goede Hoop ★ alimentarse de ~s *op
hoop leven* ★ superar las ~s *de verwachtingen
overtreffen* ★ fundar/poner sus ~s en *zijn
hoop vestigen op* ★ abrigar/acariciar/concebir
~s *verwachtingen koesteren* ★ confirmar las ~s
aan de verwachtingen beantwoorden
★ abandonar/desechar la ~ *de hoop opgeven*
★ poner muchas ~s en *veel verwachten van*
★ secreta ~ *stille hoop* ★ vana ~ *ijdele hoop*

esperanzador BNW *hoopgevend*

esperanzar OV WW *hoop geven*

esperar I OV WW • *wachten* • *verwachten*
★ ¡espera! *wacht even!* ★ ~ en Dios *op God
vertrouwen* ★ no hacerse ~ *niet op zich laten
wachten* ★ ser de ~ *te verwachten zijn* ★ ~
sentado *tot sint-juttemis wachten*
• (~ [+ subj.]) *hopen* • (~ [+ indic.])
verwachten **II** ON WW • *wachten* • *te wachten
staan*

esperarse WKD WW • *verwachten* • *zich
voorstellen*; *voor mogelijk houden*

esperma v • *sperma* • VEN *kaars*

espermatozoo m *spermatozoïde*; *zaadcel*

esperpento m • *zonderling* • FIG.
vogelverschrikker • *onzinnigheid*; *dwaasheid*

espesar OV WW • *dikker maken* • *binden* ⟨v.
soep, saus⟩ • *vollen* ⟨v. wol⟩

espeso BNW • *dicht* • *dik* • *vol* ⟨v. wijn⟩
• *ingewikkeld*; *verwarrend*

espesor m • *dichtheid* • *dikte*

espesura v • *dikte*; *dichtheid* • *struikgewas*;
dichte begroeiing

espetar OV WW • *aan het spit rijgen* • *naar het
hoofd slingeren* ⟨v. verwijt, belediging⟩

espetera v • *keukenrek met haken* ⟨voor
vleeswaren, keukengerei⟩ • *keukengerei*

espetón m • *pook* • *spies* • INF. *grote speld*

espía m/v *spion*

espiar /í/ OV+ON WW *(be)spioneren*

espichar OV WW *prikken*; *rijgen* ★ ~la *de pijp
uitgaan*

espiche m *spies*

espiga v • *(koren)aar*; *(maïs)kolf* • *plug*; *pen*
• *staaf*; *steel* • *bout*

espigadera v *vrouw die aren leest*

espigado BNW • *in het zaad geschoten* • OOK FIG.
opgeschoten • *uit de kluiten gewassen*
• *uitgekauwd* ⟨v. onderwerp⟩

espigador m *arenlezer*

espigar OV+ON WW • *verzamelen* ⟨v. aren,
gegevens⟩ • *in het zaad schieten*

espigarse WKD WW *uitschieten*; *(te) hard groeien*

espigón m • *punt* ⟨v. scherp voorwerp⟩
• *scherpe/stekelige aar* • *golfbreker*; *strekdam*
★ ~ de ajo *knoflookteentje*

espigueo m *het aren lezen*

espín m • *stekelvarken* • *puerco* ~ *stekelvarken*

espina v • *doorn*; *stekel* • *(vis)graat*
• *ruggengraat* • *pijn*; *smart* ★ ser como una ~
clavada en el corazón *een doorn in het vlees
zijn* ★ ~ blanca *wegdistel* ★ ~ dorsal
ruggengraat ★ eso me da mala ~ *dat maakt
me achterdochtig*

espinaca v *spinazie*

espinal BNW *van de ruggengraat*; *ruggen-*
★ médula ~ *ruggenmerg*

espinar I m *doornbos* **II** OV WW • *steken*
• *kwellen*

espinazo m *ruggengraat*; *wervelkolom* ★ doblar
el ~ FIG. *het hoofd buigen*

espinela v *spinel* ⟨edelgesteente⟩

espineta v *spinet*

espingarda v • *donderbus* • *lang geweer* ⟨v.
Moren⟩ • *lange en magere vrouw*; *lange lijs*

espinilla v • *scheen(been)* • *mee-eter* ⟨op huid⟩

espinillera v scheenbeschermer
espino m • meidoorn • prikkeldraad ★ ~ artificial prikkeldraad ★ ~ blanco/albar meidoorn ★ ~ cambrón boksdoorn
espinoso BNW • doornig • netelig ⟨v. kwestie⟩ ★ alambre ~ prikkeldraad
espión m spion
espionaje m spionage
espira v winding ⟨v. spiraal⟩
espiral I v • winding ⟨v. spiraal⟩ • spiraal II BNW spiraalvormig ★ escalera ~ wenteltrap
espirar OV WW uitademen
espiritado BNW broodmager
espiritismo m spiritisme
espiritista m/v spiritist
espiritoso BNW • alcoholisch • levendig
espíritu m • geest • geestkracht • lef; moed • essentie; karakter • spiritus ⟨Grieks letterteken⟩ ★ ser el ~ de la golosina broodmager zijn ★ exhalar el ~ sterven ★ levantar el ~ a alg. iemand oppeppen ★ sin ~ kleingeestig ★ cobrar ~ moed scheppen ★ ~ ahogado gastvrijheid ★ ~ de ahorro zuinigheid ★ espíritu cívico burger -/ gemeenschapszin ★ ~ comercial/mercantil handelsgeest ★ ~ congenial geestverwant(e) ★ ~ de convivencia geest van verdraagzaamheid ★ ~ emprendedor ondernemingsgeest ★ ~ de equipo teamgeest ★ ~s malignos boze geesten ★ ~ de sacrificio offervaardigheid ★ ~ de venganza wraakzucht ★ ~ de la época tijdsgeest ★ ~ de solidaridad saamhorigheidsgevoel ★ ~ creador creativiteit ★ ~ deportivo sportiviteit ★ ser el ~ de la contradicción tegendraads zijn
espiritual BNW • van de geest • geestelijk; spiritueel ★ padre ~ geestelijke vader ★ bodas ~es mystieke inzegening ⟨v. non⟩
espiritualidad v spiritualiteit; geestelijk karakter
espiritualizar OV WW vergeestelijken
espiritualizarse WKD WW vermageren
espirituoso BNW alcoholrijk ★ bebidas espirituosas spiritualiën
espita v • tapgat • tapkraan ★ más borracho que una ~ stomdronken
espitar OV WW aanslaan ⟨v. vat⟩
esplendidez v • pracht • vrijgevigheid
espléndido BNW • prachtig • vrijgevig
esplendor BNW luister; pracht en praal
esplendoroso BNW schitterend; stralend
esplénico BNW van de milt; milt-
espliego m lavendel
esplín m spleen; melancholie
espolada v spoorslag ★ ~ de vino slok wijn
espolear OV WW • de sporen geven • aansporen
espoleta v • ontsteking • slagpin • vorkbeen ⟨v. vogel⟩
espolón m • spoor ⟨aan poot van dier⟩ • schoormuur; steunmuur • uitloper ⟨v. gebergte⟩ • stormram • ijsbok ⟨v. brug⟩; ijsbreker ★ SCHEEPV. snebbe ★ tener alg. más espolones que un gallo veel ervaring hebben; stokoud zijn
espolonazo m trap met spoor ⟨v. haan⟩
espolvorear OV WW (be)strooien
espondeo m spondeus

esponja v spons ★ pasar la ~ aan iets geen aandacht meer schenken ★ beber como una ~ drinken als een tempelier
esponjado I m soort snoepje II BNW (af)gesponst
esponjadura v • luchtigheid ⟨v. gebak⟩ • opgeblazenheid
esponjamiento m → esponjadura
esponjar OV WW • (af)sponsen • luchtig maken ⟨v. gebak⟩; losmaken ⟨v. aarde⟩
esponjarse WKD WW • trots zijn op • opbloeien ⟨v. gezondheid⟩
esponjera v sponzenbakje
esponjosidad v luchtigheid ⟨v. gebak⟩; sponzigheid
esponjoso BNW • spons- • luchtig ⟨v. gebak⟩; los ⟨v. aarde⟩ • opgeschud ⟨v. kussen⟩
esponsales m mv ondertrouw
espontáneamente BIJW spontaan; uit eigen beweging; ongevraagd
espontanearse WKD WW zijn hart uitstorten
espontaneidad v spontaniteit; ongekunsteldheid; vrije wil
espontáneo I m vrijwilliger II BNW • spontaan • vrijwillig; uit eigen beweging
espora v spore
esporádico BNW sporadisch; zeldzaam
esportilla v plat/wijd mandje
esportillo m mand ⟨v. esparto⟩
esposa v vrouw; echtgenote
esposar OV WW handboeien omdoen; in de boeien slaan
esposas v mv handboeien ★ colocar las ~ handboeien omdoen
esposo m man; echtgenoot
esprint m sprint
esprintar ON WW sprinten
esprinter m/v sprinter
espuela v • aansporing; drijfveer • spoor ⟨v. ruiter⟩ ★ sentir la ~ reageren op een waarschuwing ★ calzarse la ~ tot ridder geslagen worden ★ poner ~s aansporen; de sporen geven
espuelear OV WW LA aansporen; stimuleren
espuerta v • platte, wijde (draag)mand ★ a ~s in overvloed
espulgar OV WW • ontluizen; ontvlooien • naspeuren • onderzoeken
espuma v schuim ★ ~ de caucho schuimrubber ★ ~ de mar meerschuim ★ crecer como (la) ~ welvaren; floreren; snel groeien ★ ~ de afeitar scheerschuim ★ ~ de plástico schuimplastic ★ ~ de poliestireno piepschuim; tempex
espumadera v schuimspaan
espumajear ON WW schuimbekken
espumante I m schuimmiddel II BNW schuimend
espumar OV+ON WW (af)schuimen
espumarajo m schuim ★ echar ~s schuimbekken
espumilla v soort crêpe
espumoso I m mousserende wijn II BNW mousserend; schuimend
espúreo BNW (espurio) • bastaard- • onwettig
espurrear OV WW (espurriar) nat maken ⟨met speeksel⟩
esputar OV WW (uit)spugen; opgeven
esputo m sputum; speeksel

es

esqueje m *stek; loot*

esquela v *overlijdensbericht* ⋆ ~ fúnebre *overlijdensbericht*

esquelético BNW *broodmager*

esqueleto m • *skelet; geraamte* ‹ook v. gebouw› • *pantser* ‹v. dier› • *scharminkel* • CA *formulier met blanco vakjes die met de hand moeten worden ingevuld* ⋆ en ~ *onvoltooid*

esquema m • *schema; ontwerp • planning; scenario • overzicht* ⋆ en ~ *schematisch*

esquemático BNW *schematisch*

esquematizar OV WW *schematisch voorstellen*

esquí m • *ski • (het) skiën* ⋆ ~ náutico *waterskiën* ⋆ hacer ~ *skiën* ⋆ ~ de fondo/ nórdico *langlaufen*

esquiar /í/ ON WW *skiën*

esquife m • *sloep; bootje • skiff*

esquila v • *koebel • het scheren* ‹v. schapen›

esquilador m *(schaap)scheerder*

esquilar OV WW *scheren* ‹v. schapen›

esquileo m *het scheren*

esquilimoso BNW *aanstellerig; preuts*

esquilmar OV WW • *uitputten* ‹v. grond, mijn› • *roofbouw plegen • uitzuigen; kaalplukken*

esquilmo m *oogst; opbrengst*

Esquilo m *Aeschylus*

esquimal I m/v *eskimo* II BNW *eskimo-*

esquina v *hoek* ⋆ doblar la ~ *de hoek omgaan* ⋆ con una ~ del pañuelo *met een puntje van de zakdoek* ⋆ la casa que hace ~ con la calle Atocha *het huis dat staat op de hoek van de Atochastraat* ⋆ jugar a las cuatro ~s *stuivertje wisselen* ⋆ saque de ~ *corner; hoekschop* ⋆ a la vuelta de la ~ *om de hoek; vlakbij*

esquinado BNW • *hoekvormig • bars; slecht gehumeurd*

esquinar OV+ON WW *een hoek vormen (met)*

esquinarse WKD WW *ruzie maken*

esquinazo m *hoek* ⋆ dar ~ a alg. *iemand links laten liggen; iemand de bons geven*

esquinera v *hoekkast*

esquirla v *scherf; (bot)splinter*

esquirol m *stakingsbreker; werkwillige*

esquites m MV CR, HON, MEX *popcorn; gepofte maïs*

esquivar OV WW *omzeilen; vermijden*

esquivez v *schuwheid; gereserveerdheid; teruggetrokkenheid*

esquivo BNW *schuw; gereserveerd; teruggetrokken*

esquizofrenia v *schizofrenie*

esquizofrénico BNW *schizofreen*

esta AANW VNW → **este** *deze; dit*

estabilidad v *stabiliteit; bestendigheid; evenwichtigheid*

estabilización v *stabilisatie*

estabilizador I m *stabilisator* ‹alle betekenissen› II BNW *stabiliserend*

estabilizar OV WW *stabiliseren*

estable BNW • *stabiel; standvastig • duurzaam* • ECON. *waardevast • vast* ‹v. gast/werk› ⋆ u.p. poco ~ *een labiel persoon*

establecer OV WW • *vestigen • instellen; invoeren • bepalen; beschikken* ⋆ TELECOM. ~ (la) comunicatión *de verbinding tot stand brengen* ⋆ ~ un recórd *een record vestigen*

establecerse WKD WW • *een zaak beginnen* • *zich vestigen*

establecimiento m • *bepaling; vaststelling* • *etablissement; zaak • inrichting; instelling*

establezca WW (1e/3e p ev subj. t.t.) → **establecer**

establo m *stal*

estaca v • *paal; staak • stok; knuppel*

estacada v *paalwerk; omheining* ⋆ dejar a alg. en la ~ *iemand in de steek laten* ⋆ quedarse en la ~ *het afleggen tegen iemand; het onderspit delven; voor de overmacht zwichten*

estacar OV WW • *afpalen; omheinen* • *vastbinden aan een paal* ‹v. dier›

estacarse WKD WW *stokstijf staan*

estacazo m *stokslag*

estación v • *seizoen • jaargetijde • station* • *zendinrichting • statie* ‹v. Jezus' kruisweg› ⋆ ~ depuradora (de aguas residuales) *(water)zuiveringsinstallatie* ⋆ ~ experimental (de agricultura) *(landbouw)proefstation* ⋆ ~ espacial *ruimtestation* ⋆ hacer ~ *(onderweg) stoppen* ⋆ ~ de servicio *benzinepomp* ⋆ ~ de esquí *wintersportplaats* ⋆ ~ balnearia *badplaats* ⋆ ~ de bombeo *pompstation; gemaal* ⋆ ~ de ferrocarril *(spoorweg)station* ⋆ ~ veraniega *zomerseizoen*

estacional BNW *seizoen-*

estacionamiento m • *het parkeren* • *stabilisering • parkeerplaats* ⋆ prohibición de ~ *parkeerverbod* ⋆ reloj de ~ *parkeermeter*

estacionar OV WW *parkeren*

estacionario BNW *stationair; stilstaand; onveranderlijk*

estacionarse WKD WW *tot stilstand komen; stil (blijven) staan* ⋆ prohibición de ~ *parkeerverbod*

estada v *verblijf*

estadía v *ligdagen*

estadio m • *stadion • stadium; fase*

estadista m/v *staatsman*

estadística v *statistiek*

estadístico BNW *statistisch*

estadizo BNW *stilstaand; onveranderlijk*

estado m • *staat • toestand; situatie; stadium* • *status; stand* ⋆ estar en ~ de merecer de huwbare leeftijd hebben* ⋆ en ~ de sitio *in staat van beleg* ⋆ ~ llano *gewone volk* ⋆ en ~ de (buena) esperanza *in verwachting* ⋆ ~ de ánimo *humeur* ⋆ ~ civil *burgerlijke staat* ⋆ Estado Mayor *generale staf* ⋆ (los) Estados Unidos *(de) Verenigde Staten* ⋆ ~ nodriza *verzorgingsstaat* ⋆ ~ policial *politiestaat* ⋆ ~ de derecho *rechtsstaat* ⋆ ~ de emergencia *noodtoestand* ⋆ en buen/mal ~ de conservación *goed/slecht onderhouden* ⋆ ~ resumen *verzamelstaat* ⋆ golpe de ~ *staatsgreep; coup* ⋆ ~ de ánimo *geestesgesteldheid* ⋆ estar en ~ (interesante) *in verwachting zijn* ⋆ Estados Generales *Staten-Generaal; Statenvergadering* ⋆ ~ miembro *lidstaat* ⋆ ~ transitable *begaanbaarheid* ⋆ ~ tributario *vazalstaat*

estadounidense I m/v *(Noord-)Amerikaan* II BNW *(Noord-)Amerikaans; uit de Verenigde*

es

Staten

estafa v *oplichterij; bedrog*

estafador m *oplichter; afzetter*

estafar OV WW *oplichten; afzetten; bedriegen*

estafermo m *houten klaas*

estafeta v *hulppostkantoor; postagentschap*

estafilococo m *stafylokok*

estalactita v *stalactiet*

estalagmita v *stalagmiet*

estalinismo m *stalisme*

estallar ON WW • *ontploffen; springen* • *knallen*
• ⟨v. zweep⟩ • *losbarsten* ⟨applaus⟩; *opsteken* ⟨v. wind⟩; *uitbarsten* ⟨in gehuil, gelach, woede⟩
• FIG. *uitbreken* • *branden* ⟨v. verlangen⟩

estallido m • *knal; slag* • *uitbarsting; losbarsting*

estambre m • *kamwol* • *kamgaren* • *meeldraad*

estamento m *stand; klasse*

estameña v *stamijn* ⟨grove wollen stof⟩

estampa v • *verschijning; uiterlijk*
• *(plak)plaatje; prent* • *toonbeeld* • *gietvorm*
• *afdruk* ★ *ser la viva* ~ *de alg. iemands evenbeeld zijn* ★ *dar un texto a la* ~ *een tekst laten (af)drukken* ★ ~ *en madera houtgravure*
★ *de fina* ~ *sierlijk*

estampación v • *opdruk; afdruk* • *het (be)drukken*

estampado I m • *bedrukte stof* • *opdruk* • *het bedrukken* II BNW *bedrukt* ⟨v. stof⟩

estampar OV WW • *drukken; bedrukken; afdrukken* • *schrijven* • *opdrukken* • *inprenten*
• *smijten; smakken* • *geven* ★ ~ *un puñetazo een stomp geven* ★ ~ *un beso een kus geven*

estampía ★ *de* ~ *hals over kop*

estampido m *klap; slag* ★ ~ *del trueno donderslag*

estampilla v • *(naam)stempel* • *zegel* • LA *postzegel*

estampillar OV WW *afstempelen*

estancado BNW *stilstaand*

estancamiento m *impasse; stagnatie*

estancar OV WW • *doen stagneren; doen stilstaan* • *afdammen* • *blokkeren*
• *monopoliseren*

estancarse WKD WW *blijven stilstaan; stokken*

estancia v • *verblijf* • *vertrek* • CHI, PERU, RPL *grote (vee)boerderij* • CUBA, DOM, VEN *buitenhuisje met groentetuin; boerderijtje dicht bij de stad*

estanciero m *eigenaar van (vee)boerderij*

estanco I m • *monopolie* ⟨v. staat⟩
• *staatswinkel* ⟨voor tabak, postzegels⟩ • ECU *slijterij* II BNW • *(water)dicht* • *hermetisch*
★ *compartimientos* ~s *waterdichte compartimenten*

estándar I m *standaard* II BNW *standaard-*

estándard I m → **estándar** II BNW → **estándar**

estandarización v *standaardisering*

estandarizar OV WW *standaardiseren*

estandarte m *standaard; vaandel*

estanque m *vijver*

estanquero m *beheerder van een estanco*

estante m *(boeken)plank*

estantería v *boekenkast; boekenrek*

estantigua v FIG. *vogelverschrikker*

estañar OV WW *vertinnen*

estaño m *tin*

estaquilla v • *pin* • *spijkertje* ⟨zonder kop⟩

estaquillar OV WW *vastspijkeren; vastpinnen*

estar ON WW • *zijn; zich bevinden* • *passen; staan* ★ ~ *a sus anchas zich behaaglijk voelen*
★ ~ *de secretaria en una gran empresa als secretaresse bij een groot bedrijf werken* ★ ~ (sentado) *a la mesa aan tafel zitten* ★ ~ *de mal humor slechte zin hebben* ★ *¿cómo está usted? hoe gaat het met u?* ★ *estoy por los viajes en tren y no en avión ik ben voor reizen met de trein en niet met het vliegtuig*
★ ~ *de más overbodig zijn* ★ ~ *verde onrijp zijn* ★ *está de Dios het ligt in Gods hand* ★ *el traje le está bien het pak staat hem goed* ★ *¡ya está! klaar!* ★ *está nombrado hij is benoemd*
★ *está probado het is bewezen* ★ *todo está arreglado alles is in orde* ★ ~ *acostado liggen*
★ ~ *derecho staan* ★ ~ *sentado zitten* ★ ~ *a examen bereid zijn voor examen af te leggen*
★ *estamos a 16 de enero het is 16 januari*
★ *las patatas están a dos euros de aardappelen kosten twee euro* ★ ~ *a diente honger hebben* ★ ~ *a las duras y a las maduras niet kieskeurig zijn* ★ *estoy con él ik ben het met hem eens; ik woon met hem samen* ★ *estoy mal con ella ik ben kwaad op haar* ★ *estoy con fiebre ik heb koorts* ★ *¡cómo está el servicio de descarado! wat is dat personeel tegenwoordig onbeschaamd!* ★ ~ *de partida reisvaardig zijn* ★ ~ *de mudanza aan het verhuizen zijn* ★ ~ *de paso op doorreis zijn*
★ ~ *de seis meses in haar zesde maand zijn* ⟨v. zwangerschap⟩ ★ ~ *de luto in de rouw zijn*
★ ~ *en begrijpen; bestaan uit* ★ *está en la espina hij is vel over been* ★ ~ *en espinas op hete kolen zitten* ★ ~ *en todo alles weten*
★ *estoy en eso ik denk er ernstig over* ★ ~ *en un compromiso in een lastig parket zitten* ★ ~ *para morir op sterven liggen* ★ *estaba para marcharme ik stond op het punt te vertrekken*
★ *no estoy para bromas ik ben niet in de stemming voor grapjes* ★ *estoy por decir que ik zou bijna zeggen dat* ★ *está por hacer dat moet nog gedaan worden* ★ *está por ver dat is nog niet zeker* ★ ~ *sin miedo niet bang zijn*
★ ~ *sobre sí op zijn hoede zijn* ★ *está que brama/bota/arde hij is woedend* ★ *estoy en ello ik begrijp het* ★ *¿dónde estamos? waar zijn we gebleven?* (~ [+ ger.] *) aan het ... zijn*
★ ~ *hablando aan het spreken zijn* ★ *tiene que* ~ *llegando hij kan ieder ogenblik hier zijn*
★ *estamos siendo engañados men bedriegt ons voortdurend* ★ *lo estoy viendo dat is duidelijk*

estarcido m *sjabloon*

estarcir OV WW *sjabloneren*

estatal BNW *staats-; van de staat* ★ *institución* ~ *overheidsinstelling* ★ *subvención* ~ *staatssubsidie* ★ *de ámbito* ~ *op nationaal niveau* ★ *empresa* ~ *staatsbedrijf*

estática v *statica; evenwichtsleer*

estático BNW • *statisch* • *stokstijf* ⟨v. verbazing⟩

estatificar OV WW *nationaliseren*

estatismo m • POL. *sterke invloed v.d. staat*
• *statisch karakter* • *onveranderlijkheid*

es

estatizar OV WW • JUR. LA *naturaliseren* • ECON. LA *nationaliseren*

estator m *stator*

estatua m *standbeeld* ∗ quedarse como una ~ *stokstijf blijven staan van verbazing* ∗ ~ ecuestre *ruiterstandbeeld*

estatuaria v *beeldhouwkunst*

estatuario BNW *beeldhouw-; als een standbeeld*

estatuilla v *beeldje*

estatuir OV WW • *vastleggen; bepalen* • *aantonen; laten zien*

estatura v *postuur; lengte*

estaturario BNW *statutair*

estatuto m *statuut; verordening*

estatuya ww (1e/3e p ev subj. t.t.) → **estatuir**

estay m *stag*

este I m • *oosten* • *Oostblok* • *oostenwind* ∗ al este de *ten oosten van* II AANW VNW *dit; deze*

esté ww (1e/3e p ev subj. t.t.) → **estar**

éste AANW VNW *deze; dit*

estearina v *stearine*

esteatita v *speksteen*

Esteban m *Stephanus*

estela v • *(kiel)zog* • *condensatiestreep* ⟨v. vliegtuig⟩ • *spoor; teken* • *gedenksteen* • *stèle; grafsteen*

estelar BNW • *sterren-* • *top-*

estenografia v *stenografie*

estenografiar /i/ OV WW *stenograferen*

estenográfico BNW *stenografisch*

estenógrafo m *stenograaf*

estenotipia v • *het stenotypen* • *stenografeermachine*

estentóreo BNW *zeer luid; stentor-* ∗ voz estentórea *stentorstem*

estepa v *steppe*

estera v *(vloer)mat*

esterar OV WW WW *met matten bedekken*

estercoladura v *bemesting*

estercolamiento m → **estercoladura**

estercolar OV WW *(be)mesten*

estercolero m • *mesthoop* • FIG. *zwijnenstal*

estéreo m *stereo*

estereofonia v *stereofonie*

estereofónico BNW *stereofonisch*

estereoscópico BNW *stereoscopisch*

estereoscopio m *stereoscoop*

estereotipado BNW *stereotiep*

estereotipar OV WW *stereotyperen*

estereotipo m *cliché; stereotype*

esterero m *mattenmaker; mattenverkoper*

estéril BNW • *onvruchtbaar* • *vruchteloos* • *steriel* ∗ esfuerzo ~ *vruchteloze poging; vergeefse moeite*

esterilidad v *steriliteit; onvruchtbaarheid*

esterilización v *sterilisatie*

esterilizar OV WW *steriliseren*

esterilla v • *(kaas)linnen* • *matje* ∗ ~ eléctrica *elektrisch (voeten)kussen*

esterlina v ∗ libra ~ *pond sterling*

esternón m *borstbeen*

estero m • *estuarium; riviermond* • *getijdegebied*

estertor m *gerochel; gereutel*

esteta m/v *estheet; schoonheidsminnaar*

estética v • *esthetica; esthetiek* • *schoonheid*

esteticismo m *estheticisme*

estético I m *estheticus* II BNW *esthetisch; smaakvol*

estetoscopio m *stethoscoop*

esteva v *ploegstaart*

estevado BNW *met o-benen; krombenig*

estiaje m • *laagste waterstand* • *laagwaterpeil; zomerpeil*

estiba v *stuwage; het stouwen; het laden en lossen* ⟨v. schip⟩

estibador m *stuwadoor; stuwer*

estibar OV WW *stuwen; stouwen; laden en lossen* ⟨v. schip⟩

es

estick m SPORT *(hockey)stick*

estiércol m *mest* ∗ ~ líquido *gier* ∗ ~ de vaca *koemest*

estigma m • *stigma* • *litteken* • *brandmerk* • *wondteken* ⟨v. heilige⟩

estigmatizar OV WW • *stigmatiseren* • *brandmerken*

estilar OV WW *plegen; gewoon zijn* ∗ según la moda que se estila *naar de laatste mode*

estilarse WKD WW *in de mode zijn*

estilete m • *stilet; peilstift* • *stiletto* • *gnomen* ⟨v. zonnewijzer⟩

estilista m/v *stilist*

estilística v *stilistiek; stijlleer*

estilístico BNW *stilistisch*

estilización v *stilering*

estilizado BNW • *gestileerd* • *stijlvol; elegant*

estilizar OV WW *stileren*

estilo m • *trant; manier; wijze* • *houding* • *stijl* • *schrijfstift* ∗ ~ mariposa *vlinderslag* ∗ por el ~ *soortgelijke; zoiets* ∗ y algo por el ~ *en dergelijke*

estilográfica v *vulpen*

estilógrafo m COL. NIC *vulpen*

estima v • *(hoog)achting* • *bestek* ⟨v. schip⟩ ∗ tener en gran ~ *hoogachten*

estimable BNW *achtenswaardig*

estimación v • *waardering; hoogachting; aanzien* • *taxatie; schatting* • *waardering; beoordeling* ∗ ~ propia *zelfrespect; eigenliefde* ∗ digno de toda ~ *zeer achtenswaardig*

estimado BNW • *geacht* ⟨ook in brieven⟩ • *geschat*

estimar OV WW • *op waarde schatten; inschatten* • *achten; van mening zijn* • *waarderen*

estimativa v *inzicht*

estimativo BNW *geschat; ruw* ∗ valor ~ *geschatte waarde*

estimulador m *stimulator* ∗ ~ cardíaco *hartstimulator*

estimulante I m *opwekkend middel; peppil* ∗ uso de ~ *doping* II BNW *stimulerend; opwekkend*

estimular OV WW *stimuleren; opwekken*

estímulo m • *stimulans; stimulatie;* FIG. *drijfveer* • *stimulator*

estio m *zomer(periode)*

estipendiar OV WW FORM. *bezoldigen*

estipendiario m *iemand die een stipendium ontvangt*

estipendio m *stipendium; bezoldiging; toelage*

estíptico BNW *bloedstelpend*

estipulación v *stipulatie; beding; bepaling*

estipular OV WW *stipuleren; vaststellen; bedingen; afspreken*

estirado BNW • *glad* ‹v. huid› • *uitgestrekt* • *hooghartig*

estiramiento m *het (zich) uitrekken*

estirar OV WW • *(uit)rekken* • *gladstrijken* • *uitmelken* ‹v. onderwerp› • *oprekken* • *uitsmeren* ‹in de tijd› ★ ~ la pata *de pijp uitgaan*

estirón m *ruk* ★ pegar/dar un ~ *lang worden; omhoog schieten*

estirpe v *afkomst*

estival BNW *zomer-* ★ días ~es *zomerdagen*

esto AANW VNW → **este** *dit* ★ por esto *daarom* ★ a esto *daaraan* ★ (estando) en esto *en toen*

estocada v • *steek* ‹met degen›; *stoot* • *doodsteek* ‹aan stier›

Estocolmo m *Stockholm*

estofa v *soort; klasse* ★ gente de baja ~ *mensen van laag allooi*

estofado m *stoofschotel* ★ ~ de liebre CUL. *hazenpeper*

estofar OV WW • *stoven* • *watteren* ‹v. kleding›

estoicismo m *stoïcisme; onverstoorbaarheid*

estoico BNW *stoïcijns; onverstoorbaar*

estola v • *stola* • *stool* ‹v. priester›

estólido I m *stommeling* II BNW *stompzinnig; onnozel*

estomacal I m *maagversterkend middel* II BNW • *maag-* • *maagversterkend* ★ acidez ~ *maagzuur* ★ transtornos ~es *maagklachten*

estomagante BNW OOK FIG. *onverteerbaar*

estomagar OV WW • *de maag van streek maken; indigestie veroorzaken* • *ergeren; boos maken*

estómago m *maag* ★ revolver el ~ *weerzin wekken* ★ tener a alg. asentado en el ~ *een afkeer van iemand hebben* ★ con el ~ vacío *op de nuchtere maag* ★ tener el ~ en los pies *rammelen van de honger* ★ tener (buen/mucho) ~ *een dikke huid hebben; tegen een stootje kunnen*

estomatólogo m *stomatoloog*

Estonia v *Estland*

estopa v • *poetskatoen* • *grove hennep; ruwe vlas* • *vlasafval* ★ ~ de acero *staalwol* ★ arder como ~ *branden als een lier*

estoque m *rapier; degen*

estoquear OV WW *neersteken* ‹met degen›

estorbar OV WW • *benemen* ‹v. uitzicht›; *belemmeren* • *storen; hinderen*

estorbo m *hindernis; storing* ★ sin ~s *ongestoord*

estornino m *spreeuw*

estornudar ON WW *niezen*

estornudo m • *(het) niezen* • *nies*

estoy WW (1e p ev t.t.) → **estar**

estrábico I m *iemand die loenst* II BNW *loens*

estrabismo m *loensheid* ★ con un ligero ~ *een beetje loensend*

estrada v • *weg* • *landweg*

estrado m • *verhoging* • *podium*

estrados m mv *gerecht; rechtszaal* ★ hacer ~ *zitting houden*

estrafalario BNW • *zonderling* • *extravagant*

estragar OV WW • *bederven* • *vernielen*

estrago m • *gruwel* • *bloedbad* • *schade* ★ causar ~s *alles kort en klein slaan*

estragón m *dragon*

estrambote m *slotstrofe* ‹v. sonnet›

estrambótico BNW *potsierlijk; bizar*

estramonio m *doornappel*

estrangulación m → **estrangulación** • *wurging* • *blokkering* • *het afbinden* • *knelling* • *verhindering*

estrangulador m *wurger*

estrangulamiento m → **estrangulación**

estrangular OV WW • *wurgen; dichtknijpen* • *afbinden; knellen* • *de kop indrukken; onderdrukken; verhinderen*

estraperlear ON WW *zwarte handel drijven*

estraperlista m/v *zwarthandelaar*

estraperlo m *zwarte handel*

estratagema v • *krijgslist* • *list; kunstgreep*

estratega m/v *strateeg*

estrategia v • *tactiek* • *strategie* • *krijgskunde*

estratégico BNW • *strategisch* • *krijgskundig*

estratificación v • *gelaagdheid* • *opbouw in lagen* • *opstapeling*

estratificar OV WW *in lagen verdelen*

estrato m • *aardlaag* • *laag* ‹ook sociaal› • *stratus* ‹meteorologie› ★ ~ social *humilde onderste lagen van de maatschappij*

estratosfera v *stratosfeer*

estratosférico BNW *stratosferisch*

estraza v *lap grove stof* ★ papel de ~ *grof pakpapier*

estrechamiento m • *het innemen* • *het smaller maken* • *vernauwing* • *versterking* ‹v. relaties› • *het handen schudden* • *het omarmen*

estrechar OV WW • *verengen* • *insnoeren* • *innemen; smaller maken* • *de hand schudden; omarmen* • *versterken* ‹v. relaties›; *dichter bij elkaar brengen* • *in het nauw brengen* ★ ~ entre los brazos *omarmen* ★ ~ el cerco *enger insluiten*

estrecharse WKD WW • *inschikken; opschuiven* • *bezuinigen; sober leven* ★ ~ con alg. *nader tot iemand komen*

estrechez v • *verlegenheid; moeilijkheid; knel* • FIG. *beperking; kortzichtigheid* • *nauwheid* • *tekort; nood; gebrek*

estrecho I m *zee-engte* ★ hacerse el ~ *preuts zijn* ★ el zapato me está ~ *de schoen zit me te nauw* ★ el Estrecho de Gibraltar *de Straat van Gibraltar* II BNW • *smal; krap; eng* • *strak* • *nauw; intiem* • *krenterig; gierig* ★ ~ de espíritu/miras *bekrompen; kleingeestig* ★ vivir ~ *klein behuisd zijn*

estrechura v • *engte* • *nood; ontbering*

estregadera v • *voetschraper* • *boender*

estregar /ie/ OV WW • *wrijven* • *schuren*

estregón m ★ darse un ~ *zich flink wrijven*

estrella v • *ster* • *gesternte; lot* ★ ver las ~s *sterretjes zien* ★ levantarse con (las) ~s *heel vroeg opstaan*

estrellado BNW • *gebotst; stukgegooid* • *met sterren bedekt* • *stervormig* ★ huevos ~s *spiegeleieren* ★ caballo ~ *paard met bles*

estrellamar v *zeester*

estrellar OV WW • *kapotgooien; stukslaan* • *breken* ‹v. eieren›

estrellarse WKD WW • *crashen; te pletter vallen* • *mislukken* ★ ~ con u.p. *tegen iemand opbotsen*

estrellato m • *het ster zijn* • *filmsterren*; *de sterren*

estrellón m • *grote ster* • CHI, COL, HON *harde botsing*

estremecedor BNW • *huiveringwekkend* • *schokkend*

estremecer OV WW • *doen huiveren* • *doen schokken*; *doen schudden*

estremecimiento m • *rilling* • *huivering* • *ontsteltenis* • *beving*

estremezca WW (1e/3e p ev subj. t.t.) → **estremecer**

estrena v *geschenk*; *(verjaardags)cadeautje*

estrenar OV WW *voor het eerst gebruiken*; *in première laten gaan ★ sin ~ nog nooit gebruikt ★ ~ una comedia een komedie voor het eerst opvoeren ★ ~ un edificio een gebouw inwijden ★ ~ un traje een pak voor het eerst dragen*

estrenarse WKD WW *debuteren*

estreno m • *première* • *debuut* • *inwijding ★ de ~ nieuw*

estreñido BNW *verstopt*; *hardlijvig*

estreñimiento m *verstopping* ‹v. spijsvertering›

estreñir /i/ OV WW • *constiperen* • *verstoppen*

estrépito m • *lawaai*; *geraas* • *opzien*; *vertoon*

estrepitoso BNW • *rumoerig*; *lawaaierig* • *in het oog lopend*; *spectaculair ★ éxito ~ daverend succes ★ fracaso ~ enorme afgang*

estreptococo m *streptococcus*

estreptomicina v *streptomycine*

estrés m *stress*

estresado BNW *gestrest*; *gespannen*

estresante BNW *stress veroorzakend*

estresarse WKD WW *in de stress raken*; *over de toeren raken*

estria v • *streep*; *groef* • *(zwangerschaps)striem*

estriado BNW *gegroefd*

estriar /í/ OV WW • *striemen* • *groeven* • *(door)strepen*

estribación v *uitloper* ‹v. gebergte›

estribar ON WW • *laten rusten*; *steunen* • *voortvloeien ★ en ello estriba la dificultad daarin zit de moeilijkheid*

estribillo m • *refrein* • *stopwoord*

estribo m • *stijgbeugel* • *treeplank* • *opstapje* • *steunbalk* • *steunpunt* • *schoormuur ★ perder los ~s het geduld verliezen ★ estar sobre los ~s alert/waakzaam zijn ★ estar con el pie en el ~ op het punt staan af te reizen*

estribor m *stuurboord*

estricnina v *strychnine*

estrictamente BIJW *strikt ★ lo ~ necesario het hoogst nodige*

estricto BNW *nauwkeurig*; *stipt*; *strikt ★ no ser muy ~ het niet zo nauw nemen*

estridencia v • *schelle toon*; *doordringend geluid* • *heftigheid* • *overdrijving*

estridente BNW • *doordringend*; *schel* • *heftig* • *fel* • *overdreven*

estridor m *schel geluid*

estro m • *bezieling* • *inspiratie*

estrofa v • *couplet* • *strofe*

estrógeno m *oestrogeen*

estroncio m *strontium*

estropajo m *schuurspons ★ poner a alg. como un ~ harde kritiek op iemand leveren ★ lengua de ~ gebrabbel*

estropajoso BNW • *haveloos* • *hakkelend* ‹v. taal› • *taai* ‹v. eten›

estropeado BNW • *verminkt* • *kapot* • *verknoeid*; *verpest*

estropear OV WW • *verpesten* • *verknoeien* • *verminken* • *kapotmaken ★ el reloj está estropeado het horloge is stuk*

estropearse WKD WW • *kapotgaan* • *op niets uitlopen*; *mislukken*

estropicio m • *gerinkel* • *kabaal*; *herrie* • *vernieling ★ hacer un ~ een groot schandaal maken*

estructura v • *samenstelling* • *opbouw*; *structuur* • *raamwerk*; *skelet*

estructural BNW *structureel*

estructuralismo m *structuralisme*

estructurar OV WW • *indelen* • *structureren* • *samenstellen* • *opbouwen*

estruendo m • *drukte*; *oploop* • *hevig lawaai* • *pracht en praal*

estruendoso BNW *rumoerig*; *lawaaierig*

estrujar OV WW • *uitpersen* • *uitwringen* • *verkreukelen* • *heel hard tegen zich aandrukken* • FIG. *uitzuigen*

estrujarse WKD WW *★ ~ la cabeza zijn hersens pijnigen*

estrujón m • *stevige handdruk* • *het uitpersen ★ con un fuerte ~ de manos met een stevige handdruk*

estuario m • *brede riviermond* • *trechtermond*

estucador m *stukadoor*

estucar OV WW • *stukadoren* • *bepleisteren*

estuche m • *etui* • *kist* ‹voor instrument› • *doosje ★ ~ de compases passerdoos ★ ser un ~ een manusje van alles zijn ★ ~ de violín vioolkist*

estuco m *pleisterwerk*; *stuc*

estudiado BNW *bestudeerd*; *geaffecteerd*

estudiantado m *studenten*; *leerlingen*

estudiante m/v • *student* • *cursist ★ carnet de ~ studentenkaart ★ ~ en prácticas stagiair*

estudiantil BNW *van de studenten*; *studenten-*

estudiantina v *tunagroep*

estudiantino BNW *van de studenten ★ a la estudiantina studentikoos ★ hambre estudiantina flinke eetlust*

estudiar I OV WW • *studeren*; *aanleren* • *bestuderen* II ON WW • *een opleiding volgen* • *leren* • *studeren*

estudio m • *studie*; *onderzoek* • *verhandeling* • *kantoor*; *werkkamer* • *studio*; *atelier* • *flat*; *studio* • *gemaaktheid* • *zorg* • MUZ. *etude ★ estar en ~ in onderzoek zijn ★ ~ del mercado marktanalyse ★ dar ~s a u.p. iemand laten studeren ★ plan de ~s studieplan ★ tener ~s een gestudeerd iemand zijn ★ ~s opleiding*; *studie ★ ~s preliminares vooropleiding ★ acabar los ~s afstuderen ★ plan/programa de ~s leerplan*; *studieprogramma ★ ~ de opinión opinieonderzoek ★ ~ de grabación opnamestudio*

estudioso I m *geleerde* II BNW *leergierig*; *ijverig*

estufa v • *kachel* • *zweetkamer* • *serre* • *kas* • *broeikas* • COL, MEX *keuken*; *kookgelegenheid*

★ FIG. flor de ~ *kasplantje* ★ criar en ~ *verwennen*
estufilla v • *handmof* • *voetenwarmer*
estulticia v *dwaasheid*; *zotheid*
estulto BNW *stom*; *onnozel*; *zot*
estupefacción v *verbijstering*; *verbazing*
estupefaciente m *verdovend middel*
estupefacto BNW *verbijsterd*; *ontsteld*; *sprakeloos* ★ quedarse ~ *paf staan*
estupendo BNW *prachtig*; *geweldig* ★ un tío ~ *een fijne/geweldige vent*
estupidez v *dwaasheid*; *stompzinnigheid*
estúpido I m *dom iemand* II BNW *stom*; *dom*; *achterlijk* III TW *eikel!*; *idioot!*
estupor m *verbijstering*; *verbazing*
estuprar OV WW *verkrachten*
estupro m *verkrachting* ‹v. minderjarige›
estuquería v *stucwerk*
esturión m *steur*
estuvo WW (3e p ev v.t.) → **estar**
esvástica v *hakenkruis*
ETA v (Euzkadi ta Azkatasuna) *ETA* ‹Baskische revolutionaire afscheidingsbeweging›
etano m *ethaan*
etapa v • *etappe* • *fase*; *periode* ★ quemar ~s *razendsnel vooruitgang boeken* ★ por ~s *in etappen* ★ SPORT ~ contra reloj *tijdrit* ★ SPORT cubrir/hacer ~s *etappes afleggen*
etarra I m *ETA-lid* II BNW *van de ETA*
etcétera TW *et cetera*; *enzovoort*
éter m *ether*
etéreo BNW • *van de ether* • *subtiel*; *subliem* • *etherisch*; *vaag*
eternidad v • *eeuwig leven* • *eeuwigheid* • *onsterfelijkheid*
eternizar OV WW • *eindeloos rekken* • *vereeuwigen*
eterno BNW • *eeuwig* • *onvergankelijk* • *eindeloos*; *onophoudelijk*
ética v *ethiek*; *zedenleer*
ético I m *ethicus* II BNW *ethisch*
etileno m *ethyleen*
etilo m *ethyl*
etimología v • *woordafleidkunde* • *woordafleiding*; *etymologie*
etimológico BNW *etymologisch*
etiología v *etiologie*; *oorzakenleer*
etíope I m/v (**etíope**) *Ethiopiër* II BNW (**etíope**) *Ethiopisch*
Etiopía v *Ethiopië*
etiqueta v • *etiket* • *etiquette*; *omgangsvormen* • *plichtplegingen*; *ceremonieel* • *etiket*; *(prijs)kaartje* • COMP. *label*; *programmaregel* ★ traje de ~ *avondkleding* • función de gran ~ *galavoorstelling*
etiquetado m *etikettering*; *labeling*
etiquetar OV WW • *etiketteren* • *indelen* ‹in hokjes›; FIG. *een etiket opplakken*
etiquetero BNW *vormelijk*; *stijf*
etnia v *etnische groep*
étnico BNW *etnisch*; *ras-* ★ características étnicas *raskenmerken*
etnografía v *etnografie*
etnográfico BNW *volkenkundig*
etnología v *etnologie*; *volkenkunde*
etnólogo m *volkenkundige*; *etnoloog*

etrusco I m • *Etrusk* • *(het) Etruskisch* II BNW *Etruskisch*
eucalipto m *eucalyptus*
eucaristía v *eucharistie*
eucarístico BNW *eucharistisch*
eufemismo m *eufemisme*; *verzachtende uitdrukking*
eufemístico BNW *eufemistisch*
eufonía v *welluidendheid*
eufónico BNW *welluidend*
euforia v *vreugde*; *euforie*
eufórico BNW *euforisch*; *eufoor*; *uitgelaten*
eugenesia v *eugenese*; *leer van de rasverbetering*
eunuco m *eunuch*
eurasiático BNW *Eurazіatisch*
euritmia v • *euritmie* • *gelijkmatigheid*
euro m • ECON. *euro* • *oostenwind* ★ euro noto *zuidoostenwind*
eurocalculadora v *eurocalculator*
eurocandidato m *kandidaat voor het Europees parlement*
eurocent m *eurocent*
eurocomisario m • *Europees commissaris* • *lid van de Europese commissie*
eurocomunismo m *eurocommunisme*
eurócrata m/v • *eurocraat* • *ambtenaar van de Europese Gemeenschap*
eurodiputado m *Europarlementariër*
eurodivisa m *eurodevies*
eurodólar m *eurodollar*
Europa v *Europa* ★ ~ Meridional *Zuid-Europa* ★ ~ Occidental *West-Europa*
europeismo m *Europese eenwordingsgedachte*
europeísta m/v *aanhanger van het Verenigd Europa*
europeización v *het europeaniseren*
europeizar OV WW *europeaniseren*
europeo I m *Europeaan* II BNW *Europees* ★ Comunidad Europea (CE) *Europese Gemeenschap (EG)*
euroviñeta v *eurovignet*
Eurovisión v *Eurovisie*
Euskadi m *Baskenland*
euskera I m *de Baskische taal*; *het Baskisch* II BNW *Baskisch*
eutanasia v *euthanasie*
Eva v *Eva* ★ traje de Eva *adamskostuum*
evacuación v • *ontruiming* • *evacuatie* • *afwikkeling* • *afscheiding*; *ontlasting*
evacuado m *evacué*
evacuar /ú/ OV WW • *ontruimen* • *ontlasten* ‹v. darmen›; *afscheiden* • *afhandelen* • *evacueren* ★ ~ un asunto *een zaak afhandelen*
evadir OV WW • *vermijden* • *ontlopen* • *ontvluchten*; *ontwijken*
evadirse WKD WW *ontsnappen*; *wegglippen*
evaluación v *evaluatie*; *beoordeling*; *schatting*
evaluar /ú/ OV WW *beoordelen*; *evalueren*; *schatten*; *taxeren*
evanescente BNW *langzaam verdwijnend*; *vervluchtend*
evangélico BNW • *van het evangelie*; *evangelisch* • *protestants*
evangelio m • *evangelie* • *overtuiging*; *denkbeeld* ★ habla como el ~ *hij spreekt de*

zuivere waarheid
evangelista m/v *evangelist*
evangelizar OV WW • *het evangelie prediken*
• *bekeren*; *evangeliseren*
evaporación v *verdamping*; *uitwaseming*
evaporar OV WW *doen verdampen*; *doen vervliegen*
evaporarse WKD WW • *verdwijnen*; *vervliegen*; *verdampen* • *ontsnappen*; *'m smeren*
evasión v • *vlucht*; *ontsnapping* • *het omzeilen*; *het ontwijken* ★ *de capitales kapitaalvlucht*
evasiva v *uitvlucht*; *smoesje*
evasivo BNW *ontwijkend*
evento m *gebeurtenis* ★ a todo ~ *in elk geval*
eventual BNW • *eventueel*; *mogelijk* • *incidenteel*; *tijdelijk*
eventualidad v • *tijdelijkheid* • *mogelijke gebeurtenis*
eventualmente BIJW *mogelijk*; *misschien*
evicción v *uitwinning*; *evictie*
evidencia v *duidelijkheid*; *klaarblijkelijkheid*
★ poner en ~ a alg. *iemand belachelijk maken*
★ poner en ~ u.c. *iets aan het licht brengen*
evidenciar OV WW • *duidelijk maken* • *bewijzen*
evidente BNW *voor de hand liggend*; *duidelijk*
★ pruebas ~s *sprekende bewijzen*
evitable BNW *vermijdbaar*
evitación v *vermijding*; *voorkoming* ★ en ~ de *ter vermijding van*
evitar OV WW • *vermijden* • *verhinderen*; *voorkómen* • *nalaten* • *ontwijken*; *ontlopen*
evocación v • *het voor de geest halen* • *het ophalen* ⟨v. herinnering⟩ ★ una ~ del pasado *een herinnering aan het verleden*
evocador BNW *suggestief*; *op de verbeelding werkend*
evocar OV WW *in herinnering brengen*; *ophalen*
evolución v • *evolutie*; *verloop*; *ontwikkeling* • *draaiende beweging* • OOK MIL. *(het) manoeuvreren*
evolucionar ON WW • *evolueren*; *zich ontwikkelen* ⟨geleidelijk⟩ • *van gedachten veranderen* • *draaien*; OOK MIL. *manoeuvreren*
evolucionismo m *evolutieleer*
evolutivo BNW • *ontwikkelings-* • *draaiend*
★ grado ~ *ontwikkelingstrap*
ex VOORV *ex-*; *oud-* ★ ex profeso *opzettelijk*; *met de bedoeling*
exabrupto m *sneer*; *uitval*
exacción v • *heffing* ⟨v. belasting⟩ • *afpersing*
exacerbar OV WW • *verergeren* • *razend maken*; *tergen*
exactamente BIJW *uitgerekend*
exactitud v • *nauwkeurigheid* • *juistheid*
exacto BNW • *precies*; *nauwkeurig* • *logisch*; *exact* • *waar*; *correct*; *juist* ★ ¡~! *juist!*
exageración v *overdrijving*
exagerado I m *overdrijver* II BNW *overdreven*
★ ino seas ~! *doe niet zo overdreven!*
★ considerar algo ~ *iets overdreven vinden*
exagerar OV+ON WW *overdrijven*
exaltación v • *verheerlijking*; *lofprijzing* • *verheffing* • *verrukking*; *opwinding* • *dweperij*
exaltado I m • *opgewonden iemand* • *dweper*
II BNW *opgewonden*; *verrukt*

exaltar OV WW • *ophemelen* • *verheffen* • *opwinden* • *verhevigen*
exaltarse WKD WW *in vervoering raken*
examen m • *examen* • *onderzoek*; *verhoor*
★ hacer ~ de *onderzoeken* ★ quedar suspendido en un ~ *voor een examen zakken*
★ salir bien de un ~ *voor een examen slagen*
★ ~ de conciencia *gewetensonderzoek* ★ ~ oral *mondeling examen* ★ ~ (por) escrito *schriftelijk examen* ★ ~ final *eindexamen* ★ ~ detenido *grondig onderzoek* ★ un ~ más detenido *een nader onderzoek* ★ hacer ~ de conciencia *de hand in eigen boezem steken*
★ para el/su ~ *ter inzage* ★ someter a ~ *in studie nemen*; *aan een onderzoek onderwerpen*
★ ~ genético *erfelijkheidsonderzoek*
examinador m *examinator*
examinando m *examenkandidaat*
examinar OV WW • *examineren* • *onderzoeken* • *zorgvuldig bekijken*
examinarse WKD WW *examen doen*
exangüe BNW • *krachteloos*; *uitgeput* • *levenloos*; *dood* • *bloedeloos*
exánime BNW • *dood*; *levenloos* • *bewusteloos* • *uitgeput*; *krachteloos*
exasperación v *irritatie*; *ergernis*
exasperante BNW *onverdraaglijk*
exasperar OV WW *woedend maken*; *(mateloos) irriteren*
exasperarse WKD WW *zich vreselijk ergeren*
excarcelación v *ontslag uit de gevangenis*
excarcelar OV WW *ontslaan* ⟨uit de gevangenis⟩
excavación v • *uitgraving* • *opgraving*
excavar OV WW *(op)graven*
excedencia v • *het op wachtgeld gesteld worden* • *(het) overtollig zijn* • *wachtgeld* ★ ~ por maternidad *zwangerschapsverlof* ★ poner en ~ *op non-actief stellen* ★ tener la ~ *op non-actief staan*
excedente I m • *wachtgelder* • *overschot* ★ ~s agrícolas *landbouwoverschotten* ★ ~ demográfico *bevolkingsoverschot* II BNW • *overtollig* • *op wachtgeld gesteld*
exceder OV+ON WW • *overtreffen* • *overschrijden*
★ ~ los límites *de perken te buiten gaan*
excederse WKD WW *te ver gaan* ★ ~ a toda ponderación *iedere beschrijving tarten* ★ no ~ de lo corriente *niet uitsteken boven de middelmaat* ★ ~ a sí mismo *zichzelf overtreffen*
excelencia v • *voortreffelijkheid*; *volmaaktheid* • *excellentie* ★ por ~ *bij uitstek*
excelente BNW *voortreffelijk*; *uitstekend*
excelentísimo BNW ★ Excelentísimo Señor (Excmo. Sr.) *Excellentie*
excelsitud v *verhevenheid*
excelso BNW *verheven*; *subliem*
excentricidad v *excentriciteit*; *zonderling gedrag*
excéntrico I m *zonderling*; *excentriekeling*
II BNW • *excentrisch*; *buiten het middelpunt* • *extravagant*; *excentriek*
excepción v *uitzondering* ★ de ~ *uitzonderlijk*
★ a ~ de *met uitzondering van* ★ hacer una ~ *een uitzondering maken* ★ no hay regla sin ~ *de uitzondering bevestigt de regel*
excepcional BNW • *ongebruikelijk*; *uitzonderlijk*

ex

ex

- *buitengewoon; uniek ★ estado ~ uitzonderingstoestand*
excepto VZ *behalve; uitgezonderd*
exceptuar /ú/ OV WW • *uitzonderen • ontheffen • vrijstellen ★ ~ del pago ontslaan van betaling ★* exceptuando eso *met uitzondering daarvan*
excesivo BNW *overdadig; buitensporig*
exceso m • *overmaat; overdaad • exces; vergrijp; uitspatting ★* en/con ~ *overdadig ★* cometer ~s *zich aan uitspattingen overgeven ★ ~* de peso *overgewicht ★ ~* de población *overbevolking ★ ~* de velocidad *snelheidsoverschrijding ★* por ~ de trabajo *wegens te drukke werkzaamheden ★* tasar en ~ *overwaarderen; te hoog aanslaan*
excipiente m *oplosmiddel; bindmiddel*
excitabilidad V OOK FYSIOL. *prikkelbaarheid*
excitable BNW *prikkelbaar*
excitación V • *prikkeling • opwekking ⟨v. elektriciteit⟩ • opgewondenheid*
excitador I m *ontlader* II BNW *prikkelend*
excitante I m *opwekkend middel* II BNW *prikkelend; opwindend*
excitar OV WW • *prikkelen • opwekken • opwinden*
excitarse WKD WW *zich opwinden*
exclamación V *kreet; uitroep*
exclamar ON WW *uitroepen*
exclamatorio BNW *uitroepend ★* tono ~ *uitroepende toon*
exclaustrado m *uitgetreden kloosterling*
exclaustrar OV WW *uit het klooster ontslaan*
excluir OV WW • *niet meetellen • buiten beschouwing laten • uitsluiten • niet toelaten ★ ~* una partida de una cuenta *een post van een rekening afvoeren*
exclusión V • *afwijzing; uitsluiting • uitschakeling; verwerping*
exclusiva V • *alleenrecht; monopolie • alleenvertegenwoordiging ★ ~* de venta *alleenverkoop*
exclusivamente BIJW *enkel en alleen*
exclusive BIJW *exclusief; niet inbegrepen ★* hasta el 20 de enero ~ *tot en met 19 januari*
exclusividad V • *alleenrecht • exclusiviteit • privilege*
exclusivismo m • *hokjesgeest • exclusivisme; stelsel van afzondering*
exclusivista BNW *exclusief; afgesloten*
exclusivo BNW • *uitsluitend • enig*
excluya WW (1e/3e p ev subj. t.t.) → excluir
excombatiente m/v *oud-strijder*
excomulgado BNW • *geëxcommuniceerd • vervloekt*
excomulgar OV WW *excommuniceren; in de ban doen*
excomunión V *kerkban; excommunicatie*
excoriación V *ontvelling*
excoriar OV WW *ontvellen; doen schrijnen*
excoriarse WKD WW *zich schaven*
excrecencia V *bobbel; knoest; vergroeiing*
excreción V *afscheiding; uitscheiding*
excrementar I OV WW *uitscheiden; afscheiden* II ON WW *zijn behoefte doen*
excremento m *uitwerpselen*

excretar OV WW *afscheiden; uitscheiden*
excretorio BNW *afscheidend*
exculpación V • *vrijspraak • zuivering ⟨v. blaam⟩*
excursión V • *dagtocht; excursie; uitstapje • plezierreisje ★ ~* a pie *voettocht ★* ir/salir de ~ *erop uitgaan; een uitstapje maken ★ ~* escolar *schoolreisje*
excursionismo m *het maken van tochten*
excursionista m/v • *trekker • deelnemer ⟨aan een (trek)tocht⟩ ★ ~s dagjesmensen*
excusa V • *verontschuldiging • voorwendsel • rechtvaardiging ★* ofrecer sus ~s *zijn verontschuldigingen aanbieden*
excusado I m *toilet; wc* II BNW • *overbodig • afgezonderd*
excusar OV WW • *de moeite besparen • verontschuldigen • vermijden*
excusarse WKD WW *zich verontschuldigen*
execrable BNW *afschuwelijk*
execración V *vervloeking; afschuw*
execrar OV WW • *verwensen • verafschuwen • afkeuren*
exégesis V *exegese; bijbelverklaring*
exegeta m/v *exegeet*
exención V *vrijstelling; ontheffing ★ ~* de derechos de aduana *vrijstelling van douanerechten*
exentar OV WW *vrijstellen*
exento BNW • *vrijgesteld • los; vrij ★ ~* de polvo *stofvrij ★ ~* de temor *zonder vrees*
exequias V mv *plechtige uitvaart*
exfoliarse WKD WW *afschilferen; afbladderen*
exhalación V • *vallende ster • bliksemschicht • flits • (uit) waseming; uitblazing • wasem; walm ★* como una ~ *bliksemsnel; als de bliksem*
exhalar OV WW • *uitademen; uitwasemen • slaken; uitstoten ⟨v. kreten⟩ ★ ~* un suspiro *een zucht slaken*
exhalarse WKD WW *zich haasten; hollen; rennen*
exhaustivo BNW • *uitputtend • diepgaand ★* un estudio ~ *een diepgaand onderzoek*
exhausto BNW *uitgeput; doodop*
exheredar OV WW *onterven*
exhibición V • *voorstelling; vertoning; show • SPORT demonstratie ★ ~* de modelos *modeshow ★ ~* de fuerza *krachtvertoon*
exhibicionismo m • *exhibitionisme • drang om zich te manifesteren; behoefte om te pronken*
exhibicionista m/v *exhibionist*
exhibir OV WW • *uitstallen • exposeren; tentoonstellen • pronken met • vertonen; showen; tentoonspreiden ★ ~* para la venta *uitstallen voor de verkoop*
exhibirse WKD WW *zich vertonen*
exhortación V • *vermaning • preek*
exhortar OV WW *aanmanen; vermanen*
exhumación V *opgraving ⟨v. lijk⟩*
exhumar OV WW • *opgraven ⟨v. lijk⟩ • opdiepen; ophalen ⟨uit geheugen⟩*
exigencia V • *vereiste; eis • noodzaak ★* tener ~s *veeleisend zijn ★* cumplir (con) las ~s *aan alle eisen voldoen*
exigente I m/v *veeleisend persoon* II BNW *veeleisend*

exigible BNW • *invorderbaar* • *opeisbaar*
exigir OV WW • *vereisen* • *vorderen*; *opeisen*
• *vragen*; *verlangen* ★ ~ una contestación *op een antwoord aandringen* ★ ~ el pago *a alg. iemand aanmanen te betalen*
exigüidad v *geringheid*
exiguo BNW • *onvoldoende* • *schraal*; *gering*
exilado m → **exiliado**
exilar OV WW → **exiliar**
exiliado I m (**exilado**) *banneling* II BNW (**exilado**) *verbannen*
exiliar OV WW (**exilar**) *verbannen*
exiliarse WKD WW *in ballingschap gaan*
exilio m • *verbanning* • *ballingschap* ★ estar/ vivir en el ~ *in ballingschap leven*
eximente I v *strafuitsluitingsgrond* II BNW *ontlastend*; *vrijstellend*
eximio BNW *voortreffelijk*; *uitstekend*
eximir OV WW *vrijstellen (van)*; *ontheffen (van)* ★ ~ de una obligación *van een verplichting ontslaan*
eximirse WKD WW *zich onttrekken*
existencia v • *bestaan* • *leven* • (vaak mv) *voorraad* ★ estar/tener en ~ *in voorraad zijn/ hebben* ★ amargar la ~ a u.p. *iemand het leven zuur maken* ★ mientras haya ~s *zolang de voorraad strekt*
existencial BNW *existentieel*
existencialismo m *existentialisme*
existencialista I m/v *existentialist* II BNW *existentialistisch*
existente BNW • *aanwezig*; *voorradig* • *bestaand*
existir ON WW • *bestaan* • *zijn* • *levend zijn*; *leven*
éxito m • *resultaat*; *uitslag* • *succes* • *topper*; *hit* ★ hombre de ~ *geslaagd/succesvol man* ★ ~ editorial/de librería *bestseller* ★ ~ de taquilla *kassucces* ★ ~ gordo *knaller* ★ tener ~ *aanslaan*; *opgang maken*; *succes hebben*
exitoso BNW *succesvol*; *geslaagd*
éxodo m *exodus*; *uittocht* ★ ~ rural *trek naar de stad*
exoneración v • *ontslag* • *vrijstelling*; *ontlasting*
exonerar OV WW • *ontslaan*; *ontheffen* • *ontlasten*; *verlichten*
exorbitancia v • *overdrevenheid* • *overdaad*
exorbitante BNW *buitensporig*; *overdreven* ★ suma ~ *ongehoord bedrag*
exorcismo m *duivelbezwering*
exorcista m/v *duivelbezweerder*
exorcizar OV WW *bezweren*; *uitdrijven* ‹v. duivel›
exordio m *aanhef*; *inleiding*
exornar OV WW *versieren*
exótico BNW • *uitheems*; *exotisch* • *vreemd*; *eigenaardig*
exotismo m • *het exotische* • *eigenaardigheid*; *buitensporigheid*
expandir OV WW • ECON. *uitbreiden* • *uitspreiden* • *verspreiden* ‹v. nieuws›
expandirse WKD WW *zich verbreiden*; *zich verspreiden*
expansible BNW *uitzetbaar*
expansión v • *expansie*; *groei*; *uitbreiding*; *uitzetting* • *vermaak*; *ontspanning* • *openhartigheid* ★ un momento de ~ *vrij*

ogenblik ★ la constante ~ de nuestros negocios *de voortdurende uitbreiding van onze zaken*
expansionar OV WW *uitbreiden*
expansionarse WKD WW • *zich ontspannen*; *zich vermaken* • *zijn hart luchten*; *zijn nood klagen* • *uitzetten* ‹v. gassen›
expansionismo m *expansionisme*
expansionista BNW *expansionistisch*
expansivo BNW • *uitzetbaar*; *expansief* • *sociaal*; *openhartig*
expatriación v *ballingschap*; *verbanning*
expatriado m • *balling*; *emigrant* • *expat*
expatriar /i/ OV WW *uitwijzen*; *verbannen*
expatriarse WKD WW *in ballingschap gaan*; *emigreren* ★ nos expatriamos a fines de agosto *we verlaten het land eind augustus*
expectación v • *verwachting* • *nieuwsgierigheid*
expectante BNW *afwachtend*
expectativa v • *vooruitzicht*; *verwachting*; *hoop* ★ estar a la ~ *een afwachtende houding aannemen*
expectoración v • *slijm*; *spuug* • *het spuwen*
expectorar OV WW *spuwen*
expedición v • *verzending* • *zending* • *expeditie*; *verkenningstocht*; *onderzoekingstocht* ★ servicio de ~ *besteldienst*
expedicionario I m *deelnemer aan een expeditie* II BNW • *expeditie-* • *aan een expeditie deelnemend*
expedidor m • *afzender* • *expediteur*; *vervoerder*; *transporteur*
expedientar OV WW • *berispen* • *een onderzoek instellen naar*
expediente m • JUR. *onderzoek* • *dossier* • *gang van zaken*; *staat van dienst* • *middel*; *redmiddel*; *hulpmiddel* • *vindingrijkheid* • VAAK MV *formaliteiten* ★ cubrir el ~ *alleen het hoognodige doen* ★ instruir ~ a *proces-verbaal opmaken tegen*; *verbaliseren* ★ ~ policíaco *politierapport* ★ ~ profesional *staat van dienst* ★ ~ judical *gerechtelijk dossier*; *processtukken*
expedienteo m PEJ. *ambtenarij*; *bureaucratie*
expedir /i/ OV WW • *verzenden*; *versturen* • *verstrekken*; *afgeven* • *uitspreken* ‹v. decreet› ★ ~ a Siberia *naar Siberië deporteren*
expeditivo BNW *doortastend*; *snelwerkend*
expedito BNW • *zonder hindernissen*; *onbelemmerd* • *vrij* • LA *makkelijk*
expeler OV WW *uitstoten*; *uitwerpen*
expendedor I m • *handelaar*; *verkoper* • *beheerder van verkooppunten* ‹v. loten, tabak› II BNW *verkoop-* ★ máquina ~a *(verkoop)automaat*
expendeduría v *verkoopadres*
expender OV WW • *verkopen* ‹detailhandel› • *uitgeven*
expendio m • *uitgave*; *kosten* • MEX, PERU, RPL *detailhandel*; *winkel* • MEX *verkooppunt*; *kleine winkel*
expensas v mv *kosten* ★ a (las) ~ de *op kosten van*
experiencia v • *ervaring* • *belevenis* • *experiment*; *proef* ★ ~ de largos años *jarenlange ervaring* ★ adquirir ~ *ervaring*

ex

opdoen ⋆ tener ~ *ervaren zijn* ⋆ *falto de* ~
onervaren; *onbedreven* ⋆ falta de ~
onervarenheid; *onbedrevenheid* ⋆ ~ piloto
experiment; *modelproef*
experimentación v • *experiment*; *proef* • *het*
experimenteren
experimentado BNW *ervaren*; *deskundig*
experimentador BNW *experimenteer-*
experimental BNW *experimenteel*
experimentar I OV WW • *ervaren*; *ondervinden*
• *gewaarworden*; *voelen* II ON WW
experimenteren; *proeven doen*
experimento m *proef*; *experiment*
experto I m *deskundige*; *kenner*; *vakman*
II BNW • *ervaren* • *vakbekwaam*; *deskundig*
expiación v • *het uitzitten* ⟨v. straf⟩
• *boetedoening*
expiar /í/ OV WW • OOK FIG. *boeten voor*
• *ondergaan* ⟨v. straf⟩
expiatorio BNW *zonde-*; *boete-* ⋆ chivo ~
zondebok
expiración v • *het uitblazen van de laatste*
adem; *sterven* • *het vervallen* ⟨v. termijn⟩ ⋆ el
Cristo de la Expiración *de stervende Christus*
expirar ON WW • *de geest geven*; *sterven*
• *vervallen*; *aflopen* ⟨v. termijn⟩ ⋆ al ~ *na*
afloop ⋆ antes de ~ el mes *voor het einde van*
de maand
explanación v • *het vlak maken*; *het effenen*
• *uitleg*; *toelichting*
explanada v *vlak terrein*
explanar OV WW • *vlak maken* • *verklaren*;
uitleggen
explayar OV WW *uitbreiden*
explayarse WKD WW • *zich vermaken*; *zich*
ontspannen • *zijn hart uitstorten*
explicable BNW *verklaarbaar* ⋆ cosas no
fácilmente ~s *dingen die niet gemakkelijk zijn*
uit te leggen
explicación v • *uiteenzetting* • *uitleg*
• *toelichting* ⋆ dar explicaciones
verantwoording afleggen ⋆ ~ de textos
tekstverklaring ⋆ sin dar explicaciones *zonder*
een reden te geven; *zomaar*
explicaderas v mv *smoesjes*
explicar OV WW • *vertellen*; *uit de doeken doen*
• *uiteenzetten*; *uitleggen* • *verantwoorden*;
rechtvaardigen
explicarse WKD WW • *duidelijk worden*
• *begrijpelijk zijn* • *onder woorden brengen*
⋆ ¡explícate! *verklaar je nader!* ⋆ no me lo
explico *ik begrijp het niet* ⋆ ¿me explico?
begrepen?
explicativo BNW *verklarend*; *toelichtend*
explícito BNW *expliciet*; *uitdrukkelijk*
exploración v • *verkenning* • *ontdekkingsreis*
• *ontdekking* • MED. *onderzoek*
explorador I m • *verkenner*
• *ontdekkingsreiziger* • *scout*; *padvinder*
II BNW *ontdekkings-*; *verkennings-*
⋆ expedición ~a *ontdekkingsreis*
explorar OV+ON WW • *sonderen*; *onderzoeken*;
verkennen • FIG. *aftasten*
exploratorio BNW *onderzoekend*; *verkennend*
explosión v • *ontploffing*; *explosie* • OOK FIG.
uitbarsting ⋆ con ~ *onstuimig*

explosionar I OV WW *tot ontploffing brengen*
II ON WW *exploderen*; *ontploffen*
explosiva v *plofklank*
explosivo I m *springstof* II BNW *ontplofbaar*
⋆ carga explosiva *springlading* ⋆ altamente ~
brisant
explotable BNW *bruikbaar*; *exploiteerbaar*
explotación v • *exploitatie*; *ontginning* • *bedrijf*;
fabriek; *onderneming* • *uitbuiting*; *uitzuiging*
⋆ ~ agotadora *roofbouw* ⋆ ~ petrolífera
oliewinning ⋆ capital de ~ *bedrijfskapitaal*
explotador I m • *exploitant*; *ondernemer*
• *uitbuiter* II BNW • *exploiterend* • *uitbuitend*
explotar I OV WW • *exploiteren*; *ontginnen*
• *drijven* ⟨v. zaak⟩ • *uitbuiten*; *misbruik*
maken van II ON WW *ontploffen*
expoliación v *beroving*; *plundering*
expoliar OV WW *plunderen*; *beroven (de van)*
expón WW (geb. wijs, jij-vorm) → **exponer**
expondrá WW (3e p ev tk.t.) → **exponer**
exponencial BNW *exponentieel*
exponente I m • *signaal*; *indicatie* • WISK.
macht II BNW *uiteenzettend*
exponer I OV WW • *uitstallen*; *tentoonstellen*
• *blootstellen (aan)* • *uiteenzetten* • *op het spel*
zetten II ON WW • *exposeren*; *vertonen* • REL.
ter aanbidding tonen
exponga WW (1e/3e p ev subj. t.t.) → **exponer**
exportable BNW *geschikt voor de export*
exportación v • *exportproduct* • *export*; *uitvoer*
exportador I m *exporteur* II BNW *exporterend*;
export-
exportar OV WW *uitvoeren*; *exporteren*
exposición v • *tentoonstelling* • *het blootstellen*
• *uiteenzetting* • *risico* • *ligging* ⟨op de zon⟩
• *belichting* ⟨v. foto⟩ ⋆ exceso de ~
overbelichting ⋆ ~ retrospectiva
overzichtstentoonstelling ⋆ ~ universal
wereldtentoonstelling
exposímetro m *belichtingsmeter*
expósito I m *vondeling* II BNW *te vondeling*
gelegd
expositor I m • *exposant* • *tentoonsteller*
• *iemand die iets uiteenzet*; *inleider* II BNW
uiteenzettend; *verklarend*
exprés I m • *espresso(koffie)* • *espresso(apparaat)*
• *sneltrein* II BNW • *espresso-* • *snel-* ⋆ olla ~
snelkookpan
expresado BNW *bovenstaand*; *bovengenoemd*
expresamente BIJW • *uitdrukkelijk* • *opzettelijk*
expresar OV WW • *uitdrukken*; *uiten*
• *uitbeelden*
expresión v • *uitdrukking* • *uitbeelding*
• *verwoording*; *zegswijze* • *expressie*
• *gelaatsuitdrukking* • WISK. *formule* ⋆ reducir
algo a su mínima ~ *iets tot een minimum*
reduceren ⋆ ~ corporal *lichamelijke expressie*
⋆ con ~ de los gastos *met opgaaf/vermelding*
van de kosten ⋆ libertad de ~ *vrijheid van*
meningsuiting ⋆ dar ~ a *uiting geven aan*;
onder woorden brengen
expresiones v mv → **expresión** • *groeten*
expresionismo m *expressionisme*
expresionista I m/v *expressionist* II BNW
expressionistisch
expresividad v • *zeggingskracht*

• *uitdrukkingsvermogen*

expresivo BNW • *expressief*; *sprekend*; *beeldend*
• *hartelijk*; *lief* ★ dar las más expresivas
gracias *zijn welgemeende dank uitspreken*

expreso I m *sneltrein* II BNW • *snel-*
• *uitdrukkelijk* ★ remesa por ~ *spoedbestelling*
III BIJW *met opzet*

exprimelimones m *citroenpers*

exprimidor m • *wringer* • *citruspers*

exprimir OV WW • OOK FIG. *uitpersen* • *uitbuiten*

expropiación v • *onteigende goederen*
• *onteigening*

expropiar OV WW *onteigenen*

expuesto I BNW • *uiteengezet* • *blootgesteld*
• *tentoongesteld* • *riskant*; *gevaarlijk* ★ estar ~
al público *ter inzage liggen* II WW (volt.
deelw.) → **exponer**

expugnar OV WW *veroveren*; *bestormen*

expulsar OV WW • *verjagen* • *verwijderen*;
wegsturen • *uitstoten* ★ ~ del colegio *van
school sturen* ★ ~ a puntapiés *eruit gooien*

expulsión v • *uitsluiting*; *verdrijving*;
uitbanning; *verjaging* • *het wegsturen* • *het
uitstoten*

expulsor I m *uitwerper*; *uitstoter* II BNW
★ asiento ~ *schietstoel*

expurgación v • *zuivering*; *reiniging* • *het
censureren*

expurgar OV WW *schonen*; *zuiveren*; *censureren*

expurgatorio BNW *zuiverend*; *reinigend*
★ índice ~ *lijst van verboden boeken*

expuse WW (1e p ev v.t.) → **exponer**

expuso WW (3e p ev v.t.) → **exponer**

exquisitez v • *verfijndheid* • *voortreffelijkheid*
• *smakelijk gerecht*

exquisito BNW • *verfijnd* • *voortreffelijk*;
uitstekend; *heerlijk*

extasiar /í/ OV WW *in vervoering brengen*

extasiarse /í/ WKD WW *in extase raken*; *in
vervoering raken*

éxtasis m *vervoering*; *extase*

extático BNW *extatisch*; *verrukt*

extemporáneo BNW • *niet passend bij de tijd
van het jaar* • *ontijdig*; *ongepast*; *niet op zijn
plaats*

extender /ie/ OV WW • *uitstrekken*; *uitspreiden*
• *verbreiden*; *uitbreiden* • *uitschrijven* ★ ~ una
copia *een kopie verstrekken* ★ ~ la vista *in de
verte kijken*

extenderse /ie/ WKD WW • *uitweiden*; *wijdlopig
zijn* • *zich verspreiden*; *zich uitstrekken*
• *languit liggen*

extendido BNW • *uitgebreid* • *uitgestrekt* ★ estar
muy ~ *erg verbreid zijn*

extensible BNW *uitschuifbaar*

extensión v • *omvang*; *uitgestrektheid* • *uitgifte*
• TELECOM. *toestelnummer*; *extra toestel*
★ TAALK. por ~ *bij uitbreiding* ★ ~ ilimitada
onbeperktheid ★ en toda la ~ de la palabra *in
de ruimste zin van het woord*

extensivo BNW *extensief* ★ hacer extensiva la
prohibición a *het verbod uitstrekken tot*
★ hago ~ mi agradecimiento a *ik betrek in
mijn dankwoord* ★ cultivo ~ *extensieve
landbouw*

extenso BNW • *uitvoerig* • *omvangrijk*

• *uitgestrekt* ★ por ~ *uitvoerig*

extensor I m *strekspier* II BNW *strek-*

extenuación v *verzwakking*; *uitputting*

extenuado BNW • *uitgeput*; *verzwakt* • *slapjes*

extenuar /ú/ OV WW *uitputten*; *verzwakken*

exterior I m • *uiterlijk*; *voorkomen* • *buitenkant*
• *buitenland* • *buitenspeler* ★ ~ izquierda
linksbuiten ★ al ~ *aan de buitenkant* ★ ~
derecha *rechtsbuiten* II BNW • *van de
buitenkant*; *extern*; *buiten-* • *uitwendig*;
uiterlijk • *buitenlands* ★ deuda ~ *buitenlandse
schuld* ★ política ~ *buitenlandse politiek*
★ asuntos ~es *buitenlandse zaken*

exteriores m mv *buitenopnames*

exterioridad v *uiterlijkheid*; *uiterlijke schijn*

exteriorizar OV WW *aan de dag leggen*; *uiten*;
verklaren

exteriormente BIJW • *aan de buitenkant*
• *ogenschijnlijk*; *uiterlijk*

exterminación v *verwoesting*; *verdelging*;
uitroeiing

exterminador BNW *verdelgend*; *verwoestend*
★ ángel ~ *verderfengel*

exterminar OV WW *uitroeien*; *verwoesten*;
uitmoorden

exterminio m *verdelging*; *uitroeiing*;
verwoesting

externado m *externaat*; *dagschool*

externo I m • *externe leerling* II BNW • *van de
buitenkant*; *buiten-* • *oppervlakkig*; *uiterlijk*
• *extern*; *uitwonend*

extinción v • *(het) blussen*; *(het) doven* • *(het)
uitsterven* ‹v. ras› • *verjaring*; *(het) vervallen*

extinguido BNW • *uitgestorven* ‹v. soort, ras›
• *uitgedoofd* ‹v. vuur, vulkaan›

extinguir OV WW • *doven*; *blussen* • *ophouden*;
uitdoven

extinguirse WKD WW • *doven*; *uitgaan* • *om
zijn*; *voorbijgaan*

extinto BNW *gedoofd*; *uitgeblust*

extintor I m *blusapparaat* II BNW *blus-*

extirpación v • MED. *(het) verwijderen*; *(het)
wegsnijden* • *(het) uitbannen*; *uitroeiing*;
verdelging

extirpar OV WW • MED. *wegsnijden*; *wegnemen*
• *uitroeien*

extorsión v • *hinder*; *inbreuk*; *verstoring*
• *afpersing*

extorsionar OV WW • *chanteren*; *afpersen* • *last
bezorgen*; *hinderen*

extra I m *toegift*; *iets extra's* II m/v *figurant*;
invaller III BNW • *extra* • *voortreffelijk* ★ horas
~s *overuren* ★ cargar ~ *extra berekenen*
★ ganar ~ *bijverdienen*

extracapacidad v *overcapaciteit*

extracción v • MED. *verwijdering* • *(het) aftappen*
• WISK. *(het) worteltrekken* • *trekking* ‹v.
loterij› • *delving* • *afkomst* ★ de baja ~ *van
nederige afkomst* ★ ~ de la raíz *worteltrekking*
★ extracciones sin dolor *pijnloos
tandentrekken* ★ ~ de petróleo *oliewinning*

extracorto BNW *ultrakort* ‹v. radiogolven›

extractar OV WW *een uittreksel maken van*;
samenvatten

extracto m • *samenvatting*; *uittreksel* • *aftreksel*
★ ~ de cuentas *rekeningafschrift*; *bank-*|

ex

giroafschrift
extractor m afzuiginstallatie
extradición v uitlevering
extraer OV WW • winnen; delven • MED. eruit halen; wegnemen • trekken ⟨v. tanden⟩; afnemen ⟨v. bloed⟩ • trekken ⟨loterij⟩ • WISK. de wortel trekken uit • afleiden; concluderen ★ ~ a alg. de iemand redden uit
extraescolar BNW buitenschools
extrafino BNW CUL. extra fijn
extraiga WW (1e/3e p ev subj. t.t.) → **extraer**
extrajo WW (3e p ev v.t.) → **extraer**
extrajudicial BNW buitengerechtelijk
extralegal BNW onwettig
extralimitación v overtreding; overschrijding
extralimitarse WKD WW FIG. te ver gaan; zich te buiten gaan
extramuros BIJW buiten de stad • los caseríos de ~ de buiten de stad gelegen boerderijen
extranjería v • buitenlanderschap; het vreemdeling zijn • JUR. vreemdelingenstatus ★ ley de ~ vreemdelingenwet ★ servicio de ~ vreemdelingendienst
extranjerismo m • voorliefde voor het buitenland • leenwoord
extranjerizar OV WW verbuitenlandsen
extranjero I m • buitenland • buitenlander ★ policía de ~s vreemdelingenpolitie II BNW buitenlands ★ idioma ~ vreemde taal
extranjis BNW ★ de ~ clandestien
extrañamiento m verbanning
extrañar OV WW • verbazen; verwonderen; vreemd vinden • verbannen; deporteren; uitwijzen • verlangen naar; missen; heimwee hebben naar
extrañarse WKD WW zich verwonderen
extrañeza v • iets vreemds; vreemdheid • bevreemding • ongerustheid • verbazing ★ causar ~ bevreemding wekken
extraño I m • buitenlander • buitenstaander; vreemdeling • hacer ~s a u.c. vreemd/raar van iets opkijken II BNW • vreemd • buitenlands • eigenaardig ★ hacer ~ vreemd aandoen • (~ a) geen verband houdend met; niet horend bij
extraoficial BNW officieus
extraordinario I m • speciaal nummer; supplement ⟨bij krant⟩ • spoedbestelling • iets uitzonderlijks II BNW buitengewoon; speciaal
extraparlamentario BNW buitenparlementair
extrapolación v extrapolatie
extrapolar OV WW extrapoleren
extrarradio m randgebied; buitenwijk
extraterrestre I m/v buitenaards wezen II BNW buitenaards
extraterritorial BNW extraterritoriaal
extravagancia v • buitensporigheid • extravagantie ★ no puedo tolerar sus ~s ik kan zijn grillen niet uitstaan
extravagante BNW extravagant; buitensporig
extravasarse WKD WW (~ de) vloeien uit
extravertido BNW extravert
extraviado BNW • afgelegen • verdwaald • verwilderd ⟨v. blik⟩ • zoek geraakt ★ con los ojos ~s met wilde blik
extraviar /í/ OV WW • verliezen • afwenden ⟨v.

blik⟩ ★ ~ la mirada de blik laten rondzwerven
extraviarse /í/ WKD WW • verdwalen • van het rechte pad afraken
extravío m • uitspatting • verlies; (het) kwijtraken
extremadamente BIJW in hoge mate
extremado BNW • buitengewoon • uiterst • overdreven
extremar OV WW • opvoeren; op de spits drijven • overdrijven ★ ~ las medidas de maatregelen aanscherpen
extremaunción v Heilig Oliesel
extremeño I m • dialect uit Extremadura • iemand uit Extremadura II BNW uit Extremadura
extremidad v uiteinde
extremidades v mv ledematen ★ las ~ superiores/inferiores de bovenste/onderste ledematen
extremismo m extremisme
extremista I m/v extremist II BNW extremistisch
extremo I m • uiterste • uiteinde • aspect; kwestie • SPORT vleugelspits ★ los ~s se tocan de uitersten raken elkaar ★ con/en/por ~ in hoge mate ★ de ~ a ~ van a tot z ★ en todo ~ in ieder opzicht ★ ir de un ~ a otro van het ene in het andere uiterste vervallen ★ quedó reducido al ~ de pedir limosna er restte hem niets anders dan te gaan bedelen ★ tímido hasta el ~ de no poder contestar zo verlegen dat men niet eens kan antwoorden ★ contestó a todos los ~s de mi carta hij beantwoordde mijn brief punt voor punt II BNW • aan het uiteinde • uiterst • overmatig ★ calor ~ verstikkende hitte ★ POL. la extrema izquierda uiterst links ★ necesidad extrema hoge nood
extremoso BNW • heel hartelijk • uitbundig • overdreven
extrínseco BNW • extrinsiek • van buitenaf; uitwendig ★ valor ~ nominale waarde
extrovertido BNW → **extravertido**
exuberancia v • overvloed • weelde
exuberante BNW • goed ontwikkeld • overvloedig; weelderig ★ ~ de salud blakend van gezondheid
exudación v • afscheiding; het uitzweten • lekkage
exudar I OV WW laten doorsijpelen II ON WW • uitslaan ⟨door vocht⟩ • uitzweten
exultación v • grote blijdschap • gejubel
exultar ON WW • heel blij zijn • juichen
exvoto m geloftegeschenk
eyaculación v zaadlozing; ejaculatie ★ ~ precoz ejaculatie praecox
eyacular ON WW ejaculeren; zaad lozen
eyectable BNW ★ LUCHTV. asiento ~ schietstoel
eyector m toestel om lucht of water weg te zuigen
ezpatadanza v Baskische zwaarddans

F

f v (letter) *f* ★ la f de Francia *de f van Ferdinand*
fa m MUZ. *fa* ★ ni fu ni fa *het doet me niets* ★ fa sostenido *fis* ★ fa menor *f kleine terts*
fabada v *bonengerecht*
fábrica v • *fabriek* • *fabricage*; *vervaardiging*
• *verzinsel* • *metselwerk* ★ ~ de cerveza *bierbrouwerij* ★ ~ de tejidos *weverij*
fabricación v *vervaardiging*; *fabricage* ★ ~ en serie *serieproductie* ★ de ~ artesanal *handgemaakt* ★ de ~ casera *eigen fabrikaat*
fabricante m/v *fabrikant* ★ ~ de marcos *lijstenmaker*
fabricar OV WW • *vervaardigen* • *bouwen*
• *smeden*; *uitbroeden* ‹v. intriges›; *lagen leggen* • *zonder uitzicht hopen* ★ ~ su fortuna *fortuin maken* ★ ~ en el aire *luchtkastelen bouwen*
fabril BNW *industrieel*; *fabrieks-*
fábula v • *fabel* • *mythe* • *fabeltje*; *kletspraatje*
• *verzinsel*; *verdichtsel* ★ ~ milesia *onzedelijk/grappig verhaal* ★ ser de ~ *geweldig, fantastisch zijn*
fabulario m *fabelboek*
fabulista m/v *fabeldichter*
fabuloso BNW • *fabelachtig* • *fantastisch*; *geweldig*
faca v *(krom) mes*
facción v • *factie* • *bende*
facciones v mv → **facción** • *gelaatstrekken*
faccioso I m *factielid*; *oproerling* II BNW *opstandig*
faces m mv → **faz**
faceta v • *facet* ‹v. edelstenen› • *aspect*; *facet*; *oogpunt*
facha I v • *uiterlijk* • *belachelijk persoon*
★ ponerse en ~ *goed gaan liggen/staan*
★ tener mala ~ *er slecht uitzien* II m/v *fascist*
fachada v • *voorgevel* • *uiterlijke verschijning*
• *titelblad* ★ mala ~ *onguur uiterlijk*
★ organización ~ *mantelorganisatie* ★ ser todo ~ *allemaal schijn zijn* ★ salvar la ~ *zijn gezicht redden*
fachado BNW ★ bien/mal ~ *er knap/lelijk uitzien*
fachenda I v • *ijdelheid* • *inbeelding* II m/v *snoeshaan*; *ijdeltuit*
fachendear ON WW *bluffen*; *opscheppen*
fachendista I m/v *bluffer* II BNW *opschepperig*
fachendón m (v: **fachendona**) → **fachendista**
facial BNW *gelaats-*; *gezichts-* ★ ángulo ~ *gezichtshoek*
fácil I BNW • *gemakkelijk* • *willig*; *gemakkelijk te krijgen* • *waarschijnlijk* • *gewillig* • *vlot* ★ ~ de digerir *licht verteerbaar* ★ es ~ que venga *hij komt waarschijnlijk* ★ no es ~ dat betwijfel ik
★ triunfo/faena ~ *walk-over* ★ ~ para traducir *gemakkelijk te vertalen* II BIJW • *makkelijk*; *gemakkelijk* • *waarschijnlijk*
facilidad v • *gemak* • *aanleg*; *talent* ★ tener ~ para el estudio de idiomas *aanleg voor talen hebben*
facilidades m mv *faciliteiten* ★ dar ~ a *faciliteiten verlenen aan* ★ le daré toda clase

de ~ *ik zal u in ieder opzicht tegemoet komen*
facilitación v • *vergemakkelijking*
• *verschaffing*; *verstrekking*
facilitar OV WW • *vergemakkelijken*
• *verstrekken*; *verschaffen*
facineroso I m *misdadiger*; *overvaller* II BNW *misdadig*
facistol m • *koorlessenaar* • VEN *pedant persoon*
facón m *mes met spitse punt*
facsímil m *facsimile*
facsímile m *getrouwe nabootsing*; *nauwkeurige reproductie*
factible BNW *haalbaar*; *uitvoerbaar*
facticio BNW *kunstmatig*
factor m • *factor* • *element*; *bestanddeel*
• *bagagebeambte* ★ un ~ despreciable *een te verwaarlozen factor* ★ ~ de protección *beschermingsfactor* ★ ~ Rhesus/Rh *resusfactor*
factoría v • *fabriek* • *factorij*; *agentschap*
factótum m • *factotum* • *manusje van alles*
factual BNW • *feitelijk* ★ datos ~es *feitelijkheden*
factura v • *factuur*; *rekening* • *makelij*; *uitvoering* ★ ARG (zoet) *broodje* ★ acompañar la ~ *de rekening bijvoegen* ★ ~ simulada *schijnfactuur* ★ extender una ~ *een rekening uitschrijven* ★ pasar/presentar la ~ OOK FIG. *de rekening presenteren*
facturación v • *het inchecken* ‹v. bagage›
• *facturering* • *spoorzending*
facturar OV WW • *factureren* • *inchecken* ‹v. bagage›
facultad v • *capaciteit*; *vermogen*; *bekwaamheid*
• *toestemming*; *verlof* • *bevoegdheid* • *faculteit*
★ ~ de cazar *jachtvergunning* ★ ~es mentales *geestvermogen* ★ tener ~ para *bevoegd zijn om* ★ recobrar sus ~es *weer bijkomen* ★ ~ de ciencias *natuurwetenschappelijke faculteit*
★ ~es discrecionales *verstandelijke vermogens*
★ ~ de hablar/de la palabra *spraakvermogen*
★ ~ de imaginación *voorstellingsvermogen*
★ dejar la ~ *ophouden met studeren* ★ ir perdiendo ~es *aftakelen*
facultar OV WW *bevoegdheid geven*; *machtigen*
★ no estar facultado para *niet gerechtigd zijn om*
facultativo I m *arts*; *medicus* II BNW • *medisch*
• *van de faculteit* • *facultatief* • *hooggeschoold*
★ por prescripción facultativa *op medisch voorschrift* ★ venta con prescripción facultativa *alleen op recept verkrijgbaar*
facundia v *welsprekendheid*; *welbespraaktheid*; *eloquentie*
facundo BNW *eloquent*; *welbespraakt*; *welsprekend*
faena v • *werk*; *arbeid* • *stierengevecht* • ZA *overwerk* • CHI *werkploeg* • CHI *werkplaats*
★ hacer una ~ *een streek leveren* ★ tener mucha ~ *veel te doen hebben* ★ ique ~! *wat een rotstreek*; *wat een klus!* ★ ~s domésticas/caseras *huishoudelijke bezigheden*
faenar OV WW • *slachten* • *vissen* • *zwoegen*
faetón m • *licht rijtuig* • *open vrachtwagen*
fagocito m *fagocyt*; *eetcel*
fagot I m *fagot* II m/v *fagottist*
faisán m *fazant*
faja v • *band*; *riem*; *sjerp* • *gordel*; *strook* • MIL.

streep • band ⟨om boek of tijdschrift⟩; *flap;
adresbandje* ⟨om krant⟩ • *baan* ⟨v. vlag⟩
fajar OV WW • *verbinden; inzwachtelen* • *een
adresbandje omdoen* • *omgorden* • ZA *slaan*
fajarse WKD WW ZA *werk of studie met grote
ijver aanpakken*
fajín m *generaalssjerp* ⟨v. zijde⟩
fajina v • *hoop korenschoven* • *licht brandhout;
aanmaakhout; takkenbos* • *taptoe* • MIL.
signaal voor het eten • ZA *overwerk*
fajo m *bundel* ⋆ fajo de leña *takkenbos; bundel
brandhout*
fajos m mv • → **fajo** • *windselen; zwachtels*
falacia v *bedrog*
falange v • *falanx* • *stoottroep* • *slagorde;
aaneengesloten schare* • *kootje*
Falange v GESCH. *Falange* ⟨Spaanse fascistische
beweging⟩
falangista I m/v *falangist* II BNW *falangistisch*
falaz BNW *vals; bedrieglijk*
falciforme BNW *sikkelvormig*
falda v • *rok* • *pand* ⟨v. jas⟩ • *schoot*
• *berghelling* • *vang* ⟨rundvlees⟩ ⋆ en la ~ *op
de schoot* ⋆ arremangarse las ~s *de rok
opschorten* ⋆ un aficionado a ~s *een
vrouwenjager* ⋆ estar pegado a las ~s de alg.
aan iemands rokken hangen ⋆ ~s *banen van
een rok* ⋆ ~-pantalón *broekrok* ⋆ ~ tubular/
tubo *kokerrok* ⋆ ~ bajera *onderrok*
faldas v mv • → **falda** • *vrouwen*
faldellín m • *overrok* • VEN *doopkleed/-jurk*
faldero I m *rokkenjager; vrouwengek* II BNW
• *van de rok* • *gesteld op vrouwen* ⋆ perro ~
schoothondje
faldón m • *rokpand* • *slip* • *zadeldak; gevelspits;
timpaan*
falibilidad v *feilbaarheid*
falible BNW *onvolmaakt; feilbaar*
fálico BNW *fallisch*
falla v • *fout; gebrek* • *breuk; bergspleet*
• ≈ *toneel met grote poppen* ⟨Valenciaans
feest⟩ • MEX *babymutsje*
fallar I OV WW *toekennen* ⟨v. prijs⟩ II ON WW
• *een oordeel vellen* ⟨oordeel⟩; *vonnissen* • *niet
bekennen* ⟨bij kaartspel⟩ • *zakken* ⟨voor een
examen⟩; *mislukken; verkeerd gaan; niet
slagen* • *weigeren; in de steek laten* ⋆ JUR. ~ a
favor de *een uitspraak doen ten gunste van*
⋆ no falla *dat kan niet missen; dat is zeker*
⋆ sin ~ *feilloos; altijd* ⋆ ~ (en) contra de *zich
uitspreken tegen*
fallas v mv • → **falla** • *Valenciaanse feesten*
falleba v *spanjolet*
fallecer ON WW *sterven; omkomen; overlijden*
fallecido m *overledene*
fallecimiento m • *(het) sterven; (het) overlijden*
• *sterfgeval*
fallero BNW *van de Fallas* ⟨feest in Valencia⟩
fallezca WW (1e/3e p ev subj. t.t.) → **fallecer**
fallido BNW • *oninbaar* • *mislukt* • *failliet*
• *teleurgesteld*
fallo m • *vergissing; fout* • *toekenning;
uitspraak; vonnis* • *(het) niet bekennen* ⟨in
kaartspel⟩ ⋆ no tener ~ u.c. *niet mis kunnen
gaan* ⋆ dar/dictar un ~ *een vonnis vellen* ⋆ ~
humano *menselijke fout* ⋆ MED. ~ de corazón

hartverlamming ⋆ el ~ de la electricidad
uitvallen van de stroom ⋆ pronunciar/emitir
el ~ *uitspraak doen* ⋆ ~ absolutorio/
condenatorio *vrijspraak; strafvonnis*
falo m *fallus; penis*
falondres BIJW VEN, CUBA ⋆ de ~ *plotseling;
onmiddellijk*
falopa I V RPL, INF. *(illegale) drugs* II BNW
(goedkope) imitatie
falsario I m *vervalser; falsaris* II BNW *vervalsend*
falseador I m *vervalser* II BNW *vervalsend*
falsear I OV WW *vervalsen* II ON WW • *zwakker
worden; kracht verliezen; het begeven; het
afleggen* • *vals klinken*
falsedad v • *bedrog; onwaarheid* • *onechtheid;
valsheid*
falsete m • *kleine tussendeur* • *falset; kopstem*
falsía v *leugenachtigheid; huichelachtigheid;
valsheid*
falsificación v *vervalsing*
falsificador I m *vervalser* ⋆ ~ de monedas
valsemunter II BNW *vervalsend*
falsificar OV WW *vervalsen*
falsilla v *gelinieerde onderlegger*
falso BNW • *gebrek aan diepte of kracht* ⟨v.
kunstwerk⟩ • *onbetrouwbaar* • *niet
doeltreffend; onhandig* • *onjuist; onwaar*
• *namaak; vals; nagemaakt* ⋆ monedero ~
valsemunter ⋆ paso en ~ *misstap* ⋆ en ~ *vals*
⋆ i-~! *dat is niet waar!* ⋆ declarar en ~ *valse
verklaringen afleggen*
falta v • *gebrek* • *fout* • *zonde; vergrijp* • *leemte*
⋆ poner ~ a alg. *iemand als absent
aantekenen* ⋆ ~ de educación *onbeleefdheid*
⋆ ~ de amabilidad *onvriendelijkheid* ⋆ ~ de
amor *liefdeloosheid* ⋆ ~ de aprecio
minachting ⋆ ~ de confianza *wantrouwen* ⋆ ~
de conciencia *gewetenloosheid* ⋆ ~ de
corazón *harteloosheid* ⋆ ~ de elegancia
houterigheid ⋆ ~ de fe *kleingelovigheid* ⋆ ~ de
fila *stompheid* ⋆ ~ de costumbre *ongewoonte*
⋆ ~ de franqueo *onvoldoende frankering* ⋆ ~
de juicio *redeloosheid* ⋆ ~ de medios *gebrek
aan middelen* ⋆ por ~ de pago *bij gebrek aan
betaling* ⋆ ~ de palabra *woordbreuk* ⋆ ~ de
peso *onjuist gewicht; gewichtsverlies* ⋆ ~ de
sentido *zinledigheid* ⋆ ~ de trabajo
werkloosheid ⋆ caer en ~ *zijn verplichtingen
niet nakomen* ⋆ coger en (una) ~ a alg.
iemand op een fout betrappen ⋆ dar quince y
~ a alg. *iemand ver overtreffen* ⋆ estar en ~ *in
gebreke blijven* ⋆ echar en ~ u.c. *iets
betreuren; iets missen* ⋆ hacer ~ *nodig zijn;
ontbreken* ⋆ aquí no haces ~ *hier hebben we je
niet nodig* ⋆ no lo hará, ni ~ que le hace *hij
zal het niet doen en dat is maar goed ook*
⋆ incurrir en una ~ *een fout begaan* ⋆ notar
la ~ de u.c. *merken dat iets er niet is; iets
missen* ⋆ suplir la ~ de u.p. *iemand in zijn
afwezigheid vervangen* ⋆ vendré sin ~ *ik zal
zeker komen* ⋆ a ~ de *bij gebrek aan* ⋆ me
hace muchísima ~ *ik heb het dringend nodig*
⋆ imenuda ~ me hace! *daar zit ik helemaal
niet op te wachten!* ⋆ sacar ~s *oude koeien uit
de sloot halen* ⋆ sentir la ~ de alg. *merken dat
iemand er niet is* ⋆ sin ~ *zeker weten!*

faltar ON WW • ontbreken • missen • niet aanwezig zijn • uitblijven • vermist worden • in de steek laten ★ no falta mucho para las ocho *het is zo 8 uur* ★ Juan me faltó *Juan heeft zich grof tegen mij gedragen* ★ ~ a la verdad *liegen*; *de waarheid te kort doen* ★ falta de Amsterdam desde hace 10 años *hij is al 10 jaar uit Amsterdam weg* ★ ~ del mundo *sterven* ★ falta poco para terminarse el año *het jaar loopt ten einde* ★ falta poco para venir *hij zal zo komen* ★ faltan 10 minutos para las once *het is 10 voor 11* ★ me faltan tres euros *ik heb drie euro te weinig* ★ no faltaba quien dijese *menigeen zei* ★ ha faltado gravemente *hij heeft zich zwaar vergaloppeerd* ★ no faltaba más sino que *het ontbrak er nog maar aan dat* ★ no ~é en dárselo *ik zal niet vergeten het hem te geven* ★ ¡no faltaba más! *dat ontbrak er nog maar aan!*; *dat moest er nog bij komen!* ★ no ~ía más *ga uw gang* ★ búsquelas, que no ~án *zoek ze, dan zult u ze wel vinden* ★ no ~ nunca a una cita *altijd op tijd op de afgesproken plaats zijn* ★ ¡no faltes! *zorg ervoor op tijd te zijn!* ★ aún falta por comprar la leche *er moet nog melk gekocht worden* ★ falta que quiera venir *het is maar de vraag of hij komt* ★ ~ a la palabra *zijn woord niet houden* ★ ~ a la escuela *spijbelen* ★ ~ a su obligación *zijn plicht verzuimen*

falto BNW (~ **de**) *verstoken van* ★ ~ de recursos *slecht bij kas* ★ estoy ~ de dinero *ik heb geen geld* ★ ~ de juicio *dwaas*

faltón BNW • *vaak spijbelend* • *nalatig*; *trouweloos* • *onbeschaamd*

faltriquera v • *geldbuidel* • *broekzak*; *jaszak*; *vestzakje* ★ rascarse la ~ *diep in de buidel tasten* ★ te sangra la ~ *dat kost je een smak geld*

falúa v *sloep*

falucho m • *feloek*; *kustvaartuig* • ARG *galahoed*

fama v • *naam*; *reputatie* • *faam* • *aanzien* • *eer* ★ dar fama a alg. *iemand beroemd maken* ★ ser de mala fama *een slechte naam hebben* ★ tener fama de *bekend staan als* ★ tener buena/mala fama *een goede/slechte naam hebben* ★ abogado de fama *beroemde advocaat* ★ ganar fama mundial *wereldberoemd worden* ★ saltar a la fama *(plotseling) beroemd worden* ★ su fama declinaba *zijn roem taande*

famélico BNW *hongerig*

familia v • *familie* • *gezin* • *kinderen* • CHI *bijenvolk* ★ ser de la ~ *bij de familie horen* ★ cabeza de ~ *gezinshoofd* ★ ~ real *koninklijk huis* ★ en (el seno de la) ~ *in familiekring* ★ somos diez de ~ *wij zijn thuis met zijn tienen* ★ cargarse de ~ *veel kinderen krijgen* ★ ~ política *schoonfamilie*; *aangetrouwde familie* ★ en (régimen de) ~ *in gezinsverband* ★ INF. tener ~ INF. *kinderen hebben/krijgen* ★ ~ adoptiva *pleeggezin* ★ ~ monoparental *eenoudergezin*

familiar I m/v *bloedverwant*; *gezinslid*; *familielid* II BNW *bekend*; *vertrouwd* • *familie-*; *gezins-* • *vertrouwd*; *huiselijk*;

gewoon • *alledaags*; *eenvoudig* • *familiair*; *vertrouwelijk* ★ hacerse ~ con *zich vertrouwd maken met* ★ eso me es muy ~ *daarmee ben ik erg vertrouwd* ★ lenguaje ~ *omgangstaal* ★ presupuesto ~ *gezinsbudget* ★ tamaño ~ *gezinsverpakking* ★ enfermedad ~ *erfelijke ziekte*

familiaridad v *familiariteit*; *vertrouwdheid*; *vertrouwelijkheid*; *bekendheid*

familiarizar OV WW *vertrouwd maken*

familiarizarse WKD WW *vertrouwd raken (met)*; *wennen (aan)*

famoso BNW • *beroemd*; *vermaard*; *befaamd* • *van goede kwaliteit*; *voortreffelijk* ★ ~ por *beroemd om*

fámula v *dienstbode*

fan m/v *fan*; *bewonderaar*

fanal m • *koplamp* ‹v. trein› • *lichtbaken* • *glazen stolp* • *lampenglas*

fanáticamente BIJW *fanatiek*; *hartstochtelijk*

fanático I m *fanaticus*; *fanatiekeling*; *dweper* ★ ~ del medio ambiente *milieufreak* ★ ~ del poder *machtswellusteling* II BNW • *fanatiek*; *verbeten*; *hartstochtelijk* • *dweepziek* ★ ~ de flamenco *gek op flamenco*

fanatismo m • *fanatisme* • *dweepzucht*

fanatizar OV WW *opzwepen*

fandango m • *Spaanse dans* • *drukte*; *spektakel*

fanega v ★ ~ de tierra *stuk grond van 64 are*

fanfarrear ON WW *bluffen*; *opscheppen*

fanfarria v • *fanfare(orkest)* • *opschepperij*

fanfarrón I m *opschepper* II BNW • *opschepperig* • *pocherig*

fanfarronada v *opschepperij*

fanfarronear ON WW *opscheppen*; *patsen*

fanfarronería v *opschepperij*; *snoeverij*

fango m OOK FIG. *modder*; *slijk*

fangoso BNW *modderig*

fantaseador m *fantast*

fantasear ON WW • *fantaseren* • *inbeelden*

fantasía v • *fantasie*; *verbeelding* • *fictie* • *instrumentale compositie* • *inbeelding* ★ de ~ *versierd* ‹v. kleding›

fantasías v mv ★ → **fantasía** • *snoer parels*

fantasioso BNW • *fantasierijk* • *ingebeeld*

fantasma m • *spook* • *waanvoorstelling*; *hallucinatie*; *droombeeld* • *schrikbeeld* • *opschepper* ★ buque ~ *spookschip* ★ casa de ~s *spookhuis* ★ andar como un ~ *zonder doel leven*

fantasmagoria v *fantasmagorie*; *schimmenspel*

fantasmal BNW *spookachtig*

fantasmón I m *verwaande kwast*; *fantast* II BNW *ingebeeld*

fantásticamente BIJW *fantastisch*; *geweldig* ★ pasarlo ~ *zich geweldig amuseren*

fantástico I m *fantast*; *kwast* II BNW • *fantastisch* • *op verbeelding berustend*

fantochada v *belachelijke daad*

fantoche m • *onnozele hals*; *onbenul* • *opschepper* • *marionet* • *lachwekkend persoon*; *pias*

faquín m *kruier*; *pakjesdrager*

faquir m *fakir*

farabute m RPL *opschepper*

farallón m *hoge, steile rots* ‹uitstekend boven

fa

zee⟩
faramalla I v • *zwendel; bedrog; oplichterij*
• *opschepperij* • *misleidend gesprek* • *kletskous*
II BNW • *opschepperig* • *praatziek*
farándula v *misleidend geklets; boerenbedrog*
farandulero I m • *rondtrekkend toneelspeler*
• *charlatan* **II** BNW • *oneerlijk; vals* • *kletserig*
★ *la gente farandulera* VEN *de mensen die bij*
'*het wereldje' horen*
faraón m • *farao* • *kaartspel*
faraónico BNW *van de farao*
faraute m *bode; afgezant; heraut*
fardar ON WW • *opscheppen* • SL. *onwijs gaaf zijn*
fardel m • *slecht gekleed persoon* • *ransel*
• *knapzak* • *pak*
fardo m • *pak; baal* • *bundel*
fardón BNW • *opzichtig; gaaf* • *chic; elegant*
farfolla v • *lege woorden* • *klatergoud*
farfulla v *gestotter*
farfullar I OV WW • *afraffelen; verprutsen*
• *hakkelen; brabbelen* **II** ON WW *snel praten;*
brabbelen; stamelen; stotteren
farfullero m *stotteraar*
farináceo BNW *meelachtig; melig*
faringe v *farynx; keelholte*
faringitis v *keelontsteking*
farisaico BNW *farizeïsch; huichelachtig;*
schijnheilig
fariseísmo m • *huichelarij* • *farizeïsme*
fariseo m *Farizeeër; huichelaar*
farmacéutico I m *apotheker* **II** BNW
farmaceutisch
farmacia v • *apotheek* • *farmacie* ★ ~ *de*
guardia/turno apotheek met avond- of
weekeinddienst ★ *poner una* ~ *een apotheek*
openen/beginnen
fármaco m *geneesmiddel*
farmacología v *farmacologie*
farmacológico BNW *farmacologisch*
farmacólogo m *farmacoloog*
farmacopea v *farmacopee*
faro m • *vuurtoren* • OOK FIG. *gids; baken*
• *koplamp* • *autolamp* ★ *faro rotativo*
zwaailicht ★ *faros antiniebla mistlampen*
★ *faro halógeno halogeenlamp* ★ *faro trasero/*
piloto achterlicht
farol m • *opschepper* • SPORT *handstand*
• *(straat)lantaarn* • TAUR. *beweging met cape*
★ *¡adelante con los* ~*es! vooruit met de*
schuit!; schiet op! ★ *marcarse/tirarse un* ~ *een*
verhaal ophangen; bluffen ★ ~ *de popa*
SCHEEPV. *heklicht* ★ ~ *de proa* SCHEEPV.
boeglicht
farola v *lantaarnpaal; grote lantaarn*
farolazo m CA *slok drank*
farolear ON WW *pronken; bluffen; belangrijk*
doen
faroleo m *gebluf; gepronk; gewichtigdoenerij*
farolería v *opschepperij*
farolero I m • *opschepper; bluffer; verwaande*
vent • *lantaarnopsteker* **II** BNW *ingebeeld;*
verwaand
farolillo m • *lampion* • *lantaarntje*
farolillos m mv • → **farolillo** • *klokjesbloem*
farra v • *fuif; braspartij* • *zalmachtige vis*
fárrago m *rommel; wanorde*

farrero I m LA *fuifnummer* **II** BNW *gek op*
feestjes
farruco I m *pas geëmigreerde Galiciër* **II** BNW
• *pas geëmigreerd uit Galicië* • *dapper;*
stoutmoedig; onverschrokken
farsa v • *klucht; blijspel* • *farce; schijnvertoning*
• *farce; kuiperij; bedrog*
farsante I m/v • *aansteller* • *zwendelaar*
• *huichelaar* **II** BNW *huichelachtig;*
schijnheilig; aanstellerig
fas ★ *por fas o por nefas terecht of ten*
onrechte; hoe dan ook
fascículo m • *deel; aflevering* ⟨v. boek⟩ • ANAT.
bundel
fascinación v • *bekoring; fascinatie*
• *aantrekkingskracht*
fascinador BNW *fascinerend; boeiend;*
betoverend
fascinante BNW *fascinerend; boeiend*
fascinar OV WW • *fascineren; boeien* • *betoveren*
fascismo m *fascisme*
fascista I m/v *fascist* **II** BNW *fascistisch*
fase v • *fase; tijdelijke toestand* • *fase; stand*
⟨maan⟩ ★ *fase inicial beginfase/-stadium* ★ *en*
fase experimental in het proefstadium
faso m *saffie;* ARG *sigaret*
fastidiar OV WW • *ergeren* • *hinderen; lastig*
vallen; plagen
fastidiarse WKD WW • *zich ergeren* • *zich*
vervelen • *voor de gevolgen opdraaien* ★ *ino te*
fastidia! dat meen je niet! ★ *¡que se fastidie!*
hij kan naar de bliksem lopen!
fastidio m • *walging; afkeer* • *ergernis; overlast*
★ *¡qué* ~*! wat vervelend!*
fastidioso BNW • *ergerlijk; vervelend*
• *weerzinwekkend* • MEX *lichtgeraakt*
fasto I m *pronk; praal* **II** BNW *gelukkig* ⟨v.
gebeurtenis⟩
fastos m mv • → **fasto** • *kronieken; annalen*
fastuosidad v *praal; pracht*
fastuoso BNW *weelderig; luisterrijk; pompeus;*
prachtlievend
fatal I BNW • *beslissend* • *fataal; noodlottig;*
dodelijk • *onvermijdelijk; onafwendbaar;*
voorbeschikt • *nadelig; onzalig* • *zeer slecht*
★ *la hora* ~ *het uur van de dood* ★ *momento* ~
beslissend ogenblik **II** BIJW • *pasarlo* ~ *het*
ontzettend moeilijk hebben ★ *quedar* ~ *een*
modderfiguur slaan
fatalidad v • *lot; noodlot* • *fataliteit;*
noodlottigheid
fatalismo m *fatalisme*
fatalista I m/v *fatalist* **II** BNW *fatalistisch*
fatalmente BIJW • *onvermijdelijk* • *helaas;*
jammer genoeg • *belabberd; ellendig*
fatídico BNW *onheilspellend; voorspellend*
fatiga v • *vermoeidheid* • *benauwdheid;*
ademhalingsmoeilijkheden • *ellende; plaag;*
kwelling
fatigar OV WW • *moe maken; vermoeien*
• *afmatten* • *hinderen; pesten* • *benauwd*
maken ⟨bij astma⟩
fatigarse WKD WW • *moe worden* • *benauwd*
worden ⟨bij astma⟩
fatigoso BNW • *moeizaam* • *vermoeiend*
• *vermoeid* • *benauwd; hijgend*

fatuidad v • *verwaandheid; inbeelding* • *dwaasheid*

fatuo I m • *dwaas* • *verwaande kwast* **II** BNW *ingebeeld; dom; belachelijk; zot; verwaand*

fauces m mv *keelgat; muil*

fauna v *dierenrijk*

fauno m *faun*

fausto I m *praal; pracht* **II** BNW *gelukkig*

Fausto m *Faust*

fautor m • *medewerker* • *medeplichtige*

favor m • *gunst* • *plezier; genoegen* • *bescherming; hulp; bijstand* • *uiting van liefde; goedkeuring* ⟨v. dame aan heer⟩; *goedgunstigheid* ★ por ~ *alstublieft* ★ a/en ~ de *ten gunste van* ★ entrada de ~ *vrijkaart* ★ acoger con ~ *gunstig opnemen* ★ pedir ~ al cielo *de hemel om uitkomst bidden* ★ a ~ de la noche *onder dekking van de nacht* ★ señal de ~ *gunstbewijs* ★ tener a su ~ a u.p. *op iemands ondersteuning kunnen rekenen* ★ hágame el ~ *zou u alstublieft; zou u zo vriendelijk willen zijn* ★ hagan el ~ de enseñarme los billetes *de kaartjes alstublieft* ★ votos a ~ *stemmen voor* ★ eso diche mucho/habla/aboga en tu ~ *dat pleit voor je* ★ punto/tanto a ~ *pluspunt; winstpunt* ★ redundar en ~ de *ten goede komen aan*

favorable BNW • *gunstig* • *welgezind* ★ ~ a/para *gunstig voor* ★ ~ para el medio ambiente *milieuvriendelijk* ★ FIN. cambio ~ *verandering ten goede; gunstige koers*

favorecedor I m • *begunstiger* • *aanhanger* **II** BNW • *begunstigend* • *flatterend*

favorecer OV WW • *bevoordelen; helpen; begunstigen* • *(iemand) goedgezind zijn* • *goed staan* ⟨v. kleren⟩ ★ ~se de la situación *gebruik maken van de situatie* ★ ¡Dios me favorezca! *God sta me bij!*

favorecido I m *gunsteling* ★ ~ de la suerte *geluksvogel* ★ número ~ *winnend nummer* **II** BNW • *bevoordeeld; begunstigd* • *geflatteerd*

favorezca WW (1e/3e p ev subj. t.t.) → **favorecer**

favoritismo m *vriendjespolitiek*

favorito I m • *gunsteling* • *lieveling(etje)* ★ plato ~ *lievelingsgerecht* **II** BNW *favoriet; geliefd*

fax m *fax* ★ transmitir por fax *faxen*

faya v *zijden damast; ribfluweel*

faz v • *kruis; kop* ⟨v. munt⟩ • *aanschijn; gelaat* • *voorkant* ★ a la faz de *ten overstaan van*

fe v • *geloof* • *vertrouwen* • *officiële verklaring; certificaat; bewijsstuk; getuigschrift* ★ estar en fe de que *in de overtuiging zijn dat* ★ obrar de buena fe *in goed vertrouwen handelen* ★ a fe de caballero *op mijn erewoord* ★ en fe de *krachtens* ★ a fe *werkelijk; waarlijk* ★ de buena fe *te goeder trouw; met goede intentie* ★ de mala fe *met kwade bedoelingen; te kwader trouw* ★ digno de fe *geloofwaardig* ★ dar fe de JUR. *betuigen; verklaren* ★ fe de erratas *lijst van drukfouten* ★ a fe mía *op mijn woord* ★ fe pública *officiële bevoegdheid om de echtheid van documenten te garanderen* ★ fe de vida *uittreksel van het bevolkingsregister* ★ fe de bautismo *doopbewijs* ★ fe conyugal *echtelijke trouw*

fealdad v • *lelijkheid* ⟨v. uiterlijk⟩ • *gemeenheid*

feble BNW • *zwak* • *te licht* ⟨v. munt⟩

Febo m *Phoebus*

febrero m *februari*

febrífugo I m *koortsverdrijvend middel* **II** BNW *koortsverdrijvend*

febril BNW *koortsachtig* ★ estado ~ *koortsachtigheid*

fecal BNW *fecaal; van de uitwerpselen*

fecha v • *datum* • *heden; vandaag* • *dag* ★ a ~ fija *op de vastgestelde datum* ★ a corta ~ *met een korte vervaltijd* ★ a diez días de la ~ *tien dagen na dato* ★ a partir de esta ~ *van heden af aan* ★ con ~ de *de dato* ★ (que va) hasta la ~ *tot op heden* ★ equivocar la ~ *zich vergissen in de datum* ★ pasada esta ~ *na deze termijn* ★ a estas ~s ya habrá llegado *vandaag zal hij al aangekomen zijn* ★ ~ de caducidad/vencimiento *uiterste verkoopdatum; vervaldag* ★ ~ límite *uiterste datum; sluitingsdatum* ★ ~ prevista/tope *streefdatum* ★ ~ de referencia *peildatum*

fechador m *datumstempel; poststempel*

fechar OV WW *dateren*

fechoría v • *misdaad* • *slechte daad*

fécula v *zetmeel*

feculento BNW *zetmeelhoudend*

fecundación v *bevruchting* ★ ~ asistida/artificial *kunstmatige bevruchting* ★ ~ in vitro/en laboratorio *in-vitrofertilisatie; reageerbuisbevruchting*

fecundar OV WW • OOK FIG. *vruchtbaar maken* • *bevruchten; zwanger maken*

fecundidad v • *vruchtbaarheid* • *productiviteit*

fecundizar OV WW *vruchtbaar maken*; LANDB. *bemesten*

fecundo BNW • *vruchtbaar* • OOK FIG. *productief* ★ ~ de/en *vruchtbaar*

federación v • *federatie* • *bondsstaat*

federal BNW *bonds-; federaal* ★ consejo ~ *bondsraad*

federalismo m *federalisme*

federalista I m/v *aanhanger van het federalisme; federalist* **II** BNW *federalistisch*

federar OV WW • *tot een federatie maken* • *aansluiten bij een federatie*

federativo BNW *federatief*

féferes m mv LA *oude rommel; rotzooi; prullaria*

fehaciente BNW • *onbetwistbaar* • *bewijskrachtig*

feísimo BNW *foeilelijk; afzichtelijk*

feldespato m *veldspaat*

felices → **feliz**

felicidad v *geluk(zaligheid)* ★ desear muchas ~es *iemand hartelijk gelukwensen* ★ ha llegado con (toda) ~ *hij is behouden aangekomen*

felicidades v mv • → **felicidad** • *gefeliciteerd*

felicitación v *felicitatie; gelukwens*

felicitar OV WW *feliciteren; gelukwensen*

feligrés m *parochiaan*

feligresía v • *de parochianen* • *parochie*

felino BNW • *van de kat* • *katachtig*

Felipe m *Philips* ★ ~ el Hermoso *Philips de Schone*

fe

feliz BNW • *gelukkig* • *geschikt; passend; geslaagd* ∗ i~ *cumpleaños! gefeliciteerd met je/uw verjaardag!* ∗ ¡Felices Pascuas! *prettige kerst(dagen)!* ∗ intento ~ *geslaagde poging* ∗ eso no me hace muy ~ *daar ben ik niet erg blij mee* ∗ una idea muy poco ~ *een onzalige gedachte*

felizmente BIJW *gelukkig(erwijze)* ∗ acabar u.c. ~ *iets met succes beëindigen*

felón I m *verrader* II BNW *verraderlijk*

felonía v *verraad*

felpa v • *pluche* • *aframmeling; pak slaag* • *uitbrander; berisping*

felpeada v RPL *uitbrander* ∗ dar/pegar una ~ *een uitbrander geven*

felpudo I m *deurmat; kokosmat* II BNW *pluizig; pluche*

femenil BNW *vrouwelijk; van vrouwen*

femenino BNW • *van de vrouw* • TAALK. *vrouwelijk*

fementido BNW *trouweloos; bedrieglijk; vals; ontrouw*

fémina v PEJ. *vrouw*

feminidad v *vrouwelijkheid*

feminismo m *feminisme; vrouwenbeweging*

feminista I m/v *feminist* II BNW *feministisch* ∗ movimiento ~ *vrouwenbeweging*

femoral BNW • *dijbeen-; van het dijbeen* ∗ hueso ~ *dijbeen*

fémur m *dijbeen*

fenecer ON WW • *overlijden; omkomen* • *eindigen; ophouden; voleinden*

fenecimiento m *het overlijden; het sterven; het omkomen*

fenezca WW (1e/3e p ev subj. t.t.) → **fenecer**

Fenicia v *Fenicië*

fenicio I m *Feniciër* II BNW *Fenicisch*

fénix m *de enige in zijn soort; feniks*

Fénix m MYTH. *Phoenix*

fenol m *fenol*

fenomenal BNW • *waarneembaar* • *geweldig* ∗ pasar una noche ~ *een fantastische avond hebben* ∗ chasco ~ *enorme afknapper* ∗ estar ~ *er geweldig uitzien*

fenómeno I m • *fenomeen; verschijnsel* • *genie* ∗ ~ natural *natuurverschijnsel* ∗ ~ secundario *randverschijnsel* ∗ estar ~ *fantastisch zijn* II BNW *fantastisch; geweldig* III BIJW *geweldig*

feo I m • *belediging* • *lelijkerd* II BNW • *lelijk* • *ongunstig; hachelijk; ongewenst; slecht* • *vies; vuil* • *vuil; gemeen* • *onbehoorlijk; schandelijk* ∗ el asunto se pone feo *de zaak wordt hachelijk* ∗ el sexo feo *de mannen* ∗ dejar a uno feo *iemand voor het hoofd stoten; iemand beledigen* ∗ más feo que Picio/ un diablo *zo lelijk als de nacht* ∗ eso está muy feo *dat is helemaal niet netjes*

feote BNW *heel lelijk*

feracidad v *vruchtbaarheid* ⟨v. de akkers⟩

feraz BNW *vruchtbaar*

féretro m *doodkist*

feria v • *(vak)beurs; jaarbeurs; jaarmarkt* • *feestdag; rustdag* • *kermis* • ZZA *(straat)markt* • CR *fooi* • MEX *wisselgeld; kleingeld* ∗ ~ del hogar *huishoudbeurs* ∗ ~ del libro *boekenbeurs* ∗ ~ de muestras *jaarbeurs*

∗ charlatán de ~ *kletsmeier*

feriado m *rustdag* ∗ día de feria *vrije dag; algemeen erkende feestdag* ∗ días ~s para el ramo bancario *beursvakantie*

ferial I v • *markt* • *kermis* II BNW • *van de jaarmarkt* • *van de kermis*

feriante m/v • *marktbezoeker* • *standhouder*

feriar I OV WW • *handelen op markt of beurs* • *op de markt kopen* II ON WW *vrijaf hebben*

fermentación v *fermentatie;* OOK FIG. *gisting*

fermentar ON WW • *fermenteren; gisten; werken* ⟨v. wijn⟩ • *onrustig worden* ∗ poner a ~ *laten gisten*

fermento m • *zuurdesem; droesem; gistmiddel* • FIG. *kiem*

Fernando m *Ferdinand*

ferocidad v • *wreedheid* • *wildheid; ruwheid*

feroz BNW • *wild* • *uitgelaten* • *barbaars*

férreo BNW OOK FIG. *ijzeren* ∗ vía férrea *spoorweg*

ferretería v • *ijzerhandel* • *ijzerwaren* • *ijzergieterij*

ferretero m *ijzerhandelaar*

férrico BNW • *ijzer-* • *ijzerhoudend*

ferrocarril m • *trein* • *spoorweg* ∗ ~ colgante *zweefspoor; kabelbaan* ∗ ~ de cremallera *tandradbaan* ∗ puente del ~ *spoorbrug* ∗ Red Nacional de Ferrocarriles *Spaanse Spoorwegen* ∗ guía de ~es *spoorboekje*

ferroprusiato m *blauwdruk*

ferroso BNW *ijzerhoudend*

ferroviario I m • *spoorwegbeambte; spoorman* II BNW *van de spoorwegen; trein-*

fértil BNW • *vruchtbaar* • *productief* • *overvloedig; scheppend* ∗ ~ en *rijk aan*

fertilidad v *vruchtbaarheid*

fertilización v *bemesting; vruchtbaarmaking*

fertilizante m *mest* ∗ ~ *químico kunstmest*

fertilizar OV WW • *bevruchten* ⟨vee⟩ • *bemesten*

férula v • MED. *spalk* • *plak* ∗ estar bajo la ~ de uno *onder de plak zitten bij iemand*

férvido BNW (**ferviente**) *fervent; vurig; innig; hevig*

fervor m • *enthousiasme* • *hitte* • *gloed* • *innigheid* • FIG. *vuur* ∗ ~ religioso *godsdienstijver; geloofsijver*

fervoroso BNW *vurig; fervent*

festejar OV WW • *vieren* • *feestelijk onthalen; fêteren* • *het hof maken*

festejarse WKD WW *zich vermaken*

festejo m • *feestelijk onthaal* • *hofmakerij*

festejos m mv → **festejo** • *feestelijkheden*

festín m *feestmaal; festijn; smulpartij*

festival m *festival; muziekfeest* ∗ ~ de música pop *popfestival* ∗ ~ de cine *filmfestival* ∗ ~ eurovisión *eurovisiesongfestival*

festividad v • *feestdag* • *feestelijkheid* • *kerkelijke feestdag*

festivo BNW • *feest-; feestelijk* • *grappig; opgewekt*

festón m *bloemslinger; guirlande; geborduurd randje*

festonear OV WW • *met guirlandes versieren* • *festonneren*

fetal BNW *van de foetus*

fetén I v *waarheid* II BNW • *oprecht; werkelijk;*

echt • *gaaf*; *super*; *te gek* ⋆ estar ~ *een lekker stuk zijn*; *een kanjer zijn*

fetiche m *fetisj*; *amulet* ⋆ pulsera de ~ *bedelarmband*

fetichismo m • *afgoderij* • *fetisjisme*

fetichista m/v *fetisjist*

fetidez v *stank*

fétido BNW *slecht ruikend*; *stinkend*

feto m • *foetus* • *misbaksel* ⋆ feto viable *levensvatbare vrucht*

feudal BNW *feodaal* ⋆ señor ~ *leenheer*

feudalismo m *feodalisme*; *leenstelsel*

feudatario m *vazal*; *leenman*

feudo m *leen(goed)*

feúra v COL *lelijkheid*

¡fff! TW *bah!*; *jakkes!*

fiabilidad v *betrouwbaarheid*

fiable BNW *betrouwbaar*

fiaca v • CHI, RPL *luiheid*; *sloomheid* • MEX *lusteloosheid*; *slapheid* • URU *honger*

fiado m • en ~ *op borgtocht* ⋆ al ~ *op de pof*; *op krediet*

fiador m • *borg* • *knip*; *schuif*; *pal*; *vergrendeling* • *veiligheidssluiting* ⋆ salir ~ por u.p. *borg voor iemand staan* ⋆ ~ *carcelero borg voor een gevangene*

fiambre I m • *vleeswaren* • *koude schotel* • *gedroogde/gerookte worst* • INF. *lijk* • *oud nieuws*; *oude koek* • INF. ⋆ *cortador de ~ vleessnijmachine* ⋆ de ~ *op krediet* II BNW *koud* ⟨v. etenswaren⟩

fiambrera v • *etensdoosje*; *lunchtrommel* • ZA *vliegenkast*

fianza v • *borg(som)*; *borgtocht* • *(onder)pand* ⋆ de ~ *als waarborg* ⋆ dar ~ *een borgsom storten* ⋆ estar en libertad bajo ~ *op borgtocht vrij zijn*

fiar /í/ I OV WW • *borg staan voor* • *op krediet leveren* • *toevertrouwen* II ON WW *vertrouwen* ⋆ ¡cuán largo me lo fiáis! *dat valt nog te bezien* ⋆ ser de fiar *betrouwbaar zijn*

fiarse /í/ WKD WW (~ **de**) *vertrouwen op* ⋆ yo me fío de los amigos *ik vertrouw op mijn vrienden*

fiasco m • *fiasco* • *mislukking*

fibra v • *vezel* • *fut*; *karakter*; *energie* ⋆ ~ de vidrio *glasvezel* ⋆ tocar/despertar la ~ sensible de u.p. *de gevoelige snaar raken bij iemand*

fibroso BNW *vezelachtig*

ficción v *fictie*; *verzinsel*; *gefantaseerd iets*

ficha v • *fiche* • *papiertje*; *kaart uit kaartsysteem* • *speelstuk* • *penning*; *munt* (voor telefoon) ⋆ ~ del dominó *dominosteen* ⋆ LA mala ~ *schurk*; *ploert*

fichaje m • *aanwinst* • *het contracteren*

fichar I OV WW • *klokken*; *prikken* • *op fiches zetten*; *archiveren*; *registreren* ⟨politie⟩ • *contracteren* • *contracteren*; *aankopen* ⟨v. sportlieden⟩ • *verdenken*; *in de gaten houden* II ON WW *gaan spelen (bij)*; *gecontracteerd worden (door)*

fichero m • *kaartsysteem* • *kaartenregister* • *archiefkast* • COMP. ~ *computerizado computerbestand* ⋆ COMP. ~ *adjunto attachment*

ficticio BNW *onecht*; *vals*; *verzonnen*; *schijnbaar*; *voorgewend*

fidedigno BNW *betrouwbaar*

fidelidad v • *trouw*; *getrouwheid* • *correctheid*; *eerlijkheid* ⋆ ~ *conyugal huwelijkstrouw* ⋆ equipo/sistema de alta ~ *hifi-installatie* ⋆ juramento de ~ *eed van trouw*

fideo m • *deegwaren*; *pasta* ⋆ *scharminkel*

fideos m mv • → **fideo** • *vermicelli* • ECU *tagliatelle* ⟨soort pasta⟩ ⋆ ~ de chocolate *chocoladehagelslag*

fiduciario BNW • *fiduciair* • *vertrouwens-* ⋆ *monedas fiduciarias papiergeld*

fiebre v *koorts* ⋆ ~ aftosa *mond- en klauwzeer* ⋆ ~ amarilla *gele koorts* ⋆ ~ del heno *hooikoorts* ⋆ ~ cuartana *vierdendaagse koorts* ⋆ ~ mediterránea/de Malta *maltakoorts* ⋆ ~ palúdica *malaria* ⋆ ~ recurrente/ intermitente *wisselkoorts* ⋆ ~ tifoidea *tyfus* ⋆ la ~ declina/aumenta *de koorts neemt af/toe* ⋆ ~ traumática *wondkoorts*

fiel I m *wijzer* ⟨v. weegschaal⟩ ⋆ en fiel *in evenwicht* II m/v *gelovige* III BNW • *eerlijk* • *betrouwbaar* ⋆ es fiel retrato de su madre *hij lijkt sprekend op zijn moeder* ⋆ fiel con sus amigos *trouw aan zijn vrienden* ⋆ copia fiel *gelijkluidend afschrift*; *getrouwe kopie*

fielato m *accijnskantoor* ⋆ ~ de consumos *stedelijk accijnskantoor*

fieltro m • *vilt* • *vilten hoed*

fiera v • *roofdier*; *wild dier* • *beestmens* ⋆ ponerse hecho una ~ *razend worden*

fiereza v • *wildheid* • *afzichtelijkheid*; *wanstaltigheid*

fiero BNW • *beestachtig*; *wild* • *hardvochtig*; *wreed* • *groot*; *geweldig*

fierro m • *ijzer* • LA *brandmerk* ⟨veeteelt⟩ • ARG *wapen*; *mes* • MEX *(klein)geld* • MEX *lul*; *pik*

fiesta v • *feest* • *feestdag* • *feestelijkheid* • *aai*; *streling* ⋆ ~ movible *wisselende feestdag* ⋆ ~ de precepto/de guardar *verplichte feestdag* ⟨met kerkbezoek⟩ ⋆ ~ nacional *nationale feestdag* ⋆ acabemos la ~ en paz *laten we het leuk houden* ⋆ vestido de ~ *feestelijk gekleed* ⋆ se acabó la ~ *en daarmee uit* ⋆ hacer ~s *liefkozen*; *aaien* ⟨hond⟩; *een dag vrij nemen* ⋆ pasadas las ~s *na de feestdagen* ⋆ aguar la ~ *roet in het eten gooien* ⋆ para coronar la ~ *als klap op de vuurpijl* ⋆ ~s de Navidad *feest- en werkdagen rond Kerstmis* ⋆ la ~ de los tabernáculos *het Loofhuttenfeest* ⋆ ~ taurina *stierengevecht* ⋆ tener ~ *een dag vrij hebben*

fiestas v mv • → **fiesta** • *feestdagen* ⋆ estar de ~ *blij zijn* ⋆ no estar alg. para ~ *niet in de stemming zijn*

fiestero I m *fuifnummer* II BNW *dol op feesten*

figón m *eethuisje*

figura v • *gedaante*; *figuur*; *gestalte* • *personage* ⟨toneel⟩ • *gezicht*; *uiterlijk* • *speelstuk* • *muzieknoot* • *verschijning* • *symbool* • *gekke vent* ⋆ ~ de dicción *woordfiguur* ⋆ TAALK. ~ *retórica/de construcción stijlfiguur* ⋆ ~ de delito *soort (van) misdaad* ⋆ ~ de bulto *(stand)beeld* ⋆ ~ de museo *museumstuk* ⋆ ~ de nieve *sneeuwpop* ⋆ ~ decorativa *persoon met*

fi

een functie die niet de daarbij behorende werkzaamheden uitvoert; **figurant** ★ ~ de cera wassen beeld ★ de ~ entera van top tot teen ★ ~ central hoofdpersoon ★ ~ clave sleutelfiguur ★ una gran ~ een grote persoonlijkheid

figuración v • verbeelding • voorstelling

figurado BNW figuurlijk

figurante m/v • opschepper • figurant

figurar I OV WW • uitbeelden; uittekenen • fingeren; simuleren **II** ON WW • fungeren als; voorstellen • toebehoren; een plaats innemen; voorkomen op; vormen • aanwezig zijn; voorhanden zijn • een belangrijke rol vervullen ★ ~ de/como figureren als ★ ~ en voorkomen op; staan op ★ ~ entre zich bevinden onder

figurarse WKD WW • lijken • zich voorstellen; zich indenken ★ ifigúrese! stelt u zich toch eens voor! ★ me lo figuraba dat dacht ik al

figurativo BNW • figuurlijk • figuratief ★ pintura figurativa figuratieve schilderkunst

figurilla v • onbetekenend persoon • klein beeldje; figuurtje

figurín m • OOK FIG. modepop • knippatroon • modetijdschrift; patronenboek ★ estar hecho un ~ er uitzien als een modepop

figurón m • baasspeler • opschepper; verwaande vent ★ ~ de proa boegbeeld

fija v troffel; voegijzer

fijacarteles m aanplakker

fijación v • bevestiging • omschrijving; bepaling; vaststelling • (haar)gel **I** la ~ de carteles afichering ★ la ~ de metas/objetivos het bepalen/ vastleggen van doelen

fijado m FOTO. (het) fixeren

fijador I m ★ ~ para el pelo gel; haarversteviger; haarlak **II** BNW fixerend; vastmakend ★ baño ~ fixeerbad

fijamente BIJW • vast; strak • opmerkzaam

fijapelo m haarlak

fijar OV WW • fixeren • bevestigen; vastmaken • prikken ⟨v. datum⟩; vaststellen • aanplakken • ophangen • vastknopen • bepalen; richten; omschrijven ★ ~ la atención en de aandacht richten op ★ ~ con un clavo met een spijker bevestigen ★ ~ un límite een limiet stellen ★ ~ su residencia en Madrid zich vestigen in Madrid ★ se prohibe ~ carteles verboden aan te plakken ★ ~ en la memoria opslaan in het geheugen; onthouden

fijarse WKD WW • opletten; opmerken • zich vestigen • fijese bien let goed op ★ ifíjese! opgelet! • (~ en) letten op; zich richten op; aandacht richten op

fijeza v zekerheid; stelligheid ★ con ~ strak

fijo BNW • vast • onbeweeglijk ★ de fijo zonder twijfel; zeker; stellig ★ de fijo que no zeker niet • fijo a/en vast aan • un empleo fijo een vaste baan ★ sueldo fijo vast salaris

fil ★ fil derecho haasje-over

fila v • rij; gelid • hekel; antipathie ★ en fila india in ganzenmars ★ coger fila a u.p. een hekel aan iemand krijgen/hebben ★ de segunda fila tweederangs ★ ponerse/ colocarse en la fila in de rij gaan staan

---

★ aparcar/estacionar en doble fila dubbel parkeren ★ tomar la fila de la izquierda links voorsorteren ★ ser el último de la fila de rij sluiten

filamento m • dun draadje; (meel)draad; vezel • gloeidraad

filamentoso BNW draderig; vezelig

filantropía v liefdadigheid; menslievendheid

filantrópico BNW menslievend; filantropisch

filántropo m filantroop

filar OV WW • in de gaten houden • vieren ⟨v. touw, tros, kabel⟩

filarmónico BNW filharmonisch

filas v mv • → **fila** • bende; partij; groepering ★ entrar en ~ in militaire dienst gaan ★ irompan ~! ingerukt mars! ★ estrechar/ cerrar ~ de gelederen sluiten

filatelia v filatelie

filatélico BNW filatelistisch

filatelista m/v filatelist; postzegelverzamelaar

filete m • filet • haas; lendestuk • TECHN. fileet • bies • schroefdraad

filfa v • namaak; bedrog • leugen; vals bericht

filiación v • POL. gezindheid • verwantschap; afkomst; afstamming • registratie ⟨politie⟩ • personalia; persoonlijke gegevens

filial I v filiaal **II** BNW kind-; van het kind ★ casa ~ filiaal

filibusterismo m • obstructionisme ⟨in parlement⟩ • piraterij; zeeroverij

filibustero m boekanier

filiforme BNW draadvormig

filigrana v • filigraan • watermerk • fijn bewerkt voorwerp

filípica v strafpreek; filippica

Filipinas v ★ las (islas) ~ de Filippijnen

filipino I m Filippijn **II** BNW Filippijns

filisteo I m • Filistijn • grote/dikke vent; reus • PEJ. burger • ongemanierd/lomp persoon **II** BNW Filistijns

film m (filme) film • film transparente ~ huishoudfolie

filmación v • verfilming • opname

filmar OV WW (ver)filmen

fílmico BNW van de film; film-

filmoteca v filmotheek

filo m • scherp; snijkant • CA honger • RPL vrijer • RPL scharreltje ★ hacer alg. algo en el filo de una espada iets op het scherp van de snede doen ★ como el filo de una navaja messcherp ★ filo del viento windrichting ★ al filo de medianoche op slag van twaalven ★ en el filo de la silla op het puntje van de stoel ★ por/al filo haarscherp; precies; juist ★ de dos filos dubbelzinnig; tweesnijdend

filología v taalkunde; filologie

filológico BNW filologisch; taalkundig

filólogo m filoloog; taalkundige

filomela v nachtegaal

filón m • (erts)ader • goudmijntje; FIG. goudader

filoso BNW • geslepen; scherp • CA hongerig

filosofal BNW • piedra ~ steen der wijzen

filosofar ON WW • filosoferen • peinzen; nadenken

filosofía v • filosofie; wijsbegeerte • berusting; gelatenheid

filosófico BNW *filosofisch*
filósofo m *filosoof; wijsgeer*
filoxera • *druifluis* • *druivenziekte*
filtración v • *doorsijpeling; filtratie* • *informatielek*
filtrador I m *filter* II BNW ★ *lente* ~a *filter*
filtrar I OV WW • *filtreren* • *doorlaten* ⟨v. vocht⟩ II ON WW *doorsijpelen*
filtrarse WKD WW • *uitlekken* ⟨informatie⟩ • *ongemerkt verdwijnen* ⟨v. geld en goederen⟩
filtro m • *filter* • *liefdesdrank* • *zeef* cigarillo con ~ *filtersigaret* ★ ~ de café *koffiefilter* ★ ~ de papel *filterzakje*
fin I m • *einde; besluit* • *doelstelling; doel(einde)* ★ a fines de *aan het eind van* ★ al fin y al cabo *per slot van rekening* ★ en fin de cuentas *per slot van rekening* ★ hasta el fin nadie es dichoso *men moet geen haring roepen voordat hij in het net is* ★ fin de fiesta *grootse finale* ★ fin último *hoogste streven* ★ dar/poner fin a *voltooien; beëindigen* ★ fin de semana *weekend* ★ dar fin *overlijden* ★ dar fin de u.c. *iets helemaal opeten; iets vernietigen* ★ leer hasta el fin *iets beëindigen; uitlezen* ⟨een boek⟩ ★ lograr un fin *een doel bereiken* ★ tocar a su fin *ten einde lopen* ★ a fin de descubrir el robo *om de diefstal te ontdekken* ★ a fin de que *opdat* ★ al fin *uiteindelijk; ten slotte; eindelijk* ★ con el fin de *opdat* ★ con buen fin *met goede bedoeling* ★ en fin *ten slotte; kort en goed; samengevat* ★ por fin *tenslotte; uiteindelijk; eindelijk* ★ sin fin *eindeloos; talloos* ★ un sin fin de obstáculos *ontelbare hindernissen* ★ fin caritativo/benéfico *liefdadig doel* ★ el fin justifica los medios *het doel heiligt de middelen* ★ fin perseguido *het beoogde doel* ★ con fines deshonestos *met oneerbare bedoelingen* ★ con fines propagandísticos *met propagandadoeleinden* ★ para fines pacíficos *voor vreedzame doeleinden* II m/v *einde*
finado I m *overledene; dode* II BNW *overleden*
final I m *einde* ★ poner punto ~ a *een punt zetten achter* ★ al ~ *tenslotte; uiteindelijk* ★ objeto ~ *einddoel* ★ sentencia ~ *eindoordeel* ★ en ~ de sílaba *aan het einde van een lettergreep* ★ etapa ~ *slotfase* ★ ~ desastroso/mal/feliz *rampzalige/slechte/goede afloop* ★ ~ de trayecto *eindstation* II v *finale* ★ cuarto de ~ *kwartfinale* ★ ~ de la copa *bekerfinale; bekerwedstrijd* ★ llegar a la ~ *in de finale komen* III BNW • *laatst* • *eind-* ★ el Juicio Final *het Laatste Oordeel*
finalidad v *doel(einde)* ★ sin ~ *ondoelmatig*
finalista m/v *finalist*
finalización v *beëindiging; voltooiing*
finalizar I OV WW *voltooien; beëindigen* II ON WW *eindigen*
finalmente BIJW *uiteindelijk; eindelijk*
finamente BIJW *fijntjes*
financiación v *financiering* ★ ~ tributaria *financiering door belasting*
financiamiento m → **financiación**
financiar OV WW *financieren*
financiero I m *financier* II BNW *financieel*

★ recursos/medios ~s *geldmiddelen*
financista m/v LA • *financieel deskundige* • *financier*
finanzas v mv • *financiën* • *financiële wereld*
finar ON WW • *overlijden* • *aflopen; eindigen*
finca v *pand* ⟨in stad⟩; *landgoed; grondbezit* ★ ~ agrícola *landbouwbedrijf* ★ ~ azucarera *suikerplantage* ★ ~ cafetera *koffieplantage* ★ corredor de ~s *makelaar in vastgoed* ★ ~ de recreo *recreatieterrein; buitenhuis* ★ ~s rústicas *landerijen* ★ ~ urbana *stuk land bestemd voor stedelijke bebouwing; stadspand*
fincar ON WW *onroerende goederen kopen*
finchado BNW *ijdel; opgeblazen*
finés I m • (v: *finesa*) *Fin* • *Fins* II BNW (v: *finesa*) *Fins*
fineza v • *voortreffelijkheid* • *hoffelijkheid* • *zuiverheid* • *aardigheidje*
fingido BNW *geveinsd; gefingeerd; gehuicheld; vals* ★ no ~ *natuurlijk*
fingimiento m *veinzerij*
fingir OV WW • *fingeren; verzinnen* • *nabootsen*
finiquitar OV WW • *beëindigen* • *afrekenen; vereffenen; (af)betalen*
finiquito m ECON. *kwijting; eindafrekening*
finito BNW *eindig; begrensd*
finlandés I m • *Fin* • *(het) Fins* ⟨taal⟩ II BNW *Fins*
Finlandia v *Finland*
fino I m *droge sherry* II BNW • *teer; tenger* • *fijn* • *glad; zacht* • *uitgelezen; van goede kwaliteit* • *attent; beleefd* • *bedreven; sluw* • *scherp* ⟨v. zintuigen⟩ ★ coser en fino *fijn naaien* ★ olfato fino *fijne neus* ★ azúcar fino *kristalsuiker*
finolis BNW *aanstellerig; geaffecteerd*
finta v *schijnbeweging; schijnstoot* ⟨bij schermen⟩
fintar ON WW *schijnbewegingen maken*
fintear ON WW LA *schijnbewegingen maken; dribbelen*
finura v • *zachtheid; fijnheid* • *verfijndheid* • *vriendelijkheid; beleefdheid* • *bedrevenheid*
fiordo m *fjord*
firewire ® m COMP. *firewire*
firma v • *handtekening* • *ondertekening* • *documenten ter ondertekening* • *handelsnaam; firma* • *column* ★ media ~ *handtekening zonder voornaam* ★ ECON. buena ~ *iemand met een goede naam* ★ ~ en blanco *blanco volmacht*
firmado BNW *(was) getekend*
firmamento m *uitspansel; firmament*
firmante I m/v *ondergetekende* ★ los abajo ~s *ondergetekenden* II BNW *ondertekenend*
firmar OV WW *ondertekenen; tekenen* ★ ~ en blanco *carte blanche geven; een blanco volmacht geven* ★ ~ la paz *de vrede ondertekenen/sluiten*
firme I m • *wegdek* • *vaste (bouw)grond* ★ ~ ondulado *slecht wegdek* II BNW • *definitief; onveranderlijk; constant* • *vaststaand; vast* • *kleurecht* • *vastberaden* ★ estar en lo ~ *gelijk hebben* ★ ~ en *vasthoudend; vastbesloten* ★ pisar en lo ~ *vaste grond onder de voeten hebben* ★ ~ como una roca *rotsvast; muurvast* ★ con paso muy poco ~ *met onvaste tred*

fi

★ tierra ~ *vasteland* ★ seguir ~ en su
propósito *voet bij stuk houden* ★ una
sentencia ~ *een definitief vonnis* III *BIJW*
intensief; stevig; vastbesloten ★ de ~
onophoudelijk; flink ★ ECON. en ~ *definitief*
firmes m mv → **firme** ★ i~! *geef acht!*
firmeza v ● *standvastigheid; vastberadenheid*
● *stevigheid; kracht* ★ ARG *volksdans*
firuletes m mv ZA *prulletjes*
fiscal I m/v ● *officier van justitie; openbare*
aanklager ● *criticus; bemoeial* ★ ~ togado
openbaar ministerie bij militair gerechtshof ★ ~
general del estado *procureur-generaal* ★ ~ del
tribunal supremo ≈ *procureur-generaal* ⟨bij
de Hoge Raad⟩ II BNW ● *fiscaal* ● *van het*
openbaar ministerie ★ fraude ~
belastingontduiking
fiscalía v ● *kantoor van de officier van justitie*
● *functie van officier van justitie* ● *openbaar*
ministerie ● ≈ *belastinginspectie* ★ ~ de tasas
prijscontrole
fiscalización v *onderzoek; inspectie; controle*
fiscalizar OV WW ● *controleren; nagaan* ● *aan*
een fiscaal onderzoek onderwerpen ● *kritiseren*
fisco m ● *fiscus; belastingdienst* ● *schatkist*
fisga v ● *spot; plagerij* ● *harpoen* ● ZA *spiesje van*
de stierenvechter
fisgar I OV WW ● *harpoeneren* ● *bespioneren;*
begluren ★ ~ en los papeles *in de papieren*
snuffelen II ON WW *snuffelen*
fisgón I m ● *bemoeial; bespieder* ● *spotter*
II BNW ● *nieuwsgierig* ● *plagerig*
fisgonear OV WW *beloeren; voortdurend*
bespieden
fisgoneo m *gesnuffel*
física v *fysica; natuurkunde* ★ ~ electrónica
elektronica ★ ~ del átoma *atoomfysica* ★ ~
nuclear *kernfysica*
físicamente BIJW ● *lichamelijk* ● *aan den lijve*
físico I m ● *gestel* ● *uiterlijk* ● *natuurkundige*
II BNW ● *fysisch; natuurkundig* ● *lichamelijk;*
fysiek ● CUBA *kieskeurig*
fisicoculturismo m *bodybuilding*
fisiología v *fysiologie*
fisiológico BNW *fysiologisch*
fisiólogo m *fysioloog*
fisión v ● *deling* ● NAT. *splitsing* ★ ~ nuclear
kernsplijting; atoomsplitsing
fisioterapeuta m/v *fysiotherapeut*
fisioterapia v *fysiotherapie*
fisioterapista m/v COL *fysiotherapeut*
fisonomía v ● *gezicht* ● *gelaatsuitdrukking*
● *uiterlijk* ⟨v. zaken⟩
fisonómico BNW ● *van de gelaatsuitdrukking*
● *gelaatkundig*
fisonomista m/v ● *gelaatkundige* ● *iemand die*
goed gezichten kan onthouden
fístula v MED. *fistel* ★ ~ lagrimal *traanbuis*
fisura v ● *spleet; scheur* ● MED. *spleet in bot*
fitología v *botanica; plantkunde*
fláccido BNW *week; slap*
flaco I m ● *passie; ondeugd; zwak* ★ mostrar su ~
zijn zwak laten zien II BNW ● *mager* ● *zwak;*
futloos
flacuchento BNW CHI *broodmager*
flacucho BNW *broodmager; vel over been*

flagelación v *geseling*
flagelante m/v *flagellant; geselbroeder*
flagelar OV WW ● *geselen* ● *hekelen*
flagelarse WKD WW *zich tuchtigen*
flagelo m ● *gesel* ● BIOL. *zweephaar; flagel*
flagrancia v *in het oog lopend karakter*
flagrante BNW *overduidelijk* ★ en ~ *op heterdaad*
flamante BNW ● *schitterend* ● *kersvers;*
splinternieuw
flamear I OV WW ● *in het vuur houden* ⟨om te
steriliseren⟩ ● *flamberen* II ON WW ● *wapperen*
● *opvlammen*
flamenco I m ● *Vlaming* ● *Vlaams* ⟨taal⟩ ● MUZ.
flamenco ● *flamingo* ● *vrijpostig iemand*
II BNW ● *van de flamenco* ● *Vlaams* ● *robuust;*
gezond ● *brutaal; vrijpostig* ● ZA *mager* ★ ¡qué
~ estás! *je ziet eruit als Hollands Glorie!*
flamenquismo m *voorliefde voor de flamenco*
flamígero I m ● *late Gotiek* II BNW ● ARCHIT. *laat-*
gotisch; flamboyant ● *vlammend;*
vlammensproeiend ⟨poëzie⟩ ★ gótico ~
flamboyante gotiek
flámula v *wimpel*
flan m *karamelpudding* ★ estar (nervioso) como
un flan *bloednerveus zijn* ★ flan de arena
zandtaartje
flanco m *flank; zijde* ⟨v. het lichaam⟩
Flandes v *Vlaanderen* ★ Guerra de ~
Tachtigjarige Oorlog
flanqueado BNW *geflankeerd* ★ ~ de/por
geflankeerd door
flanquear OV WW ● *flankeren* ● MIL. *in de flank*
aanvallen
flaquear ON WW ● *kracht verliezen; verslappen*
● FIG. *zwak zijn* ★ su salud flaquea *hij is erg*
aan het sukkelen
flaqueza v ● *zwakheid; breekbaarheid; zwakte*
● *slapheid* ● *spichtigheid; magerte* ● *zwak punt*
flash m *flits(licht)* ★ ~ electrónico
elektronenflits(er)
flato m ● *flatus; wind; winderigheid* ● ZA
melancholie
flatulencia v *winderigheid*
flatulento BNW *winderig* ⟨v. het lichaam⟩
flauta I v ● *fluit* ● *orgelregister* ★ sonó la ~ por
casualidad *dat was meer geluk dan wijsheid*
★ ~ dulce *blokfluit* ★ ~ travesera *dwarsfluit*
★ ZA ila ~! *allemachtig!* II m/v *fluitist;*
fluitspeler
flautero m *fluitenmaker*
flautín m *piccolofluitje*
flautista m/v *fluitist; fluitspeler*
flebitis v *aderontsteking*
flecha v ● *pijl* ● *(toren)spits* ● *ladder* ⟨in kous⟩
★ con la rapidez de una ~ *pijlsnel* ★ entrar
como una ~ *snel binnenkomen* ★ ~ de
dirección *richtingaanwijzer* ★ COMP. ~ de
enrollar *cursor*
flechar I OV WW ● *het hoofd op hol brengen*
● *spannen* ⟨v. boog⟩ ● *met pijlen doorboren*
II ON WW ● *doorbuigen* ● *de boog spannen*
flecharse WKD WW *op slag verliefd worden*
flechazo m ● *pijlschot* ● *pijlwond* ● *liefde op het*
eerste gezicht; plotselinge verliefdheid
flechero m ● *pijlenmaker* ● *boogschutter*
fleco m ● *franje* ● *gerafelde rand* ● *pony; haarlok*

fleje m *ijzeren hoepel*

flema v • *slijm* • *traagheid* • *flegma* ⋆ con ~ *onverstoorbaar*

flemático BNW • *flegmatisch* • *slijmerig* • *doodbedaard*; *onverstoorbaar kalm*

flemón m *onderhuidse ontsteking* ⋆ tener un ~ *een dikke kaak hebben*

flemudo BNW • *traag*; *langzaam* • *onverstoorbaar*; *doodbedaard*

flequillo m *ponyhaar*

Flesinga v *Vlissingen*

fletado BNW ⋆ vuelo ~ *chartervlucht*

fletador m • *charteraar* • *verscheper*; *bevrachter*

fletamento m • *het charteren* • *bevrachting* • *charter*; *bevrachtingsovereenkomst*; *vrachtcontract* ⋆ carta de ~ *vrachtbrief*

fletar OV WW • *charteren*; *huren voor transport* • *verschepen*; *inschepen*; *bevrachten* • ZA *in het gezicht gooien*; FIG. *voor de voeten gooien* ⋆ avión fletado *chartervliegtuig* ⟨v. goederen⟩

flete m • *het charteren* • *chartervracht*; *vrachtgoed* • *chartertarief* • *vervoersloon* • CUBA *klant van prostituee* • ARG, URU *snel paard*; *renpaard* ⋆ vuelo ~ *chartervlucht* ⋆ andar de ~ *wat rondhangen* ⋆ ~ marítimo *zeevracht*

fletera v • *bevrachtster* • CUBA *prostituee*

flexibilidad v *flexibiliteit*; *buigzaamheid*

flexible I m • *elektrische draad* • *slappe vilten hoed* • COMP. *diskette* **II** BNW • *flexibel*; *buigzaam* • *flexibel*; *zich gemakkelijk aanpassend*; *plooibaar* • *soepel* ⋆ horario ~ *flexibele werktijden*

flexión v • TAALK. *flexie* • *buiging* • *verbuiging* ⋆ hacer ~es de rodillas *kniebuigingen maken*

flexionar OV+ON WW *buigen* ⟨lichaam⟩

flexor I m *buigspier* **II** BNW *buig-*

flipado BNW • SL. *stoned*; *high* • *dolenthousiast*

flipante BNW INF. *te gek*

flipar ON WW • *uit je dak gaan* • *flippen* ⟨na druggebruik⟩ ⋆ INF. iflipa! *vet!*; *te gek!*

fliparse WKD WW SL. *(drugs) gebruiken*

flirt m *flirt*

flirtear ON WW *flirten*

flirteo m *geflirt*; *(het) flirten*

flojear ON WW • *achteruit gaan*; *zwakker worden*; *verslappen* • *zwak staan*

flojedad v • *lusteloosheid*; *lamlendigheid* • *slapte*; *flauwte*

flojel m *dons*; *pluisjes*; *veertjes*

flojera v • *slapheid*; *lusteloosheid* • MEX *luiheid*

flojo I m *luilak* **II** BNW • *niet vast*; *los(jes)* • *futloos*; *slap(jes)* • *laks*; *slordig* • *lui* • COL *laf* ⋆ ~ de/en *slap* ⋆ café ~ *slappe koffie* ⋆ temporada floja *slap/stil seizoen* ⋆ cosecha ~ *matige oogst*

floppy m COMP. *floppy*

flor I v • *bloem*; *bloesem* • *het beste*; *puikje*; *toonbeeld* • *complimentje*; *vleierij* • *schimmel* • *maagdelijkheid* ⋆ dar en la flor de *zich iets aanwennen* ⋆ echar flores *complimentjes maken* ⋆ flor compuesta *samengestelde bloem* ⋆ de flor doble *dubbelbloemig* ⋆ flor natural *levende bloem* ⋆ flor de cinc *zinkbloem* ⋆ flor de la maravilla *Jantje lacht, Jantje huilt* ⋆ flor de la edad *bloei van het leven*; *jeugd* ⋆ flor de

invernadero FIG. *kasbloempje* ⋆ en flor *in bloei*; *op het hoogtepunt* ⋆ la flor de la canela *het neusje van de zalm* ⋆ flor de cantueso *futiliteit* ⋆ flor de lis *amaryllis*; *Franse lelie*; *heraldische lelie* ⋆ flor de mayo *meiloof*; *godsdienstoefening elke avond van mei* ⋆ flor de primavera *madeliefje* ⋆ la flor y nata de la sociedad *de crème de la crème* ⋆ a flor de U.C. *bijna aan het oppervlak van iets* ⋆ a flor de agua *aan de waterspiegel* ⋆ a flor de tierra *aan de oppervlakte* ⋆ de mi flor *schitterend*; *voortreffelijk* ⋆ flores conglomeradas *trosbloemen* ⋆ flores de escarcha *ijsbloemen* ⋆ flor de azahar *oranjebloesem* ⋆ flor de harina *bloem* ⟨meel⟩ ⋆ estar en flor *in bloei staan*; OOK FIG. *(op)bloeien* ⋆ flor de alcoba *straatmadelief*; *hoer* ⋆ flor de barranco VEN *maagd* **II** BNW ZZA *voortreffelijk*; *schitterend*

flora v *flora*

floración v • *bloei* • *bloeitijd*

floral BNW *van de bloem*; *bloem-*

florar ON WW *bloeien*

floreado BNW *gebloemd* ⋆ pan ~ *wittebrood*

florear I OV WW • *met bloemen versieren* • *complimentjes maken*; *lieve dingen zeggen* • SPORT *punt van degen laten vibreren* **II** ON WW ZA *bloeien*

florecer ON WW • *bloeien* • *floreren*; *hoogtij vieren*; *opgang maken* ⋆ ~ en virtudes *rijk aan deugden zijn*

florecerse WKD WW *beschimmelen*

floreciente BNW • *bloeiend* • *gedijend*

florecimiento m • *bloei* • *voorspoed*; *welvaart* ⋆ época de ~ *bloeitijd*

florentino I m *Florentijn* **II** BNW *Florentijns*

floreo m • *geleuter*; *gebabbel* • *vleierijen* • SPORT *trilling* ⟨v. degenpunt⟩

floreria v *bloemenwinkel*

florero m *bloemenvaas*; *bloempot*

florescencia v *bloei(tijd)*

floresta v *bebost terrein*

florete m *floret*; *schermdegen*

floretear OV WW • *met bloemen versieren* • *floretschermen*

florezca WW (1e/3e p ev subj. t.t.) → **florecer**

floricultor m *bloemkweker*

floricultura v *bloementeelt*

florido BNW • *in bloei*; *bloeiend* • *voortreffelijk*; *uitgelezen* • TAALK. *bloemrijk*

florilegio m *bloemlezing*

florin m • *gulden* • *florijn*

florista m/v *bloemist*; *bloemenverkoper*

florón m • *kruisbloem* • *bloemvormig ornament*; *fleuron* • *rozet* • *verdienste*; *roemvolle daad*

flota v • *vloot* • COL *bus* • COL *(collectieve) taxi* ⟨voor langere afstanden⟩ • CHI, ECU *menigte*; *(mensen)massa*

flotabilidad v *drijfvermogen*

flotación v *het drijven*

flotador I m • *zwemvest*; *zwemgordel* • *dobber* **II** BNW *drijvend*

flotante BNW • *drijvend* • *zwevend* • *vlottend* • *opgehangen* ⟨v. motor⟩ ⋆ deuda ~ *vlottende schuld* ⋆ dique ~ *drijfdok* ⋆ madera ~ *drijfhout* ⋆ puente ~ *scheepsbrug* ⋆ hielos ~s

fl

fl

drijfijs ★ carga ~ *lading op zee* ★ electorado ~ *zwevende kiezers* ★ población ~ *vlottende bevolking*

flotar ON WW • *drijven* • *zweven* • *wapperen* ★ ~ en el aire FIG. *in de lucht hangen*

flote m *het drijven* • salir a ~ *te boven komen* ★ sacar a ~ *vlot krijgen* ★ mantener a ~ *drijvend houden*

flotilla v *flottielje*

fluctuación v • *fluctuatie*; *schommeling* • *aarzeling*

fluctuante BNW • *schommelend* • *weifelend*

fluctuar /ú/ ON WW • *fluctueren*; *schommelen* • *weifelen*; *aarzelen*

fluidez v • *vloeibaarheid* • *vlotheid* ⟨v. spreken⟩; *welbespraaktheid* ★ hablar con ~ *vloeiend spreken*

fluido I m • *vloeistof* • *gas* • *stof* • *stroom* II BNW • *vloeibaar* • *vloeiend* • *gasvormig*

fluir ON WW • OOK FIG. *stromen*; OOK FIG. *vloeien* • *stromen*

flujo m • *vloed*; *stroom* • MED. *vloed*; *afscheiding* • *vloed*; *opkomend tij* ★ MED. ~ blanco *witte vloed* ★ ~ de palabras *woordenvloed* ★ ~ de vientre *diarree* ★ ~ menstrual *menstruatie* ★ ~ y re~ *eb en vloed* ★ ~ de capitales *kapitaalstroom*

fluminense BNW *uit Rio de Janeiro*

flúor m *fluor*

fluorescencia v *fluorescentie*

fluorescente BNW *fluorescerend* ★ tubo ~ *tl-buis*

fluoruro m CHEM. *fluoride* ★ tratar con ~ *fluorideren*

fluvial BNW *rivier-*; *van de rivier* ★ navegante ~ *binnenschipper*

flux m *flush* ⟨kaartspel⟩ ★ hacer alg. flux *over de kop gaan* ★ estar a flux *straatarm zijn*

fluya WW (1e/3e p ev subj. t.t.) → **fluir**

fobia v • *fobie* • INF. *afkeer*

foca v • *zeehond*; *rob* • *zeehondenhuid*

focal BNW *van het brandpunt*; *brandpunts-* ★ distancia ~ *brandpuntsafstand*

focha v *(meer)koet*

foco m • *focus*; *brandpunt* • *centrum*; *middelpunt* • *schijnwerper*; *sterke lichtbron* • *bron*; *haard* • MED. *haard* ★ foco de infección/infeccioso *infectiehaard* ★ foco real *reëel brandpunt* ★ foco virtual *virtueel brandpunt* ★ foco de interés *middelpunt van de belangstelling* ★ foco de(l) incendio *vuurhaard*; *brandhaard*

fodongo BNW MEX • *slonzig*; *onverzorgd* • *lui*

fofo BNW PEJ. • *dik*; *pafferig*; *gezwollen*; *bol* • *sponsachtig* • *voos* ⟨voedsel⟩

fogaje m • LA *drukkende hitte* • PR *(het) blozen*; *blos*

fogarada v *steekvlam*; *uitslaande vlam*

fogata v *kampvuur*; *(vlammend) vuur*

fogón m • *haard* • *stookplaats*; *fornuis* • *zundgat* ★ ~ de gas *gasfornuis*

fogonazo m *steekvlam*; *vuurflits* ⟨bij schot van wapen⟩

fogonero m *stoker*

fogosidad v *vurigheid*; *heftigheid*

fogoso BNW • *enthousiast*; *vurig* • *onstuimig*; *uitgelaten*

fogueado BNW ZA *ervaren*; *deskundig*

foguear OV WW • *schoonmaken door het afschieten van een beetje kruit* ⟨vuurwapen⟩ • *(ge)wennen*

fogueo m *het harden*; *het wennen* ★ bala/cartucho de ~ *losse flodder*

folclore m *folklore*

folclórico BNW *folkloristisch*

folclorista m/v *folklorist*

folgo m *voetenzak van bont*

foliación v • *(het) nummeren* • *paginering*; *nummering* • PLANTK. *(het) blad hebben/krijgen*

foliar OV WW *foliëren*

folicular BNW BIO. *peulvormig*

folículo m • *peul* • MED. *follikel*

folio m • *folio* • *bladzijde* ★ en ~ *folioformaat* ★ ~ recto *eerste, genummerde pagina* ★ ~ verso/vuelto *tweede, niet genummerde pagina* ★ ~ atlántico *atlasformaat*; *groot-folio* ★ de a ~ *heel groot*

folklore m → **folclore**

folklórico BNW → **folclórico**

folklorista m/v → **folclorista**

follada v • VULG. *wip*; *nummer(tje)* • *pasteitje*

follaje m • *gebladerte* • *holle woorden*

follar OV WW • *verpesten*; *verknallen* • *aanblazen* ⟨met blaasbalg⟩

follarse WKD WW • *naaien*; *neuken* • INF. *een (zachte) scheet laten* ★ se la folló *hij heeft haar een beurt gegeven*

folletín m • *feuilleton* • *liefdesroman(netje)* • *dramatische gebeurtenis* ★ ser de ~ *erg melodramatisch*

folleto m • *folder*; *brochure* • *prospectus* • POL. *vlugschrift*

follón m • *gedoe*; *heisa* • *troep*; *wanorde* ★ armar/formar/meter ~ *donderjagen*; *herrie schoppen* ★ es mucho ~ *het is een heel gedoe*

fomentación v • *stimulering* • MED. *behandeling met warme omslagen*

fomentar I OV WW • *stimuleren*; *bevorderen* • MED. *fomenteren* ★ ~ la ambición *prestatiegericht zijn* ⟨op school⟩ II OV+ON WW *broeden (op)*

fomento m • *stimulering*; *bevordering* • MED. *cataplasma*

fonda v • *pension*; *logement* • CHI *eethuis* ★ ~ de estación *stationsrestauratie* ★ gastos de viaje y ~ *reis- en verblijfkosten*

fondeadero m *ankerplaats*

fondeado BNW • *voor anker liggend* • LA *rijk*; *vermogend*; *welgesteld*

fondear I OV WW • *loden*; *peilen* • *diepgaand onderzoeken*; *doorzoeken* ⟨op smokkelwaar⟩ • *ankeren* II ON WW *voor anker gaan*

fondearse WKD WW LA *rijk worden*

fondillos m mv *kruis*; *zitvlak van een broek*

fondista m/v • *logementhouder* • SPORT *langeafstandsloper* • SPORT *langebaanrijder*

fondo m • *onderkant*; *bodem* • *diepte*; OOK FIG. *diepgang* • *einde*; *achterzijde* • *achtergrond*; *ondergrond* • *kern*; *grond* • *natuur*; *aard* • *kapitaal*; *vermogen* • *fonds* ⟨uitgeverij⟩ • *lange afstandloop* ★ de cuatro en ~ *in rijen van vier* ★ ~ de reptiles *geheime fondsen* ★ ~s públicos *overheidsgelden* ★ bajos ~s de *onderwereld* ★ mar de ~ *verborgen onrust* ★ ~s *deel van een schip onder de waterlijn* ★ ~ del Estado *staatsfonds* ★ ~ profundo *(grote) diepte* ★ a ~ *grondig* ★ al ~ *op de achtergrond* ★ artículo de ~ *achtergrondartikel; hoofdartikel* ★ de bajo ~ *ondiep* ★ en el ~ *in wezen* ★ echar a ~ *in de grond boren* ★ estar en ~s *goed bij kas zijn* ★ un ~ de verdad *een kern van waarheid* ★ de doble ~ ook fig. *met een dubbele bodem* ‹ook fig.› ★ mirado a ~ *op de keper beschouwd* ★ ~ de ayuda/ subvenciones *steunfonds* ★ ~ de comercio *goodwill* ★ ~ de inversión *beleggingsfonds* ★ cheque sin ~s *ongedekte cheque* ★ Fondo Monetario Internacional *Internationaal Monetair Fonds* ‹IMF› ★ ~ garantizado *clickfonds*

fondón bnw *met dikke billen; zeer zwaarlijvig*
fonducho m pej. *rotkroeg*
fonema m *foneem*
fonética v *fonetiek*
fonético bnw *fonetisch*
fonetista m/v *foneticus*
foniatra m/v *logopedist*
foniatria v *logopedie*
fónico bnw *van de stem; van het geluid*
fono m ★ za *hoorn* ‹v. telefoon› ★ za *telefoonnummer*
fonógrafo m *fonograaf*
fonoteca v *fonotheek*
fontanela v *fontanel*
fontaneria v • *waterleiding* • *loodgieterswerk*
fontanero I m *loodgieter* II bnw *van de bron; bron-*
footing m *(het) joggen* ★ hacer ~ *joggen; trimmen*
foque m scheepv. *fok*
forajido m • *misdadiger* • *landloper* • *struikrover*
foral bnw *wettelijk; gerechtelijk*
foramen m *uitholling; gat*
foráneo bnw • *buitenlands; van buiten* • mex *provinciaal* ★ trabajadores ~s *gastarbeiders*
forastero I m *vreemdeling; buitenstaander* II bnw *vreemd; van een andere plaats*
forcejar on ww • *strijden; worstelen* • *zich inspannen; moeite doen* • *zich verzetten; tegenspartelen*
forcejeo m *krachtmeting; uiterste krachtsinspanning*
forcejudo bnw *gespierd; krachtig*
fórceps m med. *verlostang* ★ ~ de aborto *abortustang* ★ parto con ~ *tangverlossing*
forense I m/v lijkschouwer II bnw • *forensisch; gerechtelijk* ★ médico ~ *lijkschouwer* ★ medicina ~ *gerechtelijke geneeskunde*
forestación v *bosaanplant; herbebossing*
forestal bnw *bos-; van het bos* ★ camino ~ *bosweg*
forja v • *het smeden* • *smidse* • *mortel*
forjado m • *smeedwerk* • *latwerk*
forjador m • *smid* • *aanstichter*
forjar ov ww • ook fig. *smeden* • *maken; vervaardigen* • *metselen* • *inbeelden; verzinnen*
forjarse wkd ww ★ no te forjes ilusiones *maak je maar geen illusies*

forma v • *vorm* • *formaliteit* ★ ~ geométrica *meetkundige vorm* ★ ~ silogística *wijze van argumenteren via syllogisme* ★ la Sagrada Forma *de heilige hostie* ★ dar ~ *orde scheppen* ★ dar ~ a *vorm geven aan* ★ no hay ~ de obligarle *hij is met geen geweld ertoe te brengen* ★ de ~ que *zodat* ★ en ~ sport *in goede conditie; zoals het moet; in orde* ★ en debida ~ *op correcte wijze* ★ ~ de gobierno *regeringsvorm* ★ ~ primitiva *oorspronkelijke vorm; oervorm* ★ cubrir/guardar las ~s *de schijn ophouden* ★ tomar ~ *gestalte krijgen* ★ de todas ~s *hoe dan ook* ★ de cualquier ~ *hoe dan ook*
formación v • *vorming* • mil. *formatie* ★ ~ profesional *beroepsonderwijs; scholing* ★ ~ de combate *gevechtsopstelling* ★ ~ manual *handenarbeid* ★ ~ preparativa *vooropleiding* ★ en ~ *in wording*
formado bnw *gevormd* ★ ~ por *bestaand(e) uit*
formal bnw • *vorm-; van de vorm* • *formeel; vormelijk* • *officieel* • *stijfjes; serieus* • *plichtsgetrouw; rechtschapen* ★ una casa ~ *een degelijke zaak* ★ un hombre ~ *een degelijk man* ★ la cosa va haciéndose ~ *de zaak wordt ernstig*
formalidad v • *plichtpleging; formaliteit* • *fatsoen; waardig gedrag* ★ pura ~ *alleen voor de vorm; zuiver een formaliteit*
formalismo m *formalisme; vormelijkheid*
formalista I m/v *formalist* II bnw *formalistisch*
formalizar ov ww • *formaliseren* • *legaliseren* • *opmaken* ‹contract› ★ ~ cargos *aanklachten indienen*
formalizarse wkd ww • *boos worden* • *formeel worden*
formalote bnw comp. *heel ernstig; serieus*
formar I ov ww • *vormen* • *samenstellen; regelen* • *fatsoeneren* • *(zich) opstellen* ★ ~ el propósito de *zich voornemen om* ★ ~ causa *een aanklacht indienen* ★ ~ (una) causa a uno *iemand een proces aandoen* ★ ~ concepto *een oordeel vormen* ★ ~ trenes *rangeren* ★ ~ parte de/en *deelnemen aan; behoren tot* II on ww mil. *aantreden* ★ ia ~! mil. *aantreden!*
formas v mv • → **forma** • *(vrouwelijke) vormen* • *manieren*
formatear ov ww comp. *formatteren*
formateo m *(het) formatteren*
formativo bnw *vormend; vormgevend*
formato m *formaat*
fórmico bnw • *ácido* ~ *mierenzuur*
formidable bnw *ontzaglijk; geweldig* ★ i~! *uitstekend!; fantastisch!*
formón m *beitel*
fórmula v • *formule* • *recept* ★ por ~ *beleefdheidshalve* ★ todo es pura ~ *het is alleen maar een formaliteit* ★ llenar una ~ *een formulier invullen* ★ coche de ~ uno *formule-1-wagen* ★ ~s de cortesía *beleefdheidsvormen* ★ ~ consagrada *geijkte formule* ★ ~ mágica/de hechizo *toverspreuk*
formulación v *formulering*
formular I bnw • *van de formule* • *vormelijk* II ov ww • *formuleren; onder woorden brengen* • *opstellen; uitdenken* • *voorschrijven*

fo

⟨recept⟩ ★ JUR. ~ demanda *een eis indienen*
★ JUR. ~ una denuncia *aangifte doen* ★ ~ un
diagnóstico *een diagnose stellen* ★ ~ políticas
beleidslijnen uitstippelen ★ ~ preguntas *vragen*
stellen
formulario I m • *formulier* • *verzameling*
formules • *artsenijboek* II BNW • *van de*
formule • *beleefdheids-*; *vormelijk*; *formeel*
formulismo m *formalisme*
fornicación v *ontucht*
fornicar ON WW • *overspel plegen* • *ontucht*
plegen
fornido BNW *krachtig*; *gespierd*
fornitura v • *mechaniek* • *onderdelen*;
benodigdheden
foro m • *forum* • *rechtbank*; *gerechtshof* • *balie*
• *achtergrond* ⟨theater⟩ ★ marcharse/irse por
el foro *er tussenuit knijpen* ★ desaparecer por
el foro *ongezien verdwijnen* ★ el Foro INF.
Madrid ★ hacer mutis por el foro *van het*
toneel verdwijnen
forofo I m • *fanatiekeling* • *supporter* • *fan*
II BNW • *fanatiek* • *fervent*
forrado BNW *gevoerd* ★ guantes ~s de piel *met*
bont gevoerde handschoenen ★ cajas forradas
de hojalata *kisten met blikbekleding*
forraje m • *veevoer*; *foerage* • *het foerageren*;
het voeren • *mengelmoes*; *troep*
forrajear ON WW *foerageren*
forrajero BNW *als veevoeder dienend*
forrar OV WW • *voeren* ⟨v. stof⟩ • *bekleden*
• *overtrekken* ⟨met stof⟩ • *kaften*
forrarse WKD WW • *rijk worden* • *zich*
volproppen ★ se ha forrado de dinero *hij*
heeft veel geld verdiend ★ ~ bien el estómago
buffelen
forro m • *voering* • *hoes*; *overtrek* • *bekleding*
⟨(binnen en buiten)⟩ ★ ~ de libros
boekomslag ★ ni por el ~ *niet in het minste*
★ ni por el ~ lo conoce *hij heeft er geen flauw*
benul van
forsitia v PLANTK. *forsythia*
fortachón BNW *gespierd*; *stevig*
fortalecer OV WW *versterken*
fortalecimiento m *versterking*
fortaleza v • *kracht* • *standvastigheid*;
geestkracht • *vesting*; *fort* • *militaire*
gevangenis
fortalezca WW (1e/3e p ev subj. t.t.)
→ **fortalecer**
fortificación v • *versterking* • MIL. *fortificatie*;
vestingwerk
fortificar OV WW *versterken*
fortificarse WKD WW • *een schans opwerpen*;
zich verschansen • *zich versterken*
fortín m • *schans* • MIL. *klein fort*
fortísimo BNW • *erg sterk* • MUZ. *fortissimo*
fortuito BNW *onvoorzien*; *toevallig* ★ caso ~
onverwachte gebeurtenis
fortuna v • *fortuin*; *vermogen* • *voorspoed*;
geluk • *lot* ★ probar su ~ *zijn geluk beproeven*
★ mala ~ *ongeluk* ★ correr ~ *in nood verkeren*
⟨v. schip⟩ • por ~ *gelukkig*; *bij toeval*
forzado BNW • *(af)gedwongen*; *onvrijwillig*
• *geforceerd*; *niet spontaan* ★ trabajos ~s
dwangarbeid

forzamiento m • *het forceren*; *geweldpleging*
• *dwang* • *verkrachting*
forzar /ue/ OV WW • *met geweld binnendringen*
in; *openbreken* • *pressen*; *dwingen* • *dwingen*
om • MIL. *innemen*; *veroveren* • *verkrachten*
forzarse /ue/ WKD WW *zich geweld aandoen*
forzosamente BIJW • *noodgedwongen*
• *onontkoombaar*; *noodzakelijkerwijze*
forzoso BNW • *onvermijdelijk*; *noodzakelijk*
• *verplicht*; *noodgedwongen* ★ aterrizaje ~
noodlanding ⟨v. vliegtuig⟩ ★ situación forzosa
dwangpositie ★ trabajos ~s *dwangarbeid*
★ venta forzosa *gedwongen/onvrijwillige*
verkoop
forzudo BNW *sterk*; *krachtig* ★ el hombre ~ del
circo *de sterke man van het circus*
fosa v • *grafkuil* • MED. *holte*; *kuil* ★ fosa séptica
septic tank ★ fosa axilar *okselholte* ★ fosa
común *massagraf*
fosar OV WW *met een sloot omringen*; *een sloot*
graven
fosco BNW *donkerbruin*
fosfato m *fosfaat*
fosforecer ON WW *fosforesceren*
fosforera v *lucifersdoosje*
fosforescencia v *fosforescentie*
fosforescente BNW *fosforescerend*
fosforezca WW 1e/3e p ev subj. t.t.
→ **fosforecer**
fosfórico BNW *fosforhoudend*
fósforo m • CHEM. *fosfor* • *lucifer*
fosforoso BNW *fosforhoudend*
fósil I m *fossiel* II BNW *fossiel*
fosilizarse WKD WW *verstenen*; OOK FIG.
fossiliseren
foso m • *greppel*; *kuil* • *sloot*; *slotgracht*
• *orkestbak* • *smeerkuil* ⟨garage⟩
foto v *foto* • foto con rayos X *röntgenfoto*
★ foto de pasaporte *pasfoto* ★ foto (de
tamaño) carnet *pasfoto* ★ foto de conjunto
groepsfoto ★ sacar/tomar una foto *een foto*
maken/nemen
fotocomposición v *fotocompositie*
fotocopia v *fotokopie*
fotocopiadora v *fotokopieerapparaat*
fotocopiar OV WW *fotokopiëren*
fotoeléctrico BNW-BNW *foto-elektrisch*
fotofobia v MED. *lichtschuwheid*; *fotofobie*
fotogénico BNW *fotogeniek*
fotograbado m *fotogravure*
fotograbar OV WW *fotogravures maken*
fotografía v *foto* ★ tirar ~s *foto's maken*
fotografiar /í/ OV WW • *fotograferen* • *realistisch*
beschrijven
fotográfico BNW *fotografisch* ★ máquina
fotográfica *fototoestel* ★ reportaje ~
fotoreportage
fotógrafo m *fotograaf* ★ ~ de prensa
persfotograaf ★ ~ aficionado
(amateur)fotograaf
fotograma m *filmbeeld*; *fotogram*
fotomatón m *fotoautomaat*
fotómetro m • FOTO. *belichtingsmeter*
• *lichtmeter*
fotón m *foton*
fotonovela v *beeldroman met foto's*

fotosíntesis v *fotosynthese*
fototeca v *fotoarchief*
fototerapia v *fototherapie; lichttherapie*
foul m SPORT *overtreding; fout*
foxterrier m *fox-terriër*
frac m (**fracs** /**fraques**) *rok(kostuum)*
fracasado I m *mislukkeling* II BNW *mislukt ★ ~ en mislukt in*
fracasar I OV WW *kapot maken; in stukken breken* II ON WW ● *stranden; falen; mislukken* ● *in stukken breken; kapot gaan ★ el proyecto ha fracasado het plan is mislukt*
fracaso m *fiasco; mislukking*
fracción v ● WISK. *breuk* ● *het breken; breking* ● *fractie* ● *deling* ● *scherf ★ ~ continua repeterende breuk ★ ~ decimal tiendelige breuk*
fraccionamiento m *verbrokkeling; versnippering*
fraccionar OV WW ● *verdelen* ● *splitsen; in stukjes breken* ● *versnipperen*
fraccionario BNW ● *van een breuk* ● *fractioneel*
fracs m mv → **frac**
fractura v *het breken; breuk ★ ~ concoidal schelpvormige breuk* ● MED. ~ *splinterbreuk ★ robo con ~ diefstal met braak ★ ~ de la base del cráneo schedelbasisfractuur*
fracturar OV WW ● MED. *scheuren; breken* ● JUR. *forceren; openbreken*
fragancia v *aroma; geur*
fragante BNW *welriekend; geurig*
fragata v *fregat ★ ~ ligera korvet*
frágil BNW ● *breekbaar; broos* ● *zwak* ● *gemakkelijk te verleiden* ● *vergankelijk ★ memoria ~ zwak geheugen*
fragilidad v ● *breekbaarheid; broosheid* ● *vergankelijkheid* ● *zwakheid* ‹moreel›
fragmentación v *verbrokkeling; fragmentatie ★ bala de ~ fragmentatiekogel ★ ~ nuclear atoomsplitsing*
fragmentar OV WW ● *(doen) verbrokkelen* ● *verdelen*
fragmentario BNW ● *fragmentarisch; verbrokkeld* ● *onvolledig*
fragmentarse WKD WW ● *afbrokkelen* ● *uiteenvallen*
fragmento m ● *fragment; gedeelte* ● *brokstuk*
fragor m *geraas; (wapen)gekletter*
fragoroso BNW *luidruchtig; oorverdovend*
fragosidad v ● *onbegaanbaarheid* ● *ongebaand pad; slecht begaanbare weg*
fragoso BNW ● *onbegaanbaar* ● *oorverdovend; lawaaierig*
fragua I v *smederij; smidse ★ sangrar la ~ sintels door een gat afvoeren bij het smeden* II OV WW ● OOK FIG. *smeden* ● *uitdenken; beramen* III ON WW *(ver)harden; hard worden*
fraile m ● *frater; kloosterling* ● *monnik* ● *omslag* ‹kleding› *★ meterse ~ monnik worden ★ ~ descalzo ongeschoeide monnik ★ ~ motilón* OOK PEJ. *lekenbroeder ★ ~ de misa y olla eenvoudige onontwikkelde monnik ★ cree el ~ que todos son de su aire zoals de waard is, vertrouwt hij zijn gasten*
frailecillo m *papegaaiduiker*
frailería v *geestelijken; monniken*
frambuesa v *framboos*

frambueso m *frambozenstruik*
francachela v *orgie; braspartij*
francamente BIJW ● *eerlijk* ● *openlijk; ronduit ★ en términos ~ cordiales in echt hartelijke bewoordingen ★ debo declarar ~ ik moet eerlijk toegeven*
francés I m ● (v: **francesa**) *Fransman* ● *Frans* II BNW (v: **francesa**) *Frans ★ a la francesa op z'n Frans ★ despedirse a la francesa met de noorderzon vertrekken*
franchute m (v: **franchuta**) PEJ. *fransoos*
Francia v *Frankrijk*
franciscano I m *franciscaan* II BNW *franciscaans*
francisco I m *franciscaner monnik; franciscaan* II BNW *franciscaans; franciscaner*

francmasón m *vrijmetselaar*
francmasonería v *vrijmetselarij*
franco I m ● *franc* ‹geldstuk› ● *Frank* ● *Frankisch* ‹taal› II BNW ● *open; openhartig* ● *grootmoedig; ongeveinsd* ● *vrijgevig* ● *ongehinderd* ● *franco* ● *bevoorrecht* ● *Frans* ● *Frankisch ★ ~ en/de openhartig in ★ golpe ~ vrije schop* ‹bij voetbal› *★ puerto ~ vrijhaven ★ seré ~ ik zal openhartig spreken ★ ser ~ a sus amigos openhartig zijn tegenover zijn vrienden ★ estar en franca curación goed genezen*
francófilo I m *francofiel* II BNW *pro-Frans*
francófobo I m *Fransenhater* II BNW *anti-Frans*
francófono BNW *Franstalig*
francote BNW *erg openhartig*
francotirador m *franc-tireur*
franela v ● *flanel* ● COL *ondergoed* ● *T-shirt; hemd(je)*
franja v ● *baan; streep* ● *strook* ● *franje ★ ~s y estrellas stars and stripes*
franqueable BNW *toegankelijk*
franquear OV WW ● *vrijmaken* ‹v. doorgang› ● *oversteken; doortrekken* ● *uit de weg ruimen; overwinnen* ● *frankeren ★ ~ la entrada vrije toegang verlenen; de ingang vrijmaken*
franquearse WKD WW *vertrouwelijk praten; het hart uitstorten ★ ~ con un amigo zijn hart uitstorten bij een vriend*
franqueo m *frankering*
franqueza v ● *openhartigheid; eerlijkheid* ● *vertrouwelijkheid; vertrouwen* ● *vrijmoedigheid ★ con ~ ronduit; oprecht ★ con toda ~ onomwonden*
franquía v ★ *en ~ vertrekkend* ‹v. schip› *★ estar en ~ zeilklaar liggen*
franquicia v ● *ontheffing; vrijstelling* ● *franchise ★ conceder ~ tolvrij toelaten ★ disfrutar de ~ aduanera tolvrijheid genieten*
franquismo m *franquisme; Francoregime* ‹1939-1975›
franquista I m/v *aanhanger van Franco* II BNW *van Franco; Francogezind*
fraques m mv → **frac**
frasca v *wijnkaraf*
frasco m *flesje; flacon ★ ~ cuentagotas druppelfles*
frase v ● TAALK. *zinsdeel; zin* ● *frase* ● (mv) *holle woorden ★ ~ hecha idiomatische/afgezaagde uitdrukking ★* MUZ. ~ *musical frase ★ ~ sacramental vaste uitdrukking ★ ~ proverbial*

spreekwoordelijke uitdrukking
frasear ON WW *zinnen vormen*
fraseo m *frasering*
fraseología v • *zinsbouw* • *woordkeus*
• *breedsprakigheid*
frasquera v *flessenkist*
fraterna v *standje; uitbrander*
fraternal BNW *broeder-; broederlijk*
fraternidad v *broederschap*
fraternización v *verbroedering*
fraternizar ON WW *(zich) verbroederen*
fraterno BNW → **fraternal**
fratricida m/v *broedermoordenaar*
fratricidio m *broedermoord*
fraude m *fraude; bedrog* ★ ~ *fiscal
belastingfraude* ★ ~ *tributario belastingfraude*
★ ~ *electoral verkiezingsfraude*
fraudulencia v *fraude*
fraudulento BNW • *slinks; bedrieglijk*
• *frauduleus*
fray m *broeder* ★ *fray David broeder David*
frazada v *deken*
frecuencia v *frequentie* ★ *alta* ~ *hoge frequentie*
★ *con* ~ *dikwijls*
frecuentación v • *drukke omgang* • *het dikwijls
bij iemand komen* ★ ~ *del culto kerkbezoek*
frecuentado BNW *druk(bezocht)*
frecuentador I m *stamgast; trouw bezoeker*
II BNW *dikwijls gebruikend*
frecuentar OV WW • *dikwijls bezoeken* • *veel
gebruiken* • *regelmatig herhalen* ★ ~ *el colegio
de school bezoeken*
frecuente BNW • *frequent* • *snel terugkerend*
• *normaal; gewoon* ★ *pulso* ~ *vlugge polsslag*
★ *caso* ~ *iets dat veel voorkomt*
frecuentemente BIJW *vaak; veelvuldig; dikwijls*
fregadero m *gootsteen*
fregado I m • *het poetsen* • *het afwassen*
• *smerig zaakje* • *afwas* • *scène; heibel* ★ *no
me meto en este* ~ *ik steek mijn neus niet in
dat zaakje* II BNW • LA *stom; idioot; vervelend*
• COL, ECU, PERU *koppig; halsstarrig* • CR, ECU,
MEX *sluw; verdorven*
fregador m *schuurlap*
fregar /ie/ OV WW • *poetsen; dweilen* • *afwassen*
• ZA *lastig vallen*
fregona v • *werkster; dienstmeid* • *viswijf*
• *natte zwabber*
freidera v *frituurpan*
freiduría v • *viskraampje* • ≈ *frituurkraam*
freír /í/ OV WW • *bakken; braden* • *lastig vallen;
vervelen* • *doden; doodschieten* ★ *vete a ~
espárragos loop naar de bliksem* ★ *al* ~ *será el
reír, y al pagar será el llorar die het laatst
lacht, lacht het best*
fréjol m *boon*
frenada v • LA *remspoor; (het) plotseling
remmen* • ARG, CHI *standje; uitbrander*
frenado m *het (af)remmen; remming* ★ *marcas
de* ~ *remsporen*
frenar I OV WW • *(af)remmen* • *in bedwang
houden; beteugelen* II ON WW *(af)remmen* ★ ~
en seco bruusk remmen
frenazo m *het plotseling en sterk remmen*
frenesí m • *bezetenheid; uitzinnigheid*
• *razernij; vlaag van waanzin*

frenético BNW • *woest; waanzinnig* • *woedend;
razend* ★ *aplauso* ~ *stormachtig applaus*
frenillo m *muilkorf* ★ ~ *de la lengua tongriem*
freno m • OOK FIG. *rem* • *bit* ⟨*bij paard*⟩ ★ *poner
~ (a) intomen* ★ *morder el* ~ *zich verbijten* ★ ~
de alarma noodrem ★ ~ *de discos schijfrem*
★ ~ *asistido rembekrachtiging* ★ ~ *de mano
handrem* ★ ~ *de pedal/pie rempedaal;
voetrem* ★ *echar el* ~ *(de mano) op de
handrem zetten* ★ *tascar el* ~ *op het bit bijten;
zich verbijten*
frenología v *frenologie; schedelleer*
frente I m • *front* • *voorkant* • *kop* ⟨*v. munt*⟩
★ *ponerse al* ~ *de algo de leiding op zich
nemen* ★ ~ *de batalla frontlijn; vuurlinie* ★ ~
único samenbundeling van krachten ★ *hacer
~ a trotseren* ★ *al* ~ *voorop* ★ ~ *popular
volksfront* ★ *chocar de* ~ *frontaal botsen* II v
• *voorhoofd* ★ ~ *por* ~ *recht tegenover elkaar*
★ *arrugar/fruncir la* ~ *het voorhoofd fronsen*
★ ~ *a* ~ *tegenover elkaar* ★ *llevar algo escrito
en la* ~ *op het voorhoofd geschreven staan*
★ *una* ~ *despejada een hoog voorhoofd* ★ *con
la* ~ *levantada met opgeheven voorhoofd*
★ *una* ~ *calzada een laag voorhoofd* ★ ~ *alta/
despejada hoog voorhoofd* ★ ~ *angosta/
calzada/estrecha laag voorhoofd* ★ *tener la* ~
estrecha koppig zijn III BIJW • *en* ~ *de
tegenover* ★ *de* ~ *frontaal; voorop* ★ *seguir de
~ rechtuit gaan* ★ *al pasar* ~ *a la ventana toen
hij voorbij het raam ging* ★ ~ *a tegen(over)*
fresa I v • *aardbei(plant)* • *tandartsboor*
• *frees(machine)* II BNW • MEX ~ *de incrowd;
het (bekakte) wereldje*
fresado m *het frezen*
fresadora v *freesmachine*
fresal m *aardbeienbed*
fresar OV WW *frezen*
fresca v • *frisheid; koelte; frisse lucht*
• *brutaliteit; brutale opmerking* ★ *salir con la
~ er 's morgens vroeg op uitgaan* ★ *soltar una
~ iemand brutaal antwoorden*
frescachón BNW ⟨v: **frescachona**⟩ *stevig en met
gezonde kleur* ⟨*gezegd van persoon*⟩
frescales m/v *brutaal persoon*
fresco I m • *muurschildering; fresco* • *frisse
lucht; koelte* • *brutaal persoon* • *versheid*
• *kamgaren; fresco* • *kamgaren pak* • ZA
frisdrank ★ *tomar el* ~ *een frisse neus halen*
★ *y él tan* ~ *hij trekt zich er niets van aan; het
doet hem niets* II BNW • *fris* • *vers*
• *onaangedaan* • *brutaal* ★ *al* ~ *in de open
lucht* ★ *pintura al* ~ *fresco* ★ *estar/quedarse* ~
grote pech hebben ★ ⟨*pintura fresca! nat!* ⟨*op
schilderwerk*⟩ ★ *dejar* ~ *a u.p. iemand voor
aap/joker zetten; iemand laten wachten/zitten*
★ *estar más* ~ *que una rosa/lechuga zo fris
als een hoentje zijn*
frescor m *koelte; frisheid*
frescura v • *versheid* • *frisheid; koelte* • *kalmte;
koelbloedigheid* • *brutaliteit* ★ *tomar las cosas
con* ~ *de zaken kalm opnemen*
fresno m • *essenboom; es* • *hout van de es*
fresón m *grote aardbei*
fresquera v • *koelbox* • *vliegenkast*
fresquería v LA *frisdrankenwinkel*

fresquito BNW *frisjes* ★ hace un viento ~ *er waait een lekker fris windje*
freudismo m *leer van Freud*
freza v • *het kuit schieten* • *paaitijd* ⟨v. vissen⟩ • *kuit* • *jonge visjes* • *spoor* ⟨v. dier⟩ • *dierlijke uitwerpselen*
frezar ON WW *kuit schieten*
friable BNW *bros; brokkelig*
frialdad v • *kou* • OOK FIG. *koelte* • *frigiditeit* • *onverschilligheid; desinteresse*
friamente BIJW *koel(tjes); onbewogen*
fricandó m CUL. *fricandeau*
fricasé m *fricassee* ⟨soort ragout⟩
fricativo m TAALK. *fricatief*
fricción v • OOK FIG. *frictie* • *massage; wrijving* ★ ~ eléctrica *elektrische massage*
friccionar OV WW *masseren; inwrijven*
friega v • *massage; wrijving* • LA *overlast; hinder* • CUBA, MEX *pak slaag* ★ dar ~s *masseren*
friegaplatos m/v *bordenwasser*
frigidez v • *frigiditeit* • *ijzigheid; koude*
frígido BNW • *frigide* • *koud*
frigorífico I m • *koelkast; ijskast* • *koelcel; koelhuis* II BNW *koel-; koelend* ★ cámara frigorífica *koelcel*
frijol m → **fréjol**
frío I m • *kilte; kou* • FIG. *kilheid* ★ coger frío *kou vatten* ★ me entra frío *ik krijg het koud* ★ hace un frío que pela INF. *het is stervenskoud* ★ me está entrando frío *ik begin het koud te krijgen* ★ transido de frío *verkleumd* II BNW • OOK FIG. *koud* • *verkleumd* • *ijzig* • *koelbloedig* ★ sangre fría *koelbloedigheid* • en frío *koel; nuchter* ★ hacer frío *koud zijn* ★ quedarse frío *stomverbaasd staan* ★ dejar frío FIG. *koud laten* ★ tener frío *het koud hebben*
friolento BNW *kouwelijk*
friolera v • *kleinigheid; iets onbenulligs* • *flinke som* ⟨geld⟩
friolero BNW *kouwelijk* ★ ser muy ~ *een koukleum zijn*
frisa v • *fries* ⟨stof⟩ • ARG, CHI *pluis*
frisar ON WW *naderen* ⟨v. leeftijd⟩; *ongeveer de leeftijd hebben* ★ ~ en los 50 *tegen de 50 lopen*
Frisia v *Friesland*
friso m • ARCHIT. *fries* • *lambrisering*
fritada v • *gebakken gerechten* • *saus*
fritanga v • *vetgebakken eten* • CA *gefrituurd eten* • CA *frituurpan*
frito I m *gefrituurd gerecht* II BNW *geïrriteerd; geërgerd* ★ me trae ~ con sus necedades *ik vind zijn stommiteiten onuitstaanbaar* ★ estar ~ *het zat zijn* • tener a alg. ~ *iemand lastig vallen* • quedarse ~ *kwaad worden*
fritura v *gefrituurd gerecht*
frivolidad v • *frivoliteit; lichtzinnigheid* • *onbenulligheid*
frívolo BNW • *frivool; lichtzinnig* • *onbenullig*
fronda v • *blad* ⟨v. varen⟩ • (mv) *gebladerte*
frondosidad v *dichtbegroeidheid* ⟨v. bomen⟩
frondoso BNW *bladerrijk*
frontal I m • *altaardoek* • MED. *voorhoofdsbeen* II BNW • *voorhoofds-; van het voorhoofd* • *frontaal; van de voorzijde* ★ choque/colisión

~ *frontale botsing* ★ vista ~ *vooraanzicht*
frontera v OOK FIG. *grens*
fronterizo BNW *van de grens; grens-* ★ incidente ~ *grensincident* ★ país ~ *buurland*
frontero BNW *tegenovergelegen*
frontis m • *voorgevel* • *titelpagina*
frontispicio m • *voorgevel* • *titelpagina*
frontón m • ≈ *ruimte waar gekaatst wordt* • ≈ *kaatsspel* • ARCHIT. *fronton*
frotación v *wrijving*
frotar OV WW • *wrijven* • *schuren* • *afstrijken* ⟨v. lucifers⟩
frotis m MED. *uitstrijkje*
fructífero BNW *vruchtbaar;* OOK FIG. *vruchtdragend*
fructificación v *vruchtvorming*
fructificar ON WW • OOK FIG. *vrucht dragen* • *vrucht vormen*
fructuoso BNW • *vruchtdragend* • *vruchtbaar; succesvol*
frugal BNW *matig; sober*
frugalidad v *soberheid*
fruición v *genoegen; genot*
frunce m *plooi* ⟨in textiel⟩
fruncido BNW • *gerimpeld* ⟨v. voorhoofd⟩ • *geplooid* ⟨in textiel⟩
fruncimiento m *het rimpelen; het plooien*
fruncir OV WW • *fronsen* • *rimpelen; plooien* ★ ~ el ceño *zijn voorhoofd fronsen*
fruslería v *kleinigheidje; prul*
frustración v *frustratie*
frustrado BNW • *gefrustreerd* • *mislukt* ★ un atentado ~ *een mislukte aanslag* ★ sentirse ~ *zich tekort gedaan voelen; gefrustreerd zijn*
frustrar OV WW • *frustreren; ontmoedigen* • *doen mislukken; verijdelen* ★ ~ los planes de u.p. *iemands plannen doorkruisen*
fruta v *vrucht; fruit* ★ ~ de sartén *deegwaar plus een ander ingrediënt* ★ ~ en sazón *rijpe vrucht* ★ ~ seca/escarchada *gekonfijte vruchten* ★ ~s meridionales *zuidvruchten* ★ ser ~ prohibida *verboden vrucht zijn* ★ ~ del cercado ajeno es mejor *het gras bij de buren is altijd groener* ★ ~ del tiempo *seizoenvrucht* ★ zumo de ~ *vruchtensap* ★ CHI ~ *kloten; ballen*
frutal I m *fruitboom; vruchtboom* II BNW *vruchtdragend* ★ árbol ~ *vruchtboom*
frutería v *fruitwinkel*
frutero m *fruitschaal*
fruto m • *vrucht* • *opbrengst; voordeel* ★ dar ~ *vrucht dragen/geven* ★ ~ carnoso *vlezige/ sappige vrucht* ★ ~ del vientre FIG. *kind* ★ ~s secos *noten en gedroogde vruchten* ★ sacar ~ de *de voordeel trekken van*
fu m/v *geblaas* ⟨v. kat⟩ ★ ¡fu! *jakkes!* ★ ni fu ni fa *niet goed en niet slecht*
fucsia v *fuchsia*
fue WW • (3e p ev v.t.) → **ser** • (3e p ev v.t.) → **ir**
fuego m • *brand* • *vuur* • *hartstocht; enthousiasme* • *haard* • *brandijzer* • *(huid)uitslag* ★ huir del ~ y dar en las brasas *gevaarlijk spel spelen* ★ romper el ~ *het vuur openen* ★ ¡~! *vuur!* ★ ~ incendiario *afvuren van brandende projectielen* ★ ~

nutrido *aanhoudend vuur* ★ ~ sagrado *heilig vuur* ★ a ~ lento *op een zacht pitje; beetje bij beetje* ★ avivar el ~ *het vuur opstoken* ★ echó ~ por los ojos *zijn ogen schoten vuur* ★ hacer ~ *vuren; schieten* ★ ~ fatuo *dwaallicht* ★ ~ graneado *trommelvuur* ★ ~ de Santelmo *elmsvuur* ★ pegar ~ a una casa *een huis in brand steken* ★ tocar a ~ *de brandklok luiden* ★ alto el ~ *staakt-het-vuren* ★ pedir ~ *een vuurtje vragen* ~? *heb je een vuurtje (voor me)?* ★ vomitar ~ *vuur spuwen* ★ Tierra de Fuego *Vuurland*

fuegos m mv ~ → **fuego** • **vuurwerk** ★ ~ artificiales *vuurwerk*

fueguino m ARG, CHI *Vuurlander*

fuel m *stookolie*

fuelle m • *blaasbalg* • *leren zak* ‹v. doedelzak› • *plooi; vouw* • *zak van een camera* • *vouwdak; opvouwbare kap* • *harmonica* ‹v. bus of trein›

fuente v • OOK FIG. *bron* • *fontein* • *platte schaal; schotel* • *oorzaak* ★ ~ de información *informatiebron* ★ ~ bautismal *doopvont* ★ saber algo de ~ fidedigna *iets uit betrouwbare bron weten* ★ ~ histórica *historische bron* ★ de buenas ~s *uit goede bronnen* ★ ~ de alimentación *voeding(sbron)* ★ ~ energética/de energía *krachtbron* ★ ~ de ingresos *bron van inkomsten* ★ ~s bien informadas *welingelichte kringen* ★ CHI ~ de soda *drankenkiosk/-lokaal*

fuer ★ a fuer de *als; in de hoedanigheid van*

fuera I m ★ ~ de juego *buitenspel* II WW (1e/3e p ev subj. v.t.) → **ser** III BIJW • *(naar) buiten* • SPORT *uit!* ★ estar ~ de sí *buiten zichzelf zijn* ★ hacia ~ *naar buiten* ★ i~! el abrigo! *uit die jas* ★ estar ~ de juicio *zijn verstand verloren hebben* ★ i~! *eruit!* ★ aquí ~ *hierbuiten* ★ echar ~ OOK FIG. *eruit gooien* ★ de ~ *buiten; van de buitenwereld; uit het buitenland* ★ por ~ *uiterlijk; uitwendig* ★ ~ de la ley *vogelvrij; buiten de wet* ★ ~ de lugar *misplaatst* ★ ~ de servicio/uso *buiten dienst; buiten gebruik* IV VW ★ ~ de que *afgezien van het feit dat*

fueraborda m • *buitenboordmotor* • *boot met buitenboordmotor*

fuero m • *recht; privilege* • *jurisdictie; macht; gezag* • *verbeelding* ★ ~ interno *gemoedsrust* ★ ~ de conciencia *geweten*

fuerte I m • *vestingwerk; fort* • FIG. *sterke kant* • *hoogtepunt* II BNW • *sterk; hard; stevig* ‹ook van lichaamsbouw› • *moeilijk; hard* ‹karakter› • *zwaar; hevig • verstevigd; versterkt* ★ caja ~ *brandkast* ★ plaza ~ *vesting* ★ hacerse ~ en FIG. *zich sterk maken; zich verschansen in* ★ café ~ *sterke koffie* III BIJW *stevig; hard; krachtig* ★ comer ~ *zwaar tafelen* ★ poner más ~ *harder, luider zetten* ‹radio, tv›

fuerza v • *kracht • sterkte; stevigheid* • *weerstandsvermogen • geweld; dwang* • *hoogtepunt • stroom; elektriciteit* ★ a ~ de brazos *door hard werken* ★ medir sus ~s *zijn krachten meten* ★ por ~ *noodzakelijkerwijs* ★ por la ~ *gedwongen; met geweld* ★ ~ aceleratriz *versnellende kracht* ★ ~ animal *dierlijke tractie* ★ ~ bruta *brute kracht; grof*

geweld ★ ~ de voluntad *wilskracht* ★ tener ~ liberatoria *wettig betaalmiddel zijn* ★ ~ pública *openbaar gezag* ★ ~ retardatriz *vertragende kracht* ★ a viva ~ *met alle geweld* ★ de ~ *van belang* ★ la ~ por la boca *naast zijn schoenen lopen van verwaandheid* ★ ~ de aspiración *zuigkracht* ★ ~ de la costumbre *macht der gewoonte* ★ ~ mayor *overmacht* ★ ~ de sangre *dierlijke kracht* ★ es ~ *het is noodzakelijk* ★ hacer ~ a u.p. *iemand onder druk zetten* ★ a ~ de armas *met wapengeweld* ★ a ~ de correr *door hard te lopen* ★ a ~ de ser repetido *door voortdurende herhaling* ★ a la ~ *noodgedwongen* ★ la ~ ahorcan *er zat niets anders op* ★ sacar ~s de flaqueza *zich vermannen; een laatste krachtsinspanning doen* ★ ~ mental/de ánimo *geestkracht* ★ ~ de atracción *aantrekkingskracht* ★ ~ expresiva *zeggingskracht* ★ ~ física *lichaamskracht* ★ con todas sus ~s *uit alle macht* ★ por sus propias ~s *op eigen kracht* ★ recobrar/tomar ~s *op krachten komen* ★ unir las ~s *de krachten bundelen; samenwerken* ★ ~s superiores *overmacht*

fuerzas v mv • → **fuerza** • *strijdkrachten* ★ ~ armadas *strijdkrachten* ★ ~ de choque *stoottroepen* ★ ~ navales *marine* ★ ~ vivas *beroepsbevolking* ★ ~ aéreas *luchtstrijdkrachten* ★ ~ militares *krijgsmacht* ★ ~ antidisturbios ≈ *Mobiele Eenheid*

fuese WW (1e/3e p ev subj. v.t.) → **ser**

fuga v • *vlucht; ontsnapping* • *lek* • *hoogtepunt* • MUZ. *fuga* ★ poner en fuga *op de vlucht jagen* ★ fuga de consonantes/vocales *galgje* ‹spel› ★ fuga de capitales *kapitaalvlucht* ★ fuga de cerebros *braindrain* ★ fuga de gas *gaslek*

fugaces → **fugaz**

fugacidad v *vergankelijkheid*

fugarse WKD WW *vluchten; ontsnappen*

fugaz BNW • *vluchtig; vergankelijk* • *schichtig*

fugitivo I m • *vluchteling; voortvluchtige* II BNW *op de vlucht; voortvluchtig*

fuguillas m/v • *ongeduldig iemand* • *heethoofd*

fui WW • (1e p ev v.t.) → **ser** • (1e p ev v.t.) → **ir**

ful BNW • INF. *vals; onecht* • *van slechte kwaliteit* • LA *vol*

fulana v *hoer*

fulano m • *die en die; dinges* • *deze en gene* ★ el Señor ~ de tal *Mijnheer zus of zo* ★ ~, zutano y mengano *Jan, Piet en Klaas*

fulcro m *draaipunt; steunpunt*

fulero BNW *knoeierig; klungelig*

fulgente BNW *schitterend*

fulgir ON WW *schitteren*

fulgor m *schittering*

fulgurar ON WW • *schitteren* • *bliksemen*

fúlica v *meerkoet*

fullería v *bedrog; vals spel*

fullero m *valse speler*

fulminación v • *bliksemslag* • *banvloek; heftige veroordeling*

fulminado BNW *(als) door de bliksem getroffen*

fulminante I m *springstof* II BNW • *ontploffend* • *met direct gevolg; acuut* • *daverend* ‹succes›

fu

★ gas ~ *knalgas* ★ puro ~ *klapsigaar*

fulminar I OV WW • *inslaan in; treffen* ⟨v. bliksem⟩ • *een plotselinge dood veroorzaken bij; plotseling treffen* • *laten ontploffen* • FIG. *naar het hoofd slingeren* • *uitvaardigen* • *vernietigend aankijken* **II** ON WW *knallen; ontploffen*

fumada v *trekje* ⟨v. een sigaret⟩

fumadero m *rooksalon* ★ ~ de opio *opiumkit*

fumador I m *roker* ★ ~es *'roken'* ⟨in trein, vliegtuig⟩ ★ no ~ *niet-roker* **II** BNW *rokend*

fumar OV+ON WW *roken* ★ ~ como un carretero/ una chimenea *roken als een schoorsteen* ★ dejar de ~ *stoppen met roken* ★ ~ perjudica seriamente la salud *roken schaadt de gezondheid ernstig* ⟨op sigarettenverpakking⟩ ★ ¿me permite ~? *mag ik roken?* ★ prohibido ~ *verboden te roken*

fumarse WKD WW *verkwisten* ★ ~ la clase *spijbelen*

fumeta m/v INF. *persoon die joints rookt*

fumigación v • *besproeiing* • *ontsmetting* • *uitroking*

fumigar OV WW • *uitroken* • *ontsmetten*

fumista m/v *schoorsteenveger*

fumoso BNW *rokerig*

funámbulo m *koorddanser*

función v • *functie* • *werking* • *plechtigheid* • *voorstelling; optreden* ★ ~ trigonométrica *trigonometrische functie* ★ ~ vegetativa *vegetatieve functie* ★ cesar en las funciones *een ambt neerleggen* ★ cine por funciones *bioscoop met doorlopende voorstelling* ★ entrar en ~es *in functie treden* ★ hacer ~es de *fungeren als* ★ ~ de abono *abonnementsvoorstelling* ★ ~ de caridad *liefdadigheidsvoorstelling* ★ ~ de (la) tarde *matinee; vroege avondvoorstelling* ★ ~ de (la) noche *avondvoorstelling* ★ hay ~ *daar heb je de poppen aan het dansen*

funcional BNW *functioneel*

funcionamiento m *werkwijze; het functioneren* ★ puesta en ~ *inschakeling; (het) in bedrijf/ werking stellen* ★ en ~ *bedrijfszeker*

funcionar ON WW • *functioneren* • *in bedrijf zijn* • *werken* ★ no funciona *buiten werking*

funcionariado m *ambtenarenkorps*

funcionario m • *ambtenaar* • *functionaris* ★ ~ público *rijksambtenaar* ★ ~ del Estado *rijksambtenaar* ★ ~ de Hacienda *(rijks)belastingambtenaar* ★ ~ público *rijksambtenaar* ★ ~ municipal *gemeenteambtenaar* ★ alto ~ *hoge ambtenaar*

funda v • *overtrek; hoes* • *sloop* • *dekzeil* • *holster; foedraal*

fundación v • *stichting* • *oprichting* • *fundering* ★ gastos de ~ *aanlegkosten*

fundado BNW • *opgericht* • *gefundeerd; gegrond*

fundador m *stichter*

fundamental BNW • *wezenlijk; grond-* • *belangrijkste; voornaamste* ★ ley ~ *grondwet*

fundamentalista m/v *fundamentalist*

fundamentalmente BIJW • *met name; vooral* • *eigenlijk; in feite; fundamenteel*

fundamentar OV WW • *funderen* • *grondvesten*

fundamentarse WKD WW (~ **en**) *zich baseren op*

fundamento m • *fundament* • *basis; grondslag* • *grond; hoofdreden* • *ernst; betrouwbaarheid* ★ con ~ *op goede gronden*

fundamentos m mv → **fundamento** • *beginselen; grondprincipes*

fundar I OV WW *stichten; oprichten* ★ ~ en el aire *luchtkastelen bouwen* **II** ON WW *steunen; baseren*

fundición v • *het smelten* • *smederij* • *gietsel; gietijzer*

fundidor m *smelter*

fundir I OV WW • *smelten* • *samenvoegen; doen fuseren* **II** ON WW *wegebben* ⟨v. geluid⟩

fundirse WKD WW • *(ver)smelten* • *doorslaan* ⟨stop⟩

fundo m CHI *landgoed; plantage*

fúnebre BNW • *begrafenis-* • *droevig; naargeestig* ★ música ~ *treurmuziek* ★ pompas ~s *begrafenisonderneming* ★ empleado ~ *lijkdrager* ★ monumento ~ *grafzerk* ★ campana ~ *doodsklok* ★ coche ~ *lijkwagen* ★ cortejo ~ *rouwstoet* ★ oración ~ *grafrede* ★ IRON. cara ~ *begrafisgezicht*

funeral I m *begrafenisplechtigheid* **II** BNW *begrafenis-; van de begrafenis*

funerala v ★ MIL. a la ~ *in de rouw* ★ ojo a la ~ *blauw oog*

funerales m mv → **funeral** • *begrafenis*

funeraria v *begrafenisonderneming*

funerario BNW *uitvaart-; begrafenis-* ★ losa funeraria *liggende grafsteen*

funesto BNW • *fataal; noodlottig* • *rampzalig*

fungible BNW *vervangbaar; verbruikbaar* ★ bienes ~s *verbruiksgoederen; consumptiegoederen*

fungo m MED. *sponsachtig gezwel*

fungoso BNW *sponsachtig*

funicular I m *kabelbaan* **II** BNW ★ ferrocarril ~ *kabelbaan*

furcia v PEJ. *snol; slet*

furgón m • *bestelwagen; vrachtwagen* • *goederenwagon*

furgoneta v *busje; bestelwagen*

furia v • *razernij; woede* • *furie* • *geraas; geweld* ⟨v. zee⟩ ★ estar hecho una ~ *razend zijn* ★ a toda ~ *als een razende*

furibundo BNW *woedend; dol*

furioso BNW • *woedend* • *gewelddadig* ⟨v. een gek⟩ • *heel groot; enorm*

furor m • *woedeaanval* • *inspiratie; bezieling* ★ hacer ~ *furore maken* ★ ~ uterino *nymfomanie*

furriel m *foerier*

furtivo BNW *heimelijk* ★ cazador ~ *stroper*

furúnculo m *steenpuist*

fusa v MUZ. *tweeëndertigste noot*

fuselaje m *romp* ⟨v. vliegtuig⟩

fusible I m *zekering; stop* **II** BNW *smeltbaar*

fusil m *geweer* ★ ~ automático *automatisch geweer* ★ ~ de repetición *repeteergeweer* ★ apuntar el ~ *aanleggen* ★ ~ ametrallador *mitrailleur* ★ ~ antitanque *bazooka; antitankwapen*

fusilamiento m *het fusilleren*

fusilar OV WW • *doodschieten; executeren* • *plagiëren*

fusilería v *geweervuur*
fusilero m *infanterist*
fusión v • *fusie* • *smelting* ⟨v. metalen⟩
• *vermenging*; *samengaan* ★ ~ *nuclear kernfusie*
fusionamiento m *fusie*
fusionar OV WW • *doen fuseren* • *samenvoegen*
fusionarse WKD WW • *zich verenigen* • ECON. *een fusie aangaan*
fusta v *rijzweep*
fustán m • *fustein* • ZA *(katoenen) onderjurk/-rok*
fuste m • ARCHIT. *zuilschacht* • *zadelboog*
• *belang*; *betekenis* ★ de ~ *gewichtig*
fustigar OV WW • *afranselen* ⟨met zweep⟩;
striemen • *er van langs geven*; *een uitbrander geven*
fútbol m *voetbal(spel)* ★ *jugar al* ~ *voetballen*
★ ~ *profesional profvoetbal*; *betaald voetbal*
★ ~ *sala zaalvoetbal* ★ ~ *femenino damesvoetbal*
futbolín m *tafelvoetbalspel*
futbolista m/v *voetballer*
futbolístico BNW *van het voetbal*; *voetbal-*
futbolito m • URU *tafelvoetbal* • CHI *zaalvoetbal*
futesa v *kleinigheid*; *onbenulligheid*
fútil BNW *onbeduidend*; *onbenullig*
futilidad v *onbenulligheid*; *futiliteit*
futura v *opvolgingsrecht*
futurismo m *futurisme*
futurista I m/v *futurist* II BNW *futuristisch*
futuro I m • *verloofde*; *aanstaande* • *toekomst*
• TAALK. *toekomende tijd* ★ *en un* ~ *lejano in de verre toekomst* ★ *en un próximo* ~ *binnen afzienbare tijd*; *in de naaste toekomst* ★ *en el* ~ *voortaan*; *in het vervolg* ★ *el* ~ *me sonríe de toekomst lacht mij toe* II BNW *aanstaand*; *toekomstig*
futurología v *futurologie*
futurólogo m *futuroloog*

G

g v *g* ★ *la* g *de Gerona de* g *van Gerard*
gabacho I m • *dorpsbewoner in de Pyreneeën*
• PEJ. *Fransman* • PEJ. *buitenlander*;
vreemdeling II BNW • *uit de Pyreneeën* • PEJ. *Frans*
gabán m • *overjas* • *cape*
gabardina v • *gabardine* ⟨stof⟩ • *regenjas*
gabarra v • *plat vaartuig* • *schuit*; *aak*
gabarro m • *(weef)fout* • *pip* ⟨vogelziekte⟩
gabela v • *last* ⟨financieel⟩ • *contributie*; *belasting*
gabinete m • *kleine salon* • *werkkamer*; *praktijk* ⟨v. arts⟩; *atelier* • *ministerraad*; *kabinet*
★ *cuestión de* ~ *kabinetskwestie* ★ ~ *en la sombra schaduwkabinet* ★ ~ *fantasma schaduwkabinet* ★ ~ *técnico zakenkabinet*
gabrieles m mv CUL. INF. *gekookte kikkererwten*
gacela v *gazelle*
gaceta v • *krant*; *dagblad* • *roddelaar*
gacetero m • *verslaggever* • *krantenverkoper*
gacetilla v • *kort bericht* • *nieuwtjesjager*
gacetillero m • *redacteur van gemengde berichten* • *stukjesschrijver* ⟨in roddelpers⟩
gacetista m *nieuwtjesjager*
gacha v *deeg*
gachas v mv *meelpap*
gaché m • INF. *Andalusiër* • *vrijer* • *gozer*
gachí v *schoonheid* ⟨vrouw⟩; *stuk*
gacho BNW • *gekromd* • MEX *onaangenaam* ★ *ir con las orejas gachas het hoofd laten hangen*
★ RPL *sombrero* ~ *slappe hoed* ⟨met brede rand⟩
gachó m *vent*; *kerel*; *vrijer*
gachón BNW *innemend*; *lieftallig*
gachupín m *naar Latijns-Amerika geëmigreerde Spanjaard*
gaditano I m *iemand uit Cádiz* II BNW *uit/van Cádiz*
gaélico I m *Gaelisch* II BNW *Gaelisch*
gafa v • *kram* • *haak*
gafas v mv • *montuur* • *bril* ★ ~ *de sol zonnebril*
★ *estuche/funda de* ~ *brillenkoker* ★ ~ *ahumadas donkere bril* ★ *llevar* ~ *een bril dragen* ★ ~ *bifocales dubbelfocusbril* ★ ~ *submarinas duikbril* ★ *ponerse/calarse las* ~ *zijn bril opzetten* ★ *quitarse las* ~ *zijn bril afzetten*
gafe m *spelbreker*; *ongeluksbrenger*
gafo I m • *idioot* • *melaatse* II BNW • *melaats*
• VEN *stom*; *dwaas* ★ *mi brazo está gafo mijn arm slaapt*
gag m *(zich herhalend) komisch moment*
gago m ZA *stotteraar*
gaguear ON WW ZA *stotteren*
gaita v • *doedelzak* • INF. *crime*; *iets vervelends*
★ *vaya* ~ *wat een crime* ★ *templar* ~*s mooi weer spelen* ★ *estar de mala* ~ *een slecht humeur hebben* ★ *estar de* ~ *opgewekt zijn*
gaitero I m *doedelzakspeler* II BNW • *grotesk*; *belachelijk* ⟨v. personen⟩ • *fel*; *schreeuwend* ⟨v. kleuren⟩
gaje m • *loon*; *salaris* • *toeslag* • *bijverdiensten*

★ gajes del oficio *risico's van het vak*
gajes m mv • *toeslag(en)* • *salaris* ⟨v. ambtenaren⟩ ★ los ~ del oficio IRON. *de risico's van het vak*
gajo m • *afgebroken tak* • *trosje* ⟨druiven⟩ • *stukje; partje* ★ un gajo de naranja *een sinaasappelpartje*
gal m *dorp*
gala v • *galafeest* • *versiersel; tooi* • *galakostuum* • *neusje van de zalm* ★ la gala del pueblo *de trots van het dorp* ★ hacer gala de *pronken met*; opschepperij over ★ tener a gala *pochen*
galáctico BNW *melkweg-; galactisch*
galactosa v *glactose; melksuiker*
galafate m *handige boef*
galaico I m *Galiciër* II BNW *Galicisch*
galán I m • *vrijer* • *aantrekkelijke jongeman* • CR *cactus (met grote bloemen die 's nachts opengaan)* ★ conozco al ~ *we kennen die knaap!; ik weet hoe laat het is!* II BNW *goed ogend; knap*
galancete m *acteur die vooral rol van jonge minnaar speelt*
galano BNW *mooi; elegant* ★ cuentas galanas *mooie maar ongegronde verwachtingen*
galante BNW • *voorkomend; attent • pikant* ⟨erotisch⟩ ★ historias ~s *pikante verhalen*
galantear ON WW • *het hof maken • vleien; complimentjes maken*
galanteo m *geflirt*
galantería v • *hoffelijkheid • vleierij*
galanto m *sneeuwklokje*
galanura v *elegantie*
galápago m • *waterschildpad • ploeghout* • *rijzadel* ⟨v. vrouwen⟩ • *vorm om dakpannen te maken* ★ tener más conchas que un ~ *erg sluw zijn; geslepen zijn*
galardón m *beloning* ⟨eervol verkregen⟩
galardonar OV WW *belonen* ★ ha sido galardonado con el premio Nobel *hij heeft de Nobelprijs gekregen*
galas v mv → **gala** • *huwelijksgeschenken*
galaxia v *melkweg*
galbana v INF. *luiheid*
galbanoso BNW INF. *lui; lusteloos*
galena v *loodglans*
galeno m • *dokter; arts* • INF. *kwakzalver*
galeón m *galjoen*
galeote m *galeislaaf*
galera v • *huifkar* • *vrouwengevangenis* • TECHN. *zetplankje* • *galei • bidsprinkhaan • kreeft* • CHI, RPL *hoge hoed; bolhoed* • CR, HON, MEX *loods; afdakje*
galerada v • *karrenvracht • drukproef* ★ primeras ~s *eerste drukproeven*
galeras v mv *galeistraf* ★ condenar a ~ *tot de galeien veroordelen*
galería v • POL. *achterban • galerie • gordijnroe* • *zuilengang; galerij • mijngang • schellinkje* ★ lo hizo de cara a la ~ *hij deed het met het oog op de achterban* ★ ~ comercial *winkelgalerij* • de arte *(kunst)galerij; galerie*
galerista m/v *galeriehouder*
galerna v *straffe noordwestenwind*
galerón m • ZA *romance; ballade* • COL, VEN *volksmuziek; volksdans* • CR, SAL *keet;*

opslagplaats
Gales v *Wales*
galés I m (v: **galesa**) *iemand uit Wales* II BNW (v: **galesa**) *van/uit Wales*
galga v *vallende steen*
galgo m *windhond; hazewind* ★ iéchale un ~! *schrijf dat maar op je buik; je kunt het wel vergeten*
Galia v *Gallië*
gálibo m *vorm; mal*
galicismo m *gallicisme*
gálico BNW • *Gallisch • syfilitisch* ★ morbo ~ *syfilis*
galillo m • *huig • keelgat*
galimatías m • *koeterwaals • rommel*
gallardear ON WW • *zich elegant bewegen • zich fier gedragen*

gallardearse WKD WW *zich elegant gedragen*
gallardete m *wimpel* ★ buque ~ *vlaggenschip*
gallardía v *moed; dapperheid*
gallardo BNW • *gracieus • moedig; dapper* ★ un ~ poeta *een opmerkelijk dichter* ★ porte ~ *statige lichaamshouding; waardig optreden*
gallear ON WW • *het hoog in de bol hebben; opscheppen • uitblinken • haantje-de-voorste zijn*
gallego I m *Galiciër* II BNW *Galicisch* ★ mesa gallega *gedekte tafel zonder brood* ★ nabo ~ *voederbak; trog* ★ gaita gallega *doedelzak*
gallera v • *lokaal voor hanengevechten* • *vechthanenfokkerij • kooi* ⟨voor transport van vechthanen⟩
gallero m • *liefhebber van hanengevechten* • *fokker van vechthanen*
galleta v • *ongezit brood • biscuit; koekje* • *bestraffende tik; oorvijg* • RPL *kalebas om maté uit te drinken* ★ ~s finas *lange vingers* ⟨koekjes⟩ ★ ite doy una ~! *je krijgt een tik!* ★ INF. saltar una ~ *een klap geven* ★ MEX *tener mucha ~ erg sterk zijn*
galletero m *koektrommel*
gallina I v *kip* ★ cuando meen las ~s *nooit* ★ matar la ~ de los huevos de oro *de kip met de gouden eieren slachten* ★ acostarse con las ~s *met de kippen stok gaan* ★ carne de ~ *kippenvel* ★ ~ ciega *blindemannetje* (spel) ★ ~ sorda *snip* ★ paso de ~ *ganzenmars* ★ cantar la ~ *zich gewonnen geven* ★ como ~ en corral ajeno *als een kat in een vreemd pakhuis* ★ ~ ponedora *legkip; leghen* ★ ~ de cazo *soepkip* II m/v *lafaard*
gallinaza v *kippenmest*
gallinería v • *toom/nest kippen • poelierswinkel* • *lafhartigheid*
gallinero I m • *ring met goedkope plaatsen* ⟨theater⟩; FIG. *galerij • schuur voor pluimvee* • OOK FIG. *kippenhok • engelenbak* II BNW ★ hombre ~ *kippenhandelaar*
gallineta v • *(hout)snip • meerkoet*; ARG *parelhoen*
gallipavo m • *kalkoen • valse noot*
gallito m *haantje de voorste*
gallo m • *haan • valse noot • zonnevis* • COL *shuttle* ⟨bij badminton⟩ • MEX *(straat)concert* ★ en menos que canta un ~ *zeer snel* ★ ~ silvestre *auerhaan; woerhaan* ★ engreído

como ~ de cortijo *trots als een haan* ★ *misa del ~ nachtmis met Kerstmis* ★ *alzar/levantar el ~ zijn stem verheffen; hoogmoedig/ verwaand zijn* ★ *andar de ~ nachtbraken* ★ *otro ~ me cantara si het zou me anders zijn gegaan als* ★ *hacer/soltar/dar un ~ de stem doen overslaan* ★ *al canto de los ~s om middernacht* ★ *tiene mucho ~ hij is een ruziezoeker; hij is erg hooghartig* ★ *~ de pelea vechthaan; ruziezoeker* ★ *bajar el ~ rustig worden; inbinden*

galo I m • *Fransman* • *Galliër* • TAALK. *(het) Gallisch; (het) Frans* **II** BNW • *Frans* • *Gallisch*

galocha v *klomp*

galón m • *tres; bies; boordsel* • *gallon* ⟨inhoudsmaat⟩

galopada v *galoppade*

galopante BNW *galopperend* • *inflación ~ snelle inflatie* ★ *tisis ~ vliegende tering*

galopar ON WW *galopperen*

galope m *galop* • *a/de ~ in galop; in vliegende haast* ★ *a ~ tendido in gestrekte galop*

galopín m • *straatjochie; schooiertje* • *schelm; rakker*

galpón m ZA • *garage* • *loods*

galvanizar OV WW • *galvaniseren; verzinken* • *nieuw leven inblazen*

gama v • *toonladder* • *scala* ⟨kleuren⟩

gamada BNW • *cruz ~ hakenkruis*

gamba v • *been; poot* • *(grote) garnaal*

gamberrada v • *misselijke grap* • *baldadigheid*

gamberrismo m *vandalisme*

gamberro I m *straatjongen; vandaal* ★ *hacer el ~ zich aanstootgevend gedragen* **II** BNW *baldadig*

gambeta v • *schijnbeweging; ontwijkende beweging* • LA, SPORT *(het) dribbelen*

gambito m *gambiet*

gamella v • *uitholling in ossenjuk* • *trog* • *waskom*

gamo m *damhert* ★ *correr como un gamo heel hard rennen*

gamuza v • *gems* • *zeemleer; gemzenleer* • *imitatie zeemleer* • *stofdoek*

gana v • *zin; lust; neiging* • *eetlust; trek* ★ *abrir la gana de comer trek krijgen* ★ *ya se me pasó la gana ik heb geen trek meer* ★ *le tengo ganas ik heb zin het met hem uit te vechten* ★ *hacer su real gana zijn eigen zin doen* ★ *no me da la gana ik vertik het; ik heb er geen zin in* ★ *me están entrando ganas de imitar a tu amigo ik krijg zin het voorbeeld van je vriend te volgen* ★ *ni gana geen sprake van; ik heb er geen zin in ook* ★ *de mala gana tegen zijn zin; kwaadschiks* ★ *de buena gana goedschiks; met veel genoegen* ★ *¡con las ganas que tengo! en ik heb nou net zo'n zin!* ★ *de gana met ijver; goedschiks* ★ *de mejor gana liever*

ganadería v • *veeteelt* • *veestapel*

ganadero I m • *veehandelaar* **II** BNW *vee-* ★ *censo ~ veestapel* ★ *industria ganadera veeteelt*

ganado I m • *vee; kudde* • *bijenvolk* • *menigte* ★ *~ vacuno rundvee* ★ *cría de ~ veeteelt* ★ *~ bravo vechtstieren* ★ *~ mayor grootvee* ★ *~ menor kleinvee* ★ *guardar ~ het vee hoeden* ★ *~ lechero melkvee* ★ *~ registrado*

stamboekvee ★ *~ de engorde mestvee* **II** BNW *verdiend* ★ *como ~, así gastado zo gewonnen, zo geronnen*

ganador I m *winnaar* **II** BNW *winnend*

ganancia v • *winst* • *verdienste(n)* ★ *~s y pérdidas winst- en verliesrekening* ★ *dejar mucha ~ veel opleveren* ⟨v. zaak⟩ ★ *~s suplementarias bijverdienste(n)* ★ *embolsarse las ~s met de winst gaan strijken* ★ *no le arriendo la ~ ik zou niet graag in zijn schoenen staan*

ganancial BNW *winst-*

ganancioso BNW • *salir ~ de er (financieel) op vooruit gaan; voordeel behalen uit*

ganapán m • *sjouwer; kruier; witkiel* • *ruwe kerel*

ganar I OV WW • *winnen* • *verdienen* ⟨geld⟩ • *veroveren* • *overtreffen* • *bereiken* ★ SCHEEPV. *~ tierra de kust naderen* ★ *no le ~ías a pícaro die zul je niet in sluwheid overtreffen* ★ *~ enemigos zich vijanden maken* ★ *~ extra bijverdienen* ★ *al mar inpolderen* ★ *~ un tanto scoren* **II** ON WW • *winnen; zegevieren* • *er beter van worden; erop vooruit gaan* ★ *no ~ para disgustos veel tegenstand ondervinden* ★ *Juan te gana trabajando Jan werkt beter dan jij* ★ *~ a dos por cero met 2-0 winnen* ★ *salir ganando voordeel behalen*

ganchete m • *a medio ~ half afgemaakt* ★ *mirar al ~ schuins aankijken*

ganchillo m • *haakpen; haaknaald* • *haakwerk* ★ *hacer ~ haken* ★ *de ~ gehaakt*

gancho m • *haak* • *herdersstaf* • *charme; verleidelijkheid* • *medeplichtige; lokaas* • CHI *veiligheidsspeld* • LA *haarspeld* • ECU *dameszadel* • SPORT *hoekstoot* ★ *tener ~ aantrekkelijk zijn* ⟨v. vrouw⟩ ★ *echarle a uno el ~ zich handig van iemand meester maken*

ganchudo BNW *haakvormig; gebogen*

gandul I m *luilak* ★ *hacer el ~ rondhangen; niets uitvoeren* **II** BNW *lui*

gandulear ON WW *lanterfanten; niets doen*

gandulería v *luiheid*

ganga v • *buitenkansje* • *koopje* • *ganggesteente* ⟨mijnbouw⟩ ★ *ir a la caza de ~s op koopjes uit zijn* ★ *¡vaya una ~! dat is me ook wat moois!* ★ *a precio de ~ voor een spotprijs*

ganglio m *ganglion; peesknoop; zenuwknoop*

gangoso BNW *nasaal* ★ *hablar ~ door zijn neus praten*

gangrena v *koudvuur*

gangrenoso BNW *door koudvuur aangetast*

gangsta rap m *gangstarap*

gángster m *(gánster) gangster*

gangsterismo m *(gansterismo) gangsterdom*

ganguear ON WW *door zijn neus spreken*

ganguista m/v *koopjesjager*

ganoso BNW *verlangend*

gansada v *onzinnige opmerking; domheid*

gansear ON WW *onzin uitkramen; dom doen*

ganso m • *gans* • *domme gans; domoor* • *flauwe grapjas* ★ *hacer el ~ domme grappen maken; zich stom gedragen* ★ *hablar por la boca de ~ anderen napraten*

Gante v *Gent*

ganzúa v • *loper* ⟨sleutel⟩ • *inbreker* • *iemand*

die gemakkelijk geheimen ontfutselt
gañán m • *boerenknecht* • *stoere knaap*
gañir ON WW *janken*
garabatear I OV WW *krassen*; *krabbelen*; *onleesbaar schrijven* II ON WW • *krabbelen* • FIG. *er omheen draaien*
garabato m • *krabbel*; *haal*; *kras* • *haak* • *pikhaak* • CHI *vloek*
garabito m *kraam*
garaje m *garage* ⋆ ~ *para bicicletas fietsenstalling*
garajista m • *garagehouder* • *automonteur*
garambaina v • *opzichtige versieringen*; *tierlantijntjes* • *krabbels*; *hanenpoten* • *gekke gezichten*; *grimassen*
garante I m *persoon die garant staat* II BNW *garant* ⋆ *salir* ~ *de/con garant/borg staan voor*
garantía v • *waarborg*; *garantie*; *onderpand* • *vrijwaring* • *garantiebewijs* ⋆ JUR. ~*s constitucionales grondwettelijke rechten* ⋆ *sin* ~ *vrijblijvend* ⋆ *dar en* ~ *als waarborg geven* ⋆ ~ *bancaria bankgarantie* ⋆ *poner* ~*s* JUR. *zekerheid stellen*
garantizar OV WW • *garanderen*; *waarborgen* • *zich garant stellen voor* • *instaan voor* • *borg staan voor* • *garantie geven (op)*
garañón m • *mannelijk dier voor het dekken van wijfjes* • *dekhengst*
garapiña v *gedeeltelijk gestolde vloeistof*
garapiñar OV WW • *laten stollen* • *glaceren* ‹v. gebak› ⋆ *almendras garapiñadas suikeramandelen*
garbanzo m *kikkererwt* ⋆ *ser el* ~ *negro uit de toon vallen*
garbear ON WW *iets op een gracieuze manier doen*
garbeo m INF. *ommetje*; *wandelingetje* ⋆ *darse/ pegarse un* ~ *een ommetje maken*
garbillo m *zeef*
garbo m *elegantie*; *gratie*; *zwier*
garboso BNW *elegant*; *zwierig*; *stijlvol*
garceta v *kleine zilverreiger*
gardenia v *gardenia*; *Kaapse jasmijn*
garduña v *steenmarter*
garete ⋆ *ir(se) al* ~ *stuurloos ronddrijven* ‹v. schip›
garfa v *klauw*
garfio m *haak*
gargajear ON WW *spuwen*
gargajo m *fluim*
garganta v • *keel* • *smal gedeelte*; *hals* ‹v. fles› • *bergpas* • *ravijn*; *kloof* ⋆ *tener buena* ~ *een goede stem hebben* ⋆ *tener un nudo en la* ~ *een brok in de keel hebben*
gargantear ON WW • *vibreren*; *met loopjes zingen* • *klaplopen*; *bietsen*
gargantilla v • *halssnoer* • *kraal*
gárgaras v ⋆ *ivete a hacer* ~*! ja, dag!*; *loop naar de hel!* ⋆ *mandar a hacer* ~ *de laan uit sturen* ⋆ *hacer* ~ *gorgelen*
gargarismo m • *(het) gorgelen* • *gorgeldrank*
gargarizar ON WW *gorgelen*
gárgol m *snee*; *gleuf*
gárgola v • *goot*; *afvoerpijp* • *waterspuwer*
garguero m *keel*; *luchtpijp*
garifo BNW • *keurig*; *statig* • *hongerig*

garita v • *wachtershuisje*; *portiershokje* • *toilet*; *wc*
garitero m • *baas van een goktent* • *gokker*
garito m *speelhol*; *goktent*
garla v *geklets*
garlito m • *fuik* • *val(strik)* ⋆ *coger en el* ~ *op heterdaad betrappen* ⋆ *caer en el* ~ *in de val lopen*
garlopa v *gladschaaf*
garlopín m *kleine schaaf*
garnacha v • *soort zoete druif* • *donkerrode, zoete wijn* • MEX. CUL. *maïspannenkoek met rode peper*
garra v • *klauw* • *haak*
garrabato m *hanenpoot*; *krabbel*
garrafa v • *mandfles* • *karaf* ⋆ ZA *gasfles*
garrafal BNW *enorm*; *reusachtig* ⋆ *una equivocación* ~ *een enorme blunder*
garrafón m • *grote karaf* • *grote mandfles*; *dame-jeanne*
garrancha v *degen*
garrapata v *teek*
garrapatear OV WW *krabbelen*; *neerpennen*
garrapato m → **garrabato**
garras v mv • → **garra** • *bont van de poten van dieren* • *jatten* ‹vingers› ⋆ *caer en las* ~ *de algo/alg. aan iets/iemand overgeleverd zijn*
garrido BNW • *keurig* • *mooi*
garrocha v • *spies*; *piek* ‹v. een picador› • SPORT *polsstok*
garronear ON WW RPL *klaplopen*; *op andermans zak teren*
garrota v *stok*; *knuppel*
garrotazo m *slag met een knuppel*
garrote m • *stok* • *kneveling* • *worgpaal* ⋆ *dar* ~ a alg. *iemand knevelen*
garrotillo m *kroep* ‹difterie›
garrucha v *katrol*
garrudo BNW • *met sterke klauwen* • *krachtig*
garrulería v *geklets*; *gekakel*
garrulidad v *praatzucht*
gárrulo BNW *breedsprakig*; *praatziek* ⋆ LIT. *los* ~*s pájaros de kwetterende vogels* ⋆ LIT. *los* ~*s arroyos de murmelende beken*
garúa v ZA *motregen*
garufa v ARG *fuifnummer* ⋆ *ir de* ~ *gaan stappen*
garulla v • *aantal losse druiven* • *meute*; *bende* • *kwajongens*
garza v *reiger* ⋆ ~ *real zilverreiger*
garzo BNW *helderblauw* ‹v. ogen›; *met blauwe ogen*
garzón m • (v: **garzona**) CHI *kelner* • COL, VEN *soort koningsreiger*
garzota v • *kleine reiger* • *pluim*; *vederbos*
gas m *gas* ⋆ *gas lacrimógeno traangas* ⋆ *gas mostaza mosterdgas* ⋆ *gas hilarante lachgas* ⋆ *gas de los pantanos methaangas* ⋆ *llave del gas gaskraan* ⋆ *estufa/radiador de gas gashaard*; *gaskachel* ⋆ *gas natural aardgas* ⋆ *gas pobre generatorgas*; *menggas* ⋆ *gases tóxicos gifgassen* ⋆ *gas carbónico koolzuurgas* ⋆ *gas butano butagas* ⋆ *gases licuados de petróleo (GLP) LPG* ⋆ *cocinar con gas op gas koken* ⋆ a *todo gas plankgas*; FIG. *in volle vaart*

ga

gasa v • *verbandgaas* • *verband*
Gascuña v *Gascogne*
gaseoducto m *gasleiding*
gaseosa v *priklimonade*
gaseoso BNW *gasvormig*
gasfitero m PERU *loodgieter*
gasista m/v • *gasfitter* • *meteropnemer*
gasoducto m → **gaseoducto**
gasógeno m *gasgenerator; vergassingsapparaat*
gasoil m (**gasóleo**) *diesel(olie)*
gasolina v *benzine* ⋆ ~ sin plomo *loodvrije benzine* ⋆ ~ refinada *wasbenzine* ⋆ ~ súper super(benzine) ⋆ echar ~ *tanken*
gasolinera v • *benzinestation* • *motorbootje*
gasómetro m *gashouder; gastank*
gastado BNW • *versleten* • *verouderd; afgeleefd* ⋆ un chiste muy ~ *een afgezaagde mop*
gastador I m *verkwister* II BNW *verkwistend*
gastar OV WW • *besteden* ⟨v. geld⟩ • *verslijten* • *gebruiken; verbruiken; zich bedienen van* • *besteden; doorbrengen* ⟨v. tijd⟩ ⋆ esta ropa está a medio ~ *deze kleren zijn half afgedragen* ⋆ ~ mucho (dinero) *veel geld uitgeven* ⋆ ~ bromas *moppen tappen* ⋆ ¿qué número gasta usted? *welke maat draagt u?* ⋆ ~ gafas *een bril dragen* ⋆ ~ palabras *voor niets praten* ⋆ ~ sin tasa *geld verknoeien* ⋆ así las gasto yo *zo ben ik nu eenmaal* ⋆ ino sabe usted cómo las gasta! *u weet niet half hoe hinderlijk hij is!* ⋆ en ello se ha gastado la mitad de su fortuna *dat heeft hem de helft van zijn vermogen gekost*
gastarse WKD WW • *(ver)slijten* • *(veel) gedragen worden* • *in (de mode) zijn* ⋆ ~ por oxidación *doorroesten*
gasto m • *kosten; uitgave(n)* • *verbruik* ⋆ hacer el ~ *de kosten op zich nemen* ⋆ es lo que hace el ~ *dat is het voornaamste* ⋆ ~ de representación *representatiekosten* ⋆ cubrir ~s *de kosten dekken* ⋆ ~s de composición TECHN. *zetkosten* ⋆ ~s de correo *portokosten* ⋆ ~s e ingresos *uitgaven en inkomsten* ⋆ economía de ~s *kostenbesparing* ⋆ contribuir a sufragar los ~s *in de kosten bijdragen* ⋆ no escatimar ~s *geen kosten sparen* ⋆ originar ~s *kosten met zich meebrengen* ⋆ ~s de residencia *reiskosten* (voor het werk) ⋆ ~ de combustible *brandstofverbruik* ⋆ ~s de custodia/depósito *bewaarloon* ⋆ ~s de explotación *bedrijfskosten* ⋆ meterse en ~s *zich kosten op de hals halen* ⋆ ~s de escrituración *notariskosten*
gastoso BNW *verkwistend*
gastralgia v *maagkramp; maagpijn*
gástrico BNW *van de maag; maag-* ⋆ catarro ~ *maagcatarre* ⋆ úlcera gástrica *maagzweer* ⋆ jugo ~ *maagzuur*
gastritis v *maagvliesontsteking*
gastroenteritis v *maag-darmonsteking*
gastronomía v *gastronomie*
gastronómico BNW *gastronomisch*
gastrónomo m *gastronoom; fijnproever*
gata v • *poes* • INF. *Madrileense* ⋆ andar a gatas (por) *kruipen (over)* ⋆ hacer la gata *nederigheid voorwenden*
gatada v • *katachtige beweging* • *slimme streek*

• *worp katten*
gatazo m • *grote kat* • *afzetterij*
gateado I m *gekruip; geklauter* II BNW • *met (tijger)strepen* • *katachtig*
gatear ON WW *klauteren; kruipen*
gatera v *kattenluik*
gatero m *kattenhandelaar; kattenvriend*
gatillo m *trekker* ⟨v. vuurwapen⟩ ⋆ apretar el ~ *de trekker overhalen*
gato m • *kat; kater* • *katachtige* • *bankschroef; klem* • *krik* • *geldbuidel* • *slimme vos* • *Madrileen* • PERU *markt* ⟨in open lucht⟩ • ARG *volksdans* ⋆ dar gato por liebre *knollen voor citroenen verkopen* ⋆ ser gato viejo *door de wol geverfd zijn* ⋆ lavarse a lo gato *zich wassen zonder water* ⋆ gato de algalia *civetkat* ⋆ como gato por ascuas *vlug en bang* ⋆ llevar el gato al agua *de kat de bel aanbinden* ⋆ aquí hay gato encerrado *daar steekt wat achter* ⋆ gato escaldado del agua fría huye *een ezel stoot zich niet tweemaal aan een steen* ⋆ había cuatro gatos *er waren maar een paar mensen* ⋆ gato vagabundo *zwerfkat*
gatuno BNW *kat-; van de kat; katachtig*
gatuperio m • *allegaartje; ratjetoe* • *duister zaakje; onfris zaakje*
gauchaje m CHI, ARG, URU *groep gaucho's*
gaucho I m • ZA *gaucho; bewoner van de pampa; cowboy* • CHI, RPL *goede ruiter* II BNW *van de gaucho's*
gaudeamus m *festijn; smulpartij*
gaveta v *bureaulade*
gavia v • *cel voor krankzinnigen; gesticht* • *marszeil* • *kraaiennest* • *meeuw* • *greppel; sloot*
gavilán m *sperwer* ⋆ uñas de ~ *lange nagels* ⋆ gavilanes *kruis van het gevest* ⟨v. degen⟩ ⋆ nariz de ~ *haviksneus*
gavilla v • *schoof* • *bundel takken* • *gespuis*
gaviota v *meeuw*
gay I m *homo; flikker* II BNW (onv.) *homoseksueel* ⋆ el movimiento gay *de homobeweging*
gaya v • *ekster* • *gekleurde streep* ⟨op stof⟩
gayo BNW *vrolijk* ⋆ la gaya ciencia *de dichtkunst* ⋆ la gaya doctrina *de dichtkunst; troubadourskunst*
gaza v *lus; strop*
gazapa v *leugen; smoes*
gazapera v • *konijnenhol* • *rovershol; schuilplaats*
gazapo m • *jong konijn* • *verspreking* • *schrijffout; drukfout* • COMP. *bug*
gazmoñero I m (**gazmoño**) • *huichelaar; hypocriet* • *preuts iemand; aanstellerig persoon* II BNW (**gazmoño**) • *huichelachtig* • *preuts*
gaznápiro m INF. *lomperd*
gaznate m *keel*
gazpacho m *gazpacho* ⟨koude soep⟩
gazuza v INF. *honger*
géiser m *geiser* ⟨warme bron⟩
gel m ⋆ gel de baño *badschuim*
gelatina v *gelatine; gelei*
gelatinoso BNW *geleiachtig; gelatineachtig*
gélido BNW *koud* ⟨schrijftaal⟩; *kil*

gema v *edelsteen*
gemelo I m • *één van een tweeling*
• *manchetknoop* • *verrekijker* ★ ~s *tweeling*
★ ~s univitelinos *eeneiïge tweeling* ★ ~s de
campo *veldkijker* II BNW *tweeling-*
★ *hermanos* ~s *tweelingbroers* ★ (músculo) ~
tweelingspier ‹beenspier› ★ *ciudad gemela*
zusterstad ★ ~
gemido m • *gekerm; gekreun* • *gehuil* ‹v. wind›
gemidor BNW • *kermend; kreunend* • *huilend* ‹v.
wind›
Géminis m ASTROL. *Tweelingen*
gemir /i/ ON WW • *kreunen; kermen* • *huilen* ‹v.
wind›
gen m *gen* ★ *banco de genes genenbank*
gendarme m *politieagent; veldwachter*
gendarmería v *politiebureau*
genealogía v *genealogie*
genealógico BNW *genealogisch* ★ *árbol* ~
stamboom
genealogista m/v *genealoog*
generación v • *voortplanting* • *opwekking; (het)*
genereren • *generatie* • *geslacht;*
nakomelingschap ★ *la* ~ *futura het komende*
geslacht
generador I m • *voortbrenger* • *kweekreactor;*
generator ★ *motor* ~ *motordynamo* II BNW
• *opwekkend* ‹v. reacties› • *voortbrengend* ★ *es*
u.p. ~*a de odios het is een persoon die haat*
opwekt
general I m • *generaal* • *hoofd* ★ ~ *en jefe*
bevelvoerende generaal ★ *las* ~*es de la ley de*
algemene vragen aan de getuigen II BNW
• *algemeen* • *gebruikelijk* ★ *agente* ~
hoofdagent ★ *confesión* ~ *generale biecht* ★ *en*
~/*por lo* ~ *over het algemeen* ★ *carretera* ~
rijksweg; hoofdweg ★ *carga* ~ *stukgoed*
generala v • *alarm* • *vrouw van de generaal*
★ *tocar (a)* ~ *alarm slaan* ★ ARG *Generala beeld*
van de (Heilige) Maagd
generalato m • *de generaals* • *generaalschap;*
generaalsrang
generalidad v • *merendeel; meerderheid*
• *algemeenheid* ★ *la* ~ *de los hombres het gros*
van de mensen ★ *en la* ~ *de los casos in de*
meeste gevallen ★ *contestó con una* ~ *hij gaf*
een vaag antwoord ★ *las* ~*es de la asignatura*
de grote lijnen van het vak ★ POL. *Generalitat*
autonome regering v. Catalonië
generalísimo m *opperbevelhebber*
generalización v *uitbreiding* ‹v. conflict›;
generalisatie
generalizar OV WW *generaliseren; veralgemenen*
generalizarse WKD WW *algemeen worden*
generalmente BIJW *meestal; in het algemeen*
generar OV WW • *opwekken; doen ontstaan*
• *verwekken; scheppen* ★ ~ *electricidad stroom*
opwekken ★ ~ *empleo werkgelegenheid*
scheppen
genérico BNW *van de soort* ★ *nombre* ~
soortnaam ★ *artículo* ~ *onbepaald lidwoord*
★ *desinencia genérica geslachtsuitgang*
género m • *soort* • *genre* • *manier; stijl*
• *(handels)artikel* • TAALK. *geslacht* ★ *eso es del*
~ *bobo dat is een stommiteit* ★ ~ *masculino/*
femenino/neutro mannelijk/vrouwelijk/

onzijdig geslacht ★ ~ *humano mensheid;*
menselijk ras ★ ~s *sin salida onverkoopbare*
waren ★ *cuadro de* ~ *genreschilderij* ★ ~s a
granel massagoederen ★ ~ *chico kleinkunst;*
eenakters; zarzuela's ★ ~ *novelístico*
romangenre
generosidad v • *edelmoedigheid* • *vrijgevigheid*
generoso BNW • *edelmoedig* • *vrijgevig; royaal*
• *edel* ‹v. wijn›; *van hoge kwaliteit* ★ ~ *con el*
dinero royaal met geld ★ ~ *de espíritu*
edelmoedig
génesis I v *ontstaansgeschiedenis; het ontstaan*
II BNW *wordings-; ontstaans-*
genético BNW *van de erfelijkheid; genetisch*
★ *manipulación genética genetische*
manipulatie ★ *material* ~ *erfelijk materiaal*
genial BNW • *geniaal; uitzonderlijk begaafd*
• INF. *geweldig; fantastisch* ★ *¡vaya, idea* ~!
wat een fantastisch idee!
genialidad v • *genialiteit* • *extravagantie;*
buitensporigheid
genio m • *karakter; aard* • *slecht karakter*
• *humeur* • *genie* • *begaafdheid* • *geest; spook*
★ *corto de* ~ *schuchter* ★ *llevarle a uno el* ~
maar met iemand meepraten ★ *tener* ~ *para*
aanleg hebben voor ★ *tener mal* ~ *moeilijk in*
de omgang zijn ★ *pronto/vivo de* ~ *opvliegend*
★ *tener el* ~ *vivo een opvliegend karakter*
hebben
genital BNW *geslachts-* ★ *órganos* ~*es*
geslachtsorganen
genitivo m *tweede naamval; genitivus*
genocidio m *volkerenmoord; genocide*
genoterapia v *gentherapie*
Génova v *Genua*
genovés I m (v: **genovesa**) *persoon uit Genua;*
Genuees II BNW (v: **genovesa**) *van Genua;*
Genuees
gente v • *mensen* • *menigte* • *familie;*
verwanten; gemeenschap • LA *persoon;*
individu ★ *el don de* ~ *se da gave om met*
mensen om te gaan ★ ~ *de pluma schrijvers*
★ ~ *de paz gemoedelijke mensen* ★ *esta mujer*
es mucha ~ *deze vrouw is een belangrijke*
persoon ★ ~ *gorda belangrijke/invloedrijke*
mensen ★ ~ *de cuidado onbetrouwbare*
mensen ★ ~ *de la calle gewone mensen* ★ ~
(de) *bien fatsoenlijke mensen* ★ ~ *perdida*
leeglopers ★ *el decir de las* ~s *de achterklap;*
het geroddel ★ *derecho de* ~s *volkenrecht* ★ ~
de color kleurlingen ★ ~ *de mar zeevolk* ★ ~
de medio pelo middenstand ★ INF. ~ *menuda*
kinderen ★ ~ *de poco más o menos*
doorsneemensen ★ ~ *de trato kooplui* ★ *la* ~ *así*
dat soort mensen/lui ★ *el común de las* ~s *de*
gewone mensen; de gemiddelde burger ★ *mi* ~
mijn gezin/familie ★ *es buena* ~ *hij is heel*
aardig
gentecilla v PEJ. *janhagel; gespuis*
gentil I m/v *heiden* II BNW • *mooi* • *aardig;*
vriendelijk • *heidens* ★ *hombre* ~ *hofjonker;*
edelman
gentileza v *vriendelijkheid; beleefdheid*
gentilhombre m *hofdienaar* ★ ~ *de cámara*
kamerheer
gentilicio I m *naam die geografische herkomst*

ge

ge

aanduidt **II** BNW *geografische herkomst aanduidend*
gentío m • *menigte* • *oploop*
gentuza v *schorem*; *gespuis*
genuflexión v • *kniebuiging* • *knieval*; *(het) neerknielen*
genuino BNW *echt*; *onvervalst*
geodesia v *geodesie*; *landmeetkunde*
geodésico BNW *landmeetkunde-*
geofísico m *geofysicus*
Geofredo m *Godfried*
geografía v • *aardrijkskunde* • *grondgebied* ★ ~ *y etnología land- en volkenkunde* ★ ~ *astronómica kosmografie*
geográfico BNW *aardrijkskundig*; *geografisch*
geógrafo m *aardrijkskundige*; *geograaf*
geología v *aardkunde*; *geologie*
geológico BNW *geologisch*
geólogo m *geoloog*
geometría v *geometrie*; *meetkunde* ★ ~ *del espacio stereometrie* ★ ~ *descriptiva beschrijvende meetkunde*
geométrico BNW *geometrisch*; *meetkundig*
geomorfología v *geomorfologie*
geopolítica v *geopolitiek*
georgiano BNW *Georgisch*
geranio m *geranium*; *ooievaarsbek*
gerencia v • *periode dat iemand de leiding heeft* • *beheer*; *directie*; *(bedrijfs)leiding*; *bestuur* • *kantoor van de directeur*
gerente m/v *bedrijfsleider*; *directeur*
geriatra m/v *geriater*
geriatría v *geriatrie*
geriátrico I m *geriatrisch patiënt* **II** BNW ★ *residencia geriátrica verpleeghuis*
gerifalte m • *giervalk* • *kopstuk* ⟨persoon⟩ • *uitblinker*
germanesco BNW ★ *lenguaje* ~ *Bargoens*; *dieventaal*
germanía v • *zigeunertaal* • *Bargoens*; *boeventaal*
germánico I m (**germano**) *Duitser*; *Germaan* **II** BNW (**germano**) *Duits*; *Germaans*
germanófilo BNW *germanofiel*; *Duitsgezind*
germen m • *embryo* • *kiem* • *oorsprong*; *begin* ★ ~ *infeccioso ziektekiem* ★ ~ *patógeno ziektekiem* ★ ~ *de desintegración splijtzwam* ★ *sofocar en el* ~ *in de kiem smoren*
germicida I m *kiemdodend middel* **II** BNW *kiemdodend*
germinación v *het groeien*; *het ontkiemen*
germinar ON WW • *ontstaan* • *ontkiemen*
gerontocracia v *gerontocratie*
gerontología v *gerontologie*
gerontólogo m *gerontoloog*
gerundense I m/v *iemand uit Gerona* **II** BNW *van Gerona*; *uit Gerona*
gerundiano BNW *hoogdravend*; *retorisch*
gerundio m TAALK. *gerundium*
gesta v *heldendaad*
gestación m • *(duur van de) zwangerschap* • *wordingsproces* • *voorbereiding* ★ *en* ~ *zwanger*; *in wording*
gestar OV WW • *zwanger zijn van*; *dragen* • *zinnen op*; *beramen*
gestarse WKD WW *groeien*; *ontstaan*

gestear ON WW • *grimassen maken*; *rare bekken trekken* • *gebaren maken*
gesticulación v • *(gezichts)mimiek* • *gebaren(spel)*; *gebarentaal*
gesticular ON WW • *gezichten trekken* • *gesticuleren*; *gebaren maken*
gestión v • JUR. *handeling*; *formaliteit*; FIG. *stap* • *leiding*; *beheer* ★ ~ *de empresas management*; *bedrijfsleiding* ★ *mala* ~ *wanbeheer*; *wanbeleid* ★ *gestiones bemoeienissen* ★ *hacer gestiones stappen ondernemen*
gestionar ON WW JUR. *handelingen verrichten*; *formaliteiten afhandelen* ★ ~ *la obtención de una patente stappen doen om een patent te verkrijgen*
gesto m • *gelaatsuitdrukking* • *goede eigenschap*; *vriendelijkheid* ★ *hacer* ~ *s a alg. gebaren naar iemand maken* ★ *poner* ~ *het gezicht vertrekken* ★ *estar de mal* ~ *het slecht naar de zin hebben* ★ *torcer el* ~ *zijn neus ophalen*; *een zuur gezicht trekken* ★ *con un* ~ *de asco met een vies gezicht* ★ *con* ~ *de enfado met een kwaad gezicht*
gestor I m • *bemiddelaar* • *zaakwaarnemer* **II** BNW *behandelend*; *bemiddelend* ★ *entidad* ~ *a bemiddelingsbureau*; *dienstverlenende instelling*
gestoría v *administratiekantoor*
ghanés m (v: **ghanesa**) *Ghanees*
ghetto m *getto*
giba v • *bult*; *bochel* • *(over)last*
gibado BNW *met een bochel*; *gebocheld*
gibar OV WW • *krommen* • *last bezorgen*; *hinderen*
gibón m *gibbon*
giboso I m *gebochelde* **II** BNW *met een bochel*
gibraltareño I m *iemand uit Gibraltar* **II** BNW *van/uit Gibraltar*
gigante I m • *reus* • *uitblinker*; *kei*; *ster* ★ *a pasos de* ~ *met reuzenschreden* **II** BNW *reusachtig*
gigantesco BNW *gigantisch*; *reusachtig*
gigantismo m *gigantisme*
gigoló m *gigolo*
gigote m *ragout*
Gil m *Aegidius*; *Gilles*
gilí I m/v • *stomkop* • *verwaand iemand* **II** BNW • *verwaand* • *onnozel*; *idioot*
gilipollada v INF. *dwaasheid*
gilipollas m/v • *idioot* • VULG. *lul* ⟨persoon⟩ ★ VULG. *hacer el* ~ *voor lul staan* ★ VULG. *ese tío es un verdadero* ~ *die vent is een ontiegelijke zak*
gilipollez v INF. *onzin*; *flauwekul*
gimnasia v • *gymnastiek* ★ ~ *sueca Zweedse oefeningen*; *gymnastiek die je zonder toestellen beoefent* ★ *traje de* ~ *gymnastiekpakje* ★ *profesor de* ~ *leraar lichamelijke opvoeding* ★ ~ *matinal ochtendgymnastiek* ★ ~ *aeróbica aerobics*
gimnasio m *gymnastiekzaal*
gimnasta m/v *turner*; *gymnast*
gimnástico BNW *gymnastisch*
gimotear ON WW *jengelen*; *blèren*
gimoteo m *gejammer*; *gekreun*

ginebra v *jenever*; *gin*
Ginebra v *Genève*
ginecología v *gynaecologie*
ginecólogo m *vrouwenarts*; *gynaecoloog*
gingivitis v *tandvleesontsteking*
gira v • *tournee* • *tocht(je)*; *excursie*
girado m *trassaat*; *degene op wie een wissel getrokken wordt*; ECON. *betrokkene*
girador m *trassant*; *degene die een wissel trekt*
giralda v *windwijzer* ⋆ la Giralda *de toren van de kathedraal van Sevilla*
girar I OV WW • *gireren*; *overmaken* • *een wissel trekken (op)* ⋆ ~ acerca de u.c. *iets betreffen* II ON WW • *ronddraaien* • *afslaan*; *van richting veranderen* • *gaan (over)*; *draaien (om)* • *zwenken*; *draaien*
girasol m *zonnebloem*
giratorio BNW *draaiend* ⋆ puertas giratorias *draaideuren* ⋆ puente ~ *draaibrug* ⋆ plato ~ *draaitafel*
giro m • *draai*; *zwenking* • *wending* • *giro*; *wissel* • *betalingsverkeer*; *giraal verkeer* • *uitdrukking*; *zinswending* ⋆ tomar otro giro *een keer nemen* ⋆ giro postal *postwissel* ⋆ giro bancario *bankwissel* ⋆ giros *post- en bankbetalingen*
giroscópico BNW *gyroscopisch*
giroscopio m *gyroscoop*
gis m MEX *krijtje*
gitana v • *zigeunerin* • *bedriegster*
gitanada v *gemene streek*; *zigeunerstreek*
gitanear OV WW *ompraten*; *flikflooien*
gitanería v • *groep zigeuners*; *zigeunervolk* • *valse streek*; *gemene streek* • *sluwheid*; *gemeenheid* • *vleierij*; *geflikflooi*
gitanesco BNW *sluw*; *gemeen*; *vals*
gitano I m • *zigeuner* • *gluiperd*; *valserik* • *vleier* II BNW • *zigeuner-* • *vals*; *sluw* • *vleierig*
glabro m *kaal(hoofdig)*
glaciación v *ijstijd*
glacial BNW • *ijs-*; *bevroren* • *ijzig*; *ijskoud* • *koel* ⟨v. houding⟩ ⋆ océano ~ *ijszee*
glaciar m *gletsjer*
gladiador m *gladiator*
gladiolo m *zwaardlelie*; *gladiool*
glande m *eikel* ⟨v. penis⟩
glándula v *klier* ⋆ ~s suprarrenales *bijnieren* ⋆ ~ lagrimal *traanklier* ⋆ ~ mamaria *melk-/borstklier* ⋆ ~ salival *speekselklier* ⋆ ~ sebácea *talgklier*
glandular BNW *van de klieren*; *klier-*
glaseado I m CUL. *glazuur* II BNW *geglaceerd* ⋆ papel ~ *glanzend papier*
glasear OV WW • CUL. *glazuren* • *glanzend maken*
glauco BNW *zeegroen*
glaucoma m *groene staar*; *glaucoom*
gleba v • GESCH. *hofhorig land*; *grond van (leen)heer* • *aardkluit* • *grasveld* ⋆ siervo de la ~ *lijfeigene*
glicerina v *glycerine*
global BNW *globaal*; *totaal-*
globalidad v *geheel*; *totaal* ⋆ en su ~ *in zijn totaliteit*
globalización v *mondialisering*

globalizador m *alomvattend*; *globaliserend* ⋆ una respuesta ~a *een alomvattend antwoord*
globo m • *aardbol* • *luchtballon* • *ballon* • *bol(lamp)* • *glazen bolvormige lampenkap* • *(tekst)ballon* ⟨in strips⟩ ⋆ hincharse como un ~ *groeien van trots* ⋆ salir en ~ *op straat gezet worden* ⋆ ~ dirigible *zeppelin* ⋆ en ~ *globaal (genomen)* ⋆ ~ ocular/del ojo *oogbol* ⋆ ~ terráqueo/terreste *wereldbol*; *aardbol* ⋆ ~ aerostático *luchtballon*
globular BNW • *van de bloedlichaampjes* • *bolvormig*
glóbulo m *bolletje*; *klein bolvormig lichaam* ⋆ ~ blanco *wit bloedlichaampje* ⋆ ~ rojo *rood bloedlichaampje* ⋆ ~ de la sangre *bloedlichaampje*
gloria I m *gloria* ⟨kerkgezang⟩ II v • *hemel*; *heerlijkheid* • *roem*; *beroemdheid* • *eer*; *trots* • *beroemd persoon* • *vreugde*; *genot* ⋆ pasar a la ~ *beroemd worden* ⋆ estar en la ~ *in de zevende hemel zijn* ⋆ mi tío que esté en ~ *mijn oom zaliger* ⋆ sabe a ~ *het is heerlijk/zalig!* ⋆ hacer ~ de *zich beroemen op* ⋆ da ~ verlo *het is een lust voor het oog* ⋆ sábado de ~ *Stille Zaterdag* ⋆ tocar a ~ *de paaszaterdag inluiden*
gloriado m LA *punch* ⟨v. brandewijn⟩
gloriarse /í/ WKD WW • *zichzelf prijzen* • *zich beroemen (op)*; *opscheppen (over)* • *plezier hebben (in)*; *vreugde beleven (aan)*
glorieta v • *prieel* • *rond plein(tje)* • *rotonde*; *kruispunt*
glorificación v *verering*; *verheerlijking*; *lofprijzing*
glorificar OV WW • *verheerlijken* • *lofprijzen*; *roemen*
glorificarse WKD WW *trots zijn*; *zich beroemen*
gloriosamente BIJW • *roemrucht* • *roemrijk*
glorioso BNW • *glorieus* • *verwaand* • *zalig*; *heerlijk* • *roemrucht* ⋆ hechos ~s *roemruchte daden*
glosa v • *glosse*; *notitie* • *toelichting*; *(letterkundig) commentaar* ⋆ ~ *(marginal) kanttekening*
glosador m *iemand die een tekst van kanttekeningen voorziet*; *glossator*
glosar OV WW • *becommentariëren* • *van kanttekeningen voorzien*
glosario m *glossarium*; *verklarende woordenlijst*
glotis v *glottis*; *stemspleet*
glotón I m (v: **glotona**) *veelvraat*; *schrokop* II BNW (v: **glotona**) *vraatzuchtig*; *gulzig*
glotonear ON WW *schrokken*
glotonería v *gulzigheid*
GLP AFK (Gases Licuados de Petróleo) *LPG*
glucemia v *bloedsuiker*
glucosa v *glucose*; *druivensuiker*
gluten m • *lijmstof* • PLANTK. *gluten*
glúteo BNW *bil-* ⋆ (músculo) ~ *bilspier*
glutinoso BNW *kleverig*; *lijmerig*
gnomo m *gnoom*; *aardmannetje*; *kabouter*
gobelino m *gobelin*; *wandtapijt*
gobernable BNW • *regeerbaar* • *bestuurbaar* ⟨v. schip⟩
gobernación v *het regeren*; *bestuur* ⋆ Ministerio

go

de la Gobernación *Ministerie van Binnenlandse Zaken*

gobernador m *regeringsfunctionaris; gouverneur; provinciebestuurder* ★ ~ civil *militair opperbevelhebber in een provincie; burgerlijk provinciebestuurder*

gobernalle m *roer*

gobernante I m/v *machthebber; heerser* II BNW *regerend; heersend* ★ *partido* ~ *regeringspartij*

gobernar /ie/ I OV WW • *regeren* • *overheersen* • *(be)sturen* II ON WW *regeren* ★ ~ es prever *regeren is vooruitzien*

gobernarse /ie/ WKD WW • *zich gedragen* • *zich laten leiden; zich richten naar*

gobierno m • *bestuur; leiding; regering; beheer* • *macht* ⟨over het stuur, roer⟩ • *overheid* • *kabinet* • *regeringsgebouw* ★ para su ~ *ter informatie; te uwer kennisname* ★ ~ de la casa *huishouding* ★ servir algo de ~ *als richtsnoer dienen; als waarschuwing dienen* ★ ~ en el exilio *regering in ballingschap* ★ ~ en la sombra *schaduwkabinet* ★ ~ de transición *overgangsregering/-bewind* ★ ~ autónomo *autonome regering; deelregering* ★ SP ~ civil *ambt van provinciaal (burgerlijk) gouverneur* ★ ~ federal *bondsregering* ★ ~ minoritario *minderheidsregering* ★ sin ~ *stuurloos*

gobio m *grondel* ⟨vis⟩

goce m *genot; genieting* ★ con goce de sueldo *met behoud van salaris*

gocho m *varken;* INF. *zwijn*

godo I m • *Goot; Visigoot; West-Goot* • PEJ. *Spanjaard* ⟨naam t.t.v. Onafhankelijkheidsoorlog⟩ II BNW *Gotisch; van de Goten*

Godos m mv *de Goten*

gofre m CUL. *wafel*

gol m *goal; doelpunt* ★ meter un gol *een doelpunt maken;* FIG. *een overwinning behalen* ★ área de gol/meta *doelgebied*

gola v • *keel; strot* • *losse (kanten) kraag* • *ringkraag* ⟨v. harnas⟩

goleada v *groot aantal doelpunten*

goleador I m *doelpuntenmaker* II BNW *doelpunten makend*

golear ON WW *meer doelpunten maken dan de tegenpartij*

goleta v SCHEEPV. *schoener*

golf m *golf*

golfa v *slet*

golfear ON WW *zwerven; op straat leven*

golfería v *tuig; uitschot; schorriemorrie*

golfillo m *schooiertje; zwervertje*

golfista m/v *golfspeler*

golfo m • *schoft; kwajongen* • *zwerver; straatjongen* • *golf; baai*

golilla m • *bef* ⟨v. pij of toga⟩ • *medewerker bij de rechtbank* • *verenkraag* ⟨v. vogels⟩

gollería v • *delicatesse; lekkernij* • *weelde; overdaad; buitensporigheid*

golletazo m • TAUR. *dolksteek in de hals* • *slag waarbij de hals van de fles gebroken wordt* ★ dar un ~ *iets abrupt beëindigen*

gollete m *hals* ⟨ook van fles⟩ ★ beber a ~ *uit de fles drinken* ★ URU, INF. no tener ~ *nonsens zijn*

golondrina v • *zwaluw* • *pendelboot;*

passagiersboot • CHI *verhuiswagen* ★ una ~ no hace verano *één zwaluw maakt nog geen zomer*

golondrino m • *ontsteking van de okselzweetklieren* • *zwerver* • MIL. *deserteur*

golondro m *verlangen; lust* ★ campar de ~ *klaplopen; teren op andermans zak* ★ andar en ~s *luchtkastelen bouwen*

golosina v • *snoepje; lekkernij; zoetigheid* • *luxe* ★ espíritu de la ~ *mager scharminkel*

goloso I m *snoeper; zoetekauw* II BNW • *smakelijk; appetijtelijk* • *aantrekkelijk; begerenswaardig*

golpazo m *harde klap*

golpe m • *slag; stoot;* OOK FIG. *klap* • *aanslag; overval* • *verrassende zet* • *welkome gebeurtenis* • *palletje* ⟨v. slot⟩ ★ acusar el ~ *zijn stempel drukken op* ★ no dar (ni) ~ *erg lui zijn; niets uitvreten* ★ ~ de Estado *staatsgreep; putsch* ★ ~ de mar *stortzee* ★ ~ de tos *hoestaanval* ★ ~ de viento *rukwind* ★ al primer ~ de vista *op het eerste gezicht* ★ de ~ y porrazo *onverwachts* ★ dar ~ *opzien baren* ★ dar ~ a u.c. *van iets proeven* ★ dar el ~ *zijn slag slaan* ★ ha errado el ~ *hij heeft misgeslagen* ★ de un ~ *aan één stuk* ★ al primer ~ de vista *de eerste indruk* ★ andar a ~s *steeds ruzie hebben* ★ a ~s *slaand; onregelmatig* ★ parar el ~ *een tegenslag voorkomen* ★ ~ bajo *stoot onder de gordel* ★ ~ en falso *misstap; misslag* ★ ~ franco/libre *vrije schop* ★ ~ de martillo *smash* ⟨bij tennis⟩ ★ el ~ primero da dos veces *de eerste klap is een daalder waard* ★ ~ de suerte *gelukkig toeval; buitenkansje* ★ no dar ~ *geen klap/ steek uitvoeren* ★ dar un ~ de teléfono *opbellen*

golpear OV+ON WW *kloppen; slaan; stoten* ★ ~ el suelo con el pie *op de grond stampen*

golpeo m *het bonzen; het slaan*

golpetear OV+ON WW *trommelen (op); kloppen (op)*

golpeteo m *het slaan; geklop*

golpismo m *het plegen van staatsgrepen*

golpista I m/v *iemand die een staatsgreep pleegt* II BNW ★ intentona ~ *poging tot staatsgreep*

golpiza v LA *aframmeling; pak slaag*

goma v • *gom* • *rubber* • *elastiek(je)* • *condoom* ★ goma de masticar *kauwgum* ★ gomaespuma *schuimrubber* ★ goma de borrar *vlakgum* ★ papel de goma bicromatada *offsetdrukpapier* ★ CA estar de goma *een kater hebben*

gomero I m • *rubberboom* • *rubberplanter* • *katapult* II BNW *rubber-*

gomilla v *elastiekje*

gomina v *(haar)gel; brillantine*

gomita v *elastiekje*

gomoso I m *fat; dandy* II BNW *gomachtig; kleverig*

gónada v *geslachtsklier*

góndola v • *gondel* • VEN *(grote) autobus*

gondolero m *gondelier*

gonfalón m *kerkbanier; vaandel*

gong m *gong*

gongorino BNW *(in de stijl van) Góngora*

goniometría v *hoekmeting; goniometrie*
gonorrea v *gonorroe; druiper*
gorda v • *dikke vrouw* • MEX *dikke maïspannenkoek* • CHI estar ~ una mujer *zwanger zijn*
gordal I m *soort grote olijf* II BNW *(buitengewoon) groot; dik* ★ aceituna ~ *dikke olijf*
gordi(n)flón I m (v: **gordi(n)flona**) *vetzak* II BNW (v: **gordi(n)flona**) *mollig; vet*
gordo I m *hoofdprijs in loterij* ★ le ha tocado el ~ *hij heeft de hoofdprijs gewonnen* II BNW • *ingrijpend* • *dik* • *vet* ★ hacer la vista gorda *doen alsof men niets ziet* ★ allí ha pasado algo muy ~ *daar is iets geks gebeurd* ★ no tener ni gorda *zonder een cent zitten* ★ nos cae ~ *wij mogen hem niet* ★ pez ~ *hoge Piet* ★ dedo ~ *del pie grote teen*
gordolobo m PLANTK. *koningskaars; (zwarte) toorts*
gordura v *corpulentie; zwaarlijvigheid*
gorgojo m *korenworm; snuittor*
gorgorito m *triller* ⟨v. zang⟩; *rollend keelgeluid* ★ hacer ~s *kirrend lachen of praten*
gorgotear ON WW *borrelen; pruttelen*
gorgoteo m *gepruttel; geborrel*
gorguera v *losse (plooi)kraag*
gorigori m INF. *geweeklaag; lijkzang*
gorila m OOK FIG. *gorilla*
gorja v *keel*
gorjear ON WW • *kirren; kraaien* ⟨v. plezier⟩ • *tjilpen*
gorjeo m • *gekir* • *getjilp*
gorra v • *pet; muts* • *klaploper* ★ ~ con orejas *bivakmuts* ★ hablarse de ~ *elkaar alleen groeten (niet spreken)* ★ de ~ *gratis; voor niets* ★ duro de ~ *traag met groeten* ★ ir/andar/vivir de ~ *klaplopen*
gorrear ON WW *klaplopen*
gorrinería v • *zwijnenstreek; rotstreek* • *smerigheid*
gorrino m *varken*
gorrión m *mus*
gorrista m/v *klaploper; profiteur*
gorro m • *muts; pet* • *kindermutsje* ★ estar hasta el ~ *ergens zijn buik van vol hebben* ★ se me llena el ~ *ik verlies mijn geduld* ★ poner el ~ a u.p. *iemand in verlegenheid brengen; overspel plegen*
gorronear OV WW *klaplopen; bietsen*
gorronería v *het bietsen; klaploperij*
gota v • *druppel* • *jicht* ★ es (como) gota en el mar *dat is een druppel op een gloeiende plaat* ★ no le quedó gota de sangre en el cuerpo *hij werd doodsbleek* ⟨v. angst⟩ ★ la (última) gota que colma el vaso *de druppel die de emmer doet overlopen* ★ una(s) gota(s) *een beetje* ★ cuatro gotas *een paar druppels regen* ★ ni gota *niets* ★ gota a gota *druppelsgewijs* ★ como dos gotas de agua *als twee druppels water* ★ sudar la gota gorda *vreselijk ploeteren*
gotear ON WW • *druppen; druppelen* • *binnendruppelen*
goteo m *het druppelen; gedruppel*
gotera v • *lekkage* • *lek; vochtplek* • *gebrek*

• *ouderdomskwaal* • LA ~s *omstreken; omgeving*
gotero m MEX, PR, MED. *druppelaar; pipet*
goterón m *grote druppel*
gótico I m • *gotiek* • *gotisch schrift* II BNW *gotisch*
gotoso I m *jichtlijder* II BNW *jichtig*
goyesco BNW *in de stijl van Goya*
gozada v *lust; genot*
gozar ON WW • *genieten* • VULG. *seksueel gebruiken* ★ ~ a todo lo que da *met volle teugen genieten* ★ ~ de gran estima *in hoog aanzien staan* ★ ~ (de) buena salud *een goede gezondheid genieten*
gozarse WKD WW (en) MEESTAL PEJ. *genieten (van); zich verkneukelen (over)*
gozne m *scharnier* ★ girar sobre un ~ *scharnieren*
gozo m *vreugde; genot* ★ no caber en sí de gozo *overlopen van tevredenheid* ★ mi gozo en un pozo *valt dat even tegen!* ★ da gozo *het is een lust*
gozoso BNW *gelukkig; blij*
gozque m *keffer*
GPS m (Global Positioning System) *GPS*
grabación v *opname* ★ ~ en cinta *bandopname* ★ ~ sonora *geluidsopname*
grabado m • *het graveren* • *graveerkunst* • *gravure* ★ ~ al agua fuerte *ets* ★ ~ mural *wandplaat* ⟨op school⟩ ★ ~ de estampas *kopergravure*
grabador I m *graveur* II BNW • *graveer-* • *opname-*
grabadora v *(band)recorder*
grabar OV WW • *graveren* • *griffen* ⟨in geheugen⟩ • *opnemen* ⟨geluid⟩ ★ ~ en vídeo/cinta *op video/geluidsband opnemen* ★ ~ en la memoria *in het geheugen griffen*
gracejo m *geestigheid*
gracia v • *gratie* • *bevalligheid; charme* • *gunst* • *welwillendheid* • *genade* • *handigheid* • *humor* • *grap* ★ reírle a uno la(s) ~(s) *iemand naar de mond praten* ★ dar en la ~ de *de gewoonte aannemen om te* ★ hacer ~ *allerlei kattenkwaad uithalen* ★ hacer ~ de (iemand iets) besparen* ★ tener ~ *grappig zijn;* IRON. *fraai zijn* ★ de ~ *gratis; voor niets* ★ ipor la Gracia de Dios! *om godswil!* ★ (esto) no me hace ninguna ~ *dat vind ik helemaal niet leuk* ★ ime hace ~! *die is goed!; daar moet ik om lachen!* ★ iqué ~! *wat een flauwe mop!* ★ ~s anticipadas *bij voorbaat dank* ★ ~s a su ayuda *dank zij zijn hulp* ★ dar las ~s *bedanken* ★ muchas ~s *dank u wel* ★ un atisbo de ~ *een sprankje humor* ★ maldita la ~ que tiene *het is bepaald geen pretje* ★ IRON. imenuda ~! *leuk hoor!* ★ IRON. ivaya una ~! *leuk hoor* ★ no le veo la ~ *ik zie er het grappige niet van in* ★ ya no tiene ~ *het is niet leuk meer*
grácil BNW • *slank; rank* • *fijn; tenger*
gracioso I m *komiek* ⟨in toneelstuk⟩ II BNW • *genadig* • *gracieus; charmant; bevallig* • *grappig; geestig* • *leuk* • *gratis*
grada v • *trede; trap* • *tribune*
gradación v *trapsgewijze stijging/daling;*

gr

gradatie

gradar OV WW *eggen*

gradas v mv *bordes*

gradería v *tribune*

grado m • *graad* • *rang* • *klas*; *schooljaar* • *procent* ‹alcohol› ★ en alto ~ *in ruime mate* ★ de ~ en ~, por ~s *trapsgewijs* ★ ~ alcohólico *alcoholgehalte* ★ 5 ~s centí~s *5 graden Celsius* ★ de (buen) ~ *vrijwillig* ★ de mal ~ *tegen zijn zin* ★ mal de mi ~ *tegen mijn wil*

graduación v • *bevordering*; *promotie* • *alcoholgehalte* ★ MIL. *rang*

graduado I m *academicus* ★ ~ escolar *iem. die basisschool met diploma heeft afgerond (op 14-jarige leeftijd)* II BNW ★ arco ~ *gradenboog*

gradual BNW *gradueel*; *trapsgewijs*

gradualmente BIJW *trapsgewijs*; *geleidelijk (aan)*

graduar /ú/ OV WW • *in klassen verdelen* • *opmeten*; *afmeten* • *regelen* • *een graad/titel verlenen aan* • *van een schaalverdeling voorzien* ★ ~ de bueno *voor goed verklaren*

graduarse WKD WW *afstuderen*; *een titel behalen*

grafía v *schrift*

gráfica I v *grafiek* II BNW • *grafisch* • *beeldend*

gráfico I m *grafiek* II BNW • *grafisch* • *beeldend* ★ talleres ~s *drukkerij*

grafiti m *graffiti*

grafito m • GEOL. *grafiet* • *graffiti*

grafología v *grafologie*

grafólogo m *grafoloog*

gragea v *dragee*; *pil*

graja m *(wijfjes)roek*

grajear ON WW • *krassen* ‹vogels› • *kraaien* ‹baby's›

grajo m *roek*

gramática v *grammatica* ★ ~ parda IRON. *slimheid*; *gezond verstand*

gramatical BNW *grammaticaal*

gramático m *grammaticus*

gramo m *gram*

gramófono m *grammofoon*; *pick-up*

gran ON → **grande**

grana I m • *scharlaken* • *karmijnrood* II BNW • *scharlaken* • *karmijnrood*

granada v • *granaatappel* • *(hand)granaat* ★ ~ fallida/sin estallar *blindganger* ★ ~ anticarro *antitankgranaat*

granadero m • *grenadier* • MEX *oproerpolitie*

granadilla v *passiebloem*; *passievrucht*

granadino I m *iemand uit Granada* II BNW *van/ uit Granada*

granado I m *granaatboom* II BNW *rijp*; *volwassen*; *ervaren* ★ lo más ~ de la sociedad *de fine fleur*; *het neusje van de zalm*

granalla v *stukjes metaal*

granar ON WW *zaad schieten*

granate I m • *donkerrood* • *granaat* ‹edelsteen› II BNW *donkerrood*

granazón v *zaadvorming*

grande I m/v *magnaat*; *grootheid*; *lid van hoge adel* ★ RPL la ~ *hoofdprijs* ‹in loterij› II BNW (**gran**) • *groot* • *overmatig*; *te groot* • *hevig* • *edel*; *goed* • *beroemd*; *belangrijk* ★ a lo ~ *met veel luxe* ★ en ~ *erg goed/leuk* ★ FIG. venir ~ u.c. a alg. *te hoog gegrepen zijn* ★ ies ~ que ...! *het is niet eerlijk dat ...!* ★ tener un gran concepto de u.p. *een hoge dunk van iemand hebben* ★ pasarlo en ~ *het fantastisch/heerlijk hebben* ★ en gran estilo *grootscheeps*

grandemente BIJW *in hoge mate*

grandeza v • *omvang*; *belang*; *grootte* • *verhevenheid*; *grootheid* • *hooggeplaatsten*; *groten* ★ manía/delirio de ~s *grootheidswaanzin*

grandilocuencia v *hoogdravende taal*

grandílocuo BNW *welbespraakt*; *welsprekend*

grandiosidad v *grandeur*; *grootsheid*

grandioso BNW *groots*

grandor m *grootte*

grandullón m *lange slungel*; *lange lijs*

grandulón BNW COL, RPL *lang*; *groot*

granear OV WW • *zaaien* • *korrelen*; *greineren*

granel BNW ★ a ~ • *onverpakt*; *in overvloed*; *en gros*; *niet afgemeten*

granero m • OOK FIG. *graanschuur* • *graangebied*

granítico BNW OOK FIG. *granieten*

granito m *graniet*

granizada v • *hagelbui* • *stortvloed*

granizado m *ijsdrank* • café ~ *ijskoffie* ★ ~ de limón *koele citroendrank*

granizar ON WW *hagelen*

granizo m *hagel*

granja v • *boerderij* • *zuivelhandel* • *melkwinkel annex eetgelegenheid* ★ ~ avícola *pluimveefokkerij*

granjear OV WW • *opleveren* • *verwerven*

granjero m • *eigenaar van een boerenbedrijf* • *boer*; *pachter*

grano m • *korrel* • *zaad* • *bultje* • *puistje* ★ aportar su ~ de arena *zijn steentje bijdragen* ★ no ser algo ~ de anís *de moeite waard zijn* ★ ~ de uva *druivenpit* ★ ir al ~ *ter zake zijn/komen* ★ apartar el ~ de la paja *het kaf van het koren scheiden* ★ con su ~ de sal *met overleg* ★ ~ de café *koffieboon* ★ ~ de maíz *maïskorrel* ★ ~ de mostaza *mosterdzaad*

granuja m/v • *kwajongen* • *schurk*; *bedrieger*

granujería v • *bende* ‹v. criminelen› • *schurkenstreek*

granujilla v *kleine boef*; *apenkop*

granular I BNW • *korrelig* • *puistig* II OV WW *(ver)korrelen*; *granuleren* III ON WW *klonteren*

granularse WKD WW *pukkels krijgen*

gránulo m *korreltje*

granuloso BNW *korrelig*

granza v *metaalslakken*

granzas v mv • *residu* • *gipsresten* • *kaf* • *schroot*

grao m *strand waar schepen kunnen aanlanden*

grapa v • *kram* • *nietje*

grapadora v *nietmachine*

grapar OV WW *nieten*

grasa v • *vet* • MEX *schoensmeer* • ARG *ordinair persoon* ★ ~ de tocino *spekvet* ★ ~ láctea *melkvet*

grasiento BNW *vettig*

graso I m *vet* II BNW *vet(tig)*

grasoso BNW *vettig*

gratarola v ARG *gratis*

gratén m ★ al ~ *gegratineerd*

gratificación v • *beloning* • *gratificatie*

gratificar OV WW • *belonen*; *vergoeden* • *een*

plezier doen

gratis BNW gratis

gratitud v dankbaarheid ∗ falta de ~ ondankbaarheid

grato BNW • aangenaam • gewenst • gratis ∗ ~ al oído prettig in het gehoor

gratuidad v • het ongegrond zijn • het gratis zijn

gratuito BNW • gratis; kosteloos • ongegrond

gratularse WKD WW zich verblijden

grava v • grind; kiezel • gravel

gravamen m • last • verplichting; ongemak • belasting ∗ libre de ~ hypotheekvrij

gravar OV WW • bezwaren • belasten; belasting heffen op • drukken op ⟨v. lasten⟩ ∗ la casa está gravada con una hipoteca het huis is met een hypotheek belast

grave BNW • zwaar; erg; ernstig • gevaarlijk • donker ⟨v. stem⟩ • serieus • ernstig ziek • gedragen; plechtig • met klemtoon op voorlaatste lettergreep ∗ estar ~ de cuidado ernstig ziek zijn

gravedad v • zwaartekracht • ernst • gedragenheid ∗ centro de ~ zwaartepunt ∗ enfermo de ~ ernstig ziek; doodziek

grávido BNW vol; zwaar

gravilla v kiezel(steen)

gravitación v zwaartekracht

gravitar ON WW • aangetrokken worden ⟨t.g.v. zwaartekracht⟩ • hellen • belasten (met) • rusten op • zwaar drukken (op) ∗ la tierra gravita alrededor del Sol de aarde draait om de zon

gravoso BNW kostbaar; FIG. lastig; zwaar

graznar ON WW krassen

graznido m • gekakel; gekrijs • gekras

Grecia v Griekenland

greda v leem; klei

gredal m leemgroeve; leemput

gregario BNW • kudde- • volgzaam ∗ animal ~ kuddedier

gregarismo m kuddegeest

gregoriano BNW Gregoriaans

greguería v rumoer; verward geschreeuw

gremial BNW • gilde- • van een bepaalde beroepsgroep

gremio m • vakvereniging; gilde • beroepsgroep; bedrijfstak

greña v verwarde haardos ∗ andar a la ~ twisten; elkaar in de haren zitten

greñudo BNW met piekhaar

gres m kleisoort

gresca v • lawaai • ruzie; mot ∗ andar a la ~ ruzie maken

grey v OOK FIG. kudde

Grial m Graal

griego I m • Griek • het Grieks • onbegrijpelijke taal ∗ eso es ~ para mí dat is Grieks voor mij ∗ piedra griega vioolhars ∗ ~ antiguo Oud-Grieks ∗ ~ moderno Nieuw-Grieks II BNW • Grieks • Grieks-orthodox

grieta v kloof; spleet

grifa v (Marokkaanse) hasj; marihuana

grifear ON WW INF. blowen

grifería v waterleiding

grifo I m • kraan • griffioen • MEX hasjroker

• MEX dronkelap • COL opschepper ∗ ~ mezclador mengkraan ∗ corre el ~ de kraan loopt II BNW • kroezend • cursief

grilla v kletskoek

grillete m • voetboei • schakel

grillo m • krekel • scheut; loot

grillos m mv voetboeien ∗ tener la cabeza llena de ~ stapelgek zijn

grima v ergernis; afkeer ∗ da ~ verlo het is akelig om te zien; daar word je naar van

grimpola v wimpel

gringo I m • ZA buitenlander ⟨vaak Noord-Amerikaan⟩ • koeterwaals II BNW ZA buitenlands ⟨vaak Noord-Amerikaans⟩

griparse WKD WW • griep krijgen • blijven steken ⟨v. mechanisme⟩

gripe v griep ∗ estar con la ~ griep hebben ∗ tener la ~ griep hebben ∗ ~ asiática A-griep

griposo BNW grieperig

gris I m • grijs • INF. agent; smeris ⟨v. Policía Nacional tot 1979⟩ II BNW • grijs • nietszeggend; saai • druilerig; grauw ⟨v.h. weer⟩ ∗ gris plata zilvergrijs ∗ gris ratón muisgrijs ∗ gris marengo antraciet

grisáceo BNW grijsachtig

grisú m mijngas

grita v geschreeuw; gejouw; boegeroep ∗ dar ~ a uitjouwen; naroepen

gritadera v VEN, COL geschreeuw

gritar I OV WW uitjouwen II OV+ON WW schreeuwen

gritería v geschreeuw

grito m kreet; schreeuw ∗ andar a ~s altijd ruzie maken ∗ ser algo el último ~ de laatste mode zijn ∗ a ~ herido/pelado luid schreeuwend ∗ pedir algo a ~s iets heel erg nodig hebben ∗ poner el ~ en el cielo des duivels zijn ∗ estar en un ~ weeklagen

gritón BNW ⟨v: **gritona**⟩ schreeuwerig

groenlandés I m ⟨v: **groenlandesa**⟩ Groenlander II BNW ⟨v: **groenlandesa**⟩ Groenlands

Groenlandia v Groenland

grosella v aalbes

grosellero m aalbessenstruik

grosería v brutaliteit; onbeschaamdheid

grosero I m boerenpummel; lomperik II BNW • grof • plomp • onbehouwen

grosor m dikte

grosura v vet

grotesco BNW • belachelijk • grotesk

grúa v • kraanwagen; takelwagen • takel; (hijs)kraan ∗ no aparcar, avisamos grúa ≈ niet parkeren - wegsleepregeling ⟨opschr. bij uitrit⟩

gruesa v gros; twaalf dozijn

grueso I m • dikte; grootte • kern II BNW dik; vol; groot ∗ mar gruesa ruwe zee ∗ intestino ~ dikke darm

grulla v kraanvogel

grumete m scheepsjongen

grumo m klont ∗ formar ~s klonteren

grumoso BNW klonterig

gruñido m • geknor ⟨v. varken⟩ • gegrom ⟨v. kwaadheid⟩

gruñir ON WW • knorren • brommen • grommen

gr

gruñón I m/v (v: **gruñona**) *brompot* **II** BNW (v: **gruñona**) *knorrig*

grupa v *achterstel; kruis* ⟨v. paard⟩ ★ *volver ~s omkeren* ⟨v. paarden⟩

grupo m • *groep* • *aggregaat* • POL. *groepering* ★ ~ *de acción actiegroep* ★ ~ *meta/objeto doelgroep* ★ ~ *pop popgroep* ★ ~ *de* (alto) *riesgo risicogroep* ★ ~ *sanguíneo bloedgroep* ★ ~ *de trabajo werkgroep* ★ ~ *estupefacientes afdeling drugsbestrijding* ⟨bij politie⟩ ★ ~ *de estafas fraudeafdeling* ⟨bij belastingdienst, politie⟩

gruta v *grot*

gua m • *knikkerspel* • *(knikker)kuiltje* ★ *jugar al gua knikkeren* ★ ZA *igua! jeetje; kom nou!*

guaca v • CA, ZA *indiaanse graftombe* • ZA *verborgen schat*

guacal m • CA *kalebasboom* • CA *draagkrat*

guacamayo m *ara*

guacamole m *koude avocadosaus*

guacamote m MEX *maniok; cassave*

guachafita v VEN *rumoerig feest; braspartij*

guachaje m CHI *groep kalfjes* ⟨gescheiden van de moeder⟩

guachapear I OV WW • *bespatten* • *afraffelen* ⟨v. les⟩ • CHI *gappen; pikken* **II** ON WW *druppelen; spetteren*

guache m COL, VEN *schorem; boef; schurk*

guachimán m LA *bewaker*

guacho m ZA • *wees; vondeling* • *onecht kind*

guadalajareño I m *iemand uit Guadalajara* **II** BNW *van/uit Guadalajara*

guadaña v *zeis* ★ *la de la ~ de dood*

guadañar OV WW *maaien*

guadua v ZA *soort bamboe*

guagua v • *prul* • ZA *stadsbus* • *prul* • ZA *stadsbus* ★ *de ~ gratis*

guaipe m CHI, PERU *poetsdoek; vod*

guaira v CA *indiaanse fluit*

guajaca v CUBA *soort klimop*

guajacón m CUBA *soort forel*

guajalote m • MEX *kalkoen* • MEX *stommeling*

guaje I m HON, MEX *kalebas* **II** BNW HON, MEX *stom; idioot*

gualdo BNW *geel*

gualdrapa v *dekkleed* ⟨v. paard⟩

Gualterio m *Walter*

guámbito m COL *jongen; knaap*

guanaco m • LA *simpele geest* • CA *iemand uit El Salvador*

guandoca v COL *gevangenis*

guango BNW *loszittend; wijd* ⟨v. kleding⟩

guano m *guano; zeevogelmest*

guantada v *klap* ⟨in het gezicht⟩; *oorvijg*

guante m *handschoen* ★ *es flexible como un ~ men kan hem om de vinger winden* ★ *con ~ de seda met fluwelen handschoenen* ★ *arrojar el ~ a alg. iemand de handschoen toewerpen* ★ *echar el ~ a alg. iemand inrekenen* ★ *recoger el ~ een uitdaging aannemen* ★ ~*s de cabritilla glacéhandschoenen* ★ ~*s de punto gebreide handschoenen*

guantería v *handschoenenwinkel*

guantero m *handschoenenmaker*

guapa v • *knappe vrouw* • AANSPR. *joh, meid; lieverd; schat* ★ *ioye ~! zeg joh!; hé joh!*

guapear ON WW • *pronken* • *opscheppen*

guapetón I m (v: **guapetona**) *knappe vent; stuk* **II** BNW (v: **guapetona**) *bijzonder knap van uiterlijk*

guapeza v • *schoonheid; knapheid* • *geprotk*

guapo I m • *(stoere) bink; opschepper* • *haantje-de-voorste* • *vechtjas* • AANSPR. *joh, jochie; schat* ★ *echarla de ~ dik doen; opscheppen* ★ *ioye ~! zeg joh!; hé joh!* **II** BNW • *knap; mooi* • *goed/ opvallend gekleed* • *moedig*

guaquero m CHI • *dief* ⟨v. archeologische voorwerpen⟩ • *grafschenner*

guarache m MEX *sandaal*

guarango BNW • ARG, BOL *vuil; haveloos* • ZA *onbeschoft; grof*

guaraní I m • *Guaraní* ⟨munteenheid van Paraguay⟩ • TAALK. *Guaraní* **II** m/v *Guaraní* ⟨indianenvolk in Paraguay⟩ **III** BNW *van de Guaraní's*

guarapo m • *sap van suikerriet* • *soort brandewijn*

guarda I v • *bewaking* • *schutblad* • *inkeping in sleutelbaard* **II** m/v *bewaker; wacht* ★ *estar de ~ dienst hebben* ★ ~ *forestal boswachter* ★ ~ *nocturno nachtwaker*

guardabarrera m *overwegwachter*

guardabarros m *spatbord*

guardabosque m *boswachter*

guardabrisa v • *voorruit* ⟨v. auto⟩ • *stolp* ⟨voor kaars⟩

guardacabras m/v (mv onv) *geitenhoeder*

guardacantón m *paaltje langs de weg; hoekpost* ⟨v. gebouwen⟩

guardacoches m/v (mv onv) *parkeerwachter*

guardacostas m/v (mv onv) *kustwacht*

guardador I m *handhaver; bewaker* **II** BNW *goed bewakend*

guardaespaldas m/v (mv onv) *lijfwacht*

guardafango m *spatbord*

guardafrenos m (mv onv) *remmer* ⟨v. trein⟩

guardamano m *stootplaat* ⟨v. degen⟩

guardameta m *keeper; doelverdediger*

guardamuebles m (mv onv.) *meubelopslagplaats*

guardapelo m *medaillon*

guardapolvo m *stofjas; overall*

guardapuentes m (mv onv) *brugwachter*

guardapuerta v *deurgordijn*

guardar OV WW • *bewaken; verdedigen* • *bewaren* • *sparen; oppotten* • *passen op; goed bewaren* • *in acht nemen; betrachten* • *naleven* • *verzamelen* • COMP. *saven; opslaan* ★ ~ *cama in bed blijven* ★ ~ *cierto parecido con zekere gelijkenis vertonen met* ★ ~ *u.c. para después een appeltje voor de dorst bewaren* ★ ~ *relación con samenhangen met* ★ ~ *silencio blijven zwijgen* ★ *día de ~ verplichte feestdag* ★ ~ *las apariencias de schijn ophouden* ★ ~ *cola in de rij staan* ★ ~ *distancia afstand houden* ★ ~ *las distancias* FIG. *de afstand bewaren* ★ ~ *la forma o conditie blijven* ★ ~ *luto por rouwen om*

guardarropa I m • *garderobe* • *klerenkast* **II** m/ v *garderobejuffrouw; garderobebeheerder*

guardarropía v *de kostuums* ⟨v. theater⟩

guardarse WKD WW *oppassen; voorzichtig zijn*

★ guardársela a uno *een wrok tegen iemand koesteren*
guardavalla m LA → **guardavallas**
guardavallas m (mv onv) *keeper*
guardavía m *baanwachter; spoorwachter*
guardería v *crèche*
guardia I m *bewaker; politieagent* ★ ~ civil *agent van de rijkspolitie; marechaussee* II v
• *bewaking; wacht* • *patrouille* • *médico de* ~ *dienstdoend arts* ★ estar en ~ *op zijn hoede zijn* ★ ponerse en ~ *voorzorgsmaatregelen nemen* ★ relevar la ~ *de wacht aflossen* ★ ~ forestal *boswachter* ★ Guardia civil ≈ *korps van Spaanse rijkspolitieagenten*; ≈ *marechaussee*
guardián m (v: **guardiana**) *bewaker*
guardilla v • *zolderkamertje; zolderverdieping* • *dakkapel*
guarecer OV WW • *beschermen* • *onderdak bieden*
guarecerse WKD WW *schuilen*
guarezca WW (1e/3e p ev subj. t.t.) → **guarecer**
guargüero m CHI *keel(gat)*
guaricha v LA, VULG. *wijf; slet*
guarida v • *hol*; *schuilplaats* • *rovershol*; *toevluchtsoord*
guarismo m *getal*
guarnecer OV WW • *bezetten; in garnizoen zijn* • *voorzien* • *garneren; versieren* • *stofferen* • *pleisteren* • *optuigen; inspannen* ⟨v. een paard⟩
guarnecido m *pleisterlaag* ★ ~ interior *binnenbekleding* ⟨v. auto⟩
guarnezca WW (1e/3e p ev subj. t.t.) → **guarnecer**
guarnición v • *garnering; versiering* • *garnizoen* • *kas* ⟨v. edelsteen⟩ • *garnituur* • *gevest* ⟨v. degen⟩ ★ ~ del freno *remvoering* ★ ~ de oro *goudvatting*
guarnicionero m *zadelmaker*
guaro m • CA *rietsuikerbrandewijn* • VEN *papegaai*; LA *kleine soort papegaai die veel praat*
guarrada v • *rotzooi* • *rotstreek*
guarro I m • *varken; viespeuk* II BNW • *vies*; *smerig* • *slonzig*
guarura m MEX • *lijfwacht* • *oproerpolitie*
guasa v • *spot* • *scherts* ★ estar de ~ *grappen maken* • con ~ *schertsend*
guasada v ARG *grofheid*
guasamaco BNW CHI *grof; onbehouwen*
guascazo m CHI *klap*
guasearse WKD WW *bespotten; uitlachen*
guaso BNW ZA • *boers; lomp* • *boers; lomp*
guasón I m (v: **guasona**) *grappenmaker* II BNW (v: **guasona**) *schertsend; grappig*
guasquear OV WW CHI *afranselen*
guata v • *watten* • CHI *pens; buik* ★ CHI echar ~ *een buikje krijgen*
guataca v CUBA *hielenlikker*
guate m LA *voedermaïs*
guatemalteco I m *Guatemalteek* II BNW *van/uit Guatemala*
guateque m *partijtje; fuif*
guatero m CHI *waterzak/-kruik* ⟨voor warm of koud water⟩

guay TW (**guau**) • *waf!* • *wauw!* ★ itope guay! *te gek!*
guayaba v • *guave* • LA *leugen*; *verzinsel*
guayabo m • *jong mens* • *guaveboom* • COL, VEN *heimwee* • COL *kater*
Guayana v *Guyana*
guayaquil m LA *cacao* ⟨afkomstig uit stad met die naam⟩
gubernamental BNW (**gubernativo**) *van de regering* ★ crisis ~ *kabinetscrisis*
gubia v • *holle beitel* • *guts*
guedeja v • *lange haren* • *haarlok*
güero BNW • CHI *bedorven* ⟨v. voedsel⟩ • MEX *blond*
guerra v • *oorlog* • *vijandschap* • *strijd* ★ dar mucha ~ *tot last zijn* ★ declarar la ~ *de oorlog verklaren* ★ ~ civil *burgeroorlog* ★ ~ relámpago *bliksemoorlog* ★ hacer la ~ *oorlog voeren* ★ fines de ~ *oorlogsdoeleinden* ★ declarar el estado de ~ *de staat van beleg afkondigen* ★ foco de ~ *oorlogshaard* • una chica que pide ~ *een uitdagend meisje* ★ ir a la ~ *ten strijde trekken* ★ ~ de desgaste *slijtageslag; uitputtingsslag* ★ la ~ de Flandes *de Tachtigjarige Oorlog* ★ ~ de las galaxias *starwars* ★ ~ nuclear *kernoorlog* ★ ~ fría *koude oorlog* ★ la II Guerra Mundial *de Tweede Wereldoorlog* ★ andar buscando ~ *op het oorlogspad zijn* ★ ~ a muerte *strijd op leven en dood* ★ ~ relámpago *blitzkrieg* ★ ~ de secesión *afscheidingsoorlog* ★ ~ de sucesión *successieoorlog*
guerrear ON WW *oorlog voeren*
guerrera v *uniformjas*
guerrero I m *krijgsman; strijder; soldaat* II BNW *oorlogvoerend; krijgslustig*
guerrilla v • *groep verzetsstrijders* • *guerrilla* • *ondergronds verzet* ★ ~ urbana *stadsguerrilla*
guerrillear ON WW *een guerrillaoorlog voeren*
guerrillero m *guerrillastrijder; verzetsstrijder*
guía I v • *richtlijn* • *gids* ⟨boek⟩ • *geleider* • *richtsnoer* • *geleidebiljet* • *stuur* ⟨v. fiets⟩ • *gedraaide punt van hangsnor* • guía telefónica *telefoongids* II m/v • *gids* • *reisleider*
guiadera v • *leidster* • *drijfriem*
guiar /í/ OV WW • *gidsen; voorgaan* • *besturen* • *(bege)leiden*
guiarse /í/ WKD WW *zich laten leiden*
guija v *kiezelsteen*
guijo m *grind*
guillarse WKD WW • *vluchten* • *gek worden* ★ guillárselas *gek worden*
Guillermo m *Willem*
guillotina v *guillotine*
guillotinar OV WW • INF. *plotseling afbreken* • *ombrengen met de guillotine*
guinda v *gekonfijte kers*
guindar OV WW • *takelen*; *ophijsen* • *ophangen* ⟨v. persoon⟩
guindarse WKD WW • *zich naar beneden laten glijden* • *zich ophangen*
guindilla v *Spaanse peper*; *rode peper* ★ la ~ escuece en la lengua *de peper brandt op de tong*

gu

guindo m *morel* ⟨boom⟩
Guinea v *Guinee* ★ gallina de ~ *parelhoen*
guiñada v • *knipoog* • SCHEEPV. *plotselinge koersverandering*
guiñapo m • *slonzig persoon* • *vod*
guiñar ON WW • *knipogen* • *zwalken* ⟨v. schip⟩ ★ ~ un ojo *een knipoogje geven*
guiño m *knipoog*
guiñol m *poppenkast*
guión m • *draaiboek* • *scenario* • *koppelteken* • *processiekruis*; *processievaantje* ★ ~ radiofónico *hoorspel*
guionista m/v *scenarioschrijver*
guipar OV WW INF. • *in de smiezen hebben* • *zien*
guipuzcoano I m *iemand uit Guipuzcoa* II BNW *van/uit Guipuzcoa*
guirigay m INF. *brabbeltaal*; *geschreeuw*
guirnalda v • *guirlande*; *bloemslinger* • *krans*
guisa v *manier* ★ a ~ de *bij wijze van* ★ de tal ~ *op die manier*
guisado m *stoofgerecht*
guisante m • *erwtenplant* • *erwt*
guisar OV+ON WW • *(het eten) klaarmaken* • *koken*
guiso m *(stoof)schotel*; *gerecht* ★ ~ de liebre *hazenpeper*
guisote m *onsmakelijke hap eten*
güisqui m *whisky*
guita v *geld*; *slappe was*
guitarra I v *gitaar* II m/v *gitarist* ★ chafar la ~ a alg. *iemands plannen in de war schoppen*
guitarreo m *getokkel*
guitarrero m *gitaarbouwer*
guitarrista m/v *gitarist*
gula v *gulzigheid*
gulloría v *leeuwerik*
gulusmear OV+ON WW • *in de pannen gluren* • *snoepen*
gumamela v *Chinese roos*
gurí m RPL, INF. *jongen*
gurriato m *mussenjong*
gurrumino I m *toegeeflijk echtgenoot* II BNW • *zwak*; *ziekelijk* • *toegeeflijk*
gurú m *goeroe*
gusanera v • *wormennest* • *knagende pijn*
gusaniento BNW *vol wormen*
gusanillo m *spiraalvormige draad* ★ el ~ de la conciencia *gewetenswroeging* ★ matar el ~ *de honger stillen*; *een borrel op zijn nuchtere maag nemen*
gusano m • *worm*; *pier* • *rups* • *stakker*; *sloeber* ★ ~ de luz *glimworm* ★ ~ de seda *zijderups* ★ ~ de sangre roja *ringworm* ★ COMP. ~ de correo electrónico *wormvirus*
gusarapo m *wormpje*; *made*
gustar ON WW • *proeven* • *uitproberen*; *voelen* • *bevallen* • *graag doen/mogen*; *lekker/leuk vinden* ★ ¿usted gusta? *wilt u mee-eten?* ★ ¿te gustan los toros? *hou je van stierengevechten?* ★ i no me ha de ~! *en óf het me bevalt* ★ ~ (de) cazar *graag jagen* ★ me gusta comerlo *ik eet het graag* ★ gusto de oírlo *ik hoor het graag* ★ me gusta el vino *ik houd van wijn* ★ eso me gusta con locura *ik ben er verzot op*
gustazo m *voldoening*; *heerlijk gevoel*
gustillo m • *leedvermaak* • *nasmaak*

gusto m • *smaak* • *plezier*; *genoegen* • *zin*; *inval*; *gril* ★ de buen ~ *smaakvol* ★ de mal ~ *smakeloos* ★ sobre ~s *no hay nada escrito smaken verschillen* ★ mucho/tanto ~ en conocerle *aangenaam*; *tot genoegen* ★ ~ de vivir *levenslust* ★ cada uno su ~ *elk wat wils* ★ que da ~ *dat het een lust is* ★ ~ por las flores *voorliefde voor bloemen* ★ contrario al buen ~ *smakeloos* ★ interior al ~ *flamenco interieur in Vlaamse stijl* ★ dar ~ *bevallen*; *behagen* ★ dar ~ a u.p. *iemand een genoegen doen* ★ dar a u.p. por el ~ *iemand zijn zin geven* ★ dar(se) ~ al cuerpo *naar hartenlust werken* ★ despacharse a su ~ *zijn hart ophalen* ★ estar a ~ *het erg naar zijn zin hebben*; *zich behaaglijk voelen* ★ tener ~ para vestir *zich met smaak kleden* ★ tomó el ~ al bailar *hij raakte verzot op dansen* ★ a ~ *naar smaak*; *naar behoefte* ★ con ~ *graag* ★ con mucho ~ *heel graag* ★ por ~ *voor zijn plezier* ★ por mi ~ *wat mij betreft*; *vrijwillig* ★ es cuestión de ~s *dat is een kwestie van smaak* ★ tener mucho ~ en/de u.c. *ergens veel plezier in hebben*; *iets met veel plezier doen*
gustosamente BIJW *met genoegen*
gustoso BNW • *smakelijk* • *graag* • *aangenaam*; *plezierig* ★ ~ de *gesteld op*
gutural BNW ★ sonido ~ *keelklank*

H

h v *h* ∗ la h de Historia *de h van Hendrik*
ha ww (3e p ev t.t.) → **haber**
haba v /el, un ~/ ∗ tuinboon ∙ bultje ∗ habas
verdes *populaire dans uit Castilië* ∗ echar
habas *betoveren; beheksen* ∗ en todas partes
cuecen habas *er is overal wel wat* ∗ son
habas contadas *dat is zo klaar als een klontje*
∗ haba de soja *sojaboon*
habanera v ∙ habanera ‹Cubaanse dans›
∙ vrouw uit Havana
habanero I m *iemand uit Havana* **II** BNW *van/
uit Havana*
habano m *havannasigaar*
haber I m ∙ vermogen; bezit ∙ credit(zijde)
∗ tener en su ~ *als pluspunt hebben* ∗ todo su
~ *zijn hele hebben en houden* **II** OV WW
bereiken ∗ ~ algo *aan de hand zijn* **III** ONP WW
∗ hay algo en ello FIG. *daar zit wat in* ∗ no
hay tal *dat is niet zeker* ∗ no hay quien le
aguante *er is geen mens die het met hem
uithoudt* ∗ no hay por donde cogerle *er is
niets goeds aan hem* ∗ como hay pocos/donde
los haya *zoals er weinig van zijn* ∗ un año ha
een jaar geleden ∗ no hay cosa con cosa *alles
ligt overhoop* ∗ ino hay de qué! *geen dank!*
∗ ¿qué hay? *hoe gaat het ermee?* ∗ ¿habrá
infame semejante? *is er een grotere schurk?*
∗ es valiente si los hay *hij is buitengewoon
dapper* ∗ no hay cuidado en eso *je hoeft daar
niet bang voor te zijn* ∗ no hay como la
previsión *er gaat niets boven voorzichtigheid*
∗ no hay tope de edad *er staat geen
leeftijdsgrens aangegeven* ∗ hay para rato *dat
zal nog wel even duren* ∗ hay mucha gente *er
zijn veel mensen* ∗ habrá er zal/zullen zijn
∗ había *er was; er waren* ∗ LIT. ha +
tijdsaanduiding geleden ∗ hay *er is; er zijn*
IV HWW ∗ no hay que decir que *het spreekt
vanzelf dat* ∗ ihay que ver! *ongelofelijk, moet
je eens zien!* ∗ no hay más que decirlo *je hoeft
het alleen maar te zeggen* ∗ bien haya (el que)
gezegend (hij die) ∙ (~ que [+ inf.]) *moeten*
∗ no hay que preocuparse *je hoeft je geen
zorgen te maken* ∙ (~ de [+ inf.]) *moeten; wel
zullen* ∗ cuando lo sepas no lo has de creer
als je het hoort, zul je het niet geloven ∗ no le
ha de faltar ayuda *het zal hem niet aan hulp
ontbreken* ∗ sé lo que he de hacer *ik weet wat
me te doen staat* ∙ (~ [+ volt. deelw.]) *hebben;
zijn* ∗ lo he comprado *ik heb het gekocht* ∗ ha
nacido *hij is geboren*
haberes m mv ∙ → **haber** ∙ *salaris*
haberse WKD WW *zich gedragen; optreden*
∗ habérselas con u.p. *het met iemand aan de
stok krijgen; met iemand te maken krijgen*
∗ ¿qué se habrá hecho de ...? *wat zou er
geworden zijn van ...?* ∗ ¿habrase visto? *wie
had dat gedacht!*
habichuela v ‹sperzie)boon
hábil BNW ∙ bekwaam; handig ∙ JUR. bevoegd
∗ días ~es *werkdagen*
habilidad v ∙ bekwaamheid; handigheid ∙ JUR.

bevoegdheid ∗ tener ~ en u.c. *erg handig zijn
in iets* ∗ ~ manual *handvaardigheid* ∗ falta de
~ *onhandigheid*
habilidoso BNW *handig*
habilitación v ∙ uitrusting ∙ machtiging;
bevoegdheid ∙ kantoor van de betaalmeester
∙ GUA *voorschot; vooruitbetaling*
habilitado m ∙ gemachtigde ∙ betaalmeester
habilitar OV WW ∙ inrichten; uitrusten
∙ machtigen
habitabilidad v *bewoonbaarheid*
habitable BNW *bewoonbaar; leefbaar*
habitación v ∙ bewoning ∙ kamer; vertrek
∙ slaapkamer ∙ woonplaats; verblijfplaats ∗ ~
*exterior/interior kamer aan de buitenkant/
binnenkant van het gebouw* ∗ la escasez de
habitaciones *de woningnood* ∗ ~ doble
tweepersoonskamer ∗ ~ individual
eenpersoonskamer
habitáculo m ∙ woning ∙ binnenruimte ‹v. auto
e.d.›
habitante m/v *bewoner* ∗ ~ primitivo
oorspronkelijke bewoner
habitar OV+ON WW *(be)wonen*
hábitat m *woonomgeving; habitat*
hábito m ∙ gewoonte ∙ habijt ∗ tomar el ~ *in
het klooster gaan* ∗ ahorcar/colgar los ~s *uit
het klooster gaan; iets opgeven*
habitual BNW *gewoon* ∗ bebedor ~
gewoontedrinker ∗ cliente ~ *stamgast;
geregelde bezoeker*
habituar /ú/ I OV WW *wennen; laten wennen*
II ON WW *wennen; gewenning kweken*
habituarse /ú/ WKD WW *wennen aan*
habla v /el, un ~/ ∙ spraak ∙ het spreken ∙ taal
∙ ruggespraak; onderhandeling ∙ manier van
spreken ∗ estar/quedar sin ~ *sprakeloos staan*
∗ ponerse/estar al ~ con *spreken met;
ruggespraak houden met iemand; zich in
verbinding stellen met* ∗ sí, al ~ *ja, daar
spreekt u mee ‹telefoon›* ∗ de ~ francesa
Franstalig ∗ defecto del ~ *spraakgebrek* ∗ ~
popular *volkstaal* ∗ sin ~ *sprakeloos;
stomverbaasd*
hablada v ∙ CHI (het) spreken ∙ GUA, MEX
geroddel; achterklap
habladera v COL, VEN *geklets; woordenstroom*
hablado BNW *gesproken* ∗ bien ~ *welbespraakt;
beleefd sprekend* ∗ mal ~ *grof in de mond*
hablador I m *kletskous* **II** BNW ∙ spraakzaam
∙ DOM, MEX *leugenachtig; opschepperig;
kwaadsprekend*
habladuria v *geklets* ∗ no son más que ~s *het is
maar gezwets/borrelpraat*
hablante m/v *spreker* ‹v. een taal›
hablar I OV WW ∙ spreken ‹v. een taal›
∙ bepraten; bespreken ∗ ~ en un idioma *een
taal spreken* **II** ON WW ∙ spreken; praten ∙ iets
zeggen ∗ ~ claro *duidelijke taal spreken* ∗ ~
consigo mismo *hardop denken; overdenken*
∗ ~ entre dientes *binnensmonds praten* ∗ ino
se hable más! *afgelopen!; einde discussie!* ∗ ~
por u.p. *een goed woordje voor iemand doen*
∗ ~ en cristiano *begrijpelijke taal spreken* ∗ ~
alto/bajo *hard/zacht praten* ∗ ~ de u.c. *over
iets praten* ∗ esta palabra la habla mal *dit*

woord spreekt hij verkeerd uit ★ Dios le habló
God heeft het hem ingegeven ★ ~ a u.p.
omgaan met iemand ★ ~ a gritos *schreeuwen*
★ ~ a tontas y a locas *doordraven* ★ eso habla
conmigo *dat gaat mij aan* ★ ~ por los codos
honderduit praten ★ ~ por ~ *zinloos gepraat*
★ el cuadro está hablando *het schilderij lijkt
sprekend* ★ hablando entre los dos *onder ons
gezegd* ★ dar que ~ *aanstoot/aanleiding geven*
★ hacer ~ a un instrumento *een instrument
heel goed bespelen* ★ ini ~! *geen sprake van!*;
geen denken aan! ★ ¡no me hables! *spreek me
er niet van!* ★ ~ por ~ *zomaar wat praten*;
zwammen ★ ¿quién habla? *met wie spreek ik?*
⟨tel.⟩ ★ habla Pedro *(u spreekt)* met Pedro
⟨tel.⟩ ★ se habla de... *er is sprake van...*
★ echar/romper a ~ *beginnen te praten* ⟨v.
kind⟩; *plotseling aan het praten slaan* ★ él no
para de ~ *zijn mond staat niet stil* ★ ~ de todo
un poco *over koetjes en kalfjes praten*

hablarse WKD WW • *met elkaar spreken* • *met
elkaar omgaan*

hablilla v *kletspraatje*; *roddel*

hablista m/v *stilist*

habrá WW (3e p ev tk.t.) → **haber**

Habsburgo m *Habsburger*

hacedero BNW *haalbaar*; *mogelijk*

hacedor m *maker* ★ el Hacedor *de Schepper*

hacendado m • *grootgrondbezitter*; *landheer*
• ARG, CHI *veeboer*

hacendista m/v *expert inzake openbare
financiën*

hacendoso BNW • *huishoudelijk* • *vlijtig*;
bedrijvig

hacer I OV WW • *scheppen*; *maken*
• *vervaardigen* • *perfectioneren*; *verbeteren*
• *creëren* • *produceren*; *voortbrengen*;
veroorzaken • *bereiden*; *(in orde) maken*; *doen*
• *reduceren tot*; *maken tot* • *verplichten*
• *verbeelden*; *veronderstellen* • *spelen* ⟨theater⟩
• *gewend raken* ★ ~ buena acogida a una
letra de cambio *een wissel honoreren* ★ no lo
hizo con mala intención *hij heeft het niet
met opzet gedaan* ★ ~ patente [+ bnw] *aan de
dag leggen* ★ ~ alguna *een gemene streek
uithalen* ★ ~ caediza u.c. *iets met opzet laten
vallen* ★ ~ caso de *waarde hechten aan* ★ no ~
caso de *geen acht slaan op* ★ ~ mucho
camino *een lange weg afleggen* ★ ~ daño a
u.p. *iemand pijn doen* ★ ¿qué daño te hice?
wat heb ik je misdaan? ★ ~ u.c. a u.p. *iemand
iets aandoen* ★ ~ la cama *het bed opmaken*
★ están haciendo mi traje *mijn pak is in de
maak* ★ ~ pedazos *stuk slaan, kort en klein
slaan* ★ ~ las veces de u.p. *iemand vervangen*
★ no le hacía tan necio *ik hield hem niet voor
zo dom* ★ yo le hacía en Madrid *ik dacht dat
hij in Madrid was* ★ hace frío *het is koud*
★ hace mucho *het is lang geleden* II ON WW
• *zich gedragen* • *zijn* ⟨bij elkaar opgeteld⟩
• *werken*; *uitoefenen* ⟨v. beroep⟩ • *kunnen
schelen* • *lijken* ★ ¿qué le vamos a ~ *wat is
daaraan te doen?* ★ donde fueres, haz como
vieres *andere landen, andere zeden* ★ ~ mal
schade doen ★ ~ por *zijn uiterste best doen om*
★ estarse haciendo *in wording verkeren*

III ONP WW ★ eso no le hace *dat speelt geen
rol* ★ ¿cuánto hace de esto? *hoe lang is dat
geleden?* ★ hace buen tiempo *het is mooi
weer* ★ hace quince días *14 dagen geleden*;
sinds 2 weken ★ hace un rato *sinds een poosje*
★ hacía tiempo que se preocupaba de ello
hij was er allang mee bezig ★ se me hace que
het lijkt me dat

hacerse WKD WW • *worden* ⟨ook van beroep⟩
• *veranderen* • *wennen* • *veinzen*; *doen alsof*
• *groeien* ★ se me hacía fácil *het leek me
gemakkelijk* ★ ~ de rogar *zich laten bidden en
smeken* ★ ~ pipí *wateren* • (~ **con**) *(ver)krijgen
(bij)*

hacha v /el, un ~/ • *bijl* • *toorts* ★ ser un ~ *een
kei zijn* ★ enterrar el ~ de guerra *de strijdbijl
begraven*

hachador m CUBA, GUA *houthakker*

hachazo m • *bijlslag* • TAUR. *hoornstoot* • SPORT
hakje

hache v ★ la ~ *letter h* ★ llámele ~ *dat maakt
niet uit; dat is lood om oud ijzer*

hachear OV+ON WW *hakken*

hachís m *hasj* ★ i~! *hatsjie!*

hacho m *kustvuur*

hachón m *toorts*

hachuela v *bijltje*

hacia VZ • *naar* • *in de nabijheid/richting van*;
omstreeks • *jegens* • ~ las cuatro *tegen vieren*
★ ~ arriba/abajo/adelante/detrás *naar boven/
beneden/voren/achteren*

hacienda v • *landgoed* • *vermogen* • *geldwezen*
• *(Argentinië) veehouderij(bedrijf)* ★ el
Ministerio de Hacienda *het Ministerie van
Financiën* ★ defraudar a Hacienda *belasting
ontduiken* ★ Delegación de Hacienda
≈ *(provinciaal) belastingkantoor*;
ontvangkantoor ★ Hacienda *(pública)
openbare financiën*; *schatkist* ★ inspector/
funcionario de Hacienda *belastinginspecteur/
-ambtenaar*

hacina v *stapel*; *hoop*

hacinamiento m *opeenstapeling*

hacinar OV WW *opstapelen*

hacinarse WKD WW • *zich opstapelen*
• *samendrommen*; FIG. *bovenop elkaar zitten*

hacker m *computerkraker*; *hacker*

hada v /el, un ~/ *fee* ★ hada madrina *goede fee*
★ cuento de hadas *sprookje*

hado m *(nood)lot*

haga WW (1e/3e p ev subj. t.t.) → **hacer**

hagiografía v *hagiografie*

hagiógrafo m *schrijver van een hagiografie*

haiga v /el, un ~/ INF. *slee*; *dure auto*

haitiano I m *Haïtiaan* II BNW *uit Haïti*

¡hala! TW *schiet op!*; *vooruit!*

halagar OV WW *vleien*

halago m *gevlei*; *vleierij*

halagüeño BNW • *vleiend*; *strelend*
• *veelbelovend*

halar OV WW • SCHEEPV. *naar zich toetrekken* ⟨v.
kabel, roeiriem⟩ • CUBA, NIC, PAR *naar zich
toehalen*

halcón m • *valk* • FIGUURLIJK, POL. *havik*

halda v • *rok* • *pakdoek*

haleche m *ansjovis*

halfpipe m *halfpipe*
hálito m • *adem(haling)* • *briesje*
hall m *hal*
hallada v *vondst*
hallado BNW ⋆ *bien* ~ *op zijn gemak; tevreden*
hallar OV WW • *ontmoeten; vinden* • *uitvinden; uitzoeken* • *merken* • *ontdekken* ⋆ ~ *expresión en tot uitdrukking komen in*
hallarse WKD WW • *zich bevinden* • *stuiten op; tegenkomen* ⋆ *hallárselo todo hecho zijn bedje gespreid vinden* ⋆ *no* ~ *uno niet op zijn gemak zijn*
hallazgo m *vondst; gevonden voorwerp*
halo m • *halo* • *stralenkrans* • *aureool*
halógeno I m *halogeen* II BNW *halogeen-* ⋆ *faro* ~ *halogeenlamp*
haltera m/v SPORT *halter*
halterofilia v *gewichtheffen*
hamaca v • *hangmat* • *ligstoel* • ARG, URU *schommelstoel*
hambre v /el, un ~/ • *honger* • *hevig verlangen* ⋆ *muerto de* ~ *armoedzaaier* ⋆ *tener un* ~ *que no ve omvallen van de honger* ⋆ *más listo que el* ~ *erg slim* ⋆ *matar de* ~ *te weinig te eten geven* ⋆ *morirse de* ~ *omkomen van de honger; in armoede verkeren* ⋆ ~ *canina reuzenhonger; honger als een paard* ⋆ *pasar* ~ *honger lijden* ⋆ *entretener/engañar el* ~ *iets tussendoor eten* ⋆ *matar el* ~ *iets eten* ⋆ ~ *de poder machtshonger; machtswellust* ⋆ *huelga de* ~ *hongerstaking* ⋆ *sueldo de* ~ *hongerloon(tje)*
hambreado BNW CHI, RPL *hongerig*
hambrear I OV WW *uithongeren; laten verhongeren* II ON WW *verhongeren*
hambriento I m *hongerlijder* II BNW • *hongerig* • *verlangend*
hambruna v ZA *honger als een paard*
hamburguesa v *hamburger*
hamo m *vishaak; angel*
hampa v /el, un ~/ • *misdadigerswereld; onderwereld* • *penoze* ⋆ *gente del* ~ *onderwereldfiguren; gespuis*
hampesco BNW *van de onderwereld*
hampón I m • *snoever; opschepper* • *misdadiger* II BNW *opschepperig*
hámster m *hamster*
han WW (3e p mv t.t.) → **haber**
handicap m OOK SPORT *handicap*
hangar m *hangar*
hará WW (3e p ev tk.t.) → **hacer**
haragán I m • *nietsnut; luilak* • VEN *(stok)dweil; mop* II BNW *werkschuw*
haraganear ON WW *lanterfanten; luieren*
haraganería v *leegloperij; luiheid*
harapiento BNW *in lompen; sjofel*
harapo m *lor; lomp; flard*
haraposo BNW → **harapiento**
hardware m COMP. *hardware*
harén m *harem*
harina v *bloem; meel* ⋆ *donde no hay* ~ *todo es mohína honger zaait tweedracht* ⋆ INF. *estar metido en* ~ *helemaal opgaan in een bezigheid; dik zijn* ⋆ ~ *de linaza lijnzaadmeel* ⋆ *ésta es* ~ *de otro costal dat is heel wat anders* ⋆ ~ *de centeno roggebloem* ⋆ ~

he

leudante zelfrijzend bakmeel ⋆ ~ *de trigo tarwebloem* ⋆ *hacerse* ~ *aan barrels/diggelen gaan* ⋆ *meterse en* ~ *dieper op de zaak ingaan*
harinero I m *meelhandelaar* II BNW *meel-*
harinoso BNW • *veel meel bevattend* • *melig*
harnear OV WW CHI *zeven ‹v. graan›*
harnero m *zeef* ⋆ *estar hecho un* ~ *doorzeefd zijn met kogels*
hartada v ⋆ *darse una* ~ *te veel eten*
hartar OV WW • *volstoppen ‹met eten›; verzadigen* • *vervelen* • *overstelpen* ⋆ ~ *de insultos overstelpen met beledigingen*
hartarse WKD WW • *zich volproppen; zich verzadigen* • *het zat zijn; moe worden* • *zich uitputten in*
hartazgo m *verzadiging* ⋆ *darse un* ~ *zich overeten*
harto I BNW • *vol; verzadigd* • *beu; zat* • *overvloedig* ⋆ ~ *de trabajar het werk beu zijn* ⋆ *estar* ~ *de [+ inf.] genoeg hebben van; het zat zijn; balen* ⋆ *tener* ~ *a u.p. genoeg hebben van iemand* II BIJW • *erg; tamelijk* • *genoeg* ⋆ ~ *difícil tamelijk (erg) moeilijk* ⋆ ~ *sé que es verdad ik weet heel goed dat het waar is*
hartura v • *verzadiging* • *overvloed*
hasta I BIJW *zelfs* II VZ ⋆ *tot* ⋆ *tot aan* ⋆ ~ *después/luego tot straks* ⋆ ~ *que totdat; zolang (als)* ⋆ ~ *otro día tot de volgende keer* ⋆ ~ *ahora tot nu toe*
hastial m • *puntgevel* • INF. *boerenpummel* ⋆ ~ *dentado trapgevel*
hastiar /í/ OV WW *vervelen; irriteren*
hastío m • *verveling* • *weerzin; tegenzin* ⋆ *coger* ~ *a een afkeer krijgen van* ⋆ *hasta el* ~ *tot vervelens toe*
hatajo m • *zootje; stel* • *kleine kudde*
hato m • *boeltje* • *bundeltje kleren* • *kleine kudde* • *proviand* • *herdershut* • *zootje; stel* • CA *veeboerderij* ⋆ *liar el hato zijn biezen pakken; hem smeren* ⋆ *perder el hato er overhaast vandoor gaan* ⋆ *andar con el hato a cuestas telkens verhuizen; nergens aarden* ⋆ *un hato de embusteros een stelletje zwendelaars*
hawaiano I m • *Hawaïaan* • *Hawaïaans* II BNW *Hawaïaans; uit Hawaï*
hay ONP WW → **haber** *er is; er zijn*
haya I v /el, un ~/ • *beukenhout; beuk* II WW (1e/3e p ev subj. t.t.) → **haber**
Haya v ⋆ *La Haya Den Haag; 's-Gravenhage*
hayo m *cocaplant*
haz I m • *schoof; garf* • *bundel* ⋆ *el haz de la tierra het aardoppervlak* ⋆ *haz de leña takkenbos* ⋆ *haz lasérico laserstraal* ⋆ *haz electrónico elektronenbundel* ⋆ *haz de luz lichtbundel* ⋆ *haz de trigo korenschoof* II v /el, un ~/ • *gelaat* • *voorkant ‹v. stof›* III WW (geb. wijs, jij-vorm) → **hacer**
hazaña v *heldendaad*
hazañero BNW *aanstellerig*
hazañoso BNW *heldhaftig; dapper*
hazmerreír m *risee; mikpunt van spot*
he I WW (1e p ev t.t.) → **haber** II ONP WW ⋆ FORM. *he aquí hier zijn/is; ziehier* ⋆ *heme aquí hier ben ik dan* ⋆ *he aquí que het geval wil dat*
hebdomadario BNW *wekelijks*

hebilla v *gesp*
hebra v • *vezel* • *draad(je)* • *haar(tje)* • *lange tabaksvezel* ★ *punto de ~ punt waarop de stroop draadjes vormt* ★ *tabaco de ~ shag* ★ *cortar la ~ de la vida a u.p. iemand doden* ★ *estar de buena ~ fors en sterk zijn* ★ CHI *de una ~ in één keer; in één ademtocht*
hebraico BNW *Hebreeuws*
hebreo I m • *Hebreeër* • *Hebreeuws* II BNW *Hebreeuws*
hecatombe v • *bloedbad* • GESCH. *offer*
heces v mv → **hez** • *uitwerpselen*
hechicera v *tovenares*
hechicero I m *tovenaar* II BNW *betoverend*
hechizar OV WW • *betoveren; beheksen* • *bekoren*
hechizo I m • *betovering* • CHI, MEX *met de hand gemaakt; zelf vervaardigd* ★ *hacer desaparecer u.c. por ~ iets wegtoveren* II BNW *vals; namaak-*
hecho I m • *daad; handeling* • *heldendaad* • *achtergrond* • *feit* ★ *~ de armas wapenfeit* ★ *de ~ in feite; eigenlijk* • *el ~ es que de zaak ligt namelijk zo, dat* ★ *el ~ de que het feit dat* ★ *~ consumado voldongen feit; fait accompli* ★ *~ delictivo/punible strafbaar feit* ★ *de ~ feitelijk* II BNW *gedaan* ★ *a lo ~, pecho wie a zegt, moet ook b zeggen; gedane zaken nemen geen keer* ★ *~ a medida/~ de encargo tailormade* ★ *bien ~ goed gelukt/gedaan; doorbakken* ⟨v. vlees⟩ ★ *poco ~ rauw* ⟨v. vlees⟩; *weinig doorbakken* ⟨v. vlees⟩ ★ *dicho y ~ zo gezegd, zo gedaan* ★ *es cosa hecha de kogel is door de kerk* • *estar ~ para geknipt zijn voor* ★ *hombre ~ y derecho een complete man; een man uit één stuk* ★ *~ lo cual waarna* ★ *estar ~ a gewend zijn aan* ★ *i~! afgesproken!* III WW (volt. deelw.) → **hacer**
hechura v • *product; schepsel* • *maaksel* • *makelij; vervaardiging* • *vorm* • *lichaamsvorm* • *aanzien* • *~s maakloon* ★ *estar ~ para geknipt zijn voor* ★ *no tiene ~ het is niet mogelijk*
hectárea v *hectare*
hectogramo m *hectogram*
hectolitro m *hectoliter*
hectómetro m *hectometer*
heder /ie/ ON WW • *stinken* • *ergerlijk zijn*
hediondez v *stank; stinkend iets*
hediondo BNW • *stinkend* • *vervelend; walgelijk* • *weerzinwekkend; stuitend*
hedonismo m *hedonisme*
hedonista I m/v *hedonist* II BNW *hedonistisch*
hedor m *stank*
hegemonía v *alleenheerschappij; hegemonie*
hégira v GESCH. *hedzjra*
helada v *vorst* ★ *caer una ~ vriezen* ★ *~ blanca rijp*
heladera v • *ijsmachine* • *ijskast*
heladería v *ijswinkel*
helado I m *ijsje* II BNW • *bevroren; ijskoud* • *ijzig; kil*
heladora v • ZA *koelkast* • *ijsmachine*
helaje m COL *ijzige kou*
helar /ie/ I OV WW • *doen bevriezen* • *versteld doen staan; zeer verbazen* • *ontmoedigen* II ON WW • *bevriezen* • *bekoelen*

helarse /ie/ WKD WW • *bevriezen* • *doodvriezen* ⟨v. gewas⟩ • *verkleumen* ★ *~ de frío sterven van de kou*
helecho m PLANTK. *varen*
helénico BNW *Helleens*
helenismo m *hellenisme*
heleno I m *Helleen* II BNW *Helleens*
hélice v • *spiraal; schroeflijn* • *propeller*
Hélice v ASTROL. *Grote Beer*
helicoidal BNW *spiraalvormig; schroefvormig* ★ *taladro ~ drilboor*
helicóptero m *helikopter* ★ *~ sanitario traumahelicopter*
helio m *helium*
helioeléctrico BNW *met zonne-energie* ★ *propulsión helioeléctrica aandrijving op/ met zonne-energie*
heliograbado m *heliogravure; fotogravure*
helioterapia v *zonnetherapie*
heliotropo m • *roze-blauw* • PLANTK. *heliotroop*
helipuerto m *heliport; helihaven*
helvético I m *Helvetiër* II BNW *Helvetisch*
hematología v *hematologie*
hembra I v • *meisje; vrouw* • BIO. *vrouwtje; wijfje* • *moer* • *contrastekker; contraplug* II BNW *vrouwtjes-; wijfjes-*
hembraje m • ZA *groep wijfjes* ⟨v. kudde⟩ • RPL *vrouwvolk; groep vrouwen*
hembrilla v • *gaatje; oogje*
hemeroteca v *hemerotheek*
hemiciclo m • *halve cirkel* • *amfitheater* • *centraal gedeelte van de vergaderzaal van het Spaanse parlement*
hemiplejia v *hemiplegie; eenzijdige verlamming*
hemisférico BNW *halfrond*
hemisferio m *halve bol; hemisfeer*
hemistiquio m *hemistiche; halve versregel*
hemodonación v *bloeddonatie*
hemofilia v *hemofilie*
hemoglobina v *hemoglobine; rode bloedkleurstof*
hemorragia v *bloeding* ★ *~ cerebral hersenbloeding* ★ *~ nasal bloedneus* ★ *~ estomacal maagbloeding* ★ *~ interna inwendige bloeding*
hemorroides m mv *aambeien*
hemos WW (1e p mv t.t.) → **haber**
henal m *hooizolder*
henchir /i/ OV WW • *volproppen; (op)vullen* • *opblazen; doen zwellen*
henchirse WKD WW • *zich volstoppen* • OOK FIG. *(op)zwellen*
hendedura v → **hendidura**
hender /ie/ OV WW • *splijten* • *doorklieven*
hendidura v • *spleet* • *het splijten*
hendija v LA *spleet; kier*
henil m *hooizolder*
heno m • *hooi* • *grassoort* ★ *fiebre del heno hooikoorts* ★ *hacer heno hooien*
heñir /i/ OV WW *kneden* ⟨v. deeg⟩
hepático BNW *lever-; van de lever* ★ *afección hepática leveraandoening* ★ *enfermedad hepática leverziekte*
hepatitis v *hepatitis; geelzucht*
heptágono I m *zevenhoek* II BNW *zevenhoekig*
heráldica v *heraldiek; wapenkunde*

he

heráldico BNW *heraldisch*
heraldo m • GESCH. *heraut; wapenmeester*
• *voorbode; aankondiging*
herbáceo BNW *grasachtig*
herbaje m *gras; weide*
herbazal m *grasvlakte*
herbicida v *onkruidverdelger*
herbívoro BNW *plantenetend; herbivoor*
herbolario m • *herbarium; kruidenboek*
• *kruidenwinkel • kruidenkenner*
hercúleo BNW *sterk; herculisch*
Hércules m *Hercules* ∗ un ∼ *een sterke jongeman*
heredable BNW *erfelijk*
heredad v *landgoed*
heredado m *landheer*
heredar OV WW • *erven • meekrijgen • krijgen*
heredera v *erfgename*
heredero I m • *erfgenaam • opvolger* ∗ ∼
forzoso wettig/rechtmatig erfgenaam
∗ *instituir (por)* ∼ a u.p. *iemand tot erfgenaam benoemen* II BNW *erfelijk*
∗ *príncipe* ∼ *kroonprins*
hereditario BNW *erfelijk*
hereje m/v • *ketter • schurk; brutaal persoon*
herejía v • *ketterij • onrecht • belediging*
• *blunder* ∗ *hacer* ∼ es *pesten*
herencia v • *erfenis • erfelijkheid* ∗ ∼ *yacente nog onverdeelde erfenis* ∗ la ∼ que le correspondía de su tío *de nalatenschap van zijn oom* ∗ adir la ∼ *de erfenis aanvaarden*
∗ *repudiar* la ∼ *de erfenis weigeren* ∗ *dejar en* ∼ *nalaten* ∗ *comer* la ∼ *de erfenis erdoor jagen*
heresiarca m *aanstichter van ketterij; aartsketter*
herético BNW *ketters*
herida v • *verwonding; wond • belediging; krenking* ∗ ∼ *punzante steekwond* ∼ *resollar/ respirar por* la ∼ *opgekropte onvrede uiten*
∗ *tocar a* u.p. *en la* ∼ *bij iemand een zere plek raken* ∗ *producir una* ∼ a u.p. *iemands zwakke plek raken; iemand pijn doen*
herido I m *gewonde* II BNW *gewond* ∗ *mal* ∼ *zwaar gewond* ∗ *sentirse* ∼ *zich gekwetst voelen*
herir /ie, i/ OV WW • *(ver)wonden • raken; kwetsen • slaan tegen/op • aantasten* ⟨v. gezichtsvermogen, gehoor⟩ • *schijnen op* ⟨zon⟩ • *bespelen; tokkelen op* ⟨snaarinstrument⟩ ∗ ∼ *de muerte dodelijk verwonden* ∗ ∼ al miedo *onbevreesd zijn* ∗ ∼ el suelo con el pie *op de grond stampen* ∗ eso hiere la vista *dat doet pijn aan de ogen* ∗ ∼ la dificultad *doordringen tot de kern van het probleem*
hermafrodita m/v *hermafrodiet; tweeslachtig wezen*
hermafroditismo m *hermafroditisme; het tweeslachtig zijn*
hermana v • *zus; zuster • non; geestelijke; zuster*
hermanable BNW *vergelijkbaar*
hermanamiento m • *verbroedering • het tot elkaar brengen • het combineren*
hermanar OV WW • *samenvoegen; verenigen*
• *verbroederen*
hermanastra v *stiefzuster*

hermanastro m • *stiefbroer • halfbroer*
hermandad v *broederschap*
hermano I m • *broer • geestelijke; broeder*
• (aanspr.) COL, PERU *vriend; makker* ∗ ∼
carnal volle broer ∗ ∼ *mellizo tweelingbroer*
∗ ∼ *uterino halfbroer* ⟨v. dezelfde moeder⟩
∗ ∼ *mayor oudere broer* ∗ ∼ *político zwager*
∗ el Gran Hermano *Big Brother* ∗ ∼ de madre *halfbroer; stiefbroer* II BNW • *bijpassend*
• *verwant*
hermanos m mv • → **hermano** • *broers en zussen* ∗ ∼ *gemelos tweelingbroer- en zus; tweelingbroers*
hermético BNW • *gesloten* ⟨v. personen⟩
• *hermetisch; luchtdicht*
hermetismo m • *hermetisme • geslotenheid*
hermosear OV WW *verfraaien*
hermoso BNW • *knap; mooi • overvloedig*
• *prachtig; uitstekend* ∗ un día ∼ *een mooie dag*
hermosura v *schoonheid* ∗ ¡qué ∼ de …! *wat een pracht van een …!*
hernia v *hernia; breuk*
herniarse WKD WW *een hernia krijgen*
héroe m • *held • hoofdrolspeler*
heroicidad v • *heldhaftigheid • heldendaad*
heroico BNW • *heroïsch • heldhaftig* ∗ *remedio* ∼ *paardenmiddel* ∗ *medicamento* ∼ *pijnstiller*
∗ *poema* ∼ *heldendicht; epos*
heroína v • *heldin • heroïne*
heroinómano m *heroïneverslaafde*
heroísmo m *heldhaftigheid; heldenmoed*
herrada v *houten emmer*
herrador m *hoefsmid*
herradura v *hoefijzer* ∗ *dar una en el clavo y ciento en la* ∼ *iets helemaal verkeerd doen; de plank volkomen mis slaan* ∗ *camino de* ∼ *ruiterpad*
herraje m • *ijzerbeslag; hang- en sluitwerk* • CHI *hoefijzer*
herramental m *gereedschap*
herramienta v • *gereedschap; werktuig* • INF. *gebit • blanke wapens*
herrar /ie/ OV WW • *beslaan van paarden*
• *brandmerken • met ijzer beslaan*
herrería v • *smederij; smidse • het smeden*
• *ijzerwerk*
herrerillo m • *koolmees • pimpelmees*
herrero m *smid*
herrete m *stiftje* ⟨v. veter, riem⟩; *malie*
herrumbre v • *roest • ijzersmaak*
herrumbroso BNW *roestig*
hervidero m • *opwellende bron • haard; broeinest • geborrel • gewemel; gekrioel*
hervidor m • *kooktoestel • ketel*
hervir /ie, i/ ON WW • *koken • borrelen • koken*
• *wemelen; krioelen • gisten* ⟨v. most⟩; *bruisen*
• FIG. *koken* ∗ *está que le hierve la sangre hij is op van de zenuwen* ∗ ∼ a fuego lento *sudderen* ∗ *hacer* ∼ *aan de kook brengen*
∗ *romper a* ∼ *beginnen te koken* ∗ ∼ de cólera *koken van woede*
hervor m • *het koken • vuur; bezieling* ∗ *dar algunos* ∼ es a fuego lento *langzaam laten koken*
heterodoxo BNW *heterodox; onrechtzinnig*

he

he

heterogéneo BNW *heterogeen; ongelijksoortig*
heterosexual I m/v *heteroseksueel* II BNW
heteroseksueel
hético BNW *lijdend aan tuberculose*
hexagonal BNW *zeshoekig*
hexágono m *zeshoek*
hexámetro m *hexameter*
hez v • *bezinksel; droesem • afzetting • gespuis;
uitschot*
hiato m *hiaat*
hibernación v • *onderkoeling • winterslaap*
hibernal BNW *winters; van de winter*
hibernar ON WW • *overwinteren • winterslaap
houden*
hibridación v *kruising*
híbrido I m • BIO. *kruising • hybride* II BNW
hybridisch
hice WW (1e p ev v.t.) → hacer
hidalgo I m *edelman; jonkheer* II BNW *integer;
edelmoedig*
hidalguía v *adeldom*
hidra m • *hydra; (zoetwater)poliep • giftige
tropische waterslang • steeds terugkerend
probleem*
hidratante BNW *vochtinbrengend; hydraterend*
★ crema ~ *vochtinbrengende crème*
hidratar OV WW *hydrateren*
hidrato m *hydraat*
hidráulico BNW *hydraulisch* ★ ingeniero ~
waterbouwkundig ingenieur
hidroala v *(draag)vleugelboot*
hidroavión v *watervliegtuig*
hidrocarburo m *koolwaterstof*
hidrocéfalo m *waterhoofd*
hidrodeslizador m *hovercraft*
hidroeléctrico BNW *hydro-elektrisch*
hidrófilo BNW *(water)absorberend*
hidrofobia v • *watervrees • hondsdolheid*
hidrógeno I m *waterstof* II BNW *waterstof-*
★ bomba hidrógena *H-bom; waterstofbom*
hidrografía v *hydrografie*
hidrográfico BNW *hydrografisch* ★ mapa ~
rivier- en zeekaart; hydrografische kaart
hidropedal m *waterfiets*
hidropesía v *hydropsie; waterzucht*
hidrópico BNW *waterzuchtig*
hidroplano m • *watervliegtuig • hydroplaan;
speedboat*
hidroterapia v *hydrotherapie*
hiedra v *klimop*
hiel v OOK FIG. *gal* ★ echar la hiel *werken als een
paard*
hieles v mv *tegenspoed; beproeving*
hielo m • *ijs • koelheid; afstandelijkheid • vorst;
vrieskou* ★ quedarse de ~ *verstijfd staan* ‹v.
verbazing› ★ romper el ~ *het ijs breken; een
doorbraak forceren* ★ ~ artificial *kunstijs* ★ ~s a
la deriva *drijfijs* ★ ~s flotantes *drijfijs* ★ ~ polar
poolijs ★ a causa del ~ *vanwege de gladheid*
hiena v *hyena*
hierático BNW *vormelijk; deftig; statig*
hieratismo m *afstandelijkheid; vormelijkheid*
hierba v • *gras • hooi • kruid • grasveld • hasj;
weed* ★ en ~ *nog groen* ‹v. gras› ★ sentir/ver
crecer la ~ *heel scherpzinnig zijn* ★ un potro
de dos ~s *een veulen van twee jaar* ★ crecer

como la mala ~ *voor galg en rad opgroeien*
★ y otras ~s *enzovoort* ★ mala ~ *onkruid*
hierbabuena v PLANTK. *munt*
hierbas v mv • → hierba • *gifdrank;
kruidendrank*
hierra v LA *(het) brandmerken* ‹v. vee›
hierro m • *ijzer • ijzeren werktuig* ★ agarrarse a
un ~ *ardiendo zich aan een strohalm
vastklampen* ★ machacar/martillar en ~ *frío
vechten tegen de bierkaai* ★ quien a ~ *mata, a
~ muere wie naar het zwaard grijpt zal door
het zwaard vergaan* ★ quitar ~ *de de scherpe
kantjes afhalen van* ★ ~ dulce *smeedijzer*
‹zacht ijzer› ★ ~ forjado *smeedijzer* ‹product›
★ ~ fundido *gietijzer* ★ de ~ *onvermoeibaar;
ijzersterk* ★ llevar ~ a Bilbao *water naar zee
dragen* ★ al ~ *caliente batir de repente (men
moet) het ijzer smeden als het heet is*
hierros m mv *boeien*
higa v ★ me importa una higa *het kan me geen
zier schelen*
higadillo m *(vaak mv) lever* ‹v. kleine dieren›
★ INF. comerse los ~s *elkaar in de haren
vliegen*
higaditos m mv *kippenlevertjes*
hígado m *lever* ★ tener ~s *gewetenloos zijn;
moedig zijn* ★ tener malos ~s *een kwade
inborst hebben* ★ echar los ~s *zich uit de naad
werken*
higiene v *hygiëne* ★ ~ bucal *mondhygiëne*
higiénico BNW *hygiënisch* ★ paños ~s/
compresas higiénicas *maandverband*
higienista m/v *hygiënist* ★ ~ bucal/dental
mondhygiënist
higo m *vijg* ★ de higo a brevas *heel af en toe*
★ estar hecho un higo *verfrommeld zijn*
★ higo blanco *groene vijg* ★ importar un
higo/no dársele un higo *geen moer kunnen
schelen* ★ no dar un higo por u.c. *iets
absoluut niet vertrouwen* ★ higo de paso/higo
seco *gedroogde vijg* ★ higo chumbo *cactusvijg*
higrómetro m *hygrometer; vochtigheidsmeter*
higuera v *vijgenboom* ★ ~ loca *sycomore;
adamsvijgenboom* ★ estar en la ~ *nog niet op
de hoogte zijn van iets; verstrooid zijn*
hija v • *dochter* • AANSPR. *meid(je); kind
• (geestes)kind* ★ ¡hija mía! *ach, meisje toch!*
★ hija única *enige dochter*
hijastra v *stiefdochter*
hijastro m *stiefzoon*
hijo m • *kind • zoon • nakomeling • geesteskind*
★ hijo espiritual *biechtkind* ★ hijo de
bendición *wettig kind* ★ ¡hijo mío! *beste
jongen!* ★ cada uno es hijo de sus obras *ieder
mens is verantwoordelijk voor zijn eigen daden*
★ Hijo de Dios *Zoon van God* ★ hijo de papá
rijkeluiszoon ★ VULG. hijo (de) puta *klootzak;
klerelijer* ★ es hijo de su padre *hij heeft een
aardje naar zijn vaartje* ★ hijo político
schoonzoon ★ cada hijo de vecino *ieder
normaal mens* ★ MEX hijo de la chingada
klootzak; hufter ★ hijo pródigo *de verloren
zoon* ★ hijo prohijado *pleegkind* ★ ser un hijo
de siete leches *een klootzak zijn* ★ hijo tardío
nakomertje ★ hijo único *enige zoon; enig kind*
★ sin hijos *kinderloos*

hijuela v • *dochteronderneming*; *onderafdeling*
  • *zijweg* • *lijst van nagelaten goederen*
  • *aangenaaide strook*; *inzetstuk* • *erfdeel*
hila v • *het spinnen* • *draadje* • MED. *pluksel*
hilacha v *rafel*
hilacho m *draadje*; *rafel* ★ MEX ~s *vodden*;
  lompen
hilachos m mv • → **hilacho** • *kruimeltjes*; *restjes*
hilada v • *rij* • *laag*
hilado I m • *het spinnen* • *spinsel* • *garen*
  II BNW *gesponnen* ★ cristal ~ *glaswol*
hiladora v *spinster*
hilandería v • *het spinnen* • *spinnerij* ★ ~ de
  lana *wolspinnerij*
hilandero m *spinner*
hilar OV WW • *spinnen* • *beramen*; *bekokstoven*
  • *inspinnen* ⟨v. rups⟩ ★ ~ delgado *secuur zijn*
hilarante BNW *lachwekkend*
hilaridad v *hilariteit*; *vrolijkheid*
hilatura v *het spinnen*
hilaza v • *gesponnen draad* • *structuur van*
  weefsel ★ descubrir la ~ *zijn ware aard tonen*
hilera v • *rij* • MIL. *rot* • *opstelling*; *gelid*
hilo m • *vezel* • *draad* • *linnen* • *straaltje* • *snoer*
  ⟨elektrisch⟩ ★ coger el hilo de u.c. *begrijpen*
  waar iets over gaat ★ al hilo de *in de richting*
  van ★ cortar al hilo *met de draad mee*
  knippen/snijden/zagen ★ no tocar un hilo de
  la ropa a u.p. *iemand met geen vinger*
  aanraken ★ pender/colgar de un hilo *aan een*
  zijden draadje hangen ★ perder el hilo de
  draad kwijtraken ★ saguir el hilo *het volgen*
  ⟨bv. van een verhaal⟩ ★ hilo (de) bramante
  hennepgaren; *bind- en paktouw* ★ hilo
  conductor *leidraad* ★ hilo de acero *staaldraad*
  ★ hilo de coser *naaigaren* ★ hilo de perlas
  parelsnoer ★ artículos de hilo *linnenwaren* ★ a
  hilo *ononderbroken* ★ hilo a hilo como *juist*
  als ★ hilo de corriente *stroomdraad* ★ con un
  hilo de la voz *met een dun stemmetje* ★ mover
  los hilos *de touwtjes in handen hebben* ★ hilo
  de humo *rookpluim* ★ hilo musical
  muziekbehang; *muzak* ★ hilo crudo
  ongebleekt linnen
hilván m • *rijgnaad*; *rijgsel* • *rijgdraad*
hilvanar OV WW • *rijgen* • *in grote lijnen*
  aangeven; *uitstippelen* • *in elkaar flansen*;
  afraffelen • *bekokstoven*; *beramen*
himen m *hymen*; *maagdenvlies*
himeneo m *bruiloft*
himno m *hymne*; *lofzang* ★ ~ nacional *volkslied*
hincada v VEN, COL, PERU *pijnscheut*
hincadura v • *afdruk* • *steek*; *prik*
hincapié m • hacer ~ *en nadruk leggen op*;
  staan op ★ hacer ~ *zich schrap zetten*
hincar OV WW • *insteken*; *inslaan* • *planten*;
  stevig neerzetten ★ ~ el diente a u.c. *de tanden*
  zetten in iets ★ ~la *werken* ★ ~ el pico *sterven*;
  zich overgeven
hincarse WKD WW *knielen* ★ ~ de rodillas
  knielen
hincha I v *antipathie*; *afkeer* ★ me tiene ~ *hij*
  kan me niet uitstaan II m/v *supporter*
hinchada v *supporterslegioen*
hinchado BNW • *opgezet*; *gezwollen* • LIT.
  pompeus; *gezwollen*

hinchapelotas m/v (mv onv.) *lastpost*; *zeurkous*
hinchar OV WW • *doen (op)zwellen* • *opblazen*
  • *opblazen*; *overdrijven* ★ ~ de palos *een*
  ongenadig pak slaag geven ★ ~ el perro *op de*
  details ingaan
hincharse WKD WW • *opzetten*; *(op)zwellen*
  • *verwaand worden* • *stijgen*; *wassen* ⟨v.
  rivier⟩ • *zich volproppen* ★ ~ las narices *woest*
  worden
hinchazón v • *het wassen* ⟨v. water/rivier⟩
  • *zwelling* • *verwaandheid*; *inbeelding*
  • *opgeblazenheid*
hindú I m/v *hindoe* II BNW *hindoes*
hinduismo m *hindoeïsme*
hinojo m *venkel*
hinojos m mv ★ de ~ *op zijn knieën*
hipar ON WW • *hikken*; *de hik hebben*
  • *jammeren*; *snotteren* • *smachten*
hipérbola v *hyperbool*
hipérbole v LIT. *hyperbool*; *overdrijving*
hiperbólico BNW • *hyperbolisch* • *overdreven*
hiperdulía v ★ culto de ~ *Mariaverering*
hiperenlace m COMP. *hyperlink*
hiperestesia v *ziekelijke overgevoeligheid*
hipermercado m *(maxi-)supermarkt*
hipersensibilidad v *overgevoeligheid*
hipersensible BNW *overgevoelig*
hipertensión v *verhoogde bloeddruk*;
  hypertensie
hipertrófico BNW MED. *hypertrofisch*
hiperventilación v *hyperventilatie*
hiperventilar ON WW *hyperventileren*
hipervínculo m COMP. *hyperlink*
hípico BNW *hippisch* ★ deporte ~ *paardensport*
  ★ concurso ~ *concours hippique*
hipismo m • *paardensport* • *paardenfokkerij*
hipnosis v *hypnose* ★ en estado de ~ *onder*
  hypnose; *in trance*
hipnótico I m *slaapmiddel* II BNW *hypnotisch*
hipnotismo m *hypnotisme*
hipnotizador m *hypnotiseur*
hipnotizar OV WW *hypnotiseren*
hipo m *hik* ★ que quita el hipo *waanzinnig*;
  verbijsterend ★ tener hipo con *het land*
  hebben aan
hipocampo m OOK MYTH. *zeepaard*
hipocentro m *aardbevingshaard*; *hypocentrum*
hipocondria v *hypochondrie*; *zwaarmoedigheid*
hipocresía v *hypocrisie*; *schijnheiligheid*
hipócrita I m *hypocriet*; *huichelaar* II BNW
  hypocriet; *schijnheilig*
hipodérmico BNW *onderhuids*
hipódromo m *renbaan*
hipófisis v *hersenaanhangsel*; *hypofyse*
hipogastrio m *onderbuik*
hipopótamo m *nijlpaard*
hipoteca v *hypotheek* ★ levantar una ~ *een*
  hypotheek nemen ★ redimir una ~ *een*
  hypotheek aflossen
hipotecar OV WW *belasten met hypotheek*
hipotecario BNW *hypothecair*; *hypotheek-* ★ acta
  hipotecaria *hypotheekakte* ★ cédula
  hipotecaria *pandbrief*
hipotensión v *(te) lage bloeddruk*
hipotenusa v *hypotenusa*
hipótesis v *veronderstelling*; *hypothese*

hi

hipotético BNW *hypothetisch*

hippy m/v *hippie*

hiriente BNW *pijnlijk*; *kwetsend*

hirsuto BNW • *borstelig* ‹v. haar› • *ruw*; *ruigharig* • *nors*; *bars*

hirviendo WW (ger.) → **hervir**

hisopar OV WW (**hisopear**) *met wijwater besprenkelen*

hisopazo m *besprenkeling met wijwater*

hisopo m • PLANTK. *hysop* • *wijwaterkwast*

hispalense I m/v *inwoner van Sevilla*; *Sevilliaan* II BNW *uit Sevilla*; *Sevilliaans*

Híspalis m GESCH. *Sevilla*

Hispania v GESCH. *Hispanië*

hispanidad v *Spaanstalige wereld*

hispanismo m • *Spaanse uitdrukking* • *voorliefde voor Spanje*

hispanista m/v *hispanoloog*; *hispanist*

hispanizar OV WW *verspaansen*

Hispanoamérica v • *Latijns-Amerika* • *Spaans-Amerika*

hispanoárabe BNW *Spaans-Arabisch*; GESCH. *Spaans-Moors*

hispanófilo BNW *hispanofiel*; *liefhebber van alles wat Spaans is*

hispanofobia v *hekel aan Spanje*; *haat tegen Spanje*

hispanófobo m *Spanjehater*

hispanohablante BNW *Spaanstalig*

hispanojudío BNW *Spaans-joods*

histeria v *hysterie* ★ ~ *colectiva massahysterie*

histérico BNW *hysterisch*

histerismo m *hysterie*

histología v *histologie*; *weefselleer*

historia v • *geschiedenis* • *verhaal* ★ u.p. con mucha ~ *iemand met een verleden* ★ de ~ *beroemd* ★ hacer ~ *de verslag doen van*; *berichten* ★ eso ya ha pasado a la ~ *dat is verleden tijd* ★ iasí se escribe la ~! *aardig verzonnen!* ★ ser ~ *niet meer actueel zijn* ★ siempre la misma ~ *altijd hetzelfde liedje* ★ ~ natural *natuurwetenschappen* ★ ~ sagrada *bijbelse geschiedenis* ★ ~ del arte *kunstgeschiedenis* ★ ~ patria *vaderlandse geschiedenis* ★ ~ clínica *ziektegeschiedenis* ★ es mucha ~ *dat wordt te gek*; *dat gaat te ver*

historiado BNW *overmatig versierd/geïllustreerd*

historiador m *historicus*; *geschiedschrijver* ★ ~ de Indias *(kroniek)schrijver uit de tijd van de kolonisatie van Zuid-Amerika*

historial m • *voorgeschiedenis* • *achtergrond*

historiar /í/ I OV WW • *vertellen* • *historische gebeurtenissen voorstellen* ‹in schilderkunst› • LA *ingewikkeld maken*; *compliceren* II ON WW *verhalen vertellen*

historias v mv → **historia** • *kletspraatjes* ★ déjate de ~ *klets niet*; *praat er niet omheen* ★ ino me vengas con ~! *kom nou niet aan met die smoesjes!*

histórico BNW *historisch*; *geschiedkundig*

historieta v • *verhaaltje* • *stripverhaal*

historiógrafo m • *kroniekschrijver* • *historiograaf*; *geschiedschrijver*

histrión m • *toneelspeler* ‹v. klassiek toneel› • *clown* • *komediant*

hita v • *spijker* ‹zonder kop› • *grenspaal*

hito m • *kilometerpaal*; *grenspaal* • FIG. *mijlpaal* ★ dar en el hito *de spijker op de kop slaan* ★ mirar de hito en hito *strak aankijken*

hizo WW (3e p ev v.t.) → **hacer**

hobby m *hobby*; *liefhebberij*

hocicar ON WW • INF. *knuffelen*; *zoenen* • *wroeten* • OOK FIG. *op zijn neus vallen* • *smoezen*

hocico m • *snuit*; *snoet* • INF. *bakkes*; *snufferd* ★ meter los ~s en algo *zijn neus ergens insteken* ★ romper los ~s op *zijn bek slaan* ★ torcer el ~ *een boos gezicht opzetten* ★ darse de ~s op *zijn neus vallen* ★ estar de ~s/poner ~ *pruilen*; *humeurig zijn*

hocicón m *iemand met dikke lippen*

hockey m *hockey* ★ ~ sobre hielo *ijshockey* ★ ~ sobre hierba *(veld)hockey*

hogaño BIJW • *dit jaar* • *tegenwoordig*

hogar m • *haard* • *thuis*; *huiselijke kring* • *huishouden* ★ i~, dulce ~! *zoals het klokje thuis tikt, tikt het nergens* ★ ~ de estudiantes *studentenhuis* ★ ~ de ancianos *bejaardentehuis* ★ los que no tienen ~ *de daklozen* ★ formar/ crear un ~ *een gezin stichten* ★ ~ individual *eenpersoonshuishouden* ★ vida del ~ *gezinsleven* ★ sin ~ *dakloos* ★ artículos para el ~ *huishoudelijke artikelen* ★ ~ del jubilado *bejaardensoos* ★ sin casa ni ~ *moederziel alleen*

hogareño BNW *huiselijk*

hoguera v *kampvuur*; *brandstapel*

hoja v • *bloemblad* • *lemmet* • *vleugel* ‹v. een deur› • *blad* ‹v. plant, papier› • *tafelblad* ★ hoja de afeitar *scheermesje* ★ hoja de lata *blik* ‹materiaal› ★ ivolvamos la hoja! *laten we over iets anders praten* ★ vino de tres hojas *driejarige wijn* ★ poner a u.p. como hoja de perejil *iemand flink de waarheid zeggen* ★ hoja de servicios *staat van dienst* ★ hoja de ruta *vrachtbrief*; *vervoerbiljet* ★ hoja suelta *strooibiljet*; *pamflet*; *flyer* ★ COMP. hoja electrónica/de cálculo *spreadsheet* ★ hoja de declaración *belastingformulier* ★ hoja histórico-penal *strafblad* ★ de hojas sueltas *losbladig* ★ hoja de vida *curriculum vitae*

hojalata v *blik* ‹materiaal›

hojalatero m VERO. *blikslager*

hojaldre m *bladerdeeg*

hojaranzo m • *oleander* • *soort cistroos*

hojarasca v • *dorre bladeren* • *overbodige franje*; *holle woorden*

hojear OV WW *vluchtig inzien*; *(door)bladeren*

hojuela v • *flensje*; ≈ *wafel* • *schilfertje*; *vliesje* • *boordsel* ‹v. goud-, zilverdraad›; *tres* ★ miel sobre ~s *nog beter*; *helemaal geweldig*

hola TW • *hallo* • RPL *hallo?* ‹bij het aannemen van de telefoon›

holán v *fijn Hollands linnen*

holanda I m *Hollandse kaas* II v *batist* ‹stof›

Holanda I v • *Nederland* • *Holland*

holandés I m • (v: **holandesa**) *Nederlander* • TAALK. *Nederlands* II BNW (v: **holandesa**) *Nederlands*

holding m *holding*

holgado BNW • *ruim*; *breed* • *gemakkelijk* ‹v. het leven› • *gemakkelijk* ‹v. kleding›;

ruimvallend ⟨v. kleding⟩

holganza v • *rust* • *het nietsdoen*

holgar /ue/ ON WW • *niets doen* • *uitrusten* • *vrij hebben* ⟨v. het werk⟩ • *overbodig zijn*

holgarse WKD WW • *zich verheugen* • *zich vermaken*

holgazán I m (v: **holgazana**) *luilak* II BNW (v: **holgazana**) *lui*

holgazanear ON WW *luieren*; *lanterfanten*

holgorio m *feestgedruis*; *feestgewoel*

holgura v • *ruimte* • TECHN. *tussenruimte*; *speling* • *pret* • *luxe*; *welstand* ⋆ *vivir con ~ onbezorgd/ruim leven*

holladura v • *schending* • *betreding*

hollar /ue/ OV WW • *schenden* • *betreden*

hollejo m *schilletje*; *vliesje* ⟨v. vruchten, zaden⟩

hollín m *roet*

holocausto m • *holocaust* • GESCH. *volkenmoord* • *opoffering*; *brandoffer* ⋆ en ~ *als opoffering*; *ten offer*

holografía v *holografie*

hombracho m • *grote en dikke man* • *ongemanierde kerel*

hombrada v *manhaftige daad*

hombre I m • *mens* • *man* • *kerel*; *vent* ⋆ ~ de acción *man van de daad* ⋆ ~ de bien *rechtschapen man*; *rijk man* ⋆ ~ de la calle *doorsnee burger*; *de man in de straat* ⋆ ~ de ciencia *wetenschapsbeoefenaar* ⋆ ~ de estado *staatsman* ⋆ ~ de letras *letterkundige* ⋆ ~ de leyes *jurist* ⋆ ~ de negocios *zakenman* ⋆ ~ de mundo *man van de wereld* ⋆ como un solo ~ *als één man* ⋆ de ~ a ~ *van man tot man* ⋆ hacerse ~ *volwassen worden* ⋆ no ser ~ para *niet in staat zijn om* ⋆ ser mucho ~ *een man van karakter zijn* ⋆ ser otro ~ *erg veranderd zijn* ⋆ pobre ~ *man van weinig karakter*; *arme drommel* ⋆ ser ~ al agua *reddeloos verloren zijn* ⋆ ~ de forma *gedistingeerd man* ⋆ ~ hecho *rijpe man* ⋆ ~ público *openbare/ publieke persoonlijkheid* ⋆ hacer un ~ *iemand helpen met zijn carrière* ⋆ ser muy ~ *onverschrokken zijn* ⋆ ~ faldero *rokkenjager* ⋆ ~ rana *kikvorsman* ⋆ ¡pero ~ de Dios! *maar mijn beste man!* ⋆ ~ estuche *factotum*; *iemand die van alle markten thuis is* ⋆ el abominable ~ de las nievas *de verschrikkelijke sneeuwman* ⋆ ~ negro *zwartrok* ⋆ todo un ~ *een echte man* ⋆ ~-lobo *weerwolf* ⋆ ~-anuncio *sandwichman (iemand met reclamebord op rug en borst)* ⋆ ~-masa *massamens* ⋆ ¡~ al agua! *man overboord!* II TW *nou ja*; *goh*; *hé*; *man!* ⋆ *¡anda, ~! kom nou!*; *ga toch weg!*

hombrear ON WW • *zich volwassen voordoen* • *met de schouders duwen* • *wedijveren*; *concurreren*

hombrecillo m *mannetje*; *kereltje*

hombrera v • *schoudervulling* • *schouderbandje* • *epaulet*

hombro m *schouder* ⋆ a ~s *op de schouders* ⋆ al ~ *over de schouder* ⋆ arrimar el ~ *de schouders eronder zetten* ⋆ encogerse de ~s *zijn schouders ophalen*; *onverschillig zijn* ⋆ mirar por encima del ~ *op iemand neerkijken* ⋆ sacar a ~s *op de schouders nemen*

⋆ echar(se) al ~ u.c. *iets op zich nemen*

hombruno BNW PEJ. *als een man*; *mannelijk*

homenaje m • *huldebetoon*; *eerbetoon*; *hommage* • *huldiging* • GESCH. *eed van trouw* ⋆ en ~ de *ter ere van*

homenajeado m *jubilaris*

homeópata I m *homeopaat* II BNW *homeopathisch*

homeopatía v *homeopathie*

homeopático BNW *homeopathisch*

Homero m *Homerus*

homicida I m/v *moordenaar* II BNW *moord-*; *dodelijk* ⋆ arma ~ *moordwapen*

homicidio m *doodslag*; *moord*

homilía v *preek*

homogéneo BNW *homogeen*; *gelijksoortig*

homonimia v *homonymie*

homosexual I m/v *homoseksueel* II BNW *homoseksueel*

homosexualidad v *homoseksualiteit*

honda v *slinger*

hondear I OV WW • *peilen* • *leeghalen*; *lichten* II ON WW *met een katapult schieten*; *met een slinger werpen*

hondo I m *diepte*; *bodem* II BNW OOK FIG. *diep* ⋆ cante ~ *bepaalde stijl uit de flamencozang* ⋆ plato ~ *diep bord* ⋆ con ~ pesar *met innige deelneming*

hondón m • *diepte*; *kloof* • *oog van naald*

hondonada v • *kloof*; *diepte* • *oog van naald*

hondura v *diepte* ⋆ meterse en ~s *zich op moeilijk terrein begeven*; *ergens (te) diep op ingaan*

honestidad v • *integriteit*; *eerlijkheid* • *eerbaarheid*; *fatsoen*

honesto BNW • *integer*; *eerlijk* • *eerbaar*; *fatsoenlijk* • *billijk*

hongo m • *zwam*; *paddestoel* • *bolhoed* ⋆ crecer como ~s *als paddestoelen uit de grond schieten*

honor m • *eer*; *eergevoel* • *eerbewijs*; *eerbetoon* • *faam*; *reputatie*; *aanzien* • *maagdelijkheid* ⋆ en ~ a la verdad *in alle eerlijkheid*; *eerlijkheidshalve* ⋆ en ~ de *ter ere van* ⋆ hacer los ~es de *de honneurs waarnemen* ⋆ dueña de ~ *hofdame* ⋆ matrícula de ~ *eervolle vermelding* ⟨bv. bij examen⟩ ⋆ presidente de ~ *erevoorzitter* ⋆ hacer ~ a su fama *zijn naam eer aandoen* ⋆ tener a mucho ~ *als een eer beschouwen* ⋆ hicimos los ~es a la comida *we deden de maaltijd alle eer aan*

honorable BNW *respectabel*; *eerbiedwaardig*

honorario BNW *ere-*; *honorair*

honorarios m mv *honorarium*

honores m mv *ereambt*

honorífico BNW *eervol*

honra v • *eer*; *eergevoel* • *eerbaarheid* • *aanzien* ⋆ ~s (fúnebres) *laatste eer* ⋆ tener a mucha ~ *als een eer beschouwen* ⋆ ¡a mucha ~! *en met ere!*

honradez v *eerlijkheid*; *integriteit*

honrado BNW • *fatsoenlijk*; *eerbaar* • *integer*; *eerlijk*

honrar OV WW • *eren* • *vereren* • *in ere houden*; *belonen*

honrarse WKD WW *zich vereerd voelen met*; *prat gaan op*

ho

ho

honrilla v *zelfingenomenheid; eigenliefde*
honroso BNW *eervol*
hopa v *(priester)toog*
hopo m • *pluimstaart* • *kuif* ‹v. haar›
hora v • *uur* • *tijd* ∗ a estas horas *op dit moment; momenteel* ∗ a todas horas *de hele tijd; continu* ∗ a última hora *op het laatste ogenblik* ∗ de hora en hora *om het uur* ∗ en mala hora *helaas* ∗ pedir hora *een afspraak maken* ‹bv. met een arts› ∗ poner en hora *gelijkzetten* ∗ la hora de la verdad *het uur van de waarheid* ∗ hora suprema *beslissend ogenblik; stervensuur* ∗ hora de verano *zomertijd* ∗ a buena hora *wel erg laat* ∗ ¡a buenas horas! *wel een beetje laat!* ∗ ¿a qué hora? *hoe laat?* ∗ a su hora *te zijner tijd* ∗ en buena hora *gelukkig* ∗ dar hora *een tijd afspreken* ∗ dar la hora *slaan* ‹v. klok› ∗ ¡es la hora! *het is tijd* ∗ estar a la hora *op tijd zijn* ∗ ¡qué hora es? *hoe laat is het?* ∗ cuando llegue la hora avísame *waarschuw me als het zo laat is* ∗ ¡ya es hora! *het is hoog tijd* ∗ horas extraordinarias *overuren* ∗ hora (del meridiano) de Greenwich *Greenwichtijd* ∗ horas muertas *verloren tijd/uren* ∗ hora punta *spitsuur* ∗ por horas *op uurbasis; om het uur; per uur* ∗ entre horas *tussentijds; tussen de maaltijden door* ∗ hora de consulta *spreekuur* ∗ horas convenidas *(behandeling) op afspraak*
horadar OV WW *doorboren*
horario I m • *dienstregeling; rooster; tijdschema* • *kleine wijzer* II BNW *tijd-; uur-* ∗ señal horaria *tijdsein*
horas v mv *getijdenboekje*
horca v • *hooivork* • *galg* ∗ pasar por las ~s caudinas *door een hel gaan* ∗ ~ de ajos/cebollas *ris knoflook/uien*
horcadura v PLANTK. *vertakking*
horcajadas v mv • a ~ *schrijlings*
horcajadura v *kruis* ‹v. lichaam›
horcajo m • *vertakking* ‹v. water, wegen› • *juk* ‹in landbouw›
horchata v ~ *amandelmelk* ∗ ~ de chufa *aardamandelmelk* ∗ tener sangre de ~ *vissenbloed hebben*
horchatería v *cafetaria waar men 'horchata' en andere verfrissingen verkoopt*
horcón m *hooivork; grote vork*
horda v • *horde; bende* ∗ GESCH. *nomadenstam*
horizontal BNW *horizontaal* ∗ (línea) ~ *horizontale lijn*
horizonte m • *gezichtsveld* • *einder; horizon; kim* • *vooruitzicht; verschiet* ∗ persona de estrechos ~s *kortzichtig mens*
horma v • *leest* ‹v. schoeisel›; *mal; vorm* • *schoenspanner* ∗ de ~ ancha *extra breed* ‹v. schoeisel› ∗ encontrar la ~ de su zapato *zijn gelijke vinden; precies vinden wat men zoekt*
hormiga v • *mier* • FIG. *bezige bij*
hormigón m *beton* ∗ ~ armado *gewapend beton* ∗ ~ vibrado *schokbeton*
hormigonera v *betonmolen*
hormiguear ON WW • *jeuken; kriebelen* • *wemelen; krioelen*
hormigueo m • *jeuk* • *ongedurigheid; onrust*

hormiguero m • OOK FIG. *mierenhoop* • *gekrioel van mensen*
hormiguillo m → hormigueo
hormona v *hormoon* ∗ ~s del crecimiento *groeihormonen*
hormonal BNW *hormonaal*
hormonoterapia v *hormoonbehandeling*
hornacina v *nis*
hornada v • *baksel* • *lichting* ‹v. groepen›
hornazo m *paastaart*
hornear OV WW *even in de oven zetten*
hornero m *bakker*
hornilla v *klein fornuis*
hornillo m • *kookstel; fornuis* • *brander* ∗ ~ de gas *gasstel* ∗ ~ de kerosén/queroseno *primus* ∗ ~ eléctrico *elektrische kookplaat*
horno m OOK FIG. *oven* ∗ ~ crematorio *crematorium* ∗ ~ de fusión *smeltoven* ∗ alto ~ *hoogoven* ∗ no está el ~ para bollos *hij is er niet voor in de stemming; het komt niet gelegen* ∗ ~ encastrable/empotrado *inbouwoven* ∗ ~ (de) microondas *magnetron* ∗ recién salido del ~ *ovenvers*; FIG. *heet van de naald*; FIG. *vers van de pers* ∗ ~ de asar *bakoven*
horóscopo m *horoscoop*
horqueta v PLANTK. *vork*
horquilla v • *voorvork* ‹v. (brom)fiets› • *hark; hooivork* • *haarspeld*
horrendo BNW *afschuwelijk; verschrikkelijk*
hórreo m • *graanzolder* • *graanschuur*
horrible BNW *afschuwelijk; vreselijk*
horripilante BNW *angstaanjagend*
horrísono BNW *oorverdovend; door merg en been*
horro BNW • *vrij* • *onbelemmerd* ∗ ~ de *verstoken van; vrij van*
horror m • *doodsangst; angst* • *afkeer; afgrijzen* ∗ tener ~ a *gruwelen van* ∗ ¡qué ~! *wat verschrikkelijk!* ∗ me gusta ~es *het bevalt mij buitengewoon*
horrores m mv • → horror • *afschuwelijke dingen; verschrikkingen*
horrorizar OV WW *met afgrijzen vervullen; angst aanjagen*
horroroso BNW • *afgrijselijk; gruwelijk* • *afschuwelijk* • *ontstellend; ontzettend*
horrura v • *vuilnis* • *vuiligheid*
hortaliza v *groente* ∗ ~s *tuinbouwproducten*
hortelano I m *tuinman* II BNW *tuin-*
hortense BNW *tuin-* ∗ cultivo ~ *tuinbouw*
hortera BNW • *bekrompen; burgerlijk* • *ordinair; vulgair*
horticultor m *tuinder*
horticultura v *tuinbouw*
hortofrutícola BNW ∗ producción ~ *fruit- en tuinbouwproductie*
hosco BNW • *knorrig; bars; stuurs* • *dreigend; onheilspellend*
hospedaje m • *verblijf; logies* • *kosten van logies* • *logement; pension* ∗ dar ~ te gast/logeren hebben*
hospedar OV WW • *te logeren hebben* • *te gast hebben* • *onderbrengen* ‹in een hotel› • COMP. *hosten*
hospedera v • *pensionhoudster* • *gastvrouw*

hospedería v • *logement; pension*
• *gastenverblijf; vreemdenkamer* ⟨in klooster⟩
hospedero m • *pensionhouder* • *gastheer*
hospiciano I m *kind uit een tehuis; weeskind*
  II BNW *uit een kindertehuis|weeshuis*
hospicio m • *kindertehuis; weeshuis*
• *hospitium; tehuis; gasthuis* • CHI, ECU
  verzorgingstehuis; bejaardentehuis • CHI, PERU
  armenhuis
hospital m *ziekenhuis* ⋆ ~ *de sangre*
  veldhospitaal; lazaret
hospitalario I m GESCH. *(klooster)hospitaal*
  II BNW • *gastvrij* • *ziekenhuis-*
hospitalidad v • *gastvrijheid* • *opname* ⟨in
  ziekenhuis⟩
hospitalizar OV WW *opnemen* ⟨in ziekenhuis⟩
  ⋆ *estar hospitalizado in het ziekenhuis liggen*
hospitalizarse WKD WW *opgenomen worden* ⟨in
  ziekenhuis⟩
hosquedad v • *stugheid* • *onherbergzaamheid*
host m COMP. *gastheer; host*
hostal m *eenvoudig pension*
hostelería v *hotelbedrijf*
hostelero I m • *pensionhouder; hotelhouder*
• *waard* II BNW *hotel-*
hostería v *herberg*
hostia v • *hostie* • *ouwel* • *harde klap; mep*
  ⋆ INF. *dar una* ~ *een dreun verkopen* ⋆ INF.
  darse una ~ *ergens tegenaan knallen* ⋆ INF.
  hinchar a ~ *s een pak slaag geven* ⋆ INF. *ser la*
  ~ *niet te geloven zijn; het toppunt zijn* ⋆ INF.
  i~! *allemachtig!; verdomme!*
hostigamiento m *kwelling; pesterij*
hostigar OV WW • *de zweep geven; geselen*
• *lastig vallen; achtervolgen* • *bestoken* ⟨v. een
  vijand⟩
hostil BNW *vijandig*
hostilidad v *vijandigheid* ⋆ *romper las* ~*es de*
  vijandelijkheden openen
hostilizar OV WW *lastig vallen; bestoken*
hotel m • *hotel* • *villa*
hotelero I m *hotelier; hotelhouder* II BNW *hotel-*
hotelucho m PEJ. *armoedig hotel*
hoy BIJW • *vandaag* • *tegenwoordig* • *nu* ⋆ *de*
  hoy en adelante van nu af aan ⋆ *hoy por mí*
  y mañana por ti volgende keer is het jouw
  beurt ⋆ *de hoy a mañana ieder ogenblik* ⋆ *por*
  hoy voor vandaag ⋆ *de hoy en quince días*
  vandaag over 14 dagen ⋆ *hoy por hoy*
  voorlopig; tegenwoordig; op dit moment ⋆ *hoy*
  (en) día vandaag de dag ⋆ *hoy mismo*
  vandaag nog ⋆ *hasta hoy tot op heden* ⋆ *el*
  hoy rey de huidige koning ⋆ *ipara hoy! lootjes*
  voor vandaag! ⟨uitroep v. lotenverkoper⟩
hoya v • *grote put; grote kuil* • *graf*
hoyada v • *kom; laagte*
hoyo m • *put; kuil* • *grafkuil* ⋆ *echar al hoyo a*
  u.p. de nagel aan iemands doodskist zijn
  ⋆ *jugar al hoyo knikkeren*
hoyuelo m *kuiltje* ⟨in kin of wang⟩
hoz v • *sikkel* • *kloof; ravijn* ⋆ *de hoz y de coz*
  overhaast; hals over kop
hozar ON WW *wroeten* ⟨v. zwijnen⟩
huacal m MEX, COL *kist*
huachafería v PERU *snobisme*
huacho m MEX INF. *soldaat*

huaico m PERU *steenlawine die overstromingen*
  veroorzaakt
huaraca v PERU *slinger* ⟨wapen⟩
huarache m MEX *slipper*
hubo WW (3e p ev v.t.) → **haber**
hucha v *spaarpot*
hueco I m • *holte* • *nis* • *gaatje* ⟨in agenda⟩
• *gat; open plek* • *leemte* • *vacature* ⋆ ~ *de la*
  escalera trapgat; trappenhuis ⋆ *hacer (un)* ~
  plaats maken; opschuiven ⋆ *llenar un* ~ *een*
  leemte opvullen II BNW • *hol* • *zacht; luchtig;*
  sponzig • *bombastisch* ⟨v. stijl⟩ • *weergalmend;*
  luid • *leeg* • *hoogmoedig; trots* • *verwaand;*
  opgeblazen; ijdel • *ruimvallend* ⟨v. kleding⟩;
  bloezend ⟨v. kleding⟩ ⋆ *en* ~ *hangend boven*
  een lege ruimte ⋆ *tener la cabeza hueca een*
  leeghoofd zijn
huecograbado m *diepdruk*
huele WW (3e p ev t.t.) → **oler**
huelga I v *staking* ⋆ ~ *general algemene staking*
  ⋆ ~ *de celo langzaam-aan-actie; stiptheidsactie*
  ⋆ ~ *de brazos caídos sit-downstaking* ⋆ *estar*
  en ~ *staken* ⋆ ~ *de hambre hongerstaking* ⋆ ~
  a la japonesa staking waarbij langer wordt
  gewerkt dan is toegestaan ⋆ ~ *laboral*
  werkstaking ⋆ ~ *simbólica/escalonada*
  prikactie ⋆ *declarar la* ~ *een staking*
  afkondigen ⋆ *declararse en* ~ *in staking gaan*
  ⋆ *convocar/desconvocar una* ~ *een staking*
  uitroepen|beëindigen II WW (3e p ev t.t.)
  → **holgar** ⋆ ~ *decir que het spreekt vanzelf dat*
huelgo m • *ademhaling* • TECHN. *speling; ruimte*
huelguista m/v *staker*
huella v • *afdruk; spoor* • *voetspoor* • *indruk*
• RPL *volksdans* ⋆ *perder las* ~*s de u.p. geen*
  spoor meer kunnen ontdekken van iemand
  ⋆ *seguir las* ~*s de u.p. iemands voetspoor*
  volgen ⋆ ~ *dactilar/digital vingerafdruk*
  ⋆ *dejar una* ~ *zijn sporen nalaten*
huérfano I m • *wees* • CHI, PERU *vondeling*
  II BNW *wees-* III BIJW *verstoken van; zonder*
huero BNW • *leeg; hol* • *nietszeggend*
huerta v • *grote moestuin* • *geïrrigeerde vlakte*
huerto m *moestuin; kleine boomgaard*
huesa v *grafkuil*
huesillo m ZA *gedroogde perzik*
hueso m • *bot; been* • *steen; pit* ⟨v. vrucht⟩
• *struikelblok* ⋆ *la sin* ~ *de tong* ⋆ *hombre de*
  carne y ~ *mens van vlees en bloed* ⋆ *quedarse*
  en los ~*s vel over been zijn; broodmager zijn*
  ⋆ *darle a la sin* ~ *flink ouwehoeren; ratelen*
  ⋆ *romper los* ~*s de u.p. iemand in elkaar*
  slaan ⋆ *tener los* ~*s molidos doodmoe zijn*
  ⋆ *ser un* ~ *streng zijn; veeleisend zijn* ⋆ ~ *nasal*
  neusbeen ⋆ *mojado hasta los* ~*s tot op het bot*
  doorweekt ⋆ *dar con sus* ~*s en tierra op de*
  grond vallen ⋆ *dar en* ~ *op moeilijkheden*
  stuiten ⋆ CUL. ~ *de santo staafje gevulde*
  marsepein ⋆ ~ *sacro heiligbeen* ⋆ ~ *temporal*
  slaapbeen
huesos m mv *beenderen; gebeente*
huesoso BNW *met botten; bot; benig*
huésped m • *logé* • *gast* • *gastheer* ⋆ *casa de*
  ~*es pension*
huéspeda v • *logee* • *gaste* • *gastvrouw*
hueste v *legereenheid; schaar*

hu

huestes v mv • *menigte* • *aanhangers*
huesudo BNW *schonkig; knokig*
hueva v *kuit* ⟨v. vissen⟩
huevera v • *eierdopje* • *eierdoosje*
• *eierverkoopster*
huevero m *eierboer*
huevo m • *ei* • SL. *bal; kloot* ★ a ~s
supergemakkelijk ★ costar un ~ *niet te betalen
zijn* ★ estar a los ~s *er schoon genoeg van
hebben* ★ no me importa un ~ *het kan me
geen moer schelen* ★ el pisando ~s *op eieren
lopen* ★ no por el ~, sino por el fuero *niet om
het geld, maar om het gelijk* ★ por ~s
kwaadschiks; omdat het moet ★ parecerse
como un ~ a una castaña *volkomen
verschillend zijn* ★ parecerse como un ~ a
otro ~ *als twee druppels water op elkaar lijken*
★ ser el ~ de Colón *het ei van Columbus zijn*
★ tener los ~s bien puestos *lef/kloten hebben;
een kerel zijn* ★ ~ al plato *ovenschotel met ei*
★ ~ duro *hardgekookt ei* ★ ~ estrellado
gebakken ei ★ ~ frito *spiegelei* ★ ~s *pasados
por agua zacht gekookte eieren* ★ ~s *rellenos
gevulde eieren* ★ ~ crudo *rauw ei* ★ ~ batido
geklutst ei ★ ~ escalfado *gepocheerd ei* ★ ~s
rancheros gebakken eieren met worst en saus
★ ~s revueltos *roereieren*
huevón BNW • LA *traag; sloom* • NIC *dapper;
moedig* • MEX *lui; laks*
huida v *vlucht*
huidizo BNW • *schuw* • *kortstondig; vluchtig* ★ el
tiempo se torna ~ *de tijd vliegt*
huido BNW • *voortvluchtig* • *teruggetrokken;
schuw*
huipil m MEX, GUA *kledingstuk van indiaanse
vrouwen*
huir I OV WW *uit de weg gaan; (ver)mijden* II ON
WW • *op de vlucht slaan; vluchten*
• *ontsnappen* • *voorbij vliegen* ⟨v. de tijd⟩
• *wegsnellen*
huiro m CHI, PERU *naam van verschillende
soorten zeewieren*
hule m • *zeildoek; gummi* • MEX *rubberboom*
★ hay/habrá hule TAUR. *de stierenvechter gaat
op de hoorns;* FIG. *er gaat bloed vloeien*
hulla v *steenkool*
hullero BNW *kolen-; steenkool-*
humanamente BIJW *menselijkerwijs; menselijk*
humanidad v • *mensheid* • *menselijke natuur*
• *menslievendheid* • *menselijkheid* • *zwaar lijf;
dik lichaam* • *menigte; mensenmassa*
humanidades v mv *menswetenschappen;
humaniora*
humanismo m *humanisme*
humanista I m/v *humanist* II BNW *humanistisch*
humanístico BNW *humanistisch*
humanitario BNW *humanitair; menslievend*
humanitarismo m *humaniteit; menslievendheid*
humanizar OV WW *menselijker maken*
humano BNW • *menselijk* • *menslievend* ★ el ser
~ *de mens* ★ derechos ~s *mensenrechten*
★ género ~ *menselijk ras* ★ fallo ~ *menselijke fout*
humareda v *rookgordijn; rookwolk*
humazo m • *dichte rook* • *walm* ★ dar ~ a uno
iemand wegjagen
humeante BNW *rokend*

humear ON WW • *roken* • *walmen; dampen*
• *broeien;* FIG. *smeulen*
humectar OV WW → **humedecer**
humedad v • *vochtigheid; klamheid* • *vocht*
humedecedor m • *luchtbevochtigingsapparaat*
• *waterverdamper*
humedecer OV WW *nat maken; bevochtigen*
humedezca WW (1e/3e p ev subj. t.t.)
→ **humedecer**
húmedo BNW *vochtig*
humera v *slemppartij*
humero m *rookkanaal; schoorsteenpijp*
húmero m *opperarmbeen*
humildad v • *eenvoud* • *bescheidenheid;
nederigheid*
humilde BNW • *nederig* • *eenvoudig; bescheiden*
humillación v *vernedering*
humilladero m • *kruisbeeld langs de weg*
• *veldkapel*
humillante BNW *vernederend; krenkend*
humillar OV WW • *vernederen; krenken* • *buigen*
humillarse WKD WW *zich vernederen*
humita m CA *gemalen maïs met zoete of hartige
ingrediënten in opgerold maïsblad*
humo m • *rook* • *damp* • *ijdelheid* ★ subírsele a
u.p. el humo a las narices *vreselijk kwaad
worden* ★ echar humo *roken* ⟨v. kachel⟩ ★ a
humo de pajas *lichtvaardig; lichtzinnig*
★ cortina de humo OOK FIG. *rookgordijn*
★ humo denso/espeso *dichte rook/walm* ★ se
ha convertido en humo *er is niets van
terechtgekomen* ★ bajar los humos a u.p.
iemand klein krijgen ★ tener (muchos) humos
zich veel verbeelden ★ tomar la del humo *het
hazenpad kiezen* ★ RPL írsele al humo a u.p.
iemand onverhoeds aanvallen
humor m • *lichaamsvocht* • *stemming; humeur*
• *aard; karakter* • *humor* ★ estar de buen ~
goed geluimd zijn; goede zin hebben ★ estar de
~ para algo *ergens zin in hebben* ★ sentido
del ~ *gevoel voor humor* ★ mal ~ *slecht
humeur* ★ poner de mal ~ *in een slecht
humeur brengen* ★ hacer u.c. de mal ~ *iets
met tegenzin doen* ★ llevarle/seguirle a uno el
~ *met iemand meepraten*
humorada v *grap; geestige inval*
humorado BNW ★ mal ~ *slechtgehumeurd*
humorismo m *(gevoel voor) humor*
humorista I m/v *komiek; humorist* II BNW
humoristisch
humos m mv • → **humo** • *verbeelding; kapsones*
★ bajar los ~ a u.p. *iemand op zijn nummer
zetten*
humoso BNW *rokerig*
humus m *humus*
hundido BNW • *terneergeslagen* • *diep
weggezonken* ★ ~ en pensamientos *in
gedachten verzonken* ★ mejillas hundidas
ingevallen wangen ★ ojos ~s *holle ogen* ★ estar
~ *totaal kapot zijn*
hundimiento m • *het zinken* • *ineenstorting*
• *bankroet*
hundir I OV WW • *de grond in boren; tot zinken
brengen* • *insteken* • *doen wegzakken*
• *neerhalen; afbreken; verwoesten* • *in de
vernieling helpen; ruïneren* II ON WW

• *instorten* • *zinken*; *vergaan* • *verzakken*;
inzakken
hundirse WKD WW • *in elkaar storten* • *zinken*
• *ten onder gaan*; *mislukken*; *ineenstorten* ★ ~
el mundo *het vergaan van de wereld*
húngaro I m • *Hongaar* • *het Hongaars* II BNW
Hongaars
Hungría v *Hongarije*
huno I m *Hun* II BNW *van de Hunnen*
huracán m *wervelstorm*; OOK FIG. *orkaan*
huracanado BNW *met de kracht van een orkaan*
huraño BNW *mensenschuw*
hurgar ON WW • *peuteren*; *friemelen*; *wroeten*;
roeren • *rondneuzen*; *snuffelen*
hurgarse WKD WW *grabbelen* ★ ~ la nariz *in zijn
neus pulken*
hurgón I m *pook* II BNW ★ *ser* ~ *nieuwsgierig
zijn*; *drammerig zijn*
hurón I m • *bemoeial* • *knorrepot* • *fret* ⟨dier⟩
II BNW • *bemoeiziek* • *gesloten* ⟨v. personen⟩
huronear ON WW • *rondsnuffelen*; *rondneuzen*
• *fretten*
huronera v • INF. *schuilplaats* • *hol van een fret*
hurtadillas v mv ★ a ~ *heimelijk*
hurtar OV WW • *stelen* • *afzetten*; *te veel laten
betalen* • *verbergen* • *vermijden*; *vluchten voor*
hurtarse WKD WW *zich verbergen*
hurto m *diefstal* • *gestolen goed*
húsar m *huzaar*
husillo m • *schroef* • *spil*
husmear ON WW • *snuffelen* • *speuren*;
rondsnuffelen
husmeo m (**husmo**) *gesnuffel* ★ estar al ~ *op de
loer liggen*
huso m *spoel*; *klos*
¡huy! TW *o!*; *o jee!*
huya WW (1e/3e p ev subj. t.t.) → **huir**
hypertexto m COMP. *hypertekst*

I

i v *i* ★ la i de Inés *de i van Isaak*
iba WW (1e/3e p ev v.t.) → **ir**
Iberia v GESCH. *Iberië*
ibérico BNW (**ibero**) *Iberisch*
ibero I m *Iberiër* II BNW *Iberisch*
Iberoamérica v GESCH. *Latijns-Amerika*
iberoamericano BNW *Ibero-Amerikaans*
íbice m *steenbok*
ibicenco I m *iemand van Ibiza* II BNW *van Ibiza*
ibis m *ibis*
iceberg m • *ijsberg* • FIG. *koele kikker* ★ la punta
del ~ *het topje van de ijsberg*
icono m OOK COMP. *icoon*
iconoclasta I m *iconoclast*; *beeldenstormer*
II BNW *van de beeldenstorm*
icotea v MEX, VEN *schildpad*
ictericia v *geelzucht*
ictiología v *ichtyologie*; *kennis van vissen*
ida v • *(het) gaan*; *gang* • *bevlieging* ★ ida y
vuelta *retour* ★ a la ida *op de heenreis* ★ idas y
venidas *heen-en-weergeloop* ★ partido de ida
uitwedstrijd ⟨bij bekerwedstrijden⟩
idea v • *idee*; *denkbeeld* • *plan* • *principe*
• *feeling* • *mening* • *ingeving*; *gril* • *concept*;
opzet ★ no tiene usted idea de *u hebt geen idee*
u kunt zich niet voorstellen hoe rijk hij is
★ ideas *opinie* ★ abrazar una idea *een
denkbeeld aannemen* ★ dar (una) idea de *een
beeld geven van* ★ apartar alg. de una idea
iemand van een idee afhelpen
★ (inter)cambiar ideas *van gedachten wisselen*
★ idea fija *idee-fixe*; *obsessie* ★ mala idea *boze
opzet* ★ ligera idea *vaag idee* ★ idea
preconcebida *vooroordeel* ★ tiene idea de
coches *zij heeft verstand van auto's* ★ tener
idea de [+ inf.] *het voornemen hebben om*
★ no tener (ni) idea *geen idee/benul hebben
van* ★ tener idea *weten* ★ no poder hacerse
una idea *geen idee hebben van* ★ hacerse a la
idea *aan het idee wennen* ★ formarse/hacerse
una idea de *zich een beeld vormen van* ★ eso
me ha dado una idea *dat heeft me op een
idee gebracht* ★ darle a alg. una idea *iemand
op een idee brengen*
ideal I m • *ideaal*; *droombeeld* • *idee*; *ideaal* ★ lo
~ sería que *het zou het beste zijn als* II BNW
• *ideaal*; *perfect*; *volmaakt*; *voorbeeldig*
• *ideëel* • *denkbeeldig* ★ mundo ~
gedachtewereld
idealismo m *idealisme*
idealista I m/v *idealist* II BNW *idealistisch*
idealización v *idealisering*
idealizar OV WW *idealiseren*
idear OV WW • *uitdenken* • *uitvinden*; *ontwerpen*
ideario m *gedachtegoed*
ideático BNW LA *zonderling*; *excentriek*
idem ONB VNW *idem* ★ ídem de ídem *idem dito*
idéntico BNW *identiek*; *geheel gelijk* ★ en
sentido ~ *in dezelfde zin*
identidad v • *identiteit* • *overeenstemming*
★ carné de ~ *identiteitsbewijs*
identificación v • *identificatie* • *vereenzelviging*

id

identificar OV WW • *gelijkstellen*; *als een en dezelfde beschouwen* • *identificeren*; *de identiteit vaststellen van*

identificarse WKD WW • *zich identificeren* • *zich aansluiten*; *zich solidair verklaren*

ideología V *ideeënleer*; *ideologie*

ideológico BNW *ideologisch*

ideólogo m *ideoloog*

ideoso BNW MEX *maniakaal*

idílico BNW *idyllisch*; *lieflijk*

idilio m *idylle*; ↓ *amoureus avontuurtje*

idiocia V *idiotie*; *zwakzinnigheid*

idioma m *taal* ★ ~ *extranjero vreemde taal* ★ ~ *nacional landstaal* ★ ~ *universal wereldtaal* ★ *facilidad para los* ~s *talenknobbel*

idiomático BNW *idiomatisch* • giro ~ *zegswijze* ★ *usos* ~s *taaleigen*

idiosincrasia V *temperament/karakter*

idiosincrásico BNW *idiosyncratisch*; *karakteristiek*

idiota I m/v *zwakzinnige*; *idioot* ★ *hacer el* ~ *zich dwaas gedragen*; *stom doen* II BNW *idioot*; *zwakzinnig*

idiotez V *volstrekte dwaasheid*; *zwakzinnigheid* ★ *eso es una* ~ *dat is volstrekt belachelijk*

idiotismo m *taaleigenaardigheid*

ido I BNW *verstrooid*; *afwezig* ★ *estar ido niet goed bij zijn hoofd zijn* II WW (volt. deelw.) → *ir*

idólatra I m/v *afgodendienaar* II BNW *afgodisch*

idolatrar OV WW *aanbidden*

idolatría V • *afgoderij*; *afgodendienst* • *verafgoding*

idolátrico BNW *idolaat*

ídolo m • *idool*; *lieveling* • *afgod(sbeeld)*

idoneidad V *geschiktheid*

idóneo BNW *geschikt*; *geëigend* ★ *ser* ~ *para geschikt zijn voor*

iglesia V • *kerk* ★ ~ *primada kerk waar de aartsbisschoppelijke primaat zetelt* ★ ~ *parroquial parochie* ★ ~ *ortodoxa griega Grieks-orthodoxe Kerk* ★ ~ *metropolitana kerk waar de aartsbisschop zetelt* ★ ~ *latina Latijnse Kerk* ★ ~ *conventual kloosterkerk* ★ ~ *catedral kathedraal* ★ *cumplir con la* ~ *zijn kerkelijke plichten vervullen*

iglú m *iglo*

ignacias V MV MEX *achterwerk*; *billen*

ignaro BNW *onwetend* ★ *el vulgo* ~ *het domme volk*

ígneo BNW *vurig* ★ *masa ígnea vuurmassa*

ignición V • *vuurgloed*; *gloeihitte* • *ontbranding*; *ontsteking* ⟨v. auto⟩ ★ *bujía de* ~ *bougie*

ignominia V • *schande* • *beschimping*; *vernedering*

ignominioso BNW *schandelijk*; *smadelijk*

ignorado BNW *onbekend*

ignorancia V • *onwetendheid* • *onkunde* ★ ~ *supina extreme onwetendheid* ★ ~ *crasa grove onwetendheid* ★ FORM. *perdonad/disculpad mi* ~ *vergeeft u mij mijn onwetendheid* ★ ~ *de derecho onbekendheid met de wet*

ignorante I m/v • *onwetende*; *domoor* • *onkundige* ★ *ser un* ~ *maar weinig hersens hebben* II BNW • *onwetend* • *onkundig* ★ ~ *de niet op de hoogte van*

ignorar OV WW • *negeren* • *onkundig zijn in*; *niet weten* ★ *no* ~ *que zeer goed weten dat* ★ *ignoro su paradero ik weet niet waar hij zich ophoudt*

ignoto m *onbekend*; *onontdekt*

igual I m/v *gelijke* ★ SPORT *cinco* ~es 5-5 *gelijk* ★ *por* ~ *op dezelfde manier* ★ *en Holanda pasa* ~ *in Nederland gebeurt hetzelfde* II BNW • *gelijk*; *gelijkmatig* • *gelijksoortig* • *gelijkwaardig* • *overeenkomstig* • *onverschillig* ★ ~ *que habíamos pensado net zoals we hadden verwacht* ★ *es* ~ *dat geeft niet*; *dat maakt me niet uit* ★ *tratar a alg. de* ~ *a* ~ *iemand als je gelijke behandelen* ★ *¿has visto cosa* ~? *heb je ooit zoiets (idioots) gezien?* ★ *a partes* ~es *in gelijke porties* ★ ~ *a gelijk aan* ★ *me da/es* ~ *het maakt me niet uit* ★ *al* ~ *que op dezelfde wijze als* ★ *por* ~ *evenveel* ★ *sin* ~ *buitengewoon* ★ *el signo* ~ *het 'is gelijk'-teken (=)* III BIJW • *misschien* • *hetzelfde* ★ ~ *que hetzelfde als*

iguala V • *vergoeding* ⟨voor diensten⟩ • *overeenkomst* ⟨voor te verlenen diensten⟩

igualación V • *gelijkmaking* • *overeenkomst*; *bepaling*

igualada V SPORT *gelijkmaker*

igualado BNW • *gelijkwaardig* • SPORT *gelijk* • CA *onbeschaamd*; *brutaal* • SAL *sluw*; *gehaaid*

igualador BNW *gelijkmakend* ★ SPORT *el tanto* ~ *de gelijkmaker*

igualar I OV WW • *gelijkmaken* • *vereffenen*; *vlak maken* • *tot een akkoord komen* • *gelijkspelen* II ON WW *gelijk zijn*; *gelijkspelen*

igualarse WKD WW *gelijk zijn*; *zich gelijkstellen*

igualatorio m *soort privé ziekteverzekeringsmaatschappij*

igualdad V • *gelijkwaardigheid*; *gelijkvormigheid*; *gelijkheid* • *effenheid* • WISK. *evenredigheid* ★ ~ *de ánimo gelijkmoedigheid* ★ *en* ~ *de circunstancias bij gelijke omstandigheden*

igualitario BNW *egalitair*; *gelijkschakelend*

igualmente BIJW ★ *gracias* ~ *dank u, insgelijks!*

iguana V *leguaan*

ijada V • *zijde*; *flank* ⟨v. dier⟩ ★ VERO. *dolor en las* ~s *steek in de zij*

ijar m → **ijada**

ikastola V *basisschool in Baskenland met Baskisch als voertaal*

ikurriña V *Baskische vlag*

ilación V *logische gevolgtrekking*

ilativo BNW *consequent*; *logisch* ★ *conjunción ilativa onderschikkend voegwoord*

ilegal BNW *illegaal*; *onwettig*

ilegalidad V *onwettigheid*; *illegaliteit*

ilegible BNW *onleesbaar*

ilegitimidad V *onwettigheid*

ilegítimo BNW *onecht*; *onwettig*

íleo m *darmafsluiting in de dunne darm*

íleon m *darmbeen*; *laatste deel van de dunne darm*

ileso BNW *heelhuids*; *ongedeerd*

iletrado BNW *ongeletterd*

ilíaco BNW ★ *hueso* ~ *darmbeen*

ilicitano BNW *uit Elche*

ilícito BNW *verboden*; *ongeoorloofd*

id

ilimitado BNW *ongelimiteerd*; *onbegrensd* ⋆ carácter ~ *onbeperktheid*
ilógico BNW *onlogisch*
iluminación v *verlichting*; *licht*
iluminado I m *illuminaat* II BNW OOK FIG. *verlicht*
iluminador I m • *illuminator*; *verluchter van handschriften* • *illustrator* II BNW *verlichtend*; *verhelderend*
iluminar OV WW • *verlichten*; *belichten* • *feestelijk verlichten* • *verluchten* • *verhelderen*
iluminista m/v *belichtingstechnicus* ‹v. film e.d.›
ilusión v • *illusie*; *voorspiegeling*; *waandenkbeeld* • *hoopvolle verwachting* ⋆ hacerse ilusiones *zich illusies maken* ⋆ me hace mucha ~ *ik stel me er veel van voor*
ilusionado BNW • *hoopvol* • *blij* ⋆ estar ~ con *genieten van*; *zich veel voorstellen van*
ilusionar OV WW *blij maken*; *valse hoop geven aan*
ilusionarse WKD WW *zich verheugen op*
ilusionismo m *illusionisme*
ilusionista m *goochelaar*
iluso I m/v *fantast*; *dromer* II BNW *overdreven optimistisch*; *dromerig*
ilusorio BNW • *vruchteloos* • *denkbeeldig*; *irreëel*
ilustración v • *informatie* • *ontwikkeling* • *illustratie*
Ilustración v *Verlichting*
ilustrado BNW • *ontwikkeld* • *verlicht*
ilustrador I m *illustrator* II BNW *illustratief*; *verhelderend*
ilustrar OV WW • *opvoeden*; *vormen* • *illustreren*; *van afbeeldingen voorzien* • *uitleggen*; *toelichten* • *verlichten* ‹v. geest›
ilustrarse WKD WW • *kennis opdoen* • *zich informeren* • *verlicht worden* ‹v. geest›
ilustrativo BNW *illustratief*; *verhelderend* ⋆ a título ~ *ter verduidelijking/illustratie*
ilustre BNW • *illuster*; *van adel* • *beroemd* • *geacht*
ilustrísimo BNW *hooggeacht* ⋆ Ilustrísimo Señor *Hooggeachte Heer* ⋆ Su Ilustrísima *Zijne Excellentie*; *Edelachtbare*
imagen v • *beeld*; *voorstelling* • *beeldspraak* • *afbeelding*; *(heiligen)beeld* • *reputatie*; *imago* ⋆ quedarse para vestir imágenes *een oude vrijster worden* ⋆ a su ~ y semejanza *naar zijn beeld en gelijkenis* ⋆ ser la viva ~ de *het evenbeeld zijn van* ⋆ parecer una ~ *beeldschoon zijn* • hablar en imágenes *zich figuurlijk uitdrukken* ⋆ imágenes de archivos *archiefbeelden* ⋆ calidad de ~ *beeldkwaliteit* ⋆ calidad fantasma *dubbelbeeld*; *beeldschaduw*
imaginable BNW *voorstelbaar*; *denkbaar*
imaginación v • *verbeeldingskracht* • *inbeelding* ⋆ libros de ~ *romanliteratuur*
imaginar OV WW • *denken* • *zich voorstellen*; *zich verbeelden* • *verzinnen*; *uitdenken* ⋆ darse a ~ *zich verbeelden* ⋆ ini ~lo! *geen sprake van!*
imaginaria v *(reserve)wacht*
imaginario BNW *denkbeeldig*
imaginarse WKD WW *zich voorstellen*; *zich*

inbeelden ⋆ iimagínese! *stelt u zich eens voor!*
imaginativo BNW *vindingrijk*; *rijk aan verbeeldingskracht*
imaginería v • *het maken van heiligenbeelden* • *geborduurd schilderij*
imaginero m *maker van heiligenbeelden*
imán m • *magneet* • *aantrekkingskracht*
imanar OV WW *magnetisch maken*
imanarse WKD WW *magnetisch worden*
imbatible BNW *onverslaanbaar*
imbécil I m/v *dwaas*; *stommeling* II BNW *stom*; *idioot*
imbecilidad v • *imbeciliteit* • *onnozelheid*
imberbe I m *melkmuil* II BNW *baardeloos*
imbombera v VEN *geelzucht*
imbornal m *spuigat*
imborrable BNW *onuitwisbaar*
imbricación v *dakpansgewijze overlapping*
imbuido BNW • (~ de) *doortrokken van*; *vol van* ⋆ ~ de opiniones erróneas *vol verkeerde opvattingen*
imbuir OV WW *inprenten*; *doordringen van*
imbuirse WKD WW *doordrongen raken*
imbuya WW (1e/3e p ev subj. t.t.) → imbuir
imitable BNW *imiteerbaar*; *navolgbaar*
imitación v • *imitatie* • *navolging*; *nabootsing* ⋆ de ~ *nagemaakt* ⋆ a ~ de *in navolging van*
imitado BNW *namaak* ⋆ flores imitadas *kunstbloemen*
imitador I m *imitator* II BNW *na-apend*; *imiterend*
imitar OV WW *imiteren*; *nabootsen*; *namaken*
imitativo BNW *nabootsend* ⋆ armonía imitativa *klanknabootsing*
impaciencia v • *ongeduld* • *irritatie*; *onbehagen* ⋆ le devora la ~ *hij wordt door onrust verteerd*
impacientar I OV WW *ongeduldig maken* II ON WW *ongeduldig worden*
impacientarse WKD WW *ongeduldig worden*
impaciente BNW • *ongeduldig* • *onrustig* ⋆ estar ~ por *niet kunnen wachten om*
impacto m • *inslag* ‹v. kogel› • *kogelgat* • *impact*; *effect* ⋆ ~ de bomba *bominslag* ⋆ ~ directo *voltreffer* ⋆ ~ medioambiental *milieu-effect* ⋆ ~ político *politieke gevolgen*
impagable BNW OOK FIG. *onbetaalbaar*
impagado I m *wanbetaler* II BNW *onbetaald*
impalpable BNW • *ongrijpbaar* • *licht*; *ijl*
impar I m *oneven getal* II BNW • *oneven* • *ongeëvenaard*
imparable BNW • *onbedwingbaar* • SPORT *onhoudbaar*; *niet te stoppen* ⋆ un tiro ~ *een onhoudbaar schot*
imparcial BNW *onpartijdig*
imparcialidad v *onpartijdigheid*
impartir OV WW *toekennen*; *uitreiken* ⋆ ~ su aprobación a *zijn goedkeuring hechten aan* ⋆ ~ justicia *rechtspreken*
impase m *impasse* ⋆ hacer el ~ *snijden* ‹bij bridge›
impasibilidad v *onaandoenlijkheid*
impasible BNW *onaandoenlijk*; *ongevoelig*
impavidez v *onverschrokkenheid*
impávido BNW • *onaangedaan* • *onverschrokken*; *onversaagd*
impecable BNW *onberispelijk*

im

im

impedido I m gehandicapte **II** BNW verlamd; kreupel; gehandicapt
impedimenta v legertros
impedimento m • verhindering; obstakel • huwelijksbeletsel
impedir /i/ OV WW • verhinderen • bemoeilijken • tegenhouden • no ~ para que geen beletsel zijn om ★ eso no impide que trabajes daarbij kun je toch ook werken
impelente BNW aansporend; aandrijvend
impeler OV WW • aandrijven • bewegen; aansporen ★ impelido por la necesidad noodgedwongen
impenetrabilidad v • ondoorgrondelijkheid • ondoordringbaarheid
impenetrable BNW • ondoorgrondelijk • ondoordringbaar
impenitencia v onverbeterlijkheid; onboetvaardigheid
impenitente BNW onboetvaardig; onverbeterlijk
impensable BNW ondenkbaar
impensado BNW toevallig; onverwacht
impepinable BNW INF. onbetwistbaar
imperante BNW heersend
imperar ON WW heersen; regeren
imperativo I m • gebiedende wijs • gebod ★ por ~s de gedreven door ★ por ~s de la salud om gezondheidsredenen **II** BNW gebiedend
imperceptible BNW onmerkbaar
imperdible m veiligheidsspeld
imperdonable BNW onvergeeflijk
imperecedero BNW onvergankelijk
imperfección v • tekort • onvolmaaktheid; onvolkomenheid
imperfecto I m TAALK. onvoltooid verleden tijd ★ futuro ~ onvoltooid tegenwoordig toekomende tijd **II** BNW onvolkomen; onvolmaakt
imperial I v bovendek ⟨v. bus, rijtuig e.d.⟩ **II** BNW keizerlijk
imperialismo m imperialisme
imperialista I m/v imperialist **II** BNW imperialistisch
impericia v onervarenheid
imperio m • heerschappij • keizerschap • (keizer)rijk ★ valer un ~ goud waard zijn ★ bajo ~ onder heerschappij van ★ ~ bizantino Byzantijnse keizerrijk ★ canciller del ~ rijkskanselier ★ estilo ~ empirestijl ★ el Sacro Imperio Romano het Heilige Roomse Rijk
imperioso BNW • gebiedend • dringend
imperito BNW onervaren • onhandig; onpraktisch
impermeabilidad v waterdichtheid
impermeabilizar OV WW waterdicht maken
impermeable I m regenjas **II** BNW waterafstotend; waterdicht; ondoordringbaar
impersonal I m onpersoonlijke werkwoordsvorm **II** BNW onpersoonlijk
impersonalidad v onpersoonlijkheid
impertérrito BNW onverschrokken
impertinencia v • brutaliteit • opdringerigheid; onbeschoftheid • ongerijmdheid; onbetamelijkheid
impertinente BNW brutaal; opdringerig; onbeschaamd; onbeschoft ★ es ~ al asunto dat

heeft er niets mee te maken
impertinentes m mv lorgnon
imperturbable BNW onverstoorbaar
impétigo m krentenbaard; impetigo
impetrar OV WW afsmeken
ímpetu m • heftigheid • drang; onstuimigheid ★ tomar ~ aanloop nemen
impetuosidad v • drang • heftigheid; onbesuisdheid
impetuoso I m onstuimig persoon **II** BNW • energiek • onstuimig
impiedad v • goddeloosheid • oneerbiedigheid
impío BNW • goddeloos • meedogenloos; wreed
implacable BNW • onverbiddelijk; onstuitbaar • onverzoenlijk
implantación v • invoering • implantatie • nesteling van bevruchte eicel ★ ~ de órganos orgaanimplantatie
implantar OV WW • invoeren • MED. inplanten ★ ~ el descanso dominical de zondagsrust invoeren
implementación v implementatie
implementar OV WW • uitvoeren • toepassen
implementos m mv gereedschap
implicación v • implicatie • betrokkenheid
implicar OV WW • betrekken • inhouden; betekenen; met zich meebrengen ★ ~se en zich mengen in ★ no ~ que [+ subj.] niet beletten dat ★ eso no implica que dat wil niet zeggen dat ★ estar implicado en verwikkeld zijn in
implícito BNW impliciet; stilzwijgend erin begrepen ★ estar ~ en blijken uit
imploración v smeekbede
implorar OV WW met aandrang vragen; afsmeken ★ ~ perdón om vergiffenis vragen
implume BNW • zonder veren ⟨vogel⟩ • vederloos
impolítico BNW • tactloos; onhandig • onbeleefd; onwellevend
impoluto BNW onbevlekt; smetteloos; onbevuild
impón WW (geb. wijs, jij-vorm) → **imponer**
imponderable BNW • onmeetbaar • onschatbaar
imponderables m mv onvoorziene omstandigheden
impondrá WW (3e p ev tk.t.) → **imponer**
imponencia v CHI, COL grootheid; indrukwekkendheid
imponente BNW • indrukwekkend • geweldig; fantastisch
imponer OV WW • opdragen; gebieden • ontzag inboezemen; imponeren • toekennen ⟨v. naam⟩ • storten ⟨geld⟩ • opleggen ⟨belastingen⟩ ★ ~ una tarea taak opleggen ★ ~ su opinión zijn mening opdringen ★ ~ las manos de handen opleggen; zegenen ★ ~ una multa een boete opleggen
imponerse WKD WW • uitblinken • noodzakelijk worden • respect afdwingen • in de mode zijn; zichzelf opleggen; overheersen
imponga WW (1e/3e p ev subj. t.t.) → **imponer**
imponible BNW belastbaar ★ base ~ belastbaar inkomen ★ valor ~ ≈ huurwaarde ⟨v. huis⟩
impopular BNW impopulair
impopularidad v impopulariteit
importación v invoer ★ las importaciones de import; de ingevoerde artikelen
importador I m importeur **II** BNW invoerend

importancia v • *belang* • *betekenis* • *aanzien*;
gezag ⋆ no tiene ~ *het is niet relevant*; *het is
onbelangrijk* ⋆ de poca ~ *onbeduidend* ⋆ de
suma ~ *van het grootste belang* ⋆ de vital ~
van levensbelang ⋆ sin darle ~ *zonder er
belang aan te hechten*
importante BNW • *belangrijk* • *gewichtig* ⋆ lo ~
es que *het belangrijkste is dat*
importar I OV WW *importeren*; *invoeren* II ON
WW • *van belang zijn*; *belangrijk zijn*
• *bedragen*; *belopen* ⋆ ¿te importa que ...?
vind je het erg als...?; *vind je het goed als...?*
⋆ ¿qué te importa a tí? *wat kan jou dat
schelen?*; *dat gaat je niets aan!* ⋆ lo que
importa es que... *het belangrijkste is dat...* ⋆ se
mete en lo que no le importa *zij bemoeit
zich met zaken die haar niets aangaan* ⋆ no
importa *dat geeft niet*
importe m *bedrag* ⋆ abonar un ~ *een bedrag
voldoen* ⋆ el ~ de la subvención/del subsidio
de hoogte van de subsidie ⋆ el ~ debido *het
verschuldigde bedrag* ⋆ ~ de la factura
factuurbedrag
importunar I OV WW *lastig vallen*; *hinderen*
II ON WW *opdringerig zijn* ⋆ ¿importuno?
stoor ik?; *kom ik ongelegen?*
importunidad v • *overlast* • *onbehoorlijkheid*;
ongepastheid
importuno I m • *iemand die ongelegen komt*
• *lastpost* II BNW • *ongelegen* • *vervelend*;
lastig; *storend*
imposibilidad v • *onmogelijkheid* • *onvermogen*
imposibilitado BNW *gehandicapt*; *invalide*
imposibilitar OV WW *onmogelijk maken*
imposible I m *het onmogelijke* ⋆ hacer lo ~
por/para *het onmogelijke doen om* ⋆ ¡parece
~! *het is niet te geloven* II BNW • *onmogelijk*
• *onhandelbaar*; *onuitstaanbaar* ⋆ de curación
~ *ongeneeslijk* ⋆ estar ~ *onuitstaanbaar zijn*
⋆ ~ de describir *onbeschrijflijk*
imposición v • *storting* • *het opleggen* ⋆ ~ de
mano *handoplegging* ⋆ ~ (fiscal)
(belasting)aanslag; *(belasting)heffing* ⋆ JUR. ~
de una pena *strafoplegging*
impostor m • *leugenaar* • *bedrieger*
impostura v • *bedrog*; *leugen* • *laster*
• *misleiding*; *valse voorspiegeling*
impotable BNW *ondrinkbaar*
impotencia v • *onmacht* • *impotentie*
impotente I m *iemand die impotent is* II BNW
• *impotent* • *machteloos* • *slap*; *krachteloos*
impracticable BNW • *onuitvoerbaar*
• *onbegaanbaar*; *onbruikbaar*
imprecación v *vloek*; *verwensing*
imprecar OV WW *vervloeken*
imprecisión v *onnauwkeurigheid*; *gebrek aan
precisie*
impreciso BNW *onnauwkeurig*
impregnación v *impregnering*
impregnar OV WW *doordrenken*
impregnarse WKD WW *in zich opnemen*
impremeditado BNW *onbezonnen*
imprenta v • *boekdrukkunst* • *drukkerij* ⋆ ~ del
Estado *staatsdrukkerij* ⋆ prueba de ~
drukproef ⋆ letra de ~ *drukletter*
imprescindible BNW *onmisbaar*; *noodzakelijk*

impresentable BNW *ontoonbaar*; *onverzorgd*
impresión v • *druk*; *het drukken* • *afdruk*
• FOTOGRAFIE INFORMATICA *uitdraai*; *print*;
afdruk • *indruk* • *mening*; *indruk* • *gevoel*;
sensatie ⋆ dar la ~ *erop lijken*; *de indruk
wekken* ⋆ dar alg. la ~ *iemand het gevoel
geven* ⋆ tener la ~ *de indruk hebben*; *het idee
hebben* ⋆ ~ excesiva *overbelichting* ⋆ hacer ~
desfavorable ongunstig werken ⋆ cambiar
impresiones *van gedachten wisselen* ⋆ ~ en
yeso *gipsafdruk* ⋆ ~ en cuatro colores
vierkleurendruk ⋆ ~ digital/dactilar
vingerafdruk
impresionable BNW *ontvankelijk voor
indrukken*
impresionado BNW ⋆ ~ con *onder de indruk van*
⋆ ~ por *doordrongen van*
impresionante BNW *indrukwekkend* ⋆ tener
una cara ~ *zich nergens voor schamen*
impresionar OV WW • *indruk maken op*
• *afdrukken*; *fotografisch vastleggen*; *opnemen*
⟨v. geluid⟩ ⋆ no me impresiona *dat laat me
koud*
impresionarse WKD WW *zich laten meeslepen*
impresionismo m *impressionisme*
impresionista I m/v *impressionist* II BNW
impressionistisch
impreso I m • *drukwerk* • *formulier* ⋆ COMP. ~
de ordenador *computeruitdraai* ⋆ ~ de
imposición *stortingsformulier* ⋆ ~ de solicitud
aanvraagformulier II BNW *gedrukt* ⋆ enviar/
mandar como ~s *als drukwerk versturen*
⋆ TECHN. circuito ~ *printed circuit*; *gedrukte
bedrading* III WW (volt. deelw.) → **imprimir**
impresor m *drukker*
impresora v *printer* ⋆ ~ de chorro de tinta
inkjetprinter ⋆ ~ (por) láser *laserprinter* ⋆ ~ de
matriz *matrixprinter*
impresos m mv ~ → **impreso** • *drukwerk*
imprevisible BNW *onvoorspelbaar*; *niet te
voorzien*
imprevisión v *onbedachtzaamheid*
imprevisor BNW *onbedachtzaam*
imprevisto I m *onvoorziene uitgave* II BNW
onvoorzien
imprimar OV WW *in de grondverf zetten*
imprimátur m *imprimatur*
imprimir OV WW • *drukken*; *inprenten*
• *afdrukken* • *publiceren*; *drukken* ⋆ ~ en/
sobre papel *op papier drukken* ⋆ ~ en la
memoria *in het geheugen prenten*
improbabilidad v *onwaarschijnlijkheid*
improbable BNW *onwaarschijnlijk*
improbo BNW *ontzagwekkend*; *enorm* ⟨v.
inspanning⟩
improcedencia v *ontoelaatbaarheid*
improcedente BNW • *onrechtmatig* • *misplaatst*;
ongepast
improductivo BNW *onproductief*
impronta v • *merkteken*; *stempel* • *afdruk*;
afgietsel
impronunciable BNW *moeilijk uit te spreken*
improperio m *scheldwoord*; *bitter verwijt*
impropiedad v • *onjuist taalgebruik*
• *onjuistheid*; *ongepastheid*
impropio BNW *ongepast* ⋆ ser ~ *misstaan* ⋆ ~ de

im

niet passend bij ★ uso *~ onjuist gebruik*
improrrogable BNW *niet verlengbaar*
improvisación v *improvisatie*
improvisado BNW *geïmproviseerd;*
ongeorganiseerd
improvisar OV WW *improviseren*
improviso BNW ★ al/de *~ onverwacht; ineens*
imprudencia v • *onbescheidenheid*
• *onvoorzichtigheid* • *indiscretie* ★ *~ temeraria*
grove nalatigheid
imprudente I m/v *onvoorzichtig/roekeloos*
persoon II BNW *roekeloos; onvoorzichtig;*
onbezonnen
impúber I m/v *kind* II BNW *onrijp; onvolwassen*
impudente BNW *schaamteloos; onbeschaamd*
impudicia v • *schaamteloosheid* • *wellustigheid*
impúdico BNW *schaamteloos*
impudor m *onbeschaamdheid;*
schaamteloosheid
impuesto I m *belasting* ★ *~ sobre el sueldo*
loonbelasting ★ *~ de fachada straatbelasting*
★ *~ sobre el valor añadido (IVA) belasting op*
toegevoegde waarde (btw) ★ *~ sobre la renta*
inkomstenbelasting ★ *~s (in)directos (in)directe*
belastingen ★ *~s adicionales opcenten* ★ *~ a*
cuenta voorheffing ★ *~ inmobiliario/sobre*
bienes inmuebles onroerendgoedbelasting ★ *~*
municipal gemeentebelasting ★ *~ sobre el*
capital/patrimonio vermogensbelasting ★ *~*
sobre los vehículos automotores
motorrijtuigenbelasting ★ *~ sobre (el*
volumen) de ventas omzetbelasting ★ *libre de*
~s belastingvrij ★ *recaudar ~s belasting innen*
★ *~s suntuarios weeldebelasting* ★ *~ del*
timbre zegelrecht II WW (ger.) → **imponer**
impugnable BNW *aanvechtbaar*
impugnación v ★ *susceptible de ~*
aanvechtbaar
impugnar OV WW *weerleggen; bestrijden*
impulsar OV WW • *aandrijven* • *bevorderen;*
stimuleren • *aanzetten/drijven tot*
impulsión v • *impuls* • *aandrijving*
impulsivo BNW *impulsief*
impulso m • *impuls; stimulans; voortstuwing*
• *opwelling* ★ *tomar ~ een aanloop nemen* ★ *al*
primer ~ bij de eerste poging ★ *a ~s de door*
de kracht van
impulsor BNW *aandrijvend*
impune BNW *ongestraft*
impunidad v *straffeloosheid*
impureza v • *onzuiverheid* • *vuiligheid*
impurificar OV WW *verontreinigen*
impuro BNW *onzuiver; ruw* ⟨v. grondstof⟩;
oneerbaar
impuso WW (3e p ev v.t.) → **imponer**
imputabilidad v *toerekenbaarheid*
imputable BNW *toerekenbaar*
imputación v *beschuldiging; aantijging*
imputar OV WW *aanrekenen; toeschrijven* ★ *~*
sobre verrekenen met
inabarcable BNW *niet te overzien*
inabordable BNW *ontoegankelijk*
inacabable BNW *eindeloos*
inacabado BNW *onaf* ★ MUZ. *Sinfonía Inacabada*
de Onvoltooide
inaccesibilidad v *ontoegankelijkheid;*

ongenaakbaarheid
inaccesible BNW *ongenaakbaar*; OOK FIG.
ontoegankelijk ★ *~ a/para ontoegankelijk voor*
inacción v *inactiviteit*
inacentuado BNW *zonder accent;*
onbeklemtoond
inaceptable BNW *onaanvaardbaar; onacceptabel*
inactividad v *werkloosheid; inactiviteit*
inactivo BNW *zonder activiteiten; inactief*
inadaptable BNW *niet aan te passen (aan)*
inadaptación v *gebrek aan*
aanpassingsvermogen
inadaptado I m *onaangepast persoon* II BNW
onaangepast
inadecuado BNW *ontoereikend; ongeschikt;*
inadequaat
inadmisible BNW *ontoelaatbaar*
inadvertencia v *onoplettendheid*
inadvertido BNW • *onoplettend* • *onopgemerkt*
infectado BNW *onaangetast*
inagotable BNW *onuitputtelijk*
inaguantable BNW • *ondraaglijk; niet uit te*
houden • *onuitstaanbaar*
inalámbrico BNW TELECOM. *draadloos* ★ *teléfono*
~ draadloze telefoon
inalcanzable BNW *onbereikbaar*
inalienable BNW *onvervreemdbaar*
inalterabilidad v *onbeweeglijkheid;*
onveranderlijkheid
inalterable BNW *onbewogen; onveranderlijk*
inalterado BNW *onveranderd*
inamovible BNW *niet in beweging te krijgen;*
niet af te zetten ⟨v. ambt⟩
inane BNW • *zwak* • *ijdel; zinloos*
inanición v *ondervoeding*
inanidad v *onbenulligheid; nietszeggendheid*
inanimado BNW • *levenloos; onbezield*
• *bewusteloos*
inánime BNW *levenloos*
inapelable BNW • JUR. *niet vatbaar voor beroep*
• *onherroepelijk; onvermijdelijk*
inapetencia v *gebrek aan eetlust*
inapetente BNW *zonder eetlust*
inaplazable BNW *niet uit te stellen*
inaplicable BNW *ontoepasbaar*
inapolillable BNW *motvrij*
inapreciable BNW • *zeer gering; onbeduidend*
• *onschatbaar*
inaprensible BNW OOK FIG. *ongrijpbaar; niet te*
vatten
inapropiado BNW *ongeschikt*
inaptitud v *ongeschiktheid*
inapto BNW *ongeschikt*
inarmónico BNW *onharmonisch*
inarrugable BNW *kreukvrij*
inarticulado BNW *niet goed gearticuleerd*
inasequible BNW *onbereikbaar; niet haalbaar*
★ *ser ~ al desaliento er niet onder te krijgen*
zijn; een lange adem hebben
inasible BNW *ongrijpbaar*
inasistencia v *afwezigheid* ★ *comunicado de ~*
bericht van afwezigheid
inastillable BNW *splintervrij* ⟨v. glas⟩
inatacable BNW • *onneembaar* • *onweerlegbaar*
⟨v. argument⟩
inatento BNW *onattent; onoplettend*

inaudible BNW *onhoorbaar*
inaudito BNW *schandalig; ongehoord*
inauguración v • *inwijding; onthulling*
• *inauguratie; (plechtige) opening*
inaugural BNW *openings-; inaugureel* ★ *discurso ~ openingsrede; inaugurale rede*
inaugurar OV WW • *onthullen; installeren; inwijden; openen* • *beginnen*
inca I m *Inca* II BNW *van de Inca's; Inca-*
incaico BNW *van de Inca's; Inca-*
incalculable BNW • *ontelbaar* • *niet te overzien*
incalificable BNW *beneden alle peil; ongehoord* ★ *es* (moralmente) *~ daar zijn geen woorden voor*
incandescencia v *het wit-/roodgloeiend zijn*
incandescente BNW *witgloeiend*
incansable BNW *onvermoeibaar*
incapaces → **incapaz**
incapacidad v *onvermogen; onbekwaamheid* ★ *~ laboral arbeidsongeschiktheid* ★ *~ física invaliditeit*
incapacitado BNW • *(handelings)onbekwaam* • *arbeidsongeschikt; afgekeurd*
incapacitar OV WW • *onbekwaam/ongeschikt maken* • *wettelijk ongeschikt verklaren*
incapaz BNW • *onbekwaam; ongeschikt* • *onbevoegd; onnozel* ★ *~ para niet geschikt voor* ★ *~ de niet in staat tot*
incautación v *inbeslagneming*
incautarse WKD WW OOK FIG. *beslag leggen (op)*
incauto BNW *naïef; goedgelovig*
incendiar OV WW *in brand steken*
incendiario I m *brandstichter* II BNW • *brandstichtend* • *ophitsend*
incendio m • *brand* • *hartstocht; vuur* ★ *~ forestal bosbrand* ★ *~ intencionado/provocado brandstichting* ★ *alarma de ~ brandalarm* ★ *provocar un ~ brandstichten* ★ *salida de encendios brandduur*
incensar OV WW • *vleien* • *bewieroken*
incensario m *wierookvat*
incentivo m • *stimulans; aansporing* • *aanmoediging(spremie)*
incertidumbre v *onzekerheid*
incesantemente BIJW *onophoudelijk* ★ *hablar ~ aan één stuk door praten*
incesto m *incest*
incestuoso BNW *incestueus*
incidencia v • *invloed; effect* • *voorval; incident* ★ *ángulo de ~ invalshoek* ★ *por ~ toevallig*
incidental BNW *incidenteel*
incidente m *incident; voorval*
incidir ON WW • *vervallen in* • *vallen (op)* ⟨v. lichtstraal⟩; *de oppervlakte raken* • *een inkeping maken (in); insnijden* • FIG. *hameren op* ★ *~ en una falta in een fout vervallen*
incienso m • *wierook* • *vleierij*
incierto BNW • *vaag* • *onzeker* ★ *estar ~ besluiteloos zijn*
incineración v *crematie; incineratie* ★ *~ de basuras vuilverbranding* ★ *~ marina verbranding op (open) zee*
incinerar OV WW • *verassen* ⟨v. dingen⟩; *cremeren* • *verbranden* ⟨v. dingen⟩
incipiente BNW *beginnend*
incisión v *incisie; insnijding; inkeping* ★ *~*

cesária keizersnede
incisivo I m *snijtand* II BNW • *venijnig; scherp* • *snijdend*
inciso I m • *tussenzin* • *uitweiding* II BNW *ingesneden; ingekrast* ★ *herida incisa snijwond*
incitación v *uitlokking; opwekking*
incitante BNW *opwekkend; stimulerend*
incitar OV WW *uitlokken; opwekken*
incivil BNW *onbeleefd; onbeschoft*
incivilizado BNW *onbeschaafd; onbeschoft*
inclasificable BNW *niet in te delen*
inclemencia v *guurheid* ★ *a la ~ onbeschut*
inclemente BNW • *meedogenloos* • *guur*
inclinación v • *het overhellen; buiging; helling; neiging* • *affectie; hang* ★ *~ hacia hang naar* ★ *~ por neiging tot*
inclinado BNW • *overhellend* • *geneigd* • *gebogen*
inclinar OV WW • *doen overhellen; kantelen* • *nijgen; buigen* • *beïnvloeden* ★ *a alg. a la virtud iemand op het rechte pad brengen*
inclinarse WKD WW *neigen tot* ★ *~ por u.c. ergens voor zijn* ★ *~ hacia adelante vooroverbuigen*
inclito BNW *illuster; vermaard*
incluir OV WW • *bijvoegen; insluiten* • *inhouden; omvatten* ★ *~ en la cuenta bijrekenen*
inclusa v GESCH. *vondelingentehuis*
inclusero m *vondeling*
inclusión v • *het bijvoegen* • *het omvatten*
inclusive BNW *inclusief* ★ *de 50 a 65, ambos ~ van 50 tot en met 65*
incluso BIJW • *inbegrepen* • *zelfs*
incluya WW (1e/3e p ev subj. t.t.) → **incluir**
incoación v *begin* ⟨v. pleidooi⟩
incobrable BNW *oninbaar*
incoercible BNW *onbedwingbaar; onstuitbaar; niet te stuiten; niet te stelpen* ⟨v. bloed⟩
incógnita v • WISK. *onbekende grootheid* • *raadsel* ★ *despejar la ~ WISK. de onbekende vinden; FIG. de sleutel tot het mysterie vinden*
incógnito m *incognito* ★ *de ~ onder schuilnaam; incognito*
incoherencia v *onsamenhangendheid; incoherentie*
incoherente BNW *onsamenhangend; incoherent*
incoloro BNW OOK FIG. *kleurloos*
incólume BNW *ongeschonden; ongedeerd*
incombustible BNW *onbrandbaar*
incomodar I OV WW *lastig vallen; irriteren* II ON WW *lastig gevallen worden*
incomodarse WKD WW • *zich gekrenkt voelen* • *kwaad worden*
incomodidad v *hinder; ongemak*
incómodo BNW *ongemakkelijk; onaangenaam; vervelend*
incomparable BNW *onvergelijkbaar; onvergelijkelijk*
incomparecencia v JUR. *niet-verschijning; verstek*
incompasivo BNW *meedogenloos*
incompatible BNW *niet toegankelijk* ⟨bij examens⟩ • *incompatibel* ★ *~ con onverenigbaar met*
incompetencia v • *ongeschiktheid; onbekwaamheid* • *onbevoegdheid*

in

incompetente BNW • *ongeschikt; onbekwaam* • *onbevoegd*
incompleto BNW *onvolledig; onvoltooid*
incomprendido BNW *onbegrepen*
incomprensibilidad v *onbegrijpelijkheid; onverklaarbaarheid*
incomprensible BNW *onbegrijpelijk*
incomprensión v *onbegrip*
incomunicable BNW *geïsoleerd*
incomunicación v *eenzame opsluiting; gebrek aan communicatie*
incomunicado BNW • *geïsoleerd; afgesloten van de buitenwereld* • *in eenzame opsluiting* ⟨v. gevangene⟩
incomunicar OV WW *isoleren; afzonderen*
inconcebible BNW *onvoorstelbaar; onbegrijpelijk*
inconciliable BNW *onverenigbaar; niet te rijmen*
inconcluso BNW *onvoltooid*
inconcuso BNW *vaststaand; onbetwistbaar*
incondicional I m/v *trouwe volgeling* II BNW *onvoorwaardelijk*
inconexión v *gebrek aan samenhang; verwardheid*
inconexo BNW *onsamenhangend*
inconfesable BNW *schandalig*
inconfeso BNW *blijvende ontkennen* ⟨v. beklaagde⟩ ★ morir ~ *sterven zonder te biechten*
inconforme BNW *niet overeenkomstig*
inconfundible BNW *onmiskenbaar*
incongruencia v • *wanverhouding; incongruentie* • *onbetamelijkheid*
incongruente BNW *incongruent; niet overeenstemmend*
inconmensurable BNW • *onmetelijk; immens* • *onmeetbaar*
inconmovible BNW *rotsvast; onwrikbaar*
inconmutable BNW • *onomzetbaar* ⟨v. straf⟩ • *niet verwisselbaar*
inconquistable BNW *onneembaar; onoverwinnelijk*
inconsciencia v *onnadenkendheid; bewusteloosheid*
inconsciente I m *onnadenkend persoon* II BNW • *onnadenkend* • *onbewust* • *bewusteloos*
inconsecuencia v *inconsequentie*
inconsecuente I m/v *inconsequent persoon* II BNW *inconsequent*
inconsideración v • *roekeloosheid; ondoordachtheid* • *onkiesheid*
inconsiderado BNW *onbezonnen; ondoordacht*
inconsistencia v *gebrek aan samenhang; zwakheid*
inconsistente BNW *inconsistent; onsamenhangend; zwak*
inconsolable BNW *ontroostbaar*
inconstancia v *veranderlijkheid; wispelturigheid*
inconstante BNW *veranderlijk; wispelturig; onstandvastig*
inconstitucional BNW *ongrondwettig*
incontable BNW • *ontelbaar* • *niet na te vertellen*
incontenible BNW *niet te stuiten; onbedwingbaar*
incontestable BNW *onbetwistbaar; ontegenzeglijk*
incontinencia v • *onbeheerstheid* • MED.

incontinentie
incontinente BNW *onbeheerst*
incontrastable BNW *onweerlegbaar; ontegenzeglijk*
incontrolable BNW *oncontroleerbaar; onbeheersbaar*
incontrovertible BNW *onbetwistbaar*
inconveniencia v • *onbetamelijkheid; onwelvoeglijkheid* • *onaangenaamheid*
inconveniente I m • *obstakel; moeilijkheid* • *bezwaar; nadeel* ★ ¿tiene usted ~? *hebt u er bezwaar tegen?* ★ acarrear ~s *bezwaren met zich meebrengen* II BNW • *ongelegen* • *onfatsoenlijk; onwelvoeglijk*
inconvertible BNW • *onverwisselbaar* • *niet converteerbaar*
incordiar OV WW *lastig vallen; vervelen*
incordio m INF. • *ellende; last* • *lastpost*
incorporación v *(het) opnemen*
incorporar OV WW • *verenigen; toevoegen; inlijven* • *oprichten* ⟨v. het lichaam⟩
incorporarse WKD WW • *zich oprichten* • *toetreden (tot); gaan bij; zich voegen bij*
incorpóreo BNW *niet stoffelijk*
incorrección v • *onbeleefdheid* • *onjuistheid*
incorrecto BNW *onjuist; verkeerd*
incorregible BNW *onverbeterlijk*
incorruptible BNW • *onomkoopbaar* • *onbederfelijk*
incorrupto BNW *onbedorven*
incredulidad v *ongeloof; ongelovigheid*
incrédulo BNW *ongelovig*
increíble BNW *ongelofelijk; ongeloofwaardig*
incrementar I OV WW *doen toenemen* II ON WW *toenemen*
incremento m *toename; vermeerdering* ★ tomar ~ *toenemen*
increpación v • *schrobbering; uitbrander* • *het uitschelden*
increpar OV WW • *terechtwijzen; berispen; een uitbrander geven* • *uitschelden*
incriminación v *beschuldiging*
incriminar OV WW *beschuldigen*
incruento BNW *zonder bloedvergieten; onbloedig* ⟨v. misoffer⟩
incrustación v • *inlegwerk* • *afzetting; aanslag* ★ ~ calcárea *kalkaanslag*
incrustar OV WW • *inleggen* • *inprenten*
incrustarse WKD WW *intrekken*
incubación v *broeiing; incubatie*
incubadora v • *broedmachine* • *couveuse*
incubar OV WW OOK FIG. *(uit)broeden*
incubo m *nachtduivel* ⟨volksgeloof⟩
incuestionable BNW *onbetwistbaar*
inculcar OV WW *inprenten; inhameren; instampen*
inculcarse WKD WW *hardnekkig zijn*
inculpación v *aanklacht; beschuldiging*
inculpado m *aangeklaagde*
inculpar OV WW (~ de) *beschuldigen (van)*
inculto BNW • *onbeschaafd; ongeschoold* • *braakliggend*
incultura v *het niet ontgonnen zijn; onderontwikkeling*
incumbencia v • *verantwoordelijkheid* • *karweitje; taak* ★ no es asunto de mi ~ *dat*

gaat mij niets aan
incumbir ON WW *aangaan* ★ eso no le incumbe *dat gaat hem niets aan*
incumplimiento m ★ ~ de contrato *contractbreuk* ★ ~ del deber *plichtsverzuim* ★ ~ del pago *wanbetaling* ★ en caso de ~ *bij het niet nakomen*
incumplir OV WW *niet nakomen*; *verzaken*
incurable I m/v *ongeneeslijk zieke* II BNW *ongeneeslijk*
incuria v *achteloosheid*; *nalatigheid*
incurrir ON WW ● *begaan*; *vervallen in* ● *zich op de hals halen*; *zich blootstellen (aan)* ★ ~ en murmuraciones *in opspraak komen* ★ ~ en responsabilidad por *verantwoordelijk gesteld worden voor*
incursión v *inval*
incursionar ON WW LA *een inval doen*
indagación v ● *nauwkeurig onderzoek* ● *nasporing*
indagar OV WW ● *nauwkeurig onderzoeken* ● *nasporen*; *navraag doen naar*
indebidamente BIJW *ten onrechte*
indebido BNW ● *onjuist* ● *onredelijk*; *onwettig*; *ongegrond* ⟨v. eis⟩
indecencia v *onwelvoeglijkheid*; *onbetamelijkheid*
indecente BNW *onfatsoenlijk*; *onzedelijk*; *smerig*
indecible BNW *onzegbaar*; *onuitsprekelijk*
indecisión v *besluiteloosheid*
indeciso I m *besluiteloos persoon* II BNW ● *onbeslist* ● *besluiteloos*; *aarzelend*
indeclinable BNW ● *onontkoombaar* ● TAALK. *onvervoegd*
indecoroso BNW *onfatsoenlijk*; *onbehoorlijk* ★ ser ~ *misstaan*
indefectible BNW *onvermijdelijk*
indefendible BNW *onverdedigbaar*
indefenso BNW *weerloos*; *onverdedigd* ★ estado ~ *weerloosheid*
indefinible BNW *ondefinieerbaar*; *onduidelijk*
indefinido BNW ● *onbepaald* ● *ondefinieerbaar* ★ TAALK. pretérito ~ *verleden tijd* ★ por tiempo ~ *voor onbepaalde tijd*
indeformable BNW *vormvast*
indeleble BNW *onuitwisbaar*
indeliberado BNW *onbezonnen*; *ondoordacht*
indelicadeza v ● *lompheid* ● *ontactisch optreden*
indelicado BNW *tactloos*; *onkies*
indemne BNW *onbeschadigd*; *ongedeerd*
indemnización v *vergoeding*; *schadeloosstelling* ★ en calidad/a título de ~ *als schadeloosstelling* ★ ~ por daños inmateriales *smartengeld* ★ ~ por riesgo *gevarentoeslag*
indemnizar OV WW *schadeloosstellen*; *vergoeden* ★ quedar indemnizado *schadeloos gesteld worden*
indemorable BNW *geen uitstel duldend*
indemostrable BNW *onaantoonbaar*
independencia v ● *zelfstandigheid* ● *onafhankelijkheid* ★ con ~ de *onafhankelijk van*
independentista BNW ★ guerrilla ~ *onafhankelijkheidsstrijd*
independiente BNW ● *zelfstandig* ● *onafhankelijk* ★ ~ de eso *afgezien daarvan*

independizar OV WW *onafhankelijk maken*
independizarse WKD WW *zich onafhankelijk maken*
indescifrable BNW *onontcijferbaar*
indescriptible BNW *onbeschrijflijk*
indeseable I m/v *ongewenst persoon* II BNW *ongewenst*
indesmallable BNW *laddervrij*
indestructible BNW *onverwoestbaar*
indeterminable BNW ● *onbepaalbaar* ● *niet te beslissen*
indeterminación v ● *onduidelijkheid* ● *besluiteloosheid*
indeterminado BNW ● *onduidelijk* ● *onbepaald*
indexar OV WW *indexeren*
India v *India* ★ las ~s *Zuid-Amerika* ★ las ~s neerlandesas *Nederlands-Indië* ★ conejillo de ~s *Guinees biggetje*; *cavia*; *proefkonijn*
indiada v *groep indianen*
indiano I m *uit Amerika teruggekeerde kolonist* II BNW *West-Indisch*
indicación v ● *indicatie*; *hint* ● *aanduiding* ● *aanwijzing* ★ ~ de las fuentes *bronvermelding* ★ ~ de la hora *tijdsaanduiding* ★ por ~ de *op aanwijzing van* ★ ~ del precio *prijsopgave* ★ bajo ~ médica *op medische indicatie*
indicado BNW ● *aangewezen* ● *geëigend*; *geschikt* ★ lo más ~ (para tal propósito) *het doelmatigst*
indicador I m ● *aanwijzer* ● *pieper* ● *semafoon* ● *ruiter* ⟨op kaartsysteem⟩ ★ ~ de ferrocarriles *semafoor* ★ ~ de comercio *adresboek* ★ ~ del cambio de dirección *richtingaanwijzer* ★ ~ de carretera/camino *wegwijzer* ★ ~ de incendios *brandmelder* ★ ~ de velocidad(es) *snelheidsmeter* II BNW *aanduidend* ★ flecha ~a *de pictogram richtingaanwijzer* ★ luz ~a *controlelampje*
indicar OV WW ● *aanwijzen*; *aanduiden*; *te kennen geven* ● MED. *voorschrijven*
indicativo I m ● *aantonende wijs* ● *aanwijzing* ★ ser un ~ de *aangeven* II BNW *aanwijzend* ★ (modo) ~ *aantonende wijs*
indice m ● *indicatie* ● *inhoudsopgave*; *index* ● *catalogus* ● *indexcijfer* ● REL. *zwarte lijst*; *verboden lectuur* ● WISK. *exponent* ★ ~ cefálico *schedelindex* ★ dedo ~ *wijsvinger* ★ (número) ~ *indexcijfer* ★ hacer un ~ *indexeren* ★ ~ de mortalidad *sterftecijfer* ★ ~ de natalidad *geboortecijfer* ★ ~ de precios (al consumo) *prijsindex(cijfer)* ★ ~ de audiencia *kijkcijfers*
indiciación v *indexering*; *indexatie*
indicio m ● *indicatie*; *signaal* ● *teken*; *aanwijzing* ★ ~s *sporen*
indiferencia v *onverschilligheid*
indiferente I m/v *onverschillige* II BNW ● *onbelangrijk* ● *onverschillig* ★ ser/estar ~ a *ongevoelig/doof zijn voor*
indígena I m/v *autochtoon*; *inboorling* II BNW *inheems*
indigencia v *armoede*; *hulpbehoevendheid*
indigenismo m ● *studie van indiaanse culturen* ● POL. *beweging die voor de rechten en cultuur van de indianen ijvert*
indigente I m/v *misdeelde*; *behoeftig persoon*

in

II BNW *arm; behoeftig; misdeeld*

indigerible BNW *onverteerbaar*

indigestarse WKD WW • *tegenstaan; niet bevallen; niet kunnen luchten of zien* • *indigestie krijgen* ★ *estar indigestado de meer dan genoeg hebben*

indigestión v *indigestie; gestoorde spijsvertering* ★ *coger una ~ zijn maag bederven*

indigesto BNW *moeilijk verteerbaar*

indignación v *verontwaardiging*

indignado BNW *verontwaardigd*

indignar OV WW *verontwaardigen*

indignarse WKD WW *zich ergeren; kwaad worden*

indignidad v • *lage streek* • *onwaardigheid*

indigno BNW • *onwaardig* • *vernederend; gemeen* ★ *ser ~ misstaan*

índigo m *indigo*

indino m *rotkind*

indio I m • *Indiër* • *indiaan* ★ *hacer el ~ zich aanstellen; zich belachelijk maken; stom doen; een figuur slaan* ★ *jugar a los ~s indiaantje spelen* ★ *LA se le subió el ~ hij verloor zijn kalmte* **II** BNW *Indiaas*

indirecta v *zinspeling; stille wenk* ★ *soltar ~s steken onder water geven*

indirectamente BIJW *langs een omweg*

indirecto BNW *indirect; niet rechtstreeks*

indiscernible BNW *niet te onderscheiden*

indisciplina v *gebrek aan discipline*

indisciplinado BNW *ongedisciplineerd*

indisciplinarse WKD WW *rebelleren tegen het gezag; in opstand komen*

indiscreción v *loslippigheid*

indiscreto I m *indiscreet persoon* **II** BNW *indiscreet; loslippig; onvoorzichtig* ★ *¿sería ~ preguntar si ...? mag ik misschien vragen of ...?*

indisculpable BNW *onvergeeflijk*

indiscutible BNW *onbetwistbaar* ★ *es un hecho ~ het staat als een paal boven water*

indisolubilidad v • *onafscheidelijkheid* • *onoplosbaarheid*

indisoluble BNW • *niet te scheiden; onafscheidelijk* • *onoplosbaar*

indispensable BNW *noodzakelijk; onontbeerlijk* ★ *lo más ~ het meest noodzakelijke*

indispón WW (geb. wijs, jij-vorm) → **indisponer**

indispondrá WW (3e p ev tk.t.) → **indisponer**

indisponer OV WW • *ziek maken* • *ruzie stoken; ruzie krijgen*

indisponerse WKD WW • *onwel zijn* • *ruzie krijgen*

indisponga WW (1e/3e p ev subj. t.t.) → **indisponer**

indisposición v *misselijkheid; onpasselijkheid*

indispuesto BNW *onwel; ongesteld* ★ *estar ~ con ruzie hebben met*

indispuso WW (3e p ev v.t.) → **indisponer**

indistinguible BNW *niet te onderscheiden*

indistinto BNW • *niet verschillend* • *vaag; onduidelijk*

individua v PEJ. *vrouwmens; schepsel*

individual I m • SPORT *enkelspel* • *placemat* ★ SPORT *~ masculino herenenkel(spel)* **II** BNW *individueel* • *habitación ~ eenpersoonskamer*

individualidad v • *individualiteit* • *sterke persoonlijkheid*

individualismo m *individualisme*

individualista I m/v *individualist* **II** BNW *individualistisch*

individualizar OV WW *individualiseren*

individualmente BIJW *één voor één; elk persoonlijk*

individuo m • *individu* • PEJ. *sujet* ★ *cuidar del ~ goed voor zichzelf zorgen*

indivisible BNW *ondeelbaar*

indivisión v *onverdeeldheid*

indiviso BNW *ongedeeld* ★ *pro ~ gemeenschappelijk*

indo I m *Indiër* **II** BNW *Indiaas*

indócil BNW *ongehoorzaam; weerbarstig; ongezeglijk*

indocilidad v *gebrek aan gehoorzaamheid*

indocto BNW *onwetend; ongeletterd*

indocumentado BNW • *zonder identiteitspapieren* • *onbeduidend* ‹v. persoon› • *ondeskundig*

indoeuropeo BNW *Indo-Europees*

índole v • *karakter; geaardheid; inslag* • *aard* ★ *de esta ~ van deze aard*

indolencia v *luiheid; laksheid; lusteloosheid*

indolente BNW *lui; laks; lusteloos*

indoloro BNW *pijnloos*

indomable BNW • *ontembaar* • *wild; weerbarstig; onbedwingbaar*

indomesticable BNW *ontembaar*

indómito BNW ★ *~ Oeste wilde Westen*

indonesio m *Indonesiër*

Indostán m *Hindoestaan*

indotado BNW • *zonder bruidschat* • *ongetalenteerd*

indubitable BNW *ongetwijfeld*

inducción v • *aanstichting; aansporing* • *afleiding*

inducido m *inductiespoel*

inducir OV WW • *bewegen; overhalen; overreden* • *afleiden* ★ *~ a error a alg. iemand op het verkeerde pad brengen*

inductivo BNW *inductief*

inductor m • *aanstichter* • *inductieapparaat*

indudable BNW *ongetwijfeld*

indujo WW (3e p ev v.t.) → **inducir**

indulgencia v • *toegeeflijkheid; clementie* • *aflaat* ★ *~ parcial gedeeltelijke aflaat* ★ *~ plenaria volle aflaat*

indulgente BNW *geduldig; toegeeflijk*

indultar OV WW *vrijspreken; kwijtschelden* ‹v. straf›*; genade verlenen*

indulto m *kwijtschelding* ‹v. straf›*; begenadiging*

indumentaria v *kledij; outfit; dracht*

indumento m *kledingstuk*

induración v MED. *verharding*

industria v • *nijverheid* • *industrie* • *fabriek* • *handigheid* ★ *de ~ opzettelijk* ★ *~ y comercio handel en nijverheid; bedrijfsleven* ★ *~ alimenticia voedingsmiddelenindustrie* ★ *~ de armamentos wapenindustrie* ★ *~ de la construcción bouwnijverheid* ★ *~ metalúrgica metaalindustrie* ★ *~ del celuloide filmindustrie; wereld van het witte doek* ★ *~*

informática *computerindustrie*
industrial I m/v *industrieel* II BNW *industrieel*; *van de nijverheid* ★ en cantidades ~es *in enorme hoeveelheden*
industrialización v *industrialisatie*
industrializar OV WW *industrialiseren*
industriar OV WW *instrueren*; *onderrichten*
industriarse WKD WW *het (handig) aanleggen*
industrioso BNW *nijver*; *handig*; *bedrijvig*
induzca WW (1e/3e p ev subj. t.t.) → **inducir**
inédito BNW ∙ *onuitgegeven* ∙ *ongekend*; *nieuw*
ineducación v *onopgevoedheid*
ineducado BNW *onopgevoed*; *onbeleefd*
inefable BNW *onuitsprekelijk*
inefectivo BNW *ondoeltreffend*; *ineffectief*
ineficacia v *ondoeltreffendheid*
ineficaz BNW *inefficiënt*; *ondoeltreffend*
ineficiencia v *inefficiëntie*; *ondoelmatigheid*
ineficiente BNW *inefficiënt*; *ondoelmatig*
inelegible BNW *onverkiesbaar*
ineluctable BNW (**ineludible**) *onvermijdelijk*
inenajenable BNW *onvervreemdbaar*
inenarrable BNW *onbeschrijflijk*
inencogible BNW *krimpvrij*
inepcia v ∙ *onbekwaamheid* ∙ *ongeschiktheid*
ineptitud v *onbekwaamheid*
inepto I m *onbekwaam persoon* II BNW *onbekwaam*; *incompetent*; *ongeschikt*
inequivoco BNW *ondubbelzinnig*
inercia v ∙ CHEM. *inertie* ∙ *passiviteit*; *apathie*; *futloosheid*; *traagheid* ∙ por ~ *uit gewoonte* ★ fuerza de ~ *uithoudingsvermogen*
inerme BNW ∙ *ongewapend* ∙ *weerloos*
inerte BNW CHEM. *inert*; *bewegingloos*; *wezenloos*
inescrutable BNW *ondoorgrondelijk*
inesperado BNW *onvoorzien*; *onverwacht* ★ de forma inesperada *onverwachts*
inestabilidad v *onevenwichtigheid*
inestable BNW *onevenwichtig*; *instabiel*; *wankel*; *onvast*
inestético BNW *smakeloos*; *onesthetisch*
inestimable BNW *onschatbaar* ★ de valor ~ *van onschatbare waarde*
inevitable BNW *onvermijdelijk*
inexactitud v ∙ *onnauwkeurigheid* ∙ *onjuistheid*
inexacto BNW ∙ *onnauwkeurig*; *inexact* ∙ *onjuist*
inexcusable BNW ∙ *onvermijdelijk* ∙ *onvergeeflijk*
inexhausto BNW *onuitputtelijk*
inexistencia v *het niet bestaan*; *afwezigheid*
inexistente BNW *niet bestaand*
inexorable BNW ∙ *onverbiddelijk* ∙ *onvermijdelijk*
inexperiencia v *onervarenheid*; *onbedrevenheid*
inexperto I m *onervaren persoon* II BNW *onervaren*; *onbedreven*
inexplicable BNW *onverklaarbaar*
inexplorado BNW *niet onderzocht*
inexpresable BNW *onbeschrijflijk*
inexpresivo BNW *uitdrukkingsloos*
inexpugnable BNW *onneembaar*; *onoverwinnelijk*
inextinguible BNW *onuitroeibaar*; *onblusbaar*
inextirpable BNW *onuitroeibaar*
inextricable BNW ∙ *onontwarbaar* ∙ *onoplosbaar*
infalibilidad v *onfeilbaarheid*

infalible BNW *onfeilbaar*
infaltable BNW ZA *onvermijdelijk*; *onafwendbaar*
infamación v *laster*; *kwaadsprekerij*
infamador m *kwaadspreker*; *lasteraar*
infamante BNW *onterend*; *vernederend*
infamar OV WW *belasteren*; *verdacht maken*; *kwaadspreken over*
infamatorio BNW *lasterlijk*; *smadelijk*
infame I m/v *gemeen/verachtelijk figuur* II BNW ∙ *erg slecht*; *belabberd* ∙ *schandelijk*; *eerloos*
infamia v ∙ *gemeenheid* ∙ *eerloosheid*; *schande* ∙ *schanddaad*
infancia v ∙ *vroege jeugd*; *kinderjaren* ∙ *kinderen* ∙ *beginfase*; *in de kinderschoenen* ∙ jardín de ~ *peuterschool*; *peuterspeelplaats*; *kinderdagverblijf* ★ desde mi más tierna ~ *sinds mijn vroegste jeugd*
infanta v ∙ *prinses* 〈geboren na de kroonprinses〉 ∙ LIT. *klein meisje*
infante m ∙ *prins* 〈geboren na de kroonprins〉 ∙ LIT. *jong kind* ∙ ~s *infanteristen*
infanteria v *infanterie*; *voetvolk* ★ ~ de marina *mariniers* ∙ ~ ligera *lichtbewapende verkenningseenheden*
infanticida m/v *kindermoordenaar*
infanticidio m *kindermoord*
infantil BNW ∙ *van/voor/m.b.t. kinderen*; *kinderlijk* ∙ *kinderachtig* ★ dote ~ *kinderbijslag*
infantilismo m ∙ *infantiliteit*; *infantilisme* ∙ *kinderachtigheid*
infanzón m *edelman van de laagste stand*
infarto m *infarct* ★ ~ cardíaco/de corazón/de miocardio *hartinfarct*
infatigable BNW *onvermoeibaar*
infatuación v ∙ *verdwazing* ∙ *inbeelding*; *verwaandheid*
infatuar /ú/ OV WW ∙ *doen zwellen van trots*; *verwaand/ijdel maken* ∙ *verwazen*
infatuarse WKD WW *verwaand zijn*; *opscheppen*
infausto BNW *onheilspellend*; *ongelukkig*; *rampzalig*
infección v *infectie*; *besmetting* ★ ~ vírica/por virus *virusinfectie* ★ ~ del intestino *darminfectie* ★ ~ gástrica *maagontsteking*
infeccionar OV WW → **infectar**
infeccioso BNW *besmettelijk* ★ foco ~ *besmettingshaard*
infectar OV WW *infecteren*; *besmetten*
infecto BNW ∙ OOK FIG. *besmet* ∙ *smerig* ∙ *afschuwelijk*; *weerzinwekkend*
infecundidad v *onvruchtbaarheid*
infecundo BNW *onvruchtbaar*
infelices → **infeliz**
infelicidad v *ongeluk*
infeliz I m ∙ *stumper* ∙ *brave sul*; *lobbes* II BNW *ongelukkig*
infelizote m *sul*; *sufferd*
inferior I m/v *ondergeschikte* II BNW ∙ *lager* ∙ *slechter*; *ondergeschikt*; *minderwaardig* ★ el estrato social ~ *de onderste laag van de maatschappij* ★ labio ~ *onderlip* ★ pedidos no ~es a *bestellingen van niet minder dan* ★ parte ~ *onderste deel*; *onderdeel*
inferioridad v *minderwaardigheid* ★ complejo de ~ *minderwaardigheidscomplex* ★ estar en ~ de condiciones *in het nadeel zijn*

in

inferir /ie, i/ ov ww • opmaken; de conclusie trekken • toebrengen

infernal BNW • satanisch • hels • un ruido ~ een hels kabaal

infestar ov ww • teisteren • FIG. overspoelen • verontreinigen; vervuilen

inficionar ov ww • infecteren; besmetten • vergiftigen • FIG. aansteken

infidelidad v onbetrouwbaarheid; ontrouw

infiel I m/v ongelovige II BNW • ontrouw; onbetrouwbaar • ongelovig

infiernillo m • spiritusbrander • eenpitskooktoestel

infierno m • OOK FIG. hel • hels kabaal ★ ivete al ~! loop naar de hel! ★ ~s onderwereld ★ ser de los ~s des duivels zijn

infiltración v infiltratie

infiltrar ov ww binnendringen; laten infiltreren

infiltrarse WKD WW infiltreren

infimo BNW • minderwaardig • allerlaagst

infinidad v • oneindigheid • een heleboel ★ ~ de cosas talloze dingen

infinitesimal BNW oneindig klein

infinitivo m TAALK. onbepaalde wijs

infinito I m het oneindige II BNW • onnoemelijk; onmetelijk • oneindig • onmeetbaar; talloos III BIJW ontzettend • lo siento ~ het spijt me geweldig

infinitud v oneindigheid

inflación v inflatie

inflacionario BNW inflatie-; inflatoir

inflacionista BNW → inflacionario

inflador m (fiets)pomp

inflamable BNW licht ontvlambaar

inflamación v • ontsteking; ontbranding • enthousiast maken

inflamar ov ww • ontsteken; ontbranden • enthousiast maken

inflamarse WKD WW • vlam vatten • oplaaien; in vuur en vlam raken • MED. ontsteken

inflamatorio BNW van een ontsteking

inflapollas m SL. oen; sufferd

inflar ov ww • opblazen • overdrijven • opdrijven ⟨prijzen⟩ • MEX drinken; zuipen

inflarse WKD WW • zichzelf opblazen; verwaand worden • zwellen ★ ~ de comida zich vol eten

inflexibilidad v inflexibiliteit; OOK FIG. onbuigzaamheid

inflexible BNW onbuigzaam ★ ~ a los ruegos onverbiddelijk ★ ~ en su dictamen voet bij stuk houdend

inflexión v • stembuiging • TAALK. buigingsuitgang • buiging; buigpunt ★ sin ~ eentonig

infligir ov ww opleggen; toebrengen ★ ~ un castigo a uno iemand bestraffen

inflorescencia v bloeiwijze

influencia v invloed ★ tener ~ con alg. goede vriendjes zijn met iemand ★ de (mucha) ~ invloedrijk

influenciar ov ww → influir

influenza v griep

influir ov ww beïnvloeden ★ ~se de zich laten beïnvloeden door ★ ~ en invloed uitoefenen op ★ ~ para van invloed zijn op

influjo m → influencia

influya ww (1e/3e p ev subj. t.t.) → influir

influyente BNW invloedrijk; gezaghebbend

información v • informatieloket • informatie; inlichting; bericht; persverslag ★ ~ de salida output ⟨v. computer⟩ ★ servicio de ~ nieuwsdienst • informaciones gegevens; OOK COMP. data ★ fuente de ~ informatiebron; vraagbaak ★ ciencias de la ~ communicatiewetenschappen ★ más informaciones nadere inlichtingen ★ para su ~ ter kennisneming ★ buscar/pedir ~ informatie inwinnen ★ dar/facilitar ~ informatie geven/verstrekken ★ ~ sesgada tendentieuze informatie

informado BNW op de hoogte ★ medios bien ~s welingelichte kringen

informador I m voorlichter II BNW ★ equipo ~ voorlichtingsteam

informal I m/v onbetrouwbaar persoon II BNW • informeel • stout

informalidad v onvormelijkheid

informante I m/v berichtgever; informant II BNW informatieverstrekkend

informar ov ww • meedelen; inlichten • kenmerken ★ ~se de informatie inwinnen over ★ ~ de/sobre informatie geven over ★ ¡infórmate bien! informeer je goed! ★ estar bien/mal informado goed/slecht geïnformeerd zijn

informarse WKD WW zich op de hoogte stellen

informática v informatica

informativo I m nieuwsbericht II BNW informatief

informatización v • automatisering • computerisering

informatizar ov ww • automatiseren • computeriseren

informe I m • bericht; inlichting • gegeven • verslag ★ tomar ~s inlichtingen inwinnen ★ con buenos ~s van goede getuigschriften voorzien II BNW vormloos

infortunado BNW onfortuinlijk; ongelukkig

infortunio m • tegenslag • ellende; ongeluk

infracción v overtreding; inbreuk ★ ~ de un contrato contractbreuk ★ ~ de las normas de circulación verkeersovertreding

infraestructura v infrastructuur

infraganti BIJW ★ sorprender ~ op heterdaad betrappen

infrahumano BNW mensonterend; inhumaan

infranqueable BNW onoverkomelijk

infrarrojo BNW infrarood

infrascrito m • ondergenoemde • ondergetekende

infravalorar ov ww onderwaarderen

infravivienda v krot; onbewoonbare woning

infrecuente BNW ongebruikelijk; uitzonderlijk

infringir ov ww overtreden; inbreuk maken op

infructuoso BNW vruchteloos

ínfulas v mv verbeelding

infundado BNW ongefundeerd; ongegrond

infundio m vals gerucht

infundir ov ww inboezemen; oproepen; aanjagen ⟨v. angst⟩ ★ ~ en la mente de u.p. iemand iets inprenten

infusión v • kruidenthee • aftreksel ★ poner en ~ laten trekken ⟨v. thee⟩ ★ ~ del Espíritu

Santo *neerdaling van de Heilige Geest*
infusorios m *microscopisch waterdiertje*
ingeniar OV WW *slim bedenken*
ingeniarse WKD WW ★ ingeniárselas para *het zó
uitkienen dat*; *het klaarspelen om te*
ingeniería v *ingenieurswetenschap* ★ ~
hidráulica *waterbouwkunde* ★ ~ mecánica
werktuigbouwkunde ★ ~ naval
scheepsbouwkunde
ingeniero m *ingenieur* ★ ~ agrónomo
landbouwkundig ingenieur ★ ~ de caminos,
canales y puertos *ingenieur weg- en
waterbouw* ★ ~ forestal *bosbouwkundig
ingenieur* ★ ~ superior *ingenieur (afgestudeerd
aan de Technische Hogeschool)* ★ ~ técnico
≈ *mts'er*
ingenio m • *vernuft; vindingrijkheid* • *genie*
• *machine; oorlogsmachine* • *suikerfabriek*
★ aguzar el ~ *zijn verstand scherpen*
ingeniosidad v *vernuftigheid; scherpzinnigheid*
ingenioso BNW *ingenieus; vernuftig; uitgekiend*
ingénito BNW *aangeboren*
ingente BNW *reusachtig*
ingenuidad v *naïviteit; argeloosheid*
ingenuo BNW *openhartig; onschuldig; argeloos*
ingerir /ie, i/ OV WW *nuttigen*
ingestión v *het nuttigen*
Inglaterra v *Engeland*
ingle V ANAT. *lies*
inglés I m • (v: **inglesa**) *Engelsman* • TAALK.
Engels **II** BNW (v: **inglesa**) • *Engels* • *cursief*
★ llave inglesa *Engelse sleutel* ★ letra inglesa
cursieve letter
inglete m • *hoek van 45 graden* • *verstek*
ingobernable BNW *onbestuurbaar*
ingratitud v *ondankbaarheid*
ingrato BNW *ondankbaar*
ingravidez v *gewichtloosheid*
ingrávido BNW *gewichtloos; licht; luchtig*
ingrediente m *ingrediënt; bestanddeel*
ingresar I OV WW • *geld storten* • *incasseren*
• *laten opnemen* ⟨in ziekenhuis⟩ **II** ON WW
• *toetreden tot; toegelaten worden tot*
• *opgenomen worden* ⟨in ziekenhuis⟩ ★ ~
anticipando el capital *zich inkopen* ⟨in een
tehuis⟩ ★ ~ en caja *incasseren*
ingreso m • *(ceremoniële) toetreding* • *storting*
• *toelatingsexamen* • *opname* ⟨in ziekenhuis⟩
★ hacer un ~ *geld op een bankrekening storten*
★ ~ mínimo *bestaansminimum* ★ examen de
~ *toelatingsexamen* ★ el ~ de España en la CE
de toetreding van Spanje tot de EG
ingresos m mv • → **ingreso** • *inkomsten*
ingurgitar OV WW *doorslikken* ⟨vooral v.
medicijn⟩; *inslikken*
inhábil BNW • *onhandig* • *ongeschikt* ★ días ~es
vrije dagen
inhabilidad v • *ongeschiktheid* • *onbevoegdheid*
inhabilitación v *ontzetting; schorsing*
inhabilitar OV WW *ongeschikt maken;
onbevoegd verklaren*
inhabitable BNW *onbewoonbaar*
inhabitado BNW *onbewoond*
inhalación v *inademing; opsnuiving*
inhalador m *inhalator*
inhalar OV WW *inhaleren; inademen*

inherencia v *onlosmakelijk verband*
inherente BNW *inherent; eigen*
inhibición v *inhibitie*
inhibir OV WW • *de behandeling van een zaak
ontzeggen* ⟨aan rechter⟩ • *afremmen*
inhibirse WKD WW *zich onthouden*
inhibitorio BNW *verbiedend; remmend*
inhospitalario BNW • *ongastvrij*
• *onherbergzaam; onbeschut*
inhospitalidad v • *ongastvrijheid*
• *onherbergzaamheid*
inhóspito BNW • *ongastvrij* • *onherbergzaam;
onbeschut*
inhumación v *teraardebestelling; begrafenis*
inhumanidad v *onmenselijkheid;
onbarmhartigheid*
inhumano BNW *onmenselijk; wreed*
inhumar OV WW *ter aarde bestellen; begraven*
iniciación v • *initiatie; inwijding* • *begin*
iniciado I m *ingewijde* **II** BNW *ingewijd*
iniciador I m *initiatiefnemer* **II** BNW
baanbrekend
inicial I v *initiaal* **II** BNW • *begin-* • *aanvankelijk*
★ gastos ~es *aanloopkosten* ★ sueldo ~
aanvangssalaris ★ fase ~ *beginstadium*
inicializar OV WW COMP. *formatteren*
inicialmente BIJW *aanvankelijk; oorspronkelijk*
iniciar OV WW • *inwijden; inleiden* • *initiëren*
• *beginnen* • *instellen*
iniciarse WKD WW • *een ingewijde worden*
• *beginnen*
iniciativa v • *initiatief* • *ondernemingsgeest*
★ tomar la ~ *het voortouw nemen* ★ carecer
de ~ *geen ondernemingsgeest hebben*
inicio m *begin; aanvang*
inicuo BNW *onredelijk; onbillijk*
inigualado BNW *niet te evenaren;
onvergelijkelijk*
inimaginable BNW *onvoorstelbaar*
inimitable BNW *weergaloos; niet te evenaren*
ininflamable BNW *onbrandbaar*
ininteligible BNW *onleesbaar; onbegrijpelijk*
ininterrumpido BNW *ononderbroken*
iniquidad v *onbillijkheid; onrechtvaardigheid*
injerencia v *inmenging; bemoeienis*
injerir /ie, i/ OV WW *in-/tussenvoegen; steken*
★ ~se en *zich mengen in*
injertar OV WW • *transplanteren* • *enten*
injerto m • *enting; transplantatie* • *ent;
transplantaat*
injuria v *belediging; scheldwoord*
injuriar OV WW *beledigen; onrecht aandoen*
injurioso BNW *beledigend; krenkend; smadelijk*
injustamente BIJW *ten onrechte; onverdiend*
injusticia v • *onrechtvaardige daad*
• *onrechtvaardigheid*
injustificable BNW *niet goed te praten;
onvergeeflijk*
injustificado BNW *ongerechtvaardigd; onterecht*
injusto BNW • *onrechtvaardig* • *onbillijk;
onredelijk*
Inmaculada v • *de Onbevlekt Ontvangene*
⟨Maria⟩ • *(feest van de) Onbevlekte
Ontvangenis (8 december)* • *Spaanse
meisjesnaam*
inmaculado BNW • *smetteloos* • *onbevlekt*

in

inmadurez v *onbezonnenheid; onrijpheid*
inmaduro BNW *onrijp; onvolwassen*
inmanejable BNW *onhanteerbaar*
inmanente BNW *immanent; inherent*
inmarcesible BNW *onvergankelijk*
inmaterial BNW *immaterieel; onstoffelijk*
inmediación v *nabijheid*
inmediaciones v mv • → inmediación
• *omgeving; omstreken*
inmediatamente BIJW *onmiddellijk; onverwijld*
★ ~ que termine *zo gauw het afgelopen is*
inmediato BNW • *onmiddellijk* • *belendend; naburig* ★ la inmediata *het onvermijdelijke (gevolg)* • de ~ *onmiddellijk* ★ en respuesta inmediata a *in omgaand antwoord op*
inmejorable BNW • *uitstekend; voortreffelijk*
• *niet te verbeteren; onverbeterlijk*
inmemorial BNW *onheuglijk*
inmensidad v • *onmetelijkheid; onafzienbaarheid* • *enorme hoeveelheid*
inmenso BNW • *onmetelijk* • *enorm groot/veel*
inmensurable BNW • *onmeetbaar* • *onmetelijk*
inmerecido BNW *onverdiend*
inmersión v *duik; onderdompeling*
inmigración v *immigratie* ★ servicio de ~ *vreemdelingendienst*
inmigrante m/v *immigrant*
inmigrar ON WW *immigreren*
inminencia v *dreiging; onmiddellijke nabijheid*
inminente BNW *dreigend; boven het hoofd hangend; nabij*
inmiscuirse WKD WW *zich mengen in*
inmobiliaria v • *bouwbedrijf*
• *onroerendgoedbedrijf*
inmobiliario I m ★ crédito ~ *hypotheekkrediet* II BNW *onroerend* ★ agencia inmobiliaria *makelaarskantoor*
inmoderado BNW *onmatig*
inmodestia v *onbescheidenheid*
inmodesto BNW *onbescheiden*
inmolar OV WW *offeren; opofferen* ★ LIT. ~se por *zich opofferen voor*
inmoral BNW *immoreel; onzedelijk*
inmoralidad v *immoraliteit; onzedelijkheid*
★ cometer una ~ *immoreel handelen*
inmortal BNW • *onsterfelijk* • *onvergankelijk*
inmortalidad v *onsterfelijkheid*
inmortalizar OV WW *onsterfelijk maken; vereeuwigen*
inmotivado BNW *ongegrond*
inmóvil BNW *onbeweeglijk; doodstil*
inmovilidad v *onbeweeglijkheid*
inmovilismo m *conservatisme; starheid*
inmovilizador m ★ ~ electrónico del motor *startonderbreker*
inmovilizar OV WW *onbeweeglijk maken; vastleggen*
inmovilizarse WKD WW *onbeweeglijk blijven staan; verstarren*
inmueble I m *gebouw* II BNW *onroerend*
★ (bienes) ~s *onroerende goederen*
inmundicia v • *vuilnis* • *smerigheid* • *schande*
inmundo BNW *vuil; walgelijk; schunnig*
inmune BNW • *immuun* • *onschendbaar* ★ ser ~ a *immuun zijn voor*
inmunidad v *immuniteit; onaantastbaarheid;*

onschendbaarheid
inmunizar OV WW *immuun maken* ★ ~(se) contra *immuun worden voor*
inmutabilidad v • *onveranderlijkheid*
• *onverstoorbaarheid*
inmutable BNW • *onverstoorbaar*
• *onveranderlijk*
inmutar OV WW *van zijn stuk brengen*
inmutarse WKD WW *zich van de wijs laten brengen*
innato BNW *aangeboren*
innavegable BNW *onbevaarbaar*
innecesario BNW *overbodig; onnodig*
innegable BNW *onbetwistbaar; niet te ontkennen*
innoble BNW *laaghartig; onedel*
innocuo BNW → inocuo
innominado BNW *niet benoemd; naamloos*
innovación v *innovatie; vernieuwing*
innovador I m *vernieuwer* II BNW *vernieuwend*
innovar OV WW *moderniseren*
innumerable BNW *ontelbaar*
innúmero BNW → innúmero
inobediente BNW *ongehoorzaam*
inobservancia v *het negeren*
inocencia v *onschuld*
inocentada v • *onnozele daad; naïviteit* • ≈ *1-aprilgrap*
inocente I m/v • *onschuldige* • *naïeveling* ★ el día de los santos ~s *onnozele-kinderendag* ★ los santos ~s Onnozele-Kinderen II BNW
• *onschuldig* • *naïef*
inocentón m *naïeveling; onnozele hals*
inoculación v *inenting; toediening*
inocular OV WW • *inenten; iets toedienen* • FIG. *aansteken met*
inocularse WKD WW *ingeënt worden*
inocuo BNW *onschadelijk; ongevaarlijk*
inodoro I m *toilet; wc* ★ ~ a la turca *hurk-wc* II BNW *reukloos*
inofensivo BNW *ongevaarlijk; onschadelijk*
inolvidable BNW *onvergetelijk*
inoperante BNW *niet werkzaam*
inopia v ★ estar en la ~ *met de gedachten ergens anders zijn*
inopinadamente BIJW *onverwachts*
inopinado BNW *onverwacht*
inoportunidad v *het ongelegen komen*
inoportuno BNW *ongelegen; misplaatst*
inoxidable BNW *roestvrij*
inquebrantable BNW *onwankelbaar; vast*
inquietante BNW *onrustbarend*
inquietar OV WW *ongerust/bezorgd maken*
inquietarse WKD WW *zich ongerust maken*
inquieto BNW • *onrustig* • *bezorgd* • *rusteloos*
inquietud v *ongerustheid; bezorgdheid*
inquietudes v mv • → inquietud • *ambities* ★ ~ contemporáneas *actuele problemen*
inquilinato m • *pacht* • *huur*
inquilino m *huurder*
inquina v *antipathie; afkeer* ★ tenerle a uno ~ *een hekel aan iemand hebben*
inquiridor I m *onderzoeker* II BNW *onderzoekend; vorsend*
inquirir OV WW *onderzoeken; informeren; navorsen*

inquisición v *inquisitie*
inquisidor I m *inquisiteur* II BNW *zoekend*
inquisitivo BNW *onderzoekend*
inquisitorial BNW • *inquisitoriaal* • *streng*
inri m *spot* ★ para más inri *tot overmaat van ramp* ★ poner el inri *voor schut zetten*
insaciable BNW *onverzadigbaar*
insalivar OV WW *met speeksel vermengen*
insalubre BNW *slecht voor de gezondheid; ongezond*
insalubridad v *schadelijkheid voor de gezondheid*
insanable BNW *ongeneeslijk*
insania v *waanzin*
insano BNW *slecht voor de gezondheid; ongezond*
insatisfecho BNW • *onbevredigd; onverzadigd* • *ontevreden* ★ ~ de *onvoldaan over*
inscribir OV WW • *graveren; inbeitelen* • *inschrijven*
inscribirse WKD WW *zich laten inschrijven*
inscripción v • *inscriptie* • *inschrijving* ★ inscripciones anónimas *graffiti* ★ formulario de ~ *inschrijfformulier*
inscrito WW (volt. deelw.) → **inscribir**
insecticida I v *insecticide* II BNW *insectendodend*
insectívoro I m *insecteneter; insectivoor* II BNW *insectenetend; insectivoor*
insecto m *insect*
inseguridad v *onzekerheid*
inseguro BNW *onzeker*
inseminación v *bevruchting; inseminatie* ★ ~ artificial *kunstmatige inseminatie*
insensatez v *domheid; dwaasheid*
insensato I m *dwaas* II BNW *dom; onverstandig*
insensibilidad v *gevoelloosheid*
insensibilizar OV WW *ongevoelig maken; verdoven*
insensible BNW • *gevoelloos; ongevoelig* • *onmerkbaar*
inseparable BNW • *onafscheidelijk* • *onscheidbaar* ★ ser ~ de *onlosmakelijk verbonden zijn met*
insepulto BNW *onbegraven*
inserción v *inlassing; invoeging*
insertar OV WW • *plaatsen* ⟨v. advertentie⟩ • *inzetten; invoegen; binnendringen*
inserto BNW *ingelast; ingevoegd*
inservible BNW *onbruikbaar*
insidia v *list; gemene streek*
insidioso BNW *vals; gemeen*
insigne BNW *voortreffelijk; beroemd*
insignia v • *onderscheidingsteken* • *insigne; embleem* • *vaandel* ★ buque ~ *vlaggenschip*
insignificancia v *onbeduidendheid* ★ ser una ~ *erg klein zijn*
insignificante BNW *onbeduidend; gering*
insinceridad v *onoprechtheid*
insincero BNW *onoprecht*
insinuación v *insinuatie; toespeling*
insinuante BNW • *suggestief; zinspelend* • *verleidelijk*
insinuar /ú/ OV WW *de suggestie wekken; insinueren; zinspelen op*
insinuarse /ú/ WKD WW • *avances maken; zich opdringen* • *zich meester maken van;*

bekruipen • *voorzichtig beginnen*
insipideces v mv → **insipidez**
insipidez v *smakeloosheid*
insípido BNW • *saai* • *smakeloos; melig; flauw*
insistencia v *vasthoudendheid; klem; nadruk* ★ con ~ *nadrukkelijk*
insistente BNW • *aanhoudend* • *nadrukkelijk*
insistir ON WW *volhouden; aandringen; hameren op* ★ iinsisto! *ik sta erop!*
insobornable BNW *onomkoopbaar*
insociabilidad v *eenzelvigheid; ongezelligheid*
insociable v *ongezellig; eenzelvig*
insolación v • *zonnesteek* • *aantal zonuren*
insolarse WKD WW *een zonnesteek krijgen*
insolencia v *brutaliteit; aanmatiging*
insolentarse WKD WW *onbeschaamd zijn; brutaal zijn*
insolente BNW *brutaal; aanmatigend; onbeschoft*
insólito BNW • *ongewoon; zeldzaam* • *ongebruikelijk*
insolubilidad v *onoplosbaarheid*
insoluble BNW OOK FIG. *onoplosbaar*
insolvencia v *insolventie; onvermogen om te betalen* ★ ~ fraudulenta *bedrieglijk bankroet*
insolvente I m/v *onvermogend persoon* II BNW • *onbekwaam* • *niet in staat te betalen; blut*
insomne BNW *slapeloos*
insomnio m *slapeloosheid*
insondable BNW *ondoorgrondelijk; onpeilbaar*
insonorización v *geluidsisolatie; geluiddemping*
insonorizar OV WW *geluiddicht maken*
insonoro BNW *geruisloos*
insoportable BNW • *onverdraaglijk* • *onuitstaanbaar*
insoslayable BNW *onontkoombaar*
insospechable BNW • *niet te vatten; onvoorstelbaar* • *verrassend*
insospechado BNW *onverwacht; onvermoed*
insostenible BNW *onhoudbaar; onverdedigbaar*
inspección v • *keuring; onderzoek* • *bureau van de inspecteur; inspectie* • *onderhoudsbeurt* ★ ~ alimenticia *warenkeuring* ★ ~ ocular JUR. *gerechtelijke schouwing* ⟨i.v.m. strafzaken⟩
inspeccionar OV WW • *onderzoeken; inspecteren; monsteren* • *nakijken; keuren*
inspector m • *inspecteur* • *controleur* ★ ~ de Hacienda *belastinginspecteur* ★ ~ de sanidad *keurmeester* ⟨v. waren⟩
inspiración v • *idee; ingeving* • *inademing; inspiratie; bezieling*
inspirador BNW • *inspirerend* • *inademings-*
inspirar OV WW • *inboezemen* • *inademen* • *inspireren*
inspirarse WKD WW *zich baseren op; zich laten inspireren door*
instalación v • *installatie* • *vestiging* ★ instalaciones *faciliteiten; apparatuur*
instalador I m *installateur* II BNW *installatie-*
instalar OV WW • *zetten; plaatsen* • *inrichten* ★ estar instalado *zich bevinden* ⟨v. pension⟩
instalarse WKD WW *zich vestigen* ★ ~ por su cuenta *voor zichzelf beginnen; een eigen zaak beginnen*
instancia v • *instantie* • *verzoekschrift* • *(dringend) verzoek* ★ en última ~ *in het*

uiterste geval ★ en primer ~ *in eerste instantie* ★ a ~s de *op dringend verzoek van* ★ hacer ~ *aandringen op* ★ hacer/elevar una ~ a *een (officieel) verzoekschrift indienen bij*

instantánea I v *snapshot; kiekje* II BNW • *onmiddellijk* • *vluchtig*

instantáneo BNW • *kortstondig* • *onmiddellijk* • *instant-* ★ café ~ *instantkoffie; poederkoffie*

instante m • *ogenblik; moment* • *oogwenk; flits* ★ en un ~ *in een oogwenk* ★ en aquel (mismo) ~ *toen* ★ en este (mismo) ~ *nu* ★ al ~ *onmiddellijk; meteen* ★ a cada ~ *telkens* ★ por ~s *onophoudelijk* ★ sin cesar un ~ *onophoudelijk*

instar OV WW *aandringen op; dringend verzoeken*

instauración v *instelling; oprichting*

instaurar OV WW *invoeren; instellen*

instigación v *aandrang; het opstoken; het aanzetten*

instigar OV WW *opruien; aansporen; ophitsen*

instilar OV WW • *indruppelen* • *geleidelijk laten doordringen*

instintivo BNW *instinctief; intuïtief*

instinto m • *intuïtie* • *instinct* ★ ~ de conservación *overlevingsdrang* ★ por ~ *instinctief* ★ ~s sanguinarios *moorddadigheid* ★ malos ~s *slechte neigingen* ★ ~ empresarial *ondernemingsgeest* ★ ~ de rebaño *kuddegeest* ★ ~ sexual *geslachtsdrift*

institución v • *instelling; inrichting* • *instituut* • *het stichten* ★ ser una ~ *een autoriteit zijn* ★ ~ estatal *staatsinstelling* ★ JUR. ~ de heredero *erfstelling* ★ ~ benéfica *liefdadigheidsinstelling* ★ ~ pública *openbaar lichaam*

institucional BNW *institutioneel*

instituir OV WW • *invoeren; instellen* • *benoemen in testament*

instituto m *instituut* ★ ~ (de segunda enseñanza) ≈ *middelbare school* ★ ~ para la Conservación de la Naturaleza (ICONA) ≈ *Vereniging tot behoud van Natuurmonumenten* ★ Instituto Nacional de Estadística (INE) *Spaans Nationaal Instituut voor de Statistiek* ★ ~ politécnico *technische school*

institutor m *onderwijzer*

institutrices v mv → **institutriz**

institutriz v *onderwijzeres; gouvernante*

instituya WW (1e/3e p ev subj. t.t.) → **instituir**

instrucción v • *onderricht; instructie* • *algemene ontwikkeling; vorming* ★ ~ militar *militaire basisopleiding* ★ JUR. ~ del sumario *vooronderzoek* ★ instrucciones para el lavado *wasvoorschrift*

instructivo BNW *leerzaam; vormend*

instructor I m *instructeur* II BNW *onderwijzend*

instruido BNW *geschoold*

instruir OV WW • *opleiden; instrueren; ontwikkelen* • JUR. *ter behandeling voorbereiden; instellen*

instruirse WKD WW • *zich laten instrueren; zich op de hoogte stellen*

instrumentación v *instrumentatie*

instrumental I m *instrumentarium* II BNW

instrumentaal

instrumentar OV WW *instrumenteren*

instrumentista m/v • *bespeler van muziekinstrument* • *instrumentenbouwer* • MUZ. *arrangeur* • *operaïeassistent*

instrumento m • *instrument; stuk gereedschap* • *(hulp)middel* • *akte* ★ ~s justificativos *bewijsstukken* ★ ~ magistral *precisie-instrument*

instruya WW (1e/3e p ev subj. t.t.) → **instruir**

insubordinación v *insubordinatie*

insubordinar OV WW *aanzetten tot subordinatie*

insubordinarse WKD WW *opstandig zijn tegen het gezag*

insubstancial BNW *slap; zonder inhoud*

insubstituible BNW *onvervangbaar*

insuficiencia v • *gebrek* • *tekort* ★ ~ de personal *onderbezetting*

insuficiente I m *onvoldoende* II BNW *onvoldoende*

insuflar OV WW *inblazen*

insufrible BNW • *onduldbaar* • *onverdraaglijk; onuitstaanbaar*

ínsula v LIT. *eiland*

insular I m/v *eilandbewoner* II BNW *eiland-*

insulina v *insuline*

insulsez v • *flauwiteit* • *smakeloosheid; zouteloosheid*

insulso BNW • *saai; onbenullig* • *smakeloos; flauw*

insultante BNW *beledigend; kwetsend*

insultar OV WW *beledigen; uitschelden*

insultarse WKD WW • *elkaar uitschelden* • *flauw vallen*

insulto m *belediging*

insumergible BNW *onzinkbaar*

insumiso BNW *ongehoorzaam; weerspannig*

insumo m *investering in productiemiddelen* ★ LA ~s *consumptiegoederen*

insuperable BNW *onovertrefbaar; onovertroffen; onoverkomelijk*

insurgente I m/v *opstandeling* II BNW *opstandig*

insurrección v *opstand*

insurreccionar OV WW *aanzetten tot een opstand*

insurreccionarse WKD WW *in opstand komen*

insurrecto I m *opstandeling* II BNW *rebellerend*

insustancial BNW → **insubstancial**

insustituible BNW → **insubstituible**

intachable BNW *onberispelijk*

intacto BNW • *ongeschonden; intact* • *onaangeroerd*

intangible BNW • *onaantastbaar* • *ontastbaar*

integérrimo BNW • *heel volledig* • *volstrekt integer*

integración v *integratie; eenwording* ★ la ~ de Europa *de Europese eenwording* ★ ~ racial *rassenintegratie* ★ ~ social *inburgering*

integral I v *integraal* II BNW *integraal; compleet* ★ cálculo ~ *integraalrekening* ★ pan ~ *volkorenbrood*

integrante BNW *deel uitmakend van een geheel; integrerend*

integrar OV WW *integreren; deel uitmaken van*

integrarse WKD WW *een deel uitmaken* ★ integrado por *bestaande uit*

integridad v • *volledigheid; gaafheid*

• *integriteit*
integrismo m POL., REL. *streng orthodoxe ideologie* ‹eind 19e eeuw›
integro BNW • *volledig; in zijn geheel* • *integer* ★ hombre ~ *man van eer*
intelectiva v *bevattingsvermogen*
intelecto m *intellect; verstand*
intelectual I m/v *intellectueel* **II** BNW *intellectueel; verstandelijk* ★ trabajador ~ *hoofdarbeider*
intelectualidad v *intellect; intelligentsia*
inteligencia v • *intelligentie; verstandelijk vermogen* • *verstandhouding* ★ mala ~ *misverstand; onenigheid* ★ ~ artificial *kunstmatige intelligentie* ★ coeficiente de ~ *intelligentiequotiënt*
inteligente I m/v *intelligent persoon* **II** BNW *intelligent; verstandig*
inteligibilidad v *begrijpelijkheid; verstaanbaarheid*
inteligible BNW *verstaanbaar; begrijpelijk*
intemperancia v • *onmatigheid* • CHI *dronkenschap* • *onverdraagzaamheid*
intemperante BNW *onverdraagzaam*
intemperie v *veranderlijkheid/wisselvalligheid van het weer; weersomstandigheden* ★ a la ~ *onder de blote hemel*
intempestivo BNW *ontijdig; ongelegen*
intención v • *bedoeling* • REL. *intentie* ‹bij een mis› ★ de buena/mala ~ *met een goede/slechte bedoeling* ★ con ~ *opzettelijk* ★ sin ~ *per ongeluk* ★ curar de primera ~ *de eerste hulp verlenen* ★ mis intenciones para el futuro *mijn toekomstplannen* ★ con honda ~ *met bijzondere nadruk* ★ segunda ~ *bijgedachte*
intencionado BNW *bedoeld; opzettelijk* ★ mal ~ *met een slechte bedoeling* ★ bien ~ *goed bedoeld*
intencional BNW *zo bedoeld; opzettelijk*
intencionalidad v *bedoeling; opzet*
intendencia v • MIL. *intendance* • *rentmeesterschap; beheer*
intendente m • MIL. *intendent* • *hoofd van dienst* • CHI, COL *gouverneur* • RPL *burgemeester*
intensar OV WW → **intensificar**
intensidad v *intensiteit; hevigheid* ★ ~ de corriente *stroomsterkte* ★ ~ sonora *geluidssterkte* ★ ~ luminosa *lichtsterkte*
intensificación v *intensivering; verheviging*
intensificar OV WW *intensiveren; verhevigen*
intensificarse WKD WW *toenemen*
intensivo BNW *intensief* ★ jornada intensiva *korte/ononderbroken werkdag* ★ curso ~ *stoom-/spoedcursus* ★ vigilancia intensiva *intensive care* ★ unidad de cuidados ~s (UCI) *intensive care* ★ cultivo ~ *intensieve bebouwing*
intenso BNW *intens; hevig*
intentar OV WW *proberen; pogen; van plan zijn* ★ ~ la evasión *trachten te ontsnappen*
intento m • *poging* • *plan; voornemen* ★ al primer ~ *bij de eerste poging* ★ ~ de crimen *poging tot misdaad* ★ frustrar un ~ *een plan verijdelen*
intentona v *poging tot staatsgreep; (mislukte) poging*

interacción v *wisselwerking; interactie*
interactivo m *interactief*
interamericano BNW *tussen Amerikaanse landen*
interandino BNW *van/tussen de Andeslanden*
intercalación v *invoeging; inlassing*
intercalar OV WW *inlassen; tussenvoegen*
intercambiar OV WW *uitwisselen; ruilen*
intercambio m *onderlinge uitwisseling* ★ ~ intelectual *intellectuele uitwisseling* ★ ~ comercial *handelsverkeer* ★ bolsa de ~ *ruilbeurs* ★ ~ de parejas *partnerruil*
interceder ON WW *een goed woordje doen; pleiten*
interceptación v *interceptie; onderschepping*
interceptar OV WW • *onderscheppen* • *versperren*
intercesión v *tussenkomst; bemiddeling*
intercesor I m *tussenpersoon; bemiddelaar* **II** BNW *bemiddelend*
intercomunicación v *onderlinge communicatie* ★ sistema/circuito de ~ *intercom*
interconfesional BNW *interkerkelijk*
intercontinental BNW *intercontinentaal*
interdecir /i/ OV WW *verbieden*
interdependencia v *onderlinge afhankelijkheid/samenhang; interdependentie*
interdependiente BNW *onderling afhankelijk/samenhangend*
interdicción v *verbod; ontzegging; schorsing* ★ ~ civil *ontzegging van burgerrechten*
interdiga WW (1e/3e p ev subj. t.t.) → **interdecir**
interdijo WW (3e p ev v.t.) → **interdecir**
interdirá WW (3e p ev tk.t.) → **interdecir**
interés m • *interesse; belangstelling* • *belang; nut* • *eigenbelang; baatzucht* • *interest; rente* ★ ~ compuesto *samengestelde interest; rente op rente* ★ tener un ~ loco por *waanzinnig geïnteresseerd zijn in* ★ ~ público *publiek belang* ★ intereses goederen • *los intereses creados de gemeenschappelijke belangen* ★ dar/colocar a ~ *op rente zetten* ★ jugar ~ *om geld spelen* ★ producir intereses *rente opleveren* ★ no tiene ~ para mí/no tengo ~ en ello *het interesseert me niet* ★ intereses contrarios/opuestos *tegengestelde/strijdige belangen* ★ intereses creados *gevestigde belangen* ★ de ~ secundario *van ondergeschikt belang* ★ intereses usurarios *woekerrente*
interesado I m • *egoïst* • *belangstellende; geïnteresseerde* • *belanghebbende* ★ ~ en comprar *kooplustig* ★ firmado por el ~ *persoonlijk ondertekend* **II** BNW • *belangstellend; geïnteresseerd* • *baatzuchtig; uitgekookt* ★ estar ~ en/por *belangstelling hebben voor*
interesante BNW • *interessant; belangwekkend* • *aantrekkelijk* ★ encontrarse en estado ~ *zwanger zijn* ★ un precio ~ *een voordelige prijs* ★ hacerse el ~ *de aandacht trekken*
interesar OV WW • *interesseren; belangstelling hebben* • *belangstelling wekken; betrekken* • *besteden; investeren* • *aantasten; treffen*
interesarse WKD WW *belangstelling tonen; vragen naar*
interestatal BNW *tussen de staten (onderling)*
interestelar BNW *tussen de sterren*

in

interfecto m • *persoon in kwestie* • *gewelddadig gedood slachtoffer*
interferencia v *tussenkomst*; *storing* ★ *emisora de ~ stoorzender*
interferir /ie, i/ ov ww *hinderen*; *verstoren*
interferirse /ie, i/ WKD WW • (~ *en*) *zich bemoeien met*
interfono m *intercom*
interin m *tussentijd* ★ *en el ~ ondertussen*
interina v *huishoudster*
interinamente BIJW • *in de tussentijd* • *tijdelijk*; *voorlopig*
interinidad v • *vervangperiode* • *tijdelijkheid*
interino I m • *uitzendkracht*; *tijdelijk werknemer* II BNW *tijdelijk*; *waarnemend*
interior I m • *binnenkant*; *interieur* • *binnenland* • *binnenste* • *middenvelder* ⟨voetbal⟩ ★ *Ministerio del Interior ministerie van Binnenlandse Zaken* ★ *en mi ~ profundo diep in mijn hart* ★ *el ~ izquierda de linksbinnen* II BNW • *inwendig*; *aan de binnenkant*; *binnenste* • *binnenlands* • *geestelijk* ★ *habitación ~ kamer met zicht op een binnenplaats(je)* ★ *ropa ~ ondergoed* ★ *bolsillo ~ borst-/binnenzak*
interioridad v • *binnenste* • *privézaak* ★ *meterse en ~es zijn neus in andermans zaken steken*
interjección v *uitroep*
interlínea v *regelafstand*; *interlinie*
interlineado m *regelafstand*; *interlinie*
interlineal BNW *tussen de regels geschreven*
interlinear ov ww *interliniëren*
interlocutor m *gesprekspartner* ★ POL. ~*es sociales de sociale (gespreks)partners* ⟨regering, werknemers en werkgevers⟩
interludio m *intermezzo*; *tussenspel*
intermediario I m *tussenpersoon*; *bemiddelaar* II BNW *tussenliggend* ★ *estación intermediaria tussenstation*
intermedio I m • *tussentijd* • *pauze* ⟨theater⟩ ★ *por ~ de door tussenkomst/bemiddeling van* ★ ~ *publicitario pauze voor reclamespot* II BNW • *middelmatig* • *tussenliggend*; *in het midden gelegen* ★ *grado ~ tussenschakel* ★ *mandos ~s middenkader*
interminable BNW *oneindig*; *eindeloos*
interministerial I v *regelmatige interdepartementale vergadering* II BNW *interdepartementaal*; *interministerieel*
intermitente I m *knipperlicht* II BNW *afwisselend*; *met tussenpozen optredend*; *onregelmatig* ★ *huelga ~ prikacties*
intermolecular BNW *intermoleculair*
internación v • MIL., POL. *internering* • ZZA *opname* ⟨in ziekenhuis/inrichting⟩
internacional I m/v SPORT *international* ★ *la Internacionale de Internationale* II BNW *internationaal*
internacionalismo m • *internationaal karakter* • *internationalisme*
internacionalizar ov ww *internationaliseren*; *internationaal maken*
internado I m • *kostschool*; *internaat* • *kostschooljongen*; *interne* • *de kostschoolleerlingen*; *de internen* ★ *régimen de ~ kostschoolregels* II BNW *geïnterneerd*

internamiento m *opname*; *internering*
internar ov ww • *interneren* • *opnemen* ★ ~ *en un manicomio opsluiten in een krankzinnigengesticht*
internarse WKD WW • *zich verdiepen* • SPORT *dóórbreken* • *binnendringen*
Internet v *internet*
internista m/v *internist*
interno I m *interne* II BNW • *intern* • *inwendig* • *inwonend* ★ *la medicina interna de interne geneeskunde* ★ *teléfono ~ huistelefoon*
interparlamentario BNW *interparlementair*
interpelación v *interpellatie*
interpelar ov ww • *interpelleren* • *om opheldering/inlichtingen vragen*
interpersonal BNW *intermenselijk* ★ *una conversación ~ een gesprek van mens tot mens*
interplanetario BNW *interplanetair*
interpolación v *inlassing*; *tussenvoeging*
interpolar ov ww *inlassen*; *tussenvoegen*
interpón ww (geb. wijs, jij-vorm) → **interponer**
interpondrá ww (3e p ev tk.t.) → **interponer**
interponer ov ww • *tussenvoegen*; *tussenzetten* • *aanwenden* ⟨v. autoriteit, invloed⟩ • JUR. *aanhangig maken*
interponerse WKD WW *tussenbeide komen*; *in de weg staan*
interponga ww (1e/3e p ev subj. t.t.) → **interponer**
interposición v • *tussenplaatsing* • *tussenkomst*
interpretación v • *uitvoering*; *vertolking* • *vertaling* • *interpretatie*
interpretar ov ww • *verklaren*; *ontcijferen* • *interpreteren* • *vertolken*; *uitvoeren* • *tolken*; *mondeling vertalen*
interpretativo BNW *interpretatief*
intérprete m • *tolk* • *vertaler* • *vertolker*
interpuesto ww (volt. deelw.) → **interponer**
interpuso ww (3e p ev v.t.) → **interponer**
interregno m *overgangsperiode*; *periode zonder regering*
interrogación v • *ondervraging* • *vraagteken* ★ *signo de ~ vraagteken*
interrogante I m/v FIG. *vraagteken*; *onduidelijkheid* • *ondervrager* II BNW *vragend*
interrogar ov ww *ondervragen*; *uitvragen*
interrogarse WKD WW *ondervraagd worden* ★ ~ *con la mirada vragend rondkijken*
interrogativo BNW *vragend*
interrogatorio m • *verhoor* • *vragenlijst* ★ ~ *cruzado kruisverhoor* ★ *someter u.p. a un ~ iemand een verhoor afnemen*
interrumpir ov ww • *onderbreken* • *stilleggen*; *belemmeren* • *interrumperen*
interrupción v *onderbreking*; *stremming*; *storing* ★ *sin ~ zonder onderbrekingen*; *ongestoord* ★ ~ *del embarazo zwangerschapsonderbreking*
interruptor m *schakelaar* ★ ~ *de botón drukknopschakelaar* ★ ~ *de cadenilla/tiro trekschakelaar* ★ ~ *temporizador/de reloj tijdschakelaar*
intersección v • *kruispunt*; *snijpunt* • *het elkaar snijden van twee lijnen*
intersindical I v *overkoepelende*

in

vakbondsorganisatie **II** BNW *van/tussen de verschillende vakbonden*

intersticio m *tussenruimte; kier*

intertanto BIJW ★ LA en el ~ *in de tussentijd; ondertussen*

intertropical BNW *tropisch; tussen de keerkringen gelegen*

interurbano BNW *interlokaal*

intervalo m • *tussentijd; tussenafstand* • *periode* ★ a ~s *met tussenpozen*

intervén WW (geb. wijs, jij-vorm) → **intervenir**

intervención v • *optreden* • *accountantsonderzoek* • *chirurgische ingreep* • *het ingrijpen; interventie*

intervendrá WW (3e p ev tk.t.) → **intervenir**

intervenga WW (1e/3e p ev subj. t.t.) → **intervenir**

intervenir /ie, i/ **I** OV WW • *zich mengen in; onderbreken* • *opereren* • *interveniëren in; controleren; censureren* • *controleren* ‹v. boekhouding› • *aftappen* ★ ~ las cuentas *de boekhouding nazien* **II** ON WW • *onderbreken* • *interveniëren* • *ingrijpen* • *bemiddelen; tussenbeide komen*

interventor m • *accountant* • *inspecteur* ‹financieel›

intervino WW (3e p ev v.t.) → **intervenir**

interviú m *interview*

intestado BNW *zonder testament gestorven*

intestinal BNW *van de ingewanden* ★ enfermedad ~ *ingewandsziekte*

intestino **I** m *spijsvertering* ★ ~ grueso/delgado *dikke/dunne darm* ★ ~s ingewanden **II** BNW *intern; onderling* ★ guerras intestinas *burgeroorlogen*

inti m • PERU *zonnegod v.d. Inca's* • *vroegere Peruaanse munteenheid*

intimación v • *gerechtelijk bevel* • *het intiem worden*

intimar **I** OV WW *bevelen; gelasten; aanzeggen* **II** ON WW *vertrouwelijk worden*

intimarse WKD WW • *binnendringen* • *intiem worden*

intimidación v *intimidatie*

intimidad v • *intimiteit; vertrouwelijkheid* • *privé-/persoonlijk leven; privacy* • *innige relatie* ★ en la ~ *in intieme kring* ★ la ~ de hogar *de gezelligheid*

intimidades v mv ★ → **intimidad** • *geslachtsdelen*

intimidar OV WW *intimideren; bang maken*

intimo **I** m *boezemvriend* **II** BNW • *vertrouwelijk; intiem* • *besloten* • *binnenste* • *gezellig; gemoedelijk* ★ en lo más ~ de su alma *in het diepst van zijn ziel* ★ la prenda íntima *het hemd*

intitular OV WW *betitelen; benoemen*

intitularse WKD WW *getiteld zijn*

intocable BNW *onaantastbaar*

intolerable BNW *ontoelaatbaar; onverdraaglijk*

intolerancia v *intolerantie; onverdraagzaamheid*

intolerante BNW *intolerant; onverdraagzaam*

intonso BNW • *ongeknipt; ongeschoren* • *onnozel*

intoxicación v *vergiftiging* ★ ~ alimenticia

voedselvergiftiging ★ ~ de la sangre *bloedvergiftiging*

intoxicar OV WW *vergiftigen*

intradós m *binnenzijde van gewelf*

intraducible BNW *onvertaalbaar*

intramuros BIJW *binnen de muren* ‹v. een stad›

intranet v COMP. *intranet*

intranquilidad v *ongerustheid; verontrusting*

intranquilizar OV WW *verontrusten*

intranquilo BNW *onrustig; ongerust*

intra(n)scendente BNW *onbeduidend; nietszeggend*

intranscribible BNW *niet geschikt voor publicatie*

intransferible BNW *onoverdraagbaar*

intransigencia v • *onverzoenlijkheid* • *onverdraagzaamheid*

intransigente BNW *onplooibaar; onverzoenlijk*

intransitable BNW *onbegaanbaar*

intransitivo BNW *onvergankelijk*

intratable BNW *bars; onhandelbaar* ★ persona ~ *onmogelijk iemand*

intrauterino BNW *binnen de baarmoeder; intra-uterien* ★ dispositivo ~ (DIU) *spiraaltje*

intravenoso BNW *intraveneus; in de aderen*

intrepidez v *dapperheid; stoutmoedigheid*

intrépido BNW *onverschrokken*

intriga v • *intrige; kruiperij* • *spanning*

intrigante **I** m *intrigant* **II** BNW *intrigerend; arglistig*

intrigar ON WW • *intrigeren; konkelen* • *belangstelling wekken*

intrincado BNW *verward* ★ en lo más ~ del monte *midden in het kreupelhout*

intrincar OV WW *ingewikkeld maken*

intringulis m *moeilijkheid; complicatie* ★ éste es el ~ *daar zit hem de kneep*

intrínseco BNW *intrinsiek; inherent; werkelijk*

introducción v *inleiding; voorwoord; introductie*

introducir OV WW • *binnenleiden; binnenbrengen* • *inbrengen* ‹v. mening› • *doen/stoppen (in)* • *introduceren; voordragen; invoeren* ★ ~ el desorden *wanorde doen ontstaan*

introducirse WKD WW • *zich binnendringen* • *zich introduceren*

introductor **I** m ★ ~ de embajadores *opperceremoniemeester* **II** BNW *inleidend*

introdujo WW (3e p ev v.t.) → **introducir**

introduzca WW (1e/3e p ev subj. t.t.) → **introducir**

introito m • REL. *introïtus* • LIT. *voorwoord; opening; proloog*

intromisión v *inmenging*

introspección v *introspectie; zelfbeschouwing*

introspectivo BNW *introspectief*

introversión v *introversie*

introvertido BNW *introvert*

intrusión v *indringing*

intruso **I** m • *indringer* • *beunhaas* **II** BNW *binnengedrongen*

intuición v *intuïtie; voorgevoel; ingeving*

intuir OV WW *intuïtief weten; het gevoel hebben*

intuitivo BNW *intuïtief; gevoelsmatig*

intumescencia v *(op)zwelling* ‹v. huid›

intumescente BNW *zwellend*

in

intuya ww (1e/3e p ev subj. t.t.) → **intuir**

inundación v *overstroming*; *enorme stroom*

inundar ov ww *overspoelen*; OOK FIG. *overstromen* ★ estar inundado *onder water staan* ★ ~ de claridad *beschijnen* ⟨v. maan/zon⟩

inusitado BNW *ongebruikelijk*; *ongewoon*

inútil I m • *nietsnut* • *afgekeurd iemand* ⟨voor militaire dienst⟩ **II** BNW • *nutteloos* • *waardeloos* • *afgekeurd* ⟨voor militaire dienst⟩ • *onnodig* ★ MIL. declarar ~ *afkeuren* ★ todo es ~ *dat baat allemaal niet* ★ hacer esfuerzos ~es *vergeefse moeite doen*

inutilidad v *nutteloosheid*

inutilizar ov ww *onbruikbaar maken*; *onklaar maken*; *uitschakelen*

invadir ov ww • *binnenvallen* • *overstromen*; *binnendringen* • *zich meester maken van* ⟨v. emotie⟩

invalidar ov ww *ongeldig verklaren*

invalidez v *invaliditeit*; *arbeidsongeschiktheid*

inválido I m *invalide* **II** BNW • *invalide* • *ongeldig*

invariable BNW *onveranderlijk*

invasión v *invasie*; *inval*

invasor I m *binnenvallende vijand*; *binnendringer* **II** BNW *binnendringend*

invectiva v *felle uitval*

invencibilidad v OOK FIG. *onoverwinnelijkheid*

invencible BNW *onoverwinnelijk*

invención v • *uitvinding* • *vindingrijkheid* • *verzinsel*

invendible BNW *onverkoopbaar*

inventar ov ww • *uitvinden*; *uitdenken* • *bedenken* • *verzinnen* • *improviseren*

inventariar ov ww *inventariseren*

inventario m *inventaris*; *boedelbeschrijving* ★ tomar a beneficio de ~ *terughoudend zijn*

inventiva v *vindingrijkheid*; *fantasie*

inventivo BNW *vindingrijk*; *inventief*

invento m • *uitvinding* • *vondst*

inventor m *uitvinder*

invernáculo m *(broei)kas*; *serre*; *oranjerie*

invernada v • *overwintering* • *winter* • VEN *stortbui* • LA *winterweidegrond*

invernadero m *broeikas* ★ efecto ~ *broeikaseffect*

invernaje m *overwintering*

invernal BNW *winters* ★ día ~ *winterdag*

invernar /ie/ ON ww *overwinteren*

invernazo m • DOM, PR *regenseizoen* ⟨juli-september⟩ • PR *slappe tijd op suikerplantages*

invernizo BNW *winters*

inverosímil BNW *ongeloofwaardig*; *onwaarschijnlijk* ★ ies usted ~! *hoe bestaat het!*

inverosimilitud v *ongeloofwaardigheid*; *onwaarschijnlijkheid*

inversa BNW ★ a la ~ *(precies) andersom*; *in (de) omgekeerde volgorde*

inversión v • *omkering* • *investering* ★ ~ sexual *homoseksualiteit*

inversionista I m/v *investeerder*; *belegger* **II** BNW *investerings-*

inverso BNW *tegengesteld*; *omgekeerd* ★ ~ a *tegengesteld aan* ★ COMP. barra inversa *backslash*

invertebrado BNW *ongewerveld*

invertido I m *homoseksueel* **II** BNW *omgekeerd*; *homoseksueel*

invertir /ie, i/ ov ww • *omdraaien* • *investeren*; *beleggen* • *besteden* ⟨v. tijd, geld⟩; *doen over* ⟨lange tijd⟩

investidura v *installatie*; *huldiging*; *benoeming*

investigación v *onderzoek*; *naspeuring*; *research* ★ ~ oceanográfica *diepzeeonderzoek* ★ obras de ~ *speurwerk* ★ ~ de mercado *marktonderzoek* ★ abrir una ~ (detinada) *een (diepgaand) onderzoek instellen* ★ ~ judicial *gerechtelijk onderzoek*

investigador I m *onderzoeker*; *detective* **II** BNW *onderzoekend*

investigar ov ww *onderzoeken*; *onderzoek instellen*

investir /i/ ov ww *huldigen (met)*; *installeren*; *(plechtig) benoemen*

inveterado BNW *verstokt*; *ingeworteld*

inviable BNW • *onuitvoerbaar* • *niet levensvatbaar*

invicto BNW *onoverwinnelijk*; *ongeslagen*

invierno m *winter*; ZA *regentijd* ★ el ~ se viene encima *de winter valt in* ★ residencia de ~ *winterverblijf* ★ temporada de ~ *wintertijd* ★ ~ tardío *late winter*

inviolabilidad v *onschendbaarheid*

inviolable BNW *onschendbaar*; *onverbreekbaar*

invisibilidad v *onzichtbaarheid*

invisible BNW *onzichtbaar*

invitación v *uitnodiging*

invitado I m *gast*; *genodigde* **II** BNW *uitgenodigd*

invitar ov ww • *uitnodigen*; *nodigen* • *trakteren* ⟨op drankje⟩ • *gelasten*; *beduiden* • *vriendelijk verzoeken* • *aansporen* ★ le invitó a que callara *hij legde hem het zwijgen op*

invocación v *smeekbede*; *aanroeping*

invocar ov ww • *zich beroepen op* • *afsmeken*; *aanroepen*

invocatorio BNW *aanroepend*

involución v *regressie*; *involutie*

involucrar ov ww *verwarren*; *dooreenmengen*; *verwikkeld raken*

involuntariamente BIJW *per ongeluk*; *onwillekeurig*

involuntario BNW • *onvrijwillig* • *onopzettelijk*

invulnerabilidad v *onkwetsbaarheid*

invulnerable BNW *onkwetsbaar* ★ ~ a *ongevoelig voor*

inyección v • *injectie* • *inspuiting* ★ ~ intravenosa *intraveneuze injectie*; *injectie in de aderen* ★ ~ intramuscular *intramusculaire injectie*; *injectie in de spier* ★ bomba de ~ *brandstofpomp* • motor de ~ *injectiemotor*

inyectable I m *injectievloeistof* **II** BNW *injecteerbaar*

inyectado BNW ★ ~ en sangre *bloeddoorlopen*

inyectar ov ww *injecteren*; *(in)spuiten*

inyector m *sproeier*; *spuit*

iñor m CHI *man*

iñora v CHI *vrouw*

ion m *ion*

iónico BNW *ionen-*

ionizar OV WW *in ionen splitsen*; *ioniseren*
ionosfera V *ionosfeer*
iota V *jota*
ir ON WW • *gaan* • *lopen* • *rijden*, *varen*; *vliegen*
• *zijn* • *te werk gaan* • *lopen te* • *(onvertaald)*;
langzaam; *geleidelijk aan*; *één voor één*
• *ingezet worden* ⟨bij weddenschap⟩
• *meedoen* ⟨kaartspel⟩ • *passen*; *staan* • *goed
staan*; *(goed) passen* • *ir a parar belanden*;
terechtkomen • dejarse ir *zich laten gaan* ★ la
chaqueta te va bien *dat jasje staat haar goed*
★ iva un talego a que tú no lo sabes! *wedden
dat je het niet weet!* ★ ¡vamos! *vooruit!*; *kom!*;
(laten) we gaan! ★ vamos a ... *laten we ...*
★ ¡vaya ...! *wat een ...!* • *pero vamos, no está
mal* maar toch, het is niet slecht ★ ¡vaya! *hè!*;
verdorie!; *hé!*; *jeetje!* ★ ¡qué va! *kom nou!*;
bekijk het!; *hoe kom je erbij!* ★ ir a lo suyo
alleen aan zichzelf denken ★ ir y venir *komen
en gaan*; *heen en weer lopen* ★ no vaya a ser
que ... *voor het geval dat ...* ★ ¡vamos anda!
kom nou, zeg! ★ ¿cómo va tu hermana? *hoe
gaat het met je zus?* ★ ¿cómo te va en el
trabajo? *hoe gaat het op je werk?* ★ esa
corbata te va fatal *die stropdas staat je
absoluut niet* ★ va aumentando *het neemt
langzaam toe* ★ iba a llamarte *ik stond net op
het punt om je te bellen*; *ik wilde je net bellen*
★ a eso voy/iba *dat bedoel ik nou* ★ a mí ni
me va ni me viene *het kan me niks schelen*;
het doet me niks ★ ¡vaya si lo sabe! *en óf hij
het weet!* ★ ¡vaya que sí! *natuurlijk wel!*
★ ¡vaya sorpresa! *wat een verrassing!* ★ ¿cómo
le va? *hoe gaat het ermee?* ★ ¿quién va? *wie is
daar?* ★ voy comprendiendo *ik begin het te
begrijpen* ★ ir acostumbrándose *wennen
wennen* ★ todo va vendido ya *alles is al
verkocht* • (~ **a** [+ inf.]) *gaan*; *zullen* ★ vamos
a la playa *gaan naar het strand* • (~ **con**)
vertellen; *aankomen met*; *passen bij* • (~ **de**)
gekleed gaan in/als; *meedoen als*; *spelen*
• (~ **por**) *(komen/gaan) halen*
ira V *woede*; *toorn*
irá WW (3e p ev tk.t.) → **ir**
iracundia V • *razernij*; *woede* • *prikkelbaarheid*;
opvliegendheid
iracundo BNW *woedend*; *razend*; *toornig*;
opvliegend
iranés I m (v: **iranesa**) *Iraniër* II BNW (v:
iranesa) *Iraans*
iraní I m/v *Iraniër* II BNW *Iraans*
iraqués I m (v: **iraquesa**) *Irakees* II BNW (v:
iraquesa) *Iraaks*
iraquí I m *Irakees* II BNW *Iraaks*
irascibilidad V *lichtgeraaktheid*; *opvliegendheid*
irascible BNW *lichtgeraakt*; *opvliegend*
irguió WW (3e p ev v.t.) → **erguir**
iridiscente BNW *met de kleuren van de
regenboog*; *iriserend*
iris m *iris*; *regenboogvlies*
irisación V *het hebben van de kleuren van de
regenboog*; *irisering*
irisado BNW *met de kleuren van de regenboog*;
iriserend
irisar I OV WW *iriseren*; *kleuren met
regenboogkleuren* II ON WW *iriseren*;

regenboogkleuren vertonen
Irlanda V *Ierland*
irlandés I m • *Ier* • TAALK. *Iers* II BNW *Iers*
ironía V *ironie* ★ i sin más ~s! *alle gekheid op
een stokje!*
irónico BNW *ironisch*
ironizar OV WW *ironische opmerking maken*
irracional BNW • *irrationeel*; *onverstandig*
• *redeloos*
irracionalidad V *irrationaliteit*; *redeloosheid*
irradiación V *bestraling*; *uitstraling*
irradiar OV WW OOK FIG. *uitstralen*
irrazonable BNW *onredelijk*
irreal BNW *irreëel*; *onwerkelijk*
irrealidad V *onwerkelijkheid*
irrealizable BNW *onuitvoerbaar*
irrebatible BNW *onweerlegbaar*
irreconciliable BNW *onverzoenlijk*; *niet
verenigbaar*
irrecuperable BNW *onherstelbaar*; *oninbaar*
irrecusable BNW *onweerlegbaar*
irredimible BNW *onaflosbaar*; *onafkoopbaar*
irreducible BNW • *niet te verlagen/verkleinen*
• *niet te veroveren/onderdrukken*; *onneembaar*
irreductible BNW • *onverslaanbaar*
• *onverenigbaar*
irreembolsable BNW *zonder statiegeld*
irreemplazable BNW *onvervangbaar*
irreflexión V *onnadenkendheid*
irreflexivo BNW • *onnadenkend* • *ondoordacht*
irrefragable BNW • *onstuitbaar* • FIG.
onweerlegbaar
irrefrenable BNW *onstuitbaar*; *onbedwingbaar*
irrefutable BNW *onweerlegbaar*
irregular BNW • *oneffen* • *onwettig*; *ongewoon*
• *niet rechthoekig* • TAALK. *onregelmatig*
irregularidad V • *onregelmatigheid*
• *ongeregeldheid*
irrelevante BNW *niet ter zake*; *irrelevant*
irreligioso BNW *niet gelovig/godsdienstig*
irremediable BNW *onherstelbaar*
irremisible BNW *onherstelbaar*; *onvergeeflijk*
irreparable BNW *onherstelbaar*
irreprimible BNW *onbedwingbaar*
irreprochable BNW *onberispelijk*
irresistible BNW • *niet te stuiten*;
onweerstaanbaar • *onverdraaglijk*
irresoluble BNW *onoplosbaar*
irresolución V *besluiteloosheid*;
wankelmoedigheid
irresoluto I m *besluiteloze* II BNW • *onbeslecht*;
onbeslist • *besluiteloos*
irrespetuoso BNW *oneerbiedig*
irrespirable BNW *benauwd* ★ atmósfera ~
verstikkende/bedompte lucht
irresponsabilidad V *onverantwoordelijkheid*
irresponsable I m/v *onverantwoordelijk persoon*
II BNW • *niet aansprakelijk*;
ontoerekeningsvatbaar • *onverantwoordelijk*
irreverencia V *oneerbiedigheid*
irreverente I m/v *oneerbiedige* II BNW
oneerbiedig
irreversible BNW *onomkeerbaar*
irrevocable BNW *onherroepelijk*
irrigación V *besproeiing*; *bevloeiing*; *irrigatie* ★ ~
sanguínea *bloedtoevoer*; *doorbloeding*

irrigador m • *sproeitoestel* • *irrigator*; *lavementspuit*

irrigar OV WW • *doorbloeden* • *bevloeien*

irrisible BNW *bespottelijk*; *belachelijk*; *lachwekkend*

irrisión V • *risee* • *iets lachwekkends*

irrisorio BNW *bespottelijk*; *lachwekkend* ★ precio ~ *spotprijs*

irritabilidad V *prikkelbaarheid*

irritable BNW *opvliegend*; *prikkelbaar*

irritación V • *irritatie*; *ergernis*; *kribbigheid* • *uitslag*

irritante BNW *irritant*; *ergerniswekkend*

irritar OV WW • *irriteren*; *kwaad maken*; *ergeren* • *jeuken*; *irriteren*

irritarse WKD WW • *kwaad worden* • *ontstoken raken*

irrogar OV WW *aandoen*; *berokkenen* ⟨v. schade⟩

irrompible BNW *onbreekbaar*

irrumpir ON WW *binnendringen*

irrupción V • *inval*; *het binnendringen* • *aanval* ⟨v. een ziekte⟩

irse WKD WW • *weggaan* • *weglopen*; *wegrijden*; *wegvliegen*; *wegvaren* • *vertrekken*; *gaan* • *verdwijnen* • *lekken*; *weglopen*; *ontsnappen* • *op raken* • *verslijten* • *uitglijden* • *heengaan*; *de pijp uitgaan* • *een wind laten* • *klaarkomen* ⟨orgasme⟩ ★ irse abajo *instorten* ★ se le fue la mano con el azúcar *ze heeft er te veel suiker ingedaan* ★ ivámonos! *we gaan!*; *laten we gaan!* ★ ivete a la mierda! *sodemieter op!*

Isabel V *Elizabeth* ★ ~ la Católica *Isabel de Katholieke*

isabelino BNW *uit de tijd van koningin Elisabeth*

Isaías m *Jesaja*

isidro m *provinciaal*; *boerenpummel* ★ San Isidro *Sint Isidorus* ⟨patroon van Madrid⟩

isla V • *eiland* • *bomengroep*; *groep struiken* ★ Islas de Cabo Verde *Kaapverdische Eilanden* ★ Islas Malvinas *Falklandeilanden*

islam m • *islam* • *islamitische bevolking*

islámico BNW *islamitisch*

islandés I m • *IJslander* • TAALK. *IJslands* II BNW *IJslands*

islandesa I V *IJslandse* II BNW *IJslands*

Islandia V *IJsland*

isleño I m *eilandbewoner* II BNW *van het eiland*

islote m *onbewoond eilandje*; *rotseiland*

isobara V *isobaar*

isócrono BNW *isochroon*; *even lang durend*

isósceles BNW *gelijkbenig*

isótopo m *isotoop*

isquialgia V *ischias*

israelí I m *Israëliër* II BNW *Israëlisch*

israelita I m/v *Israëliet* II BNW *Israëlitisch*

istmo m • *istmus* • *landengte*

italianismo m *italianisme*

italiano I m • *Italiaan* • TAALK. *Italiaans* II BNW *Italiaans*

itálico BNW *Italisch* ★ (letra) itálica *cursieve letter*

item I m • *artikel* • *aanvulling*; *punt* • *onderwerp* II BIJW *voorts*; *dito*; *evenzo*

iterativo BNW • *frequentatief* • *herhalend*; *iteratief*

itinerante BNW *reizend*

itinerario m *routebeschrijving*; *reisgids*; *(reis)route*

IVA m (Impuesto sobre el Valor Añadido) *btw* ⟨belasting toegevoegde waarde⟩

izar OV WW *(op)hijsen*

izquierda V • *linkerhand* • *linkerkant* • POL. *linkervleugel* ★ ser (alg.) un cero a la ~ *geen enkele waarde/invloed hebben* ★ ser de ~s POL. *links zijn* ★ a/por la ~ *aan de linkerkant*; *naar links*; *links*; *el extremo* ~ *de linksbuiten* ⟨voetbal⟩ ★ echar por la ~ *linksaf slaan* ★ extrema ~ *extreem links*

izquierdista I m *aanhanger van links* II BNW POL. *links*

izquierdo BNW • *links* • *aan de linkerkant* • *gebogen* ★ tener mano izquierda *slim/handig zijn* ★ levantarse con el pie ~ *met het verkeerde been uit bed stappen* ★ la mano izquierda *de linkerhand*

ir

J

j v *j* ★ la j de José *de j van Johan*
jaba m • BOL, CHI *krat* • CUBA *rieten (boodschappen)tas*
jabalí m *everzwijn*
jabalina v • *kleine speer; werplans* • *wijfje van het everzwijn*
jabardillo m • *zwerm* ⟨insecten⟩ • *menigte*
jabato I m • *jong everzwijn* • *vechtersbaas* II BNW *dapper*
jábega v • *sleepnet* • *kleine roeiboot*
jabi m *wilde appel*
jabón m • *zeep* • RPL *schrik* ★ dar ~ a *vleien; slijmen met* ★ dar un ~ a alg. *iemand een flinke uitbrander geven* ★ ~ de afeitar *scheerzeep* ★ ~ de tocador *toiletzeep* ★ agua de ~ *zeepsop* ★ ~ blando *groene zeep*
jabonado m • *het inzepen* • *wasgoed* • *uitbrander*
jabonadura v • *het inzepen* • *uitbrander* ★ ~s *zeepsop*
jabonaduras v mv • → jabonadura • *zeepsop*
jabonar OV WW • *inzepen* • *uitbrander geven*
jaboncillo m *stukje zeep* ★ ~ de sastre *kleermakerskrijt*
jabonera v *zeepbakje*
jabonería v *zeepziederij; zeepfabriek*
jabonete m *zeep(je)*
jabonoso BNW *zeep-; zeepachtig*
jaborandi m *Braziliaanse boom* ⟨v.d. bladen wordt aftreksel gedronken⟩
jaca v • *merrie* • *pony*
jacal m MEX *hut(je)*
jacalear ON WW MEX INF. *roddelen*
jacalón m LA *schuur; keet*
jácara v • *gedoe; gezeur* • *betoog* • *schelmenballade* • *volksdans* • *groepje luidruchtige nachtbrakers* • *smoesje; leugentje*
jacarandá m *jacarandaboom*
jacarandoso BNW • *bevallig; sierlijk* • *vrolijk; levendig*
jacarear ON WW • *'s nachts zingen op straat; een serenade houden* • *onbeschoft zijn*
jacarero I m *feestnummer; lolbroek* II BNW *jolig; lollig*
jácena v *draagbalk*
jachalí m *Amerikaanse boom die tropisch hardhout levert*
jacinto m *hyacint*
jaco m *lelijk klein paard; knol*
jacobeo BNW • *van St. Jakob* • *van/naar Santiago de Compostela*
jacobino I m • *jakobijn* • *politiek radicaal persoon* II BNW • *jakobijns* • *politiek radicaal*
jactancia v *grootspraak; opschepperij*
jactancioso I m *opschepper* II BNW *opscheperig*
jactarse WKD WW *zich laten voorstaan (op); snoeven; opscheppen* ★ ~ de erudito *met zijn kennis pronken*
jaculatoria v *schietgebedje*
jade m *jade*
jadeante BNW *hijgend*
jadear ON WW *hijgen*

jadeo m *gehijg*
jaeces m mv *tuig* ⟨v. paard⟩
jaez m PEJ. *soort; slag*
jagua v *Amerikaanse boom die hardhout levert*
jaguar m *jaguar*
jai alai m SPORT *pelota* ⟨Baskisch balspel⟩
jaibol m MEX *whisky met sodawater*
jáilaif v CHI *elite; high society; jetset*
jalada v • MEX *ruk* • PERU *(het) zakken voor een examen; zware onvoldoende*
jalapa v • *soort dagbloem* • *wortel van een soort dagbloem die als purgeermiddel wordt gebruikt*
jalar I OV WW • *trekken aan; rukken aan* • *schransen; vreten* • PERU *laten zakken voor een examen* II ON WW • *trekken; rukken* • *rennen*
jalbegar OV WW • *witten; kalken* • *schminken; opmaken*
jalbegue m • *witkalk* • *schmink*
jalde BNW *knalgeel*
jalea v • *(vruchten)gelei* • *aspic*
jalear OV WW • *ophitsen* • *aanmoedigen* • MEX *uitlachen; bespotten*
jaleo m • *aanmoediging* • *verwarring; tumult; drukte; opschudding* • *feest(gedruis)* ★ armar/meter ~ *keet trappen* ★ estar de ~ *aan de boemel zijn* ★ meterse en un ~ *zich in een wespennest steken*
jalón m • *landmeterssstok; baak* • FIG. *mijlpaal* • NIC *vriendje; vrijer* • MEX *slok* ⟨sterke drank⟩ • MEX *ladder* ⟨in kous⟩ • MEX *afstand* • GUA *lift*
jalonamiento m *het markeren; het afbakenen*
jalonar OV WW • *markeren; afbakenen* • *tekenend zijn voor; bepalen*
jalonear I OV WW CA *trekken aan; rukken aan* II ON WW CA *afdingen*
jamaicano I m *Jamaicaan* II BNW *Jamaicaans*
jamar OV WW *bikken; schransen; eten*
jamás BIJW *nooit* ★ ~ de los jamases *nooit ofte nimmer* ★ para/por siempre ~ *voor altijd*
jamba v *stijl* ⟨v. raam⟩
jamelgo m *knol; lelijk paard*
jamón I m *ham* ★ ¡y un ~! *bekijk het maar!* ★ ~ de York *gekookte ham* ★ ~ delantero/de paletillo *schouderham* ★ ~ serrano *rauwe ham* II BNW INF. *lekker; sexy* ★ tía jamona *lekker stuk/stoot*
jamona v VULG. *gezette oudere vrouw*
jamuga v *dameszadel*
jangada v • *gemene zet* • ZA *vlot* ⟨v. boomstammen⟩
Japón m • el ~ *Japan*
japonés I m • (v: japonesa) *Japanner* • TAALK. *Japans* II BNW (v: japonesa) *Japans*
jaque m • *schaak* • *opschepper* ★ poner en ~ a alg. *iemand in het nauw drijven* ★ ~ mate *(schaak)mat* ★ dar ~ al rey de koning *schaak zetten* ★ i~ de aquí! *eruit!; opgedonderd!*
jaquear OV WW • *schaak zetten; schaak geven* • *dreigen; bestoken*
jaqueca v *zware hoofdpijn; migraine* ★ me dio una ~ hij *viel me lastig; ik werd doodziek van hem*
jaquetón I m *opschepper* II BNW *opscheperig*
jaquima v • *kopstuk* ⟨v. paardentuig⟩ • CA *dronkenschap*

ja

jarabe m • *limonadesiroop* • *zoete drank* • *hoestsiroop* ★ ~ de palo *een pak voor de broek* ★ ~ de pico *praatjes; kletspraat*

jaral m *warboel; gecompliceerde kwestie*

jarana v *keet; lol* • *ruzie* • *herrie; lawaai* • CA *schuld* • MEX MEX *volksdans* • PERU *folkloristisch dansfeest*

jaranear I OV WW MEX *bedriegen; oplichten* **II** ON WW *lol maken; feestvieren*

jaranero I m *feestneus; fuifnummer* **II** BNW *luidruchtig; vrolijk*

jarcia v *want; (vis)tuig*

jarcias v mv • → **jarcia** • *tuigage*

jardín m *tuin* ★ ~ de infancia *peuterspeelzaal* ★ ~ botánico *botanische tuin; hortus (botanicus)* • el Jardín de(l) Edén *de Hof van Eden* ★ ~ de infancia *peuterschool; peuterspeelplaats; kinderdagverblijf* ★ RPL ~ de infantes *kleuterschool; peuterschool*

jardinear ON WW *tuinieren*

jardinera v *tuinierster* • *plantenbak* • *plantenrek; plantentafeltje* • *open aanhangwagen* • *open tram*

jardinería v *het tuinieren*

jardinero m *tuinman* • RPL *tuinbroek*

jareta v *tunnelceintuur* • *plooi* ⟨in kleding⟩

jarifo BNW *statig; deftig*

jaripeo m MEX *rodeo*

jarocho I m *iemand uit Veracruz* **II** BNW *van/uit Veracruz*

jarra v *kruik; kan* • *(bier)pul* ★ ponerse en ~s *de handen in de zij zetten* ★ ~ termo *thermoskan*

jarrete m • *knieholte* • *sprongewricht* ⟨bij dier⟩

jarretera v *jarretelle; kousenband*

jarro m *kruik; kan* • echar a alg. un ~ de agua fría *iemand een koude douche bezorgen* ★ llueve a ~s *het regent pijpenstelen*

jarrón m *sierkan; vaas*

jaspe m *jaspis*

jaspeado BNW • *geaderd; gemarmerd* • *gemêleerd*

jaspear OV WW *marmeren*

Jauja v *Luilekkerland*

jaula v • *kooi* • *krat* • MEX *veewagen* • COL *gevangeniswagen* ★ FIG. ~ de oro *gouden kooi*

jauría v *meute honden*

javanés BNW *Javaans*

jayán m ⟨v: **jayana**⟩ • *krachtpatser* • *lomperd* • CA *oen; droplul*

jazmín m *jasmijn* ★ ~ de la India *gardenia*

jazz m *jazz*

jebe m • *aluin* • *rubber(boom)* • PERU *kapotje*

jedive m *kedive*

jeep m *jeep*

jefa v • *cheffin* • *hoofd; leidster*

jefatura v • *leiderschap* • *directie* • *hoofdkantoor* ★ ~ de policía *hoofdbureau van politie* ★ ~ del partido *partijleiding*

jefe m • *chef* • *leider; hoofd* ★ jefe de estación *stationschef* ★ jefe de ejército *legercommandant* ★ jefe de exploradores *hopman; jeugdleider* ★ comandante en jefe *opperbevelhebber* ★ jefe del estado *staatshoofd* ★ jefe de ventas *verkoopleider* ★ SPORT jefe de equipo *ploegleider; aanvoerder* ★ jefe del

gobierno/de gabinete *premier; minister-president* ★ jefe del gabinete de prensa *perschef*

jején m ZA *klein soort mug*

Jemer m ★ los ~es Rojos *de Rode Khmer*

jengibre m *gember*

jenízaro m GESCH. *janitsaar*

jenjibre zn → **jengibre**

Jenofonte m *Xenophon*

jeque m *sjeik*

jerarca m *hoogwaardigheidsbekleder*

jerarquía v • *hiërarchie* • *rang* • *hooggeplaatst persoon*

jerárquico BNW *hiërarchisch*

jerarquizar OV WW *op hiërarchische wijze organiseren*

jeremiada v *jeremiade; jammerklacht*

jeremías m *iemand die altijd loopt te klagen*

jerez m *sherry*

jerga v *groepstaal; vaktaal; jargon* ★ ~ de ladrones *dieventaal*

jergal BNW ★ lenguaje ~ *Bargoens*

jergón m • *stromatras; strozak* • *hobbezak* • *lompe dikzak*

jeribeque m *grimas*

jerigonza v • *koeterwaals* • *jargon* • *idioterie*

jeringa v • *(injectie)spuit* • LA *hinder; (over)last* • ARG, BOL *lastpost; klier*

jeringar OV WW • *pesten; irriteren* • *een injectie geven*

jeringarse WKD WW *verdragen* ⟨v. iets vervelends⟩: *slikken*

jeringuilla v • *injectiespuitje* • *boerenjasmijn* ★ ~ desechable *wegwerpspuit*

Jerjes m *Xerxes*

jeroglífico I m • *hiëroglief* • *rebus* **II** BNW *hiëroglifisch*

jerónimo I m *monnik van de orde van Sint Hieronymus* **II** BNW *van de orde van Sint Hieronymus*

jerosolimitano BNW *uit/van Jeruzalem*

jersey m *trui; sweater*

Jerusalén m *Jeruzalem*

Jesucristo m *Jezus Christus*

jesuita I m/v • *jezuïet* • *hypocriet* **II** BNW • *jezuïtisch* • *hypocriet*

jesuítico BNW *jezuïtisch; jezuïeten-*

Jesús I m • *Jezus* • *Spaanse jongensnaam* ★ el niño ~ *het kindje Jezus* ★ en un (decir) ~ *in een oogwenk* **II** UITR VNW • *gezondheid!* • *allemachtig!*

jet I m *jet; straalvliegtuig* **II** v *jetset*

jeta v • *dikke lippen; vooruitstekende mond* • *gezicht; snuit* ★ tener (mucha) jeta *brutaal zijn*

jewel case m *jewelcase*

ji TW *ha; hi*

jíbaro I m • ECU *indiaan van stam in Amazonegebied* • COL, VEN *drugsdealer* **II** BNW • LA *boeren-; van het platteland* • *wild* ⟨v. dieren⟩

jibia v *inktvis*

jícama v MEX *als voedsel of medicijn gebruikte plant*

jícara v *chocoladekopje*

jicotera v MEX *wespennest*

jiennense I m/v *iemand uit Jaén* II BNW *uit Jaén*

jifero I m • *slagersmes*; *hakmes* • *slachter*; *slager* II BNW *vies*

jilguero m *distelvink*; *putter*

jilote m CA *maïskolf die nog niet helemaal rijp is*

jineta v • *genetkat* • *paardrijdster*; *amazone* ★ montar a la ~ *in jockeyzit rijden*

jinete m • *ruiter* • *goede dressuurruiter* • *raspaard*

jinetear I OV WW • *berijden* • *africhten* II ON WW *rondrijden* ⟨met veel vertoon⟩

jingle m ZA *kerstliedje*

jingoísmo m *jingoïsme*

jingoísta BNW *jingoïstisch*

jipi m/v • *hippie* • *slons*

jipijapa I m *strohoed* II v *fijn stro* ★ VERO. sombrero de ~ *strooien hoed*

jipío m *kreet of jammerklacht* ⟨bij flamencozang⟩

jira v • *picknick* • *rondreis*

jirafa v • *giraffe* • *microfoonstandaard*; *microfoonarm*

jirón m • *flard* • *afgescheurd stuk* • PERU *straat* ★ hecho jirones *aan flarden*

jitomate m MEX *rode tomaat*

jiu-jitsu m SPORT *jioe-jitsoe*

job m *geduldig iemand*

jocoque m MEX *zure melk/room*

jocoserio BNW *half ernstig*

jocosidad v • *grappigheid*; *humor*; *vrolijkheid* • *grap*

jocoso BNW *vrolijk*; *grappig*; *komisch*

jocundo BNW *vrolijk*

joda v • LA *ongemak*; *hinder* • LA *geintje* ★ LA en joda *voor de grap*

joder OV WW VULG. • *neuken*; *naaien* • *kapot maken*; *verpesten* • *vervelen*; *lastig vallen* • *besodemieteren* ★ ino me jodas! *het is niet waar!* ★ i~! *verdomme!*; *shit!* ★ esto me jode *ik ben het spuugzat* ★ ~la *de lul zijn* ★ ~ vivo a u.p. *iemand besodemieteren*

joderse WKD WW • *floppen*; *mislukken* • *verpesten* ★ ihay que ~! *wat klote!* ★ ise jodió la marrana! *alles is naar de klote!* ★ ijódete! *eigen schuld!*

jodido BNW • *kut-*; *klote-* • *naar de kloten*; *verrot* • *achterbaks*; *geniepig*

jofaina v *lampetkom*; *waskom*

jolgorio m • *heksenketel*; *feestrumoer* • *lol*; *feest*; *keet*

jolín TW (**jolines**) *jeetje mina*

jondo BNW ★ cante ~ *(ernstige) flamencozang*

jónico I m *Ioniër* II BNW *Ionisch*

jopo TW *maak dat je weg komt!*

Jordán m • *Jordaan* • *genezing* ★ VERO. ir al ~ *zich verjongen*

jordano I m *Jordaniër* II BNW *Jordaans*

jorguín m *tovenaar*

jorguina v *heks*

jornada v • *werkdag*; *arbeidstijd* • *dagreis* ★ a grandes ~s *met man en macht* ★ de ~ completa *fulltime* ★ trabajar a ~ *tegen dagloon werken* ★ ~ de 36 horas *36-urige werkweek* ★ ~ laboral/de trabajo *werkdag*; *arbeidstijd*; *werktijd* ★ empleo de/para media ~ *halve baan* ★ reducción de ~

arbeidstijdverkorting

jornal m • *dagloon* • *dagwerk*; *mandag*

jornalero m *dagloner*

joroba v • *bochel* • *gezeur*; *hinder*; *last*

jorobado I m *gebochelde* II BNW • *gehinderd*; *geteisterd* • *gebocheld*

jorobar OV WW *vervelen*; *ergeren*; *hinderen*

jorobarse WKD WW *slikken*; *verdragen* ⟨v. iets vervelends⟩

jorongo m MEX *poncho*; *veelkleurige deken*

joropo m COL, VEN *volksdans*

Josué m *Jozua*

jota v • *letter j* • *traditionele dans* ★ ni jota *geen zier*; *geen moer*

jote m • CHI *soort (aas)gier* • *grote vlieger* • CHI *wijn met cola* • COL, CHI *priester*; *zwartrok*

joto m • MEX, BEL. *nicht*; *homo* • COL *pakje*

joule m *joule*

joven I m/v *jong iemand* II BNW • *jong* • *recent*

jovencito m *jongere*

jóvenes m mv *jongeren* ★ los ~ *de jongeren*; *de jongelui*

jovenzuelo m PEJ. *melkmuil*; *broekie*

jovial BNW *joviaal*; *vrolijk*

jovialidad v *jovialiteit*; *opgewektheid*

joya v *juweel*; OOK FIG. *sieraad*

joyas v mv • → **joya** • *bruidstooi*

joyel m *juweeltje*

joyería v • *juwelierszaak* • *juwelenhandel*

joyero m • *juwelier* • *juwelenkistje*

juagar OV WW COL *(af)spoelen*; *uitspoelen*

Juan m *Jan* ★ Juan Lanas *Jan Lul*; *jandoedel*

Juana v *Johanna*

juana v MEX, SL. *marihuana*

juanete m • *knobbel* ⟨aan de grote teen⟩ • *uitstekend jukbeen* • SCHEEPV. *bramzeil*

juanperez m *Jan met de pet*

jubilación v • *pensionering* • *pensioen* ★ ~ anticipada *vervroegd pensioen*

jubilado I m *gepensioneerde* II BNW *gepensioneerd*

jubilar I BNW *jubileum-* II OV WW • *pensioneren* • *afdanken*; *weggooien*

jubilarse WKD WW *met pensioen gaan*

jubileo m • *jubeljaar*; *jubelfeest* • *volle aflaat* ★ ganar el ~ *aflaat verdienen*

júbilo m *grote vreugde*; *blijdschap* ★ con gran ~ de nuestra parte *tot onze grote vreugde*

jubiloso BNW *juichend*; *uitbundig*

jubón m *hemdje*; *wambuis*

judaico BNW *joods*

judaismo m *jodendom*

judas m *verrader*

judería v *joodse wijk*

judía v • *jodin*; *joodse* • *boon* ★ ~ verde *sperzieboon*

judiada v *vuile streek*; *jodenstreek*

judicatura v • *rechtersambt* • *ambtstermijn* ⟨v. rechter⟩ • *rechterlijke macht*

judicial BNW • *rechterlijk* • *gerechtelijk* ★ procedimiento ~ *rechtsprocedure*

judío I m • *jood* • *aanhanger van het jodendom* • *iemand uit Judea* ★ el ~ errante *de Wandelende Jood* II BNW • *joods* • *van Judea* • *gierig*; *vrekkig*

judo m *judo*

ju

jueces → juez

juego m • *spel* • *tijdverdrijf* • *(speel)kaarten*
• SPORT *partij*; *game* • *het gokken* • *set*; *stel*
• *complot*; *spelletje* • *speelstukken*;
spelbenodigdheden • *speling* ★ hacerle a uno
el ~ *iemand in de kaart spelen* ★ ~ de dados
dobbelspel • por ~ *voor de grap* ★ tomar a ~
niet serieus nemen ★ ~ de azar *kansspel* ★ ~ de
cartas/naipes/baraja *kaartspel* ★ ~ de damas
damspel; *ruitjespatroon* ★ ~ de ingenio
denksport ★ ~ de manos *goocheltruc*;
goochelarij ★ ~ de palabras *woordspeling* ★ ~s
florales *poëziewedstrijd* ★ ~ de novia *uitzet* ★ ~
de trucos *biljartspel* ★ te conozco el ~ *ik heb
je door* ★ no dejar entrar en ~ a u.p. *iemand
niet aan bod laten komen* ★ hacer ~ *bij elkaar
passen* ★ ~ malabares *jongleren*
★ desgraciado en el ~, afortunado en
amores *ongelukkig in het spel, gelukkig in de
liefde* ★ estar en ~ *op het spel staan* ★ ihagan
~! *faites vos jeux!* ★ mostrar el ~ *zijn kaarten
op tafel leggen* ★ poner en ~ *op het spel zetten*
★ ~ de café *koffieservies* ★ ~ de compadres
afgesproken werk ★ ~ delantero de un coche
voorstel van een wagen ★ ~ de envite *gokspel*
★ ~ de las cuatro esquinas *het stuivertje
verwisselen* ★ ~ los ~ olímpicos *de Olympische
Spelen* ★ ~ electrónico *computerspelletje* ★ ~s
malabares *(jongleer)kunstjes*

juerga v *fuif*; *feest*

juerguearse WKD WW *de beest uithangen*; *aan
de boemel zijn*

juerguista I m/v *feestnummer* II BNW
feestvierder; *feestneus*

jueves m *donderdag* ★ no ser nada del otro ~
niets bijzonders zijn ★ ~ lardero/gordo
donderdag voor carnaval

juez m • *rechter* • *scheidsrechter* ★ juez de salida
starter ★ juez correccional ≈ *politierechter*
★ juez de lo criminal/penal *strafrechter* ★ juez
de primera instancia (y de instrucción)
rechter van instructie; ≈ *rechtercommissaris*
★ juez de menores *kinderrechter* ★ juez
municipal/de distrito ≈ *kantonrechter*
★ recurrir al juez *naar de rechter gaan*; *(iets)
voor de rechter brengen*

jugada v • *zet*; *worp*; *slag* 〈in sport of spel〉
• *gemene streek*

jugador I m • *speler* • *gokker*; *wedder* ★ ~ de
manos *goochelaar* II BNW • *spelend* • *gokkend*;
weddend

jugar /ue/ I OV WW • *spelen* • *uitspelen*;
verspelen • *bewegen* 〈v. ledematen〉
• *hanteren* ★ ~ fuerte *voor grof geld spelen* ★ ~
del vocablo *woordspelingen maken* ★ ~ en
amores *het hof maken* ★ por ~ *voor de lol* ★ ~
con u.p. *een spel met iemand spelen* II ON WW
• *gokken*; *spelen* • *aan de beurt zijn*; *aan zet
zijn* • *passen (bij)* • *deelnemen*

jugarreta v *rotstreek*

jugarse /ue/ WKD WW • *verspelen* • *wedden (om)*
★ ~ el todo por el todo *alles op het spel zetten*
★ ¿qué te juegas a que ...? *wedden dat ...?*
★ jugársela/jugarla a alg. *iemand een hak
zetten*

juglar m (v: **juglaresa**) *minstreel*

juglaresco BNW *minstreel-*; *troubadours-* ★ arte ~
troubadourskunst

juglaría v *troubadourskunst*; *minstreelkunst*

jugo m • *sap* • *jus*; *saus* • *interessante ideeën*
• *profijt*; *voordeel* • *lichaamssap* ★ sacar jugo a
algo *ergens je voordeel mee doen* ★ sacar el
jugo de algo *ergens uithalen wat erin zit*
★ sacar el jugo de alg. *iemand uitbuiten*

jugosidad v *sappigheid*

jugoso BNW • *sappig* • *diepgaand*; *met inhoud*

juguete m • *stuk speelgoed* • FIG. *speelbal*

juguetear ON WW *spelen*, *stoeien*

jugueteo m *gespeel*; *gedartel*

juguetería v • *speelgoedindustrie*
• *speelgoedwinkel*

juguetón BNW (v: **juguetona**) *speels*; *dartel*

juicio m • *gezond verstand* • *oordeel*; *mening*
• *proces* • *veroordeling*; *uitspraak*; *vonnis*;
straf • *voorzichtigheid* ★ a mi ~ *volgens mij*
★ en ~ *voor de rechter* ★ estar en su sano ~ *bij
zijn volle verstand zijn* ★ hacer perder el ~ a
alg. *iemand zijn verstand doen verliezen*
★ llevar a ~ a alg. *iemand voor de rechter
dagen* ★ perder el ~ *zijn verstand verliezen*
★ sin ~ *onbezonnen*; *dwaas* ★ suspender un ~
een zitting verdagen; *een proces opschorten*
★ tener sorbido/trastornado el ~ a alg.
iemand gek maken ★ ~ civil/contencioso
civiele procedure ★ ~ criminal *strafproces* ★ ~
ejecutivo *executoire procedure* ★ ~ final *laatste
oordeel* ★ ~ temerario *laster* ★ el día del ~ *met
sint-juttemis* ★ beber el ~ *zijn verstand
verliezen* ★ ~ definitivo *eindoordeel* ★ ~ de
valor *waardeoordeel* ★ ~ sumario ≈ *kort
geding*; *versnelde procedure* ★ sano de ~
toerekeningsvatbaar ★ trastornar el ~ a u.p.
iemand het hoofd op hol brengen

juicioso I m *verstandig iemand* II BNW
verstandig; *wijs*

julepe m • *drankje* • *straf* • *kaartspel* ★ dar ~ a
alg. *iemand afmatten*

julia v MEX *politiebusje*; *boevenwagen*

Julieta v *Julia* ★ Romeo y ~ *Romeo en Julia*

julio m • *juli* • *joule*

jumento m *ezel*

juncal I m *rietveld*; *biesbos* II BNW *zwierig*;
elegant; *slank*

juncar m *rietveld*

juncia v *cypergras*

junco m • *bies*; *riet* • *dunne wandelstok*
• SCHEEPV. *jonk*

juncoso BNW • *vol riet* • *rietachtig*

jungla v *jungle*

junio m *juni*

júnior m *junior*

junquera v • *riet*; *bies* • *rietveld*; *biesbos*

junquillo m • *gele narcis* • *rotan* • *lijstwerk*

junta v • *verbinding*; *naad*; *las* • *bijeenkomst*;
vergadering • *bestuur*; *raad*; *commissie*;
directie ★ ~ de censura *keuringscommissie*
★ celebrar una ~ *een vergadering houden* ★ ~
directiva *bestuur*; *college van bestuur* ★ ~
municipal de distrito ± *deelgemeenteraad* ★ ~
(militar) *(militaire) junta* ★ ~ de caballos *span
paarden*

juntar OV WW • *samenvoegen*; *verenigen*;

juntarse WKD WW • *bijeenkomen*; *samenkomen*; *zich verenigen* • *omgaan (met)* • *zich voegen (bij)*

junto I BNW • *verbonden*; *dicht bijeen* • *samen* **II** BIJW *dichtbij* ★ VERO. de por ~ *in totaal* ★ poner ~ *bijeenleggen* ★ ~ con *samen met* ★ ECON. por ~ *in het groot* ★ en ~ *in totaal* ★ ~ a *dichtbij*; *naast*

juntura v *voeg*; *naad*; *verbinding*

jura v *eed*

jurado I m • *jury*; *commissie* • *jury* ★ ~ de empresa *ondernemingsraad* **II** BNW *beëdigd*; *gezworen*

juramentar OV WW *beëdigen*; *de eed afleggen*

juramento m • *eed* • *vloek* ★ prestar ~ *de eed afleggen* ★ toma de ~ *eedaflegging* ★ ~ en falso *meineed*

jurar I OV WW *zweren* ★ jurársela a alg. *wraak zweren tegen iemand* ★ ~ en falso *meineed plegen* **II** ON WW *vloeken*

jurel m *horsmakreel*

jurídico BNW *juridisch*; *rechts-*

jurisconsulto m *rechtsgeleerde*; *jurist*

jurisdicción v • *rechtsmacht*; *jurisdictie* • *rechtsgebied* • *macht*; *gezag*

jurisdiccional BNW *territoriaal*; *behorend bij een rechtsgebied* ★ aguas ~es *territoriale wateren*

jurisperito m *rechtsgeleerde*; *jurist*

jurisprudencia v • *rechtsgeleerdheid*; *rechtswetenschap* • *wetgeving* • *jurisprudentie*

jurista m/v *jurist*; *rechtsgeleerde*

juro m • *eigendomsrecht* • *pensioen*

justa v • *steekspel*; *toernooi* • *literaire wedstrijd*

justamente BIJW *juist*; *precies*

justicia v • *gerechtigheid* • *rechtvaardigheid*; *billijkheid* • *justitie*; *rechterlijke macht* • en ~ *eerlijk gezegd* ★ hacer ~ *recht doen*; *rechtspreken* ★ ser de ~ *rechtvaardig zijn* ★ de ~ *rechtvaardig* ★ tribunal de ~ *rechtbank* ★ deber de ~ *(morele) plicht* ★ ~ clasista *klassejustitie* ★ ~ gratuita *kosteloze rechtsbijstand* ★ ino hay ~! *het is niet eerlijk!* ★ proceder ~ contra *in rechte vervolgen*

justiciable BNW *vervolgbaar*; *justitiabel*

justicialismo m *beweging voor soc. rechtvaardigheid gesticht door Arg. pres. Perón*

justiciero BNW *streng rechtvaardig*

justificación v • *rechtvaardiging*; *verdediging*; *verontschuldiging* • *uitvulling* ⟨v. regels⟩

justificado BNW *gerechtvaardigd*

justificante I m *bewijsstuk* **II** BNW *bewijskrachtig*; *rechtvaardigend*

justificar OV WW • *rechtvaardigen*; *verontschuldigen* • *bewijzen* • *uitvullen* ⟨v. regels⟩

justificativo BNW *rechtvaardigend*; *bewijskrachtig*

justillo m *jakje*; *lijfje*

justipreciar OV WW *schatten*; *taxeren*

justo I m *vroom iemand* **II** BNW • *rechtvaardig*; *eerlijk*; *billijk* • *gegrond* • *strak*; *nauw*; *krap* • *juist*; *passend*; *exact*; *afgepast* • *vroom* ★ muy ~ *krap aan*; *net te strak* **III** BIJW *precies*; *juist* ★ venir ~ *precies passen*

juvenil I m/v *jeugdspeler*; *junior* **II** BNW • *jeugd-*; *jeugdig* • SPORT *junior* ★ años ~es *jeugd*

juventud v • *jeugd* ⟨leeftijd⟩ • *jeugd* ⟨jongeren⟩ • *jeugdigheid* • *energie*; *vitaliteit* ★ líder de ~ *jeugdleider*

juzgado m • *gerecht*; *rechtbank*; *gerechtshof* • *kantongerecht* • *rechtsgebied* ★ ~ de primera instancia *arrondissementsrechtbank* ★ ~ municipal *kantongerecht*

juzgar OV WW • *berechten* • *(be)oordelen* ⟨ook juridisch⟩ • *oordelen* • *vinden*; *menen*; *van oordeel zijn* ★ a ~ por/como *te oordelen naar* ★ ijuzgue usted de su sorpresa! *stelt u zich eens voor hoe versteld hij stond!*

ju

K

k v *k* ★ la k de Kilo *de k van Karel*
kachampa v PERU *oorlogsdans*
kafkiano BNW *kafkaiaans; van Kafka*
kan m *kan*
kantiano m *aanhanger van Kant*
kapoc m *kapok(boom)*
kárate m *karate*
kárting m • *karting • kartingcircuit*
katiusca v *(rubberen) kaplaars*
kayak m *kajak*
kéfir m *kefir*
keniano BNW *Keniaa(n)s*
kepis m *kepie*
kermesse v *kermis*
kg m (kilogramo) *kg* ‹kilogram›
kibutz m *kibboets*
kif(i) m *kif; hasj; marihuana*
kilo m *kilo(gram)*
kilociclo BNW *kilohertz*
kilográmetro m *kilogrammeter*
kilogramo m *kilogram*
kilojulio m *kilojoule*
kilolitro m *kiloliter*
kilometraje m • *aantal gereden kilometers*
 • *afstand in kilometers*
kilometrar OV WW *meten* ‹in kilometers›
kilométrico I m *treinkaartje voor een bepaald
 aantal kilometers* II BNW • *in kilometers;
 kilometer-* • INF. *eindeloos; ellenlang;
 onafzienbaar*
kilómetro m *kilometer* ★ ~ cuadrado *vierkante
 kilometer*
kilovatio m *kilowatt*
kilovatio-hora m *kilowattuur*
kindergarten m *peuterschool*
kiosco m *kiosk*
kit m *kit; set* ★ kit de bricolaje *doe-het-zelfset*
kiwi m • *kiwi • kiwiplant*
km m (kilómetro) *km* ‹kilometer›
knock-out m *knock-out* ★ dejar/poner ~ a u.p.
 iemand knock-out slaan ★ quedar ~ *knock-out
 geslagen worden*
know-how m *know-how*
krausismo m *leer van Krause*
kurdo I m • *Koerd* • TAALK. *Koerdisch* II BNW
 Koerdisch

L

l v *l* ★ la l de Lorenzo *de l van Lodewijk*
la I m MUZ. *la* II PERS VNW *ze; haar* ★ no la veo
 ik zie haar niet III LW *het; de*
laberinto m • *labyrint;* OOK FIG. *doolhof*
 • *wirwar; warboel* • ANAT. *binnenoor*
labia v *welbespraaktheid* ★ tener mucha ~ *goed
 kunnen praten*
labial I m MEX II BNW *lippen-* ★ (sonido) ~
 lipklank
labio m • *lip* • *zijkant; rand* • FIG. *mond*
 ★ morderse los ~s *zich op de lippen bijten*
 ★ sellar los ~s a u.p. *iemand het zwijgen
 opleggen* ★ por los ~s om de mond ★ no
 despegar los ~s *zijn mond (dicht)houden* ★ los
 ~s de la herida *de wondranden* ★ pintarse los
 ~s *de lippen stiften* ★ ~ superior *bovenlip* ★ ~
 inferior *onderlip*
labor v • *arbeid; werk* • *moeite; inspanning*
 • *het ploegen* • *landarbeid* • *handwerkje*
 • *naaiwerk; verstelwerk* ★ tierra de ~
 landbouwgrond ★ hacer ~es *naaien;
 handwerken; verstellen* ★ día de ~ *werkdag*
 ★ sus ~es ‹vermelding beroep huisvrouw in
 paspoort› ★ ~es domésticos *huishoudelijk
 werk* ★ ~ de punto *breiwerk*
laborable BNW *geschikt om te bebouwen* ‹v.
 grond› ★ día ~ *werkdag*
laboral BNW *arbeids-; werk-* ★ jornada ~
 werkdag
laborar I OV WW *bewerken; bebouwen* ‹v.
 grond› II ON WW • *zich inspannen* ‹grond›
 • *hard werken*
laboratorio m *laboratorium*
laboreo m *(het) bewerken; werk* • *het
 ontginnen* ‹v. mijn›
laboriosidad v • *werklust* • *bewerkelijkheid*
laborioso BNW • *vlijtig; hardwerkend*
 • *moeizaam* • *bewerkelijk*
laborismo m *doctrine v.d. Labourpartij in
 Engeland*
laborista I m/v *aanhanger van de Labourpartij*
 ‹in Engeland› II BNW *van de Labourpartij* ‹in
 Engeland›
labra v *bewerking*
labrado I m *bewerking; (het) bewerken* II BNW
 • *bewerkstelligd* • *geploegd* • *bewerkt*
labrador m • *boer* • *landbouwer* ‹v. eigen
 grond› • MEX *houthakker*
labradora v *boerin*
labrantío I m *landbouwgrond* II BNW *landbouw-*
 ★ tierra labrantía *landbouwgrond*
labranza v • *het bewerken van landbouwgrond*
 • *boerenarbeid* • *landbouwgrond*
labrar OV WW • *bebouwen; bewerken* • *ploegen*
 • *borduren* • *bewerken* ‹v. steen, hout›
 • *werken aan; bouwen aan* • MEX *vellen* ‹v.
 bomen› ★ ~ su porvenir *aan zijn toekomst
 werken* ★ ha labrado mucho *het heeft diepe
 indruk gemaakt*
labriego m • *boer* • *landarbeider*
laca v • *gomhars* • *lak* • *vernis* • *lakwerk* ‹in
 kunst› • *haarlak* ★ laca de uñas *nagellak*

lacayo m • *lakei* • *slaafs persoon*
lacear OV WW • *strikken; met strikken versieren* • *met de lasso vangen*
laceración v *verwonding; (het) verwonden*
lacerante BNW *verscheurend; stekend* ‹v. pijn›; OOK FIG. *verwondend*
lacerar OV WW • OOK FIG. *verwonden* • *beschadigen; schade toebrengen aan* ⋆ ∼ el corazón *het hart breken*
lacería v ARCHIT. *strikornament*
lacero m *gemeentelijke hondenvanger*
lacha v • *ansjovis* • *schaamtegevoel*
lacio BNW • *stijl* ‹v. haar›; *sluik* • *verwelkt* • *zacht; slap*
lacón m *schouderstuk van varken*
lacónico BNW • *kort en bondig; kernachtig* • *laconiek*
laconismo m • *beknoptheid* • *laconisme*
lacra v • OOK FIG. *gebrek* • *sporen van ziekte* • *litteken*
lacrar OV WW *sluiten met zegellak*
lacre m *zegellak*
lacrimal BNW *traan-*
lacrimógeno BNW • *melodramatisch; sentimenteel* • *traan-* ⋆ gas ∼ *traangas*
lacrimoso BNW • *tranend* • *sentimenteel; ontroerend* • *klagerig; huilerig*
lactancia v • *zoogtijd* • *(het) zogen* ⋆ ∼ materna *borstvoeding*
lactante m/v *zuigeling*
lactar I OV WW *zogen; borstvoeding geven* II ON WW *gezoogd worden*
lacteado BNW *met melk vermengd*
lácteo BNW *melk-; zuivel-*
láctico BNW *melk-*
lactosa v *melksuiker*
lacustre BNW *meren-; van meren* ⋆ zona ∼ *merengebied*
ladear OV WW *schuin houden; schuin zetten* ⋆ ∼ la cabeza *het hoofd afwenden*
ladearse WKD WW • *opzij gaan; uitwijken* • *(over)hellen; neigen*
ladeo m *(het) overhellen*
ladera v *berghelling*
ladero BNW *zij-*
ladilla v *platje; platluis*
ladino I m • CA *mesties* • TAALK. *Ladino* ‹joods-Spaanse taal› II BNW *listig; sluw*
lado m • ANAT. *zij* • *zijde; kant* • WISK. *zijde* ⋆ visto de lado *van opzij gezien* ⋆ al lado *daarnaast* ⋆ al lado de *naast; in vergelijking met* ⋆ por el lado económico *vanuit economisch standpunt* ⋆ por otro lado *aan de andere kant; anderzijds* ⋆ por todos lados *overal* ⋆ por/de un lado ... por/de otro lado *enerzijds ... anderzijds* ⋆ estar del/al lado de u.p. *iemand bijstaan; iemand zijn kant kiezen* ⋆ de lado *van opzij* ⋆ cada cosa por su lado *alles door elkaar* ⋆ dar de lado a uno *iemand negeren; iemand links laten liggen* ⋆ dejar a un lado *overslaan; buiten beschouwing laten* ⋆ hacer lado *plaats maken* ⋆ hacerse/echarse a un lado *opzij gaan* ⋆ de un lado para otro *(doelloos) heen en weer* ⋆ ir cada uno por su lado *ieder zijns weegs gaan* ⋆ de al lado (van) *hiernaast* ⋆ INF. ir de lado *er steeds op*

achteruitgaan ⋆ por el lado materno *aan moederszijde* ⋆ mirar de (medio) lado *met de nek aankijken* ⋆ el lado B *de B-kant* ‹v. cassette› ⋆ la Torre de Pisa está de lado *de Toren van Pisa staat schuin*
ladrar ON WW • *blaffen* • *dreigen* • *snauwen; schelden*
ladrido m • *geblaf* • *snauw*
ladrillado m *stenen vloer*
ladrillar OV WW *betegelen*
ladrillo m • *baksteen* • *tegel* • FIG. *dik boek* ⋆ ∼ refractario *vuurvaste tegel/steen* ⋆ la asignatura es un ∼ *para toda la clase het vak is zwaar voor de hele klas*
ladrón m • (v: **ladrona**) *dief* • *clandestiene (stroom)aansluiting* • *driewegstekker* ⋆ cueva de ladrones *plek waar vaak gestolen wordt* ⋆ la ocasión hace al ∼ *de gelegenheid maakt de dief* ⋆ ∼ cuatrero *veedief*
ladronera v *rovershol*
ladronzuelo m • *kruimeldief* • *boefje* ‹ondeugend kind›
lagar m • *wijnpers; oliepers* • *perserij*
lagarta v • *wijfjeshagedis* • *haaibaai* • *hoer*
lagartera v *hol van hagedis*
lagartija v *muurhagedis; kleine hagedis*
lagarto m • *hagedis* • *sluwe kerel*
lago m *meer; plas*
lágrima v • *traan* • *druppeltje* ‹drank› ⋆ llorar a ∼ viva *tranen met tuiten huilen* ⋆ ∼s de cocodrilo *krokodillentranen* ⋆ saltársele a u.p. las ∼s *de tranen in zijn ogen krijgen*
lagrimal I m *ooghoek bij neus* II BNW *traan-*
lágrimas v mv *de tegenslag; het lijden*
lagrimear ON WW • *tranen; traanogen* • *huilerig zijn; huilebalken*
lagrimeo m *(het) tranen*
lagrimoso BNW • *betraand; tranend* • *sentimenteel*
laguna v • *lagune; meertje* • *leemte; lacune*
lagunoso BNW *moerassig*
laical BNW *niet religieus; wereldlijk*
laico I m • *leek* II BNW *leken-; wereldlijk*
laísmo m ; *gebruik van la(s) i.p.v. le(s)*
laja v *platte, gladde steen*
lama I m REL. *lama* II v *slib; modder*
lameculos m/v *slijmbal; kontlikker*
lamedura v • *lik* • *(het) likken*
lamentable BNW • *betreurenswaardig* • *jammerlijk*
lamentación v • *(het) klagen* • *klacht*
lamentar OV WW *betreuren* ⋆ lamento que no hayas venido *ik vind het jammer dat je niet gekomen bent*
lamentarse WKD WW • *zich beklagen* • *klagen*
lamento m *geweeklaag; jammerklacht*
lamentoso BNW • *klaaglijk* • *jammerlijk; betreurenswaardig*
lamer OV WW • *(af)likken* • *kabbelen tegen* ‹v. golven›
lámina v • *dunne plaat* ‹hout of metaal›; *blad; board* • *(koper)gravure* • *folie* • *lamel* • *afbeelding; plaatje; prent* • *uiterlijk; verschijning; voorkomen*
laminación v → **laminado**
laminado m *het pletten; het lamineren; het*

walsen

laminador m • *walser* ⟨beroep⟩ • *wals* ⟨machine⟩

laminar I BNW *laminair; laagsgewijs* **II** OV WW • *lamineren; walsen; pletten • beplaten*

lámpara v • *lamp; buis* ⟨in radio, tv⟩ • *(gloei)lamp • (vet)vlek* ⟨in kleren⟩ ★ ~ de globo *lampenglas* ★ ~ de techo *hanglamp* ★ ~ de pie *staande lamp*

lamparilla v *olielampje; pitje*

lamparón m *vetvlek* ⟨in kleren⟩

lampazo m • PLANTK. *klis • zwabber*

lampiño BNW • *baardeloos • onbehaard; glad*

lampista m *loodgieter*

lamprea v *lamprei* ⟨vis⟩

lana v • *wol • lange lokken* ⟨haren⟩ • INF. *poen* ★ ir por lana y volver trasquilado *de kous op de kop krijgen; van een koude kermis thuiskomen* ★ pura lana virgen *zuiver scheerwol* ★ cardarle la lana a u.p. *iemand de mantel uitvegen/de les lezen; een hartig woordje wisselen met iemand*

lanar BNW *woldragend* ⟨v. vee⟩ ★ ganado ~ *wolvee; schapen*

lance m • *voorval; incident; gebeurtenis • ruzie; onenigheid • beurt* ⟨in spel⟩ • *zet; worp • moeilijke tijd; moeilijkheid* ★ ~ de fortuna *toeval* ★ ~ de honor *duel; uitdaging* ★ de ~ *goedkoop aangeboden; tweedehands*

lancear OV WW *met lans/speer verwonden*

lanceolado BNW *lans-/lancetvormig*

lancero m *lansier*

lanceta v *lancet*

lancha v • *bootje; sloep • platte steen* ★ ~ motora *motorboot* ★ ~ cañonera *kanonneerboot* ★ ~ neumática *opblaasboot* ★ MIL. ~ de desembarco *landingsvaartuig*

lanchón m *schuit*

lancinante BNW *stekend* ⟨v. pijn⟩

lancinar OV WW *prikken; steken*

landó m *landauer* ⟨rijtuig⟩

lanería v *wolwinkel*

lanero I m *wolhandelaar* **II** BNW *wol-*

langosta v • *langoest; zeekreeft • sprinkhaan*

langostino m *langoestine; zeekreeftje; grote garnaal*

languidecer ON WW *(weg)kwijnen*

languidez v *matheid; lusteloosheid*

languidezca WW (1e/3e p ev subj. t.t.) → **languidecer**

lánguido BNW • *kwijnend • slap; futloos • lusteloos*

lanilla v • *pluisje* ⟨v. wol⟩ • *fijne wollen stof*

lanolina v *wolvet; lanoline*

lanoso BNW (**lanudo**) *wollig; pluizig*

lanza I v • *lans • dissel* ★ ~ en ristre *met gevelde lans; klaar om toe te slaan* ★ romper una ~ (~s) por u.p. *een lans voor iemand breken* **II** m/v LA *oplichter; dief*

lanzacohetes m MIL. *lanceerinrichting* ⟨v. raket⟩ ★ ~ antitanque *bazooka*

lanzada v *lansstoot/-steek*

lanzadera v *spoel* ★ ~ espacial *spaceshuttle; ruimteveer*

lanzado BNW *vastberaden; vastbesloten*

lanzagranadas m • *granaatwerper • bazooka*

lanzallamas m *vlammenwerper*

lanzamiento m • OOK FIG. *lancering* • SPORT *worp; schot; doeltrap; ingooi* ★ el ~ de un buque *de tewaterlating* ⟨v.e. schip⟩ ★ ~ del martillo *kogelslingeren* ★ el ~ de la jabalina *speerwerpen* ★ ~ de peso *kogelstoten*

lanzaminas m *mijnenlegger*

lanzar OV WW • *afschieten • werpen; gooien; (weg)slingeren; afwerpen* ⟨v. bommen⟩ • OOK FIG. *lanceren • opperen; uiten* ★ ~ en paracaídas *parachuteren* ★ ~ un producto al mercado *een product op de markt brengen* ★ ~ al agua *te water laten* ★ ~ una mirada *een blik werpen* ★ ~ un disco *een plaat uitbrengen*

Lanzarote m *Lancelot*

lanzarse WKD WW *afvliegen;* OOK FIG. *zich storten; zich werpen* ★ ~ a la calle *de straat ophollen* ★ ~ al agua *in het water duiken/springen*

lanzatorpedos m MIL. *torpedobuis*

laña v *kram*

laosiano I m *Laotiaan* **II** BNW *Laotiaans*

lapa v • *soort slak • klit* ⟨plakkerig persoon⟩

lapicero m • *vulpotlood • potlood*

lápida v *gedenksteen* ★ ~ conmemorativa *gedenksteen*

lapidación v *steniging*

lapidar OV WW FORM. *stenigen; stenen gooien naar*

lapidario I m *lapidarist; edelsteenbewerker* **II** BNW • *lapidair; edelsteen- • in steen gehouwen* ★ estilo ~ *lapidaire/bondige stijl*

lapislázuli m *lazuursteen*

lápiz m *potlood* ★ ~ de color *kleurpotlood* ★ ~ de labios *lippenstift* ★ ~ de ojos *oogpotlood* ★ ~ de mina *vulpotlood* ★ ~ de plomo *(grafiet)potlood* ★ COMP. ~ óptico *lichtpen* ★ a ~ *met potlood; potlood-* ★ sacar punto al ~ *het potlood slijpen*

lapo m • *klap* ⟨met zweep⟩ • VULG. *fluim*

lapón I m (v: **lapona**) • *Lap; Laplandse* • TAALK. *Laps* **II** BNW (v: **lapona**) *Laplands; Laps*

Laponia v *Lapland*

lapso m • *tijdsbestek; lapsus; vergissing* ★ sufrir un ~ *een black-out hebben* ★ en el ~ de dos horas *binnen twee uur; in twee uur tijd*

lapsus m *vergissing* ★ ~ linguae *verspreking*

laquear OV WW *lakken; vernissen*

lar m • *huisgod • haard(vuur)* • LIT. *huis en haard*

lardar OV WW *met spek doorrijgen*

lardo m *spekvet*

lares m mv → **lar** • *huiselijke haard; thuis*

larga v • *groot licht* ⟨v. auto⟩ • TAUR. *pas met uitgespreide cape* ⟨bij stierenvechten⟩ ★ dar ~s a un asunto *iets op de lange baan schuiven*

largamente BIJW • *uitvoerig; veel • langdurig*

largar OV WW • *laten schieten; losmaken; laten vieren* ⟨touw⟩ • *toedienen; geven • lossen* ⟨schot⟩ ★ ~ una bofetada *een klap verkopen* ★ ~ un discurso *een speech houden* ★ ~ una barbaridad *een stommiteit debiteren*

largarse WKD WW • *hem smeren; de plaat poetsen; zich uit de voeten maken* • ZA *weggaan* ★ ¡lárgate! *hoepel op!*

largo I m *lengte* ★ dos metros de ~ *twee meter*

lang|in de lengte **II** BNW • *lang* • *langdurig* • *ruim* • *veel* • *vrijgevig* • *slim* ★ a la larga *uiteindelijk* ★ a lo ~ de *in de loop van*; *langs*; *in de lengte* ★ a todo lo ~ de *langs de gehele lengte van* ★ ~ de lengua *brutaal* ★ pasar de ~ a u.c. *ergens aan voorbijgaan* ★ poner los dientes ~s (a u.p.) *graag iets doen wat iemand anders al doet* ★ tiene las manos largas *zijn handen zitten los aan zijn lijf* ★ ~ de manos *onbescheiden* ★ dos metros a lo ~ *twee meter in de lengte* ★ de ~ *sedert lange tijd* ★ tener dos metros de ~ *twee meter lang zijn* ★ por ~ *uitvoerig* ★ va para ~ *het is lang geleden* ★ dos mil euros largas *ruim tweeduizend euro* ★ pasar de ~ a u.p. *iemand voorbijlopen zonder te groeten*; *iemand negeren* ★ i~ de aquí! *wegwezen hier!* **III** BIJW *uitvoerig*; *veel* ★ ~ y tendido *lang en breed*

largometraje m *speelfilm* ⟨v. lange duur⟩
largor m *lengte*
larguero m • *deurstijl* • *langsligger*; *steunbalk* • SPORT *doellat*
largueza v *vrijgevigheid* ★ con ~ *royaal*
larguirucho BNW *slungelig*
largura v *lengte*
laringe v *strottenhoofd*
laringitis v *keelontsteking*
larva v *larve*
larvado BNW *sluimerend*; *latent* ⟨v. ziekte⟩
larval BNW *larve-*
las I PERS VNW mv *haar*; *ze* ★ las conozco *ik ken ze* **II** LW mv *de*
lasaña v *lasagna*
lasca v *flinter* ⟨v. steen⟩
lascivia v *wellust*; *geilheid*
lascivo I m *wellusteling* **II** BNW *wellustig*; *geil*
láser m *laser*
lasitud v • *uitputting* • *vermoeidheid*
laso m • *uitgeput*; *moe*; *futloos* • *stijl* ⟨v. haar⟩
lástima v • *medelijden* • *ellende*; *narigheid* ★ iqué ~! *wat jammer!* ★ hecho una ~ *er slecht aan toe zijn* ★ ~ que no haya venido *jammer dat hij niet is gekomen* ★ da ~ verlo *ik heb ermee te doen*; *het is pijnlijk om te zien* ★ es una ~ *het is zonde* ★ le tengo ~ a él/me da ~ *ik heb medelijden met hem*
lastimar OV WW • *bezeren*; *licht verwonden* • *pijn doen*; *kwetsen*
lastimarse WKD WW • *zich bezeren* • *zich beklagen over* • *zich gekwetst voelen* • *medelijden hebben met*
lastimero BNW *beklagenswaardig*; *meelijwekkend*
lastimoso BNW *erbarmelijk*; *betreurenswaardig*
lastrar OV WW • FIG. *belasten* • *van ballast voorzien*
lastre m • OOK FIG. *ballast* • *belasting*
lata v • *blik* • *(conserven)blikje* • *verveling* • *gezanik*; *gezeur* • *zeurpiet* ★ i qué lata! *wat een gezanik!* ★ ser una lata *stomvervelend zijn* ★ me estás dando la lata *je zeurt*; *je verveelt me*
latazo m *gemekker*; *gezeur*
latente BNW *latent*; *verborgen*
lateral I m • *ventweg* • SPORT *back* ⟨bij voetbal⟩ **II** BNW *zijdelings*; *zij-* ★ heredar por línea ~

erven door verwantschap in de zijlinie
látex m PLANTK. *latex*
latido m • *hartslag* • *het kloppen* ⟨v. aderen, hart⟩
latifundio m *grootgrondbezit* ⟨terrein⟩
latifundismo m *grootgrondbezit* ⟨fenomeen⟩
latifundista m/v *grootgrondbezitter*
latigazo m • *zweepslag* • *slok sterke drank* • *uitbrander*
látigo m • *zweep* • *karwats* ★ chasquido del ~ *zweepgeknal* ★ FIG. usar el ~ *de zweep erover leggen*
latiguillo m *stopwoordje*
latín m *Latijn* ★ saber ~ *gehaaid zijn*; *sluw zijn*
latinajo m *potjeslatijn* ★ soltar ~s *moeilijke/geleerde woorden gebruiken*
latinidad v • *Latijns-/Romaanstalige volkeren* • *Latijnse/Romaanse cultuur*
latinismo m *latinisme*
latinista m/v *latinist*
latinización v *(het) latiniseren*
latinizar OV WW *latiniseren*
latino I m • *Latijn*; *Romein* • *Latijns-Amerikaan* ★ los ~s *de Romaanse volkeren* **II** BNW • *Latijns* • *Latijns-Amerikaans* • *een Romaanse taal sprekend* ★ América Latina *Latijns-Amerika*
latinoamericano I m *Latijns-Amerikaan* **II** BNW *Latijns-Amerikaans*
latir ON WW • *latent aanwezig zijn* • *kloppen* ⟨v. hart, aderen⟩
latitud v • *breedte* • *breedtegraad* • *windstreek* ★ ~ meridional/sur *zuiderbreedte*
latitudinal BNW *breedte-*
lato BNW • *uitgestrekt* • OOK FIG. *uitgebreid* ★ en sentido lato *in ruime zin*
latón m *messing*
latoso BNW *hinderlijk*; *vervelend*
latrocinio m *diefstal*; *oplichterij*
Latvia v *Letland*
laucha v ZZA *muis*
laúd m • *luit* • SCHEEPV. *soort feloek*
laudable BNW *loffelijk*
láudano m CHEM. *laudanum*
laudatorio BNW *lof-* ★ discurso ~ *lofrede*
laudo m *uitspraak van een arbiter*
laureado I m *onderscheiden persoon* **II** BNW *gelauwerd*; *bekroond*
laurear OV WW *lauweren*; *onderscheiden*
laurel m • *laurier(boom)* • *lauwerkrans/-tak*; *laurierblaadje* ★ dormirse en los ~es *op zijn lauweren rusten* ★ cosechar/ganar ~es *roem verwerven* ★ ~ rosa *oleander*
lauréola v • *lauwerkrans/-tak* • *aureool*; *nimbus*
lauro m *laurier(boom)*
lava v *lava*
lavable BNW *wasbaar*
lavabo m • *wastafel* • *wasbak*; *wasgelegenheid* • *toilet* • *badkamer*
lavacaras m *strooplikker*
lavacoches m *autowasser*
lavada v LA *het wassen*; *wasbeurt*
lavadero m • *wasserij*; *washok* • *goudwasserij*; *steenkoolwasserij*
lavado m *het wassen*; *wasbeurt* ★ ~ de cerebro *hersenspoeling* ★ ~ de estómago *maagspoeling*
lavadora v *wasmachine* ★ ~ de coches

la

(auto)wasstraat

lavadura v • *wasbeurt; (het) wassen* • *vuil water/sop; afwaswater*

lavafrutas m *vingerkommetje*

lavamanos m *wasbak(je)*

lavanda v *lavendel*

lavandera v • *kwikstaart* • *wasvrouw*

lavandería v *wasserette; wasserij*

lavandero m *wasman*

lavándula v *lavendel*

lavaojos m *oogbadje*

lavaparabrisas m *ruitensproeier*

lavaplatos m *vaatwasmachine*

lavar OV WW • *wassen* • FIG. *schoonwassen* ★ dar/echar a ∼ *in de was doen* ★ ∼ en seco *stomen*

lavarse WKD WW *zich wassen* ★ la ropa sucia se lava en casa *je moet de vuile was niet buiten hangen* ★ ∼ las manos *zijn handen wassen; zijn handen in onschuld wassen* ★ ∼ los dientes *zijn tanden poetsen*

lavativa v • *klysma; lavement* • *klisteerspuit*

lavatorio m • REL. *voetwassing* • *medicinale lotion* • LA *toilet; wc*

lavavajillas m *vaatwasmachine*

lavazas v mv *vuil water/sop; afwaswater*

lavotear OV WW *snel en oppervlakkig (af)wassen*

lavotearse WKD WW *een kattenwasje doen; zich een beetje wassen*

lavoteo OV WW *het snel en oppervlakkig wassen; kattenwasje*

laxante I m *laxeermiddel* II BNW • *ontspannend* • *laxerend* ★ poder ∼ *laxerende werking*

laxar OV WW • *laxeren* • *ontspannen; verzachten*

laxativo BNW *laxatief; laxeermiddel*

laxitud v • *ontspanning* • OOK FIG. *losheid* ★ ∼ de la moral *losheid van zeden*

laxo BNW • *slap* • OOK FIG. *los*

laya v *type; soort; aard* ★ de la misma laya *van hetzelfde slag*

lazada v *strik* ⟨v. das, veter⟩; *lus van een strik; sierstrik*

lazar OV WW *met een strik/lasso vangen*

lazareto m *lazaret*

lazarillo m *blindengeleider* ★ perro ∼ *blindengeleidehond*

Lázaro zn *Lazarus* ★ estar hecho un ∼ *overal wonden/zweren hebben*

lazo m • *strik; lint* • *lus* • *strop; lasso* • OOK FIG. *valstrik* • FIG. *band* ★ cazar a lazo a u.p. *iemand strikken* • FIG. echar/tender un lazo a u.p. *een valstrik voor iemand zetten* ★ caer en el lazo *in de val lopen* ★ lazos familiares *familiebanden* ★ lazos de amistad *vriendschapsbanden*

le PERS VNW *hem; haar; u* ★ le digo que *ik zeg u dat*

leal I m/v *getrouwe* II BNW *toegewijd; loyaal; trouw*

lealtad v *trouw; getrouwheid*

lebrato m *jonge haas*

lebrel m *hazewindhond*

lebrillo m *afwasteiltje; waskom*

lección v • *les* • *lezing* ★ dar lecciones con *les hebben bij/van* ★ dar una ∼ *een lesje geven* ⟨voorbeeld⟩; *een lesje leren* ⟨afstraffen⟩ ★ tomar la ∼ *de les overhoren* ★ dar lecciones

les geven ★ dar la ∼ *de les opzeggen* ⟨door leerling⟩

lecha v *hom*

lechada v • *witkalk* • *soort metselspecie* • *pulp; pap*

lechal I m/v *zuiglam* II BNW *zuig-* ★ cordero ∼ *zuiglam*

lechar OV WW LA *melken*

leche v • *melk* • PLANTK. *melksap; latex* • *sperma* ★ darse una ∼ *zich stoten* ★ estar en ∼ *melkrijp zijn* ⟨v. granen/noten⟩ ★ ser la ∼ *een zeurpiet zijn; een rare vogel zijn* ★ estar de mala ∼ *slecht gehumeurd zijn* ★ i∼! *verdomme!* ★ ∼ entera *volle melk* ★ ∼ frita *gepaneerd gebakje op basis van melk en meel* ★ ∼ limpiadora *reinigingsmelk* ⟨cosmetica⟩ ★ estar de mala ∼ *een rothumeur hebben*

lechecillas v mv *zwezerik*

lechera v • *melkvrouw* • *melkkan*

lechería v *zuivelhandel; melkwinkel*

lechero I m *melkboer* II BNW *melk-* ★ vaca lechera *melkkoe* ★ industria lechera *zuivelindustrie*

lecho m • *bed* • *laag; bedje* • *bedding* ★ el ∼ de muerte *het sterfbed* ★ ∼ de paja *bedje van stro* ★ ∼ de lechuga *bedje van sla*

lechón m • *big; speenvarken* • *zwijn*

lechona v *zeug*

lechoncillo m INF. *speenvarkentje*

lechoso BNW *melk-; melkachtig*

lechuga v • *(krop)sla* • *plooikraag; geplooide manchet* ★ ser más fresco que una ∼ *brutaal zijn* ★ como una ∼ *zo fris als een hoentje*

lechuguilla v • *wilde latuw* • *Spaanse kraag*

lechuguino m *fat(je)*

lechuza v *nachtuil*

lechuzo m *dommerd*

lectivo BNW *college-; school-; les-*

lector I m • *lezer* • *lector* II BNW *lees-*

lectorado m *lectoraat*

lectura v • *het lezen* • *lectuur* • *voordracht; referaat* • *lezing* • *(het) aflezen*

leer ON WW *lezen; aflezen; voorlezen* ★ leer la cartilla a u.p. *iemand de les lezen* ★ leer entre líneas *tussen de regels door lezen* ★ leer el pensamiento *gedachten lezen* ★ leer de corrido *even snel lezen*

lega v *lekenzuster*

legación v *legatie; gezantschap* ★ edificio de la ∼ *gezantschapsgebouw*

legado m • *erfdeel; legaat* • *pauselijk afgezant*

legajo m *dossier*

legal BNW • *legaal; wettig; wettelijk* • *rechts-* ★ pretensión/título ∼ *wettige aanspraak; claim*

legalidad v *legaliteit; wettigheid*

legalista BNW *legalistisch*

legalización v *legalisatie*

legalizar OV WW *legaliseren*

légamo m • *modder; slijk* • *klei*

legamoso BNW *modderig*

legaña v *slaap* ⟨in de ogen⟩

legañoso BNW *met slaap in de ogen*

legar OV WW *als legaat vermaken; overleveren* ⟨v. tradities e.d.⟩

legatario m *legataris*
legendario BNW *legendarisch*
legible BNW *leesbaar*
legión v • *legioen* • *horde* ★ ser ~ *met velen/ talrijk zijn* • La Legión *het Vreemdelingenlegioen*
legionario m *legionair*
legionense BNW *uit León*
legislación v • *wetgeving* • *wetten*; *wetgevingsleer*
legislador I m *wetgever* II BNW *wetgevend*
legislar ON WW *wetten opstellen*
legislativo BNW *legislatief*; *wetgevend*
legislatura v *zittingsperiode* ⟨v. parlement⟩
legista m *rechtsgeleerde*
legítima v *wettelijk erfdeel*
legitimación v *legitimatie* ★ ~ *de un hijo wettiging van een kind*
legitimar OV WW • *legitimeren*; *wettigen*; *legaliseren* • *een kind wettigen*
legitimidad v *legaliteit*; *wettigheid*
legitimista I m/v *aanhanger van de troonpretendent* II BNW *van aanhangers van de troonpretendent*
legítimo BNW • *wettig*; *legitiem* • *gewettigd*; *gerechtvaardigd* • *echt*; *authentiek* ★ legítima defensa *noodweer*
lego I m • OOK FIG. *leek* • *lekenbroeder* II BNW • *leken-* • *onwetend*
legrado m MED. *curettage*
legrar OV WW MED. *curetteren*
legua v *mijl* ★ a la/una ~ *op een mijl afstand*; *overduidelijk* ★ ~ marina *zeemijl* ★ a cien ~s *op een mijl afstand*; *overduidelijk*
leguleyo m PEJ. *beunhaas* ⟨gezegd van advocaat⟩
legumbre v • *peulvrucht* • *groente*
leíble BNW *leesbaar*
leída v *lezing*
leído BNW • *gelezen* • *belezen*
leísmo m ; *gebruik van le(s) i.p.v. lo(s) of la(s)*
lejanía v • *verte* • *afwezigheid*
lejano BNW • *ver* • *vroeger*; *voorbij* ★ en épocas lejanas *in tijden* ★ en un futuro no muy ~ *binnen afzienbare tijd*
lejía v *bleekwater*
lejos BIJW • *ver* • *ver weg* ★ a lo ~ *in de verte* ★ de ~ *op een afstand* ★ ir demasiado ~ *te ver gaan* ★ ~ del mundanal ruido *ver van de bewoonde wereld* ★ llegar ~ *het ver brengen* ★ ayer, sin ir más ~ *gisteren bijvoorbeeld*
lele BNW CA *onnozel*; *stom*
lelo I m *stommeling* II BNW *onnozel*; *stom* ★ quedarse lelo *met stomheid geslagen zijn*
lema m • *lemma*; *motto*; *leus* • *trefwoord* • *hulpstelling*
lémur m *maki*; *halfaap*
lémures v mv *schimmen van doden*
lencería v • *lingerie*; *linnengoed* • *lingeriewinkel*
lencero m *lingerieverkoper*
lengua v • *tong* • *taal* ★ morderse la ~ *zich op de tong bijten* ★ andar en ~s *over de tong gaan* ★ comer ~ *druk praten* ★ con la ~ fuera *met zijn tong uit de mond* ★ decir las malas ~s *kwaadspreken* ★ no morderse la ~ *het hart op de tong hebben* ★ sacar la ~ a u.p. *de draak*

met iemand steken ★ ser largo de ~ *kwaad spreken*; *brutaal zijn* ★ ser ligero de ~ *er alles uitflappen* ★ tener algo en la punta de la ~ *iets op het puntje van zijn tong hebben* ★ tirar de la ~ a u.p. *iemand uitlokken* ★ trabarse la ~ *over zijn woorden struikelen* ★ ~ de fuego/ tierra *vuur/landtong* ★ se me escapó/fue la ~ *ik liet het me ontvallen* ★ malas ~s *boze tongen* ★ tener mala ~ *vloeken*; *schelden* ★ hablar con media ~ *brabbelen* ★ buscar la ~ a uno *ruzie met iemand zoeken* ★ no tener pelos en la ~ *goed de tongriem gesneden zijn* ★ hablar con ~ de trapo/estropajo *brabbelen* ★ ~ materna/natural *moedertaal* ★ ~ madre *stamtaal*
lenguado m *(zee)tong*
lenguaje m • *taal* • *manier van spreken*; *spraak* ★ ~ vulgar *volkstaal*; *gewone taal*
lenguaraz BNW *brutaal*
lenguaz BNW *kletserig*
lengüeta v • *tong* ⟨v. blaasinstrument⟩ • *tong* ⟨v. schoen⟩ • *strotklepje*
lengüetada v *lik*
lengüilargo I m *brutale vlerk* II BNW *brutaal*
lenidad v *mildheid*; *zachtzinnigheid*
lenificar OV WW *verzachten*; *lenigen*
lenitivo I m • *verzachtend middel* • *pijnstiller* • *troost* II BNW *verzachtend*
lenocinio m *koppelarij* ★ casa de ~ *bordeel*
lente v • *lens* • *brillenglas* ★ ~ de contacto *contactlens*
lenteja v *linze* ★ venderse por un plato de ~s zijn eerstgeboorterecht verkopen voor een schotel linzen
lentejuela v *lovertje*
lentes m mv → **lente** • *bril*
lentilla v *contactlens*
lentitud v *traagheid*
lento BNW • *zacht* • *traag*; *langzaam* • *langzaam werkend* ★ a paso ~ *langzaam* ★ ~ en resolverse *besluiteloos*; *aarzelend* ★ a fuego ~ *op een laag pitje*
leña v • *brandhout* • *pak slaag* ★ echar leña al fuego *olie op het vuur gooien* ★ hacer leña *hout sprokkelen/hakken* ★ del árbol caído todo el mundo hace leña *zich verrijken door andermans leed* ★ leña de estufa *kachelhout* ★ ya verá usted leña *dan heb je de poppen aan het dansen*
leñador m *houthakker*
leñazo m • *dreun*; *oplawaai* • *klap* ⟨bij botsing⟩
leñe TW *verdraaid!*
leñera v *houtschuur*
leñero m *verkoper van brandhout*
leño m • *houtblok*; *boomstronk* • *domkop* ★ dormir como un leño *slapen als een blok*
leñoso BNW *houtachtig*
Leo m ASTROL. *Leeuw*
león m • *leeuw* • LA *poema* • *sterke kerel* ★ no es tan fiero el león como lo pintan *hij is niet zo kwaad als hij er uitziet* ★ león marino *zeeleeuw* ★ diente de león *paardenbloem* ★ llevarse la parte del león *het leeuwendeel verkrijgen*
León m *Leeuw* ⟨sterrenbeeld⟩
leona v • *leeuwin* • *sterke vrouw*

le

leonado BNW *donkerblond* ⟨v. haar⟩
leonera v • *leeuwenkooi* • *bende; rotzooi*
leonino BNW • *leeuwen-* • *leonisch* ⋆ *contrato ~ leonisch contract*
leontina v *dikke horlogeketting*
leopardo m *luipaard*
leotardos m mv *maillot*
Lepe zn ⋆ *saber más que Lepe gewiekst/listig zijn*
lépero m • CA *iemand uit de laagste sociale klasse* • CA, BEL. *schoft*
lepidópteros m mv *schubvleugelige insecten; vlinders*
leporino m *hazen-* ⋆ *labio ~ hazenlip*
lepra v *lepra; melaatsheid*
leprosería v *leprozenkolonie*
leproso I m *leproos; melaatse* II BNW *lepreus; melaats*
lerdera v • *traagheid; sloomheid* • CA *luiheid*
lerdo BNW • *sloom; traag* ⟨v. dieren⟩ • *traag van begrip*
les PERS VNW mv *hun; hen; u*
lesbiana v *lesbienne*
lesbianismo m *homoseksualiteit van vrouwen; lesbische liefde*
lesión v • *(blijvend) letsel; kwetsuur; blessure* • *schade*
lesionado BNW *gewond; geblesseerd*
lesionar OV WW • *schaden* • *verwonden*
lesivo BNW • *schadelijk* • *nadelig*
lesna v *els; priem*
leso BNW • *-schennis* • *geschonden* ⋆ *crimen de lesa majestad majesteitsschennis*
letal BNW *dodelijk*
letanía v • *litanie* • INF. *lange reeks*
letárgico BNW *lethargisch*
letargo m • *bewusteloosheid; bedwelming* • *lusteloosheid; apathie*
letón I m • (v: **letona**) *Let* • TAALK. *Lets* II BNW (v: **letona**) *Letlands*
Letonia v *Letland*
letra v • *letter* • *handschrift* • *wissel(brief)* • *drukletter* • *tekst van een muziekstuk* ⋆ *al pie de la ~ naar de letter; letterlijk* ⋆ *idespacio y buena ~! kalmpjes aan, dan breekt het lijntje niet!* ⋆ *la ~ con sangre entra met harde hand onderwijzen* ⋆ *protestar una ~ een wissel protesteren* ⋆ *ser ~ muerta niet effectief zijn (van tekst)* ⋆ *tener buena ~ een mooi handschrift hebben* ⋆ *a la ~ letterlijk* ⋆ *~ cursiva schuinschrift* ⋆ *~ por ~ haarfijn; woord voor woord* ⋆ *girar/librar una ~ a cargo de een wissel trekken op* ⋆ *~ de molde drukletter* ⋆ *falsificación de ~s schriftvervalsing* ⋆ *escribir cuatro ~s/unas ~s een kort briefje schrijven* ⋆ *la ~ menuda de kleine lettertjes* ⋆ *a la ~ y el espíritu naar de letter en de geest* ⋆ *las primeras ~s basiskennis; basisonderwijs*
letrado I m *jurist; advocaat* II BNW *geletterd*
letras v mv • → **letra** • *letteren* ⋆ *seguir ~ letteren studeren*
letrero m • *opschrift* • *bord met opschrift*
letrilla v *rijm(pje); gedicht(je)*
letrina v *latrine; toilet*
leucemia v *leukemie*

leucocito m *leukocyt; wit bloedlichaampje*
leucorrea v MED. *witte vloed*
leva v • *rekrutering* • *algehele mobilisatie* • *afvaart; het lichten van een anker* • CA *list; bedrog*
levadizo m *ophaalbaar* ⋆ *puente ~ ophaalbrug*
levadura v *gist*
levantado I BNW *verheven* ⟨v. stijl⟩ II WW (volt. deelw.) → **levantar**
levantador m ⋆ *~ de pesos gewichtheffer*
levantamiento m • *verheffing* • *opheffing* • *opstand* ⋆ *el ~ del cadáver het vrijgeven van een lijk door justitie* ⋆ *~ de pesos het gewichtheffen*
levantar OV WW • *optillen; optrekken; omhoog doen; oplichten* • *rechtzetten* • *afruimen* ⟨v. tafel⟩ • *opbreken* ⟨v. kamp, tent⟩ • *rekruteren* • OOK FIG. *in de hoogte steken* • *uitlokken; teweeg brengen* • *tot opstand aanzetten* • *opheffen* ⟨v. maatregel, verbod⟩ • *bouwen; doen verrijzen; oprichten* • *verheffen* ⟨v. stem⟩ ⋆ *~ acta akte opmaken* ⋆ *~ falso testimonio belasteren* ⋆ *~ ronchas (psychisch) letsel toebrengen* ⋆ *~ la sesión de zitting opheffen* ⋆ *~ la voz zijn stem verheffen* ⋆ *~ la vista ogen opslaan* ⋆ *~ el cuello er weer bovenop komen; zijn kraag opzetten* ⋆ *no ~ cabeza FIG. de ene klap na de andere krijgen; achter elkaar doorwerken* ⋆ *~ la tapa de los sesos de hersens inslaan* ⋆ *~ el vuelo wegvliegen*
levantarse WKD WW • *opstaan* • *omhoog gaan; opwaaien; opgaan* ⟨v. toneelscherm⟩ • *loslaten* ⟨v. verf, tegels⟩ • *ervandoor gaan; vluchten* • *zich verheffen* ⟨v. bergen⟩
levante m • *oosten* • *oostenwind* ⋆ *el ~ español de Spaanse oostkust*
Levante m *het Oosten; Levant*
levantino I m *Levantijn; iemand uit de Levant* II BNW *van de Levant*
levantisco BNW *opstandig*
levar OV WW *het anker lichten* ⋆ *~ las anclas uitvaren*
leve BNW • *licht* • *ragfijn* • *niet ernstig* ⋆ *pecado leve pekelzonde*
levedad v *lichtheid*
levita v *pandjesjas* ⋆ *tirar de la ~ flikflooien*
levitación v *levitatie*
Levítico m *Leviticus*
léxico I m • *woordenschat* • *lexicon; woordenboek* II BNW *woorden-; lexicaal*
lexicografía v *lexicografie*
lexicógrafo m *lexicograaf; schrijver van een woordenboek*
lexicología v *lexicologie*
ley v • *wet* • *regel* • *voorschrift* • *gehalte* ⟨v. edelmetaal⟩ ⋆ *de buena ley integer; fatsoenlijk* ⋆ *con todas las de la ley compleet; zonder voorbehoud; volwaardig* ⋆ *hombre de leyes jurist* ⋆ *aplicar la ley del embudo met twee maten meten* ⋆ *ser de ley rechtvaardig zijn* ⋆ *las tablas de la ley de stenen tafelen (bijbel)* ⋆ *hecha la ley, hecha la trampa de mazen van de wet* ⋆ SPORT *ley de la ventaja voordeelregel* ⋆ *tener/tomar ley a u.p. respect hebben voor iemand*
leyenda v • *legende* • *legenda* ⟨op munt⟩

le

• *randschrift*; *bijschrift*; *onderschrift*; *opschrift*
lezna v *els*; *priem*
lía v • *touw* • *neerslag*
liana v *liaan*
liar /í/ OV WW • *vastbinden*; *inpakken* • *draaien* ⟨v. sigaret⟩; *rollen* • *ingewikkeld maken* • *oprollen* • *iemand betrekken (in)* ★ liarla *de zaak compliceren* ★ liar el hato *zijn biezen pakken* ★ liar el petate/los bártulos *zijn boeltje pakken*
liarse /í/ WKD WW • *zich goed inpakken (in)*; *zich wikkelen (in)* • *in de knoop raken*; FIG. *verstrikt raken* ★ ~ la manta a la cabeza *de sprong in het diepe wagen* ★ ~ los bártulos *z'n boeltje pakken* • (~ **con**) *een verhouding beginnen (met)*
libación v *teugje*; *nipje*
libanés I m *Libanees* **II** BNW *Libanees*
Líbano m *Libanon*
libar OV WW *nippen*
libelista m *schrijver van schotschrift*
libelo m *schotschrift*
libélula v *libel*
liberación v • *bevrijding* • *vrijlating*
liberal I m/v *liberaal* **II** BNW • *vrijgevig* • *ruimdenkend*; *vrijzinnig* ★ profesiones ~es *vrije beroepen*
liberalidad v *vrijgevigheid*
liberalismo m • *liberalisme* • *ruimdenkendheid*; *vrijzinnigheid*
liberalizar OV WW *liberaliseren*
liberar OV WW • *vrijlaten*; *bevrijden* • *vrijstellen*; *ontheffen*
libérrimo BNW *geheel vrij*; *zeer vrij*
libertad v • *vrijheid* • *ongedwongenheid*; *onbevangenheid*; *vrijpostigheid* • (mv) *voorrechten*; *privileges* ★ tomarse la ~ de *de vrijheid nemen om* ★ tomarse demasiadas ~es *te familiair doen* ★ quitar ~ *belemmeren* ★ ~ de cultos *godsdienstvrijheid* ★ ~ condicional *voorwaardelijke vrijheid* ★ ~ de circulación *vrijheid van verkeer* ⟨in de EU⟩
libertador m *bevrijder*
libertar OV WW *in vrijheid stellen*; *bevrijden*
libertinaje m *losbandigheid*
libertino I m *losbol* **II** BNW *losbandig*
liberto m GESCH. *vrijgelaten slaaf*
Libia v *Libië*
libidinoso BNW *wellustig*
libido v *libido*; *geslachtsdrift*
libio I m • *Libiër* • TAALK. *Libisch* **II** BNW *Libisch*
libra v *pond* ★ ~ esterlina *pond sterling*
Libra v ASTROL. *Weegschaal*
libraco m *waardeloos boek*
librado I m *trassaat* ⟨v. wissel⟩ **II** BNW ★ salir bien ~ *er nog vrij goed van afkomen* **III** WW (volt. deelw.) → **librar**
librador m *trekker*; *trassant* ⟨v. wissel⟩
libramiento m *betalingsopdracht*
libranza v *wisselbrief*
librar I OV WW • *in acht nemen*; *zich houden aan* ⟨v. verlof-/vrije dag⟩ • *uitschrijven* ⟨v. cheque⟩; *afgeven* ⟨v. wissel⟩ • *vrijwaren (van)* ★ ~ una batalla *strijd leveren* **II** ON WW • *een kind baren*; *bevallen* • *een vrije dag hebben* ★ ~ los sábados *op zaterdag een vaste vrije dag*

hebben
librarse WKD WW • *ontsnappen (aan)* • *er onderuit komen*; *zich ontdoen van*
libre BNW • *vrij* • *onbezet* • *ongehuwd* • *losbandig*; *vrijzinnig* ★ ~ albedrío *vrije wil* ★ ser ~ de *vrij zijn om* ★ aire ~ *buitenlucht* ★ al aire ~ *in de open lucht*
librea v *livrei*
librecambio m *vrijhandel*
librecambista m/v *vrijhandelaar*
librería v • *boekwinkel* • *boekenkast* • *boekhandel*
librero m LA *boekenkast*
libresco BNW *boeken-* ★ sabiduría libresca *boekenwijsheid*
libreta v *notitieboekje*
librete m *boekje*
librettista m/v *librettist*
libreto m *libretto*
libro m • *boek* • DIERK. *boekmaag* ★ colgar los ~s *de studie opgeven* ★ hablar como un ~ *praten als Brugman* ★ ~ de familia *trouwboekje* ★ ~ blanco *witboek* ★ ~ de registro *register* ★ ~ de texto *school-/leerboek* ★ tocar a ~ abierto *van het blad spelen* ★ ~ de cabecera *boek dat men op dit moment het liefst leest* ★ ~ de cocina *kookboek*
licencia v • *permissie*; *toestemming* • *vergunning* • *verlof* • *vrijheid*; *vrijpostigheid* ★ ~ poética *dichterlijke vrijheid* ★ ir con la ~ absoluta *afzwaaien* ★ MIL. ~ absoluta *groot verlof* ★ estar con ~ *met verlof zijn*
licenciado I m • *doctorandus* • *licentiaat* • *afgezwaaid soldaat* **II** BNW *afgestudeerd*
licenciar OV WW *met groot verlof sturen*
licenciarse WKD WW • MIL. *afzwaaien*; *met groot verlof gaan* • *afstuderen*; *zijn doctoraal behalen*
licenciatura v ≈ *titel van doctorandus*
licencioso BNW *lichtzinnig*; *losbandig*
liceo m *lyceum*
licitación v • *het bieden* ⟨op veiling⟩ • *aanbesteding*
licitar OV WW *bieden*; *een bod doen*
lícito BNW • *legaal* • *geoorloofd*
licitud v • *juistheid* • *legaliteit*; *wettigheid*
licor m *likeur*
licorera v • *likeurfles* • *likeurstel*
licoroso BNW *sterk*; *met een hoog alcoholgehalte*
licuable BNW *smeltbaar*
licuación v *(het) smelten*
licuado m MEX *milkshake van ijs en vruchten*
licuadora v *sapcentrifuge*
licuar /ú/ OV WW *vloeibaar maken*
lid v • *strijd*; *gevecht* • *debat*; *dispuut* ★ en estas lides *op dit gebied* ★ en buena lid *op een eerlijke manier*; *op legale wijze*
líder I m • *(partij)leider* • *koploper* **II** BNW ★ empresa ~ *toonaangevend bedrijf*
liderato m *leiderschap*; *leiding*
lidia v *stierengevecht* ★ toro de ~ *vechtstier*
lidiador m *stierenvechter*
lidiar I OV WW *stieren bevechten* **II** ON WW • *opboksen (tegen)* • *strijden*; *vechten*
liebre v *haas* ★ donde menos se piensa salta la ~ *je weet nooit hoe een koe een haas vangt*

★ dar gato por ~ *knollen voor citroenen verkopen* ★ coger una ~ *vallen; struikelen* ★ levantar la ~ *slapende honden wakker maken*

Lieja v *Luik*

liendre v *luizenei*

lienzo m • *(linnen) doek* • *(schilders)doek; schilderij* • *deel van een muur/gevel* ★ ~ curado *gebleekt linnen*

liga v • *liga; bondgenootschap; verbond* • *pact; bond* • *maretak* • SPORT *divisie; competitie* • *sokophouder; jarretelle* • *mengsel; legering* • *vogellijm* • COMP. *link* ★ hacer buena liga *het goed kunnen vinden* • liga de campeones *championsleague*

ligado I BNW • *glad* (v. saus) • *verbond* • MUZ. *legato* II WW (volt. deelw.) → **ligar**

ligadura v • MED. *(het) afbinden* • *verbinding* • *touw;* OOK FIG. *band*

ligamento m • *bindweefsel; ligament* • *textielbinding* • *weefsel*

ligar I OV WW • *vastbinden* • MED. *afbinden* • *met elkaar verbinden; binden* • *legeren* ⟨v. metalen⟩ ★ *estas dos cosas no ligan bien dit klopt niet met elkaar* II ON WW • *flirten* • *samengaan; overeenstemmen* • *één slag kaarten krijgen* ⟨in kaartspel⟩

ligarse WKD WW • *zich verbinden; een verbond sluiten* • *versieren; een liefdesrelatie aangaan*

ligazón v *relatie; verband*

ligereza v • *behendigheid* • *lichtvaardigheid* • *lichtzinnigheid* ★ cometer una ~ *iets onbezonnen doen*

ligero BNW • *vlug; snel* • *licht* • *behendig* • *luchthartig; lichtvaardig; lichtzinnig; frivool* ★ mujer ligera *losbandige vrouw* ★ hacer algo a la ligera *iets met de Franse slag doen* ★ ~ de ropa *luchtig gekleed* ★ ~ de lengua *loslippig*

lignito m *bruinkool*

ligón I m *versierder* II BNW *versierderig* ★ es muy ~ *hij is een echte versierder*

ligue m • *avontuurtje* • *scharrel* ★ ir de ~ *op de versiertoer gaan*

liguero I m *jarretellegordel* II BNW SPORT *competitie-*

ligur I m/v *Liguriër; Ligurische* II BNW *Ligurisch*

lija v *hondshaai* ★ papel de lija *schuurpapier*

lijadora v *schuurmachine*

lijar OV WW *schuren*

lila I v *sering* II m/v *sukkel; onnozele hals* III BNW • *onnozel* • *lila*

Lila v *Rijsel; Lille*

liliputiense I m/v *lilliputter* II BNW *lilliput-; lilliputachtig*

lima v • *limoen* • *vijl* • *het vijlen* ★ comer como una lima *eten als een wolf* ★ lima de uñas *nagelvijl*

limador I m *grote vijl* II BNW *vijl-*

limadura v *het vijlen*

limaduras v mv *vijlsel*

limar OV WW • *vijlen* • *bijvijlen* • FIG. *bijschaven* ★ ~ diferencias *verschillen (in karakter) overwinnen*

limaza v *naaktslak*

limbo m • REL. *limbus; voorgeborchte* • PLANTK. *bladschijf* • *stralenkrans om de zon* ★ estar en

el ~ *verstrooid zijn*

limeño I m *inwoner van Lima* II BNW *uit Lima*

liminar BNW *inleidend; voorlopig*

limitación v • *beperking* • *district; ambtsgebied* ★ sin ~ *ongeacht; onbeperkt*

limitado I BNW • *beperkt* • *beperkt van verstand; dom* • *gering* • limitación de la conciencia *bewustzijnsvernauwing* II WW (volt. deelw.) → **limitar**

limitar I OV WW • *begrenzen* • *beperken* II ON WW ★ ~ con *grenzen aan*

limitarse WKD WW *zich beperken*

limitativo BNW *beperkend; restrictief*

límite m • *grens; eind* • *limiet* ★ velocidad ~ *maximale snelheid* ★ sin ~ *grenzeloos; onbeperkt* ★ caso ~ *grensgeval* ★ edad ~ *leeftijdsgrens*

limítrofe BNW *aangrenzend*

limo m *modder*

limón m *citroen*

limonada v *(citroen)limonade* ★ no ser chicha ni limona(da) *vlees noch vis zijn* ★ ~ de vino *wijn met citroen*

limonar m *citroenboomgaard*

limonero I m *citroenboom* II BNW *citroenen-; citroen-*

limosna v *aalmoes* ★ pedir ~ *bedelen*

limosnear ON WW *bedelen*

limoso BNW *modderig*

limpia v *schoonmaak*

limpiabarros m (mv onv.) *voetrooster; schoenschraper*

limpiabotas m (mv onv.) *schoenpoetser*

limpiachimeneas m (mv onv.) *schoorsteenveger*

limpiacristales m (mv onv.) *glazenwasser*

limpiadientes m (mv onv.) *tandenstoker*

limpiador I m *schoonmaker* II BNW *schoonmaak-*

limpiadora v *schoonmaakmachine*

limpiamanos m (mv onv.) CA *handdoekje; gastendoekje*

limpiaparabrisas m (mv onv.) *ruitenwisser*

limpiapiés m (mv onv.) *voetrooster; schoenschraper*

limpiaplumas m (mv onv.) *inktlap*

limpiar OV WW • *schoonmaken; reinigen* • *snoeien; ontdoen van; zuiveren* • *stelen; afhandig maken* • FIG. *uitkleden*

limpiarse WKD WW *zich reinigen* ★ ~ los pies *zijn voeten vegen* ★ ~ de fiebre *geen koorts meer hebben*

limpidez v *zuiverheid; helderheid*

límpido BNW *helder; zuiver*

limpieza v • *reinheid; netheid* • *eerlijkheid* • *schoonmaak; reiniging* • *behendigheid* ★ hacer ~ *schoonmaak houden* ★ ~ en seco *stomen; chemisch reinigen* ★ ~ étnica *etnische zuivering*

limpio I BNW • *schoon* • *netjes; proper* • *zuiver* • *helder* • *onvoorbereid* ⟨voor examen⟩ • *dom* ★ a grito ~ *hard schreeuwend* ★ a cuerpo ~ *zonder jas* ★ escribir/pasar a ~ *in het net schrijven* ★ ~ de polvo y paja FIG. *zuiver* ★ sacar en ~ *wijs worden uit; begrijpen* ★ ~ de vrij van ★ juego ~ *eerlijk spel* ★ quedarse ~ *zijn geld verloren hebben; uitgekleed zijn*

II BIJW *zuiver* ★ en ~ *schoon*; *netto* ★ jugar ~ FIG. *eerlijk spelen* ★ poner en ~ *in het net schrijven*

limpión m *vluchtige schoonmaak* ★ dar un ~ *een beetje schoonmaken*

linaje m • *afkomst*; *familie* • *slag*; *soort* ★ el ~ *humano de mensheid* ★ de distinto ~ *van allerlei slag*

linajudo BNW • *adellijk* • *met blauw bloed*

linaza v *lijnzaad*

lince m • *lynx* • *slim, scherpzinnig persoon*

linchamiento m *het lynchen*

linchar OV WW *lynchen*

lindante BNW *aangrenzend; belendend*

lindar ON WW *grenzen* ★ ~ con OOK FIG. *grenzen aan*

linde m/v OOK FIG. *grens* ★ ~ del bosque *bosrand*

lindero I m *grens* II BNW *aangrenzend*

lindeza v *aantrekkelijkheid; schoonheid*; IRON. *fraaie opmerkingen*; IRON. *complimenten*

lindezas v mv • → **lindeza** • *brutaliteiten; beledigingen • complimentjes; vleierijen*

lindo BNW *mooi; knap* ★ de lo ~ *ontzettend; hartstikke*

línea I m *grensrechter* II v • *streep*; *lijn* • *contour* • *(richt)lijn* • MIL. *opstelling* • *rij* • *linie • regel • verbinding • kabel; leiding* ★ ~ directriz *richtlijn* ★ por ~ materna *van moeders kant/zijde* ★ SPORT ~ de medios *middenlinie* ★ TELECOM. me da ~ por favor *verbind me even door* ★ en ~ recta *rechtdoor* ★ en ~s generales *globaal*; *in grote lijnen* ★ en toda la ~ *over de gehele linie* ★ guardar la ~ *aan de lijn doen* ★ unas (dos/cuatro) ~s *een kattebelletje* ⟨kort briefje⟩ ★ entre ~s *tussen de regels door* ★ de primera ~ *vooraanstaand* ★ ~ aérea *luchtlijn* ★ TELECOM. ~ caliente *sekslijn* ★ juez de ~ *grensrechter* ★ ~ de llegada *finishlijn*; *meet* ★ ~ grandes ~s *de grote lijnen* ★ ~ transversal *snijlijn*

lineal BNW *lineair; lijn-*

linear OV WW • *lijnen trekken op* • *schetsen*

líneas v mv • → **línea** • *gelaatstrekken*

linfa v *lymfe*

linfático BNW *lymfatisch; lymfe-* ★ glándula linfática *lymfeklier*

linfocito m *lymfocyt*

lingotazo m ★ pegarse/atizarse un ~ *zich een stuk in de kraag drinken*

lingote m *staaf; baar* ⟨v. metaal⟩

lingüista m/v *linguïst; taalkundige*

lingüística v *linguïstiek; taalkunde*

lingüístico BNW *linguïstisch; taalkundig; taal-*

linimento m *liniment; smeersel*

lino m • *vlas • linnen*

linóleo m *linoleum*

linotipia v *linotypemachine*

linterna v • *lantaarn*; *zaklantaarn • vuurtoren* ★ ~ mágica *toverlantaarn*

lío m • *bundel • rommel; gedoe; toestand* • *roddel • affaire; verhouding* ★ meterse en líos *zich in de nesten werken* ★ armar un lío *verwarring stichten* ★ hacerse un lío *in de war raken* ★ lío de faldas *problemen met vrouwen*

lionés I m *man uit Lyon* II BNW *uit/van Lyon*

Liorna v *Livorno*

lioso I m INF. *roddelaar*; *intrigant* II BNW INF. *lastig; ingewikkeld*

lipotimia v *flauwte*

liquen m *korstmos*

liquidación v • *opruiming; uitverkoop • (het) smelten • afrekening; aflossing • liquidatie* • *afwikkeling*; *opheffing* ★ hacer ~ *afrekenen*

liquidar OV WW • *smelten • aflossen*; OOK FIG. *afrekenen; verrekenen • doden; liquideren* • *opheffen; (af)sluiten • geld erdoorheen jagen* • *verkopen; opruimen*

liquidez v • *liquiditeit • vloeibare toestand/staat*

líquido I m • *vloeistof • saldo; netto bedrag* ★ ~ disponible *liquide middelen* II BNW • *vloeibaar • liquide; netto*

lira v • *lier • lire • Spaanse versvorm* ★ lira turca *Turkse lira* ⟨munt⟩

lírica v *lyriek*

lírico I m • *lyrisch dichter • lyrisch werk* II BNW *lyrisch*

lirio m *iris*; *lis* ★ ~ de agua *waterlelie*

lirismo m *lyrisme; dichterlijkheid*

lirón m DIERK. *zevenslaper* ★ dormir como un ~ *slapen als een roos*

lis v *lis*

Lisboa v *Lissabon*

lisboeta I m/v *iemand uit Lissabon* II BNW *van/ uit Lissabon*

lisbonense I m/v *iemand uit Lissabon* II BNW *van/uit Lissabon*

lisiado I BNW *invalide*; *gehandicapt* II WW (volt. deelw.) → **lisiar**

lisiar OV WW *invalide maken; verminken*

liso BNW • *vlak*; *glad • stijl* ⟨v. haar⟩ • *effen* • *zonder franje; eenvoudig • zonder obstakels; vrij* ★ la cuerda lisa *het klimtouw* ★ liso y llano *ronduit; duidelijk*

lisonja v *vleierij*

lisonjear OV WW *vleien*

lisonjero BNW • *vleiend* • FIG. *hoopvol*; FIG. *veelbelovend*

lista v • *strip*; *strook • streep • lijst* ★ pasar ~ *namen van presentielijst afroepen* ★ ~ de correos *poste restante* ★ a ~s *gestreept* ★ ~ de boda *huwelijkslijst* ⟨verlanglijst bij huwelijk⟩ ★ ~ negra *zwarte lijst* ★ ~ de precios *prijslijst*

listado BNW *gestreept*

listar OV WW *op een lijst zetten*

listeza v *slimheid*

listillo m *slimmerik*

listín m • *lijstje*; *adreslijst • opgave* ★ ~ de teléfonos *telefoonlijst*

listo BNW • *snel van begrip*; *slim • doortastend* • *gereed*; *klaar* ★ i~! *klaar!* ★ pasarse de ~ *te slim willen zijn* ★ i~s ya, adelante! *klaar af!* ★ estar/ir ~ *het helemaal mis hebben* ★ pasarse u.p. de ~ *al te slim willen zijn*

listón m • ARCHIT. *smalle lijst • strip*; *lat • strook*

lisura v • *gladheid • openhartigheid • vlakheid*; *het vlak/egaal zijn* ★ con ~ *eerlijk*

litera v • *draagstoel • kooi* ⟨op schip⟩; *couchette* • *stapelbed*

literal BNW *letterlijk* ★ sentido ~ *letterlijke betekenis*

literario BNW *literair*

literato m *letterkundige*
literatura v • *literatuur* • *geklets*
litigación v • *(het) procederen* • *(het) twisten*
litigante I m/v *de procederende partij* **II** BNW *procederend*
litigar OV WW • *procederen* • *redetwisten*
litigio m *geschil*; *twistpunt* ★ *estar en ~ betwist worden*
litigioso BNW *litigieus*; *betwist*
litio m *lithium*
litografía v • *litho* • *lithografie*; *steendrukkunst* • *werkplaats van lithograaf*
litografiar /í/ OV WW *lithograferen*
litográfico BNW *lithografisch*
litoral I m *kustgebied*; *kuststreek* **II** BNW *van de kuststreek*
litri BNW *dandyachtig*; *fatterig*
litro m • *liter* • *literfles*
litrona v *literfles bier*
Lituania v *Litouwen*
lituano I m *Litouwer* **II** BNW *Litouws*
liturgia v *liturgie*
litúrgico BNW *liturgisch*
liviandad v • *luchtigheid* ‹v. kleding›; *lichtheid* • *onbeduidendheid* • *lichtzinnigheid*
liviano BNW • *dun* ‹v. kleding›; *licht* • *onbeduidend* • *lichtzinnig*; *wispelturig*
livianos m mv *longen*
lividecer ON WW *lijkbleek worden*
lividez v *lijkbleke kleur*
lívido BNW *lijkbleek*
lixiviar OV WW *uitlogen*
liza v • *strijdperk* • *strijd* ★ *entrar en liza zich in de strijd mengen*
ll v *ll* ★ *la ll de Llobregat de ll van Llobregat*
llaga v • *zweer*; *wond* • *kwelling*; *smart* ★ *poner el dedo en la ~ de vinger op de zere plek leggen*
llagar ON WW *verwonden*; *doen zweren*
llama v • *vlam* • *hartstocht*; *passie* • *lama*
llamada v • *het opbellen*; *telefoontje* • *oproep*; *het roepen*; *roep* • *(ge)klop*; *het (aan)bellen* • *verwijzingsteken*; *noot* ★ *a la segunda ~ bij de tweede keer dat er gebeld wordt* ★ *tener una ~ opgebeld worden* ★ *~ perdida niet beantwoorde telefonische oproep* ‹ook als middel om eerdere afspraak te bevestigen› ★ *~ en espera wisselgesprek*
llamado m *(op)roep*
llamador m *(deur)bel*; *deurklopper*
llamamiento m • *oproep* • *oproep voor militaire dienst* ★ *hacer un ~ a oproepen tot* ★ *lanzar un ~ urgente a/para een dringende oproep doen tot/om*
llamar I OV WW • *(op)bellen*; *roepen* • *oproepen* • *noemen* • *(aan)trekken* ★ *eso es lo que se llama un auténtico amigo dat is nou wat je noemt een echte vriend* ★ *~ la atención de aandacht trekken*; *opvallen*; *een berisping geven* ★ *~ a capítulo ter verantwoording roepen* ★ *~ al orden tot de orde roepen* ★ *¿quién llama? met wie spreek ik?*; *wie heb ik aan de lijn?* ★ *llaman er wordt gebeld/geklopt/geroepen* ★ *volver a ~ terugbellen* ★ *hoy no me llama la comida vandaag heb ik niet zo'n trek in eten* ★ *~ al médico de dokter*

laten komen ★ *~ de tú/usted a u.p. iem. met jij/u aanspreken* **II** ON WW • *telefoneren* • *aanbellen*; *aankloppen*
llamarada v • *steekvlam* • *plotselinge blos* • *opwelling*; *vlaag*
llamarse WKD WW *heten* ★ *no se llama a engaño hij laat zich niet voor de gek houden*
llamativo BNW *opvallend*; *opzichtig* ★ *colores ~s schreeuwerige kleuren*
llamear ON WW *(op)vlammen*
llamón BNW MEX *laf*
llana v • *strijkbord*; *troffel* • *vlakte*
llanada v *vlak gedeelte*; *vlakte*
llanero m *bewoner van een vlakte*
llaneza v • *ongekunsteldheid*; *eenvoud* • *oprechtheid*
llano I m *vlakte* **II** BNW • *plat*; *vlak* • *natuurlijk*; *eenvoudig* • *gewoon* • *simpel*; *ongekunsteld* • TAALK. *met de klemtoon op de voorlaatste lettergreep* • *de/en ~ openhartig*; *helder en duidelijk* ★ *plato ~ plat bord* ★ *es caso ~ het is een uitgemaakte zaak* ★ *pueblo ~ gewone volk* ★ *a la pata llana zonder plichtplegingen/poespas*
llanta v • *wiel* • *velg* • *band* • *soort kool*
llantén m *weegbree*
llanto m *gehuil*; *het huilen*; *gesnotter*; *geschrei* ★ *deshacerse/anegarse en ~ tranen met tuiten huilen*
llanura v *vlakte*
llar m *keukenhaard*
llares m mv • → **llar** • *ketting van kookpot*
llave v • *sleutel* • *tap*; *kraan*; *schakelaar* • SPORT *houdgreep* • *accolade* • TECHN. *sleutel* • MUZ. *sleutel* ★ *poner bajo/debajo de ~ achter slot zetten* ★ *tener bajo siete ~s achter slot en grendel hebben* ★ *~ inglesa Engelse sleutel* ★ *~ de la luz lichtschakelaar* ★ *~ de paso hoofdkraan* ‹v. water, gas› ★ *~ de gas gaskraantje* ★ *~ tubular pijpsleutel* ★ *~ maestra loper* ★ *cerrar a ~ op slot doen* ★ *cerrar con ~ op slot doen*
llavero m • *sleutelhanger* • *sleutelbewaarder*
llavín m *kleine sleutel*
llegada v *aankomst*
llegar I OV WW *dichterbij brengen* ★ *~ a casa thuiskomen* ★ *~ a más hogerop komen* ★ *la vista no me llega tan lejos ik kan niet zo ver kijken* ★ *con este dinero no llego hasta finales del mes met dit geld haal ik het einde van de maand niet* **II** ON WW • *aankomen* • *toereikend zijn*; *voldoende zijn* • *dichterbij komen* • *vergelijkbaar zijn met*; *halen bij* • *bijeenbrengen* ★ *¡hasta ahí podíamos ~! de grens is bereikt!* ★ *tu amiga ~á lejos jouw vriendin zal het nog ver schoppen* ★ *esperemos que no llegue a oídos del director laten we hopen dat het de directeur niet ter ore komt* ★ *~ a puerto tot een goed einde brengen* ★ *no ~ la sangre al río niet zo'n vaart lopen* ★ *todo llega alles loopt volgens verwachting*; *alles voldoet aan de verwachtingen* ★ *si llega el caso als puntje bij paaltje komt* ★ *llegó a oír hij hoorde*; *hij kreeg te horen* ★ *llegó a ser hij werd* ★ *~ a las manos op de vuist gaan* ★ *~ a ser ministro*

minister worden; *het tot minister brengen*
★ llegados a Roma, los soldados empezaron
el saqueo *de soldaten waren nog maar net in
Rome aangekomen, of ze begonnen te
plunderen* ★ ~ al alma *de ziel raken*;
ontroerend zijn ★ ~ a las armas *de wapenen
opnemen* ★ ~ a la conclusión *tot de conclusie
komen*; *afleiden* ★ estar al ~ *ieder moment
kunnen aankomen* ● (~ **a** [+ *inf.*]) *uiteindelijk
...*; *zelfs ...* ● (~ **a/hasta**) *komen tot*; *reiken tot*;
zich uitstrekken tot ● (~ **a**) *bereiken* ‹v. hoge
positie› ● (~ **a**) *halen*; *het volhouden tot*
llegarse WKD WW ● *naderen*; *dichterbij komen*
● *langsgaan* ● *gaan naar*
llenar OV WW ● *vol maken*; *vullen*; *tevreden
stellen*; *bevredigen* ● *overstelpen*; *overladen*
● *invullen* ★ ~ de alegría *met blijdschap
vervullen* ★ ~ hasta el tope *tot aan de rand
volschenken/vullen* ★ las patatas llenan
mucho *aardappelen zijn erg machtig* ★ ~ el
impreso *het formulier invullen*
llenarse WKD WW ● *vol raken*; *vol worden* ● *zich
vullen* ● se llenó los zapatos de polvo *zijn
schoenen zaten onder het stof* ★ cada uno se
llena la boca hablando del asunto *iedereen
heeft er de mond van vol*
lleno I m *uitverkochte zaal* ★ el ~ de la luna *de
volle maan* II BNW ● *verzadigd* ● *vol*; *gevuld*
● *gezet*; *mollig* ★ a manos llenas *handen vol*
★ estar ~ *vol zitten*; *verzadigd zijn* ★ tienes los
pantalones ~s de barro *je broek zit onder de
modder* ★ de ~ *volkomen*; *helemaal* ★ de ~ *vol,
precies* ● le da el sol de ~ *de zon schijnt recht
op hem*; *hij zit vol in de zon*
llevadero BNW *draaglijk*
llevar I OV WW ● *(weg)brengen* ● *(rond)leiden*;
rijden ● *er al op hebben zitten*; *duren*
● *onthouden* ● *leiden*; *gaan* ● *besturen*
● *vergezellen*; *brengen* ● *hebben* ● *dragen* ‹ook
van kleding› ● *beheren*; *besturen* ● *verduren*;
verdragen ● *teweegbrengen*; *(aan)brengen* ‹v.
vreugde, verdriet› ● *overbrengen*; *meedelen*
● *aangeven* ‹v. ritme› ● *ouder zijn dan*; *meer
hebben dan* ● *vergen*; *kosten* ‹v. tijd, moeite›
● *vragen* ‹v. geld› ★ bij zich hebben ‹geld,
paspoort› ★ dejarse ~ de/por *zich laten leiden
door*; *zich laten meeslepen door* ★ ~ el agua a
su molino *op eigen voordeel uit zijn* ★ ~ la
batuta *de lakens uitdelen* ★ ~ la contraria *veel
werk bezorgen* ★ ~ la contraria *tegendraads
zijn*; *dwarsliggen* ★ ~ la corriente *naar de
mond praten* ★ ~ a efecto *uitvoeren*; *realiseren*
★ ~ idea de *erover denken om*; *met de
gedachte spelen om* ★ ~ aparejado *met zich
meebrengen* ★ ~ en peso *dragen* ★ ~ a la
práctica *in praktijk brengen* ★ ~ prisa *haast
hebben* ★ ~ trazas de *er niet naar uitzien* ★ ~ a
(feliz) término *tot een (goed) einde brengen*
★ ~ la voz cantante IRON. *de leiding hebben*
★ marcar el paso *in de pas/maat lopen* ★ lleva
razón *hij heeft gelijk* ★ lleva un buen ritmo
en sus estudios *hij studeert in een heel
behoorlijk tempo* ★ ~ a u.p. *iemand mee laten
rijden*; *iemand een lift geven* ★ ~ camino de
ser ministro *op weg zijn minister te worden*
★ no lleva camino de tener éxito *het ziet er

niet naar uit dat het succes zal hebben* ★ no
lleva camino *het is niet juist* ★ esto lleva mal
camino *dat loopt verkeerd* ★ ~ el mismo
camino *dezelfde kant opgaan* ★ ~ la casa *de
huishouding doen* ★ ~ la cuenta *de
boekhouding doen* ★ ya lleva seis meses en
Madrid *hij woont al 6 maanden in Madrid*
★ ya lleva diez años de casada *ze is al 10 jaar
getrouwd* ★ me lleva dos años *hij is 2 jaar
ouder dan ik* ★ ya llevo esperando más de
media hora *ik zit al meer dan een half uur te
wachten* ★ llevamos media hora de retraso
we hebben een half uur vertraging ★ ~ a u.p.
como de la mano *geen kind aan iemand
hebben* ★ ~ a cabo *ten uitvoer brengen*; *tot
stand brengen* ★ ~ por dóorvoeren* ★ ~ mucho
trabajo *veel werk/kosten met zich meebrengen*
★ le lleva dos minutos de ventaja *zij ligt twee
minuten op hem voor* ★ nos llevamos dos
meses *wij schelen twee maanden* ★ ~ consigo
bij zich hebben; *veroorzaken*; *met zich
meebrengen* ★ ~ los libros *boekhouden* ★ ~ las
de perder *aan het kortste eind trekken*
II HWW *hebben* ★ todo lo que llevo hecho
alles wat ik tot nu toe gedaan heb
llevarse WKD WW ● *meenemen*; *afnemen*
● *verkrijgen*; *bemachtigen*; *in de wacht slepen*
● *in de mode zijn*; *in zijn* ● *krijgen* ★ ~ la
mejor/peor parte *er het best/slechtst vanaf
komen* ★ se llevó una enorme sorpresa al
verlos *ze was zeer verrast toen ze hen zag* ★ ~
de calle algo FIG. *iets in zijn zak hebben* ★ ~
los demonios *hels/woedend worden* ★ ~ el
gato al agua *de kat de bel aanbinden* ★ ~ por
delante (in de vaart) *meesleuren* ★ ~ la palma
de kroon spannen; *de beste zijn* ★ ~ bien con
u.p. *goed met iemand kunnen opschieten* ★ ~ a
matar *elkaar wel kunnen schieten* ★ ~ un
susto *schrikken*
llorar I OV WW ● *betreuren* ● *treuren om*
● *(druppels vloeistof) afgeven* ★ ~ás lágrimas
de sangre *je zult het berouwen* ★ ~ los pinos
lloran resina *pijnbomen geven hars af* II ON
WW ● *huilen* ● *tranen* ★ el que no llora no
mama *alleen door het te vragen, krijg je wat je
wilt* ★ quien bien te quiere te hará ~ *iemand
die veel om je geeft, bekommert zich ook om je*
★ ~ a cuajo/a lágrima viva/a moco y baba/a
moco tendido/como una fuente *tranen met
tuiten huilen* ★ ~ por *huilen om*
lloriquear ON WW *dreinen*; *jammeren*; *jengelen*
lloriqueo m *gejammer*; *gedrein*; *gejengel*
lloro m *gehuil*
llorón I m (v: **llorona**) ● *huilebalk* ● *klagerig
persoon* II BNW (v: **llorona**) ● *treur-* ● *klagerig*;
huilerig; *snotterig* ★ sauce ~ *treurwilg*
lloroso BNW ● *huilerig* ● *met tranen in de ogen*;
behuild; *betraand*
llovedera V LA *aanhoudende regen*
llovedizo BNW *lekkend*
llover /ue/ ON WW OOK FIG. *regenen* ★ llueve
chuzos *het regent pijpenstelen* ★ hacía como
quien oye ~ *ze deed alsof haar neus bloedde*;
ze deed alsof het haar niet aanging ★ ~ sobre
mojado *er nog eens bij komen* ★ llueve de
Dios *het regent hard* ★ no tener sobre qué

Dios le llueva *zo kaal als een luis zijn* ★ llueve a cántaros *het regent dat het giet*; *het regent pijpenstelen* ★ como llovido del cielo *als een geschenk uit de hemel* ★ lloviendo como llueve *als het zó hard regent* ★ llovían desgracias sobre ellos *ze hadden de ene pech na de andere* ★ ha llovido mucho desde entonces *er is sinds die tijd veel gebeurd*

llovizna v *motregen*

lloviznar ON WW *motregenen*

lluvia v • *regen* • *stroom*; FIG. *stortvloed* • ZA *douche* ★ ~ *ácida zure regen* ★ ~ *fina/menuda motregen* ★ ~ *de estrellas sterrenregen* ★ ~ *torrencial stortregen*; *plensbui*

lluvioso BNW *regenachtig*

lo I PERS VNW *hem*; *het* II ONB VNW ★ *lo de wat betreft* ★ *lo que hetgeen*; *(datgene) wat* III LW *het* ★ *lo malo het slechte*

loa v • *lof* • *proloog* ⟨v. toneelstuk⟩

loable BNW *loffelijk*

loar OV WW *loven*

loba v *wolvin*

lobanillo m *vetbult*; *wen*

lobato m (*lobezno*) *wolvenjong*

lobo m • *wolf* • *soort vis* ★ ver las orejas al lobo *het gevaar onder ogen zien* ★ lobo marino *zeerob* ⟨dier⟩ ★ meterse en la boca del lobo *zich in het hol van de leeuw begeven* ★ lobo de mar *zeerob* ⟨ervaren zeeman⟩

lóbrego BNW *naargeestig*; *somber*

lobreguez v *somberheid*; *naargeestigheid*

lobulado BNW *gelobd*

lóbulo m • *oorlel* • *lob* • ANAT. *kwab*

lobuno BNW *wolfachtig*; *wolven-*

local I m • *ruimte* • *gelegenheid* II BNW *plaatselijk* ★ ~es *públicos openbare gebouwen*

localidad v • *stad*; *dorp* • *(zit)plaats* • *plaatsbewijs* ★ clases de ~es *rangen*

localización v • *lokalisatie*; *plaatsbepaling* • *opsporing*; *het vinden*

localizar OV WW • *afbakenen* • *lokaliseren*; *opsporen*

localizarse WKD WW *zich bevinden*; *zich plaatselijk beperken*

locatis m/v INF. *gek*; *idioot* II BNW INF. *gek*; *idioot*

locha v *modderkruiper*

loción v • *wassing* • *lotion*

loco I m (v: *loca*) • *gek* • *dwaas* ★ cada loco con su tema *elke gek heeft zijn gebrek* ★ hacer el loco *zich uitleven*; *flink gek doen* II BNW (v: *loca*) • *gek* • *dwaas* • *dol*; *krankzinnig* • *enorm (veel)* • → *madre* ★ estar loco de contento/de alegría *dol van vreugde zijn* ★ a lo loco *in het wilde weg* ★ hacerse el loco *zich van de domme houden* ★ más sabe el loco en su casa que el cuerdo en la ajena *men moet zich niet met andermans zaken bemoeien* ★ volver loco a u.p. *iemand gek maken/ergeren*; *iemand het hoofd op hol brengen* ★ estar loco por/con u.p. *gek zijn op/met iemand* ★ éxito loco *enorm succes* ★ no voy a subir esa montaña, ni loco *ik ga die berg niet op, ik ben niet gek!* ★ es para volverse loco *het is om gek van te worden*

locomoción v • *voortbeweging* • *transport*;

vervoer

locomotor BNW *voortbewegings-*; *voortbewegend* ★ aparato ~ *bewegingsapparaat*

locomotora v *locomotief* ★ como una ~ *razendsnel*

locomotriz BNW *voortbewegings-*; *voortbewegend*

locro m LA *bepaald maïsgerecht*

locuacidad v *spraakzaamheid*

locuaz BNW *spraakzaam*

locución v • *uitdrukking* • *zegswijze*

locura v • *waanzin* • *dwaas idee*

locutor m *presentator*; *omroeper*

locutorio m • *(opname)studio* • *spreekkamer* ⟨in klooster, gevangenis⟩ • VERO. *telefooncel*

lodazal m *modderpoel*

lodo m *modder* ★ arrastrar por el lodo *door het slijk halen* ★ cerrado a piedra y lodo *hermetisch gesloten*

lodoso BNW *modderig*

logaritmo m *logaritme*

logia v • *loggia* • *overdekte galerij*

lógica v *logica*

lógico BNW • *verstandig*; *aannemelijk* • *logisch*

logístico BNW *logistisch*

logogrifo m *woordraadsel*; *letterraadsel*

logotipo m *logo*; *beeldmerk*

logrado BNW *geslaagd*; *succesvol*

lograr I OV WW *behalen* II ON WW *erin slagen*; *klaarspelen* ★ ~ un gol *een doelpunt maken* ★ ~ muchos éxitos *veel successen behalen* ★ no logra expresarse *hij kan zich niet uitdrukken*

lograrse WKD WW *succes hebben*

logrero m • *uitbuiter*; *woekeraar* • FIG. *slavendrijver* • LA *opportunist*; *profiteur*

logro m • *prestatie*; *succes* • *winst* • *vervulling*; *het bereiken*

logroñés I m *iemand uit Logroño* II BNW *van/ uit Logroño*

Lola v *roepnaam voor Dolores*

loma v *heuvelrug*

lombarda v *rode kool*

lombardo I m *Lombardijer* II BNW *Lombardisch*

lombriz v *worm* ★ ~ de tierra *aardworm* ★ ~ intestinal *darmworm* ★ ~ solitaria *lintworm*

lomo m • *lende*; *rib(benkast)* ⟨v. dier⟩ • *rug* ⟨v. viervoeter⟩ • INF. *(onder)rug* ⟨v. mens⟩ • *rug* ⟨v. boek⟩ • *rug tussen ploegvoren* ★ de tomo y lomo *enorm* ★ a lomos de un burro *op de rug van een ezel*

lona v • *canvas*; *zeildoek*; *tentdoek* • SPORT *(boks)ring*

loncha v *plakje*

lonche m MEX *lunch*

lonchería v MEX *lunchroom*

londinense I m/v *Londenaar* II BNW *Londens*

Londres m *Londen*

longanimidad v *grootmoedigheid*

longánimo BNW *evenwichtig*

longaniza v *soort worst* ★ atar los perros con ~ *overdreven mooie voorstelling van zaken geven* ★ hay más días que ~s *morgen is er weer een dag*

longevidad v *hoge leeftijd*; *lange levensduur*

longevo BNW *hoogbejaard*

longitud v • *lengte* • *geografische lengte*;

longitude ⋆ ~ este *oosterlengte*
longitudinal BNW *in de lengte(richting)*;
longitudinaal
longui(s) ⋆ hacerse el ~ *geen sjoege geven*
lonja v • *schijf*; *plak* • *beurs*; *veiling*
• *kruidenierswinkel*
lontananza v *diepte*; *achtergrond* ⋆ en ~ *in de verte*
loor m *lof* ⋆ en loor de *ter ere van*
loquear ON WW • *gekheid maken* • *rare dingen zeggen*
loquera v LA *dwaasheid*
loquero m • *krankzinnigenverpleger*
• *gekkenhuis*; *(krankzinnigen)gesticht*
lord m *lord*
Lorena v *Lotharingen*
Lorenzo m *Laurens*
lores m mv ⋆ Cámara de los Lores *Hogerhuis*
loriga v *harnas*
loro m • *papegaai* • *lelijke vrouw*
los I PERS VNW *hen* ⋆ no los veo *ik zie ze niet*
II LW *de* ⋆ los hombres *de mannen*
losa v • *plavuis*; *vloertegel* • *zerk*; *grafsteen*
⋆ tener una losa encima *gebukt gaan onder een zware last*
losange m *ruitvormige figuur*; *ruit*
loseta v *kleine (vloer)tegel*; *plavuis*
lote m • *perceel*; *kavel* • *partij* ⟨v. goederen⟩
• *aandeel* • *lot*
lotería v • *loterij* • *loterijkantoor* • *lotto* ⋆ ser una ~ *een gok zijn* ⋆ echar a la ~ *in de loterij spelen* ⋆ le tocó la ~ *zij heeft een prijs in de loterij gewonnen*; *zij heeft enorm geboft*
lotero m *lotenverkoper*
loto I m *lotus(bloem)* **II** v *lotto*; *loterij*
Lovaina v *Leuven*
lovaniense BNW *uit Leuven*
loza v *serviesgoed*; *fijn aardewerk* ⋆ loza de china *porselein*
lozanear ON WW • *welig tieren* ⟨v. planten⟩;
gedijen • *er gezond uitzien*
lozanía v • *weelderigheid* ⟨v. planten⟩
• *jeugdigheid*; *jeugd*; *frisheid*
lozano BNW • *weelderig* • *jeugdig*; *fris*
lúa v *peseta*
lubina v *zeebaars*
lubricación v *(het) smeren*
lubricante I m *smeermiddel*; *smeerolie* **II** BNW *smeer-*
lubricar OV WW *smeren*
lubricidad v *wellust*; *geilheid*
lúbrico BNW *zinnelijk*; *wellustig*
lubrificación v *smering*
lubrificante I m *smeermiddel* **II** BNW *smeer-*
⋆ aceite ~ *smeerolie*
lubrificar OV WW *(door)smeren*
lucense I m/v *inwoner van Lugo* **II** BNW *van/uit Lugo*
lucerna v • *bovenlicht*; *dakraam*; *klein raampje*
• *glimworm* • *kroonluchter*
Lucerna v *Luzern*
lucero m • *(heldere) ster* • *bles* ⋆ ~ del alba *Morgenster* ⋆ ~ de la mañana *Morgenster* ⋆ ~ de la tarde *Avondster*
luceros m mv → **lucero** • *ogen*
luces v mv → **luz** • *intelligentie* • *de Verlichting*

⋆ las primeras ~ *de dageraad* ⋆ ~ naturales *intelligentie* ⋆ a todas ~ *overduidelijk*;
glashelder
lucha v *gevecht*; *strijd*; *slag*; *worsteling* ⋆ SPORT ~ libre *vrij worstelen* ⋆ ~ cuerpo a cuerpo *strijd van man tegen man* ⋆ ~ encarnizada *verbitterde strijd* ⋆ SPORT ~ grecorromana *Grieks-Romeins worstelen* ⋆ ~ por la existencia/vida *strijd om het bestaan* ⋆ ~ de clases *klassestrijd* ⋆ abandonar la ~ *de strijd opgeven* ⋆ la ~ contra la droga *de strijd tegen drugs* ⋆ la ~ antiterrorista *de strijd tegen het terrorisme*
luchador m • *worstelaar* • *(voor)vechter*; *strijder*
luchar ON WW ⋆ SPORT *worstelen* • *strijden*;
vechten ⋆ ~ contra/con *opboksen tegen*;
bestrijden
lucidez v *helderheid*; *helder inzicht* ⋆ período de ~ *helder moment*
lucido BNW • *glansrijk*; *luisterrijk*; *schitterend*
• *welvarend* ⋆ estar ~ *het haasje zijn*; *er mooi klaar mee zijn*
lúcido BNW • *scherpzinnig*; *helder* • *bij zijn verstand*
luciente BNW *schitterend*
luciérnaga v *glimworm*
lucimiento m *schittering*; *glans*; *luister*; *pracht en praal*
lucio m *snoek*
lución m *hazelworm*
lucioperca v *snoekbaars*
lucir I OV WW *showen*; *pronken met* ⋆ iasí le luce el pelo! *dat komt er nou van!* **II** ON WW
• *stralen*; *schitteren*; *licht geven*; *schijnen*
• *uitblinken*; *succes hebben* • *eruit springen*;
opvallen • ZA *er schitterend uitzien*; *prachtig gekleed gaan* ⋆ ~ un traje nuevo *een nieuw pak showen* ⋆ el ~ del sol *de zonneschijn*
lucirse WKD WW • *een goede indruk maken*;
uitblinken • *pronken*; *showen* • *een figuur slaan* ⋆ te has lucido *je staat voor gek*
⋆ lucidos estamos *we zijn in de aap gelogeerd*
lucrar OV WW *gedaan krijgen*; *erbij winnen*
lucrarse WKD WW *zich verrijken*; *munt slaan*;
profiteren; *zijn voordeel doen*
lucrativo BNW *winstgevend*; *lonend*; *lucratief*
lucro m *winst*; *profijt*; *voordeel* ⟨vaak pejoratief⟩ ⋆ sin ánimo de ~ *zonder winstbejag*
lucroniense BNW *uit Logroño*
luctuoso BNW FORM. *tragisch*; *treurig*
lucubración v • *overpeinzing* • *nachtelijke studie*
lucubrar ON WW *tot diep in de nacht overpeinzen/studeren*
ludibrio m FORM. *spot*; *hoon*
lúdico BNW *ludiek*; *speels*
ludir OV WW *tegen elkaar wrijven*
luego I BIJW • *dadelijk*; *zo (meteen)*; *straks*
• *daarop*; *daarna*; *vervolgens* • *toen*; *later* • LA *soms*; *af en toe:* ⋆ desde ~ *natuurlijk*;
uiteraard ⋆ ihasta ~! *tot ziens!*; *tot straks!*
⋆ MEX ~ ~ *(zo) meteen* ⋆ (para) ~ es tarde *nu meteen!*; *doe het dan!* ⋆ ~ que *meteen nadat*;
zodra **II** VW *dus*; *daarom* ⋆ ~ de *na* ⋆ pienso,
~ existo *ik denk, dus ik besta (cogito, ergo sum)*

lu

lúes v *syfilis*; *lues*
lugar m • *plaats* • *ruimte* • *gelegenheid*
 • *plaats(je)*; *plek*; *dorp*; *oord* • *arbeidsplaats*
 • *aanleiding*; *reden* ★ hacer su composición
 de ~ *zich een voorstelling maken van iets*; *zich*
 een idee vormen over iets ★ con su comentario
 lo ha dejado en mal ~ *ze heeft hem door haar*
 uitlatingen in een kwaad daglicht gesteld ★ en
 ~ de *in plaats van* ★ en primer ~ *in de eerste*
 plaats ★ fuera de ~ *niet op z'n plaats*;
 ongepast ~ no dejar ~ a dudas *volkomen zeker*
 zijn; *geen twijfel overlaten* ★ quedar en buen/
 mal ~ *het er goed/slecht vanaf brengen*
 ★ tener ~ *plaatsvinden* ★ REL. ~es santos
 heilige plaatsen ★ ~ común *gemeenplaats*;
 cliché ★ dar ~ a *aanleiding geven tot* ★ como
 mejor haya ~ de derecho *naar recht en*
 billijkheid ★ hacerse ~ *een plaats(je) veroveren*
 ★ hacer ~ *plaats maken*; *opschuiven*
 ★ póngase usted en mi ~ *bekijkt u het eens*
 van mijn kant; *verplaatst u zich eens even in*
 mijn situatie ★ no hay ~ a/para *er is geen*
 aanleiding/reden om; *er is geen gelegenheid/*
 kans om ★ poner en su ~ a u.p. FIG. *iemand*
 op zijn plaats zetten
lugareño I m *dorpeling* II BNW • *kleinsteeds*;
 dorps; *plattelands* • *plaatselijk* ★ caballero ~
 landedelman
lugarteniente m • MIL. *luitenant*
 • *plaatsvervanger*
lúgubre BNW • *somber* • *luguber*; *naargeestig*
Luis m *Lodewijk*; *Louis*
Luisiana v *Louisiana*
lujo m *luxe*; *weelde*; *overdaad* ★ artículo de lujo
 luxeartikel ★ permitirse el lujo de *zich de luxe*
 veroorloven om ★ lujo asiático *extreme weelde*
 ★ con lujo de detalles *in geuren en kleuren*;
 uitvoerig
lujoso BNW • *weelderig*; *overdadig* • *luxe-*;
 luxueus
lujuria v • *wellustigheid*; *geilheid*
 • *weelderigheid* ⟨v. plantengroei⟩
lujuriante BNW *weelderig* ⟨v. plantengroei⟩
lujurioso I m *geile persoon*; *wellusteling* II BNW
 geil; *wellustig*
lumbago m *spit*
lumbar BNW *van de lendenen*; *lumbaal*
lumbre v *vuur* ★ sentarse a la ~ *dichtbij het*
 vuur gaan zitten ★ ¿me das ~? *heb je een*
 vuurtje? ★ pedir ~ *om een vuurtje vragen*
 ★ echar ~ *vuur spuwen* ⟨v. ogen⟩
lumbrera v • FIG. *licht*; *uitblinker* • *deur-/*
 raamopening; *dakraam*; *lichtopening*;
 bovenlicht ★ Juanita no es ninguna ~ *Juanita*
 is bepaald geen licht
luminaria v • *feestverlichting* • *godslamp*
luminescencia v *luminescentie*
luminescente BNW *luminescent*
lumínico BNW *licht-*; *van het licht*
luminosidad v *lichtglans*; *helderheid*
luminoso BNW • *lichtgevend* • *licht* • *lumineus*
 ★ letrero ~ *lichtreclame* ★ munición luminosa
 lichtspoormunitie ★ punto ~ *lichtpunt* ★ una
 habitación luminosa *een lichte kamer*; *een*
 goed verlichte kamer
luminotecnia v *verlichtingstechniek*

lumpenproletariado m *lompenproletariaat*
luna v • *maan* • *spiegelglas*; *(spiegel)ruit*;
 glasplaat • *bevlieging*; *manie*; *gril* ★ Media
 Luna *geheel van islamitische landen*; *Turkse*
 Rijk ★ luna de miel *wittebroodsweken*
 ★ armario de luna *spiegelkast* ★ claro de luna
 maneschijn ★ mirar la luna *gapen* ★ estar de
 buena luna *goed gemutst zijn* ★ media luna
 halve maan ★ dormir a la luna *in de open*
 lucht slapen ★ luna llena *volle maan* ★ luna
 menguante *afnemende maan* ★ luna nueva
 nieuwe maan ★ VERO. dejar a uno a la luna
 de Valencia *iemand teleurstellen* ★ pedir la
 luna *iets onmogelijks vragen* ★ vivir en la luna
 niet met beide benen op de grond staan ★ luna
 creciente *wassende maan* ★ estar en la luna
 dromen; FIG. *afwezig zijn* ★ tener lunas
 wonderlijke invallen hebben ★ ladrar a la luna
 tevergeefs tegen iem. tekeergaan
lunación v *maanloop*; *lunatie*
lunar I m • *nop*; *stip* • *moedervlek*
 • *onvolkomenheid*; *schoonheidsfoutje* ★ mes ~
 maanmaand ★ paisaje ~ *maanlandschap* ★ la
 falda a ~es *de gestipte jurk* II BNW *maan-*
 ★ fases ~es *maanfasen*; *schijngestalten van de*
 maan
lunático I m *waanzinnig/gek persoon* II BNW
 waanzinnig; *gek*
lunes m *maandag* ★ los ~ *'s maandags* ★ cada ~
 y cada martes *elke dag*; *steeds weer*;
 voortdurend
luneta v • *lunet* • *achterruit* ⟨v. auto⟩
 • *halfcirkelvormig bovenlicht* • *(brillen)glas*
 • *halvemaan* ⟨vorm⟩ ★ ~s *stalles* ⟨rang in
 theater⟩ ★ ~ térmica *(achter)ruit met*
 verwarming
lunfardo m *boeventaal van Buenos Aires en*
 omgeving
lúnula v *maantje* ⟨v. de nagels⟩
lupa v *loep*; *vergrootglas* ★ examinar con lupa
 FIG. *onder een vergrootglas leggen*
lupanar m *bordeel*
lúpulo m *hop*
lusitano I m *Lusitaniër*; *Portugees* II BNW
 Lusitaans; *Portugees*
luso I m • *Lusitaniër* • *Portugees* II BNW
 • *Lusitanisch* • *Portugees*
lustrador m LA *schoenpoetser*
lustrar OV WW • *glanzend maken* • *poetsen*
 • *reinigen*
lustre m • *glans* • *grandeur*; *glorie*; *luister*;
 prestige • *blozend/gezond uiterlijk* ★ darse ~
 opscheppen; *dik doen*
lustrina v *bewerkte zijden doek*
lustro m *lustrum*
lustroso BNW • *blinkend*; *glanzend*; *glimmend*
 • *gezond* ⟨v. uiterlijk⟩
luteranismo m *lutheranisme*
luterano BNW *luthers*
Lutero m *Luther*
luto m • *rouw*; *rouwband*; *rouwkleding*
 • *verdriet* ★ estar de luto *in de rouw zijn*
luxación v MED. *ontwrichting*
luxemburgués I m ⟨v: **luxemburguesa**⟩
 Luxemburger II BNW ⟨v: **luxemburguesa**⟩
 Luxemburgs

lu

luz v • OOK FIG. *licht* • *lamp*; *verlichting*
• *lichtopening*; *raampje* • TECHN. *binnenmaat*;
dagmaat • *(lichtend) voorbeeld* ∗ a la luz del
día *in alle openbaarheid*; *in het openbaar*
∗ arrojar luz sobre *licht werpen op* ∗ ver la
luz *uitgegeven/gepubliceerd worden*; *het licht
zien*; *geboren worden*; *het levenslicht zien* ∗ de
pocas luces *niet erg slim* ∗ luz intermitente
knipperlicht ∗ luz de tráfico *verkeerslicht* ∗ luz
indicadora *controlelampje*;
waarschuwingslampje ∗ luz relámpago
flitslicht ∗ tener poca luz *onderbelicht zijn*
∗ hay luz *het is licht*; *het licht is aan* ∗ dar luz
aansteken; *belichten* ∗ su hija es la luz de sus
ojos *haar dochter is haar oogappel* ∗ con luz
als het licht is; *overdag* ∗ claro como la luz
del día *overduidelijk* ∗ media luz
schemerlicht; *schemering* ∗ dar a luz *bevallen*;
ter wereld brengen; *moeder worden* ∗ sacar a
la luz (pública) *in de openbaarheid brengen*;
publiceren ∗ salir a (la) luz FIG. *het licht zien*;
aan het licht komen; *uitkomen*, *verschijnen* ⟨v.
boek⟩ ∗ honrado a todas luces *rechtschapen*
∗ a todas luces *in ieder opzicht* ∗ entre dos
luces *aangeschoten*; *in de schemering* ∗ TAUR.
traje de luces *torerokostuum* ∗ luz artificial/
eléctrica *kunstlicht* ∗ luz natural *zonlicht*;
daglicht ∗ luz de la razón *intelligentie* ∗ a la
luz de *in het licht van*; *zo bezien* ∗ raya la luz
de dag breekt aan ∗ luz cenital *daklicht*;
bovenlicht ∗ luz larga/de carretera *groot licht*
∗ luz corta/de cruce *dimlicht* ∗ luz de
posición *contourverlichting* ⟨op vrachtwagen⟩
∗ luz de marcha atrás *achteruitrijlicht* ∗ dar
luz verde FIG. *groen licht geven* ∗ las primeras
luces *het eerste daglicht* ∗ luz trasera
achetrlicht
luzca WW (1e/3e p ev subj. t.t.) → **lucir**

M

m v *m* ∗ la m de Madrid *de m van Marie*
maca v • *rotte plek* ⟨v. fruit⟩ • *beschadiging*
macabro BNW *macaber*; *griezelig*
macaco m • *makaak* ⟨soort aap⟩ • BOLIVIA/PEJ.
Braziliaan
macadán m *macadam* ⟨plaveisel⟩
macana v • ZA *verzinsel*; *leugen*
• *(politie)knuppel*; *knots*
macanazo m ZA *geouwehoer*; *gezeur*
macaneador m (v: **macaneadora**) ZA
leugenaar; *bedrieger*
macanear ON WW ZA *onzin verkopen*; *lullen*;
ouwehoeren
macanudo BNW LA *geweldig*; *groots*
macarra I m VULG. *pooier* II BNW *ordinair*
macarrón m • *macaroni* • *bitterkoekje*
macarrónico BNW *gebroken* ⟨v. taal⟩ ∗ latín ~
potjeslatijn
macarse WKD WW *beurs worden* ⟨v. fruit⟩
macear I OV WW *slaan op* ⟨met houten hamer⟩
II ON WW OOK FIG. *op iets hameren*; *drammen*
macedonia v ∗ ~ (de frutas) *vruchtensalade*
Macedonia v *Macedonië*
maceración v → **macerar**
macerar OV WW • *laten weken* • *fijn maken*;
fijnstampen • *marineren* • *mals maken* ⟨v.
vlees⟩ • REL. *kastijden*
maceta v • *bloempot* • *kleine hamer*; *moker*
macetero m *bloembak*
macetón m *grote bloempot*
machaca v • *stamper* • INF. *zeur*; *drammer* • MEX
gedroogd rundvlees in reepjes
machacar I OV WW • *fijnstampen*; *verpulveren*
• *vermorzelen*; *verbrijzelen* • *verpletteren*; *in
de pan hakken* • *in het hoofd stampen* ⟨v.
leerstof⟩ II ON WW • *drammen*; *zeuren*
• *blokken* ⟨voor examen⟩ • (~ **en**) *hameren
op*; *doorzeuren over*
machacón I m (v: **machacona**) *zeur*; *drammer*
II BNW (v: **machacona**) *zeurderig*; *drammerig*
machaconería v *gedram*; *gezeur*
machada v • *stoerheid* • *stommiteit*
machado m *bijl*
machamartillo m ∗ a ~ *vol overtuiging*;
overtuigd; *rotsvast*
machaquear OV WW → **machacar**
machaqueo m • *het fijnstampen*; *het
verpulveren* • *gezanik*
machaquería v *gedram*; *gezeur*
machetazo m LA *slag* ⟨met kapmes⟩
machete I m • *(groot) (kap)mes*; *machete* • ARG
spiekbriefje II BNW URU *gierig*
machetear I OV WW LA *kappen* ⟨met kapmes⟩
II ON WW ARG. *spieken*
machetero m LA *rietkapper* ⟨op suikerplantage⟩
machihembrar OV WW *zwaluwstaarten*; *in
elkaar sluiten*
machismo m *machisme*
machista I m INF. *macho*; *seksist* II BNW *macho-*;
seksistisch
macho I m • *mannetje(sdier)* • *macho*; *haantje*
• CR *grote blonde man* • *mannetje* ⟨deel van

ma

(metalen) bevestiging›; pen; plug • muildier
II BNW • macho; PEJ. hanig • mannelijk;
dapper • COL fantastisch; geweldig
machón m steunbeer
machona v • PERU manwijf; kenau • RPL pot;
lesbienne
machorra I v • onvruchtbare vrouw • pot
‹lesbienne› **II** BNW onvruchtbaar
machota v • dappere vrouw • manwijf
machote I m macho; stoere man; kerel
‹aanspreekvorm› **II** BNW potig
machucar OV WW → **machacar**
machucho BNW • bezadigd; op leeftijd • kalm;
bedaard
machucón m LA blauwe plek
macia v → **macis**
macicez v massiefheid; stevigheid
macilento BNW mager en bleek; uitgemergeld
macillo m slaghamertje van piano
macis v foelie
macizar OV WW vullen; opvullen
macizo I m • massief; bergketen • brok • blok
‹gebouwen› • perk; bloembed **II** BNW
• massief • stevig; sterk
macrobiótica v macrobiotiek
macrobiótico BNW macrobiotisch
macrocéfalo m met een groot hoofd; OOK FIG.
met een waterhoofd
macrocosmo m macrokosmos
macuco I m ARG, COL, PERU lange slungel/lijs
II BNW CHI, PERU slim; sluw; gehaaid
mácula v OOK FIG. vlek • verzinsel; bedrog
macular OV WW • bevlekken • in diskrediet
brengen
macuto m rugzak; knapzak
Madagascar m Madagaskar
madama v VEN hoerenmadam
madeja v • bos ‹haar› • knot; streng ‹garen/
wol› ★ FIG. enredar la ~ ingewikkeld maken
madera v • hout • aanleg; talent • maderawijn
• INF. politie; smerissen ★ ~ de construcción
timmerhout ★ tocar ~ afkloppen ‹tegen
onheil› ★ ser de/tener buena ~ uit het goede
hout gesneden zijn ★ tener ~ de/para aanleg
hebben voor
maderable BNW bruikbaar voor (timmer)hout
maderaje m → **maderamen**
maderamen m • benodigde hoeveelheid hout
• ARCHIT. houtwerk
maderero I m houthandelaar **II** BNW hout-;
houtverwerkend-
madero m • plank; balk • FIG. schip • INF.
stommerik
madrastra v stiefmoeder
madraza v al te toegeeflijke moeder
madre v • moeder • non; zuster • bedding ‹v.
rivier› • droesem; bezinksel ‹in wijn, azijn›
• hoofdriool • buut ‹bij spel› ★ ~ adoptiva
pleegmoeder ★ ~ alquilada/portadora
draagmoeder ★ ~ de leche min; voedster
★ ARG, CHI las Madres Locas /las Madres de la
Plaza de Mayo de Dwaze Moeders ★ ~ política
schoonmoeder ★ ~ superiora moeder overste
★ la ~ patria het moederland ‹in Latijns-
Amerika: Spanje› ★ salir(se) de la ~ buiten de
oevers treden ‹v. rivier›; FIG. te ver gaan

★ sacar de ~ a alg. iemand het geduld doen
verliezen; iemand kwaad maken ★ ~ mía lieve
help/hemel! ★ ahí está la ~ del cordero daar
is het probleem; dat is de oorzaak (van alle
ellende) ★ INF. de (puta) ~ fantastisch; te gek
madreperla v parelmoer
madreselva v kamperfoelie
madrigal m madrigaal
madriguera v • hol ‹v. dier› • rovershol • FIG.
toevluchtsoord
madrileño I m Madrileen **II** BNW Madrileens;
uit/van Madrid
Madriles m ★ INF. los ~ Madrid
madrina v • peettante; peetmoeder
• beschermvrouwe
madrinazgo m • peetmoederschap • rol van
beschermvrouwe
madroño m • aardbeiboom • vrucht van
aardbeiboom • pompon ‹op kleding›
madrugada v • morgenstond; dageraad • het
vroeg opstaan ★ de ~ vroeg in de ochtend; bij
zonsopgang ★ a las tres de la ~ om drie uur 's
nachts
madrugador I m vroege vogel; matineus
iemand **II** BNW matineus; ochtend-
madrugar OV WW LA te slim af zijn **II** ON WW
• vroeg opstaan • ergens snel/als de kippen bij
zijn ★ a quien madruga Dios le ayuda de
morgenstond heeft goud in de mond ★ no por
mucho ~ amanece más temprano alles op
zijn tijd
madrugón m ★ dar(se)/pegarse un ~ heel vroeg
opstaan
maduración v het rijpen; rijping
madurar I OV WW • doen/laten rijpen ‹v.
vruchten, gewassen› • rijpen ‹v. plan, idee›
II ON WW • rijpen • tot rijping komen;
volwassen worden
madurez v • rijpheid • volwassenheid
• uitwerking ‹v. plan e.d.›
maduro BNW • rijp; gerijpt • weloverwogen
maesa v bijenkoningin
maestra v onderwijzeres; schooljuffrouw ★ ~ de
preescolar/de párvulos kleuterleidster
maestranza v • (artillerie)werkplaats
• marinewerf
maestrazgo m grootmeester ‹v. militaire orde›
maestre m grootmeester ‹v. militaire orde›
maestría v • meesterschap • meestertitel • con
~ meesterlijk
maestro I m • meester; schoolmeester • meester;
leermeester • maestro • LA i~! joh!man! ‹als
aanspreekvorm› • BOUWK. ~ de obras
uitvoerder; opzichter ★ ~ de cocina chef-kok
★ ~ de ceremonias ceremoniemeester **II** BNW
• meester-; meesterlijk • TECHN./BOUW hoofd-
★ viga maestra stut; draagbalk ★ llave
maestra loper ★ obra maestra meesterwerk
mafia v maffia
mafioso I m maffioso **II** BNW maffioos; maffia-
achtig
maganto BNW • uitgeteerd; uitgemergeld
• bezorgd; verdrietig
magdalena v • klein cakeje • berouwvolle vrouw
Magdalena v ★ estar hecha una ~ ontroostbaar
zijn ★ llorar como una ~ tranen met tuiten

huilen
magenta BNW *magenta*; *purper*
magia v • *magie* • *betovering* ★ ~ negra/blanca *zwarte/witte magie*
magiar I m/v *Hongaar* II BNW *Hongaars*
mágico BNW • *magisch*; *tover-* • *betoverend*
magín m INF. *fantasie*; *verbeelding*
magisterio m • *onderwijzerschap* • *onderwijzend personeel* ★ dedicarse al ~ *in het onderwijs werken* ★ estudiar ~ *een lerarenopleiding doen*
magistrado m • *magistraat*; *hoge ambtenaar* • *magistraat*; *lid van de rechterlijke macht*
magistral BNW *magistraal*; *meesterlijk*
magistratura v • *magistratuur*; *rechterlijke macht* • *overheidsambt*
magnanimidad v *grootmoedigheid*
magnánimo BNW *grootmoedig*
magnate m *magnaat* ★ ~s de los medios de comunicación *mediamagnaten* ★ ~s del petróleo *oliebaronnen*
magnavoz m MEX *megafoon*
magnesia v *magnesiumoxide*
magnesio m *magnesium*
magnético BNW *magnetisch*
magnetismo m • *magnetisme* ⟨tussen personen⟩ • *aantrekkingskracht* ★ ~ animal *dierlijk magnetisme*
magnetizar OV WW • OOK FIG. *magnetiseren* • *sterk aantrekken*; *fascineren* • *hypnotiseren*
magneto m *magneetontsteking* ⟨v. motoren⟩
magnetofón m *bandrecorder*
magnetofónico BNW *geluidsopname-*; *geluids-*
magnetófono m → **magnetofón**
magnetoscopio m *videorecorder*
magnicida m/v *moordenaar* ⟨v. belangrijk persoon⟩
magnicidio m *moord* ⟨op belangrijk persoon⟩
magnificar OV WW • *verheerlijken*; *prijzen* • *overdrijven*
magnificencia v • *pracht* • *luxe* • *vrijgevigheid*
magnífico BNW *prachtig*; *magnifiek*
magnitud v • *grootte* • *belang* • NAT. *grootheid*; *helderheid* ⟨v. sterren⟩ ★ un problema de ~ *een groot/belangrijk probleem*
magno BNW • *groot* • *belangrijk*; *groots*
magnolia v *magnolia*
mago m *magiër*; *tovenaar*
magra v *plakje ham* ★ COL ~s *gebakken eieren met ham, kaas, tomaat*
magrear OV WW • *betasten* • VULG. *opgeilen*
Magreb m *Maghreb*
magrebí I m *persoon uit de Maghreb*; *Noord-Afrikaan* II BNW *uit/van de Maghreb(landen)*; *Noord-Afrikaans*
magro I m *persoon uit de Maghreb*; *mager varkensvlees* II BNW • *mager* • *arm*; *schraal* ⟨v. grond⟩
magrura v • *magerheid* • *schraalheid* ⟨v. grond⟩
maguey m LA *agave*
magulladura v • *beurse plek* ⟨v. fruit⟩ • *blauwe plek*; *kneuzing*
magullamiento m → **magulladura**
magullar OV WW *kneuzen*
magullón m LA LA *kneuzing*
Maguncia v *Mainz*
maharajá m *maharadja*

Mahoma m *Mohammed*
mahometano I m *mohammedaan*; *moslim* II BNW *mohammedaans*; *moslim-*
mahometismo m *mohammedanisme*
mahonesa v *mayonaise*
maicena v *maïzena*
maicero BNW *maïs-*
maillot m • *sportshirt* • *zwembroek*; *zwempak* ★ el ~ amarillo *de gele trui*
maitines m mv REL. *metten*
maíz m *maïs*
maizal m *maïsveld*
majada v • *overnachtingsplaats voor vee* • ZZA *kudde schapen, geiten* • ZA *mest*
majaderear OV WW • LA *lastigvallen*; *vervelen* • LA *hardnekkig aandringen*
majadería v *dwaasheid*; *stommiteit*
majadero I m *dwaas*; *idioot* II BNW *dwaas*; *idioot*
majar OV+ON WW → **machacar**
majareta BNW INF. *gek*; *getikt* ★ estás ~ perdido *je bent niet goed snik*
maje m • CA *kerel*; *vent* • CR *stommerik* • MEX *onnozele hals*
majestad v *majesteit* ★ Su Majestad *Zijne/Hare/Uwe Majesteit*
majestuosidad v *statigheid*; *verhevenheid*
majestuoso BNW • *majestueus* • *groots*
majeza v *charmant uiterlijk*; *sympathiek gedrag*
majo I m • GESCH. *volksjongen* • PEJ. *opschepper*; *patser* II BNW • *mooi*; *knap* • *lief*; *aardig*
majuelo m *meidoorn*
mal I m • *kwaad* • *schade* • *euvel* • *pijn*; *gebrek*; *kwaal* ★ mal caduco *vallende ziekte* ★ mal de mar *zeeziekte* ★ mal francés *syfilis* ★ no hay mal que por bien no venga *elk nadeel heeft zijn voordeel* ★ mal de las vacas locas *gekkekoeienziekte* ★ mal de muchos, consuelo de tontos *gedeelde smart is halve smart* II BNW → **malo** III BIJW • *slecht* • *verkeerd* • *lastig* • *vies* ★ dar mal *pijnigen*; *verdriet/pijn doen* ★ estar mal *er slecht aan toe zijn* ★ quedar mal *een slecht figuur slaan* ★ mal que pese *hoe erg het ook is* ★ a mal andar *in het ergste geval* ★ menos mal *gelukkig maar*; *des te beter* ★ menos mal que *nog een geluk dat* ★ echar a mal *verachten*; *verkwisten* ★ llevar/tomar a mal *verkeerd opvatten*; *kwalijk nemen* ★ salir mal *mislukken* ★ haces mal, espera otro tal *kwaad straft zichzelf*
malabar BNW ★ juegos ~es *(jongleer)kunstjes* ★ hacer juegos ~es *jongleren*
malabarismo m *het jongleren*
malabarista m/v • *jongleur* • CHI *sluwe dief*
malacate m *lier*
malaconsejado BNW *onbezonnen*
malacostumbrado BNW *verwend*
malacrianza v LA *ongemanierdheid*; *onbeleefdheid*
malagradecido BNW *ondankbaar*
malagueño I m *inwoner van Málaga* II BNW *van/uit Málaga*
malamente BIJW • *slecht* • *nauwelijks*
malandanza v *tegenspoed*; *ongeluk*
malandrín I m • *schurk* • *verrader* II BNW • *boosaardig* • *verraderlijk*; *vals* • *verdorven*

ma

malapata m/v • *kluns*; *sukkel*; *pechvogel*
• *zeurpiet*
malaria v *malaria*
Malasia v *Maleisië*
malasio I m *Maleisiër* II BNW *Maleisisch*; *Maleis*
malasombra m/v • *pechvogel* • *lastpost*; *zeurpiet*
malavenido BNW ★ *estar ~s elkaar niet kunnen verdragen*
malaventura v *ongeluk*; *tegenspoed*
malaventurado BNW *ongelukkig*
malayo I m *Maleier* II BNW *Maleis*
malbaratar OV WW • *verkwanselen* • *verkwisten*; *te grabbel gooien*
malcarado BNW • *met een weerzinwekkend uiterlijk*; *afstotend* • *met een boos gezicht*
malcasado BNW *ongelukkig getrouwd*
malcomer ON WW *slecht of weinig eten*
malcomido BNW *ondervoed*
malcontento I m *ontevreden mens* II BNW *ontevreden*
malcriadez v LA *ongemanierdheid*; *onbeleefdheid*
malcriado BNW • *slecht opgevoed*; *ongemanierd* • *verwend*
malcriar /í/ OV WW • *slecht opvoeden* • *verwennen*
maldad v • *slechtheid* • *slechte daad*; *gemene streek*
maldecir /i/ I OV WW • *vervloeken*; *verwensen* • *verafschuwen* II ON WW • *kwaadspreken (de over, van)* • *zich beklagen (de over)*
maldiciente I m/v *roddelaar*; *lasteraar* II BNW *kwaadsprekend*; *roddel-*
maldición v *vervloeking*; *verwensing*
maldiga WW (1e/3e p ev subj. t.t.) → **maldecir**
maldijo WW (3e p ev v.t.) → **maldecir**
maldispuesto BNW • *onwel* • *onwillig*; *met tegenzin*
maldita v *tong* • *soltar la ~ te veel praten*
maldito I m *de duivel* II BNW • *vervloekt*; *verdomd* • *rot-*; *ellendig* ★ ¡maldita sea! *verdomme!* ★ *maldita la cosa que entiende hij snapt er geen hout van* ★ ¡no le hacen ~ el caso! *geen hond die op hem let!*
maleabilidad v • *smeedbaarheid* ⟨v. metaal⟩ • *buigzaamheid* • *volgzaamheid*; *meegaandheid*
maleable BNW • *smeedbaar* ⟨v. metaal⟩ • *buigzaam* • *volgzaam*; *meegaand*
maleante I m/v • *schurk* • *misdadiger* II BNW • *slecht*; *boosaardig* • *crimineel*
malear OV WW • *bederven*; *verzieken* • *op het slechte pad brengen*
malearse WKD WW *op het verkeerde pad raken*
malecón m • *kade* • *pier*; *dam* • *(spoor)dijk*
maledicencia v *laster*; *roddelpraatjes*
maleducado BNW • *ongemanierd*; *onbeleefd* • *verwend*
maleducar OV WW • *slecht opvoeden* • *verwennen*
maleficiar OV WW • *beheksen*; *betoveren* • *beschadigen*; *schaden*
maleficio m • *hekserij*; *toverij* • *doem*; *vloek*
maléfico I m *boosaardige tovenaar* II BNW • *boosaardig* • *schadelijk*
malejo BNW *niet zo best*; *belabberd*

malencarado BNW → **malcarado**
malentendido m *misverstand*
malestar m • *het onwel zijn*; *onpasselijkheid* • *onbehagen*; *onvrede*
maleta I v *koffer* ★ *hacer la(s) ~(s)* OOK FIG. *zijn koffer(s) pakken* II m/v INF. *stuntelaar*; *kruk*
maletero m • *kofferbak*; *kofferruimte* • *kruier*
maletilla m *leerling-stierenvechter*
maletín m *aktetas*; *koffertje*
malevolencia v *kwaadwilligheid* ★ *con ~ kwaadaardig*; *hatelijk*
malévolo BNW *kwaadwillig*; *kwaad-*; *kwaadaardig*
maleza v • *onkruid* • *kreupelhout*; *struikgewas* • NIC., DOM. *ziekte*; *kwaal*
malformación v MED. *misvorming*
malgache I m *Madagask* II BNW *Madagaskisch*
malgastador m *verspiller*; *verkwister*
malgastar OV WW *verspillen*; *verkwisten*
malgeniado BNW COL PERU *slechtgehumeurd*; *opvliegend*
malgenioso BNW MEX *driftig*; *opvliegend*
malhablado I m *iemand die grove taal uitslaat*; *vuilbek* II BNW *grof in de mond*; *schunnig*
malhadado BNW *ongelukkig*; *rampzalig*
malhecho I m *misdrijf* II BNW *mismaakt*
malhechor m *misdadiger*
malherir /ie, i/ OV WW *zwaar verwonden*
malhumorado BNW *slechtgehumeurd*
malicia v • *boosaardigheid* • *boze opzet* • *ondeugendheid*; *schalksheid* • *geslepenheid* ★ INF. *tener mucha ~ het achter de ellebogen hebben*
maliciarse WKD WW *vermoeden*
malicioso BNW • *kwaadaardig* • *schalks*; *ondeugend*
malignidad v *kwaadaardigheid*
maligno BNW *kwaad-*; OOK MED. *kwaadaardig*
malintencionado I m *iemand met slechte bedoelingen* II BNW • *kwaadwillig* • *achterbaks*
malinterpretar OV WW *verkeerd begrijpen*; *verkeerd uitleggen*
malísimo BNW → **malo** *uiterst slecht*; *miserabel*
malla v • *maas* ⟨in net⟩ • *net* • ZA *badpak* • *balletpakje*; *gympakje* • *cota de ~s maliënkolder* ★ *~s maillot*; *legging*
mallo m • *rubberen of houten hamer* • *maliespel* • *maliebaan*
mallorquín I m ⟨v: **mallorquina**⟩ *Mallorcaan* II BNW ⟨v: **mallorquina**⟩ *Mallorcaans*
malmandado BNW *ongehoorzaam*
malmirado BNW • *impopulair* • *onbeleefd*
malo I m • *slechterik*; *schurk* ⟨bv. in film⟩ • *duivel* II BNW (**mal**) • *slecht* • *ziek*; *onwel* • *moeilijk* • *vervelend*; *onaangenaam* • *ongehoorzaam*; *stout* • *in slechte staat* ★ *ahí está lo malo daar zit hem de kneep* ★ *lo malo es que het vervelende is dat* ★ *más vale malo conocido que bueno por conocer je weet wel wat je hebt maar niet wat je krijgt* ★ *por la(s) mala(s) kwaadschiks* ★ *ponerse malo de risa niet meer kunnen van het lachen*
malogrado BNW • *mislukt* ⟨v. plan⟩ • *ongelukkig* • *el ~ artista de te jong/voortijdig gestorven kunstenaar*
malograr OV WW *verknoeien*; *doen mislukken*

malograrse WKD WW • *niet slagen*; *mislukken* • *te jong sterven* • PERU *kapot-, stukgaan* ⟨v. apparaat⟩
malogro m • *mislukking* • *(te) vroege dood*
maloliente BNW *stinkend*
malón m LA *onverhoedse aanval* ⟨v. Indianen⟩
malparado BNW *toegetakeld*; *gehavend* ⋆ salir/quedar ~ *er slecht vanaf komen*
malparar OV WW *mishandelen*; *toetakelen*
malparto m *miskraam*
malpensado BNW *achterdochtig*
malquerencia v *afkeer*
malquistar OV WW *tweedracht zaaien*
malquisto BNW *niet gezien*; *niet geliefd*
malrotar OV WW *verkwisten*
malsano BNW • *ongezond*; *schadelijk voor de gezondheid* • *ziekelijk*
malsonante BNW • *lelijk klinkend* • *grof* ⟨v. taal⟩
malsufrido BNW *ongeduldig*
malta v *mout*
maltés I m • *Maltees*; *Maltezer* • *het Maltees* II BNW (v: **maltesa**) *uit/van Malta*; *Maltezer*
maltosa v *maltose*
maltratamiento m *het mishandelen*; *mishandeling*
maltratar OV WW • *mishandelen*; *toetakelen* • *slecht behandelen* • *uitschelden*
maltrato m • *mishandeling* • *het uitschelden* ⋆ ~ femenino *vrouwenmishandeling*
maltrecho BNW *toegetakeld*; *gehavend*
malucho BNW *onwel*; *beroerd* ⋆ estar ~ *er belabberd aan toe zijn*
malva I v *kaasjeskruid* ⋆ como una ~ *zo mak als een lammetje* II BNW *mauve*; *lichtpaars*
malvado I m • *booswicht*; *ploert* II BNW *verdorven*
malvasía v • *soort druif* • *malvezijwijn*
malvavisco m PLANTK. *heemst*
malvender OV WW *met verlies verkopen*; *verpatsen*; *verramsjen*
malversación v *malversatie*; *verduistering* ⟨v. geld⟩
malversador m *malversant*; *verduisteraar*
malversar OV WW *verduisteren*; *achterover drukken* ⟨v. geld⟩
Malvinas v ⋆ las (Islas) ~ *de Falklandeilanden*
malvivir ON WW *in armoede leven*; *maar net rondkomen*
mama v • *borst* ⟨v. vrouw⟩ • *uier*
mamá v *mama*; *moeder*
mamacallos m *sufferd*
mamacita v LA *mamma*
mamada v • *borstvoeding* • ZA *het zuipen* • VULG. *het pijpen*
mamadera v LA • *zuigfles* • *tiet* • CUBA, PR *speen*
mamado BNW *zat*; *bezopen*
mamagrande v MEX, ZA *grootmoeder*; *oma*
mamaíta v KIND. *mamaatje*; *moedertje*
mamamama v PERU *grootmoeder*; *oma*
mamandurria v LA LA *luizenbaantje*
mamar OV WW • *zogen* • *met de paplepel ingegoten krijgen* ⋆ dar de ~ a un niño *een kind de borst geven*
mamario BNW *melk-*; *borst-*
mamarrachada v • *belachelijke toestand* • *prutswerk*

mamarracho m • *rare snoeshaan* • *prutser* • *prul*; *prutswerk*
mamarse WKD WW • *zich bezatten* • *in de wacht slepen* ⟨zonder er moeite voor te doen⟩ ⋆ no ~ el dedo *zich geen knollen voor citroenen laten verkopen*
mameluco m • *sukkel* • LA *tuinbroek*; *overall*; *kruippakje*
mamífero m *zoogdier*
mamila v *tepel*
mamografía v *mammografie*
mamón I m • *zuigeling*; *baby* • *idioot*; *lul* II BNW • *die nog de borst krijgt* • COL *slaapverwekkend*; *saai* • MEX *arrogant*
mamotreto m • *lijvig boek*; *pil* • *gevaarte*; *monster*
mampara v • *(tussen)schot*; *kamerscherm* • *schuifdeur*
mamparo m *waterdicht schot* ⟨in schip⟩
mamporro m INF. *klap* ⋆ pegarse un ~ *met een smak/klap neerkomen*
mampostería v *metselwerk* ⋆ ~ en seco *metselwerk zonder specie of cement*
mampuesto m *ruwe steen* ⋆ de ~ *nood-*; *reserve-*
mamut m *mammoet*
maná m • REL. *manna* • *sap van de mannaboom*
manada v • *kudde*; *troep*; *roedel* • *groep (mensen)* ⋆ una ~ de lobos *een roedel/troep wolven* ⋆ a/en ~s *in drommen*
manager m • *manager* • SPORT *coach* • *impresario*
manantial m OOK FIG. *bron*
manar ON WW • *ontspringen*; *opwellen* • *vloeien*; *stromen*
manatí m *zeekoe*
manaza v *grote hand*; FIG. *kolenschop*
manazas m/v ⋆ ser un ~ *twee linkerhanden hebben*
mancar OV WW *kreupel maken*; *verminken*
manceba v *concubine*; *bijzit*
mancebía v *bordeel*
mancebo I m • *jongeman*; *vrijgezel* • *apothekersassistent* II BNW *jong*
mancera v *ploegstaart*
mancha v • *vlek* • *stip*; *plek* • FIG. *smet*; *blaam* ⋆ sin ~ *onbevlekt*
Mancha v ⋆ La ~ *La Mancha* ⟨streek in Spanje⟩ ⋆ el Canal de la ~ *Het Kanaal*
manchado BNW *gevlekt*
manchar OV WW *bevlekken*; *bevuilen*; *bezoedelen*
mancharse WKD WW *zich vuilmaken*; *vuil worden*
manchego I m • *inwoner van La Mancha* • *geitenkaas uit La Mancha* II BNW *uit La Mancha*
manchú BNW *Mantsjoerijs*
mancilla v *smet*; *(schand)vlek* ⋆ sin ~ *onbevlekt*
mancillar OV WW *bezoedelen*; *onteren*
manco I m *iem. met één arm/hand*; *gebrekkige* II BNW • *eenarmig*; *eenhandig*; *mank* • *gebrekkig*; *onvolledig* ⋆ no ser ~ *handig/bekwaam zijn*; *twee rechterhanden hebben*
mancomún ⋆ de ~ *in gemeenschappelijk overleg*
mancomunidad v *samenwerkingsverband* ⋆ la

ma

Mancomunidad Británica *het Britse Gemenebest*
mancornas V MV CA *manchetknopen*
mancuernas V MV → **mancornas**
manda V *legaat; testamentaire beschikking*
mandadero m LA *loopjongen; boodschappenjongen*
mandado m • *opdracht; boodschap; bevel* • *ondergeschikte*
mandamás m/v INF. *(grote) baas; hoge piet*
mandamiento m • *order; bevel • gebod* ★ *los diez ~s de Tien Geboden*
mandante m/v *lastgever; opdrachtgever*
mandar I OV WW • *bevelen • opdragen • sturen* • *leiden* ★ ~ *hacer laten maken* ★ ~ a *distancia op afstand besturen/bedienen* ★ ~ a *alg. al cuerno/al diablo/a la porra/a freír espárragos iemand naar de duivel wensen* • *lo que usted mande zoals u beveelt; zoals u wenst* II ON WW *het bevel hebben; regeren* ★ *¿(usted) mande? wat is er van uw dienst?*
mandarín I m • GESCH. *mandarijn* • PEJ. *bureaucraat • invloedrijk persoon* II BNW • *mandarijn-; mandarijnen-* • LA *heerszuchtig*
mandarina I v *mandarijn(tje)* II BNW TAALK. *Mandarijns-Chinees*
mandarino m *mandarijnboom*
mandatario m *lasthebber; (zaak)waarnemer; gevolmachtigde* ★ *primer ~ staatshoofd; (minister-)president*
mandato m • *opdracht; bevel • bevelschrift* • *mandaat*
mandíbula v *kaak* • *reír(se) a ~ batiente zich kromlachen*
mandil m • *leren/ruwe voorschoot • schort*
mandilón m (v: **mandilona**) *lafaard*
mandinga m • LA *duivel* • ARG *kwajongen*
mandioca v *maniok; cassave*
mando m • *gezag; bevel; leiding • gezagvoerder; bevelhebber* • TECHN. *bediening; besturing* • *knop; schakelaar* ★ ~/~ *supremo opperbevel; hoge functionaris* ★ ~ a *distancia afstandsbediening* ★ *tener el ~ supremo het opperbevel voeren* ★ *tomar el ~ a de leiding nemen van* ★ ~ *automático de trenes automatische treinbeïnvloeding*
mandoble m • *groot slagzwaard* • *slag met een groot slagzwaard*
mandolina v *mandoline*
mandón I m (v: **mandona**) *baas; bemoeial* II BNW (v: **mandona**) *bazig; heerszuchtig*
mandrágora v *alruinwortel; heksenwortel*
mandria m *nietsnut; slapjanus*
mandril m • *pin; drevel • mandril ⟨soort aap⟩*
manducar OV WW INF. INF. *naar binnen schrokken ⟨v. eten⟩; bikken*
manducatoria v INF. *het eten; het bikken*
manecilla v • *wijzer ⟨v. klok, horloge⟩* • *slotje; sluiting ⟨aan boek⟩*
manejabilidad v *handzaamheid*
manejable BNW *handzaam*
manejar OV WW • *gebruiken; hanteren; bedienen ⟨v. apparaat e.d.⟩ • leiden • (iemand) regeren; overheersen • mennen ⟨v. paard⟩* • LA *besturen ⟨v. auto⟩*
manejarse WKD WW • *op eigen benen staan;*

zich redden • zich behelpen (con met) • vlot omgaan met ★ *manejárselas zijn mannetje staan*
manejo m • *bediening; hantering • vaardigheid; handigheid* ★ ~s *complot; intriges*
manera v • *manier • stijl ⟨v. kunst⟩* ★ ~ de *actuar/obrar manier van doen; handelswijze* ★ ~ de *ser aard; karakter; mentaliteit* ★ de *tal ~ que zo(danig)* ★ *iqué ~ de llover! wat een regen!* ★ de *mala ~ ongemanierd* ★ de *la ~ que sea hoe dan ook* ★ de *igual/la misma ~ op dezelfde wijze* ★ de *esta ~ zo; op deze wijze* ★ a *la ~ de zoals; op de wijze van* ★ a ~ de *als; bij wijze van* ★ de *otra ~ op een andere wijze; anders* ★ de *cualquier ~ in elk geval; hoe dan ook; slordig* ★ ~ de *ver zienswijze; opvatting* ★ a *mi ~ de ver mijns inziens; volgens mij* ★ a *mi ~ op mijn manier* ★ de/por ~ *que zodat* ★ *en gran ~ in hoge mate* ★ *no hay ~ het is onmogelijk* ★ *en cierta ~ in zekere zin; tot op zekere hoogte* ★ de *ninguna ~ zeer zeker niet; geenszins* ★ de *todas ~s in ieder geval* ★ *buenas/malas ~s goede/slechte manieren* ★ *con buenas ~s welgemanierd*
manga v • *mouw* • SPORT *manche • schepnet* • *breedte ⟨v.e. schip⟩ • spuitzak ⟨om te garneren⟩* ★ ~ *corta/larga korte/lange mouw* ★ ~ *perdida wijde mouw* ★ *en ~s de camisa in hemdsmouwen* ★ ~ a la *sisa mouwloos* ★ ~ de *agua zee-inham; zeearm* ★ ~ de *aire windzak* ★ ~ de *viento windhoos* ★ ~ de *incendios brandspuit* ★ ~ de *riego tuinslang* ★ de ~ *ancha tolerant; die veel door de vingers ziet* ★ *sacarse algo de la ~ iets uit zijn mouw schudden; iets uit zijn duim zuigen* ★ *tener algo en la ~ iets achter de hand hebben* ★ *estar/poner/ir (u.c.) ~ por hombro chaotisch verlopen* ★ *hacer ~s y capirotes eigenzinnig optreden; zijn zin doen*
manganeso m CHEM. *mangaan*
mangante m/v *klaploper; schooier*
mangar OV+ON WW • *gappen; jatten • schooien*
manglar m • *mangrove • mangrovebos*
mangle m *mangrove*
mango m • *steel; greep; heft • mango ⟨vrucht⟩* • *mangoboom* • ZA *peso* • MEX *knappe jongen; stuk*
mangoneador I m *bemoeial; iemand die graag de baas speelt* II BNW *bemoeiziek; bedillerig*
mangonear I OV WW INF. *de baas spelen over* II ON WW INF. *het heft in handen nemen* • INF. *zich bemoeien met • rondhangen; lanterfanten*
mangoneo m → **mangonear**
mangosta v *mangoeste ⟨rat⟩*
manguera v • *(water)slang; tuinslang* • *mouwplank*
manguito m • *mof ⟨verbindingsstuk voor buizen⟩; handmof • manchet* ★ ~ *incandescente gloeikousje*
mani v *(manifestación)* INF. *demo ⟨demonstratie⟩*
maní m *pinda; apennoot*
manía v • *manie; waan(denkbeeld) • manie; obsessie • manie; rage* ★ ~ de *grandeza grootheidswaan* ★ ~ *depresiva manisch-*

depressieve psychose ★ ~ persecutoria
achtervolgingswaan ★ coger ~ a *een hekel
hebben aan*
maniaco I m *maniak* II BNW *manisch*
maniatar OV WW *iemands handen vastbinden*
maniático I m *maniak* II BNW *manisch*;
maniakaal; *grillig*
manicomio m *gekkenhuis*
manicura v *manicure*
manicuro m *manicure*
manida v *verblijfplaats*
manido BNW • *afgezaagd*; *alledaags* • *op de
rand van bederf* ‹v. vis, vlees›; *bedorven*
manierismo m *maniërisme*
manierista I m/v *maniërist* II BNW *maniëristisch*
manifestación v • *uiting* • *manifestatie*;
demonstratie • *verklaring*; *bekendmaking*
manifestante m/v *actievoerder*; *demonstrant*
manifestar /ie/ OV WW • *verklaren*; *te kennen
geven* • *aan de dag leggen*; *tonen* • REL.
uitstallen ‹ter aanbidding›
manifestarse /ie/ WKD WW • *zich uitspreken*;
zich uiten • *betogen*; *demonstreren* • *blijken*
manifiesto I m *manifest* II BNW • *aanwijsbaar*
• *zichtbaar* • *onmiskenbaar* • REL. *uitgesteld*
‹ter aanbidding› ★ poner de ~ *tonen*; *aan de
dag leggen*
manigua v COL, VEN *jungle*
manija v • *handvat* • *greep*; *(deur)kruk*
Manila v *Manilla*
manilargo BNW • *met lange vingers*; *diefachtig*
• *vrijgevig*
manileño I m *Manilleen*; *iemand uit Manilla*
II BNW *Manilleens*; *uit/van Manilla*
manilla v • *handboei* • *armband* • *wijzer* ‹v.
klok, horloge›
manillar m *stuur* ‹v. fiets›
maniobra v • *manoeuvre* • *militaire oefening*
• *het besturen* ‹v. schip› ★ ~ fingida
schijnmanoeuvre ★ ~ de adelantamiento
inhaalmanoeuvre ★ MIL. hacer ~s *op
manoeuvre zijn*; *rangeren* ‹v. treinen›
maniobrabilidad v *manoeuvreerbaarheid*;
bestuurbaarheid
maniobrable BNW *manoeuvreerbaar*;
bestuurbaar
maniobrar OV WW • *manoeuvreren* • *militaire
oefening houden* • *rangeren* ‹v. treinen›
maniota v *spantouw*
manipulación v • *manipulatie* • *bewerking*;
behandeling
manipulador I m • *manipulator* • *behandelaar*;
bewerker • *morsesleutel*; *seinsleutel* II BNW
manipulerend
manipular I OV WW • *behandelen*; *bewerken*
• *manipuleren*; *beïnvloeden* II ON WW *knoeien
(con met)*; *prutsen (en aan)*
maniqueismo m • *manicheïsme* • FIG. *het zwart-
wit denken*
maniqueo I m • *manicheeër* • FIG. *zwart-wit
denker* II BNW *manicheïstisch*
maniquí I m • *paspop*; *etalagepop* • FIG.
marionet II m/v *mannequin*
manirroto I m *verkwister* II BNW *verkwistend*;
spilziek
manisero m LA *pindaverkoper*

manita v → **mano** *handje* ★ hacer ~s *handje
vasthouden*
manitas m/v (mv onv.) • ser un(a) ~ *handig
zijn*
manito m INF. → **hermanito** MEX *kameraad*
manivela v • *hendel*; *kruk* • *slinger*
manjar m • *gerecht* • *delicatesse*
mano v • *hand* • *klauw* • *hand* ‹met
speelkaarten› • *beurt* • *potje*; *partij* • *rondje*
• *degene die uitkomt* ‹bij een spel› • *kant* • ZA
broer • LA *vriend*; *kameraad* ‹aanspreekvorm›
• *handvol* • *handschrift* • *wijzer* • *stamper*
• *laagje* ‹verf, vernis› ★ mano a mano *met
zijn tweeën*; *onder vier ogen* ★ mano sobre
mano *met de handen over elkaar* ★ mano de
obra *arbeiders*; *werkkrachten* ★ ¡manos a la
obra! *aan de slag!* ★ ¡qué mano de ...! *wat een
hoop ...!* ★ a mano *met de hand*; *bij de hand*;
binnen handbereik; LA *rustig* ★ a manos de
door toedoen van; *in handen van* ★ a mano
airada *gewelddadig* ★ a mano armada
gewapenderhand ★ a mano derecha/
izquierda *rechts/links*; *aan uw rechterhand/
linkerhand* ★ a manos llenas *in overvloed* ★ si
a mano viene *wanneer de gelegenheid zich
voordoet* ★ con mano blanda/dura *met
zachte/harde hand* ★ con las manos en la
masa *op heterdaad* ★ con las manos vacías
met lege handen ★ de mano a boca *plotseling*;
onverwacht ★ de mano en mano *via via*
★ (información) de primera mano
(informatie) uit de eerste hand ★ de segunda
mano *tweedehands* ★ largo de manos
agressief; *met lange vingers* ★ abrir la mano
het een en ander door de vingers zien; *een gat
in zijn hand hebben* ★ alargar la mano *een
handje helpen* ★ apretar la mano *strenger
worden* ★ atarse de manos *zijn vrijheid
beperken* ★ caer en manos de *in de handen
vallen van* ★ cambiar de manos *van eigenaar
veranderen* ★ cargar la mano *overdrijven*;
overvragen ★ cerrar la mano *gierig zijn* ★ dar
de manos *op zijn neus vallen* ★ dar en manos
de *in handen vallen van* ★ dar la primera
mano a *de eerste hand leggen aan* ★ dar la
última mano a *de laatste hand leggen aan*
★ darle la mano a alg. *iemand een hand
geven*; *iemand bijstaan* ★ dejar las manos
libres a alg. *iemand de vrije hand geven* ★ no
dejar de la mano *niet verwaarlozen* ★ daría
una mano por *ik zou er heel wat voor over
hebben om* ★ echar mano a la espada *het
zwaard grijpen* ★ echar la manosa *pakken*;
grijpen ★ echarle una mano a alg. *iemand
(een handje) helpen* ★ ensuciarse las manos
en zijn handen vuilmaken aan* ★ entregar en
mano *persoonlijk overhandigen* ★ estar dejado
de la mano de Dios *van God en iedereen
verlaten zijn* ★ estar en buenas manos *in
goede handen zijn* ★ se le escapó la mano *hij
had zichzelf niet onder controle* ★ frotarse las
manos *zich in de handen wrijven* ★ ganar a
alg. por la mano *iemand voor zijn* ★ hacer lo
que está en su mano *alles doen wat binnen
zijn macht ligt* ★ ir a parar a manos de *in
handen vallen van* ★ ir de la mano *hand in*

hand lopen ★ se le ha ido la mano *hij is te ver gegaan* ★ lavarse las manos *zijn handen in onschuld wassen* ★ levantar/alzar la mano a *bedreigen* ★ llegar a manos de *in handen komen/vallen van* ★ llegar a los manos *op de vuist gaan* ★ llevar de la mano *begeleiden* ★ llevar/traer u.c. entre manos *iets bekokstoven* ★ meter mano *aanpakken*; *handtastelijk worden* ★ meter mano a/en *zich bemoeien met*; *beginnen met* ★ meter la mano hasta el codo *er tot zijn nek in zitten* ★ morderse las manos *zich voor zijn kop slaan (van spijt)* ★ pasar la mano por el lomo de *vleien* ★ pedir la mano de *de hand vragen van* ★ poner la mano sobre/encima de *slaan* ★ poner la mano en el fuego por *zijn hand in het vuur steken voor* ★ ponerse de manos *op zijn achterste poten gaan staan* ★ ponerse en manos de *zich wenden tot* ★ prestar una mano *een handje helpen* ★ sentar la mano a *streng straffen*; *afzetten* ★ soltar la mano en *handig worden in* ★ tener mano en/con *invloed hebben bij/op*; *invloed hebben op* ★ tener buena/mala mano para *handig/niet handig zijn in* ★ no tener (tantas) manos para *handen te kort komen om/voor* ★ untar la mano *omkopen* ★ venir a las manos *in de schoot vallen* ★ vivir de sus manos *zijn eigen brood verdienen* ★ manos libres *handsfree*

manojo m *bos(je)* ★ ~ de llaves *sleutelbos* ★ estar hecho un ~ de nervios *één bonk zenuwen zijn*

Manolo m *Manuel*

manómetro m *manometer*

manopla v • *(oven)want* • *washandje* • LA *boksbeugel* • ARG, CHIL, PERU *Engelse sleutel*

manosear OV WW • *aanraken*; *betasten* • *beduimelen* • *herkauwen* ⟨v. thema⟩; *uitentreuren behandelen*

manoseo m → **manosear**

manotada v • *klap*; *pets* • COL *handvol*

manotazo m *klap* ⟨met de hand⟩ ★ *quitar algo a alg. de un ~ iemand iets uit zijn handen grissen*

manotear ON WW *druk gebaren*; *overdreven gesticuleren*

manoteo m *(het) gesticuleren*

manquedad v (**manquera**) *gebrek*

mansalva v • a ~ *zonder risico/gevaar*; *veilig*

mansarda v • *mansardedak* • *dakraam*; *dakkapel*

mansedumbre v • *zachtmoedigheid*; *goedaardigheid* • *meegaandheid*; *tamheid*

mansión v • *buiten(plaats)* ⟨herenhuis⟩ • *verblijf*; *(het) verblijven* • *oponthoud* ★ hacer ~ *zijn intrek nemen*; *aanleggen*; *zich ophouden*; *verblijven*

manso I m INF. *matras* II BNW • *zachtaardig*; *gedwee* • *mak*; *tam* ⟨v. dieren⟩ • *rustig* ⟨v. water, natuur⟩; *stil*

manta v • *deken* • CHI *poncho* • *pak* ⟨slaag, rammel⟩ ★ ~ de viaje *plaid*; *reisdeken* ★ a ~ *in overvloed*; *overvloedig* ★ dar una ~ de palos *een pak slaag geven* • liarse la ~ a la cabeza *de stoute schoenen aantrekken* ★ tirar de la ~ *blootleggen*; *kwalijke zaken ontdekken*

mantear OV WW *jonassen*

manteca v • *reuzel* • RPL *boter* • (vaak mv) *vet(rol)* ⟨v. dik mens⟩ ★ ~ de cerdo *reuzel* ★ como ~ *boterzacht*; *mak als een lam* ★ untar ~ met boter besmeren ★ ieso no se le ocurre ni al que asó la ~! *wat ontzettend stom!*

mantecada v *cakeje*

mantecado m • *cakegebakje* • *roomijs*

mantecón m (v: **mantecona**) *smulpaap*

mantel m *tafellaken* ★ ~ individual *placemat* ★ comer a ~es *aan een gedekte tafel uitgebreid eten* ★ poner los ~es *de tafel dekken* ★ levantar los ~es *de tafel afruimen*; *opstaan van tafel* ⟨na het eten⟩

mantelería v *tafellinnen*

mantelillo m *dekservet*; *klein tafellaken*

mantén WW (geb. wijs, jij-vorm) → **mantener**

mantención v LA → **mantenimiento**, **manutención**

mantendrá WW (3e p ev tk.t.) → **mantener**

mantenedor m *presentator* ⟨bij cultureel evenement⟩

mantener /ie/ OV WW • *onderhouden* ⟨v./aan standpunt⟩; *de kost geven*; *te eten geven* • *aanhouden* ⟨v. vuur⟩ • *gaande houden*; *voeren* ⟨v. gesprek⟩ • *(staande) houden* • *bijhouden*, *onderhouden* ⟨v. contacten⟩ • TECHN. *dragen*; *ondersteunen* • *behouden*, *vasthouden* ⟨v. standpunt⟩ ★ ~ la línea *lijnen*; *op gewicht blijven*

mantenerse /ie/ WKD WW • *blijven (en bij)*; *volharden (en in)* • *zich handhaven* • *leven (de van)* • *zich onderhouden met* ★ ~ en sus trece *op zijn standpunt blijven staan*; *voet bij stuk houden*

mantenga WW (1e/3e p ev subj. t.t.) → **mantener**

mantenimiento m • *behoud*; *instandhouding* • *onderhoud* • (mv) *levensmiddelen(voorziening)*

mantequera v • *botervlootje* • *karnton*

mantequería v • *boterfabriek*; *boter- en kaaswinkel* • ≈ *melkboer*

mantequilla v *(room)boter*

mantilla v • *mantilla*; *hoofddoek* • *(boven)luier* ★ estar algo en ~s *nog in de kinderschoenen staan*

mantillo m *tuinaarde*; *compost*

manto m • OOK FIG. *mantel*; *dekmantel* • *zwarte sluier*; *rouwkleed*; *(grote) zwarte mantilla* • *schoorsteenmantel*

mantón m *omslagdoek* ⟨vierkant⟩ ★ ~ de Manila *geborduurde zijden omslagdoek*

mantuvo WW (3e p ev v.t.) → **mantener**

manual I m *handboek*; *leerboek* II BNW *hand-*

manualidad v • *handwerk* • (mv) *handenarbeid* ⟨vak⟩

manubrio m *hendel*; *kruk*; *zwengel*

Manuel m *Emmanuel*

manufactura v • *fabricage*; *productie* • *fabriek*; *werkplaats* • *fabrikaat*; *product*

manufacturar OV WW *vervaardigen*; *fabriceren*

manufacturero m *fabrieks-*

manumisión v GESCH. *vrijlating* ⟨v. slaaf⟩

manumitir OV WW GESCH. *vrijlaten* ⟨v. slaaf⟩

manuscrito I m • *manuscript*; *handschrift* • *kopij* II BNW *handgeschreven*

manutención v • *(levens)onderhoud* • *distributie* • *onderhoud; behoud*

manzana v • *appel* • *(huizen)blok* ★ ~ asperiega *soort appel gebruikt voor cider* ★ ~ de la discordia *twistappel* ★ estar sano como una ~ *zo gezond zijn als een vis*

manzanar m *appelboomgaard*

manzanilla v • *kamille* • *kamillethee* • *manzanilla* ‹soort sherry›

manzano m *appelboom*

maña v • *handigheid* • *list* • *slechte gewoonte; ondeugd* • (vaak mv) *kuren; grillen* ★ darse maña para *het klaarspelen om* ★ sacar con maña *ontlokken* ★ más vale maña que fuerza *wie niet sterk is, moet slim zijn*

mañana I m *(de dag van) morgen; toekomst* II v *ochtend; morgen* ★ por la ~ *'s ochtends|'s morgens* ★ ~ por la ~ *morgenochtend* ★ ¡hasta ~! *tot morgen!* ★ esta ~ *vanmorgen* ★ a partir de ~ *vanaf morgen* ★ ¡~! *ik denk er niet aan!* ★ ayer por la ~ *gisterenochtend* ★ ayer a las ocho de la ~ *gisterenmorgen om acht uur* ★ no dejes para ~ lo que puedas hacer hoy *stel niet uit tot morgen wat je vandaag kunt doen* ★ ~ será otro día *morgen is er weer een dag* ★ cambiar de la noche a la ~ *snel veranderen* ★ pasado ~ *overmorgen* ★ (muy) de ~ *'s morgens vroeg; voor dag en dauw* III BIJW • *morgen* • *spoedig*

mañanero I m *ochtendmens* II BNW • *ochtend-* • *matineus*

mañanita v *bedjasje*

mañear ON WW *handig te werk gaan*

mañero BNW *handig; behendig*

maño I m *Aragonees* II BNW *Aragonees*

mañoso BNW *behendig; handig*

mapa m *(land)kaart* ★ mapa de carreteras *wegenkaart; autokaart* ★ mapa político *staatkundige kaart* ★ mapa físico *geografische kaart* ★ desaparecer del mapa *van de aardbodem verdwijnen*

mapache m *wasbeer*

mapamundi m *wereldkaart*

mapuche I m *inwoner van Araucanië* II BNW *uit Araucanië*

maque m *lak(werk)*

maqueta v • *maquette* • *dummy* ‹boek›

maquiavélico BNW *machiavellistisch*

Maquiavelo m *Machiavelli*

maquillador m • *grimeur* • *visagist*

maquillaje m • *(het) grimeren; (het) schminken* • *make-up; schmink*

maquillar OV WW *opmaken; schminken; grimeren*

maquillarse WKD WW *zich opmaken; zich schminken; zich grimeren*

máquina v • *machine; apparaat* • *locomotief* ★ ~ de afeitar *scheerapparaat* ★ ~ de calcular *rekenmachine* ★ ~ de coser *naaimachine* ★ ~ de escribir *schrijf-|typemachine* ★ ~ fotográfica *fototoestel* ★ ~ herramienta *gereedschapsmachine* ★ ~ neumática *luchtpomp* ★ ~ rotativa *drukpers* ★ ~ tragaperras *gokautomaat* ★ ~ de vapor *stoommachine* ★ a ~ *machinaal* ★ a toda ~ *op volle snelheid; met volle kracht* ★ ~ segadora

maaimachine

maquinación v *complot; intrige*

maquinador m *intrigant*

maquinal BNW • *automatisch; werktuiglijk; onwillekeurig* • *mechanisch*

maquinar ON WW *beramen; uitbroeden; bekokstoven*

maquinaria v • *machinerie* • *mechanisme* ★ (parque de) ~ *machinepark*

maquinilla v • *(klein) apparaat* • CA *schrijfmachine* ★ ~ de afeitar *scheerapparaat*

maquinista m *machinist* ‹spoorwegen›

mar m/v • *zee* • *golfslag; hoge golven* ★ alta mar *volle zee* ★ mar de fondo *grondzee*; FIG. *verborgen onrust* ★ mar picado *zee met hoge golven/schuimkoppen* ★ mar adentro *zeewaarts* ★ hacerse a la mar *zee kiezen; het zeegat uitvaren* ★ levantarse/picarse el mar *grote golven maken* ★ estar hecho un mar de lágrimas *tranen met tuiten huilen* ★ llueve a mares *het regent pijpenstelen* ★ estar hecho un brazo de mar FIG. *opgepoetst zijn* ★ hablar de la mar *in hogere sferen leven* ★ la mar de *een massa/hoop (van/aan); heel veel; een heleboel* ★ divertirse la mar de bien *zich geweldig amuseren* ★ me lo he pasado la mar de bien *ik heb het geweldig goed naar mijn zin gehad*

marabunta v • *mierenplaag* • *menigte*

maraca v • MUZ. *maraca* • CHI. *hoer*

maraco m CHI *flikker; nicht*

maraña v • *struikgewas* • *klit* (v. haar, wol) • *warboel; wirwar*

marasmo m • *marasme*; MED. *inzinking* • *malaise; slapte*

maratón m *marathon*

maratoniano BNW *marathon-* ★ sesión maratoniana *marathonzitting*

maravedí m GESCH. *Spaanse kopermunt*

maravilla v • *wonder* • *bewondering* • *goudsbloem*; CHI *zonnebloem* ★ la octava ~ *het achtste wereldwonder* ★ a/de ~ *fantastisch; geweldig* ★ a (las) mil ~s *uitstekend* ★ hacer ~s *wonderen verrichten* ★ contar/decir ~s *de zich lovend uitlaten over* ★ venir u.c. de ~ *goed van pas komen*

maravillar OV WW • *verwonderen; verbazen* • *bewondering opwekken*

maravillarse OV WW *zich verwonderen/verbazen (de over)*

maravilloso BNW *wonderbaarlijk; buitengewoon; prachtig*

marbete m • *(zelfklevend) etiket; (prijs)kaartje* ‹op kleding, stof› • *label* ‹op koffer› ★ ~ engomado *sticker*

marca v • *merk(teken)* • *merk(naam)* • *(was)merkje* ‹in textiel› • *brandmerk* • SPORT *record* ★ ~ de fábrica *fabrieksmerk* ★ ~ registrada *wettig gedeponeerd handelsmerk* ★ ~ de ~/de ~ mayor *geweldig; van jewelste* ★ batir/mejorar/superar una ~ *een record verbeteren* ★ COMP. ~ de página *bookmark*

marcado BNW *duidelijk waarneembaar; overduidelijk*

marcador m • *scorebord* • *markeerstift* ★ abrir/ inaugurar el ~ *de score openen* ★ adelantarse/

ponerse por delante y el ~ *op punten voorstaan*

marcaje m • SPORT *(het) scoren* • SPORT *(het) dekken*

marcapáginas m (mv onv.) • *boekenlegger; leeswijzer* • COMP. *bookmark*

marcapasos m *pacemaker*

marcar OV WW • *van een merk voorzien; merken; markeren • brandmerken; sporen achterlaten* • SPORT *de tegenstander dekken* • SPORT *scoren • van een prijs voorzien* • *aanwijzen* ⟨v. weg, situatie⟩ • *draaien* ⟨v. telefoonnummer⟩ • *aangeven* ⟨v. uur, hoeveelheid, gewicht⟩ • *de maat aangeven* • *watergolven* • el barómetro marca *de barometer staat op* ★ COMP. ~ *páginas bookmarken*

marcha v • *vertrek; (het) weggaan • (voort)gang; (ver)loop • versnelling* ⟨v. (motor)voertuig⟩ • *snelheid* ⟨v. voertuigen⟩ • *(het) verstrijken* ⟨v. tijd⟩ • MIL. *mars • (het) snelwandelen* • MUZ. *mars • (protest)mars* ★ ~ atrás *(in zijn) achteruit* ⟨v. versnelling⟩ ★ dar ~ atrás *in zijn achteruit zetten; een stapje terug doen* ★ la Marcha Real *het Spaanse volkslied* ★ a toda ~ *op volle snelheid/toeren* ★ a ~(s) forzada(s) *op topsnelheid; in marstempo* ★ sobre la ~ *al doende; meteen* ★ abrir la ~ *voorop lopen* ★ coger la ~ de u.c. *iets onder de knie krijgen* ★ estar en ~ *functioneren; in bedrijf zijn* ★ poner en ~ *aanzetten* ⟨v. motor⟩; *op gang brengen* ★ romper la ~ *voorop lopen*

marchador m SPORT *snelwandelaar*

marchamo m *douanestempel, -loodje, -zegel*

marchantaje m CA (**marchantía**) *cliëntèle; klantenkring*

marchante m/v *(kunst)handelaar*

marchar ON WW • *marcheren • (weg)gaan; lopen • toegaan; (ver)lopen • functioneren; werken* ⟨v. apparaat⟩ ★ ~ sobre ruedas *op rolletjes lopen* ★ ~ a una/al unísono *als een man te werk gaan* ★ ~ bien/mal *goed/slecht functioneren* ★ ir marchando *voortsukkelen* ★ ~ como una exhalación *heel hard rijden* ★ ~ como una seda *gesmeerd lopen; van een leien dakje gaan* • (~ **sobre**) *oprukken tegen*

marcharse WKD WW *weggaan; vertrekken*

marchitamiento m *(het) verdorren; (het) verwelken*

marchitar OV WW *doen verdorren; doen verwelken*

marchitarse WKD WW *verdorren; verwelken; wegkwijnen*

marchito BNW *verdord;* OOK FIG. *verwelkt*

marchoso I m *fuifnummer; feestvierder* **II** BNW • *graag uitgaand • levendig; actief* • MUZ. *swingend; dynamisch*

marcial BNW • *oorlogs-; krijgs- • martiaal; krijgshaftig* ★ artes ~es *vechtsporten*

marciano I m *Martiaan; marsmannetje* **II** BNW *Mars-*

marco m • *(om)lijst(ing)* • OOK FIG. *kader* • *ambiance; sfeer* • *mark* ⟨munt⟩

marea v • *getij; eb en vloed;* OOK FIG. *tij • (lichte) zeewind; motregen • menigte* ★ ~ alta *vloed* ★ ~ baja *eb* ★ ~ viva *springvloed; stormvloed*

★ ~ negra *olievervuiling* ⟨op zee, strand⟩

mareado BNW • *zee-, luchtziek; misselijk* • *duizelig; draaierig • aangeschoten; teut*

mareaje m *stuurmanskunst; navigatie*

marear OV WW • *zeeziek, duizelig maken • gek/dol maken; van het kastje naar de muur sturen • besturen* ⟨v. schip⟩ ★ esta gente me tiene mareado *ik word helemaal gek van die lui*

marearse WKD WW • *zeeziek/misselijk worden* • *aangeschoten raken* ★ ¿se marea? *wordt u misselijk?*

marejada v • *ruwe zee; hoge zeegang* • FIG. *deining; tumult*

maremagno m • *overvloed • heksenketel*

maremoto m *zeebeving; vloedgolf*

marengo BNW *antraciet; donkergrijs*

mareo m • *zeeziekte; misselijkheid • duizeling; duizeligheid* ★ es un ~ *het is walgelijk* ★ sufrir de ~s *aan duizelingen lijden*

marfil m *ivoor*

marfileño BNW *ivoorachtig; ivoren*

marga v *mergel*

margarina v *margarine*

margarita v • *margriet; madeliefje* • CUL. *cocktail v. tequila, limoensap, zout, suiker* • TECHN. *margrietwiel* • deshojar la ~ *schromen; aarzelen* ★ echar ~s a los puercos *parels voor de zwijnen gooien*

margen I m • *kantlijn; marge • marge; (speel)ruimte • kanttekening* ★ ~ de beneficios *winstmarge* ★ dar ~ *gelegenheid geven* ★ mantenerse al ~ *zich erbuiten houden* **II** v *kant; oever*

marginación v • *marginalisering* • *achterstelling; buitensluiting; discriminatie*

marginado I m *achtergestelde; outcast* ★ ~s (sociales) *randgroepen* **II** BNW • *marginaal* • *achtergesteld; gediscrimineerd*

marginal BNW • OOK FIG. *marginaal; in de kantlijn geplaatst • bijkomstig; grens-* ★ nota ~ *kanttekening; glosse*

marginar OV WW • *marginaliseren; buitensluiten; uitsluiten • kantlijnen openlaten; margineren • kanttekeningen plaatsen bij*

margrave m GESCH. *markgraaf*

María v *Maria*

mariachi m • MEX *mariachi(muzikant)* • MEX *mariachimuziek*

mariano BNW *Maria-*

marica m *homo; mietje*

maricón I m • *poot; flikker • klootzak; hufter* **II** BNW LA *laf*

mariconada v VULG. *klotestreek; nichtenstreek*

mariconera v • *polstasje* ⟨voor mannen⟩ • *flikkertasje*

maridaje m • *nauwe band/relatie* • *huwelijksband; huwelijksleven*

marido m *man; echtgenoot*

marihuana v *marihuana*

marimacho m INF. *kenau; manwijf*

marimba v • *marimba* • MUZ. *trommel* • COL *marihuana*

marimorena v *ruzie; twist* ★ armar la ~ *herrie schoppen*

marina v • *marine*; *vloot*; *zeemacht*
• *scheepvaart* ⋆ *zeegezicht* ⟨schilderij⟩ ⋆ ~ de
guerra *oorlogsvloot* ⋆ ~ mercante
koopvaardijvloot ⋆ ingeniero de ~
scheepsbouwkundig ingenieur ⋆ oficial de ~
zeeofficier
marinar ov ww *marineren*
marineria v • *beroep van zeeman* ⟨v. schip⟩;
zeelui • *bemanning* ⟨v. schip⟩
marinero I m *zeeman*; *matroos* ⋆ ~ de agua
dulce *zoetwatermatroos*; *landrot* II BNW *zee-*;
zeemans- ⋆ blusa marinera *bloes met*
matrozenkraag ⋆ calidad marinera
zeewaardigheid ⋆ a la marinera CUL. *met*
pikante saus
marino I m • *zeeman*; *stuurman* • MIL. *marinier*
⋆ ~ mercante *koopvaardijmatroos* II BNW *zee-*
marioneta v OOK FIG. *marionet*
mariposa v • *vlinder* • *nachtpitje*; *olielampje*
• SPORT *vlinderslag* • *mietje*; *homo*
mariposear ON WW • *rondfladderen* • *flirten*
• *wispelturig zijn*
mariposón m INF. • *verwijfde man*; *homo*
• *versierder*; *rokkenjager*
mariquita I m *verwijfde man* II v
(onze)lieveheersbeestje
marisabidilla v *betweetster*; *blauwkous*
mariscada v CUL. *gerecht van zeevruchten*
mariscal m *maarschalk* ⋆ ~ de campo
veldmaarschalk
mariscar ON WW *schelpdieren zoeken/vangen*
mariscos m mv *zeevruchten*; *schelp- en*
schaaldieren
marisma v *moeras met brak water*
marisquero m *verkoper van schelp- en*
schaaldieren; *iemand die op schelp- en*
schaaldieren vist
marital BNW *echt-*; *huwelijks-* ⋆ vida ~
huwelijksleven
marítimo BNW • *zee-*; *maritiem* • *kust-* ⋆ viaje ~
zeereis
marjal m *moeras*
marmita v *metalen (snel)kookpan*
marmitón m *koksmaat*
mármol m • *marmer* • *marmeren beeld*
marmolejo m *marmeren zuiltje*
marmolería v • *marmerwerk* • *marmerslijperij*
marmolista m *marmerslijper*
marmóreo BNW • *marmeren* • *marmerachtig*
marmota v • *marmot* • *slaapkop*
maroma v • *kabel*; *tros* • LA *(het) koorddansen*;
acrobatische toeren ⋆ hacer ~s *opportunistisch/*
wispelturig zijn
maromero m LA • *koorddanser*; *acrobaat* • FIG.
opportunist
marqués m *markies*
marquesa v *markiezin*
marquesado m *markizaat*
marquesina v *markies*; *luifel*; *afdak*
marquetería v *ingelegd houtwerk*; *intarsia*
marrajo I m *jonashaai* II BNW • *kwaadaardig* ⟨v.
stier⟩ • *sluw*; *geslepen*
marrana v • *zeug* • *slons*; *viezerik*
marranada v • *smeerboel* • *rotstreek*
marrano I m • *varken*; *zwijn*; *beer* • *smeerlap*
• *maraan*; *gedoopte jood/Moor* II BNW • *smerig*

• *achterbaks*
marrar OV+ON WW • *mislukken*; *falen* • *afdwalen*
⋆ ~ el tiro *missen*; *misschieten*
marras v • de ~ *in kwestie*; *(van) vroeger*;
overbekend ⋆ el tío de ~ *die vent van laatst*
⋆ ¿volvemos a lo de ~? *is het weer het oude*
liedje?
marrón I m ⋆ ~ glacé *gekonfijte kastanje* II BNW
(kastanje)bruin
marroquí I m/v *Marokkaan* II BNW *Marokkaans*
marroquinería v • *lederwaren*
• *lederwarenwinkel*
marrubio m *malrove*
Marruecos m *Marokko*
marrullería v *mooie praatjes*; *geslijm*
marrullero m *vleier*; *mooiprater*; *slijmerd*
Marsella v *Marseille*
marsellés BNW *uit/van Marseille*
marsopa v *bruinvis*
marsupial I m/v *buideldier* ⟨v. dieren⟩ II BNW
buidel- ⟨v. dieren⟩
marta v *marter* ⋆ ~ cebellina *sabeldier*;
sabelbont
Marte m *Mars*
martes m *dinsdag* ⋆ ~ y trece ≈ *vrijdag de*
dertiende; *ongeluksdag*
martillazo m *hamerslag*
martill(e)ar OV WW OOK FIG. *hameren (op)*
martilleo m *gehamer*
martillero m ARG, CHI, PERU *afslager* ⟨bij veiling⟩
martillo m • *hamer* • *hamer(kop)* ⟨v. piano⟩
• SPORT *(slinger)kogel* • *veilinghuis*
• *hamerhaai* ⋆ *católico a macha ~ overtuigd*
katholiek
martín m ⋆ ~ pescador *ijsvogel*
Martín m *Martin* ⋆ llegarle/venirle a alg. su
San ~ *aan alles komt een eind*; *voor de bijl*
gaan
martinete m • *kwak* ⟨vogel⟩; *nachtreiger*
• *hamertje* ⟨v. piano⟩ • *flamencozang* ⟨zonder
begeleiding⟩
martingala v *truc*; *kunstgreep*
mártir m/v *martelaar* ⋆ hacerse el/la ~ de
martelaar uithangen
martirio m • *marteldood*; *martelaarschap*
• *marteling*; *martelgang*
martirizador I m *kwelgeest* II BNW *kwellend*
martirizar OV WW *martelen*; *kwellen*
martirologio m *martyrologium*; *martelaarsboek*
marxismo m *marxisme*
marxista I m/v *marxist* II BNW *marxistisch*
marzal BNW *maarts*
marzo m *maart*
mas VW *echter*; *doch*
más I m WISK. *plusteken* ⋆ sus más y sus menos
zijn voors en zijn tegens II BNW *meer*; de
meeste ⋆ a lo más/todo lo más *hoogstens*
III BIJW • *(het) meest*; *meer* • *verder*; *beter*
⋆ más bien *eerder* ⋆ más de la cuenta *te veel*
⋆ más y más *steeds meer* ⋆ a más *bovendien*
⋆ a más de *buiten* ⋆ a más y mejor
overvloedig; *uitbundig* ⋆ a más no poder *uit*
alle macht ⋆ a más tardar *op z'n laatst* ⋆ a
cual más *om strijd* ⋆ ¿algo más? *verder/*
anders nog iets? ⋆ aún más *sterker nog* ⋆ cada
vez más *steeds meer* ⋆ cuando más *maximaal*

ma

★ cuanto más ... más *hoe meer ... hoe liever*
★ de más *meer dan* ⟨bij getallen⟩ ★ de más a
más *bovendien* ★ beber de más *te veel drinken*
★ estar de más *overbodig zijn* ★ el que más y
el que menos *wie dan ook*; *iedereen* ★ trabajo
como el que más *hij werkt als ieder ander*
★ sabe más que nadie *hij weet beter dan wie
ook* ★ lo más pronto posible *zo vlug mogelijk*
★ mucho más *veel meer* ★ ni más ni menos
niet meer en niet minder ★ poco más o menos
ongeveer ★ por más que *hoe veel (ook)* ★ sin
más ni más *zo maar* ★ ir a más *erger worden*
★ es de lo más divertido *het is erg leuk*
★ aunque nada más sea *al was het alleen al
om* ★ más vale tarde que nunca *liever laat
dan nooit* ★ no quiero más *ik wil niets meer*
★ ¿qué más da? *wat kan het mij schelen?* ★ el
chico más alto de la clase *de grootste jongen
van de klas* ★ ella es más lista que yo *zij is
slimmer dan ik* ★ más de lo que pensaba
meer dan ik dacht ★ ¡qué hombre más
bueno! *wat een goede man!* ★ ¡lo hace más
bien! *wat doet hij dat goed!* ★ no doy para
más *ik ben niet tot meer in staat*

masa v • *massa*; *menigte*; *boel* ⟨mensen⟩ • *deeg*
• (mv) *(de) grote massa*; *(het) (gewone) volk*
★ masa humana *mensenmassa* ★ medios de
comunicación de masas
massacommunicatiemiddelen ★ la gran masa
de grote hoop ★ masa encefálica *hersenmassa*
★ masa atómica *atoommassa* ★ en masa
massaal; *en masse* ★ llevar en la masa de la
sangre *in het bloed zitten* ★ coger a alg. con
las manos en la masa *iem. op heterdaad
betrappen*
masacrar OV WW *slachten*; *slachten*; *uitmoorden*
masacre v *slachting*; *bloedbad*
masaje m *massage* ★ dar ~ a *een massage geven
aan*
masajista m/v *masseur*, *masseuse*
mascar ON WW • *kauwen* • *binnensmonds
praten*; *mompelen*
máscara I v • OOK FIG. *masker*; *kapje* ⟨voor neus
en mond⟩ • *vermomming* • *voorwendsel*;
mom ★ FIG. quitarse la ~ *het masker afwerpen*;
zijn ware gezicht tonen II m/v *gemaskerde*
mascarada v • *maskerade* • *farce*;
schijnvertoning
mascarilla v • MED. *mondmasker*
• *gezichtsmasker* ⟨schoonheidsmiddel⟩
• *dodenmasker*
mascarón m ARCHIT. *grote kop*; *mascaron* ★ ~ de
proa *boegbeeld*
mascota v *mascotte*
masculinidad v *mannelijkheid*
masculino m *mannelijk*
mascullar OV WW *prevelen*; *mompelen*;
binnensmonds praten
masera v *trog*
masía v *boerderij met landgoed* ⟨Aragón⟩
masificación v • *massificatie* • *grote toename*;
toevloed ⟨v. mensen⟩
masificar OV WW *massificeren*; *massaal (en
onpersoonlijk) maken* ★ algunas playas están
masificadas *sommige stranden worden*

massaal bezocht
masilla v *plamuur*; *stopverf*
masita v LA *gebakje*
masivo BNW • *massaal* ⟨bv. v. dosis
medicijnen⟩ • MED. *zwaar*; *groot* ⟨v. dosis
medicijnen⟩
masón m *vrijmetselaar*
masonería v *vrijmetselarij*
masónico BNW *vrijmetselaars-* ★ logia masónica
vrijmetselaarsloge
masoquismo m *masochisme*
masoquista I m/v *masochist* II BNW
masochistisch
mastelero m SCHEEPV. *(mars)steng*
masticación v *(het) kauwen*; *gekauw*
masticar OV WW • *kauwen* • *herkauwen*; *steeds
weer overdenken*
mástil m • *mast* • *verticaal geplaatste paal*
• *schacht* ⟨v. vogelveer⟩ • *hals* ⟨v.
muziekinstrument⟩
mastín m *Engelse dog*
mastitis v *mastitis*; *borstklierontsteking*;
uierontsteking
mastodonte m • *mastodont* • *gevaarte*; *joekel*;
kolos • *boom (van een vent)*
mastodóntico BNW *kolossaal*; *enorm*
mastoides BNW *tepelvormig*
mastuerzo m • *tuinkers* • FIG. *lomperik*
masturbación v *masturbatie*; *(zelf)bevrediging*
masturbarse WKD WW *masturberen*
mata v • *bosje*; *struik*; *heester* • (mv)
kreupelhout ★ mata de pelo *haardos*
matacán m • *schietgat* • *hondengif*
matachín m • *slachter* • *ruziezoeker*;
vechtersbaas
matadero m *slachthuis* ★ llevar a alg. al ~
iemand naar de slachtbank leiden ★ ir/venir/
llevar al ~ *zijn leven in de waagschaal stellen*
matador I m *matador*; *stierendoder* II BNW
dodelijk
matadura v • *striem* ⟨v. paard⟩; *schrijnende plek*
• *zadelwond* ⟨v. paard⟩
matafuego m • *brandblusapparaat*; *brandspuit*
• *brandweerman*
matalotaje m • *scheepsproviand* • *zootje*;
warboel
matamoros BNW *opschepperig*
matamoscas m • *vliegenmepper*
• *vliegenbestrijdingsmiddel*
matancero m *slager* • ZZA *slachter*; *beul*
matanza v • *(het) doden* • *(het) slachten*;
slachting; *bloedbad* • *slacht(tijd)* • *slachtvlees, -
producten*
mataperros m *kwajongen*; *schoffie*; *boef(je)*
matar I OV WW • *doden* ⟨ook v.d. tijd⟩;
ombrengen • *slachten* • *lessen* ⟨v.d. dorst⟩;
stillen ⟨v.d. honger⟩ • *schuren*; *afronden*;
bijschaven • *hinderen*; *pesten*; *kwellen*
• *overtroeven* ⟨in kaartspel⟩; *mat zetten*
⟨schaakspel⟩ • *(af)stempelen* ⟨v. postzegels⟩
★ ~ a golpes *doodslaan* ★ ~ a mordeduras
doodbijten ★ ~ de un tiro/a tiros *doodschieten*
★ no ~ás *gij zult niet doden* ★ me matan a
disgustos *dit wordt mijn dood* ★ que me
maten si *ik mag doodvallen als* ★ ~las
callando *het achter zijn ellebogen hebben*

⋆ todos la matamos *we zijn allemaal schuldig* **II** ON WW ⋆ estar a ~ con alg. *met iemand op voet van oorlog staan*

matarife m *slachter*

matarratas m *rattengif*

matarse WKD WW *zelfmoord plegen*; *omkomen*; *om het leven komen* ⋆ ~ a (fuerza de) trabajar *zich doodwerken*

matasanos m *kwakzalver*

matasellos m *poststempel*; *postmerk*

matasiete m *lefschopper* ⋆ creerse un ~ *zich een hele Piet voelen*

matasuegras m *roltong* ⟨feestartikel⟩

matazón m COL, MEX *slachting*; *bloedbad*

match m *match*; *wedstrijd*

mate I m ⚫ *mat* ⚫ LA *maté* ⟨soort thee⟩ ⚫ *kalebas* ⟨waaruit maté wordt gedronken⟩ ⋆ dar mate a uno *iemand mat zetten* ⋆ cebar el mate *maté maken* **II** BNW *mat*; *dof*

matear I OV WW *op enige afstand van elkaar zaaien/planten* **II** ON WW *maté drinken*

matemáticas v mv *wiskunde*; *mathematica*

matemático I m *wiskundige*; *mathematicus* **II** BNW ⚫ *wiskunde-*; *wiskundig*; *mathematisch* ⚫ *exact*; *precies*

Mateo m *Mattheus*

materia v ⚫ *materie*; *stof* ⚫ *thema*; *onderwerp* ⚫ *(school)vak* ⋆ ~ prima *grondstof* ⋆ índice de ~s *inhoudsopgave* ⋆ en ~ de *op het gebied van*; *inzake* ⋆ entrar en ~ *ter zake komen*

material I m ⚫ *materiaal*; *stof* ⚫ *uitrusting*; *materieel* ⋆ ~ móvil *rijdend materieel* ⋆ ~ escolar/de enseñanza/didáctico *leermiddelen* **II** BNW ⚫ *materieel* ⚫ *fysiek*; *stoffelijk* ⚫ *feitelijk*; *werkelijk* ⚫ *origineel*

materialidad v ⚫ *materialiteit*; *stoffelijkheid* ⚫ *buitenkant*; *(uiterlijke) schijn*

materialismo m *materialisme*

materialista I m/v ⚫ *materialist* ⚫ MEX *vrachtrijder* ⚫ *bouwer*; *aannemer* **II** BNW *materialistisch*

materializar OV WW *materialiseren*; *verwezenlijken*; *concretiseren*

materialmente BIJW ⚫ *in feite* ⚫ *totaal*; *absoluut* ⋆ es ~ imposible *het is absoluut onmogelijk*

maternal BNW *moederlijk*

maternidad v ⚫ *moederschap* ⚫ *kraamkliniek*

materno BNW *moeder-*; *van moederszijde* ⋆ lengua materna *moedertaal*

matero m ZZA *matédrinker*

matete m URU, ARG ⚫ *verwarring*; *warboel* ⚫ *ruzie*; *handgemeen*

matices m mv → **matiz**

matinal BNW *morgen-*; *ochtend-*

matiz m ⚫ *tint*; *nuance*; *schakering* ⚫ *zweempje*; *vleugje* ⚫ *toon* ⟨v. woorden⟩

matización v ⚫ *kleurschakering* ⚫ *nuancering*

matizar OV WW ⚫ *schakeren* ⟨kleuren⟩ ⚫ *een bepaald tintje geven*; *nuanceren*; *nader toelichten* ⋆ ~ de/en/con rojo *rood kleuren*

matón m *lefschopper*; *vechtersbaas*

matorral m *struikgewas*; *bosjes*

matraca I v ⚫ *ratel* ⚫ MEX *rammelkast* ⟨vehikel⟩ ⋆ dar ~ *plagen*; *zeuren* **II** m/v *zeurpiet*

matraquear ON WW ⚫ *ratelen* ⚫ *zeuren*; *zaniken*

matraz v *retort*; *distilleerkolf*

matrero I m ZA *voortvluchtige* **II** BNW ⚫ *listig*; *sluw* ⚫ *achterdochtig*

matriarcado m *matriarchaat*; *vrouwen-*, *moederheerschappij*

matriarcal BNW *matriarchaal*; *moederrechterlijk*

matrices m → **matriz** mv

matricida m/v *moedermoordenaar*

matricidio m *moedermoord*

matrícula v ⚫ *inschrijving* ⚫ *aantal inschrijvingen* ⚫ *inschrijfgeld*; *schoolgeld*; *collegegeld* ⚫ *kenteken*; *nummerbord* ⋆ ~ de honor *cum laude* ⋆ ~ de buques *scheepsregister*

matriculación v ⚫ *(het) inschrijven*; *inschrijving* ⚫ *kentekenbewijs*

matricular OV WW *(laten) inschrijven*; *opgeven*

matricularse WKD WW *zich (laten) inschrijven*; *zich opgeven/aanmelden*

matrimonial BNW *huwelijks-*; *echtelijk*

matrimonio m ⚫ *huwelijk*; *huwelijkse staat* ⚫ *echtpaar* ⋆ ~ civil *burgerlijk huwelijk* ⋆ ~ religioso/canónico *kerkelijk huwelijk* ⋆ ~ morganático *morganatisch huwelijk*; *huwelijk met de linkerhand* ⋆ cama de ~s *tweepersoonsbed*

matritense I m/v *Madrileen* **II** BNW *Madrileens*

matriz I v ⚫ *baarmoeder* ⚫ *matrix*; *moedervorm*; *matrijs* ⚫ JUR. *minuut*; *originele akte* **II** BNW *belangrijkste*; *hoofd-* ⋆ casa ~ *hoofdkantoor*

matrona v ⚫ *matrone*; *oudere dame*; *moederfiguur*; *gezette vrouw* ⚫ *visiteuse* ⟨bij douane⟩ ⚫ *vrouwelijke cipier* ⚫ *vroedvrouw*

matronal BNW *van/als een matrone*

Matusalén m *Methusalem*

matute m ⚫ *smokkelarij* ⚫ *smokkelwaar* ⚫ *goktent*; *speelhol* ⋆ de ~ *heimelijk* ⋆ hacer/ pasar de ~ *naar binnen smokkelen*

matutear ON WW *smokkelen*

matutino BNW *morgen-*; *ochtend-* ⋆ edición matutina *ochtendeditie*

maula I v ⚫ *prul*; *onding*; *wrak* ⟨v. auto⟩ ⚫ *oplichterij* **II** m/v ⚫ *leegloper*; *nietsnut* ⚫ *bedrieger* **III** BNW PERU, RPL *verachtelijk*; *sluw*; *geslepen*

maullar ON WW *miauwen*

maullido m *gemiauw*

mauritano I m *Mauritaniër* **II** BNW *Mauritaans*

mausoleo m *mausoleum*; *praalgraf*

maxilar BNW *kaak-* ⋆ hueso ~ *kaakbeen*

máxima m ⚫ *moraal*; *spreuk* ⚫ *principe*; *motto*; *stelregel* ⚫ *maximumtemperatuur*

máxime BIJW *vooral*; *te meer*; *in het bijzonder*

máximo I m *maximum* **II** BNW *maximaal*; *grootst* ⋆ como ~ *maximaal*

máximum m *maximum*

maya I v *madeliefje* **II** m/v *Maya* **III** BNW *Maya-*; *van de Maya's*

mayal m *dorsvlegel*

mayar ON WW → **maullar**

mayestático BNW *majestueus*; *majesteitelijk*

mayo m *mei*

mayólica v *majolica*; *muurtegel*

mayonesa v *mayonaise*

mayor I m ⚫ *oudere*; *volwassene* ⚫ *majoor* ⚫ WISK. *groter-dan-teken* ⚫ (mv) *voorouders*; *volwassenen*; *ouderen* **II** BNW ⚫ *groter*; *grootste*

ma

• *ouder; oudste; bejaard* ★ la ~ *parte het grootste deel; de meerderheid* ★ ~ (de edad) *meerderjarig* ★ ser ~ *de veinte años boven de twintig zijn* ★ ser ya ~ *bejaard zijn* ★ *arte* ~ *strofe van acht regels met elk twaalf lettergrepen* ★ colegio ~ *studentenhuis* ★ libro ~ *grootboek* • mal(es) ~(es) *ernstige tegenslag* ★ misa ~ *hoogmis* ★ para ~ *claridad duidelijkheidshalve* ★ ECON. al por ~ *in het groot*

mayoral m • *voorman* • *baas van herders* • GESCH. *koetsier*

mayorazgo m • *eerstgeboorterecht* • *erfgoed van eerstgeborene* • *eerstgeborene*

mayordomía v *huismeesterschap; beroep van butler*

mayordomo m • *huismeester; butler* • *rentmeester* ★ ~ *mayor beheerder van het huis van de koning*

mayoreo m MEX *groothandel*

mayoría v • *meerderheid* • *merendeel* ★ ~ absoluta *absolute meerderheid* ★ ~ de votos *meerderheid van stemmen* ★ ~ de edad *meerderjarigheid* ★ en la ~ de los casos *in de meeste gevallen* ★ ~ silenciosa *zwijgende meerderheid*

mayorista v *groothandelaar* II BNW *groothandels-*

mayoritario BNW *meerderheids-*

mayormente BIJW *in het bijzonder; hoofdzakelijk; voornamelijk*

mayúscula v *hoofdletter*

mayúsculo BNW *(zeer) groot; enorm; geweldig* ★ *letra mayúscula hoofdletter*

maza v • *knuppel; knots* • *heiblok; moker* • MUZ. *drumstok*

mazacote m • *hard geworden massa* • *saai bouw-/kunstwerk* • FIG. *blok beton* • *lastpost; klier*

mazamorra v *maïspap*

mazapán m *marsepein*

mazazo m • *slag met een knuppel* • FIG. *klap; slag*

mazmorra v *kerker*

mazo m • *sleg; (grote) houten hamer* • *knots; knuppel* • *stamper* 〈in vijzel〉 • *bundel; bosje* 〈in kaartspel〉 • *zeur(piet)* ★ *mazo de naipes spel kaarten*

mazorca v • *(maïs)kolf* • ARG/GESCH. *dictatoriale kliek* 〈v. Rosas, eind 19e eeuw〉

me I PERS VNW *me; mij* ★ ¡dímelo! *zeg het me!* II WKD VNW *mij; me*

meada v • *urine; plas* • *pisvlek* • VULG. *(het) pissen* ★ *echar una ~ pissen*

meadero m VULG. *pisbak; plee*

meados m mv *zeik; pis*

meaja v *kruimel*

meandro m *kronkel* 〈v. rivier〉*; meander*

mear ON WW VULG. *zeiken; pissen*

mearse WKD WW • OOK FIG. *het in zijn broek doen* • *zijn kont afvegen met; aan zijn laars lappen*

Meca v OOK FIG. *Mekka*

mecachis TW *verdorie!*

mecánica v *mechanica; werktuigkunde*

mecánico I m *mecanicien; technicus; monteur*

★ ~ de a bordo *boordwerktuigkundige* ★ ~ dentista *tandtechnicus* II BNW • *mechanisch* • OOK FIG. *machinaal; werktuiglijk*

mecanismo m • *mechanisme; werking* • *mechaniek* ★ ~ de transmisión *drijfwerk*

mecanización v *mechanisatie, -sering; automatisering*

mecanizar OV WW *mechaniseren; automatiseren*

mecanografía v *(het) typen; (het) machineschrijven*

mecanografiar /i/ OV WW *machineschrijven; (uit)typen*

mecanógrafo m *typist*

mecedor I m *schommel* II BNW *schommelend*

mecedora v *schommelstoel*

mecenas m *mecenas*

mecenazgo m *mecenaat*

mecer OV WW • *schommelen* • *wiegen*

mecha v • *kousje* 〈v. gas〉*; pit* 〈v. kaars〉 • *lont; ontsteking* • *vulling* 〈voor en van vlees〉*; reep lardeerspek* • *lok haar* ★ *aguantar ~ gelaten verdragen* ★ a toda ~ *als de gesmeerde bliksem*

mechar OV WW *opvullen van vlees; larderen*

mechera v INF. *winkeldievegge*

mechero m • *aansteker* • *brander* 〈v. fornuis〉*; (gas)pit* • COL *olielamp* • *winkeldief* • VULG. *pik; lul*

mechón m • *(haar)lok* • *pluk(je)* 〈wol e.d.〉*; vlok*

medalla v • *medaille* • *(ere)penning* ★ el reverso de la ~ *de keerzijde van de medaille*

medallón m *medaillon*

médano m • *duin* • *zandbank*

media v • *(nylon) kous*; LA *sok* • *het halve uur* • *(het) gemiddelde* • SPORT *middenveld* ★ ~ de rejilla/red *netkous* ★ las tres y ~ *half vier*

mediacaña v • ARCHIT. *halfronde/holle (sier)lijst* • TECHN. *(holle) guts/vijl*

mediación v • *bemiddeling; tussenkomst* • *bijlegging; beslechting* ★ por ~ de *door tussenkomst van*

mediado BNW *half(vol)* ★ a ~s de enero *half/halverwege januari*

mediador I m *bemiddelaar* II BNW *bemiddelings-; bemiddelend*

medialuna v *croissant*

mediana v • *zwaartelijn* 〈op snelweg〉 • *grote biljartkeu* • *middenstreep*

medianamente BIJW *middelmatig*

medianería v • *tussenmuur; scheidingshek* • MEX *deelpacht*

medianero BNW • *scheidings-; tussenliggend* • *aangrenzend*

medianía v • *middelmaat; gemiddelde* • *middelmatig persoon*

mediano BNW • *middelmatig* • *middelste* • *gemiddeld*

medianoche v • *middernacht* • CUL. *luxe broodje* ★ a ~ *midden in de nacht*

mediante VZ *door middel van; met behulp van* ★ Dios ~ *zo God het wil*

mediar ON WW • *(tussen) liggen; gelegen zijn* • *tussenbeide komen* 〈bij twist〉*; bemiddelen* • *half verstreken zijn* 〈v. tijd〉*; halverwege zijn* • *verwijderd zijn* ★ ~ con u.p. *een goed woordje voor iemand doen* ★ ~ en favor de u.p. *zich voor iemand inzetten* ★ *median*

estrechas relaciones entre las dos casas *de
beide firma's onderhouden nauwe
betrekkingen*
mediático BNW • *mediatiek; media-
• mediageniek*
mediatizar OV WW *beknotten; inperken*
mediato BNW *indirect*
médica v *(vrouwelijke) arts*
medicación v *medicatie; behandeling met
geneesmiddelen*
medicamento m *medicament; geneesmiddel* ★ ~
anti-SIDA *aidsremmer*
medicamentoso BNW *geneeskrachtig*
medicar OV WW *geneesmiddelen voorschrijven*
medicastro m *kwakzalver*
medicina v • *geneeskunde • medicijn;
geneesmiddel* ★ ~ general *algemene
geneeskunde* ★ ~ legal/forense *gerechtelijke/
forensische geneeskunde*
medicinal BNW *medicinaal; geneeskrachtig*
medicinar OV WW *geneesmiddelen toedienen*
medición v *(het) (op)meten; meting*
médico I m *arts; dokter; medicus* ★ ~ de
cabecera *huisarts* ★ ~ forense *patholoog-
anatoom; lijkschouwer* ★ ~ de guardia
dienstdoend arts ★ ~ de urgencia *ambulance-/
GGD-arts* ★ consulte a su ~ *raadpleeg uw arts*
II BNW *medisch*
medida v • *maat; formaat; afmeting
• maatbeker • mate; gematigdheid • maatregel*
★ a ~ de *al naar gelang* ★ a la ~ de tu deseo
volgens jouw wens ★ a ~ que *naarmate* ★ en
cierta ~ *tot op zekere hoogte* ★ en gran ~ *in
hoge mate* ★ en menor ~ *in mindere mate*
★ en la ~ de lo posible *voor zover mogelijk*
★ sin ~ *mateloos; overdreven* ★ ~ agraria
landmaat; landmeting ★ un traje a la ~ *een
maatkostuum* ★ ~ para áridos *maat voor
droge stoffen* ⟨granen, meel⟩ ★ tomar ~s
maatregelen treffen ★ tomar las ~s a alg.
iemand de maat nemen ★ trabajar a ~
maatwerk maken ★ se ha colmado la ~ *de
maat is vol* ★ la gota que colmó la ~ *de
druppel die de emmer deed overlopen* ★ ~ de
superficie *vlaktemaat*
medidor m • *meettoestel; meter • iemand die
meet; meteropnemer*
medieval BNW *middeleeuws*
medievalismo m *mediëvalisme*
medievalista m/v *mediëvist(e)*
medievo m *Middeleeuwen*
medio I m • *halve; helft* • LA *rust; pauze* ⟨bij
wedstrijd⟩ • *midden • middelvinger
• gemiddelde; doorsnede • middel • kring;
omgeving; milieu* • SPORT *middenveldspeler;
middenvelder* • (mv) *(geld)middelen; bezit* ★ ~s
de comunicación/información *(de masas)
(massa)media* ★ ~ ambiente *milieu* ★ el ~
izquierda/derecha *de linkshalf/rechtshalf* ⟨bij
voetbal⟩ ★ en ~ de *te midden van* ★ en ~ de
todo *al met al; ondanks alles* ★ camino de en
~ *middenweg* ★ quitarse de en ~ *het veld
ruimen* ★ por ~ de *door middel van* ★ no hay
~ *op geen enkele manier* ★ poner tierra por ~
een conflict uit de weg gaan ★ poner todos los
~s para algo *alles op alles zetten* **II** BNW

• *middel-; half • middelbaar; midden-* ⟨v.
sociale klasse, school⟩ • *doorsnee; modaal;
gemiddeld* ★ a ~ camino *halverwege* ★ a
media voz *zachtjes* ⟨v. stem⟩ ★ poner a alg.
de vuelta y media *iemand de mantel uitvegen*
III BIJW • *half • voor de helft; halverwege* ★ de
~ a ~ *compleet; volledig* ★ de por ~ *er tussenin*
★ ni ~ *volstrekt niet* ★ hacer las cosas a ~ *de
dingen half doen* ★ quitar de en ~
verwijderen; uit de weg ruimen
medioambiental BNW *milieu-* ★ protección ~
milieubescherming
mediocre BNW *middelmatig*
mediocridad v *middelmatigheid*
mediodia m • *12 uur* ⟨overdag⟩ • *zuiden* ★ a ~
om 12 uur (overdag); tussen de middag
★ abierto a ~ *ook geopend tussen de middag*
medioevo m → **medievo**
medir /i/ **I** OV WW • *(af-, op)meten* • FIG. *afwegen*
★ ~ sus palabras *zijn woorden wikken en
wegen* **II** ON WW *meten; lang/breed zijn*
III WKD WW • *zich meten (con met)* • *zich
inhouden; inbinden; zich matigen* • COL *passen*
⟨v. kleding⟩
meditabundo BNW *peinzend; nadenkend*
meditación v *overpeinzing; overdenking;
meditatie*
meditar ON WW • *overpeinzen; na-, overdenken
• mediteren*
meditativo BNW *meditatief; nadenkend;
beschouwelijk*
mediterráneo I m ★ el Mar Mediterráneo *de
Middellandse Zee* **II** BNW *mediterraan; van de
Middellandse Zee* ★ países ~s *landen rond de
Middellandse Zee*
médium m/v *medium* ⟨persoon⟩
medo m GESCH. *Meed*
medra v → **medro**
medrar ON WW • *groeien; gedijen* ⟨v. dier,
plant⟩ • *er (financieel) op vooruitgaan; er wel
bij varen*
medro m • *toename; ontwikkeling; groei* ⟨v.
dier, plant⟩ • *bloei; vooruitgang*
medroso I m *angsthaas* **II** BNW • *verlegen;
schuchter • angstig*
médula v (**medula**) • *merg* • FIG. *kern; hart* ★ ~
espinal *ruggenmerg* ★ ~ ósea *beenmerg*
★ hasta la ~ *tot op het bot; in hart en nieren*
medular BNW • *(ruggen)merg* • FIG. *kern-*
★ problema ~ *kernprobleem*
medusa v *kwal*
mefítico BNW • *stinkend • verstikkend* ⟨v. gas,
lucht⟩
megafonía v *geluidsinstallatie*
megáfono m *megafoon; luidspreker*
megalítico BNW *megalithisch*
megalito m *megaliet; reuzensteen*
megalomanía v *megalomanie; grootheidswaan*
megalómano m *megalomaan*
megatón m *megaton*
megavatio m *megawatt*
megavoltio m *megavolt*
mejicanismo m *Mexicaans woord; Mexicaanse
uitdrukking*
mejicano I m (**mexicano**) *Mexicaan* **II** BNW
(**mexicano**) *Mexicaans*

me

Méjico m (México) *Mexico*
mejido BNW • huevo ~ *geklutst ei*
mejilla v *wang*
mejillón m *mossel*
mejor I BNW *beter*; *best(e)* ★ a lo ~ *misschien*
II BIJW • *beter*; *best* • *liever* ★ i(tanto) ~! *des te beter!* ★ ~ o *peor hoe dan ook* ★ i~ *que* ~! *nog veel beter!*; *helemaal mooi!*
mejora v OOK MED. *verbetering*
mejoramiento m *verbetering*
mejorana v *majoraan*; *wilde marjolein*
mejorar I OV WW • *verbeteren*; *beter maken* • *overtreffen* • *verhogen* ⟨v. bod, prijs⟩ II ON WW *verbeteren*; OOK MED. *beter worden*
mejorarse WKD WW OOK MED. *beter worden* ★ ique se mejore! *beterschap!*
mejorcito BNW *iets(je) beter* ★ lo ~ *het allerbeste*; *het puikje*
mejoría v *verbetering*; *herstel*; *vooruitgang*
mejunje m • *brouwsel*; *bocht* • INF. *zwendel*; *oplichterij*
melado I m LA *siroop* ⟨v. rietsuiker⟩ II BNW *honingkleurig*
melancolía v *melancholie*; *zwaarmoedigheid*; *weemoed*
melancólico BNW *melancholiek*; *zwaar-*, *weemoedig*
melanoma m *melanoom*
melaza v *melasse*; *suikerstroop*
melcocha v *vloeibare honing*
melena v • *manen* ⟨v. leeuw⟩ • (mv) *verwarde haren*; *haardos* ★ media ~ *halflang haar*
melenudo I m *hippie* II BNW *langharig*; *met lang/veel haar*
melifluo BNW OOK FIG. *honingzoet*; *poeslief*
melindre m • *zoetigheid* • (vaak mv) *preutse aanstellerij* ★ andar(se) con ~s *zich aanstellen*
melindroso I m *aansteller*; *preuts persoon* II BNW *aanstellerig*; *preuts*
mella v • *buts*; *scheur*; *deuk* • *gat*; *opening* ⟨tussen tanden⟩; *inkeping*; *kerf* • *schade*; *nadeel* ★ hacer ~ *(grote) indruk maken*; *schade berokkenen* (en aan)
mellado BNW *met gescherfde rand* ⟨bv. v. aardewerk⟩; *die een tand mist*
mellar OV WW • *kartelen*; *inkepen*; *(in)deuken* • *in diskrediet brengen*; *te schande maken*
mellizo I m *(een van) tweeling* II BNW *tweeling-*
melocotón m *perzik*
melocotonero m *perzikboom*
melodía v • *melodie* • *wijsje*
melódico BNW *melodisch*
melodioso BNW *melodieus*; *welluidend*
melodrama m OOK FIG. *melodrama*
melodramático BNW *melodramatisch*
melómano I m *melomaan*; *muziekfanaat* II BNW *melomanisch*
melón m • *meloen* • *domkop*; *onnozele hals* ★ ~ de agua *watermeloen*
melonada v *flauwiteit*
melopea v (melopeya) *dronkenschap*; OOK FIG. *roes*
melosidad v • *zoetheid* • *zoetsappigheid*
meloso BNW • *honing-*; *honingzoet* • *zoet(sappig)*
memada v → memez
membrana v *membraan*; *(scheidings)vlies* ★ ~

celular *celwand* ★ ~ caduca *baarmoederslijmvlies* ★ ~ mucosa *slijmvlies* ★ ~ vitelina *dooiervlies*
membranoso BNW *vliesachtig*
membresía v LA *lidmaatschap*
membrete m *briefhoofd*
membrillero m *kweeperenboom*
membrillo m *kweepeer*
membrudo BNW *stevig*; *fors*
memela v MEX *dikke maïstortilla/-omelet*
memez v *dwaasheid*; *domheid*
memo BNW *dwaas*; *stom*
memorable BNW *memorabel*; *gedenkwaardig*
memorándum m • *notitieboekje* • *memorandum*
memoria I v • OOK COMP. *geheugen* • *herinnering* • *overzicht*; *verslag*; *uiteenzetting*; *verhandeling* ★ a la ~ de *ter nagedachtenis van* ★ de ~ *uit het hoofd*; *van buiten* ★ de buena ~ *zaliger nagedachtenis* ★ falta de ~ *vergeetachtigheid* ★ acudir/traer a la ~ *in herinnering brengen* ★ borrar de la ~ *uit het geheugen wissen* ★ almacenar/introducir en la ~ *in het geheugen opslaan* ★ ser flaco de ~ *vergeetachtig zijn*; *ondankbaar zijn* ★ hacer ~ u.c. *proberen te herinneren*; *diep nadenken* ★ perder la ~ *vergeten* ★ refrescar la ~ *het geheugen opfrissen* ★ tener buena ~ *een goed geheugen hebben* ★ se me ha caído de la ~ *ik ben het vergeten* II m mv *memoires*
memorial m • *aantekenboek* ⟨met toelichting⟩ • *verzoekschrift*
memorialista m *amanuensis* ⟨schrijver⟩
memorias m mv *memoires*
memorión I m (v: memoriona) *iemand met een stalen geheugen* II BNW (v: memoriona) *met een stalen geheugen*
memorización v • *(het) uit het hoofd leren* • COMP. *(het) opslaan*
memorizar OV WW • *uit het hoofd leren* • COMP. *opslaan*
mena v *erts(laag)*
ménade v • *bacchante* • *furie*
menaje m • *huisraad* • *menagerie*
mención v *(het) noemen*; *(ver)melding* ★ digno de ~ *noemenswaard*
mencionado BNW *genoemd*
mencionar OV WW • *(ver)melden*; *noemen*; *gewag maken van*
menda PERS VNW *ik*; *ondergetekende*; *mijn persoon(tje)* ★ ~ lerenda *ik persoonlijk*
mendacidad v *leugenachtigheid*
mendaz I m/v *leugenaar* II BNW *leugenachtig*
mendicación v *bedelarij*
mendicante I m/v *bedelaar* II BNW *bedel-*
mendicidad v • *bedelarij* • *gebedel*
mendigar OV WW OOK FIG. *bedelen*
mendigo m *bedelaar*
mendrugo m • *homp brood* • *stomkop*
menear OV WW • *schudden*; *wuiven*; *zwaaien* • *ter hand nemen* ⟨v. zaak⟩ ★ ~ la cola *kwispelstaarten* ★ peor es ~lo *het is beter dat tere punt niet aan te roeren*
menearse WKD WW • *wiebelen* • *zich roeren*; *zich haasten*; *actief zijn*; *zich inzetten* ★ el

diente se menea *de tand zit los* ★ *de no te
menees van je welste*; *verschrikkelijk*

menegilda v *meid*; *dienstbode*

meneo m • *gewiebel*; *(het) schudden, bewegen*
• *pak slaag*

menester m • *noodzaak*; *behoefte* • *bezigheid*;
klus; *karwei* • *boodschap* • (mv) *behoefte*;
ontlasting • (mv) INF. *gereedschap* ★ *es ~ het is
noodzakelijk*

menesteroso I m *behoeftige*; *armlastige* II BNW
behoeftig; *armlastig*; *misdeeld*

menestra v *stoofpot met groenten* ‹vaak met
vlees›

menestral m *ambachtsman*

mengano m • *fulano*, ~ *y zutano Jan, Piet en
Klaas*; *die en die*

mengua v • *(het) afnemen*; *verval*; *vermindering*
• *gebrek*; *gemis*; *schaarste* • *slapheid*;
lusteloosheid ★ *en ~ de ten koste van* ★ *sin ~
intact*; *compleet*

menguado I m • *lafaard* • *mindering* ‹bij
breien› II BNW • *laf* • *gering*

menguante BNW *afnemend* ‹v. maan, getij›
★ *cuarto ~ laatste kwartier*

menguar I OV WW • *verminderen* • *minderen*
‹bij breien, haken› II ON WW *minder worden*;
afnemen; *slinken*

mengue m INF. *duivel*

menina v *hofdame*

meningitis v *hersenvliesontsteking*; *meningitis*

menisco m *meniscus*; *kraakbeenschijf*

menjunje m → **mejunje**

menonita I m/v *doopsgezinde* II BNW
doopsgezind

menopausia v *menopauze*

menor I m/v *minderjarige* ★ *tolerada/apta para
~es voor alle leeftijden* ‹film› ★ *~es de 7 años
kinderen onder de 7 jaar* II BNW • *kleiner*;
kleinste • *jonger*; *jongste* ★ *mal ~ kleine
tegenslag* ★ *~ de edad minderjarig* ★ *arte ~
versregel van minder dan negen lettergrepen*
★ *no tener ~ idea geen flauw idee hebben*
★ *no dar la ~ importancia a algo absoluut
geen aandacht aan iets schenken* ★ *sin la ~
dificultad zonder de geringste moeilijkheden*
★ MUZ. *en modo/tono ~ in mineur*

menoría v • *minderjarigheid*
• *ondergeschiktheid*; *minderwaardigheid*

menorquín I m *iemand uit Menorca* II BNW
van/uit Menorca

menos I m *minteken* II BIJW • *minder*; *minst*
• WISK. *minus*; *min* • *liever* • *voor* ‹in
tijdsaanduidingen› ★ *~ de [+ telwoord]
minder dan* ★ *a ~ que tenzij* ★ *al/por lo ~ ten
minste* ★ *aún ~ nog minder*; *dan zeker niet*
★ *cada vez ~ steeds minder* ★ *de ~ te weinig*
★ *5 ~ 5 min 2* ★ *cuatro ~ cinco vijf voor vier*
★ *en ~ de nada in een mum van tijd* ★ *o poco
~ min of meer* ★ *en ~ de tres mil een negatief
verschil van drieduizend* ★ *poco ~ que nada
zogoed als niets* ★ *no ser ~ niet onder doen
voor* ★ *todo ~ eso alles liever dan dat* ★ *es lo
de ~ dat is het minst belangrijke*; *dat is mijn
laatste zorg* ★ *echar de ~ missen* ★ *esto es
para ~ dat is niet gering*; *dat moet niet
onderschat worden* ★ *es ~ inteligente que tú*

hij is minder intelligent dan jij ★ *es el chico ~
atractivo de la clase hij is de minst
aantrekkelijke jongen van de klas* ★ *venir/ir a
~ aan lager wal raken*; *verkrotten* ‹v. wijk› ·
★ *ini mucho ~! allerminst!*; *absoluut niet!*; *in
de verste verte niet!* III VZ *behalve*;
uitgezonderd

menoscabar OV WW *nadelig zijn voor*;
aantasten; *schaden*

menoscabo m *beschadiging*; *afbreuk*; *nadeel*
★ *sin ~ de zonder afbreuk te doen aan*; *met
behoud van*

menospreciable BNW *verachtelijk*; *min*

menospreciar OV WW • *onderschatten*;
minachten • *verachten*

menospreciativo BNW *minachtend*

menosprecio m *minachting*; *verachting*;
onderschatting

mensáfono m *buzzer*; *pieper*

mensaje m • *mededeling* • *boodschap*; OOK INF.
melding ★ *~ electrónico e-mail(bericht)*

mensajería v *koeriersdienst*

mensajero I m • *boodschapper*; *koerier*; *bode*
• FIG. *voorbode* II BNW *koeriers-* ★ *paloma
mensajera postduif*

menstruación v *menstruatie*

menstrual BNW *menstruatie-*

menstruar /ú/ ON WW *menstrueren*

menstruo m • *menstruatie* • *menstruüm*

mensual BNW *maandelijks* ★ *revista ~
maandblad* ★ *quinientas euros ~es
vijfhonderd euro per maand*

mensualidad v *maandelijkse betaling enz.*

ménsula v *console*; *kraagsteen*; *draagsteen*

mensurable BNW *meetbaar*

mensurar OV WW *(af-, op)meten*

menta v PLANTK. *munt*

mentado BNW • *genoemd*; *voormeld*; *vermeld*
• *vermaard*

mental BNW *mentaal*; *geestelijk* ★ *enajenación ~
krankzinnigheid*

mentalidad v *mentaliteit*; *geestesgesteldheid*;
instelling

mentalizar OV WW *mentaal voorbereiden*;
vertrouwd maken; *bewust maken*

mentalizarse WKD WW *zich mentaal
voorbereiden*; *zich instellen*

mentar OV WW *noemen*; *(ver)melden*

mente v • *geest*; *brein*; *verstand* • *gedachte*;
bedoeling ★ *traer a la ~ zich herinneren*
★ *tener la ~ en blanco zich niets herinneren*
★ *irse de la ~ vergeten*; *ontschieten* ★ *no estar
en la ~ niet in iemands bedoelingen liggen*

mentecatería v (**mentecatez**) *dwaasheid*;
onnozelheid

mentecato I m *onnozele hals*; *dwaas*; *idioot*
II BNW *onnozel*; *dwaas*

mentidero m • *plek waar geroddeld wordt*;
praatcafé • *roddelrubriek* ‹in krant e.d.›

mentir /ie, i/ ON WW • *liegen*; *jokken* • *bedriegen*
★ *miente más que habla hij liegt alsof het
gedrukt staat* ★ *no, miento nee, ik vergis me*

mentira v • *leugen* • *bedrog* • *maantje* ‹v.
nagels› • *schrijf-, drukfout* ★ ~ *piadosa/
oficiosa leugentje om bestwil* ★ *¡parece ~!
ongelooflijk!* ★ *aunque parezca ~ hoe*

ongelooflijk het ook klinkt ★ coger a uno en ~
iemand op een leugen betrappen
mentirilla v *leugentje om bestwil*
mentiroso I m *leugenaar; liegbeest* **II** BNW
leugenachtig
mentis m *ontkenning; dementi* ★ dar el ~
loochenen; ontkennen ★ no pudo dar un ~ *hij
kon het niet ontkennen*
mentol m *menthol*
mentolado BNW *menthol-; met mentholsmaak*
mentón m *kin*
mentor m *mentor; raadsman*
menú m • OOK COMP. *menu* • *menukaart;
spijskaart* ★ menú de opciones *keuzemenu*
menudear OV+ON WW • *dikwijls herhalen*
• *dikwijls gebeuren* • COL MEX *en detail
verkopen* ★ ~ las visitas *dikwijls bezoeken*
menudencia v • *kleinigheid; wissewasje; bagatel*
• *gedetailleerdheid; detail* • (mv) *kleine dingen*
menudeo m • *(het) herhaaldelijk gebeuren* • LA
verkoop en detail
menudillos m mv *(eetbare) organen van
gevogelte*
menudo I m *kleingeld* **II** m mv *trijp* ⟨v.
slachtdieren⟩; *ingewanden; slachtvlees*
III BNW • *klein; iel; fijn* • *dwerg-; minuscuul*
• *onbeduidend; van weinig belang* ★ i~ ...! *wat
een ...!* ★ a ~ *dikwijls* • ECON. por ~ *in het
klein; gedetailleerd* ★ lluvia menuda *motregen*
meñique I m *pink* **II** BNW INF. *heel klein* ★ dedo
~ *pink*
meollo m • ANAT. *merg* • FIG. *kern; hart; inhoud*
• *broodkruim; binnenste van brood* • *hersenen;*
FIG. *hersens; intelligentie*
meón I m (v: *meona*) • *iemand die vaak plast;
(bed)plasser* • *dreumes* **II** BNW (v: *meona*)
plasserig
mequetrefe m *domme gans; stumper; sukkel*
meramente BIJW *enkel en alleen*
merca v *(groente)markt*
mercachifle m *scharrelaar; sjacheraar*
mercadear ON WW *handelen; handel drijven*
mercadeo m *marketing*
mercader m FORM. *koopman*
mercadería v *koopwaar*
mercadillo m *vlooienmarkt; rommelmarkt*
mercado m • *markt* • *afzetgebied* ★ ~ negro
zwarte markt ★ Mercado Común Europeo
Europese Gemeenschappelijke Markt ★ ZA ~
persa *rommel-, vlooienmarkt*
mercadotecnia v *marketing*
mercancía v *koopwaar; handel; goederen* ★ un
(tren de) ~s *een goederentrein*
mercante I m *handelaar* **II** BNW *koopvaardij-*
★ buque ~ *koopvaardijschip*
mercantil BNW *mercantiel; handels-; koopmans-*
mercantilismo m *mercantilisme; handelsgeest*
mercar OV WW DIAL. *kopen*
merced v • *gunst* • *genade* • *willekeur* ★ ~ a
dankzij ★ estar a ~ de *overgeleverd zijn aan de
genade van* ★ Vuestra Merced *Uwe Genade*
mercedario m *mercedariër; lid v. geestelijke
ridderorde*
mercenario I m • *huursoldaat; huurling*
• *dagloner* **II** BNW *huur-* ★ tropas mercenarias
huurleger

mercería v • *fournituren* • *fourniturenwinkel*
mercerizar ON WW *merceriseren; met loog
glanzen* ⟨v. katoen, wol⟩
mercero m *fourniturenhandelaar*
mercurial BNW *kwik-; kwikzilveren*
mercurio m *kwik; kwikzilver*
merdoso BNW *smerig; vies*
merecedor BNW *waardig* ★ ser ~ de confianza
het vertrouwen waard zijn
merecer I OV WW • *verdienen* • *(ver)krijgen*
• *waard zijn* ★ ~ el respeto de alg. *iemands
respect verdienen* ★ estar en la edad de ~ *op
huwbare leeftijd zijn* **II** ON WW *zich
verdienstelijk maken* ★ ~ bien de u.p. *iemands
erkentelijkheid verdienen* ★ ~ crédito
geloofwaardig zijn
merecidamente BIJW *terecht*
merecido I m *verdiende loon* ⟨straf⟩ **II** BNW
(wel)verdiend
merecimiento m • *(het) verdienen* • *verdienste*
• *verdienstelijkheid*
merendar /ie/ OV+ON WW *een lichte maaltijd
nuttigen* ⟨om een uur of 5⟩
merendarse WKD WW • *gedaan krijgen* • *de
vloer aanvegen met*
merendero m • *picknickplaats* • *uitspanning*
merengue m • *schuimpje; schuimtaartje*
meretriz v *prostituee*
merezca WW (1e/3e p ev subj. t.t.) → **merecer**
mergo m *aalscholver*
meridiana v • *sofa* • *middagslaapje; siësta*
meridiano I m *meridiaan; lengtecirkel* **II** BNW
• *middag-* • *zuidelijk* • *zeer helder; fel* ⟨v. licht⟩
meridional I m/v *zuiderling* **II** BNW
meridionaal; zuidelijk
merienda v *tussentijdse maaltijd* ⟨rond 17.00
uur⟩ ★ ~ campestre *picknick*
merino I m • *merinosschaap* • *merinos(wol)*
II BNW *merinos-* ★ oveja merina
merinosschaap
mérito m *verdienste; merite; verdienstelijkheid*
★ de ~ *verdienstelijk; uitstekend; eervol*
★ hacer ~s *zich verdienstelijk maken* ★ de que
se ha hecho ~ *bovenvermeld* ★ eso no le quita
~ *dat doet er geen afbreuk aan*
meritorio I m *stagiaire; leerling; volontair*
★ entrar de ~ *en in de leer gaan bij* **II** BNW
verdienstelijk
merluza v *heek; stokvis* ★ coger una ~ *zich
bedrinken*
merma v • *vermindering; achteruitgang*
• *waardevermindering*
mermar I OV WW *verminderen* **II** ON WW
• *minder worden; afnemen* • *in waarde
verminderen* ★ ~ en peso *gewicht verliezen;
afvallen*
mermelada v *jam; marmelade*
mero I m *tandbaars* **II** BNW • *zuiver; puur* • CA,
MEX, VEN *dezelfde; in (hoogst)eigen persoon*
III BIJW • *slechts; louter; enkel en alleen* • MEX
precies ★ es mero juego *het is maar een spel*
★ ieso mero! *precies!; je hebt het door!*
merodeador I m MIL. *plunderaar* **II** BNW • MIL.
plunderend; rondsnuffelend; rondhangend
merodear ON WW • *rondsnuffelen, -hangen, -
zwerven* • MIL. *plunderen*

merodeo m ● *(het) rondsnuffelen, -hangen, -zwerven* ● *(het) plunderen*

mes m ● *maand* ● *maandelijks(e) salaris, uitkering enz.* ● *menstruatie* ★ mes civil *kalendermaand* ★ mes lunar *maandstand* ★ mes solar *zonnemaand* ★ al mes *per maand* ★ todos los meses *maandelijks* ★ tener el mes ongesteld zijn ★ llevar retraso en el mes overtijd zijn

mesa v ● *tafel* ● *dis; maaltijd* ● POL. *presidium* ● *panel; forum* ● GEO. *tafelland* ★ mesa auxiliar *bijzettafel* ★ mesa electoral *stemtafel* ★ mesa petitoria *collectestandje* ★ mesa redonda *rondetafel(conferentie)* ★ mesa revuelta *chaos* ● alzar/levantar/quitar la mesa *de tafel afruimen* ★ levantarse de la mesa *van tafel opstaan* ★ poner la mesa *de tafel dekken* ★ bendecir la mesa *het tafelgebed uitspreken; bidden; danken* ★ sentar alg. a su mesa *iemand uitnodigen bij de maaltijd* ★ estar a alg. a mesa y mantel *(gratis) in de kost zijn* ★ estar/venir/vivir a mesa puesta *de tafel altijd gedekt vinden; onderhouden worden*

mesada v *maandelijkse uitkering; maandsalaris*

mesana v *bezaansmast*

mesarse WKD WW ★ ~ los cabellos *zich de haren uit het hoofd trekken*

mescolanza v → **mezcolanza**

mesenterio m *mesenterium; darmvlies*

mesero m MEX *kelner; ober*

meseta v ● *hoogvlakte* ★ *trapportaal; overloop*

mesiánico BNW *Messiaans*

Mesías m OOK FIG. *Messias*

mesilla v ● *tafeltje; nachtkastje* ● *overloop*

mesnada v *(meestal mv) manschappen; aanhang*

mesolítico m *Mesolithicum; middensteentijd*

mesón m *herberg; eethuis*

mesonero m *herbergier; waard*

mestizaje m ● *vermenging van rassen* ● *(de) mestiezen*

mestizar OV WW *kruisen; vermengen van rassen*

mestizo I m *mesties; halfbloed (vaak v. blanke en indiaan)* II BNW *van gemengd ras*

mesura v ● *gematigdheid; beheersing* ● *beleefdheid* ★ con ~ *gematigd; beheerst*

mesurado BNW *gematigd; beheerst; afgemeten*

mesurar OV WW *matigen*

mesurarse WKD WW *zich beheersen; zich inhouden*

meta I m *doelman; keeper* II v ● *doel; doelstelling* ● *eindstreep; finish* ● SPORT *doel; goal* ★ fijarse una meta *zich een doel stellen*

metabolismo m *stofwisseling*

metacarpiano BNW *middel-, middenhands-*

metacarpo m *middel-, middenhand*

metafísica v *metafysica*

metafísico BNW ● *metafysisch; bovennatuurlijk* ● *duister en onbegrijpelijk*

metáfora v *metafoor; beeldspraak*

metafórico BNW *metaforisch; overdrachtelijk; zinnebeeldig*

metal m ● *metaal* ● *timbre; klankkleur* ● MUZ. *koperen blaasinstrument* ● *(mv) MUZ. (het) koper* ★ ~ noble/precioso *edelmetaal* ★ ~

blanco *witmetaal* ★ el vil ~ *het slijk der aarde* ⟨geld⟩

metálico I m *muntgeld; contanten; klinkende munt* ★ pagar en ~ *contant betalen* II BNW ● *metaal-; metalen* ● *metalig* ⟨v. geluid, glans⟩

metalífero BNW *metaalhoudend*

metalistería v *metaalbewerking*

metalizado BNW ● *metallic; met een metaalkleur* ● *geldzuchtig*

metalurgia v *metallurgie*

metalúrgico I m *metaalbewerker* II BNW *metallurgisch; metaal-*

metamorfosear I OV WW *metamorfoseren; een metamorfose doen ondergaan; van gedaante doen veranderen* II ON WW *een metamorfose ondergaan; van gedaante veranderen*

metamorfosearse WKD WW *van gedaante veranderen*

metamorfosis v *metamorfose; gedaanteverwisseling*

metano m *methaan*

metástasis v *metastase; uitzaaiing*

metatarsiano BNW *middel-, middenvoets-*

metatarso m *middel-, middenvoet*

metátesis v *metathese; klank-, letteromwisseling*

metedor m ● *smokkelaar* ● *inleg-, onderluier*

metedura v *(het) opbergen; (het) plaatsen* ★ INF. ~ de pata *flater; blunder; blamage*

meteduria v *smokkelarij*

metejón m ★ ARG. tener un ~ *smoorverliefd/gek zijn (op iem.)*

metempsicosis v *reïncarnatie; zielsverhuizing*

meteórico BNW *meteoor-*

meteorismo m *meteorisme; zwelling van de buik* ⟨door gasophoping⟩

meteorito m *meteoriet*

meteoro m (**metéoro**) ● *meteoor* ● *weerkundig verschijnsel*

meteorología v *meteorologie; weerkunde*

meteorológico BNW *meteorologisch; weerkundig*

meteorólogo m *meteoroloog; weerkundige*

meter OV WW ● *leggen; zetten; stoppen; steken (en in)* ● *inleggen; storten* ⟨v. geld⟩ ● *plaatsen* ⟨in internaat enz.⟩ ● *betrekken (en bij)* ● *investeren* ● *iemand met iets opschepen; opleggen* ● *inboezemen* ⟨v. angst⟩; *bezorgen* ● *geven* ⟨v. klap, duw, schop⟩ ● *innemen* ⟨v. kleding⟩ ★ a todo ~ *met volle kracht; in volle vaart* ★ ~ las narices en *zijn neus steken in* ★ ~ la pata *een bok schieten; een flater slaan* ★ ~ ruido *lawaai maken; opzien baren* ● (~ en) *aan het verstand brengen* ★ ~ en la cabeza *inhameren*

meterse WKD WW ● *zich mengen in; zich bemoeien (en met); zijn neus steken (en in)* ● *ruzie maken (con met); lastig vallen* ● FIG. *binnendringen* ● *worden* ★ ~ por medio *interveniëren* ★ ~ en alguna parte *ergens uithangen* ★ ~ en todo *overal zijn neus in steken* ★ ~ en sí mismo *zich in zichzelf terugtrekken* ★ ~ a hacer u.c. *iets beginnen* ★ ~ en lo que ni le va ni le viene/~ donde no le llaman/~ donde no le importa *zich met andermans zaken bemoeien* ★ no me meto en nada *ik wil er niets mee te maken hebben* ★ no

me

te metas en cosas ajenas *bemoei je niet met andermans zaken* ★ ~ monja *non worden* ★ *¿dónde se habrá metido ese tío? waar zou die vent uithangen?*

meticulosidad v *nauwgezetheid*

meticuloso BNW • *nauwgezet; precies; zeer secuur* • *pietluttig*

metido I m • *stoot* ⟨v. kleding⟩; *duw* • *aanslag (op iemands portemonnee)* • *uitbrander; berisping* • *luier* • *zoom* II BNW • *rijk (en aan)* • *betrokken (bij)* • LA *bemoeiziek; nieuwsgierig* • ZA *verliefd* ★ ~ en años *bejaard* ★ ~ en carnes *zwaarlijvig; gezet* ★ ~ en sí *in zichzelf gekeerd* ★ estar muy ~ con u.p. *erg bevriend zijn met iemand*

metilo m *methyl*

metimiento v • *invoeging* • *invloed*

metódico BNW *methodisch; stelselmatig; ordelijk*

metodismo m *methodisme*

metodista I m/v *methodist* II BNW *methodistisch*

método m • *methode; werkwijze* • *leerwijze; leerboek* ★ con ~ *methodisch* ★ ~ de enseñanza *onderwijsmethode* ★ ~ de francés *leerboek voor Frans*

metodología v • *methodiek* • *methodologie*

metomentodo m/v *bemoeial*

metonimia v *metonymia; begripsverschuiving*

metraje m *lengte van een film(band)* ★ película de largo ~ *lange speelfilm*

metralla v • *schroot* • *schiethagel van schroot*

metralleta v *pistoolmitrailleur; machinepistool*

métrica v *metriek*

métrico BNW • WISK. *metriek* • LIT. *metrisch*

metro m • *meter* ⟨lengtemaat⟩ • *centimeter; meetlint* • *versmaat; metrum* • *metro; ondergrondse* ★ ~ cúbico *kubieke meter* ★ ~ cuadrado *vierkante meter* ★ por ~s *per meter*

metrónomo m MUZ. *metronoom; maatmeter*

metrópoli m • *metropool; wereldstad* • *moederland* ⟨voor koloniën⟩

metropolitano I m • *aartsbisschop* • *metro* II BNW • *van de metropool* • *van het moederland*

mexicano I m LA *Mexicaan* II BNW LA *Mexicaans*

México m LA *Mexico*

mezcal m *mezcal* ⟨agavebrandewijn⟩

mezcla v • *(ver)menging; mengsel; mengeling* • *mortel; (metsel)specie* • *gemengd weefsel* ⟨bv. wol en katoen⟩ ★ ~ explosiva/detonante FIG. *gevaarlijk mengsel; explosief mengsel* ★ sin ~ *onvermengd; onversneden*

mezclador m • *(keuken)mixer* • *mengpaneel; menger*

mezclar OV WW • *(ver)mengen; mixen* • *door elkaar halen* ⟨v. dingen⟩ • *betrekken (en bij); mengen (en in)* • *versnijden* ⟨v. wijn⟩

mezclarse WKD WW • *zich (ver)mengen; zich inlaten (con met); zich afgeven (con met); zich mengen (en in)* ⟨zaak, gesprek⟩; *zich bemoeien met*

mezclilla v *dun stofje* ⟨v. gemengd materiaal⟩

mezcolanza v • *allegaartje* • *gemêleerd gezelschap; mengelmoes*

mezquinar ON WW LA INF. *gierig/krenterig zijn; afdingen; beknibbelen*

mezquindad v • *krenterigheid* • *benepenheid;*

bekrompenheid • *kleinzielige daad*

mezquino BNW • *vrekkig; krenterig* • *benepen; bekrompen; kleinzielig* • *ellendig; miserabel; karig*

mezquita v *moskee*

mi I m MUZ. *mi* ★ mi bemol *es* II BEZ VNW (**mis**) *mijn*

mí PERS VNW *mij* ⟨na voorzetsel⟩ ★ a mí qué *het kan me niet schelen* ★ ¡a mí! *help!*

miaja v *klein beetje; ietsje; kruimel*

miasma m *miasme; stinkende walm*

miau TW *gemiauw* ★ ¡miau! *miauw!*

mica v • *mica* • LA *horlogeglas* • COL *po*

micción v *(het) urineren; urinelozing*

michelines m MV INF. *vetrolletjes; zwembandjes*

mico m • *aap met een lange staart* • *lelijkerd* • *apekop* ⟨v. kind gezegd⟩ • CA, VULG. *kut* ★ dar el mico *overrompelen; bedotten* ★ volverse mico para hacer algo *handen te kort komen om iets te doen* ★ quedarse hecho un mico *voor gek staan; zich schamen*

micología v *mycologie; paddestoelkunde*

microbiano BNW *microbe-*

microbio m *microbe*

microbiología v *microbiologie*

microbús m *autobusje*

microchip m *microchip*

microclima m *microklimaat*

microficha v *microfiche*

microfilm(e) m *microfilm*

micrófono m *microfoon*

micrómetro m *micrometer*

microonda v *microgolf*

microondas m *magnetron*

microordenador m *microcomputer*

microorganismo m *micro-organisme*

microprocesador m *microprocessor*

microscopia v *microscopie*

microscópico BNW • *microscopisch* • *uiterst klein*

microscopio m *microscoop* ★ ~ electrónico *elektronenmicroscoop*

microsurco m *langspeelplaat*

mide WW → **medir**

MIDI m (Musical Instrument Digital Interface) *midi*

mieditis m INF. *angst*

miedo m *vrees; angst (a voor)* ★ por ~ de *uit angst voor* ★ ~ cerval/mortal *doodsangst* ★ ~ escénico *plankenkoorts* ★ cagarse de ~ *het in zijn broek doen van angst* ★ morirse de ~ *doodsbang zijn* ★ meter ~ a *angst aanjagen* ★ temblar de ~ *trillen van angst* ★ tener ~ a/ de *bang zijn voor* ★ me da ~ *ik vind het eng* ★ es de ~ *het is fantastisch; het is geweldig*

miedoso I m • *bangerik; angsthaas* II BNW *angstig; bangelijk*

miel v *honing* ★ miel blanca *bijenhoning* ★ miel virgen *ongepijnde honing* ★ miel silvestre *wilde honing* ★ miel negra/de caña *suikerrietsap* ★ hacerse las mieles *poeslief doen* ★ no se hizo la miel para la boca del asno *dat zijn parels voor de zwijnen* ★ dejar a alg. con la miel en la boca *iets vlak voor iemands neus wegkapen* ★ esto es miel sobre hojuelas *dat is helemaal prachtig* ★ no hay miel sin hiel *er zijn geen rozen zonder doornen*

mielga v • *doornhaai* • *rupsklaver*
miembro m • *lid* • *deelnemer*; *lid* • *deel* • (mv)
ledematen ★ ~ *viril penis* ★ ~ *arquitectónico*
architectonisch onderdeel ★ *estatos/paises* ~*s*
lidstaten
miente WW → **mentir**
mientes v mv *gedachte* ★ *caer en las* ~ *zich iets*
verbeelden ★ *parar/poner* ~ *en algo iets*
zorgvuldig overwegen; *over iets nadenken*
mientras I BIJW *ondertussen*; *gedurende*;
intussen ★ ~ *tanto inmiddels*; *ondertussen*
II VW • *terwijl* ★ ~ *más ... más ... hoe meer ...*
des te meer ... • (~ [+ aanvoegende wijs])
zolang als • (~ [+ que]) *daarentegen*; *terwijl*
miércoles m *woensdag* ★ ~ *de ceniza/corvillo*
Aswoensdag
mierda I m *klootzak*; *klerelijer* II v VULG. • *stront*
• *troep*; *vuil*; *viezigheid* • *klotewijf*; *kreng*
• *marihuana* ★ ¡~! *verdomme!* ★ *ivete a la* ~!
sodemieter op! ★ ¡y una ~! *bekijk het maar!*
★ *irse a la* ~ *opsodemieteren* ★ *estar hecho*
una ~ *er beroerd aan toe zijn*; *zo slap als een*
vaatdoek zijn ★ *mandar a alg. a la* ~ *iemand*
zeggen op te rotten
mierdoso BNW *verachtelijk*
mies v • *rijp koren* • *oogsttijd* • (mv) *korenvelden*
miga v • *broodkruim* • *kruim(el)*; *restje*
• *substantie*; *kern*; *(kernachtige) inhoud* • (mv)
gerecht van gebakken stukjes brood ★ *hacer*
migas (a u.p.) *(iem.) gebroken achterlaten*
★ *hacer buenas (malas) migas goed (slecht)*
met elkaar kunnen opschieten
migaja v • *(brood)kruimeltje*; *stukje* • *greintje*;
ziertje • (mv) *(etens)restjes*
migar OV WW • *verkruimelen* • *soppen*;
(in)dopen
migración v *migratie*; *trek*
migraña v *migraine*
migratorio BNW *migratie-*; *trek-* ★ *ave*
migratoria trekvogel
mijo m *gierst*
mil I m *duizendtal* ★ *miles de euros duizenden*
euro's ★ *miles de millones de euros miljarden*
euro's II TELW • *duizend* • *duizendste* ★ *mil*
millones miljard
milagro m *wonder*; *mirakel* ★ *de/por* (puro) ~
wonder boven wonder ★ *hacer* ~*s wonderen*
doen ★ ~ *sería het zou een wonder zijn*
★ *contar la vida y* ~*s de alg. iemands handel*
en wandel vertellen ★ *vivir de* ~*s van de wind*
leven; *aan een groot gevaar ontsnapt zijn*
milagroso BNW *miraculeus*; *wonderbaarlijk*;
wonderlijk
milamores v *rode valeriaan*
milano m *milaan*; *wouw*
mildeu m (**mildiu**) *meeldauw*
milenario I m *millennium*; *periode van duizend*
jaar II BNW *duizendjarig*
milenio m *millennium*
milenrama v *duizendblad*
milésimo I m *duizendste deel* II TELW *duizendste*
mili v INF. *militaire dienst*
miliar BNW *heel klein* • GESCH. columna ~
mijlpaal
milibar m *millibar*
milicia v • *burgerkrijgsmacht*; *militie*

• *krijgswezen*
miliciano I m *milicien*; *lid v.e. militie*
⟨vrijwilliger aan Rep. kant (Sp.
burgeroorlog)⟩ II BNW *van de militie*
milico m ZA *soldaat*
miligramo m *milligram*
mililitro m *milliliter*
milímetro m *millimeter*
militancia v • POL. *het actief lid zijn*; *activisme*
• *groep activisten*
militante m/v *activist* II BNW *militant*; *krijgs-*;
strijdlustig
militar I m *militair*; *soldaat* II BNW *militair*
III ON WW • MIL. *dienen* • POL. *actief zijn* • *zich*
inzetten (**por** *voor*)
militarismo m *militarisme*
militarista I m/v *militarist* II BNW *militaristisch*
militarizar OV WW *militariseren*
milla v *(zee)mijl* ⟨1852 m⟩
millar m *duizendtal* ★ ~*es duizenden* ★ *a* ~*es bij*
duizenden; *in grote getale*
millarada v *duizendtal*
millón m *miljoen* ★ *máquina del* ~ *flipperkast*
★ *millones de veces ontzettend vaak*
millonada v *vermogen*; *fortuin*; *kapitaal*
millonario m *miljonair*
millonésimo TELW *miljoenste*
milonga v *dans/lied* ⟨uit Argentinië⟩
milpa v CA, MEX *maïsveld*
mimar OV WW • *verwennen* • *liefkozen*
mimbre m *riet*; *wilgenteen, -twijg* ★ *sillón de* ~
rieten stoel
mimbrearse WKD WW • *zich soepel bewegen*;
sierlijk lopen • *zwiepen*; *zich buigen* ⟨v. plant⟩
mimbrera v *teenwilg*
mimeografiar OV WW *stencillen*
mimeógrafo m *stencilmachine*
mimetismo m • DIERK. *mimicry* • *camouflage*
• *nabootsing*; *aanpassingsvermogen*
mímica v • *mimiek* • *gebarenspel*
mímico BNW *mimisch*
mimo m • *mime*; *gebarenspel* • *mimespeler*
• *verwennerij* ⟨vooral v. kinderen⟩ • *streling*;
liefkozing
mimosa v *mimosa* ★ ~ *púdica/vergonzosa*
kruidje-roer-mij-niet
mimoso BNW • *verwend* • *aanhalig*
mina v • OOK MIL. *mijn* • *(onderaardse) gang*;
tunnel • *goudmijntje* • *bron* • *staafje grafiet*
⟨in potlood⟩ • ARG *meisje*; *griet*; *vrouw*
minador I m • *mijningenieur* • SCHEEPV.
mijnenlegger II BNW *mijnen-*
minar OV WW • *mijnen leggen* • FIG.
ondermijnen; *ondergraven* • MIL. *mijnen*
graven
minarete m *minaret*
mineral I m *mineraal*; *delfstof*; *erts* ★ ~ *de plata*
zilvererts II BNW *mineraal-*
mineralización v *mineralisatie*; *ertsvorming*
mineralizar OV WW *tot erts maken*
mineralizarse WKD WW *tot mineraal worden*;
mineraliseren
mineralogía v *mineralogie*; *delfstofkunde*
mineralogista m/v *mineraloog*; *delfstofkundige*
minería v • *mijnbouw* • *mijnwezen*
minero I m • *mijnwerker* • *mijnexploitant* • ARG

mi

muis II BNW • *mijn-; mijnbouw-* • *mijnbouwkundig*

minga V LA *burenhulp*

mingitorio m *urinoir*

mingo m *rode biljartbal* ★ poner el ~ *uitblinken*

miniar OV WW *miniatuurschilderen*

miniatura V OOK FIG. *miniatuur*

miniaturización V *miniaturisatie*

minifalda V *minirok*

minigolf m *minigolf*

mínima V • *minimumtemperatuur, -waarde;* *(het) kleinste deel* • *halve noot*

minimizar OV WW • *minimaliseren* • *bagatelliseren*

mínimo I m *minimum* II BNW • *(aller)kleinst* • *(aller)minst* • *minimum-* ★ lo más ~ *allerminst* ★ como ~ *minstens*

mínimum m *minimum*

minina V INF. *poes*

minino m INF. *kat; kater*

minio m *(lood)menie*

ministerial BNW *minister-; ministerieel*

ministerio m • *ministerie* • *ministerschap* • *functie; ambt* ★ Ministerio de Asuntos Exteriores *Ministerie van Buitenlandse Zaken* ★ LA Ministerio de Relaciones Exteriores *Ministerie van Buitenlandse Zaken* ★ Ministerio (de la Gobernación) del Interior *Ministerie van Binnenlandse Zaken* ★ Ministerio de Guerra *Ministerie van Defensie* ★ por ~ de *op gezag van; krachtens*

ministro m *minister* ★ primer ~ *minister-president; premier* ★ ~ plenipotenciario *gevolmachtigd minister* ★ ~ sin cartera *minister zonder portefeuille* ★ ~ de Dios/del Señor/de la Iglesia *priester*

minoración V *vermindering; afname*

minorar OV WW *verminderen*

minoría V *minderheid* ★ ~ de edad *minderjarigheid*

minoridad V *minderjarigheid*

minorista m/v *kleinhandelaar; detaillist*

minoritario BNW *minderheids-*

mintió WW /3e p. ev v.t./ → **mentir**

minucia V *kleinigheid; detail; bagatel*

minuciosidad V • *(pijnlijke) nauwkeurigheid* • *pietepeuterigheid*

minucioso BNW *minutieus; secuur; (pijnlijk) nauwkeurig; gedetailleerd*

minué m *menuet*

minúscula V *kleine letter* ‹onderkast›; *minuskel*

minúsculo BNW *minuscuul; heel klein*

minusvalía V • *waardevermindering; ontwaarding* • MED. *handicap*

minusválido I m *lichamelijk gehandicapte; mindervalide* II BNW *lichamelijk gehandicapt*

minusvalorar OV WW *onderwaarderen; onderschatten*

minuta V • *minuut* ‹akte› • *declaratie* ‹v. advocaat› • *menu; spijskaart*

minutero m *grote wijzer* ‹v. klok, horloge›

minutisa V *duizendschoon*

minuto m *minuut* ★ sin perder un ~ *zonder een minuut te verliezen*

mío BEZ VNW (v: **mía**) *van mij* ‹zelfst. gebruikt›; *mijn* ★ los míos *mijn familie* ★ el libro es mío

het boek is van mij ★ es muy amigo mío *hij is een dikke vriend van mij* ★ muy señor mío *geachte heer* ★ señora mía *geachte mevrouw* ★ iya es mío! *het is voor elkaar!* ★ INF. iésta es la mía! *nu is het mijn beurt/kans!* ★ de las mías *daar heb je mij weer*

miocardio m *hartspier; myocard*

miope I m/v • *bijziend persoon* • *kortzichtig persoon* II BNW • *bijziend* • *kortzichtig*

miopía V • *bijziendheid* • *kortzichtigheid*

miosotis m *vergeet-mij-nietje*

mira V • *vizier* ‹op geweer› • *oogmerk; bedoeling* • *uitkijkplaats* • *(vaak mv) zienswijze* • *soort waterpas* ★ con miras a *met het oog op* ★ TECHN. mira taquimétrica *(waterpas) meetlat* ★ estar a la mira *op de uitkijk staan; de zaak aankijken* ★ estar en el punto de mira *in het middelpunt van de belangstelling staan* ★ poner la mira en u.c. *naar iets streven*

mirabel m • *zomercipres* • *zonnebloem*

mirada V *blik; oogopslag* ★ ~ fija *starre/strakke blik* ★ echar una ~ a *een blik werpen op; (iets) vluchtig bekijken/doorbladeren* ★ ser el blanco de las ~s *in het middelpunt van de belangstelling staan* ★ resistir/sostener/ aguantar la ~ *blijven aankijken/aanstaren* ★ levantar la ~ *opkijken* ★ devorar con la ~ *met de ogen verslinden*

miradero m • *uitkijktoren; uitkijkpost* • *blikvanger; middelpunt v.d. belangstelling*

mirado BNW *omzichtig; behoedzaam* ★ bien ~ *alles wel beschouwd; goed aangeschreven* ★ está mal ~ *dat ziet men niet graag*

mirador m • *uitkijkpunt* • *erker*

miraguano m *kapok(boom)*

miramiento m • *omzichtigheid; gereserveerdheid* • *behoedzaamheid; tact* • *(mv) egards; respect; eerbied* ★ lleno de ~ *met eerbied* ★ sin ~s *zonder omkijken; niets ontziend*

mirar I OV WW • *kijken naar; bekijken* • *letten op; in het oog houden* • *nakijken; nazien; naslaan* • *bezien; overdenken* ★ ~ por encima *vluchtig bekijken* ★ bien mirado *welbeschouwd* ★ mirándolo bien *alles welbeschouwd; bij nader inzien* ★ no ~ nada *nergens rekening mee houden* ★ ~ a alg. con buena/mala cara *vriendelijk tegen/boos op iemand zijn* ★ se mire por donde se mire *hoe je het ook bekijkt* ★ ~ a alg. con mala cara *boos op iemand zijn* ★ de mírame y no me toques *wel kijken, niet kopen* ★ imira a quien habla! *dat moet jij nodig zeggen!* II ON WW • *kijken; oppletten* ★ imira! *luister (goed)!; kijk eens!* ★ por lo que mira a mí *wat mij betreft* ★ ~ al norte *op het noorden liggen* ★ (~ a) uitkijken op • (~ **por**) *zorgen voor*

mirasol m • *zonnebloem* → **girasol**

miríada V *myriade; horde; zwerm; massa*

mirífico BNW FORM. *wonderbaarlijk*

mirilla V • *kijkgaatje* • FOTO. *zoeker*

miriñaque m *hoepelrok*

mirlarse WKD WW *gewichtig doen*

mirlo m *merel* ★ un ~ blanco *een witte raaf; één uit duizenden*

mirón m ⟨v: **mirona**⟩ • *voyeur; gluurder*
• *toeschouwer*
mirra v *mirre; gomhars*
mirto m *mirt(e)*
misa v *mis* ★ misa de gallo *(kerst)nachtmis*
★ misa de difuntos *mis voor de overledenen;*
ziel(en)mis ★ misa de cuerpo presente
uitvaartmis; rouwmis ★ misa de campaña *mis*
in de open lucht ★ misa del alba *vroegmis*
★ misa mayor *hoogmis* ★ misa rezada *stille*
mis ★ ir a misa *naar de kerk gaan* ★ oír misa
de mis bijwonen ★ decir misa *de mis lezen*
★ cantar misa *zijn eerste mis opdragen*
★ ayudar a misa *de mis dienen* ★ no saber de
la misa la media *van toeten noch blazen*
weten ★ misa en sufragio del alma *mis voor*
de zielenrust
misal m *missaal; misboek*
misantropía v *misantropie; mensenhaat*
misantrópico I m *mensenhater; misantroop*
II BNW *misantropisch*
misántropo m *misantroop; mensenhater*
miscelánea v • *mengelmoes* • LIT. *mengelwerk;*
miscellanea; gemengde berichten ⟨in krant⟩
• MEX *winkel van sinkel*
miserable I m/v • *ellendeling* • *vrek* **II** BNW
• *miserabel; ellendig; erbarmelijk* • *armzalig*
• *schofterig* • *gierig*
miserere m REL. *miserere; boetpsalm* ★ cólico ~
darmkoliek
miseria v • *misère; ellende* • *bittere armoede*
• *habbekrats; schijntje; gierigheid};*
vrekkigheid
misericordia v *barmhartigheid; erbarmen;*
mededogen
misericordioso BNW *barmhartig* (**con** *voor*);
genadig
misero BNW • *miserabel; erbarmelijk*
• *arm(zalig)* • *gierig*
misil m MIL. *raket*
misión v • OOK REL. *missie; zending* • *(speciale)*
opdracht; taak • *missie; (officiële)*
afvaardiging; delegatie • *missiepost*
misional BNW *zendings-; missie-*
misionero I m *missionaris* **II** BNW *missie-*
misiva v *missive; (officiële) brief*
mismamente BIJW *precies*
mismísimo BNW *in hoogsteigen persoon; in*
levenden lijve
mismo I BNW *de-/hetzelfde; zelfde; zelf* • sí ~
zichzelf ★ así ~ *eveneens; op dezelfde wijze* ★ al
~ tiempo *tegelijk* • lo ~ que *alsmede; evenals*
★ por esto ~ *juist hierom* ★ por lo ~ *juist*
daarom ★ venir a ser lo ~ *op hetzelfde*
neerkomen ★ volver a las mismas *weer het*
oude liedje zijn ★ me da lo ~ que *het kan me*
niet schelen of **II** BIJW *juist; nog; zelfs* ★ ahora
~ *nu meteen* ★ hoy ~ *juist vandaag; vandaag*
nog
misoginia v *misogynie; vrouwenhaat*
misógino m *misogyn; vrouwenhater*
misterio m OOK REL. *mysterie; raadsel;*
geheim(zinnigheid)
misterioso BNW *mysterieus; raadselachtig;*
geheimzinnig
mística v *mystiek*

misticismo m *mysticisme*
místico I m *mysticus* **II** BNW *mystiek*
mistificación v *mystificatie; misleiding*
mistificar OV WW • *mystificeren; misleiden* • *een*
valse voorstelling geven van
mistral m *mistral; noordwestenwind* ⟨ZO-
Frankrijk⟩
mitad v • *helft* • *midden* • a ~ *voor de helft* • a
~ de camino *halverwege* ★ ~ y ~ *zo zo; half*
om half ★ por ~es *in tweeën* ★ ~ por ~
samsam; fifty-fifty ★ cara/otra ~ *wederhelft*
★ dejar en ~ del arroyo *aan zijn lot overlaten*
mítico BNW *mythisch; legendarisch*
mitigación v • *kalmering; verzachting; leniging;*
matiging • *(het) minder worden*
mitigar OV WW • *verzachten; kalmeren; lenigen;*
matigen • *lessen* ⟨v. dorst⟩; *temperen; dempen*
⟨v. licht⟩
mitigarse WKD WW *minder worden; afnemen*
mitin m *meeting; bijeenkomst* ★ dar un ~
stampei maken
mito m *mythe*
mitología v *mythologie*
mitológico BNW *mythologisch*
mitómano m *mythomaan; (ziekelijke) leugenaar*
mitón m *handschoen zonder vingers*
mitote m MEX *mitote* ⟨rituele dans v.d.
Azteken⟩
mitra v • *mijter* • *bisschopsambt*
mitrado I m *prelaat; (aarts)bisschop* **II** BNW *een*
mijter dragend
mixomatosis m *myxomatose*
mixtificar OV WW → **mistificar**
mixtión v *mengsel*
mixto I m • INF. *lucifer* • MIL. *springstof*
• *personen- en goederentrein* **II** BNW *gemengd*
mixtura v *mengsel; mengeling*
MMS m (Multimedia Messaging Service) *MMS*
★ enviar MMS *MMS'en*
mnemotécnico BNW *mnemotechnisch* ★ regla
mnemotécnica *ezelsbruggetje*
mobiliario I m *meubilair; huisraad* **II** BNW
mobilair ⟨v. goederen⟩; *roerend*
moblaje m → **mobiliario**
moca v *mokka(koffie)*
mocasín m *mocassin*
mocear ON WW *zich jeugdig/onbezonnen*
gedragen; erop los leven
mocedad v *jeugd* ★ en mis ~es *in mijn jonge*
jaren
moceril BNW *jeugdig*
mocerío v *groep jonge mensen; jongelui*
mocero BNW *losbandig*
mocetona v *flinke meid*
mochales BNW ★ estar ~ por *stapelgek zijn op*
mochila v • *rugzak* • *knapzak; ransel*
mocho I m • *stomp uiteinde* • *geweerkolf* **II** BNW
• *stomp; afgeknot* • *heel kort geknipt* ⟨v. haar⟩
mochuelo m *steenuil* ★ cargar el ~ *het vuile*
werk opknappen
moción v • *beweging* • POL. *motie* ★ ~ de
censura *motie van wantrouwen*
moco m • *snot; slijm* • *bezinksel; droesem* • *pit*
⟨v. kaars⟩ ★ moco de pavo *neuskwab van*
kalkoen ★ colgarle a uno los mocos *snotteren*
★ caérsele a uno el moco *een snotneus zijn*

★ llorar a moco tendido *tranen met tuiten huilen* ★ no es moco de pavo *dat is geen kattenpis*

mocoso I m *snotneus; snotaap* **II** BNW *snotterig*

moda v *mode* ★ a la moda *modieus; in de mode* ★ estar de moda *in de mode zijn* ★ estar fuera/passado de moda *uit de mode zijn* ★ se ha puesto de moda *het is in de mode*

modal I m mv *omgangsvormen; manieren* ★ sin ~es *ongemanierd; onbeleefd* **II** BNW TAALK. *modaal*

modalidad v • *type; soort* • *wijze; manier* • *modaliteit*

modelado m • *(het) vormgeven; (het) modelleren* • *vorm; model*

modelador I m *vormgever* **II** BNW *modellerend; vormgevend*

modelar I OV WW *vormgeven; modelleren* **II** ON WW *boetseren*

modélico BNW *voorbeeldig*

modelismo m *modelbouw*

modelo I m • *model; voorbeeld; toonbeeld* • *type; model* ★ tomar por ~ *tot voorbeeld nemen* **II** m/v *model; mannequin* **III** BNW *model-*

módem m COMP. *modem*

moderación v • *matiging* • *gematigdheid* ★ con ~ *met mate*

moderado BNW • *gematigd* • *billijk; redelijk*

moderador I m *discussieleider; gespreksleider* **II** BNW *matigend*

moderar OV WW • *matigen; verzachten; temperen* • *op een laag pitje zetten* • *(een tv-uitzending) leiden/presenteren* ★ modérate en tus palabras *let op je woorden*

moderarse WKD WW *zich inhouden*

modernamente BIJW • *onlangs; kortgeleden* • *op dit moment; nu*

modernidad v *moderniteit; moderne tijd*

modernismo m *modernisme*

modernista I m/v *modernist* **II** BNW *modernistisch*

modernización v *modernisering*

modernizar OV WW *moderniseren*

moderno BNW • *modern; actueel* • *van deze tijd; hedendaags* ★ el griego ~ *het Nieuw-Grieks* ★ los ~s *de mensen van deze tijd; de tijdgenoten*

modestia v • *bescheidenheid* • *ingetogenheid* ★ con ~ *bescheiden*

modesto BNW • *bescheiden; weinig eisend* • *zedig; ingetogen*

modicidad v • *bescheidenheid* • *redelijkheid; schappelijkheid*

módico BNW • *bescheiden* • *schappelijk; matig* ⟨v. prijs⟩

modificación v • *modificatie; (lichte) wijziging, verandering* • *aanpassing*

modificar OV WW • *modificeren; (enigszins) wijzigen, veranderen* • *aanpassen*

modismo m *vaste uitdrukking; zegswijze*

modista m/v • *coupeuse; modiste* • *modeontwerpster* ⟨v. dameskleding⟩

modistilla v *leerling-coupeuse*

modisto m • *coupeur* • *modeontwerper* ⟨v. dameskleding⟩

modo m • *manier; wijze* • *wijs* ⟨v. werkwoorden⟩ • MUZ. *toonaard* • (mv) *omgangsvormen; manieren* ★ modo de empleo *gebruiksaanwijzing* ★ modo de pensar *denkwijze* ★ modo de ser *karakter* ★ modo adverbial *bijwoordelijke uitdrukking* ★ modo imperativo *gebiedende wijs* ★ con/de buenos (malos) modos *wel-(slecht)gemanierd* ★ modo mayor *grote terts* ★ modo menor *kleine terts* ★ a modo de *bij wijze van; als* ★ con modos *met zorg* ★ a mi modo de ver *mijns inziens; naar mijn mening* ★ de modo que [+ ind.] *dus* ★ de modo que [+ subj.] *zodat* ★ de algún modo *op een of andere manier* ★ de otro modo *anders* ★ de ningún modo *in geen geval; op geen enkele manier* ★ de cualquier modo *in ieder geval* ★ de un modo o de otro *op de een of andere manier* ★ de todos modos *in ieder geval* ★ de tal modo que *zodanig dat* ★ de igual modo *op dezelfde wijze* ★ en cierto modo *in zekere zin* ★ ¡qué modo de nevar! *wat een sneeuw!*

modorra v *slaperigheid; doezeligheid*

modorro BNW *slaperig; doezelig; suf*

modoso BNW • *beleefd; welgemanierd* • *zedig; ingetogen*

modulación v • *modulatie* • *stembuiging*

modulador m • *modulator* • COMP. *modem*

modular I BNW *modulair; moduul-* **II** ON WW • *moduleren* • MUZ. *van toonsoort veranderen* • *van frequentie veranderen* ⟨v. radio⟩

módulo m • *modulus; module; moduul; (standaard)maat* • *(standaard)onderdeel; element; eenheid* ★ ~ espacial *ruimtevaartuig*

mofa v *spot; hoon* ★ en tono de mofa *honend; spottend* ★ hacer mofa de *bespotten*

mofador BNW *spottend*

mofarse WKD WW *bespotten; de spot drijven (de met)*

mofeta v • *stinkdier* • *gifgas* ⟨v. mijn, vulkaan⟩

moflete m *bolle wang*

mofletudo BNW *met bolle wangen*

mogol I m • *Mongool* • TAALK. *Mongools* • → **mongol II** BNW *Mongools*

mogollón m • *hoop; boel* • *chaos; warboel* ★ un ~ de gente *een hoop/heel veel mensen* ★ de ~ *gratis; zonder te betalen*

mogón BNW (v: **mogona**) *met afgeknotte hoorn; met één hoorn* ⟨v. runderen⟩

mogote m • GEO. *heuvel* • *eerste gewei* ⟨v. hert⟩

mohín m *grijns; grimas* ★ hacer mohines *grimassen maken; pruilen*

mohíno BNW *knorrig; slechtgehumeurd*

moho m • *schimmel* • *aanslag* ⟨op metaal⟩; *roest(laag)* ★ criar moho *beschimmelen* ★ no dejar criar moho a u.c. *iets veel gebruiken*

mohoso BNW • *schimmel-; schimmelig* • *roest-; verroest*

moisés m *rieten (reis)wiegje*

Moisés m *Mozes*

mojada v *(het) natmaken; bevochtiging*

mojado BNW *nat; vochtig* ★ llueve sobre ~ *een ongeluk komt zelden alleen*

mojador m • *vingersponsje* • *postzegelbevochtiger*

mojadura v *(het) natmaken; bevochtiging*

mojama v *gedroogde tonijn*

mojar OV WW • *natmaken; bevochtigen; dompelen; soppen* ⟨brood⟩ • INF. *drinken op*

mojarse WKD *niet nat worden* ★ ~ hasta los huesos *drijfnat worden*

moje m (**mojete**) *saus*

mojicón m • *klap in gezicht; oorvijg* • *soort cake*

mojiganga v • *klucht; farce; dolle vertoning* • *maskerade; rumoerig feest*

mojigatería v • *preutsheid* • *huichelarij; schijnheiligheid*

mojigato BNW • *preuts* • *huichelachtig; schijnheilig*

mojo m → **moje**

mojón m • *mijlpaal; grenssteen* • *wegwijzer*

molar I m • *maaltand;* GES. II BNW • *van de kies* • *maal-* ★ piedra ~ *molensteen* III ON WW *leuk/ uit de kunst zijn* ★ INF. *imola! vet!; te gek!*

molde m • *(giet)vorm; bakvorm; drukvorm* • *mal; matrijs* • *breipen* ★ letra de ~ *drukletter* ★ que ni de ~ *goed van pas; uitstekend* ★ venir de ~ *goed van pas komen; van pas komen; geknipt zijn voor* ★ FIG. *romper ~s baanbrekend zijn*

moldear OV WW • OOK FIG. *vormen; kneden* • *gieten* ⟨in vorm⟩

moldura v • *lijst(werk)* • *richel*

mole I m MEX *stoofgerecht met pikante saus* II v *gevaarte; kolos; bakbeest*

molécula v *molecule*

molecular BNW *moleculair*

moledor I m *zeurpiet* II BNW *maal-;* OOK FIG. *malend*

moler /ue/ OV WW • *(ver)malen* • *mishandelen; ranselen* • *vermoeien; afmatten; uitputten*

molestar OV WW • *irriteren; hinderen; storen* • *last bezorgen* • *(enigszins) pijn doen*

molestarse WKD WW • *zich moeite geven* • (~ **por**) *zich storen/ergeren aan*

molestia v • *(over)last; hinder* • *ongemak* • (mv) MED. *klachten* ★ es una ~ *het is vervelend* ★ *perdone la* ~ *neemt u mij niet kwalijk* ★ *tener* ~s *ergens last van hebben*

molesto BNW • *lastig; vervelend* • *geïrriteerd; geërgerd* ★ *estar* ~ *con/por last hebben van; boos zijn op*

molibdeno m *molybdeen*

molicie v • *zachtheid* • *comfort; gemak* ★ una vida de ~ *een comfortabel leventje*

molido BNW • *gemalen* • FIG. *geradbraakt; doodop* ★ *dejar* ~ a uno *iemand afmatten*

molienda v • *(het) malen* • *maalsel*

molimiento m • *(het) malen* • FIG. *(intense) vrmoeidheid; ergernis*

molinera v *molenaarsvrouw*

molinero I m *molenaar* II BNW *molen-*

molinete m • *molentje* ⟨speelgoed⟩ • *ventilator* ⟨in raam⟩ • *dansfiguur; bepaalde pas* ⟨in stierengevecht⟩

molinillo m • *molen* ⟨keukengereedschap⟩ • *molentje* ⟨speelgoed⟩ • *ventilator* ★ ~ de café *koffiemolen*

molino m • *molen* • FIG. *draaitol; ongedurig persoon* ★ ~ *triturador grove korenmolen*

molla v • *mager (deel van) vlees* • *zacht (deel van) brood* ★ ~s *vetkwabben*

mollar BNW • *week; zacht* ⟨v. fruit⟩ • *goed-, lichtgelovig*

mollate m *goedkope wijn; bocht*

molledo m • *vlezig deel* ⟨v. arm, been⟩ • *(brood)kruim*

molleja v • *spiermaag* ⟨v. vogel⟩ • (mv) *zwezerik*

mollejón m IRON. *papzak*

mollera v • *kruin* • ANAT. *fontanel* • FIG. *hersens; verstand* ★ *secar la* ~ *gek worden; doordraaien* ★ *cerrado/duro de* ~ *hardleers; koppig*

mollete m • *rond, zacht broodje* • *vlezig deel* ⟨v. arm⟩

molón I m *grote steen* II BNW INF. *te gek; gaaf*

molturar OV WW *malen* ⟨v. graan⟩; *vergruizen*

molusco m *weekdier*

momentáneo BNW • *kortstondig* • *tijdelijk*

momento m • *moment; ogenblik(je)* • *tijdstip* ★ ~ *crucial beslissend ogenblik* ★ ~ *fatídico slecht tijdstip* ★ un ~ *een moment; even* ★ a cada ~ *steeds* ★ al ~ *onmiddellijk; dadelijk* ★ de ~ *op dit ogenblik; voorlopig* ★ de un ~ a otro *ieder ogenblik* ★ del ~ *actueel* ★ dentro de un ~ *zo dadelijk* ★ en este ~ *op het ogenblik; nu* ★ en un ~ *dado op een gegeven moment* ★ en cualquier ~ *op elk moment* ★ en mal ~ *op een slecht tijdstip* ★ en el ~ *menos pensado onverwachts* ★ en el primer ~ *aanvankelijk* ★ por el ~ *voorlopig* ★ sin perder un ~ *zonder een minuut te verliezen* ★ no tener un ~ *libre geen moment vrij zijn* ★ el suspirado ~ *het lang verwachte ogenblik*

momia v OOK FIG. *mummie*

momificación v *mummificatie*

momificar OV WW *mummificeren*

momio I m • *buitenkansje; koopje* • *makkie* ★ INF. de ~ *gratis; voor niks* II BNW *mager*

mona v • *apin* • *dronkenschap; roes* • *kaartspel* ★ *dormir la mona zijn roes uitslapen* ★ *pillar/ coger una mona zich een stuk in de kraag drinken* ★ *ivete a freír monas! loop naar de hel!* ★ *aunque la mona se vista de seda, mona se queda al draagt een aap een gouden ring, het is en blijft een lelijk aap*

monacal BNW *klooster-; monniken-*

monacato m • *monnikschap* • *kloosterleven*

monada v • *grimas* ⟨als een aap⟩ • *aanstellerij; apenstreek; geflikflooi* • *grappige dingen* ⟨v.e. kind⟩ • *iets liefs/grappigs/snoezigs*

monaguillo m *misdienaar; koorknaap*

monarca m/v *monarch; vorst*

monarquía v *monarchie* ★ ~ *absoluta absolute monarchie* ★ ~ *constitucional constitutionele monarchie*

monárquico I m/v *monarchist* II BNW • *monarchaal; konings-* • *monarchistisch; koningsgezind*

monarquismo m *monarchisme*

monasterio m *klooster*

monástico BNW *klooster-* ★ *orden monástica kloosterorde*

monda v • *(het) schillen* • *schil* ★ *ies la* ~! *het is om te gillen!; dat is het einde!*

mondadientes m *tandenstoker*

mondadura v • *(het) schillen* • *schil*

mondar OV WW • *schillen; pellen; doppen* ⟨v. erwten⟩ • *snoeien* • *schoonmaken;*

mo

uitbaggeren • FIG. *(kaal)plukken* ★ ~ *patatas aardapels schillen*

mondarse WKD WW *schoonmaken; peuteren* ★ ~ *los dientes tussen zijn tanden peuteren* ★ ~ *de risa zich bescheuren van het lachen*

mondo BNW • *kaal (geschoren); kaal (gesnoeid)* • *blut; platzak* ★ ~ *y lirondo volkomen zuiver*

mondongo m • *ingewanden* ⟨v. varken⟩ • IRON. *darmen* ⟨v. mens⟩ ★ *hacer el ~ worst maken*

monear ON WW *apenstreken uithalen*

moneda v • *munt; munteenheid* ★ ~ *falsa valse munt/vals geld* ★ ~ *fiduciaria waardepapier; bankpapier* ★ ~ *suelta/menuda kleingeld* ★ ~ *fraccionaria pasmunt; kleingeld* ★ ~ *sonante klinkende munt* ★ ~ *única eenheidsmunt; Europese munt* ★ *papel ~ bankbiljet* ★ *acuñar/ batir ~ munten slaan* ★ *pagar con la misma ~ met gelijke munt betalen* ★ *ser ~ corriente gangbaar zijn*

monedero m • *munter* • *portemonnee* ★ ~ *falso valsemunter*

monegasco I m *Monegask* II BNW *Monegaskisch*

monería v • *aanstellerij; kinderachtig gedoe* • *grappige dingen* ⟨v.e. kind⟩; *iets aardigs/ snoezigs*

monetario I m *muntenverzameling* II BNW *munt-; monetair* ★ *sistema ~ monetair stelsel*

monetización v *aanmunting; (het) in omloop brengen* ⟨v. geld⟩

mongol I m *Mongoliër; Mongool* II BNW *Mongolisch; Mongools*

mongólico BNW OOK MED./PEJ. *Mongools*

mongolismo m *mongolisme*

monicaco m FIG. *apenkop*

monigote m • *groteske figuur* • *cartoon; spotprent* • *sul* • *kleine aap* ⟨gezegd tegen kind⟩ • *prutswerk* ⟨schilderij e.d.⟩ ★ ~ *de nieve sneeuwpop*

monises m MV INF. *poen; pegels*

monitor m • *instructeur; (spel)leider* • *monitor; beeldscherm*

monitorio BNW *waarschuwend; waarschuwings-*

monja v *non*

monje m • *monnik* • *kluizenaar*

monjil BNW *nonnen-*

mono I m • *aap* • *tuinbroek; overall* • *cartoon; spotprent* • *naäper; verwaande kwast* • INF. *ontwenningsverschijnselen* ★ *mono sabio gedresseerde aap* ★ *estar de monos (tijdelijk) ruzie hebben* II BNW • *aardig; leuk; enig* • COL *blond* ★ *ser el último mono niets voorstellen* ★ *¡qué mono! wat mooi!*

monocarril I m *monorail* II BNW *van/voor monorail*

monociclo m *eenwieler*

monocromo BNW *monochroom*

monóculo m *monocle; oogglas*

monocultivo m *monocultuur*

monogamia v *monogamie*

monógamo BNW *monogaam*

monografía v *monografie*

monográfico BNW *monografisch*

monograma v *monogram*

monolingüe BNW *eentalig*

monolítico BNW • OOK FIG. *monolithisch* • *homogeen*

monolito m *monoliet; bouwsel uit één stuk (steen)*

monologar ON WW *een monoloog houden*

monólogo m *monoloog; alleenspraak*

monomanía v • *monomanie* • *obsessie; idee-fixe*

monomaniaco I m *monomaan* II BNW *monomaan*

monomio m WISK. *eenterm*

monomotor I m *eenmotorig vliegtuig* II BNW *eenmotorig*

mononita m/v *doopsgezinde*

monopatín m *skateboard* ★ *practicar el ~ skateboarden*

monoplano m *monoplaan; eendekker*

monoplaza I m *eenpersoonsvoertuig; eenzitter* II BNW *met één zitplaats*

monopolio m *monopolie; alleenrecht*

monopolizar OV WW *monopoliseren*

monorrail m *monorail*

monosabio m TAUR. *assistent van picador*

monosilábico BNW *monosyllabisch*

monosílabo BNW *monosyllabisch; eenlettergrepig* ★ *contestar con ~s alleen met ja of nee antwoorden*

monoteísmo m *monotheïsme; geloof in één God*

monoteísta I m/v *monotheïst* II BNW *monotheïstisch*

monotipia v *monotype; letterzetmachine*

monotonía v *monotonie; eentonigheid*

monótono BNW *monotoon; eentonig*

monseñor m *monseigneur*

monserga v *gewauwel, gezanik; kletsverhaal*

monstruo I m • *monster; gedrocht; griezel* • *geweldenaar; gigant; ster* II BNW • *monsterlijk; geweldig; gigantisch*

monstruosidad v • *monsterachtigheid; vervaarlijkheid* • *afgrijselijke daad; monsterlijkheid*

monstruoso BNW • *monster-; monsterlijk; monsterachtig* • *gigantisch; kolossaal* • *afgrijselijk*

monta v • *(het) bestijgen* ⟨v. paard⟩; *(het) paardrijden* • *(totaal)som* • *waarde; belang* ★ *de poca ~ van weinig waarde*

montacargas m *goederenlift*

montada v CA, MEX *bereden politie*

montado I m *stukje brood belegd met bv. gebakken vlees* II BNW • *bereden; te paard* • *opgezet; geïnstalleerd*

montador m • *installateur; monteur* • *cutter* ⟨film⟩

montadura v • *(het) bestijgen* • *paardentuig*

montaje m • *montage; installatie* • *montage; assemblage* • *(film-, foto)reportage* • *mise-en-scène; toneelschikking* ★ ~ *fotográfico fotomontage*

montante m • *verticale balk; steunbalk; stijl; post; staander* • ECON. *totaalbedrag; som*

montaña v • *berg* • *gebergte;* COL, CR, PERU, CHI. *woud* • *stapel; hoop* • INF. *groot probleem; dilemma* ★ ~ *rusa achtbaan*

montañero I m *bergbeklimmer* II BNW *berg-* ★ *deporte ~ bergsport*

montañés I m (v: **montañesa**) *bergbewoner* II BNW (v: **montañesa**) • *(ge)berg(te)-* • *uit/van Santander*

montañismo m *bergsport*
montañoso BNW *berg-; bergachtig*
montaplatos m *bordenlift*
montar I OV WW • *in elkaar zetten; installeren; monteren • (neer)zetten • opvoeren; op de planken brengen* ⟨v. toneelstuk⟩ • *(op)kloppen* ⟨v. ei, slagroom⟩ • *opzetten* ⟨v. bedrijf⟩ • *inrichten* II ON WW • *opstappen* ⟨fiets⟩; *beklimmen; bestijgen* ⟨v. paard⟩ • *paardrijden* • *overlappen; bedekken* • *ertoe doen; van belang zijn* ⋆ ~ *en bicicleta op de fiets stappen; fietsen* ⋆ ~ *la guardia de wacht betrekken* ⋆ ~ *en cólera vreselijk boos worden* ⋆ *tanto monta het is om het even; dat komt op hetzelfde neer* • (~ **a**) *bedragen; belopen*
montaraz I m *boswachter* II BNW • *in het wild levend* ⟨v. dier⟩ • *wild; woest* ⋆ *stug; ontoegankelijk* ⟨v. persoon⟩
monte m • *berg; (hoge) heuvel • ruig begroeid terrein; bos • stok* ⟨bij (kaart)spel, domino⟩ • CA, COL VEN *marihuana; wiet* ⋆ ~ *alto bosgebied; terrein met bomen* ⋆ ~ *bajo struikgewas; terrein met kreupelhout* ⋆ ~ *de Venus venusheuvel* ⋆ ~ *de piedad bank van lening; lommerd* ⋆ *batir el* ~ *op jacht gaan* ⋆ *echarse al* ~ *de heuvels invluchten* ⋆ *creer que todo el* ~ *es orégano denken dat alles van een leien dakje gaat*
montepío m • *bank van lening • steunfonds*
montera v • *stierenvechtersmuts • hoed; pet* • *dak/overkapping* ⟨bv. boven patio⟩
montería v • *jacht op groot wild • (het) voor de voet jagen*
monterilla v ⋆ *alcalde de* ~ *plattelandsburgemeester*
montero m *jager*
montés BNW (**montesa**) *wild; in het wild levend* ⋆ *gato* ~ *wilde kat*
montevideano I m *iem. uit Montevideo* II BNW *van/uit Montevideo*
montículo m *heuveltje*
monto m *totaalbedrag; som*
montón m • *hoop; stapel • heleboel; massa; ontzettend veel* ⋆ *un* ~ *de cosas een heleboel dingen* ⋆ *a montones in overvloed; bij bosjes* ⋆ *a/en* ~ *door elkaar; gemengd* ⋆ *ser del* ~ *doorsnee zijn; doodgewoon zijn*
montonera v • *hoop; stapel* • LA *(groep) guerrillastrijders*
montonero m LA *guerrillastrijder*
montuno BNW *berg-*
montuoso BNW *bergachtig*
montura v • *rijdier • zadel* ⟨v. ruiter⟩ • *montuur* ⟨v. bril⟩ • *zetting* ⟨v. edelsteen⟩
monumental BNW • OOK FIG. *monumentaal* • *groots; enorm*
monumento m • *monument; gedenkteken; zuil* • *praalgraf* • REL. *tijdelijk altaar op Witte Donderdag* ⋆ ~ *funerario grafmonument*
monzón m *moesson* ⟨wind⟩
moña v *haarstrik, -lint*
moño m • *knot* ⟨in haar⟩ • *(haar)strik • kuif* ⟨v. vogels⟩ ⋆ *agarrarse del moño elkaar in de haren vliegen* ⋆ *ponerse moños kapsones hebben*
mopa v *zwabber*

moquear ON WW *snotteren; een loopneus hebben*
moqueo m *gesnotter*
moquero m *snotlap*
moqueta v *vaste vloerbedekking*
moquete m *stomp* ⟨op neus⟩
moquillo m • *niesziekte* ⟨bij dieren⟩ • *pip*
moquita v *snottebel; snotpegel*
mor m ⋆ *por mor de vanwege; omwille van*
mora v • *braam; moerbei • Moorse* ⋆ *en mora in gebreke* ⟨bij schuld⟩
morada v • *woonruimte; woning • verblijf* • *rustplaats* ⋆ *la eterna* ~ *het hiernamaals* ⋆ *no tener* ~ *fija geen vaste woon- of verblijfplaats hebben*
morado I m *(kleur) paars* II BNW *(donker)paars* ⋆ *pasarlas moradas het zwaar te verduren hebben*
morador m *bewoner*
moral I m *moerbeiboom* II v • *moraal; zedenleer* • *zedelijk gedrag • moreel; gemoedstoestand* ⋆ *faltar a la* ~ *immoreel handelen* III BNW • *moreel; zedelijk • geestelijk* ⋆ *coacción* ~ *morele dwang*
moraleja v *moraal* ⟨v.e. verhaal⟩
moralidad v *moraliteit; zedelijkheid*
moralista m/v *moralist; zedenspreker*
moralizador I m *moralist* II BNW *moraliserend*
moralizar I OV WW *in zedelijk opzicht verbeteren* II ON WW *moraliseren; zedenpreken*
morapio m INF. *rode wijn*
morar ON WW *verblijven; wonen*
moratón m → **moretón**
moratoria v *moratorium; uitstel van betaling*
morbidez v *weekheid; zachtheid*
mórbido BNW • *week; zacht • morbide; ziekelijk; ongezond*
morbo m *(het) morbide; (het) ziekelijke*
morbosidad v • *ziekelijkheid • ziektecijfer*
morboso BNW • *ziek(elijk); ongezond; morbide* • *schadelijk; ziekmakend* ⋆ *cuadro* ~ *ziektebeeld*
morcilla v • *bloedworst • (ge)schmier; improvisatie* ⟨v. acteur⟩ ⋆ ¡*que te den* ~ ! *vlieg op!; loop heen!; krijg het heen en weer!*
mordacidad v • *(het) bijten* • FIG. *scherpheid; venijnigheid*
mordaz BNW • *bijtend; corrosief; invretend* • FIG. *scherp; sarcastisch*
mordaza v *knevel; prop in de mond*
mordedura v • *(het) bijten • beet; knauw*
morder /ue/ I OV WW • *happen; bijten • afvijlen; afhakken* II ON WW • *bijten; knauwen* • *afkammen; kwaadspreken • aanvreten; uitbijten* • MEX *steekpenningen aannemen* ⋆ *estar alg. que muerde razend zijn*
morderse WKD WW ⋆ ~ *las uñas op zijn nagels bijten* ⋆ ~ *los dedos zijn spijt verbijten*
mordicar ON WW *steken; prikken*
mordida v • ZA *beet; hap; knauw* • CA *smeergeld*
mordido BNW *aangesneden; verminderd*
mordiente m *(af)bijtmiddel*
mordiscar ON WW → **mordisquear**
mordisco m *beet; hap*
mordisquear OV WW *bijten; happen; knabbelen (op)*
morena v • *donkere vrouw;* INF. *negerin*

• *murene* ⟨vis⟩

moreno I m *donkere man*; INF. *neger* II BNW *bruin*

morera v *moerbeiboom*

morería v • *Moorse wijk* • *land v.d. Moren*

moretón m *blauwe plek*

morfema m *morfeem*

morfina v *morfine*

morfinómano I m *morfineverslaafde* II BNW *verslaafd aan morfine*

morfología v *morfologie; vormleer*

morfológico BNW *morfologisch*

morganático BNW *morganatisch*

morgue v *lijkenhuis*

moribundo I m *stervende* II BNW *stervend*

morigeración v *matiging* ⟨v. gewoonten, levenswijze⟩ ⋆ ~ de *costumbres keurig gedrag*

morigerado I m *persoon die maat houdt* II BNW *oppassend; zich goed gedragend*

morigerar OV WW *matigen* ⟨v. excessen⟩

morillo m *haardijzer*

morir /ue, u/ ON WW • *sterven* ⟨de aan⟩; *omkomen* • *ophouden te bestaan; verdwijnen; eindigen* • *uitsterven* • *doven* ⟨v. vuur, licht⟩ ⋆ ~ de *frío vergaan van de kou* ⋆ imuera el traidor! *dood aan de verrader!*

morirse /ue, u/ WKD WW • *sterven* ⟨de aan/van⟩; *overlijden; doodgaan* ⋆ morir(se) de *hambre verhongeren*; FIG. *sterven van de honger* ⋆ ~ de *risa zich doodlachen* • ⟨~ *por⟩ gek zijn op*; *hevig verlangen naar*

morisco I m ≈ *bekeerde moslim* II BNW *Moors*

morisma v *een menigte Moren*

morisqueta v *'morenstreek'*

mormón m/v *mormoon*

mormónico BNW *mormoons*

mormonismo m *leer van de mormonen*

moro I m • *Moor* • *moslim; mohammedaan* ⋆ hay moros en la costa *er zijn kapers op de kust; de muren hebben oren* ⋆ moros y cristianos *folkloristisch feest waarbij een gevecht tussen Moren en christenen wordt nagespeeld* II BNW • *moors* • *moslim-; mohammedaans*

morocho m LA • *man met donker haar* • LA *stoere vent*

morondanga v *rommel; waardeloze spullen*

morondo BNW • *kaal(geknipt, -geschoren)* • *kaal; zonder opsmuk*

moronga v CA, MEX *(bloed)worst*

morosidad v • *traagheid; apathie* • *nalatigheid* ⟨met betalen⟩; *achterstand*

moroso BNW • *traag; treuzelend* • *in gebreke gebleven; nalatig* ⟨met betalen⟩ ⋆ deudor ~ *wanbetaler*

morra v • *schedel* • *kruin*

morrada v • *kopstoot* • *stomp, klap* ⟨in gezicht⟩

morral m • *haverzak* • *pukkel; ransel; knapzak; rugzak* • *lomperik; kluns*

morralla v • *kleine visjes* • *gespuis; geteisem* • *restanten; hoop waardeloze rommel* • MEX *kleingeld*

morrillo m • *dik gedeelte van de stierennek* • *dikke nek*; FIG. *stierennek*

morriña v • *nostalgie; heimwee* • *waterzucht bij schapen*

morrión m • *kepie* • *ouderwetse helm*

morro m • *snuit; snoet* • *dikke lippen* • *neus* ⟨v. voorwerp, auto⟩ • *rots* ⟨als baken⟩; *ronde steen/heuvel* ⋆ beber a ~ *uit de fles drinken* ⋆ estar de ~(s) *pisnijdig zijn* ⋆ torcer el/poner ~ *een boos gezicht trekken; pruilen*

morrocotudo BNW *gigantisch; kolossaal; enorm*

morrón m • *klap; oplawaai* • *rode paprika*

morrongo m • INF. *kat; kater* • *sigaar*

morrudo BNW *met dikke lippen*

morsa v *zeerob; walrus*

mortadela m *mortadella* ⟨soort boterhamworst⟩

mortaja v • *doodshemd; lijkwade* • TECHN. *groef; inkeping* • LA *(sigaretten)vloeitje*

mortal I m/v *sterveling* II BNW • *sterfelijk* • *dodelijk; noodlottig; fataal* • *gruwelijk* ⋆ enemigo ~ *doodsvijand* ⋆ seis kilómetros ~s *zes lange kilometers*

mortalidad v • *sterfelijkheid* • *sterfte(cijfer)*

mortalmente BIJW *dodelijk; fataal*

mortandad v • *massale sterfte* ⟨bv. door epidemie⟩ • *bloedbad* ⟨bij mil. actie⟩; *(groot) aantal slachtoffers/doden*

mortecino m • *doods* • *flets; zwak* ⟨v. kleur, licht⟩

morterete m • *klein mortier* • *kleine vijzel*

mortero m • *vijzel* • *cement; mortel* • *mortier*

mortífero BNW *dodelijk*

mortificación v • *(zelf)kastijding* • *krenking; kwelling*

mortificante BNW *kwellend; krenkend*

mortificar OV WW • *kastijden* • *krenken; kwellen*

mortificarse WKD WW • *zich kastijden* • MEX *zich schamen* ⋆ ~ con *gekweld worden door*

mortual m LA *erfenis*

mortuorio BNW *rouw-; sterf-* • *esquela mortuoria overlijdensbericht; rouwkaart*

morueco m *(dek)ram*

moruno BNW *Moors*

Mosa m *Maas*

mosaico I m *mozaïek* II BNW • *mozaïek-* • *van Mozes; Mozaïsch*

mosaísmo m *Mozaïsche wet; wet van Mozes*

mosca I v • *vlieg* • *sikje tussen onderlip en kin* • INF. *centen* • (mv) *zwarte vlekjes, mouches (volantes)* ⟨voor de ogen⟩ • *klier; lastpost* ⋆ ~ *zumbadora bromvlieg* ⋆ ~ *muerta hypocriet; stiekemerd* ⋆ peso ~ *vlieggewicht* ⟨bij boksen⟩ ⋆ cazar ~s *zich vergeefs inspannen; vergeefse moeite doen* ⋆ no oírse ni (el vuelo de) una ~ *een speld kunnen horen vallen; muisstil zijn* ⋆ INF. por si las ~s *voor alle zekerheid; voor het geval dat* ⋆ INF. picarle a alg. la ~ *kribbig zijn* ⋆ INF. tener la ~ en/detrás de la oreja *achterdocht koesteren* ⋆ en boca cerrada no entran ~s *spreken is zilver en zwijgen is goud* ⋆ soltar la ~ *over de brug komen; betalen* II BNW *geërgerd; boos*

moscada v → **nuez**

moscarda v *bromvlieg; vleesvlieg*

moscardón m • *grote bromvlieg; horzel; steekvlieg* • FIG. *lastpost; klier*

moscatel I m • *muskaatdruif* • *muskaatwijn* II BNW *muskaat-*

moscón m • *horzel*; *paardenvlieg* • *lastpost*; *klier*

moscovita **I** m/v *Moskoviet* **II** BNW *Moskovisch*

Moscú m *Moskou*

Mosela m *Moezel*

mosén m *Vader* ⟨aanspreektitel⟩; *Eerwaarde*

mosqueado BNW *gevlekt*

mosquear OV WW *wegjagen* ⟨v. vliegen⟩

mosquearse WKD WW *zich nijdig maken*

mosqueo m *(het) kwaad worden*; *kwaadheid*; *geïrriteerdheid*

mosquete m *musket* ⟨wapen⟩

mosquetería v *troep musketiers*

mosquetero m *musketier*

mosquetón m • *musketon* • *musketonhaak*; *sluithaakje met veer*

mosquita v ★ ~ *muerta stiekemerd*

mosquitero m • *muskietennet*; *klamboe* • *hor*

mosquito m *steekmug*; *muskiet*

mostacera v *mosterdpotje*

mostacero m → mostacera

mostacho m • *knevel*; *snor* • *vieze vlek* ⟨bij de mond⟩

mostachón m ≈ *heertje* ⟨soort gebakje⟩

mostacilla v *fijne jachthagel*

mostaza v • *mosterdzaadje* • *mosterd(plant)* • *fijne jachthagel*

mosto m *most*; *(ongegist) druivensap*

mostrador m • *toonbank*; *balie* • *buffet*; *tapkast* ★ ~ *de facturación incheckbalie*

mostrar /ue/ OV WW • *(ver)tonen*; *laten zien*; *demonstreren*; *tentoonspreiden* • *betonen*; *blijk geven van* • *uitleggen*; *verklaren* • *laten merken*; *demonstreren*; *tentoonspreiden*

mostrarse /ue/ WKD WW • *zich (be)tonen*; *zich voordoen* • *zich vertonen*; *verschijnen*

mostrenco BNW • *zonder eigenaar* ⟨v. voorwerp⟩ • *dakloos*; *ontheemd* ⟨v. persoon⟩ • *log* ⟨v. persoon⟩; *erg dik* • *dom*; *traag v. begrip*

mota v • *pluisje*; *vuiltje*; *stofje* • *stip*; *spikkel*; *nop* • *foutje* □ CA, MEX *marihuana* □ ZA *kroeshaar* ★ *mota de polvo stofje*; *vuiltje* ★ a/ *de motas gespikkeld* ★ *ni (una) mota helemaal niets*; *geen greintje*

mote m • *bijnaam* □ ZA *gekookte maïs* ★ *poner motes een bijnaam geven*

moteado BNW *gespikkeld*

motear OV WW *bespikkelen*

motejar OV WW *betichten*; *bestempelen (de als)*

motel m *motel*

motete m MUZ. *motet*

motín m *muiterij*; *opstand*; *oproer*

motivación v *motivatie*; *motivering*

motivar OV WW • *motiveren*; *stimuleren*; *aanleiding geven tot* • *motiveren*; *met redenen omkleden*

motivo m • *motief*; *patroon*; *thema* • *motief*; *beweegreden*; *drijfveer* ★ ~ *ornamental/ decorativo motief in een versiering* ★ *con* ~ *de vanwege*; *wegens*; *naar aanleiding van* ★ *con mayor* ~ *cuando des te meer wanneer* ★ *de propio* ~ *uit eigen beweging* ★ *carecer de* ~ *ongegrond zijn* ★ *ser* ~ *de/para de aanleiding zijn tot/om*

moto v *motor-/bromfiets*

motocarro m *driewielig motorvoertuig*

motocicleta v *motor-/bromfiets*

motociclismo m *motorsport*

motociclista m/v *motorrijder*

motociclo m *motorvoertuig*; *bromfiets*

motocross m *motorcross*

motonáutica v *motorbootsport*

motonave v *motorschip*

motoneta v ZA *scooter*

motor **I** m OOK FIG. *motor* ★ ~ *diesel dieselmotor* ★ ~ *eléctrico elektrische motor* ★ ~ *hidráulico hydraulische motor* ★ ~ *de arranque startmotor* ★ ~ *de combustión interna verbrandingsmotor* ★ ~ *de explosión explosiemotor* ★ ~ *de reacción straalmotor* ★ *el Primer Motor God*; *de Oorsprong aller dingen* **II** BNW *(aan)drijvend*; *stuwend*; *(voort)bewegend*

motora v *motorbootje*

motorismo m *motorsport*; *autosport*

motorista m/v • *motorrijder* • *motor-, autocoureur*

motorización v *motorisering*

motorizar OV WW *motoriseren*

motosierra v *motorzaag*

motovelero m *zeilboot met hulpmotor*

motricidad v *motoriek* ⟨v. lichaam⟩

motriz BNW *(aan)drijvend*; *aandrijf-*

movedizo BNW • *beweegbaar*; *beweeglijk* • *wankel*; *onvast* • *veranderlijk*; *wispelturig*

mover /ue/ **I** OV WW • *bewegen*; *verplaatsen* ⟨bv. v. schaakstuk⟩ • *in beweging brengen*; *aandrijven* • *schudden* ⟨v. hoofd⟩ • *ontroeren*; *beroeren*; *raken* • (~ a) *aanzetten tot*; *drijven tot* **II** ON WW • *uitlopen*; *ontluiken* • *'m smeren*; *er vandoor gaan*

moverse /ue/ WKD WW • *zich bewegen*; *zich verroeren* • *opschieten*; *haast maken* • *actief zijn* • *zich met gemak bewegen* ⟨in bepaalde kringen⟩

movible BNW • *beweegbaar*; *beweeglijk*; *verplaatsbaar*; *mobiel* • *wisselend* ⟨v. feestdag⟩ • *wispelturig*; *veranderlijk*

movida v • *beweging*; *stroming* • *happening*; *toestand* • *zet* ⟨denksport⟩ ★ *la* ~ *madrileña de uitgaanswereld in Madrid* ★ *allí está la* ~ *daar moet je zijn*; *daar gebeurt het*

movido BNW • *onrustig*; *beweeglijk*; *wild* ⟨bv. v. wind⟩ • FOTO. *bewogen*; *onscherp* • *(veel)bewogen*; *levendig*

móvil **I** m • *motief*; *(beweeg)reden* • TELECOM. *mobiel(e telefoon)*; *gsm* • *plakzegel* **II** BNW • *mobiel*; *beweeglijk*; *verplaatsbaar* • *wisselend* ⟨v. feestdag⟩ ★ *material* ~ *rollend/rijdend materieel*

movilidad v • *mobiliteit*; *beweeglijkheid* • *wispelturigheid*; *veranderlijkheid* ★ *con* ~ *reducida beperkt in zijn/haar bewegingen*; *slecht ter been*

movilización v • OOK FIG. *mobilisatie* • CHI. *openbaar vervoer*

movilizar OV WW OOK FIG. *mobiliseren*; *mobiel maken*; *(weer) doen bewegen*

movimiento m • *beweging* • *beweging* ⟨groep⟩; *stroming* ⟨in de kunst⟩ • *emotie*; *opwelling*; *vlaag* • *drukte*; *gewoel* • MUZ. *tempo*

mo

• verkeersdrukte • opstand ★ ~ acelerado *versnelde beweging* ★ ~ continuo *perpetuum mobile* ★ COMP. ~ de bloques *blok verplaatsen* ★ ~ ondulatorio *golfbeweging* ★ ~ retardado *vertraagde beweging* ★ ~ sísmico *aardbeving* ★ ~ revolucionario *revolutionaire beweging* ★ ~ de retroceso *teruggang* ★ NAT. ~ vibratorio *trillende beweging* ★ ~ de rotación *kringbeweging* ★ poner en ~ *op gang brengen* ★ una tienda de mucho ~ *een druk bezochte winkel*

moza v • *(ongehuwd) meisje* • *dienstmeisje* ★ buena/guapa moza *knappe meid* ★ moza de cántaro *lompe vrouw*

mozalbete m PEJ. *groentje; snotneus*

mozárabe I m/v (mv) *mozaraben* ⟨z. met Arabieren assimilerende christenen⟩ II BNW *mozarabisch*

mozo I m • *jongeman* • *vrijgezel* • *hulpje; knecht; (jonge) bediende* • *(staande) kapstok* • *kruier* • *dienstplichtige soldaat* ★ *buen/ guapo/real mozo knappe jongen; stuk* ★ mozo de almacén *magazijnbediende* ★ mozo de carga *sjouwer bij laden en lossen* ★ mozo de cuadra *stalknecht* ★ mozo de cuerda *sjouwer* ★ mozo de espuela *palfrenier* ★ mozo de escuadra *landelijke politieagent* ⟨Catalonië⟩ ★ mozo de estación/de equipaje *kruier* ★ mozo de estoques *helper van stierenvechter* ★ mozo de labranza *boerenknecht* ★ mozo de mulas *muilezelverzorger* II BNW • *jong* • *ongetrouwd*

mozuelo m *melkmuil; knaapje*

MP3 m *(Motion Picture 3) MP3*

MPEG m *(Motion Picture Expert Group) Mpeg*

mu TW *boe* ⟨geluid van koe⟩

muaré m *moiré*

mucama v ZA *dienstmeisje*

mucamo m ZA *bediende*

muchacha v • *meisje* • *dienstmeisje*

muchachada v • *(kwa)jongensstreek* • *kinderschaar; stel kinderen*

muchachería v • *(kwa)jongensstreek* • *groepje jongens*

muchachil BNW *meisjesachtig; jongensachtig*

muchacho m • *jongen* • *jongeman* ★ un gran ~ *een goeie kerel; een fijne vent*

muchedumbre v *menigte; mensenmassa*

muchísimo BNW *heel erg; heel veel*

mucho I BNW *veel; heel wat; erg* ★ muy ~ *heel erg* ★ con ~ gusto *heel graag* ★ no hace ~ *kort geleden; onlangs* ★ desde hace ~ *sinds jaar en dag; al lang* ★ tener mucha maña *erg slim zijn* ★ es ~ decir *dat is te veel gezegd* ★ muchas veces *dikwijls* II BIJW • *veel; erg; heel; zeer* • *hard* ★ ni ~ menos *allesbehalve; helemaal niet* ★ con ~ *verreweg* ★ ni con ~ *bij lange na niet; in de verste verte niet* ★ como ~ *op zijn hoogst* ★ por ~ que *hoe ... ook* ★ tener en ~ *een hoge dunk hebben van; hoogachten*

mucilaginoso BNW *slijmerig; kleverig*

mucílago m *(planten)gom*

mucosa v *slijmvlies*

mucosidad v *slijm*

mucoso BNW *slijmerig; slijm-*

muda v • *verandering; wisseling* • *vervelling;*

---

verpopping; rui ⟨tijd⟩ • *(het) breken van de stem; stemwisseling* • *verschoning* ⟨v. onderkleding⟩ ★ estar de muda *de baard in de keel hebben*

mudable BNW *veranderlijk*

mudanza v • *verandering* • *verhuizing* • *dansfiguur* ★ camión de ~s *verhuiswagen*

mudar I OV WW • *veranderen; wijzigigen* • *verschonen; verkleden* II ON WW • *veranderen; (ver)wisselen* • *in de rui zijn; verpoppen; vervellen* • *verhuizen* ★ ~ la voz *de baard in de keel krijgen* ★ ~ de color *van kleur verschieten; bleek wegtrekken*

mudarse WKD WW • *veranderen (de van); (ver)wisselen (de van)* • *verhuizen* • *in de rui zijn; verpoppen; vervellen* • *verschonen* ★ ~ la ropa zich verschonen ★ ~ la ropa blanca *het bed verschonen*

mudéjar I m/v *mudejar* ⟨in door christenen op Moren heroverde streken⟩ II BNW • estilo ~ *mudejarstijl*

mudez v • *stomheid* • *(het) zwijgen*

mudo I m *stomme* II BNW • *stom* • *verstomd; sprakeloos* • lenguaje mudo *gebarentaal*

mueblaje m → **mobiliario**

mueble I m • *meubel(stuk)* • (mv) *huisraad; inboedel* ★ ~ bar *huisbar* ★ ~ de cajones *commode; latafel* ★ ~ cama *opklapbed* II BNW ★ bienes ~s *roerende goederen*

mueblería v • *meubelzaak* • *meubelfabriek*

mueblista m/v *meubelmaker*

mueca v *grimas; grijns* ★ hacer ~s *gekke bekken trekken* ★ hacer una ~ de asco *een vies gezicht trekken*

muela v • *kies* • *slijpsteen; molensteen* • *platte heuvel* ★ ~ del juicio *verstandskies*

muellaje m *liggeld; havengeld*

muelle I m • *(spring)veer* • *kade; pier* ★ ~ real *horlogeveer* ★ colchón de ~s *matras met binnenvering* ★ ~ de carga *laadperron* II BNW • *zacht; week* • *comfortabel; gemakkelijk*

muérdago m *maretak; mistletoe*

muerde WW → **morder**

muerdo m *beet; hap*

muere WW → **morir**

muermo m • *kwade droes; snotziekte* ⟨bij paard⟩ • INF. *verveling; vervelend iemand* • INF. *slechte trip* ⟨na druggebruik⟩

muerte v • *dood; sterfgeval* • *ondergang* ★ ~ natural *natuurlijke dood* ★ ~ violenta *gewelddadige dood* ★ ~ a mano airada *gewelddadige dood* ★ JUR. ~ civil *verlies van burgerrechten* ★ de ~ *fataal; enorm; doods-; stomvervelend* ★ de mala ~ *onbeduidend; miezerig; mistroostig; rot-; snert-* ★ un empleo de mala ~ *een rotbaantje* ★ a vida o ~/a ~ o vida *op leven en dood* ★ dar (la) ~ *vermoorden; doden* ★ debatirse con la ~ *een doodsstrijd voeren* ★ estar a las puertas de la ~ *op sterven na dood zijn* ★ odiar a ~ *dodelijk haten* ★ llevarse un susto de ~ *zich dood schrikken* ★ es una ~ *het is onverdraaglijk; het is een crime* ★ tocar a ~ *de doodsklok luiden*

muerto I m • *dode; overledene* • *vervelend karweitje; vuil werk; rotbaantje* • *dummy* ⟨bridge⟩ ★ un ~ de hambre *een armoedzaaier*

★ echarle a uno el ~ *iemand de schuld in de schoenen schuiven* ★ el ~ al hoyo, y el vivo al bollo *de een zijn dood is de ander zijn brood* ★ hacer el ~ *op zijn rug drijven; zich drijvend houden* **‖** BNW • doblar/tocar a ~ *de doodsklok luiden* ★ cargar con el ~ *met de gebakken peren zitten* ★ callarse como un ~ *zwijgen als het graf* **‖** BNW • *dood; gestorven; overleden; levenloos* • *kwijnend; doodmoe* • *flets; dof* ⟨v. kleur⟩ ★ ~ al nacer *doodgeboren* ★ ~ de cansancio *bekaf; doodmoe* ★ ~ de hambre *uitgehongerd* ★ ~ de risa *slap van het lachen* ★ ni ~ ni vivo *op geen enkele manier* ★ estar/quedarse más ~ que vivo *meer dood dan levend zijn*, FIG. *doodsbang zijn*

muesca v *kerf; inkeping*

muestra v • *monster; proefexemplaar; staal* • *proefje* • *demonstratie; model; patroon; voorbeeld* • *blijk; gebaar; bewijs; teken* • *uithangbord; naambord* ★ ~ sin valor *monster zonder waarde* ★ número de ~ *proefnummer* ★ feria de ~s *(jaar)beurs* ★ como botón de ~ *als voorbeeld* ★ dar ~s de gratitud *dank betonen* ★ hacer ~ de *te kennen geven*

muestrario m *monsterboek; staalkaart*

muestreo m • *steekproef* • *selectiemethode*

mueve WW → **mover**

mugido m • *geloei; gebulder* ⟨v.d. wind⟩ • *gebeuk* ⟨v. golven⟩ • *schreeuw* ⟨v. pijn⟩

mugir ON WW • *loeien; bulderen* ⟨v.d. wind⟩ • *beuken* ⟨v. golven⟩ • *schreeuwen* ⟨v. pijn⟩

mugre v *vettigheid; vettige aanslag*

mugriento BNW *vettig; smerig; groezelig*

mugrón m *loot; scheut; spruit; stek*

muguete m *lelietje-van-dalen*

mujer v • *vrouw* • *echtgenote* ★ ~ de su casa *goede huisvrouw* ★ ~ de (la) limpieza/de faenas *schoonmaakster; werkster* ★ ~ fatal *femme fatale* ★ ~ perdida *lichtekooi* ★ ~ de la vida (alegre) *publieke vrouw* ★ entenderse con una ~ *een verhouding hebben met een vrouw* ★ ~ de trapío *elegante vrouw*

mujerero m LA *rokkenjager*

mujeriego I m *rokkenjager; vrouwengek* **‖** BNW *die vrouwengek is* ★ montar a mujeriegas *in amazonezit rijden*

mujeril BNW *(typisch) vrouwelijk*

mujerío m *(de) vrouwen; vrouwvolk*

mujerona v INF. *stevige, dikke vrouw*

mujerzuela v VULG. *hoer; slet*

mújol m *(grootkop)harder* ⟨vis⟩

mula m • *(vrouwtjes)muildier* • *muiltje* ⟨v. paus⟩

mulada v *muildierkudde*

muladar m • *mestvaalt, -hoop* • *smeerboel; keet; zwijnenstal*

mular BNW *muil-; muildier-*

mulato I m *mulat; kleurling* ⟨v. blanke en zwarte afkomst⟩ **‖** BNW • *mulatten- • bruin; gebronsd*

mulero m • *muildierdrijver* • RPL *oplichter; leugenaar*

muleta v • *kruk* ⟨steun⟩; *houvast* • TAUR. *rode lap* ★ pasar de ~ al toro *de stier met de muleta uitdagen*

muletilla v • *stopwoord* • *wandelstok* • *langwerpige knoop*

muletón m *molton*

mulillas v MV TAUR. *muildieren/ezels* ⟨die dode stieren wegslepen⟩

mullido I m *vulsel* ⟨voor kussens, meubels⟩ **‖** BNW *verend; zacht*

mullir OV WW • *opschudden* ⟨v. kussen, dekbed⟩ • *omwoelen* ⟨v. aarde⟩; *omspitten*

mulo m *muildier; muilezel*

multa v *(geld)boete; bekeuring* ★ imponer una ~ *een boete opleggen* ★ incurrir en una ~ *een boete krijgen*

multar OV WW *bekeuren; beboeten*

multicanal BNW *met meerdere kanalen* ⟨v. radio, televisie⟩

multicine m *bioscoop* ⟨met meerdere zalen⟩

multicolor BNW *veelkleurig; bont*

multicopiar OV WW *vermenigvuldigen; stencilen*

multicopista m *stencilmachine*

multicultural BNW *multicultureel*

multiforme BNW *veelvormig*

multilateral BNW *multilateraal*

multimedia BNW *multimedia-*

multimillonario I m *multimiljonair* **‖** BNW *in het bezit van vele miljoenen*

multinacional I m *multinational(e onderneming)* **‖** BNW *multinationaal*

múltiple BNW • *veelsoortig; meervoudig* • (MV) *verscheidene; diverse*

multiplicación v *vermenigvuldiging*

multiplicador I m *vermenigvuldigingsfactor; vermenigvuldiger* **‖** BNW *vermenigvuldigings-*

multiplicando m *vermenigvuldigtal*

multiplicar OV WW • *vermenigvuldigen* • *verveelvoudigen*

multiplicarse WKD WW • *zich vermenigvuldigen* • *overal tegelijkertijd zijn; zich uitsloven*

multiplicidad v • *veelvoud* • *verscheidenheid; diversiteit*

múltiplo I m *veelvoud* **‖** BNW *veelvoudig*

multipropiedad v *mede-eigendom* ⟨bv. v. vakantiewoning⟩

multisecular BNW *eeuwenoud*

multitud v • *grote hoeveelheid* • *menigte; schare; drom* ★ en ~ *de (grote) massa*

multitudinario BNW *massaal; massa-*

multiuso BNW *voor verschillende doeleinden geschikt*

mundanal BNW *wereldlijk; aards*

mundanería v *wereldlijkheid; aardsheid*

mundano BNW *wereld-; werelds; mondain*

mundial I m *wereldkampioenschap* **‖** BNW *wereldwijd; mondiaal; wereld-* ★ guerra ~ *wereldoorlog*

mundillo m • *wereldje; kringen; milieu* • *kantkloskussen*

mundo m • *wereld* • *aarde* • *mensdom; samenleving* • *milieu; wereldje; kringen* • *globe; wereldbol* • *wereldkennis; ervaring* • *hutkoffer* ★ todo el ~ *iedereen* ★ el Nuevo Mundo *de Nieuwe Wereld* ⟨Amerika⟩ ★ el Tercer Mundo *de derde wereld* ★ el ancho ~ *de wijde wereld* ★ este pícaro ~ *deze schaamteloze wereld* ★ este ~ es un pañuelo *wat is de wereld toch klein* ★ había allí medio ~ *het was daar heel druk* ★ correr/ver/rodar ~ *veel van de wereld zien; de wereld afreizen*

mu

★ desde que el ~ es ~ *sinds mensenheugenis*
★ echar/traer al ~ *op de wereld zetten/brengen*
★ hacer un ~ de u.c. *een zaak opblazen*
★ parecer un ~ *er geweldig uitzien* ★ ponerse el ~ por montera *zijn eigen gang gaan*
★ reírse del ~ *zich van niemand iets aantrekken* ★ no ser de este ~ *te goed voor deze wereld zijn* ★ no ser nada del otro ~ *niet veel zaaks zijn; niet veel bijzonders zijn*
★ salirse/irse de este ~ *heengaan; sterven*
★ tener (mucho) ~ *werelds zijn; veel levenservaring hebben* ★ valer un ~ *veel waard zijn* ★ vivir en otro ~ *in een andere wereld leven* ★ este ~ y el otro *overdrijven is een vak*
★ aunque se hunda el ~ *al vergaat de wereld*
★ conocido por el ~ entero *wereldberoemd zijn*
mundología v INF. *mensenkennis; levenservaring*
mundonuevo m *kijkkast/-doos*
Múnich m *München*
munición v • *munitie* • (vaak mv) *voorraad; proviand* ★ pan de ~ *soldatenbrood; kuch*
municipal I m *politieagent* ⟨v. gemeente⟩ II BNW *gemeentelijk; plaatselijk; stedelijk*
municipalidad v *gemeente(bestuur)*
municipio m • *gemeente* • *gemeenteraad*
munificencia v *vrijgevigheid; gulheid*
munífico BNW *royaal; vrijgevig*
muniqués BNW ⟨v: **muniquesa**⟩ *van/uit München*
muñeca v • *pols* • *pop* ⟨voor meisjes⟩ • *etalagepop; paspop* • *ijdeltuit* • *poetsdoek* ★ BOL., PERU, RPL tener ~ *invloed hebben*
muñeco m • *pop* ⟨voor jongens⟩; *poppenkastpop* • *vogelverschrikker* • *marionet*; FIG. *speelbal* ★ ~ de nieve *sneeuwpop*
muñequera v *polsbeschermer; polsband*
muñidor m *intrigant*
muñir OV WW • *voor elkaar krijgen; regelen* • *sjoemelen; manipuleren*
muñón m • *stompje* ⟨v. geamputeerd lichaamsdeel⟩ • *pen; pin; taats*
mural I m *muurschildering* II BNW *muur-* ★ pintura ~ *muurschildering*
muralla v *(vesting)muur; stadsmuur* ★ ~ de circunvalación *ringmuur*
murar OV WW *ommuren*
murciano BNW *van/uit Murcia*
murciélago m *vleermuis*
murena v *murene; moeraal*
murga v • *gezelschap straatmuzikanten* • *gezanik; gehannes* ★ dar la ~ *lastig vallen*
múrice m *purperslak*
murió WW → **morir**
murmullo m • *gemurmel; gefluister; geroezemoes* • *geritsel*
murmuración v *geroddel; kletspraatjes*
murmurador I m *roddelaar; kletskous* II BNW *roddelend; kletsend*
murmurar ON WW • *murmelen; mompelen; prevelen* • *ruisen; ritselen* • *kabbelen; klateren* • *kletsen; kwaadspreken*
muro m • *muur; wand* • *wal* ★ muro circular/cerrado *ringmuur* ★ muro de contención *kademuur* ★ muro de defensa *spekdam*

★ muro de revestimiento *lambrisering*
★ muro del sonido *geluidsbarrière*
murria v • *neerslachtigheid; moedeloosheid* • *melancholie; zwaarmoedigheid* • *pestbui; rothumeur*
murrio BNW • *treurig; neerslachtig* • *melancholiek; zwaarmoedig* • *in een rothumeur*
mus m *(een) kaartspel* ★ no decir ni chus ni mus *geen boe of bah zeggen*
musa v OOK FIG. *muze* ★ soplarle a uno la musa *inspiratie hebben*
musaraña v *spitsmuis* ★ pensar en/mirar a las ~s *verstrooid zijn*
musculación v *spiertraining; krachttraining*
muscular BNW *spier-* ★ fuerza ~ *spierkracht*
musculatura v • *musculatuur; spierstelsel* • *spierkracht*
músculo m *spier* ★ ~ abductor *afvoerder; abductor* ★ ~ cubital *ellebooogspier* ★ ~ dorsal *rugspier* ★ ~ extensor *strekspier* ★ ~ estriado *dwarsgestreepte spier*
musculoso BNW *gespierd*
muselina v *mousseline*
museo m *museum*
muserola v *neusband* ⟨v. trekpaard⟩
musgaño m *spitsmuis*
musgo m *mos* ★ ~ marino *koraalmos*
musgoso BNW • *mossig* • *bemost*
música v • *muziek* • *bladmuziek* • *musicienne* • *muziekgroep* ★ ~ ligera *lichte muziek* ★ ~ de fondo *achtergrondmuziek* ★ ~ vocal/harmónica *vocale muziek* ★ ~ celestial *gebazel; gezwam; loze woorden* ★ aficionado a la ~ *muziekliefhebber* ★ poner ~ a/poner en ~ *op muziek zetten* ★ saber leer ~ *noten kunnen lezen* ★ ivete con la ~ a otra parte! *maak dat je weg komt!* ★ ~ rap *rap* ★ ~ siniestra/gótica *gothic*
musical I m *musical* II BNW *muziek-; muzikaal* ★ composición ~ *toonzetting*
musicalidad v *muzikaliteit*
musicar OV WW *op muziek zetten*
músico I m *musicus; muzikant* ★ ~ mayor *kapelmeester* II BNW *muziek-*
musicógrafo m *musicograaf; schrijver over muziek*
musicología v *musicologie; muziekwetenschap*
musicólogo m *musicoloog*
musicómano m *melomaan; muziekfanaat*
musiquero m *muziekrek; muziekkast*
musiquilla v *muziekje; deuntje*
musitar OV WW *prevelen; fluisteren*
muslime I m/v *moslim; islamiet* II BNW *moslims; islamitisch*
muslo m • *dij* • CUL. *bout; poot*
mustela v *wezel*
mustiarse WKD WW *verleppen; verwelken*
mustio BNW • *verlept; verwelkt* • *slap* • *treurig; bedroefd* • MEX *schijnheilig*
musulmán I m ⟨v: **musulmana**⟩ *moslim; islamiet* II BNW ⟨v: **musulmana**⟩ *moslims; islamitisch*
mutabilidad v *veranderlijkheid; wispelturigheid*
mutable m *veranderlijk; onbestendig*
mutación v • *verandering; omzetting* • BIOL.

mutatie • *decorwisseling*
mutilación v *verminking*
mutilado I m *invalide* ★ ~ de guerra *oorlogsinvalide* **II** BNW *verminkt*
mutilar OV WW OOK FIG. *verminken*
mutis m • *(het) verdwijnen van het toneel*; *(het) afgaan* • *(het) zwijgen* ★ i~ ! *stil!* ★ Juan hace ~ Jan *gaat af* ‹v. toneel›
mutismo m • *stomheid* • *(hardnekkig) stilzwijgen* ★ abandonar su ~ *zijn stilzwijgen verbreken*
mutua v *onderlinge verzekeringsmaatschappij*
mutualidad v • *wederkerigheid* • *wederzijdse hulp* • *onderlinge verzekeringsmaatschappij*
mutuamente BIJW *wederzijds*; *onderling*; *wederkerig*
mutuo BNW *wederzijds*; *onderling*
muy BIJW *erg*; *heel*; *zeer* ★ muy señor mío *geachte heer* ‹in brief› ★ es muy amigo nuestro *hij is een grote vriend van ons*

N

n v *n* ★ la n de Navarra *de n van Nico*
nabina v *raapzaad*
nabo m • *raap* • RPL *stommerik*
nácar m *parelmoer* ★ con incrustaciones de ~ *ingelegd met parelmoer*
nacarado BNW • *parelmoerachtig*
  • *parelmoerkleurig*
nacarino BNW *parelmoerachtig*
nacatamal m CA, MEX *maïsblad gevuld met varkensvlees*
nacer ON WW • *geboren worden* • *uitkomen* ‹v. bloem enz.›; *uit het ei komen* • OOK FIG. *ontspringen* • *krijgen* ‹v. haar, veren, bladeren› • *zijn oorsprong vinden*; *ontstaan* • *opkomen* ‹v. zon, maan, gewas›; *aanbreken* ‹v.d. dag› • *afstammen* • *voortkomen*; *voortvloeien* ★ al ~ el día *bij de dageraad* ★ ~ a *inwijden in* ★ volver a ~ *de dans ontspringen*; *er bijna geweest zijn* ★ no con quien naces, sino con quien paces *zeg me met wie je omgaat en ik zal je zeggen wie je bent*
  • (~ **para**) *in de wieg gelegd zijn voor*
nacido I m *sterveling* **II** BNW *geboren* ★ ~ y criado *geboren en getogen* ★ bien ~ *van goeden huize*; *welopgevoed* ★ mal ~ *verachtelijk*; *gemeen* ★ recién ~ *pasgeboren*
naciente I m • *(het) oosten* • ZA *oorsprong*; *bron* ‹v. rivier› **II** BNW *opkomend*; *beginnend*; *opgaand* ‹v. zon›
nacimiento m • *geboorte* • *oorsprong* • *afkomst* • *kerststal(letje)*
nación v *natie*; *volk*; *land* ★ Naciones Unidas *Verenigde Naties*
nacional I m *lid v.d. nationale militie* ‹Sp. Burgeroorlog› **II** BNW • *nationaal*
  • *binnenlands* • *landelijk* ★ defensa ~ *landsverdediging*
nacionalidad v *nationaliteit*; *staatsburgerschap*
nacionalismo m *nationalisme*
nacionalista I m/v *nationalist* **II** BNW *nationalistisch*
nacionalización v • *nationalisatie*
  • *naturalisatie* • *inburgering*
nacionalizar OV WW • *nationaliseren*
  • *naturaliseren* • *inburgeren*
naco m • LA *pruimtabak* • COL *aardappelpuree*
nada I v *(het) niets* **II** ONB VNW *niets* ★ de nada *geen dank*; *onbetekenend*; *van niets* ★ por nada *voor weinig geld*; *om niets*; *gratis*; *voor niets* ★ como si nada *alsof het niets is* ★ ini nada! *of wat dan ook!* ★ iahí es nada! *toe maar!*; *ongelofelijk!*; *dat is niet gek!* ★ nada como *niets zo goed als* ★ de aquí a nada *onmiddellijk daarop* ★ dejar sin nada *van al zijn bezit beroven* ★ estar en nada que *weinig schelen of* ★ no ser nada *van weinig betekenis zijn*; *onbeduidend in de maatschappij zijn*; *niets ernstigs zijn* ★ no servir para nada *geen enkel nut hebben*; *tot niets dienen* ★ nada menos que el presidente *niemand minder dan de president* ★ se gastó nada menos que mil euros *hij gaf maar eventjes duizend euro*

na

uit **III** BIJW *helemaal niet* ★ nada más (que) *alleen maar* ★ inada! *niets daarvan!* ★ más que nada *vooral* ★ antes de nada *allereerst; vóór alles*

nadador I m *zwemmer* **II** BNW *zwemmend*

nadar ON WW • *zwemmen* • *drijven* • *baden* ★ ~ en OOK FIG. *zwemmen in* ★ ~ en la superficie *bovendrijven* ★ el niño nada en su abrigo *het kind verzuipt in zijn jas* ★ pasar nadando *overzwemmen; doorzwemmen* ★ ~ de pecho *schoolslag zwemmen*

nadería v *kleinigheid; wissewasje; bagatel*

nadie I m *onbeduidend mens; nul* ★ Don Nadie *Jan Doedel* ★ Juanito es un ~ *Jantje is een vent van niks* **II** ONB VNW *niemand* ★ me levanté antes que ~ *ik stond het eerst op*

nado m ZA *(het) zwemmen* ★ a nado *zwemmend* ★ pasar un río a nado *een rivier overzwemmen*

nafta v • *nafta* • ARG *benzine*

naftalina v *naftaline*

nagual m CA. MEX *tovenaar; magiër*

náhuatl m *Nahuatl* 〈taal v.d. Nahua's〉

nailon m *nylon*

naipe m *(speel)kaart* ★ jugar a los ~s *kaarten; kaartspelen*

naja v *naja; brilslang* ★ salir de naja *'m smeren*

najarse WKD WW INF. *'m smeren; er tussenuit knijpen*

nalga v • *schoft* 〈v. dier〉; *achterhand* • (mv) *billen; achterwerk; zitvlak*

nana v • *slaapliedje* • *oma; opoe* • LA *kindermeisje; voedster*

¡nanay! TW *geen sprake van!*

nanay TW *geen sprake van!*

nao v LIT. *schip; vaartuig*

napa v *nappa(leer)*

napias v mv INF. *grote neus; gok*

Nápoles m *Napels*

napolitano I m *Napolitaan* **II** BNW *Napolitaans*

naranja I v *sinaasappel* ★ INF. media ~ (de) *betere helft* ★ encontrar su media ~ *de ware Jacob vinden* **II** BNW *oranje*

naranjada v *sinaasappellimonade; sinas*

naranjado BNW *oranje*

naranjal m *sinaasappelboomgaard*

naranjero I m *sinaasappelteler; sinaasappelkoopman* **II** BNW *sinaasappel-*

naranjo m • *sinaasappelboom* • *sinaasappelhout*

narcisismo m *narcisme; ziekelijke eigenliefde*

narcisista BNW *narcistisch*

narciso m • *narcis* • *met zichzelf ingenomen persoon*

narco AFK INF. → narcotraficante

narcosis v *narcose*

narcótico I m *narcotisch middel; verdovend middel; drug(s)* **II** BNW *bedwelmend; verdovend*

narcotismo m *bedwelming; verdoving; narcose*

narcotizar OV WW *een narcose toedienen; verdoven*

narcotraficante m/v *drugshandelaar*

narcotráfico m *drugshandel*

nardo m *nardus*

narices v (mv) → nariz

narigón I m (v: narigona) *iemand met een*

grote neus **II** BNW (v: narigona) *met een grote neus*

narigudo m → narigón

nariz v • *neus* • *neusgat* • *reuk(zin)* • *bouquet* 〈v. wijn〉 • *(voor)uitspringend gedeelte* ★ ~ chata *platte/stompe neus* ★ ~ respingada/respingona *wipneus* ★ dar en la ~ *ruiken; lucht krijgen van; vermoeden* ★ de narices *geweldig* ★ en mis (propias) narices *voor mijn eigen ogen; midden in mijn gezicht* ★ por narices *zomaar; zonder reden* ★ darse de narices *op zijn gezicht vallen* ★ darse de narices con u.p. *tegen iem. op-/aanlopen* ★ darse de narices en stuiten op (probleem) ★ FIG. dar en las narices a u.p. *iem. de ogen uitsteken; iem. voor het hoofd stoten* ★ meter las narices en algo *zijn neus ergens insteken* ★ FIG. pasar/restregar por las narices *onder de neus wrijven* ★ romper las narices a alg. *iem. op zijn bek slaan* ★ estoy hasta las narices *het zit me tot hier* ★ inarices! *de pot op!*

narizón BNW *met een grote neus*

narizota v • *grote neus* • (mv) *stommeling*

narración v • *(het) vertellen* • *verhaal; vertelling*

narrador m *verteller*

narrar OV WW *vertellen*

narrativa v *vertelkunst*

narrativo BNW *verhalend; vertellend; narratief*

narval m *narwal; zee-eenhoorn*

nasa v *fuik*

nasal BNW *nasaal; neus-* ★ abertura ~ *neusopening*

nasalidad v *nasaliteit*

nasalización v *nasalering; nasale uitspraak*

nasalizar OV WW *nasaleren; door de neus (uit)spreken*

nata v • *(slag)room* • *vel* 〈op melk〉 • *puikje; (het) beste* ★ nata batida *slagroom* ★ la flor y nata *de crème de la crème*

natación v • *(het) zwemmen* • *zwemsport; zwemkunst* ★ club de ~ *zwemclub* ★ ~ sincronizada *synchroonzwemmen*

natal BNW *geboorte-*

natalicio I m *geboortedag* **II** BNW *van de geboortedag* ★ fiesta natalicia *verjaardag*

natalidad v *geboortecijfer* ★ control de ~ *geboorteregeling*

natatorio BNW *zwem-*

natillas v mv ≈ *(custard)vla*

natividad v *geboorte (van Jezus, Maria, Johannes de Doper)*

Natividad v *Kerstmis*

nativo I m • *inheemse; autochtoon* • *native speaker* **II** BNW • *(aan)geboren* • *afkomstig* (de uit); *inheems; autochtoon* • *zuiver* 〈v. metalen〉 ★ idioma ~ *moedertaal* ★ suelo ~ *geboortegrond*

nato I BNW • *(aan)geboren* • *ambtshalve* **II** WW (volt. deelw.) → nacer

natura v • *natuur* • ANAT. *geslachtsdelen* ★ contra ~ *tegennatuurlijk*

natural I m • *oorspronkelijke bewoner* • *natuur; geaardheid* ★ al ~ *natuurgetrouw; naturel; in het echt; zonder opsmuk* ★ frutas al ~ *vruchten op sap* ★ pintar del ~ *natuurgetrouw/naar het leven schilderen* **II** BNW • *natuurlijk; natuur-*

• *eigen*; *inherent •* *vanzelfsprekend*; *normaal*
• *ongekunsteld*; *spontaan •* *vers* ⟨v. koffie,
sap⟩; *puur* ⟨v. koffie, sap⟩ • *buitenechtelijk*
★ es ~ de *(is) geboren te* ★ es ~ que *het spreekt
toch vanzelf dat* ★ ies ~ ! *maar natuurlijk!*;
vanzelfsprekend! ★ de tamaño ~ *op ware
grootte*
naturaleza v • *natuur* ⟨omgeving⟩ • *aard*;
wezen; *karakter •* *gestel*; *bouw*; *constitutie*
• *nationaliteit*; *afkomst*; *oorsprong*
• *gesteldheid* ⟨v. bodem⟩ ★ por ~ *van nature*
★ ~ muerta *stilleven*
naturalidad v *natuurlijkheid*
naturalismo m LIT. *naturalisme*
naturalista I m/v • LIT. *naturalist •* VERO.
natuurvorser, -kenner II BNW *naturalistisch*
naturalización v *naturalisatie*
naturalizar OV WW *naturaliseren*
naturalmente BIJW *natuurlijk*; *vanzelfsprekend*
naturismo m *naturisme*; *natuurleefwijze*
naturista I m/v *naturist* II BNW *naturistisch*
★ médico ~ *natuurgenezer*
naufragar ON WW • OOK FIG. *schipbreuk lijden*
• *vergaan* ⟨v. schip⟩ • *mislukken*
naufragio m • *schipbreuk •* *mislukking*; *groot
verlies*; *ramp*
náufrago I m *schipbreukeling* II BNW *gestrand*;
vergaan ⟨v. schip⟩ ★ buque ~ *scheepswrak*
náusea v • *misselijkheid •* *walging*
nauseabundo BNW OOK FIG. *misselijk (makend)*;
walgelijk
náutica v *nautiek*; *zeevaartkunde*
náutico BNW *nautisch*; *zeevaart-* ★ club ~
zeilvereniging; *jachtclub* ★ conocimientos ~s
zeemanschap
navaja v • *zakmes •* *tafelmesheft* ⟨schelpdier⟩
• *lastertong*; *scherpe tong* ★ ~ de afeitar
scheermes
navajada v (**navajazo**) • *messteek •* *steekwond*
navajero m *messentrekker*
naval BNW *marine-*; *zeevaart-* ★ agregado ~
marineattaché ★ ingeniero ~
scheepsbouwkundig ingenieur ★ batalla ~
zeeslag
navarro I m *iemand uit Navarra* II BNW *van/uit
Navarra*
nave v • *schip •* ARCHIT. *(kerk)schip*; *beuk*
• *(fabrieks)hal* • MEX *auto* ★ ARCHIT. nave
lateral/transversal *zijschip*; *zijbeuk* ★ FIG.
quemar las naves *zijn schepen achter zich
verbranden*
navegabilidad v • *bevaarbaarheid •* *zee-/
luchtwaardigheid*
navegable BNW *bevaarbaar* ★ estado ~
bevaarbaarheid
navegación v • *navigatie*; *(scheep)vaart* ★ ~
espacial *ruimtevaart* ★ ~ fluvial
binnenscheepvaart ★ canal de ~ *vaargeul*
★ estar en buen estado para la ~ *zeewaardig
zijn*
navegador m COMP. *browser*
navegante I m • *zeevaarder •* *(internet)surfer*
II BNW *zeevarend*
navegar ON WW • *navigeren •* *bevaren* ★ ~ por
la Red/por Internet *surfen op internet*
Navidad v *Kerstmis* ★ ¡Feliz ~ ! *prettige*

kerstdagen!
navidades v mv *kersttijd* ★ por ~ *met de
kerstdagen*
navideño BNW *kerst-*
naviero I m *reder* II BNW *scheepvaart-*
★ compañía naviera *rederij*
navío m • *groot schip •* *oorlogsschip*
náyade v *najade*; *waternimf*
nazareno I m • *Nazarener •* *processieganger in
goede week* II BNW *uit Nazareth*
nazca WW (1e/3e p ev subj. t.t.) → **nacer**
nazi I m *nazi* II BNW *nazi-*
nazismo m *nazisme*
neblina v • *nevel •* *waas*; FIG. *sluier*
neblinear ON WW CHI. *motregenen*
neblinoso BNW *nevelig*; *heiig*
nebulosa v ASTROL. *nevelvlek*
nebulosidad v • *nevelachtigheid*
• *onduidelijkheid*; FIG. *duisternis*
nebuloso BNW • *nevelig •* *wazig •* OOK FIG.
duister
necedad v • *dwaasheid •* *domme streek* ★ decir
~es *onzin uitkramen*
necesariamente BIJW *noodzakelijk(erwijs)*
necesario BNW • *noodzakelijk*; *nodig*
• *onherroepelijk* ★ en caso ~ *zo nodig* ★ hacer
~ *noodzakelijk maken*; *vereisen* ★ todo es ~
alle beetjes helpen
neceser m *toilettas*; *necessaire*
necesidad v • *noodzakelijkheid*; *noodzaak*;
behoefte • *nood(geval) •* *armoede*; *gebrek*;
behoeftigheid • *ontlasting*; *behoefte*; *(grote)
boodschap* ★ por ~ *noodgedwongen* ★ mortal
de ~ *dodelijk* ★ obedecer a la ~ de *te wijten
zijn aan* ★ de primera ~ *van levensbelang*;
vitaal ★ artículos de primera ~ *eerste
levensbehoeften* ★ en caso de ~ *in geval van
nood*; *desnoods*
necesitado I m *behoeftige*; *arme* II BNW
• *behoefte hebbend aan* ★ *arm*
necesitar OV WW *nodig hebben*; *behoefte hebben
aan*
necio I m • *domkop*; *dwaas •* *verwaande kwast*
II BNW • *dom*; *zot •* *verwaand*
necrófago I m *aaseter* II BNW *aasetend*
necrología v • *necrologie*
• *overlijdensadvertenties*
necrológico BNW • *necrologisch •* *overlijdens-*
necrópolis v *necropolis*; *dodenstad*;
begraafplaats
necrosis v *necrose*; *weefselversterf*
néctar m *nectar*; *godendrank*
neerlandés I m • (v: **neerlandesa**) *Nederlander*
• *Nederlands* II BNW (v: **neerlandesa**)
Nederlands
nefando BNW *weerzinwekkend*; *afschuwelijk*
nefario BNW *verdorven*
nefasto BNW *rampzalig*; *noodlottig*; *funest*;
onheils- ★ día ~ *ongeluksdag*
nefrítico BNW *nier-*; *met een nierziekte* ★ piedra
nefrítica *niersteen*
nefritis v *nierontsteking*
negación v • *ontkenning*; *negatie •* *weigering*
negado BNW • *onbekwaam*; *niet begaafd*
• *ongeschikt* (**para** *voor*)
negar /ie/ OV WW • *ontkennen*; *(ver)loochenen*;

betwisten • *ontzeggen*; *weigeren*; *niet toestaan*
★ no se puede ~ que *men moet toegeven dat*
negarse /ie/ WKD WW *weigeren* (a te)
negativa v • *ontkenning* • *weigering*
negativamente BIJW *negatief*; *ontkennend*
negativo I m FOTO. *negatief* II BNW *negatief*;
ontkennend ★ en caso ~ *zo nee*/*niet* ★ oración
negativa *ontkennende zin*
negligencia v *slordigheid*; OOK JUR. *nalatigheid*;
onachtzaamheid; *nonchalance*
negligente I m/v *sloddervos* II BNW *slordig*;
achteloos; OOK JUR. *nalatig*; *onzorgvuldig*;
nonchalant
negociable BNW *verhandelbaar*;
onderhandelbaar; *overdraagbaar*
negociación v (vaak mv) *onderhandeling*
★ entablar negociaciones *in*
onderhandelingen treden ★ ~ colectiva *cao-*/
loonronde(onderhandeling)
negociado m • *bureau*; *afdeling* • ZA *vuil zaakje*
negociador I m *onderhandelaar* II BNW
onderhandelings-
negociante m • *handelaar* • *geldwolf* ★ ~ al por
mayor *groothandelaar*
negociar I OV WW • *verhandelen*
• *onderhandelen over* II ON WW • *handelen*;
handel drijven; *zaken doen* • *onderhandelen*
★ ~ en/con *handelen in*
negocio m • *handel* • *transactie* • *bedrijf*; *zaak*
★ ~ redondo *zeer winstgevende zaak*/*koop*
★ mal ~ *slechte zaak*; *slechte koop* ★ ~ sucio
vuil zaakje ★ encargado de ~s *zaakgelastigde*
★ hacer ~ *ergens veel geld uitslepen* ★ hacer
un buen ~ *een goede zaak doen*; *er goed aan*
doen
negra v • *negerin* • MUZ. *kwartnoot* ★ INF. tener
la ~ *pech hebben*
negrada v CUBA *(groep) negerslaven*
negrear ON WW *zwart zijn*/*worden*
negrero I m • *slavenhandelaar* • *slavendrijver*
II BNW *van de negerslavenhandel*
negrilla I v *vet gedrukte letter* ★ está en ~ *het is*
vet gedrukt II BNW *vet gedrukt*
negrita v *vette letter*
negro I m • *zwart* • *zwarte*; *neger* • *ghostwriter*
• VEN *dubbele expresso* ★ FOT. en ~ *zwart-wit*
★ ~ de la uña *rouwrand*; *zwarte nagelrand*
★ trabajar como un ~ *zich uit de naad*
werken; *werken als een paard* II BNW • *zwart*
• *donker* • *rampzalig*; *neger-*; *zwart* ★ magia
negra *zwarte magie* ★ verlo todo ~ *een*
pessimist zijn ★ poner ~ a u.p. *iemand kwaad*
maken ★ ponerse ~ *zich opwinden* ★ ser el
garbanzo ~ de la olla *het zwarte schaap van*
de familie zijn ★ se vió ~ *para salir del apuro*
hij had de grootste moeite om uit de
problemen te komen
negroide I m *iemand met negroïde kenmerken*
II BNW *negroïde*; *neger-*
negrura v • *zwartheid* • *zwartkijkerij*;
pessimisme
negruzco BNW *zwart(acht)ig*
nema v • *zegel* ⟨aan envelop⟩ • *gomrand*
nena v • *klein meisje* • INF. *liefje*; *schatje* ⟨tegen
vrouw⟩
nene m *kindje*; *kleine*; *hummel*

nenúfar m *waterlelie* ★ ~ amarillo *gele plomp*
neoclasicismo m *neoclassicisme*
neoclásico BNW *neoclassicistisch*
neófito m • *pasgedoopte* • *neofiet*; *nieuweling*;
nieuwkomer
neolatino BNW • *Romaans* • *Nieuw-Latijns*
neolítico I m *Neolithicum*; *jonge steentijd*
II BNW *neolithisch*
neologismo m *neologisme*
neón m *neon* ★ tubo de neón *neonlamp*
neoplatónico BNW *neoplatonisch*
neoyorquino I m *New Yorker* II BNW *New Yorks*
neozelandés I m ⟨v: **neozelandesa**⟩ *Nieuw-*
Zeelander II BNW ⟨v: **neozelandesa**⟩ *Nieuw-*
Zeelands
nepotismo m *nepotisme*
nereida v *zeenimf*
nervadura v • PLANTK. *nervatuur*; *bladskelet*
• ARCHIT. *ribconstructie*
nervio m • *zenuw* • *pees* • *nerf* • ARCHIT. *rib*
• FIG. *ziel*; *hart*; *pit* • *filet* ⟨v. boek⟩ ★ alterar
los ~s *zenuwachtig maken*; *kwaad maken*
★ tener los ~s de punta *erg zenuwachtig zijn*
nerviosidad v *zenuwachtigheid*; *nervositeit*
nerviosismo m *nervositeit*; *zenuwachtigheid*;
spanning
nervioso BNW • *zenuw-* • *zenuwachtig*; *nerveus*;
• *onrustig* • *zenig*; *taai* ⟨v. vlees⟩ ★ crisis
nerviosa *zenuwcrisis* ★ ponerse ~ *nerveus*
worden
nervosidad v → **nerviosidad**
nervoso BNW → **nervioso**
nervudo BNW • *pezig* • *gespierd*; *krachtig*
nesga v *geer*
neto I m *sokkel*; *zuilvoet* II BNW • *schoon*
• *duidelijk* • *netto* ★ beneficio neto *nettowinst*
neumático I m *luchtband* ★ ~ radial
radiaalband II BNW *pneumatisch*; *lucht-*
★ bomba neumática *luchtpomp*
neumonía v *longontsteking*
neuralgia v • *zenuwpijn*; *neuralgie*
neurálgico BNW *neuralgisch*
neurastenia v *zenuwzwakte*
neurasténico BNW *neurasthenisch*
neuritis v *zenuwontsteking*
neurocirugía v *neurochirurgie*
neurología v *neurologie*
neurólogo m *zenuwarts*; *neuroloog*
neurona v *neuron*; *zenuwcel*
neurópata m/v *zenuwpatiënt*
neuropatía v *zenuwziekte*
neurosis v *neurose*; *zenuwziekte*; *psychische*
stoornis
neurótico I m *zenuwpatiënt*; *neuroticus*;
neuroot II BNW *neurotisch*; *zenuwziek*
neurotransmisor m *neurotransmitter*
neutral I m/v *neutraal*/*onpartijdig persoon* ★ los
~es *de neutralen* II BNW *neutraal*; *onpartijdig*;
onzijdig
neutralidad v *neutraliteit*; *onpartijdigheid*; *on-*,
afzijdigheid
neutralismo m *neutralisme*; *afzijdige houding*
neutralista I m/v *neutralist* II BNW
neutralistisch
neutralización v *neutralisatie*
neutralizar OV WW • *neutraliseren*; *neutraal*

maken • *stopzetten*; *tenietdoen*; *stilleggen*;
opheffen

neutro BNW • ARG, CHI, ECU *neutraal*; *onpartijdig*
• TAALK. *onzijdig* • *geslachtsloos* • *onbestemd*

neutrón m *neutron*

nevada v *sneeuwval, -bui*

nevado BNW • *besneeuwd* • *sneeuwwit*

nevar /ie/ ON WW *sneeuwen*

nevasca v *sneeuwstorm*; *sneeuwbui*

nevazón V ARG, CHI *sneeuwstorm*

nevera v • *ijskast*; *koelkast, -box* • *koud vertrek*;
FIG. *ijskelder* ★ ~ *portátil koelbox*

nevería V MEX *ijssalon*

nevero m *(plek met) eeuwige sneeuw*

nevisca v *sneeuwbui*; *lichte sneeuwval*

neviscar ON WW *zachtjes/licht sneeuwen*

nevoso BNW *sneeuwachtig*

nexo m *band*; *verbinding*; *verband*; *samenhang*

ni VW *noch*; *en niet* ★ ni que [+ subj.] *alsof*

nicaragüense I m (**nicaragüeño**) *Nicaraguaan*
II BNW (**nicaragüeño**) *Nicaraguaans*

nicho m *(graf)nis*

nicotina v *nicotine* ★ bajo en ~ *nicotinearm*

nidada v *nest eieren/jonge vogels*; *broedsel*

nidal m • *nest*; *legplaats* • *stekke*

nidificar ON WW *een nest bouwen*; *nestelen*

nido m • *nest* • *hol*; *schuilplaats* • *huiselijke
haard*; *nestje* • *dievenhol* • *geheime bergplaats*
• FIG. *broeinest*; *broedplaats* ★ caerse del/de
un nido *naïef/goedgelovig zijn*

niebla v • *mist* • *onduidelijkheid*; *verwarring*
★ hace ~ *het is mistig*

niego WW (1e p ev subj. t.t.) → **negar**

nieto m *kleinkind, -zoon*

nieve v • (soms mv) *sneeuw* • *sneeuwval*
• *blankheid*; *witheid* • CUBA, MEX, PR *sorbet*;
waterijsje • INF. *cocaïne* ★ deporte de ~
wintersport

nigeriano I m *Nigeriaan* **II** BNW *Nigeriaans*

nigromancia v *zwarte kunst*; *nigromantie*

nigromante m/v *magiër*; *tovenaar*

nigua v *zandvlo*

nihilismo m *nihilisme*

nihilista I m/v *nihilist* **II** BNW *nihilistisch*

nikab v *niqab* ‹gezichtssluier›

Nilo m *Nijl*

nilón m → **nailon**

nimbo m • *nimbus*; *lichtring* • *regenwolk*
• *glans*

nimiedad v • *onbenulligheid*; *kleinigheid*
• *pietluttigheid*; *pieteputerigheid* ★ pasar el
tiempo en ~es *zijn tijd verknoeien*

nimio BNW • *onbenullig*; *onbeduidend*
• *nauwgezet*; *pietepeuterig*; *omslachtig*
• *overmatig*; *buitensporig*

ninfa v • DIERK. *nimf*; *larve* • MYTH. *nimf* • *jong
meisje* • *hoertje*

ninfómana I v *nymfomane* **II** BNW *nymfomaan*

ninfomanía v *nymfomanie*

ningún BNW → **ninguno**

ningunear OV WW • *negeren* • *minachten*;
kleineren

ninguno I BNW (**ningún**) *geen (enkel)*
★ ninguna vez *nooit* ★ de ningún modo *in
geen geval* ★ en ningún lugar *nergens* ★ sin
ningún ejemplo *zonder ook maar een enkel*

voorbeeld **II** ONB VNW *niemand*; *geen één* ★ ~
de ellos *geen van hen*

niña v • *meisje* • ANAT. *pupil*; FIG. *oogappel*
★ niña del ojo *oogappel* ★ INF. la niña bonita
het getal 15 ‹bij lotto, loterij› ★ querer como
a las niñas de sus ojos *heel veel houden van*

niñada v → **niñería**

niñear ON WW *kinderachtig doen*

niñera v *kindermeisje*

niñería v • *kinderachtigheid* • *kleinigheid*

niñero BNW *van kinderen houdend*; *dol op
kinderen*

niñez v *kinderjaren*; *kindertijd*

niño I m *kind*; *jongen* ★ el niño de la bola *het
kindje Jezus*; *gelukskind* ★ niño probeta
reageerbuisbaby ★ niño bonito/gótico
playboy; *rijkeluiskind* ★ niño mimado
lievelingetje ★ niño de pañales/de pecho/de
teta *zuigeling* ★ niño de coro *koorknaap*
★ niño expósito *vondeling* ★ ino seas niño!
doe toch niet zo kinderachtig! ★ como niño
con zapatos nuevos *dolgelukkig*; *zo blij als
een kind* ★ niño turbulento *wildebras* **II** BNW
• *jong*; *klein* • *onervaren*

nipón I m (v: **nipona**) *Japanner* **II** BNW (v:
nipona) *Japans*

níquel m *nikkel*

niquelado I m *vernikkeling* **II** BNW *vernikkeld*

niquelar OV WW *vernikkelen*

niqui m *T-shirt*; *polo(shirt)*

níspero m *mispel(boom)*

nitidez v • *helderheid*; FOTO. *scherpte*
• *duidelijkheid*

nítido BNW • *helder*; FOTO. *scherp* • *duidelijk*

nitrato m *nitraat* ★ ~ de Chile *chilisalpeter* ★ ~
de potasa *salpeter*

nítrico BNW *salpeter-* ★ ácido ~ *salpeterzuur*

nitro m *salpeter*

nitrogenado BNW *stikstofhoudend*

nitrógeno m *stikstof*

nitroglicerina v *nitroglycerine*

nitroso BNW *salpeter-*

nivel m • *niveau*; OOK FIG. *peil*; *level* • *waterpas*
★ ~ de agua *waterpas* ★ ~ de aire
luchtbelwaterpas; *libel* ★ ~ del mar *zeespiegel*
★ ~ de vida/del bienestar *levensstandaard*;
welvaartspeil ★ a ~ *horizontaal*; *op dezelfde
hoogte* ★ paso a ~ *overweg* ★ al ~ de *op
hetzelfde niveau als*; *ter hoogte van* ★ estar al
~ *op peil zijn*

nivelación v OOK FIG. *nivellering*

niveladora v *bulldozer*

nivelar OV WW • *nivelleren* • *waterpas/vlak
maken* • *in evenwicht brengen*; *sluitend
maken* ‹v. begroting›

níveo BNW FORM. *sneeuwwit*

Niza v *Nice*

no BIJW • *nee* • *niet* ★ ia que no! *wedden van
niet!* ★ como no *natuurlijk*; *vanzelfsprekend*
★ o, si no ... *of anders ...*; *zo niet ...* ★ iy que
no! *zeker weten!* ★ ¿no? *nietwaar?*; *hè?*
★ pueden no saberlo *misschien weten ze het
niet* ★ no ... más que *hoogstens*; *niet meer dan*
★ ique no! *nee!*

nobiliario I m *adelboek* **II** BNW *adellijk*

noble I m/v *edelman* ★ los ~s *de adel* **II** BNW

no

• adellijk • voornaam; gedistingeerd
• edel(moedig) • verfijnd • mujer ~ edelvrouw
nobleza v • adel(dom); adelstand
• voornaamheid

nocaut m LA knock-out

noche v • nacht; avond • duisternis
• somberheid; bedroefdheid ★ ~ toledana/sin
sueño slapeloze nacht ★ (dar las) buenas ~s!
goedenavond/goedenacht! (wensen) ★ a la ~
tegen de avond ★ a media ~ midden in de
nacht ★ de ~/por la ~ 's nachts; 's avonds; als
het donker is ★ ayer por la ~ gisteravond;
gisternacht ★ de la ~ a la mañana van de ene
op de andere dag; plotseling ★ al caer la ~ bij
het vallen van de duisternis ★ hacer ~
overnachten ★ se está haciendo de ~ de nacht
valt ★ pasar bien la ~ een goede nacht hebben
★ pasar la ~ en claro niet kunnen slapen; geen
oog dichtdoen ★ muy de ~/muy entrada la ~
diep in de nacht

Nochebuena v kerstavond; kerstnacht

nochecita v LA schemer(ing); (het) vallen v.d.
avond

nochero m CHI, URU nachtwaker

Nochevieja v oudejaarsavond, -nacht

noción v • begrip; besef; notie • denkbeeld; idee;
voorstelling • (mv) kennis ★ nociones
comerciales handelskennis ★ no tener ni vaga
~ de u.c. geen flauw benul van iets hebben

nocividad v schadelijkheid

nocivo BNW schadelijk

noctambulismo m (het) slaapwandelen

noctámbulo I m slaapwandelaar II BNW
slaapwandelend

noctiluca v glimworm

noctívago m nachtdier

nocturnidad v (het) 's nachts plaatsvinden

nocturno I m MUZ. nocturne; nachtstuk II BNW
nachtelijk; nacht-

nodo m • ASTRON. knoop • MED. knobbel
• (bioscoop)journaal

nodriza v • voedster; min • benzinetoevoer ⟨v.
auto⟩

nódulo m OOK MED. knobbeltje

Noé m Noach

nogal m (noguera) notenboom; notenhout

nómada I m/v nomade II BNW nomadisch;
zwervend • pueblo ~ nomadenvolk

nomadismo m nomadenbestaan

nomás BIJW • ARG, MEX, VEN slechts; alleen • ARG,
VEN precies; exact

nombradía v roem; reputatie

nombrado BNW • (boven)genoemd • beroemd;
bekend

nombramiento m benoeming

nombrar OV WW • (be)noemen • benoemen tot;
aanstellen als

nombre m • naam; voornaam; benaming
• (zelfstandig) naamwoord • bijnaam • goede
naam; reputatie ★ ~ propio eigennaam ★ ~ y
apellido voor- en achternaam ★ ~ de guerra
schuilnaam ★ ~ de pila doopnaam ★ ~ de
soltera meisjesnaam ★ ~ comercial
handelsnaam ★ ~ su(b)stantivo zelfstandig
naamwoord ★ a ~ de op naam van ★ de ~ in
naam; genaamd ★ en ~ de namens; uit naam

van ★ por mal ~ als bijnaam; bijgenaamd
★ poner por ~ noemen ★ llamar las cosas por
su ~ de dingen bij hun naam noemen ★ dar su
~ a u.p. iemand adopteren ★ no tener ~ te erg
voor woorden zijn; ongehoord zijn ★ ien el ~
de Dios! in godsnaam/vredesnaam!

nomenclador m → **nomenclátor**

nomenclátor m nomenclatuur; namenlijst

nomenclatura v → **nomenclátor**

nomeolvides v vergeet-mij-nietje

nómina v • (naam)lijst • salaris-, loonlijst ★ ~ de
ganadores winnaarslijst

nominación v nominatie; benoeming;
voordracht

nominal BNW • nominaal • naam-; volgens de
naam

nominar OV WW nomineren; benoemen

nominativo I m TAALK. nominatief; eerste
naamval; onderwerpsvorm II BNW • op naam
(gesteld) • TAALK. nominatief; van/in de eerste
naamval ★ lista nominativa naamlijst

non I m • oneven getal ★ estar/quedar de non
alleen overblijven; geen partner meer hebben
★ decir nones nee zeggen; ontkennen II BNW
oneven

nonada v • klein beetje • futiliteit

nonagenario I m negentiger II BNW
negentigjarig

nonagésimo I m negentigste deel II TELW
negentigste

nonato BNW • ongeboren • d.m.v. medische
ingreep geboren

noningentésimo I m negenhonderdste deel
II BNW negenhonderdste

nonio m nonius

nono TELW negende

nopal m nopalcactus

noquear OV WW INF. knock-out slaan

nor(d)este I m noordoosten(wind) II BNW
noordoostelijk

nórdico I m • noorderling • Scandinaviër II BNW
• noords • Scandinavisch

noreste m → **nor(d)este**

noria v • scheprad; waterrad • reuzenrad ⟨op de
kermis⟩

norma v norm; richtlijn; richtsnoer ★ ~s de
circulación verkeersregels ★ ~s de seguridad
veiligheidsvoorschriften

normal BNW • normaal; volgens de norm;
gewoon • onderwijzers- ★ escuela ~
onderwijzersopleiding; ≈ pabo

normalidad v normaliteit; (het) normaal zijn;
normale situatie

normalización v • normalisering • normering

normalizar OV WW • normaliseren; (weer)
normaal maken • standaardiseren; normeren
• regelen; ordenen

Normandía v Normandië

normando I m Normandiër II BNW
Normandisch

normativa v normenstelsel

normativo BNW normatief

nornor(d)este m noordnoordoosten(wind)

nornoroeste m noordnoordwesten(wind)

noroeste I m noordwesten(wind) II BNW
noordwestelijk

no

nortada v *aanhoudende noordenwind*
norte m • *noorden* • *noordenwind* • *doel*;
oogmerk ★ al ~ de *ten noorden van*
norteafricano I m *Noord-Afrikaan* **II** BNW
Noord-Afrikaans
Norteamérica v *Noord-Amerika*
norteamericano I m *Noord-Amerikaan* **II** BNW
Noord-Amerikaans
nortear ON WW • *naar het noorden draaien* ‹v.
wind› • SCHEEPV. *zich op het noorden*
oriënteren
norteño BNW *noord-; uit het noorden*
Noruega v *Noorwegen*
noruego I m *Noor* **II** BNW *Noors*
nos PERS VNW *ons* ‹als meew. of lijd.vw›
★ ¡dínoslo! *zeg het ons!*
nosocomio m *ziekenhuis*
nosotros PERS VNW (v: **nosotras**) • *wij* • *ons* ‹na
voorzetsel› ★ ~ dos *wij tweeën* • ~ los
españoles *wij Spanjaarden* ★ entre ~ *onder*
ons gezegd en gezwegen • por ~ *wat ons*
betreft ★ por ~ mismos *door onszelf;*
eigenhandig
nostalgia v *nostalgie; heimwee; weemoedig*
verlangen
nostálgico I m *nostalgisch persoon* **II** BNW
nostalgisch; vol heimwee; weemoedig
nota v • *aantekening; notitie* • *bericht; memo*
• *(school-, rapport)cijfer* • *nota; rekening;*
factuur • *kenmerk* • *faam; (goede) naam*
• MUZ. *toon; noot* • VEN *roes* ‹v. drugs› ★ VERO.
exagerar la nota *zich aan overdrijving*
schuldig maken • nota marginal *kanttekening*
★ nota (a pie de página) *voetnoot* ★ nota
discordante *dissonant; valse toon; wanklank*
★ nota dominante *kwint; dominant;*
belangrijkste kenmerk ★ de mala nota *met*
slechte reputatie • nota de pedido
bestelformulier ★ tomar buena nota de *goede*
nota nemen van ★ escritor de nota *beroemd*
schrijver ★ tener malas notas *een slecht*
rapport hebben
notabilidad v • *opmerkelijkheid* • *beroemdheid;*
vooraanstaand/gewichtig persoon
notable I m • *notabele; belangrijk persoon*
• *goed (school)cijfer* **II** BNW • *opmerkelijk*
• *(ruim) voldoende* ‹v. schoolcijfer›
notación v *notatie; muziek-, symbolenschrift*
notar OV WW • *(be-, op)merken; noteren;*
aantekenen ★ ~ una falta *een fout opmerken*
★ hacer ~ *wijzen op; onder de aandacht*
brengen ★ hacerse ~ *opvallen*; VAAK PEJ. *de*
aandacht op zich vestigen
notaría v • *notariaat* • *notariskantoor*
notariado m *notariaat*
notarial BNW *notarieel*
notario m *notaris*
notarse WKD WW *te merken/zien zijn* ★ apenas
se nota *het is nauwelijks te merken*
noticia v • *bericht; nieuws; informatie* • (mv)
nieuws ‹op radio, tv› • *notie; besef* ★ ~ bomba
sensationeel nieuws ★ atrasado/retrasado de
~s *niet op de hoogte* ‹v.h. laatste nieuws›
achter ★ tener ~ de *gehoord hebben van;*
bericht krijgen van ★ no tener la menor ~ de
geen flauw benul hebben van

noticiar OV WW *meedelen; op de hoogte stellen*
noticiario m *nieuwsberichten; (film)journaal*
noticiero m • *verslaggever* • *nieuwsblad*
noticioso I m ZA *nieuwsberichten; (radio-, tv-*
)journaal **II** BNW *welingelicht; op de hoogte*
notificación v • *aankondiging; mededeling*
• *officiële kennisgeving; notificatie* • JUR.
betekening; aanschrijving
notificar OV WW • *mededelen; bekendmaken*
• JUR. *aanzeggen; betekenen*
notoriamente BIJW *klaarblijkelijk; kennelijk*
notoriedad v • *(algemene) bekendheid;*
populariteit • *evidentie*
notorio BNW • *(algemeen) bekend*
• *overduidelijk; evident*
novador I m *vernieuwer* **II** BNW *vernieuwend*
noval BNW *pas ontgonnen* ‹v. grond›
novatada v • *ontgroeningsgrap* • *beginnersfout*
novato I m *beginneling; nieuwkomer* **II** BNW
groen; nieuw; onervaren
novecientos TELW *negenhonderd*
novedad v • *nieuwheid* • *nieuwtje;*
nieuwigheid; nieuws • *verandering; nieuwe*
ontwikkeling ★ sin ~ *geen nieuws; nog*
hetzelfde ★ no hay ~ *niets nieuws onder de zon*
novel BNW *nieuw; aankomend*
novela v *roman* ★ ~ corta *novelle* ★ ~ negra
horror-, griezelroman ★ ~ por entregas
feuilleton; vervolgverhaal
novelar I OV WW *in romanvorm vertellen/*
presenteren **II** ON WW • *romans schrijven*
• *sterke verhalen vertellen* ★ película novelada
filmroman
novelería v • *gefantaseer* • *leeswoede*
novelero I m • *dromer; fantast* • *romanlezer*
II BNW • *fantasierijk* • *gek op romans*
novelesco BNW • *roman-* • *romantisch;*
romanesk
novelista m/v *romanschrijver; romancier*
novelística v *romanliteratuur*
novelón m • *dik boek; pil* • *drakerige*
(griezel)roman
novena v • *noveen* • *novenengebedsboek*
noveno I m *negende (deel)* **II** TELW *negende*
noventa I m *negentiger* **II** TELW *negentig*
noventón BNW (v: **noventona**) *in de negentig*
novia v • *verloofde; (vaste) vriendin* • *bruid*
• DOM. *(ijskoud) biertje*
noviar ON WW ZA *flirten*
noviazgo m • *verlovingstijd* • *verloving*
★ formalizar el ~ *zich officieel verloven*
noviciado m • *noviciaat* • *novicen* • *novicenorde*
• *leertijd*
novicio I m • *novice* • *beginneling; nieuweling*
II BNW • *van de novice* • *nieuw; beginnend;*
onervaren
noviembre m *november*
novilla v *vaars*
novillada v • *kudde jonge runderen*
• *stierengevecht met jonge stieren*
novillero m • *verzorger van jonge stieren*
• *stierenvechter* ‹met jonge stieren›
• *spijbelaar*
novillo m • *jonge stier*; CHIL., MEX *gecastreerd*
stierkalf • *hoorndrager; bedrogen echtgenoot*
★ hacer ~s *spijbelen*

no

novilunio m *nieuwe maan*
novio m • *verloofde; (vaste) vriend • bruidegom* ★ *los* ~s *het bruidspaar*
novísimo BNW • *splinternieuw • allerlaatste*
nubada v • *wolkbreuk • overvloed; golf*
nubarrón m *grote, donkere (onweers)wolk*
nube v • *wolk* • MED. *vlek* ⟨in het oog⟩; *vertroebeling* • FIG. *mist; waas • zwerm; menigte* • *nube de verano korte zomerse onweersbui;* FIG. *voorbijgaande boze bui* ★ *descargar la nube gaan regenen|hagelen; zich ontladen* ⟨v. woede⟩ ★ *andar por las nubes/estar en las nubes verstrooid zijn; niet met beide benen op de grond staan* ★ *estar por las nubes peperduur zijn* ★ *poner/subir por las nubes de hemel in prijzen* ★ *vivir en las nubes niet met beide benen op de grond staan*
núbil BNW *huwbaar*
nubilidad v • *huwbare leeftijd • huwbaarheid*
nublado I m • *bewolking; bewolkte lucht* • *donkere wolken; dreigend gevaar* II BNW *bewolkt;* OOK FIG. *betrokken*
nublar OV WW • *bedekken; bewolken* • *vertroebelen • verstoren; verwarren*
nubloso BNW • *bewolkt • somber; bedroefd*
nubosidad v *bewolking*
nuboso BNW *licht bewolkt*
nuca v *nek*
nuclear BNW • *kern- • nucleair* ★ *armas* ~es *kernwapens* ★ *investigación* ~ *nucleair onderzoek*
núcleo m • *kern; nucleus • pit* ⟨v. fruit⟩ • *kern; essentie* ★ ~ *atómico atoomkern* ★ ~ *de población bevolkingskern*
nudillo m *(vinger)knokkel*
nudismo m *nudisme*
nudista I m/v *nudist* II BNW *nudisten-*
nudo m • *knoop • knooppunt* ⟨v. wegen⟩ • *knoest; knobbel • zeemijl; knoop • kernpunt* • *band; binding* ★ *nudo corredizo lus; strik* ★ *nudo gordiano gordiaanse knoop; onoplosbaar probleem* ★ *hacerse un nudo en la garganta een brok in de keel krijgen*
nudosidad v *knobbel(tje); bultje*
nudoso BNW *knobbelig; knoestig*
nuera v *schoondochter*
nuestro BEZ VNW *onze; ons* ★ *el* ~ *de onze* ★ *lo* ~ *het onze; ons pakkie-an* ★ *con gran pesar* ~ *tot onze grote spijt* ★ *ahora es la* ~ *dit is onze kans* ★ *iya es* ~! *ziezo, dat is gelukt!; hebbes!*
nueva v *nieuws; bericht* ★ *hacerse de* ~s *zich van den domme houden* ★ *esto me coge de* ~s *dat verrast mij*
nuevamente BIJW *opnieuw; weer*
Nueva York v *New York*
Nueva Zelanda v *Nieuw-Zeeland*
nueve TELW *negen*
nuevo I m *nieuweling* II BNW • *nieuw; jong* ⟨bv. plant, wijn⟩; *recent • nieuw; ander* • *onervaren* ★ *de* ~ *opnieuw; weer*
nuez v *(wal)noot* ★ *nuez moscada muskaatnoot; nootmuskaat* ★ *nuez (de Adán) adamsappel*
nulidad v • *nietigheid; nulliteit • ongeldigheid* • *onbekwaamheid; ongeschiktheid • nul; nietsnut*
nulo BNW • *nietig; waardeloos • onbekwaam;*

ongeschikt ★ *casi nulo vrijwel nihil*
numen m LIT. *artistieke inspiratie*
numeración v • *nummering • cijferstelsel*
numerador m • *nummerstempel; nummerpers* • WISK. *teller*
numeral BNW *van het nummer; van het tellen* ★ *letra* ~ *cijferletter*
numerar OV WW *nummeren; van een nummer voorzien*
numerario I m *contant geld* II BNW *in vaste dienst*
numérico BNW *numeriek* • *cálculo* ~ *berekening* ★ *orden* ~ *numerieke volgorde*
número m • *getal; cijfer; nummer* • TAALK. *getal* • *hoeveelheid; aantal • maat* ⟨v. schoenen⟩ • *lot; loterij|briefje • categorie; klasse; groep* • *nummer; uitgave • nummer; act* ★ ~ *arábigo Arabisch cijfer* ★ ~ *romano Romeins cijfer* ★ ~ *atómico atoomgetal* ★ ~ *cardinal hoofdtelwoord* ★ ~ *ordinal rangtelwoord* ★ ~ *dígito getal van één cijfer* ★ ~ *quebrado| fraccionario gebroken getal; breuk* ★ *en* ~ *de ten getale van; in getal* ★ *en* ~s *redondos in ronde cijfers; afgerond* ★ *sin* ~ *ontelbaar* ★ *un buen* ~ *een groot|aanzienlijk aantal* ★ ~ *de revoluciones toerental* ★ *hacer* ~s *(uit)rekenen* ★ *hacer el* ~ *diez nummer tien zijn* ★ *ser el* ~ *uno uitblinken* ★ ~ *de muestra proefnummer*
numeroso BNW *talrijk*
numismática v *numismatiek; munt- en penningkunde*
numismático I m *numismaat; munt- en penningkundige* II BNW *numismatisch*
nunca BIJW *nooit; ooit* ★ ~ *jamás nooit ofte nimmer* ★ ~ *más nooit meer* ★ *mejor que* ~ *beter dan ooit*
nunciatura v *nuntiatuur*
nuncio m • *nuntius* • FIG. *voorbode; teken*
nupcial BNW *huwelijks-* • *anillo* ~ *trouwring* ★ *cántico* ~ *bruiloftslied*
nupcialidad v *huwelijksstatistiek*
nupcias v mv *huwelijk*
nutria v *otter*
nutricio BNW *voedings-; voedend*
nutrición v *voeding; voedingsproces*
nutrido BNW • *gevoed • talrijk* ★ *bien* ~ *goed doorvoed*
nutriente m *voedingsstof; nutriënt*
nutrim(i)ento m *voeding*
nutrir OV WW OOK FIG. *voeden • vullen* ★ ~se *de/con zich voeden met; gevoed worden door*
nutritivo BNW *voedzaam* ★ *substancia nutritiva voedingsstof*

no

Ñ

ñ v *ñ* ∗ la ñ de Ñoño *de ñ van Ñoño*
ñandú m *nandoe*
ñaña v ∙ ARG, CHI *grote zus* ∙ CHI *kindermeisje*
   ∙ CA/VULG. *stront; schijt*
ñaño m ∙ ARG, CHI, EC *(grote) broer* ∙ EC., PERU
   goede vriend; boezemvriend ∙ PERU *kind*
ñapa v LA ∙ *toegift; extraatje; bonus* ∙ *fooi*
ñaque m *rommel; oude troep*
ñata v LA INF. (meestal mv) *grote neus*
ñato m *met stompe neus*
ñeque m LA *kracht; moed; energie* ∗ ser de ~/
   tener mucho ~ *moedig/sterk zijn*
ñoñería v (**ñoñez**) ∙ *flauwheid; saaiheid*
   ∙ *onnozelheid* ∙ *aanstellerigheid*
ñoño I m ∙ *lummel* ∙ *aansteller* II BNW ∙ *flauw;*
   saai ∙ *onnozel* ∙ *aanstellerig*
ñu m *gnoe*
ñudo m → **nudo**

O

o I v *o* ∗ la o de Oviedo *de o van Otto* II vw *of*
   ∗ dos o tres días *twee of drie dagen*
oasis m /onveranderd meervoud/ OOK FIG. *oase*
obcecación v OOK FIG. *verblinding*
obcecar OV WW OOK FIG. *verblinden*
obedecer I OV WW *gehoorzamen; luisteren naar*
   II ON WW ∙ *gehoorzamen; gehoorzaam zijn*
   ∙ *reageren* (a op) ∙ *luisteren* (a naar)
   ∙ *voortvloeien* (a uit); *een gevolg zijn* (a van)
obedezca WW (1e/3e p ev subj. t.t.)
   → **obedecer**
obediencia v *gehoorzaamheid; volgzaamheid*
   ∗ reducir a la ~ *(aan zijn gezag) onderwerpen*
obediente BNW *gehoorzaam; volgzaam; gedwee*
obelisco m *obelisk*
obertura v MUZ. *ouverture*
obesidad v *zwaarlijvigheid; corpulentie*
obeso BNW *zwaarlijvig; gezet; corpulent*
óbice m ∙ *hinderpaal* ∙ *hindernis; beletsel* ∗ no
   es ~ para que *dat vormt geen beletsel om; dat*
   neemt niet weg dat
obispado m ∙ *bisdom* ∙ *bisschopsambt*
obispal BNW *bisschoppelijk*
obispo m *bisschop* ∗ ~ auxiliar *wijbisschop*
   ∗ trabajar para el ~ *werken zonder beloning;*
   voor niets werken ∗ ~ sufragáneo
   hulpbisschop
óbito m LIT. *(het) overlijden; (het) verscheiden*
obituario m *overlijdensregister* ‹v. parochie›
objeción v *bezwaar; tegenwerping; bedenking*
   ∗ ~ de conciencia *dienstweigering op grond*
   van gewetensbezwaren ∗ no hacer una ~ a
   geen bezwaar maken tegen
objetante m/v *iemand die bezwaar maakt*
objetar I OV WW *(als bezwaar) aanvoeren;*
   tegenwerpen II ON WW *bezwaar maken*
objetividad v *objectiviteit*
objetivo I m ∙ *objectief; lens* ∙ *doel(wit);*
   doelstelling; oogmerk ∗ ~ zoom *zoomlens*
   II BNW *objectief; zakelijk; onpartijdig*
objeto m ∙ *object; voorwerp* ∙ *doel(wit)*
   ∙ *bedoeling* ∗ ~s usados *gebruikte voorwerpen*
   ∗ ~s perdidos *gevonden voorwerpen* ∗ al/con
   (el) ~ de *met het doel; teneinde; om* ∗ sin ~
   tevergeefs ∗ no tener ~ *zinloos zijn; geen nut*
   hebben ∗ hacer ~ de *tot mikpunt maken van*
   ∗ ser ~ de *voorwerp/mikpunt zijn van*
objetor m *iemand die bezwaar maakt* ∗ ~ de
   conciencia *gewetensbezwaarde;*
   dienstweigeraar
oblación v *offerande* ∗ vino ~ *offerwijn*
oblea v ∙ *(lak)zegel;* CHI *postzegel* ∙ *dun schijfje;*
   wafeltje ∙ *hostie* ∗ estar como una ~ *zo mager*
   als een lat zijn
oblicuar OV WW *scheef zetten/houden; kantelen*
oblicuo BNW *schuin; scheef*
obligación v ∙ *plicht; verplichting* ∙ *obligatie;*
   schuldbrief ∙ *erkentelijkheid* ∙ JUR. *verbintenis*
   ∗ ~ nominativa *obligatie op naam* ∗ tener la
   ~ de *de plicht hebben om* ∗ cumplir (con) sus
   obligaciones *zijn verplichtingen nakomen*
   ∗ constituirse en ~ *tot plicht worden* ∗ antes

ob

es la ~ que la devoción *plicht gaat boven alles*
obligacionista m/v *obligatiehouder*
obligado BNW • *verplicht*; *obligaat* • *gedwongen* • *erkentelijk* ★ *verse ~ a zich verplicht voelen om*; *zich gedwongen/genoodzaakt zien om*
obligar OV WW • *verplichten* • *dwingen*; *nopen (a tot, om)* ★ ~ *con/por dwingen door middel van*; *dwingen met*
obligarse WKD WW *zich verbinden*; *zich verplichten (a tot)*
obligatoriedad v *(het) verplicht zijn*
obligatorio BNW • *verplicht*; *obligatoir* • *bindend*
obliteración v MED. *vernauwing*; *verstopping*
obliterar OV WW *afsluiten*; *verstoppen*
oblongo BNW • *oblong*; *langwerpig-breed* • *ovaal*
obnubilación v *verblindheid*
obnubilar OV WW • *benevelen* • *verwarren*
oboe m • *hobo* • *hoboïst*
oboísta m/v *hoboïst*
óbolo m *kleine bijdrage*
obra v • (ook mv) *oeuvre*; *werk*; *compositie* • *werk(stuk)* • *(ver)bouw(ing)*; *metselwerk* ★ *obra de arte kunstwerk* ★ *obra pía liefdewerk* ★ *obra póstuma nagelaten werk* ★ *obras completas verzameld werk* ★ *obras werk in uitvoering* ★ *por obra y gracia de dankzij* ★ *ser obra de het werk zijn van* ★ *¡manos a la obra! aan het werk!* ★ *por obra y gracia del Espíritu Santo zonder er iets voor te doen*; *vanzelf* ★ *a media obra half af* ★ *hacer obras bouwen* ★ *estar en obras verbouwd worden*; *opgebroken zijn* ★ *obras son amores que no buenas razones praatjes vullen geen gaatjes*; *geen woorden maar daden* ★ *obra de teatro toneelstuk* ★ *obra maestra meesterwerk*
obrador m *werkplaats*
obraje m • *fabricage*; *bewerking* • *werkplaats*
obrar ON WW • *werken*; *effect hebben* • *te werk gaan*; *handelen* • *bouwen* • *zijn behoefte doen* • *in bezit zijn (en van)* ‹v. document› ★ *obra en nuestro poder su carta del 13 de octubre hierbij bevestigen wij uw brief van 13 oktober*
obrerismo m *arbeiders-, vakbeweging*
obrero I m *arbeider* ★ ~ *de la construcción bouwvakker* II BNW *arbeid(er)s-* ★ *abeja obrera werkbij*
obscenidad v *obsceniteit*; *schunnigheid*; *ontuchtigheid*
obsceno BNW *obsceen*; *schunnig*; *onzedelijk*
obscurecer I OV WW • *donker(der) maken* • FIG. *overschaduwen* • *ingewikkeld maken*; *verwarren*; *vertroebelen* II ON WW *donker(der) worden*
obscurecerse WKD WW • *donker(der) worden*; *bewolkt raken* • *in de war raken*
obscurezca WW → **obscurecerse**
obsequiador BNW *attent*; *voorkomend*
obsequiar OV WW (~ **con**) *onthalen op*; *vergasten op*; *bedenken met* ★ *me ~on con un cd ze hebben me een cd cadeau gedaan*
obsequio m • *hoffelijkheid* • *onthaal* • *geschenk*; *attentie* ★ *en ~ a la brevedad*

kortheidshalve ★ FORM. *¡hágame usted este ~! doet u mij dat genoegen!*
obsequioso BNW • *hoffelijk*; *voorkomend* • *gediensteig* ★ *ser/estar ~ con hoffelijk zijn jegens*; *attent zijn voor*
observable BNW *waarneembaar*; *merkbaar*
observación v • *observatie*; *waarneming* • *commentaar*; *opmerking* • *naleving*; *inachtneming*
observador I m *waarnemer*; *observator* II BNW *waarnemend*; *oplettend*; *alert*
observancia v *inachtneming*; *(strenge) naleving*; *(het) nakomen*
observar OV WW • *waarnemen*; *observeren* • *opmerken* • *aandachtig onderzoeken* • *naleven*; *nakomen*; *zich houden aan* ★ *hacer ~ algo a alg. iemand ergens op wijzen* ★ ~ *una conducta sospechosa zich verdacht gedragen* ★ ~ *un régimen severo streng dieet houden*
observatorio m *observatorium*; *sterrenwacht*
obsesión v • *obsessie*; *bezetenheid* • *dwangvoorstelling* ★ *tener la ~ de geobsedeerd worden door (het idee dat)*
obsesionar OV WW *obsederen*; *achtervolgen*; *kwellen*; *niet loslaten*
obsesivo I m *bezetene* II BNW • *obsessief*; *obsederend* • *geobsedeerd*; *bezeten*
obseso I m *bezetene* II BNW *bezeten*
obsidiana v *obsidiaan*; *lavaglas*
obsoleto BNW *verouderd*; *obsoleet*; *in onbruik geraakt* ‹vooral v. woorden›
obstaculizar OV WW *belemmeren*; *hinderen*; *dwarsbomen*
obstáculo m • *obstakel*; *hindernis*; *hinderpaal*; SPORT *horde* • *struikelblok*; *beletsel* • (mv) MEX *testikels*; *kloten* ★ *carrera de ~s steeplechase*; *hindernisloop* ★ *erizado de ~s bezaaid met hindernissen*
obstante I BIJW ★ *no ~ toch*; *(desal)niettemin* ★ *no ~ que hoewel*; *ofschoon* ★ *no ~, le escucharé ik zal toch naar hem luisteren* II VZ ★ *no ~ el frío ondanks de kou*
obstar ON WW • *in de weg staan*; *verhinderen*; *een beletsel vormen* • *zich verzetten* ★ ~ *(algo) para in de weg staan*; *verhinderen om* ★ *eso no obsta a que dat belet niet dat*
obstetra m/v *verloskundige*
obstetricia v *verloskunde*; *obstetrie*
obstétrico BNW *verloskundig*
obstinación v *halsstarrigheid*; *hardnekkigheid*; *koppigheid*
obstinado BNW • *halsstarrig*; *hardnekkig*; *obstinaat*; *koppig* • *eigenwijs* ★ ~ *en callar hardnekkig zwijgend*
obstinarse WKD WW *koppig volhouden*; *vasthouden (en aan)* ★ ~ *en tener u.c. met alle geweld iets willen hebben*
obstrucción m • *obstructie*; *belemmering* • *versperring*; *blokkade* • MED. *verstopping*; *obstipatie* ★ *hacer ~ obstructie voeren/plegen*
obstruccionismo m *obstructiepolitiek*; *dwarsdrijverij*
obstruccionista m/v *obstructionist*; *dwarsligger*
obstructor I m *dwarsligger*; *obstructionist* II BNW *obstructief*; *belemmerend*; *hinderend*
obstruir OV WW • *belemmeren*; *hinderen*;

obstrueren • *versperren*; *blokkeren* • *verstoppen*
obstruya ww (1e/3e p ev subj. t.t.) → **obstruir**
obtén ww (geb. wijs, jij-vorm) → **obtener**
obtención v *verkrijging*; *verwerving* ★ gestionar
la ~ de una patente *stappen doen om een
patent te verkrijgen*
obtendrá ww (3e p ev tk.t.) → **obtener**
obtener /ie/ ov ww • *verkrijgen* (**de** uit);
verwerven; *bemachtigen* • *winnen* ‹v.
mineraal› ★ ~ un resultado *een resultaat
behalen* ★ difícil de ~ *moeilijk verkrijgbaar*
obtenga ww (1e/3e p ev subj. t.t.) → **obtener**
obturación v *(het) dichtstoppen*; *afsluiting*;
afdichting; *(het) vullen* ‹v. kies›
obturador m • *pakking*; *stop* • FOTO. *sluiter*
obturar ov ww *afsluiten*; *afdichten*; *verstoppen*;
vullen ‹v. kies›
obtusángulo m WISK. *stomphoekig*
obtuso BNW • *stomp* • *sloom*; *traag van begrip*
obtuvo ww (3e p ev v.t.) → **obtener**
obús m • *houwitser* • *granaat*
obviar I ov ww *ontwijken*; *uit de weg ruimen*
II ON BNW *in de weg staan*; *een beletsel vormen*
obvio BNW • FIG. *duidelijk (zichtbaar)*
• *vanzelfsprekend*; *voor de hand liggend* ★ es ~
que *het spreekt vanzelf dat*
oca v *gans* ★ juego de la oca *ganzenbord*
ocasión v • *gelegenheid*; *moment*; *kans*
• *(gelegenheids)aanbieding*; *koopje*; *occasie*
• *aanleiding*; *reden* ★ mala ~ *slecht moment*
★ en algunas ocasiones *af en toe*; *soms* ★ en
otra ~ *een andere keer* ★ con ~ de *naar
aanleiding van* ★ cuando/si se presenta la ~
als de gelegenheid zich voordoet ★ de ~
tweedehands ★ librería de ~ *(modern)
antiquariaat* ★ asir/coger la ~ por los pelos
zijn kans grijpen; *de gelegenheid aangrijpen*
★ dar ~ a *reden geven tot* ★ dar ~ de *in de
gelegenheid stellen om*; *de kans geven om* ★ a
la ~ la pintan calva *je moet de gelegenheid te
baat nemen*; *je moet het ijzer smeden als het
heet is*
ocasionado BNW ★ VEN ~ a *vanwege*; *doordat*
ocasional BNW • *gelegenheids-*; *bij gelegenheid*
• *incidenteel*; *tijdelijk*; *nu en dan* • *toepasselijk*
• *toevallig*
ocasionalmente BIJW • *incidenteel*; *af en toe*
• *toevallig*
ocasionar ov ww *doen ontstaan*; *aanrichten*;
veroorzaken
ocaso m • *(zons)ondergang* • *verval*; *ondergang*
• *westen*
occidental I m/v *westerling* **II** BNW *westelijk*;
westers; *West-*
occidentalizar ov ww *verwestersen*
occidente m *westen*; *avondland* ★ a ~ *in/naar
het westen*
occipital BNW *achterhoofd(s)-*
occipucio m *achterhoofd*
occiso I m *slachtoffer van moord* **II** BNW
vermoord
Oceanía v *Oceanië*
oceánico BNW • *oceanisch*; *de oceaan betreffend*
• *van Oceanië*
océano m • *oceaan* ★ Océano Ártico *Noordelijke
Ijszee* ★ Océano Pacífico *Stille Oceaan/Zuidzee*

oceanografía v *oceanografie*
ocelote m *ocelot*
ochavado BNW *achthoekig*
ochavo m *oude Spaanse munt* ★ sin un ~ *blut*
ochenta I BNW *tachtigste* **II** TELW *tachtig*
ochentavo I m *tachtigste deel* **II** BNW *tachtigste*
ochentón I m *iemand van in de tachtig*;
tachtigjarige; *tachtiger* **II** BNW *tachtigjarig*;
van in de tachtig
ocho I m *acht* ★ ser más chulo que un ocho
verschrikkelijk ijdel zijn ★ ser/estar más
torcido que un ocho *erg verwrongen zijn*
II BNW *achtste*
ochocientos I m *achthonderd* **II** BNW
achthonderdste
ocio m • *(het) niets doen*; *laksheid*; *luiheid*
• *vrije tijd*; *ontspanning* ★ ocios
vrijetijdsbesteding
ociosear ON WW CHI *luieren*; *nietsdoen*
ociosidad v *ledigheid*; *leegloperij*; *luiheid*
ocioso BNW • *inactief*; *nietsdoend* • *zinloos*;
doelloos • *nutteloos* ★ palabras ociosas *zinloze
woorden*
ocluir ov ww *afsluiten* ‹in lichaam›
oclusión v MED./TAALK. *occlusie*; *afsluiting* ★ ~
intestinal *darmafsluiting*
oclusiva v TAALK. *occlusief*; *ploffer*
oclusivo BNW • MED. *afsluitend* • TAALK.
occlusief; *plof-*
ocre m *oker* ★ ocre rojo *rode oker*
octaedro m *octaëder*; *achtvlak*
octagonal BNW *achthoekig*
octágono I m *achthoek* **II** BNW *achthoekig*
octanaje m *octaangehalte*
octano m *octaan*
octava v • *octaaf*; *achtregelig vers* • MUZ. *octaaf*
• *religieus feest van acht dagen* ★ ~ italiana
octaaf met variabel metrum ★ ~ real/rima
octaaf met eflettergrepige verzen
octavilla v • *pamflet*; *vlugschrift* • *octavo*
‹grafisch› • LIT. *octaaf* • *muziekinstrument
met metalen snaren*
octavo I m • *achtste deel* • *octavo* ‹grafisch›;
bepaald papierformaat ★ SPORT ~ de final
achtste finale **II** TELW *achtste*
octeto m *octet*
octogenario I m *iemand van in de tachtig*;
tachtigjarige; *tachtiger* **II** BNW *van in de
tachtig*; *tachtigjarig*
octogésimo I m *tachtigste* **II** BNW *tachtigste*
octogonal BNW → **octagonal**
octógono m → **octágono**
octubre m *oktober*
ocular I m *oculair*; *oogglas* **II** BNW *oog-*; *oculair*
★ testigo ~ *ooggetuige*
oculista m/v *oogarts*
ocultación v • *geheimhouding* • *(het) verbergen*
★ ~ de bienes *verduistering van goederen*
ocultamente BIJW *verborgen*; *heimelijk*
ocultar ov ww • *verbergen* (**a**, **de** voor);
verhullen • *verzwijgen*; *verheimelijken*
ocultarse WKD WW *zich schuilhouden*; *zich
verbergen*; *onderduiken* ★ ~ a la vista *zich aan
het gezicht onttrekken*
ocultismo m *occultisme*
ocultista I m/v *occultist* **II** BNW *occult*

OC

oculto BNW • *verborgen* • *occult*; *geheim*; *esoterisch*

ocupación V • OOK MIL. *bezetting* • *bewoning* • *bezigheid*; *werk*; *baan*; *beroep* ★ sin ~ *zonder werk/beroep*; *werkloos*

ocupacional BNW *bezigheids-*; *beroeps-*

ocupado BNW • *bezet*; *vol* • *bezet*; *druk* ★ la línea está ocupada *de lijn is bezet*

ocupante M/V • *bewoner* • *bezetter* • *inzittende*; *passagier* ⟨bv. v. auto⟩ ★ ~ ilegal *kraker*

ocupar OV WW • *bezetten* • *betrekken*; *bewonen* • OOK JUR. *innemen* • *bekleden* ⟨v. ambt⟩ • *tewerkstellen* ★ ~ ilegalmente *kraken*

ocuparse WKD WW ⟨~ con/de/en⟩ *zich bezighouden met*; *zorgen voor*; *aandacht besteden aan* ★ mañana volveré a ocuparme de ello *morgen kom ik erop terug*

ocurrencia V • *voorval* • *ingeving*; *inval*; *idee* ★ ¡qué ~! *wat een idee!* ★ le dió la ~ de *hij kwam op de gedachte om*

ocurrente BNW *geestig*; *gevat*

ocurrir ON WW *gebeuren*; *plaatsvinden*; *zich afspelen* ★ lo que ocurre es que *het is namelijk zo dat* ★ eso ocurre mucho *dat zie je vaak* ★ por lo que pueda ~ *voor het geval dat*; *voor de zekerheid* ★ ¿qué ocurre? *wat is er aan de hand?*; *wat gebeurt er?*

ocurrirse WKD WW • *te binnen schieten*; *opkomen* ⟨in iemands hoofd⟩ • *(kunnen) bedenken*; *op het idee komen* ★ se me ocurre que *het schiet me te binnen dat* ★ no se me ocurre *het wil me niet te binnen schieten* ★ ¿cómo se te ocurre? *hoe kom je erbij?*; *wat haal je nu in je hoofd?* ★ ¿cómo se te ha ocurrido hacer eso? *hoe ben je er in 's hemelsnaam toe gekomen dat te doen?*

oda V *ode*; *loflied*

odalisca V *odalisk*; *slavin*

odiar OV WW *haten*; *een hekel hebben aan*

odio M • *haat* • *wrok* ★ odio mortal *bittere haat* ★ sentir/tener odio a *haten* ★ incurrir en el odio de todo el mundo *zich de haat van iedereen op de hals halen*

odiosidad V *onuitstaanbaarheid*; *hatelijkheid*

odioso BNW • *onuitstaanbaar* • *hatelijk* ★ hacerse ~ *gaan tegenstaan* ⟨bv. v. werk⟩; *zich onmogelijk maken*

odisea V *odyssee*; *omzwerving*

odómetro M *hodometer*; *(afgelegde-)afstandmeter*

odontología V *tandheelkunde*

odontólogo I M *tandheelkundige* II BNW *tandheelkundig*

odorante BNW (**odorífero**) *welriekend*; *geurig*

odre M • *leren zak* ⟨voor wijn of olie⟩ • INF. *zuiplap*

oeste M *westen(wind)*

ofender OV WW *kwetsen*; *beledigen*; *krenken*

ofenderse WKD WW *kwaad worden*; *zich gekwetst voelen*

ofendido BNW *gepikeerd*; *gekwetst* ★ hacerse el ~ *gepikeerd doen*; *doen alsof men beledigd is* ★ darse por ~ *zich gekwetst voelen*

ofensa V *belediging*; *krenking*

ofensiva V *offensief*; *(grootscheepse) aanval*

ofensivo BNW • *offensief*; *aanvallend*; *aanvals-* • *beledigend* ★ palabras ofensivas *krenkende woorden*

ofensor I M *iemand die beledigt* II BNW *beledigend*

oferente M/V *iem. die een offerte doet*; *aanbieder*

oferta V • *aanbod*; *voorstel* • *aanbieding*; *offerte*; *inschrijving* ⟨bij aanbesteding⟩ • *toezegging*; *belofte* ★ ~ y demanda *vraag en aanbod*

ofertar OV WW *(te koop) (aan)bieden*

ofertorio M *offerande*

office M *pantry*; *bijkeuken*

offset M *offset(druk)*

oficial I M • *kantooremployé*; *lagere ambtenaar* • *officier* • *ambachtsman* II BNW • *overheids-*; *ambtelijk* • *officieel*; *formeel*

oficiala V *kantooremployee*; *geschoold arbeidster*

oficialidad V • *officierskorps* • *officieel karakter*

oficialismo M LA *aan de macht zijnde partij/stroming*

oficialista M/V LA *aanhanger v.d. machthebber(s)*; *regeringsgetrouwe*

oficializar OV WW *officieel maken*; *een officieel karakter geven*

oficialmente BIJW *ambtshalve*; *van ambtswege*

oficiante I M *dienstdoende priester* II BNW *die de mis opdraagt*

oficiar OV WW • *de mis lezen*; *de mis opdragen*; *celebreren* • *officieel meedelen* • ⟨~ de⟩ *fungeren als*; *optreden als*

oficina V *kantoor*; *bureau* ★ ~ de turismo *VVV-kantoor* ★ ~ principal de correos *hoofdpostkantoor* ★ ~ de recolocación *outplacementbureau*

oficinal BNW *officinaal* ⟨in de apotheek verkrijgbaar⟩

oficinesco BNW PEJ. • *kantoor-* • *bureaucratisch*

oficinista M/V • *ambtenaar* • *kantooremployé*

oficio M • *beroep*; *ambacht*; *vak* • *functie*; *taak*; *ambt* • *kerkdienst*; *mis* • *communiqué* • *bijkeuken* ★ de ~ *van ambtswege*; *officieel*; *pro deo* ★ ~ divino *brevier* ★ durante el ~ divino *gedurende het gebed*; *onder kerktijd* ★ ~ de difuntos *dodenmis* ★ ~ solemne *hoogmis* ★ GESCH. el Santo Oficio *de inquisitie* ★ sin ~ ni beneficio *zonder werk en zonder geld* ★ IRON. gajes del ~ *risico's van het vak* ★ hacer ~ de *dienst doen als* ★ hacer buenos ~s *bemiddelen*; *goede diensten verrichten* ★ ser del ~ *zich prostitueren*; *prostitué zijn*

oficiosidad V *officieus/informeel karakter*

oficioso BNW • *officieus*; *informeel* • *bemoeiziek*

ofidio M • *slangachtige* • (mv) *slangen*

ofimática V *kantoorautomatisering*

ofrecer OV WW • *(aan)bieden* • *vertonen*; *uitzenden* ⟨v. film, tv-programma⟩ • *wijden aan*; *offeren* • *bieden* ⟨v. prijs⟩ ★ el viaje le ofreció la oportunidad *de reis gaf hem/haar de kans* ★ no ~ ninguna posibilidad de éxito *uitzichtloos zijn* ★ no ~ peligros *niet gevaarlijk zijn* ★ ~ garantía/seguridad *garantie bieden*

ofrecerse WKD WW • *zich aanbieden* • *zich voordoen* ⟨v. gelegenheid, gebeurtenis⟩ • *te binnen schieten* ⟨v. gedachte⟩ ★ ¿qué se le ofrece a usted? *waarmee kan ik u van dienst zijn?*

ofrecimiento m *aanbod*

ofrenda v • *offerande*; *offer* • *geschenk*; *gift*

ofrendar OV WW *offeren (a, por aan)*

ofrezca WW (1e/3e p ev subj. t.t.) → **ofrecer**

oftalmia v *oogontsteking*

oftálmico BNW *oog-* ∗ *agua oftálmica oogwater*

oftalmología v *oogheelkunde*

oftalmólogo m *oogarts*

ofuscación v (**ofuscamiento**) • *verblinding* • *verwarring*

ofuscar OV WW • *verblinden* • *verwarren*

ofuscarse WKD WW *verblind worden*; *in verwarring raken*

ogro m • *mensenetende reus* • *engerd*; *monster* • *bruut*

ohmio m *ohm*

oíble BNW *hoorbaar*

oída ∗ *de/por oídas van horen zeggen*

oído m *gehoor(zintuig)*; *oor* ∗ *duro de oído hardhorig* ∗ *tardo de oído hardhorig*; *slechthorend* ∗ *aguzar el oído de oren spitsen* ∗ *aplicar el oído aandachtig luisteren* ∗ *aprender algo de oído iets op het gehoor leren* ∗ *cerrar los oídos a niet luisteren naar* ∗ *dar/prestar oídos a luisteren naar* ∗ *entrar por un oído y salir por el otro het ene oor in en het andere oor uitgaan* ∗ *hacer oídos sordos doen alsof je niets hoort*; *zich doof houden* ∗ *llegar a oídos ter ore komen* ∗ *ser todo oídos y ojos een en al aandacht zijn* ∗ *regalar el oído a naar de mond praten* ∗ *tener buen oído een muzikaal gehoor hebben* ∗ *tocar de oído op het gehoor spelen* ∗ *me zumban/silban los oídos mijn oren suizen/tuiten* ∗ *¡oído al parche! luister!; let op!*

oidor m GESCH. *rechter*

oiga WW (1e/3e p ev subj. t.t.) → **oír**

oír I OV WW • *horen*; *luisteren naar*; *aanhoren* • *verhoren* • *oír la confesión de biecht afnemen* • *oír campanas y no saber donde de klok horen luiden maar niet weten waar de klepel hangt* II ON WW *horen*; *luisteren* ∗ *¡oiga! hallo! (bij telefoon opnemen)*; *hoor eens!* ∗ *ser cosa de oír de moeite waard zijn (om te horen)* ∗ *óigame u.c. zal ik je eens wat zeggen?* ∗ *se oye mal het is bijna niet te verstaan* ∗ *no haber oído campanas dom zijn* ∗ *como quien oye llover zonder zich er iets van aan te trekken*

ojal m • *knoopsgat* • *oogje*; *ringetje*

ojalá VW *hopelijk*; *was het maar zo dat* ∗ *∼ viniera kwam hij maar* ∗ *∼ fuera así was het maar zo*

ojeada v *vluchtige blik* ∗ *echar/dar una ∼ a een blik werpen op*; *(iets) vluchtig bekijken*

ojeador m *drijver (bij jacht)*

ojear OV WW • *bekijken*; *kijken naar* • *opdrijven*; *opjagen*

ojeo m *(het) opjagen (v. wild)*

ojera v */meestal meervoud/ wallen*; *kringen (onder de ogen)*

ojeriza v *hekel*; *afkeer* ∗ *le tengo ∼ ik heb een hekel aan hem*

ojeroso BNW *met kringen/wallen onder de ogen*

ojete m • *oogje (bij kleding)* • *gaatje (bv. voor veter)* • INF. *poepgaatje*

ojinegro BNW *met donkere ogen*

ojituerto BNW *scheel*

ojiva v *spitsboog*

ojival BNW *ogivaal* ∗ *estilo ∼ spitsbogenstijl*

ojo m • *oog (ook v. naald)* • *ronde vlek* • *gat (in de kaas)* • *druppel (vet)* • *goed oog*; *inzicht* • *voorzichtigheid*; *tact* ∗ *a ojo (de buen cubero) op het oog* ∗ *¡ojo! opgepast!* ∗ *a ojos vistas zienderogen* ∗ *ojo de buey patrijspoort* ∗ *abrir los ojos (iem.) de ogen openen*; *de ogen goed de kost geven* ∗ *en un abrir y cerrar de ojos in een oogwenk* ∗ *aguzar los ojos goed opletten* ∗ *alzar los ojos opkijken* ∗ *andar con mucho ojo op zijn tellen passen* ∗ *comerse con los ojos a u.p. iemand met de ogen uitkleden*; *iemand hartstochtelijk aankijken* ∗ *costar un ojo de la cara een rib uit het lijf kosten* ∗ *dar los ojos op zijn gezicht vallen* ∗ *echar el ojo a zijn blik laten vallen op* ∗ *estar hasta los ojos er tot aan zijn nek in zitten*; *zich flink in de nesten gewerkt hebben* ∗ *no pegar ojo geen oog dichtdoen* ∗ *poner los ojos en blanco weg zijn van*; *gek zijn op* ∗ *no quitar los ojos de encima a de ogen niet kunnen afhouden van* ∗ *eso salta a los ojos dat is duidelijk* ∗ *le bailan los ojos hij is levenslustig* ∗ *¡dichosos los ojos! wat leuk (je weer te zien)!* ∗ *ojos que no ven, corazón que no siente wat niet weet, wat niet deert*

ojota v ZA *sandaal*; *slipper*

okéy TW LA *oké*

okupa m INF. *kraker*

ola v • OOK FIG. *golf* • SPORT *wave* ∗ *nueva ola laatste mode*; *nieuwste trend* ∗ *ola de calor/ frío hitte-/koudegolf*

olé TW *olé!*; *bravo!* ∗ *¡olé con olé! olé!*

oleada v • *hoge golf* • OOK FIG. *golf*

oleaginoso BNW PLANTK. *oliehoudend*; *olieachtig*; *vettig*

oleaje m • *deining*; *golfslag* ∗ *hay ∼ het spookt*; *de zee is wild*

oleícola BNW *van de olijventeelt/-industrie*

oleicultura v *olijventeelt*; *olijfolie-industrie*

óleo m • *olie* • *olieverf(schilderij)* ∗ *santo(s) óleo(s) Heilig Oliesel* ∗ *al óleo olieverf-*; *met olieverf*

oleoducto m *olie(pijp)leiding*

oleoso BNW *olieachtig*; *vettig*

oler /ue/ I OV WW • *ruiken* • *zijn neus steken in*; *nieuwsgierig zijn naar* II ON WW • *ruiken (a naar)*; *geuren* • *stinken* • *snuffelen*; *neuzen* ∗ *oler mal stinken* ∗ *oler que apesta stinken als de pest* ∗ *oler a quemado aangebrand ruiken* ∗ *huele a chamusquina dat wordt ruzie*; *dat voorspelt niets goeds*

olerse WKD WW *vermoeden*; *merken*; *lucht krijgen van*

olfa m/v ARG *slijmbal*; *strooplikker*

olfatear OV WW • *snuffelen aan*; *ruiken aan* • *vermoeden*; FIG. *ruiken* • *neuzen/snuffelen in*

olfativo BNW *reuk-*

olfato m • *reuk(zintuig)* • *goede neus*; *intuïtie* ∗ *tener ∼ para algo een neus hebben voor iets* ∗ *buen ∼ fijne neus*

ol

oliente BNW → **maloliente**
oligarquía v *oligarchie*
oligárquico BNW *oligarchisch*
olimpiada v *olympiade* ★ ~ de invierno *winterspelen*
olímpico BNW • *olympisch* • *hooghartig; arrogant* ★ Juegos Olímpicos *Olympische Spelen*
Olimpo m *Olympus*
oliscar, olisquear I OV WW • *neuzen in* • *snuffelen aan/in* II ON WW *(beginnen te) stinken*
oliva v *olijf(boom)* ★ *verde* ~ *olijfgroen*
oliváceo BNW *olijfkleurig*
olivar m *olijfgaard*
olivarero BNW *olijf-* ★ *producción olivarera olijventeelt*
olivicultura v *olijventeelt*
olivo m • *olijfboom* • *hout van de olijfboom*
olla v • *ketel; pan; kookpot* • *stoofschotel* ★ *olla exprés/a presión snelkookpan* ★ *olla podrida Spaanse stoofschotel* ★ *olla de grillos heksenketel* ★ *tener la cabeza como una olla de grillos verward zijn*
ollares m mv *neusgaten* ⟨v. paard⟩
ollero m *pottenbakker*
olmeda v *iepenbos*
olmedo m *iepenbos*
olmo m *iep; olm* ★ *pedir peras al olmo het onmogelijke vragen*
ológrafo I m *holograaf* II BNW *holografisch; met de eigen hand geschreven* ★ *testamento* ~ *eigenhandig geschreven testament*
olor m *geur; lucht* ★ *buen olor lekkere/ aangename geur* ★ *mal olor stank; vieze geur* ★ *al olor de aangetrokken door* ★ *dar el olor de que het vermoeden krijgen dat* ★ *vivir/ morir en olor de santidad leven/sterven in een geur van heiligheid*
oloroso I m *geurige donkere sherry* II BNW *welriekend; geurig*
olvidadizo BNW *vergeetachtig; verstrooid* ★ *hacerse el* ~ *doen alsof men iets vergeten is*
olvidar OV WW *vergeten; verleren* ★ *¡olvídame! laat me met rust!* ★ *se me olvidó la palabra het woord is me ontschoten*
olvidarse WKD WW *(de) (helemaal) vergeten*
olvido m • *vergetelheid* • *vergeetachtigheid* ★ ~ *de sí mismo onbaatzuchtigheid* ★ *dar en/ echar al* ~ *in vergetelheid doen raken* ★ *echar en* ~ *vergeten* ★ *enterrar/hundir/sepultar en el* ~ *aan de vergetelheid prijsgeven* ★ *relegar al* ~ *aan de vergetelheid prijsgeven*
ombligo m • *navel* • *middelpunt* ★ *mirarse el* ~ *navelstaren* ★ *se le encogió el* ~ *ze kreeg het Spaans benauwd*
ominoso BNW • *afschuwelijk; weerzinwekkend* • *onheilspellend; dreigend; omineus*
omisión v • *weglating* • *nalatigheid; verzuim; omissie*
omiso I BNW ★ *hacer caso* ~ *de negeren; geen acht slaan op; zich niets aantrekken van* II WW (volt. deelw.) → **omitir**
omitir OV WW • *nalaten; verzuimen; achterwege laten; vergeten* • *weglaten* ★ *no* ~ *medios para niets nalaten om*

ómnibus m • *bus* • *boemeltrein*
omnipotencia v *almacht*
omnipotente BNW *almachtig*
omnipresencia v *alomtegenwoordigheid*
omnipresente BNW *overal aanwezig; alomtegenwoordig*
omnisapiente BNW *alwetend*
omnisciencia v *alwetendheid*
omnisciente BNW *alwetend*
omnívoro I m *omnivoor; alleseter* II BNW *omnivoor; allesetend*
omoplato m (**omóplato**) *schouderblad*
onanismo m *onanie; zelfbevrediging*
once I m *elftal* II BNW *elfde* ★ *Pío Once Pius de Elfde* III TELW *elf*
onceno BNW *elfde*
oncología v *oncologie; tumorkunde*
oncólogo m *oncoloog*
onda v *golf* ⟨v. licht, radio e.d.⟩ ★ *onda normal middengolf* ★ *onda expansiva drukgolf* ★ *estar en la onda erbij horen; weten waar het over gaat; op de hoogte zijn* ★ INF. *captar/coger la onda iets 'meekrijgen'/snappen*
ondeado m RPL *golf*
ondeante BNW *golvend*
ondear OV WW • *laten wapperen* ⟨bv. v. vlag⟩ • *golven; fluctueren*
ondina v *waternimf*
ondulación v • *golvende beweging* • *(het) golven* ⟨v. haar⟩
ondulado BNW *golvend; golf-* ⟨v. karton, ijzer⟩
ondulante BNW *golvend; op- en neergaand* ★ *línea* ~ *golflijn*
ondular I OV WW *doen golven; krullen* II ON WW *golven; wapperen*
ondulatorio BNW *golf-; golvend*
oneroso BNW • *kostbaar; duur* • *drukkend; bezwarend* ★ ~ *a/para zwaar wegend/ drukkend voor*
ónice m *onyx*
onírico BNW *droom-*
onomástica v • *naamkunde* • *naamdag*
onomástico BNW *van de eigennamen* ★ *día* ~ *naamdag*
onomatopeya v *onomatopee*
onomatopéyico BNW *klanknabootsend*
ontología v *ontologie; leer van het zijn*
ontológico BNW *ontologisch*
ONU AFK (Organización de las Naciones Unidas) *VN*
onubense I m/v *iemand uit Huelva* II BNW *uit Huelva*
onza v *ounce*
opacidad v • *ondoorschijnendheid; ondoorzichtigheid; opaciteit* • OOK FIG. *matheid*
opaco BNW • *ondoorzichtig; niet-doorschijnend* • *dof; mat* • *mistroostig; treurig; somber*
opalescencia v *opalescentie*
opalescente BNW *opaalachtig; opaalkleurig*
opalino BNW *opaalkleurig*
ópalo m *opaal*
opción v • *keuze; (het) kiezen; optie* • *recht v. keuze; vrije keus*
ópera v *opera*
operable BNW *operabel; te opereren*
operación v • OOK MED./MIL. *operatie; ingreep*

ol

• *transactie* • WISK. *(hoofd)bewerking*; *som* ★ ~
aritmética *rekenkundige bewerking* ★ ~
cesárea *keizersnede* ★ ~ quirúrgica
chirurgische ingreep ★ mesa de operaciones
operatietafel ★ ~ bélica *oorlogshandeling*
★ operaciones bancarias *banktransacties*
★ operaciones de trueque *ruilverkeer* ★ ~ a
corazón abierto *openhartoperatie*
operacional BNW *operationeel*
operador m • *operator; operateur; technicus*
• *cameraman • telefonist • chirurg* • MEX
arbeider
operante BNW *werkzaam; effectief*
operar I OV WW • MED. *opereren*
• *bewerkstelligen; tot stand brengen;*
verrichten II ON WW • MED./MIL. *opereren*
• *handelen; tot stand komen; te werk gaan*
• *uitvoeren; berekenen*
operario m *(fabrieks)arbeider*
operarse WKD WW • *zich laten opereren*
• *plaatsvinden; zich voltrekken*
operativo I m LA *(politie)operatie, -actie* II BNW
werkzaam; effectief ★ COMP. sistema ~
operating system
operatorio BNW *operatief* ★ intervención
operatoria *chirurgisch ingrijpen*
opérculo m BIO. *afsluiting; deksel*
opereta v *operette*
operístico BNW *opera-*
opiado BNW RPL *oververvelend*
opimo BNW *rijk; overvloedig*
opinar ON WW • *zijn mening geven* • *van*
mening zijn ★ ~ en *een mening hebben over*
opinión v • *mening; oordeel; overtuiging*
• *reputatie* • la ~ pública *de openbare mening*
★ en mi ~ *naar mijn mening* ★ intercambio
de opiniones *gedachtewisseling* ★ cambiar de
~ *van gedachten veranderen* ★ abundar en la
misma ~ *het eens zijn* ★ emitir su ~ *zijn*
mening uiten
opio m *opium* ★ fumador de opio *opiumroker*
★ dar el opio *in verrukking brengen*; INF.
proberen te versieren
opíparo BNW *overvloedig; rijkelijk*
opón WW (geb. wijs, jij-vorm) → **oponer**
opondrá WW (3e p ev tk.t.) → **oponer**
oponente m *tegenstander; opponent*
oponer OV WW • *inbrengen tegen*
• *tegenoverstellen* ★ ~ resistencia a *weerstand*
bieden aan
oponerse WKD WW (~ a) *in strijd zijn met; zich*
verzetten tegen
oponga WW (1e/3e p ev subj. t.t.) → **oponer**
oporto m *port(wijn)*
Oporto m *Porto*
oportunamente BIJW • *op het juiste moment*
• *te zijner tijd*
oportunidad v *kans; gunstige gelegenheid*
oportunismo m *opportunisme*
oportunista m/v *opportunist*
oportuno BNW • *geschikt; gepast; gelegen*
komend; opportuun • *gevat; ad rem; geestig*
★ el momento ~ *het juiste moment*
oposición v • *tegenstelling* • *oppositie;*
tegenpartij • *tegenstand* • (mv) *(vergelijkend)*
examen ‹voor overheidsfunctie› ★ en ~ a *in*

tegenstelling tot
opositar ON WW *vergelijkend examen afleggen*
opositor m *kandidaat voor een overheidsfunctie*
opresión v • *onderdrukking* • *beklemming*; MED.
benauwdheid • *druk* ‹op knop e.d.› ★ ~ de
pecho *benauwdheid*
opresivo BNW • *onderdrukkend* • *beklemmend*
opresor I m *onderdrukker* II BNW
onderdrukkend
oprimir OV WW • *onderdrukken* • *(in)drukken* ‹v.
knop e.d.› • *beklemmen; knellen*
oprobio m *schande; smaad*
oprobioso BNW *schandelijk; smadelijk*
optar ON WW • (~ a) *solliciteren naar; dingen*
naar • (~ entre) *kiezen tussen* • (~ por) *kiezen*
voor
optativo BNW *facultatief; keuze-* ★ TAALK. (modo)
~ *optatief; wensende wijs*
óptica v • *optica; optiek; visie; zienswijze*
• *opticien* ‹winkel›
óptico I m *opticien* II BNW *optisch; de*
waarneming/het beeld betreffend ★ ángulo ~
gezichtshoek ★ ilusión óptica *gezichtsbedrog*
★ nervio ~ *oogzenuw*
optimar OV WW *optimaliseren*
optimismo m *optimisme*
optimista I m/v *optimist* II BNW *optimistisch*
óptimo BNW *optimaal; allerbest; voortreffelijk*
opuesto I BNW • *tegengesteld* • *tegenstrijdig* ★ el
extremo ~ *het andere uiterste* II WW (volt.
deelw.) → **oponer**
opugnar OV WW • *aanvallen; bestormen*
• *weerleggen; bestrijden*
opulencia v *overvloed; weelde*
opulento BNW • *vermogend* • *weelderig*
opúsculo m *geschrift; boekje; verhandeling*
opuso WW (3e p ev v.t.) → **oponer**
oquedad v *holte; opening; gat*
oquedal m *berg met bomen*
ora VW *hetzij* ★ ora ... ora ... ora *nu eens ... dan weer*
oración v • *gebed; smeekbede* • TAALK. *zin* ★ la ~
dominical *het onzevader* ★ ~ fúnebre *lijkrede*
★ ~ sujeto *onderwerpszin*
oráculo m OOK FIG. *orakel*
orador m *redenaar* ★ ~ sagrado *prediker;*
predikant
oral BNW *mondeling; oraal* ★ examen oral
mondeling examen ★ vía oral *via de mond;*
oraal
orangután m • *orang-oetan* • *lelijkerd*
orante BNW *biddend* ★ en actitud ~ *in biddende*
houding
orar ON WW • *bidden* • *smeken* ★ orar por/en
favor de *bidden voor/ten gunste van*
orate m/v *gek; dwaas*
oratoria v *redenaarskunst*
oratorio I m • *kapel* • *oratorium* II BNW
redenaars-
orbe m • *cirkel; kring* • *rondheid; bolle vorm*
• *aardbol; universum; wereld*
órbita v • *oogholte, -kas* • *(omloop)baan* ‹v.
hemellichamen› • *invloedssfeer*; FIG.
omgeving
orbital BNW • *van de oogkas(sen)* • *orbitaal;*
omloop-
orca v *orka; zwaardwalvis*

or

órdago BNW • de ~ *te gek; geweldig*
ordalías v mv GESCH. *godsgericht*
orden I m *orde; regelmaat* • *volgorde* • *bouworde* ★ ~ del día *agenda* ‹bv. v. vergadering› ★ de primer ~ *van de eerste orde* ★ en ~ a *wat betreft; ten aanzien van* ★ por su ~ *op zijn tijd* ★ sin ~ ni concierto *in het wilde weg* ★ sacramento del ~ *sacrament van het priesterschap* ★ llamar al ~ *tot de orde roepen* **II** v • *order; bevel; opdracht* • *order; bestelling* • *(klooster)orde* • *onderscheiding* ★ JUR. ~ de registro *huiszoekingsbevel* ★ ¡a la ~! *tot uw orders!* ★ dar órdenes *bevelen* ★ estar a la ~ del día *aan de orde van de dag zijn*
ordenación v • *ordening* • *priesterwijding* ★ ~ territorial *ruimtelijke ordening*
ordenada v *ordinaat; y-as*
ordenadamente BIJW *ordelijk*
ordenado BNW • *ordelijk; netjes; opgeruimd* • *tot priester gewijd*
ordenador I m *computer* ★ ~ doméstico *homecomputer* ★ ~ personal *personal computer* ★ ~ portátil *laptop* ★ COMP. ~ anfitrión *host* ★ ~ de bolsillo *palmtop* **II** BNW *ordenend*
ordenamiento m • *ordening* • *inrichting*
ordenando m *man die tot priester gewijd gaat worden; wijdeling*
ordenanza v • *bode* • *ordonnans* **II** v *verordening; voorschrift* ★ de ~ *volgens/conform de voorschriften* ★ ser de ~ *voorgeschreven zijn*
ordenar OV WW • *ordenen; (rang)schikken* • *bevelen; verordenen* • *opruimen* • *tot priester wijden*
ordenarse WKD WW ★ ~ (de sacerdote) *tot priester gewijd worden*
ordeñadero m *melkmachine*
ordeñadora v *melkmachine*
ordeñar OV WW • *(uit)melken* • *plukken*
ordinal BNW *rang-* ★ (número) ~ *rangtelwoord*
ordinariez v *vulgariteit; onbeschaafdheid; grove opmerking*
ordinario I m • *koerier; besteller* • JUR. *gewone rechter* ★ de ~ *gewoonlijk* **II** BNW • *gewoon; alledaags* • *lomp; onbehouwen; ordinair* ★ correo ~ *gewone post*
orear OV WW • *luchten; ventileren • drogen*
orearse WKD WW *een luchtje scheppen*
orégano m *oregano* ★ no todo el monte es ~ *het is niet enkel rozengeur en maneschijn*
oreja v • *oor* ‹ook v. kopje› • ARG *slijmbal* • MEX, SAL *verklikker* ★ de ~ a ~ *van oor tot oor; breed* ‹v. grijns› ★ agachar/bajar las ~s *het hoofd buigen* ★ aguzar/parar (LA) las ~s *de oren spitsen* ★ conceder la ~ *een oor van de stier toekennen* ‹aan dappere stierenvechter› ★ hacer ~s de mercader *Oost-Indisch doof zijn* ★ haber visto las ~s al lobo *zich bewust zijn van een naderend gevaar* ★ con las ~s gachas *met hangende pootjes*
orejano BNW ZA *zonder brandmerk* ‹v. vee›
orejera v *oorklep*
orejeta v *uitsteeksel* ‹aan instrument›
orejón m • *flapoor* • *gedroogd stuk perzik of*

abrikoos • (het) aan de oren trekken
orejudo BNW *met grote oren; langorig; met flaporen*
orejuela v *oortje; klein handvat*
oreo m • *ventilatie; luchtverversing* • (het) *drogen*
orfanato m *weeshuis*
orfandad v • (het) *wees zijn* • *hulpeloosheid* ★ (pensión de) ~ *wezenpensioen*
orfebre m *edelsmid*
orfebrería v *edelsmeedkunst*
orfelinato m LA → orfanato
Orfeo m *Orpheus*
orfeón m *zangvereniging; koor*
organdí m *organdie*
orgánico BNW • *organisch* • *organiek*
organigrama m *organogram; organisatieschema*
organillero m *(draai)orgelman*
organillo m *draaiorgeltje*
organismo m • *organisme* • *orgaan; instelling; lichaam* ★ ~s internacionales *internationale organisaties* ★ ~ público *overheidsinstelling* ★ un ~ que lo engloba todo *een allesoverkoepelend orgaan*
organista m/v *organist*
organización v • *organisatie; georganiseerd lichaam; inrichting; opzet*
organizador I m *organisator* **II** BNW *organiserend*
organizar OV WW *organiseren; inrichten; opzetten*
organizarse WKD WW • *zich organiseren* • *ontstaan; gevormd worden; tot stand komen*
órgano m • *orgel* • OOK FIG. *orgaan* ★ ~ de la voz *spraakorgaan* ★ tubos de ~ *orgelpijpen*
orgasmo m *orgasme*
orgía v • *orgie* • *uitspatting; bacchanaal*
orgullo m • *trots; hoogmoed* • *arrogantie* ★ tener/sentir ~ por/de *zich trots voelen over; trots zijn op*
orgulloso BNW • *trots* (de op); *fier* • *arrogant; verwaand* ★ ~ con/de/por *trots op*
orientación v • *oriëntatie* • *richting; gerichtheid* • *ligging* • *informatie; voorlichting* ★ ~ profesional *beroepsoriëntatie*
orientador BNW *oriënterend; richtinggevend*
oriental I m/v *oosterling* **II** BNW *oosters; oriëntaals; oostelijk; Oost-* ★ Iglesia Oriental *oosterse Kerk; Grieks-orthodoxe Kerk*
orientalismo m *oriëntalistiek*
orientalista m/v *oriëntalist*
orientar OV WW • *oriënteren; richten; FIG. sturen* • *in-, voorlichten*
orientarse WKD WW *zich oriënteren/richten op*
oriente m *oosten(wind)* ★ el Oriente Medio *het Midden-Oosten* ★ el Oriente Extremo/Lejano *het Verre Oosten* ★ el Próximo/Cercano Oriente *het Nabije Oosten*
orificio m *gat; opening*
oriflama v • *vlag* • *vaandel; banier*
origen m • *oorsprong; FIG. bron; beginpunt* • *origine; herkomst; afstamming* • (vaak mv) *oorzaak; reden* ★ de ~ *oorspronkelijk* ★ dar ~ a *veroorzaken; doen ontstaan* ★ tener su ~ en *zijn oorsprong vinden in; afkomstig zijn uit*

original I m • origineel • oorspronkelijk stuk • modelexemplaar ★ ~ de imprenta kopij **II** BNW origineel; oorspronkelijk ★ pecado ~ erfzonde

originalidad v • originaliteit; oorspronkelijkheid • excentriciteit

originar OV WW veroorzaken; teweegbrengen

originario BNW • afkomstig (**de uit**) • oorspronkelijk

originarse WKD WW ontstaan; voortkomen ★ a fin de que no se originasen habladurías om geen aanleiding te geven tot geklets

orilla v • rand; zijkant; zoom • wal(kant); oever ★ INF. ~ de vlakbij ★ a la ~ op de rand ★ a ~s del mar aan zee

orillar OV WW • afzetten (met een rand); omzomen • omzeilen; ontwijken ★ ~ las dificultades de moeilijkheden te boven komen

orillero BNW CA achterbuurt-

orillo m zelfkant (v. weefsel)

orín m • roest • (mv) urine; pis ★ tomado de orín verroest ★ tomarse de orín roestig worden

orina v pis; urine

orinal m po

orinar OV WW urineren; plassen

orinarse WKD WW in zijn broek plassen

oriundez v oorsprong; afstamming

oriundo BNW afkomstig; geboortig (**de** uit/van)

orla v • (sier)rand; randversiering • klassenfoto (bij eindexamen) ★ orla negra rouwrand

orlar OV WW • afzetten (met een rand); omzomen • versieren

ornamentación v versiering

ornamental BNW ornamenteel; versierend; sier-

ornamentar OV WW versieren

ornamento m • versiering; versiersel; ornament; decoratie • (mv) liturgisch gewaad

ornar OV WW versieren

ornato m versiering; tooi

ornitología v ornithologie; vogelkunde

ornitológico BNW ornithologisch

ornitólogo m ornitholoog; vogelkenner

ornitorrinco m vogelbekdier

oro m • goud • rijkdom • (mv) ruiten (in Spaans kaartspel) ★ oro batido bladgoud ★ oro virgen zuiver goud ★ el oro negro het zwarte goud; olie ★ reservas de oro goudvoorraad ★ siglo de oro gouden eeuw ★ es de oro de la ley hij is een goed mens; hij heeft een goede inborst ★ tipo/ patrón oro gouden standaard ★ oros son triunfos geld regeert de wereld ★ ofrecer el oro y el moro gouden bergen beloven ★ vale tanto oro como pesa hij is zijn gewicht in goud waard

orografía v orografie; gebergtebeschrijving

orondo BNW • dik; buikig • opgeblazen; zelfvoldaan

oropel m • klatergoud • kitsch

oropéndola v wielewaal

orozuz m zoethout

orquesta v • orkest • orkestbak ★ ~ de instrumentos de cuerda strijkorkest

orquestación v orkestratie; be-, uitwerking voor orkest

orquestal BNW orkest-

orquestar OV WW orkestreren; be-, uitwerken voor orkest

orquidea v orchidee

orsifa BNW MEX • antipathiek • akelig; onaangenaam

ortiga v brandnetel

orto m (het) opkomen (v. hemellichaam)

ortodoncia v orthodontie; gebitsregulatie

ortodontista m/v orthodontist

ortodoxia v orthodoxie

ortodoxo BNW orthodox; rechtzinnig

ortografía v (correcte) spelling; spelkunst

ortográfico BNW spelling(s)- ★ control ~ spellingcontrole ★ falta ortográfica spelfout

ortopedia v orthopedie

ortopédico I m orthopedist **II** BNW orthopedisch

ortopedista m/v orthopedist

oruga v • rups (plant) • rupsband • raket

orujo m • druivenmoer • (olijf)droesem

orza v • aarden (inmaak)pot ★ SCHEEPV. kielzwaard

orzar ON WW loeven

orzuelo m strontje (op ooglid)

os I PERS VNW jullie (als meew./lijd. vw) ★ os digo ik zeg jullie **II** WKD VNW je ★ ¿os divertís? vermaken jullie je?

osa v berin ★ la Osa Mayor de Grote Beer

osadia v • stoutmoedigheid; durf • brutaliteit

osado BNW gewaagd; gedurfd ★ a osadas stoutmoedig

osamenta v skelet; geraamte; gebeente (v. dier)

osar ON WW durven; wagen ★ no osó acercarse hij durfde niet dichterbij te komen

osario m knekelhuis; ossuarium

oscilación v • oscillatie; trilling • schommeling; fluctuatie

oscilador m oscillator; trillingsgenerator

oscilante BNW trillend; slingerend; schommelend

oscilar ON WW • trillen; schommelen (v. prijzen e.d.) • weifelen; aarzelen

oscilatorio BNW trillend; slingerend; schommelend

ósculo m FORM. LIT. kus

oscurantismo m obscurantisme

oscurantista m/v obscurantist

oscurecer WKD WW → **obscurecer**

oscurezca WW 1e/3e p erv subj. t.t. → **obscurecerse**

oscuridad v • OOK FIG. duister(nis); donker • onduidelijkheid; gebrek aan informatie

oscuro BNW • donker; duister • donker; somber; bewolkt • verdacht; obscuur • onduidelijk; vaag ★ a oscuras OOK FIG. in het duister

óseo BNW beenachtig; been-; benig ★ fractura ósea botfractuur

osera v berenhol

osezno m berenjong

osificación v • beenvorming • MED. verharding

osificarse WKD WW verbenen; tot been worden

osmosis m (ósmosis) osmose

osmótico BNW osmotisch ★ presión osmótica osmotische druk

oso m • beer • behaarde man ★ oso blanco/ polar ijsbeer ★ hacer el oso een vrouw het hof maken; RPL gek/raar doen

ostensible BNW zichtbaar; duidelijk

OS

ostensivo BNW *uiting gevend aan; tonend*
ostentación V • *uiterlijk vertoon* • *vertoning* • *pronkerij; pracht en praal* ★ hacer ~ de pronken met
ostentar OV WW • *(ver)tonen* • *dragen* ⟨v. titel⟩ • *pronken; pralen* ★ ~ un título *een titel dragen*
ostentativo BNW • *ostentatief; bewust opvallend* • *opzichtig*
ostentoso BNW • *ostentatief; zeer opvallend* • *opzichtig; pompeus*
osteoporosis V *osteoporose; botontkalking*
ostra V *oester* ★ i~s! *verdorie!* ★ aburrirse como una ~ *zich dood vervelen*
ostracismo m • *ostracisme* • *uitstoting/ terugtrekking* ⟨uit het openbare leven⟩
ostrero I m • *oesterverkoper* • *oesterbank* II BNW *oester-*
ostricultura V *oesterteelt*
ostrogodo I m *Oost-Goot* II BNW *Oost-Gotisch*
ostrón m *zeer grote oester*
osuno BNW *beren-; van de beer*
otalgia V *otalgie; oorpijn*
OTAN AFK (Organización del Tratado del Atlántico Norte) *NAVO*
otario BNW RPL *onnozel; makkelijk om te tuin te leiden*
otear OV WW • *bekijken (vanaf een hoog punt)* • *onderzoeken; aandachtig (be)kijken*
otero m *terreinverheffing; heuvel* ⟨in vlak landschap⟩
otitis V *otitis; oorontsteking* ★ ~ media *middenoorontsteking*
otólogo m *oorarts*
otomana V *divan; sofa*
otomano I m *Ottomaan; Turk* II BNW *Ottomaans; Turks*
otoñada V *herfst(tijd)*
otoñal BNW *herfstig; herfst-*
otoñarse WKD WW *weer sappig worden* ⟨v. gras door herfstregens⟩
otoño m *herfst; najaar*
otorgamiento m • *toekenning* • *(het) verlijden* ⟨v. akte door notaris⟩
otorgante I m *iemand die toestemming verleent* II BNW *toestemming verlenend*
otorgar OV WW • *toekennen; toestaan; verlenen* • *verlijden; passeren* ⟨v. akte door notaris⟩ ★ quien calla, otorga *wie zwijgt, stemt toe*
otorrino m (otorrinolaringólogo) *keel-, neus- en oorarts*
otramente BIJW *in het andere geval; anders*
otro BNW • *ander* • *nog een* ★ otra cosa *iets anders* ★ el otro día *onlangs; laatst* ★ al otro día *de volgende dag* ★ otro tanto *evenveel; hetzelfde* ★ otra vez *nog eens; weer; opnieuw* ★ mi otro yo *mijn andere ik* ★ ningún otro *verder niemand; niemand anders* ★ de un lado a otro *heen en weer* ★ en otra parte *ergens anders; elders* ★ por otra parte *van de andere kant* ★ ser muy otro que *heel anders zijn dan* ★ iotro que tal! *weer een!; nog een!* ★ no digo u.c. por otra *ik spreek de waarheid* ★ y otras hierbas *en dergelijke* ★ tantos otros *vele anderen*
otrora BIJW *eertijds*

ovación V *ovatie; applaus; toejuiching*
ovacionar OV WW *een ovatie brengen; toejuichen*
oval(ado) BNW *ovaal; eivormig*
óvalo m *ovaal*
ovario m *eierstok*
oveja V • *schaap* • ZA *lama* ★ la ~ negra *het zwarte schaap* ★ cada ~ con su pareja *soort zoekt soort*
ovejo m COL *(dek)ram*
ovejuno BNW *schapen-; schaaps-* ★ queso ~ *schapenkaas*
overo BNW *vaal* ⟨v. paard⟩
overol m LA *overall*
ovetense BNW *uit Oviedo*
oviducto m *eileider*
ovillar ON WW *tot een kluwen winden*
ovillarse WKD WW *zich oprollen*
ovillo m *bol; kluwen* ★ hacerse un ~ *zich oprollen; in elkaar kruipen; niet uit zijn woorden kunnen komen*
ovino BNW *schapen-; schaaps-* ★ ganado ~ *wolvee; schapen*
ovíparo BNW *ovipaar; eierleggend*
ovoide I m *eierkolen* II BNW *eivormig*
ovulación V *ovulatie; eisprong*
óvulo m *eicel*
ox TW *weg!; vort!* ⟨tegen kippen⟩
oxiacanta V *meidoorn; hagendoorn*
oxidable BNW *onderhevig aan oxidatie*
oxidación V *oxidatie; (het) roesten*
oxidado BNW *geoxideerd; verroest;* FIG. *roestig*
oxidar OV WW *oxideren*
oxidarse WKD WW *oxideren; (ver)roesten*
óxido m • *oxide* • *roest*
oxigenación V *oxygenatie*
oxigenado BNW • *met zuurstof verbonden* • *geblondeerd*
oxigenar OV WW *met zuurstof verbinden* ★ agua oxigenada *waterstofperoxide*
oxigenarse WKD WW • *oxideren* • *een luchtje scheppen*
oxigeno m *zuurstof*
oxte TW *kst!; wegwezen!*
oye I WW (geb. wijs) → oír II TW *luister eens; hé*
oyente I m • *toehoorder* • *luisteraar* II BNW *toehorend*
ozonizar OV WW • *met ozon behandelen* • *in ozon omzetten*
ozono m *ozon* ★ agujero (en la capa) de ~ *ozongat*

P

p v *p* ★ la p de París *de p van Pieter*
pabellón m • *paviljoen; bijgebouw; vleugel*
• *tuinhuisje* • *baldakijn* • *(nationale) vlag*
• *beker* ⟨v. blaasinstrument⟩ ★ ~ de la oreja
oorschelp
pabilo m *pit* ⟨v. kaars⟩
Pablo m *Paulus; Paul*
pábulo m • *voedingsbodem* • FIG. *voedsel* ★ dar ~
a *aanleiding geven tot*
paca v • *pak; baal* • ZA *paca* ⟨knaagdier⟩
pacato BNW • *verlegen; schuchter* • *preuts;
hypocriet* • *vredelievend; meegaand*
pacense I m/v *iemand uit Badajoz* II BNW *uit/
van Badajoz*
paceño I m *iemand uit La Paz* II BNW *uit/van
La Paz*
pacer I OV WW *weiden* II ON WW *grazen*
pachá m OOK FIG. *pasja*
pachanga v *rumoerig feestje; feestrumoer*
pachanguero BNW *aanstekelijk* ⟨v. muziek⟩
pachocha v ZA • *traagheid* • *onverstoorbaarheid*
pachón I m *onverstoorbaar persoon* II BNW CA,
CHI *behaard* ★ (perro) ~ *dashond*
pachorra v • *traagheid* • *onverstoorbaarheid*
pachucho BNW • *verlept; overrijp* • *slapjes;
lusteloos*
pachulí m • *patchoeli* • LA *goedkope parfum*
paciencia v • *geduld* • *berusting*
• *verdraagzaamheid* ★ armarse de ~ *geduld
oefenen* ★ abusar de la ~ de alg. *misbruik
maken van iemands geduld*
paciente I m/v *patiënt* II BNW • *geduldig*
• *verdraagzaam*
pacienzudo BNW *zeer geduldig*
pacificación v *pacificatie*
pacificador I m *vredestichter* II BNW
• *pacificerend* • *vredestichtend*
pacificar OV WW • *pacificeren; vrede stichten*
• *tot bedaren brengen* • *tot rust brengen*
pacificarse WKD WW • *tot rust komen* • *gaan
liggen* ⟨v. de wind⟩
pacífico BNW • *rustig; vredig* • *vredelievend* ★ el
Océano Pacífico *de Stille Zuidzee*
pacifismo m *pacifisme*
pacifista I m/v *pacifist* II BNW *pacifistisch*
Paco m *Frans; Franciscus*
pacotilla v SCHEEPV. *vrachtvrije bagage* ★ de ~
van slechte kwaliteit ★ hacer su ~ *goede zaken
doen*
pacotillero m • *marskramer;* LA *straatventer*
• *sjacheraar*
pactar I OV WW *bedingen; afspreken;
overeenkomen* II ON WW *een pact/verdrag
sluiten*
pacto m *pact; verdrag* ★ ~ de no agresión *niet-
aanvalsverdrag*
padecer I OV WW *lijden; ondergaan; dulden* ★ ~
un error *zich vergissen* II ON WW (~ **de**) *lijden
aan; geteisterd worden door* ★ ~ de los nervios
zenuwpatiënt zijn
padecimiento m • *(het) lijden* • *ziekte*
padezca WW (1e/3e p ev subj. t.t.) → **padecer**

padrastro m • *stiefvader* • PEJ. *slechte vader*
padrazo m *toegeeflijke vader*
padre m • *vader* • *pater; geestelijke* • *auteur;
grondlegger* ★ los ~s *de ouders; de voorouders*
★ nuestros primeros ~s *Adam en Eva; de
eerste mensen op aarde* ★ ~ espiritual
biechtvader ★ Santo Padre *Paus* ★ dormir con
sus ~s *gestorven zijn* ★ de ~ y muy señor mío
van je welste ★ no casarse ni con su ~ *een
verstokte vrijgezel zijn; voor niemand een
uitzondering maken*
padrear ON WW *dekken; een jong verwekken*
padrenuestro m *onzevader*
padrillo m LA *dekhengst*
padrinazgo m • *peterschap* • *beschermheerschap*
padrino m • *peetoom* • *paranimf*
• *beschermheer* • *secondant* ⟨in duel⟩ • (mv)
peetouders • (mv) *relaties; netwerk* ★ ~ de
boda *getuige* ★ tener buenos ~s *een
kruiwagen hebben*
padrón m • *lijst van inwoners* • *schande*
paella v *paella* ⟨Sp. rijstgerecht met schaal- en
schelpdieren⟩
paellera v *paella-pan*
paga v • *(uit)betaling* • *loon; beloning* • *soldij*
★ paga y señal *aanbetaling*
pagable BNW *betaalbaar*
pagadero BNW *te betalen* ⟨binnen bepaalde
termijn⟩
pagado BNW • *betaald* • *voldaan* ★ ~ de sí
mismo *zelfingenomen*
pagador I m *betaler* ★ mal ~ *wanbetaler* II BNW
betalend
pagaduría v *betaalkantoor*
paganismo m *paganisme; heidendom*
pagano I m *paganist; heiden; niet-gelovige* ★ ser
el ~ *de pineut zijn* II BNW *heidens*
pagar OV WW • *betalen; afrekenen* • *boeten;
vergelden* • *belonen* • *terugbetalen* • *bekostigen*
★ ~ sus faltas *boeten voor zijn zonden* ★ ~ la
visita a u.p. *iemands bezoek beantwoorden* ★ ~
a plazos *afbetalen* ★ ~ por anticipado
vooruitbetalen ★ ime las ~ás! *dat zal ik je
betaald zetten!* ★ así paga el diablo a quien
bien le sirve *ondank is 's werelds loon*
pagaré m *schuldbekentenis; promesse*
pagarse WKD WW *tevreden zijn* (**de** met); *trots
zijn* (**de** op)
pagel m *rode zeebrasem*
página v *pagina; bladzijde* ★ ~ inicial/principal/
de inicio *homepage* ★ COMP. ~ web *webpagina*
★ ~s amarillas ≈ *gouden gids* ★ pasar una ~
een bladzijde omslaan ★ FIG. pasar la ~ *een
hoofdstuk afsluiten*
paginación v *paginering*
paginar OV WW *pagineren*
pago m • *(uit)betaling* • *loon; vergelding*
• *gehucht; klein dorp* • *grond* ⟨vooral met
druiven of olijven⟩ • RPL, PERU *streek* ★ pago
al contado /en efectivo *contante betaling*
★ pago anticipado *vooruitbetaling; voorschot*
★ plazo de pago *betalingstermijn* ★ balanza
de pagos *betalingsbalans* ★ carta de pago
ontvangstbewijs ★ facilidades de pago
betalingsfaciliteiten ★ buen pago
dank(baarheid) ★ mal pago *ondank(baarheid)*

pa

pagoda v • *pagode* • *afgodsbeeld*
pagro m *soort zeebrasem*
paila v *wijde lage pan*; *koekenpan*
pairo m SCHEEPV. *(het) bijgedraaid zijn*; *(het) bijleggen* ★ FIG. estar al ~ *(de dingen) afwachten*
pais m • *land* • *streek*; *gebied* ★ los Países Bajos *Nederland* ★ vivir sobre el país *op kosten van anderen leven*
paisaje m *landschap*
paisajista I m/v *landschapschilder* II BNW *landschaps-*
paisanaje m • *groep burgers*; *streekgenoten* • *(het) afkomstig zijn uit hetzelfde land | dezelfde streek*
paisano I m • *boer* • *land-, stad-, streekgenoot* • *vriend* • *niet-militair*; *burger* ★ vestir de ~ *in burger lopen* II BNW *uit hetzelfde gebied*
paja v • *rietje* • *stro* • *nutteloze opmerkingen* • *kaf* ★ por un quítame allá esas pajas *om iets onbelangrijks* ★ en quítame allá esas pajas *in een handomdraai* ★ VULG. hacerse una paja *zich aftrekken* ★ ve la paja en el ojo ajeno y no la viga en el propio *hij ziet de splinter in een anders oog en niet de balk in zijn eigen oog*
pajar m *strozolder*; *hooiberg*
pájara v • PEJ. *sluwe vrouw* • FIG./SPORT *inzinking* ★ le dio/entró una ~ *hij/zij stortte in*
pajarera v *volière*
pajarería v • *zwerm vogels* • *vogelwinkel*
pajarero I m *vogelkweker*; *vogelhandelaar* II BNW • *vogel-* • *opzichtig* • *heel opgewekt*
pajarilla v *akelei*
pajarita v • *papieren vogeltje* • *vlinderdas*
pajarito m *vogeltje* ★ quedarse como un ~ *vredig heengaan*
pájaro m • *vogel* • *slimme/gladde vogel*; *gladjanus* ★ ~ bobo *pinguïn* ★ ~ carpintero *specht* ★ ~ de cuenta *schurk* ★ ~ gordo *man met aanzien* ★ voló el ~ *de vogel is gevlogen* ★ matar dos ~s de un tiro *twee vliegen in één klap slaan* ★ más vale ~ en mano que ciento volando *beter één vogel in de hand dan tien in de lucht*
pajarón BNW • ZA *dwaas*; *idioot* • CHI *verstrooid*
pajarota v *vals bericht*; *kletspraatje*; *leugen*
pajarraco m • *grote lelijke vogel* • *sluwe vos*; *gladde vogel*
paje m • GESCH. *page* • *hofjonker*; *edelknaap*
pajizo BNW • *strooien*; *van stro* • *strokleurig*
pajolero BNW • *vervloekt*; *ellendig*; *irritant*
pajuela v • *strootje* • *zwavelstokje*
pakistani m → **paquistaní**
pala v • *schop* • *peddel* • *slaghout*; *bat* • *lip* (v. schoen)
palabra v • *woord* • *spraak* ★ ~s mayores *scheldwoorden* ★ de ~ *mondeling* ★ en cuatro ~s *heel in het kort* ★ no tener más que una ~ *betrouwbaar zijn* ★ comerse las ~s *de woorden inslikken* ★ estar pendiente de las ~s de alg. *aan iemands lippen hangen* ★ medir las ~s *zijn woorden zorgvuldig afwegen* ★ ser la última ~ del credo *het minst belangrijk zijn* ★ no cruzar ~ con *geen woord wisselen met* ★ facilidad de ~ *welbespraaktheid* ★ dejar a

uno con la ~ en la boca *niet meer luisteren naar iemand* ★ agarrar a alg. la ~ *iemand aan zijn woord houden* ★ a buen entendedor con pocas ~s basta *een goed verstaander heeft maar een half woord nodig* ★ tener ~ *zijn woord houden*
palabreja v *moeilijk/raar woord*
palabrería v *woordenstroom*
palabrero m *kletsmajoor*; *praatjesmaker*
palabrota v *scheldwoord*; *vloek*
palacete m *paleisje*; *paleis* (grote woning)
palaciego I m *hoveling* II BNW *paleis-*; *hoofs*
palacio m *paleis* ★ las cosas de ~ van despacio *ambtelijke molens malen langzaam*
palada v • *schopvol* • *slag* (met roeiriem of slaghout)
paladar m • *verhemelte* • *smaak* • *fijngevoeligheid*
paladear OV WW • *langzaam proeven* • *genieten* • *intens beleven*; *voelen*
paladeo m • *(het) goed proeven* • *(het) genieten*
paladín m • *ridderlijke held*; *paladijn* • *(fel) verdediger*; *voorvechter*
paladinamente BIJW *openlijk*; *in het openbaar*
paladino BNW *openbaar*; *openlijk*
palafrén m *ceremonieel opgetuigd paard*
palafrenero m • *stalknecht* • *koetsbediende*; *palfrenier*
palanca v • *hefboom* • *handgreep*; *hendel* • *koevoet* • FIG. *springplank* • COMP. *joystick* ★ ~ de cambio *versnellingspook*
palangana v • *waskom*; *teil* • ZA *opschepper*
palanganero m *lampettafel*
palangre m *vislijn met meerdere haakjes*
palanquera v *houten schutting*
palanqueta v • *breekijzer* • MEX *soort snoepje*
palastro m • *grondplaat* (v. een slot) • *ijzeren plaat* ★ lámina de ~ *plaatijzer*
palatal BNW • *gehemelte-* • TAALK. *palataal*
palatalizar OV WW TAALK. *palataliseren*
palatinado m • GESCH. *palts* • *paltsgraafschap* ★ el Palatinado *de Palts*
palatino BNW • *verhemelte-* • *paleis-*
palco m • *loge* • *balkon* ★ ~ de platea *parterreloge* ★ ~ de entresuelo *bovenloge*
palear I OV WW *overscheppen* II ON WW *peddelen*
palenque m • *houten omheining* • *afgebakend terrein* (voor een festiviteit)
paleografía v *handschriftkunde*; *paleografie*
paleolítico I m *Paleolithicum* II BNW *paleolithisch*
paleontología v *paleontologie*
paleontólogo m/v *paleontoloog*
palestino I m *Palestijn* II BNW *Palestijns*
palestra v • *arena*; OOK FIG *strijdperk* • LIT. *(wed)strijd* ★ salir/saltar a la ~ *in het krijt treden*; *voor het voetlicht komen*
paleta v • *palet* • *plamuurmes*; *troffel* • *schopje* • *schoep*
paletear ON WW *langzaam roeien*; *peddelen*
paletilla v • *schouderblad* • CUL. *schouderstuk*
paleto I m *lompe boer*; *boerenkinkel* II BNW *asociaal*; *boers*; *lomp*
paletón m *baard* (v. sleutel)
paliar OV WW • *verzachten*; *verlichten*;

afzwakken • verbloemen • rechtvaardigen; verontschuldigen

paliativo I m • *palliatief; verzachtend middel* • *lapmiddel • smoesje* II BNW *(het lijden) verzachtend*

palidecer ON WW • *bleek worden;* FIG. *verbleken* • *tanen*

palidez v *bleekheid* ★ de una ~ mortal *doodsbleek*

palidezca WW (1e/3e p ev subj. t.t.) → **palidecer**

pálido BNW • *bleek • vaal • zacht* ⟨v. kleur⟩ • *vlak* ⟨v. stijl⟩ ★ ~ como la muerte *doodsbleek*

palillero m • *standaardje voor tandenstokers* • *penhouder*

palillo m • *tandenstoker • magere lat* • *naaldenkoker • klos voor kantwerk* • (mv) *stokjes* ⟨bv. van trommel⟩ • (mv) *castagnetten* ★ ~s chinos *eetstokjes* ★ tocar todos los ~s *alle middelen aanwenden*

palimpsesto m *palimpsest*

palinodia v *herroeping* ★ cantar la ~ *zijn mening herroepen; iets terugnemen*

palio m *baldakijn* ★ recibir bajo ~ *met eerbetoon ontvangen*

palique m *praatje* ★ entablar ~ con *een praatje maken met*

palitroque m • TAUR. *spies; banderilla • stok; korte knuppel* ★ estar de ~ *over koetjes en kalfjes praten*

paliza v • *pak slaag •* FIG. *straf; kwelling* • *nederlaag; afgang • standje*

palizada v • *palissade • paalwerk*

palma I v • *palmblad • palmboom • handpalm* • *eer; zege* ★ ~ coco *kokospalm* ★ como la ~ de la mano *vlak; heel glad; heel makkelijk* ★ llevar en ~s *iemand op handen dragen* ★ llevarse la ~ *uitblinken /de eerste /beste zijn* II v mv *applaus; ritmisch handgeklap* ⟨ook bij flamenco⟩ ★ tocar las ~s *in de handen klappen*

palmada v *klop(je)* ⟨met de vlakke hand⟩; *schouderklop* ★ dar ~s *in de handen klappen* ★ dar ~s en la espalda *schouderklopjes geven*

palmadita v *klopje; klapje*

palmar I m *palmbos* II BNW • *handpalm-* • *zonneklaar; duidelijk* III WW ★ INF. ~la de *pijp uitgaan; opkrassen; ervandoor gaan*

palmarés m *lijst van overwinnaars/ prijswinnaars; erelijst; palmares*

palmario m *helder; klaarblijkelijk; vanzelfsprekend* ★ es ~ *het ligt voor de hand*

palmatoria v *blaker; kandelaar*

palmear ON WW • *met de hand aanraken; op de schouders kloppen • applaudisseren*

palmera v • *palmboom; dadelpalm • hartvormig gebak* ⟨v. bladerdeeg met suiker⟩

palmeral m *palmbos*

palmero I m *iemand uit La Palma* II BNW *uit/ van La Palma*

palmesano I m *iemand uit Palma de Mallorca* II BNW *uit/van Palma de Mallorca*

palmeta v GESCH. *lat* ⟨om mee te slaan (op school)⟩

palmetazo m • *slag met lat • flinke uitbrander*

palmípedo I m *zwemvogel* II BNW • *zwem-* ⟨v. vogels⟩ • *met zwemvliezen*

palmito m • *dwergpalm • palmhart • leuk snoetje*

palmo m • *span* ⟨21 cm⟩ • *handbreedte* ⟨10 cm⟩ • *kleine of grote hoeveelheid van iets* ★ ~ a ~ *door en door; stukje bij beetje; op zijn duimpje* ★ con un ~ de lengua fuera *met zijn tong op zijn schoenen; vol verlangen* ★ dejar con un ~ de narices *de draak met iemand steken*

palmotear ON WW *(enthousiast) klappen*

palmoteo m *toejuiching; enthousiast applaus*

palmtop m/v *palmtop*

palo m • *stok; stokslag • paal; mast • hout • stok* ⟨v. letter⟩ • *kleur* ⟨in een kaartspel⟩ • FIG. *schade* ★ palo de escoba *bezemsteel* ★ cuchara de palo *houten lepel* ★ nave de tres palos *driemaster* ★ a palo seco* SCHEEPV. *met ingehaalde zeilen;* FIG. *zuiver; puur; zonder opsmuk* ★ hartar a uno de palos *iemand bont en blauw slaan* ★ moler a palos *afranselen* ★ recibir palos *slaag krijgen* ★ andar a palos *vaak ruzie hebben* ★ liarse a palos con *ruzie krijgen met* ★ cada palo aguante su vela *ieder huisje heeft zijn kruisje* ★ de tal palo, tal astilla *de appel valt niet ver van de boom*

paloma v • *duif • zachtaardig persoon* ★ ~ mensajera *postduif* ★ la Verbena de la Paloma *volksfeest ter ere van La Virgen de Paloma* ★ ~ torcaz *ringduif; wilde houtduif*

palomar m *duiventil*

palomilla v • *kleine vlinder • vleugelmoer* • *(muur)steun •* CA *tuig; gepeupel •* CHI, PERU *schoffie; boefje*

palomino m • *jonge duif • (vogel)poep*

palomitas v mv ★ ~ (de maíz) *popcorn; gepofte maïs*

palomo m *duif; doffer*

palotada v *stokslag* ⟨bij slagwerk⟩ ★ no dar ~ *geen klap uitvoeren; alles verkeerd doen*

palote m • *korte stok* ⟨bij slagwerk⟩ • *streepje* ⟨bij eerste schrijfoefening⟩

paloteo m • *(het) tegen elkaar slaan van stokken* • *ruzie; gekibbel*

palpable BNW *tastbaar; voelbaar; duidelijk*

palpar OV WW • *betasten •* MED. *palperen; bekloppen; bevoelen • begrijpen; aanvoelen* • RPL *aftasten; fouilleren* ★ buscar palpando *op de tast zoeken*

palpitación v • *trilling; beving • (hart)klopping*

palpitante BNW • *kloppend; bevend; bonzend* ⟨v. hart⟩ • *brandend* ⟨v. kwestie⟩; *zeer actueel* • *bevend*

palpitar ON WW • *kloppen* ⟨v. hart⟩ • *beven; trillen • zichtbaar worden* ⟨v. gevoelens⟩ ★ en sus palabras palpita el odio *uit zijn woorden spreekt haat*

palta v ZA *avocado*

palto m LA *avocadoboom*

paltó m CHI, COL CR *(colbert)jas*

palúdico BNW • *malaria- • moerassig* ★ fiebre palúdica *moeraskoorts*

paludismo m *malaria; moeraskoorts*

palurdo I m *lomperik; botterik* II BNW *lomp; onbehouwen*

palustre BNW *moerassig*

pamela v *platte vrouwenhoed met brede rand*

pamema v • *kletspraatje* • *onbenulligheid*
• *gevlei* ⋆ idéjater de ~s! *stel je niet (zo) aan!*

pampa v *pampa; grasvlakte, steppe* ⋆ CHILI en ~
naakt; blut

pámpano m • *wijnrank* • *wingerdblad* • *soort
stokvis*

pampeano BNW *van de pampa*

pampero I m • *bewoner van de pampa* • *koude
pampawind* II BNW *pampa-*

pampirolada v • *dwaasheid; onbenulligheid*
• *knoflooksaus*

pamplina v • PLANTK. *muur* • *onzin; kletskoek*
• *gevlei*

pamplinero BNW • *dom; vol onzinnig geklets*
• *ijdel; gevoelig voor complimenten*

pamporcino m PLANTK. *varkensbrood; cyclaam*

pan m • *brood* • *koren* • *voedsel* • *dun edel
metaal* ⋆ pan integral *volkorenbrood* ⋆ pan de
molde *snijbrood* ⟨bv. voor sandwiches⟩ ⋆ pan
rallado *paneermeel* ⋆ pan tostado *toast;
geroosterd brood* ⋆ pan quemado *koek uit
Valencia* ⋆ pan de oro *bladgoud* ⋆ más bueno
que el pan *de goedheid zelve* ⋆ a falta de pan
bij gebrek aan iets beters ⋆ ser pan comido
gesneden koek zijn; een eitje zijn ⋆ el pan
nuestro de cada día *iets wat heel vaak
gebeurt* ⋆ llamar al pan, pan y al vino, vino
de dingen bij hun naam noemen ⋆ ponerle a
alg. a pan y agua *iemand op water en brood
zetten* ⋆ a buena hambre no hay pan duro
honger maakt rauwe bonen zoet

pana v • *ribfluweel; corduroy* • *motorpech;
panne*

panacea v *wondermiddel; panacee*

panadería v • *beroep van bakker* • *bakkerij*

panadero m *bakker*

panadizo m *zwerende vinger*

panal m *honingraat*

panamá m *panama* ⟨hoed⟩

panameño I m *iemand uit Panama; Panamees*
II BNW *van/uit Panama; Panamees*

panamericanismo m *pan-Amerikanisme*

panamericano BNW *pan-Amerikaans*

panbol m MEX *voetbalwedstrijd*

pancarta v • *spandoek* • COMP. *banner*

panceta v *doorregen spek*

pancho I m ZA *hot dog* II BNW *onverstoorbaar;
rustig*

pancista I m/v *meegaand persoon; opportunist*
II BNW *opportunistisch*

páncreas m (mv onv.) *alvleesklier; pancreas*

pancreático BNW *alvleesklier-*

pancromático BNW *panchromatisch*

panda v *vriendenclub; stel vrienden*

pandear ON WW *doorbuigen; bollen;
kromtrekken*

pandemonio m *hels kabaal; pandemonium*

pandeo m *(het) doorbuigen, bollen, kromtrekken*

pandereta v *tamboerijn* ⋆ La España de ~
oppervlakkige voorstelling van Spanje

pandero m • *tamboerijn* • *achterwerk*

pandilla v • *bende; kliek* • *vriendenclub*

pando m • *gebogen; gekromd* • *traag; rustig;
gelaten*

pandorga v • *dikke vrouw* • *vlieger*

panecillo m *broodje; kadetje*

panegírico I m *lofrede* II BNW *lof-; vol lof*

panel m • *paneel; schakelbord* • *mededelingen-,
informatiebord* ⋆ ~ de mandos *dashboard*

panela v LA *ruwe suiker*

panera v *broodmand; broodtrommel*

paneuropeo m *pan-Europees*

pánfilo I m *traag persoon* II BNW *traag;
onnozel; sullig; naïef*

panfleto m *pamflet*

panga v CA *schuitje; bootje*

paniaguado BNW *gunsteling; protégé*

pánico I m *paniek* ⋆ sembrar el ~ *paniek zaaien*
II BNW *panisch*

panícula v *bloeiwijze*

paniego BNW • *graan-* • *graan producerend*
• *veel brood etend*

panificación v • *(het) brood bakken*
• *broodbereiding*

panificadora v *broodfabriek*

panificar I OV WW *brood maken van* II ON WW
brood bakken

panizo m • *soort maïs of gierst* • *maïskorrels;
gierstkorrels*

panocha v *kolf* ⟨v. maïs of gierst⟩

panocho BNW *uit de provincie Murcia*

panoja v *kolf* ⟨v. maïs of gierst⟩

panoli m *sukkel; onnozele hals*

panoplia v • *wapenrek* • *wapenkamer*
• *wapenrusting; panoplie*

panorama m *panorama; weids vergezicht/
overzicht*

panorámico BNW *panoramisch*

panqueque m LA *pannenkoek*

pantagruélico BNW • *overvloedig* • *reusachtig*
⋆ comida pantagruélica *zwelgpartij*

pantalán m *pier; aanlegsteiger*

pantalla v • *(beeld)scherm* • *filmdoek*
• *haardscherm* • *bliksemafleider* • *dekmantel*
• *lampenkap* • LA *(grote) waaier* ⋆ ~
antirruido/acústica *geluidsscherm, -wal* ⋆ ~
táctil *touchscreen; aanraakscherm* ⋆ INF. la
pequeña ~ *de buis; de tv* ⋆ llevar a la ~
verfilmen

pantalón m *broek* ⋆ ~ corto *short; korte broek*
⋆ ~ a media pierna *kniebroek* ⋆ ~ con
rodilleras *broek met kniebeschermers* ⋆ FIG.
llevar los pantalones *de broek aanhebben*

pantanal m *moerasland*

pantano m • *moeras* • *stuwmeer*

pantanoso BNW • *moerassig; drassig*
• *gecompliceerd; moeilijk* ⋆ país ~ *moerasland*

panteísmo m *pantheïsme*

panteón m *grafkelder* ⋆ ~ de la familia
familiegraf

pantera v *panter*

pantógrafo m *tekenaap; pantograaf*

pantomima v • *pantomime* • *schijnvertoning;
komedie*

pantorra m *stevige kuit*

pantorrilla v ANAT. *kuit*

pantufla v *pantoffel; slof*

panty m *panty(kous)*

panucho m MEX *omelet met vlees en bonen*

panza v • *buikje; buik* • *pens* ⋆ tumbarse ~
arriba *op zijn rug gaan liggen*

panzada v • *schranspartij* • *maagstomp*
panzazo m LA *stomp in de maag*
panzudo BNW *dikbuikig*
pañal m • *luier* • (mv) *babykleertjes* ★ nacido en humildes ~es *van eenvoudige afkomst* ★ estar en ~es *in de kinderschoenen staan*; net komen kijken
pañeria v • *stoffenzaak* • *collectie stoffen*
pañero m *stoffenhandelaar*
pañete m *stof van slechte kwaliteit*; *dunne stof*
paño m • *laken*; *doek*; *lap* • *dikke wolachtige stof* • *baan stof* • *vlek* ⟨op huid⟩ • *wandtapijt* • (mv) KUNST *draperieën* ★ paño de cocina *droogdoek* ★ paño para el polvo *stofdoek* ★ paño mortuorio *lijkwade* ★ en paños menores *half aangekleed* ★ FIG. paño de lágrimas *(steun en) toeverlaat* ★ paños calientes/(LA) tibios *lapmiddelen* ★ conocer el paño *weten wat er te koop is*
pañol m *bergruimte* ⟨op een boot⟩
pañoleta v *omslagdoek*
pañolón m *sjaal*; *omslagdoek*
pañuelo m *zakdoek* ★ ~ de cabeza, de cuello *hoofddoek, halsdoek*
papa I m • *paus* • KIND. *pap(p)a* II v LA *aardappel*
papá m KIND. *pap(p)a* ★ los papás *de ouders*
papada v • *onderkin* • *halskwab* ⟨bij dieren⟩
papado m *pausdom*; *pausschap*
papagayo m • *papegaai* • *soort vis* • *gifslang* • *aronskelkachtige plant*
papal BNW *pauselijk*
papalina v • *muts met oorkleppen* • *dronkenschap*
papamoscas m/v (mv onv.) • *vliegenvanger* • *sukkel*
papanatas m/v (mv onv.) INF. *onnozele hals*; *sukkel*
papar OV WW *opslokken* ★ ¡pápate ésa! *die kun je in je zak steken!* ★ ~ moscas *perplex staan*
paparrucha v • *kletspraat* • *vals bericht*; *verzinsel*
papaya v *papaja* ⟨vrucht⟩
papayo m *papaja* ⟨boom⟩
papel m • *papier* • *rol* • *waardepapier* • (mv) *documenten*; *kranten* ★ ~ *afgesneden papier* ★ ~ *moneda papiergeld* ★ ~ de cartas *briefpapier* ★ ~ *hierático papyrus* ★ ~ *mojado document zonder waarde*; *waardeloos stuk papier* ★ ~ de estaño *tinfolie* ★ hacer un ~ *een rol spelen*; *doen alsof* ★ hacer buen ~ *een goede beurt maken* ★ hacer su ~ *een nuttige rol vervullen* • FIG. perder los ~es *de controle verliezen* ★ ~ de tornasol *lakmoespapier* ★ ~ higiénico *toiletpapier*
papelear ON WW *in papieren zoeken*
papelera v • *prullenmand* • *papierfabriek*
papeleria v • *papierwinkel*; *kantoorboekhandel* • *paperassen* • *schrijfartikelen*
papelero I m • *papierfabrikant*; *papierhandelaar, -verkoper* • MEX *krantenverkoper* II BNW *papier-*
papeleta v • *papiertje* • *biljet* • *stembriefje* • *puntzakje* • FIG. *gecompliceerde situatie* ★ ~ de la lotería *loterijbriefje*

papelillo m • *papiertje* • *wikkel* ⟨voor medicijn⟩
papelón m • *blunder* • LA *suikerbrood*
papelote m • *vodje papier* • *papierafval* • *oud papier* ⟨voor recycling⟩
papera v MED. *krop* ★ ~s *bof*
papero m LA *aardappelteler*; *aardappelhandelaar*
papila v *papil*
papilar BNW *van de papillen*; *papillair*
papilla v • *pap*; *brij* • *contrastvloeistof* ⟨bij röntgenfoto⟩ ★ ~ de sémola *griesmeelpap* ★ quedar hecho ~ *doodop zijn*; *geen pap meer kunnen zeggen*
papiro m *papyrus(rol)*
pápiro m INF. *groot bankbiljet* ★ ~s *pegels*; *poen*
papirotazo m *tik*; *klap*
papismo m *papisme*; *pausgezindheid*
papista I m/v *papist*; *pausgezinde* ★ ser más ~ que el papa *roomser dan de paus zijn* II BNW *pausgezind*
papo m • *gezwel* • *krop* ⟨bij vogels⟩ • *halskwab* • *onderkin*
paquebote m *pakketboot*
paquete m • *pak(je)* • *pakket* • *gebundelde post* • *duopassagier* ⟨op motor⟩ • *opgedirkt mannetje*; *fat* • *piemel* • LA *domkop* ★ estar hecho un ~ *er piekfijn bijlopen* ★ meterle un ~ a u.p. *iemand straffen*
paquetería v • *verpakte koopwaar* • *handel in verpakte koopwaar*
paquidermo I m *pachyderm*; *dikhuidig dier* II BNW *dikhuidig*
paquistaní I m *Pakistaan* II BNW *Pakistaans*
par I m • *paar* • WISK. *even getal* • *peer* ⟨Engelse titel⟩ • *gelijke* ★ a par *twee aan twee* ★ par de caballos *tweespan* ★ abierto de par en par *wijd open* ★ sin par *zonder weerga* II v *pariteit* ★ a la par *tegelijkertijd* ★ a la par que *decía terwijl hij zei* III BNW • *gelijk* • *even* ⟨v. getal⟩
para VZ • *voor*; *bestemd voor* • *voor*; *in aanmerking genomen* • *naar*; *met bestemming* • *tegen* ⟨v. tijd⟩ • *¿para qué? waarvoor?*; *waarom?* ★ para con *ten opzichte van* ★ para mí *wat mij betreft* ★ para que *opdat*; *zodat* ★ va para una hora *het is bijna een uur geleden* ★ ser u.p. para poco *een zwak iemand zijn* ★ el tren está para salir *de trein vertrekt zo* • (~ + onbep. wijs) *om te*
parabién m *felicitatie* ★ mis parabienes *mijn hartelijke gelukwensen*
parábola v • *gelijkenis*; *parabel* • WISK. *parabool*
parabólico BNW *parabolisch* ★ antena parabólica *schotelantenne*
parabrisas m (mv onv.) *voorruit* ⟨v. auto⟩
paraca v LA *sterke zeewind* ⟨uit Stille Oceaan⟩
paracaidas m *parachute*
paracaidismo m *(het) parachutespringen*
paracaidista m/v • *parachutist* • LA *ongenode gast*
parachoques m (mv onv.) *bumper*
parada v • *(het) stoppen*; *stilstand* • *stop*; *oponthoud* • *halte*; *standplaats* ⟨v. taxi⟩ • *parade*; *defilé* • *parade* ⟨bij schermen⟩
paradero m • *verblijfplaats* • *afloop* • COL, PERU *(bus-, tram)halte*; CUBA *(trein)station* ★ desconozco su ~ *ik weet niet waar hij*

pa

verblijft
paradigma m • *voorbeeld*; *paradigma* • *model*
paradisiaco BNW (**paradisíaco**) *paradijselijk*
parado I m *werkloze* **II** BNW • *stilstaand*
• *werkloos* • LA *overeind staand* • *verbluft*
★ *salió mal* ~ *hij is er slecht vanaf gekomen*
★ *quedarse* ~ *blijven staan*; *stoppen*; FIG.
versteld staan
paradoja v *paradox*; *schijnbare tegenspraak*
paradójico BNW *paradoxaal*
parador m • *staatshotel* ⟨in Spanje⟩ • *logement*;
pension; *herberg*
paraestatal BNW *semi-overheids-*
parafernalia v *benodigdheden*; *spullen*; *gerei*
parafina v *paraffine*
parafrasear OV WW *omschrijven*; *parafraseren*
paráfrasis v *parafrase*; *(verklarende)*
omschrijving
paraguas m *paraplu*
paraguayo I m *Paraguayaan* **II** BNW
Paraguayaans
paragüero m *paraplubak*
paraiso m • *paradijs* • *engelenbak* ★ ~ *terrenal*
paradijs op aarde
paraje m *streek*; *gebied*; *plek*; *plaats*
paralela v *parallel* ★ SPORT ~s *brug* ★ *tirar* ~s
parallellen trekken
paralelismo m • *parallellisme* • *overeenkomst*;
onderlinge verhouding
paralelo I m • *parallel*; *vergelijking*
• *breedtecirkel* **II** BNW • *parallel*; *evenwijdig*
• *overeenstemmend*
paralelogramo m *parallellogram*
parálisis v *verlamming* ★ ~ *cerebral*
hersenverlamming
paralítico I m *lamme*; *verlamde* **II** BNW
verlamd; *lam*
paralización v *verlamming* • *stillegging*
paralizar OV WW • *verlammen* • *lam-*/*stilleggen*
★ *estación paralizada slappe tijd*
paramento m • *versiering* • *paardenkleed*
• *buitenkant* ⟨v.e. muur⟩ ★ ~s *sacerdotales*
priestergewaden
paramera v *kaal, onvruchtbaar gebied*
parámetro m *parameter*
paramilitar BNW *paramilitair*
páramo m • *eenzame, gure vlakte*; *woeste grond*
• *woestenij* • BOL, COL, ECU *motregen*
parangón m *vergelijking* ★ *establecer* /*trazar* ~
vergelijken; *parallellen trekken*
parangonar OV WW *vergelijken*
paraninfo m • *aula* • *paranimf*
paranoia v *paranoia*
paranoico I m *paranoïcus* **II** BNW *paranoïde*
parapente m *paragliding*
parapentista m/v *paraglider*
parapetarse WKD WW • *zich verschansen* • *zich*
verschuilen ⟨tras achter⟩
parapeto m • *borstwering*; *barricade* • *muurtje*;
(brug)leuning; *balustrade*
paraplejia v *paraplegie*; *verlamming van*
ledematen
parapléjico I m *paraplegiepatiënt* **II** BNW
paraplegisch
parapsicología v *parapsychologie*
parapsicólogo m *parapsycholoog*

parar I OV WW • *pareren*; *tegenhouden*; *afslaan*
• *stopzetten*; *stilleggen*; *uitzetten* ★ *para a*
considerar que bedenk eens even dat ★ *no*
paró ni un momento hij heeft geen minuut
stilgezeten **II** ON WW • *ophouden*; *stilhouden*;
stilstaan; *tot stilstand komen* • *oponthoud*
hebben • *terechtkomen* ⟨en in⟩; *belanden*
• *verblijven*; *logeren* ★ ~ *en mal slecht aflopen*
★ *sin* ~ *voortdurend* ★ *¿dónde para usted?*
waar logeert u? ★ *¿en qué va a* ~? *wat moet*
er van jou terechtkomen? • (~ **en**) *uitdraaien*
op
pararrayos m *bliksemafleider*
pararse WKD WW • *blijven staan* • *stagneren*;
stokken • *vastlopen*
parasicología v → **parapsicología**
parasicólogo m → **parapsicólogo**
parasitario BNW *parasitair*
parasitismo m • *parasitisme* • *klaploperij*
parásito I m • *parasiet* • *klaploper* **II** BNW
• *parasitair* ★ *plantas parásitas woekerplanten*
parasol m *parasol*; *zonnescherm*
paratifoidea v *paratyfus*
parcela v • *perceel* • *kavel* • *lapje grond*
parcelar OV WW *verkavelen*
parcelario BNW *in percelen*/*kavels*
parchar OV WW LA • *een lap naaien op* • *plakken*
⟨v. band⟩
parche m • *plakkertje* ⟨bv. voor lekke band⟩
• *pleister* • *trommel(vel)* • *inzetstuk* • *lapmiddel*
• *knoeiwerk*
parchís m *mens-erger-je-niet*
parcial BNW • *gedeeltelijk* • *partijdig*; *eenzijdig*
parcialidad v • *partijdigheid* • *partij*; *groepering*
parco BNW *sober*; *spaarzaam*; *karig* ★ *un*
hombre ~ *en palabras een man van weinig*
woorden
pardal m • *giraffe* • *luipaard* • *mus* • *sluw*
iemand; *boefje*
pardiez TW *verdorie!*
pardillo I m • *kneu* • *boerenkinkel* **II** BNW
• *sullig*; *dom* • *boeren-*
pardo I m *mulat* **II** BNW *bruin*; *bruinrood*;
bruingrijs; *grauw*
pardusco BNW *bruinachtig*; *grijzig bruin*; *grauw*
pareado m ★ *versos* ~s *paarsgewijs rijmende*
versregels
parear OV WW • *paarsgewijs bijeenbrengen*;
paren maken van • *vergelijken* • TAUR.
banderilla's in de nek van de stier steken
parecer I m • *uiterlijk* • *mening* ★ *al* ~ *blijkbaar*
II ON WW • *schijnen* • *lijken* • *eruitzien*
★ *parece que het lijkt wel of* ★ *me parece que*
ik vind dat ★ *según parece schijnbaar* ★ *¿qué*
le parece? wat vindt u daarvan? ★ *¡parece*
imposible! niet te geloven!
parecerse WKD WW • *op elkaar lijken* • (~ **a**)
lijken op
parecido I m *gelijkenis* **II** BNW *soortgelijk* ★ *bien*
~ *knap* /*aardig om te zien*
pared v *muur*; *wand* • *dejar a alg. pegado a la*
~ *iemand in verlegenheid brengen* ★ *Pedro*
está que se sube por las ~es *Pedro is woedend*
★ *darse contra las* ~es *woedend of machteloos*
zijn ★ *las* ~es *oyen de muren hebben oren*
paredaño BNW *aangrenzend*; *grenzend* (**de, con**

aan)

paredón m • *grote/dikke muur* • BOUWK. *steunmuur* • *verdedigingsmuur* ★ llevar a alg. al ∼ *iemand fusilleren*

pareja v • *stel; paar* • *partner* • *andere* ⟨v. een paar dingen⟩ • *koppel politieagenten* ★ correr ir ∼s con *gelijk opgaan met* ★ cada oveja con su ∼ *soort zoekt soort* ★ hacer buena ∼ *goed bij elkaar passen*

parejero m LA *renpaard*

parejo BNW • *gelijk; hetzelfde; eender* • *gelijkmatig* ★ sin ∼ *weergaloos*

paremia v *spreekwoord*

parentela v • *familieleden* • *bloedverwanten*

parentesco m *bloedverwantschap* ★ contraer ∼ con *familie worden van*

paréntesis m (mv onv.) • *haakje* • *inlassing; onderbreking; tussenzin; zin tussen haakjes* ★ dicho sea entre ∼ *tussen haakjes gezegd*

pareo m • *(het) paarsgewijs bijeenbrengen; (het) tot een paar maken* • *(het) vergelijken* • *omslagdoek*

parezca WW (1e/3e p ev subj. t.t.) → **parecer**

paria m • *paria* • *verschoppeling*

parida v • *kraamvrouw* • INF. *domme opmerking; kletspraat*

paridad v • *gelijkheid* • *overeenkomst* • *pariteit* • *vergelijking*

pariente m/v • *familielid; bloedverwant* • INF. *echtgenoot* ★ ∼ lejano *ver familielid*

parihuela v (mv onv.) *draagbaar; brancard*

paripé m • hacer el ∼ *(overdreven) aardig doen; stroop smeren*

parir OV+ON WW • *bevallen; baren; jongen; kalven; werpen* • *scheppen; creëren; voortbrengen*

París m *Parijs*

parisiense I m/v *Parijzenaar* II BNW *van/uit Parijs*

parisino I m *Parijzenaar* II BNW *van/uit Parijs*

paritario BNW *gelijkwaardig*

paritorio m *kraamzaal*

parking m *parkeerplaats; -garage*

parla v • *welbespraaktheid* • *geklets*

parlador m *praatziek; kletserig*

parlamentar ON WW *onderhandelen*

parlamentario I m • *kamerlid; parlementslid* • *onderhandelaar* II BNW *parlementair*

parlamentarismo m *parlementair stelsel*

parlamento m • *parlement; kamer; volksvertegenwoordiging* • *onderhandeling* • *lange voordracht* ⟨toneel⟩

parlanchín I m *kletskous* II BNW *kletserig*

parlante I m • LA *luidspreker* • MEX *claxon* II BNW *sprekend*

parlar ON WW *kletsen; veel praten*

parlero BNW • *kletserig* • *murmelend* • *kwetterend* ⟨v. vogel⟩ • *sprekend* ⟨v. ogen⟩

parlotear ON WW INF. *keuvelen; kletsen*

parloteo m INF. *geklets; geleuter*

parmesano BNW ∼ queso ∼ *Parmezaanse kaas*

parné m INF. *pegels; poen*

paro m • *werkloosheid* • *(het) stilleggen van het werk* ⟨door werkgevers⟩ • *mees* ★ paro obrero *werkloosheid* ★ en paro *werkloos* ★ paro cardíaco *hartstilstand*

parodia v *parodie*

parodiar OV WW *parodiëren; bespottelijk maken*

paródico BNW *parodiërend*

parola v • *welbespraaktheid* • *langdurig geklets*

paronimia v TAALK. *stamverwantschap*

parónimo BNW *stamverwant; paroniem*

parótida v *oorspeekselklier*

paroxismo m *paroxisme; hevige vlaag / uitbarsting* ⟨bv. van jaloezie⟩

parpadear ON WW • *knipperen* ⟨met de ogen⟩ • *twinkelen* ⟨v. ster⟩; *flikkeren* ⟨v. licht⟩

parpadeo m • *(het) knipperen* ⟨met de ogen⟩ • *(het) twinkelen* ⟨v. ster⟩; *(het) flikkeren* ⟨v. licht⟩

párpado m *ooglid*

parque m • *park* • *box* ⟨voor een kind⟩ ★ ∼ de bomberos *brandweerkazerne* ★ ∼ móvil militar (P.M.M.) *militair wagenpark* ★ ∼ de atracciones *pretpark*

parqué m *parket(vloer)*

parquear OV WW LA *parkeren*

parquedad v *soberheid; zuinigheid; karigheid*

parquet m → **parqué**

parquímetro m *parkeermeter*

parra v • *wijnstok* • *wingerd* ★ hoja de ∼ *vijgenblad* • INF. subirse a la ∼ *kwaad worden*

parrafada v *lang en saai betoog; boom*

párrafo m • *alinea* • *paragraaf* ★ echar un ∼ *een boom opzetten*

parral m *prieel met een wingerd*

parranda v • *muzikanten die spelend lol maken* • *lol; leut* ★ ir de ∼ *stappen; uitgaan*

parricida m/v *moordenaar* ⟨v. bloedverwant⟩

parricidio m *moord* ⟨op bloedverwant⟩

parrilla v • *braadrooster; grill* • *grillrestaurant* • *imperiaal* ⟨v. auto⟩ • *startpositie* ⟨bij autoraces⟩

parrillada v *gegrild gerecht*

párroco I m *pastoor; pastor* ★ casa de ∼ *pastorie* II BNW *parochie-*

parroquia v • *parochie* • *parochiekerk* • *klandizie*

parroquial BNW • *parochiaal* • *parochie-*

parroquiano m • *parochiaan* • *stamgast; klant*

parsimonia v • *spaarzaamheid; matigheid* • *onverstoorbaarheid; kalmte* ★ con ∼ *behoedzaam; kalm*

parsimonioso BNW • *spaarzaam; zuinig* • *onverstoorbaar; kalm*

parte I m • *bericht* ⟨meestal officieel⟩ • *medeling* ★ dar ∼ a *mededelen* ★ los ∼s facultativos *het geneeskundig rapport* II v • *deel; gedeelte; aandeel; (toegekend) part* • *kant; zijde; plaats; gebied* • *rol* ⟨bv. in een toneelstuk⟩ • JUR. *partij* • (mv) *geslachtsdelen* ★ ∼ integrante *bestanddeel* ★ las cinco ∼s del mundo *de vijf werelddelen* ★ las ∼s de la oración *de zinsdelen* ★ en ∼ *deels* ★ en su mayor ∼ *grotendeels* ★ en ninguna ∼ *nergens* ★ no parar en ninguna ∼ *geen zitvlees hebben* ★ a alguna ∼ *ergens heen* ★ en/por todas ∼s *overal* ★ en todas ∼s cuecen habas *het is ook altijd hetzelfde liedje* ★ de ∼ de u.p. *namens iemand* ★ lo tengo de mi ∼ *hij staat aan mijn kant* ★ ¿de ∼ de quién? *wie kan ik zeggen dat er is?* ★ de ∼ a ∼ *door en door* ★ el frío penetraba de ~ a ~ *overal was het grimmig koud* ★ ~ *por* ~ *uitvoerig* ★ *por la* ~ *de wat ... betreft* ★ *hacer las* ~s *verdelen* ★ *tener* ~ *en deel hebben aan* empeñar una ~ *principal een hoofdrol spelen* ★ *echar a mala* ~ *kwalijk nemen* ★ *no llevar a ninguna* ~ *geen enkel nut hebben* ★ *llevarse la mejor/peor* ~ *er goed/slecht vanaf komen*

parteluz v *middenzuil* ⟨in raam⟩
partenogénesis m *parthenogenese*
partera v *vroedvrouw*
partero m *verloskundige*
parterre m *bloembed*
partible BNW *deelbaar*
partición v *(ver)deling*
participación v ● *aandeel* ● *deelname*; *participatie*; *betrokkenheid* ● *lot* ⟨v. loterij⟩ ● *bericht*; *mededeling* ★ ~ *en los beneficios winstdeling* ★ *cuenta en* ~ *gemeenschappelijke rekening*
participante I m/v *deelnemer* II BNW ● *deelnemend* ● *deelhebbend*
participar I OV WW *mededelen* II ON WW ● (~ **de**) *delen in*; *delen* ⟨bv. van mening⟩ ● (~ **en**) *deelnemen aan*; *deel hebben aan*
partícipe I m/v *deelnemer*; *deelgenoot* II BNW *deelhebbend*; *deelnemend* (**de** *aan*)
participial BNW *van het deelwoord*
participio m *deelwoord*; *participium*
partícula v ● TAALK. *partikel* ● *deeltje*
particular I m *onderwerp*; *zaak*; *punt* ★ *hemos hablado sobre el* ~ *we hebben over de bewuste kwestie gesproken* II m/v *privépersoon* III BNW ● *privé*; *particulier* ● *bijzonder* ● *bepaald*; *concreet* ● *eigenaardig*; *bijzonder*; *specifiek*; *speciaal* ● *eigen*; *persoonlijk* ● *en* ~ *in het bijzonder* ★ *no tiene nada de* ~ *que het is niets bijzonders dat*
particularidad v *bijzonderheid*; *eigenaardigheid*
particularizar OV WW ● *specificeren* ● *bijzonderheden geven over* ● *in het bijzonder noemen*
particularizarse WKD WW *opvallen*; *zich onderscheiden*
particularmente BIJW *in het bijzonder*; *met name*
partida v ● *vertrek*; *aftocht* ● *bewijs* ● *akte* ● *post* ⟨op bv. rekening⟩ ● *partij* ⟨bij spelletje⟩ ● *groep mensen*; *gezelschap* ● *partij* ⟨goederen⟩ ★ ~ *de nacimiento geboorteakte* ★ ~ *doble dubbele boekhouding* ★ *las Siete Partidas wetboek van Alfons de Wijze* ★ ~ *serrana gemene streek* ★ *le ha jugado una mala* ~ *hij heeft hem een loer gedraaid* ★ *tener la* ~ *ganada aan het langste eind trekken*
partidario I m *partijganger*; *voorstander*; *aanhanger*; *supporter* ★ *ser muy* ~ *de u.c. erg voor iets zijn* II BNW *verdedigend*; *aanhangend*
partidismo m *partijgebondenheid*; *partijdigheid*
partidista m/v ● *iemand die partijdig is* ● *iemand die partijgebonden is*
partido I m ● POL. *partij* ● *wedstrijd* ● *voordeel* ★ ~ *de ida uitwedstrijd* ★ ~ *de vuelta thuiswedstrijd* ★ ~ *de dobles dubbelspel* ★ *sacar* ~ *de profijt trekken van* ★ *tomar el* ~ *de u.p. voor iemand partij kiezen* ★ *tomar* ~

partij kiezen; *een besluit nemen* II BNW ● *verdeeld* ● *gebroken* ● *vertrokken* ★ *con el alma partida met bloedend hart*
partidor m ● WISK. *deler* ● *soort kam* ★ ~ *de leña houthakker*
partir I OV WW ● *(ver)delen* ● *scheuren*; *barsten*; *splijten*; *stukbreken* ● *breken* ⟨v. persoon⟩; *kapot maken* ● *uitdelen* ★ ~ *el pan brood snijden* ★ ~ *por medio/en dos halveren* ★ ~ *el pelo scheiding in het haar doen* ★ *eso parte el alma dat is hartverscheurend* II ON WW ● *uitgaan* (**de** *van*) ● *vertrekken* ★ *a* ~ *de hoy van nu af aan* ★ ~ *para España naar Spanje vertrekken* ★ INF. ~ *se* (**de** *risa*) *zich rotlachen*
partitivo I m TAALK. *partitief* II BNW TAALK. *partitief* ★ *genitivo* ~ *partitieve 2e naamval*
partitura v *partituur*
parto m ● *bevalling* ● *voortbrengsel* ★ *es el* ~ *de los montes de berg heeft een muis gebaard*
parturienta I v *kraamvrouw* ★ *cuarto de la* ~ *kraamkamer* II BNW *kraam-*
parva v ● *hoop ongedorst koren* ● *massa*; *hoop*
parvedad v *onbeduidendheid*
parvo BNW ● *gering* ● *onbenullig* ● *pover*
parvulario m *peuterschool*; *kleuterschool*
párvulo I m *kleuter*; *peuter* II BNW ● *kleuter-*; *peuter-* ● *kinderlijk*
pasa v *rozijn* ★ *pasa de Corinto krent* ★ *estar hecho una pasa een gerimpeld gezicht krijgen /hebben*
pasable BNW *(middel)matig*; *redelijk*; *acceptabel*
pasabocas m (mv onv) COL *snack*; *hapje*
pasacalle m *levendige marsmuziek*
pasada v ● *(het) voorbijgaan*; *doortocht*; *beurt*; *behandeling* ● *rijgsteek* ★ *de* ~ *terloops* ★ *mala* ~ *lelijke zet*
pasadera v *vlonder(tje)*
pasadero I m *loopplank* II BNW *draaglijk*; *(middel)matig*
pasadizo m ● *smalle doorgang* ● *steegje*
pasado I m *verleden* II BNW ● *verleden*; *voormalig*; *vervlogen*; *vorig* ● *doorbakken* ● *overrijp*; *beurs* ⟨v. fruit⟩ ● *ranzig* ● *zuur* ⟨v. melk⟩ ● *bedorven* ★ ~ (*de moda*) *uit de mode* ★ *el lunes* ~ *afgelopen maandag*
pasador m ● *knip*; *schuif*; *grendel* ● *vergiet* ● *filter*; *zeef* ● *das-*, *haarspeld*; *broche*
pasaje m ● *passage*; *door-, overtocht* ● *passage*; *gedeelte*; *fragment* ● *(de) passagiers* ● *(betaling van) doorgangsrecht*; *tol* ● *kaartje* ⟨voor reis⟩ ● *steeg*
pasajero I m *passagier*; *reiziger* II BNW *vluchtig*; *voorbijgaand*; *op doortocht* ★ *ave pasajera trekvogel* ★ *carácter* ~ *van voorbijgaande aard*
pasamanería v ● *passementwinkel* ● *franje*, *boordsel*; *passementwerk*
pasamano m ● *trapleuning* ● *passement*; *boordsel*; *tres*
pasamontañas m *bivakmuts*
pasante I m/v *junior advocaat* II BNW *voorbijkomend*; *voorbijgaand*
pasapasa m *goochelarij*
pasaporte m *paspoort* ★ FIG. *dar el* ~ *a alg. iem. ontslaan*; *iem. buiten zetten*; *iem. om zeep helpen*
pasapurés m *pureerzeef*

pasar I OV WW • *verplaatsen* • *doorgeven*; *aanreiken* • *overbrengen*; *aansteken* ⟨v. ziekte⟩ • *filtreren*; *zeven* • *oversteken* • *passeren*; *inhalen* • *overschrijden*; *overtreffen* • *verblijven*; *doorbrengen* • *vergeven*; *toelaten* • OOK FIG. *slikken* • *smokkelen* • *doorspelen* ⟨v. bal⟩ • *uitstaan*; *verdragen*; *doorstaan* • *halen* ⟨v. examen⟩ • *doorlezen*; *vluchtig doorkijken* • *vluchtig opzeggen* ⟨v. gebed⟩ ★ ~ de una mano a otra *van hand tot hand gaan* ★ ~ la bayeta *dweilen* ★ ~ hambre *honger lijden* ★ ~ una hoja *een blad omslaan* ★ ~ la lista de presentielijst *doornemen* ★ páseme la inmodestia *neem me niet kwalijk* ★ ~lo bien *het naar zijn zin hebben* ★ ¡que lo pases bien! *veel plezier!* ★ ~ de largo *voorbijgaan* ★ pase lo que pase *wat er ook gebeurt* **II** ON WW • *voorbijgaan*; *gaan* • *voorbijgaan* ⟨v. tijd⟩; *verstrijken* • *doorlopen*; *binnenkomen* • *overkomen*; *gebeuren* • *passen* ⟨in spel⟩ ★ ¿qué pasó? *wat is er aan de hand?* ★ ~ a una velocidad inferior *terugschakelen* ⟨versnelling⟩ • (~ **a**) *veranderen in*; *overgaan tot*; *beginnen te* [+ onbep. wijs] • (~ **por**) *langsgaan*; *doorgaan voor*

pasarela v *loopplank*

pasarse WKD WW • *overlopen* ⟨naar tegenpartij⟩ • *ontglippen*; *vergeten* • *voorbij laten gaan*; *ontschieten* • *te gaar worden* • *bederven*; *rotten*; *verwelken* • *te ver gaan*; *overdrijven* ★ ~ de listo *te slim willen zijn* • (~ **por**) *komen langs*; *gaan door*

pasatiempo m *tijdverdrijf*

pascua v • *Pasen* • *joods paasfeest* ★ Pascuas *paastijd*; *pinkstertijd* ★ Pascua de Pentecostés *Pinksteren* • ¡felices Pascuas! *vrolijk Pasen!*; *prettige feestdagen!* • ¡felices Pascuas de Navidad! *zalig Kerstmis!* • ¡y santas Pascuas! *en daarmee uit!* ★ de ~s a ramos *zo nu en dan* ★ hacer la ~ a u.p. *iemand dwars zitten* ★ estar como unas ~s *in zijn sas zijn*

pascual BNW *paas-*

pase m • *pas* ⟨bv. voor de bus of bibliotheek⟩ • LA *paspoort* • COL *rijbewijs*; *vrijkaartje* • *machtiging* • *show*; *vertoning*; *voorstelling* • *handbeweging* ⟨bv. van hypnotiseur⟩ • *pass* ⟨bij sport⟩ • *pase de pecho (het) voorlangs laten gaan v.d. stier*

paseante m/v • *passant*; *wandelaar* • *iemand die niets te doen heeft*

pasear I OV WW • *gaan wandelen met* • *uitlaten* ⟨v. hond⟩ • *paraderen*; *showen* **II** ON WW • *wandelen* • *een tochtje maken*

pasearse WKD WW • *wandelen*; *rondrijden* • *opkomen* ⟨v. gedachte⟩ • *lui zijn*; *niets doen* • (~ **por**) *oppervlakkig bestuderen*

paseíllo m *(het) binnenkomen v.d. stierenvechters*

paseo m • *wandeling* • *rit*; *tocht* • *optocht* ⟨v. de stierenvechters⟩ • *laan* ★ ~ en barco de vela *zeiltocht* ★ dar un ~ *een wandeling maken* ★ darse un ~ a caballo *paardrijden* ★ estar de ~ *uit zijn* ★ mandar a ~ a alg. *iemand boos wegsturen*

pasillo m *(wandel)gang* ★ ~ aéreo *luchtcorridor*

pasión v • *hartstocht*; *passie* • *(onstuimige) liefde* • *lijden* ⟨v. Christus⟩ ★ tener ~ por el oficio *liefde voor zijn vak hebben*

pasional BNW *hartstochtelijk*; *passioneel* ★ drama ~ *liefdesdrama*

pasionaria v *passiebloem*

pasividad v *passiviteit*; *lijdelijkheid*

pasivo I m • *vermogen* ⟨uit eerder werk⟩ • *passiva*; *debet* • TAALK. *passivum* **II** BNW • *passief*; *lijdend* • *lijdelijk* • TAALK. *passief*

pasmado I m *verstrooid persoon* **II** BNW • *suf*; *verstrooid* • *stomverbaasd*

pasmar OV WW *versteld doen staan*; *verbazen*

pasmarota v *(overdreven) verwondering*

pasmo m *hevige verbazing*; *verwondering*; *ontzetting*

pasmoso BNW • *ontzettend* • *adembenemend*

paso I m • *(het) voorbijgaan* • *pas*; *stap*; *voetspoor* • *overtocht* • *(het) verstrijken* • *doorgang*; *bergpas*; *zee-engte* • *stap*; *handeling* • *vooruitgang* • *moeilijke situatie* ★ paso libre *vrije doortocht* ★ paso a nivel *spoorwegovergang* ★ paso de peatones *(voetgangers)oversteekplaats* ★ paso de ambladura *telgang* ★ paso corto *looppas* ⟨bij paardrijden⟩ ★ paso doble *paso doble* ★ paso de comedia *zeer kort toneelstuk* ★ paso de garganta *stembuiging* ★ mal paso *lastig parket* ★ paso a paso *stap voor stap* ★ prohibido el paso *inrijden verboden* ★ a buen paso *snel* ★ a pasos agigantados *snel* ★ a paso lento *langzaam* ★ a paso de tortuga *stapvoets*; *in slakkengang* ★ al paso *stapvoets* ★ al paso que *tegelijkertijd*; *terwijl* ★ a este paso *in dit tempo*; *op deze manier* ★ a ese paso *dienovereenkomstig* ★ a dos pasos de aquí *op een steenworp afstand* ★ a cada paso *vaak* ★ más que a paso *snel* ★ de paso *en passant*; *terloops* ★ abrirse paso *de weg vrijmaken*; FIG. *vooruit komen* ★ coger los pasos *de weg afsluiten* ★ coger a alg. al paso *iemand onderscheppen* ★ dar un paso decisivo *een beslissende stap doen* ★ dar un paso más *een stap verder gaan* ★ llevar el paso *in de pas lopen* ★ no poder dar paso *niet kunnen opschieten* ★ seguir los pasos a alg. *iemand in de gaten houden* ★ se arrojó al paso del tren *hij gooide zich voor de trein* ★ paso subterráneo *ondergrondse doorgang* **II** BNW *gedroogd* ⟨v. vruchten⟩ **III** BIJW *zachtjes*

pasodoble m *paso doble*

pasota I m/v *non-conformist*; *onverschillig type* **II** BNW *onverschillig*

pasquín m *schotschrift*

pasta v • *taartje* • *deeg(waren)*; *pasta* • INF. *geld* • *kaft overtrokken met leer of stof* • FIG. *pit*; *talent* ★ ~ dentífrica *tandpasta* ★ ~s alimenticias/italianas *deegwaren* ★ ~ de hojaldre *bladerdeeg* ★ ~ italiana *perkamentpapier* ★ de buena ~ *van goede inborst*

pastar I OV WW *weiden* **II** ON WW *grazen*

pastel m • *gebakje*; *taartje* • *pastei* • *pastelkrijt*; *waskrijt* • *knoeiwerk* ★ ahora se descubre el ~ *nu komt de aap uit de mouw*

pastelear ON WW • *meepraten*; *poeslief doen* • *konkelen*

pa

pa

pastelería v • *banketbakkerij* • *gebak*; *banket*
pastelero m *banketbakker*
pastelillo m • *hartig broodje* • *gebakje*
pasterizar OV WW *pasteuriseren*
pasteurización v *pasteurisatie*
pasteurizado BNW *gepasteuriseerd*
pasteurizar WW → **pasterizar**
pastilla v • *pil*; *tablet* • *stuk* ⟨zeep⟩; *reep*
  ⟨chocola⟩ • COMP. *microchip* ⋆ a toda ~ *heel
  snel*; *in volle vaart*
pastillero m *pillendoosje*
pastinaca v • *pastinaak*; *witte wortel*
  • *pijlstaartrog*
pastizal m *weiland*
pasto m • *(het) grazen* • *weide*; LA *grasveld*;
  gazon • *veevoer* • FIG. *voedsel* ⋆ a todo ~ *naar
  believen* ⟨bij eten of drinken⟩ ⋆ el edificio
  quedó ~ de las llamas *het gebouw werd een
  prooi van de vlammen*
pastor m • *herder* • *pastor*; *dominee* ⋆ perro ~
  herdershond
pastoral BNW • *herders-* • *herderlijk*; *pastoraal*
  ⋆ carta ~ *herderlijke brief*
pastorear OV WW *hoeden*; *weiden*
pastoril BNW *herders-* • *novela* ~ *herdersroman*
pastosidad v *klefheid*; *kneedbaarheid*
pastoso BNW • *kneedbaar*; *deegachtig* • *kleverig*;
  klodderig • *prettig*; *welluidend* ⟨v. stem⟩ ⋆ de
  consistencia pastosa *papperig*
pasturaje m *gemeenschappelijke weidegrond*
pata v *poot* ⟨ook steun⟩ ⋆ INF. estirar la pata *de
  pijp uitgaan* ⋆ echar las patas por alto *buiten
  zichzelf zijn van woede* ⋆ INF. tener mala pata
  pech hebben ⋆ a la pata llana *eenvoudig*;
  rechttoe rechtaan ⋆ patas arriba *overhoop*;
  door elkaar
patada v *trap*; *schop* ⋆ a ~s *in overvloed* ⋆ dar la
  ~ a alg. *iemand eruit smijten* /*ontslaan*
  ⋆ echar a ~s *eruit smijten*
patagón I m *Patagoniër* II BNW *Patagonisch*
patagónico BNW *Patagonisch*
patalear ON WW • *stampvoeten* • *trappelen*
  • *woedend zijn*
pataleo m • *(het) stampvoeten* • *getrappel* ⋆ INF.
  derecho al ~ *het recht om te protesteren*
pataleta v *driftbui*; *aanstellerij* ⋆ armar ~ *zich
  aanstellen*
patán I m PEJ. *lomperik*; *boer(enpummel)* II BNW
  PEJ. • *boers* • *lomp*
patata v • *aardappel* • *aardappelplant* ⋆ fécula
  de ~ *aardappelmeel* ⋆ ~s fritas *patat*; *friet*
patatal m *aardappelveld*
patatero I m *aardappelteler, -handelaar* II BNW
  aardappel-
patatús m *duizeling*; *katzwijm* ⋆ le dio un ~ *hij
  werd duizelig*
paté m *paté*; *(lever)pastei*
pateadura v • *gestamp(voet)* • ZA *schop*; *trap*;
  stomp • *ernstige terechtwijzing*
patear ON WW • *stampen* • *stampvoeten*
  • *schoppen*; *trappen* ⋆ INF. *druk in de weer zijn*
patena v • *pateen*; *hostieschotel* • *medaille*
  ⋆ limpio como una ~ *blinkend schoon*
patentar OV WW *een patent geven*; *patenteren*
patente I v • *patent*; *octrooi* ⋆ INF. *faam* ⋆ ~ de
  corso *kaperbrief*; FIG. *vrijbrief* II BNW *duidelijk*;

zichtbaar ⋆ hacer ~ *aan het licht brengen*
patentizar OV WW *duidelijk maken*
pateo m *geschop*; *gestampvoet*
paternal BNW *vaderlijk*
paternalismo m *paternalisme*
paternalista BNW *paternalistisch*
paternidad v *vaderschap*
paterno BNW *vaders-*; *vaderlijk*
patético BNW • *pathetisch*; *aandoenlijk*
  • *hoogdravend*
patetismo m • *pathos*; *aandoenlijkheid*;
  pathetiek • *hoogdravendheid*
patiabierto BNW *met o-benen*
patibulario BNW • *van de galg* • *boeven-*;
  misdadig ⋆ humor ~ *galgenhumor*
patíbulo m • *galg* • *schavot*
paticojo BNW *kreupel*; *mank*
patidifuso BNW INF. *verbluft*; *verbijsterd*; *paf*
patilla v • *soort haakje*; *poot* ⟨v. bril⟩ • *(mv)
  bakkebaard*
patín m • *schaats* • *autoped* ⋆ patines de ruedas
  rolschaatsen ⋆ ~ ⟨acuático⟩ *waterfiets*
pátina v • *patina*; *edelroest* • *verkleuring*
patinadero m *ijsbaan*
patinador I m *(rol)schaatser* II BNW *schaats-*
patinaje m • *(het) schaatsen* • *(het) slippen* ⟨v.
  auto⟩ ⋆ ~ artístico *(het) kunstrijden*
patinar ON WW • *schaatsen* • *slippen* ⟨v. auto⟩
  • *een uitglijder maken*; *je mond voorbij praten*
  ⋆ ~ con patines de ruedas *rolschaatsen*
patinazo m • *slip*; *schuiver* • *uitglijder*; *flater*
patinete m *step*
patio m • *portaal* • *binnenplaats*; *patio*
  • *parterre* ⟨in het theater⟩
patita v *pootje* ⋆ poner de ~s en la calle *op
  straat zetten*; *ontslaan*
patitieso BNW • *met stijve benen*; *verstijfd* ⟨v.
  kou⟩ • *stomverbaasd* • *verwaand*
patituerto BNW *met kromme poten*
patizambo BNW *met x-benen*
pato m *eend*; *woerd* ⋆ pagar el pato *de pineut
  zijn*
patochada v *geleuter*
patógeno BNW *ziekteverwekkend*; *pathogeen*
patojo BNW CA *moeilijk lopend*; *kreupel*
patología v *pathologie*; *ziekteleer*
patológico BNW • *ziekelijk* • *van de ziekteleer*;
  pathologisch ⋆ el cuadro ~ *het ziektebeeld*
patólogo m *patholoog*
patoso BNW • *zogenaamd grappig*; *flauw*
  • *houterig*; *onhandig*
patota v ZA, PERU *(straat)bende*
patraña v • *leugen* • *verzinsel*
patria v *vaderland* ⋆ ~ chica *stad of streek van
  herkomst* ⋆ amor a la ~ *vaderlandsliefde*
patriarca m • *aartsvader* • *patriarch* • *eretitel
  voor sommige bisschoppen* ⋆ como un ~ *van
  alle gemakken voorzien*
patriarcado m *patriarchaat*
patriarcal BNW • *patriarchaal* • *aartsvaderlijk*
patricio I m • *patriciër* • *vooraanstaand persoon*
  II BNW • *patricisch* • *vooraanstaand*
patrimonial BNW *erf-* ⋆ bienes ~es *erfgoederen*
patrimonio m • *erfgoed* • *erfdeel* • *vermogen*
patrio BNW *vaderlands*
patriota I m/v *patriot* II BNW *vaderlandslievend*;

patriottisch
patrioteria v *chauvinisme*
patrotero I m *chauvinist* II BNW *chauvinistisch*
patriótico BNW • *vaderlandslievend*; *patriottisch*
• *vaderlands-*
patriotismo m • *vaderlandsliefde*; *patriottisme*
• *chauvinisme*
patrocinar OV WW *beschermen*; *begunstigen*;
sponsoren
patrocinio m • *bescherming*; *gunst* • *sponsoring*
patrón m • *baas* • *hospes*; *pensionhouder*
• *(binnen)schipper* • *patroon*; *model*
• *standaard*; *norm* • *schutspatroon*;
beschermer; *beschermheer* • *onderstam* ‹bij
enten› ★ *todos estamos cortados por el
mismo* ~ *we zijn allemaal hetzelfde*
patrona v • *bazin* • *beschermster*;
beschermvrouwe • *hospita* ★ ZA la ~ *moeder de
vrouw*
patronal I v *werkgeversorganisatie* II BNW
• *patroons-* • *werkgevers-*
patronato m • *patronaat* • *stichting* ‹met
liefdadig doel›
patronímico I m • *vadersnaam* • *familienaam*
II BNW *geslachts-*; *familie-*
patrono m • *beschermheer* • *schutspatroon*
• *baas*
patrulla v • *patrouille* • *groep*
patrullar I OV WW *patrouilleren in* II ON WW
patrouilleren
patrullero I m • *verkenningsvliegtuig*
• *patrouilleboot* • ZA *surveillancewagen* II BNW
patrouille-
patulea v *teugelloze bende*
paular m • *moeras* • *modderpoel*
paulatinamente BIJW • *langzamerhand* • *allengs*
paulatino BNW *langzaam*; *geleidelijk*
paulina v • *banbrief* • *anonieme scheldbrief*
• ZELDEN *strenge berisping*
pauperismo m *armoede*; *verpaupering*
paupérrimo BNW *heel arm*
pausa v • *(rust)pauze* • MUZ. *rust*
• *bedachtzaamheid*
pausado BNW *kalm*; *langzaam*
pausar I OV WW *vertragen* II ON WW • *pauzeren*
• *een rust hebben* ‹in een muziekstuk›
pauta v • *tekenliniaal* • *blad met lijnen* • *norm*;
leidraad
pautar OV WW • *liniëren* • *richtlijnen geven voor*
pava v • ZA *fluitketel* • *vrouwtjeskalkoen* • INF.
dom gansje ★ *pelar la pava het hof maken*
pavada v • *troep kalkoenen* • *kinderspelletje*
• *flauwekul*; *kleinigheid*
pavana v *pavane*
pavesa v • *vonk* • *vliegas*
pavía v *hartperzik(boom)*
pavimentar OV WW • *asfalteren* • *plaveien*;
betegelen
pavimento m • *plaveisel*; *wegdek* • *tegelvloer*
pavipollo m *kuiken van kalkoen*
pavisoso BNW *onnozel*
pavitonto BNW *oliedom*
pavo m • *kalkoen* • *saaie piet* ★ *pavo real pauw*
★ *no ser moco de pavo belangrijk zijn*; *geen
kattenpis zijn* ★ *se le subió el pavo zij kreeg
een kop als vuur*

pavón m • *koningspauw* • *antiroestlaag*
pavonado BNW *donkerblauw*
pavonearse WKD WW *pochen*; *dik doen*
pavoneo m *dikdoenerij*; *opschepperij*
pavor m *paniek*; *(grote) angst* /*vrees*
pavoroso BNW • *angstaanjagend* • *ontzettend*
payada v RPL *liedjeswedstrijd* ‹tussen
payadores›
payador m RPL *(improviserend) volkszanger*
payasada v *dolle streek*; *grap*; *clownerie*
payaso m *grappenmaker*; *paljas*; *clown*
payés m *boer* ‹Catalonië, Balearen›
payo m • *niet-zigeuner* • *boer*; *dorpeling*
paz v • *vrede* • *vredesverdrag* • *rust* ★ *paz
mental gemoedsrust* ★ *estar en paz quitte
staan*/*zijn* ★ *hacer las paces vrede sluiten*
★ *dejar en paz met rust laten* ★ *que en paz
descanse wijlen*; *hij ruste in vrede* ★ *ien paz!
rustig!* ★ *iy en paz! en daarmee basta!* ★ *vivir
en santa paz in pais en vree leven*
pazca WW (1e/3e p ev subj. t.t.) → *pacer*
pazguato I m • *simpele ziel* • *naieveling* II BNW
simpel; *onnozel*
pazo m *adellijk huis op platteland* ‹Galicië›
PC m (Personal Computer) *pc*
pe v ★ *de pe a pa van a tot z*
peaje m • *tol* • *tolhuis*
peal m • *voet* ‹v. kous› • *slobkous*
peana v *voetstuk* ‹v. beeld›; *sokkel*
peatón m *voetganger*
peatonal BNW *voetgangers-*
pebete m • *lont* ‹bij vuurwerk› • *reukkaarsje*
• *stinkend goedje*
pebetero m • *wierookvat*; *reukvat* • *schaal* ‹met
Olympisch vuur›
peca v *sproet*
pecado m • OOK FIG. *zonde* • *tekort*; *gebrek* • FIG.
duivel ★ ~ *capital*/*mortal doodzonde* ★ *paga
sus* ~ *s zij boet voor haar zonden* ★ *en el* ~
*lleva la penitencia boontje komt om zijn
loontje* ★ IRON. *Juanito, de mis* ~ *s! Jantje toch!*
★ ~ *nefando sodomie* ‹nl. sodomie›;
homoseksualiteit
pecador I m *zondaar* ★ *i*~ *de mi! wat een
sufferd ben ik geweest!* II BNW *zondig*
pecaminoso BNW *zondig*; *verwerpelijk*
pecar ON WW • *zondigen* • *een fout begaan*
★ (~ *de*) *overdrijven* ★ ~ *de bueno overdreven
goed zijn* ★ *no* ~ *de cobarde geen lafaard zijn*
pecera v *vissenkom*
pechada v LA *duw*; *zet* ‹met borst, schouders›
pechar OV WW **(con)** *(iets) op zich nemen voor*
pechera v • *borststuk* ‹v. hemd› • INF. *voorgevel*
‹boezem›
pechero m • *borststuk* • *slab*
pechina v ARCHIT. *pendentief*
pecho m • *borst*; *thorax* • *boezem* • *gemoed*
• FIG. *hart*; *innerlijk* ★ *partirse el* ~ *por algo
iets vurig verdedigen* ★ *abrió su* ~ *a su padre
hij stortte zijn hart bij zijn vader uit* ★ *hombre
de pelo en* ~ *potige kerel* ★ *dar el* ~ *de borst
geven* ★ *tomar u.c. a* ~ *zich iets aantrekken*;
iets ter harte nemen ★ *a lo hecho* ~ *gebeurd is
gebeurd* ★ FIG. *echarse algo entre* ~ *y espalda
achteroverslaan*; *naar binnen werken*
pechuga v • INF. *boezem* • *borstvlees* ‹v.

gevogelte⟩

pechugón m *klap op de borst*

pecio m *wrakstuk; wrakhout*

pecíolo m *bladsteel*

pécora v • mala ★ *gemeen wijf; loeder*

pecoso BNW *sproetig*

pectoral I m • *hoestdrank* • *borstspier* II BNW
• *borst-* • *hoest-* ★ *cavidad* ~ *borstholte*

pecuario BNW *vee-*

peculado m *verduistering van staatsgeld;
ambtelijke malversatie*

peculiar BNW *eigen; typisch; eigenaardig;
bijzonder*

peculiaridad v *bijzonderheid; eigenaardigheid*

peculio m *vermogen; eigen geld*

pecunia v INF. *poen*

pecuniario BNW *cash-; geldelijk* ★ *pena
pecuniaria geldstraf*

pedagogía v *pedagogie; opvoedkunde*

pedagógico BNW *pedagogisch; opvoedkundig*

pedagogo m *pedagoog; opvoedkundige*

pedal m *pedaal* ★ ~ *del embrague
koppelingspedaal* ★ ~ *del freno rempedaal*

pedalear ON WW *trappen* ⟨op een fiets⟩

pedáneo BNW • *dorps-* • *met beperkte
bevoegdheid* ⟨v. rechter, burgemeester⟩

pedante I m/v *betweter; wijsneus* II BNW
• *betweterig* • *zelfingenomen*

pedantería v • *pedanterie; verwaandheid*
• *verwaande opmerkingen*

pedantesco BNW *pedant*

pedazo m *stuk; fragment* ★ ~ *de pan doodgoede
kerel; homp brood* ★ *por un* ~ *de pan voor een
habbekrats* ★ ~ *de alcornoque lomperd* ★ ~ *de
mi corazón lieverd* ★ *ser un* ~ *de carne een
ijskouwe zijn* ★ *caerse a* ~*s heel erg versleten
zijn* ⟨door intensief gebruik⟩; *doodmoe/kapot
zijn* ★ *hacer* ~*s kapot maken* ★ *hacerse* ~*s zich
uitsloven* ★ *estoy hecho* ~*s ik ben kapot/
doodmoe*

pederasta v *pederast*

pederastia v *pederastie*

pedernal m • *vuursteen* • *iets keihards*

pedestal m • *voetstuk; sokkel* ★ *tener/poner a
alg. en un* ~ *iemand op een voetstuk plaatsen*

pedestre BNW • *voet-* • *te voet* • *platvloers*
• *gewoontjes; nietszeggend*

pedestrismo m • *wandelsport* • *(het) hardlopen*

pediatra m/v *kinderarts*

pediatría v *pediatrie; kindergeneeskunde*

pedicura v • *pedicure; voetverzorging*
• *voetverzorgster*

pedicuro m *pedicure; voetverzorger*

pedida v *verloving*

pedido I m • *bestelling* • *verzoek* ★ *hoja de* ~
bestelformulier II BNW *gevraagd; besteld*

pedigrí m *stamboom* ⟨v. dieren⟩

pedigüeño I m *bedelaar* II BNW *bedelend*

pediluvio m *voetbad*

pedimento m • *verzoek* • *verzoekschrift*

pedir /i/ OV WW • *vragen* • *verzoeken*
• *verlangen; eisen; wensen* • *vereisen; vragen
om* • *de hand vragen* • *bedelen* • *bestellen* ★ ~
a gritos FIG. *schreeuwen om; hard nodig
hebben* ★ *es mucho* ~ *dat is veel gevraagd* ★ *a
~ de boca naar wens; van een leien dakje* ★ ~

hora een afspraak maken ⟨bv. bij arts⟩ ★ *pida
tres y pague dos drie halen, twee betalen*

pedo m • *wind; scheet* • *dronkenschap* ★ *soltar
un pedo een wind/scheet laten* ★ *estar pedo
bezopen zijn* ★ *pedo de lobo stuifzwam*

pedorrear ON WW INF. *winden laten*

pedrada v • *steenworp* • *onaangename
opmerking* ★ *andar a* ~*s elkaar met stenen
bekogelen*

pedrea v • *steniging* • *hagelbui* • *de laagste
prijzen* ⟨in loterij⟩

pedregal m *steenachtig terrein*

pedregoso BNW *steenachtig*

pedrería v *edelstenen; juwelen*

pedrero m *steenhouwer*

pedrisco m *hagel van steen*

Pedro m *Piet; Peter* ★ *como* ~ *por su casa alsof
hij thuis is; vrijmoedig*

pedrusco m *rotsblok*

pedúnculo m *steel* ⟨v. bloem⟩

pega v • *plaksel; lijm* • *hindernis; obstakel*
• *strikvraag* ★ *de pega vals; nagemaakt;
pseudo-; nep*

pegadizo BNW • *kleverig* • *dat blijft hangen* ⟨v.
liedje⟩; *opdringerig*

pegado I m *kleefpleister* II BNW • *bevestigd;
vastgeplakt; gelijmd* • *vlak* (a *naast*); *dicht* (a
tegen(aan)) • *verbluft; verrast* ★ *quedarse* ~ *als
aan de grond genageld staan*

pegadura v • *(het) plakken; (het) lijmen*
• *gelijmd oppervlak* • *verbindingsplaats*

pegajoso BNW *plakkerig; klef; slijmerig*

pegalotodo m INF. *alleslijmer*

pegamento m *kit; lijm*

pegar I OV WW • *lijmen; vastplakken*
• *vastnaaien; vasthechten; bevestigen;
vastbinden; vastknopen* • *plaatsen tegen;
drukken tegen* • *blijven hangen* ⟨v. liedje⟩
• MED. *aansteken; besmetten* • *aansteken* ⟨v.
vuur⟩ • *slaken* ⟨v. kreet⟩ • *lossen* ⟨v. schot⟩
• *geven* ⟨v. klap⟩ ★ ~ *golpes sobre la mesa op
de tafel slaan* ★ ~ *una paliza a alg. iemand
afranselen* ★ ~ *un salto opspringen* ★ ~ *un tiro
schieten* ★ *eso no pega ni con cola dat is je
reinste onzin* II ON WW • *plakken; kleven* • *fel
schijnen* ⟨v. de zon⟩ • (~ *con*) *passen bij* ⟨v.
kleren⟩ ★ *esa camisa no pega con la falda
die bloes staat niet bij die rok*

pegarse WKD WW • *(vast)plakken; blijven
plakken* • *aanbranden* ★ *me la pega hij
bedriegt me*

pegatina v *sticker*

pego m ★ *dar el pego op een dwaalspoor
brengen; bedriegen*

pegote m • *plakkertje; pleister* • *kleverige massa*
⟨v. rijst, deeg⟩ • *prutswerk; knoeiwerk*
• *opdringerig iemand*

pegujal m • *klein zaailand /weiland*
• *boerenbedrijfje*

peinada v *(het) kammen* ★ *darse una* ~ *zijn
haar even kammen*

peinado I m *kapsel; haardracht* II BNW
• *gekapt; gekamd* • *welverzorgd*

peinador m • *kapmantel* • CA *toilettafel*

peinadura v *(het) kammen*

peinar OV WW *(uit)kammen; kappen* ★ ~ *los*

naipes *de kaarten schudden* ∗ ~ canas *oud zijn/worden*

peine m *kam* ∗ ite vas a enterar de lo que vale un ~! *je zal nog wat beleven!*

peineta v *sierkam*

pejiguera v *gedoe*

pela v • INF. *peseta* • LA *pak slaag* ‹met riem›

pelada v • LA *(het) knippen* ‹v. haar› • ZA *kale plek/kruin*

peladilla v • *amandel met suikerlaagje* • *kiezelsteentje*

pelado I m • *kale plek* • *armoedzaaier; arme sloeber* • *skinhead* **II** BNW • *kaal; naakt* • *geschild; geplukt* • *blut* • *op de kop af* ∗ rompió a grito ~ *hij begon plotseling te roepen* ∗ estar ~ *platzak zijn*

peladura v • *(het) schillen; (het) kaalscheren* • *schil* • *kale plek*

pelagatos m/v *armoedzaaier; arme donder*

pelaje m • *(warrige) haardos; vacht* • FIG. *uiterlijk* • *eigen soort*

pelambre m/v *haardos; ragebol*

pelambrera v • *dikke haardos* • *krullebol*

pelanas m INF. *sukkel; nietsnut; 'looser'*

pelandusca v *hoer; lichtekooi*

pelapatatas m *aardappelschiller*

pelar OV WW • *kaalscheren, -knippen* • *plukken* • *villen; schillen* ∗ es muy duro de ~ *hij is erg moeilijk te overtuigen* ∗ hace un frío que pela *het is steenkoud*

pelazón v CA *armoede; ellende*

peldaño m *trede; sport* ‹v. ladder›

pelea v • *gevecht; strijd* • *ruzie*

peleador BNW *twistziek*

pelear ON WW • *vechten; strijden; worstelen; knokken* • *slag leveren* • *in strijd zijn met* • *ruzie maken*

pelearse WKD WW *ruzie krijgen/hebben; vechten*

pelechar ON WW • *verharen; in de rui zijn* • *herstellen* ‹v. gezondheid›

pelele m • *stropop;* FIG. *slappe vent* • *hansop; speelpakje*

peleón I m *ruziemaker; vechtersbaas* **II** BNW • *vechtlustig* • *goedkoop* ‹v. wijn›

pelerina v *pelerine; korte cape*

peletería v *bontwinkel, -handel*

peletero m *bontwerker, -handelaar*

peliagudo BNW • *hachelijk; netelig* • *gecompliceerd*

pelícano m (pelicano) *pelikaan*

pelicorto BNW *kortharig*

película v • *film* • *laagje; velletje; schilfertje* ∗ ~ sonora *geluidsfilm* ∗ ~ de suspense/tensión *thriller* ∗ INF. de ~ *grandioos; fantastisch* ∗ ~ de terror *horrorfilm*

peliculero I m *filmacteur* **II** BNW *film-*

peliculón m INF. • *zeer goede film* • *kitschfilm*

peligrar ON WW • *in gevaar verkeren* • (~ **de**) *gevaar lopen om*

peligro m *gevaar; risico* ∗ fuera de ~ *buiten gevaar* ∗ en ~ de muerte *met gevaar voor het leven* ∗ correr ~ *gevaar lopen* ∗ poner en ~ *in gevaar brengen*

peligrosidad v *gevaar; gevaarlijke situatie*

peligroso BNW *gevaarlijk; riskant*

pelillo m *kleinigheidje* ∗ echar ~s a la mar *zich verzoenen*

pelín m *(een) (klein) beetje*

pelinegro BNW *zwartharig*

pelirrojo BNW *roodharig*

pelirrubio BNW *blond*

pella v • *klont; kluit; klomp* • *stronk* • *reuzel* • *hoop* ‹geld›

pelleja v • *dierenhuid* • *(schapen)vacht* • INF. *hoer*

pellejería v • *leerlooierij* • *aantal huiden*

pellejo m • *vacht; huid* • *schil* ‹v. vrucht› • *wijnzak* • *het vege lijf;* FIG. *leven* ∗ salvar el ~ *zijn hachje redden*

pelliza v *bontjack*

pellizcar OV WW • *knijpen* • *een beetje nemen van*

pellizco m • *kneep* • *snufje* • *plek* ‹v. het knijpen› ∗ ~ de monja *gemene kneep* ∗ INF. un buen ~ *een lieve duit*

pelma v • *dikke klont* ‹eten› • *zeurkous; klier*

pelmazo I m INF. • *vervelend mens; (enorme) zeikerd* • *slome duikelaar; luiwammes* **II** BNW • *vervelend* • *traag; sloom*

pelo m • *haar* • *vacht* • *dons* • *kleine hoeveelheid* ‹bijna niets› • *vleug* ‹bij fluweel› • *pool* ‹v. tapijt› ∗ pelo crespo *kroeshaar* ∗ pelo rizado *krulhaar* ∗ al pelo *heel geschikt; op het juiste moment; als geroepen* ∗ cortarse el pelo *zijn haar laten knippen* ∗ no tocar un pelo de la ropa *geen haar krenken* ∗ estar hasta los pelos *het zat zijn* ∗ colgado de un pelo *aan een zijden draadje* ∗ agarrarse a un pelo *elke kans aangrijpen* ∗ de medio pelo *middelmatig; van lage afkomst* ∗ en pelo *zonder zadel; kaal* ∗ por un pelo *bijna* ∗ cortar un pelo en el aire *scherpzinnig zijn* ∗ no tener ni un pelo de tonto *lang niet gek zijn* ∗ tomar el pelo a alg. *iemand voor de gek houden* ∗ no se le ve el pelo *hij is spoorloos verdwenen* ∗ contar algo con pelos y señales *iets haarfijn vertellen* ∗ teñirse el pelo de negro *zijn haar zwart (laten) verven*

pelón I m (v: **pelona**) • *kale; kaalkop* • *arme donder* **II** BNW (v: **pelona**) • *(half) kaal* • *armoedig*

pelota I v • *bal* • *balspel; kaatsspel* ∗ INF. ~s *ballen; kloten* ∗ en ~(s) *spiernaakt* ∗ dejar a alg. en ~(s) OOK FIG. *iemand helemaal uitkleden* ∗ está/sigue la ~ en el tejado *het kan nog alle kanten op; de zaak is nog niet beslist* ∗ echarse la ~ *elkaar de zwarte piet toespelen* ∗ devolver la ~ *de bal terugspelen; lik op stuk geven* ∗ estar hasta las ~s de alg. *van iemand balen* **II** m/v *slijmbal* ∗ ser un ~ *een slijmbal zijn*

pelotari m/v *kaatsbalspeler* ‹Baskisch›

pelotazo m *klap; slag* ‹met een bal›

pelotear I OV WW *controleren* ‹v. boekhouding› **II** ON WW • *een balletje trappen/slaan* • *ruzie maken*

pelotera v *ruzie*

pelotero m LA *balspeler* ‹honk-, voetbal›

pelotilla v • *gastar/hacer la ~ slijmen; strooplikken*

pelotillero I m *slijmerd; slijmbal* **II** BNW *kruiperig; slijmerig*

pe

pelotón m • *kluwen* • OOK SPORT *peloton*
peltre m *legering van tin, lood en zink*
peluca v *pruik*
peluche v • *pluche* • *knuffel(beest)* ★ *osos de ~
teddybeer*
peludo I m *behaard persoon* II BNW *(sterk)
behaard*
peluquería v • *kapperswinkel* • *beroep van
kapper*
peluquero m *kapper*
peluquín m *haarstukje; toupet*
pelusa v • *pluis* • *dons* • INF. *jaloezie* ⟨bij een
kind⟩
pelviano BNW *bekken-*
pelvis v ANAT. *bekken*
pena v • *straf* • *smart; pijn* • *lijden; droefheid*
• *moeite* • CA *schaamte; verlegenheid* ★ *pena
capital/de muerte doodstraf* ★ *pena de
cárcel/prisión gevangenisstraf* ★ *pena
correccional tuchthuisstraf* ★ *so pena de op
straffe van* ★ *con suma pena zeer moeizaam*
★ *a duras penas met pijn en moeite; met grote
inspanning* ★ *sin pena ni gloria niet goed en
niet slecht; middelmatig* ★ *ahogar las penas
zijn verdriet verdrinken* ★ *dar pena pijnlijk
zijn* ★ *no merece/vale la pena het is de moeite
niet waard* ★ *iqué pena! wat jammer!*
penacho m • *tooi; vederbos* • *kuif* ⟨v. vogels⟩
• *pluim*
penado I m *veroordeelde; gedetineerde* II BNW
• *bestraft* • *bedroefd* • *moeizaam; pijnlijk*
penal I m • *strafinrichting; gevangenis* • LA
penalty II BNW • *straf-* • *van het strafrecht*
★ *antecedentes ~es strafblad*
penalidad v • *straf* • *strafsysteem* • *narigheid*
penalista m/v • *kenner van het strafrecht*
• *strafpleiter*
penalización v • *(be)straf(fing)* • *sanctie;* SPORT
strafpunt
penalizar OV WW *(be)straffen*
penalty m *(penalti) strafschop; penalty*
penar I OV WW *(be)straffen* II ON WW • *lijden*
• *(~ por) hevig verlangen /hunkeren naar*
penates m mv *penaten; huisgoden*
penca v • PLANTK. *dikke middennerf* • *vlezig blad*
★ LA/INF. *agarrar una ~ teut worden*
penco m • *knol* ⟨paard⟩ • *nietsnut*
pendeja v ARG *meisje; griet; stuk*
pendejo I m • *schaamhaar* • *lafaard* • MEX, PR,
VEN *idioot; lul* II BNW • *stom; achterlijk* • *laf*
pendencia v *ruzie*
pendenciero m *ruziezoeker*
pender ON WW • *hangen* (**sobre** *boven*) • *rusten
(op)* ⟨v. vloek e.d.⟩ • (**~ ante**) *hangende zijn*
⟨v. rechtszaak⟩ ★ *pende todavía er moet nog
over beslist worden*
pendiente I m *oorbel* II v • *uitstekende dakrand*
• *helling* ★ *en ~ aflopend* III BNW
• *(af)hangend; overhellend* • *niet beslist /
beëindigd* ★ *cuentas ~s openstaande
rekeningen* ★ *~s de sus noticias in afwachting
van uw berichten* • (**~ de**) *afhankelijk van*
péndola v • *slinger* • *pendule* • *ganzenveer*
pendón m • *standaard* • *vlag; banier* • *slons;*
INF. *slet*
pendona v INF. • *luilak* • *slet; snol*

pendonear ON WW *lanterfanten; op straat
rondhangen*
pendular BNW *slinger-*
péndulo m *slinger*
pene m *penis*
peneque I m MEX *hartige taart met tomatensaus*
II BNW *dronken*
penetrabilidad v *doordringbaarheid*
penetrable BNW • *doordringbaar* • *begrijpelijk*
penetración v • *penetratie; door-,
binnendringing* • *inzicht; scherpzinnigheid*
penetrador BNW • *doordringend* • *schrander;
scherpzinnig*
penetrante BNW • *doordringend; penetrant*
• *snijdend* ⟨v. kou⟩ • *scherpzinnig*
penetrar I OV WW *doordringen in; doorgronden*
II ON WW • *doordringen; binnendringen* (**en
in**) • *binnengaan* • *inzicht krijgen; begrijpen*
★ *~ a chorros binnenstromen* ⟨v. water⟩
penicilina v *penicilline*
península v *schiereiland* ★ *la ~ ibérica het
Iberisch schiereiland*
peninsular I m/v *bewoner van een schiereiland*
II BNW *van een schiereiland*
penique m *penny*
penitencia v • *boete; boetedoening* • *straf*
• *biecht*
penitencial BNW *straf-; van de boetedoening*
penitenciar OV WW *een boetedoening opleggen
aan*
penitenciaría v • *tuchthuis* • *biechtvaderschap*
penitenciario I m *biechtvader* II BNW
gevangenis-; straf- ★ *colonia penitenciaria
strafkolonie* ★ *sistema ~ gevangeniswezen*
penitente m/v • *biechteling* • *boetedoener*
penoso BNW • *pijnlijk; moeilijk* • *onaangenaam*
★ *trabajo ~ gezwoeg*
pensado BNW *gedacht; bedacht; doordacht*
★ *mal ~ achterdochtig* ★ *tener ~ algo iets
besloten hebben; iets van plan zijn*
pensador m *denker*
pensamiento m • *gedachte* • *denkbeeld* • *(het)
denken; intellect; geest* • *driekleurig viooltje*
• *tekst; fragment*
pensante BNW ★ *facultad ~ denkvermogen*
pensar /ie/ I OV WW • *(be)denken* • *van mening
zijn; menen* • *veronderstellen* ★ *es u.c. para
~la dat is iets om nog eens over na te denken*
★ *dar que ~ te denken geven* ★ *cuando menos
se piensa op het meest onverwachte moment*
★ *ini ~lo! geen denken aan!* II ON WW
• *denken* (**en aan**) • *peinzen; nadenken*
• *overwegen; van plan zijn*
pensativo BNW • *in gedachten* • *nadenkend*
pensión v • *pensioen* • *(studie)toelage* • *kostgeld;
logies* • *kosthuis; pension* • LA *verdriet; smart*
★ *~ completa volpension*
pensionado I m • *pensionaat* • *kostschool*
II BNW • *gepensioneerd* • *uitkeringsgerechtigd*
pensionar OV WW *een (studie)toelage toekennen
aan*
pensionista m/v • *gepensioneerde;
uitkeringstrekker* • *kostganger; pensiongast*
• *leerling* ⟨op een kostschool⟩
pentagonal BNW *vijfhoekig*
pentágono m *vijfhoek*

pe

pentagrama m *notenbalk*
pentámetro m *vijfvoetig vers*
Pentateuco m *Pentateuch*
pentatlón m SPORT *vijfkamp*
Pentecostés m *Pinksteren*
penúltimo I m *voorlaatste* II BNW *voorlaatst*
penumbra v *schemerdonker; halfdonker*
penuria v *schaarste; gebrek (de aan)*
peña v • *rots; klip* • *stamtafel; (vrienden)club*
peñascal m *rotsachtig gebied*
peñasco m *hoge rots*
peñascoso BNW *rotsachtig*
peñón m *steile rots*
peón m • *ongeschoolde arbeider; dagloner* • LA
   landarbeider • *bromtol* • *steen* ⟨bij een spel⟩;
   pion
peonada v *dagwerk* ⟨v. arbeider⟩
peonaje m *ploeg arbeiders*
peonia v *pioenroos*
peonza v *zweeptol*
peor I BNW • *slechter; erger • ergst; slechtst* ★ de
   mal en peor *hoe langer hoe slechter; steeds
   erger* ★ peor que peor *erger dan erg* ★ lo peor
   de lo peor *het allerergste* II BIJW • *slechter;
   erger • ergst; slechtst*
Pepa v ¡viva la Pepa! *hoera!*
pepa v *pitje* ⟨v. vrucht⟩
pepe m *onrijpe /slechte meloen*
pepián m (pipián) LA *(stoof)gerecht*
pepinillo m *augurkje*
pepino m *komkommer* ★ me importa un ~ *het
   kan me geen lor schelen*
pepita v *pitje* ⟨v. vrucht⟩ ★ ~s de oro
   goudklompjes
pepito m • *broodje met varkens- of kalfsvlees*
   • *broodje gevuld met chocolade of creme*
pepitoria v *fricassee van kip*
pepsina v *pepsine*
peque m INF. *kleintje; klein kind*
pequeñez v • *kleinheid • kleinigheid*
   • *kleinzieligheid; kleingeestigheid*
pequeño I m • *klein kind • jongste kind* II BNW
   • *klein • jong • onbenullig* ★ el sombrero me
   viene ~ *de hoed is me te klein* ★ desde ~ *van
   jongs af*
pequeñoburgués I m *kleine burger* II BNW
   kleinburgerlijk
pequinés I m • *Pekinees* ⟨iemand uit Peking⟩
   • *pekinees* ⟨hond⟩ II BNW *Pekinees*
pera I v • *peer • peertje; gloeilamp • puntbaard*
   • *vaporisator • schakelaar* • pedir peras al
   olmo *onmogelijke dingen vragen* ★ partir
   peras con u.p. *ruzie maken met iemand*
   II BNW *elegant; gesoigneerd*
peral m *perenboom*
peraltar OV WW BOUWK. *ophogen; verhogen*
peralte m • *uitstekend gedeelte van een boog of
   bocht • verkanting* ⟨v. rails⟩
perborato m *boorzuurzout*
perca v *baars*
percal m • *fijne katoenen stof* ⟨vaak bedrukt⟩
   • TAUR. *stok waar de rode lap overheen hangt*
   ★ conocer el ~ *zijn zaakjes kennen*
percalina v *glanskatoen; perkaline*
percance m *tegenvaller*
percatarse WKD WW • (de) *in de gaten krijgen*;

beseffen • *opmerken; ontwaren*
percebe m *eendenmossel*
percepción v • *waarneming; perceptie • begrip;
   denkbeeld • inning* ⟨v. belasting⟩
perceptible BNW • *waarneembaar • hoorbaar;
   voelbaar • te innen*
perceptivo BNW *waarnemings-; in staat tot
   waarneming*
perceptor m *ontvanger; inner*
percha v • *knaapje; kleerhanger • stok; paal
   • rek • kapstok • hanger; haak*
perchero m *kapstok*
percibir OV WW • *waarnemen; bemerken; horen
   • begrijpen; vatten • innen*
percudir OV WW *bevuilen; door en door vuil
   maken*
percusión v • *schok; stoot; slag* • MED.
   beklopping ★ instrumento de ~ *slaginstrument*
percusionista m *slagwerker; percussionist*
percusor m *percussieslot*
percutir OV WW *bekloppen; percuteren*
perdedor I m *verliezer* II BNW *verliezend*
perder /ie/ I OV WW • *verliezen • verzuimen;
   verkwisten • mislopen* ⟨v. kans⟩; *missen
   • schaden; te gronde richten* ★ tener mucho
   que ~ *veel te verliezen hebben* ★ no te pierdas
   esta película tan interesante *zorg dat je deze
   interessante film niet mist* ★ ~ algo a alg. *iets
   van iemand zoekmaken* ★ ~ el curso *blijven
   zitten* ★ ~ la cuenta *de tel kwijtraken* ★ ~ los
   estribos *doorslaan; zijn zelfbeheersing
   verliezen* ★ ~ las ganas de *geen lust meer
   hebben om* ★ vender perdiendo *met verlies
   verkopen* ★ ~ el enlace *de aansluiting missen*
   II ON WW • *verliezen • verkleuren*
   • *verslechteren; vervallen • lekken* ⟨v. gas,
   vloeistof⟩ ★ sin ~ *ogenblikkelijk* ★ echarse a ~
   bederven ⟨v. levensmiddelen⟩
perderse /ie/ WKD WW • *verdwalen • verloren
   gaan • verdwijnen; opgaan* ⟨in de massa⟩;
   wegsterven ⟨v. geluid⟩ • *voorbij laten gaan;
   missen* ⟨v. kans⟩ ★ perdérselo *een heleboel
   missen* ★ ~ por alg. *smoorverliefd zijn op
   iemand*
perdición v • *verderf; ondergang • verdoemenis*
pérdida v • *verlies • schade • lek* ★ ino tiene ~!
   het kán niet missen!
perdidamente BNW *buitensporig* ★ ~
   enamorado de *smoorverliefd op*
perdidizo BNW ★ hacerse ~ *met opzet verliezen*
perdido I m *verdorven persoon; losbol* II BNW
   • *verloren • verdwaald • verdorven; losbandig*
   ★ estar ~ *verdwaald zijn; reddeloos verloren
   zijn* ★ estar ~ por *smoorverliefd zijn op* ★ INF.
   ponerse ~ *zich heel vuil maken*
perdidoso BNW ★ ser el ~ *in het spel (vaak)
   verliezen*
perdigar OV WW • *zacht braden* ⟨v. gevogelte⟩
   • *smoren*
perdigón m • *jonge patrijs* • (mv) *hagel*
   ⟨munitie⟩
perdigonada v • *schot* ⟨met hagel⟩ • *schotwond*
   ⟨v. hagel⟩
perdiguero m *patrijshond*
perdis m *losbandig persoon*
perdiz v *patrijs* ★ ~ blanca *sneeuwhoen*

pe

perdón I m *vergiffenis; pardon* ⋆ con ~ met
permissie II TW *neem me niet kwalijk; sorry*
perdonable BNW *vergeeflijk*
perdonar I OV WW ⋆ *vergeven; verontschuldigen*
⋆ *ontzien* ⋆ *kwijtschelden* ⋆ ~le la vida a u.p.
iemands leven sparen ⋆ no ~ gastos *kosten*
noch moeite sparen ⋆ no ~ medio /esfuerzo
geen middel onbeproefd laten; kosten noch
moeite sparen ⋆ usted me perdone, pero...
neemt u mij niet kwalijk, maar... II ON WW
⋆ *vergeven; verontschuldigen; excuseren*
perdonavidas m/v *opschepper*
perdurable BNW ⋆ *blijvend; eeuwig* ⋆ *langdurig*
⋆ *voortdurend*
perdurar ON WW ⋆ *aanhouden; vasthouden aan*
⋆ *voortleven; blijven (voort)bestaan*
perecedero BNW ⋆ *bederfelijk* ⋆ *vergankelijk*
perecer ON WW ⋆ *verongelukken; om het leven*
komen ⋆ *verloren gaan; te gronde gaan* ⋆ ~ de
hambre *omkomen van de honger* ⋆ ~
ahogado *verdrinken*
peregrinación v (**peregrinaje**) *bedevaart;*
zwerftocht
peregrinar ON WW ⋆ *rondreizen* ⋆ *van hot naar*
her lopen; aflopen ⋆ *een bedevaart maken*
peregrino I m *pelgrim* II BNW ⋆ *pelgrims-*
⋆ *zwervend* ⋆ *ongewoon* ⋆ *buitengewoon* ⋆ ave
peregrina *trekvogel*
perejil m ⋆ *peterselie* ⋆ (mv) *versieringen; frutsels*
⋆ poner a uno como hoja de ~ *iemand de*
grond inboren
perendengue m *prul; frutsel*
perengano m *die-en-die; dinges*
perenne BNW ⋆ *eeuwig; voortdurend* ⋆ PLANTK.
altijdgroen
perennidad v ⋆ *bestendigheid* ⋆ *voortduring*
perentoriedad v ⋆ *urgentie; dringend karakter*
⋆ *afdoendheid*
perentorio BNW ⋆ *uiterst* ⟨v. termijn⟩; *afdoend;*
definitief ⋆ *dringend; spoedeisend*
pereza v ⋆ *loomheid* ⋆ *luiheid* ⋆ sacudir la ~ *in*
actie komen
perezca WW (1e/3e p ev subj. t.t.) → **perecer**
perezoso BNW *lui; traag*
perfección v *volmaaktheid; perfectie* ⋆ a la ~
volmaakt
perfeccionamiento m ⋆ *vervolmaking;*
perfectionering ⋆ *verbetering*
perfeccionar OV WW ⋆ *vervolmaken;*
perfectioneren ⋆ *verbeteren*
perfeccionismo m *perfectionisme*
perfeccionista I m/v *perfectionist* II BNW
perfectionistisch
perfectamente BIJW *perfect; volmaakt* ⋆ i~!
juist!; uitstekend!
perfectibilidad v *perfectioneerbaarheid*
perfectible BNW *perfectioneerbaar;*
vervolmaakbaar
perfecto I m *perfectum; voltooid tegenwoordige*
tijd II BNW ⋆ *perfect; volmaakt* ⋆ *voortreffelijk*
⋆ i~! *prima!; uitstekend!*
perfidia v *trouweloosheid; valsheid*
pérfido BNW *verraderlijk; perfide; ontrouw*
perfil m ⋆ *profiel; zijaanblik, zijaanzicht*
⋆ *omtrek; contour* ⋆ *kenmerk; typering*
⋆ *(verticale) doorsnede* ⋆ *ophaal* ⟨bij schrijven⟩

⋆ de ~ *en profil; van opzij* ⋆ ~ de ADN *DNA-*
profiel
perfilado BNW ⋆ *geprofileerd; omlijnd* ⋆ *scherp*
getekend ⟨v. gezicht⟩ ⋆ *goed afgewerkt*
perfilador m ⋆ ~ de ojos *eyeliner*
perfilar OV WW ⋆ *profileren; omlijnen*
⋆ *verfijnen; goed afwerken*
perfilarse WKD WW *zich aftekenen*
perforación v ⋆ *doorboring* ⋆ MED. *perforatie*
perforador I m *boormachine* II BNW ⋆ *boor-*
⋆ *doorborend*
perforadora v ⋆ *boormachine* ⋆ *perforator*
perforar I OV WW *doorboren; perforeren* II ON
WW *boren* ⟨bv. naar olie⟩
perfumador m *verstuiver* ⟨v. parfum⟩
perfumar OV WW *parfumeren*
perfume m ⋆ *parfum* ⋆ *aangename geur* ⋆ iqué
~! *wat een stank!*
perfumería v ⋆ *parfumerie(zaak)* ⋆ *(het) maken*
van een parfum ⋆ *parfumeriebranche*
pergamino I m ⋆ *perkament* ⋆ *oorkonde* II m
mv *adellijke titels*
pergenio m ZA *jongen; knul*
pergeñar OV WW *snel in elkaar draaien*
pergeño m INF. *uiterlijk; voorkomen*
pérgola v *pergola*
pericardio m *hartzakje*
pericia v ⋆ *knowhow* ⋆ *(vak)bekwaamheid;*
vaardigheid; handigheid
pericial BNW *deskundig; vakkundig; van een*
expert
periclitar ON WW *in gevaar zijn; in verval raken*
perico m ⋆ *soort papegaai* ⋆ *grote asperge* ⋆ *soort*
zeil ⋆ *nachtspiegel*
Perico m ⋆ ~ el de los palotes *wie dan ook*
pericón m ARG, URU *volksdans*
periferia v ⋆ *omtrek* ⋆ *periferie; (stad)rand*
periférico I m COMP. (mv) *randapparatuur*
II BNW *perifeer; omliggend* ⋆ el sistema ~ *het*
perifere zenuwstelsel
perifollo m ⋆ *kervel* ⋆ (mv) *tierlantijntjes*
perifrasis v *omschrijving; perifrase*
perifrástico BNW *omschrijvend*
perilla v *sik* ⋆ de ~s *van pas (komend)*
perillán I m *stouterik; slimmerik* II BNW
⋆ *ondeugend* ⋆ *sluw*
perímetro m *omtrek; perimeter*
perineo m *bilnaad*
periódicamente BIJW *op gezette tijden*
periodicidad v *periodiciteit; periodieke terugkeer*
periódico I m *krant; dagblad* II BNW *periodiek;*
regelmatig terugkerend
periodismo m *journalistiek*
periodista m/v *journalist*
periodístico BNW ⋆ *journalistiek* ⋆ *kranten-*
periodo m (**período**) ⋆ *periode* ⋆ *omlooptijd*
⋆ *tijdperk* ⋆ *cyclus* ⋆ *passage* ⟨in een tekst⟩
⋆ *menstruatie(cyclus)* ⋆ ~ de solicitud de
plazas *inschrijfperiode* ⋆ ~ álgido *kritieke fase*
⋆ distribuir en ~s *periodiseren*
periostio m *beenvlies*
peripatético BNW *peripatetisch; rondwandelend*
⟨zoals Aristoteles⟩
peripecia v ⋆ *voorval; verwikkeling* ⋆ *plotselinge*
ommekeer; wending
periplo m *omzwerving(en)*

peripuesto BNW *opgedirkt*
periquete m ★ en un ~ *in een handomdraai*; *vliegensvlug*
periquito m *parkiet*
periscopio m *periscoop*
peristáltico BNW ★ movimiento ~ *peristaltische beweging*
peristilo m *zuilengang*
peritaje m ● *deskundigenrapport*; *taxatierapport* ● *expertise*
perito I m *expert*; *deskundige*; *vakman* II BNW *deskundig*
peritoneo m *buikvlies*
peritonitis v *buikvliesontsteking*
perjudicar OV WW *schaden*; *nadelig zijn voor* ★ salir perjudicado *aan het kortste eind trekken*
perjudicial BNW *nadelig*; *schadelijk*
perjuicio m *nadeel*; *schade* ★ sin ~ de *zonder te kort te doen aan* ★ daños y ~s *schadevergoeding* ★ traer ~ *nadelig zijn*
perjurar ON WW ● *meineed plegen* ● *zijn eed breken*
perjurio m *meineed*
perjuro I m *iemand die meineed pleegt* II BNW *meinedig*
perla v ● *parel* ● FIG. *pareltje* ★ de ~s *uitstekend* ★ eso me viene de ~s *dat komt goed van pas*
perlesía v ● *verlamming* ● *stuiptrekkingen*
perlino BNW *parelkleurig*
permanecer ON WW ● *blijven* ● *verblijven*
permanencia v ● *duur(zaamheid)* ● *verblijf* ● *taakuur*
permanente I v *permanent* ‹in het haar› ★ hacerse la ~ *zich laten permanenten* II BNW *permanent*; *blijvend*; *ononderbroken*; *voortdurend*
permeabilidad v *doorlaatbaarheid*; *doordringbaarheid*
permeable BNW *(vocht, gas) doorlatend*; *doordringbaar*
permisible BNW *toelaatbaar*
permisivo BNW *tolerant*; *toegeeflijk*; *verdraagzaam*
permiso m ● *permissie*; *verlof*; *toestemming* ● *vergunning* ★ ~ de conducir *rijbewijs* ★ ~ de residencia *verblijfsvergunning*
permitir OV WW ● *toestemming verlenen*; *toestaan* ● *in staat stellen*; *mogelijk maken*; *veroorloven* ★ permítame que me presente *mag ik me even voorstellen?*
permitirse WKD WW *zich veroorloven* ★ ~ la libertad de *zo vrij zijn om*
permuta v (**permutación**) *ruil*; *verwisseling*
permutable BNW *verwisselbaar*
permutación v → **permuta**
permutar I OV WW *ruilen*; *omwisselen* II ON WW *ruilen*; *wisselen*
pernear ON WW ● *trappelen*; *zijn benen krachtig bewegen* ● *stampvoeten* ‹v. woede›
pernera v *broekspijp*
perniabierto BNW *met kromme benen*
pernicioso BNW *verderfelijk*; OOK MED. *schadelijk*; *pernicieus*
pernicorto BNW *met korte benen*
pernil m *bil* ‹v. dier›; *ham*; *dij*

pernio m *scharnier*
perno m *klinkbout*; *pin*
pernoctar ON WW *overnachten*
pero I m ● *nadeel*; *bezwaar*; *maar* ● *gebrek*; *tekortkoming* ★ poner peros a *aanmerkingen hebben op* ★ sin un pero *vlekkeloos*; *volmaakt* II VW *maar*
perogrullada v *waarheid als een koe*
Perogrullo m ★ verdad de ~ *waarheid als een koe*
perol m *wok*; *wadjan*
peroné m *kuitbeen*
peroración v ● *betoog*; *(bevlogen) toespraak* ● *slotrede*; *slotwoord*
perorar ON WW ● *een toespraak houden* ● *oreren*; *wauwelen*
perorata v PEJ. *betoog*
peróxido m *peroxide*
perpendicular I v *loodlijn* II BNW *loodrecht*
perpetración v *(het) plegen* ‹v. misdrijf›
perpetrar OV WW *begaan*; *plegen* ‹v. misdrijf›
perpetua v *strobloem*
perpetuación v *voortzetting*; *handhaving*; *instandhouding*
perpetuar OV WW *doen voortduren*; *voortzetten*; *handhaven*
perpetuidad v ● *(lange) duur*; *voortzetting* ● *eeuwigheid*
perpetuo BNW *altijddurend*; *levenslang*
perplejidad v *verbijstering*; *verslagenheid*
perplejo BNW *perplex*; *verbijsterd*; *verward*; *verslagen*
perra v ● *teef* ● *driftbui* ● *bevlieging*; *halsstarrigheid* ● *(oude) munt* ★ estar sin una ~ *platzak zijn*
perrada v ● *troep honden*; *meute* ● *rotstreek*
perrera v ● *kennel*; *hondenhok* ● *wagen om zwerfhonden op te halen*
perrería v → **perrada**
perrero m *hondenmepper*
perrillo m *trekker* ‹v. geweer›
perrito m ★ ~ caliente *hotdog*
perro I m ● *hond* ● *rotzak* ★ ~ de caza *jachthond* ★ ~ guía *blindengeleidehond* ★ ~ viejo *oude rot (in het vak)* ★ CUL. ~ caliente *hotdog* ★ cabeza de ~ *speenkruid* ★ de ~s *heel slecht* ★ tiempo de ~s *hondenweer* ★ a espeta ~ *plotseling*; *halsoverkop* ★ echar a ~s *verknoeien* ★ vivir como el ~ y el gato *als kat en hond leven* ★ a otro ~ con ese hueso *maak dat de kat wijs* II BNW *rot-*; *klote-* ★ la perra vida *het rottige leven*
perruno BNW *honden-*
persa I m/v *Pers* II BNW *Perzisch*
persecución v ● *achtervolging* ● *vervolging*; *persecutie* ★ manía de ~ *achtervolgingswaan*
persecutorio BNW *achtervolgings-*; *vervolgings-* ★ manía persecutoria *vervolgingswaan*
perseguidor I m *achtervolger*; *vervolger* II BNW *achtervolgend*; *vervolgend*
perseguimiento m → **persecución**
perseguir /i/ OV WW ● *achtervolgen* ● *vervolgen* ● *streven naar*; *najagen*
perseverancia v *volharding*; *hardnekkigheid*
perseverante BNW *volhardend*; *hardnekkig*
perseverar ON WW *volharden* (**en** in); *doorzetten*

★ ~ en su propósito *bij zijn voornemen blijven*
Persia v *Perzië*
persiana v *jaloezie* ★ ~ (enrollable) *rolluik*
pérsico BNW *Perzisch*
persignarse WKD WW *een kruis slaan*
persigo WW → **perseguir**
persistencia v *(het) aanhouden |voortduren;
vasthoudendheid*
persistente BNW *aan-|vasthoudend; voortdurend*
persistir ON WW • *volhouden; volharden;
doorzetten* • *voortduren; aanhouden*
persona v *persoon* ★ ~ de categoría *iemand van
aanzien* ★ ~ jurídica *rechtspersoon* ★ en ~
persoonlijk • isé buena ~! *wees eens lief!*
personaje m • *persoon van aanzien;
persoonlijkheid* • *personage; figuur*
personal I m • *personeel* • *publiek;* INF. *mensen*
II BNW • *persoonlijk* • *vertrouwelijk; privé*
★ ordenador ~ *personal computer* ★ datos ~es
persoonsgegevens; personalia
personalidad v • *persoonlijkheid; karakter*
• *persoon met aanzien; bekend persoon*
• *rechtspersoonlijkheid*
personalismo m • *personalisme;
vooringenomenheid* • *egoïsme* • *persoonlijke
opmerking*
personalizar I OV WW *verpersoonlijken;
belichamen* II ON WW *persoonlijk worden*
personarse WKD WW • *(persoonlijk) verschijnen;
zijn opwachting maken* • *een onderhoud
hebben met* • *verschijnen* ‹voor de rechtbank›
personero m LA *woordvoerder;
vertegenwoordiger*
personificación v *personificatie;
verpersoonlijking; belichaming*
personificar OV WW • *personifiëren;
verpersoonlijken* • *representeren*
perspectiva v • *perspectief* • *uitzicht; doorkijk*
• *visie* • *vooruitzicht; toekomstbeeld* ★ sin ~
uitzichtloos
perspicacia v • *scherp gezichtsvermogen*
• *inzicht* • *scherpzinnigheid*
perspicaz BNW • *scherp* ‹v. gezichtsvermogen›
• *scherpzinnig*
perspicuo BNW • *doorzichtig* • *duidelijk*
persuadir OV WW *overtuigen* (de van);
overreden; overhalen (a tot)
persuasión v *overreding; overtuiging*
persuasiva v *overredingskracht*
persuasivo BNW • *overtuigings-* • *overtuigend*
pertenecer ON WW • *toebehoren* • *deel uitmaken*
(a van); *horen* (a bij) • *zijn beurt zijn* ★ eso no
me pertenece *dat is niet van mij* ★ esto no
pertenece aquí *dit hoort hier niet*
perteneciente BNW (~ a) *behorend bij;
toebehorend aan*
pertenencia v • *(het) horen bij* • (mv) *eigendom;
bezittingen*
pertenezca WW (1e/3e p ev subj. t.t.)
→ **pertenecer**
pértiga v *lange stok; polsstok* ★ salto con ~ *(het)
polsstokhoogspringen*
pertiguista m/v *polsstokhoogspringer*
pertinacia v • *hardnekkigheid; koppigheid*
• *(het) voortduren*
pertinaz BNW • *hardnekkig; koppig*

• *voortdurend; aanhoudend*
pertinencia v *gepastheid; (het) terzake zijn*
pertinente BNW • *pertinent; ter zake dienend*
• *behorend* (a tot) • *betreffend*
pertrechar OV WW (~ con, de) *voorzien van;
uitrusten met*
pertrechos m mv *benodigdheden; uitrusting*
perturbación v *(ver)storing; verwarring*
perturbado I m ★ ~ (mental) *geestelijk
gestoorde* II BNW *(geestelijk) gestoord*
perturbador I m *onruststoker; verstoorder*
II BNW *(ver)storend*
perturbar OV WW • *(ver)storen* • *verwarren*
Perú m *Peru* ★ vale un Perú *het is heel veel
waard*
peruanismo m *Peruaans woord of uitdrukking*
peruano I m *Peruaan* II BNW *Peruaans; uit/van
Peru*
perversidad v • *perversiteit* • *laagheid;
gemeenheid*
perversión v *perversie; verdorvenheid*
perverso BNW *pervers; verdorven*
pervertido I m *pervers persoon* II BNW *pervers;
verdorven*
pervertimiento m *verdorvenheid*
pervertir /ie, i/ OV WW • *perverteren; verdorven
maken; bederven* • *verstoren*
pervertirse /ie, i/ WKD WW *verdorven/slecht
worden*
pervinca v *maagdenpalm*
pesa v • *gewicht* • SPORT *halter* • LA *slagerij*
★ ejercicio con pesas *halteroefening* ★ reloj de
pesas *staartklok*
pesacartas m *briefweger*
pesadez v • *zwaarte* • OOK FIG. *gewicht*
• *logheid; loomheid* • *zwaar gevoel* ‹bv. in
maag› ★ es una ~ *het is lastig/vervelend*
pesadilla v *nachtmerrie*
pesado I m *vervelend persoon; zeur; lastpost*
II BNW • *zwaar* • *loom; traag* • *gezet; log;
plomp* • *diep* ‹bij het slapen› • *drukkend* ‹v.h.
weer› • *zwaar* ‹op de maag› • *moeizaam*
• *saai; vervelend* ★ estar ~ *lastig zijn* ★ es un
tío ~ *hij is zwaar op de hand*
pesadumbre v • *bedroefdheid* • *narigheid*
pesalicores m TECHN. *vochtmeter*
pésame m *condoléance; deelneming* ★ dar el ~
condoleren ★ mi sincero ~ *met oprechte
deelneming*
pesanteces → **pesantez**
pesantez v *zwaarte*
pesar I m *verdriet; berouw* ★ a ~ de *ondanks* ★ a
~ de eso *desondanks* II OV WW • *(af)wegen*
• *(neer)drukken; zwaar zijn (voor)*
• *teneerdrukken; berekenen; afwegen*
• *verdriet veroorzaken* ★ me pesa *het spijt me*
★ pese a quien pese *ondanks alles* ★ a ~ mío
tegen mijn wil III ON WW • *wegen; zwaar zijn*
• *drukken* (sobre op); *bezwaren* • *van belang
zijn*
pesario m *pessarium*
pesaroso BNW • *bezorgd* • *berouwvol* • *bedrukt;
verdrietig*
pesca v • *(het) vissen; visserij* • *visvangst*
pescada v *heek*
pescadería v *viswinkel; vismarkt*

pescadero m *vishandelaar*

pescadilla v *kleine/jonge heek*

pescado I m *vis* ‹als gerecht› II BNW *gevangen; gevist*

pescador I m • *visser* • LA *vishandelaar* ★ ~ de ballenas *walvisvaarder* ★ ~ de caña *hengelaar* II BNW • *vissers-* • *vissend*

pescante m • *bok* ‹v. rijtuig› • *zitplaats* ‹v. chauffeur› • *laadboom;* SCHEEPV. *sloepkraan*

pescar I OV WW • *(op)vissen; vangen; opdiepen* • *te pakken krijgen* • *betrappen* • *vatten* ‹v. kou›; *oplopen* ‹v. ziekte› • *vatten; begrijpen* ★ ~ con caña *hengelen* II ON WW • *vissen* • → río

pescozón m *klap in de nek*

pescuezo m *nek; hals* ★ agarrar por el ~ *bij de kraag grijpen* ★ (re)torcer el ~ a u.p. *iemand de nek omdraaien* ★ sacar el ~ *trots/ hooghartig zijn*

pese VZ ★ pese a *ondanks; toch* ★ pese a ello *toch; desondanks* ★ pese a que *ondanks dat; hoewel*

pesebre m • *krib* • *kerststal* • *voederplaats*

pesero m MEX *taxibus*

peseta v *peseta* ‹vroegere Spaanse munt› ★ no tener una ~ *platzak zijn* ★ INF. cambiar la ~ *overgeven*

pesetero I m *geldwolf* II BNW *op geld belust*

pesimismo m *pessimisme*

pesimista I m/v *pessimist* II BNW *pessimistisch*

pésimo BNW /overtr. trap van malo/ *heel slecht* ★ de ~ gusto *buitengewoon smakeloos*

peso m • OOK FIG. *gewicht* • *zwaartekracht* • *weegschaal* • SPORT *kogel* • SPORT *gewichtsklasse* • *zorg; druk* • *loomheid; vermoeidheid; zwaar gevoel* ‹bv. in hoofd, benen› • LA *peso* ‹munteenheid› ★ SPORT peso pesado *zwaargewicht* ★ a peso de oro *erg duur* ★ exceso de peso *overgewicht* ★ de peso *gewichtig* ★ en peso *in de lucht; in zijn geheel; helemaal* ★ caer por su propio peso *zo klaar zijn als een klontje* ★ peso semipesado *halfzwaargewicht*

pespunte m *stiksel; stiksteek*

pespunt(e)ar OV WW *(door)stikken* ‹v. naaiwerk›

pesquera v *visgronden; viswater*

pesquería v *visserij*

pesquero I m *vissersboot* II BNW *vissers-; vis-* ★ barco ~ *vissersboot*

pesquis m *scherpzinnigheid; verstand*

pesquisa v *onderzoek; speurwerk*

pesquisar OV WW *onderzoeken; nasporen; naspeuren*

pesquisidor m *onderzoeker; speurder*

pestaña v • *wimper* • *bies; sierrand; dunne uitstekende rand* ★ no pegar ~ *geen oog dichtdoen*

pestañear ON WW *knipperen* ‹met de ogen› ★ sin ~ *zonder blikken of blozen; heel aandachtig zijn*

pestañeo m *geknipper* ‹v. ogen›

peste v • *pest* • *stank* • *plaag* ★ echar ~s de *alg. kwaadspreken over iemand*

pesticida m *pesticide; verdelgingsmiddel*

pestífero BNW • *verderfelijk; funest* • *stinkend*

pestilencia v • *pestilentie; (pest)epidemie* • *stank*

pestilente BNW *stinkend; pestilent*

pestillo m • *knip* ‹op de deur› • *tong* ‹v. slot› ★ descorrer el ~ de *de knip van de deur doen; ontgrendelen*

pestiño m *honingbeignet*

petaca v • *sigarenkoker* • *tabaksdoos* • MEX *reiskoffer*

pétalo m *bloemblad*

petanca v *petanque; jeu de boules*

petardear OV WW • *vuurwerk afsteken; knallen* • *afzetten; oplichten*

petardo m • *voetzoeker; rotje* • *prul; lor* ★ pegar ~s *geld aftroggelen*

petate m • *boeltje* • *plunjezak* • *slaapmat* • *verachtelijk persoon; praatjesmaker* ★ INF. liar el ~ *z'n boeltje pakken; de pijp uitgaan*

petición v • *vraag; verzoek* • *petitie; verzoekschrift* • JUR. *eis*

peticionario m *indiener van verzoekschrift*

petimetre m *ijdeltuit; modepop*

petirrojo m *roodborstje*

petitorio BNW *verzoek-* ★ carta petitoria *verzoekschrift*

peto m • *borstharnas* • *slabbetje* ★ (pantalón con) peto *tuinbroek*

petral m *borstriem*

pétreo BNW *stenen; steen-; steenachtig*

petrificación v *verstening*

petrificar OV WW OOK FIG. *doen verstenen; petrificeren*

petrodólar m *oliedollar*

petróleo m *aardolie; petroleum* ★ crisis del ~ *oliecrisis*

petrolero I m *olietanker* II BNW *(aard)olie-; petroleum-*

petrolífero BNW • *petroleumhoudend* • *olieproducerend* ★ producción petrolífera *aardolieproductie*

petrología v *petrologie*

petroquímica v *petrochemie*

petroquímico BNW *petrochemisch*

petulancia v • *onbeschaamdheid* • *verwaandheid*

petulante BNW • *onbeschaamd* • *pretentieus* • *ingebeeld; verwaand*

petunia v *petunia*

peyorativo BNW *pejoratief; (met) ongunstig(e betekenis)*

pez I m • *vis* • INF. *onbeschaamd persoon; schurk* ★ como el pez en el agua *als een vis in het water* ★ ser un pez gordo *een belangrijk iemand zijn* ★ estar pez en ello *er geen flauw benul van hebben* II v *pek*

pezón m • *tepel* • PLANTK. *steel* • *uitsteeksel*

pezuña v *gespleten hoef*

piada v *gepiep* ‹v. vogels›

piadoso BNW • *genadig* • *vroom*

piafar ON WW *trappelen* ‹v. paarden›

pian BIJW ★ pian, piano *rustig /zoetjes aan*

pianista m/v *pianist*

pianístico BNW *piano-; pianistisch*

piano I m ★ ~ de cola *vleugel* ★ PERU tocar (el) ~ *stelen; roven* II BIJW ★ za i~, ~! *rustig een beetje!*

piar /í/ ON WW • *piepen* • *tjilpen* ★ piar por

hunkeren /smachten naar
piara v *kudde* ⟨v. varkens⟩
piastra v *piaster*
pibe m RPL • *kind* • *jongen*
pica v • *houweel* • *lans* ⟨ook van picador⟩; *spies*
★ *poner una pica en Flandes iets bijzonders presteren; iets heel moeilijks doen*
picacho m • *bergspits* • *rotspunt*
picada v • *(insecten)steek; prik* • CA *bospaadje; smal pad*
picadero m • *manege* • *paardrijschool*
picadillo m *gehakt; gerecht van gehakt, groenten, ei, specerijen*
picado I m *duikvlucht* ★ *caer en ~ sterk zakken* ⟨v. prijzen enz.⟩; *afnemen* ⟨v. gezondheid⟩
II BNW • *fijngehakt* • *aangetast; bedorven; aangevreten; woelig* ⟨v. water⟩ • *gepikeerd* • *met gaatjes* ⟨kiezen⟩ • *pokdalig*
picador m *picador; lansruiter als stierenvechter*
picadora v *gehaktmolen* ★ *~* (de carne) *vleesmolen*
picadura v • *prik; beet* • *shag; (grove) tabak*
picaflor m LA • *kolibrie* • FIG. *casanova*
picajoso BNW *lichtgeraakt; prikkelbaar*
picamaderos m *specht*
picante I m • *scherpe smaak* • *hete kruiden* • ZA, MEX *stoofpot van vlees en chilisaus* II BNW
• OOK FIG. *pikant* • *heet* ⟨v. eten⟩; *brandend; scherp*
picapedrero m *steenhouwer*
picapica v *jeukpoeder*
picapleitos m/v PEJ. *advocaat*
picaporte m • *deurknop; deurklink* • *klopper*
picar I OV WW • *p(r)ikken; bijten; steken*
• *fijnmalen; hakken • knabbelen; snoepen*
• *prikkelen; krenken • aansporen; de sporen geven • de stier verwonden vanaf een paard*
★ *~ en historia onaanvaardbaar zijn* ★ *traer picado el molinillo eetlust hebben* II ON WW
★ *prikken; bijten; steken • pikken* ⟨v. vogels⟩
• *bijten* ⟨v. vissen⟩ • *erin lopen; happen*
• *prikken; jeuken • branden* ⟨op de tong⟩
• *steken* ⟨v. de zon⟩; *branden • grote golven opwekken* ★ — *más alto te hoog grijpen*
picardear I OV WW *op het slechte pad brengen* II ON WW *(kwajongens)streken uithalen*
picardía v • *ondeugendheid; kwajongensstreek*
• *schaamteloosheid; schunnigheid* ★ *sin ~ argeloos*
picaresca v • *schelmenleven* • *schelmenroman*
picaresco BNW • *schelmen-; picaresk* • *schelms*
• *schaamteloos* • *novela picaresca schelmenroman*
pícaro I m *bengel; boef;* OOK LIT. *schelm* ★ *~ de cocina koksjongen* ★ *~ de siete suelos aartsschelm* II BNW • *schelms; ondeugend*
• *gemeen; geniepig • schunnig*
picarse WKD WW • *aangevreten worden* ⟨door bv. mot⟩ • *gaatjes krijgen* ⟨in het gebit⟩
• *bederven; aangetast worden • zich beledigd voelen; kregel worden • woelig worden* ⟨v. de zee⟩ • *spuiten* ⟨v. drugs⟩
picatoste m *toast met boter*
picaza v *ekster*
picazo m • *grote snavel* • *steek* ⟨met piek⟩ • *prik*
• *snavelpik • piek*

picazón v • *kriebel; jeuk* • *onbehagen; onrust*
picea v *soort spar*
picha v *pik; lul*
pichi m *overgooier*
pichicata v ZA, PERU *harddrugs* • BOL, PERU *cocaïne*
pichincha v ZA • *koopje* • *buitenkansje*
pichón m • *jonge duif* • *schatje; liefje*
picnic m *picknick*
pico m • *bek; snavel* • *punt* • *bergtop, -piek* • *tuit*
• *veel geld; fortuin* • *bek; mond*
• *welsprekendheid* • INF. *shot* ⟨drugs⟩ • *rest* ⟨v. afgerond getal⟩ • *(pik)houweel • specht*
★ *cierra el pico hou je mond* ★ *pico de oro voortreffelijke redenaar* ★ *tener buen pico* INF. *een vlotte babbel hebben* ★ *a las diez y pico even over tienen* ★ *de pico alleen met woorden*
★ *cortado a pico steil* ⟨v. rotswand⟩ ★ *andar de picos pardos aan de boemel gaan; de hort op zijn*
picón I m *fijne steenkool* II BNW *met uitstekende snijtanden* ⟨bij ezels en paarden⟩
picor m • *jeuk; kriebel • prikkeling*
picota v *schandpaal* ★ FIG. *poner en la ~ aan de schandpaal nagelen; aan de kaak stellen*
picotada v → **picotazo**
picotazo m *pik* ⟨met de snavel⟩; *steek; (insecten)beet*
picotear OV WW • *pikken* ⟨met de snavel⟩
• *snoepen; knabbelen*
pictograma m *pictogram*
pictórico BNW *schilder-* ★ *arte ~ schilderkunst*
picudo BNW *puntig; spits*
pido WW (1e p ev t.t.) → **pedir**
pidola v *haasje-over; bokspringen*
pie m • *voet* ⟨ook van berg⟩; *poot* • *voet* ⟨lengtemaat⟩ • *onderste gedeelte; (voet)stuk*
• *slotstuk* ⟨v. brief⟩; *einde • voeteneind • stam; stronk; stengel • onderschrift • wachtwoord* ⟨toneel⟩ ★ *a pie te voet* ★ *de pie staand* ★ *al pie de la página onderaan de bladzijde* ★ *al pie de la letra letterlijk* ★ *a los pies de la cama aan het voeteneinde* ★ *de pies a cabeza van top tot teen* ★ *como al pie se indica zoals hieronder staat aangegeven* ★ *asentar el pie voorzichtig optreden* ★ *caer de pie er goed van afkomen* ★ *dar pie a aanleiding geven tot*
★ *dar el pie de salida het wachtwoord geven* ⟨v. souffleur⟩ ★ *atar de pies y manos a alg.* *iemand aan handen en voeten binden* ★ *echar pie atrás van zijn voornemen afzien* ★ *echar los pies por alto woedend worden* ★ *estar de pie staan* ★ *estar en pie voortduren* ★ *estar en pie de igualdad op voet van gelijkheid staan*
★ *írsele los pies a uno uitglijden* ★ *haber nacido de pie een gelukskind zijn* ★ *pensar con los pies als een kip zonder kop praten*
★ *ponerse de pie opstaan* ★ *sacar los pies del plato de stoute schoenen aantrekken* ★ *ser pies y manos de alg. iemands steun en toeverlaat zijn* ★ *no tener pies ni cabeza kop noch staart hebben* ★ *tomar pie de algo iets als voorwendsel gebruiken* ★ *traducido con los pies ellendig vertaald* ★ *creer algo a pies juntillas iets voetstoots aannemen*
piedad v • *vroomheid* • *medelijden (***de, por**

met); erbarmen • piëta ★ ~ de/por medelijden met ★ monte de ~ lommerd; bank van lening

piedra v • steen • hagelsteen • gal-; niersteen ★ ~ angular OOK FIG. hoeksteen ★ ~ berroqueña graniet ★ ~ de escándalo steen des aanstoots ★ ~ fina /preciosa edelsteen ★ ~ de mechero vuursteentje ★ de ~ stenen; OOK FIG. versteend ★ no dejar ~ sobre ~ totaal vernietigen ★ no dejar ~ por mover geen middel onbenut laten ★ tirar ~s a su propio in eigen vlees snijden ★ las ~s hablan de muren hebben oren ★ tirar ~s stenen gooien

piel v • huid; vel • leer • bont • schil ★ piel roja roodhuid ★ piel de gallina kippenvel ★ de piel leer-; leren ★ quitar la piel en alg. over iemand roddelen ★ dejarse la piel het vuur uit zijn sloffen lopen; zich geweldig inspannen ★ ser la piel del diablo erg ondeugend zijn

piélago m • LIT. zee • massa; hoop

pienso I m veevoer II WW (1e p ev t.t.) → pensar ★ ni por ~ geen denken aan

pierdo WW (1e p ev t.t.) → perder

pierna v • been • dij (v. dieren) • onderbeen ★ ~ postiza kunstbeen ★ estirar las ~s de benen strekken ★ dormir a ~ suelta slapen als een roos

pieza v • stuk • onderdeel; bestanddeel • opzetstukje; lapje • rol (stof of papier) • vertrek; kamer • steen • bij spelletjes; schaakstuk • geld-; muntstuk • toneel-; muziekstuk ★ de dos ~s tweedelig ★ ies una buena ~! dat is me er één! ★ quedarse de una ~ paf staan

pífano m MUZ. piccolo

pifia v • flater • misstoot (bij biljart) ★ cometer una ~ een blunder begaan

pifiar ON WW • blunders begaan • misstoten (bij biljart)

pigmentación v pigmentvorming; pigmentatie

pigmento m pigment

pigmeo I m • pygmee • dwerg II BNW pygmee-

pignoración v verpanding

pignorar OV WW verpanden

pigricia v traagheid; vadsigheid

pija m pik; lul

pijada v INF. onzin; flauwekul; lulkoek

pijama m pyjama

pijo I m INF. verwend nest; snob • pik; lul II BNW INF. verwend; verwaand

pijotería v gezeik; gezeur

pijotero m zeikerd; zeurkous

pila v • stapel; hoop • bak; bassin • gootsteen • batterij • (brug)pijler ★ pila de fregar gootsteen ★ pila bautismal doopvont ★ pila de agua bendita wijwaterbak ★ pila botón knoopbatterij ★ cargar (las) pilas FIG. energie opdoen

pilar m • pilaar; zuil • paal; post • OOK FIG. steunpilaar • stokje (in haakwerk)

pilastra v steunpilaar

píldora v pil ★ ~ (anticonceptiva) (anticonceptie)pil ★ ~ del día después morning-afterpil ★ dorar la ~ de pil vergulden ★ FIG. tragarse la ~ iets slikken

pileta v • waterbak; (klein) waterbassin • wijwaterbak

pillada v rotstreek

pillaje m plundering; roof

pillar OV WW • grijpen (ook: aanrijden); pakken; roven; plunderen • oplopen (v. ziekte) • beklemmen (v. vinger) • betrappen • zijn; zich bevinden ★ la universidad me pilla cerca ik woon dichtbij de universiteit

pillastre m/v INF. schurk; schooier

pillería v • stelletje schooiers • rotstreek

pillín m rakker; belhamel

pillo I m • kwajongen • schurk II BNW • slim; sluw • ondeugend

pilluelo m straatjongen; boefje

pilón m • was-; drinkbak • post; zuil; pilaar • (kegelvormig) suikerbrood • MEX fooi • ARG hoop; grote hoeveelheid

pilongo BNW mager (en lang) ★ castaña pilonga gedroogde kastanje

píloro m maagpoort

piloso BNW • haar- • harig; behaard

pilotaje m • (het) loodsen /besturen • loodsgeld

pilotar OV WW • SCHEEPV. loodsen • besturen (v. voertuig)

pilote m heipaal

piloto I m • piloot • bestuurder • stuurman; loods • coureur • controlelampje ★ certificado de ~ vliegbrevet II BNW (onver.) proef-; test- ★ llama ~ waakvlam

piltra v INF. nest (bed)

piltrafa I v • wrak (persoon) • slecht stuk vlees • stuk vuil II MV etensresten

pimental m pepertuin

pimentero m • peperboom • pepervaatje

pimentón m paprikapoeder

pimienta v peper

pimiento m • paprikaplant • peperplant; peperboom • Spaanse peper ★ ~ morrón zoete, vlezige paprika ★ me importa un ~ het kan me geen klap schelen

pim pam pun m schiettent (op kermis)

pimpante BNW • zelfvoldaan • er goed uitziend (v. persoon); chic; elegant

pimpinela v pimpernel

pimplar ON WW (veel) drinken; pimpelen

pimpollo m • scheut; spruit • knappe jonge vent

pimpón m pingpong

pinabete m spar

pinacoteca v schilderijenmuseum; pinacotheek

pináculo m • pinakel; siertorentje • toppunt; hoogtepunt

pinar m dennenbos

pincel m • penseel • schilderstijl; manier van schilderen • schilderwerk; (de) schilderijen

pincelada v • penseelstreek • korte bewoording ★ dar la última ~ a de laatste hand leggen aan

pinchadiscos m diskjockey

pinchar I OV WW • prikken • MED. spuiten; een prik geven • opjutten; prikkelen; aanzetten • plagen • ergeren; krenken II ON WW • lekke band hebben/krijgen • FIG. falen

pinchazo m • prik; OOK FIG. steek • lekke band • INF. shot (drugs) ★ dar ~s steken ★ tener un ~ een lekke band hebben ★ INF. dejar el ~ afkicken

pinche m • koksmaatje • ellendeling; smeerlap

pinchito m borrelhapje (aan prikkertje)

pi

pincho m • *(stok met) scherpe punt* • *borrelhapje*
★ ~ moruno *spiesje met varkensvlees*

pindonga v *straatmeid*

pindonguear ON WW • *rondhangen* ⟨op straat⟩
• *lanterfanten*

pinga v LA, VULG. *kut*; *lul*

pingajo m • *lomp*; *vod* • *flard*

pingo m • *flard* • *lomp*; *vod* • *hoer*; *slons* ★ ir de
~ *lanterfanten* ★ ponerle a alg. como un ~
iemand zwartmaken

pingonear ON WW *op straat rondhangen*;
lanterfanten

pingüe BNW • *overvloedig* • *lucratief* ★ ~s rentas
hoge inkomsten

pingüino m *pinguïn*

pinitos m mv • *de eerste pasjes* ⟨v. kind⟩ • FIG.
de eerste stappen/schreden

pino I m • *den*; *pijnboom* • *grenenhout* ★ pino
alerce *lariks* ★ hacer el pino *een handstand
maken* II BNW • *rechtop*; *steil*

pinocha v *dennennaald*

pinsapo m *zilverspar*

pinta I v • *stip* • *pint* • *uiterlijk* ★ a ~s *gestippeld*
★ tiene buena ~ *dat ziet er goed uit* ★ tiene ~
rara *hij ziet er vreemd uit* ★ tener una ~
gitana *eruitzien als een zigeuner* ★ tener ~ de
eruitzien als II m/v INF. *nietsnut*; *flapdrol*

pintada v • *graffiti*; *leuzen* • *parelhoen*

pintado BNW • *geschilderd*; *geverfd*; *gekleurd*
• *bont*; *veelkleurig* ★ el más ~ *de bekwaamste*
★ a mi suegra no la puedo ver ni pintada *ik
kan mijn schoonmoeder niet luchten of zien*
★ el traje le está que ni ~ *het pak zit u als
gegoten* ★ una ocasión que ni pintada *een
uitstekende gelegenheid*

pintalabios m *lippenstift*

pintar OV WW • *schilderen*; *verven*; *kleuren*
• *beschrijven*; *afbeelden* • *afschilderen*;
aftekenen • *betekenen*; *belangrijk zijn* ★ no ~
nada *niets te vertellen hebben* ★ y pinto el
caso *laten we bijvoorbeeld zeggen* ★ si nos
pinta mal *in het ergste geval* ★ ~la *dik doen*

pintarraj(e)ar I OV WW *bekliederen*; *bekladden*
II ON WW *kladden*; *kliederen*

pintarse WKD WW • *zich opmaken* • *onder de
verf komen te zitten*

pintiparado BNW • *sterk gelijkend*; *sprekend*;
identiek • *zeer geschikt* ★ ser ~ para algo
geknipt voor iets zijn

pintiparar OV WW *vergelijken*

pintor m *(kunst)schilder* ★ ~ de brocha gorda
huisschilder

pintoresco BNW • *schilderachtig*; *pittoresk*
• *origineel*; *buitenissig*; *extravagant*

pintura v • *schilderij*; *schilderwerk*
• *schilderkunst* • *verf* ★ ~ a la aguada *aquarel*
★ ~ al óleo *olieverfschilderij* ★ no puedo verle
ni en ~ *ik kan hem niet luchten of zien*

pinturero I m • *ijdeltuit* • *fat* II BNW • *op
uiterlijk gericht* • *opgedoft* • *verwaand*;
aanstellerig

pinza v • *pincet* • *wasknijper* • *tang*
• *figuurnaad* • *schaar* ⟨v. kreeft e.d.⟩ ★ sacar
algo a alg. con ~s *iets uit iemand loskrijgen*
★ coger u.c. con ~s *iets met een tang
aanpakken*

pinzón m *vink*

piña v • *dennenappel* • *gedrang* ★ piña (tropical)
ananas

piñata v • *pot* • *spel met een pot vol snoep*
⟨gespeeld op zondag v.d. vasten⟩ ★ domingo
de ~ *zondag van carnaval*

piñón m • *pijnappelpit* • *tandrad* ★ ~ libre
vrijloop ★ están a partir un ~ *het is koek en ei
tussen hen*

piñonata v *noga*

pío I m *gepiep* ⟨v. vogels⟩ ★ no decir ni pío
geen boe of bah zeggen II BNW • *vroom* • *bont*
⟨v. vee⟩

piocha v *(klein) houweel*

piojería v • *ellende*; *armoede* • *armetierig beetje*

piojo m *luis* ★ como ~s en costura *als haringen
in een ton*

piojoso I m • *persoon/dier met luizen*
• *armoedzaaier* II BNW • *luizig* • *armzalig*

piola v • LA *touw*; *koord* • SPORT *(het)
bokspringen*

piolet m *ijshouweel*

piolín m LA *snoer*; *touw*; *koord*

pionero I m *pionier*; *wegbereider* II BNW
• *pionier-* • *baanbrekend* ★ ser el ~ *pionieren*

piorrea v *ettering* ⟨v. tandvlees⟩

pipa v • *pijp* • *wijnvat*; *olievat* • *pitje*
• *zonnebloempitje* ★ me lo pasé pipa *ik heb
het ontzettend naar m'n zin gehad*

pipeta v *pipet*

pipí m *plasje* ★ hacer pipí *plassen*

pipiar /i/ ON WW *tjilpen*; *piepen*

pipiolo m • *groentje*; *beginneling* • MEX *jochie*;
jongetje

pipirigallo m PLANTK. *hanenkam*; *esparcette*

pipiripao m *feestmaal*

piporro m • *fagot* • *fagottist* • *waterkruik*

pipudo BNW *uitstekend*; *geweldig*

pique I m • *wrok* • *rivaliteit*; *wedijver* ★ a ~
bijna ★ estuvo a ~ de caer *hij was bijna
gevallen* ★ estar a ~ de *op het punt staan om
te* ★ echar a ~ *laten zinken*; *in de grond boren*
★ irse a ~ *naar de haaien gaan* II WW (subj.)
→ **picar**

piqué m *piqué* ⟨stof⟩

piquera v *opening* ⟨v. bijenkorf/vat⟩

piquero m *piekenier*

piqueta v *(pik)houweel*

piquete m • *piket*; *bakenstok*; *jalon* • *prik*;
steek(wond) • MEX *picknick*

pira v *brandstapel*

pirado BNW INF. *gek*; *dwaas*

piragua v *kano*; *prauw*

piragüismo m *kanosport*

piragüista m/v *kanovaarder*

piramidal BNW *piramidevormig*

pirámide v *piramide*

piraña v *piranha*

pirarse WKD WW *ervandoor gaan*; *'m smeren*

pirata I m/v *piraat*; *zeerover* ★ ~ aéreo
vliegtuigkaper ★ ~ informático *hacker* II BNW
• *piraten-* *zeerovers-* • *illegaal*

piratear ON WW • *aan zeeroverij doen* • *hacken*

piratería v *piraterij*; *zeeroverij*

pirenaico BNW *Pyrenees*; *van/uit de Pyreneeën*

piri m INF. *hap*; *kost*

pi

Pirineos m mv ★ los ~ *de Pyreneeën*
piripi BNW INF. *aangeschoten; teut*
pirita v *pyriet*
pirófago m *vuurvreter*
pirómano I m *pyromaan* II BNW *pyromaan*
piropear OV WW *complimentjes maken*
piropo m *complimentje; vleierij*
pirosis v *brandend maagzuur*
pirotecnia v ● *pyrotechniek* ● *vuurwerk*
pirotécnico I m *vuurwerkmaker* II BNW *vuurwerk-*
pirrarse WKD WW *dol/gek zijn* (*por op*)
pirueta v ● *draai; sprong; pirouette* ● *uitvlucht; bokkensprong* ★ FIG. hacer ~s *zich in allerlei bochten wringen*
piruetear ON WW ● *ronddraaien* ● *rondspringen*
piruli m SPORT *lolly*
pis m *plas; pies* ★ hacer pis *plassen*
pisa v ● *(het) trappen; (het) stampen; (het) treden* ⟨v. druiven⟩ ● INF. *opdoffer; pak slaag*
pisada v ● *(voet)stap; trede* ● *(voet)spoor*
pisapapeles m /onveranderlijk mv/ *presse-papier*
pisar I OV WW ● *stappen* ● *trappen op* ● *fijnstampen; treden* ⟨v. druiven⟩ ● *drukken op* ⟨met vinger(s)⟩ ● *binnengaan; betreden* ● *gedeeltelijk bedekken* ● *vóór zijn* ⟨bijvoorbeeld met een gedachte⟩ ● *vernederen; vertrappen* ★ ir pisando huevos *op eieren lopen* II ON WW *lopen*
pisaverde m ● *ijdeltuit* ● *fat*
piscicultura v *visteelt*
pisciforme BNW *visvormig*
piscina v *zwembad* ★ ~ de olas *golfslagbad*
piscinazo m SPORT *schwalbe*
Piscis m ASTROL. *Vissen*
piscolabis m *tussendoortje*
piso m ● *vloer; grond; wegdek* ● *verdieping* ● *appartement; flat* ● *(schoen)zool* ● GEOL. *laag* ★ piso alto/de arriba *bovenverdieping* ★ piso bajo *benedenverdieping* ★ piso principal *eerste verdieping* ★ piso piloto *modelflat; -woning* ★ piso de alquiler *huurflat*
pisón m *straatstamper*
pisotear OV WW ● *vertrappen* ● *vaststampen* ● *vernederen* ★ ~ las leyes *de wetten met voeten treden*
pisoteo m ● *(het) vertrappen* ● FIG. *(het) met voeten treden; (het) overtreden* ⟨bv. van wet⟩ ● *(het) vernederen*
pisotón m *(harde) trap* ★ dar un ~ a uno *iemand op zijn tenen trappen*
pista v ● *spoor* ⟨v. dieren; op geluidsband⟩; *voetspoor* ● *piste; (wedstrijd)baan* ● *hint; tip* ★ ~ de aterrizaje *landingsbaan* ★ ~ de despegue *startbaan* ★ ~ de baile *dansvloer* ★ ~ de salto *springschans* ★ dar con la ~ de u.p. *iemand op het spoor komen* ★ seguir la ~ a alg. *iemand achtervolgen* ★ ~ central/principal *centrecourt*
pistacho m *pistache; groene amandel*
pistilo m PLANTK. *stamper*
pisto m ● *gerecht met groenten* ● CA *geld* ★ darse ~ *gewichtig doen*
pistola v ● *pistool* ● *(verf)spuit* ● *(klein) stokbrood* ★ ~ de fogueo *alarmpistool* ★ ~ pulverizadora

spuitbus ★ barniz a ~ *spuitlak*
pistolera v *(holster* ⟨v. pistool⟩*; holster*
pistolero m *revolverheld; bandiet*
pistoletazo m *pistoolschot*
pistón m ● *zuiger* ● *slaghoedje* ⟨v. wapen⟩ ● *klep* ⟨v. blaasinstrument⟩
pistonudo BNW INF. *reusachtig; geweldig*
pita v ● *agave* ● *kip* ● *gefluit*
pitada v ● *gefluit; fluitconcert* ● LA *trekje* ⟨aan sigaret⟩
pitanza v ● *portie* ● *(dagelijkse) kost*
pitar I OV WW ● *(uit)fluiten* ● LA *roken* ⟨v. sigaret⟩ II ON WW ● *fluiten* ● *lekker lopen; goed functioneren* ★ salir pitando *zich uit de voeten maken*
pitido m ● *gefluit* ● *(het) fluiten* ● *(het) loeien* ⟨v. sirene⟩ ★ SPORT ~ inicial *beginsignaal*
pitillera v ● *sigarettenmaakster* ● *sigarettenkoker*
pitillo m *sigaret*
pítima v *dronkenschap*
pitimini m ★ rosa de ~ *klimroos*
pito m ● *fluit(je); claxon; toeter* ● *castagnette* ● INF. *saffie; sigaret* ● VULG. *lul; piemel* ● el pito de la fábrica *de fabriekssirene* ★ pitos flautos *onzin* ★ le importa un pito *het zal hem worst wezen* ★ cuando pitos, flautas; cuando flautas, pitos *het loopt altijd anders dan je denkt*
pitón m ● *hoorn(aanzet)* ⟨v. stier⟩*; knobbel* ● *tuit* ⟨v. kruik⟩ ● *python*
pitonisa v *waarzegster*
pitorrearse WKD WW *in de maling nemen*
pitorreo m *spot; hoon*
pitorro m *tuit* ⟨v. kruik⟩
pituita v *slijm; snot*
pituitario BNW *slijm-* ★ glándula pituitaria *slijmklier*
pituso I m *kleintje* II BNW *klein; aardig*
piular ON WW *piepen*
pivot m *midvoor; center* ⟨bij basketbal⟩
pivotar ON WW *om een spil draaien*
pivote m *spil*
piyama m/v LA *pyjama*
pizarra v ● *leisteen; lei* ● *schoolbord*
pizarral m *leigroeve*
pizarrin m *griffel*
pizarroso BNW ● *rijk aan leisteen* ● *leisteenachtig*
pizca v *beetje; greintje; snufje* ★ no tiene ni ~ de gracia *hij heeft helemaal geen charme*
pizcar OV WW *knijpen*
pizco m *(het) knijpen*
pizpireta BNW ● *levendig* ● *gevat* ⟨m.b.t. vrouw⟩
pizpita v *kwikstaartje*
pizza v *pizza*
placa v ● *plaat(je)* ● *naambordje* ● *nummerbord* ★ ~ (dental) (tand)plaque ★ ~ madre COMP. *moederbord*
pláceme m *gelukwens*
placenta v *placenta; moederkoek*
placentero BNW *aangenaam*
placer I m ● *genoegen; plezier* ● *zandbank* ★ a ~ *naar hartenlust* II OV WW *behagen*
placero m ● *marktkoopman* ● *leegloper*
placidez v *kalmte; gemoedelijkheid*
plácido BNW ● *gemoedelijk* ● *rustig; kalm*
plácito m *mening*

pl

plafón m *plafonnière*
plaga v • *plaag* • *onheil* • *overvloed* ★ ~ de ciruelas *overvloedige pruimenoogst*
plagar OV WW *(de) vullen met; bedekken met*
plagiar I OV WW • *plagiëren; kopiëren* • LA *ontvoeren; kidnappen* II ON WW *plagiaat plegen*
plagiario I m *plagiaatpleger* II BNW *plagiaat plegend*
plagio m *plagiaat*
plaguicida m *bestrijdingsmiddel; pesticide*
plan m • *plan* • *programma* • *project* • *dieet* • INF. *tijdelijke relatie; vriendje; vriendinnetje* • *tijdverdrijf* • *entrar en el plan in het plan passen* ★ *estructurar un plan een plan opstellen* ★ *a todo plan met alles erop en eraan; heel luxueus* ★ *en plan serio ernstig* ★ *los miércoles siempre estoy en plan de estudios 's woensdags wijd ik me altijd aan de studie* ★ *nos vamos en plan de juerga we zullen de bloemetjes eens buiten zetten*
plana v *bladzijde; kantje* ★ ~ mayor *generale staf* ★ *a toda* ~ *over de gehele breedte* ⟨bv. van krantenkop⟩ ★ *corregir /enmendar la* ~ *a* alg. *iemand corrigeren /verbeteren*
plancha v • *dunne metalen plaat* • *grillplaat* • *strijkijzer* • *strijkgoed; (het) strijken* • *cliché* ⟨grafisch⟩ • *loopplank* • SPORT *strekhang* • *blunder* ★ *no precisa* ~ *strijkvrij* ★ *hacer la* ~ *op zijn rug drijven* ★ *hacer /tirarse una* ~ *een flater slaan*
planchado m *(het) strijken*
planchar ON WW *strijken* ⟨v. was⟩
planchazo m *blunder; blamage* ★ *dar un* ~ *even opstrijken*
plancton m *plankton*
planeador m *zweefvliegtuig*
planeadora v *lichte, snelle motorboot*
planeamiento m • *planning* • *(het) zweven*
planear I OV WW *plannen* II ON WW • *zweven* • *zweefvliegen*
planeo m *zweef-, glijvlucht*
planeta m *planeet*
planetario I m *planetarium* II BNW *planeten-*
planicie v *(hoog)vlakte*
planificación v *planning*
planificador m ★ ~ de rutas *routeplanner* ★ ~ de viajes *reisplanner*
planificar OV WW *plannen*
planimetría v *vlakke meetkunde; planimetrie*
plano I m • *vlak; plat* • FIG. *terrein; vlak* • *plattegrond; kaart; tekening; ontwerp; WISK. oppervlak* • *gezichtspunt* • *sociale positie* ★ *en primer* ~ *op de voorgrond* ★ FIG. *relegar a un segundo* ~ *naar de achtergrond dringen* ★ *trazar un* ~ *een ontwerp maken* II BNW *plat; vlak* ★ *de* ~ *volledig; openlijk* ★ *caer de* ~ *plat op de buik vallen*
planta v • *plant; gewas* • *voetzool* • *verdieping* • *ontwerptekening* • TECHN. *installatie* ★ *de buena* ~ *met een goed voorkomen* ★ *edificio de nueva* ~ *nieuwbouw* ★ *echar* ~s *dreigen*
plantación v • *(het) planten* • *beplanting* • *plantage*
plantado BNW • *beplant; neergezet; opgezet* ⟨v. tent⟩ • *in de steek gelaten; achtergelaten;*

weggestuurd ★ *bien* ~ *met een goed voorkomen /figuur* ★ INF. *dejar* ~ *a* alg. *iem. aan de kant zetten /laten zitten*
plantador m *kweker; planter*
plantar OV WW • *beplanten* ⟨de met⟩ • *plaatsen; in de grond zetten* ⟨v. paal⟩ • *neerzetten; opzetten* ⟨v. tent⟩ • *geven; toedienen* ⟨v. klap⟩ • INF. *verlaten; in de steek laten; de bons geven; wegsturen* • *met stelligheid beweren* ★ ~ *en la calle op straat zetten*
plantarse WKD WW • *zich oprichten* • *onverwachts verschijnen; opduiken* • *volharden; voet bij stuk houden; koppig blijven staan* • *passen* ⟨bij spel⟩
plante m *stellingname; protestactie*
planteamiento m • *opzet; benadering; aanpak* • *probleem-, vraagstelling*
plantear OV WW • *stellen; opwerpen; formuleren* ⟨v. probleem⟩ • *plannen*
plantel m • *(boom)kwekerij* • *onderwijsinstelling; vormingscentrum*
planteo m → **planteamiento**
plantificar OV WW • *neergooien; ruw neerzetten* • *uitdelen; toedienen* ⟨v. klap⟩
plantificarse WKD WW *opduiken; verschijnen*
plantigrado I m *zoolganger* II BNW *zoolganger-*
plantilla v • *binnenzool* • *model; mal; ontwerp* • *personeel; staf* ★ *de* ~ *in vaste dienst*
plantío m • *aanplant* • *plantage*
plantista m/v • *tuinier; kweker* • *opschepper*
plantón m • *pootplant* ★ *dar* ⟨un⟩ ~ a alg. *iemand lang laten wachten* ★ *estar de* ~ *lang moeten wachten*
plañidero BNW *jammerend; klagend*
plañido m *gejammer; geklaag*
plañir OV WW *jammeren /weeklagen over*
plaqueta v *vloertegel; plavuis*
plasma m *plasma*
plasmar OV WW *vormen; vormgeven;* FIG. *concretiseren*
plasmarse WKD WW *zich uiten; vorm krijgen (en in)*
plasta v • *zachte /kneedbare massa; pasta* • *uitwerpsel; drek* • *knoeiwerk* • INF. *vervelende trut*
plástica v • *boetseerkunst* • *plastiek*
plasticidad v *plasticiteit; kneedbaarheid*
plástico I m *plastic* ★ *bomba de* ~ *kneedbom* II BNW • *plastisch* • *kneedbaar*
plastificante m *weekmiddel*
plastificar OV WW *plastificeren*
plata v • *zilver* • LA *geld; poen* ★ ~ *labrada zilverwerk* ★ *bodas de* ~ *zilveren bruiloft* ★ *dinero en* ~ *zilvergeld* ★ *como una* ~ *blinkend schoon* ★ *hablando en* ~ *eerlijk gezegd*
plataforma v • *platform; verhoging; podium* • *balkon* ⟨in trein⟩ • *(partij)programma* ★ ~ *petrolera /de perforación booreiland* ★ ~ *elevadora hefbrug*
platal m ZA INF. *bom duiten; smak geld*
platanal m *bananenplantage*
platanero m *bananenboom*
plátano m • *plataan* • *bananenboom* • *banaan*
platea v • *benedenloge* • *parterre* ⟨in het theater⟩

plateado I m *(het) verzilveren; verzilvering*
  II BNW • *verzilverd • zilverachtig; zilverkleurig*
platear OV WW *verzilveren*
plateresco I m *plateresk* ‹Sp. architectuur, 16e
  eeuw› **II** BNW *in platereske stijl*
platería v • *zilverwinkel; juwelierszaak*
  • *zilversmederij • straat of wijk van de*
  zilversmeden
platero m *juwelier; zilversmid*
plática v • *kort gesprek; praatje • (korte) preek*
  ★ *estar de ~ praten; kletsen*
platicar ON WW • *een praatje maken; kletsen*
  • *preken*
platija v *schol*
platillo m • *schoteltje • bekken* ‹v. drumstel›
  • *schaal* ‹v. weegschaal› ★ *~ volante /volador*
  vliegende schotel
platina v • *draaischijf • microscoopglaasje* ★ *~* (a
  cassettes) *cassettedeck*
platino m *platina*
plato m • *bord • gerecht; gang; schotel*
  • *onderhoud; kost • weegschaal • draaischijf*
  • *kleiduif* ★ *~ hondo /sopero soepbord* ★ *~*
  fuerte hoofdgerecht; FIG. *hoofdzaak* ★ *~ de*
  carne vleesgerecht ★ *no haber roto un ~ geen*
  vlieg kwaad gedaan hebben; van de prins geen
  kwaad weten ★ *comer en un mismo ~ harts-/*
  boezemvrienden zijn ★ *ser un ~ de segunda*
  mesa achtergesteld worden ★ *pagar los ~s*
  rotos het moeten ontgelden
plató m *set* ‹v. film›
platónico BNW *platonisch*
platudo BNW LA *rijk*
plausible BNW • *aannemelijk; steekhoudend;*
  geloofwaardig; plausibel • prijzenswaardig
playa v • *strand • ZA vlak terrein; grote ruimte*
playera v MEX *T-shirt*
playero BNW *strand-*
playo BNW LA *vlak*
plaza v • *plein • marktplaats •* FIG. *markt •* ECON.
  plaats; stad • (zit)plaats • arbeidsplaats;
  betrekking ★ *~ de toros arena voor*
  stierengevechten ★ *hacer la ~ boodschappen*
  doen ★ *pasar ~ de doorgaan voor* ★ *sacar algo*
  a la ~ iets bekendmaken ★ *sentar ~ vrijwillig*
  dienst nemen ‹als soldaat›
plazca WW (1e/3e p ev subj. t.t.) → **placer**
plazo m • *termijn • termijnbetaling* ★ *a ~ largo*
  langlopend ★ *pedir un ~* MIL. *om uitstel*
  verzoeken ★ *comprar a ~s op afbetaling kopen*
plazoleta v (**plazuela**) *pleintje*
pleamar v *vloed*
plebe v *plebs*
plebeyez v *platvloersheid; grofheid*
plebeyo I m *plebejer* **II** BNW • *volks; populair*
  • *plebejisch*
plebiscito m *volksstemming; referendum*
plectro m *plectrum*
plegable BNW *opvouwbaar; vouw-; opklap-*
plegadera v *briefopener*
plegadizo BNW *opvouwbaar*
plegado I m *(het) vouwen; (het) plooien* **II** BNW
  • OOK FIG. *geplooid • opgevouwen*
plegadora v *vouwmachine*
plegamiento m *plooiing*
plegar /ie/ OV WW • *(op)vouwen • plooien*

plegaria v *smeekbede*
plegarse /ie/ WKD WW *zich schikken*
pleita v *strook biezen* ‹v. mat› ★ *estera de ~*
  espartomat
pleitear ON WW • JUR. *procederen •* LA
  discussiëren; redetwisten
pleitesía v *eerbetoon; huldiging*
pleitista m *ruziezoeker; querulant*
pleito m • *onenigheid; twist •* LA *gesprek;*
  discussie • JUR. *proces* ★ *perder /ganar el ~ het*
  pleit verliezen /winnen ★ *tener mal ~ geen*
  gelijk hebben ★ *poner (un) ~ a een proces*
  aandoen ★ *seguir un ~ een proces voeren*
plenario I m • *plenaire zitting; plenum* **II** BNW
  plenair; volledig
plenilunio m *volle maan*
plenipotenciario I m *gevolmachtigde* **II** BNW
  gevolmachtigd
plenitud v • *hoogtepunt • volheid*
pleno I m *plenaire zitting* **II** BNW • *volledig • vol*
  ★ *en ~ día op klaarlichte dag* ★ *en ~ invierno*
  midden in de winter
pleonasmo m *pleonasme*
pleonástico BNW *pleonastisch*
plétora v *overvloed*
pletórico BNW *overvloeiend (**de van**)* ★ *~ de*
  salud blakend van gezondheid
pleura v *borstvlies*
pleuresía v (**pleuritis**) *pleuritis;*
  borstvliesontsteking
plexo m *zenuwstreng*
plica v *verzegelde envelop*
pliego I m • *vel* ‹papier› • *dubbelgevouwen vel*
  • *officiële brief; document • dossier • katern*
  ★ *en este ~ hierbij ingesloten* ★ *~ de*
  condiciones inschrijvingsvoorwaarden ★ *~ de*
  cargos lijst met beschuldigingen **II** WW (1e p
  ev t.t.) → **plegar**
pliegue m *vouw; plooi*
plin ★ *a mí plin! wat kan mij dat schelen!*
plinto m • SPORT *bok • onderstuk van zuil*
plisado I m *(het) plooien; (het) plisseren* **II** BNW
  geplisseerd
plisar OV WW • *plooien • plisseren*
plomada v *schietlood*
plomar OV WW • *met lood verzegelen* ‹v.
  document› • *plomberen*
plomazo m ZA *schotwond* ★ *iqué ~! wat een*
  (ge)zeur!
plomería v *loodgieterij*
plomero m *loodgieter*
plomífero BNW • *loodhoudend • stomvervelend;*
  irritant
plomizo BNW *loden; lood-; loodkleurig*
plomo m • *lood(je) • schietlood • stop*
  ‹elektriciteit› • INF. *zuurpiet; gezeur* ★ *a ~*
  loodrecht ★ *andar con pies de ~ heel*
  voorzichtig te werk gaan ★ *sin ~ loodvrij*
plugo WW (3e p ev v.t.) → **placer**
pluma v • *veer • vederdos • (vul)pen*
  • *handschrift • (het) schrijven; schrijfstijl*
  • *schrijver • giek* ‹v. kraan enz.› ★ *a vuela ~*
  zonder aarzelen
plumada v *pennenstreek*
plumaje m • *pluimage; veren • vederdos*
plumazo m ★ OOK FIG. *de un ~ met één*

pl

pennenstreek
plúmbeo BNW • *loden* • OOK FIG. *loodzwaar*
plumear OV WW • *arceren; van schaduwlijnen voorzien* • *pennen*
plumero m • *stoffer; plumeau* • *schooletui* • *verenbos* • enseñar el ~ *zijn bedoelingen laten doorschemeren*
plumífero m PEJ. *broodschrijver*
plumilla v *kroontjespen*
plumista m *schrijver; klerk*
plumón m • *dons* • *donzen dekbed*
plumoso BNW • *met veren* • *donzig*
plural I m *meervoud; pluralis* **II** BNW *meervoudig*
pluralidad v *meervoudigheid; pluraliteit* ★ a ~ de votos *bij meerderheid van stemmen*
pluralismo m *pluralisme; meerpartijenstelsel*
pluralizar OV WW • *generaliseren* • *in het meervoud zetten*
pluriempleo m *gelijktijdige uitoefening van meerdere beroepen* ‹door één persoon›
plurilingüe BNW *meertalig*
pluripartidismo m *meerpartijenstelsel*
plurivalente BNW *polyvalent*
plus m *toelage*
pluscuamperfecto m *voltooid verleden tijd*
plusmarca v *record*
plusmarquista m/v *recordhouder*
plusvalía v *meerwaarde*
plutocracia v *plutocratie; grootkapitaal*
plutócrata m/v *plutocraat; kapitalist*
plutocrático BNW *plutocratisch*
Plutón m *Pluto*
plutonio m *plutonium*
pluvial BNW *regen-* • agua ~ *regenwater*
pluviómetro m *regenmeter*
pluvioso BNW *regenachtig*
poblacho m PEJ. *gehucht; gat*

población v • *bevolking; (het) bevolken* • *plaats; dorp; nederzetting* ★ escaso en ~ *dunbevolkt* ★ ~ industrial *industriestad* ★ censo de ~ *volkstelling*
poblado I m *dorp; plaats* **II** BNW • *bevolkt* • *(dicht) bewoond* • *bezaaid* • *vol*
poblador m *bewoner*
poblar /ue/ OV WW • *bewonen; bevolken* • *vullen (de met); bezaaien*
pobo m *witte populier*
pobre I m/v • *arme* • *bedelaar* • *stakker* ★ hacerse el ~ *doen alsof je geen geld hebt* **II** BNW • *arm (de, en aan)* • *ongelukkig* • *karig* • *eenvoudig* ★ ~ de espíritu *arm van geest* ★ la gente ~ *de arme mensen* ‹zonder geld› ★ la ~ gente *de arme/ongelukkige mensen*
pobrecito m INF. *stakker; arme ziel*
pobrete m INF. • *ongelukkige* • *onnozele*
pobretería v • *arme lui* • *krenterigheid*
pobretón I m *arme sloeber* **II** BNW *straatarm*
pobreza v • *armoede* • *karigheid* • *eenvoud* • *kleinzieligheid*
pocero m • *putjesschepper* • *puttenmaker*
pocho I m *Mexicaanse grensbewoner* ‹bij VS›; *in de VS geboren Mexicaan* **II** BNW • *bleek; verschoten* • *verlept; overrijp* • *neerslachtig; zwak; ziekjes*
pochola v INF. *liefje; schatje*

pocilga v • *varkenshok* • OOK FIG. *zwijnenstal*
pocillo m *kopje*
pócima v *brouwsel; (vies) drankje*
poción v MED. *drank(je)*
poco I BNW • *weinig; gering • klein; beperkt* ★ un poco *een beetje* ★ es poca cosa *het is niet veel zaaks* ★ tener en poco *minachten* ★ al poco tiempo de entrar *kort nadat hij binnenkwam* ★ el enfermo dura muy poco *de zieke maakt het niet lang meer* ★ muchos pocos hacen un mucho *veel kleintjes maken een grote* **II** BIJW *weinig; enigszins; niet erg* ★ poco a poco *langzaam (aan); langzamerhand* ★ hace poco *kort geleden* ★ por poco *bijna* ★ poco más o menos *ongeveer* ★ a poco de haber entrado *vlak nadat hij was binnengekomen; kort na zijn binnenkomst*
poda v • *(het) snoeien* • *snoeitijd*
podadera v *snoeimes*
podador m *snoeier*
podagra v *jicht*
podar OV WW *snoeien*
podenco BNW ★ perro ~ *jachthond*
poder /ue/ **I** m • *macht; invloed* • *bezit* • *kracht; vermogen* • ZELDEN *bekwaamheid* ★ (plenos) ~es *volmacht* ★ a ~ de *dankzij* ★ por ~ *bij volmacht* ★ lo que está en su ~ *voor zover in uw vermogen ligt* ★ ~ signatario *tekenbevoegdheid* **II** OV WW *kunnen; in staat zijn; mogen* ★ a más no ~ *uit alle macht* **III** ON WW • *mogelijk zijn* ★ no puede ser *het is onmogelijk* ★ puede ser *misschien* ★ tan pronto pudo *zodra hij kon* ★ ¿se puede? *mag ik binnenkomen?* ★ (~ con) *aankunnen* ★ no puedo con él *ik kan niet tegen hem op* ★ no hay quien pueda con ella *er is niemand die tegen haar op kan*
poderhabiente m/v *gevolmachtigde*
poderío m • *macht* • *rijkdom; bezit*
poderoso BNW • *machtig* • *rijk; invloedrijk* • *effectief; krachtig*
podio m *podium*
podólogo m *podoloog; voetkundige*
podómetro m *passenteller*
podrá WW (3e p ev tk.t.) → **poder**
podre v *etter*
podredumbre v • *(ver)rotting* • *verderf; rottigheid; verloedering*
podrido BNW • *(ver)rot* • *bedorven*
poema m • *gedicht* • FIG. *spektakel*
poemario m *dichtbundel*
poemático BNW *dicht-; van een gedicht*
poesía v • *poëzie; dichtkunst* • *gedicht* ★ este paisaje tiene mucha ~ *dit landschap is een lust voor het oog*
poeta m/v *dichter(es)*
poetastro m *rijmelaar*
poética v *leer van de dichtkunst; poëtica*
poético BNW *dichterlijk; poëtisch*
poetisa v *dichteres*
poetizar OV+ON WW • *poëzie schrijven; dichten* • *dichterlijk voorstellen; romantiseren*
póker m → **póquer**
polaco I m • *Pool* • *Pools* **II** BNW *Pools*
polaina v • *slobkous* • *beenwarmer*

polar BNW *pool-*★ zona ~ *poolgebied*
polaridad v *polariteit*
polarización v *polarisatie*
polarizar OV WW • *polariseren* • *trekken* ⟨v. de aandacht⟩
polca v *polka*
polea v *katrol*
polémica v *polemiek*
polémico BNW *polemisch*
polemista m/v *polemist*
polemizar ON WW *polemiseren*; *een polemiek voeren*
polen m *stuifmeel*; *pollen*
poleo m *kruizemunt*
polera v ZA *T-shirt*
poli I m *smeris*; *juut* II v INF. *de smerissen*; *de juten*
poliandria v *polyandrie*
Polichinela m *Jan Klaassen*; *Pulcinella*
policia I v *politie*★ ~ *judicial recherche* II m/v *politieagent*
policiaco BNW → policiaco
policiaco BNW • *politie-*; *recherche-*• *detective-*★ *novela policiaca detective(roman)*
policial BNW *politie-*
policlínica v *polikliniek*
policromía v *veelkleurigheid*
policromo BNW *veelkleurig*; *polychroom*
polideportivo m *sportcomplex*
poliédrico BNW WISK. *veelzijdig*
poliedro m *veelvlak*
poliéster m *polyester*
polifacético BNW *veelzijdig*
polifonía v *polyfonie*; *veelstemmigheid*
polifónico BNW *polyfoon*; *veelstemmig*
poligamia v *polygamie*
poligamo I m *polygaam iemand* II BNW *polygaam*
poligloto I m *iemand die veel talen spreekt*; *polyglot* II BNW *meertalig*; *polyglottisch*
poligonal BNW *veelhoekig*
poligono m • *veelhoek*; *polygoon* • *gebied*; *complex*★ ~ *industrial industriegebied*★ ~ *residencial woonblok, -wijk*
poligrafo m *veelschrijver*
polilla v *mot*★ *la* ~ *del odio fue atacando su corazón hij werd door haat verteerd*
polimerización v *polymerisatie*
polímero m *polymeer*
polimorfo BNW *veelvormig*; *polymorf*
Polinesia v *Polynesië*
polinesio I m *Polynesiër* II BNW *Polynesisch*
polinización v *bestuiving*
polio v → poliomielitis
poliomielitis v *polio(myelitis)*
polipero m • *koraalrif*• *poliepenkolonie*
pólipo m • OOK MED. *poliep* • *inktvis*
polisilabo I m *meerlettergrepig woord* II BNW *meerlettergrepig*
poli(s)pasto m *katrol*; *takel*
polista m/v *polospeler*
politécnico BNW *polytechnisch*★ *universidad politécnica technische universiteit/hogeschool*
politeísmo m *polytheïsme*; *veelgodendom*
politeísta I m/v *polytheïst* II BNW *polytheïstisch*
política v • *politiek* • *beleid* • *tact*

politicastro m *onbetrouwbare politicus*
político I m *politicus* II BNW • *politiek*• *tactisch*; *diplomatiek* • *koel*; *gesloten* ⟨v. houding⟩ • *aangetrouwd*★ *derecho* ~ *staatsrecht*★ *hijo* ~ *schoonzoon*; *zwager*★ *madre política schoonmoeder*
politicón BNW • *overdreven beleefd* • INF. *dol op politiek*
politiquear ON WW • *politiseren* • *de politicus uithangen* • *oppervlakkig over politiek praten*
politiqueo m PEJ. *politiek gedoe*
politiquería v *politiek gedoe*
politizar OV WW *politiseren*
politología v *politicologie*
politólogo m *politicoloog*
polivalente BNW *polyvalent*; *meerwaardig*
póliza v • *polis* • *zegel*; *leges*
polizón m • *verstekeling*; *zwartrijder* • *lanterfanter*; *leegloper*
polizonte m IRON./INF. *smeris*
polla v • *kuiken* • *kippetje*; *meisje* • *pik*; *lul*
pollada v *broedsel*
pollastre m *heertje*
pollastro m • *groot kuiken* • *sluwe vos*
pollera v • *kippenfokkerij*• *kippenmand* • *loopwagentje, -hek* ⟨voor kinderen⟩ • ZA *rok*
pollería v • *kippenmarkt*• *poelierszaak*
pollero m *poelier*
pollino m • *ezelsveulen* • *domoor*; *oen*
pollita v *meisje*
pollito m *knaapje*; *knulletje*
pollo m • *kip* ⟨als gerecht⟩ • *kuiken* • *heertje*; *snotaap* • INF. *fluim*; *rochel*★ *culo de* ~ *slordig naaiwerk*
polluelo m *kuikentje*
polo m • *pool* ⟨ook bij elektriciteit⟩; *uiteinde* • *middelpunt*; *centrum* • *ijslolly* • *polo(spel)* • *poloshirt*★ *polo opuesto tegenpool*★ *polo Norte noordpool*
polonés I m • *Pool* • *(het) Pools* II BNW *Pools*
polonesa v *polonaise*
Polonia v *Polen*
poltrón BNW *lui*; *traag*
poltrona v *luie stoel*
poltronería v *luiheid*; *traagheid*
polución v • *zaadlozing* • *(milieu)verontreiniging*
polucionar OV WW *vervuilen*; *verontreinigen*
poluto BNW *(ver)vuil(d)*
polvareda v • *stofwolk* • FIG. *storm*; *opschudding*★ *hay* ~ *het stuift* • OOK FIG. *levantar una* ~ *stof doen opwaaien*
polvera v *poederdoos*
polvo m • *stof* • *poeder* • *kleine hoeveelheid* • INF. *wip*; *nummertje* • INF. *cocaïne*; *coke*★ ~ s *make-up poeder*★ ~ s *de levadura bakpoeder*★ *limpio de* ~ *y paja geen schuld dragen*★ *hacer* ~ *geheel vernielen*★ *estar hecho* ~ *doodmoe zijn*★ *echar un* ~ *een nummertje maken*; *neuken*★ *sacudir el* ~ *a alg. iemand een pak slaag geven*
pólvora v • *(bus)kruit*• *vuurwerk*★ *no haber inventado la* ~ *het buskruit niet uitgevonden hebben*★ *gastar la* ~ *en salvas energie verspillen*
polvorear OV WW *(be)poederen*

po

polvoriento BNW *stoffig*
polvorilla m/v *licht ontvlambaar persoon*;
  kruidje-roer-me-niet
polvorín m • *kruitmagazijn* • FIG. *kruitvat*
polvoroso BNW *stoffig*
pomada v *pommade; zalf*
pomar m *(appel)boomgaard*
pomelo m *grapefruit*
pómez v ★ (piedra) ~ *puimsteen*
pomo m • *knop ⟨v. deur, zadel, degen⟩*
  • *(pit)vrucht • reukflesje*
pompa v • *pronk; pracht • stoet; parade • bel*
  ⟨bv. van zeep⟩; *opbolling ⟨v. kleding⟩ ★ ~*
  fúnebre uitvaart
Pompeya v *Pompeji*
pompis m INF. *bips*
pomposidad v • *pracht en praal*
  • *plechtstatigheid; hoogdravendheid*
pomposo BNW • *pompeus; hoogdravend*
  • *weids; pralend*
pómulo m *jukbeen*
pon WW (geb. wijs, jij-vorm) → **poner**
ponche m *punch*
ponchera v *punchbowl*
poncho m *poncho*
ponderable BNW • *weegbaar • het overwegen*
  waard
ponderación v • *afweging; (het) afwegen;*
  overweging • weloverwogenheid;
  bedachtzaamheid • lofprijzing; (het) roemen
ponderado BNW *evenwichtig; weloverwogen*
ponderar OV WW • *overwegen • prijzen; roemen*
ponderativo BNW • *bedachtzaam • (overdreven)*
  prijzend; lovend
pondrá WW (3e p ev tk.t.) → **poner**
ponedero I m *leghok* II BNW ★ *gallina*
  ponedera leghen
ponencia v • *rapport; verslag; (korte) lezing*
  • *rapportagecommissie • taak van inleider,*
  rapporteur
ponente m/v • *rapporteur • inleider ⟨op*
  congres⟩
poner I OV WW • *plaatsen; (neer)zetten*
  • *aantrekken ⟨v. kleding⟩ • veronderstellen*
  • FIG. *leggen; vertonen; draaien ⟨v. film⟩*
  • *inzetten; inleggen; verwedden • bijdragen;*
  meebetalen • opleggen ⟨v. boete⟩ • aandoen
  ⟨v. gas, licht⟩; *aanzetten ⟨v. radio, tv⟩*
  • *schrijven ⟨v. brief⟩ • vestigen; openen;*
  installeren • geven; toedienen ★ ~ por encima
  de voorkeur geven aan ★ ¿cómo le vamos a ~?
  hoe zullen we hem noemen? ★ ~ en un
  compromiso a alg. iemand in verlegenheid
  brengen ★ ~ al día bijwerken ★ ~ al corriente
  op de hoogte stellen ★ ~ con (door)verbinden
  met ★ ~ la mesa de tafel dekken ★ ~ por caso
  que veronderstellen dat ★ ~ en claro duidelijk
  maken ★ ~ nervioso nerveus maken ★ ~le a
  uno en camino iemand op weg helpen ★ ~ la
  casa a u.p. iemand installeren ⟨in een huis⟩
  ★ ~ u.c. al descubierto iets duidelijk doen
  blijken ★ póngame dos pastillas de jabón geef
  me twee stukken zeep • ponlo aquí stop het
  hier maar in ★ ¿dónde lo pongo? waar zal/
  moet ik hem neerzetten ★ ~ a alg. de idiota
  iemand voor idioot uitmaken II ON WW *eieren*
  leggen
ponerse WKD WW • *zich plaatsen; gaan staan*
  • *ondergaan ⟨v. de zon⟩ • zich kleden; om-,*
  aandoen; opzetten ⟨v. bril, hoed⟩ • zich vies
  maken; ergens onder zitten • worden ★ ~ bien
  herstellen; beter worden ★ ~ enfermo ziek
  worden ★ ~ en la situación de alg. zich in
  iemands toestand verplaatsen ★ ~ a bien con
  alg. het weer goed maken met iemand ★ no te
  pongas así stel je niet zo aan ★ (~ a) beginnen
  te [+ onbep. wijs] ★ (~ de) zich vullen /
  volproppen met
poney m (**poni**) *pony ⟨dier⟩*
ponga WW (1e/3e p ev subj. t.t.) → **poner**
poniente m • *westen • westenwind*
pontaje m → **pontazgo**
pontazgo m *tolgeld ⟨op brug⟩*
pontificado m • *pontificaat • ambt(sduur) /*
  waardigheid van pontifex of paus
pontifical I m • *pontificaal ⟨staatsiegewaad⟩*
  • *boek met bisschoppelijke liturgie* II BNW
  • *bisschoppelijk • pauselijk • plechtig; pompeus*
pontificar OV WW OOK FIG. *pontificeren*
pontífice m *prelaat; (aarts)bisschop ★ sumo ~*
  paus
pontificio BNW *(aarts)bisschoppelijk; pauselijk*
pontón m • *ponton; pont; veerboot • (smalle)*
  brug ★ ~ flotante schipbrug
pontonero m • *(schip)brugmaker • pontonnier*
  ⟨soldaat⟩
ponzoña v *vergif; gif • venijn*
ponzoñoso BNW • *giftig • venijnig*
pop I m *pop* II BNW ★ *música pop popmuziek*
popa v *achtersteven*
pope m *pope ⟨Grieks-orthodox priester⟩*
popelín v (**popelina**) *popeline*
populachería v PEJ. *populariteit ⟨bij de massa⟩*
populachero BNW • *(goedkoop-)populair; plat;*
  ordinair • voor de grote massa
populacho m *gepeupel*
popular BNW • *populair; volks- • gewild; bekend*
popularidad v *populariteit*
popularización v *popularisering*
popularizar OV WW *populariseren; populair*
  maken
populismo m *populisme*
populista BNW • *volks- • populistisch; populair;*
  oppervlakkig
populoso BNW *dichtbevolkt*
popurrí m • *potpourri • mengelmoes*
poquedad v • *schaarste; tekort; gebrek • prul*
  • *bedeesdheid; beschroomdheid*
póquer m *poker*
poquitín m *klein beetje*
poquito BNW *beetje ★ a poco langzaam aan*
por VZ • *door • wegens • om (te) • langs; bij; via*
  • *rond; omstreeks • voor ⟨bij kiezen⟩ • keer;*
  maal • in plaats van; ten bate van; omwille
  van; voor • per • gedurende ★ por correo met
  de post ★ por Toledo via Toledo ★ por escrito
  schriftelijk ★ por la tarde 's middags ★ ¿por
  qué? waarom? ★ por eso daarom ★ tres por
  diez drie maal tien ★ cincuenta por ciento
  vijftig procent ★ por mil euros voor duizend
  euro ★ por miedo a uit angst voor ★ va por
  usted dat is op u gemunt ★ tener /dar por

houden voor; beschouwen als ★ dar por
terminado *als afgesloten beschouwen* ★ estar
por pagar *nog betaald moeten worden* ★ vete
a por tabaco *ga eens sigaretten halen* ★ por
mucho que te quiera *hoeveel ik ook van je*
hou ★ por difícil que sea *hoe moeilijk het ook*
is /mag zijn

porcelana v *porselein*

porcentaje m *percentage*

porcentual BNW *procentueel*

porche m • *portiek; voorportaal* • *overdekt*
terras; afdak

porcino BNW (**porcuno**) *varkens-*

porción v • *stuk; portie; deel* • *grote*
hoeveelheid; massa

porcuno BNW → **porcino**

pordiosear ON WW • *bedelen* • PEJ. *smeken*

pordiosero I m *bedelaar* II BNW *bedelaars-*

porfía v • *koppigheid* • *woordenwisseling; ruzie*
★ a ~ *om strijd*

porfiado BNW *koppig; vasthoudend*

porfiar /í/ ON WW • *vasthoudend zijn*
• *bekvechten; redetwisten* • *zeuren; zaniken*

pórfido m *porfier; purpersteen*

pormenor m • *detail; bijzonderheid*
• *kleinigheid; bijzaak*

pormenorizar OV WW *gedetailleerd beschrijven*

porno I m *porno* II BNW *porno-*

pornografía v *pornografie*

pornográfico BNW *pornografisch*

poro m *porie*

porosidad v *poreusheid*

poroso BNW *poreus*

poroto m • ZA *boon* • *bonengerecht*

porque VW *omdat; want* ★ ~ sí *daarom; zo*
maar

porqué m • *reden* • *oorzaak; (het) waarom*

porquería v • *smerigheid* • *onbeschoftheid;*
grofheid • *ongezond spul /voedsel* • *prul;*
kleinigheid ★ estar hecho una ~ *heel smerig*
zijn

porqueriza v *varkenshok*

porquerizo m (**porquero**) *varkenshoeder*

porra I v • *knots; knuppel* • *smidshamer;*
voorhamer • *dikke 'churro'* ★ irse a la ~ *totaal*
mislukken II TW • i~! *shit!; verdomme!* ★ ivete
a la ~! *loop naar de pomp!* • iqué ~s esperas
que haga yo? *wat verwacht je dan wel dat ik*
doe! • iqué pesado eres, ~! *wat ben jij*
vervelend, bah!

porrada v *slag met knuppel* ★ INF. una ~ de ...
een hele hoop ...

porrazo m • *slag* ⟨met knuppel⟩ • *klap;*
opdonder

porreta v *groen blad* ⟨v. look⟩ ★ en ~(s)
spiernaakt

porrillo m ★ a ~ *bij de vleet*

porro m • *prei* • INF. *stickie; joint*

porrón m *tuitfles* ⟨om wijn met straal in mond
te laten lopen⟩

porta v • *geschutspoort* • *poortader*

portaaviones m *vliegdekschip*

portabebés m *reiswieg*

portabicicletas m • *fietsendrager* ⟨op auto⟩
• *fietsenrek*

portada v • *titelblad; voorpagina* • *voorgevel*

portado BNW ★ bien ~ *netjes gekleed*

portadocumentos m (onver.) LA *koffertje;*
aktetas; portefeuille

portador I m OOK MED. *drager; brenger* ★ al ~
aan toonder II BNW *brengend; dragend*

portaequipajes m • *kofferbak* • *bagagedrager*
• *imperiaal*

portaesquís m *skidrager; skirek*

portaestandarte m *vaandeldrager*

portafolio(s) m • *aktetas; (diplomaten)koffertje*
• *schrijfmap*

portafotos m *fotolijst*

portal m • *portiek* • *hal; portaal* • *arcade* ★ ~ de
Belén *kerststal*

portalámparas m *lamphouder; fitting*

portalápiz m *potloodhouder*

portaligas m ZA *jarretelgordel*

portalón m • *(monumentale) toegangspoort*
• SCHEEPV. *gangboord*

portamaletas m *kofferbak*

portamantas m *draagriem* ⟨voor reisdeken⟩

portaminas m *vulpotlood*

portamonedas m *portemonnee*

portaplumas m *penhouder*

portar OV WW *apporteren*

portarollos m *papierrolhouder*

portarretrato(s) m *fotolijst*

portarse WKD WW • *zich gedragen* • *het er met*
succes vanaf brengen • *goede indruk maken*

portátil BNW *draagbaar; reis-; hand-*

portavoz m • *spreekbuis* • *orgaan* • *zegsman;*
woordvoerder

portazgo m *tolgeld*

portazo m *slag* ⟨met een deur⟩ ★ dar un ~ *met*
de deur slaan

porte m • *(lichaams)houding; uiterlijk*
• *draagkracht; laadvermogen* ⟨v. schip⟩
• *vrachtloon; -geld* • *vrachtvervoer* • (mv)
transportkosten • carta de ~ *vrachtbrief*

porteador m *vervoerder; drager*

portear OV WW *vervoeren*

portento m *wonder*

portentoso BNW *wonderbaarlijk*

porteño I m *iemand uit Buenos Aires* II BNW
van/uit Buenos Aires

portería v • *portierswoning; portiershokje*
• *beroep van portier* • SPORT *doel*

portero m • *portier* • *doelman; keeper*

portezuela v • *deurtje; poortje* • *portier* ⟨v.
auto⟩ • *klepje; zakklep*

pórtico m • *portiek; voorportaal* • *zuilengang*

portilla v *patrijspoort*

portillo m • *doorgang; poortje* • *kleine deur in*
grote deur • FIG. *opening*

portón m • *poort* • *gangdeur; huisdeur* ★ ~
trasero *achterklep* ⟨v. auto⟩

portorriqueño I m *iemand uit Porto Rico*
II BNW *van/uit Porto Rico*

portuario BNW *haven-*

portugués I m • (v: **portuguesa**) *Portugees*
• *(het) Portugees* II BNW *Portugees*

porvenir m *toekomst*

pos VZ ★ LIT. en pos de *achter ... aan*

posada v • *herberg; logement* • *pension*

posaderas v *billen; achterwerk*

posadero m • *kastelein* • *logementhouder*

po

posar OV WW • *neerleggen, -zetten; leggen (sobre op)* ⟨v. hand⟩ • *laten rusten (sobre, en op)* ⟨v. blik⟩ ★ ~ los ojos *kijken* ★ ~ la mirada / vista *een blik werpen*

posarse WKD WW • *neerstrijken* ⟨v. vogels⟩ • *neerslaan; bezinken*

posavasos m *onderzetter; viltje*

posdata v *naschrift; PS*

pose v *pose; houding*

poseedor I m *bezitter; eigenaar* ★ ~ de una patente *patenthouder* II BNW *bezittend*

poseer OV WW • *bezitten* • *beheersen* ⟨v. taal⟩

poseído I m *bezetene* II BNW *bezeten (*de, por van*); waanzinnig*

posesión v • *bezit* • *landgoed; eigendom* ★ tomar ~ de *in bezit nemen* ★ dar ~ *overdragen*

posesionar OV WW *in bezit stellen*

posesivo BNW • *bezitterig* • *bezittelijk* ★ pronombre ~ *bezittelijk voornaamwoord*

poseso I m *bezetene* II BNW *bezeten*

posesorio BNW *bezitsrechtelijk*

posguerra v *naoorlogse tijd*

posibilidad v *mogelijkheid*

posibilitar OV WW *mogelijk maken*

posible I m mv • *(financiële) mogelijkheden* • *(geld)middelen* II BNW *mogelijk* ★ es ~ *dat kan wel zijn* ★ lo más ~ *zo veel mogelijk* ★ lo más pronto ~ *zo vlug mogelijk* ★ hice todo lo ~ *ik heb al het mogelijke gedaan*

posiblemente BIJW *misschien; mogelijk(erwijs); wellicht*

posición v • OOK FIG. *positie; situatie* • *ligging* • *(het) neerzetten* • *lichaamshouding* • *standpunt; houding* ★ ~ de los dedos *vingerzetting* ★ buena ~ *welvaart* ★ de ~ *welvarend* ★ una ~ holgada *een behoorlijke maatschappelijke positie*

positivismo m *positivisme*

positivista I m/v • *positivist* • *realist* II BNW • *positivistisch* • *realistisch*

positivo I m • FOTO. *positief* • TAALK. *stellende trap* II BNW • *positief* • *werkelijk; zeker* • *praktisch; nuttig* • TAALK. *stellend*

pósito m • GESCH. *gemeentelijke graanvoorraad* • *opslagplaats voor graan* • *coöperatie*

positrón m *positron*

posma I v • *traagheid* • *onverstoorbaarheid* II m/v *traag persoon; slome* III BNW *traag; sloom*

posmodernidad v *postmodernisme*

posmoderno BNW *postmodern*

poso m • *bezinksel* • FIG. *spoor*

posología v *dosering*

pospón WW (geb. wijs, jij-vorm) → **posponer**

pospondrá WW (3e p ev tk.t.) → **posponer**

posponer OV WW • *achteraanplaatsen* • *achterstellen; achteruitzetten* • *uitstellen* • *minder waarderen dan*

posponga WW (1e/3e p ev subj. t.t.) → **posponer**

posposición v • *(het) achteraan plaatsen* • *achteruitstelling* • *uitstel*

pospuso WW (3e p ev v.t.) → **posponer**

posta v • *stel verse postpaarden* • *posthuis* ★ a ~ *opzettelijk*

postal I v *ansichtkaart* II BNW *post-* ★ giro ~ *postgiro* ★ tarjeta ~ *ansichtkaart*

postdata v → **posdata**

poste m *(doel)paal; zuil* ★ dar ~ *lang laten wachten* ★ FIG. oler el ~ *lont ruiken* ★ ~ de teléfono *praatpaal* ★ ~ telegráfico *telegraafpaal*

postema m *ettergezwel*

póster m *poster; affiche*

postergación v • *achterstelling* • *uitstel*

postergar OV WW • *achteruitzetten* • *uitstellen*

posteridad v *nageslacht*

posterior BNW • *later* • *volgend* • *achter-; achterste*

posterioridad v • *later tijdstip* • *nageslacht* ★ con ~ *achteraf; later*

posteriormente BIJW *naderhand; later*

postgraduado BNW • *postdoctoraal* • *afgestudeerd*

postigo m • *kleine deur in grote deur* • *luik*

postilla v *korst* ⟨op wond⟩

postillón m *postiljon*

postín m • *inbeelding; verbeelding* • *dikdoenerij* ★ de ~ *luxueus*

postinear ON WW *opscheppen; dik doen*

postinero BNW *opschepperig; dikdoenerig*

postizo I m • *pruik* • *haarstukje; toupet* II BNW • *kunst-* • *vals; nagemaakt* ★ cuello ~ *losse boord* ★ nombre ~ *valse naam* ★ dentadura postiza *kunstgebit*

postmeridiano BNW *in de namiddag*

postnatal BNW *postnataal*

postor m *bieder* ★ el mejor ~ *de hoogste bieder*

postración v • *(het) knielen; voetval* • *verzwakking* • *verslagenheid*

postrado BNW • *verzwakt; uitgeput* • *terneergeslagen; verslagen*

postrar OV WW *verzwakken*

postrarse WKD WW *neerknielen; op de knieën vallen*

postre m *dessert; toetje* ★ a la ~ *uiteindelijk* ★ llegar a los ~s *te laat komen*

postremo BNW (**postrer, postrimer**) *laatste*

postrimería v • *laatste periode* • *laatste momenten van het leven* ★ las ~s *de laatste jaren*

postulación v • *verzoek* • *geldinzameling; collecte*

postulado m *hypothese; veronderstelling*

postulante m/v • *collectant* • LA *kandidaat* ⟨in de politiek⟩ • ZA *sollicitant*

postular OV WW • *voorstellen; pleiten voor* • *collecteren* • *verdedigen* ⟨v. idee⟩

póstumo BNW • *postuum; nagelaten* • *nageboren*

postura v • *houding; stand; pose* • *inzet; inleg* ⟨bij spel, wedden⟩ • *bod* ⟨op veiling⟩ • *standpunt*

potable BNW • *drinkbaar* • FIG. *acceptabel* ★ agua ~ *drinkwater*

potaje m • *stevige soep* • *gerecht met groenten* • *mengelmoes; bonte verzameling*

potasa v *kaliumcarbonaat*

potasio m *kalium*

pote m • *(bloem)pot* • *kan; kruik* ★ pote gallego *Galicisch eenpansgerecht*

potencia v • *bekwaamheid*; *vermogen* • *sterkte*;
kracht; *potentie*; *(seksueel) vermogen*
• *heerschappij* • *mogendheid* • *potentieel*;
capaciteit • WISK. *macht* ★ en ~ *potentieel*
★ gran ~ *grootmacht* ★ elevación a ~s
machtsverheffing ★ ~ sonora *geluidssterkte*
potencial I m • *potentieel*; *beschikbaar
vermogen* • TAALK. *potentialis* • NAT. *potentiaal*
★ ~ eléctrico *voltage* **II** BNW *potentieel* ★ modo
~ *potentialis*
potencialidad v *potentieel vermogen*
potenciar OV WW • *versterken* • *stimuleren*
potentado m *potentaat*; *machthebber*
potente BNW • *machtig* • *krachtig* • *potent*
potestad v • *macht*; *gezag* • *bevoegdheid*
★ patria ~ *ouderlijke macht*
potestativo BNW *facultatief*; *vrijblijvend*
potingue m *vies drankje*; *brouwseltje*; *bocht*
potito m *potje* ⟨babyvoeding⟩
potosí m FIG. *goudmijn* ★ se gastaba un ~ *hij
verkwistte een fortuin* ★ vale un ~ *dat is goud
waard* /*onbetaalbaar*
potra v *jonge merrie* ★ INF. tener ~ *geluk hebben*
potrada v *troep veulens*
potranca v *merrie* ⟨niet ouder dan drie jaar⟩
potrear I OV WW • *van hot naar her sturen*;
afpeigeren • *kwellen* **II** ON WW *zich als een
jong iemand gedragen*; *dartelen*
potrero m • *paardenwei* • ZA *speelweide*
potrillo m *hengst* ⟨niet ouder dan drie jaar⟩
potro m • *veulen* • *hoefstal* • SPORT *bok* • GESCH.
pijnbank ★ ~ de tormento *pijnbank*
poyo m *stenen bank*
poza v *plas*; *poel*
pozal m • *putemmer* • *stenen putrand*
pozo m • OOK FIG. *put* • *diepe kuil*; *groeve*; *diep
gedeelte* ⟨in rivier⟩ • *schacht*; *koker*; *boorgat*
★ pozo negro *zinkput* ★ pozo la nieve
ijskelder ★ OOK FIG. pozo sin fondo *bodemloze
put* ★ es un pozo de sabiduría *hij is één en al
wijsheid* ★ el gozo en el pozo *een tegenvaller*
★ caer en un pozo *in de vergetelheid raken*
pozol(e) m • MEX *gerecht van maïs en
varkensvlees* • CA *maïsdrankje*
ppdo. AFK ⟨próximo pasado⟩ *jongstleden*
práctica v • *praktijk* • *beoefening*; *uitoefening*
• *practicum*; *stage* • *vaardigheid* • *gebruik*;
gewoonte ★ en la ~ *in de praktijk* ★ llevar a la
~ /*poner en* ~ *in praktijk brengen*
practicable BNW • *uitvoerbaar* • *begaanbaar*;
bevaarbaar • *beweegbaar*
practicante I m/v • *beoefenaar* • *doktersassistent*
II BNW *praktiserend*
practicar I OV WW • *uitoefenen*; *in praktijk
brengen* • *uitvoeren*; *toepassen*; *beoefenen* ⟨v.
sport⟩ • *openen*; *slaan* ⟨v. gat⟩; *banen* ⟨v.
weg⟩ **II** ON WW *stage lopen*
práctico I m • *practicus* • *loods* **II** BNW
• *praktisch*; *bruikbaar* • *praktijk-* • *ervaren*;
deskundig
pradera v *prairie*; *weiland*
pradería v *weidegrond*
prado m • *weiland* • *wandelgebied*
Praga v *Praag*
pragmático I m *pragmaticus* **II** BNW
pragmatisch

pragmatismo m • *pragmatisme* • *pragmatische
benadering*
pragmatista I m/v *pragmatist* **II** BNW
pragmatisch
pratense BNW *weide-*
praticultura v *weidecultuur*
preámbulo m • *inleiding*; *voorwoord* • *omhaal*
prebenda v • *prebende* • *inkomen van een
geestelijke* • *luizenbaantje*
preboste m *leider van een gemeenschap*; *proost*
precalentamiento m SPORT *warming-up*
precalentar /ie/ OV WW • *voorverwarmen* • *een
warming-up doen*
precariedad v *onzekerheid*; *hachelijkheid*
precario I m JUR. *precario* **II** BNW *precair*;
hachelijk; *kritiek*; *wisselvallig*
precaución v *voorzorg*; *behoedzaamheid*;
voorzichtigheid ★ toda ~ es poca *men kan niet
voorzichtig genoeg zijn*
precaver OV WW *verhoeden*; *voorkómen*
precaverse WKD WW *zich beschermen* ⟨de tegen⟩
precavido BNW *behoedzaam*
precedencia v • *(het) voorafgaan*; *prioriteit*
• *voorrang*
precedente I m *precedent* ★ sentar ~s *een
precedent scheppen* ★ un caso sin ~s *een geval
zonder precedent* **II** BNW *voor(af)gaand*
preceder I OV WW *voorafgaan* ⟨a aan⟩; *voorgaan*
★ ~ a uno en categoría *een hogere rang
hebben dan iemand* **II** ON WW • *voorafgaan*
• *overtreffen*
preceptista I m/v • *leermeester* • *literair
theoreticus* **II** BNW • *normatief* • *belerend*
preceptivo BNW *verplicht*; *voorgeschreven*
precepto m • *voorschrift* • *gebod* ★ un día de ~
REL. *een verplichte feestdag*
preceptor m • *gouverneur*; *privéleraar*
• *leermeester*
preceptuar /ú/ OV WW *voorschrijven*
preces v mv • *gebeden* • *smeekbeden*
preciado BNW *kostbaar*; *waardevol*
preciar OV WW → **apreciar**
preciarse WKD WW ⟨~ de⟩ *opscheppen* /*snoeven
over*; *trots zijn* /*prat gaan op* ★ ~ de valiente
de held uithangen
precintado m *verzegeling*
precintar OV WW *verzegelen*
precinto m *zegel* ⟨loodje⟩
precio m *prijs*; *waarde* ★ ~ de venta
verkoopprijs ★ a ~ de *ten koste van* ★ al ~
tegen de prijs van; *voor* ★ a cualquier ~ *tegen
elke prijs* ★ no tener ~ *heel waardevol zijn*
preciosidad v • *kostbaarheid* • FIG. *juweeltje*
preciosismo m *precieuze stijl*
preciosista I m/v *kunstenaar met precieuze stijl*
II BNW *gekunsteld*; *precieus*
precioso BNW • *kostbaar* • *schitterend*; *prachtig*
• *snoezig* ⟨v. kind⟩; *beeldschoon* ⟨v. vrouw⟩
★ piedras preciosas *edelstenen*
preciosura v • *juweeltje* • ZA *schoonheid*; *mooi
meisje*
precipicio m *afgrond*
precipitación v • *overhaasting*; *haast*
• *voorbarigheid* • *neerslag* ⟨regen, sneeuw
enz.⟩ ★ con ~ *overhaast* ★ ~ radioactiva en la
atmósfera *fall-out*

pr

precipitado I m CHEM. *neerslag* II BNW
overhaast; overijld ★ de forma precipitada
overhaast; gehaast

precipitar OV WW • *storten; doen neervallen*
• *versnellen; te vlug afdoen; overhaasten*
• CHEM. *laten neerslaan*

precipitarse WKD WW • *naar beneden storten;
(te pletter) vallen* • *zich haasten; zich storten;
overhaast handelen* • *in een stroomversnelling
raken* ⟨v. gebeurtenissen⟩ ★ ~ al banco *de
bank bestormen* ★ ~ por la escalera *de trappen
opvliegen*

precisamente BIJW • *precies; nauwkeurig; juist*
• *juist; uitgerekend* • *speciaal; expres* ★ y ~ *en
wel* ★ ¡~! ¡inderdaad!; ¡juist! ★ iba a decirle ~ *ik
wilde u juist zeggen* ★ este hombre ~
uitgerekend die man

precisar I OV WW • *nauwkeurig aangeven;
preciseren* • *nodig hebben* II ON WW *nodig zijn*

precisión v • *nauwkeurigheid; precisie*
• *noodzakelijkheid* ★ de ~ *precisie-*

preciso BNW • *noodzakelijk; nodig*
• *nauwkeurig; precies; beknopt; bondig;
duidelijk* ★ en aquel ~ momento *juist op dat
ogenblik*

precitado BNW *bovengenoemd; voornoemd*

preclaro BNW *vermaard; beroemd*

precocidad v • *(het) vroegrijp zijn*
• *voortijdigheid*

precocinado I m *kant-en-klaarmaaltijd* II BNW
• *voorgekookt; voorbereid* • *kant-en-klaar*

precolombino BNW *precolumbiaans* ★ época
precolombina *tijd vóór ontdekking van
Amerika*

preconcebir /i/ OV WW *van tevoren bedenken*
★ idea preconcebida *vooropgezette mening*

preconización v *(het) aanbevelen; (het)
aanprijzen*

preconizar OV WW *aanbevelen; aanraden;
aanprijzen*

precoz BNW • *vroegrijp; voorlijk* • *vroegtijdig;
prematuur* ★ sus canas precoces *zijn
vroegtijdige grijze haren* ★ madurez ~ *(het)
vroegrijp zijn*

precursor I m • *voorloper; pionier* • *voortrekker*
• *voorbode* II BNW *voorafgaand (de aan)*

predatorio BNW *roof-*

predecesor m *voorganger*

predecir /i/ OV WW *voorspellen*

predestinación v *voorbestemming;* REL.
predestinatie

predestinado BNW *gepredestineerd;
voorbeschikt; voorbestemd*

predestinar OV WW • *voorbeschikken;
predestineren*

predeterminar OV WW • *vooraf bepalen*
• *predetermineren*

prédica v *preek*

predicación v *prediking; preek*

predicado m TAALK. *gezegde; predikaat* ★ ~
nominal *naamwoordelijk gezegde*

predicador I m *prediker; kanselredenaar* ★ ~ de
cuaresma *boeteprediker* II BNW *predikers-*

predicamento m *invloed; goede naam; faam*

predicar I OV WW *berispen* II ON WW • *prediken*
• *uitbazuinen* ★ ~ con el ejemplo *het goede*

voorbeeld geven

predicativo BNW TAALK. *predikatief; predikaats-*

predicción v *voorspelling*

predicible BNW *voorspelbaar*

prediga WW (1e/3e p ev subj. t.t.) → **predecir**

predijo WW (3e p ev v.t.) → **predecir**

predilección v *voorliefde (por voor)*

predilecto BNW • *uitverkoren* • *geliefkoosd;
favoriet; lievelings-*

predio m • *erfgoed* • *onroerend goed;
grondbezit; stuk grond*

predispón WW (geb. wijs, jij-vorm)
→ **predisponer**

predispondrá WW (3e p ev tk.t.)
→ **predisponer**

predisponer OV WW • *geschikt maken;
voorbereiden* • *innemen (en, contra, de tegen;
en, pro/a favor de voor)* • *in de stemming
brengen* • *vatbaar maken* ⟨voor ziekte⟩

predisponga WW (1e/3e p ev subj. t.t.)
→ **predisponer**

predisposición v • *vatbaarheid; aanleg (a voor);
predispositie* • *vooringenomenheid*

predispuesto BNW • *vatbaar (a voor)*
• *voorbeschikt* • *vooringenomen (contra tegen)*
★ ser ~ a una enfermedad *vatbaar zijn voor
een ziekte*

predispuso WW (3e p ev v.t.) → **predisponer**

predominante BNW *overheersend;
(pre)dominant*

predominar OV WW *overheersen; domineren*

predominio m *overwicht; superioriteit*

preeminencia v • *voorrang; voorrecht*
• *vooraanstaande positie*

preeminente BNW *voorrang genietend;
uitmuntend; vooraanstaand*

preescolar BNW *voorafgaand aan het
basisonderwijs; peuter- en kleuter-*

preestablecido BNW *vooraf vastgesteld*

preexistencia v *vroeger /vorig bestaan*

preexistente BNW *vooraf bestaand*

preexistir ON WW *vooraf bestaan*

prefabricar OV WW *prefabriceren*

prefacio m *voorwoord; woord vooraf*

prefecto m *prefect*

prefectura v *prefectuur*

preferencia v • *voorkeur; preferentie* • *(recht
van) voorrang* ★ de ~ *bij voorkeur*

preferente BNW • *verkieslijk; preferent*
• *bevoorrecht* • *voorkeurs-*

preferentemente BIJW *bij voorkeur; liefst*

preferible BNW *verkieslijk; preferabel; beter*
★ me es ~ *ik geef er de voorkeur aan*

preferido BNW *favoriet; lievelings-*

preferir /ie, i/ OV WW *verkiezen (a boven); de
voorkeur geven; prefereren; liever hebben* ★ yo
te prefiero a él *ik verkies jou boven hem*
★ prefiero que te quedes *ik heb liever dat je
blijft*

prefiguración v *prefiguratie; voorafschaduwing*

prefigurar OV WW *prefigureren; (door beeld of
teken) aankondigen*

prefijar OV WW *vooraf vaststellen*

prefijo I m • *voorvoegsel; prefix* • *netnummer;
kengetal* II BNW *vooraf vastgesteld*

pregón m • *roep van kooplui; (het) aanprijzen*

van koopwaar • *openbare afkondiging* ⟨bij festiviteiten⟩ • *toespraak*

pregonar OV WW • *uitroepen*; *openbaar bekendmaken* • *luidkeels aanprijzen*; *luidkeels venten* • *rondstrooien*; *rondbazuinen* • *openlijk prijzen*

pregonero m • *iemand die alles rondbazuint* • *stadsomroeper*

pregunta v *vraag* • *estrechar a ~s a u.p. iemand aan een ondervraging onderwerpen* • *estar a la cuarta ~ slecht bij kas zijn*

preguntar I OV WW *(onder)vragen* **II** ON WW *vragen* (por *naar*)

preguntón I m *vraagal*; *nieuwsgierig Aagje* **II** BNW • *nieuwsgierig* • *vraagziek*

prehistoria v *prehistorie*

prehistórico BNW • *prehistorisch* • *ouderwets*

prejubilación v *vervroegde uittreding*

prejubilado m *vutter*

prejudicial BNW JUR. *prejudicieel*

prejuicio m *vooroordeel*

prejuzgar OV WW *voorbarig oordelen over*

prelación v *voorrang*; *prioriteit*

prelado m *prelaat*

prelatura v *ambt(sgebied) van prelaat*

prelevado m *voorwas*

preliminar I m mv • *voorbereidingen* • *voorlopige vredesvoorwaarden* **II** BNW • *inleidend* • *voorbereidend* ★ *encuentro ~ voorafgaande wedstrijd* ★ *estudio ~ voorstudie*

preludiar I OV WW *een voorteken zijn van*; *aankondigen* **II** ON WW • *inspelen* • *een voorspel spelen*; *preluderen*

preludio m • *voorspel*; *prelude* • *aanzet*; *voorbereiding*; *inleiding* • *voorteken*

premamá BNW *positie-*★ *vestido ~ positiejurk*

premarital BNW *voorechtelijk*

prematrimonial BNW → **premarital**

prematuro I m *te vroeg geboren baby* **II** BNW *voorbarig*; *voortijdig*; *te vroeg*; *prematuur* ★ *parto ~ vroeggeboorte*

premeditación v • *(het) vooraf bedenken* • *voorbedachte rade*; *premeditatie* ★ *con ~ met voorbedachten rade*

premeditado BNW • *met voorbedachten rade* • *weloverwogen*

premeditar OV WW • *vooraf bedenken* • JUR. *vooraf beraden*

premiado I m *prijswinnaar* **II** BNW *bekroond*

premiar OV WW • *bekronen*; *belonen* • *uitreiken* ⟨v. prijzen⟩

premio m • *prijs* • *premie*; *beloning* ★ *el ~ gordo de hoofdprijs* ★ *~ de consolación troostprijs*

premiosidad v • *moeite* ⟨met spreken, schrijven⟩ • *onbeholpenheid*; *stijfheid* • *dringendheid*; *urgentie*

premioso BNW • *stijf*; *onbeholpen*; *harkerig* • *moeizaam* • *dringend*; *urgent*

premisa v • *vooronderstelling*; *premisse* • *voorbode*

premonición v *voorteken*; *voorgevoel*

premonitorio BNW *aankondigend*; *voorspellend*

premura v • *dwang*; *noodzaak* • *haast* • *gebrek* ⟨aan ruimte, tijd⟩ ★ *~ de tiempo tijdsdruk*

prenatal BNW *prenataal*; *(van) vóór de geboorte*

prenda v • *kledingstuk* • *(onder)pand* • *licverd*; *schatje* • (mv) *goede eigenschap(pen)* ★ *~s deportivas sportkleding* ★ *en ~ de amistad als bewijs van vriendschap* ★ *jugar a ~s pandverbeuren* ★ *no doler ~s toezeggen*; *toegeven*; *kosten noch moeite sparen* ★ *no soltar ~ geen woord loslaten*

prendar OV WW • *betoveren*; *voor zich winnen* • *verpanden* ★ *prendado de verliefd op*; *gefascineerd door*

prendarse WKD WW (~ **de**) *in de ban raken van*; *geboeid raken door*

prendedero m • *gesp*; *spang*; *broche* • *haak* • *(haar)speld(je)*

prendedor m • *gesp* • *broche*; *sierspeld*

prender I OV WW • *pakken*; *grijpen* • *gevangennemen* • *bevestigen*; *vastbinden* • *aansteken* ⟨v. licht, vuur⟩ ★ *~ un cigarro een sigaret opsteken* **II** ON WW • *ontbranden*; *ontvlammen* • *wortel schieten* • *om zich heen grijpen* ⟨v. vuur⟩; *vat krijgen* (en op)

prenderia v *uitdragerij*

prendero m • *pandjesbaas* • *uitdrager*

prendido I m *broche*; *corsage* **II** BNW *vastgehaakt*; *vastgehecht* ★ *quedar ~ de blijven hangen* |*haken aan*

prendimiento m *gevangenneming* ⟨ook van Christus⟩; *aanhouding*; *arrestatie*

prensa v • *pers* • *drukpers* • *drukkerij* • *persmachine* ★ *~ amarilla roddelpers* ★ ZA ~ *roja sensatiepers* ★ *~ rosa /de corazón boulevardpers* ★ *en ~ ter perse* ★ *agencia de ~ persagentschap* ★ *tener buena/mala ~ goede/ slechte naam hebben*; *goede/slechte kritiek krijgen*

prensado I m *persing* **II** BNW *geperst*

prensar OV WW *persen*

prensil BNW *grijp-*

preñado BNW • *zwanger*; *drachtig* • *beladen*; FIG. *vol* • *vervuld*; *zwanger* (de van) ★ *dejar preñada zwanger maken*

preñar OV WW *zwanger maken*; *dekken*; *bevruchten*

preñez v • *zwangerschap* • *dracht*

preocupación v • *zorg(en)*; *bezorgdheid* • *(speciale) aandacht*

preocupado BNW *bezorgd*; *ongerust*

preocupar OV WW *bezorgd maken*

preocuparse WKD WW • *zich bezighouden* (de met) • *zorgen* (de voor) • *bezorgd zijn* (por voor) ★ *ino se preocupe! maakt u zich niet ongerust*

prepagado BNW TELECOM. *prepaid*

prepago m TELECOM. *prepay* ★ *de ~ prepaid*

preparación v • *voorbereiding*; *preparatie* • *preparaat* • *opleiding*; *vorming*

preparado I m *preparaat* **II** BNW • *voorbereid* • *bereid*; *klaar*

preparador m *trainer*; *coach*

preparar OV WW • *voorbereiden*; *prepareren* • *klaarstomen*; *vormen*; *opleiden* ★ *~ a la parrilla grillen*

prepararse WKD WW • *zich gereed maken*; *zich voorbereiden* (a, para op) • *op handen zijn*

preparativos m mv *voorbereiding(en)*

preparatorio I m *voorbereidende cursus* **II** BNW

pr

voorbereidend

prepón ww (geb. wijs, jij-vorm) → **preponer**
preponderancia v *overwicht*
preponderante BNW *overheersend*
preponderar ON WW *overheersen; de doorslag geven*
prepondrá ww (3e p ev tk.t.) → **preponer**
preponer OV WW → **anteponer**
preponga ww (1e/3e p ev subj. t.t.) → **preponer**
preposición v *voorzetsel; prepositie*
prepositivo BNW *voorzetsel-; prepositioneel*
prepotencia v • *overheersing; overmacht* • *arrogantie; aanmatiging*
prepotente BNW • *overheersend; (opper)machtig* • *arrogant; aanmatigend*
prepucio m *voorhuid*
prepuso ww (3e p ev v.t.) → **preponer**
prerrogativa v *privilege; voorrecht; prerogatief*
presa v • *vangst; buit; prooi* • *waterkering; stuwdam, -meer*
presagiar OV WW • *vermoeden* • *voorspellen*
presagio m • *voorspelling; voorteken* • *vermoeden*
presbicia v *verziendheid*
présbita I m/v *verziende* II BNW *verziende*
presbiteriano I m *presbyteriaan* II BNW *presbyteriaans*
presbiterio m ARCHIT. *koor*
presbítero m *priester; presbyter*
presciencia v *helderziendheid*
presciente BNW *tevoren wetend; helderziend*
prescindible BNW *onnodig*
prescindir ON WW (~ **de**) *het stellen zonder; afzien van; nalaten; verzuimen; weglaten* ★ no poder ~ de *niet kunnen missen* ★ prescindiendo de *afgezien van*
prescribir I OV WW *voorschrijven* II ON WW JUR. *verjaren*
prescripción v • *voorschrift;* MED. *recept* • JUR. *verjaring* ★ según ~ facultativa *volgens medisch voorschrift*
prescriptible BNW JUR. *verjaarbaar*
prescrito I BNW • *voorgeschreven* • JUR. *verjaard* II ww (volt. deelw.) → **prescribir**
presea v LIT. *juweel; kleinood*
preselección v *voorselectie*
preseleccionar OV WW *voorselecteren*
presencia v • *tegenwoordigheid; aanwezigheid; presentie* • *uiterlijk* ★ ~ de ánimo *tegenwoordigheid van geest*
presencial BNW ★ testigo ~ *ooggetuige*
presenciar OV WW • *bijwonen; present zijn bij* • *getuige zijn van*
presentable BNW *toonbaar; presentabel*
presentación v • *aanbieding; introductie; (het) voorstellen* • *presentatie; uiterlijk; opmaak* • *ligging* ⟨v. foetus⟩ ★ a la ~ *op vertoon* ★ carta de ~ *aanbevelingsbrief* ★ hacer su ~ en un sitio *zich ergens aanmelden*
presentador m *presentator*
presentar OV WW • *laten zien; te voorschijn halen; vertonen* • *voorleggen; overleggen* • *aanbieden; presenteren* ⟨ook radio, tv⟩; *overhandigen* • *vertonen* ⟨v. film⟩; *draaien* • *voorstellen; doen voorkomen* • *aanbevelen;*

naar voren duwen • *kennis laten maken; voorstellen; introduceren* ★ ~ batalla *de strijd aanbinden* ★ ~ dificultades *moeilijkheden opleveren*
presentarse WKD WW • *opkomen* • *verschijnen* ⟨bv. voor rechtbank⟩ • *zich melden; zich aandienen; zich voordoen* ⟨v. gelegenheid⟩ ★ ~ en sociedad *voor het eerst in de society verschijnen* • (~ **como**) *zich voorstellen als*
presente I m • *heden; tegenwoordige tijd; presens* • *geschenk* ★ la ~ *deze brief* II m/v *aanwezige* ★ hasta el ~ *toe nu toe* ★ al/de ~ *op dit moment* III BNW • *aanwezig; present* • *huidig; tegenwoordig* ★ por la ~ *hierbij* ★ hacer ~ *meedelen* ★ tener ~ *voor ogen houden*
presentimiento m *voorgevoel; vermoeden*
presentir /ie, i/ OV WW *een voorgevoel hebben; vermoeden*
preservación v • *bescherming; behoud; bewaring* • *voorkoming*
preservar OV WW *beschermen* (**contra, de tegen**); *behoeden*
preservativo I m *condoom* II BNW *beschermend*
presidencia v • *presidentschap; voorzitterschap* • *ambt van eerste minister* • *regeringsgebouw*
presidencial BNW *presidents-; presidentieel; voorzitters-*
presidente I m/v • *president* • *voorzitter* II BNW • *presidents-* • *voorzitters-*
presidiario m • *gevangene* • *dwangarbeider*
presidio m *gevangenis(straf)*
presidir OV WW • *presideren; leiden* • *overheersen*
presilla v • *lusje* • *bies; galon*
presión v *druk* ★ a/de ~ *druk-; onder druk* ★ ~ arterial *bloeddruk* ★ ~ fiscal *belastingdruk* ★ hacer ~ *en las elecciones de verkiezingen beïnvloeden*
presionar OV WW • *(aan)drukken* • *druk uitoefenen* (**sobre op**); *onder druk zetten*
preso I m *gevangene* ★ ~ preventivo *iemand in voorarrest* ★ meter ~ *gevangen zetten* II BNW *gevangen* III ww (volt. deelw.) → **prender**
prestación v • *dienstverlening; service; arbeidsprestatie* • *uitkering* • *dienst; inzet* • COMP. *vermogen* ★ ~ personal *gemeenschappelijke inzet* ★ ~ de juramento *eedaflegging* ★ de ~ *te leen; in bruikleen*
prestado BNW *(uit)geleend* ★ de ~ *op andermans kosten; met geleende spullen* ★ dar ~ *(uit)lenen* ★ pedir ~ *te leen vragen; lenen*
prestamista m/v *geldschieter; leningverstrekker*
préstamo m • *lening* • TAALK. *leenwoord*
prestancia v • *voortreffelijkheid* • *elegantie*
prestar I OV WW • *(uit)lenen* • *geven; verlenen* ★ ~ declaración *een verklaring afleggen* ★ ~ atención (a) *aandacht besteden (aan); opletten* II ON WW *uitrekken* ⟨v. stof⟩
prestarse WKD WW (~ **a**) *aanbieden om; aanleiding geven tot; zich lenen voor*
prestatario m *(geld)lener*
presteza v *snelheid; behendigheid*
prestidigitación v *goochelkunst; gegoochel*
prestidigitador m *goochelaar*
prestigiar OV WW *aanzien /prestige verlenen aan*

prestigio m *aanzien; prestige*
prestigioso BNW *gezaghebbend; bekend*
presto I BNW • *gereed; klaar; bereid (a om)*
• *snel; behendig;* MUZ. *presto* II BIJW *snel; spoedig*
presumible BNW • *vermoedelijk* • *aannemelijk*
presumido I m • *verwaande kwast* • *opschepper*
• *ijdeltuit* II BNW *verwaand; ijdel*
presumir I OV WW *veronderstellen* II ON WW
• *optutten* • *verwaand zijn* • *(~ de) prat gaan op; opscheppen over*
presunción v • *vermoeden* • *inbeelding; ijdelheid*
presunto BNW • *vermoedelijk* • *zogenaamd*
presuntuosidad v *ijdelheid; verbeelding*
presuntuoso I m *opschepper; ijdeltuit* II BNW
• *pretentieus* • *ingebeeld; ijdel*
presuponer OV WW • *veronderstellen*
• *vermoeden*
presuposición v *vooronderstelling*
presupuestar OV WW *begroten; budgetteren*
presupuestario BNW *begrotings-; budgettair*
presupuesto I m • *begroting* • *budget*
• *veronderstelling* II BNW • *begroot*
• *verondersteld* III WW (volt. deelw.)
→ **presuponer**
presura v *haast*
presurizado BNW ★ cabina presurizada *drukcabine*
presuroso BNW *haastig*
pretencioso BNW *aanmatigend; verwaand; pretentieus*
pretender OV WW • *beweren; pretenderen*
• *willen; streven naar; beogen; de bedoeling hebben* • *proberen; pogen* • *solliciteren naar*
• *dingen naar (de hand van)* ★ ~ *gustar proberen te behagen* ★ ~ *poco weinig eisen stellen* ★ no lo pretendo *dat is niet mijn bedoeling* ★ no pretendo nada *ik matig mij geen recht aan* ★ pretende su mano *hij wil haar vragen* ★ que pretende ser *dat probeert te zijn*
pretendido BNW *zogenaamd*
pretendiente I m • *pretendent; kroonprins*
• *aanbidder; minnaar* II m/v *sollicitant; kandidaat*
pretensión v • *pretentie; aanmatiging*
• *aanspraak; vordering* • *bedoeling; streven*
★ elevadas pretensiones *hoge eisen* ★ con pretensiones *veeleisend* ★ tener pocas pretensiones *met weinig tevreden zijn*
pretérito I m TAALK. *verleden tijd; preteritum*
II BNW *verleden*
pretextar OV WW *voorwenden; voorgeven*
pretexto m *voorwendsel; smoes; uitvlucht* ★ a ~ de *onder voorwendsel van* ★ dando por ~ su pobreza *zich achter zijn armoede verbergend*
pretil m *borstwering; balustrade; brugleuning*
pretina v *riem; gordel*
pretoriano BNW GESCH. *pretoriaans*
prevalecer ON WW *overheersen; zegevieren; prevaleren; de doorslag geven*
prevaleciente BNW *overheersend; overwegend*
prevalezca WW (1e/3e p ev subj. t.t.)
→ **prevalecer**
prevaricación v • *plichtsverzuim* • *ambtsmisdrijf*

prevaricador m *plichtsverzaker*
prevaricar OV WW *zijn plicht verzaken*
prevé WW (3e p ev t.t.) → **prever**
prevea WW (1e/3e p ev subj. t.t.) → **prever**
prevén WW (geb. wijs, jij-vorm) → **prevenir**
prevención v • *voorkoming; preventie*
• *vooringenomenheid; vooroordeel*
• *voorzorg(smaatregel)* • JUR. *voorarrest* ★ de ~ uit voorzorg ★ exento de ~ onbevangen
prevendrá WW (3e p ev tk.t.) → **prevenir**
prevenga WW (1e/3e p ev subj. t.t.) → **prevenir**
prevenido BNW • *bevooroordeeld; vooringenomen* • *voorbereid; klaar*
• *bedachtzaam; voorzichtig; op zijn hoede*
prevenir /ie, i/ OV WW • *waarschuwen (contra, de tegen, voor); verwittigen* • *voorbereiden; klaarmaken; verhinderen; afwenden; voorkomen*
preventivo BNW *preventief; voorkomend; als voorzorg dienend* ★ prisión preventiva *voorlopige hechtenis*
prever OV WW *voorzien; zien aankomen; verwachten*
previamente BIJW *eerst; vooraf*
previno WW (3e p ev v.t.) → **prevenir**
previo I m *playback* II BNW • *voorbereidend*
• *voorafgaand* ★ ~ acuerdo *na afspraak* ★ ~ examen *nadat examen gedaan is*
★ calentamiento ~ *voorverwarming* ★ previa condición *op voorwaarde dat* ★ establecer la previa censura *de perscensuur invoeren*
previó WW (3e p ev v.t.) → **prever**
previsible BNW *te voorzien*
previsión v • *vooruitzicht; verwachting*
• *voorziening; voorzorg; vooruitziende blik*
★ obrar con ~ *voorzichtig te werk gaan* ★ ~ del tiempo *weersverwachting* ★ en ~ de *uit voorzorg*
previsor I m *vooruitziend persoon* II BNW
• *vooruitziend* • *voorzichtig*
previsto I BNW *voorzien* II WW (volt. deelw.)
→ **prever**
prez m/v VERO. *roem; eer; achting*
prieto BNW • *strak; dicht opeen* • LA *zwart; heel donker*
prima v • *premie; toeslag* • *hoge e-snaar* • *nicht*
★ ~ de seguro *verzekeringspremie*
primacía v • *eerste plaats; hoogste rang*
• *prioriteit; voorrang; primaat(schap)*
primada v *onnozelheid*
primado m REL. *primaat(schap)*
primar I OV WW *een premie betalen aan* II ON WW *vooropstaan; op de eerste plaats komen*
primario BNW • *basis-; primair* • *voornaamste; eerste* • *primitief* ★ enseñanza primaria *basisonderwijs* ★ primarias *voorverkiezingen*
primate m • BIO. *primaat* • *belangrijk persoon*
primavera I v • *lente; voorjaar* • *sleutelbloem*
★ está en la ~ de su vida *hij is in de bloei van zijn leven* II m/v *sukkel; onnozele hals*
primaveral BNW *lente-; voorjaars-*
primer BNW → **primero**
primera v • *eerste versnelling* • *eerste klas*
⟨openbaar vervoer⟩ ★ a la ~ *bij de eerste poging; onmiddellijk* ★ de ~ *eersteklas-; prima*
★ en ~ *in de eerste versnelling*

primeramente BIJW ● *op de eerste plaats*; *allereerst*

primeriza v ● *vrouw die haar eerste kind baart* ● *beginnelinge*

primerizo I m *beginneling*; *groentje*; *nieuweling* II BNW ● *beginnend* ● *onervaren*; *groen*

primero I m ● *eerste verdieping* ● *eerste (studie)jaar* II BNW ● *eerste*; *belangrijkste* ● *voormalige*; *vroegere* ★ a ~s de mes *aan het begin van de maand* ★ lo ~ es la salud *gezondheid gaat voor alles* ★ de ~ *in eerste instantie* ★ es el primer buen día que benemos este mes *het is de eerste goede dag die we deze maand hebben gehad* III BIJW ● *allereerst* ● *eerder*; *liever (que dan)* ★ ella lo dijo ~ *zij zei het het eerst*

primicia v ● *primeur*; *nieuws*; *nieuwtje* ● (vaak mv) FIG. *vrucht*

primigenio BNW *oorspronkelijk*

primipara v *vrouw die haar eerste kind baart*

primitivismo m ● *primitiviteit*; *primitief karakter* ● *onbeschaafdheid*; *lompheid*

primitivo I m ● *primitieve mens* ● *primitieveling* II BNW ● *primitief* ● *oorspronkelijk*; *oer-*

primo m ● *neef* ● *sul*; *naïveling* ★ hacer el ~ *zich beet laten nemen*

primogénito I m *eerstgeborene* II BNW *eerstgeboren*

primogenitura v *eerstgeboorterecht*

primor m ● *verfijning*; *zorg* ● *meesterschap*; *prachtig ding* ● *vaardigheid*; *behendigheid* ★ es un ~ *het is heerlijk* /verrukkelijk /prachtig ★ es un ~ para hacerlo *daarin is niemand hem de baas* ★ cantar con ~ *verrukkelijk zingen* ★ trabaja que es un ~ *ze werkt uitstekend* ★ muchos ~es de libros *veel waardevolle boeken*

primordial BNW *fundamenteel*; *essentieel*; *elementair*

primoroso BNW *vaardig*; *fraai*; *met zorg gemaakt*

primula v *primula*

princesa v ● *prinses* ● *vorstin*

principado m ● *vorstendom* ● *vorstelijke waardigheid*

principal I m ● *chef*; *opdrachtgever* ● VERO. *eerste verdieping* II BNW *voornaamste*; *hoofd-*; *belangrijkste* ★ lo ~ *de hoofdzaak*

principalmente BIJW *voornamelijk*

príncipe I m ● *vorst* ● *prins* ★ los ~s *het vorstenpaar* ★ ~ azul *sprookjesprins* II BNW ★ edición ~ *eerste uitgave*

principesco BNW OOK FIG. *vorstelijk*; *prinselijk*

principiante I m/v ● *beginneling* ● *nieuweling* II BNW *beginnend*

principiar OV+ON WW *beginnen*

principio m ● *begin* ● *oorzaak*; *aanleiding* ● *grondslag*; *principe* ● *tussengerecht* ⟨2e hoofdgerecht⟩ ● *ingrediënt*; *element* ★ al ~ / en un ~ *in het begin* ★ a ~s del mes *aan het begin van de maand* ★ ~s del verano *voorzomer* ★ dar ~ a *algo met iets beginnen* ★ en ~ *in beginsel* ★ por ~ *uit principe*

pringar OV WW ● *besmeuren* ● *in jus dopen* ● *betrekken* (en bij)

pringarse WKD WW ● *besmeurd raken*

● *malversaties plegen* ● *zich bemoeien met*

pringoso BNW ● *vies*; *vettig* ● *kleverig*; *plakkerig*

pringue m ● *(braad)vet*; *reuzel* ● *vetvlek* ● *viezigheid*

prior m *prior*

priora v *priores*; *abdis*

priorato m ● *priorschap* ● *Spaanse wijnsoort*

prioridad v *voorrang*; *prioriteit*

prioritario BNW *voorrang hebbend*

prisa v ● *snelheid* ● *haast*; *gejaag* ★ a toda ~ *heel snel* ★ de ~ *snel* ★ vivir de ~ *een jachtig leven leiden* ★ darse ~ *haast maken* ★ no me corre ninguna ~ *ik heb er helemaal geen haast mee*

prisco m ZA *abrikoos*

prisión v ● *gevangenis(straf)* ● *gevangenschap* ● (mv) *handboeien* ★ ~ doméstica *huisarrest* ★ ~ incomunicada *eenzame opsluiting*

prisionero m *gevangene* ★ ~ de guerra *krijgsgevangene*

prisma m *prisma*

prismático BNW *prismatisch* ★ ~s *verrekijker*

prístino BNW ● *oorspronkelijk*; *primitief* ● *voormalig*

privacidad v *privésfeer*; *intieme levenssfeer*

privación v ● *beroving* ● *onthouding* ● (mv) *ontberingen*

privado I m *vertrouweling*; *gunsteling* II BNW ● *privé*; *besloten*; *persoonlijk*; *particulier* ● *beroofd* (de van) ● *onderhands* ⟨v. akte⟩ ★ secretaria privada *privésecretaresse*

privanza v ● *positie van gunsteling* ⟨aan het hof⟩ ● *vertrouwelijke omgang*

privar I OV WW ● *beroven* (de van) ● *ontzeggen*; *verbieden* ● *weg zijn van*; *leuk vinden* ★ le han privado de toda influencia *hij is uitgerangeerd* II ON WW ● *in de mode zijn* ● (~ con) *in de gunst staan bij*

privarse WKD WW *zich iets ontzeggen*; *afzien* (de van)

privativo BNW ● *uitsluitend voorbehouden* (de aan) ● *beroved* (de van); *ontnemend*

privatización v *privatisering*

privatizar OV WW *privatiseren*

privilegiado BNW *bevoorrecht*

privilegiar OV WW *bevoorrechten*; *privilegiëren*

privilegio m *voorrecht*; *privilege*

pro I m ★ les pros y los contras *de voors en tegens* II VZ *pro*; *voor* ★ hombre de pro *degelijke persoon* ★ en pro de *ten bate* /gunste van

proa v *voorsteven* ★ poner la proa a algo *zich ten doel stellen*; *zich verzetten tegen* ★ poner proa a *koers zetten naar*

probabilidad v ● *kans* ● *waarschijnlijkheid*

probable BNW ● *waarschijnlijk*; *aannemelijk* ● *bewijsbaar* ★ es muy ~ que llueva *er is veel kans op regen*

probado BNW *bewezen*; *aangetoond*; *beproefd*; *probaat*

probador m *paskamer*

probanza v *gerechtelijk bewijs*; *bewijsmateriaal*

probar /ue/ I OV WW ● *proberen*; *testen*; *op de proef stellen* ● *bewijzen*; *aantonen*; *erop wijzen* ● *passen* ⟨v. kleding⟩ II ON WW ● *proberen* (a (om) te {+ onbep. wijs}) ● *ervaren*; *beleven* ★ ~ bien *goed bekomen*

probatorio BNW ∗ documento ~ *bewijsstuk*
∗ fuerza probatoria *bewijskracht*
probeta v *reageerbuis* ∗ niño ~ *reageerbuisbaby*
probidad v *rechtschapenheid; eerlijkheid*
problema m ∗ *probleem; vraagstuk* ∗ WISK. *som*
∗ LA hacerse ~ *zich zorgen maken; tobben*
problemático BNW ∗ *problematisch* ∗ *onzeker;*
dubieus ∗ es ~ *het is de vraag*
probo BNW *rechtschapen; eerlijk*
procacidad v *brutaliteit; onbeschaamdheid*
procaz BNW *brutaal; onbeschaamd*
procedencia v ∗ *afkomst; herkomst; oorsprong*
∗ *gepastheid* ∗ *gegrondheid* ⟨v. eis⟩
procedente BNW ∗ *afkomstig* (**de** uit, van);
komend ∗ *gepast*
proceder I m ∗ *(manier van) optreden*
∗ *handelwijze* II ON WW ∗ *voortkomen* (**de** uit);
afkomstig zijn ∗ *te werk gaan; optreden*
(**contra** tegen); *handelen* ∗ *overgaan* (**a** tot)
∗ *betamelijk zijn; passend zijn* ∗ JUR.
procederen ∗ *toelaatbaar zijn* ⟨v. eis⟩
procedimiento m ∗ *procedure; gang van zaken*
∗ *handelwijze; werkwijze* ∗ *rechtsgeding;*
procedure ∗ ~ de urgencia *spoedbehandeling;*
≈ *kort geding; snelrecht* ∗ ~ judicial
gerechtelijke procedure
proceloso BNW LIT. *stormachtig*
prócer I m *voornaam persoon* II BNW ∗ *verheven*
∗ *statig*
procesado I m ∗ *verdachte* ∗ *aangeklaagde*
∗ TECHN. *(het) bewerken* II BNW ∗ *verdacht*
∗ *aangeklaagd*
procesador m *processor* ∗ ~ de textos
tekstverwerkingssysteem
procesal BNW *proces-*
procesamiento m ∗ *(straf)vervolging; berechting*
∗ *(het) procederen* ∗ COMP. *verwerking* ∗ ~ de
datos *informatieverwerking*
procesar OV WW ∗ *gerechtelijk vervolgen; een*
proces aandoen ∗ COMP. *verwerken*
procesión v ∗ *processie; bedevaart; optocht*
∗ *opeenvolging* ∗ *hoop; massa* ∗ la ~ va por
dentro *stille wateren hebben diepe gronden*
procesional BNW *processie-*
proceso m ∗ *proces; verloop* ∗ JUR. *proces*
∗ *verloop* ⟨v. tijd⟩ ∗ COMP. *verwerking*
proclama v ∗ *openbare bekendmaking* ∗ *politieke*
redevoering
proclamación v ∗ *(openbare) afkondiging;*
uitvaardiging; proclamatie ∗ *(het) uitroepen*
⟨tot koning⟩
proclamar OV WW ∗ *afkondigen; uitvaardigen;*
proclameren ∗ *uitroepen* ⟨tot koning⟩
proclive BNW *neigend* (**a** tot)
proclividad v *neiging*
procreación v *voortplanting; procreatie*
procrear ON WW *zich vermenigvuldigen; zich*
voortplanten
procuración v ∗ *volmacht; procuratie*
∗ *procureurschap* ∗ *procureurskantoor*
procurador m ∗ *gevolmachtigde; procureur* ∗ LA
openbare aanklager; officier van justitie ∗ ~
general *procureur-generaal*
procuraduría v ∗ *procureurschap*
∗ *procureurskantoor*
procurar OV WW ∗ *verschaffen; bezorgen; zorgen*

voor ∗ *trachten; proberen* [+ onbep. wijs]
prodigalidad v ∗ *spilzucht; verspilling*
∗ *vrijgevigheid* ∗ *rijkdom; overvloed*
prodigar OV WW ∗ *verkwisten; verspillen* ∗ *veel*
uitdelen; veel geven ∗ *overladen/overstelpen* (**a**
met)
prodigarse WKD WW *zich uitsloven; zich*
uitputten
prodigio I m *wonder* II BNW *wonder-* ∗ un niño
~ *een wonderkind*
prodigioso BNW *wonderbaarlijk;*
verbazingwekkend
pródigo I m *verkwister* II BNW ∗ *verkwistend*
∗ *overvloedig; gul* ∗ año ~ en
acontecimientos *bewogen jaar* ∗ el hijo ~ *de*
verloren zoon
producción v ∗ *opbrengst; productie* ⟨ook van
film, e.d.⟩ ∗ *(het) vervaardigen; (het)*
produceren; (het) voortbrengen ∗ *voortbrengsel*
∗ *output* ∗ exceso de ~ *overproductie* ∗ ~ en
serie *serieproductie* ∗ ~ triguera
tarweopbrengst ∗ ~ maderera *houtproductie*
producir I OV WW ∗ *produceren* ⟨ook van film⟩;
fabriceren; maken; voortbrengen ∗ *opbrengen;*
aanvoeren ⟨v. bewijs⟩; *dragen* ⟨v. vruchten⟩
∗ *veroorzaken* II ON WW *rendabel zijn; winst*
opleveren
producirse WKD WW *zich voordoen; ontstaan;*
vallen ⟨v. stilte⟩; *optreden; plaatsvinden;*
gebeuren; voorvallen
productividad v *productiviteit*
productivo BNW ∗ *productief* ∗ *winstgevend;*
lucratief
producto m ∗ *product; voortbrengsel*
∗ *opbrengst; resultaat* ∗ WISK. *product* ∗ ~s
agrícolas *landbouwproducten* ∗ ~s químicos
chemicaliën ∗ ~ neto *netto-opbrengst* ∗ ~
semielaborado *halffabrikaat*
productor I m ∗ *producent; fabrikant; maker*
∗ *werknemer; productiemedewerker* II BNW
producerend ∗ países ~es de petróleo
olieproducerende landen
productora v *productiemaatschappij*
produjo WW (3e p ev v.t.) → **producir**
produzca WW (1e/3e p ev subj. t.t.) → **producir**
proemio m *voorwoord; woord vooraf*
proeza v *heldendaad*
profanación v ∗ *heiligschennis; profanatie;*
ontheiliging ∗ *schending*
profanador I m *heiligschenner* II BNW
schendend; ontwijdend
profanar OV WW ∗ *ontheiligen; schenden;*
profaneren ∗ *misbruiken* ∗ ~ su memoria /
recuerdo *zijn nagedachtenis onteren*
profano I m *leek* II BNW ∗ *werelds; profaan*
∗ *wereldlijk*
profecía v *voorspelling; profetie*
proferir /ie, i/ OV WW *uiten; uitspreken;*
uitkramen
profesar I OV WW ∗ *belijden; aanhangen* ⟨v.
geloof⟩ ∗ *be-, uitoefenen* ∗ LIT. *doceren*
∗ *koesteren; voelen* ∗ ~ admiración a
bewonderen II ON WW *afleggen* ⟨v.
kloostergelofte⟩
profesión v ∗ *beroep; ambacht* ∗ *professie;*
aflegging van kloostergeloften ∗ *belijdenis*

pr

★ hacer ~ de opscheppen over ★ hacer ~ de
gelofte afleggen

profesional I m/v • vakman; professional
• SPORT beroeps; prof ★ ~ liberal zelfstandige;
freelancer II BNW • professioneel • beroeps-
• vak- ★ escuela de formación ~ vakschool

profesionalidad v • professionaliteit
• vakbekwaamheid

profesionalismo m professionalisme; profstatus

profeso I m profes II BNW de kloostergeloftes
afgelegd hebbend

profesor m docent; leraar; onderwijzer

profesorado m • docentschap • docentenkorps

profesoral BNW docenten-; leraren-

profeta m profeet

profético BNW profetisch

profetisa v profetes

profetizar OV WW • verkondigen • voorspellen;
profeteren

profiláctico BNW • profylactisch; beschermend
• preventief

profilaxis v preventieve middelen; profylaxis

prófugo I m • voortvluchtige • deserteur II BNW
voortvluchtig

profundidad v • diepte • intensiteit; diepgang
• grondigheid ★ ~ de campo FOTO.
scherptediepte

profundizar I OV WW • uitdiepen • dieper
maken II ON WW verdiepen; dieper ingaan (en
op)

profundo BNW • diep • diepgaand; grondig
• heel laag (v. geluid) • diepzinnig • intens;
hevig • totaal; volledig ★ fauna profunda
diepzeefauna

profusión v overvloed; overdaad

profuso BNW overdadig; weelderig
★ profusamente ilustrado rijkelijk
geïllustreerd

progenie v • nageslacht; kroost • afkomst

progenitor m • verwekker • voorvader ★ INF. ~es
ouders

progenitura v afstammelingen; nakomelingen

programa m • OOK COMP. program(ma) • plan
• programmaboekje, -blad ★ ~ de estudios
leerplan

programable BNW programmeerbaar

programación v • programmering • COMP.
programmatuur • planning

programador I m • COMP. programmeur
• programmamaker II BNW programmerend

programar OV WW • OOK COMP. programmeren;
op het programma zetten • plannen

progre BIJW (progresista) progressief; links

progresar ON WW • vooruitgaan; voortgaan;
voortschrijden; vorderen • zich ontwikkelen

progresión (v • vordering; vooruitgang;
voortgang; progressie; toename • WISK. reeks
★ ~ metódica geleidelijkheid ★ ~ por
diferencia rekenkundige reeks

progresista I m/v vooruitstrevend iemand
II BNW • progressief • vooruitstrevend

progresivo BNW • vooruitgaand; voortgaand
• vooruitstrevend; progressief

progreso m • vooruitgang; voortgang
• vordering; groei

prohibición v verbod ★ levantar la ~ het verbod

opheffen

prohibicionista m/v drankbestrijder;
voorstander van drankverbod

prohibido BNW verboden

prohibir OV WW verbieden

prohibitivo BNW • onbetaalbaar ⟨v. prijzen⟩;
prohibitief • verbiedend; belemmerend
• onoverkomelijk

prohijar OV WW • adopteren • overnemen ⟨v.
denkbeelden⟩

prohombre m prominent man

prójima v • INF. (moeder de) vrouw • INF. hoer;
slet

prójimo m • naaste; medemens • INF. vent;
figuur

prole v nageslacht; kroost

prolegómenos m voorwoord; (beknopte)
inleiding

proletariado m proletariaat

proletario I m proletariër II BNW proletarisch

proliferación v snelle /sterke toename;
woekering; proliferatie

proliferar ON WW snel /sterk toenemen; welig
tieren; zich vermenigvuldigen; (voort)woekeren

prolífico BNW OOK FIG. vruchtbaar

prolijidad v • wijdlopigheid; breedsprakigheid
• keurigheid • saaiheid

prolijo BNW • wijdlopig; breedsprakig
• vervelend • netjes; nauwkeurig ★ pecar de ~
te uitvoerig zijn

prologar OV WW een voorwoord schrijven bij

prólogo m • voorwoord • proloog • inleiding;
voorbereiding

prolongación v • verlenging; prolongatie
• verlengstuk; verlengde

prolongado BNW • langdurig • verlengd
• langwerpig

prolongador m verlengsnoer

prolongar OV WW • langer laten duren;
prolongeren • verlengen; langer maken
• doortrekken

promediar I OV WW • middelen; het gemiddelde
berekenen van • in tweeën delen; halveren
II ON WW op de helft zijn ★ promediaba el
mes de agosto het was halverwege de maand
augustus

promedio m • gemiddelde • middelpunt
★ como/en ~ gemiddeld

promesa v • belofte • REL. gelofte

prometedor BNW veelbelovend

prometer I OV WW • beloven; in het vooruitzicht
stellen • toezeggen • verzekeren (dat) • ernaar
uitzien (dat) II ON WW veelbelovend zijn

prometerse WKD WW • vertrouwen op; ervanuit
gaan • zich verloven ★ prometérselas muy
felices veel verwachten van iets

prometida v verloofde; aanstaande

prometido I m verloofde; aanstaande II BNW
• beloofd • verloofd

prominencia v • iets wat uitsteekt; OOK FIG. (het)
uitsteken • ophoging; heuvel; bult

prominente BNW • uitstékend • vooraanstaand;
prominent • toonaangevend; opvallend

promiscuidad v • promiscuïteit; promiscue
toestand /levenswijze • vermenging

promiscuo BNW • gemengd; verward;

willekeurig (dooreen); promiscue
• dubbelzinnig; meerduidig
promisión v ★ tierra de ~ beloofde land
promoción v • promotie • bevordering • lichting
★ ~ de ventas sales promotion ★ en ~ in de
aanbieding /reclame
promocionar OV WW • promotie geven;
bevorderen • promoten; stimuleren; pushen
promocionarse WKD WW promotie maken;
promoveren
promontorio m • klip; kaap; voorgebergte
• heuvel; glooiing • stapel; hoop; berg
promotor I m • FIG. motor; aanstichter
• bevorderaar II BNW bevorderend
promover /ue/ OV WW • bevorderen; promoten
• teweegbrengen; veroorzaken
promulgación v • uitvaardiging; afkondiging
• verkondiging; bekendmaking
promulgar OV WW • uitvaardigen; afkondigen
• verkondigen; bekendmaken
prono BNW • geneigd tot • op de buik liggend
pronombre m voornaamwoord; pronomen
pronominal BNW voornaamwoordelijk;
pronominaal
pronosticar OV WW voorspellen; prognosticeren
pronóstico m • (deskundige) voorspelling • OOK
MED. prognose ★ ~ del tiempo
weersverwachting ★ herida de ~ reservado
zorgwekkende wond
prontitud v snelheid; spoed
pronto I m • bevlieging; opwelling • driftbui
★ por de ~ voorlopig II BNW • spoedig; snel
• klaar; bereid ★ ~ a klaar om III BIJW
• dadelijk; meteen • vroeg ★ al ~ eerst ★ de ~
plotseling ★ tan ~ ... como ... zodra ★ ihasta ~!
tot zo!
prontuario m • handboek • naslagwerk
pronunciación v OOK JUR. uitspraak
pronunciado BNW • OOK FIG. uitgesproken
• opvallend; geprononceerd
pronunciamiento m militaire opstand; putsch
pronunciar OV WW • zeggen; uitspreken
• houden; afsteken ‹v. rede› • JUR. vellen
• doen opvallen; accentueren
pronunciarse WKD WW • zich uitspreken • MIL.
in opstand komen
propagación v • verbreiding • verspreiding;
voortplanting
propagador I m • voortplanter • verspreider
II BNW • verbreidend • verspreidend
propaganda v • propaganda • reclame
propagandista I m/v propagandist;
reclamemaker II BNW propaganda-; reclame-
propagandístico BNW propaganda-; reclame-
propagar OV WW • verbreiden; verspreiden;
propageren • vermenigvuldigen; voortplanten
propalar OV WW doorvertellen; openbaar
maken; rondbazuinen
propano m propaan
propasarse WKD WW • zijn boekje te buiten
gaan • te ver gaan
propender ON WW geneigd zijn (a tot)
propensión v geneigdheid; neiging
propenso BNW (~ a) vatbaar voor; geneigd tot
propi v INF. fooi
propiamente BNW eigenlijk ★ ~ dicho eigenlijk;

zogezegd
propiciación v • (het) gunstig stemmen
• zoenoffer
propiciar OV WW • gunstig stemmen
• begunstigen; in de hand werken
propiciatorio BNW om gunstig te stemmen; om
te begunstigen ★ víctima propiciatoria
zoenoffer
propicio BNW • gunstig (gezind); welwillend
• geneigd; genegen • geschikt ‹v. moment,
gelegenheid› ★ ~ al perdón bereid te
vergeven ★ poco ~ a afkerig van ★ mostrarse ~
bereidwillig zijn
propiedad v • bezit; eigendom • eigenschap
• juistheid • gelijkenis ★ de ~ de eigendom van
★ en ~ in eigendom ★ ~ pública gemeengoed
propietario I m (huis-, grond)eigenaar II BNW
• eigenaars- • eigendoms-
propina v • fooi • gratificatie ★ de ~ als toegift;
op de koop toe
propinar OV WW • een fooi geven; uitdelen;
geven ‹bv. klap›; toedienen ‹v. medicijn›
• (iets te drinken) aanbieden; tracteren
propincuo BNW dichtbij; nabij
propio I m bode ★ ~s gemeenschapsgrond;
meent II BNW • eigen • zelf • eigenlijk
• typisch; bijzonder; kenmerkend (de voor)
• passend; geschikt (para voor) ★ interés ~
eigenbelang ★ nombre ~ eigennaam ★ al ~
tiempo tegelijkertijd ★ lo ~ puedo decir yo
datzelfde kan ik ook zeggen ★ de ~ opzettelijk
propón WW (geb. wijs, jij-vorm) → **proponer**
propondrá WW (3e p ev tk.t.) → **proponer**
proponente m/v indiener van voorstel
proponer OV WW • voorstellen • voorleggen
• voordragen
proponerse WKD WW • zich voornemen
• voornemens/van plan zijn
proponga WW (1e/3e p ev subj. t.t.)
→ **proponer**
proporción v • (juiste) onderlinge verhouding;
proportie • afmeting • omvang • WISK.
evenredigheid ★ tomar proporciones
toenemen
proporcionado BNW • naar verhouding
• evenwichtig • evenredig • gepast; geschikt
★ bien ~ goed gebouwd
proporcional BNW • naar verhouding;
proportioneel • evenredig ★ nombre ~
verhoudingsgetal
proporcionar OV WW • aanpassen ‹bepaalde
verhouding geven aan›; proportioneren
• verschaffen; bezorgen; helpen aan
proposición v • voorstel; aanbod • TAALK. zin
★ ~ accesoria bijzin ★ ~ negativa ontkennende
zin ★ acceder a una ~ een voorstel aannemen
propósito m • bedoeling • plan; voornemen
• doel ★ a ~ van pas; geschikt; a propos ★ a/de
~ met opzet ★ a ~ de met betrekking tot
★ fuera de ~ niet ter zake
propuesta v • voorstel; aanbod • suggestie
• voordracht ★ ~ de un candidato
kandidaatstelling
propugnación v (het) pleiten (voor); verdediging
propugnar OV WW verdedigen; voorstaan;
opkomen voor

pr

propulsar OV WW • *aandrijven; voortbewegen* • FIG. *bevorderen; stimuleren*

propulsión V • *aandrijving* • *voortbeweging* ★ ~ *por cohete raketaandrijving*

propulsor I m • *(het) aandrijven* • FIG. *motor; stuwende kracht* II BNW *aandrijvings-; drijf-*

propuso WW (3e p ev v.t.) → **proponer**

prorrata V *aandeel* ★ a ~ *naar verhouding*

prorratear OV WW *naar verhouding verdelen*

prorrateo m *(het) hoofdelijk omslaan* ★ al ~ *naar verhouding*

prórroga V • *verlenging* • *uitstel; prorogatie*

prorrogable BNW • *uitstelbaar* • *verlengbaar*

prorrogar OV WW • *uitstellen* • *verlengen* ★ ~ *el vencimiento de betalingstermijn verlengen*

prorrumpir ON WW *uitbarsten* ★ ~ *en sollozos in snikken uitbarsten*

prosa V • *proza* • *alledaagsheid*

prosaico BNW *prozaïsch; alledaags; onbenullig*

prosaísmo m *alledaagsheid; gebrek aan fantasie*

prosapia V *(edele) afkomst*

proscenio m *voortoneel*

proscribir OV WW • *verbannen; in de ban doen* • *verbieden*

proscripción V • *verbanning* • *verbod; uitsluiting*

proscrito I m • *balling* • GESCH. *vogelvrijverklaarde* II BNW • *verboden* • *verbannen*

prosecución V • *vervolg* • *vervolging*

proseguir /i/ I OV WW *vervolgen* II ON WW • *voortzetten; doorgaan; verder gaan* • *vervolgen* ★ ~ *en la marcha verder gaan* ★ *prosiga usted la lectura leest u verder*

proselitismo m *bekeringsijver*

proselitista I m/v *fanatiek bekeerder* II BNW *vol bekeringsijver*

prosélito m • *aanhanger; volgeling* • *bekeerling; proseliet*

pr

prosificar OV WW LIT. *in proza overzetten* ⟨v. gedicht⟩

prosista m/v *prozaschrijver; prozaïst*

prosodia V *prosodie*

prosopopeya V • LIT. *verpersoonlijking* • *aanstellerij; gewichtigdoenerij*

prospección V *exploratie; verkenning; prospectie*

prospecto m • *prospectus* • *gebruiksaanwijzing; bijsluiter*

prosperar ON WW • *gedijen; bloeien; floreren* • *bijval krijgen* ⟨v. idee, plan⟩ • *erop vooruitgaan; succes hebben*

prosperidad V *welvaart; bloei; voorspoed; succes*

próspero BNW *bloeiend; welvarend; voorspoedig* ★ i~ *año nuevo! gelukkig nieuwjaar!* ★ *en próspera y en adversa fortuna in voor- en tegenspoed*

próstata V *prostaat*

prosternarse WKD WW *op de knieën vallen; (neer)knielen*

prostíbulo m *bordeel*

prostitución V *prostitutie*

prostituir OV WW • *prostitueren* • *onteren* • *te schande maken; vergooien; misbruiken*

prostituta V *prostituee; hoer*

prostituya WW (1e/3e p ev subj. t.t.) → **prostituir**

protagonismo m • *(het) spelen v.d. hoofdrol* • *(het) zich op de voorgrond plaatsen* ★ *afán de* ~ *geldingsdrang*

protagonista m/v *hoofdpersoon; hoofdrolspeler*

protagonizar OV WW *de hoofdrol vertolken in*

protección V • *bescherming; protectie* • *steun* • *begunstiging* ★ ~ *del medio ambiente milieubescherming*

proteccionismo m *protectionisme*

proteccionista I m/v *protectionist* II BNW *protectionistisch*

protector I m *beschermer* II BNW *be-, afschermend; beschuttend; beveiligend*

protectorado m *protectoraat*

proteger OV WW • *beschermen (de tegen); verdedigen; beveiligen* • *begunstigen; (onder)steunen*

protegido m • *beschermeling; protégé* • *lieveling*

proteína V *proteïne*

protervo BNW *pervers; verdorven*

protésico m ★ ~ *dental tandtechnicus*

prótesis V *prothese*

protesta V *protest* ★ *hacer* ~s *de betuigen*

protestación V • *protest* • *plechtige verklaring*

protestante I m/v *protestant* II BNW *protestants*

protestantismo m *protestantisme*

protestar I OV WW • *protesteren* ⟨v. een wissel⟩ • *belijden* II ON WW • *verzet aantekenen; zich verzetten; bezwaren maken* • *protesteren (contra, de tegen)*

protesto m *protest* ⟨v. wissel⟩

protestón m *mopperaar*

protocolario BNW • *protocollair* • *ceremonieel; formeel*

protocolizar OV WW *registreren; in een protocol vastleggen*

protocolo m *protocol*

protón m *proton*

protoplasma m *protoplasma*

prototipo m • *prototype; model; oervorm* • *toonbeeld; typisch voorbeeld*

protuberancia V *bult; knobbel; uitwas*

protuberante BNW • *(voor)uitstekend* • *uitpuilend; gezwollen*

protutor m *toeziend voogd*

prové WW (3e p ev t.t.) → **proveer**

provea WW (1e/3e p ev subj. t.t.) → **proveer**

provecho m • *winst; nut; voordeel* • *vooruitgang* • *voedzaamheid* ★ ibuen ~! *eet smakelijk!* ★ *en* ~ *de ten bate van* ★ *de* ~ *geschikt; nuttig; bruikbaar*

provechoso BNW *voordelig; winstgevend; nuttig; profijtelijk*

provecto BNW *op leeftijd*

proveedor m • *leverancier* • COMP. *provider*

proveer I OV WW • *voorzien (de van); uitrusten; leveren; bevoorraden* • *voorbereiden; gereedmaken; klaarzetten* • *vervullen* ⟨v. vacature⟩ • *behandelen; afwikkelen* • JUR. *vellen* II ON WW ⟨~ a⟩ *voorzien in*

provén WW (geb. wijs, jij-vorm) → **provenir**

provendrá WW (3e p ev tk.t.) → **provenir**

provenga WW (1e/3e p ev subj. t.t.) → **provenir**

provenir /ie, i/ ON WW • *(de) voortvloeien uit* • *(de) afkomstig zijn uit/van; voortkomen uit*

⋆ ~ del extranjero *van buitenlandse afkomst zijn* ⋆ ~ de noble linaje *van voorname afkomst zijn*

Provenza v *Provence*

provenzal I m *Provençaal* **II** BNW *Provençaals*

proverbial BNW • *spreekwoordelijk; proverbiaal* • *algemeen bekend*

proverbio m *spreekwoord; proverbium*

providencia v • *voorzienigheid* • *voorzorgsmaatregel* ⟨ JUR. *voorziening; beschikking*

providencial BNW • *(zeer) gelukkig* ⟨toeval⟩ • *(als) door de voorzienigheid beschikt*

providente BNW → **próvido**

próvido BNW • *behoedzaam; voorzichtig* • *welwillend*

provincia v *provincie*

provincial I m *provinciaal* ⟨v. kloosterorde⟩ **II** BNW OOK PEJ. *provinciaal*

provincialismo m *gewestelijke uitdrukking; dialectwoord*

provincianismo m • *provincialisme* • *bekrompenheid*

provinciano I m *provinciaal; iemand uit de provincie* **II** BNW *provincie-; provinciaal*

provino WW (3e p ev v.t.) → **provenir**

provió WW (3e p ev v.t.) → **proveer**

provisión v • *voorraad* • *levering; voorziening* • *vervulling* ⟨v. vacature e.d.⟩ • *voorzorgsmaatregel* • *voorschrift;* JUR. *maatregel* ⋆ ~ *provisiones levensmiddelen; proviand* ⋆ ~ de fondos *(financiële) dekking*

provisional BNW *tijdelijk; voorlopig; nood-* ⋆ *puente* ~ *noodbrug*

provisionalidad v *tijdelijk karakter*

provisor m *leverancier*

provisorio BNW → **provisional**

provisto I BNW *voorzien (van); uitgerust (met)* **II** WW (volt. deelw.) → **proveer**

provocación v *provocatie; uitdaging; uitlokking; ophitsing*

provocador I m *uitdager; stoker* **II** BNW *provocerend; uitdagend*

provocar I OV WW • *provoceren; (tartend) uitdagen; ophitsen; pesten; plagen* • *verleiden* • *veroorzaken; teweegbrengen* • ZA *zin hebben in* **II** ON WW INF. *kotsen*

provocativo BNW *provocerend; uitdagend; uitlokkend; tartend*

proxeneta m/v • *koppelaar* • *souteneur*

proxenetismo m • *koppelarij* • *souteneurschap*

próximamente BIJW • *eerstdaags* • *spoedig; bijna*

proximidad v • *nabijheid* • (mv) *omgeving*

próximo BNW • *nabij; dichtbij* • *aanstaande; (eerst)volgend* ⋆ ~ *parientes* ~s *naaste familie* ⋆ ~ *pasado jongstleden* ⋆ ~ a morir *de dood nabij* ⋆ *una luz próxima a extinguirse een halfgedoofd licht* ⋆ *comprendió su fin* ~ *hij voelde zijn einde naderen*

proyección v • *(het) wegschieten; (het) werpen* • OOK WISK. *projectie*

proyeccionista m/v *(film)operateur*

proyectar OV WW • *projecteren* • *wegschieten; werpen; gooien* • *van plan zijn; beramen; uitdenken; ontwerpen*

proyectil m *projectiel*

proyectista m/v • *(grafisch) ontwerper* • *plannenmaker*

proyecto m • *project; ontwerp; plan* • *voorstel* ⋆ ~ de ley *wetsontwerp* ⋆ en ~ *gepland; in studie*

proyector m • *projector* • *schijnwerper; zoeklicht*

prudencia v • *bedachtzaamheid; voor-, omzichtigheid* • *gezond verstand; wijsheid*

prudencial BNW • *behoedzaam* • *verstandig*

prudente BNW • *voor-, omzichtig; prudent* • *verstandig; wijs* ⋆ *creerlo* ~ *het voor raadzaam houden*

prueba v • *bewijs; bewijsstuk; blijk; teken* • *(het) uitproberen; (het) proeven; (het) passen* ⟨v. kleding⟩ • OOK WISK. *proef; test; toets* • FOTO. *afdruk* • *monster; drukproef* • *overhoring* ⋆ ~s *bewijsstukken* ⋆ ~ en contra *tegenbewijs* ⋆ *absuelto por deficiencia en las* ~s *vrijgesproken bij gebrek aan bewijs* ⋆ ~ escrita *schriftelijk proefwerk; schriftelijke overhoring* ⋆ ~ positiva FOTO. *afdruk* ⋆ *primeras* ~s *eerste drukproeven* ⋆ ~ final SPORT *finale* ⋆ a ~ *op proef* ⋆ a ~ de *bestand tegen* ⋆ a toda ~ *overal tegen bestand; beproefd* ⋆ a ~ de agua *waterdicht* ⋆ a ~ de aire *luchtdicht* ⋆ a ~ de bomba *bomvrij* ⋆ a ~ de calor *hittebestendig* ⋆ *una fe* a ~ de *desengaños een rotsvast vertrouwen* ⋆ a ~ de fuego *vuurvast* ⋆ *poner a* ~ *op de proef stellen* ⋆ a ~ de niños *kindveilig* ⋆ ~ oral *mondelinge overhoring*

pruebista m/v LA *acrobaat*

prurito m • *jeuk* • *drang; zucht* • *begeerte*

Prusia v *Pruisen*

prusiano I m *Pruis* **II** BNW *Pruisisch*

pseudo- VOORV → **seudo-**

psicoanálisis m *psychoanalyse*

psicoanalista I m/v *psychoanalyticus* **II** BNW *psychoanalytisch*

psicoanalizar OV WW *een psychoanalytische behandeling geven*

psicodélico BNW *psychedelisch*

psicodrama m *psychodrama*

psicología v • *psychologie* • *karakter; aard*

psicológico BNW *psychologisch*

psicólogo m *psycholoog*

psiconeurosis v *psychoneurose*

psicópata m/v *psychopaat*

psicopatía v *psychopathie*

psicopatología v *psychopathologie*

psicosis v *psychose*

psicoterapeuta m/v *psychotherapeut*

psicoterapia v *psychotherapie*

psique v • *psyche* • *ziel*

psiquiatra m/v *psychiater*

psiquiatría v *psychiatrie*

psiquiátrico BNW *psychiatrisch*

psíquico BNW *psychisch; geestelijk*

psitacosis v *papegaaienziekte*

púa v • *stekel; doorn; scherpe punt* • *tand* ⟨v. kam⟩ • MUZ. *plectrum*

púber I m/v *puber* **II** BNW *puber-; puberaal*

pubertad v *puberteit*

pubis m • *venusheuvel* • *schaamstreek*

publicación v • *publicatie; uitgave*

pu

• *aankondiging*; *bekendmaking*; *openbaarmaking* • *blad*; *tijdschrift*

publicar OV WW • *publiceren*; *uitgeven*; *verspreiden* • *afkondigen*; *verkondigen*; *openbaar maken* • *rondbazuinen*; *bekendmaken*

publicarse WKD WW *verschijnen*; *uitkomen*

publicidad v • *openbaarheid* • *reclame*; *publiciteit* ★ ~ *clandestina sluikreclame*

publicista m/v • *publicist* • *reclamemaker*

publicitario I m *reclameman* II BNW *publicitair*; *reclame-*

público I m • *publiek* • *clientèle* • *en* ~ *in het openbaar* ★ *dar* /*sacar al* ~ *publiceren*; *uitgeven* II BNW *algemeen (bekend)*; *openbaar*; *publiek* ★ *la deuda pública de staatsschuld* ★ *fondos* ~*s staatspapieren*

publirreportaje m *advertorial* ⟨*reclameboodschap*⟩

puchera v • *stoofpot* • *hutspot*

pucherazo m *verkiezingsfraude*

puchero m • *kookpot* • *stoofschotel*; *stamppot* • *alledaagse pot* ★ *hacer* ~*s pruilen* ⟨v. kinderen⟩

puches m mv *pap*; *brij*

pucho m • ZA *afval*; *rest* • ZA *sigarettenpeuk*

pudendo I m *penis* II BNW ★ *partes pudendas schaamdelen*

pudibundez v • *preutsheid* • *overdreven bescheidenheid*

pudibundo BNW • *preuts* • *overdreven verlegen*

púdico BNW *eerbaar*; *kuis*

pudiente I m/v *rijk* /*invloedrijk iemand* II BNW *machtig*; *rijk*; *vermogend*

pudín m *pudding*

pudo WW (3e p ev v.t.) → **poder**

pudor m • *preutsheid*; *schaamtegevoel* • *schroom*; *verlegenheid* • *beschaamdheid*

pudoroso BNW • *beschaamd*; *verlegen*; *schroomvallig* • *preuts*; *zedig*

pudridero m • *mestput* • *lijkenhuis*

pudrimiento m *(ver)rotting*

pudrir OV WW • *laten rotten*; *doen wegrotten* • FIG. *(hevig) ergeren*; *treiteren*

pudrirse WKD WW • *weg-*, *verrotten* • *wegkwijnen*

puebla v *dorp* ⟨in plaatsnamen⟩ ★ *carta* ~ *akte van grondverdeling*

pueblerino I m • *dorpeling* • PEJ. *boer*; *provinciaaltje* II BNW • *dorps*; *kleinsteeds* • PEJ. *boers*

pueblo m • *dorp* • *volk* • *de* ~ *en* ~ *van dorp tot dorp*

puente m • *brug* • MED. *brug* • SPORT *brug* • *kam* ⟨v. viool⟩ • SCHEEPV. *dek*; *brug* • *verbinding* ⟨elektriciteit⟩ ★ ~ *aéreo luchtbrug* ★ ~ *colgante hangbrug* ★ ~ *levadizo ophaalbrug* ★ ~ *de mando commandobrug* ★ *un* (día) ~ *een werkdag tussen twee feestdagen*; *een lang weekend* ★ *hacer* ~ *een tussen feestdagen vallende werkdag vrij nemen* ★ *tender un* ~ *een brug slaan*

puenting m *bungeejumping*

puerca v • *zeug* • *kelderpissebed* • INF. *smerig*/*vies wijf*

puerco I m • *zwijn*; *varken* • *viezerik*; *smeerkees*

• *onbeschofte vent*; *smeerlap* ★ ~ *espín stekelvarken* ★ *a cada* ~ *le llega su San Martín ieder op zijn beurt* II BNW • *smerig* • *slordig*; *slonzig* • *onbeschoft*; *grof*

puericia v *jongens*-/*meisjesjaren* (7-14)

puericultora v *kinderverzorgster*

puericultura v *kinderverzorging*

pueril BNW • *kinderlijk* • *naïef* • *kinderachtig*; *onbenullig* • *ongegrond*

puerilidad v • *kinderachtigheid* • *naïeviteit* • *flauwekul*; *onzin*

puerperal BNW *kraam-*

puerperio m *kraambed*

puerro m *prei*

puerta v • *deur*; *poort* • SPORT *doel* • *toegang* ★ ~ *corrediza schuifdeur* ★ ~ *giratoria draaideur* ★ ~ *del jardín tuinhek* ★ ~ *principal voordeur* ★ ~ *de socorro nooduitgang* ★ GESCH. ~*s poortgeld*; *stadstol* • FIG. *a las* ~*s voor de deur*; *nabij* ★ *a* ~ *cerrada achter gesloten deuren* ★ *abrir la* ~ *a algo de deur openzetten voor*; *iets mogelijk maken* ★ *coger la* ~ *plotseling opstappen* ★ *echar las* ~*s abajo heel hard bonzen* ★ *echar abajo la* ~ *de deur intrappen* ★ *enseñar la* ~ *a alg. iemand de deur wijzen* ★ *llamar a la* ~ *de alg. iemand om hulp vragen* ★ *esto es poner* ~*s al campo dat is dweilen met de kraan open*; *dat is vechten tegen de bierkaai*

puertaventana v *luik*

puerto m • *haven* • FIG. *haven*; *schuilplaats*; *toevluchtsoord* • *bergpas* ★ ~ *deportivo jachthaven* ★ ~ *fluvial binnenhaven* ★ ~ *franco vrijhaven* ★ SPORT ~ *de 1a categoria col van de 1e categorie* ★ *llegar a* ~ *iets goed doorstaan* ★ *tomar* ~ *een haven binnenlopen*

puertorriqueño I m *Porto Ricaan* II BNW *Porto Ricaans*

pues I BIJW • *dan* • *eh* ...; *ja*; *nou* • *dus* ★ *pues bien welnu* ★ ¡*pues, no*! *in geen geval*!; *welnee*! ★ ¡*pues sí*! *natuurlijk*!; *jazeker*! II VW *want* ★ ¿*pues? nou*? ★ *pues que want*

puesta v • *(het) plaatsen* /*zetten* • *inzet* ⟨bij spel⟩ • *leg* ⟨v. eieren⟩ ★ ~ *del sol zonsondergang* ★ ~ *en escena enscenering* ★ ~ *en entena eerste uitzending* ⟨radio, tv⟩ ★ ~ *a punto (fijn)afstelling* ⟨v. machine, motor⟩

puesto I m • *plaats* • *baan*; *betrekking* • *kraam*; *tentje* • MIL. *post* ★ ~ *de trabajo arbeidsplaats* ★ ~ *de socorro eerstehulppost* ★ *mantener su* ~ *zijn plaats weten* II BNW *geplaatst*; *gezet* ★ *bien* ~ *goed gekleed* ★ ~ *en razón verstandig*; *redelijk* ★ *que aangezien*; *omdat* III WW (volt. deelw.) → **poner**

puf I m *poef* II TW *bah*!

pufo m *bedrog*

púgil m *bokser*

pugilato m • *(het) boksen* • *ruzie*; *strijd*

pugilístico BNW *boks-*; *pugilistisch*

pugna v • *strijd*; *gevecht* • *conflict*; *tegenspraak*

pugnacidad v *vechtlust*; *strijdlust*

pugnar ON WW • *strijden*; *vechten* (*por om*) • *zich inzetten*; *aandringen* ★ ~ *por conseguir su objeto moeite doen om zijn doel te bereiken*

pugnaz BNW *vechtlustig*; *strijdlustig*

puja v • *inspanning* • *(hoger) bod*

• *prijsopdrijving* ★ sacar de la puja a alg. *iemand uit de problemen helpen; iemand overtreffen*

pujante BNW • *krachtig* • *machtig* • *bloeiend* ★ de ~ salud *blakend van gezondheid*

pujanza v *(stuw)kracht*

pujar ON WW • *zich inzetten; moeite doen; strijden* • *(op)bieden* • *op uitbarsten staan; dringen*

pujo m • MED. *pijnlijke aandrang* • *(sterke) neiging* ‹tot lachen, huilen›; *opwelling* • *ambitie; aspiratie; hevig verlangen* ★ a pujos *met horten en stoten*

pulcritud v *netheid; keurigheid*

pulcro BNW *netjes; verzorgd; keurig*

pulga v • *vlo* • *kleine tol* ★ buscar las ~s a alg. *iemand treiteren* ★ tener malas ~s *heetgebakerd zijn*

pulgada v *duim* ‹lengtemaat›

pulgar m • *duim* • *grote teen*

pulgarada v • *beweging met de duim* ‹bv. bij knikkeren› • *snuifje; beetje*

Pulgarcito m *Klein Duimpje*

pulgón m *bladluis*

pulgoso BNW *vol vlooien*

pulidamente BIJW • *sierlijk; netjes* • *beleefd*

pulido BNW *keurig; verzorgd*

pulidor I m *polijster* II BNW *polijst-*

pulimentar OV WW *polijsten; glanzend maken*

pulimento m *(het) polijsten; polijsting* ★ barniz de ~ *polijstmiddel*

pulir OV WW • *polijsten; slijpen; poetsen* • *bijschaven* ‹v. stijl› • *opvoeden; beschaving bijbrengen* • INF. *jatten*

pulirse WKD WW INF. *verspillen* ‹v. geld›

pulla v • *spot; grap* • *steek onder water; hatelijkheid*

pulmón m *long* ★ a todo ~ *uit volle borst* ★ tener buenos pulmones *een krachtige stem hebben*

pulmonar BNW *long-* ★ tisis ~ *tuberculose*

pulmonía v *longontsteking*

pulóver m LA *pullover*

pulpa v • *vruchtvlees* • *pulp* • *zachte massa* ★ ~ dentaria *tandvlees*

pulpejo m • *muis* ‹v. hand› • *zacht lichaamsdeel* ‹bv. oorlel›

pulpería v LA *winkel waar van alles te koop is* ‹op platteland›

pulpero m LA *eigenaar van levensmiddelenwinkeltje*

púlpito m • *kansel; preekstoel* • *beroep van voorganger*

pulpo m *inktvis* ★ poner como un ~ *murw slaan*

pulposo BNW *vlezig; week*

pulque m LA *sterke drank gemaakt van de agave*

pulquérrimo BNW *heel erg netjes*

pulsación v • *klop(ping); pulsatie* • *pols-, hartslag* • *aanslag* ‹bij typen›

pulsador I m *(druk)knop; lichtknop; deurbel* II BNW *kloppend; drukkend*

pulsar I OV WW • *drukken op; aanraken* ‹met vingertoppen› • MUZ. *tokkelen; aanslaan* • FIG. *peilen; polsen* II ON WW *(ritmisch) kloppen; pulseren*

pulsátil BNW *kloppend*

pulsera v *armband*

pulso m • *pols(slag); hartslag* • *vaste hand* • *tact* ★ FIG. ~ (de fuerza) *krachtproef* ★ a ~ *op eigen kracht* ★ tomar ~ ~ *armpje drukken* ★ FIG. tomar el ~ *aan de tand voelen; peilen* ★ con mucho ~ *met veel tact*

pulular ON WW • *wemelen; krioelen* • *voortwoekeren* • *snel voortplanten; uitbotten*

pulverización v • *verpulvering* • *verstuiving* • *(het) vergruizen; (het) fijnwrijven*

pulverizador I m *verstuiver; pulverisator; sproeier* II BNW *sproei-; stuif-*

pulverizar OV WW • *verpulveren; tot poeder maken* • *verstuiven; sproeien; doen vervliegen* • *vernietigen; vergruizen*

pulverulento BNW *in de vorm van poeder; poederachtig*

puma m *poema*

puna v ZA *hoogteziekte* ★ Puna *hoogvlakte in de Andes*

punción v MED. *punctie*

puncionar OV+ON WW MED. *puncteren; een punctie verrichten*

pundonor m *eergevoel*

pundonoroso BNW • *vol eergevoel; met veel zelfrespect* • *nauwgezet*

punga m ZA *zakkenroller; dief*

pungir OV WW • *prikken; steken* • FIG. *laten lijden*

punible BNW *strafbaar*

punición v *straf*

punitivo BNW *straf-*

punta I m SPORT *(centrum)spits* II v • *(spitse) punt; (scherp) uiteinde* • *priem; spijker* • *peukje* • *greintje; beetje* • *landtong* • *spitzen* ‹ballet›; *kant* ‹textiel› ★ de ~ a cabo *van begin tot eind* ★ hora ~ *spits(uur)* ★ armado de ~ en blanco *tot de tanden gewapend* ★ (vestido) de ~ en blanco *zeer netjes gekleed* ★ acabar en ~ *onverwacht aflopen* ★ estar de ~ con *op gespannen voet staan met* ★ estar hasta la ~ de los pelos de algo *iets vreselijk zat zijn* ★ ponerse de ~ con alg. *ruzie maken met iemand* ★ sacar ~ a un lápiz *een potlood slijpen* ★ lo tengo en la ~ de la lengua *het ligt op het puntje van m'n tong*

puntada v • *steek* ‹bij handwerken› • *toespeling* ★ no dar ~ *niets doen*

puntal m • *stut* • FIG. *steun* • ZA *hapje; tussendoortje*

puntapié m • *schop; trap* ★ a ~s *met geweld; tactloos*

puntazo m *stoot met de hoorn*

punteado m • *(het) stippelen* • *getokkel; (het) tokkelen*

puntear OV WW • *aanstippen; stippelen* • MUZ. *tokkelen* • *checken; nakijken* • ZA *voorop lopen; aan het hoofd lopen van*

punteo m *getokkel*

puntera v • *neus* ‹v. schoen›; *stuk leer* ‹op schoen› • *teen* ‹v. sok› • INF. *schop; trap*

puntería v • *(het) aanleggen* ‹v. geschut›; *(het) richten; (het) (kunnen) mikken* • *richting* ‹bij schieten› ★ afinar la ~ *heel voorzichtig te werk gaan; aandachtig richten* ★ tener buena

pu

/mala ~ *een goed* /*slecht schutter zijn*

puntero I m • *aanwijsstok* • *lijstaanvoerder*; *uitblinker* II BNW • *die goed kan richten* • *uitmuntend* • *vooraanstaand*

puntiagudo BNW *scherp; puntig; spits*

puntilla v • *kant* (bij handwerken) • *dolk* ★ de ~s *op de tenen* ★ TAUR. dar la ~ *de genadeslag geven; doodsteken* • hacer ~ *kantklossen*

puntillismo m *pointillisme*

puntillo m • *(overdreven) eergevoel* • MUZ. *punt na noot*

puntilloso BNW *gauw op de tenen getrapt; lichtgeraakt; overgevoelig*

punto m • *punt; stip; oog* ⟨v. dobbelsteen⟩ • *plaats; plek • tijdstip; moment; ogenblik* • *situatie; staat • hoogte; graad • kern • doel* • *cijfer; punt* • *(taxi)standplaats; halte* • *onbetrouwbaar persoon; bedrieger • punt; kwestie • breiwerk; breisteek* • MED. *hechting* ★ ~s (familiares) ≈ *kinderbijslag* ~ de apoyo *steunpunt* ★ ~ de cita *trefpunt* ★ ~ filipino *bedrieger* ★ ~ muerto *vrijloop* ⟨auto⟩; FIG. *dood punt* ★ ~ de partida *uitgangspunt* ★ ~ de reunión *trefpunt* ★ ~ de vista *standpunt* ★ a ~ *juist gaar* ★ a ~ de ponerse el sol *bij zonsondergang* ★ a ~ de salir *reisvaardig* ★ exclamó a ~ de llorar *hij riep half huilend* ★ al ~ *meteen* ★ llegar a ~ *op tijd komen* ★ saber a ~ fijo *zeker weten* ★ de todo ~ *helemaal* ★ en ~ *precies* ★ hacer ~ *breien* ★ hasta el ~ de *zozeer dat* ★ hasta qué ~ *in hoeverre* ★ hasta cierto ~ *tot op zekere hoogte* ★ no perder ~ *heel nauwkeurig te werk gaan* ★ poner los ~s sobre los íes *de puntjes op de i zetten* ★ tanto ~ *toenemen* ★ ¡~ en boca! *mondje dicht!* ★ ¡~ redondo! *punt uit!* ★ ¡vamos por ~s! *laten we nu eens rustig nagaan wat er aan de hand is* ★ ~ de congelación *vriespunt* ★ ~ de solidificación *stollingspunt*

puntuación v • *interpunctie; leestekens* • SPORT *puntenwaardering*

puntual BNW • *stipt; punctueel; precies* ⟨v. tijd⟩ • *nauwgezet; gedetailleerd* ⟨v. informatie⟩ ★ llegar ~ *op tijd komen*

puntualidad v • *stiptheid; punctualiteit* • *nauwgezetheid* • *correctheid*

puntualizar OV WW • *exact aangeven; nauwkeurig beschrijven* • *specificeren* • *in het geheugen prenten*

puntuar /ú/ I OV WW • *cijfers* /*punten geven; waarderen; beoordelen* • *van leestekens voorzien* II ON WW SPORT *scoren*

puntura v *steek(wond)*

punzada v • *prik* • OOK FIG. *steek*

punzante BNW • *puntig; spits* • *stekend* ⟨v. pijn⟩ • FIG. *stekelig*

punzar I OV WW *prikken; steken* II ON WW FIG. *steken*

punzón m • *priem; kleine dolk* • *drevel*

puñada v → **puñetazo**

puñado m OOK FIG. *handvol* ★ a ~s *met handenvol*

puñal m *dolk* ★ poner a uno el ~ en el pecho *iemand het mes op de keel zetten*

puñalada v • *dolksteek* • FIG. *groot verdriet*

★ matar a ~s *doodsteken* ★ no ser ~ de pícaro *niet zo dringend zijn*

puñeta v • *versierde mouwopening* • *onzin; flauwekul* • hacer la ~ a alg. *iemand op de kast jagen* • mandar a alg. a hacer ~s *zeggen dat iemand kan ophoepelen* • ¡~! *verdomme!* ★ hacer ~s *zich aftrekken*

puñetazo m *vuistslag; stomp* ★ los ases del ~ de *bokshelden*

puñetero I m *rotvent* II BNW • *hinderlijk; vervloekt* • *rot-; klote-*

puño m • *vuist • manchet • handvat; gevest; knop • iets dat te klein is* ★ de su puño y letra *eigenhandig* ★ de puño y letra *handgeschreven* ★ comerse los puños *honger lijden; arm zijn*

pupa v • *koortsuitslag* • KIND. *pijn*

pupila v • ANAT. *pupil; oogappel • weeskind* • *kostganger*

pupilaje m *(het) wees zijn*

pupilar BNW • ANAT. *pupil-* • *minderjarig* ★ edad ~ *minderjarigheid*

pupilo m • *wees • kostganger*

pupitre m • *lessenaar* • COMP. *toetsenbord en scherm* • *regelpaneel*

puramente BIJW *louter; enkel en alleen*

puré m *puree* ★ puré de manzana *appelmoes*

purera v *sigarendoosje, -houder*

pureza v *zuiverheid; puurheid*

purga v • *laxeermiddel* • OOK POL. *zuivering; schoonmaak*

purgación v • *zuivering • menstruatie* • (mv) *druiper; gonorroe*

purgante I m *laxeermiddel* II BNW *laxeer-; laxerend*

purgar OV WW • *een laxeermiddel toedienen* • OOK POL. *zuiveren; reinigen • boeten voor* • *ontluchten* ★ ~ los pecados *voor zijn zonden boeten* ★ ~ el vapor *stoom afblazen*

purgarse WKD WW *purgeren*

purgativo BNW • *afvoerend • laxerend; ontlastend; purgerend*

purgatorio m • *vagevuur* • FIG. *hel; lijdensweg*

puridad v • *reinheid; kuisheid • zuiverheid* ★ en ~ *open en bloot; zonder omwegen*

purificación v *reiniging; loutering* ★ ~ de Nuestra Señora *Maria-Lichtmis*

purificador I m *reiniger* II BNW *reinigend; zuiverend; zuiverings-*

purificar OV WW • *zuiver maken; zuiveren* • *louteren*

purín m LA *gier; vloeibare mest*

Purísima v ★ la ~ *de Maagd Maria*

purismo m *purisme; taalzuivering*

purista m/v • *purist • taalzuiveraar*

puritanismo m *puritanisme; puriteinse (levens)houding*

puritano I m *puritein* II BNW *puriteins*

puro I m *sigaar* II BNW • *puur; zuiver* • *alleen; enkel; louter • volmaakt; perfect; mooi* • TAALK. *correct • eerlijk; integer* ★ a puro de *met behulp van* ★ una pura estafa *pure oplichterij* ★ un diamante puro *een zuivere diamant*

púrpura v • *purper • purperen stof • purperslak* ★ ~ cardenalicia /*sagrada* ~ *waardigheid van*

kardinaal
purpurado m *prelaat; kardinaal*
purpúreo BNW *purperen*
purpurina v *meekrap* ⟨kleurstof⟩
purulencia v *(het) etteren; etter*
purulento BNW *etterend*
pus m *pus; etter* ∗ formar pus *etteren*
pusilánime BNW ∙ *kleinhartig; angstvallig*
∙ *slap; laf*
pusilanimidad v ∙ *kleinhartigheid;*
angstvalligheid ∙ *slapheid; lafheid*
puso WW (3e p ev v.t.) → **poner**
pústula v *(etter)puist*
pustuloso BNW *vol puisten; puisterig*
puta v *hoer* ∗ hijo de puta *klootzak* ∗ de puta
clere- ∗ INF. de puta madre *fantastisch; te gek*
putada v *klotestreek; kutstreek*
putañear ON WW *naar de hoeren gaan*
putañero m *hoerenloper*
putativo BNW *vermeend; putatief*
putear I OV WW *treiteren; zieken* II ON WW *naar
de hoeren gaan; hoereren*
putería v ∙ *hoerengedoe* ∙ *hoerenhuis*
∙ *geflikflooi*
puto m ∙ *schandknaap* ∙ *homo; flikker*
putrefacción v *verrotting; bederf; ontbinding*
putrefacto BNW ∙ *bedorven; verrot* ∙ *verdorven*
putrescente BNW *rottings-; rot(tend)*
putrescible BNW *gemakkelijk rottend*
putridez v *bederf; (ver)rotting*
pútrido BNW *(ver)rot*
puya v *lans met punt* ⟨v. picador⟩ ∗ echar /tirar
una puya *een steek onder water geven*
puyazo m *wond* ⟨aangebracht met lans⟩

Q

q v *q* ∗ la q de Querido *de q van Québec*
quantum m *kwantum*
que I BETR VNW *die; dat* ∗ icon todo lo que he
hecho por ti! *na alles wat ik voor je heb
gedaan!* ∗ el que *degene die; hij die* II VW
∙ *dat* ∙ *want* ∙ *of* ∙ *dan; als* ∗ que hagan lo
que quieran *laat ze hun gang maar gaan*
∗ dale que dale *en maar doorgaan* ∗ yo quiero
tú *als ik jou was* ∗ no me lo preguntes, que
no lo sé *vraag me het niet, want ik weet het
niet* ∙ (~ [+ subj.]) *als; of; voor zover* ∗ que le
guste, que no le guste *of hij het nu leuk vindt
of niet*
qué I VR VNW *wat voor; wat; welk(e)* ∗ ¿qué
cosas dices? *hoe kom je erbij zo iets te
zeggen?!* ∗ ¿qué libro es ése? *wat is dat voor
een boek?* ∗ ¿y qué? *nou en?; en wat dan nog?*
∗ ¿qué dices? *wat zeg je?* II UITR VNW ∙ *wat*
∙ *wat (een)* ∗ ¡qué de voces! *wat een
geschreeuw!* ∗ ¡qué hombres! *die mannen
toch!* ∗ ¡qué cansado estoy! *wat ben ik moe!*
quebrada v ∙ *bergpas; ravijn* ∙ ZA *bergbeek*
quebradero(s) m *hoofdbreken(s); kopzorgen(s)*
quebradizo BNW ∙ *breekbaar; broos* ∙ *gammel*
∙ *slap; zwak* ∙ *teergevoelig*
quebrado I m *breuk* ⟨getal⟩ ∗ número ~ *breuk*
∗ ~ decimal *decimale breuk* II BNW ∙ *gebroken*
∙ *geaccidenteerd; ruw* ∙ *failliet* ∙ *lijdend aan
een breuk; met een hernia* ∗ línea quebrada
onderbroken /gebroken lijn
quebradura v ∙ *breuk; spleet* ∙ *ravijn; kloof*
∙ *hernia*
quebrantahuesos m *lammergier*
quebrantamiento m ∙ *(het) breken* ∙ *inbreuk;
(wet)sovertreding* ∙ *schending* ⟨v. recht⟩;
verbreking ⟨v. overeenkomst⟩ ∙ MED. *verval* ⟨v.
krachten⟩
quebrantar OV WW ∙ *(ver)breken; verbrijzelen;
forceren* ⟨v. slot⟩ ∙ *inbreuk maken op;
overtreden* ⟨v. wet⟩; *schenden* ⟨v. recht⟩
∙ *aantasten;* OOK FIG. *verzwakken*
quebrantarse WKD WW *schade oplopen; een
knauw krijgen*
quebranto m ∙ *(het) breken; (het) verbrijzelen*
∙ *verzwakking* ⟨v. gezondheid⟩
∙ *ontwrichting; ontreddering* ∙ *schade; nadeel;
verlies* ∙ *moedeloosheid; neerslachtigheid*
quebrar /ie/ I OV WW ∙ *breken;* OOK FIG. *knakken*
∙ *afbreken; onderbreken* II ON WW ∙ *breken*
∙ *failliet gaan* ∗ antes doblar que ~ *beter te
buigen dan te barsten*
quebrarse /ie/ WKD WW ∙ OOK FIG. *breken* ∙ *een
(lies)breuk oplopen*
queche m SCHEEPV. *kits*
quechua I m TAALK. *Quechua* II BNW TAALK.
Quechua
queda v *avondklok* ∗ toque de ~ *spertijd;
avondklok*
quedar ON WW ∙ *blijven; achterblijven;
overblijven; resten; nog (aanwezig) zijn; over
zijn* ∙ *zich bevinden; liggen; zijn* ∙ *afgelopen
zijn; eindigen* ∙ *uiteindelijk worden; niet*

qu

verder komen dan ● *overkomen; een bepaalde indruk maken* ● *doorgaan voor* ● *staan* ⟨v. kleding e.d.⟩ ★ ha quedado en ridículo *hij sloeg een belachelijk figuur* ★ quedó viuda siendo aún muy joven *zij was al vroeg weduwe* ★ no ~á por eso *daaraan zal het niet liggen* ★ ¿le queda (todavía) un ejemplar de esa revista? *hebt u nog een exemplaar van dat blad?* ★ usted me hace ~ malísimamente *u zorgt dat ik een zeer slechte indruk maak* ★ le ~ía muy reconocido *ik zou u zeer erkentelijk zijn* ★ quedó condenado a *hij werd veroordeeld tot* ★ quedé absorto *ik was in gedachten verzonken* ★ ~ de pie *blijven staan* ★ ~ atrás *verleden tijd zijn; voorbij zijn* ★ me quedas a deber mil euros *je blijft me nog duizend euro schuldig* ★ ~ uno bien *er goed vanaf komen; een goede indruk maken* ★ ~ en nada *(uiteindelijk) niets worden* ★ ~ en tablas *afgebroken worden in remise* ⟨v. schaakpartij⟩ ★ quede aquí el asunto *laat het hierbij blijven* ★ queda la dificultad en pie *de moeilijkheid blijft* ★ ~ sin hogar *dakloos worden* ★ ~ en el campo *sneuvelen; muerto de dood vinden* ★ no me queda más tiempo *ik heb geen tijd meer* ★ todo queda como antes *alles blijft bij het oude* ★ queda muy alejado *het ligt erg ver weg* ★ he quedado con él a las ocho *ik heb met hem om 8 uur afgesproken* ★ no queda sitio *er is geen plaats over* ★ ~ de más *overblijven* ● (~ **en**) *afspreken* ★ no hemos quedado en nada *we hebben niets afgesproken* ★ quedé en volver en seguida *ik heb beloofd onmiddellijk terug te keren* ★ quedamos en ello *afgesproken* ● (~ **para**) *afspreken voor* ● (~ **por** [+ inf.]) *nog moeten* ★ todavía queda por fregar la cocina *de keuken moet nog gedweild worden* ★ esto queda por pagar *dit moet nog betaald worden*

quedarse WKD WW ● *achterblijven; blijven* ● *zijn* ● *worden* ● *tot bedaren komen* ⟨v. zee, wind⟩ ★ ~ in albis/en blanco *in het ongewisse blijven; er niets van begrijpen* ★ ~ a oscuras *berooid/verslagen achterblijven* ★ ~ frío /con la boca abierta *perplex staan; stomverbaasd zijn* ★ se queda en nada *het blijft niets meer van over* ★ ~ sin nada *niets meer over hebben; alles kwijt zijn* ★ ~ tan fresco *zich er niets van aantrekken* ★ ~ atrás *achterblijven* ★ ~ corto *tekortschieten; zich misrekenen* ★ no ~ corto *niet te kort schieten* ● (~ **con**) *houden; achterhouden; vasthouden; het houden op; de voorkeur geven aan; in de maling nemen; voor de gek houden* ● (~ **sin**) *kwijtraken; verliezen; zonder zitten*

quedo I BNW *stil; zacht; rustig* II BIJW *zachtjes*

quehacer m ● *werk; bezigheid* ● (mv) *beslommeringen; karweitjes*

queja v *klacht; bezwaar; grief* ★ dar ~s de *klagen over*

quejarse WKD WW ● *klagen* (**de** *over; a bij*)*; zijn beklag doen* ● *weeklagen; jammeren* ★ se me quejó de usted *hij heeft zich bij mij over u beklaagd*

quejas v mv *geklaag; gejammer*

quejica I m/v *zanik; zeurpiet* II BNW *klagerig; zeurderig*

quejicoso BNW *zeurderig; klagerig*

quejido m *gekreun; gejammer* ★ dar ~s *steunen; jammeren; klagen*

quejoso BNW *ontevreden* (**de** *over, met*)*; misnoegd*

quejumbre v *aanhoudend gejammer*

quejumbroso BNW *klagerig; jammerend*

quema v ● *(het) in brand steken; verbranding* ● *brand*

quemadero m *(vuil)verbrandingsplaats*

quemado I m ● *het (ver)branden* ● *brandplek* II BNW ● *aangebrand; verbrand* ● *aangebrand; gepikeerd* ● *uitgeput; opgebrand* ● LA *gebruind* ⟨door de zon⟩ ★ FOTO. estar ~ *overbelicht zijn*

quemador m ● *brander* ● ZA *aansteker*

quemadura v *brandwond; brandplek* ★ ~ solar/ de sol *zonnebrand*

quemar I OV WW ● *verbranden; verschroeien; verzengen* ● *aantasten; wegvreten* ● *verkwisten; verspillen* ● *opbranden; uitputten* ● *irriteren; boos maken* ★ ~ las etapas *snel vooruitkomen* II ON WW ● *branden; gloeiend (heet) zijn* ● *branden; pikant zijn* ★ la sopa está quemando *de soep is gloeiend heet*

quemarropa v ★ a ~ *onverhoeds; van dichtbij; recht op de man af*

quemarse WKD WW ● *zich branden* ● *verbranden; afbranden* ● *aanbranden; aanbakken* ● *doorbranden; doorslaan* ⟨v. stop⟩ ● LA *bruin worden* ● *heel warm zijn; dicht bij de oplossing zijn* ● *zich ergeren; zich opvreten*

quemazón v ● *(verzengende) hitte* ● *branderigheid* ● LA *brand*

quena v ZA *indiaanse fluit*

quepis m *kepie*

quepo WW (1e p ev t.t.) → **caber**

queque m CA *koek; gebak; taart*

queratina v *keratine*

queratitis v *keratitis; hoornvliesontsteking*

querella v ● *twistgesprek; ruzie* ● JUR. *aanklacht*

querellante m/v *klager; eiser*

querellarse WKD WW JUR. *een aanklacht indienen* (**contra** *tegen*)

querencia v *gehechtheid aan geboorteplaats; heimwee*

querendón BNW *liefdevol; genegen*

querer /ie/ I m *liefde* II OV WW ● *willen; wensen* ● *vragen* ⟨v. geld⟩*; eisen* ● *houden van; liefhebben* ● *nodig hebben* ● *de voorkeur geven aan* ● *proberen* ★ ~ mal a u.p. *iemand kwaad gezind zijn* ★ isea lo que Dios quiera! *God zegene de greep!* ★ pinta como quiere *ze schildert als de beste* ★ ino quiero ni pensarlo! *ik moet er niet aan denken!* ★ quien quiera que *wie dan ook* ★ quieras que no *of je wilt of niet* ★ sin ~ *ongewild; per ongeluk* ★ como quiera que *aangezien; hoe ... dan ook* ★ cuando quiera que *wanneer ... dan ook* ★ donde quiera *waar ... dan ook* ★ dejarse ~ *zich laten beminnen* ★ por lo que más quieras *alsjeblieft* ⟨indringend verzoek⟩ ★ ¿qué más quieres? *wat wil je nog meer?* ★ iqué quieres que le haga! *wat kan ik eraan doen!*; *wat wil je dat ik doe?* ★ ¿qué quiere decir eso? *wat* *betekent dat?* ★ ~ decir *betekenen*; *aanduiden* ★ INF. queriendo *willens en wetens* **III** ON WW • *willen* • *op het punt staan (te gebeuren)*

querido I m • *lieveling*; *lieve schat* • *geliefde*; *minnaar* **II** BNW • *geliefd*; *dierbaar*; *bemind* • *beste, lieve* ⟨aanhef v. brief⟩

querindongo m *vrijer*; INF. *minnaar*

queroseno m *kerosine*

querrá WW (3e p ev tk.t.) → **querer**

querubín m • *cherubijn* • OOK FIG. *engel(tje)*

quesadilla v • MEX *kaastaartje* • *vruchtengebakje*

quesera v • *kaasstolp* • *kaasboerin*

queseria v • *kaaswinkel* • *kaasfabriek*; *kaasboerderij*

quesero I m *kaasboer*; *kaashandelaar* **II** BNW *kaas-*

queso m *kaas* ★ ~ de bola *Edammer kaas* ★ ~ para extender /*untar smeerkaas* ★ *darla con* ~ *bedriegen*; *voor de gek houden* ★ ~ de soja *tofoe*

quetzal m • *quetzal* ⟨munteenheid van Guatemala⟩ • *quetzal* ⟨dierkunde⟩

quevedos m mv • *knijpbril* • *lorgnet*

quia TW • ¡quia! *ach wat!* /*toe nou!* /*ga toch weg!* /*welnee!*; *niets ervan!*

quiasma m → **quiasmo**

quiasmo m *chiasme*; *kruisstelling*

quichua m → **quechua**

quicio m *deurhengsel*; *kozijn* ★ *fuera de* ~ *ontwricht*; *buiten zichzelf* ★ *sacar de* ~ *overdrijven*; *uit z'n verband rukken* ★ *sacar de* ~ a u.p. *iemand uit z'n vel doen springen*

quid m *clou*; *kernpunt* ★ *ahí está el quid de la cuestión dat is het punt waar het om gaat*; *dar zit 'm de kneep* ★ *dar en el quid de spijker op z'n kop slaan*; *de kern raken*

quidam m • *onbeduidende figuur* • *zomaar iemand*

quiebra v • *bankroet* • *(kans op) mislukking* • *afbrokkeling* ★ *declaración de* ~ *faillietverklaring*

quiebro m • *ontwijkende beweging* • MUZ. *triller*

quien I BETR VNW • *die* • *degene die*; *wie* **II** ONB VNW *iemand* ★ ~ *más* ~ *menos iedereen*

quién I VR VNW *wie?* ★ *¿~ es? wie is daar?* **II** UITR VNW *och ... ik maar ...* ★ *¡~ fuera soltero! was ik maar nooit getrouwd!* ★ *¡~ tuviera coche! ach, had ik maar een auto!*

quienquiera ONB VNW *iedereen*; *wie ook maar*

quieto BNW • *stil*; *rustig* • *stil*; *onbeweeglijk* ★ *¡~! koest!*; *af!* ⟨tegen hond⟩ ★ *¡estate ~! zit stil!*

quietud v • *rust*; *bedaardheid* • *onbeweeglijkheid*

quijada v *kaak* ⟨v. dier⟩

quijotada v *onbezonnen daad*; *donquichotterie*

quijote m • PEJ. *Don Quichot*; *naïeve idealist*; *fantast* • *kroep*; *kruis* ⟨v. paarden⟩ • *dijplaat* ⟨v. harnas⟩

quijotería v → **quijotada**

quijotesco BNW PEJ. *als een Don Quichot*; *argeloos idealistisch*

quijotismo m PEJ. *donquichotterie*

quilate m OOK FIG. *karaat*

quilla v *kiel* ⟨v. schip⟩

quilo m • *kilo* • *chijl* ★ *sudar el* ~ *zich in het zweet werken*

quilombo m • ARG *knallende ruzie* • ZZA *bordeel*; *hoerenkast* • VEN *hut*; *schuurtje*

quimera v *hersenschim*; *dagdroom*; *droombeeld*

quimérico BNW *hersenschimmig*; *onwezenlijk*

quimerista m • *dromer* • *ruziezoeker*

quimica v *scheikunde*; *chemie* ★ ~ orgánica *organische scheikunde* ★ ~ inorgánica *anorganische scheikunde*

quimico I m *scheikundige*; *chemicus* **II** BNW *chemisch* ★ *guerra química chemische oorlog(svoering)* ★ ~s *productos* ~s *chemicaliën*

quimioterapia v *chemotherapie*

quimo m *chymus*; *spijsbrij*

quimono m *kimono*

quina v *kina(bast)* ★ *tragar* ~ *zijn ergernis inslikken*; *zich verbijten*

quincalla v *kramerswaren*; *goedkope metalen snuisterijen*

quincallería v *winkel in goedkope (metalen) snuisterijen*

quincallero BNW *verkoper van kramerswaren*

quince TELW • *vijftien* • *vijftiende* ★ *el* ~ de agosto *de 15e augustus* ★ *dentro de* ~ *días binnen twee weken*

quinceavo I v *vijftiende deel* **II** TELW *vijftiende*

quincena v *(periode van) twee weken*

quincenal BNW • *twee weken durend* • *om de twee weken*

quinceno BNW *vijftiende*

quincuagenario BNW *vijftiger*

quincuagésimo I m *vijftigste deel* **II** TELW *vijftigste*

quingentésimo TELW *vijfhonderdste*

quiniela v • (mv) *totoformulier* • *(voetbal)toto*

quinielista m/v *totospeler*

quinientos TELW *vijfhonderd(ste)*

quinina v *kinine*

quinqué m • *petroleum-*/*olielamp* • INF. *scherpzinnigheid*

quinquenal BNW • *om de vijf jaar*; *vijfjaarlijks* • *vijf jaar durend* ★ *plan* ~ *vijfjarenplan*

quinquenio m *periode van vijf jaar*

quinqui m/v INF. *geteisem*; *tuig* • *schurk*; *bandiet*

quinta v • *boerderij*; *hoeve*; ZA *buitenhuis* • MIL. *lichting rekruten* ⟨na loting⟩ • MUZ. *kwint* ★ *entrar en* ~s *opgeroepen worden voor militaire dienst*

quintaesencia v *kwintessens*

quintal m *46 kilo* ⟨in Castilië⟩ ★ *pesar un* ~ *loodzwaar zijn* ★ ~ *métrico 100 kilo*

quintar ON WW *loten wie in militaire dienst moet*

quintería v *pachthoeve*; *boerderij*

quintero m *pachter*

quinteto m • *kwintet* • *vijfregelig vers*

quintilla v *vers van vijf achtlettergrepige regels*

quintillizos m mv *vijfling*

quinto I m • *vijfde deel* • *rekruut* ⟨ingeloot voor militaire dienst⟩; *dienstplichtige* **II** TELW *vijfde* ★ *Carlos* ~ *Karel de Vijfde*; *Karel V*

quintuplicar OV WW *vervijfvoudigen*

quintuplo I m *vijfvoud* **II** BNW *vijfvoudig*

quinzavo TELW *vijftiende*

quiñón m *stuk landbouwgrond*

quiosco m • *kiosk* • *muziektent*

qu

quiosquero m *kioskhouder*
quiquiriquí m *kukeleku* ★ cantar ~ *kraaien* ‹v. haan›
quirófano m *operatiezaal*
quiromancia v *chiromantie; (het) handlezen*
quiromántico m *handlezer*
quiropráctica v *chiropraxis*
quirúrgico BNW *chirurgisch*
quise WW (1e p ev v.t.) → **querer**
quisicosa v • *raadsel* • *vreemde zaak*
quiso WW (3e p ev v.t.) → **querer**
quisque INF. ★ cada/todo ~ *jan en alleman; ieder; iedereen* ‹vaak pejoratief›
quisquilla v • *kleine garnaal* • *kleinigheid; bijkomstigheid*
quisquilloso BNW • *lichtgeraakt; prikkelbaar* • *veeleisend; kieskeurig*
quiste m *cyste; blaasgezwel*
quita v *kwijtschelding*
quitaesmalte m *remover* ‹v. nagellak›
quitaipón m (**quitapón**) *kwastjesversiering* ‹op hoofd van paard› ★ de ~ *verwisselbaar; afneembaar* • notas de ~ *zelfklevende memo's*
quitamanchas m *vlekkenwater*
quitamotas m/v *hielenlikker*
quitanieves m *sneeuwploeg*
quitapesares m *afleiding; ontspanning*
quitar OV WW • *verwijderen; wegnemen; afhalen* ‹v. tafel›; *uittrekken* ‹v. kleren› • *afpakken; ontnemen • wegzetten; weghalen • afzien van; weglaten • verbieden; uitsluiten • verminderen;* WISK. *aftrekken* ★ ~le algo de la cabeza *iemand iets uit z'n hoofd praten* ★ ¡quita! *weg hier!; eruit!; weg ermee!* ★ ¡quíta(te) de ahí! *weg hier!; eruit!; weg ermee!* ★ ~ de delante *wegzetten; verwijderen* ★ ~ de en medio *verwijderen; wegzetten* ★ ~ el hipo *adembenemend zijn; indrukwekkend zijn* ★ eso no le quita nada al hecho *dat doet niets af aan het feit* ★ lo cortés no quita lo valiente *hoffelijkheid sluit dapperheid niet uit*
quitarse WKD WW • *weggaan • afdoen; uittrekken; uitdoen* ‹v. kleren› • *stoppen* (**de** met); *ophouden* (**de** met) • *zich ontdoen* (**de** van) • *zich terugtrekken; uit de weg gaan* • *vermijden; niet doen* ★ no se quitaba de su lado *hij week niet van zijn zijde* ★ quítate de mi vista *ga uit mijn ogen* ★ iquítate de delante /de ahí /de en medio! *maak dat je wegkomt!* ★ ~ de encima/delante *uit de weg ruimen; zich ontdoen van* ★ ~ de la vida *zich van het leven beroven* ★ ~ una costumbre *een gewoonte afleren*
quitasol m *(grote) parasol*
quitasueño m *verontrusting; bezorgdheid*
quite m • *parade* ‹bij schermen› • TAUR. *(het) afleiden van de stier* ‹door helper› ★ estar al ~ *klaarstaan om iemand te hulp te komen*
quiteño I m *iemand uit Quito* II BNW *uit/van Quito*
quizá(s) BIJW *misschien*
quórum m *quorum; vereiste aantal stemmen*

R

r v *r* ★ la r de Ramón *de r van Rudolf*
rabadán m *hoofdschaapherder*
rabadilla v *staartbeen; stuit*
rabanera v • *rammenasverkoopster; groenteverkoopster* • *schaal* ‹voor radijs› • FIG. *viswijf*
rabanero I m *rammenasverkoper* II BNW *brutaal*
rabanillo m • *rammenas; radijsje* • PLANTK. *knopherik* • *stuursheid*
rábano m • *radijsplant* • *radijs* ★ ~ picante *mierikswortel* ★ coger/tomar el ~ por las hojas *iets verkeerd uitleggen; de zaak averechts aanpakken* ★ no me importa un ~ *het kan me geen moer schelen* ★ ¡un ~! *bekijk het!; vergeet het maar!*
rabear ON WW *kwispelstaarten*
rabí m *rabbi; rabbijn*
rabia v • *hondsdolheid* • *woede; razernij* ★ me tiene mucha ~ *hij is woedend op mij* ★ ~ sangrienta *moorddadigheid* ★ tener ~ a u.p. *woedend zijn op iemand; iemand niet kunnen uitstaan*
rabiar ON WW • *tieren; woedend zijn* ★ le quiere a ~ *zij houdt ontzettend veel van hem* ★ hacer ~ *sarren; op stang jagen* ★ pica que rabia *het is verschrikkelijk heet* ‹v. gerechten› • (~ **de**) *vergaan van* ‹pijn›; *lijden aan* • (~ **por**) *dolgraag willen; gebrand zijn op*
rabieta v *woedeaanval; driftaanval*
rabillo m • *steeltje* ‹aan blad, vrucht› • *ooghoek* ★ mirar de ~/con el ~ del ojo *vanuit de ooghoeken/wantrouwend bekijken*
rabínico BNW *rabbijns*
rabino m *rabbijn* ★ gran ~ *opperrabbijn*
rabión m *stroomversnelling*
rabioso BNW • *hondsdol* • *woedend; razend* • *heftig* ‹pijn, verlangen› ★ ponerse ~ *woedend worden*
rabo m • *staart* • *sliert* • *steel* ‹aan blad, vrucht› ★ de cabo a rabo *van begin tot eind; van onder tot boven* ★ falta el rabo por desollar *het moeilijkste moet nog komen* ★ irse/salir con el rabo entre (las) piernas *met de staart tussen de benen weggaan* ★ mirar a uno por el rabo del ojo *iemand schuin aankijken*
rabón BNW • *met korte staart; gecoupeerd* • *staartloos*
rabona v ★ hacer la ~ *spijbelen*
rabotada v • *slag met de staart* • *snauw; sneer* • *grofheid*
rabudo BNW *met een lange staart*
racha v • *windvlaag, -stoot* • *hausse; vlaag* ★ mala ~ *tegenslag; pech* ★ por ~s *bij vlagen*
racial BNW *raciaal; ras-* ★ odio ~ *rassenhaat*
racimo m • *tros* • *groepje*
raciocinar ON WW *redeneren; rationeel denken/ oordelen*
raciocinio m *redenering; gedachtegang*
ración v *portie; rantsoen* ★ ~ de emergencia *noodrantsoen* ★ a media ~ *op half rantsoen* ★ a ~ *afgemeten; zuinig*
racional BNW • *rationeel; verstandelijk* • *met*

rede begaafd • WISK. *rationaal*
racionalidad v *rationaliteit*
racionalismo m *rationalisme*
racionalista I m/v *rationalist* II BNW
rationalistisch
racionalización v • *rationalisatie* • FIG.
stroomlijning
racionalizar OV WW • *rationaliseren* • FIG.
stroomlijnen
racionamiento m *rantsoenering*
racionar OV WW *rantsoeneren*
racismo m *racisme*
racista I m/v *racist* II BNW *racistisch*
rada v • *inham; baai* • *rede* ⟨ankerplaats⟩
radar m *radar* ⋆ control por ~ *radarcontrole*
radiación v *(uit)straling* ⋆ ~ nuclear *radioactieve*
straling ⋆ ~ solar *zonnestraling*
radiactividad v *radioactiviteit*
radiactivo BNW *radioactief*
radiado BNW • *radiaal; straalvormig*
• *uitgezonden via de radio* ⋆ ~s *straaldieren*
radiador m • *radiator* • *radiateur*
radial BNW *radiaal; straalsgewijs*
radiante BNW • OOK FIG. *stralend* • *stralings-*
⋆ calor ~ *stralingswarmte*
radiar /í/ OV WW • *uitstralen* • *uitzenden* • MED.
bestralen
radical I m • TAALK. *stam* • WISK. *wortelteken*
• CHEM. *radicaal* II m/v *radicaal* III BNW
• *wortel-* • *radicaal; grondig; drastisch* • POL.
radicaal; extremistisch
radicalismo m • OOK POL. *radicalisme* • *radicale*
houding
radicalizar I OV WW *radicaliseren* II WKD WW
radicaliseren
radicalmente BIJW *geheel en al; volkomen*
radicar ON WW • *gelegen zijn; zich bevinden*
• *wortelen; zijn oorsprong vinden*
radicarse WKD WW *zich vestigen*
radícula v *wortelkiem*
radiestesista m *wichelroedeloper*
radio I m • WISK. *straal* • ANAT. *spaakbeen*
• *spaak* ⟨v. wiel⟩ • CHEM. *radium* ⋆ ~ de
acción *actieradius* II v • *radio(toestel)* • *radio-*
omroep
radioactivo BNW *radioactief*
radioaficionado m *zendamateur*
radiobaliza v *radiobaken*
radiocasete m *radiocassetterecorder*
radiocasetero m ZA *radiocassetterecorder*
radiodespertador m *wekkerradio*
radiodiagnóstico m *radiodiagnostiek*
radiodifundir OV WW *uitzenden over de radio*
radiodifusión v • *radio-uitzending* • *radio-*
omroep
radioescucha m/v *(radio)luisteraar*
radiofaro m *radiobaken*
radiofónico BNW *radio-* ⋆ comedia radiofónica
hoorspel
radiogoniometría v *radiogoniometrie*
radiografía v *röntgenfotografie; doorlichting*
radiografiar /í/ OV WW • *een röntgenfoto maken*
van; doorlichten • *draadloos overseinen*
radiográfico BNW *röntgen-; radiografisch*
radiograma m *radiotelegram*
radiología v *radiologie*

radiológico BNW *röntgen-; radiologisch*
radiólogo m *radioloog; röntgenoloog*
radiopatrulla v *radiopatrouille*
radiorreceptor m *radio-ontvanger*
radioscopia v *radioscopie; doorlichting*
radiosonda v *radiosonde*
radiotaxi m *taxi met mobilofoon*
radiotécnico I m *radiotechnicus* II BNW
radiotechnisch
radiotelefonía v *draadloze telefonie*
radioteléfono m *radiotelefoon; mobilofoon*
radiotelegrafista m/v *marconist*
radiotelegrama m *radiotelegram*
radiotelevisado BNW *via radio en televisie*
uitgezonden
radioterapeuta m/v *radiotherapeut(e)*
radioterapia v *radio-, röntgentherapie*
radiotransmisor m *radiozendtoestel*
radioyente m/v TELECOM. *luisteraar*
radón m CHEM. *radon*
raedera v • *schraper; krabijzer* • *schilmes*
raedura v *(het) afschrapen*
raeduras v mv *schaafsel; vijlsel; schraapsel*
raer OV WW *afschrapen; afkrabben; afschuren*
ráfaga v • *windvlaag* • *(geweer)salvo* ⋆ viento
en ~s *rukwind* ⋆ ~ de lluvia *regenvlaag* ⋆ ~ de
luz *lichtflits* ⋆ en ~s *met rukken; met stoten*
rafia v • *raffia* • *raffiapalm*
rafting m *rafting*
ragú m • *ragout* • CHI *stoofpot van schapenvlees*
• ARG *reuzehonger*
raid m • *raid; inval* • CA *lift* ⋆ pedir raid *liften*
raido BNW *afgedragen; versleten*
raiga WW (1e/3e p ev subj. t.t.) → **raer**
raigambre v • *wortelstelsel; wortels* • FIG.
worteling • *traditie*
raigón m *(tand)wortel*
rail m ⟨rail⟩ *rail*
raiz v • OOK FIG. *wortel* • TAALK. *stam*
• *oorsprong; ontstaan* • WISK. *machtswortel* ⋆ a
raíz de *onmiddellijk na; als gevolg van* ⋆ de
raíz *met wortel en tak* ⋆ OOK FIG. echar raíces
wortel schieten ⋆ tener raíces *diep geworteld*
zijn ⋆ parecía haber echado raíces a la tierra
hij stond daar als aan de grond genageld
raja v • *scheur; barst; spleet* • *plakje* ⟨worst⟩;
schijfje ⋆ hacerse rajas *stukgaan* ⋆ sacar raja
profijt trekken; een graantje meepikken
rajá m *radja*
rajado BNW • *gebarsten* • *laf; schijterig*
rajadura v *scheur; barst*
rajar I OV WW • *een barst maken in; een scheur*
maken in • *in plakken delen* II ON WW
• *zwetsen; kletsen* • ZA *roddelen*
rajarse WKD WW • *scheuren; barsten* • *zich*
terugtrekken; terugkrabbelen; ZA *'m smeren*
⋆ ¡no te rajes! *laat je niet kisten!*
rajatabla ⋆ a ~ *naar de letter; rigoureus*
ralea v • *allooi; komaf; klasse* • *slag; soort* ⋆ de
mala/baja ~ *canaille; addergebroed; gespuis*
ralear ON WW • *dun(ner) worden* ⟨v. kleren,
haren⟩; *dun geplant staan* • *weinig vrucht*
dragen ⋆ ir raleando *lichter worden* ⟨v. bos⟩
ralentí m • *slow motion* • *(het) stationair*
draaien ⋆ al ~ *in slow motion*
ralentizar OV WW *vertragen*

ra

rallador m *rasp*
rallar OV WW *raspen*
rallo m *rasp*
rally(e) m *rally*
ralo BNW • *dun(bezaaid); schaars; open* ⟨bos⟩
• *ver uit elkaar staand* • *ijl* ⟨v. lucht⟩
rama v • OOK FIG. *tak; twijg; loot* • *familietak*
• *branche* • *en rama ruw; onbewerkt*
★ *andarse/irse por las ramas afdwalen;
eromheen draaien*
ramada v *gebladerte*
ramadán m *ramadan*
ramaje m • *gebladerte* • *twijgen; takken*
ramal m • *streng* ⟨touw⟩ • *afsplitsing; aftakking*
• *zijspoor; zijweg* • *uitloper* ⟨v. gebergte⟩
ramalazo m • *aanval; vlaag* ⟨v. woede e.d.⟩
• *pijnscheut* ★ *tiene un ~ a su padre hij heeft
iets van/lijkt op zijn vader*
rambla v • *brede boulevard* • *bedding* ⟨v. rivier⟩
ramera v *hoer*
ramificación v • *vertakking* • *uitvloeisel; gevolg*
★ *de vasta ~ wijdvertakt*
ramificarse WKD WW *zich vertakken; zich
aftakken*
ramillete m • *bosje* ⟨bloemen⟩; *bloemstuk*
• *verzameling; bloemlezing*
ramo m • *twijg(je); afgesneden tak* • *bos*
⟨bloemen, kruiden⟩; *rits* ⟨uien⟩ • *tak* ⟨v.
wetenschap,kunst⟩ • *branche* • *teken* ⟨bv. van
ziekte⟩ ★ *Domingo de Ramos palmzondag*
★ *ramo de la construcción bouwvak* ★ ZA
ramos generales winkel
ramojo m *snoeisel; sprokkelhout*
Ramón m *Raymond*
ramonear OV WW • *snoeien* • *afknabbelen* ⟨v.
jonge spruiten⟩
rampa v • *helling* • *hellend terrein*
• *(spier)kramp* • *~ de lanzamiento
lanceerbasis*
rampante BNW HER. *klimmend*
ramplón m *grof; platvloers*
ramplonería v *banaliteit; platvloersheid*
rana v • *kikker* • *werpspel* ⟨munten in bek van
kikkerfiguur⟩ ★ *ancas de rana kikkerbilletjes*
★ INF. *salir rana mislukken; tegenvallen* ★ *no
ser rana niet van gisteren zijn; bij de pinken
zijn* ★ VERO. *cuando la rana críe pelos met
sint-juttemis* ★ *unto de la rana steekpenningen*
ranchear I OV WW MEX. *houden van vee* II ON
WW LA *eten*
ranchera v *Mexicaans liedje; ballade*
ranchería v • *gehucht; nederzetting* • ZA
sloppenwijk
ranchero m • *rancher; veeboer* • *knecht* ⟨op een
'ranch'⟩
rancho m • MIL. *warme kost; rats* • *hut*; LA *krot*
• ZA *ranch; veehoeve* • *hacer ~ aparte een
afzonderlijke groep vormen*
rancio BNW • *ranzig* • *belegen* ⟨v. wijn⟩ • *oud;
ouderwets* • *~ linaje eeuwenoud geslacht* ★ *de
~ abolengo van eeuwenoude adel*
randa m *zakkenroller*
rango m • *rang; stand; klasse* • *luxe; weelde*
★ *de ~ van aanzien*
ranking m *ranglijst*
ranúnculo m *ranonkel*

ranura v *geul; gleuf; groef*
rap m *rap*
rapabarbas m PEJ. *kapper*
rapacería v • *roofzucht* • *roof; diefstal*
rapaces v mv *roofvogels*
rapacidad v *hebzucht; roofzucht*
rapapolvo m *(stevige) uitbrander* ★ *echar un ~
a alg. iemand een uitbrander geven*
rapar OV WW • *scheren* • *millimeteren* ⟨v. het
haar⟩
rapaz I v • *roofvogel* • *kind; jongen* II BNW
roofzuchtig; hebzuchtig ★ *ave ~ roofvogel*
rapaza v *kind; meisje; hummel*
rapazuelo m *jongetje; jochie*
rape m *zeeduivel* • *el pelo al rape
gemillimeterd haar* • *(afeitado) al rape
kaalgeschoren*
rapé m *snuiftabak* ★ *toma de rapé snuif(je)*
rapel m → **rappel**
rapidez v *snelheid*
rápido I m • *sneltrein* • *stroomversnelling*
II BNW • *vlug; snel* • *vluchtig* • *haastig* ★ *tren
~ intercity; sneltrein* ★ *tener rápida venta
gemakkelijk verkoopbaar zijn*
rapiña v *diefstal; roof* ★ *actos de ~ plunderingen*
★ *ave de ~ roofvogel*
rapiñar OV WW *stelen; roven; wegpikken; jatten*
raposera v *vossenhol*
raposo m • *vos* • INF. *sluwe vos*
rappel m ★ *hacer/practicar el ~ abseilen*
rapsoda m/v *rapsode; bard*
rapsodia v *rapsodie*
rapsódico BNW *rapsodisch*
raptar OV WW *kidnappen; ontvoeren*
rapto m • *ontvoering* • *vervoering; bevlieging;
extase*
raptor m *ontvoerder; kidnapper*
raqueta v • *racket* • *tennisser* • *sneeuwschoen*
• *geldharkje* ⟨v. croupier⟩
raquídeo BNW *ruggengraats-*
raquis v *ruggengraat*
raquítico BNW • *rachitisch; lijdend aan de
Engelse ziekte* • *schamel; armzalig*
raquitis v *rachitis; Engelse ziekte*
raramente BIJW *zelden*
rarefacción v • NAT./CHEM. *verdunning* ⟨v.e. gas⟩
• MED. *rarefactie; schrompeling*
rareza v *zeldzaamheid; rariteit*
rarificar OV WW • *verdunnen* ⟨v.e. gas⟩ • MED.
schrompelen ⟨v. weefsel⟩;
rarífico BNW CHI *vreemd; ongewoon; raar*
raro I m *zonderling* II BNW • *vreemd;
zonderling; raar* • *buitengewoon; zeldzaam*
• *schaars; dun; ijl* ⟨v. gas⟩ ★ *por raro caso bij
wijze van uitzondering* ★ *de raro en raro zo
nu en dan* ★ *que no es raro que tengan
relación con die niet zelden in verband staan
met* ★ *raras veces/rara vez zelden*
ras v *a(l) ras de vlak langs; rakelings over* ★ *a
ras de tierra laag-bij-de-gronds* ⟨ook fig⟩ ★ *ras
con/en ras op gelijke hoogte* ★ *volar a ras de
tierra vlak over de grond scheren*
rasante I v *glooiing* II BNW *langsscherend*
★ *(línea) ~ rooilijn* ★ *vuelo ~ scheervlucht*
rasar OV WW • *gladstrijken; (vlak) afstrijken*
• *strijken/scheren langs* • *met de grond gelijk*

maken; *vernielen*

rasca I v *dronkenschap* ‹Andes›; *roes*; *(intense) kou* ★ ivaya ~ que hace! *het is gemeen koud!* II BNW ZA *ordinair*; *vulgair*

rascacielos m (mv onv.) *wolkenkrabber*

rascadera v • *roskam* • *schraper*; *krabber*

rascado BNW INF. *dronken* ‹Col., Ven.›

rascador m • *krabber*; *rasp* • *haarspeld*

rascadura v • *kras*; *schram* • *geschraap*; *gekrab*

rascar OV WW • *(af)krabben* • *(af)schuren*; *schrapen* • *krassen* ‹op snaarinstrument›; *tokkelen* • TECHN. *opruwen*

rascatripas m *slecht vioolspeler*

rascón BNW *zuur*; *wrang*; *twistziek* ‹Mex.›

rasero m *strijkstok* (voor het afstrijken) ★ medir todo con/por el mismo ~ *alles over één kam scheren*

rasgado I m → **rasgón** II BNW • *amandelvormig* ‹v. ogen› • *laag en breed* ‹v. raam, balkon› • *breed* ‹v. mond›

rasgadura v • *(het) scheuren* • *scheur* ‹in stof›

rasgar OV WW • *(ver)scheuren* • *krabbelen* ‹een notitie› • *akkoorden aanslaan* ‹op snaarinstrument›

rasgo m • *gelaatstrek* • *karaktertrek*; *kenmerk*; *eigenaardigheid* • *gebaar*; *geste*; *daad* • *haal*; *pennenstreek* ★ a grandes ~s *in grote lijnen*

rasgón m *scheur* ‹in stof›; *winkelhaak*

rasguear OV WW • *akkoorden aanslaan* ‹op een gitaar› • *krabbelen* ‹v. letters›

rasgueo m • MUZ. *arpeggiospel* • *(het) akkoorden aanslaan* ‹op een gitaar›

rasguñar OV WW • *openhalen*; *(open)krabben* • *schetsen*

rasguño m • *schram*; *haal* • *schets*

rasilla v • *platte baksteen* • *soort serge*

raso I m *satijn* II BNW • *vlak*; *glad* • *gewoon* ‹zonder titel› • *onbewolkt* • *propvol*; *tot de rand toe vol* • *vlak over de grond scherend* ★ cielo raso *plafond* ★ los ojos rasos de lágrimas *met tranen in de ogen* ★ al raso *in de open lucht* • una cucharada rasa *een afgestreken eetlepel*

raspa v • *(ruggen)graat* ‹v. vis› • *baard* ‹v. korenaar›; *kaf* ‹v. graan› • *afgepelde maïskolf* • ZA *straatprostituee* • LA *standje*; *uitbrander*

raspado m • *(het) afkrabben* • *het glad maken* • *(het) schampen langs* • MED. *curettage*; *(het) uitkrabben*

raspador m *schraper*; *rasp*; MED. *curette*

raspadura v • *(het) afkrabben* • *vijlsel*; *schaafsel* • *kras*

raspar I OV WW • *(af)krabben*; *schuren*; *schaven*; *glad maken* • *rakelings gaan langs* • MED. *curetteren* II ON WW *ruw zijn*; *schuren*

raspear I OV WW *een uitbrander geven*; *berispen* II ON WW *krassen*

raspilla v PLANTK. *vergeet-me-niet*

raspón m *(flinke) schram*; *schaafwond*; *ontvelling*

rasposo BNW • *ruw* • RPL *gierig*; *krenterig* • *wrang* ‹v. smaak›; *scherp* ‹v. smaak›

rastra v • *hark* • *sleep* • *slee* ‹om dingen op voort te slepen› • *sleepnet*; *dreg* • *rits* ‹v. gedroogde vruchten› ★ a ~s FIG. *met tegenzin*; *noodgedwongen*; *voortgetrokken*; *voortgesleept* ★ llevar a ~s *(mee)slepen*

rastreador BNW *speur-*; *speurend* ★ perro ~ *speurhond*

rastrear OV WW • *opsporen*; *achtervolgen* • *naspeuren*; *onderzoeken* • *vissen* ‹met sleepnet›; *afdreggen*

rastrero BNW • *slepend* • *langs de grond scherend* • *verwerpelijk* • *kruipend* ‹v. plant› ★ (perro) ~ *speurhond*

rastrillar OV WW *(aan)harken*

rastrillo m *hark*; *hekel* ‹v. vlas›; *traliewerk*

rastro m • *spoor*; *overblijfsel* • *aanwijzing*; *spoor* ★ ni ~ *niets* ★ el Rastro *rommelmarkt* ‹in Madrid› ★ sin dejar ni ~ *spoorloos*

rastrojera v *stoppelveld*

rastrojo m • *graanstoppel* • *stoppelveld*

rasura v • *(het) scheren* • *(het) afkrabben*

rasurar OV WW *scheren* ★ sin ~ *ongeschoren*

rata I m *zakkenroller*; *kruimeldief* II v *rat* ★ rata de campo *zwerfrat*; *zwarte rat* ★ rata de biblioteca *boekenwurm* • ser más pobre que las ratas *straatarm zijn*

rataplán m *rommeldebom* ‹geluid van een trommel›

ratear OV WW • *ontfutselen*; *jatten* • *naar rato/ verhouding verminderen* • ECON. *in gelijke porties verdelen*

ratería v *kruimeldiefstal*; *(het) zakkenrollen*

ratero m *kruimeldief*; *zakkenroller* ★ ~ de tiendas *winkeldief*

raticida v *rattengif*

ratificación v *ratificatie*; *bekrachtiging*

ratificar OV WW *ratificeren*; *bekrachtigen*

ratificarse WKD WW • *rechtsgeldig worden*; *van kracht worden* • *volharden* (en in)

ratio m *quotum*; *(vastgesteld) percentage*

rato m *ogenblik*; *tijdje*; *poosje* ★ a ratos *soms* ★ a cada rato *ieder ogenblik*; *steeds weer* ★ al (poco) rato *(kort) daarop* ★ en poco rato *binnenkort* ★ de rato en rato *keer op keer*; *af en toe* ★ buen rato *vrij lange tijd*; *leuke tijd* ★ pasó un mal rato *hij had het moeilijk/zwaar* ★ pasar el rato *zijn tijd verdoen* ★ darse/ llevarse/pasar un buen rato *het naar de zin hebben* ★ INF. me gusta un rato *ik ben er dol op*; *ik vind het fantastisch* ★ ¡hasta otro rato! *tot ziens!* ★ haber para un rato *nog wel een tijdje duren* ★ en un rato perdido *in een verloren uurtje*

ratón m • OOK COMP. *muis* • *pluis* (stof) ★ ~ de biblioteca *boekenwurm* • el hijo de la gata ratones mata *de appel valt niet ver van de boom* ★ tapete para ~ *muismatje*

ratonar OV WW *knagen aan*; *knabbelen aan*

ratonera v • *muizengat* • *muizenval* • FIG. *val* ★ caer en la ~ *in de val lopen*

ratonero m *buizerd*

raudal m • *overvloed*; *stortvloed* • *bruisende stroom* ★ agua a ~es *enorme hoeveelheid water*

raudo BNW *onstuimig*; *snel*

rave m MUZ. *rave*

ravioles m ‹**raviolis**› mv *ravioli*

raya I v • *streep*; *lijn* • *vouw* ‹in broek› • *scheiding* ‹in haar› • TYP. *gedachtestreepje* • *grens(lijn)* • BIOL. *rog* ★ un jersey a rayas *een*

ra

streepjestrui ⋆ tres en raya *boter, kaas en*
eieren ⋆ hacerse la raya *een scheiding maken/*
aanbrengen ⋆ pasar de (la) raya *de perken te*
buiten gaan ⋆ dar quince y raya *(iemand)*
overtreffen ⋆ tener a raya a alg. *iemand in het*
gareel houden ⋆ ¡eso pasa de la raya! *dat gaat*
te ver! **II** WW (1e/3e p ev subj. t.t.) → **raer**

rayadillo m *gestreepte katoenen stof*
rayado BNW • *gelinieerd; gelijnd; met streepjes;*
gestreept • ZA *krankjorum*
rayano BNW *grenzend* (**en aan**)
rayar I OV WW • *lijnen trekken; liniëren*
• *doorhalen; doorstrepen* • *onderstrepen* **II** ON
WW • *grenzen* (**en aan**) • *zich onderscheiden*
• *aanbreken* ⟨v. dag⟩ ⋆ ~ la luz *licht worden*
⋆ ~ en los 50 *tegen de 50 lopen* ⋆ esto raya en
lo imposible *dat grenst aan het onmogelijke*
⋆ ~ muy alto *schitteren; uitblinken*
rayo m • *straal* • *bliksem(flits)* • *straling*
• *plotselinge pijn* • *klap; onverwachte*
tegenslag; donderslag bij heldere hemel
• *spaak* ⋆ rayo de sol *zonnestraal* ⋆ rayos X/
equis *röntgenstralen* ⋆ con la rapidez de un
rayo *bliksemsnel* ⋆ como si le tocara un rayo
als door de bliksem getroffen ⋆ echar rayos/
estar que echa rayos *briesen van woede; vuur*
spuwen ⋆ ¡un rayo no lo parte! *die is*
onverwoestbaar!
rayón m *rayon* ⟨textiel⟩
rayuela v • *hinkelspel* • *streepje*
raza v *ras* ⋆ perro de raza *rashond* ⋆ raza de
víboras *addergebroed* ⋆ el día de la Raza *de*
dag van de ontdekking van Amerika ⟨12
oktober⟩
razia v *razzia*
razón v • *rede; verstand; intelligentie; ratio*
• *reden; argument*, WISK. *verhouding*
• *oorzaak; aanleiding* • *gelijk* • *boodschap;*
inlichting ⋆ en ~ de 3 a 1 *in een verhouding*
van 3 op 1 ⋆ atender a razones *voor rede*
vatbaar zijn ⋆ cargarse de la ~ *zeker zijn van*
zijn zaak ⋆ dar la ~ *gelijk geven; een*
verklaring geven ⋆ fuera de ~ *misplaatst;*
onterecht ⋆ INF. ~ de pie de banco *belachelijke*
reden ⋆ meter en ~ a alg. *iemand tot reden*
brengen ⋆ perder la ~ *zijn verstand verliezen*
⋆ puesto en ~ *logisch; redelijk* ⋆ ~ de Estado
politieke reden ⋆ la ~ de la fuerza *het recht*
van de sterkste ⋆ ~ social *handelsnaam;*
firmanaam ⋆ a ~ de un/del 5% *tegen 5 %* ⋆ ~
fuerte *afdoende reden* ⋆ ~ geométrica
meetkundige reeks ⋆ ~ en la portería *(nadere)*
inlichtingen bij de portier ⋆ el coche corre a ~
de *de auto ontwikkelt een snelheid van* ⋆ de
buena ~ *met het volste recht* ⋆ en ~ met
(recht) en reden ⋆ en ~ a *met betrekking tot*
⋆ tener ~ *gelijk hebben* ⋆ le asiste la ~ *hij*
heeft gelijk ⋆ dar ~ *inlichtingen verstrekken*
⋆ entrar en ~ *verstandig worden; tot inzicht*
komen ⋆ estar a ~ *iets bespreken; iets*
uiteenzetten ⋆ ponerse en ~ *op iets ingaan*
⋆ tener mucha ~ *volkomen gelijk hebben*
⋆ tomar (la) ~ ⟨de u.c.⟩ *(iets) registreren; (iets)*
boeken ⋆ la carta contenía estas razones *de*
brief had de volgende inhoud ⋆ en buenas
razones *kort en goed* ⋆ por razones fundadas

op goede gronden ⋆ alcanzar de razones a
uno *iemand met goede argumenten tot*
zwijgen brengen ⋆ ponerse a razones con uno
met iemand in discussie raken ⋆ ¡con ~! *met*
reden!; terecht!
razonable BNW • *verstandig; redelijk* • *billijk*
razonablemente BIJW *redelijk(erwijs)*
razonado BNW *weloverwogen; beredeneerd*
razonamiento m • *redenering; gedachtegang;*
overpeinzing • *beredenering*
razonar I OV WW *beredeneren* **II** ON WW
• *overdenken; redeneren* • *overleggen*
• *redeneren; argumenteren*
razzia v → **razia**
RDSI AFK (Red Digital de Servicios Integrados)
ISDN
re m • MUZ. *re* ⋆ re sostenido *dis*
reabastecer OV WW *bijvullen; bijtanken* (**de**
met)
reabrir OV WW *heropenen; weer openen*
reabsorber OV WW *weer opzuigen; weer*
absorberen; MED. *reabsorberen*
reacción v • *reactie* ⟨ook med./nat./chem.⟩
• MED. *terugslag* • *reactionaire houding* • *de*
reactionairen ⋆ ~ en cadena *kettingreactie*
⋆ avión a ~ *straalvliegtuig*
reaccionar ON WW • *reageren* (**a, ante op**) • *zich*
verdedigen; een tegenaanval uitvoeren
reaccionario I m *reactionair* **II** BNW *reactionair*
reacio BNW *onwillig; weerspannig; tegendraads;*
afkerig (**a van**)
reactivar OV WW *reactiveren; opnieuw in*
werking stellen ⋆ ~ la economía *de economie*
stimuleren
reactivo m CHEM. *reagens*
reactor m • *reactor* • *straalmotor*
• *straalvliegtuig* ⋆ ~ reproductor *kweekreactor*
⋆ ~ nuclear *kernreactor*
reactualizar OV WW COMP. *actualiseren; updaten*
readaptación v • *omscholing* • *omschakeling;*
overschakeling ⋆ ~ profesional/laboral
omscholing
readaptar OV WW *opnieuw aanpassen*
readmisión v *(het) weer toelaten*
readmitir OV WW *weer toelaten*
reafirmar OV WW *opnieuw bevestigen*
reagravación v *verslechtering*
reagravar WKD WW *verslechteren*
reagrupación v (**reagrupamiento**)
hergroepering
reagrupar OV WW *hergroeperen*
reajustar OV WW *bijstellen; herzien; aanpassen*
reajuste m *bijstelling; herziening; aanpassing*
real I m • GESCH. *reaal* ⟨oude Spaanse munt⟩
⟨Braziliaanse munt⟩ ⋆ asentar sus reales *zich*
legeren; zich vestigen; zijn tenten opslaan
II BNW • *koninklijk; konings-* • *echt; werkelijk;*
reëel; concreet; JUR. *zakelijk* ⋆ los reales *de*
monarchisten; de koningsgezinden ⋆ tu real
persona *je eigen ik* ⋆ un real mozo *een flinke*
knaap; een knappe knul ⋆ derecho real
zakelijk recht
realce m *pracht; luister; aanzien* ⋆ dar ~ a
opluisteren; aanzien verlenen
realengo I m *kroondomein* **II** BNW GESCH. *van*
de Staat

realeza v • *koninklijke waardigheid/pracht* • *de kroon* • *koningschap*

realidad v • *realiteit; werkelijkheid* • *waarheid* ★ en ~ *werkelijk; in feite; eigenlijk* ★ tomar ~ *werkelijkheid worden* ★ ~ virtual *virtual reality*

realimentación v TECHN. *terugkoppeling; feedback*

realismo m • *realisme* • *realistische instelling* • POL. *royalisme; koningsgezindheid*

realista I m/v • *realist* • *aanhanger van het realisme* • *royalist* II BNW • *realistisch* • *royalistisch; koningsgezind*

realizable BNW *uitvoerbaar; te realiseren*

realización v • *realisatie; verwerkelijking; (het) tot stand brengen; uitvoering* • *productie; regie* • *prestatie; verrichting* • *(uit)verkoop*

realizar OV WW • *realiseren; verwerkelijken* • *tot stand brengen; uitvoeren; bewerkstelligen* • *regisseren; produceren* • *(uit)verkopen; te gelde maken* ★ ~ un viaje *een reis ondernemen* ★ hemos realizado los mayores esfuerzos para *we hebben ons uiterste best gedaan om*

realizarse WKD WW • *werkelijkheid worden* • *uitkomen* ‹bv. een droom›*; gebeuren; plaatsvinden*

realmente BNW • *inderdaad; werkelijk* • *eerlijk gezegd; eigenlijk*

realquilar OV WW *onderverhuren*

realzar OV WW • *in reliëf borduren; het licht laten vallen (op)* • *doen uitkomen; benadrukken*

reamigo m ZA *zeer goede vriend*

reanimación v • *herleving; wederopleving* • *reanimatie*

reanimar OV WW • *reanimeren; bijbrengen; weer tot leven brengen; opkikkeren; doen opleven* • *opvrolijken; bemoedigen*

reanudación v *hervatting*

reanudar OV WW *hervatten; weer aanknopen* ‹bv. relatie›*; weer opnemen* ‹bv. studie›

reaparecer ON WW • *opnieuw verschijnen; weer opduiken; terugkomen* • *een comeback maken*

reaparezca WW (1e/3e p ev subj. t.t.) → **reaparecer**

reaparición v *(het) opnieuw verschijnen; (het) weer opduiken; terugkeer; comeback*

reapertura v *heropening* ★ ~ de los cursos *begin van het schooljaar*

rearmar OV WW *herbewapenen*

rearme m *herbewapening*

reasegurar OV WW *opnieuw verzekeren*

reaseguro m *(het) opnieuw verzekeren*

reasumir OV WW *weer op zich nemen*

reata v • *koppelriem* ‹voor paarden› ★ de/en ~ *gedwee; onderdanig; achter elkaar; op een rij*

reavivar OV WW *doen herleven; weer opwekken*

reavivarse WKD WW *opleven*

rebaba v *braam; oneffen rand*

rebaja v *(prijs)verlaging; korting; uitverkoop*

rebajamiento m • *verlaging* • *vernedering*

rebajar OV WW • *verlagen* ‹in prijs› • *verminderen* ‹v. intensiteit› • *kleineren; vernederen* • *vrijstellen* ‹v. dienstplicht› ★ ~ el hambre *zijn honger stillen* ★ ~ la luz *het licht dimmen* ★ ~ los humos a uno *iemand een*

toontje lager laten zingen

rebajarse WKD WW • *zich verlagen; zich vernederen* • *vrijgesteld worden* ‹v. dienst, verplichting›

rebajo m • *groef; inkeping* • *voeg*

rebalsa v • *poel; opgestuwd water* • *opstopping; stagnatie*

rebalsar OV WW *opstuwen* ‹water›

rebanada v *snee* ‹brood›*; schijf; plak*

rebanar OV WW • *snijden* ‹in plakken› • *doorsnijden; afsnijden*

rebañar OV WW • *uitkrabben; uitschrapen* • *verzamelen; bijeenrapen*

rebaño m *kudde* ‹vooral schapen›

rebasar OV WW • *passeren; overschrijden* • *achter zich laten; inhalen*

rebatible BNW *betwistbaar; aanvechtbaar*

rebatir OV WW *weerleggen; aanvechten*

rebato m *alarmsignaal* ‹v. trommel, noodklok› ★ tocar a ~ *alarm slaan; de noodklok luiden*

rebautizar OV WW *herdopen*

rebeca v *damesvest*

rebeco m *gems*

rebelarse WKD WW *in opstand komen; rebelleren; zich verzetten*

rebelde I m/v • *rebel; opstandeling* • JUR. *defaillant; niet verschenen partij* II BNW • *rebels; opstandig* • *weerbarstig; hardnekkig; stug* • *onhandelbaar* • JUR. *niet verschenen*

rebeldía v • *opstandigheid; rebellie* • JUR. *verstek; (het) niet verschijnen* ★ en ~ *bij verstek*

rebelión v *opstand; rebellie*

rebenque m *(rij)zweep* ‹v.d. gauchos›

reblandecer OV WW • *zacht/week maken* • *zacht maken*

reblandecerse WKD WW *zacht/week worden*

reblandecimiento m *verzachting; verweking* ★ ~ óseo *botverweking*

reblandezca WW (1e/3e p ev subj. t.t.) → **reblandecer**

rebobinar OV WW • *terugspoelen* • TECHN. *omwikkelen; omspoelen*

reborde m *(opstaand) rond*

rebordear OV WW *omranden*

rebosadero m *overloop* ‹v. badkuip, wastafel›

rebosante BNW *boordevol* (**de** met)*; overlopend*

rebosar ON WW • *overlopen* • *vol zijn; barsten* • *overvloedig zijn* ★ ~ de/en alegría *overlopen van blijdschap* ★ está rebosando de/en salud *hij blaakt van gezondheid* ★ le rebosa el dinero *hij stikt van het geld*

reboso m MEX *schouderdoek; omslagdoek*

rebotar I OV WW • COMP. *rebooten; opnieuw starten* • *terugkaatsen; terugstuiten* II ON WW • *terugkaatsen • terechtkomen* ‹met een klap› • *afketsen*

rebote m *(het) terugkaatsen*; SPORT *rebound* ★ de ~ *van de weeromstuit; (als) indirect (gevolg)*

rebozar OV WW • CUL. *paneren* • *het gezicht bedekken* ‹met sjaal of cape›

rebozo m • *sluier; sjaal* ‹ter bedekking van het onderste deel v.h. gezicht› • *voorwendsel; verhulling* ★ de ~ *heimelijk; verholen* ★ sin ~ *oprecht*

rebozuelo m *cantharel; hanenkam*

rebrotar ON WW *(opnieuw) uitlopen; ontkiemen*

rebrote m • *(het) (opnieuw) uitlopen* • *scheut*; *uitloper*

rebufar ON WW *snuiven*; *briesen* ‹v. woede›

rebujarse WKD WW *zich warm inpakken*; *zich wikkelen in*

rebujo m • *(slordig ingepakt) pakje* • *kluwen*; *prop*

rebullicio m *drukte*; *opschudding*; *lawaai*

rebullir ON WW *(beginnen te) bewegen/woelen*

rebusca v • *(het) aren lezen* • *(het) druiven rapen* • *afval* ‹v. de oogst› • *(het) na/doorzoeken*

rebuscado BNW *geaffecteerd*; *bekakt*; *gekunsteld*; *gezocht*

rebuscar OV WW • *nasporen* • *nauwkeurig na/doorzoeken* • *lezen* ‹aren› • *rapen* ‹druiven› ★ ~ *las palabras* *zijn woorden zorgvuldig afwegen*

rebuznar ON WW *balken* ‹v. ezel›

rebuzno m *gebalk*

recabar OV WW • *gedaan krijgen*; *afsmeken* • *opeisen* ‹bv. rechten› ★ ~ *datos gegevens opvragen*

recadero m *koerier*; *loopjongen*

recado m • *boodschap* • *verzonden bericht/pakket* • *benodigdheden* ★ *hacer un* ~ *een boodschap doen* • *coger/tomar* ~ *een boodschap aannemen* ★ ~ *de escribir schrijfbenodigdheden* ★ *mal* ~ *lelijke zet*; *kwajongensstreek*

recaer ON WW • *opnieuw (ver)vallen* (**en in**) • MED. *terugvallen* ★ ~ *en la bebida weer aan de drank zijn* • (~ **sobre/en**) *neerkomen op* ‹bedrag, hoeveelheid›; *terechtkomen bij*

recaída v *terugval*; *inzinking* ★ *sufrir una* ~ *weer instorten* ‹v. zieke›

recaiga WW (1e/3e p v subj. t.t.) → **recaer**

recalar I OV WW *doordrenken* ‹v. vloeistof› II ON WW *land in zicht krijgen*

recalcar OV WW • *benadrukken*; *nadrukkelijk vermelden* • *aandrukken*; *aanstampen*

recalcitrante BNW *opstandig*; *weerspannig*; *hardnekkig*

recalentado BNW *verhit*; *opgewarmd*

recalentamiento m • *(het) (opnieuw) opwarmen* • *oververhitting*

recalentar /ie/ OV WW • *(weer) opwarmen* • *oververhitten*

recalentarse WKD WW • *te heet worden*; TECHN. *verhit raken* • *verdrogen* ‹v. de oogst› • *geil worden*

recalmón m *plotselinge windstilte*

recalzar OV WW • *versterken* ‹v. fundering› • *de aarde ophogen* ‹rond een plant›

recamado BNW *reliëfborduursel*

recamar OV WW *in reliëf borduren* ‹met gouddraad›

recámara v • *garderobe*; *kleedkamer* • *kruitkamer* ‹v. geweer, landmijn› • COL, MEX, PAN *slaapkamer*

recambiar OV WW *vervangen*; *(weer) omwisselen*

recambio m • *vervanging*; *vervangingsmiddel* • *(het) vervangen*; *(het) verwisselen* ★ *rueda de* ~ *reservewiel* ★ *pieza de* ~ *(reserve)onderdeel*

recapacitar I OV WW *overpeinzen* II ON WW *(diep) nadenken* (**sobre over**)

recapitulación v *recapitulatie*; *samenvatting*

recapitular OV WW *recapituleren*; *in het kort herhalen*

recarga v *(het) weer vullen/laden*

recargable BNW *hervulbaar* ‹b.v. pen›; *oplaadbaar* ‹b.v. batterij›

recargado BNW • *te zwaar beladen* • *overladen*; *overdadig (versierd)* • *overdreven* ‹v. taal›

recargar OV WW • *(opnieuw) (op)laden* • *te zwaar beladen*; *volstoppen*; *overladen* ‹met vracht/werk/v. versiering› • *berekenen* ‹extra belasting› • *toevoegen* ‹veel van iets›

recargo m • *overbelasting* • *toeslag*; *heffing* • *koortsaanval*

recatado BNW • *bedachtzaam*; *voorzichtig* • *bescheiden*; *zedig*

recatar OV WW *verbergen*

recatarse WKD WW • *behoedzaam zijn* • *zich bescheiden opstellen*; *zich hoeden voor* • *zich verbergen* ★ *hablar sin* ~ *sus pensamientos ronduit spreken*

recato m • *behoedzaamheid*; *terughoudendheid* • *zedigheid*; *fatsoen* ★ *sin* ~ *openlijk*; *zonder aarzelen*

recauchutar OV WW • *vulkaniseren* • *repareren*; *coveren* ‹v. autoband›

recaudación v • *inning* • *ontvangsten*; *opbrengst* ★ *oficina de* ~ *belastingkantoor*

recaudador m *inner*; *(belasting)ontvanger*

recaudar OV WW • *innen*; *invorderen* • *ontvangen*

recaudo m • *inning* • *borgtocht* ★ *poner a buen* ~ *in veiligheid brengen* ★ *a buen* ~ *in verzekerde bewaring*; *veilig opgeborgen*

recebo m *fijne kiezel*

recelar OV WW *argwaan koesteren jegens*; *wantrouwen*

recelo m *argwaan*; *achterdocht*; *wantrouwen*

receloso BNW *wantrouwig*; *argwanend*

recensión v *recensie*

recensor m *recensent*

recental BNW ★ *cordero* ~ *zuiglam*

recepción v • *ontvangst* • *toelating* ‹bv. op school› • *receptie (balie)* • *receptie* ‹feest› • *ontvangst* ‹radio, televisie› • *bereik* ‹mobiele telefoon› ★ ~ *de mercancías afgifte van goederen* ‹opschrift›

recepcionista m/v *receptionist(e)*

recepción v *heling*

receptáculo m *bak*; *bassin*; *reservoir*

receptador m *heler*

receptividad v *vatbaarheid*; *gevoeligheid*

receptivo BNW *ontvankelijk*; OOK MED. *vatbaar*; *receptief*

receptor I m • *ontvanger*; *ontvangtoestel* • *hoorn* ‹v. telefoon› • MED. *receptor* ★ ~ *de frecuencia modulada FM-ontvanger* ★ *colgar el* ~ *de hoorn op de haak leggen* II BNW *ontvangend*; *ontvangst-*

recesión v *recessie*; *(economische) teruggang*

recesivo BNW *recessief*; *niet-dominant*

receso m • *teruggang* • ZA *reces*

receta v • CUL. *recept* • MED. *recept*

recetar OV WW *voorschrijven* ‹bv. van medicijnen›

recetario m *receptenboek* ★ ~ *de cocina kookboek*

rechace m SPORT *(het) stoppen* ‹v.e. bal›; *afweer*
rechazamiento m • *(het) terugslaan*
• *verwerping* • *weerkaatsing* ‹v. licht›
rechazar OV WW • *afstoten*; *afweren* • *afslaan*
• *afwijzen*; *ontkennen*; *verwerpen*
• *weerkaatsen* ‹v. licht› ⋆ ~ el agua
waterafstotend zijn ⋆ *irechazad las
imitaciones! hoedt u voor namaak!*
rechazo m • *afwering*; *afwijzing* • *terugslag*
• *afstoting* ‹v. orgaan› ⋆ de ~ *als gevolg
daarvan*; *van de weeromstuit*
rechifla v • *(het) (uit)fluiten* • *hoongelach*
rechiflar I OV WW *(uit)fluiten* II ON WW • *fluiten*
• *uitlachen*
rechiflarse WKD WW *zich vrolijk maken (de
over)*
rechinamiento m *geknars*; *gepiep* ⋆ ~ de
dientes *(het) tandenknarsen*
rechinar ON WW *knarsen*; *piepen* ⋆ ~ los dientes
knarsetanden
rechoncho BNW *mollig*; *gezet*; *kort en dik*
rechupete m ⋆ de ~ *buitengewoon goed*;
voortreffelijk
recibí m *ontvangstbevestiging*; *ontvangstbewijs*;
kwitantie
recibidor m *wachtkamer*; *vestibule*
recibimiento m • *ontvangst*; *welkom* • *hal*
• *salon*
recibir I OV WW • *ontvangen*; *krijgen* • *toelaten*
• *verwelkomen*; *afhalen*; *opwachten* ⋆ al ~ *bij
ontvangst* ⋆ ~ daño *schade oplopen* II ON WW
spreekuur houden
recibirse WKD WW • *ingehuldigd worden* • LA
afstuderen • *slagen voor het staatsexamen*
recibo m • *ontvangstbewijs*; *kwitantie*
• *ontvangst* ⋆ acusar ~ *de ontvangst bevestigen*
⋆ estar de ~ *er toonbaar/netjes uitzien*; ECON.
klaar zijn voor levering
reciclable BNW *recycleerbaar*
reciclado BNW *gerecycled*; *kringloop-*
reciclaje m • *recycling*; *kringloop*; *hergebruik*
• curso de ~ *bijscholingscursus*; *opfriscursus*
⋆ ~ profesional *omscholing*; *bijscholing*
reciclar OV WW • *hergebruiken*; *recyclen*;
opnieuw bruikbaar maken • *omscholen*
recidiva v MED. *terugval*; *instorting*
reciedumbre v • *kracht*; *heftigheid*
recién BIJW *recent(elijk)*; *kortgeleden*; *pas* ⋆ ~
cocido *vers bereid*
reciente BNW • *recent* ~ *vers*; *nieuw*
recientemente BIJW *onlangs*
recinto m *omsloten ruimte*; *binnenplaats* ⋆ ~
ferial *tentoonstellingsruimte*; *stand* ⋆ ~
universitario *campus*
recio I BNW • *fors*; *robuust* • *dik* • *heftig*; *sterk*
• *hard* ⋆ ~ de cuerpo *fors gebouwd* ⋆ una
mujer recia *een robuuste vrouw* ⋆ tierra recia
zware grond ⋆ un ~ invierno *een strenge
winter* II BIJW *hard*; *krachtig*
recipiendario m *nieuw lid* ‹v. academie e.d.›
recipiente I m • *bak*; *bassin*; *houder* • *schaal*;
kom II BIJW *ontvangend*
reciprocidad v *wederkerigheid*
recíproco BNW *wederkerig*; *wederzijds*;
onderling verwisselbaar ~ tú irás cuando yo
no puedo y a la recíproca *wanneer ik niet*

kan, ga jij en omgekeerd
recitación v *voordracht*
recitado m → **recitación**
recitador m *voordrachtskunstenaar*
recital m *recital*; *solo-uitvoering*; *voordracht*
recitar OV WW *voordragen*; *reciteren*
recitativo m MUZ. *recitatief*
reclamación v *klacht*; *reclamatie*;
bezwaar(schrift); *eis*; *claim*; *vordering*
reclamar I OV WW • *(op)eisen*; *claimen*; *vorderen*
• *aanklagen* • *vereisen* • *lokken* ‹vogels› ⋆ ~ la
atención *de aandacht vragen* II ON WW *een
klacht indienen* (**contra** *tegen*)
reclame m ZA ARG., URUG. *reclame*; *advertentie*
reclamo m • *lokvogel* • *lokroep* • *lokmiddel*;
lokkertje; *reclame*
reclinable BNW *verstelbaar* ⋆ asiento ~ *stoel met
verstelbare rugleuning*
reclinar OV WW *neervleien*; *behoedzaam
neerleggen*; *(laten) leunen tegen*
reclinarse WKD WW • ARG, URU *achteroverleunen*
• *steunen* (**sobre** *op*)
reclinatorio m *bidstoel*
recluir OV WW *opsluiten*
recluirse WKD WW • *zichzelf opsluiten* • *zich
afzonderen*
reclusión v • *opsluiting*; *hechtenis* • *gevangenis*
⋆ ~ domiciliaria *huisarrest* ⋆ pena de ~
vrijheidsstraf
recluso I m *gevangene*; *gedetineerde* II BNW
gevangen; *gedetineerd*
recluta I m *rekruut* II v • *vrouwelijke rekruut*
• *(het) rekruteren*
reclutamiento m • *(het) rekruteren*; *(het)
ronselen* • MIL. *lichting*
reclutar OV WW • MIL. *rekruteren*; *ronselen*
• *werven* ‹v. personeel›
recluya WW (1e/3e p ev subj. t.t.) → **recluir**
recobrar OV WW *terugkrijgen*; *herwinnen* ⋆ ~ el
conocimiento/sentido *(weer) tot bewustzijn
komen*
recobrarse WKD WW • *herstellen*; *er (weer)
bovenop komen*; *beter worden* • *schadeloos
gesteld worden*; *de schade inhalen*
recobro m • *herwinning* • *herstel*
recocer /ue/ OV WW • *opnieuw koken* • *gaar
koken*; *laten doorkoken* • TECHN. *uitgloeien*
recocerse WKD WW → **concomerse** • *verteerd
worden* • *zich opvreten* • *zich afbeulen*
recocido BNW *ervaren*; *geoefend*
recodo m *bocht*; *hoek*; *knik* ⋆ doblar el ~ *de
bocht omgaan*
recogedor m *(veeg)blik* ⋆ escobilla y ~ *stoffer en
blik*
recogemigas m *tafelschuier*
recogepelotas m/v onver *ballenjongen*;
ballenmeisje
recoger OV WW • *oprapen* • *inzamelen* ‹v. geld›;
ophalen; • *opnemen* ‹rok›; *innemen* ‹zoom›
• *opvangen*; *herbergen*; *onderdak geven*
• *opruimen*; *opbergen* • *opvouwen*; *oprollen*
• OOK FIG. *plukken* • *rapen*; *binnenhalen*;
oogsten • *(op)sparen* • *oppikken*; *afhalen*
• *samenbinden*; *insnoeren*; *inhalen* ‹anker,
net, zeilen› ⋆ INF. ~ velas *inbinden*, *bakzeil
halen* ⋆ ~ de todas partes *bijeenzoeken* ⋆ de

re

ello recojo que *daaruit maak ik op dat* ★ te
voy a ~ a la estación *ik haal je van het station*
recogerse WKD WW • *zich terugtrekken; naar
bed gaan* • *zich opsluiten* ⟨in zichzelf⟩
recogida v • *(het) binnenhalen; (het) oogsten;
(het) ophalen* ⟨v. bv. vuilnis⟩ • *oogst* • *lichting*
⟨brievenbus⟩ ★ ~ selectiva de residuos
gescheiden-afvalinzameling
recogido BNW • *ingezameld; gespaard*
• *bijeengebonden; opgestoken* ⟨v. haar⟩
• *teruggetrokken; afgezonderd*
recogimiento m • *(het) oogsten; (het) ophalen;
(het) inzamelen* • *afzondering* • *stille
overpeinzing;* REL. *strenge observantie; vrome
aandacht*
recolección v *oogst(tijd);* LIT. *verzameling;
samenvatting*
recolectar OV WW • *oogsten* • *inzamelen*
recoleto BNW • *afgelegen; teruggetrokken;
eenzaam* • *onderworpen aan strenge
observantie*
recomendable BNW *aanbevelenswaardig; aan te
bevelen*
recomendación v • *aanbeveling* • *voordracht*
• *opdracht; aanprijzing*
recomendar /ie/ OV WW • *voordragen;
aanbevelen* • *opdragen; aanprijzen*
recomendatorio BNW *aanbevelings-;
aanbevelend*
recomenzar /ie/ OV WW *opnieuw beginnen*
recomerse WKD WW *verteerd worden* ⟨door
verdriet, woede⟩
recompensa v • *beloning; premie* • *prijs;
bekroning* • *(schade)vergoeding*
recompensar OV WW • *belonen; vergoeden* ★ ~ de
un daño *schadeloosstellen*
recompón WW (geb. wijs, jij-vorm)
→ **recomponer**
recompondrá WW (3e p ev tk.t.)
→ **recomponer**
recomponer OV WW • *herstellen; in orde maken*
• *opdoffen;* INF. *optutten*
recomponga WW (1e/3e p ev subj. t.t.)
→ **recomponer**
recomposición v TYP. *(het) overzetten*
recompuso WW (3e p ev v.t.) → **recomponer**
reconcentración v • *massale bijeenkomst*
• *geslotenheid; in-zichzelf-gekeerdheid*
reconcentrar OV WW • *richten (en op);
concentreren op* • *verzamelen; bundelen*
• *verbergen; opkroppen* ⟨v. gevoel⟩
reconciliación v *verzoening*
reconciliador I m *bemiddelaar* II BNW
verzoenend; bemiddelend
reconciliar OV WW *verzoenen; herenigen (con
met)*
reconciliarse WKD WW • *zich verzoenen (con
met)* • *biechten*
reconcomerse WKD WW → **recomerse**
→ **recomerse**
reconcomio m *opgekropte gevoelens; wrok*
reconditeces v mv → **reconditez**
reconditez v • *geheim* • *(het) verborgene*
recóndito BNW • *geheim; duister* • *diep
verborgen*
reconducir OV WW • *terugbrengen* • *verlengen*

⟨v. contract⟩
reconfortante BNW *vertroostend; opbeurend;
verkwikkend*
reconfortar OV WW *troosten; opbeuren;
verkwikken*
reconocer OV WW • *herkennen* • *erkennen*
• *onderzoeken; verkennen* • *dankbaar zijn
voor; erkentelijk zijn voor* ★ ~ el campo *het
terrein verkennen* ★ ~ por causa *tot oorzaak
hebben* ★ la reconocí por la voz *ik heb haar
aan de stem herkend*
reconocerse WKD WW • *te herkennen zijn* • *zich
schuldig verklaren*
reconocible BNW *herkenbaar*
reconocidamente BIJW • *overduidelijk*
• *kennelijk*
reconocido BNW • *dankbaar* • *erkend* ⟨wettelijk⟩
reconocimiento m • *erkenning; herkenning*
• *verkenning* • *dankbaarheid* ★ ~ de voz
spraakherkenning ★ ~ médico *medisch
onderzoek*
reconozca WW (1e/3e p ev subj. t.t.)
→ **reconocer**
reconquista v *herovering* ★ la Reconquista *de
Herovering (van Spanje op de Moren, 718-
1492)*
reconquistar OV WW *heroveren*
reconsiderar OV WW *heroverwegen*
reconstitución v *herstel*
reconstituir OV WW • *herstellen; weer opzetten;
weer opbouwen* ⟨v. gebeurtenis/misdaad⟩
reconstituya WW (1e/3e p ev subj. t.t.)
→ **reconstituir**
reconstituyente I m *tonicum; versterkend/
opwekkend middel* II BNW *opwekkend;
versterkend*
reconstrucción v • *herstel; reconstructie* ⟨v.
gebeurtenis/misdaad⟩ • *wederopbouw*
★ obras de ~ *herstelwerkzaamheden*
reconstruir OV WW • *opnieuw opbouwen* ⟨v.
gebeurtenis/misdaad⟩; *herstellen*
• *reconstrueren*
reconstruya WW (1e/3e p ev subj. t.t.)
→ **reconstruir**
recontar /ue/ OV WW • *navertellen; weer
vertellen* • *(opnieuw) tellen; natellen*
reconvalecer ON WW *herstellen* ⟨v. ziekte⟩;
genezen
reconvén WW (geb. wijs, jij-vorm)
→ **reconvenir**
reconvención v • *vermaning; berisping* • JUR.
reconventie; tegeneis ⟨v. gedaagde⟩ ★ ~
áspera *flinke uitbrander*
reconvendrá WW (3e p ev tk.t.) → **reconvenir**
reconvenga WW (1e/3e p ev subj. t.t.)
→ **reconvenir**
reconvenir /ie, i/ OV WW • *vermanen; berispen*
• *een tegeneis inbrengen (contra tegen)*
reconversión v • *omschakeling* • *omscholing;
herscholing* • *herstructurering*
reconvertir /ie, i/ ON WW *omschakelen;
herstructureren; omscholen*
reconvino WW (3e p ev v.t.) → **reconvenir**
recopilación v • *verzameling; samenstelling;
compilatie* • MUZ. *album* ★ la Recopilación *De
Spaanse wetten uit 1567*

recopilar OV WW *compileren; verzamelen*
récord m *record • poseedor de un ~ recordhouder ★ batir un ~ een record breken*
recordable BNW • *gedenkwaardig • te onthouden*
recordar /ue/ OV WW • *zich herinneren • terugdenken aan • herinneren aan; in herinnering brengen • doen denken aan ★ si mal no recuerdo als ik me niet vergis*
recordatorio m • *communieplaatje/-prentje; bidprentje • herinnering ‹bericht› • rouwbericht*
recorrer OV WW • *doorlópen; afreizen; aflegggen ‹v. afstand› • doorlopen; doorbladeren ★ ~ el periódico de krant vluchtig doorkijken*
recorrido I m • *(het) doorzoeken; (het) nakijken • afgelegde afstand • route; traject • standje ★ hacer un ~ een traject afleggen II BNW → volt. deelw. v. recorrer afgelegd; doorlópen*
recortable m • *bouwplaat • knipplaatje*
recortado BNW • *uitgeknipt • gekarteld ‹blad v. plant›; grillig ‹v. kust›*
recortar OV WW • *uitknippen; uitsnijden • afknippen; bijknippen ‹v. haar› • FIG. (in)korten; besnoeien*
recortarse WKD WW *zich aftekenen (sobre tegen)*
recortasetos m *heggenschaar*
recorte m • *knipsel • krantenknipsel • (het) inkorten; besnoeiing; bezuiniging ★ ~ salarial korting op het loon ★ ~s de papel papiersnippers*
recoser OV WW *verstellen*
recostar /ue/ OV WW *(achterover) laten steunen; (achterover) laten leunen ★ estar recostado te ruste liggen*
recostarse WKD WW • *even gaan rusten; een dutje doen • (achterover) gaan liggen • leunen*
recova v • *arcade • bogengaanderij*
recoveco m • *schuilplaats; schuilhoek • bocht; kronkel ★ sin ~s zonder omhaal; ronduit; eerlijk ★ ese chico tiene muchos ~s die jongen is niet te peilen/ondoorgrondelijk*
recreación v • *tijdverdrijf; ontspanning; amusement; recreatie • herschepping; nabootsing*
recrear OV WW • *vermaken; amuseren • herscheppen; nabootsen*
recrearse WKD WW *zich vermaken*
recreativo I m *seksclub* II BNW • *recreatie- • ontspannend ★ sociedad recreativa gezelligheidsvereniging ★ salón de juegos ~s speelhol*
recrecer ON WW • *toenemen • opnieuw gebeuren*
recreo m • *pauze ‹op school› • ontspanning; tijdverdrijf ★ casa de ~ weekendhuis ★ puerto de ~ jachthaven*
recrezca WW (1e/3e p ev subj. t.t.) → recrecer
recría v • *(het) fokken • fokkerij*
recriminación v *verwijt; beschuldiging*
recriminar OV WW *verwijten; beschuldigen*
recriminarse WKD WW *elkaar verwijten maken; elkaar beschuldigen*
recrudecer OV WW *(weer) oplaaien*
recrudecerse WKD WW *verergeren; toenemen*
recrudecimiento m *verheviging; verergering; toename*

recta v WISK. *rechte lijn ★ ~ final* SPORT *laatste stuk ‹voor de finish›;* FIG. *eindsprint; laatste fase*
rectal BNW *rectaal; in de anus*
rectangular BNW *rechthoekig*
rectángulo I m *rechthoek* II BNW *rechthoekig ★ triángulo ~ rechthoekige driehoek*
rectificación v • *rectificatie • (het) slijpen*
rectificar OV WW • *rectificeren; verbeteren; rechtzetten • recht maken; rechtbuigen • slijpen*
rectilíneo BNW OOK FIG. *rechtlijnig*
rectitud v • *rechtschapenheid; integriteit • rechtheid*
recto I m ANAT. *rectum; endeldarm* II BNW • *recht; ongebogen • regelrecht • rechtop • oprecht; rechtschapen • letterlijk ★ folio ~ voorkant van bladzijde*
rector I m • *rector* ★ REL. *rector; onderpastoor ★ Rector de la Universidad rector magnificus* II BNW *leidend*
rectorado m • *rectoraat • kamer van rector*
rectoría v • *rectoraat • werkkamer ‹v. rector› • pastorie*
recua v • *troep ‹lastdieren› •* INF. *reeks*
recuadro m • *kader ‹met tekst›; ingekaderd artikel ‹in blad› • vak; paneel*
recubrir OV WW *(opnieuw) bedekken*
recuento m • *(het) opnieuw tellen; tweede telling • inventarisatie ★ ~ manual handmatige hertelling*
recuerdo m • *herinnering • aandenken; souvenir ★ ~s groeten*
reculada v • *terugtocht; beweging achteruit • (het) terugkrabbelen*
recular ON WW • *achteruit gaan; achteruit lopen; achteruit trekken; terugtrekken • terugdeinzen; terugkrabbelen*
recuperable BNW • *herwinbaar • herstelbaar • recycleebaar*
recuperación m • *(het) terugkrijgen; (het) terugwinnen • herstel*
recuperar OV WW • *terugwinnen; herwinnen; opnieuw krijgen • inhalen ‹v. werk› • recyclen*
recuperarse WKD WW *zich herwinnen; herstellen*
recurrente I m/v *partij die in beroep gaat; rekestrant; appellant* II BNW *steeds terugkerend/-komend*
recurrir ON WW • *in (hoger) beroep gaan • te hulp roepen; zich wenden (tot); een beroep doen (op) ★ no tener a quien ~ er alleen voor staan; niemand hebben om hulp aan te vragen*
recurso m • *beroep; appèl • redmiddel; (hulp)middel ★ ~ de gracia verzoek om gratie ★ interponer ~ de apelación in hoger beroep gaan; hoger beroep aantekenen ★ como último ~ als laatste redmiddel; in het uiterste geval ★ no me queda otro ~ que er blijft me niets anders over dan*
recursos m mv • *voorraden • bestaansmiddelen ★ disponer de ~ over bestaansmiddelen beschikken ★ ~ económicos financiële middelen ★ ~ naturales natuurlijke hulpbronnen*
recusación v • *weigering • verwerping; afwijzing •* JUR. *wraking*

re

recusar OV WW • *afkeuren; afwijzen* • JUR. *wraken*

red V • *net* • *netwerk; systeem* • *keten* ‹bv. van hotels›; *stelsel* • *val(strik)*, FIG. *web* ★ *echar/ tender las redes zijn netten uitwerpen* ★ *red del alumbrado lichtnet* ★ *la Red internet* ★ *caer en la red in de val lopen* ★ *red vial/ viaria wegennet*

redacción v • *redactie(bureau); (het) redigeren* • *opstel* ★ *la ~ de una carta het opstellen van een brief*

redactar OV WW *schrijven; redigeren; opstellen*

redactor m *redacteur*

redada v • *vangst* ‹in net› • *klopjacht; razzia* • *groep gevangenen* ★ *coger una buena ~ een mooie vangst doen*

redaño m ANAT. *darmvlies/-scheil* ★ *tener muchos ~s moed hebben* ★ *un hombre de muchos ~s een man van groot kaliber*

redaños m mv • *moed* • *energie; kracht*

redargüir I OV WW JUR. *aanvechten* II ON WW FIG. *de bal terugkaatsen*

redarguya WW (1e/3e p ev subj. t.t.) → **redargüir**

redecilla v *(haar)netje*

rededor m ★ *al/en ~ rondom*

redención v REL. *bevrijding; verlossing*

redentor m *redder; verlosser*

redentorista I m/v *redemptorist* II BNW *van de redemptoristen*

redero BNW *net-*

redescuento m *nieuwe korting; herdisconto*

redhibición v *koopvernietiging*

redicho BNW *geaffecteerd (pratend); hoogdravend*

redil m *schaapskooi; kraal*

redimible BNW ECON. *aflosbaar; inlosbaar*

redimir OV WW • *verlossen; bevrijden* • *vrijkopen* • *aflossen* ‹v. hypotheek› • *afkopen* • *terugkopen*

redimirse WKD WW *zich bevrijden; zich ontworstelen aan*

redistribución v *herverdeling*

rédito m *interest; rente*

redituar /ú/ OV WW *(rente) opbrengen*

redivivo BNW OOK FIG. *herrezen* ‹uit de dood›

redoblado BNW • *verhevigd; verdubbeld* • *verstevigd; versterkt*

redoblante m • *trom; trommel* • *trommelslager*

redoblar I OV WW • *verdubbelen; intensiveren* • *ombuigen* • *platslaan* II ON WW MUZ. *roffelen*

redoble m *getrommel; geroffel*

redoma v *kolf; flesje* ‹v. glas›; *fiool*

redomado BNW • *sluw; doortrapt* • *onverbeterlijk;* PEJ. *in-en-in* ★ *un egoista ~ een verdomde egoïst*

redomón m ZA *half getemd paard*

redonda v • *hele noot* • *romein; ronde drukletter* ★ *a la ~ rondom; in het rond*

redondear OV WW • *rond(er) maken* • *afronden* • *afspelden; aftekenen* ‹v. kleding› • *een zoom leggen* ‹bv. in jurk›

redondearse WKD WW • *rond(er) worden* • *welgesteld worden; in goede doen raken*

redondel m • *rondje; viltje* ‹onderzetter› • *arena*

redondez v • *rondheid; ronding* • *oppervlak* ‹v. rond voorwerp› ★ *en toda la ~ de la tierra in de hele wereld*

redondilla v LIT. *soort kwatrijn* • *ronde drukletter; romein*

redondo BNW • *rond; afgerond* • *compleet; perfect* • *en números ~s in ronde getallen* ★ *en ~ ronduit; volledig in het rond* ★ *coarse ~ neerploffen; dood neervallen* ★ *dar un cambio en ~ volkomen veranderen* ★ *un negocio ~ een voordelige zaak*

redopelo m *getreiter* ★ *a(l) ~ tegen de vleug (in)*

redro BIJW *achter(uit)*

redrojo m *herfst-, wintervrucht*

reducción v • *reductie; beperking; vermindering; (in)korting; verkleining* • WISK. *herleiding* • *(het) zetten* ‹v. botbreuk› • CHEM. *reductie* ★ TECHN. *aparato de ~ verkleiningstoestel*

reducible BNW *te verminderen;* WISK. *herleidbaar*

reducido BNW *klein; gering; nauw*

reducir OV WW • *reduceren; terugbrengen; verminderen; beperken* • *bedwingen; onderwerpen* • *omrekenen;* WISK. *herleiden* • *verkleinen* ‹v. foto› • *samenvatten* • *zetten* ‹v. een gewricht› • *inkoken* ★ ~ *a la miseria tot de bedelstaf brengen* ★ ~ *los gastos bezuinigen* ★ ~ *a dinero in geld omzetten*

reducirse WKD WW • *minder worden* • *zich beperken (a tot)* • *zich voegen (a naar)* • *zich schikken (a in)* • *inkoken; indikken* ★ *me he reducido a estar en casa ik heb besloten thuis te blijven*

reducto m OOK FIG. *bolwerk*

reductor m CHEM. *reductiemiddel*

redujo WW (3e p ev v.t.) → **reducir**

redundancia v • *redundantie; overbodigheid* • *omhaal; breedvoerigheid*

redundante BNW • *redundant; overbodig* • *omslachtig; breedvoerig*

redundar ON WW • *overlappen; overstromen* • *strekken (en tot)* ★ ~ *en favor de ten goede komen aan* ★ ~ *en ganancia in het voordeel uitvallen*

reduplicación v *verdubbeling*

reduplicar OV WW *verdubbelen; intensiveren; doen toenemen*

reduzca WW (1e/3e p ev subj. t.t.) → **reducir**

reedición v *herdruk; heruitgave*

reedificación v *herbouw; wederopbouw*

reedificar OV WW OOK FIG. *weer opbouwen; herstellen*

reeditar OV WW *heruitgeven; herdrukken*

reeducación v • *heropvoeding; herscholing* • MED. *revalidatie*

reeducar OV WW • MED. *revalideren* • *heropvoeden; herscholen*

reelección v *herverkiezing*

reelegible BNW *herkiesbaar*

reelegir /i/ OV WW *herkiezen*

reembarque m *herinscheping*

reembolsable BNW *aflosbaar*

reembolsar OV WW • *restitueren; terugbetalen* • *vergoeden*

reembolso m • *terugbetaling; restitutie* • *rembours* ★ ~ *de gastos onkostenvergoeding*

★ a/contra ~ *onder rembours*
reemplazar OV WW • *vervangen* • *invallen*; *waarnemen*
reemplazo m • *vervanging*; *waarneming* • *(nieuwe) lichting* (soldaten) • SPORT *wissel*
reencarnación v *reïncarnatie*; *wedergeboorte*
reencontrarse WKD WW *elkaar weer ontmoeten*
reencuentro m • *(het) opnieuw ontmoeten*; *weerzien* • *treffen*
reenganchar OV WW • *opnieuw gespen*; *opnieuw aanhaken* • MIL. *opnieuw aanwerven*
reenviar /í/ OV WW • *terugzenden, -sturen*; *retour zenden* • COMP. *forwarden*
reenvió m *retourzending*
reestrenar OV WW TON. *opnieuw opvoeren*; *een reprise geven van*
reestreno m *heropvoering*; *reprise*
reestructuración v *herstructurering*
reestructurar OV WW *herstructureren*
reexaminar OV WW *opnieuw onderzoeken*
reexpedición v • *retourzending* • *doorzending*
reexpedir /i/ OV WW • *retour zenden* • *doorsturen* ★ *para ser reexpedido doorsturen a.u.b*; *retour zenden* ★ *reexpidase doorsturen a.u.b.*; *retour zenden*
reexportar OV WW *opnieuw exporteren/ uitvoeren*
refacción v (**refección**) *lichte maaltijd*
refajo m *(onder)rok*
refectorio m *eetzaal*; *refter*
referencia v • *referentie*; *verwijzing* • *verslag*; *relaas* • *aanbeveling*; *referentie* ★ de ~ *als aanbeveling* ★ *punto de* ~ *aanknopingspunt* ★ con ~ a *met betrekking tot*; *onder referte aan*
referendo m (**referéndum**) *referendum*; *volksstemming*
referente BNW (~ a) *met betrekking tot*
referí m LA, SPORT *scheidsrechter*
referible BNW • (a) *toe te schrijven (a aan)* • *relevant*
referir /ie, i/ OV WW • *vertellen*; *beschrijven* • *refereren (a aan/naar)*; *verwijzen* • *betrekken op* • *toeschrijven aan* • *omrekenen in* (munteenheid)
referirse WKD WW • *betrekking hebben (a op)* • *zinspelen (a op)* • *doelen (a op)* ★ no me refiero a usted *u bedoel ik niet* • en/por lo que se refiere a *met betrekking tot*; *wat betreft*
refilón m ★ de ~ *vluchtig*; *terloops*; *van opzij*; *tersluiks*
refinación v *verfijning*; *zuivering*
refinado I m *raffinage* II BNW • *geraffineerd* • *verfijnd*; *subtiel*
refinadura v → **refinación**
refinamiento m • *verfijndheid*; *raffinement* • *geraffineerdheid*
refinar OV WW • *raffineren* • *verfijnen*
refinería v *raffinaderij*
refino I m *raffinage* II BNW *heel verfijnd*; *zuiver*
refitolero BNW • *geaffecteerd*; *aanstellerig* • *eigenwijs*
reflector I m *reflector*; *weerspiegeld voorwerp/ vlak* II BNW *terugkaatsend*; *reflecterend*
reflejar OV WW • *reflecteren*; *terugkaatsen* • *weerspiegelen*; *weergeven*

reflejarse WKD WW • *weerspiegeld worden* • *zichtbaar zijn*; FIG. *zich uiten*
reflejo I m • *reflectie*; *weerkaatsing* • *spiegelbeeld*; *afspiegeling*; *weerspiegeling* • *reflex* II BNW *teruggekaatst*; *weerspiegeld* ★ *movimiento* ~ *reflexbeweging*
réflex v FOTO. *spiegelreflexcamera*
reflexión v • *weerkaatsing*; *terugkaatsing* • *overweging*; *bespiegeling* • *bezinning*; *overpeinzing* ★ *hacer reflexiones a een bespiegeling houden*
reflexionar ON WW *peinzen/nadenken* (**sobre/en** over) ★ *tiempo para* ~ *bedenktijd* ★ *reflexionaba entre sí hij dacht bij zichzelf*
reflexivo BNW • *bedachtzaam*; *peinzend* • TAALK. *wederkerend* ★ *carácter* ~ *kalm karakter*
reflotar OV WW *(weer) vlot trekken*
refluir ON WW *terugvloeien, -stromen*
reflujo m • *eb* • MED. *reflux*; *terugvloeiing* ★ el *flujo y el* ~ *eb en vloed*
refluya WW (1e/3e p ev subj. t.t.) → **refluir**
refocilarse WKD WW • *zich amuseren*; *zich vermaken* • *zich verkneukelen*
reforestación v *herbebossing*
reforestar OV WW *herbebossen* ★ *han hecho una* ~ *en el cuarto de baño ze hebben de badkamer gerenoveerd*
reforma v • *hervorming* • *renovering* • REL. *Reformatie*
reformación v *hervorming*; *wijziging*; *verbetering*
reformado BNW • *hervormd* • *protestants* • MIL. *buiten dienst*
reformador I m *hervormer*; *reformator* II BNW *hervormend*; *hervormings-*; *vernieuwend*
reformar OV WW • *hervormen* • *renoveren* • *veranderen* • *verbeteren*
reformarse WKD WW *zich beteren* ★ ~ en el *vestir zich beter kleden*
reformatorio m *tuchtschool*; *tuchthuis*
reformismo m *reformisme*; *hervormingsbeweging*
reformista I m/v *reformist*; *hervormer* II BNW *reformistisch*; *hervormingsgezind*
reforzado BNW • *versterkt* • *gewapend* (v. beton)
reforzador m *versterker*
reforzar /ue/ OV WW • *versterken*; *verstevigen* • *bemoedigen*; *moed inspreken*
refracción v NAT. *(straal)breking*; *refractie*
refractar OV WW *breken* (v. licht e.d.)
refractario I m *vuurvast materiaal* II BNW • *afkerig (a van)*; *wars (van)*; *gekant (tegen)* • *niet vatbaar*; *immuun voor* • *vuurvast*; *hittebestendig*
refractivo BNW *lichtbrekend*
refrán m *spreekwoord*; *spreuk*
refranero m *verzameling spreekwoorden*
refrangible BNW *breekbaar*
refregar OV WW • *schuren*; *wrijven* • *aanwrijven*; *inpeperen* ★ ~ *por las narices onder de neus wrijven*
refregón m • *(het) schuren* • *(het)schrobben* • *windvlaag*
refreír /í/ ON WW • *opbakken* • *(te) goed doorbakken*

re

refrenamiento m • *beteugeling; intoming*
• *zelfbeheersing* • *(het) inhouden* ‹v. paard›

refrenar OV WW • *beteugelen* • *onderdrukken*
• *bedwingen* • *inhouden* ‹v. paard›

refrenarse WKD WW *zich bedwingen; zich*
inhouden

refrendar OV WW • *medeondertekenen*
• *goedkeuren* ‹middels handtekening›
• *viseren* ‹v. paspoort›; *voor gezien tekenen*
• INF. *nog eens opscheppen* ‹v. eten›

refrendario m *medeondertekenaar*

refrendo m • *goedkeuring* ‹v. wet›
• *medeondertekening* ‹ter goedkeuring of
legalisatie›

refrescante BNW *verfrissend; verkwikkend*

refrescar I OV WW • *afkoelen; verfrissen*
• *opfrissen* ‹v. geheugen› II ON WW • *koel(er)*
worden • *een verfrissing nemen* ★ ha
refrescado el tiempo *het weer is koeler*
geworden

refresco m • *verfrissing; frisdrank* • *lichte*
maaltijd; hapje tussendoor ‹op 't werk› ★ de ~
ter versterking *jugador de* ~ *wisselspeler*

refriega v • *schermutseling* • *relletje* • *ruzie*

refrigeración v • *(lucht)koeling; airconditioning*
• *hapje; snack*

refrigerador I m • *koelkast* • *koelsysteem* II BNW
koelings-

refrigerante I m *koelvloeistof* II BNW *koelend;*
koel-

refrigerar OV WW *(af)koelen* ★ ~ a baja
temperatura *diepvriezen*

refrigerarse WKD WW • *koeler worden* • *op*
krachten komen

refrigerio m • *snack; hapje* • *verkwikking;*
verfrissing

refrito m • *gebakken snack* • INF. *nieuwe versie*
‹v. boek›

refuerzo m • *versterking; versteviging* • *stut;*
steun • *hulp; bijstand*

refuerzos m mv • → **refuerzo** • MIL. *versterking*

refugiado I m *vluchteling* II BNW *gevlucht*

refugiarse WKD WW • *schuilen* (**contra** tegen)
• *de wijk nemen* (**en** naar); *zijn toevlucht*
nemen tot

refugio m • *toevlucht(soord); opvang(huis)*
• *schuilplaats* • *(blok)hut* • *vluchtheuvel* ★ ~
antiaéreo *schuilkelder* ★ ~ montañero *berghut*
★ puerto de ~ *noodhaven*

refulgencia v *schittering*

refulgente BNW *schitterend; stralend*

refulgir ON WW *schitteren; stralen*

refundición v • *omsmelting* ‹v. metaal› • LIT.
bewerking

refundir OV WW • *omsmelten* ‹v. metaal›
• *bewerken* ‹v. literair werk› • *samenvoegen;*
samensmelten

refundirse WKD WW CA/MEX *verdwalen; de weg*
kwijtraken

refunfuñar ON WW *morren; foeteren*

refunfuño m *gemopper; gefoeter*

refunfuñón m *mopperpot; foeteraar*

refutable BNW *weerlegbaar*

refutación v • *weerlegging* • *tegenargument*

refutar OV WW *weerleggen*

regadera v • *gieter* • MEX *douche* ★ estar como

una ~ *geschift zijn*

regadío m *irrigatie* ★ de ~ *geïrrigeerd; irrigatie-*

regalado BNW • *heerlijk; aangenaam;*
comfortabel • *spotgoedkoop* ★ llevar una vida
regalada *een zorgeloos leven leiden* ★ es ~ *dat*
is voor niets

regalar OV WW • *schenken; cadeau doen*
• *onthalen; trakteren* (**con** op)

regalarse WKD WW *zichzelf trakteren; zich te*
goed doen

regalía v • *voorrecht* ‹koninklijk› • CA *geschenk;*
cadeau ★ derecho de ~ *accijns op tabak*

regaliz m • *zoethout* • *drop*

regalo m • *geschenk; cadeau* • *streling; genot*
• *comfort; weelde* ★ caballo de ~ *paradepaard*

regalón BNW (v: **regalona**) *verwend*

regañadientes ★ a ~ *knarsetandend;*
tegenspartelend; met tegenzin

regañado BNW *scheef* ‹v. mond› ★ estar ~ con
overhoop liggen met

regañar I OV WW *berispen; een standje geven*
II ON WW • *ruzie maken* • *mopperen; foeteren*

regañina v • *onenigheid* • *standje; berisping*

regaño m • *boze blik; gemopper* • *berisping;*
uitbrander

regañón I m *chagrijn; brompot; kankeraar*
II BNW *chagrijnig; wrevelig* • INF. (viento) ~
noordwestenwind

regar /ie/ OV WW • *bevloeien; bespuiten;*
besproeien • *irrigeren; bevloeien; stromen door*
• FIG. *strooien; rondstrooien*

regata v • *roei-/zeilwedstrijd* • *geul; slootje* ★ ~
de remo/remeros *roeiwedstrijd* ★ club
náutico de ~ *roeivereniging*

regate m • *uitwijkmanoeuvre* • *schijnbeweging*
• *uitvlucht; smoesje*

regateador m *iemand die afdingt*

regatear ON WW • *een regatta houden*
• *uitwijken* • *afdingen; afpingelen* ★ ~ las
palabras *spaarzaam met woorden zijn*

regateo m *(het) afdingen; (het) loven en bieden*

regato m *stroompje; beekje*

regatón I m • *punt* ‹v. wandelstok, paraplu›
• *bootshaak* • *pingelaar* II BNW
marchanderend; afdingend

regazo m *schoot* ★ en el ~ *op de schoot*

regencia v *regentschap*

regeneración v • *herstel; regeneratie;*
wederopleving • *recycling; herwinning*

regenerador I m ★ ~ del cabello
haargroeimiddel II BNW *herstellend*

regenerar OV WW • *herstellen; doen herleven;*
verbeteren • *recyclen* • *iem. er (moreel)*
bovenop helpen

regentar OV WW (**regentear**) • *beheren* ‹v.
hotel, winkel›; *besturen* • *waarnemen;*
tijdelijk vervullen

regente I m/v • *bestuurder; leider* • *beheerder;*
bedrijfsleider • *regent* • MEX *burgemeester*
II BNW *heersend; besturend*

regiamente BIJW • *koninklijk* • *rijkelijk*

regicida m/v *koningsmoordenaar*

regicidio m *koningsmoord*

regidor m • *gemeenteraadslid* • *wethouder*
• *beheerder*

régimen m • *regime; bewind; staatsbestel, -vorm*

regels; *voorschriften* • *dieet* • *toerental* ⋆ ~ fiscal *belastingstelsel* ■ estar a ~ *op dieet zijn* ⋆ guardar ~ *dieet houden*

regimiento m *regiment*

regio BNW • *koninklijk* • *vorstelijk*; *majestueus* ⋆ ZA ¡~! *fantastisch!*; *geweldig!*

región v *regio*; *(land)streek*; *gewest*; *omgeving*; *gebied* ⋆ ~ atmosférica *luchtstreek* ⋆ ~ cardíaca *hartstreek*

regional BNW *regionaal*; *gewestelijk*; *streek-* ⋆ bailes ~es *volksdansen*

regionalismo m • *regionalisme* • *dialectwoord*; *uitdrukking in dialect*

regionalista I m/v *regionalist* II BNW *regionalistisch*

regir /i/ I OV WW *regeren*; *besturen*; *(over)heersen*; *leiden*; *de scepter zwaaien over* ⋆ TAALK. ~ un complemento directo *om een lijdend voorwerp vragen* ⋆ en el año que rige *in het lopende jaar* II ON WW • *gelden*; *van kracht zijn* • *(goed) werken/functioneren* ⋆ eso tipo no rige *die vent spoort niet*

regirse WKD WW • *geleid worden (por door)* • *bepaald worden door* • *zich richten naar*

registrado BNW *ingeschreven*; *geregistreerd*

registrador I m • *ambtenaar* • *recorder*; *opnameapparaat* ⋆ ~ de la propiedad *hypotheekbewaarder* II BNW *registratie-*; *registrerend*

registrar OV WW • *registreren*; *optekenen*; *opschrijven*; *inschrijven* • *opnemen* ⟨bv. geluid⟩ • *nauwkeurig onderzoeken*; *nasporen*; *doorzoeken*; *nagaan*

registrarse WKD WW • *zich (laten) inschrijven* • *vóórkomen*; *zich voordoen* • *geconstateerd worden*

registro m • *registratie*; *(het) optekenen*; *inschrijving* • *geluidsopname* • *post*; *aantekening* ⟨in register⟩ • *register*; *index* • *stembereik* • *orgelregister* • *registratiekantoor* • *mangat* • *regulateur* ⟨bv. in uurwerk⟩ • *boekenlegger* • *doorzoeking* ⋆ ~ civil *(register van de) burgerlijke stand* ⋆ ~ de entrada/salida *register van in-/uitgaande post* ⋆ tocar todos los ~s *alle registers opentrekken*

regla v • *liniaal* • *regel* • *stelregel*; *grondbeginsel*; *leidraad* • *regel*; *standaard*; *stramien* • *menstruatie* ⋆ de ~ *in juiste mate*; *juist* ⋆ en ~ *in orde*; *zoals het hoort* ⋆ estar en ~ *con het eens zijn met* • poner en ~ *iets in orde maken* • por ~ *als regel* • por ~ general *gewoonlijk* ⋆ es una excepción de la ~ *hij vormt een uitzondering op de regel*

reglaje m • *afstelling*; *regeling* • *liniëring*

reglamentación v • *reglementering* • *reglement*; *voorschrift*

reglamentar OV WW *reglementeren*; *aan regels onderwerpen*

reglamentario BNW *reglementair*; *van/volgens het reglement*; *voorgeschreven*

reglamento m *reglement*

reglar OV WW • *regelen* • *liniëren*

reglarse WKD WW *zich richten/voegen (a naar)*

regletear OV WW GRAF. *zetlijnen aanbrengen*; *interlinies zetten*

regocijado BNW *vrolijk*; *welgemoed*

regocijarse WKD WW • *zich vermaken (con met)* • *zich verheugen over*

regocijo m • *pret*; *lol* • *leedvermaak*

regodearse WKD WW • *zich vermaken*; *pret hebben* • *zich verkneukelen*; *leedvermaak hebben*

regodeo m *(leed)vermaak*

regoldar /ue/ ON WW INF. *boeren*; *een boer laten*

regordete BNW *gezet*; *mollig*

regresar I OV WW LA *teruggeven* II ON WW LA *terugkeren*; *terugkomen*

regresión v *regressie*; *achteruitgang*; *terugval* ⟨in oude toestand⟩

regresivo BNW • *regressief*; *teruglopend*; *terugwerkend* • *achterwaarts* • *achteruitgaand*

regreso m *terugkeer*; *terugkomst* ⋆ ya está de ~ *hij is al terug*

regüeldo m *oprisping*; *boer*

reguera v *bevloeiingskanaaltje*; *greppel*; *slootje*

reguero m • *bevloeiingskanaaltje*; *greppel* • *straaltje* ⟨v. vocht⟩ • *streep*; *spoor* ⋆ como un ~ de pólvora *als een lopend vuurtje*

regulable BNW *in-*, *verstelbaar*; *regelbaar*

regulación v • *(het) regelen* • *regeling*; *voorschrift* • TECHN. *instelling* • *afstelling*

regulador m • *regelaar*; TECHN. *regulator* • MUZ. *crescendoteken*

regular I BNW • *normaal*; *regelmatig*; *regulier* • *geregeld* • *middelmatig*; *zo zo* ⋆ de tamaño ~ *van gemiddelde grootte* ⋆ por lo ~ *gewoonlijk*; *gewoontegetrouw* ⋆ salirse de lo ~ *uitsteken boven de middelmaat* II OV WW • *afstellen* • *vaststellen*; *bepalen* • *regelen*; *in orde maken* • TECHN. *afstellen* III BIJW *tamelijk*

regularidad v • *regelmatigheid* • *middelmatigheid* • *punctualiteit* ⋆ visitar con ~ *trouw bezoeken*

regularización v *regulering*; *(het) reguleren*

regularizar OV WW *in orde maken*; *regelen*

régulo m • *vorst* ⟨v. klein land⟩ • BIO. *goudhaantje* • MYTH. *basilisk*

regurgitar ON WW *overgeven*; *braken*

regusto m • *bijsmaak* • FIG. *nasmaak* • FIG. *inslag*; *tintje*

rehabilitación v • *rehabilitatie*; *(eer)herstel* • MED. *revalidatie* • *renovatie*

rehabilitar OV WW • *herstellen* ⟨in positie⟩ • *in ere herstellen* • MED. *revalideren* • *reclasseren* • *renoveren*

rehacer OV WW *opnieuw doen*; *overdoen*

rehacerse WKD WW • *zich herstellen (de van)*; *gezond worden* • *zichzelf in de hand krijgen*

rehacimiento m • *(her)bewerking* • *herstel*; *reconstructie* • *herstel*; *genezing* • *herhaling*

rehaga WW (1e/3e p ev subj. t.t.) → **rehacer**

rehará WW (3e p ev tk.t.) → **rehacer**

rehaz WW (geb. wijs, jij-vorm) → **rehacer**

rehecho I BNW *gedrongen* ⟨v. persoon⟩ II WW → **rehacer**

rehén m • *gijzelaar*; *gegijzelde* • *onderpand* ⋆ tomar (como) ~ *gijzelen* ⋆ quedar como ~ *gegijzeld worden* • llevar como ~ *a u.p. iemand als gijzelaar meevoeren*

rehenchir /i/ OV WW • *(weer) opvullen* • *bekleden* ⟨v. meubel⟩

rehilar ON WW • *trillen*; *beven* • *suizen* ⟨v. pijl⟩

re

rehilete m • *(werp)pijltje*; *dart* • *shuttle* ⟨badminton⟩ • TAUR. *spies*; *banderillo*
rehizo WW (3e p ev v.t.) → **rehacer**
rehogar OV WW *stoven* ⟨v. vlees⟩; *smoren*
rehuir OV WW *(ver)mijden*; *ontwijken*; *ontvluchten*
rehusar OV WW *afwijzen*; *weigeren*; *afslaan* ★ *fue rehusado het is afgeketst*
rehuya WW (1e/3e p ev subj. t.t.) → **rehuir**
reidor BNW • *goedlachs* • *lachend*; *vrolijk*
reimportación v *(het) weer invoeren*; *reïmport*
reimportar OV WW *weer invoeren*
reimpresión v *herdruk*
reimpreso BNW *herdrukt*
reimprimir OV WW *herdrukken*
reina I v • *koningin* ⟨ook v. bijen, in schaken⟩ • *dame* • INF. *schatje* II BNW *koninginnen-*
reinado m • *heerschappij*; *bewind*; *regering* • *bloei*; *bloeitijd*
reinante BNW OOK FIG. *heersend*; *regerend*
reinar ON WW *regeren*; OOK FIG. *heersen* ★ *reina un viento fuerte er staat een straffe wind* ★ *reinaba un silencio de muerte het was doodstil*
reincidencia v *herhaling*; JUR. *recidive*
reincidente I m/v *recidivist* II BNW JUR. *in herhaling (ver)vallend*; *in de oude fout vervallend*
reincidir ON WW • *in dezelfde fout vervallen* • MED. *een terugval kennen*
reincorporar OV WW • *weer opnemen* • *weer inlijven*
reincorporarse WKD WW *weer toetreden*; *weer zijn intrede doen*
reingresado m *herintreder*
reingresar ON WW *weer toetreden*; *herintreden*
reingreso m *(het) weer toetreden*
reinicialización v INF. *herstart*
reinicio m *nieuw begin*
reino m • *koninkrijk* • *rijk*; *gebied* ★ ~ *de los cielos hemelrijk* ★ ~ *de las hadas wonderland* ★ *Reino Unido Verenigd Koninkrijk*
reinserción v *resocialisering*
reinstalar OV WW *opnieuw installeren*
reintegración v • *reïntegratie*; *herintegratie* • *(het) weer opnemen*; *herstel* ⟨in functie⟩ • *restitutie*; *terugbetaling*
reintegrar OV WW • *weer opnemen* ⟨v. functie⟩; *terugkeren naar*; *herstellen* • *terugbetalen* • *frankeren* ⟨officieel document⟩
reintegrarse WKD WW • *weer toetreden* (a, en in, tot); *terugkeren* • *terugkrijgen*; *schadeloosgesteld worden* ★ ~ *al trabajo weer aan het werk gaan*
reintegro m • *(het) weer opnemen* ⟨v. functie⟩; *terugkeer* • *porto* ⟨officieel document⟩
reír /i/ ON WW *lachen* ★ *hacer reír aan het lachen maken* ★ *echarse a reír in lachen uitbarsten*
reírse /i/ WKD WW *lachen* (de om) ★ ~ *de u.p. iemand uitlachen* ★ ~ *de u.p. en la cara iemand in zijn gezicht uitlachen* ★ ~ *con disimulo zich verkneukelen*; *heimelijk lachen*
reiteración v *herhaling*
reiteradamente BIJW *bij herhaling*; *herhaaldelijk*

reiterar OV WW *herhalen* ★ *te reitero las gracias ik wil je nogmaals danken*
reiterativo BNW (zich) *herhalend*
reivindicación v • *eis*; *vordering* • *herstel*; *terugvordering* • GESCH. *la* ~ *de España het historische eerherstel van Spanje*
reivindicar OV WW • *(op)eisen*; *vorderen* • *rehabiliteren*; *(in ere) herstellen*
reja v • *tralievenster*; *hek* • *ploegschaar* • *(het) ploegen*
rejilla v • *traliewerk* ⟨ook in biechtstoel⟩ • *bagagenet* • *zitting* ⟨v. rieten stoel⟩ • *raampje* ⟨met traliewerk⟩
rejo m • *(scherpe) punt* • ZA *zweep*; *gesel*
rejón m • *scherpe ijzeren pin* • TAUR. *(houten) lans met ijzeren punt*
rejonazo m TAUR. *stoot of wond* ⟨met de lans⟩
rejoneo m TAUR. *stierengevecht te paard*
rejuvenecer OV WW *jonger maken*; *verjongen*
rejuvenecerse WKD WW *weer jong worden*; *er jonger uitzien*
rejuvenecimiento m • *verjonging* • *modernisering*
rejuvenezca WW (1e/3e p ev subj. t.t.) → **rejuvenecer**
relación v • *relatie*; *betrekking*; *verband* • *relatie*; *verhouding* • *verslag*; *relaas* • *lijst*; *opsomming* ★ *relaciones públicas public relations* ★ *relaciones amorosas liefdesrelatie* ★ *relaciones formales formele verbintenis* ★ *formar las relaciones zich officieel verloven* ★ *hacer* ~ a *betrekking hebben op* ★ ~ *entre la causa y el efecto oorzakelijk verband* ★ *estar en buenas/malas relaciones con op goede/kwade voet staan met*
relacionado BNW • *betrekking hebbend* (con op) • *verwant* (a aan)
relacional BNW *relationeel*
relacionar OV WW • *verbinden*; *in verband brengen* (con met) • *verslag uitbrengen van*; *vertellen*; *verhalen*
relacionarse WKD WW • *contacten leggen* (con met); *betrekkingen aanknopen met* • *verband houden met*
relaciones v → **relación** MV
relacionista m/v INF. *PR-man/-vrouw*
relajación m • *ontspanning* • *verslapping* ⟨ook van moraal⟩; *relaxatie* • MED. *liesbreuk*
relajado BNW • *ontspannen*; *relaxed*; *slap* • *losbandig*
relajamiento m → **relajación**
relajante I m *ontspannend middel*; *relaxans* II BNW *ontspannend*
relajar OV WW • *soepel/los maken*; *ontspannen* • *afzwakken*; *versoepelen*
relajarse WKD WW • *zich ontspannen*; *relaxen* • *verslappen* • *in slechte gewoonten vervallen*
relamer OV WW *aflikken*
relamerse WKD WW • OOK FIG. *zijn lippen aflikken* • *zich (af)likken* ⟨dieren⟩; *poetsen*; *toilet maken*
relamido BNW • *afgelikt* • *gekunsteld*; *aanstellerig*
relámpago m • *(bliksem)flits*; *bliksemstraal* • *gloed*; *schittering* ★ *como un* ~ *als de bliksem*; *bliksemsnel* ★ *hay* ~s *het bliksemt*

re

★ guerra ~ *blitzkrieg*
relampaguear I ON WW *fonkelen* **II** ONP WW
bliksemen; weerlichten
relampagueo m • *bliksem; weerlicht* • *(het)*
fonkelen
relance m • *(het) opnieuw (uit)werpen* • *voorval*
★ de ~ *plotseling; onverwacht*
relanzamiento m → **relanzar**
relanzar OV WW • *doen opleven; stimuleren;*
aanzwengelen ⟨v. economie⟩ • *weer op de*
markt brengen • *afslaan* • *terugwerpen;*
terugslaan ⟨de vijand⟩
relatar OV WW *vertellen; berichten*
relativa v *betrekkelijke bijzin*
relativamente BIJW *relatief; betrekkelijk; naar*
verhouding
relatividad v *betrekkelijkheid; relativiteit*
relativismo m *relativisme*
relativizar OV WW *relativeren*
relativo I m *betrekkelijk voornaamwoord* **II** BNW
betrekkelijk; relatief
relato m *relaas; verhaal* ★ ~ *detallado*
opsomming; gedetailleerd verslag
relator m • *verteller* • JUR. *griffier*
relax m *ontspanning; (het) relaxen* ★ *casa de* ~
seksclub • *sección de anúncios de* ~ *rubriek*
met seksadvertenties
relé m *relais*
releer OV WW *overlezen; herlezen*
relegación v • *achterstelling* • *uitwijzing;*
verbanning
relegar OV WW • *achterstellen* • *naar de*
achtergrond verschuiven • *uitwijzen;*
verbannen ★ *ser relegado al olvido in de*
vergetelheid raken
releje m *wagen-, bandenspoor; trein-, tramspoor*
relente m ≈ *vochtige atmosfeer* ⟨'s nachts⟩
relevación v • JUR. *ontheffing* • *aflossing* ⟨v. de
wacht⟩ • *accentuering*
relevador m TECHN. • *relais* • *heruitzending*
relevancia v *relevantie; belang*
relevante BNW • *relevant; ter zake doend*
• *belangrijk* • *uitstekend; verheven*
relevar I OV WW • *aflossen; vervangen*
• *verheffen;* BOUWK./KUNST *laten uitsteken*
• (~ **de**) *ontheffen van; ontlasten van* **II** ON
WW ARCHIT. *uitsteken*
relevista m/v *estafetteloper*
relevo m *aflossing* ★ *caballo de* ~ *vers paard*
★ *carrera de* ~s *estafetteloop*
relicario m • *reliekschrijn/-houder* • LA
medaillon
relicto I m BIOL. *relict* **II** BNW *nagelaten* ★ *bienes*
~s *nalatenschap*
relieve m • *reliëf* • *belang* ★ *de* ~ *van betekenis*
★ *un ser sin* ~ *een onbenul* ★ *lo puso de* ~ *hij*
liet het goed uitkomen; hij bracht het naar
voren ★ ~s *etensresten*
religión v • *religie; godsdienst; geloof*
• *geestelijke orde* ★ *casa de* ~ *godshuis* ★ *entrar*
en ~ *in het klooster gaan*
religiosa v *non; zuster* ★ *casa de* ~s
nonnenklooster
religiosidad v • *religiositeit; godsdienstigheid;*
vroomheid • *nauwkeurigheid*
religioso I m *religieus; kloosterling* **II** BNW

• *religieus; godsdienst-* • *vroom; godsdienstig*
• *stipt; nauwgezet*
relimpio BNW *kraakhelder*
relinchar ON WW *hinniken*
relincho m • *gehinnik* • INF. *vreugdekreet*
relinga v SCHEEPV. *zoomtouw*
reliquia v • *relikwie* • *overblijfsel*
rellamada v TELECOM. *herhaalfunctie*
rellano m *trapportaal; overloop*
rellenable BNW *(na)vulbaar*
rellenar OV WW • *opnieuw vullen* (**con**, **de** *met*);
bijvullen • *vullen* ⟨v. etenswaar⟩ • *invullen* ⟨v.
formulieren⟩ • *volproppen* ⟨met voedsel of
drank⟩
rellenarse WKD WW *zich volstoppen* ⟨met eten⟩;
zich vullen
relleno I m *(het) (na-, bij)vullen; vulling; vulsel*
★ *de* ~ *als (op)vulling* ★ *palabra de* ~
stopwoord **II** BNW • *gevuld* ⟨v. etenswaar⟩
• *erg vol* ★ *aceitunas rellenas de anchoas*
olijven gevuld met ansjovis
reloj m *horloge; klok* ★ *funcionar como un* ~
lopen als een trein ★ *una carrera contra* ~
race tegen de klok; tijdrit ★ *ser (como) un* ~
een man van de klok zijn; op rolletjes lopen
★ *el* ~ *da/marca las doce de klok slaat 12*
(uur)
relojería v *klokken-/horlogemakerij; klokken-/*
horlogewinkel ★ *bomba de* ~ *tijdbom*
relojero m *horloge-/klokkenmaker*
reluciente BNW *glanzend; blinkend* ★ ~ *de*
limpio blinkend schoon; kraakhelder
relucir ON WW *glanzen; blinken* ★ *sacar algo a* ~
iets te berde brengen ★ *salir a* ~ *tevoorschijn*
komen
reluctancia v NAT. *magnetische weerstand;*
reluctantie
relumbrar ON WW *schitteren; fonkelen*
relumbrón m • *klatergoud* • *lichtflits*
reluzca WW (1e/3e p ev subj. t.t.) → **relucir**
remachado BNW • *vastgeklonken* • COL
zwijgzaam; gesloten
remachadora v *klinkmachine*
remachar OV WW • *de kop inslaan* ⟨v. spijker⟩
• TECHN. *klinken* • *nogmaals benadrukken; op*
het hart drukken
remache m • *(het) klinken* • *klinknagel* • *stoot*
⟨bij biljart⟩
remador m *roeier*
remanecer ON WW *onverwacht opduiken*
remanente I m *overblijfsel; restant* **II** BNW
resterend; overblijvend
remangar OV WW *opstropen; oprollen*
remangarse WKD WW *de mouwen opstropen*
remansarse WKD WW *tot stilstand komen* ⟨v.
water⟩
remanso m • *stuwwater* • *stilstaand water*
remar ON WW • *roeien* • *zwoegen; ploeteren*
remarcar OV WW • *opnieuw merken/markeren/*
aangeven • *onderstrepen* • LA *opmerken*
rematadamente BIJW *vreselijk; ontzettend*
rematado BNW • *volkomen; volslagen*
• *ondeugend* ⟨v. kind⟩ ★ *loco* ~ *stapelgek*
rematante m/v *hoogstbiedende* ⟨op veiling⟩
rematar OV WW • *beëindigen; afmaken;*
voltooien • *op slag doden; de genadeslag/*

re

genadestoot geven • verbruiken; opmaken ‹v. drank/eten› • afhechten ‹v. draad› • SPORT scoren; afmaken • ZA veilen • gunnen ‹bij veiling› • afprijzen

remate m • voltooiing; afronding • SPORT schot ‹op doel› • nokversiering • TAUR. genadestoot ★ loco de ~ stapelgek

rembolsar OV WW → **reembolsar**

remecer OV WW heen en weer bewegen; wiegen

remedar OV WW imiteren; nadoen; na-apen

remediable BNW herstelbaar; te verhelpen

remediar OV WW • verbeteren; (ver)helpen • vermijden

remediavagos m compendium; handboek

remedio m • hulpmiddel; remedie • toevlucht; hulp • geneesmiddel • sin ~ onverbeterlijk ‹v. persoon›; onvermijdelijk ‹v. zaak› ★ como último ~ als laatste redmiddel • no hay más ~ er zit niets anders op ★ no tiene más ~ er is niets meer aan te doen; het moet wel ★ ~ casero huismiddeltje • lo hecho no tiene ~ gedane zaken nemen geen keer

remedir /i/ OV WW opnieuw meten; nameten

remedo m • (het) nadoen; nabootsing • namaak

remellado BNW gespleten

remembranza V FORM. herinnering (de aan)

rememorar V OV WW FORM. herdenken; in herinnering brengen

remendar /ie/ OV WW • oplappen; verstellen • toevoegen ★ ~ la salsa con vinagre azijn bij de saus doen

remendón I m • schoenlapper • kleermaker **II** BNW oplappend; verstellend

remera V • BIOL. slagpen • roeister • ARG T-shirt

remero m roeier

remesa V • zending; lading • overmaking ‹bv. v. geld›

remesar OV WW • versturen; verzenden • overmaken ‹bv. v. geld›

remeter OV WW • terugzetten/-leggen/-stoppen • instoppen ‹bv. beddengoed›

remezca WW (1e/3e p ev subj. t.t.) → **remecer**

remezón m LA schok

remiendo m • (ook mv) (het) verstellen; reparaties; verstelwerk • lapmiddel • klusje • vlek ‹op dierenhuid› • MIL. opgenaaid insigne • ingezet stuk; verstelde plaats

remilgado BNW gekunsteld; aanstellerig

remilgarse WKD WW zich aanstellen

remilgo m gemaaktheid; gekunsteldheid; aanstellerij

reminiscencia V vage herinnering; heugenis; reminiscentie ★ despertar ~s a herinneringen oproepen aan; doen denken aan

remirado BNW te angstvallig; omzichtig

remirar OV WW opnieuw bekijken

remirarse WKD WW behoedzaam/omzichtig te werk gaan

remisible BNW vergeeflijk

remisión V • verwijzing (a naar) • terugzending; verzending • vermindering; (het) afnemen; remissie • vergeving ‹v. zonden› ★ perdido sin ~ onherroepelijk verloren

remiso BNW • dwars; onwillig • besluiteloos

remite m afzender

remitente m/v afzender ★ 'devolver al ~' 'retour afzender'

remitido m ingezonden mededeling/stuk

remitir I OV WW • verzenden • verwijzen (a naar) • overmaken ‹v. geld› • uitstellen **II** ON WW afnemen ‹v. koorts›; verminderen

remitirse WKD WW (~ a) verwijzen naar; zich beroepen op

remo m • roeispaan; roeiriem • poot; been; arm • roeisport ★ a(l) remo roeiend; FIG. met moeite ★ pasar un río a remo een rivier overroeien ★ hacer fuerza de remos uit alle macht roeien ★ tomar el remo de leiding overnemen

remoción v • ontslag; ontzetting ‹uit ambt› • wegneming; verwijdering; (het) uit de weg ruimen ‹v. obstakel›

remodelación v verandering; hervorming; wijziging; herstructurering ★ ~ del gabinete kabinetswijziging

remodelar OV WW veranderen; hervormen; wijzigen; omzetten

remojar OV WW • (door)nat maken; doorweken; (laten) weken • INF. drinken op; vieren ★ ivamos a ~lo! dat moeten we vieren!

remojo m • (het) (laten) weken • borrel ★ poner a/en ~ in de week zetten ★ ponerse en ~ opzwellen

remojón m nat pak

remolacha v biet ★ ~ a zucarera suikerbiet

remolada v remouladesaus

remolcador I m sleepboot ★ ~ de planeadores sleepvliegtuig **II** BNW sleep-

remolcar OV WW • (weg)slepen ★ ~ op sleeptouw nemen

remoler /ue/ **I** OV WW vermalen; fijnmalen **II** ON WW CHI, PERU de bloemetjes buiten zetten

remolinar(se) ON WW ronddraaien; kolken

remolino m • werveling; draaikolk • kruin ‹in haar› • beroering; verwarring • horde ‹mensen› ★ ~ de viento wervelwind

remolón I m luilak; treuzelaar; lijntrekker ★ hacerse el ~ zich drukken **II** BNW lui ★ diente ~ slagtand van everzwijn

remolonear(se) ON WW dralen; treuzelen; zich drukken

remolque m aanhangwagen; caravan ★ llevar a ~ op sleeptouw nemen

remonta v • (het) verzolen • het oplappen • MIL. (het) inlijven ‹v. jonge paarden› • MIL. paardenbestand

remontar OV WW • overwinnen; te boven komen • opvaren ‹v. rivier›; opklimmen ‹v. berg›; opgaan • oplaten ‹v. vlieger› • MIL. inlijven ‹v. jonge paarden› • opjagen ‹v. wild›

remontarse WKD WW • (op)stijgen; oplopen ‹v. kosten›; belopen • teruggaan ‹in de tijd› ★ ~ en las alas de la fantasía zijn verbeelding de vrije loop laten

remonte m • (het) opstijgen; opstijging; klim • skilift

remoquete m • bijnaam • stomp; dreun • steek onder water; kwinkslag

rémora v • zuigvis • beletsel; hindernis

remorder /ue/ OV WW knagen ‹v. geweten› ★ me remuerde (la consciencia) no haber ayudado ik heb een slecht geweten omdat ik niet heb geholpen

remordimiento m *wroeging*; *spijt*
remotamente BIJW *vaag*; FIG. *in de verte* ★ ni ~ *in de verste verte niet*
remoto BNW • *ver*; *afgelegen* • *lang geleden*; *vervlogen* ⟨v. tijd⟩ • *zeer klein* ⟨v. kans⟩; *zeer onwaarschijnlijk* ★ control ~ *afstandsbediening*
remover /ue/ OV WW • *verwijderen*; *weghalen*; *uit de weg ruimen*; *verplaatsen*; *verschuiven* • *opdiepen*; *oprakelen* • *omroeren*; *roeren in*; *omwoelen*
remozamiento m *verjonging*; *vernieuwing*; *modernisering*
remozar OV WW *verjongen*; *vernieuwen*; *moderniseren*
remuneración v • *beloning*; *loon* • *vergoeding*
remunerador BNW *winstgevend*; *lucratief*; *rendabel*
remunerar OV WW • *belonen*; *betalen* • *vergoeden*
remunerativo BNW *lonend*; *winstgevend*; *lucratief*
renacentista I m/v *renaissancist* II BNW *renaissancistisch*; *van/uit/in de Renaissance*
renacer ON WW • *herboren worden*; *herrijzen* • *weer opbloeien*
renacimiento m • *wedergeboorte* • *opleving*; *opbloei* • *Renaissance*
renacuajo m • *kikkervisje*; *dikkopje* • *opdondertje*; *klein kereltje*
renal BNW *nier-*
Renania v *Rijnland*
renano I m *Rijnlander* II BNW *Rijn-*
renazca WW ⟨1e/3e p ev subj. t.t.⟩ → **renacer**
rencilla v *onenigheid*; *twist*
rencilloso BNW ZELDEN • *twistziek* • *rancuneus*
renco BNW *verlamd* ⟨vanaf de heupen⟩; *mank*; *kreupel*
rencor m *wrok*; *rancune* ★ tener ~ a u.p. *op iemand gebeten zijn*
rencoroso BNW *wraakzuchtig*; *rancuneus*
rendición v • *capitulatie*; *overgave* • *opbrengst*; *rendement* • *uitputting* ★ ~ de cuentas *rekening en verantwoording*
rendido BNW • *vermoeid*; *doodmoe* • *onderdanig*; *toegewijd*; *hoffelijk*
rendidor BNW LA *sterk presterend*
rendija v *kier*; *reet*; *barst*
rendimiento m • *rendement*; *opbrengst* • *toewijding*; *overgave* • *hoffelijkheid*; *attentie* • *uitputting*
rendir /i/ I OV WW • *opbrengen*; *opleveren* • *verrichten*; *presteren* • *betuigen*; *bewijzen*; *uitbrengen* ⟨v. verslag⟩ • *onderwerpen*; *bedwingen*; *tot overgave dwingen* • *uitputten*; *afmatten* • *overgeven*; *overleveren* ★ ~ su juicio *zich laten overtuigen*; *toegeven* ★ no rinde nada *dat loont niet*; *daar is geen droog brood mee te verdienen* ★ ~ el alma *de geest geven* ★ ~ cuentas *rekenschap afleggen* ★ ~ fruto *vrucht dragen* II ON WW *winst opleveren*; *rendabel zijn* ★ una raqueta que rinde bien *een slagvast tennisracket*
rendirse /i/ WKD WW • *zich overgeven* • *afgemat raken* ★ ~ de trabajar demasiado *zich overwerken* ★ ~ de fatiga *doodmoe zijn* ★ ~ a la evidencia de algo *iets volledig doorhebben*

renegado I m *afvallige* II BNW *afvallig*; *ontrouw*
renegar /ie/ I OV WW • *hardnekkig blijven ontkennen* • *haten*; *verafschuwen* • *vervloeken* II ON WW • *afvallen* ⟨v. geloof⟩ • *niets meer willen weten van*; *verloochenen* • *foeteren*; *vloeken*
renegrido BNW *zwartachtig*
RENFE AFK (Red Nacional de los Ferrocarriles Españoles) *Spaanse spoorwegen*
renglón m • *regel* • *post* ⟨financieel⟩ ★ a ~ seguido *onmiddellijk daarop*; *stante pede* ★ Dios escribe con renglones torcidos *Gods wegen zijn ondoorgrondelijk* ★ entre renglones *tussen de regels door*; *tussen neus en lippen door* ★ mandar unos renglones *een kort berichtje sturen*
reniego m • *verwensing*; *godslastering* • *gekanker*; *gefoeter*
renitente BNW *weerspannig*
reno m *rendier*
renombrado BNW *gerenommeerd*; *befaamd*; *heel beroemd*
renombre m • *roem*; *faam* • *bijnaam* ★ adquirir ~ *naam maken*; *roem verwerven*
renovable BNW *te vernieuwen*; *verlengbaar*
renovación v *hernieuwing*; *renovatie*; *verlenging* ⟨bv. v. paspoort⟩
renovar /ue/ OV WW • *hernieuwen*; *hervatten* • *vernieuwen*; *vervangen*; *verlengen* ⟨bv. v. paspoort⟩; *renoveren* ★ ~ la llaga *de oude wond weer openrijten*
renquear ON WW • *hinken*; *mank lopen* • FIG. *ploeteren*
renta v • *rente* • *huur* ⟨opbrengst⟩; *pacht* • *inkomen* • *staatslening* ★ ~ fija *vast inkomen* ★ (las) ~s bajas *(de) lage inkomens* ★ a ~ gepacht*; *verpacht* ★ tomar a ~ *pachten* ★ ~ vitalicia *lijfrente*
rentabilidad v *rentabiliteit*
rentabilizar OV WW *winstgevend maken*
rentable BNW • *rendabel* • *lonend* • *winstgevend*
rentar OV WW • *opleveren*; *opbrengen*; *renten* • MEX, PR *verhuren* ⟨v. woning⟩
rentero m *pachter*
rentista m/v *rentenier*
rentístico BNW *financieel* ⟨v. staatskas⟩; *rente-*
renuencia v *ongehoorzaamheid*; *dwarsheid*
renuente BNW *onwillig*; *ongezeglijk*
renuevo m *loot*; *scheut*
renuncia v • *(het) afzien*; *(het) afstand doen*; *renunciatie* • *(het) aftreden* ★ hacer ~ a/de *afstand doen van* ★ presentar su ~ *zijn ontslag indienen*
renunciar OV WW • (a) *afstand doen van*; *afzien van*; *opgeven* • *afslaan* ⟨v. aanbod⟩ ★ ~ a su cargo *zijn ambt neerleggen*; *uittreden* ⟨v. priester⟩
renuncio m • *leugen* • *tegenstrijdigheid* • *renonce*; *ontbrekende kleur* ⟨kaarten⟩ ★ coger a uno en un ~ *iemand op een leugen betrappen*; *iemand logenstraffen*
reñidamente BIJW • *hard* • *hevig* ⟨v. gevecht/strijd⟩
reñidero m *arena voor hanengevechten*
reñido BNW • *in strijd* (con *met*); *gebrouilleerd*

• *fel; heftig* ⟨v. gevecht/strijd⟩ ★ *estar ~ con la vida levensmoe zijn*

reñir /i/ **I** OV WW • *een standje geven* • *leveren* ⟨v. strijd⟩ **II** ON WW • *ruzie maken; kibbelen* • *het uitmaken* ⟨v. relatie⟩

reo **I** m *beklaagde; verdachte; beschuldigde* ★ el reo de muerte *de van moord beschuldigde* **II** BNW *schuldig*

reojo m ★ *mirada de ~ zijdelingse/schuine blik* ★ *mirar de ~ a u.p. iemand met wantrouwen bekijken; steelse blikken op iemand werpen*

reordenación v *herordening; herschikking*

reordenar OV WW *herschikken*

reorganización v *reorganisatie; herinrichting*

reorganizar OV WW *reorganiseren; anders (en beter) inrichten*

reorientación v *heroriëntatie*

reóstato m *reostaat* ⟨elektriciteit⟩; *(regel)weerstand*

repanchigarse WKD WW (**repantigarse**) *zich behaaglijk uitrekken; lui onderuitzakken; zich nestelen*

reparable BNW *herstelbaar*

reparación v • *reparatie; herstel(ling)* • *genoegdoening* ★ *~ de perjuicios schadevergoeding*

reparador **I** m • *hersteller; reparateur* • *pietlut* **II** BNW • *herstellend; versterkend; verkwikkend* ⟨v. slaap⟩ • *pietluttig*

reparar **I** OV WW • *repareren; herstellen* • *genoegdoening geven; goedmaken* **II** ON WW (~ **en**) *in de gaten hebben; merken; stilstaan bij; nadenken over*

repararse WKD WW *zich matigen; zich inhouden*

reparo m • *aanmerking; bezwaar* • *gêne; aarzeling* ★ *poner ~s a bezwaren maken tegen; aanmerkingen hebben op* ★ *no tengo ~ en decirlo ik ben niet bang het te zeggen*

reparón BNW *muggenzifterig*

repartición v • *(evenredige) verdeling* • *(hoofdelijke) omslag; repartitie* • LA *(overheids)instantie*

repartidor m *bezorger; distributeur*

repartimiento m • *verdeling* • *omslag* ⟨hoofdelijk⟩

repartir OV WW • *verdelen* • *(hoofdelijk) omslaan* • *bezorgen; bestellen* • *uitsmeren* • *uitdelen; ronddelen*

reparto m • *(rol)verdeling* • *bezorging* • *(hoofdelijke) omslag* ★ *~ a domiciliario bezorging aan huis* ★ *~ de poderes machtsverhoudingen*

repasar OV WW • *weer lopen door; weer gaan langs* • *nog eens doornemen; opnieuw behandelen* ⟨v. leerstof⟩ • *doorbladeren; vluchtig lezen* • *controleren* • *inhalen* ⟨v. auto⟩

repaso m • *herlezing; (het) opnieuw doornemen* • *reparatie; (het) verstellen* ⟨v. kleding⟩ • *berisping; standje* • *inhalen* ⟨v. auto⟩

repatriación v *repatriëring; terugkeer naar het vaderland*

repatriado m *repatriant*

repatriar OV+ON WW *repatriëren; naar het vaderland terugkeren*

repecho m *helling* ⟨kort en steil⟩ ★ *a ~ sterk stijgend*

repelar OV WW *kaalscheren; kaalknippen*

repelente **I** m *betweter* ★ *~ de insectos middel tegen insecten* **II** BNW • *afstotelijk; afwerend* • *brutaal; eigenwijs* ★ *~ al agua waterafstotend*

repeler OV WW • *afweren; terugdrijven* • *afstoten; afwijzen* • *afschrikken; weerzin opwekken*

repellar OV WW *pleisteren; stukadoren*

repelo m *splinter; rafel; haakje* ★ *a ~ tegen de draad in; met tegenzin*

repelón m *ruk aan het haar* ★ *de ~ vluchtig*

repelús m • *(onbestendige) afkeer* • *(onverklaarbare) angst*

repeluzno m *huivering; rilling*

repensar /ie/ OV WW *nog eens overdenken*

repente m *plotselinge beweging; opwelling* ★ *le da un ~ hij krijgt het op zijn heupen* ★ *de ~ plotseling; opeens* ★ *hablar de ~ voor de vuist weg spreken*

repentinamente BIJW *plotseling; ineens*

repentino BNW *plotseling; onvoorzien*

repentista m/v *improvisator*

repentizar OV WW • *improviseren* • *a prima vista zingen/spelen*

repercusión v • *weerslag; nadelig gevolg; repercussie* • *echo; terugslag*

repercutir ON WW • *doorwerken; zijn weerslag hebben* • *echoën; naklinken* • *terugstuiten, -kaatsen*

repertorio m • *register; lijst; repertorium* • *repertoire*

repesca v • *herkansing; herexamen* • SPORT *extra ronde; herkansing*

repescar OV WW *een herkansing bieden aan; een tweede kans geven aan*

repetición v • *herhaling; repetitie* • MUZ. *herhalingsteken* • *repetitio* ⟨stijlfiguur⟩ • *heropvoering; bis; toegift* • KUNST *replica* ⟨door dezelfde kunstenaar gemaakt⟩ ★ *reloj de ~ repeteerwekker*

repetidamente BIJW *herhaaldelijk; dikwijls*

repetido BNW *herhaald; talrijk* ★ *repetidas veces herhaaldelijk* ★ *pedido ~ nabestelling*

repetidor **I** m • *zittenblijver* • *repetitor* ⟨universiteit⟩ • TECHN. *versterker* ⟨radio, tv⟩ ★ *~ de curso zittenblijver* **II** BNW *herhalend*

repetir /i/ **I** OV WW • *herhalen* • *zich nogmaals bedienen (de van)* ⟨v. eten⟩ • *overdoen; blijven zitten* ★ *~ los pedidos nabestellingen doen* ★ *me repito de Usted afmo. (afectísimo) ik verblijf hoogachtend* ★ *ique se repita! bis!* **II** ON WW • *opbreken* ⟨v. eten⟩ • *oprispingen veroorzaken*

repetirse /i/ WKD WW *zich herhalen; in herhaling vervallen*

repicar OV WW • *luiden* ⟨v. klok⟩ • CUL. *fijnhakken* ★ *no se puede ~ y andar en la procesión je kunt niet twee dingen tegelijk doen*

repicarse WKD WW *opscheppen (de over); pochen*

repintar OV WW *overschilderen*

repintarse WKD WW *zich zwaar opmaken* ⟨met make-up⟩

repipi **I** m/v INF. *wijsneus* **II** BNW INF. *wijsneuzig;*

eigenwijs ⋆ niña ~ *vroegwijs meisje*
repique m *klokgelui*; *gebeier*
repiquete m • *gebeier*; *klokgelui*
• *schermutseling*; *(vijandelijk) treffen*
repiquetear I OV WW • *beieren*; *klingelen* ⟨luid
en aanhoudend⟩ • *kleppen* ⟨v. klok⟩
• *trommelen* **II** ON WW • MUZ. *klinken*
• *kletteren* ⟨v. regen⟩
repiquetearse WKD WW • *ruzie maken* • *elkaar
verwijten maken*
repiqueteo m • *gelui* ⟨v. klok⟩ • *getrommel*
• *gerinkel*; *gekletter*
repisa v • *schap*; *plank* • *richel*; *rand* ⋆ ~ de la
chimenea *schoorsteenmantel* ⋆ ~ de la ventana
vensterbank
replana v PERU *boeventaal*
replantación v *herbeplanting*
replantar OV WW • *opnieuw (be)planten*
• *verpotten*; *overplanten*
replantear OV WW • *opnieuw ter sprake
brengen*; *opnieuw opwerpen* ⟨kwestie,
probleem⟩ • BOUWK. *(grondplan) uitzetten*
repleción v • *verzadiging* • *(het) volledig gevuld
zijn*; *volheid*
replegable BNW *opvouwbaar*
replegar /ie/ OV WW *opvouwen* ⟨heel vaak⟩
replegarse WKD WW MIL. *zich ordelijk
terugtrekken*
repletar OV WW *opvullen*; *volproppen*
repleto BNW *barstensvol*; *propvol* ⋆ ~ de interés
heel interessant
réplica v • *(raak) antwoord*; *repliek*; *weerwoord*
• *kopie*; *replica*
replicar ON WW • *antwoord geven*; *terugzeggen*;
repliceren • *tegenspreken*
repliegue m • *plooi*; *vouw* • MIL. *(het)
terugtrekken*
repoblación v • *herbevolking* • *herbeplanting*
⋆ ~ forestal *herbebossing*
repoblar OV WW • *herbevolken* • *herbeplanten*
• *herbebossen*
repollo m *kool* ⟨met dichte, ronde krop⟩
repón WW (geb. wijs, jij-vorm) → **reponer**
repondrá WW (3e p ev tk.t.) → **reponer**
reponer OV WW • *terugplaatsen*; *terugzetten*
• *vervangen*; *vernieuwen*; *aanvullen*
• *antwoord geven* • *opnieuw benoemen*; *weer
aanstellen* • *weer vertonen/opvoeren* ⟨v. film,
toneelstuk⟩
reponerse WKD WW • *op krachten komen*;
herstellen • *tot rust komen*; *bijkomen*
reponga WW (1e/3e p ev subj. t.t.) → **reponer**
reportaje m *reportage*; *verslaggeving*
reportar OV WW • *opbrengen*; *opleveren*
• *inhouden*; *in bedwang houden* • LA *melden*;
berichten
reporte m LA *nieuws(bericht)*
reportear OV WW LA *interviewen*; *een
(foto)reportage maken van*
repórter m LA *reporter*; *verslaggever*
reportero m *reporter*; *verslaggever*
reposabrazos m *armleuning*
reposacabezas m *hoofdsteun*
reposadamente BIJW *kalm aan*; *rustig*
reposado BNW • *uitgerust* • *bedaard*; *rustig*;
kalm

reposapiés m *voetsteun*
reposar I OV WW *tot rust brengen* ⋆ ~ la cena *de
maaltijd laten zakken* ⋆ dejar ~ el té *de thee
laten trekken* **II** ON WW • *(uit)rusten* • *slapen*;
een dutje doen • *rusten* ⟨begraven liggen⟩
reposarse WKD WW *bezinken* ⟨v. vloeistof⟩
reposera v LA *ligstoel*
reposición v • *aanvulling*; *vervanging* • *herstel*;
genezing • *(het) opnieuw vertonen*;
heropvoering
reposo m *rust* ⋆ la máquina está en ~ *de
machine staat stil* ⋆ dejar u.c. en ~ *iets laten
rusten* ⋆ ~ en cama *bedrust* ⋆ ¡buen ~!
beterschap!
repostar I OV WW *aanvullen* **II** ON WW *bijtanken*
repostería v • *banketbakkerij*
• *delicatessenwinkel* • SCHEEPV. *pantry*
repostero m • *banketbakker* • *traiteur*
• *(wand)kleed* ⟨met familiewapen⟩
reprender OV WW *berispen*; *een reprimande
geven* ⋆ le reprendió su conducta *hij maakte
een aanmerking op zijn gedrag*
reprensible BNW *laakbaar*; *afkeurenswaardig*
reprensión v *berisping*; *aanmerking*;
uitbrander; *standje*
represa v • *(het) stilstaan* ⟨v. water⟩ • *stuwmeer*
• *stuwdam* • *spaarbekken*
represalia v *repressaille*; *vergelding(smaatregel)*
represar OV WW • *stuwen*; *afdammen* • FIG.
bedwingen; *onderdrukken*
representable BNW • *toonbaar* • *opvoerbaar*
representación v • *voorstelling*; *uitvoering*
• *vertegenwoordiging*; *afvaardiging*;
representatie • *afbeelding*; *beeld* • *voorstelling*;
idee • *weergave* • *verzoek(schrift)* • *aanzien*;
status ⋆ por ~ *gevolmachtigd*; *bij volmacht*
⋆ en ~ de *als vertegenwoordiger van*
representante I m/v • *afgevaardigde*
• *vertegenwoordiger*; *representant* • *vertolker*
⟨toneel⟩; *acteur* ⋆ ~ del Ministerio Público
advocaat-generaal **II** BNW *vertegenwoordigend*
representar OV WW • *afbeelden*; *voorstellen*
• *betekenen*; *inhouden* • *vertegenwoordigen*;
representeren • *spelen* ⟨een rol⟩ • *aan de dag
leggen*; *vertonen* • *uit-/opvoeren* ⟨theater⟩
• *vervangen* • *lijken* ⟨v. leeftijd⟩; *eruitzien als*
• *oproepen* ⟨v. beeld⟩ ⋆ no representa más
que 30 años *hij ziet eruit alsof hij hoogstens
30 is* ⋆ no representa los 70 años que tiene
men kan niet aan hem zien dat hij 70 is ⋆ ~
bien su papel *goed spelen/acteren*
representarse WKD WW • *zich voorstellen* • *te
binnen schieten* ⋆ se me representa *het schiet
me te binnen* ⋆ no consigo representármelo
ik kan het me gewoon niet voorstellen
representatividad v *representativiteit*
representativo BNW • *representatief*;
vertegenwoordigend • *karakteristiek*; *typerend*
⋆ gobierno ~ *parlementaire regering*
represión v *repressie*; *onderdrukking*; *beperking*
represivo BNW *repressief*; *onderdrukkend*
⋆ medidas represivas *repressieve maatregelen*
reprimenda v *terechtwijzing*; *berisping*;
reprimande
reprimir OV WW *onderdrukken*; *inhouden*;
bedwingen

re

reprimirse WKD WW • *zichzelf bedwingen* • *zich beheersen*
reprobable BNW *afkeurenswaardig; verwerpelijk*
reprobación V *afkeuring; verwerping; berisping*
reprobar /ue/ OV WW *veroordelen; afkeuren*
reprobatorio BNW *afkeurend*
réprobo I m *verdoemde* II BNW *verdoemd*
reprochable BNW *verwerpelijk*
reprochar OV WW *verwijten*
reproche m *verwijt*
reproducción V • *voortplanting* • *reproductie* ‹v. een kunstwerk›; *namaak; kopie* • *weergave* ‹v. geluid›; *playback*
reproducir OV WW • *herhalen; nabootsen* • *herhalen; navertellen* • *vermenigvuldigen* • *kopiëren; reproduceren* • *weergeven* ‹v. geluid›
reproducirse WKD WW *zich voortplanten*
reproductor I m • *afspeelapparaat* • *fokdier* ★ ~ de discos compactos *cd-speler* II BNW • *voortplantend; voortplantings-* • *afspeel-; afdruk-* ★ órganos ~es *voortplantingsorganen* ★ máquina ~a *kopieermachine*
reprodujo WW (3e p ev v.t.) → **reproducir**
reproduzca WW (1e/3e p ev subj. t.t.) → **reproducir**
reprografía V *reprografie*
reprogramar OV WW *herprogrammeren*
reps m *rips; geribde stof*
reptar ON WW *kruipen*
reptil m (**réptil**) *reptiel*
república V *republiek* ★ ~ bananera *bananenrepubliek* ★ ~ federal *bondsrepubliek*
republicanismo m *republikanisme*
republicano I m *republikein* II BNW *republikeins*
repudiación V • *afwijzing* • *verwerping*
repudiar OV WW • *veroordelen; afwijzen; verwerpen* ‹v. erfenis› • *verstoten* ‹v. echtgenote/vrouw›
repudio m *verstoting* ‹v. vrouw›; *(het) afwijzen*
repudrirse WKD WW • *wegrotten* • *wegkwijnen* • *zich verbijten*
repuesto m • *voorraad* • *reserveonderdeel* ★ de ~ *in reserve; in voorraad* ★ rueda de ~ *reservewiel*
repugnancia V *walging; afkeer* ★ sentir ~ *weerzinwekkend vinden; afschuw voelen* ★ tener ~ *weerzin hebben; walgen*
repugnante BNW *walgelijk; weerzinwekkend*
repugnar OV WW *met walging vervullen; tegenstaan*
repujado I m *ciseleerwerk; graveerwerk* II BNW *gedreven; geciseleerd; gegraveerd; bewerkt* ★ cuero ~ *Corduaans (bewerkt) leer*
repujar OV WW *ciseleren; drijven; bewerken*
repulgado BNW *aanstellerig; geaffecteerd*
repulgar OV WW *omzomen; afzetten* ‹met band of metaaldraad›
repulgo m *zoom* ★ ~s empanada *futiliteiten*
repulir OV WW • *gladmaken; oppoetsen* • *mooi maken; opdoffen*
repulsa V *afkeuring; afwijzing*
repulsar OV WW *afwijzen*
repulsión V • *afwijzing* • *walging; afkeer* • *(het) afslaan* ‹v. een aanval›
repulsivo BNW *weerzinwekkend; walgelijk;*

afstotelijk; afstotend
repunta V • *kaap; landtong* • *(eerste) aanwijzing* • *irritatie*
repuntar ON WW • *beginnen te stijgen* ‹v. waterpeil› • *vloed worden* • LA *weer opduiken; (voor)tekenen vertonen*
repunte m ZZA *(koers-, prijs)stijging*
repuso WW (3e p ev v.t.) → **reponer**
reputación V *reputatie; naam; aanzien* ★ de ~ mundial *van wereldfaam*
reputado BNW *gereputeerd; gezien; beroemd; befaamd*
reputar OV WW *houden voor; achten; aanzien*
requebrar /ie/ OV WW • *in stukjes breken* • *het hof maken; versieren; complimentjes maken*
requemado BNW • *verbrand* • *aangebrand* • *gepikeerd*
requemar OV WW • *verbranden* ‹door zon›; *verschroeien* • CUL. *laten aanbranden* • *prikken; branden op* ‹tong›
requemarse WKD WW • *verbranden* ‹door zon› • CUL. *aanbranden* • FIG. *verteerd worden*
requerimiento m • *verzoek; eis* • JUR. *sommatie; bevel*
requerir /ie, i/ OV WW • *vereisen; nodig hebben* • *bevelen; sommeren* • *brengen tot; overhalen tot; vragen om* • *dringend verzoeken*
requesón m *wrongel; kwark*
requete VOORV *ontzettend; reuze-*
requeté m • *Carlistische militie* • *Carlist*
requetebién BIJW *hartstikke goed*
requiebro m *complimentje; vleierij*
réquiem m *requiem*
requilorios m mv • *formele rompslomp* • *plichtplegingen* • *omhaal* ‹v. woorden› • *frutsels* ★ ~ de baratillo *frutsels; goedkope rommel*
requirente m/v • *eiser* • JUR. *verzoeker; rekestrant*
requisa V • *inspectie; rondgang* • MIL. *rekwisitie; vordering*
requisar OV WW • *vorderen* • *eisen*
requisición V *eis; vordering*
requisito m *vereiste; voorwaarde*
requisitoria V • JUR. *(dringend) verzoek* • ARG *arrestatiebevel*
res V • *(stuk) vee* • *(stuk) wild* ★ reses vacunas *rundvee*
resabiarse WKD WW *slechte gewoonten krijgen*
resabido BNW • *alom bekend* • *eigenwijs*
resabio m • *(vieze) nasmaak* • *slechte gewoonte; hebbelijkheid*
resaca V • *branding* • *deining* • *kater* ‹v. de drank› ★ cuenta de ~ *retourrekening*
resalado BNW *leuk; grappig; geestig*
resaltar ON WW • *uitkomen*; OOK FIG. *opvallen* • *uitsteken* ★ hacer ~ u.c. *de aandacht op iets vestigen; iets naar voren brengen*
resalte m BOUWK. *naar voren uitstekend gedeelte*
resalto m → **resalte**
resarcimiento m *schadevergoeding; vervanging*
resarcir OV WW *vergoeden; schadeloosstellen*
resarcirse WKD WW *schadevergoeding krijgen (de voor)* ★ ~ de las fatigas *uitrusten van de vermoeienissen*
resbaladizo BNW • *glibberig; glad* • *verraderlijk;*

gevaarlijk

resbalar ON WW • *uitglijden; slippen • afglijden langs; onverschillig laten • een miskleun maken; afgaan ∗ ~* con el hielo *uitglijden op het ijs ∗* LUCHTV. ~ sobre el ala *afglijden ∗ ~* de entre las manos *uit handen glippen ∗* sus palabras me resbalan *zijn woorden laten mij koud*

resbalón m • *(het) uitglijden; glijpartij • uitglijer*

rescatar OV WW • *vrijkopen • inhalen* ‹v. tijd› • *verlossen; redden*

rescate m • *redding • losgeld*

rescindible BNW *opzegbaar*

rescindir OV WW *opzeggen; nietig verklaren*

rescisión v *nietigverklaring; ontbinding ∗ ~* de un contrato *opzegging v.e. contract*

rescoldo m *smeulende as*

rescontrar /ue/ OV WW • *vereffenen • compenseren; verrekenen*

resecar OV WW • *(uit)drogen; droog maken* • MED. *weg-, uitsnijden* ‹v. organen›

resecarse WKD WW • *opdrogen • uitdrogen*

resección v • *(het) wegsnijden; (operatieve) verwijdering* • MED. *resectie; uitsnijding*

reseco BNW • *heel droog; uitgedroogd • schraal; mager*

resellarse WKD WW *overlopen* ‹naar andere partij›

resembrar /ie/ OV WW *opnieuw (in)zaaien*

resentido I m *verbitterd iemand; gefrustreerd iemand* II BNW • *vol wrok; verbitterd • gehavend*

resentimiento m *ressentiment; wrok(gevoel)*

resentirse /ie, i/ WKD WW • *(~ con) verzwakken door; (veel) te verduren hebben van • (~ de) nog last hebben van; de gevolgen voelen van ∗ ~* del costado *een steek in de zij hebben ∗* se resentirá de ello *hij zal het nog wel merken • (~ por/con) zich iets aantrekken van; zich gekwetst voelen door*

reseña v • *beschrijving; signalement • (kort) verslag; samenvatting; recensie; (boek)bespreking*

reseñar OV WW • *beschrijven • schetsen; verslag doen van • recenseren*

reserva I v • *reserve; (nood)voorraad • reservering(sbewijs) • reservaat • reserve(troepen) • reserve; terughoudendheid; voorbehoud; gereserveerdheid ∗ ~s* estratégicas *strategische reserves ∗* de ~ in voorraad; reserve- ∗ dinero de ~ appeltje voor de dorst ∗ mandar/pasar a la ~ op non-actief zetten; (iets) niet meer gebruiken ∗ a ~ de que onder/met het voorbehoud dat ∗ aceptar sin ~s zonder voorbehoud accepteren* II m/v SPORT *reserve(speler); invaller*

reservación v *reservering; boeking*

reservadamente BIJW *in vertrouwen; vertrouwelijk*

reservado I m • *speciale coupé • zijkamer, -vertrek* II BNW • *gereserveerd; besproken • gesloten; zwijgzaam • vertrouwelijk* ‹v. informatie›

reservar OV WW • *reserveren; opzij leggen; bewaren • reserveren; bespreken; boeken • verzwijgen; voor zich houden*

reservarse WKD WW • *zich sparen; zijn krachten sparen • zich voorbehouden; voor zich bedingen*

reservista m/v *reservist*

resetear OV WW COMP. *resetten*

reseteo m COMP. *reset*

resfriado I m *verkoudheid* II BNW *verkouden*

resfriar /í/ OV WW *een verkoudheid bezorgen*

resfriarse /í/ WKD WW *afkoelen; kouvatten; verkouden worden*

resfrío m LA *verkoudheid; kou*

resguardar OV WW • *beschutten; beschermen (de tegen) • verdedigen; waarborgen* ‹v. rechten›

resguardarse WKD WW • *bescherming zoeken; zich beschermen; schuilen • behoedzaam te werk gaan*

resguardo m • *bescherming; verdediging • kwitantie; ontvangstbewijs*

residencia v • *woonplaats; verblijf(plaats) • residentie; villa • tehuis • pension ∗ ~* de ancianos *bejaardentehuis ∗ ~* señorial *herenhuis*

residencial I m ARG, CHI *pension* II BNW *woon-; villa-* ∗ barrio ~ *woonwijk*

residenciar OV WW • *ter verantwoording roepen • rekening en verantwoording eisen*

residente I m/v *bewoner; inwoner* II BNW • *residerend; (tijdelijk) verblijvend • inwonend; intern* ‹bv. v. arts›

residir ON WW • *wonen; (langdurig) verblijven • resideren; zetelen ∗* aquí reside la dificultad *hier zit het probleem • (~ en) schuilen in; zitten in; berusten op*

residual BNW • *achter-/overblijvend • rest-/afval-*

residuo m • *rest • overblijfsel ∗ ~s afval(stoffen) ∗ ~s* nucleares /radioactivos *atoomafval; radioactief afval ∗ ~s* tóxicos *giftig afval*

resignación v • *berusting; gelatenheid; resignatie • ontslagneming*

resignado BNW *berustend; gelaten; geresigneerd*

resignar ON WW • *afstand doen • neerleggen* ‹v. functie); *resigneren*

resignarse WKD WW *zich schikken* (a/con/en in); *zich neerleggen* (a/con/en bij); *berusten* (a/con/en in)

resina v *hars*

resinero BNW *hars-; harshoudend*

resinoso BNW *harsachtig*

resistencia v • *verzet; weerstand(svermogen); resistentie* • TECHN. *weerstand ∗ ~* pasiva *passief verzet ∗ ~* de los colores *kleurvastheid*

resistente BNW • *taai; sterk • bestand (a tegen); resistent ∗ ~* al calor *hittebestendig ∗ ~* a la luz *lichtecht*

resistible BNW *draaglijk; houdbaar*

resistir OV WW • *tegenstand bieden; weerstand bieden (a aan); weerstaan • uithouden; verdragen • dragen; houden* ‹v. gewicht› ∗ ino resisto más! *ik houd dat niet langer uit!*

resistirse WKD WW • *(a) weerstand bieden aan; zich verzetten tegen • slecht afgaan ∗* la contabilidad se me resiste *ik ben niet erg sterk in boekhouden*

resma v *riem* ‹v. vellen papier›

resobado BNW *afgezaagd; uitgekauwd*

re

resobrino m *achterneef*

resol m *weerkaatsing* ⟨v. zonlicht⟩

resollar /ue/ ON WW • *hijgen; puffen* • *een teken van leven geven; iets van zich laten horen* ★ sin ~ *zonder een kik te geven*

resoluble BNW *oplosbaar*

resolución v • *oplossing* • *beslissing* • *besluit; beschikking* • *besluitvaardigheid; daadkracht; doortastendheid* ★ ~ *fatal fatale beslissing* ★ tomar una ~ *een besluit nemen* ★ en ~ *kortom* ★ de ~ *difícil moeilijk te beslissen* ★ ~ administrativa *overheidsbesluit* ★ ~ de pantalla *beeld(scherm)resolutie; beeldscherpte*

resolutivo I m MED. *oplossend middel* II BNW *daadkrachtig; afdoend*

resoluto BNW • *doortastend; resoluut; vastbesloten* • *beknopt; samengevat*

resolutorio BNW ★ *cláusula/condición resolutoria ontbindende voorwaarde*

resolver /ue/ OV WW • *oplossen* • *besluiten; beslissen* • *beslechten; een einde maken aan* ⟨bv. ruzie⟩ II ON WW *een beslissing nemen; besluiten*

resolverse /ue/ WKD WW • *zich oplossen* • *opgelost worden* • (~ a) *besluiten om/te* • (~ en) *uitlopen op; als resultaat hebben*

resonador I m *klankkast; resonator* II BNW *weerklinkend; resonerend*

resonancia v • *resonantie* • *nagalm;* OOK FIG. *weerklank*

resonante BNW • *resonerend; nagalmend* • *daverend* ⟨succes⟩

resonar /ue/ ON WW *resoneren; weerklinken; galmen*

resoplar ON WW *hijgen; zwaar ademen; puffen*

resoplido m *zucht; gesnuif*

resorber OV WW • *resorberen* • *weer opslorpen/opnemen* • *absorberen*

resorción v • *resorptie* • *opslorping*

resorte m • *(spring)veer* • *(hulp)middel; bron* ★ tocar todos los ~s *geen middel onbeproefd laten; alles in het werk stellen*

respaldar OV WW FIG. *staan achter; steunen; beschermen*

respaldarse WKD WW *achteroverleunen*

respaldo m • *rugleuning* ⟨v. stoel⟩ • FIG. *ruggensteun* • *achterkant* ⟨v. vel papier⟩ ★ al ~ *aan de achterkant* ★ ~ *financiero financiële dekking*

respectar OV WW *betreffen; betrekking hebben* ★ en/por lo que respecta a *wat betreft*

respectivamente BIJW *respectievelijk*

respectivo BNW *betreffend; betrokken; respectievelijk; respectief* ★ *todos los ministros llegaron con sus respectivas esposas alle ministers kwamen met hun echtgenote*

respecto m ★ (con) ~ a *met betrekking tot; wat betreft* ★ al ~ *de hieromtrent; daarover* ★ a / bajo ese ~ *in dit opzicht*

respetabilidad v *eerbiedwaardigheid*

respetable I m ★ IRON. el ~ *hooggeëerd publiek* II BNW • *respectabel* • *achtenswaardig; eerbiedwaardig* • *aanzienlijk; aanmerkelijk; eerbiedig* ⟨bv. v. afstand⟩

respetar OV WW • *respecteren; eerbiedigen; achten* • *respect hebben voor; eerbied hebben*

voor • *rekening houden met; in aanmerking nemen* • *voorzichtig zijn met; ontzien* ★ hacerse ~ *respect afdwingen*

respeto m • *respect; eerbied* • *ontzag* ★ ~s *humanos respect voor andersdenkenden; gevoel voor fatsoen* ★ de ~ *als reserve; voor speciale gelegenheden* ★ ancla de ~ *noodanker* ★ campar por sus ~s *zijn eigen gang gaan* ★ faltar al ~ a alg. *iemand onbehoorlijk behandelen* ★ presentar sus ~s al rey *zijn eerbiedige groeten overbrengen aan de koning; zijn opwachting maken bij de koning*

respetuosidad v *eerbied(igheid)*

respetuoso BNW *eerbiedig; respectvol* ★ ~s *saludos hoogachtend* ★ ser ~ *con la ley de wet eerbiedigen*

respingar ON WW • *bokken; briesen* ⟨v. paard⟩ • *tegenstribbelen* • *omhoogkruipen* ⟨v. kleding⟩

respingo m • *plotselinge beweging; ruk* • *venijnige reactie* • *opkruipend deel van kledingstuk*

respirable BNW *geschikt in te ademen*

respiración v • *adem(haling)* • *luchtverversing; ventilatie* ★ ~ asistida/artificial *(kunstmatige) beademing* ★ se le cortó la ~ *zijn adem stokte* ★ estar sin ~ *buiten adem zijn* ★ quedarse sin ~ *geheel buiten adem raken; sprakeloos/stomverbaasd zijn* ★ dificultad de ~ *ademnood* ★ ~ boca a boca *mond-op-mondbeademing* ★ suspender la ~ *de adem inhouden*

respiradero m • *luchtgat; trekgat* ⟨in schoorsteen⟩ • FIG. *adempauze; respijt*

respirador m *beademingstoestel*

respirar I OV WW • *uitstralen;* FIG. *ademen* • *inademen* II ON WW • *ademen; ademhalen* • *op adem komen; uitblazen* • *van zich laten horen* ★ no dejar ~ a uno *iemand maar niet met rust (kunnen) laten* ★ no poder ~ *doodmoe zijn; geen moment rust hebben* ★ sin ~ *ademloos; vol spanning; onvermoeibaar* ★ ~ aliviado *opgelucht ademhalen*

respiratorio BNW *ademhalings-* ★ *vías respiratorias luchtwegen* ★ *dificultad respiratoria ademnood; benauwdheid*

respiro m • *ademhaling* • *verademing; zucht van verlichting* • *adempauze*

resplandecer ON WW • *stralen; glanzen;* OOK FIG. *schitteren* • *uitblinken* (en in) ★ ~ de alegría *stralen van blijdschap* ★ ~ en sabiduría *in kennis uitblinken*

resplandeciente BNW OOK FIG. *stralend; schitterend; fonkelend*

resplandor m • *schijnsel* • *schittering; glans* • *pracht; praal*

responder ON WW • *(be)antwoorden* • *antwoord geven; reageren* (a op) • *opnemen* ⟨v. telefoon⟩ • *beantwoorden aan* ⟨een idee⟩ • *opbrengen* ⟨v. resultaat⟩ • *zich aansprakelijk stellen; borg staan; instaan* (de, por, con voor) • *dankbaarheid tonen* • *responderen* ⟨kerkmuziek⟩; *weerklinken* ⟨v. echo⟩ • *tegenwerpingen maken; tegensputteren; weerspreken* ★ ~ al nombre de X *luisteren naar de naam X*

respondón BNW *brutaal; met een grote mond;*

bits

responsabilidad v • *verantwoordelijkheid* • *aansprakelijkheid* ★ ~ civil *wettelijke aansprakelijkheid*

responsable I m/v *verantwoordelijk persoon* **II** BNW • *verantwoordelijk* (**de** *voor*) • *verstandig* ★ hacerse ~ de *de verantwoording op zich nemen voor*; *zich aansprakelijk stellen voor*

responso m *responsorium*; *beurtzang*

responsorio m → **responso**

respuesta v • *antwoord* • *beantwoording* ★ ~ evasiva *ontwijkend antwoord* ★ en ~ a su carta del ... *in antwoord op uw schrijven aan ...*

resquebradura v → **resquebrajadura**

resquebrajadura v *scheur*; *barst*; *spleet*

resquebrajar OV WW *scheuren maken*; *barsten maken*

resquemar OV WW • *laten aanbranden* • *branden* 〈in de mond〉

resquemor m • *(het) branden* • *wrok*; *wroeging*

resquicio m • *gaatje*; *spleet*; *kier* • *gelegenheid*; *kans* ★ ~ de esperanza *sprankje hoop*

resta v *aftreksom*

restablecer OV WW *herstellen*

restablecerse WKD WW *herstellen*; *beter worden*; *genezen*; *er bovenop komen*

restablecimiento m • *herstel* • *genezing*

restablezca WW (1e/3e p ev subj. t.t.) → **restablecer**

restallar ON WW • *knallen* • *klappen* 〈met een zweep〉

restallido m • *(het) klappen* 〈met de zweep〉 • *knal*

restante BNW *overig*; *overblijvend*; *resterend*

restañar OV WW • TECHN. *opnieuw vertinnen* • MED. *stelpen* ★ ~ las heridas FIG. *zijn wonden likken*

restaño m *bloedstelping*

restar I OV WW • *aftrekken* • *ontnemen* ★ ~ a pagar *nog te betalen zijn* ★ en todo lo que resta del año *tot het einde van het jaar* **II** ON WW *over hebben*; *resteren*; *overblijven*; *resten* ★ no nos resta más que marcharnos *er blijft ons niets anders over dan weg te gaan*

restauración v *herstel*; *wederopbouw*; *restauratie*

restaurador I m *restaurateur* **II** BNW *herstellend*

restaurante m *restaurant*

restaurar OV WW • *restaureren*; *herstellen* • *(in ere) herstellen*; *weer invoeren* ★ ~ un cuadro *een schilderij restaureren*

restinga v *blinde klip*; *zandbank*

restitución v *restitutie*; *terugbetaling*; *teruggave* ★ pedir la ~ *terugbetaling eisen*

restituir OV WW • *teruggeven*; *terugbetalen*; *restitueren* • *herstellen*; *terugbrengen* 〈in oude staat〉

restituirse WKD WW • *terugkeren* (a *naar*) • *hervatten*

restituya WW (1e/3e p ev subj. t.t.) → **restituir**

resto m *rest*; *overblijfsel*; *restant* ★ los ~s de un naufragio *een wrak* 〈v. schip〉 ★ FIG. a ~ abierto *onbeperkt* ★ ~s *restjes*; *overblijfselen*; *wrakstukken* ★ ~s mortales *stoffelijk overschot*

★ INF. por los ~s, amén *voor eeuwig en altijd*

restorán m → **restaurante**

restregar /ie/ OV WW *schuren*; *boenen*; *wrijven* ★ ~ algo por la cura a u.p. *iemand iets voor de voeten werpen*

restregarse /ie/ WKD WW *wrijven*; *schuren* ★ ~ las manos *zich in de handen wrijven* ★ ~ los ojos *zijn ogen uitwrijven*

restregón m • *(het) wrijven* • *geschuurde (kale) plek* ★ dar un ~ *krachtig wrijven*

restricción v • *restrictie*; *beperking*; *belemmering* • *beperkte voorziening*; *rantsoenering* ★ ~ mental *innerlijk voorbehoud* ★ sin restricciones *onbeperkt*

restrictivo BNW *beperkend*; *restrictief*

restricto BNW *beperkt*

restringir OV WW • *beperken* • *verminderen* 〈v. kosten〉

resucitación v • *(het) weer tot leven wekken*; MED. *reanimatie* • *herrijzenis*

resucitar I OV WW • *weer tot leven wekken*; *doen herrijzen*; MED. *reanimeren* • *nieuw leven inblazen* **II** ON WW *opstaan* 〈uit de dood〉; *herrijzen*

resudar ON WW • *licht zweten* 〈ook bv. van kaas〉 • *doorzweten* 〈v. poreuze pot〉

resuello I m • *zware ademhaling*; *gehijg*; *gepuf* • LA *(adem)pauze* ★ echar el ~ *hijgen* ★ conteniendo el ~ *met ingehouden adem* ★ meterle a alg. el ~ en el cuerpo *iemand de stuipen op het lijf jagen*; *iemand angst aanjagen* **II** WW → **resolver**

resuelto I BNW • *opgelost* • *vastberaden*; *energiek*; *wilskrachtig* **II** WW → **resolver**

resulta v *resultaat*; *gevolg* ★ de ~s de *ten gevolge van* ★ de ~s *dientengevolge*

resultado m • *resultaat*; *gevolg* • *uitslag* ★ dar (buen) ~ *iets opleveren* ★ ~s del deporte *sportuitslagen* ★ ECON. cuenta de ~s *winst- en verliesrekening*

resultando m JUR. *toedracht*

resultante I v *resultante* **II** BNW *(hieruit) voortvloeiend*

resultar ON WW • *worden*; *blijken*; *uitvallen*; *(blijken) te zijn* • *goed uitpakken*; *een succes worden* • *kosten*; *komen op* ★ de ello resulta *dat heeft tot gevolg* ★ resulta que *het blijkt dus dat* ★ la pieza no resultó *het stuk is gevallen/ geflopt* ★ ~ muerto en un accidente *dodelijk verongelukken* • (~ **con**) *passen bij* • (~ **de**) *voortkomen/voortvloeien uit* • (~ **en**) *ten gevolge hebben*; *resulteren in*

resultas v mv *vacature* 〈bv. door promotie of pensionering〉

resumen m *samenvatting*; *resumé* ★ en ~ *kort samengevat*; *samenvattend*; *resumerend*; *kortom*

resumir OV WW *(kort) samenvatten*; *resumeren*

resumirse WKD WW • (**en**) *neerkomen op* • (**en**) *samengevat worden tot*

resurgimiento m *opleving*; *opbloei*

resurgir ON WW • *weer verschijnen* • *nieuwe krachten krijgen*; *(weer) opleven*

resurrección v *(weder)opstanding*; *herrijzing*; *verrijzenis*; *resurrectie*

retablo m • *altaarstuk*; *retabel* • *religieus*

re

poppenspel

retacear OV WW *in stukken knippen/delen; (af)knippen*

retador m • *uitdager* • *provocateur*

retaguardia v • *achterhoede* • *thuisfront* • INF. *achterwerk* ★ a – *in de achterhoede*; FIG. *achtergebleven* ★ FIG. quedarse en la ~ *op de achtergrond blijven*

retahíla v *serie; reeks*

retal m • *snipper; restant* • *coupon* ‹v. stof›

retama v *brem(struik)* ★ ~ de escobas *bezembrem*

retar OV WW *uitdagen*

retardación v *vertraging; oponthoud*

retardador m *slowmotion* ‹tv›

retardar OV WW • *vertragen* • *afremmen* • *uitstellen* ★ ~ el reloj *de klok terugzetten* ★ me he retardado *ik ben achtergeraakt*

retardo m • *vertraging* • *oponthoud* • *uitstel*

retazar OV WW • *breken* • *delen* ‹in stukken›

retazo m • *fragment; flard* • *lap* ‹stof›

rete BIJW MEX *zeer; heel*

retemblar /ie/ ON WW *sidderen; schudden; trillen*

retén I m • *voorraad; provisie* • MIL. *(reserve)ploeg; reserve(troep)* II WW (geb. wijs, jij-vorm) → **retener**

retención v • *(het) ophouden* • *(het) onthouden* • *(het) vasthouden* ‹in een cel›; *retentie* • *inhouding* ‹op het loon, van belasting› • *stremming; opstopping*; MED. *retentie* ‹bv. v. lichaamsvochten› ★ retenciones *files* ‹verkeer›

retendrá WW (3e p ev tk.t.) → **retener**

retener /ie/ OV WW • *ophouden; tegenhouden; inhouden* • *onthouden* • *vasthouden; in hechtenis nemen* ★ no ~ nada en el estómago *niets binnen kunnen houden* ★ ~ a u.p. en la escuela *iemand laten overblijven (op school)* ★ ~ la respiración *de adem inhouden*

retenga WW (1e/3e p subj. t.t.) → **retener**

retentar ON WW • *terugkomen* ‹v. ziekte› • *recidiveren* • *weer gebeuren* ‹v. voorval›

retentiva v *geheugen; herinneringsvermogen*

retentivo BNW *terughoudend*

reteñir /i/ I OV WW *overschilderen* II ON WW *weerklinken; galmen*

reticencia v • *achtergehouden informatie; verzwijging* • *insinuatie; toespeling*

reticente BNW • *insinuerend; suggestief* • *onwillig; afkerig*

rético I m *Reto-Romaans* ‹taal› II BNW *Reto-Romaans*

retícula v *dradenkruis* ‹in kijker›; *raster* ‹v. foto›

reticular BNW ANAT. *reticulair; netvormig* ★ membrana ~ *netvlies*

retículo m • *netwerk; netvormig weefsel* • *raster* ‹v. foto›; *dradenkruis* ‹in kijker› • *netmaag*

retina v *netvlies*

retinitis v *netvliesontsteking*

retintín m • *getingel; gerinkel* • *sarcastische ondertoon* ★ lo dijo con ~ *hij zei het met een ironisch ondertoontje*

retiñir ON WW *weerklinken; rinkelen*

retiración v *weerdruk* ‹grafisch›

retirada v • *(het) zich terugtrekken* • *intrekking* • *aftocht; terugtocht* • *toevluchtsoord* ★ de ~ *op de terugweg* ★ cubrir(se) la ~ *de aftocht dekken*; FIG. *voor een veilige aftocht zorgen* ★ cortar la ~ *de terugtocht afsnijden*; FIG. *de pas afsnijden* ★ ~ del permiso de conducir *intrekking van het rijbewijs*

retiradamente BIJW *heimelijk*

retirado I m *gepensioneerde* II BNW • *gepensioneerd* • *afgelegen; veraf*

retirar OV WW • *wegnemen/-halen; terugtrekken/-nemen* • *halen* ‹geld van bankrekening›; *opnemen* • *wegdoen; afdanken; opbergen* • *met pensioen sturen* • MEX *afruimen* ‹v. tafel›

retirarse WKD WW • *zich terugtrekken; retireren* • *zich afzonderen* • *gaan rusten; naar bed gaan* • *met pensioen gaan* ★ ~ con las orejas gachas *afdruipen*

retiro m • *pensionering; pensioen* • *toevluchtsoord; rustige plaats* • *retraite*

reto m • *uitdaging* • *dreigende taal*

retobado BNW • LA *koppig; stijfhoofdig; tegendraads* • *wild; niet getemd* • *sluw; geslepen*

retobar ON WW LA *koppig zijn*

retocado m *retouche*

retocador m *retoucheur*

retocar OV WW • *retoucheren; bij-, op-, afwerken* • *voltooien; de laatste hand leggen aan*

retomar OV WW *hervatten*

retoñar ON WW • *uitlopen; uitbotten* • *weer opbloeien*; FIG. *weer de kop opsteken*

retoño m • *uitloper; scheut* • *spruit* ‹kind›

retoque m • *retouche; verbetering* • *afwerking; finishing touch* • *symptoom* ‹v. ziekte›

retorcer /ue/ OV WW • *om-, verdraaien; uitwringen* • *verdraaien; verkeerd voorstellen* • *tegen iemand gebruiken* ‹v. argument› ★ ~ el hocico *een lelijk gezicht trekken*

retorcerse /ue/ WKD WW • *zich vlechten; zich slingeren om* • *kronkelen; ineenkrimpen* ‹v.d. pijn›

retorcido BNW • *ingewikkeld* ‹v. stijl› • *slinks; sluw*

retorcimiento m • *verstrengeling; verdraaiing* • *slinksheid; sluwheid* • *ingewikkeldheid*

retórica v *retorica; retoriek* ★ ~s *mooie woorden/praatjes*

retórico I m *redenaar; retor; welbespraakt iemand* II BNW • *retorisch* • *gezwollen; bombastisch*

retornable BNW ★ botella ~ *fles voor hergebruik/met statiegeld*

retornar I OV WW • *terugbrengen; terugleggen* • *teruggeven* II ON WW *terugkeren*

retorno m • *terugkeer; retour* • *(het) terugleggen* • *teruggave* • *beloning* ★ de ~ *op de terugreis*

retorta v *retort; distilleerkolf*

retortero m ★ andar/ir al ~ *het razend druk hebben; hevig verlangen (por naar)* ★ al ~ *rondom* ★ traer/llevar a u.p. al ~ *iemand met een kluitje in het riet sturen; iemand naar je pijpen laten dansen*

retortijón m • *kramp; steek* ‹v. pijn› • *snelle draai*

retostado BNW *donkerbruin; gebruind*
retozador BNW • *speels; dartel; uitgelaten*
• *goedlachs*
retozar ON WW • *spelen; dartelen* • *stoeien*
retozo m • *gestoei* • *speelsheid; gedartel*
retozón BNW → **retozador** • *dartel; speels;*
uitgelaten • *goedlachs* ⋆ *risa retozona*
schelmse lach
retracción v • *(het) terug-/intrekken* • MED.
retractie; verkorting; schrompeling
retractación v *intrekking; terugtrekking*
retractar ON WW *intrekken; terugtrekken* ‹v.
woorden›
retractarse WKD WW *zijn woorden terugnemen;*
terugkrabbelen
retráctil BNW *in-/samentrekbaar*
retraer OV WW *terugtrekken; terugnemen;*
intrekken ‹v. lichaamsdeel›
retraerse WKD WW • *zich terugtrekken* • *zich*
afzonderen ⋆ ~ *de un plan een plan opgeven*
retraido BNW • *terughoudend* • *teruggetrokken;*
in afzondering • *gesloten; verlegen*
retraiga WW (1e/3e p ev subj. t.t.) → **retraer**
retraimiento m • *geslotenheid;*
teruggetrokkenheid • *afzondering*
retrajo WW (3e p ev v.t.) → **retraer**
retranca v ⋆ *tener mucha* ~ *bijbedoelingen*
hebben
retransmisión v *(her)uitzending* ⋆ ~ *en directo*
live-uitzending
retransmitir OV WW • *(opnieuw) uitzenden*
• *opnieuw verzenden*
retrasado I m ⋆ ~ *mental zwakbegaafde* II BNW
• *achterstallig* • OOK FIG. *achterlopend;*
achteropgeraakt • *achterlijk; zwakbegaafd*
• *verouderd; achterhaald*
retrasar I OV WW • *uitstellen* • *achteruitzetten*
‹v. klok› II ON WW • *achterlopen* ‹v. klok› • *te*
laat komen
retrasarse WKD WW • *te laat komen; vertraging*
oplopen • *treuzelen; achterblijven;*
achteraankomen ⋆ *llegar retrasado te laat*
komen = *ir retrasado achterlopen* ‹v. klok›
retraso m • *vertraging; achterstand* • *oponthoud*
• *achterlijkheid* ⋆ *sufrir un* ~ *vertraging*
ondervinden ⋆ ~ *mental geestelijke*
achterstand; zwakbegaafdheid ⋆ *saldar sus* ~*s*
zijn achterstallige schulden vereffenen
retratar OV WW *(af)schilderen; portretteren*
retrateria v LA *fotoatelier*
retratista m/v • *portretschilder*
• *(portret)fotograaf*
retrato m • *portret(foto)* • *evenbeeld* ⋆ ~*-robot*
compositiefoto ⋆ ZA ~ *hablado compositiefoto*
retrechería v • *handige smoes* • *charme;*
bevalligheid
retrechero m • *innemend; aantrekkelijk*
• *handig in het zich onttrekken aan iets*
• *uitgekookt; leep*
retrepado BNW *achteroverleunend*
retreparse WKD WW *achteroverleunen*
retreta v *taptoe* ⋆ *tocar la* ~ *de aftocht blazen*
retrete m *wc; toilet*
retribución v • *betaling; beloning; loon*
• *vergoeding; compensatie* ⋆ *sin* ~ *gratis*
retribuir OV WW • *betalen; belonen* • *vergoeden;*

compenseren ⋆ *insuficientemente retribuido*
onderbetaald
retribuya WW (1e/3e p ev subj. t.t.) → **retribuir**
retro m *reactionair*
retro- VOORV *retro-; terug-*
retroacción v • *terugwerkende kracht*
• *achteruitgang* • *feedback; terugkoppeling*
retroactividad v *terugwerkende kracht*
retroactivo BNW • *terugwerkend; retroactief*
• *met terugwerkende kracht*
retroceder ON WW • *teruggaan (a tot/naar)*
• *terugschrikken; terugdeinzen* ⋆ *hacer* ~
terugdrijven/-dringen
retrocesión v • *teruggang* • JUR. *teruggave*
retroceso m • *teruggang; (het) achteruitgaan*
• MED. *nieuwe aanval; terugval* • *terugslag* ‹v.
geweer› ⋆ *freno de* ~ *terugtraprem* ⋆ COMP.
tecla de ~ *backspacetoets*
retrógrado I m PEJ. *reactionair* II BNW
• *achteruitgaand; achterwaarts; retrograde*
• PEJ. *reactionair*
retrogresión v → **retroceso**
retropropulsión v *straalaandrijving*
retroproyector m *overheadprojector*
retrospección v *terugblik; retrospectie*
retrospectiva v *retrospectief;*
overzichtstentoonstelling
retrospectivo BNW *terugblikkend*
retrotraer OV WW *terugvoeren* ‹naar het
verleden›
retrotraerse WKD WW *teruggaan* ‹naar het
verleden›
retrotraiga WW (1e/3e p ev subj. t.t.)
→ **retrotraer**
retrotrajo WW (3e p ev v.t.) → **retrotraer**
retrovender OV WW JUR. *terugverkopen*
retroventa v JUR. *(het) terugverkopen*
retrovisor I m • *(espejo)* ~ *achteruitkijkspiegel*
⋆ ~ *exterior buitenspiegel* II BNW *achteruitkijk-*
retrucar OV WW • SPORT *counteren* • *hoger*
bieden ‹in kaartspel›
retruécano m *woordspeling*
retruque m SPORT *counter*
retumbante BNW • *dreunend; donderend;*
galmend • *opzichtig; overdadig* • FIG.
daverend; denderend
retumbar ON WW • *donderen; dreunen*
• *weerklinken; galmen*
retumbo m • *gedreun; gedonder* • *galm*
• *gedaver*
retuvo WW (3e p ev v.t.) → **retener**
reuma m/v *(reúma) reumatiek; reuma*
reumático I m *reumapatiënt* II BNW *reumatisch*
reumatismo m *reumatiek* ⋆ ~ *deformante*
gewrichtsreumatiek
reumatologia v *reumatologie*
reumatológico BNW *reumatologisch*
reumatólogo m *reumatoloog*
reunificar OV WW *herenigen*
reunión v • *vergadering; bijeenkomst* • *(het)*
verzamelen • *reünie* ⋆ ~ *de urgencia*
spoedvergadering
reunir /ú/ OV WW • *herenigen; verenigen*
• *verzamelen* • *bijeenbrengen* ‹v. geld›; *bij*
elkaar sparen
reunirse /ú/ WKD WW • *zich herenigen* • *zich*

re

verzamelen; bijeenkomen
reutilizable BNW *herbruikbaar*
reutilización v *hergebruik; (het) opnieuw gebruiken*
reutilizar OV WW *hergebruiken*
revacunación v *herinenting; revaccinatie*
revacunar OV WW *herinenten*
reválida v • VERO. *afsluitend examen* • *erkenning* ⟨v. diploma⟩
revalidación v *erkenning* ⟨v. diploma⟩; *bevestiging*
revalidar OV WW • *erkennen* ⟨v. diploma⟩ • *herbevestigen; bekrachtigen*
revalorización v *herwaardering; waardeaanpassing*
revalorizar OV WW *opwaarderen; revalueren; herwaarderen*
revaluación v *revaluatie; opwaardering*
revaluar /ú/ OV WW *revalueren; op-/herwaarderen*
revancha v *revanche; wraak(neming)* ★ *tomar la ~ revanche nemen*
revé WW (3e p ev t.t.) → **rever**
revea WW (1e/3e p ev subj. t.t.) → **rever**
revelación v • *openbaring* • *onthulling; ontdekking; revelatie*
revelado m FOTO. *(het) ontwikkelen* ⟨v. foto⟩
revelador I m FOTO. *ontwikkelaar* II BNW *onthullend; verhelderend*
revelar OV WW • *onthullen; bekendmaken; verklappen; ophelderen* • *openbaren* • *tonen; verraden* • FOTO. *ontwikkelen*
revelarse WKD WW • *zich tonen; aan de dag treden* • (~ **como**) *zich ontpoppen als*
revendedor m *wederverkoper; doorverkoper; detaillist*
revender OV WW *wederverkopen; doorverkopen*
revenga WW 1e/3e p ev subj. t.t. → **revenir**
revenirse /ie, i/ WKD WW • *verzuren* • *uitdrogen* • *ineenschrompelen* • *oudbakken worden*
reventa v • *wederverkoop; doorverkoop* • *zwarte handel* ⟨in kaartjes⟩
reventadero m MEX *hete bron*
reventado BNW *kapot*
reventar /ie/ I OV WW • *doen ontploffen; doen barsten* • *kapotmaken* ⟨v. persoon⟩ • INF. *de grond in boren; afkraken* • INF. *lastig vallen; ergeren* • *uitputten; vermoeien; afmatten* II ON WW • *ontploffen* • *uiteenspatten* ★ ~ *de risa gieren van het lachen* ★ *lleno hasta ~ barstensvol* • (~ **de**) FIG. *barsten van* ★ ~ *de alegría barsten van vreugde* • (~ **por**) *staan te trappelen om; popelen om*
reventarse /ie/ WKD WW • *(open)springen; (open)barsten* • *zich afbeulen; creperen* ⟨v. dier⟩
reventón I m • *ontploffing; uitbarsting* • *klapband* • *enorme inspanning* ★ *tengo un ~ ik heb een lekke band* II BNW • *(open)barstend* • *uitpuilend* ⟨v. ogen⟩
rever OV WW • *nog eens bekijken* • *herzien* ⟨v. vonnis⟩
reverberación v • *reflectie; weerkaatsing* • *naklank; echo*
reverberar ON WW • *weerkaatsen; gereflecteerd worden* • *schitteren*

reverbero m • *weerkaatsing; reflectie* • *reflector* • LA *kooktoestel* • *(straat)lantaarn* • *koplamp* ⟨v. auto⟩
reverdecer I OV WW • *doen opleven; vernieuwen; nieuw leven inblazen* II ON WW *weer groen worden*
reverdezca WW (1e/3e p ev subj. t.t.) → **reverdecer**
reverencia v • *eerbied* • *eerbetuiging* • *buiging* ★ *Su Reverencia eerwaarde*
reverenciar OV WW *eerbied hebben voor; respecteren*
reverendísimo BNW *hooggeerwaarde*
reverendo BNW *eerbiedwaardig*
reverente BNW *eerbiedig*
reversibilidad v *omkeerbaarheid*
reversible BNW • *aan twee kanten draagbaar* ⟨v. stof⟩ • *omkeerbaar; reversibel*
reversión v • *omkering; reversie* • JUR. *devolutie* ⟨v. bezittingen⟩; *(het) terugvallen*
reverso m • *munt(zijde)* • *achterkant* ★ *el ~ de la medalla de keerzijde van de medaille*
revertir ON WW *terugvallen* (a aan)
revés m • *achterkant* • *klap met de rug van de hand; draai om de oren* • SPORT *backhand* • *tegenslag; tegenvaller* • *ommezwaai* ⟨in gedrag⟩; *omslag* ★ *al ~ omgekeerd; andersom; averechts* ★ *al ~ de in tegenstelling tot* ★ *del ~ binnenstebuiten; achterstevoren; ondersteboven; verkeerd om; averechts*
revesado BNW • *ingewikkeld; verdraaid lastig* • *onhandelbaar; rebels*
revestimiento m *bedekking; bekleding*
revestir /i/ OV WW • *bekleden; bedekken* • *aantrekken; aandoen* ⟨v. kledingstuk⟩ • *hebben* ⟨karakter⟩; *dragen* • *de schijn geven van* ★ ~ *importancia van belang zijn*
revestirse /i/ WKD WW (~ **de**) *zich hullen in; zich tooien met*
reví WW (1e p ev v.t.) → **rever**
reviejo BNW *heel oud; oeroud*
revigorar OV WW *nieuwe kracht geven*
revió WW (3e p ev v.t.) → **rever**
revirar OV WW *wenden; (om)draaien*
revisar OV WW • *nazien; controleren* • *herzien; bewerken; corrigeren*
revisión v • *controle; (het) doornemen* • JUR. *herziening; revisie* • *controlebeurt* ⟨v. auto⟩ ★ ~ *de pasaportes pascontrole* ★ ~ *de precios prijscorrectie/-aanpassing*
revisionismo m POL. *revisionisme*
revisionista I m/v POL. *revisionist* II BNW POL. *revisionistisch*
revisor m *controleur; conducteur*
revista v • *tijdschrift; blad* • *inspectie* • *kritiek* ⟨in een blad⟩ • *revue* ★ *las ~s del corazón de boulevardpers*
revistar OV WW • MIL. *inspecteren* • *nagaan; onderzoeken*
revistero m • *lectuurbak; tijdschriftenstandaard* • *verslaggever* • *recensent*
revitalizar OV WW *revitaliseren; versterken*
revivificar OV WW *doen opleven*
revivir I OV WW *tot nieuw leven brengen* II ON WW • *opleven; bijkomen; weer tot leven komen* • *nog eens doormaken; herleven*

revocable BNW *herroepbaar*
revocación v • *herroeping* • *afschaffing* • *intrekking*
revocador I m *stukadoor* II BNW *herroepend*
revocar OV WW • *herroepen* • *afschaffen*; *intrekken* • *terugblazen* • *opnieuw witten/kalken*
revolar /ue/ ON WW *rondvliegen/-fladderen*
revolcar /ue/ OV WW • *neerslaan*; *tegen de grond gooien* • TAUR. *omverwerpen* • *de vloer aanvegen met*; *onderuit halen* • *laten zakken* 〈voor examen〉
revolcarse WKD WW • *zich (rond)wentelen*; *(liggen) rollen* 〈in modder/stof〉 • *vasthouden* 〈aan idee/mening〉 ⋆ ~ en el fango *zich wentelen in de modder*
revolcón m • TAUR. *(het) omverwerpen*; *val(partij)* • *vernedering* • *liefdesspel* • VULG. *nummertje* ⋆ dar un ~ a alg. *iemand voor schut zetten*; *iemand op zijn nummer zetten*
revolotear ON WW • *rondfladderen* • *rondvliegen*; *cirkelen*
revoloteo m *geflodder*
revoltijo m *warboel*; *zootje*
revoltillo m → **revoltijo**
revoltoso I m *opstandeling*; *rebel* II BNW • *opstandig*; *rebels* • *baldadig*; *ondeugend*
revolución v • *revolutie*; *omverwerping* • TECHN. *omwenteling*; *toer* • ASTRON. *draaiing*; *omloop* ⋆ número de revoluciones *toerental*
revolucionar OV WW • *in beroering brengen*; *onrustig maken*; *opruien*; *ophitsen* • *radicaal veranderen* • *een revolutie teweegbrengen*
revolucionario I m *revolutionair* II BNW *revolutionair*
revolver /ue/ OV WW • *omkeren*; *(om)roeren* • *omdraaien* 〈v. hoofd〉; *afwenden* 〈v. blik〉 • *overhoop halen*; *woelen in*; *in de war schoppen* • *wroeten in*; *doorzoeken* • *in opstand brengen* ⋆ ~ el estómago *zijn maag van streek maken*; *doen walgen*
revólver m *revolver*
revolverse /ue/ WKD WW • *zich omkeren*; *zich omdraaien* • *zich verzetten* (contra tegen) • *omslaan* 〈v. weer〉 ⋆ ~ el hato *tweedracht zaaien*; *oproer veroorzaken*
revoque m *het (opnieuw) pleisteren/witten/kalken*
revotarse WKD WW *het tegenovergestelde stemmen*
revuelco m → **revolcar** • *val*; *valpartij* • TAUR. *(het) omgooien*
revuelo m • *retourvlucht*; *tweede vlucht* 〈v. vogel〉 • *(het) rondjes vliegen*; *(het) cirkelen* • *opschudding*; *beroering* ⋆ de ~ *vliegensvlug*
revuelta v • *revolte*; *opstand* • *(scherpe) bocht*; *draai* 〈in weg〉 • *rel*; *tumult*; *opstootje*
revuelto BNW • *overhoopgehaald*; *rommelig* • *onrustig*; *roerig*; *stormachtig* • *onbestendig*; *veranderlijk* 〈v. weer〉
revulsivo m *goede les*; *gebeurtenis met (gunstig) schokeffect*
rey m • *koning* • *heer* 〈v. kaartspel〉 • *koning* 〈v. schaakspel〉 ⋆ los reyes *het koningspaar* ⋆ los Reyes (Magos) *de Drie Koningen* ⋆ rey de armas *wapenheraut* ⋆ ni rey ni roque *geen*

mens; *niets of niemand* ⋆ ni quitar ni poner rey *zich niet in iets mengen*
reyerta v *ruzie*; *vechtpartij*
reyezuelo m • BIOL. *goudhaantje* • *stamhoofd*
rezagado I m *achterblijver* II BNW *achtergeraakt*; *achterblijvend*
rezagar OV WW • *achter zich laten* • *uitstellen*
rezagarse WKD WW *achterblijven*; *achteraankomen*; *een achterstand oplopen*
rezago m • *achterstand* • *achtergebleven vee* • *rest*; *overblijfsel*
rezar ON WW • *bidden* • *opzeggen* 〈v. gebed〉 • *luiden* 〈v. tekst〉 ⋆ reza que te reza *hij bidt heel wat af* ⋆ no ~ con *niet gelden voor*; *niet van toepassing zijn op* ⋆ esa conducta no reza con su carácter *dat gedrag is niet te rijmen met haar karakter* ⋆ cuando el diablo reza, engañarte quiere *als de vos de passie preekt, boer, pas op je kippen*
rezo m • *(het) bidden* • *gebed*
rezongar ON WW *mopperen*; *brommen*
rezongón I m *kankeraar*; *brompot* II BNW *kankerend*
rezumar ON WW • *doorsijpelen*; *(uit)lekken* • FIG. *overlopen*
rezumarse WKD WW • *erdoorheen sijpelen* • *doorschemeren*; *merkbaar zijn*
ria v • *brede riviermond* • SPORT *sloot*
riachuelo m *beekje*; *riviertje*
riada v • *(het) wassen* 〈v. rivierwater〉 • *overstroming*
riase WW (geb. wijs) → **reirse**
ribazo m *talud*; *helling*; *wal*
ribeiro m *Spaanse witte wijn* 〈uit Orense〉
ribera v • *oever*; *kust*; *strand* • *uiterwaard*
ribereño I m *oeverbewoner* II BNW *oever-*
ribete m • *zoom*; *boordsel*; *garnering* • *verfraaiing*; *toevoeging* 〈v. taalgebruik〉 ⋆ FIG. ~s *neigingen*; *trekjes*
ribeteado BNW • *afgezet met versiering*; *omrand* • *roodomrand* 〈v. ogen〉; *ontstoken*
ribetear OV WW *afbiezen*; *omzomen*
ribonucleico BNW *ribonucleïne-*
ricachón m *rijke stinkerd*
ricahembra v GESCH. *edelvrouw*
ricamente BIJW • *uitstekend*; *gemoedelijk*; *(prins)heerlijk in overvloed*; *ruimschoots*
Ricardo m *Richard* 〈jongensnaam〉
ricino m *wonderboom*; *ricinusboom* ⋆ aceite de ~ *wonderolie*
rico I m *rijke (man)*; *rijkaard* ⋆ rico mío *schatje*; *liefje* II BNW • *rijk* (en aan); *vermogend* • *lekker*; *heerlijk* • *vruchtbaar* 〈v. bodem〉 • *kostbaar*; *waardevol* • *schattig*; *lief* ⋆ rico en vitaminas *rijk aan vitamines*
rictus m • *(het) vertrekken van gezicht* • *krampachtige lach*
ricura v • *heerlijkheid*; *smakelijkheid*; *(het) lekker/heerlijk/smakelijk zijn* • INF. *heerlijke meid*; *schatje* ⋆ ser una ~ *te gek/fantastisch zijn*
ridiculez v • *iets belachelijks*; *bespottelijkheid* • *kleinigheid*; *onbenulligheid*
ridiculizar OV WW *ridiculiseren*; *de spot drijven met*; *belachelijk maken*
ridiculo I m *belachelijke toestand* ⋆ hacer el ~

ri

een belachelijk figuur slaan ‖ BNW
• belachelijk; lachwekkend; ridicuul
• onbetekenend; onbenullig; belachelijk klein
riego m bevloeiing; irrigatie ⋆ ~ sanguíneo
doorbloeding ⋆ boca de ~ tuit van
waterleiding
riel m • metalen staaf • rail
rielar ON WW schitteren; weerspiegeld worden
rienda v • teugel • ZELDEN terughoudendheid ⋆ a
~ suelta onbeteugeld; tomeloos ⋆ aflojar las ~s
FIG. de teugels laten vieren ⋆ dar ~ suelta a de
vrije loop laten ⋆ empeñar/llevar/tener las ~s
de touwtjes in handen hebben ⋆ soltar las ~s
zijn gevoelens de vrije loop laten; uit de band
springen ⋆ volver las ~s omkeren;
rechtsomkeert maken
riente BNW lachend
riesgo m risico ⋆ ~s de guerra molest ⋆ a ~ de
met het risico te ⋆ a todo ~ all-risk ⋆ por
cuenta y ~ propios voor eigen risico ⋆ correr
(el) ~ de het risico lopen om ⋆ no entrañar ~
para la población geen gevaar voor de
bevolking opleveren
riesgoso BNW LA riskant; gewaagd
rifa v • verloting; loterij • ruzie
rifar I OV WW verloten ‖ ON WW ruzie maken
rifarse WKD WW ruzie maken om
rifirrafe m INF. ruzie; herrie
rifle m geweer ⟨met getrokken loop⟩
rigente BNW → rígido
rigidez v • stijfheid; onbuigzaamheid; starheid;
rigiditeit • uitdrukkingsloosheid
rígido BNW • stijf; strak; rigide; niet buigbaar
• uitdrukkingsloos • rigoureus; streng • star;
onbuigzaam
rigor m • strengheid; onbuigzaamheid; harde
hand • nauwgezetheid; nauwkeurigheid;
striktheid ⋆ en ~ strikt genomen; feitelijk ⋆ es
de ~ het is verplicht; het is algemeen
gebruikelijk
rigorismo m overdreven strengheid;
onverbiddelijkheid
rigorista I m/v strenge zedenmeester ‖ BNW
streng; strikt
rigurosamente BIJW streng; strikt
rigurosidad v • strengheid; onbuigzaamheid
• nauwkeurigheid
riguroso BNW • streng; rigoureus; strikt;
nauwgezet • onverdraaglijk ⟨v. temperatuur⟩;
bar; streng
rijo I m ZELDEN bronstigheid; wellust ‖ WW (1e
p ev t.t.) → regir
rijoso BNW • wellustig; geil; bronstig
• ruzieachtig
rima v • rijm • gedicht ⋆ rimas dichtwerken;
verzen; lyriek ⋆ rima aguda staand/mannelijk
rijm ⋆ rimas cruzadas gekruist rijm ⋆ rima
grave slepend/vrouwelijk rijm
rimador m rijmelaar; versjesmaker
rimar ON WW rijmen ⟨con op/met⟩
rimbombancia v bombast; hoogdravendheid;
vertoon; ophef
rimbombante BNW • bombastisch; hoogdravend
• opzichtig
rimbombar ON WW daveren; weerklinken
rimel m mascara

rimero m stapel
Rin m Rijn ⋆ el Bajo Rin de Neder-Rijn
rin m PERU openbare telefoon; telefoonmunt
rincón m • hoek(je) • plekje • stukje grond
• uithoek
rinconada v hoek ⟨v. gebouw⟩
rinconera v hoekmeubel
ring m SPORT (boks)ring
ringlera v (**ringla**) rij; reeks ⋆ en ~ achter elkaar
ringorrango m tierelantijn
rinitis m MED. rinitis; neusverkoudheid
rinoceronte m neushoorn; rinoceros
rinólogo m neusspecialist
riña v ruzie; rel ⋆ riña de gallos hanengevecht
riñón m • nier • kern ⋆ costar un ~ peperduur
zijn; een rib uit je lijf kosten ⋆ pegarse un
alimento al ~ erg voedzaam zijn ⋆ tener el ~
bien cubierto er warmpjes bijzitten ⋆ tener
riñones INF. lef hebben
riñonada v • niervet • nierstreek
riñonera v heuptasje ⟨aan riem⟩
río m • rivier; vloed; OOK FIG. stroom ⋆ a río
revuelto in chaos en verwarring ⋆ pescar en
río revuelto in troebel water vissen ⋆ río abajo
stroomafwaarts ⋆ río arriba stroomopwaarts
rioja m rioja ⟨wijn uit de Rioja⟩
riojano I m iemand uit de Rioja ‖ BNW van/uit
de Rioja ⟨streek in Noord-Spanje⟩
rioplatense I m iemand uit de streek rond de
Río de la Plata ‖ BNW van/uit de streek rond
de Río de la Plata
riostra v steunbalk; schoor
ripiar OV WW met puin vullen
ripio m • steenslag; puin • stopwoord; FIG.
stoplap ⋆ no perder ~ zijn oren spitsen; geen
enkele kans voorbij laten gaan
riqueza v • weelde • vermogen; rijkdom ⋆ ~s
kostbaarheden ⋆ ~s del subsuelo
bodemschatten
risa v lach; gelach ⋆ digno de risa belachelijk
⋆ caerse/mondarse/morirse/troncharse de
risa omvallen van het lachen; zich doodlachen
⋆ descoyuntarse de risa zich een breuk lachen
⋆ reventarse de risa zich te barsten lachen
⋆ estar muerto de risa zich kapot lachen
⋆ mearse de risa het in zijn broek doen van
het lachen ⋆ tomar algo a risa iets niet serieus
nemen ⋆ se me escapó la risa ik kon mijn
lachen niet meer inhouden; ik schoot in de
lach ⋆ flujo de risa geweldige schaterlach
⋆ risa de teatro gemaakte lach
risada v → risotada
risco m klip; steile rots
riscoso BNW rotsachtig; vol klippen; steil
risibilidad v lachwekkendheid
risible BNW lachwekkend; belachelijk
risilla v → risita
risita v lachje ⋆ ~ de conejo vals lachje
risotada v schaterlach
risoteo m gelach
ríspido BNW LA grof; ruw
ristra v • streng; sliert • serie; reeks
ristre m ⋆ estar con la lanza en ~ klaar zijn
voor de strijd
risueño BNW • (glim)lachend; goedlachs; vrolijk
• lieflijk; bekoorlijk • veelbelovend

ritmar OV WW *ritmeren*; *ritmisch maken*
rítmico BNW *ritmisch*
ritmo m • *ritme*; *cadans* • *tempo*
rito m • *ritueel*; *rite*; *ritus* • *(plechtige) gewoonte*; *traditie*
ritual I m • *ritueel* • REL. *rituaal* ★ ser de ~ *gebruikelijk zijn* II BNW *ritueel*
ritualismo m *ritualisme*
ritualista I m/v *ritualist* II BNW *ritualistisch*
ritualizar OV WW *tot ritueel maken*
rival I m/v *rivaal*; *mededinger*; *concurrent* II BNW *rivaliserend*
rivalidad v *rivaliteit*; *wedijver*; *concurrentie*
rivalizar OV WW *rivaliseren*; *wedijveren* (con met, por om); *concurreren*
riza v *verwoesting*
rizado m • *gekrul* • *(het) krullen*; *(het) friseren*
rizador m • *krultang* • *krulspeld*
rizar OV WW • *krullen* ⟨v. haar⟩ • *rimpelen* ⟨v. water⟩
rizo m • *krul* • *badstof* • LUCHTV. *looping*
rizoma m PLANTK. *wortelstok*; *rizoom*
rizoso BNW *krullend*
robar OV WW • *(be)roven*; *stelen* • *ontvoeren* • *meevoeren* ⟨door wind⟩; *wegspoelen* • *trekken* ⟨in spel⟩; *kopen* ⟨v. speelkaarten, fiches⟩ • *afzetten*; *uitkleden* ★ ia ~ a Sierra Morena *dat is je reinste afzetterij!* ★ me ~on en Madrid *ik werd in Madrid bestolen* ★ ~ el corazón *het hart stelen* ★ esto roba mucho tempo *dat is erg tijdrovend*
roblar OV WW *(vast)klinken*
roble m • *eik* • *eikenhout* ★ estar como un ~ *robuust/krachtig zijn*
robledal m (robledo) *eikenbos*
roblón m *klinknagel*
robo m • *beroving*; *diefstal* • *roof(overval)* • *buit* ★ robo con escalamiento *diefstal met braak* ★ robo con homicidio *roofmoord*
roborar OV WW • *versterken* • VERO. *bevestigen*
robot m *robot*
robotizar OV WW *robotiseren*
robustecer OV WW *versterken*; *verstevigen*
robustez v *forsheid*; *stevigheid*; *robuustheid*
robustezca WW (1e/3e p ev subj. t.t.) → robustecer
robusto BNW *robuust*; *stevig*; *sterk*
roca v • *gesteente* • *rots(blok)* ★ ese hombre es una roca *deze man heeft een hart van steen*
rocalla v • *steenslag*; *hoop steenbrokken* • *dikke kralenketting*
rocambolesco BNW *bizar*; *ongelooflijk*; *fantastisch*
roce m • OOK FIG. *wrijving* • *schuurplek*; *versleten plek* • *(geregeld) contact*; *(geregelde) omgang*
rochar OV WW LANDB. *rooien*
rociada v • *(het) besprenkelen*; *(het) besproeien* • *dauw* • *geroddel*
rociadera v *gieter*
rociador m *sproeier*; *sprinklerinstallatie*
rociadura v *besproeiing*; *besprenkeling*
rociar /í/ I OV WW • *besproeien* (de/con met); *besprenkelen* • *bestrooien* ★ ~ la comida *iets drinken bij het eten* II ON WW • *dauwen* • *motregenen*

rocín m • *knol* • *werkpaard* • *lompe vent*; *botte kerel* ★ ir/venir de ~ a ruin *van de regen in de drup komen*
rocinante m *oude, magere knol* ★ Rocinante *paard van Don Quichot*
rocío m • *dauw*; *nevel*; *dauwdruppels* • *motregen*
rockero I m • *liefhebber van rock* • *rockartiest* II BNW *rock-*
rococó m *rococo*
rocoso BNW *rotsachtig* ★ Montañas Rocosas *Rocky Mountains*
roda v *voorsteven*
rodaballo m • *tarbot* • FIG. *sluwe vos*
rodada v *wagenspoor*
rodadero m *(steile) helling* ⟨bedekt met stenen⟩
rodado I m • ARG, CHI *voertuig* • ZA *kinderwagen* II BNW *rijdend* ★ transporte ~ *wegtransport* ★ venir ~ *vanzelf gebeuren*; *van een leien dakje gaan*
rodadura v *(het) rollen*; *(het) draaien*
rodaja v *schijf(je)*; *plak(je)*
rodaje m • *(het) draaien*; *opname* ⟨v. film⟩ • *(het) inrijden* ⟨v. auto⟩; *inrijperiode* • *aanloopperiode*; *inwerkperiode* • *motorrijtuigenbelasting*
rodamiento m TECHN. *(kogel)lager*
Ródano m *Rhône*
rodante BNW *rollend* ★ cocina ~ *veldkeuken*
rodapié m • *versiering* ⟨aan meubelpoot⟩ • *plint*
rodar /ue/ I OV WW • *rollen*; *draaien*; *opnemen* ⟨v. film⟩ • *inrijden* ⟨v. auto⟩ II ON WW • *rollen* • *rijden* • *ronddraaien* • *omlaagrollen*; *heen-en-weer rollen*; *tuimelen* • FIG. *bestaan* • *rondlopen*; *rondtrekken* ★ andar/ir rodando *rondzwerven* ★ bajar rodando *omlaagrollen* ★ ~ por tierra *op de grond vallen* ★ iruede la bola! *laat maar waaien!* ★ la empresa fue a ~ *de onderneming ging te gronde* ★ lo echa todo a ~ *hij stuurt alles in de war* ★ ~ por la cabeza *door zijn hoofd spoken*
Rodas v *Rhodos*
rodear I OV WW • *omgeven* (de met) • *omsingelen*; *omgeven* • *eromheen lopen* ★ ~ de un dique *indammen* II ON WW • *omrijden*; *een omweg maken* • FIG. *eromheen draaien*; *eromheen praten*
rodela v *rond schild*
rodeo m • *omweg* • *smoes*; *uitvlucht* • *rodeo* ★ dar un ~ *een omweg maken* ★ andarse con ~s *om de hete brij heen draaien*
rodera v *karrenspoor*
rodete m • *haarwrong*; *knot* • *draagkussentje* ⟨op het hoofd⟩
rodilla v • *knie* • *poetslap*; *wrijflap* ★ ponerse/hincar(se) de ~s *neerknielen* ★ doblar/hincar la ~ *knielen*; *door de knieën gaan*; *zich overgeven* ★ de ~s *geknield*
rodillada v *kniebuiging*
rodillazo m • *kniestoot* • TAUR. *stoot tegen de knie*
rodillera v • *kniebeschermer* • *knielap* • *knie* ⟨in een broek⟩
rodillo m • *verfroller* • *deegroller* • *massageroller* • *wals* • POL./INF. *machtsapparaat*

rodio m CHEM. *rodium*
rododendro m *rododendron*
rodrigar OV WW *steunen met staken; opbinden*
rodrigón m • *stut; staak* ‹voor planten› • INF. *chaperon*
rodríguez m *onbestorven weduwnaar*
Rodríguez ⋆ estar/quedarse de ~ *thuisblijven als vrouw en kinderen op vakantie zijn*
roedor I m *knaagdier* II BNW OOK FIG. *knagend*
roedura v • *(het) knagen* • *knaagspoor; afgeknaagde plek*
roentgen m *röntgen*
roentgenoterapia v *röntgentherapie; bestraling*
roer OV WW • *knagen; knabbelen* • ZELDEN *interen op* • FIG. *vreten aan; knagen aan; afkluiven* ⋆ roerse las uñas *op zijn nagels bijten* ⋆ las preocupaciones le roen el alma *de zorgen knagen aan hem/haar*
rogación v *smeekbede; verzoek(schrift)*
rogar /ue/ OV WW *verzoeken; smeken; vragen*
rogativas v mv *smeekbede; litanie*
rogatorio BNW *vragend; smekend*
roído BNW • *aangevreten* • FIG. *schamel; karig* • FIG. *krenterig*
roiga WW (1e/3e p ev subj. t.t.) → **roer**
rojear ON WW • *roodachtig zijn/worden* • *een rode gloed krijgen*
rojerío m INF. *linkse groepering*
rojete m *rouge*
rojez v • *roodheid* • *rode plek* ‹op de huid›
rojiblanco BNW *roodwit*
rojizo BNW *roodachtig*
rojo I m • *(het) rood; rouge* • POL. *rode; socialist* • *republikein* ‹tijdens Spaanse burgeroorlog en Franco-regime› ⋆ al rojo (vivo) *roodgloeiend*; FIG. *witheet* II BNW • *rood* • *roodharig* • POL. *rood* ⋆ coral rojo *bloedkoraal* ⋆ lápiz rojo *rood potlood; lippenstift* ⋆ ponerse rojo *blozen*
rojura v → **rojez**
rol m • *lijst met namen; monsterrol* • *rol* ‹in toneelstuk›
roldana v *katrolschijf; takel*
rollizo I m *rondhout* II BNW *mollig; rond*
rollo m • *rol* • INF. *gedoe* • INF. *gezeur; geouwehoer* • *saai/vervelend iets* • FOTO. *rolletje* • FIG./INF. *leefwijze* ⋆ ~ de cinta engomada *plakband* ⋆ ~ de cocina *keukenrol* ⋆ poner en el ~ *bekendmaken* ⋆ ser un ~ *stomvervelend zijn* ⋆ ir a su ~ *alleen aan zichzelf denken* ⋆ ¿de qué va el ~? *waar gaat het over?*
Roma v *Rome* • FIG. *revolver* Roma con Santiago *hemel en aarde bewegen* ⋆ hablando del rey de Roma, ahora asoma *als je over de duivel praat, trap je op zijn staart* ⋆ todos los caminos llevan a Roma *alle wegen leiden naar Rome*
romadizo m *neusverkoudheid*
romaico BNW *Grieks*
romana v • *weeghaak* • *Romeinse*
romance I m • *romance; (liefdes)avontuur(tje)* • LIT. *romance; gedicht* ‹met achtlettergrepige versregels› • GESCH. *Spaanse taal* ⋆ ~ heroico *romance van elflettergrepige versregels* ⋆ un acaramelado ~

een zoete romance ⋆ en buen ~ *verstaanbaar; duidelijk* ⋆ ~s *smoesjes; praatjes* II BNW *Romaans*
romancear OV WW *in het Spaans vertalen*
romancero m *liedboek*
romancista m/v *romanschrijver, -schrijfster; romancier, -cière*
románico I m • TAALK. *Romaans* • BOUWK. *romaanse bouwstijl* II BNW *romaans*
romanista m/v *romanist*
romanística v *romanistiek*
romanizar OV WW *romaniseren*
romano I m • *Romein* • *rooms-katholiek* • *Latijn* ‹taal› • TECHN. letra romana *romein* ‹letter› ⋆ ~ rústico *vulgair Latijn* II BNW • *Romeins* • *rooms(-katholiek)* • *Latijns*
romanticismo m *romantiek*
romántico BNW • *romantisch; dromerig* • *uit de romantiek* ‹v. kunst›
romanza v MUZ. *romance*
romaza v PLANTK. *zuring*
rombal BNW *ruitvormig*
rombo m WISK. *rombus; ruit*
romboedro m WISK. *scheve kubus; romboëder*
romboidal m *in de vorm van een parallellogram*
romboide m *romboïde; scheefhoekig parallellogram*
romería m • *bedevaart* • *heiligenfeest; dorpsfeest* • FIG. *menigte*
romero m • ZELDEN *pelgrim* • *rozemarijn*
romo BNW • *stomp* • *met stompe neus* ‹v. persoon› • *lomp*
rompecabezas m • *(leg)puzzel* • *ploertendoder*
rompedor BNW *breekbaar; broos; fragiel*
rompedura v • *(het) breken* • *breuk; scheur*
rompehielos m onver. *ijsbreker*
rompehuelgas m onver. *stakingsbreker*
rompenueces m onver. *notenkraker*
rompeolas m onver. *golfbreker*
romper I OV WW • *breken; kapotmaken; scheuren* • *afbreken; doorbreken; verbreken* • *uitmaken* ‹v. een relatie› • *overtreden* • *beginnen* ⋆ ~ un contrato *een contract verbreken* ⋆ ~le a uno los cascos *iemand de hersens inslaan* ⋆ ~ el fuego *het vuur openen* ⋆ al ~ el día *bij het aanbreken van de dag* II ON WW • *breken* ‹v. golf› • *beginnen* • *zich een weg banen; uitkomen* ‹v. bloemen› ⋆ de rompe y rasga *vastberaden; voortvarend* ⋆ ~ a llorar *in tranen uitbarsten*
romperse WKD WW *breken; kapotgaan* ⋆ ~ el brazo *een arm breken* ⋆ FIG. ~ la cabeza *zich het hoofd breken*
rompiente m *golfbreker*
rompimiento m • *verbreking; breuk* • *doorkijkje* ‹op schilderij›
rompope m (**rompón**) LA/CUL. *soort advocaat*
ron m *rum*
ronca v • *bronstige kreet* ‹v. hert›; *(het) burlen* • *uitbrander; standje*
roncamente BIJW *ruw; bars*
roncar ON WW • *snurken* • *huilen* ‹v.d. wind›
roncear I OV WW • ARG./MEX. *heen-en-weer bewegen* • INF. *vleien* II ON WW *treuzelen; lijntrekken*

ro

roncería v • *getreuzel* • INF. *vleierij*
roncero BNW • *treuzelend*; *traag* • *onwillig*; *dwars* • *kruiperig*
roncha v • *bult(je)*; *buil*; *blauwe plek* • *plakje*; *schijfje*
ronco BNW • *schor*; *hees* • *dof* ‹v. geluid›
ronda v • *ronde*; *patrouille* • *rondje* ‹in café e.d.› • *rondgang* ‹met serenades›; *rondzang*; *reizang* • *rondweg*; *ring* • SPORT *ronde*; *potje* ‹v. spel› ★ MIL. hacer la ~ *de ronde doen* ★ andar de ~ *serenades brengen* ★ ~ de negociaciones *onderhandelingsronde*
rondalla v (groep) *straatmuzikanten*
rondar I ON WW • *een ronde maken langs* • *het hof maken*; *serenades brengen* • *achternalopen*; *lastig vallen*; *belagen* ★ esta mujer anda rondando los setenta años *die vrouw is rond de zeventig* II ON WW • *de ronde doen*; *patrouilleren* • *rondlopen*; *('s nachts) over straat zwerven*
rondó m MUZ. *rondo*
rondón m ★ de ~ *plompverloren*; *onverwachts*; *brutaalweg*
ronquear ON WW *hees/schor zijn*
ronquedad v *heesheid*
ronquera v *heesheid*; *schorre stem*
ronquido m • *gesnurk*; *geronk* • *gehuil* ‹v.d. wind›
ronronear ON WW • *spinnen* ‹v. kat› • *snorren* ‹v. motor› • *verontrusten*; *door het hoofd blijven spelen*
ronroneo m • *gespin* ‹v. kat› • *gesnor* ‹v. motor›; *gebrom*
ronza v ★ a la ~ *aan lijzijde*
ronzal m *halster*
ronzar ON WW *luidruchtig kauwen/knabbelen op*
roña v • *schurft* • *viezigheid* • *slechte invloed* • *gierigheid*; *krenterigheid*
roñería v *gierigheid*; *krenterigheid*
roñica m/v *gierigaard*; *vrek*
roñoso BNW • *schurftig* • *roestig* • *smerig* • *krenterig*; *gierig*
ropa v • *wasgoed* • *linnengoed* • *kleding*; *kleren* ★ ropa blanca *kookwas*; *ondergoed* ★ ropa delicada *fijne was* ★ ropa de color *bonte was* ★ ropa de cama *beddengoed* ★ ropa interior *ondergoed* ★ estar en ropas menores *in z'n ondergoed staan* ★ ropas hechas *confectiekleding* ★ cambiar(se)/mudar(se) la ropa *zich verkleden* ★ quitarse la ropa *zich uitkleden* ★ no tocarle la ropa a alg. *iemand geen haar krenken* ★ decir a quema ropa *recht voor zijn raap zeggen* ★ disparar a quema ropa *van zeer dichtbij schieten*
ropaje m • *gewaad*; *galakleding* • *kleren*; *kleding* • *uitdrukkingswijze* ★ un libro ~ en español *een Spaanse uitgave*
ropavejería v *uitdragerij*
ropavejero m *uitdrager*
ropería v *(tweedehands-)kledingzaak* ★ ~ de viejo *uitdragerij*
ropero I m *garderobe*; *klerenkast* II BNW *klerenkast-*
ropón m *lang overkleed*; *gewaad*
roque m *toren* ‹in schaakspel› ★ estar ~ *slapen*; *maffen*; *pitten* ★ quedarse ~ *in slaap sukkelen*
roquedal v *rotsachtig gebied*

roquedo m *rotsblok*
roqueño BNW • *rotsachtig* • *keihard*
roquero BNW • *op rotsen gebouwd*; *rots-* • MUZ. *rock-* ★ cantante ~ *rockzanger*
rorcual m *vinvis*
rorro m *zuigeling*; *baby*
ros m *kepie*
rosa I v • *roos* • *roze kleur* • *rode vlek* ‹op de huid› • BOUWK. *roosvenster* • (mv) *popcorn* ★ de rosa *roze* ★ de color de rosa *romantisch getint* ★ rosa de los vientos/rosa náutica *windroos* ★ esencia de rosas *rozenolie* ★ como una rosa *fris*; *als een roos*; *zacht*; *aangenaam* ★ estar como una rosa *zo fris als een hoentje zijn* ★ encontrarse como las propias rosas *zich heel tevreden voelen* ★ tras el baño se quedó como una rosa *na het bad voelde ze zich weer kiplekker* II BNW • *roze* • *sentimenteel* ★ novela rosa *damesroman*; *liefdesroman*
rosáceas v (mv) *roosachtigen*; *rosaceeën*
rosáceo BNW *(licht)roze*
rosada v *rijp*; *ijzel*
rosado I m *rosé* II BNW *roze*; *zalmkleurig*
rosal m *rozenstruik*
rosaleda v (**rosalera**) *rozenperk/-tuin*; *rosarium*
rosario m • *rozenkrans* ‹ook gebed› • *serie*; *rij* • *paternosterlift* ★ un ~ de coches *een rij auto's*
rosbif m *rosbief*
rosca v • *ring*; *rol* • *broodje*; *kransje* • *vetrol*; *vetkussentje* • *schroefdraad* ★ hacer la ~ *zomaar ergens gaan slapen* ★ hacerse (una) ~ *zich oprollen* ‹v. kat of hond› ★ pasado de ~ *getikt* ★ tirarse una ~ *zakken* ‹voor examen› ★ pasarse de ~ *doldraaien* ‹v. schroef›; *over de schreef gaan*; *doordraven* ★ pasarse una ~ *volledig verslijten* ★ hacer la ~ a alg. *iemand proberen in te palmen*; *vleien*
roscado BNW • *gedraaid* • *schroefvormig* ★ tapón ~ *schroefdopje*
roscón m • *kransje* ‹gebakje› • *(brood)krans* ★ ~ de Reyes *broodkrans met verrassing* ‹voor Driekoningen›
Rosellón m *Roussillon*
róseo BNW *rozig*; *rooskleurig* ★ ardor ~ *rosse gloed*
roseola v MED. *roseola* ‹ziekte met rode huidvlekjes›
roseta v • *roosje* • *blos* ★ ~s *popcorn*
rosetón m • *roosvenster* • *rozet*
rosicler m *morgenrood* ★ el ~ de los Alpes *het alpengloeien*
rosillo BNW *lichtrood*
rosita v • *roosje* ★ ZA *oorring* ★ de ~s *zomaar*; *voor niks*; *gratis*
rosmarino m *rozemarijn*
roso BNW • *roodgloeiend* • *zonder haar*; *kaal*
rosquete m *rond gebakje*; *kransje*
rosquilla v • *rond gebakje*; *kransje* • *larve*; *worm* ★ saber a ~s *verheugend zijn* ‹v. bericht›
rostrado BNW *spits*
rostro m • *gezicht* • *snavel* ★ torcer el ~ *zijn mond vertrekken* ★ echar en ~ • FIG. *in het gezicht slingeren* ★ hacer ~ a *het hoofd bieden*

ro

aan ⋆ tener ~ *lef hebben*
rota v *rotan* ⋆ la Rota *de pauselijke rechtbank*
rotación v • *rotatie; draaiing* ⟨om zijn as⟩;
baan; omloop • *toerbeurt* ⋆ ~ de personal
personeelsverloop
rotador m ANAT. *rotator; draaispier*
rotario BNW *van de Rotary Club; Rotary-*
rotativa v *rotatiepers*
rotativo I m *krant* II BNW *rotatie-*
roten m • *rotting* • *rotan*
rotería v CHI *gepeupel*
rotisería v ZA/ZZA *rotisserie; grillrestaurant*
roto I m • CHI *armoedzaaier* • ARG, PERU/PEJ.
Chileen II ww • (volt. deelw.) → **romper**
gebroken; kapot • *gescheurd; versleten*
rotonda v • *ronde hal; rond gebouw* • *rond
plein; rotonde*
rotor m *rotor; anker* ⟨v. motor⟩
rotoso BNW • LA *sjofel* • CHI *ordinair*
rótula v *knieschijf*
rotulación v • *(het) labelen; (het) etiketteren;
etikettering; (het) voorzien van opschrift*
• *ondertiteling* ⟨v. film⟩
rotulador I m *viltstift* II BNW *opschriften
aanbrengend; labelend*
rotuladora v *adresseermachine*
rotular OV WW • *etiketteren; labelen; van
opschrift voorzien* • *ondertitelen*
rótulo m • *opschrift* • *etiket; label* • *ondertitel*
rotundidad v • *rondheid* • *duidelijkheid*
rotundo BNW • *rond* • *categorisch; beslist;
absoluut* • *duidelijk; helder; afgewogen* ⟨v.
stijl⟩ ⋆ *fracasos ~s grote flaters/blunders*
rotura v • *(het) (af-, ver)breken; (het) barsten*
• *breuk; gat; spleet* ⋆ ~ *por fatiga slijtagebreuk*
roturación v *ontginning*
roturar OV WW *ontginnen; ploegen*
round m SPORT *ronde*
roya I v PLANTK. *roest* II WW (1e/3e p ev subj.
t.t.) → **roer**
roza v • *opengekapte strook; pas ontgonnen land*
• *sleuf; gleuf*
rozadura v *schram; schaafwond; schuurplek*
rozagante BNW • *schitterend; oogverblindend* ⟨v.
kleding⟩ • *trots; voldaan*
rozamiento m • *lichte aanraking* • *wrijving*
• *onenigheid; ruzie*
rozar OV WW • *beroeren; licht aanraken*
• *schuren langs/tegen* • FIG. *grenzen aan;
raakvlakken hebben met* • *gleuven maken in*
⟨muur⟩
rozarse WKD WW • *verslijten* • *een schaafwond
oplopen; schrammen* • *omgaan* (**con** met)
• *struikelen* • *stamelen*
roznar I OV WW *knauwen op; vermalen* II ON
WW *balken* ⟨v. ezel⟩
rúa v *(dorps)straat; steeg*
rubato BNW MUZ. *rubato*
rúbeo BNW *roodachtig*
rubéola v *rodehond*
rubí m *robijn* ⋆ *color rubí robijnrood*
rubia v • *blondine; blondje* • *auto* ⟨met houten
carrosserie⟩ • GESCH. *peseta* ⟨muntstuk⟩
rubiales m/v (onver.) INF. *blondje; blond
persoon*
Rubicón m *Rubicon* ⋆ *pasar el* ~ *de Rubicon*

overtrekken; een onherroepelijke stap doen
rubicundez v • *roodblonde kleur* • *gezonde
kleur; blos*
rubicundo BNW • *roodblond* • *met een gezonde
kleur; blozend*
rubio I m *blonde jongen; blonde man* II BNW
blond
rublo m *roebel*
rubor m • *kleur; blos* • *schaamrood;
schaamte(gevoel); verlegenheid* ⋆ *con* ~
bedeesd ⋆ *cubrirse de* ~ *vuurrood worden* ⟨v.
schaamte⟩
ruborizado BNW • *blozend* • *vuurrood* ⟨v.
schaamte⟩
ruborizar OV WW *doen blozen*
ruborizarse WKD WW • *blozen* • *zich schamen
(de voor)*
ruboroso BNW • *blozend* ⟨v. schaamte⟩ • *snel
blozend*
rúbrica v • *paraaf* • *titel; opschrift* ⋆ *de* ~
officieel; gebruikelijk
rubricar OV WW • *ondertekenen; paraferen*
• *onderschrijven; bekrachtigen*
rubro m • LA *titel; kop* • CHI *post* ⟨v.
boekhouding⟩
ruca v ARG/CHI *hut*
rucio I m *grijs paard/grijze ezel* ⋆ ~ *rodado
appelschimmel* II BNW *appelgrauw; peper-en-
zoutkleurig*
ruda v PLANTK. *(wijn)ruit*
rudeza v *ruwheid; grofheid* ⋆ ~ *de mano
hardhandigheid*
rudimental BNW (**rudimentario**) • *rudimentair*
• *onvoldoende ontwikkeld* • *in beginsel
aanwezig*
rudimento m • *rudiment* • *eerste beginsel*
• *kiem; embryo* ⋆ ~s *grondbeginselen*
rudo BNW • *ruw; ongepolijst; onbewerkt*
• *onbeschaafd; lomp; grof; hard* ⋆ la derrota
fue un rudo golpe para mí *de nederlaag was
een zware slag voor me*
rueca v *spinrokken*
rueda v • *rad; wiel; band* • *kring; cirkel; stuk;
moot; schijf* ⋆ ~ *delantera voorwiel* ⋆ ~
dentada tandwiel(tje) ⋆ ~ *elevadora scheprad*
⋆ ~ *de paletas schoepenrad* ⋆ ~ *de prensa
persconferentie* ⋆ *chupar* ~ *aan het wiel
hangen* ⟨v. wielrenner⟩; *van een ander
profiteren* ⋆ *comulgar con* ~s *de molino zich
van alles op de mouw laten spelden* ⋆ *ir sobra
~s op rolletjes lopen* ⋆ *hacer la* ~ *met zijn
veren pronken* ⟨ook van dieren⟩
ruedo m • *omtrek; zoom; rand* ⟨v. wiel⟩
• *garnering; sierrand* • *piste; arena* • *(ronde)
mat* ⋆ *echarse al* ~ FIG. *zich in het avontuur
storten*
ruego m *(dringend) verzoek* ⋆ ~s y preguntas
rondvraag ⋆ *a sus* ~s *op zijn verzoek*
rufián m • *pooier; souteneur* • *afzetter; bedrieger*
rufianesca v • *tuig; schorem* • *onderwereld*
rufianesco BNW • *schofterig; misdadig; gemeen*
• *pooier-*
rufo BNW • *roodharig* • *met krulhaar*
rugar OV WW *verfrommelen; verkreukelen*
rugbista m *rugbyspeler*
rugby m *rugby*

rugido m • *gebrul*; *geschreeuw* • *gebulder*; *geloei*
rugir ON WW • *brullen*; *loeien*; *bulderen* • *schreeuwen*; *gillen* • INF. *stinken* ★ está que ruge *hij is razend* ★ sus tripas rugen *zijn/haar maag knort*
rugosidad v • *ruwheid*; *oneffenheid* • *rimpel*; *plooi*
rugoso BNW • *gerimpeld*; *rimpelig* • *ruw*; *oneffen*
ruibarbo m *rabarber*
ruido m • *geluid* • *rumoer*; *herrie*; *lawaai* • *ophef* ★ ~ callejero *straatlawaai* ★ ~ de fondo *ruis* ★ ~s parásitos *bijgeluiden* ★ hacer/meter ~ *kabaal maken*; *ophef veroorzaken* ★ mucho ~ y pocas nueces *veel geschreeuw en weinig wol*
ruidoso BNW • *rumoerig*; *lawaaiig* • *opzienbarend* ★ un éxito ~ *een daverend succes*
ruin BNW • *laag*; *verdorven* • *krenterig*; *gierig* • *zwak*; *onderontwikkeld*
ruina v • *ruïne*; *puinhoop* • *verwoesting*; *ondergang* • *in(een)storting* • *bankroet* • *wrak* ⟨v. persoon⟩
ruindad v • *gemeenheid*; *laagheid* • *gemene streek*
ruinoso BNW • *vervallen*; *bouwvallig*; *gammel* • *rampzalig*; *funest*; *ruïneus*
ruiponce m PLANTK. *rapunzel*
ruiseñor m *nachtegaal*
rular I OV WW • *(voort)rollen* • *aan de gang brengen* • *draaien* ⟨v. sigaret⟩ II ON WW • *rollen* • *lopen*; *functioneren* • *rondlopen* • *een joint draaien*
ruleta v *roulette*
ruletero m CA *taxichauffeur*
rulo m • *deegroller* • *krulspeld*
Rumania v *Roemenië*
Rumanía v → **Rumania**
rumano I m • *Roemeens* • *Roemeen* II BNW *Roemeens*
rumba v *rumba* ⟨Z-Am. dans⟩
rumbear ON WW • *de rumba dansen* • *zich oriënteren* • *een richting kiezen*
rumbo m • *koers*; *richting* • *windstreek* • *vertoon*; *luister*; *pracht* ★ ~ a *op weg naar*; *richting* ★ cambiar de ~ *een andere koers volgen*; *het over een andere boeg gooien*
rumbón BNW → **rumboso**
rumboso BNW • *vrijgevig*; *royaal* • *met veel pracht en praal*; *luisterrijk*
rumiante m *herkauwer*
rumiar OV WW • *herkauwen* • *nadenken over*; *overpeinzen*
rumor m • *gerucht* • *geroezemoes* • *geruis* ★ corren ~es de que *het gerucht gaat dat* ★ suena un ~ *er gaat een gerucht*
rumorear ON WW *verspreid worden*; *de ronde doen* ⟨v. gerucht⟩
rumorología v INF. *geruchtenmolen*
rumoroso BNW *ruisend*; *murmelend*
runfla v • *een bep. kaartspel* • *hoop* ⟨hoeveelheid⟩
runrún m • *gerucht* • *geroezemoes*; *gefluister*
runrunearse ON WW ★ se runrunea que *het*

gerucht gaat dat
rupestre BNW *rots-* ★ pinturas ~s *rotsschilderingen*
rupia v • *roepia* • MED. *rupia* ⟨korsterige huiduitslag⟩
ruptura v • OOK FIG. *breuk*; *verbreking* • MED. *ruptuur*; *breuk*; *verscheuring*
rural I m • RPL *stationcar* • LA *boer* II BNW *plattelands-*; *landelijk* ★ economía ~ *landbouwkunde* ★ vida ~ *plattelandsleven*
Rusia v *Rusland*
ruso I m • *Russisch* ⟨taal⟩ • *Rus* • *warme jas* II BNW *Russisch*
rusticidad v • *landelijkheid* • *lompheid*; *onbeschaafdheid* • *eenvoud*
rústico I m • *boer*; *buitenman* • *boerenkinkel*; *pummel* II BNW • *rustiek*; *landelijk (en eenvoudig)* • *boers* • *ruw*; *onbehouwen* ★ en rústica *ingenaaid*; *gebrocheerd* ⟨v. boek⟩
ruta v • *route*; *weg* • FIG. *lijn*; *koers* • INF. *pad*
rutilante BNW *fonkelend*; *stralend*
rutilar ON WW *stralen*; *fonkelen*; *schitteren*
rutina v • *routine* • *gewoonte*; *sleur* • INF. *programma*
rutinario BNW *sleur-*; *routine-*
rutinero I m • *routinier* • *gewoontemens* II BNW *routinematig*; *geroutineerd*; *gewoonte-*

ru

S

s v s ★ la s de Sábado *de s van Simon*

S.A. AFK (Sociedad Anónima) *NV* ⟨naamloze vennootschap⟩

sábado m • *zaterdag* • *sabbat* ★ Sábado de Gloria *paaszaterdag* ★ los ~s *'s zaterdags*

sabana v *savanne*

sábana v *(bed)laken* ★ ~ santa *heilige lijkwade* ★ ~ de nieve *sneeuwdek* ★ (se) le pegan las ~s *hij kan niet uit zijn bed komen; hij verslaapt zich*

sabandija v • *beestje* ⟨reptiel of insect⟩ • *verachtelijk mens* • LA *kwajongen*

sabanear ON WW LA *(met vee) over de savanne zwerven; de savanne doorkruisen*

sabanero I m • *savannebewoner* • LA *veedrijver op de savanne* II BNW *savanne-*

sabanilla v • *lakentje* • *doek* • CHI *beddensprei* • *altaardoek*

sabañón m *wintervoeten/-handen* ★ comer como un ~ *eten als een bootwerker; schrokken; gulzig eten*

sabat m *sabbat*

sabático BNW *sabbat-* ★ año ~ *sabbatsjaar*

sabatino BNW *zaterdag(s)-*

sabayón m CUL. *zabaglione*

sabedor BNW • *op de hoogte* • *wetend* ★ hacer a uno ~ de *iemand in kennis stellen van*

sabelotodo m/v *betweter*

saber I m *kennis; (het) weten* II OV WW • *weten; te weten komen; vernemen* • *kennen; beheersen* • *kunnen* ★ ¿sabes...? *weet je?* ★ ¿sabes de un buen peluquero? *weet je een goede kapper?* ★ a ~ *te weten* ★ vete a ~ *wie weet* ★ ya se sabe *dat spreekt vanzelf* ★ no sabe ir a Madrid *hij weet de weg naar Madrid niet* ★ que yo sepa *voor zover ik weet* ★ a ~ cuándo vendrá *ik ben benieuwd wanneer hij komt* ★ no ~ la cartilla *van toeten noch blazen weten* ★ sin ~lo yo *buiten mij om; zonder dat ik het wist* ★ iqué sé yo! *weet ik veel!* ★ no ~ cuántos son cinco *niet tot vijf kunnen tellen* ★ él sabe (hablar) ruso *hij kan Russisch spreken* ★ no sé cómo decirlo *ik weet niet hoe ik het moet zeggen* ★ como supo y pudo *zo goed als hij kon* ★ un no sé qué de... *iets onzegbaar...* ★ quien menos sabe, menos sufre *wat niet weet, wat niet deert* ★ no ~ ní jota *geen flauw idee hebben* III ON WW • *smaken (a naar)* ★ ~ bien/mal *lekker/vies smaken* ★ ~ a quemado *aangebrand smaken* ★ ~ a limón *naar citroen smaken; een citroensmaak hebben* ★ sabe a traición *het riekt naar verraad*

sabidillo I m *wijsneus* II BNW • *eigenwijs* • *schoolmeesterachtig; betweterig*

sabido BNW • *(algemeen) bekend* • *wijs; geleerd* ★ es cosa sabida *het is een bekend feit*

sabiduría v • *wijsheid; geleerdheid; beleid; gezond verstand* • *fondo de* ~ *bron van wijsheid* ★ ~ popular *volkswijsheid*

sabiendas ★ a ~ *welbewust; willens en wetens*

sabiente BNW *wetend*

sabio I m • *wijs mens* • *geleerde* ★ errar es de ~s *vergissen is menselijk* II BNW • *wijs* • *geleerd* • *afgericht* ⟨v. dier⟩

sabiondo I m *betweter; wijsneus* II BNW *arrogant; betweterig*

sablazo m • *wond* ⟨door sabelsteek⟩ • *sabelhouw/-steek* ★ dar un ~ *geld uit de zak kloppen; afbietsen; afzetten*

sable m *sabel*

sableador m *sabelschermer*

sablear ON WW *geld ontfutselen; klaplopen*

sablista m/v *klaploper; profiteur; afperser*

sablón m *grof zand*

sabor m • *smaak; nasmaak* • *vleugje; zweem; tintje* • ~ a quemado *aangebrande smaak* ★ dejar mal ~ de boca *een vieze smaak in de mond geven* ★ a ~ *naar believen* ★ un poema a ~ romántico *een romantisch getint gedicht*

saborcillo m *smaakje*

saborear OV WW • *goed proeven* • *genieten van*

saborearse WKD WW *zich verkneukelen*

saborizante m *smaakversterker*

sabotaje m *sabotage*

saboteador I m *saboteur* II BNW *sabotage-*

sabotear OV WW *saboteren; verijdelen*

Saboya v *Savoie*

sabrá WW (3e p ev tk.t.) → **saber**

sabroso BNW • *smakelijk* • FIG. *waardevol* • *pittig; zout* • FIG. *pikant; smeuig*

sabrosón BNW • *meeslepend* ⟨v. muziek⟩ • *levendig* ⟨v. persoon⟩ • LA *smakelijk* ⟨v. eten⟩ • LA *zacht* ⟨v. klimaat⟩

sabuco m *vlierbes; vlier*

sabueso I m • *speurhond* • *speurneus* ⟨detective⟩ II BNW *speur-*

sabuloso BNW *zanderig*

saburral BNW ★ lengua ~ *beslagen tong*

saca v • *(grote) zak* • *uitvoer* • *(notarieel) afschrift* ★ estar de saca *te koop zijn; huwbaar zijn*

sacabocado m *gaatjestang*

sacabocados m (mv onv.) → **sacabocado**

sacabotas m (mv onv.) *laarzenknecht*

sacabuche m • *schuiftrompet* • SCHEEPV. *pomp*

sacacorchos m (mv onv.) *kurkentrekker* ★ sacar algo a alg. con ~ *iets uit iemand trekken*

sacacuartos I m (mv onv.) *geldklopperij* II m/v *oplichter*

sacadineros m (mv onv.) → **sacacuartos**

sacagrapas m (mv onv.) *ontnieter*

sacamanchas m (mv onv.) *vlekkenmiddel*

sacamuelas m/v (mv onv.) • *kiezentrekker* • *kletsmajoor*

sacapuntas m (mv onv.) *puntenslijper*

sacar OV WW • *weghalen; (ergens) uithalen; bevrijden* • *halen; te voorschijn halen* • *redden* ⟨uit situatie⟩ • *oplossen; herkennen; bereiken* • *winnen* ⟨v. prijs/v. erts⟩ • *behalen* ⟨v. stemmen⟩; *verkrijgen* ⟨v. informatie⟩ • *(laten) maken* ⟨v. foto, afschrift⟩ • *uitbrengen* ⟨v. product⟩; *uitgeven; (geld) in omloop brengen* • *laten zien; tonen* • *uittrappen; ingooien; serveren* • *vervaardigen; produceren* ★ ~ en claro de *opmaken uit; afleiden uit* ★ ~ la cuenta *uitrekenen* ★ ~ a luz *laten verschijnen* ★ ~ la cabeza *zijn hoofd even laten zien* ★ ~ de

paseo al perro *de hond uitlaten* ⋆ ~ de su paso a uno *iemand uit zijn gewone doen halen* ⋆ ~ al campo a uno *iemand uitdagen tot een duel* ⋆ ~ adelante *draaiend houden* ⟨v. bedrijf⟩; *grootbrengen* ⋆ le ha sacado de sí *hij heeft hem woedend gemaakt* ⋆ lo saqué por sus gafas *ik heb hem aan zijn bril herkend* ⋆ así no se saca nada *zo bereikt men niets* ⋆ ~se los zapatos *zijn schoenen uittrekken*
sacarina v *sacharine*
sacarino BNW • *suikerhoudend* • *suikerachtig*
sacarosa v *rietsuiker*; *sacharose*
sacerdocio m • *priesterschap* • *roeping*
sacerdotal BNW *priesterlijk*
sacerdote m *geestelijke*; *priester* ⋆ sumo ~ *hogepriester*
sacerdotisa v *priesteres*
sachar OV WW *wieden*
saciar OV WW • OOK FIG. *verzadigen* • *bevredigen*
saciedad v *verzadiging* ⋆ hasta la ~ *tot vervelens toe*; *uitentreuren*
saco m • *zak* • *zak vol* • *flodderjas* • LA *colbert* • *plundering* ⋆ saco de arena *zandzak* ⋆ saco de dormir *slaapzak* ⋆ saco lacrimal *traanzak* ⋆ carrera en saco/de sacos *zaklopen* ⋆ caer en saco roto *aan dovemansoren gericht zijn* ⋆ no echar u.c. en saco roto *er rekening mee houden*; *iets niet vergeten* ⋆ es un saco de sorpresas *hij zit vol verrassingen* ⋆ meter a saco *plunderen* ⋆ echar en saco roto *in de wind slaan*
sacomano m *plundering*
sacralizar OV WW *consacreren*
sacramentado BNW REL. *bediend* ⋆ Cristo ~ *Christus in de Eucharistie*
sacramental BNW *sacramenteel*
sacramentar OV WW • *consacreren* • *bedienen*
sacramento m *sacrament*
sacrificar OV WW • *offeren* • *slachten* • *opofferen*
sacrificarse WKD WW • *zich opofferen* • *zichzelf wegcijferen*
sacrificio m • *(mis)offer*; *sacrificie* • *opoffering* ⋆ no reparar en ~s *bereid zijn om offers te doen* ⋆ capaz de ~ *opofferingsgezind*
sacrilegio m *heiligschennis*
sacrilego I m *heiligschenner* II BNW *godslasterlijk*; *heiligschennend*
sacristán m • *koster* • *misdienaar*
sacristía v *sacristie*
sacro I m ⋆ hueso ~ *heiligbeen* II BNW *heilig*; *gewijd*
sacrosanto BNW *heilig en gewijd*; *sacrosanct*; *onschendbaar*
sacudida v OOK FIG. *schok*; *(het) schudden*
sacudido BNW • *vastberaden* • *nors*; *ruw*
sacudidor m *mattenklopper*
sacudir OV WW • OOK FIG. *(doen) schudden/ schokken* • *uitkloppen* • *slaan*; *een pak rammel geven* • *afkloppen*; *afschudden* ⋆ ~ el polvo a u.p. *het stof van iemand afkloppen*; *iemand afranselen*
sacudirse WKD WW *afschudden*; *zich bevrijden van*; *zich ontdoen van*
sacudón m LA *hevige schok*
sádico I m *sadist* II BNW *sadistisch*
sadismo m *sadisme*

sadomasoquismo m *sadomasochisme*; *sm*
saeta v • *pijl* • *wijzer* ⟨v. klok⟩ • *kompasnaald* • *(religieus) flamencolied* ⟨Andalusië⟩
saetera v • *schietgat* • *venstertje*
saetero m MIL. *boogschutter*
saetilla v • *pijltje* • *wijzertje* • PLANTK. *pijlkruid*
safari m • *safari* • *safaripark* • ~ fotográfico *fotosafari*
sáfico BNW • LIT. *saffisch* • INF. *lesbisch*
saga v • *saga* ⟨familie-, heldenkroniek⟩ • *sage* • *heks*
sagacidad v *scherpzinnigheid*; *schranderheid*
sagaz BNW *scherpzinnig*; *schrander*
sagitaria V PLANTK. *pijlkruid*
sagitario m ASTROL. *Boogschutter*
sagrado I m • *gewijde plaats* • *vrijplaats*; *schuilplaats* II BNW • *heilig*; *gewijd* • *eerbiedwaardig* ⋆ canción sagrada *geestelijk lied* ⋆ música sagrada *kerkmuziek* ⋆ las Sagradas Escrituras *de Heilige Schrift*
sagrario m • *sanctuarium*; *heiligdomskamer* • *bewaarplaats van de hostie*; *sacramentshuisje*; *tabernakel*
sagú m *sagopalm*
Sahara m ⋆ el ~ *de Sahara* ⋆ el ~ español *Spaanse (sinds 1976 Westelijke) Sahara*
Sáhara m → Sahara
saharaui I m/v *bewoner van de Westelijke Sahara* II BNW *uit de Westelijke Sahara*
sahumador m • *wierookvat* • *verstuiver*
sahumar OV WW *bewieroken*
sahumerio m • *(het) bewieroken* • *wierook*; *aromatische stof/rook*
sain m *dierlijk vet*
sainete m ≈ *klucht(spel)*; *komische eenakter*
sainetero m *schrijver van 'sainetes'*
sainetista m/v → sainetero
saino m CA *pekari*; *navelzwijn*
sajadura v *insnijding* ⟨in de huid⟩; *incisie*
sajar I OV WW *uitsnijden*; *opensnijden* II ON WW *een snee maken*
sajón I m *Saks* II BNW *Saksisch*
Sajonia v *Saksen*
sake m *sake*
sal I v • *zout* • *geestigheid* • *ongedwongenheid*; *gratie* • LA *pech* ⋆ sal común/de cocina *keukenzout* ⋆ con su sal y pimienta *met veel geestigheid* ⋆ tener poca sal en la mollera *niet erg snugger zijn* II WW (geb. wijs, jij-vorm) → salir
sala v • *zaal*; *ruimte* • *rechtszaal* • JUR. *kamer* ⋆ sala de actos *aula*; *gehoorzaal* ⋆ sala de espera *wachtkamer* ⋆ sala de estar *huiskamer*; *zitkamer* ⋆ sala de muestras *showroom*; *toonzaal* ⋆ sala de ventas *verkooplokaal* ⋆ sala X *seksbioscoop* ⋆ Sala de lo Criminal *strafkamer*
salaces → salaz
salacidad v *wellust*; *wulpsheid*
salacot m *tropenhelm*
saladar m • *zoutmoeras* • *brakke grond*
saladería v *pekelvleesbedrijf/-industrie*
saladero m *zouterij*
salado BNW • *zout*; *gepekeld* • *spitsvondig*; *grappig* • LA *ongelukkig*; *onfortuinlijk* • ARG *duur*

sa

saladura v *(het) zouten|pekelen*
salamandra v • *salamander* • *salamanderkachel*
salamanquesa v *gekko*
salame m • LA *salami* • LA *domoor*
salar OV WW *zouten*; *pekelen*; *zout doen in*
salarial BNW *salaris-*; *loon(s)-*
salario m *loon*; *salaris*; *soldij* ★ ~ *diario dagloon*
salaz BNW *wulps*; *wellustig*
salazón m • *het pekelen*; *het inzouten* • *pekelvlees* • *gezouten vis*
salcedo m *wilg*
salchicha v *worst*; *worstje* ★ ~ *asada braadworst*
salchichería v *worstwinkel*
salchichón m • *snijworst* • VULG. *pik*
salcochar OV WW *in zout water koken*
saldar OV WW • *aflossen* ⟨v. schuld⟩ • *afbetalen*; *voldoen*; *liquideren* • *afprijzen*; *uitverkopen* • *afdoen*; *niet meer denken aan*
saldo m • *saldo* • *(af)betaling* ★ ~s *uitverkoop*; *afgeprijsde artikelen*
saldrá WW (3e p ev tk.t.) → **salir**
salearse WKD WW *een boottochtje maken*
saledizo BNW *uitspringend*; *uitstekend*
salero m *zoutvat* ★ *tener* ~ *gracieus zijn*; *geestig zijn*
saleroso BNW • *gevat*; *geestig* • *bevallig*
sales v mv *badzout*; *reukzout*; *vlugzout*
salesa v *non van de orde van Sint Franciscus van Sales*
saleta v • *voorvertrek*; *wachtkamer* ⟨v. hooggeplaatste personen⟩ • *zaaltje*; *kleine kamer*
salga WW (1e/3e p ev subj. t.t.) → **salir**
sálico BNW ★ *ley sálica Salische wet*
salicultura v *zoutwinning*
salida v • *uitgang*; *afslag* • *vertrek*; *start*; *het uitvaren* ⟨v. boot⟩ • *afzet* • *(het) uitkomen* ⟨op de markt⟩; *publicatie* • *het wegvloeien* ⟨v. kapitaal⟩ • *uitstapje* • *inval*; *uitlating* • *uitgave* ⟨op rekening⟩ • *smoes* • *uitkomst*; *uitweg* • COMP. *output* • *eerste zet* ⟨v. schaken⟩ • *opgang* ⟨v. hemellichaam⟩ ★ ~ de *emergencia nooduitgang*; *vluchtweg* ★ ~ del *sol zonsopgang* ★ ~s *(goede) vooruitzichten* ⟨op arbeidsmarkt⟩ ★ *dar la* ~ *het startsein geven* ★ *dar* ~ *al género waren afzetten* ★ *no tener* ~ *onverkoopbaar zijn* ★ ~ de *tono misplaatste opmerking* ★ ~ de *vídeo video-uitgang*
salidizo m *erker*
salido BNW • *uitstekend*; *uitspringend* • *krols*; *loops* • VULG. *geil* ★ *perra salida loopse teef*
saliente I m *uitspringend gedeelte* II BNW • *(voor)uitspringend* • *eruit springend*; *bijzonder*
salina v • *zoutziederij* • *zoutmijn*
salinero I m • *zouthandelaar* • *zoutzieder* II BNW • *roodbont* ⟨v. vee⟩ • *zout-*
salinidad v • *zoutheid* • *zoutgehalte*
salino BNW • *zout*; *zouthoudend* • *zilt*
salir ON WW • *vertrekken*; *uitgaan*; *weggaan*; *starten* • *verschijnen* ⟨v. boek⟩ • *uitspringen*; *uitsteken* • *uitkomen*; *beginnen* ⟨bij spel⟩ • *omgaan*; *gaan* (con *met*) ⟨verkering hebben⟩ • *verschijnen* (en *op|in*) ⟨krant, foto⟩ • *worden*; *blijken (te zijn)* • *verkocht worden*; *van de hand gaan* • *als uitkomst|oplossing*

hebben • *gekozen worden tot* • *opkomen* ⟨v. zon⟩ ★ ~ a la calle *de straat opgaan* ★ ~ a dar una *vuelta uit wandelen gaan* ★ ~ de *caza* ⟨op *jacht gaan* ★ ~ del *huevo uit het ei komen* ★ ~ de *su paso van zijn gewone doen afwijken* ★ ~le a uno al *paso iemand ontmoeten*; *iemand dwarsbomen* ★ *los ejemplos que me han salido al paso de voorbeelden die ik ben tegengekomen* ★ ~ a la *defensa de opkomen voor* ★ ~ *derrotado verslagen worden* ★ *salga lo que salga wat er ook gebeurt* ★ *me salió bien het is me gelukt* • (~ a) *lijken op*; *kosten* ★ *nos sale a 10 euros el metro het kost ons 10 euro per meter* • (~ con) *eruit flappen*; *voor de dag komen met* • (~ por) *neerkomen op*; *kosten*
salirse WKD WW • *uitstappen*; *weggaan* • *ontsnappen* • *overstromen*; *overkoken* • FIG. *het bijltje erbij neergooien* • FIG. *eruitspringen* ⟨opvallen⟩ ★ ~ con la *suya zijn zin krijgen* • (~ de) *verlaten*
salitre m *salpeter*
salitrería v *salpeterfabriek*
salitroso BNW *salpeterhoudend*
saliva v *speeksel*
salivación v • *speekselvorming* • *speekselvloed*
salival BNW *speeksel-*
salivar ON WW *speeksel afscheiden*; *speeksel vormen*
salivazo m *fluim*; *spuwsel*
salivoso BNW *kwijlend*
salmantino I m *iemand uit Salamanca* II BNW *uit Salamanca*
salmear ON WW *psalmen zingen*
salmista m/v *psalmist*; *psalmdichter*
salmo m *psalm*
salmodia v • *psalmgezang* • *eentonig gezang*; *geneurie* • *litanie*
salmodiar ON WW • *psalmen zingen* • FIG. *opdreunen*
salmón I m *zalm* II BNW *zalmkleurig*
salmonado BNW • *zalmachtig* • *zalmkleurig*
salmonela v *salmonella*
salmonelosis v *salmonellabesmetting*
salmonete m *mul*; *zeebarbeel*; *koning van de poon*
salmuera v *pekel*
salobre BNW *brak*; *zout(houdend)*
salón m • *zitkamer*; *salon* • *zaal* • *zitkamerameublement* • *tentoonstelling* ★ ~ de *actos aula* ★ ~ de *recreo recreatiezaal*
salpicadero m • *spatscherm* ⟨v. voertuig⟩ • *dashboard*
salpicadura v • *gespetter* • *spat*
salpicar I OV WW • *bespatten*; *morsen op* • *bestrooien*; OOK FIG. *doordrenken* • *besprenkelen* • FIG. *doorspekken* (con *met*) II ON WW *morsen*; *spetteren*
salpicón m • *spat*; *vlek* • *vleessalade*
salpimentar |ie| OV WW • *met peper en zout bestrooien* • FIG. *verlevendigen*
salpresar OV WW *pekelen*; *inzouten*
salpullido m → **sarpullido**
salsa v • *saus* • *jus* • FIG. *smaak* • MUZ. *salsa* ★ *encontrarse en su propia* ~ *in zijn element zijn* ★ ~ *tártara tartaarsaus* ★ ~ *bearnesa*

bearnaisesaus ⋆ ~ *blanca roux* ⋆ ~ *boloñesa bologneseaus*

salsera v *sauskom*

saltado BNW • *losgeraakt; uitgevallen* • *uitpuilend* ⟨v. ogen⟩

saltador I m • *springer* • *springtouw* ⋆ ~ *de altura hoogspringer* **II** BNW *springend*

saltamontes m (mv onv) *sprinkhaan*

saltar I OV WW • *overslaan; weglaten* • *springen over* ⋆ *hacer* ~ *a* alg. *iemand boos maken; iemand ontslaan* **II** ON WW • *springen* • *eraf springen* ⟨bv. van knoop⟩; *losraken* • *eruit spuiten* ⟨v. vloeistof⟩ • *ontploffen; uiteenspringen* • *ontslagen worden* • *uitvallen; opvliegen* ⟨v. woede⟩ • *uit de hoek komen (con met)* ⟨opmerking⟩ ⋆ ~ *zanjas slootje springen* ~ *a la comba touwtje springen* ⋆ *apartarse saltando wegspringen* ⋆ ~ *las muelas a uno iemand de tanden uitslaan* ⋆ *ya saltó la punta de punt is afgebroken* ⋆ ~ *a la vista in het oog springen* ⋆ ~ *por los aires in de lucht vliegen;* FIG. *verkeerd gaan* ⋆ *estar a la que salta alle kansen benutten; altijd kritiek leveren* ⋆ ~ *con un despropósito onzin uitkramen*

saltarín I m (v: **saltarina**) *spring-in-'t-veld* **II** BNW (v: **saltarina**) • *springend; dansend* • *dartel; ongedurig* • *wisselvallig*

saltarse WKD WW • *overslaan* • *negeren* ⟨v. regel, wet⟩ ⋆ *se le saltan los ojos hij kijkt zijn ogen uit* ⋆ ~ *un renglón een regel overslaan* ⋆ *se me saltó un botón ik ben een knoop verloren*

salteador m *struikrover*

saltear OV WW • CUL. *sauteren* • *overvallen* • *plotseling gebeuren* • *in (schijnbaar) willekeurige volgorde doen*

salterio m *psalmboek*

saltimbanqui m *circusartiest; kunstenmaker*

salto m • *sprong;* FIG. *stap; duik* • *ravijn* • *gat; weggevallen deel* ⋆ *dar un* ~ *opspringen* ⋆ ~ *de longitud vérspringen* ⋆ ~ *con pértiga polsstokhoogspringen* ⋆ ~ *elástico bungeejumpen* ⋆ ~ *de campana salto; het over de kop slaan* ⋆ ~ *de agua waterval; stuwdam* ⋆ ~ *de cama kamerjas; ochtendjas* ⋆ *de/en un* ~ *in een mum van tijd* ⋆ *a* ~ *de mata in het wilde weg; vliegensvlug*

saltón BNW (v: **saltona**) • *springerig* • *vooruitstekend* ⟨v. tanden⟩; *uitpuilend*

salubre BNW *gezond; heilzaam*

salubridad v *heilzame werking; hygiëne*

salucita TW *proost*

salud I v *gezondheid; welzijn* ⋆ *ia tu* ~! *op je gezondheid!* ⋆ *rebosar* ~ *blaken van gezondheid* **II** TW • *proost!* • LA *gezondheid!* ⟨bij niezen⟩

saluda m *memo; formeel briefje*

saludable BNW • *gezond; heilzaam* • *nuttig*

saludar OV WW • *groeten; begroeten* • *verwelkomen* • *salueren* ⋆ *no* ~ *a* alg. *iemand links laten liggen*

saludo m *groet; begroeting* ⋆ *con un cordial* ~ *met vriendelijke groeten* ⋆ ~s *groeten* ⋆ *idéle* ~s *de mi parte! doe hem/haar de groeten van me!*

salutación v *begroeting* ⋆ ~ *angélica weesgegroet*

salutífero BNW ZELDEN *heilzaam; gezond*

salva v *salvo* ⋆ ~ *de aplausos stormachtig applaus* ⋆ *hacer la* ~ *verlof vragen om te spreken*

salvabarros m (mv onv) *spatbord*

salvable BNW *te redden; nog te redden*

salvación v • *redding* • *verlossing*

salvado m *zemel(en)*

salvador I m *redder* **II** BNW *reddend*

Salvador m *Verlosser; Heiland* ⋆ *el* ~ *de Verlosser*

salvadoreño I m *iemand uit El/San Salvador* **II** BNW *uit El/San Salvador*

salvaguardar OV WW *beschermen; veilig stellen*

salvaguardia v • *bescherming* • *vrijgeleide* ⋆ *la* ~ *de nuestros intereses de behartiging van onze belangen*

salvajada v • *barbaarsheid; gruweldaad* • *vandalisme*

salvaje I m • *wilde* • *barbaar; bruut* **II** BNW • *wild* • *ruig; onherbergzaam* ⟨v. terrein⟩ • *primitief* ⟨v. volk⟩ • *gewelddadig* • *barbaars; wreed*

salvajismo m • *wildheid* • *primitiviteit* • *beestachtigheid; wreedheid*

salvamano ⋆ *a* ~ *zonder gevaar*

salvamanteles m (mv onv.) *onderzetter*

salvamento m (**salvamiento**) • *redding* • *berging* ⋆ ~ *marítimo reddingsactie op zee* ⋆ *derechos de* ~ *bergloon*

salvapantallas m (mv onv) COMP. *screensaver*

salvar OV WW • *redden* • REL. *verlossen* • *springen over* • *overwinnen* • *afleggen* ⟨v. afstand⟩ • COMP. *opslaan* ⟨v. gegevens⟩ • *omzeilen* ⋆ *en dos brincos salvó la escalera in twee sprongen was hij de trap op*

salvarse WKD WW • *zich redden* • *zijn ziel redden*

salvavidas I m (mv onv) • *reddingsboei* • *zwemvest* **II** BNW *reddings-*

salvedad v *voorbehoud; slag om de arm* ⋆ *hacer una* ~ *en su favor een uitzondering voor hem/haar maken*

salvia v *salie*

salvilla v • LA *olie- en azijnstel* • *dienblaadje*

salvo I BNW *ongedeerd; veilig; onbeschadigd* ⟨v. voorwerp⟩ ⋆ *a* ~ *in veiligheid* **II** VW *behalve; uitgezonderd* ⋆ ~ *contraaviso zonder tegenbericht*

salvoconducto m *vrijgeleide*

samaritano I m *Samaritaan* ⋆ *el buen* ~ *de barmhartige Samaritaan* **II** BNW *Samaritaans*

samba v *samba*

sambenito m *schandvlek; slechte naam* ⋆ *colgar/poner el* ~ *a* alg. *iemand zwart maken*

sambumbia v • LA *brouwsel; bocht* • CUBA, MEX, PERU *frisdrank*

samovar m *samowaar*

sampleador m *sampler*

sampler m *sampler*

San BNW → **santo** ⋆ *San Pedro Sint Petrus*

sanable BNW *geneeslijk; te genezen*

sanador m *wonderdokter; genezer*

sa

sanalotodo m *wondermiddel*
sanar OV+ON WW *genezen*
sanatorio m *sanatorium*
sanción v • *boete; strafmaatregel* • *goedkeuring; bekrachtiging*
sancionar OV WW • *sanctioneren; straffen; beboeten* • *goedkeuren; bekrachtigen*
sancochar OV WW *halfgaar koken; aanbraden*
sancocho m ZA *vleesgerecht; stoofpot*
sandalia v *sandaal*
sándalo m • *sandelboom* • *sandelhout*
sandez v • *onnozelheid* • *onzin*
sandía v *watermeloen*
sandinista I m/v *sandinist* II BNW *sandinistisch*
sandio I m *sukkel* II BNW *dwaas; onnozel*
sandunga v *bevalligheid; charme; pit*
sandunguero BNW • *charmant; bevallig* • *geestig*
sandwich m *sandwich*
saneado BNW • *onbelast; onbezwaard* • *gezond* ⟨v. economie⟩
saneamiento m • *sanering; gezondmaking* • *grondverbetering*
sanear OV WW • *saneren; gezondmaken* • *verbeteren* ⟨v. grond⟩
sangradera v • MED. *lancet* • *zijkanaal*
sangradura v • *aderlating* • *afwatering; afvoerkanaal*
sangrante BNW • *bloedend* • *schrijnend* ⟨v. onrecht⟩
sangrar I OV WW • *aderlaten* • *aftappen* ⟨v. rubber, hars⟩ • TYP. *laten inspringen* ⟨v. tekst⟩ II ON WW • *bloeden* • FIG. *lijden* ★ ~ *por la nariz een bloedneus hebben*
sangre v • *bloed* • *afstamming* ★ *beber la* ~ *de* alg. *iemands bloed kunnen drinken* ★ *a* ~ *caliente meteen zonder na te denken* ★ *echando* ~ *bloedend* ★ *hilo de* ~ *bloedstraaltje* ★ *tiene mala* ~ *hij is gemeen* ★ *lo lleva en la* ~ *dat zit hem in het bloed* ★ *chupar la* ~ *a* alg. *iemand uitzuigen* ★ *a* ~ *fría koelbloedig* ★ *donar* ~ *bloed geven*
sangregorda I m *saaie Piet; slome* II BNW • *saai; sloom* • *flegmatiek*
sangría v • MED. *aderlating* • FIG. *aderlating* • *aanhoudende verliezen; voortdurende kostenpost* • *inkeping* ⟨bv. om hars, rubber en vocht te tappen⟩ • *zijrivier; zijkanaal* • *sangria* ⟨drank⟩ • *elleboogholte* • TYP. *het inspringen* ⟨v. tekst⟩
sangriento BNW *bloedig; grievend; wreed*
sangrigordo BNW MEX *onaardig*
sangriligero BNW CA *aardig*
sangripesado BNW ZA *onaardig*
sanguijuela v • *bloedzuiger* • *uitzuiger*
sanguina v • *rood krijt* • *sanguine; tekening met rood krijt* • *bloedsinaasappel*
sanguinario BNW *bloeddorstig; moorddadig*
sanguíneo BNW • *bloed-* • *bloedrood* • *opvliegend; sanguinisch*
sanguinolento BNW *bloedend; bloeddoorlopen* ⟨v. oog⟩; *bloed-*
sanidad v • *gezondheid; hygiënische verzorging* • *gezondheidszorg*
sanitario I m *gezondheidswerker* II BNW • *gezondheids-; sanitair* • *zorg-* ★ *medidas*

sanitarias *gezondheidsmaatregelen*
sanitarios m mv *sanitair*
sano BNW • *gezond; heilzaam* • *onbeschadigd; gaaf* • *fatsoenlijk; eerlijk* ★ *cortar por lo sano korte metten maken* ★ *sano y salvo gezond en wel; heelhuids* ★ *no dejarle a uno un hueso sano niets van iemand heel laten; erg op iemand afgeven*
sánscrito m *Sanskriet*
sanseacabó TW ★ *iy* ~! *en daarmee uit!*
Sansón m *Samson; Simson*
santabárbara v *kruitmagazijn; kruitkamer*
santanderino I m *iemand uit Santander* II BNW *uit Santander*
santateresa v *bidsprinkhaan*
santería v *vroomheid; heiligheid*
santero I m • *kwezel* • *beheerder van een heiligdom* • *bedelmonnik* • *verkoper van heiligenbeelden* II BNW *vroom; overdreven vroom; bijgelovig*
Santiago m *Heilige Jacobus* ★ *camino de* ~ *pelgrimsroute naar Santiago de Compostela; melkweg*
santiamén m ★ *en un* ~ *in een oogwenk*
santidad v *heiligheid* ★ *Su Santidad Zijne Heiligheid*
santificación v • *heiliging* • *viering* ⟨v. feestdagen⟩ • *canonisatie; heiligverklaring*
santificar OV WW • *heiligen* • *canoniseren; heilig verklaren* • *in ere houden; respecteren*
santiguada v *het slaan van een kruis*
santiguar OV WW *zegenen; een kruis slaan*
santiguarse WKD WW • *een kruis slaan; een kruisteken maken* • *zich verwonderen; versteld staan*
santísimo I m *Christus* II BNW *allerheiligst*
santo I m • *sint; heilige* • FIG. *heilige* • *heiligenbeeld; heiligenprent* • *naamdag* • *vignet; plaatje* ★ *Todos los Santos Allerheiligen* ★ *desnudar a un* ~ *para vestir a otro het ene gat met het andere vullen* ★ *quedarse para vestir* ~s *een oude vrijster worden* ★ *se le ha ido el* ~ *al cielo hij is de draad kwijtgeraakt* ★ *¿a qué* ~? *waarom in hemelsnaam?* ★ *tener al* ~ *de cara veel geluk hebben* ★ *tener al* ~ *de la espalda pech hebben* II BNW • *heilig* • *godsdienstig; diepgelovig; vroom* • *heilzaam* ⟨v. plant⟩ • *onaantastbaar*
santón m • *kluizenaar; derwisj* • *autoriteit; hoge piet; goeroe*
santoral m • *heiligenlegende* • *boek met heiligenlegenden* • *heiligenkalender*
santuario m • *heiligdom* • *gewijde plaats*
santurrón I m ⟨v: **santurrona**⟩ *kwezel; schijnheilige* II BNW ⟨v: **santurrona**⟩ *kwezelachtig; schijnheilig*
saña v • *venijnigheid; verbittering* • *hevige woede*
sañoso BNW • *razend; woedend* • *verwoed*
sañudo BNW • *heel wreed; meedogenloos* • *woedend*
sápido BNW *smakelijk; lekker*
sapiencia v • *wijsheid; belezenheid* • *kennis*
sapiente BNW *geleerd; wijs*
sapo m • *pad* • *beestje; ongedierte* ★ *echar/soltar por la boca sapos y culebras schelden en*

tieren

saque m SPORT *aftrap; inworp; opslag* ‹bij tennis› ⋆ ~ de esquina *hoekschop* ⋆ línea del ~ *slaglijn* ⋆ INF. tener buen ~ *een goede eetlust hebben*

saqueador I m *plunderaar* **II** BNW *plunderend*

saquear OV WW ⋆ *plunderen* ⋆ FIG. *leeghalen*

saqueo m *plundering*

saquito m *zakje*

sarampión m *mazelen* ⋆ pasar el ~ *de kinderschoenen ontgroeid zijn*

sarao m ⋆ *muziekavond; dansavond* ⋆ *partijtje; avondje*

sarasa m INF. *mietje; nicht*

sarcasmo m *sarcasme; bijtende spot*

sarcástico BNW *sarcastisch; honend*

sarcófago m *praalgraf; sarcofaag*

sarcoma m MED. *sarcoom*

sardana v *Catalaanse dans/muziek*

sardina v *sardine* ⋆ ~ *arenque haring* ⋆ como ~s en lata *als haringen in een ton*

sardinero I m *sardineverkoper* **II** BNW *sardine-*

sardo I m ⋆ *Sardiniër* ⋆ *het Sardinisch* **II** BNW *Sardinisch*

sardónico BNW *sardonisch*

sarga v *serge* ‹soort lichte keper›

sargenta v ⋆ *sergeantsvrouw* ⋆ *manwijf*

sargentear I OV WW *sergeant zijn over* **II** OV+ON WW *de baas spelen; commanderen*

sargento m ⋆ *sergeant* ⋆ *bazig iemand; kenau*

sargentona v *manwijf*

sari m *sari*

sarmentoso BNW *pezig*

sarmiento m ⋆ *stengel* ⋆ *wijnrank*

sarna v *schurft; scabiës* ⋆ más viejo que la ~ *stokoud*

sarnoso I m *schurftlijder* **II** BNW *schurftig*

sarpullido m *huiduitslag*

sarraceno I m *Saraceen; Moor* **II** BNW *Saraceens; Moors*

sarrillo m ⋆ *aronskelk* ⋆ *doodsreutel*

sarro m ⋆ *bezinksel; aanslag* ⋆ *aanslag op de tong* ⋆ *tandsteen*

sarroso BNW ⋆ *met tandsteen* ⋆ *met aanslag; beslagen* ‹v. tong›

sarta v ⋆ *snoer* ⋆ *reeks* ⋆ una ~ de tonterías *een hoop onzin*

sartén v *koekenpan* ⋆ tener la ~ por el mango *het heft in handen hebben* ⋆ saltar de la ~ y dar en las brasas *van de regen in de drup komen*

sartenada v ⋆ una ~ de arroz *een pan rijst*

sastra v ⋆ *kleermaakster* ⋆ *naaister*

sastre m *kleermaker*

sastrería v ⋆ *kleermakerij* ⋆ *kleermakersvak*

Satán m *Satan; duivel*

Satanás m → **Satán**

satánico BNW *satanisch; duivels*

satélite m ⋆ *satelliet; maan* ⋆ *trawant* ⋆ *meeloper; vazal* ⋆ *satellietstaat* ⋆ ~ de comunicaciones *communicatiesatelliet*

satén m *satijn*

satinado BNW *gesatineerd; glanzend*

satinar OV WW *satineren; glanzen* ‹v. papier, stof›

sátira v *satire*

satírico I m *satiricus* **II** BNW *satirisch*

satirizar I OV WW *hekelen* **II** ON WW *satirisch schrijven; satirisch spreken*

sátiro m ⋆ *sater* ⋆ *wellusteling*

satisfacción v ⋆ *tevredenheid; voldoening* ⋆ *genoegen* ⋆ *genoegdoening* ⋆ *verontschuldiging* ⋆ *bevrediging* ⋆ *betaling* ⋆ ~ de sí mismo *zelfvoldaanheid*

satisfacer OV WW ⋆ *toegeven aan; bevredigen* ⋆ *terugbetalen; voldoen* ‹v. schuld› ⋆ *tevredenstellen* ⋆ *oplossen; uit de wereld helpen* ⋆ *verzadigen; stillen* ‹v. honger›; *lessen* ‹v. dorst› ⋆ *wegnemen* ‹v. twijfel› ⋆ *voldoen aan; beantwoorden aan* ⋆ ~ los deseos de u.p. *aan iemands wensen tegemoet komen* ⋆ no poder ~ todos sus compromisos *niet al zijn verplichtingen kunnen nakomen*

satisfacerse WKD WW ⋆ *zich tevredenstellen* ⋆ *zich wreken*

satisfactorio BNW ⋆ *bevredigend* ⋆ *voldoende*

satisfaga WW (1e/3e p ev subj. t.t.) → **satisfacer**

satisfaz WW (geb. wijs, jij-vorm) → **satisfacer**

satisfecho BNW ⋆ *tevreden* ⋆ *betaald; voldaan* ⋆ dejar ~ *tevredenstellen* ⋆ darse por ~ *tevreden zijn* ⋆ ~ de sí mismo *zelfingenomen*

satisfizo WW (3e p ev v.t.) → **satisfacer**

sátrapa m ⋆ *tiran; despoot* ⋆ GESCH. *satraap*

saturación v *verzadiging*

saturar OV WW *verzadigen*

saturnal I v *drinkgelag; orgie* **II** BNW *van Saturnus*

saturnales v mv *Saturnusfeest; saturnaliën*

saturnino BNW ⋆ *loden; lood-* ⋆ *somber*

sauce m *wilg* ⋆ ~ llorón *treurwilg*

saucedal m *wilgenbos*

saúco m *vlierboom* ⋆ infusión de la flor de ~ *vlierthee*

saudade v *heimwee; nostalgie*

saudí I m/v *Saoedi(-Arabiër)* **II** BNW *Saoedisch*

saudoso BNW *verlangend; vol heimwee; nostalgisch*

sauna v *sauna*

saurio I m ⋆ *hagedis* ⋆ *sauriër* **II** BNW *hagedisachtig*

saurios m mv ⋆ → **saurio** ⋆ *hagedisachtigen* ⋆ *sauriërs*

savia v ⋆ *plantensap* ⋆ *kracht; levenssappen*

saxofón m *saxofoon* ⋆ ~o contralto *altsaxofoon*

saxofonista m/v *saxofonist*

saya v *onderrok*

sayal m *grove wollen stof*

sayo m *kiel; los kledingstuk* ⋆ hacer de su capa un sayo *altijd zijn eigen zin doordrijven*

sayón m ⋆ *processieganger* ⋆ GESCH. *beul* ⋆ *vechtersbaas*

sazón v ⋆ FORM. *rijpheid* ⋆ *smaak; pittige smaak* ⋆ a la ~ *indertijd* ⋆ en ~ *op de juiste tijd* ⋆ fuera de ~ *op een ongunstig tijdstip*

sazonado BNW ⋆ *rijp* ⋆ *kruidig; smakelijk* ⋆ *gevat; grappig*

sazonar I OV WW ⋆ *laten rijpen* ⋆ *kruiden; op smaak brengen* ⋆ ~ con pimienta *op smaak brengen met peper* **II** ON WW *rijpen*

sazonarse WKD WW *rijp worden* ‹v. grond›

scherzo m *scherzo*

SC

scooter m *scooter*

se I PERS VNW *hem*; *u*; *haar* ★ hay que decírselo *men moet het hem zeggen* **II** WKD VNW *zich* ★ *se lava zij wast zich* **III** WKG VNW *elkaar* ★ se quieren *ze houden van elkaar* ★ la puerta se cierra *de deur gaat dicht* **IV** ONB VNW *men* ★ se dice *men zegt* ★ se habla de 50 muertes *men spreekt van 50 doden* ★ se ruega no fumar *s.v.p. niet roken*

sé WW ‹ (1e p ev t.t.) → **saber** › (geb. wijs, jij-vorm) → **ser**

sea WW ‹1e/3e p ev subj. t.t.) → **ser**

sebáceo BNW *talgachtig*; *talg-*

sebo m • *talg*; *smeer* • *vet*

seboso BNW • *vet*; *vettig* • *smerig*

seca v • *droogte* • *droge tijd* • *zandbank*

secadero m *droogplaats*

secador m *föhn*; *haardroger*

secadora v *droogtrommel*

secamente BIJW • *droogjes* • *kortaf* • *nors*

secano m *niet bevloeide akker*

secante I m • *vloeipapier* • KUNST *siccatief*; *droogstof* **II** v WISK. *snijlijn* **III** BNW ★ (papel) ~ *vloeipapier*

secapelos m (mv onv) *föhn*; *haardroger*

secar OV WW • *drogen* • *afdrogen*; *deppen*

secarse WKD WW • *uitdrogen*; *opdrogen* • *droogvallen* ‹v. rivier› • *verdorren*; *verwelken* • *afvallen*; *vermageren*

sección v • *snee* • *sectie*; *afdeling*; *gedeelte*; *deel* • *doorsnede* ★ ~ de los sucesos *gemengd nieuws* ‹in de krant, vooral ongelukken en misdaden› ★ ~ transversal *dwarsdoorsnede*

seccionar OV WW • *verdelen* • *afsnijden*

secesión v *afscheiding* ‹v. staat, partij›

secesionista I m/v *separatist* **II** BNW *separatistisch*

seco BNW • *droog* • *verdroogd*; *uitgedroogd* • *gedroogd* ‹v. fruit, bloemen› • *verwelkt* ‹v. bloemen› • *mager* • *kaal*; *zonder extraatjes* • *bits* ‹v. persoon›; *streng* ‹v. persoon› ★ golpe seco *tik* • *dulce seco gekonfijte vrucht* ★ a secas *zonder iets erbij* ★ INF. dejar a uno seco *iemand meteen van kant maken* ★ en seco *plotseling*; *bruusk*

secoya v PLANTK. *sequoia*

secreción v • *afscheiding* ‹hek› • MED. *afscheiding*

secreta v • *stille* • *geheime politie*

secretamente BIJW *stilletjes*

secretar OV WW *afscheiden*

secretaria v *secretaresse*

secretaría v • *secretariaat* • *ambt van secretaris* • *griffie* • LA *ministerie*

secretariado m *secretariaat*

secretario m • *secretaris* • *griffier* • LA *minister*

secretear ON WW *smoezen*; *fluisteren*

secreteo m *gesmoes*; *gefluister*

secreter m *secretaire*

secreto I m • *geheim* • *geheimzinnigheid*; *omzichtigheid* • *geheimhouding* ★ guardar un ~ *een geheim bewaren* ★ ~ a voces *publiek geheim* ★ andar de ~s *geheimzinnig doen* ★ en ~ *in het geheim*; *heimelijk* ★ ~ comercial *bedrijfsgeheim* **II** BNW • *geheim* • *vertrouwelijk* • *heimelijk*

secretorio BNW (**secretor**) *afscheidings-*

secta v *sekte*; *gezindte*; *afgescheiden kerkgenootschap*

sectario I m • *sektelid* • *fanatiekeling* **II** BNW • *sektarisch* • *fanatiek*

sectarismo m *sektarisme*

sector m • *sector*; *tak*; *branche* • WISK. *sector* ★ ~ asegurador *verzekeringswezen*

secuaz m/v • *volgeling*; *aanhanger* • *trawant*

secuela v • *gevolg* • *uitvloeisel* • *nasleep* ★ dejar ~s *sporen achterlaten*

secuencia v • *opeenvolging* ‹in film› • *woordvolgorde* • *sequens* ‹kerkelijke lofzang› • *sequentie*

secuestración v → **secuestro**

secuestrador m • *gijzelhouder*; *ontvoerder* • *kaper* ★ ~ de niños *kidnapper*

secuestrar OV WW • *ontvoeren*; *kidnappen* • *gijzelen* • *kapen* • *beslag leggen op* ★ secuestrado *gijzelaar*

secuestro m • *ontvoering* • *gijzeling* • *kaping* • *beslaglegging*

sécula v para/in ~ *voor eeuwig (en altijd)* ★ ~ sin fin *voor eeuwig (en altijd)*

secular BNW • *seculier*; *wereldlijk* • *honderdjarig* • *eeuwenoud*

secularización v *secularisatie*

secularizar OV WW *seculariseren*

secundar OV WW *behulpzaam zijn*; *bijstaan*; *ondersteunen*

secundario BNW • *secundair*; *in de tweede plaats* • *ondergeschikt*; *bijkomstig* ★ enseñanza secundaria *voortgezet onderwijs* ★ intención secundaria *bijbedoeling*

sed v • *dorst* • *behoefte aan water* ‹bij planten, grond› • *hevig verlangen*; *zucht* ★ sed de matar *moorddadigheid* ★ sed de poder *machtshonger*

seda v *zijde* ★ ir/marchar/funcionar como una seda *van een leien dakje gaan*; *gesmeerd gaan* ★ como una seda *gedwee*; *heel zacht aanvoelend*

sedación v • *kalmering* • MED. *sedatie*

sedal m *vislijn*; *vissnoer*

sedante I m • *pijnstiller* • *kalmerend middel* **II** BNW • *pijnstillend* • *rustgevend*; *kalmerend*

sedar OV WW • *kalmeren* • MED. *sederen*

sedativo BNW *pijnstillend*; *kalmerend*

sede v • *zetel* • *bisschopszetel* • *bisdom*

sedentario BNW • *zittend* • *met een vaste woonplaats*; *sedentair*

sedente BNW *zittend*

sedeño BNW • *zijden* ‹v. dier› • *met vacht* ‹v. vacht›

sedería v • *zijden spullen* • *zijdewinkel*

sedero BNW *zijde-*

sedicente BNW *zogenoemd*; *zogenaamd*

sediciente BNW → **sedicente**

sedición v *opstand*; *muiterij*

sedicioso I m *opstandeling* • *oproerkraaier* **II** BNW *opstandig*

sediento I m *iemand die dorst heeft* **II** BNW • *dorstig* • *vocht nodig hebbend* • *begerig*; *smachtend*

sedimentación v *het bezinken*; *afzetting*

sedimentar OV WW • GEO. *afzetten* • *doen*

bezinken • *kalmeren*
sedimentario BNW *sedimentair*
sedimento m *bezinksel*; *sediment*
sedoso BNW *zijdeachtig*
seducción v • *verleiding* • *aantrekkingskracht*
seducir OV WW • *verleiden* • *aantrekken*;
fascineren
seductivo BNW → **seductor**
seductor I m *charmeur*; *verleider* II BNW
• *verleidelijk* • *betoverend*
sedujo WW (3e p ev v.t.) → **seducir**
seduzca WW (1e/3e p ev subj. t.t.) → **seducir**
sefardí I m/v (**sefardita**) *sefardische jood* ‹v.
Spaanse of Portugese afkomst› II BNW
(**sefardita**) *sefardisch*
segable BNW *geschikt om gemaaid te worden*
segadera v *sikkel*
segador I m *maaier* ★ ~ de heno *hooier* II BNW
maai-
segadora v • *maaimachine* • *maaister* ★ ~
agavilladora *zelfbinder* ‹oogstmachine›
segar /ie/ OV WW • *maaien*; *oogsten*
• *afknippen*; *afsnijden*; *aftoppen* • *verstoren* ‹v.
illusies›; *de bodem inslaan* ‹v. hoop› ★ ~ en
flor *in de kiem smoren*
segazón v • *het maaien* • *maaitijd*
seglar I m • *onkerkelijke* • *leek* II BNW
wereldlijk; *seculier*
segmentación v *segmentatie*; *geleding*
segmentar OV WW *segmenteren*
segmento m *segment*; *geleding*
segoviano I m *iemand uit Segovia* II BNW *van/
uit Segovia*
segregación v • *afscheiding* • *rassenscheiding*
segregacionista m/v • *voorstander van
rassenscheiding* • *separatist*
segregar OV WW • *scheiden* • *afscheiden*
seguida v • *normaal ritme*; *regelmatig tempo*
★ de ~ *onmiddellijk*; *achtereen(volgens)* ★ en ~
onmiddellijk (daarop)
seguido I BNW • *achtereenvolgend*; *achter
elkaar* • *aaneengesloten* • *doorlopend* ★ acto ~
onmiddellijk daarop II BIJW • *vervolgens*;
onmiddellijk; *direct daarna* • *rechtdoor* ★ todo
~ *steeds rechtuit*
seguidor m • *aanhanger*; *volgeling* • *fan*;
supporter
seguimiento m • *achtervolging* • *begeleiding* ‹v.
project› • *het opvolgen*; *naleving*
seguir /i/ I OV WW • *volgen* • FIG. *volgen*
‹begrijpen› • *volgen* ‹v. opleiding, cursus›
• *navolgen* ‹v. voorbeeld›; *opvolgen* ‹v. raad›
• *begeleiden* ‹v. project› • *doorlopen*;
vervolgen; *voortzetten* • *achtervolgen* • *volgen
op*; *het gevolg zijn van* ★ ~ en un empleo *een
baan behouden* ★ sigue en París *hij is nog
altijd in Parijs* ★ ~ para Madrid *doorreizen
naar Madrid* ★ ¿cómo sigue usted? *hoe gaat
het met u?* ★ no siga molestándose *doet u
verder geen moeite* ★ sigo bueno *het gaat me
goed* ★ el tiempo sigue lluvioso *het blijft
regenachtig weer* ★ ~ una carrera *een vak
studeren* ★ ahora sigo yo *nu ben ik aan de
beurt* ★ ~ en coche *achternarijden* II ON WW
• *doorgaan* • *nog steeds ergens zijn*; *nog steeds
iets zijn* ★ ~ adelante *en algo iets volhouden*

• (~ **por**) *vervolgen* ★ sigue por esta calle *loop
deze straat uit* • (~ [+ GER.]) *blijven*; *doorgaan*
met ★ ~ comiendo *dooreten*
seguirse WKD WW • *elkaar opvolgen* • (~ **de**)
volgen uit ★ de ello se sigue *daaruit volgt*
según I BIJW ★ ~ y conforme *dat ligt eraan* ★ ~
y como *dat hangt ervan af*; *al naar gelang*
II VZ • *volgens* • *overeenkomstig* ★ ~ lo
convenido *zoals afgesproken* III BIJW • *zoals*
• *gelet op*; *gezien* • *net als*; *evenals* • *naarmate*
• *in aanmerking genomen* • *terwijl*
segunda v • *tweede klas/groep* • MUZ. *seconde*
• *tweede versnelling* • *bijbedoeling*; *bijgedachte*
★ hablar con ~(s) *dubbelzinnig praten*
segundar OV WW • *meteen herhalen* • *bijstaan*
segundero m *secondewijzer*
segundo I m • *seconde* • *tweede man* ‹in rang›;
plaatsvervanger • *eerste stuurman* ★ sin ~
weergaloos ★ en un ~ *onmiddellijk* II BNW
tweede ★ casarse en segundas nupcias
hertrouwen
segundogénito I m *tweede kind* II BNW *als
tweede geboren* ‹v. kind›
segundón m *tweede kind* ★ eterno ~ *eeuwige
tweede*
segur v *grote bijl*; *sikkel*
seguramente BIJW • *vast en zeker*
• *hoogstwaarschijnlijk* • *ja zeker* ‹als
antwoord›
seguridad v • *zekerheid*; *overtuiging*
• *beveiliging* • *veiligheid*; *betrouwbaarheid* ‹v.
apparaat, cijfers› ★ la dirección general de ~
de hoofddirectie van de veiligheidspolitie
★ Seguridad Social *Sociale Verzekeringen*;
Ziekenfonds
seguro I m • *verzekering*
• *veiligheidsvoorziening*; *beveiliging*; *zekering*
★ de ~ *vast en zeker* ★ a buen ~ *zeker*;
waarschijnlijk ★ ~ de enfermedad *ziekenfonds*
★ ley del ~ de enfermedades *ziektewet* ★ ~
contra/de incendios *brandverzekering*
★ prima de ~ *verzekeringspremie* ★ ir sobre ~
op safe spelen; *geen risico nemen* II BNW
• *veilig* • *zeker*; *betrouwbaar*; *solide*
• *zelfverzekerd* ★ tener seguras las espaldas
zeker van zijn zaak zijn ★ su ~ servidor *met de
meeste hoogachting* ‹in brieven› ★ estar ~ de
que *er zeker van zijn dat* III BIJW *zeker*;
ongetwijfeld
seis TELW *zes* ★ a las seis *om zes uur*
seiscientos TELW *zeshonderd*
seismo m *aardschok*
selección v • *keuze* ‹v. de beste(n)›; *selectie*
• *elftal* ★ ~ natural *natuurlijke selectie*
seleccionador m • *trainer* • *keuzeheer*
seleccionar OV WW *selecteren*; *uitkiezen*;
uitzoeken
selectividad v • *selectiviteit*
• ≈ *toelatingsexamen* ‹voor de Spaanse
universiteit›
selectivo I m *voorbereidende cursus* II BNW
selectie-; *selectief*
selecto BNW *uitgelezen*; *bijzonder goed*
selector I m *keuzeschakelaar* II BNW *keuze-*
selenio m *selenium*
selenita m/v *maanbewoner*

se

self-service m *zelfbediening*
sellado I m • *verzegeling* • *(af)stempeling*
• *frankering* • *bekrachtiging* **II** BNW • *verzegeld*
• *(af)gestempeld* • *gefrankeerd*
selladura v • *afstempeling; frankering*
• *verzegeling*
sellar OV WW • *frankeren; afstempelen*
• *verzegelen* • *bekrachtigen*
sello m • *stempel* • FIG. *eigenaardigheid*
• *(post)zegel* • *kenmerk; inslag* • *zegelring*
• *capsule* ⟨voor medicijnen⟩ ★ ~ *(estampado)*
zegelafdruk ★ *cerrar con* ~ *verzegelen* ★ ~
discográfico platenmaatschappij; platenlabel
selva v • *woud* • *overvloed*; FIG. *zee* ★ ~ *virgen*
oerwoud; oerbos
selvático BNW • *van het (oer)woud* • *ruw*;
onbehouwen
selvatiquez v • *wildheid* • *onbehouwenheid*
selvoso BNW *bosrijk*
semáforo m • *verkeerslicht; stoplicht*
• *semafoor; seinpaal*
semana v *week* ★ *la* ~ *trágica de revolutieweek*
in Barcelona (1909) ★ *entre* ~ *door de week*
★ *Semana Santa goede week; stille week*
★ *durante* ~*s wekenlang*
semanal BNW • *week-; een week durend*
• *wekelijks* ★ *mil euros* ~*es duizend euro per*
week ★ *billete/abono* ~ *weekkaart* ★ *revista* ~
weekblad
semanario I m • *zevendelige set* ⟨bv. van
sieraden⟩ • *weekblad* **II** BNW *week-*
semántica v *betekenisleer; semantiek*
semántico BNW *semantisch*
semblante m • *gelaat; gelaatsuitdrukking*
• *aanzien; uiterlijk* ★ *alterar el* ~ *de u.p.*
iemand van zijn stuk brengen ★ *hacer* ~ *de ser*
feliz doen alsof men gelukkig is ★ *el asunto*
presenta un buen ~ *de zaak staat er goed*
voor
semblanza v • *levensschets; persoonsbeschrijving*
• *gelijkenis*
sembradera v *zaaimachine*
sembradío BNW ★ *tierra* ~ *zaailand*
sembrado I m *zaailand* **II** BNW *bezaaid*;
ingezaaid ★ INF. *estar* ~ *vindingrijk zijn*
sembrador I m *zaaier* **II** BNW *zaai-*
sembradora v *zaaimachine*
sembradura v *het zaaien*
sembrar /ie/ OV WW • *zaaien* • *bestrooien* (de
met) • *uitstrooien; verspreiden; verbreiden* ⟨v.
nieuws⟩ • *veroorzaken; aanleiding geven tot*
• *de grondslag leggen voor* ★ *el que siembra,*
recoge wie zaait, zal oogsten
semejante I m *naaste; medemens* **II** BNW
• *lijkend* • *dergelijk; soortgelijk*
semejanza v *gelijkenis* ★ *tener* ~ *con lijken op*
★ *a* ~ *de zoals; in de trant van*
semejar ON WW *lijken op* ★ *España semeja una*
piel de toro extendida Spanje heeft de vorm
van een uitgerekte stierenhuid
semen m *sperma; zaad*
semental I m *fokstier; dekhengst* **II** BNW *dek-;*
fok-
sementera v • *het zaaien* • *zaailand* • *zaaibed*
• FIG. *voedingsbodem; broedplaats* ⟨v. kwaad⟩
semestral BNW • *halfjaarlijks* • *van een half*

jaar; zes maanden durend
semestre m • *half jaar* • *semester* ★ *por* ~*s*
halfjaarlijks
semiacabado m *halffabrikaat*
semiautomático BNW *halfautomatisch*
semibola v *klein slem* ⟨bij bridge⟩
semibreve v MUZ. *semibrevis; hele noot*
semicircular BNW *halfrond*
semicírculo m *halve cirkel*
semiconductor m *halfgeleider*
semiconsonante v *halfklinker*
semicorchea v MUZ. *zestiende noot*
semidesnatado BNW *halfvol; halfvet*
semidesnudo I m *ontbloot bovenlijf* **II** BNW
halfnaakt
semidiós m (v: **semidiosa**) *halfgod(in)*
semidormido BNW *half slapend*
semieje m TECHN. *halve as*
semifinal v *halve finale* ★ *pasar a la* ~ *de halve*
finale bereiken
semifinalista I m/v *halvefinalist* **II** BNW *van de*
halve finale
semifusa v MUZ. *64e noot*
semigraso BNW *halfvet*
semilla v • *zaad(je)* • *oorsprong; kiem*
semillas v mv *zaaizaad* → **semilla**
semillero m • *bron; aanleiding* • *zaaibed*
semilunio m *halvemaan*
semimanufacturado BNW ★ *producto* ~
halffabrikaat
seminal BNW *zaad-*
seminario m • *seminarium; seminarie* • *seminar*
★ ~ *conciliar priesterseminarie*
seminarista m *seminarist*
semiología v *semiologie*
semioscuridad v *halfdonker; halfduister*
semiótica v *semiotiek; tekenleer*
semiprecioso BNW *halfedel-* ★ *piedras*
semipreciosas halfedelstenen
semirrecto BNW ★ *ángulo* ~ *hoek van 45 graden*
semirredondo BNW *halfrond*
semirremolque m *oplegger*
semiseco BNW *demi sec* ⟨v. wijn⟩
semita I m/v *Semiet; jood* **II** BNW *Semitisch*
semítico BNW *Semitisch*
semitono m MUZ. *halve toon*
semivacío BNW *halfleeg*
semivocal m TAALK. *halfvocaal*
sémola v *griesmeel*
semoviente BNW ★ *bienes* ~*s levende have;*
roerende goederen
sempiterno BNW *eeuwig*
sen m *seneplant*
Sena m ★ *el Sena de Seine*
senado m • *senaat* • *Eerste Kamer; Hogerhuis*
• *senaatszaal*
senador m *senator; lid van Eerste Kamer/*
Hogerhuis
senatorial BNW • *senaats-* • *van de senator*
sencillamente BNW *eenvoudigweg; zomaar;*
langs zijn neus weg
sencillez v *eenvoud; ongedwongenheid*
sencillo BNW *eenvoudig; gemakkelijk* ★ *billete* ~
enkele reis; enkeltje • *via sencilla enkelspoor*
senda v • *pad; weggetje* • FIG. *weg; methode*
senderismo m *(het) langeafstandswandelen*

senderista m/v • *wandelaar* ‹Peruaanse guerrilla›; *trekker* • *lid van de Sendero Luminoso*

sendero m → **senda**

sendos BNW mv *elk een*; *ieder zijn eigen* ★ vaciamos ~ vasos de vino *we dronken ieder ons glas leeg*

senectud v • *ouderdom* • *oude dag*

senescencia v *verouderingsproces*

senil BNW *oud*; *ouderdoms-* ★ muerte ~ *dood door ouderdom*

senilidad v *ouderdom*; *seniliteit*

senior I m *senior* II BNW *senior*

seno m • *holte* • *schoot*; *moederschoot* • *borst* • *boezem* • SCHEEPV. *bolling* • *binnenste*; *innerlijk* • WISK. *sinus* ★ en el seno de la familia *in de schoot van het gezin* ★ seno frontal *voorhoofdsholte*

sensación v • *gevoel*; *gewaarwording* • *sensatie* ★ causar ~ *opzien baren*

sensacional BNW • *sensationeel*; *opzienbarend* • *geweldig*

sensacionalismo m *sensatiezucht*

sensacionalista BNW *sensatie-*; *sensatiebelust*

sensatez v *gezond verstand*; *redelijkheid*

sensato BNW *zinnig*; *verstandig*

sensibilidad v • *gevoel* • *fijngevoeligheid*; *sensibiliteit* • *ontvankelijkheid*; *gevoeligheid* ★ ~ al frío *kouwelijkheid*

sensibilizar OV WW *gevoelig maken*

sensible BNW • *gevoelig*; *met gevoel*; *gevoels-* • *overgevoelig*; *fijngevoelig* • *voelbaar*; *waarneembaar* • *duidelijk merkbaar* • *aangrijpend*

sensiblemente BIJW *duidelijk*; *aanmerkelijk*

sensiblería v *sentimentaliteit*

sensiblero BNW *(overdreven) sentimenteel*

sensitiva v *kruidje-roer-me-niet*

sensitivo BNW • *zintuiglijk*; *gevoels-* • *gevoelig*; *fijngevoelig*; *sensitief*

sensor m *sensor*

sensorial BNW → **sensorio**

sensorio I m MED. *bewustzijn* II BNW *zintuiglijk*

sensual BNW *sensueel*; *zinnelijk*

sensualidad v *zinnelijkheid*

sensualismo m • *sensualiteit* • *sensualisme*

sensualista I m/v *sensualist* II BNW *sensualistisch*

sentada v • *sit-in* • *sit-downstaking* ★ de una ~ *in één ruk door*

sentado BNW • *zittend* • *verstandig*; *redelijk* ★ estar ~ *zitten* ★ dar por ~ *als een uitgemaakte zaak beschouwen* ★ poder esperar ~ *ernaar kunnen fluiten*; *er nog lang op kunnen wachten* ★ sentada esta base *uitgaande van deze veronderstelling* ★ FIG. estar bien ~ *goed gesitueerd zijn*

sentar /ie/ I OV WW • *neerzetten* ‹v. eten› • *baseren* ★ ~ la mano a uno *iemand de les lezen* II ON WW • *vallen*; *bevallen* • *staan* ‹v. kleding, kapsel› • *bekomen* ★ le sentó bien que *het deed hem goed dat* ★ ~ bien *goed staan*

sentarse WKD WW • *gaan zitten* • *rustig/stabiel worden* ‹v. weer› ★ ¡siéntese! *neemt u plaats!*; *gaat u zitten!*

sentencia v • *(zin)spreuk*; *devies* • *vonnis*; *oordeel*; *uitspraak* ★ ~ de muerte *doodvonnis* ★ dictar ~ *een vonnis uitspreken*

sentenciar OV WW • *beweren*; *stellen* • *veroordelen*; *vonnissen*; *oordelen* • *bestemmen* ★ ~ a muerte *ter dood veroordelen*

sentencioso BNW • *gewichtig* • *zinvol*; *betekenisvol*

sentidamente BIJW *oprecht*; *gemeend*

sentido I m • *zintuig* • *bewustzijn*; *gevoel* • *zin*; *inhoud* • *betekenis* • *richting* ★ ~ común *gezond verstand* ★ ~ del deber *plichtsgevoel* ★ ~ del humor *gevoel voor humor* ★ sexto ~ *zesde zintuig* ★ perder el ~ *flauwvallen* ★ falto de ~ *zinloos* ★ doble ~ *dubbelzinnigheid* ★ poner los cinco ~s en algo *iets heel geconcentreerd doen* ★ en ~ recto *rechtuit* II BNW • *meelevend*; *oprecht* • *gevoelig* ★ ser muy ~ *lichtgeraakt zijn*

sentimental BNW *sentimenteel*; *(over)gevoelig*

sentimentalismo m *sentimentaliteit*; *overgevoeligheid*

sentimiento m • *ontroering*; *gevoel* • *gevoelens* • *verdriet*; *smart* ★ con gran ~ de/por nuestra parte *tot onze grote spijt*

sentina v • *ruim* ‹v. schip› • *poel van verderf*

sentir /ie, i/ I m *mening* ★ ~ popular *publieke opinie* ★ en mi ~ *naar mijn mening* II OV WW • *voelen*; *merken*; *bespeuren* • *gevoel hebben voor* • *horen* • *ruiken* • *menen* • *betreuren* ★ lo siento mucho *het spijt me zeer* ★ sin ~ *ongemerkt* ★ siento frío *ik heb het koud*

sentirse /ie, i/ WKD WW • *zich voelen* ★ ~ herido *zich gekwetst voelen* ★ ~ desgraciado *medelijden hebben met zichzelf* • (~ **de**) *lijden aan*

seña v • *teken*; *wenk* • *uiterlijk kenmerk* ★ hacer una seña *een teken geven* ★ hacer señas *gebaren*

señal v • *teken*; *signaal* • *teken*; *gebaar* • *kruisje*; *tekentje* • *toon* ‹v. telefoon, radio› • *litteken* • *aanbetaling* ★ ~ de alto/paro *stopteken*; *stopbord* ★ ~ de alarma *noodsein* ★ ~ de circulación/tráfico *verkeersbord* ★ ni ~ *geen enkel teken* ★ ~ para marcar *kiestoon* ★ ~ de línea libre *kiestoon* ★ ~ de ocupado *bezettoon* ★ ~ acústica *zoemtoon* ★ en ~ de protesta *bij wijze van protest* ★ con pelos y ~es *in geuren en kleuren*

señaladamente BIJW • *duidelijk*; *uitdrukkelijk* • *vooral*; *voornamelijk*

señalado BNW • *opmerkelijk*; *bijzonder* • *vastgesteld*; *bepaald* • *beroemd*; *vooraanstaand* ★ una señalada victoria *een opmerkelijke overwinning*

señalador m *bladwijzer*

señalamiento m • *markering* • JUR. *vaststelling*; *bepaling*

señalar OV WW • *aanstrepen*; *merken* • *aanwijzen* • *wijzen op*; *aangeven*; *aanduiden* • *vaststellen* ‹v. datum›; *vastleggen* • *littekens toebrengen aan/op*; *brandmerken* ★ ~ el precio *de prijs vaststellen* ★ ~ con el dedo *met de vinger aanwijzen*

señalarse WKD WW *zich onderscheiden*;

se

uitblinken

señalización v *bewegwijzering*

señalizar OV WW *van verkeersborden voorzien; bewegwijzeren*

señas v MV • → **seña** • *adres* ★ ~ *personales signalement; persoonsbeschrijving* ★ INF. ~ *mortales onmiskenbare feiten* ★ *por más* ~ *bovendien; om precies te zijn*

señera v • *vlag, vaandel* • *vlag van Catalonië*

señero BNW • *bijzonder; opvallend* • *eenzaam; afgezonderd*

señor I m • *heer; mijnheer* • *eigenaar; bezitter* • *edelman* • INF. *schoonvader* ★ Señor *Sire* ★ REL. el Señor *de Heer* ★ ~ *feudal leenheer* ★ *muy* ~ *mío: zeer geachte heer,* ⟨bij aanhef van een brief⟩ ★ *descansar en el Señor in den Here gerust zijn; ontslapen* ★ *a tal* ~*, tal honor ere wie ere toekomt* II BNW • *voornaam* • *groot; behoorlijk; geweldig* ★ *una* ~*a herida een flinke wond*

señora v • *getrouwde vrouw; mevrouw* • *echtgenote* • *eigenares; bazin* • *vrouw* • INF. *schoonmoeder* ★ ~ *de clase voorname dame; vrouw van stand* ★ Nuestra Señora *Onze-Lieve-Vrouwe*

señorear OV WW • *domineren; uitsteken boven* • *heersen over* • *beheersen; bedwingen* • *beheren*

señoría v ★ *tratar de* ~ *met eerbied tegemoet treden* ★ *vuestra Señoría Uwe Edelachtbare*

señorial BNW (**señoril**) *voornaam; prachtig*

señorío m • *heerschappij* • *gedistingeerdheid*

señorita v • *(me)juffrouw* • *(school)juffrouw* • *kleine sigaar*

señoritingo m • PEJ. *heertje* • FIG. *gewichtigdoener*

señorito m *jongeheer* • PEJ. hacer el ~ *de rijke meneer uithangen*

señorón I m *deftig heer* II BNW *erg voornaam*

señuelo m • *lokvogel* • *lokmiddel; lokaas* • *lokkertje*

seo m *kathedraal*

sepa WW (1e/3e p ev subj. t.t.) → **saber**

sépalo m *kelkblad*

separable BNW *scheidbaar*

separación v • *scheiding* • *afstand; tussenruimte* ★ ~ *del cargo ontzetting uit ambt*

separadamente BIJW *afzonderlijk*

separado BNW *gescheiden; afzonderlijk; apart*

separador I m • *sorteerder* • NAT. *centrifuge* • *middenberm* II BNW *scheidings-; scheidend*

separar OV WW • *scheiden* (**de van**) • *uit elkaar halen* ⟨v. vechtende personen⟩ • *afzonderen; afscheiden* • *opzijleggen; sorteren* • *losmaken; eraf halen* • *ontslaan; afzetten* • *onderscheiden*

separarse WKD WW • *scheiden* ⟨v. partners⟩ • *uit elkaar gaan* • *zich losmaken; loslaten* ⟨v. behang⟩

separata v TYP. *overdruk*

separatismo m *separatisme*

separatista I m/v *separatist; voorstander van afscheiding* II BNW *separatistisch; afscheidings-*

sepelio m *begrafenis; begrafenisplechtigheid*

sepia I m *sepia* ⟨kleur⟩ II v *inktvis*

sepsis v → **septicemia** MED. → **septicemia**

septembrino BNW *september-*

septentrión m LIT. *noorden*

septentrional I m/v *noorderling* II BNW *noordelijk*

septeto m MUZ. *septet*

septicemia v *bloedvergiftiging*

séptico BNW *septisch; bloedvergiftigings-; infectie-*

septiembre m *september*

séptima v MUZ. *septime*

séptimo I m *zevende deel* II TELW *zevende*

septingentésimo BNW *zevenhonderdste*

septuagenario I m *iemand van in de zeventig* II BNW *tussen zeventig en tachtig jaar oud*

septuagésimo BNW *zeventigste*

séptuplo I m *zevenvoud* II BNW *zevenvoudig*

sepulcral BNW *graf-*

sepulcro m • *graftombe* • REL. *sepulcrum* ★ ser un ~ *zwijgen als het graf*

sepultar OV WW • *begraven* • *bedelven* • *verbergen; verhullen*

sepultura v • *graf* • *begrafenis* ★ dar ~ a alg. *iemand begraven* ★ *estar cavando su* ~ *zijn eigen graf graven*

sepulturero m *doodgraver*

sequedad v • *droogte; dorheid* • *onvriendelijkheid* ★ con ~ *stuurs; nors*

sequete m • *stuk droog brood* • *doffe slag* • *norsheid*

sequía v *droogte; droge tijd*

séquito m • *gevolg; aanhang* • *nasleep; gevolgen*

ser I m • *wezen; het zijn* II ON WW • *bestaan; zijn* • *gebeuren; plaatsvinden* ★ puede ser *misschien* ★ es que *het is zo dat; want* ★ como ha de ser *het zij zo* ★ ¿cómo es que? *hoe komt het dat?* ★ como debe ser *zoals het hoort* ★ a poder ser *zo mogelijk* ★ eso fue en 2003 *dat gebeurde in 2003* ★ las casas fueron vendidas a bajo precio *de huizen werden voor een lage prijs verkocht* ★ (~ **de**) *komen uit; afkomstig zijn van* III KWW • *zijn* • *worden* ★ por si fuera poco *alsof dat nog niet genoeg was* ★ érase una vez *er was eens* ★ ¿serán las 8? *zou het 8 uur zijn?* ★ ¿qué será? *wat zou het zijn?* ★ érase que se era *er was eens* ★ no es cosa del otro jueves *het is niet belangrijk* ★ no ser del otro mundo *niets ongewoons zijn* ★ ¿será cosa que? *zal het misschien zo zijn dat?* ★ a no ser que *tenzij*

sera v *mand; draagmand*

seráfico BNW • *zachtaardig; vredig* • *engelachtig* ★ orden seráfica *franciscaner orde*

serafín m • *serafijn; engeltje* • *schoonheid; mooie vrouw* • *mooi kind*

serbal m *lijsterbes*

Serbia v *Servië*

serbio I m • *Serviër* • *het Servisch* II BNW *Servisch*

serbocroata I m *het Servokroatisch* II BNW *Servokroatisch*

serenar OV WW *tot bedaren brengen; geruststellen*

serenarse WKD WW • *opklaren* ⟨v. het weer⟩ • *bedaren* ⟨v. persoon⟩ • *opklaren* ⟨v. het weer⟩ ★ se serenará el cielo *er komen opklaringen*

serenata v *serenade*

serenidad v • *helderheid* • *kalmte*
serenísimo BNW *doorluchtig* ‹in titel›
sereno **I** m • *dauw; avondnevel* • *nachtwaker*
★ al ~ *in de open lucht* **II** BNW • *onbewolkt;*
helder • *sereen; rustig* ★ permanecer ~ *zijn*
kalmte bewaren
serial **I** m *(televisie)serie* **II** BNW *serie-; serieel*
sericicultura v *zijdeteelt*
sericultura v → **sericicultura**
serie v • *serie; reeks* • SPORT *kwalificatieronde*
★ fuera de ~ *buitengewoon* • en ~ *massa-* ★ ~
televisiva *televisieserie*
seriedad v *ernst*
serigrafía v *serigrafie; zeefdruk*
serio BNW • *serieus; ernstig* • *bezorgd;*
bedenkelijk • *waardig; integer* • en ~ *serieus*
★ es cosa seria *dat is heel wat*
sermón m • *preek* • *gepreek* ★ soltar/echar un ~
a alg. *een preek houden tegen iemand*
sermoneador BNW *berispend; vermanend*
sermonear ON WW *preken*
sermoneo m • *het prediken* • *preek;*
schrobbering; uitbrander
seroja v *droog gebladerte*
serojo m → **seroja**
serología v *serologie*
serón m *grote mand* ‹voor rijdieren›
seronegativo BNW MED. *seronegatief*
seropositivo **I** m *seropositief persoon; persoon*
met hiv **II** BNW *seropositief; hiv-positief*
seroso BNW • *waterachtig* • *weiachtig* ★ *líquido*
~ *serum*
serotonina v *serotonine*
serpentear ON WW *kronkelen; slingeren*
serpenteo m *geslinger; gekronkel*
serpentín m *spiraalbuis*
serpentina v *papieren slinger; serpentine*
serpiente v *slang* ★ encantador de ~s
slangenbezweerder ★ ~ venenosa *gifslang*
serpol m *wilde tijm*
serpollo m *scheut; uitloper*
serrador m *zager*
serradora v *zaagmachine*
serraduras v mv *zaagsel; krullen*
serrallo m *harem*
serranía v *bergland*
serranilla v LIT. *serranilla* ‹herdersgedicht›
serrano **I** m *bergbewoner* **II** BNW *berg-; gebergte-*
serrar /ie/ OV WW *zagen*
serrería v *houtzagerij*
serrín m • *gruis; stof* • *zaagsel*
serruchar OV WW LA *zagen*
serrucho m *handzaag*
Servia v → **Serbia**
servible BNW *bruikbaar*
servicial BNW *gedienstig; hulpvaardig*
servicio m • *dienst; bediening; dienstverlening*
• *servies; couvert* • REL. *dienst;*
godsdienstoefening • (vaak mv) *wc* • *personeel;*
bedienden ★ SPORT *service; opslag* • MED.
klysma ★ hacer un flaco ~ a alg. *iemand een*
slechte dienst bewijzen ★ a su ~ *tot uw dienst*
★ ~ doméstico *huishoudelijk werk* ★ ~
comprendido *inclusief bediening* ★ de ~
dienstdoend ★ fuera de ~ *buiten dienst* ★ ~
militar obligatorio *dienstplicht* ★ ~ de

extranjería *vreemdelingendienst*
servidor m • *bediende* • COMP. *server* ★ un ~ *ik,*
ondergetekende ★ i~! *tot uw dienst!; present!*
★ COMP. ~ de correo *mailserver* ★ COMP. ~
anfitrión *host*
servidumbre v • *huisbediening; personeel*
• *slavernij* • *slavenwerk* • *erfdienstbaarheid;*
horigheid
servil BNW • *slaven-* • *slaafs; onderdanig*
servilismo m *slaafsheid*
servilleta v *servet*
servilletero m *servetring*
servir /i/ **I** OV WW • *te woord staan* • *van dienst*
zijn; helpen • *opdienen; opscheppen;*
inschenken ★ para ~le om u te dienen ★ ¿en
qué puedo ~le? *waarmee kan ik u van dienst*
zijn? **II** OV+ON WW • *in dienst zijn; dienen*
• *bedienen; opdienen; inschenken* • SPORT
opslaan; serveren • *bezorgen* ★ eso no me
sirve *dat kan ik niet gebruiken* ★ ¿para qué
me sirve? *wat heb ik daaraan?* ★ no sirve
gran cosa *het heeft niet veel nut* ★ en seguida
estará servido *ik kom zo bij u* ★ no ~ de nada
nergens toe dienen; geen enkele zin hebben
servirse /i/ WKD WW • *inschenken; opscheppen;*
toetasten • *zo goed zijn om* ★ sírvase
remitirme *gelieve mij terug te sturen* ★ ¿a qué
hora se sirven las comidas? *hoe laat wordt er*
opgediend? ★ sírvase cerrar la ventana *wilt u*
zo vriendelijk zijn het raam dicht te doen?
• (~ **de**) *gebruik maken van*
servocroata v → **serbocroata**
servodirección v *stuurbekrachtiging*
servofreno m *rembekrachtiging*
sesada v CUL. *gebakken hersenen*
sésamo m *sesam* ★ ¡Sésamo, ábrete! *Sesam,*
open u!
sesear ON WW *de Spaanse 'z' en 'c' (voor 'e', 'i')*
als 's' uitspreken
sesenta TELW *zestig* ★ haber pasado los ~ *over*
de zestig zijn
sesentavo **I** m *zestigste deel* **II** TELW *zestigste*
sesentón **I** m (v: **sesentona**) *iemand van in de*
zestig; zestiger **II** BNW (v: **sesentona**) *van in*
de zestig
seseo m *uitspraak van de Spaanse 'z' en 'c' (voor*
'e', 'i') als 's'
sesera v • *hersenpan* • INF. *hersens* ‹slimheid›
• INF. *kop; hoofd*
sesgado BNW • *schuin; scheef* • *partijdig* ★ ~
sesgadura v → **sesgar**
sesgar OV WW • *schuin knippen* • *schuin leggen*
‹v. stof›
sesgo **I** m • *schuinte* • *koers; richting* ★ al ~
schuin **II** BNW *schuin; scheef*
sesión v • *zitting; vergadering* • *voorstelling*
• *sessie* ★ abrir la ~ *de vergadering openen*
★ cerrar/levantar la ~ *de vergadering sluiten*
★ ~ continua *doorlopende voorstelling* ★ COMP.
finalizar la ~ *afmelden; uitloggen*
sesionar ON WW • *een vergadering houden* • *aan*
een vergadering deelnemen
seso m • ANAT. *hersenen* • *hersens; gezond*
verstand; brein; inzicht ★ se devanaba los
sesos *hij brak zich het hoofd erover; hij*
piekerde zich suf ★ tener sorbido el seso a alg.

se

gek zijn op iemand; iemand domineren
★ *perder el seso zijn verstand verliezen*
sestear ON WW *siësta houden; een middagdutje doen*
sesudo BNW • *verstandig* • *pienter*
set m • SPORT *set* • *set* ⟨stel bijeenhorende zaken⟩ • *set* ⟨v. film⟩
seta v *zwam; paddestoel* ★ *crecer como setas als paddestoelen uit de grond schieten* ★ *seta alucinógena paddo* ⟨hallucinogene paddestoel⟩
setecientos TELW *zevenhonderd*
setenta TELW *zeventig*
setentavo I m *zeventigste deel* II TELW *zeventigste*
setentón I m (v: **setentona**) *zeventiger* II BNW (v: **setentona**) *van in de zeventig*
setiembre m → **septiembre**
sétimo BNW → **séptimo**
seto m *schutting* ★ *seto vivo haag, heg*
seudo BNW *pseudo-; onecht; schijn-*
seudónimo m *pseudoniem; schuilnaam*
severidad v • *strengheid* • *soberheid*
severo BNW • *streng* • *sober* • *ernstig*
sevicia v • *extreme wreedheid* • *mishandeling; gewelddaad*
sevillanas v mv *dans/muziek uit Sevilla*
sevillano I m *iemand uit Sevilla* II BNW *uit Sevilla; Sevilliaans*
sexagenario I m *zestiger* II BNW *van in de zestig*
sexagésimo I m *zestigste deel* II TELW *zestigste*
sexagonal BNW *zeshoekig*
sex appeal m *sex-appeal*
sexenio m *periode van zes jaar*
sexismo m *seksisme*
sexista I m/v *seksist* II BNW *seksistisch*
sexo m • *sekse; geslacht; kunne* • *geslachtsdeel* • *seks* ★ *el sexo fuerte het sterke geslacht* ★ *el sexo débil het zwakke geslacht* ★ *sexo seguro safe sex*
sexología v *seksuologie*
sexólogo m *seksuoloog*
sextante m *sextant*
sexteto m MUZ. *sextet*
sexto I m *zesde deel* II TELW *zesde*
séxtuplo I m *zesvoud(ige)* II BNW *zesvoudig*
sexual BNW • *seksueel; geslachtelijk* • *voortplantings-; geslachts-*
sexualidad v • *seksualiteit* • *geslachtsdrift*
sexy BNW *sexy*
sha m *sjah*
shock m *shock*
show m *show*
si I m MUZ. *si; ti; b* ★ *si bemol bes* ★ *si mayor/menor b groot/klein* II VW • *als; indien* • *of* • *terwijl* • *hoewel* • *immers; toch* ★ *apenas si nauwelijks* ★ *como si alsof* ★ *si bien hoewel* ★ *¡pero si ella se está riendo! maar ze lacht toch!*
sí I m *ja; jawoord; toestemming* ★ *dar el sí het jawoord geven; zijn toestemming geven* II WKD VNW *zich* ★ *por sí solo uit zichzelf* ★ *dueño/señor de sí beheerst; zichzelf meester* ★ *de sí van zichzelf; van nature* ★ *la vida en un pueblo no da mucho de sí het dorpsleven heeft niet veel te bieden* ★ *dar de sí rekken;*

wijder worden ★ *esta tela no da de sí nada deze stof rekt helemaal niet* ★ *decir entre/para sí bij zichzelf zeggen* III WKG VNW *elkaar* ★ *entre sí onder elkaar* IV BIJW • *ja* • *stellig* • *wel* ★ *porque sí daarom; zomaar* ★ *¡a que sí! welles!* ★ *¡eso sí que no! dat in geen geval!* ★ *¡él sí que lo hará! hij zal het zeker doen!*
siamés I m (v: **siamesa**) • *een van een siamese tweeling* • *Siamees* II BNW (v: **siamesa**) • *Siamees* • *van een siamese tweeling*
sibarita I m/v *levensgenieter; bon-vivant* II BNW *genotzuchtig*
sibarítico BNW → **sibarita**
sibaritismo m *genotszucht*
Siberia v *Siberië*
siberiano I m *Siberiër* II BNW *Siberisch*
sibila v *sibille; waarzegster*
sibilante I v TAALK. *sisklank* II BNW TAALK. *sis-*
sibilino BNW • *sibillijns* • *profetisch* • *mysterieus; geheimzinnig*
sic BIJW *sic*
sicalíptico BNW *obsceen*
sicario m *huurmoordenaar*
Sicilia v *Sicilië*
siciliano I m *Siciliaan* II BNW *Siciliaans*
sicoanálisis v → **psicoanálisis**
sicofanta m *sycofant; verklikker*
sicología v → **psicología**
sicológico BNW → **psicológico**
sicólogo m → **psicólogo**
sicomoro m *Egyptische vijgenboom*
sicópata m/v → **psicópata**
sicosis v → **psicosis**
sicoterapeuta m/v → **psicoterapeuta**
sicoterapia v → **psicoterapia**
SIDA AFK (Síndrome de Inmunodeficiencia Adquirida) *aids*
sidecar m *zijspan*
sideral BNW *sterren-* ★ *observaciones ~es sterrenkundige waarnemingen*
siderurgia v *ijzer- en staalindustrie*
siderúrgico BNW *ijzer- en staal-*
sidoso I m *aidspatiënt* II BNW *aids-*
sidra v *cider; appelwijn*
siega v • *oogst; het maaien* • *oogsttijd*
siembra v • *zaaitijd* • *het zaaien*
siempre I BIJW • *altijd; steeds* • *in ieder geval* ★ *para ~ voorgoed* ★ *desde ~ al heel lang* ★ *lo de ~ het oude liedje* ★ *por ~ jamás voor eeuwig en altijd* II VW • *iedere keer dat* • (*~ que* [+ *subj.*]) *mits*
siempreviva v *strobloem* ★ *~ menor wit vetkruid* ★ *~ mayor gewone huislook*
sien v *slaap* ⟨v. hoofd⟩
sierpe v • *slang* • *driftkop; serpent* ★ *tener una lengua de ~ een scherpe tong hebben*
sierra v • *zaag* • *bergketen; bergland* ★ *~ mecánica zaagmachine* ★ *~ circular cirkelzaag*
siervo m • *slaaf* • REL. *dienaar* ★ GESCH. *~ de la gleba lijfeigene*
siesta v • *middag(hitte)* • *siësta; middagslaapje* ★ *dormir/echar(se) la ~ een middagdutje doen*
siete TELW *zeven* ★ *el/las ~ y media bepaald kaartspel* ★ *tres ~s eenentwintigen* ★ *comer/beber más que ~ heel veel eten/drinken*

sietemesino I m • *zevenmaands kind* • INF. *iel ventje* • *wijsneus* **II** BNW • *zevenmaands* • *iel*
sífilis m *syfilis*
sifilítico I m *syfilislijder* **II** BNW *syfilis-*
sifón m • *sifon*; *fles*; *spuitwaterfles* • *zwanenhals* (in buis) • *hevel* (v. buis, toestel)
sigilación v • *verzegeling* • *geheimhouding*
sigilar OV WW • *verzegelen* • *verheimelijken*
sigilo m • *geheimhouding* • *heimelijkheid*; *stilte* • ~ *profesional beroepsgeheim*
sigilografía v *sigillografie*; *zegelkunde*
sigiloso BNW *stil*; *discreet*
sigla v • *beginletter* • *letterwoord*
siglo m • *eeuw* • *tijdperk* ★ *por los* ~s *de los* ~s *tot in de eeuwigheid* ★ *retirarse del* ~ *in het klooster gaan* ★ *un hecho del* ~ *een opzienbarende gebeurtenis*
signar OV WW • *ondertekenen*; *signeren* • *bekruisen*; *zegenen*
signarse WKD WW *een kruis slaan*
signatario I m *ondertekenaar* **II** BNW *ondertekenend*
signatura v • *ondertekening*; *handtekening* • *signatuur* • *merkteken*
significación v • *betekenis* • *belang* • *invloed*; *aanzien* • POL. *signatuur* ★ *denso de* ~ *betekenisvol*
significado I m *betekenis* (v. woord, zin) **II** BNW • *belangrijk* • *bekend*
significante BNW → **significativo**
significar OV WW • *betekenen* • *tot uiting brengen* • *van belang zijn* ★ *¿qué significa eso? wat heeft dat te betekenen?* (bij verbazing, verontwaardiging)
significarse WKD WW • *zich onderscheiden* • *zich voordoen*; *zich uiten*
significativo BNW *betekenisvol*; *veelbetekenend*; *significant*
signo m • *teken* • *symbool* • *sterrenbeeld*; *lotsbestemming* ★ ~ *negativo minteken* ★ ~ *igual gelijkteken* ★ ~ *de admiración/exclamación uitroepteken* ★ ~ *de interrogación vraagteken* ★ ~ *de enfermedad symptoom* (v. ziekte)
siguiente I m/v *volgende* **II** BNW *volgend* ★ *al/el día* ~ *de volgende dag*
sílaba v *lettergreep* ★ ~ *átona onbeklemtoonde lettergreep* ★ ~ *tónica beklemtoonde lettergreep*
silabario m *abc-boek*
silabear OV+ON WW *per lettergreep uitspreken*
silabeo m *het lettergreep voor lettergreep uitspreken*
silábico BNW *syllabisch*; *lettergreep-* ★ *acento* ~ *lettergreepaccent*
silba v • *gefluit* • *afkeurend gefluit*; *fluitconcert* ★ *recibir una* ~ *uitgefloten worden*
silbar I OV WW • *fluiten* • *uitfluiten* • (~ **silbar a**) *fluiten naar*; *nafluiten* **II** ON WW *sissen*
silbato m *schel fluitje*
silbido m • *gefluit* • *fluittoon* • *gesis* • *gesuis* ★ ~ *de los oídos oorsuizen*
silbo m → **silbido**
silenciador m • *knalpot*; *geluidsdemper* • *knaldemper*
silenciar OV WW • *verzwijgen* • *tot zwijgen brengen*; *doen verstommen*

silencio m • *stilte*; *rust* • *zwijgzaamheid*; *stilzwijgen* • MUZ. *rust* ★ ~! *stilte!* ★ *guardar* ~ *sobre algo iets geheimhouden* ★ *reducir al* ~ *tot zwijgen brengen* ★ *romper el* ~ *het stilzwijgen verbreken* ★ ~ *sepulcral doodse stilte*
silencioso BNW • *zwijgzaam* • *stil* • *geruisloos*
silente BNW *rustig*
silex m *vuursteen*
sílfide v *nimf*
silfo m *sylfe*; *luchtgeest*
silicato m CHEM. *silicaat*
sílice m *kiezel*
síliceo BNW *kiezel-*; *silicium-*
silícico BNW *silicium-*; *kiezel-* ★ *ácido* ~ *kiezelzuur*
silicio m *silicium*
silicona v *silicone*
silicosis v *silicose*; *stoflongziekte*
silla v • *stoel* • *zetel* ★ ~ *de manos draagstoel* ★ ~ *de montar rijzadel* ★ ~ *plegable klapstoel*; *vouwstoel* ★ ~ *de rejilla stoel met rieten zitting/rugleuning* ★ ~ *de ruedas rolstoel* ★ *pegársele la* ~ *a alg. blijven plakken*; *lang blijven zitten* ★ ~ *de tijeras klapstoel*
sillar m *grote bewerkte steen*
sillería v • *zitameublement* • *stoelenmakerij*; *stoelenzaak* • *koorbank(en)*
sillero m *stoelenmaker*
silleta v • *stoeltje* • *ondersteek(bekken)*
sillico m *po*; *nachtspiegel*
sillín m *zadel* (v. fiets/motorfiets)
sillón m *leunstoel*; *armstoel*
silo m • *silo* • *ondergrondse opslagplaats*
silogismo m *syllogisme*; *sluitrede*
silogístico BNW *syllogistisch*
silueta v • *silhouet* • *geknipt portret 'en profil'* • *contour* (v. lichaam); *omtrek*
siluro m *meerval*
silvestre BNW • *wild* (v. planten) • *ongerept*; *rustiek* ★ *rosal* ~ *wilde roos*
silvícola BNW *bos-*
silvicultor m *bosbouwkundige*
silvicultura v *bosbouw*
sima v *kloof*; *afgrond*
simbiosis v *symbiose*
simbiótico BNW *symbiotisch*
simbólico BNW *symbolisch*
simbolismo m • *symbolisme* • *symboliek*
simbolista I m/v *symbolist* **II** BNW *symbolistisch*
simbolizar OV WW *symboliseren*
símbolo m *symbool*
simetría v *symmetrie*
simétrico BNW *symmetrisch*
simiente v *zaad* (bv. zaaigoed, vogelvoer); *zaadje*
simiesco BNW *aapachtig*
símil I m • *vergelijking* • *gelijkenis* **II** BNW *gelijkend*; *lijkend* (**de op**)
similar BNW *soortgelijk*
similitud v *gelijkenis*
similor m *imitatiegoud* ★ *de* ~ FIG. *van klatergoud*
simio m *aap*
simonía v REL. *simonie*
simpatía v • *innemendheid*; *charme*

• genegenheid • sympathie ⟨ook medisch⟩
★ sentir ~ por sympathie voelen voor
★ ganarse la ~ de alg. *iemand voor zich innemen* ★ tener ~ *innemend/charmant zijn*
simpático BNW *sympathiek; welwillend*
simpatizante I m/v *sympathisant* II BNW *sympathiserend*
simpatizar OV+ON WW *sympathiseren (con met)*
★ no tardamos en ~ *we werden spoedig goede vrienden*
simple I m *sukkel; doetje; simpele ziel* II BNW
• *enkelvoudig; enkel • eenvoudig; simpel*
• *dom; onnozel*
simplemente BIJW *eenvoudigweg; domweg; simpelweg*
simpleza v • *naïviteit • eenvoud • kleinigheid; bagatel*
simplicidad v • *eenvoud • naïviteit*
simplificación v *vereenvoudiging; simplificatie*
simplificar OV WW *simplificeren; vereenvoudigen*
simplista I m *simplist* II BNW *simplistisch*
simplón I m *simpele ziel; simplist* II BNW *simpel; naief; onnozel*
simposio m *symposium*
simulación v *simulatie; nabootsing*
simulacro m • *schijnhandeling; schijnbeeld*
• *oefening* ★ ~ de ataque *schijnaanval* ★ ~ de defensa antiaérea *luchtbeschermingsoefening*
simulado BNW *gesimuleerd; voorgewend*
simulador I m • TECHN. *simulator • simulant;*
FIG. *toneelspeler* II BNW *simulerend; veinzend*
simular OV WW *simuleren; voorwenden; veinzen*
simultáneamente BIJW *gelijktijdig; tegelijk; simultaan* ★ cantar ~ *meezingen*
simultanear OV WW *tegelijkertijd doen*
simultaneidad v *gelijktijdigheid; simultaneïteit*
simultáneo BNW *gelijktijdig; simultaan*
simún m *samoem* ⟨woestijnwind⟩
sin VZ • *zonder • on-* ★ un vaso sin beber *een nog vol glas* ★ sin gusto *smakeloos* ★ sin igual *onvergelijkelijk; weergaloos* ★ sin reposo *rusteloos*
sinagoga v *synagoge*
sinalefa v *synaloefe; samensmelting van klinkers*
sinapismo m • *mosterdpleister* • INF. *zeurkous*
sinapsis v MED. *sinaps*
sináptico BNW *synaptisch*
sincerarse WKD WW • *zich vrijpleiten • stelling nemen*
sinceridad v • *oprechtheid • openhartigheid*
sincero BNW • *oprecht; eerlijk; rechtschapen*
• *openhartig*
síncopa v • MUZ. *syncope* • TAALK. *syncope*
sincopar OV WW • MUZ. *syncoperen* • TAALK. *syncoperen*
síncope m • MED. *flauwte; bezwijming* • TAALK. *syncope*
sincretismo m • TAALK. *syncretisme*
• *versmelting*
sincronía v *synchronie; gelijktijdigheid*
sincrónico BNW *synchroon; gelijktijdig*
sincronismo m *synchronisme; gelijktijdigheid*
sincronización v *synchronisatie*
sincronizar OV WW • *synchroniseren • afstellen (con op)*
sindéresis v • *gezond verstand*

• *oordeelkundigheid; oordeelskracht*
sindicado I m *syndicaat* II BNW • *bij een vakbond aangesloten • behorend tot een syndicaat*
sindical BNW *vakbonds-*
sindicalismo m • *syndicalisme • vakbeweging*
sindicalista I m/v *vakbondslid* II BNW
• *vakbonds- • syndicalistisch*
sindicar OV WW *bijeenbrengen in een vakbond*
sindicarse WKD WW *lid worden van een vakbond*
sindicato m • *syndicaat; kartel; consortium*
• *vakbond*
síndico m • *belangenvertegenwoordiger*
• *curator* ★ los Síndicos de los Pañeros *de Staalmeesters van Rembrandt*
síndrome m *syndroom* ★ ~ de abstinencia *ontwenningsverschijnselen*
sinécdoque v *synecdoche; pars pro toto* ⟨stijlfiguur⟩
sinecura v • *sinecure • luizenbaantje*
sinéresis v TAALK. *synaeresis; samentrekking van twee klinkers*
sinergia v *synergie*
sinérgico BNW *synergetisch*
sinfín m *geweldig groot aantal* ★ con un ~ de detalles *met talrijke details*
sinfonía v *symfonie*
sinfónico BNW *symfonisch* ★ orquesta sinfónica *symfonieorkest*
singladura v • *door een schip in 24 uur afgelegde afstand • etmaal* • FIG. *koers; richting*
singular I m TAALK. *enkelvoud* ★ en ~ *in het enkelvoud; in het bijzonder* II BNW • *zeldzaam; enig • vreemd; uitzonderlijk* • TAALK. *enkelvoudig* ★ ejemplar ~ *enig exemplaar* ★ ~ batalla *tweegevecht* ★ un hombre ~ *een zonderling mens* ★ por caso ~ *merkwaardigerwijs*
singularidad v • *uitzonderlijkheid*
• *bijzonderheid*
singularizar OV WW • *iemand/iets in het bijzonder bedoelen • onderscheiden • in het enkelvoud zetten*
singularizarse WKD WW *zich onderscheiden; opvallen*
singularmente BIJW • *voornamelijk; in het bijzonder • bijzonder*
sinhueso v INF. *tong* ★ soltar la ~ *zijn mond voorbijpraten*
siniestra v *linkerhand* ★ a la ~ *links*
siniestrado I m *slachtoffer van een ramp* II BNW *(door een ramp) getroffen*
siniestralidad v *ongevallencijfer*
siniestro I m • *ongeval; ramp; ongeluk; onheil*
• *gothic* • JUR. dar aviso del ~ *een schadegeval melden* II BNW • LIT. *linker-; links*
• *onheilspellend; rampzalig; akelig; sinister*
• MUZ. *gothic*
sinnúmero m *geweldig aantal; massa*
sino I m *lot; noodlot* II VW • *maar* ⟨bij tegenstelling⟩ • *behalve • maar ook* ★ no sólo..., sino también... *niet alleen..., maar ook...* ★ no ... sino *slechts; alleen maar* ★ sino que *maar* ★ no te pido sino que me oigas *ik vraag je alleen maar naar me te luisteren*

sinodo m *synode*
sinonimia v *synonymie*
sinónimo I m *synoniem* II BNW *synoniem*
sinopsis v *synopsis; korte samenvatting* ★ ~ *del tiempo weeroverzicht*
sinóptico BNW • *samenvattend; synoptisch* • *overzichtelijk* ★ *un cuadro* ~ *schema; schematisch overzicht*
sinovia v *gewrichtssmeer*
sinrazón v *onrecht; misbruik; machtsmisbruik*
sinsabor m *onbehagen; verdriet; oorzaak van verdriet*
sintáctico BNW TAALK. *syntactisch*
sintaxis v TAALK. *syntaxis; zinsleer*
sintesis v • *synthese • samenvatting* ★ en ~ *kort gezegd; samenvattend* ★ *obra de* ~ *verzamelwerk*
sintético BNW • *synthetisch • samenvattend*
sintetizador m *synthesizer*
sintetizar OV WW *samenvatten*
sintoma m • *symptoom • ziekteverschijnsel* • *teken*
sintomático BNW *symptomatisch; kenmerkend; tekenend*
sintonia v • *afstemming* ⟨v. radio, televisie e.d.⟩ • *herkenningsmelodie; tune* ★ *botón de* ~ *afstemknop* ★ *estar en* ~ *con alg. met iem. op dezelfde golflengte zitten*
sintonización v *afstemming* ⟨v. radio, televisie e.d.⟩
sintonizador m • *afstemknop • tuner*
sintonizar I OV WW *afstemmen* ⟨v. radio, televisie e.d.⟩ II ON WW *op dezelfde golflengte zitten*
sinuosidad v • *kronkeligheid; bochtigheid* • *oneerlijkheid; gedraai*
sinuoso BNW • *bochtig; kronkelend; golvend* ⟨v. lijn⟩ • *oneerlijk; sluw*
sinusitis v MED. *neusbijholteontsteking; sinusitis*
sinvergüencería v • *schofterigheid • smerige zet; brutale streek*
sinvergüenza I m/v • *schofterig iemand; onbeschaamde vent* • SCHERTS. *schavuit* II BNW *schaamteloos; schofterig*
sionismo m *zionisme*
sionista I m *zionist* II BNW *zionistisch*
siquiatra m/v → **psiquiatra**
siquiatria v → **psiquiatria**
siquiátrico BNW → **psiquiátrico**
siquico BNW → **psiquico**
siquiera I BIJW *op zijn minst; zelfs* ★ ni (tan) ~ *zelfs ... niet; niet eens* II VW *al; ook al*
sirena v • *sirene • zeemeermin; sirene* ★ ~ *de niebla misthoorn*
sirga v • *jaaglijn • sleeptouw* ★ *camino de* ~ *jaagpad*
sirgar OV WW *voortslepen* ⟨een schip⟩
Siria v *Syrië*
sirimiri m *dichte motregen*
siringa v MUZ. *panfluit*
sirio I m *Syriër* II BNW *Syrisch*
Sirio ASTRON. *Sirius*
siroco m *sirocco* ⟨woestijnwind⟩
sirte v *zandbank*
sirvienta v *dienstmeisje*
sirviente m *knecht; bediende*

sisa v • *geknipte opening; armsgat* • *kruimeldiefstal*
sisador m *kruimeldief* ⟨persoon⟩
sisal m *sisal*
sisar OV WW • *pikken; achterover drukken* • *inknippen*
sisear ON WW • *sissen • fluiten*
siseo m • *gesis • gefluit*
sismico BNW *seismisch; bevings-; aardbevings-* ★ *movimiento* ~ *aardbeving*
sismo m *beving; aardbeving*
sismógrafo m *seismograaf*
sismología v *seismologie*
sismológico BNW *seismologisch*
sismólogo m *seismoloog*
sisón I m ⟨v: **sisona**⟩ *kruimeldief* ⟨persoon⟩ II BNW ⟨v: **sisona**⟩ *geld achterhoudend;* FIG. *met lange vingers*
sistema m • *systeem; stelsel • methode* ★ COMP. ~ *operativo besturingssysteem* ★ ~ *decimal tientallig stelsel* ★ ~ *impositivo belastingstelsel* ★ ~ *métrico metriek stelsel* ★ ~ *nervioso zenuwstelsel* ★ ~ *de numeración talstelsel* ★ ~ *vascular bloedvatenstelsel* ★ *hacer algo por* ~ *iets stelselmatig doen*
sistemático BNW *systematisch; stelselmatig*
sistematización v *systematisering*
sistematizar OV WW *systematiseren; rangschikken; ordenen*
sístole v MED. *systole; samentrekking*
sitar m MUZ. *sitar*
sitiador I m *belegeraar* II BNW *belegerend*
sitial m *erezetel*
sitiar OV WW • *belegeren; omsingelen* • FIG. *belegeren • pressen; druk uitoefenen op;* ★ *voor het blok zetten* ★ ~ *por hambre uithongeren*
sitio m • *plaats; lokatie • zitplaats • beleg(ering)* • COMP. *(web)site* ★ ~ *web website* ★ en todos los* ~s *overal* ★ en cualquier ~ *ergens* ★ en ningún ~ *nergens* ★ *dejar a uno en el* ~ *iemand ombrengen* ★ *poner a u.p. en su* ~ *iemand op zijn nummer zetten* ★ *se quedó en el* ~ *hij was op slag dood*
sito BNW FORM. *gelegen; gesitueerd*
situación v • *situatie; toestand • ligging* ★ ~ *crítica/delicada/preciosa hachelijke situatie; netelige toestand* ★ ~ *de ánimo stemming; gemoedstoestand*
situado BNW • *gelegen • gesetteld*
situar /ú/ OV WW • *plaatsen; situeren • beleggen; opzij leggen* ⟨v. geld⟩
situarse WKD WW • *zich plaatsen; zich kwalificeren • zich vestigen; zich settelen • een goede positie bereiken; in goeden doen komen*
skating m *het skaten*
S.L. AFK (Sociedad Limitada) *BV* ⟨besloten vennootschap⟩
slalom m → **eslálon**
slam m SPORT *slem*
slip m *slip; onderbroek*
S.M. AFK (Su Majestad) *Uwe Majesteit*
smash m *smash*
smoking m → **esmoquin**
SMS m TELECOM. *sms* ★ *enviar SMS sms'en*
snob I m → **esnob** II BNW → **esnob**
snobismo m → **esnobismo**

sn

snooker m *snooker* ★ jugar al ~ *snookeren*

so I UITR VNW *ho!* ★ iso *tonto! grote stomkop!* II VZ *onder* ★ so pena de *op straffe van* ★ so pretexto de *onder voorwendsel van*

soasar OV WW CUL. *aanbraden*

soba v • *gefriemel* ⟨v. gebak⟩ • *het kneden* • *betasting* • *oplawaai; pak ransel* • *met boter of olie bereid*

sobaco m *oksel*

sobado BNW • *beduimeld; verkreukeld* • FIG. *afgezaagd*

sobadura v • *betasting* • *het kneden* • *oplawaai; pak slaag*

sobajar OV WW *verkreukelen; beduimelen*

sobaquera v *okselstuk* ⟨in kleding⟩

sobaquina v *okselgeur*

sobar OV WW • *friemelen aan; betasten* • *kneden* • *stompen; bont en blauw slaan* • INF. *lastig vallen; hinderen*

soberanamente BIJW • *soeverein; verheven* • *buitengewoon; in hoge mate* ★ aburrirse ~ *zich doodvervelen* ★ divertirse ~ *zich kostelijk amuseren*

soberanía v • *soevereiniteit; heerschappij* • *verhevenheid*

soberano I m • *sovereign* ⟨Engelse munt⟩ • *vorst; hoogste machthebber* II BNW • *soeverein; onafhankelijk* • *onovertroffen; grandioos* • *enorm*

soberbia v • *hoogmoed; verwaandheid* • *opvliegendheid; drift*

soberbio BNW • *hoogmoedig; verwaand* • *enorm; geweldig*

sobón I m ⟨v: **sobona**⟩ • *handtastelijk iemand* • *luilak* II BNW ⟨v: **sobona**⟩ • *handtastelijk* • *lui*

sobornable BNW *omkoopbaar; corrupt*

sobornar OV WW *omkopen*

soborno m • *omkoperij* • *steekpenning*

sobra v *overschot* ★ de ~ *ruimschoots; ruim voldoende; (te) over* ★ saber algo de ~ *iets maar al te goed weten* ★ ~s *restjes; kliekjes*

sobradamente BIJW *overvloedig; ruimschoots*

sobrado I m *zolder* II BNW *overvloedig* ★ ~ de bienes *vermogend*

sobrancero I m *werkloze* II BNW • *werkloos* • *overbodig*

sobrante I m *resten; overschot* II BNW *overgebleven; overtollig*

sobrar ON WW • *overblijven* • *te veel zijn; over zijn* ★ nos sobra dinero *we hebben volop geld*

sobre I m • *envelop; zakje* • INF. *bed* ★ irse al ~ *naar bed gaan* II VZ • *op* • *boven(op)* • *over* • *ongeveer; omstreeks* ⟨v. tijd⟩ • *na* ★ ~ comida *na het eten* ★ tendrá ~ los cincuenta años *hij is ongeveer 50* ★ iré a Barcelona ~ el dos de mayo *rond 2 mei ga ik naar Barcelona*

sobreabundancia v *grote overvloed*

sobreabundante BNW *zeer overvloedig*

sobreabundar ON WW *overvloedig aanwezig zijn*

sobreactuar OV WW *overdreven /te nadrukkelijk acteren*

sobrealimentación v *overvoeding*

sobrealimentar OV WW *overvoeden*

sobreañadir OV WW *extra toevoegen*

sobreático m *penthouse*

sobrecalentamiento m *oververhitting*

sobrecalentar OV WW *oververhitten*

sobrecama m *sprei*

sobrecarga v • *overgewicht; overbelasting* • *opdruk* ⟨op postzegel⟩

sobrecargar OV WW • *te zwaar beladen* • *overbelasten* • *opdrukken* ⟨op postzegel⟩ ★ ~ el mercado *de markt overvoeren*

sobrecargo m • *meerprijs; toeslag* • *purser; ladingmeester*

sobrecejo m *frons* ★ de ~ *met norse blik*

sobreceño m *frons*

sobrecogedor BNW • *overweldigend; adembenemend* • *angstaanjagend*

sobrecoger OV WW *beangstigen; schrik aanjagen*

sobrecontratar OV WW *overbóeken* ⟨bv. van hotel⟩

sobrecubierta v • *(boek)omslag* • *bovendeken*

sobredicho I m *bovengenoemde* II BNW *bovengenoemd*

sobredorar OV WW • *vergulden* • *verbloemen; te mooi voorstellen*

sobredosis m *overdosis*

sobreentender /ie/ I OV WW *afleiden; tussen de regels door lezen* II ON WW *vanzelfsprekend zijn* ★ eso queda sobreentendido *dat spreekt vanzelf*

sobreentenderse WKD WW *vanzelfsprekend zijn*

sobreestimar OV WW *overschatten*

sobreexcitar OV WW *(te) zeer opwinden; overprikkelen*

sobreexponer OV WW FOTO. *overbelichten*

sobreexposición v FOTO. *overbelichting*

sobrefaz v *oppervlak*

sobrehaz v *oppervlak*

sobrehumano BNW *bovenmenselijk*

sobreimpresión v *opdruk; overdruk*

sobrelleno BNW *overvol*

sobrellevar OV WW *verdragen; verduren; berusten in*

sobremanera BIJW *uitermate; bijzonder*

sobremarcha v *vijfde versnelling; overdrive*

sobremesa v *het natafelen* ★ de ~ *na het eten; om op tafel te zetten* ★ estar de ~ *natafelen* ★ hacer ~ *natafelen* ★ lámpara de ~ *bureaulamp*

sobremodo BIJW *uitermate; bijzonder*

sobrenadar ON WW *drijven; blijven drijven*

sobrenatural BNW • *bovennatuurlijk* • *na de dood; in het hiernamaals*

sobrenombre m *bijnaam*

sobrentender I OV WW → **sobreentender** II ON WW → **sobreentender**

sobrentenderse WKD WW → **sobreentenderse**

sobrepaga v *bonus; toeslag*

sobreparto m *kraambed* ★ dolores de ~ *naweeën*

sobrepasar OV WW • *overschrijden* • *uitstijgen boven; overtreffen* ★ no ~ el nivel de *niet meer zijn dan*

sobrepelliz v *koorhemd; superplie*

sobrepesca v *overbevissing*

sobrepeso m *overbelading; overgewicht*

sobrepón WW (geb. wijs, jij-vorm)

→ **sobreponer**
sobrepondrá WW (3e p ev tk.t.) → **sobreponer**
sobreponer OV WW • *leggen over; zetten op*
• *plaatsen boven; stellen boven*
sobreponerse WKD WW • *zich vermannen; zich*
beheersen • (~ a) *zich heenzetten over*
sobreponga WW (1e/3e p ev subj. t.t.)
→ **sobreponer**
sobreprecio m *meerprijs; toeslag*
sobreproducción v *overproductie*
sobrepuerta WKD WW • *lateibalk* • *tochtgordijn*
sobrepuesto WW (volt. deelw.) → **sobreponer**
sobrepujar OV WW *voorbijstreven; overtreffen*
sobrepuso WW (3e p ev v.t.) → **sobreponer**
sobrero m TAUR. *reservestier*
sobresaldrá WW (3e p ev tk.t.) → **sobresalir**
sobresalga WW (1e/3e p ev subj. t.t.)
→ **sobresalir**
sobresaliente I m • *invaller* • *negen*
〈beoordelingscijfer〉 II BNW • *uitmuntend* 〈als
beoordelingscijfer〉 • *erboven uitstekend; in*
het oog springend
sobresalir ON WW • *erboven uitsteken*
• *uitblinken; uitmunten*
sobresaltar OV WW *doen schrikken; aan het*
schrikken maken
sobresaltarse WKD WW *(op)schrikken*
sobresalto m *schrik; ontsteltenis* • de ~
onverwachts; plotseling
sobrescrito m • *opschrift* • *adres* 〈op envelop〉
sobresdrújulo BNW *met klemtoon op de vierde*
lettergreep van achteren
sobreseer OV WW • *opschorten; verdagen*
• *seponeren; terzijde leggen*
sobreseimiento m • *opschorting; verdaging*
• *sepot*
sobresello m *dubbele verzegeling*
sobrestadia v *extra liggeld; liggeldtoeslag*
sobrestante m *opzichter*
sobrestimar OV WW → **sobreestimar**
sobresueldo m *extra loon; bijverdienste*
sobretasa v *toeslag* 〈op prijs〉; *strafport*
sobretodo m *overjas*
sobrevalorar OV WW *overwaarderen*
sobrevén WW (geb. wijs, jij-vorm)
→ **sobrevenir**
sobrevendrá WW (3e p ev tk.t.) → **sobrevenir**
sobrevenga WW (1e/3e p ev subj. t.t.)
→ **sobrevenir**
sobrevenida v *onverwachte gebeurtenis*
sobrevenir /ie, i/ ON WW *plotseling optreden/*
gebeuren • sobrevino una tormenta *er barstte*
een storm los
sobrevienta v *windstoot* • a ~ *plotseling;*
onverwacht
sobrevino WW (3e p ev v.t.) → **sobrevenir**
sobreviviente I m/v *overlevende* II BNW
overlevend
sobrevivir ON WW *overleven*
sobrevolar /ue/ OV WW *vliegen over*
sobrevoltaje m TECHN. *overspanning*
〈elektrisch〉
sobrexceder ON WW *overtreffen; overtroeven*
sobrexcitar OV WW → **sobreexcitar**
sobrexponer OV WW FOTO. → **sobreexponer**
sobriedad v • *nuchterheid* 〈het niet dronken

zijn〉 • *soberheid; matigheid*
sobrina v *nicht* 〈oomzegger〉
sobrino m *neef* 〈oomzegger〉 ★ ~ carnal *volle*
neef ★ ~ segundo *achterneef*
sobrio BNW • *nuchter* 〈niet dronken〉
• *gematigd; sober* • *eenvoudig*
socaire m *luwte*; SCHEEPV. *lij* ★ al ~ de *onder*
bescherming van; onder voorwendsel van ★ INF.
estar al ~ *zich drukken*
socaliña v *list*
socaliñar OV WW *aftroggelen*
socaliñero m *mooiprater; oplichter*
socapa v *smoes; voorwendsel* ★ a/de ~ *stiekem;*
stilletjes
socarrar ON WW *schroeien; verschroeien;*
aanbranden
socarrón I m • *sarcast* • *geniepigerd; sluwe vos*
II BNW • *ironisch; sarcastisch* • *sluw; geslepen*
socarronería v • *ironie* • *sluwheid; geniepigheid*
socava v (socavación) *ondermijning;*
ondergraving
socavar OV WW • *ondergraven* • *ondermijnen;*
teniet doen
socavón m • *bodemverzakking* • *onderaardse*
gang
sociabilidad v • *gezelligheid; vlotheid* 〈in de
omgang〉 • *gemeenschapszin*
sociable BNW • *gemakkelijk* 〈in de omgang〉;
gezellig • *gezelschaps-* ★ poco ~ *stroef* 〈in de
omgang〉
social BNW • *sociaal; maatschappelijk*
• *vennootschaps-; corporatie-*
socialcristiano BNW *christelijk-sociaal*
socialdemocracia v *sociaal-democratie*
socialdemócrata I m/v *sociaal-democraat*
II BNW *sociaal-democratisch*
socialismo m *socialisme*
socialista I m/v *socialist* II BNW *socialistisch*
socialización v • *socialisatie* • ECON.
nationalisatie
socializar OV WW • *socialiseren* • ECON.
nationaliseren
sociedad v • *samenleving; maatschappij*
• *samenwerkingsverband; corporatie*
• *genootschap; vereniging* • *sociale*
vaardigheid • *gemeenschap* • *vennootschap;*
maatschappij; maatschap • *society; hoge*
kringen ★ ~ filarmónica *muziekvereniging* ★ la
buena/alta ~ *de high society*
societario BNW *verenigings-*
socio m • *partner; vennoot* • *lid* 〈v. vereniging〉
• *kameraad; maat* • *supporter*
sociocultural BNW *sociaal-cultureel*
socioeconómico BNW *sociaal-economisch*
sociolingüística v *sociolingüistiek*
sociología v *sociologie*
sociológico BNW *sociologisch*
sociólogo I m *socioloog* II BNW *sociologisch*
socolor m *voorwendsel* ★ ~ de *onder*
voorwendsel van
socorrer OV WW *helpen; steunen; ondersteunen*
socorrido BNW • *behulpzaam* • *veelgebruikt*
• INF. *afgezaagd; alledaags* • *goed voorzien*
socorrismo m *eerste hulp; EHBO*
socorrista m/v • *EHBO'er* • *badmeester*
• *reddingswerker*

SO

socorro m • *hulp* • *ondersteuning*; *bijdrage* ★ i~! *help!* ★ puesto/casa de ~ *EHBO-post; eerstehulppost*

socrático BNW *socratisch*

soda v • *soda* • *sodawater*

sódico BNW *natrium-*

sodio m *natrium*

sodomía v *sodomie; homoseksualiteit*

sodomita I m/v *sodomiet* II BNW BEL. ≈ *homoseksueel*

soez BNW *obsceen; schunnig; laag*

sofá m *sofa; bank*

sofá-cama m (sófas-cama) *bedbank*

sofión m *snauw; uitval*

sofisma m *sofisme; drogreden*

sofista I m/v *sofist; drogredenaar* II BNW *sofistisch; spitsvondig*

sofistería v *spitsvondigheid*

sofisticación v • *gekunsteldheid* • *geraffineerdheid; verfijning*

sofisticado BNW • *geraffineerd; verfijnd* • *gekunsteld; gezocht*

sofístico BNW • *spitsvondig* • *misleidend*

soflama v • *zacht schijnsel* ⟨v. vuur⟩ • *blos* • *opzwepend betoog*

soflamar OV WW • *schroeien* • *doen blozen* • *bedriegen* ⟨met mooie woorden⟩

sofocación v • *verstikking; hevige benauwdheid; ademnood* • *woede; verontwaardiging*

sofocante BNW *verstikkend; benauwend*

sofocar OV WW • *verstikken; benauwen* • *de kop indrukken; onderdrukken* • *blussen; doven* • *doen blozen; verlegen maken* ★ estar sofocado *buiten adem zijn*

sofocarse WKD WW • *stikken; geen lucht krijgen* • *blozen; zich schamen* • *zich ergeren; zich kwaad maken*

sofoco m • *hevige benauwdheid* • *opvlieger; kwaadheid* • *schaamte*

sofocón m *woede; woedeaanval; grote ergernis*

sofoquina v *drukkende hitte*

sofreír /i/ OV WW *licht bakken; fruiten*

sofrenada v • *ruk aan de teugel* • *uitbrander*

sofrenar OV WW • *beteugelen; afremmen* • *een flinke uitbrander geven*

sofrito m *sausje van ui en tomaat*

software m COMP. *software*

soga m • *touw* • *strop* ★ soga de ahorcado *strop* ★ estar con la soga al cuello *in grote moeilijkheden verkeren* • VERO. dar soga a uno *de draak met iemand steken*

sois WW (2e p mv t.t.) → **ser**

soja v *soja; sojaplant* ★ haba de soja *sojaboon*

sojuzgar OV WW *onderwerpen; onder het juk brengen* ★ sojuzgado de los poderosos *onder het juk van de machtigen*

sol m • *zon* • *zonneschijn* • *Peruaanse munteenheid* • *zonnetje; lieverd* • MUZ. so; sol; g ★ de sol a sol *van 's morgens tot 's avonds* ★ tomar el sol *zonnebaden* ★ arrimarse al sol que más calienta *met alle winden meewaaien; een opportunist zijn* ★ no dejar a alg. ni a sol ni a sombra *iemand geen moment met rust laten* ★ más hermosa que un sol *beeldschoon* ★ sol sostenido *gis*

solada v *bezinksel; droesem*

solado m • *het betegelen* • *tegelvloer*

soladura v *(het) betegelen; (het) leggen v.e. vloer*

solamente BIJW *alleen; slechts* ★ ~ que *maar; mits; alleen op voorwaarde dat*

solana v • *zonnig plekje; zonzijde* • *zonneterras; zonnebalkon*

solanáceas v mv PLANTK. *nachtschadeachtigen*

solanera v • *brandende zon; plek in de brandende zon* • *zonnebrand; zonnesteek*

solano m • *oostenwind* • PLANTK. *zwarte nachtschade*

solapa v • *revers* • *overslag* ⟨v. kleding⟩ • *flap* ⟨v. boekomslag⟩ ★ de ~ *heimelijk*

solapadamente BIJW *stiekem; geniepig*

solapado BNW *gluiperig; achterbaks*

solapar I OV WW • *over elkaar leggen; laten overlappen* • *verbloemen* II ON WW • *over elkaar liggen* • *over elkaar vallen*

solapo m *overlapping*

solar /ue/ I m • *grond; geboortegrond* • *huis van adellijk geslacht* • *adellijk geslacht* ★ ~ para edificaciones *bouwterrein* II BNW • *zonne-; van de zon* • *adellijk* ★ radiación ~ *zonnestraling* ★ casa ~ *huis van adellijk geslacht* III OV WW • *een vloer leggen* • *verzolen*

solariego I m *adellijk persoon; edelman* II BNW *adellijk; stam-* ★ casa solariega *huis van adellijke familie*

solario m *solarium; zonnebank*

solárium m → **solario**

solaz m • *ontspanning* • *verpozing* ★ a ~ *met genoegen*

solazar OV WW *tot rust doen komen; ontspanning geven*

solazo m • *brandende zon; plek in de brandende zon* • INF. *zonnesteek; zonnebrand*

soldada v • *soldij* • *loon*

soldadesca v • *soldatenleven; beroep van soldaat* • *soldatenvolk*

soldadesco BNW *soldaten-*

soldado m • *militair* • *soldaat* • *voorvechter*

soldador m • *lasser; soldeerder* • *lasapparaat; soldeerbout*

soldadura v • *het lassen; het solderen* • *soldeersel* • *las; lasnaad*

soldar /ue/ OV WW • *lassen* • *solderen*

soldeo m • *het lassen* • *het solderen*

soleado BNW *zonnig*

solear OV WW *in de zon zetten/leggen; bleken* ⟨v. linnengoed⟩

solecismo m *taalfout; soloecisme*

soledad v • *eenzaamheid* • *eenzame plaats*

soledoso BNW *eenzaam*

solemne BNW • *plechtig* • *plechtstatig; verheven* • INF. *enorm* ★ discurso ~ *feestrede*

solemnidad v • *plechtigheid; ceremonie* • *plechtige/formele handeling*

solemnizar OV WW *plechtig vieren*

soler /ue/ ON WW *gewoon zijn te; plegen te* ★ suele ocurrir que *het komt vaak voor dat* ★ en España se suelen celebrar los santos *in Spanje is het gebruikelijk de naamdag te vieren*

solera v • *dwarsbalk; draagbalk* • *onderste molensteen; draagsteen* • *ovenvloer* • *karakteristieke eigenschap; karakter* ⟨door

traditie bepaald⟩
solería v *tegelvloer*; *plaveisel*
solerte BNW *scherpzinnig*; *slim*
soleta v • *verstellapje* ⟨in zool van kous⟩
• *schaamteloze vrouw* ★ *dar ~ a u.p. iemand eruit gooien* ★ *tomar ~ de benen nemen*
solevantar OV WW • *optillen* • FIG. *opruien*
solfa v • *notenschrift* • *solfège* • *pak rammel*
★ INF. *estar u.c. en ~ in begrijpelijke taal geschreven zijn* ★ INF. *poner en ~ volgens de regels der kunst doen*; *belachelijk maken*
solfear OV WW • *op noten zingen* • *een pak slaag geven*; *berispen*; *op zijn kop geven*
solfeo m • *solfège*; *het op noten zingen* • INF. *pak rammel*
solicitación v • *verzoek*; *dringend verzoek* • *sollicitatie* • *verleiding*; *verlokking*
solicitador m → **solicitante**
solicitante I m/v • *aanvrager* • *sollicitant* ★ ~ *de asilo asielzoeker* ★ ~ *de trabajo werkzoekende* II BNW • *vragend* • *solliciterend*
solicitar OV WW • *solliciteren naar* • *aanvragen*; *(dringend) verzoeken om* • *voor zich proberen te winnen*; *het hof maken* ★ *María está solicitada por Juan Jan is gek op María*; *Jan maakt María het hof*
solícito BNW *zorgzaam*; *behulpzaam*
solicitud v • *zorgzaamheid* • *vriendelijk verzoek* • *verzoek(schrift)* • *aanmelding*
★ *formulario de ~ aanvraagformulier*
solidar OV WW • *versterken* • *bekrachtigen*
solidariamente BIJW *solidair* ★ *responder ~ de hoofdelijk aansprakelijk zijn voor*
solidaridad v • *solidariteit*
• *saamhorigheidsgevoel* ★ *por ~ con uit solidariteit met*
solidario BNW • *solidair* • JUR. *solidair*; *hoofdelijk*
solidarizarse WKD WW *zich solidair verklaren (con met)* ★ *me solidarizo con tu opinión ik deel je mening*
solideo m *bonnet*; *priestermutsje*
solidez v *stevigheid*; *degelijkheid*; *soliditeit* ★ ~ *financiera kredietwaardigheid*
solidificación v • *het stollen* • *het vast worden*
solidificar OV WW • *doen stollen* • *vast laten worden*
solidificarse WKD WW *stollen*; *vast worden*
sólido I m NAT. *lichaam* II BNW • *solide*; *degelijk*; *stevig* • *duurzaam*; *deugdelijk* • *steekhoudend*; *gedegen* • NAT. *vast*; *gestold*
soliloquio m *alleenspraak*; *monoloog*
solimán m • CHEM. *sublimaat* • FIG. *vergif*
solio m *troon* ⟨met baldakijn⟩
solípedo m *eenhoevige*
solista I m/v *solist* II BNW *solistisch*; *solo-*
solitaria v *lintworm*
solitario I m • *eenling*; *eenzelvig mens* • *heremietkreeft* • *patience* ⟨kaartspel⟩ • *solitair* ⟨diamant⟩ II BNW • *alleen*; *eenzaam* • *verlaten*; *stil*; *afgelegen* • *solitair*; *alleenstaand* ⟨v. plant⟩
solito BNW *moederziel alleen*
sólito BNW *gewoon*; *gebruikelijk*
solivantar OV WW • *ophitsen*; *opruien* • *(hevig) ergeren* • *valse hoop geven*; *blij maken met een dooie mus*

solla v *schol*
sollamar OV WW *verzengen*; *verschroeien*
sollastre m *schurk*; *schelm*
sollo m *steur*
sollozar ON WW *snikken*
sollozo m *snik* ★ ~s *gesnik*
solo I m • MUZ. *solo(partij)* • *solodans* • *zwarte koffie* II BNW • *alleen* • *enkel*; *uniek* • *alleen maar* • *vanzelf* ★ *a solas in zijn eentje*; *helemaal alleen* ★ *solo ahora nu pas* ★ *es hábil como él solo hij is handig als geen ander*; *hij is geweldig handig*
sólo BIJW *pas*; *alleen*; *slechts*
solomillo m *(ossen)haas*; *lendestuk*
solsticio m *zonnestilstand*; *zonnewende*
soltar /ue/ OV WW • *losmaken*; *bevrijden*; *loslaten* • *geven*; *verkopen* ⟨v. klap, schop⟩ • *afstaan*; *afstand doen van*; *opgeven* • *uitbarsten in*; *eruit flappen* • *oplossen*; *uit de weg ruimen*; *wegnemen* ⟨v. twijfel⟩ ★ ~ *la mosca over de brug komen*; *betalen* ★ ~ *pedos winden laten*
soltarse /ue/ WKD WW • *losser worden*; *loskomen*; *losraken* • *handig worden*; *vaardigheid krijgen* • *verwoed beginnen (a/con met)* • *zich laten gaan* • *zich losmaken*; *onafhankelijk worden* • *plotseling aankomen (con met)* ★ ~ *a llorar in snikken uitbarsten*
soltería v • *vrijgezellenleven*; *ongehuwde staat* ★ *impuesto de ~ vrijgezellenbelasting*
soltero I m *alleenstaande*; *vrijgezel*; *ongehuwde* II BNW *ongehuwd*; *alleenstaand*
solterón I m ⟨v: **solterona**⟩ *verstokte vrijgezel*; *ouwe vrij(st)er* II BNW ⟨v: **solterona**⟩ *vrijgezellen-*
soltura v *vlotheid*; *losheid* ★ *hablar con ~ vlot spreken*
solubilidad v *oplosbaarheid*
soluble BNW • *oplosbaar* • *op te lossen*
solución v • *oplossing* • *ontknoping* ★ *de ~ difícil moeilijk op te lossen* ★ *sin ~ de continuidad zonder onderbreking* ★ ~ *anticongelante antivries*
solucionar OV WW *oplossen* ⟨v. probleem⟩
solvencia v • *kapitaalkrachtigheid*; *kredietwaardigheid* • *betrouwbaarheid*; *bekwaamheid*
solventar OV WW • *oplossen* ⟨v. probleem⟩; *beslechten* • *afbetalen* ⟨v. schuld⟩
solvente I m *oplosmiddel* II BNW • *solvabel*; *kredietwaardig* • *betrouwbaar*; *bekwaam*
somanta v *afranseling*; *pak rammel*
somatén m • GESCH. *burgerwacht* ⟨in Catalonië⟩ • INF. *rumoer*; *opschudding*
somático BNW *somatisch*
sombra v • *schaduw* ⟨in arena, stadion⟩; *schim* • *duisternis* • KUNST *schaduwpartij* • *naloper* • *aanleg* • *zorgen*; *somberheid* • *vleugje*; *zweem* • *geluk* • *vlek*; *smet* • *vaagheid*; *onduidelijkheid* • *schaduwzijde* ⟨in arena⟩ ★ ~ *de ojos oogschaduw* ★ *estar a la ~ in de schaduw zitten*; *in de gevangenis zitten* ★ *hacer ~ a alg. iemand in de schaduw stellen* ★ *hablar con ~ geestig praten* ★ *ni por ~ op geen enkele wijze* ★ *no es ni su ~ hij is in ongunstige zin veranderd*; *het is niet meer wat*

het geweest is ★ no fiarse ni de su ~ *erg
achterdochtig zijn* ★ tener mala ~ *een
pechvogel zijn; ongeluk met zich meebrengen*

sombrajo m *afdak* ⟨om schaduw te geven⟩

sombreado m KUNST *schaduwwerking*

sombrear OV WW • *schaduw geven* • KUNST
*schaduwen aanbrengen op; met schaduwen
werken op; arceren*

sombrerera v • *hoedenmaakster*
• *hoedenverkoopster* • *hoedendoos*

sombrerería v • *hoedenwinkel* • *hoedenatelier*

sombrerero m • *hoedenmaker* • *hoedenverkoper*

sombrerete m • PLANTK. *hoed* ⟨v. paddestoel⟩
• *schoorsteenkap*

sombrero m • *sombrero* ⟨(breedgerande) hoed⟩
• *kap boven preekstoel* • PLANTK. *hoed* ⟨v.
paddestoel⟩ ★ ~ *castoreño
stierenvechtershoed; vilthoed* ★ ~ *flexible
slappe hoed* ★ ~ hongo *bolhoed* ★ ~ de tres
picos *driekante steek* ★ quitarse el ~ *zijn hoed
afnemen* ⟨als groet⟩ FIG. *zijn petje afnemen*

sombrilla v *parasol*

sombrío BNW • *schaduwrijk* • *donker;
naargeestig* ⟨v. plek⟩ • *somber; zwaarmoedig*

somero BNW • *oppervlakte-; ondiep* ⟨v. water⟩
• *oppervlakkig; vluchtig* • *beknopt*

someter OV WW • *onderwerpen (a aan);
bedwingen* • *voorleggen (a aan)* ★ ~ u.c. al
juicio de u.p. *iets aan iemands oordeel
onderwerpen*

sometimiento m • *onderwerping* • *het
voorleggen* ⟨ter goedkeuring⟩

somier m *spiraal* ⟨v. bed⟩

somnífero I m *slaapmiddel* II BNW
slaapverwekkend

somnolencia v *slaperigheid; slaap*

somnoliento BNW • *slaperig* • *slaapverwekkend*

somorgujar OV WW *doen zinken;
onderdompelen; onder water duwen*

somormujo m *fuut*

somos WW (1e p mv t.t.) → **ser**

son I m • *geluid; klank* • *gerucht* • *manier*
• MUZ. *son* ⟨soort salsa⟩ ★ al son de campana
onder klokgelui ★ al son de guitarra *met
gitaarbegeleiding* ★ en son de *bij wijze van*
★ en son de la paz *met vreedzame bedoelingen*
★ corre el son de que *het gerucht gaat dat*
★ ¿a son de qué? *naar aanleiding waarvan?;
in verband waarmee?; waarom/hoezo
eigenlijk?* ★ sin son *zonder reden* ★ en son de
elogio *om te prijzen; prijzend* ★ baila al son
que le tocan *hij danst naar het pijpen van de
rest; hij schikt zich naar de omstandigheden*
II WW (3e p mv t.t.) → **ser**

sonado BNW • *veelbesproken; geruchtmakend*
• *opzienbarend* • *punch drunk* ⟨v. bokser⟩
★ estar ~ *getikt zijn*

sonaja v *schel* ⟨v. tamboerijn⟩ ★ ~s *tamboerijn*

sonajero m *rammelaar*

sonambulismo m *het slaapwandelen*

sonámbulo I m *slaapwandelaar* II BNW
slaapwandelend

sonante BNW *sonoor; klinkend*

sonar /ue/ I m *sonar; sonarinstallatie* II OV WW
• *doen/laten klinken; laten rinkelen* • *snuiten*
⟨v. neus⟩ III ON WW • *rinkelen; klingelen;*

klinken • *genoemd worden; bekend zijn*
• *lijken; klinken* • *bekend voorkomen; doen
denken (a aan)* • TAALK. *uitgesproken worden*
★ ~ a hueco *hol klinken* ★ así como suena
precies zoals het klinkt ★ no me suena *dat
komt me niet bekend voor*

sonarse WKD WW *zijn neus snuiten* ★ se suena
que *het gerucht gaat dat*

sonata v *sonate*

sonatina v *sonatine*

sonda v • *sonde; katheter* • *boor; grondboor*
• SCHEEPV. *peillood* ★ ~ espacial *ruimtesonde*

sondar OV WW *sonderen; peilen* ⟨met een
sonde⟩

sondear OV WW • *peilen; onderzoeken* • *polsen*
• *verkennen* • *boren* ⟨olie⟩

sondeo m *peiling* ★ ~ de la opinión (pública)
opinieonderzoek

sonería v *slagwerk* ⟨v. uurwerk⟩

sonetista m/v *sonnettendichter*

soneto m *sonnet; klinkdicht*

sonido m • *geluid* • *klank* ★ reproducción del ~
klankweergave

sonoridad v • *sonoriteit* • TAALK. *stemhebbend
karakter*

sonorizar OV WW • TAALK. *stemhebbend maken*
• *van geluid voorzien* ⟨v. film⟩

sonoro BNW • *sonoor; welluidend* • *met goede
akoestiek* • *klinkend* • TAALK. *stemhebbend*
★ potencia sonora *geluidssterkte* ★ película
sonora *geluidsfilm*

sonreír /i/ ON WW *glimlachen* ★ el futur me
sonríe *de toekomst lacht me tegemoet*

sonriente BNW • *glimlachend* • *vrolijk*

sonrisa v *glimlach* ★ una ~ traidora *een vals
lachje*

sonrojar OV WW *doen blozen*

sonrojo m • *schaamrood* • *schaamte*

sonrosado BNW • *rozerood* • *blozend*

sonrosarse WKD WW *blozen; roze worden*

sonsacar OV WW • *ontfutselen; aftroggelen*
• *uithoren* • *overhalen* ⟨om te komen
werken⟩

sonso BNW ZA, INF. *dom; dwaas*

sonsonete m • *monotoon geluid; getik*
• *monotone dreun* ⟨bij voorlezen⟩ • *toontje*
⟨spottend⟩

soñación v • *ini por ~! geen denken aan!*

soñador I m *dromer* II BNW *dromerig*

soñar /ue/ I OV WW • *dromen* • *fantaseren;
dagdromen* ★ ~ despierto *zitten te suffen; een
dromer zijn* • *ini ~lo! geen sprake van!* II ON
WW • (~ con) *dromen van*

soñarrera v • *diepe slaap* • *slaperigheid*

soñolencia v → **somnolencia**

soñoliento BNW → **somnoliento**

sopa v *soep* ★ estar hecho una sopa *doorweekt
zijn; drijfnat zijn* ★ andar a/comer/vivir a la
sopa boba *op andermans zak teren; klaplopen*

sopapear OV WW • *in het gezicht slaan*
• *mishandelen* • *beledigen; uitschelden*

sopapo m *stomp; oplawaai*

sopas v mv *stukjes brood voor in de melk of soep*

sopera v *soepterrine*

sopero I m *soepbord* II BNW *diep* ⟨v. bord⟩

sopesar OV WW • *op de hand wegen* • *afwegen*

sopetón m ∗ de ~ *onverwachts*; *plotseling*
soplado I m *(glas)blaaskunst*; *blaastechniek*
II BNW ∗ *al te netjes*; *overdreven opgedoft* ∗ *uit de hoogte* ∗ INF. *teut*
soplador I m ∗ *blazer*; *glasblazer* ∗ *souffleur* ∗ *ventilator* ∗ *blaasbalg* ∗ *luchtgat* ∗ *stoker*; *raddraaier* ∗ ~ de vidrios *glasblazer* **II** BNW ∗ *blazend*; *glasblazend* ∗ *opruiend*; *stokend*
sopladura v *het blazen* ⟨v. glas⟩
soplamocos m (mv onv.) *opdoffer*
soplapitos m (mv onv.) INF. *slechte scheidsrechter*
soplar I OV WW ∗ *blazen*; *aanblazen* ∗ *wegblazen*; *opblazen* ∗ *ingeven*; *inspireren* ∗ *vóórzeggen* ⟨op school⟩; *souffleren* ∗ *afpikken*; *inpikken* ∗ INF. *aangeven*; *verklikken* ∗ *geven*; *verkopen* ⟨v. klap, stomp⟩ **II** ON WW ∗ *blazen* ∗ *waaien* ∗ *vreten*; *zuipen* ∗ ¡sopla! *zeg toch wat!*
soplarse WKD WW ∗ *schransen*; *achteroverslaan* ∗ *verwaand worden*
soplete m *(soldeer)brander* ∗ ~ soldador *soldeerbrander*
soplido m *ademstoot* ∗ ~s *geblaas*; *gesnuif*
soplillo m *waaier* ⟨om vuur aan te wakkeren⟩
soplo m ∗ *het blazen*; *ademtocht*; *zucht* ∗ *het waaien* ∗ *tip*; *aangifte* ∗ *verraad*; *geklik* ∗ FIG. *ogenblik* ∗ *het voorzeggen* ⟨op school⟩ ∗ MED. *ruis* ∗ dar un ~ a la vela *de kaars uitblazen* ∗ FIG. un ~ de aire fresco *een frisse wind* ∗ en un ~ *in een handomdraai*
soplón I m (v: **soplona**) *klikspaan*; *verrader* **II** BNW (v: **soplona**) *verklikkend*
soplonear OV WW *klikken*; *overbrieven*
soploneria v *verraad*; *verklikkerij*
soponcio m *flauwte* ∗ estar en un ~ *in zwijm vallen*
sopor m ∗ *diepe slaap* ∗ *slaperigheid*; *het doezelen*
soporífero I m *slaapmiddel* **II** BNW *slaapverwekkend*; *doodsaai*
soportable BNW *draaglijk*
soportal m *portiek*
soportales m mv *overdekte galerij*
soportar OV WW ∗ *steunen*; *ondersteunen*; *stutten* ∗ *dragen*; *verdragen*; *dulden* ∗ *aankunnen*
soporte m *drager*; *steun* ∗ ~ para bicicletas *fietsenrek* ∗ COMP. ~ informático/de datos *opslagmedium*
soprano I m *sopraanstem* **II** m/v *sopraan* ⟨zanger⟩
sor v *zuster* ⟨aanspreekvorm van non⟩ ∗ sor Beatriz *zuster Beatrix*
sorber OV WW ∗ *opzuigen*; *opslurpen* ∗ *verzwelgen* ∗ *absorberen* ∗ *in zich opnemen*; *goed luisteren naar*
sorbete m ∗ CA, VEN *ijs*; *ijsje* ∗ *sorbet* ∗ ~ de vainilla *vanilleijs*
sorbetón m *grote slok*
sorbo m *slok*; *teug* ∗ a (pequeños) ~s *met kleine teugen*
sordamente BIJW *heimelijk*; *in stilte*
sordera v *doofheid*; *hardhorendheid*
sordidez v ∗ *vuilheid* ∗ *schunnigheid* ∗ *sjofelheid*; *ellende* ∗ *vrekkigheid*

sórdido BNW ∗ *vuil* ∗ *schunnig* ∗ *ellendig*; *sjofel* ∗ *vrekkig*
sordina v *(geluid)demper* ∗ con ~ *heimelijk*; *in stilte*
sordo I m *dove*; *hardhorende* ∗ hacerse el ~ *zich doof houden* **II** BNW ∗ *doof*; *hardhorend* ∗ *dof*; *geruisloos*; *zacht* ∗ *ingehouden*; *opgekropt* ⟨v. emoties⟩ ∗ TAALK. *stemloos* ∗ ~ a/ante *doof voor* ∗ a sordas/a lo ~/a la sorda *heimelijk*
sordomudez v *doofstomheid*
sordomudo I m *doofstomme* **II** BNW *doofstom*
sorgo m *zorgzaad*; *sorghumgierst*
soriasis v MED. *psoriasis*
sorna v *spot*; *ironie*
sorocharse WKD WW ZA *last krijgen van bergziekte*
soroche m LA ZA, MEDISCH *bergziekte*; *hoogteziekte*
sorprendente BNW *verrassend*; *verbazingwekkend*
sorprender OV WW ∗ *verrassen*; *verbazen* ∗ *achterhalen*; *ontdekken* ∗ *overvallen* ∗ *betrappen*
sorpresa v ∗ *verrassing*; *overrompeling* ∗ *verbazing*; *ontsteltenis* ∗ MIL. *verrassingsaanval* ∗ de/por ~ *bij verrassing* ∗ coger de/por ~ *verrassen*; *overrompelen* ∗ con gran ~ veo que *tot mijn grote verbazing merk ik dat*
sorpresivo BNW ∗ *verrassend*; *verbazingwekkend* ∗ *onverwacht*
sortear OV WW ∗ *verloten* ∗ *uit de weg gaan*; *vermijden* ∗ TAUR. *bevechten*
sorteo m ∗ *loting*; *verloting* ∗ *het ontwijken* ∗ lista de ~ *trekkingslijst*
sortija v ∗ *ring* ∗ *haarlok*
sortilegio m ∗ *hekserij* ∗ *voorspelling*; *waarzeggerij* ∗ *betovering* ∗ hacer ~ *waarzeggen*
sortílego BNW *tover-*
sosa v *soda* ∗ ~ cáustica *bijtende soda*
sosaina m/v *saaie Piet*
sosegado BNW ∗ *bedaard*; *kalm*; *rustig* ∗ *zacht* ⟨v. karakter⟩
sosegar /ie/ I OV WW ∗ *tot bedaren brengen* ∗ *geruststellen*; *stillen*; *sussen* **II** ON WW *bedaren*
sosegarse /ie/ WKD WW *kalmeren*; *tot rust komen*
sosera v ∗ *flauwigheid*; *flauwe smaak* ∗ *saaiheid*; *dufheid*
sosería v → **sosera**
sosia m/v → **sosias**
sosias m/v *dubbelganger*
sosiego m *kalmte*; *rust*; *gemoedsrust*
soslayar OV WW ∗ *schuin houden* ∗ *mijden*; *ontwijken* ∗ ~ un problema *een probleem uit de weg gaan*
soslayo BNW ∗ al ~ *van terzijde*; *schuin* ∗ de ~ *zijdelings*; *schuin* ∗ mirar de ~ *zijdelings vanuit de ooghoeken bekijken*
soso BNW ∗ *flauw* ⟨v. smaak⟩ ∗ *eentonig*; *duf*; *saai*
sospecha v ∗ *verdenking*; *achterdocht* ∗ *vermoeden*

SO

sospechar OV WW • *vermoeden* • *verdenken*; *argwaan koesteren tegen* ★ *¿no sospecha lo más mínimo? hebt u niet het flauwste vermoeden?*

sospechoso I m *verdachte* II BNW • *verdacht* • *onbetrouwbaar; onguur*

sostén I m • *steun; toeverlaat* • *steunpunt* • *onderhoud; levensonderhoud; kost* • *beha* ★ ~ de la familia *kostwinner* II WW (geb. wijs, jij-vorm) → **sostener**

sostendrá WW (3e p ev tk.t.) → **sostener**

sostener /ie/ OV WW • *ondersteunen; dragen* • *onderhouden* • *verdedigen; volhouden; beweren* • *doormaken; doorstaan* • *gaande houden; volhouden* ★ ~ una conversación *een gesprek voeren*

sostenerse WKD WW • *stand houden; zich staande houden* • *in evenwicht blijven* • *in zijn onderhoud voorzien* • *doorgaan; voortduren* • *blijven (en bij)*

sostenga WW (1e/3e p ev subj. t.t.) → **sostener**

sostenido I m MUZ. *kruis* II BNW • *voortdurend; aanhoudend* • *verhoogd* ⟨v. toon⟩ • MUZ. *met een kruis* ★ sol ~ *gis*

sostenimiento m • *steun; ondersteuning* • *levensonderhoud* • *bewering*

sostuvo WW (3e p ev v.t.) → **sostener**

sota v • *boer* ⟨in kaartspel⟩ • *snol; hoer*

sotabanco m *zolderverdieping; vliering*

sotabarba v *onderkin*

sotana v • *priestergewaad; soutane* • INF. *pak slaag*

sótano m *souterrain; kelder*

sotavento m SCHEEPV. *lijzijde*

sotechado m *afdak*

soterrar /ie/ OV WW • *begraven* • *verstoppen*; FIG. *verbergen*

soto m • *bosje* • *bomenrij* ⟨langs oever⟩

soufflé m *soufflé*

soul m MUZ. *soul*

soviet m *sovjet*

soviético I m *Sovjetburger* II BNW *sovjet-*

sovietización v *sovjettisering*

sovoz ★ a ~ *zachtjes*

soy WW (1e p ev t.t.) → **ser**

soya v ZA *soja(boon)*

spaguetti m → **espaguetis**

spam m *spam*

sponsor m *sponsor* ★ hacer de ~ *sponsoren*

spot m *reclamespot*

spray m *spray; spuitbus*

sprint m → **esprint**

sprintar ON WW → **esprintar**

sprinter m/v → **esprinter**

squash m *squash* ★ jugar al ~ *squashen*

stand m *(beurs)stand*

standar I m → **estándar** II BNW → **estándar**

standard I m → **estándar** II BNW → **estándar**

stéreo BNW → **estéreo**

stick m • *hockeystick* • *golfclub*

stock m *voorraad*

stop m *stop; stopbord*

stress m → **estrés**

su BEZ VNW *zijn; haar; hun; uw*

suave BNW • OOK FIG. *zacht* • *lieflijk; zachtaardig* • FIG. *licht; gemakkelijk* • *gehoorzaam; gedwee*

suavidad v • *zacht(moedig)heid* • *meegaandheid*

suavizador I m • *scheerriem* • *wasverzachter*; *ontharder* II BNW *verzachtend; zachtmakend*

suavizante m • *wasverzachter* • *ontharder*

suavizar OV WW • *verzachten* • *ontharden* ⟨v. water⟩

sub- VOORV *sub-; onder-; eronder gelegen*

subacuático BNW *onderwater-*

subalimentación v *ondervoeding*

subalimentado BNW *ondervoed*

subalterno I m *ondergeschikte* II BNW *ondergeschikt*

subarrendar /ie/ OV WW • *onderhuren* • *onderverhuren*

subarrendatario m *onderhuurder*

subarriendo m • *onderverhuring* • *onderhuur*

subasta v • *veiling; verkoping bij afslag* • *(openbare) aanbesteding* ★ sacar algo a pública ~ *iets onder de hamer brengen; veilen* ★ ~ pública *publieke veiling*

subastar OV WW *veilen*

subclase v *onderklasse*

subcomisión v *subcommissie*

subconsciencia v *onderbewustzijn*

subconsciente I m *onderbewustzijn* II BNW • *onderbewust* • *onbewust*

subcultura v *subcultuur*

subcutáneo BNW *onderhuids*

subdesarrollado BNW *onderontwikkeld*

subdesarrollo m *onderontwikkeling*

subdirección v • *onderdirecteurschap* • *kantoor van onderdirecteur*

subdirector m *onderdirecteur*

subdirectorio m COMP. *subdirectory*

súbdito I m *onderdaan; staatsburger* II BNW *onderworpen*

subdividir OV WW *onderverdelen*

subdivisión v • *onderverdeling* • *onderafdeling*

subempleo m *gebrek aan werkgelegenheid*

subestimación v *onderschatting*

subestimar OV WW • *te laag inschatten* • *onderschatten*

subida v • *stijging; verhoging* ⟨bv. van temperatuur, prijzen⟩ • *helling* • *stijgende weg* • *beklimming* ★ ~ salarial *loonsverhoging* ★ ~ al trono *troonsbestijging*

subido BNW • *hoog* ⟨v. prijs⟩ • *fel* ⟨v. kleur⟩ • *scherp* ⟨v. lucht⟩; *sterk ruikend* • *verwaand* ★ rojo ~ *felrood; knalrood* ★ ~ de color *erg kleurig*

subíndice m • *index* • TYP *subscript*

subinquilino m *onderhuurder*

subir I OV WW • *verheffen* • *beklimmen; bestijgen* • *optillen* • *naar boven brengen* • *rechtop zetten; oprichten* • *verheffen* • *harder zetten* ⟨v. muziek⟩ II ON WW • *omhooggaan* • *naar boven gaan; klimmen* • *opstappen; instappen* • *stijgen; hoger worden; duurder worden* • *promotie maken* ★ ~ al coche *in de auto stappen* ★ la marea ha subido *het is hoog water/vloed* ★ la gasolina ha subido *de benzine is duurder geworden* ⟨~ a) *bedragen*

súbitamente BIJW *plotseling; onverwacht*

súbito I BNW • *plotseling; onverwacht* • INF. *impulsief* II BIJW *plotseling; onverwacht* ★ de ~ *opeens*

subjefe m *souschef*
subjetividad v *subjectiviteit*
subjetivismo m *subjectivisme*
subjetivo BNW *subjectief*
subjuntivo I m *aanvoegende wijs* II BNW *aanvoegend*
sublevación v • *woede* • *opstand*
sublevar OV WW • *kwaad maken* • *opruien*; *opstandig maken*
sublevarse WKD WW *in opstand komen*; *rebelleren*
sublimación v • *verheffing* • *verheerlijking* • *sublimatie*
sublimado I m *sublimaat* II BNW *gesublimeerd*
sublimar OV WW • *verheerlijken*; *prijzen*; *ophemelen* • *sublimeren*
sublime BNW *verheven*; *groots*; *voortreffelijk*; *subliem*
sublimidad v *verhevenheid*; *grootsheid*; *voortreffelijkheid*
submarinismo m *onderwatersport*; *duiksport*; *(het) sportduiken*
submarinista m/v *sportduiker*
submarino I m *onderzeeër* II BNW *onderzees*; *onderwater-*
subnormal I m/v • *idioot* • *zwakzinnige*; *verstandelijk gehandicapte* II BNW • *idioot* • *zwakzinnig*; *verstandelijk gehandicapt*
subnormalidad v *verstandelijke handicap*
suboficial m *onderofficier*
subordinación v • *ondergeschiktheid*; *subordinatie* • TAALK. *onderschikking*
subordinado I m *ondergeschikte* II BNW • *ondergeschikt*; *onderworpen* • TAALK. *ondergeschikt* ⟨ook taalkunde⟩ ★ *oración subordinada bijzin*
subordinar OV WW *ondergeschikt maken (a aan)*; *onderwerpen (a aan)*
subproducto m *bijproduct*
subrayado m *onderstreping*; *onderstreepte passage*
subrayar OV WW • *onderstrepen* • *benadrukken*
subrepticio BNW *slinks*; *stiekem*
subrogación v • *overdracht* ⟨v. rechten⟩ • JUR. *plaatsvervanging*
subrogar /ue/ OV WW JUR. *in de plaats stellen van*; *vervangen*
subrutina v COMP. *subroutine*
subsanar OV WW *goedmaken*; FIG. *rechtzetten*
subscribir OV WW • *ondertekenen* • *intekenen op* ⟨aandelen⟩
subscribirse WKD WW *zich abonneren op*
subscripción v • *ondertekening* • *onderschrijving* • *abonnement* • *intekening* ⟨op aandelen⟩
subsecretaria v • *functie/bureau van ondersecretaris* • *functie/bureau van staatssecretaris* • *functie/bureau van onderstaatssecretaris*
subsecretario m • *ondersecretaris* • *staatssecretaris* • *onderstaatssecretaris*
subsecuente BNW *volgend*
subseguir ON WW • *onmiddellijk volgen (a op)* • *voortvloeien (de uit)*
subseguirse WKD WW → **subseguir**
subsidiario BNW • *hulp-* • *subsidie-* • JUR.

vervangend
subsidio m • *steun* • *toelage* • *subsidie* ★ ~ *familiar kinderbijslag* ★ ~ *de paro/desempleo werkloosheidsuitkering*
subsiguiente BNW *daaropvolgend*; *hieruit voortvloeiend*
subsistencia v • *bestaan*; *het voortbestaan* • *levensonderhoud* ★ ~s *kosten van levensonderhoud*
subsistente BNW *(voort)bestaand*
subsistir ON WW • *aanhouden*; *voortduren* • *voortbestaan*; *voortleven*
substancia v • *substantie*; *stof*; *materie* • *voeding*; *voedingswaarde* • *betekenis* • *kern*; *hoofdzaak*; *wezen* ★ ~ *gris grijze cellen*; *hersenmassa* ★ en ~ *in hoofdzaak* ★ sin ~ *zonder diepgang* ★ ~ ANAT. ~ *blanca witte stof* ★ ~ *tintórea kleurstof*
substancial BNW • *substantieel* • *wezenlijk* • *voedzaam*; *solide*
substancioso BNW • *voedzaam*; *solide* • *substantieel*; *waardevol*
substantivar OV WW *substantiveren*
substantivo I m *zelfstandig naamwoord* II BNW • *essentieel* • TAALK. *zelfstandig*
substitución v • *vervanging* ⟨v. werk⟩ • JUR. *substitutie* • *waarneming*
substituible BNW *vervangbaar*
substituir OV WW • *vervangen* • *(a voor)*
substitutivo m *vervanging*; *vervangend middel*
substracción v • *diefstal* • *het aftrekken* ⟨v. getallen⟩
substraer OV WW • *stelen van*; *afhandig maken* • WISK. *aftrekken* • *aftappen* ⟨v. stroom, water⟩
substrato m • *substraat*; *grondlaag* • *onderlaag* ⟨ook taalkundig⟩
subsuelo m *ondergrond*
subsumir OV WW • *ondergeschikt maken (en aan)* • *samenvatten (en onder)*
subte m (subterráneo) ARG, INF. *metro*
subteniente m *onderluitenant*
subterfugio m *uitvlucht*; *smoesje*
subterráneo I m • *ondergrondse ruimte* • ARG *metro* II BNW *ondergronds* ★ paso ~ *onderdoorgang*
subtitular OV WW *ondertitelen*
subtítulo m *ondertitel* ★ ~s *ondertiteling* ⟨bij film⟩
subtropical BNW *subtropisch*
suburbano BNW *uit de buitenwijk*; *voorstedelijk*
suburbio m • *voorstad*; *buitenwijk* • *sloppenwijk*
subvalorar OV WW *onderwaarderen*; *onderschatten*
subvención m *subsidie*; *toelage*
subvencionar OV WW *ondersteunen*; *subsidiëren*
subvendrá WW (3e p ev tk.t.) → **subvenir**
subvenga WW (1e/3e p ev subj. t.t.) → **subvenir**
subvenir /ie, i/ ON WW • *bekostigen* • *bijdragen*; *tegemoet komen (a in)*; *subsidiëren*
subversión v • *omverwerping* • *subversie*
subversivo BNW *subversief*
subvertir /ie, i/ OV WW • *verstoren* • *omverwerpen*; *ten val brengen*
subvino WW (3e p ev v.t.) → **subvenir**

su

subyacente BNW *onderliggend*

subyacer ON WW *ten grondslag liggen (a/bajo/ en/tras aan)*

subyugación v *onderwerping*

subyugar OV WW • *onderwerpen*; *onder het juk brengen* • *fascineren*

succión v *(het) zuigen* ★ *extraer por ~ uitzuigen*

succionar OV WW *(op)zuigen*

sucedáneo I m *surrogaat*; *vervangingsmiddel* **II** BNW • *vervangings-* • *surrogaat-*

suceder ON WW • *gebeuren*; *voorvallen* ★ *¿qué sucede? wat is er aan de hand?* • *(~ a/en) volgen op*; *opvolgen*

sucedido m INF. *gebeurtenis*; *voorval*

sucesión v • *opeenvolging*; *reeks* • *opvolging*; *erfopvolging* • *nalatenschap*; *erfenis* • *nakomelingschap* ★ ~ *forzosa erfopvolging (bij wettelijk erfrecht)* ★ ~ *intestada nalatenschap zonder testament* ★ ~ *testada nalatenschap volgens testament* ★ ~ *universal nalatenschap van universeel erfgenaam*

sucesivamente BIJW *achtereenvolgens*; *succesievelijk*

sucesivo BNW • *achtereenvolgend* • *opeenvolgend* ★ *en lo ~ voortaan* ★ *en los días ~s in de daaropvolgende dagen*; *in de komende dagen*

suceso m • *gebeurtenis*; *belevenis* • *resultaat*; *afloop*

sucesor I m • *opvolger* • *erfgenaam* ★ *los ~es de López de erven López* **II** BNW • *opvolgend* • *die erfgenaam is*

suciedad v • *viesheid* • *vuiligheid*; *viezigheid* • *vuile praat*

sucintamente BIJW *kort*; *beknopt*

sucinto BNW • *beknopt* • *kort (v. kleding)*

sucio I BNW • *vies*; *grauw* • *besmettelijk (gauw vuil wordend)* • *smerig*; *obsceen* • *unfair*; *gemeen*; *slordig*; *knoeierig* **II** BIJW *oneerlijk (bij spel)*; *vals* ★ *en ~ in het klad*

sucre m *sucre (munteenheid van Ecuador)*

suculencia v • *smakelijkheid* • *voedzaamheid*

suculento BNW • *smakelijk*; *lekker* • *voedzaam*

sucumbir ON WW • *het hoofd buigen* • *zich overgeven* • *bezwijken voor* • *onderwerpen*; *zich neerleggen* • *omkomen*; *overlijden*

sucursal v *filiaal*

sud m *zuiden*

sudaca m/v PEJ. *Zuid-Amerikaan(se)*

sudación v • *het zweten*; *het uitzweten* • *zweetbad*

sudadera v • *(het) flink zweten* • *sweatshirt*

Sudáfrica v *Zuid-Afrika*

sudafricano I m *Zuid-Afrikaan* **II** BNW *Zuid-Afrikaans*

Sudamérica v *Zuid-Amerika*

sudamericano I m *Zuid-Amerikaan* **II** BNW *Zuid-Amerikaans*

Sudán m *Soedan*

sudanés I m *Soedanees* **II** BNW *Soedanees*

sudar I OV WW • *uitzweten*; *afscheiden* • *natmaken (v. het zweet)*; *bezweten* **II** ON WW • *zweten*; *transpireren* • *uitslaan* • *zwoegen*; *zich in het zweet werken* ★ *hacer sudar a alg. iemand flink laten zweten*

sudario m • *lijkwade* • *zweetdoek*

sudeste m *zuidoosten*

sudoeste m *zuidwesten*

sudor m • *zweet* • *afscheiding* ★ *~es moeite*; FIG. *zweet*

sudoriental BNW *zuidoostelijk*; *zuidoost-*

sudoroso BNW *bezweet*

Suecia v *Zweden*

sueco I m • *Zweeds* • *Zweed* ★ INF. *hacerse el ~ doen alsof zijn neus bloedt*; *zich van de domme houden* **II** BNW *Zweeds*

suegra v *schoonmoeder*

suegro m *schoonvader* ★ *los ~s de schoonouders*

suela v • *schoenzool* • *leertje (in kraan)* • *tong (vis)* ★ *echar medias ~s verzolen*; *oplappen* ★ *de tres/siete ~s door en door* ★ *un pícaro de siete ~s een aartsschelm* ★ *no llegarle u.p. a otra a la ~ del zapato niet aan iemand kunnen tippen*

sueldo m • *loon*; *salaris*; *soldij* ★ *a ~ tegen een vaste vergoeding* ★ *ganar un buen ~ een goed inkomen hebben*

suelo m • *grond* • *bodem* • *onderkant (bv. van brood, fles)* • *plaveisel* ★ ~ *natal vaderland* ★ ~ *vegetal bovengrond (waarop planten groeien)* ★ *dar consigo en el ~ op de grond vallen*; *onderuitgaan* ★ *medir el ~ languit vallen* ★ *besar el ~ languit op de grond vallen* ★ *faltarle a uno el ~ struikelen* ★ *arrastrarse/ echarse por los ~s zich vernederen*; *door het stof kruipen* ★ *estar por los ~s heel weinig waard zijn*; *tegen bodemprijzen verkocht worden* ★ *arrastrar/poner/tirar por el ~ door het slijk halen* ★ *venirse u.c. al ~ in de soep lopen*

suelta v *het loslaten* ★ *dar ~ a de vrije loop geven aan*; *vrijaf geven*

suelto I m • *kleingeld*; *wisselgeld* • *krantenberichtje* **II** BNW • *los*; *losgemaakt* • *wijd (v. kleding)* • *loshangend (v. haar)* • *apart*; *los* • *wissel-*; *klein- (v. geld)* • *vloeiend (v. taal)* • *open*; *ongeremd* • *vaardig*; *handig* • *lijdend aan diarree* **III** WW (volt. deelw.) → **soltar**

sueño m • *slaap* • *droom* ★ ~ *ligero sluimering* ★ ~ *pesado diepe slaap* ★ ~ *hipnótico trance* ★ ~ *eterno eeuwige rust* ★ ~ *dorado grootste wens* ★ *en ~s in een droom*; *in zijn dromen* ★ *dulce ~ geliefde* ★ *coger el ~ inslapen* ★ *entre ~s half slapend* ★ *me está entrando ~ ik krijg slaap* ★ *eso me quita el ~ daar lig ik van wakker* ★ *perder el ~ por algo van iets wakker liggen* ★ *entregarse al ~ de slaap over zich laten komen* ★ *caerse de ~ omvallen van de slaap* ★ *conciliar el ~ de slaap vatten* ★ *descabezar/echarse un ~ een dutje doen* ★ *ini en/por ~s! geen sprake van!*

suero m • *serum*; *bloedserum* • *wei (v. melk)*

sueroterapia v *serumbehandeling*

suerte v • *geluk*; *mazzel* • *lot* • *toeval* • *situatie* • *beweging in stierengevecht* ★ *ibuena ~! veel geluk!* ★ *probar ~ zijn geluk beproeven* ★ *ipor ~! gelukkig!* ★ *tener una ~ negra/perra grote pech hebben* ★ *entrar en ~ meeloten* ★ *echar a ~s loten* ★ *caer en ~ ten deel vallen (bij loting)* ★ *desafiar a la ~ het noodlot tarten* ★ *de ~ que zodat* ★ *de esta ~ op deze manier*;

zo

suertudo m INF. *bofkont; geluksvogel*

sueste m *zuidwester* ⟨hoed⟩

suéter m *sweater*

suficiencia v • *toereikendheid* • *geschiktheid*; *afdoendheid* • *zelfgenoegzaamheid*

suficiente I m *voldoende* ⟨cijfer⟩ II BNW
• *voldoende; toereikend* • *geschikt; bekwaam*
• *ingebeeld; verwaand; zelfgenoegzaam*

suficientemente BIJW *voldoende*

sufijo m *suffix; achtervoegsel*

sufragáneo BNW *hulp-*

sufragar I OV WW • *helpen; ondersteunen*
• *bekostigen* II ON WW ZA *verkiezen; stemmen* (*por op*)

sufragio m • POL. *stem* • *kiesrecht* ⋆ ~ *restringido beperkt kiesrecht* ⋆ ~ *universal algemeen kiesrecht*

sufragista I v *suffragette* II BNW *van de suffragettes*

sufrible BNW *draaglijk*

sufrido BNW • *berustend; lijdzaam* • *niet besmettelijk* ⟨v. kleur, kleding⟩

sufrimiento m • *leed; het lijden* • *lijdzaamheid*

sufrir I OV WW • *lijden* • *doorstaan; dulden; dragen; verdragen* • *toestaan* • *goedvinden* ⋆ ~ *un cambio gewijzigd worden; veranderen* ⋆ *esta barra sufre todo el peso deze stang draagt het hele gewicht* ⋆ ~ *una operación een operatie ondergaan* II ON WW *lijden* ⋆ ~ *del corazón een hartkwaal hebben* ⋆ ~ *de la espalda rugklachten hebben* ⋆ ~ *de celos ziek van jaloezie zijn*

sugerencia v • *suggestie* • *voorstel* • *aanbeveling*

sugerente BNW • *suggestief; suggererend*
• *opwekkend; prikkelend*

sugerir /ie, i/ OV WW • *suggereren* • *ingeven; in overweging geven; opperen* • *doen herinneren aan* ⋆ *eso me sugiere … dat herinnert me aan …*

sugestión v • *suggestie; voorstel; beïnvloeding; het betoveren*

sugestionable BNW *beïnvloedbaar; suggestibel*

sugestionar OV WW • *in verrukking brengen; betoveren* • *beïnvloeden*

sugestivo BNW • *suggestief* ⟨bv. van plan⟩
• *veelbelovend* • *aantrekkelijk*

suicida I m/v *zelfmoordenaar* II BNW
• *zelfmoord-; suïcidaal* • *met gevaar voor eigen leven*

suicidarse WKD WW *zelfmoord plegen*

suicidio m *zelfmoord*

suite v *suite*

Suiza v *Zwitserland*

suizo I m • *Zwitser* • *rond broodje* II BNW *Zwitsers*

sujeción v • *onderwerping* • *(het) vastmaken; bevestiging* ⋆ *falto de ~ bandeloos*

sujetador I m • *beha* • *houder* • *klem* II BNW
• *bevestigings-; bevestigend* • *onderwerpend*

sujetapapeles m (mv onv.) *paperclip*

sujetar OV WW • *onderwerpen* • *vastmaken; bevestigen* • *vasthouden* ⋆ ~ *por la mano bij de hand nemen*

sujetarse WKD WW *zich vasthouden* (a *aan*)

sujeto I m • *sujet; individu* • *onderwerp; thema*

• TAALK. *onderwerp* II BNW • *vast; vastgemaakt; bevestigd* • *onderworpen* (a *aan*)
• *onderhevig* ⋆ ~ *con clavos vastgespijkerd* III WW (volt. deelw.) → **sujetar**

sulfatado m *bewerking met sulfaat*

sulfatar OV WW *bewerken met een sulfaat; zwavelen*

sulfato m *sulfaat*

sulfhídrico BNW ⋆ *ácido ~ zwavelwaterstof*

sulfito m *sulfiet*

sulfonamida v *sulfonamide*

sulfurar OV WW • *zwavelen* • *kwaad maken; hevig ergeren*

sulfúrico BNW *zwavelhoudend; zwavel-*

sulfuro m *sulfide*

sulfuroso BNW *zwavel-* ⋆ *ácido ~ zwaveligzuur*

sultán m *sultan*

sultana v *sultane*

sultanato m *sultanaat*

suma v • *som; bedrag* • *optelling* • *korte inhoud*
• WISK. *uitkomst* ⋆ *en suma om kort te gaan*

sumamente BIJW *uiterst; hoogst; zeer*

sumando m WISK. *bij te tellen getal*

sumar OV WW • *optellen* • *bedragen* ⋆ *suma y sigue transport* ⟨boekhouding⟩; *dit is nog niet alles* ⋆ *y así suma y sigue enzovoorts*

sumario I m • *samenvatting* ⟨v. procedure⟩
• *korte inhoud* • JUR. *vooronderzoek* II BNW
• *summier; samenvattend* • JUR. *verkort; snel-*

sumarse WKD WW *zich voegen* (a *bij*); *zich aansluiten* (a *bij*) ⋆ ~ *al acto en honor de u.p. con su intervención een bijdrage leveren in het huldebetoon aan iemand*

sumergible I m *duikboot* II BNW • *duik-*
• *onderwater-; onderzee-* • *waterdicht*

sumergir OV WW • *onderdompelen* • FIG. *verzinken*; FIG. *doen verzinken*

sumergirse WKD WW • *onderduiken; kopje-onder gaan* • *verzinken*; *opgaan* (en in) ⋆ ~ *en su trabajo omkomen in het werk*

sumersión v • *onderdompeling* • *het duiken; het onderduiken*

sumidad v *hoogste punt; spits*

sumidero m • *afvoer; afvoerkanaal* • *riool; rioolput*

sumiller m • *opperkamerheer* • *sommelier; wijnkelner*

suministrable BNW *leverbaar*

suministrador I m *leverancier* II BNW • *leverend*
• *verstrekkend*

suministrar OV WW • *leveren; bezorgen*
• *verstrekken*

suministro m • *levering* • *voorraad* ⋆ ~s *voorraden* ⋆ ~ *de agua potable drinkwatervoorziening*

sumir OV WW • *onderdompelen* • (~ en) FIG. *storten in*

sumirse WKD WW *zwelgen; opgaan* (en in)

sumisión v • *onderwerping* • *onderdanigheid*

sumiso BNW • *onderdanig; onderworpen*
• *gehoorzaam* • *deemoedig; nederig*

súmmum m *summum*

sumo BNW • *hoogste; allerhoogste* • *grootste; heel groot; opperste* ⋆ *a lo sumo hoogstens*

suntuario BNW *luxe-; weelde-*

suntuosidad v *pracht; luxe*

su

suntuoso BNW • *prachtig* • *luxueus*; *weelderig* • *majestueus*; *elegant*

supeditación v • *onderwerping* • *het ondergeschikt maken*

supeditar OV WW • *onderwerpen* • *ondergeschikt maken*

súper I m *super(benzine)* II BNW *geweldig* ★ *una parejita ~ een leuk stel*

superable BNW • *overtrefbaar* • *overkomelijk*

superabundancia v • *al te grote overvloed* • *overdadigheid*

superabundante BNW *overdadig*

superabundar ON WW *overvloedig zijn*; *overvloedig voorhanden zijn*

superación v • *het overwinnen* ⟨v. moeilijkheden⟩; *het overtreffen* • *verbetering* ⟨v. record⟩ • *afronding* ⟨b.v. van opleiding⟩

superar OV WW • *overwinnen*; *te boven komen* • *overtreffen* • *afronden* ⟨b.v. van opleiding⟩

superávit m *overschot*; *batig saldo*

supercarburante m *superbenzine*

superchería v *bedrog*

superchero I m *bedrieger* II BNW *bedrieglijk*

supercopa v *supercup*

superestructura v *bovenbouw*; *bovenlaag*

superficial BNW OOK FIG. *oppervlakkig*

superficialidad v *oppervlakkigheid*

superficie v • *oppervlak*; *oppervlakte* • *buitenkant* ★ ~ *alabeada helix*; *schroef*; *spiraal* ★ ~ *cilíndrica cilindervormig oppervlak* ★ ~ *curva krom vlak* ★ ~ *esférica boloppervlak* ★ ~ *terrestre aardoppervlak* ★ ~ *del agua waterspiegel* ★ ~ *de contacto raakvlak* ★ ~ *del suelo bovengrond* ★ *gran ~ groot warenhuis* ★ *salir a la ~ opduiken; tevoorschijn komen*

superfino BNW *zeer fijn*

superfluidad v • *overbodigheid* • *nutteloosheid*

superfluo BNW *overbodig*; *nutteloos*

superfosfato m *superfosfaat*

superhombre m *Übermensch*; *supermens*

superintendente m/v *hoofd* ⟨bv. van een afdeling⟩; *hoofdopzichter*

superior I m • *superieur*; *meerdere* ⟨in rang⟩ • *hoofd*; *directeur* • *overste* ⟨v. klooster⟩ II BNW • *hoger*; *superieur*; *bovenste* • *opper-*; *boven-* • *groter*; *voornamer*; *beter* • *uitstekend* • *buitengewoon* ★ *ser ~ a overtreffen; beter zijn dan*

superiora v *moeder-overste*

superioridad v • *superioriteit* • *autoriteiten*

superlativo I m *overtreffende trap* ★ *~s overdrijving* II BNW • *zeer groot*; *alles overtreffend* • *voortreffelijk* • TAALK. *overtreffend* ★ *en grado ~ in de hoogste mate*

supermercado m *supermarkt*

supernumerario I m *surnumerair* II BNW • *boventallig*; *surnumerair* • *buitengewoon* ⟨m.b.t. dienstverband⟩

superpetrolero m *mammoettanker*

superpluma m SPORT *vedergewicht*

superpoblación v *overbevolking*

superpoblado BNW *overbevolkt*

superpondrá WW (3e p ev tk.t.) → superponer

superponer OV WW • *bovenop plaatsen* • *verkiezen*; *voorop stellen*; *voorrang geven aan*

superponga WW (1e/3e p ev subj. t.t.) → superponer

superposición v • *opeenstapeling* • *het voorop stellen*

superpotencia v *supermacht*; *grootmacht*

superproducción v • *spektakelfilm*; *monsterproductie* • *overproductie*

superpuesto I BNW • *toegevoegd* • *gekunsteld*; *gemaakt* II WW (volt. deelw.) → superponer

superpuso WW (3e p ev v.t.) → superponer

supersónico BNW *supersonisch*

superstición v *bijgeloof*

supersticioso BNW *bijgelovig*

supérstite BNW *overlevend*

supervalorar OV WW *overschatten*; *overwaarderen*

supervisar OV WW • *controleren* • *toezicht houden op*

supervisión v • *toezicht*; *supervisie* • *controle*

supervivencia v *overleving*

superviviente I m/v *overlevende* II BNW *overlevend*

supino BNW *achterovergelegen* ★ *ignorancia supina absolute onwetendheid*

suplantación v • *verwisseling*; *vervanging* • *vervalsing*; *persoonsverwisseling*

suplantar OV WW • *vervangen*; *verwisselen* • *uit het zadel lichten*; *afzetten* • *vervalsen*

suplefaltas m/v • *vervanger*; *invaller*; *noodhulp* • *zondebok*

suplementario BNW *aanvullend*; *supplementair* ★ *franqueo ~ strafport*

suplemento m • *bijvoegsel* • *aanvulling*; *supplement*; *bijlage*; *aanhangsel* • *toeslag* • WISK. *supplement*

suplencia v *vervanging*

suplente I m/v • *plaatsvervanger* • *invaller* • *vervanger* II BNW • *plaatsvervangend* • *inval-*; *hulp-*

supletorio I m *extra toestel* ⟨bv. telefoon⟩ II BNW *aanvullend*; *extra*

súplica v • *verzoekschrift* • *smeekbede*; *dringend verzoek*

suplicación v → súplica

suplicante I m/v • JUR. *iemand die een verzoekschrift indient* • *verzoeker* II BNW *smekend*

suplicar OV WW • *smeken* • *dringend verzoeken* • JUR. *verzoek om kwijtschelding indienen*

suplicio m • *foltering*; *marteling* • *kwelling* ★ ~ *de Tántalo tantaluskwelling*

suplir OV WW • *aanvullen* • *vervangen* ★ ~ *con/por vervangen door*

supón WW (geb. wijs, jij-vorm) → suponer

supondrá WW (3e p ev tk.t.) → suponer

suponer I OV WW • *zich voorstellen*; *ervan uitgaan* • *betekenen*; *impliceren* • *vermoeden*; *gissen* ★ *es un ~ laten we even aannemen*; *het is maar een veronderstelling* II ON WW *van belang zijn*

suponga WW (1e/3e p ev subj. t.t.) → suponer

suposición v • *veronderstelling* • *achting*; *aanzien*

supositorio m *zetpil*

supra- VOORV • *boven-* • *super-*

supradicho BNW *bovenvermeld*

supranacional BNW *supranationaal*
supremacia v *suprematie*; *oppergezag*
supremo BNW • *opperst*; *hoogst*; *allerhoogst*
• *opper-* • *laatste*; *beslissend*
supresión v • *afschaffing*; *intrekking*; *opheffing*
• *het achterwege laten* • *doorhaling*
supresor I m *afschaffer* II BNW *weglatend*
suprimir OV WW • *afschaffen*; *intrekken*
• *weglaten* • *achterwege laten* • *wegstrepen*
supuesto I m *hypothese*; *veronderstelling* ★ *ipor
~!* *natuurlijk!*; *nou en of!* ★ JUR. ~ *de hecho
toedracht* II BNW • *vermoedelijk*
• *verondersteld* ★ ~ *que gesteld dat* III WW
(volt. deelw.) → **suponer**
supuración v *ettering*
supurar ON WW *etteren*
supuso WW (3e p ev v.t.) → **suponer**
sur m • *zuiden* • *zuidenwind*
suramericano m → **sudamericano**
surcar ON WW • *doorplóegen* • *doorklieven*
• *groeven*
surco m • *voor* ‹landbouw› • *gleuf*; *spoor*
• *rimpel* • *plooi*; *vouw*
sureño I m (**surero**) *zuiderling*; *iemand uit het
zuiden* II BNW (**surero**) *uit/van het zuiden*;
zuidelijk
sureste m → **sudeste**
surf m *windsurfen* ★ *practicar el surf/hacer surf
surfen*
surfear ON WW *surfen* ‹op het internet›
surfista m/v *surfer*
surgimiento m *het opdoemen*; *het opduiken*
surgir ON WW • *opwellen* • *opdoemen*;
verschijnen • *verrijzen*; *zich verheffen* ★ *surgen
dos problemas er doen zich twee problemen
voor*
surmenaje m *het overwerkt zijn*;
overspannenheid
suroeste m → **sudoeste**
surrealismo m *surrealisme*
surrealista I m/v *surrealist* II BNW *surrealistisch*
surtido I m • *assortiment* • *sortering* II BNW
gesorteerd
surtidor m • *fontein*; *waterspuiter*
• *benzinepomp*
surtir OV WW • *leveren* • *voorzien* (**de van**) ★ ~
efecto effect sorteren
surto I BNW *voor anker liggend* II WW (volt.
deelw.) → **surgir**
susceptibilidad v • *gevoeligheid*;
overgevoeligheid; *lichtgeraaktheid*
• *ontvankelijkheid*; *vatbaarheid*
susceptible BNW • *lichtgeraakt*; *overgevoelig*
• *ontvankelijk*; *vatbaar* ★ ~ *de/a vatbaar voor*
suscitación v *het opwekken*; *het veroorzaken*
suscitar OV WW • *opwekken* • *oproepen*;
veroorzaken
suscribir OV WW → **subscribir**
suscribirse WKD WW → **subscribirse**
suscripción v → **subscripción**
susodicho I m *eerder genoemde* II BNW
bovengenoemd
suspender OV WW • *ophangen* (**de/en aan**)
• *schorsen* (**de van**) ‹bv. van bijeenkomst›
• *laten zakken* ‹examen› • *uitstellen*
• *afgelasten*; *staken* ‹bv. van een wedstrijd›

• *versteld doen staan*
suspense m *spanning*; *suspense*
suspensión v • *het ophangen* • *schorsing*;
onderbreking; *staking* ‹bv. van een wedstrijd›
• *uitstel*; *opschorting* • *afwijzing* ‹v.
examenkandidaat› • TECHN. *ophanging*;
vering ‹v. auto› ★ ~ *de garantía opschorting
van de grondwet* ★ ~ *de pagos surseance (van
betaling)* ★ ~ *de la respiración (het) stokken
van de ademhaling*
suspensivo BNW *uitstellend* ★ *puntos ~s
gedachtepuntjes*
suspenso I m • *onvoldoende* ‹cijfer› • LA
spanning ★ *sacar un ~ een onvoldoende halen*;
zakken II BNW • *hangend* • *gezakt* • *verbluft*
• *uitgesteld*; *afgelast* ★ *quedar ~ zakken* ★ *en ~
onbeslist*; *hangende* III WW (volt. deelw.)
→ **suspender**
suspensores m mv AND *bretels*
suspensorio I m MED. *draagband*; *bandage*
II BNW *draag-*; *dragend*
suspicacia v *verdenking*; *argwaan*
suspicaz BNW *argwanend*; *achterdochtig*
suspirado BNW *begeerd*
suspirar ON WW • *zuchten*; *verzuchten* • (~ **por**)
verlangen/smachten naar
suspiro m • *zucht*; *verzuchting* • *briesje* ★ *dar/
exhalar el último ~ zijn laatste adem
uitblazen* ★ ~ *de alivio zucht van verlichting*
sustancia v → **substancia**
sustancial BNW → **substancial**
sustancioso BNW → **substancioso**
sustantivo m → **substantivo**
sustentación v • *(levens)onderhoud*; *kost*
• *ondersteuning*
sustentáculo m • *steun* • *steunpunt*; *steunpilaar*
sustentar OV WW • *ondersteunen*; *stutten*;
dragen • *onderhouden* ‹v. persoon›
• *verdedigen*; *staande houden* ‹bv. van
mening› • *levend houden* ‹v. hoop, illusie›
sustento m • *kost*; *levensonderhoud* • *steun*; *stut*
sustitución v → **substitución**
sustituible BNW → **substituible**
sustituir OV WW → **substituir**
sustitutivo m → **substitutivo**
sustituya WW (1e/3e p ev subj. t.t.)
→ **substituir**
susto m *schrik* ★ *estar curado de ~s geen
bangerik zijn*
sustracción v → **substracción**
sustraer OV WW → **substraer**
sustraiga WW (1e/3e p ev subj. t.t.)
→ **substraer**
sustrajo WW (3e p ev v.t.) → **substraer**
sustrato m → **substrato**
susurrante BNW • *fluisterend* • *ritselend*
• *ruisend* • *murmelend*
susurrar ON WW • *fluisteren* • *ritselen* • *ruisen*
• *murmelen*
susurro m • *gefluister* • *geritsel* • *geruis*
• *gemurmel*
sutil BNW • *teer*; *dun*; *ijl*; *fijn* • *spitsvondig*
• *subtiel*; *verfijnd* • *zacht* ‹v. geur›
sutileza v • *zachtheid*; *fijnzinnigheid* • *ijlheid*;
teerheid • *spitsvondigheid*
sutilidad v → **sutileza**

su

sutilizar I OV WW • *verdunnen* • *verfijnen*;
nuanceren ★ no sutilicemos *laten we niet al te
veel in details treden* **II** ON WW *scherpzinnig
schrijven/praten*

sutura V • MED. *hechting* • *naadvorming*

suturar OV WW MED. *hechten*

suyo BEZ VNW *van hem/haar/u/hen* • lo suyo *het
zijne/hare/uwe/hunne* ★ los suyos *de zijnen*
★ salir con la suya *zijn zin krijgen* ★ este libro
es suyo *dit boek is van hem/haar/u/hen* ★ de
suyo *vanzelf; op zichzelf* ★ hacer una de las
suyas *een van zijn streken uithalen* ★ meterse
en lo suyo *zich met zijn eigen zaken bemoeien*
★ cada uno a lo suyo *ieder het zijne* ★ hacer
suyo *aannemen; overnemen* ★ ir a la suya *op
haar doel afgaan* ★ ir a lo suyo *op zijn doel
afgaan*

swing m *swing*

T

t v *t* ★ la t de Tarragona *de t van Theodoor*

taba v • ANAT. *kootbeen* • *bikkelspel*

tabacal m LA *tabaksplantage*

tabacalera v *staatsbedrijf dat tabak verkoopt*;
tabaksregie; tabaksmonopolie

tabacalero BNW *tabaks-*

tabaco m • *tabak; tabaksplant* • *snuiftabak*
• *sigaren; sigaretten* ★ ~ en polvo *snuiftabak*
★ ~ picado *shag* ★ ~ en rama *ruwe tabak* ★ se
le acabó el ~ *hij zit op zwart zaad*

tabalada v • *oorvijg* • *val* ⟨op achterwerk⟩

tabalear ON WW *trommelen* ⟨met de vingers⟩

tabalearse WKD WW *schommelen*

tabanco m • *kraampje* ⟨met etenswaren⟩ • CA
zolder

tábano m • *horzel* • *lastpost*

tabaquera v *tabakszakje; tabaksdoos*

tabaquero I m • *sigarenhandelaar*;
sigarenmaker • *tabaksverkoper*;
tabakshandelaar • LA *tabaksplanter* **II** BNW
tabaks-

tabaquismo m *nicotinevergiftiging*

tabardillo m • *zonnesteek* • *druktemaker* • MED.
vlektyfus

tabarra v *gezanik; gezeur* ★ dar la ~ *zeuren;
klieren* ★ ino me des la~! *laat me met rust!*

taberna v *taveerne; kroeg*

tabernáculo m • *tabernakel* • GESCH. *tent* ⟨v.
Hebreeërs⟩ • *sacramentshuisje* ★ la fiesta de
los ~s *het Loofhuttenfeest*

tabernario BNW • *kroeg-; kroegen-* • *grof*

tabernera v *caféhoudster; waardin*

tabernero m *caféhouder; kastelein; waard*

tabicar OV WW • *met een schot afsluiten*
• *dichttimmeren*

tabique m *tussenschot; wand; scheidingswand*
★ ~ nasal *neustussenschot*

tabla v • *plank* • *plaat* • *schilderij* ⟨op hout⟩;
paneel • *index; inhoudsopgave* • *plooi;
sierplooi* • WISK. *tabel; tafel* • *terras; zaaibed;
zaailand* ★ ~ de planchar *strijkplank* ★ ~ de
lavar *wasbord* ★ ~ redonda *tafelronde* ★ ~ a
vela *zeilplank* ★ ~ de surf *surfplank* ★ ~ de
clasificación *ranglijst* ★ hacer ~ rasa de *zich
niets aantrekken van* ★ a raja ~ *koste wat het
kost; tot elke prijs*

tablado m *podium; platform; verhoging*

tablaje m • *plankwerk* • *speelhuis*

tablas v mv • *remise; patstelling* • TAUR.
arenaschutting • *toneel; planken* • → **tabla**
★ hacer ~ *in remise eindigen; in een
patstelling terechtkomen* ★ quedar en ~
onbeslist blijven ★ tener ~ *veel toneelervaring
hebben*

tablazón v SCHEEPV. *plankwerk*

tablear OV WW • *in planken zagen* ⟨v. stof, rok⟩
• *plooien maken in; plisseren* • *in percelen
verdelen* ⟨v. tuin of landbouwgrond⟩

tablero m • *plaat; houten plaat; bord*
• *(tafel)blad* • *schoolbord* • *speelbord*;
schaakbord; dambord ★ ~ de instrumenten
dashboard; schakelbord ★ ~ de dibujo

tekenbord ⋆ ~ *de mando/control bedieningspaneel* ⋆ ~ *de mandos dashboard*
tableta v • MED. *tablet* ‹v. chocola› • *tablet*; *reep*
tabletear ON WW *ratelen*; *klapperen*
tableteo m *gerammel*; *geklapper*; *geratel*
tablilla v • *plankje*; *lat*; *lamel* • *prikbord* • *spalk* • MEX, SAL *plak chocola*
tabloide m LA *tabloid*; *sensatieblad*
tablón m • *dikke plank*; *balk* • INF. *dronkenschap* ⋆ ~ *de anuncios aanplakbord*
tabú m *taboe*
tabuco m *miezerig kamertje*; *hok*
tabulador m *tabulator* ‹v. typemachine›
tabular I BNW *in tabelvorm* II OV WW *in tabellen onderbrengen*; *tabelleren*
taburete m • *(bar)kruk* • *voetenbankje*
tac m *het tikken*
tacada v • *biljartstoot* • *serie* ‹bij biljarten›
tacañear ON WW *krenterig zijn*
tacañería v *gierigheid*; *krenterigheid*
tacaño I m *gierigaard*; *vrek* II BNW *gierig*; *krenterig*
tacha v • *tekortkoming*; *gebrek*; *schoonheidsfoutje* • *(kop)spijker* • JUR. *vormfout* ⋆ *sin* ~ *onberispelijk*; *smetteloos* ⋆ *poner* ~s *a iets aan te merken hebben op*
tachadura v *doorhaling*; *schrapping*
tachar OV WW • *doorhalen*; *schrappen* • (~ *de*) *uitmaken voor*; *beschuldigen van* ⋆ *ser tachado de uitgemaakt worden voor*
tachero m • LA *loodgieter* • RPL *taxi*
tacho m • ZA *(metalen) bak*; *teil* • LA *ketel* ‹om siroop in te maken›
tachón m • *(grote) doorhaling* • *(grote) sierspijker*
tachonar OV WW • *met sierspijkers bevestigen* • *verfraaien* (de/con *met*)
tachoso BNW *gebrekkig*; *onvolmaakt*
tachuela v • *kopspijker* • LA *punaise*
tacita v *kopje* ⋆ VERO. *como una* ~ *de plata brandschoon*
tácitamente BIJW *stilzwijgend*
tácito BNW • *onuitgesproken*; *stilzwijgend* • *zwijgzaam*; *stil*
taciturnidad v • *zwijgzaamheid*; *geslotenheid* • *droefheid*; *melancholie*
taciturno BNW • *zwijgzaam*; *stil*; *gesloten* • *melancholiek*; *somber*
taco m • *stop*; *plug*; *prop* • *klos*; *houten blokje* • *biljartkeu* • *blok* ‹v. papier, kaartjes› • *hapje*; *tussendoortje* • *vloek* • *verwarring* • MEX *hartig gevulde maïspannenkoek* ⋆ *armarse/hacerse un taco de kluts kwijt zijn* ⋆ *dejar hecho/hacer un taco a u.p. iemand in verwarring brengen* ⋆ *tacos de salida startblokken* ⋆ *decir/soltar tacos vloeken*
tacógrafo m *tachograaf*
tacómetro m *tachometer*
tacón m *hak* ‹v. schoen›
taconazo m *slag*; *klap* ‹met de hak› ⋆ *dar un* ~ SPORT *een hakje geven*; MIL. *de hielen tegen elkaar klakken*
taconear ON WW • MIL. *tegen elkaar slaan* • *trots stappen* • *van hot naar haar rennen*
taconeo m *gestamp/geklik met de hakken*
táctica v • *tactiek*; *werkwijze* • MIL. *strategie*

⋆ *obrar con* ~ *tactisch te werk gaan*; *diplomatiek handelen* ⋆ ~ *del salami salamitactiek*
táctico I m *tacticus* II BNW • *tactisch*; *tactvol* • MIL. *strategisch*
táctil BNW *van de tastzin*; *tast-*
tacto m • *tastzin*; *gevoel* • *(het) voelen*; *tast* • *het aanvoelen*; *aanraking* • *tact*; *beleid* • MED. *touche* ⋆ MIL. ~ *de codos schouder aan schouder* ⋆ *lleno de* ~ *tactvol*
tafetán m *tafweefsel*; *tafzijde* ⋆ ~ *inglés/de heridos hechtpleister* ⋆ *tafetanes vlaggen en linten*; *opsmuk*
tafia v LA *suikerrietbrandewijn*
tagarote m • *havik* • *(notaris)klerk* • INF. *lange slungel* • CR, PERU *hoge piet*
tahalí m *bandelier*; *sabelriem*
tahona v *bakkerij*
tahonero m *bakker*
tahúr m *beroepsspeler*; *valsspeler*
tahurería v • *valsspelerij* • *speelhuis*
taifa v • *partij*; *factie* • *troep*; *bende* ⋆ GESCH. *reinos de Taifa kleine Moorse rijken in Spanje*
tailandés I m • *Thailander* • *Thais* II BNW *Thais*
Tailandia v *Thailand*
taimado I m • *sluwe vos*; *doortrapt iemand* • *halsstarrig persoon* II BNW • *listig*; *sluw*; *doortrapt* • ARG, ECU *lui*
taimería v *sluwheid*
taíno m LA *indianentaal* ‹in het Caribisch gebied›
taita m *pappie* ⋆ ZA ~ *cura mijnheer pastoor*
taja v *snede*; *inkeping*
tajada v • *sneetje*; *schijfje*; *plak* • *snee*; *jaap* • *dronkenschap* ⋆ *cortar* ~s *in schijven snijden* ⋆ *sacar (buena)* ~ *de u.c. een slaatje uit iets slaan*
tajador m *hakblok*
tajadura v • *het snijden*; *het doorsnijden* • *snee*; *houw*
tajamar m • SCHEEPV. *loefhouder* • *ijsbok* ‹v. brug›
tajante BNW • *snijdend*; *scherp*; *bits* • *scherp*; *streng*
tajar OV WW *(ver)snijden*
tajo m • *(diepe) snee*; *jaap*; *houw* • *(diepe) kloof*; *spleet* • *karwei*; *taak*; *werk* • *hakblok* • ZA *naad* ‹in kledingstuk› ⋆ *ir al tajo gaan werken*
Tajo m *Taag*
tal I BNW • *zo*; *zo'n*; *zodanig* • *(een) zeker(e)*; *(de) bewuste* ⋆ *un tal een zeker iemand* II BIJW • *zo* ‹op die manier› • *zo* ‹precies zo› ⋆ *con tal de* (que) *als*; *mits*; *op voorwaarde dat* ⋆ *tal para cual één pot nat* ‹v. personen› ⋆ *¿qué tal? hoe gaat het?* ⋆ *en concepto de tal als zodanig* ⋆ *¡otro que tal! dat is er nog zo eentje!* ⋆ *¿qué tal te gusta? hoe vind je het?* ⋆ *tal vez misschien* ⋆ *una tal zo eentje*; *een slet* ⋆ *tal cual evenals*; *precies zoals*
tala v • *(het) kappen*; *(het) rooien* ‹v. bomen› • *pinkelspel* • *pinkelhoutje*
talabarte m *draagband*; *koppel*
talabartería v *tuig-/zadelmakerij*
talabartero m *riemenmaker*; *leerbewerker*
talador m *houthakker*

ta

taladradora v *boormachine*
taladrar OV WW (*door*)*boren* ★ ~ los oídos *door merg en been gaan* ⟨v. geluid⟩
taladro m • *boormachine* • *boor* • *boorgat*
tálamo m *huwelijksbed*
talanquera v • *toevlucht; toevluchtsoord* • *verdedigingswal* ★ *mirar de*/*desde la* ~ *van een veilige afstand toekijken*
talante m • *stemming; humeur* • *wil; zin; instelling* ★ de buen ~ *goed gehumeurd* ★ de mal ~ *slecht gehumeerd* ★ lo hizo de buen ~ *hij deed het graag*
talar I BNW *lang; tot op de grond hangend* ⟨v. kleding⟩ II OV WW • *omhakken; kappen* • *verwoesten; met de grond gelijk maken*
talasoterapia v *thalassotherapie*
talco m *talk(poeder)*
talcualillo BNW • *gewoontjes; middelmatig* • *aan de beterende hand* ⟨v. zieken⟩
talega v • *grote (stoffen) zak; buidel* • *haarnetje* ★ ~s *geld*
talego m • *grote stoffen zak; buidel* • *dikzak; hobbezak* • SL. *bak; gevangenis*
taleguilla v *stierenvechtersbroek*
talento m • *talent; aanleg* • *verstand; begaafdheid* ★ tener ~ *artístico artistiek aangelegd zijn*
talentoso BNW *talentvol; begaafd*
talgo ® v ⟨tren articulado ligero goicoechea oriol⟩ *talgo* ⟨Spaanse intercitytrein⟩
talidad v *aard; wezen*
talión m ★ ley del ~ *wet van de vergelding* ★ pena del ~ *vergeldingsstraf*
talismán m *talisman*
talla v • *het houtsnijden; het bewerken* ⟨v. steen⟩; *het slijpen* ⟨v. diamant⟩ • *houtsnijwerk; beeldhouwwerk* • *lengte; postuur* • *maat* • *meetstok* ★ no dar la ~ *onder de maat zijn; niet aan de eisen voldoen* ★ de ~ FIG. *van formaat* ★ ¿qué ~ haces? *hoe lang ben je?*
tallado m *houtsnijwerk; bewerking* ⟨v. steen⟩; *het slijpen* ⟨v. diamanten⟩
tallador m *graveur; houtsnijder; diamantslijper*
tallar OV WW • *snijden* ⟨v. hout⟩; *bewerken* ⟨v. steen, glas⟩; *slijpen* ⟨v. diamant⟩ • *houwen; beeldhouwen; graveren; kartelen; tanden* • *de lengte meten* ⟨v. personen⟩
tallarines m mv *tagliatelle*
talle m • *taille; middel* ⟨v. personen⟩ • *figuur; gestalte* • *taille* ⟨v. kleding⟩
taller m • *werkplaats; garage; atelier* • *workshop; practicum*
tallista m/v *houtsnijder; graveur*
tallo m • *stengel; steel; stam* • *uitloper; spruit*
talludo BNW • *met een lange steel; met veel stengels* • *groot; lang; slungelig* • *opgeschoten* ⟨flink gegroeid⟩
talmente BIJW *precies; net* ★ i~ su madre! *sprekend zijn moeder!*
talmud m *talmoed*
talón m • *hiel; hak* • (*afscheurbare*) *bon; souche* • ARCHIT. *talon* • TECHN. *flens; velgrand* • *cheque; kwitantie* ★ apretar los talones *het op een lopen zetten; de hielen lichten* ★ ~ de Aquiles *achilleshiel* ★ pisar los talones a u.p.

iemand op de hielen zitten
talonario m *chequeboekje; bonboekje*
talonear ON WW • *rennen; sjouwen* • ECU, MEX *werken* • ECU, MEX *tippelen*
talud m *glooiing; helling; talud*
tamal m ZA *maïs- of bananenblad met hartige vulling*
tamañito BNW *in de war; sprakeloos; perplex* ★ se queda tamañita *ze weet niet waar ze het zoeken moet*
tamaño I m *omvang; formaat; grootte* ★ de ~ natural *op ware grootte; levensgroot* II BNW *dergelijk; zo groot; zo een* ★ itamaña diferencia! *wat een klein verschil!*
tambalearse WKD WW *wankelen; waggelen*
tambaleo m *gewankel; geslinger*
tambarria v CA *braspartij; feest; luidruchtig feest*
también BIJW *ook; eveneens*
tambo m • GESCH. *rustoord van de Inca's* • ARG *melkerij; melkinrichting*
tambor m • *trom; trommel* • *tamboer; trommelslager* • *rond borduurraam* • ARCHIT. *tamboer* • LA *vat; blik; trommel* • *magazijn* ⟨v. vuurwapen⟩ • *cilinder; (was)trommel* • MED. *trommelvlies* ★ a ~ batiente *met slaande trom* ★ tocar el ~ *trommelen* ★ ~ de freno remtrommel*
tambora v *grote trom*
tamboril m MUZ. *kleine trommel; tamboerijn*
tamborilazo m *klap* ⟨op hoofd of rug⟩
tamborilear ON WW • *trommelen* • *trommelen* ⟨met de vingers⟩ • *rondbazuinen*
tamborileo m *getrommel; geroffel*
tamborilero m *tamboer; trommelaar*
Támesis m *Theems*
tamices m mv → **tamiz**
tamiz m (*fijne*) *zeef* ★ pasar por el ~ *uitpluizen* ⟨v.e. zaak⟩
tamizar OV WW • *zeven; ziften* • *ophelderen; uitpluizen*
tamo m • *plukje; pluis* • *kaf*
tampoco BIJW *evenmin; ook niet* ★ yo ~ *ik ook niet*
tampón m • *stempelkussen* • *tampon*
tan BIJW *zo; zozeer* ★ tan ... como *even ... als* ★ tan siquiera *minstens* ★ ni tan siquiera *niet eens*
tana v ★ del año de la tana *van het jaar nul*
tanatorio m *rouwcentrum*
tanda v • *ploeg; groep* • *serie; reeks; rij* • *werk; job*
tándem m OOK FIG. *tandem*
tanga m *tangaslip*
tangada v *bedrog*
tanganillas v mv ★ a/en ~ *wankel; op de wip*
tangar OV WW INF. *bedriegen*
tangencia v *het raken* ⟨v. lijnen⟩
tangencial BNW *tangentieel*; WISK. *rakend*
tangente I v *tangens; raaklijn* II BNW *tangentieel; rakend* ★ escapar(se)/irse/salirse u.p. por la ~ *een ontwijkend antwoord geven*
tangerino I m *iemand uit Tanger* II BNW *van*/*uit Tanger*
tangible BNW *tastbaar; voelbaar*
tango m *tango*
tanguear ON WW *de tango dansen*

tanguista v *animeermeisje; nachtclubdanseres*
tanino m *tannine; looizuur*
tanque m • MIL. *tank* • *reservoir; tank*
  • *tankwagen* • LA *vijver; poel*
tantán m *gong*
tanteador m • *scorebord* • *(punten)teller*
tantear I OV WW • *schatten* • *testen;*
  (uit)proberen • *polsen; peilen* • SPORT *scoren*
  • TAUR. *aftasten* II ON WW *op de tast lopen*
tanteo m • *schatting* • *test; het uitproberen* • *het*
  polsen; peiling • SPORT *score; stand* • TAUR. *het*
  aftasten ★ a/por ∼ *bij benadering; zo op het*
  oog
tantico m *beetje; tikkeltje*
tanto I m • *hoeveelheid; bedrag* • *punt;*
  doelpunt • *kopie* ★ (a) las tantas *verschrikkelijk*
  laat; in het holst van de nacht ★ hasta las
  tantas *tot diep in de nacht* ★ estar al ∼ *op de*
  hoogte zijn II BNW • *evenveel* • *zoveel* ★ en mil
  novecientos setenta y ∼s *in*
  negentienhonderdzoveel-en-zeventig ★ ∼ por
  ciento *percentage* III BIJW *zoveel; evenveel;*
  zover ★ ∼ *mejor des te beter* ★ con ∼ que *mits;*
  op voorwaarde dat ★ no llegaremos a ∼ *zover*
  zullen we niet gaan ★ no será para ∼ *zo erg*
  zal het niet zijn ★ por (lo) ∼ *daarom* ★ hasta ∼
  que *totdat* ★ ni ∼ *así niet in het minst* ★ ni ∼
  ni tan poco/calvo *je moet niet zo overdrijven*
  ★ iy ∼! *en hoe!; nou en of!* ★ en/entre ∼ (que)
  terwijl; ondertussen
tañer I OV WW • *luiden* ⟨v. klok⟩ • *bespelen* ⟨v.
  een snaar- of percussie-instrument⟩ II ON WW
  trommelen ⟨met de vingers⟩
tañido m • *klokgelui; gebeier* • *getokkel*
taoísmo m *taoïsme*
tapa v • *deksel* ⟨bv. van pan, ketel⟩; *dop*
  • *boekband; kaft; omslag* • *hapje* ⟨gerecht in
  Spaanse bars bij wijn of bier⟩; *borrelhapje*
  • *overslag; omslag* ⟨v. kleding⟩ ★ levantar/
  saltar la tapa de los sesos a u.p. *iemand een*
  kogel door het hoofd jagen; iemand de hersens
  inslaan • libro de tapas duras *hardcover*
  ★ meter y tapas *binden* ⟨v. boek⟩ ★ ir de
  tapas *hapjes (gaan) eten in verschillende bars*
tapacubos m (mv onv.) *wieldop*
tapada v *gesluierde vrouw*
tapadera v • *deksel; pannendeksel; stop*
  • *dekmantel; façade*
tapadillo m • de ∼ *stiekem; verholen*
tapado m ZA *damesmantel; kinderjas*
tapadura v *het afsluiten; het bedekken*
tapar OV WW • *bedekken; toedekken; afdekken*
  • *afsluiten; dichten* • LA *vullen* ⟨v. tand, kies⟩;
  afsluiten, dichtstoppen ⟨v. leiding⟩ • *in*
  bescherming nemen; beschermen • *verhullen;*
  dekken; verbergen • *benemen* ⟨v. uitzicht⟩
taparrabo m • *lendedoek* • INF. *tanga-*
  zwembroek
taparse WKD WW • *zich beschutten* ⟨tegen de
  kou⟩; *zich warm aankleden; zich inpakken*
  • *zich toedekken*
tapear ON WW INF. *tapasbars afgaan*
tapete m • *kleedje; tafelkleedje* • COMP. *muismat*
  • COL, MEX *vloerkleed; tapijt* ★ ∼ verde
  speeltafel ★ estar sobre el ∼ *in behandeling*
  zijn; ter discussie staan ★ poner sobre el ∼ *ter*

sprake brengen
tapia v *(lemen) muur; gemetselde omheining*
  ★ más sordo que una ∼ *stokdoof*
tapiar OV WW • *dichtmetselen* ⟨v. deur, raam⟩
  • *omheinen*
tapicería v • *stel tapijten; stel wandtapijten*
  • *tapijtkunst; wandtapijtkunst* • *stoffeerderij;*
  weverij; kledenwinkel • *woningtextiel;*
  stoffering
tapicero m • *tapijtwever* • *stoffeerder*
tapices m mv → **tapiz**
tapioca v *tapioca; maniokmeel; sagomeel*
tapir m *tapir*
tapiz m • *wandkleed; wandtapijt* • *vloerkleed*
tapizado m *stoffering; bekleding*
tapizar OV WW *overtrekken* ⟨v. meubelen⟩;
  stofferen
tapón m • *dop; tankdop; kurk; stop* • *dikkerdje;*
  prop(je) • MED. *tampon* • *prop* ⟨v. oorsmeer⟩
  • *opstopping* ⟨verkeer⟩; *belemmering* • *blok;*
  stop ⟨bij basketbal⟩ ★ sacar el ∼ *ontkurken*
taponar OV WW • *dichtstoppen; afsluiten;*
  kurken • *tamponneren* • SPORT *blokkeren*
taponazo m • *knal* ⟨v. kurk⟩ • ARG, URU
  doorslaand succes
taponería v • *kurkenfabriek* • *doppenfabriek*
taponero I m • *kurkenfabrikant*
  • *doppenhandelaar; doppenfabrikant* II BNW
  kurk-
tapujarse WKD WW *zich warm inpakken*
tapujo m *geheimzinnigheid* ★ sin ∼s
  onomwonden; openlijk
taquear ON WW • ARG *biljarten* • MEX *taco's eten*
taquicardia v *tachycardie*
taquigrafía v *stenografie*
taquigrafiar /í/ OV WW *stenograferen*
taquigráfico BNW *stenografisch*
taquígrafo m *stenograaf*
taquilla v • *kastje* ⟨voor papieren⟩; *archiefkast*
  • *kastje; kluisje; locker* • *loket; kassa*
  • *opbrengst* ⟨v. kaartverkoop⟩; *recette* ★ un
  éxito de ∼ *een kassucces*
taquillero I m *lokettist* II BNW *populair; geliefd*
  ★ es muy ∼ *hij is een enorme publiekstrekker*
taquimecanógrafo m *stenotypist*
taquímetro m *tachymeter*
tara v • *tarra* • *ledig gewicht* ⟨v. auto⟩ • *gebrek;*
  afwijking
tarabilla I v • *geklep; geratel* • *schuif; knip;*
  grendeltje II m/v *ratel; kletskous*
taracea v *inlegwerk* ⟨in hout⟩
taracear OV WW *inleggen* ⟨v. hout⟩
tarado I m *imbeciel; idioot* II BNW • *beschadigd;*
  defect • *achterlijk; gestoord*
tarambana m/v *domoor; dwaas*
taranta v CA *bevlieging; opwelling*
tarantela v *tarantella* ⟨dans/muziek⟩
tarántula v *tarantula*
tararear OV WW *neuriën*
tarasca v • *processiedraak* • *helleveeg*
  • *gulzigaard; veelvraat* • CHI, CR *scheur; grote*
  mond
tarascada v • *knauw; beet* • *uitval; scherp*
  antwoord
tarascar OV WW *bijten*
tardanza v • *vertraging* ⟨v. trein e.d.⟩

ta

• *getreuzel* ★ *perdona la* ~ *en escribirte neem me niet kwalijk dat ik je zo laat schrijf*

tardar ON WW • *lang wegblijven; lang doen over; lang(er) duren; treuzelen* (**en met**) • *doen over* ⟨in tijd⟩ ★ *a más* ~ *uiterlijk; op zijn laatst* ★ *no puede* ~ *mucho het kan niet lang meer duren* ★ *no* ~*á en venir hij komt zo* ★ ¡*cuánto tardas! wat ben je laat!* ★ ~ *en volver más de lo justo langer wegblijven dan nodig is* ★ *sin* ~ *onmiddellijk; onverwijld* ★ *he tardado dos días en hacerlo ik heb er twee dagen voor nodig gehad* ★ *tardó demasiado hij/zij kwam te laat*

tarde I v *namiddag; avond* ★ *por la* ~ *'s middags* ★ *a la* ~ *vanmiddag* ★ *buenas* ~*s goedemiddag; goedenavond* ★ *de* ~ *en* ~ *van tijd tot tijd; zo nu en dan* ★ *de* ~ *avond-* ★ *una* ~ *de octubre op een middag in oktober* II BIJW • *laat* ★ *te laat* ★ *se hace* ~ *het is al laat* ★ *más vale* ~ *que nunca beter laat dan nooit*

tardecer ON WW • *laat worden; donker worden* ★ *ya tardece het wordt al avond*

tardezca WW (1e/3e p ev subj. t.t.) → **tardecer**

tardío BNW • *laat; laat rijpend* • *laat; te laat; verlaat* ★ *hijo* ~ *nakomertje*

tardo BNW • *traag; langzaam* • *traag* ⟨v. begrip⟩; *sloom*

tardón I m (v: **tardona**) • *treuzelaar* • FIG. *laatbloeier* II BNW (v: **tardona**) *langzaam; traag*

tarea v • *taak; werk* • *opdracht; opgave* • *huiswerk*

tarifa v • *tarief* • *prijslijst*

tarifar I OV WW • *tariferen; van een prijs voorzien* • *prijs/tarief vaststellen van* II ON WW *ruzie krijgen*

tarifario BNW *tarief-*

tarima v • *podium; platform* • *houten verhoging*

tarja v • *kerfstok; meetlat* • GESCH. *groot schild* • LA *visitekaartje*

tarjar OV WW *tellen; bijhouden* ⟨op kerfstok⟩

tarjeta v • *kaartje; visitekaartje* • *kaart; wenskaart* ★ ~ *postal ansichtkaart* ★ ~ *de visita visitekaartje* ★ ~ *perforada ponskaart* ★ COMP. ~ *gráfica grafische kaart* ★ ~ *de memoria geheugenkaart* ★ ~ *de sonido geluidskaart* ★ SPORT ~ *roja/amarilla rode/gele kaart* ★ ~ *de embarque instapkaart* ★ ~ *de crédito creditcard* ★ ~ *de pago betaalpas* ★ ~ *telefónica telefoonkaart*

tarquín m *modder; slib*

tarraconense I m/v *iemand uit Tarragona* II BNW *uit Tarragona*

tarro m • *weckglas* • *aarden pot; pul* ★ ~ *de confitura jampot*

tarso m *voetwortel*

tarta v *taart*

tártago m • *springkruid* • *tegenslag* • *flauwe grap; geintje*

tartajear ON WW *hakkelen; stamelen*

tartajeo m *gehakkel; gestamel*

tartajoso I m *stamelaar; hakkelaar* II BNW *stamelend; hakkelend*

tartalear ON WW • *wankelen; waggelen* • *hakkelen; niet uit zijn woorden kunnen komen*

tartamudear ON WW *stotteren; stamelen*

tartamudeo m *gestotter; gestamel*

tartamudez v *het stotteren; het stamelen*

tartamudo I m *stotteraar* II BNW *stotterend; stamelend*

tartán m • *tartan* • SPORT *tartan; tartanbaan*

tartana v • *huifkar* • *tartaar* ⟨zeilboot⟩ • *rammelkast; aftandse auto*

tártaro I m • *tartaar* ⟨vlees⟩ • *tandsteen* • *wijnsteen* • *Tartaar* II BNW • *tartaar- • Tartaars*

tartera v • *taartblik* • *picknickdoos* • *koelbox*

tartufo m *huichelaar*

tarugo m • *(houten) blok* • *homp* ⟨brood⟩; *brok* • *domoor; stomkop*

tarumba BNW *hoteldebotel* ★ *estar* ~ *de kluts kwijt zijn* ★ *volver a alg.* ~ *iemand in verwarring brengen; iemand dol maken*

tasa v • *prijsvorming; prijsbepaling; taxatie* • *maat; norm* • *heffing; (vastgestelde) prijs; tarief* • *heffing; belasting; leges* ★ *precio de tasa vastgestelde prijs* ★ *derrochar sin tasa mateloos verkwisten* ★ *poner tasa a paal en perk stellen aan*

tasación v • *taxatie; schatting; waardering* • *prijsbepaling*

tasador I m *taxateur; waardebepaler* II BNW *taxerend*

tasajo m *stuk gezouten en gedroogd vlees*

tasar OV WW • *schatten; taxeren; ramen* • *vaststellen* ⟨v. prijs⟩ • *beperken; rantsoeneren*

tasca v *café; kroeg* ★ *ir de* ~*s kroeglopen*

tascar OV WW • *breken* ⟨v. vlas⟩ • *afknabbelen; knagen* ★ ~ *el freno zich verbijten; op het bit bijten*

tasquear ON WW *kroeglopen*

tata I m • LA. KIND. *papa* • LA. KIND. *opa* • LA *baasje* ⟨als beleefde aanspreekvorm⟩; *vadertje* II v • KIND. *kindermeisje* • KIND. *opoe*

tatarabuelo m *betovergrootvader*

tataranieto m • *achterachterkleinkind* • *achterachterkleinzoon*

tatas v mv *andar a* ~ *beginnen te lopen* ⟨v. kind⟩

tate TW • *jeetje; verdorie; hè, gatsie* • *aha; nu snap ik het* • *tut tut; kalm aan* • *pas op; kijk uit*

tatuaje m *tatoeage*

tatuar /ú/ OV WW *tatoeëren*

taumaturgia v *thaumatologie; leer van de wonderen*

taumaturgo m *wonderdoener*

taurino BNW *stieren-; stierenvechters-* ★ *fiesta taurina stierengevecht*

Tauro m *Stier* ⟨sterrenbeeld⟩; *Taurus*

taurófilo I m *liefhebber van stierengevechten* II BNW *gek op stierengevechten*

taurómaco I m *kenner van het stierenvechten* II BNW *stierenvechters-*

tauromaquia v *stierenvechterskunst*

tauromáquico BNW *stierenvechters-*

tautología v *tautologie*

taxativo BNW *beperkend; specifiek*

taxi m • *taxi* • VULG. *hoer*

taxidermia v *taxidermie; (het) opzetten van dieren*

taxidermista m/v *taxidermist; opzetter van dieren*
taxímetro m *taximeter*
taxista m/v • *taxichauffeur* • VULG. *pooier*
taxonomía v *taxonomie*
taza v • *kopje; kommetje* • *bassin* 〈v. een fontein〉; *bekken* • *closetpot*
tazarse WKD WW *slijten* 〈v. kleren〉
tazón m • *kop; kom* • *bassin; bekken* 〈v. bron/ fontein〉
te I PERS VNW *je; jou* II WKD VNW *je* ★ ¡márchate! ¡ga weg!
té m • *thee; theeplant* • *theevisite* • LA *kruidenthee* ★ té del Paraguay *mate* ★ dar el té a alg. *iemand lastigvallen; zeuren*
tea v • *toorts; fakkel* • INF. *dronkenschap*
teatral BNW • *theater-; toneel-* • *theatraal; overdreven*
teatralidad v • *overdrevenheid; theatraal karakter* • *gevoel voor toneelspel*
teatrero BNW *theatraal; pathetisch*
teatro m • *theater; schouwburg* • *publiek* • *theaterwereld* • LIT. *drama; toneel* • *toneelkunst* • *toneel; podium* • LA *bioscoop* ★ ~ ambulante *rondtrekkend theater(gezelschap)* ★ hacer ~ *toneelspelen* ★ dedicarse al ~ *toneelspeler worden* ★ hacer/ tener ~ *gemaakt/overdreven doen; zich aanstellen*
tebeo m *strip; stripboek*
teca v • PLANTK. *teak* • *teak(hout); djati*
techado m *dak* • bajo ~ *onder dak*
techador m *dakdekker*
techar OV WW *van een dak voorzien; overdekken*
techo m • *plafond* • *dak* • LUCHTV. *hoogtegrens* • *top; maximum*
techumbre v *dak(bedekking)*
tecla v *toets* • COMP. ~ de *entertoets* ★ COMP. ~ de retroceso *backspacetoets* ★ tocar/apretar una ~ *een toets aanslaan* ★ dar en la ~ *de spijker op de kop slaan* ★ tocar muchas ~s *met alles rekening moeten houden* ★ pulsar/tocar alguna ~ *een aantal middelen aanwenden* 〈om iets te bereiken〉; *connecties aanboren*
teclado m *toetsenbord; klavier*
teclear ON WW • *de toetsen aanslaan* 〈bv. op piano〉 • *trommelen* 〈met de vingers〉 • *pingelen*
tecleo m • *het aanslaan* 〈v. toetsen〉 • *getrommel* 〈v. vingers〉; *getik* • *gepingel* 〈bv. op piano〉
teclista m/v *toetsenist; keyboardspeler*
técnica v • *techniek* • *werkwijze; techniek; methode* • *vakkundigheid; vakbekwaamheid*
tecnicidad v *technisch karakter*
tecnicismo m • *technisch karakter* • *technische term; vakterm*
técnico I m • *technicus; vakman* • MEX *gespecialiseerd politieagent* ★ ~ informático *informatiedeskundige* II BNW • *technisch* • *vak-* ★ término ~ *vakterm*
tecnicolor ® m *technicolor*
tecnocracia v *technocratie*
tecnócrata I m/v *technocraat* II BNW *technocratisch*
tecnología v • *technologie* • *vakterminologie;*

vaktaal
tecnológico BNW *technologisch*
tecnólogo m *technoloog*
tedeum m *Te Deum*
tedio m • *verveling* • *walging; weerzin* ★ por ~ de la vida *uit levensmoeheid*
tedioso BNW • *vervelend; saai* • *weerzinwekkend*
teflón ® m *teflon*
tegumento m PLANTK. *vlies; omhulsel*
teína v *theïne*
teísmo m *theïsme*
teísta I m/v *theïst* II BNW *theïstisch*
teja v • *dakpan* • *hoed* 〈v. geestelijke〉 ★ a toca teja *met klinkende munt; handje contantje* ★ de tejas abajo *op aarde; in deze wereld* ★ de tejas arriba *in de hemel*
tejadillo m *afdak; luifel*
tejado m • *dak* • *dakbedekking*
tejano I m *Texaan* II BNW *Texaans*
tejanos m mv *spijkerbroek*
tejar I m *dakpannenfabriek* II OV WW *met dakpannen bedekken*
Tejas m *Texas*
tejedor I m *wever* II BNW *weef-*
tejedura v • *het weven* • *weefsel*
tejeduría v • *weefkunst* • *weverij*
tejemaneje m • *drukte; gedoe* • *intrige; gekonkel*
tejer OV WW • *weven* • *vlechten* 〈bv. van manden〉 • *haken; breien* • *weven* 〈v. web〉; *spinnen* 〈v. cocon〉 • *beramen; smeden* • *werken aan; bewerkstelligen* ★ ~ y des~ *op een genomen besluit terugkomen; wispelturig zijn*
tejeringo m ≈ *beignet*
tejido m • *textiel; geweven stof* • *textuur; weefsel(structuur)* • *verwevenheid; samenweefsel* • BIO. *weefsel* ★ ~ estampado *bedrukte stof*
tejo m • *schijf* 〈v. spel〉 • PLANTK. *taxus* • *hinkelspel* • *bikkelspel*
tejoleta v *scherf* 〈v. een dakpan〉
tejón m *das* 〈dier〉
tejuelo m • *gecodeerd etiket* 〈op boek〉 • *codering* 〈v. boek〉
tel. AFK (teléfono) *tel.* 〈telefoonnummer〉
tela v • *vliesje; vel* 〈bv. op melk〉 • *weefsel; stof* • *web; net* • *linnen; doek* 〈schilderij〉 • *doek; lap* • *gespreksstof* ★ tela de punto *tricot* ★ tela metálica *kippengaas* ★ haber tela que cortar *veel te bespreken hebben* ★ hay tela para rato *er is nog heel wat te bepraten; daar zijn we voorlopig nog niet mee klaar* ★ poner en tela de juicio *betwisten; in twijfel trekken* ★ llegar a las telas del corazón *tot in het diepst van de ziel raken* ★ tener mucha tela *veel geld hebben; veel om het lijf hebben; voor lange tijd werk hebben*
telar m • *weefgetouw* • *toneelzolder*
telaraña v • *spinnenweb* • *(dun) wolkje* • *waas* 〈voor het oog〉 ★ mirar las ~s *verstrooid zijn; niet opletten* ★ tener ~s en los ojos *bevooroordeeld zijn; FIG. blind zijn*
tele m *tv*
telearrastre m *(ski)sleeplift*
telebanco m *het telebankieren*

te

telecabina v *skilift; kabelbaan*

telecargar OV WW COMP. *downloaden*

telecompra v *thuiswinkelen*

telecomunicación v *telecommunicatie*

teleconferencia v *teleconferentie*

telecopiadora v *fax(apparaat)*

telediario m *televisiejournaal*

teledirección v *besturing op afstand*

teledirigido BNW *op afstand bestuurd*

telefax m *telefax*

teleférico m *kabelbaan*

telefilm m *televisiefilm*

telefonazo m *telefoontje; het opbellen*

telefonear I OV WW • *telefoneren; (op)bellen* • *telefonisch mededelen* II ON WW *telefoneren*

telefonema m *telefonisch bericht*

telefonía v *telefonie*

telefónico BNW *telefoon-; telefonisch*

telefonista m/v *telefonist*

teléfono m • *telefoon* • *telefoontoestel* • *telefoonnummer* ★ ~ *móvil/portátil mobiel(e telefoon)* ★ ARG, CA ~ *celular mobiele telefoon* ★ LA ~ *monedero openbare telefoon* • *por ~ telefonisch* ★ *llamar por ~ (op)bellen* ★ *llamar por ~ móvil mobiel bellen*

telegrafía v *telegrafie*

telegrafiar /í/ I OV WW *telegraferen* II ON WW *telegraferen*

telegráfico BNW *telegrafisch*

telegrafista m/v *telegrafist*

telégrafo m *telegraaf* ★ *oficina de ~s telegraafkantoor*

telegrama m *telegram* ★ *poner un ~ een telegram verzenden*

teleguiado BNW *op afstand bestuurd*

telele m *flauwte; duizeling*

telemando m *afstandsbediening*

telemarketing m *telemarketing*

telemática v *telematica*

telemercadeo m *telemarketing*

telémetro m *afstandmeter*

telenovela v *soapserie; televisieserie*

teleobjetivo m *telelens*

telepatía v *telepathie*

telepático BNW *telepathisch*

telera v *verbindingsstang; dwarsbalk*

telescópico BNW *telescopisch*

telescopio m *telescoop*

teleserie v *televisieserie*

telesilla m *stoeltjeslift*

telespectador m *televisiekijker*

telesquí m *skilift*

teletexto m *teletekst*

teletienda v *teleshopping; het thuiswinkelen*

teletipo m *telex* ⟨apparaat⟩

teletrabajar ON WW *telewerken*

televidente m/v *televisiekijker*

televisar OV WW *uitzenden* ⟨via televisie⟩ ★ *reportaje televisado televisiereportage*

televisión v • *televisie* • *televisietoestel* ★ ~ *por cable kabeltelevisie* ★ ~ *pagada/de pago betaaltelevisie*

televisivo BNW • *televisie-* • *geschikt voor de televisie*

televisor m *televisie(toestel)*

télex m *telex*

telilla v *vel(letje)* ⟨bv. op melk⟩; *vlies(je)*

telón m *(toneel)gordijn; toneelscherm; doek* ★ ~ *de acero ijzeren gordijn* ⟨vanwege pottenkijkers⟩ ★ *baja el ~ OOK FIG. het doek valt* ★ *bajar el ~ ergens mee stoppen vanwege pottenkijkers*

telonero m *artiest in voorprogramma*

telúrico BNW *tellurisch; aards*

tema m • *thema; onderwerp; stof; motief* • MUZ. *motief; thema* ★ *seguir su tema zijn eigen zin doen*

temario m *lijst van discussiepunten*

temática v *thematiek*

temático BNW *thematisch*

tembladera v *hevige rilling*

tembladero I m *moerassig terrein* II BNW *rillend; trillend; bevend*

temblador I m • *quaker* • *sidderaal* II BNW *bevend; trillend*

temblar /ie/ ON WW • *bibberen; trillen; rillen; beven* • *vrezen (por voor); huiverig zijn (por voor)* ★ *quedar/estar temblando bijna leeg/op zijn* ★ *tiemblo por su vida ik vrees voor zijn leven*

tembleque m *(hevige) rilling*

temblequear ON WW *beven; trillen; bibberen*

temblón I m (v: temblona) *ratelpopulier; esp* II BNW (v: temblona) *(gemakkelijk) bevend; (gauw) trillend; bibberend* ★ ~ *ratelpopulier; esp*

temblor m • *beving; trilling; siddering* • LA *lichte aardbeving* ★ ~ *de tierra aardbeving; aardschok*

tembloroso BNW *trillend; bevend; bibberend*

temer I OV WW *vrezen; bang zijn voor* II ON WW *vrezen (por voor); bang zijn (por voor)*

temerario BNW • *stoutmoedig; roekeloos* • *ondoordacht; overhaast*

temeridad v • *vermetelheid; roekeloosheid* • *waaghalzerij; overhaaste handeling* • *overhaastheid*

temeroso BNW • *bevreesd; bang* • *gevreesd; geducht*

temerse WKD WW • *bang zijn* • *bang zijn voor elkaar; elkaar vrezen* ★ ~ *que bang zijn dat*

temible BNW *(af)schrikwekkend; vreselijk; geducht* ★ ~ *a sus enemigos door zijn vijanden gevreesd*

temor m • *angst; vrees* • *ongerustheid; bezorgdheid* ★ ~ *de Dios godvrezendheid* ★ *con ~ angstig* ★ *desechar todo ~ moedig te werk gaan*

témpano m • *schots; ijsschots* • MUZ. *pauk* • MUZ. *trommelvel* • ARCHIT. *timpaan* • *speklap*

temperación v • *matiging; tempering* • MED. *verzachting; leniging*

temperamental BNW • *van het temperament; karakter-* • *temperamentvol*

temperamento m • *temperament; aard; karakter; levendigheid; vurigheid* • LA *klimaat; weer*

temperancia v • *gematigdheid* • *mildheid* ⟨v. klimaat⟩

temperante I m/v MEX, ZA *geheelonthouder* II BNW • *matigend; gematigd* • MEX, ZA *geheelonthouders-*

temperar OV WW • *matigen*; *temperen* • MED. *verzachten*; *lenigen*

temperatura v • *temperatuur* • *lichaamstemperatuur* • *koorts*

temperie v *weersgesteldheid*

tempestad v • OOK FIG. *storm*; *noodweer* • *vlaag*; *golf* • *opschudding* • *uitbarsting* ‹v. gemoedstoestand› ★ *levantar* ~*es onrust zaaien*; *opschudding veroorzaken* ★ ~ *de aplausos stormachtig applaus* ★ ~ *de silbidos fluitconcert*

tempestivo BNW *opportuun*; *gelegen*

tempestuoso BNW • *storm-*; *stormachtig* • *onstuimig*; *woelig*; *stormachtig* ★ *tiempo* ~ *stormachtig weer* ★ *hace un tiempo* ~ *het stormt*

templado BNW • *gematigd*; *mild*; *lauw* • *gematigd*; *sober* • *kalm*; *vastberaden*; *flink* ★ *estar bien* ~ *goed gehumeurd zijn*

templador I m • *spanschroef* • *stemhamer* II BNW *matigend*; *bemiddelend*

templanza v • *gematigdheid*; *soberheid* • *mildheid* ‹v. klimaat, temperatuur›

templar I OV WW • *matigen*; *temperen*; *verzachten* • *kalmeren*; *tot rust brengen* • *stemmen* ‹v. muziekinstrument› • *op temperatuur brengen*; *licht verwarmen* ‹v. vloeistof› • *vastdraaien*; *spannen* • *aanlengen*; *verdunnen* ‹v. drank›; *mengen* ‹v. kleur› II ON WW *opwarmen*; *warmer worden* ★ *está templando*

templario m *tempelier*; *tempelridder*

templarse WKD WW • *zich matigen*; *zich inhouden* • *op temperatuur komen* ‹warmer of kouder worden› • LA *verliefd worden* ★ ~ *en comer matig eten*

temple m • *durf*; *moed* • *stemming*; *humeur* • *weersgesteldheid*; *temperatuur* • TECHN. *harding*; *gehardheid* • MUZ. *het stemmen* • *tempera*; *waterverf* • *tempelorde*

templete m *overkapping* ‹boven (stand)beeld›; *koepeltje*

templo m • *tempel* • *kerk*; *kapel* ★ ~ *protestante protestantse kerk*

tempo m *tempo*

temporada v • *tijd(perk)*; *periode* • *seizoen* ★ *la* ~ *ya está demasiado adelantada het seizoen is al te ver gevorderd* ★ ~ *de* – *tijdelijk*

temporal I m • *storm*; *noodweer* • ANAT. *slaapbeen* ★ FIG. *capear el* ~ *een storm doorstaan* II BNW • *tijdelijk*; *voorlopig* • *seculair*; *wereldlijk* • ANAT. *slaap-*

temporalidad v • *tijdelijkheid*; *vergankelijkheid* • *wereldlijkheid*

temporalidades v mv • → **temporalidad** • *temporaliën*

temporáneo BNW *tijdelijk*

temporario BNW *tijdelijk*

témporas v mv *quatertemperdagen*; *vastendagen*

temporero I m *tijdelijke werknemer*; *noodhulp*; *seizoenarbeider* II BNW *tijdelijk werkend*; *seizoen-*

temporizar ON WW • *de tijd doden* • *zich schikken*

tempranal m *vroeg vruchten dragende akker*

tempranear I OV WW ZZA *vroeg zaaien* II ON WW LA *vroeg opstaan*

tempranero BNW • *vroegrijp* • *(zeer) vroeg op*; *matineus*

temprano I BNW *vroeg* II BIJW • *vroeg* • *te vroeg*; *vroegtijdig* ★ *es* – *het is nog (te) vroeg* ★ *lo más* ~ *op zijn vroegst*

ten I m ★ *el ten con ten tact*; *behoedzaamheid* II WW (geb. wijs, jij-vorm) → **tener**

tenacidad v • *hardnekkigheid*; *vasthoudendheid* • *hardheid*

tenacillas v mv *tangetje*; *pincet* ★ ~ *de rizar krultang*

tenaz v • *volhardend*; *standvastig* • *vasthoudend*; *hardnekkig* • *sterk*; *hard* ‹v. materiaal›

tenaza v *tang*

tenazas v mv *tang* ★ *no poderse coger u.p./u.c. ni con* ~ *iemand/iets niet kunnen aanpakken van smerigheid* ★ *no poderle sacar ni con* ~ *algo a u.p. met geen mogelijkheid iets uit iemand krijgen*

tenazón m ★ *a/de* ~ *plotseling*; *zomaar*

tenca v *zeelt*

tendajo m • *stalletje*; *kraampje* • *barak*; *keet*

tendal m • *(zonne)scherm* • *droogrek*

tendalero m → **tendedero**

tendedera v CUBA, MEX *waslijn*; *drooglijn*

tendedero m • *droogplaats* • *drooglijnen*; *droogrek*

tendejón m → **tendajo**

tendencia v *tendens*; *trend* ★ *los cursos cierran con* ~ *muy débil de koersen sluiten zwak* ‹v. beurs› ★ *una nariz fina con* ~ *a formar arco een fijne, licht gebogen neus*

tendencioso BNW *partijdig*; *tendentieus*

tendente BNW ★ ~ *a gericht op*; *neigend naar/ tot*

tender /ie/ I OV WW • *uitspreiden*; *uitvouwen*; *uitstrekken* • LA *opmaken* ‹v. bed›; *dekken* • *ophangen*; *aan de waslijn hangen* • *uitreiken*; *overhandigen* • *leggen* ‹verbinding› • *bepleisteren*; *kalken* • *zetten*, *plaatsen* ‹val, valstrik› • *spannen* ‹v. draad, boog› • *aanleggen* ‹v. weg, spoorlijn› II ON WW *neigen (a tot/naar)* ★ ~ *a mejorar aan de betere hand zijn* ★ *todos los esfuerzos tienden a ello alle pogingen zijn daarop gericht*

ténder m *tender*

tenderero m *droogrek*

tenderete m *stalletje*; *kraampje*

tendero m *winkelier*; *kruidenier*

tenderse WKD WW • *zich uitstrekken*; *gaan liggen* • *de moed opgeven* • *de kaarten op tafel leggen* ‹in kaartspel› ★ ~ *en el suelo languit op de grond gaan liggen*

tendido I m • *het ophangen*; *het leggen* ‹v. kabel, leiding› • LA *uitgehangen wasgoed* • *niet-overdekte tribune* ‹bij stierengevecht› II BNW *uitgestrekt*; *languit*; *uitgespreid*; *opgehangen* ★ *estar* ~ *liggen* ★ *quedar* ~ *languit liggen*

tendinitis v *peesontsteking*

tendinoso BNW *pezig*

tendón m *pees*; *zeen* ★ ~ *de Aquiles achillespees*

tendrá WW (3e p ev tk.t.) → **tener**

te

tendré WW (1e p ev tk.t.) → **tener**
tenducha v *armoedig winkeltje*
tenebrosidad v • *duisternis* • *somberheid*
tenebroso BNW • *duister; somber* • *obscuur*
tenedor m • *vork* • *houder; aandeelhouder*
 • SPORT *ballenjongen* ★ ~ de libros *boekhouder*
 ★ ~ de tierras *pachter*
teneduría v ★ ~ de libros *boekhouding*
tenencia v • *bezit; het bezitten* • *luitenantschap*
tener /ie/ I OV WW • *hebben; bezitten; houden*
 • *bewaren* • *vasthouden* • *ondersteunen*
 • *krijgen; behalen* ★ no tienes más que *je
 hoeft alleen maar* ★ no tiene por qué *er is
 geen reden dat* ★ conque ¿esas tenemos? *o,
 zit dat zo?; zit dat erachter?* ★ no ~ donde
 caerse muerto *straatarm zijn* ★ no ~ nada
 que perder *niets te verliezen hebben* ★ ~ a
 bien *zo vriendelijk zijn om* ★ ~ para sí
 vermoeden ★ ~ presente u.c. *iets in gedachten
 hebben* ★ ~ a mal *kwalijk nemen* ★ ni tiene
 que ver *het doet niet ter zake* ★ ¡tenga!
 alstublieft ★ tengamos un poco de calma
 laten we nou kalm blijven ★ icon el estómago
 que tiene! *met zo'n (zwakke) maag als hij
 heeft!* ★ ~ en mucho a u.p. *iemand bijzonder
 waarderen* ★ no ~las todas consigo *er niet erg
 gerust op zijn* • (~ como/por) *beschouwen als;
 houden voor* II HWW *hebben* ★ lo tengo
 entendido *het is me volkomen duidelijk*
 ★ tiene publicados ya más de veinte libros
 hij heeft al meer dan 20 boeken gepubliceerd
 ★ ~la tomada con alg. *de pik op iemand
 hebben* ★ ~ que *moeten*
tenería v *leerlooierij*
tenerse WKD WW • *zich staande houden;
 overeind blijven* • *zich beheersen* • *steunen*
 (sobre op) • *zich verweren; tegenstand bieden*
 ★ ~ uno tieso/firme *zich staande houden; voet
 bij stuk houden* • (~ por) *zich beschouwen als;
 zich houden voor*
tenga WW (1e/3e p ev subj. t.t.) → **tener**
tenia v *lintworm*
teniente I m *luitenant* ★ ~ coronel *luitenant-
 kolonel* II BNW • INF. *hardhorend* • *onrijp*
tenis m *tennis* ★ ~ de mesa *tafeltennis*
tenista m/v *tennisser; tennisspeler*
tenístico BNW *tennis-*
tenor m • *tenor* ⟨zangstem⟩ • *teneur* • *inhoud;
 gehalte* ★ a ~ de *volgens* ★ a este ~ *op deze
 wijze; in dezelfde trant*
tenorio m *versierder; vrouwenverleider; Don
 Juan*
tensar OV WW *spannen; aanspannen*
tensiómetro m MED. *tensiemeter*
tensión v • *spanning* • *gespannenheid* • *druk*
 • *bloeddruk* ★ alta ~ *hoogspanning* ★ ~
 arterial/venosa *bloeddruk* ★ en ~ *gespannen*
tenso BNW • *gespannen* ⟨gestrest⟩; *strak*
 • *gespannen* ⟨gestrest⟩
tensor m • TECHN. *spanner* • MED. *spanspier*
 • *balein* ⟨in kraag⟩ • SPORT *expander* • WISK.
 tensor
tentación v • *verleiding; bekoring*
 • *onweerstaanbaar iemand* ★ caer en la ~ *aan
 de verleiding toegeven*
tentáculo m *tentakel; voelspriet; vangarm*

tentador I m *verleider* II BNW *verleidelijk*
tentar /ie/ OV WW • *betasten* • *verleiden;
 verlokken* • *beproeven; proberen* • TAUR. *testen*
tentarse WKD WW • *zich laten verleiden* • *zich
 betasten*
tentativa v *poging*
tentativo BNW *tentatief; proef-*
tentemozo m • *stut; schoor* • *grondsteun* ⟨v.
 wagen⟩ • *duikelaartje* ⟨speelgoed⟩
tentempié m *tussendoortje*
tenue BNW • *dun; (rag)fijn* • *zacht; ijl; flauw*
 • *onbeduidend*
tenuidad v • *fijnheid; zachtheid* • *onbeduidende
 zaak; futiliteit*
teñir /i/ OV WW • *kleuren; verven* • *donkerder
 maken* ⟨v. kleur⟩ • *nuanceren;* FIG. *kleuren*
teñirse WKD WW *geverfd worden; gekleurd
 worden* ★ ~ el pelo *zijn haar verven*
teocracia v *theocratie*
teocrático BNW *theocratisch*
teodolito m *theodoliet*
teologal BNW *theologisch*
teología v *theologie; godgeleerdheid*
teológico BNW *theologisch*
teólogo m *theoloog; godgeleerde*
teorema m *theorema; bewezen stelling*
teoría v • *theorie; leer* • *opvatting; theorie; idee*
 ★ en ~ *in theorie; theoretisch*
teórico I m *theoreticus* II BNW *theoretisch*
teorizar ON WW *theoretiseren*
teosofía v *theosofie*
teosófico BNW *theosofisch*
tepe m *graszode*
tequila m/v *tequila*
terapeuta m/v *therapeut*
terapéutica v *therapie; geneeskunst*
terapéutico BNW *therapeutisch*
terapia v *therapie*
tercer TELW → **tercero** *derde*
tercera v • *derde versnelling* ⟨v. auto⟩ • MUZ.
 terts
tercería v • *bemiddeling* • *koppelarij*
tercermundismo m *derdewereldkenmerk(en);
 derdewereldproblematiek*
tercermundista BNW *derdewereld-*
tercero I m • *bemiddelaar; tussenpersoon*
 • *derde* ⟨persoon⟩ II TELW *derde*
terceto m • MUZ. *terzet* • *trio*
terciado BNW • *schuin/diagonaal (op het
 lichaam) gedragen* • *voor een derde verbruikt*
 • *middelgroot*
terciador m *bemiddelaar*
terciana v *derdedaagse koorts*
terciar I OV WW • *in drieën delen* • *diagonaal
 omhangen* ⟨v. geweer⟩; *scheef omdoen* ⟨v.
 sjerp⟩ • *gelijkelijk verdelen* ⟨v. last⟩ • *voor de
 derde keer omploegen* • *snoeien* ⟨v. struiken⟩
 II ON WW • *bemiddelen; tussenbeide komen*
 • *het gezelschap compleet maken* • *deelnemen,
 zich mengen* ⟨in gesprek⟩
terciario I m *tertiaris* II BNW *derde; tertiair*
terciarse WKD WW *zich voordoen; (toevallig)
 gebeuren; zo uitkomen* ★ si se tercia *bij
 gelegenheid*
tercio m *derde; derde deel* ★ el ~ *extranjero het
 vreemdelingenlegioen* ★ hacer buen ~ *a u.p.*

iemand goede diensten bewijzen ⋆ hacer mal ~ *nergens voor deugen*

terciopelo m *fluweel*

terco I m *stijfkop* **II** BNW ⋆ *(stijf)koppig; hardnekkig* ⋆ *hard* ‹v. materialen›; *moeilijk te bewerken*

terebinto m *terpentijnboom*

terebrante BNW *doordringend* ‹v. pijn›

teresiano BNW ⋆ *van de heilige Theresa van Avila* ⋆ *van de karmelitessen*

tergiversación v *verdraaiing; valse voorstelling*

tergiversar OV WW *verdraaien; vervormen; een valse voorstelling geven van*

termal BNW *thermaal* ⋆ agua ~ *bronwater* ⋆ aguas ~es *warme bronnen*

termas v mv ⋆ *thermen* ⋆ *warmwaterbronnen*

termes m → **termita**

térmica v *thermiek*

térmico BNW *thermisch* ⋆ grado ~ *warmtegraad*

terminacho m ⋆ *scheldwoord; schuttingwoord* ⋆ *verkeerd gebruikt woord*

terminación v ⋆ *beëindiging; einde* ⋆ *uiteinde* ⋆ TAALK. *uitgang*

terminal I v ⋆ *eindstation; eindhalte* ⋆ COMP. *terminal* **II** BNW *laatste; eind-*

terminante BNW ⋆ *duidelijk* ⋆ *definitief; beslist*

terminantemente BIJW *stellig*

terminar I OV WW ⋆ *beëindigen* ‹bij de finish›; *voltooien; afhandelen* ⋆ *leegdrinken; leegmaken; leegeten* ⋆ para ~ hemos de advertir *ten slotte moeten we nog opmerken* **II** ON WW ⋆ *eindigen; aflopen* ⋆ *aankomen* ⋆ ~ en punta *spits toelopen* ⋆ la riña terminó a palos *de ruzie eindigde met een vechtpartij* ⋆ la escuela terminó *de school is uit* ⋆ terminó diciendo *ten slotte zei hij* ⋆ (~ **con**) *ophouden met; het uitmaken met*

terminarse WKD WW *eindigen; aflopen* ⋆ todo se ha terminado *alles is op*

término m ⋆ *eindpunt; einde* ⋆ *eindhalte; eindstation* ⋆ *termijn; periode* ⋆ *grens* ⋆ *district; stadswijk* ⋆ *term; begrip* ⋆ *deel; gedeelte* ⋆ ~s *termen; bewoordingen; omstandigheden; condities; voorwaarden* ⋆ dar ~ a u.c. *iets afmaken; de laatste hand leggen aan iets* ⋆ poner ~ a u.c. *ergens een eind aan maken* ⋆ llegar a ~ *tot een einde komen* ⋆ llevar a ~ *ten einde brengen* ⋆ en primer ~ *in de eerste plaats; als eerste* ⋆ en último ~ *in laatste instantie; als uiterste mogelijkheid* ⋆ antes del ~ *voortijdig* ⋆ por ~ medio *gemiddeld* ⋆ ~ medio *gemiddelde; tussenvorm; middenweg* ⋆ sin ~ *grenzeloos* ⋆ en buenos ~s *zacht uitgedrukt* ⋆ confundir los ~s *de begrippen verwarren*

terminología v *terminologie*

terminológico BNW *terminologisch*

termita v *termiet*

termo m *thermoskan*

termodinámica v *thermodynamica*

termodinámico BNW *thermodynamisch*

termoelectricidad v *thermo-elektriciteit*

termoeléctrico BNW *thermo-elektrisch*

termoestable BNW *hittebestendig*

termómetro m *thermometer* ⋆ ~ clínico *koortsthermometer*

termonuclear BNW *thermonucleair*

termos m *thermosfles*

termosifón m *boiler*

termostato m *thermostaat*

terna v ⋆ *kandidatenlijst* ‹met drie voorgedragen kandidaten› ⋆ *drietal*

ternario BNW *drieledig; driedelig*

ternasco m *zuiglam*

terne I m ⋆ *opschepper* ⋆ *krachtpatser* **II** BNW ⋆ *koppig; eigengereid* ⋆ *robuust; potig*

ternera v ⋆ *(koe)kalf* ⋆ *kalfsvlees* ⋆ filete de ~ *kalfsoester*

ternero m *(stier)kalf*

ternerón BNW (v: **ternerona**) *teerhartig*

terneza v *tederheid; gevoeligheid* ⋆ ~s *lieve woordjes*

ternilla v *kraakbeen*

ternilloso BNW *kraakbeenachtig*

terno m ⋆ *drietal; trio* ⋆ *driedelig pak* ⋆ *vloek*

ternura v ⋆ *tederheid; genegenheid* ⋆ *vriendelijkheid*

terquedad v *koppigheid; halsstarrigheid; onbuigzaamheid* ⋆ con ~ *halsstarrig*

terracota v *terracotta*

terrado m *dakterras; plat dak*

terraja v *draadsnijder*

terral I m *aflandige wind* **II** BNW *aflandig*

Terranova v *Newfoundland*

terranova m *newfoundlander* ‹hondenras›

terraplén m ⋆ *aarden wal; ophoging* ⋆ *helling*

terraplenar OV WW *ophogen; egaliseren*

terráqueo BNW ⋆ el globo ~ *de aardbol* ⋆ la esfera terráquea *de aardbol*

terrario m *terrarium*

terrateniente m/v *(groot)grondbezitter; landeigenaar*

terraza v ⋆ *dakterras* ⋆ *balkon* ⋆ *terras*

terremoto m *aardbeving*

terrenal BNW *aards; werelds*

terreno I m ⋆ *grond; bodem* ⋆ *terrein* ⋆ SPORT *speelveld* ⋆ FIG. *terrein* ⋆ lote de ~ *perceel* ⋆ ~s deportivos *sportpark* ⋆ ~ abonado *voedingsbodem* ⋆ sobre el ~ *ter plekke; gaandeweg* ⋆ ganar/perder ~ *terrein winnen/ verliezen* ⋆ minar el ~ a alg. *iemands plannen ondermijnen* ⋆ estar/encontrarse en su propio ~ *zich op zijn eigen terrein bevinden* ⋆ preparar/trabajar el ~ *de weg vrijmaken* ⋆ saber alg. el ~ que pisa *zich op bekend terrein begeven* ⋆ ~ triguero *tarwegrond* **II** BNW *aards; werelds*

térreo BNW *aarde-; aarden*

terrero I m ⋆ *ophoging; hoop aarde* ⋆ *steenberg* ‹mijnen› **II** BNW ⋆ *van aarde* ⋆ *aarden*

terrestre I m/v *aardbewoner* **II** BNW ⋆ *land-; aard-* ⋆ *aards; werelds*

terrible BNW *verschrikkelijk*

terrícola m/v *aardbewoner*

terrífico BNW → **terrorífico**

terrina v *terrine*

territorial BNW *territoriaal*

territorialidad v *territorialiteit*

territorio m ⋆ *territorium* ⋆ *district*

terrón m ⋆ *aardkluit* ⋆ *klont; klontje*

terrones m mv ⋆ *land; (stuk) grond* ⋆ → **terrón**

terror m ⋆ *ontzetting; doodsangst* ⋆ *terreur*

te

• *angstaanjagend iemand*
terrorífico BNW *angstaanjagend; verschrikkelijk*
terrorismo m *terrorisme*
terrorista I m/v *terrorist* II BNW *terroristisch*
terroso BNW • *aardachtig; aardkleurig* • *met aarde; vol aarde*
terruño m • *geboortegrond; geboortestreek* • *eigen (stuk) grond*
terso BNW • *helder; glanzend* • *glad; ongerimpeld* ⟨v. wateroppervlak⟩ • *vloeiend* ⟨v. taalgebruik, stijl⟩
tersura v • *gladheid* • *vloeiendheid* ⟨v. taal, stijl⟩ • *helderheid; glans*
tertulia v • *vaste (gezellige) bijeenkomst; club* • *stamtafel* ⟨in café⟩ • ARG *stallesplaats* ⟨in theater⟩ ★ *estar de ~ praten; kletsen*
tertuliano m *vaste gast/bezoeker; lid*
tertuliar ON WW • *bijeenkomen* ⟨voor de gezelligheid⟩ • LA *praten; kletsen*
tesela v *mozaïeksteentje*
tesina v *(doctoraal)scriptie*
tesis v • *these; stelling* • *proefschrift; dissertatie*
tesitura v • *stemming* • MUZ. *toonbereik; omvang*
teso BNW *stijf; gespannen*
tesón m *volharding; vasthoudendheid; doorzettingsvermogen*
tesorería v • *penningmeesterschap* • *kantoor van de penningmeester* • *liquide middelen*
tesorero m *penningmeester*
tesoro m • *schat* • *spaargeld* • *schatkist; staatskas* • *schat; lieverd* • *thesaurus; woordenlijst* ★ *el ~ público de staatskas*
test m *test; toets*
testa v *hoofd; kop* ★ *~ coronada regerend vorst*
testador m *erflater; testateur*
testaferro m *stroman* ⟨persoon⟩
testamentaría v *uitvoering van een testament*
testamentario I m *executeur-testamentair* II BNW *testamentair*
testamento m *testament* ★ *ordenar su ~ zijn testament opmaken* ★ *el Antiguo/Nuevo Testamento het Oude/Nieuwe Testament*
testar I OV WW • *testen* • *schrappen; doorhalen* II ON WW *testament opmaken*
testarada v *stoot tegen het hoofd*
testarudez v *koppigheid; halsstarrigheid*
testarudo BNW *(stijf)koppig; halsstarrig*
teste m *testikel*
testera v *voorkant; voorzijde*
testero m • *voorkant* • *wand* ⟨v. kamer⟩ • *haardplaat*
testicular BNW *testikel-*
testículo m *testikel; teelbal*
testificación v • *getuigenis; getuigenverklaring* • *bewijs*
testificar OV WW • *getuigen; verklaren* • *bewijzen; aantonen*
testigo I m • *bewijs* • SPORT *estafettestokje* II m/v • *getuige* • *ooggetuige* ★ *~ ocular/de vista ooggetuige* ★ *~ de cargo/descargo getuige à charge/decharge* ★ *poner por ~ a u.p. iemand oproepen als getuige*
testimonial BNW *getuigen-* ★ *prueba ~ getuigenbewijs*
testimoniar OV WW *getuigen*

testimonio m • *getuigenis* • *bewijs*
testuz m/v *voorhoofd* ⟨v. dier⟩; *nek* ⟨v. rund⟩
teta v • *borst; tiet; uier* • *tepel* ★ *dar la teta de borst geven* ★ *quitar la teta a un niño een kind van de borst afwennen; spenen* ★ *de teta zuigeling-*
tetánico I m *iemand met tetanus* II BNW *tetanisch*
tétano m → **tétanos**
tétanos m *tetanus*
tetera v • *theepot* • LA *speen*
tetilla v • *tepel* ⟨v. mannelijk dier⟩ • *speen* ⟨v. zuigfles⟩
tetina v *speen* ⟨v. zuigfles⟩
tetraedro m *viervlak*
tetragonal BNW *tetragonaal; vierhoekig*
tetrasílabo I m *vierlettergrepig woord* II BNW *vierlettergrepig*
tétrico BNW *somber; luguber; naargeestig*
tetuda BNW VULG. *met grote tieten*
teutón I m ⟨v: **teutona**⟩ • GESCH. *Teutoon* • *Duitser* II BNW ⟨v: **teutona**⟩ • GESCH. *Teutoons* • *Duits*
teutónico BNW GESCH. *Teutoons*
textil I m *textiel* II BNW *textiel-*
texto m • *tekst* • *stuk tekst; passage* ★ *libro de ~ school-/leerboek; studieboek*
textual BNW • *tekst-; tekstueel* • *woordelijk; letterlijk*
textualmente BIJW • *letterlijk* • *volgens de tekst*
textura v • *textuur; structuur* • *weefsel* • *samenhang; opbouw; structuur*
tez v *gezichtshuid*
ti PERS VNW /na voorz/ *jou; je* ★ *a ti te lo diré jou zal ik het wel zeggen* ★ *de ti para mi onder ons gezegd*
tía v • *tante* • *mevrouw; tante* • INF. *lekker wijf; stuk* • *mens; lelijk wijf; ouwe taart* ★ *tía abuela oudtante* ★ *cuéntaselo a tu tía maak dat de kat wijs* ★ *no hay tu tía maak je geen illusies; vergeet het maar*
tiara v • *tiara* • *pauselijke waardigheid; pausschap*
tiberio m *tumult; herrie; kabaal*
tibia v *scheenbeen*
tibieza v • OOK FIG. *lauwheid* • *onverschilligheid*
tibio BNW • *lauw; zacht* • *onverschillig* ★ *poner ~ a u.p. iemand beledigen; iemand zwart maken*
tibor m *grote kruik; grote vaas*
tiburón m • *haai* • ARG *rokkenjager* ★ *~ financiero raider*
tic m • *zenuwtrekje; tic* • *tik* ⟨geluid⟩
TIC v mv (Tecnologías de la Información y las Comunicaciones) *ICT* ⟨informatie- en communicatietechnologie⟩
tico BNW *Costaricaans*
tictac m *getik*
tiempo m • *tijd; tijdsduur* • *tijdperk; periode* • *weer; weersgesteldheid* • SPORT *speeltijd; helft* • *leeftijd* ⟨v. kinderen⟩ • MUZ. *tempo; tijdmaat* • *slag* ⟨v. motor⟩; *(onder)deel* • TAALK. *(werkwoords)tijd* ★ *a ~ op tijd; op het juiste moment* ★ *a ~s af en toe* ★ *a un ~ tegelijk; tegelijkertijd* ★ *al correr/andando el ~ te zijner tijd; na verloop van tijd* ★ *al mismo ~*

tegelijkertijd; *op hetzelfde ogenblik* ★ al poco ~ *kort daarop*; *even later* ★ al ~ que *terwijl*; *toen* ★ antes de ~ *vroegtijdig*; *voortijdig* ★ a su (debido) ~ *te zijner tijd* ★ con ~ *op tijd* ★ con el ~ *mettertijd* ★ de ~ *van oudsher*; *al een tijdlang* ★ de ~ inmemorial *van heel lang geleden*; *sinds onheuglijke tijden* ★ de ~ en ~ *van tijd tot tijd* ★ del ~ *van het seizoen* ★ de algún ~ atrás *sinds enige tijd* ★ de aquel ~ *toenmalig* ★ de un ~ a esta parte *sinds enige tijd* ★ ¿(para) cuánto ~? *hoe lang?* ★ dentro de poco ~ *binnenkort* ★ desde hace ~ *sinds enige tijd* ★ durante algún ~ *een tijdlang* ★ en (otros) ~s vroeger; *lang geleden* ★ en poco ~ *binnenkort* ★ fuera de ~ *buiten het seizoen*; *ongelegen* ★ hace ya ~ *het is al lang geleden* ★ todo el ~ que *zo lang als* ★ un ~ *een poosje*; *een moment* ★ y, si no, al ~ *de tijd zal het leren* ★ en los buenos ~s *in die goeie ouwe tijd* ★ en los ~s que corremos *vandaag de dag* ★ los primeros ~s *de oertijd* ★ el primer ~ *de eerste helft van de wedstrijd* ★ acomodarse al ~ *met de tijd meegaan* ★ correr el ~ *verstrijken van de tijd* ★ dar ~ (para) *tijd gunnen (voor/om)* ★ dar ~ al ~ *wachten tot de tijd rijp is* ★ dejar u.c. al ~ *iets de tijd geven*; *iets op zijn beloop laten* ★ durar mucho ~ *lang duren* ★ ganar ~ *tijd winnen* ★ (mal)gastar/perder el ~ *zijn tijd verdoen* ★ matar/hacer el ~ *de tijd doden* ★ el ~ se va despejando *het weer wordt beter* ★ pasar el ~ *charlando zijn tijd verkletsen* ★ poner a mal ~ *buena cara er het beste van maken* ★ suponer mucho ~ *veel tijd vergen* ★ tomarse ~ para u.c. *ergens de tijd voor nemen* ★ buen/mal ~ *mooi/slecht weer* ★ ¿qué tal ~ hace? *wat voor soort weer is het?* ★ si el ~ lo permite *als het weer het toelaat* ★ hace un ~ de perros *het is hondenweer* ★ meterse el ~ en agua *onophoudelijk regenen* ★ ~ tempestuoso *stormachtig weer* ★ hace un ~ tempestuoso *het stormt*

tienda v • *winkel* • *tent* • ~ libre de impuestos *taxfree shop* • iglú *iglotent*; *koepeltent*

tienta v • a ~s *op de tast*; *op de gok*

tiento m • *tast*; *het betasten* • *tact*; *beleid*; *behoedzaamheid* • *blindenstok* • *vaste hand* ★ con ~ *voorzichtig* ★ dar un ~ *een slok nemen*

tientos m mv → **tiento** • MUZ. *inleidende gitaarakkoorden*

tierno BNW • *teer*; *zacht* • *vers*; *jong*; *mals* • *teergevoelig*; *zachtaardig*

tierra v • *aarde*; *grond*; *bodem* • *aarde*; *wereld* • *(vaste)land* • *grond(gebied)*; *(stuk) land* • *aarde* ⟨m.b.t. elektriciteit⟩ • LA *stof, poeder* ★ ~ cocida *terracotta* ★ ~ extraña *buitenland* ★ ~ firme *vasteland* ★ ~ de nadie *niemandsland* ★ ~ de pan llevar *graanland* ★ la ~ de María Santísima *Andalusië* ★ a ras de ~ *dicht bij de grond* ★ de la ~ *van eigen grond* ⟨bv. groente, fruit⟩ ★ ¿de qué ~ es? *waar komt hij vandaan?* ★ besar la ~ *de grond kussen* ★ caer por ~ *sneuvelen*; *kapotgaan* ★ dar en ~ con *op de grond laten vallen* ★ echar a ~ u.c. *iets te gronde richten*; *iets op de grond gooien* ★ echar ~ a *in de doofpot stoppen* ★ faltar a u.p. ~ *bajo los pies geen*

vaste grond onder de voeten hebben ★ poner ~ por medio *zich uit de voeten maken* ★ quedarse en ~ *achterblijven*; *de boot missen* ★ sacar u.c. de debajo de la ~ *met veel moeite iets voor elkaar krijgen* ★ tomar ~ *landen* ⟨v. vliegtuig⟩; *(de haven) binnenlopen* ★ venirse a ~ *te gronde gaan*; *mislukken* ★ se lo tragó la ~ *hij is spoorloos verdwenen* ★ ¡trágame, ~! *ik kan wel door de grond zakken!*

tieso BNW • *stijf*; *verstijfd* • *koel*; *afstandelijk* • *trots*; *fier* • *verwaand*; *zelfingenomen* • *gezond*; *fit* ★ dejar ~ a alg. *iemand koud maken* ★ poner tiesas las orejas *de oren spitsen* ★ quedarse ~ *verstijfd raken* ⟨v. de kou⟩

tiesto m • *pot*; *bloempot* • *potscherf* ★ INF. mear fuera del ~ *van het onderwerp afdwalen*

tiesura v • *stijfheid* • *verwaandheid* • *koppigheid*

tifo m → **tifus**

tifoidea v → **tifus**

tifoideo BNW *tyfus-*

tifón m *tyfoon*

tifus m *tyfus*

tigre m • *tijger* • *wreedaard*; *woesteling*

tigresa v • *tijgerin* • *vamp*

tijeras v mv *schaar*

tijereta v • *oorwurm* • *hechtrank* ⟨v. wijnstok⟩

tijeretada v → **tijeretazo**

tijeretazo m *knip met de schaar*

tijeretear OV WW *verknippen*

tijereteo m • *het verknippen* • *getik* ⟨v. scharen⟩

tila v • *linde(boom)* • *lindebloesem* • *lindebloesemthee*

tildar OV WW • *een tilde plaatsen op* • (~ de) *beschuldigen van*; *betichten van*

tilde I v *kleinigheid* II m/v • *tilde* • *fout*; *gebrek*; *smet*

tilin m *geklingel* ★ hacer ~ *bevallen*; *in de smaak vallen* ★ tener ~ *aantrekkelijk zijn*

tilo m *linde(boom)*

timador m *oplichter*; *afzetter*

timar OV WW • *oplichten*; *afzetten*; *stelen* • *om de tuin leiden*; *bedriegen*

timarse WKD WW *flirten*; *oogcontact hebben*

timba v • *spelletje*; *partijtje* ⟨v. gokspel⟩ • *speelhol* • *buikje*; *dikke buik*

timbal m • *pauk*; *keteltrommel* • *kleine trommel* • *pasteitje*

timbalero m • *paukenist* • *bespeler van kleine trommel*

timbrar OV WW *zegelen*; *(af)stempelen*

timbrazo m *het hard aanbellen*

timbre m • *bel*; *deurbel* • *timbre*; *klankkleur* • *stempel*; *zegel* • ~ de gloria *daad waarop men trots kan zijn* • ~ móvil *kwitantiezegel* ★ tocar el ~ *aanbellen*

timidez v *verlegenheid*; *schuchterheid* ★ con ~ *verlegen*

timido BNW *verlegen*; *schuchter*

timo m • *oplichterij*; *afzetterij* • ANAT. *thymus*; *zwezerik*

timón m • *roer* • INF. *leiding* • *trekstang* ⟨v. ploeg⟩ ★ ~ de profundidad *hoogteroer*

timonear ON WW *aan het roer staan*; *sturen*

timonel m *stuurman*; *roerganger*

timonera v • *grote staartveer* ⟨v. vogels⟩

ti

• SCHEEPV. *stuurhut*

timonero m → **timonel**

timorato I m • *verlegen iemand* • *preuts iemand* **II** BNW • *verlegen; besluiteloos* • *preuts; gauw gechoqueerd*

tímpano m • ANAT. *trommelvlies* • *timpaan; fronton* • ≈ *citer* ★ *kleine trommel*

tina v • *kuip; tobbe; ketel; teil* • *aarden kruik* • *badkuip*

tinaja v *grote aarden pot; grote aarden kruik*

tinción v *het verven*

tinerfeño I m *iemand uit Tenerife* **II** BNW *van/uit Tenerife*

tingitano I m *iemand uit Tanger* **II** BNW *van/uit Tanger*

tinglado m • *loods; schuur* • *tribune; platform* • *complot; intrige*

tinieblas v mv • *duisternis* • *onwetendheid; verwarring*

tino m • *trefzekerheid; vaste hand* • *handigheid; vaardigheid* • *tact; inzicht* • *gematigdheid* ★ *tener buen tino altijd raak schieten* ★ *sin tino ongeremd; ondoordacht* ★ *gastar sin tino met geld smijten* ★ *obrar con tino met overleg te werk gaan* ★ *perder el tino de kluts kwijtraken* ★ *sacar de tino a u.p. iemand uit zijn vel doen springen*

tinta v *inkt; sepia* ★ ~ *china Oost-Indische inkt* ★ *media ~ halftint; nuance* ★ *ser medias ~s vlees noch vis zijn* ★ *sudar ~ peentjes zweten; zwoegen* ★ *saber de buena ~ uit betrouwbare bron hebben* ★ ~s *tinten; kleurschakeringen*

tintar OV WW *verven; kleuren*

tinte m • *het kleuren; het verven* • *verf(stof)* • *kleur; tint* • *ververij; stomerij* • *zweem; tintje* • FIG. *vernis;* FIG. *laagje*

tinterillo m • *pennenlikker* • LA *advocaat voor kwade zaken*

tintero m *inktpot* ★ *dejar u.c. en el ~ iets vergeten*

tintín m *gerinkel; geklingel*

tintinar ON WW → **tintinear**

tintinear ON WW *klingelen; rinkelen*

tintineo m *geklingel; gerinkel*

tinto I m *rode wijn* ★ ~ *de verano rode wijn met frisdrank* **II** BNW • *geverfd; gekleurd* • *rood* ⟨v. wijn⟩

tintóreo BNW *verf-/kleurstof bevattend*

tintorera v *haringhaai*

tintorería v • *stomerij* • *ververij*

tintorero m *(stoffen)verver*

tintorro m *goedkope rode wijn*

tintura v • *verf(stof)* • *tinctuur* ★ ~ *para el pelo haarverfmiddel*

tiña v • MED. *ringworm* • *hoofdzeer* • *gierigheid*

tiñoso BNW • MED. *lijdend aan ringworm* • *gierig; krenterig*

tío m • *oom* • *vent* ★ *tío abuelo oudoom* ★ *es un tío comiendo hij is een flinke eter*

tiovivo m *draaimolen*

tipejo m *rare snuiter; vreemde vogel*

típico BNW • *typisch* • *kenmerkend* • *pittoresk; folkloristisch*

tipificar OV WW • *typeren* • *een voorbeeld zijn van*

tipismo m • *eigenaardigheid* • *folklore*

tiple I m *sopraan(stem)* **II** m/v *sopraanzanger*

tipo m • *voorbeeld; toonbeeld* • *type; soort* • *figuur; lichaamsbouw* • *kerel* • *lettertype* • ECON. *koers* ★ *un tipo raro een rare snoeshaan* ★ *tipo de poco fiar onbetrouwbaar type* ★ *tipo de cambio wisselkoers* ★ *tipo de interés rentevoet* ★ *tipo de oro gouden standaard* ★ *al tipo de tegen de prijs van* ★ *aguantar/mantener el tipo de moed erin houden* ★ *jugarse el tipo zijn leven in de waagschaal stellen* ★ *tipo de imprenta drukletter* ★ *tipo constructivo bouwwijze*

tipografía v • *typografie; drukkunst* • *drukkerij*

tipográfico BNW *typografisch*

tipógrafo m *typograaf; drukker*

tipología v *typologie*

típula v *langpootmug*

tique m → **tiquet**

tiquet m *kaartje; ticket*

tiquismiquis I m/v (mv onv.) *muggenzifter* **II** m mv *muggenzifterij; gekissebis*

tira v • *reep; strook; band* • *strip(verhaal)* • MEX *politieagent* ★ *tira cómica stripverhaal* ★ INF. *divertirse la tira zich heel erg amuseren*

tirabotas m (mv onv.) *laarzenknecht*

tirabuzón m • *pijpenkrul* • *kurkentrekker*

tirachinas m (mv onv.) *katapult*

tirada v • *oplage* • *worp; gooi; schot* • *lange tijd* • *(lang) traject; (lange) afstand* • *reeks* • LA *langdradige toespraak* ★ ~ *aparte overdruk* ★ *de/en una ~ in één ruk; achter elkaar* ★ *de mayor ~ in een grote oplage*

tirado BNW → **tirar** • *spotgoedkoop; in overvloed aanwezig* • *doodgemakkelijk* ★ *a precios ~s tegen zeer lage prijzen*

tirador I m • *deurknop; handvat* • *trekkoord; schelkoord* • *katapult* • *trekpen* ★ ARG, RPL ~es *bretels* **II** m/v • *werper* • *schutter; scherpschutter*

tiraje m • *het drukken; afdruk; druk* • *rookkanaal*

tiralíneas m (mv onv.) *trekpen*

tiranía v *tirannie*

tiranicida m/v *moordenaar van een tiran*

tiranicidio m *moord op een tiran*

tiránico BNW *tiranniek*

tiranizar OV WW • *tiranniseren* • FIG. *overheersen*

tirano I m • *tiran* • *dwingeland* **II** BNW *tiranniek*

tirante I m • *schouderband(je); bretel* • *streng* ⟨v. paardentuig⟩ • *dwarsstaaf; verbindingsstang* ★ ~s *(elásticos) bretels* ★ *sin ~s strapless* **II** BNW • *strak; gespannen* • FIG. *gespannen*

tirantez v *gespannenheid; spanning*

tirar I OV WW • *gooien* • *vergooien* • *weggooien* • *(af)vuren; schieten* • *omgooien* • *trekken* ⟨bv van pistool, mes⟩ • *trekken* ⟨v. lijn⟩ • *drukken; uitgeven; publiceren* • *schieten* ⟨v. foto, plaatje⟩ • *maken* • *geven; toedienen* ⟨v. klap, trap⟩ • *(aan)trekken; lokken* • LA *neuken* ★ *me tira la música ik ben dol op muziek* ★ *eso no me tira dat trekt me niet* ★ ~ *de largo verkwistend zijn* **II** ON WW • *trekken* ⟨**de** aan⟩; FIG. *trekken* • *trekken* ⟨v. schoorsteen, motor, auto⟩ • *lopen; gaan* ★ *te strak zitten; te klein zijn* ⟨v. kleding⟩; *dienst doen* • *aan de beurt zijn* ⟨in spel⟩ • **(de)** *trekken* ⟨v.

wapen⟩ ✳ ~ abajo *omlaag trekken* ✳ ~
adelante *voorttrekken*; *vooruitkomen* ✳ está
tirando a pobre *hij ziet er armoedig uit* ✳ ~ a
matar *heel gemeen uit de hoek komen* ✳ ir
tirando *net rond kunnen komen* ✳ ~ a la
izquierda *links(af) gaan* ✳ el ladrón tiró de
navaja *de dief trok zijn mes* ✳ a todo ~ *op zijn
hoogst*; *uiterlijk* ✳ tira y afloja *getouwtrek*
• (~ a) *neigen naar*; *lijken op* ✳ ~ a azul *naar
blauw neigen* ✳ el niño tira a su abuelo *het
kind lijkt op zijn opa* ✳ ~ a/**para**) FIG. *op weg
zijn naar*; *bezig zijn om te worden* ✳ Pedro
tira a/para ser diputado *Pedro is bezig
afgevaardigde te worden* • (~ **contra**) *schieten
op*
tirarse WKD WW *zich werpen* (**a** in; **sobre** op)
• *zich laten vallen* • *doorbrengen* ⟨v. dag⟩
• VULG. *neuken*
tirilla v *halsboordje*; *strookje*
tirita v *(plak)pleister*
tiritar ON WW *bibberen*; *beven*; *klappertanden*
✳ ~ de frío/fiebre *rillen van de kou/koorts*
tiritón m *rilling*; *huivering* ✳ dar tiritones *rillen*
tiritona v *gebibber*; *(het) rillen*
tiro m • *het schieten*; *schot* • *hagel*; *patroon* ⟨v.
geweer⟩; *kogel* ✳ SPORT *schot*; *worp*; *schop*;
slag • *schotwond*; *schotafdruk* • *bereik* ⟨v.
schot⟩; *afstand* ⟨v. een schot⟩ • *span*
⟨paarden⟩ • *trek* ⟨v. schoorsteen⟩ • *lengte* ✳ CA
al tiro *onmiddellijk* ✳ tiro de arco *het
boogschieten* ✳ campo de tiro *schietterrein*
✳ galería de tiro *schiettent* ✳ acertar el tiro
raak schieten ✳ FIG. errar el tiro *misschieten*
✳ pegarse un tiro *zich voor de kop schieten*
✳ pegar cuatro tiros a u.p. *iemand overhoop
schieten* ✳ a un tiro de piedra *op een
steenworp afstand* ✳ ni a tiros *op geen enkele
manier*; *voor geen goud* ✳ a tiro hecho *met
voorbedachten rade* ✳ de tiros largos *op zijn
paasbest* ✳ salir el tiro por la culata *bedrogen
uitkomen*; *de kous op de kop krijgen* ✳ sentar
algo como un tiro *slecht bekomen*, *hard
aankomen* ✳ soltar un tiro *een schot lossen*
tiroideo BNW *schildklier-*
tiroides m *schildklier*
tirón m • *ruk*; *schok* • *aantrekkingskracht* ✳ de
un ~ *in één ruk*
tirotear OV WW *beschieten*
tiroteo m *beschieting*; *schietpartij*
Tirreno m • (mar) ~ *Tyrrheense zee*
tirria v *antipathie*; *afkeer* ✳ me tiene ~ *hij heeft
een hekel aan mij*
tisana v *aftreksel*; *kruidendrank*
tísico I m *tbc-patiënt*; *teringlijder* **II** BNW *lijdend
aan tbc*
tisis v *(long)tuberculose*
tisú m *lamé* ⟨soort zijde⟩
titán m *titan*; *reusachtig iemand*
titánico BNW *gigantisch*
titanio m *titanium*; *titaan*
títere I m *poppenkastpop* **II** m/v • *marionet*
• FIG. *willoos persoon* ✳ no dejar ~ con cabeza
geen spaan heel laten
títeres m mv • *poppenkast*; *marionettenspel*
• *circusacrobatiek*
titilar ON WW • *kriebelen*; *licht trillen*

• *flonkeren*; *twinkelen*
titiritar ON WW → **tiritar**
titiritero m • *poppenspeler* • *circusartiest*;
acrobaat
tito m *oompje*
titubear ON WW • *wankelen* • *stamelen*
• *aarzelen*; *twijfelen* ✳ no ~ en *niet aarzelen
om*
titubeo m • *wankeling* • *het stamelen*
• *weifeling*; *aarzeling*
titulación v • *betiteling* • *academische titel*
titulado I m *titeldrager*; *afgestudeerde* **II** BNW
• *getiteld* • *gediplomeerd*
titular I m *krantenkop* ✳ los ~es *de hoofdpunten*
⟨v.h. nieuws⟩; *de koppen* **II** m/v *titeldrager*;
gediplomeerde ✳ ~ de la póliza *polishouder*
III BNW *gediplomeerd* **IV** OV WW *betitelen*; *een
titel geven aan*
titularse WKD WW *een titel behalen*; *afstuderen*
titulatura v *titulatuur*
titulillo m *koptitel*
título m • *titel* ⟨v. boek, film⟩ • *bevoegdheid*
• *adellijke titel* • *(vak)diploma*; *akte*
• *rechtstitel*; *rechtsgrond* • *wetsartikel*
• *waardepapier*; *effect* • *eigendomsbewijs* ✳ ~
de propiedad *eigendomsbewijs* ✳ a ~ de *bij
wijze van*; *op grond van*; *in de hoedanigheid
van* ✳ a ~ de orientación *ter oriëntatie*
tiza v • *krijtje* • *biljartkrijt*
tizna v *zwartsel*
tiznajo m *roetvlek*; *zwarte veeg*
tiznar OV WW • *zwartmaken*; *bevuilen*; *vlekken
maken op* • *zwartmaken*
tiznarse WKD WW *zwart worden*; *vuil worden*
tizne m/v *roet*
tiznón m *roetvlek*; *zwarte veeg*
tizón m • *half verbrand stuk hout* • FIG. *smet* ✳ a
~ *dwars* ⟨bij metselwerk⟩; *haaks*
tizona v *degen*; *zwaard*
tizonear OV WW *oppoken* ⟨v. vuur⟩
tlapalería v MEX *verfwinkel* ⟨ook met
ijzerwaren en elektrische artikelen⟩
toalla v • *handdoek* • *kussensloop* • *badstof*
✳ arrojar la ~ *de handdoek in de ring werpen*
toallero m *handdoekenrek*
toallita v *handdoekje* ✳ ~ refrescante
verfrissingsdoekje
toba v • *tufsteen* • *tandsteen* • *aanslag*
tobera v *luchtkanaal* ⟨v. oven, vuurplaats⟩
tobillera v *enkelzwachtel*
tobillo m *enkel* ✳ torcerse el ~ *zijn enkel
verstuiken*
tobogán m • *glijbaan* • *slee*; *bobslee*
• *bobsleebaan*; *rodelbaan*
toca v • *nonnenkap* • *hoedje* ⟨zonder rand⟩;
muts
tocadiscos m (mv onv.) *platenspeler* ✳ ~
tragaperras *jukebox*
tocado I m • *kapsel* • *hoofdtooi*; *hoofddeksel*
• *het toilet maken* **II** BNW • *getikt*; *raar*
• *aangetast*; *bedorven*; *rot* ⟨v. fruit⟩ • *getooid
(con met)* ✳ ~ de la curiosidad *vol
nieuwsgierigheid*
tocador m • *kaptafel*; *toilettafel* • *kleedkamer*;
boudoir ✳ artículos de ~ *toiletartikelen* ✳ ~ de
guitarra *gitarist*

to

tocante BNW ★ ~ a eso *wat dat betreft* ★ en/por lo ~ a *met betrekking tot*

tocar I OV WW • *aanraken; ergens aankomen* • *bespelen* ‹v. een instrument› • *afspelen* ‹v. een plaat› • *trekken aan; drukken op* ‹een bel› • *ondervinden; ervaren* • *oppervlakkig behandelen; aanroeren* • *betreffen* • *luiden* ‹v. klok› ★ ~ lo que toca *wat betreft* ★ ~ un punto *een kwestie aanroeren* ★ no tocamos este artículo *dit artikel verhandelen wij niet* ★ ¡toquemos! *de hand erop, akkoord!* ★ el buque no toca en este puerto *het schip doet deze haven niet aan* **II** ON WW • *te beurt vallen* • *treffen; ten deel vallen* • *grenzen* (en aan) • *betreffen; betrekking hebben* (a op) • *bloedverwant zijn* ★ le toca la mitad *de helft komt hem toe* ★ te toca dar *je moet geven* ‹bij kaartspel› ★ ¿cuándo nos toca? *wanneer zijn wij aan de beurt?* ★ ieso le toca a usted! *dat is op u gemunt!*

tocarse WKD WW *het hoofd bedekken; iets op zijn hoofd zetten* ★ INF. tocárselas *er vandoorgaan; wegwezen*

tocata v • MUZ. *toccata* • INF. *pak slaag*

tocateja BIJW • a ~ *contant; handje contantje*

tocayo m *naamgenoot*

tocho I m • *blok; staaf* ‹v. ijzer› • *dikke pil* **II** BNW • *onbehouwen; lomp* • *dom*

tocinería v *varkensslager* ‹winkel›

tocino m *(gezouten) spek* ★ ~ de cielo *zoete lekkernij met eierdooiers en suikerstroop*

tocología v *verloskunde*

tocólogo m *verloskundige*

tocón m *boomstronk; stobbe*

todavía BIJW • *nog; nog steeds; nog altijd; nog meer* • *niettemin; toch*

todo I m *geheel* ★ todos *iedereen; allemaal* ★ de todas todas *hoe dan ook* ★ no tenerlas todas consigo *argwaan koesteren* ★ jugarse el todo por el todo *alles op alles zetten* ★ del todo *helemaal* • *sordo* del todo *stokdoof* ★ no es del todo malo *hij is nog niet zo slecht* **II** BNW • *helemaal; heel* • *ieder(e); al(le)* ★ todo un año *een heel jaar* ★ todo lo bueno *al het goede* ★ toda Europa *heel Europa* ★ todo lo más *uiterlijk; op zijn hoogst* ★ por todo lo alto *met veel luxe; met alles erop en eraan* ★ por todos los aspectos *in ieder opzicht* ★ todos los niños *alle kinderen* ★ a toda rapidez *in volle vaart* ★ a toda costa/a todas éstas *ondertussen* ★ a todo correr *zo snel mogelijk* ★ a todo lo más *hoogstens* ★ es todo oro *het is een en al goud* ★ con todo eso *desondanks* **III** ONB VNW *alles* ★ todo lo que quieras *alles wat je maar wilt* ★ todo sumado *kort en goed; alles bij elkaar* ★ lo sé todo *ik weet alles* ★ ante/sobre todo *vooral; boven alles* ★ ser todo uno *één pot nat zijn* ★ (o) todo o nada *alles of niets* ★ de todo *van alles wat* ★ después de todo *al met al* ★ en medio de todo *al met al* ★ por encima de todo *vooral; boven alles* ★ sobre todo *vooral; bovenal* ★ y todo *zelfs; ook* ★ así y todo *desondanks; al met al* ★ con dinero y todo *ondanks al het geld* ★ si tú vas, iré yo y todo *als jij gaat, ga ik ook* ★ con eso y todo *desondanks* ★ en todo y por todo *volledig;*

volslagen **IV** BIJW *geheel; helemaal; uitsluitend* ★ todo un hombre *een echte man* ★ es todo un sabio *hij is een echte geleerde* ★ este pez es todo espinas *deze vis zit vol graten* ★ de todo en todo *volkomen*

todopoderoso BNW *almachtig* • el Todopoderoso *de Almachtige; God*

todos TELW MV *iedereen; allemaal*

todoterreno m • *terreinwagen* • *all terrain bike*

tofu m *tofoe*

toga v *toga; ambtskleed*

togado I m *magistraat* **II** BNW *een toga dragend*

toisón m ★ el Toisón de oro *het Gulden Vlies*

toldilla v *zonnedek; halfdek*

toldo m • *dekzeil* • *(zonne)scherm; markies; luifel*

tole m *ophef; tumult* ★ coger/tomar tole *zijn boeltje pakken*

toledano I m *iemand uit Toledo* **II** BNW *van/uit Toledo*

tolerable BNW *(ver)draaglijk* ★ no es ~ *dat is niet uit te houden*

tolerancia v • *tolerantie; verdraagzaamheid* • TECHN. *aanvaardbare speling* • *speling; respijt* • *weerstandsvermogen* ★ ~ a cero *zero-tolerance*

tolerante BNW *tolerant; verdraagzaam*

tolerantismo m *religieuze verdraagzaamheid*

tolerar OV WW • *dulden; tolereren; toestaan* • *verduren; verdragen* • *aanvaarden*

tolete m *dol*

tollina v INF. *aframmeling; pak slaag*

tolondro I m • *bult; buil* • *warhoofd* **II** BNW *warrig; verward*

tolondrón I m (v: **tolondrona**) *warhoofd* **II** BNW (v: **tolondrona**) *warrig; verward*

tolteca I m • GESCH. *Tolteek* • GESCH. *Tolteeks* **II** BNW GESCH. *Tolteeks*

tolva v *molentrechter; betontrechter*

tolvanera v CA *stofwolk*

toma v • *het (vast)pakken; het nemen* • *portie; dosis* • TECHN. *aansluiting* ‹voor elektriciteit›; *aansluitpunt* ‹voor water› • *opname* ‹film, foto› • LA *bevloeiingskanaal* ★ toma de decisiones *besluitvorming* ★ toma de posesión *inbezitneming* ★ toma de posición *stellingname* ★ toma de conciencia *bewustwording* ‹v. elektriciteit›

tomacorriente m LA *stopcontact*

tomadero m • *handvat* • *aansluiting* ‹voor water›

tomado BNW *hees; schor*

tomador m ★ ~ de seguro *verzekeringsnemer*

tomadura v ★ ~ de pelo *voor-de-gek-houderij*

tomar I OV WW • *nemen; pakken; vastpakken* • *opnemen; opvatten; begrijpen* • *aannemen; krijgen; innemen; veroveren* • *drinken; eten; nuttigen; gebruiken* • LA *drinken* ‹v. alcohol› • *overnemen* ‹imiteren› • *in dienst nemen; contracteren* • *ontlenen* • *nemen* ‹v. vervoermiddel› • *fotograferen* • *opnemen; opmeten* • *huren; kopen* • *houden* ★ ~ parecer de u.p. *iemand raadplegen* ★ yo ~ía algo *ik zou wel graag wat gebruiken* ★ ~la con u.p. *ruzie met iemand maken* ★ ~ en serio *ernstig opnemen; serieus nemen* ★ ¡toma! *nee maar!;*

zie je wel!; *alsjeblieft!* ⟨bij aangeven⟩ ★ tomó y salió corriendo *hij rende plotseling de deur uit* ★ haberla tomado con u.c. *een manie ergens voor hebben* ★ ~ a mal *kwalijk nemen* ★ ~ sobre sí *op zich nemen* ★ toma y daca *gelijk oversteken; voor wat hoort wat* **II** ON WW • *een weg inslaan; afslaan* • PLANTK. *aanslaan; wortel schieten* • *ontlenen* (**de aan**) ★ ~ por la derecha *rechts(af) slaan*

tomarse WKD WW • *nemen; pakken; vastpakken* • *opvatten; krijgen* ⟨v. schok, huilbui⟩ • *(in)nemen; drinken* • *aangetast worden; verroesten* ★ ~ la molestia *de moeite nemen*

tomatal m *tomatenveld*

tomatazo m ★ ~s *gesmijt met tomaten*

tomate m • *tomaat* • INF. *verwarring; toestand; tumult* • *gat in sok* ★ aquí hay ~ *hier is iets (vreemds) aan de hand* • ¡vaya ~! *wat een gedoe*

tomatera v *tomatenplant*

tomatero m • *tomatenkweker* • *tomatenverkoper*

tomavistas m ⟨mv onv.⟩ *(eenvoudige) filmcamera* ★ (aparato) ~ *filmtoestel*

tómbola v *tombola*

tomillo m *tijm*

tomismo m *thomisme* ⟨leer van Thomas van Aquino⟩

tomo m • *deel; aflevering* • *boekdeel; boek* ★ tomo colecticio *verzamelwerk* ★ de tomo y lomo *enorm; van jewelste*

ton m ★ sin ton ni son *zonder reden; zomaar*

tonada v • *vers* • *deuntje*

tonadilla v • *versje* • *deuntje*

tonal BNW *tonaal*

tonalidad v • *toonaard; toonsoort* • *kleurschakering; kleurstelling*

tonel m • *ton; vat* • INF. *dikzak; tonnetje*

tonelada v *ton* ⟨duizend kilo⟩

tonelaje m *tonnage*

tonelería v *kuiperij; kuiperswerk*

tonelero m *kuiper*

tonelete m • *tonnetje; vaatje* • *korte rok*

tóner m *toner*

tongo m SPORT *doorgestoken kaart*

tónica v MUZ. *grondtoon* • *tonic*

tonicidad v *veerkracht; natuurlijke gespannenheid*

tónico **I** m • *tonic; lotion* • *tonicum; versterkend middel* ★ ~ cardíaco *hartversterking* **II** BNW • MUZ. *toon-; tonisch* • *versterkend; opwekkend* • *beklemtoond*

tonificar OV WW *versterken; opwekken*

tonillo m • *dreun; (vervelend) toontje; eentonig deuntje* • *(bepaalde) tongval*

tono m • *toon; toonhoogte; klank* • *toon* ⟨v. stem⟩; *stembuiging* • *geluidssterkte* • *kleur; tint* • *stijl; trant; karakter* • *(veer)kracht; spankracht* • TELECOM. *beltoon* ★ darse tono *gewichtig doen; zich een air geven* ★ subir(se) de tono *een hoge toon aanslaan; heftiger gaan praten* ★ es de mal tono *dat hoort niet; dat is niet netjes* ★ bajar el tono *het geluid lager zetten*; FIG. *een toontje lager zingen* ★ estar a tono *niet uit de toon vallen* ★ fuera de tono *uit de toon vallend* ★ salida de tono

iets dat nergens op slaat ★ sin venir a tono *nergens op slaan* ★ a tono *passend; in overeenstemming met* ★ ponerse a tono *zich aanpassen; niet uit de toon vallen* ★ TELECOM. tono de llamada *beltoon*

tonsila v *keelamandel*

tonsura v • *tonsuur* • *het tonsureren*

tontada v *dwaasheid; stompzinnigheid*

tontaina m/v *dwaas; domoor*

tontear ON WW • *domme streken uithalen; onzin uitkramen* • INF. *flirten*

tontería v • *stommiteit* • *domheid* • *kleinigheid* • *overdreven gedoe* ★ ~s *onzin; flauwekul* ★ dejarse de ~s *ophouden met die onzin*

tonto **I** m • *domoor* • *sukkel* ★ hacer el ~ *zich aanstellen; de zot uithangen* ★ hacerse el ~ *zich van de domme houden* **II** BNW • *dom; stom* • *onbenullig* ★ a lo ~ *onbewust* ★ a tontas y a locas *lukraak; te pas en te onpas* ★ dejar ~ a u.p. *iemand verbaasd doen staan*

top m *topje* ⟨kleding⟩ ★ top halter *haltertopje*

topacio m *topaas*

topar **I** OV WW *(aan)treffen; toevallig tegenkomen* **II** ON WW • *botsen* (**con tegen**) • *stoten* ⟨met hoorns, hoofd⟩ ★ INF. por si topa *voor het geval dat*

tope m • *maximum; top(punt)* • LA *bergtop* • *stootblok; buffer* • *bumper* • *obstakel; belemmering* ★ hasta el tope *geheel en al* ★ lleno hasta los topes/a tope *tot de nok toe vol* ★ a tope *tot het uiterste*

topera v *molshoop*

topetada v → **topetazo**

topetar ON WW → **topetear**

topetazo m • *dreun; klap* ⟨bij botsing⟩ • *kopstoot*

topetear ON WW *stoten* ⟨met hoorns⟩

topetón m → **topetazo**

tópico **I** m • *gemeenplaats; cliché* • *geneesmiddel voor uitwendig gebruik* • LA *gespreksonderwerp; thema* **II** BNW • *banaal; triviaal* • *plaatselijk* • MED. *uitwendig*

topless m ★ en ~ *topless*

topo m • *mol* • *iemand die slecht ziet* • *klungel*

topografía v *topografie*

topográfico BNW *topografisch*

topógrafo m *topograaf*

toponimia v • *toponymie* • *plaatsnamen* ⟨in een gebied, land⟩

topónimo m *toponiem*

toque m • *aanraking; lichte tik* • *touch* • *klokgelui; klepelslag* • *penseelstreek* • *knelpunt; kneep; kern(punt)* • MUZ. *aanslag* • MEX *elektrische schok* • MEX *stickie; joint* ★ ~ de atención *waarschuwing*; *waarschuwingssignaal* ★ ~ de queda *avondklok* ★ ~ de diana MIL. *reveille* ★ el último ~ *de finishing touch* ★ dar los primeros ~s a u.c. *een eerste aanzet tot iets geven* ★ a ~ de campana *met ijzeren discipline* ★ dar un ~ a u.p. *iemand polsen; iemand tot de orde roepen; iemand waarschuwen* ★ ~ personal *personal touch*

toquetear OV WW *steeds aanraken; betasten*

toquilla v • *hoofddoek; halsdoek* • *wollen omslagdoek*

to

tora v *thora*
torácico BNW *borst-*
torada v *kudde stieren*
tórax m *borstkas; borstholte*
torbellino m • *wervelwind* • FIG. *waterval; maalstroom* • *woelwater; wildebras*
torcaz I v *ringduif; wilde houtduif* II BNW ★ (*paloma*) ~ *ringduif; wilde houtduif*
torcedor m • *spoel; klos* • *voortdurende kwelling*
torcedura v • *het wringen; het doorbuigen; verdraaiing* • *verwrichting; verrekking; verzwikking* • *waterige wijn*
torcer /ue/ I OV WW • *buigen; ombuigen; draaien; wringen* • *verdraaien; verkeerd uitleggen* • *doen veranderen* • *afwenden* ⟨v. blik⟩ • *verstuiken; verdraaien* II ON WW • *afslaan* • *afbuigen* ★ *el camino tuerce a derecha de weg buigt naar rechts* ★ ~ *a la derecha rechtsaf slaan*
torcerse /ue/ WKD WW • *verzwikken; verstuiken* • *zuur worden* ⟨bv. van melk⟩ • *het slechte pad opgaan* • *mislukken; mislopen* ★ ~ *el tobillo zijn enkel verstuiken*
torcida v *lampenpit*
torcidamente BIJW *slinks; schuins*
torcido I m *(sterke) zijden draad* II BNW • *verwrongen; schuin; scheef; verdraaid; krom* • *slinks; achterbaks*
torcijón m • *(plotselinge) draai; verdraaiing* • *koliek; buikkramp*
torcimiento m • *het wringen; verdraaiing; het buigen* • *omschrijving; perifrase*
tórculo m TECHN. *(druk)pers*
tordillo BNW ★ *caballo* ~ *grauwschimmel* ⟨paard⟩
tordo I m • *grauwschimmel* ⟨paard⟩ • *(zang)lijster* II BNW • *grauwgevlekt* ⟨v. paard⟩ • *onbeholpen*
toreador m *stierenvechter*
torear I OV WW • *bevechten* ⟨v. stieren⟩ • *(ver)mijden; ontlopen* • *aan het lijntje houden* II ON WW *stierenvechten; een stier bevechten*
toreo m • *het stierenvechten* • *stierenvechterskunst*
torera v *bolero* ⟨mouwloos jasje⟩ ★ *saltarse u.c. a la* ~ *iets aan zijn laars lappen*
torería v • *de stierenvechters* • *stierenvechterswereld*
torero I m *stierenvechter* II BNW *stierenvechters-*
torete m • *jonge stier* • *flink kind; sterke jongen*
toril m *stierenstal* ⟨bij arena⟩
torio m *thorium*
tormenta v • *storm; onweer* • *vlaag* ⟨v. opwinding, jaloezie⟩ ★ *ya pasó la* ~ *de storm is al voorbij*
tormento m • *marteling* • *kwelling; lijden* • *kwelgeest* ★ *dar* ~ *a kwellen; pijnigen*
tormentoso BNW • *stormachtig* • *onstuimig; heftig*
torna v • *terugkeer* ⟨in bevloeiingskanaal⟩ • *kering* ★ *volver las* ~*s de bordjes verhangen* ★ *se han vuelto las* ~*s de kansen zijn gekeerd*
tornada v *terugkeer*
tornadera v *tweetandige hooivork*
tornadizo BNW *wispelturig; veranderlijk*

tornado m *tornado*
tornar I OV WW • *teruggeven* • *veranderen* ★ ~ *a hacer opnieuw doen* II ON WW • *teruggaan; terugkeren* • *opnieuw gaan* ★ MED. ~ *en sí bijkomen* • (~ *a) opnieuw gaan (+ inf.)*
tornarse WKD WW • *terugkeren* • *(weer) worden*
tornasol m • *zonnebloem* • *changeant; weerschijn* ⟨v. stoffen⟩
tornasolado BNW *met weerschijn; changeant*
tornavoz m *klankbord*
torneado I m *(het) draaien* ⟨aan draaibank⟩ II BNW • *gedraaid* ⟨aan draaibank⟩ • *sierlijk; gewelfd*
tornear OV WW *draaien* ⟨aan draaibank⟩
torneo m • *toernooi* • *steekspel* ★ ~ *de tenis tennistoernooi*
tornería v • *(hout)draaiersvak* • *houtdraaierij*
tornero m *(hout)draaier; bankwerker*
tornillo m *schroef; bout* ★ *apretarle los* ~*s a u.p. iemand de duimschroeven aandraaien* ★ *le falta un* ~/*tiene los* ~*s flojos er zit een steekje bij hem los*
torniquete m • *tourniquet; draaihek; draaideur* • MED. *tourniquet*
torniscón m • *oorveeg* • *gemene kneep*
torno m • *draaibank* • *draaischijf; pottenbakkersschijf* • *draaideur* • *windas; lier* • *bocht* ⟨in rivier⟩ ★ *en* ~ *rondom*
toro m • *stier* • *forse kerel* • *ronde lijst* ★ *correr toros stieren bevechten* ★ *el toro entra de stier valt aan* ★ *agarrar/coger/tomar el toro por los cuernos de koe bij de hoorns vatten* ★ *echarle/soltarle el toro a u.p. iemand de mantel uitvegen* ★ *ver los toros desde la barrera de kat uit de boom kijken* ★ *a toro pasado achteraf* ★ *¡otro toro! ander onderwerp!*
Toro m ASTROL. *Stier*
toronja v *grapefruit*
toronjil m *(citroen)melisse*
toros m mv • → **toro** • *stierengevecht*
torpe BNW • *log; traag* • *lomp; onbeholpen* • *obsceen; grof*
torpedear OV WW *torpederen*
torpedeo m *het torpederen*
torpedero I m *torpedoboot* II BNW *torpedo-*
torpedo m • *torpedo* • *sidderrog*
torpemente BIJW • *zwaar; log* • *onhandig* • *grof*
torpeza v • *logheid* • *lompheid* • *domheid* • *stommiteit; blunder* • *obsceniteit; grofheid*
torpor m • *verstijving; het slapen* ⟨v. lichaamsdeel⟩ • *gevoelloosheid*
torrar OV WW *roosteren; branden* ⟨v. koffie⟩
torre v • *toren* • *toren* ⟨in schaakspel⟩ • *zomerhuis; weekendhuis* ⟨in Oost-Spanje⟩ ★ ~ *de control/mando verkeerstoren* ★ ~ *de marfil ivoren toren* ★ ~ *de vigía wachttoren* ★ ~ *de alta tensión hoogspanningsmast*
torrefacción v *het roosteren; het branden* ⟨v. koffie⟩
torrefacto BNW *geroosterd; gebrand* ⟨v. koffie⟩
torrencial BNW • *wild stromend* • *onstuimig* ★ *lluvia* ~ *stortregen; plensbui*
torrente m • *stortbeek; bergstroom* • *stortvloed; stroom; golf* • *bloedsomloop* ★ ~ *de voz krachtige stem*

torrentera v *bedding* ⟨v. bergstroom⟩
torreón m *vestingtoren; grote toren*
torrero m *(vuur)torenwachter*
torrezno m *plakje gebakken spek*
tórrido BNW *heet; tropisch*
torrija v *wentelteefje*
torsión v • *het ineendraaien; het wringen; draaiing* • TECHN. *torsie*
torso m *torso; romp*
torta v • *koek; taart;* LA *quiche* • *oorvijg; klap* ★ ~ *de pasas rozijnengebak* ★ ni ~ *geen klap; helemaal niets* ★ INF. es ~s y pan pintado *het is erg gemakkelijk; het is nog niet zo erg als ergens anders* ★ no hay ~ *que no cueste un pan het kost meer (moeite) dan het waard was*
tortada v *grote gevulde taart; grote pastei*
tortazo m *klap* ⟨in het gezicht⟩ ★ darse un ~ *een flinke smak maken*
tortícolis m *stijve nek*
tortilla v • *maïspannenkoek* • *(gevulde) omelet* • ARG, BOL, CHI *plat broodje* ⟨v. maïs- of tarwemeel⟩ ★ INF. se volvió la ~ *de rollen zijn omgekeerd* ★ hacer ~ u.c. *iets kort en klein slaan*
tortillera v • → **tortillero** • INF. *lesbienne*
tortillero m CA *verkoper van maïspannenkoeken*
tortita v *flensje*
tórtola v *tortelduif*
tórtolo m • *tortelduif* • *verliefde man* ★ ~s *verliefd stelletje; tortelduifjes*
tortuga v *schildpad*
tortuosidad v • *gekronkel; kronkeligheid* • *achterbaksheid; slinksheid*
tortuoso BNW • *kronkelig; bochtig* • *slinks; achterbaks*
tortura v • *marteling* • *kwelling; verdriet*
torturar OV WW *martelen; kwellen*
torturarse WKD WW *zich kwellen*
torva v *wolkbreuk; sneeuwjacht*
torvo BNW *grimmig; kwaad; dreigend* ⟨v. blik⟩
torzal m *zijden koordje; streng* ⟨v. kettingzijde⟩
tos v *hoest* ★ tos ferina *kinkhoest*
toscano I m • *Toscaans* • *Toscaan* II BNW *Toscaans*
tosco BNW • *grof; ruw* • *lomp; ongemanierd*
toser ON WW *hoesten* ★ ~ ligeramente *kuchen* ★ no haber quien le tosa/no ~le nadie a u.p. *niet tegen hem op kunnen; geen kritiek/tegenspraak dulden*
tósigo m • *vergif* • *kwelling; smart*
tosquedad v • *grofheid; ruwheid* • *lompheid; ongemanierdheid*
tostada v *sneetje toast* ★ ~ con manteca *toast met boter* ★ pegar una ~ a u.p. *iemand een hak zetten*
tostadero m • *branderij* • FIG. FIG. *oven* ★ ~ de café *koffiebranderij*
tostado BNW → **tostar** *geroosterd; gebruind; goudbruin*
tostador m *broodrooster*
tostadura v *het roosteren; het branden*
tostar /ue/ OV WW • *roosteren* • *branden* ⟨v. koffie⟩ • *bruinen* ⟨in de zon⟩
tostarse /ue/ WKD WW *bruin worden* ⟨in de zon⟩
tostón m • *crouton* • *vervelend iemand; saai iets*

★ un ~ *iets vervelends* ★ dar el ~ a u.p. *iemand vreselijk vervelen*
total I m *totaal* II BNW *totaal* III BIJW *alles bij elkaar; kortom; tenslotte* ★ en ~ *alles bij elkaar; kortom* ★ ~ que *zodat; alles bij elkaar genomen* ★ y ~ ¿qué? *en wat dan nog?*
totalidad v *totaliteit; geheel* ★ en (su) ~ *in zijn geheel* ★ la ~ de la población *de hele bevolking*
totalitario BNW *totalitair*
totalitarismo m *totalitarisme*
totalizador m *totalisator*
totalizar OV WW *optellen; bedragen*
totalmente BIJW *totaal; volledig*
tótem m *totem*
totovía v *kuifleeuwerik*
totuma v ZA *kalebas*
tour m • *toer* • *tournee*
tournée v *tournee; rondreis*
toxemia v *bloedvergiftiging*
toxicidad v *giftigheid; toxiciteit*
tóxico I m *vergif* II BNW *giftig*
toxicología v *toxicologie*
toxicológico BNW *toxicologisch*
toxicólogo m *toxicoloog*
toxicomanía v *drugverslaving*
toxicómano I m *drugsverslaafde; druggebruiker* II BNW *drugsverslaafd*
toxina v *toxine*
toxoplasmosis v MED. *toxoplasmose*
tozudez v *koppigheid; eigenwijsheid*
tozudo BNW *koppig; eigenwijs*
traba v • *band; verbinding* • *belemmering; hindernis* ★ poner ~s *belemmeren; hinderen* ★ sin ~s *onbelemmerd*
trabacuenta m/v *misrekening; vergissing*
trabado BNW → **trabar** • *coherent; samenhangend* ⟨v. betoog⟩ • *fors; zichtbaar gespierd*
trabadura v *verbinding; samenvoeging*
trabajado BNW → **trabajar** • *van uren het werken; afgeleefd; versleten* • *nauwkeurig afgewerkt; doorwrocht*
trabajador I m *arbeider; werknemer* ★ ~ a domicilio *thuiswerker* II BNW *ijverig; bedrijvig*
trabajar I OV WW • *bewerken* • *bestuderen* • *afhandelen; behandelen* • *proberen te overtuigen* • *kneden; vormen* • *handelen in; verhandelen* ★ ~ un artículo *een product verkopen* II ON WW • *werken (en aan/in)* • *optreden; acteren* ★ ~ de la firme *flink doorwerken*
trabajo m • *werk; het werken* • *baan* • *werkstuk; boek* • *moeite* • *bewerking* ★ ~s forzados *dwangarbeid* ★ ~ obligatorio *tewerkstelling* ★ ~ en balde *vergeefse moeite* ★ con ~ *met moeite* ★ ropa de ~ *werkkleding* ★ sin ~ *werkloos; zonder moeite* ★ costar ~ *moeite kosten* ★ dar ~ u.c. *veel inspanning vereisen* ★ ¡qué ~ más hábil! *wat een prestatie!*
trabajos m mv • → **trabajo** • *ellende; tegenslag; moeilijkheden*
trabajoso BNW *moeilijk; moeizaam; zwaar*
trabalenguas m (mv onv.) *tongbreker* ⟨moeilijk uit te spreken woord of zin⟩
trabamiento m *verbinding; samenvoeging*

trabar OV WW • *verenigen; verbinden; vastmaken • binden* ‹saus› • *beginnen; aanknopen* ‹gesprek›; *sluiten* ‹vriendschap› • *belemmeren; beletten*

trabarse WKD WW *stotteren; over zijn woorden struiken* ★ *se le trabó la lengua hij kon niet uit zijn woorden komen* ★ *~ de palabras woorden krijgen; gaan bekvechten*

trabazón v • *verbinding* • *verbondenheid; samenhang*

trabilla v • *bandje* • *lus*

trabucar OV WW *verwarren; omwisselen; door elkaar halen*

trabucarse WKD WW *zich vergissen; in de war zijn* ★ *~ en sus palabras zich verspreken*

trabuco m *donderbus*

traca v *zevenklapper; sliert rotjes*

tracalada v LA *(luidruchtige) menigte*

tracamundana v • *ruil; ruilhandel* • *herrie; tumult*

tracción v • *trekkracht; tractie* • *aandrijving* ★ *~ integral vierwielaandrijving*

tracoma m MED. *trachoom*

tracto m ANAT. *baan; kanaal* ★ *~ digestivo spijsverteringskanaal* ★ *~ respiratorio ademhalingswegen*

tractor m *tractor; trekker* ★ *~ nivelador bulldozer*

tradición v • *traditie* • *overlevering* • JUR. *overdracht*

tradicional BNW *traditioneel*

tradicionalismo m *traditionalisme*

tradicionalista I m/v *traditionalist* II BNW *traditionalistisch*

tradicionalmente BIJW *traditioneel; vanouds*

traducción v • *vertaling* • *(het) vertalen* • *interpretatie*

traducible BNW *vertaalbaar*

traducir OV WW • *vertalen* • *verwoorden* • *uitleggen; interpreteren*

traducirse WKD WW *(~ en) vertaald worden in; resulteren in; zich uiten in; veranderen in*

traductor I m *vertaler* II BNW *vertaal-*

traduje WW (3e p ev v.t.) → **traducir**

traduzca WW (1e/3e p ev subj. t.t.) → **traducir**

traer OV WW • *brengen; meebrengen* • *dragen* ‹v. kleding›; *aanhebben* • *met zich meebrengen; veroorzaken; ten gevolge hebben* • *brengen* ‹v. nieuws›; *vermelden; werven; aanbrengen* ‹v. leden› ★ *~ consigo met zich meebrengen* ★ *~ a u.p. a mal ~ iemand het leven zuur maken* ★ *~ y llevar van het kastje naar de muur sturen; roddelen* ★ *eso me trae preocupado dat maakt me ongerust* ★ *eso les trae locos ze zijn er gek op*

traerse WKD WW • *in de zin hebben* • *bezig zijn met* ★ *traérselas niet mis zijn* ★ *es un hombre que se las trae met die man valt niet te spotten* ★ *¿qué se traerá ese hombre? wat zou die man in zijn schild voeren?*

tráfago m *drukte; beslommeringen*

traficante m/v *handelaar* ★ *~ de drogas drugshandelaar; dealer* II BNW *handeldrijvend*

traficar ON WW • *handelen (con met; en in)* • *veel reizen; rondtrekken*

tráfico m • *handel; illegale handel* • *verkeer*

tragaderas v mv • *keelholte* • INF. *goedgelovigheid* • *verdraagzaamheid* ★ *tener buenas ~ alles voor zoete koek slikken* ★ *tener malas ~ intolerant zijn*

tragadero m • *keel; keelgat* • *afvoer(put)*

tragaldabas m/v (mv onv.) *veelvraat; slokop*

tragaleguas m/v (mv onv.) *groot wandelaar; kilometervreter*

tragaluz m *dakraam; bovenlicht; lichtkoepel*

tragantón BNW *gulzig*

tragantona v *eetfestijn; smulpartij*

tragaperras m (mv onv.) *gok-/fruitautomaat*

tragar OV WW • *slikken; inslikken; doorslikken* • *verslinden; verzwelgen; absorberen; opnemen* • *accepteren; slikken* • *verkroppen* ★ *no ~ a u.p. iemand niet kunnen uitstaan*

tragarse WKD WW • *doorslikken* • *opslokken; verzwelgen; slikken; geloven; aannemen* ★ *~ una botella een fles soldaat maken*

tragasables m/v (mv onv.) *degenslikker*

tragedia v *tragedie* ★ *parar en ~ slecht aflopen*

trágico I m • *treurspelschrijver* • *treurspelspeler* II BNW • *tragisch* • *treurspel-*

tragicomedia v *tragikomedie*

tragicómico BNW *tragikomisch*

trago m • *slok; teug* • *borrel* • *drank; het drinken* • *tegenslag; bittere pil* ★ *a ~s bij stukjes en beetjes* ★ *he pasado muchos malos ~s ik heb veel doorgemaakt*

tragón I m (v: **tragona**) *slokop; gulzigaard* II BNW (v: **tragona**) *gulzig*

traición v *verraad* ★ *alta ~ hoogverraad* ★ *a ~ verraderlijk*

traicionar OV WW • *verraden* • *bedriegen* ‹door overspel› • *in de steek laten*

traicionero BNW *verraderlijk* ‹v. geheugen›; *bedrieglijk*

traída v *overbrenging; toevoer* ★ *~ de aguas watertoevoer*

traído BNW → **traer** • *afgedragen* ‹v. kleding› • *versleten* ★ *~ y llevado afgezaagd; uitgekauwd*

traidor I m *verrader* II BNW *verraderlijk; trouweloos*

traiga WW (1e/3e p ev subj. t.t.) → **traer**

tráiler m • *trailer;* LA *caravan* • FILM *trailer*

trailla v • *koppelriem* ‹voor jachthonden› • *meute* ‹v. jachthonden› • *eg*

traína v *sleepnet*

trainera v • *vissersboot* • *roeiboot*

traje m • *kleding* • *pak; kostuum* • *jurk; pakje* • *kledij; dracht* ★ *~ de baño badpak* ★ *~ de luces stierenvechterspak* ★ *~ de noche avondjurk* ★ *~ de sastre mantelpak(je)* ★ *cambiar de ~ zich verkleden* ★ *llevando ~ de gala feestelijk gekleed*

trajeado BNW → **trajear** ★ *bien/mal ~ goed/ slecht gekleed*

trajear OV WW *(aan)kleden*

trajín m • *drukte; bedrijvigheid* • *transport* ‹v. goederen›

trajinante m • *transporteur; vrachtrijder* • *druk baasje*

trajinar I OV WW *vervoeren; transporteren* II ON WW *druk in de weer zijn; (heen en weer) sjouwen*

trajo WW (3e p ev v.t.) → **traer**

tralla v *zweep*; *uiteinde van zweep*

trallazo m • *zweepslag* • *harde trap* ⟨tegen bal⟩ • *uitbrander*

trama v • *inslag* ⟨v. stof⟩ • LIT. *plot* • *intrige*; *samenzwering* ⋆ con ~ de oro *met goud doorweven*

tramar OV WW • *bekokstoven*; *beramen*; *smeden* • *inslaan* ⟨v. stof⟩ ⋆ no sé lo que está tramando *ik weet niet wat hij in zijn schild voert*

tramitación v *afhandeling*; *behandeling*

tramitar OV WW *afhandelen*; *behandelen*

trámite m • *ambtelijke weg*; *afhandeling*; *behandeling* • *formaliteit* ⋆ llenar los ~s *aan de formaliteiten voldoen*

trámites m mv ⋆ → **trámite** • *procedure*

tramo m • *traject*; *baanvak*; *sector* • ECON. *tranche*

tramontana v • *koude noordenwind*; *mistral* • *verwaandheid*; *ijdelheid*

tramontar ON WW *achter de bergen zinken* ⟨v. zon⟩

tramontarse WKD WW *ontsnappen* ⟨over de bergen⟩; *vluchten*

tramoya v • *toneelmachine*; *kunst- en vliegwerk* • *intrige*; *bedrog*

tramoyista I m/v • *toneelknecht* • *zwendelaar*; *intrigant* II BNW *bedrieglijk*; *verraderlijk*

trampa v • *val*; *valkuil*; *valstrik* • *valluik*; *kelderluik* • *list*; *bedrog* • *vals spel* • *slepende schuld* ⋆ ~ de la pobreza *armoedeval* ⋆ caer en la ~ *in de val lopen* ⋆ coger en la ~ *op een leugen betrappen* ⋆ hacer ~(s) *bedriegen*; *vals spelen* ⋆ sin ~ ni cartón *zonder trucs*

trampantojo m *geknoei*; *bedrog*

trampear I OV WW *bedriegen* II ON WW • *geld uit de zak kloppen* • *het net redden*; *zich erdoorheen slaan*

trampero m *strikkenzetter*; *vallenzetter*

trampilla v *kijkgat* ⟨in vloer⟩

trampolín m • *trampoline* • *duikplank* • *springschans*; *skischans*

tramposo I m • *bedrieger* • *valsspeler* • *wanbetaler* II BNW • *bedrieglijk* • *vals spelend* • *slecht betalend*

tranca v • *knuppel*; *dikke stok* • *slagboom*; *dwarsbalk* • INF. *dronkenschap* ⋆ a ~s y barrancas *met horten en stoten*; *met hangen en wurgen*

trancada v • *grote stap* • *slag* ⟨met knuppel⟩

trancar I OV WW *afsluiten* ⟨met slagboom⟩; *vergrendelen* II ON WW *grote stappen nemen*

trancazo m • *klap* ⟨met knuppel⟩ • INF. *griep*

trance m • *moeilijke situatie*; *kritiek ogenblik* • *trance*; *vervoering* • MUZ. *trance* ⋆ ~ de armas *gevecht*; *duel* ⋆ está en ~ de muerte *hij is in direct levensgevaar* ⋆ hallarse en un ~ difícil *zich in een lastig parket bevinden* ⋆ a todo ~ *koste wat het kost* ⋆ estar en ~ de *op het punt staan om*

tranco m • *grote stap*; *grote sprong* • *drempel* ⋆ a ~s *haastig*; *met de Franse slag*

tranquera v *omheining*; *palissade*

tranquil m *loodlijn*

tranquilamente BIJW *rustig*; *kalm*

tranquilidad v *rust*; *kalmte*

tranquilizador BNW *geruststellend*; *kalmerend*

tranquilizante I m *kalmerend middel* II BNW *kalmerend*

tranquilizar OV WW *geruststellen*; *kalmeren*

tranquilizarse WKD WW *kalm worden*; *bedaren*; *tot rust komen*

tranquilla v • *klink*; *pal* • *valstrik*; *strikvraag*

tranquillo m *handigheid*; *truc* ⋆ coger el ~ a u.c. *ergens handigheid in krijgen*

tranquilo I m *onbezorgd iemand* II BNW • *rustig*; *kalm* • *stil* • *nonchalant*; *onbekommerd* ⋆ estarse ~ *zich stilhouden* ⋆ idéjame ~! *laat me met rust!*

transacción v • *transactie*; *overeenkomst*; *zaak* • *compromis*; *schikking*

transalpino BNW *transalpijns* ⟨aan de andere kant van de Alpen⟩

transandino BNW *aan de andere kant van het Andesgebergte*

transatlántico I m *oceaanstomer* II BNW *transatlantisch*

transbordador m • *veerboot*; *pont* • *shuttle*; *ruimteveer*

transbordar I OV WW *overbrengen*; *verschepen*; *overladen* II ON WW *overstappen*

transbordarse WKD WW *overstappen*

transbordo m • *overlading* • *het overstappen* ⋆ hacer ~ *overstappen* ⋆ aquí hay ~ *hier moet men overstappen*

transcendencia v • *belang*; *betekenis* • *doorwerking* • *transcendentie* ⋆ ser de gran ~ *van groot belang zijn*

transcendental BNW *met vérstrekkende gevolgen*; *belangrijk*

transcender ON WW • *bekend worden*; *doordringen* • *te boven gaan* • *sterk ruiken*

transcribir OV WW • *overschrijven*; *transcriberen* • *opschrijven* • *bewerken*; *arrangeren*

transcripción v • *het overschrijven*; *het transcriberen* • *transcriptie* • *bewerking*; *arrangement*

transcurrir ON WW *voorbijgaan*; *verstrijken* ⟨v. tijd⟩

transcurso m • *verloop*; *het verstrijken* ⟨v. de tijd⟩ • *duur*

transeúnte I m/v • *voorbijganger*; *voetganger* • *tijdelijk bewoner*; *tijdelijk aanwezige* • *iemand op doorreis* II BNW • *voorbijgaand*; *passerend* • *doorreizend*; *tijdelijk verblijvend*

transexual I m *transseksueel* II BNW *transseksueel*

transferencia v • JUR. *overdracht* • SPORT *transfer* • *overschrijving* • *overplaatsing* ⋆ ~ postal *postgiro*

transferible BNW • *overdraagbaar* • *verhandelbaar*

transferir /ie, i/ OV WW • JUR. *overdragen* • *overschrijven* ⟨v. geld⟩; *overmaken* • *overbrengen*; *overplaatsen*

transfiguración v *gedaanteverandering* ⋆ la Transfiguración *de transfiguratie*; *de verheerlijking van Christus*

transfigurar OV WW *een andere gedaante geven*; *totaal veranderen*

transformación v *transformatie* ⋆ ~ en crisálida

verpopping

transformador I m TECHN. *transformator* II BNW *veranderend; omvormend*

transformar OV WW *transformeren*

transformarse WKD WW *veranderen*

transformismo m *transformisme*

transformista m/v *imitator*

transfronterizo BNW *grensoverschrijdend*

tránsfuga m/v *overloper; deserteur;* POL. *afvallige*

transfundir OV WW *overgieten; overtappen*

transfusión v • *transfusie* • *het overgieten* ★ ~ de sangre *bloedtransfusie*

transgredir OV WW *schenden* ⟨v. wet⟩; *overtreden*

transgresión v *overtreding; inbreuk; schending*

transgresor I m *schender; overtreder* II BNW *schendend; overtredend*

transiberiano BNW *transsiberisch*

transición v • *overgang; transitie* • GESCH. *overgang naar democratie* ⟨in het postfranquistische Spanje⟩ • *weersomslag*

transido BNW *aangedaan; getroffen* ★ ~ de frío *verkleumd*

transigencia v • *het toegeven; tegemoetkoming* • *toegeeflijkheid; plooibaarheid*

transigente BNW • *toegeeflijk; plooibaar* • POL. *bereid tot compromissen*

transigir I OV WW *tolereren* II ON WW • *concessies doen; zich schikken* • *een schikking treffen* • POL. *een compromis sluiten*

transistor m *transistor*

transitable BNW *begaanbaar* ★ estado ~ *begaanbaarheid*

transitar ON WW *gaan; lopen; rijden*

transitivo BNW *overgankelijk*

tránsito m • *verkeer* • *doorvoer* • *het lopen; het voorbijgaan; het rijden* • *het heengaan* ⟨sterven⟩ ★ de ~ *tijdelijk; op doorreis* ★ ~ de mercancías *goederenverkeer*

transitoriedad v *voorlopigheid; tijdelijkheid; vergankelijkheid*

transitorio BNW *voorbijgaand; voorlopig; tijdelijk; vergankelijk*

translucidez v *doorzichtigheid; doorschijnendheid*

translúcido BNW *doorzichtig; doorschijnend*

translucir OV WW *onthullen; verraden; tonen*

translucirse WKD WW • *doorschijnend zijn* • *doorschemeren; doorschijnen*

transluzca WW (1e/3e p ev subj. t.t.) → **translucir**

transmarino BNW *overzees*

transmigración v • *transmigratie* ⟨volksverhuizing⟩ • *transmigratie* ⟨zielsverhuizing⟩ ★ ~ de las almas *zielsverhuizing*

transmigrar ON WW • *migreren* • *transmigreren* ⟨v. ziel⟩

transmisible BNW *overdraagbaar*

transmisión v • *overbrenging; overdracht; verbreiding* • *uitzending* • MED. *overdracht; besmetting* • TECHN. *transmissie* ★ mecanismo de ~ *drijfwerk*

transmisor I m • *zender; seintoestel* • MED. *overbrenger* II BNW *zend-* ★ estación ~a

radiostation

transmitir I OV WW • *overdragen; overbrengen* • MED. *overbrengen; besmetten* • *aandrijven* • *uitzenden* ⟨op radio, televisie⟩ • JUR. *overdragen* • TECHN. *overbrengen*

transmutable BNW *overdraagbaar; omzetbaar*

transmutación v *transmutatie; omzetting; overgang*

transmutar OV WW *transmuteren; omzetten (en in)*

transoceánico BNW *aan de overkant van de oceaan*

transparencia v *transparantie*

transparentar I OV WW • *laten doorschemeren; laten doorschijnen* • *laten blijken; tonen* II ON WW *doorzichtig zijn*

transparentarse WKD WW • *doorschemeren; zichtbaar zijn* • *doorzichtig zijn* • *versleten zijn*

transparente I m *transparant* ⟨doorschijnend scherm⟩ II BNW • *transparant; doorzichtig; doorschijnend* • *transparant; duidelijk; helder*

transpiración v *transpiratie; het transpireren*

transpirar ON WW *transpireren*

transpirenaico BNW *aan de andere kant van de Pyreneeën*

transpón WW (geb. wijs, jij-vorm) → **transponer**

transpondrá WW (3e p ev tk.t.) → **transponer**

transponer OV WW • *verplaatsen; overbrengen; omzetten* • *verplanten*

transponerse WKD WW • *verdwijnen achter de horizon* ⟨v. zon⟩; *uit het zicht verdwijnen* • *van plaats veranderen* • *indommelen*

transponga WW (1e/3e p ev subj. t.t.) → **transponer**

transportable BNW *vervoerbaar*

transportación v → **transporte**

transportador I m *gradenboog; geodriehoek* ★ ~ de cinta *transportband* II BNW *transport-*

transportar OV WW • *transporteren; dragen* • *brengen; leiden* • MUZ. *transponeren*

transportarse WKD WW *in vervoering raken* ★ ~ de satisfacción *buiten zichzelf van vreugde raken*

transporte m • *transport* • MUZ. *het transponeren* • *vervoering*

transportista m/v *transporteur*

transposición v • *het verplaatsen; verplaatsing; overbrenging* • MUZ. *transpositie* • *het wegzinken achter horizon* ⟨v. zon⟩

transpuesto WW (volt. deelw.) → **transponer**

transpuso WW (3e p ev v.t.) → **transponer**

transubstanciación v *transsubstantiatie*

transvasar OV WW *óvergieten; overschenken; overhevelen*

transvase m *het óvergieten; het overschenken; het overhevelen*

transversal BNW *dwars; zij-* ★ nave ~ *zijbeuk* ★ línea ~ *snijlijn* ★ sección ~ *dwarsdoorsnede*

transverso BNW → **transversal**

tranvía m *tram* ★ en ~ *met de tram*

tranviario I m *trambestuurder* II BNW *tram-*

trapacear ON WW *bedrog plegen; knoeien; zwendelen*

trapacería v *zwendel; bedrog*

trapacero I m *zwendelaar; oplichter* II BNW

oneerlijk; vals
trapajo m *lor; vod*
trapajoso BNW • *slordig; onverzorgd; haveloos*
• *hakkelend; stotterend*
trápala v • *geroezemoes* ⟨v. paard⟩; *lawaai*
• *getrappel* • INF. *zwendel; bedrog*
trapalear ON WW • *trappelen* ⟨v. paard⟩
• *stampen* • INF. *kletsen; kwebbelen* • INF.
zwendelen; bedriegen
trapalón BNW *leugenachtig; bedrieglijk*
trapatiesta v • *gekibbel; ruzie* • *herrie*
trapear OV WW LA *dweilen*
trapecio m • *trapeze* • WISK. *trapezium* • BIOL.
monnikskapspier
trapecista m/v *trapezeacrobaat*
trapense I m/v *trappist* **II** BNW *van de
trappisten(orde)*
trapería v • *vodden; lorren • voddenmarkt;
uitdragerij*
trapero m *lorrenboer; voddenman*
trapezoide m *trapezoïde* ⟨onregelmatige
vierhoek⟩
trapiche m • *suikerrietmolen* • *olijvenpers*
trapichear ON WW *sjacheren*
trapicheo m *gesjacher*
trapillo m • de ~ *informeel gekleed; in
alledaagse kleren*
trapío m • *gratie; elegantie • felheid; woestheid*
⟨v. stier⟩ • *tener ~ strijdlustig zijn* ⟨v. stier⟩
trapisonda v • *drukte; ruzie; tumult • gekonkel;
bedrog*
trapisondear ON WW • *ruziën • zwendelen;
konkelen*
trapisondista m/v • *ruziemaker; herrieschopper*
• *zwendelaar; konkelaar*
trapitos m mv *vodden; lapjes* ★ *los ~ de
cristianar de zondagse kleren*
trapo m • *vod; lap • doek; vaatdoek*
• *stierenvechterscape* • SCHEEPV. *zeil* ★ *dejar a
u.p. como un ~ niets van iemand heel laten*
★ *estar hecho un ~ zo slap als een vaatdoek
zijn* ★ *poner a u.p. como un ~ de vloer met
iemand aanvegen* ★ *sacar los ~s sucios a
relucir de vuile was buiten hangen* ★ *a todo ~
met volle zeilen;* FIG. *vliegensvlug* ★ *empezar a
todo ~ meteen goed van start gaan* ★ *soltar el
~ in tranen uitbarsten; in lachen uitbarsten*
★ *lengua de ~ brabbelaar* ★ *flor de ~
kunstbloem*
trapos m mv • *(vrouwen)kleren* • → **trapo**
trapujear ON WW CA *smokkelen*
traque m • *knal* • INF. *wind; scheet* ★ a ~
barraque in het wilde weg
tráquea v *luchtpijp*
traqueal BNW *luchtpijp-*
traqueotomía v *tracheotomie*
traquetear ON WW *rammelen; ratelen; knetteren*
traqueteo m *geknetter; gerammel; geschud*
traquido m • *knal* ⟨v. vuurwapen⟩ • *gekraak* ⟨v.
hout⟩
tras I m INF. *achterwerk* **II** VZ • *achter; na*
• *achterna* ★ *el perro corre tras el gato de
hond zit de kat achterna* ★ *ir/andar/estar tras
u.c. ergens achteraan zitten; op iets uit zijn*
• (~ **de**) *behalve* ★ *tras de llegar tarde, viene
exigiendo hij kwam niet alleen te laat, maar*

eiste ook nog van alles
trasalcoba v *achterkamertje*
trasalpino BNW → **transalpino**
trasandino BNW → **transandino**
trasatlántico I m → **transatlántico II** BNW
→ **transatlántico**
trasbordador m → **transbordador**
trasbordar OV WW → **transbordar**
trasbordarse WKD WW → **transbordarse**
trasbordo m → **transbordo**
trascendencia v → **transcendencia**
trascendental BNW → **transcendental**
trascendente BNW → **transcendental**
trascender /ie/ ON WW → **transcender**
trascolar OV WW *zeven; filteren*
trascordarse /ue/ WKD WW *(helemaal) vergeten;
zich niet meer herinneren*
trascoro m *ruimte achter het priesterkoor*
trascorral m • *achtererf; achtertuin* • INF.
achterwerk
trascribir OV WW → **transcribir**
trascripción v → **transcripción**
trascurrir ON WW → **transcurrir**
trascurso m → **transcurso**
trasegar /ie/ OV WW • *door elkaar gooien*
• *overgieten* ⟨v. vloeistof⟩; *overbrengen*
• *overmatig drinken* ⟨v. alcohol⟩
trasera v *achterkant*
trasero I m INF. *achterwerk* **II** BNW *achterst;
achter-*
trasferencia v → **transferencia**
trasferible BNW → **transferible**
trasferir OV WW → **transferir**
trasfiguración v → **transfiguración**
trasfigurar OV WW → **transfigurar**
trasformación v → **transformación**
trasformador m → **transformador**
trasformar OV WW → **transformar**
trasformarse WKD WW → **transformarse**
trásfuga m/v → **tránsfuga**
trasfundir OV WW → **transfundir**
trasfusión v → **transfusión**
trasgo m • *trol; kabouter • kwajongen; deugniet*
trasgredir OV WW → **transgredir**
trasgresión v → **transgresión**
trasgresor m → **transgresor**
trashojar OV WW *doorbladeren* ⟨v. boek⟩
trashumante BNW *rondzwervend; trekkend* ⟨v.
kudde⟩
trashumar OV WW *het vee van winter- naar
zomerweiden brengen* ⟨en vice versa⟩
trasiego m • *het overgieten; het overhevelen*
• *het overhoopgooien • overplaatsing*
trasijado BNW *broodmager*
traslación v • *verplaatsing; overplaatsing*
• *vertaling; omzetting • metafoor*
trasladar OV WW • *verplaatsen • overplaatsen*
• *uitstellen; verschuiven • vertalen • omzetten;
overbrengen • kopiëren* ★ ~ *a otro lienzo
verdoeken*
trasladarse WKD WW • *verhuizen • zich begeven*
⟨a naar⟩
traslado m • *verplaatsing; overplaatsing* ⟨v.
werknemer⟩ • *uitstel • verhuizing • vertaling;*

tr

omzetting • *kopie*; *afschrift*
traslapar OV WW → **overlappen**
traslaparse WKD WW *elkaar overlappen*
traslapo m *overlapping*
traslaticio BNW *overdrachtelijk*
traslucidez v → **translucidez**
traslúcido BNW → **translúcido**
traslucir OV WW → **translucir**
traslucirse WKD WW → **translucirse**
traslumbrar OV WW *verblinden*
traslumbrarse WKD WW • *verblind worden*
• *voorbijflitsen; snel voorbijgaan*
trasluz m ⋆ al ~ *tegen het licht (in)*
trasluzca WW (1e/3e p ev subj. t.t.) → **translucir**
trasmano m ⋆ a ~ *buiten handbereik; afgelegen*
trasmarino BNW → **transmarino**
trasmigración v → **transmigración**
trasmigrar ON WW → **transmigrar**
trasmisible BNW → **transmisible**
trasmisión v → **transmisión**
trasmisor m → **transmisor**
trasmitir OV WW → **transmitir**
trasmutable BNW → **transmutable**
trasmutación v → **transmutación**
trasmutar OV WW → **transmutar**
trasnochada v • *wake; nachtwake* • *slapeloze nacht* • *afgelopen nacht; vorige avond* • MIL. *nachtelijke aanval*
trasnochado BNW • *achterhaald; afgezaagd* • *uitgemergeld*
trasnochador I m *nachtbraker* II BNW *nachtbrakend*
trasnochar ON WW • *nachtbraken* • *(ergens anders) de nacht doorbrengen*
trasoiga WW (1e/3e p ev subj. t.t.) → **trasoír**
trasoír OV WW *verkeerd verstaan*
trasojado BNW *uitgemergeld; hologig*
trasoye WW (3e p ev t.t.) → **trasoír**
traspapelar OV WW *zoekmaken* ⟨v. papieren⟩
traspapelarse WKD WW *wegraken* ⟨v. papieren⟩
trasparencia v → **transparencia**
trasparentar OV+ON WW → **transparentar**
trasparentarse WKD WW → **transparentarse**
trasparente m → **transparente**
traspasar OV WW • *doorboren; doordringen; doorsteken* • *oversteken* ⟨v. straat⟩ • *overdoen; overdragen (a op); verkopen* • SPORT *overdoen* ⟨v. speler⟩ • *overtreden* ⟨v. wet⟩; *overschrijden* • *treffen; indruk maken op*
traspaso m • *doorboring; het doordringen* • *oversteek* • *het oversteken* • *overdracht; transfer* • *overdrachtskosten; overnamekosten; koopsom* • *overtreding; overschrijding* • *leed; pijn* ⋆ *hacer el* ~ *de las cuentas afrekenen*
traspié m • *misstap; struikeling* • *vergissing; blunder* ⋆ *dar un* ~ *struikelen*
traspiración v → **transpiración**
traspirar ON WW → **transpirar**
traspirenaico BNW → **transpirenaico**
trasplantación v → **trasplante**
trasplantar OV WW • *verplanten* • MED. *transplanteren*
trasplantarse WKD WW *verhuizen*
trasplante m • *het verplanten* • *verhuizing* • *transplantatie*
traspón WW (geb. wijs, jij-vorm) → **transponer**

traspondrá WW (3e p ev tk.t.) → **transponer**
trasponer OV WW → **transponer**
trasponerse WKD WW → **transponerse**
trasponga WW (1e/3e p ev subj. t.t.) → **transponer**
trasportable BNW → **transportable**
trasportador m → **transportador**
trasportar OV WW → **transportar**
trasportarse WKD WW → **transportarse**
trasporte m → **transporte**
trasportista m/v → **transportista**
trasposición v → **transposición**
traspuesta v • *verplaatsing; omzetting* • *verhoging; glooiing* • *vlucht* • *achtertuin; plaatsje*
traspuesto WW (volt. deelw.) → **transponer**
traspunte m *souffleur*
traspuso WW (3e p ev v.t.) → **transponer**
trasquiladura v • *slechte knipbeurt* • *het scheren* ⟨v. schapen⟩
trasquilar OV WW • *slordig knippen* ⟨v. haar⟩ • *scheren* ⟨v. vee⟩
trasquilón m *ongelijk geknipt haar* ⋆ a trasquilones *slordig* ⟨v. haar⟩; *in het wilde weg*
trastada v *rotstreek*
trastazo m *klap; dreun* ⋆ *dar un* ~ *contra botsen tegen*
traste m • MUZ. *fret* • *achterwerk* ⋆ *dar al* ~ *con u.c. een eind aan iets maken; iets vernielen/ bederven* ⋆ *irse al* ~ *de mist ingaan; in het water vallen*
trastear OV WW • *rommelen in* • *overhoop halen* • *in positie brengen* ⟨v. de stier⟩ • *bespelen* ⟨v. snaarinstrument⟩
trastero I m *rommelhok* II BNW *rommel-; berg-*
trastienda v • *achterkamer* ⟨v. winkel⟩ • *behoedzaamheid* • *geslepenheid* ⋆ *de* ~ *geniepig*
trasto m • *meubelstuk* • *kapot voorwerp; prul* • *nietsnut; nul*
trastornar OV WW • *overhoop halen* • *verwarren* • *gek maken* • *verrukken* ⋆ ~ *el juicio het hoofd op hol brengen*
trastornarse WKD WW • *in het honderd lopen* • *gek worden*
trastorno m nv • *verwarring* • *verstoring* • *verrukking* • MED. *stoornis* ⋆ ~s *políticos politieke onlusten*
trastos m mv • ~ *trasto* • *gerei; gereedschap* ⋆ *tirarse los* ~ *a/por la cabeza elkaar in de haren vliegen; elkaar de huid vol schelden*
trastrocamiento m • *verwarring; verwisseling* • *verandering*
trastrocar OV WW • *verwisselen* • *veranderen*
trastrueco m → **trastrocamiento**
trasudar ON WW *licht zweten*
trasudor m *beetje zweet*
trasuntar OV WW • *kopiëren* • *samenvatten*
trasunto m • *afschrift; kopie* • *weergave; afspiegeling*
trasvasar OV WW → **transvasar**
trasvase m → **transvase**
trasversal BNW → **transversal**
trasverso BNW → **transversal**
trata v *handel* ⟨in mensen⟩ ⋆ ~ *de blancas*

vrouwenhandel
tratable BNW • *handelbaar* ‹v. persoon›; *redelijk* • *meegaand*; *toegankelijk*
tratadista m/v *essayist*
tratado m • *overeenkomst*; *verdrag* • *essay*; *verhandeling*
tratamiento m • *behandeling* • *verwerking* ‹bv. van gegevens› • *werkwijze*; *methode* • *aanspreekwijze*; *titel* ⋆ dar ~ *met de officiële titel aanspreken* ⋆ dar ~ de tú *tutoyeren* ⋆ ~ de textos *tekstverwerking*
tratante m *handelaar* ⋆ ~ en ganado *veehandelaar*
tratar I OV WW • *behandelen*; *bejegenen* • MED. *behandelen* • *verwerken* ‹bv. van gegevens› • *onderhandelen*; *bespreken* ⋆ ~ mal *mishandelen* ⋆ ~ de tú *tutoyeren* ⋆ ~ *bestempelen als*; *uitmaken voor* II ON WW • (~ **con**) *omgaan met*; *zich inlaten met* ⋆ no trato con él *ik ga niet met hem om* • (~ **de**) *proberen te*; *trachten te* • (~ **en**) *handelen in* • (~ **de**/**sobre**) *handelen over*; *gaan over*
tratarse WKD WW • (~ **de**) *betreffen*; *gaan om* ⋆ cuando se trata de trabajar, él no falla *als het op werken aankomt, ontbreekt hij niet* ⋆ no se puede tratar de ello *daarvan kan geen sprake zijn* • (~ **con**) *omgaan met* ⋆ no me trato con él *ik heb geen contact met hem*
trato m • *behandeling*; *bejegening* • *omgang* • *verdrag*; *overeenkomst* ⋆ tener ~ de gentes *goed met mensen kunnen omgaan* ⋆ ~ carnal *geslachtsverkeer* ⋆ no querer ~(s) con u.p. *niets met iemand te maken willen hebben* ⋆ romper el ~ con u.p. *zich niet langer met iemand inlaten* ⋆ malos ~s *mishandelingen* ⋆ infligir malos ~s a u.p. *iemand mishandelen* ⋆ cerrar/hacer un ~ *een overeenkomst sluiten* ⋆ i~ hecho! *akkoord!*
trauma m *trauma*
traumático BNW *traumatisch*
traumatismo m *trauma*; *verwonding*
traumatizar OV WW *traumatiseren*
traumatología v *traumatologie*
través m • *schuinte* • *dwarsbalk* • *pech* ⋆ a ~ de *via*; *door … heen*; *over … heen*; *dwars over …* ⋆ al ~ *er dwars over(heen)* ⋆ dar al ~ con *een einde maken aan* ⋆ de ~ *dwars*; *schuin* ⋆ mirar de ~ *schuin aankijken*
travesaño m • *dwarsbalk* • SPORT *lat*
travesear ON WW • *stoeien*; *dartelen* • *geestig zijn*; *gevat zijn* • *erop los leven*; *losbandig leven*
travesero BNW *dwars*; *schuin*
travesía v • *zijweg*; *dwarsstraat* • *overtocht*; *oversteek* ‹over water of door de lucht› ⋆ ~ de placer *rondreis*
travesti m/v *travestiet*
travestido I m *travestiet* II BNW *verkleed*
travesura v *kattenkwaad*; *kwajongensstreek*
traviesa v *biels*; *dwarsligger* ‹v. treinrails›
travieso BNW • *dwars*; *schuin* • *ondeugend*; *baldadig* • *slim*; *bijdehand*
trayecto m • *traject*; *afstand* • *baanvak* • *(over)tocht*; *reis*
trayectoria v • *koers*; FIG. *lijn* • *traject*; *baan*
traza v • *ontwerp*; *plan*; *(bouw)tekening*

• *aanleg*; *handigheid* • *uiterlijk*; *aanblik* ⋆ por las ~s *naar het schijnt* ⋆ darse ~s para u.c. *iets in de vingers hebben*; *aanleg hebben* ⋆ llevar/tener ~s de *tekenen vertonen van*; *erop lijken dat* ⋆ eso no tiene ~s de acabar *het lijkt maar niet af te komen* ⋆ niña por las ~s eruitziend *als een meisje*
trazado m • *het schetsen*; *het ontwerpen* • *ontwerp*; *schets*; *plan* • *tracé*; *traject*
trazador I m *schetser*; *ontwerper* II BNW *schetsend*; *ontwerpend*
trazar OV WW • *trekken* ‹v. lijnen› • *schetsen*; *tekenen* • *beschrijven* • *ontwerpen* • *uitdenken*
trazo m • *streep*; *lijn* • *schets*; *tekening*; *ontwerp* • *lijntje*; *deeltje* ‹v. letter› ⋆ ~s *gelaatstrekken*
trébedes v mv *drievoet*; *treeft*
trebejo m *stuk gereedschap*; *instrument* ⋆ ~s *gereedschap*; *gerei*
trébol m • PLANTK. *klaver* • *klaveren* ‹in kaartspel›
trece TELW *dertien* ⋆ seguir en sus ~ *voet bij stuk houden*
trecho m • *stuk*; *gedeelte*; *afstand* • *poos(je)*; *tijd(je)* ⋆ a ~s *bij stukjes en beetjes*; *hier en daar* ⋆ de ~ en ~ *nu en dan*; *van tijd tot tijd*
trefilado m *het draadtrekken*; *draadtrekkerij*
trefilar OV WW *tot een draad trekken*; *draadtrekken van*
trefilería v • *draadtrekkerij* ‹werkplaats› • *(het) draadtrekken*
tregua v • *wapenstilstand*; *bestand* • *adempauze*; *onderbreking* ⋆ la Tregua de los Doce Años *het Twaalfjarig Bestand* ⋆ sin ~ *onophoudelijk* ⋆ dar ~s *af en toe afnemen* ‹v. pijn›; *niet dringend zijn*
treinta TELW *dertig* ⋆ de ~ años *dertigjarig*
treintañero I m *dertiger* II BNW *dertigjarig*
treintavo I m *dertigste deel* II TELW *dertigste*
treintena v • *dertigtal* • *dertigste deel*
trekking m SPORT *trekking*
tremebundo BNW *angstaanjagend*; *verschrikkelijk*
tremedal m *moerassig terrein*
tremendo BNW • *ontzettend* • INF. *buitengewoon* • *geweldig*; *schitterend* ⋆ tomarse las cosas a la tremenda *iets te hoog opnemen* ⋆ echar por la tremenda *zijn geduld verliezen*
trementina v *terpentijn*
tremolar I OV WW *laten wapperen*; *zwaaien met* II ON WW *wapperen*
tremolina v *lawaai*; *tumult*; *opschudding* ⋆ armar una ~ *de boel op stelten zetten*
trémolo m MUZ. *triller*
trémulo BNW *bevend*; *trillend*
tren m • *trein* • *snelheid*; *vaart* • *tandwerk*; *raderwerk* ⋆ tren directo *doorgaande trein* ⋆ tren interurbano *intercity* ⋆ tren ómnibus *stoptrein* ⋆ tren rápido *sneltrein* ⋆ tren de mercancías *goederentrein* ⋆ tren de lavado (de coches) *(auto)wasstraat* ⋆ perder el tren *de trein missen*; FIG. *de kans voorbij laten gaan* ⋆ tren de vida *levensstandaard* ⋆ llevar un tren de vida *op grote voet leven* ⋆ a todo tren *op grote voet*; *op topsnelheid* ⋆ tener un gran tren *op grote voet leven* ⋆ tren de cercanías *forenzentrein* ⋆ tren de alta/gran velocidad

tr

hogesnelheidstrein ★ tren ligero *lightrail*
trena v *bajes; nor*
trenca v *montycoat* ⟨houtje-touwtjejas⟩
trencilla v • *lintje; koordje; tresje* • SPORT
scheidsrechter
treno m *klaagzang*
Trento m *Trente*
trenza v • *vlecht; streng* • *haarvlecht*
trenzado m • *vlechtwerk* • *kruissprong* ⟨dans⟩
• *travers* ⟨in dressuur⟩ ★ al ~ *slordig*
trenzar OV WW *vlechten*
trepa I v *truc*; *list* II m/v *parvenu*
trepado m • *het boren; perforatie*
• *perforatielijn*
trepador I m *parvenu* II BNW *klimmend*; *klim-*
trepadora v *klimplant*
trepanación v *schedelboring*
trepanar OV WW *doorboren* ⟨v. schedel⟩
trepar I OV WW *doorboren* II ON WW • *klimmen*;
klauteren • PLANTK. *(op)klimmen*; *kruipen* ★ ~
a un árbol *in een boom klimmen*
trepe m INF. *uitbrander*
trepidación v *beving, trilling*
trepidante BNW *bevend; trillend; schuddend*
trepidar ON WW *beven; trillen; schudden*
tres TELW *drie* ★ como tres y dos son cinco *zo
zeker als twee maal twee vier is* ★ ni a la de
tres *met geen mogelijkheid* ★ a las tres va la
vencida *driemaal is scheepsrecht* ★ de tres al
cuarto *van dertien in een dozijn*
tresbolillo m ★ al ~ *in een vierkant geplaatst* ⟨v.
planten⟩
trescientos TELW *driehonderd*
tresillo m • *bankstel* • *omber* ⟨kaartspel⟩ • MUZ.
triool
trestanto BIJW *driemaal zo veel*
treta v • *list* • SPORT *schijnbeweging* ⟨bij
schermen⟩
tríada v *triade*
triangulación v *triangulatie*
triangular BNW *driehoekig*
triángulo m • *driehoek* • *driehoeksverhouding*
• MUZ. *triangel*
triarse WKD WW *slijten* ⟨v. stof⟩; *doorschijnend
worden*
triatlón m *triatlon*
tribal BNW *stam-*
tribu v *volksstam* ★ ~ urbana *jeugdbende*; *gang*
tribulación v *verdriet; zorg*
tribuna v • *podium; spreekgestoelte* • *verhoging*;
platform • *tribune; galerij* • *retoriek* ⟨vooral
politiek⟩
tribunal m • *rechtbank; gerecht* • *commissie*;
raad; forum ★ Tribunal Supremo ≈ *Hoge
Raad*; ≈ *hooggerechtshof* ★ llevar un caso
ante los ~es *een zaak aanhangig maken* ★ ~
de apelación *hof van beroep* ★ Tribunal de
Cuentas *Rekenkamer*
tribuno m *tribuun*
tributación v *het betalen van belasting*;
belastingheffing
tributar I OV WW • *bijdragen* • *schenken*
• *betonen* ⟨bv. van respect⟩ ★ ~ homenaje *eer
bewijzen* II ON WW *betalen* ⟨v. belasting⟩
tributario BNW *belasting-*
tributo m • *belasting; contributie; heffing*

• *verplichting* • *blijk* • *bijdrage* ★ en ~ de mi
admiración *als uiting van mijn bewondering*
tricentenario m • *periode van driehonderd jaar*
• *driehonderdjarig bestaan*
tricentésimo TELW *driehonderdste*
triciclo m *driewieler*
tricolor BNW *driekleurig*
tricornio I m *(driekante) steek* II BNW *driekantig*
tricotar OV WW *breien*
tricotosa v *breimachine*
tricromía v *driekleurendruk*
tridente m *drietand*
tridentino BNW *van/uit Trente*
tridimensional BNW *driedimensionaal*
triduo m *triduüm* ⟨driedaagse bezinningstijd⟩
triedro I m *drievlak* II BNW *drievlakkig*
trienal BNW *driejaarlijks*
trienio m • *periode van drie jaar* • *driejaarlijkse
bonus*
trifásico BNW *driefasig*
trifulca v *herrie; ruzie*
trifurcarse WKD WW *zich in drieën splitsen*
trigal m *tarweveld*
trigésimo I m *dertigste deel* II TELW *dertigste*
trigo m • *tarwe; koren; graan* • *tarwekorrel*;
graankorrel • INF. *poen* ★ no ser ~ limpio *geen
zuivere koffie zijn*
trigonometría v *trigonometrie*
trigonométrico BNW *trigonometrisch*
trigueño BNW • *donkerblond; taankleurig*;
lichtbruin • *zwart* ⟨huidskleur⟩
triguero BNW *tarwe-; graan-*
trilátero BNW *driezijdig*
trilingüe BNW *drietalig*
trilla v • *het dorsen* • *dorstijd*
trillado BNW • *gedorst* • *afgezaagd; bekend*;
platgetreden
trillador BNW *dorsend*
trilladora v *dorsmachine*
trilladura v *het dorsen*
trillar OV WW *dorsen* ★ a medio ~ *half gedorst*
trillizo I m *drieling* II BNW *drieling-*
trillo m *dorsvlegel*
trillón m *triljoen*
trilogía v *trilogie*
trimensual BNW *driemaal per maand
verschijnend*
trimestral BNW *driemaandelijks*
trimestre m *trimester; kwartaal* ★ pagar por ~s
anticipados per kwartaal vooruit betalen
trimotor I m *driemotorig vliegtuig* II BNW
LUCHTV. *driemotorig*
trinado m • *gekweter; getjilp* • MUZ. *triller*
trinar ON WW • *zingen* ⟨v. vogels⟩; *fluiten* ⟨v.
vogels⟩ • INF. *woedend zijn* ★ está que trina
hij is woedend
trinca v • *drietal* • *driekaart* ⟨in kaartspel⟩
• *driemanschap* ★ SCHEEPV. estar a la ~ *stil
liggen*
trincar I OV WW • *vastbinden* • *vasthouden*;
arresteren; aanhouden • *stukmaken* ⟨v.
voorwerp⟩; *breken* ⟨v. persoon⟩ • INF. *jatten*
II ON WW *zuipen*
trinchante m *trancheermes; trancheervork*
trinchar OV WW *trancheren; voorsnijden*
trinchera v • *loopgraaf* • *trenchcoat*

trineo m *slee* ★ ir en ~ *sleeën*
trinidad v *drie-eenheid*
trinitaria v *viooltje* ⟨driekleurig⟩
trinitario I m *trinitariër* II BNW *trinitarisch; van de trinitariërs*
trino m • *gekwetter; getjilp* • MUZ. *triller*
trinomio m WISK. *drieterm*
trinquete m • *pal; haakje* • *kaatsspel* • *fokkenmast; fok; ra*
trinquis m INF. *slok* ⟨wijn, sterke drank⟩
trio m • *drietal* • MUZ. *trio*
tripa v • *darm; ingewand* • *buik* • *buik* ⟨v. vaas, fles⟩ • echar ~ *een buikje krijgen* ★ ¿qué ~ se le habrá roto? *wat zou er met hem aan de hand zijn?* ★ estar con ~ *zwanger zijn* ★ ~s *ingewanden; binnenste; binnenwerk* • echar las ~s *overgeven*
tripartito BNW *drieledig*
tripero m *iemand die ingewanden/pens verkoopt*
tripicallos m mv *pens*
triplano m LUCHTV. *driedekker*
triple I m *drievoud* II BNW *drievoudig; driedubbel*
triplicar OV WW *verdrievoudigen*
triplicidad v *drievoudigheid*
triplo BNW → **triple**
tripode m/v • *driepoot* • *statief*
tripón BNW *dikbuikig*
tríptico m *drieluik*
triptongo m *drieklank*
tripudo BNW → **tripón**
tripulación v *bemanning* ⟨v. schip, vliegtuig⟩
tripulante m/v *bemanningslid*
tripular OV WW *bemannen; besturen* ⟨v. vliegtuig of schip⟩
trique m • *knal* • COL, CUBA, PAN, VEN *boter, kaas en eieren* ⟨spel⟩ ★ a cada ~ *ieder ogenblik*
triquina v *trichine; haarworm*
triquinosis v *trichinose*
triquiñuela v • *list* • *uitvlucht*
triquitraque m *geratel; gekletter*
tris m *lichte knal; gerinkel* ⟨v. glas⟩ ★ estar en un tris *op het punt staan om* ★ por un tris *op het nippertje*
trisca v *geknars; gekraak* • *tumult; herrie*
triscar I OV WW • *vermengen; aanlengen* ⟨v. wijn⟩ • *scherp maken* ⟨v. zaagblad⟩ II ON WW • *trappelen; huppelen; springen* • *kattenkwaad uithalen*
trisemanal BNW *driewekelijks*
trisilábico BNW → **trisílabo**
trisílabo BNW *drielettergrepig*
trismo m *kaakkramp*
triste BNW • *triest; bedroefd* • *triest; somber* • *triest; bedroevend* • *verwelkt; verlept* • *triest; jammerlijk* ★ estar ~ *treuren* ★ ni un(a) ~ ... *zelfs niet één (enkel)...*
tristeza v • *bedroefdheid; verdriet* • *ellende; tegenspoed*
tristón BNW (v: **tristona**) *een beetje bedroefd; mistroostig*
tristura v → **tristeza**
tritón m *watersalamander*
trituración v *vermaling; verbrijzeling*
triturador I m *hakselmachine; molen* ★ ~ de forraje *hakselmachine* ★ ~ de papel

papierversnipperaar II BNW *maal-; hak(sel)-* ★ molino ~ *grove korenmolen*
triturar OV WW • *vermalen; vergruizen; fijnstampen* • *(fijn)kauwen* • *afkraken; de grond in boren*
triunfador I m *overwinnaar* II BNW *triomferend*
triunfal BNW *triomf-*
triunfalista m/v *overdreven optimist*
triunfalmente BIJW *triomfantelijk*
triunfante BNW *triomferend*
triunfar ON WW • *triomferen* • *succes hebben*
triunfo m • *triomf* • *succes* • MUZ. *hit* • *troefkaart* ★ cosechar grandes ~s *veel succes hebben*
triunvirato m *driemanschap*
trivial BNW • *triviaal; alledaags* • *afgezaagd; overbekend*
trivialidad v • *trivialiteit; alledaagsheid* • *gemeenplaats; cliché*
trivio m *driesprong*
triza v *snipper; stukje; flard* ★ hacer ~s *stukscheuren; niets heel laten van* ★ hacer ~s a u.p. *iemand afkraken*
trizar OV WW *verscheuren*
trocar /ue/ I OV WW • *(doen) veranderen (en in)* • *verwisselen (con met)* • *ruilen (por voor)* ★ ~ por dinero *tegen geld inwisselen* II ON WW *veranderen (en in)*
trocarse WKD WW *veranderen; omslaan (en in)*
trocear OV WW *in stukjes verdelen/snijden*
trocha v • *(smal) paadje* • *kortere weg; sluiproute*
troche BIJW • a ~ y moche *op goed geluk; lukraak; in het wilde weg*
trofeo m • *trofee; buit* • *trofee; beker* ★ ~ de caza jachttrofee*
troglodita I m/v • *holbewoner* • *barbaar; lomperik* II BNW • *in holen wonend* • *barbaars; lomp*
troglodítico BNW *holbewoners-*
troj v *graanschuur*
troja v → **troj**
troje v → **troj**
trole m *trolley*
trolebús m *trolleybus*
trolero I m *leugenaar* II BNW *leugenachtig*
tromba v *(water)hoos*
trombo m *bloedstolsel*
trombocito m BIOL. *bloedplaatje*
trombón m • *schuiftrompet; trombone* • *trombonist*
trombosis v *trombose*
trompa I m *hoornist* II v • *slurf; lange snuit* • MUZ. *hoorn* • *bromtol; draaitol* • ARCHIT. *tromp* • *dronkenschap* • LA *zoenlippen* ★ ~s de Falopio *eileiders*
trompada v *smak; klap; botsing*
trompazo m *dreun*
trompeta I v *trompet* II m/v *trompettist*
trompetazo m *trompetstoot; klaroenstoot*
trompetear ON WW *trompet spelen*
trompetero m *trompettist*
trompetilla v *gehoorhoorn*
trompetista m/v *trompettist*
trompicar I OV WW • *doen struikelen* • *voortrekken* ⟨bij het geven van een baan⟩

tr

ll ON WW *steeds struikelen*

trompicón m *struikeling* ★ a trompicones *met horten en stoten* ★ dar trompicones *struikelen*

trompis m INF. *stomp; oplawaai*

trompo m • *(brom)tol* • *klungel* • *soort weekdier*

trompón m • *trompetnarcis* • INF. *enorme dreun*

tronada v *donderbui; onweer*

tronado BNW → **tronar** • *versleten; oud* • INF. *gek* ★ estar ~ *niet goed bij zijn hoofd zijn; geruïneerd zijn*

tronar /ue/ ON WW • *donderen* • *bulderen* • *van leer trekken* • *failliet gaan* • *ruzie krijgen (con met)* • MEX, SAL *fusilleren*

troncal BNW • *hoofd-* • *stam-*

troncar OV WW → **truncar**

troncha v ZA *plak; stuk; schijf*

tronchante BNW *grappig*

tronchar OV WW • *(af)breken; knakken* • *in de kiem smoren; belemmeren*

troncharse WKD WW *zich bescheuren* ⟨v. het lachen⟩

troncho m *stronk; stengel* ⟨v. groenten⟩

tronco m • *stam; boomstam* • *romp* ⟨v. mens en dier⟩ • *stam; geslacht* • *span trekpaarden* ★ dormir como un ~ *slapen als een blok*

tronera I v • *klein raampje* • *biljartzak* • *schietgat* II m/v *losbol; feestnummer*

tronido m • *donderslag* • *luide knal* • *ontploffing*

tronío m • *vertoon van rijkdom; pracht en praal* • *vrijgevigheid* ★ una fiesta de gran ~ *een luisterrijk feest*

trono m *troon* ★ subida al ~ *troonsbestijging*

tronzador m *trekzaag*

tronzar OV WW • *in stukken snijden; verbrokkelen* • *afmatten* • *plisseren*

tropa v • *troep; mensenmassa* • MIL. *manschappen; gewone soldaten* ★ en ~ *in groepen; ongeordend* ★ MIL. ~s *troepen* ★ MIL. ~s escogidas *keurtroepen*

tropel m • *mensenmenigte; drukte* • *bende; rommel* • *haast* ★ en ~ *overhaast; in groten getale*

tropelía v *machtsmisbruik; gewelddaad*

tropezar /ie/ ON WW • *struikelen (con over)* • *botsen (con met)* • FIG. *een misstap begaan* • (~ con/contra) *stuiten op*

tropezarse WKD WW *elkaar tegenkomen; elkaar tegen het lijf lopen*

tropezón m • *struikeling* • *misstap; vergissing; dwaling* • INF. *stukje vlees* ⟨in een gerecht⟩ ★ dar un ~ *struikelen* ★ a tropezones *met horten en stoten*

tropical BNW • *tropisch* • *tropen-*

trópico m *keerkring* ★ ~ de Cáncer *kreeftskeerkring* ★ ~ de Capricornio *steenbokskeerkring*

trópicos m mv • → **trópico** • *tropen*

tropiezo m • *struikelblok; obstakel* • *blunder; misstap* • *tegenslag* • *meningsverschil; woordenwisseling*

tropilla v ARG, URU *kudde paarden*

tropo m LIT. *troop*

troposfera v *troposfeer*

troquel m • *muntstempel; matrijs; gietvorm* • *stansmes*

troqueo m *trochee*

trotacalles m/v (mv onv.) *zwerver; leegloper*

trotaconventos v (mv onv.) *koppelaarster*

trotador BNW *goed dravend* ⟨v. paard⟩

trotamundos m/v (mv onv.) *globetrotter*

trotar ON WW • *draven* ⟨v. paard⟩ • *paardrijden* ⟨in draf⟩ • *druk bezig zijn; rondrennen*

trote m • *draf* • *drukte* ★ al ~ *haastig* ★ de mucho ~ *duurzaam; sterk* ⟨v. kleding⟩ ★ para todo ~ *voor alledaags gebruik* ⟨v. kleding⟩

trotón m *draver* ⟨paard⟩

troupe v • *troep* • *toneelgezelschap*

trova v • LIT. *vers* • LIT. *gedicht* • *liefdeslied*

trovador m • *troubadour; minstreel* • *dichter*

trovadoresco BNW *troubadours-*

trovero m *troubadour; minstreel*

Troya v *Troje* ★ VERO. iaquí fue ~! *toen had je de poppen aan het dansen!* ★ INF. iarda ~! *na ons de zondvloed!*

troyano I m *Trojaan* II BNW *Trojaans*

trozo m *stuk; brok; deel; fragment* ★ a ~s *stukje bij beetje; onregelmatig*

trucaje m *trucage*

trucar I OV WW *merken* ⟨v. speelkaarten⟩ II ON WW *als eerste inzetten* ⟨bij truque (kaartspel)⟩

trucha I v • *forel* • CA *winkeltje; kraampje* II m/v *slimme jongen; sluwe vos*

truco m *truc; handigheidje* ★ coger el ~ *iets doorkrijgen* ★ ~s *poolbiljart* ★ tener ~ u.c. FIG. *een gebruiksaanwijzing hebben*

truculencia v *wreedheid; gruwelijkheid*

truculento BNW *wreed; gruwelijk; bloedstollend*

trueco m → **trueque**

trueno m • *donder(slag)* • *gedonder; geknal* • INF. *losbol* ★ el ~ *gordo het klapstuk* ⟨v. vuurwerk⟩ ★ hay ~s *het dondert*

trueque m • *ruil* • *verwisseling* ★ a ~ de *in ruil voor*

trufa v • PLANTK. *truffel* ⟨paddestoel⟩ • *truffel* ⟨chocolade⟩ • *leugen; verzinsel*

trufar I OV WW *met truffels vullen; trufferen* II ON WW *liegen*

truhán I m (v: **truhana**) • *bedrieger; schurk* • *komiek; grappenmaker* • GESCH. *hofnar* II BNW (v: **truhana**) • *oneerlijk* • *grappig*

trujal m • *olijvenpers* • *druivenpers; wijnpers*

trulla v • *drukte; gewoel* • *mensenmassa; gedrang*

trullo m *taling*

truncado BNW → **truncar** • *afgeknot* • *onvolledig*

truncar OV WW • *beknotten; wegsnijden; afbreken* • *weglaten* ⟨v. tekst⟩ • *belemmeren* • *in de kiem smoren* • *onthoofden* • *de bodem inslaan* ⟨hoop, verwachting⟩

trunco BNW • *ingekort* • *onvolledig* • *verminkt*

trust m *trust*

tu BEZ VNW *jouw; je*

tú PERS VNW *jij; je* ★ hablar/tratar de tú a u.p. *iemand tutoyeren*

tuba v *tuba*

tubercular BNW *tuberculeus*

tuberculina v *tuberculine*

tubérculo m • PLANTK. *(wortel)knol* • *knobbel*

tuberculosis v *tuberculose*

tuberculoso I m *lijder aan tuberculose* II BNW *tuberculeus*

tubería v *(pijp)leiding; buizennet*
tuberosa v PLANTK. *tuberoos*
tubo m • *buis; leiding; pijp • tube* ⋆ tubo de gas
gasleiding ⋆ tubo de oxígeno *zuurstofcilinder*
⋆ tubo de imagen *beeldbuis* ⋆ tubo de ensayo
reageerbuis ⋆ tubo de respiración *luchtpijp;*
snorkel ⋆ tubo acodado *elleboog(spijp)* ⋆ tubo
digestivo *spijsverteringskanaal*
tubular BNW • *buis-; pijp- • buisvormig*
tucán m *toekan*
tudesco I m *Duitser* II BNW *Duits*
tuerca v *moer*
tuerto I m *eenoog; iemand die blind is aan één*
oog II BNW *eenoog; blind aan één oog* ⋆ ~ del
ojo izquierdo blind aan het linkeroog
tuétano m • ANAT. *merg; beenmerg • kern;*
essentie ⋆ hasta los ~s *door en door; in hart en*
nieren
tufarada v *walm; sterke lucht*
tufillas m/v (mv onv.) *driftkikker*
tufillo m *luchtje*
tufo m • *damp; walm • vuile stank; vieze lucht;*
slechte adem • haarlok ‹over de oren of
voorhoofd› ⋆ tufos *verbeelding; kapsones*
tugurio m • *krot • herdershut* ⋆ ~s *krottenwijk*
tul m *tule*
tulipa v • *lampenkap* ‹tulpvormig› • *kleine tulp*
tulipán m *tulp*
tullido I m *manke; kreupele* II BNW *verlamd;*
kreupel
tullir OV WW *kreupel maken; verlammen*
tumba v • *graf • graftombe* ⋆ ser una ~ *zwijgen*
als het graf; niets loslaten
tumbacuartillos m (mv onv.) *kroegloper;*
dronkaard
tumbar OV WW • *omgooien; op de grond gooien;*
vloeren • laten zakken ‹voor examen, test›
• LA *ontbossen; omhakken* ‹v. bomen›
tumbarse WKD WW • *gaan liggen • opgeven; er*
de brui aan geven ⋆ estar tumbado
(achterover) liggen
tumbo m *val; buiteling* ⋆ dando ~s *met vallen*
en opstaan ⋆ dar ~s *tuimelen; buitelingen*
maken
tumbón I m (v: **tumbona**) *luilak* II BNW (v:
tumbona) *lui*
tumbona v • *strandstoel; ligstoel • luie vrouw*
tumefacción v *zwelling*
tumefacto BNW *gezwollen*
tumescencia v *zwelling*
tumor m *tumor; gezwel* ⋆ ~ canceroso
kankergezwel
tumoral BNW *tumor-*
túmulo m • *grafheuvel • katafalk*
tumulto m • *tumult; kabaal • tumult;*
opschudding
tumultuoso BNW • *rumoerig; lawaaierig*
• *woelig; stormachtig*
tuna v • *studentenorkestje (in historisch*
kostuum)› • vijgcactus
tunante I m/v *schurk; schelm* II BNW
schurkachtig; ondeugend
tunantería v • *schurkachtigheid*
• *schelmenstreek; schurkenstreek*
tunda v • *pak slaag • zware klus • het scheren*
‹v. stoffen›

tundidor I m *scheerder* ‹v. stoffen› II BNW
scheer- ‹v. stoffen›
tundidora v *scheermachine*
tundir OV WW • *scheren* ‹v. stoffen›
• *aframmelen; slaan*
tundra v *toendra*
tunecino I m *Tunesiër* II BNW *Tunesisch; van/uit*
Tunesië/Tunis
túnel m *tunnel* ⋆ ~ de lavado *wasstraat*
Túnez m • *Tunis • Tunesië*
tungsteno m *wolfraam*
túnica v • *tuniek; tunica • vlies; omhulsel*
tuno I m • *schurk; deugniet • lid van een tuna*
‹studentenorkestje› II BNW *ondeugend;*
schelms
tuntún m ⋆ al (buen) ~ *lukraak; op goed geluk*
tupamaro m URU *tupamaro* ‹lid van de Tupac
Amaru›
tupé m • *toupet; haarstukje • durf; brutaliteit;*
lef
tupido BNW → **tupir** • *dichtbegroeid • dicht* ‹v.
weefsels› ⋆ poco ~ *dun; onsterk*
tupir OV WW *samenpersen; hecht en dicht*
maken
tupirse WKD WW *zich overeten; zich volproppen*
tur BNW • *turbulent; woelig • opstandig; roerig*
⋆ niño turbulento *wildebras*
turba v • *turf; veen • rumoerige menigte; oploop*
turbación v • *opschudding; verwarring*
• *verlegenheid*
turbado BNW *verstoord; in verwarring gebracht*
turbador BNW *verontrustend; verstorend*
turbamulta v *rumoerige menigte; gedrang*
turbante m *tulband*
turbar OV WW → **turbar** • *verstoren; onrustig*
maken • in verlegenheid brengen; verwarren
turbarse WKD WW *van zijn stuk raken; in de*
war raken
turbera v *veenlaag; veengebied*
turbiedad v *troebelheid; onduidelijkheid*
turbina v *turbine* ⋆ ~ hidráulica *waterturbine*
turbio BNW • *troebel • vaag; onduidelijk*
• *onrustig; bewogen* ‹v. tijden› • *louche;*
oneerlijk
turbión m • *stortbui; wolkbreuk* • FIG.
stortvloed; lawine ⋆ ~ de balas *kogelregen*
turbohélice m *turboprop*
turbonada v *storm met regen en onweer*
turbopropulsor m *turboprop*
turbulencia v • *onstuimigheid • onrust;*
verwarring; verstoring • turbulentie
turbulento BNW • *turbulent; woelig • opstandig;*
roerig
turca v • INF. *dronkenschap •* → **turco**
turco I m • *Turk • Turks* ‹taal› • *iemand uit het*
Midden-Oosten II BNW *Turks*
túrdiga v *leren riem*
turgencia v • *opzwelling • opgeblazenheid;*
gezwollenheid
turgente BNW *opgezwollen; opgeblazen; vol*
túrgido BNW FORM. *opgezet; gezwollen*
turismo m • *toerisme • toeristenindustrie*
• *personenauto* ⋆ hacer ~ a Amsterdam *een*
uitstapje naar Amsterdam maken
turista m/v *toerist*
turístico BNW *toeristisch; toeristen-*

tu

túrmix ® m/v *elektrische mixer*
turno m *beurt; toerbeurt* ★ a ~s *om de beurt*
  ★ de ~ *dienstdoend* ★ por su ~ *op zijn beurt*
  ★ estar de ~ *aan de beurt zijn; dienst hebben*
  ★ todavía no ha llegado mi ~ *ik ben nog niet
  aan de beurt* ★ me ha tocado el ~ *ik ben aan
  de beurt* ★ ~ de noche *nachtploeg*
turolense I m/v *inwoner van Teruel* II BNW *uit/
  van Teruel*
turón m *bunzing*
turoperador m *touroperator*
turquesa v *turkoois*
turquesco BNW ● *Turks* ● *Turks* ⟨taal⟩
Turquía v *Turkije*
turrón m ≈ *noga*
turronero m *nogafabrikant; nogaverkoper*
turulato BNW INF. *stomverbaasd; verbluft*
tururú TW ● *tatarata* ⟨door trompet⟩ ● *geen
  sprake van!; mooi niet!*
tus TW *(kom) hier!* ⟨tegen hond⟩ ★ no decir tus
  ni mus *geen boe of bah zeggen*
tusa v LA *gespuis*
tute m ● INF. *onderonsje* ● *omber* ⟨kaartspel⟩
  ★ darse un tute *zich uit de naad werken*
tutear OV WW *tutoyeren*
tutela v ● *voogdij(schap)* ● *bescherming* ● *hoede*
  ● *toezicht* ★ bajo ~ *onder voogdij/toezicht*
  ★ poner bajo ~ *onder curatele stellen*
  ★ sometido a ~ *onder curatele staan*
tutelar I BNW ● *voogdij-* ● *beschermend;
  bescherm-* II OV WW *voogdij uitoefenen over*
tuteo m *het tutoyeren*
tutiplén m ★ a ~ *in overvloed; rijkelijk*
tutor m ● *voogd* ● *beschermer* ● *huisonderwijzer*
  ● *curator* ● *mentor*
tutoría v ● *voogdijschap* ● *mentorschap*
tutú m *tutu*
tuve WW (1e p ev v.t.) → **tener**
tuvo WW (3e p ev v.t.) → **tener**
tuya v *(westerse) levensboom*
tuyo BEZ VNW *van jou* ★ una de las tuyas *een
  van jouw typische gewoontes* ★ ésta es la tuya
  dit is je kans ★ esto es lo tuyo *dit is net wat
  voor jou*
tweed m *tweed*
twist m *twist*

u I v *u* ★ la u de Ulises *de u van Utrecht* II VW
  of ★ u otro *of een ander*
ubérrimo BNW *zeer vruchtbaar*
ubicación v ● *ligging; positie*
ubicar OV WW *vestigen; plaatsen*
ubicarse WKD WW *zich bevinden; gelegen zijn*
ubicuidad v *alomtegenwoordigheid*
ubicuo BNW *alomtegenwoordig*
ubre v *uier*
ucase m *oekaze*
Ucrania v *Oekraïne*
ucraniano I m ● *Oekraïner* ● *Oekraïens* II BNW
  Oekraïens
Ud. AFK (Usted) *u* ⟨ev⟩
Uds. AFK mv (Ustedes) *u* ⟨mv⟩
UE AFK (Unión Europea) *EU*
uf TW *bah!* ⟨afkeer⟩; *oef* ⟨vermoeidheid⟩; *hè*
  ⟨ergernis⟩
ufanarse WKD WW ● *trots zijn; zich beroemen*
  ● *opscheppen*
ufanía v ● *inbeelding; verwaandheid* ● *trots;
  voldaanheid*
ufano BNW ● *trots; zelfbewust* ● *verwaand;
  ingebeeld* ● *gezond; fraai*
ujier m ● *bode* ● *portier*
úlcera v *zweer* ★ ~ cancerosa *kankergezwel*
ulceración v ● *verzwering* ● *(afleiding)
  → **ulcerar**
ulcerar OV WW *doen etteren; doen zweren*
ulcerarse WKD WW *gaan zweren*
ulceroso BNW ● *zwerend; etterend* ● *vol zweren*
Ulises m *Ulysses*
ulterior BNW ● *verderop gelegen; aan de andere
  kant* ★ *nader; later* ★ tratamiento ~
  nabehandeling
ultimación v ● *afronding; voltooiing*
  ● *uitwerking* ⟨v. een verdrag⟩
últimamente BIJW *onlangs; de laatste tijd*
ultimar OV WW ● *beëindigen; voltooien* ● ZA
  doden; afmaken ★ ~ los preparativos *de
  laatste hand leggen aan de voorbereidingen*
ultimátum m *ultimatum*
último BNW ● *uiterste; achterste; hoogste; verste*
  ● *laatste; vorige; eind-* ★ a última hora *te
  elfder ure* ★ a ~s de marzo *eind maart* ★ estar
  en las últimas *bijna blut zijn; op sterven
  liggen* ★ estar a lo(s) ~(s) *op sterven liggen;
  bijna blut zijn* ★ a la última *naar de laatste
  mode* ★ por ~ *ten slotte* ★ el ~ de todos *de
  allerlaatste* ★ es lo ~ *dit is wel erg schandalig;
  dit is wel het uiterste*
ultra I m/v *extremist* II VOORV ● *extreem; uiterst*
  ● *aan de andere kant van*
ultraderechista I m/v *rechtse extremist* II BNW
  extreem-rechts
ultraísmo m *ultraïsme* ⟨stroming in Spaanse
  dichtkunst⟩
ultrajador I m *belediger* II BNW *beledigend*
ultrajante BNW *kwetsend; beledigend*
ultrajar OV WW *ernstig beledigen; krenken* ★ ~
  de palabra *met woorden beledigen* ★ ~ en la
  honra de u.p. *iemand in zijn eer aantasten*

ultraje m *belediging*; *smaad*; *beschimping*
ultrajoso BNW → **ultrajante**
ultraligero I m *ultralicht sportvliegtuig* **II** BNW *ultralicht*; *vederlicht*
ultramar m *overzeese landen* ★ artículos de ~ *kruidenierswaren*; *specerijen*
ultramarino BNW *overzees*
ultramarinos m mv *kruidenierswaren*; *kruidenierswinkel*
ultramoderno BNW *ultramodern*; *hypermodern*
ultramontano BNW • *aan de andere kant van de bergen gelegen* • *reactionair*; *ultramontaans*
ultranza v ★ a ~ *fanatiek*; *tot het uiterste*; *op leven en dood*
ultrarrojo BNW *infrarood*
ultrasónico BNW *ultrasoon*
ultrasonido m *ultrasoontrilling*
ultratumba v *na de dood* ★ la vida de ~ *het hiernamaals*
ultravioleta BNW *ultraviolet*
ulular ON WW • *loeien* ⟨v. wind⟩ • *huilen* ⟨v. dier⟩
ululato m • *gejammer* • *geschreeuw* • *gehuil* ⟨v. wind⟩
umbilical BNW *navel-*; *van de navel* ★ cordón ~ *navelstreng*
umbral m • OOK FIG. *drempel* • *begin*
umbrio BNW • *schaduwrijk* • *in de schaduw*
umbroso BNW • *schaduwgevend* • *schaduwrijk*
un I TELW → **uno II** LW *een*
una I v *streek*; *poets* **II** ONB VNW → **uno**
• *iemand*; *men* • *de één* ★ ¡una de risas que hubo! *en gelachen dat er werd!* ★ una de las tuyas/suyas *één van jouw/zijn eigenaardigheden* • de una *in één keer* ★ no acertar/tocar/dar una *een beetje in de war zijn*; *niet veel geluk hebben* ★ una de dos *het een of het ander*; *één van beide* **III** TELW *één* ★ a una *eensgezind*; *tegelijk* ★ es la una *het is één uur* **IV** LW *een*
unánime BNW *eenstemmig*; *unaniem*
unanimidad v *eenstemmigheid* ★ por ~ *unaniem*; *eenstemmig*
unción v • *inwrijving*; *zalving* • *oliesel*; *sacrament der stervenden* • *religieuze overgave*; *devotie* ★ con ~ *vol toewijding*; *eerbiedig*
uncir OV WW *inspannen* ⟨v. trekdieren⟩ ★ ~ los bueyes al carro *de ossen voor de wagen spannen*
undécimo TELW *elfde*
ungido m *gezalfde*
ungimiento m *zalving* ⟨r.-k.⟩
ungir OV WW *zalven*; *wijden* ★ ~ por rey *tot koning zalven*
ungüento m • *smeersel*; *zalf* • *lapmiddel* ★ ZA ~ mejicano *geld* ★ ~ bórico *boorzalf*
ungulado I m *hoefdier* **II** BNW • *hoefachtig* • *gehoefd*
únicamente BIJW *uitsluitend*; *(enkel en) alleen*
unicelular BNW *eencellig*
unicidad v *uniek karakter*
único BNW • *enig*; *enkel* • *uniek*; *uitzonderlijk* • *eenmalig* ★ frente ~ *eenheidsfront* ★ precio ~ *eenheidsprijs*
unicolor BNW *eenkleurig*

unicornio m • *eenhoorn* • *neushoorn*
unidad v • *eenheid* • *stuk*; *unit* • *eensgezindheid* ★ ~ termal *warmte-eenheid* ★ con ~ *eenstemmig* ★ precio por ~ *stukprijs*
unido BNW • *verenigd* • *saamhorig*; *verbonden* ★ ~s entre sí *met elkaar verbonden* ★ enviar ~ a la factura *samen met de factuur versturen*
unificación v • *standaardisatie* • *eenwording*
unificar OV WW • *verenigen*; *tot een geheel maken* • *standaardiseren* ★ precios unificados *eenheidsprijzen*
uniformar OV WW • *gelijkschakelen*; *uniform maken* • *in uniform steken*
uniforme I m *uniform*; *dienstkleding* **II** BNW • *eenvormig* • *gelijkmatig* • *eenzijdig*
uniformidad v • *gelijkmatigheid*; *eenvormigheid* • *eenzijdigheid*
unigénito I m *eniggeborene*; *enig kind* **II** BNW *enig(geboren)*
unilateral BNW *eenzijdig*; *van één kant komend*
unión v • *vereniging* • *unie*; *verbond* • *samensmelting* • *saamhorigheid*; *band* • *echtverbintenis* ★ la ~ hace la fuerza *eendracht maakt macht*
unipersonal BNW • *uit één persoon bestaand* • *eenpersoons*; *van/voor één persoon* • *onpersoonlijk* ⟨werkwoord⟩
unir OV WW • *verenigen*; *samenvoegen* • *bijeenhouden*; *binden* • *aanhechten*; *vasthechten* • *toevoegen* • *binden* ⟨v. saus⟩ ★ unir con tornillos *aaneenschroeven*
unirse WKD WW • *zich aansluiten* • *zich verenigen*; *zich verbinden* • *elkaar raken*
unisex BNW *uniseks*
unísono BNW • *eenstemmig*; *gelijkluidend* • *eensgezind* ★ al ~ *eenstemmig*
unitario BNW • *eenheids-*; *een geheel vormend* • POL. *unitair*; *naar eenheid strevend* ★ precio ~ *eenheidsprijs*
universal BNW • *wereld-* • *universeel*; *algemeen* ★ exposición ~ *wereldtentoonstelling* ★ de fama ~ *wereldberoemd*
universalidad v *algemeenheid*
universalizar OV WW *algemeen/universeel maken*
universalmente BIJW • *over de hele wereld* • *in het algemeen*
universidad v • *universiteit* • *universiteitsgebouwen*
universitario I m • *student* • *academicus* **II** BNW *academisch*; *universitair*
universo m *heelal*; OOK FIG. *wereld*
unívoco BNW *eenduidig*; *duidelijk*; *ondubbelzinnig*
uno I ONB VNW • *iemand*; *men*; *je* • *de één* ★ cada uno *een ieder* ★ a cada uno *aan ieder(een)* ★ lo uno por lo otro *het ene weegt tegen het andere op* ★ más de uno *velen*; *menigeen* ★ ser (todo) uno *op hetzelfde neerkomen* ★ ser uno y lo mismo *op hetzelfde neerkomen* ★ uno de tantos *één van de velen* ★ uno se acostumbra a todo *je went aan alles* ★ uno que otro *een enkele* ★ uno y otro *allebei* **II** TELW *één* ★ uno por uno *een voor een* ★ todo fue uno *het gebeurde allemaal in een ogenblik*

un

unos I BIJW • *ongeveer; zo'n* • *sommige(n); een paar; enkele(n)* ★ *unos cuantos een stuk of wat; enkele(n)* II TELW *een paar; enkele*

untadura v • *het invetten; het oliën* • *zalf; smeersel* • *vlek*

untar OV WW • *dopen; soppen* • *besmeren; insmeren* • *omkopen* • *vuil maken; besmeren* ★ ~ *con grasa invetten* ★ *untó el pan con/de mantequilla hij smeerde boter op zijn brood*

untarse WKD WW *zijn beurs spekken; geld verduisteren*

unto m *zalf; smeersel*

untuosidad v • *olieachtigheid* • *glibberigheid*

untuoso BNW • *glibberig* • *zalfachtig; vettig*

untura v *smeersel; zalf*

uña v • *nagel* • *hoef* • *angel* ⟨v. een schorpioen⟩ ★ *afilar(se) las uñas een grote inspanning leveren* ★ *a uña de caballo spoorslags* ★ *dejarse las uñas en el trabajo heel erg zijn best doen* ★ *enseñar/mostrar las uñas zijn tanden laten zien* ★ *ser largo de uñas lange vingers hebben* ★ *sacar con las uñas uitkrabben* ★ *ser uña y carne dikke vrienden zijn* ★ *amigo de uña y carne boezemvriend* ★ *estar de uñas con u.p. met iemand op gespannen voet staan* ★ *hacerse las uñas zich laten manicuren* ★ *mirarse las uñas luieren; duimen draaien* ★ *ponerse de uñas zich hardnekkig verzetten* ★ *verse en las uñas del lobo zich in het hol van de leeuw bevinden*

uñero m • *fijt* • *ingegroeide nagel*

uranio m *uranium*

urbanidad v *beleefdheid; welgemanierdheid*

urbanismo m *stedenbouw*

urbanista m/v *stedenbouwkundige*

urbanístico BNW *stedenbouwkundig*

urbanita m/v *stadsbewoner; stedeling*

urbanización v • *urbanisatie; buitenwijk* • *het bouwrijp maken* • *verstedelijking*

urbanizar OV WW • *bouwrijp maken* • *verstedelijken*

urbano BNW • *stedelijk; stads* • *hoffelijk; beleefd* ★ *casco* ~ *bebouwde kom* ★ *policía urbana stadspolitie*

urbe v *grote stad*

urdimbre v • *schering; kettingdraad* • *samenzwering; intrige*

urdir OV WW *beramen; smeden*

urea v *pisstof; ureum*

uréter m *urineleider; ureter*

uretra v *pisbuis*

urgencia v • *hoge nood; dringende noodzaak/ behoefte* • *grote haast; spoed* ★ *con* ~ *dringend* ★ *en caso de* ~ *in geval van nood* ★ *en casos de* ~ *in dringende gevallen*

urgente BNW • *dringend* • *caso* ~ *geval van nood* ★ *carta* ~ *expresbrief* ★ *tener necesidad* ~ *de u.c. iets dringend nodig hebben*

urgir ON WW *dringend zijn* ★ *me urge saberlo ik moet het dringend weten* ★ *¿le urge? heeft u er haast mee?*

úrico BNW *urine-; van de urine* ★ *ácido* ~ *urinezuur*

urinario I m *urinoir* II BNW *urine-; van de urine* ★ *vías urinarias urinewegen*

URL m (Uniform Resource Location) *url*

urna v • *urn* • *stembus* ★ *acudir a las urnas gaan stemmen*

uro m *oeros*

urogallo m *auerhaan*

urología v *urologie*

urólogo m *uroloog*

urraca v *ekster*

ursulina v • *overgevoelig persoon* • *ursuline*

urticaria v *netelroos*

urunday m *soort terpentijnboom*

usado BNW • *gebruikt; tweedehands* • *afgedragen; versleten* • *papel* ~ *oud papier*

usanza v *gewoonte; gebruik* ★ *a* ~ *volgens gebruik; naar gewoonte*

usar I OV WW • *gebruiken* • *dragen* ⟨v. kleding⟩ • *gewoon zijn te; plegen te* II ON WW (~ *de*) *aanwenden; gebruik maken van*

usarse WKD WW *gebruikelijk zijn; in de mode zijn*

Usía AFK (aanspr.) *U Edele*

uso m • *gebruik; toepassing* • *gewoonte; gebruik* • *vruchtgebruik* ★ *al uso volgens gebruik* ★ *de uso personal voor privégebruik* ★ *en uso in gebruik* ★ *en uso de su derecho gebruik makend van zijn recht* ★ *estar en uso gebruikelijk zijn* ★ *estar fuera de uso buiten gebruik zijn* ★ *hacer uso de cierta cosa gebruiken; toepassen* ★ *ser de uso común algemeen gebruikelijk zijn* ★ *de uso externo voor uitwendig gebruik* ★ *en buen uso in goede staat* ★ *hacer uso de la palabra het woord voeren*

usted PERS VNW *u*

usual BNW *gebruikelijk; gangbaar*

usualmente BNW *gewoonlijk*

usuario I m *gebruiker; consument* ★ COMP. *nombre de* ~ *gebruikersnaam* II BNW *het vruchtgebruik genietend*

usufructo m • *vruchtgebruik; opbrengst* • *genot*

usufructuario m *vruchtgebruiker*

usura v • *woekerwinst; woekerrente* • *woekerpraktijken* ★ *pagar con* ~ *dubbel en dwars vergelden*

usurario BNW *woeker-*

usurear ON WW *lenen tegen woekerrente; woekeren*

usurero m *woekeraar*

usurpación v • *uitbuiting* • *onrechtmatige toe-eigening*

usurpador I m *usurpator* II BNW *usurperend*

usurpar OV WW *usurperen; zich onrechtmatig toe-eigenen; zich aanmatigen* ⟨v. recht⟩

utensilio m • *werktuig* • *stuk gereedschap*

uterino BNW *van de baarmoeder* ★ *hermano* ~ *halfbroer* ⟨v. moederskant⟩

útero m *baarmoeder*

útil BNW • *bruikbaar; nuttig; geschikt* • *werk-*

útiles m mv *gerei; gereedschap*

utilidad v • *nut; bruikbaarheid* • *inkomsten; opbrengst* • *winst; profijt* ★ ~*es líquidas netto winst*

utilitario I m *kleine personenwagen* II BNW *utilitair; nut beogend*

utilitarismo m *utilitarisme; utiliteitsbeginsel*

utilizable BNW • *bruikbaar; aanwendbaar* • *werkbaar; operationeel*

utilización v *het benutten; gebruik(making)*
utilizar OV WW *gebruiken; aanwenden*
utillaje m *uitrusting; outillage*
utopía v *utopie*
utópico BNW *utopisch*
utopista m/v *utopist*
uva v *druif* ★ de uvas a peras *zo nu en dan* ★ estar de mala uva *in een slecht humeur zijn* ★ tener mala uva *kwade bedoelingen hebben* ★ uva blanca *witte druif* ★ uva negra *blauwe druif* ★ uva pasa *rozijn*
uve v *v* ⟨letter⟩
úvula v *huig*
uvular BNW *van de huig; huig-*
uxoricidio m *moord op echtgenote*
uzbeko I m *Oezbeek* **II** BNW *uit/van Oezbekistan*

V

v v *v* ★ la v de Valencia *de v van Victor*
va WW (3e p ev t.t.) → *ir*
vaca v *koe* ★ las vacas gordas *de vette jaren* ★ las vacas flacas *magere jaren* ★ vaca marina *zeekoe* ★ carne de vaca *rundvlees* ★ callos de vaca *soort gerecht gemaakt van ossenpens* ★ un caso de vacas locas *een geval van gekkekoeienziekte*
vacación v • *vakantie* • *rusttijd* ★ vacaciones de verano *grote vakantie*
vacada v *kudde koeien*
vacancia v *vacature*
vacante I v *vacature* **II** BNW *vacant; onbezet*
vacar ON WW *vacant worden; vrij komen* ⟨v. baan⟩
vaciadero m • *gootsteen* • *afvoerbuis*
vaciado m • *het legen; het ledigen* • ARCHIT. *het afgieten* • *gipsafgietsel* • *het slijpen*
vaciar /í/ OV WW • *ledigen; leeggieten; leegmaken* • *leegdrinken* • *uithollen* • *ontruimen* • *slijpen* • *grondig onderzoeken*
vaciarse WKD WW • *eruit flappen* ⟨v. woorden⟩ • *leeg raken; zich volledig geven* ★ ~ el costal *alles zeggen wat men op het hart heeft*
vaciedad v *onnozelheid); onzin*
vacilación v • *wankeling* • *flikkering* • *aarzeling*
vacilante BNW • *weifelend; aarzelend* • *onzeker* ★ un pulso ~ *een onregelmatige polsslag*
vacilar OV WW • *wankelen; waggelen* • *flikkeren* • *variëren tussen* • *aarzelen; twijfelen* ★ sin ~ *zonder zich te bedenken*
vacilón m • *lolbroek; grapjas* • *druggebruiker*
vacío I m • OOK FIG. *leegte* • *vacuüm* • *afgrond* • ANAT. *zijde* • *vacature; open plaats* ★ de ~ *onverrichter zake; in het luchtledige* ★ ~ de poder *machtsvacuüm* ★ caer en el ~ *geen weerklank vinden* ★ dar en ~ *niet het gestelde doel bereiken; misslaan* ★ dejar un gran ~ *een grote leegte achterlaten* ★ hacer el ~ a alg. *iemand mijden* **II** BNW • *leeg; inhoudsloos* • *onbezet* • *hooghartig* • *oppervlakkig* ★ tener la cabeza vacía *een leeghoofd zijn* ★ una casa vacía *een leegstaand huis* ★ frases vacías *nietszeggende zinnen; holle frasen*
vacuidad v • *leegte* • *holheid; oppervlakkigheid*
vacuna v • *vaccin; pokstof* • *koepokken*
vacunación v *inenting; vaccinatie* ★ fe de ~ *pokkenbriefje*
vacunador m *inenter*
vacunar OV WW • *inenten* • FIG. *immuun maken*
vacuno I m *rundvee* **II** BNW • *rund-; runder-* ★ ganado ~ *rundvee*
vacuo BNW • *leeg* • *inhoudsloos; oppervlakkig*
vade m • *schrijfmap* • *vademecum* • *lessenaar*
vadeable BNW • *doorwaadbaar* • *overkomelijk*
vadear OV WW *doorwaden*
vademécum m • *vademecum* • *schooltas* • *(schrijf)map*
vado m • *doorwaadbare plaats* • *uitrit*
vagabundear ON WW • *rondzwerven* • *slenteren*
vagabundeo m *het zwerven*
vagabundo I m • *landloper* • *zwerver* **II** BNW

• *zwervers-* • *zwervend; dwalend*
vagancia v • *landloperij; het zwerven* • *het niksen* • *luiheid* • *loomheid*
vagar I m *vrije tijd* **II** ON WW • *rondzwerven* • *slenteren*
vagido m *gehuil* ⟨v. pasgeborene⟩
vagina v *vagina*
vaginal BNW *vaginaal*
vago I m • *luilak* • *zwerver* **II** BNW • *lui* • *vaag* • *zwervend*
vagón m *wagon* ⋆ ~ de capitoné *verhuiswagon* ⋆ ~ de primera *wagon eerste klas*
vagoneta v *lorrie; mijnkarretje*
vaguada v *bedding*
vaguear ON WW *luilakken; lanterfanten*
vaguedad v • *vaagheid; onbestemdheid* • *onduidelijkheid*
vaharada v • *ademtocht* • *uitwaseming; rookwolkje* • *walm; stank* ⟨uit de mond⟩
vahear ON WW *dampen verspreiden*
vahído m *flauwte; black-out*
vaho m • *adem* • *walm; damp*
vahos m mv → **vaho** ⋆ hacer ⋆ *stomen*
vaina I m • *zeurpiet; stommeling* • *rotvent* **II** v • *schede* ⟨v. een zwaard⟩ • *peul; dop* ⋆ ZA *onprettig*
vainica v *zoomsteek*
vainilla v • *vanille* • *vanilleplant*
vais WW (2e p mv t.t.) → **ir**
vaivén m • *schommeling* • *schok* • *veranderlijkheid* ⋆ los vaivenes de la vida *de grillen van het leven* ⋆ movía la cabeza con ligero ~ *hij schudde het hoofd zachtjes heen en weer*
vajilla v • *vaatwerk* • *servies*
valdepeñas m *wijn* ⟨uit Valdepeñas⟩
valdrá WW (3e p ev tk.t.) → **valer**
valdré WW (1e p ev tk.t.) → **valer**
vale I m • ZA *vriend; kameraad* • *bon; bewijsje; reçu* **II** TW *okay; goed; ja; prima*
valedero BNW *geldig*
valedor m *beschermer*
valencia v CHEM. *valentie*
valencianismo m • *Valenciaanse dialect* • *Valenciaans regionalisme*
valenciano I m • *iemand uit Valencia* • *Valenciaans* (taal) **II** BNW *Valenciaans*
valentía v • *moed* • *heldendaad*
valentón m • *branieschopper* • *ijzervreter; vechtersbaas*
valentonada v *opschepperij*
valer I m *waarde* ⋆ un hombre de tu ~ *een man van jouw kaliber* **II** OV WW • *opleveren* • *overtreffen; de baas zijn* ⋆ más valiera *het zou beter zijn* ⋆ valdría que lo dejaras *je moest daar maar mee ophouden* ⋆ ¡aquí no vale perder el tiempo! *hier valt geen tijd te verliezen!* ⋆ aquí no valen las bromas *hiermee valt niet te spotten* ⋆ no es literatura ni cosa que lo valga *het is allesbehalve literatuur* ⋆ no le valdrán excusas *uitvluchten kunnen hem niet helpen* ⋆ hacer ~ *doen/laten gelden* ⋆ ¡vale! *okay!; goed!* ⋆ no vale para nada *je hebt er niets aan* ⋆ ¿cuanto vale? *wat kost het?* **III** ON WW • OOK FIG. *waard zijn* • *gelden* • *toegestaan zijn* • *kosten; komen op; bedragen*

• *van pas komen* • *deugen* • *de baas zijn; overtreffen* • *verdedigen; beschermen* ⋆ un chico que vale mucho *een jongen waar je iets aan hebt* ⋆ ¡válgame Dios! *God sta me bij!* • (~ por) *staan voor; gelijk zijn aan*
valeriana v *valeriaan*
valeroso BNW *dapper; heldhaftig*
valerse WKD WW → FIG. *zich redden* ⋆ *zich bedienen*
valetudinario BNW *ziekelijk*
valga WW (1e/3e p ev subj. t.t.) → **valer**
valía v • *waarde* • *gunst* ⟨v.e. gunsteling⟩ ⋆ de mucha ~ *belangrijk* ⋆ de gran ~ *met een goede naam; achtenswaardig* ⋆ tener gran ~ con u.p. bij iemand *bijzonder in de gunst staan*
validación v • *geldigverklaring* • *bekrachtiging*
validar ON WW *geldig verklaren; bekrachtigen*
validez v • *rechtsgeldigheid* • *geldigheid* ⋆ falto de ~ *ongeldig* ⋆ tiene ~ *het blijft geldig*
valido m *gunsteling*
válido BNW • *rechtsgeldig; geldig; stevig; sterk*
valiente I m • *moedig man* • PEJ. *bluffer* ⋆ dárselas de ~ *de held uithangen* **II** BNW • *dapper* • PEJ. *flinke* • *bluffend* ⋆ ¡~ sorpresa! *wat een verrassing!*
valija m • *koffer; valies* • *postzak* ⋆ ~ diplomática *diplomatieke post*
valimiento m *bescherming* ⋆ tiene gran ~ con *hij staat erg in de gunst bij*
valioso BNW *waardevol*
valla v • *hek; schutting* • *barricade;* OOK FIG. *hindernis* • SPORT *horde* ⋆ ~ publicitaria *reclamebord* ⋆ romper la ~ *de norm doorbreken; zich niet conventioneel gedragen* ⋆ ~s protectoras *vangrails*
valladar m • *schutting; hek* • FIG. *barrière*
vallado m • *heg* • *schutting*
vallar OV WW *omheinen*
valle m • *dal; vallei* ⋆ el ~ de Josafat *de eeuwigheid* ⋆ ~ de lágrimas *tranendal*
vallisoletano I m/v *iemand uit Valladolid* **II** BNW *van/uit Valladolid*
valón I m • *Waal* • *Waals* **II** BNW *Waals*
valor m • *waarde; prijs; bedrag* • *lef* • MUZ. *waarde* • *belang* • *inhoud* • KUNST *het accentueren* ⋆ los ~es de una sociedad *de normen en waarden van een maatschappij* ⋆ ~ absoluto *de absolute waarde* ⋆ tuvo el ~ de negarlo *hij had het lef het te ontkennen* ⋆ de ~ fijo *waardevast* ⋆ ~ añadido *toegevoegde waarde* ⋆ ~ adquisitivo *inkoopprijs* ⋆ armarse de ~ *de stoute schoenen aantrekken* ⋆ conceder ~ a *waarde toekennen aan* ⋆ le quitó ~ a la frase *hij ontkrachtte de zin*
valoración v • *schatting; taxatie* • *beoordeling; waardering*
valorar OV WW • *waarderen* • *rekening houden met* • *taxeren; schatten; vaststellen* • *lonend maken*
valores m mv → **valor** • *waardepapieren*
valorización v • *schatting* • *waardering*
valorizar OV WW *de waarde verhogen*
valquiria v *Walkure*
vals m *wals(muziek)*
valsar ON WW *walsen*

valuación v → valoración
valuar /ú/ OV WW • taxeren • waarderen
valva v • schaal ‹v. mossel/oester› • klep
válvula v • klep • ANAT. hartklep • ventiel ★ ~ de
   seguridad veiligheidsklep ★ ~ de escape
   uitlaatklep
vamos WW (1e p mv t.t.) → ir
vampiresa v femme fatale
vampiro m • vampier • FIG. uitzuiger
van WW (3e p mv t.t.) → ir
vanagloria v • ijdele roem • eigenwaan
vanagloriarse /í/ WKD WW opscheppen
vanaglorioso I m ijdeltuit II BNW opschepperig;
   ingebeeld
vanamente BIJW tevergeefs
vandálico BNW • vernielzuchtig; vandalistisch
   • GESCH. barbaars
vandalismo m • vandalisme • vernielzucht
vándalo I m • GESCH. Vandaal • vandaal II BNW
   • GESCH. Vandaals • vandaals
vanguardia v • voorhoede • avant-garde
vanguardismo m avant-gardisme
vanguardista I m/v avant-gardist II BNW avant-
   gardistisch
vanidad v • ijdelheid • zinloosheid;
   nutteloosheid
vanidoso I m • ijdeltuit • dikdoener II BNW ijdel
vano I m • holte ‹in muur›; (tussen)ruimte
   • opening ★ vano de la puerta deuropening
   II BNW • nutteloos; zinloos • ijdel • vergeefs;
   vruchteloos • inhoudsloos • ongegrond ★ en
   vano tevergeefs
vapor m • damp; stoom • stoomschip ★ al ~ op
   volle snelheid
vaporización v verdamping
vaporizador m • verstuiver; spray • verdamper
vaporizar OV WW verdampen
vaporizarse WKD WW vervluchtigen
vaporoso BNW licht ‹v. kleding›; luchtig
vapulear OV WW afranselen; geselen
vapuleo m afranseling; geseling
vaquería v • koeienstal • melkerij
vaqueriza v koeienstal
vaquerizo I m veedrijver; koeiendrijver II BNW
   van de koeien; koeien-
vaquero I m • veedrijver; koeiendrijver
   • cowboy II BNW vee-; koeien-
vaqueros m mv → vaquero • spijkerbroek
vaqueta v rundleer
vaquilla v vaars; koetje ★ ~s stierenvechten met
   jonge runderen
vara v • tak ‹zonder bladeren›; stok • staf • el
   • TAUR. lange lans • stengel; steel • disselboom
   ★ tener vara alta FIG. een lange arm hebben
   ★ caballos de varas trekpaarden ‹voor rijtuig›
   ★ doblar la vara de la justicia een
   veroordeling uitspreken ten gunste van één van
   beide partijen ★ TAUR. poner varas al toro stier
   met een lange lans in de schoft steken
varada v op het droge trekken ‹v. schip›
varadero m droogdok; scheepshelling
varado BNW • op het droge; gestrand • voor
   anker
varadura v stranding
varal m disselboom
varapalo m • lange stok • stokslag • uitbrander

varar I OV WW op het droge trekken ‹v. schip›
   II ON WW stranden; aan de grond lopen
varear OV WW • slaan ‹met stok› • stokslagen
   geven
vareta v • vogelroede • streepje ‹in weefsel›
   • schimpscheut ★ echar una ~ een steek onder
   water geven
Vargas m ★ ¡averígüelo ~! dat mag Joost weten!
variabilidad v • variëteit • veranderlijkheid;
   wisselvalligheid
variable I v WISK. variabele II BNW wisselvallig;
   veranderlijk; variabel
variación v variatie; verandering
variado BNW • gevarieerd • gesorteerd
   • gemengd
variante v • variant; variatie • omleiding;
   wegomlegging • verschil
variar /í/ I OV WW • wijzigen; veranderen
   • afwisselen; variëren II ON WW • afwijken
   • verschillen
varicela v waterpokken
varicoso BNW van de spatader(en) ★ úlceras
   varicosas spataderen
variedad v • verscheidenheid; variatie • variëteit
variedades v mv → variedad • variété
varilla v • staaf • peilstok • balein ‹v. waaier,
   paraplu› • kaakbeen
varillaje m baleinen
vario BNW verschillend
varioloso BNW pokken-; van de pokken
varios I BNW mv diverse II TELW mv
   verschillende; verscheidene
varita v stokje ★ ~ mágica toverstokje
variz v spatader
varón I m • man • jongen ★ tiene cinco hijos,
   dos varones y tres hembras hij heeft vijf
   kinderen, twee jongens en drie meisjes II BNW
   van het mannelijk geslacht
varona v manwijf
varonil BNW mannen-; mannelijk
Varsovia v Warschau
vasallaje m • horigheid; vazalschap • leendienst
vasallo m vazal; leenman
vasar m keukenkast
vasco I m • Bask • Baskisch II BNW Baskisch
Vascongadas v mv Baskenland; de Baskische
   provincies
vascongado BNW uit het Baskenland; Baskisch
vascuence m het Baskisch
vascular BNW bloedvaten-; vaat-
vasectomía v vasectomie
vaselina v vaseline
vasera v • bordenrek • glazenrek • keukenkast
vasija v • vaatwerk • kruik; schaal; kan; pot
vaso m • vaas • glas • ANAT. vat ★ vaso de vino
   wijnglas ★ vaso de noche po ★ ahogarse en
   un vaso de agua van een mug een olifant
   maken ★ vasos comunicantes
   communicerende vaten ★ vaso capilar haarvat
   ★ vaso sanguíneo bloedvat
vasoconstrictor I m vaatvernauwend middel
   II BNW vaatvernauwend
vástago m • loot; spruit • staaf(je) • telg;
   nazaat; spruit
vastedad v uitgestrektheid
vasto BNW uitgestrekt; uitgebreid

va

vate m *dichter*
vaticano I m *Vaticaan* ⟨inwoner⟩ II BNW *Vaticaans*
Vaticano m *Vaticaan* ⟨staat⟩
vaticinador m *voorspeller; waarzegger*
vaticinar OV WW *voorspellen*
vaticinio m *voorspelling*
vatio m *watt*
vaya WW (1e/3e p ev subj. t.t.) → **ir**
Vd. AFK (Usted) *u* ⟨ev⟩
Vds. AFK mv (Ustedes) *u* ⟨mv⟩
vea WW (1e/3e p ev subj. t.t.) → **ver**
veces → **vez**
vecinal BNW • *buurt-; buren- • lokaal* ★ *camino ~ lokale weg; landweg*
vecindad v • *nabuurschap • buurtbewoners • omtrek; nabijheid*
vecindario m • *buurt • (buurt)bewoners; buren*
vecino I m • *buur(man) • (buurt)bewoner • inwoner* II BNW • *van de buren; buur- • verwant; vergelijkbaar • (hier)naast gelegen*
vector m *vector*
veda v • *verbod • verbod op jacht/visserij* ⟨tijdelijk⟩
vedado I m *verboden terrein* II BNW *verboden*
vedar OV WW *verbieden*
vedette v *vedette; (film)ster*
védico BNW *vedisch; van (de tijd van) de veda's*
vedija v • *vlok wol • pluk haar*
vega v • *vruchtbare vlakte • beemd*
vegetación v *vegetatie; planten(groei)*
vegetaciones v mv → **vegetación** • *poliepen* ⟨in de neus⟩
vegetal I m *plant; gewas* II BNW *planten-; plantaardig* ★ **tierra** ~ *tuinaarde*
vegetar ON WW • *groeien • OOK FIG. vegeteren • een zittend leven leiden*
vegetarianismo m *vegetarisme*
vegetariano I m *vegetariër* II BNW *vegetarisch*
vegetativo BNW *vegetatief*
vehemencia v *onstuimigheid; heftigheid*
vehemente BNW • *heftig • onstuimig; vurig*
vehículo m • *voertuig; vaartuig • (over)drager* ⟨v. ziekte⟩ • *overbrenger • bindmiddel*
veintavo I BNW *twintigste* II TELW *twintigste*
veinte TELW *twintig*
veintena v *twintigtal*
vejación v *kwelling*
vejamen m *kwelling*
vejancón I m *ouwe knar* II BNW *ouwe*
vejar OV WW • *kwellen; vernederen • treiteren*
vejatorio BNW *vernederend; kwetsend*
vejeces v mv → **vejez** • *nukken* ⟨v. oude mensen⟩; *grillen*
vejestorio m • *ouwe taart • ouwe sok*
vejete m *ouwe; oudje*
vejez v *ouderdom* ★ *a la ~, viruelas hoe ouder hoe gekker*
vejiga v • *blaas • blaar*
vela v • *kaars • zeil • zeilsport* ★ *ino te da vela en ese entierro! je hebt het recht niet je daarmee te bemoeien!* ★ *como una vela fier; rechtop* ★ *encender una vela a Dios y otra al diablo van twee walletjes eten* ★ *hacer(se) a la vela afvaren; uitvaren* ★ *quedarse a dos velas er geen snars van begrijpen* ★ *en vela wakker;*

wakend ★ *estar a la vela voorbereid zijn; zeilklaar zijn* ★ *dar vela uitvaren* ★ *recoger velas FIG. bakzeil halen; FIG. zich inhouden; de zeilen strijken* ★ *a toda vela/a velas desplegadas met volle zeilen* ★ *moverse a toda vela alle zeilen bijzetten; er flink de vaart inzetten* ★ *estar a dos velas platzak zijn*
velación v *nachtwake*
velada v *avondje; avondpartij*
velado I m *echtgenoot* II BNW • *gesluierd; bedekt • wazig* ⟨v. foto⟩
velador m *rond tafeltje*
veladura v *sluier; schaduw*
velaje m (velamen) *zeiltuig; tuigage*
velar I BNW *van het verhemelte* II OV WW • *sluieren • versluieren; verhullen • overbelichten* ⟨v. foto⟩ • *bewaken* ★ ~ *a un difunto/muerto waken bij een dode* III ON WW • *waken; opblijven; wakker zijn/blijven • (~ por/sobre) waken over*
velarse WKD WW • *met een sluier bedekken • versluieren; verhullen*
velas v mv → **vela** • *snottebellen*
velatorio m *dodenwake*
veleidad v *wispelturigheid*
veleidoso BNW *wispelturig*
velero I m *zeilboot* II BNW *vlug zeilend*
veleta I v *windwijzer* II m/v *wispelturig persoon*
vello m • *donzig haar* ⟨op lichaam⟩ • *haartjes* ⟨v. vruchten en planten⟩
vellocino m *vacht* ★ *el ~ de oro het Gulden Vlies*
vellón m • *vacht; scheerwol • zilver-koper legering*
vellosidad v *behaardheid*
velloso BNW • *harig; behaard • donzig*
velludo BNW *sterk behaard*
velo m • *(rouw)sluier • voile • waas* ★ *(des)correr el velo de sluier oplichten* ★ *correr/echar tupido velo sobre algo een sluier over iets werpen* ★ *tomar el velo del paladar verhemelte* ★ *tomar el velo non worden; in het klooster gaan*
velocidad v • *snelheid • versnelling* ★ *envío en gran ~ ijlgoed* ★ *mercancías de pequeña ~ vrachtgoed* ★ *cambiar de ~ schakelen*
velocímetro m *snelheidsmeter*
velocípedo m *vélocipède*
velódromo m *wielerbaan*
velomotor m *snorfiets*
velón m *olielamp*
velorio m • *nachtelijk feest • dodenwake • ZA saai feest*
veloz BNW *vlug*
ven WW (geb. wijs, jij-vorm) → **venir**
vena v • *ader • vlam* ⟨in hout/steen⟩ • *inspiratie • talent; aanleg* ★ *coger/hallar la vena a alg. iemand in een gunstige stemming aantreffen* ★ *estar en vena in de stemming zijn; op dreef zijn* ★ *le ha dado la vena por cantar asi hij heeft het in zijn hoofd gehaald zo te zingen* ★ *vena cava holle ader*
venablo m *werpspies* ★ *echar ~s woedend tekeergaan*
venado m • *hert • groot wild*
venal BNW • *corrupt; omkoopbaar • ader- • te*

koop

venalidad v *corruptie; omkoopbaarheid*

venático BNW *getikt; gek*

venatorio BNW *van de jacht; jacht-*★ escena venatoria *jachttafereel*

vencedor I m *overwinnaar* II BNW *zegevierend; (over)winnend*

vencejo m • *gierzwaluw* • *(stro)band* ⟨om schoof⟩

vencer I OV WW • *overtreffen; (over)winnen* • *breken* ⟨v. verzet⟩ • *bedwingen* • *te zwaar zijn voor* • *overweldigen; overmannen* ⟨v. slaap⟩ ★ divide y ~ás *verdeel en heers* II ON WW • *verlopen; vervallen* ⟨v. termijn, garantie⟩ • *opeisbaar zijn* ⟨v. geleend geld⟩ • (~ a) *het winnen van*

vencerse WKD WW *doen bezwijken*

vencible BNW *te overwinnen*

vencido I m *overwonnene* II BNW *overwonnen* • darse por ~ *zich gewonnen geven*

vencimiento m • *afloop; het vervallen* ⟨v. termijn/garantie⟩ • *het begeven; het bezwijken*

venda v *zwachtel; verband* ★ tener una ~ en los ojos *oogkleppen voor hebben; ziende blind zijn*

vendaje m • *verband* • *drukverband* ★ aplicarle un ~ a u.p. *iemand verbinden*

vendar OV WW *verbinden; zwachtelen*

vendaval m *stormwind*

vendedor I m *verkoper* II BNW *verkoop-; verkopend*

vendeja v *straatverkoop*

vender OV WW • *verkopen* • *verloochenen; verkwanselen* • *verraden* • ~ al por menor *een detailhandel hebben*

venderse WKD WW • *zich opofferen; voor een ander de kolen uit het vuur halen* • *zich verraden* • *zich laten omkopen* ★ ~ caro *zich moeilijk laten overhalen; zich weinig laten zien*

vendi m *verkoopbewijs*

vendible BNW *verkoopbaar*

vendido BNW • *verkocht* • *verloochend* • *verraden* • estar/ir ~ *niet kunnen vertrouwen op*

vendimia v *druivenpluk; druivenoogst*

vendimiador m *druivenplukker*

vendimiar ON WW *druiven plukken/oogsten*

vendrá WW (3e p ev tk.t.) → **venir**

vendré WW (1e p ev tk.t.) → **venir**

Venecia v *Venetië*

veneciano I m *Venetiaan* II BNW *Venetiaans*

veneno m • *gif; vergif* • *venijn*

venenosidad v *giftigheid*

venenoso BNW • *giftig* • *venijnig*

venera v *sint-jakobsschelp*

venerable BNW *eerbiedwaardig*

veneración v *aanbidding; verering*

venerando BNW • **venerable**

venerar OV WW • *eerbiedigen; eren* • *vereren; aanbidden*

venéreo BNW *venerisch* ★ enfermedad venérea *geslachtsziekte*

venero m • *bron* • *ertslaag*

venezolano I m *Venezolaan* II BNW *Venezolaans*

venga WW (1e/3e p ev subj. t.t.) → **venir**

vengador I m *wreker* II BNW *wrekend*

venganza v *wraak* ★ ~ de honor *eerwraak*

vengar OV WW *wreken; wraak nemen op*

vengarse WKD WW *zich wreken*

vengativo BNW *wraakzuchtig*

vengo WW (1e p ev t.t.) → **venir**

venia v *toestemming; vergeving*

venial BNW • *vergeeflijk* • *klein; dagelijks* ⟨v. zonde⟩

venialidad v *vergeeflijkheid* ⟨v. zonde⟩

venida v • *komst* • *bezoek*

venidero BNW *later; toekomstig; komend*

venir /ie, i/ ON WW • *komen* • *volgen* • *afkomen (op)* • *opkomen* ⟨v. idee, gevoel⟩ • *tot een vergelijk komen* • *overkomen* • *een gevolg zijn* • *afkomstig zijn* • *passen; staan* ⟨v. kleding⟩ • *zich bevinden; uitkomen; groeien* ⟨v. gewas⟩ • *krijgen* ⟨v. slaap⟩ • *goedkeuren; goedvinden* ⟨uiteindelijk⟩ • *komen aanzetten* ★ en lo por ~ *in de toekomst* • por ~ *wat komen gaat* • ¿a qué viene? *hoe kom je erop?; waar haal je het vandaan?* ★ sin ~ a nada *ongefundeerd* ★ ~ a ser *erop neerkomen* ★ ~ bien/mal *goed/slecht van pas komen/uitkomen/staan* ★ este dinero me viene de primera *dit geld komt me heel goed uit* ★ ~ rodado *vanzelf gaan* ★ ~ a buenas *zich schikken; zijn gedrag aanpassen* ★ ~ en coche/tren *met de auto/trein komen* ★ el año que viene *het volgend jaar* ★ viene en el diario *het staat in de krant* ★ ni me va ni me viene *daarmee heb ik niets uit te staan* ★ ~ a cuento *gaan over* ★ ¡venga (ya)! *kom op!* ★ vino a ello gustoso *hij ging er bereidwillig op in* ★ viene a ser lo mismo *dat komt op hetzelfde neer* ★ de ello viene *daaruit volgt/blijkt* ★ vengo de hablar con él *ik heb zojuist met hem gesproken* ★ vino en declarar que *hij verklaarde ten slotte dat* ★ según vengo diciendo *zoals ik altijd al zeg* ★ ~ corriendo *toesnellen* ★ viene cansado *hij is moe* ⟨bij aankomst⟩ ★ ~ grande/ancha FIG. *boven het hoofd groeien; te groot zijn* ⟨v. kleding⟩ ★ eso me viene clavado *dat komt als geroepen; dat kan niet beter uitkomen; dat zit me als gegoten* ★ ~ encima *boven het hoofd hangen* ★ ~ a menos *aan lager wal raken; verslechteren; achteruitgaan* • (~ [a + inf.]) *ongeveer; (uiteindelijk) (terecht)komen op* • (~ [de + inf.]) *zojuist gedaan hebben* • (~ [+ gerundium]) *voortdurend bezig zijn met*

venirse WKD WW • *(ergens vandaan) komen* • *rijzen* ⟨v. bakmeel⟩ ★ se vino al suelo nuestro plan *ons plan viel in duigen* ★ ~ abajo *instorten; in duigen vallen* • ~ a las manos *slaags raken* ★ ~ a tierra *instorten; in duigen vallen*

venoso BNW • *van/met aderen* • *geaderd*

venta v • *verkoop* • *herberg* ★ puesto en ~ *te koop aangeboden* ★ ~ anticipada *voorverkoop*

ventada v *rukwind; windvlaag*

ventaja v • *voordeel* • *voorsprong* ★ llevar ~ *voordeel hebben* • sacar ~ *de voordeel doen met*

ventajista m/v *opportunist*

ve

ventajoso BNW *gunstig; voordelig*

ventana v • *raam* • *venster* ★ ~ de la nariz *neusgat* ★ ~ corrediza/de guillotina *schuifraam* ★ echar/tirar/arrojar la casa por la ~ *vergooien; over de balk smijten* ⟨v. geld⟩ ★ COMP. ~ popup/emergente *pop-upvenster*

ventanaje m *geheel van ramen van een gebouw*

ventanal m *groot raam*

ventanear ON WW *voor het raam zitten (te gluren)*

ventanilla v • *loket* • *raampje* • *venster* ⟨v. envelop⟩ • *neusgat*

ventanillo m *raampje*

ventarrón m *krachtige wind*

ventear ON WW *opsnuiven* ⟨v. dieren⟩; *snuffelen* ⟨v. dieren⟩

ventearse WKD WW • *splijten* • *door de wind bederven* • *vol luchtbellen komen*

ventero m *herbergier*

ventilación v *het luchten; ventilatie*

ventilador m *ventilator*

ventilar OV WW • *luchten* • OOK FIG. *ventileren* • *bekend maken* • *proberen op te lossen; ophelderen*

ventisca v *sneeuwstorm*

ventiscar ON WW (**ventisquear**) • *sneeuwen en stormen* • *opwaaien* ⟨v. sneeuw⟩

ventiscoso BNW *stormachtig; sneeuwerig en winderig; met veel sneeuwjachten*

ventisquero m • *sneeuwberg; sneeuwgebergte* • *boven de sneeuwgrens*

ventolera v • *rukwind; windvlaag* • *bevlieging* ★ darle una ~ *een bevlieging krijgen*

ventolina v *briesje*

ventorrillo m *eettentje* ⟨buiten de stad⟩

ventosa v • *ventilatiekanaal; luchtkoker* • *zuignap*

ventosear ON WW *winden laten*

ventosidad v *winderigheid*

ventoso BNW *winderig*

ventral BNW *buik-*

ventregada v *worp; nest*

ventrera v *buikgordel*

ventrículo m • *hartkamer* • *ventrikel; holte* ⟨in orgaan⟩ ★ ~ del corazón *hartkamer*

ventrílocuo I m *buikspreker* II BNW *buiksprekend*

ventriloquia v *het buikspreken*

ventrudo BNW *dikbuikig*

ventura v • *geluk; voorspoed* • *toeval; lot* ★ a la ~ *op goed geluk; op de bonnefooi* ★ echar la buena ~ *waarzeggen* ★ mala ~ *pech; ongeluk* ★ por ~ *gelukkig; soms; misschien*

venturero BNW • *avontuurlijk* • *toevallig* • *gelukkig*

venturoso BNW *gelukkig; geluks-*

venus v • *Venus* • *mooie, verleidelijke vrouw*

ver I m • *gezichtsvermogen* • *uiterlijk* ★ ese hombre todavía es de buen ver *die man ziet er nog goed uit* II OV WW • *zien; kijken* • *bekijken* • *onder ogen zien; inzien; merken* • *te weten komen; vernemen; meemaken; beleven* • *leren kennen* • *voorzien; zien aankomen* • *aanzien* • *consulteren* • *bezoeken* ★ echar de ver *in de gaten hebben; (op)merken* ★ ver(las) venir *iets bekijken; iets afwachten*

★ tener que ver con *te maken hebben met* ★ es de ver *het is het aanzien waard; het is erg bewonderenswaardig* ★ ¿ves? zie je nou wel! ★ tengo un sueño que no veo *ik val om van de slaap* ★ a ver *laat eens zien* ★ darse a ver *bekendmaken* ★ dejar ver algo *iets suggereren; iets laten merken* ★ está por ver *dat valt nog te bezien* ★ habrá que ver *dat moeten we nog zien* ★ ¡habrase visto! *wel heb je ooit!* ★ hasta más ver *tot weerziens* ★ lo estaba viendo *ik zag het al aankomen* ★ lo no/nunca visto *het nog nooit vertoonde; het ongekende* ★ ni visto ni oído *voor je het in de gaten hebt; in een oogopslag* ★ no he visto nunca algo así *ik heb nog nooit zo iets gezien* ★ nunca las he visto tan/más gordas *ik heb het nog nooit zo zwaar gehad* ★ no la puede ver *hij kan haar niet luchten of zien* ★ ¡para que veas ...! *nou zie je eens ...!* ★ te veo venir *ik heb je door; ik heb je in de gaten* ★ ¡vamos a ver! *we zullen nog wel zien!* ★ ver de *van plan zijn* ★ verás como *je zult wel zien hoe* ★ veremos *we zien wel* ★ ya lo veo *ik snap het al* ★ dejarse ver *bekendmaken* III ON WW (~ [de + inf.]) *proberen te; trachten te*

vera v • *rand; kant; wal* • *zij(de)* ⟨v. mens⟩ ★ a mi vera *naast mij*

veracidad v • *waarachtigheid; oprechtheid* • *geloofwaardigheid*

veraneante m/v *vakantieganger; zomergast*

veranear ON WW *de zomervakantie doorbrengen*

veraneo m *zomervakantie* ★ ir de ~ *op zomervakantie gaan*

veraniego BNW *zomer-; zomers*

veranillo m *nazomer*

verano m *zomer* ★ ide ~! *ik denk er niet aan!* ★ vestirse de ~ *zich zomers kleden*

veras v mv • *waarheid* • *ernst* ★ de ~ *in ernst; echt waar* ★ ir de ~ *ernst worden; menens zijn*

veraz BNW • *oprecht; betrouwbaar* • *waarachtig; waarheidsgetrouw*

verbal BNW • *verbaal; mondeling* • *van het werkwoord; werkwoordelijk*

verbena v • *dansfeest op straat; kermis* • PLANTK. *ijzerhard*

verbenero BNW *feestelijk*

verbigracia BIJW *bijvoorbeeld*

verbo m • *werkwoord* • *woordenschat* ★ ~ transitivo *overgankelijk werkwoord* ★ ~ intransitivo *onovergankelijk werkwoord*

verbosidad v *breedsprakigheid*

verboso BNW *breedsprakig*

verdad v • *waarheid* • *feit* ★ la pura ~ *de zuivere waarheid* ★ las ~es del barquero *de onverbloemde waarheid* ★ faltar a la ~ *de waarheid geweld aandoen* ★ ~ de Perogrullo *waarheid als een koe* ★ a decir ~/a la ~ *eerlijk gezegd* ★ es una ~ *como un templo/un puño het is een waarheid als een koe; het is een feit* ★ ¿~? *nietwaar?* ★ bien es ~ que *het is weliswaar zo dat* ★ de ~ *heus (waar); echt (waar)*

verdaderamente BIJW • *werkelijk; heus* • *eerlijk gezegd*

verdadero BNW • *waar; werkelijk* • *echt; heus* • *oprecht*

verdasca v *groene twijg*
verde I m • *groen* ‹v. kleur› • *groenvoer* II BNW
  • OOK FIG. *groen* • *onrijp* • *jong*; *pril* ★ *un viejo*
  ~ *een oude snoeper* ★ poner ~ a alg. *iemand*
  een uitbrander geven; *iemand uitfoeteren* ★ un
  chiste ~ *een schuine mop* ★ el plan aún está ~
  het plan bevindt zich nog in een vroeg stadium
verdear ON WW *groen worden*; *een groene kleur*
  krijgen
verdecer ON WW *groen worden*
verdegay I m *lichtgroen* II BNW *lichtgroen*
verdemar I m *zeegroen* II BNW *zeegroen*
verderón m *groenling*; *groenvink*
verdete I m *kopergroen* II BNW *kopergroen*
verdezca WW (1e/3e p ev subj. t.t.) → **verdecer**
verdin m *schimmel*; *meeldauw*
verdolaga v *postelein*
verdón m *groenvink*
verdor m • *groene kleur* • *frisheid* ‹v. planten›
verdoso BNW *groenachtig*
verdugo m *beul*
verdugón m *striem*
verdulera v • *groentevrouw* • FIG. *viswijf*
verdulería v *groentewinkel*
verdulero m *groenteboer*
verdura v *groente*
verdusco BNW *donkergroenachtig*
verecundia v *schaamte*
verecundo BNW *verlegen*; *bedeesd*
vereda v (*voet*)*pad* ★ entrar en ~ *een geregeld*
  leven gaan leiden ★ hacer entrar en/por ~
  weer in de pas doen lopen; *weer in het gareel*
  brengen
veredicto m • *uitspraak* • (*eind*)*oordeel*
verga v • *ra* • *penis* ‹v. dier›
vergajo m *bullenpees*
vergel m (*moes*)*tuin met boomgaard*
vergonzante BNW *beschamend*
vergonzoso I m *verlegen mens* II BNW
  • *beschamend* • *verlegen*; *bedeesd*
vergüenza v • *schaamte* • *schande* ★ perder la ~
  zich onbeschaamd gedragen; *onbeschoft*
  worden ★ tener poca ~ *brutaal/schaamteloos*
  zijn; *weinig eergevoel hebben* ★ se me cae la
  cara de ~ *ik schaam me de ogen uit het hoofd*
  ★ le da ~ *hij voelt zich opgelaten*; *hij schaamt*
  zich erover ★ sacar a alg. a la ~ (*pública*)
  iemand aan de kaak stellen ★ tener ~ *zich*
  schamen
vergüenzas v mv *schaamdelen*
vericueto m *onbegaanbare weg*
verídico BNW *waar*; *waarachtig*
verificación v • *verifiëring*; *het nazien*
  • *controle*; *inspectie*
verificador I m *controleur* II BNW *controle-*
verificar OV WW • *controleren*; *inspecteren*
  • *verifiëren*; *nazien* • *natrekken*
verificarse WKD WW • *bewaarheid worden*;
  uitkomen • *tot stand komen*
verija v *schaamstreek*
verismo m *verisme*; *streng naturalisme*
verja v *traliehek*
vermicida m *wormenkuur*
vermicular BNW • *worm*(*en*)- • *wormvormig*
vermífugo m *wormenkuur*
vermú m (**vermut**) *vermout*

vernáculo BNW *inheems*; *lands-*
vernal BNW *lente-*; *voorjaars-*
vernier m *nonius*
verónica v PLANTK. *ereprijs* ★ TAUR. dar una ~
  beweging maken waarbij cape met twee
  handen wordt vastgehouden
verosímil BNW *waarschijnlijk*; *aannemelijk*
verosimilitud v *waarschijnlijkheid*;
  aannemelijkheid
verraco m *beer* ‹varken›
verraquear ON WW • *grommen* ‹v. boosheid›;
  brommen ‹v. boosheid› • *blèren* ‹v. baby›
verraquera v *geblèr*
verruga v *wrat*
verrugoso BNW *vol wratten*; *wrattig*
versado BNW (~ **en**) *goed in*; *vertrouwd met*
versal v ★ (letra) ~ *hoofdletter*
versalilla v (**versalita**) *klein kapitaal*
versar ON WW • *draaien* • *handelen/gaan*
versarse WKD WW *zich bekwamen*; *bedreven*
  worden
versátil BNW • *buigzaam* • *veranderlijk*;
  wispelturig
versatilidad v *veranderlijkheid*; *wispelturigheid*
verse WKD WW • *zich bevinden*; *elkaar*
  ontmoeten • *klaarblijkelijk zijn*; *blijken* ★ las
  paredes se veían bien adornadas *de muren*
  waren mooi versierd ★ vas a verte con él *je*
  zult hem kunnen spreken ★ véase más abajo
  zie hieronder ★ se las ven y se las desean *ze*
  krijgen het op hun zenuwen ★ me veo en ello
  ik moet er nog eens over nadenken ★ ~
  ahogado *in de knoei zitten* • ~ apurado de
  tiempo *tijd tekort komen* ★ ~ negro *ergens*
  problemen mee hebben ★ ~ las caras FIG.
  tegenover elkaar komen te staan ★ siento
  verme en el caso de *ik ben helaas*
  genoodzaakt om ★ a lo que se ve *naar het*
  schijnt
versículo m • *strofe*; *alinea* • *bijbelvers*
versificación v • *versificatie*; *versbouw*
versificador m *verzenmaker*; *rijmelaar*
versificar ON WW • *verzen maken* • *in versvorm*
  stellen
versión v • *vertaling* • *uitvoering* • *lezing*; *versie*
verso I m • *dichtregel*; *vers* • *gedicht*; *rijmpje*
  • *achterzijde* ‹v. vel papier› ★ ~ alejandrino
  alexandrijns vers ★ ~ de arte menor *vers met*
  acht voeten of minder ★ ~ de arte mayor *vers*
  met tien voeten of meer ★ ~ libre *vrij vers* ★ ~
  quebrado *gebroken rijm* ★ ~ agudo
  mannelijk/staand rijm ★ ~ llano *vrouwelijk*
  rijm ★ ~ suelto/blanco *vrij rijm* ★ ~s *pareados*
  gepaard rijm ★ en ~ *in dichtvorm* II BNW • la
  plana versa *de achterzijde* ‹v. een pagina›
vértebra v *wervel*
vertebrado I m *gewervelde diersoort* II BNW
  gewerveld
vertebral BNW *wervel-*
vertedera v *rister*; *strijkbord* ‹v. ploeg›
vertedero m • *stortplaats* • *afvoerkanaal* ★ ~ de
  basuras *vuilnisbelt*
vertedor m *afvoerkanaal*
verter /ie/ I OV WW • *morsen*; *knoeien* • *storten*;
  (*leeg*)*gieten* • *vertalen*; *omzetten* ★ ~ algo
  sobre alg. *iets over iemand uitstorten* II ON

ww *uitkomen; uitmonden*

verterse WKD WW • *morsen; overlopen*
• *overgieten*

vertical I m ASTRON. *hoogtecirkel* **II** v *loodlijn; verticaal* **III** BNW *verticaal; loodrecht*

verticalidad v *het loodrecht zijn*

vértice m • *top* ‹v. piramide›; *snijpunt* ‹v. lijnen› • *kruin*

vertiente v • *kant* ‹v. zaak›; *aspect* • *helling; schuinte*

vertiginoso BNW • *hoogtevrees hebbend*
• *duizelig • duizelingwekkend*

vértigo m • *hoogtevrees • roes • duizeling*
• *gedrang; gewoel* • dar ~ *duizelen* ★ ~ de las alturas *hoogtevrees* ★ tener ~ *duizelig worden* ★ de ~ *duizelingwekkend*

vesania v *waanzin; krankzinnigheid*

vesánico BNW *waanzinnig; krankzinnig*

vesícula v • *blaasje* • ANAT. *holte; blaas* • PLANTK. *blaar* ★ ~ *biliar galblaas*

vespertino BNW *avond-* ★ *diario* ~ *avondkrant*

vestal v *Vestaalse maagd*

vestíbulo m • *vestibule; voorportaal • hal*
• *foyer* • ANAT. *trommelholte*

vestido m • *kostuum; pak • kleding • jurk; japon*

vestidura v • *kleding; kleren • gewaad*

vestigio m • *(voet)spoor • aanwijzing; teken*

vestigios m mv • → **vestigio** • ARCH. *resten; overblijfselen*

vestimenta v *kleding; kleren*

vestir /i/ **I** OV WW • *behangen; bekleden*
• *(aan)kleden • bedekken* ★ a medio ~ *half aangekleed* ★ un traje de ~ *een net pak* ★ ~ mal *zonder smaak gekleed gaan* ★ ~ bien *goed gekleed gaan* ★ el mismo que viste y calza *in eigen persoon* ★ es cosa que viste *dat staat netjes* **II** ON WW • *zich kleden • gekleed zijn*

vestirse /i/ WKD WW • *zich (aan)kleden • zijn kleren laten maken • opstaan uit bed* ‹na ziekte› ★ ~ con galas ajenas *met andermans veren pronken* ★ ~ de severidad *gewichtig doen*

vestuario m • *garderobe • kleedruimte; kleedkamer; kleedhokje • kostuums • uniform*

Vesubio m *Vesuvius*

veta v • *ader; nerf; vlam • ertslaag*

vetar OV WW *een veto uitspreken over*

veteado BNW • *gevlamd; geaderd • gemarmerd*

vetear OV WW *aderen*

veteranía v *het veteraan zijn*

veterano I m *veteraan; oudgediende* **II** BNW *ervaren*

veterinaria v *diergeneeskunde*

veterinario I m *veearts; dierenarts* **II** BNW *dierkundig; van de dieren*

veto m *veto* ★ poner el veto a algo *zijn veto uitspreken over iets*

vetustez v *ouderdom*

vetusto m *heel oud; antiek*

vez v • *keer • beurt* ★ una vez recibido el importe *zodra het bedrag ontvangen is* ★ en vez de *in plaats van* ★ vez hubo en que no comió nada *het gebeurde ook wel dat hij niets had gegeten* ★ a veces *soms* ★ las más de las veces *meestal* ★ hacer las veces de *de plaats*

innemen van ★ una y mil veces *wel duizend keer; zo vaak* ★ de vez en cuando *af en toe* ★ por enésima vez *voor de zoveelste keer* ★ a la vez *tegelijk* ★ yo a mi vez *ik van mijn kant; ik op mijn beurt* ★ de una vez *in één keer; kort en goed* ★ de una vez para siempre *voor eens en altijd* ★ tal vez *misschien*

vía I v • *weg • route • rail • spoorwegovergang*
• *wagenspoor • rijstrook* ★ dar vía libre *vrije doorgang verschaffen* ★ en vías de *bijna* ★ vías urinarias *urinewegen* ★ vías respiratorias *luchtwegen* ★ vía férrea *spoorlijn* ★ vía láctea *melkweg* ★ vía muerta *rangeerspoor* ★ vía pública *openbare weg* ★ vía satélite *satellietverbinding* ★ (por) vía aérea *met het vliegtuig; per luchtpost* ★ carretera de cuatro vías *vierbaansweg* ★ vía crucis *kruisweg* ★ por vía de *bij wijze van* ★ vía de agua *lek* ★ vía terrestre *landweg* ★ por vía terrestre *over land* **II** vz *via*

viabilidad v • *levensvatbaarheid*
• *uitvoerbaarheid*

viable BNW • *levensvatbaar • uitvoerbaar*

viacrucis m *lijdensweg; kruisweg*

viaducto m *viaduct*

viajante m/v *handelsreiziger*

viajar ON WW *reizen; trekken* ★ los trenes viajan regularmente *de treinen vertrekken regelmatig*

viaje m • *reis • lading* ★ buen ~ *goede reis*
★ SCHEEPV. rendir ~ *op de plaats van bestemming aankomen* ★ ~ en barco *bootreis*

viajero I m • *reiziger • passagier* **II** BNW *reizend; trek-*

vial I m *laan* **II** BNW *weg-*

vianda v *spijs; voedsel*

viandante m/v *wandelaar*

viario BNW *weg-* ★ red viaria *wegennet*

viaticar OV WW *de laatste sacramenten toedienen*

viático m *laatste sacramenten*

víbora v • *gifslang; adder* • FIG. *serpent*

vibración v • *trilling • slingering*

vibrador m *vibrator*

vibráfono m *vibrafoon*

vibrante BNW *trillend*

vibrar I OV WW *laten trillen* **II** ON WW • *trillen*
• *sidderen*

vibratorio BNW *trillend; trillings-*

viburno m PLANTK. *sneeuwbal*

vicaría v • *vicariaat • woning van de vicaris*
★ FIG. pasar por la ~ *een boterbriefje halen*

vicarial BNW • *plaatsvervangend • van de vicaris*

vicariato m • *woning* ‹v. de vicaris›
• *ambtsperiode* ‹v. de vicaris›

vicario I m • *vicaris; plaatsvervanger* ‹v. bisschop› • *hulppriester; hulppredikant* ★ el ~ de Cristo *de Paus* **II** BNW *hulp-; plaatsvervangend*

vicealmirante m *vice-admiraal*

vicecanciller m *onderkanselier*

vicecónsul m *vice-consul*

vicegerente m *plaatsvervangend bewindvoerder*

vicegobernador m *ondergouverneur*

Vicente m *Vincent*

vicepresidencia v *vice-presidentschap; vice-voorzitterschap*

ve

vicepresidente m *vice-president; vice-voorzitter*
vicerrector m *conrector*
vicesecretario m *tweede secretaris*
vicetiple v *revuemeisje*
viceversa BIJW *vice versa*
viciado WW (volt. deelw.) → **viciar**
viciar OV WW • *bederven; verknoeien* • *ongeldig maken*
viciarse WKD WW • *dol worden* ⟨op iets⟩ • *verloederen; ontaarden*
vicio m • *slechte/lage gewoonte* • *verslaving* • *vervorming* ⟨door verkeerd gebruik⟩ • *fout; onvolkomenheid* • *loof* ✶ de ~ *uit gewoonte*
viciosidad v *verdorvenheid*
vicioso I m • *verslaafde* • *verdorven persoon* **II** BNW • *verslaafd* • *verdorven* • *bedorven* ⟨v. kind⟩ • *welig groeiend* ⟨v. planten⟩
vicisitud v *wisseling; verandering; omslag; schommeling* ⟨v. klimaat⟩ ✶ ~es *wederwaardigheden; voor- en tegenspoed*
victima v • *offer* • *slachtoffer* ✶ lamentar ~s *slachtoffers betreuren*
victimar OV WW LA *doden; ombrengen*
victimario m LA *dader; doder*
victoria v • *overwinning* • *victoria; open rijtuig* ✶ conseguir la ~ *de overwinning behalen* ✶ cantar ~ *victorie kraaien; de overwinning bekendmaken*
victorioso BNW • *winnend; zegevierend* • *zegerijk*
vicuña v • *vicuña* ⟨soort lama⟩ • *vicuñawol*
vid v *wijnstok; wingerd* ✶ vid silvestre *wilde wingerd*
vida v • *leven* • *levensduur* • *levensonderhoud* • *belang* • *levendigheid* • *levensloop* ✶ llevar vida marital *als man en vrouw leven* ✶ una vida de canónigo *een leven als een vorst* ✶ vida mía *lieveling; schat* ✶ vida regalada *een heerlijk leventje* ✶ de por vida *voor het leven; levenslang* ✶ por mi vida *zo waar als ik leef* ✶ buscarse la vida *aan de kost proberen te komen* ✶ escapar con (la) vida *er heelhuids (van) afkomen* ✶ hacer por la vida *eten* ✶ pasar a mejor vida *sterven* ✶ en la vida *nooit van mijn leven* ✶ le han vuelto a la vida *ze hebben hem weer bijgebracht* ✶ de toda la vida *van jongs af aan* ✶ amargar la vida a alg. *iemands leven vergallen* ✶ amargarse la vida *zijn leven verpesten* ✶ buena vida *gerieflijk leven* ✶ complicarse la vida *het zichzelf moeilijk maken* ✶ costarse la vida *het leven kosten* ✶ dar la vida a alg. *een opluchting zijn voor iemand; iemand blij maken; iemand genezen* ✶ dar la vida por alg. *zijn leven geven voor iemand* ✶ dar mala vida a alg. *iemand slecht behandelen; iemand een slecht leven bezorgen* ✶ dejarse la vida en *zich voor altijd wijden aan* ✶ enterrarse en vida *zich levend begraven* ✶ estar entre la vida y la muerte *tussen leven en dood zweven* ✶ ganarse la vida *de kost verdienen* ✶ hacer la vida imposible a alg. *iemand het leven onmogelijk maken* ✶ la otra vida *het leven na de dood* ✶ meterse en vidas ajenas *zich met andermans zaken bemoeien* ✶ pasar la vida a trajos *een ellendig/moeilijk leven hebben*

✶ quitarse la vida *zich van het leven beroven* ✶ salir con vida *het er levend van afbrengen* ✶ vender cara su vida *zijn leven duur verkopen* ✶ una vida arrastrada *een leven vol lijden*
vidente I m/v *ziener; helderziende* **II** BNW *(helder)ziende*
video m *video(recorder)*
videocámara v *videocamera*
videocasete m • *videocassette; videoband* • *videorecorder*
videoclip m *videoclip*
videocontrol m *videobewaking; camerabewaking*
videodisco m *beeldplaat*
videojuego m *videospel*
videoteca v • *verzameling videobanden; opbergmeubel voor videobanden* • *videotheek*
videoteléfono m *beeldtelefoon*
videovigilancia v *videobewaking*
vidorra v *luizenleventje*
vidriado I m • *geglazuurd aardewerk* • *glazuur* **II** BNW *geglazuurd*
vidriar OV WW *glazuren*
vidriarse WKD WW *glazig worden*
vidriera v • *groot raam; glazen wand* • *glas in lood* • *glazen deur*
vidriería v • *glashandel* • *glasblazerij*
vidriero m *glaszetter*
vidrio m • *glas* • *ruit* ✶ pagar los ~s rotos *voor de schade opdraaien* ✶ soplar ~ *glasblazen*
vidrioso m • *glasachtig; glazig* • *glad* • *netelig* ⟨v. kwestie⟩ • *lichtgeraakt* • *breekbaar* • *waterig* ⟨v. ogen⟩
vieira v *sint-jakobsschelp*
vieja v • *oud vrouwtje* • *slijmvis*
viejo I m *oude man; oudje* **II** BNW *oud*
Viena v *Wenen*
vienés I m *Wener* **II** BNW *Weens*
viento m • *wind* • *scheerlijn* ✶ beber los ~s por algo *iets dolgraag willen* ✶ contra ~ y marea *ondanks alle moeilijkheden* ✶ echar a uno con el ~ fresco *iemand eruit gooien* ✶ ya le da el ~ *hij voelt het al aankomen* ✶ los ha llevado el ~ *ze zijn verdwenen* ✶ (ir a) tomar ~ *een luchtje (gaan) scheppen* ✶ dar voces al ~ *voor dovemans oren spreken* ✶ estar lleno de ~ *ijdel/opgeblazen zijn* ✶ instrumento de ~ *blaasinstrument* ✶ corren malos ~s (para) *het zijn slechte tijden (om)* ✶ corre/hace/sopla ~ *het waait* ✶ ir ~ en popa OOK FIG. *voor de wind gaan* ✶ se largó con ~ fresco *hij nam de benen* ✶ a los cuatro ~s *naar alle windstreken, overal* ✶ como el ~ *vliegensvlug* ✶ ~ terral *landwind*
vientre m • *buik; onderlijf* • *achterlijf* ✶ un jarrón de ancho ~ *een dikbuikige vaas* ✶ bajo ~ *onderbuik* ✶ regir bien el ~ *een geregelde stoelgang hebben* ✶ hacer de ~ *zijn behoefte doen; afgaan*
viernes m *vrijdag* ✶ haber aprendido u.c. en ~ *iets onophoudelijk herhalen* ✶ Viernes Santo *Goede Vrijdag*
vietnamita I m *Vietnamees* ⟨taal en inwoner⟩ **II** BNW *Vietnamees*
viga v • *bint; balk* • *persbalk* ⟨v. olijfpers⟩

★ viga'maestra *stut; draagbalk*

vigencia v *(rechts)geldigheid* • estar en ~ *van kracht zijn*

vigente BNW *van kracht; geldend*

vigésimo I BNW *twintigste* II TELW *twintigste*

vigía I v *uitkijktoren; wachttoren* II m/v *(toren)wachter; uitkijk*

vigilancia v • *toezicht* • *bewaking*

vigilante I m • *bewaker* • *nachtwaker* II BNW • *waakzaam* • *wakend*

vigilar I OV WW *toezicht houden; bewaken* II ON WW *waken* ★ ~ por/sobre su salud *op zijn gezondheid letten*

vigilia v • *het wakker/op zijn* • *slapeloosheid* • *nachtwake* • *het vasten* ★ en ~ *wakker* ★ comer de ~ *vasten*

vigor m • *kracht; energie* • *groeikracht* • *geestkracht* • *wilskracht* • *overtuigingskracht* • *intensiteit* ★ entrar en ~ *in werking treden; van kracht worden*

vigorizador BNW *versterkend*

vigorizar OV WW • *kracht/energie geven* • *versterken*

vigoroso BNW • *sterk; energiek* • *wilskrachtig* • *intens*

viguería v *balken; gebint*

vigueta v *dwarsbalk*

vihuela v *snaarinstrument* ⟨voorloper van de gitaar⟩

vihuelista m *bespeler van de vihuela*

vikingo I m *viking* II BNW *viking-*

vil BNW • *gemeen* • *laag(hartig); verachtelijk*

vileza v • *gemeenheid* • *laaghartige daad; laaghartigheid*

vilipendiar OV WW • *vernederen* • *met verachting behandelen*

vilipendio m • *vernedering* • *verachting*

vilipendioso BNW • *vernederend* • *verachtelijk*

villa v • *villa; landhuis* • *stadje; plaats*

Villadiego m ★ coger/tomar las de ~ *de benen nemen; de plaat poetsen*

villanada v • *schurkenstreek* • *laaghartige daad*

villanaje m • *lage afkomst* • *boeren; landmensen*

villancico m *kerstliedje*

villanesco BNW *boers; landelijk*

villanía v • *lage afkomst* • *laaghartige daad; gemene streek* • *scheldwoord; krachtterm*

villano I m *boerenjongen; dorpeling* II BNW • *van lage afkomst* • *dorps; boers* • *laaghartig*

villorrio m *gehucht*

vilo m ★ levantar en vilo a u.p. *iemand in de lucht tillen* ★ en vilo *in spanning; in het ongewisse; in de lucht*

vinagre m • *azijn* • *zuur mens* ★ cara de ~ *zuur gezicht*

vinagrera v *azijnflesje*

vinagreras v mv • → **vinagrera** • *olie-en-azijnstel*

vinagreta v *vinaigrettesaus*

vinagroso BNW • *azijnachtig* • OOK FIG. *zuur*

vinajera v *schenkkannetje* ⟨voor miswijn⟩

vinajeras v mv • → **vinajera** • *ampullen*

vinatería v *wijnhandel*

vinatero I m *wijnhandelaar* II BNW *van de wijn; wijn-*

vinaza v *nawijn*

vinazo m *heel dikke/sterke wijn*

vincha v ZA *haarband*

vinculación v • *verband; samenhang* • *band*

vincular OV OV WW • *in onderling verband staan; samenhangen* • *verbinden* • *binden* • *tot onvervreemdbaar erfgoed maken*

vincularse WKD WW *zich binden*

vínculo m • *band* • *binding*

vindicación v • *eerherstel; genoegdoening* • *rechtvaardiging* • *wraak*

vindicador I m *wreker* II BNW • *wrekend* • *rechtvaardigend*

vindicar OV WW • *wreken* • *van blaam zuiveren; rechtvaardigen*

vindicativo BNW (**vindicatorio**) • *wraakzuchtig* • *verwerend*

vindicta v *wraak* ★ ~ pública *straf met een voorbeeldfunctie*

vine WW (1e p ev v.t.) → **venir**

vínico BNW *van de wijn; wijn-* ★ alcohol ~ *wijngeest*

vinícola BNW *wijn-; wijnbouw-*

vinicultura v *wijnbouw*

vinificación v *wijnbereiding*

vinillo m *goed wijntje*

vinilo m *vinyl*

vino I m *wijn* ★ vino blanco *witte wijn* ★ vino de mesa *tafelwijn* ★ vino peleón *meest gewone en goedkope wijn* ★ vino de solera *heel oude wijn* ★ vino tinto *rode wijn* ★ echar agua al vino *water bij de wijn doen* ★ tener buen vino *een vrolijke dronk hebben* ★ tener mal vino *een kwade dronk hebben* ★ vino añejo *belegen wijn* ★ vino seco *droge wijn* ★ aguar el vino *wijn met water mengen* II WW (3e p ev v.t.) → **venir**

vinolento BNW *drankzuchtig*

vinoso BNW • *wijnachtig* • *wijnkleurig*

viña v *wijngaard* ★ tener una viña *een goudmijntje hebben*

viñador m *wijnboer*

viñedo m *grote wijngaard; wijnberg*

viñeta v • *vignet* • *plaatje; prentje*

vio WW (3e p ev v.t.) → **ver**

viola I v *altviool* II m/v *altviolist*

violáceo BNW *violet*

violación v • *verkrachting* • *overtreding* ⟨v. wet⟩

violado BNW *violet*

violador I m • *verkrachter* • *schender* II BNW *schendend*

violar OV WW • *overtreden* • *verkrachten* • *schenden*

violencia v • *geweld(dadigheid)* • *geweldpleging* ★ ~ callejera *geweld op straat* ★ ~ doméstica *geweld in huis |in het gezin* ★ con ~ *met (alle) geweld* ★ hacer ~ a/sobre alg. *iemand met geweld dwingen tot* ★ me causa ~ *ik voel me opgelaten; ik vind het vreselijk*

violentar OV WW • *forceren; met geweld openbreken* • *dwingen; onder druk zetten* • *verdraaien; afbreuk doen aan*

violentarse WKD WW *zichzelf geweld aandoen; zich dwingen*

violento BNW • *heftig* • *gewelddadig* • *gênant* • *opgelaten; driftig* • *geforceerd* • *verdraaid;*

uit zijn verband gerukt ∗ contrastes ~s *felle tegenstellingen* ∗ me es ~ *het staat me tegen* ∗ acto ~ *gewelddaad*

violeta I m *het violetblauw* II v *viooltje* III BNW *violetblauw*

violetera v *viooltjesverkoopster*

violín I m *viool* II m/v *violist*

violinista m/v *violist*

violón I m *contrabas* ∗ tocar el ~ FIG. *de verkeerde toon aanslaan* II m/v *contrabassist*

violoncelo m *cello*

viperino BNW *adder-; slangen-* ∗ lengua viperina *boze/venijnige tong*

virada v ∗ *het overstag gaan* ∗ *wending; draaiing* ∗ *afslag*

viraje m ∗ *het overstag gaan* ∗ *draaiing; wending* ∗ *afslag*

virar I OV WW *wenden* II ON WW ∗ OOK FIG. *overstag gaan* ∗ *draaien* ∗ *veranderen* ‹v. mening, plan› ∗ ~ en redondo *een volledige ommezwaai maken*

virgen I m/v *maagd* ∗ un viva la ~ *een buitengewoon zorgeloos persoon* ∗ la Virgen de Maagd Maria II BNW ∗ *maagdelijk* ∗ *ongeschonden; puur; zuiver*

virginal BNW ∗ *maagdelijk* ∗ *ongerept; puur; zuiver*

virginidad v *maagdelijkheid*

Virgo m ASTROL. *Maagd*

vírgula v *apostrof /accent /tilde /cedille* ‹teken in combinatie met een letter›

viril BNW ∗ *mannelijk; viriel* ∗ *manhaftig; dapper*

virilidad v ∗ *mannelijkheid* ∗ *manhaftigheid; dapperheid*

virola v *dop; brede metalen ring* ‹ter bescherming van voorwerp›; *beslagring*

virolento BNW *mottig; pokdalig*

virote m ∗ *pijl* ‹met ijzerbeslag› ∗ *staak* ∗ *ijzeren stang*

virreina v *onderkoningin*

virreinato m ∗ *onderkoningschap* ∗ *onderkoninkrijk*

virrey m *onderkoning*

virtual BNW *potentieel*

virtualidad v *virtualiteit; potentieel vermogen*

virtualmente BIJW *feitelijk; vrijwel*

virtud v ∗ *deugd* ∗ *goedheid* ∗ *gave* ∗ *eigenschap* ∗ *(uit)werking* ∗ por/en ~ *de krachtens*

virtuosismo m *virtuositeit*

virtuoso I m ∗ *deugdzaam iemand* ∗ *virtuoos* II BNW *deugdzaam*

viruela v ∗ *pokken* ∗ *pokputje* ∗ ~ loca waterpokken ∗ picado de ~ *pokdalig*

virulencia v ∗ *kwaadaardigheid* ∗ *heftigheid*

virulento BNW ∗ *virus- ∗ ontstoken; zwerend* ∗ *kwaadaardig* ∗ *heftig*

virus m OOK COMP. *virus*

viruta v *houtkrul*

vis v ∗ vis a vis *oog in oog; onder vier ogen; tegenover elkaar* ∗ vis cómica *grappigheid; komische gave*

visado I m ∗ *visum* ∗ *aftekening* II BNW ∗ *afgetekend* ∗ *bekrachtigd*

visaje m *grimas* ∗ hacer ~s *een grimas maken; gezichten trekken*

visar OV WW ∗ *aftekenen; voor gezien tekenen*

∗ *een visum verlenen*

visceral BNW ∗ *van de ingewanden* ∗ *diepgeworteld*

vísceras v mv *ingewanden*

viscosa v *viscose*

viscosidad v *viscositeit; stroperigheid; taaiheid*

viscoso BNW *kleverig; stroperig; taai; geleiachtig*

visera v ∗ *vizier* ∗ *klep* ‹v. pet› ∗ *zonneklep*

visibilidad v ∗ *zichtbaarheid* ∗ *zicht*

visible BNW ∗ *zichtbaar* ∗ *toonbaar* ∗ *merkbaar; opvallend*

visiblemente BIJW *zienderogen*

visigodo I m *West-Goot* II BNW *West-Gotisch*

visigótico BNW *West-Gotisch*

visillo m *vitrage*

visión v ∗ *(het) zien; gezichtsvermogen* ∗ *aanblik* ∗ *visie* ∗ *gedrocht* ∗ *visioen; (geest)verschijning* ∗ ~ beatifica *een heilig visioen* ∗ quedarse como quien ve visiones *versteld staan*

visionadora v *viewer* ∗ ~ de diapositivas *viewer*

visionar OV WW *bekijken* ‹v. film of tv-programma›

visionario I m ∗ *dromer* ∗ *fantast* II BNW *dromerig; hersenschimmig*

visir m *vizier* ‹titel›; *hoge islamitische minister*

visita v ∗ *bezoek; bezichtiging* ∗ *bezoeker* ∗ *(dokters)visite* ∗ devolver la ~ *een tegenbezoek brengen* ∗ ~ de cortesía *beleefdheidsbezoek* ∗ ~ de cumplido *beleefdheidsbezoek* ∗ ~ pastoral *bisschoppelijk bezoek* ∗ ~ con guía *rondleiding* ∗ ~ médica/ de médico *kort bezoekje* ∗ ~ domiciliaria *huis aan huis bezoek* ∗ oficial *staatsbezoek* ∗ ~ de pésame *condoléancebezoek* ∗ estar de ~ en casa de *op bezoek zijn bij*

visitación v *visitatie* ∗ Visitación *visitatie van Maria aan Elisabeth*

visitador I m ∗ *trouw/geregeld bezoeker* ∗ *artsenbezoeker* ∗ *inspecteur* II BNW *trouw/ geregeld bezoekend*

visitante I m/v *bezoeker* II BNW ∗ *op bezoek* ∗ *gast-*

visitar I OV WW ∗ *bezoeken; opzoeken* ∗ *inspecteren* ∗ *onderzoeken* ‹door arts› II ON WW *visite afleggen* ‹v. arts›

visiteo m ∗ *het afleggen van een bezoek* ∗ *veel aanloop*

visitero m *vaste bezoeker*

visitón m *lang en vervelend bezoek*

vislumbrar OV WW ∗ *ontwaren; gewaarworden; niet duidelijk zien* ∗ *beginnen te dagen; een idee krijgen van*

vislumbre v ∗ *schijnsel* ∗ *zwakke weerschijn* ∗ *teken; aanwijzing* ∗ *vaag vermoeden*

viso m ∗ *glans* ∗ FIG. *schijn* ∗ *onderjurk* ∗ de viso van aanzien; aanzienlijk ∗ hacer visos *glanzen* ∗ a dos visos *dubbelzinnig* ∗ tiene visos de *het heeft er alle schijn van*

visón m *nerts*

visor m ∗ MIL. *vizier* ∗ FOTO. *zoeker*

víspera v ∗ *vooravond* ∗ *vesper* ∗ estar en ~s de *op het punt staan om* ∗ en ~s de *vlak voor; aan de vooravond van*

vista I m *visiterend douanebeambte* II v ∗ *gezichtsvermogen; zicht* ∗ *aanblik* ∗ *blik* ∗ *uitzicht* ∗ *vergezicht* ‹afbeelding›

vi

• *rechtszitting; behandeling* ⟨gerechtelijk⟩
• *boord* ⟨v. overhemd⟩; *kraag* ⟨v. overhemd⟩
• *venster(opening); deur; raam* ★ se me va la ~ *ik wordt duizelig; het schemert me voor de ogen* ★ perder de ~ *uit het oog verliezen* ★ pasar la ~ *por encima de u.c. een vluchtige blik op iets werpen* ★ abrir ~s *de deuren en ramen openzetten* ★ aguzar la ~ *ingespannen kijken* ★ me comió con la ~ *hij verslond me met zijn blik* ★ está con la ~ *puesta en el examen hij is met zijn gedachten bij het examen* ★ con ~s *met het doel om* ★ conocer a alg. de ~ *iemand van gezicht kennen* ★ corto de ~ *kortzichtig* ★ dar ~a *bezichtigen; in ogenschouw nemen* ★ echar la ~a *de blik laten vallen op* ★ echar una ~a *algo een oogje op iets houden* ★ ¡hasta la ~! *tot ziens!* ★ llevar a la ~ *laten zien* ★ no tener a donde volver la ~ *zich eenzaam voelen* ★ no volver la ~ *atrás niet naar het verleden kijken* ★ poner la ~ *en algo de blik op iets vestigen* ★ saltar a la ~ *in het oog springen* ★ torcer la ~ *de blik afwenden* ★ ~ de águila *scherpe blik* ★ ~ de lince *doordringende blik; scherpe intelligentie* ★ volver al ~ *het gezicht afwenden* ★ ~ marina *zeegezicht* ★ a la ~ *duidelijk; zo te zien; op het oog; voor ogen* ★ poner a la ~ *aan het licht brengen; zichtbaar maken* ★ ~ cansada *verziendheid* ★ a la ~ *de bij de aanblik van; met het oog op* ★ a ~ de *vergeleken met* ★ a 50 días ~ *50 dagen op zicht* ★ a ~ de ojos *met eigen ogen* ★ a ~ de pájaro *vanuit de lucht; in vogelvlucht* ★ a primera/simple/media ~ *vanaf het eerste ogenblik; op het eerste gezicht* ★ de mucha ~ *opmerkelijk; opvallend* ★ en ~ de *gezien; gelet op* ★ bajar la ~ *de blik neerslaan; omlaagkijken* ★ estar a la ~ *duidelijk zijn* ★ hacer la ~ *gorda door de vingers zien* ★ tener ~ *inzicht hebben*

vistazo m *vluchtige blik* ★ echar un ~ (a) *een blik werpen op; een oogje in het zeil houden*

vistillas v mv *uitkijkpost*

visto I BNW • *gezien; uit de mode; ouderwets* • *afgedragen* ⟨v. kleding⟩ ★ ~ bueno *goedgekeurd* ★ por lo ~ *kennelijk; blijkbaar* ★ está ~ que *het is duidelijk dat* ★ está mal ~ *het is ongepast/ongehoord* **II** WW (volt. deelw.) → **ver III** VW ★ ~ que *aangezien*

vistosidad v *opzichtigheid*

vistoso BNW *opzichtig*

visual I v *gezichtslijn* **II** BNW *van het gezicht; visueel; gezichts-*

visualización v *visualisatie*

visualizar OV WW • *visualiseren* • ZA zien

vital BNW • *van het leven; levens-* • *van vitaal belang* • *vitaal; levenskrachtig* ★ curso ~ *levensloop*

vitalicio I m • *lijfrente* • *levensverzekering* **II** BNW *voor het leven; levenslang* ★ renta vitalicia *lijfrente*

vitalidad v • *vitaal belang* • *vitaliteit* • *levendigheid*

vitamina v *vitamine*

vitaminado BNW *met vitaminen*

vitamínico BNW *vitamine-*

vitela v *velijn; (fijn) perkament*

vitelo m *dooier(massa)*

vitícola BNW *wijn-; wijnbouw-*

viticultor m *wijnbouwer; wijnboer*

viticultura v *viticultuur; wijnbouw*

vitivinicultura v *wijnbouw*

vitola v • *sigarenmerk* • *sigarenbandje*

vítor I m *juichkreet* ★ dar ~es *juichkreten slaken; toejuichen* **II** TW *hoera*

vitorear OV WW *toejuichen*

vitral m *gebrandschilderd glas*

vítreo BNW *glazig; van glas; glazen*

vitrificación v • *het glas maken* • *verglazing*

vitrificar OV WW • *verglazen* • *glasachtig maken*

vitrina v • *vitrine; glazen (uitstal)kast*

vitriolo m CHEM. *vitriool*

vitrocerámica v *glasceramiek*

vituallas v mv *levensmiddelen; proviand*

vituperable BNW *verwerpelijk; afkeurenswaardig*

vituperación v *uitbrander; veroordeling; verwijt*

vituperar OV WW *verwijten; afkeuren*

vituperio m *verwijt; afkeuring*

viuda v • *weduwe* • *schurftkruid*

viudedad v • *weduwschap/staat* • *weduwenpensioen*

viudez v *weduw(naar)schap*

viudo m *weduwnaar*

viva I v *gejuich; gejubel* **II** TW *hoera*

vivac m (**vivaque**) *bivak*

vivacidad v • *levendigheid* • *alertheid; scherpte* ⟨v. verstand⟩ • *lange levensduur* ⟨v. planten⟩

vivales m *leperd; gladjanus*

vivamente BIJW • *levendig* • *van (ganser) harte; oprecht* ★ sentimos ~ que *het spijt ons zeer dat*

vivaquear ON WW *bivakkeren*

vivaracho BNW *levendig; vlot*

vivaz BNW • *alert; scherp* ⟨v. verstand, blik⟩ • *vast* ⟨v. planten⟩

vivencia v *ervaring*

víveres m mv • *levensmiddelen* • *victualiën; (scheeps)proviand*

vivero m • *boomkwekerij* • *broedplaats; (forellen)kwekerij; kweekplaats* • *broeinest; bron*

viveza v • *levendigheid* • *scherpte; alertheid*

vívido BNW • *doorgemaakt; zelf beleefd* • *autobiografisch* ⟨v. element in boek⟩

vívido BNW *levendig*

vividor m *opportunist; profiteur*

vivienda v *woning* ★ escasez de ~s *woningnood*

viviente BNW *levend*

vivificador BNW (**vivificante**) *opwekkend; verlevendigend*

vivificar OV WW • *nieuw leven schenken; tot leven brengen* • *verlevendigen*

vivíparo BNW *levendbarend*

vivir I m • *het leven* • *bestaan* ★ dar un mal ~ *een slecht leven bezorgen* ★ gente de mal ~ *criminelen; gespuis* **II** OV WW *meemaken; doormaken; beleven* **III** ON WW • *leven* • *wonen* • *samenwonen; samenleven* • *voortleven* ★ ~ bien *geld hebben; een eerlijk leven leiden; in harmonie leven* ★ no dejar ~ *niet met rust laten* ★ ~ en grande/a lo grande op *grote voet leven* ★ ~ mal *geen geld hebben; op het slechte pad zijn* ★ no tiene con que ~

hij heeft geen rooie cent ★ i~ para ver! *wie had dat kunnen denken*; let op mijn woorden ★ MIL. ¿quién vive? *halt!, wie is daar?* ★ se vive bien aquí *het leven is hier goed* ★ está que no vive *hij is zichzelf niet meer*

vivisección v *vivisectie*

vivo I m • *levende* • *slimmerik* • *kant; rand* • *bies* ⟨v. kleding⟩ **II** BNW • *levend* • *levendig* • *fel* ⟨v. vuur⟩ • *in gebruik* • *alert; scherp*; *pienter* • *heftig; intens* • *opvliegend* ⟨v. karakter⟩ • *helder* ⟨v. kleur⟩ • *scherp* ⟨v. voorwerp⟩; *hoekig* ★ ivivo! *snel!* ★ lo vivo *kern* ⟨v. zaak⟩; *gevoelige plek* ★ a lo vivo *natuurgetrouw; heftig* ★ como de lo vivo a lo pintado *een hemelsbreed verschil*

vizcaino I m • *iemand uit Biskaje; Biskajer* • *het Baskisch uit Biskaje* **II** BNW *van/uit Biskaje*

vizcaitarra m *voorvechter v.d. onafhankelijkheid van Biskaje*

Vizcaya v *Biskaje*

vizcondado m *burggraafschap*

vizconde m *burggraaf*

vizcondesa v *burggravin*

vocablo m *woord*

vocabulario m • *vocabulaire* • *woordenlijst* • *woordenschat* • *woordenboek*

vocación v *roeping* ★ errar la ~ *zijn roeping mislopen*

vocal I v *vocaal; klinker* **II** m/v ⟨stemhebbend⟩ *lid* ⟨v. vereniging, raad⟩ **III** BNW • *stem-* • *vocaal* ★ cuerdas ~es *stembanden*

vocálico BNW *van de klinkers; klinker-*

vocalismo m *klinkersysteem*

vocalista m/v *zanger; vocalist*

vocalización v *vocalise; zangstuk* ⟨op vocalen⟩

vocalizar ON WW • *goed articuleren* • MUZ. *vocaliseren; vocalises uitvoeren*

vocativo m *vocatief; aanspreekvorm*

voceador I m • *schreeuwer* • *omroeper* **II** BNW *rondbazuinend; roepend*

vocear I OV WW • *luidkeels aanprijzen* • *roepen* • *verkondigen; met veel ophef bekendmaken* • *aankondigen; omroepen* • *luidkeels toejuichen* • *zich laten voorstaan op* ★ ~ al viento *voor dovemans oren spreken* **II** ON WW *schreeuwen*

vocejón m *schorre stem*

vocería v *geroep; geschreeuw*

vocerío m *geroep; geschreeuw*

vociferación v *gebrul; geschreeuw*

vociferar ON WW *schreeuwen*

vocinglería v *herrie; kabaal; geschreeuw*

vocinglero BNW • *schreeuwerig* • *praatziek*

vodevil m *vaudeville*

vodka m *wodka*

volada v *vlucht* ⟨v. vogels⟩

voladizo I m *uitstekend deel* ⟨bv. van een gebouw⟩ **II** BNW *vooruitstekend*

volado BNW • *eruit springend* • *halve regel omhoogspringend* ⟨v. letterteken⟩ ★ está ~ *hij zit op hete kolen*

volador I m • *vuurpijl* • *vliegende vis* **II** BNW *vliegend*

voladura v • *het opblazen* • *ontploffing*

volandas ★ en ~ *vliegensvlug; door de lucht*

volandera v *molensteen*

volandero BNW • *fladderend* • *uit de lucht gegrepen* • *los; vluchtig*

volante I m • *stuur(wiel)* • *vliegwiel* • *strook* ⟨aan kleding⟩ • *balans* ⟨v. klok⟩ • *pamflet; brochure* ★ un as del ~ *autocoureur* **II** BNW • *vliegend* • *direct inzetbaar* ⟨v. troepen⟩; *mobiel* ★ hoja ~ *vlugschrift* ★ objeto ~ no identificado (OVNI) *ufo*

volantón I m • *jonge vogel* ⟨op het punt uit te vliegen⟩ • ECU *zwerver* • LA *groot kind* ⟨dat volwassen wil zijn⟩ **II** BNW *op het punt om uit te vliegen*

volapié m TAUR. *doodsteek toegebracht aan stilstaande stier in langsglijdende beweging*

volar /ue/ **I** OV WW • *opblazen* • *opjagen* ⟨v. vogels tijdens jacht⟩ • *irriteren* **II** ON WW • OOK FIG. *vliegen* • *voorbij vliegen; wegvliegen* • *in vliegende vaart iets doen* • *de lucht in vliegen* ★ echar a ~ *rondvertellen* ★ a vuela pluma *spontaan* ★ echarse a ~ OOK FIG. *uitvliegen* ★ ir volando a la casa *vliegensvlug naar huis gaan*

volarse /ue/ WKD WW *wegvliegen* ★ ~ los sesos *zich voor de kop schieten*

volatería v *gevogelte*

volátil I m ⟨sier⟩*vogel* **II** BNW • CHEM. *vluchtig* • *dwarrelend* • *vliegend* • *wispelturig*; *veranderlijk*

volatilidad v • CHEM. *vluchtigheid* • *wispelturigheid; veranderlijkheid*

volatilizar OV WW *doen vervliegen*

volatilizarse WKD WW *vervliegen*

volatín m *acrobatiek; acrobatische toer*

volatinero m *acrobaat*

volcán m • *vulkaan* • FIG. *vurige liefde* ★ estar sobre un ~ FIG. *leven op een vulkaan*

volcánico BNW • *vulkanisch* • *hartstochtelijk; onstuimig*

volcar /ue/ **I** OV WW • *omstoten; omgooien* • *omkeren* **II** ON WW *over de kop slaan; kantelen*

volcarse /ue/ WKD WW • *zich uitsloven* • *tuimelen; omslaan; omrollen* ★ ~ en atenciones con alg. *iemand met attenties overladen*

volea v *volley*

volear OV WW *volleren; een volley maken; terugslaan voor de bal de grond raakt*

voleibol m *volleybal*

voleo m *volley* ★ a ~ *uit de lucht gegrepen* • de un/del primer ~ *in een oogwenk; in een wip; met één slag*

voley-playa m *beachvolleybal*

volframio m *wolfraam*

volición v *wilsuiting; wil*

volovelista m/v *zweefvlieger*

volquearse WKD WW *zich wentelen*

volquete m *kiepauto; kiepwagen*

voltaico BNW *volt-* ★ arco ~ *koolspitslamp; booglamp*

voltaje m *voltage*

volteador m *acrobaat*

voltear I OV WW • *omkeren* • *luiden* ⟨v. klok⟩ • *in de lucht gooien* • *doen buitelen* **II** ON WW *tuimelen; buitelen*

volteo I m • *het ronddraaien; het omkeren*

VO

• *tuimeling*; *buiteling* • *klokgelui*
voltereta v *handstand*; *buiteling*
voltímetro m *spanningsmeter*
voltio m *volt*
volubilidad v *wispelturigheid*
voluble BNW • *slingerend* ⟨v. planten⟩
• *wispelturig*; *grillig*
volumen m • *volume* • *inhoud*; *omvang*
• *hoeveelheid* • *boekdeel*
volumétrico BNW *volumetrisch*
voluminoso BNW • *groot*; *dik*; *omvangrijk*
• *lijvig* ⟨v. boekwerk⟩
voluntad v • *wil* • *wilskracht* • *welwillendheid*
• *toestemming*; *goedvinden* ★ *buena ~ goede
wil*; *gewilligheid* ★ *de (buena) ~ van goede
wil*; *bereidwillig* ★ *ganar(se) la ~ de u.p.
iemand voor zich winnen* ★ *zurcir ~es
koppelarij bedrijven* ★ *a ~ naar wens/keuze*
★ *por ~ de op bevel van* ★ *ajeno a la ~ de alg.
buiten iemands wil om*; *tegen iemands zin*
★ *mala ~ kwade/slechte wil* ★ *no tener ~
propia geen eigen wil hebben* ★ *tener mucha/
poca ~ veel/weinig wilskracht bezitten*
★ *última ~ laatste wil* ★ *~ férrea/de hierro/
indomable ijzeren wil* ★ *torcer la ~ de u.p.
iemand van mening doen veranderen*
voluntariedad v *vrijwilligheid*
voluntario I m *vrijwilliger* II BNW • *vrijwillig*
• *opzettelijk*
voluntarioso BNW • *gewillig*; *toegewijd*
• *eigenzinnig*
voluptuosidad v *wellust*; *zinnelijkheid*
voluptuoso BNW *wellustig*; *zinnelijk*
voluta v • *voluut*; *krullijst* ⟨aan zuil⟩ • *spiraal*
• *kringetje* ⟨v. rook⟩
volver /ue/ I OV WW • *omdraaien*; *omkeren*
• *dichtdoen* ⟨v. deur, raam⟩ • *(weer) oppakken*
• *teruggeven* • *binnenstebuiten keren*
• *omslaan* ⟨v. bladzijde⟩ • *afmaken* ⟨v.
verhaal⟩ • *(~ a) terugbrengen* ⟨in oude staat⟩
II ON WW • *afslaan*; *van richting veranderen*
• *terugkeren* • *(ver)worden* ★ *vuelvo de hablar
con él ik heb hem zojuist gesproken* ★ *~ en sí
bij kennis komen* ★ *~ por sí voor zichzelf
opkomen* ★ *~ de vacío leeg terugkomen* ⟨bv.
van vrachtauto⟩; *met lege handen
terugkomen* ★ *~ loco gek maken* ★ *no tener a
dónde/a quién ~se alleen zijn*; *niemand
hebben tot wie men zich kan wenden* ★ *(~ a [+
inf.]) her-*; *nog eens*; *weer*; *opnieuw*; *terug-* ★ *~
a decir herhalen* ★ *(~ de) terugkomen op*
• *(~ por) opkomen voor*
volverse /ue/ WKD WW • *zich omkeren* • *zich
wenden* • *verschalen*; *zuur worden* ★ *~ por
donde ha venido op zijn schreden terugkeren*
★ *~ a casar hertrouwen* ★ *~ del revés
binnenstebuiten keren* ★ *todo se me vuelve
del revés alles loopt me tegen* ★ FIG. *~ insípido
verwateren* ★ *~ loco de contento
buitengewoon blij zijn* ★ *volvérsela a uno la
cabeza zijn hoofd verliezen* ★ *~ atrás de un
contrato terugkomen op een contract* ★ *~ viejo
oud worden* ★ *~ profesora lerares worden* ★ *~
atrás terugkeren*; *zijn woorden herroepen*;
terugkrabbelen ★ *~ loco gek worden*
vomitado BNW *heel erg mager*; *uitgemergeld*

vomitar I OV WW *uitslaan*; *uitbarsten in*
II OV+ON WW • *braken*; *overgeven* • *spuwen*
• *(uiteindelijk) bekennen*; *eruit gooien* ★ *tener
ganas de ~ misselijk zijn*; *braakneigingen
hebben*
vomitivo I m *braakmiddel* II BNW
braakneigingen opwekkend; *braak-*
vómito m • *het overgeven*; *het uitbraken*
• *braaksel* ★ *~ negro gele koorts* ★ *provocar a
~ walging opwekken*
vomitona v *het hevige braken*
vomitorio I m → **vomitivo** II BNW → **vomitivo**
voquible m IRON. *woord*
voracidad v *gretigheid*; *gulzigheid*; *vraatzucht*
★ *la ~ del fuego het verslindende vuur*
vorágine v *draaikolk*; *maalstroom*
voraginoso BNW • *vol draaikolken* • *rumoerig*
voraz BNW • *gulzig*; *vraatzuchtig* • *verslindend*;
verwoestend ⟨v. vuur⟩ ★ *un apetito ~ honger
als een paard*
vórtice m • *draaikolk* • *wervelwind*
vos PERS VNW • ZA *jij*; *je* • VERO. *gij*
vosear OV WW *iemand met 'vos' aanspreken*;
jijen
voseo m *(het) met 'vos' aanspreken*
Vosgos m ★ *Los ~ de Vogezen*
vosotros PERS VNW (v: **vosotras**) *jullie*
votación v *stemming* ★ *~ secreta geheime
stemming* ★ *~ nominal hoofdelijke stemming*
★ *~ ordinaria openbare stemming*
votante m/v *kiezer*; *stemmer*
votar I OV WW *stemmen over* II ON WW • *kiezen*;
stemmen • *vloeken* ★ *~ el presupuesto over de
begroting stemmen* • *¡voto a tal! allemensen!*
votivo BNW *votief-* ★ *misa votiva votiefmis*
voto m • *gelofte* • *stem* • *mening*; *oordeel*
• *stemrecht* • *vloek* • *wens* ★ *voto de calidad
beslissende stem* ★ *voto de censura motie van
wantrouwen* ★ *voto de confianza motie van
vertrouwen* ★ *voto particular afwijkende
mening* ★ *voto simple/solemne religieuze
belofte* ★ *tener voto stemrecht hebben* ★ *echar
votos vloeken* ★ *hacer votos por toewensen*; *de
wens uitspreken dat*
voy WW (1e p ev t.t.) → **ir**
voz v • *stem* • *stemgeluid* ⟨ook van dieren⟩
• *geluid* • *gil*; *kreet* • *stem(recht)* • FIG.
spreekbuis • *vertegenwoordiger* • *gerucht*
• *toon*; *klank* • *woord* • *vocalist* ★ *a media voz
zachtjes* ★ *a voces luid*; *schreeuwend* ★ *alzarle/
levantarle la voz a alg. zijn stem tegen
iemand verheffen* ★ *anudarse la voz een
knoop in je keel hebben* ★ *empañarse la voz
met verstikte stem spreken* ★ *llevar alg. la voz
cantante het hoogste woord hebben* ★ *le
tiembla la voz zijn stem trilt* ★ *tomarse/
perder la voz zijn stem kwijt raken* ★ *voz de
la conciencia stem van het geweten* ★ *voz y
voto spreek- en stemrecht* ★ *voz cantante
melodie* ★ *voz pública openbare opinie* ★ *dar/
pegar voces schreeuwen* ★ *voz activa actief
stemrecht*; TAALK. *bedrijvende vorm* ★ *voz
pasiva lijdende vorm* ★ *a voz en cuello/grito
luidkeels* ★ *voz guía trefwoord* ★ *voz de
mando commando*; *bevel* ★ *voz de cabeza
kopstem* ★ *a una voz eenstemmig* ★ *de viva*

voz mondeling ★ a toda voz *hard*; *op zijn
hardst* ★ en alta voz *hardop* ★ en voz baja
zachtjes; fluisterend ★ corre la voz *het gerucht
gaat* ★ dar una voz a u.p. *iemand roepen*
★ leer en voz alta *voorlezen* ★ tener voz en
inspraak hebben bij ★ pedir a voces u.c. FIG.
*schreeuwen om iets; iets dringend nodig
hebben* ★ una voz sonora *een welluidende
stem* ★ subir la voz *harder praten* ★ voz en off
voice-over

vozarrón m • *zware stem* • *stentorstem*
vuecencia m/v *Uwe Excellentie*
vuelco m • *het omslaan; het omkiepen*
• *mislukking* ★ darle a alg. un ~ el corazón
iemands hart doen overslaan ★ dar un ~ *over
de kop slaan; kantelen*; FIG. *over de kop gaan*
vuelillo m *(kanten) strookje* ⟨aan kleding⟩
vuelo m • *vlucht* • *vleugel* • *mouwwijdte*;
rokwijdte • *strook; geplooid boord* ⟨v. mouw⟩
• *uitstekend deel* ⟨v. gebouw⟩ ★ dar ~s a alg.
iemand vleugels geven ★ no oírse el ~ de una
mosca *een speld kunnen horen vallen* ★ al ~
meteen; in de vlucht ★ de/en un ~ *in een wip;
vliegensvlug* ★ de altos ~s *belangrijk* ★ coger/
tomar ~ *belangrijk worden; een hoge vlucht
nemen* ★ pescar/cogerlas (cosas) al ~ *vlug van
begrip zijn* ★ falda de mucho ~ *wijde rok*
★ alzar/emprender/levantar el ~ OOK FIG.
uitvliegen
vuelta I v • *keer; wending; omwenteling; draai*
• *het van richting veranderen; het omkeren*
• *omslag; het omslaan* ⟨v. stemming, situatie⟩
• *achterkant; ommezijde* • *wandeling* • *bocht*
• *beurt; rondje; ronde* ⟨ook van examen⟩
• *terugweg; terugkeer* • *omslag; zoom*
• *teruggave; wisselgeld* • *klap; slaag* • *toer;
pen* ⟨bij breien⟩ ★ a la ~ de la esquina
dichtbij; om de hoek ★ a la ~ lo venden tinto
ze kunnen wel zoveel zeggen ★ dar la ~ *een
ommezwaai maken* ★ dar media ~ *weggaan*
★ ¡hasta la ~! *tot de volgende keer!* ★ no hay
que darle ~s *je kunt er niet om heen* ★ poner
de ~ y media a alg. *tekeergaan tegen iemand*
★ el coche dio una ~ *de campana de auto
sloeg over de kop* ★ la gimnasta dio tres ~s de
campana *de turnster maakte drie salto's* ★ a ~s
keer op keer ★ a ~ de *door middel van veel* ★ a
~ de correo *per kerende post* ★ a ~ de
Navidad *tegen Kerstmis* ★ a la ~ *op de
terugreis* ★ a la ~ de pocos años *over enkele
jaren* ★ de ~ *op de terugreis* ★ ¡~ a lo mismo!
het is weer het oude liedje! ★ andar a ~s (con)
ruzie maken (met) ★ andar a ~s con/para/
sobre *het druk hebben met* ★ buscarle las ~s a
alg. *iemand op een fout proberen te betrappen*
★ coger a alg. las ~s *iemand doorzien* ★ darle
~s a/en la cabeza *zich suf piekeren over; hard
over iets nadenken* ★ dar cien/mil ~s a alg.
met kop en schouders boven iemand uitsteken
★ dar una ~ *een blokje omlopen; een ommetje
maken* ★ dar una ~ a la llave *de sleutel
omdraaien in het slot* ★ dar una ~ con la
bicicleta *een fietstochtje maken* ★ la cabeza
me da ~s *ik ben duizelig* ★ estar de ~ *op de
hoogte zijn; terug zijn* ★ no tiene ~ de hoja
het staat als een paal boven water **II** BNW

omgedraaid; andersom; omgekeerd **III** TW PEJ.
nog een keer!; alweer!
Vuelta v *wielerronde*
vuelto WW (volt. deelw.) → **volver**
vuestro BEZ VNW *van jullie; jullie* ★ los ~s *de
uwen*
vulcanización v *vulkanisatie*
vulcanizar OV WW *vulkaniseren*
vulgar BNW • *alledaags; algemeen* • *gangbaar*
• *ordinair; platvloers; vulgair* ★ lengua ~
volkstaal
vulgaridad v • *platvloersheid* • *alledaagsheid;
banaliteit*
vulgarismo m *vulgaire uitdrukking*
vulgarización v *popularisering*
vulgarizar OV WW • *algemeen bekend worden*
• *populariseren*
vulgarizarse WKD WW • *gemeengoed worden*
• *populair worden*
vulgo m • *gepeupel; plebs* • *volk; massa*
vulnerabilidad v *kwetsbaarheid*
vulnerable BNW *kwetsbaar* ★ ~ a la crítica
gevoelig voor kritiek
vulneración v *schending; aantasting*
vulnerar OV WW • *schaden* • *schenden;
aantasten*
vulpeja v *vrouwtjesvos; moervos*
vulpino BNW *vossen-; vosachtig*
vulva v *vulva; schaamspleet*

vu

W

w v *w* ★ la w de Washington *de w van Willem*
walkman ® m *walkman* ®
walón BNW *Waals*
wáter m *toilet; wc*
waterpolista m/v *waterpolospeler*
waterpolo m *waterpolo*
watt m (**wat**) *watt*
weblog m *weblog*
webmaster m *webmaster*
weekend m *weekend*
western m *western; wildwestfilm*
whisky m *whisky*
windsurf(ing) m *(het) windsurfen*
windsurfista m/v *windsurfer*
wólfram m (**wolframio**) *wolfram; wolfraam*

X

x v *x* ★ la x de Xiquena *de x van Xantippe*
xenofobia v *xenofobie*
xenófobo BNW *xenofoob*
xenón m *xenon*
xerocopia v *xeroxkopie*
xerocopiar OV WW *xeroxen; kopiëren*
xerografía v *xerografie*
xerografiar OV WW *xeroxen; kopiëren*
xilófono m (**xilofón**) *xylofoon*
xilografía v *houtsnijkunst; houtgravure*
xilográfico BNW *xylografisch; van de houtsnijkunst*

Y

y I v *y* ★ la y de Yegua *de y van Ypsilon* II VW *en*

ya I BIJW • *al; reeds • zo dadelijk; meteen • dus • wel • zelfs • eindelijk • nog ★* ya no ... sino niet ... maar ★ ya ... ya *hetzij ... of; of ... of; nu eens ... dan weer ★* ya no *niet meer ★* ya que *vermits; hoewel; aangezien ★* ya apenas *haast niet meer* II TW *ja!; ik snap het al!*

yac m *jak*

yacaré m ZA *kaaiman*

yacente BNW *liggend*

yacer ON WW • *liggen; zich bevinden • rusten* ⟨in graf⟩ • *geslachtsgemeenschap hebben ★* el pueblo yace a las orillas del río *het dorp ligt aan de oevers van de rivier*

yacija v *armoedige slaapplaats*

yacimiento m *vindplaats ★ ~s* petrolíferos *petroleumvelden*

yak m → **yac**

yámbico BNW *jambisch*

yambo m *jambe*

yanqui m *yankee*

yantar I m *spijs* II ON WW *het middagmaal gebruiken*

yapa v ZA *extraatje; fooi*

yarda v *yard* ⟨lengtemaat⟩

yaro m *aronskelk*

yate m *(zeil)jacht*

yaya v *oudje; omaatje*

yayo m *oudje; opaatje*

yazga WW (1e/3e p ev subj. t.t.) → **yacer**

ye v *y* ⟨letter⟩

yedra v *klimop*

yegua v *merrie*

yeguada v *troep paarden*

yegüerizo m (**yegüero**) *verzorger van merries*

yeismo m *uitspraak van de ll als y* ⟨vorm van dialect⟩

yelmo m *(ridder)helm*

yema v • *dooier* • PLANTK. *knop • soort gebakje ★* yema de coco *kokosgebakje ★* dar en la yema *de spijker op zijn kop slaan ★* yema del dedo *vingertop*

Yemen m *Jemen*

yemení I m/v *Jemeniet* II BNW *Jemenitisch*

yen m *yen*

yendo WW (ger.) → **ir**

yerba v *gras*

yerbatero m LA • *kruidengenezer • verkoper van medicinale kruiden*

yerga WW (1e/3e p ev subj. t.t.) → **erguir**

yermar OV WW • *ontvolken • braak laten liggen*

yermo I m *braakland* II BNW • *onbewoond • woest; onbebouwd*

yerno m *schoonzoon*

yero m *wikke*

yeros m mv *wikke*

yerra WW (3e p ev t.t.) → **errar**

yerro m *dwaling; misgreep; fout ★* por *~ door vergissing*

yerto BNW • *stijf; verstijfd • star ★* quedarse *~ paf staan*

yesar m *gipsgroeve*

yesca v *tondel*

yesería v *gipsfabriek*

yesero I m *gipsbrander* II BNW *gips-; gipsen*

yeso m • *gips • gipsen beeld ★* yeso blanco *pleister (voor muren) ★* vaciar en yeso *in gips afgieten*

yesoso BNW *gipsachtig; gipshoudend*

yeyuno m *nuchtere darm* ⟨deel van dunne darm⟩

yihad v *jihad*

yo I m *het ik* II PERS VNW *ik ★* yo que tú *als ik jou was ★* entre usted y yo *u en ik samen ★* lo que es yo *wat mij betreft*

yodado BNW *jodiumhoudend*

yodo m *jodium*

yodoformo m *jodoform*

yoduro m *jodide*

yoga m *yoga*

yogui m *yogi*

yogur m *yoghurt*

yola v *jol*

yonqui m *junk; junkie*

yoquey m *jockey*

yuca v • *maniok • yucca*

yugada v • *span ossen • oppervlaktemaat* ⟨ca. 32 hectare⟩

yugo m • *juk • klokkenstoel • sluier* ⟨voor bruidspaar tijdens mis⟩ • *onderwerping ★* el yugo opresor *het juk van de verdrukking*

Yugoslavia v *Joegoslavië*

yugoslavo I m *Joegoslaaf* II BNW *Joegoslavisch*

yuguero m *ploegjongen*

yugular I BNW • *vena ~ halsslagader; keelader* II OV WW *abrupt beëindigen;* FIG. *de nek omdraaien*

yunque m *aanbeeld*

yunta v *span* ⟨trekdieren⟩

yuntero m *ploegknecht*

yute m *jute*

yuxtapondrá WW (3e p ev tk.t.) → **yuxtaponer**

yuxtaponer OV WW • *naast elkaar plaatsen • samenvoegen* • TAALK. *nevenschikken*

yuxtaponga WW (1e/3e p ev subj. t.t.) → **yuxtaponer**

yuxtaposición v • TAALK. *nevenschikking • samenvoeging*

yuxtapuesto BNW • TAALK. *nevengeschikt • samengevoegd*

yuxtapuso WW (3e p ev v.t.) → **yuxtaponer**

yuyo m ZA *onkruid*

yuyuba v *jujube* ⟨soort vrucht⟩

Z

z v z ★ la z de Zaragoza *de z van Zacharias*
zabordar ON WW *stranden*
zacatal m CA, MEX *weiland; grasland*
zacate m CA, MEX *gras; hooi*
zafar OV WW • *losmaken* • *ontdoen; vrijmaken* • *lossen*
zafarrancho m • *voorbereiding* • *vechtpartij; ruzie* • *tumult* • *verwoesting; vernieling* ★ ~ de combate *voorbereiding op de strijd*
zafarse WKD WW • *vermijden* • *ontlopen; ontwijken* • (~ **de**) *ontsnappen aan; zich bevrijden van; zich ontdoen van; zich onttrekken aan*
zafio I m *boerenkinkel; lomperd* II BNW *grof; lomp*
zafiro m *saffier* ★ ~ oriental *prachtig glanzend saffier*
zafo BNW • SCHEEPV. *leeggehaald* • *zonder kleerscheuren; ongedeerd*
zafra v • *oliekan* • *suikeroogst*
zaga v • *achterstel* • *achterhoede* ★ quedar a la zaga *achteropraken* ★ no ir(se)/quedarse en zaga *niet onderdoen voor* ★ a la zaga *in de achterhoede; achter* ★ ir a la zaga *achteraankomen* ★ en zaga *helemaal achteraan*
zagal m • *knaap* • *flinke knul* • *herdersjongen*
zagala v • *meisje* • *herderin*
zagalejo m • *jongen* • *onderrok* • *bovenrok van boerin*
zagalón m *flinke knaap*
zagual m *peddel*
zaguán m *voorhuis; portiek; hal*
zaguero I m • *achterblijver* • *achterhoedespeler* II BNW • *achterblijvend* • *laatste*
zahareño BNW VERO. *schuw* ⟨v. vogel⟩
zaherimiento m • *belediging* • *hatelijkheid*
zaherir /ie, i/ OV WW • *kwetsen* • *hatelijk doen* • *scherpe kritiek leveren op*
zahones m mv *leren dijbeenbeschermers* ⟨bv. van jagers⟩
zahorí m • *roedeloper* • *helderziende* • *waarzegger*
zahurda v • *krot* • *zwijnenstal*
zaino BNW • *verraderlijk; vals* • *bruin* ⟨v. paard⟩ • *zwart* ⟨v. koe⟩
zalagarda v • *valstrik; hinderlaag* • *opschudding* ⟨om schrik aan te jagen⟩ • *rumoerige puinhoop*
zalamería v *flikflooierij; strooplikkerij*
zalamero I m *hielenlikker* II BNW *flikflooiend; zoetsappig; kruiperig*
zalea v • *schapenleer* • *schapenvacht*
zalema v • *strooplikkerij* • *vleierij*
zamacuco m • *stiekemerd* • *sul*
zamarra v • *heel warme jas* • *vest* ⟨meestal van schapenvacht⟩
zamarrear OV WW • *(iemand) het vuur na aan de schenen leggen* • *heen en weer schudden* • *door elkaar rammelen*
zamarro m *lamsleer; boerenkinkel*
zamba v • LA *volksdans* • *halfbloed* ⟨dochter

van indiaan(se) en neger(in)⟩ • *vrouw/meisje met x-benen*
Zambeze m *Zambezi*
zambo I m • *halfbloed* ⟨kind van neger en indiaan⟩ • *soort aap* II BNW • *met x-benen* • *halfbloed-*
zambomba v • MUZ. *rommelpot* • *opgeblazen varkensblaas* ★ i~! *tjonge!*
zambombazo m • *klap; stoot; opstopper* • *knal*
zambombo m *lomperd*
zambra v • *(zigeuner)feest* • *feestgedruis*
zambucar OV WW *wegmoffelen*
zambullida v • *onderdompeling* • *duik in het water* ★ dar una ~ *duik in het water nemen*
zambullido BNW *ondergedompeld* ★ estaba ~ en la lectura *hij ging helemaal in het verhaal op*
zambullir OV WW • *duiken* • *onderdompelen*
zambullirse WKD WW • OOK FIG. *onderduiken* • *zich verbergen* ★ ~ en el trabajo *opgaan in het werk* • (~ **en**) *(volledig) opgaan in*
Zamora v ★ no se ganó ~ en una hora *Keulen en Aken zijn niet op één dag gebouwd*
zampa v *heipaal*
zampabollos m/v *schrokop; vreetzak*
zampar OV WW • *gulzig eten; opschrokken* • *smijten* • *wegmoffelen*
zamparse WKD WW • *binnenglippen* • *binnenvallen* • *zich volgieten; zich volstoppen* • *opschrokken; opslurpen*
zampatortas m/v • *veelvraat; vreetzak* • *lomperik*
zampear OV WW *de fundering leggen in; heien in*
zampón I m *veelvraat* II BNW *gulzig*
zampoña v *panfluit*
zampuzar OV WW *onderdompelen*
zanahoria v *peen; wortel*
zanca v • *lange poot* • *lang been* • *stelt*
zancada v *flinke stap* ★ en dos ~s *in twee stappen; heel snel* ★ a grandes ~s *met grote passen*
zancadilla v *het laten struikelen* ★ echar/poner la/una ~ *beentje lichten*; FIG. *uit het zadel wippen*
zancajear ON WW *heen en weer rennen*
zancajo m • *hak; hiel* • *hielstuk* • FIG. *dwerg*
zancarrón m • *kluif* • *schriel oud mannetje*
zanco m *stelt*
zancudas v mv *steltlopers* ⟨vogels⟩
zancudo BNW *langpotig; met lange benen*
zanfonía v *draailier*
zangamanga v *list*
zanganada v *domme opmerking*
zanganear ON WW *luieren; rondslenteren; lanterfanten*
zángano m • *nietsnut* • *luilak* • *domoor* • *dar* ⟨insect⟩
zangolotear I OV WW • *voortdurend bewegen* • *schudden* II ON WW *ijsbenen*
zangolotearse WKD WW *klepperen; rammelen*
zangoloteo m • *gewiebel* • *gerammel*
zangolotino BNW • *niño* ~ *kinderachtig ventje*
zangón m *luie slungel*
zanguanga BNW ★ hacer la ~ *je ziek voordoen om niet te hoeven werken*
zanguango I m/v *luilak* II BNW *lui*

zanja v • *sloot* • *greppel* • *groeve*
zanjar OV WW *een greppel graven* ∗ ~ una discusión *een discussie beëindigen* ∗ ~ las diferencias *de problemen oplossen*; *de moeilijkheden uit de weg ruimen*
zanjón m *diepe geul*
zanquear ON WW • *wijdbeens lopen* • *heen en weer rennen*
zanquilargo BNW • *met lange poten/stelten* • *met lange benen*
zanquivano BNW *met spillebenen*
zapa v • *spade* • *schep* • *mijngang; loopgraaf* ∗ *labor/trabajo de zapa ondermijnend werk; clandestien werk*
zapador m • *schansgraver* • *sappeur*
zapallo m ZA • LA *kalebas* • ARG, CHI *meevaller; mazzel* • CA *idioot* • ECU *dikkertje*
zapapico m *houweel*
zapar ON WW *loopgraven maken; schansen graven*
zaparrazo m *slag met een klauw*
zapata v • *halve laars* • *kraagsteen; sokkel* • *ankerschoen* • *remblok*
zapatazo m *trap/klap* ⟨met een schoen⟩ ∗ *tratar a ~s als een hond/voetveeg behandelen*
zapateado m *hakkengetrappel*
zapatear ON WW • *trappelend dansen* • *trappelen*
zapateo m • *trappelen* ⟨bij dans⟩ • *hakkengetrappel*
zapatería v • *schoenmakerij* • *schoenwinkel*
zapatero I m • *schoenmaker* • *schoenkastje* • *schoenwinkelier* • *soort tropische vis* ∗ *quedarse ~ geen slag halen* ⟨in kaartspel⟩ ∗ ~ *de viejo schoenlapper* ∗ ~ *a tus zapatos schoenmaker, blijf bij je leest* ∗ ~ *remendón schoenlapper* II BNW *glazig* ∗ *las lentejas han quedado zapateras deze linzen zijn te hard gekookt*
zapateta v • *klakkend geluid* ⟨v. schoenen tegen elkaar⟩ • *klap op de schoenzool* ⟨bij dansen⟩
zapatilla v • *pantoffel* • *balletschoentje* • *kraanleertje*
zapato m *schoen* ∗ *saber dónde le aprieta el ~ weten waar de schoen wringt* ∗ *no llegarle a la suela del ~ alg. niet aan iemand kunnen tippen*
zape TW • *kst!* ⟨tegen dieren⟩ • *nou moe!* ⟨v. verbazing⟩ ∗ *izape! qué calor hace hoy jeetje! wat is het warm vandaag*
zapear ON WW *zappen* ⟨tv⟩
zapeo m *(het) zappen*
zapote m • *sawoeboom* • *sawoevrucht*
zaque m • *zuiplap; dronkaard* • *kleine leren wijnzak*
zaquizamí m • *hok; zolderkamertje* • *vliering; zolder*
zar m *tsaar*
zarabanda v • *sarabande* ⟨oude Spaanse dans/muziek⟩ • *kabaal; drukte; opwinding* ∗ *se armó una gran ~ er ontstond een geweldig rumoer*
zaragata v • *herrie* • *ruzie*
zaragatero I m • *lawaaischopper* • *druktemaker* II BNW *luidruchtig*

zaragozano BNW *van/uit Zaragoza*
zaragüelles m mv • *lange witte onderbroek* • *wijde geplooide boerenbroek*
zaranda v *zeef; roerzeef*
zarandajas v mv onzin; *onbenulligheden*
zarandear OV WW • *zeven; filtreren* • *door elkaar schudden*
zarandeo m • *het schudden* • *het flikkeren* • *wiegende gang*
zarandillo m *woelwater; druktemaker*
zarapito m *regenwulp*
zaraza v • *bedrukt katoen* • *rattenkruid*
zarceta v *taling* ⟨eend⟩
zarcillo m • *oorring* • *hechtrank; zuignapje* ⟨v. klimop⟩
zarco BNW *lichtblauw* ⟨v. water of ogen⟩
zarigüeya v *opossum; buidelrat*
zarina v *tsarina*
zarista m *aanhanger van het tsarisme*
zarpa v • *klauw* ∗ *echar la ~ zijn klauwen uitslaan; (vast)grijpen; stelen* ∗ *le echaron la ~ al ladrón ze grepen de dief in zijn kraag*
zarpada v *uithaal; slag* ⟨met klauw⟩
zarpar ON WW *het anker lichten* ∗ *el barco zarpó para Amberes het schip is naar Antwerpen vertrokken*
zarpazo m *uithaal* ⟨met klauw, nagels⟩
zarracatín m *sjacheraar*
zarrapastroso BNW *haveloos; vuil; onverzorgd*
zarza v *braamstruik*
zarzal m *braambosje; braamstruiken*
zarzamora v • *braambes* • *braamstruik*
zarzaparrilla v • *soort struik* • *verfrissende drank*
zarzarrosa v *wilde roos*
zarzo m *vlechtwerk* ⟨v. riet⟩
zarzoso BNW *vol braamstruiken*
zarzuela v *Spaanse operette* ∗ ~ *de pescado visgerecht*
zarzuelista m/v *componist/schrijver van zarzuela's*
zas TW *klets!; plof!; pats!; tik!*
zascandil m • *domkop* • *bemoeial*
zascandilear ON WW *rondhangen*
zeda v z ⟨letter⟩
zepelín m *zeppelin*
zeta v z ⟨letter⟩
zeugma v *samentrekking*
zigzag m *zigzag*
zigzaguear ON WW *zigzag lopen*
zinc m → **cinc**
zíngaro BNW *zigeuner-*
zipear OV WW COMP. *zippen*
zipizape m • *rumoerige ruzie* • *drukte* • *herrie*
zis TW *pats!; boem!* ∗ *izis, zas! pats, boem!*
zócalo m • *onderrand* ⟨v. een gebouw⟩ • *plint* • *sokkel; voetstuk* • *onderstuk*
zocato BNW • *links; linkshandig* • *beurs; rot* • *overrijp*
zoclo m • *klomp* • *overschoen*
zoco m *klomp*
zodiaco m (**zodíaco**) *dierenriem*
zollipar ON WW *snikken*
zona v • *zone* • *gebied* • *sector* • *deel* ⟨v. een geheel⟩ ∗ *zona climática klimaatgordel; luchtstreek* ∗ *zona portuaria havengebied* ∗ COMP. *zona chatbox* ∗ *zona tórrida warme*

luchtstreek
zoncería v LA *dwaasheid*; *onnozelheid*
zonzo BNW • *saai*; *vervelend* • LA *dom*
zoo m *dierentuin*
zoolatría v *zoölatrie*; *godsdienstige verering van dieren*
zoología v *zoölogie*; *dierkunde*
zoológico I m *dierentuin* II BNW *zoölogisch*; *dierkundig* ★ *parque* ~
zoólogo m *dierkundige*; *zoöloog*
zoom m *zoom(lens)*
zootecnia v *zoötechniek*
zopas m/v *iemand die lispelt*
zopenco I m *pummel*; *boerenkinkel*; *lomperd* II BNW • *lomp*; *klungelig* • *onnozel*
zopilote m *kalkoengier*
zopo BNW • *misvormd* ⟨aan handen en voeten⟩ • *kreupel*
zoquete I m • *stuk hout* • *uilskuiken*; *domkop* II BNW • *dom* • *lomp*
zorcico m *Baskisch lied/dans*
Zoroastro m *Zarathoestra*
zorongo m • *boerenhoofddoek* • *haarknot* • *dans*; *zang* ⟨uit Andalusië⟩
zorra v • *moervos* • *sluwe vos* • FIG. *dronkenschap* • *hoer*; *slet* ★ *pillar una* ~ *zich bedrinken*
zorrastrón BNW *doortrapt*; *gehaaid*
zorrera v • *vossenhol* • *rokerig vertrek* • *slaperigheid*
zorrería v *sluwheid*; *geslepenheid*
zorro m • *vos* • *vossenvel* • *slimmerik*; *sluwerd* ★ *estar hecho unos* ~s *bekaf zijn*
zorrón m (v: **zorrona**) *sluwe vos*
zorronglón BNW *werkschuw*
zorros m mv • → **zorro** • *plumeau*
zorruno BNW *vossen-*
zorzal m *lijster* ★ ~ *marino soort zeevis*
zote I m • *domoor* • *onnozele hals*; *sufferd* II BNW *onnozel*; *stompzinnig*
zozobra v • *bezorgdheid* • *angst* • *schipbreuk*
zozobrar ON WW • *schipbreuk lijden* • *falen*; *te gronde gaan* • *bezorgd/angstig zijn*
zueco m • *klomp* • *overschoen*
zulaque m *vulmiddel*; *teerkit*
zulla v • *menselijke uitwerpselen* • PLANTK. *hedysarum*
zullarse WKD WW • *het in zijn broek doen*; *zijn behoefte doen* • *winden laten*
zullón m *wind*
zulo m *(ondergrondse) schuilplaats* ⟨voor personen/wapens⟩
zulú I m/v *Zoeloe* II BNW *lomp*; *asociaal*
zumaque m *fluweelboom*
zumaya v *uil*
zumba v *scherts*; *gein*; *plagerij* ★ *dar* ~ *pak slaag geven*
zumbador I m *zoemer* ⟨bel⟩ II BNW *gonzend*
zumbar I OV WW • *een mep verkopen* • *plagen* II ON WW • *ronken* ⟨v. motor⟩ • *suizen*; *gonzen*; *zoemen* ★ *me zumban los oídos mijn oren suizen*
zumbarse WKD WW • *in de maling nemen* • (~ *de*) *spotten met*; *uitlachen*
zumbido m • *gesuis*; *gegons*; *gezoem* • *geronk* ★ ~ *continuado zoemtoon*; *onafgebroken toon*

zumbón I m *plaaggeest* II BNW • *plaagziek* • *spotlustig*
zumiento BNW *sappig*
zumo m • *sap* • *profijt*
zumoso BNW *saprijk*
zuncho m *ijzeren band*; *ring*
zupia v • *droesem* • *troebele wijn* • *vies spul*; *bocht*; *troep*
zurcido I m *stopwerk*; *verstelwerk* II BNW *gestopt*; *versteld* ⟨v. sokken⟩
zurcidor m *iemand die kledingstukken verstelt/stopt*; *naaier*
zurcidura v • *het stoppen* • *stopsel* ⟨v. textiel⟩
zurcir OV WW *stoppen*; *verstellen* ★ *ianda y que te zurzan! vlieg op!*
zurdería v *linkshandigheid*
zurdo I m *linkshandige* ★ *no ser* ~ *handig en slim zijn* ★ (mano) *zurda linkerhand* ★ *a zurdas averechts* II BNW • *linker-*; *links* • *linkshandig*
zurear ON WW *koeren* ⟨v. duif⟩
zureo m *gekir*
zurito BNW ★ *paloma zurita houtduif*
zurra v • *pak rammel*; *stokslagen* • *het looien*
zurrapa v *droesem*; *bezinksel*
zurrar OV WW • *looien* • *afranselen*; *een pak rammel geven* ★ ~ *la badana tekeergaan (tegen)*
zurriaga v *zweep*
zurriagar OV WW • *slaan* ⟨met zweep⟩ • *geselen*
zurriagazo m • *zweepslag* • *tegenslag*; FIG. *zware slag*
zurriago m *zweep*; *gesel*
zurribanda v • *pak slaag* • *knokpartij*
zurriburri m • *schooier* • *schorriemorrie* • *opschudding*
zurrón m • *herderstas*; *jagerstas* • *knapzak* ⟨v. leer of huid⟩ • *vliesje* ⟨v. vruchten⟩
zurullo m *klont*
zurumbático BNW • *dom* • *verbluft*; *verbaasd*
zutano m *dinges*; *die en die*

Grammaticaal compendium

WOORDSOORTEN

1   *Het werkwoord*

De gebruikte afkortingen en vertalingen in dit compendium zijn als volgt:

cond.	condicional	onvoltooid verleden toekomende tijd
fut.	futuro	onvoltooid tegenwoordige toekomende tijd
ger.	gerundio	gerundium
imp.	imperfecto	onvoltooid verleden tijd
imp.sub.	imperfecto de subjuntivo	aanvoegende verleden tijd
	imperativo	gebiedende wijs
ind.	indicativo	aantonende wijs
inf.	infinitivo	onbepaalde wijs
part.pas.	participio pasado	voltooid deelwoord
pres.	presente	onvoltooid tegenwoordige tijd
pres.sub.	presente de subjuntivo	aanvoegende tegenwoordige tijd
pret.indef.	pretérito indefinido	verleden tijd

1.1   De vervoeging van regelmatige werkwoorden.

* Werkwoorden die eindigen op *-ar*, bijv. *bajar* (= dalen).

inf.:	ger.:	part.pas.:
baj-ar	baj-ando	baj-ado

indicativo:

presente	imperfecto	pret.indef.
baj-o	baj-aba	baj-é
baj-as	baj-abas	baj-aste
baj-a	baj-aba	baj-ó
baj-amos	baj-ábamos	baj-amos
baj-áis	baj-abais	baj-asteis
baj-an	baj-aban	baj-aron

futuro	condicional
bajar-é	bajar-ía
bajar-ás	bajar-ías
bajar-á	bajar-ía
bajar-emos	bajar-íamos
bajar-éis	bajar-íais
bajar-án	bajar-ían

subjuntivo:

presente	imp.sub.
baj-e	baj-ara / baj-ase
baj-es	baj-aras / baj-ases
baj-e	baj-ara / baj-ase
baj-emos	baj-áramos / baj-ásemos
baj-éis	baj-arais / baj-aseis
baj-en	baj-aran / baj-asen

imperativo:

bevestigend	ontkennend
baj-a (jij)	no baj-es
baj-ad (jullie)	no baj-éis
baj-e (u)	no baj-e
baj-en (u mv)	no baj-en
baj-emos (wij)	no baj-emos

* Werkwoorden die eindigen op *-er*, bijv. *comer* (= eten).

inf.:	ger.:	part.pas.:
com-er	com-iendo	com-ido

indicativo:

presente	imperfecto	pret.indef.
com-o	com-ía	com-í
com-es	com-ías	com-iste
com-e	com-ía	com-ió
com-emos	com-íamos	com-imos
com-éis	com-íais	com-isteis
com-en	com-ían	com-ieron

futuro	condicional
comer-é	comer-ía
comer-ás	comer-ías
comer-á	comer-ía
comer-emos	comer-íamos
comer-éis	comer-íais
comer-án	comer-ían

subjuntivo:

presente	imp.sub.
com-a	com-iera / com-iese
com-as	com-ieras / com-ieses
com-a	com-iera / com-iese
com-amos	com-iéramos / com-iésemos
com-áis	com-ierais / com-ieseis
com-an	com-ieran / com-iesen

imperativo:

bevestigend	ontkennend
com-e (jij)	no com-as
com-ed (jullie)	no com-áis
com-a (u)	no com-a
com-an (u mv)	no com-an
com-amos(wij)	no com-amos

* Werkwoorden die eindigen op *-ir*, bijv. *permitir* (= toestaan).

inf.:	ger.:	part.pas.:
permit-ir	permit-iendo	permit-ido

indicativo:

presente	imperfecto	pret.indef.
permit-o	permit-ía	permit-í
permit-es	permit-ías	permit-iste
permit-e	permit-ía	permit-ió
permit-imos	permit-íamos	permit-imos
permit-ís	permit-íais	permit-isteis
permit-en	permit-ían	permit-ieron

futuro	condicional
permitir-é	permitir-ía
permitir-ás	permitir-ías
permitir-á	permitir-ía
permitir-emos	permitir-íamos
permitir-éis	permitir-íais
permitir-án	permitir-ían

subjuntivo:

presente	imp.sub.
permit-a	permit-iera / permit-iese
permit-as	permit-ieras / permit-ieses
permit-a	permit-iera / permit-iese
permit-amos	permit-iéramos / permit-iésemos
permit-áis	permit-ierais / permit-ieseis
permit-an	permit-ieran / permit-iesen

imperativo:

bevestigend	ontkennend
permit-e (jij)	no permit-as
permit-id (jullie)	no permit-áis
permit-a (u)	no permit-a
permit-an (u mv)	no permit-an
permit-amos (wij)	no permit-amos

1.2   De hulpwerkwoorden en hun vervoegingen.

* haber = (hebben) ger.:   part.pas.:
                     habiendo   habido

indicativo:

presente	imperfecto	pret.indef.
he	había	hube
has	habías	hubiste
ha	había	hubo
hemos	habíamos	hubimos
habéis	habíais	hubisteis
han	habían	hubieron

futuro	condicional
habré	habría
habrás	habrías
habrá	habría
habremos	habríamos
habréis	habríais
habrán	habrían

subjuntivo:

presente	imp.sub.
haya	hubiera / hubiese
hayas	hubieras / hubieses
haya	hubiera / hubiese
hayamos	hubiéramos / hubiésemos
hayáis	hubierais / hubieseis
hayan	hubieran / hubiesen

* estar = (zijn)   ger.:   part.pas.:
                    estando   estado

presente	imperfecto	pret.indef.
estoy	estaba	estuve
estás	estabas	estuviste
está	estaba	estuvo
estamos	estábamos	estuvimos
estáis	estabais	estuvisteis
están	estaban	estuvieron

futuro	condicional	imperativo
estaré	estaría	está (jij)
estarás	estarías	estad (jullie)
estará	estaría	
estaremos	estaríamos	
estaréis	estaríais	
estarán	estarían	

subjuntivo:

presente	imp.sub.
esté	estuviera / estuviese
estés	estuvieras / estuvieses
esté	estuviera / estuviese
estemos	stuviéramos / estuviésemos
estéis	estuvierais / estuvieseis
estén	estuvieran / estuviesen

* ser = (zijn)   ger.:   part.pas.:
                  siendo   sido

presente	imperfecto	pret.indef.
soy	era	fui
eres	eras	fuiste
es	era	fue
somos	éramos	fuimos
sois	erais	fuisteis
son	eran	fueron

futuro	condicional	imperativo
seré	sería	sé (jij)
serás	serías	sed (jullie)
será	sería	
seremos	seríamos	
seréis	seríais	
serán	serían	

subjuntivo:

presente	imp.sub.
sea	fuera / fuese
seas	fueras / fueses
sea	fuera / fuese
seamos	fuéramos / fuésemos
seáis	fuerais / fueseis
sean	fueran / fuesen

1.3   De vervoeging van de diftongerende werkwoorden en werkwoorden met een stamklinkerwisseling.

* Bij diftongerende werkwoorden verandert de stamklinker, als daar de klemtoon op valt, van *o* in *ue* of *e* in *ie*. Als voorbeelden worden *torcer* en *perder* genomen.

pres.ind.		pres.sub		imperativo
tuerzo	pierdo	tuerza	pierda	
tuerces	pierdes	tuerzas	pierdas	tuerce pierde
tuerce	pierde	tuerza	pierda	
torcemos	perdemos	torzamos	perdamos	
torcéis	perdéis	torzáis	perdáis	torced perded
tuercen	pierden	tuerzan	pierdan	

Deze werkwoorden worden in dit woordenboek met /ue/ resp. /ie/ achter het werkwoord aangegeven.

* Bij werkwoorden op -ir met een stamklinkerwisseling verandert de stam-e in -i als
in de uitgang van dat werkwoord geen -i of een onbeklemtoonde -i staat. Als voorbeeld wordt vestir gegeven:

ger.:	part.pas.:
vistiendo	vestido

pres.ind.	pret.indef.		
visto	vestí	imp.	vestía
vistes	vestiste	fut.	vestiré
viste	vistió	cond.	vestiría
vestimos	vestimos	imperativo	viste, vestid
vestís	vestisteis	pres.sub.	vista
visten	vistieron	imp.sub.	vistiese/ra

Deze werkwoorden worden in dit woordenboek met /i/ achter het werkwoord aangegeven.

* Er zijn ook werkwoorden met diftongering en stamklinkerwisseling. Dit gebeurt o.a. bij
alle werkwoorden met uitgangen op -ferir, -gerir en -vertir. Als voorbeeld worden mentir en
morir gegeven:

ger.:	part.pas.:
mintiendo	mentido

pres.ind.	pret.indef.		
miento	mentí	imp.	mentía
mientes	mentiste	fut.	mentiré
miente	mintió	cond.	mentiría
mentimos	mentimos	imperativo	miente, mentid
mentís	mentisteis	pres.sub.	mienta
mienten	mintieron	imp.sub.	mintiera/se

inf.:	ger.:	part.pas.:
morir	muriendo	muerto

presente			
muero	morí	imp.	moría
mueres	moriste	fut.	moriré
muere	murió	cond.	moriría
morimos	morimos	imperativo	muere, morid
morís	moristeis	pres.sub.	muera
mueren	murieron	imp.sub.	muriera/se

Deze werkwoorden worden in dit woordenboek met /ie, i/ resp. /ue, u/ achter het
werkwoord aangegeven.

* Bij werkwoorden op *-iar* en *-uar* wordt in een aantal gevallen in de tegenwoordige
tijd de *-i* of de *-u* beklemtoond. De voorbeelden betreffen *variar* en *continuar*.

pres.ind.		pres.sub.		imperativo	
varío	continúo	varíe	continúe	varía	continúa
varías	continúas	varíes	continúes		
varía	continúa	varíe	continúe		
variamos	continuamos	variemos	continuemos		
variáis	continuáis	variéis	continuéis	variad	continuad
varían	continúan	varíen	continúen		

Deze werkwoorden worden in dit woordenboek met /í/ resp. /ú/ achter het werkwoord
aangegeven.

1.4   Enkele onregelmatige werkwoorden.

abrir	part.pas.	abierto
andar	pret.indef.	anduve, anduviste, anduvo, enz.
caber	pres.ind.	quepo, cabes, cabe, enz.
	pres.sub.	quepa, quepas, quepa, enz.
	pret.indef.	cupe, cupiste, cupo, enz.
	futuro	cabré, cabrás, cabrá, enz.
caer	pres.ind.	caigo, caes, cae, caemos, caéis, caen
	pres.sub.	caiga, caigas, caiga, enz.
conducir	pres.ind.	conduzco, conduces, enz.
	pres.sub.	conduzca, conduzcas, enz.
	pret.indef.	conduje, condujiste, condujo, enz.
cubrir	part.pas.	cubierto
dar	pres.ind.	doy, das, da, damos, enz.
	imp.	daba, dabas, daba, enz.
	pret.indef.	di, diste, dio, enz.
	pres.sub.	dé, des, dé, demos, enz.
decir	pres.ind.	digo, dices, dice, decimos, decís, dicen
	pret.indef.	dije, dijiste, dijo, dijimos, dijisteis, dijeron
	pres.sub.	diga, digas, diga, digamos, digáis, digan
	futuro	diré, dirás, dirá, enz.
	imperativo	di, decid
escribir	part.pas.	escrito
hacer	part.pas.	hecho
	pres.ind.	hago, haces, hace, hacemos, hacéis, hacen
	pret.indef.	hice, hiciste, hizo, hicimos, hicisteis, hicieron
	pres.sub.	haga, hagas, haga, enz.
	futuro	haré, harás, hará, enz.
	imperativo	haz, haced

ir	gerundio	yendo
	part.pas.	ido
	pres.ind.	voy, va, vas, vamos, enz.
	imp.	iba, ibas, iba, íbamos, ibais, iban
	pret.indef.	fui, fuiste, fue, fuimos, fuisteis, fueron
	pres.sub.	vaya, vayas, vaya, enz.
	futuro	iré, irás, irá, enz.
	imperativo	ve, id

oír	pres.ind.	oigo, oyes, oye, oímos, oís, oyen
	pres.sub.	oiga, oigas, oiga, enz.
	imperativo	oye, oíd

poder	ger.	pudiendo
	pres.ind.	puedo, puedes, puede, podemos, podéis, pueden
	pret.indef.	pude, pudiste, pudo, enz.
	futuro	podré, podrás, podrá, enz.

poner	part.pas.	puesto
	pres.ind.	pongo, pones, pone, enz.
	pret.indef.	puse, pusiste, puso, enz.
	pres.sub.	ponga, pongas, enz.
	futuro	pondré, enz.
	imperativo	pon, poned

querer	pret.indef.	quise, quisiste, quiso, quisimos, quisisteis, quisieron
	futuro	querré, querrás, enz.

resolver	part.pas.	resuelto

romper	part.pas.	roto

saber	pres.ind.	sé, sabes, sabe, enz.
	pres.sub.	sepa, sepas, sepa, enz.
	pret.indef.	supe, supiste, supo, enz.
	futuro	sabré, enz.

salir	pres.ind.	salgo, sales, sale, enz.
	pres.sub.	salga, salgas, enz.
	futuro	saldré, enz.
	imperativo	sal, salid

satisfacer	part.pas.	satisfecho
	pres.ind.	satisfago, satisfaces, enz.
	pret.indef.	satisfice, satisficiste, satisfizo, satisficimos, enz.
	pres.sub.	satisfaga, enz.
	futuro	satisfaré, enz.

tener	pres.ind.	tengo, tienes, tiene, tenemos, tenéis, tienen
	pret.indef.	tuve, tuviste, tuvo, enz.
	pres.sub.	tenga, tengas, enz.
	futuro	tendré, enz.

traer	pres.ind.	traigo, traes, trae, enz.
	pres.sub.	traiga, enz.
	pret.indef.	traje, trajiste, trajo, trajimos, enz.

valer	pres.ind.	valgo, vales, vale, enz.
	pres.sub.	valga, enz.
	futuro	valdré
venir	pres.ind.	vengo, vienes, viene, venimos, venís, vienen
	pret.indef.	vine, viniste, vino, enz.
	pres.sub.	venga, enz.
	futuro	vendré, enz.
	imperativo	ven, venid
ver	gerundio	viendo
	part.pas.	visto
	pres.ind.	veo, ves, ve, vemos, veis, ven
	imp.	veía, veías, enz.
	pret.indef.	vi, viste, vio, vimos, visteis, vieron
	pres.sub.	vea, veas, enz.
	futuro	veré, enz.
	imperativo	ve, ved
volver	part.pas.	vuelto

2. *Het lidwoord*

Het bepaalde (de, het) en het onbepaalde lidwoord (een) voegt zich in het Spaans naar geslacht en enkel- of meervoud van het zelfstandig naamwoord.

		mannelijk	vrouwelijk	onzijdig
bepaald	ev	el	la	lo
	mv	los	las	-
onbepaald	ev	uno	una	-
	mv	unos	unas	-

Voor een zelfstandig naamwoord dat met een beklemtoonde *-a* begint wordt *la-el* en *una-un*, zoals in *el agua* en in *un hacha*. Dit gebeurt niet bij een eigennaam (*la Ana*, *la Haya*) of de naam van een letter (*la a*).

3. *Het zelfstandig naamwoord*

3.1   Meervoudsvorming van zelfstandige naamwoorden.

Door toevoeging van een *-s* wordt in het Spaans de meervoudsvorm van een zelfstandig naamwoord gevormd dat op een onbeklemtoonde klinker eindigt: *el cine-los cines*, *la película-las películas*.

Zelfstandige naamwoorden die op *-í* of *-y* eindigen krijgen *-es*; *el marroquí-los marroquíes*, *la ley-las leyes*, behalve: *el esquí-los esquís*.

Zelfstandige naamwoorden die eindigen op een medeklinker krijgen als meervoudsvorm ook *-es* toegevoegd: *el mes-los meses*, behalve als het familienamen betreft of woorden die uit meer lettergrepen bestaan en met een onbeklemtoonde lettergreep op *-s* eindigen, zoals in *la crisis-las crisis* en *el atlas-los atlas*.

Bij vorming van het meervoud van een aantal zelfstandige naamwoorden verandert de eind *-z* in een *-c*, zoals in *el juez-los jueces*, en soms verandert de klemtoon van plaats: *el joven-los jóvenes* of *el carácter-los caracteres*.

3.2 Het geslacht van zelfstandige naamwoorden.

Het geslacht kan vrouwelijk of mannelijk zijn. Echter bij een aantal zelfstandige naamwoorden bestaat zowel een vrouwelijke als mannelijke vorm (*la artista* en *el artista*, *la testigo* en *el testigo* en *la ministra* (of *la ministro*) en *el ministro*). Een uitzondering hierop vormen *la víctima* en *la persona*.

Het geslacht van een gemengde groep is in het Spaans altijd mannelijk: *los hijos* kan zowel de zonen als de kinderen betekenen. Bij substantivering van andere woordsoorten wordt het geslacht ook mannelijk: *el pero* en *el porqué*, maar als uitzondering *la nada*.

Het onderscheid in geslacht bij dieren en planten gebeurt vaak door de toevoeging *hembra* voor vrouwelijk of *macho* voor mannelijk.

4. *Het bijvoeglijk naamwoord*

Het bijvoeglijk naamwoord komt in geslacht en getal overeen met het zelfstandig naamwoord waar het voor of achter staat.

4.1 Meervoudsvorming en geslacht.

De meervoudsvorming bij bijvoeglijke naamwoorden geschiedt op dezelfde wijze als bij de zelfstandige naamwoorden. Er wordt aan de uitgang een *-s* toegevoegd (*triste-tristes*) of *-es* als ze op een beklemtoonde *-i* of een medeklinker eindigen: *mayor-mayores* of *marroquí-marroquíes*. Er zijn enkele uitzonderingen met *z/c* wisseling of accentverplaatsing: zo wordt *capaz-capaces* en *joven-jóvenes*.

De uitgang van de meeste bijvoeglijke naamwoorden vormt zich naar het geslacht: *una paloma blanca, un perro agresivo*. Een aantal blijft onveranderd: *una solución probable, un número improbable*. Dit geldt ook voor een aantal bijvoeglijke naamwoorden dat op *-a* of *-ista* eindigt: *belga* kan zowel vrouwelijk als mannelijk zijn, evenals *comunista* of *socialista*.

Eindigt de mannelijke vorm van het bijvoeglijk naamwoord op *-o*, *-ete* of *-ote*, dan wordt, om de vrouwelijke vorm te verkrijgen, de slotklinker in *-a* veranderd: *grandote-grandota*. Eindigt deze op *-án*, *-ín*, *-ón*, of *-és*, dan wordt er een *-a* toegevoegd: *charlatán-charlatana* of *francés-francesa*.

4.2 De plaats van het bijvoeglijk naamwoord.

De meest neutrale en normale plaats van het bijvoeglijk naamwoord is achter het zelfstandig naamwoord waar het de meeste nadruk en informatieve waarde heeft: *un pueblo pequeño*. Voorplaatsing kan, maar heeft stilistische gevolgen. Bij voorplaatsing in bijvoorbeeld *un pequeño pueblo* is *pequeño* in verhouding minder belangrijk geworden. Op betekenisniveau levert voor- of achterplaatsing voor een aantal bijvoeglijke naamwoorden ook verschil op: *un buen profesor* betekent iets anders (namelijk een goede, in de professionele zin des woords, leraar) dan *un profesor bueno* (goed als mens). Zo betekent *una vieja amiga* een vriendin die men al lang kent en *una amiga vieja* een vriendin die al oud is. Ook de betekenis van het bijvoeglijk naamwoord zelf kan veranderen: *el chico pobre* betekent de arme jongen (zonder geld) en *el pobre chico* betekent de arme, beklagenswaardige jongen.

Bijvoeglijke naamwoorden die een zware emotionele lading hebben kunnen én voor én achter geplaatst worden: *una trágica historia/una historia trágica*. In het algemeen geldt dat voorplaatsing op informeel niveau overdreven klinkt, behalve voor *bueno, malo, mejor* en *peor*.

Bij combinaties van twee bijvoeglijke naamwoorden en een zelfstandig naamwoord geldt dat ze onafhankelijk vóór of achter geplaatst kunnen worden: *el rico queso holandés* of *el queso holandés rico* (de lekkere Hollandse kaas). Betreft het bijvoeglijke naamwoorden die beide in dezelfde mate betrekking hebben op het zelfstandig naamwoord, dan komt er een komma of *y* tussen te staan: *la única y última posibilidad*.

5. *De trappen van vergelijking*

De vergrotende en overtreffende trap van bijvoeglijke naamwoorden en bijwoorden worden gevormd met behulp van het woordje *más*: *un hombre bajo*, *un hombre más bajo*, *el hombre más bajo* (een kleine man, een kleinere man, de kleinste man).
Er zijn uitzonderingen die een onregelmatige vergrotende of overtreffende trap hebben, naast soms ook een regelmatige:

bueno	mejor (más bueno)
malo	peor
grande	mayor (más grande)
pequeño	menor (más pequeño)
poco	menos
bien	mejor
mal	peor
mucho	más
muy	más

De stellende trap, *zo* .... *als* en *even* .... *als* wordt gevormd door de combinatie *tan* .... *como* bij een bijvoeglijk naamwoord of bijwoord: *es tan rubia como su tía*, *no se ha expresado tan mal como otras veces*.
De combinatie *tanto* .... *como* wordt gebruikt bij de vergrotende trap van het bijvoeglijk naamwoord of bijwoord en voor een zelfstandig naamwoord: *hemos comido tanto como tú*, *han construido tantos edificios como el año pasado*.

6. *Het bijwoord*

Door achter de vrouwelijke vorm van het bijvoeglijk naamwoord de uitgang *-mente* te plaatsen verkrijgt men het bijwoord: *obvio-obviamente*, het accent blijft op dezelfde lettergreep: *fácil-fácilmente*.
Is er sprake van een combinatie van twee bijwoorden met hetzelfde woord of van een bijwoord dat betrekking heeft op een ander bijwoord, dan verliest de eerste de uitgang *-mente* maar blijft het vrouwelijk: *escribe espontánea pero inteligentemente*.
In een aantal gevallen wordt het bijvoeglijk naamwoord bijwoordelijk gebruikt; het verandert dan niet: *hablar alto*, *hablar bajo*. Dit geldt ook voor *claro*, *duro*, *fuerte*, *primero*, *rápido* en *temprano*.

7. *Het voornaamwoord*

7.1 Persoonlijke voornaamwoorden.

Het volgende staatje geeft een overzicht van alle persoonlijke voornaamwoorden in het Spaans. Ze verschillen al naar gelang hun functie.

onderwerp	na voorzetsel	meewerkend voorwerp	lijdend voorwerp
yo	mí	me	me
tú	ti	te	te
ella	ella	le	la
él	él	le	lo/le
usted (v)	usted	le	la
usted (m)	usted	le	lo/le
ello (het)	ello	le	lo
nosotras	nosotras	nos	nos
nosotros	nosotros	nos	nos
vosotras	vosotras	os	os
vosotros	vosotros	os	os
ellas	ellas	les	las
ellos	ellos	les	los/les
ustedes (v)	ustedes	les	las
ustedes (m)	ustedes	les	los/les

7.2 Wederkerende en wederkerige voornaamwoorden.

Als voorbeeld van een wederkerend werkwoord met bijbehorende voornaamwoorden wordt *lavarse* (zich wassen) genomen:

me lavo, te lavas, se lava (zij, hij, het, u), nos lavamos, os laváis, se lavan.

Voor de wederkerige voornaamwoorden geldt hetzelfde, behalve voor de derde persoon enkel- en meervoud; daar wordt na een voorzetsel *se-sí: se hablan* (ze praten met elkaar) en *piensan en sí* (ze denken aan elkaar).

7.3 Bezittelijke voornaamwoorden.

Het Spaanse bezittelijk voornaamwoord heeft twee vormen, vóór het zelfstandig naamwoord óf op een andere plaats. De uitgang wordt bepaald door geslacht en getal.

vóór znw.	andere plaats	
mi	mío	mijn
tu	tuyo	je, jouw
su	suyo	haar, zijn, uw
nuestro	nuestro	ons, onze
vuestro	vuestro	jullie
su	suyo	haar, zijn, hun, uw

7.4   Aanwijzende voornaamwoorden.

		deze	die	die (daarginds)
enkelvoud	vrouwelijk	esta	esa	aquella
	mannelijk	este	ese	aquel
	onzijdig	esto	eso	aquello
meervoud	vrouwelijk	estas	esas	aquellas
	mannelijk	estos	esos	aquellos

7.5   Betrekkelijke voornaamwoorden.

*que: die/dat. Deze vorm wordt voor personen en zaken gebruikt: *el libro que leo.*

*el que, el cual: die, dat, die welke, dat wat, degene die, datgene dat, wie, wat. Deze vormen hebben ook een vrouwelijke, een onzijdige en een meervoudsvorm en komen vooral na een voorzetsel voor.

*quien: die, degene die, wie. Deze vorm wordt gebruikt als het om personen gaat en in combinatie met een voorzetsel: *el amigo a quien quería llamar.*

*cuyo: van wie, waarvan, wiens, wier. Deze vorm komt overeen in geslacht en getal met het zelfstandig naamwoord waar het voor staat: *el amigo cuya casa he visitado.*

Verder bestaan er nog twee relatieve bijwoorden:

*como: zoals, de manier waarop: *la manera como lo hizo.*

*donde: waar, op de plaats waar: *la casa donde nací.*

Praktische tips

AFBREEKREGELS

* In het algemeen komt een alleenstaande medeklinker bij de volgende lettergreep:
To-le-do.

* Bij twee medeklinkers wordt er als volgt afgebroken: *im-por-tan-te, es-cue-la.*

* Bij drie medeklinkers komt de laatste bij de volgende lettergreep: *obs-ta-cu-lo.* Er is een
uitzondering: wordt een medeklinker gevolgd door een *l* of een *r*, dan wordt er vóór die
combinatie afgebroken: *san-gre, em-ple-a-do.*

* De combinaties *ch*, *ll* en *rr* zijn onscheidbaar: *mu-cha-cha, to-a-lla, pe-rro.*

* Twee of drie opeenvolgende klinkers die respectievelijk een tweeklank of drieklank
vormen, blijven bij elkaar: *cua-tro, te-níais.*

* Bij samenstellingen wordt bij voorkeur afgebroken volgens bovenstaande regels maar
het is toegestaan om tussen de samenstellende delen af te breken: *no-sotros* of *nos-otros.*

GEBRUIKELIJKE FORMULES VOOR BRIEVEN

Aanhef

De meest gebruikelijke aanhef is *Señor*, (*Muy*) *Señor mío* of *Distinguido Señor*. Dit zijn
de equivalenten van het Nederlandse *Mijnheer* of *Geachte heer*. De vrouwelijke varianten
hierop zijn: *Señora*, (*Muy*) *Señora mía* en *Distinguida Señora*. De meervoudsvormen,
overeenkomend met het Nederlandse *Mijne Heren* en *Geachte Dames* zijn (*Muy*) *Señores
míos* en (*Muy*) *Señoras mías.*
De aanhef *Distinguida Señorita* en *Distinguidas Señoritas* wordt gebruikt voor respectievelijk
(*Geachte*) *Mejuffrouw* en *Geachte Dames.*
Een brief, gericht aan een advocaat, een doctor of een arts kan beginnen met *Doctor*,
respectievelijk *Doctora*. Voor een hoogleraar gebruikt men *Profesor/Profesora.*

Slotformule

De slotformule hangt af van de relatie die men met de geadresseerde heeft. Is deze
gelijkwaardig dan kan men het volgende schrijven voor *Met vriendelijke groeten*: *Reciba un
cordial saludo, Le saluda* (*muy*) *atentamente, Se despide atentamente* of *Reciba* (*Ud.*) *mis más
atentos saludos*. Het equivalent van *Met de meeste Hoogachting* is *Le saluda con toda
consideración.*
De combinatie slotzin-slotformule, *Ik dank u bij voorbaat voor ... Hoogachtend*, of *U bij
voorbaat dankend voor ... , teken ik, Hoogachtend* wordt in het Spaans: *Agradeciéndole de
antemano ..., saludo a Ud. con toda consideración.*